江苏著述志（近代）

江苏省地方志编纂委员会 编

JIANGSU

ZHUSHUZHI

凤凰出版社

图书在版编目（CIP）数据

江苏著述志. 古代·近代 / 江苏省地方志编纂委员会编. -- 南京 : 凤凰出版社, 2019.11
ISBN 978-7-5506-3046-8

Ⅰ. ①江… Ⅱ. ①江… Ⅲ. ①江苏－地方志－古代②江苏－地方志－近代 Ⅳ. ①K295.3

中国版本图书馆CIP数据核字(2019)第246760号

江苏著述志(古代·近代)

编　者	江苏省地方志编纂委员会
出版统筹	卞惠兴　常宁文
责任编辑	尤丹丹　常宁文
责任校对	吴　蕾　张　磊
责任监制	刘　辉
出版发行	凤凰出版社(原江苏古籍出版社) 发行部电话 025-83223462
出版社地址	南京市中央路165号,邮编:210009
出版社网址	http://www.fhcbs.com
照　排	南京凯建文化发展有限公司
印　刷	南京爱德印刷有限公司
开　本	889 mm×1 194 mm　1/16
印　张	54.75
字　数	1 657千字
版　次	2019年11月第1版
印　次	2019年11月第1次印刷
标准书号	ISBN 978-7-5506-3046-8
定　价	398.00元(全二册)(精)

江苏省地方志编纂委员会（2019年2月～　）

主　任　吴政隆

副主任　樊金龙　许仲梓　周继业　陈建刚

委　员　（排名以发文顺序为准）

杨根平　王　林　徐　莹　杨　峰　周春发　王立平
焦建俊　李国华　朱光远　邢光龙　陈向阳　李侃桢
葛道凯　王　秦　谢志成　吕德明　储永宏　戴元湖
刘　聪　周　岚　陆永泉　陈　杰　杨时云　马明龙
杨志纯　谭　颖　费少云　缪志红　王汉春　左健伟
夏锦文　刘德海　蓝绍敏　黄　钦　庄兆林　丁　纯
李亚平　徐惠民　方　伟　蔡丽新　曹路宝　夏心旻
张叶飞　史立军　王　昊

办公室主任　左健伟

《江苏省志（1978～2008）》总纂、副总纂

总　纂　吴政隆（2017.5～　）
罗志军（2008.9～2010.12）
李学勇（2010.12～2015.12）
石泰峰（2015.12～2017.4）

副总纂　顾介康　李一宁　李　敏　余春芳　何国平　周桂根
周世康　费伟康　张晓铃　刘福林　钱伯华　姚百义
左健伟

江苏省地方志编纂委员会（2008 年 7 月～2019 年 1 月）

1. 2008 年 7 月～

主　任　罗志军

副主任　赵克志　柏苏宁　张桃林　陈宝田　樊金龙　方未艾

委　员　（排名以发文顺序为准）

姚晓东　薛　和　唐　建　刘立仁　傅沿江　郭广银
孙学玉　周和平　吴乐勇　崔广怀　韩　杰　蒋宏坤
曹新平　王伟成　阎　立　丁大卫　徐一平　王燕文
刘捍东　姚建华　毛伟明　王吉生　沈　健　朱克江
吴洪彪　潘永和　赵永贤　陈震宁　周　岚　游庆仲
吕振霖　吴沛良　朱　民　章剑华　郭兴华　王　华
张卫东　徐毅英　廖　进　宋林飞

2. 2009 年 9 月～

主　任　罗志军

副主任　赵克志　柏苏宁　曹卫星　陈宝田　樊金龙　方未艾

委　员　（排名以发文顺序为准）

姚晓东　薛　和　唐　建　刘立仁　傅沿江　郭广银
章剑华　周和平　吴乐勇　崔广怀　韩　杰　张敬华
王伟成　阎　立　丁大卫　徐一平　谢正义　刘捍东
姚建华　毛伟明　陈震宁　沈　健　朱克江　吴洪彪
潘永和　吴可立　周　岚　游庆仲　吕振霖　吴沛良
朱　民　郭兴华　王　华　张卫东　徐毅英　廖　进
宋林飞

3. 2011 年 5 月～

主　任　李学勇

副主任　柏苏宁　曹卫星　陈宝田　樊金龙　方未艾

委　员　（排名以发文顺序为准）

姚晓东　唐　建　李一宁　刘国中　傅沿江　王　奇

徐一平　周和平　石为斌　崔广怀　谢　波　朱克江
张敬华　王伟成　阎　立　张国华　杨省世　谢正义
刘捍东　徐郭平　蓝绍敏　毛伟明　陈震宁　沈　健
曹苏民　吴洪彪　潘永和　吴可立　周　岚　游庆仲
吕振霖　吴沛良　朱　民　章剑华　郭兴华　费少云
朱晓明　徐毅英　张颢瀚　刘志彪

4. 2012年12月～

主　任　李学勇
副主任　柏苏宁　曹卫星　范燕青　毛伟明　方未艾
委　员　（排名以发文顺序为准）
杨志纯　唐　建　李一宁　刘国中　陈　平　王　奇
章剑华　周和平　石为斌　崔广怀　谢　波　朱克江
朱　民　姚晓东　周乃翔　张国华　杨省世　曲福田
魏国强　朱民阳　朱晓明　徐郭平　蓝绍敏　陈震宁
徐一平　沈　健　曹苏民　吴洪彪　江建平　谭　颖
周　岚　游庆仲　吴沛良　吕振霖　马明龙　徐耀新
王咏红　费少云　徐　劼　徐毅英　张颢瀚　刘志彪

5. 2014年1月～

主　任　李学勇
副主任　赵　鹏　曹卫星　范燕青　张敬华
委　员　（排名以发文顺序为准）
康旭平　陈为民　李一宁　吴洪彪　赵铁海　王　奇
梁　勇　周和平　石为斌　崔广怀　谢　波　汪　泉
朱　民　费高云　周乃翔　张国华　赵晓江　曲福田
魏国强　朱民阳　朱晓明　陆志鹏　王天琦　陈震宁
徐一平　沈　健　曹苏民　侯学元　徐　宁　谭　颖
周　岚　游庆仲　吴沛良　李亚平　马明龙　徐耀新
王咏红　费少云　徐　劼　周　琪　刘德海　刘志彪
方未艾

办公室主任　方未艾

6. 2014年10月～

主　任　李学勇

副主任　赵　鹏　曹卫星　范燕青　张敬华

委　员　（排名以发文顺序为准）

康旭平　陈为民　李一宁　吴洪彪　赵铁海　王　奇
梁　勇　周和平　石为斌　崔广怀　谢　波　汪　泉
朱　民　费高云　周乃翔　张国华　赵晓江　曲福田
王荣平　朱民阳　朱晓明　陆志鹏　王天琦　陈震宁
徐一平　沈　健　曹苏民　侯学元　徐　宁　谭　颖
周　岚　游庆仲　吴沛良　李亚平　马明龙　徐耀新
王咏红　费少云　夏心旻　周　琪　刘德海　王庆五
方未艾

7. 2016年12月～

主　任　石泰峰

副主任　黄莉新　赵　鹏　张敬华　范燕青　王　奇　漆冠山

委　员　（排名以发文顺序为准）

康旭平　王　林　谢润盛　吴洪彪　赵铁海　胡金波
周　琪　周和平　朱光远　张亚青　谢　波　汪　泉
周铁根　费高云　曲福田　韩立明　项雪龙　惠建林
戴　源　张爱军　朱晓明　史立军　王天琦　赵建军
徐一平　沈　健　王　秦　侯学元　沈益锋　谭　颖
李侃桢　周　岚　游庆仲　吴沛良　李亚平　马明龙
徐耀新　王咏红　费少云　焦建俊　徐　莹　秦景安
刘德海　王庆五

总序

江苏省省长　吴政隆

在全省上下深入学习贯彻党的十九大精神，奋力推动高质量发展、加快建设“强富美高”新江苏的重要时刻，二轮《江苏省志(1978～2008)》各分(专)志陆续编成出版，这是我省地方志事业取得的重要成果，极大地丰富了江苏历史文化宝库，对于促进文化强省建设、提升江苏文化软实力具有重要意义。

地方志是中华优秀传统文化的瑰宝，编修地方志为中华文明代代相传、血脉相承发挥了不可替代的作用。江苏地区编修地方志已有2000多年的历史，素有“方志之乡”的美誉。在首轮《江苏省志》圆满完成的基础上，省政府于2008年启动二轮省志续修工程。二轮省志由60本分(专)志组成，约4800万字，时间贯穿30多年，内容覆盖政治、经济、文化、社会、军事、自然等各个领域，系统记录江苏改革开放和现代化建设的历史进程和辉煌成就，生动展示各行各业具有时代特征、中国特色、江苏特点的发展战略和创新举措，是我们了解历史变迁、把握省情地情、借鉴治理经验、推动科学发展的重要载体。

地方志作为横陈百科、包罗万象、流传千载的资料性文献，担负记录历史、传承文明、服务当代、启引未来的重任，具有特定的编纂体例和方法。二轮省志编修是一项系统工程，组织严密，规模宏大，由省各有关部门、团体、高等院校、科研院所、各市县以及中央驻苏机构、解放军驻苏部队等共同承担编写任务，汇聚各方智慧合力完成。10年来，全省广大修志人员以高度的政治责任感和历史使命感，坚持正确的政治方向和质量第一的原则，秉笔直书、辛勤耕耘，努力打造具有较高学术水平和重要文化价值、社会价值的精品佳志，为推动文化传承创新、服务经济社会发展付出了心血和汗水。

盛世修志，志在于用。党的十九大确立了习近平新时代中国特色社会主义思想的历史地位，吹响了决胜全面建成小康社会、夺取新时代中国特色社会主义伟大胜利的前进号角，习近平总书记对江苏工作作出一系列重要指示，为我们指明了前进方向，提供了根本遵循。省委十三届三次全会对深入学习宣传贯彻党的十九大精神作出全面部署，明确要求扎实推动“六个高质量”发展，接续推进“两聚一高”新实践，加快建设“强富美高”新江苏。新时代、新使命、新征程，对志书成果开发利用提出了新的更高要求，也提供了更广阔的舞台。我们要坚持以习近平新时代中国特色社会主义思想为指导，认真落实中央和省委关于地方志工作的部署要求，始终坚持正确的政治方向，抓好历史文化记录和保护，编纂好特色专业志书，传承好江苏符号和江苏印记，在做特、做优、做活地方志工作上下功夫、出成果。要紧紧围绕经济社会发展新目标、当今时代文化发展新趋势、人民精神文化生活新期待，大力开发利用志书资源，积极拓展读志、传志、用志渠道，鉴往知来、承先启后，抢抓机遇、开拓创新，充分发挥地方志存史、育人、资政的独特作用，以新时代新作为谱写地方志事业高质量发展新篇章，为“强富美高”新江苏建设作出新的更大贡献。

凡例

一、本志总名《江苏省志（1978～2008）》。按大类排列，编以序号。定名为《江苏省志（1978～2008）·××志》。

二、本志上限为1978年，下限断至2008年年底。各分志上限如与首轮志书下限有交叉的，可从简记述；专志下限为2008年年底，上限不限。

三、本志记述江苏省境域内自然、政治、经济、文化、社会等各个方面情况。

四、本志坚持“横分门类，纵述史实”的传统格局。各分（专）志一般采用章、节、目的结构层次。

五、本志采用述、记、志、传、图、表、录并用的综合体裁。以志为主。

六、本志内容以资料为主，用记述体表述，不作主观评论，寓观点于资料中。概述与章下无题序可作适当归纳议论。

七、本志“人物”分志集中记载省内有重大影响的人物，其他分志不再设人物章节。入志人物的收录标准另定。

八、本志设“中共”和“人民团体”分志，有关党、团和妇联、工会等组织及其活动的内容，其他分志不需设专门章节记述。

九、本志资料，录自档案、口碑资料和历史文献的，为节省篇幅，除特别重要、珍贵的资料须注明出处外，一般不再注明出处。统计数字，以江苏省统计局的统计数据为主。

十、本志数字、计量单位及语言等的使用，按《〈江苏省志（1978～2008）〉行文细则》的规定表述。

总目*

* 该总目自2019年10月起施行。

江苏省地方志编纂委员会办公室

主　　任　左健伟
副 主 任　牟国义　方亚光　陈　华

《江苏著述志》主编及撰稿人名单

主　　编　江庆柏
撰　　稿　苏　芃　陈希亮　李　军　卿朝晖　姜雨婷

本专志责任副总纂　姚百义
本专志责任协纂　黄　静　陈大福

目　　录

概　　述

《江苏著述志》“近代卷”收录近代江苏籍作者撰写的、能够体现江苏这一时期学术成就、学术特点的著作。酌收外省流寓并定居于江苏的作者著作。

这里所说的“近代江苏”，是指 1912 年至 1949 年 9 月 30 日之间的江苏。这个时间段是根据《江苏著述志》的实际情况而定的。它上承“古代卷”，下接“现代卷”。有些作者的著作数量较多，本书无法全部收录，兹选择有代表性的重点介绍，其余的著作在其小传或提要中以举例的方式列出或作简要介绍。

《江苏著述志》“近代卷”对应的时间不长，但在江苏著述史上，却是一个非常重要的时期。江苏经济发达、文化繁荣、注重教育，古代江苏作家勤于著书立说，留下了大量著作。近代江苏，再一次成为政治文化中心，不少政治机构、科学研究机构设在江苏，因此，这一时期依然出现了一大批重要作者，留下了一大批优秀著作。近代江苏著作的繁荣局面是由多方面因素共同形成的。

这一时期的重要作者有丁文江、戈公振、卢前、叶圣陶、刘半农、刘国钧、华罗庚、吕叔湘、吕思勉、孙冶方、孙望、朱自清、吴梅、吴敬恒、张謇、陈中凡、宗白华、罗振玉、柳亚子、柳诒徵、胡绳、胡焕庸、胡小石、荣德生、费孝通、赵元任、唐文治、唐圭璋、徐悲鸿、钱昌照、钱钟书、钱基博、钱穆、顾颉刚、顾毓琇、韩国钧、缪荃孙、潘菽、薛暮桥等，恽代英、瞿秋白、张闻天、博古等，也都留下了自己的著作。他们对我国现代社会的发展、对江苏的现代化产生过重要影响。他们的著作，也成为相关领域的典范之作，在各个领域发挥着重要作用。

与古代江苏相比，近代江苏有许多新的特点，同样著述内容和形式也有许多新的特点。

传统形式的著述在这一时期仍然有着相当的数量，其中不乏具有重要影响的著作。如吕思勉的《先秦学术概论》，钱穆的《先秦诸子系年》《中国近三百年学术史》，都是传世名著。

钱穆的《先秦诸子系年》在学术界影响极大，陈寅恪评价说：“《诸子系年》极精湛。时代全据《纪年》订《史记》之误，心得极多，至可佩服。”蒙文通也说：“君书体大思精，惟当于三百年前顾亭林诸老前辈中求其伦比。乾嘉以来，少其匹矣。”此书结论虽有可商榷之处，但对我们今天研究先秦史仍具有重要意义。《中国近三百年学术史》侧重于每一代表人物的论学思想要旨的阐释，指出各家对于天下治乱用心之所在，一洗谈清代学术，即以考据为言，而不及思想之弊。这是江苏学术史的重要成果。

吕思勉长于史学，但其《先秦学术概论》也是一部经典之作。该书着重分析先秦诸子百家的源流和相互关系，以及各自的学术思想。本书注意将微观剖析融入宏观论述之中。

这些著作在今天仍然有很强的学术生命力。

这一时期的许多文人，创作了大量的旧体诗文作品。冯煦《蒿盦类稿》、缪荃孙《艺风堂诗文》、李详《学制斋骈文》、沙元炳《志颐堂诗文集》、曹元忠《笺经室遗集》、程先甲《程　夔文集》、张　麐《心太平室集》、王瀣《王伯沆先生遗稿》，都是有一定社会影响的著作。

另一方面，具有新思想、新内容，乃至新体式的著作，在江苏也大量出现。这类著作出现在各个方面。

这一时期的历史研究是学者关注的重点，出现了一批有影响的著作，如屠寄的《蒙兀儿元史》，本书取材广博，考证精详，在近代完成的几部《元史》改写著作中，本书最晚出，功力最深，在国际学术界也颇受好评。孟森的明清史系列研究著作，如《明元清系通纪》《心史丛刊》《清朝前纪》等著作，为研究明清史的重要成果，得到社会广泛好评。孟森民国时曾聘于南京中央大学历史系，主讲清史课程。

其清史的研究成果显著，被史学界誉为我国近代清史学派的开山祖。萧一山撰《清代通史》，成为断代史写作的代表。其所著《清代史》《清代通史卷下讲稿辩论集》《清代学者生卒及著述表》《清代督抚表》，也是重要的清史研究成果。萧一山与孟森被认为是我国清史研究的两大奠基者。

吕思勉、钱穆与陈垣、陈寅恪并称为"现代中国四大史学家"。吕思勉被认为是开拓中国社会史方向的先驱者，中国学术思想史的研究博大精深。所著《中国通史》，分门别类叙述中国古代社会经济、政治制度与文化学术的发展情况，叙述中华民族的历史及历代政权的盛衰、兴替及易代之际的文化变迁。吕思勉强调对中国历史要"观其会通""摄其全体"，认为史学的根本在"认识社会发展过程及其变迁因果"。吕思勉在通史内容与通史体例方面，都有了重大突破。

钱穆《国史大纲》虽为通史性论著，但不拘泥于历史事件的排比与介绍，而是注重于对中国历史的发展大势的勾勒，注重概括各时期历史的特点。其书写作于抗战爆发之后的大后方，旨在唤起国魂，御敌救国，同时也为了唤起国人对传统文化的敬仰之情。后成为当时国民政府教育部指定的大学教材。

柳诒徵《国史要义》可视为一部简明的中国史学史。从史源、史权、史流、史联、史德、史识、史义、史例、史术、史化十个不同方面阐述中国史学传统的特点。熊十力曾赞此书"博而能约，密而不碎"。其著《中国文化史》是中国文化史的滥觞之作。全书分为三编。第一编上古文化史，自远古至两汉，是为中华民族本其创造之力，构成独立文化之时期。第二编中古文化史，自东汉至明代，是为文化输入中国与中国固有文化由抵牾而融合之时期。第三编近世文化史，自明代至民国，是为远西之学术思想、宗教政法依次输入，相激相荡而卒相合之时期。全书资料详赡，立论精当，胡适在《评柳诒徵编著〈中国文化史〉》中称"柳先生的书可算是中国文化史的开山之作"。

我国古代文人深受儒家思想的影响，对社会问题非常关注。但将社会问题归之于一门学科，从基本原理到实践方法，则开始于民国时期。江苏作者对这门学科非常关注，在社会学理论与方法、社会结构与社会关系、社会生活与社会问题、社会心理等方面，都做了重要研究。一些著作述说了社会学的基本原理，如朱亦松著《社会学原理》、孙本文著《社会学原理》等，都属于这类作品。分析社会现象、解决社会问题，是这一时期社会学研究者非常关注的课题，孙本文著《社会问题》《公民 · 社会问题》《中国社会问题》《现代中国社会问题》，都是为了解决这一问题。社会学家费孝通的《乡土中国》《乡土重建》则着眼于中国的乡村社会学问题，通过自己调查的中国乡村经济材料，从社会结构本身来加以说明。《乡土中国》力图勾出中国基层社会结构的原则，《乡土重建》则去观察身受的种种问题的结症，然后提出一些积极的解决问题的办法。

胡焕庸的《中国人口之分布》一文着重分析我国东南部和西北部在人口密度方面的鲜明对比，找出一条可以显示两侧人口稀密悬殊的明确界线，即自黑龙江之瑷珲(即爱辉，今黑河)向西南直到云南腾冲的直线。这条线被称为"胡焕庸线"，不仅是人口界线，也是一条中国生态环境界线、文明分界线，对我国经济布局、民政建设、交通发展等都很有参考价值。

江苏一直以经济发达著称。同样，江苏作者在经济学、世界经济、中国经济、经济计划与管理、农业经济、工业经济与邮电经济、商业经济、财政、货币、金融、银行与保险等领域，也撰有许多重要的著作。这类著作既有通俗性的入门著作，如狄超白《通俗经济学讲话》、胡绳修正《经济学初级读本》等。后者全书分六章，主要说明这些问题：没有人能够只靠自己的劳动而生活，劳动造成价值，为什么厂主要买工人的劳动力，厂主怎样发了财的，工人的劳动供养了许多人，怎样才能改变这种不公平的情形。可见是在普通民众中普及相关的知识。也有在理论上作深入探讨的，如薛暮桥著《经济学》《政治经济学》，系统讨论了政治经济学的各个基本概念。江苏作者对中国工业化、中国农业建设十分关心，也都发表了自己很好的意见。

这一时期的江苏，也是社会问题丛生、经济发展困难的时期，日本帝国主义对我国的侵略，更是造成了空前的灾难。江苏作者面对灾难，积极寻求种种救亡图存的方案，出现了诸如《战时的农民运动》《战时学生训练》《抗战与青年训练》《战时经济原理》《战时的粮食》《难民与垦殖》《战时物价之变动及其对策》《战时理财方案》《中国战时教育》《抗战与救亡工作》《抗战小学教育》等一系列著作。薛暮桥 1938 年 4 月在汉口出版《战时乡村问题》，提出建立乡村统一战线、战时乡村政治问题（如保甲组织不能动员农民），战时农村经济问题（必须发展农业生产、改善农民生活）、战时农民教育问题（应训练工作干部、实施农民抗战教育）、战时乡村自卫问题（从保乡到卫国，加强壮丁训练、充实乡村自治组织）等几个问题。

江苏的教育一直是走在全国前列的。进入民国时期，江苏的教育同样走在全国的前列，在教育学、教育心理学、各级各类教育、教学理论、教育行政、中小学教材等方面，都取得了重要的成果，产生了一系列重要的著作。例如孟宪承著《教育概论》，论述了“儿童的发展”和“社会的适应”等问题，并明确指出“教育是发展”“教育是生长”的观念。吴俊升、王西征著《教育概论》研究了教育的目的和意义等问题。汪懋祖著《教育学》对教育的本原、基础、意义、目的以及我国教育固有的精神都展开了阐述，并对中国教育的新动向以及初等教育、中等及高等教育、社会教育等问题展开了讨论。

江苏是我国语言文字研究的重要基地。古代江苏，出现过一系列重要著作，如徐锴《说文解字系传》，徐铉校订《说文解字校定本》，段玉裁《说文解字注》，朱骏声《说文通训定声》，顾炎武《音学五书》，王念孙《广雅疏证》，王引之《经传释词》等。民国时期，语言研究依然取得了丰硕成果，代表著作有刘复《中国文法通论》《中国文法讲话》，吕叔湘《中国文法要略》等。赵元任被称为中国现代语言学先驱。其语言学方面的代表作《现代吴语的研究》，《中国语言文字学大词典》称“是现代汉语方言学真正兴起的标志，是汉语方言学史上重要的里程碑”。

自然科学著作在我国古代一直不受重视，而在民国时期，出现了一大批相关著作，内容包括自然科学总论、数理科学与化学、天文与地球科学、生物科学、医药卫生、农业科学、工业技术、航天航空、交通运输等各个方面。虽然这些著作内容总体较为肤浅，有些还只是概述、转译等，或者属于科普性质，但在某种程度上也说明社会上科学素养在逐步养成。

近代江苏就非常注意考察国外的发展情况，出现了一批称之为“走向世界”的著作。民国时期的江苏作者保持了这个传统。如教育类著作，孟宪承著《西洋古代教育》，瞿世英著《西洋教育思想史》，常道直著《德法英美四国教育概观》等，通过对中国、外国教育制度等的比较研究，以期对本国的教育有所借鉴。张正藩著《最近之日本教育》，对日本教育之本质、日本教育行政组织、日本现行学制、日本教育经费、日本幼稚教育、日本初等教育、日本中等教育、日本高等教育、日本社会教育等，都作了详尽的说明。近代中国常以日本为借鉴，江苏的教育家对日本教育的情况，同样考察得很细致。

外国语文的相关著作的出现，也是江苏这一时期值得关注的现象。这一时期，如《英语读音一助》《高等英文法》《双解标准英文成语辞典》《标准英语字汇》《英文汉译的理论与实际》《英语教学法》《现代英语》等有关英语教育、英语教学的研究著作、基本教材等纷纷面世。著名语言学家也参与了外语教学活动，赵元任编著了《英文文法与作文》一书，吕叔湘著有《开明新编中等英文法》一书。这些图书的出版，为江苏培养了为数众多的外语人才。这对江苏走向现代化，发挥了重要作用。

晚清时期是中国开眼看世界的第一个阶段，进入民国，延续了上个时期的传统，但同时也进入了一个新的阶段，江苏作者的著作，继续积极介绍或研究西方的种种情况。如在“各国政治”方面，就先后有《英国政府纲要》《英国政治组织》《英国选举制度史》《英国文官考试制度》《美国政治精义》《瑞士政府》《苏联印象记》《苏俄改建论》《苏俄政治组织和共产党》《日本现状论》等著作，介绍相关国家的各种情况。

江苏作者著作内容以及体式的转换，是江苏社会转型的反映，而江苏作者的著作在社会转型过程中又发挥了自己的积极作用。

《江苏著述志》近代卷体例上的一些问题，在“古代卷”概述中已经加以说明，此处不再重复。

《江苏著述志》（近代卷）编写组

2018 年 6 月

第一章　哲　学

第一节　哲学基本问题

社会哲学概论　1924年上海书店铅印本。

瞿秋白著。瞿秋白(1898～1935),原名双,又名霜,江苏常州人。中国共产党早期主要领导人之一。1935年被国民党杀害。本书是五四时期首次系统论述辩证唯物主义和历史唯物主义基本原理的重要著作,原发表于《社会科学讲义》第一至四集。作者依据恩格斯《反杜林论》的思想,肯定了我与非我、意识与实质(客观存在)的关系是哲学的基本问题,并以此区分了哲学上的唯物论与唯心论。作者指出:"'我'是与外界的'非我'相对待的,然而同时'我',能觉着与'非我'的关系……直到如今,这一问题还是哲学中的根本问题。"作者还区分了主观唯心论与客观唯心论的差别。他认为主观唯心论,就是把主观的"领悟"或"概念"看成是唯一的真实存在。作者通过考察17、18世纪以来英、法、德等国哲学的发展,强调马克思的唯物论哲学"不是意识规定实质(存在),而是实质(存在)规定意识",并和辩证法紧密结合,揭示了事物发展都由其内在矛盾所推动,有着"对立统一""质与量的互变""否定之否定"三大规律。又提出:社会哲学的任务是"现代的社会之综观及将来社会之推究",应当"先从哲学上之宇宙根本问题研究起","继之社会现象的秘密的分析","再进于社会主义之解说"。并着重分析资本主义社会的矛盾运动,断定:"资产阶级的经济便不能不改造,不是完全破灭,便是彻底变革社会的结构"。

辩证法唯物论入门　1946年辽东建国书社铅印本;1947年光华大学出版社铅印本;1949年新知书店铅印本。

胡绳著。胡绳(1918～2000),江苏苏州人。曾任中共中央政治研究室副主任、《红旗》杂志副总编、毛泽东著作编辑委员会办公室副主任、中共中央党史研究室主任。本书共5章:第一章是辩证法唯物论的战斗性,阐述了唯物辩证法和形而上学的斗争,指出唯物论和观念论是人类社会斗争在哲学思想中的体现。第二章是辩证法唯物论的对象,即是自然界社会以及作为这一切事物之反映的人类思维的一般运动和法则。解释了物质是什么,以及物质与运动、物质与时间、空间的关系,提出宇宙方法论和认识论相一致的看法。第三章论及对立的统一,质与量,否定的否定,认为事物的发展运动建立在矛盾之上,我们要辩证的思维,辩证的行动,做到具体问题具体分析。第四章论述了根据与条件,原因与结果,本质与现象,形式与内容,偶然性与必然性,可能性与现实性。第五章是辩证唯物论的认识原理,指出认识是物质的表现形式之一,必须依赖于物质,认识的基础是感觉(因为感觉直接反映客观事物),要从感觉进入思维,而思维则更深刻的反映现实,并指出真理具有客观性,相对性和绝对性,要在实践行动中追求真理,深刻揭示了实践与真理的关系。本书是一部马克思主义哲学的通俗读物,它以简短的篇幅,用中国的具体事例阐述了辩证唯物主义的基本内容,对于广大人民群众掌握马克思主义哲学，促进哲学大众化，具有重要的意义。

思想方法论初步　1946 年东北书店铅印本；1947 年生活书店《新青年自学丛书》本。

胡绳著。本书是作者针对苏联哲学界对唯物辩证法问题的最新概括。本书共分 6 节内容，第一节是总论性质的概述，简要解说了“思想是什么”和“我们怎样思想”这两个方面的问题；第二节讨论“一切事物都是密切地互相联系着的”；第三节讨论“联系的事物之间是运动变化着的”；第四节讨论“发展的规律是从逐渐的缓慢的变化而转变成突发的根本变化”。其总观点是新哲学的实践观：“我们的思想方法，观察事物的方法，不是消极的，被动的，静止的，不是和实际的行动及实践相脱离的。我们在实践中丰富我们的思想，又反过来，以思想来指导实践。”指出“唯物辩证法”的方法才是正确的思想方法。本书通俗易懂、形象生动、能理论联系实际，极便初学者。

怎样搞通思想方法　1949 年生活·读书·新知三联书店《新中国百科小丛书》本；1949 年生活·读书·新知三联书店《新中国青年文库》本。

胡绳著。本书是 1947 年到 1948 年之间作者在香港为上海开明书店出版的《中学生》杂志写的，署名“蒲韧”，后修改和补充了一些在上海发表的时候受制于国民党的书报检查制度而不宜使用的材料，于 1948 年在香港出版。上海解放后，新成立的生活·读书·新知三联书店立刻重新出版了本书。本书共分 8 章。第一章号召读者不做思想上的懒汉。第二章叫作“‘是什么’和‘为什么’”，提倡养成提问题的习惯，批评了“自以为是”和“当然如此”两种错误的态度，启发读者不仅要知其“然”，更要知其“所以然”。第三章推崇实事求是的精神。第四章分析了从经验到理论的思想发展，首先区分了想和做的不同，告诉读者怎样分析和研究经验，并从经验中找出规律。第五章分析了书本知识和实际经验的关系，提倡学与思并用，提倡理论和实际相结合，反对教条主义。第六章谈全面和局部的关系，阐述了什么叫作全面的认识和怎样把握全局性的东西。第七章题为“这一面和那一面”，以成语“相反相成”来概括新哲学的矛盾关系，说明要抓住相互斗争中的主导方面，才能得到科学的预见。最后一章是从方法与立场的角度得出结论。本书最大的特色是深入浅出，几乎不用新哲学的术语，而采用汉语思维中特有的一些成语俗语来表达新哲学的认识，是作者在新哲学的大众化和中国化的道路上取得的一项巨大的成功。

第二节　世界哲学

西洋哲学概论　1928 年上海泰东图书局铅印本。

王平陵著。王平陵（1898～1964），仰嵩，笔名西冷、史痕、秋涛、草莱，疾风。江苏溧阳人。新闻工作者，作家。著有《归来》《幸福的泉源》《湖滨秋色》等。本书以梯利的《哲学史》与耶鲁萨冷、包尔生、克尔泼所著的《哲学概论》为根据，取各家学说，兼以作者自己的见解编写而成。全书共 6 章：一、哲学的要旨和地位；二、哲学的预备科学；三、本体论大意；四、认识论抉微；五、美学的方法与目的；六、现代之哲学运动。第一章论述了哲学的定义和特性以及哲学的心理的和历史的起源，指出哲学是作为思辨的学问、根本的学问、综合的学问和批评的学问，并对一些哲学家对哲学的分类作了介绍；第二章介绍与哲学密切相关并作为哲学的预备科学的心理学和论理学；第三章介绍本体论学说上的各种主张，如一元论，二元论与多元论，唯物论与唯心论，机械论与目的论，必然论与自由论及神学的心理的论据；第四章介绍认识论的起源，历史和各种学派，认识论的本质及认识的界限；第五章对美学的概念和问题以及古希腊、18 世纪中叶和康德及其以后的美学作了简要的介绍；第六章是康德及其以后的各种哲学主张，主要介绍了康德的批评哲学、新康德派的价值哲学、英法德的实证主义、詹姆斯的实验主义、柏格森的直观主义以及罗素的新唯实主义等。与一般的哲学史教科书不同，本书尽管也有纵向的史的研究，但主要的是对西方哲学作整体的横向的把握。

西洋古代中世哲学史大纲　1922 年中华书局《新文化丛书》本。

刘伯明著。刘伯明（1887～1923），名经庶，以字行，江苏南京人。中国现代哲学的先驱者，近代

《学衡》派的代表人物之一。著有《西洋古代中世纪哲学史大纲》《近代西洋哲学史大纲》《论学风》等。本书以作者1921年在南京高等师范学校暑假学校的演讲内容为主，由缪凤林笔记，参酌群书整理而成，共分九章。第一章论述希腊民族及其特质，认为雅典进取，斯巴达保守。第二章论述希腊初期哲学及其背景。希腊之初期哲学思想有东西两大支：东为泰勒斯等在小亚西亚，属科学的趋势；西为爱利亚学派在意大利南部，属神秘的趋势，并介绍毕达哥拉斯学派与调和派——原子说诸派学说。第三章论述启蒙时代的哲人运动，认为其运动多破坏而少建设，其结果流为道德与理智之怀疑。第四章论述苏格拉底、柏拉图和亚里士多德的哲学。第五章论述亚里士多德后希腊哲学之变迁及其原因。第六章论述罗马法之演进。始则为贵族适用，继则根据自然平等与人道正谊之原则为人群普遍之法制。第七章论述自古代至中世哲学。"缺乏人类理性能力之信仰"为此期之特征，哲学思想逐渐由伦理移至宗教，而以宗教为中心。第八章、第九章论述中世纪哲学。认为奥古斯丁"能汇集各种思想组织一系统完密之神学，予教会以巩固基础并能指示人群舍去紊乱之人国而入天国"。缪凤林说："先生讲演系统提炼群籍之精华，融以心得，又每讲常比较前后，加之批评，于初学极有裨益。"评价中肯。又书中第一章与两个附论为缪氏之论文，其说多为时人所未道，也很有价值。

近代西洋哲学史大纲　1921年中华书局铅印本，1932年中华书局再版。

刘伯明著。本书是作者1920年在暑假学校演讲的讲义。全书分为两部分：第一编是绪论，共两章，论述了近代西洋哲学的背景，介绍自希腊文明至中世纪的社会历史和哲学思想。总结西方近代思想有五个特点：一、新人之发现。二、新宗教，认为旧教超世，新教接近自然，旧教厌世，新教乐天。三、新世界观，表现为平等观、独立精神等。四、新政治，表现为洛克、卢梭的契约论和圣西门的社会主义。五、新经济组织，工商业兴盛，地主农民中间兴起新的阶级，后来发展为资本家。第二编是本论，共六章。首先论述了英国的经验派。英国人注重实际，因此形成了自培根、洛克至贝克莱、休谟等人的经验论。接着论述大陆的理性派，认为理性派的一大特色是系统与明晰。还论述了启蒙哲学，具体论述法德的启蒙运动。又对德国的理想主义进行分析，认为德国人最注重精密详尽，著书立说也有系统性，所叙述的思想都体大思精。接着分析了19世纪初叶的英法哲学，论述了法国孔德实证思想以及英国达尔文进化论思想。最后评述了最近欧美哲学的派别，指出欧美哲学的派别有：唯物论、理想主义、实验主义、直觉主义、唯实主义等。重点论述后三派，分别以杜威、柏格森、罗素为代表，并分析了他们三人的哲学思想。本书是民国早期较为系统介绍和评价西方近代哲学的著作之一。

现代哲学思潮纲要　1934年上海中华书局铅印本。

瞿世英著。瞿世英(1900～1976)，字菊农，江苏常州人。主要从事西方现代哲学、教育理论和教育史的教学与研究。历任北京大学、清华大学、北京师范大学、北京女子师范大学教授。著有《现代哲学思潮纲要》《现代哲学》《教育哲学》等。本书分4章：第一章，哲学与现代哲学；第二章，唯心论思潮；第三章，实在论的思潮；第四章，实验主义的思潮。书末附录《德国形而上学之新发展》及《名词索引》。作者首先指出："自然科学的发展，文化科学的发展，数学和伦理学的进步，生活上的变动都给思想家以种种的刺激，贡献种种的材料、方法与工具，以此造成丰富的现代哲学。"现代哲学的产生发展，主要有两方面原因：一是哲学上承先启后的理论渊源，一是现实的社会历史背景、科学基础等。书中集中介绍了当时的三大哲学流派：唯心论、实在论和实验主义。以"实在论"为例，书中先介绍新实在论流派的大致历程，然后再从真理、价值、心物等具体问题来看新实在论的内容。现代实在论的主要力量在英美，分为"新实在论"和"批评实在论"两种。英美实在论也有区别，英国新实在论似乎很受迈农的影响，美国新实在论似乎很受杰姆士(詹姆斯)的影响。摩尔是新实在论的奠基者。新实在论有三个重要立场：一是独立说，外物是独立的，不依心灵而存在。二是认识论的直接论，知识是对外物直接的认知。三是多元宇宙。新实在论虽有多种趋向，但在反对唯心论的立场上是一致的，"他的方法是分析的，他的立场是伦理的，他的说法或说法所用的论证的材料是科学的"。其他各个流派的解说基本上也是在比较中完成对“现代哲学”实质性问题的探讨。

西洋哲学的发展　1930年神州国光社铅印本。

瞿世英著。本书介绍的是西方哲学的源流与思想演变，并对哲学以及哲学与科学的关系、认识论等问题提出了一些看法。作者在“导言”中指出，哲学的目的是要了解人在宇宙里的地位，要了解人与各方面的关系，哲学的问题据此而分为四大部分：宇宙问题——形而上学（宇宙论与本体论）；心灵问题——形而上学、心理学；价值问题——伦理学、美学；知识问题——知识论、伦理学。对哲学问题的思考出自四种动机：科学的动机或知识的兴趣，伦理的动机或生活的兴趣，社会的动机或实际的兴趣，宗教的动机或神秘的兴趣；而探讨这些问题的方法又有五种：权威，理性，知觉，直觉，实际活动，由方法和问题的侧重点的不同以及哲学家本人的性情等原因而生出哲学上的种种流派。在第二篇作者简要介绍了哲学史上的主要流派及其演变，如唯物论的哲学、唯心论的哲学、实在论的哲学和实验主义的哲学等。作者认为各流派哲学均有其所见，也有其所蔽，而对于具体的一个哲学家来说，又不能将其绝对地划归某一流派，这些看法是有一定见地的。书后另有两篇附录。附录一《从科学到哲学》对当时盛行的“科学万能”的主张提出了一些非议，认为科学的基础要建基于哲学，从科学到哲学是理智上不能不做的功夫，并对当时西方学术界对科学的哲学研究作了一点介绍；附录二《知识论之问题与派别》对知识与实在的关系提出了一些看法，指出近代哲学的一大错误是把知者（心）与世界分开，从而导致知识与实在的分裂，作者认为外界的实在与知识的实在同为实在，认识是一部分实在对于他部分实在的自觉，知识是自觉（思想）的产物，自觉本身亦是实在，自觉对于实在必有相当的直接关系，因而能所之间本质上是一致的。本书介绍全面，论述公允，对了解西方近现代哲学的发展有一定的参考价值。

现代哲学　1928年文化学社铅印本。

瞿世英著。本书共四部分：第一，现代哲学；第二，科学与现代哲学；第三，怀悌黑教授之科学的哲学；第四，步定教授之宇宙进化论。其论述主要集中在第一部分，对20世纪初西方各国哲学学说进行了解说。之后，作者就时代与哲学的关系，特别是作为现代科学典范的物理学对哲学的影响，以及哲学反过来对科学的影响作了细致的分析。作者认为，19世纪末在科学上是进化论支配的时代，进化论像一把万能的钥匙，“无论什么问题都可以解决似的。斯宾塞尔的综合哲学，赫克尔的一元哲学，都想以进化论的概念，解释一切”。但是，由于科学的发展，到了20世纪20年代以后，这种情况发生了改变。过去有人认为，一个人有一个人的哲学，或者一个人提出什么哲学，是源于这个人的性格或他的生活体验。但在作者看来，情况并非如此。他指出：“一个人的性格行为，确是相当的受时代影响，他的经验，的确和他所处的时代有关系。我们虽则不相信思想完全是时代的产物，但时代对于思想，是有相当影响的。”所以正如瞿氏总结的那样，“现代的科学正急须要一种新的哲学基础。同时人的生活是一衡量是非，判断善恶，有爱憎，有欣赏，有厌恶的生活，换言之，是衡量价值的生活。所以价值的研究是哲学上很重要的问题。我们所处的宇宙，是什么性质，是怎样的进化，更是现代的哲学家不能不问的问题。因此我们可以知道现代的哲学家都在科学的哲学、价值哲学、宇宙进化之哲学上努力”。

进化哲学　1934年世界书局铅印本。

瞿世英著。本书作为张东荪主编的《哲学丛书》中的一种，主要是说明“进化”的概念以及几位思想家用“进化”概念解说宇宙历程的理论。本书共分为9个章节。第一章，达尔文与进化论；第二章，进化之意义；第三章，斯宾塞与赫克尔；第四章，创造的进化；第五章，层创的进化；第六章，进化的自然主义；第七章，宇宙的进化；此四章对于进化的历程作了详细的论述；第八章，全体主义——斯墨次；第九章，盘化与层化。作者认为，进化哲学可以有两种说法，一是对于进化的概念加以哲学的分析，一是运用进化的概念理解宇宙的历程，解说宇宙进行的意义。进化的哲学自达尔文以来，经过了三个阶段。第一阶段是斯宾塞、赫胥黎、赫克尔的进化哲学，第二阶段是柏格森的创造的进化论，第三阶段是摩根、亚历山大的突创的进化论，斯墨次的全体主义，失勒斯的进化的自然主义等等。这些学说都是一面分析进化的概念，一面以进化的概念解说宇宙的企图。

狄岱麓与李石曾　1946年世界书局铅印本。

杨家骆著。杨家骆(1912～1991)，江苏南京人。1930年创办中国辞典馆和中国学术百科全书编辑馆，并任馆长。1948年去台湾，先后在世界书局和鼎文书局任职。狄岱麓即法国启蒙思想家狄德罗。本书是杨家骆为李石曾所作，而将他与狄德罗相提并论，可见对李氏的夸赞不遗余力。全书分四章，第一章狄岱麓学典，介绍狄德罗之学行及其思想在中国的传播；第二章狄岱麓前后，梳理了从古希腊一直到文艺复兴时期西方的思想发展史；第三章石曾先生学典新体未建立前我的学典方法论，主要介绍李石曾的治学方法以及大百科全书派思想在中国的延续；第四章石曾先生的学典方法论和我写作《为李石曾先生而梦》的动机，主要讲述自己受到李石曾的影响创建辞典馆的过程，努力推广学典方法论。书前有杨氏序，即以《为李石曾先生而梦》代之。

死之研究　1923年11月上海商务印书馆铅印本。

华文祺译述。华文祺(1875～1947)，字纯夫，号静甫。江苏无锡人。清附贡生。撰有《说力命》(载《世界佛教居士林林刊》，1925年第八期)等。本书共3篇。第一篇生理的研究，分生死之科学的形相、死之征候、失神类痫活动中止、早计之埋葬、埋葬火葬木乃伊、死之原因、老年与其科学的研究、关于死之质问及应答、加林顿关于死之解说、米达关于死之解说、两说统一之可能、结论等12章。第二篇历史的研究，分灵魂不灭之诸说、死与灵魂不灭之哲学的形相、死与灵魂不灭之神学的形相、对于灵魂不灭之普通论证等4章。第三篇心理的研究，分绪论、死之刹那、濒死者之幻像、死之隔幕的观察、灵魂之写真及秤量之实验、死时之符合、科学之证据——心灵的研究、两界通信之困难、结论等8章。

第三节　中国哲学

中国哲学史　1929年商务印书馆铅印本。

钟泰著。钟泰(1888～1979)，字讱斋，号钟山。江苏江宁(今南京)人。师从太谷学派宗师黄葆年。精周秦诸子，治学主宋。著有《中国哲学史》《荀注订补》《庄子发微》等。本书以宋代为界，分上下两卷，又分上古、中古、近古、近世四编，共82章，单列人物117位，由古至今整体讲论中国古代哲学发展的历史，是一部较为全面详尽、体系庞大的中国哲学史著述。作者对各家之言并非持褒贬不一的态度，而是以真实的姿态还原诸子思想的本来面貌，客观、全面地展示其哲学思想内容。作为太谷学派的继承者，作者并没有一味褒扬儒家学说，而是对比分析了儒学不同时期的特点，以同情理解的态度分别评述各家学说，如将宋儒与汉儒进行了对比："宋儒与汉儒，其有取于孔子之经虽一，而其所以取于孔子之经者则有间矣。是故譬之于谷，孔子植之，汉人收获之，而宋儒则播之砻之，淅之炊之，且以自食之者也。"这种中肯的态度是难能可贵的。作者所在的时代，胡适、冯友兰等"以西释中"的哲学研究方法，成为新理学的先驱。而作者坚持"以中释中"，反对将中西哲学牵强比附，认为"中西学术，各有统系，强为比附，转失其真"，力图运用中国哲学独有的方式，进行自我更新和自我扬弃。当然本书具有一定的文化保守主义倾向，因此在一定程度上被认为是传统学术史的简单回归。而囿于方法论等问题，所列举的一些学者和思想家并不完全是哲学家，哲学史也不尽等同于思想史、学术史，对哲学与哲学史的概念亦缺乏清晰的认识。

中国哲学史纲要　1934年中华书局《中华百科全书》本；1940年中华书局再版。

蒋维乔著。蒋维乔(1873～1958)，字竹庄，别号因是子。江苏武进人。教育家、哲学家、佛学家。在本书中，作者概要地论述中国上起殷商下至清末王国维的哲学发展历程。全书共包括5个章节。第一章为作书旨趣。作者认为，以前的中国哲学史在体例上大多本末倒置，以哲学家为经，哲学问题为纬，把中国哲学史写成了中国哲学家史。因此，作者提出要颠倒扶正，以哲学问题为经，重新撰写哲学史。第二章为新划定的中国哲学的派别。作者一改以往中国哲学史著作划分上古、中古、近世分期论述，以及儒、墨、名、法、道、阴阳的经典分派的方法，把中国哲学史上各派各人对哲学问题的不同回答分为自然主义派、人为主义派、享乐主义派、苦行主义派、神秘主义派、理性主义派6个派别，并依次展开论述。在书后结论部分中，作者认为中国哲学史与东方其他国家、西方的哲学史有着同样的发展规律，即哲学家关心的问题从宇宙问题收敛到社会问题，进而收敛到人自身的问题，而以上六派的出现次序就反映了这种规律。在每个历史时期，哲学的发展总以哲学观点相反相成的两个哲学派别的斗争来推动，而各派哲学自身的产生既是当时哲学、政治等社会环境的产物，又是以前思想文化的承续。由于作者认为佛教思想是外来文化，所以书中没有加以探论。

本书是一部以哲学问题史的形式来研究中国哲学史的书籍，同时也是一部自觉地以西方哲学概念、体系来观照、剖析中国哲学史的代表性著作，在编撰体例上独树一帜，在思想观点上也多有新说。

中国学术思想演进史 1936年国光印书局铅印本。

王伯祥、周振甫合著。王伯祥(1890～1975)，原名钟麒，号碧庄、容叟，江苏苏州人。毕生从事中国古代文史研究，著有《二十五史新编》等。本书旨在勾勒中国学术思想演进的大致线索，具有总结学术史的意义，是一部"学术思想演进史"。书共8章，除第一章"绪论"外，其余7章按中国学术形态的历史演化顺序展开论述。作者对各个时代学术思想的特点作了形象的总结和概括，认为早期的学术思想可以称之为"神权的崇拜"，先秦学术思想为"阶级的觉醒"，两汉阴阳学为"利禄的营求"，魏晋玄学为"个人的发现"，隋唐佛学及宋明理学为"大我的寻证"，清代朴学为"古代生活的检讨"，晚近学术思潮则归于"民族的自觉科学的认识"。作者认为："我们要研究学术思潮的流变，还得把握住每一个时代的每一种特色。从差异中看出它的一致来，从近似中辨别出它的差异来，从各种思潮的精神命脉里求出一个时代的特点。"这正是本书的指导思想，也是本书的写作方法。历代学者一般均以"经学"为两汉的代表性学术形态，但本书不主经学，而主"阴阳学"，意在寻求汉代学术的真正精神和真正渊源。作者称："两汉的学术虽有今古文的异同，拿经学来奠定它的基础，但它的真正精神却别有所在，它的真正渊源也别有所在，那就是阴阳家的学说了。"作者关注古代思想的同时，也不忽视晚近，并给晚近学术思想以相当高的评价："综观中国过去的思想，大都偏于阶级的、个人的、大我的觉醒，始终没有民族的觉醒。同时也大都偏于政治的、伦理的、宇宙的发明和检讨，缺乏物质的科学的研究。虽这两方面各有得失，要之晚近的思潮不可不认为一个激变了。"

国学概论 1931年商务印书馆《新中学文库》本。

钱穆著。钱穆(1985～1990)，字宾四。无锡荡口人。曾任燕京大学、新亚书院等校教职。晚年定居港台地区，创建新亚书院。《概论》为上世纪20年代，他在江苏省立第三师范、省立苏州中学讲授国学之讲义合编而成。本书不取经、史、子、集之法，而是采用梁启超《清代学术概论》体例，分期叙述。书凡10章，分上、下两篇，以时间为线索，从先秦至近代，将各个时代的主要学术形态按儒学、子学、经学、玄学、佛学、理学、考据学等顺序展开论述，既介绍每一时期代表学人的思想，又简要总结这一时期的学术发展特点。论史过程中，不孤立地论某一时代的学术，能注意不同时期学术的承递关系，辨明不同时期学术特点的差异，同时明确表明自己的学术史观点。在内容安排上，"本书为便学课诵览，凡称引所及，以及辨证论难，均散入小注，而正文仅为纲要。读者须兼观并览，始得尽其意趣"。但上、下篇风格略有不同，先秦、两汉之后，引用内容过多而相对缺乏必要的分析，不免有文气阻隔之感。由于对象为中学生，讲稿内容难免略嫌浅显，形式上也有讲稿的痕迹。初版前原有钱基博序，据杨绛称系钱钟书所代笔，钱穆晚年重印时删去。

国学概论 1936年上海中华书局铅印本。

钟泰著。钟泰有《中国哲学史》，已著录。全书共分6章：第一章六书篇，附说文解字部首略笺；第二章声韵篇，附戴氏广韵独用四声表、古韵源流分合图；第三章章句篇，附读书分年日程引黄勉斋句读例、又续补句读例；第四章六艺篇；第五章诸子篇；第七章目录篇，附古今目录分合表；第七章汉宋异同篇；第八章文章体制篇。论述皆用文言，全书强调治国学主要的方法原则是，治国学必须树立整体的国学观，必以明义理为宗旨，应以文化传统的继绝存世为目的，讲求涵泳反复。同时，也对汉学、宋学之间异同有所思考，提出“合汉宋为一”的观点。

先秦学术概论　1933年上海世界书局铅印本。

吕思勉著。吕思勉(1884～1957)，字诚之。江苏常州人。曾任光华大学教授。中华人民共和国建立后，任教于华东师范大学。本书分上、下两篇，上篇为总论，下篇为分论。着重分析了先秦诸子百家的源流和相互关系，以及各自的学术思想。全书主要有三大特点：一是分析全面，除道、儒、法、名、墨、阴阳等六家之外，兼及纵横家、兵家、农家、数术、方技、小说家、杂家。二是重视各派源流和相互关系。作者认为诸子百家是相通的，它们都源于古代宗教哲学，它们分流只是由于“本诸旧有之思想，以求解释之道，而谋处置之方”之“势”的影响，故“诸子之学，所以虽各引一端，而异中有同，仍有不离其宗者在也”。三是论辩各家著作真伪，颇多独到的见解。如近人都认为《尉缭子》和《六韬》是伪书，作者却认为“此书义精文古，决非后人所能伪之”。几十年后山东临沂银雀山汉墓出土了两书的残简，证明作者论断准确。作者反对胡适的《诸子不出王官论》，认为《汉书·艺文志》诸子出于王官之说不能全盘否定，并综合《淮南子·要略》“诸子起于救时之弊”之说，指出章太炎的“九流皆出王官，及其发舒，王官所弗能与；官人守要，而九流究宣其义”之说最为持平。本书在辨明学术的同时，又能将先秦文化、思想等融入其中，将微观剖析融入宏观论述之中，进一步凸显“历代学术，纯为我所自创者，实止先秦之学耳”的学术观点，是一部特点鲜明的思想史著作，在研究先秦学术思想史上有着重要地位。

十三经提纲　1934年无锡民生印书馆《无锡国学专修学校丛书》本；1924年刻本。

唐文治著。唐文治(1865～1954)，字颖侯，号蔚芝，晚号茹经。原籍江苏太仓，后居江苏无锡。教育家、国学大师。光绪十八年(1892)进士。江阴南菁书院毕业。历任上海高等实业学堂监督、私立无锡中学校长、无锡国学专修馆馆长。《提纲》原为《十三经读本》而作，自1921年起，历时3年。《读本》由施肇曾出资刊刻完成，凡120册，《提纲》13卷即附于前，以为读书者指南。铅印本系其任教无锡国学专修学校时之单行本，以便诸生阅读参考者。全书以《周易》最详，以自作《易微言》5篇为殿；《尚书》分道政事，辨真伪，尤尊王鸣盛《后案》；《四书》则以《大学》《中庸》仍入《礼记》。其余各种，大抵述其源流、师法授受、大义、微言、注释、评点之属。伦明以为“名曰《提纲》，乃绝无义例，搜辑诸说，瑕瑜互见，所持论大都陈言，无精义，且参以论诗文语，尤非体”，则不免责之太过矣。书后有铅印“中华民国廿四年五月廿四日收到”一行，与版权页所记年月相差一年，有以收到日期为据，定此本为1935年印本，二者实无差别。

经学通志　1936年上海中华书局铅印本。

钱基博著。钱基博(1887～1957)，字子泉，别号潜庐。江苏无锡人。古文学家、教育家。曾任清华大学、中央大学、无锡国学专修学校、光华大学、浙江大学、湖南蓝田国立师范学院教授。中华人民共和国建立后，任华中师范学院教授。著有《现代中国文学史》《经学通志》等。本书是作者经史研究的代表性著作，以史训经，叙述经学的生成流变，阐释经学的思想发展，围绕经学之演化博稽深览，旁涉百家，深入经学而不囿于经学，广泛征引与经学相关的政治、历史、哲学、文学等文献资料，形成了具有文化史特征的经学史观。本书主要的特点大致有三：其一，编写体例异于他书，不以时代为序，而是按各经书写，其目录分为：《总志第一》《周易志第二》《尚书志第三》《诗志第四》《三礼志第五》《春秋志第六》《小学志第七》；其二，不写传统十三经，而只选择了其中几部儒家经典。因为作者认为，“六经、六艺之名，由来久远，不可以臆增益”，因而对后世所谓九经、十三经之说，不以为然。以传为经(如《春秋》之三传)、以记为经(如《周官》二戴之记)、以群书为经(如《周书》《楚汉春秋》等)、以经之贰为经(如《论语》《孝经》)、以诸子为经(如《孟子》)、以经解为经(如《尔雅》)，这都是不符合经的意义的。其三，在风格上，用最简练的语言涵盖了巨大的知识体量，作者在经书目录、版本、源流方面的功夫，令人叹为观止。总体而言，本书以阐述经学古今之流变而考论其得失为主，翔实精审，是研治经学的重要著作。

经学通论　1923 年东南大学出版社铅印本；1923 年商务印书馆铅印本。

陈中凡撰。陈中凡(1888～1982)，原名钟凡，字斠玄，号觉无，江苏建湖人。著名文史学家，历任北京女子高等师范国文部主任、东南大学教授兼国文系主任、金陵大学教授、金陵女子文理学院教授、南京大学教授、江苏省文史研究馆馆长等职。本书为作者任教的讲义。作者首先为本书标题下了定义："凡先王之典籍为之经。博综群言，研核经旨，判其异同，求其条贯，谓之经学。述群经大旨，考传授源流，兼稽古今各家派别，用以识其废兴得失之所由，是曰《群经通论》。"全书分四个部分，首先言群经之名，其次考群经之述作及其传授之原流，再次述解经诸传记，最终论治经之方术。作者认为经学研究第一是"选读经文"，"不读经文，等于空论；熟读经文，触类旁通"。第二是"离经辨志"，"离经，即标点句读，辨志，即断章写段落大意和全篇大意"。第三是诠释训诂，学习注经的名作。除了对经书内容有很好的把握之外，作者还提出有两个方面的问题必须注意。第一是辨家法，即辨析经学在实际发展过程中出现的今文、古文之别；第二是通义例，明通义例才能不至于凌乱，才能事半功倍。

四书解题及其读法　1933 年商务印书馆铅印本。

钱基博著。钱基博有《经学通志》，已著录。本书是钱基博通论"四书"的专著，讨论有关"四书"研究的基本议题。作者认为《孝经》为进入"四书"的阶梯，故附于"四书"之末。作者仍按照"四书"顺序的旧例，如序所言："不先乎《大学》，则无以提纲挈领，而尽《语》《孟》之精微；不参之《语》《孟》，则无以融会贯通，而极《中庸》之旨趣。"作者详细论证了《大学》《论语》《孟子》《中庸》以及《孝经》的作者、版本，并条陈出各书的读法。各章独有的特色，其中《大学》《中庸》首先论述"解题及隶四书始末"，而《孟子》则是"解题及隶经始末"，后列"《史记》之孟子"，《论语》《孝经》则径以"解题"开篇。"读法"部分是作者读书经验的总结，也是引导后人学习"四书"的指南，不同的书，作者条理的读法也各不相同，如《大学》《中庸》的读法特别指出要"核其篇章"，与经文相对照而读，对古人的不同观点也列入其中以备参考。

先秦诸子系年　1935 年商务印书馆《大学丛书》本；1936 年商务印书馆再版。

钱穆著。钱穆有《国学概论》，已著录。《先秦诸子系年》原名《先秦诸子系年考辨》，凡 3 卷 163 篇，通表 4 篇，附表 3 张。4 卷考辨与 4 篇通表一一相应，第一卷考订孔子行迹与相关人物；第二卷考墨子、子思、吴起等，并辨老子其人其书；第三卷考晋、楚、魏、齐列国诸子；第四卷考春申、平原二君和荀子，至韩非、吕不韦。并依次将先秦学术思想发展分为"初萌""酝酿""磅礴""归宿"四期。前人考证诸子年世，多依据《史记》的《六国年表》，然而《六国年表》颇多缺失，作者改以诸子证诸子，又以《竹书纪年》与《史记》《国策》对勘，推明《竹书纪年》所载秦孝公以前的东方史实远胜《史记》。本书第一次系统详细地考证了先秦诸了的生平著述、学术师承，对二百年间纷繁庞杂而又十分重要的先秦学术史进行了清晰的梳理。陈寅恪评价此书说："《诸子系年》极精湛。时代全据《纪年》订《史记》之误，心得极多，至可佩服。"蒙文通也说："君书体大思精，惟当于三百年前顾亭林诸老前辈中求其伦比。乾嘉以来，少其匹矣。"可见本书在学术界影响之大。虽然随着出土新材料的越来越多，以出土之实物证纸上之文献，本书结论亦或有可商榷之处，但瑕不掩瑜，对我们今天研究先秦史仍具有重要意义。

读诸子札记　1919 年待晓庐铅印本；1930 年文字同盟社铅印本；1959 年中华书局铅印本。

陶鸿庆著。陶鸿庆(1860～1918)，字小石，一字朏石，号艮斋。清末民初盐城人。光绪五年(1879)举人。光、宣之际，先后被举为本邑教育会及农会会长。民国初，又被举为临时县议会议长。工书法，通经史。除本书外，还著有《读礼志疑》《左传别疏》等。本书为陶鸿庆读书札记，部分发表于《国学丛刊》和《制言月刊》，50 年代其同邑陈钟凡誊清全部稿件，送交中华书局出版。全书含 17 家：老子、庄子、列子、淮南子、吕氏春秋、管子、晏子春秋、孙卿子、墨子、贾谊新书、董子春秋繁露、韩非子、商君书、扬子法言、公孙龙子、尹文子、尸子，老子卷中又附王弼注勘误。先列书中原文，后为陶氏按语，主要内容是对文字进行训释、校勘以及断句等，征引各家之说，断以己意，有助于诸子研究。

诸子通谊 1925年商务印书馆《东南大学丛书》本；1932年商务印书馆再版。

陈中凡著。陈中凡有《经学通论》，已著录。本书论述先秦诸子的流派与思想，分为上、中、下三卷。上卷两篇：原始、流别，论述先秦诸子各家的源流、派别；对各家的发展过程作了详尽的介绍和梳理。中卷五篇：原道、原名、订法、述墨、明儒，申明各家的思想、主张，阐述道、名、法、墨、儒等家思想的发展过程；下卷三篇：正名、论性、阐初，叙述各家关于"名""性"、宇宙本体"一"等基本哲学范畴的不同观点。书末附周秦迄元明诸子书目。其中《原名篇》《正名篇》，对于先秦名墨以及儒、道、法诸家的逻辑思想作了简要的叙述，同时对名实问题的历史发展也作了一些系统的评述。

子学常识 1925年大东书局铅印本。

徐敬修著。徐敬修(1893～1926)，江苏吴江人。师从金天翮，苏州星社成员。本书是关于我国古代哲学思想的一本普及性读物，对诸子的渊源及范围、历代诸子、诸子学说，以及研究诸子的方法作了比较全面的介绍和论述。全书共分5章。第一章为《总论》，探讨"子"的意义，子书的范围，诸子的派别、渊源，子部与经、史、集部的关系等。作者认为，狭义地说，诸子有九家即儒、道、法、墨、兵、阴阳、名、农、政。其各自的渊源分别为：儒家源于司徒之官；道家出于史官；法家出于理官；墨家出于清庙之官；兵家源于司马之官；阴阳家出于义和之官；名出于礼官；农家出于农稷之官；政家源于司空之官。九家之外，杂家出于议官，纵横家出于行人之官，小说家出于稗官，术家出于明堂义和占卜之官，方技出于王官等。第二章《历代子学之大概情形》，历述我国周秦至清代的子学发展。第三章《诸子之学说》，按派别分别介绍儒家、道家、墨家、法家、名家的学说。第四章《子书之内容》，介绍儒、道、法、兵、杂、墨、名7家子书之内容。第五章《治子学之方法》，作者概括研究子学的要点，并罗列出必修子部书目。

周易消息大义 1934年无锡民生印书馆《无锡国学专修学校丛书》本。

唐文治撰。唐文治有《十三经提纲》，已著录。本书共分为四卷，卷首包括《八卦取象歌》并名义，《分宫卦象歌》并释义，十二辟卦消息图。卷一、卷二、卷三对《周易》"乾、坤、复、临、泰、大壮、夬、姤、遯、否、观、剥"十二卦的大义进行解说。作者写作此书的主旨，在序言中早有申明，"兹编之作，本于孔圣洗心寡过，其要无咎，与亚圣正人心息邪说之旨，而于阳息阴消之精蕴，君子小人进退之大原，尤三致意焉。"其实是通过汉儒象数之"十二辟卦"，衡之以义理，再反诸身心，"因一心之存亡，推之即一身一家之存亡，又推之即一国天下之存亡"，"因一心之消息，推及于身与家与国与天下之消息，举凡废兴存亡、进退得失、风俗迁流、运会变革，不外消息之几。"即作者所言"夫易何为者也？致广大而言之，冒天下之道，通天下之志，定天下之业也。尽精微而言之，极深研畿，穷理尽性以至于命也。而究其奥旨，要归于古圣伏羲所言消息之教；阳用事为息，阴用事为消也。"不过，作者所讲的《周易》大义多是集合二程、杨时等论述《周易》的精粹部分，此处以"消息"为名则是特色之处。

周易解题及其读法 1931年商务印书馆《国学小丛书》本；1935年商务印书馆《初中学生文库》本。

钱基博著。钱基博有《经学通志》，已著录。本书包括7篇内容。首篇绪论表明作者写作此书的目的，介绍了《易》在六经中的地位以及与其他五经的不同、介绍了《易》"神以知来，知以藏往"的作用和研习《易》的艰深。第二篇解读"周易"二字，通过《易》《系辞》《说卦》等对"周""易"皆作了深刻的探讨，对"周易"二字的含义作了确切的阐释。第三篇对《周易》一书的作者问题进行了探究，对伏羲氏、周文王、周公、孔子等人与《周易》之间的关系都给出了中肯的看法，并提出作者自己的观点。第四篇论列了先秦诸子引用《周易》的情况，指出《周易》一书在先秦时期与学术生活的联系。第五篇介绍了汉代以后研习《周易》的学者以及他们的学术主张，主要对《周易》学者的学术源流的演变进行了准确的梳理。第六篇介绍了《周易》在流传过程中的版本发展以及各个版本存在的问题和优劣。第七篇介绍了《周易》的读法：明《易》之学、读《易》之序、籀《易》之例、说《易》之书。尽管本书只是一本小书，但是它既有对《周易》发展演变过程的详尽论述和分析，也有对《周易》版本及其读法的介绍和指导，还有对周易具体内容的独到详述和揭秘，语言通透平实，介绍深入浅出，不失为一部先导性的《周易》入门指导书。

周易卦爻辞中的故事 1929年燕京大学铅印本。

顾颉刚著。顾颉刚(1893～1980)，原名诵坤，字铭坚，号颉刚。江苏苏州人。历史学家。“古史辨”学派的创建人之一。著有《古史辨》《吴歌甲集》《秦汉的方士和儒生》等。本书原为作者于1929年刊载在《燕京学报》上的论文。作者首先批判传统所谓《周易》“人更三圣，世历三古”的说法是不合理的，这是中国文人喜欢将功劳依附于古代名人的“坏习惯”所致。而《易经》与《易传》需要分开来看：《易经》可能反映了西周初年的文辞内容，而《易传》则是晚至战国时代才成书的。作者由此观点切入，认为卦爻辞中的许多“故事”，原是西周初年流传的时人耳熟能详的典故，《周易》卦爻辞中这种典故，是给问卜者一种可以用来作为比喻的标题。作者考证了其中的五个故事，分别为“王亥丧牛于有易”“高宗伐鬼方”“帝乙归妹”“箕子之明夷”“康侯用锡马蕃庶，昼夜三接”。通过故事的发生时间，作者指出《周易》卦爻辞为文王所作的传统说法是不可信的，推测出“著作时代当在西周初叶，著作人无考”的结论。另外作者讨论了四个卦爻辞中所没有的故事，即没有尧舜禅让、没有汤武革命、没有封禅、没有观象制器。这四个故事见于《易传》而不见于《易经》(即卦爻辞)，作者推测《易传》“著作时代至早不得过战国，迟则在西汉中叶”。

孔子与释迦 1924年商务印书馆铅印本。

蒋维乔著。蒋维乔有《中国哲学史纲要》，已著录。本书是作者在暨南学校的讲稿，分别从四个方面来论述孔子与释迦牟尼之间的同异。一、降生年代。作者指出释迦降生年代距1924年为2489年，而孔子的降生年代距此为2476年。东西两圣，实际上是并世而立。二、出身背景。孔子与释迦同为贵族，但是孔子少孤，处境难，学成而成伟人尚易。释迦处境顺，学成而成伟人稍难。三、知识储备。孔子与释迦皆是博学多才之人。孔子精通六艺，文武兼备。释迦深通五明之学，即医方明、工巧明、声明、音明、内明也。四、学说思想之异同。作者认为：孔子生在北方，崇尚实际，主力行，费人事，喜保守。孔子学说的立足之处在于正心诚意，而推及修身齐家治国平天下，属于入世派。孔子论述道德之义，最注重“仁”字。在《论语》一书中，弟子问仁者不一，而其答案各异，也是因为孔子因材施教、立说五方的缘故。而释迦生于中印度，受印度自有的婆罗门教的影响，偏重出世。释迦思想中关于人世间伦理的观点，大都同于孔子，唯独出世思想，是孔子所不提的。释迦思想注重证悟，而不重视言说文字。由此可见，儒佛二家学说，一重在入世，一重在出世，思想渊源迥然不同。作者指出，近代有学人提出三教同源的说法，实在是思想笼统的表现。对待三教的差别，要认真分析，不可附会。

论语要略 1925年商务印书馆《国学小丛书》本；1930年商务印书馆《万有文库》本。

钱穆著。钱穆有《国学概论》，已著录。本书又名《孔子研究》，系作者1923年在江苏省立第三师范学校国文讲席时的讲义。全书共六章。第一章序说，介绍了《论语》及其注释等有关的著作。第二章孔子的事迹，对孔子的相关事迹做了详细的介绍，最后附有孔子年表。第三章孔子的日常生活，意在展现普通生活中的圣人孔子的形象。第四章孔子人格之概观。对孔子人格进行分析评说，详细介绍了孔子的精神品质和道德形象。第五章孔子的学说，详细介绍了孔子在思想上的主张。一是“仁”。仁者从二人，犹言多人相处也。就内部而言，人与人相处所共有之同情曰“仁心”；就外部而言，人与人相处所共行之大道曰“仁道”。二是“直”。直者诚也，内不以自欺，外不以欺人，心有所好恶而如实出之者也。三是“忠”“恕”，仁者贵能打通人我，打通人我，故能直，忠恕者，即打通人我之要道也。四是“忠信”，忠信者，忠恕也。“信”有两个含义，一是我可以取信于人，人见我可信，然后又更加地相信我。凡蕴于内者必见之于外，凡根于心者必达于事。五是“礼”，孔子每每即事论心，一面重视内心的情感，一面又重视外在的规范。孔子认为外部规范就是礼，起源于内心之仁，乃内部精神之表象。六是“道”，道是人们生活日常之中所应该行的。外在表现是礼，内在涵养是仁。七是“君子”，君子是孔子思想中一个圆满人格的表现。八是“学”，谈到了孔子的一些教育思想。第六章介绍孔子的弟子。将孔子之学的源流发展进行了清楚的梳理。本书着重在第二、五章。

孟子要略　1926年上海大华书局铅印本；1928年上海群学社铅印本；1948年上海开明书店铅印本。

钱穆撰。本书又名《孟子研究》，是作者在江苏省立第三师范学校任教时的讲义，是其孟学研究的代表作之一。该书与作者所著的《论语要略》《大学中庸章句》统称为《四书释义》，是对"四书"的阐释与发挥。全书共7章，第一章，孟子传略，附"孟子年谱"；第二章，孟子对于当时政治之主张，附"孟子之政治思想"；第三章，孟子对同时学者之评论，附录"孟子对当时从事政治活动者之批评"；第四章，孟子与弟子关于士生活之讨论；第五章，孟子之性善论；第六章，孟子之修养论；第七章，孟子尚论古先圣哲及自道为学要领。本书总结出了孟子对后世的三大贡献：第一，发明了"性善"大义。这一大义成为中国传统政教纲领，也成为中国传统文化精神的基础。第二，孟子言"养气"，养浩然正气。第三，孟子讲尽心知性，尽性知天，此为孟子心学，是中国古人天人合一、性道合一的宇宙观。其中"性善论"是作者最为肯定的核心要义。

荀注订补　1936年商务印书馆《国学小丛书》本。

钟泰著。钟泰有《中国哲学史》，已著录。本书主要围绕王先谦的《荀子集解》，通过"考之于文，揆之以理"，对其中诸家注释《荀子》的失误和不当予以纠正。全书订补对象主要有两部分：针对杨倞注荀未当者，有180余条，占全书的三分之一；针对清代学者纠正杨注过程中的失误和未当者，占全书的近三分之二，涉及注荀大家15人。本书提出文献考释的四点原则，并举例予以说明，"大抵书有疑义，所以决之不出四端：一曰训诂之相通，二曰他书之所引，三曰文势之相接，四曰义理之所安"。王天海在《荀子校释》一书指出，本书"可以说是卢文弨、王念孙、刘师培、王先谦之后校释荀书最勤的著作"。但本书也有训释错误，杨树达《书评》从"著者误驳者""对于旧说之失择"和"考之未周而误说者"等方面指出了本书的不足。但瑕不掩瑜，正如杨树达评价所言，"衡量得失之量，胜义终较误处为多"，"要之著者于荀子书为曾用心力者，殆可断言"，可谓中肯。

老子道德经笺注　1927年上海医学书局铅印本。

丁福保著。丁福保(1874～1952)，字仲祜，号畴隐居士，一号济阳破衲。江苏无锡人。医学家、文字学家、佛学家。本书成书于1926年，多采《庄子》《文子》《淮南子》，以及《韩非子》之《解老》《喻老》之说，并择取历代各家解《老》之精义，附以己见。主张佛、老会通，间以内丹解《老》。书后附有其学生周云青所撰《老子道德经书目考》，对了解历代老学书目有一定的参考价值。

老子集解　1925年铅印本；2007年上海古籍出版社方勇标点整理本。

奚侗著。奚侗(1878～1939)，字度青，号无识。清安徽当涂人。清末官盐城典史。曾留学日本明治大学，授法学士。淡泊名利，绩学工诗。奚侗认同老子谦下空虚的思想，他认为清末以来提倡强权，兵戈四起，人民饥而轻死，只有老子清虚谦弱之道，才能息乱致治，故著本书。作者广览各家之书，择其详明不乖老氏意旨者，充实以自己的见解，章次依王弼、河上公之旧。本书名为集解，实际对《老子》的注解非常简约，每章分为数段，段后训解少数疑难字词，主要是解释段落大意，不繁征博引，往往直陈己意，略引一二家之说为证，最后标举此章韵语。《老子》历来注家众多，本书注解简明扼要，颇便于后学。

老子斠补　1934年宁武南氏《刘申叔先生遗书》本。

刘师培著。刘师培(1884～1919)，又名光汉，字申叔，号左盦，江苏仪征人。北京大学教授，民国初年国粹派代表学者。著述等身，后人辑有《刘申叔先生遗书》。在本书中，作者根据历代各种文献资料校正通行的《老子》王弼注本中的错误，如脱字、脱句、讹脱相兼、衍文、讹字等。又据古籍中的各种记载来阐明《老子》的本来意旨，用《老子》本书前后文证说《老子》的句读与意旨。由于本书引证实繁，故不仅于校勘《老子》有益，更于参阅其他古籍有用，不可轻视为简单的异文校订之作。

老子道德经解题及其读法 1934年大华书局铅印本。

钱基博著。钱基博有《经学通志》，已著录。全书分四部分，第一部分本着“无经不信”的原则，依据《庄子》和《史记》等书的记载，概述了老子的身世及孔子问礼、道于老子的情形。第二部分介绍老子《道德经》，作者旁征博引，主要论述了三个方面的问题：一说明《道德经》书名如何产生；二指出“今以书考，道德混说，无分上下”，“以道德分经无据也”，成一家之言；三解释“道德”二字之意义及其关系，认为“‘道’者，人之所共由；‘德’者，人之所自得也。然‘道’非有余于‘德’也，‘道’散而‘德’彰。‘德’非不足于‘道’也，‘德’成而‘道’隐”，对“道德”作了自己的表述，十分独到。第三部分，作者从河上公注本谈起，论述了历代《道德经》的各种主要版本及校核本，内容相当完备。第四部分，强调《道德经》读法，指出第一要通其指意，认为老子之观道，始于“知常”，终于“斠玄”，两意一贯，即可通道纪；第二要审其篇章，认为诸家对《道德经》分章未可信，原分章次盖不可知，读者要“好学深思，心知其意”；第三要旁籀诸子，即要阅读庄子、列子等诸子言老子之书，以明白老子的指意；第四要会核众注，因为“一家之见，发义未宏”。作者在概述历代解老之作时，着重介绍了宋人苏辙、元人吴澄、明人焦竑以及后来杨文会等人的著作，持论亦公允。

老子辨 1935年大华书局铅印本。

钱穆著。钱穆有《国学概论》，已著录。本书初名《老子辨伪》，共四篇。前两篇辨老子其人：一、孔子与南宫敬叔适周问礼老子辨；二、老子杂辨；后两篇辨《老子》其书；三、关于《老子》成书年代之一种考察；四、再论《老子》成书年代。关于孔子与南宫敬叔到周国问礼老子一事，作者认为其年代难以确定，人物也未必真实。战国时所说的老子，大略可指三人，一曰老莱子，即《论语》荷筱丈人；二曰太史儋，为周室史官；三曰詹何，为楚人。孔子所见者，乃南方芸草之老人，由庄周把此事神化；出关游秦者，乃周室史官儋，由秦人将此事神化；著书谈道，列名百家者，乃楚人詹何，而神其事者，则为晚周之俗说。其混而为一人，合而为一传，则始《史记》。第三篇作者通过《老子》学说思想来说明该书的成书年代。作者依次考察了老子书中与道相关的诸多名词：帝、天、地，物、大、一、阴阳一气、德、有无、自然、象、法、名，对这些概念一一溯源，证明老子书出于《庄子》内篇七篇之后。第四篇从老子书中对政治社会的种种理论、从学术思想之演变、从文字文句之特点，及从著书之大体等几方面论证《老子》书为战国晚期之作品，似与宋、公孙龙同时或稍后。

老子校诂 1937年商务印书馆铅印本。

蒋锡昌著。蒋锡昌（1897～?），又名海庭，别号思常，江苏无锡人。著有《老子校诂》《庄子哲学》，复有《庄子解题》未刊稿。本书是近代老学研究代表性著作之一，主要采用传统的方法研究《老子》，遵循清代学者“由小学入经史”的治学途径。本书首重校勘训诂，以浙江书局王弼注本为底本，参校了唐、宋、元、明、清善本及日本藏本等八十三种《老子》注本，逐字逐句比较异同，定以己见，在考订文字的基础上，再于义理进行阐发。凡校一字，必先自前后文觅其相同之例，不得方以他书为校；凡训一字，必先自前后文觅其相同之例，不得方以他训为诂，其中取舍，以不背全书大指为定，不轻取古人成义；同时，作者认为“读古书之道，贵心通全书之大而解其小，不能拘于一句一字之小而该其全”，所以在校勘训诂“解其小”之外，作者对于《老子》一书义理的阐发、主旨的揭示也同样精到。例如：“四十五章‘清静为天下正’，言以清静之道为天下清静之模范也。五十七章‘以正治国’，言以清静之道治国也。五十七章‘我好静而民自正’，言我好静而民自清静也。”作者根据《老子》一书“无为而治”的主要观点，将书中之“正”训为“清静无为”，颇有新意。书末附有《黄老考》《老庄并称之始考》《黄老学者接子捷子接予为一人考》《古代引老经最早之人考》四篇考论文字。

标点老子道德经 1923年上海泰东图书局铅印本。

支伟成著。支伟成（1899～1928），原名懋祺，江苏丹徒人。师从蒋维乔。著有《清代朴学大师列传》《商君书之研究》《管子通释附管子之研究》等。本书卷首有《老子学说之研究》，从“老子学说之渊源”“老子同时之学说”“老子所感受之时势思潮”“老子之性质境遇”“老子学说之效验与价值”等方面对老子思想进行了阐释，多有新见。次为《老子传略》，对《史记》所记老子生平事迹加以考辨，亦有得。书末附有《老子哲学窥要》，援引西方哲学的话语如宇宙论、政治哲学、人生哲学等研究老子思想。正文则对《老子》经文加以新式标点，并逐章诠解，对王弼注多有采撷。

老庄哲学研究　1932 年铅印本。

贝琪著。贝琪（1915～1941），谱名聿琚，又名充，字仲珩，号仲琪，一作仲琦。江苏吴县人。少好学，从章太炎问学。后任教云南大学。著有《博望楼文钞》。本书共分 8 篇，第一篇引论；第二篇老庄考，分别是“老庄之年代考”“老庄之著述考”“老庄学说之渊源考”；第三篇老庄之宇宙哲学，分别对“宇宙本体论”“宇宙组织论”“宇宙现象论”三方面的内容加以论述；第四篇老庄之知识论；第五篇老庄之人生观，从“齐物说”“定命论”“死生观”三个方面来探讨；第六篇老庄之处世哲学，分为“本真论”“绝欲说”“守柔说”“修养论”四个方面；第七篇老庄之政治哲学，老庄哲学中有很深的政治意味，其主张“无治主义”，又有“废法—忘术”“非战—去兵”这两方面的治术，最终要达到“理想国”的状态；第八篇结论，即“老子之道，以‘无’为体，以‘有’为用，以‘自然’为来源，以‘反始守柔’为处世之方”。当然作者也提到了老庄哲学的不足之处，即：“老庄思想之缺点，在于‘太因循自然，而蔑弃人为。’”但这也是当时的社会环境使然，也不必求全责备。

庄子斠补　1934 年宁武南氏《刘申叔先生遗书》本。

刘师培著。刘师培有《老子斠补》，已著录。本书成稿于 1912 年，主要对《庄子》书中重要文句加以考证。其序曰：“昔治《庄子》，历检群籍，兼逮《道藏》各本，以雠异同，故解舛讹，亦附正焉。计所发正约数百事，均王（念孙）、俞（樾）、郭（庆藩）、孙（诒让）所未诠也。”如论《逍遥游》篇的宋荣子即宋钘，作者考证说：“所云誉不劝，非不沮，定内外，辩荣辱，即《荀子·正论》所引‘见侮不辱’诸旨也。《韩非子·显学》篇云‘宋荣子之议，设不斗争，取不随仇，不羞囹圄，见侮不辱’，尤与荀卿所引合。”他又考证为什么一作宋荣子，一作宋钘，以为“榮”字上半与“开”二声，“古韵通转，作榮作钘，音实靡别。《月令》腐草为萤，《吕纪》作为蚈，是其比矣。《释文》引李注、司马注并以宋国人为释，失之”。

庄子天下篇讲疏　1928 年商务印书馆铅印本。

顾实著。顾实（1878～1956），字惕生，江苏武进人。早年攻习法科，后喜研治古代典籍。曾执教于东南大学、无锡国专等校。著作主要有《论语讲疏》《中国文字学》《中国文学史大纲》等。本书分《原一》《墨翟禽滑釐》《宋钘尹文》《彭蒙田骈慎到》《关尹老聃》《庄周》《惠施》七部分，是对《庄子·天下》内容的梳理和讲解。作者在《自序》说：“《庄子·天下》篇者，《庄子》书之叙篇，而周末人之学案也。旧曰学案，今曰学术史。不读《天下》篇，无以明庄子著书之本旨，亦无以明周末人学术之概要也。故凡今之治中国学术者，无不知重视《天下》篇，而认为当急先读破也。”但要读破此篇，必须掌握“四法”，即一要“熟玩《庄子》全书”，二要“遍读群经百家之书”，三要“明乎文字之声音假借而正其训诂”，四要“沉酣其文而得其肌理气息”。因此，作者撰写的《墨翟禽滑釐》《宋钘尹文》《彭蒙田骈慎到》《关尹老聃》《庄周》诸部分，皆可谓是精心结撰之作，既忠实于文本，又不乏自己的独特见解。对于名家学说，作者认为决不能一概斥之为诡辩，并强调指出：“由今观之，惠施之逐物，乃甚近唯物主义，而庄子之论，偏倾于唯心主义。古今学术之升降何穷，庄子一人一时之倡说，岂遽能为千古之定论哉？”可谓在名家研究方面开了新风气。

读庄子天下篇疏记　1934 年商务印书馆《国学小丛书》本。

钱基博著。钱基博有《经学通志》，已著录。本书分为《总论》《墨翟禽滑釐宋钘尹文》《彭蒙田骈慎到关尹老聃》《庄周惠施公孙龙》四篇，前有《叙目》，末附《太史公谈论六家要指考论》。作者在《叙目》阐述了他撰写本书的原则，即一曰“以子解子”，二曰“稽流史汉”，三曰“古训是式”，四曰“多闻阙疑”。作者以《天下》篇开头至“道术将为天下裂”为《总论》篇。他通过征引分析老庄等大量思想资料，认为庄子于此“品次天下之治方术者”，并对王安石所倡导的《天下》篇作者极力称道儒家而把自己与老聃列为“不该不遍一曲之士”的说法进行了反驳，以还原《天下》篇作者之本意。《墨翟禽滑釐宋钘尹文》《彭蒙田骈慎到关尹老聃》《庄周惠施公孙龙》三篇是作者“以子解子”思想的具体体现，作者比较、分析《老子》《庄子》《墨子》《荀子》《韩非子》《淮南子》等书中的大量思想材料，推论宋钘、尹文为“墨者之支与流裔”，其言黄老，大抵调和之意；推论彭蒙、田骈、慎到等为“道家之支与流裔”；认为“惠施为道者之旁门”，更“为庄学之别出”等等，这些观点在当时颇为新颖前沿。但也存在一些问题，如模糊了以惠施、公孙龙为代表的名家各派学说与老庄道家学说的本质区别等，未可尽取。

庄子新义　1934 年《无锡国学专修学校丛书》本。

朱文熊著。朱文熊(1883～1961)，字造五，又字兆弧，江苏昆山人。一生从事教育工作。著有《三S平面解析几何详析》《江苏新字母》《庄子新义》等。本书是《无锡国学专修学校丛书》第七种，内容主要是对《庄子》的注解及庄子学术的评论。书前有朱氏《读庄余论》二十八则、《凡例》三则、《庄子与孟子学术同源及著书之大概考》等内容。依《庄子》内、外、杂篇，将正文分为三卷，有题解、注释、句读、评语等。又以《让王》《盗跖》《说剑》《渔父》四篇非庄子作，故四篇仅有分段、句读，无注释、无评语。本书以儒解庄，强调孟子与庄子的相通之处。唐文治在《庄子新义序》中说，庄子之学可有各种解释，但“为人心世道计，则当以儒家为要归。君之此书，盖能独得其精微矣”，从世用的角度，对朱氏以儒解庄予以肯定。作者在自序中，也说“庄子之学，必非仅‘玄同’二字”，“庄子之学，其儒家之雄”，“窃谓庄子之学，是象山氏之先河也，是阳明氏滥觞也”，认为庄子之学，开宋代理学之先河，是真知孔子者。

庄子哲学　1937 年北京商务印书馆铅印本。

蒋锡昌著。蒋锡昌有《老子校诂》，已著录。本书原名《庄子哲学及逍遥游齐物论天下校释》，包括四篇文字：《庄子哲学》《逍遥游校释》《齐物论校释》《天下校释》。在《自序》中，蒋锡昌阐述了四篇文字的内在联系：“《哲学》一篇，叙述《庄子》全部之思想，而其根据则为训诂；《校释》三篇，理其训诂，而其根据则为哲学。”可见此书分为两个部分，即哲学和校释两部分。前者主要体现着民国时期西方文化中国化与传统文化现代化这一文化的主潮，后者则基本上承袭乾嘉朴学通经自小学始的传统路数。针对“世之治《庄》者，不偏于此，即偏于彼”，“偏于哲学者，多便辞巧说；偏于训诂者，务碎义逃难”，“皆不足以知庄意之真与全”的毛病，作者在本书中坚持“务使哲学与训诂合而为一”，使其“训诂与哲学”不流于空，不失诸碎，力求精要而又真实的展现庄子的思想。这在当时学术界也是别开生面的创举。

庄子校释　1924 年泰东书局铅印本；1934 年大中书局铅印本。

支伟成著。支伟成有《标点老子道德经》，已著录。本书分上、下篇。上篇为“研究之部”，下编为“解释之部”。其中上篇分“庄子传略”“庄子书略考”“庄子之宇宙论”“庄子之生物进化论”“庄子之人生哲学”“庄子之论理学”“庄子之修养”七个部分，对庄子其人其书及其思想进行分析，多以西方学理与庄子思想互相沟通，具有一定的方法论意识。作者在最后“庄子之修养”中谈到“庄子学说之根本观念，全在随顺自然。故其论修养之功夫，意在破除世间一切物欲，无思无虑，而游于方之外也”。这样才能够达到“乐天安命”，成为拯救社会的一剂良药。下篇为“解释之部”，对《庄子》内篇、外篇、杂篇的 33 篇原文加以标点，对其字、词略加注释，是全书的主体部分。

墨子　1930 年商务印书馆《万有文库》本；1931 年商务印书馆《百科小丛书》本。

钱穆著。钱穆有《国学概论》，已著录。全书分为 3 章，第一章为《墨子传略》，讨论墨子的姓名、国籍、生卒年，旁征《史记》《吕氏春秋》《荀子》等书，对上述问题作分析和辩证，另整理《墨子事迹年表》于此章之末；第二章为《墨子书的内容》，作者于此章并列胡适、梁启超对《墨子》内容的看法，于其后以按语形式参以己见，分五组划分对比，指出《墨子》一书由不同时代人的著作组成，且只有一部分内容体现了墨家的思想，而《墨子》全书并无墨子手著在内；第三章《墨学述要》，介绍初期墨学背景、系统，墨子的人格，弟子的生活，政治活动，著述事业，钜子制度，再传弟子许衍，别墨与辨者的关系，墨学衰亡的原因等，条理清晰，见解明了。书末列有墨者年表，将古籍中记载的与墨者有关的事迹以年表的形式呈现出来，起于公元前381年吴起死于楚，迄于公元207年，皆采自作者《先秦诸子系年》一书。本书对当时一些有争议的问题，如墨家得名由来，墨子的生卒年，墨学的全部系统，以及诸家与墨学的关系，提出了不少独到之见。然而作为通俗读物，囿于篇幅，内容多所删略，所论间或语焉不详，而考订之处，以牵涉过广，未能罗列证据，略为可惜。

墨子综释　1925年泰东图书局铅印本。

支伟成著。全书分上、下两编。上编为研究之部，收有《墨子传略》《墨子姓名考》《墨子生地考》《墨子年代考》《墨书考证》(附参考书举要)、《墨学渊源》《出于巫史》《祖述夏禹》《受业孔门》《墨教信条》等篇目，整理、总结前人对《墨子》研究的成果，并吸收时人的新解，尤其对墨子的生平、学术渊源、《墨子》篇目的辨伪、主要内涵与后学流派等方面进行了着力探索。下编为解释之部，分15卷，对《墨子》各篇标点并略加校注。

杨墨哲学　1928年上海商务印书馆铅印本。

蒋维乔著。蒋维乔有《中国哲学史纲要》，已著录。作者认为，春秋战国时，学术勃兴，除儒家、道家之外，以杨墨之学为盛。要研究古代中国哲学和伦理学，不可以不研究这两家学说。杨朱学说，主张利己；墨子学说，主张兼爱；二者极端相反，各有所偏。作者运用比较研究的方法，认为近代利己主义、快乐主义、本能主义，颇似杨朱之徒；基督教之尊上帝、主张博爱，类于墨子之徒。作者认为杨朱之书，古来已经不传，仅《列子》中有《杨朱篇》。虽然《列子》为伪书，然而《杨朱篇》未必来自相传之说，依此可得杨学一斑。墨子之书自秦汉以后久已失传，经清代孙星衍等人疏通澄明后，才灿然可观，近代治墨学者甚多，大有复兴之势。附录收有"墨学与耶稣之比较"，论二者相通之处。该书以西方哲学方法就杨墨之学进行系统研究，可为专家学者参考用书。

杨朱哲学　1931年东方医学书局《中华国学院丛书》本。

顾实著。顾实有《庄子天下篇讲疏》，已著录。本书共分三篇，上篇显真论，分4章。第一章杨朱即阳子居，阐释了阳杨二字的混用情况，通过晋唐古注的审辨，推定杨朱即阳子居，乃鲁人。第二章杨朱学于老聃，介绍了杨朱与老子在学术上的关系，以及杨朱与孔子二人学术上的优劣区别。第三章攻杨墨声中的杨朱，分别论述杨朱哲学思想与道家、儒家、墨家、法家诸家思想的异同。第四章言盈天下之杨朱，分为荀吕书中之杨朱，两汉人所见之杨朱书，魏晋人所见之杨朱书，其他称述杨朱之摘记。中篇明取论，阐发杨朱道术的精微，分为4章。第一章杨朱之时世。论述杨朱思想与墨家、道家、儒家及杂家的关系渊源。第二章杨朱之哲思，阐述杨朱思想中的本来思想、教成思想、中立思想和政治思想。第三章杨朱之主义，介绍了杨朱的全性(全生)主义、为我(贵己)主义、察辨主义和人道主义。第四章杨朱之徒属，论述了杨朱生平历程和其弟子，以及当今学术上传承和伪托杨朱之人。下篇辟伪论，分为4章，从古书之剿袭、地理之错误、先哲之污蔑、劣手之作伪四个方面批评此前伪杨朱著作，辨正杨朱哲学思想的真实面貌。全书以诸多证据论证前人多据《列子》伪书，误读杨朱。作者认为杨朱哲学思想中"全性保真，不以物累行"非常富有修养精神，足以作为我中华民族转弱为强的精神来源。

管子通释　1924年泰东图书局铅印本。

支伟成著。本书分为上下两篇，上篇"研究之部"，包括"管子学说研究大纲""管子之救时政策""管子略传""管子之沿革""管子之考证略述"几个部分；下篇"解释之部"，主要是对《管子》内容所做的注释。本书主要特点有三：一、注释与史学评论方法相结合。二、将传统学术研究方法和新学科理论的使用相结合，用新的学科理论和思想阐释《管子》内涵。《管子通释》充分利用了传统注释考证、辨伪等方法，阐发了《管子》的内涵和思想，从不同层面对《管子》的相关问题做了剖析和探讨，同时还将西方的法理学、伦理学、心理学和军事学等新理论引入对《管子》的研究。三、将《管子》研究与解决现实社会问题相联系。面对当时中国的环境，作者说道："呜呼！试观今日之域中，奚异彼时之现状！方今中央卑弱，各省纷争，强邻环伺，觊觎中国。中国之不绝，诚亦如线！忧时俊杰，意图挽救，嘉谋良策，纷出竞陈，以今视昔，亦多暗合，既成效已睹，则推行宜力。"

商君书之研究 1927年泰东书局出版。

支伟成著。本书分上、下两编，上编为研究之部，包括：一、商君学说述要。对商鞅的政治主张及学术思想作了详细的论述，提出商鞅变法秉持“刑期无刑，辟以止辟”的主旨。总结商鞅变法政策的中心在于：法制进化论（商鞅变法以历史进化学说制定法制变化，与时俱进）、伦理变革论（伦理道德也是可以因时而宜，可以变更）、国家主义（商君持国家主义极甚，视国家为以团体，而以全国之人，皆当屈服于国家至高权，故有弱民强国之说）、功利主义（政策重功利，以赏罚提倡实业，兴农重战）。二、商君列传，对商鞅离魏、入秦、变化、结局等仕途人生作了详尽的介绍。三、商君书考证，论述《商君书》一书的流传以及篇章真伪问题。四、参考书举要，对参考书目进行简要的说明。下篇为解释之部，分五卷二十四篇对《商君书》进行标点并随文施注。

法言义疏 1933年商务印书馆铅印本；1987年中华书局陈仲夫点校本。

汪荣宝撰。汪荣宝（1878～1933），字衮甫，号太玄，江苏苏州人。清光绪二十三年（1897）拔贡。后留学日本早稻田大学，尝师事章太炎。著有《思玄堂诗集》《清史讲义》等。《法言》是汉代扬雄所著的经典著作，深入阐述儒家学说，对后世思想文化的发展产生重大影响。本书为注释《法言》的名著，原名《法言疏证》，宣统三年（1911）印行，13卷，惟疏正文，不列旧注。其后作者重加增订，1933年编成印行，名为《法言义疏》，20卷，兼存李注，并为校释。《法言》历代注者众多，以李、柳、宋、吴、司马五家最为著名，本书对前代旧注加以梳理和补充，荟萃清代以来各家学者的研究成果，增加了大量的校释和论述，尤以涉及小学和历史方面居多，引书达300种左右，旁征博引，考订精审，原著深刻丰富的思想得以明晰的展现，黄侃序本书云：“扬子之书，历千载而得先生为之疏释，皦然如晦之见明。”

秦汉哲学史 1936年商务印书馆铅印本。

姚舜卿著。姚舜卿（1902～1970），又名姚璋，江苏武进人。历任光华大学教授、华东师范大学历史系教授。著有《八大派人生哲学》《近世西洋哲学史纲要》《秦汉哲学史》等。全书首起《绪论》一编，概述了先秦至秦汉时期的哲学发展，并将秦汉时期的哲学划分为四派，即：法家、道家、儒家、杂家。正文共四编，承绪论所分四派，分门别类加以论述。每编首起《概说》一章，对每个派别的发展史进行详细阐说，并分析其产生的原因、发展及影响，接着选取各派有代表性的历史人物，先概括生平事迹，再论述其重要思想以及为了推广其学说所采取的各种行动。前此学者凡论及秦汉诸家，皆认为其思想多因袭先秦，而作者通过诸多材料，认为秦汉时期的哲学思想是“混成的”，“秦汉哲学家乃或以各种不同的互相配合，或则引用陈说，而附以新诠释”，“世人亦多误认为旧说，然仔细推寻，其中异同之迹自有可见”，可谓颇有见地。作者评价秦汉哲学之价值云：“哲学思想转变之动向，开始于秦朝，稳定于两汉。”例如王充的“命定论”，作者认为王充主张凡人皆“受命于天”，但其有寿夭贵贱贫富等等的不同，这种不同则是由于禀气的“渥厚”与“少泊”的不同。在王充看来，人命悬于天，吉凶存于时；命穷操行善，天不能续；命长操行恶，天不能夺；人之贵贱贫富，在于星相的“富贵”与“贫贱”，与人的智愚顽慧完全无关。作者以为《论衡》实为魏晋玄学之先声。本书所述秦汉思想之演变，一一穷其原委，辨其异同，脉络贯通，读之晓畅，作者秉持客观的态度间下断语，颇为精当，是一部对秦汉时期的哲学研究有较高参考价值的著作。

汉代学术史略 1935年上海亚细亚书局铅印本。

顾颉刚著。顾颉刚有《周易卦爻辞中的故事》，已著录。历史学家、民俗学家。著有《古史辨》《汉代学术史略》等。本书阐述溯源秦汉的学术思想，及由此产生的政治制度。认为封建制度的理论基础是儒家的经学。六经被封为经典，阴阳五行说是汉代思想的骨干。全书共分22章，从阴阳五行说及其理想中的政治制度，一直到曹丕的受禅，贯穿两汉。主要讲述今古文问题，通经致用，阴阳五行，封禅神仙方士，谶纬的造作与内容，经书的编定及古史系统的整理等方面的问题，涉及汉代学术的各个方面。其中，涉及王莽与王莽时代的几章是本书最精彩的部分，直接将王莽的自我作古，比附周公，全部揭穿。篇幅虽然不到十万字，但事实丰富，条理清晰，对研究历史、哲学、思想史、经学及谶纬等均有一定的参考作用。此书屡经修订，又曾改名《秦汉的方士与儒生》，于1957年由上海人民出版社出版。

宋明理学纲要 1936年中华书局铅印本。

蒋维乔著。蒋维乔有《中国哲学史纲要》，已著录。全书包括叙文、凡例、绪论(上、下)、结论以及四纲。四纲为全书的中心内容。第一纲为论道体，包括总论、太极、太和、理、气、生、阴阳、心性、鬼神、人物十目。第二纲为论为学，包括总论、为学大要、格物穷理、教学之方四目。第三纲为论存养，包括总论、涵养、改过迁善及克己复礼、出处进退辞受之义、改过及人心疵病五目。第四纲为论政治，包括总论、治国平天下之道、制度、齐家之道、处事之方五目。作者指出，本书意在阐明宋明两朝的理学，叙述宋明理学的大纲节目，并不涉及理学家学派传记的介绍。所谓理学，是宇宙间一切事物的道理，如宇宙形成的道理，人类存在的道理，怎样做人的道理，怎样修身齐家治国平天下的道理等。另外，本书还指出宋代初期的儒家都精心研究佛教，吸取其方法以更新儒学，因此理学的兴起与佛教有着密切的关系，打破了两汉以来的儒学传统。本书还总结了宋明理学与佛教道义之间的区别。指出佛教是出世之法，是唯心的，而理学是唯理的，二者迥然不同。

理学纲要 1931年商务印书馆铅印本。

吕思勉著。吕思勉有《先秦学术概论》，已著录。本书是吕思勉根据1926年在上海沪江大学讲《中国哲学史》的讲义修改而成。全书内容共分为15篇：首篇绪论，略述哲学的含义以及中国哲学的三大变，介绍了理学在中国哲学体系中的地位；第二篇理学之源，因理学与古代哲学以及佛学都有关联，所以近人多等齐言之，所见非真。因此作者单列此篇，对于理学与古代哲学及佛学的异同，理学中的重要学说，作了详细的梳理。第三至第十四篇，作者详细介绍了理学名家中确有见地、与众不同的十余家学说，如濂溪之学、康节之学、横渠之学、明道伊川之学、晦庵之学、象山之学、浙学、宋儒数术之学、阳明之学、王门诸子、有明诸儒等，以学术流派传授为主，对于诸儒贤士的事迹并没有着太多笔墨。另数术之学非中国哲学的正宗，但是作者认为它自成一派，与社会思想的关系颇深，因此单列一篇叙述。末篇总论，总结理学之特点，认为各家学说虽然各有不同，但都是基于当时的社会现实环境，殊途同归。总而言之，本书对宋明理学之由来，诸家学说之异同，学术演进之脉络，以及理学与古代哲学、佛学之关系的论说，要言不烦，精义实多。

两宋思想述评 1933年商务印书馆《学艺丛书》本。

陈中凡著。陈中凡有《经学通论》，已著录。本书是关于宋代理学思想及其学派、学统的著作，共16章。作者认为，儒学之革新，道家之复起，佛教之调和，西教之东渐，是宋学发生之远因，近因则在书院之设立。宋初诸家，解释宇宙，言象言数，言极言虚言气，无一非原本《易传》，为其论证之根据。凡是皆蒙道教之影响，故宋史号之为“道学”，信非诬词。北宋思想，至程颢而一变，至程颐而再变，由是启南宋之先声，朱熹闻风兴起，取《大学》一篇，次其编第，补其阙疑，遂成有系统之方法论。北宋诸家思想，集中于宇宙论，以形而上学为根据；至是乃转而注重穷理之方法，推求知识之性质及其来源，思想界乃以方法论为入门，“致知格物”一言，为首当解释之问题。作者指出，由北宋思潮而开南宋思潮，二程实开其先路，此宋代思想变迁之一大关键。朱熹以太极统理气二元、心统性情二事，欲建立具体二元论。终谓太极即理，性即理，而有唯理论之倾向；陆九渊则综理气二元，求顿悟，以德性为先，尚直觉。两家并峙于南宋，而成当代之两大学派。

理学常识 1925年大东书局铅印本。

徐敬修著。徐敬修有《子学常识》，已著录。本书分4章。第一章阐述了理学的意义、渊源、范围。第二章分析宋、元、明、清代理学之派别。第三章论述宋、元、明、清理学家之学说。第四章研究理学方法，由研究之方法、理学入门书籍二节组成，所谓的“研究方法”指的是“宜通训诂”“当知今古人情风俗之变迁”“当知前代理学家之优点与缺点”“当知与东西哲学之关系”“易用科学方法研究”“宜选书籍阅读”六个方面。作者在介绍理学目的的时候讲到：“理学者，并重心悟，不事训诂，阐性命之精微，抉天理之蕴奥，古昔圣贤之心传道法，历千余年而晦蚀不明，至此乃复大著于世。”关于理学之宗派，皆从《宋元学案》《明儒学案》《国朝学案小识》等书中择要采录，既举其言心性处，又与近世哲学相参证，尤为本书之特色。总之，该书对理学的基本问题都有说明，有条不紊，详略得当，是理学研究入门必备参考书。

紫阳学术发微　1942年私立南洋大学出版处《唐蔚芝先生演讲录》本。

唐文治著。唐文治有《十三经提纲》，已著录。本书是当时一部重要的朱子学研究专著，对朱子学术的相关问题做了全面的评述。全书共分为12卷。卷一：朱子为学次第发微。卷二：朱子乙丑悟道发微。研究论述了朱子的学术思想的发展历程。卷三：朱子心性学发微。介绍了关于朱子心性学和功夫论的研究。卷四：朱子论仁善国发微。卷五：朱子经学发微，通过分析朱子《易》学、《诗》学、《礼》学、“四书”学的序或跋，阐述朱子的学术思想。卷六：朱子政治学发微，简述朱子对于政治方面的学术思想。卷七：朱子论道释二家学发微，介绍朱子对道家、佛教的思想的评述，论述朱子思想与二家的关系。作者指出：“朱子晚年，颇参用道家，而力辟释氏。其参用道家者，取其为存心养性之助也。其力辟释氏者，取其废人伦而灭天理也。”卷八：朱子辨金溪学发微，对朱子和陆王二人的关系作了分析，不赞同朱陆异同之辨中的门户之见。卷九：朱子辨浙东学发微。卷十：《朱子晚年定论》发微。卷十一：九贤朱学通论上。卷十二：九贤朱学通论下，评述清代朱子学研究的发展与成就。附录朱子学术精神论，论述朱子学术中的精神，阐述了朱子的孝、仁精神，指出：“朱子论仁之精神，曰‘察识’‘扩充’；而朱子行仁之生活，曰‘社仓’‘发赈’。”同时又重点阐发了民族气节，论及朱子“议复国仇”“议复国土”等思想。本书体大思精，又刊入《茹经堂丛书》中。

阳明学术发微　《茹经堂丛书》本。

唐文治著。作者重视宋、明心性之学，尤其对王守仁予以极高评价。作者相信“顽廉懦立”，王守仁的心性学足以担负。在本书中，作者诠释王学义理，涉及思想体系的学术渊源、思想体统的内外互联等重大学理，并在表达过程中深刻透露时代关怀，情理并茂。全书凡7卷，卷一《阳明讲学事迹考》，介绍王守仁的行谊。卷二《阳明圣学宗传》，收录王守仁晚年《拔本塞源论》及《〈良知答问〉答陆元静澄》两篇文字。卷三《阳明学四大题》，指示王守仁学说的四大向度，第一是“无善无恶”的议题，第二是关于《大学》“古本”的问题，第三是“心即理”与“性即理”的讨论，第四是“知行合一”的问题。卷四《阳明学贯通经学，变化神明》，把“良知”梳理为十层，分别是：德性、闻见、好恶、事物已往、临事警觉、深沉涵养、历练精密、学术分类、良知的昏昧。卷五及卷六《阳明学通于朱子学》，收录王守仁论学书信11封，如《与辰中诸生书》《答徐成之书》《与王纯甫书》等。卷七《王龙溪述阳明学髓》，讨论王守仁心性学的流传，也是阳明后学的梳理。

王守仁　1933年上海商务印书馆《万有文库》本。

钱穆著。钱穆有《国学概论》，已著录。本书包括“宋学里面留下的几个问题”“明学的一般趋向和在王学以前及同时几个有关系的学者”“阳明成学前的一番经历”“王学三变”“王学大纲”“阳明的晚年思想”“王学的流传”“阳明年谱”8章，前3章作为“王学”的背景，为下面3章作了铺垫。作者以“问题”的形式对王阳明经历、学术成就及后世影响作了提纲式的评论。作者认为“自阳明出，而理学之天地乃一新”，研究“王学”不能只在训诂上下功夫而不理解其精神所在，也不能意气之争存有“门户之见”。其中“王学大纲”这一部分，从“良知”“知行合一”“致良知”“诚意”“谨独”“立志”“事上磨炼”七个方面，提纲挈领地将“王学”的核心问题进行了阐述，涉及到的理学概念也都征引朱熹等的对话来进行说明。如“良知”，引用《传习录》语“知善知恶是良知”，“良知是天理之昭明灵觉处，故良知即是天理”。“致良知”就是“陈根彻底不使一念不善潜伏胸中的方法”，也就是“心存天理”之法。

中国近三百年哲学史　1932年上海中华书局铅印本；1934年中华书局再版。

蒋维乔著。蒋维乔有《中国哲学史纲要》，已著录。本书是作者在光华大学教授中国哲学史时的讲义。该书叙述了上自顾炎武，下及王国维，历述清初以至民国初年近三百年哲学思想之变迁，将近三百年哲学史划分为“复演古代学术时期”和“吸收外来思想时期”，分叙了程朱学派、陆王学派、朱王折衷派、关洛闽学派、考证派、实用派、公羊派等学术派别以及有关人物的学说、著述。尤其对顾炎武、陆世仪、陆陇其、黄宗羲、康有为、谭嗣同、梁启超、严复等人的生平、学术思想和著述进行了详细叙述。然或有不须入而入者，或有应入而未及入者，或详略失宜，或派分欠当。例如王夫之宜隶属程朱学派，不用另开关洛闽派，曾国藩应不入，或与姚鼎辈另成一派等，故此书只可当中国近三百年哲学之一部分史料看，未足云“近三百年哲学史”。

中国近三百年学术史 1937年上海商务印书馆《大学丛书》本。

钱穆著。钱穆有《国学概论》，已著录。本书为1931年其在北京大学任教时讲义，历经5年增改数次，方付印行。全书共14章。首章为引论，总述近代学术源于宋学，不知宋明理学，则汉学不明，更无法评定汉学之是非，故略述两宋之学术，并以东林学派为殿。其后13章，分论黄宗羲、王夫之、顾炎武、颜元、李塨、阎若璩、毛奇龄、李绂、戴震、章学诚、焦循、阮元、凌廷堪、龚自珍、曾国藩、陈澧、康有为诸家学术大要及其师承关系，以此阐明近三百年学术演变的轨迹。末附年表，梳理各家生卒年代及学术交往。书中他将清代学术的渊源归结为晚明遗老，并上溯宋学。黄宗羲、王夫之、顾炎武等清儒，皆与宋学有千丝万缕的关系。至乾嘉间，汉学兴起，朴学诸大师之学术，亦与宋学休戚相关。相对于梁启超的同名之作，本书打破当时学者言清代学术不及清代学术与宋学之关联的窠臼。在每章的叙述中，又侧重于每一代表人物的论学思想要旨的阐释，指出各家对于天下治乱用心之所在，一洗谈清代学术，即以考据为言，而不及思想之弊。

吴学甄微 手稿本，上海图书馆藏。

贝琪著。贝琪有《老庄哲学研究》，已著录。清代经学分皖、吴二派，前人如江藩、章太炎、刘师培、支伟成等均有所论述，而论皖者多，谈吴者少。本书折中诸家成说，并附己见，专论吴派经学之历史，为近世所仅见。全稿共分11篇：溯源、析流、惠氏、江余、钱氏、王氏、江藩、曹氏、友裔、别裁、自序。其中，最后《自序》有目无文，前5篇曾连载《学术世界》，与稿本略有异同。稿本收录吴派经学家五十余人，稽考源流，以东吴三惠、江声、余萧客、嘉庆钱氏一族、高邮王氏父子、江藩等为主干，旁及支流，缕析吴派经学之传承与影响，凡一万七千余字。前有章太炎、金松岑、陈衍、李根源、邓邦述、柳诒徵、张一麐、潘景郑等题跋，评骘其说。章太炎认为此书“依据审正，疏证分明，可为吴学树赤帜”。

近百年湖南学风 1940年袖珍书店铅印本；1945年求知书店铅印本。

钱基博著。钱基博有《经学通志》，已著录。本书为作者抗日战争时期避兵湖南任教国立师范学院时所著。全书共9篇，第一篇“导言”，追溯了屈原、周敦颐、王夫之对湖南学风之影响。第二至第八篇中，采用《史记》之合传体形式，或两三人或以类相从，或互为比较列为一章，分别介绍了汤鹏、魏源、罗泽南、李续宾、王鑫、胡林翼、曾国藩、左宗棠、刘蓉、郭嵩焘、王闿运、阎镇珩、邹代钧、罗正钧、谭嗣同、蔡锷、章士钊17人的生平际遇和思想。作者突出强调各家的经世致用思想，如作者在第九篇“余论”中所云，这17人中“其人有文人、学者、循吏、良相、名将，不一其人，而同归于好学深思；其事涉教育、政治、军谋、外交、欧化，不一其术，而莫非以辅世长民”。本书不仅极早注意到湖南人在中国近代史上发挥的巨大作用，又从文化上沿波讨源分析了湖湘文化“能别于中原人物以独立”的历史根源，从曾国藩上溯到屈原、周敦颐，又从人文精神探寻到地域风貌，都体现出作者卓越见识。

哲学论文集 1929年中华书局铅印本。

景昌极著。景昌极（1903～1982），初名炎昭，字幼南，江苏泰州人。历任成都大学、南京中央大学、浙江大学教授。中华人民共和国建立后，任江苏省立泰州中学教师、扬州师范学院教师。著有《哲学新论》《道德哲学新论》《名理新探》等。本书分为三部分：《总论之部——玄学之部》《价值论之部——伦理之部》《认识论之部——唯理之部》。在总论部分中，作者首讲因与果，即神学、玄学、科学之异趣，斥神学、玄学之因果，申科学之因果。次讲文学与玄学，讲真善美和存在、讲一与多的统一对立关系等。再次讲实践与玄谈，讲信与疑，论述了信与疑的关系及二者对人的行为的影响。在唯识之部中，作者讲了能所双忘、空有并遣的唯识观，要点有二：一是“能所双忘”，即“无能无所”。二是“空有并遣”即“非空非有”。接着论述了何为“见相别种”，对公孙龙的唯象主义和郭任远的人类行为说作了些介绍和评述。在伦理之部中，则主要讲了苦与乐、自利与利他之进化、知行合一与义利不二、自然与自由、消遣问题——礼乐教育之真谛等几个问题。这一部分是作者教授东北大学时作伦理学教义用的，故比较完整。全书论理透彻，旁征博引，由浅入深，且有作者本人之新颖见解，适合于哲学研究人员参考。

唯情哲学 1924 年上海泰东图书局铅印本。

袁家骅著。袁家骅（1903～1980），江苏常熟人。语言学家。主要著作有《汉语方言概要》《峨山窝尼语初探》《阿细民歌及其语言》等。本书共分为 8 章。首二章阐发唯情的宇宙观和人生观，把全书最重要的两个理论——“感情”与“直觉”作了解释，认为真我即宇宙自我的生命实体，认为感情可以被感觉引起，并会凝结于感觉中，并非感觉产生感情。无感情的感觉缺乏努力性，人类的感情行动是理想化的，因为感情的活动——直觉的活动，其根本的表示就是思想。所以在第三章作者直接提出思想的问题，认为思想是精神生活的本体，思想与行为是一体的两方面，而行为的意义就是创造新的真理，行为的样式就是绝对自由，这些均在第三、第四、第五章分别叙述。第六章是前三章内容的泛论。第七章提出唯情主义的最后理想——情人哲学，情人便是最高人格的标准，也是本书的归宿处。第八章是全书的总结，指出唯情哲学是一种生命哲学，或精神生活哲学，生活状态都是内在唯心唯情的活动，反对“理知”的作用。

理性与自由 1946 年华夏书店铅印本。

胡绳著。胡绳有《辩证法唯物论入门》，已著录。本书副标题为《文化思想批评论文集》，共分三个部分 16 篇文章。第一部分是对反理性主义思想的批判，包括《论反理性主义的逆流》《一个唯心论者的文化观》《思想的漫步》《这算是批评吗？》《是圣人还是骗子？》，其中《思想的漫步》是由《关于人本主义》《“不变”的伦理》《人的尊严》《人的觉醒》几篇文章组成的。第二部分是对复古倾向的批判，包括《评钱穆的〈文化和教育〉》《论历史研究和现实问题的关联》《历史能够证明中国不需要民主么？》《什么是世界文化的危机》《论“诚”》。这两个部分是相互关联的。作者认为反理性主义在中国找到的最好的掩护就是复古，向封建专制主义时代倒退，自然是和开明的理性对立的。第三部分是对冯友兰先生两篇著作的批评，一是《评冯友兰著〈新世训〉》，一是《评冯友兰著〈新事论〉》。本书是作者针对抗日战争时期思想文化界出现的鼓吹盲从、迷信、专断、神秘主义及反对民主和理性的“反理性主义逆流”而写的一系列评论的汇编，深刻揭露了反理性主义逆流产生的社会历史根源和种种表现形式，批判了国民党反动派的封建法西斯专制统治及其哲学理论基础，指出蒋介石集团鼓吹“诚”的哲学就是企图把“诚”和“明”对立起来，大搞愚民哲学。全书的意义可以概括为坚持科学的精神，坚持思想的自由发展，坚持合理地思考，从而培植我们的远大理想，实事求是的态度，反对一切盲从与独断，打碎一切反理性主义，充分发挥清醒的、科学的、现实的理性主义。

东方大同学案 1926 年乐天书馆铅印本。

刘仁航著。刘仁航（1884～1938），又名登瀛，字镜机，号灵华，江苏徐州人。佛学家。著有《印度游记》《佛教理论学丛书》《孔教辩惑》等。本书是一部有关“大同”理想问题的综合性研究著作，共 6 卷，内容分别为孔孟大同小康学案、老庄自然学案、杨子兼利学案、墨（侠）兼爱学案、耶稣爱人学案、佛福慧圆满学案。书末还附有《大同实现方略》等文字。作者试图中西互证、融会贯通，在囊括古今中外各种社会空想学说的基础上提出了“大同学”概念，为现实社会改造提供思想资源。本书以“孔孟大同小康学”的文献研究开始，从先秦典籍中寻找“大同社会”的人类权利。比如，从《左传·襄公三十一年》郑人游于乡校来论证“国民参政集会议事权”；以《周礼·地官·司徒》来论证“及时男女无禁权”时，又插入苏联“完全承认婚姻乃男女两性之自由结合”的婚姻制度等。虽然作者的以今证古明显过于牵强，但可见其视野之开阔。他“把大同学分成古今二派”，其中的“新大同学”，有着近代科学背景的乌托邦想象。他描绘了从“新物质世界”到“新人种世界”“坤化世界”“美艺世界”“诸天物质交通世界”“即身实现仙佛世界”的社会进化过程。在“新物质世界”阶段,“用充分科学,发明新物质,完全征服水陆空自然界”;在“新人种世界”,“用优生学,配合优美男女,择良去劣”;在“坤化世界”中,“抑男权,更建新母性文化,方能根本断杀机”;在“美艺世界”中,“大奖励艺术成为美世界,成乐文化大境界”。总体而言,该书以阐释传统儒、道、佛、墨等各家理想为主,兼采西方基督教思想和克鲁泡特金之无政府主义,批评现实,构思未来,提出了建设理想社会的见解。虽然其中有一定的宗教色彩和无政府主义倾向,但也体现了对中国传统理想的再认识。

天下泰平书十二卷 1928年泰东书局铅印本。

刘仁航著。作者主张女性中心社会,极力鼓吹坤化主义,主张采取中西印各方哲学家、宗教家的学说,尤其是佛教学说,以消灭战争和暴力。其理由是天下不能太平的根本原因在于雄性好争。他引动物的两性作证,其有三大公例,即一、雄与雌不斗。二、雌与雌不斗。三、雄与雄遇则斗。认为把社会交给女性统治,天下就可以太平无事了。全书共分为13卷。卷一、五千年众凶手大审判,指出五千年众凶手多为男性。卷二、动物性人性比较学——人而不如鸟乎?提出人不如鸟及动物的观点。卷三、各家人性罪恶论,介绍各种学者关于罪恶论的思想和主张。卷四、各家人生观。卷五、原始母性与世界女俗考。卷六、女性分类考,本卷介绍了女先知及女神等各种类型的女子。卷七、历代妇女与文学。卷八、《红楼梦》《镜花缘》的社会学研究,从《红楼梦》《镜花缘》出发,阐述两性心理学。卷九、两性诸问题,论述了男女配合、世界配偶制度、美丑哲学、自然性爱与血统等问题,表达了对两性问题的看法。卷十、女男优劣决定论。卷十一、经济、组织及群性三大改造。卷十二、欢喜佛、俱乐洲、今日实现之决定。卷末,世界女性政府实现方略。总的来说,本书的主张,虽然只是一种乌托邦式的构思,但仍不失为一种新奇的学术主张。

易与物质波量子力学 1937年中国科学图书仪器公司铅印本。

薛学潜著。薛学潜(1894～1969),字毓津,江苏无锡人。薛福成孙。曾任过江苏省议员、国会议员。著有《政本论》《易与物质波量子力学》等。本书是我国现代以自然科学治易的早期代表性著作,作者试图打通《周易》与近现代自然科学的关系,以达到传统易学,尤其是易学象数学,与近现代自然科学的会通,并进而证明传统易学的现代价值。全书共28章,首篇为《要略》,概述此书的著作宗旨及所依据的哲学理论,第一章为《导言》,第二章为《易方阵》,第三章至第二十七章为由《易方阵》引出的诸种现代自然科学理论,最后一章为表述薛氏自己哲学观点的“五度说”。作者运用狄拉克方程式以及希鲁丁格方程式等量子物理学的概念去解释《周易》之义理,在作者看来,现代自然科学的一切理论和发现,均可与易方阵相联通。而“易方阵者出于八卦”,“八卦布列纵横则得八行八列,纵谓之行,横谓之列,是谓易方阵”。作者根据易方阵中所含数理及其“交综线”反映出的卦与卦之间的关系,画图若干,证明《易》与现代自然科学之间的联系。1946年,作者为方便读者阅读,将本书简化并定名为《易经科学讲:超相对论》,分3卷24章。其中所论,有的虽然不免牵强,但对于发掘传统易学的现代价值,具有十分积极的意义。

第四节 逻辑学与美学

逻辑与逻辑学 1937年生活书店《青年自学丛书》本;1938年生活书店再版。

潘梓年著。潘梓年(1893～1972),江苏宜兴人。哲学家。毕业于北京大学哲学系,后《新华日报》第一任社长,中国科学院哲学社会科学部副主任,兼哲学研究所所长。全书共8章,可分成三个部分。第一至二章为《绪论》,论述思维与逻辑,认为辩证逻辑是思维方法,形式逻辑则是方法确定之后所需的技巧,据此作者把逻辑分为“方法”与“技术”两部分,第三至五章为《方法论(逻辑学)》,第六至八章为《技术论(逻辑术)》。前者讲辩证法的规律和范畴,后者讲观察法(穆勒五法)、统计法、推演法(定义、直接推理、三段论等)。作者认为形式逻辑是唯心主义与形而上学的世界观和方法论,因为它把思维看作存在以外的东西,用静止的观点去观察事物,因而形式逻辑不再成为独立的逻辑。并主张形式逻辑的三个思维律不能保留,概念论、判断论、推理论、分析与综合等则须加以根本改造,以构成思维方法的一部分。而关于词、命题、三段论的各种规定以及穆勒五规则与统计法等应全部收编为思维术。此外，书中还主张对符号逻辑、数理逻辑的发展应予以研究。本书把逻辑区分为方法论和技术论，虽然没有彻底克服将形式逻辑与形而上学混为一谈的缺点，但它并没有完全否定形式逻辑，而是改造、利用了原有的形式逻辑，这与当时苏联30年代的教科书中将形式逻辑完全等同于形而上学的看法有很大的不同，因此引起了毛泽东的注意。上世纪50年代末毛泽东嘱咐重印逻辑专著，此书也被作为“比较重要的和有影响的逻辑学著作”收入《逻辑丛刊》，于1961年重印。

论理学 1936年正中书局铅印本；1937年正中书局再版。

沈有乾著。沈有乾（1899～?），字公健。江苏苏州人。清华大学毕业，早年留学美国，后任上海光华大学心理学教授、大夏大学、暨南大学、中国公学、江苏省立教育学院教授。著有《心理学》《现代逻辑》等。本书是一部师范学校及乡村师范的教育用书，包括实验逻辑和演绎逻辑两部分，但又指出实验逻辑严格地说是心理学而不是论理学。书中没有讨论归纳逻辑，主要是用数理逻辑的观点论述了演绎逻辑部分，却又不能贯彻到底。作者用析取和合取的概念来定义选言和联言及其转化，把选言理解为至少一真不可同假的关系，但在论及传统的选言三段论时，又认为选言肢必须互相排斥。在论及特称命题时，作者指出特称即为存在，I命题即 $ab\neq0$（有a是b），只表明有ab存在，而并不表示存在的量；全称命题不表明存在，所以全称不能直接推出特称，只有在承认主词存在的前提下，才能由全称推出特称。但作者在定义偏称（特称）时又说是指主词的一部分。这说明本书并未完全摆脱传统逻辑的观点。书中的一个重要补充是在A、E、I、O四命题以外，又提出了F、N、M、G、四个以-a为主词的“外指”命题，使命题的对当关系变成了八命题之间的逻辑对当关系。书中还有许多地方用《易经》八卦来表示命题关系。

因明入正理论摸象 1940年商务印书馆铅印本。

王季同著。王季同（1875～1948），名季锴，字孟晋，号小徐。江苏苏州人。佛学家、数学家和机电学家。本书根据1936年作者在苏州觉社上的讲授内容补充整理而成，是因明入正理论的注释书，自谦谓有“盲人摸象之讥”，故名。又因多以因明与西洋论理学（逻辑学）作比较，别立《东西洋论理之比较研究》一名。作者不同意西方传统逻辑将推理分为演绎归纳的观点，认为穆勒五法也是演绎法，而因明三支相当于穆勒五法的演绎法，并据此得出三支比量异于三段论、优于三段论的结论。主张因明的“真价值”在于三支比量相当于穆勒五法，同时穆勒五法不是归纳法而是复式三段论，这种复式三段论不同于培根所批判的推不出新知识的三段论。作者认为三支比量不限于三段论AAA式，还可以改成三段论十九个有效式中不属特称命题的五个式。作者认为同品定有性是指同品有非有因，却又认为同喻即显因第二相。作者还认为欧拉图解不适于表达九句因，他自己构造了一种图解法。本书解说简明，通俗易懂，出版后颇受欢迎，影响较大。

因明入正理论要解 1948年光孝寺《常惺法师集》本。

释优祥著。优祥（1896～1939），初名寂祥。主光孝寺法派，改今名，字常惺。江苏如皋人。俗姓朱。具戒宝华，习禅天宁。1922年受法光孝寺，讲学浙江、厦门、北平、昆明佛学院。后圆寂于上海。本书是作者对因明入正理论的注解。“入正理论”是玄奘翻译而来的，该理论一开始便用一个偈颂总括本论的全部内容：“能立与能破，及似唯悟他。现量与比量，及似唯自悟。”即后人通说的“八门二益”，它实际包含了诸因明论的要义。作者用浅显的语言解释这一要义，以备初学者之用，即作者“今乃从广揭略，提示大要，文之简古不易读者，易以浅显之句，颜曰要解，意在作初学之梯航耳”。例如“自语相违”这一条“自语相逢者，如言我母是其石女”。作者解释道：“前陈法体，后陈法义，两不乖角，敌智顺生，宗义可成。如言我母，明必有子，复言石女，究竟无儿。我母之体，与石女之义，不相符顺，自言既已乖角，对敌何所申立？故言过也。又如外道立一切言皆是妄，以显自言真实，亦有自语相违之过。以自言不妄，则违有法一切之言。自言若妄，他言不妄，则违宗法言皆是妄。进退失据，矛盾自攻，此立言不可不审也。约教论之，亦有全分一份，两重四句。”

美学概论 1923年商务印书馆铅印本。

吕澂著。吕澂(1896～1989)，原名吕渭，字秋逸、秋一、鹫子。江苏丹阳人。佛学专家，亦攻美术。著有《美学浅说》《西洋美术史》《色彩学纲要》《中国佛学源流略讲》等。《美学概论》是吕澂对美学的研究心得。本书分为绪说、美的价值、美的形式原理、美的感情移入、美之种类、美的观照及艺术六部分。绪说中写道：“美学之用科学方法凡有两方面：其一为心理学的研究方法，其二为社会学若人类学的研究方法。前者侧重主观美感，后者侧重客观艺术。今既不取艺术为美学对象，则所用科学方法，惟有心理学的也。”本书从心理学角度来论述美学。艺术论，是本书中最重要的部分，对艺术的创作、性质，艺术的分类、形式与内容，艺术与自然、人生的关系都作了论述。作者认为艺术和人生只有一种关系，便是实现“美的人生”。本书是中国近代有关美学体系的第一本较为系统的著作。

美学浅说 1923年上海商务印书馆《百科小丛书》本；1931年上海商务印书馆《万有文库》本。

吕澂著。本书是我国较早的以通俗的形式谈论美学问题的著作，是现代中国美学的奠基作品之一。作者首先比较了现代美学与古典美学的区别，他指出，从鲍姆加登创立美学开始，一直到康德、黑格尔和赫尔巴特，都是从一般的概念出发来建立一个形而上学的美学体系，而现代美学则开始避开形而上学问题，建立经验的美学和科学的美学。19世纪末，斐赫那从一切经验的事实里替美学重新奠定了基础，创立了一种“自下而上”的方法，由此，现代美学划分为遵循主观主义的心理学美学和遵循客观主义的非心理学美学两大派别。作者认为，这两派虽然在方法上千差万别，但却有着共同点，这就是“美的态度”。因此，“美的态度”应成为美学理论的起点。在论述中，他认识到，美感不是单纯的快感，而是全部心理作用的结果，其主要特点是主体在物象上体验到自身的感情，即“感情移入”，它需要主体具有一种“静观”的态度。创作就是将美感实现出来。由于美感是基于生命最自然而又最流畅的展开，所以，艺术作品必然是作家生命的表白。但是艺术作品所表白的不单是各个特殊的生命，还必须将生命的最普遍的意味显示出来，要具有社会性。

晚近美学说和美的原理 1925年商务印书馆铅印本。

吕澂撰。本书是一部关于美学的讲演稿，将近一半篇幅讲述中小学美育问题，但并非作者所撰，今剩余一半为作者亲笔。全文共分七个部分，在第一部分，作者先对西方近代美学的概况作了简略的介绍，认为西方美学大致可分为先验的和经验的两种，经验的又可分为主观的和客观的两种。其研究的方法既有从哲学的角度也有从科学的角度去进行的。从第二部分到第六部分，作者首先对近代感情美学的发展进行了论述，之后对近代西方美学的一些著名学说一一作了介绍，包括马歇尔、桑塔亚那的快乐说，鲍桑葵的感情具象说，立普斯的感情移入说，哈曼的审美知觉说，及克罗齐的直觉说。孔恩的美的价值说等等。在第七部分，作者最后总结道：“综合起来看，结论上显然有四重的对待：第一重是感情对理知，第二重是鉴赏对创作，第三重是意识对艺术，第四重是事实对价值。”这四重对待中，“感情和理智两种的精神现象……一般都认作是相对的，并且可以单独存在的，所以推究美意识的原理常常会偏重一种，甚至不承认同时有相对的一种……实际上，二者是不相对的，并还不能分离”。据此，作者认为：凡能够顺应人类的自然生活的“观照的”“表现的”“社会的”“有普遍的要求的人生的”事实与价值，均当列为“美”的范畴。附录部分主要谈及作者对于推进儿童美育教学的必要性与一般步骤。

现代美学思潮 1931年商务印书馆《民国丛书》本。

吕澂著。本书依据德国美学家摩伊曼的《现代的美学》一书，并参照几本日译本的西方美学著作编写而成。全书共5章。第一章导论，主要讲述了美学的对象和性质，以及从古希腊到近代西方美学思想发展的概况。作者认为，美学要研究以艺术为中心而构成的美的世界。美学的性质可归纳为四点：一、美学是一种科学知识。二、美学是一种精神学。三、美学是一种价值学。四、美学是一种规范学。第二章晚近美学思想的开展，极为详细的介绍了费希纳的实验美学以及几位后继者的理论观点。阐述了将美学作为规范科学和把美学作为说明科学两种美学思想，以及心理学美学和非心理学美学之间的对立，即作者所谓“主观的美学”和“客观的美学”之间的对立。第三章美的鉴赏之心理研究，作者介绍了“移情说”“静观说”“内摹仿说”“错觉说”等学说，认为各家学说各有所长，都能解释美的鉴赏心理某一方面的问题，而只有“美的态度”说能够合拢各家学说而后见美的鉴赏心理之全。第四章艺术的创作研究，着重探讨了天才问题，作者反对凡是天才都有精神病态的说法。他认为“感受力”“想象力”和“表达力”是构成天才的三种能力。在第五章艺术之美学的考察中，作者把各种对于美学的见解归结为两个方面，即用社会学和心理学的方法来解释艺术。作者认为，这两种方法各有偏颇和长处，在研究美学上可以相互补充。本书内容广泛，但作者的重点仍在德国美学，尤其是立普斯的学说，笔墨颇多，而对英、法、美等国的美学理论介绍较为简略。

第五节　道德与伦理

伦理学概论　1925 年北京平民大学铅印本；1935 年上海大东书局铅印本。

江恒源著。江恒源（1885～1961），字问渔，号蕴愚。江苏灌云人。哲学家，教育家。著有《中国先哲人性论》《农村改进的理论与实际》《伦理学概论》等。全书共分三编，第一编“总论”，论述伦理学中各种重要的概念、理论。第二编“道德行为论”，论述道德判断的对象及其相关的问题，以及道德行为的各种根本原理。第三编“道德判断论”，讨论判断道德行为的标准为什么不同、造成这种不同的原因在哪里、各种判断道德行为的标准究竟孰优孰劣、最完美的道德行为的标准究竟是什么、我们怎样才能寻着人生的终究目的等问题，是本书的核心。作者认为没有永恒的道德，世界各民族由于历史、环境的不相同，道德也相应有不同之处。又由于世界各民族之间的交往日益发展，他们的道德也会相互影响，这样终会产生一种新道德。该书对尊孔和反孔的两种极端观点持反对态度，对中西道德文化持并重立场。本书从英国学者莫尔海特等人的书中吸收了一些观点，并使之与中国儒、道、墨、法各家的一些思想相结合，提出一种名之为“创化的合理主义”。这一主张的实质在于调和各学派之间、中西之间的差异，“既采用快乐、克己两说之长，以组成合理主义，更取进化说一部分的真理，参入近代心理学及社会学的精义，……以求出人生究竟目的，定出最高道德标准”。

中国先哲人性论　1926 年商务印书馆《哲学丛书》本。

江恒源著。本书一共五篇，另有导言与结论两篇。作者以时间为轴，上起《周易》《尚书》，下及近代章太炎，详尽评述了中国伦理思想史上各家各派的人性学说。作者认为，从中国论性学说的历史来看，大致可以划分为七个时期：一是东周，为“论性的萌芽时期”。二是战国，孟告荀三派纯就人生问题、教育问题、政治问题立说，不含一点神秘的意味，可称“哲学的论性时期”。三是汉代，或主善恶混，或主性恶、或主性分品级，但仍不脱战国各家范围，且多杂入五行迷信之说，为“论性的庞杂时期”。四是六朝，此时论性一受道家影响、一受佛家影响，多以养性绝欲为宗，此为“论性的消极时期”。五是唐代，佛学兴起，哲学萎靡，所有论性学说亦无精打采，此为“论性的衰落时期”。六是宋元明，为“论性的极盛时期”。哲学大兴，佛、道、儒三家结合而成“理学”，论天道人事性命，主天人合一，但又不免有神秘意味。七是清代，心理学范形完整，可称“心理的论性时期”。而就论性各派的主张加以区别，又可划分为五大派：一性善论，二性恶论，三性无善无恶论，四性有善有恶论，五性分品级论。作者指出，过去的伦理学家们犯了两个错误：第一，是认为道德伦理是亘古不变的。第二是以为善恶是对立的，排他的，有善则无恶。作者认为，道德伦理发生取决于人们的需要，而需要又取决于生活状况、社会环境。因此，道德伦理不是固定不变的，善恶观念可因时、因地而相互转化，没有绝对的道德标准。不过，道德中也有不变的因素，即社会生存和发展的责任、对公益的尊崇、社会对道德的重视等。

八大派人生哲学　1931 年中华书局铅印本；1936 年中华书局再版。

姚舜卿著。姚舜卿有《秦汉哲学史》，已著录。

本书是伦理学史著作,叙述中外八大派的伦理思想。全书共10章,绪论简要介绍了哲学及人生哲学的含义、人生哲学的派别。从第二章开始具体介绍各派情况。克己派介绍斯多亚有关宇宙与人生、做人要诀、理想的模范人、理想的大同世界等理论;康德有关现象界和本体界、人应该怎样生活、政治学和永久和平等理论。返朴派介绍老子,主要介绍他的生死论、怎样做人、理想的政治等理论。出世派介绍佛陀和叔本华,佛陀即乔达摩·悉达多,他讲世界的现相、苦的由来,还讲理想的极乐园及怎样到极乐园等;叔本华的理论是关于人生的假相和实性、万恶的世界、脱离苦海的方法等。放纵派介绍杨朱和爱辟口罗斯,杨朱的论点主要是怎样享受人生,爱辟口罗斯派的主要论点是关于快乐的生活和理想的模范(成)人。功利派则讲边沁、弥儿,边沁的理论是关于苦乐的计算及社会改造的法则等;弥儿则对边沁的学说作了修正。进化派讲达尔文和斯宾塞,达尔文讲人和物的起源、道德与进化;斯宾塞则讲进化的原则、标准及社会的进化。救世派有墨子和苏格拉底,墨子讲的是兼爱、非攻、尚同与尚贤;苏格拉底则讲诸子救世的根本策略、做人的根本精神等。中和派讲孔子和亚里斯多德,孔子的理论是关于仁的世界、做人的道理;亚里斯多德的理论则是至善的生活,个人与国家等一些问题。本书对初学者了解中外伟大哲学家的学说,颇有帮助。

一个新信仰的宇宙观及人生观 1927年中央军事政治学校政治部宣传科《黄埔小丛书》本;1927年中山书店铅印本。

吴稚晖著。吴稚晖(1865～1953),原名朓,后改名敬恒,字稚晖,以字行。江苏武进人。政治家、教育家。曾任国民党中央监察委员、国民政府委员。1948年当选中央研究院院士。本书又名《吴稚晖的人生观》,原载上海《太平洋杂志》第四卷第三、五号。作者认为宇宙的本体就是"一个",它是产生物质世界与精神世界的最后根源。他说:"举现象世界,万有世界,(有)没有世界,(无)适用时间空间的,不适用时间空间的,顺理成章的,往来矛盾的,能直觉的,不能直觉的,合成一个东西,强加名言,或名曰本体,又曰一切根源。照我合成的成分而说,既应统括万有及没有,……则又有所谓'一个'。"又说:"我所谓一个,是一活物。从他'一个'变成现象世界,万有世界,没有世界,……能直觉的,不能直觉的,恒河沙数的形形色色,有有无无,自然也通是活物。"从此出发,他把人看成是一种动物,认为"人便是外面只剩两支脚,却得到了两支手,内面有三斤二两脑髓,五千零四十八根脑筋,比较占有多额神经系质的动物"。把"生"只看成是演戏,"生者演之谓也,如是云尔。生的时节,就是锣鼓登场,清歌妙舞,使枪弄棒的时节。未出娘胎,是在后台,已进棺木,是回老家"。其结论是:"所谓人生,便是用手用脑的一种动物,轮到'宇宙大剧场'的第亿垓八京六兆五万七千幕,正在那里出台演唱。请作如是观,便叫人生观。"故此提出"清风明月的吃饭人生观""神工鬼斧的生小孩人生观""覆天载地的招呼朋友人生观"等观点。本文发表后深受胡适的赞赏,在"加上一点扩充和补充"后,胡适提出了他所谓的"自然主义人生观"。

一元两面人生观之建立与中国之统一 1934年华德印刷公司铅印本。

张哲惠著。张哲惠(1905～?),号则伟。江苏靖江人。东南大学毕业。自幼即爱好美术与哲学,绘画作品名满沪上。本书主要论述"一元两面人生观"和"中国之统一"这两个问题,作者以平实的文笔将牵涉"人生"和"国家"的两个问题说得很明白。全书主要分五个内容:一、引言,二、中国不统一之原因,三、缺乏道德之探讨——一元两面人生观,四、一元两面人生观之建立——中正大道,五、结论。认为"中国不统一之原因"是"缺乏道德维系力",因此对"道德"问题作了深刻探讨。指出国人道德的退步,是因为存在"一元两面之人生观",即"食色"两个方面。作者的目的是要把"一元两面之人生观"引入"中正大道"之途。所谓"中正大道"之途,就是"食不过多,色不过度",一切以"中和"为极境,进而恢复"旧道德",再进而实现国家的统一。作者对道德的解读不免简单化,但也表现了作者对社会问题的反思。

唯物的人生观 1925年哲学研究会铅印本。

董亦湘著。董亦湘(1896～1939),原名椿寿。江苏武进人。政治家、革命家。作者认为人生哲学是社会哲学的一种,和自然科学也有密切的关系,唯物的人生观是用物质的观念来解释宇宙万物及心理现象。全书共分 8 章。第一章引论，作者论述了哲学的产生和发展，并提出认识问题在人类历史上有重大的意义，因为认识宇宙间一切的物，而后才能知道我是别于一切的物，才能知道宇宙间也有一个“我”的存在。故“认识论”在哲学上最为重要。第二章自我与社会。作者认为，自我与社会，就是我与我们。重点阐述了利他主义和利己主义的由来和区别。第三章习惯与风俗，探讨习惯与风俗之间的联系，以及其中唯物观的体现。第四章社会本能与阶级斗争。探讨唯物观在社会发展与阶级斗争中所起到的作用。第五章道德律及其作用，阐释了道德律的含义、产生，以及在哲学史上的地位，和在社会发展中的作用。第六章道德律在历史上变迁的原因。第七章变易时代的人生哲学，探讨在近代社会背景下，对于人生的思考，以及人生哲学的主张和方向。第八章新道德的产生及成功。在社会和哲学思想的发展过程中，新道德和新思想也随之产生。唯物的人生观是适于当下时代的人生观。

新哲学的人生观　1937 年生活书店铅印本。

胡绳著。胡绳有《辩证法唯物论入门》，已著录。本书为《青年自学丛书》之一，共 6 章。本书是一部指导青年走向正确人生道路的哲学著作。作者首先分析了各种有关“人”的定义，指出人一方面是动物的一种，但又不单纯是“动物的人类”，而是社会关系的总和，是历史发展到一定阶级的产物。人的主观能动性是不可否认的。人生便是主观的能动性与客观的被动性的统一。新哲学，即辩证唯物主义，是客观事物的运动发展法则的反映，能帮助人们正确认识客观事物。唯物辩证法的法则本身是世界观的方法论和认识论，是建立正确人生观的依据。进而分析了观念论和机械论的人生观，批判了诸如虚无主义、享乐主义、定命论和厌世主义的人生观，指出只有唯物主义的人生观，才能解决人生的意义和价值问题。作者认为，人生的自由要受现实因果性的限制，不可能具有一种抽象的绝对自由。辩证唯物主义并不否认个人力量对于整个历史的作用，不反对自我的修养和锻炼。在谈到自我与不朽问题时，作者指出形而上学的不朽观念是和客观事物的发展法则相违背的，真正的不朽应该是对于历史的发展尽其最大努力的，人生是要朽灭的，但其中包含着不朽。作者认为，应以乐观主义的态度对待人生，而只有现实主义的积极的人生观才能保证乐观主义。对于人生中的客观标准问题，作者指出“好”的标准随时间和空间的不同而变化，一切“好”的行为建立在对于现实的正确理解之上。关于真理，作者指出保证人类的认识能够达到真理的是实践，人生中的客观真理只有一个，通过实践可以把握真理。本书把马克思主义哲学的普遍真理与中国人生问题的具体实践结合起来，全面系统地论述了中国无产阶级的人生哲学理论，是一部运用辩证唯物主义原理系统阐述人生问题的理论专著，对指导青年树立正确人生观具有重大意义。

新人生观　1946 年天津知识书店铅印本；1947 年新华书店铅印本。

俞铭璜著。俞铭璜(1916～1963)，笔名萃仓、颇之、丁大年等。江苏如皋人。著有《新人生观》《共产主义人生观》《两点论》等。本书是当时从马列主义观点研究人生观的著作之一。全书共 8 万余字，分五个部分阐述革命的人生观。作者认为，人生观就是做人的道理，在不同的时代有不同的人生观。其基本问题是“立身处世”的问题，是个人与环境的关系问题，认为应从时代发展与阶级关系上解决人生问题。在第三部分，作者重点讨论了各种不同的人生观，剥削阶级人生观是自私和贪婪、残暴和卑鄙、享乐和颓废，小资产阶级的人生观是动摇于剥削阶级与被剥削阶级之间的个人主义的人生观。革命的人生观是属于现代无产阶级的，是共产主义的。其具体内容为人生就是斗争，人生是科学的，科学就是斗争的学问，要为真理而斗争，人生是集体的，要与人民相结合，有集体生活的修养，有民主主义的思想和作风。革命的人生观的出发点和归宿点是为人民服务，终身为无产阶级的革命事业——马克思列宁主义与毛泽东思想的科学真理而斗争。最后一部分人生观的革命，作者认为应从以下几点着手：第一，掌握自我斗争力求进步。第二，正确解决人生实际问题，如家庭与恋爱问题、出路与个人利害问题、生与死的问题等。第三，从政治上充实和开展自己。人生在世，必须以马列主义为指导，在现实政治斗争中与民众结合，为人民服务，建立起革命的新人生观。

中国人之宗教社会及人生观 1949 年自由中国出版社铅印本。

钱穆著。钱穆有《国学概论》，已著录。钱穆十分注重生命存在的内在感受，能从民族的、文化的立场上去探求其精神生活的表现形态，反省从小我到大我的整体生命的存在之道。在本书中，作者积极探讨中国社会中宗教与人生存在的对应课题，探索生命存在的神圣价值，能从心灵的无限性去触及中国文化的宗教信仰问题，从儒家的安身立命中深刻地认识宗教信仰在精神上的意义和作用。在作者看来，文化问题、宗教信仰问题实际上是人生问题，要解决这些人生问题，就一定需要孔孟之道。对于人生的价值和意义，作者特别看重《左传·襄公二十四年》中的人生“三不朽”说：“太上有立德，其次有立功，其次有立言，虽久不废，此谓之不朽。”全书共收文 6 篇：一、灵魂与心；二、孔子与心教；三、中华民族之宗教信仰；四、道家思想与安那其主义（以上四文皆抗战时期发表在《思想与时代》上的旧作，前三篇已经收入《灵魂与心》一书中）；五、孟庄论人生修养之比较观（1945 年作，已收入《庄老通辨》一书中）；六、人生三路向（1947 年作，已收入《人生十论》一书中）。

命相真谛 1933 年上海道德书局铅印本。

陈镜伊编。陈镜伊，江苏海门人，生平不详。王震（一亭）题签书名。本书辑录古人因行善而命相变佳，因作恶而命相改损的故事，编为迁善篇、改过篇、变恶篇、定数篇，劝人为善。具体目次为：绪论（口德相士、依卦教人）；迁善篇，分致贵类、延寿类、免灾愈疾类、得嗣类、致富类；改过篇，分复名类、失子复得类、愈疾免灾类；变恶篇，如骨格大变、气色败矣、天榜除名、仙谪地狱、削尽禄藉、寿数减尽等；定数篇，如财数注定、享用有定、邪财不富、攘名难享、财难强求、名难强求等。附堪舆类，如不泥忌讳、神示佳穴、佳穴不享、神夺佳穴。

人兽之变 1933 年上海道德书局铅印本。

陈镜伊编。王震（一亭）题签书名。讲述因果报应，行善兽变人，作恶人变兽等。内分上下两编。上编灵异动物：第一章贤兽（贤犬类、贤羊类、贤牛类、贤马驴类、贤猴类、贤鹿类、狐猪类）；第二章贤禽（义鸡类、义鹅类、义雁类、义鹤类、义雀类、鸦鹊类、杂禽类）；第三章鳞介（义蛇类、蛙类、龟鳖类、鱼类）。下编人变动物，分变犬类、变羊类、变猪类、变牛类、变驴马类、变虎类、变鳞介类。

冤孽 1933 年上海道德书局铅印本。

陈镜伊编。王震（一亭）题签书名。本书分诉冤、显恶、报仇、现形、索命、投生、冥罚、夙孽、心鬼 9 篇，劝人行善去恶。具体目次为：一、诉冤篇，如冤魂上表、冤魂告状、现形自诉、冤鬼质审等；二、显恶，如自投衙门、操刀自剖、引刀自裁、解带自经等；三、报仇，如冤鬼劈、冤鬼射、冤鬼逐人、冤鬼挟人等；四、现形，如镜中见鬼、冤鬼入室、白昼见鬼、冤鬼相随等；五、索命，如冤魂索命、冤魂为祟等；六、投生，如投生寻仇、投生索债等；七、冥罚，如惨受冥刑、暴雷击死等；八、夙孽；九、心鬼，如疑心生鬼、冤气化蛇等。

官吏良鉴 1933 年上海道德书局铅印本。

陈镜伊编。本书分清廉、循良、忠直、仁德、奸邪、建设官、财务官、考试官、外交官等 9 篇，讲述善恶有报，为官要公正廉洁。清廉篇例有拒金不纳、不受一钱、不受赠与、不受贺礼、礼不敢送、清比黄河、俭以养廉、家无余财、家无担石、不置田产、不治垣屋等；循良篇例有道不拾遗、拾遗求还、爱如父母、问民疾苦、私访民隐、革除陋俗等；忠直篇例有抗论极言、直言敢谏、守黜不枉、不较私仇、不念夙怨、举贤忘隙、反证得贤等；仁德篇例有焚册保民、一字千命、任咎救人、不戮俘虏、斩魁免从、宽容大度等；奸邪篇例有忌妒人才、忌贤幸灾、党恶行奸、不顾名节、枉为贪官等；建设官篇例有筑闸坚固、筑塘惠世、凿山通道、浚渠筑路、立堰溉田、机键耕地、执傲任性、骚扰地方等；财务官篇例有一尘不染、济人利物、兴利除弊、重赋厚敛、贪赃移害等；考试官篇例有拒托绝弊、不徇私情、纳言受过、得贿酿祸、挟嫌抑人等；外交官篇例有壮气迫人、持节不屈、不辱使命、截指乞师等。均以“经典原录”“难点简注”和“释古通今”并配以插图来例举、释读、引论。

富室珍言附赈务先例 1933 年上海道德书局铅印本。

陈镜伊编。王震（一亭）题签书名。本书分上下两篇，讲述富贵人家应行善济贫。上篇善例，分置产、放债、收租、周济、暗济、全人、救灾、恤孤寡、修桥路、助棺葬、体恤、贫而好施等 12 类；下篇恶例，列举囤积居奇、重利盘剥、侵占邻址、以假易真、设局诱骗、悖入悖出等例。附录赈务先例，亦分上下篇：上篇善例，分查灾、劝赈、乞赈、发赈、工赈、平粜、施粥、收容、育婴、助赈等 10 类；下篇恶例，列举匿灾不报、遏赈灭家、浮冒吞赈等例。

女儿箴 民国刻本；2017 年燕山出版社出版《中国古代女教文献丛刊》本。

程清编。程清（1870～1940），字白葭，号葭深。江苏武进人。喜藏书画，书法浑厚，诗亦清秀，与赵熙、易顺鼎唱和较多。抗战期间病殁上海。

本书共辑 6 部女子教育之作，分别为《儒教闽德篇序》《曹大家女诫》《宋尚宫女论语》《吕近溪先生女小儿语》《吕新吾先生闺范》《曾文正公语录》。第一篇作者所作《儒教闽德篇序》代本书之序，文中抨击了民国时期女子风俗败坏之种种情形，言“自民国十六年以来，通都大邑，舞场林立，女子习于骄奢淫逸，以袒裼裸裎为美观……因意志薄弱致离婚、失恋、诈欺、情杀之新闻与讼案，报不绝书……试院岁试，女子鲜能及格者，女子不知家政为何事”，“自出版有自由之权，于是导淫之出版物汗牛充栋，……无虑数十百种”，“兼之电影、图画描写女性美之裸体画及模特儿之商标，触目皆是”。序言显示了作者的偏见。因不满于现实，于是遂有本书之辑，希望达到正世风、明人伦之目的。

女诫注释 抄本，上海图书馆藏；2017 年燕山出版社出版《中国古代女教文献丛刊》本。

吴芙撰。吴芙（1884～?），江苏武进人。政治家吴敬恒长女。本书为俚语本，用无锡俚语白话，通俗地讲解曹大家《女诫序》的意思。书前有七字俚语题辞，云：“《女诫》注释快读熟，一切道理自明白。既能学像曹大家，何必念经与念佛。再讲天文地理搭算术，已与小家之女有分别。”作者解释了《女诫》的含意，强调了女子读《女诫》的重要性。正文部分是对《女诫》曹大家序的讲解，先录序原文，后以俚语翻译，再逐字逐词讲解。文字浅近，非常口语化，一般妇女都能通晓明白。

女铎 稿本，上海图书馆藏；2017 年燕山出版社出版《中国古代女教文献丛刊》本。

任卓撰。任卓，江苏宜兴人。“铎”是古代宣布政教法令用的乐器。本书名为“女铎”，作者希望能“借镜于女子”（自序），在自警之同时，以警世人。全书《正编》按时间顺序依次叙述上古至清历代女子之贤良事迹，《附编》则叙述历代女子之“恶行”，《外编》记录“外国女子之可取者”。书后又有 4 册《补遗》。每传前标题下有注，每传后有作者按语，“或据事以陈义，或触类而旁通，藉此芜辞，发抒刍议”（例言）。书前例言谓著书原因，皆因是时男女平等、女权盛行之思想盛行，“所谓法律者又从而主持之、保障之，遂使男女之别亡，夫妇之伦绝，君臣父子兄弟朋友之道亦复乖张，国由是而乱，家由是而亡，古所谓阴教之设施已扫地而无余”。由此可见作者编写此书的目的是为了维护旧的礼教和伦理秩序。

第六节 心理学

心理学讲义 1912 年 12 月上海商务印书馆铅印本；1916 年 6 月上海商务印书馆 6 版；1916 年 11 月上海商务印书馆 7 版。

蒋维乔编。蒋维乔有《中国哲学史纲要》，已著录。本书为师范讲习社讲义。目次为：通论编，分心理学界说、心理学之分派、心理学研究法、精神之生理的基础、精神现象之分类；各论编，分意识、注意、感觉总说、感觉各说、知觉、观念、记忆、想像、思考、感情总说、感情各说、欲望、运动及意志；结论编，分心之发达、个性气质及人格。版权页有教育部审定批语：“此书选择教材以普通心理学为主兼述儿童心理学及教育心理学要项，颇合师范程度，准作为讲习科用书。”

新制心理学 1915 年 12 月上海中华书局铅印本；1921 年 7 月上海中华书局 11 版；1924 年 6 月上海中华书局 14 版。

顾公毅编辑。顾公毅（1882～1955），字怡生，江苏南通人。通州师范毕业，曾任该校教导主任，教授教育学、心理学、伦理学等课程。本书由教育部审定，师范学校用。本书目次为：绪论，论心理学之任务、心理学研究方法、心理学之分派、心身之关系、意识及注意、心的现象之分类；第一编知识，分直观(视觉、听觉、触觉、味觉、嗅觉、知觉)、观念(记忆、想象、类化)、思考(概念、断定、推理、悟性、理性);第二编感情,分感应、情绪、情操;第三编意志,分冲动、本能、欲望、意志和行为;第四编括论,分自我及人格、心意之发达、个性、教育与心理学之关系。卷首有《编辑大意》,末附《学语中西对照表》。

心理学原理(附教育心理学) 1921年10月上海商务印书馆铅印本;1922年3月上海商务印书馆再版;1923年7月上海商务印书馆3版。

吴康著。吴康(1888～1956),字致觉,法名契悲,晚号悲翁。江苏苏州人。哲学家、心理学家。北京清华大学毕业,美国哈佛大学硕士。历任上海复旦大学、南京中央大学教授,并在上海商务印书馆、开明书店任编译。中华人民共和国建立后,任江苏省文史馆馆员。本书为普通心理学著作,分14章,论述心理学的定义,方法、分类,意识与生理的关系,心理现象(感觉、知觉、联想、记忆、思想、运动、注意、情态、情绪)等。所附教育心理学,亦分本能、儿童身心发育之阶级、儿童心理、进化再演说、习惯与学习、进步与疲倦、各种心理作用之教育等7章。全书卷首有张东荪序(1921年9月),谓本书系吴康在南高执教之讲义的修正本,承美国哈佛大学教授詹姆斯《心理学原理》之绪余,矫近来流行之“行动派”之偏,对更为正宗之“机能派”详加阐发,多所创见。另有凡例,略谓:本书内容半系自创,半系采择;本书方法有三:分析、解释和讨论;心理学原理所求为真相,教育心理学所求为实用,故以教育心理学另成一编附后。

心理学概论 1929年7月上海北新书局铅印本;1932年9月上海北新书局再版。

潘菽著。潘菽(1897～1988),江苏宜兴人。心理学家。北京大学毕业。美国芝加哥大学心理学博士。曾任中央大学心理学系主任、南京大学校长、中科院心理研究所所长、中科院学部委员、中国心理学会理事长、九三学社中央副主席。主要著作有《心理学概论》《社会的心理基础》等。本书分何谓心理学,心理学在各科学中的位置,近世心理学发展的过程,现在心理学的派别,心理学的分门研究,如何研究心理学,动物反应的几个基本原理,认识作用,心理学与法律政治,心理学与工商业,教育学的基础,心理学在实用上和理论上的重要——结论等12章。卷首弁言(1929年5月于南京国立中央大学)略谓:心理学是一门很重要但不为人了解的科学,本书旨在解释心理学是什么,阐明其意义和历史、范围和内容,兼及其在实用上的重要。附录《心理学入门书举要》。

心理学导言 1923年11月上海商务印书馆出版;1935年9月上海商务印书馆新版(原题“初版”)。

(德)冯德(W. Wundt)著,吴颂皋译。吴颂皋(1898～1953),江苏吴县(今苏州吴中)人。复旦大学毕业,后留学法国巴黎大学。曾任复旦大学法学院院长、中央政治学校外交系教授、外交部国际司司长。后任汪伪上海市政府秘书长、司法行政部部长。1923年版为《公学社通俗丛书》本;1935年版为《万有文库》第二集本,故亦谓“初版”。本书分识与注意、识之元素、连想、统觉、精神律等5章,概论心理学的基本问题。卷首凡例(1922年7月于苏州),略谓本书自英译本 Introduction to Psychology 转译,以文言意译而力求“信”“达”。

心理学 1933年11月上海新亚书店铅印本。

沈有乾、黄翼编。沈有乾有《论理学》,已著录。美国斯坦福大学哲学博士。历任光华大学、浙江大学、暨南大学、复旦大学教授。晚年定居美国。代表作有《论理学》《教育心理学》《现代逻辑》等。《近代自然科学丛书》本。本书据1933年春作者在浙江大学文理学院近代自然科学演讲中的心理学部分讲稿修改补充而成,讲述心理学的发展及其主要内容。全书分哲学中的心理学,生理学中的心理学,心物学与实验心理学的开始,内省的经验分析,记忆的实验与学习的经济,替代反应,动物的学习,形象与观察,个别差异与测验,儿童心理学,变态心理,心理学在工业商业及法律上的应用等14章。书前有沈有乾序(1933年8月),略谓:本书从历史的观点述心理学的发展;用举例方式讨论心理学问题;部分取材于应用心理学,俾读者了解心理学与实际生活的关系。

心理学的派别 1935年4月上海教育编译馆铅印本。

郃爽秋等选编。郃爽秋(1897～1976),字石农。江苏东台人。教育家。东南大学教育系毕业、美国哥伦比亚大学教育学博士。曾任中央大学教授、暨南大学教育系主任、大夏大学教育学院院长。中华人民共和国建立后,任北京师范大学教授。教育参考资料选辑单行本之一。本书收录《心理学史》(陆志韦、吴定良),《现代变态心理学说之分析及其批评》(行为说、感觉说、个性说等)(萧孝嵘),《行为主义》(朱光潜),《研究行为的发育程序及其方法》(郭任远),《三十年来行为之研究》(郭任远),《心理学中反遗传运动之结果》(郭任远),《苏俄的心理学》(高觉敷),《法国心理学现状》(谢循初),《格式塔心理学的鸟观》(萧孝嵘),《两个要素的理论》(王节林),《关于疲劳的几种研究》(陈剑修)等心理学论文。

动的心理学　1924年11月上海商务印书馆铅印本;1933年4月上海商务印书馆国难后第1版。

(美)武德沃思(R. S. Woodorth,一译乌特洼)著,潘梓年译。潘梓年有《逻辑与逻辑学》,已著录。本书原英文名 Dynamic Psychology,分心理学近今之潮流,心理学的问题与方法,吾人固有的才具,吾人后天的或学的才具,决择和制驭的要因,创造力的要因,变态行为中的动力和机键,社会行为中的动力与机键等8章。卷首《译者短语》(1923年3月),略谓乌特洼是美国行为派心理学家,独创"以新学理解释旧事实"的"动的心理",此册《动的心理学》是其1921年出版的大部头代表作《心理学》教科书的"警辟廉捍"之本。附原著者像。

笑之研究　1923年12月上海商务印书馆铅印本;1927年8月上海商务印书馆再版;1933年9月上海商务印书馆国难后1版。

(法)伯格森(H. L. Bergson)著,张闻天译。张闻天(1900～1976),化名洛甫。江苏南汇(今上海浦东)人,祖籍江苏无锡。政治家、理论家。南京河海工程专门学校毕业,后留学苏联莫斯科中山大学。曾任中共中央主要负责人。《尚志学会丛书》本。本书包括论述笑的心理因素的3篇文章:《普通的滑稽——形式与动作中的滑稽——滑稽的外涨力》《境遇中的滑稽元素与言语中的滑稽元素》《性格的滑稽》。书前有译者序(1921年12月于上海),称本书据伯格森亲阅之英译本翻译。

儿童心理学　1935年4月上海教育编译馆铅印本。

邰爽秋等选编。邰爽秋有《心理学的派别》,已著录。《教育参考资料选辑》单行本之一。本书收《近代儿童心理学的性质与问题》(黄翼)、《儿童心理学之方法观》(萧孝嵘)、《手的动作之研究》(萧孝嵘)、《四种手的运动能力之研究》(萧孝嵘)、《目手相应的能力之研究》(萧孝嵘)、《"基斯塔"说的儿童心理学》(高觉敷)、《儿童阅读兴趣发展的过程》(尚仲衣译)、《天才儿童研究中之最新发现》(沈有乾)、《我对于儿童的惧怕心之研究》(陈鹤琴)等9篇论文。

青年期心理学　1937年12月上海商务印书馆铅印本;1948年3月上海商务印书馆再版。

(美)勃洛克斯(F. D. Brooks,一译布鲁克斯)著,丁祖荫、丁瓒译。丁祖荫(1913～?),江苏无锡人。心理学家。1936年毕业于中央大学心理学系。1946年起历任中央大学心理学系、南京大学心理学系、南京师范学院教育系、南京师范大学教育科学学院教授。丁瓒(1910～1968),江苏南通人。心理学家。早年在北京协和医学院脑系科研究和讲授医学心理学。抗战时期任重庆社会教育学院教授,并创办重庆中央卫生实验院心理卫生室。中华人民共和国建立后,任中国科学院心理研究所副所长。本书原名 The psychology of adolescent,共18章,讨论青年身体发育、智力发展、社会趋向、兴趣、人格,以及行为和卫生等方面的问题。第一章绪论:青年期的意义和重要;第二章身体的生长;第三章身体能量与动作能量的发展;第四章青年期的心智发展;第五章智力的生长;第六章青年期中身体的与心智的生长、它们的关系及其重要性;第七章本能与冲动:青年个人的与社会的趋向;第八章青年的情绪生活;第九章学习与遗忘;第十章青年的兴趣;第十一章道德的和宗教的发展;第十二章人格的意义起源及其估量;第十三、十四章青年的人格及其问题;第十五章青年人格的扰动;第十六章青年期的卫生;第十七章青年行为之预测;第十八章青年行为之指导与控制。卷首有 Brooks 原序,略谓,青年心理学旨在叙述青年之本性、生长与发展,使青年行为得到可靠的预测和适宜的指导与控制,本书每章末均附讨论问题和参考举要,以引发更深入的研究。

青年心理　1943年桂林文化供应社铅印本(3版)。

朱智贤译。朱智贤(1908～1991),江苏赣榆人。儿童心理学家、教育家。南京中央大学教育学院毕业。曾任江苏教育学院、四川教育学院、中山大学教授。中华人民共和国建立后,任北京师范大学教育系教授。此为《青年新知识丛刊》之一,论述青年从性成熟至成人时期心理的发展特点及其思想道德。

青年心理与教育　1940年1月长沙商务印书馆铅印本。

(日)野上俊夫著,朱智贤译。本书分青年的任务与其教育,青年期在人生上的意义,身体的发育,感觉的发达,本能及感情生活的变化,性欲与恋爱,性教育论,身心的性别,男女同学论,知的发达,青年与宗教,青年期的犯罪,现代生活刺激与青年,青年期的精神异常,青年期的卫生,青年教育与自己修养等16章。卷首有野上俊夫原序(1937年4月于京都帝国大学);译者译序(1937年6月于东京帝国大学),评价该书扼要切实、取材适当、浅显有趣,对于确切明了我国青年之心理及建树适合本国国情之青年教育方法均有裨益。译者另有识语(1939年12月于桂林江苏教育学院),追念亡妻王书丹女士。

青年心理修养　1947年1月南京丙寅医学社出版。

丁瓒著。丁瓒译有《青年期心理学》,已著录。本书运用弗洛伊德的心理分析学阐述青年心理修养,收录《谈心理修养》《"了解你自己"》《"人间关系"与心理病态》《"人间关系"适应的基础》《弥散了的仇恨心》《被"魔鬼"缠扰的女子》《合理社会帮助心理卫生》《现实的生活方式》《青年期与神经衰弱》《"风流"与神经衰弱》《当前的青年心理问题》《略论思想与情绪态度的统一》《略论儿童行为指导工作》《儿童行为问题调查》《论成见》《救救心理苦难的人民》《人们怎样会得精神病的》等17章。附录《弗洛伊德对于社会学的贡献》《弗洛伊德对于社会工作的理论与实施的贡献》《弗洛伊德对于西方思想与文化的影响》《弗洛伊德理论的限度》4篇译述。卷首自序(1946年10月于南京中央卫生实验院)称,本书所收为作者近两年来所作有关青年心理修养的讲稿和通俗性论文,附录选译了几篇介绍和检讨弗洛伊德心理分析学的权威论文。作者强调,心理修养与一个国家的社会环境和文化传统密不可分。

疯狂心理　1923年4月北京北新书局铅印本;1927年7月北京北新书局再版。

(英)哈忒(B. Hart)著,李小峰、潘梓年译。李小峰(1897～1971),字荣弟,笔名林兰。江苏江阴人。文学翻译家、民间文学作家、出版家。北京大学哲学系毕业。曾创办北新书局,发行《语丝》周刊。潘梓年有《逻辑与逻辑学》,已著录。本书运用弗洛伊德的心理分析理论,把疯狂现象归结为变态心理。全书分为疯狂的历史、疯狂的心理学概念、疯狂的现象、分裂、心组、冲突、抑遏、被遏心组的表现、投射、疯狂的不合理、空想、冲突的重要等12章。卷首有哈忒原序、再版原序、三版原序,著名心理学家、教育家樊际昌序,以及《译者的话》和《译者再识》。卷末附参考书。

心理学的应用　1935年8月上海中华书局铅印本。

潘菽编著。潘菽有《心理学概论》,已著录。本书共9章(附图表),系统论述心理学在生活、工业、医学、法律及教育方面的应用:第一章心理学走入应用的途径,分纯粹科学和应用科学、心理学应用的研究等4节;第二章工作与疲劳,分工作与疲劳的种类、工作效能的测量等8节;第三章工作的物质环境,分空气的影响、光线的影响等9节;第四章工作的生理条件,分工作能力的来源、工作时生理的变化等5节;第五章如何使各人适合于他的职业,分个人差异和职业适应、职业指导和职业选择等7节;第六章在工厂中的应用,分工厂与心理学、工作的专门化和秩序化等10节;第七章对于医学的帮助,分在疾病预防、诊断和治疗上的帮助3节;第八章心理学与法律,分犯罪原因的分析、审判时证据的收集等5节;第九章教育上的应用,分儿童的发展、学习的过程等6节。卷首自序(1934年10月于南京国立中央大学)略谓,本书着重说明心理学在各方面的主要问题及其应用(未包括心理学在商业上的应用),不详细讨论和叙述方法及实验结果,以为读者明了心理学的性质和重要之第一步。附录《参考书目举要》。

第二章　宗　教

第一节　宗教理论与概况

五十年来之世界宗教　1922年上海土山湾印书馆铅印本。

马相伯著。马相伯（1840～1939），原名志德，又名良，教名若瑟，字相伯，晚号华封老人。江苏丹阳人，生于江苏丹徒。上海震旦学院创办人、复旦公学校长。本书杂论宗教，为《申报》五十周年纪念而作，原载《圣教杂志》（上海徐家汇耶稣会士创办的中国天主教机关刊物）1922年第8期及第11期（署"华封老人"）。本书写于"非基督教运动"期间，详细论述了科学与宗教的关系，表现了作者丰富的自然科学知识，是非基督教人士所不可比拟的。书中作者并不以宗教家的立场来论宗教，而以局外眼光、世人常识及世界历史从事实地的研究。书中引证五十年来世界著名科学家的言论，以彰明宗教的存在，而打破迷信无稽之谈，是一部今世研究科学与宗教问题者必读的重要文献。卷首有万松老人序（1922年）。按：英华（1866～1926），字敛之，晚号万松老人；土山湾印书馆，19世纪60年代耶稣会传教士在上海徐家汇附近的土山湾创建的印书馆。

鬼语　1916年12月上海商务印书馆铅印本；1922年12月上海商务印书馆4版。

（英）拔柯著，孟宪承译述。孟宪承（1894～1967），江苏武进人。教育家。早年毕业于南洋公学、圣约翰大学，后留学美国华盛顿大学、英国伦敦大学，历任东南大学、圣约翰大学、光华大学、清华大学、中央大学、北京师范大学、浙江大学等校教职。中华人民共和国建立后，任华东师范大学首任校长。本书分复会、勿语人、防守门户、明镜上之云、发前人所未发、意志之神奇、幕后之光、物质之魔力、灵魂上下之处、精神界之聚会、童子丽那、刍形世界、真与不真之形式、派拉塞尔舍斯之奇书、罗马式之外袍、应忘怀之一物、鬼之多妻者、个人之地狱、天上小家庭、见上帝者、灵魂之优游、宇宙无终点、被告人之辩论理由书、禁知之事、无影世界、沙中画圈、魔术圈、不失其赤子之心、意外之警告、空中鬼妖与幻术家、轮回中一算术问题、中心点之移易、五项决定、丽那之物化、仙子、空球、瓷杯、无时间与空间、死之教训、神之阶级、灵魂之恋爱者、幸迷途之未远、十目所视十手所指、天国只在心中、假戏、说师、仙子之歌、耶稣降诞节之无形恩物、大梦国、训戒、灵魂不死、伉俪之情、灵魂之宝藏、成功之公式等54篇，借一个死人的口，论证灵魂不死。卷首有伍廷芳序及拔柯《绪言》。

第二节　佛　教

佛学大辞典　1922年上海医学书局铅印本；1939年上海医学书局4版。

丁福保编。丁福保有《老子道德经笺注》，已著录。丁福保所主持编著之佛学书籍，则统称《丁氏佛学丛书》。本书系转译日本真宗大谷派学僧织田得能著作《织田佛学大辞典》而成，共360多万字，历时8年完成，收辞目3万余条，内容非常广泛，基本囊括了佛教各种专门名词、术语、典故、典籍、专著、名僧、史迹等等。对每条辞目首先注明其词性，如名数、物名、地名、书名、人名、术语、杂语、譬喻、故事、仪式、图象等，然后解释其词义，征引其出处。凡一辞有多义者，则依次列出，有的亦作必要的考证。而对翻译的重要专门名词、术语、人名、佛典等，则均注出梵文或巴利文，以便检阅原书。此外，该辞典还编有详细的辞条索引，颇便检索。

佛学小辞典　1919年上海佛学书局《佛学丛书》本；1920年上海佛学书局再版；1936年上海佛学书局5版。

孙祖烈编。孙祖烈（1904～1970），字继之，江苏无锡人。幼年从师于著名学者、翻译家、医学家丁福保，参与翻译编辑《丁氏医学丛书》，并在丁福保指导下编著《佛学小辞典》，后在无锡行医。本辞典以日本织田得能、望月信亨等人编纂的《佛学大辞典》为蓝本，"而以唐捐、憯怕、校饰等辞补入之，以成完璧。佃渔经论、肴馔诸家，非惟法数之统宗，固亦全藏之金钥也。"共收辞目1万多条，内容与丁福保编《佛学大辞典》略同，篇幅简约之。卷首有丁福保序（1919年2月）、孙祖烈序（1919年3月），附录《佛学大辞典》序一（吴葆真）、序二（丁福保）、序三（丁福保）、序四（丁福保）、例言（总论、编纂之例、用符号之例、检查之例、分册之例、结论）、切经音义汇编序（丁福保），敬启（丁福保）。

佛学撮要　1941年8月上海启蒙普济会铅印本。

丁福保著。本书分佛学撮要、佛学初阶、佛学起信编、佛学指南、六道轮回录、学佛实验谈等6卷，附录佛学书目1卷。佛学撮要，先说因果，后说净土，为学佛者最切要之书。佛学初阶，鉴于《华严》《方等》《般若》《法华》《涅槃》等诸经及大乘、宗经、释经诸论过于繁难，不易入手，乃从最初之阶级，循级而上，凡通文义者，均能领会。佛学起信编，针对颓败之世道人心，用因果报应可据之事以挽回，尤其此编后几类，发挥佛法功德，崇奉佛法之功，渐渐导之以出世，可作"监狱教诲书"。佛学指南，指示学佛门径，由浅及深，"洵足以发声振聩，启迪后人"。六道轮回录，六道轮回乃佛经中最足启人疑窦者，是编援据近世各种事实，一一证明其疑窦，导人以实行念佛，求生净土。学佛实验谈，专辑关于孝悌、谨信、贞洁、慎独、戒杀、戒盗、戒淫等实验诸门，提示学佛者，奉之若金科玉律，身体而力行，则"诸恶莫作，众善奉行"。

佛教概论　1930年6月上海中华书局铅印本；1933年10月上海中华书局再版。

蒋维乔著。蒋维乔有《中国哲学史纲要》，已著录。本书分绪论、本论及各论三编。第一编绪论，分佛教以前之印度思想界（论印度之古宗教、六大学派、宗教之革新等）、原始佛教（介绍释迦之降生及出家、释迦之说法及入涅槃等）、佛教之经典（介绍结集遗教、梵语佛典、西藏之佛典等）、佛教之分派（介绍大小二乘、有空二论、显密二教、教禅二宗）等4章；第二编本论，分教理论（论宇宙论之归结、缘起论与实相论等）、解脱论（论解脱之实质、解脱之形式等）2章；第三编各论，分绪言（介绍我国之十宗、显密二部等）、俱舍宗、成实宗、三论宗、法相宗、天台宗、华严宗、律宗、禅宗、净土宗、密教真言宗、结论等12章。详述我国小乘二宗、大乘八宗之由来、宗义、传播及修行方法。卷首有叙文（1930年2月）、例言。

佛教浅测　1932年9月上海佛学书局《佛学小丛书》本；1935年10月上海佛学书局再版。

蒋维乔著。本书为作者在东南大学国学研究会上的讲演词，分心、法身、报身、应身、三身即一身、圆音说法、佛教之目的及方法教法、世间、出世间、四缔、十二因缘、六度、佛、十界、三界流转、烦恼惑业、总别二报、能化佛身、所化众生、应病与药、宗派、十宗、俱舍宗、成实宗、律宗、法相宗、三论宗、华严宗、天台宗、真言宗、净土宗、禅宗等32目，简介佛学知识。卷首有例言。

学佛捷径　1921年上海医学书局《丁氏佛学丛书》本。

丁福保编纂。本书分往生为修行之捷径、所以求生净土之理由、念佛之功用等9章。卷首有作者叙（1921年2月），引杨仁山居士言称："修道之士，未证无生法忍，轮回终不能脱，惟有净土，横超一门，是出火宅之捷径。"又曰："由信而解，由解而行，由行而证，欲一生成办径登不退，要以净土为归，此系最捷之径也。”印光法师曰：“净土法门，释迦弥陀之所建立也，文殊普贤菩萨之所指归也。”作者认为，净土一宗，实为学佛之捷径矣。

佛学纲要　1935年2月上海中华书局《中华百科丛书》本；1941年2月昆明中华书局4版。

蒋维乔编。本书共11章：第一章绪论，分什么叫做佛学、研究佛学怎么样下手、佛学和学佛须要分别清楚3节；第二章佛教的背景和它成立的原因，分佛出世前印度的思想界、佛出世前印度的社会、佛教成立的原因3节；第三章释迦牟尼的略史，分释迦成道以前的状况、释迦成道的时期、释迦的转法轮、释迦的入涅槃4节；第四章佛教的立脚点和它的教法，分佛教立脚点在乎人生的多苦观、佛家的教法2节；第五章释迦灭度以后弟子结集遗教，分第一次结集、第二次结集、第三次结集、第四次结集、大乘经典的结集、秘密经典的结集6节；第六章佛教在印度的盛衰，分小乘佛教的分裂、大乘佛教的发现、大小两乘的分别、印度佛教的盛衰4节；第七章佛教传入中国的状况，分佛教东传的时期、历代的译经事业、各宗的次第成立3节；第八章大藏经的雕刻，分国内雕印的大藏经、国外雕印的大藏经2节；第九章佛教的研究方法，分佛教大体的研究、佛教历史的研究、佛教教理的研究、经论的研究4节；第十章佛家的修行方法，分戒定慧三学、禅观、念佛、持咒4节；第十一章结论。附录中文名词索引、西文名词索引。卷首冠舒新城《中华百科丛书》总序（1933年3月）、蒋维乔自序、例言。

佛法省要　1944年8月上海大法轮书局铅印本；1947年3月上海大法轮书局再版。

王季同著。王季同有《因明入正理论摸象》，已著录。全书分导言、真理、西洋三派哲学批判、历史派哲学批判、离言法性、法相、修证、大旨等八部分。附录《劝全世界学者研究佛法书》（1943年10月）曰：“愿以此书出版，功德回向全世界所有资本主义、社会主义、共产主义、法西斯蒂主义所引起各届战争中各方面所牺牲生命，以及所有直接间接有关之学者、发明家、政治家、企业家等共同消释怨仇、和平意气发起正信、同证、正等、正觉。”卷首有虚云序（佛历2969年壬午即1942年），自序（1942年3月序一、1943年3月序二《兼示儿子守竞》、1943年6月序三《兼论东西新旧文化》，另有预告：“又草成《佛法省要续编》二千余言，将于不日另行出版”）。

佛法与科学之比较研究　1932年11月上海国光印书局再版；1935年12月上海国光印书局4版。

王季同著。这是第一位科学研究者所写的佛学论文，曾载《海潮音》杂志1933年第一期。本书收《佛法与科学》《管义慈“读了佛法与科学的瞎三话四”》《答管义慈》《读“唯物史观与社会学”》《科学之根本问题》《答葛志亮君佛教疑问》《读锦汉君“佛学八识之批评与研究”》《吕碧城与著者书》《答吕碧城》《再答吕碧城》等短论10篇。卷首有蔡元培序（1932年1月）、胡适序（1930年6月）、自序一（1931年4月）、自序二（1932年2月）。基本思想是调和佛法与科学的关系。作者认为在宇宙观方面，自然科学所得之结论与佛法所说没有矛盾；而佛法中的轮回说与神通说，与科学也没有相抵触。这些说法曾引起当时学术界的纷争。

佛经精华录笺注　1918年上海医学书局《佛学丛书》本。

丁福保编注。本书节选的佛经精华，有的是比丘的戒律，有的是在家人的伦理规范，有的是佛境界的极深开示，有的是对修行的指导，旨在以此对佛陀的说法有一大致了解，并在此基础上研读更多经文。全书分笺经杂记八及总纲、忏悔、伦理、五蕴、四谛、十恶十善、十二因缘、六度、达观、无我、归向、佛性、净土等十三大类。附录《佛经经籍提要》（分华严、方等、净土、法相、般若、法华、涅槃、秘密、阿含、律、大乘论、西土撰集、禅宗、传记、字典、杂集等16部）及《佛学丛书序跋及书目》。书中有云“心能作佛，心作众生，心作天堂，心作地狱。心异则千差竞起，心平则法界坦然，心凡则三毒萦缠，心圣则六通自在，心空则一道清净，心有则万境纵横”，多发人深思。卷首有李详《丁氏佛学丛书序》（1918年端午节）及丁福保识（1918年），释道阶《佛经精华录笺注序》（无言居士黄章笺注）。

心经显诠　1947年江苏昆山锦溪图书馆铅印本。

陈子彝撰。陈子彝（1897～1967），名华鼎，字子彝，号眉盦、眉厂，又号三归居士、智舆居士。江苏昆山人。藏书家、学者。东吴大学商科毕业。先后在苏州、昆山等地图书馆和上海南洋中学图书馆任职。1956年起任上海师范学院图书馆主任、馆长。本书目次为：一、初释经题：般若波罗蜜多、心、经；二、附诠译师：唐、三藏法师、玄奘、译；三、次译经文：（一）显说般若（初略说、次广说、三结赞），（二）密说般若。分别诠释观、自在、菩萨、行、深般若波罗蜜多、时、照、见、五蕴、皆、空、度、一切、苦、厄、舍利子、是诸法、空相、不生不灭、不垢不净、不增不减、空中、心、究竟、涅槃、三世诸佛、得、故知、真实、不虚、故、说、即说咒曰等之义。卷首有自序（1947年）。

三论宗之宇宙观　1922年北京大学出版部铅印本。

蒋维乔疏注。蒋维乔有《中国哲学史纲要》，已著录。本书原载北京《佛新丛刊》创刊号（北京广济寺编印，北京大学出版部1922年出版，仅出一期）页20～24。作者称，三论者，《百论》《中论》《十二门论》也。《百论》，是提婆菩萨造；《中论》《十二门论》，则皆是龙树菩萨造，皆为姚秦时鸠摩罗什所翻译。三论之学，隋唐时代最盛，唐以后学者多畏其文义难解，置而不问，至今则尚有不知其书者焉。此宗观察分析推验一切人物世界之方法甚多，可以一种方法观察考验一种现象与原理，同时亦可以若干种方法观察考验之，虽变化无方，皆不外乎指示人以真理真相之所在。古语云"四方上下谓之宇，往古来今谓之宙"，从广、纵两方面加以观察，就因缘之理法以推测，述小乘经中之世界观念，解析三论宗对于宇宙之正观。

五蕴大意　1932年10月上海佛学书局《佛学小丛书》本。

蒋维乔述。本书为作者1931年11月29日在世界佛教居士林佛学研究会上的演讲词，分总说、色蕴、受蕴、想蕴、行蕴、识蕴、结论七个部分，对佛学的"五蕴"进行具体解释。作者云，佛教之根本修行，唯在破执，即"照见五蕴皆空"。五蕴者何？色、受、想、行、识是也。蕴是积聚，宇宙人生，积聚不出此五者，前一为身，属物质界，后四为心，属精神界。色蕴有眼耳鼻舌身五根及色声香味触五尘以及无表色十一种；受蕴有乐、苦、舍三种；想蕴分有相想和无相想二种；行蕴包括五十一心所（内分遍行五、别境五、善十一、烦恼六、随烦恼二十、不定四）和二十四心不相应行；识蕴分眼耳鼻舌身意六识以及末那识、阿赖耶识共八种。

大乘广五蕴论注　1924年9月上海商务印书馆铅印本；1932年10月上海佛学书局铅印本。

蒋维乔疏注。本书对《广五蕴论》作串讲式注疏。卷首例言云，本书为在东南大学哲学系讲演时所作，期以近时文字解释经论奥义，俾学者易晓；《五蕴论》为法相宗入门之书，为世亲菩萨所造，《广五蕴论》为安慧菩萨所造，即所以解释《五蕴论》者，前称本论，后称释论；《广五蕴论》，我国自来无注，惟日本有《纂释》6卷，惜过于浩繁，不易卒读，本注乃从《纂释》中淘沙取金，得其精要，间加己意，编辑而成。开篇题解云，大者，异于小也；乘者，运载之义，言修行之人，乘此而到彼岸；广者，言较五蕴论为广也；五蕴者，色受想行识也；论者，言其异于经律也，教戒学徒，称之为论。正文始云，佛说五蕴，谓色蕴、受蕴、想蕴、行蕴、识蕴；蕴者，旧译名阴，积聚之义；五蕴之次第，以前蕴为后蕴所依，如有色相而后有领受，有领受而后有构想，有构想而后有造作，此四蕴皆以识为本，乃识之所住也；然后对云何色蕴、云何受蕴、云何想蕴、云何行蕴、云何识蕴，依次展开，逐层递进，详加论注。

理门论证文　因轮论图解　1928年12月南京支那内学院铅印本。

吕澂、释印沧合撰。吕澂有《美学概论》，已著录。本书由《理门论证文》和《因轮论图解》（封面题名）二篇组成。前者一名《因明正理门论本证文》（内页题名），为吕澂与释印沧合撰，主体部分为《因明正理门论本》（大域龙菩萨造，大唐三藏玄奘译），正文用大号字，校勘注释用小号字，附录《（唐）义净补译理门论释文》。后者《因轮论图解》，为吕澂独撰，分文（因轮决择论）和图（同品轮、异品轮、九句因轮、九句因轮作法四图）二类。

印度佛教史略　1925年10月上海商务印书馆铅印本；1930年11月上海商务印书馆再版。

吕澂撰。本书目次为：导言，分佛陀出世以前印度之住民及其宗教、佛灭后佛教发展之概观二章；本篇上(佛在世时之佛教)，分释尊略传(成道以前、成正等觉、转法轮、其他之教化、入涅槃)、教法之大要(缘起、四圣谛——苦集灭道)二章；本篇下(佛灭后之佛教)，分根本佛教发达时代(第一结集、根本分派、枝末分派、诸部宗义、阿育王等)、大乘教兴隆时代(龙树、大乘之意义、小乘之发达、大乘教之发达)二章。附录"印度佛教史略表"，附图：释迦世尊像、释迦布教地图、阿育王时代佛教之传播地图、大乘分布地图。卷首《叙怕》(1924 年 5 月)云，治学宜先习其理论与历史，我国学者研究佛教者，多骛玄远之谈，屑视历史为不足道，既昧于佛教与时代思想之相互关系，所学亦终不获运用于实际。本书参考日本荻原云来《印度之佛教》等书，条疏史实学理，罗举发展大要，以消解我国佛学研究之弊病。

中国佛教小史 1927 年 8 月上海世界书局铅印本。

陈彬龢著。陈彬龢(1897～1945)，江苏吴县人。曾任中山文化教育馆出版部主任、《申报》社评主撰、伪上海市新闻联合会理事长。本书记述自东汉至清代佛教在中国发展略史。目次为：第一章经典翻译时代，分东汉之佛教(公元 25～221 年)、三国之佛教(222～280 年)、西晋之佛教(280～316 年)三节；第二章印度佛教传播时代，分东晋之佛教(317～420 年)、南北朝之佛教(420～588 年)二节；第三章中国佛教兴盛时代，分隋代之佛教(589～618 年)、唐代之佛教(618～907 年)二节；第四章中国佛教保守时代，分五代之佛教(907～960 年)、宋代之佛教(960～1279 年)、元代之佛教(1279～1367 年)、明代之佛教(1368～1663 年)四节；第五章中国佛教衰颓时代，分清代之佛教(1663～1911 年)一节。

西藏佛学原论 1933 年 2 月上海商务印书馆铅印本；1933 年 6 月上海商务印书馆再版。

吕澂著。《百科小丛书》本。本书依据西藏要籍 12 种，从渊源、传播、文献、学说四方面，推论西藏佛学之特质，兼与汉土所传对论短长，期有裨于研学者，于此易得真正之认识。全书目次为：一、西藏佛学之渊源(印度佛学分化时期、印度佛学衰颓时期)；二、西藏佛学之传播；三、西藏佛学之文献；四、西藏佛学之学说。别录《藏译显乘论典略目》(大小乘论典 601 种，分般若类、中观类、经疏类、瑜伽类、小乘类、本生类、杂撰类、因明类、声明类、医明类、巧明类、世论类、补遗及回向吉祥颂类共 13 类)；附录《本书所据西藏典籍目录》(12 种，中西文书名及解题)。卷首有自序。

汉藏佛教关系史料集 1942 年华西协合大学中国文化研究所铅印本。

吕澂编校。华西协合大学《中国文化研究所专刊》本。本书内容包括：一、汉译藏密三书(《道果语录金刚句》《大手印金璎珞要门》《成就八十五师祷祝》)，有导言、凡例和汉藏两种文字的索引；二、清代土观善慧法日的《中土佛法源流》校本，附录工布《佛教史》摄颂，有导言、校例和索引。

兴化佛教通志十卷 1944 年铅印本。

释震华撰。震华(1909～1947)，俗姓唐，名全心，法名乘实。江苏兴化人。11 岁出家。1926 年入镇江玉山超岸寺佛学社学习经教，1929 年赴南京宝华山(今属句容)受具足戒。旋入镇江竹林佛学院深造，1938 年任竹林寺住持兼竹林佛学院院长。1942 年移居上海玉佛寺，任住持，其间创办上海佛学院，任院长，并成立弘一大师纪念会图书馆，发行《妙法轮》月刊。1945 年冬退隐，专心撰述。其间曾任中国佛学会上海市分会理事长。主要著作有《僧伽护国史》《续比丘尼传》《兴化佛教通志》等。本书共 10 卷：卷一序、凡例、教源、梵宇、兴化各区寺庙统计表；卷二僧彦、尼范、居士、信女；卷三法要；卷四艺文一(碑目、书目、上谕、记)；卷五艺文二(序)；卷六艺文三(传)；卷七艺文四(塔铭)；卷八艺文五(杂文)；卷九艺文六(诗)；卷十(纪事、捃拾)。本书汇集了清代至民国时期兴化佛教的兴衰沿革、梵宇建置、僧彦尼范、大德法要、碑记塔铭等诸多史料，尤记兴化僧人传记及其佛法要义、传记、著作、诗文甚详。

玄奘 1919 年 1 月上海商务印书馆铅印本；1925 年 11 月上海商务印书馆 7 版。

孙毓修编。孙毓修(1871～1922)，字星如，一字恂如，号留庵，自署小渌天主人。江苏无锡人。目录学家、藏书家、图书馆学家。江阴南菁书院肄业。曾任上海商务印书馆编译所编辑。著有《中国雕板源流考》《四部丛刊书录》等。《少年丛书》本。文言体。本书分总论、唐以前之西游者、玄奘之家世、西游之始、临发之自试、高昌王、游北印度、游中印度、游东西印度及归程、太宗之待遇、三藏圣教序等十一章，述佛教传入中国（玄奘之前）的经过，介绍玄奘身世及其取经经历。

常州万寿清凉禅寺同戒录 1934 年铅印本。

释清海辑。清海（1865～1939），僧人。俗姓陈，字悟真，号静波。江苏盐城人。20 岁受具足戒于南京宝华隆昌律寺（今属句容），后至镇江金山寺、常州天宁寺参学。光绪十七年（1891）任常州清凉寺方丈，在寺内创办华严大学（后改为清凉佛学院）和清凉小学。1938 年兼任无锡南禅寺住持。1939 年于上海清凉寺圆寂。常州多古刹，而以天宁、清凉二寺最为著名。常州清凉禅寺始建于北宋治平元年（1064），初名报恩感慈禅院。明景泰五年（1454）改名端名寺。光绪三十年复名清凉寺。1934 年，值寺中藏经楼落成，举行第三次开堂传戒大会，为此辑成《同戒录》，卷首冠翰林院编修、前陕西学政沈卫等撰序 8 篇，又附刊盛宣怀等撰旧序 3 篇。

圣哲嘉言汇录甲编二卷 1925 年无锡五大印书局铅印本。

杨钟钰编，华文祺参订。杨钟钰（1870? ～1935 年后）。字章甫，号喜闻过斋主人。江苏无锡人。慈善家、佛教居士。钟琳（1868～1937）弟，荫溥、荫浏之叔。编著有《寰球名人德育宝鉴》等。华文祺有《死之研究》，已著录。本书分甲乙两编（乙编未见）。甲编为唐文治题签书名，析为上下卷共十二类：名伦敷教类第一，赈灾恤贫类第二，善恶劝惩类第三，了心明性类第四，修行练道类第五，导归净土类第六，佛化济度类第七，阐明佛学类第八，忏悔弭灾类第九，论事叙事类第十，警世辟妄类第十一、治病消孽类第十二。卷首有唐文治序（1924 年冬）、释清海序（1924 年冬）、华文祺序（1924 年冬）、自序（1924 年冬）。

圣哲嘉言类纂初续编二卷 1936 年无锡锡成公司铅印本。

杨钟钰、华文祺合编。杨寿枬题签书名。本书题为“华文祺、杨钟钰合编”，但据华文祺等人序，杨钟钰实为第一编纂人。本书分上下卷。上卷分名伦敷教类第一，赈灾恤贫类第二，积善种福类第三，发心行愿类第四，修行练道类第五，导归净土类第六；下卷分拥护密乘类第七，昌明佛学类第八，慈悲济度类第九，祈祷忏悔类第十，叙事论事类第十一，解冤愈病类第十二。卷首有唐文治序（1936 年冬）、释清海序（1936 年冬）、华文祺序（1936 年 11 月）、杨钟钰自序（1936 年冬）。按：杨寿枬（1868～1948），江苏无锡人，曾任北洋政府财政部次长。

沈吟集 1931 年 4 月上海佛学书局铅印本；1933 年 11 月上海佛学书局再版；1937 年 4 月上海佛学书局 5 版。

俞忏生著。俞忏生（1881～1937），名承莱，字采生、忏生，笔名天愤，号无净居士。江苏常熟人。小说家。曾任琴南儒英学校教员、海虞市立第八小学校长。著有长篇小说《二月春风》《薄命碑》《绣囊记》等。《戒杀放生丛书》乙编之四。本书为俞忏生学佛有得之言。收录《沈吟》《六条鞭子》《真美》《劳人》《吃了麻醉剂以后》《怕烫》《我们的腰》《打鸟归来》《就死前的冰浴》《祝寿之后一日》《夜半声》《那里来的地狱》《枱头馆的早晨》《沉醉》《花园与枯骨》《销魂荡魄》《心在那里》共 17 篇文章。卷末有《后跋》（署“释尊二千九百五十七年中冬海虞无净居士俞忏生跋”）。附录丰子恺作《护生画集》（乞命、众生、撕票、示众、被虏、倒悬、诱杀、刑场、忏悔等 24 则）。

第三节　道　教

道藏源流考 1949 年 7 月上海中华书局铅印本。

陈国符著。陈国符（1914～2000），江苏常熟人。道教学家、工业化学家、教育家。1937 年毕业于浙江大学化工系，获工学学士学位。1942 年获德国工学博士学位。曾任西南联大教授、国民政府资源委员会技正。中华人民共和国建立后，任北京大学、天津大学化工系教授、中国宗教学会理事。本书目次为：第一部分，三洞四辅经之渊源及传授，分三洞、七部、上清经考证、五符经考证、灵宝经考证、三皇文考证、太玄经考证、太平经考证、正一经考证、三洞四辅经之孳乳及道藏分部法等篇目。第二部分，历代道书目及《道藏》之纂修与镂板，分《汉书·艺文志》、梁陶弘景《经目》、唐尹文操《玉纬经目》、开元中修《道藏》、宋徐铉雠校道书、《通志略·道家》、金代各处道观、明刊《道藏》、明藏目录、敦煌卷子中之《道藏》佚书、经藏及转轮藏等28篇。附录《引用传记提要》（录神仙传、真诰、笑道论、道学传、洞仙传、真系传、高道传、七真年谱、茅山志、宫观碑志等26篇）、《道藏札记》（录三十六部异说、方士道士术士、道及道教、楼观考、道馆考源、道教形像考原、道教诸宗、天师道与茅山宗、梁武帝奉道等14篇）。卷首有罗常培叙（1949年2月于北京大学文科研究所）。

中国炼丹术考　1937年3月上海商务印书馆铅印本。

（美）约翰生（O. S. Johnson）著，黄素封译。黄素封（1904～1960），又名雪楼。江苏徐州铜山人。化学史家、医药学家、教育家。金陵大学化学系毕业。1928～1934年在印尼创办学校并任教。1940年在上海创办化学制药厂并任经理，尔后又任生化制药厂总经理。中华人民共和国建立后，任化工部医药工业研究所工程师兼顾问。撰有《中国炼丹术考证》（载1945年的《中华医学杂志》）。《百科小丛书》本。炼丹术是炼制长生不老之丹和使贱金属变成黄金的方术。本书论述了中国炼丹术与道家思想的关系，以及在佛教思想和占星术影响下的种种变化，肯定了炼丹术在医学上和化学工业中的地位，并指出欧洲的炼丹术是受到中国炼丹术影响的结果。全书目次为：导言；第一章道教，分老子的生平、老子的时代、老子的学说、“道”在玄学上的意义、道之伦理学的意义、庄子的生平、庄子的学说7节；第二章早期道家学说概念的变迁；第三章长生的炼丹术；第四章点金的炼丹术；第五章中国炼丹术后期的发展；第六章中西炼丹术的关系。附录参考文献（分重要文献、次要文献、字典及辞典、杂志四类）。卷首有原著者近影、译序（1936年2月于上海）、译者附志（1936年9月于上海）；译序称本书是约翰生的博士学位论文，约翰生的导师威廉姆斯（E. T. Williams）在原书序文中说“和指南针、火药和印刷术一样，化学也起源于中国”；译者附志介绍了译者与原著者的通信及原著者亲撰的个人小传。

道德精华录六卷（附续编八卷）　1930年10月世界红卍字会南京道院铅印本；1931年8月世界红卍字会南京道院2版。

谢冠能编，谢明道校勘。谢冠能（1916～1966），字绍佐。江苏武进人。历任南京道院道慈统掌、副统掌、统掌。谢明道，字恭懿，时任南京道院责任院监。本书选辑各地道院的坛训，以训词证经文。初编共6卷：卷一道旨门，先言道，再言德，别为道源、大道真空、道在中和、道本平庸、道顺自然、德为道辅、五常之德、内外兼修、五教同源、诵经真谛、肩道要义等类；卷二修坐门，先言坐功，再言修身，别为坐旨、先天三宝、后天三宝、尽性立命、抱一守中、观妙精义、坐贵止念、正心、慎独、尚志、忠恕为道、容忍为量、谦怀为德、知止知足等类；卷三慈爱门，先言慈，再言爱——已沉沦而救之为慈，未沉沦而预防为爱，别为造劫化劫、战地救济、赈务善后、正己化人、与人为善、移风易俗、教养兼施、讲习礼乐等类；卷四哲学门，别为数理、光理、易理、佛理、五行生克、佛乘释义、六道真言、四书新义、兵事至理等类；卷五灵学门，别为人灵释义、性灵问答、死生之道、事坛、方坛等类；卷六文艺门，别为文类、偈类、论类、说类、传类、记类、诗类、词类、歌类、赋类、书画类等。引释、道之说，论述修身养生之道。卷首有弁言（1927年6月）、张汝芹序（1927年9月）。续编增悟经门和坤范门，合8卷，仍为6册，重新编次（谢冠能编、张汝芹审订、刘懋修校勘）。

觉世宝经中西汇证　1937年无锡锡成公司铅印本。

杨钟钰编。杨钟钰有《圣哲嘉言汇录》，已著录。杨寿楣题签书名。《觉世经》即《关圣夫子觉世经》，为道教经书之一。关圣夫子即关羽。本书共分四卷，分别善恶美丑。首句为“帝君曰，人生在世，贵尽忠孝节义等事，方于人道无愧，可立于天地之间”，其他如“凡人，心即神，神即心，无愧心，无愧神”，“淫为万恶首”，“孝为百行原”，“若负吾教，请试吾刀”，“礼神明”，“奉祖先”，“孝双亲”，“守王法”，“重师尊”，“爱兄弟”，“信友朋”，“睦宗族”，“和乡邻”，“别夫妇”，“教子孙”，“救难济急”，“恤孤怜贫”，“舍药施茶”，“戒杀放生”，“造桥修路”，等等。

书中引用中西实例，对觉世经所言及所列各行加以解释。附刊《文昌帝君功过格》（含序、凡例及全文，曰伦常第一、仁爱第二、劝化第三、敬慎第四、节忍第五）《玄天上帝真武佑圣报恩教主劝行大孝文》《念佛生西简便规则》等。卷首有关圣夫子真像、王阳明觉世经原序、孚佑帝君觉世经解原序、唐文治序、杨寿枏序、杨钟钰自序。按：杨寿楣（1877～1960），字翰西，江苏无锡人。曾任中国银行无锡分行行长、无锡县商会主席。无锡沦陷后，任伪自治会长、汪伪水利委员会委员长。杨寿枏（1868～1948），江苏无锡人，曾任北洋政府财政部次长。孚佑帝君即吕洞宾。

太上宝箴中西缵义　1923年7月上海中华书局铅印本。

杨钟钰编。家庭教育暨市乡宣讲用书。俞复、邓以模分别题签书名。《太上感应篇》是非常重要的一篇文章，被誉为“古今第一善书”。此书源出于（东晋）葛洪《抱朴子》，后经宋代李昌龄、郑清之等先贤发扬光大，流通于世，影响深远。上至朝廷，下至民间，刊印传播者众多，到明清时期达到高峰，简称《感应篇》。书中融合了较多的传统民族思想，树立了人在世上的正确形象，许多内容至今仍然具有积极意义。本书正文先录《太上感应篇》全文，再分上中下三卷逐字逐句注疏，主旨为集中外因果报应故事，证说《太上感应篇》中的意义。扉页有编者《敬启》，希望“各省长官、贤豪绅富，重刊广布，培养人才与善俗，以继轨唐虞，抗隆欧美”。卷首录高攀龙、惠栋、魏源、俞樾等历代大儒原序或注序，以及编者叙文。附录《太上宝箴引用中西书籍一览表》。

弭劫寿世要旨　1932年南京红卍字分会铅印本（6版）。

谢冠能述，张道一订。谢冠能有《道德精华录》，已著录。张道一，字汝芹，时任南京道院责任院监。本书目次为：一、总论：内修之要有三：坐旨（坐可静心平气、坐可却病弭灾、坐可养灵复性、坐可超凡入圣），坐则（先天坐法、观窍真谛、修坐时间、坐宜准时无间），坐功（坐贵坚恒自如、进修功候、证功证过）；外修之要有二：慈（急救灾黎以挽浩劫、集合团体以兴慈业、积功累行辅助后天），爱（纠正士风学术、演讲鬼神因果、劝人入道修持）。二、结论，指出道院为度修而设，须从精神上力加阐扬，以达普化之效；是编奉老祖暨诸天神圣仙佛之训谕，以谙内修外行之精义，以收静坐之功效。

第四节　基督教

重译新约全书：串珠注解原文释词　1936年6月南京新译圣经流通处铅印本。

朱宝惠重译，简美升、诚质怡校阅。朱宝惠（1889～1970），山东临朐人，后迁居江苏宿迁。金陵神学院毕业。后在南京圣道书院攻读神学、在东南大学进修哲学。1913～1917年任江苏宿迁教会宣教士兼教会中学教师。1918年任金陵神学院函授部主任。抗战时期任教于成都华西协和神学院。抗战胜利后续任金陵神学院函授部主任兼汉中堂牧师。中华人民共和国建立后，参加中华基督教三自革新教会。本书分马太福音、马可福音、路加福音、约翰福音、使徒行传、罗马书、哥林多书、加拉太书、以弗所书、腓力比书、歌罗西书、帖撒罗尼迦书、提摩太书、提多书、腓利门书、希伯来书、雅各书、彼得书、约翰书、犹大书、启示录书，均附本文并加注解。附录新约全文释词、新约人名译意表、新约称号一览表、基督耶稣应验旧约对照表、新约事迹年表、新约犹太地图附略说、新约使徒传道地图略说、应用经文备选、一元复始读经表。卷首有李汉铎序（1936年2月）、李天禄序（1936年3月）、朱宝惠重译说明（1936年仲春）、重译倡始人赛兆祥博士小史（简美升述）、例言、读经须知。

福音经　1949年1月上海商务印书馆铅印本。

马相伯译述。马相伯有《五十年来之世界宗教》，已著录。本书为《相伯编译馆丛书》中的一种，田耕莘题签书名，内页题名《救世福音》（马相伯自题）。共四个部分，记耶稣之为王、为仆、为人与为神：一、玛窦之记录（分婴孩、传教、受难复活三大段，共28篇）；二、玛尔谷之记录（分敷教、遭忌、讲道、受难复活四大段，共16篇）；三、路加之记录（分婴孩及潜居、敷教、受难复生荣升三大段，共24篇）；四、若望之记录（分传教时之荣光、受难时及复活后之荣光二大段，共21篇）。各部分之前分别有玛窦、玛尔谷、路加、若望（宗徒）4位记者之生平事迹简介及各部分记录内容之提要解析。卷首有《救世福音对译序》。

非常时期的圣经金句 1939年上海广学会铅印本。

邵镜三著。邵镜三(1902～1958),江苏南京人。金陵大学、金陵神学院毕业。美国耶鲁大学哲学博士。曾任中华全国基督教协进会干事、中国宗教徒联谊会理事、中华基督教会全国理事会总干事、南京基督教协进会主席。中华人民共和国建立后,任南京市基督教三自革新促进会副主席、金陵协和神学院校董会副主席、中国基督教三自爱国运动委员会常委。本书从《圣经》中选出有关抗战的语句,分编于"仰赖上帝""圣经的效用""忍受苦难""牺牲""服务"等22个论题之下。书前有绪言及总论。

基督感生的研究 1929年5月上海中华浸会书局铅印本。

朱宝惠著。朱宝惠有《重译新约全书》,已著录。本书分耶稣是否为童女感生(引论)、基督的感生与神话有何不同(篇一)、基督感生是理想还是事实(篇二)、基督感生最真确的史料(篇三)、基督感生与救恩的关系(篇四)等几个部分,为基督感生说辩护。卷首有上海《真光杂志》记者张亦镜《写在卷头上的几句话》(1929年6月),内页插有《真光丛刊》之广告,称其为"宣教师的良伴"。

圣经与人群之关系 1916年铅印本。

马相伯演说。马相伯有《五十年来之世界宗教》,已著录。本书为马相伯于1916年5月7日在北京中央公园的演说。作者称,"孟子曰:心之官则思。思则知我非我改造,前无今有,万物皆然";"救世主非救一国一民,故《圣经》之关系,关系普世人群。《圣经》为万法之根源,其关系我中国人群、中国国家为尤甚";"无法律,无国家,而法律之要,一在保障通国身命安全,二在通国上下一体奉行";"《圣经》说,兄弟是真兄弟,爱情是真爱情,要实行其爱,先去其反背。此大要有四:第一反背友爱,莫大于杀人;第二反背友爱,莫大于邪淫;第三反背友爱,莫大于偷盗;第四反背友爱,莫大于妄证";"救世主训诲友爱,其积极者亦有四端:第一要恕道,第二要诚实,第三要谦恭,第四要知止";"世务虽人生所不免,然合于理,则谓理务;不合,则谓恶务"。作者最后总结道:"要救人,先自救;要劝人,先自劝。对于人群,积极的方面,毋杀人,毋邪淫,毋偷盗,毋妄证;消极的方面,一要恕道,二要诚实,三要谦恭,四要知止"。

经过烈火的洗礼以后 1939年1月香港青年协会书局铅印本。

邵镜三编。邵镜三有《非常时期的圣经金句》,已著录。《非常时期丛书》第二类第八种。卷首有《非常时期丛书编辑旨趣》、本书《引言》(邵镜三1938年10月)。本书收录《一千五百里的长征》(蒋翼振)、《主解重围》(余牧人)、《烽火回忆录》(朱敬一)、《湖上余生》(王钥东)、《安勿忘危》(查全璧)、《炸弹下所得的经验》(杨光达)、《遭难所得的经验和教训》(周梅阁夫人)、《生死关头》(邵镜三)、《苦中的甜味》(桂克美著,邵镜三译)等9篇文章,各篇后均有"编者识",对著者作简要介绍。卷末有《编后》。

本笃会修士陆征祥最近言论集 1936年光启学会铅印本。

陆征祥著。陆征祥(1871～1949),字子欣。生于上海,原籍江苏太仓。外交家、修士。上海广方言馆和北京同文馆毕业。曾任清政府驻荷兰、俄国公使,民国北京政府外交总长、内阁总理、驻荷兰及瑞士公使。1945年被教廷封为比利时圣安德鲁修道院名誉院长。《光启学会丛书》本,分上、下集,收录《满洲问题评判》《本笃会沿革史》《上蒋主席书》等9篇论文。

朝鲜景教史料钞 1930年9月北平大学女子师范学院铅印本。

魏建功著。魏建功(1901～1980),笔名天行、文里等。江苏通州直隶州如皋县第十五任西场(今江苏海安县西场镇)人。语言文字学家。北京大学中文系毕业。历任北京大学、辅仁大学、北平大学女子师范学院教授。中华人民共和国建立后,任北京大学副校长、中国科学院哲学社会科学部委员。曾主编《新华字典》,参与主持《汉字简化方案》。本书为北平大学女子师范学院《女师大学术季刊》第1卷第3期(1930年9月)之抽印本。记述朝鲜国王捕杀基督圣徒、禁行圣教以及朝鲜学人殉教的史实，另附《钞后记》。《钞后记》曾载(北平)《骆驼草》周刊第5期(1930年6月9日)。

第五节　其他宗教、术数

新宗教哲学思想体系　1944年9月西安中国文化服务社陕西分社铅印本。

李玉阶著。李玉阶(1900～1994)，名鼎年，字玉阶，道号极初，自号涵静老人。江苏武进人，一说江苏吴县人。曾任上海烟酒公卖局局长、南京国民政府财政部秘书、财政部驻西北盐务特派员。1930年加入天德教，后在陕西设点传教。1949年去台湾，创立天地教。本书分3部共9章。具体目次为：导言；第一部物质之自然观：第一章宇宙之本体，分电子论、和子论、和力论、旋和力论、万有动力论5节；第二章宇宙之起源，分旋和系之形成、大旋和系之形成2节；第三章星球之形成，分恒星之形成(旋和系重心之形成)、行星成为固体之经过、地球之创始3节。第二部精神之人生观：第四章生命之究竟，分生命之来源、人生之性质2节；第五章精神之寄托，分灵的境界、亲和力之关系、神的权威、精神之锻炼、第三神论5节；第六章奋斗之道，分圣凡平等之意义、向天奋斗、向自然奋斗、向自己奋斗、第三纪时三同之理想5节。第三部结论：第七章和与乱；第八章相对的真理；第九章新生论。卷首有自序(1944年7月于西安宗教哲学研究社)。

五行大义五卷　1926年1月上海文明书局铅印本；1929年11月上海文明书局再版。

(隋)萧吉撰，秦慎安校勘。秦慎安，生卒年不详，江苏江宁人。校勘著作甚多，如《阴阳二宅全书》《阳宅大全》《神相铁关刀》《麻衣相法》《柳庄相法》《罗经解定》《乾坤法窍》，多为上海文明书局出版。本书分5卷，共24部分，是以五行为根据的命理书。卷一主要对五行、干支进行释名，并说明五行的形质与功用，同时对"数"进行广论，包括《易》之大衍之数、五行及生成数、支干数、纳音数和九宫数；卷二论述五行相生、生死所及四时休王和五行配支干、五行相杂、五行之德、五行之合、五行之扶抑、五行之相克、相刑、相害和冲破；卷三讲五行配五色、五音、五味、五藏六府及五常与五事；卷四讲五行与律吕、七政、八卦八风、情性与治政；卷五讲诸神、五帝、诸官、诸人及禽虫配五行。卷首有萧吉自序和清许宗彦序，卷末有天瀑《题五行大义后跋》。

神相全编　1925年上海文明书局铅印本；1930年上海文明书局再版。

(宋)陈抟秘传，(明)袁忠彻订，秦慎安校勘。秦慎安校有《五行大义》，已著录。《相法汇刊》本。本书分52卷，共6册，为宋代相术大师陈抟辑录，后由明代袁忠彻增订，是中国相术典籍的集大成之作。它收录了宋代以前各个时期30多位著名相术学家的300多篇相法，几乎囊括了中国相术的所有领域，其中包括麻衣道者、张行简、袁柳庄等相学大师的经典力作。本书也成为自明、清以来最流行的相术技法大全，为后人广为流传，并将其视为识人断人的重要参考依据。

(神相)水镜集　1925年12月上海文明书局铅印本；1930年2月上海文明书局再版。

(清)范騋撰，秦慎安校勘。秦慎安校有《五行大义》，已著录。《相法汇刊》本。本书共4卷：卷一纂要，主要为面部解说，如流年运气图、十三部位总论、五岳四渎论、五星六曜论等；卷二问难，有孔子异相四十九表、如来三十二相八十种好、老子德容慈态、细辨十二学堂贵处等；卷三相外别传，辑录古代名人观相实例数十则，如达摩相论五来、刘绍相法九徵、朱豫庵观人八则、右髾录相外论等；卷四增删百问，辑永乐百问柳庄百答、陈抟论飞禽走兽形贵贱法(飞禽走兽图像、富贵寿天贫贱图像、裴中立自题像赞图)等。卷首录黄宗羲《水镜集序》，范騋《相说》(康熙庚申1680年)。

奇门元灵经　1925年11月上海文明书局铅印本。

(清)隐溪居士辑，秦慎安校勘。秦慎安校有《五行大义》，已著录。《占卜汇刊》本。本书目录页题"奇门遁甲元灵经"。占卜书，分上、下卷，介绍奇门起例，十干吉凶宜忌，奇门捷径秘法等。

命理探原　1937年上海星相研究社铅印本；1940年上海大东书局增订本；1947年2月上海润

德书局增订本。

袁树珊著。袁树珊(1881～1968)，名阜，以字行。江苏江都(时属镇江)人。医家、星相家。1948年底旅居香港，后迁台湾。著有《妇科准绳》《行医良方》《十二经动脉表》等医学著作，以及《六壬探源》《选吉探源》《历代卜人传》等命理著作。《润德堂丛书》本。本书共分8卷，前5卷以本原、起例、强弱、神煞、宜忌、用神、化合冲刑、评断、六亲、妇幼、杂说等为纲领，而将古代命理典籍中的有关论述，一一择要收录其间；第六卷为先贤命论；第七卷为润德堂存稿，收录包括作者自己在内的30多则命造，详加解说，以便初学；第八卷为星家十要、星家事实丛谈。八卷之外，尚有补遗事实丛谈。

命谱　1940年2月镇江润德堂书局铅印本。

袁树珊著。《润德堂丛书》本。宋希濂题签书名。本书又称《袁氏命谱》，共8卷，每卷录8造，累有64造(即64人命造)。上自东周，下逮清季，其间既有圣贤仙释，帝后将相，亦有神奸臣憝，乞儿寒士，阅世千年，并蓄兼收。第一卷至圣先师孔子、汉世祖光武皇帝、张道陵、关羽、诸葛亮、石崇、陶弘景、张巡；第二卷吕岩、范仲淹、欧阳修、邵雍、王安石、释了元、苏轼、黄庭坚；第三卷张邦昌、秦桧、岳飞、朱熹、真德秀、谢枋得、文天祥、陆秀夫；第四卷赵孟頫、刘基、明太祖高皇帝、商辂、王守仁、严嵩、杨继盛、戚继光；第五卷王肯堂、董其昌、洪承畴、卢象升、黄宗羲、明毅宗皇帝、朱用纯、张玉书；第六卷清圣祖仁皇帝、清孝圣宪皇后、清高宗纯皇帝、沈孝子、纪昀、毕沅、汪辉祖、罗聘；第七卷洪亮吉、黄景仁、阮元、林则徐、曾国藩、胡林翼、左宗棠、彭玉麟；第八卷马新贻、李鸿章、周烈女、丁丙、张之洞、武训、康有为、端方。附录征引书目(176种)。本书有王云清、董伯骙、王清穆、沈恩孚、高燮、赵宗抃、袁象保、孙抱存、李雷雨等人序跋，陈夔龙、冒广生、张应铭、吴蕴斋、丁瑗、鲍鼎、江谦、孔昭森、袁开甲等人题辞，另有自序和例言。

第三章　社会科学总论

第一节　社会科学的理论与方法

社会科学概论　1924年长沙文化书社铅印本；1939年2月上海霞社再版；1949年6月上海群益出版社再版。

瞿秋白著。瞿秋白有《社会哲学概论》，已著录。本书为作者1924年在上海夏令讲学会上的讲稿。包括总论、社会之意义、经济、政治、法律、道德、宗教、风俗、艺术、哲学、科学、社会现象之联系等12章。认为社会科学是研究种种社会现象的科学，而所谓社会现象指人与人之间的互相影响或互相动作；所谓科学即指这些现象都有因果可寻，人们可以通过观察、分析、综合，从而推断出一切现象的原因及结果，并求得其共同的因果规律。作者指出："大致而论，经济是社会的基础，此外有政治、法律、道德、宗教、风俗、艺术、哲学、科学，社会便是这种种社会现象及其联系之总和。研究这社会现象之总和——是社会学。"从这种观点出发，作者对生产力与生产关系、经济基础与上层建筑等基本社会问题作了历史唯物主义的探讨与阐述，指出："社会基础一定是物质的生产力之状态，社会变易的根本原因必定是生产力之发展"；"物质的经济基础产生精神的社会现象，好像树的发叶开花，并非单供给你主观的欣赏，而是客观的营养传种的作用。"说明社会基本矛盾都必然表现为阶级斗争，阶级与阶级斗争是社会生产力发展到一定历史阶段的产物，是有其自身发生、发展和消亡的客观规律的。本书是在中国较早传播马克思主义唯物史观的重要著作。

新社会科学方法论　1939年上海新学书店铅印本。

黄淡如著。黄淡如（1867～1923），字龙骧，号顽石。江苏无锡人。终身从事教育。历任东林书院、省立第三师范、竞志女校教职。本书包括社会科学、社会学、经济学、政治学等4编，分章节阐明其意义及研究方法。

怎样做调查研究工作（一名调查研究入门）　1947年胶东新华书店铅印本；1948年4月大连光华书店再版；1949年4月长春新中国书局又版。

白韬著。白韬即戴伯韬（1907～1981），白韬为戴氏笔名。江苏丹阳人。教育家。1927年入陶行知创办的晓庄师范学习。后任中共苏皖边区政府委员、山东省教育厅长。中华人民共和国建立后，任上海市教育局长、中央教科所所长。本书为《青年学习丛书》之一，是作者1947年6月在山东大学教育系的演讲稿（据1948年3月再版序言）。作者在初版序言（1947年6月）中说，"没有调查就没有发言权"，调查是学习哲学社会科学的好办法，是唯物辩证法的应用。全书分革命的法宝、决定目的、调研中的点面结合、几种调查方式、找对象、七何三多及其他（七何为何事、何人、何地、何时、何故、何如、如何，三多为多少、多大、多久）、两点难处、辨别真伪、克服乱糟糟、怎样分析和综合问题、提高一步、抓中心环节、下结论、拿办法、来自客观回至客观等15个小节，讨论调查研究的方法。

第二节 统计学

统计学大纲 1934年9月上海商务印书馆铅印本；1935年5月上海商务印书馆再版；1936年3月上海商务印书馆订正4版。

金国宝著。金国宝（1894～1963），字侣琴。江苏吴江人。统计学家。美国哥伦比亚大学统计学硕士。先后在暨南大学、上海商学院、上海法学院任教。著有《中国经济问题之研究》《凯恩斯之经济学说》《中国棉业问题》等。《国立上海商学院丛书》本。本书共20章：第一章绪论，论统计学之定义及其应用、统计之法则、统计方法之程序；第二章统计表，论统计表之功用、统计事项之分类、统计数列、频数表等；第三章统计图，论统计图之功用、统计图之分类、条形图、线图等；第四章平均数，论平均数之意义与种类、中位数、各种平均数之比较等；第五章离中趋势，论离中趋势之意义及其测定之方法、各种离中差之关系等；第六章机率与差误正态曲线；第七章偏态与转矩；第八章指数，论指数编制之方法、指数公式之测验等；第九章吾国重要指数之编制，包括物价指数、生活费指数、工资指数、外汇指数、证券指数、国外贸易指数；第十章直线系联；第十一章长期趋势；第十二章季节变动；第十三章循环变动；第十四章时间数列之系联；第十五章非直线系联；第十六章他种系联；第十七章偏系联；第十八章响应；第十九章商情预测；第二十章统计资料之搜集与整理。附录数学原理、统计习题、英华对照统计名词（附人名地名索引）、统计符号、本书重要参考书、计算应用表。卷首有引言（1934年4月）、统计表索引、统计词索引。

统计新论 1925年9月上海中华书局铅印本；1930年6月上海中华书局5版；1935年11月上海中华书局7版。

金国宝著。本书共收录《统计学浅说》《人生统计学概观》《商情轮回说》《再论恒差月差》《商情研究与未来推测》《美国农业经济局之农产预测法》《美国劳动统计局记》等统计专论7篇，附图表。附录《译名讨论》（《统计学译名商榷》《朱君毅来书》《覆朱君毅书》），介绍金国宝、朱君毅（朱斌魁）、胡明复、张东荪等人在《时事新报·学灯》上关于统计学译名的讨论和商榷。卷首有孟森序（1924年1月），赞本书注重统计之技术，实用明效，可以察往知来；张君劢序（1924年1月），赞本书"本统计之术，测商情之未来"，立曲直是非之标准；钱新之（钱永铭）序（1924年3月），云中学形上尚理，西学形下近书，本书"镕冶形上形下之说"，可发挥统计"治国平天下"之作用。

统计学原理及应用 1927年7月上海商务印书馆铅印本；1929年3月上海商务印书馆再版；1932年10月上海商务印书馆国难后第一版。

王仲武著。王仲武（1897～1980），江苏南京人。统计学家。曾任国民政府交通部统计长、中央大学经济系教授。本书共2编16章：第一编绪论，诠释原理，分统计之略史、统计之定义、统计之法则、统计之用途、统计之程序5章。第二编各论，说明应用，分统计问题之审定、统计单位之选择、统计材料之来源与搜集、统计材料之汇类与分析——表列法、统计图式、论集中数量、论差量、论偏斜度、论指数、论关系数、勘校法11章。附录统计缩写符号、计算公式、计算表。卷首有梁启超题词（1923年1月），赞作者"以统计名家"，二编"一诠原理，一斠应用"；马寅初序，赞本书"衷于学理，应用得法，体用兼备"；郭秉文序（1922年4月），赞本书"内容丰富，备极详赅"；杨杏佛序（1924年6月），赞本书"搜罗宏富，叙述详细，尤重实用"；作者自序（1923年9月），云第一编"就统计习见之原理，批郤导窾"，第二编"就应用之方术，鉥摫兼呈"。另有凡例，说明本书之取材、编制、体例、特点和译注，以及本书所有之表列（13种）、本书所用之图式（13种）。

汉译统计名词 1930年9月上海商务印书馆铅印本；1933年7月上海商务印书馆国难后第一版。

王仲武编纂。本书系英文统计学名词汉译，为作者1922年编成的《统计学原理及应用》之整理本，共收录统计名词约700种，分两篇：第一篇按类排列：第一类搜集资料，第二类表图，第三类次数分配，第四类型数及中数，第五类差度及偏态，第六类指数，第七类时间数列，第八类相关，第九类常态曲线及机率；第二篇按（英文）字母顺序排列。全书中英文对照，简明易懂，便于检索，便于记忆。卷首有作者绪言（1929年12月于交通部），交代编纂缘由、成书经过、编排体例、内容梗概，言明供从事统计工作和研究统计者参考。

统计公式及例解 1934年8月上海商务印书馆铅印本；1935年5月上海商务印书馆再版。

王仲武著。作者1930年应中央大学法学院院长谢冠生、经济系主任马寅初之邀，任该校实用统计课程教授，主讲统计调查方法、资料整理、编造报告及制表绘图与统计计算，本书即为讲稿中计算复习部分。全书共五部分：第一部分次数分配，分平均数量（平均数、众数、中位数）、百分位数（百分等级、四分位数等）、离中差量（全距离、平均差、偏斜度等）、常态分配（二项分配、峰度等）；第二部分指数，分物价指数（比价平均法、总价法、环比法、锁比法）、物量指数、物值指数；第三部分时间数列，分长期趋势（直线配合法、指数曲线配合法等）、月差指数（算术平均法、环比法等）；第四部分相关，分直线相关（乘积率法、最小平方法、等级差异法、异号对数法、变量相应法、二列相关系数、均方相关系数）、非直线相关（相关指数、相关比率等）、纯相关及复相关（乘积率法、最小平方法、行列式法）；第五部分可靠数量，分算术平均数之可靠数量、中位数之可靠数量、四分位数之可靠数量、相关系数之可靠数量等。1935年版增加了“再版增订之公式”，列算术平均数、几何平均数、众数、标准差、平均相联等。书后附录练习问题、本书所用之缩写符号、计算表。本书举例，以本国事实为准，例解遍采经济、教育、农、工、商之事实，例解事实以简明为要，练习问题重在应用。

测验统计法概要 1924年1月上海商务印书馆铅印本。

俞子夷编纂。俞子夷（1886～1970），名旨一，字遒秉。江苏苏州人。教育家。先后在上海爱国女校、芜湖安徽公学、南京高等师范学校、浙江大学等校任教。中华人民共和国建立后，任浙江省教育厅长。本书详记统计计算方法，专供教科书用。目次为：第一章全体数的统计，分分配图、分配表、顺序表3节；第二章要点的统计，分众数、平均数、中数下四分点上四分点3节；第三章变化率的统计，分全展开、四分差、平均差、标准差4节；第四章相关度；第五章可靠度。附表三：平方数表、标准差与百分数对照表、P. E. 与百分数对照表。卷首有自序（1923年1月）。

测验统计术 1933年5月上海中华书局铅印本。

俞子夷著。本书目次为：第一章全量的统计，分顺序表、分配表、分配图、合并的方法、正常分配、偏侧分配、双心分配、全量统计结论、做分配表的方法等9节；第二章要点统计，分众数、中分数、全距、平均数、均方差、中数、四分差、平均差、各要点的结论、中数差等11节；第三章可靠度——比较优胜点的可靠度；第四章相关度，分相关度的意义及用途、司毕门氏算法、辟而生氏算法、沃的斯氏图表法、相关度的解释及预断的功用、相关度图解、自己相关度、弧线相关度、用均衡差判定相关、分析相关等11节。末附平方数及平方根、均方差与百分数对照表、P. E. 与百分数对照表等三表。卷首自序略谓，所谓“术”，即技术或统计法，本书记载计算之次序，细密规定计算的一切步骤，便捷易学，可供自修者作函授讲义，亦可供学校师生参考。

测验 1934年南京中央统计联合会铅印本。

沈有乾讲。沈有乾有《识理学》，已著录。本书系在中央统计联合会的演讲，讲述测验的意义、信度、效度，以及统计方法在测验上的应用等。

人口统计新论 1934年9月铅印本。

朱祖晦著。朱祖晦（1901～?），字景文。江苏江宁人。美国哈佛大学经济学博士。曾任国民政府贸易委员会秘书处编辑科科长、武汉大学教授。《中国统计学社丛书》本。本书包括人口统计之意义，各国人口清查法之比较，各国生命注册法之比较，中国人口统计正讹（附历代户口数额表），用检样调查法调查中国人口问题之建议等五个部分。附近三十年中检样调查法之应用、户口调查统计报告规则（1928年7月19日内政部令），户籍法（1931年12月12日），美国人口统计重要表格。卷首冠刘大钧序（1932年3月于上海）、陈长蘅序（1931年12月于立法院）及作者自序（1931年11月）。

中国之统计事业　1930 年南京立法院统计处铅印本。

刘大钧著。刘大钧（1891～1962），字季陶，号君谟。原籍江苏丹徒，生于江苏淮安。经济学家。美国密歇根大学学士。历任清华大学教授、中国经济学社社长、中国经济统计调查所所长、国民政府立法院统计处处长、重庆大学商学院院长。著有《中国的工业和财政》《外国在华投资》《工业化与中国工业建设》。本书原为刘大钧提交"东京国际统计会议"之英文论文，译成中文后经作者本人校订，主要介绍中国统计事业史，统计机关，国民政府下之统计工作，统计联席会议，中央统计联合会与中国统计学社，1928～1929 两年之户口调查，农业统计，工业统计，交通统计，财政统计，政治统计，其他统计等。附录江苏、浙江、江西、湖北、河北、山西、河南七省 1910～1916 年人口统计表。作者将中国统计事业分为两个时期：自古代至 1860 年为第一期，1860 年以后为第二期；1860 年为中国统计事业分期之一大枢纽；第二期中，1860 年至清末为第一阶段，辛亥革命至国民政府（1912～1927）为第二阶段，1927 年后为第三阶段。国民政府下之统计工作，时由立法院统计处负责。

中国最近之主要统计　1943 年 10 月重庆中央训练团党政训练班铅印本。

王仲武讲。王仲武有《统计学原理及应用》，已著录。本书系作者 1943 年 10 月在重庆中央训练团党政训练班的讲演，内容分三部分：一、统计之重要性，称统计是一种科学方法，也是一种科学工具，如果查记全面正确、分析合理适用，定能发挥大的成效；二、我国最近之主要统计及分析，分人口、土地、农业（以粮食、棉花为主）、交通（包括铁道、公路、航运、电讯、邮储、驿运）4 节；三、结论，认为建立现代化的国家，应有各种重要的统计数字；国家建设和各部门工作必须用标准的数字，合理规划；通过统计数字，可以观察教育之推进、财政之措施、金融之调度、贸易之发展、物价之管制、资源之开发、卫生之政策等等各种现况。附录人口、土地、农林、畜牧、交通、工矿、财政、金融、贸易、物价、教育、外交、侨务、赈务、卫生等类统计表 71 种。

第三节　人口学

人口论 ABC　1928 年 9 月上海世界书局铅印本；1929 年 4 月上海世界书局再版；1931 年 10 月上海世界书局 6 版。

孙本文著。孙本文（1892～1979），原名彬甫，号时哲。江苏吴江人。社会学家、社会心理学家。美国纽约大学社会学博士。历任复旦大学社会学教授、国民政府教育部高等教育司司长、中央大学社会系主任。本书分绪论、人口数量问题概观、人口增加率、土地利用的饱和度、文化程度、生活程度、移民的可能程度、制造品与食粮原料交换的可能程度、生育限制、世界人口的将来、人口与国际关系、中国的人口问题、人口品质问题等 13 章。附录参考书目、中国最近 185 年间（1741～1926）人口总数表、世界各洲面积及人口表（据 1925 年的统计）。卷首有例言，略谓：本书以讨论普通人口问题为主，尤注重人口数量问题，论及影响人口数量的各种要素及因之发生的各种问题；本书以事实为根据，推论将来可能之趋势，对人口之增长与有限的地球面积和食料来源之关系，相信以人类的智慧必能适应未来之环境，故对人口问题之前途持乐观的态度；简要介绍马尔萨斯人口论；本书参考了伊史脱的统计材料、迦笙豆的初民史料、范智尔的分析方法和鲁透的社会见地；人口品质问题主要是文化问题，人口分配问题未及讨论。

世界人口问题　1937 年 6 月上海商务印书馆铅印本；1938 年 7 月长沙商务印书馆再版。

吴泽霖、叶绍纯编著。吴泽霖（1898～1990），江苏常熟人。社会学家、人类学家。美国俄亥俄州立大学社会学博士。历任上海大夏大学社会学系主任、昆明西南联大教授、北平清华大学人类学系主任。中华人民共和国建立后，任中央民族学院教授。叶绍纯，南非华侨，曾任暨南大学海外文化事业部秘书。本书共 8 章：第一章人口问题的重要及其起因，分人口问题的重要、人口问题的内容、人口问题发生的原因 3 节；第二章世界人口数量，分世界人口统计的困难、各洲人口数量、各国人口数量、世界人口与土地分配 4 节；第三章世界人口的增加，分各洲人口增加情形、欧洲人口的增加、北美洲与澳洲人口的增加、亚洲人口的增加、非洲人口的增加、世界几个重要国家人口最近增殖情形 6 节；第四章世界人口之将来，分将来世界人口之预测、各种族人口之将来、各国将来人口之预测 3 节；第五章出生与死亡的趋势，分死亡率之递减、出生率的递降、死亡率与出生率之低落为文明进步的象征 3 节；第六章世界人口之移动，分移民问题的严重、大陆间的移民、中国的海外移民 3 节；第七章世界主要生活资源之分布，分各国耕地状况、几种主要农产品的分布、中国粮食的不足、工业原素的分布 4 节；第八章人口政策，分古代人口政策、现世各国的人口政策、中国人的人口政策与民间习俗 3 节。末附世界人口分布图等 8 图、1930 年世界人口统计等 35 表。

中国人口之分布附全国各县人口统计及分布密度图　1935 年南京钟山书局铅印本。

胡焕庸著。胡焕庸（1901～1998），江苏宜兴人。地理学家。南京高等师范学校毕业、留学法国巴黎大学。曾任中央大学地理系主任、中国地理学会理事长。中华人民共和国建立后，任华东师范大学地理系教授。本书原题为《中国人口之分布——附统计表与密度图》，包括引言、人口统计、人口分布、结论等四部分。附录：附注（按：参考文献）26 种、全国人口统计表（分各省总表及分表）、中国地形图、中国雨量图、中国人口密度图（作者自制）。《中国人口之分布》一文着重分析我国不同地区的人口密度。文章通过分析对比，找出一条可以显示两侧人口稀密悬殊的明确界线，那就是自黑龙江之瑷珲（即爱辉，今黑河）向西南直到云南之腾冲的直线。爱辉—腾冲线一直为国内外人口学者所承认和引用，并且被美国俄亥俄州立大学田心源教授称为“胡焕庸线”。

安徽省之人口密度与农产区域　1925 年 3 月南京中国地理学会《地理学报》第 2 卷第 1 期抽印本。

胡焕庸著。本书论述安徽省各地理区域的人口分布、农业物产、自然灾害状况等。书后附注释 25 条，以及安徽省各县面积人口及重要农产表、安徽省地形图、安徽省稻米分布图、安徽省农产区域图、安徽省人口分布图、安徽省人口密度图等 7 幅图表。

第四节　民族学

现代种族　1932 年 1 月上海新月书店铅印本。

吴泽霖著。吴泽霖有《世界人口问题》，已著录。本书分什么是种族、现代种族怎样来的、种族分类应用什么标准、现代种族可以分成几种、种族是否平等 5 章。作者在自序（1931 年 7 月于庐山）中说，种族的概念过去薄弱，现代增强。现代的民族主义就是种族自觉心的结晶与发达，弱小民族、强大民族概莫能外。作者有感于西方白种人对中国黄种人的蔑视，故有本书讨论种族之优劣、平等等问题。

民族性与教育　1938 年 7 月长沙商务印书馆铅印本。

庄泽宣、陈学恂合著。庄泽宣，浙江嘉兴人。教育家。陈学恂（1913～1991），江苏江阴人。教育家。浙江大学教育系毕业。曾任浙江大学、杭州大学教授。本书分绪论、民族性的构成与控制、英美德法的民族性、四国民族性在教育上的反映、教育对四国民族性的影响、各家对于中国民族性的意见、中国民族性的表现及其分析、中国民族性的构成、教育与中国民族性、结论等 10 章。在结论部分，作者分析了中国民族性改造的前提，归纳了改造中国民族性的各家意见（从人口、生理与营养、优生学等角度），提出了利用教育改造中国民族性的办法，探讨了中国民族性改造与整个社会设计的关系。卷首有庄泽宣序（1937 年 6 月于杭州），指出教育学的两大基础是心理学和社会学，因之有教育心理学和教育社会学之兴起和发展；教育心理学只能解决教育上的内涵问题，教育外延方面的问题则要靠教育社会学来解决；教育社会学应研究自然环境（民族性、社会组织、经济力）与教育设施（教育制度）的相互影响和关系，并比较各国之间的差异。

英人·法人·西班牙人　1948 年 4 月上海观察社铅印本；1948 年 12 月上海观察社 4 版。

储安平著。储安平（1909～1966?），江苏宜兴人。政治评论家。上海光华大学、英国伦敦政治经济学院毕业。曾任复旦大学教授、(湖南蓝田)国立师范学院教授、上海观察社社长。中华人民共和国建立后,任光明日报社总编。《观察丛书》本。本书为文集,收录《英国历史上的外族入侵》《英人·法人·西班牙人》《政治上的英人与法人》《中国人与英国人》等4篇文章,讨论英国人、法国人、西班牙人之民族性格。其中第四篇是作者写完《英国采风录》一书后写就的,叙述作者多年以来关于中国社会的种种恶感,颇有现实意义。

美国人的性格 1947年12月上海生活书店铅印本。

费孝通著。费孝通(1910～2005),江苏吴江人。社会学家。清华大学研究院毕业、伦敦大学经济政治学院博士。曾任云南大学、西南联合大学、清华大学教授。中华人民共和国建立后,任北京大学教授、全国人大副委员长、全国政协副主席。本书篇目为:一、美国在旅程的尽头;二、在起码与记录之间流动着;三、有条件的父母之爱;四、不令人服输的成功;五、猜不透上帝的意志;六、"蛮一点,孩子";七、道德上有个毒刺;八、原本是负了气出的门。本书是对美国女人类学家玛格丽特·米德(Margaret Mead)的 *Keep Your Powder Dry* (1942年再版改为 *The American Character*)一书所做的读书札记,由讨论美国人性格的8篇文章结集而成,以分析美国社会心理、社会结构和文化形态。米德原书出版于二战时期,可视为美国社会结构的一个标本。作者指出,美国人具有自由、平等、竞争、成功等观念;通过对美国社会的解剖,更好地认识个人与社会的关系;各种文化的人应相互了解、相互理解;政治问题也可归因于文化问题。

日本与日本人 1930年11月上海商务印书馆铅印本;1933年4月上海商务印书馆国难后1版。

(日)小泉八云著,胡山源译。胡山源(1897～1988),原名三元。江苏江阴人。作家、文学翻译家。杭州之江大学肄业。曾任河南开封中山大学、杭州之江大学教师,上海世界书局编辑。中华人民共和国建立后,任福建师范学院、上海师范专科学校教授。小泉八云(1850～1904),本是欧洲人,后入日本籍。本书以东西方对照的眼光来研究日本和日本文化,内容包括日本文明的天性、柔术、远东的将来、一个守旧者、困难、奇异与魔力、忠义的宗教、关于永久的女性的、关于祖先崇拜的几个思想、灵魂先在的观念等十个部分。卷首有译者自序(1930年1月),称作者对东西两方面的文明均有清晰的观察和透辟的论断,并有若干处专论中国人,对国人当有所启示。日文版原编者落合贞三郎序(1928年2月于东京)引小泉八云的话,说本书"讲的是日本人内心的而非外表的生活"。

第四章　社会学

第一节　社会学理论与方法

现代社会学　1924年上海书店铅印本。

瞿秋白著。瞿秋白有《社会哲学概论》，已著录。作者依据马克思、恩格斯的有关著作，系统论述了辩证唯物主义、历史唯物主义的基本原理，并运用于社会问题的研究。提出“社会是一种‘系统’”的思想，考察了社会总系统内诸元素的相互联系、相互作用以及与总系统的关系。用唯物辩证法观点分析了社会存在与社会意识，有定与无定、偶然与必然、理想与现实、进化与革命的关系，论述了唯物史观的“社会有定论”，进而揭示了资本主义社会的特征及其必然灭亡的规律。着重考察半封建半殖民地中国的社会矛盾运动，探讨了中国革命的特殊道路问题。

社会学概论　1925年1月上海商务印书馆铅印本；1929年3月上海商务印书馆5版。

（美）鲍格度（Bogardus）原著，瞿世英译述。瞿世英有《现代哲学思潮纲要》，已著录。本书共13章：第一章人口，论人口之初期的发展、社会进步之事实与性质等；第二章社会进步之地理的生物的与心理的基础，论地理的、生物的、心理的影响；第三章家庭，论家庭的历史现状及其趋势、娼妓问题、改造家庭之计划等；第四、五章社会与经济，论土地劳动资本诸因素、童工女工失业贫穷诸问题；第六章社会与政治，论国家的起源与功用、法律、租税等；第七章社会与道德，论原始道德、习惯道德、理性道德、社会伦理；第八章社会与艺术，论装饰与建筑、图画与雕刻、舞蹈与音乐、诗与演说等；第九章社会与知识，论语言文字与文学、教育与学校等；第十章社会与宗教，论宗教的发展、基督教与其他宗教等；第十一章社会与人类联合，论群居、模仿、发明与领袖等；第十二章社会进步与人类联合，论刑罚、犯罪及其预防等；第十三章社会进步之科学的观察，论社会的测量、社会的目的、社会科学之工作、社会思想之发展等。卷首有译述者序（1924年6月于上海自治学院）和原著者序（英文，1921年9月）。

社会学大纲　1926年上海泰东图书局铅印本；1928年6月上海泰东图书局3版；1929年9月上海泰东图书局4版。

王平陵编。王平陵有《西洋哲学概论》，已著录。本书共13章：第一章社会学及其与各科学的关系，论社会学的定义、理论及其与各科学的关系；第二章社会的性质，论契约的社会说、生物的社会说、心理学的社会说；第三章社会的心理的基础，论社会与心理、生理之关系；第四章社会的物理的现象，论气候土壤无机物与社会生活之关系；第五章社会的初期进化史，论人类言语的起源，原始的经济、法律、政治等；第六章社会进步的原素，论进步的性质与原因、自由组织等；第七章群众与社会，论人口及其增加、生殖率、死亡率等；第八、九章人口的构造及分布，论居留地域、生活来源、人口增加、集居集合等；第十章社会的组织，论社会组织的原因及形式；第十一章社会实际的活动，论简单活动、复杂活动、活动动机、活动方法；第十二章合作的意义，论合作的性质、原因及形式；第十三章民治主义的内容，论民治主义的意义、中心思想与组织。卷首《编者之言》，指出编著本书的三个动机：导引一般青年进入社会学研究的门径，澄清社会学与社会问题、社会主义等概念的关系，提供大中学校社会学课程教学之用；认为社会问题通常是由经济、制度、政治等引起的，并列举6种英文参考书。

社会学原理　1928年5月上海商务印书馆铅印本；1928年11月上海商务印书馆再版；1933年2月上海商务印书馆国难后1版。

朱亦松著。朱亦松（1894～1974），江苏南京人。社会学家。南京金陵大学文学士、美国西北大学社会学硕士。先后在东南大学、中央大学、北京大学、中山大学等校任教。著有《社会学原理》《社会政策》等。本书共4编18章：第一编社会学研究之对象范围及其方法，分社会学研究之对象、社会学研究之范围、社会学研究之方法3章；第二编影响社会生活的四种势力，分地理的势力、技术的势力、心性的势力、社会自身的势力等6章；第三编社会演化，分社会演化的性质、社会的变异、社会的甄择、社会的传袭、社会的适应等6章；第四编社会制裁，分社会制裁之根据、社会制裁之手段、社会制裁之组织3章。卷首《例言》（1927年8月识于南京国立第四中山大学）称，本书旨在使一般青年"于社会学储有相当知识"。作者指出："关于社会现象，是书于个人方面，如领袖的势力或声望，虽亦承认之，然尤其注重群的势力，以为一切风俗，皆是其群之产品，一切制裁，皆是其群之制裁。群之势力为普遍的、永久的，而个人之势力，则为零碎的、间断的也，个人之势力，尤须假借群之名义，以运用之。个人思想上之贡献，终为群之思想之结晶。故社会现象，自其根本上言之，实为群之势力之现象也。此所以社会学以群之现象为其研究对象也。"末附外文参考书目（以Hayes、Keller、Ross三人著作为主）。

社会学的领域　1929年8月上海世界书局铅印本。

孙本文著。孙本文有《人口论ABC》，已著录。本书为作者主编《社会学丛书》的第一种，共7章：第一章社会学的意义，分社会学名词的起源、各家对于社会学的定义、本书的定义3节；第二章社会学的性质，分科学的意义、社会学是不是科学、社会学与物质科学的异点3节；第三章社会学的材料，分社会学上研究的单位、社会学上研究的材料、材料的来源3节；第四章社会学的问题，分各家的意见、本书的意见2节；第五章社会学的目标，分孔德初创社会学时的用意、科学的目标、社会学的两种目标3节；第六章社会学的方法，分普通科学方法、社会学上的研究方法2节；第七章社会学与社会科学的关系，分科学的分类、社会科学的对象及其划分、社会学与他种社会科学的区别、社会学在社会科学中的地位4节。卷首冠作者《社会学丛书序》，从科学地位、个人生活、社会改进三个方面论述社会学的重要性，认为，社会学是一切社会科学的基本科学，它研究社会科学中共通的原理原则，供给人类如何适应社会环境的知识，告诉人类如何兴利除弊、增进幸福的方法。本书序（1928年11月），略谓：本书为社会学研究的入门之作，要彻底了解社会学的内容，必须明了社会学的几种基本概念；本书对社会学的对象等概念及其变迁详加介绍，对社会学的意义、性质、材料、问题、目标、方法、范围等逐一讨论，意在厘定社会学的领域。封面注明作者为"美国纽约大学社会学博士、国立中央大学社会学教授"。

社会学原理　1935年5月上海商务印书馆铅印本；1946年10月上海商务印书馆再版；1947年11月上海商务印书馆4版。

孙本文著。本书共5编28章：第一编总论，分社会学上的基本概念，社会学的性质，社会学的范围及其与社会科学的关系，社会学研究的单位及材料，社会学的研究方法，社会学的目标，社会学的分部及内容7章；第二编社会因素的分析，分人类生活及其与环境的关系，社会的地理因素，社会的生物因素，社会的心理因素，社会的文化因素5章；第三编社会过程，分接触与互动，暗示与模仿，竞争与冲突，顺应与同化，合作5章；第四编社会组织与社会控制，分社会组织的形成，社团组织，社区组织，阶级组织，社会解组与社会改组，社会控制6章；第五编社会变迁与社会进步，分社会变迁的性质及史迹，社会变迁及其原因，社会惰性与文化失调，社会进步，总结：社会学原理的应用5章。附录社会学重要参考书籍提要（英文参考书目、中文参考书目、22种基本参考书），社会学名词汉译表（学名之部、人名之部）。卷首自序（1934年8月于南京国立中央大学）略谓，社会学为研究人类共同生活之原理原则而求所以改良进步者也；满足人类基本生存之需要，解除地理、生物、心理、文化等诸要素之侵迫，必须进行种种调适，发展文化、充实人生、进步智能。

社会之解剖　1930年5月上海光华书局铅印本。

匡亚明著。匡亚明（1906～1996），原名洁玉，笔名何畏等。江苏丹阳人。教育家。上海大学毕业。曾任中共中央社会部（延安）政治研究室副主任、中共中央山东分局宣传部长。中华人民共和国建立后，任吉林大学校长、南京大学校长。本书共5章：第一章社会是什么；第二、三章社会的构造，分前言、基础（如阶级关系、家族关系等）、上层建筑（如政治制度、法律制度、意识、意识形态等）等3节；第四章社会的发达，论政治制度、法律制度、道德、宗教、哲学、艺术等的发达；第五章资本社会的前途。附录《人生之两面观》《文艺产生与社会》。作者在“自序”和“后记”中说，学生时代自己的思想有四度变迁：中学读师范学校，先接触教育，随后转向文学；上大学后喜欢哲学，初信奉康德的二元论，旋转向社会学的研究；大学毕业后（1928年），仍从事文学，曾演讲孙文学说、青年问题、妇女问题；1929年春任苏州乐善女子中学文学课程教授，暑假在上海受郁达夫启发，思考“中国列代文艺之社会背景”，从“社会知识”之研究着手，本书即此研究之所得，可以很通俗的正确的给“社会”一个解释，即“社会知识”之入门。

（新中华）社会学及社会问题　1932年6月上海中华书局铅印本。

吴泽霖编。吴泽霖有《世界人口问题》，已著录。本书为高级中学师范科社会学入门书。全书共11章，旨在启发读者对于社会学的兴趣，俾有助于研究。第一章社会学的领域，分科学的意义、社会科学的意义、社会学的性质、社会学与其他社会科学的区别、社会学的研究方法5节；第二、三章社会的各种基础，分社会的生物基础、社会的心理基础、社会的地理基础、社会的文化基础4节；第四章社会组织，分社会组织的性质、社会组织的分类、社会组织的项别研究3节；第五章社会变迁，分社会变迁的意义、社会变迁的史迹、社会变迁的原动力、社会变迁的速度、社会变迁的失调、社会变迁的途径6节；第六章社会约制，分社会约制的意义、社会约制的根据、社会约制的方法、社会约制的组织4节；第七章社会问题的性质，分社会问题的意义、社会问题的特性、社会问题的分类、社会问题的解决、社会问题的研究方法5节；第八章家庭问题，分家庭问题的意义、中国家庭的特点、婚姻问题、家庭的大小4节；第九章农民问题，分中国农民问题的重要、中国农村的特性、中国农业衰败的事实、中国农业衰败的各种因子、农民问题的解决方法5节；第十章劳工问题，分劳工问题的性质、中国劳工问题的特性、中国劳工目下的状态、劳工运动、劳工问题的解决5节；第十一章人口问题，分数量问题、品质问题2节。卷首有《编辑大意》。

社会学入门　1941年7月桂林文化供应社铅印本；1942年3月桂林文化供应社3版。

姜君辰著。姜君辰（1904～1985），名一作君宸。江苏江阴人。曾任职于南京中央研究院社会科学研究所，后任上海新知书店经理、延安大学财政系副主任。中华人民共和国建立后，任中华全国供销合作总社副主任、中国社科院世界经济研究所所长。本书共8讲：第一讲人类不能离社会而单独生存，分为人是怎样过活的、人只有在社会里才能生存，社会是错综复杂的、怎样认识复杂的社会而增进社会幸福呢3节；第二至四讲社会的日新月异是什么意思，分为社会的一切是在或大或小的变动进步之中、人类社会的三大时代、人和人相争的时代、人类征服自然的时代、人类社会各时代各阶段间的联系性5节；第五讲社会发展的动力，分为社会发展一般过程的主要轮廓、社会进步发展的主要动力2节；第六讲两个世界的对照，分什么叫作两个世界、两个世界具体事实的对照、两个世界似同非同之处3节；第七讲中国是一个怎样的社会，分为中国社会的落后性、中国社会发展的不平衡性、中国是怎样的社会3节；第八讲结论（中国社会发展的理论与实践），分为中国社会的发展是历史的必然、中国社会的发展要顺应时代潮流、中国社会的发展要完成国民革命、中国社会的发展要建立三民主义的新中国 4 节。每章后附复习问题和进修问题。全书后附录参考书目(18 种)。卷首有《写在前面》(1940 年 7 月于桂林),称本书是作者在广西地方建设干部学校教授社会常识课程的讲义。

社会建设的基本知识　1948 年南京中央大学社会学研究所铅印本。

孙本文著。孙本文有《人口论 ABC》,已著录。本书为《中央大学社会学研究所丛刊》第一种,原载《社会建设》复刊第 1 卷第 1 期(南京社会建设月刊社,1948 年 5 月),分中国社会的传统思想、中国社会组织的特点、中国社会的领导阶层、中国社会的经济基础,中国人民的生活习惯、人性的一般特质、社会学上的几条原理、总结等八个部分。作者指出,社会现象含有两种基本因素——主观的心理因素和客观的文化因素;任何文物制度、习俗法规都是为适应社会需要而产生的;文物制度、习俗法规都富有"惰性",不轻易改变,更非一朝一夕所能成就;文化各部分间相互联系,需适时调整,保持协调;社会工作者或社会建设者应率先垂范,发扬社会之优点,改革其缺陷,推动社会进步。

社会哲学史　1946 年 11 月重庆商务印书馆铅印本;1947 年 2 月上海商务印书馆铅印本。

(美)爱尔乌德(Charles A. Ellwood)著,瞿世英译。瞿世英有《现代哲学思潮纲要》,已著录。本书英文名 *History of social philosophy*,分社会学之前驱、偏见的社会哲学家、社会学的运动等 3 编共 30 章,第一编介绍柏拉图、亚里士多德、霍布士、费可、孟德斯鸠、杜格、休谟、康独西等希腊、英、法、德各国哲学家之思想;第二编介绍唯心论、个人主义、种族轮、唯地理论、唯经济论等"偏见"的社会哲学;第三编介绍圣西门、孔德、斯宾塞、沙慕纳(一译萨姆纳)、华德(一译沃德)等欧美社会学代表人物之思想。卷首有爱尔乌德原序。

社会思想　1945 年 11 月重庆商务印书馆铅印本;1946 年 2 月上海商务印书馆铅印本。

孙本文著。本书共 31 章:第一章导论,论社会思想的重要性、社会思想的特质、社会思想的背景、研究社会思想的目的,介绍本书的范围与内容;第二至三十章扼要论述欧洲主要思想家柏拉图、亚里士多德、斯多噶、伊壁鸠鲁、包勒比、西塞禄、孙尼加、耶稣、阿奎纳、但丁、马基雅弗利、路德、加尔文、穆尔、霍布斯、洛克、卢梭、孟德斯鸠、杜尔戈、休谟、伏尔泰、康道塞、康德、费希德、黑格尔、海尔德、亚当·斯密、佛格逊、圣西门、马尔萨斯、白克尔、戈本纽、张伯伦、马克思、孔德的社会思想;第三十一章综论——全书撮要。作者以思想家为经,依时代与派别,述各家之生平及思想,以明了社会思想发展之线索;取材标准,大致以有关社会生活之起源、性质、组织、发展与各种共同生活问题及其解决途径者为主;对各思想家主要著述作重点介绍,并标明主要参考书。卷首有自序(1944 年 10 月于重庆国立中央大学)和凡例。

十八世纪后半叶欧洲之社会思想　1932 年抽印本。

浦薛凤著。浦薛凤(1900～1997),号逖生。江苏常熟人。美国翰墨林大学法学博士。曾任清华大学政治系主任、善后救济总署副署长、行政院副秘书长。1949 年去台湾,任政治大学教务长兼政治研究所所长。本书内容曾刊载于《武汉大学社会科学季刊》2 卷 4 期(1931 年 12 月)及 3 卷 1 期(1932 年 3 月),分三个部分:一、总论,分本题之范围与地位、时势背景、同具之特点 3 节;二、社会道德与法律思想,分法国方面、英国方面、大陆方面 3 节;三、经济思想,分自然规范、自然权利、放任主义、经济学说中之政治含义、重农学派之领袖等 5 节。

近代社会学发展史　1947 年 1 月上海商务印书馆铅印本。

孙本文著。本书是学生之友社主编的《学生科学丛书》之《近代科学发展史》的一种。作者在序言(1946 年 1 月于重庆国立中央大学)中说:初学社会学之人,除熟悉社会学原理与社会问题外,尚应明了社会思想之变迁及社会学之起源与发展之状况。作者此前已撰《社会学原理》和《现代中国社会问题》,最近新撰《社会思想》,述从柏拉图到孔德期间贤人哲士所发表社会思想之概略。本书则分 8 章,叙述自孔德以来各种社会学理论之起源发展,以及近今社会学领域各部门分工合作之情状，以资衔接。本书以时代为经，划为三期：一曰草创时期，即社会学孕育之期，学者们从其他学问中理出社会现象之头绪，奠定社会学之始基；二曰勃兴时期，即社会学成长之期，学者们以他科学理诠释社会现象，然未自成一系；三曰建设时期，即社会学发展之期，至此社会学始有独立的领域及特殊之观点与方法，始有内部专攻之门类与分途扩展之路径，目前为建设初期。本书内容以叙述美英法德诸国之社会学为主，间涉其他国家与中国社会学现状，均为近代社会学史料。末附主要参考书目及西文人名汉译表。

当代中国社会学　1948年5月上海胜利出版公司初版。

孙本文著。本书为潘公展、叶溯中主编的《当代中国学术丛书》之一，分上下编共22章，系统论述中国社会学的起源与发展、中国社会学的流派及其特点，是对中国社会学自勃兴以来学术研究成果与学科发展的一次系统总结。第一章绪论；上编中国社会学的起源与发展，分中国社会学的萌芽、普通社会学的研究、社会进化与社会变迁的研究、社会问题的研究、社会心理学的研究、社会思想与社会学史的研究、农村社会学与都市社会学的研究、社会学方法的研究、社会事业与社会行政的研究、其他社会学研究、实地调查的推广与发达、社会学课程的扩充与专系的设置、社会学团体组织与刊物的发行等十三章；下编中国社会学的流派及其特点，分注重社会的心理因素者、注重社会的文化因素者、注重社会的生物因素者、注重社会的经济因素者、注重社会的整体或综合的观察者、注重社会问题的研究者、注重社会实地研究者、结论——回顾与前瞻等8章。书后附有《中国社会学重要文献分类简表》《中国各大学社会学教授姓氏录》，以助读者一览当时中国社会学发展的概貌。卷首有序、凡例，称本书以叙述纯正的社会学理论与应用各部门为主。

中国社会之研究　1943年6月重庆中央训练团党政高级训练班铅印本。

孙本文讲。本书讲述中国社会研究之观点与内容，中国社会之构成——民族与人口，中国社会思想之主潮——伦理思想及其社会背景，中国社会经济之基础——农村生活，中国社会组织之单位——家庭制度，中国社会统制之途径——政治与教育等7个问题。

社会学用书举要　1934年上海中国社会科学会出版部铅印本。

孙本文著。《青年学术丛书》本。本书分普通社会学、社会学史、社会研究、社会调查、社会病理学等五类，介绍重要的英文社会学著作，列有原英文书名，用中文简介。

第二节　社会结构与社会关系

社会约制　1930年5月上海世界书局铅印本；1934年3月上海世界书局再版。

吴泽霖著。吴泽霖有《世界人口问题》，已著录。本书为孙本文主编的《社会学丛书》第十种，共5章：第一章社会约制的意义，分人类的本来面目、控制自然、约制社会、狭义的社会约制、广义的社会约制、社会约制的困难6节；第二章社会约制的需要，分生物方面的、心理方面的、社会方面的、其他方面的4节；第三章社会约制的工具，分工具与方法的区别、工具的种类2节；第四章社会约制的方法，分武力的方法、会意的方法2节；第五章社会约制的组织，分具体的组织、不具体的约制2节。卷首有孙本文《社会学丛书序》和著者自序(1930年1月于上海大夏大学)。作者强调“社会约制”的概念来自于西方“Social Control”，一般译为“社会制裁”或“社会控制”，但带有以上临下的意思，故而改译为广义的、相互而非片面的“约制”。封面标注作者为“美国俄亥俄大学社会学博士、上海大夏大学社会学教授”。

社会学上之文化论　1927年1月北京朴社铅印本。

孙本文著。本书共6章，介绍西方各国社会学家斯宾塞、乌格朋、恺史、海史各费、卫莱等人之文化论：第一章导言，分社会学发展之三时期(历史哲学时期、社会学理论时期、社会学实际研究期)、社会学最近之各种趋势(人类地位学之研究、个案及人格之研究、文化之分析)、自然科学研究法及历史研究法、历史研究法与文化分析 4 节;第二章晚近人类学家之贡献与文化社会学派之起源,分人类学家之贡献(进化派、播化派、批评派等)、早年社会学家对于文化之研究(斯宾塞、华特、孙楠、汤麦史等)2 节;第三章乌格朋之文化论,分社会遗业与人之本性、社会进化论、文化之惰性及保守主义(故训、习惯、社会压迫等)、文化各部分之关系、文化与人性之调和 5 节;第四章恺史之文化论,分社会学之范围、社会进化公例、社会进化之解释、社会科学中之文化概念 4 节;第五章海史各费及卫莱之文化论,分文化与社会学说、社会模式 2 节;第六章综论。卷首有《例言》(1926 年 4 月)。

文化与社会　1928 年 9 月上海东南书店铅印本;1930 年 9 月上海东南书店再版。

孙本文著。本书分 3 编共 10 章:第一编文化的性质和功用,分文化的特性、文化对于社会的影响、人类态度与文化、文化与优生学、中国文化区域研究等 5 章;第二编社会问题的意义和研究方法,分社会问题的意义、文化失调与中国社会问题、研究社会问题的两方面、社会调查纲领等 4 章;第三编现代社会学的趋势,分美国社会学现状及其趋势 1 章。卷首有《例言》(1928 年 8 月于上海江湾),略谓,本书是汇集著者近年来在《东方杂志》《北京大学社会科学季刊》《燕京大学社会学界》《社会科学杂志》《时事新报》等报刊发表的论文及讲演稿而成,以讨论文化与社会为主,而尤注重文化的分析,可作普通社会学、社会问题、社会思想及人类学等的辅助课本。

社会的文化基础　1929 年 8 月上海世界书局铅印本。

孙本文著。本书为作者主编《社会学丛书》之第二种。全书共 9 章:第一章绪论,分社会生活的各种基础、社会生活的文化基础等 3 节;第二章人类行为的两方面,分整齐方面、分歧方面 2 节;第三章人类生活及其对于环境的调适,分人类主动的调适、生活需要与环境调适等 5 节;第四章文化的性质及其与人类行为的关系,分文化的定义、文化是人类的产物、动物与人类行为的差点等 4 节;第五章文化内容,分文化特质、文化丛 2 节;第六章文化模式,分文化模式的意义、形成、类别、与人类行为的关系等 6 节;第七章文化区域,分文化特质的地理观、世界的文化区域、文化区域与人类行为的关系等 6 节;第八章文化的变迁及发展,分文化累积、发明和文化累积的关系等 3 节;第九章文化对于社会生活的影响,分对个人和社会的影响、文化社会和改造等 3 节。卷首自序(1929 年 5 月于南京国立中央大学)称,文化为人类调适于环境的产物,是人类社会最彻底最普遍的一种势力,本书从纯粹文化的观点立场,对于文化与社会生活的关系作系统的分析:其一、文化对人类生活影响重大,改造社会必须从文化下手,方能对症下药,医治社会弊病,促进社会进步;其二、如何改造可事半功倍;其三、阐明文化的真义,使改造社会者知所从事。卷首冠《社会学丛书序》。

文化论　1944 年 7 月重庆商务印书馆铅印本;1946 年 5 月上海商务印书馆铅印本。

(英)马凌诺斯基著,费孝通等译。原作者 Bronislaw Malinowski(1884～1942),一译马林诺夫斯基,英国籍波兰裔人类学家,系费孝通在伦敦政治经济学院的博士导师。费孝通有《美国人的性格》,已著录。本书为吴文藻主编的《社会学丛刊》之一,以洗炼的语言,阐述了作者对文化的基本主张、浓缩了作者对科学文化理论探索的精华,代表了早期功能主义人类学的最高成就。全书分 24 节:文化与人类的差异性,文化的各方面,文化科学中神秘的实体,功能派的立场,作用中的文化,以社会制度为文化的真正要素,社会制度的形式、功能和组成部分,一物的形式决定于其基本及演生的性质,需要或文化迫力的阶层,生物需要的文化转变,风俗如何发生功能,仪式活动的创造功能,奇异字词的功能,家庭生活及其物质设备的形式和功能,文化的手段迫力,思想及道德完整的综合迫力,巫术,巫术的生理基础,宗教信仰的功能,文化与娱乐及游戏的需要,艺术及其在文化中的位置,文化的功能现实,文化的各方面与制度,概要与结论。附《论文化表格》长文(吴文藻著)。卷首冠吴文藻《社会学丛刊总序》和费孝通译序。

人文类型　1944 年重庆商务印书馆铅印本。

(英)Raymood. Firth(雷蒙德・弗思)著,费孝

通等译。雷蒙德·弗思(1901～2002),英国籍新西兰裔人类学家,系费孝通在伦敦政治经济学院留学时的老师。费孝通有《美国人的性格》,已著录。本书为吴文藻主编的"社会学丛刊"之一,原名 *Human types*,包括种族特质和心理差别、人和自然、原始社会的劳动和财富、社会结构的某些原则、行为的规则、合理的和不合理的信仰、人类学在现代生活中等7章,在广泛的民族志材料的基础上,探讨了历史、地理因素是如何决定一个民族的生活的,文化作为自然环境的产物,是如何在不同社会中解决经济、技术、组织和性等问题的。末附《文献目录》。卷首冠吴文藻《社会学丛刊总序》。

文化表格说明 燕京大学社会学系《社会学界》第10卷(1938年6月)抽印本;1944年7月重庆商务印书馆费孝通等译《文化论》附录本。

吴文藻著。吴文藻(1901～1985),江苏江阴人。美国哥伦比亚大学博士。历任燕京大学、云南大学社会学系教授。中华人民共和国建立后,任中央民族学院教授。社会学家,民族学家。吴文藻任燕京大学社会学系主任时,支持和指导费孝通将马凌诺斯基的代表作《文化论》译成中文,并请弟子黄迪将马凌诺斯基编制的部分《文化表格》也译为中文,因而撰写此文。该文对马凌诺斯基的文化理论进行深入细致的阐释,并"发挥及补充文化论之原意",特意归纳出《文化总表》《主要制度表》《生殖历程的社会组织表》《经济表》《巫术与宗教表》,提纲挈领,言简意赅,一目了然。与其说是表格,不如说是对于文化内容的哲学思辨,被认为是吴文藻最重要的社会学代表论文之一。

乡土中国 1948年4月上海观察社铅印本;1949年1月上海观察社6版。

费孝通著。费孝通有《美国人的性格》,已著录。本书为上海观察社《观察丛书》之一,系作者20世纪40年代后期在西南联大和云南大学所讲的乡村社会学一课的内容,应当时《世纪评论》之约,而写成分期连载的14篇文章,包括乡土本色,文字下乡,再论文字下乡,差序格局,系维着私人的道德,家族,男女有别,礼治秩序,无讼,无为政治,长老统治,血缘和地缘,名实的分离,从欲望到需要等。这些文章均为作者自己调查的中国乡村经济材料,"专从社会结构本身来发挥"。卷末有《后记》(1948年2月于清华园),回顾个人清华毕业后至现在的调查与研究工作,包括1935年夏与前妻王同惠在广西猺山的实地考察,以及1939年出版《江村经济》英文版等经历。

乡土重建 1948年8月上海观察社铅印本;1948年9月上海观察社再版;1948年12月上海观察社3版。

费孝通著。本书为上海观察社《观察丛书》之一。共收录13篇论文,即乡村·市镇·都会,论城·市·镇,不是崩溃而是痈痪,基层行政的僵化,再论双轨政治,损蚀冲洗下的乡土,黎民不饥不寒的小康水准,地主阶层面临考验,现代工业技术的下乡,分散在乡村里的小型工厂,乡土工业的新型式,自力更生的重建资本,节约储蓄的保证。卷首为代序《中国社会变迁中的文化结症》(1947年1月30日在伦敦经济学院学术演讲稿)。卷末《对于各家批评的总答复》(1948年6月19日于清华)申明,《乡土中国》力图勾出一些中国基层社会结构的原则,本书则把传统结构配入当前的处境里,去观察我们现在身受的种种问题的结症,然后提出一些积极性的主张,以助于当前各种问题的解决。

第三节 社会生活与社会问题

社会问题 1927年6月上海世界书局铅印本;1928年9月上海世界书局再版。

孙本文著。孙本文有《人口论ABC》,已著录。本书系关于社会问题的一种引论,不分析具体问题,仅举中国家庭问题为例,故只有总论和家庭问题2章。前者论述社会问题的性质(社会的意义、社会制度和社会标准、社会问题的意义、社会问题发生的关键、社会态度变迁的历程、社会运动和社会问题),我国社会问题发生的原因(各种原因、两种根本要素交互作用的结果),解决社会问题的要点(转移社会态度和建设新制度、几条社会学上的原理),解决社会问题的途径(领袖人才、组织、宣传、教育、立法),研究社会问题的方法(历史法、调查法、统计法、实验法、研究社会问题的要点)。后者论述家庭在社会上的地位(家庭的社会功用、家庭的形式及其变迁、小家庭和大家庭),近代社会变迁对于家庭的影响,中国家庭改组问题(中国家庭制度的优点、劣点,中国家庭改组的三大问题——婚姻问题、同居问题、遗产问题,结论)。末附参考书目。卷首有《例言》(1927 年 5 月于上海江湾)。

社会问题 1929 年镇江江苏省区长训练所铅印本。

朱亦松、宋希庠编。朱亦松有《社会学原理》,已著录。宋希庠(1902～1939),字序英。江苏南通人。东南大学农科毕业。曾任江苏省农矿厅合作事业指导委员会委员、国民政府中央农业推广委员会秘书。本书为《江苏省区长训练所政治丛书》之一。包括社会问题的性质、社会问题发生的物质原因、贫穷问题及其解决途径、中国人口问题及其解决途径、犯罪问题及其解决途径、中国乡村社会问题、都市问题及其解决途径、妇女问题及其解决途径等 9 讲。

现代社会主要问题 1934 年 4 月南京钟山书局铅印本。

朱亦松著。本书共 5 编 14 章:第一编总论,分社会问题的性质、社会问题研究的立场点、社会问题之解决的社会哲学基础、社会问题之研究的技术 4 章;第二编人口问题,分人口的数量问题及其解决途径、人口的品质问题及其解决途径 2 章;第三编劳工问题,分童工女工血汗制、失业罢工暨排货劳工组织、劳资息争的组织分红制合作运动 3 章;第四编都市暨乡村问题,分都市问题及其解决途径、乡村问题及其解决途径 2 章;第五编贫穷犯罪暨残疾问题,分贫穷问题及其解决途径、犯罪问题及其解决途径、残疾问题及其解决途径 3 章。卷首《卷头语》(1934 年 4 月)称:人口、劳工、都市、乡村、贫穷、犯罪、残疾等是现代社会、现代国家共有的主要问题;许多社会问题都是由于工业化的结果;社会现象是息息相关的有机体,社会问题相互关联,如残疾和人口、贫穷和劳工;社会问题的形成有物质(如地理的、技术的、生物的)和社会(包括风俗习惯、制度和组织、观念和传说)两方面因素,后者是更主要的因素;作者对社会问题持民治主义和演化的而非机械主义的立场;分析各种社会问题的地域性、时间性和文化性,从政治、教育、法律、经济、社会诸方面寻求解决方案。

公民·社会问题 1936 年南京正中书局铅印本。

孙本文编。本书为叶楚伧、陈立夫主编的高级中学用公民科教材第七册。目次为:例言;第一章社会问题之意义及范围;第二章家庭问题,分家庭及其起源、家庭体制及其变迁、婚姻与贞操问题、中国家庭问题之核心 4 节;第三章人口问题,分世界人口增加之趋势、人口增减之原因与结果、中国人口问题之要点 3 节;第四章劳动问题,分劳动问题之起源、工资与工时、童工与女工、失业、劳工法规、中国劳工问题之特性 6 节;第五章农村问题,分农村衰落之原因与结果、农民生活之特征、农村之救济方法 3 节;第六章妇女问题,分妇女在社会上应有之地位、妇女之职业能力与经济独立之必要 2 节;第七章贫穷与生计问题,分贫穷之原因与结果、贫穷之救济方法、职业指导与职业选择、职业训练与职业道德 4 节;第八章犯罪问题,分犯罪之原因与结果、犯罪之救济方法 2 节。

中国社会问题 1939 年 10 月重庆青年书店铅印本。

孙本文著。本书共 4 章:第一章绪论,分研究中国社会问题的目的,社会问题的性质与范围、社会问题的背景(近代西洋社会变迁的几个原素、现代社会的特征、中国社会固有的特点、近代中国社会变迁的原因及趋向、最近我国社会的进步、中国社会问题的起源)、民族复兴与社会问题 4 节;第二章农村问题,分中国农村社会的性质与现状、中国农村建设运动、中国农村问题及其救济(农村经济问题、农村教育问题、农村组织问题)3 节;第三章劳工问题,分中国劳工问题的特征、中国劳工运动的四个时期、中国劳工问题的现状及其救济(工资问题、工时问题、女工与童工问题、失业问题、劳资争议问题、总结)3 节;第四章人口问题,分中国人口与粮食概况、中国人口主要问题及其救济(减低死亡率问题、增进民食问题)、抗战时期的移民问题及其救济 3 节。末附主要参考书目。

现代中国社会问题 1946 年 8 月上海商务印书馆铅印本。

孙本文著。本书分5编共34章：第一编绪论，分社会问题的性质或范围、社会学与社会问题的关系、中国社会问题的背景、本书的计划4章；第二编家族问题，分家族制度、西洋家庭制度的演变及其问题、晚近中国家族制度的变迁及其问题、非常时期家族问题等5章；第三编人口问题，分关于人口问题的学说、世界人口现状及其问题、中国人口与粮食现状、中国人口主要问题、非常时期人口问题等7章；第四编农村问题，分农村社会的演进与现代农村社会的特征、西洋农村社会的现状及其问题、中国农村人口土地与生活状况、中国农村建设运动、中国农村主要问题、非常时期农村问题等8章；第五编劳资问题，分劳资问题的起源及其背景、西洋劳资问题的内容及其救济、中国劳工运动的回顾、中国劳工政策与劳工法规、中国劳资问题的特性、晚近中国工业概况、中国劳资问题的内容、非常时期劳资问题、总结：解决社会问题的原则方法与途径等10章。各编后附录主要参考书目、重要参考资料。全书后附中国新旧度量衡制与英美对照表、全书学名索引。卷首有自序(1941年10月)。

中国社会问题参考资料索引　1936年9月无锡江苏省立教育学院铅印本。

俞庆棠编。俞庆棠(1897～1949)，女。字凤岐，祖籍江苏太仓，后定居无锡。教育家。美国哥伦比亚大学教育学博士。唐文治长媳。曾任江苏省立教育学院院长。本书为作者在江苏省立教育学院执教中国社会问题课程的课外辅助读物。第一编中国社会之背景，分中国社会之史的演进、中国之人口、中国民族性、中国之地理、中国经济现势、中国社会的组织等六章；第二编中国社会问题，分民族问题、农村问题、劳动问题、贫乏问题、失业问题、家庭问题、妇女问题、儿童问题、中国社会改造问题等9章。作者指出，社会现象错综复杂且变化无常，尤其是中国社会，近代以来遭受外国列强政治、经济、武力之侵略，殖民地化日益加剧，各种社会问题尖锐突出；研究社会现象和社会问题，必须课堂研习和户外调查双管齐下，方能获得真相，以求得社会问题的解决。

无锡之将来　1914年无锡锡成公司铅印本。

题无锡乐观子撰。无锡乐观子，即近代民族工商业家荣德生。荣德生(1875～1952)，名宗铨，字德生，以字行，自号乐农，无锡人。著名实业家。1918年当选为江苏省议会议员，1921年当选为国会众议院议员。一生重视无锡的地方建设，尤注重无锡的文化教育事业。和兄长荣宗敬在本乡先后建起多所具有社会公益性质的公益小学、竞化女子学校、公益中学，创办大公图书馆，并在抗战胜利后创办了江南大学。此篇描绘了无锡的发展远景，称："二十年之后之无锡，必有足以惊人者。予据现在之无锡而揣测后来，就其目的之可达者，恣笔记之，名曰《无锡之将来》，隐寓提倡之意焉。"

贫穷研究　1942年10月南京社会旬报社铅印本。

周毓英著。周毓英(1900～1945)，笔名菊华等。江苏宜兴人。作家。创造社成员。20世纪30年代创办《社会主义月刊》，鼓吹法西斯主义。抗战后沦为汪伪汉奸。本书目次为：第一篇导论，分贫穷的意义与社会的贫穷现象、贫穷对侵略与战争的关系、马尔萨斯的贫穷论、马克斯的贫穷论4节；第二篇贫穷之个人的责任，分个人欠缺社会生存竞争的认识与能力、懒惰嗜好虚荣糜费、犯罪破获与投机失败3节；第三篇贫穷之社会的责任，分家庭制度与教育制度、犯罪者与剥削者、生产过剩与劳动失业、疾病瘟疫和灾荒、内乱与战争5节；第四篇贫穷之国家的责任，分国家政治的错误、政府财政收入的不合理现象、政府官吏的贪污黑暗、政府组织的庞大混乱、国家特权分子的存在与国家相互间的矛盾5节；第五篇贫穷的消灭，分个人的道德能力基础、善良的社会制度、国际共存共荣与世界和平关系。附录《贫穷原因论》。卷首有自序(1942年8月)及补记(1942年9月)，交代本书是作者1938年和1940年两次流亡香港所写。作者指出，战争的根源在于贫穷。

妇女论　1930年3月上海神州国光社铅印本。

张慰慈译。张慰慈(1890～1976)，字祖训。江苏吴江人。政治学家。美国爱荷华大学政治学博士。曾任北京大学、上海东吴大学、中国公学教授。本书收录叔本华的妇女论、蔼理斯论妇女的智力、巴尔沙克论婚姻、床的研究、夫妻间的政治手段、家庭警察、夫妻交战时候的妻党、夫妻间的战略、妇女的诡计等9篇文章。卷首有徐志摩序，对叔本华的妇女论多所评论。

中国妇女恋爱观 1926年4月上海光华书局铅印本(再版)；1927年7月上海光华书局3版。

王平陵著。王平陵有《西洋哲学概论》，已著录。本书分恋爱之伟大、恋爱之起源、恋爱之要素、爱力之分析、恋爱与结婚的真义、中国妇女与恋爱问题、中国妇女的经济结婚观、中国妇女颓废的原因、在男性中心下中国妇女之悲哀蠢、文学上表现的中国女性、中国旧道德与恋爱之冲突、怎样救济中国的妇女、中国妇女恋爱问题的总解决、将来之光明等14节。卷首有作者自序(1925年11月)，略谓，少觉悟多盲从、少前进多退化、少乐观多悲哀，是目前中国妇女的现状；要救济妇女界的沉沦、祛除妇女界的烦闷，光靠女子教育和几个新式主义是无济于事的，最经济的方法必须是妇女的自觉和自救；恋爱问题是一切妇女问题的中心问题，若其得正当之解决，则有妇女人格上、经济上、政治上的平等。

家庭新论 1923年上海商务印书馆铅印本；1927年上海商务印书馆3版；1933年国难后1版。

沈钧儒编。沈钧儒(1875～1963)，字秉甫，号衡山。原籍浙江嘉兴，生于江苏苏州。光绪三十年(1904)进士。曾任上海法科大学教务长、国民参政会参政员。中华人民共和国建立后，任中央人民政府委员、最高人民法院院长、全国人大副委员长、全国政协副主席、民盟中央主席。《家庭丛书》本。本书目次为：绪言；我对于家庭的感想；家庭应以儿童为主体；妇人的经济独立；结婚；财产继承与限制；泛论家庭事项；家事经济；家事教育；略论优生学。卷首有蔡元培序(1922年4月)、林志钧序(1922年4月)、朱希祖序(1922年8月)、张季鸾序(1922年12月)。

生育制度 1947年9月上海商务印书馆铅印本。

费孝通著。费孝通有《美国人的性格》，已著录。本书为吴文藻主编的《社会学丛刊》甲集第四种。全书分种族绵续的保障、双系抚育(按：双系指父母双方)、婚姻的确立、内婚和外婚、夫妇的配合、社会结构的基本三角(按：三角指夫妇与子女或儿女与父母)、居处的聚散、父母的权力、世代间的隔膜、社会性的断乳、社会继替、交代参差(按：交代即隔代)、单系偏重(按：如从父姓或从母姓等)、以多继少、续绝、亲属扩充、氏族等17章，阐述家庭、婚姻、生育、亲属、氏族诸问题。卷首有潘光旦长达43页的代序《派与汇》(1946年9月于苏州)，分释派与汇、社会思想与汇、社会思想与派、社会思想与社会理想、社会理想与哲学概念、社会思想分派的利弊、社会理想分派的利弊、治标的祛弊论、论新汇的可能等10小节。

中国婚姻制度史(一名中国婚姻制度小史) 1929年上海中山书局铅印本；1935年4月上海龙虎书店增订版。

吕思勉著。吕思勉有《先秦学术概论》，已著录。本书1935年版封面注有“通俗本”字样。全书上自经子，中至史集，下逮现行法律判例，一一搜辑研究，从最古杂婚时代，以及现在之男女关系，论列变迁，如远古女权之遗迹、同族不婚之起源、婚年迟早之变迁、蓄妾之原、嫡庶之别、夫妇二字之初诂等，逐一加以精确考证。

第四节 社会心理

社会的心理基础 1930年5月上海世界书局铅印本；1931年8月上海世界书局再版。

潘菽著。潘菽有《心理学概论》，已著录。本书是社会心理研究的入门书。作者立足于当时的社会背景，希望将一部分能够说清楚的社会问题，进行心理学的分析，并推动社会心理学的发展。全书共分6章，第一章社会成立的心理基础，第二章心理的人格及其发展，第三章社会行为的性质和形式，第四章社会的刺激，第五章个人反应的同化和异化，第六章几种主要的社会现象的心理的解释。全书主要围绕“社会”“行为”“心理”这三方面进行单独或综合的分析。作者把社会心理学看作是跨越心理学和社会科学交错领域的一个分支学科，因此他认为社会心理学可以有两种研究途径：一种途径是从社会科学出发而面向着心理学方面的研究；另一种途径则是从心理学出发而面向着社会科学的研究。前者主要是社会学的研究，是对于社会现象中的心理因素的研究，可称之为心理社会学；后者主要属于心理学的研究，是关于心理现象中的社会因素的研究，即名副其实的社会心理学。

社会心理学　1946 年 11 月上海商务印书馆铅印本。

孙本文著。孙本文有《人口论 ABC》，已著录。本书分 6 编共 30 章：第一编绪论，分社会心理学的目的、对象、范围、问题、源流与派别等 5 章；第二编行为的基础与型式，分行为的生理基础、行为的环境基础、行为的基本型式、行为的觉知——意识、行为的一般特质——人性等 5 章；第三编社会对人行为的影响——心理的社会环境对于个人行为的影响，分态度、意见与成见、舆论、谣言、群众行为、其他心理的社会情境等 6 章；第四编文化的社会环境对于个人行为的影响，分风俗与时尚、道德与法律、宗教、人格的形成：社会环境影响的具体化、社会环境制约个人行为的法则（暗示、宣传、教育）等 7 章；第五编个人行为对于社会的影响，分伟人与领导人物、领导人物的特质、社会领导的法则及其对于社会的影响、一般人对于社会的影响、个人对于社会环境调适的法则等 5 章；第六编社会心理学的应用，分社会心理学应用的目的与标准、社会心理学在社会各方面的应用等 2 章。卷首有作者序，卷末附社会心理学重要文献年表、社会心理学重要作家小传、本书引用中文书籍检目、学名索引及西文人名索引。

群众心理　1929 年 4 月南京中央陆军军官学校政治训练处铅印本；1931 年 2 月南京中央陆军军官学校政治训练处 3 版。

张九如讲述。张九如（1898～1979），别号救鲁，江苏武进（今常州）人。政治家、教育家。《政治丛书》第十八种。国民党中央军校讲义。本书共 9 章：引论，群众心理的形成与消灭，群众的情感，群众的理智，群众的道德，群众对于各种刺激的反应力，领导群众的资格，领导群众的方术。卷首有小序（1929 年 2 月于国民革命军总司令部参议厅），提出本科目教学五要则：使学者洞晓研究本科目之益，以引起其殚精求知之心；使学者明了此科目的研究，在今日实有努力之必要，且有发明之余地；养成学者虚心治学、大胆行事的才能；养成学者直接认识群众、接近群众的才能；养成学者知人善任的才能。

群众心理与群众领导　1934 年 2 月上海商务印书馆铅印本；1938 年 3 月长沙商务印书馆 3 版。

张九如撰。早在 1929 年，张九如就将其在中央陆军军官学校上课时的讲义整理成《群众心理学》一书出版发行。1931 年，他又重订章节，交付商务印书馆，不料书稿在“一·二八”事变中被毁。1933 年，他根据残稿，编成此书。本书分三编：一总论，讲述群众心理和群众领导的定义、效用、方法和演变等；二分论，讲述群众心理的特质；三群众领导法，讲述群众领导者的资格和策略等。书中观点，虽然作者自恃甚高，其实不过是得黎朋（法国心理学家）之牙慧，认为群众是“小人”，是极端的、无意识的、无理性的。他甚至得出“九一八”国难后，南北学生奔赴首都，请求对日宣战，自愿加入军队，是挟持政府盲目应战。在论群众情感的不耐久性时，他又以王妈和潘小姐吵架为例，说明群众极易迁怒于人。总之，本书过度强调“领袖”的个人作用，而否认群众对历史的推动作用。

谣言的心理　1939 年 5 月长沙商务印书馆铅印本。

陈雪屏著。陈雪屏（1901～1999），江苏宜兴人。北京大学哲学系毕业。后留学美国哥伦比亚大学。曾任西南联大教授、国民政府教育部代理部长。1949 年去台湾，任行政院秘书长、总统府资政。《艺文丛书》第十四种。本书分导言、谣言的意义、使报告失真的基本因素、谣言演变的原则、预示未来的谣言与童谣、谣言的力量 6 章。卷首冠编辑部《艺文丛书总序》（1938 年 3 月于汉口），略谓，处在抗战这一国家民族危急关头，适应时代的需要，研究检视中国文化和诸多现实问题，思考国家民族的过去、现在和未来，为抗战建国而努力，是十分必要的；发扬民族主义、实现自由平等独立，建立现代国家所需要的民主政治制度，实现工业化、充裕民生，发扬科学精神、发展现代科学文化，是我们关于国家民族发展的四个基本共识；本丛书供给广大青年和一般民众以认识了解中国自身的知识，冀引起其研究的兴趣。

从心理的观点谈人事问题 1941年11月重庆正中书局铅印本;1943年1月重庆正中书局3版。

陈雪屏著。陈雪屏有《谣言的心理》,已著录。《中国人文科学社丛刊》本。本书汇集《自我中心的剖析》《儿童研究的意义》《问题儿童的产生与处置》《训育制度》《施用惩罚的困难》《成见与误解》《青年出路的统制》《两性的差异》《民族性的差异》《危疑震惊中的民众心理》《第二次欧洲大战所产生的心理影响》《工作与闲暇》《潜藏的能力》《吃饭与睡觉》等14篇短文,涉及儿童心理,青年心理,教育心理,民族心理,民众心理诸方面。卷首有著者弁言,略谓所收各文大都在《今日评论》《战国策》等刊发表,着重文化环境的倾向,探讨错综复杂的认识问题,分析其成见与缺失。卷首另冠《中国人文科学社丛刊总序》。

第五章　政　治

第一节　政治理论

政治学大纲　1923年2月上海商务印书馆铅印本；1927年8月上海商务印书馆6版；1930年8月上海商务印书馆改订本。

张慰慈编。张慰慈有《妇女论》，已著录。本书系北京大学政治学讲义，共24章：第一章政治学的性质，认为政治学是科学也是艺术；第二章政治学和别种社会科学的关系，论政治学与社会学、历史学、经济学和伦理学的关系；第三章研究政治学的方法，介绍生物学、法理学、心理学以及比较、实验、历史等方法；第四章国家的性质，论国家与社会、民族、政府的区别；第五章国家的物质基础——环境和土壤，包括地球、气候、物产、土地等自然要素；第六章人民，包括人口、种族和民族；第七章国家的起源，论血统、宗教、经济、战争等与国家起源的关系；第八章国家的进化，包括政治进化和政治观念的变迁；第九章国家的历史基础，分团体国家、世界帝国和民族国家；第十章国家的学理基础，如神权说、强权说、民约说、有机体说、实利说；第十一章国家的主权，论一元主权论和多元主权论；第十二章国家与个人自由，论国权论和政治、经济基本权；第十三章国家职权的范围，介绍个人主义派、放任主义派和社会主义派的理论；第十四章国权的正常范围，即国家职务观念；第十五章国体分类，分君主国体、贵族国体、民治国体、神政国体以及单一国、复合国、物合国、联邦、半主权国、中立国；第十六章联邦制与国际联盟；第十七章政体分类，分民治政体、总统制与内阁制；第十八章宪法，分成文宪法和不成文宪法；第十九章政权职权的分配；第二十章选举团；第二十一章立法机关，分一院制和两院制；第二十二章行政机关，如行政首领和内阁等；第二十三章执行机关；第二十四章司法机关。卷首有1923年1月自序。

政治概论　1924年2月上海商务印书馆铅印本；1926年10月上海商务印书馆4版。

张慰慈编。本书分20章，比较说明欧美各国行政部门和立法部门的关系：绪论——人民和政治的关系；政府的职务；政府职权的分配；宪法；宪法与革命；立宪政府；人民政府；政党；代议政府；选举权和选举资格；选民的职务；选举的方法；选举票和选举手续；立法部的职务；立法部的组织；行政机关；欧美各国行政部和立法部关系的比较；司法机关；地方政府；结论。卷首有胡适序（1923年11月），略谓，本书虽为高级中学教科书用，亦可作一般国民政治常识教科书；本书采用历史叙述法，注重政治生活的训练和政治制度的意义，选裁审慎，立论平实；要造成良好公民，必须实行民治制度，充分发挥制度的教育作用，这在当下的中国是尤其重要的。此为新学制高级中学教科书。

政治学　1931年8月上海商务印书馆铅印本；1932年11月上海商务印书馆国难后1版；1935年2月上海商务印书馆国难后2版。

张慰慈著。本书分政治学的性质、国家的性

质、从城市国家到民族帝国、从集权的政府到分权的政府、宪法、政府的组织、英国式的内阁制、美国式的总统制、瑞士式的委员会制、俄罗斯(苏联)式的苏维埃制等十章,论述政治学和国家学说的基本知识,并介绍当代的主要政治制度形式。

政治学概论　1926 年 9 月中央军事政治学校政治部宣传科铅印本;1928 年 8 月中央军事政治学校政治部宣传科 3 版。

恽代英编。恽代英(1895～1931),原籍江苏武进,生于湖北武昌。中共早期青年运动领导人。武昌中华大学毕业。曾任上海大学教授、《中国青年》主编,黄埔军校政治总教官,中共中央宣传部秘书长。本书《编辑大意》指出,现有之政治学书籍非理论太过陈腐,即与本党(按:国民党)政治学丝毫不生关系,故编此书,旨在供本党同志研究政治之用,供给近代政治知识,以及本党对于各种政治问题的主张。本书共四讲:第一讲政治——国家,解答政治的意义、何谓全民政治和全民革命、为什么反对国家主义和无政府主义、为什么说中国是半殖民地或次殖民地等问题;第二讲国体——中央集权与地方分权,解答单一国家和联邦国家、如何评价联省自治和民族自决、何谓中央集权和均权主义等问题;第三讲政体——人民参政的方式,解答立宪政体与专制政体之异同、国会制直接民权制与苏维埃制之异同、何谓创制权复决权罢免权、国民会议应如何组织等问题;第四讲人民的权力,解答国权论与民权论之异同、选举权与被选举权、生存权工作权与罢工权等问题。

现代政治概观　1933 年 9 月上海大东书局铅印本。

章渊若著。章渊若(1904～1996),原名浩奎,字星拱,号力生。江苏无锡人。法学家。曾任中央大学、暨南大学、东吴大学法学教授,国民政府侨务委员会副委员长,江南大学校长。中国社会科学会主编《社会科学基础丛书》本。本书共 4 章,概述人类政治历史及政治社会发展的基础,介绍代议政治概况,苏、德、意、波及西班牙等国政情,阐述现代政治的原则、演进及目的:第一章绪论,分历史的回顾、分久必合合久必分的安命政治、英雄造时世时世造英雄的投机政治、政治社会演进的基础 4 节;第二章代议政治的日暮途穷,分代议政治历史的鸟瞰、代议政治理论的基础、代议政治理论的错误、列国议会威信的江河日下、立法职务的复杂与议会制度的捉襟见肘、社会经济之进化与议会组织的剧烈变更、直接民权制发扬与议会权力的消灭、金钱势力之作祟与议会政治的破产、四面楚歌中假民主的代议政治的日暮途穷 9 节;第三章独裁政治的变本加厉,分苏俄政象观、法西斯政象观、西班牙与波兰之独裁政治、俄意西波四国专政之总评 4 节;第四章现代政治的最高原则,分突出政治轮回的老圈套、代议与民主异点的认识、权能分治之不易铁则、现代政治演进的阶段、现代政治组织的基础、现代政治的三大原则、现代政治之六大目的 7 节。卷首作者《社会科学基础丛书序》(1932 年 12 月)及《例言》。

政治制度浅说　1930 年上海神州国光社铅印本;1931 年 5 月上海神州国光社 3 版。

张慰慈编。本书分人民与政府、什么是政府、政府的起源、政府的职务、成文宪法、专制政府与立宪政府、直接民治制度与代议制度、区域代表的制度与职业代表的制度、政党政府、选举制度、人民的罢免权、人民的直接立法制度、文官考试制度、现代政府的组织、英国式的内阁制、欧洲大陆式的内阁制、美国式的总统制、瑞士式的委员会制、俄罗斯式的苏维埃制、联邦政府、地方政府等 25 章。卷首有高一涵序(1930 年 2 月),认为本书很有价值,一改国人研究政治时空谈理论或原理的风气,以叙述各国实际的政治制度为主,结合制度谈理论,对时下有关国民会议的组织、权限及选举法之讨论都会有所裨益。

法西斯主义的理论基础　1934 年 11 月上海民族书局铅印本。

周毓英编。周毓英(1900～1945),江苏宜兴人。创造社成员。20 世纪 30 年代创办《社会主义月刊》,鼓吹法西斯主义。抗战后沦为汪伪汉奸。本书共 5 辑 29 篇文章:第一辑总论,收录墨索里尼著、刘开文译《法西斯主义的哲学基础》,巴尼斯著、李中孚译《法西斯蒂的精神史观》,土方成美著、李九思译《法西斯主义的理论体系》,内田繁隆著、文家骏译《法西斯主义与民生主义》等 6 篇;第二辑政治理论，收录堀井实著、白桦译《法西斯蒂之政治理论》，Alfred Rocco 著、万钧译《法西斯蒂主义之国家改造论》，文家骏译《法西斯的政治形态》，五来欣造著、辛胜强译《国民总意的独裁政治》等 6 篇；第三辑经济理论，收录堀井实著、白桦译《法西斯蒂之经济理论》，辛胜强译《法西斯的经济政策》，柏恩斯著、余文伟译《法西斯主义的经济原理》，Paul Einzig 著、白瑜译《法西斯治下意大利的经济制度》等 6 篇；第四辑意人心目中的法西斯蒂，收录刚恒毅讲、陈友生译《法西斯蒂的国家——协团的国家》《法西斯的国家概念》《法西斯主义下之桑迪加》《法西斯蒂下之劳动业余训练》等 6 篇；第五辑组织与运动，收录魏普泽《意大利的法西斯蒂运动》，明庵《德国的法西斯蒂运动》，庞宇振《日本的法西斯蒂运动》，希里透著、余文伟译《法西斯蒂的军事组织和军事训练》等 4 篇。卷首冠周毓英序（1934 年 10 月）及其所撰《法西斯蒂与法西斯主义》（导论）。

薛著宪政论　1926 年 12 月上海商务印书馆铅印本。

薛学海著。薛学海（1897～1965），字汇东。江苏无锡人。美国威斯康辛大学经济系毕业。曾任北京汇文大学体育教练、监务署检事、中国驻英使署三等秘书、直隶省长公署顾问、外交部特派直隶交涉员。本书共 10 章：第一章宪纲，分绪论、宪法之种类、宪法之精神、国体、结论 5 节；第二章人民自由之保障；第三章立法，分选举、议会、立法第三机关 3 节；第四章行政，分总统制、责任内阁制、议会制、选举总统、解散国会、人民干预立法及行政、经济会议、结论 8 节；第五章司法，分司法独立、司法制度、法国平政院 3 节；第六章司法之修订，分宪法之性质、宪法之修改、美宪修改法、法宪修改法、宪法之保障 5 节；第七章预算案，分预算制度、预算内容、审计院 3 节；第八章日本宪政，分改政之时期、天皇之职权、宪法、议会、法庭 5 节；第九章苏俄宪政，分赤党之滥觞、苏俄之结合、宪法之大纲、行政之组织、民法刑法之概略、经济之变迁、田地之支配、结论 8 节；第十章附录，分参观赤军纪略、俄国社会状况纪略、捷克概略、捷克军制概略、捷克教育概略、捷克金融概略、斯科达钢铁机器厂参观纪略、捷克飞机厂参观纪略、捷克骑兵团参观纪略 9 节。卷首有作者自序（1926 年 5 月）、徐州徐审交序（1926 年 6 月）和桐城张鸿鼎序。

现代民治政体　1935 年 9 月上海商务印书馆铅印本。

（英）蒲莱斯（James Bryce）著，张慰慈等译。此为《万有文库·汉译世界名著》本。本书是英国著名政治活动家、政治学学者蒲莱斯的名著，于 1921 年出版，全书共 3 编 80 章。作者基于自己的从政经验与考察结论，对法国、瑞士、加拿大、美国、澳大利亚、新西兰六国民主政体进行了深刻分析，对民主体制的内涵、趋势、优点与劣势进行了全面概括，被称为对现代民主政体最有利的辩护。本中译本为张慰慈、梅祖芬、赵冠青、赵蕴琦、陈建民合译，张慰慈总校（译者均为北京大学政治研究会会员）。卷首有蒲莱斯原序（1920 年）；张慰慈序（1922 年 7 月）。张序介绍蒲莱斯及其学说，称本书介绍民治政体的性质和欧美民治国的实际情形，包括欧美民治国的缺点，中国可以参考改良欧美民治制度，以达到一种较完善的政治制度。

西洋近代政治思潮　1939 年 9 月长沙商务印书馆铅印本；1944 年 4 月重庆商务印书馆再版。

浦薛凤著。浦薛凤有《十八世纪后半叶欧洲之社会思想》，已著录。《国立清华大学丛书》本。本书共 8 章：第一章西洋政治思想之性质与范围，论政治思想在政治学说中之地位、政治思想之由起盛衰与功用、西洋政治思想之要题派别与趋向、西洋政治思想之研究；第二章西洋近代政治思潮之渊源——自柏拉图至孟德斯鸠，论柏拉图、亚里士多德、格老秀斯、霍布斯、孟德斯鸠等人之政治思想；第三章卢梭之政治思想；第四章 18 世纪后半欧洲各派社会学说中之政治思潮，论爱尔法修、弗格森、亚当斯密等人之政治思想；第五章美法革命之政治理论，比较美国《独立宣言》和法国《人权与民权宣言》等；第六章德意志唯心主义派之政治思想，论康德、菲希特、黑格尔之政治思想；第七章反动与守旧：美法革命以后之政治思潮，论约翰亚当斯、柏克、波那尔等人之政治思想；第八章英国功利主义派之政治思想，论边沁、约翰穆勒等人之政治思想。卷首有著者长序（1938 年 4 月由湘赴滇旅次），辨析“政”“治”“政治”“制度”诸概念。作者在再版弁言（1943 年 10 月）中指出，研究政治思想，不应与现实政治脱节。处此抗战建国大时代，应关注国际和平与国际安全、新制度新思想，关注国家民族政治复兴。

美法革命之政治思想 1932年6月北平《清华学报》第7卷第2期抽印本。

浦薛凤著。本书论美法两国革命的政治思想基础和背景，共四部分：第一部分美法革命理论之连带与重要，分必然与偶然、革命思潮之交流与关系、异同与重要、理论与材料；第二部分美利坚革命之政治理论，分背景与原因、反抗理论与革命理论之性质、根据宪法之立论——消极反抗、宪法论辩之分析与评估、根据自然法与自然权利之抗辩——积极革命、佩因（Thomas Paine）之政治思想、哲斐孙（Thomas Jefferson）之政治观念、美利坚革命之建设的政治思想；第三部分法兰西革命之政治原理，分背景与事变、疾苦诉愿书中之政治意见、人权与民权宣言、教士之民宪、前后宪法中之政治观念、西耶士（E. J. Sieyes）之政治观念、孔道西（M. d. Condorcet）之政治思想、党派与领袖之政治意见；第四部分美法革命之影响与贡献。作者认为，美国革命较为和缓，但开制度方面多种先例，法国革命异常激烈，并终于社会主义运动，二者的影响均极其广大而深远；美法两国革命之贡献远在当时的宪法、法律、制度和宣言之上，主权在民、人权平等、民族自决之三大原则就是其留下的重要遗产。

英国功利主义派之政治思想 1933年1月北平《清华学报》第8卷第1期抽印本。

浦薛凤著。本书阐述英国功利主义派的渊源及背景，介绍其代表人物边沁、穆勒·哲姆斯、奥斯丁和穆勒·约翰的政治思想，以及著者对他们的评价。第一部分引论，分意义、渊源、背景3节；第二部分边沁（J. Bentham），分道德论——人性与苦乐、国家论、政府论、法律论、政治经济与国民教育、“边沁主义”之总估6节；第三部分穆勒·哲姆斯（James Mill），分身世与贡献、功利与联念、论政府、论法律、论教育、论政治经济与言论自由6节；第四部分奥斯丁（John Austin），分国家与主权、实在法、自由与功利3节；第五部分穆勒·约翰（J. S. Mill），分身世与背景、人性论、功利论、伦理与政治之相关、自由论、政府论、民治之可能危机与补救、其他观念与贡献8节；第六部分功利主义之评估，分其他功利主义者、功利主义之特征、影响、总估4节。

自由与权力 1937年12月上海中华书局铅印本。

邹文海著。邹文海（1908～1970），字景苏。江苏无锡人。清华学校毕业，后留学英国伦敦政治经济学院。历任湖南大学、厦门大学、暨南大学政治学和法学教授。1949年去台湾。《社会科学丛书》本。本书共6章：第一章叙论；第二章政府权力的基础，分无政府主义者对于政府的态度、个人主义者对于政府的态度、独裁主义者对于政府的态度、政治社会中治者与被治者对立的现象、人民为什么服从、政府有否绝对权力6节；第三章政府权力与行政效率，分权力与武力、权力与效率、制度与政府效率（独裁与政府效率、分治与效率）、自由的效率4节；第四章自由的意义，分两种不同的自由、对于两种自由理论的批评、我所说的自由（自由是种心理的感觉、是相对的又是进化的、是主观的又是客观的、是动的又是静的）3节；第五章自由和权力的保障，分自由的保障（宪法的、制度的、国民性的保障）、权力的保障（员吏制度、专家委员会制度等）2节；第六章自由与权力，分过分自由和过分权力的危机、自由与秩序、权力与人民福利、自由与政府权力（冲突性、调节性）4节。作者在自序（1935年6月）中认为，自由与权力是政治学的重要概念，权力使人民向心，自由使人民离心，故如何调剂权力与自由成为必要。

三种选举制度之计票法 1931年铅印本。

浦薛凤编。本书介绍“多数代表制”“少数代表制”“比例代表制”三种选举制度计票方法，均有表格及数学计算式。此文刊于北京大学政治学会1931年出版的《政治学论丛》。

第二节 国际共产主义运动

共产党宣言 1943年延安解放社铅印本；1949年东北书店铅印本。

（德）马克思、恩格斯合著，博古（秦邦宪）校译。秦邦宪（1907～1946），中共早期领导人。又名博古。江苏无锡人。莫斯科中山大学毕业。曾任中共临时中央局负责人、新华通讯社社长、解放日报社社长。《干部必读》本。本书为马克思和恩格斯为共产主义者同盟起草的纲领，是国际共产主义运动第一个纲领性文献、马克思主义诞生的重要标志，第一次全面系统地阐述了科学社会主义理论，指出共产主义运动已成为不可抗拒的历史潮流。

社会主义从空想到科学的发展 1949年2月华中新华书店铅印本。

(德)恩格斯著，博古校译。本书分空想的社会主义、辩证法唯物论和剩余价值的形成——从空想到科学、科学的社会主义三部分，阐述科学社会主义的思想来源、理论基础和基本原理。卷首有德文本第一版和第四版序、英文本序。本书加了很多编者注和译者注，可帮助读者了解文意。

共产国际党纲及章程 1929年11月莫斯科外国文书籍出版社铅印本。

瞿秋白译。瞿秋白有《社会哲学概论》，已著录。共产国际第六次代表大会1928年7月17日在莫斯科举行，中国共产党代表瞿秋白、王若飞、周恩来、张国焘、苏兆征、邓中夏等出席大会，大会选举共产国际领导人斯大林、布哈林、蔡特金、库西宁、洛佐夫斯基等和中共代表苏兆征、瞿秋白为大会主席团委员。本书为1928年9月1日共产国际第六次代表大会通过的党纲及章程。

国际反战反侵略反法西斯运动 1939年无名出版社铅印本。

(苏)曼努意斯基著，孙冶方译。曼努意斯基(1883～1959)，乌克兰人，曾任共产国际执行委员会书记。本书介绍国际形势的演变，以及各国共产党为建立统一阵线和人民阵线所进行的斗争等。

第三节 工人、农民、青年、妇女运动与组织

中国国民党与劳动运动 1926年9月广州中央军事政治学校政治部铅印本。

恽代英编纂。恽代英有《政治学概论》，已著录。本书为《政治讲义》第6种。中央军事政治学校即原陆军军官学校(1926年1月改名)，恽代英时任中央军事政治学校政治教官。内收《中国国民党的劳工政策》《总理在劳动纪念会对各工团之演说辞》《蒋校长在第三次全国劳动大会关于工农兵大联合的报告》《总理公布的工会条例》《第三次全国劳动大会关于职工运动总策略决议案》。附《各县或独立市工会组织法大纲》(中华全国总工会发布)。

中国国民党与农民运动 1926年中央军事政治学校政治部宣传科铅印本。

恽代英编。《政治讲义》第6种。本书分中国国民党的农民政策、革命政府对于农民运动的宣言、中国国民党中央执行委员会农民部致省署之公函、总理对农民运动讲习所毕业生训词、总理审定之农民协会章程等五部分。附录农民自卫军组织大纲及农民协会组织手册。

战时的农民运动 1937年10月汉口生活书店铅印本；1937年12月汉口生活书店铅印本。

孙冶方著。孙冶方(1908～1983)，原名薛萼果，化名宋亮、孙勉之等。江苏无锡人。经济学家。曾发起成立中国农村经济研究会，任中共江苏省委文化工作委员会书记、上海市军管会工业处处长。中华人民共和国建立后，任上海财政经济学院院长、中国科学院经济研究所所长。本书为钱俊瑞主编的黑白丛书(社)战时特刊之一，分抗战中动员农民的特殊任务、农民运动中政治动员的重要性、抗战中改进农业生产的必要和内容、怎样着手做抗战中的乡村工作等四部分。附非常时期乡村工作大纲草案(中国农村研究会拟定)。

英国中世妇女生活史(一名中世纪英国中等阶级妇女的地位) 1932年12月上海女子书店铅印本。

王国秀著，李祁译。王国秀(1895～1971)，女。江苏昆山人。美国哥伦比亚大学历史学硕士。曾任金陵女子大学教授、中华基督教女青年会主席。中华人民共和国建立后，任华东师范大学历史学教授。《女子历史丛书》本。本书分英国中世纪的政治和社会、英国中世纪的贵族妇女、英国中世纪的中等妇女、中等妇女的家庭生活、中等妇女的职业

生活、妇女的杂艺、英国中世妇女生活概观等 7 章。附录英文参考书目 21 种、注释(指明史料的来源)46 个。

妇女解放新论 1931 年 11 月上海新月书店铅印本。

(英)蒲士(Meyrick Booth)著,刘英士译。刘英士(1899~1985),江苏海门人。新月派代表人物。曾任上海东吴大学、暨南大学、中国公学教授,安徽大学法学院院长。1949 年去台湾。本书共 8 章,论女权运动的形势及妇女与社会的关系,对 20 世纪 30 年代新贤良主义论战的演生具有开启之功,中国妇女解放之受质疑的社会影响力正由此肇端:第一章导言——今日的危机,分逃避家庭、解放、名与实 3 节;第二章男性主义的得胜;第三章心理的,分我们的错误理想、教育和为母、妇女机器观 3 节;第四章恶势力范围;第五章社会生机观;第六章到男女平等之路,分何谓男女平等、妇女的两个世界、经济不平等的虚幻、现代的混乱、妇女的权利和男子的权利、新式的女长制度、到男女平等之路 7 节;第七章男与女,分导言、生理的性区别、心理的区别、天才与性、妇女的心理、对于性心理学的几种贡献 6 节;第八章妇女与社会,分妇女的正业、观念的斗争、社会理想、女权主义与一夫一妇制、种族问题、前进之路 6 节。卷首有潘光旦序(1931 年 7 月)、著者原序、译者序(1931 年 11 月于上海)。译者序云,本书原名《妇女与社会》(*Woman and Society*),为避免与他书同名,遂"曲译"之,然其内容则"曲而能达"。

新生活与妇女解放 1934 年 7 月南京正中书局铅印本。

陈衡哲著。陈衡哲(1890~1976),女。笔名莎菲。原籍湖南衡山,生于江苏武进。作家、学者。美国芝加哥大学硕士。曾任北京大学、东南大学、四川大学史学教授。中华人民共和国建立后,任上海市政协委员。本书为叶楚伧主编《新生活丛书》之一,先回答什么叫作新生活,它在中国现代化的过程中占有什么地位;什么叫作妇女解放,它在中国现代化的过程中占有什么地位。在以上认识的基础上,从家庭和个人两方面探讨新生活与妇女解放的关系。作者认为,新生活与妇女解放并不是毫不相干的,而是关系密切的,并不是相互冲突的,而是"相需相成"的,二者必须"互惠结合";衣食住行是生活的基础,必须要"规则""健全""真诚",礼义廉耻是立身之道,体现人生的意义和追求的目标,新生活的意义必须广狭兼顾、表里同视,方能收获实效,而不是空谈或舍本逐末;妇女解放是一个自内向外的行为,是妇女人格和才能的发见与恢复,妇女解放的真谛,在志愿的吃苦而不在浅薄的享乐,在给予而不在受取,在自我的上进而不在他人的优待,在心理与人格方面而不在形式方面;一个解放了的妇女,必须受过相当的教育,明了世界大势,有充分的常识、独立的能力与自尊的人格。卷首冠《新生活丛书发刊旨趣》以及《著者启事》。

论青年的修养 1938 年自修出版社铅印本;1946 年渤海新华书店铅印本。

张闻天著。张闻天译有《笑之研究》,已著录。本书为作者 1938 年 4 月 12 日在陕北公学的演讲,论述革命青年的理想及实现理想的途径。全书分要有坚固的高尚的理想,要为自己的理想奋斗到底,要学习实现理想的办法,要同群众在一起去实现自己的理想等 4 节。

战时学生训练 1938 年正中书局《战时民众训练小丛书》本。

蒋建白著。蒋建白(1901~1971),原名树勋,以字行,江苏淮安人。教育家。本书包括战时学生训练的理论、各国青年训练的动向(德、意、苏、英、法)、我国战时的学生训练(小学、中学、专科以上)三章。作者指出,现代战争是全体战争,需要移动全国的"人"与"物",实行国家总动员,来保持国家的生命,而教育本身就是国家的原动力,因为它不仅能创造"个人的幸福",更能通过健全的个人,创造社会、民族,甚至是全人类的幸福。因此,抗战时期教育的中心工作,就应该是让全国的知识青年团结起来,发挥他们平日教育的素养,达到救己、救人、救国家的目的。但要"最迅速、最确实"的把知识青年的才智发挥出来,就要从教育、政治、军事、社会四方面对学生进行指导和训练。为了能在短期之内实现训练的目标,作者对各层次学生的战时训练都给出了具体的训练内容和实施原则。但从教学以及课程安排来看,仍属战时"教育适当改进"一派的观点。

抗战与青年训练 1938 年 6 月汉口生活书店铅印本。

张志让编。张志让(1893～1978),号季龙。江苏武进人。法学家。美国哥伦比亚大学毕业。历任北京大学、东吴大学、复旦大学教授。中华人民共和国建立后,任复旦大学校务委员会主任委员、最高人民法院副院长、中国政治法律学会副会长。《救亡文丛》之十二。本书为青年训练问题论文集,收《论目前中国青年运动的任务》(凯丰)、《抗战中的青年学生》(徐冰)、《抗战中青年的作用与任务》(潘梓年)、《青年训练问题》(钱俊瑞)、《战区青年训练问题》(杜若君)、《青年武装问题》(新华日报)、《迅速举办大规模的青年训练》(张志让)、《对于干部训练的意见》(孙晓村)、《怎样办战时青年训练班》(张宗麟)、《训练与青年的苦闷》(太初)、《批判救亡青年的一个大缺点》(陶清)等 11 篇论文。附录《关于民族革命大学》(李公朴)、《民族革命大学创立纲领》《信阳师范战时特种训练方案》(赵子德)3 篇文章。

第四节 世界政治

世界政治 1937 年 1 月汉口生活书店铅印本;1939 年 8 月重庆再版。

(英)杜德(R. P. Dutt)著,张弼、邵宗汉、宾符合译。邵宗汉(1907～1989),江苏武进人。报人、出版家、翻译家。曾任上海《大晚报》编辑、香港《星岛日报》主笔、马来亚《现代日报》总编辑、印尼《民主日报》总编辑、香港《华商报》总编辑。中华人民共和国建立后,任《光明日报》总编辑、世界知识出版社副总编辑。《世界知识丛书》之十。本书目次:第一章世界新形势;第二章世界政治问题,下分世界政治的中心问题,世界团结与世界政治,世界帝国主义的一般危机等 3 节;第三章二十年来的一篇清账,下分大战的结束,革命与反革命之不稳固的平衡,战后的新势力关系,战后的解决方案,安定与崩溃,战后解决方案的清算等 6 节;第四章资本主义世界经济之新兴的矛盾,下分“国际的”资本主义之谜,独占“布洛克”的战争及生产与贸易的限制,货币战争:英镑—美元—黄金,战争与重振军备的经济学等 4 节;第五章国际组织的企图,下分世界国家的问题,国际联盟,世界公约与区域公约,集体安全等 4 节;第六章世界新分割的问题,下分“有”“无”的理论,殖民地或殖民地原料之和平重分割的建议等 2 节;第七章世界主要的冲突区域,下分日美英在远东,美国与大英帝国的将来,法西斯修约派的挑战——意大利,法西斯修约派的挑战——纳粹德国等 4 节;第八章苏联与世界,下分社会主义在苏俄的胜利,法西斯帝国主义的反苏联十字军运动,苏联的和平政策等 3 节;第九章和平的奋斗与世界组织的未来,下分和平的奋斗,未来的世界社会等 2 节。

国际政治教程 1937 年成都中央陆军军官学校铅印本;1938 年成都中央陆军军官学校再版。

陈钟浩编。陈钟浩(1902～2002),字幼惕。祖籍江西,先迁江苏苏州,再迁江苏盐城。法国巴黎大学博士。历任中央军校政治教官、中央大学史学教授、陆军大学政治总教官。中华人民共和国建立后,任复旦大学教授。《黄埔丛书》本。本书共 11 章:第一章世界大战前之欧洲局势,分德奥意的三国同盟、英法俄的三国协商、近东问题与世界大战 3 节;第二章巴黎和会,分和议的基础、和会的组织和经过、和约的分析 3 节;第三章华盛顿会议,分华盛顿会议的召集、海军协定、华盛顿会议与中国 3 节;第四章国际联盟,分国际联盟的起源、国际联盟的弱点 2 节;第五章从罗加诺会议到非战公约,分罗加诺会议前的保安问题、罗加诺会议、非战公约 3 节;第六、七章国际裁兵问题,分华盛顿会议的结果、日内瓦会议的失败、伦敦海军会议、国际裁兵会议、伦敦海缩预备会议、局部海军协定、海约失效后的太平洋局势 7 节;第八章战后世界经济问题,分赔款问题、战债问题、胡佛延债计划、洛桑会议 4 节;第九章各国的外交政策,介绍英国、法国、德国、意大利、苏俄、土耳其、美国、日本的外交政策;第十章国际集团的抗峙,分国际集团的成因、国际集团的分析、国际集团的批评、国际集团的重心 5 节;第十一章太平洋风云与中国出路,分太平洋时代的来临、国际理论的冲突、列强政策的对立、太平洋时局与中国 4 节。附录国际联盟公约全文、九国公约全文。

国际政治 1938 年 9 月汉口国民政府军事委员会政治部铅印本。

陈钟浩著。本书为作者所著《国际政治教程》

（中央陆军军官学校1937年版）的修订本。其目次为：概论，分国际政治的成立、国际政治的内容、国际政治研究的需要、研究国际政治的方法4节；第一章巴黎和会，分和议的基础、和会的组织和经过、和约的分析、和约的评价4节；第二章华盛顿会议，分会议的召集、会议中的海军问题、会议与中国3节；第三章国际和平机构，分国联的起源、国联的组织和使命、国联的前途3节；第四章最近国际关系，分国际集团的形成、国际集团的演变2节；第五章太平洋时局的危机，分国际理论的冲突、列强政策的对立、太平洋时局的前途3节；第六章抗战中的国际动态，分国联咨询委员会、九国公约会议、九国公约会议的教训3节；第七、八章抗战中的列强政策，分英国、美国、法国、苏俄、德意、日本6节；第九章抗战中的外交出路，分抗战外交的原则、抗战外交的运用2节。卷首有《编辑例言》，略谓，本书依军政部新颁之军事学校政治训练大纲编纂，内容针对目前抗战情势，适应战时速成教育之需要，为全国各军事学校统一之政治教材，亦可供各地军事干部训练、学生军训及其他军事训练机关使用。

英美日海军争霸战　1934年4月上海四社出版部铅印本。

薛农山著。薛农山（1904～1981），又名龙山、铁珊。江苏盐城人。上海法政大学肄业。曾任中共江苏省委特派员、中共淮盐特委委员兼农委书记。另著有《中国农民战争之史的研究》。《四社文库》甲部第八种。本书共6章，论述1922年华盛顿海军会议以来英美日三国海军竞赛之概况，特别是三国在亚太地区的争霸，揭示错综复杂的三国关系以及国际关系。第一章导论——从地中海到太平洋；第二章英美日太平洋的海军港，分英国海军港、美国海军港、日本海军港3节；第三章从大战到华盛顿会议，分大战前后英美日海军之发展、华盛顿会议与海军军缩、华盛顿海军修约的全貌3节；第四章伦敦海军会议的前因后果，分华盛顿会议后的余波、海军竞争与经济恐慌、伦敦海军会议3节；第五章最近英美日海军概况，分伦敦会议的悲观、从沈阳事变到世界经济会议、1934年英美日海军新阵容（1933年的旧账，1934年的英国，1934年的美国，1934年的日本）3节；第六章结论——英美日往哪里去。卷末有《编后记》（1934年4月）。

二次大战与中东形势　1942年重庆国民政府军事委员会政治部铅印本。

陈钟浩著。《战时宣传丛刊》本。本书分英伊之战，伊朗事件，阿富汗的地位，中东的北方门户——外高加索，国际风云中的土耳其等六部分，评述第二次世界大战爆发初期的中东地区政局。

最近国际政治之趋势　1944年2月重庆商务印书馆铅印本。

史国纲著。史国纲（1902～1978），江苏溧阳人。先后毕业于清华大学和美国哈佛大学。曾任商务印书馆编辑、中央大学政治系教授。中华人民共和国建立后，任南京大学教授、江苏省政府参事。邹鲁题签书名。本书分前言，第二次世界大战前国际政治上的主要错误，维持世界和平的基本方案，这次作战双方成败的因素，联合国必胜的现势，联合国的作战目标（中、美、英、苏的目标），争取胜利与国际建设，建设国际新秩序现有的努力，实现作战目标上潜在的阻碍，中、美、英、苏的合作问题，和平的测验条件，尾语等十二个部分。卷首有引言（1943年10月于重庆）。

国际新局面　1927年8月上海北新书局铅印本（再版）。

陈翰笙著。陈翰笙（1897～2004），江苏无锡人。经济学家、国际问题专家。德国柏林大学博士。曾任北京大学教授、中央研究院社会科学研究所副所长、中国农村经济研究会理事长。中华人民共和国建立后，任外交部顾问、中国社科院世界历史研究所名誉所长。本书分战后欧洲的经济、世界经济的趋势、英国产业的堕落、苏联产业的改组、美国威权的增长、国际外交的发展等6章。末附参考书目。卷首导言，说明研究外国情形，明了世界大势，关系中华民族命运。扉页引德国诗人席勒（Schiller）的题词“旧的剥落，时间变换，陈腐里又开放了新生命”。书中有表《中国铁路上的外国资本》，列出俄国、日本、英国、法国、德国、比利时、美国、荷兰对华铁路投资的金额及比例。

论国际新形势　1940年4月桂林文化供应社铅印本。

张铁生著。张铁生（1904～1979），又名铭鼎。

江苏高邮人。哲学家、国际问题专家。1929 年赴柏林学习。1938～1941 年任广西大学政治学系教授。中华人民共和国建立后，任中国社科院亚非研究所副所长。《世界大战丛刊》之五。本书分苏德互不侵犯条约与国际局势、第二次世界大战的展开与趋向、第二次世界大战与中国、第二次世界大战与殖民地、我们对于国际新形势应有的认识、大英帝国反苏活动的失败等六部分。

国际新形势解说 1947 年 8 月香港联华出版社铅印本。

张铁生著。本书分反法西斯战争后的国际矛盾、最近国际形势变化的轨迹、今日的美国、从门罗主义到杜鲁门主义、苏联在世界上的地位及其政策、世界民主势力的轮廓画、殖民地半殖民地解放运动、世界人民统一战线的前途等八个部分。卷首有《写在卷头的几句话》(1947 年 7 月)，略论本书之由来，称最近国际形势千头万绪，牵一发而动全身，而且与中国有密不可分的关系，故有研究国际形势或国际问题之必要，供青年朋友参考。

战后世界新形势 1946 年 2 月上海永祥印书馆铅印本；1947 年 4 月上海永祥印书馆再版。

储玉坤著。储玉坤(1912～?)，江苏宜兴人。南京中央政治学校新闻系毕业。曾任上海《文汇报》总主笔、法国新闻社中文部主任。中华人民共和国建立后，任上海社科院世界经济研究所研究员。本书分 6 章，论述抗战期间的国际形势、战后国际政治之新趋势、五国外长会议与欧洲问题(中、美、英、法、苏五国外长于 1945 年 9～10 月在伦敦召开会议，起草对意大利、罗马尼亚、保加利亚、匈牙利、芬兰五国的和约草案)、怎样维持世界和平、远东问题的检讨、动荡中的日本政局等。卷首有自序。

对于战后国际形势中几个基本问题的解释 1947 年 1 月延安人民书店铅印本。

陆定一著。陆定一(1906～1996)，江苏无锡人。职业革命家。曾任共青团中央宣传部长、共青团驻少共国际代表、红军总政治部宣传部长。中华人民共和国建立后，任中共中央宣传部部长、国务院副总理。本书原载 1947 年 1 月 4～5 日延安《解放日报》。分毛泽东的预测、两个基本点、世界反动派：其烟幕及其实际行动、世界的民主力量、世界规模的统一战线、力量的对比、胜利的途径等七个部分，论第二次世界大战后国际形势的特点，民主势力与反民主势力的状况及前途等。

争民主的浪潮——1939 年的国际 1940 年 5 月上海新人出版社铅印本。

乔木著。乔木即乔冠华(1913～1983)，江苏盐城人。外交家。留德哲学博士。曾任重庆《新华日报·国际专栏》主持人、新华社香港分社社长。中华人民共和国建立后，任外交部部长。本书分前记(1940 年 1 月)，代序——150 年来争民主的浪潮(1939 年 7 月，论 1789 年法国大革命以来 150 年争民主的浪潮)，争民主的浪潮(争自由的旗帜在西班牙倒下了、英苏谈判的产生和夭亡、从德波战争到苏芬战争)，英日同盟的残梦——东京谈判，抗战的军事问题等几个部分，收录《国际新动向——论英苏接近》《地中海的暗潮》《万目睽睽下的波兰》《谜一样的马德里》《阿尔巴尼亚沦亡以后的欧洲》《何以希特拉演词这样“和平”》《战舰如云的直布罗陀》《张伯伦外交的真面目》《德意军事协定》《巴勒斯坦问题》《苏德不侵犯协定》《只有民主才能保卫民主》《苏联进兵波兰》《美国与欧战》《日英谈判的回顾与前瞻》《英国远东政策的目的》《东京谈判的幕后》《近代战争中空防的教训》《日军作战计划的三部曲》《当前的军事任务》等百余篇中外政局评论，大多发表于香港《时事晚报》(1939 年 3～9 月)。附录《英苏谈判的历史意义》。

形势比人还强 1943 年重庆新华日报铅印本。

于怀著。于怀即乔冠华。本书为 1943 年 7～9 月 3 个月的时局评论。包括评希特勒的攻势，意大利政变问题，魁北克会议及世界形势等。另附《自由德意志民族委员会宣言》等 13 篇。

从战争到和平——1945 年的世界政治 1946 年 3 月上海知识出版社初版。

乔木著。本书收录《苏军大攻势》《从军事合作到政治团结》《克里米亚会议》《克里米亚是斗争的道路》《苏联废除苏日中立协定》《世界新形势》《旧金山会议是一面镜子》《妥协危机》《柏林会议》《日本阴谋》《中苏同盟》《抗着逆流前进》《伦敦五国外长会议》《远东顾问委员会》《美国的世界政策》《英美加原子弹会议》《为保卫世界和平而争斗》《一年来美国的对华政策》等23篇文章。附录《联合国宪章》《波茨坦宣言》《柏林会议报告》《中苏同盟条约与附件》等4份文件。

政党与政府之关系：多党，两党，一党，与无党（六十三个政府分析表之说明） 1931年1月北平《清华学报》创刊号抽印本。

浦薛凤著。浦薛凤有《十八世纪后半叶欧洲之社会思想》，已著录。本书对世界上63个国家的政党与政府关系列分析表并作简略说明。

国际情报史 1933年5月上海新中国建设学会铅印本；1936年1月上海新中国建设学会3版。

曾虚白、沈寿宇合编。曾虚白（1895～1994），原名曾焘，字煦白。江苏常熟人。曾朴子。上海圣约翰大学毕业。曾任金陵女子大学教授、国民政府军委会参议、行政院新闻局副局长。1949年去台湾，任"中央通讯社"社长。沈寿宇，女，浙江吴兴人，曾任金陵女子大学教师，后移居美国。《新中国建设学会丛书》之六。本书分5章，历述德国、俄国、英国、法国、日本五国情报史，包括情报观念、情报思想、情报组织、情报人物、情报活动（以政治情报、军事情报为主）、重要任务、重要事件，尤着重于第一次世界大战、日俄战争等重大战事和国际关系。卷首有新中国建设学会理事长黄郛作的序（1933年初夏），认为本书述往迹，辅以例证，论断清晰，可供我国情报事业参考借鉴。按：新中国建设学会于1932年6月在上海成立，系以国防建设为中心的救国团体，黄郛任理事长，该会下设外交组，负责国际情报之搜集等事宜。

英国政府纲要 1930年11月上海商务印书馆铅印本。

张慰慈编译。张慰慈有《妇女论》，已著录。本书主要据美国威斯康辛大学政治学教授奥格（Ogg）所著的《英国政府与政治》（English government and politics，1929年出版）一书节译而成，共18章：第一章英国政治制度的来源，分盎格鲁撒克逊制度、大宪章等5节；第二章英国政治制度的发展，分都铎尔政府、17世纪宪法上的冲突等7节；第三章现在的宪法与政府，分宪法的性质、宪法的发展、政治制度的特点3节；第四章国王及其职权，分国王在政府中的地位等5节；第五章枢密院行政长官总体与内阁，分组织内阁的手续、行政长官的标准、国务总理、内阁的委员会与秘书处等9节；第六章行政部，分行政组织改组等4节；第七章文官及文官考试制度，分政务官与事务官、文官的数目与等级、公务员的组织等7节；第八章国会下议院——选举区域与选民资格，分议员数目及其分配、选举改革运动、人民代表法律等7节；第九章国会的选举，分候选人、选举费用、选民、投票等7节；第十章国会上议院，分世袭贵族、第二院、上议院改革等6节；第十一章国会的组织，分会期、职员、委员会、议事规则等5节；第十二章国会的职权，分监督政治、财政权、立法权3节；第十三章政党，分政党制度、保守党自由党与劳工党、政党组织等5节；第十四章司法制度，分民事诉讼、刑事诉讼、司法权等5节；第十五章地方政府，分中央与地方关系、州政府、城市政府等5节；第十六章威尔士苏格兰与爱尔兰，分爱尔兰的自治运动等4节；第十七章爱尔兰自由国，分新芬党与独立运动、北爱尔兰政府等6节；第十八章大英帝国，分大英帝国的政治区域、各自治殖民地等3节。卷首有编译者序（1930年5月）。

英国政治组织 1932年11月上海生活书店铅印本。

费福熊著。费巩（1905～1945），原名福熊。江苏吴江人。政治学家。复旦大学政治系毕业、英国牛津大学政治经济学硕士。曾任中国公学、复旦大学、浙江大学教授。1945年被国民党特务秘密绑架杀害。本书共4编：第一编历史背景，分宪政之发轫（中世纪英宪简史、17世纪君主国会制冲突）、宪政之基础（人权法案、王位承继法案等）、宪政之确立（责任内阁制之确立、君权之旁落）、宪政之进展（议会重心之转移、议会之改革、君主地位之超然）4章；第二编宪法特点，分柔韧连续、议会至尊、法治统一、宪法习惯4章；第三编政治制度，分王位（英王法律上之权限、英王实际上之地位、王位之价值等）、内阁（内阁在宪法上之地位、组阁、内阁之特点、首相之地位等）、吏治（沿革、组织、分级、考试、升迁、酬恤等)、贵族院(组织、权限、职务等)、众议院(选举制度、现况、立法程序、职守等)、政党(效用、政党政治、两党制等)6 章;第四编政制批评,分内阁之专擅(万能、失职、改革建议)、众院之无能(弊病、改革之原则及方法)、贵族院之颓痿(第二院、理想之改革等)3 章;结论——英宪成功之原因。卷首自序(1932 年 7 月)称,政治组织之研究既不能脱离历史,更需关注现实;英国政制素称完美,其实瑕瑜互见;本书对英国政制之过去与现况作了系统介绍,对其弊端予以批评,并提出改善之策。

英国选举制度史 1923 年 11 月上海商务印书馆铅印本;1933 年 5 月上海商务印书馆国难后一版。

张慰慈编。张慰慈有《妇女论》,已著录。本书分绪论——选举权的学理观念、中世纪的选举制度、英国的下议院、改革前的英国选举制度、改革时的英国选举制度、1885 年以后的英国选举制度、1918 年选举改革法、英国殖民地的选举制度等 8 章。

英国文官考试制度 1931 年 9 月上海民智书局铅印本。

费巩编著。本书分沿革、组织(考试委员会、财政部、钦命文官委员会)、分级(行政级、职业级)、考试(性质、种类、手续、门类)、升迁、酬恤、调解(职权、决议、仲裁等)、民仆与各界(部长、议会、法庭、众庶)之关系、民仆制中之女子、民仆之公民权利(参政、结社等)、民仆在法律上之地位、地方政府中之民仆制、内务部之组织等 13 章。卷首有自序(1931 年 1 月于英国牛津),第一章前有《概言》,第十三章后有《结论》。附录译名表和参考书目。作者将“Civil Service”(现通常译为公务员)译为“文官”或“民仆”,颇堪注意。作者指出,英国文官考试制度和中国旧时的科举制度均为考试取士,但文官考试又有别于学校考试;英国考试制度之所以优越,一是议会与行政相为表里而各不相犯,二是有考试委员会、钦命文官委员会等独立机关为之保障。按:作者时留学英国牛津大学,师从英国政治学者方讷教授。

美国政治精义 1915 年 4 月上海中华书局铅印本。

沈步洲编译。沈步洲(1888～1932),名联,字步洲,以字行。江苏武进人。曾留学英国伯明翰大学。历任上海中华书局英文编辑主任、北京中国大学教授、教育部专门教育司司长、代理教育部次长。本书分 3 卷共 58 章,概述美国政治制度:卷上,分民国与诸邦、宪法之由来、联邦政府之性质、总统、总统之职权、大总统职制上之评论、英杰不被举为总统之原因、内阁、元老院、元老院行政司法之责、元老院之设施及影响、代议院、议院之治事、国会审查会、国会立法、国会之理财政、两院之关系、国会泛论、国会与总统之关系等 19 章;卷中,分司法部及行政部、联邦法院、法院与宪法、法院之动作、美制与欧制之比较、泛论国民政府之构造、联邦制、国民政府与州政府之关系、论联邦制、联邦制之优点、宪法之修正、宪法之解释、宪法由习惯而发达、宪法发达之结果、美国州之性质、诸州宪法、州宪法之内容、诸州宪法之发达、人民直接立法、州政府立法部、各州行政机关等 21 章;卷下,分各州司法机关、各州财政、州政府之作用、救治州政府过失之法、州政治、领土、地方政府、地方政府之观察、城市政府、市政府之运用、美国人对于合众国市政之意见、政党及其历史、指名会议、指名会议之实况、舆论之左右国势、舆论之鼓动、舆论之成败、美国地理上之形势等 18 章。卷首列北美合众国宪法、北美合众国大事表、美国历任大总统表、合众国诸州户口疆域及加入联邦年份表、领地表、海外属地一览表。

瑞士政府 1934 年 9 月上海世界书局铅印本。

费巩著。本书系王造时主编《世界政治学丛书》之一种,目次为:第一章绪论,分历史、人地 2 节;第二章联邦宪法,分普通条款、人权保障、修宪程序 3 节;第三章国与邦之分权,分宗国权限、各邦权限 2 节;第四章联邦政府,分立法机关、执行机关、司法机关、政党政治 4 节;第五章各邦政府,分直接民治、代议政治 2 节;第六章直接立法,分复决、创制 2 节;第七章结论——瑞士政制之根本原则及主要特点,分根本原则、主要特点 2 节。卷首自序(1933 年 3 月)称,本书供大学作教本用,亦供一般读者阅览;本书之材料多取自英美著作;本书论述力求简明,注重比较研究,探求因果联系,以助思考,以资借镜。

苏联印象记 1933 年 8 月上海生活书店铅印本；1934 年 3 月上海生活书店再版。

(英)韦勃著，邵宗汉译。邵宗汉有《世界政治》，已著录。本书记录的是 1932 年春韦勃夫妇赴苏参观的情况。全书分《苏联的经济生命》《苏联的劳动状况》《苏维埃统治下的自由》《苏联是不是民主政体?》《苏联的出版事业》《苏联的妇女儿童与家庭》等篇，记述对苏联经济、政治和社会生活的观感。并附《苏联新建世界最大水电厂庆祝五一节》《西伯利亚新建之大熔钢厂》《女犯在监狱中哺儿》《苏联要人》《苏联城市中之书店》《女少年先锋在莫斯科演说》等 12 幅插图。卷首有代序《英国韦勃夫妇的事业与思想》。

苏俄改建论 1928 年 8 月上海泰东图书局铅印本。

章渊若著。章渊若有《现代政治概观》，已著录。《社会科学丛书》之二。本书目次为：一、绪论，分世界两大势力、论俄的重要与困难等 5 节；二、苏俄民族发展历史的观察，分俄国民族发展的第一至第六期等 7 节；三、苏俄改建社会的基础，分民族的精神、经济的背景、社会的阶级等 5 节；四、苏俄革命的原因和经过，分农工阶级的痛苦、政府的压迫、革命思想的播传、青年宣传运动、俄皇威权的衰落等 6 节；五、列宁与苏俄革命，分列宁的人格、列宁奋斗的精神、列宁著作的影响、列宁的政略等 6 节；六、无产阶级专政，分非无产阶级势力的利用和感化、无产阶级专政的策略、无产阶级专政的批评 3 节；七、苏俄国体与政制，分苏维埃的联邦组织、委员制的组织和特色、苏俄的宪法、共产党的政治机关等 6 节；八、苏俄经济政策，分实行共产主义的结果、新经济政策等 4 节；九、苏俄的文化，分平民的艺术、科学院、教育、文化政策、革命道德的力量 5 节；十、苏俄的国际关系，分苏俄的国际地位、列强共同谋俄的失败、苏俄外交的优势与弱点、德俄关系、中俄关系等 7 节；十一、总结，分民族、政治、经济、社会 4 节。附录苏俄的宪法、土地国有法、劳动法、婚姻婴儿登记法、离婚法 5 种；参考书报 58 种。

苏俄政治组织和共产党 1927 年 6 月上海共和书局铅印本。

陈彬龢著。陈彬龢有《中国佛教小史》，已著录。本书分 3 章：第一章俄国革命和革命后的政治组织，介绍俄国革命(包括 1905 年的革命、1917 年的二月革命和十月革命)以来的大略情形，揭示新国家组织的要点；第二章布雪维克共产党和布雪维克主义，对布雪维克共产党(或苏维埃共产党)之组织和布雪维克主义(或苏维埃主义)之内容进行探讨；第三章共产主义和恐怖主义，比照列宁的《国家与革命》，分析俄国社会民主党首领科基(K. Kantskey)关于共产主义就是恐怖主义的观点。各章正文或章末附参考书目。按："布雪维克"一词俄文名Большевик，一般译作"布尔什维克"，与之对立的是"孟什维克"，俄文名 МеньщеВик。

日本现状论(第一集) 1933 年 5 月上海美华书馆铅印本。

陈彬龢编。《申报丛书》第三种。本书目次为：第一编日本史的研究，分日本史阶段的区分、日本史之起点的农业社会时代、神权族长的奴隶国家的成立、封建国家组织的端绪、封建国家的成立及其发展、封建国家的成熟及其崩溃、结论——明治维新 7 节；第二编国际形势中之日本，分日本帝国主义之发展及其特征、日本的人口过剩、日本农业与农民之状态、日本工业与工人之状态、日本之国际贸易与殖民地、世界经济恐慌中之日本、日本侵略"满洲"后之国际形势 7 节；第三编日本军事费之膨胀与其财政之危机，分日本财政之危机、军费之扩大、行政费之分析、租税的增加、公债的累积、当前的财政危机、日本财政危机之动向 7 节。卷首自序(1933 年 5 月)交代，1928 年的济南五三惨案是著者研究日本问题的动机，戴季陶所著《日本论》更引发著者研究的兴味，为此，著者曾去日本考察并搜集资料，又到中国东北视察，并于 1930 年 1 月创刊了《日本研究》月刊。作者特别强调，必须认清日本对中国的侵略政策的本质，丢掉"和平""妥协"的幻想，高举起民族革命的大旗，否则是决没有出路的。另有第二集(未见书)，为日人著述的中译，亦分日本人口问题、日本法西斯蒂研究、日本产业统制之全貌三编。

日本面孔 1937 年上海国民出版社铅印本。

卜少夫著。卜少夫(1909～2000)，原名宝源。

江苏江都人。报人。日本明治大学毕业。曾任南京《中央日报》总编辑、上海《申报》副总编辑。1949年到香港，任《新闻天地》杂志社社长。本书为著者1937年3～8月自东京寄往中国各报刊发表的文章汇编，共20篇。有《对华再认识》《林内阁的实质》《杂谈日本的国民性》《铁钢恐慌》《海军最近情态》《与增田涉杂谈》等。

第五节　中国政治

两汉州制考　1934年铅印本。

顾颉刚著。顾颉刚有《周易卦爻辞中的故事》，已著录。本书为国立中央研究院历史语言研究所集刊外编《蔡元培先生六十五岁庆祝论文集》之抽印本，分《汉书·地理志》述西汉州制的矛盾说、对于上述矛盾说的解释四种、《汉书·地理志》郡国记载的时代分析、拨除尘障后对于西汉州制的推测、朔方刺史部的属郡问题、汉代刺史制度的衍变、司隶校尉的职权及其与畿辅的关系、王莽的十二州制，光武帝时的州制、《续汉·郡国志》中的东汉州制及其与西汉州制的比较、交趾与交州的名称问题、曹操的九州制、结论等13章。附《西汉州郡图》。另附谭其骧《两汉州制考跋》(1934年4月)，谭文对顾文多所商榷和考订。

三民主义提要二十条　1926年11月中央军事政治学校潮州分校铅印本。

王昆仑编。王昆仑(1902～1985)，原名汝虞，字鲁瞻，笔名太愚。江苏无锡人。北京大学哲学系毕业。曾任黄埔军校潮州分校政治教官、立法院立法委员、国民党候补中执委。中华人民共和国建立后，任民革中央主席、全国政协副主席。本书为《政治部丛书》之一。随着国民革命的深入发展及东征、北伐战争的胜利进军，广州国民政府先后在潮州、南宁、武汉、长沙四地建立了黄埔军校(1926年改名为中央军事政治学校)分校。王昆仑任潮州分校秘书兼政治教官。主讲三民主义课程，对孙中山的三民主义进行了系统阐发。

三民主义注释与索引　1930年11月上海商务印书馆铅印本；1933年3月上海商务印书馆国难后1版。

陈彬龢、宗幼泽编，邵元冲校。陈彬龢有《中国佛教小史》，已著录。宗幼泽，曾任职于商务印书馆，余不详。本书由国民党中央宣传部审定，将国民党中宣部所编《三民主义》分段列题编制，对书中涉及的人名、地方与机关、书报、成语等，依笔划顺序分类索引。

三民主义目录及索引　1940年12月重庆国民图书出版社铅印本。

杨端六编。杨端六(1885～1966)，原名勉，改名超。原籍江苏苏州，生于湖南长沙。经济学家。曾任上海中国公学教授、武汉大学法学院院长、国民政府军委会审计厅长。中华人民共和国建立后，任武汉大学教授。本书第一部分为三民主义目录，分民族主义、民权主义、民生主义。第二部分为三民主义分类索引，分人名、地方与机关、书报与成语、党派与主义、其他。作者在《编制说明》中强调，三民主义是总理遗教最重要的内容，其中有许多难懂、易产生疑问的地方，如共产主义与民生主义之区别等，本书皆分别加以阐释。

党义ABC　1929年1月上海世界书局铅印本；1932年5月上海世界书局三版。

朱翊新著。朱翊新(1896～?)，江苏苏州人。江苏省立第一师范毕业。新南社社员。长期任上海世界书局编辑、大东书局编审。中华人民共和国建立后，在少年儿童出版社工作。本书分概论和分论两部分共10章。概论部分论述三民主义的定义、三民主义重要的基点、帝国主义的发展、三民主义的连环性和三民主义的真价值。分论部分详述民族主义、民权主义和民生主义的意义、特点和内容。作者指出，帝国主义、资本主义和官僚主义是三民主义要掊击的目标；民族生存、救国和世界大同是三民主义重要的基点；三民主义具有如三棱镜的连环性，民族、民权、民生互为目的和手段。卷首有徐蔚南《ABC丛书发刊旨趣》(1928年9月)，略谓ABC就是各种学术的阶梯和纲领，要求通俗、浅显，提供研究之门径；《例言》，介绍胡汉民关于三民主义连环性的理论，强调三民主义与世界主义、共产主义、无政府主义相比较而显现的价值和精神。

三民主义和中华国魂 1934年南京铸魂书局《教育小丛书》本。

安若定著。安若定(1900～?),字剑平,江苏无锡人。早年参加过孙中山领导的中国革命,后任中央大学教授。1941年与冯超如共同组织中国铸魂学社。中华人民共和国建立后,任第二、三、四届全国政协委员。本书作于1925年春。作者认为,三民主义虽然已经确定为学校党义教育必要内容,但是学校所教授的党义,多是知识的灌输,不注重"意"的培植,只有"意"的培植,才能将全国人民的灵魂唤起。全书分为5章。第一章:导言。提出大侠魂等观点。第二章:恍恍惚惚之国魂。本章指出,中国民族在长久的历史进程中,已经形成了有生命、有智慧、有威权的一个国魂,从先秦时期排斥蛮夷到近代排斥帝国主义,这个国魂一直显现,但是我们仍没有认识到这个国魂究竟有着怎样的性情与面貌。第三章:孙中山首创的三民主义。本章阐明了孙中山创立的三民主义的内容,认为民族主义,即是"尊王攘夷"的精神。攘夷并不是积极的侵略的排外主义,而是消极的抵抗的自卫主义。中华国魂在三民主义引导下由恍恍惚惚渐渐清晰明了。第四章:中华国人应有之认识。中华国魂已经支撑中华大地四千多年的历程,使古国文明保存至今。如今中华国魂的面貌逐渐清晰,面对国家的内忧外患,中国人应该振奋其精神,发扬中华国魂,发扬大侠魂。第五章:共有其魂。

民生主义与世界改造 1943年1月重庆正谊书店铅印本。

祝世康著。祝世康(1901～1982),字尧人,又名廷模,笔名鲁膺。江苏无锡人。经济学家。留美博士。曾任交通大学、复旦大学、中央大学教授,国民政府工商部劳工司代司长。中华人民共和国建立后,任上海市人民政府参事。此为《民生主义经济学社丛书》第一种。本书共10章:第一章绪言;第二章民生主义的理论分析,分主义与近代思想的关系、民生主义的思想渊源、民生主义的哲学基础、民生主义与科学精神、民生主义的社会进化论5节;第三章民生主义与社会组织,分社会进化与生产技术问题、社会进化与生产关系问题、民生主义与资本主义、资本主义与私利的剥削社会、民生主义与公利的大同社会5节;第四章民生主义与社会主义,分社会主义的发展、共产主义的理论、民生主义的范围、社会主义的实行、民生主义的性质5节;第五章民生主义的经济思想,分近代经济学说的分类、资本主义学派经济思想的分析、社会主义学派经济思想的批判、民生主义的生产学说、民生主义的分配学说5节;第六章民生主义即是大同主义,分世界文化体系与大同学说、精神文化的大同主义、科学文化的大同主义、哲学文化的大同主义、大同主义与民生主义5节;第七章民生主义的经济制度,分现代的经济组织、民生主义生产政策、民生主义分配政策、民生主义交易政策、民生主义消费政策5节;第八章民生主义的实践,分从文化体系说起、从历史背景观察、从社会情形分析、从经济状况研究、从国际环境展望5节;第九章民生主义与世界大同,分世界大同与世界革命、世界和平与民生主义、社会革命与知的作用、改造革命与仁的作用、经济革命与勇的作用5节;第十章结论。全书分析和比较了民生主义和社会主义的内容和性质,认为民生主义即是"大同主义",由人类互相合作改造世界,实现世界大同。末附"宇宙相生的真理"图表,讨论物欲与理性、物质与精神之关系。

国民革命问答 1927年4月上海中央图书局铅印本。

朱剑芒编。朱剑芒(1890～1972),原名长绶,字仲康,别号剑芒,笔名太赤等。江苏吴江人。1909年参与创建南社。曾任上海世界书局编辑,编辑《三民主义国文读本》。本书列述什么叫国民革命、国民革命的手腕是怎样的、国民革命的运动要采取一种什么方法、宣传革命主义时最要注意的是哪几种人、加入国民革命后要具有一种什么精神、从前的国民革命为什么总没有结果、从前国民革命军的领袖怎能得到全民众的信仰、从前的帝王常用什么手段消弭国民革命的行动、法兰西革命和中国革命有什么不同、中国最近的国民革命是怎样产生的、辛亥以后的革命分子有什么变迁、社会革命和国民革命可有什么接近的地方、孙中山为什么要组织国民党、国民党的党员须具有怎样的资格、国民党最大的工作是什么、孙中山逝世后国民革命的工作要怎样进行、现今国民革命最大的仇敌是什么、真正的世界和平要怎样才能实现等26个有关国民革命的问题。附录孙中山演讲《革命最后一定成功》。《卷头语》称，本书主旨在阐发国民革命的真义；国民革命之方略，以孙中山的三民主义为最高原则；回溯历史上的革命事业，以对革命过程有一系统的认识；详述国民党的性质和组织，以明了现代国民革命之中心。

国民革命　1926年广州中央军事政治学校政治部宣传科铅印本。

恽代英编。恽代英有《政治学概论》，已著录。《政治讲义》第2种。恽代英时任黄埔军校(1926年改名中央军事政治学校)政治主任教官。本书分革命的意义、中国的革命运动、我们的力量等三部分。

国民革命与阶级斗争　1927年中央书局铅印本。

瞿秋白讲。瞿秋白有《社会哲学概论》，已著录。本书共10章，论述国民革命的意义、背景、趋势，以及国民革命与全民革命、社会革命、世界主义、国家主义、三民主义的关系等。

帝国主义与中华民族　1930年4月上海光明书局铅印本。

董霖著。董霖(1907～1998)，字为公。江苏海门人。复旦大学毕业、留美法学博士。曾任国民政府立法院立法委员、外交部次长。1949年去台湾。本书分上下篇共14章。上篇帝国主义之理论的分析，分帝国主义之意义，帝国主义之思想的背景(经济上之重商主义、政治上之国家主义、达尔文学说、尼采思想)，帝国主义活动之原因——对外侵略之原因(人口膨胀、资本充实、外贸扩张、交通发达、宗教弘布、探险精神)，帝国主义活动之目的——领土扩张之目的(食料及原料生产地之增加、投资范围之扩张、劳力之增进、特殊生产物之供给、通商利权之确保)，帝国主义国家之特征及其侵略之步骤，帝国主义国家侵略之对象(殖民地、殖民保护地、租借地、势力范围)，帝国主义国家对属地之统治政策，几种帝国主义性质之研究(工业资本政策、金融资本政策、钢铁政策等)，赤色帝国主义之恐怖，帝国主义之危险性等10章；下篇中华民族被压迫之惨况，分国土之侵略(属地丧失、领土割让、边地被侵)，国权之掠夺(势力范围、驻扎外国军队巡警、租借地、租界、领事裁判权、关税自主权)，国民之压迫(五卅惨案、沙面惨案、万县惨案、汉案、浔案、宁案、济案)，中华民族之危机(人口、经济、政治、文化)4章。卷首有自序(1929年8月于南京中央大学)。附录英文参考书目。

总理遗教与抗战建国　1941年7月重庆独立出版社铅印本。

张九如编著。张九如有《群众心理》，已著录。1938年3月29日至4月1日，国民党临时全国代表大会制定通过了《抗战建国纲领》。本书1940年2月作于重庆浮图关中央训练团，旨在阐述总理遗教与抗战建国的关系。包括总理遗教与《抗战建国纲领》前文、总则、外交、军事、政治、经济、民众运动、教育等8篇。每篇均分"纲领前文"和"遗教撮辑"，将二者进行比对阐释。卷首有自序和例言，强调国民应会通三民主义暨总理遗教之原理，及其对于政治、经济、军事、外交、教育、民众运动之原则与方略。

政治讲演大纲　1926年广州中央军事政治学校政治部宣传科铅印本。

恽代英编。恽代英有《政治学概论》，已著录。恽代英时任黄埔军校(1926年改名中央军事政治学校)政治主任教官，本书为其所编讲义，包括中国政治经济状况，世界革命与中国革命两部分。

江苏省江南两年来政情述要　1941年1月江苏省政府江南行政公署铅印本。

冷欣著。冷欣(1900～1987)，字容庵。江苏兴化人。国民党陆军中将。黄埔军校第一期毕业。曾任江苏省政府委员兼江南行署主任、陆军总部副参谋长、京沪杭警备副总司令。1949年去台湾。1937年底，江苏省江南各县相继沦于日寇之手。1938年7月，江苏省政府江南办事处暨江南行署先后成立。1939年春，江南行署由安徽绩溪推进至苏境。其时，冷欣以江苏省政府委员兼江南行署主任，在江南地区代行省政府职权，遂将其主持之江南省政两年来(1939年1月至1940年12月)的施政情形，述其概要。全书分县行政、自治、保甲、动员及组训、积谷、禁烟、救济事业、抚恤及褒扬、锄奸工作、赋税、省县预算、会计及金库、地方金融、地方教育行政、学校教育、社会教育、教育经费、编审、经济斗争、统制食粮、增进生产、举办农贷、合作事业、交通通讯、水利、地方武力等二十六个部分。书中附有大量图表，于了解处于战争前方且接近日伪境遇下的苏南各县的社会政治、经济、文化等方面情况有所裨益。

现代宪政论：中国制宪问题 1934 年 6 月上海中华书局铅印本。

章渊若著。章渊若有《现代政治概观》，已著录。本书分 2 编共 12 章。上编总论：第一章绪论，论法治之精神、法治与礼治、法治与人治、法治与宪政；第二章制宪真诠，分消极方面之意义与积极方面之意义；第三章中国宪法之基本原则，论革命建设之基本问题、三民主义立法之基本原则等；第四章现代宪政改造之原则，论宪政改造之基本概念、代议制度之改造、行政之改造等；第五章现代宪法演进之趋势，分民族主义之趋势、民权主义之趋势、民生主义之趋势等。下编本论：第六章制宪原则，分形式上之原则和实质上之原则；第七章人民权利义务之基本原则，论自由、平等、保障权利、意志自主等；第八章中央与地方之权限；第九章中央制度，分委员制、内阁制、总统制等；第十章地方制度，论总理遗教、时代趋势、中国特情等；第十一章制宪与民生，论近代国家观念、近世宪法之缺陷等；第十二章民族与宪法，论独立、自强、巩固国本、适合国情等。附录人权论辩、中华民国临时政府组织大纲(1911 年 12 月)、中华民国临时约法(1912 年 3 月)、中华民国约法(1916 年 5 月)、湖南省宪法(1922 年 1 月)、中华民国宪法(1923 年 10 月)、中华民国国民政府组织法(1928 年 10 月)、中华民国训政时期约法(1931 年 5 月)。卷首自序(1933 年春于上海)称，中国制宪问题之困难，非在善良法制之创立，而在法治主义之推行；法律之施行，首赖信法、守法之毅力与精神。

中国宪政之理论与实施 1944 年 6 月重庆正中书局铅印本。

章渊若著。吴稚晖题签书名。本书分认识论、本体论、实践论 3 篇共 16 章。第一篇认识论，分中国宪政之特质、实施宪政之真谛二章；第二篇本体论(体制论)，分宪政与民族、宪政与民权一(中国宪政之政治哲学基础)、宪政与民权二(中国宪政之法律哲学基础)、宪政与民生(中国宪政之社会哲学基础)、宪政与自由、中央政制、均权制度、地方制度、宪草平议 9 章；第三篇实践论，分宪政与法治、宪政与政党、宪政之实践、宪法颁行之前提、宪法实施之准则 5 章。附录《国民政府建国大纲》《中华民国宪法草案》《关于宪政实施工作进程之总报告》《关于实施宪政总报告之决议》4 种。

宪政之道 1945 年 6 月重庆正中书局铅印本。

章渊若著。本书与作者所著《中国宪政之理论与实施》(重庆正中书局 1944 年 6 月初版)之内容略同，共 3 编 19 章：第一编认识论，分中国宪政之要道、中国宪政之特质、中国宪政之动力 3 章；第二编本体论，分宪政与民族、宪政与民权、宪政与民生，宪政与经济、宪政与民意、宪政与自由，中央政制，均权制度，地方制度等 10 章；第三编实践论，分宪政与法治、宪政与宪德、宪政与政党，宪政之实践，宪法颁布之前提，实施宪政之准则 6 章。附录《国民政府建国大纲》《中华民国宪法草案》《关于宪政实施工作进程之总报告》《关于实施宪政总报告之决议》4 种，并附章渊若著作目录(20 种)。

新生活与政治改革 1935 年 7 月南京正中书局铅印本。

章渊若著。本书共 6 章：第一章绪论，分中国晚近历史之重要特征、历来救国运动失败之原因、新生活运动成功之要件、新生活运动错觉之纠正 4 节；第二章民族复兴之基本工作，分国民生活之堕落、民德堕落之原因、民德复兴之必要、新生活运动与欧洲再生运动比观、新生活运动之历史的使命与功能 5 节；第三章政治改革之基本问题，分生活革命与中外学者之理论、生活革命与各国革命之实例、吾国历来政治改革失败之病源、政治改革与新生活运动之关系 4 节；第四章政治改革之历史阶段，分吾国法治运动失败之原因、人类群治方法演进之阶段、今后吾国政治改革应循之新路、新生活运动与法治精神之发展 4 节；第五章改革政治之最高原则，分吾国政治道德堕落之原因、政治道德创建之必要(礼——重纪律弭斗争，义——负责任奖勤慎，廉——肃纪纲明公私，耻——尚气节辨是非)、礼义廉耻实施之原则(修权、立政、明法、重令、法法、任法、自律)3 节；第六章结论。作者认为，国民生活堕落、民德堕落是历来救国运动失败的原因；政治改革要从生活革命做起，要讲求礼义廉耻、崇尚法治精神；新生活运动成功，政治改革方能成功。卷首有《敬告读者——代序》(1934 年 8 月于上海自力斋)，赞成胡适“教育破产的救济方法还是教育”的观点，强调中国需要科学、需要民主宪政、需要新生活运动，需要“自我的觉悟”。

新生活与情操 1935 年 9 月南京正中书局铅印本。

叶楚伧讲。叶楚伧(1887～1946)，原名宗源，别字叶叶、小凤等。江苏吴县周庄(今属昆山)人。南社诗人。历任上海《民国日报》总编辑、江苏省政府主席、国民党中央党部秘书长、立法院副院长。《新生活丛书》本。本书重在阐明情操问题在新生活运动方面之重要性，共分 4 章：第一章新生活与情操之关系，说明情操与情感之分别，情操为道德之要素等；第二章国人情操凋残的危机，叙说自私自利之因与晚近人欲横流之悲惨景象；第三章怎样挽救中国的厄运，说明我人在现代中国应有之精神；第四章结论。作者认为“情操是没有利害观念的一种高尚情绪。虽然，它也是外界的刺激经过原始的情感所形成的单纯的感情而来。但他确是人类之中最进步的情感”。在对“情操”做出解释之后，又将“情操”与“情感”进行了比较，即“感情是虚伪的，情操是真实的。感情是一时的，情操是悠久的，感情是盲目的，情操是智慧的；感情是有作用的，情操是无条件的”。总之，作者是围绕“情操”问题展开，意在将“情操”作为解释社会现象的一个角度。而国人之“情操”凋残的现实以及怎样挽救中国是本书问题最终的落脚点。

总理遗教是精神动员的兵法 1940 年 12 月重庆独立出版社铅印本。

张九如著。张九如有《群众心理》，已著录。此为《国民精神总动员会丛书》之一。本书采用《孙子兵法》的文体形式，以孙文思想为指导，讲述精神动员问题。具体目次为：绪论；精神意义篇第一；国民天职篇第二；齐一目标篇第三；坚定信仰篇第四；发扬精神篇第五；改造精神篇第六；党政人员动员要略篇第七；军人动员要略篇第八；农民动员要略篇第九；工人动员要略篇第十；商人动员要略篇第十一；学界及青年动员要略篇第十二；实施动员工作篇第十三；结论。作者指出，总理遗教是孙中山动员国民精神的兵法，即“三民主义化的国民精神”；总理遗教予国民以精神力量的伟大无敌与动员精神的切实方略，诚能信行之，一定能打败日本侵略，取得抗战胜利。

战时乡村问题 1938 年 4 月汉口新知书店铅印本。

薛暮桥著。薛暮桥(1904～2005)，原名雨林。江苏无锡人。经济学家。曾任新四军教导总队训练处副处长。中华人民共和国建立后，任国家统计局局长、国家计委副主任、国务院经济研究中心总干事。《战时问题丛书》本。本书包括怎样建立乡村统一战线，战时乡村政治问题(如保甲组织不能动员农民)，战时农村经济问题(必须发展农业生产、改善农民生活)，战时农民教育问题(应训练工作干部、实施农民抗战教育)，战时乡村自卫问题(从保乡到卫国，加强壮丁训练、充实乡村自治组织)等五部分。附《三民主义与乡村改革》一文，论农民与国民革命、刷新乡村政治、改善农民生活等。

本党重要宣言训令之研究 1926 年 9 月中央军事政治学校政治部宣传科铅印本。

恽代英编。恽代英有《政治学概论》，已著录。《中央军事政治学校政治讲义丛刊》第 1 种。本书收录《中国国民党第一次全国代表大会宣言》《(孙中山)北上宣言》《中国国民党对于共产党员加入本党之训令》《召集(中国国民党)第二次全国代表大会宣言》《(中国国民党)第二次全国代表大会宣言》等国民党最重要之宣言训令 5 篇。各篇均附“研究问题”10 余个乃至数十个，以便学员自行学习研究，如《中国国民党第一次全国代表大会宣言》，附“辛亥革命何故发生”“辛亥革命除了排满以外，在种族方面、政治方面、经济方面，有何改造之目的”“何故辛亥革命归于失败，彼时的党，有何重大的弱点”“军阀何故必须依赖帝国主义”“帝国主义军阀如何剥夺中国人政治上经济上之生命”“民众如何才肯拥护宪法，如何才能运用宪法”“何以知联省自治学说不能使各省得着真正的自治，徒使军阀各占一省自谋利益”等。卷首有《编辑大意》，对所收 5 篇宣言训令予以简明扼要的解读；揭示本书之宗旨，使本校学生了解党义的各种根本概念，以求意志之统一、精神之团结。

组训技术　1946年南京国防部新闻工作人员训练班铅印本。

业衍璋著。业衍璋(1920～2011),字山遗。江苏南京人。上海正风文学院肄业。曾任国民政府秘书、县长、专员。中华人民共和国建立后,任江苏省文史研究馆馆员。本书分7章,讲述组训的涵义,组训与军事、政治、社会等方面的关系,组训工作的基础,民众组织的类别原则等。

中国到那里去?　1932年中国社会科学家联盟北方分盟铅印本。

瞿秋白著。瞿秋白有《社会哲学概论》,已著录。本书共5章,评述中国革命的经济基础及前途,国民党政府的"东三省"式的道路,指出中国应走"苏维埃"的道路。

中国革命问题　1941年3月[重庆]中国出版社铅印本。

薛暮桥著。薛暮桥有《战时乡村问题》,已著录。《中国问题小丛书》本。本书论述中国社会与中国革命、中国革命与统一战线、中国民主革命的三个阶段、中国革命的前途等问题。

中国革命的战略与策略　1941年11月[重庆]中国出版社铅印本。

钱俊瑞著。钱俊瑞(1908～1985),江苏无锡人。经济学家。曾任新四军政治部宣传部长。中华人民共和国建立后,任教育部副部长、文化部副部长、中国社科院世界经济与政治研究所所长。《中国问题小丛书》本。本书分什么叫作战略和策略、无产阶级政党在资产阶级民主革命中的战略和策略、中国共产党的战略与策略三部分,论述战略和策略是指导无产阶级革命斗争的科学,资产阶级民主革命的意义、性质和任务,中国革命的性质和特点,中共战略和策略的基本特点等。

第六节　国家行政管理

市政制度　1925年9月上海亚东图书馆铅印本。

张慰慈编著。张慰慈有《妇女论》,已著录。本书是作者在留学美国之博士论文《美国市政之委员制与经理制的历史与分析》的基础上写就的泛论市政制度及组织、市政制度产生的历史和理论的著作,分绪论,城市的发达,工商业和城市的发达,城市发达的结果——社会的、政治的,城市的特点,城市在历史上的地位,现代城市的地位,城市和国家的关系,欧美各国的市公约,城市的选民,城市的选举,市民的直接立法权,城市的政党,市议会,市长,委员会式、经理式的城市政府等18章。胡适为本书作序,认为它不偏重制度的介绍,而兼顾制度背后的理论与历史,更有助于读者了解制度的意义。

市政学纲要　1927年12月上海商务印书馆铅印本。

董修甲著。董修甲(1891～?),字鼎三。江苏六合人。美国加州大学市政管理硕士。曾任北京法律大学、上海中国公学教授,汪伪江苏省、安徽省政府委员兼财政厅长。《政法丛书》本。本书阐述各国市政发达史与模范市政之要素以及市政的设计、公安卫生、工务司法、教育财政等设施状况问题,分绪论、市政学之性质与定义、城市之发达、城市社会之解剖、上古与中古城市之异同、城市之地位、城市与省或国家之关系、市权限与责任、市通律与市公约、各国市制进化史、各国现行之市制、市选民、市选举、市政党、直接立法与撤回法、市议决机关、市执行首长、市执行机关之分部等18章。附录英国市政法典、美国市政市制法律、广州市暂行条列、江苏省暂行市乡制等20种市政法律或市政报告。卷首有自序(1926年11月于吴淞国立政治大学市政调查会),略谓,近来各省市陆续有市政督办公署之成立,但举办市政之成效却不彰显,故加强市政教育,吸收欧美各国办理市政之良法,以提高我国市政人员之学识与经验,成为当务之急;本书为著者近年来在上海国民大学教授市政学而编的讲义,主要讨论中西各国城市发达之原因与其古今城市之殊异、城市与省政府或国家之关系、城市之权限与责任、选举、政党等市政学之各种重要问题,陈明适宜我国国情之方法;本书之用意,一为提供中小学使用之市政教本,二使普通市民悉各国求得自治权之方法,三使各省办理市政当局得一办理之门径。

市组织论 1928年5月上海商务印书馆铅印本。

董修甲著。《市政丛书》本。本书共5章：第一章各国市制中市组织之沿革，介绍欧美各国及中国市组织的沿革；第二章欧美各国之市组织及其优劣，比较英、法、德、意四国市组织之优劣；第三章美国之市组织，列述分权制、集权市长制、委员会制三种市组织；第四章中国各市制中之市组织及其优劣之比较，比较江苏、南京、广州、湖南、淞沪市组织之优劣；第五章市组织之采择。

市政问题讨论大纲 1929年7月上海青年学会书报部铅印本。

董修甲编。《中华市政学会丛书》本。本书分市政问题之重要、市政问题之范围与意义、城市问题、市政府制度问题、城市设计问题、市财政问题、市工程行政问题、市公安问题、市卫生行政问题、市公益行政问题、市教育行政问题、市公用事业问题、市政与市政专门人才、市政与市民等14课。

都市分区论 1931年7月上海大东书局铅印本。

董修甲著。本书讨论各国采用分区制度的经过及分区制度的要点，中国各大城市的分区制度，并比较依土地用处分区和依房屋容量分区等各种制度之利弊。其目次为：一、绪论。二、依土地用处分区法（各国都市依土地用处分区法之采用及其分区法之要点，我国各市依土地用处分区法之采用及其分区法之要点，依土地用处分区制度之原则）。三、依房屋容量分区法（依房屋面积分区法：各国都市依房屋面积分区法之采用及其分区法之要点，我国各市依房屋面积分区法之采用及其分区法之要点；依房屋高下分区法：各国都市依房屋高下分区法之采用及其分区法之要点，我国各市依房屋高下分区法之采用及其分区法之要点；依房屋容量分区法之原则）。四、总结。卷首有自序（1931年5月于南京首都建设委员会），略谓，随着都市人口日增、工商发达，引发居住、卫生等问题；都市实行分区制度，系矫正以往之放任主义，以维护公共治安和公共卫生；都市分区制度，由德国率先实行，继而推广到欧洲其他国家，再后美国、日本相继仿行，再传入我国；本书之作，希望引起国人对分区制度的重视和研究。

市政与民治 1931年7月上海大东书局铅印本。

董修甲著。本书上编论市政与民法之关系，包括市政与民权、市政与民生、市政与社会诸问题。下编论如何建设模范市政，认为一要优良市政，二要主持得人。附录《市民与市政》，认为市政为市民而办，有好市民方有好市政，都市市民同时是国家国民，要知道自己的权利与义务，市民要团结起来，完成救国的使命。

都市政策论 1928年4月南京美利生印书馆铅印本。

马元放编著。马元放（1903～1953），原名饮冰。江苏武进人。江苏法政学校毕业。曾任江苏省教育厅长、南京市教育局长。本书共5编：第一编总论，论都市之发达及其原因、都市人口；第二编都市政治，论政治组织与市制、市长制、市委员制、市经理制；第三编都市计划，论土地区域、道路、公园等；第四编都市设施，论交通、水道、煤电、住宅、教育、卫生、警察、消防、娱乐、救济等；第五编都市财政，论财源、公债、预算、审计等。卷首冠王伯秋序（1927年1月于东南大学政治经济科）、刘纪文序（1927年6月于南京市政府）、何民魂序（1928年4月于南京市政府）及作者自序（1928年4月于南京市政府）、编例；自序云，前此奉省政府令，赴日本、朝鲜考察市政，故有本书之作。

都市政治通论 1928年4月南京钟山书局铅印本；1932年11月南京钟山书局再版。

马元放编著。本书分绪论，以及总论、都市政治、都市计划、都市设施、都市财政5章，论都市之发达，都市之政制，世界各国现行市制及其得失，各国都市计划之实例等。附录《考察日本市政纪略》。卷首冠王伯秋序（1927年1月于东南大学政治经济科）、刘纪文序（1927年6月于南京市政府）、何民魂序（1928年4月于南京市政府）及作者自序（1928年4月于南京市政府）。据再版附言（1932年11月于镇江江苏省党部），本书与作者所著《都市政策论》基本相同，可视为《都市政策论》之再版。

中国地方自治问题 1936年9月上海商务印书馆铅印本;1937年3月上海商务印书馆再版。

董修甲编著。本书共12章:第一章绪论,分自治思想之起源及其发展、中国地方自治之沿革、研究中国地方自治问题之目的与方法等6节;第二章地方自治之本质,分地方自治之定义与特质、地方自治与地方团体、地方自治之目的及其效能等4节;第三章地方自治制度,分各国地方自治制度之分析、中国现行地方自治制度及其改进等5节;第四章地方自治团体之构成,分地方自治团体构成的要素、地方自治团体的权能等4节;第五章地方自治团体之组织,分市、县、区、乡镇、闾邻自治组织5节;第六章地方自治团体的任务,分保安、财政、教育、卫生、救济、实业、工程7节;第七章地方自治团体的监督,分监督权之行使、监督权之内容等3节;第八章地方自治与地方财政,分地方财政与国家财政之关系、地方自治财务行政制度等4节;第九章地方自治与教育,分地方自治的主要教育任务、地方自治组织上的教育行政问题等3节;第十章中国地方自治与中国农村问题,分封建势力与封建意识、农村复兴问题2节;第十一章发展中国地方自治之方式,分政府指导下之地方自治、发展中国地方自治之最适宜方式及其方策等5节;第十二章地方自治与三民主义的政治,分地方自治与民族、民权、民生3节。附录国民政府现行地方自治法规、广州非常会议时代的地方自治条例、江苏省地方自治各种暂行法规。卷首有自序(1936年3月)。

地方自治 1926年4月上海青年协会书局铅印本。

孙祖基编。孙祖基(1902～1957),字道始。江苏无锡人。曾任无锡县长、申新九厂经理。后任汪伪内政部民政司司长、浙江省财政厅厅长、杭州市长。抗战胜利后被羁押。1949年去台湾。与孙祖宏(1903～1983)、孙祖烈(1904～1970)为著名的"无锡三兄弟"。本书封面题"地方自治",内页题"地方自治讨论大纲"。全书分何谓地方自治、中国地方自治之沿革、地方自治团体之组织、地方户口、地方财政、地方教育、地方卫生、地方实业、地方工程、地方公安、地方慈善、地方自治与公民责任等12课。附录地方自治现行法规(包括县自治法、市自治制及乡自治制)、参考书目(列研究地方自治之中外文书籍及论文80种)。卷首有胡贻穀序(1926年2月)、例言(1926年1月)。例言云,本书系专供公民有志研究地方自治问题者讨论之用,颇注重本国实际问题。

市宪议 1928年6月上海新月书店铅印本;1935年8月上海商务印书馆修订版。

董修甲著。1928年版为《中华市政学会丛书》本。1935年版为《百科小丛书》本。1935年版分发端、城市之地位、城市财政与行政监督法、特别法律与普通法律、市政府之组织调度、市政府与国家行政院统系问题、选举制度、直接民权、文官任用法、养老金、市公用事业、市警察行政、市公益行政、市卫生行政、市宪之建议等15章。附录广州、汕头、安庆、南京、上海、杭州、宁波等7市暂行条例12种。1935年版有《修正市宪议序》,略谓,1928年版主要依照1927年颁布之市组织法立论,以适应当时之国情;后有1930年新颁布之市组织法以及1934年颁布之市自治法,故1935年版作了相应之修正,以期所提建议与新的国情相适宜;新版附录增加了新颁布的市自治法、市自治法施行法。

我国都市存废问题 1931年上海中华市政学会铅印本。

董修甲著。本书内容包括建市之目的,各地市民反对市政府之主因,消除反对建市之方法,我国都市存废之标准等。

京沪杭汉四大都市之市政 1931年2月上海大东书局铅印本。

董修甲著。本书是作者1930年3月奉汉口市长刘文岛之命,考察南京、上海、杭州三市后所作的改良市政报告,对四市市政各方面都有详尽的数据和分析,最后提出改良汉口市政的建议。全书目次为:第一章总务,介绍办事程序、管卷、用人、考勤、宣传、统计、采购、计划等;第二章工务,介绍测量、道路、行政区划、地价、收费、设计等;第三章公用行政,介绍电气、路灯、广告、交通信号灯、电车、公共汽车等;第四章社会行政,介绍农工商业、劳资纠纷、失业救济、平民住宅、慈善等;第五章教育行政,介绍学校教育、社会教育、普通教育、职业教育、校舍、学费、图书馆等;第六章卫生行政,介绍卫生普及教育、肉类、屠宰、医院等；第七章公安行政，介绍交通、警察训练、消防行政等；第八章港务行政；第九章财务行政及土地行政，介绍土地政策等；结论。按：作者1927～1930年间先后任武汉市政府秘书处秘书长、汉口市工务局局长、汉口市政府参事。

新生活与乡村建设 1934年8月南京正中书局铅印本；1935年10月南京正中书局4版。

邹树文著。邹树文（1884～1980），字应藼。江苏吴县人。昆虫学家。美国伊利诺大学科学硕士。曾任金陵大学教授、中央大学农学院院长、国民政府农林部专门委员、西北农学院院长。本书为叶楚伧主编的《新生活丛书》第五十五种。该丛书《发刊旨趣》称，新生活运动，即“生活的改造运动，可谓中国一切文化推进的原动力”；本丛书旨在“使新生活运动取得学术上的根据……使中国人的生活合理化、科学化、艺术化、革命化、现代化”。本书分五部分：一、概说（何谓新生活，何谓乡村建设，二者的关系）；二、现今乡村生活的检讨（个人生活，团体生活）；三、现今乡村生活不合理的原因（穷、愚、弱、散）；四、乡村建设纲要（改进乡村组织，完成乡村自治，发展乡村经济，增加乡村生产，普及乡村教育，实行乡村自卫，改善乡村卫生，提倡乡村娱乐）；五、结论（精神建设，乡村教育，物质建设，教养卫三结合——自养养人、自卫卫人、救亡图存）。卷首附著者像。

第七节 政策与政论

国际正论与中国 1927年4月上海中央图书局铅印本。

朱翊新编。朱翊新有《党义ABC》，已著录。本书收正面报道中国国民党、国民政府及国民革命军的各国报刊或人士之评论22篇，旨在宣传中国革命，反对帝国主义和军阀，略分“关于一般”“关于中国国民党”“关于国民政府”“关于国民革命”“关于暴露帝国主义之丑态”几个部分，如《中国者，中国人之中国》（美参院外交委员会委员长波拉氏）、《中国人民仅排斥英帝国主义》（英国工党党员马龙大佐）、《惟国民党能统一中国》（汉口日日新闻社论）、《惟革命军能统一全国》（日本陆军中将佐佐木氏）、《国民政府之伟大政策》（北京英文导报社论）、《蒋总司令为今日中国之大人物》（上海大陆报社论）、《新中国之摇篮渐近于完成之域》（日本朝日新闻社论）、《中国人乃人人可爱者》（英国学者罗素）、《英国对华炮舰政策之不当》（英国教授斯德白司氏）等篇目。

吴稚晖学术论著（本编、续编、三编） 1925～1927年上海出版合作社铅印本。

吴稚晖著，梁冰弦编。吴稚晖有《一个新信仰的宇宙观及人生观》，已著录。梁冰弦（？～1960），广东南海人，上海出版合作社创办人，无政府主义者。本书为吴氏文集。第一编分宇宙观及人生观、教育问题、宗教与道德问题、革命论、性的问题、中国文字问题、杂感等方面。续编分以政学治非政学、释非政学、移读外籍之我见、《勤工俭学传》书后、物质文明与科学、甲寅游法记等6篇。三编有论善恶之进化、论普及教育、论道德教育、说孝、国音问题与国语文学问题、勤工俭学问题、支那今日之舆论、朝鲜男子安重根等22篇。

吴稚晖近著（三编） 1927年6月上海北新书局铅印本。

吴稚晖著，李仲丹编。本书收《国共两党关系之说明》《护党救国运动中之要件》《书汪精卫先生铣电后》《建都南京演说辞》《演讲记录》《五九国耻纪念演说辞》《庆祝国民政府建都南京讲演》《快邮代电》《致陈德徵书为大同（大学）学潮事》《再致陈德徵书》《用真凭实据再与汪先生商榷》《总理蒙难纪念会之演说》等12篇文章。

（党国要人）吴稚晖最近言论集 1929年上海大东书局铅印本。

吴稚晖著。本书收录《溥仪先生》《书汪精卫先生铣电后》《用真凭实据再与汪先生商榷》《读了汪先生〈分共以后〉的赘言》《弱者之结语》《相当时期的话》《两个旧电报》《读了汪精卫的〈两件大事〉》《书〈汪精卫最近言论〉后》《寄汪精卫先生书》《给各日报的一封信》《全民革命与国民革命的商榷——答葛建时》《与华林书》等14篇文章。

吴稚晖先生最近言论集 1939年12月重庆青年书店铅印本。

吴稚晖著，扫荡报总社编。本书收录《总理行谊》《先总理三十年完成革命的意义》《祝抗战第三年的第一天》《二十八年国庆纪念日广播词》《民国二十八年矣，认识时代精神乎?》《精神物质应当并重说》《从二十八年上想起中国青年最可模范的一个》《门外汉意中的教育问题》《对汪精卫〈举一个例〉的进一解》《汪精卫之生平》《告褚民谊》《制造大扫帚去扫荡敌巢》等12篇文章。附录罗喜闻《沉痛的几句话》、黄文山(黄凌霜)《论国民的痼病》。据卷首《编者言》(1939年11月)，本书所收文章均为吴稚晖1939年4月至10月之言论，其中《制造大扫帚去扫荡敌巢》刊于《扫荡报》重庆版复刊号。按：罗喜闻(1888～1972)，上海劳动大学、中法大学教授；黄文山(1901～1988)，无政府主义者，上海劳动大学教授、中山文化教育馆研究部主任。

国鉴 1932年铅印本。

唐文治著。唐文治有《十三经提纲》，已著录。本书为国学专修讲义。内收《新六国论》《革命先革心论》《论宝慈为性经政经》《论废孔为亡国之兆》《论克己为治平之本》《论孔子不囿于封建》《论吕不韦作月令》《论拆城坏邑之谬》等文言体论文13篇。

国箴 1933年12月铅印本。

唐文治著。本书提出“针国病之主药”(黄厚生序语)：民性九箴(尊孔教，救国难，息内战，明人伦，敬师道，致良知，宣文化，养正气，练智勇)；民治九箴(爱民，训士，救农，劝工，保商，用人，理财，县长，公安)；民行八箴(孝，悌，忠，信，礼，义，廉，耻)；民德五箴(温，良，恭，俭，让)；民情七箴(喜，怒，哀，惧，爱，恶，欲)；民事四箴(衣，食，住，行)；民疾八箴(戒权位，戒意气，戒声色，戒货利，戒时髦，戒取巧，戒烟，戒博)；民隐四箴(救灾，养老，恤嫠，育婴)；民俗四箴(识字，丧礼，祭祀，婚礼)。

唐庆增抗日救国言论集 1932年4月上海社会科学书店铅印本。

唐庆增著。唐庆增(1902～1972)，经济学家。字叔高。祖籍江苏太仓，定居江苏无锡。唐文治之子。美国哈佛大学经济学硕士。历任上海中国公学、交通大学、暨南大学经济学教授。中华人民共和国建立后，任复旦大学教授。代表作为《中国经济思想史》。本书收《从经济方面剖析东北事件》《论抵制日货》《现今日本于经济上有对我宣战之能力否》《宣战救国》《如何应付严重之国难》《与暴日作长期抵抗之必要办法》《抗日声中之物价问题》《为暴日侵略忠告今日之智识阶级》《对外战争与国难》《非战心理之分析》《汉奸辨》等11篇，均为“九一八”、“一·二八”事变以来，作者在无锡等地所作的演讲或在《新社会》《时事新报》《决心》《民声》等报刊发表的文章，表达作者所谓“文人监督政府、唤醒民众、用笔报国”之情怀以及对十九路军等中国军民英勇抗战的敬意。附录《五卅惨案与社会改造》。卷首有自序(1932年3月)。

国难言论集 1932年上海救济会铅印本。

马相伯著。马相伯有《五十年来之世界宗教》，已著录。《国难小丛书》本。分甲、乙二编。收《对日祸敬告国人书》《泣告青年书》《国难人民自救建议》《马相伯痛谈国事》等10篇文章。

马相伯先生国难言论集 1933年4月上海文华美术图书公司铅印本。

马相伯著，徐景贤编录笔记。徐景贤(1901～1947)，字庐伽。江西铅山人。清华大学国学研究院毕业，曾任马相伯秘书。本书辑录马相伯言论以及各报记者采写的马相伯印象记，分“为日祸敬告国会”“中国民治促成会发起宣言”“华封老人言善录”“乐善堂纪闻序言”“乐善堂纪闻附编”等五部分。其中第一部分包括《敬告国人书》《泣告青年书》《讲救国信条》《忧时谈话》《主张借债御寇》《国货年献词》《答萧伯纳问》《告世界人士书》《对时局重要谈话》等。第五部分包括马相伯访问记、寿记、印象记等。卷首有马相伯像5帧、手迹3幅。

法西斯蒂与中国革命 1934年12月上海民族书局铅印本。

周毓英著。周毓英有《贫穷研究》，已著录。本书分二辑，共收录《法西斯蒂与中国革命》《独裁与革命》《青年法西斯蒂》《中国社会主义之旗》《国民党恢复总理制与中国法西斯蒂的组织问题》《中国革命怎样进行》《论法西斯蒂》《人类的自由》《法西斯蒂的技术》《与胡汉民先生论法西斯蒂》《革命与文化问题》《国民党的文化政策批判》《国民党的文化统制运动》《中国革命的经济政策》《中国钱币革命论》《中国的土地问题》等16篇文章。前有自序,后附《社会主义的现实》《世界经济学导言》《Technocracy与法西斯蒂》等3篇文章。

章力生政法论文集 1936年2月上海商务印书馆铅印本。

章渊若。吴稚晖题签书名。本书分现代政治、国是论丛、政治改革、宪政评议、政法思想5编,收录《现代世界政治的总观察与总批评》《和平救国论》《中国统一之历史的建议》《中国社会治乱之关键》《中国市政之基本问题》《政本论》《宪草评议》《中央政制论》《论宪法颁布问题》《约法刍议》《论"人权"》《监察院的审计问题》《唯法论》《三民主义的法律观》《法意之分析与演进》《世界政治思想之史的批判》《中山主义之科学性与伦理基础》《中国政治改革之基本问题》《中国政治改革之历史阶段》《修明政治与政治道德》等28篇论文。卷首有自序(1934年12月于上海自力斋)。

中国民族之改造与自救 1936年8月上海商务印书馆铅印本;1937年4月上海商务印书馆再版。

章渊若著。本书共8编:第一编复兴通诠,分救亡图存之基本原则、救国运动应注重实际、民族危机之综合观察、民族复兴运动之起点、民族主义的宪政之建设、民族复兴与公民的训练6节;第二编文化建设,分国家建设中之社会科学运动、全民的建设的科学文化运动、救亡图存与文化建设、中国文化运动之动向、民族复兴之基本运动、中国建设之两大途径6节;第三编教育改造,分民族复兴与教育改造、吾国体育方针之改造、劳动服务之学风、颓废教育之改造4节;第四编心理建设,分革命与心理建设、建国之心理因素、国民心理之改造、心理建设之必要、战斗的民族性之建设5节;第五编生活改造,分新生活运动之历史的使命、民族复兴与国民生活之改造、国民生活改造之必要条件、改造生活应有真诚的自觉、生活改造与兴趣的合理化5节;第六编国民自觉,分求己论、弃己论、对外与自觉、国难性质之认识与自力之准备、国际危机之分析与国民之警觉5节;第七编青年之路,分中国青年责任之认识、青年自力救国之觉悟、青年应有合理的人生观、青年修养之典范、建立纯正的学风、发展求知的精神、青年读书的态度7节;第八编经济自救,分民族经济危机之观察、中国经济国难之自救、吾国经济发展之途径、复兴农村之基本原则、中国劳动问题之现实性、都市与内地矛盾之调整6节。卷首有《弁言——谨致读者》(1936年5月于上海自力斋),略谓本书所收均为著者已发表之旧文,重在民族精神之阐发,可谓著者独创之"自力"救国之说。

(自力主义)民族复兴之基本原理(初集) 1938年7月长沙商务印书馆铅印本。

章渊若著。本书目次为:弁言——自力主义之真谛之说明;绪言——自力主义之缘起与诠释;第一编自力主义之一般原理,分自力主义之历史使命、自力主义的人生观、自力主义的社会观、自力主义的国家观5节;第二编自力主义与国民教育,分自力主义与教育改造、自力主义与公民教育、自力主义与国民体育、民族复兴与青年训练、自力主义与青年训练5节;第三编自立主义与建设动力,分自立主义与文化建设、自立主义与经济建设、自立主义与国家建设、自立主义与统一运动、自立主义与新生活运动、自立主义与劳动服务6节;第四编自立主义与全民动员,分自立主义与储力运动、自立主义与培养国力、自立主义与国民自觉、自立主义与对外方针、自立主义与全民抗战5节。附录一自力主义之格言,如"天行健,君子以自强不息""天作孽犹可违,自作孽不可逭""天下兴亡,匹夫有责""自力之家,莫不景气"等。附录二自力主义之影响。作者在弁言和绪言中,对自力主义之真谛和缘起作了说明和诠释,并谓"自力主义是一切救国理论的中心基准和基本动力"。作者所谓自力主义,大致是自强不息、自助力行之意。

自卫与侵略 1937年12月长沙商务印书馆铅印本;1938年3月长沙商务印书馆再版,1938年8月长沙商务印书馆3版。

史国纲著。史国纲有《最近国际政治之趋势》,已著录。本书分导言、什么是自卫、什么是侵略、侵略国的借口、侵略国的弱点、侵略与武器、中日的地位、中国抗战的意义、结论等几个部分,作者的结论是——日本是侵略、中国是自卫，西方应援助中国，供给中国军火。附录《九国公约》《国际联合会盟约》《非战公约》。

全民抗战的理论基础 1937 年 11 月汉口黎明书局铅印本；1937 年 12 月汉口黎明书局再版。

孙冶方著。孙冶方有《战时的农民运动》，已著录。本书是冯和法主编的《战时民众丛书》之一种，着重论述全民抗战的条件与意义。全民抗战的条件有四：反帝国主义反封建性，日本的加紧侵略和中日矛盾之尖锐化，国际和平阵线以及侵略阵线的形成，国内救亡运动的高涨。全民抗战的意义有三：对于民族解放运动的影响，对于反封建的民主主义运动的意义，对于发展民众运动与民众组织的意义。本书指出，动员广大民众，对其进行组织与训练，是长期抗战胜利的基础；改善民生、促进政治民主化，是坚定抗日民族统一战线的保证。

全面抗战论 1938 年 1 月上海生活书局铅印本。

潘汉年著。潘汉年（1906～1977），江苏宜兴人。曾任八路军驻沪办事处主任、中共中央社会部副部长，长期从事上层统战和对敌情报工作。中华人民共和国建立后，任上海市副市长。《救亡文丛》之三。本书分上编、下编和附录，收《全面抗战释》《全面抗战中政治动员的基点》《如何确保抗战的全部胜利》《群众动员的基本问题》《恢复北伐时代民众运动的前提》《发动广大群众起来反汉奸》《动员民众保障抗战的胜利》《为什么动员不起来》《广泛的游击战争》《改善与提高军队的政治教育》《召集国防代表大会的建议》《提高民族的警觉性》《坚定民族胜利的信心》《“加强我们的团结”》《上海中立区问题》《承认上海中立区的外交意义》《中苏不侵犯条约的展望》《迅速确定胜利的外交路线》《从敌人封锁海岸说起》《从暴日轰炸首都说到争取外交优势的对日绝交》《我们不要辜负了国际的同情》《我们在九国公约会议中要争取些什么》《“九一八”六周年纪念》《从辛亥以来的抗日运动到今年的全民抗战》《今年国庆纪念的历史任务》等 25 篇文章。

巩固国共合作 争取抗战胜利 1938 年延安解放社铅印本。

张闻天撰。张闻天译有《笑之研究》，已著录。本书作于 1937 年 12 月 21 日，原载于延安《解放》周刊第 28 期（1938 年 1 月），就当时国共两党关系、国民政府、国民革命军、民运等四个问题立论，归结到将以强大的抗日民族统一战线，驱逐日寇出境，建立新中国。

救亡手册 1938 年 1 月汉口生活书局铅印本；1938 年 10 月汉口生活书局 5 版。

钱俊瑞、孙冶方、姜君辰、张仲实等编。钱俊瑞有《中国革命的战争与策略》，已著录。本书分 4 编。第一编救亡理论，论述中国的出路在抗战，必须建立民族统一战线，抗战的任务是实现革命的三民主义，对痛快主义论、悲观主义论、唯武器论、唯军事论等错误理论和汉奸理论进行批判；第二编救亡史实，略述日本侵华史、我国救亡史及目前抗战情况；第三编救亡实践，介绍抗战政策（全国总动员、战时政治、战时经济、战时军事、战时外交、战时文化、战时教育、战时民众运动）和救亡工作（宣传工作、组织工作、训练工作、工人运动、农村工作、学生工作、妇女工作、职员工作、里弄工作、战区工作、游击战争、战时军队政治工作、消灭汉奸、救济与救护、防空与防毒）；第四编附录有关中国问题的重要国际条约（国联盟约、非战公约、淞沪停战协定、中苏互不侵犯条约等 8 个条约）、重要救亡文件（中国国民党三中全会宣言、中国共产党宣言、蒋委员长谈话、中共抗日救国十大纲领等 8 个文件）、日本侵略中国年表、救亡书报介绍。卷首有姜君辰序（1937 年 11 月于上海），略谓抗战是中华民族生死存亡最后的紧要关头，只要四万万五千万同胞万众一心，坚持持久的全面的抗战，集中一切人力财力物力，实行全国总动员，就一定能够取得最后胜利。

抗战与救亡工作 1938 年 1 月汉口生活书店铅印本。

钱俊瑞著。《救亡文丛》之六。本书收《军事胜利的基础在政治》《目前的时局》《抗战进入新阶段》《九国公约会议对我们有利么》《铲除汉奸决不是技术问题》《“准汉奸”论》《写给要求救亡工作的朋友们》《救亡工作理论与实践的脱节》《还乡工作运动》《开展内地的救亡工作》等 10 篇文章。卷首有小序，略谓，本书所收文章均为 1937 年 8～11 月所写的对于抗战局面的估量和救亡工作的实践；我们初期的抗战在军事上是失败的，其基本原因是政治工作和民众动员的不够；我们对于抗战的最后胜利有坚定的信心，这基于民众救亡运动的开展以及救亡工作人员能够不断克服困难和纠正错误。

给救亡同志的公开信 1938年2月汉口生活书店铅印本。

钱俊瑞著。本书收录《肃清失败主义和悲观主义》《我们需要一个共同的救亡纲领》《现阶段救亡运动的中心任务》《目前救亡运动理论上的弱点》《目前救亡运动组织和行动上的弱点》《怎样走第三步》等6封信。作者指出，应集中全部力量，发展人民武装，开拓游击战区，以配合正规军的行动，加强战地服务，从军事和政治上巩固和扩大抗日民族统一战线。

抗战的新形势与新策略 1938年2月汉口天马书店铅印本。

周恩来、博古、潘梓年等著，张忆敏编。本书分三章，收录周恩来、博古、潘梓年、叶剑英、王明、董必武等人讨论目前抗战问题的16篇文章：第一章抗战的新形势，分《五个月的抗战形势》（博古）、《过去的教训与目前的危机》（潘梓年）、《敌人的困难和我们的战略》（叶剑英）3篇；第二章抗战的新政策，分《怎样进行持久抗战》（周恩来）、《挽救时局的关键》（王明）、《动员群众积极参战》（董必武）、《政治急应改进》（长江、乃超）、《建立二百万现代化的国防军》（胡绳）、《改造军队和武装民众问题》（史达）、《对日抗战的战略与战术》（未署名）、《失陷地的救亡工作》（汉夫）、《要一个救亡的共同纲领》（汉夫）9篇；第三章国际形势与我们的外交政策，分《国际形势的变化及我们的应策》（公辅）、《我们对苏联期待些什么》（钱俊瑞）、《自力更生与争取外援》（署名缺）3篇。卷首有周恩来撰写的《抗战新形势与新政策研究大纲》，论述“抗战五个月的经验与教训”“目前抗战危机与克服危机的出路”“坚持长期抗战的三个基本条件”。卷首编者序（1938年2月于汉口）云，上海、南京失陷以后，抗战进入了第二阶段，即最困难、最危险的时期，我们一方面要对付内外敌人（日、伪），一方面要培养自己新的力量，要接受过去的经验与教训，检讨新形势，决定新政策，以迎接将来的胜利。

怎样争取最后的胜利 1938年2月汉口生活书店铅印本。

李公朴著。李公朴（1902～1946），原名永祥，号仆如。原籍江苏武进，生于江苏淮安。上海沪江大学毕业。曾任上海各界救国联合会常委、中国民主同盟中央执委。1946年7月被国民党特务暗杀。本书系钱俊瑞主编的《黑白丛书·战时特刊》之一。收录《几句补充的话》和《怎样争取最后的胜利》两篇文章，论述如何全面抗战、持久抗战，以争取抗战的最后胜利以及争取最后胜利的信心、决心和办法。附录《游击战与持久战》和《从华北谈到全国游击战的前途》二文。

论抗日民族统一战线的发展困难及其前途 1938年10月汉口新华日报馆铅印本。

博古著。秦邦宪（1907～1946），又名博古。博古译有《共产党宣言》，已著录。本书是作者为《新华日报》1938年10月17、18日所撰的社论，分抗日民族统一战线之优点、抗日民族统一战线所遇到的困难及怎样克服这些困难、抗日民族统一战线的前途三部分，提出了“只有我们民族内部的团结，才能战胜日本帝国主义的侵略”“孙中山的三民主义为今日中国所必需，本党愿为其彻底的实现而奋斗”“我们热烈的赞助三民主义青年团的成立和发展”“一个不起领导作用的政党则没有理由存在下去”“国共两党应尊重彼此政治上和组织上的独立性”等观点或看法。

争取抗战胜利 1938年12月重庆读书生活出版社铅印本。

潘梓年著。潘梓年有《逻辑与逻辑学》，已著录。本书分我们的力量、动员人力是动员财力物力的中心环节、抗日民族统一战线是动员民众的杠杆、民主自由是动员民众的基本条件、改善人民生活的必要与可能、让民众有充分的武装、在抗战中壮健起来、托派汉奸是全国人民的公敌和团结抗战的蟊贼、国共长期合作争取抗战必胜建国必成等10节，论述必须建立牢固的统一战线，给人民以充分的民主自由权利，把民众武装起来，全民抗战才能取得抗战的胜利。

中日战争之政略与战略问题报告大纲 1939年5月衡阳西南游击干部训练班铅印本。

周恩来著。本书为周恩来1939年4月18日至19日在湖南衡山西南游击干部训练班的讲话，曾载重庆《国民公论》（半月刊）第1卷第12号（1939年6月）。共三部分：一、绪言；二、敌人方面，分敌人侵华政策的历史阶段，敌人侵华的军事政策，敌人侵华战争之战略方针，敌人侵华的新政策——全面侵略之展开，敌人的国际政策——分化重于对立，敌人的新进攻——他的政策的变动性、投机性与矛盾性，敌人侵华政策之前途等7节；三、我们方面，分中华民族解放运动的三个阶段，我们抗战的政略与战略，我们三期抗战的政略与战略重心，展开各方面斗争——展开全面战争与重视敌后等4节。

民族之路 1940年2月重庆黄埔出版社铅印本。

萧一山著。萧一山（1902～1978），名桂森，字一山，以字行。江苏铜山人。晚年定居台湾。本书共三部分12章：导言：民族的前途；第一部史实的分析，分民族战争与历史的教训、论近代中国民族革命、民族革命的三阶段、再论民族革命的三阶段、“抗战必胜”之历史的解释、二十七年之回顾等6章；第二部理论的阐明，分中华民族问题、中华民族之特质及复兴之途径、由“汪”变谈到民族自信力、民族衰弱的根源（组织与科学方面）、建立新的民族哲学等5章。

政学私言 1945年11月重庆商务印书馆铅印本；1946年7月上海商务印书馆铅印本。

钱穆著。钱穆有《国学概论》，已著录。本书收《中国传统政治与五权宪法》《选举与考试》《论元首制度》《地方自治》《论首都》《道统与治统》《人治与法治》《中国传统政治与儒家思想》《中国社会之剖视及其展望》《农业国防刍议》《战后新首都问题》《中国传统教育精神与教育制度》《中国人之法律观念》《法治新诠》《政治家与政治风度》等时政论文15篇。作者从中国历史文化传统出发，为理想中国的建立与复兴进行探索，范围包括政治、社会、经济、法律、教育等诸方面。卷首自序（1945年6月）称，本书所收论文多刊载于《东方杂志》和《思想与时代》月刊，虽均涉时政，但本人不隶党籍、不尊英美、不师马列，故谓一家之私言。

胜利的自觉 1946年1月南京读者之友社铅印本。

张文伯著。张文伯（1907～?），江苏无锡人。上海法学院毕业。曾任国民党《中央日报》主笔、《中央周刊》社社长。1949年去台湾，任“司法行政部”次长。读者之友社时代丛刊之三。本书收著者1945年9月11日至10月10日为《中央日报》所写的社论《胜利的自觉》《五强外长会议展望》《与民更始的时候》《由复员到建国》《展开文化之战》《日本民族应从此觉悟》《尊重法纪》《十四年如一日》《新秩序的重建》《政府谋国的深心》《言论界的战斗任务》《正义的裁判》《对日政策的基调》《为建国而精神动员》《期待日本人民的觉悟》《教育精神的复员》《平抑物价》《处置汉奸问题》《中共问题现阶段》《惩奸条例与肃奸运动》《言论界的道德责任》《法纪第一》《所望于中共者》《青年立身报国之道》《五强会议结束有感》《再论惩治汉奸》《重建日本的民生》《军队国家化的心理基础》《政党与民主》《继往开来》等30篇。卷首有自序（1946年1月）。

论世界矛盾 1947年上海华萃出版社铅印本。

乔木（乔冠华）等著。乔冠华有《争民主的浪潮》，已著录。《华萃出版社丛书》本。本书收《注视豪门新阴谋》（文汉）、《孙太子的嘴脸》（苏平）、《告全国同胞书》（冯玉祥）、《仲夏战场》（张沛）、《张群如何应付七月涨风》（时恩）、《论世界矛盾》（乔木）、《东北新见闻》（史特朗）等9篇文章，其中乔木撰《论世界矛盾》是本书的主打文章。按：《华萃出版社丛书》是由中共上海地下党领导的文萃社主办的《文萃》杂志之伪装本。

陈彬龢论文集 1933年4月上海美华书馆铅印本。

陈彬龢著。陈彬龢有《中国佛教小史》，已著录。本书收《追悼沪战殉国将士》《救亡与训练青年》《研究苏联》《公务技术人员应有保障》等43篇文章。卷首有自序（1932年九一八周年纪念日）。

陈彬龢论文选 1934年4月上海美华书馆铅印本。

陈彬龢著。本书分政治、经济、教育、东北祸变、上海祸变、灾荒、杂文、附录等几个部分，汇辑著者已出版之《申报评论选》《陈彬龢论文集》两书中的文章140多篇，如《言论自由之真义》《官僚政治与专家政治》《严重时期国人应有之觉醒》《正告政府与国民》《对日交涉方针之质疑》《如何挽救中国经济上之危机》《学生爱国运动平议》《教育经费急应独立》《抗日救国运动中教育界之责任》《救亡与训练青年》《日本对华强硬政策与抗日运动》《收回失地与讨伐伪国》《毋忘甲午战役的教训》《募集御侮公债》《追悼沪战殉国将士》《急救水灾》《抗日勿忘救灾》《六十年来之国难》《为万宝山案忠告日人韩人并勖国人》等。卷首附本书自序、张蕴和序(1932年4月)、陈彬龢《陈彬龢论文集序》(1932年九一八周年纪念日)、陈彬龢《申报评论选序》(1932年儿童节)。

(党国要人)缪斌最近言论集　1928年9月上海大东书局铅印本。

缪斌著。缪斌(1902～1946)，字弼丞，号丕成。江苏无锡人。曾任江苏省政府民政厅长、伪新民会副会长、汪伪立法院副院长。本书收《马克思主义的破片性、列宁主义的狠毒性证明中国共产党的反革命》《建设的民众运动》《我们要认清国民党的共产主义者》三篇文章。

新民主义讲演集　1938年10月北京伪新民会出版部铅印本；1939年9月北京伪新民会出版部4版。

缪斌著。本书收《新民主义浅说》《新民主义的生产主义》《明哲保群》《新民主义的德治主义》《新民主义的礼治主义》《新民主义的平天下》《(新民会)会旗说明》《建设新民主义的中国》《新民主义的教育方针》《王道政治的研究》等10篇讲词。卷首有缪斌近照及其亲制《新民主义表解》，宣扬其所谓“取中道”“作新民”“克己复礼”“实行王道”之“新民主义”汉奸理论。

兴国论　1939年1月北京伪新民会出版部铅印本；1939年11月北京伪新民会出版部再版。

缪斌著。本书收《明哲保群》《兴国论》《做亡国的民族英雄易，做兴国的民族英雄难》等3篇文章，作者时任伪新民会中央指导部长。文中宣称“文天祥和史可法是亡国的民族英雄，伊尹和孔子是兴国的民族英雄，韩佗胄和拿破仑是亡国的罪魁祸首”；宣扬所谓“护持新政权以图畅达民意”“开发产业以安民生”“发扬东方之文化道德”“于剿共灭党旗帜之下参加反共战线”“促进友邻缔盟之实现，以贡献人类之和平”之“新民主义”汉奸理论。扉页载有《新民会党纲》。

第八节　政治组织与社会结构

在江苏办党　1928年南京江苏省党务指导委员会宣传部铅印本。

李寿雍著。李寿雍(1902～1984)，字震东。江苏盐城人。先后毕业于北京大学、英国牛津大学、伦敦大学。历任国民党江苏省党部委员、中央大学教授、江苏省财政厅厅长、暨南大学校长。1949年去台湾。《江苏党声丛刊》本。本书提出国民党中存在的问题，记述在江苏办党情况。时李寿雍任国民党江苏省党部委员，发起组织了中山主义实践社，并编辑出版《实践旬刊》。

中国民治促成会发起宣言　民国铅印本。

马良(马相伯)著。马相伯有《五十年来之世界宗教》，已著录。中国民治促成会为“九一八”事变后的1932年7月，由马相伯在上海发起。《宣言》从万国历史、国政哲学、国政实施、政治现况、民治实况、国防实况等六个方面揭橥民治之要义，阐述实施民治的必要性和重要意义：处现今国难时期，国民“我不自救，孰能救之”；救亡之道，在国言国，舍政治无他途；国民应该“人人自爱，忠于自救”。作者特别强调，“欲修明内政，捍御外患，唯有促成民治为我中华唯一救命星、救命圈”。

全国机关公团名录　1937年4月南京中国辞典馆铅印本。

杨家骆著。杨家骆有《狄岱麓与李石曾》，已著录。本书为作者拟定的《民国史稿副刊》之一种，分政治社会、教育文化、经济生产三大部类共24卷：政治社会之部，列中国国民党组织、中枢行政组织、省市行政组织、市县行政组织、司法组织、外交组织、信仰风俗组织、卫生机关8卷；教育文化之部，列大学、中学、教育馆、图书馆、博物馆、学术机关、学术团体、文献机关、期刊社、报社、通讯社11卷；经济生产之部，列财务、金融、农业、森林、垦务、畜牧、水产、矿业、工业、交通、商业、国际贸易、合作等4卷；前23卷未收录者别录为第24卷。著录内容包括1936年全国各类机关的地址、主管人员职衔、姓名、籍贯等。附录《我的终身事业》《从我的史学理想说到民国史稿副刊的出版》《辞典馆概况》《最近一百二十年中国历年简表》《中国行政区域排检号码简表》《四角号码检字法》。作者在卷首《应灌输青年以国家机构的认识(代序)》中指出，青年之于“国家机构”的知识，其重要性不亚于公民历史地理之知识，且更具实用性。

实用公团业务概要　1929年1月上海商务印书馆铅印本；1933年4月上海商务印书馆国难后1版。

章元善著。章元善(1892～1987)，江苏苏州人。1915年毕业于美国康奈尔大学。曾任南京国民政府实业部合作司司长、经济部商业司司长。本书共15章：第一章公团之组织，分组织、章程、各种规则、规章汇编；第二章开会，分召集会议、编列议程、预备议案、编撰议事记录、分类记录等；第三章职员，分事务部、总干事、固定责任、办事精神、人选等；第四章设备，分办公处所、图记、会徽、治公规则等；第五章筹募，分会费、筹款、捐启、收据、宣传、交际等；第六章文牍，分公文、缮录、印信、校阅、电报、通函等；第七章信件之传递，分包扎、填单、递寄、付邮、送达等；第八、九章印件，分印刷、原稿、校对、表格、散张、定单等；第十、十一章档案，分档卷、收发、私信、编档、目录、索引、副件、检卷等；第十二章用品，分类别、采购、登记、储藏、领用等；第十三、十四章计核，分款项、会计、预算、收据、账目、结算、稽核等；第十五章会役，分厨房、缮写等。各章后附录实用表格或程式样本。全书后附录笔画索引和中外度量衡对照表。卷首《凡例》和《弁言》(1927年8月)谓，民国建立后，结社自由载诸约章，公团组织乃应运而生；公团之目标，或为辅导政治，或为促进社会；只有组织完备、管理得宜，会务乃兴；著者长期从事社会事业，对如何组织会体、发展会务、节省会款、管理人事，有一些切实合用的体会，辅以若干图表或样本，供社会工作者参考。

海外侨讯汇刊(第1集)　1936年上海暨南大学海外文化事业部铅印本。

吴泽霖辑。吴泽霖有《世界人口问题》，已著录。本书设政治、教育、经济、物产、侨况、风俗等栏目。政治类，收录《五全大会与华侨的关系》《菲岛自治与华侨》《日本南进政策的新姿态》《荷兰人的殖民地哲学》《急待解决之越南华侨身税问题》等文；教育类，收录《南洋侨校之合并运动》《南洋佛教工读学园与华侨教育》《暹国扣留华文报的失策》《从华侨学生的体格说到我国民族的健康问题》《菲律宾独立后之教育动向》等文。经济类，收录《日本在南洋经济势力之突飞猛进》《目前南洋华侨经济之实力》《中马贸易之每况愈下》《如何发展海外贸易》《南洋华侨汇款回国之近势》等文；物产类，收《中国茶在爪哇市场的现况》《新加坡之华侨与硕莪业》《南洋椰干业近况》《马来亚华侨胶界之合作》《今后越南华侨的米业》等文；侨况类，收录《华侨失业及其救济》《南洋华工的烟毒与中国政府的责任》《国货运动在南洋》《澳洲华侨近况》《最近统计之荷印华侨人口》等文；风俗类，收录《海外风光》。卷首有吴泽霖《发刊词》。

南洋华侨史　1929年6月上海暨南大学南洋文化事业部铅印本。

李长傅著。李长傅(1899～1966)，又名震名。祖籍浙江杭州，移居江苏镇江。历史地理学家。曾任上海暨南大学教授。中华人民共和国建立后，任河南大学地理系教授。主要从事华侨史、南洋史研究。《南洋丛书》第四种。本书分导言和概论、东印度群岛、马来半岛、婆罗洲、菲律宾群岛、暹罗、缅甸、越南、结论等九章，详细考论华侨的源流和背景、南洋地理和华侨问题。卷首有柳诒徵、黄炎培、顾因明三人序。附录大事年表、参考书目。

南洋华侨概况　1930年12月上海暨南大学南洋美洲文化事业部铅印本。

李长傅编。本书分总论、法属越南、暹罗、缅甸、英属马来半岛、荷属东印度群岛、英属婆罗洲、菲律宾群岛、结论等9章，详细介绍南洋的概念及势力范围，南洋华侨移殖史，南洋华侨之职业及经济活动，各地华侨之组织及文化、教育事业，华侨与当地居民的融合及法律地位、社会待遇，华侨与母国的关系及其爱国活动等。卷首有张相时序（1929年3月于上海暨南大学）；凡例（1930年10月于暨南大学南洋文化部）称，本书调查数据以1928年度之现状为准。卷末有张明慈《书后》、刘弘济《校后记》。

第九节　外交与国际关系

国民外交常识　1919年12月上海商务印书馆铅印本；1920年4月上海商务印书馆再版；1926年5月上海商务印书馆5版。

钱基博编。钱基博有《经学通志》，已著录。本书共4章：第一章国民外交概说，分秘密外交与独裁政治、国民外交与民主政治、国民外交常识与国民外交教育3节；第二章世界外交之趋势，分国际史上之国际均势、国际史上之国际政团、国际史上之国民外交3节；第三章中国外交之现状，分中国外交概论、“势力范围”“机会均等”两主义之消长、日俄战役以后之日本外交、民国肇造之“势力范围主义”复活、欧战期间之日本外交与其国情、中国外交之善后方策6节；第四章国际法上之外国人地位，分外国人地位之沿革、国家之义务、战争期间之外国人地位3节。卷首自序称，一战之前，中国之命运系于德、法、俄、英、美、日六国之均势，列强对华政策，有俄、法、德之“政治侵略派”和“土地膨胀主义”，也有英之“领土保全派”和美之“门户开放主义”，其后日本利用日俄战争和列强忙于欧战之机，引发山东问题，打破列强在华之均势局面；处于“国家危急存亡之秋”的中国“无武力以为外御之资”，在外交上折冲樽俎者，“不在外交当局之人而在立乎外交当局者后之舆论”，故在“武力孱弱”情势下要一改“舆论消沉”之现状，充分发挥国民外交的效用。

现代外交论　1939年3月重庆独立出版社铅印本。

陈钟浩著。陈钟浩有《国际政治教程》，已著录。本书收录《现代外交的基础》《现代外交的趋势》《国际和战问题》《外交的统一性》《外交与政制》《外交上的是非和利害》《战时外交》《多边外交与一元外交》《弱国外交》《弱国厄运与吾人自觉》《释国民外交》《外交家的政治修养》等12篇文章。卷首弁言（1939年1月于重庆）称，本书所收论文多为外交理论之阐述。

外交本质论　1944年10月重庆商务印书馆铅印本；1946年9月上海商务印书馆铅印本。

陈钟浩著。本书分民族、军略、国防、地理、利益、精神因素、人事、条约、民主、政制、种族、强弱、是非与利害、统一性、自主精神等15章。作者最后强调，要有自主的精神，要有维护自主的能力，自主选择政治制度和生活方式，自主决定外交政策。

欧洲外交史大纲（1815～1919）　1933年1月上海民智书局铅印本。

吴颂皋著。吴颂皋（1898～1953），江苏吴县人。复旦大学毕业，后留学法国巴黎大学。曾任复旦大学法学院院长、中央政治学校外交系教授、外交部国际司司长。后任汪伪上海市政府秘书长、司法行政部部长。本书共18章：第一章维也纳会议，分会议前之欧洲政局、对于欧洲政治的影响等6节；第二章维也纳会议后之欧洲政局，分第二次巴黎和议、神圣同盟的成立等4节；第三章欧洲协调之破裂，分西班牙南美殖民地的叛乱、比利时脱离荷兰独立等5节；第四章克里米亚战争，分直接原因、战争情形等6节；第五章意大利之统一，分起点、中变等3节；第六章德意志之统一，分普鲁士与俾斯麦、统一成功等4节；第七章普法战争，分原因、结局等5节；第八章1871年后之欧洲政局，分俄土战争、柏林会议等6节；第九章德奥意三国同盟，分俾斯麦的同盟政策、同盟之内容与效果等6节；第十章俄法英三国协商，分成立原因、性质及影响等5节；第十一章武装和平的欧洲，分武装和平的意义、摩洛哥事件等11节；第十二章巴尔干战争，分意土战争、巴尔干战争等9节；第十三章1914年大战以前之形势，分列强军备竞争、德意志的军国主义等4节；第十四章萨拉热窝事件；第十五章奥塞邦交破裂；第十六章欧洲大战开始；第十七章战争范围之扩大；第十八章欧战结束与巴黎和议。卷首自序（1932年3月）称，本书旨在“阐明外交的意义、外交政策的演变、外交家的责任、外交与军事的关系，外交成败得失的关键”。

近代欧洲外交史 1945年5月重庆商务印书馆铅印本。

王绳祖著。王绳祖（1905～1990），字伯武。江苏高邮人。历史学家。金陵大学历史系毕业。曾任金陵大学系主任、文学院院长。中华人民共和国建立后，任南京大学历史系教授。本书共5编21章。第一编梅特涅势力下之欧洲（1815～1830），分维也纳会议、欧洲联盟、欧洲联盟与门罗主义、希腊革命等4章；第二编英俄争雄时代（1830～1854），分比利时独立、远东问题、英法交恶及其影响、意大利革命等4章；第三编法国称霸与德意独立战争（1854～1870），分克里米亚战争、意奥战争、德意志统一等3章；第四编德国争霸（1870～1890），分德霸初年外交、俄土战争与柏林会议、德奥同盟及三帝同盟、三国同盟、埃及问题、德国争取殖民地等6章；第五编均势时代（1890～1914），分法俄同盟、英国孤立政策之结束、三国同盟与三国协商、第一次世界大战之来临等4章。附录本书附注、参考书目举要、中西人名地名对照表。卷首自序（1944年1月于成都金陵大学）称，近代欧洲外交对世界政治和国际关系影响巨大，1870年以前的欧洲外交史侧重于欧洲大陆问题，此后则含有世界性质；19世纪的欧洲外交就是“均势”与“独霸”的博弈，各国均奉行“没有永久的友谊，只有不变的利害”之准则，以武力为外交后盾，展开大国支配欧洲的“协作”；外交史应注重研究影响国际关系的时代思潮、政治运动、经济发展、科学进步之各种势力。

读《远东的危机》 1937年桂林前导书局铅印本。

陈彬龢著。陈彬龢有《中国佛教小史》，已著录。《港报丛书》本。本书为对美国前国务卿史汀生（H. L. Stimson）著《远东的危机》所作的书评。按：史汀生的《远东之危机》（曹明道译，1936年11月南京正中书局初版），评论自1931年9月17日至1933年2月期间，由于日本侵华而形成的远东危机，包括美国的对策，英美合作的失败，危机对欧洲的影响，以及中国诉诸国联裁决的经过等。

欧战与近东国际关系 1941年3月重庆国民政府军事委员会政治部铅印本。

陈钟浩编著。陈钟浩有《国际政治教程》，已著录。《时事问题丛书》第二辑。欧战延及地中海南岸之非洲后，土耳其、罗马尼亚、希腊相继卷入，地中海东岸即近东地区已无法幸免，本书根据历史事实和地理形势，剖析近东国际背景，推测未来趋势，使读者了解近代国际关系情势，以供我国鉴镜。全书分近东的一般形势、土耳其苏联与博斯普鲁斯及鞑靼尼尔海峡、英国意大利与红海、意大利希腊与东地中海等四部分。卷首有《小引》（1941年2月于重庆）。按：本书所指“近东”，包括黑海北岸、小亚细亚之土耳其、希腊等。

国际与外交 1943年10月重庆峨嵋出版社铅印本。

张志让等著。张志让有《抗战与青年训练》，已著录。本书收录张志让《国际演变趋势与我国对外关系》、张弼《美国租借法案及对华援助》、张友渔《现阶段日寇的对华政策》、石啸冲《墨索里尼法西斯政权的崩溃》、雷丁《太平洋战略形势》、王秉南《泛论德苏战争》，韩幽桐《论战后国际组织》等7篇文章。

华会见闻录 1923年10月上海商务印书馆铅印本；1928年1月上海商务印书馆3版；1937年6月上海商务印书馆国难后1版。

贾士毅著。贾士毅（1887～1965），字果伯，号荆斋。江苏宜兴人。财政学家。日本明治大学法政科毕业。曾任国民政府财政部次长、湖北省财政厅厅长、江苏省财政厅厅长。1949年去台湾。本书分10章，讲述华盛顿会议的发端、开幕、会议内容及议案、有关中国交涉问题及得失等，并述及著者从上海到华盛顿来回的游览活动和旅途见闻。第一章华会之发端；第二章太平洋之航行（上海—日本—檀香山—旧金山）；第三章新大陆之征轺（旧金山—芝加哥—华盛顿）；第四章华会之开幕（各国态度、开幕情形、会议组织）；第五章限制军备问题（海军、陆军）；第六章太平洋问题（四国协约、雅泊岛问题）；第七章远东问题（原则之讨论、山东问题、二十一条问题、中国关税自主问题、取消领事裁判权问题、撤废客邮问题、撤退外国在华军警问题、撤废在华无线电台问题、废止租借地问题、取消势力范围问题、影响中国条约与中立权问题、中国铁路问题、西比利亚问题);第八章华会之结局(闭幕情形、本身成绩、外交成绩);第九章留美之游览(华盛顿—费城—纽约);第十章归程之经历(华盛顿—西特里—日本—上海)。附录《华府会议关于我国财政问题议》。

我们要不要承认意大利吞并阿比西尼亚? 1938 年 4 月汉口生活书店铅印本。

张铁生著。张铁生有《论国际新形势》,已著录。《问题与答案丛刊》之一。本书以 11 个问答的形式,介绍意阿战争的经过,评述我国对意大利侵吞阿比西尼亚(埃塞俄比亚)应采取的态度,明确表示绝不承认意大利吞并阿比西尼亚。

英国与印度 1600～1943 1943 年 6 月桂林科学书店铅印本。

储安平著。储安平有《英人·法人·西班牙人》,已著录。本书分从贸易进而为征服、从要求进而为抗拒、印度独立问题之观察等 3 章,考察 1600～1943 年的英印关系。卷首自序(1943 年 4 月于湖南蓝田国立师范学院)称,本书扼要叙述英国与印度过去的历史关系、讨论目前的有关问题、展望其未来发展趋势;竭力回答"广土众民"之印度何以灭亡于一个商业公司之手,东印度公司何以造成此史无前例之殖民征服,东印度公司吞并印度是否系英国政府所授意,此一历史久长实力雄厚之公司何以终又消灭,印度民族解放运动之背景若何,何以印人对于 1909、1919、1935 年各次之"印度政府法"不能满意,英国对印度所能让步者为何,英国对印度所不能让步者为何,英国能允许印度独立乎,印度能在外交上得到有实效的援助乎,印度人之民族意识成熟乎,仅仅依赖民族意识即能推翻外族的统治乎,甘地政策之评价若何,在何种原则之下印度能获得独立,印度独立在短期内能实现吗等诸多问题。

中国抗战与英国 1938 年上海一般书店铅印本。

邵宗汉著。邵宗汉有《世界政治》,已著录。本书为羊枣主编的《抗战国际知识汇编》之二,分导言、一段历史的回顾、英国远东政策的转变、英国在华利益的观察、日本向英国挑战、英国的出路在哪里等 6 章,回顾自 1931 年"九一八"事变至 1938 年淞沪抗战的历史,评述英国的远东政策与在华利益,着重分析中国抗战对英国的影响、日英在华的矛盾与争夺、英国对华政策的调整和转变。

六年来的美国远东政策 1939 年 5 月重庆生活书店铅印本;1939 年 10 月重庆生活书店再版。

(英)韦勃著,邵宗汉等译。邵宗汉译有《世界政治》,已著录。本书收录(美)F. V. Field《六年来的美国远东政策(1931～1937)》(邵宗汉译),(美)C. Hall《论美国外交政策》(邵宗汉译),(美)H. L. Stimson《告美国国民书》(艾纳译)共 3 篇文章。按:C. Hall 即赫尔,1933～1944 年任美国国务卿;H. L. Stimson 即史汀生,1929～1933 年任美国国务卿。

美国中立与未来战争 1940 年 5 月长沙商务印书馆铅印本。

张道行著。张道行(1910～1995),江苏张家港人。法学家。中央大学法学学士、留美法学博士。曾任中央政治学校教授。1949 年去台湾。《外交研究会外交丛书》本。本书共 12 章:第一章中立之一般的意义,论中立的起源、性质和演化;第二章美国对于中立原则的贡献,论美国中立政策的建立及其演化;第三章欧战时美国对于中立的态度,论威尔逊宣言、中立权利、参战的原因等;第四章国际联盟与中立的新观念,论国联机构下的中立问题、非国联会员国与中立等;第五章非战公约对于中立主义的影响,论非战公约的意义、美国中立与非战公约等;第六章意阿战争与美国的新中立法,论美国的态度及对国联制裁的影响;第七章西班牙内战与美国禁运军火,论美国军火禁运及其影响;第八章美国现行中立法的检讨,论美国现行中立法的来源、内容、性质及其缺陷;第九章美国中立与远东政策,论美国远东政策的起源和演进等;第十章美国中立与中日纠纷,论美国不承认主义与不宣布中立等;第十一章美国中立法的修改问题,论参议院和众议院等各方态度;第十二章美国中立与世界和平,论中立的困难和代价等。附录 1935～1939 年美国历次中立法及相关文件 7 种。卷首自序(1939 年 8 月于重庆)称,本书主要分析美国中立政策的演进和现时的困难，尤着重于美国与远东的关系。

苏联外交政策研究　1940 年 4 月桂林文化供应社铅印本。

钱俊瑞著。钱俊瑞有《中国革命的战略与策略》，已著录。《世界大战丛刊》本。1939 年 8 月苏德签订互不侵犯条约，令世界震惊。苏联乃当时世界局势最主要的决定因素之一，其外交政策一时被外界视为“奇特成谜”，诸如苏波、苏芬、苏日、苏中关系的发展走向均令人关注。本书从理论和历史两方面说明苏联外交政策的基础及其发展过程。作者先从苏联与世界的关联，社会主义、帝国主义与和平主义，国际主义、民族主义与国家主义等几个方面，分析苏联外交政策的理论基础；接着论述苏联外交政策演变的三个阶段；结论是——苏联实行和平政策，以争取最好的环境和最多的精力进行国内建设，同时竭力阻止战争，维持世界和平。

苏联与欧洲　1944 年 12 月重庆独立出版社铅印本。

陈钟浩著。陈钟浩有《国际政治教程》，已著录。本书分苏联与欧洲一般关系，苏联与波兰，苏联与爱沙尼亚、拉脱维亚、立陶宛、芬兰等波罗的海四国，苏联与巴尔干，苏联与罗马尼亚，苏联与土耳其，苏联改制与对外关系，苏联与战后欧洲等 8 章，述苏联与欧洲的关系及其对外政策。附录《德苏互不侵犯条约》《德苏修好划界条约》《德苏联合宣言》《芬苏和约》《英苏互助协定》《英苏同盟条约》《美苏互助协定》《第三国际解散议决案》《斯大林致路透社首席特派员金氏复函》《四国宣言全文》《三国会议公报》《三国宣言全文》《苏捷条约》《苏联政府关于苏波关系之申明》《莫洛托夫关于苏联修好宪法提案之报告》《莫洛托夫关于罗马尼亚之申明》《维辛斯基对意大利问题之申明》《苏方发表苏芬谈判之经过》等 18 种。

外蒙问题的考察(第四辑)　1938 年 7 月上海一般书店铅印本。

恽逸群著。恽逸群(1905～1978)，名钥勋。江苏武进人。曾任上海《立报》主笔、《译报》总编辑、《新华日报》华中版总编辑。中华人民共和国建立后，任上海《解放日报》社社长、华东新闻出版局局长。《一般文库》第 44 种。本书分绪论，日本侵略外蒙的经过，外蒙人民革命党的组成，蒙古人民共和国，蒙“满”边境纠纷之意义，外蒙的经济现状，外蒙的产业建设，外蒙的政治现状及社会改革，外蒙不可辱的力量等 9 章，叙述日军侵蒙经过，蒙古人民革命党、蒙古人民共和国的政治、经济概况及社会改革等，指出蒙古是一支不可欺侮的力量。卷首有《代序——外蒙古取消独立问题》，作者认为，外蒙古取消独立是民族抗战爆发后迫切需要解决的问题；当下国人对外蒙情形相当隔膜，多把外蒙当苏联附庸；日本帝国主义及其走狗则把外蒙和伪满相提并论，鼓吹中日缔盟反苏反共；要认清现今外蒙的地位，以及外蒙与苏联的关系，必须明了孙中山和中国国民党的民族主义的真义，即“中国民族自求解放”与“各民族一律平等”；中国对外蒙有无可争议的宗主权，外蒙取消独立与否，完全是中国的内政，应由中国中央政府与外蒙当局协商解决，不应要求苏联来做决定，中苏邦交的增进无疑能促进该问题的解决。

中国外交史　民国时期上海法政学院铅印本。

潘梓年著。潘梓年有《逻辑与逻辑学》，已著录。本书为著者任上海法政学院教授时的授课讲义。叙述自 1497 年(明弘治十年)至 1925 年五卅事件时期的中国外交史。

国民政府外交史(第一集)　1930 年 7 月上海华通书局铅印本；1932 年 11 月上海华通书局再版。

洪钧培编，钮长铸、张文伯校订。洪钧培(1908～1957)，字鼎立、去非。江苏宜兴人。法学家。上海法科大学毕业，法国里尔大学法学博士。历任上海法学院教授、司法行政部参事、最高法院检察官。1949 年去台湾。本书共 16 章：第一章绪论，概述中国过去外交失败略史、失败之原因、中国国际地位、国民政府之历史及其对外政策；第二章沙基惨案，论其发生及交涉经过；第三章杯葛事件，论其由来及交涉经过；第四章关税会议之抗议，论关税会议之由来及重开、国民政府对于关税会议之抗议；第五章汉浔案，论其发生及交涉之经过；第六章汉口之对日事件，论四三、九二一、一二一九等 3 个惨案；第七章收回租界交涉之经过，论收回镇江英租界和天津比租界之交涉；第八章撤销俄领承认案，论该案之由来、国民政府明令撤销俄领承认、外交部遵办之经过、处理上海苏俄商业临时委员会办案情形；第九章宁案，论宁案之发生及交涉经过；第十章济南惨案，论济案之发生及交涉经过；第十一章加入非战公约之经过，论非战公约之由来及其内容、我国加入非战公约之经过；第十二章新大明轮惨案，论该案之发生及交涉；第十三章缔结通商条约与关税条约之经过，论国民政府对外宣言废约交涉以及订立通商新约与关税新约之经过；第十四章撤销领事裁判权与收回上海临时法院，论其交涉经过；第十五章中东路事件之交涉，论中东路事件之酿成及交涉经过；第十六章结论，分析国民政府外交之弱点、提出今后应取之方针。卷首有自序、编者近照以及钮长铸遗像。

各国对中国之不平等条约　1927年6月上海世界书局铅印本；1928年10月上海世界书局3版。

程中行著。程中行（1903～1990），字晓湘，笔名沧波。江苏武进人。1925年毕业于复旦大学，后赴英国留学。曾任复旦大学新闻系主任，中国公学、政治大学、东吴大学教授，上海《时事新报》主笔、《中央日报》社长。本书分两部分：第一部分总论，定义什么是不平等条约，回顾取消不平等条约的运动，并从领事裁判权、协定关税、赔款、势力范围和最惠国条款诸方面对不平等条约内容进行分析；第二部分分论——不平等条约之经过及其要点，对英国与中国签订的6个条约、俄国与中国签订的8个条约、德国与中国签订的2个条约、法国与中国签订的3个条约、日本与中国签订的3个条约、其他各国及多国联合与中国签订的2个条约——总共24个重要条约（尤其是《中英南京条约》《中日马关条约》《辛丑条约》）作了个案梳理和评述。卷首列出1792～1915年各国对中国不平等条约年表（按：第一个是1792年的《中俄恰克图新约》，最后一个是1915年的《中日二十一条》）。

不平等条约讨论大纲　1925年10月上海青年协会书局铅印本；1926年1月上海青年协会书局再版。

孙祖基编。孙祖基有《地方自治》，已著录。本书为《公民教育丛刊》之一。卷首有弁言，再分何谓不平等条约，领事裁判权，关税协定，租界、租借地、侵略地、割让地，通商、筑路、航行、开矿、商工农业等权，赔款、外债、其他条约上之问题等6课。附录参考书籍及论文一览（列中外文书籍及论文100种）。卷首有刘湛恩序（1925年9月）。卷首《例言》（1925年9月及12月）云，本书供有志研究国际问题之青年及团体讨论用。

（抗战建国纲领研究）外交篇　1938年7月汉口正中书局铅印本。

陈钟浩编著。陈钟浩有《国际政治教程》，已著录。本书为艺文研究会主持的《抗战建国纲领研究》（周佛海、陶希圣主编）之“外交篇”（余有“总则篇”“军事篇”“政治篇”“经济篇”“民众运动篇”“教育篇”），卷首为1938年4月1日国民党临时全国代表大会通过的《抗战建国纲领》全文。《抗战建国纲领》是国民政府在抗战初期制定的全面政治纲领，包括外交、军事、政治、经济、民众运动、教育等各方面。本书分5章，就《抗战建国纲领》中的“外交”部分，阐述抗战外交的重要性及其精神、目的、策略、特征等，并附讨论大纲。

国际宣传工作要领　1944年5月重庆中央训练团铅印本。

曾虚白讲。曾虚白有《国际情报史》，已著录。本书系作者1944年5月25日在中央训练团党政训练班的讲演，分中国的国际宣传政策、国际宣传重要部门的现状、同盟国的反应与批评等三部分。在第一部分，先介绍中国国际宣传政策由宣传正义到获取实援到拉拢英美参战到争取国际地位之演变，再论述实现宣传政策的方法。

我国与世界和平　1944年4月重庆商务印书馆铅印本。

史国纲著。史国纲有《最近国际政治之趋势》，已著录。吴稚晖题签书名。本书分如何实现世界永久和平、战后建设方面时事问题的检讨、怎样争取反侵略战整个的胜利三辑，收录1943年发表的《怎样维持战后的世界和平》《建立世界和平的先决条件》《怎样划定战后的世界地图》《战后国际机构问题》《战罪问题的检讨》《中美英苏五十年同盟之建议》《中立国与侵略暴行的罪人》《迎接和平年》《苏德条约的意义》《积极增进中苏邦交》《注意南洋区域全体侨胞的善后问题》《这次战争中成败的因素》《加紧太平洋战区的攻势》《争取绝对胜利的建议》《欧亚战场并重论》等20篇论文。

中日国际编年史详目(近代部分) 1940年重庆民族文化书局铅印本。

杨家骆编著。杨家骆有《狄岱麓与李石曾》,已著录。《民族文化学会丛书》本。《中日国际编年史》一书,叙述中日之国际关系,从史前中日之地理关系始,至东汉起按年编载,讫至1937年7月7日止,共86卷(连卷首和附录),合计350余万字。卷首3卷:第一卷序、凡例、目录,第二卷中日历年对照表,第三卷英文中日编年史提要。附录3卷:第一卷图,第二卷表,第三卷索引。正文80卷:卷一:甲午以前,卷二:甲午以来,卷三:史前地理上之中日关系,卷四:中日国际关系之肇始,卷五:秦及前汉……从卷三十七起至卷八十为"近代部分"(自清光绪二十年至"七七"事变),每年一卷。本册为《中日国际编年史》"近代部分"之详目,主体为"详目"正文,正文前冠《中日国际编年史提要》《中日国际编年史总目》《中日国际编年史近代部分详目说明》。

近世东北国际关系日记 1941年东北问题研究社铅印本。

杨家骆、杨李慧著。本书体例与《近世中日国际大事年表》相似,按时间顺序记录国际社会对东北问题的关注与反应。与前者相比,地域范围从全国缩小到东北三省,中日两国则变为整个国际社会。记事始于清代光绪二十年(1894)四月,止于1931年9月19日,即"九一八"事变次日,逐日记录了有关东北问题的中外交涉大事记。

甲午以来中日军事外交大事纪要(1894～1937) 1941年重庆商务印书馆铅印本。

杨家骆编。本书记述自1894年3月至1937年7月7日中日军事外交大事。卷首《凡例》云:本书摘录自编者《中日国际编年史》近代部分,时间自光绪二十年(1894)甲午之战至1937年7月7日卢沟桥事变,"中国国内之大事,中国与日本以外各国国际间之大事,日本与中国以外各国国际间之大事,中日以外各国或其国际间之大事,凡与中日军事外交有极显著之重要关系者",均慎选列入。

近世中日国际大事年表 1941年中山文化教育馆铅印本。

杨家骆著。本书为《中山文化教育馆抗战特刊》第六种,前有1940年12月6日杨家骆在四川北碚中山文化教育馆所作自序、凡例八则。本年表纪事,自光绪二十年(1894)甲午之战起,至1937年7月7日"卢沟桥事变"爆发为止,四十四年间,中日国际大事,悉加记录。同一年史事,按时间先后排列,年份用公元,日月用阳历。为了方便读者,将四十四年之事,分为五期,每期前有"本期大事述略"。五期分别如下:第一期1894～1902年,第二期1903～1913年,第三期1914～1926年,第四期1927～1930年,第五期1931～1937年。

(九一八～八一三)中日纠纷的国际形势 1938年2月[上海]一般书店铅印本;1938年5月[上海]一般书店再版。

恽逸群著。恽逸群有《外蒙问题的考察》,已著录。本书分"九一八"以前的中国和日本、从"九一八"到塘沽协定、从塘沽协定到"八一三"、日本急迫侵华的原因等4章,论述英、美、苏、日等列强的对华政策及其相互间在中国问题上错综复杂的矛盾、日本侵华的步步深入、以及国际间侵略阵线的形成与反侵略阵线的日趋接近等问题。

中日问题与各家论见 1931年11月上海新月书店铅印本。

储安平编。储安平有《英人·法人·西班牙人》,已著录。本书收录左舜生《近六十年中日关系的鸟瞰》、胡愈之《日本帝国主义占领东省中国际形势的解剖》、俞颂华《日本侵略东省的政治的背景》、武堉干《日本侵略东省的经济的背景》、胡愈之《联盟约章非战公约及九国条约与对日外交》、罗隆基《告日本国民与中国的当局》、陈独秀《此次抗日救国运动的康庄大道》、汪精卫《救亡要义与青年责任》、胡愈之《尚欲维持中日邦交乎?》、樊仲云《对日强硬外交论》、陶希圣《日帝国主义与中国》、贯彻周刊社《我们的主张》、王造时《救亡两大政策》、陈启天《我们主张对日作战的理由》、时事新报《国民总动员论》、张东荪《全国总动员与学哲学的人们》、萨孟武《日本吞并东北阴谋的揭发》、张其昀《异哉日人所谓中和国》、梁漱溟《对于东省事件之感言》、高永晋《现在国人可以觉悟矣》等20篇文章。卷首自序(1931年10月)云，本书旨在使每个中国人知道当下一般人之主张与要求，如有人主张“忍辱负重”，有人主张宣战，有人主张取消一党专政、言论自由等。文中对当时所谓“和平统一会议”颇有讥评。

中美外交史 1928年10月上海商务印书馆铅印本；1933年3月上海商务印书馆再版。

唐庆增撰述，郭泰祺校阅。唐庆增有《唐庆增抗日救国言论集》，已著录。郭泰祺(1889～1952)，湖北广济(今武穴)人。外交家。《新时代史地丛书》本。本书分导言、中国与美国最早之邦交、美禁华工史、中日战争与美国、门户开放政策、拳匪之乱与庚子赔款问题、美国对于日俄战争之态度、中美两国借款合同间之关系、华盛顿会议、结论等10章，记述1784年美国“中国皇后号”首航香港至华盛顿会议召开时期的中美关系。附录参考书目。作者在导言和结论中指出，中美外交史较中国与他国外交史为短且较为简单；美国对中国之态度较其他列强为和平；美国对华外交之各种交涉，间接者为多；中美外交中经济商务纠纷多于政治问题。

中苏复交问题 1933年上海良友图书印刷公司铅印本。

陈彬龢著。陈彬龢有《中国佛教小史》，已著录。《一角丛书》本。本书介绍苏联的和平外交政策，中苏复交经过，对中苏复交问题的论战及中苏人士的感想，以及日本方面的观察等。

第六章　法　律

第一节　法学理论

新编法学通论　1910 年上海商务印书馆铅印本；1914 年上海商务印书馆订正版。

孟森编纂，秦瑞玠订正。孟森（1869～1937），字莼孙，号心史。江苏武进人。历史学家。留学日本东京法政大学。历任民初国会参议员，中央大学、北京大学教授，《东方杂志》主编。著有《清史讲义》等。本书分法学和法律两编，论述法学和法律的基本理论，介绍法学流派，叙述法律与其他各部门的关系、法律解释和法律效力等。第一编法学，分法学之本体（总说、法学之分量、法学之位置）、法学之宗派（总说、演绎法学派、归纳法学派）二章。第二编法律，分法律之定义、法律与社会之关系、法律与国之关系、法律与道德之关系、法律与政治之关系、法律与经济之关系、法律二字之由来、法律名词之范围、法律之分类（性法制定法、国法国际法、公法私法、实体法形式法、普通法特别法、强行法许容法）、权利及义务（权利、义务、权利义务之关系即为法律关系）、法律之解释、法律之效力 12 章。卷首有绪言，扼要论述何谓法学、为什么要学法学、法律分为哪些种类、法学通论科目有什么意义诸问题；指出宪法、行政法、刑法、民法、商法、诉讼法为最主要的 6 种法律；学习法学通论，一有益于专修法学者，二有益于普通学科，三有益于普通国民。

法学通论　1919 年 10 月北京朝阳大学出版部铅印本。

夏勤、郁嶷编纂。夏勤（1892～1950），原名夏惟勤，字敬民、竞民。江苏泰州人。法学家。北京京师法政学堂毕业，后留学日本中央大学，获法学士学位。曾任朝阳大学、中央大学、中央政治大学教授，国民政府司法行政部次长、最高法院院长。郁嶷（1890～?），湖南澧县人。法学家。曾任北京中国大学教员。本书共 4 编 28 章：第一编国家论，分国家之定义、国家之发达、国家之目的、国家之分类等 4 章；第二编法律论，分法律之意义、法律之特性、法律之目的、法律之分类、法律之成立、法律之改废、法律之解释、法律之渊源、法律之适用、法律之制裁、法律之效力等 11 章；第三编权利论（附义务），分权利之意义、权利之分类、权利之主体、权利之客体、权利之取得、权利之行使、权利之变丧、义务之意义、义务之分类等 9 章；第四编法学论，分法学之概念、法学之发达、法学之分科、法学之派别等 4 章。系统论述法的产生、发展及主要内容。卷首有万宗乾序、郁嶷序。另有绪言，云本书旨在总阐法学之要义，示初学者以准的。

法学通论　1931 年无锡江苏省立教育学院铅印本。

孙祖宏编。孙祖宏（1903～?），后改名君毅。江苏无锡人。东吴大学法学硕士。1930 年起在上海、无锡执业律师，兼江苏省立教育学院法学讲师、锡钟中学校长。《江苏省立教育学院讲义》本。本书共 13 章：第一章法律的概念；第二章法律成立的程序；第三章我国现行司法制度，分概论、县法院和兼理司法县政府的组织和管辖、地方法院的组织和管辖、高等法院的组织和管辖、最高法院的组织和管辖、检察机关 6 节；第四章律师制度，分概论、为什么要设律师、律师的代理权 3 节；第五章五权宪法和国民政府的组织；第六章民法总则的要点，分概论、自然人、法人、物、法律行为、代理、条件、期限、时、时效等 10 节；第七章民权债编的要点，分契约等 11 节；第八章民法物权编的要点，分所有权、地上权、永佃权、质权、典权等 10 节；第九章民法亲属编的要点，分婚姻、父母子女、监护、扶养等 7 节；第十章民法继承编的要点，分遗产继承人、遗嘱等 3 节；第十一章刑法上的要点，分法例、文例、时例、刑名等 14 节；第十二章民事诉讼法上的要点，分诉讼主体、诉讼行为 2 节；第十三章刑事诉讼法上的要点，分诉讼主体等 5 节。

现代法制概论　1934 年 6 月上海商务印书馆铅印本。

章渊若著。章渊若有《现代政治概观》，已著录。本书分上、下两编共 20 章。上编现代法制改造之原理与趋势，分现代法制一般的趋势、现代私法改造之原理、现代公法改造之原理、现代宪法之三趋势、现代宪法之社会化、现代行政裁判制度之趋势、吾国法制改造之基本原则等 7 章。下编现代法制革新与演进之特征，分意大利公法之特质、法西斯国家之法理、法西斯之政治制度、苏维埃国家之法理、苏俄之国体与政制、苏俄人民之自由权、苏俄之制宪机关、苏俄政制之批判、德国宪法集权之趋势、德国议会制度之改造、英国社会立法之演进与特征、法国劳工立法之演进与特征、日本法治演进之时期与趋势等 13 章。论述 20 世纪初至 20 世纪 30 年代世界法制改造的原理、趋势，以及演进的特征等；介绍意大利、苏联、英国、法国、日本等不同类型的政治制度和法律制度。作者认为法律是社会生活的要素，因社会生活的存在而存在，因社会生活的变迁而变迁，同时法律又反映社会生活，随社会生活的进化而进化。作者还认为过去西欧各国传统法制的精神均以个人主义为中心，《人权宣言》《拿破仑法典》是其代表。随着社会的变化、生产的发展、阶级的分歧，这种法制思想越来越与现代社会生活相抵触，因此现代法制趋势要与抨击个人主义、自由放任、节制资本、保护劳工的精神相一致。

代议立法与直接立法　1926 年 1 月上海商务印书馆铅印本。

董修甲著。董修甲有《市政学纲要》，已著录。本书分缘起，瑞士国之直接立法，美国之动议及公决两法，阿月公州实行动议及公决两法后之经验，1919 年美国各州动议公决两法比较观，1922 年美国各州之动议公决案比较观，美国之撤回法，纳斯安结勒司市实行撤回法后之经验，1919 年美国各州撤回案之成绩，动议公决撤回三法之比较，三法是否适用于我国及如何变通方可适用，湖南、浙江、广东三省省宪之新精神，采用动议法应有之手续，采用公决法应有之手续，采用撤回法应有之手续，总结等 16 章，介绍瑞士、美国等欧美国家的直接立法与代议立法制度，尤其是动议法、公决法、撤回法等 3 种法，并结合中国的实际情况(重点介绍湖南、浙江、广东三省省宪)分析能否采用。卷首有自序(于吴淞市政筹备处)和例言。

从法律之外到法律之内　1946 年 6 月上海生活书店铅印本。

费青著。费青(1903～1957)，一作费清。江苏吴江人。国际私法专家。费孝通二哥。东吴大学法学学士，德国柏林大学法学硕士。历任上海暨南大学、云南大学、西南联大教授。著有《国际私法论》《法理学概要》《西方法律史》等。本书系以促进政治民主为依归的《时代评论小丛书》之一，阐述什么是法律，什么是法治，什么叫“法律之外”，什么叫“法律之内”，民主与法治是什么关系，现实法与自然法有何区别，国人长期生活在“法律之外”的状况及其原因，如何使一向在“法律之外”的国人生活方式进到“法律之内”等问题。作者认为，法律是一种以国家公力为制裁的生活规范，人民若是不依此种规范而生活，国家便会利用公力强制其遵守。同时民主与法治相表里，法律真正的最后制裁，并不是统治者手中的有形武力，而是人民自己的道德力量。道德力量则源于教化，即一种尊重自己又尊重他人的民主的人生态度，如此法律、民生和教化合而为一。在长期专制制度下，中国的统治关系始终未离权力关系的窠臼，而没有进到法律关系的领域——统治者的命令就是法律，人民只是被动的服从者，法律与正义早已分离，因此国人对法律持怀疑和痛恨的态度。但是国人这种传统的“法律之外”的生活方式已不适应现代的政治组织和统治关系，使政治就范于法律或政治制度化或使政治上轨道是解决中国政治与法律关系问题的关键。卷首有《时代评论小丛书叙言》。

证述心理学 1935年10月南京首都国民印书局铅印本。

吴南轩著。吴南轩(1893～1980)，原名冕。江苏仪征人。教育家、心理学家。复旦大学预科毕业，美国加利福尼亚大学教育学博士。1931年任清华大学校长。1940～1943年任复旦大学校长。1949年去台湾。本书为著者在盐务缉私督察人员训练班的讲义，共5章，从心理学角度分析证人供述的特点，判断证人供述是否准确，研究审判心理与犯罪心理。

法律发达史 1939年3月长沙商务印书馆铅印本。

(美)莫里斯(M. F. Morris)著，王学文译。王学文(1895～1985)，原名守椿，又名昂。江苏徐州人。经济学家、教育家。日本京都帝国大学经济学部毕业。曾任中共中央马列学院副院长、中央军委总政治部敌工部部长、华北财经学院院长。中华人民共和国建立后，任中国科学院社会科学学部委员。本书对世界法制史进行研究，作者以简洁的文字，运用历史的、比较的研究方法，详细讨论了法律的起源、性质及与自然法的关系。全书共10章：第一章法律的起源和性质与自然法；第二章摩西法；第三章巴比伦腓列基和埃及法；第四章印度斯坦米太和波斯法；第五章古希腊法；第六章罗马法；第七、八章罗马民法与条顿民族之普通法间的竞争；第九章罗马民法与英国普通法的关系；第十章美国法。

考察美英两国司法报告 1946年铅印本。

倪征日奥报告。倪征日奥(1906～2003)，江苏吴江人。法学家。上海东吴大学法学院毕业、美国斯坦福大学法学博士。曾任东吴大学法律系主任。参加东京审判。中华人民共和国建立后，任荷兰海牙国际法院法官。国民政府司法行政部部长谢冠生题签书名。报告者于1945年夏至1946年4月奉司法行政部之命赴英美两国考察司法。美国部分包括法院的设置、管辖划分、法院内部组织、处理事务程序、监所概况等5章；英国部分为第六章，总述英国法院、监所概况。附录美英司法行政之主管官署，美国各州法院之名称。

法治通史 1918年1月北京共和印书局铅印本。

曹恭翊编纂。曹恭翊，江苏吴县人。曾任民国驻夏威夷领事馆领事。著有《儒哲学案合编》《集权资宪通史兵政》《法治通史》等。本书为中国法律政治制度通史，以中国历代法律、政制史料为依据，间引外国法律制度以资比较，按孟德斯鸠学说及民国新法体系讲述。资料采自“三鉴”“九通”。分行政、立法、司法、代议四部。其中，行政、立法两部上溯上古，下讫元明，以时代标为章节，叙述法制事实。行政部，分内阁、用人、国家政治、地方吏治、财政史、教育、兵政、国际史8篇。立法部，分国法、民法、商法、刑法、财政法、教育法、兵政法、国际法8篇。司法部，分历代用刑之宽严、中央审判、地方审判、司法论4篇。代议部则以现代学说标为章节，辑录历代名人格言，并加说明。卷首有梁启超序和编纂者自序。

中国法制史 1942年南京伪司法官养成所铅印本。

董康编著。董康(1867～1947)，字授经，号诵芬室主人。江苏武进人。法学家。光绪十五年(1889)进士。历任清法律馆总纂、北洋政府司法总长、伪中华民国临时政府最高法院院长、汪伪国民政府委员。伪新民学院1941年度讲义。内容包括证据法和清秋审条例两部分，是对中国历代证据的考证和对《清秋审条例》的研究，概括《条例》提要，并加解释。“秋审”即“于霜降后审录年度内判结监候之斩、绞人犯”。霜降后录囚，始于明英宗天顺二年(1458)至宪宗成化年间，由其刑部“题准”。

中国历代法家著述考 1934年上海开明书店铅印本。

孙祖基著。孙祖基有《地方自治》，已著录。本书收录上古至清末的法家著述572种，包括历代法家阐明法理的专论，朝廷官修的律令，有关刑法的疏议、提要、考证等著作，旁及有关司法行政实务一类书籍。主要辑自历代史志、补志，参考各家文集及藏书题记。每书著录书名、卷数、撰者、存佚，间附提要。

第二节　国家法与宪法

宪法　1933年10月上海商务印书馆铅印本；1934年9月上海商务印书馆再版；1937年5月上海商务印书馆3版。

张慰慈著。张慰慈有《妇女论》，已著录。《百科小丛书》本。本书结合欧西各国和中国的实例，论述宪法的定义、性质、种类、产生、内容及修改。目次为：第一章绪论——法治与人治：法律分宪法（管理政府的法律）和普通法（政府管理人民的法律）两类；世界上所有的政府都是人治的政府，同时又是法治的政府，政府只是人类的一种组织，法律也是人定的，没有法律的人治政府也是不可能的。第二章宪法的性质：宪法是根本的、基础的法律，是最高、最重要的一种法律，其他一切法律都必须遵循宪法的基本原则并靠其维持。第三章宪法的种类：从人民参与政权的数量看，分自由的、民治的、贵族的；从宪法的形成看，分汇集的和制定的或不成文的（如风俗习惯）和成文的。第四章宪法的产生：由国王制定的（钦定宪法），逐渐发展而成立的，由革命而成立的。第五章宪法的内容：宪法具有意义广阔、文字简单、界限明确的特点；其内容：规定人民的公权与政治权，规定政府组织（列举政府各机关权利，确定其执行方法，并规定选举团权力的界限），规定正式修改宪法的手续。第六章宪法的修改："宪法是生长的，不是制造的"；修改包括政策方面和手续方面。

宪法纲要　1937年4月上海商务印书馆铅印本。

汪馥炎著。汪馥炎（1891～1940），江苏武进人。日本东京政法大学毕业。历任北京政府国务院法制局参事，湖南、湖北省政府秘书，北平中国大学、上海政法学院、复旦大学等校教授。著有《宪法学原理》《各国宪政发展史》，译有《近代文学》《新文学概论》《欧洲近代文学思潮》等。《政法丛书》本。本书共6编33章：第一编宪法，分宪法之性质、宪法之内容、宪法之类别、宪法之制定、宪法之修改、宪法之解释6章；第二编国家，分国家之理念、国家之主权、国家之领土、国家与邦及邦与地方4章；第三编人权与公民权，分人权之体系、自由权、社会权、人民之义务、选举制度、直接民主政制5章；第四编议院制度，分议院之性质、议院制度之史源、两院制与一院制、议院之组织、议员之集会、议院之开闭及延会与会期、议院之停会与休会、议院之解散、议院之职权、议院内部组织及其关系、议员之权利及义务、议院委员会12章；第五编行政制度，分行政元首、内阁2章；第六编法院制度，分普通法院、行政法院、立法法院3章。附录《中华民国临时约法》（1912年3月11日公布）、《中华民国约法》（1914年5月1日公布）、《中华民国宪法》（1923年10月10日公布）、《中华民国训政时期约法》（1931年6月1日公布）、《中华民国宪法草案》（1936年5月5日公布）。末附《参考书籍及论文》。卷首有《例言》（1936年11月于上海），略谓比较宪法著作有以国家为本位和以制度为本位两种体例，本书折衷之，形式上以制度为主线，但论列制度时均扼要介绍其体系与变迁，以明了各国特殊之情形；各国宪法均处在变动发展中，故本书兼及其历史与现状；本书将各国宪法与民国建立以来制定的各种宪法进行了比较。

中国宪法大纲　1937年12月上海中华书局铅印本；1948年1月上海中华书局增订本。

储玉坤编著。储玉坤有《战后世界新形势》，已著录。本书1937年版为《社会科学丛书》本，共7章；1948年为《大学用书》本，共11章。本书综合宪政理论及总理遗教（尤其是三民主义和五权宪法），阐明中国宪法之精神。第一章绪论，分宪法的概念、现代宪法的经济基础2节；第二章中国宪政史的追溯，分宪政运动的序幕、清末的立宪运动、民国初年的立法史、军阀混战时代的制宪工作、国民党与宪政运动5节；第三章中国宪法起草之经过，分立法院公表的宪草初稿、五五宪草的通过、五五宪草的正式颁布、国民大会的延期与再延4节；第四章抗战期间的宪政运动，分团结抗战与政治改革、从宪政抗战到研讨宪草、国共会谈与联合政府3

节；第五章政治协商会议的前后，分胜利带来新的政治纠纷、政治协商会的召开、整军方案的签订3节；第六章国民大会的召开与制宪工作之完成，分召开国民大会的最后波折、国民大会的开幕、宪草修正案与五五宪草之比较、宪法的完成与实施4节；第七章中国宪法的精神，分概论、三民主义的宪法、基本国策的宣示3节；第八章中央政制，分绪论、国民大会——行使政权、中央政府——行使治权3节；第九章地方制度，分中央与地方权限的划分、省县制度2节；第十章人民权利与义务，分权利义务观念的改变、自由权与平等权、受益权与参政权、人民的义务4节；第十一章宪法的施行及修正，分过渡条款、宪法的修改2节。附录《中华民国宪法》。卷首有作者增订序(1947年12月)和林彬序(1947年6月于立法院)。

宪法草案大二毛子问答录 1913年铅印本。

马相伯著。马相伯有《五十年来之世界宗教》，已著录。本书是对1913年《天坛宪法草案》第19条关于是否设孔教为国教一条的讨论。二毛子指洋教，大毛子指外国人。

中华民国联省宪法草案及说明书 1925年9月上海泰东图书局铅印本。

汪馥炎、李祚辉编著。汪馥炎有《宪法纲要》，已著录。李祚辉，湖南武陵人。李根源题签书名。本书分国家之组织、国家事权之分配、省与国家之关系、联省议院、联省政府(大总统、国务院和参政院)、联省法院、法律、军政、教育、诠试、会计、经济、国民之权利及义务、附则等14章。卷首有二位编著者序(1925年8月)，详细梳理"联邦之说"和联省自治运动的由来与反复——民国伊始即有"联邦"之倡，迨革命成功，中央集权成为主流，其后袁世凯帝制自为，"联邦"之论重被提起，及至1920年"联省"风靡一时，自治蔚为潮流，尤以湖南最有成效，旋因各地军阀割据，兵连祸结，地方自治名存实亡，运动复归沉寂；分析阻扰省自治和联省自治施行之原因——地方疆吏拥兵自重，不愿以省宪自限，中央政府认为联省自治与藩镇割据无殊，力主统一集权；提出补救时局之策——欲消弭内争，进谋统一，唯有制定联省宪法或联邦式宪法，明确划定中央及地方权限，使其各明职责、各守分际。

从五权宪法到五五宪草的大论战 1944年2月重庆时代精神社铅印本。

张九如编述。张九如有《群众心理》，已著录。1944年1月23日，时代精神社邀请雷时行、陈虚白、周邦正等40多人依顺序逐章逐节讨论《五五宪草》，在讨论"总纲"时，专门对孙中山的"五权宪法"原理作了解释。讨论会由该社记者张九如主持，本书是这次会议的记录和归纳总结：一、战场巡礼(严肃、自由、英勇)；二、直捣五权宪法的心脏战，分研究五权宪法的两个基本准则、讨论五权宪法的四个基本问题、所向披靡的五权宪法之核心战、攻克了五权宪法的最后六大关；三、转移阵地论战五五宪草，从第一章到第八章逐一讨论，并提出国防军应另立一章、中央政府宜改名国民政府、地方制度宜改称地方自治等建议。卷首《卷首语》称，五权宪法原理高深，其精义妙用之处在分开权能，使事能体合，并以救代议制度之穷；五权宪法及据此原理草成之五五宪草，均因"曲高和寡""道大莫容"而不被一般民众所理解；本书之研讨，实为主义之宣传，力图将原理和政制贯通，使其易知易行。

五五宪草释论 1944年3月重庆中国文化服务社铅印本；1946年1月上海中国文化服务社铅印本。

陈盛清著。陈盛清(1910～2009)，字仁卿，笔名陈说。江苏溧阳人。法学家。1935年毕业于中央政治学校法律系。曾任英士大学、暨南大学、同济大学教授。中华人民共和国建立后，任安徽大学法律系主任。本书分前论、本论和后论3编共14章：第一编前论，分五五宪草的由来(中国国民党与宪政运动、宪政运动与五五宪草、五五宪草与实施宪政)、五五宪草议订经过(前期——完成初稿时期、后期——完成草案时期)、五五宪草的源流(建国程序、建国主义、建国制度)3章。第二编本论，分宪草前文以及总纲、人民之权利与义务、国民大会、中央政府(行政院、立法院、司法院、考试院、监察院)、地方制度(省、县、市)、国民经济、教育、宪法之施行及修正8章。第三编后论，分五五宪草的特色(三民主义共和国的国体、政权机关的国民大会、治权机关的各院改制、总统实权制的元首、均权制度的中央与地方、民生主义的经济制度、实施宪政的过渡条款、刚性宪法的修改与解释)、五五宪草的批评(国民大会要不要常任机关、五权制度应该怎样规定、中央与地方究竟怎样均权、妇女在宪法上应有的地位、经济与教育两章应否取销、宪法的解释应否另设机关)、五五宪草与抗战建国(主权与领土问题、人民权利义务问题、总统职权问题、五院改制问题、加强省政问题、经济与教育问题)3 章。附录《国民大会组织法》《国民大会代表选举法》。卷首弁言(1943 年 11 月于立法院)对全书的主要内容进行了概括:前论,说明宪草的由来、源流及其议订经过;本论,逐条解释宪草全文,"本章总释",系统解释各该章法文内容,"本节总释",系统解释各该节法文内容;后论,综合宪草全文,研究其特色,批判其内容,并就其是否能与抗战后所新发生的事实与经验相适应,论其大概。

宪法中的司法制度　1946 年 11 月铅印本。

夏勤著。夏勤有《法学通论》,已著录。本书就《五五宪草》第四章第四节规定的司法制度(共 7 条)提出意见和观点,研究的问题有二:一是司法院的组织,二是司法院的地位及职掌。作者强调司法对于国家治乱的重要性;讨论院长制和大法官制两种组织形态;探究司法行政隶属司法院抑或行政院等问题。作者主张:一、中国之司法院应采用院长制;二、司法院院长由总统任命,不必得监察院之同意;三、司法院院长不对总统而径对国民大会负责;四、司法院下专设最高法院,为审判民刑案件之终审机关;五、司法行政权应归司法院。

人民之权利义务　1944 年 6 月重庆正中书局铅印本;1946 年 9 月上海正中书局再版。

章渊若编著。章渊若有《现代政治概观》,已著录。本书为潘公展主编的《宪政丛书》之一,分上下编共 7 章。上编绪论:第一章现代宪政革新之原则;第二章人民权利与国家观念;第三章人民权利与自由改造。下编本论:第四章关于人民权利义务之基本原则;第五章宪草关于人民基本权利之规定;第六章宪草关于人民基本义务之规定;第七章宪草关于人民其他权利义务之规定。

民主·宪法·人权——作之民　1946 年 8 月上海生活书店铅印本;1946 年 9 月上海生活书店再版;1946 年 12 月上海生活书店 3 版。

费孝通著。费孝通有《美国人的性格》,已著录。《青年自学丛书》本。宪政杂文集。本书收录了作者探讨民主、宪政、人权的 8 篇文章,即《人民·政党·民主》《言论·自由·信用》《协商·争执·智慧》《宪章·历史·教训》《波茨坦·磨坊·宪法》《人权·逮捕·提审》《特务·暴力·法律》《住宅·警管·送灶》。卷首有潘光旦《序言——未经"国定"的一册公民读本》(1946 年 6 月),称本书所论是"民主国家的人民对政治应有的最低限度的常识"。

比较宪法纲要　1934 年 9 月上海法学书局铅印本。

汪馥炎著。汪馥炎有《宪法纲要》,已著录。本书共 6 编 31 章:第一编宪法,分宪法之性质、宪法之范围、宪法之种类、宪法之制定、宪法之修正、宪法之解释 6 章;第二编国家,分国家之理念、主权论、领土论、国家与邦及邦与地方 4 章;第三编议院制度,分议院之性质、议院制度之史源、两院制与一院制、议院之组织、议员之集会、议院之开闭及延会与会期、议院之停会及休会、议院之解散、议院之职权、议院内部组织及其关系、议员之权利及义务、议院委员会 12 章;第四编行政制度,分行政元首、内阁 2 章;第五编法院制度,分普通法院、行政法院、立法法院 3 章;第六编人权与公民权,分人权之新解释、自由权、社会权、选举制度 4 章。卷首自序(1934 年 9 月于上海)称,作者讲授宪法学近 20 年,拟整理编著研究普遍的世界各国宪法之《宪法学原理》或《比较宪法》、研究特殊的某一国宪法之《各国宪政制度》、研究各国宪法沿革历史之《各国宪法史》,适逢郭卫(郭元觉)等先生创办法学书局,计划编辑各学科教本,因撰此本《比较宪法纲要》。本书实为其《宪法学原理》之缩本。

比较宪法　1931 年上海法政学院铅印本。

汪馥炎编。汪馥炎有《宪法纲要》,已著录。《上海法政学院讲义》。本书分宪法、国家、议院、宪政制度 4 编,比较研究各国宪法的范围、种类、制定、修正、解释,以及国家的性质、任务、目的、构成要件、议院组织和行政元首等。

比较宪法　1934 年 3 月上海世界书局铅印本。

费巩编著。费巩有《英国政治组织》，已著录。本书是世界法政学社主持出版的《世界法学丛书》之一，分 4 编：第一编绪论，论宪法之意义、宪法之来源、宪政演进史、宪法之种类及宪法之修改，以英、美、德、法、瑞士五国为主，以日本、挪威、比利时等国为辅，以各国之经验比较中国宪政。第二编公民与国家，论人权保障、选举制度、直接立法。第三编国家之形式，介绍单一国家和联邦国家。二、三两编均列举各国实例。第四编政府之形式，介绍立法机关、行政机关、司法机关，评论各国宪法，指出短长，供本国制宪参考。末附参考书目。扉页注明著者的身份为“英国牛津大学学士、国立浙江大学教授”。卷首自序(1933 年 12 月于浙江临安)指出：民国建立以后，宪治渐为国人所关注，本书范围涵盖英、法、德、美、日等国宪政，但不以国家为单位，而以问题为单位，着重比较诸宪之异同及政制之得失。作者对本国宪法持严厉批评的态度，认为民国建立以来之约法、宪草多为具文，殊未见真能实行。

宪法要览　1922 年 10 月北京京华印书局铅印本。

沈钧儒、何基鸿编纂。沈钧儒有《家庭新论》，已著录。何基鸿(1888～?)，河北藁城人。法学家。本书为中外宪法资料汇编，分上下编。上编为外国宪法：甲、国法，收德意志宪法、普鲁士宪法、奥地利联邦宪法、捷克共和国宪法、波兰共和国宪法、匈牙利苏维埃联邦共和国宪法、俄罗斯苏维埃联邦共和国宪法、赤塔远东共和国宪法、葡萄牙共和国宪法、北美合众国宪法、瑞士合众国宪法、委内瑞拉合众国宪法等 12 部；乙、州法，收美国俄克拉荷马州宪法、瑞士日内瓦州宪法、瑞士伯尔尼州宪法、瑞士阿彭策尔州宪法等 4 部。下编为中国宪法：甲、国宪，收中华民国临时约法与宪法草案对照表、中华民国宪法刍议(王宠惠)、中华民国宪法草案(张嘉森)等 3 文；乙、省宪，收湖南省宪法(附省议会组织法、省议会议员选举法、省长选举法、法院编制法、县议会议员选举法等 5 种)、浙江省宪法(附省宪法施行法、省议院法、省议院议员选举法、省政院法、省长选举法、省政院政务员选举法、省法院编制法、监察院法、审计院法、县议会法、县参事会法、市乡自治法等 17 种)、四川省自治组织法案(陈启修)、四川自治法草案、湖北省自治法草案、省宪法大纲草案(自治同志会)、省自治根本法大纲(丁佛言)等。

欧洲新宪法述评　1923 年 12 月上海商务印书馆铅印本；1924 年 9 月上海商务印书馆再版；1925 年 6 月上海商务印书馆 3 版。

张慰慈等著译。张慰慈有《妇女论》，已著录。本书为《东方文库》第 17 种(《东方杂志》二十周年纪念刊物)。收录张慰慈著《欧洲的新宪法》、狄侃译《欧洲四新兴国宪法之比较观》(按：德意志、波兰、捷克斯洛伐克、南斯拉夫四国)，程天放(程学愉)著《德意志之新宪法》、王敦常译《普鲁士新宪法述评》、江显之译《波兰共和国宪法述评》等五篇文章。

现行市组织法平议　1929 年 1 月武汉市市政委员会秘书处编译室铅印本。

董修甲著。董修甲有《市政学纲要》，已著录。《市政丛书》第二种。本书分上、下编。上编审查前两种市组织法(按：指《特别市组织法条文》《市组织法》)，分两种市组织法之优点、市组织法待商榷各点。下编审查公布后两种市组织法平议。附录审查前之两种市组织法条文、审查公布后两种市组织法条文(特别市组织法条文、市组织法条文)。卷首有陆丹林《发刊市政丛书之旨趣》(1929 年 1 月于武汉市市政委员会秘书处)。封底附董修甲著述目录 12 种。

中国国籍法　1943 年 5 月国民图书出版社铅印本。

董霖著。董霖有《帝国主义与中华民族》，已著录。本书分甲乙两部分。甲概说：一、中国国籍法之制定；二、取得中国国籍之方式，分出生、归化、结婚、认知、收养、复籍、自愿脱籍之撤销等 7 节；三、丧失中国国籍之方式，分结婚、认知、自愿脱籍、取得或回复国籍之撤销、丧失中国国籍之限制等 5 节；四、国籍上之重要问题，分双重或多重国籍、无国籍等 2 节。乙法规：一、现行法规，有国籍法(1929 年)、国籍法施行条例(1929 年)、发给国籍许可证书规则、许可证书式、保证书式、愿书式、关于国籍变更之各项书类程式、审核取得国籍人解除限制规则、申请书式、旅外侨民国籍证明书规则、呈式、国籍证明书式等 12 种；二、过去法规，有中国国籍法、宪政编查馆奏遵旨议覆国籍条例折、国籍条例(1909年)、国籍条例施行细则、发给国籍执照简章、国籍法(1912年)、国籍法施行细则、修正国籍法(1914年)、修正国籍法施行细则、发给关于国籍之许可执照简章等10种。

第三节　刑法及其他法律

新刑律释义　1911年上海商务印书馆铅印本;1916年上海商务印书馆再版;1922年上海商务印书馆修订版。

秦瑞玠编著。秦瑞玠(1874～?),字晋华。江苏无锡人。清优贡。日本法政大学毕业。曾任江苏省咨议局议员、北京临时参议院议员。1922年代理农商部次长。1923年任商标局局长。初版名《大清新刑律释义》,以后各版为修正本,去掉"大清"二字,并据民初《暂行新刑律》和当时国情对释义做了相应修改。本书绪论部分,分刑法之性质、刑罚之目的、犯罪之原因、刑事政策之作用、世界各国刑法沿革之大略、我国刑法上沿革及其改正之要点等6章;总则部分,分法例(第1～9条)、不论罪(第10～16条)、未遂罪(第17～18条)、累犯罪(第19～22条)、俱发罪(第23～28条)、共犯罪(第29～36条)、刑名(第37～49条)、宥减(第50条)、自首(第51～53条)、酌减(第54～55条)、加减例(第56～62条)、缓刑(第63～65条)、假释(第66～67条)、恩赦(第68条)、时效(第69～76条)、时例(第77～80条)、文例(第81～88条)等17章。

(国民政府新颁行)中华民国刑法释义　1931年2月上海法政学社铅印本。

王洪江编纂、王开疆校订。王洪江(1905～1995),字可方。江苏如东人。律师。1927年毕业于上海法科大学,曾任首都律师公会常务理事。王开疆(1890～1940),江苏如东人。律师。洪江堂叔。曾任国民政府法官惩戒委员会秘书长。本书由于右任题签,王宠惠、茹欲立、王淮琛分别题词。本书所称《中华民国刑法》,为国民政府1928年3月10日公布之刑法。该刑法共48章387条,其中总则14章102条、分则34章285条。作者依次逐章逐条以例释义:第一编总则:法例;文例;时例;刑事责任及刑之减免;未遂罪;共犯;刑名;累犯;并合论罪;刑之酌科;加减刑;缓刑;假释;时效。第二编分则:内乱罪;外患罪;妨害国交罪;渎职罪;妨害公务罪;妨害选举罪;妨害秩序罪;脱逃罪;藏匿犯人及湮灭证据罪;伪证及诬告罪;公共危险罪;伪造货币罪;伪造度量衡罪;伪造文书印文罪;妨害风化罪;妨害婚姻及家庭罪;亵渎祀典及侵害坟墓尸体罪;妨害农工商罪;鸦片罪;赌博罪;杀人罪;伤害罪;堕胎罪;遗弃罪;妨害自由罪;妨害名誉及信用罪;妨害秘密罪;窃盗罪;抢夺强盗及海盗罪;侵占罪;诈欺及背信罪;恐吓罪;赃物罪;毁弃损坏罪。作者特别说明:各条目根据官书并经详切勘校;本书主旨在使人人通晓刑法之真义,故文字浅近,于说理未能详尽之处多设例以明之;现行刑法系由暂行新刑律删改而来,本书对其删改之处(即新旧不同之处)详加说明;本书阐明立法之理由,注重学理研究。王开疆序称赞作者纵观典制源流,网罗各家学说,用科学整理法,探本勾玄,充分诠释,晦者因之即显,微者因之即著。

刑法分则　1921年4月北京朝阳大学出版部铅印本;1922年6月北京朝阳大学再版;1927年北京朝阳大学又版。

夏勤编。夏勤有《法学通论》,已著录。本书为《朝阳大学法律科讲义》,分上、中、下三卷。上卷为"对于个人法益之罪",包括侵害生命罪、侵害身体罪、侵犯自由罪、侵害名誉罪、侵害财产罪、毁弃损坏罪;中卷为"对于社会法益之罪",包括公共危险罪、妨害交通秩序罪、妨害社会间交易上之信用罪、违反社会善良风俗罪、妨害公众健康罪;下卷为"对于国家法益之罪",包括动摇国本罪、妨害国交罪、损害国信罪、抵抗国权罪、扰害审判罪。1927年版为夏勤编著,胡长清注疏。封面标注著者为"日本中央大学法学士"。按:胡长清(1900～1988),字次威。四川万县人。法学家。

刑事诉讼法要论　1931年北平朝阳大学法律评论社铅印本;1944年3月重庆商务印书馆铅印本。

夏勤编著。本书为司法院法官训练所主编,分绪论和本论两部分。绪论分刑事诉讼法与刑法之关系、刑事诉讼法及刑事诉讼之意义、刑事诉讼法之解释、刑事诉讼法之地位、刑事诉讼法之效力、刑事诉讼之种类、刑事诉讼之阶级、刑事诉讼之法律关系、刑事诉讼之条件、刑事诉讼之方式、刑事诉讼之主义等 11 章。本论分诉讼主体(如法院、原告、被告等),诉讼行为(如诉讼时限、处所、种类、证据、证人、裁判等),通常诉讼程序(分公诉、自诉、上诉、抗告,公诉则分侦查、起诉、审判),特别诉讼程序(分申请再审、非常上诉),裁判之执行(如死刑、自由刑、财产刑等),附带民事诉讼等共 6 编 68 章。

刑事诉讼法　1927 年北京朝阳大学铅印本。

夏勤编。本书为司法院法官训练所主编《朝阳大学法律科讲义》。除绪论概述刑事诉讼法的意义、渊源、解释、效力、种类、方式,以及刑事诉讼与刑法、法律关系外,又分刑事诉讼主体、刑事诉讼行为、通常诉讼程序、非常上诉及再审、裁判的执行、刑事诉讼附带解决的问题等 6 编。

刑法比较学(上册)　1933 年 4 月上海法学编译社铅印本。

董康著。董康有《中国法制史》,已著录。《法学丛书》本。本书用国民政府 1928 年刑法比较中国历代刑法及日、德等外国刑法,其立意不在斤斤于条文之比较,而在注重立法精神之异同。本书仅见上册,即第一编,分法例、文例、时例、刑事责任及刑减免、未遂罪、共犯等 6 章。卷首有《赘言》和《凡例》。作者指出,刑法视社会为变迁,本编探因革之迹,以知今昔社会之实况。

民法纲要　1929 年 5 月上海广益书局铅印本;1929 年 10 月上海广益书局再版。

蒋伯年编著。蒋伯年(1889~1945),江苏苏州人,曾任国民政府南京军用轮船处处长。其父蒋炳章(1864~1930),清朝进士,曾任江苏咨议局副议长。《上海法学社考试丛书》本。本书分总则、债权、物权、亲属、继承等 5 章。

民法总则诠论　1948 年 7 月南京倪江表律师事务所铅印本。

倪江表著。倪江表,江苏人。民法学家、执业律师。曾任中央政治学校总务处总干事。1949 年去台湾。《大学用书》本。本书分绪论和本论两部分,绪论分第一章法律(法律之概念、法律与其他规范法则之关系、法律之渊源、法律之分类、法律之成立与废止、法律之适用与解释、法律之效力);第二章权利与义务(法律与权利义务之关系、权利之概念与分类、义务之概念与分类、权利义务之主体客体与标的、权利义务之取得丧失与变更);第三章民法(民法之概念、民法之编纂、民法之编制、民法之批评)。本论分第一章法例(总说、民事法规适用之次序、行使权利履行义务之原则、权利滥用之禁止、权利保护之方法);第二章人(总说、自然人、法人);第三章物(总说、物之概念、物之分类);第四章法律行为(总说、法律行为之概念、法律行为之分类、法律行为之要件、法律行为之能力、法律行为之意思表示、法律行为之附款、法律行为之代理、法律行为之效果);第五章期日与期间(期日与期间之意义、期日与期间之普通计算法、期日与期间之特别计算法);第六章消灭时效(概说、消灭时效之概念、消灭时效之期间、消灭时效之中断、消灭时效之停止、消灭时效之效力、其他民事法律中之消灭时效)。全书参考中外民法述其理论,诠释条文。卷首弁言(1948 年 5 月)称,本书与作者另撰之《民法物权诠论》互为姊妹篇。封面标注作者为“国立政治大学、国立中央大学法学教授”。

婚姻·子女·继承(法律讲话)　1937 年 10 月上海生活书店铅印本;1938 年 5 月汉口生活书店再版;1947 年 4 月上海生活书店改版。

沙千里著。沙千里(1901~1982),原名重远,曾用名仲渊,原籍江苏苏州,生于上海。律师。上海法政大学毕业。中华人民共和国建立后,任全国政协副主席。《生活丛书》本。本书系 1933 年著者在华东广播无线电台播讲之法律问题讲座,1937 年著者作为七君子之一关押在苏州看守所,遂据广播稿整理成书。全书分法律知识的普及、订婚、婚约的解除、结婚、夫妻财产制、离婚、离婚后、子女、遗产继承、遗产的分配、遗嘱等十一个部分。卷首有出版序(1937 年 6 月)、改版题记(1947 年 1 月于上海平正法律事务所)。

日本商法论　1911 年 5 月上海商务印书馆出版;1913 年 5 月上海商务印书馆 3 版。

(日)松波仁一郎著,秦瑞玠译。秦瑞玠有《新刑律释义》,已著录。本书分总则、会社、商行为、手形和海商等5编。总则编分商人、商人能力、商业注册、商号、商业账簿、商业使用人、代理商等7章;会社编分总则、合名会社、合资会社、株式会社、株式合资会社、外国会社、罚则等7章;商行为编分总则、买卖、交互计算(按即债权债务结算)、匿名组合、仲立营业(按即居间行为)、问屋营业(按即经纪行为)、运送取及营业(按即货运代理)、运送营业(按包括货物运输和旅客运输)、寄托(按即保管)、保险(按包括损害保险和生命保险)等10章;手形(按即票据)编分总则、为替手形(按即汇票)、约束手形(按即本票)、小切手(按即支票)等4章;海商编分船舶及船舶所有者、船员、运送、海损、保险、船舶债权者等6章。

商法纲要　1929年4月上海广益书局铅印本;1929年10月上海广益书局再版。

蒋伯年编著。蒋伯年有《民法纲要》,已著录。《上海法学社考试丛书》本。本书共5章:第一章商人通例,分商人、商人能力、商业注册、商号、商业账簿、商业使用人及商业学徒、代理商7节;第二章公司条例,分总纲、无限公司、两合公司、股份有限公司、股份两合公司、罚则6节;第三章商行为,分总论、买卖、牙行、卖送承揽业、运送业、仓库业(堆栈业)、损害保险业、生命保险业8节;第四章票据,分总论、汇票、本票、支票4节;第五章海船,分海船、海船关系人、海船契约、海损、海难救助、海船债权之担保6节。卷首"例言"称,本书第一、二章,依1914年公布之《商人通例》和《公司条例》编纂;第三、四、五章,均以草案为主,而票据间参以海牙统一票据规则,以资补充。

商法概论(学生版)　1939年铅印本。

李中道著。李中道,原籍江苏吴县,生于上海,上海东吴大学法学院毕业,美国密歇根大学法学博士,后在沪从事律师职业,1930年代任东吴大学校董。其父李维格(1867～1929),清末维新运动先驱,实业家。其子李正名(1931～),南开大学教授、中国工程院院士、化学家。本书分绪论和4编共31章:绪论,分法律纲要、商事习惯法及民商法典2章;第一编契约,分契约概论、意思一致要约及承诺、意思一致续要约及承诺、契约之法定文字方式、契约原因、当事人订约能力、意思之真实、目的之合法、第三人之债权及债务、债之移转于第三人、契约之解除12章;第二编商业组织法,分代理合伙及公司之设立、商业关系对外之效力、商业内部组织及管理、商业组织之解散及清算、他种商业组织5章;第三编关于财产之契约,分寄托、买卖、租赁3章。第四编商业信用法,分票据概论、汇票、本票、支票、保证债务法、抵押权、动产质权、权利质权、留置权9章。

著作权律释义　1911年7月上海商务印书馆铅印本;1914年4月上海商务印书馆再版。

秦瑞玠编纂。秦瑞玠有《新编法学通论》,已著录。本书是对宣统二年(1910)清政府颁布的《大清著作权律》的注释性著作。全书按照《大清著作权律》的章节,比较当时日本等西方国家著作权法理,逐一解释其法学含义,是中国著作权法的第一部注释学著作。本书开启中国近代著作权法律理论研究之先河,对民国著作权法以及后世的著作权法律均有承前启后的学术价值。全书由绪论以及5章法律条文解释组成,绪论含著作权律之定义、著作权律之性质、著作权律之世界的观察、著作权律之历史的研究、著作权律与警察法令之差别、著作权律与国际条约之关系;第一章通则(第1～4条);第二章权利期限,含年限(第5～10条)与计算(第11～15条);第三章呈报义务(第16～23条);第四章权利限制,含权限(第24～32条)、禁例(第33～39条)和罚例(第40～50条);第五章附则(第51～55条)。需要特别指出的是,作者能够在近代中国社会转型时,立足于世界眼光,以近代法的全新理念解释著作权法,释义贯穿着权利主体平等、规范程序法定、权利设定衔接旧制度,使其溯及力的规定能够细致入微,藉此可窥见清末法学在注释学意义上已经达到的学术水平。

国际公法论　1933年4月上海商务印书馆铅印本。

汪馥炎著。汪馥炎有《宪法纲要》,已著录。《上海法学编译社法学丛书》本。本书分国际公法概论和国际公法本论两卷。概论分7章,论述国际公法之词源、性质、定义、渊源,国际公法与其他科学如国内公法、国内私法、外交、历史、地理等之关系，国际公法发达史，以及国际公法思想之派别；本论分 6 编共 28 章：第一编国际实体法，分国际人格、国家之意义、国家之分类、国家之承认及继承、国家之权利、国家之责任 6 章；第二编国际境界法，分国境划分之标准、领水、领空、领土之取得方式、领土内外之法权 5 章；第三编国际交涉法，分外交机关、社会机关、国际会议、国际条约等 5 章；第四编国际纷争解决法，分平和解决法、强硬解决法等 3 章；第五编国际战争法，分交战法规概论、陆战法规、海战法规、空战法规 4 章；第六编国际中立法，分中立概论、中立之权利义务、战时禁止物品、非中立役务、战时封锁 5 章。另有国际组织法和国际行政技术法二编因故省略。卷首有荷兰国际法始祖格劳秀斯博士石像及国际联盟会会址建筑图。例言（1932 年 1 月于沪西）云，本书一改传统国际法分和平法与战争法之体例；本书所引材料截止 1931 年，可称为"现代国际法"。

春秋国际公法　1939 年 3 月昆明中华书局铅印本。

洪钧培编。洪钧培有《国民政府外交史》，已著录。本书分概论、平时法规、战时法规 3 编，系统介绍春秋时期各国之间的国际公法。第一编概论：第一章中国古代存在国家公法辩，分否认派说、赞成派说、中国古代存在国家公法之理由 3 节；第二章春秋前国家之组织及其关系；第三章春秋时国家之组织及其关系，分春秋释义、周诸侯独立之原因、周王与诸侯、霸主国与盟国 4 节；第四章春秋时重要国家及其外交政策，分夏族重要国家（齐、晋、郑、陈、鲁、宋、卫、秦、周）、蛮族重要国家（楚、吴、越）、夷族重要国家（舒庸、淮夷）、戎族重要国家（济阳戎、无终、徐吾氏）、狄族重要国家（隗、潞、鲜虞）5 节；第五章春秋国际公法之渊源，分自然法和国际道德、周旧制、习惯、条约、国内法 5 节。第二编平时法规：第一章国家，分国家之要素、国家之种类、政府之承认（承认之必要、承认之手续、承认之效力、承认之时期）、领土之取得国家之消灭与变更及土地并有之权利义务、国家之权利义务（国家之权利、国家之义务、国家之责任）5 节；第二章盟会，分盟会之成立及其概况、盟会之组织（会员、会长、会长之道义）、盟会之议会（盟会之重要议会、会议之居先权、会议之秩序、会议之地址）、盟会之职务（政治及经济义务、军事职务、司法职务）4 节；第三章国际交涉人员，分君主、使节、军事代表、外交行政官 4 节；第四章盟，分盟在春秋时之价值、盟之种类、盟之要件、盟之实行、盟之礼仪、盟之消灭 6 节；第五章关税；第六章护照；第七章国际纷争之解决，分直接交涉、斡旋、调停、裁判 4 节。第三编战时法规：第一章战争之开始，分战争之理由、绝交、钟鼓而进、侵袭谲诈、民军问题、间谍问题 6 节；第二章战争之义务，分不伐丧国、不伐乱国、禁通叛逆、处险不薄、禁伤敌君、禁杀俘虏、埋葬死亡、禁伤人民、严律兵纪、礼待敌使、禁灭同姓国家 11 节；第三章中立问题；第四章战争之结束，分礼敌平盟、灭国存祀、释归俘虏、补救疮痍 4 节。卷首有陈顾远序（1937 年 4 月于南京）。

抗战与国际公法　1938 年 2 月长沙商务印书馆铅印本。

汪馥炎著。汪馥炎有《宪法纲要》，已著录。本书为中国文化抗战协会主编的《抗战小丛书》之一，中国文化抗战协会书记长潘公展所在《发刊旨趣》称，现代战争是全民族的战争，是整个国力的对比，"努力于民众潜在力量的发扬"是当前重要的抗战工作，本丛书提供国民以"应付进入大时代的必要常识"。本书偏重于法理的探讨，论述适用于抗战的国际法，共分五部分：前三部分论述战争的观念、中立的观念和战争的宣言；第四部分论述战争在法律上的效果，包括对于外交官、条约、敌侨、通商、财产、商船的效果；第五部分论述抗战中的几个法律问题，包括上海租界中立、空中轰炸、海岸封锁、外国驻兵等问题。卷首有《引言》，略谓本书将中国自抗战以来所发生的诸多问题作简明研究，固蕴含政治的意义，但偏重法理的探讨，以普及民众知识、增加学问兴趣。

治外法权　1929 年 11 月上海商务印书馆铅印本；1933 年 1 月上海商务印书馆再版。

吴颂皋著。吴颂皋有《欧洲外交史大纲》，已著录。本书共 10 章：第一章绪论，概述治外法权在法理上的根据、治外法权的涵义的分析、治外法权与不可侵犯权利之区别、治外法权与领事裁判权之关系；第二章外交官的治外法权，论述外交官享有治外法权的性质与内容、外交官所属人员是否亦享有治外法权、外交官享有治外法权之时效问题应如何解释、外交官经过第三国国境时是否享有治外法权、所谓不可侵犯权利是否外交官享有治外法权之一部；第三章元首的治外法权，论述元首享有治外法权之性质与内容、元首所属人员是否亦享有治外法权、元首对于其所属人员能否行使法权、元首享有治外法权之时限问题；第四章其他享有治外法权者，论述国际联盟盟员之代表及联盟所属职员、海牙常设国际裁判法庭法官及其所属职员、其他服务于国际的政治机关之职员、苏俄商务代表应否享有治外法权；第五章外国军队的治外法权，论述平时外国军队享有的治外法权、战争时期内外国军队享有的治外法权；第六章外国军舰的治外法权，论述外国军舰是否享有治外法权、外国军舰享有治外法权之内容、外国军舰所属人员登岸后的治外法权问题、外国军舰是否有庇护罪犯之权、外国军舰外何种船只得享有治外法权；第七章领事与治外法权，论述领事制度之起源及沿革、领事能否享有治外法权、一般领事与少数领事之区别；第八章外国侨民与治外法权，论述领事裁判权产生之原因、领事裁判权之法律的根据；第九章外国侨民在土耳其及其他各国享有之非法的治外法权，论述土耳其领事裁判制度的起源、土耳其领事裁判制度之内容的分析、土耳其撤废领事裁判制度之经过情形、其他实施领事裁判制度的国家；第十章外国侨民在中国享有之非法的治外法权，论述中国领事裁判制度的起源、中国现行领事裁判制度的内容的分析、中国对于撤废领事裁判制度之要求与努力、今后中国应有之准备及补救方法。卷首有自序(1929 年 3 月于上海)和再版序(1932 年 10 月于南京)。

第七章　军　事

第一节　军事理论

军事哲学　1945年《新中国》杂志社铅印本。

史久光著。史久光（1885～1962），字寿白。江苏溧阳人。军事学家、军事教育家。日本陆军士官学校炮兵科毕业，后赴德国柏林大学研习要塞工程学。曾任陆军大学兵学教官、炮兵学校校长等职。1936年2月授少将，1946年7月晋升中将。本书分4编共22章。第一编为哲学之概念、哲学与宗教、哲学与科学、哲学研究方法；第二编为何谓知识哲学、何谓自然哲学或形而上学、何谓人生哲学、何谓军事哲学；第三编为中国哲学概观、孔子三大事业与一贯之道、教育家之孔子（附孔子对战争之观念）、《大学》之人生哲学、《中庸》之人生哲学、《大学》进一步之研究、《中庸》进一步之研究、军事哲学之附录；第四编为读《六韬》、读《孙子》、读《吴子》、军纪、统帅、将校团之研究。

军事哲学札记　1946年11月南京世界兵学社铅印本。

史久光著。本书分四部分：一、武德与军事教育（智信仁勇严，中国武德之理想也。文德重心，武德重术）。二、儒家国防思想问答（儒家国防思想之起源；儒家国防思想之目的；五伦与国防之关系；政治家与国防家之区别；内圣外王之道；历代儒家国防理论概述：从尧舜禹至孙中山）。三、军事哲学新论（军事哲学研究法；军事哲学之归宿；西洋哲学与军事关系；东方哲学与军事关系；孔子哲学；孟子思想与国防；儒道——孔老思想异同与国防作战关系；儒墨势力消长问题；管子及申商韩三家国防理论与儒家之关系；东方哲学史时期之划分及其国防理论一贯之倾向；两汉以后迄唐末五代哲学之成绩与国防精神；隋唐以后之哲学成绩与国防精神；两宋哲学之成绩与国防精神）。四、战场心理学纂要（平战两时将校士卒心理显著变化之原因；由役种变化与时间经过观察之将校士卒心理；各种行动间将卒心理；阵地战与运动战）。卷首有自序（1945年10月于重庆）。

论战争的性质　1940年民族革命出版社铅印本；1940年新知书店铅印本。

钱俊瑞著。钱俊瑞有《中国革命的战略与策略》，已著录。《战地文化丛书》本。本书分怎样确定战争的性质、第一次帝国主义战争及战后的基本局势、第二次帝国主义战争的新阶段等3节。附录《世界大战中美国的动向》《苏联进兵芬兰的剖视》等。

第二节　世界军事

世界军备　1934年9月南京正中书局铅印本；1937年2月南京正中书局3版。

王柏龄主编，史无弓辑译。王柏龄（1889～1942），字茂如。江苏江都人。日本陆军士官学校毕业。曾任黄埔军校教育长、江苏省建设厅厅长、国民革命军陆军上将。史无弓，生平不详。本书分2部。第一部共9编：列强军备扩充之方向、陆军、海军、空军、化学兵器、病菌战争、列强之军事预算、战争之经济准备、列强军备扩充之一般的总结。第二部：列强军备之图画说明（枪类、炮类、坦克类、铁甲车类、飞机、军舰、化学武器等）。卷首前言称，作者利用最近国外出版的书报杂志辑译是书，以冀对世界列强之备战狂热与军备实况有所揭露与介绍，尤其对法、英、美、日、苏五大列强之军备实况（陆海空军之数目及战斗力、军事生产力等）介绍尤详，并附配一些很有价值的图片。

列强军备概要（苏联之部） 1937年7月庐山暑期训练班编印铅印本。

徐祖诒讲。徐祖诒（1895～1976），一作祖贻，字燕谋。江苏无锡人。保定军校、日本陆军士官学校毕业。曾任第五战区参谋长、中央军校第八分校主任、陆军大学兵学研究院主任。1949年去台湾，任“国防部”中将高参。本书分国防方针、建军趋向、统帅机构、苏联战时兵员之估计、苏联兵役制度概要、陆军、海军、空军等8章，内列《苏俄陆军军区图》《苏联陆军常备兵力概数表》等大量图表。作者另有1937年在庐山暑期训练班讲述之《列强军备概要（日本之部）》，未见书。

欧战论 1940年2月桂林文化供应社铅印本。

张志让著。张志让有《抗战与青年训练》，已著录。本书分欧战的性质、希特勒的旧霸图、慕尼黑以后希特勒霸图的修正、墨索里尼的企图、德意在企图上的谅解、德意在战略上的谅解、英法态度与欧战始期的形势、苏联出兵波兰后战局的巨变、欧战可能的发展、战争中透露的光明等10章。

德国心理战 1943年10月重庆商务印书馆铅印本；1944年4月重庆商务印书馆再版（赣县初版）。

（美）法拉哥（Ladislas Farago）等著，萧孝嵘、丁祖荫译。萧孝嵘（1897～1963），著名心理学家。湖南衡阳人。丁祖荫（1913～?），心理学家。江苏无锡人。1936年毕业于中央大学心理学系，1935～1936年为中央大学教育实验所研究生。1946年起历任中央大学心理学系、南京大学心理学系、南京师范学院教育系、南京师范大学教育科学学院教授。《人事心理研究社丛书》第二种。原书为美国国家精神委员会编，法拉哥主编，目的在使美国人明了德国纳粹军事心理学的背景、组织、功用及其发展，以利美国国防。全书共3篇：第一篇过去战事之检讨，归纳德国对于第一次世界大战失败的种种解释，由此解释而产生的态度及在两次战事中间重整军备的步骤，指出重整心理军备的重要性。第二篇全面战争中之心理，叙述德国心理的动员，阐述德国军队中心理工作的起源及其进步，军事心理学家的选择及训练，心理学家与军人的关系，德国总参谋部心理处的组织及其功能，分析领袖心理问题，阐述领袖的心理条件及危机，领袖的心理维护方法，介绍军队中将校士官及技术人员的选择及测验，论述军事教育心理学、军事生活中的心理知识、战争经验的心理对军事战斗的影响。第三篇德国心理战，阐明全面战的概念，心理战的战略及战术，心理战的范围，民族心理学，心理战的武器，影响国民士气的积极因素及消极因素。卷首有萧孝嵘《缘起》（1943年4月识于国立中央大学心理系）和《概览》。卷末有《从本书获得何种教训》。按：丁祖荫另撰《〈德国心理战〉书后》，载重庆《军事与政治》1943年第6期（1943年12月）。

第三节　中国军事

军箴 1929年4月无锡五大印书局铅印本。

唐文治著。唐文治有《十三经题纲》，已著录。本书前有王士珍、赵尔巽、岑春煊序，末有自跋（1925年农历七月）。本书之作，实有感于甲子浏河之役——1924年的江浙战争或称齐（燮元）卢（永祥）战争，太仓浏河首当其冲，是役作者先人坟墓被毁、父亲役死、家人流离失所，兵祸于苏人害莫大焉。全书目次为：卷一、法守七条：守道德仁义、礼让廉耻、诚质信用、和平忍让、勤俭、本分、真实学问。卷二、戒律六条：戒奸淫、抢掠焚烧、骚扰、勒索商民、赌博、吸食鸦片栽种罂粟。卷三、孟子格言：滕文公竭力以事大国、不仁者可与言哉、鲁欲使慎子为将军，等等。卷四、先贤遗范：汉关壮缪侯、宋岳忠武王、明戚武毅公、清曾文正公。卷五、军人歌：爱国歌、爱民歌、戒奸淫歌、戒抢烧歌、戒骚扰歌、戒鸦片烟歌、戒赌博歌、拜关圣歌、拜岳王歌等。

操典纲领第一条释义——国民革命军的目的和使命　1943年成都中央陆军军官学校铅印本。

陈继承(1893～1971),江苏靖江人。国民党陆军中将。保定军校毕业。1924年被聘为黄埔军校中校教官。1932年任洛阳卫戍司令。时任中央陆军军官学校教育长。本书为《黄埔小丛书》之一,系对中央陆军军官学校学员的讲演,讲述国民革命军的目的和使命。黄埔军校(后称中央陆军军官学校)《操典纲领》第一条原文为:"求得我中华民国之自由平等为目的,凡有侵犯我领土与主权及妨害我主义之推行者,须全力防制而歼灭之,以完成我军人惟一之使命。"该条指出了革命军人的使命和目的。作者认为它有三点重要意义:一、我们的军队是国民革命军。解析"国民""革命""国民革命"三词的精义。二、国民革命军是为实行国民革命而组成的、担负着完成国民革命实现三民主义的重大使命。解析孙中山三民主义的内涵。三、国民革命因任务和使命的不同分为两个阶段,现阶段主要任务是抗日,维护国家领土和主权的完整。解析国民党的军政、训政和宪政以及安内攘外政策。

后方民众的总动员　1937年10月上海生活书店铅印本;1938年2月汉口生活书店3版。

胡绳著。胡绳有《辩证法唯物论入门》,已著录。本书分对于这一次抗战的认识、个个人都在抗战的队伍中、为了胜利忍受一切牺牲、用一切力量援助前线、加紧生产的活动、精神上的武装、到广大的农村中去、组织成一座铁的长城、后方民众的总动员等九个部分,讲述抗战的意义及民众在抗战中应起的作用等。

民众动员论　1938年1月上海生活书局铅印本。

李公朴著。李公朴有《怎样争取最后的胜利》,已著录。《救亡文丛》之五。本书收录《为全民动员告国人书——西战场上的教训》《全民抗战的必然过程》《怎样挽回华北危局》《大同失守的前后》《我所认识的牺盟》《山东老百姓起来保卫山东》《加紧上海战区的民众工作——观察东战场后的一点感想》《上海战区的教育问题》《战区民众教育计划大纲》《救济难民工作计划大纲》等10篇。附录:《民族革命战争战地总动员委员会工作纲领》《民族革命战争各县区总动员委员会组织条例》《民族革命战争战地总动员委员会组织简章》《民族革命战争战地总动员委员会第一期工作计划》《人民自卫队组织条例》《优待抗战军人家属办法》等6篇。卷首有《代序——战地两月》(1937年10月27日于上海),略谓,作者自1937年8月1日从苏州看守所被释放后,两月来先后奔赴于北战场(华北)和东战场(华东),足迹遍于平绥、平汉、津浦各线,与各战区军政长官、民众领袖、广大民众和士兵广泛接触,观察各地战事,"全般了解"战局,亲身体验前线的抗战实践,商讨作战得失,提出改进民运工作的建议,认为只要巩固统一战线,坚持抗战,就一定能取得最后的胜利。

江苏兵事纪略二卷　1920年铅印本。

陈作霖著。陈作霖(1837～1920),字雨生,号伯雨,晚号可园。江苏南京人。史志学家。光绪元年(1875)举人。曾任崇文经塾教习,奎光书院山长,上元、江宁两县学堂堂长。沈葆荫题签书名。本书为著者晚年任宣统江苏通志局总校兼编纂时所作,据其稿本铅印,原无目录,依朝代顺序排列,记录周、汉、吴、晋、宋、齐、梁、陈、隋、唐、宋、元、明、清历代江苏兵事。卷首有著者自序,卷末有其外甥龚肇新跋(1920年旧历八月)。江苏之地旧属吴楚之区,"习俗剽锐由来久矣,建康千里八姓所都,江淮会通建为重镇,南北交争之地实在于斯",故江苏之地历来成为兵家战事之常所也。观本书所叙兵事自周以降,下至清亡,绵延几千年。然与各朝兵事所载亦各有详略,上卷起于周,讫于后梁,下卷起于后周,讫于清。而于清朝之兵事独叙之甚详,约占下卷一半篇幅以上。观本书所记之详略亦略可窥一时之安宁。著者之目的实为"伤今思古,殷鉴不远,纂述成篇,武在止戈,用告来者"。

历代兵事志　1918年12月《新无锡》报连载。

钱基博撰。钱基博有《经学通志》,已著录。本志作为征求意见稿连刊在1918年《新无锡》报上。全志不分卷,贯通古今,详今略古,记录自春秋吴越至1916年无锡县所历兵事。书中对太平军活动和无锡光复过程记载尤详。

警备志　1919年3月21至5月1日《新无锡》

报连载。

钱基博著。本志记至1918年，辑录自宋以来之警备制度，补其阙失，匡其讹谬，而尤详于近百年之事。所记包括无锡警备的地点设置、组织名称、组织形式、人员配置和人员薪金开支等，完整地反映了无锡警备的历史沿革和发展现状。

中国国防史 1946年南京陆军大学出版。

史久光著。史久光有《军事哲学》，已著录。本书封面及目录页题"中国国防史"，正文页眉题"中国国防史讲义"，系作者在陆军大学的讲义。正文分上中下三部分：自上古迄汉以前为上，自秦迄宋以前为中，宋元明清为下。先说明国防史研究之需要及方法，再分节叙述黄帝、尧舜、夏、商、周、秦、汉、三国、两晋、南北朝、隋、唐、五代、宋、元、明、清历代国防之研究，研究范围涵盖疆域（国防界限）、兵制、币制、教育、外患、四裔、交通、经济、防务等。作者特别强调币制问题的重要性，他在《弁言》（1940年1月）中指出："各种文化中独标举币制者，则以币制直接关系战时财政。近代币制紊乱之国家，决不堪任战。吾国抗战两年有半，正由币制焕然一新故耳。故将历代币制，次第纂入。"

江苏国防问题 1937年镇江《苏衡半月刊》连载。

高明著。高明（1909～1992），又名同甲、为明，字仲华、尊闻。江苏高邮人。南京中央大学国文系毕业。曾任武汉大学、中央政治学校、西北大学教授。1949年去台湾，任台湾师范大学、政治大学教授。本书为《苏衡丛书》之一，分上、下两篇，原载《苏衡半月刊》第21～22期（1937年1月）。上篇泛论江苏与国防之关系，试图为江苏国防问题求得理论之根据，分为《江苏在国防上之重要》《江苏之国防力》《江苏国防建设应持之原则》3章。下篇专论江苏河山攻守形势之改造，试图为江苏国防问题求得具体之建设。

第四节　战略战术

（增订新战史例）孙子章句训义 1947年11月上海商务出版社铅印本。

钱基博著。本书以清孙星衍校《孙子十家注》为底本，并以明正统《道藏》本、谈恺嘉靖本、崇文官书局《百子全书》本对勘，分计篇第一、作战篇第二、谋攻篇第三、形篇第四、势篇第五、虚实篇第六、军争篇第七、九变篇第八、行军篇第九、地形篇第十、九地篇第十一、火攻篇第十二、用间篇第十三等内容，采"解题"和"训义"的方式，用大量的中外战争史料，结合两次世界大战的经典战例及中西军事理论，多角度地重新审视军事奇书《孙子兵法》，使读者可以从全新的角度更深入、正确地领悟《孙子兵法》的真谛。卷首有《卷头语》（1942年2月）、《自序》（1939年5月于湖南蓝田国立师范学院）、《发凡》以及《孙子别传》。

战术教授录 民国北京正蒙印书局铅印本。

刘光编，张文订正。刘光（1886～1971），号君实。江苏江都（一说江苏丹徒）人。保定军校肄业，北京陆军大学毕业，留学日本陆军大学。1915年为陆军步兵上校，后任军事参议院中将参议，1949年去台湾。张文，广东梅县人。时为陆军少将。本书共4卷，分总说、步兵战术、骑兵战术、炮兵战术、机关枪兵战术、诸兵连合战术、局地战术、要塞战术、陆海军连合战术、支队及混成旅应用战术、师及军之统帅、大军及国军之统帅等12编。第一编总说，介绍战争、兵力、攻势及守势、战术沿革等；第二编步兵战术，介绍步队编成之大要、攻击、防御等；第三编骑兵战术，介绍骑兵的使用、队形、战斗等；第四编炮兵战术，介绍野炮兵及野战重炮兵的战术等。余编未见。

新的战略与新的战术 1938年新兴出版社铅印本。

汉夫（章汉夫）编著。章汉夫（1905～1972），原名谢启泰。江苏武进人。职业革命家、外交家。曾任中共江苏省委书记、《新华日报》总编辑。中华人民共和国建立后，任外交部副部长。本书分新战术的展开、光荣的回忆、经验谈、战地视察记、战略与战术等5章，介绍八路军的运动战与游击战。

德国兵家克劳山维兹兵法精义 1941年11月浙江丽水江南出版合作社铅印本。

顾谷宜译，钱基博注释。顾谷宜（1904～

1967)，江苏无锡人。时任浙江大学教授。钱基博时任(湖南蓝田)国立师范学院教授。本书为克劳山维兹名著《战争论》之编译本，译文不足原书的三分之一，注释为其主体部分，故后来再版多著录为“钱基博著”。该书分论战之性质、论战之原理和论战略3卷，卷首有钱基博卷头语。阐释德国著名军事家克劳山维兹(Clausewitz，1780～1831，一译克劳塞维茨，德国军事理论家和军事历史学家、近代军事战略学的奠基人，有“西方兵圣”之称)军事思想之精粹，博引中国古代兵家典籍以印证，发其大义，明其蕴奥，可谓钱氏论兵法之精粹。

第五节　军事技术与国防地理

军用飞行术　1930年6月上海中央陆军军官学校航空班铅印本。

钱昌祚编译。钱昌祚(1901～1988)，字莘觉。江苏常熟人。航空工程学家。中央陆军军官学校航空班丛书。本书分黑夜飞行、空中操演、空中战斗、汽艇及系留气球之攻击、地面目的物之攻击等5篇。有附录及编译者序。

空中战　1934年上海申报社铅印本。

徐渊若编译。徐渊若，江苏江阴人，毕业于日本早稻田大学。1943～1946年任浙江龙泉县长。《申报丛书》第二十二种。本书共10章：第一章空军之出现及战争之三次元，分空军之出现、布告宣战的炸弹、破坏一国抵抗体之脊髓的空袭、战争成了三次元等5节；第二章空军战斗之实相，分空中战斗仿佛是刀枪的格斗、夜间战斗似的瞬间决定空中战斗、勇猛而冷静且有卓越的操纵及射击技术者方能获胜等4节；第三章空中战及驱逐机，分驱逐机战斗之特性及一般原则、驱逐机单机的战斗、驱逐机舰队的战斗、驱逐编队群之战斗等6节；第四章空中侦察及侦察机之战斗，分空中侦察、侦察机之战斗等3节；第五章空袭，分炸弹之破坏力及瓦斯弹、投下炸弹之命中率、空袭机之航续力及炸弹搭载量、空袭之时机及兵力、空袭机之进击要领等7节；第六章空中的瓦斯战，分战争手段逆转到了野蛮时代、空中瓦斯攻击之战术的用法等4节；第七章空军防御，分防空之一般的要领、对空火力之主体高射炮、夜间唯一耳目之听音机等9节；第八章飞行船之军事的价值及一般的现势，分断然废弃大飞船的英海军、想占有世界主要航路之德飞船、拥有大飞船之美海军及拟编成飞船舰队之苏俄空军等4节；第九章列国空军之现势，分将以新锐之装置设备而求胜利的英国空军、有压倒的势力之法空军、由空军之攻势而企求胜利的意国、新兴的空军国——苏联、欲执空中牛耳之美国等6节；第十章极东的上空及日本，分列强争夺中心的中国空中航路、太平洋上之美空军、极东苏联之航空、日本能永为金刚不坏身否等7节。

积极防空　1934年11月南京正中书局铅印本。

王柏龄主编，周铁鸣编译。王柏龄有《世界军备》，已著录。周铁鸣，江苏宜兴人。民国时期任欧亚航空公司主任、国民政府交通部技工。本书分空防飞机队、飞机识别、地上防空射击队、听音机及音源测定、高空阻塞队、照空灯、防空监视及防空通信、气象、伪装、烟幕、实物模仿、空中摄影、步兵与空袭、步兵与炮兵之协同及其连络等14章。末附9种表格，详列飞机、炸弹、毒瓦斯等之性能与效力。卷首有《引言》和《概述》，作者指出，一战以来，美、英、法、俄、德、意、日等列强空中军备竞赛日趋激烈，飞机及其辅助之炸弹、化学武器成为今后战争的重要利器，因而各国政府竞相研究防御办法，乃有空中防御(空防)与地上防御(防空)之设施，进而有积极防空与消极防空之分别，故“今日之国防舍振兴空军、努力于高空及地上之防御，无国际地位可言”。

潜水艇　1917年5月上海商务印书馆铅印本。

徐祖诒辑。徐祖诒有《列强军备概要》，已著录。本书分10章，介绍潜水艇的变迁史，种类，结构，兵略战术，以及鱼雷、水雷的一般知识。有丹麦海军少将霍夫格序(英、中文)和辑者自序。

军事化学读本　1938年7月汉口上海杂志公司铅印本。

黄素封著。黄素封译有《中国炼丹术考》，已著录。作者为化学史家、医药学家。本书共9章70目：绪论(化学和国防)；第一章火药，介绍火药的沿革、火药的分类、黑火药、褐火药、硝化甘油、无烟火药、猛炸药、液态空气爆药、雷汞、氮化铅、导火线类等;第二章炮和炮弹,介绍炮、炮身材料、炮弹、引信;第三章枪和枪弹,介绍步枪、步枪材料、枪弹;第四章炸弹,介绍手榴弹、飞机炸弹、迫击炮弹、枪榴弹;第五章毒剂,介绍毒气之分类、毒剂应具有的性质、氯、光气、氯化苦剂、一氧化碳、芥子气、毒剂放射法等;第六章毒剂的侦检,介绍生理的侦检法、旗帜变色的侦检法、试纸变色侦检法、水溶性毒剂之侦检法、醇溶液的毒剂的侦检法等;第七章吸收剂,介绍吸收剂的功用、活性炭的制造、药品的活性化法、活性炭的性质、一氧化碳的吸收剂、氨的吸收剂、防毒面具及防毒衣、简易防毒药品等;第八章烟幕,介绍烟雾的种类、彩色烟雾和彩光的成分、烟幕的构设等;第九章纵火剂,介绍纵火材料、纵火设计等。附录《可怕的病菌战》《阵线上的重要的药物》。卷首自序(1938 年 5 月于香港)云,近年来著者先后撰写出版了《初中化学》《高中化学》《师范化学》等教材,值此全面抗战之际,深感化学科中必须增加“国防化学”之分量,因撰此战时中等学校学生化学科补充读本,以应时需。

防毒常识　1937 年教育部社会教育司《教育播音小丛书》本。

汪浏著。汪浏(1902～1979),字君亮,江苏武进人。化学家。本书 5 章:绪论、个人防护、团体防护、毒气侦测与消毒、毒气创伤的治疗。作者在书中说,未来战争是“科学战”“全民战”,而毒气作为一种新式武器,必然会投入战场。毒气所具的特点,是能够扩大或延长武器在时间和空间上的效力,但它实际上并没有人们想象中的那么可怕,它的效力受到很多条件的限制。毒气的防护原则主要有三点,一是养成良好的防毒纪律,要从家庭、学校、社会教育入手,使一般人认识毒气的威力,知道适当的防护处置办法,能在遇到毒气战时保持清醒的头脑;二是准备确实有效的防备器材,教育大家如何使用,做到有备无患;三是加强防毒训练,只有经过充分训练,才能在遇事的时候不慌不忙,从容处置。本书的目的只是为了“唤起一般的注意”,和“贡献一些粗浅但是多少有些用处的知识”,因此内容较为简单,只是一般的科普读物而已。

大众化学战争知识　1937 年上海生活书店《战时大众知识丛书》本。

钱保功著。钱保功(1916～1992),又名乐华。江苏江阴人。化学家。本书包括化学战争、化学战术、化学战斗的军事组织和气体军纪、烟雾、纵火物质、化学工业和化学战争、现代各国对于化学战争的准备、最近我国的军需工业等章节,末附炸药一节。书中所说的“化学”物质,主要指毒气,是狭义的。作者云,化学武器不同于枪炮子弹,它可以借风在空间扩散,弥漫在大气中,打击面积很广,而且持续时效较长,短的几分钟,长的几天或者数月,杀伤力强。自 1915 年德军将氯气投放到战场取得成功之后,以后战争的攻守双方,就围绕化学毒气展开了军备竞争。而现在日本侵占我国,也在多个战场上投放了毒气弹,对我国军民进行大肆屠杀,因此,加强对毒气弹防御和制造的了解,势在必行。本书为科普读物,内容略显粗浅。

国防地理新论　1943 年 9 月重庆商务印书馆铅印本;1945 年 10 月重庆商务印书馆三版。

沙学浚著。沙学浚(1907～1998),字道夷。江苏泰州人。地理学家。曾留学德国莱比锡大学。1942 年任重庆国防研究院研究员。1949 年去台湾,任台湾师范大学地理学系主任。主要研究政治地理、历史地理、区域地理。本书共收录发表在《大公报》《荆凡》《地理》《史地杂志》《时事月报》《世界政治》《思想与时代》等报刊的 19 篇文章,具体篇目为:一、地位价值——一个国防地理的讨论。二、海洋国家。三、工业化与中国前途。四、苏芬关系之地理背景。五、日本绝不能以苏代美。六、一九一八与一九四〇。七、美日经济力量之比较。八、日本南进与美国——一个国防地理与经济地理说明。九、古今战争中之希腊。十、英帝国之凝固力。十一、灭十四国后之德意志。十二、太平洋战争之地理基础。十三、美国国防资源之补给。十四、印度洋上的地理形势。十五、近东之空间价值与地位价值。十六、论印度之兴亡。十七、论印度之统一。十八、光荣孤立之英伦——论英伦地位价值之变迁。十九、国防地理(书评)。按:最后一篇所评之书《国防地理》,为德国政治地理学家、慕尼黑大学教授卡尔·豪斯霍费尔(Karl Haushofer,1869～1946)的代表作。

国防地理(一名最新国防地理) 1938 年 8 月汉口青年书店铅印本;1944 年 2 月重庆国防文化出版社铅印本(国民政府军事委员会政治部编印)。

胡焕庸著。胡焕庸有《中国人口之分布》,已著录。本书共 6 章 25 节:第一章疆边,分概说、地形、气候 3 节;第二章人民,分民族、人口、移民 3 节;第三章资源,分食粮、衣料、矿产、贸易 4 节;第四章交通,分铁道、公路、水运、大路与隘道 4 节;第五章边防,分中韩边境、东北邻俄边境、北面邻俄边境、西北邻俄边境、西南邻印边境、邻缅边境、南面邻越边境 7 节;第六章海防,分渤海、黄海、东海、南海 4 节。卷首有国民政府军事委员会政治部《编辑例言》,略谓本教程系根据本部新颁《军事学校政治训练大纲》之规定编纂,针对目前抗战情势,力求适合速成教育之需要,可供全国军事学校、军事干部训练团、学生军训队及战时各种军事训练机关使用。封面标注作者为"中央大学教授兼地理系主任"。

地理与国防 1941 年 2 月重庆正中书局铅印本。

胡焕庸讲。本书分国界与国防、川滇黔三省在国防上之地位、西康建省的意义、西藏在国防上的地位、陕甘在国防上的地位、宁青二省在国防上的地位、新疆在国防上的地位等 7 篇,结合当时抗战形势,结合地形、气候、人口等自然因素,结合政治、经济、军事、外交、交通、贸易等现实状况,探讨地理与国防之关系。附录《中国西部地理大势与公路交通建设问题》(1940 年 2 月 2 日交通部公路总管理处讲),认为从地形、气候、人口可以见出地理之大势,提出加强中国西北和西南的公路交通建设,开辟川藏公路(四川到西康再到西藏)、康印公路(西康经缅甸到印度加尔各答)、青藏公路(青海南至西藏拉萨)以及四川至青海、青海至新疆、新疆境内的公路。

国防地理 1941 年 6 月成都中央政治学校铅印本。

王维屏编著。王维屏(1906～1989),江苏江阴人。中央大学地理系毕业。曾任中央大学、浙江大学教授。中华人民共和国建立后,任南京师范学院地理系主任。陈果夫题签书名。本书分中国抗战必胜之地理基础、中国战后之国防布置、中国战后之国都问题、中国之国防核心——四川(认为在战略相持阶段,抗战应以四川为中心、西南西北为两翼展开全面抗战)、中国之战略要地、中华民族之整个性与优越性(认为中华民族为以汉族为主体的各民族,并与欧洲白人相比较)、中国之人口问题、中国之省区问题、中国之水利与灾荒、治黄导淮与整江、中国之土地利用问题、中国经济建设之途径、岷沱经济区域与大渡河之水利、中国之铁道问题、中国西南之国际路线——滇缅铁道、中国之国界与边疆问题等 16 讲。

第八章　经　济

第一节　经济学

恩格斯论《资本论》　1939年重庆读书生活出版社铅印本;1948年上海光华书店铅印本。

(德)闵斯(L. E. Mins)选编,章汉夫、许涤新译。章汉夫有《新的战略与新的战术》,已著录。许涤新(1906～1988),广东揭阳人,经济学家。本书据1936年莫斯科出版的英译本译出。内容为:一、载在《民主周刊》中的评述(即《卡·马克思〈资本论〉第一卷书评——为〈民主周报〉作》);二、为《双周评论》而作的资本论评述(即《卡·马克思〈资本论〉书评——为〈双周评论〉作》);三、《资本论》第2卷序言拔萃(节译《资本论》第2卷序言后半部分);四、《资本论》第1卷提纲;五、《资本论》第3卷补;六、对《资本论》第3卷第27章的增补。书前有许涤新《译后记》。

通俗经济学讲话　1936年4月上海光华书店铅印本;1938年2月汉口新知书店5版;1939年4月桂林新知书店7版。

狄超白著。狄超白(1910～1978),江苏溧阳人。经济学家,曾入中央大学政治系学习。历任中共溧阳县特别支部书记、安徽省抗战动员委员会宣传部副部长。中华人民共和国建立后,任政务院财经委员会统计处处长、中国科学院经济研究所代理所长、中科院哲学社会科学部委员。《新知丛书》本。本书共11讲。第一讲绪论,论什么是经济学,经济学从何处讲起。其余10讲论商品价值、价值形态与货币、剩余价值和资本、工资、资本的再生产和积蓄、利润及生产价格、商业资本及商业利润、借贷资本与信用、地租、资本主义世界的末日。

经济学初级读本　1938年9月汉口新知书店铅印本;1938年10月广州新知书店再版;1939年4月重庆新知书店3版。

胡绳修正。胡绳有《辩证法唯物论入门》,已著录。本书简释政治经济学原理。全书分6章:没有人能够只靠自己的劳动而生活,劳动造成价值,为什么厂主要买工人的劳动力,厂主怎样发了财的,工人的劳动供养了许多人,怎样才能改变这种不公平的情形呢。

经济学　1940年重庆新知书店铅印本;1948年5月上海光华书店铅印本;1949年6月上海生活·读书·新知三联书店铅印本。

薛暮桥著。薛暮桥有《战时乡村问题》,已著录。本书分14章:第一章政治经济学的基本概念,分为什么要研究政治经济学、生产力和生产关系、政治经济学的研究范围3节;第二章原始共产社会和奴隶社会,分原始共产社会的生产技术、原始社会的生产关系、阶级和私有财产的产生、奴隶社会的经济机构、奴隶社会的没落5节;第三章封建社会,分封建社会的产生、封建社会的特征、封建社会的三种榨取形态、封建社会的商业、封建社会的手工业5节;第四章资本主义社会的诞生,分资本的原始蓄积、产业革命、资产阶级的民主革命3节;第五章商品和劳动，分什么叫作商品、商品价值的实质、创造价值的劳动 3 节；第六章价值形态和货币，分价值形态的发展、货币的特殊机能、货币的种类 3 节；第七章资本和剩余价值，分资本主义的商品生产、利润的源泉、怎样增加剩余价值、资本的分析和利润率 4 节；第八章工资劳动者的榨取方式，分劳动力的价值和价格、工资的种类、其他榨取方法 3 节；第九章剩余价值的分割，分利润率的平均法则、商业资本和商业利润、放款资本和利息、地租和地价 4 节；第十章资本主义与农业，分农业生产的落后性、农民和农场的分化、封建土地关系的改革 3 节；第十一章生产的集中和独占，分再生产和资本的集中、股份公司和参预制度、从自由竞争到独占、金融资本的形成 4 节；第十二章帝国主义与殖民地经济，分帝国主义的殖民地掠夺、帝国主义与殖民地经济、殖民地半殖民地经济的特质 3 节；第十三章资本主义的经济恐慌，分资本主义经济发展的周期性、资本主义世界的总危机、总危机中的世界经济恐慌 3 节；第十四章社会主义社会的诞生，分社会主义经济建设的前提、社会主义建设的内在矛盾、社会主义经济建设的过程 3 节。卷首有作者 1939 年 3 月序。

政治经济学 1948 年上海光华书店铅印本；1949 年 8 月上海新华书店再版。

薛暮桥著。本书讲授人类社会经济制度的发展历史。目次为绪言——政治经济学的研究对象；第一章原始共产社会，分人类的原始生活、原始共产社会的生产关系、阶级和私有财产的产生 3 节；第二章奴隶社会，分奴隶社会的经济机构、奴隶社会的政治机构、奴隶社会的没落 3 节；第三章封建社会，分封建社会的特征、封建社会的三种剥削方式、封建社会的手工业和商业、封建社会的政治机构、封建社会的没落 5 节；第四章资本主义社会（上），分产业革命、商品生产、商品和货币、工资和剩余价值、剩余价值的分割、资本主义农业的发展 6 节；第五章资本主义社会（下），分从自由竞争到独占、帝国主义的殖民地掠夺、帝国主义与殖民地经济、资本主义世界的经济恐慌、资产阶级民主政治的实质、资本主义社会的没落 6 节；第六章社会主义社会的诞生，分社会主义经济建设的前提、苏联社会主义经济建设的过程、无产阶级社会主义国家 3 节；结论——社会发展的基本规律，分社会发展的基本原因是什么、政治制度和思想意识怎样变化 2 节。

封建·半封建和资本主义 1937 年 6 月上海黑白丛书社铅印本。

薛暮桥著。全书目次为：绪论，从关于中国社会性质问题论战各方的观点，说到写作本书的缘起，表明著者的观点；第一节封建社会，分封建社会的本质、封建社会的生产关系、封建社会的政治组织、封建社会的没落 4 目；第二节资本主义的发展过程，分工业的发展过程、农业的发展过程 2 目；第三节资本主义社会，分产业革命、资本主义的生产关系、农业中的资本主义、金融资本和帝国主义 4 目；第四节帝国主义与殖民地社会，分帝国主义与殖民地工业、帝国主义与殖民地农业、所谓半封建社会 3 目。作者认为，研究社会性质尤其是中国社会性质，主要的不是技术和生产工具（即生产力的发展水平），而是社会生产关系；也不是商品生产的发展程度，而是生产方式本身是否已经发生变化。生产资料（土地和资本）的所有者如何利用它来榨取劳动者的剩余劳动、剩余生产物或剩余价值，是区别社会性质的最重要标志。在殖民地和半殖民地国家，帝国主义同各阶级的关系也是不能忽视的。如是，中国既不是封建社会也不是资本主义社会，而是半封建半殖民地社会。

帝国主义论读本 1937 年 3 月上海一般书店铅印本；1937 年 5 月上海一般书店再版。

章汉夫著。章汉夫有《新的战略与新的战术》，已著录。本书分 7 章：第一章从自由竞争到独占，分资本集中与独占、合股公司和资本集中、独占和竞争、独占资本主义下的工人生活、独占资本主义和社会主义等 7 节；第二章金融资本和金融寡头政治，分银行的集中、银行资本和工业资本、金融资本和金融寡头政治、金融寡头政治和国家等 5 节；第三章资本输出，分战前的资本输出、战后的资本输出、帝国主义的剥削 3 节；第四章国际的独占瓜分了世界，分国际加特尔、帝国主义的矛盾 2 节；第五章帝国主义列强瓜分世界，分殖民地的占领、重新瓜分世界的战争、新的战争危险 3 节；第六章帝国主义是资本主义的最高阶段，分帝国主义的定义、帝国主义时期的不平衡发展、生产力社会化和帝国主义的矛盾、资本主义的腐蚀和寄生性、帝国主义和机会主义、帝国主义是资本主义的最后阶段6节;第七章对各家帝国主义论的批判,分一般资产学者的意见、社会民主党战前的帝国主义理论、卢森堡的帝国主义论、社会法西斯主义的有组织的资本主义论、托洛茨基的帝国主义理论、布哈林的有组织的资本主义论、资本主义自灭论、中国流行的关于帝国主义的理论8节。各章后附自习问题。卷首《小序》(1937年2月)称,研究帝国主义是正确了解现世界的先决条件;本书主要依据列宁《帝国主义论》一书,并参考了美国出版的一种《政治经济学课本》编成;本书之作也是为了纪念列宁《帝国主义论》出版20周年,并纪念列宁逝世13周年。卷末《结论》指出,帝国主义的经济本质,就是独占资本主义。

财货本性论 1948年6月上海新世纪出版社铅印本。

张允溪著。张允溪(1917～1974),江苏武进人。中央大学经济系毕业。曾创办实业,任中学教师、报社记者。1947年加入中国民主同盟。中华人民共和国建立后,任常州市副市长。马寅初题签书名。本书分财货的意义、财货的种类、各类财货演进的程序、自由财货与自然财货之财货性质的差别、经济财货的生产要素与生产方式、生产诸要素生产贡献率的分析、财货的形式与实质、财货的效用及其价值与价格、财货的计量手段、财货的所有权问题、自由财货的使用费暨社会劳力所生产的经济财货归与社会问题等11章。卷首有自序和"目录与纲要",作者认为,凡能满足人类欲望的物品都是人类的财货,如水、空气、粮食、衣物、房屋等等。

经济学研究法 1930年3月上海黎明书局铅印本。

朱通九著。朱通九(1898～?),字木虎。江苏常熟人。经济学家。美国华盛顿大学经济学硕士。曾任劳动大学、复旦大学、中国公学等校教授,国民经济建设委员会委员,交通银行总行设计处专员。《黎明小丛书》本。本书分五部分:一、导言,略谓"工欲善其事,必先利其器",经济学的研究对象是经济现象,而经济现象极其复杂,传统的抽象法、演绎法等研究方法已不适用,归纳法、数量分析法、证验法、个例研究法等新的方法应运而生,经济学在中国为西洋舶来品,研究方法向不被国人所重视,故有此书之作,以求对经济学真相之认识;二、经济现象,分经济现象的性质、经济现象的因果关系、经济现象的单位和研究经济现象的科学4节;三、经济学的科学方法的重要;四、经济学的科学方法,分行为心理学的科学方法、数量分析法、演绎法、归纳法、证验法、个例研究法、历史法、辩证法和地域比较法9节;五、结论,指出在9种经济学的科学方法中,数量分析法、辩证法和行为心理学最为重要,归纳法、历史法、比较法等次之,各法之重点不同又互有联系。同时,学理均基于事实,用科学方法分析我国经济现象,据以决定经济改造之方案。末附中英文参考书目。

民生主义经济学体系 1944年1月重庆民生主义经济学社铅印本。

祝世康著。祝世康有《民生主义与世界改造》,已著录。《民生主义经济学社民生小丛书》第二种。本书分经济学与文化系统、资本主义经济学的缺陷、共产主义经济学的检讨、近时欧西经济学的趋势、民生主义经济学的哲学基础、民生主义经济学的方法论、民生主义经济学的体系等7章。卷首有自序(1943年9月)。

战时经济原理 1938年1月汉口中华印书馆铅印本。

唐启贤著。唐启贤(1902～1983),字希禹。江苏扬州人。复旦大学工商管理系毕业。曾任南京市社会调查统计组组长,重庆经济部会计处科长,行政院统计主任,复旦大学、重庆大学教授。中华人民共和国建立后,任辽宁财经学院教授。本书分军事之潜在力量、平时经济与战时经济之差别、人力物力及财力总动员、军民必需品之加紧生产、资源缺乏之弥补方法、劳动供给之调整、征发、积贮、日常消费之节约、统制贸易、管辖交通、平定物价、优先分配与定量分配、控制金融、扩大财源、经济统制组织之建立等16章。书中大量征引第一次世界大战时欧美各国实例进行阐述。

唐庆增经济论文集 1930年4月上海商务印

书馆铅印本；1933年3月上海商务印书馆再版。

唐庆增著。唐庆增有《唐庆增抗日救国言论集》，已著录。本书收录作者已发表之论文30篇，其中通论10篇，即《今日国中经济学家之责任》《近日我国商人应有之觉悟》《为国中研究商学者进一言》《商人与经济理论》《中西经济思想家心目中之商人》《改造我国大学中经济课程刍议》《经济学原理教法管窥》《中学生研究经济学之方法》《约翰生来华感言》《释经济学中之相对名次》；西洋经济思想之历史8篇，即《柏拉图之经济思想》《亚丹斯密斯原富与马尔塞斯》《马尔塞斯以前之人口学说》《美国经济思想溯源》《经济学中之历史学派》《经济学中之算术学派》《近三十年来之欧美经济思想》《马休尔对于经济学之贡献》；财政银行劳动问题7篇，即《论斯密斯四大税纲》《租税制度及格式之研究》《近代各国政府支出之解剖》《英国之财政制度》《银行信用之根据》《资本之种类》《罢工论》；杂著5篇，即《美国各大学经济科之设施》《英美经济图书馆发达之概况》《购买经济书籍之一得》《经济学用书概要》《最近出版之财政学书籍》。书前有马寅初序。

唐庆增经济演讲集　1933年5月上海世界书局铅印本。

唐庆增著。本书收录《经济学之基本观念》《研究经济学之方法》《经济与教育》《中国之妇女与经济》《现代青年应有之经济观念》《何为生产》《中国经济思想四大潮流》《中国经济思想史之根本问题》《中国经济思想之过去现在与将来》《十九年度中国经济思想界之回顾》《中国经济思想之改造》《研究中国经济思想史之一得》《中国经济思想与合作原理》《中国历代之货币学说》《中国经济思想历史之比较》《中国儒家经济思想与希腊经济学说》《重农学派》《经济学中之经典学派》《亚丹斯密斯与李嘉图之价值学说》《拔休脱与土能》《近代经济思潮》《经济史之重要及其研究法》《中国工商业不发达之原因》《中国劳资问题》《中国币制问题》《中国财政问题》《合作运动与地方自治》《帝国主义》等28篇演讲文章。

唐庆增最近经济论文集　1933年8月上海民智书局铅印本。

唐庆增著。本书收录《经济学与现代文明》《研究经济学指南》《经济学自修指导》《经济学与社会学》《经济学与政治学》《经济学系在大学课程中之地位及其使命》《中国大学中之经济学课程问题》《西洋经济名著之读法及其版本之选择》《三千年来西洋经济思想之总观察》《希腊经济思想之特点》《罗马经济思想之研究》《李嘉图经济思想研究》《拉萨尔经济思想研究》《马克斯经济思想研究》《斯穆勒经济思想研究》《西洋经济思想最近之观察》《银价问题》《工潮》《失业问题》《统计学之今昔观》《经济与婚姻》《提倡国货之要义》等论文30篇。

西洋五大经济学家　1930年5月上海黎明书局铅印本。

唐庆增著。本书共6章：第一章总论，分经济思想之性质与其重要、研究经济思想史之步骤、西洋经济思想史之五大派别及其主要作家3节；第二章亚丹斯密斯，分传略与环境、分工论、价值及分配论（价值、工资、赢利、地租）、财政理论、斯密斯学说之影响5节；第三章斯穆勒，分历史学派之起源、斯穆勒对于经典派经济学说之批评、斯穆勒以后之德国经济学界3节；第四章马克斯，分科学的社会主义、唯物史观、价值及剩余价值论、阶级战争说、资本与恐慌论5节；第五章巴维克，分欧洲诸小国对于经济思想之贡献、巴维克之重要著述、关于利息问题之三种学说、巴维克之方法与哲学4节；第六章及逢斯，分及逢斯与算术经济学派、利用论与交换公式、总论3节。卷首有凡例（1930年3月），略谓本书据1928年夏在桂林广西省教育厅主办的暑期讲习会《西洋经济思想史讲义》修改而成，选择1766年后西洋五大经济学家的重要经济观点而论之，旨在示读者以经济学的研究方法。末附参考书目举要。

近世欧洲经济思想史　1930年10月上海乐华图书公司铅印本。

王学文著。王学文（1895～1985），原名守椿，又名昂。江苏徐州人。经济学家、教育家。本书目次为：自序，略谓经济生活为一切其他社会生活的基础，故必须考察经济史和经济思想史以及经济意识的变化发展；绪论，把社会经济的形态分为原始共同团体的经济、古代奴隶制度的经济、中古农奴制度的经济、现代资本制度的经济 4 种；第一章重农学派；第二章正统学派；第三章社会主义学派。简论欧洲 17～19 世纪法国重农学派、英国正统学派（一称古典学派或曼彻斯特学派或个人主义学派）及马克思社会主义学派（着重唯物论、辩证法、商品、价值、货币、资本等论述）的经济思想。

凯恩斯之经济学说 1949 年 3 月上海中和印刷厂铅印本。

金国宝著。金国宝有《统计学大纲》，已著录。本书分 17 章：第一、二章简述凯恩斯的生平与著作、分析之方法与学说之大意；第三至十四章分别介绍凯恩斯有关消费欲、投资与储蓄、资本边际效能、倍比原理、就业函数、流动欲、利率学说、价格学说、工资学说、经济扩张与扩张差额、金融管制问题等理论与学说；第十五、十六章评述凯恩斯对商业循环、社会政策的见解，第十七章综述洛盘森（Robertson）、哈勃勒（Haberler）、休姆彼脱（Schumpeter）、哈洛特（Harrod）、朗奇（Lange）、洛尔（Roll）、罗斯（Ross）等西方名家对凯恩斯学说之批评，评论者一致认为凯恩斯学派与重农学派、马克思学派为近世影响最大的经济学派。附录参考书目 46 种（英文 45 种、中文 1 种）。卷首自序（1948 年 8 月）。按：倍比（Multiplier），是乘数或倍数的意思。

中国古代经济思想及制度 1936 年 1 月上海商务印书馆铅印本；1936 年 10 月上海商务印书馆再版。

（日）田崎仁义著，王学文译述。王学文有《近世欧洲经济思想史》，已著录。本书目次为：绪言，略谓农业经济时代，地农经济之观念和母性阴性之观念占主导，土地、女性、农业乃古代经济思想及制度之关键词；第一编原始民族认土地农业为女性及其经济史之基础，下分神话及俗信中之地母与谷母、幼稚民族之采取植物性资料与女性、诱导农业之发生及其幼稚时代之养育者为女性 3 章；第二编中国古代视土地农谷等为女性之思想，下分三皇之一之地皇是否以女性或阴性为象征、神农果以女性或阴性为象征耶、论社稷为祭祀土神谷神之所而以阴性为配同象征事、易经以地与阴坤母（女）性及方形为配同象征、中国古代礼制以土地及农业为阴性 5 章；第三编封建制度发生期，下分原始社会状态、史传所示黄帝时代之帝与诸侯、尚书中尧舜时代之统治机关及其行政 3 章；第四编礼记王制中所示之封建概略，下分礼记王制之性质、王之领土及诸侯之封地、统治、土地制度、经济及社会诸制度 5 章；第五编周礼及其封建组织，下分周礼、九服与九畿、王畿之组织、诸侯之邦土、王位及王之特权、王政府之官制、王与诸侯之关系 7 章；第六编周礼之土地制度，下分地字含义、邦国二字所示之领土发生原因及其取得方法、畿内天下及诸侯邦国与封建之意义、授田制之根本义、家或夫及余夫、田之不易或易与地之上下及莱、井田制、宅地、特殊之田、赋税法 10 章；结论，认为在中国古代，土地即农业即经济即女性阴性，封建组织及土地制度均由此种经济思想衍生而来，这是研究中国古代经济史和女性史必须注意的。

中国经济思想史（上卷） 1936 年 1 月上海商务印书馆铅印本。

唐庆增著。本书仅出上卷即上古部分，其目次为：第一编绪论，分中国经济思想史之性质、中国经济思想史在世界经济思想史所占之位置、研究中国经济思想史之方法 3 章；第二编老孔以前之经济思想，分太古时代——中国经济思想之原始、周礼之价值 2 章；第三编儒家，分孔子在中国经济思想史中之地位、孔孟诸子之经济思想观、孟子对于中国经济思想之贡献、荀子之消耗论及经济政策、儒家经济思想总评 5 章；第四编道家，分老子与中国经济思想、列子与中国经济思想、杨朱之消耗论、庄子之人生观与经济思想、道家经济思想总评 5 章；第五编墨家，分墨子之经济思想、宋钘子与尹文子、墨家经济思想总评 3 章；第六编法家，分管仲之经济思想、李悝之经济思想、商子之经济思想与政策、韩非子之经济思想、邓析申不害尸子及慎到之经济思想、法家经济思想总评 6 章；第七编农家及其他各家，分农家之经济思想、兵家对于经济思想之贡献、杂家、别派 4 章；第八编政治家与商人，分春秋战国时代政治家之经济思想、春秋战国时代商人之经济思想 2 章；第九编史书与经济思想，分春秋、国语 2 章；第十编结论，分中国上古经济思想在西洋各国所生之影响、中国上古经济思想之结局、中国上古经济思想史内容之比较 3 章。附录《关于中国上古经济思想史之书籍与短篇著作》，开列甘乃光、李权时、梁启超、马君武、龚祥瑞、赵兰坪等人著作。卷首有马寅初(1935 年 8 月于青岛)、赵人隽(1935 年 7 月)、李权时序(1930 年 6 月于上海)和作者自序(1935 年 7 月)。

经济地理学原理 1926 年 9 月上海商务印书馆铅印本。

王庸著。王庸(1900～1956),字以中。江苏无锡人。地理学家。南京高等师范学校毕业、清华学校国学研究所研究生。曾任北平图书馆舆图部主任,浙江大学、中央大学教授。中华人民共和国建立后,任南京图书馆特藏部主任、北京图书馆舆图组组长。本书分二编。第一编经济地理要素分论,分经济地理学之定义及其要素、物产与气候、地势与物产、土壤与物产、原动力之分配、民族与才力、康健与作业之气候的影响、交易之地理基础、运输之地理基础等九章。第二编经济生活概要,分渔牧业、温带农业、热带农业、林业、矿业、工业、商业等七章。卷首有《编辑大意》(1925 年 4 月),详述本书不同于普通经济地理之诸特色:经济地理不只限于农业地理和工商业地理;人地经济关系——人类经济生活既受地理之影响,又对地理环境有一定支配能力;本书以切于人生实用、切于中国国情之实例,论述人类经济生活各要素,论述经济地理学之普通原理;本书参考了张其昀《人生地理教科书》、陈重民《今世中国贸易通志》等中外书籍。

第二节 世界经济

世界经济统计 1940 年重庆青年书店铅印本。

胡焕庸、黎立容编。胡焕庸有《中国人口之分布》,已著录。黎立容,曾任中学地理教师。本书共收录 108 种表格,主要包括如下几大类:一、世界各国面积与人口;二、各国度量衡对照表;三、各种常用单位对照表;四、各国币价与美金折合表;五、主要生产资料(如渔产、肉类、小麦、蔗糖、烟草、茶、大豆、棉、羊毛、水泥、电力、石油、煤、盐、铁、钢、金、造船、汽车、铁路等等)统计(单位:面积、产量或里程等);六、各国进出口贸易。其中,生产统计为 1929 年至 1938 年数字,分年列出,反映 1930 年以前世界经济衰落前的状况及以后的变迁;贸易统计为 1936 年至 1938 年的数字。

国际经济现势 1936 年 11 月上海大众文化社铅印本。

钱俊瑞、李凡夫著。钱俊瑞有《中国革命的战略与策略》,已著录。李凡夫(1906～1990),广东中山人。《大众文化丛书》本。本书共 4 章 11 节,论述 1929～1933 年世界经济危机问题。第一章 1929～1933 年的大恐慌,分周期恐慌是必然的现象、大恐慌是从总危机的基础上来的、大恐慌的新景象 3 节;第二章经济萧条的特质,分特种萧条来了、什么是经济萧条、特种萧条从何而来 3 节;第三章特种萧条与恐慌的周期性,分瓦尔加(按:西方学者)对于特种萧条的分析、特种萧条不能保证经济繁盛的再来 2 节;第四章由特种萧条到特种好况,分 1934 年仍是经济萧条的一年、1935 年世界经济的新动向、特种好况是怎么一回事 3 节。

世界之复兴 1935 年 3 月上海商务印书馆铅印本;1936 年 2 月上海商务印书馆再版。

(美)A. Salter 著,史国纲译。史国纲有《最近国际政治之趋势》,已著录。《万有文库·汉译世界名著》本。本书目次为:第一编现在的情况,分复原和复兴、一个时代的过去、为充裕所包围的穷困、信任与崩溃 4 章;第二编经济上和金融上的改组,分黄金——霸主呢还是立宪君主、好的和不好的借贷、致命之伤、告诫和实施、同业同盟的利弊、公共利益的保障 6 章;第三编政治背景,分军备和同盟、凡尔赛和日内瓦、安全之道 3 章;第四编改革实行计划概论,分急救方式、世界的新制 2 章。论析当时主要的国际经济问题(如货币制度、信用和金融、赔款和战绩、商业政策和关税、工业组织、政府管理和统制等),以及国际政治形势、安全问题,并提出世界经济和政治改革的计划和包括货币、信用、商业、经济组织等方面的新制问题。卷首有序言(1932 年 1 月)、原书第七版序言(1933 年 1 月)。

国际问题经济的观察 1929 年 8 月上海民智书局铅印本。

章渊若著。章渊若有《现代政治概观》,已著录。本书分八个部分,列述当时存在的国际政治冲突及经济纠纷问题。第一部分总论,分国际纠纷的总因、国际经济纠纷经济的原因、国际经济纠纷政治的原因、大战的爆发与战前国际经济纠纷、战后国际问题经济的纠纷5节;第二部分欧洲之部,分英帝国主义世界的发展与基础、德国之野心及其衰落、法国之发展及其牵制、俄罗斯、意大利对外经济侵略之野心、短小精干的比利时、北欧经济冲突的形势、战后的奥匈、西班牙与葡萄牙、捷克斯洛伐克与中欧经济10节;第三部分近东与中东,分君士坦丁问题、土耳其问题、列强角逐下之波斯、外高加索与中亚细亚4节;第四部分非洲与澳洲,分列强在非洲之经济侵略、白澳主义的经济意义2节;第五部分美帝国主义与南美问题;第六部分日本之发展与太平洋问题,分日本之发展与野心、太平洋上的经济纠纷2节;第七部分中国国际问题经济的危机,分近百年来中国国际问题经济的意义、列强在华侵略之步骤与时期、列强在华经济侵略之武器、列强在华经济侵略之方式、中国民族之危机与抵抗之方法5节;第八部分结论——三民主义与世界经济问题,分人类之厄运、所谓世界经济会议的作用、第三国际的世界革命之批评、三民主义经济的世界性4节。卷首有《敬告读者》(1928年5月于西欧旅次)。

张孝若演讲集 1924年铅印本。

张孝若著。张孝若(1898～1935),名怡祖,字孝若。张謇之子。江苏南通人。留美学士。曾任淮海实业银行经理、大生纱厂董事长、南通学院院长。本书收作者1924年4～5月在上海、南京、南通等地的商会及在其他团体上的演说词5篇。介绍欧、美、日本各国煤铁、纺织、航业以及重要工商业之情状,国际联盟与世界及中国,华侨华工及留学生情状,中国振兴实业应注意之事项。

世界经济地理 1939年12月重庆青年书店铅印本。

胡焕庸著。胡焕庸有《中国人口之分布》,已著录。本书分引言、气候与自然植物、作物分布与地方经济、麦类(其他杂粮附)、稻谷、饮料(树胶附)、糖、烟草、棉花与棉布、丝、羊毛(畜产附)、林产、煤、石油、水力、铁(其他金属附)、交通、世界贸易概论、日本经济概况与对外贸易、美国经济概况与对外贸易、英国经济概况与对外贸易、法国经济概况与对外贸易、德国经济概况与对外贸易、苏联经济概况与最近发展等24章。

经济地理 1944年9月重庆京华印书馆铅印本;1948年4月上海正中书局铅印本。

胡焕庸编著。本书分上编"世界之部"和下编"中国之部",各24目。1944年版上编介绍世界各国的气候与自然植物、作物分布与地方经济、麦类杂粮、稻谷、饮料树胶、糖、烟草、棉花与棉布、丝、羊毛畜产、林产、煤、石油、水力、铁等金属、交通、世界贸易概论、日本经济概况与对外贸易、美国经济概况与对外贸易、英国经济概况与对外贸易、法国经济概况与对外贸易、德国经济概况与对外贸易、苏联经济概况与最近发展等。下编介绍中国之地形、气候、农业区域、人口、铁路、水道、陆路(附航空)、稻米、小麦、棉花、棉纺织、丝织、茶、桐油与大豆(附其他子仁油类)、畜产、烟叶与纸烟、糖、盐、煤、铁(附其他金属)、石油、抗战以前之对外贸易、抗战以来之对外贸易、经济抗战与经济建设等。1948年版略有修改,最后2目改为抗战期间之对外贸易、胜利以来之国内经济。附世界雨量分布、世界人口密度、世界之风带、世界植物分布、世界稻麦产销图、世界茶咖啡可可橡胶产地、世界煤铁石油铜分布图、世界棉毛丝产及纺织厂分布图等8图。

中日财力之比较 民国上海市民地方维持会交际组铅印本。

刘大钧著。刘大钧有《中国之统计事业》,已著录。本书列日本本国普通决算、日本本国及属地租让地财政、日本国际贸易表、日本军费统计表、日本历次战费特别决算等表,主要讲述日本之财政、贸易、军费等概况,略及我国兵力、财力情况。

法国之产业政策 1927年7月上海世界书局铅印本。

陈彬龢著。陈彬龢有《中国佛教小史》,已著录。本书目次为:第一章法国之产业状态与政治组织,分法国之产业及一般社会状态、法国之政治组织与政党之沿革2节;第二章法国之社会运动与劳动运动,分战前法国之社会主义运动、战后法国之社会主义运动、法国工团主义者之运动3节;第三章法国社会党及劳动总联盟主义之政策,分法国社会党之主义与纲领、法国劳动总联盟之主义及宣言 2 节。

美国经济地理　1941 年 12 月重庆正中书局铅印本;1943 年 7 月重庆正中书局 4 版。

胡焕庸编著。本书分 28 章,介绍美国的自然地理环境(地形、气候、自然植物、农业区域)、物产(棉花、玉蜀黍、麦类、烟草、畜产、林产)、能源及矿产(水力、煤、铁、石油)、交通、对外贸易、居民构成及属地经济(新英格兰、中部与南部大西洋沿岸区、中央平原、西部山地、加利福尼亚、阿拉斯加、海外属地、菲列滨群岛)。最后重点介绍美国与中国、日本的经济关系。

苏联现状论　1933 年上海申报社铅印本。

陈彬龢编译。《申报丛书》本。本书译自德国 Hermarr Remmele 所著《苏联》(Die Sow jet-Union)一书的第一卷(1931 年柏林汉堡卡尔洛意姆书局出版)。扉页及书口标注为“苏联现状论第一集”,共分 4 编,介绍苏联社会主义建设的意义、物质基础、工业和运输业的发展。

苏联的经济建设　1937 年 1 月上海大众文化社铅印本。

孙冶方著。孙冶方有《战时的农民运动》,已著录。本书分四个部分:一、导言;二、苏联社会经济机构的特征;三、苏联经济建设的几个主要阶段(新政权的建立和军事共产主义、新经济政策——复兴时期、改造时期的开始和两个五年计划);四、苏联经济建设的现状和前途。作者认为,新经济政策是苏联特殊时期的产物;五年计划的提出和顺利完成,使苏联从一个落后的农业国一变而为工业先进的国家;特殊的社会经济机构是苏联经济建设成功的秘诀;苏联经济建设的实践可以见出苏联经济制度和资本主义经济制度之优劣。

苏联经济地理　1940 年 10 月重庆青年书店铅印本。

胡焕庸、袁著编著。袁著,地理学家。本书分 26 章。叙述苏联的疆域、民族、气候、林地及耕地、农业、田制、矿藏、煤、石油、金属矿物、电力、工业、交通、贸易等状况,并分述各种经济区域(西北区、北俄区、中央区、白俄罗斯、西俄州、中央黑土州、窝瓦河中下游、乌克兰、克里米亚、高加索区、乌拉尔区、西伯利亚、中亚细亚)的经济地理概况。附录中国与苏联、苏联地理译名对照表。

第三节　中国经济

农林工商政见宣言　1913 年 10 月铅印本。

张謇著。张謇(1853～1926),字季直,号啬庵。江苏南通人。实业家、政治家、教育家。清末状元。张謇 1913 年 10 月至 1915 年 10 月任北京政府农林工商部部长,此为其 1913 年 10 月在农林工商部的就职演说,发表对农林工商、法律、财政、金融等方面的政见,提出“当乞灵于法律”“当求助于金融”“当注意于税则”“当致力于奖助”等四大项措施。并特别申明,他“对于实业上抱持一种主义,谓为棉铁主义。”于此可见张謇的实业政见之大纲。

中国经济问题之研究　1935 年 6 月上海中华书局铅印本。

金国宝著。金国宝有《统计学大纲》,已著录。本书为论文集,分五个部分,共收录论文 22 篇。第一部分关于币制问题,收银辅币问题、取缔外钞问题等 2 篇;第二部分关于财政问题,收整理南京市财政刍议、修正南京特别市房捐章程之理由、牙行及牙税之历史、中国财政问题等 4 篇;第三部分关于票据及金融问题,收怎样发展工商业、承兑汇票浅说、承兑汇票答客问、提倡商业汇票之商榷、为什么及怎么样造成一个贴现市场、国难声中之上海金融问题等 6 篇;第四部分关于银行立法,收银行法中之票据问题、储蓄银行法之研究、再论储蓄银行法、修正银行法之意见等 4 篇;第五部分关于经济政策及经济建设,收米禁问题、洋米征税之先决问题、洋米征税方法之商榷、经济建设、农村破产之原因、广西经济建设初步工作意见书等 6 篇。卷首有《著者题辞》(“谢家长物,独有文章;新编一卷,聊寿糟糠”)及黄郛序(1933 年 10 月)、胡祖同序(1934 年春)、程绍德序(1934 年 6 月)。

中国今后应采之经济统制政策　1935 年 12 月南京中国经济学社铅印本。

刘大钧著。刘大钧有《中国之统计事业》,已著录。本书是作者为中国经济学社第12届年会(1935年12月26～30日在广州举行)提交的论文，分七个部分：一、我国的三种病症：经济衰败、经济畸形发展、经济脉络壅塞；二、统制经济的需要；三、管子(管仲)的统制经济：用经济手段统制人民生活、以轻重制诸侯、均贫富的理想；四、平准、均输、市易的前例；五、统制国内外贸易；六、统制交通事业；七、统制金融。

经济动员与统制经济 1939年1月长沙商务印书馆铅印本。

刘大钧著。本书共10章：第一章经济动员；第二章战时经济统制；第三章我国统制金融办法之检讨；第四章抗战期中之法币与外汇统制；第五章再论外汇统制；第六章统制消费；第七章战时物价统制；第八章战时物价理论的研讨；第九章欧美各国之统制贸易；第十章我国现行的贸易统制。附录《中国今后应采之经济统制政策》。卷首有自序(1938年12月于重庆)，略谓经济动员与统制经济在战时不可分离，后者为实施前者必不可少之手段；本书系作者在今年内所撰有关本题之文字，均已在《经济动员半月刊》《时事类编特刊》等报刊发表，兹按实施统制事项之先后顺序编列；全书偏重我国实施统制之经过，他国先例多所引用，以为讨论之根据。

国民经济建设之途径 1936年9月上海生活书店铅印本。

董修甲著。董修甲有《市政学纲要》，已著录。本书目次为：第一编国民经济建设之途径，分农工商并重之理由、发展农业之途径(兴治水利、扩充产地以增生产、避免农业机关之重复以省经费而增研究之效能)、发展工业之途径(我国现时贸易入超物品之性质、发展重轻工业之途径)、发展商业之途径(我国现时之国内国外贸易、发展国内国外贸易之途径)、发展交通之途径(发展国内、国外交通之途径)等7章。第二编国民经济建设运动中之都市建设途径，分都市建设与农村国民经济之关系(建设都市可以促进农村经济之改良和推广农产品之销售市场)、中国应建设何种都市、民国十九年至今各市市民反对建设都市之主因、消除市民反对建设都市之方法等6章。第三编国民经济建设运动中之公路理财途径，分各国公路之理财途径(德国、法国、英国、爱尔兰、意大利、丹麦、西班牙、美国、荷兰、暹罗)、各国公路理财途径之评论(从实际方面评论和从公允原则上评论)、我国各省现行之公路理财方法(含中央军事机关及经济委员会对于各省筑路之协款)、今后中国应采用之公路理财途径(招商筑路、建筑公路土基、商人不愿投资的公路、官商合办公路、有奖公路债券)等6章。卷首有自序(1936年7月)。

国民经济建设精义 1937年6月上海中华书局铅印本；1940年1月上海中华书局再版。

董修甲著。本书目次：第一章国民经济之意义，分经济之分类、国民经济之定义2节；第二章我国国民经济之特质，分地大物博宝藏丰富、人工虽多无裨国民经济发展、外货倾销影响国民经济、帝国主义者对我直接投资影响国民经济、买办制度影响国民经济、苛捐杂税影响国民经济、交通梗阻影响国民经济、天灾人祸影响国民经济8节；第三章我国国民经济之现状，分农业现状、工业现状、商业现状3节；第四章协助农工商业之发展的经济现状；第五章我国国民经济建设之范围；第六章发展我国农业之方策，分兴治水利、装置新式灌溉机器、扩充产地以增生产、避免农业研究机关之重复以省经费而增研究之效能4节；第七章发展我国工业之方策，分发展重工业之方策、发展轻工业之方策2节；第八章发展我国商业之方策，分发展国内贸易之方策、发展国外贸易之方策2节；第九章发展农工商业的协助政策，分提倡征工、流畅货运、调整金融3节；第十章我国国民经济建设之运动，分意义、重要、范围、组织、方法5节；第十一章结论。附录章则、报告。卷首有自序(1937年1月)。

战地政治与经济 1942年3月重庆中央训练团党政训练班铅印本。

顾翊群讲述。顾翊群(1900～?)，字季高。江苏淮安人。经济学家。美国纽约大学工商管理硕士。曾任广东省财政厅厅长、四联总处秘书长、国际货币基金组织中国首任执行干事。1949年去台湾。本书为作者在中央训练团党政训练班讲演录，分6章：第一章绪论——战地问题之重要性；第二章敌寇之传统的对华侵略政策，分敌寇侵华之远因、敌寇侵华以来之三个时期(明代迄清末为第一期、民初迄九一八事变前为第二期、九一八事变以后为第三期)2节;第三章敌伪对战地政治经济侵略之举措,分政治方面、经济方面2节;第四章我方在战地之各种设施及对策,分关于政治者、关于经济者2节;第五章敌伪政治与经济侵略之结果,分从统计数字中观察其结果、侵略成绩不如预期2节;第六章结论——今后应加紧努力之工作,分政治方面、经济方面2节。附敌伪破坏我金融之银行系统表、我各海关沦陷日期表、敌各地委任经营工厂分类统计表、敌军管理工厂统计表、敌掠夺各地工厂数目统计表、伪蒙疆银行券发行额、伪华兴商业银行券发行额、伪中央储备银行发行额、出口贸易统计表、进口贸易统计表等10表。

中国经济的改造　1948年5月上海中国编译社铅印本。

顾毓琇著。顾毓琇(1902～2002),字一樵。江苏无锡人。教育家、科学家、诗人、戏剧家、音乐家。清华学校毕业、美国麻省理工学院科学博士。历任浙江大学教授、清华大学工程院院长、中央大学校长。本书为论文集,共收录12篇论文,以第一篇《中国经济的改造》为书名,其余11篇为《粮食公有论》《企业公营论》《社会改革与经济协调》《民主理想与和平建设》《伦敦一夕谈》《挽救中国工业的危机》《耕者有其田食者有其粮》《人民共有的工业建设》《合作自耕的农业建设》《如何振兴中国实业》《我国需要的生产方法》。所收论文最早的写于1933年1月,最近的写于1947年,其中《中国经济的改造》发表于1947年5月18日之上海《大公报》。

论新民主主义经济　1946年3月山东新华书店铅印本。

薛暮桥编著。薛暮桥有《战时乡村问题》,已著录。本书目次为:第一部分,收录我们的经济政策,当前的经济问题,组织起来,论合作社4篇论文;第二部分,收录论新民主主义经济,中国农业发展的新方向,农业生产建设问题,怎样办合作社4篇论文。卷首有前言(1946年2月),略谓,和平民主时期,经济建设将更加重要,新民主主义经济的健全发展,是新民主主义政治巩固的前提。过去的经济建设处在战时的、农村的环境,是我们所熟悉的,且取得了相当的经验;现在和平民主时期,不仅要建设农村,还将建设城市,不仅要发展近代化的农业,而且要发展大规模的工业以及与之相适应的交通、贸易、金融,这些我们都将在实践中进行摸索;本书旨在提供新时期经济工作的学习材料——第一部分是关于经济建设的一般方针和一般原则的文献,第二部分是解释上述文献的论文,并提出怎样进行经济建设的具体意见。

中国国防经济建设　1937年3月上海生活书店铅印本;1938年1月上海生活书店三版。

钱俊瑞著。钱俊瑞有《中国革命的战略与策略》,已著录。《黑白丛书》之一。本书目次为:第一节今日中国国防经济建设的基本任务,分完成适应国防需要的经济建设、巩固并发展独立的民族经济、建立国家资本主义3目;第二节经济建设的政治前提;第三节各部门经济的建设,分工业政策、农业政策、金融财政政策、贸易政策、交通运输政策、改善民生、建设的资金何在7目。

中国经济地理　1941年2月重庆青年出版社铅印本。

胡焕庸编著。胡焕庸有《中国人口之分布》,已著录。本书分24目,记述我国的地形、气候、农业区域、人口、铁路、水道、陆路(附航空)、稻米、小麦、棉花、棉纺织、丝织、茶、桐油与大豆(附其他子油类)、畜产、烟叶与纸烟、糖、盐、煤、铁、石油等交通能源和自然资源经济资源的分布,并论及抗战以前及抗战以来之对外贸易、经济抗战与经济建设等。

一年来中国经济概况　1934年2月上海申报月刊社铅印本。

钱俊瑞、姜君辰、房福安合著。姜君辰(1904～1985),江苏江阴人。经济学家。房福安,生平不详。《申报月刊社丛书》第五种。本书分6章,对1933年中国经济社会各方面状况作综合的论述。第一章导言;第二章对外贸易的检讨,分规定中国对外贸易的基本因素、一年来对外贸易一般的观察、各国对华贸易的阵容、各类进出口货的消长、对外收支的平衡5节;第三章重要工业的状况,分一般的趋向、列强在华企业的雄姿、民族工业的衰落(纺织业、丝业、面粉业、火柴业、卷烟业、橡胶业、矿业)、劳资纠纷的分析

（工潮的膨胀和方式、各部门企业中的纠纷）4节；第四章农村恐慌，分农业生产与农产价格、扫荡农村的水旱灾、农民纠纷3节；第五章金融市场的动向，分现金的集中都市、投资的方面与资金流动的方向、金融市场的恐慌3节；第六章结论。卷首有申报月刊社序（1934年1月），简述《申报月刊》1933年7月所出《中国现代化问题专号》之概况，认为由中国经济情报社钱俊瑞、姜君辰、房福安合著之本书，搜集了最新颖且比较准确的统计调查资料，对过去一年中国经济社会现状作了综合客观的叙述，是申报月刊社讨论中国经济建设问题的延续，对于一般读者了解中国现状、解决中国问题均有裨益。

无锡农村贫困之原因及救治之方法　1931年铅印本。

华印椿撰。华印椿（1896～1990），江苏无锡人。数学家。著有《中国珠算史稿》。1931年5～6月以来，锡邑四乡贫民乏食，抢米案件两周之间有50余起，形势岌岌，不可终日。急则治标，其道自在救恤。但倘若仅施救济，而不对症下药，治其根本，则断难恢复元气。华印椿针对此情形，剖根究底，分析总结出无锡农村的贫困主要有经济原因（人口过密，耕田不足；蚕业失败；副业不发达；未充分集中耕作；农产品受国外经济侵略者之压迫；物价日昂，糜费不节等6项）和政治原因，其中以经济为重。同时提出了诸多可操作的救治方法。

中国经济生产机关一览表　1936年5月南京中国辞典馆铅印本。

杨家骆著。杨家骆有《狄岱麓与李石曾》，已著录。此为《民国史稿副刊》之一。本书前有《中国经济生产机关一览表简例》，正文为中国经济生产机关的详细资料列表。按王云五四角号码检字法排序，每条目列所在城市、详细地址、主持人职衔姓名别字籍贯、创办时间、业务类别、生产能力、资本额、商标名称等10项。

第四节　经济计划与管理

高级商业簿记教科书　1932年9月上海商务印书馆铅印本；1936年12月上海商务印书馆第二次修订本；1947年5月上海商务印书馆第四次修订本。

潘序伦编著。潘序伦（1893～1985），字秩四。江苏宜兴人。会计学家、会计教育家。美国哥伦比亚大学经济学博士。曾任上海暨南大学商学院院长、上海商科大学会计系主任、立信会计事务所主任、立信会计专科学校校长、国民政府经济部次长。《立信会计丛书》本。本书是潘序伦的成名作，1930年编撰完成，1933年第一次修订，1936年第二次修订，1939年第三次修订，1947年第四次修订。全书共37章，介绍簿记会计之基本概念、簿记之方式、账户及分类簿、交易之借贷、日记簿、过账、试算、结账、决算表、商品账户、商品折让账户、费用及收益账户、票据账户、通用资产及负债账户、资本主账户、特种日记簿——现金簿、销货簿、购货簿、统制账户及补助分类表、其他原始簿、结账前账目之整理、结账计算表、资产负债表、损益计算书、合伙企业之记录、公司之组织、公司之记录、寄销簿记、支店簿记、簿记实务、簿记规则等等商业簿记知识。附录单式簿记。

现代会计学　1943年2月重庆商务印书馆铅印本；1946年5月上海商务印书馆铅印本；1946年10月上海商务印书馆再版。

杨端六著。杨端六有《三民主义目录及索引》，已著录。本书共9章：第一章整理账与统驭账，分整理账、统驭账等2节；第二章单据制度，分商业单据之种类、记账单据之开写、单据之编号整理及保管等7节；第三章分店会计，分店间之往来、总店发货记价方法等5节；第四章银行会计，分账簿组织、营业组织、会计科目、总簿与总账等9节；第五章成本会计，分工厂组织、制造成本份额、原料、人工等8节；第六章标准会计，分原料之标准成本、人工之标准成本、标准成本账及其结算等7节；第七章政府会计，分预算制度、会计科目、会计年度、会计期间、中国会计制度等10节；第八章外币处理方法，分两单位账法、货币的折合方法、国际进货、国外分店等7节；第九章国币价值变动问题，分会计科目之性质上的分析、记账单位问题、现行税法等4节。卷首自序（1942年7月于四川乐山武汉大学）称，本书之作，前后凡二十年，涵盖了作者所著《商业簿记》（1922年）《记账单位论》（1923年）及在武汉大学所作会计学讲义之内容。作者强调，会计制度之改善为抗战建国所必需，本书理论与实用并重。

簿记学　1948年9月东北光华书店铅印本；1949年4月吉林新中国书局再版。

黄逸峰、朱劭天等著。黄逸峰(1906～1988)，原名承镜、澄镜。江苏东台人。历任中共南京地委书记、全国铁路总工会秘书长、东北铁路总局副局长。中华人民共和国建立后，任上海铁路局局长、上海社科院院长。朱劭天(1917～2010)，山东单县人。曾任北京铁道学院院长、中共武汉大学党委第一书记。本书为《东北铁路学院丛书》之一。全书共12章：第一章绪论，论簿记的意义效用和目的、簿记学和会计学、簿记的分类、财产及资本、交易等；第二章单式簿记与复式簿记；第三章借贷原理，论交易构成的要素、交易与借贷的关系等；第四章账户，论账户的意义与分类、资产负债账户、损益账户、资本账户资本金等；第五章账簿的组织及记账程序，论记账的根据(传票制度)、主要账簿与辅助账簿、账簿的格式及记载方法、商品账户的分析、票据等；第六章试算，论试算的目的和方法、试算表的效能；第七章决算，论决算的意义和目的、决算的一般程序、账户的整理等；第八章决算表，论决算表的意义内容和目的、资产负债表、损益计算书、财产目录、纯损益的处理；第九章公管企业的簿记管理，论公管企业的簿记组织、账户分类和现金出纳等；第十章农村合作社的簿记管理，论农村合作社的簿记组织和记账程序等；第十一章论会计人员的修养；第十二章簿记员注意事项。再版有《再版序》和《前言》，并增加了习题及单式簿记的例证。卷首有《铁路学院丛书编辑旨趣》。

记账单位论　1923年上海商务印书馆铅印本；1928年上海商务印书馆增补三版。

杨端六著。本书书名前冠“中国会计学之根本问题”。全书共七章：第一章记账单位之选择，分中国货币状况、规元势力之消长、规元与洋元孰应为记账单位、两记账单位之可否等4节；第二章记账单位之研究，分以洋元为记账单位而以银两折成洋元、银两交易二种、两种均应折成洋元入账、折合率两种、定价折合法之优缺点、时价折合法之种类及优缺点、定价时价两折合法之根本的原则不同、实行时价折合法之两要件、通用币值发生激变时之救济法等16节；第三章记账单位之应用，分事实单位、规元账与商品账之性质完全不同、两单位账均有损益、事实单位不必限于一、媒介单位、媒介单位与事实单位之互易、事实单位可缺记账单位不可缺等7节；第四章国际贸易之记账单位，分国际汇兑之变动、市场价格与自然价格、卖价与市价之关系、卖价决定之条件、国际贸易之成本、卖价与成本之关系、自外国进货之偿还法、国际贸易之记账单位不得不用时价折合法、准定价折合法等10节；第五章辅币之记账单位，分强用十进法、包收包解法、实收实解法等5节；第六章分店之记账单位，分分店记账单位之选择、货币跌价时分店仅可做门市生意、分店记账单位与总店不同时年终应如何合并等8节；第七章整理账与统驭账，分事实单位栏是否可以试算、整理账主义之应用、统驭账主义之应用等4节。卷首有初版自序(1922年7月)和第三版自序(1928年1月)。

工商组织与管理　1944年7月重庆商务印书馆铅印本；1945年11月上海商务印书馆铅印本；1946年12月上海商务印书馆再版。

杨端六编。大学及专科学校工商管理专业教材。本书共5编23章：第一编概论，分工商管理的性质及其范围、近世工商业概况、大规模事业、标准化与简单化、科学管理与合理化5章；第二编公司组织及其发展，分公司主权及治权、公司行政组织、公司的发展3章；第三编公司财政，分股本、股本以外的财源、资金之运用与管理、利润问题、非常时期的公司财政5章；第四编内部行政，分股务、文书、档案、物品、人事问题5章；第五编商业组织与经营，分进货、贩卖总论、大规模零售商业、几种特殊的贩卖方式、消费合作社5章。附录：1. 商务印书馆同人奖励金分配暂行章程；2. 政府文件及档案的处理方法；3. 军事委员会审计厅职员升迁暂行规则；4. 滑尺工资制度。卷首有自序(1943年12月于四川乐山国立武汉大学)。末附本书引用参考书目。

公司登记规则　1936年7月上海商务印书馆铅印本(五版)。

潘序伦编著。潘序伦有《高级商业簿记教科

书》,已著录。《实用法律丛书》本。本书共10章:第一章概论,论公司登记的意义、效力、事项、期限和主管机关;第二章无限公司的登记,论设立、变更、解散和合并的登记;第三章两合公司的登记;第四章股份有限公司的登记,论设立(分发起设立和招募设立)、增资、减资、其他登记事项变更、公司债(准备登记、呈请登记、偿还公司债的程序)、解散及合并的登记;第五章股份两合公司的登记,论设立(准备登记、呈请登记的程序)、其他事项的登记;第六章支店的登记,论向支店所在地主管官署呈请、本店不在中国境内的支店的登记;第七章特种营业公司的登记;第八章呈请登记的代理;第九章登记事项的更正证明及抄录;第十章登记的撤销。附录公司登记规则。

都市行政费与事业费 1933年8月镇江江南印书馆铅印本。

董修甲著。董修甲有《市政学纲要》,已著录。本书分发端、都市行政与都市事业之定义、都市行政费与都市事业费之标准、都市经费是否均可划分为行政费与事业费、外国都市划分经费之方法、我国都市划分经费之方法、外国都市何以并不努力将经费划分行政费与事业费、我国都市何以必须努力划分之、划分市政府经费之方法、划分公安局经费之方法、划分财政局经费之方法、划分社会局经费之方法、划分卫生局经费之方法、划分工务局经费之方法、划分公用局经费之方法、划分地政局经费之方法、划分教育局经费之方法等十七个部分。作者认为,何谓行政费,何谓事业费,应明确其内容与范围;都市建设经费划分为行政费与事业费,既有必要又很重要;都市行政费与事业费二者应有适当的比例;都市建设之绩效以支出适宜为标准;都市行政必须接受立法机关和市民的监督。卷首有作者《识语》(1931年11月于南京国民政府立法院经济委员会)。

第五节 农业经济

农业经济学 1926年5月南京中华农学会铅印本。

唐启宇编。唐启宇(1895～1977),字御仲。江苏扬州人。农业学家。美国康乃尔大学农业经济学博士。曾任金陵大学农学院教授、江西省垦务处处长、复旦大学农学院院长、南通农学院院长。本书分农业经济之意义及其范围、农业上经济的动机观念及性质、经济货及其价值、独立国应产何种农产品、土地利用之原则及方法、农场设备、人工、生产分子之选择及配合、生产分子之比例、农工及工值、农业贷款制度、地租与利息、农人获得土地方法、贩卖、运输、交易所、价格、组合、作物调查制度、保险、税则、人口食粮与土地之利用、研究农业经济问题之方法、中国农业经济问题、中国乡村社会问题等25章。卷首过探先序(1926年4月于金陵大学农林学院)云,20世纪为经济竞争之时代,由于未能顾及经济原则,适应世界经济潮流,我国虽以重农为立国之政策,并不断进行农事试验,然成效并不显著,以致民穷财尽、农业日衰、工商交困,本书详述中外农业经济和乡村社会问题,并提出解决方法,“引证详博,讨论切当”,对促进我国农业之兴盛当有裨益。

农业仓库论 1935年1月上海商务印书馆铅印本;1937年4月上海商务印书馆3版。

徐渊若著。徐渊若有《空中战》,已著录。本书为王志莘主编的《行政院农村复兴委员会丛书》之一。全书分上、下编。上编:第一章农业仓库概述,论农业仓库之意义、分类及设置、特性、事业、利益、流弊;第二章农业仓库之经营,论农业仓库之经营者、经营方针及其规模、设备;第三章农业仓库之资金,论农业仓库需要之资金、受寄物之资金化、证券之运用;第四章农业仓库之业务,包括入库、检查、保管、出库、整理、运销、金融;第五章联合农业仓库,论联合农业仓库之业务、设置条件、业者与寄托者之关系、利用方法。下编:第一章我国原有之仓储制度,介绍常平仓、义仓、社仓、我国仓储现况、仓储与农仓;第二章我国现有农仓之实况,介绍我国农业仓库之沿革、中央模范农业仓库、江苏浙江安徽及鄂豫皖赣之农业仓库。附录农仓法草案、江苏省农民银行仓库办事细则、中央模范农业仓库暂行章程、修正中央模范农业仓库暂行章程、江苏省筹备农业仓库办法、日本农业仓库业法、日本农业仓库奖励规则等20种。卷首冠行政院农村复兴委员会秘书处主任彭学沛序(1934年10月)和上海新华信托储蓄银行总经理王志莘序(1934 年 7 月)。

垦殖学 1936 年 10 月上海商务印书馆铅印本;1944 年重庆商务印书馆铅印本。

唐启宇著。本书分垦殖的核心、政策、制度、统计,荒地的调查,以及垦民、垦地、垦备、垦营、管理、垦资、会计、垦果等 13 章。末章介绍中国近 30 年的垦殖事业。

中国农业建设方案 1946 年上海中华农学会铅印本。

邹秉文著。邹秉文(1893～1985),字应崧。江苏吴县人。农学家。美国康乃尔大学农科毕业。曾任金陵大学教授、中央大学农学院院长、中华农学会会长。中华人民共和国建立后,任农业部顾问。本书分绪言、政策与计划、组织、人事、经费等几个部分。政策与计划包括全国生产之自给自足、增加全国农民收入、发展出口贸易以取得外汇等 3 目;组织包括全国农业分区、农林部、全国农业教育、中国农业金融组织、各省农林厅、各县农业推广站等 6 目。

江苏省新农业建设计划大纲草案 1927 年 3 月铅印本。

傅焕光拟。傅焕光(1892～1972),字志章。江苏太仓人。农学家。曾任江苏第一农业学校校长、总理陵园设计委员会委员。中华人民共和国建立后,任安徽省林科所副所长。该草案分绪言;第一章农业生产问题(农业增收问题、森林问题、垦殖问题、水利问题、蚕丝问题、兽医畜牧问题、病虫害问题、水产问题、农产制造问题、农具问题);第二章农业经济问题(农民银行、指导农民组织合作社);第三章农业分配问题(土地之分配、农产之调剂、江苏省新农业建设计划执行);第四章农村社会问题(关于民生问题、关于农民风教问题、社会解放问题、农民娱乐问题);第五章农业行政新组织(江苏农业机关现状、省县农业行政新组织之建议、农业大学、农民银行、农民协会、江苏省农业行政委员会之组织及事业系统、江苏省新农业建设计划执行)等。

中国农村经济常识 1937 年 1 月上海新知书店铅印本。

薛暮桥著。薛暮桥有《战时乡村问题》,已著录。《新知丛书》本。本书分中国农村中的基本问题(如农民为什么会破产、民族问题和土地问题)、帝国主义和中国农村(帝国主义的侵入和剥削)、中国农村中的土地问题(如分配、使用、土地关系)、中国农村中的租佃关系(介绍几种租佃制度、地租的形态和数量等)、中国农村中的雇佣劳动(介绍几种劳动方式、工资的形态和数量等)、耕畜农具和农业资金、中国现阶段的农业经营(如地主经济、农民经济)、农产商品化和农村市场(介绍商业资本的剥削方式等)、中国农村中的高利贷(介绍几种借贷制度、地主商人和高利贷者)、中国农村中的田赋和税捐、农村副业和农民离村(乡村手工业、农村劳动力过剩)、中国农村经济的新趋势(银行资本输入农村、中国农村殖民地化)、农村合作运动和农产统制(农村合作组织等)、知识分子的乡村改良运动(介绍邹平的乡村建设运动和定县的平教实验运动,探讨乡村工作的出路)等 14 章。

历代屯垦研究 1944～1945 年重庆正中书局铅印本。

唐启宇撰。唐启宇有《农业经济学》,已著录。本书分上下两册,上册包括屯垦制度的起源与演进、方式与地位、官制与田制,兵屯、民屯、犯屯、商屯性质与利弊等,下册为全国各地的屯垦情况,卷末为《历代移垦时期图及说明》,是研究我国屯田史、边疆史的代表性著作。作者认为,我国的屯田制度起源于西汉,"徙民实边之议,创自晁错;以兵屯田之举,则行自汉武;而名以屯田者,则自汉桑弘羊请屯田轮台以东始",这是相对比较稳妥的说法,现在还有起源秦代、起源西周等各种学说。而至于西域屯田的起源,作者根据张君约《历代屯田考》认定在武帝太初三年(公元前 102)伐大宛之后,理由是《汉书·西域传》记载"轮台、渠犁皆有田卒数百人"。而《史记·匈奴列传》明说汉武帝元封年间,"又北益广田至雷肱为塞,而匈奴终不敢以为言",则起于轮台之说,尚值得讨论。

通海垦牧志 1921～1925 年南通翰墨林印书局铅印本。

范铠、张謇纂。范铠,江苏南通人。范当世三弟。张謇有《农林工商政见宣言》,已著录。1912

年，张謇聘请范铠主笔修纂《南通县图志》。1914年，初稿未竟，因意见不合，范铠辞职离开，修志亦停。是书系从《南通县图志》节录单行者，垦牧乡在今江苏省南通市境内。本书以张謇所创通海垦牧公司20年垦荒的成绩为主，展示了19世纪末到1925年这一时期南通江边滨海闲地荒滩的开垦过程。其开发可分前后两个阶段，前十年多述经营成立之事，初具规模，“各堤之内，栖人有屋，储物有仓，种蔬有圃，佃有庐社，商有廛室，行有途梁，若一小世界矣”；后十年，述保持进行之方。最后，与同类盐垦公司作比，垦牧公司条件最为艰苦，亦最难。本书全面展示了张謇实业救国的艰辛和努力。其效仿西方兴办新式资本主义机耕大农场，对于研究近代民族资本主义的相关问题多有裨益，亦是近代盐垦史的典型史料。

中国棉业之发展 1943年9月重庆商务印书馆铅印本。

严中平著。严中平（1909～1991），笔名晦明。江苏涟水人。经济史学家。清华大学经济系毕业。曾任中央研究院社会科学研究所副研究员。中华人民共和国建立后，任中国社科院经济研究所副所长、研究员。《国立中央研究院社会科学研究所丛刊》本。本书共9章，叙述自1289年至1937年中国棉业的发展概况，并将其作为中国资本主义发生过程的个案进行分析。第一章导言，论百年来中国经济大势、棉业与中国经济；第二章中国之棉业遗产（1289～1833），论植棉与棉纺织业之分布、棉工业生产工具等；第三章中国国内棉货市场之开辟（1834～1889），论英美印三国棉货在中国国内市场之竞争等；第四章中国棉工业革命的发动（1890～1895），论郑观应、李鸿章、张之洞、张謇的创业业绩等；第五章一个国际商品市场上的棉纺织业（1896～1913），论外商与华商、官僚资本与民族资本等；第六章一个国际投资市场上的棉纺织业（1914～1931），论欧战与中国市场、日本在华投资等；第七章棉业萧条与棉纺织业发展的新动向（1932～1937），论在华日籍纱厂状况等；第八章棉工业革命中手纺织业之蜕变（1914～1937），论手工纺织业的现势与演进等；第九章棉工业革命中新植棉事业之生长（1914～1937），论原棉生产的商品化和新植棉事业的生长。卷首有题记（1942年1月于四川李庄）。本书1955年修订为《中国棉纺织史稿》。

井田之迷 1931年11月南京金陵大学《金陵学报》第1卷第2期抽印本。

万国鼎著。万国鼎（1897～1963），字孟周。江苏武进人。历史学家。金陵大学农林科毕业。曾任金陵大学教授、国民政府国防设计委员会委员、中央政治学校（政治大学）地政系主任。中华人民共和国建立后，任南京农学院、中国农业科学院教授。本书探讨有无井田制。作者认为，所谓“井田制”，三代并不存在，系后人托古改制，演绎而成。“儒者所传之井田论，与商周之事实不符，与春秋以前之经籍不合，其制度本身，亦诸说违异而不可通”。故名之曰“井田论”，“明其系理论，非事实也”。

金元之田制 1932年5月南京金陵大学《金陵学报》第2卷第1期抽印本。

万国鼎著。本书分三部分：第一部分金之田制，略论括田以授种人、种人农耕之失败、租税、请射与募佃、区田之梦、汉农之厄运；第二部分元之田制，略论屯田、职田、其他官田、官田之来源与损耗；第三部分元之民田与赋税，略论经理田亩、税法、寺田、民田之被占、减租与限田、垦荒与重农。

我国佃农经济状况 1929年9月上海太平洋书店铅印本。

刘大钧著。刘大钧有《中国之统计事业》，已著录。本书为《建设文库》之一。介绍我国之租佃制度以及山西、浙江、湖北、湖南、广东、江苏等省农佃状况，着重例举浙江平湖的农业经济状况。末附清陶煦的《重租论》一文。

实话一编 1933年5月铅印本。

章元善稿。章元善有《实用公团业务概要》，已著录。本书为论文集，大部分曾在报刊上登载过。包括《皖赣农赈》《我的合作经验及感想》《一千个农村里的信用合作》《中国农业复兴中的合作》《四维新说》《国难中救灾问题》《社会服务事业之财政方面》《问题之应付》等8篇。

中国农村问题 1936年6月上海北新书局铅印本。

薛暮桥著。薛暮桥有《战时乡村问题》，已著录。本书分六个部分，包括农村问题是从哪里来的、帝国主义要想“农业中国”、山西正在提倡“土地村有”、被人忘记了的“二五减租”、换汤不换药的“合作运动”、国民政府下令“减轻田赋”。卷首有《序论：各人心目中的农村问题》。

战时的粮食　1938年长沙商务印书馆铅印本。

薛暮桥著。本书宣传扩大粮食生产、改良生产技术、调节粮食供求。

难民与垦殖　1938年10月南昌江西省垦务处铅印本。

唐启宇著。唐启宇有《农业经济学》，已著录。《江西垦务丛刊》第二种。抗战时期，由于日本的战争侵略，中国出现了规模庞大的难民潮，在国民政府的大力倡导和社会舆论的积极推动下，难民垦殖运动兴起。垦殖条件较为优越的江西，在严重的难民问题面前，积极响应国民政府的号召，开展难民垦殖运动。1938年以来，国民政府先后出台了《难民垦殖实施办法大纲》《非常时期难民移垦规则》及《非常时期难民移垦条例》等法规，详细规定了垦殖管理机构、垦殖方式、经费来源、土地来源及垦民来源等方面的内容。江西省政府也相应制定了《垦殖计划大纲》《江西省垦务处难民垦荒办法草案》《江西省非常时期垦殖事业推进办法》等法律文件，来鼓励和推动抗战时期江西难民垦殖事业。在出台政策的同时，国民政府对行政机构也做了相应的调整，在新成立的农林部下设立垦务总局。江西省政府也成立了垦务处，以管理和指导全省的垦荒事业，本书即是介绍抗战初期的江西难民垦殖状况。

内地农村　1946年7月上海生活书店铅印本。

费孝通著。费孝通有《美国人的性格》，已著录。本书为论文集。辑入论文15篇，即《农村土地权的外流》《雇工自营的农田经营方式》《土地继承和农场的分碎》《农田的经营和所有》《抗战和农村劳力》《农民的离地》《我们要的是人口还是人力?》(附录《疏散与生育》)《生活到反抗》《增加生产与土地利用》《货币在农村中》《农村游资的吸收》《清理农家债务》《论贫农购赎耕地》《举办春耕劳力贷款》《中国乡村工业》。

江苏省土地陈报纪要　1935年江苏省财政厅铅印本。

赵棣华编。赵棣华(1895～1950)，原籍江苏镇江，生于江苏淮阴。金融家。曾任江苏省财政厅长、交通银行总经理。本书收录有关土地清查纪事、中央至地方所制定的章则、问题解答、统计等。附各种县订表册式样及重要公牍。

南京旗地问题　1935年8月南京正中书局铅印本。

万国鼎编。万国鼎有《井田之谜》，已著录。《中央政治学校地政学院研究报告》之二。本书共5章25节：第一章旗地之由来，分驻防旗兵、旗兵住所及给养、城内外旗地、八卦洲、万春湖5节；第二章民国以来对于旗地之处理，分主管机关、民初之清理、市府成立后之清理、旗产登记、旗地之估价5节；第三章旗地之面积及岁入，分旗地面积、各区段亩分、旗租定率、额征及实收、民欠及催收5节；第四章产权之移转与纠纷，分民间之争夺冒伪、旗产之推让、租照举例、所有权之争辩、纠纷平议5节；第五章旗民生计，分人口、保护与居住、工垦、教养、旗民生计鸟瞰5节。附南京旗地分布图、皇城前清旗营官署分布图、旗营官署调查、实丈皇城高矮园旗地统计、旗地面积及户数、旗租之额征及实收、各区段旗地统计、旗产登记费收入、各年度旗民人口、旗民给养状况及计划、旗民管理事务所支出预算、现今每月实发旗民给养数等23表，均系从档案史料中爬梳整理而得，对于考察南京旗地问题乃至了解当时政府的经济政策和社会发展多有裨益。卷首有作者序(1934年3月于南京)。

江村经济：中国农民的生活(英文版题名 *Peasant life in china*)　1939年英国Routledge书局铅印本(英文)。

费孝通著。本书为费孝通在英国伦敦大学的博士论文。1936年，费孝通对位于太湖东岸的吴江县开弦弓村进行了深入的实地研究，在此基础上写成了本书。江村是费孝通写论文时为该村起的“学名”。正文分为16章：前言、调查区域、家、财产与继承、亲属关系的扩展、户与村、生活、职业分化、劳作日程、农业、土地的占有、蚕丝业、养羊与贩卖、贸易、资会、中国的土地问题。附录关于中国亲属称谓的说明。该书描述中国农民的消费、生产、分配和交易等体系，旨在说明这一体系与特定的地理环境的关系，以及与这个社区的社会结构的关系。该书被国际上誉为人类学发展史上里程碑式的著作，亦是当代学者研究20世纪初期中国经济社会发展不可不读的重要文献。

禄村农田　1943年11月重庆商务印书馆铅印本。

费孝通著。本书为吴文藻主编的《社会学丛刊》乙集第一种。原题"私立燕京大学、国立云南大学合作社会学研究报告"，分12章，介绍云南禄村的农作、劳力的利用、农田的担负、农田分配、劳力的出卖、自营和雇工、租营、生计、农田的继袭、农村金融、农田买卖。书中附表28种，为珍贵的第一手调查资料。

江苏省之农业区域　1934年9月南京中国地理学会《地理学报》创刊号抽印本。

胡焕庸著。胡焕庸有《中国人口之分布》，已著录。本书根据作物分布统计，联系气候、土壤和水利条件，划分江苏省为4个农业区，即苏北旱粮区、苏中籼稻区、沿海棉花区、苏南稻丝区。该书被认为是我国农业地理学的首创之作。

福建渔业调查报告　1935年厦门大学理学院生物学系铅印本。

陈子英编。陈子英(1896～1966)，字晋杰。江苏苏州人。遗传学家。报告载厦门大学生物学系刊物第2卷，调查了福建省17个县的渔业情况，并附内外港渔场图16幅、福建渔具图45幅、渔钩图1幅。调查工作主要由集美水产大学毕业生曾广茂、林泉歧完成，对每个渔场的位置、交通、教育、风俗、商业、人口、特产、鱼行、渔村、渔期、渔具、渔法、海产品、产量、价钱、保存方法、销路都有详细记载。调查者认为，我国沿海渔场面积占世界渔场面积的16.19%，从事渔业的人数有三百余万，但每年海产品的输出仅有输入的12.68%(福建只有3.9%)，究其原因，跟我国渔业不事改良、外有强邻(日本)侵渔有关。欲要自强，必先改良，要改良，就应先了解各渔场重要水产品的种类、习性、产量，才能制定保护和发展方针。通过调查，本书确定了福建14个重要渔场的位置、99种鱼类以及58种其他可食海产的名称、习性、产量、捕捞时令等等，对福建渔业的发展提供了有效参考，意义重大。

苏联的农业　1925年国立北京大学《社会科学季刊》第3卷第3号抽印本。

陈翰笙著。陈翰笙(1897～2004)，江苏无锡人。经济学家、国际问题专家。本书论述苏联农业与世界经济的关系，苏联农产在工商业上的地位，发展苏联农业的障碍，农村教育的成绩等。

日本之农村合作与农业仓库　1936年8月上海商务印书馆铅印本。

徐渊若编著。徐渊若有《空中战》，已著录。本书为王志莘主编《社会经济调查所丛书》之一。全书分日本农村合作及农业仓库概述、中央组织(农林省及其米谷仓库、各中央组织之合作团体等)、各道府县郡联合组织、各市町村之合作组织、合作社扩充五年计划、日本之反合作运动、其他(农会、米谷统制法、经济复苏计划等)等8章。在《结论》中，作者对日本之合作社与政治运动、日本农村合作社之优缺点、日本农业仓库之优缺点等作了评析。末附年代对照表、度量衡换算表。卷首上海新华信托储蓄银行总经理王志莘序云：自己(指王志莘)1930年夏在江苏省农民银行任职时曾赴日考察农村合作与农业仓库事宜，后受行政院农村复兴委员会之托，主持研究农业金融问题，徐渊若参与其中，编成《日本农业金融》一书。1935年春，徐奉派赴日本实地考察，阅时两月，本书即是其考察研究的成果。

第六节　工业经济与邮电经济

工业化与中国工业建设　1944年6月重庆商务印书馆铅印本；1946年1月上海商务印书馆铅印本。

刘大钧著。刘大钧有《中国之统计事业》，已著录。此为《国民经济研究所丙种丛书》本。本书目次为：第一章绪论，论述抗战对我国国民经济的影响——一方面战区经济受到巨大破坏，在战后须重新建设，另一方面人民遭受战难，更形贫苦，因此须站在国家的立场，根据我国实际现状，解决增加生产和平衡分配两大问题；第二章工业化之涵义、目标与基本问题，认为工业化不只是工业本身之发展，其他一切事业、组织、政治、社会文化均应与时俱进；第三章工业化之条件，列举天然资源、劳工、资金与动力、运输、市场、政府举措等；第四章战前我国工业，介绍抗战前中国工业之概况、特点，分析其积极因素和消极因素；第五章此次战事对于工业之影响，统计抗战中中国工业之损失，概述后方工业之勃兴；第六章战后发展工业之方针，提出处理轻工业与重工业、集中与分散、政府与企业、工业与农业、后方与前方等几对关系的建议；第七章结论，重申工业化之重要性以及工业化的真正涵义，建议制定发展计划、调整工业布局、注重国防或军事需要。卷首自序（1943 年 9 月于重庆），相当于《国民经济研究所丙种丛书》总序，介绍国民经济研究所已编成农业、工业、矿业、贸易、交通、货币、金融、人口、劳工、资金与企业组织及工业化与我国文明等内容的书籍共 10 编，皆列为丙种丛书，揭示国民经济研究所之宗旨：使大众明了我国工业化各方面应努力改进之事项，建议政府在战时与战后应采之方针。

中国工业化计划论　1945 年 1 月重庆商务印书馆铅印本；1945 年 12 月上海商务印书馆铅印本；1946 年 9 月上海商务印书馆再版。

谷春帆著。谷春帆（1910～1979），又名春藩。江苏吴县人。经济学家。曾任国民政府邮政总局副局长兼储金汇业局局长、上海市财政局局长。中华人民共和国建立后，任华东邮政总局储汇处处长、邮电部副部长。本书为翁文灏、胡庶华、简贯三主编的《中国工业化丛书》之一。全书分 10 章：第一章国家对经济的三种型态——做、管、放，“做”指计划经济，“管”指统制经济或指导经济，“放”指放任经济；第二章中国工业化的型态，指出现阶段中国工业化以计划统制为主、以自由放任为次，均系为改善民生；第三章生产计划全貌；第四章国家如何做——计划的做；第五章政策与机构；第六章分配计划——生产资本的关键；第七章计划的配合；第八章假拟工业化第一个五年计划；第九章战时计划；第十章结论——工业化成功的条件，提出要改革整个社会、整个文化，指出人与物质之关系先必须是人与人之关系，应以效率为前提、以经济为第一。卷首冠《中国工业化丛书编辑旨趣》。

中国工业化通论（原名旧文明与新工业）　1947 年 6 月重庆商务印书馆铅印本。

谷春帆著。本书分 6 篇：第一篇绪论，论时代精神、工业化、从不变到变、中国文化之脱辐；第二篇中国文明，论进取文明与停滞文明、欣赏与知足、兵与武功、家庭伦理学术宗教；第三篇民族性，论农业组织与社会意识、真正农民、士大夫与组织、气节面子等等；第四篇政治问题，论放任政治、中国民治运动、法治与经济关系的转变、中国政制展望；第五篇国家，论中国人的国家意识、国家意识之演进、战争与和平；第六篇工业建设的可能性、速率与限度，论为什么中国尚未工业化、资本、资源、人工、组织、国际合作、工业化的中国。卷首作者自序（1942 年 7 月记、1945 年 5 月补记、1946 年 10 月再补记）云，本书讨论何谓工业化，为什么要工业化，能否工业化，尤其是工业化对中国各方面的影响等问题（本书不讨论如何工业化）。作者认为：中华民族生存发展要赖工业化，中国应当工业化；尤其处在战后政治纠纷难解、工业建设无望情形之下，愈觉有了解工业化之必要。

中国工业化之前途　1949 年 7 月上海龙门联合书局铅印本。

顾毓瑔著。顾毓瑔（1905～?），别号一泉，江苏无锡人。机械专家。顾毓琇弟。上海交通大学机械专业毕业，美国康乃尔大学工程博士。曾任中央大学教授、中央工业试验所所长、中国工程师学会总干事。中华人民共和国建立后，任中国纺织机械制造公司总经理。本书辑入作者发表于《新经济杂志》《大公报》等报刊上的论文与讲稿共 10 篇，即《中国工业化之前途》《中国工业化之型式》《工业化的心理建设》《科学与现代工业》《民生工业》《手工业》《科学管理与合理化运动》《从机械原理论机关组织》（按：该文论述能力与工作、精确与配合、功能与管制、稳定与前进、永恒运转、力之传递等）《利用外资之研究》《工业建设纲领实施原则》。

两年半创办重工业之经过与感想　1939 年铅印本。

钱昌照著。钱昌照（1899～1988），字乙藜。江苏常熟人。曾留学英国伦敦政治经济学院、牛津大学。历任国民政府教育部次长、行政院资源委员会委员长。中华人民共和国建立后，任民革中央副主席、全国政协副主席。本书原载《新经济》第2卷第1期(1939年5月)。叙述自1936年7月以来两年半时间里国防设计委员会和资源委员会创办重工业的经过及感想。

重工业建设之现在及将来　1942年铅印本。

钱昌照著。本书原载《新经济》第7卷第6期(1942年6月)。介绍民国时期中国重工业建设的现状，展望其将来。

无锡实业志略　1915年无锡铅印本。

蔡文鑫编。蔡文鑫(1868～1937)，字兼三，号缄三。江苏无锡人。1906年东渡日本，考察工商实业，并调查储蓄银行事宜。归国后创办实业公司，热心慈善事业，开办学校，成立社团，饶有闻誉。本书收载当时无锡重要的工厂，缫丝厂有裕昌、锦记、源康、振艺、乾牲、乾元、隆昌、协昌8家，纺纱厂有业勤、振新2家，磨面厂有茂新、几丰、惠元、泰隆、保新5家，还有润丰榨油厂、耀明电灯厂、无锡电话公司，并附记本埠小厂。每一工厂有文字介绍，有的还附上厂房照片，均配有英文翻泽。书前有1915年作者自序，列举了本人的经历，并谓："丝厂有八家，面粉厂有五家，此又足征吾邑资本家之挽回利权、提倡国货之有同情矣。"述说了自己编纂本书的目的。

无锡之工业　1933年南京实业部铅印本。

顾毓方编。顾毓方，江苏无锡人。顾毓琇大伯之子，时任国民政府实业部统计处专员。《实业统计特刊》之一。本书为作者历时5个月实地调查后所编撰，将无锡工业经济按实际分布情形分为东、西、南、蓉湖、广勤、乡区6个板块，据此可见无锡企业主要分布在城北铁路和运河两边。本书"工业"概念十分宽泛，既包括现代工业，也包括作坊形态的手工业。全书由两部分组成：前一部分为12幅统计图表，分列厂名、厂址、性质、经理或厂长姓名、建厂年月、资本额、职工人数、工资数、工作时间、机器数、能源、年产值、每年出口总数、原料、商标等项，各行业基本状况及所占比例一目了然；后一部分分10章，介绍无锡食品、纺织、机器制造、建筑、印刷、化学、日用品、玩具等工业情形。末附无锡地理位置、区划及人口概况。从全书看，无锡号称当时中国最发达的工业城市之一，却仍以轻纺工业为主；重工业的机器仅限于为轻纺业提供服务和维修；至于建筑，仅为砖瓦制造、石灰烧制；所谓化学工业，仅是小规模制镁和制碱。书中把制伞、泥人、制煤球、制烛、印刷等列人工业范围而详加调查，在客观上真实记录了当时无锡的工业和手工业实况。该调查既是当时国民政府应对经济危机之参考，也是后人研究无锡近代经济史的第一手宝贵资料。

敬劝常州布庄改良说　民国上海商务印书馆铅印本。

于定一撰。于定一(1876～1932)，字瑾怀。江苏武进人。历任江苏咨议局议员、丹徒县知事。1919年创办常州纺织股份有限公司。另编有《武进工业调查录》。常州土布，本最有名声，且十分畅销。后虽有洋布的冲击，但土布凭借自身的质量，仍能有销路。然洋纱盛行，花布庄改为纱布庄，用放纱发工的方式，改变了从前以花换布的格局，从而对常州土布造成了巨大的威胁。本书即以通俗的语言分析了其间的利害关系，要求常州布庄进行改良，以应对不利局面。

建设委员会电气事业专刊　1932年铅印本。

恽震编。恽震(1901～1994)，字荫棠，别字秋星。江苏常州人。电机工程家。建设委员会是行政院下属的一个统辖全国经济建设的机构，成立于1928年2月，下设水利、电气各处，电气处主要负责全国电厂的建设与管理、电气设备的制造及标准的制定，恽震时任电气处主任。本书共38篇，其中不少是图表，内容大致可分为建设委员会电气行政介绍(行政方针、法规、人员表、工作概况、资金情况等)、首都电厂概况、戚墅堰电厂概况、上海电机制造厂概况，及筹备电灯、电线、电池制造厂报告四部分。首都、戚墅堰电厂建设因为是当时建设委员会电气事业最重要的两项成绩，因此篇幅也最大。本书如实反映了当时全国(主要是江苏)电气事业的发展情况，是研究我国电力工业的重要资料。比如首都南京，发电机器不良，燃煤极费；电流负荷太重，电压极低；私拉电线，电量耗损极多等问题，在书中都有详细的记录。

电力 1935年南京中国工程师学会铅印本。

顾毓琇著。顾毓琇有《中国经济的改造》,已著录。中国工程师学会1934年4月赴四川实地考察后,编写出版了《中国工程师学会四川考察团报告》。报告收入照片甚多,文字部分包括公路、铁道、水利、水力、电力、电讯、纺织、糖业、药物制造、地质煤铁概论、煤矿、石油、火井、盐业、钢铁、铜矿、水泥、油漆等18篇调查报告。其中电力部分,由顾毓琇撰写,介绍成都、重庆、泸县等地电厂概况,并提出考察意见。

国际矿产问题 1929年中国矿冶工程学会铅印本。

薛桂轮著。薛桂轮(1893～?),字志伊,江苏无锡人。矿业学家。作者认为,"凡国家所必要而不可缺少的各种矿产皆可谓之曰国家矿产",国际矿产是各国命脉之所寄,国家势力的消长,与其拥有的矿产多少相关。我国矿产丰富,但多为他人把持,作者深为痛心,因此特意撰写本书,内容包括国际矿产的分类、概况、将来趋势,以及我国矿产在世界上的地位及其改进方法等。在书中,作者将21种矿产分为国币、国防两类,对每种矿产的性质、用途、重要产地、世界各国产额、世界各国储量、国际竞争形势、将来趋势都做了详细的说明,并绘制成图表,非常有参考价值。对于我国的矿产,他从直接补救、间接补救两个方面,给出了建议。直接补助包括加强调查力度(各省设立地质调查所、组织考察团)、加强研究和实验力度(成立学会、委员会、矿冶试验场、矿冶学校),间接补救方法包括改良交通、改良关税、废除不平等条约等,皆切实可行。

中国十大矿厂调查记 1916年上海商务印书馆铅印本。

顾琅编辑。顾琅(1880～?),字石臣,江苏江宁(今南京)人。矿物学家。顾氏认为,"工业之精近,商业之博兴",实由煤铁,我国煤铁资源虽然丰富,却不知开采,偶知开采,"非价收外人,即售诸邻国",白银外流、资源外流,是可为痛心者。因此,作者此次调查以煤铁为主,包括湖北汉阳铁厂、大冶铁厂、江西萍乡煤矿、河南安阳六河沟煤矿、直隶临城矿务局、直隶井陉矿务局、直隶开滦矿务局、山东峄县中兴煤矿有限公司、奉天本溪湖煤铁有限公司、奉天抚顺煤矿十大矿厂。调查内容非常的丰富,各矿厂的地形、沿革、交通、设备、机构、产销、职工生活、章则、出资情况等都记录在案,尤其对外人控股情况,不厌细烦。如本溪湖煤铁有限公司一章,就详细记载了自光绪三十一年(1905)日人觊觎煤矿到宣统二年(1910)中日合办煤矿之始末。内容之详,无有出其右者。

中国矿业纪要 1921年6月北京农商部地质调查所铅印本。

丁文江、翁文灏著。丁文江(1887～1936),字在君。江苏泰兴人。地质学家。英国格拉斯哥大学学士。曾任农商部地质调查所所长、北京大学地质学教授、中央研究院总干事。翁文灏,地质学家,浙江鄞县人。本书为《地质专报丙种》第一号,又名《第一次中国矿业纪要》,分产额统计概要、注册矿区面积、煤矿、铁矿、锑矿、锡矿、金矿、铅矿、银矿、汞矿、钨钼锰矿、石油矿、非金属矿物等十三个部分,介绍各种矿的产地、产量、产额、价值及经营情形。全书为中英文对照,多系表格。

中国官办矿业史略 1928年北平地质调查所铅印本。

丁文江著。本书共4节:第一节概论,将中国官办矿业分为中外合办者、完全官办者(盈者、亏者、新开者)、官商合办者、民办官收者、民办而官商合收者、商办之矿派有督办者等六类;第二节营业情形,列举湖南、湖北、黑龙江、吉林、山东、四川、新疆、云南、贵州、广西、陕西、江西、直隶各省营业情形;第三节未开及停办各官矿(官有矿权未经开采者、官矿之停办或改归商办者);第四节结论,对各类官办矿业之资本及盈亏作总体统计,指出:官办矿业中官有资本或官股不可谓不多,而其成绩,除极少数盈利外,绝大部分亏损,其中民办官收及官商合收者情况稍好,可见开采与专收之难易。

外资矿业史资料 1929年铅印本。

丁文江著。本书为著者于1916～1917年间所编的部分资料(总论一章,已编入其所著《中国五十年之矿业》一书),反映自帝国主义掠夺中国矿业开始，至民国初年 20 个矿局、公司(如开滦矿务总局、临城矿务局、福中公司、抚顺煤矿、本溪湖煤铁公司、天宝山铅铜矿、振兴公司、海龙金矿、宽城子煤矿、中日实业公司、库伦金矿、陕西煤油矿)的沿革情况。本书史料丰富珍贵，介绍各矿概况、历史，并附大量重要章程文件。卷首有翁文灏序(1929 年 8 月)。

开发我国后方各省金矿之建议 1939 年中山文化教育馆《抗战丛刊》本。

胡博渊著。胡博渊(1888～1964)，字维庾，一字铁先。江苏武进人。矿冶工程学家。本书介绍了湖南、四川、西康、广西、新疆、贵州、陕西、青海 8 省的金矿储量以及开采现状，并根据各省的具体情况制定了简单的开采计划。作者认为，我国西部各省交通不便，敌人机械化部队难以进入，正有利于开展生产事业。开采金矿见效快，获利大，宜尽快实行。按作者估计，如金矿事业能在八省积极进行，二三年内可得黄金 110 万两，合国币二亿二千万元，不仅对抗战有利，对西南各省的发展繁荣，亦其功巨大。但作者开采计划却略显简单，大抵以筹集资金、购置新机器为首务。

中国邮政统计 1929 年 9 月铅印本。

王仲武著。王仲武有《统计学原理及应用》，已著录。本书为作者提交 1929 年 9 月在日本东京举行的"国际统计学会"第十九次会议的论文。介绍民国以后中国邮政统计情况与统计方法。所辑资料截至 1929 年。

第七节　商业经济

物价指数浅说 1926 年 2 月上海商务印书馆铅印本；1947 年 2 月上海商务印书馆 5 版。

金国宝著。金国宝有《统计学大纲》，已著录。本书分上海之物价指数、物价指数之定义、物价指数之历史、物价研究之困难、编制之方法、方法与目的之关系、物品价目之征集、市场价格契约价格社团价格与输出入价格、相对价格与实在价格、物品之数目与种类、加权问题、平均数与总合数、基期连环指数与定基指数、指数之两大测验、理想公式、最切实用之八公式、指数计算之实例 17 目。卷首有自序(1925 年 5 月)，概论指数之功能及其与科学方法之关系：物价指数有批发物价指数、零售物价指数、生活费指数等多种；用观察事实、分析事实、概括事实、发现事实之间因果关系等科学方法研究物价指数之变动，为切于实际、有益国计民生之举措，应大力倡导、广泛应用。

战时物价之变动及其对策 1942 年 11 月重庆商务印书馆铅印本。

巫宝三著。巫宝三(1905～1999)，江苏句容人。清华大学毕业、美国哈佛大学博士。曾任中央研究院社会科学研究所研究员、中央大学教授。中华人民共和国建立后，任中国社科院经济研究所研究员。国立中央研究院社会科学研究所《中国社会经济问题小丛书》第五种。本书为中央研究院社会科学研究所 1941 年春承担的经济部委托课题，旨在考察战时物价变动情况，详究其原因及各项因子之重要性，并观察其对于各方面之影响。全书包括各地一般物价的变动、各地各类物价的变动、问题的解答与各个因素在物价变动中所占的成分、目前应采的政策等四部分。作者提出，应对物价变动，必须努力增加生产、适当增加法币印行、统制劳动及规定工资、控制国民收入、统制进口物品。

运销合作之经营 1928 年 6 月上海民智书局铅印本。

唐启宇编。唐启宇有《农业经济学》，已著录。《江苏省政府农工厅合作社指导员养成所丛书》第四种。包括农产运销合作社与农民经济的改造等内容，论析运销合作社的重要性。本书认为农业运销合作社须具备如下根本原则：运销合作社社员对于合作事业应具共同的信仰与牺牲的精神，运销合作社须具组织的理由，运销合作社需要每区域每种贸易组织之实际的及科学的研究，运销合作社须有中心的事业，运销合作社须有充分的交易，运销合作社须有合作的精神，运销合作社联合会须由各个运销合作社联合组织之，运销合作社须取得纯价格以报酬生产者悠久之利益，合作社应尽其能力脱离投机之活动。其次论述运销合作社组织之种类及方法、农民与运销合作社之关系、农产品之贮存与运输、农产品运销之资金、价格制定、农产品贸易等。

合作文存 1940年10月重庆中国合作图书社铅印本。

章元善著。章元善有《实用公团业务概要》，已著录。邵力子题签。上册收1932年4月至1936年6月发表或撰写或演讲的《合作社法草案意见》《我的合作经验及感想》《合作运动之现状及其与乡村建设之关系》《合作运动在现阶段需要的助力》《合作与乡运》《商资与合作》《有福共享有难同当》《合作促进工作之重要性》《今后之中国华洋义赈救灾总会》《发挥合作的效能》《合作在中国所负之使命》等29篇文章。下册收1936年7月至1939年10月发表或撰写或演讲的《组织与力量》《代拟全国合作事业实施之方案纲要》《如何运用合作组织以适应目前需要案》《合作行政原则》《合作社会计制度设计计划决定之经过》《推行合作事业纲领草案》《合作行政的途径》《提倡国货与手工艺》《资本的合理化运用》《吾国合作事业之分工》《一般人的合作印象》等45篇文章，下册末附《合作司大事记》《合作行政文字存目》。

中国商业地理大纲 1936年6月南京中国地理学会《地理学报》第3卷第2期抽印本。

胡焕庸著。胡焕庸有《中国人口之分布》，已著录。本书内容除《中国商业地理大纲》一文外，并附商业地理方面的图表若干。

广州之米业 1938年1月广东省银行经济研究室铅印本。

顾翊群著。顾翊群有《战地政治与经济》，已著录。《广东省银行经济丛刊》本。本书目次为：一、概说；二、广州米之种类；三、米业行号之组织（米糠行、米机、杂粮行、米店）；四、米之运销（本省土米之运销、国米之运销、洋米之运销、米之存储）；五、贸易情形（米糠行、米机、杂粮行、米店）；六、米业金融；七、税捐；八、广州米业团体；九、结论（广州米业应改善之要点、粤省谷米运销之趋势）。附录广州批发米价指数表、广州批发米价指数图、广东各县粳稻糯稻面积及产量估计表、广州米糠行一览表、广州米机一览表、广州杂粮行一览表、广州米店一览表、广州米舨名称及载量表8种。

棉花品级检验及研究报告书 1934年实业部上海商品检验局农作物检验组铅印本。

狄福豫著。狄福豫（1903～1990），江苏太仓人。棉花检验专家。本书共22节，主要内容包括上海商品检验局研究棉花品级的经过、美国棉花分级标准、分级研究前的准备、具体棉样的分级研究（实地采取棉样、托验棉样、征集棉样三类）、棉花分级的重要意义、棉花的分级标准及说明、推广棉花分级的办法等。作者指出，棉花分级既能保证优质棉的价格，促进棉种改良，同时又能为纺织业提供便利，减少损失，势在必行。本书的棉花样品共有六个类型（长绒美种棉、短绒美种棉、黑籽中棉、白籽中棉、粗绒棉、特粗棉），通过研究，每个类型再分为优、上、中、下、平五个品级，难以明确区分的，又增分半级。品质则主要从四个部分考察：一是纤维长度（以1/8英寸为一级递增），二是纤维整齐度（分上、中、下三级），三是纤维强度（分甲、乙、丙三级），四是杂质含量（掺水、掺杂等）。上海商品检验局制定的这一标准，是我国较早较全面的棉花分级标准之一，它淘汰了以往棉花检验只看水分杂质的传统，对维持我国棉花市场的有序和稳定，促进我国棉花品质的提高意义重大。

国际商业政策史 1930年10月上海商务印书馆铅印本；1934年1月上海商务印书馆3版。

唐庆增著。唐庆增有《唐庆增抗日救国言论集》，已著录。本书分8章，总述国际商业的特点，阐析保护政策和自由贸易各自之理由；分述英国、美国、法国、德国、日本及中国商业政策的历史演变，着重分析重商主义、关税同盟和关税战争。

关税与国权 1927年7月上海商务印书馆铅印本。

贾士毅著。贾士毅有《华会见闻录》，已著录。本书为财政部驻沪调查货价处《关税问题丛书》之一。本书分4编共26章：第一编关税沿革，分关税沿革之大势、国定关税时代、协定关税时代、外人管理海关时代、要求加税裁厘时代、要求关税自主时代（巴黎和会、华盛顿会议、关税特别会议、改订商约）6章；第二编关税特质，分关税制度与世界趋势（国内关税、关税政策、关税税则）、关税制度与国家主权、关税制度与国际关系（中国通商条约之性质、通商区域制度、领事裁判制度、外债担保问题）3

章;第三编海关组织,分海关行政之范围、海关职务之隶属、海关人员之分配、海关之统系(中央机关、地方机关)、关员之地位、海关组织之改革6章;第四编关税制度,分总论、国境关税(进口税、出口税、边境进出口税、税则之修改)、国内关税(复进口税、子口税、常关税、厘金)、船钞及河港修理税,特种口岸关税、特种货品(免税品,违禁品,新工业品)、关税收支(关税收支之现情、加税与裁厘之关系、关税存放与保管问题)、国际贸易之趋势、货物流通之奖励方法、商船及货物通关办法、关税争议之解决办法11章。附录中德协约、中俄解决悬案大纲协定、中奥通商条约、中华民国政府向旅华外侨推行各项捐税之宣言。卷首有自序(1926年10月)、例言。

关税与国权补遗 1930年5月上海商务印书馆铅印本。

贾士毅著。本书共11章:第一章最惠国条款,论最惠国条款的解释、沿革、现情和改革;第二章互惠协定,论互惠协定的解释、沿革和方针;第三章内地税与附加税,论内地税与二五附加税之由来和沿革、新税则实施后内地税之现情;第四章关税自主及进口税则,论自动宣布关税自主办法、商订废止旧约实施关税自主办法;第五章边境进出口税之改定,介绍中英和中法新约附件;第六章防止屯并税之筹议,论防止屯并税创设之理由和实施之条例;第七章裁撤通过税及抵补方法,论裁撤国内通过税及抵补方法之沿革和现情;第八章整理债务问题,论整理债务之沿革和现情;第九章关税支付内外债情形,论关税支付内外债情形之沿革和标准、关税收入发行内债之现情;第十章关税保管及存收问题,论关税保管及存收之沿革和现情;第十一章关税收入及国际贸易情形,介绍旧税则近年关税收入实数、新税则实行后关税收入预测、近年进出口货盈绌情形、近年各国在华贸易情形。附录北京政府、南京国民政府所订各约及文件。末附《关税与国权》勘误表。卷首有《补遗引言》。

第八节 财政

政府会计 1933年8月上海商务印书馆铅印本;1934年4月上海商务印书馆再版。

潘序伦、王澹如编著。潘序伦有《高级商业簿记教科书》,已著录。王澹如(1904～1990),江苏东台人。上海中央大学商学院会计专业毕业。曾任上海立信会计事务所会计师、广西大学商学院教授。《立信会计丛书》本。本书目次为:第一编总论,分政府会计之概念、会计年度、会计机关3章;第二编预算,分预算之意义、预算之种类、预算之编制、预算之审议、预算之执行、地方预算6章;第三编收支,分收支机关与金库、收支之期限、收支之程序、收支之登记、交代6章;第四编决算,分决算之意义、决算之编制、决算之提出、决算之承认与公布4章;第五编审计,分审计之意义及其范围、审计之方法及其效果、审计制度、审计之实施4章。卷末有官厅簿记登记实例及习题。附录现行重要会计法令(总则类、预算类、收支类、决算类、审计类)。卷首有引言,揭橥本书五义:以往各书多只关注官厅簿记,本书则对整个会计制度作详备之论述;本书论述以整个政府为主,以各机关为辅,着重说明其程序;国民政府鉴于过去未有全国统一的会计制度,因有主计处之设立及中央各机关及所属统一会计制度之颁布,本书之簿记即全照统一会计制度编纂,并详加例释;为切实用,本书有账册登记习题之编制,是为编制方法之进步;本书采广义会计概念,将审计一编纳入整个会计制度之内。本书由王澹如搜集材料、草拟初稿,潘、王共同编纂,主要参考陈启修《财政学总论》、吴贯因《中国预算与财务行政之监督》、贾士毅《民国财政史》等书,供普通学校教学和政府各机关会计人员参考之用。

中国政府会计制度 1939年重庆立信会计图书用品社铅印本;1941年2月重庆商务印书馆3版;1944年2月重庆立信会计图书用品社修订1版。

潘序伦、顾准编著。本书修订版分绪论(政府之财务及其制度、近代国家之财务制度、公有事业与公有营业、政府会计之意义、政府会计之范围、我国政府会计之沿革等)、财务机关、预算、预算科目及书表、预算之执行、收支程序与国库制度、政府会计之组织及其种类、单位会计概说、经费类会计之记录、岁入类会计之记录、单位会计之凭证与账簿、单位会计之报告、公库法实施前之“一致规定”、统一会计制度、财物会计、附属单位会计、中央政府总会计、各省县地方会计、决算、会计交代、审计(事前审计、事后审计、稽察、审核结果之执行与处分)等21章。附录旧普通官厅用簿记、中央政府总会计之若干问题、公库法实施后关于单位会计制度之改订问题、主要主计法规。另附表式目录60种(索引)。

所得税纳税须知 1936年10月上海经济书局铅印本。

杨荫溥、王逢壬著。杨荫溥(1898~1966),字石湖。江苏无锡人。经济学家。清华学校毕业、留美硕士。曾任上海光华大学、中央大学商学院教授,浙江兴业银行总秘书,中央信托局储蓄处经理。中华人民共和国建立后,任上海财经学院教授。王逢壬,生平不详。本书分引言、所得税之概说、各国所得税之略述、所得税在我国之重要性、我国创办所得税之沿革、我国现行所得税之办法、我国现行所得税之计算方法、对我国现行所得税办法之意见等8章。引言部分略谓,所得税为国家之良税;所得税由英国发其端,美、法、意、德、日、俄等50多国纷纷仿行,为各国重要税种,在各国税收中占有相当比重;我国开征所得税是近年之事,现拟先行开征公务员薪俸所得和公债存款所得两种,此为我国现行税制之一大改革,对中央财政亦将有较大之影响。卷末附录《所得税暂行条例》《所得税暂行条例实施细则》《财政部中央直接税税务人员训练班招考简章、考员须知及试题》《财政部颁布第三类证券存款利息所得税征收须知及丁种报告表》。

所得税原理及实务 1937年2月上海商务印书馆铅印本;1937年3月上海商务印书馆再版;1937年7月上海商务印书馆修订版(总第四版)。

潘序伦、李文杰编著。李文杰(1906~1998),江苏镇江人,生于扬州。律师、会计师。东吴大学法学院毕业。曾任立信会计专科学校教授、董事,兼东吴大学法学院教授、会计系主任。《立信会计丛书》本。本书修订4版分18章:第一章赋税原理,论赋税之观念、本质、分类和原则。第二章所得税原理,论赋税与所得税之关系、所得之意义、所得之差别待遇、所得税之制度及课税方法、所得税之优点、所得税之逃避与转嫁。第三至八章英国、美国、法国、意大利、日本、德国、苏联、中国所得税制度,分论各国所得税之史略、组织、范围与特质。第九章所得税上之一般会计问题。第十章营利事业资本额之决定。第十一章营利事业纯益额之决定——收入总额。第十二章营利事业纯益额之决定——减除额之决定。第十三章一时营利所得及清算所得之决定。第十四章营利事业所得税之计算及报缴。第十五章薪给报酬所得税之决定及报缴。第十六章证券存款所得之决定及报缴。第十七章所得税与会计制度之改良。第十八章对于我国所得税制度之意见。附录所得税暂行条例、所得税暂行条例施行细则、各类所得税征收须知、所得税疑义解释、各类所得税报告表及扣缴清单。卷首有自序(1937年1月)、第一次修订版例言(1937年7月)。

英国所得税论 1924年10月上海商务印书馆铅印本;1935年5月上海商务印书馆国难后第一版。

金国宝著。金国宝有《统计学大纲》,已著录。《百科小丛书》本。第一章导言,论租税思想之变迁、能力之标准、所得之意义;第二章大战前之所得税,概述英国法律上之纯所得、平均制度、所得税之沿革、所得税法之回顾、1914年之财政法案;第三章大战期中之所得税,论第一次世界大战期间所得税大致情形、人民负担的加重及其救济办法;第四章大战后之所得税,论第一次世界大战后所得税改革之原因、所得税改革委员会之事业、税种之差别、免税限制与家庭负担救济、累进税、复税、附税、人寿保险救济、其他救济办法等;第五章公司利益税,论地方财政上之理由、税率、适用之范围、计算利益之方法;第六章各国制度之比较,主要比较各国家庭救济状况、税种差别和累进税等。

遗产税 1937年2月上海商务印书馆铅印本。

金国宝著。本书为作者在财政部直接税税务人员训练班的讲义,共11章:第一章绪论,介绍税收之沿革、种类、用途、遗产税与继承税、中央与地方之税收分配;第二至十章,分别介绍英国、美国、法国、日本、德国、意大利等各国遗产税制度、课税之范围、财产之评价、亲等差别、其他差别办法、扣除金、逃税及赠与、课税之程序与手续、年金之现值;第十一章我国之遗产税。附录计算表、有关法规条文、参考书目、索引。卷首有高秉坊序、例言。

地税论 1942年铅印本。

万国鼎编著。万国鼎有《井田之迷》,已著录。本书分赋税概论、土地税在赋税系统及财政上之地位、土地税之类别及其转嫁与归宿、土地税应遵守之原则、各国地税制度、各国施行地价税概况、中国田赋鸟瞰及其改革前途、论地价税率等8章。据作者《附识》,本书系教学讲义,前三章撰于1939年春,第四章撰于1941年3月,余四章完成于1942年11月前。

中国田赋鸟瞰及其改革前途 1936年3月南京中国地政学会《地政月刊》第4卷第2～3期合刊抽印本。

万国鼎著。本书分地籍、亩法与亩数、税则沿革、征收制度、赋额及实收、田赋在财政上之地位、近年之整理、实施地价税与增值税之前瞻等8节,论述1935年以前的中国田赋问题。

江苏武进南通田赋调查报告 1934年8月南京参谋本部国防设计委员会铅印本。

万国鼎等著。1932年11月,万国鼎任南京国民政府国防设计委员会(1935年改组为资源委员会)专职专员,选取江苏江南、江北各一县,即武进和南通进行田赋调查,作为田赋改革的依据,1934年4月撰成此报告。报告分四部分:上编武进田赋、下编南通田赋、提要及结论、附录。上下编各分田赋种类及亩数,地籍,推收及税迄,税率,征收,议图制,税赋完欠及征收,田赋与县财政及农民之关系等8章。第三部分比较武进、南通两县税制、地籍、征收。附录江苏省关于田赋的有关条例。

江苏赋税之提成 1941年南京汪伪江苏省财政厅铅印本。

董修甲著。董修甲有《市政学纲要》,已著录。本书讲述汪伪江苏省废除各税务机关的"额定经费制度",改行"赋税提成制"的办法,以解决增加税收与机关经费问题。

市财政学纲要 1936年3月上海商务印书馆铅印本。

董修甲著。《中国经济学社丛书》本。本书共5编38章。第一编总论,分4章论市财政之意义、定义、地位、范围等;第二编市经费论,分7章论市经费之意义、性质、原则、分类、与他种费用之关系、各国市经费等;第三编市收入论,分9章论市收入之定义、分类、与其他收入之区别及划分、税收、市产与市营事业收入、补助金等;第四编都市收支适合论,分8章论都市收支适合之意义、市公债之意义、种类、募集方法、偿还方法、市公债与国家公债及个人债务之分别、都市之起债权与市公债之监督等;第五编市财务行政论,分10章论市财务行政之意义、组织、预算、收支、会计、成本会计、采购、决算、交代、审计等。附录有关中国市财政方面的重要法规30余种。卷首有自序(1935年7月)。

我国市财政问题 1929年1月武汉市市政委员会秘书处铅印本。

董修甲著。本书目次为:绪论;甲、市财政收入问题,分市税(附武汉市财政局营业税条例、武汉市财政局营业税条例施行细则、武汉市财政局营业执照领用规程、武汉市财政局土地税条例、武汉市土地登记条例、武汉市财政局特别估税章程)、市产与市营业之收入、政府补助金三部分;乙、市支出问题(附武汉市市政公债条例);丙、市债问题;丁、结论。卷首冠陆丹林《发行市政丛书之旨趣》(1929年1月志于武汉市市政委员会秘书处)。

江苏财政之回顾与前瞻 1941年2月铅印本。

董修甲撰。本书分江苏财政状况的回顾与江苏财政的前瞻两部分。回顾部分报告去年下半年本省财政的艰困实况。前瞻部分分为两块:整理正常税源、本年支出预算的增加及今年财政计划的大纲。财政计划大纲从继续整顿田赋、继续整顿营业专税、整理沙田湖田、整理官产、征收都市低价税、继续整理屠牙契税等七个方面作了阐述。按:本书所谓"江苏省"即汪伪江苏省。

整理南京市财政刍议 1927年南京特别市财政局铅印本。

金国宝著。本书概述南京市税捐与市产的沿革及改革意见。

整理中国外债问题　1927年11月上海光华书局铅印本。

万籁鸣著。万籁鸣(1900～1997),原名嘉琮。江苏南京人。动画大师。曾供职于商务印书馆美术部,创研广告画和动画片。中华人民共和国建立后,任上海美术电影制片厂导演。经济小丛书。本书分10章,介绍中国各种外债及其整理、偿还之方法与计划:第一章绪论,论公债之意义、公债之目的及用途、内债与外债、讨论整理外债问题之重要;第二章外债之类别;第三章以关税及税票作抵押之外债,论以关税及税票作抵押外债之历史、目今此项以关盐两税作抵押之长短期外债之总额;第四章铁路及电政抵押外债,论铁路抵押外债和电政外债;第五章无确实抵押品之长短期外债;第六章地方外债;第七章未偿清之德奥借款,论德国部分之债务和奥国部分之债务;第八章外债之整理方法;第九章整理中国外债之计划,论关盐两税作抵押外债之整理计划、铁路及电政外债之整理、无确实抵押品之外债之整理计划;第十章余论。卷末附录参考书一览表。

民国财政史　1917年4月上海商务印书馆铅印本。

贾士毅著。贾士毅有《华会见闻录》,已著录。本书分6编:第一编总论,分财政之沿革、财政之现情、财政方针之变迁、出入递增之原因4章;第二编岁入,分岁入概论、赋税(收益税、行为税、所得税、消费税、货物税、关税、杂税、杂捐)、官有产业(官业收入、官产收入)、杂收入、岁入结论5章;第三编岁出,分岁出概论、宪法费(元首费、议会费)、行政费(外交费、内务费、国防费、司法费、教育费、经济行政费)、财政费(中央财政费、各省财政费)、岁出结论5章;第四编国债,分国债概论、中央公债、实业公债、地方公债、公债偿本付息之额、整理国债之筹议、偿还国债之计划7章;第五编会计,分会计概论、年度、预算、收支、金库、决算、特别会计7章;第六编泉币,分泉币概论、银行、货币3章。讲述1912～1916年间整理财政之方针,财务官署之更迭,岁入、岁出、预算、决算之编定,以及国债之大要,泉币之概况等。附录1916年中央及各地方岁入岁出预算表等共39种。卷首有梁启超、周学熙、熊希龄、陈锦涛、殷汝骊序和作者自序以及例言。

民国续财政史　1932年11月至1934年2月上海商务印书馆铅印本。

贾士毅著。此为《中国经济学社丛书》本。《民国财政史》之续编。全书分总论、岁入、岁出、公债、会计、泉币、地方财政等7编,每编一册,记述1917～1931年间之财政实况。第一编总论,分近代财政思潮之变迁、国家及地方财政之划分、国家财政之概要、近代财政之方针、财务官署之递嬗5章;第二编岁入,分岁入概论、赋税(关税、消费税、通过税、收益税、行为税、所得税、税制)、国有产业(国有营业、国有地产)、国家行政收入及其他收入、岁入结论(民六以后之岁入、十五年以后之岁入)5章;第三编岁出,分岁出概论、国体费、行政费(内务费、外交费、国防费、司法费、教育费、经济行政费)、财政费、岁出结论(民六以后之岁出、民十五年后之岁出)5章;第四编公债,分公债概论、有确实担保内债之概略、无确实担保内债之概略、有确实担保外债之概略、庚子赔款之改债及其变迁与退还、无确实担保外债之概略、交通债务之概略、国民政府发行内债之概略、整理内外债之动机及其经过情形9章;第五编会计,分会计概论、会计法规、预算、收支、交代、金库、决算、官厅簿记8章;第六编泉币,分泉币概论、银行、信托公司及交易所、货币4章;第七编地方财政,分地方财政概论、省地方财政、市地方财政、县地方财政、区乡镇财政5章。

非常时期之理财方案　1936年上海中国经济学会《经济学季刊》第7卷第3期抽印本。

董修甲著。董修甲有《市政学纲要》,已著录。本书分战时的理财方策、战前的理财准备、战后的财政整理等3节。主张战时不增加捐税,实行纸币通货膨胀与发行内外公债政策,而于战后增征捐税。

战时理财方案　1937年12月武昌《战争丛刊》社铅印本。

董修甲著。本书目次为:一、引言,略谓战争分内战与外战,理财方案亦各不相同;内战范围较小,需费亦少,且易向外借债;外战范围较大,时间或长,需费至巨,且借用外债甚难;战时财政问题,包括军费的筹措与运用、战前财政准备以及战后财政整理,三者之间相互影响、因果承继。二、战时的理财方案，从开源和节流两方面论述。三、战前的理财准备，论主要税收不足时之抵偿办法的准备、其他财政方面之准备。四、战后的财政整理，论各国战后财政之整理、我国战后财政应采之整理方案。五、结论。末附参考书目。

第九节 货币、金融、银行、保险

货币浅说 1923 年 1 月上海商务印书馆铅印本；1925 年 12 月上海商务印书馆 3 版。

杨端六著。杨端六有《三民主义目录及索引》，已著录。《万有文库·商学小丛书·百科小丛书》本。本书分概论、货币之种类、硬币之铸造、硬币之流通、价值之本位、纸币、信用、物价等 8 章。附录中英文参考书目。卷首有作者自序(1922 年 7 月于上海)，略谓货币学为经济学之一部分，为极艰深之经济科目，且为学者争论最激烈之一门功课；著者择取欧美著作中最易解之原理与事实陈述之，取义浅近，立言详审，故谓之“浅说”；所列参考书目，着意于研究方法之指点。

货币与银行 1941 年 2 月重庆商务印书馆铅印本；1946 年 12 月上海商务印书馆 1 版。

杨端六著。本书目次为：总论，论货币学的性质和范围、银行学的范围、货币的意义、货币的职能、银行的职责、货币与信用的演进；第一篇货币制度，分硬币、纸币 2 章；第二篇信用制度，分国内金融(银行、存款及其准备制度、支票制度、支票清算制度、存款的流通、存款转账制度、信用的制造)、国际金融(票据、汇兑、国际汇兑与国际金融、国际贸易与国际借贷、国际汇市、远期汇兑、输金点、贵金属的生产与分配)2 章；第三篇货币理论，分物价物价指数及其他指数、货币价值学说 2 章；第四篇货币银行政策，分货币价值的安定与变动、欧战前的各国货币银行政策、欧战后的各国货币银行政策、外汇管理问题 4 章。附录浙江兴业银行贷借对照表、世界贵金属生产分配研究资料一览、伦敦经济周报批发物价指数编制的经过情形、欧战前各国保留与吸收黄金办法、世界货币金融大事记等 7 种，末有参考书目、专有名词及人名索引。卷首有作者自序(1940 年 8 月于四川乐山国立武汉大学)、重版序(1942 年 9 月于乐山)。

各国币制 1934 年 2 月上海商务印书馆铅印本；1935 年 6 月上海商务印书馆再版。

杨荫溥著。杨荫溥有《所得税纳税须知》，已著录。《商学小丛书》本。本书共 7 章：第一章英国之币制，分英国币制之略史、英国金属货币之状况、英国币制于战时之变态、英国币制于战后之恢复、英国纸币制度之革新 5 节；第二章美国之币制，分美国币制之略史、美国通货之构成、美国金属货币之状况、美国纸币制度之分析 4 节；第三章法国之币制，分法国战前币制之略史、跛行本位制下之各种通货、法国币制受欧战之影响、法国币制最近之改革 4 节；第四章德国之币制，分德国战前币制之略史、德国币制受欧战之影响、德国币制之初步改革、德国币制之最后改革 4 节；第五章苏俄之币制，分苏俄币制战前之略史、苏俄币制战时之紊乱、苏俄币制革命后之崩溃、苏俄币制初步之改革、苏俄币制最后之改革 5 节；第六章日本之币制，分金单本位试行时代、金银复本位采用时代、金单本位成功时代 3 节；第七章中国之币制，分中国货币之略史、中国货币之现状、中国发行之现状、中国货币之将来 4 节。末附有关度量衡新制的《标准制正名表》及《中外度量衡基本单位折合简表》。

国际货币会议与国际货币问题 1945 年重庆中央训练团党政高级训练班铅印本。

顾翊群讲。顾翊群有《战地政治与经济》，已著录。本书为作者在中央训练团党政训练班讲演录，讲述国际货币合作的演进、英美货币方案的大要、国际货币会议经过、今后演化趋势及我国对国际货币协定应采取的态度与政策等内容。

取缔外钞问题 1927 年 3 月上海光华书局铅印本；1927 年 7 月上海光华书局再版。

金国宝著。金国宝有《统计学大纲》，已著录。本书分 4 节，阐述取缔外钞之主张。第一节发钞之银行，列举法俄道胜银行、中法实业银行、中华汇业银行、中华懋业银行、北洋保商银行、华威银行、麦加利银行、汇丰银行、东方汇理银行、德华银行、华比银行、荷兰银行、横滨正金银行、台湾银行、朝鲜银行、花旗银行、美丰银行等；第二节外钞在华之势力，指出外钞最大势力之地域莫如东三省，外钞之盛行不是外钞信用好，而是本国钞票信用太坏；第三节政府对于外钞之政策；第四节结论，认为统一新政府成立后应另订纸币条例规定：只有中央银行有发钞之权，外钞不得在中国境内通行，外钞除在金银市场买卖外不得用于直接交易，以前之纸钞应限期全数收还等。

中国币制问题　1928 年 7 月上海商务印书馆铅印本；1932 年上海商务印书馆再版。

金国宝著。本书分货币本位问题、银辅币问题、铜辅币问题、纸币问题、银两问题等 5 篇。第一篇，介绍金本位、金汇兑本位、银本位、金银并行制 4 种币制形式，并评析胡惟德、张之洞、梁启超、赫德等人关于本位问题的观点；第二篇，解读《国币条例》，介绍十进辅币、上海银角、辅币券等；第三篇，分析铜元成色重量，介绍铜元票；第四篇，梳理各省纸币、外钞之现状，提出整理纸币办法；第五篇，介绍宝银之种类及库平、关平、漕平、市平等 4 种银两之平式，分析废两之必要、阻力与方法。附录《国币条例》《国币条例施行细则》《取缔纸币条例》《银行公库兑换券条例》《公库制大纲》《金券条例》等章则 9 种及《各省区银行与钱业纸币发行总额累年比较表》2 幅。卷首有钱永铭序（1927 年 7 月）和马寅初序（1927 年 7 月于浙江财政委员会）。

近三十年我国币制改革的检讨　1938 年成都国魂书店铅印本。

沈云龙著。沈云龙（1909—1987），字耘农，江苏东台人。历史学家。早年留学日本。曾任上海《国论月刊》《台湾月刊》编辑，台湾东吴大学、台湾大学教授，台湾“中央研究院”近代史研究所研究员。《国论经济丛刊》本。本书分“逊清光宣”“北京政府”“南京政府”三个时期，述评当时币制改革的建议及财政当局的筹划。

非常时期货币问题　1940 年重庆独立出版社铅印本。

刘大钧著。刘大钧有《中国之统计事业》，已著录。本书系作者 1929 年至抗战初期所写、已发表的有关中国货币问题的论文选集。全书共 4 编：第一编银价暴跌时期，分银价暴跌问题、银价暴跌之原因与关税征金之影响、银价与银进口税、从银价跌落说到金公债 4 节；第二编银价暴涨时期，分银价暴涨问题、美国对于白银之种种措施、白银问题救济方案、白银问题与统制汇兑 4 节；第三编抗战时期，分非常时期维持法币价值意见书、战时货币金融改革之检讨、抗战期中的法币 3 节；第四编货币与物价概论，分近 8 年来我国物价的研究、国民经济建设与货币政策 2 节。卷首有作者自序（1939 年 4 月于昆明），略谓，货币既为交易之媒介，各国货币必发生相当联系，中国亦受国际货币波动之影响，货币政策应作相应之调整；1929 年以来的近 10 年可分为银价暴跌、银价暴涨、抗战三个非常时期，著者建议的货币政策分别是：废银用金，管理货币、实行法币政策，紧缩货币、统制贸易、统制汇兑。

银之发炎——动态的研究　1932 年 9 月铅印本。

谷春帆著。谷春帆有《中国工业化计划论》，已著录。本书分银价汇率与银汇购买力、物物交换净条件、银价涨跌与国际贸易、贸易差及物物交换总条件、银进口之可能、银购买力与用银国之货币需要、银进口之实现、结论等 8 章，阐述银价涨跌对国际贸易、汇兑、物价等方面的影响。附录银汇购买力、物价与通货数量之统计上的观察。

银问题　1933 年 9 月上海生活书店铅印本。

谷春帆著。本书分银之供给、银之销路、银价小史、银购买力、银购买力变动之意义、银购买力涨跌之原因、世界币制改革及于银购买力之影响、银购买力之前途、各方对银问题之利害观、救济方案述评等 10 章。末附有关银产销、银价变迁、银购买力指数变迁等的统计表 6 幅。

银涨影响及应付方策之商榷　1934 年 3 月上海《银行周报》1934 年第 9 期之抽印本。

王仲武著。王仲武有《统计学原理及应用》，已著录。本书系作者应《中央日报》《新闻报》《时事新报》三报馆特约而作，论述银涨对于各方面之影响，提出应付之治标和治本两种方策，所收资料截至 1933 年。

世界经济会议与白银问题　1933 年铅印本。

王仲武著。本书系作者应《新闻报》之约而作，剖析1933年6月在伦敦召开的世界金融经济会议的背景，着重论述白银问题在该会议议程中所占的地位及对中国经济的影响。

银价变迁与中国　1935年11月上海商务印书馆铅印本。

谷春帆著。全书原稿为英文，刊于上海《金融商业报》，中文稿作了增补。全书分绪论、银价与中国之国际经济关系、银价变迁与进口贸易、银价变迁与出口贸易、银价变迁与国际贸易率及贸易平衡、银价变迁与中国国际收支、现银之流动、银价变迁与国内经济盛衰、中国经济衰沉之原因、结论等10章。卷首有作者序（1934年3月于南京邮政总局）。卷末有《书后》。作者认为：中国经济衰落，非美国提高银价之故，乃系因物价平准破裂、财富分配失当所致；中国现银流出，亦非因美国提高银价之故，实因国际借贷逆调以及谣传禁银出口所致；今日金融恐慌，非由上海现银缺少之故，实因经济衰落所致；压低银价非救时之良药，银价涨跌，利害参半。

经济新闻读法　1933年9月上海黎明书局铅印本；1934年7月上海黎明书局再版。

杨荫溥编。杨荫溥有《所得税纳税须知》，已著录。《银行学会丛书》本。本书后由日本上海东亚同文书院教授彭盛木译为日文，题名为《支那经济记事解说》。全书分金融行市和商品行市两编，以当时上海各报的经济新闻资料为主，介绍金融商业各种特殊习惯、专有名词及有关知识。金融行市编，涵盖银洋钱市、内汇市、金市、银市、外汇市、证券市等章节；商品行市编，包括米市、面粉市、杂粮油饼市、丝市、茶市、花市、纱市等章节。每章下都有概说、行市表举例、地域、种类、市价、新闻举例、市场行情分析，其中，介绍上海行情尤详。卷首有徐寄庼序、彭盛木序和杨荫溥自序。

杨著中国金融论　1931年2月上海黎明书局铅印本；1936年10月上海黎明书局4版。

杨荫溥著。《黎明商业丛书》本。书口题名“中国金融论”。本书共4编16章，每章后列参考书：第一编总论，分金融及金融市场、中国金融市场总说2章；第二编上海金融市场概要，分上海金融组织概况、上海金融市场之资力、上海之银两及银拆、上海之银元及洋厘、上海库存增减之趋势、上海厘拆变动之情状、上海之票据及其清算7章；第三编津汉金融市场概要，分天津金融市场概要、汉口金融市场概要2章；第四编中国之证券汇兑及金银市场，分中国之证券市场、中国之国内汇兑、中国之国外汇兑、中国之金市——标金、中国之银币——大条银5章。卷首有程振基序（1931年2月于上海国立中央大学商学院）和作者自序（1930年12月于上海国立中央大学商学院）。

中国金融研究　1936年8月上海商务印书馆铅印本。

杨荫溥著。《中国经济学社丛书》本。本书为论文集，分货币制度、金融组织、票据市场、证券市场、国外汇兑、白银问题等6编，辑作者发表在《东方杂志》《新闻报》《社会经济月报》《新中华》《光华大学月刊》《时事年刊》《银行周报》等报刊的论文如《吾国新货币政策之分析》《罗斯来华与中英货币联系》《吾国纸币问题与公库制》《废两改元问题》《吾国之银行业》《今年吾国金融业之检讨》《国难后之中国金融业》《承兑汇票与金融市场》《吾国之银行承兑汇票》《新公债政策之检讨》《公债投资》《外汇管理》《“平价”“定数”与连锁法》《美国白银政策及其对我国之影响》《防止白银外流之我见》《禁止现银进口问题》《银价跌落问题之面面观》等36篇。

本国金融概论　1943年7月重庆邮政储金汇业局铅印本。

杨荫溥等编著。本书分绪言以及金融总说、货币制度、金融组织、票据及其清算、资金及其运用、利率及其作用、证券市场、国内汇兑、国外汇兑、农业金融、战时金融、敌伪金融等12章，由杨荫溥、李卓敏、胡文元、潘世杰、赵晚屏、余捷琼、邹宗伊、杨志信、侯哲葊、沈长泰、钱大章等11人分别执笔撰写。其中，《绪言》和《金融组织》，由杨荫溥撰写。《绪言》列举近年我国金融演进之荦荦大端，诸如货币制度之革新、金融机构之进步、票据交换所之成立等，并称本书旨在普及金融知识、促进我国金融建设。第三章《金融组织》，分金融组织之重要、我国金融组织之演变、我国金融组织之体系、我国金融组织之分布4节。

上海金融组织概要 1930年2月上海商务印书馆铅印本。

杨荫溥著。《国立中央大学丛书》本。本书共12章:第一章概论,论上海金融组织之种类、资力推测、集中区域等;第二章上海之钱庄,论其沿革、类别、组织管理、营业种类、与金融行市之关系、同业间之关系、与中外银行及商家之关系、应付恐慌之方案等;第三章上海之票号,论其起源、派别、组织、利源、与政府之关系、与本地金融界之关系、衰落、现状等;第四章上海之银炉,论其沿革、组织及成立、公共机关、送银交宝之手续、利源、铸宝方法、在金融市场之地位等;第五章上海之公诂局,论其沿革、组织及利源、诂银手续、责任、在金融市场之地位等;第六章上海之国内银行,论其历史、种类、组织、营业、团结、停闭及收歇、监督、兴革改善等;第七章上海之外国银行,论其历史、国别、特点、停闭及收歇、团结、消长、应加取缔各点等;第八章上海之中外合办银行,论其历史、现存之银行、已改组之银行、清理中之银行、利弊等;第九章上海之储蓄机关,论其意义、初创、种类及其性质、储蓄之办法、储蓄存款总额、资金之运用、倒闭、兴革改善等;第十章上海之信托公司,论其沿革、性质、业务、现状等;第十一章上海之交易所,论其初创、民十风潮、组织、设立、内部编制、经纪人、交易、交易委托、交易权限、现状、利弊等;第十二章上海筹备中之金融组织(造币厂、票据交换所)。附录各类金融组织的章程、业规、条例等共17则。

银行要义 1923年1月上海商务印书馆铅印本;1925年11月上海商务印书馆3版。

杨端六著。杨端六有《三民主义目录及索引》,已著录。《百科小丛书》本。本书分概说、银行之种类、商业银行之业务(存款、汇兑、折息、放款、准备金)、银行之协同与垄断等4章,介绍银行学基本知识。末附参考书。卷首有作者序,略谓:银行之学相对来说,较为浅显易懂,可谓之"常识";本书仅择银行学中若干重要问题,介绍银行学之大意,以便初学者得识银行学之门径;发行制度、中央银行、外国汇兑、银行实务、银行簿记、银行法律、银行历史等稍涉专门之议,略而不叙;鉴于中文银行学书籍之缺乏,开列"最浅易而最有益"之英文书籍十余种于书后,供研究者参考。

银行学(新学制高级商业学校教科书) 1924年5月上海商务印书馆铅印本。

陈其鹿编著。陈其鹿(1895~1981),江苏昆山人。经济学家。北京大学经济系毕业、美国哈佛大学商科硕士。曾任南开大学、中国公学、厦门大学教授。中华人民共和国建立后,任上海财经学院教授。本书共4编21章:第一编银行之概念,分银行之沿革、银行之意义与其业务、银行之效用、银行之种类4章;第二编商业银行,分商业银行之组织(银行之设立、资本、公积金、股东与董事、银行事务员、银行之分课)、存款(存款之种类、支票制度、活期存款应否付与利息、存款准备金、票据清算所)、贴现(贴现之意义与其利益、贴现时所应注意之事项、抵押贴现、贴现率、中央银行贴现率与市场贴现率、中央银行之贴现政策、票据经纪人)、放款(放款之意义与其准备、担保品、关于放款之注意、放款利率、信用调查机关)、汇兑(汇兑之意义与其效用、国内汇兑、外国汇兑)、纸币之发行(银行纸币之意义、关于发行纸币之学说、纸币发行之方法、发行准备、不兑换纸币)、银行其他之业务(代收及代付、兑换、生金银之买卖、保管寄存品、有价证券之买卖、证券委托买卖)7章;第三编非商业银行,分农业银行、工业银行、投资银行、储蓄银行、信托公司、人民银行6章;第四编银行制度,分中央银行制度、分立特许银行制度、自由银行制度、结论4章。卷首有马寅初序(1924年4月于北京)和作者自序,以及《凡例》。

银行会计 1934年8月上海商务印书馆铅印本;1935年3月上海商务印书馆3版;1946年9月上海立信会计图书用品社修订版(总第21版)。

顾准著。顾准(1915~1974),字哲云。生于上海,祖籍苏州。会计学家、经济学家。上海立信会计学校毕业。曾任中共江苏省委文委副书记、中共华中分局财委委员、山东省财政厅厅长。中华人民共和国建立后,任上海市财政局局长。《立信会计丛书》本。本书初版为顾准独著,分6篇27章:第一篇绪论,第一章银行与银行会计,第二章银行业务,第三章银行之组织;第二篇银行会计总论,第四章银行会计之原理及特征,第五章会计科目,第六章传票，第七章账簿组织，第八章传票及账簿之改革；第三篇银行会计之实务会计，第九章银行事务处理概说，第十章总务之实务与会计，第十一至十四章出纳科、存款科、放款科、汇兑科之实务与会计，第十五章总分行往来事务及会计，第十六章信托科之实务与会计，第十七章会计科事务之处理，第十八章国外汇兑部之实务与会计；第四篇决算，第十九章决算前之整理，第二十章账簿之结清，第二十一章决算表，第二十二章合并决算表，第二十三章纯损益之处理；第五篇会计独立部分之实务与会计，第二十四、二十五章储蓄部、发行部之实务与会计；第六篇成本会计与检查，第二十六章银行业务之成本会计，第二十七章银行会计之检查。附录练习题、银行法、储蓄银行法。卷首有张公权、陈光甫、刘驷业、潘序伦序及著者自序，以及《凡例》。修订版与陈福安合著，改为不分篇 23 章，附录增加《上海市银行业法规》。

银行会计教科书 1935 年 1 月上海商务印书馆铅印本；1937 年 6 月上海商务印书馆 7 版；1938 年 2 月长沙商务印书馆 8 版。

顾准著。本书根据作者所著《银行会计》一书缩编而成，共 18 章，论述银行会计各种业务：银行与银行会计（意义、业务、组织）、会计科目（性质、分类）、传票（意义、种类、记法）、账簿组织（日记账、总账、日记表、月记表等）、传票及账簿之改革（账簿形式、改革理由）、银行事务之处理（处理顺序、记载复核）、存款业务及其会计（存款、支票、利息计算等）、放款业务及其会计（抵押、贴现、押汇等）、现金出纳票据清理事务及其会计（现金出纳、票据交换、同业往来等）、汇兑业务及其会计（送金汇兑、活支汇款、代收款项等）、总分行往来事务及其会计（利息计算等）、有价证券之买卖及其会计（有价证券、期证券）、信托业务及其会计（保管、出租、代理等）、股务庶务及其会计、损益项目及其记载、决算前之整理（利息及开支、资产债权估价）、账簿之结清（总账、次期结转、补助账簿）、决算表之编制及纯损益之处理（资产负债表、损益计算书、合并决算表、未达账、纯损益等）。各章均在章末列出问题及习题。卷首有作者序（1934 年 12 月）和凡例。

中华银行会计制度 1939 年上海商务印书馆铅印本；1942 年重庆立信会计图书用品社铅印本。

顾准著。本书共分绪论、银行之业务、银行之组织、银行之交易及其记录、日记账分类账制度、联合日记分类账制度、分部日记账制度、各种制度之比较及标准制度之设置、活期存款、定期存款通知存款及本票、质押放款、信用放款、票据之贴现及汇票之承兑、呆滞放款之处理、国内汇兑业务、汇款、出口押汇、进口押汇、代放款项、其他汇兑业务、联行往来、证券投资、出纳及票据清理事务、外汇业务、外汇业务之记账单位问题、信托业务、票据契据证券保管物之管理、仓库业务、损益账及月计损益制度、费用及用品管理、决算、资产负债表、损益计算书、储蓄部会计、内部稽核、成本计算等 36 章，侧重讨论我国银行会计制度的改革方向及具体方法。末附银行法、储蓄银行法及上海市银行业业规。卷首有潘序伦序（1939 年 11 月）。

票据问题与银行立法 1947 年 3 月上海中华书局铅印本。

金国宝著。金国宝有《统计学大纲》，已著录。本书为论文集。辑作者《怎样发展工商业》《承兑汇票浅说》《承兑汇票答客问》《提倡商业汇票之商榷》《为什么及怎样造成一个贴现市场》《国难声中之上海金融问题》《承兑汇票问题》《商业承兑汇票之实施问题》《商业承兑汇票贴现办法》《商业承兑汇票之意义与实施》《金融恐慌与票据市场》《银行法中之票据问题》《储蓄银行法之研究》《再论储蓄银行法》《修正银行法之意见》等 15 篇论文。

农业贷款与货币政策 1940 年 8 月昆明中央研究院社会科学研究所铅印本。

巫宝三著。巫宝三有《战时物价之变动及对策》，已著录。国立中央研究院社会科学研究所《中国社会经济问题小丛书》本。本书内容为对农贷的分析，以及对资金来源问题的研究。

外人在华投资统计 1932 年 8 月上海中国太平洋国际学会铅印本。

刘大钧著。刘大钧有《中国之统计事业》，已著录。此为《中国太平洋国际学会丛书》本，该丛书“以研究太平洋国际问题，努力国民外交，增进各民族间友谊及谅解为宗旨”。本书重点罗列英国、美国、日本、法国、德国五国以及比利时、荷兰、意大利、葡萄牙、俄罗斯、丹麦、瑞典等国在华之商行名称、资本金额、投资地区、行业分布、进出口情况，这些外国商行遍及矿业、公用、船坞及机器厂、旅馆及娱乐场、工厂、百货商店、商业、银行、金融业、保险业、橡皮业、房地产、铁路等各行业。本书表格数据均为作者最新调查统计所得，具有珍稀的史料价值。

利用外资问题之研究　1933 年 6 月上海《民族杂志》第 1 卷第 1～6 期抽印本。

顾毓瑔著。顾毓瑔有《中国工业化之前途》，已著录。本书分别从"投资国"与"利用外资国"的角度，分析各自的立场及采取什么样的政策对己最为有利。书中所引资料截至 1932 年。

国外汇兑　1930 年 10 月上海商务印书馆铅印本；1933 年 11 月上海商务印书馆国难后第一版；1934 年 7 月上海商务印书馆再版。

唐庆增著。唐庆增有《唐庆增抗日救国言论集》，已著录。《万有文库·商业小丛书》本。本书共 8 章 42 节：第一章汇票之性质及其用途，分绪言、定义、汇票在商业上之用途、国外汇票所产生之银行间的关系、国外汇兑中银行间之清算账目 5 节；第二章汇票之需要与供给，分汇票供求之来源、国际间服务之购买、国际间证券之交易、国际间利息与分红之付纳、旅行者之用款外侨之汇款、各金融地点间之短期借款、汇兑市场中供与求要素之总论、用汇票以平衡国际间之付款 8 节；第三章汇兑率，分决定汇兑率之要素、货币要素及汇兑之造币平价、汇兑率在市场上之升降、现款输送点、现款输送点之决定、汇兑率剧烈变动之原因 6 节；第四章汇兑率与商业，分国际间付款差数及汇兑率之升降、汇兑率对于商业所生之影响、跌价货币与汇兑率之升降、汇兑率升降与国家利益、禁止现金出口、汇兑率之暂定 6 节；第五章国外投资与汇兑市场，分长期汇票之投资、外国长时期之投资、投资对于国际贸易上所生之影响 3 节；第六章银本位国家国外汇兑原理，分银本位国家与金本位国家间之汇兑、中国之币制与对外汇兑、银本位国家在汇兑上之损失 3 节；第七章最近银价之狂跌，分银价之历史、银价问题之性质、银价狂跌之原因、银价狂跌之影响、救济方法之研究、解决银价问题之基本方法 6 节；第八章世界汇兑市场之一斑，分伦敦汇兑市场、纽约汇兑市场、法兰西之汇兑市场、德意志与日本之汇兑市场、结论 5 节。

中国交易所　1930 年 10 月上海商务印书馆铅印本。

杨荫溥著。杨荫溥有《所得税纳税须知》，已著录。《万有文库·商学小丛书》本。本书共 7 章：第一章总论，分交易所的意义、交易所的种类、交易所的市场、交易所物品的特性、交易所的效用、交易所的监督 6 节；第二章交易所的历史，分交易所未成立以前、交易所的初创、民十交易所的畸形发展、交易所的现状 4 节；第三章交易所的组织，分交易所的设立、交易所组织的种类、交易所的内部编制、交易所的权限 4 节；第四章交易所的经纪人和会员，分经纪人或会员的资格、经纪人或会员核准注册的手续、经纪人或会员的种类、经纪人或会员保证金的缴纳、经纪人或会员的代理人、经纪人或会员的受委托、经纪人或会员资格的消灭 7 节；第五章交易所的交易，分交易的种类、品名或标准物品的规定、市场交易的情形、买卖的交割、违约的处分 5 节；第六章交易所的计算，分计算上各种名词的解释、各种价格的计算、各种差额的计算、各种证据金的计算、经手费的计算 5 节；第七章交易所的行市，分标金的行市、证券的行市、面粉的行市、杂粮油饼的行市、纱花的行市 5 节。

中国交易所论　1932 年上海商务印书馆铅印本。

杨荫溥著。本书共 4 编：第一编交易所总论，分交易所概说、交易所之效用及弊端 2 章；第二编中国交易所概况，分交易所之历史及现状、交易所之组织及监督、经纪人会员及交易之委托、交易所之交易情形 4 章；第三编中国交易所之计算及会计，分交易所之计算、交易所之会计 2 章；第四编中国证券及重要物品之交易实况，分证券之交易实况、标金之交易实况、纱花面粉杂粮等之交易情况 3 章。卷首有作者序（1929 年 7 月于上海国立中央大学商学院），云自 1926 年起作者先后担任上海光华大学《证券及物品交易所》和国立中央大学商学院《中外交易所》的课程教学，本书即据讲义修改而成，并得上海物品证券交易所会计科主任熊宝荪之助。

信托公司概论　1922年1月上海商务印书馆铅印本；1925年3月上海商务印书馆再版。

杨端六著。杨端六有《三民主义目录及索引》，已著录。本书分信托公司与托拉斯之分别、信托公司与信托事业之分别、信托公司之起源与其发达、信托公司之业务、信托公司之组织、信托公司与其他金融业之比较、各国信托业务之比较、结论等8章。作者在卷首说，信托公司发祥于西方，在中国为刚萌芽之新生事物，国人不知信托公司为何物，故有本书之作，以说明信托公司是什么、有何意义等问题。

民生主义与社会保险　1943年8月重庆民生主义经济学社铅印本。

祝世康著。祝世康有《民生主义与世界改造》，已著录。此为《民生主义经济学社丛书》第三种。本书分10章：首章论民生主义的社会保险观念，第二章论民生主义与社会改造，其他各章阐述社会保险的性质、种类、范围、保险金支付、经济来源、理财制度、机构组织等。书前有王伯群序（1943年5月）和作者自序（1943年5月）。

陈光甫先生言论集　1949年1月上海商业储蓄银行铅印本。

陈光甫著。陈光甫（1881～1976），银行家、实业家。名辉德。江苏镇江人。美国宾州大学商业学士。先后创办上海商业储蓄银行、中国旅行社。曾任南京国民政府财政委员会主任委员、中央银行理事、国民政府委员。《本行同人励练丛书》本。本书收录陈氏1915年至1946年之言论，以对上海商业储蓄银行人员讲话为主，兼及对银行公会、中国旅行社的讲话，按年编次，供同人观摩，主要包括：第一部分人生哲学：一、关于身心修养，如生命之意义、人生之目的、生活之风度等；二、关于读书修养，如读书之必要、读书之方法、读书与治事。第二部分服务哲学：一、关于服务之理，如精神服务、金融服务；二、关于服务之方，如反求诸己、尽予便利、诚恳招待。第三部分银行哲学：一、关于银行原理，如银行之条件、银行之社会性、银行之目的等；二、关于银行业务改革，如金融业处变之重要、银行工作之改善、银行布置之设计；三、关于银行业务修养，如银行人员之精神修养、银行人员之业务修养、银行人员之技术修养；四、关于银行人事管理，如银行人事管理之重要、领导行员之方法；五、关于金融制度改革，如无金融制度之弊病、联合准备库之设置；六、关于本行环境；七、关于中国经济改造，如经济改造之原则、经济改造之途径、中国经济改造之国际问题等。

第九章 文 化

第一节 文化总论

中国文化史 1928年泰东图书局铅印本。

顾敦福撰。顾敦福,字康伯。江苏兴化人。本书初版于1924年,是第一部通史性质的文化史论著。前有1924年3月王朝阳序、顾敦福自序,时执教江苏省立第五师范学校。本书分13章,书前罗列编辑大意8条。分上、下编,上编7章:原始人来之状态(伏羲氏以前之时代)、上古文化之发明(自伏羲以迄夏商)、周公之政治经济及其时代(西周之世)、春秋战国之社会剧变与政治学术思想之发达(东周之世)、帝权时代之文化(自秦之一统以迄三国)、种族之同化与厌世的思潮(自西晋以迄南北朝)、统一后中外文化之对流(隋唐之世);下编:社会黑暗时期(五季之乱)、政治思想与哲学思想之发达(两宋之世)、蒙古人与中国文化(元代)、汉族文化之再兴(明代)、满人入关与中国文化(自满族勃兴以及乾隆末叶)、政局剧变与西洋文化输入之趋势(自嘉庆初年迄现代)。本书系专门为中等师范院校编写的教材,故颇为简明。

中国文化史 1932年南京钟山书局铅印本。

柳诒徵著。柳诒徵(1880～1956),字翼谋,号劬堂。江苏镇江人。江苏省立国学图书馆馆长。在南京高等师范学校、清华大学、中央大学等多所大学任教授。本书系其据历年所作讲义修改而成,从1925年10月开始,在《学衡》上分17次连载,7年后由钟山书局据杂志原版连缀成书,印成上、下两册。次年6月,胡适在《清华学报》上即有对本书的评论。全书共78章,分为3编:第一编33章,从上古至两汉,是中华民族本其创造力,由部落发展成国家,并构成独立文化时期;第二编29章,从东汉至明代,是印度文化输入中国,并与中国固有文化相冲突、融合的时期;第三编19章,从明末至民国初期,是中印两国文化衰落,西方的学术思想、政治文化的输入,与第二期文化相激荡的时期。从篇幅看,相对于第二、三两编的史料具备,全书的重心反而放在第一编,致力于无根之神话、传说的捕捉与演绎,不免有些避重就轻,胡适对此因此有所訾议。但不可否认,作为中国文化史的滥觞之作,其学术价值与历史意义不容小视。

中国文化史导论 1948年正中书局铅印本。

钱穆撰。钱穆有《国学概论》,已著录。《中国文化史导论》书稿于1941年在四川成都赖家园撰成,部分章节曾在《思想与时代》杂志上发表,抗战胜利后回到无锡江南大学,重加整比,并撰序言,乃付梓行。全书共分10章,涉及文化理论、中国文化史、中国文化精神、中西比较等问题,以独特的视角阐述中国文化的特殊性和发展规律。在书中,他从中国固有的地理及气候环境出发,探讨中国文化、文明起源的背景和历史演进的阶段,突出中国文化基本精神中的融和精神。尤其是在中西文化史比较方面,反对不加分析地把中国文化传统与性格的不同,看成是一古一今之别,反对以西方文化模式剪裁中国文化,阐述中国文化的世界价值和现实意义，建立起一套自己的人文主义特色文化观与方法论。

中国政治与中国文化 1946年航空委员会政治部《文化教育丛书》本。

钱穆撰。本书系为军人宣讲中国历代政治、文化要义而作，行文通俗易懂，以求刺激全军之爱国热情，达到激发士气之目的，后收入《世界局势与中国文化》。全书主要解决两大问题，较标末较切近者，为中国此后政治出路何在；较根本较深远者，为中国传统文化有否再保存再发扬之价值。在总结历史的基础上，结合世界形势、西方文化的影响与中国的现状，进行论证。所持观点，与其《国史大纲》一脉相承，一以贯之，认为中国传统政治是士人政治，政府有贤能的士人组成，非帝王所能专职，故仍可称为“民主政治”。强调社会精英的政治、文化责任，以历史知识唤起国民对国家“深厚之爱情”。

中国教育馆图书馆博物馆一览表 1936年中国辞典馆铅印本。

杨家骆编著。杨家骆有《狄岱麓与李石曾》，已著录。本书系《民国史稿副刊》之一。系据《民国史稿法人单位资料卡片》编辑而成，按地域依次介绍抗战以前全国各省市教育馆、图书馆及博物馆的地址、负责人、成立时间、主要功能、全年经费等，三者之中，相对而言，更偏重于图书馆介绍。每条名称旁有号码表示排列次序，首二码为总类号码，次四码为分地号码。资料卡系1936年发出，同年秋收回，为我们了解抗战以前全国文化机构的分布与概况，提供了一定的参考。

第二节　新闻学

新闻学撮要 1929年商务印书馆铅印本(再版)。

戈公振著。戈公振(1890～1935)，名绍发，字春霆。江苏东台(今南通)人。著名记者、新闻学家。本书据美国人开乐凯之《新闻学撮要》编译，出版于《报学史》之前。开乐凯(Fowler Nathaniel Clark. Jr)系美国麻省人，曾任波士顿《商业公报》《辟寺费尔德日报》主笔。本书42章，旨在介绍报纸经营的全过程及相关人员、设备、材料、发行等常识性知识，林林总总，巨细靡遗。戈氏在翻译原作的同时，还插入许多中国的资料，形成独有的面貌，使之更贴近中国实际，为国人之认识报纸与新闻事业，提供简明而切实的资料。书前有梁启超序与戈氏初版序、再版序及《向想读这本书的人道歉》一篇。梁氏对戈公振译书甚为欣赏，同时对新闻之推广亦颇为关注，足见此书出版之及时。书后附录出版法及《中国新闻事业之将来》等数种，具有很高的实用价值。

新闻学 1940年商务印书馆铅印本；1947年商务印书馆再版。

戈公振著。本书系戈氏身后，由其弟绍龙整理付梓，书前有1938年12月戈绍龙弁言，述出书颠末。又有1932年元旦戈氏自序，提及本书系应商务印书馆《万有文库》约稿而作，故内容较为简明。全书分6章：报纸的起源、中国现代报纸的进化、报馆组织、通信社、报业教育、报纸的运命。卷首有“最早之单面印刷新闻纸”“京报之外观与内容”等插图6幅。

中国报学史 1927年商务印书馆铅印本。

戈公振著。1925年，戈氏应国民大学之聘，讲授报史，本书即据讲义整理而成者，是近代最早系统论述中国新闻史的著作，具有开创之功。全书共分6章，各有重心，而相互连贯。以绪论冠首，界定报纸的定义，介绍全书的写作方法，其后主要以时间为序，探究了报纸在中国的起源、发展情况。第二至四章，历述从汉唐以来官报独据的情况，清中期以后，随着列强势力的渗透、入侵，外人办报渐多，直接影响了国内报业的发展，西学东渐，民报勃兴，形成了清末中外报纸的林立角逐的局面。第五章讨论民国以后报业情况与国情之关系，最后详细分析了报业的现状，涉及新闻、广告、发行、销量、印刷、纸张、用人、相关法律等方方面面。从中国报业的发展，窥见其自身历史的衍变，同时反映出中国历史的变迁。全书以史料见长，而能不废理论，结合现实，既见历史的纵深，又紧密联系实际，故一经出版，就深受好评。

中国近代之报业 1938年12月香港申报馆铅印本；1940年长沙商务印书馆再版。

赵君豪撰。赵君豪（1900～1966），江苏兴化人。曾任上海《申报》副总编辑。晚年定居台湾。本书作于抗战爆发之初，时间上限为近代，故体式与戈公振《中国报学史》以时间为序、纵向考察不同，转而按主题加以横向地论述。初版由赵氏私人印行于1938年9月，分12章：绪论（定义的界定）、内容之充实、编辑之改进、新闻之采访、战时之采访、通讯社之发展、新闻广播、地方报纸、小报与小型报纸、报纸印刷术、新闻教育、广告之进步，并配图22帧，末附日本战时新闻政策。其中尤以战时采访，具有时代之特征。初版发行印成后，甚为畅销，仅3个月即售罄，赵氏乃在港增订再版。所增内容，为作者根据相关反馈，所补最后3章：报纸发行、报业管理、新闻法制。书后附载各种广告。1940年长沙商务印书馆再版此书，正文章节未变，内容稍有增损，序言则据初版略作改写，删去增订版序，最后增加本书西文索引、本书简明索引。

上海报人的奋斗　1944年尔雅书店铅印本。

赵君豪著。全书共分10章40节，依次为：大时代的来临、十八个月的幽闭、无冕帝王的厄运、我们的奋斗、敌人占了租界以后、展开服务工作、阴影笼罩下的上海、上海的外侨、千山万水赋归来、六千里的路山河。书前有1944年陈布雷、邵力子所作序言，末有作者后记。全书大抵以时间为顺序，记录抗战以后8年里，上海新闻从业者的遭遇与抗争，正如邵力子序言所说"上海报人在抗战中的奋斗史，实在可歌可泣。虽只是仅仅上海报人的奋斗，但从之可窥知上海的爱国者如何奋斗，更可窥知全中国的爱国者如何奋斗"。同时，这部上海报人的奋斗史，就是一部血泪史，很多有为的知识青年，为宣传爱国而牺牲。书中第三章特意将金华亭之死，详加记述，同时罗列侵略者袭击各报的罪行，乃至外国记者横遭摧残的历史事实。本书真切记录了抗战时期上海报人以及中国新闻业的情况，具有不可多得的文献价值。

中国期刊社报社通讯社一览表　1936年中国辞典馆铅印本。

杨家骆编著。本书系《民国史稿副刊》之一。按地域依次介绍抗战以前全国各省市期刊社、报社、通讯社的地址、负责人、销售量等，对于了解抗日战争爆发之前，我国新闻出版的整体情况、分布状况，提供了一定的参考。

考察日本新闻记略　1918年商务印书馆铅印本。

包天笑编。包天笑（1876～1973），名公毅，字朗孙，号天笑。江苏吴县（今属苏州）人，晚年定居香港。曾创办《苏州白话报》。1917年10月，包氏随同上海新闻界同人赴日本东京、大阪等地，考察报业发展情况，归国后，将此行见闻，纂成本书，以资同业参考。此次日本之行，主要以东京《日日新闻》、大阪《每日新闻》为对象。全书首先讨论了报纸的起源，回顾日本报业的发展历史之后，又从报纸、报社两条线索加以交错论述。对报纸的制作、职务之分任、经济、交通上特例、盛衰，报社的构成、相关设备、预算实施、从业人员的培养等方面，加以详细介绍，并附有相关流程图，以及报业设备、用纸的供货商名录、新闻协会会则等材料。同时对日本报业势力的角逐、发展的新动态，作了概括，在当时具有很强的借鉴意义和实用价值。

第三节　图书馆学

图书馆指南　1918年商务印书馆铅印本。

顾实撰。顾实有《庄子天下篇讲疏》，已著录。本书前有1918年10月符鼎升序，分24章，依次介绍：图书馆之由来、图书馆之必要、图书馆之效果、图书馆之种类、图书馆之创立及经费、图书馆之职员及其职务、图书馆之建筑、普通图书馆、儿童图书馆及儿童阅览室、学校图书馆、图书之选择、图书之购买及收入、图书目录及其种类、书牌目录记入法、分类法、图书之整顿及排列法、阅览及出纳法、分馆及派出出纳所又配本所、巡回文库、家庭文库、图书之检点及曝书、图书之消毒及废弃、今后图书之希望。从宏观上介绍了图书馆的定义、功能及其使用等方面。全书以浅近文言撰写，对于现代读者有一定困难。

图书馆学要旨　1934年上海中华书局《中华百科丛书》本。

刘国钧撰。刘国钧（1899～1980），字衡如。江苏江宁(今南京)人。毕业于金陵大学,留学美国威斯康星大学,主修图书馆学,曾任北京大学图书馆学系主任等职。本书写于1931年,主要介绍现代图书馆学理论。由于刘氏本身受到西方新式图书馆学理论的影响,一生积极实践、推广现代图书馆学,对此深有心得。全书分为8章,首先界定图书馆学的意义与范围,之后依次介绍图书馆的功能与作用,以及管理、使用方法。在阐明图书的阅览与推广后,对图书的分类、编目、选购、登录具体环节,逐一加以解释,并详加举例,同时说明图书馆行政等工作要点。最后附录中文图书编目片格式等3种,以便初学者操作。此书简明扼要,便于初学,对于现代图书馆的普及,起到积极推动作用。

图书馆之使命及其实施 1929年中央大学区立苏州图书馆铅印本。

蒋镜寰著。蒋镜寰(1897～1981),名瀚澄,字镜寰,号吟秋。江苏苏州人。1918年入南京高等师范学校就读,毕业后任职江苏省立苏州图书馆。全书分上、中、下三部分:导言、图书馆之使命(包括宣扬党义、激励国耻、介绍学术、保存国粹)、图书馆之实施(包括科学化、社会化、艺术化、革命化)。导言中提到"图书馆是知识之源泉,为学术之宝库,系社会之乐园,乃人生之良友",其教育上的价值,也为人所公知,故本书主要论述图书馆的使命与作用,以及如何管理图书馆,实现其对大众的教育功能。

儿童图书馆 1934年儿童书局铅印本。

陆静山著。陆静山,笔名陆洛,江苏无锡人。曾任南京晓庄试验乡村师范学校小学指导员,厦门集美学校乡村师范教导主任,《儿童新闻》周报主编。中华人民共和国建立后,历任上海市立师范教导主任、代理校长,人民教育出版社编辑。书前有著者致辞,述全书大旨。分上、中、下三编。上编儿童图书馆的经营,共10节,依次说明儿童图书馆的意义、发起、组织、经费、场所、设备、布置、职员、规程、图书设备,着重介绍单级及二三个学级的小学校图书馆经营办法。中编儿童图书馆的管理,亦分10节,依次说明儿童图书的选择、购订、登记、盖章、分类、分段、编目、陈列、出纳、整理,着重在图书本身的处理,并提供了作者认为较好的几种方法。下编儿童阅读指导,分4节,介绍、指导、考察儿童阅读方法及儿童阅读指导方面的问题,侧重点在儿童阅读指导的方法。

小学图书馆概论 1936年商务印书馆铅印本。

卢震京著。卢震京(1906～1969),江苏南京人。卢前堂弟。图书馆学家,曾任南京大学教授。其编著的《图书学大辞典》,被公认为中国第一本图书馆专业工具书。本书旨在阐明小学图书馆的重要性及其实际的方法,不但对理论的研究加以说明,还将已有成效的经验,贡献给从事小学教育界的人员和未来的小学教师们。书前有小学图书馆照片5幅,1934年12月刘国钧序、1935年2月李小缘序,例言5则。全书共13章,依次分为:小学教育与小学图书馆、小学图书馆的性质、如何组织一个小学图书馆、小学图书馆应有的馆舍和设备、儿童读物的研究、选择、图书的征求购订和登录、图书怎么分类、图书怎么编目、图书出纳的方法、图书典藏法、怎样指导儿童阅读、小学图书馆的推广事务。附录幼童文库200册目录、小学文库500册目录等两种,实用性较强。

中国图书分类法 1940年南京金陵大学图书馆《金陵大学图书馆丛刊》第二种本。

刘国钧撰。刘国钧有《图书馆学要旨》,已著录。中国图书的分类,自汉刘向、刘歆父子以降,至《隋书·经籍志》始确定四部分类法,成为此后公私藏书编目的主流,沿用千年。至近代西方图书馆理论的引入,才打破这一局面。然而中国古代学术著作的分类,与西学不尽相同,于是以西方的十进法,参用中国传统分类法,形成各种改良之分类法。刘国钧任职金陵大学图书馆,乃根据馆藏特点,以"杜威分类法"为基础,编制成《金陵大学中国图书分类法》,包括四部分:系统表、理论的基础、索引、分类条例。在阐述原理、方法的前提下,将图书分为九部:总部、哲学、宗教、自然科学、应用科学、社会科学、史地、语文、美术,分别详加例说,以便使用者依式而行。书后附表8种。全书初版于1929年,经过数年使用,刘氏根据各家反馈,又有所修订。本书为新式图书馆日常编目的专业参考书,其分类法经后人不断修订,现今仍为国内外中文各图书馆所广泛采用。

中央大学区立苏州图书馆图书分类法 1929年苏州图书馆铅印本。

陈子彝编著。陈子彝有《心经显诠》，已著录。书前有1929年陈子彝自序，言创制此分类法，实受杜威十进法的影响，又参考国内各大图书馆及杜定友、洪有丰、沈祖荣等分类法，根据苏州图书馆自身特点，编为相对实用的十进分类法。全书分总纲、类目两部分，从总纲看，自000到900，依次对应丛、经、史地、哲学宗教、文学、教育、社会科学、自然科学、应用科学、艺术，类目则是更为细致的子目。末附"助记表1～5"。本书对于基层图书馆的编目来说，具有一定的参考价值。

索引和索引法 1930年商务印书馆《文华图书科丛书》本。

钱亚新撰。钱亚新（1903～1990），字维东，号东山，江苏宜兴人。毕业于武汉华中大学文化图书科。中华人民共和国建立后，供职于南京图书馆。本书是我国最早介绍西方索引编制方法的理论著作之一。书前有1929年杜定友序，认为它是我国关于索引和索引法的第一部著作。全书共12章，主要说明索引和索引法的定义及范围，索引的功用、种类（又分形式、内容两部分），索引法等，末附参考书目及索引。其中索引法占6章，分别为术语和工具、预备、起草、整理、排版和校对、重排。作者主要参考布朗（G. B. Brown）的《索引法》，并考虑到中国读者的阅读习惯，增加相关中国人名、地名、专有名词等，为国人编制书籍、杂志和报纸索引提供理论与实践指导。

拼音著者号码编制法 1928年武昌文化公书林铅印本。

钱亚新著。上世纪20年代末，中国图书馆界曾发生一次关于检字法的论战，提出检字问题是当时急需解决的重大问题之一，同时也认为对检字问题的研究非短期内所能取得一致意见。在书次号理论研究中，钱亚新是个重要代表。他在《拼音著者号码编制法》中系统阐述了著者号码的含义与功用，评述了克特著者号码表及国内十余种著者号码表的优缺点，提出编制中国著者号码表的四条原则。对于著者目录的功能，同样在图书馆界引起了争论。他在《我是怎样研究拼音著者号码编织法的》一文中，详细介绍了他撰写本书的目的与方法，在权衡全国各图书馆著者号码编制法的利弊之后，重新设计，采用音韵笔画法，进行试点、修改，最终撰成此书。全书分上、中、下三编，前有杜定友、沈祖荣序及钱氏自序。上编导言，依次说明什么是著者号码、著者号码的功用、编制中国著者号码的四大原则、各家著者号码编制的参考与商榷、拼音著者号码编制法本论、拼音著者号码编制规则；中编即拼音著者号码表；下编附录2种：国音字母与国音罗马字母拼音对照表、笔画检字表。

江苏省立苏州图书馆阅览指南 1932年江苏省立苏州图书馆铅印。

陈子彝编著。本书是专门为利用苏州图书馆的读者量身定做的阅览指南，采用一问一答的方式，帮助读者了解如何来苏州图书馆看书、借阅等具体问题。从图书馆的馆藏分部、开放时间、部门结构、阅览室功能、外借处、阅览手续、如何查目录、目录编制、卡片目录、分类号码（附表说明）、著者号码等逐一加以详细解说、答疑，可谓面面俱到，巨细靡遗。体现出民国时期公立图书馆对读者服务的重视，也可窥见当时图书馆事业的发达。

御书术 1933年河北省立女子师范学院图书馆出版课铅印本。

钱亚新著。本书为《河北省立女子师范学院图书馆学丛书》之一，所谓"御书术"，就是控制图书的方法。全书包括选择、征购、阅读、研究几大方面，具体分为引言，选择法：原因、标准，征购法、购书、借书，阅读法：阅读、默读、快读、跳读、精读，研究法：目的、搜寻、选材、摘录、编次，尾声等。简明扼要地介绍了图书馆学的主要内容。

吴中文献展览会特刊 1937年省立苏州图书馆铅印本。

王謇、陈子清等编。王謇（1888～1969），字佩诤。江苏吴县人。家有海粟楼，富藏书，熟于地方文献。1937年2月19日，吴中文献展览会在苏州可园开幕，展至3月1日闭幕。展览共分14室，包括：图像、文玩、服饰、器物、掌故图书、先哲著述、吴中古物、版片书影、史料、书画、金石拓本、潘氏文献等。陈列展品4159件，除少数为公立图书馆所藏外，绝大多数为私人收藏品，少者一两件，多者有两个专室。展品中不乏三代铜器、宋元古籍、宋元明清名家书画精品，也有明清以来竹、木、牙、玉各式精雕摆件，其多、其丰、其精，均属当时国内罕见。参与筹备展览的人员，都是著名学者、书画家、收藏家、鉴赏家，如蒋吟秋负责统筹，邓邦述、叶恭绰、潘景郑负责图籍，张善子、吴湖帆、潘博山、彭恭甫、顾公雄负责书画，李根源、徐乃昌、吴湖帆负责金石，金松岑、张一麐、张一鹏、汤国梨负责史料。叶楚伧、柳亚子被聘为鉴审委员。此次展览时间虽短，影响却颇为深远。《吴中文献展览会特刊》即为配合此次展览而编辑出版的，依次为蒋吟秋引言，程瞻庐缘起，柳诒徵致辞，王謇叙例，以及参观规程、会场分配、征品办法等；图片部分主要分为吴中乡贤遗象、乡贤遗墨（书、画）、金石文献、典籍文献四大门类；文字部分即吴中文献展览会品名索引目录。

中国图书馆事业十年来之进步　1936年铅印本。

李小缘著。李小缘（1897～1959），原名国栋。江苏南京人。1925年，中国图书馆协会成立，担任副执行部长、编目委员会委员。中华人民共和国建立后，供职南京大学图书馆。协会原定每年举行会议，但由于各种原因，10年中仅有两次会议。本书系李氏为第三次会议所作报告书，旨在“将十年来图书馆事业之进展及其进步，分别阐明，复将对当局之希望，及本会之希望，一一说明”。大抵从人才、馆舍、出版物、实际运营及其相关困难等方面展开，可见10年间中国图书馆的发展概况。从报告可知，当时图书馆学专门人才、出版书籍、图书馆新式建筑都逐步增多，行政能效也不断增进，尤其对于书籍购置、书籍选择、目录之编制、目录、目录学、索引的介绍，体现了西方图书馆理论在国内的普及，体现了图书馆的广泛化、平民化。而对政府的建议以及个人的体会，则反映出由于战事的影响，公众文化事业的经费支援、政策扶持实不充分的事实，也是历史现状的真实记录。全书眉目清晰，问题鲜明。

英国国立图书馆藏书源流考　1932年中华图书馆协会《图书馆学季刊》第6卷第3期单行本。

李小缘著。本书考察英国国立图书馆藏书的主要来源，分为发端、建议时期、国立图书馆书籍之来源总论、柯顿图书馆之归并、哈尔莱家藏抄稿本之归并、师龙氏之让予 Sloane Bequest、醵金方法与馆长人选、规模（分博物院概况、图书馆借书章程、建筑之扩充）、其他取藏（分皇家图书馆、多马生记录、王室图书馆、格机罗帝之收藏、法国历史纪录与汝三瓦、谷云威耳图书馆、哈丝赠予、版权登记之意义及其利益）、结论等几部分，逐一加以论述，并附插画9幅。全书以国立图书馆为个案，对英国图书馆事业作解剖式的研究。这是国内学者对欧洲图书馆成功经验的早期介绍，为当时国内创办图书馆提供了有益参考。

第四节　文献学

目录学概论　1934年中华书局铅印本。

刘纪泽撰。刘纪泽（1901～1960），字平山，江苏盐城人。早年毕业于东南大学中国语言文学系、清华大学国学研究院，师从梁启超、王国维。后任清华大学图书馆馆长、河南师范学院教授。本书类似讲义，只是对目录学加以概述，相对较为简单。书前有作者自序，言撰本书之目的。全书共分6章，主要介绍目录学之起源、定义、体例、派别、功用及其在史学上之位置。刘氏归纳目录之体制，“大要有三：一曰篇目，所以考一书之源流；二曰叙录（即解题），所以考一人之源流；三曰小序，所以考一家之源流。三者相为出入，皆所以辨章学术者也”。并详析叙录、小序之义例。更指出此体制，盖推本刘、班，而验之唐以后目录之书，则有合有不合者。又归结目录学的功用为七个方面：编次图书之纲纪；考证典籍之存亡；稽核私家之庋藏；鉴别书籍之真伪：存诠书名之异同、部居之出入、卷帙之增减、作家之讹敚、辨章书籍之版刻与谬本之流传；购书之便给。认为目录学与史学的关系最为紧密。附录2种：治目录学之重要书目、古今书目分部异同。举荐重要目录著作230余种，按公藏书目、私藏书目、史志书目、题跋书目、考订书目、品类书目、通载书目、知见书目、版刻书目、汇编书目、引用书目、释道书目、书目书目、丛著书目等凡14门，类居部次，对书目分类，颇有参考价值。

古籍举要 1933年10月世界书局铅印本。

钱基博著。钱基博有《经学通志》,已著录。本书原名《后东塾读书记》,因钱基博酷爱陈澧的《东塾读书记》,故将讲学之所,命名为"后东塾"。全书收古籍举要156条,共分为17卷,包括《孝经》《论语》《孟子》《周易》《尚书》《诗》《周礼》《仪礼》《礼记》《春秋》上、《春秋》下、小学、诸子、西汉、郑学、三国、朱子。粗举传统重要古籍原典之精要者,与陈氏《东塾读书记》合之互为经纬,分之则各成篇章,可供初学者及相关研究的人员参考利用。

郑樵校雠略研究 1948年上海商务印书馆《国立社会教育学院丛书》本。

钱亚新有《索引和索引法》,已著录。在中国古代目录学史上,宋人郑樵的《通志·校雠略》是针对内府《崇文总目》而撰,有破有立,是区别于官修目录、自成体系的著作,特别是"求书八法"等观点,对后世影响深远。此后虽有清代学者章学诚《校雠通义》对其加以驳论,但一直未有对其价值作专门而深入探讨的著作。钱氏以此为专题,溯源穷流,从其产生的原因、自身论断的优劣、对后世的影响各方面进行讨论。书分10章,前有汪长炳、徐家麟二人序。从第四章开始的求书、官守、类例、编目、辩难5章,分析郑氏之说,颇中要害。作者在本书最后一章《评议》中,认为郑氏的眼光是远大的、态度是可观的、批评是严格的、方法是试验的、原理是定律的,足见其对郑氏的态度。

书舶庸谭 1928年董氏石印本。

董康撰。董康有《中国法制史》,已著录。作者为藏书家。本书一名《东游日记》,系董康数次赴日游览的记录。共分四部分:一、1926年12月30日至1937年5月1日;二、1933年11月8日至1934年1月22日;三、1935年4月23日至5月18日;四、1936年8月19日至9月14日。董氏嗜好古籍善本,精于版本目录,东游之日,赴日本公私藏书处经眼古刻名抄极多,一一作了记录,为研究民国间日本所藏汉籍,提供了重要线索。此书有四卷本、九卷本之别,九卷本系增补重编本。

中国书史 1931年商务印书馆《国学小丛书》本。

陈彬龢、查猛济著。陈彬龢有《中国佛教小史》,已著录。全书内容比较简明,基本按时代先后叙述。共计20章,依次为导言、文字的创造、竹简时期的书册制度——商周、卷轴时期到雕版时期的书册制度——秦汉、宋代刻书的题识、宋代刻书的特征、宋代书本的缺点、宋代藏书家的历史、元代刻书的中兴、元代刻书的优点、元代藏书的专家、明代藩府刻书的发达、明刻的精品、明代私刻和坊刻、明代的刻书和陋弊、明代的私家藏书、清代四库全书的价值、清代藏书家的刻书、清代藏书家的盛况。完整梳理了我国图书事业的发展情况,着重著录了各个时期的版刻情况,其取材及体例与《书林清话》部分相仿佛,而略通俗。

版本通义 1931年商务印书馆《万有文库》本。

钱基博撰。钱基博有《经学通志》,已著录。本书虽名"版本",实兼讲目录,共分4章:一、原始,论我国刻书的缘起和发展情况,从古代到唐五代;二、历史,缕述宋、元、明、清所刻书及其特点,而独详于宋;三、读本,略举经、史、子、集及类书中经过精校可读者,犹《书目答问》之意;四、余记,杂谈版本及其沿革。旁及各种抄本及其款式、纸张,书贾作伪乱真之内幕,校雠之重要性等。最后介绍部分版本学方面的入门书籍。

中国雕板源流考 1934年商务印书馆《国学小丛书》本。

孙毓修撰。孙毓修有《玄奘》,已著录。作者早年肄业江阴南菁书院,师从缪荃孙,精于流略之学。曾供职商务印书馆,编译童书,并主持《四部丛刊》的影印。印刷术作为中国古代四大发明之一,至近代始有系统之研究。本书始以"中国雕板"命名,具有里程碑式的意义。孙氏首先依据唐宋以来史料,讨论了雕版印刷术的起源问题,在此基础上,将传统中国刻书,分成官刻本、家塾本、坊刻本三类,进行梳理。并旁及活字印刷术,对宋毕昇、元涂祯、明华氏铜活字等,都有所论及。除了对印刷术历史作简要介绍外,也涉及到一些相对特殊的如巾箱本、朱墨套印本,以及历代用纸、装订方式及刻工价格的变化等问题,具有一定的学术敏锐度。全书尽管仍延续清人笔记体式的行文方式,内容相对单薄,但个人的观点鲜明,条理尚属清晰,甚便于初学者入门之用。

铁琴铜剑楼宋金元本书影 1922年常熟瞿氏影印本。

瞿启甲编、丁祖荫撰。瞿启甲(1873～1940),字良士。江苏常熟人。晚清四大藏家瞿氏后人。丁祖荫(1871～1930),字芝孙,号初我。常熟藏书家,缃素楼主人。常熟瞿氏自乾隆间收书,至瞿启甲已历四世,虽经历太平天国运动,但藏书精华却保存无恙。瞿氏于清末曾编刻《铁琴铜剑楼藏书目录》。至民国间,瞿启甲效法《留真谱》,选取家藏宋本160种、金刻本4种、元刻本160种,按四部分类,编为4卷。以期与《藏书目录》相互阐扬。书前印有本人小照及先人遗像。并附铅印丁祖荫所撰识语,记录各书行款、序跋,并作简明之介绍。与《铁琴铜剑楼藏书目录》两相配合,可知铁琴铜剑楼藏书之菁华所在。然其中元刻《朱文公校昌黎先生文集》,实为明正统十三年书林王宗玉刻本,《四部丛刊》以此为底本,沿误未改,此则参考此书者须加注意处。

盋山书影 1928年影印本。

江苏国学图书馆编。江苏国学图书馆位于南京盋山(龙蟠里),前身为清末江南图书馆,以收藏杭州丁氏八千卷楼藏书著称。柳诒徵掌馆务后,以保存、整理、流传文献为己任,先后影印馆藏稀见善本、稿抄本若干种,并整理出版《国学图书馆丛刊》。此书亦是步武杨守敬《留真谱》,精选馆藏宋元善本125种,汇编影印而成。全书共2辑。第一辑宋本,收书影34种;第二辑元本,收书91种。两辑以四部分类法排列,每种书视重要程度,择取一至五页不等摄影。有历代名家如毛晋、黄丕烈等题跋者,亦一并附印于后,方便读者比对、研究。每种图版均附有柳诒徵撰写的解说文字,逐一介绍原书书名、卷数、时代、作者、版式、行款、藏印、流传等情况。读者于此可见丁氏八千卷楼藏书之菁华,尝一脔而知其味。

明代版本图录初编 1940年开明书店《齐鲁大学国学研究所专著汇编》本。

潘景郑、顾廷龙编。顾廷龙(1904～1998),字起潜。江苏苏州人。曾任私立合众图书馆总干事、上海图书馆馆长。潘景郑(1907～2003),名承弼。江苏苏州人。清末藏书楼滂喜斋后人,顾廷龙内弟。古籍书影之编印,自杨守敬《留真谱》以后,私家如铁琴铜剑楼瞿氏、嘉业堂刘氏,公家如故宫、盋山(南京国学图书馆)等,陆续有仿此而作者,但均以宋元善本为主,明清则属其次。本书以明版古籍为主,尤具学术敏感性。全书收录具有代表性的明代版刻书影203种,摄影缩放成统一规格,编为12卷,依次为分代、监本(附官刻)、内版、藩府、书院、家刻、毛刻、书林、活字、套印、绘图、附录,每类一卷。每类前有小序。书前有顾廷龙序,后有潘承弼跋,分别叙述编纂原委。书之后附人名、书名、室名索引。每种书图版后附解说文字,记录书名、卷数、册数、作者、版刻时间、地点、刊行者、纸张、原版框大小等,并略加考证。本书为研究明代印刷术,提供了丰富的材料,同时为鉴定明版书,树立了参照标准,作为断代版刻图录的先声,具有里程碑式的意义。

冶麓山房藏书跋尾 稿本,台湾图书馆藏。

陈作霖撰。陈作霖有《江苏兵事纪略》,已著录。全稿著录书籍527部,以甲乙丙丁四部为序,其中丁部(集部)收书最多,计有224部,其次为乙部(史部)161部,再次甲部(经部)82部,最少者为丙部(子部)60部,由此可见陈氏藏书之特点,并可窥见其治学之特色。

可园存书跋尾□卷续一卷 稿本,南京图书馆藏。

陈作霖撰。《跋尾》存"贞部"一卷,收录集部古籍凡253部。《续》一卷,著录古籍58部,均不见前二目。所收之书,有陈作霖所收者,亦有其子陈诒绂(1873～1937)所收者。如《题画偶录》得于辛亥(1911)冬,时已在陈作霖晚年,故疑本书乃陈氏晚年遗稿,由其子抄录而成。取之与前二目并观,可略窥陈氏藏书之概貌。

第十章　教　育

第一节　教育学

教育学原理　1923年上海商务印书馆铅印本。

孙贵定著。孙贵定(1893～1949),字蔚深,江苏无锡人。毓修子。教育家。本书分22章,大致可分为教育的目的和意义、教育与心理学之关系、教育与伦理学之关系、各种教材的价值比较、职业教育几个部分,其中尤以教育与心理学之关系篇幅最多,长达14章,而于社会学、学校教育、家庭教育,以及具体的教育问题如课程、教学等都没有涉及,可以说,论述是不全面的。其次,就以心理学部分而言,仍以罗列知识为主,缺乏必要的发挥与整合,亦尚有不足。此外,作者对于教育目的的论述,多采用杜威学说。像"教育没有目的",教育要切实、要灵活多变、要行动等皆来源杜威的实用主义,只有教育要追求自身的最高志趣与社会全体的最高幸福,是作者根据伦理学原理增补的。不过,与杜威"教育没有目的"不同的是,杜威强调的是教育的内在性、过程性,而作者强调的是教育的时代性和可行性。

教育概论　1933年上海商务印书馆铅印本。

孟宪承著。孟宪承(1894～1967),字伯如,一字伯洪。江苏武进人。教育家。民国建立之初,中国教育一直遵循的是德国赫尔巴特的教育思想,以"教师""教材""课堂"作为整个教育的中心。"新文化运动"以后,美国杜威实验主义教育学说进入中国,给以往的传统教育带来了巨大冲击。孟宪承就是提倡者之一。本书即其代表作。在书中,孟氏首先论述了"儿童的发展"和"社会的适应",确立了以"儿童发展"为中心的教育立场,并明确指出"教育是发展""教育是生长"。对于课程和学习,他认为:"课程是教师和儿童在学校环境内进行的控制的学习活动",而不是文字书本;"学习是自动的过程,而不是被动的吸收和接受"。这都是杜威教育思想的体现。本书数年间曾多次重版,吴俊升、王西征1935年所著《教育概论》就深受其影响。

教育概论　1935年正中书局铅印本。

吴俊升、王西征著。吴俊升(1901～2000),字士选,江苏如皋人。教育家。本书依照师范大学课程标准编制,总共5篇,第一篇陈述教育的目的和意义(兼及教育心理的重要原则);第二篇陈述教育的组织,包括家庭、学校、职业以及社会教育等部分;第三篇陈述课程;第四篇陈述教学,包括学级编制、训育及成绩考察等;第五篇陈述教员,包括教育的研究等。王西征负责前三篇的撰写,吴俊升负责后二篇的撰写,最后由两人统一删定。其中第一篇内容最多,接近全书的一半,是论述的重点。作者认为,初学教育之人,都急于知道教育是什么、教育的意义是什么,但这样势必会陷入繁琐的理论学说之中。不如先了解我们教育的对象是谁,教育的对象"是人,是活的人,其中还有活的儿童",了解教育之前,"应该先去了解人和儿童",可见作者受到杜威"儿童中心主义"思想的影响。在其他章节,如《学习的功能》《社会的适应》等,作者也多次引用杜威的学说。本书出版后，颇受欢迎，10余年间，已再版至50余版，足见其影响之大。

教育学 1942年正中书局铅印本。

汪懋祖著。汪懋祖(1891～1949)，字典存，江苏吴县(今苏州吴中)人。教育家。本书一共10章，前5章主要根据三民主义、儒家思想、进化论、陈立夫《唯生论》、杜威教育学说等观点，用生物学、心理学及社会学原理阐述教育的本原、基础、意义、目的以及我国教育固有的精神，第六章阐述中国教育的新动向，第七章至第九章为初等教育、中等及高等教育、社会教育，从儿童和青年身心发展出发，阐述各阶段教育的基本方针，以及课程、教学、训育理论，第十章为我国新教育的回顾。汪氏自称其教育学说为“新儒家的教育思想”，其实是将三民主义和传统的儒家思想、西方的教育思想相结合。他强调教育“是人道化的历程”“是社会遗传的历程”“是经验的改造”“是行为的改变”，中国教育的目的为了“人道”“与政治贯通”及“亲民新民”，而三民主义即以仁为出发点，是重中之重。因此，他认为应该对学生实行“党化教育”，提倡“礼义廉耻忠孝仁爱”等固有道德训练。可见，他的思想虽注意到教育的历史继承性，却是为党政服务的。

三民主义教育学 1929年上海商务印书馆铅印本。

张九如著。张九如有《群众心理》，已著录。本书初版写成于1928年，共6章，再版后增为9章，首章论三民主义教育的概念，以及与其他主义教育的区别，后8章对三民主义教育进行具体阐述，包括目的论、政策论、儿童论、教师论、课程论、教学论、训育论、学校论等。张氏通过与实科主义、宗教主义、国家主义等思想的比较，认为三民主义不仅能取各主义之长，且能舍各主义之短，实为不偏不倚的中庸主义，以此主义来实行教育，“谁曰不宜”。三民主义教育的目的，是养成党治下健全的国民，此为纲；欲实现这一目的，又需具备革命化、建设化、全民化、社会化、科学化、职业化六要素，此为目。可见，本书是一部宣扬国民政府党化教育的作品。

教育论丛 1944年贵阳熙明印书馆铅印本。

王裕凯撰。王裕凯(1903～1989)，字举庭，江苏盐城人。教育家。本书编纂于作者任贵阳大夏大学教育学院院长时，总共30篇，皆作者在国内各杂志报章上发表的论文。王氏的教育思想，在于推广“三民主义教育”，他在《三民主义与大学教育》一文中说道：“大学教育的目的，是要培育出国家的领袖人才。”领袖须具备三个条件，智、仁、勇。智解决的是民生问题，仁解决的是民权问题，勇解决的是民族问题。“大学青年，倘仍有不认识或不实行三民主义，尽管他有多大学问，还是没有用处”。同样，学校若忘记了这一使命，也失去了存在的价值。在《教材选择与师资培养》一文中，他也说道：“三民主义的国家，是在把人民训练成为三民主义的信徒。”因此他认为青年提高个人修养，需要注意三个问题：一、三育并重，二、三头并举，三、信仰三民主义。所谓三育并重，即智、德、体并重；三头并举，即笔头、锄头、枪头并举，这与他提倡的“智、仁、勇”同出一辙，也是为三民主义服务的。

中国战时教育 1940年重庆正中书局铅印本。

顾岳中著。顾岳中(1906～1989)，原名炳嵩，以字行。江苏盐城人。教育家。此书计3编，第一编总论，论述战时教育的意义、方针、纲领、实施方案等；第二编为中央战时教育设施，以及战时高等教育、普通教育、社会教育设施等；第三编为地方战时教育设施。作者把战时教育的内容分为平时教育、战时训练两部分，并指出战时教育肩荷着继承“平时教育”、开展“建国教育”的双重使命，是“平时教育”在“建国教育”立场上战时化的表现。因此，他不主张更改现行学制，而是要在维持现状的条件下，酌情变通。只在教材等方面加以整理，以适合抗战与建国之需要。尤其要在国民、国文、史地等教科书上下功夫，坚定学生爱国爱乡之心，以“提高国民之精神”。这和国民政府“战时须作平时看”的抗战教育方针完全是一致的。

国民学校教师手册 1944年重庆青年出版社铅印本。

胡叔异著。胡叔异(1899～1971)，原名昌才，以字行。江苏昆山人。教育家。抗战国民教育是抗战时期国民政府推行的一种教育新制度，它主要包括两点，一是承接固有的小学教育和成年失学补习教育，熔儿童和成年于一炉；二是把"管教卫"的教育思想推行到基层，协助地方自治。因此，它具有政治与教育统一、学校教育与社会教育统一、儿童教育与成年教育统一等特点。本书分4编，总论为理论性质，讲述国民学校老师的任务和进修研究；分论包括国民学校的儿童教育、国民学校的失学民众补习教育、国民学校应用表册和法令规程3章。作为一本教师手册，本书"不多谈理论，而偏重国教实施之报告与介绍"，故事无巨细，皆备载无遗。以学期末移交教具为例，书中就罗列了教具集中、保管、移交、造册以及清单样式等等琐碎内容。其他章节也大抵如是。

民生本位教育论文集 民国民生文化社油印本。

邰爽秋编。邰爽秋有《心理学的派别》，已著录。本书收邰爽秋、刘武夫、杨肃等论文13篇，其中邰爽秋6篇，即《民生教育刍议》《民生本位教育发端》《我们的信仰和要求》《我的民生教育观》《民生设计与抗战前途》《今后教育建设问题》，详细阐述了他的民生本位教育思想。他认为，教育应当适应中国大多数民众最迫切的需要，这个需要就是民生。民生本位教育不同于生产教育、生活教育、民生主义教育，它是以发展民众生计、改造民众生活、扶持社会生存、保障群众生命为目的，兼顾现在与未来、生产与分配、物质与精神等方面，具有伦理、社会、国防、整体及大同等特征的教育方式。在教学实验的方式方法上，民生本位教育根植于民众，采用"经济分团制"，摒弃传统学校，把一切教育融入民生建设之中，提倡节俭、技术、劳动，反对以消费、书本、治术为目的教育形式，在民国教育思想界可谓独树一帜。邰氏另有《中国普及教育问题》一书，收入上海商务印书馆《现代问题丛书》中，主旨亦与本书相同。

世界教育的改造 1948年铅印本。

顾毓琇著。顾毓琇有《中国经济的改造》，已著录。本书分教育与人生、知识与智慧、自由与平等、创造与领会、博爱与大同5篇，主要针对当时教育的一些新思潮发表自己的看法。作者认为，现代的新教育应该包含智育（真）、群育（善）、美育（美）等内容，而以德育、体育为基础。我们常说的德智体三育仅相当于古时候的"六艺"，而智群美三育并重的教育方法，才是实现教育最高目标"六德"的途径。所谓六德，即智仁圣义中和。知识与智慧是智育，是智；自由与平等是群育，是仁与义；创造与领会是美学和美感的柱石，而美与善的理想境界是圣；善的条件是中，美的条件是和，中和就是尽美的条件。从艺术而言，中是均衡，美是和谐；从人类的要求而言，中是公道，和是大同。因此，世界的新教育，就是要以博爱为原动力，去建设（智）、去服务（群）、去创造，最终建成博爱大同的新世界。

论新民主主义教育 1949年文光书店铅印本。

朱智贤著。朱智贤有《青年心理》，已著录。本书共12篇论文，包括《新民主主义教育发展的道路》《论教育的劳动原则》《论群众观点与群众路线》《论思想教育与集体改造》《新中国教育制度的规划》等等，是作者学习新民主主义思想的总结，主要写于寄居香港时期。作者认为，半封建半殖民地的社会性格，决定了半封建半殖民地的教育性格，旧教育具有"统制""官僚化"等特点，是为封建势力和帝国主义服务的，是反劳动、反人民的教育，而新民主主义新教育是无产阶级领导的、劳动人民的、反帝反封建的教育，是民族化、科学化、大众化的教育。新教育当前的任务，是提高人民政治认识和文化水准，开展经济文化建设；有步骤有计划的大量扫除文盲，普及教育；积极培养并提高中小学师资及各种建设干部。新教育实施时，应注意劳心与劳力、理论与实践、学校与社会、学与用相统一。本书继承了毛泽东新民主主义文化的主体思想，用历史唯物主义观念划清了旧民主主义教育和新民主义主义的界限，是建国前期关于新民主主义教育的重要文献。

教育哲学大纲 1935年上海商务印书馆铅印本；1943年重庆商务印馆铅印本。

吴俊升著。吴俊升有《教育概论》，已著录。本书完稿于1934年，分绪论（哲学与教育的关系、教育哲学的意义等）、教育哲学的根本问题（心灵论、知识论、道德哲学、社会哲学）两大部分，再版时又增加了存在主义、逻辑实证主义等内容。作者在初版序言中说："本书的内容大部分只是各派哲学及其教育涵义的分析与评述，著者并没有发表他自己的系统”,“严格说来,这本小书还只是述而不作。”因此在论述时,作者多能持平,如论道德教育最理想的方案,他认为最初应采用功利主义作为训练手段,其次再采用杜威学说使其乐于执行,最后达到康德学说依抽象的义务观念自愿执行的理想要求,不单主一家。对于其服膺的杜威学说,也能辩证看待,并给出批评意见。比如他批评杜威“Learning by doing”(做中学)有三个缺点,即所得知识简陋浅显、无系统、太偏重实用,皆切中肯綮。本书未能论及中国教育哲学,是其不足。

教育哲学ABC 1929年世界书局《ABC丛书》本。

瞿世英著。瞿世英(1900～1976),字菊农。江苏常州人。教育家。本书是中国较早出版的一本教育哲学著作。作者认为教育哲学是一门新成立的学科,本书的目的只是提出教育哲学的问题,现代各派教育哲学的趋势,同时简要叙述作者自己的意见。全书共分为3章。第一章:哲学与教育。包括了什么是哲学、哲学的标准、理论与实践、哲学与科学、哲学与教育以及教育哲学的问题等几个方面。作者认为,哲学就是宇宙的世界观,是针对“实在”的理论,是解释人生意义与价值的学科。第二章:教育之分析。详细论述了教育的性质以及教育各方面的问题,阐述了教育思想的趋势,介绍了当前教育哲学的派别,并重点介绍了实验主义的大师——杜威,以及唯心主义——琴谛尔、雷登等人的思想和主张。第三章:人格唯心论与教育。介绍了人格唯心论的含义和特点,分析了人生理想与教育理想的关系,几派人生哲学的思想和主张,论述了人格实现与教育之间的关系。本书认为教育原是“活动中的哲学”,教育即是生活;存在是宇宙目的不断的完成,在人格唯心论之下最高的人生理想是人格实现,是理想生活的取得等。

爱的教育实施记 1929年开明书局铅印本。

王志成撰。王志成(1905～1974),原名嵩基,江苏吴江人。教育家。本书是作者受意大利作家亚米契斯《爱的教育》(夏丏尊译本)一书的影响,在上海尚公小学美级四下班实施一个月“爱的教育”记录下的日记。作者的作法非常简单,就是在班级里预备一本忏悔录、一本记过册,通过孩子们的自我忏悔,以及老师、同学的帮助与督促,培养孩子仁爱自治的品格。对于老师,作者认为要具有慈爱之心,不能恐吓、辱骂学生,要以儿童为主,深入到学生中去。本书的结尾,作者概括了他对小学教育所坚持的信仰,他说“儿童是我最忠实的伴侣”“顽劣儿童的天才超越常人”“激发儿童的羞耻心是训练儿童最良的方法”“启发儿童的求智心是最良的教授法”“教师以身作则,以真诚之爱心对待儿童,必得儿童的信仰”“现在的教育未上正轨,因为儿童都畏惧教师,教师都感受生活之不安定”,呼吁大家从仁爱、经济等方面对目前小学教育进行改革。

教育研究法 1934年正中书局铅印本。

朱智贤著。上世纪20年代至40年代,由于教学实验的发展,教学实验理论和方法的研究也逐步开展起来,这方面的专著很多,本书就是其中具有代表性的一种。全书分为五个部分,即教育研究总论、问题的提出、研究的方法、材料的搜集、结果的分析,条理清晰,实用性强。有几点尤其值得注意,一是作者明确指出教育是科学,教学研究需要用科学的方法“去发现教育问题、解决教育问题,以求得科学的结果”。二是虽然美、德、法、日的教育已经非常发达,但“独立研究是绝对必要的,一味模仿是非常危险的”,我们既要“效法人家的长处,吸收人家的优点”,同时也要结合国情,“以我们的社会需要为根据”开展研究。三是它摒弃了实验教育学派和实验主义的偏见,在问题的提出上,认为大到全国、小到个人的教育实验,都是科学的、可行的。这些见解和理论,客观上促进了当时教育实验的进步。

教育测验ABC 1928年世界书局铅印本。

朱翊新著。朱翊新有《党义ABC》,已著录。所谓的教育测验,即以科学的方法“度量人们学习能力的大小或学习结果的优劣”(不包括智力测试),它的作用包括求得分班标准、分别学生优劣、诊断学生成绩、评定课程价值、估量学校效率、甄别教师优劣等。自从美国人麦柯尔应中华教育改进社的邀请,来华推广其T(总能数)B(聪明数)C(分组数)F(努力数)量表制法后,教育测验在我国蔚然成风。本书即以麦柯尔的名著《教育实验法》为参考,采用其他人的一些研究成果(如周调阳《教育测量法精义》)汇编而成,分教育测验的意义、发展、种类、事例、编造方法、功用、实施手续等章节。相比同类专业书籍而言,本书内容较为浅显,且缺乏创新。但它的出版,反映了美国实用主义教育思想对我国的影响,也反映了我国近代教育研究方法科学化的进程,仍有一定的价值。

西洋古代教育　1933 年商务印书馆《师范小丛书》本。

孟宪承著。孟宪承有《教育概论》,已著录。西洋古代教育主要指古代欧洲的教育。本书选择从欧洲文明之花开放得最烂漫的希腊、罗马开始。希腊在人类史上,开辟一条新路,就是在绝对受"民俗习惯"模仿支配的先民中,第一次开了个性自由活动和创作的记录。而罗马人恰恰相反,他们是具体的、务于实行的。从西罗马灭亡(476)到 14 世纪初年(1301)之间的 800 年,是欧洲史上的中古时代。故作者将全书分为 5 章:第一章绪说,概述宗旨;其后依次为希腊教育的前期、希腊教育的后期、罗马的教育、中古时代的教育。最后附有参考书举要。

西洋十九世纪之教育家　1931 年上海商务印书馆《万有文库》本。

陈博文著。陈博文(1896～1989),字绶章,江苏无锡人。教育家。本书介绍了 19 世纪 11 个思想家、教育家的生平和学说,共分为两类,一类为新人文主义教育家,包括康德、赫尔巴特、裴斯塔洛齐、福禄贝尔、士来尼马赫、斐希特、纳斯钦、黑智尔(黑格尔);一类为实证主义教育家,包括斯宾塞、扎科托、梅因(霍瑞斯·曼)。作者认为新人文主义是一种"以情绪为主(以感情的生活为主)的审美的文艺的思潮",是要把希腊、罗马古典中的思想和情感,以及希腊人、罗马人固有的文化移植在现在的民族之中,调和旧有的人文主义和理性主义,推进民族文化的发展。实证主义是理性主义的一种延续,"是一种以实际事实为论证的思想,对于自然界和社会的事物作精密的观察,且诉诸于实际的经验而努力于真理决定者"。应该说,这个分类还是略显粗糙的。比如新人文主义下的 8 位教育家,思想来源与学说都有很大不同,不能单纯的概括为新人文主义。再如梅因致力于全民教育,虽注重学校的物质需要,却并非实证主义者,相反,他对裴斯塔洛齐的教育思想持肯定态度。

西洋教育思想史　1931 年上海商务印书馆铅印本。

瞿世英著。瞿世英有《现代哲学思潮纲要》,已著录。本书撰成于 1926 年,是我国最早系统介绍西方教育思想史的著作之一。共 13 章,首章为总论,后 12 章为分论。在总论中,作者开宗明义,指出"教育进化的历程是为教育理想所支配的",本书的目的旨在"说明西洋大教育家教育理想的发展"。他认为,理想包含情感、理智、意志三个方面,是民众的希望,由一个人或者少数人表明,反过来影响一般人。教育的中心理想是"人格之实现",教育的目的是学做人——做完全发展的人,只有完全发展的人才能得到充分的自由,因此,教育的中心理想其实就是"自由","求自由"是整个西洋教育理想的核心。显然,在历史进化论上,作者受到了黑格尔"世界精神"客观唯心主义哲学的影响。对于自由,他认同康德的观点,认为自由是解放束缚,是个人、团体、国家、全体人的自由,全书皆以此展开。

中国教育制度沿革史　1916 年商务印书馆铅印本。

郭秉文著。郭秉文(1880～1969),字鸿声。江苏江浦人。教育家。毕业于上海清心书院,赴美留学,获哥伦比亚大学博士学位。回国后,任教于南京高等师范学校、东南大学等校。本书为郭氏英文毕业论文,1915 年由哥伦比亚大学出版,次年经周槃翻译,由商务印书馆出版。全书上起唐虞时代,下迄中华民国建立,除国家维持与管理的学校外,兼及私立学校与考试制度。全书共分 8 编:上古教育制度之起源、上古教育制度及其退化、汉以后各朝教育之沿革、新旧教育过渡之时代、新教育制度之设立、民国时代设立之新教育、现今国民教育之重要问题、撮要与结论。书中认为,中国教育受到三方面因素影响:首先是宗教,即昔日之孔教、佛教、道教及今日之基督教;其次是政治;其三是好古心。同时指出,中国教育制度有两大特点:一富于平等精神,无论官立、私立学校,自小学至大学,各种社会之子弟均能入学;二富于改革之激进精神,教育制度一见有不得不变之势,即无所吝而速改。作者认为,中国教育制度形成于唐虞时代,并首次提出，将京师同文馆的设立作为中国近代教育的开端，将清末废除科举制度，作为旧教育向新教育过渡完成的标志。此书最早较完整地论述了中国教育制度的沿革。

比较教育　1932年中华书局铅印本。

常道直著。常道直(1897～1975)，又名常导之。江苏南京人。毕业于北京高等师范大学教育研究科，为中国首届教育学科研究生之一。后留学于美国哥伦比亚大学师范学院、英国伦敦大学哲学系、德国柏林大学哲学系。回国后曾任中央大学、北京师范大学、安徽大学、四川大学等校教职。中华人民共和国建立后，任华东师范大学教育系教授。著有《平民主义与教育》《教育行政大纲》《各国教育制度》等。全书共12章，取材涉及教育上比较重要的10个国家——英国、美国、德国、瑞士、俄国、奥国、丹麦、法国、意大利、日本的教育制度。所举的例子，大抵为了证明现代各国教育制度的根本问题及其所包含的原理，所以有详有略。第一章总论各国学校系统，第二至第七章，讨论幼稚教育、初等教育及义务教育，第八、九两章为师范教育，所讨论者乃教育界人员之切身问题；中间教育(半职业半普通教育)及补习教育，都与初等教育有密不可分的关系。全书旨在说明“旧国家之改造与新的国家之建设中，教育乃是主要的力量”，为此特意选择在教育上有代表性的国家，通过对他们的介绍、考察、比较，为我国的教育提供借鉴。作者仿照桑福德《比较教育》一书的编法，按国别逐一介绍，先简介概况，然后分述其教育行政组织、初等教育、中等教育、职业教育、师范教育、高等教育等，力图充分展现各国教育的特色。本书“博采英文及德文之最近著述”，辅之以作者在意大利等国的实地访问所得，力求资料的新颖与可靠，材料颇注重实证。书后附各国教育行政机关组织、各国小学校课程表、比较教育普通参考书目3种。

德法英美四国教育概观　1930年商务印书馆铅印本。

常道直著。本书前有1928年2月21日作者弁言，称研究教育制度的方法，有“历史的”与“比较的”两种，而以后者对我们的助益最多，故作者特别致力于中外、外国比较教育的研究，以期对我国的教育有所借鉴。本书系就作者所编《比较教育》讲稿增删而成。相比《比较教育》，涉及的范围略小，仅德国、法国、英国、美国。而全书体例略相仿佛，依次论述四国的教育概况。德国一编依次记录教育行政机关组织、国民学校、中间学校、中等学校、师范学校(国民学校教师)、中等学校之师资教育、高等教育、职业教育、私立教育、特别教育，共计10章30余节。其余三国约略仿佛，而名称略有不同。最后附录《欧美教育参观记》，共11节：旅美参观两省学校纪略、参观美国市立学校略记、参观美国纽约市学校纪要、参观美国一村镇之教育状况、美国纽甲色省汉特顿县志乡村学校及乡村生活、美国之职业教育及特殊教育举例、伦敦市之小学校中学校及职业学校、英国乡村生活及乡村小学至概况、英国补习教育及其职业教育、参观德国柏林之基本学校国民学校及平民中学校略记、参观柏林男女中等学校略记。书中并附插图10幅、表格38张，给人以直观的感受。

最近之日本教育　1941年武德报社铅印本。

张正藩著。张正藩(1900～1983)，别号南屏。江苏如东人。早年留学日本东京高等师范教育研究所、缅甸大学文哲研究所。归国后曾任湖北宜昌、江苏淮阴两县教育局局长，南京女子法政学院、震旦学院、北平中同大学、厦门大学教授。本书由周作人题写书名，书前有编辑大意5条及1941年2月作者序。全书分11章，依次为：日本新教育史、日本教育之本质、日本教育行政组织、日本现行学制、日本教育经费、日本幼稚教育、日本初等教育、日本中等教育、日本高等教育、日本社会教育、日本教育之回顾与前瞻。后有附录日本教育制度、日本女子家政教育、日本健康教育、日本体育教育、日本职业教育、事变以来之日本教育、最近日本初等教育制度之改革、日本全国学校总览。全书对日本各级教育叙述颇详，于每章之后又附以各级教育机关参观实录。相关统计数据，均依据昭和十五年《同盟时事年鉴》、昭和十六年《朝日年鉴》及权田保之助所著《日本教育统计》等。

教育心理学　1923年8月上海商务印书馆铅印本；1924年1月上海商务印书馆3版。

吴康著。吴康有《心理学原理》，已著录。此为

《现代教育名著丛书》本，现代师范教科书。本书分9章：第一章绪论，第二章神经系，第三章本能总论，第四章本能分论(求食、恐怖、怒、求知、群居、自尊和自卑、爱护、色欲)，第五章人类天性上的普通倾向(对于快与不快的天性倾向、达意性、模仿、同情、搜集、制作、游戏)，第六章幼年，第七章个性的不同，第八章习惯，第九章学习。

教育心理　1935年3月上海教育编译馆铅印本；1936年2月上海教育编译馆再版。

邰爽秋、吴俊升、陶行知等编选。邰爽秋有《心理学的派别》，已著录。《教育参考资料选辑》第一种。全书共八个部分，收论文60篇。具体目次为：甲、教育心理学通论，收《教育心理学的领域》《教育心理学之发展及其尚待解决之问题》《从著述上观察晚近中国心理学之研究》等3篇；乙、脑与精神工作，收《脑与思想》《大脑与学习》《用脑工作的持久力成功及速率之关系》等3篇；丙、各派心理学的观点，收《心理学史》《行为主义》《心理学中反遗传运动的结果》等11篇；丁、学习心理学，收《学习心理中之三大问题》《知动学习中之两个根本问题》《教育心理学中练习律的改造》等9篇；戊、学科心理学，收《心理学在学科教学上之应用》《识字测验》《朗读与默读的研究》等12篇；己、儿童心理学，收《近代儿童心理学的性质与问题》《儿童心理学之方法观》《天才儿童研究中之最近新发现》等9篇；庚、心理卫生，收《心理卫生运动的起源和发展》《心理卫生与儿童训导》《情绪的卫生》等5篇；辛、实业心理学，收《各国实业心理学之发展》《实业心理对象之界值与量阈之原则》《编制职业性向测验的步骤》等8篇。卷首有邰爽秋(大夏大学教育学院院长)《卷头语》，略述编辑用意、编辑经过、致谢道歉和最后期望。卷首并详列各编选人姓名及职衔、各著作人姓名。

学习心理学　1935年4月上海教育编译馆铅印本。

邰爽秋等选辑。本书是《教育参考资料选辑》单行本之一。本书共9篇：第一篇学习心理学中的三大问题(萧孝嵘)，分动机之研究、试误与领悟之关系、迁移之可能性3节；第二篇学习问题的现阶段(章益)，分桑戴克的体系、交替原则、完形派的学习论3节；第三篇知动的学习中之两个基本问题(萧孝嵘)；第四篇对于桑戴克学习心理学说之我见(萧孝嵘)，分"满足"说、"情境"之概念、"联络"说、另一原理之商榷4节；第五篇桑戴克之人类学习(萧孝嵘)；第六篇教育心理学中练习律的改造(沈有乾)；第七篇桑戴克的"相属原则"之解剖(萧孝嵘)，分"相属原则"的意义之分析、"相属原则"之实验的研究2节；第八篇成人学习心理(尚仲衣讲述、王沧进笔记)，分引论、一般教育书中关于成人学习的报告、成人和青年学习能力的比较、桑戴克等的试验报告、成人学习心理与教育上实际的应用5节；第九篇格式塔心理学中之"习惯观"(萧孝嵘)。按：桑戴克，即爱德华·桑戴克(Edward Lee Thorndike，1874～1949)，美国心理学家，心理学行为主义的代表人物之一。

教育心理学　1935年9月上海北新书局铅印本；1947年2月上海北新书局再版。

潘菽、吴绍熙编。潘菽有《心理学概论》，已著录。本书共6编26章：第一编概论，分教育心理学与普通心理学、教育心理学的问题与方法2章；第二编儿童的发展，分身体的发展及健康的保卫、儿童对于环境的认识、社会行为的发展、情绪的发展及其控制方法、智力的发展5章；第三编儿童的个别差异及变态行为，分个别差异、儿童的变态行为、个别训导的方法、心理卫生4章；第四编学校中的学习，分学习历程的分析、学习与生理心理及环境情形的关系、学习的经济、学习的结果、解释学习的各种学说、成人的学习6章；第五编教师与教学，分教师心理、教学心理、考察成绩的方法3章；第六编学科心理，分算术心理、识字及书法心理、读法心理、史地心理、社会与自然科心理、劳作与美术心理6章。卷首有潘菽弁言，略谓这是一本适于高中师范科修习的教本，在内容材料的选择剪裁上力求生动、简明、实用。

教育心理　1935年5月南京正中书局铅印本；1936年10月南京正中书局10版；1938年2月重庆正中书局22版。

沈有乾编著。沈有乾有《论理学》，已著录。本书由教育部审定，供师范学校及乡村师范学校使用。全书分教育心理学的意义，个体活动的条件，遗传和环境，胎儿和新生儿的发育和保育，儿童情绪的发展，儿童发展的各面观，智慧，个别差异，特殊儿童，各种学习实验，保持和遗忘，学习的理论——所谓学习律，学习的经济，学习的移转，影响效率的因子，学科的心理研究，成绩的查考等17章。附各种亲属间能力高下的相关、男女儿童的智商分配、遗忘的速度、学习速度和回忆百分比、纯粹习读和尝试回忆的比较、实验组进步胜过控制组的分数、字的笔画和学习难度的关系、分别练习和混合练习后的测试成绩等20张表；饥渴和饮食对于活动的关系、都市环境对于智力测验成绩的影响、选择配偶对于习走迷宫的影响、身体各部分比例的变迁、年岁和死亡率的关系、中小学各级男女生字量比较、年龄和智慧测验成绩的关系、低能儿童和普通儿童的学习曲线、自知成绩对于学习的影响、阅读时眼动情形等31张图。卷首有《编辑大意》，略谓本教材按师范学校课程标准编辑，注重实验所获事实的叙述和分析，前9章为第一学期用，后8章为第二学期用。

教育心理辨歧　1936年5月南京正中书局铅印本。

(美)波特(Boyb H. Bode)著，孟宪承、张楷译。波特(1873～1953)，美国著名教育哲学家。孟宪承有《教育概论》，已著录。《教育丛书》本，学习心理学著作。本书分身心的分别、心体说、心体说与学习过程、形式训练的反抗、心体说的谬误、意识说、意识说与学习过程、生理心理学的兴起、行为说、行为说与学习过程、目的性的行为、心理学的两歧、再论目的性的行为、刺激与反应的关系、意义的性质、教育的理论、变动的认识等17章，依据历史的发展程序，以心智的性质为主题，介绍几派影响教育最大的学习理论。每章后附参考书。卷首有波特原序(1929年4月)，略谓，对于专业教师而言，心理学的价值在于能够阐明学习的过程，诸如习惯的形成、领悟力的培养和固有倾向的自由发展，而这必须是推究心智的理论，而不是仅限于实验的材料。卷末附录中西名词对照表。

学科心理学　1935年4月上海教育编译馆铅印本。

郃爽秋等选编。《教育参考资料选辑》单行本之一。本书收艾伟《心理学在学科教学上之应用》《汉字之心理研究》《最近关于读法心理的几个研究》《中学教学的心理》，张耀翔《识字试验》，周先庚《美人判断汉字位置之分析》，章益《横直排列及新旧标点对于阅读效率之影响》，江锶《朗读与默读的研究》，杜佐周《书法的心理》《关于算术教学之几种重要的研究》《横直排列之科学的研究》，沈有乾《诵读时眼球跳动之观察》等12篇论文。

第二节　各级各类教育

公民教育学　1948年正中书局铅印本。

龚启昌著。龚启昌(1905～1989)，江苏常熟人。教育家。此书分两编，上编为理论部，共4章，包括公民教育的概念、目标、内容、方法等；下编实际部，共5章三个部分，即家庭公民教育、学校公民教育、社会公民教育。龚氏认为，人类的活动可分为健康、职业、文化、公民四大类，以公民生活训练为目标，培养个人有效参与社会生活的教育类型，称为公民教育。公民一词，“望文生义，可知为公共团体之一份子”，但在公民教育中，应该作“广义的界说”，“应指全体国民而言，至少应含有如何将一般国民陶冶成为公民之意”。在教育方法上，他提倡家庭教育、学校教育、社会教育三位一体，认为家庭是实施公民教育的首要场所，比如“基本礼貌”“两性道德”“良好群性”等都应该最先在家庭中养成；学校是最具系统性、计划性的公民教育主阵地，承担全面培养学生公民素质的任务；社会是更广泛的公民教育场所，也应发挥公民教育的职能。可见，他所说的公民教育主要是培养国民的社会参与意识和公共服务精神。

民众教育　1935年正中书局铅印本。

俞庆棠著。俞庆棠有《中国社会问题参考资料索引》，已著录。本书分章，除绪论以外，主要包括四个方面的内容：一、民众教育的理论依据，二、民众教育的发展，三、民众教育的实施机构，四、民众教育的目的与方法。作者的民众教育思想，在绪论中有清楚的描述。她认为我国的民众教育，分为两个阶段，第一个阶段是失学的儿童、青少年、成人的基础教育，第二阶段是已受基础教育的儿童、青少年、成人的继续教育和进修。民众教育是一个整体教育，和常说的社会教育、成人教育有别。民众教育应该从实际生活出发，从生活环境中寻找教材教法，以改善整个生活为目的。因此，在教育机构的设置上，她认为民众教育不能只局限在民众学校、图书馆、体育馆等普遍机构上，识字处、公园、剧场、无线电台、说书处等也是民众教育机关，也是开展民众教育的利器。教育者开展教育时，也要因人、因时、因地、因事制宜。

民众教育　1933年上海商务印书馆《万有文库》本。

高践四撰。高践四(1892～1943)，原名阳，以字行。江苏无锡人。教育家。本书分6章，包括民众教育的意义、成效、方法、项目、课程、教材、设备、相关系统，以及近数十年来中国民众教育的演进等，限于篇幅，某些重要问题如服务人员的训练、民众教育的行政和经费等，都未能在本书提出。作者认为，虽然民众教育在社会上有很多名目，但推其根源，无一不来自救国运动、民族自救运动，因此民众教育的真义，就是使大多数的国民(最好全部)团结起来救国。培养民众的团体意识、理性思维，由小而大、由下而上(乡村到城市、国会)，解决社会上的各种问题，是民众教育的主要方法和手段。不可否认，作者的思想存在一定的局限性。比如，他认为中国人从来就没有团结力，团结就不会受制于人；教育应该从乡村开始；教育可以解决一切社会问题等，都未免过于理想化。但他提倡民众教育是全民教育、终身教育、群体教育，教育应因人、因事、因时、因地施教等等，却是值得我们深思和借鉴的。

民众教育　1948年上海商务印书馆《国民教育文库》本。

顾岳中著。顾岳中有《中国战时教育》，已著录。本书共11章，包括民众教育的认识、内容和目的、机关、方法、人员、制度、经费、办学、视导及发展史等。顾氏认为民众教育包括两个阶段，现阶段主要是失学民众补受教育，下阶段是受教育者得以继续接受教育。民众教育有几个主要特点，即教育权力全民化、教育时间终身化、教育内容生活化、教育方法活动化。顾氏的这些观点，综合了高阳、余庆棠、李蒸等当时民众教育主流派的思想。但由于抗战以后，民众教育思潮开始衰退，顾氏作为民众教育的中坚，在措辞上也有一些改变。比如他认为社会教育是为“各种程度各种职业各种年龄的人在正式学校教育以外，办的学校式和社会式的各种需要的教育，窥其意义，实与民众教育相同”，至于实施机关，尤系“一而二”“二而一”。这和传统民众教育坚持民众教育包含社会教育是有区别的，反映了当时民众教育的分化。

五个月的实验民众教育馆　1931年江苏省立教育学院南门实验民众教育馆铅印本。

郁瘦梅编。郁瘦梅，江苏无锡人。中华人民共和国建立后，曾在无锡、上海等地任语文教师。1930年10月，江苏省立教育学院在无锡南门外吊桥下开办实验城市民教馆，由郁瘦梅任馆长兼推广部主任，许其仁为总务部兼康乐部主任，王育诚为书报部主任，另有干事、助理干事各1人，共计5人。固定事业包括设立阅报处、民众学校、民众茶园、问讯处等；活动事业有识字运动、国历运动、职业指导运动周、人力车夫同乐会、民众游历团、南峰剧社等，并以炒米浜、灰场浜两个城市蓬户区作为蓬户教育实验区。该馆的社会改造活动开展得有声有色，在江苏省内外有较高的知名度。本书就是对民众教育馆创办5个月的经验总结，包括该馆创办缘起、设立原则、预定目标、实施方针、组织系统表、筹备经过、该馆所办事业、大事记等。

民众阅报处　1937年上海商务印书馆《社会教育小丛书》本。

蒋建白著。蒋建白有《战时学生训练》，已著录。民众阅报处作为一种新兴的社会教育事业，因其简单易行，在各地早已普遍采用，但因其习见，研究者寥寥，因此作者根据上海市数年来的施行情况，对民众阅报处的内容和意义作一系统的介绍。本书分5章，包括民众阅报处、民众阅报牌、民众茶园、教育标语牌的设立、管理、经费等问题。作者指出，民众阅报处在教育上有五大作用，一、简单易行，符合中国环境；二、功归实际，不落虚文；三、常识训练；四、民俗训练；五、民族意识训练。实施时，要力求经济周密，要调动文化政治及各种社会机关，要与地方自治及识字教育相结合。在报纸选择上，要以党报为主，尽量采用地方报纸和画报，以取得最好的教育结果。可见，作者所谓的民众阅报处的教育功能，乃以政治教育和识字为主。

识字运动的理论与实际 1934年江南印书馆铅印本。

张正藩著。张正藩有《最近之日本教育》，已著录。1929年2月，国民政府教育部颁布识字运动宣传大纲及实施方案，各省市纷纷热烈响应。但不久之后，这项活动便已不如此前之热烈。张氏此书，即为推广识字运动而作。他在卷头语中特别提出："识字是人生要事，尤其在这训政期内，赶快识字，这是如何紧迫而严重的问题。"本书从理论与实际两方面论证识字的重要性，通过对全世界普通人民识字的统计、比较，说明我国百姓识字比率居于后列，需要大力推广识字运动。本书一经推出，影响广泛，售罄后又经再版。本版即经过中山文化教育馆审查并予以津贴再版者。书名由于右任题写，书前有戴传贤、居正、王用宾、周佛海、余井塘、王陆一、萧吉珊、洪陆东等题词，以及1932年7月陈立夫、钮永建、李蒸三家序，对其推广识字运动、普及文化均持赞扬态度。

介绍标本兼治的菏泽实验县自卫训练 1934年12月无锡《教育与民众》杂志社铅印本。

高践四著。高践四有《民众教育》，已著录。本书原载《教育与民众》1934年第4期（1934年12月），分赴菏泽途中、教育事业、演讲、乡农学校自卫训练班、小留集检阅、结论等六节。附"菏泽实验县三年进行计划"等11种。

乡村教育的经验 1948年上海商务印书馆铅印本。

刘百川著。刘百川（1903～1971），又名于左，江苏阜宁人。教育家。本书是作者在乡村教育实际工作中获得的心得和感想，包括乡村社会的观察、地方自治与乡村教育的普及、乡村教育服务人员的修养、乡村儿童教育、乡村民众教育、乡村学校社会化、乡村小学公民训练的实施等内容。作者认为，要解决整个社会的问题，首先要解决乡村问题，解决乡村问题，必然要解决乡村教育问题。因此，他提出了乡村学校社会化的思想。所谓乡村学校社会化，就是把儿童教育与民众教育、学校教育和社会教育和而为一，"使学校成为社会文化的中心"，"使学校成为社会的领导者"。从实施方式来看，作者是从公民教育、语文教育、自然研究、社会活动、劳作训练以及康乐生活等方面入手，提高民众的文化素养、经济收入以及健康水平，从而促进乡村教育的普及，推进乡村社会的改革。本书提纲挈领，轻理论而重实际，理论部分可与作者《乡村教育实施记》（1～3辑）一书相参看。

乡村教育文录（原名定县的教育文录） 1937年北平民间社铅印本；1940年贵州定番农村建设协进会乡政学院再版。

瞿世英著。瞿世英有《现代哲学思潮纲要》，已著录。本书收录从定县教育实验中得到的教育看法、力的教育、力量的培养、"人"的基础、教育建设之原则、中等教育问题之研究、民众组训的现阶段、计划训练、大学教育与乡村建设、平民化与生产化的教育、社会建设与教育、确定教育目标问题、生活化的教育、教育生活化与生活教育化、成人教育、请科学下乡、死观念与活智识、县政建设的实验、以工作答复批评、导生传习在定县的实验、文字教育的效率等21篇文章。附录《乡村教育讲稿提要》。按：作者曾任农村建设协进会乡政学院第三任院长。卷首有著者自序（1940年1月于定番）。

乡村建设与教育 1945年5月重庆中国文化服务社铅印本。

瞿世英著。《青年文库》本。本书写于1941年，包括由乡村建设以复兴民族、乡村建设与乡村教育、社会本位的教育看法、乡村教育建设、文化教育、生计教育、卫生教育、公民教育、活动组织与组织教育、人才学术与乡村建设、新县制与乡村建设、乡村工作的实验与经验等14个部分。卷首有自序（1942年1月）。

徐公桥 1929年4月上海中华职业教育社铅印本。

江恒源编著。江恒源有《伦理学概论》，已著录。徐公桥属江苏省昆山县，系中华职业教育社经营的乡村改进试验区。本书分16章，内容有徐公桥概况、徐公桥乡村改进会、改进农村生活全年进行程序历、徐公桥乡村改进会报告、改进会的基本工作——村民籍及田亩册、徐公桥446家的富力、徐公桥人的自卫和互助、徐公桥的农业概况及改进农业办法、徐公桥的农家历、徐公桥的借贷合作社、徐公桥的卫生、徐公桥的乡村十大信条、徐公桥的民众夜校及图书阅览、徐公桥的农民娱乐、徐公桥今后6年间改进计划、到会参观人的评语等。附录风景图片14幅。书中提出农村教育的目的是建设野无旷土、村无游民、人无不学、事无不举，康乐、和亲、安平的新农村。卷首有叙言(1929年4月于上海中华职业教育社)。

农村改进的理论与实际　1935年11月上海生活书店铅印本。

江恒源著。本书收录《两个名词的解释》《什么是农村改进》《农村改进的人才》《理想的乡村中学》《关于乡村改进问题的解答》《富教合一主义》《多元的乡村改进法及主张省县设立乡村改进综合机关理由与具体方案》《呈请上海市教育局转呈教育部文》《试验六年期满之徐公桥序文》《农村改进之路》《农村改进与农村教育》《关于农村教育的三个重要问题》《民族复兴与政教合一》等13篇文章。这些文章写于1929～1935年间，作者时任中华职业教育社办事处主任。职教社以职业学校教育、职业补习教育、职业指导、农村改进为四大主干事业，并以徐公桥的乡村改进为试点。作者指出，农村改进是广义的农村教育，农村改进是完成农村自治的唯一方法，农村改进需文化、经济、政治同时推进，农村改进以简便易行、普遍、经济、农民自动为原则，农村改进以造就人才、多元推进为方法。卷首有自序和《敬告读者》。

如何办理职业指导　1941年3月长沙商务印书馆铅印本。

江恒源编著。本书为中华职业教育社《职业教育丛刊》之一，包括引言、究竟何为职业指导、政府对于职业指导办法的规定、应该如何办理职业指导所四部分，介绍职业指导的性质、范围和效用，教育部颁布的职业指导办法，以及如何办理职业指导所。附录职业分类表、职业互助保证办法。书前有黄炎培序(1940年5月于重庆)，要求教育者重视职业指导，并肯定中华职业教育社的成绩，以及陶行知创办育才学校的贡献。

幼儿保育法　1920年上海商务印书馆《妇女丛书》本。

顾倬著。顾倬(1872～1938)，字述之。江苏无锡人。教育家。本书共6章，都是讲述养育孩童"最紧要"之事、最切实用之法，包括养护身体(体育)、授受知识(智育)、陶冶性情(德育)，以及如何利用游戏、唱歌、谈话(故事、寓言等)、手技(手工)、玩具教育儿童等。顾氏在论述时，多参考日人著述，如中井龙之助《男女育儿新法》、东基吉《幼稚园保育法》等。作者以为，幼儿称保育而不称教育，是因为抚育幼儿"纯乎以体育为宗"，德育、智育处于次要地位，故本书于养护身体篇幅最多。从现今的观念来看，本书的论述好坏参半。比如"毋令幼儿与大人同食"，不然会养成争食的习惯；培养想象力要基于实际，"或欲登天，或欲入水"是妄诞之想，应以纠正；中等家庭孩子的养育，不能让奴婢帮忙，以免养成语言举止粗俗不堪等恶习之类，其实都是没有根据的。有一些观点，比如保育儿童，家庭成员需统一规矩；儿童需培养同情心、审美能力等等，则仍有可借鉴之处。总而言之，本书所谓的保育，主要指家庭"养育"，离"教育"尚相差甚远。

儿童的新生活　1934年正中书局《新生活丛书》本。

胡叔异著。胡叔异有《国民学校教师手册》，已著录。"新生活运动"，是1934年在南昌发起的一项社会改良运动，目的是通过在民众间推行礼义廉耻四项传统道德，维护国民政府的政治权威。胡氏本书，正是为向儿童宣讲"新生活运动"而作。胡氏说，新生活，即合理化、规律化、时代化的生活；新生活运动是救国运动，国事岌岌可危，最大的病根是民众没有礼貌、没有义侠之气、没有廉洁之心、没有羞耻观念。新生活的原则包括整齐、清洁、简单、朴素、迅速、确实六项，而规矩、清洁两项，是新生活运动的第一期工作，应从食、衣、住、行、工作、学习、娱乐、交际等方面按要求身体力行。但正如胡适所批判的，所谓的新生活，不过是文明人最低限度的常识，并不是什么"救国灵方"，"新生活运动应该是一个教育的运动，而不是一个政治运动"。

初等教育概论　1934年上海中华书局铅印本。

吴研因、吴增芥著。吴研因(1886～1975)，江苏江阴人。毕业于上海师范学校，曾任江苏省江阴县立单级小学校长、省立第一师范教员，上海高公学校校长，菲律宾华侨中学教导主任，南京国民党政府教育部国民教育司司长。中华人民共和国建立后，任教育部初等教育司司长、教育部小学教育司司长等职。著有《小学国语新读本》《基本教育》等。吴增芥(1906～2005)，教育家。研因子。本书为《中华百科丛书》之一，前有1933年3月舒新城总序、编者自序。全书10章：初等教育的意义起源和其作用，分意义、起源、作用3节；幼稚教育，分婴儿园、幼稚园2节；小学课程，分问题、编制的方法、编制的实例等3节；小学教学方法概要，分教学方法的要则、涉及教学、个别教学；小学训育，分训育实施的原则、方法、余论3节；小学行政，分小学校长、学校、学级编制与成绩考查、课室外活动；教师，分小学教师的训练、任用、薪水、进修4节；义务教育，分义务教育的年限、强迫就学、经费、培植教师4节；各国初等教育比较，分德、法、英、美、俄5国；最近小学教育的趋势，分近代小学教育发展的原动力、小学教育的演进、现况，最后附中文名词、英文名词两种索引。对于了解民国间的初等教育情况，具有一定参考作用。

初等教育　1948年上海商务印书馆《国民教育文库》本。

吴增芥撰。初等教育专指幼稚教育和小学教育。早在抗战之前，吴增芥就与其父亲吴研因合著了《初等教育概论》一书，受到学者好评。本书基本沿袭《初等教育概论》的结构，并作了大幅的修订增补，主要内容有绪论、初等教育的演进、教育目的、心理发展、课程、训导、小学行政、小学教师及教学法、义务教育等。特别是心理发展一章，《初等教育概论》无，本书特意单列，尤为必要。他例举了几种常见的儿童心理现象，如发表能力、社会行为、游戏、模仿等，作为初等教育的理论指导，并举例加以说明。在教育方法方面，如作者认为讲演法将儿童置于被动接受的地位，教学效果不佳，绝不能作为教学方法的全部；对于旧式的通过提问检验学生背诵情况的方式，作者也觉得应该改进，改为社会化背诵法，通过活动来促使学生自己发现问题，自己作答，都很有见地。

新小学布置法　1935年儿童书局铅印本。

陆静山著。陆静山有《儿童图书馆》，已著录。全书共分10章，依次为：为什么要布置、布置有什么原则、怎样分配校舍、怎样改造环境、怎样布置校舍、怎样制作布置材料、怎样布置劳动生活的环境、怎样布置健康生活的环境、怎样布置科学生活的环境、怎样布置艺术生活的环境、怎样布置团体生活的环境。

乡村小学开办法　1933年儿童书局铅印本。

陆静山编。书前有1933年编者自序，述撰本书之缘起。书分上、下两编，上编开办的实际，分9节：私立新民小学的开办经过、公立八宝小学的开办经过、山海工学团的开创经过、吉祥中心小学的开办经过、万寿中心小学的开办经过、三元中心小学的开办经过、和平中心小学的开办经过、黑墨营中心小学的开办经过、劳动大学小学部第二分校的开办经过。下编开办的步骤，分10节：先决问题、找帮手、调查、找校舍、计划、置办物品、改造和粉刷、成立校董会、备案和立案、开学。后有附录《私立学校规程》《教育部公布小学规程》《私立学校校董会用表》《私立学校立案用表》，为欲开办乡村小学者提供完备的材料。

小学教材研究　1933年商务印书馆铅印。

吴研因、吴增芥编。本书主要根据部颁《小学课程》的要求编写而成，通过对小学教材的分析研究，使得读者对小学教材的性质、内容，以及选择、组织、支配、排列、运用的方法和原则，有深入的了解。全书兼顾理论与实例，在叙述理论的基础上，多举实例，以供使用者讨论和研究之用。每章末都附有研究问题，供阅读后探讨，一部分还附有参考资料，以便课外作延伸阅读。全书分课程、通论、分论3编，前两编从理论上对小学教材作总的概述。分论部分，章节较多，以科目分类，依次对卫生、体育、国语、社会、自然、算术、劳作、美术、音乐等科的教材作了研究、探讨。最后附有研究小学教材重要中文参考书目录。

抗战小学教育　1938年汉口读书生活出版社铅印本。

唐文粹、陆静山、杭苇合撰。杭苇(1908～

1988)，字一之，原名锡奎。江苏无锡人。教育家。本书共8章，杭苇撰写是第六章《抗战小学教师之任务》、第七章《抗战小学儿童之活动》。抗战爆发后，我国教育界弥漫着两种观点，一部分人认为教育没有战时与平时之分，抗战教育只是临时的变通之法；另一部分人则认为战时教育只是拿出一部分时间来进行战时训练以及救济战区失学儿童。这两种论调遭到了杭苇等人的极力反驳。他们认为，教育是人类经营社会生活的工具，不是超然的，它承担着创造新文化、建设新中国的使命。抗战教育应该以民族解放的政治教育为核心，改变教育策略，改造教育机构，改造教育过程，重建整个教育机体。小学教育也不能只限于儿童，还要扩大到区内的民众，要在民族解放教育的基础上实行组织教育、技术教育、史地教育、文艺教育。尽管他们的呐喊并没有改变当局“维持学校平时教育系统”的决定，但他们立志救亡的热情，仍是值得尊敬的。

战后英国的小学教育　1948年上海商务印书馆《民国教育文库》本。

王承绪著。王承绪（1912～2013），江苏江阴人。教育家。本书叙述的战后（二战后）英国小学教育，主要围绕英格兰和威尔士两地展开，包括英国小学教育的发展史、行政与组织、课程与教学、教师训练与特殊教育等内容。作者认为英国战后小学教育有四个主要特点：学制复杂、地方分权、私人兴学、教育自由，这些特点体现了英国人爱自由、重实际、重视传统、尊重个人的精神面貌。同时作者指出，战后的英国小学教育改变了以前小学教育和中学教育是并列而驰、地位有高低的两个系统的状态，逐渐演进为小学教育和中学教育是前后衔接的一个系统中的两个阶段。这两个阶段，纯粹从心理发展和教育原理的立场划分，而不从年龄和阶级来区别，因此战后的英国小学教育，既是英国教育史上的一次伟大革命，也是英国教育走上民主化的一个跃进。

江苏之中等教育　1931年国立中央大学教育学院铅印本。

沈灌群、郑光浩著。沈灌群（1908～1989），原名冠群，字子元，江苏如皋人。教育家。本书分为两编，总论讲述江苏中等教育（中学教育、师范教育、职业教育）的发展、课程设施以及训育实施情况；各论讨论各学校的具体教育情况。作者认为，我国中学教育最为进步，且能切实推行者，首推江苏。但比年以来，积弊甚多。重要的一点，推行新教育者，以抄袭模仿欧美日本为事，而忽视本国政治、经济、社会、历史之背景，使教育成为“空空洞洞，不着边际”之学，教育沦为猎官求禄的工具，不能为国家社会提供有用人才，“三十年新教育之失败，实势有必至，理所宜然”。针对这些问题，作者提出了自己的一些建议，譬如教育实施要严格遵守教育目标，要加强学生训导工作力度，要注意培养学生理想态度习惯的养成等等，尤其于训导工作着墨较多，实为当时社会形势使然。对于中等学校普遍存在的学潮问题，作者也作了深入分析，指出要杜绝学潮，首先教育行政上任人要杜绝请托，避免私心自用；学校要有“爱力”，不能依据“权力”以开除学生学籍为威胁；各级党政军当局要加强训政，减少不肖分子混入学校；学生方面，则需学会心平气和，民主解决问题。分析客观全面。

大学教育　1933年上海商务印书馆《百科小丛书》本。

孟宪承著。孟宪承有《教育概论》，已著录。本书仅有3章，即现代大学的理想和组织、中国大学的发展、大学教育的问题。孟氏认为，大学是最高学府，不仅仅是在教育制度上它处于最高阶段，更是因为它代表了人类的最高努力。大学的理想，实际蕴含了人类关于文化和社会的最高理想。作者又综合中国传统的大学教育观以及西方现代大学的教育观，提出大学教育需具备三大理想（智慧的创获、品性的陶镕、民族和社会的发展）、三大任务（研究、教学、推广）。其中，研究是为了智慧的创获（即求真），教学是为了品性的陶镕（即求善），推广是为了民族和社会的发展（即求美），而又以研究作为最高任务。民国时期，我国高等教育基本理论的研究非常薄弱，孟氏此书的出版，无疑推进了这一方面的研究。其书中提倡的三大理想、三大任务，高屋建瓴，影响深远，和我们目前高校所倡导的教学、科研、社会服务三位一体的教育模式极为类似。

第三节　教学理论

设计教学演讲集　1929 年上海商务印书馆《师范小丛书》本。

沈百英著。沈百英(1897～1992),字菊泉,笔名石英、白丁,江苏吴县角直人。教育家。本书共 7 章,包括设计教学的定义、与非设计教学的区别、设计教学所需要的环境、设计教学的种类与指导方法、设计教学的课程安排等内容。作者认为,设计教学与非设计教学有三大区别,即教材不同(儿童自己挖掘教材)、教法不同(以儿童为本位,不以教师为本位)、学法不同(以解决自己的生活问题为目的)。欲施行设计教学法,必须废除传统的课堂授课方式,将学校内外部环境生活化、社会化。具体的设计教学法包括混合设计、分系设计、分科设计、共定联络教材法等。其中,混合设计是最完善、最切合教育原理的方法,应以之为主,根据条件以其它方法为辅。作者自 1920 年起,即在江苏一师附小实施设计教学实验,其经验之富、认识之深,非他人能比。可以说,本书的出版,对设计教学法在我国的施行起到了很好的推动作用,也推动了教育界对设计教学法理论的研究。

怎样做单级教师　1939 年中华书局铅印本。

蒋品珍、黄寰清著。黄寰清(1893～1967),江苏常熟人。教育家。所谓单级教学,指的是把年龄参差不齐的学生,统一编为一个学级,由一个教师(最多两个教师)教授管理并同时指导教授的一种教学形式,多用于经济落后、师资不济的乡村地区。与复式教学相比,单级教师要承担更多的责任,遇到的困难也较多,往往心有余而力不足,不知如何下手。故蒋、黄二人根据自己以往的经验编成本书,作为单级教师的指导。本书共 20 章,主要包括五个方面,一是学校行政,二是教学教法,三是训导,四是教师进修,五是事业推广,论述时不重理论而重实际,方法上以简单可行为宗。从教授法来看,本书采用的是按学科性质(国文、算学、图画等)和教授力分配的分班教授法。由于教师要在同一时间内轮流指导多组学生,因此本书特别强调时间上的经济。比如要求老师讲述要扼要、语言要简明、课中要突出重点、空时要利用、意外要减少、答疑要控制等等,都是从经济原则出发,即“要以最经济的时间获得最大的教学效率”。

小学教材及教学法　1935 年中华书局铅印本。

吴研因、吴增芥著。吴研因、吴增芥有《初等教育概论》,已著录。本书分为 3 编,第一编通论,总论小学教材及教学法的各项问题,如教材教法与目标的关系,教材的范围、选择、组织、使用,教学方法的原则、具体方法等;第二编具体讨论小学各科教材及教学法;第三编为复式教学。书中作者接受了斯宾塞及杜威的有关学说,并形成自己的独特思想。作者认为,小学教材是儿童活动的材料,同时也是行为的方法,因此必须符合两个条件,一要适合社会的需要(现代生活及地方),二要适合儿童的需要,编制时既要考虑教材是否合适,同时也要考虑教师能否灵活应用;在教学原则上,要坚持自动、类化、准备、兴味、设计、个性适应等原则,引导孩子全面发展;对于教学方法,他总结出问题教学法、练习教学法、欣赏教学法、发表教学法、个别学习教学法 5 种方法。尤其是问题教学法,根据杜威思维训练的要求设定步骤,诱导反思,很有新意。

新小学教材与教学法　1935 年上海儿童书局铅印本。

俞子夷、朱晸暘著。俞子夷有《测验统计法概要》,已著录。本书分上下两编,上编通论,陈述教材教法的意义、与教育目标儿童环境的关系、教材的选材以及编排使用原则、教学方法应遵循的原则、教学方法的种类、教员的教学态度及技术等;下编为分论,具体讨论小学的教学及复式教学法。作者认为,教材多是从人类经验中采取的,既包括成人的经验,也包括儿童的经验,因为教育是一种生长,教材是生长所需的滋养料,有利于生长的材料,都是好教材。它的编排,须注意四个原则:各科的目标、本地社会的需要、现在社会的需要、儿童的经验。教学方法形式只是技术问题,但骨子里包含许多教育心理学的大道理,包括练习原则、类化原则、准备原则、兴趣原则、经济原则、自动原则、设计原则、个性适应原则等,其具体的方法有问题教学法、练习教学法、欣赏教学法、发表教学法、个别学习教学法几类。本书对教员提出了严格要求,如板书的文字、声音的控制、躯体语言等都有详细介绍，生动体现了作者教学科学化、教学艺术化的思想。

中学普通教学法 1940年商务印书馆铅印本。

龚启昌著。龚启昌有《公民教育学》，已著录。本书分绪论、分论两部分，绪论主要论述教学的意义、教学的方法、教学的原则、中学教育的目的与功能等；分论分4个单元，即教室的管理、教学的技术、教学的方法、教学的评估等。分论部分主要根据波新氏(Bossing)《中学新教学法》一书改编而成，但由于波新氏此书偏重实践，理论方面缺乏系统论述，因此作者根据自己的理解，编写了第一部分绪论。作者指出，教育方法有狭义、广义之分，狭义的方法只是“学习教育中之节目”，广义的方法才是“施行教育的全体”，教育的效率、人的正当态度的养成，都在广义的范围之内。“新教育”之所以被人责骂为失败，根本原因在于一般的教育者往往只注意狭义的方法，忽略了广义方法的重要性。因此，教学法最重要的问题，就是广义问题。在此基础上，他提出“学习是行为的变更”，教学是“刺激、鼓励、指导”行为改变的历程。他的这些观点，对当时某些认为教育只是传授知识的人而言，无疑是当头棒喝。

小学“国语话”教学法 1922年上海中华书局《国语丛书》本。

张士一著。张士一(1886～1969)，原名谔，以字行。江苏吴江盛泽人。语言学家。作者所谓的“国语话”，是相对“国语文”而言的，即现在所说的普通话(本书指受过中等教育的人所说的北京话)。作者认为，推广“国语话”有利于国民交流，学校应该从小学开始即实行“国语话”教学。作者又从教育学、语言学原理出发，概括了9条教学原则，包括要引起儿童学习口语的动机、要教自然的口语、要多听多说多练、不要死教规则、少用翻译的方法等等。关于“国语话”的教学方法，作者认为有文法翻译法、自然法、演进法、直接法4种，应综合运用，不能偏废，但翻译法流弊最多，宜加慎重。小学“国语话”的教材，可以分语料、会话、故事三类，但应注意教材的稳妥性和融合性，不能“拿儿童的心理来做游戏品”。本书的出版，对普通话的普及起到了很好的推动作用。

国文教学 1947年上海开明书局铅印本。

叶圣陶、朱自清著。叶圣陶(1894～1988)，原名绍钧，字秉臣，笔名圣陶。江苏吴县人。教育家、作家。朱自清(1898～1948)，原名自华，字佩弦，号秋实，原籍浙江绍兴，生于江苏东海，后定居江苏扬州。中国现代诗人、散文作家。主要作品有《欧游杂记》《国文教学》《诗言志辨》等。本书据叶、朱两人多年来关于国文教学的论文和随笔汇编而成，分上下两编，上编为叶圣陶所著，包括《对于国文教学的两个基本观念》《论写作教学》《认识国文教学》等8篇文章，下编为朱自清所著，末附浦江清《论中学国文》一篇。叶氏关于国文教学的核心思想，见《认识国学教学》一文。他认为国文教学的目的是为了培养“应付生活的公民”。根据这一思想，叶氏进一步指出，阅读和写作是应付生活的主要工具，必须着重加以培养。阅读时，教师须注意方法，废除以往“逐句讲解”的做法，引导学生多思考、多练习。此外，国文课程虽是为了让学生“了解固有文化”“语体”及“写作”，但也应承担相当的道德训育责任，不过不能把所有的道德训育责任都放在国文一科，从而影响国文教学的主要任务。总而言之，叶氏对国文教学的认识，肃清了传统国学教学所坚守的“古典主义”“利禄主义”观点，使更多教育工作者认识到国文教育的意义，是具有重大价值的教育理论成果。

小学社会科教学法 1931年上海商务印书馆《师范小丛书》本。

沈百英著。沈百英有《设计教学演讲集》，已著录。社会科，是指把公民、历史、地理、卫生4科混合教授，不分开讨论的一门课程。自1923年新学制实施以来，鲜有人讨论它的教法，本书是最早讨论社会科教学法的专著。全书共10章，包括总论、目的、教材来源、课程编制、教学方法、社会科与其他学科联络、成绩考察等内容。从作者的论述来看，作者深受当时美国社会科教育思想的影响。比如他认为“教育是生活的过程，离开实际的生活，直无教育可言”，教材的编写要“切近实际生活”“合于儿童程度”“用字浅近”；“所有的问题由儿童提出，由儿童讨论”，“合儿童的心理，合自发教育的原理”等等，都是杜威实用主义教育理论及儿童本位教育思想的继承。但作者也结合了传统教育重知识的观点，如“考察社会科的成绩，可分知识、习惯、能力三方面着手”“教起来一面要注意获得丰富的知识，一面要养成正当的思考习惯”等，都是鲜明的例子。

小学历史科教学法 1929年上海商务印书馆《万有文库》本。

吴研因、王志瑞著。吴研因有《初等教育概论》，已著录。本书包括历史是什么和为什么要学历史、历史科的课程、历史教学的方法3章。作者认为，要编定历史课程，必须先了解儿童所需要的历史是什么，儿童所需要的历史，就是足以说明怎样造成现代的普通的世界的历史。编定历史课程，需要注意几个原则：要用史实来说明历史的进化，而不是用进化说明史实，前者是思索性的、后者是知识性的；要打破朝代和国界为单位的历史；要从学生的切身扩大到社会，教学历史是为了让学生了解社会；要适合政治的趋势。此外，学生应该从第一学年即学习历史，但中低年级宜采用与别科混合的方式，不宜分科教授。从作者的论述来看，设置小学历史科的目的是为了让学生了解社会，通过其对社会的不满，促使其寻求进一步的改革(革命)。

国民教师应有的美术基础知识 1948年商务印书馆铅印本。

温肇桐编纂。温肇桐(1909～1990)，笔名虞复。江苏常熟人。美术教育家、中国绘画史论家。1930年毕业于上海艺术大学。1937年起在上海美术专科学校任教授、艺术教育科主任、图书馆主任、出版部主任，主编《美术界月刊》《艺术生活周刊》等。抗战胜利后，兼任上海师范专科学校教授、艺术系主任。1952年起，历任华东艺术专科学校教授兼图书馆主任、美术系副主任、硕士研究生导师、南京艺术学院教授。全书共分5章，第一章《美术理论的知识》分7节，论述美术的本质、部门、材料、形式与内容、目的、创作、欣赏；第二章《美术历史的知识》分3节，论述美术的发生与发展、中国美术的演变、西洋美术的发达；第三章《美术表现的知识》，分11节：远近法、明暗、色彩、构图、国画六法、素描、水彩画、木刻、漫画、雕塑、图案；第四章《美术欣赏的知识》，分为绘画、雕刻、建筑、工艺美术、儿童美术的欣赏等5节；第五章《美术教育的知识》，分美术教育的发达、涵义、效能、实践以及美术教育的诸问题等5节。书前有1947年6月23日温氏自序。本书的材料，大多是从作者为上海美专等校研究小学美术教育的学生所编的讲义中摘出的，间或参考他书而成，每章末均附列原书名，以示出处。内容相对浅显，但作为小学美术教育的参考书，仍具有一定价值。

美术与美术教育 1948年世界书局铅印本。

温肇桐著。《美术与美术教育》是对美术教育的研究性书籍。1937年温肇桐开始担任上海美专教授，教授“美术教学法”及各系科基础美术理论教学的工作。因其曾从事小学美术的教学与研究工作，十分关心中小学美术教育，遂将自己的实践经验加以总结，上升为理论。在上海美专任教时出版了本书。本书收录《当前美术应有的新倾向》《老子思想与中国绘画》《唐代山水画鼎盛因素之试论》《吴昌硕的艺术》《当前中小学的艺术教育问题》《美术教学的几个实际问题》《儿童绘画及其指导方法》等14篇文章。书中触及到美术教育的方方面面，不仅是他对自己实际教学经验的理论总结，还为当时其他从事美术教学和研究的人们提供宝贵的资料和引导。

小学美术科教材和教法 1948年商务印书馆铅印本。

温肇桐编著。本书为《国民教育文库》之一种，相对浅显，共分5章。第一章美术科的认识，分美术教育的功能、美术科的沿革、修正美术课程标准的特点等3节；第二章美术教材的研究，分美术教材的范围和示例、选择、组织和排列、分量分配等4节；第三章美术教学方法的实际，分美术教学的原则和要点、美术科的开始教学、美术教学的过程和实例、美术教学的几种新设施、复式学级里的美术教学；第四章美术成绩的处理，分发表成绩的批订、三项成绩的考查方法、儿童作品的揭示和保存；第五章美术科的设备布置和教学用品，分美术教学应有的设备、美术教具的自制、一个美术室布置的实例、美术科的教学用品等4节。最后附录全国小学美术教材要目草案。书前有1937年2月26日所作编者例言6则，可知本书根据1936年7月教育部修整公布的《小学美术课程标准》编辑，供师范美术教师、师范生、小学美术教师及留心美术教育者参考、研究之用。

创造的儿童绘画指导研究 1948 年商务印书馆铅印本。

温肇桐编著。此书为《国民教育文库》之一，全书共分 6 章，分别为《创造·游戏与儿童艺术》《儿童绘画的形相与心理》《关于儿童自幼画的问题》《教师·设备·媒体的诸条件》《创作的儿童绘画指导实例》《作品的批订·欣赏与展览》，最后附参考资料。书前有 1947 年 8 月温肇桐自序、致谢，谈及撰写此书的缘起。作者从创造与游戏在艺术学的关系谈起，认定儿童的艺术与游戏是创造的两个方面。就儿童艺术创作的本性，他搜集了许多科学研究的成果，作为问题的客观回答。同时他对教师如何指导儿童画，提出了一些比较具体的意见，并介绍维也纳薛石克及其“儿童艺术班”的成功经验，希望能对大家有所借鉴。最后，主张以儿童作品的欣赏、展览来代替传统的成绩批订。

小学劳美合一教学的研究 1949 年世界书局铅印本。

温肇桐著。劳美合一指劳作教学与美术教学的结合。书前有 1948 年 7 月 5 日温肇桐自序，阐明大旨。全书共 5 章，第一章劳美合一教学的理论研究，分为从事实看起、建立新观念、劳动与艺术、功利主义与理想主义的教育、适应新教学方法、教育的价值；第二章劳美合一教学的科学研究，分为美术与劳作的相关、儿童的劳美学习兴趣、教师等的意见；第三章劳美合一教学的教材研究，分为把握目标、确定中心、教材性质所显示的活动、教材纲领、组成单元；第四章劳美合一教学的方法研究，分为在设计中进行、欣赏及其他的指导、“我们怎样生活”及其他；第五章劳美合一教学的诸问题，分科目名称的存废、合一教学的设备、教师的问题、还需要实验研究。最后为劳美合一教学主要参考书目及附录接收经验·接收教训。

一个乡村小学教员的日记 1928 年商务印书馆《教育科学丛书》本。

俞子夷著。俞子夷有《测验统计法概要》，已著录。本书以日记的形式阐明和评述了乡村小学的行政管理、训育、教学、设计法实验、学校与家庭社会等理论问题，并介绍了具体实施措施。对于学校行政，主张各学校应有各自的计划，在经济上要有数字观念，进行预算和结算。书中还介绍了测验委员、县视学的职责和日常工作，以及校董会的组织及作用，围绕新校舍的筹建、新设备的办置、新设施预算核准而进行的招工投标、开工典礼、新校舍的验收及落成典礼等。作者把学校行政工作的一般原理、工作程序等作了具体而详尽的阐述。学校管理可分为对财物设备的管理、对学生的管理和对学生日常活动的管理。财物设备包括学校的所有不动产，对学生的管理包括对学生的学籍、身体健康状况、家庭表现、新生和毕业生工作等方面的管理。学生日常活动的管理包括学习、卫生、体育运动等方面的管理。作者还指出训育是具体实行的训练，训育的内容是很广泛的。书中阐述了在品行、个性、美感、卫生习惯等方面对学生的训导方式，主张通过训育应使学生养成爱清洁、讲卫生、守秩序等良好习惯，并培养学生热心、互爱、忍耐、同情等好品性，以及美的观念。书中还介绍了“星六会”、演讲法等训育方式，指出训育的两条途径：先定目标，再分段实行；逐步实行了再特别提醒归纳。对教学的阐述是此书最重要的部分。主要论及了课程设置、时间安排、教案教法，及教学过程、作业练习等方面内容。在上册有关内容中探讨了时间表的编制和应用、教案、国语教学、识字训练、自动作业、职业指导、课外阅读、假期作业、科学的教学法等二十二个具体教学问题。在下册有关内容中具体阐述了各科教学法。从这部分可以看出作者非常注意新教学法的实验和研究。在测验及成绩方面，介绍了测验的目的，功用及具体实施，对学生成绩的综合评定方法。提到测验的新使命，书中指出，以往的测验材料以记忆性为主，由此而导致教学目标偏于记忆事实，因此必须加以改造，以适应新的教法的要求，改造后的测验应更多地注重推理和判断。此外，还探讨了学校与家庭、社会等方面联络的一系列问题。

中学国文述教 1925 年商务印书馆铅印本。

张震南等编。张震南（1895～1968），字煦侯，笔名张须，别号秋怀室主人。江苏淮阴王营镇人。教育家。本书原是张震南等在扬州第八中学校授课的试行讲义，本拟编印《丛刊》，但因学校改组，编成的稿件都未能刊行。负责编辑稿件的任中敏也往别处任职，已成稿件遂遗失。同人觉得这部分讲义仍有其价值，于是取旧稿增删数处，订成此书，先行刊布。由于当时新学制尚未施行，所以书中所述均属旧制。全书分 6 章：总说第一、范文第二、作文第三、札记第四、文字学第五、余论第六。其中，范文至文字学四项，属八中必修科。书稿成后，尚有余意，未及详尽者，随笔杂举，得若干条，约略以类相次，名为余论，附于卷末。另外书后附录《六年内国文科教学状况经过概略》一文，亦供参考。

运动学 1930 年商务印书馆铅印本。

吴蕴瑞著。吴蕴瑞(1892～1975)，字麟若。江苏江阴人。毕业与南京高等师范学校体育专修科。后留学美国芝加哥大学医学院、哥伦比亚大学师范学院，获硕士学位。归国后，历任南京中央大学、东北大学、北平师范大学教职。中华人民共和国建立后，历任南京大学、华东体育学院、上海体育学院教职。全书分两编，第一编应用力学，共 33 节；第二编运动，分器械体操、游泳、田径运动，共 30 节。书中指出，所谓运动学，是以解剖学与力学的理论，解释各种运动的科学。本书的重点，是从力学理论的角度，来研究体育运动。书中第一编，以力学公式和定律为中心，分析体育运动中的力学现象；第二编则归纳方法，以各种体育运动为中心，具体分析各运动项目的力学现象，以提高体育运动水平。书中附有多幅插图和照片，图文并茂。本书是我国第一部从应用物理学角度来研究体育的著作，为提高我国的体育运动水平作出突出贡献。

体育教育法 1933 年勤奋书局铅印本。

吴蕴瑞著。吴蕴瑞有《运动学》，已著录。本书是根据作者十多年体育教育的经验撰写而成的，分两编：总论(4 章)、各论(5 章)。作者认为，教学法有两个意义，首先是以最经济的精力与时间，学习事物，从而达到最大的效果；其次为供给学习时适当的环境，使学习时有正当的联系，并有成功而满足、失败而烦恼的结果。广义的教学法，应对与当时一切事物以及外界之真实状况，尽量考虑、广泛注意。教运动时，不明广义的教学法最为危险。学习可分三种：技能的学习、附带的学习和随同的学习，而教学法也应包括以上三种。体育教育应培养与鼓励儿童的"心向"学习，防止强制学习。在教学中应根据各种体育项目的不同特点，或采用全部法，或采用分段法。作者对体育教学的五要素，即活动、教师、儿童、空间、时间，进行了科学的分析。作者又分述器械运动、田径的教学以及运动游戏、游泳、舞蹈等体育教学的方法。本书吸收和运用欧美的科学教学法，进行体育教学的经验总结，是当时唯一一部对体育教学进行科学研究的著作。

我国当前的体育问题 1943 年中央训练团党政高级训练班铅印本。

郝更生著。郝更生(1899～1975)，原名延浚。江苏淮安人。体育教育家。本书是郝更生在党政训练班上的一次讲话稿。他说，我国自秦朝统一之后，专制帝王采取"愚民""弱民"的政策，历代文人不讲运动，不讲卫生，体育教育在教育史上无足轻重，直接导致了我国民众体质衰弱到了极点，无法和西方国家对抗。抗战爆发后，虽然国家已经认识到提倡体育是抗战建国的基本要素，并修正公布了体育法，但大部分的国人仍对体育有误解，认为是劳民伤财的行为。于是，作者从身体发展和心理发展两个层面，论证了体育锻炼的重要性，指出体育活动不但能增强体格，促进发育，而且还能培养劳动习惯、公民道德以及国防技能，发扬民众团体精神，促进国家建设。最后，对学校如何建立健全的体育制度，作者也提出看法：一是要改变体育教师极度缺乏的现状；二是要解决经费与设备不足的问题；三是要充实体育教材的内容；四是要完善考核督导的方法。他这种体育教育化的思想，对促进当时的体育进步意义重大。

中国体育史 1919 年商务印书馆铅印本。

郭希汾著。郭希汾(1893～1984)，后更名绍虞。江苏苏州人。全书共分 10 编。第一编绪论，对体育的范畴作最广义、广义、狭义的解释。第二编介绍古代体操术，包括道家的导引术、华佗的五禽戏、达摩的十八手以及易筋经、小劳术、坐功、八段锦等。第三编介绍拳术的滥觞——角抵，从上古时代蚩尤氏头戴牛角抵人，到秦汉、隋唐、五代的各种角触戏，包括相搏、相扑、相杈、校力、拍张等，都有详尽的论述。第四编介绍各种拳术及其流派，包括少林拳、觉远上人的拳术、白玉峰的五拳、戚继光的拳术、张松溪的内家拳，以及明清至现代的各种技击术。第五编介绍号称“短兵之王”的剑，从春秋战国至唐以后的各种剑术，都有描述，还对各种武术的派别，诸如棍法、枪法、刀法等，都分别加以阐述。第六编介绍弓术，从古代神箭手后羿说起，论及周代射侯制度、历代军队与学校的习射。第七编介绍舞蹈，包括原始的乐舞和周代的武舞等。第八编介绍泅泳，考证古代的一些泅泳家，叙述了竞渡、射鸭及水秋千等古代的水戏。第九编介绍游戏，有古代的击壤、投壶等礼制，蹴鞠与击毬、弄丸与捶丸及秋千、拔河等。第十编结论，分析了中国体育与道教、佛教的关系，指出两种宗教都注重养性强身，有功于体育。最后比较了中国体操术与西洋各国的两点不同之处。本书是我国第一部体育史，开风气之先。

第四节　教育行政

教育行政概要　1929年世界书局铅印本。

朱公振著。朱公振，江苏常熟人。教师。民国间，世界书局在苏州设编辑部，延朱氏主其事，编辑各类书籍多种。本书乃朱氏所编书之一种，是为华林馆考试院编写的考试用书，包括5章，即总说、中央教育行政、省教育行政、地方教育行政、学校教育行政，以问答形式对各级教育行政的行政机关、行政事业、行政原则等作了简明的介绍。作者的论述，多据他书节钞，无甚新意。此外，在章节的组织上，一般论教育行政，皆包括行政机构、行政人员、行政事业、经费分配、督导制度等内容，而本书仅以教育事业为主，不免单薄。但书中也偶有一些好的建议，如论教育行政改革，作者就提出要顺应时代潮流，做到革命化、民众化（为民众服务）、社会化、学术化；地方教育行政改革要争取教育独立化、专业化、统一化等，尚属有识。

教育行政大纲　1934年上海中华书局铅印本。

常道直编著。常道直有《比较教育》，已著录。全书共分5卷10篇47章150节。每卷后附本卷参考书报要目、问题研究。首为绪论，第一卷行政组织，第一篇各级教育行政机构组织，分中央、省（教育厅）、县（教育局）、市、特别市；第二篇关于教育行政机关组织之原理及问题，分教育行政在全部行政系统中之地位、各国教育行政之比较观、关于教育行政组织之重要问题；第二卷学校系统，第三篇各级学校制度，分中华民国教育宗旨及其实施方针、初等教育、中等教育、高等教育专科学校、高等教育大学校、私办学校、学年学期及休假日期、社会教育、留学教育、中央研究院；第四篇关于学校系统之理论及问题，分小学教育与义务教育、我国义教之计划及问题、单轨制多轨制弹性制、中等教育与小学及职业训练、中等学校之内部的组织及问题、高等教育及准备教育、大学教育之重要问题；第三卷教职人员，第五篇分中小学教职员之训练检定任用及进修、教师之检定、教职人员之任用及任期、教师之进修；第六篇中小学教职人员之物质的报酬，分我国现制大略、各国状况一斑、关于薪俸制之原则、关于养老金制之原则、关于我国中小学校教职人员之物质的报酬问题；第四卷视导制度，第七篇我国现行各级视导制度，分教育部之视导方法、省及特别市制度、县市视导制度一斑；第八篇视导制度之理论及拟议，分视导在教育行政中之地位、视导之设施、试拟视导制度之原则、辅助视导之方法；第五卷教育经费，第九篇我国教育经费现状，分一般财政状况及教育经费来源、教育经费之保管、教育经费之分配及预算、会计方式与经济公开；第十篇关于教育经费之实际及理论，分各国状况一斑、教育经费独立问题、教育经费预算之编制、赋税原理及其应用、今后增筹经费之方途。篇幅颇为庞大。书后附录两种：中小学校之课程、教师分等制。

地方教育行政　1946年正中书局铅印本。

夏承枫著。夏承枫（1897～1935），字湛初，江苏南京人。教育家。本书包括地方教育行政的意义、地方教育行政与整个教育机关的关系、地方教育行政的组织、机关的设置、地方教育事业内容管理、经费管理、工作人员管理、地方教育效率改进的监导、行政机关行政方法以及地方教育事业的理想10章。核心思想主要有如下几点：一、地方教育行政要形成有系统的组织。地方教育虽然以县为主，但绝非一县、一地之事，要想发展，必须打破行政区域，加强各级教育行政、各县教育行政以及一县内教育机构之间的联系。二、课程要自由。虽为了推行国家政策，全国课程目标当具有一致性，但要求教育之功效，必须顾及地方环境，使青少年、成人获得的教育有利于生活；三、社会文化应该列于教育事业范围；四、教育行政应专业化，行政方法要科学化；五、要加强行政机关与事业机关（学校、教育）的关系，两者应打成一片。可见，作者作为我国最早研究地方行政的学者之一，对地方教育行政有着深刻的认识，他关于地方教育行政要系统化、科学化、专业化的思想，现今仍很有借鉴意义。

实用小学行政 1942 年中华图书社铅印本（四版）。

张正藩著。张正藩有《最近之日本教育》，已著录。书前有编辑大意 7 条，可知此书主要供师范学校教师、学生以及小学教员、地方行政人员参考，故流行一时，一版再版。编著本书时，作者将原理与事实并筹兼顾，网罗小学组织及行政上之一切实际问题，加以详密之探讨，其方法既注重于教育的科学探讨，论断又符合我国现状。全书共分 10 章，每章视需要，附加参考材料。所举有关实际材料，完全采用国内各小学应用有效的材料，间取外国材料。正文内容依次如下：第一章总论，谈小学行政的意义及范围、研究方法、基本原则、方法、现状、趋势；第二章小学校长，谈小学校长的资格、职务、工作时间的分配、工作方法、休养、指导教学、行政成绩的评定；第三章小学教员，述小学教员的资格、聘请与待遇、职务、服务精神、改进教学技能的方法、进修、康乐生活、工作效率的评定；第四章建筑与设备，分校址及环境、校舍、设备、布置与装饰、校舍设备评判的标准；第五章行政组织，分组织系统、校务分掌、各项会议、各项规程、行政历、公文与表册；第六章教务处理，分学籍编造、学级编制、课程、教材、时间分配、成绩考查与记分法；第七章训导实施，包括训导的原则、制度、方法、特殊儿童的训导、训导成绩的测量；第八章事务管理，分经济管理、校工管理、文件管理、校具管理、图书管理、校舍管理、杂务管理；第九章学校卫生，包括清洁法、疾病的预防、学校病及传染病、教学时的卫生、健康检查、急救法、卫生习惯、校医；第十章推广事业，包括家庭的联络和辅导、学校间的联络和辅导、社会辅导和协作。

教育调查 1931 年教育印书合作社铅印本。

邰爽秋著。邰爽秋有《心理学的派别》，已著录。本书是邰氏一部有关教育行政的著作，原计划分上下两卷，因友人急请付梓，下卷未成。本书包括教育调查的原理和意义、计划的拟定、材料的搜集、标准的确立、图表的制作以及地方教育调查的方法等。本书在论述时，尤重视方法的应用。应用方面，又以地方教育为主。盖作者认为，地方教育是教育行政的基础，欲谋改进一国之教育，需以地方教育为起点。对地方教育，仅社会状况的调查，作者就罗列了历史背景、地理环境、交通运输、人口、党政组织、社会团体、报纸、经济状况、卫生状况、风俗习惯等十余个项目，可谓详尽无遗。

江苏教育行政概况 1924 年商务印书馆铅印本。

蒋维乔讲述。蒋维乔有《中国哲学史纲要》，已著录。本书由于系蒋维乔口述，内容相对简明。全书共 7 章，书前有例言 4 则，知此书根据各学校讲演，陆续编辑而成，取材以江苏省为限，搜集的资料基本断于 1923 年，也有 1924 年以后的计划。分教育行政机关之变迁（下分 4 节）、教育经费（分 3 节）、中等教育（分 3 节）、小学及义务教育（分 3 节）、社会教育（分 5 节）、社会教育（分 3 节）、平民教育（分甲、乙），每章基本上第一节总说，下面做分别说明，篇幅多少视内容而定，多者一节下又分若干段。最后附江苏省立学校今后五年概画，对于了解民国初期江苏省的教育情况，具有较高的参考价值。

第五节　中小学教材

国文自修书辑要 1919 年中华书局铅印本。

沈恩孚著。沈恩孚（1864～1944），字信卿，号趣庵、心磐、虚舟、奉梧。江苏吴县人。教育家。本书的编写是因为当时很多学校的毕业生，包括留学生，学成之后投身社会，感到国文水平偏低，不敷使用。作者认为，学生国文水平偏低，一是以往科举文章不重实用，给教师和学生带来了不好的影响；一是一些人矫枉过正，以科学为重，不注意国文的学习，还有些人竟一味崇外，用日文的教授法来教授国文，根本全失。要学好国文，首先要固根本，根本固则枝叶茂。所谓根本，即汉字的形声义，所谓枝叶，即各体文章。作者又说，国学的学习重点是自修，而不是教授，因此，他选择了六部书作为学生自修的入门课本，即《说文解字部首》《说音》《四书》(有目无文)《汉书艺文志》《四库全书总目提要叙》《古文辞类纂序目》，前两种为文字音韵之学，即作者说的根本，后三种实为目录之学，即作者所说的枝叶，可见作者对国文的认识，仍局限在旧学的框架内。

张氏文通 1927年世界书局铅印本。

张振镛著。张振镛(1897～?)，字贞用、枕蓉。江苏宜兴人。教育家。本书是作者执教上海光华学校时编写的适用中等学校的文言教材，全书分正字、品词、明法、论文4编。张氏认为，“读书必先识字”，然后才能“律字以为词”，“规词以为句”，才能讲词性，才能讲章法(字法、句法、章法、篇法)，才能论文章(内情、外象、体裁)。张氏论文，贵“神气”说，以为“神气者，文章之内情，亦文章之根本”，“凝神养气者，修身之要诀，亦行文之妙道也”，“神能融畅，气勿壅滞，斯修身之事毕，而行文之能至矣”。但张氏迷信《说文》，因此也有一些疏漏的地方，如论指事，引《说文》“出”字，“象草木益滋上出达也”；又引“示”字，“天垂象以示人也。三垂，日月星也。二者，上天也。谓日月星之光下垂示人也”，其实都是不正确的。

精选国文教科书 民国启明书局铅印本。

廉建中著。廉建中(1896～1986)，号蓉湖，江苏无锡人。教育家。本书一共选文40篇，以文言居多，国外作品唯都德《最后一课》一篇(胡适译)。从所选有汪精卫《致南洋同志书》来看，应编于抗战前。本书选材有内容和文字两大标准，内容上要求能符合中国政体、唤起民族精神、涵养国民道德、灌输生活常识、宣扬新生活旨趣、改进社会习俗；语言上记叙文要生动传神，引起学生兴趣，抒情文要意味隽永，适合学生情意，议论文要说理透彻，启发学生思考，因此不少美文皆能收录在内。从题材来看，寓言、诗歌、书信、序跋各体皆备，其中又以书信最多，盖作者以书信最切实用之故。但书中不足之处亦不少，比如一共40篇历代文选，就有2篇是作者自撰，不免有拔高自己之嫌。再如薛福成《观巴黎油画记》，字数本来不多，作者却仍对原文进行删改，而删改的内容并无违碍之处；再如所选《秋声赋》，明显是前人所作散曲(有曲牌)，却不加辨别，仍冠以欧阳修之名，不免大谬。

薛氏高中代数学 1933年上海世界书局铅印本。

薛天游著。薛天游(1897～1975)，原名元鹤，江苏吴江人。教育家。作者在教学实践中发现，高中数学教学，最感困难的是选择教材，虽然我国的出版社为此付出了很多努力，但实际可供采用的，并不多见，因此，很多学校只能仰给于西文教材，但却要在时间和经济上蒙受损失。本书以范氏(Fine)代数、Hall-Knight大代数、Hawkse大代数以及何鲁《初等代数倚数变迹》等6部书为参考，遵照教育部高中代数学课程标准进行编排，一共分为10编，第一编论述代数学的基本原理和观念，是总论性质，后几编包括一次方程式、不等式、高次方程式与有理整函数、无理函数、指数、对数、极数、排列、组合、方程论、无穷级数等，是分论。本书有两个特点，首先参考书籍很有代表性，如范氏代数，是当时高中代数普遍采用的教材，而Hall-Knight大代数则是公认最好、流传最广的课外数学读物；其次，本书具有一定的深度。比如，以往的中文教材对方程论、倚数变迹(函数的变化轨迹)缺乏深度的讲解，本书却根据何鲁等人的著作，加以丰富，这对提高学生的思维能力，大有裨益。

三S平面几何学习题详解 1935年上海中华书局铅印本。

朱文熊著。朱文熊有《庄子新义》，已著录。三S几何学，即美国人Schultze、Sevenoak、Schuyler所著初等几何学。由于此书注重学生的思维训练，说理严密而明确，选材编排适当，很适合学生的学习心理，因此引进后即受到国内教学者的好评，有多个译本和改本面世，是民国时期广泛使用的中学数学教材之一。三S几何学一个突出特点，就是在章节后附有大量习题，以供学生研究揣摩，但为这些习题作解的参考书却并不多见，朱氏有感于此，遂决计编写这本详解，备海内师生之用。三S几何学共有平面和立体两部分，本书仅解答平面部分的习题，编排完全依照三氏原本。本书特点是力求详尽,论证时于公理的解说不厌其烦。如论∠2=∠6,故∠2+∠1=∠6+∠1,亦要注明"公理2说:等量加等量,其和必等"。但于初学者而言,实为进阶之津筏。

共和国教科书物理学 1922年上海商务印书馆铅印本。

王季烈著。王季烈(1873～1952),字晋余,号君九,别号螾庐,光绪三十年(1904)进士。江苏吴县(今苏州吴中)人。本书包括总论、力学、热学、音学、光学、磁学、静电学、电流学、运动论、功能10章,内容多从王季烈译编饭盛挺造《物理学》中化出,但更为浅显。本书初版在1913年,此后经数次修订,是当时中学普遍使用的教材之一,影响深远。本文所用为1922年修订本,修订本相比初刊本而言,不但纠正了一些错误观念(如带电体的说明),而且增加了放射论一章,内容更为全面。但修订版中仍有一些表述模糊的地方,比如他说"物质原子之构造,为一带阳电之微粒子居于中,如果实之核,名曰阳核(Nucleus),其周围则为若干带阴电之电子","如阳核中有微粒子脱出,即成α线,有电子脱出,则成β",文中说的阳核,即原子核,从原子核中放出的射线,除α外,还有γ,且卢瑟福早就发现α射线是氦离子流,这一成果却也未能在书中体现,殊为可惜。

普通物理学 1931年上海大东书局铅印本。

夏佩白著。夏佩白(1887～1959),江苏丹徒人。教育工作者。本书依据教育部新颁布的《中学物理课程标准》进行编写,以知识点为纲,分绪论、物性、力学、热学、音学、光学、磁电学7编,总计47章512个知识点。相比以前的物理教材,它有如下特点:一、内容更广泛、更深入,大幅增加了力学、电磁学方面的内容;二、重视应用,不再以讲述理论为主;三、一部分理论,不再采用直接灌输的方法,而以简单实验佐助学生推演理解;四、最大的特点,就是作者在序言中所说的,以前的教材"概乞灵于原本西籍",材料、内容多直接抄袭,且编次杂乱,毫无章法,而本书体系科学,切合我国的实际环境及需要。因此,本书一出版就备受好评,且多次重版。重版时,又增加了其他知识点及章节,如物质放射等。可以说,本书是一部高质量且适合当时高级中学使用的物理学教材。

高级中学适用初级物理实习讲义 1930年上海商务印书馆铅印本。

丁燮林著。丁燮林(1893～1974),又名西林,字巽甫。江苏泰兴人。物理学家、剧作家。本书的编纂,源自中国教育文化基金会科学顾问委员会的组织。当时由于新学制的施行,委员会承担教材审定的职责,他们发现中学自然类教科书鱼目混杂,极不统一,而委员会成员皆事务繁忙,无暇编辑,因此只得出资邀请专门人才编写。丁氏时任中央研究所物理实验所所长,请他来编写此书,可谓得人。本书包括两部分,第一部分引论,论述停表(秒表)、卡尺、天平的计数,以及作图法、准度(误差)等问题;第二部分实习,具体介绍64组物理实验的目的、原理、方法等。全书文字严谨、仪器简易,于中等科学教学大有益处。此外,丁氏又与王书庄合编初中物理、高中物理实验两种,亦颇受好评。

化学汇解 1934年上海商务印书馆铅印本。

王箴著。王箴(1899～1994),字铭彝,江苏江阴人。化学家。本书一共35章,先解释化学的一般理论,再按元素周期表依次讲述各元素的性质,最后介绍有机物、电化学、胶质化学、营养化学等内容。全书的特点,是只归纳知识点(即概念、原理、化学式、计算步骤、例题等),而不作详细阐述。如分子量之求法,除蒸汽密度法有公式和例题外,其他像冰点下降法、沸点上升法、蒸气压减少法、渗透压法,单注"常用""少用"二字,而不作说明。元素是全书的重点,总计有20章,内容也最为丰富,特别是元素概说和实验法两项,务求详尽。如碱土族元素,概说就罗列了符号、发现、原子序、原子量、原子价、融点、沸点、焰色、制法、性状、活动力、与水作用、燃烧、与酸作用、与卤素作用等条目,并与其它性状形似的元素作了对比,以帮助学习者全面系统的了解。本书出版后,因精简明了,颇受欢迎,曾多次再版。

高级中学化学实验教程 民国四川省教育厅铅印本。

戴安邦著。戴安邦(1901～1999),江苏丹徒人。化学家。本书编写于抗战时期,是四川省教育厅《教育丛刊》的一种。我国化学仪器药品，向来仰给于外国，抗战爆发后，来源断绝，西南各省学校皆无力开展各科实验。四川省教育厅有鉴于此，特设立科学仪器制造所，制造采办各类药品仪器，深受学校欢迎。但科学仪器制造所产品有限，无法达到教育部颁布的化学教学标准，而学校实验又不能因此停顿。因此，戴氏等人根据制造所的出品情形，参考勃康氏（美国人 Black 以及 Conant）《实用化学》、郑贞文《新时代高中化学》、朱吴二氏（朱昊飞、吴治民）《高中化学》，因陋就简，编成此书。实验总计 32 组，药品 60 余种，仪器 10 余种，公用仪器 10 余种，另有学生自备材料如鸡蛋、羊毛、黄豆之类约 30 种。条件虽然简单，但整套教材前后连贯，选材得宜，如教授得法，让学生掌握科学的实验方法，是完全可以实现的。

初中化学　1933 年上海北新书局铅印本。

吕冕南、王义铨著。吕冕南（1894～1971），字菡生，江苏宜兴人。化学家。本书包括 16 章，包括空气、水、食盐、铁、硫、火药、石英、人体的营养、纤维等等。本书在编排上，和别的教科书有明显区别，即不以元素类别为序，而是选择一些常见的化学事物或化学现象进行分类，以引起学习者的兴趣，如食盐（不用氯元素）一章，就包含了食盐的产地、制法、溶解度、电解以及盐酸（氯化氢）、氯气等内容。而有机物的讲述，又被分成蛋白质、碳水化合物、酒精、醋、脂肪等小节，统一划分到“人体的营养”一章之中。此外，本书也特别注重实验和实用。作者认为初等化学最忌“字典式”的教育，而应该寓化学常识和原理于实验中，这不仅有助于学生养成科学的态度，更能促进学生理解化学与生活的关系。可以说，本书是一本既注重趣味又不失严谨的好教材。

复兴初级中学教科书化学　1933 年上海商务印书馆铅印本。

韦镜权、柳大纲著。柳大纲（1904～1991），字纪如，化学家。本书是韦、柳二人根据教育部 1933 年颁布的课程标准编写的化学教材，共两册，上册以化学理论为主，下册为各元素及有机物。本书的特点，一是注意联系生活，以有机物为例，书中就详细介绍了蔗糖、麦芽糖、淀粉（糖类）、豆油、花生油、茶油、桐油、肥皂（油脂类）、蚕丝、羊毛（蛋白质）以及维生素、事物的成分等内容。二是非常重视化学工业生产。书中对铁与钢的冶炼，碳酸氢钠、盐酸、火药、玻璃、蔗糖、水泥的制造，陶瓷的烧制等都辟有专节，目的是使学生了解国产材料和国内化学工业的状况，激发学生报国的热情。

新学制高级中学教科书公民生物学　1924 年上海商务印书馆铅印本。

王守成著。王守成（1895～1981），字志稼，江苏吴县（今苏州吴中）人。植物学家。本书分上下两卷，上卷有 5 编，包括总论、食物与生命、生物的继续、生物的生活方式、生物的反应生活，下卷 3 编，包括生物的改良、人类的生活、人类与他种生物的关系。全书以人为中心，将植物、动物及人体生理卫生诸科融为一炉，以解释生物界的基本原理，颇为新颖。书中也采用了一些新的理论，如孟德斯鸠的遗传学说，如用犬肾或羊肾移植给伤肾之人等等。但书中疏略之处，亦复不少。比如说鼻的内部和鼻管内只有触觉神经、嗅觉神经两种神经末梢，就忽略了自主神经的作用。再如，对于食物的分类，作者将其分为水、无机盐、碳水化合物、蛋白质、脂肪五类，没有维生素而有水，这和他所说的“食物者，具有消化之可能而放出热力之原料”是矛盾的。至于他提倡的，用优生的方法消除劣等分子，剥夺犯人、体质较差者的生育权，虽受时代的影响，却不免过于严酷。

吴氏高中生物学　1935 年上海世界书局铅印本。

吴元涤著。吴元涤，字子修，江苏江阴人。本书是给高级中学及师范学校编写的教材，内容完全遵照 1933 年教育部颁布的高中生物学课程标准，共 11 章，包括形态学（细胞与原生质、组织和器官）、生理学（营养、感应）、发生学、遗传学、进化论、分类学等六大部分的内容。由于受当时科学发展的限制，今天看来，书中不免有些缺陷。如讨论生物的运动时，作者说“（植物中）更有能全部运动的，如变形菌、细菌、硅藻、蓝藻和结合藻等”，把变形菌、细菌认定为植物；讨论细胞膜时说“有的细胞往往不被细胞膜”，并举精细胞、白血球、游走子（变形细胞）加以说明，而这些细胞都是有细胞膜的；对于线粒体的作用，也只有笼统地说跟物质构成有关系，据说跟腺细胞的分泌物产生有关，并没有实证。本书后屡次修订再版，章节上也略微作了一些调整，改为8章。

新修正标准初中植物 1936年大东书局铅印本。

朱浩然著。朱浩然(1904～1999)，又名裕魁。江苏常熟人。生物学家。本书根据作者在国立中央大学实验学校所编初中植物学讲义，参照教育部1936年2月新修正初中植物学课程标准编辑而成，共11章。第一章概论；第二至七章，讲述高等植物各部的形态、解剖、生理、生态等植物基本原理；第八章至十一章分论植物界各类植物的大概以及与人类的关系。本书特点有二：一、强调实验的重要性。每章之后，都附有实验若干。实验可根据学校设备、生活环境而定，标本则多须学生自行野外采集，以养成学生实际观察及动手能力。二、特别重视植物与人类的关系，对每类、每科植物对人类生活的利弊，都有较详细的介绍。如细菌，就分细菌与疾病、细菌与食物、细菌与工业、细菌与农业等小节，菌类又有供食用的、工业用的、治病或有毒的、农业用的、供玩赏及医药用的等种类，种子植物一章，竟有近50道习题论述植物的作用，足见作者对该问题的重视程度。

民国新教科书动物学 1919年上海商务印书馆铅印本。

丁文江著。丁文江有《中国矿业纪要》，已著录。本书是丁氏接教育部令，为中学校、师范学校编写的动物学教材，总计20章。与以往的教材相比，本书有两个突出特点。第一，以往的动物学教材，多采用赫胥黎提倡的"模范研究法"，即从某类动物中选取具有代表性的一种，进行详细讲解，以动物的形体、解剖为主(本书称体功学，即形态学)。此种方法"以一概百"，忽视了动物的差异性以及动物与环境的关系(本书称生计学)。丁氏此书虽仍以解剖为主，但于动物生计多所注意，相比更为全面。第二，某些教材，对天演论涉及甚少(有的根本不讲，如吴家煦《动物学教本》)，或者推崇斯宾塞"用进废退"论(实际为拉马克提出)，丁氏作为德国遗传学家魏斯曼(Weismann)的亲炙弟子，则一反其道，提倡魏斯曼的"种质论"(后天获得性状不能遗传)，可谓独树一帜。

第十一章　语言文字

第一节　语言理论与方法

言语学概论　1931年上海商务印书馆铅印本。

沈步洲撰。沈步洲有《美国政治精义》，已著录。本书共分16章，包括言语学的定名、范围、历史、性质、起源，言语的变迁，言语的本质及言语的作用等，理论上主要参考了德国学者玛克斯·缪勒的著作，同时也受到了胡以鲁的影响。本书主要有以下几点创见：一、揭示汉语有从单音节向双音节发展的趋势。沈氏指出："吾国语虽为单节，然因单节不敷应用，仍有二节之倾向。"二、主张方言的标准音当以北京音为主，沈氏认为："盖全国方言，自然与北京语言相接近者，几及三分之二。"三、建议以意义来区别词的实与虚。沈氏云："大抵名词、状词、疏词，均为实字；动词、代词、介词、联词均为虚字。"又云："谓之虚，以区别于实，不如谓之曰标志之字，以别于事物之字也。"关于"标志之字"的提法新颖独特，说明作者对虚字语法功能有一定的认识。

言语学通论　1930年上海世界书局《文化科学丛书》本。

王古鲁撰。王古鲁（1901～1958），名钟麟，字古鲁，别名仲廉，江苏常熟人。日本东京高等师范毕业，历任金陵、北京、中央、辅仁等大学教授，以及广西教育厅编译处处长、河南新中华日报编辑等职。著有《言语学通论》《王古鲁日本访书记》《太平天国革命史》等。本书共分5章，依次是序说、世界的言语、言语之音声、言语之本质和言语之发达及其变迁。全书是在日人安藤正次《言语学概论》的基础上增删而成，以译述为主，兼或补充少量的汉语实例，着重介绍了索绪尔（书中译作"苏秀儿"）的学说。增加的国语国音的内容，主要来自于胡以鲁《国语学草创》、黎锦熙《国语学讲义》、高元《国音学》。有些地方也反映出王氏自己的主张，如王氏认为："此等语言构成上既属相异，似无相提并论优势之必要，因为它们不过是使用此等言语的民族之性情与文化上相异之反映罢了。"这体现了作者认为世界各民族语言一律平等的观点。王氏的编译以"以译带著"为目的，深层次修订源文本的内容，纠正源文本中的错误，添加源文本中所欠缺的内容，附加参考书目及索引等，为使用者提供了极大的便利。这是其最显著的特点，但是也造成了本书不能够极大程度地忠实于源文本的缺点。

语文通论　1941年上海开明书店铅印本。

郭绍虞著。郭绍虞（1893～1984），原名希汾，字绍虞，江苏苏州人。曾在中山大学、燕京大学、同济大学等任教。著有《中国文学批评史》《宋诗话考》《照隅室语言文字论集》等。本书包括9篇文章，中心是《中国语词之弹性作用》《中国文字型与语言型的文学之演变》《新文艺运动应走的新途径》《新诗的前途》4篇。其自序云："这是为了出版《学文示例》而结集的小册子，可视为《学文示例》的序。"论述内容包含三个方面：一是语词，二是文体，三是音节。语词包括单音词和连语，郭氏认为"中国语词的流动性很大，可以为单音，同时也可以为复音，随宜而施，初无一定，这即是我们所谓弹性作用”。他通过“语词伸缩”“语词分合”“语词变化”和“语词颠倒”四项，举例证明这种弹性作用。郭氏将中国文体分为三个类型：“文字型、语言型、与文字化的语言型”。他又根据文体的典型演变划分中国文学史的时代：春秋以前为诗乐时代，战国至两汉为辞赋时代，魏晋南北朝是骈文时代，隋唐至北宋为古文时代，南宋至现代为语体时代。其中语体时代从南宋算起，为郭氏特见。在音节的课题上，郭氏强调“中国文学的音乐性”，以为欧化的白话文是“哑巴文学”，要求白话文“做到不是哑巴的文学”，提出运用音节的词，限制句式的过度欧化，这样才能使白话文特显其应用性。他的这一观点，影响颇大。

语文通论续编 1948年上海开明书店铅印本。

郭绍虞著。本书继《语文通论》后，续收《论中国文学中的音节问题》《中国诗歌中之双声叠韵》《永明声病说》《从永明体到律体》《中诗外形律详说序》《中国文字可能构成音节的因素》《中国语词的声音美》《文气的辨析》《谚语的研究》《关于扫除文盲》等10篇论文。除了《谚语的研究》与《关于扫除文盲》两篇外，统统与音节问题有关。郭氏认为：“就大体而言，单音缀与孤立，依旧不失为中国语言文字的特质。”“正因为中国语言文学中有这一点特性，所以在文辞中格外能显出音节之美。”他将音节大体分为三类：一、音素，即是声和韵的问题；二、音性，即是平仄四声的问题；三、音势，即是阴阳清浊的问题。每类都有具体的例证和详细的说明。在《永明声病说》一文中，郭氏对声病说的由来、永明体的特点与声病说的内容都有扼要的解说。郭氏认为“永明体”是指其诗中音律的特征而言——即当时新起的符合声律的诗体而言，与“齐梁体”不只是时代上的区别；又以为沈约所提出的“声”与“病”，与刘勰所提出的“韵”与“和”，实是同一事物的两种异称。《中国诗歌中之双声叠韵》一文重在述说中国诗歌对于双声叠韵之使用方法，也重在说明诗歌韵律所以能利用双声叠韵的原因。《中国文学中的音节问题》是一篇总论，内容在其他各篇中多已论及。《文气的辨析》中卓见尤多，郭氏以为文气的焦点在于“行文之气势”，文气一方面是创作方面的方法，另一方面是批评方面的问题。

字典简论 1935年武昌文华图书馆学专科学校《文华图书馆专科学校丛书》本。

戴镏龄编著。戴镏龄（1913～1998），江苏镇江人。外国语言文学家、翻译家。1939年获英国爱丁堡大学文学硕士学位。回国后历任武汉大学教授、中山大学外语系主任，全国英语教学研究会第一届副会长等职。译有托马斯·摩尔《乌托邦》、马娄《浮士德博士的悲剧》等。本书曾先后分两期刊登于《文华图书馆学专科学校季刊》，是作者对于字典学的整体讨论。作者首先对字典的定义进行了明确，随后列我国字典发展史上出现过的异称，如篇（李斯《仓颉篇》等）、雅（《尔雅》等）、字书（《古今字书》等）、通（张自烈《正字通》等）等多种，对字典异称进行了归纳。在对字典功能的阐述中，作者列举经学家、小学家、字典使用者等不同群体的说法，并引用当时图书馆学家杜定友的说法作结，谓“字典是普通参考书之一”，认为“字典实为我们读书最要的工具”。在讨论《康熙字典》时，作者指出其书缺点：曰古书脱误，经人考出，本书仍引其误脱之文；曰旧说本谬，经人考出，本书仍引谬说；曰抄书脱误；曰引书前后名称不一等等。在最后一章中，作者将各种英文字典依据部头分为大字典、中字典、小字典三种，列举包括威客莱（E. Weekly）《现代英语字源字典》、爱默里（H. G. Emery）等合编《新世纪英语字典》、墨累等编（J. A. H. Murray）《牛津英语字典》在内的多种通行字典，一一为之撰写提要。自出版状况、价格、翻检法，以至内容等多方面均有所评述，十分详赡。

江苏新字母 清光绪三十二年（1906）普及书局出版；1957年文字改革出版社出版。

朱文熊著。朱文熊有《庄子新义》，已著录。这是光绪三十二年出版的拼音文字方案和著作之一。此文案采用拉丁字母作为拼音符号，是清末五种拉丁字母切音字方案的第二种。方案在字母形式上明确提出：“与其造世界未有之新字，不如采用世界所通行之字母。”在拼音制度上实行音素制；在书写方法上，大部多音节词的各个音节已经连写，而且提出“拼音成字，联字成辞”“我国一字者，实英文中之一段音也”等看法。作者把汉语分为“国文”（文言文)“普通话”和“俗语”(方言)。不仅提出了“普通话”的名称,而且明确地给“普通话”下了定义:“各省通行之话。”作者被公认为是中国最早力推“普通话”的人。1959 年 5 月 14 日,中国文字改革委员会主任吴玉章专门致函朱文熊,褒扬他:“数十年来致力于中国文字改革工作,对于文字改革工作付出了艰苦的劳动。”

第二节　文字、音韵、训诂

小学略说　1935 年苏州《章氏国学讲习会讲演录》本。

章太炎讲,王乘六、诸祖耿记。王乘六(1894～1980),字心若,江苏苏州人。章太炎弟子。历任光华大学、上海师范学院等校教师、教授。著有《晋书校注》《说文部首释义》(未刊)等。诸祖耿(1899～1989),江苏无锡人。章太炎弟子。先后任教于东吴大学、江南大学、江苏教育学院、南京师范学院等。著有《战国策集注汇考》《先秦学术概论》《虚字通考》等。本书是章太炎在苏州开设章氏国学讲习会时讲授小学相关知识的整理记录。在书中,章氏明确指出小学“宜举全体”,认为文字学仅是小学的一部分,“是正文字之小学,括形声义三者而其义始全。”随后对古代撰次文字之书进行了列举。在此基础上,章氏进一步讨论了“今人喜据钟鼎驳《说文》”的现象,认为钟鼎文并不可信。不仅如此,章氏还主张钟鼎款识不得入小学,而应与法帖图像并列于艺苑。在六书次第上,章氏认为应首指事,次象形、形声、会意、转注、假借诸端。对于历来纷纭聚讼的转注定义问题,他认为“交互为训,绵连相属,即示转注之意”。章氏尤为注重发明同义词在声音上的联系。如裼、袒、裸、裎等字均有裸露义。章氏认为裼、袒古音双声,皆在透母。裎今舌上音,古人作舌头音,亦在透母。裸今在来母,古亦双声。此因各地读音不同而有异读,以至产生异文。而在音韵学习上,章氏认为“今音当以《广韵》为主,古韵以《诗经》为主,其次则《易》赞、《楚辞》以及周秦人之韵文”。

国音与文字学　2013 年九州出版社重印《吴稚晖全集》本。

吴稚晖著。吴稚晖有《一个新信仰的宇宙观及人生观》,已著录。本书是作者在民国时期所撰语言文字研究方面论文的结集,包括《记文字起源》《六书之源流》《对陆德明释文问》《切音简字直替象形汉文法》《论说文转注残稿》《音韵研究》《等韵各书》《词林韵释入声》《音韵学劄记》等等,除此而外,还收有作者推广国音的一组论作,如《读音统一会进行程序》《致钱玄同君论注音字母书》《国语问题之一》《致李广安论注音字母书》等文章和信札,以及作者为《说文解字诂林》《四声实验录》《国音沿革》等语言文字专著撰写的序言。本书对研究作者的语言文字思想有着重要价值。

铁云藏龟　1903 年抱残守缺斋石印本;1931 年上海蟫隐庐重印本。

刘鹗编。刘鹗(1857～1909),字铁云,别署“鸿都百炼生”,江苏丹徒人。官候补知府,后弃官经商。通数学、医术、水利等学。著有《铁云藏龟》《黄河历代变迁图考》《老残游记》等。本书是殷墟甲骨文历史上第一部著录书,是刘氏据其所藏 5 000 余片甲骨中精选拓本 1 058 片编成,除去重出 3 片,伪刻 4 片外,实收 1 051 片。片旁注有文字考释。释文主要根据孙诒让《契文举例》。孙氏误释,再根据各家考释改正,注明从某氏。诸家如无正确的考释,则仍从孙氏所释,但同时分注诸家异同。由于所收甲骨残泐严重,所以只论字释文,不详列读法。书名《藏龟》,编者在《序言》也称其为“龟板”,盖“甲骨”一词,当时尚未出现。其后罗振玉就刘氏所藏遗墨编为《铁云藏龟之余》1 卷,叶玉森编为《铁云藏龟拾遗》1 卷,李旦丘编为《铁云藏龟零拾》1 卷。在本书的自序中,刘氏记述了文字从古籀到隶书的发展过程,第一个提出了甲骨文是“殷人刀笔文字”,这对于甲骨文的认识具有非常重大的意义。本书将甲骨文由只供少数学者观赏摩挲的“古董”变为广大学者研究的资料,在甲骨学史上具有不可磨灭的开创之功。

殷虚书契考释　1914 年王国维手写石印本;1927 年东方学会石印增订本。

罗振玉著。罗振玉(1866～1940),字叔蕴,号雪堂,出生在江苏淮安,祖籍浙江上虞。农学家、古文字学家。著有《殷虚书契考释》《三代吉金文存》

《流沙坠简》等。本书初印本考释485字，增订本考释571字，分为8篇：一、都邑。证实安阳小屯确为商代故都。二、帝王。考证出自成汤至帝辛23位殷代帝王。三、人名。考释了74位人名。四、地名。考得殷地名193处。五、文字。考释了形声义可知者约500字，形义可知而声不可知者约50字，形声义皆不可知而见于金文者约20字。六、卜辞。考证了卜辞的类别，共有9种：祭、告、享、出入、田猎、征伐、年、风雨、杂卜。七、礼制。考证出殷代的礼制有六类：授时、建国、祭名、祀礼、牢鬯、官名。八、卜法，可正郑玄笺注之误。本书是在罗氏《殷商贞卜文字考》的基础上增订而成，后出转精，分类更为合理，考释更为精审，是罗氏研究甲骨文的集大成著作。他在书中提出的"由许书以上溯古金文，由古金文以上窥卜辞"，注意金文、古文、籀文、篆文的联系比较，又利用字形和后世文献资料，对文字的流变和字义的假借作出了较合理的解说，不少考释文字得到了学术界公认。这种方法不仅在考释古文字方面具有重要的价值，而且也是治商代历史的唯一门径。郭沫若在《中国古代社会研究》中对本书推崇备至，认为："谈甲骨者固不能不权舆于此，即谈中国古学者亦不能不权舆于此。"王国维在本书跋语中称本书为"三代以后言古文者未尝有"之书。本书也偶有误释，如说《史记》"天邑"为"大邑"之误，其实甲骨文中"天""大"通用，彝器铭文中"大宝"也写作"天宝"。

甲骨文例　1928年国立中山大学语言历史学研究所石印本。

胡小石著。胡小石(1888～1962)，名光炜，字小石，号倩尹，又号夏庐。江苏南京人，祖籍浙江嘉兴。曾任国立东南大学教授、南京大学教授、南京大学图书馆馆长等职。主要著有《甲骨文例》《金文释例》《说文古文考》等。本书共两卷，上卷为"形式篇"，从"单字例"至"合文例"，共计28例，主要是讲甲骨刻辞行文的形式，如云"左行""右行""一方左行一方右行""两文左右异行者，则左右多相背"等。也有的讲书写形式，如云"殷周文字凡常见之语，多以合体书之"。下卷为"辞例篇"，从"言之例"至"言亡言不言弗言勿言毋例"，共计16例，从语言学的角度讲语法、讲虚词，大多运用传统的训诂学方法，进而探求其文意、句意。如卜辞中有"之日允雨"，胡氏解为"犹言是日允雨"；卜辞中有"弗其雨"，胡氏解为"言弗与言不同，二字常相易"等。本书是第一部专门研究甲骨文例的著作，也是第一部集中研究卜辞虚词的论著，为后来甲骨文虚词词典的编撰、甲骨语言学的建立指出了道路。由于当时材料极为有限，方法亦欠精密，胡氏对刻辞行文的形式说的并不够透彻，归纳和结论也存在一些误差和欠缺，且分类但求详尽而欠归纳，不别常见与例外，故而显得纲目不清，给人以繁琐之感。

说文解字诂林　1928年上海医学书局石印本(正编)；1936年增订本(补遗)。

丁福保编。丁福保有《老子道德经笺注》，已著录。本书是有关《说文解字》注释和参考资料的总汇，引用著作正编182种，补遗46种。正文前将各家著作之序跋、总论，或分论《说文》及"六书"等汇集为前编；正文后将各家考证《说文》逸字的著作汇集为后编。正文按徐铉校订本(大徐本)《说文》编次，材料的编排，首先是"大徐本"及考订本书的著述；其次是"小徐本"及考订本书的著述；段玉裁、桂馥、王筠、朱骏声四大家等清儒有关《说文》的论述又次之；又以甲骨文、金石文字附列每字之下并加考订，以补正许书。书后附"通检"，参照《康熙字典》编排。胡朴安评介本书的四大优点是："一、检一字而各学说悉在也；二、购一书而众本均备也；三、无删改仍为各家原面目也；四、原本影印，决无错误也。"在版本的选择上，亦称精善，如"大徐本"采用《续古逸丛书》影印的北宋本，"小徐本"采用祁寯藻道光十九年(1839)仿宋原刻本，段玉裁《说文解字注》采用经韵楼原刻本等等。一些稀见的本子，如朱世瑞的稿本《说文校定本》四巨册，佚因附于本书而得以流传。本书当然也有不足之处，比如在资料搜集方面仍有遗漏，有相当数量有价值的著作没有收录。又如所收王南亥的《说文段注订补》为删节本。对待出土文献资料，丁氏态度也较为保守，贬之为"断简残篇，零畸破裂之枯骨，文句既不完备，刀刻易失真形"。故所收钟鼎甲骨著述寥寥无几，不能反映当时在古文字研究方面已经取得的成就。

字辨　1933年上海华丰印刷所铅印本；1935年上海生活书店增订再版；1941年上海商务印书

馆增订再版。

顾雄藻撰。顾雄藻，江苏武进人，任教于江苏省立第五中学，吕叔湘的中学国文老师。《字辨》之编著，意在帮助中小学教师学生以及具有一定文化水平的社会各界人士辨析形、音、义关系上比较模糊的汉字，不为“博雅通人”而作，是一部普及汉字知识的工具书。全书辨析容易混淆的汉字3 000余例，分为四个大类：义辨类、音辨类、体辨类、词辨类。义辨类下有音义相似（如服伏）、形声相似（如侯候）、形体相似（如丏丐）、形义相似（如倭矮）、两字异同（如亨享）、两字通假（如中仲）、三四字异同（如俛俯頫）7节。音辨类下有同字异读（即多音字）、同读异音（如破读之字）、专名词异读（如郦食其）、异字同读（如氤氲与瘜缊）与重文异读（如汤汤音商商）、读音正讹与读音匡俗5节。体辨类下有同字及义通字（如于於）、本字（如姓为晴本字）、正俗字（如弔为正而吊为俗）、古简字（如万）、字画正讹（如亮从儿不从几）、同字辨异（如州洲）6节。词辨类下有订正别读、订正别写、形音义相似的成文词3节。

字辨补遗　1935年上海生活书店铅印本。

杨燮鄗撰。杨燮鄗，江苏武进人。顾雄藻学生。《字辨补遗》是对顾雄藻《字辨》的补充，生活书店再版《字辨》时，《字辨补遗》与之一同刊行。《字辨补遗》体例与《字辨》相仿，书前有部首检索引，正文分为音义相似者、形声相似者、形体相似者、义同体异者、同字异读、专名词异读、成文词辨正、体辨举隅八个部分，每一部分皆可与《字辨》中的章节相对应。

中国文字变迁考　1926年上海商务印书馆铅印本，1931年上海商务印书馆再版；1933年上海商务印书馆国难后第1版。

吕思勉撰。吕思勉有《先秦学术概论》，已著录。1925年至1926年间，吕思勉在授课之余撰写了《中国文字变迁考》。全书分为5个章节。第一章名为文字变迁之理，为全书之提纲，简要说明了全书的重点是在文字字形的演变上。第二章名为文字之始，考证文字起源，并指出“考证文字是由何人创造的问题没有结果，也没有意义”，破除了传统的仓颉造字说，体现了民国学术已走上了科学方法的道路。之后三章分别是古文篆籀、隶书八分正书、草书行书，从字体的角度按时间先后分门别类，讲解古文字到今文字的演变过程，兼及书法层面上的研究，言简而意赅。

字例略说　1927年上海商务印书馆铅印本；1928年上海商务印书馆再版。

吕思勉撰。《字例略说》撰写于1925年至1926年间。全书共13章。第一章名为六书非古说，作者认为“六书”之说产生于西汉，是后人的总结，而非造字之初就有的造字法，这种认识是非常正确的。第二章名为六书之名及次第，简述了许慎、班固和郑众关于六书的不同定义，并加以辨析。第三章至第八章依次是象形、指事、会意、形声、转注、假借，对六书逐一讲解，尤其转注的定义历来众说纷纭，作者将历史上的观点一一理清，最终采纳了章太炎的看法，即“双声相转，叠韵相迆，则更制一字”是也。第九章名引申，这是时人对六书中假借的拓展，以为“依声托事”为假借，但许慎所举的“令”“长”二例实际上是引申，故而单独列为一个章节。第十章名为文字的孳乳，总论造字之法。第十一章名为文字的淘汰，从文字孳乳的对立面阐释一种文字发展的现象。第十二章名为文字的变迁，总论文字形、声、义的变化。第十三章名为中国文字之优劣，1957年作者将这一章大幅改写，更名为文字之改革。

歌戈鱼虞模古读考　1923年《国学季刊》第1卷第2期。

汪荣宝著。汪荣宝有《法言义疏》，已著录。长期以来，传统的音韵学有“古无麻韵”一说，认为今天的麻韵虽然读作ɑ，可是在中古音中却分属于现在读o的歌、戈韵，和现在读u、ü的鱼、虞、模韵，因此，今天麻韵的ɑ音是从西域来的。该文则反对这个说法。汪氏首先注意到一般语言的规律，他说：“人生最初之发声为阿ɑ；世界各国字母多以阿为建首；阿音为一切音之根本，此语言学之公论也。”由此推断上古汉语也应当有ɑ音。其次，他通过日本假名五十音中的十个代表音在魏晋六朝和唐代的汉语对译，指出：“今列十字中取材于歌戈者七字，则歌戈之与ɑ音相谐可知。”再次，他注意到了古代阿拉伯人和欧洲人游记中的汉字音读。如九世纪时阿拉伯人的游记中，称中国滨海方面与西拉(sila)诸岛为界，“其民白皙，臣属中国”。汪氏认为这是指斯罗(朝鲜)，“阿拉伯人所记，既非出自身经，则必得之中国人之传述。古音斯读如 si，sila 之为斯罗译音，毫无疑义。此唐人读罗为 la 之证矣”。再次，他注意到六朝隋唐时佛经中的梵汉对音，指出“波、簸、婆、魔、磨、罗、逻”等汉字均对译梵文 ɑ 音，“苟非古人读歌戈如麻，则更无可以说明之法”。最后，他注意到中国古籍中所译的外国人名地名，如 Pars 译为“波斯”，Java 译为“阇婆”等等，“其对音之例，无不相同”。其结论是：“唐宋以上，凡歌戈韵之字皆读 ɑ 音，不读 o 音；魏晋以上，凡鱼虞模韵之字亦皆读 ɑ 音，不读 u 音或 ü 音也。”本文摆脱了汉字的束缚，主要着眼于汉语和外语的对音和译音上，为汉语音韵学开辟了新途径。但本文也存在缺陷，如虽然注意到了两种语言之间的对音和译音，却没有注意到用中古的译音来做上古音值的证据，这是不妥当的。

音韵常识　1925 年上海大东书局铅印本。

徐敬修、顾实编。徐敬修有《子学常识》，顾实有《庄子天下篇讲疏》，已著录。本书是《国学常识》丛书中的一部，主要介绍了我国传统小学中音韵学部分的常识。书分总说、双声及叠韵、四声、字母、反切、《广韵》、等韵、古韵及韵纽、注音母字、研究音韵之方法等 10 章，对古今字音变迁、反切起源、四声分类、等韵之开齐合撮、古韵之通转等均进行了简要陈述。此外，本书还旁及清末民国时使用的注音字母，并依据《国音字典》对在此基础上形成的标准音进行了讨论。作者将音韵变化分为六期，分别是：一、上古至汉初；二、汉武至汉末；三、六朝至隋；四、唐宋；五、元明清；六、清至当时。在总说部分时，作者将音韵的总源归于伏羲画卦而产生的五位八方之说，并以五声八音与之相配，未免过于传统和保守。在论及双声时，作者亦胪举多种实例：如灭名、唐棣、蜘蛛等人名物名；如玄黄、参差、高岗等复音词等。在阐述这一现象时，作者认为双声之字字义必相近，故二字可以互训。如序者，射也。序、射双声。畜君者，好君也。畜、好双声等。实际上，依据汉语语音的实际情况，两字双声不过有时字义相近而已。所谓双声之字字义必相近，可谓失之泛滥。

声统表　1936 年金陵大学文学院国学研究班《南京金陵大学文学院文史丛刊》本。

胡光炜著。胡光炜，即胡小石，有《甲骨文例》，已著录。本书是胡光炜在南京金陵大学任教时写作出版的音韵学著作，分为上下两卷。上卷以表格形式讲解汉字读音，下卷偏重文字释义。在《自叙》中，作者认为汉语“音义相关，其所主在声，不在韵”。在此基础上，作者列举了大量由于古今音变而产生的异形词。如古言离娄、丽楼，今言伶俐、玲珑。古言婆娑、蹒跚，今言白相等。同时，为了阐明声有相转之理，著作引入了部分西方语言学的理论和概念。如人最初以口发音当与虎之鸣唬、鹿之鸣呦、雉之鸣雊相当，唯以喉与唇相别而已。在上卷中，作者分列十七部《喉舌齿递转表》，意在探求不同发声部位上的汉字在意义方面的联系。下卷中，作者又列有《喉唇对转表》，下分《从喉声字转唇表》《从唇声字转喉表》《唇音对转训喉表》多种。

四声实验录　1924 年上海群益书社铅印本。

刘复著。刘复(1891～1934)，原名寿彭，字半农，号曲庵，笔名寒星，江苏江阴人。文学家、语言学家和教育家。先后任北京大学教授、辅仁大学教务长等职。主要著有《中国文法通论》《四声实验录》《宋元以来俗字谱》等。本书除引言和余论外，分为声音之断定、语音与乐音、浪纹计、计算及作图、声音与对数、已实验的四声等六个部分。书前有吴敬恒序及《书序赘后》、刘氏《序赘》等。本书用实验语音学的仪器和方法研究中国语言中的“四声”问题，指出声音的要素在于高低(一时间内声浪数或物体颤动数的多少)、强弱(浪幅的长短)、长短(一个音始终延长的总时间)、音质(声浪的式样、浪线的曲折)。四个因素中高低是决定汉语四声的主要因素。这种高低是复合的，非简单的，两音之间的移动是滑动的，非跳跃的。音质、长短与汉语四声有一定的关系，强弱与汉语四声不相干。书中记录了北京、南京、武昌、长沙、成都、福州、广州、潮州、江阴、江山、旌德、腾越十二个地方方言的声调实验结果，并据以定汉语声调的特征。对每一种方言都分别用分图、总图、五线谱、标声符号四个部分把汉语声调的高低、长短、曲直、强弱一一标明作为实录，故名《四声实验录》。

慧琳一切经音义反切考　1931年国立中央研究院历史语言研究所铅印本。

黄淬伯著。黄淬伯（1899～1970），又名卓群，字脆白、垂伯，江苏南通人。早年就读于清华大学国学研究院，授业于王国维、梁启超等。曾任中央政治学院、南京大学教授等。著有《诗经核诂》《慧琳一切经音义反切考》《唐代关中方言音系》等。本书共7卷，首卷分为慧琳经音义所据之韵书说和通例两部分，卷二为声类考，卷三为韵类考，卷四至卷七为反切四声表。黄氏采用陈澧的反切系联法，系联考订《一切经音义》的反切上下字，得到其声类和韵类系统，并认为慧琳反切反映了跟《切韵》音系不同的语音系统。关于声类，他根据发音部位，分为舌根音、喉音、舌面前音、舌尖后音、舌尖音、舌尖前音、双唇音、唇齿音，共计8组36类。黄氏发现，用等韵的观点来看《切韵》，常常发生困难，而与《慧琳一切经音义》中归纳出来的声类，却每每相合。《慧琳一切经音义》所用的反切，除定声协韵之外，注意到韵等的差别，而《切韵》反切上下字的韵等却没有做到一致。关于韵部，陈澧分《切韵》为206韵，335类。黄氏研究《慧琳一切经音义》，得平、上、去各为37韵，入声21韵，共132韵，173类。二者差异很大，黄氏认为其原因是"《切韵》分韵，颇好繁密，而慧琳所据之书往往于《切韵》音近诸部，从类合并"。本书是公认的具有重大价值的著作，徐复先生指出："先生所撰《慧琳一切经音义反切考》，久为学界所瞩目，日、法等国汉学家亦羡称之，可以知其影响所届矣。"此后，黄氏在其所撰《唐代关中方言音系》一书中，对本书的部分观点有些修正，最后定为声母37个，韵母54个，声调4个。研究时宜将二书并参。

十韵汇编　1905年北京大学石印本；1936年铅印本。

刘复、魏建功等编纂。刘复有《四声实验录》，已著录。魏建功有《朝鲜景教史料钞》，已著录。《十韵汇编》是将《切韵》系统10种韵书汇编而成，所以命名为《十韵汇编》。这10种韵书是：王国维手写法国巴黎国家图书馆藏敦煌石室本《切韵》残卷3种、法国巴黎国家图书馆藏五代刊本《切韵》1种、法国巴黎国家图书馆藏敦煌石室本王仁煦《刊谬补缺切韵》1种、唐兰手写北京故宫博物院藏唐写本王仁煦《刊谬补缺切韵》1种、吴县蒋斧所藏唐写本《唐韵》1种、德国柏林普鲁士学院所藏唐写本韵书残卷1种、日本大谷光瑞《西域考古图谱》所收唐写本韵书残卷1种、《古逸丛书》覆宋本《大宋重修广韵》1种。

古音系研究　1935年国立北京大学出版组铅印本。

魏建功著。本书分6章，依次是古音系的分期、古音系的内容、研究古音系的材料、研究古音系的方法、研究古音系的条件和古音系研究的实际问题。魏氏在书中强调的不是某一具体的语音系统，而是研究的方法论。过去讲音韵沿革，都是将古音、今音、等韵截然分开，魏氏并不赞成，认为：一、凡是在今日国音以前的音韵研究皆属于古音系的研究；二、凡是中国语言文字所表示的音的内容都是古音系研究的对象；三、古音系的研究担负着中国语言语音史的研究任务。魏氏视野宽阔，见解高明，比如关于古音系研究的材料，魏氏认为应该包罗古今，兼收中外，列举了文字的假借及谐声、文学作品之有韵部分、反切及直音、古籍注疏及校勘记、韵书及韵学书字典、古今方言、中外译音、连绵词及古成语、汉字支音、同语族语等十项内容，论述详尽，独具特色。罗常培谓此书"跳出音韵的圈子来讲音韵，而结果却语不离宗"。沈兼士称誉说："此书一出，于音韵训诂之应用方面，必将推陈出新，更多发明，岂徒古音系本身问题得以解决而已哉。"王立达在编译的《汉语研究小史》第二章第十节中列举了30年代出版的一些音韵学著作后也说："其中最优秀的是魏建功的《古音系研究》。"

上古音韵表稿　1944年四川李庄石印本；1945年《历史语言研究集刊》第18本1分册。

董同龢著。董同龢（1911～1963），江苏如皋人。语言学家。毕业于国立清华大学中文系，历任中央研究院历史语言研究所研究员、台湾大学教授、美国西雅图华盛顿大学客座教授。主要论著有《上古音韵表稿》《汉语音韵学》《中国语音史》等。本书分为叙论和音韵表两大部分，正文前附《古韵部名对照表》和《常引西文书文名缩写》。绪论分五类，第一类声母，根据上古声母研究的材料，并在前人研究的基础上，对上古声母进行了全盘的讨论，主要从唇音、舌尖音与舌面音、唇齿音、舌根音、喉音等七个方面展开，推测上古的声母系统，及与中古声母的关系。第二类韵尾辅音，对上古韵尾辅音进行了研究，修正了高本汉的一些观点。第三类介音，对上古音的介音系统进行了重新探讨，并论及了开合口的演变及唇音字的开合等问题。第四类元音系统，从脂微分部、上古主要原因的分配与写法、元音的长短或松紧三个方面阐述了上古的元音系统。第五类韵母，分十二个小部分对上古韵部进行了深入探讨。第二部分是音韵表，董氏根据自已考证而拟定的上古音系统，制成声韵配合表，竖列声母，横列韵部，韵部中分列《广韵》206 韵，在声韵的经纬交汇处排列汉字。所列汉字以《说文》9 000多字为基础，另加先秦典籍习见而《说文》未收之字。由于董氏认为“上古音韵调系统仍无较具体的认识”，因而处理声调问题时比较审慎，在平上去入四声上都加上括号，表示只作为参考，还需深入研究。从音韵表上可以条理清楚地了解上古汉语的声韵调系统，以及上古汉字的音韵地位。

释名音证　1936 年《南京金陵大学文学院文史丛刊》本。

徐复著。徐复（1912～2006），字士复，一字汉生，号鸣谦，江苏省武进人。语言学家。师从黄侃，后又得章太炎教诲。后任南京师范大学中文系教授，古文献研究所名誉所长、中国训诂学研究会名誉会长、中国音韵学研究会顾问等职。主要著作有《后读书杂志》《徐复语言文字学丛稿》等。《释名》，东汉刘熙著。凡 8 卷 27 篇，是一部以音训为主要方式以解释词义的传统训诂学著作。本文是作者在金陵大学文学院国学研究班深造时，由黄侃指导写作的有关刘熙《释名》的研究性著作。本拟分为上、中、下三编，惜仅成上编，即《释天》《释地》《释山》《释水》《释丘》《释遭》《释州国》7 篇，刊于《南京金陵大学文学院文史丛刊》。作者在《师门忆语》中曾介绍写作缘起：“先生谓《释名》为刘熙未竟之书，其中多有阙文，可根据《四部丛刊》本重加注释。毕沅《疏证》多妄改，《小学汇函》本犹不可信。复原拟从音证入手，会时局不宁，未能卒业。”本书不盲目附和、人云亦云而能独抒己见；不从主观意志出发而从语言材料出发，无证不信；不作偏激直言，持论公允平和。

玄应反切考　1948 年国立中央研究院历史语言研究所铅印本。

周法高著。周法高（1915～1994），字子范，江苏东台人。语言学家。“中央研究院”院士，研究院中国语言及文学部主任，中国语言学研究中心主任。著有《中国古代语法》《周法高上古音韵表》《金文诂》等。本文是使用系联法考证两种《一切经音义》反切注音材料的著作。文分 3 章，即《通论》《声类考》《韵类考》。在《通论》部分中，作者逐一介绍了玄应的生平和著述、慧琳《音义》、玄应和慧琳的音释与《切韵》，以及玄应书中的方言区域。作者认为，玄应作音并未抄录吕静《韵集》或其它韵书；玄应、慧琳二人各自创作的《一切经音义》虽与《切韵》互有异同，且优劣互见，但前者与后者之间并不存在谁抄袭谁或者二者同源的问题，而是它们各自时代地域、音韵的真实反映；玄应《一切经音义》中的方言区域大致对应的是江南等地。在第二章中，作者使用系联法分喉、牙、舌、齿、唇之次详考《一切经音义》中所载的反切音释的声母。对于不能系联且不能证明其确为独立一类者，则据《广韵》列于适合的声母之下。第三章中，作者在韵摄细分韵目对反切音释进行系联。对不能系联且不能证明其为独立一类的切语，也据《广韵》列于适宜的韵类之下。

老子韵表　1934 年宁武南氏《刘申叔先生遗书》本。

刘师培著。刘师培有《老子斠补》，已著录。本书为研究《老子》古韵之作。作者认为上古三代之文多杂韵语，如《老子》《荀子》《离骚》《庄子》诸书莫不奇偶相生，音韵相协。所以欲考古韵之分合，必考周代有韵之书，而周代之书其纯用韵文者，舍《易》《诗》《离骚》而外，莫若《老子》。作者认为，古韵与今韵异类者，称为古本音。古字有的不仅一音，正音以外又有转音。古音与今音不同者，则以古音为本音，而今音则系古音双声之音。若正音之外别有转音者，其所转之音亦必与正音为双声。故古今之音不尽同，而四方之音亦不尽同，试推其故，则莫不由于双声。况音有转移，凡古韵之与今韵异类者，在古代未必非同类也。通俗所说的协音，实不足取信。舍协音而论本音，可以知古音之异于今音。因此他仿严可均《说文声类》之例，据《老子》所用韵，将古代韵目分为小类十六，大类六：之类、脂类、支类，为三小类，合为一大类。歌类、鱼类、侯类，为三小类，合为一大类。尤类、萧类，为二小类，合为一大类。蒸类、东类、侵类，为三小类，合为一大类。真类、元类，为二小类，合为一大类。阳类、耕类、谈类，为三小类，合为一大类。本书是以《老子》为例来研究上古韵类的专著，作者所强调的古音与今音不同，两者之间有双声关系，且转音与正音也有双声关系的理论，在训诂学上亦有重要意义，值得重视。

古书疑义举例补 1924 年长沙鼎文书社及杨氏家塾刻《古书疑义举例丛刊》本；1936 年宁武南氏《刘申叔先生遗书》本；1936 年上海世界书局铅印本。

刘师培撰。《古书疑义举例补》是对俞樾《古书疑义举例》的补充，刘师培自言读《古书疑义举例》，叹其为绝作，略补其缺，以为续貂。他补充了两字并列系双声叠韵之字而后人分析解之、两字并列均为表象之词而后人望文生训、二义相反而一字之中兼具其义、使用器物之词同于器物之名、双声之字后人误读、二语相联字同用别、虚数不可实指、倒文以成句、举偏以概全、同义之字并用而义分深浅、同字同词异用，共十一例。

小学发微补 1936 年宁武南氏《刘申叔先生遗书》铅印本。

刘师培撰。《小学发微补》是刘师培研究小学的读书札记，有短论近 40 条，或解释、阐发《说文解字》和所载的字词，或研究考辨古代名物制度，或引用西学讨论中国语言文字，或辩论六书中的诸多疑难等等，颇多精见。

通俗常言疏证 1925 年南通翰墨林书局石印本。

孙锦标著。孙锦标（1856～1927），字伯龙，号慕庐，江苏南通人。南菁书院肄业。著有《南通乡音字汇》《南通方言疏证》等。本书按内容分 40 类，系在作者原著《南通方言疏证》一书的基础上扩大而成。依次是天地、天文、时日、地理、水火、宫室、朝署、家族、交际、亲戚、妇女、流品、鬼神、仙佛、释道、智愚、善恶、狱讼、头面、身体、言语、心意、贫富、人事、文事、武备、祸福、医病、死丧、货财、服饰、饮食、戏玩、什物、植物、动物等，共计 5 000 多条，对当时的社会习惯用语进行了研究与考证，主要是谚语、成语、俗语，也有少量的双音节词。所用材料，凡经史子集以及词曲、小说皆收，孙氏认为“今天下所常言者，元人语十占六七”，故所引元明以来戏曲小说为多，近代新名词则概不阑入。疏证的方法是在每条下排比一至数条例证，自己一般不加按语，靠材料说话。本书收录丰富，立目科学，旁征博引，以大量文献证明语词的源流，具有一定的学术价值。是继杭世骏《续方言》、钱大昕《恒言录》、翟灏《通俗编》等书之后，最具特色的集大成作品。本书也存在一些缺点，如同一词条兼见于不同类别，像“骨瘦如柴”与“骨瘦如豺”“尸分五牛”与“五牛分尸”等便是这种情况。另外，少数词目与所征引的语料内容也不对应。总而言之，其篇幅和疏证特点堪与《通俗编》媲美，其文献学意义和俗语词研究史价值、南通方言研究史料价值是不容忽视的。

选雅 1902 年千一斋刻本。

程先甲著。程先甲（1871～1932），字鼎丞，号一夔，室名千一斋，江苏江宁（今南京）人。光绪十七年（1891）举人。著有《千一斋全书》。本书共 20 卷，依《尔雅》19 篇之序，搜集胡克家校刻宋尤袤本《文选》及李善注中的语词，依类编辑，故名“选雅”。本书共收词条 6 000 余，每一词条均标明出处，前人商榷订正之语用小字附上，间参己见，加按字以示区别。本书是第一次做了汇编《文选》李善注的工作，使李注分类排列，有条有理，保存了大量的故训资料，颇便稽考。如《释诂》“明也”一条，收有炳、炤、烂、阳、爽等 38 个单词，既全面展示了《文选》中表示“明也”这一义项的不同用词，同时也为读者运用《文选》词汇于文章著述提供了极大的便利。另外本书在收字等方面弥补了《尔雅》《广雅》等书的不足。如“安”字，《尔雅》只收 5 字，《广雅》收 27 字，《拾雅》收 39 字；《选雅》虽然只收 18 字，但这些字多数为以上诸书所无。陈庆年称本书“是从来小学所未有，《选》学所未有”之“千秋绝业”，殆非过誉。当然，本书也有不足之处，如《释亲》附及姓氏，颇嫌芜冗；书名取为“选雅”，李善注有百十四处未详，虽有名儒前贤考订补正而不采入，亦嫌局隘。

匡谬正俗校注 1936 年上海商务印书馆铅

印本。

秦选之撰。秦选之，字国铨，江苏淮阴人。两江师范学院毕业。后在淮阴任《申报》记者。本书全名《雅雨堂本颜师古匡谬正俗校注》，校注者不改雅雨堂本原文。前4卷凡55条，论诸经训诂音释，后4卷凡127条，论诸书字义字音及俗语相承之异。注文征引众书，间有校注者自己之心得，不尽从颜师古之说。

第三节　汉语语法

中国文法通论　1919年上海群益书社铅印本；1939年昆明中华书局铅印本。

刘复撰。刘复有《四声实验录》，已著录。本书共分3讲：第一讲论述关于文法究竟是什么等问题，并谈论研究语法的三种方法：历史研究法，比较研究法和普通研究法。第二讲叙述词、单句、复句等，是全书实质性内容所在。词分五类：实体词（名词、代词）、品态词（形容词、动词）、指明词（量词、标词、指示词）、形式词（判断词、介词、连词、助词）和感词（叹词）。句有四种：普通句、特别句（熟语）、独字句和子句（主谓短语）等。第三讲叙述语言起源、发展、变化与分歧以及汉语的特点等一般语言学理论。本书主要有以下几个特点：一、发现了某些颇有价值的规律，例如首次提出了"兼格"，指出"亲之欲其贵也，爱之欲其富也"中的"其"字是兼格代词，一面做了"欲"字的受格，一面又做了"贵""富"两字的主格。这一观点后被王力吸收改造后提出为"递系式"。二、比较详细地讨论了复句的情况，把复句分为"主从复句"和"衡分复句"，并区分了主句、从句、包叠复句、扩充复句、浓缩复句、省略句等格式。三、在汉语语法研究中第一个采用了语法术语的符号。四、注意到口语情况，同时还分析了语调起落抑扬与句型之间的关系。本书以全面修正《马氏文通》语法体系、试图建立一个新的语法体系为宗旨，但由于侧重抽象理论的阐发，缺乏对充足语言实证的分析，所建立的新语法体系比较凌乱，不能正确反映汉语语法的客观事实，但仍不失为汉语语法革新运动的先驱之作。

中国文法讲话　1932～1940年上海北新书局铅印本。

刘复著、赵景深编著。本书是刘、赵二人合著的语法学著作，共两册。其中，上册为刘复独撰，下册为刘复未完遗稿，赵景深续撰而成。全书分总说、名词及代词、动词、静词及副词、介词及连词、助词及叹词、新式标点用法等七部分内容。刘氏认为自己在1920年出版的《中国文法通论》，"其中疏漏牵强，随在皆是也"，故而放弃了自己在《中国文法通论》中构拟的语法体系，而于本书中重新构建。本书是我国第一部把古代汉语语法和现代汉语语法结合起来研究的著作，开辟了古今汉语综合比较研究的先河。他在《自序》中说："其中文白兼讲，求其彼此参合而易于贯通也；讲法大半仍通行文法之旧，旧说之可信者悉采之，不欲立异以鸣高也；用讲话体而不袭教科书之呆套，取其当详者可特详，当略者可特略，无所牵碍也，举例以易解者为主，不取诸僻，不取诸琐，求其合于高中学生之程度也。"在此基础上，作者对马建忠《马氏文通》中以拉丁语法的格局解释汉语语法的学术方法进行了补正。同时，他也不满足于只用先秦、两汉和韩愈的文章作为研究对象，而主张求实用。有鉴于此，作者重构了句子成分方面的内容。如以主语、语词、饰词分别取代《马氏文通》中所谓的起语、语词、加词等。这种改换相对而言更符合汉语发展的实际。此外，书中对《马氏文通》的代词看法也提出异议。作者精细研究了"所""其"等代词的用法，促进了汉语代词的深入研究。

中国文法要略　1942～1944年重庆商务印书馆铅印本；1947年上海商务印书馆铅印本。

吕叔湘撰。吕叔湘（1904～1998），江苏丹阳人。语言学家。著有《中国文法要略》《语文常谈》《汉语语法分析问题》等。全书3卷共23章。上卷出版于1942年，中、下卷出版于1944年。上卷是词句论，以语法为纲，说明词、词组和句子的类别和结构，从词到句，建立了语法的间架和形式；讨论词组和句子之间的变换关系，观察深入，是研究汉语句法结构变换关系的先驱。其中有关"词级"的学说，参考了丹麦语言学家叶斯伯森的理论。中、下卷是表达论，以语义为纲，又分"范畴"（中卷）和"关系"（下卷）两部分。前一部分介绍各种观念如数量、指称、方所、时间、语气等等的表达方式，后者介绍复句中分句之间各种关系如联合、递进、因果、条件、让步、无条件等等的表达方式。表达论打破了句子类别的界限，从表达方式的角度进一步揭示汉语的特点。本书的特点主要包括以下几点：一、在叙述句分析中，一方面指出按结构可分为主语、谓语两部分，另一方面又从动词与其他词语之间的语义关系分出起词、止词及补词。主语可能是起词或止词，从而有助于从不同平面看清句子内部的结构关系和语义关系，避免把主语、宾语同施事、受事混同起来。二、对补词的分析较有特色，反映吕氏以动词为中心的句法观。三、受到中国传统语文学的影响比较明显。比如分析了"致动句"和"意谓句"，并指出它们和古汉语中"致动""意动"用法的关系。四、对句子和词组的转换进行了探索性的分析。本书也存在一些缺点，如重视句法而忽视词法，认为词类的划分无关紧要，"种种分类都无非是方便说法"等等。

古书读法略例　1936 年上海商务印书馆铅印本。

孙德谦著。孙德谦(1869～1935)，字受之、寿芝、益庵等，号龙鼎山人，晚号隘堪居士，江苏苏州人。历任东吴大学、大夏大学、交通大学、国立政治大学教授。著有《太史公书义法》《汉书艺文志举例》《诸子通考》等。本书共 6 卷，每卷分若干例，共 53 例。文言体。孙氏读书重在识大体，贵在得法，本书即措意于古书读法，对如何解读我国古文献经、史、子、集提出了颇具特色的见解，内容多为对古书体例的总结。如"事同义异例""文同意异例"均涉及古书内容互见的情形。"分篇例"对古书分篇有关问题的讨论非常深入，所论涉及古书"篇"的义涵、篇卷概念之别、古书篇名、古书分篇情形不定、古书分上下及内外篇、古书单篇别行且多有分合等体例，论述翔实，颇开后世先河。其他如"读书宜辨章法例"涉及古书分章体制，"避讳例"讨论古书用讳体例、"旁行例"论析古书书写体例等，均有助于了解古书体例，进而有助于对古书性质的判定，对如今读书治学仍有一定的借鉴意义。

章句论　1926 年 6 月上海商务印书馆《国学小丛书》本；1930 年 4 月上海商务印书馆《万有文库》本。

吕思勉撰。吕思勉有《先秦学术概论》，已著录。本书是吕思勉在 1924 年左右于江苏省立第一师范讲学时所作，其时尚未写成，至稍后主讲上海沪江大学时始完其稿。作者有感于近代"取诸西籍"之"新符号者益众"，哀悼国人不知我古之有矣，且念"古书编次之错乱，行款之混淆，非籍章句则不明，既相失传之，而世之言训诂者，亦罕及此义，于读古书亦殊窒碍也"，特就记忆所及作此书。在书中，作者首先概述了章句之学的由来，他引证《说文》中包括章字在内的多个字词的解释，主张章句的源头即符号之类。同时由于去古渐远，语法渐变，经籍语义仅符号无从说明，因而类似于传注的章句之学由此兴盛。他认为汉时所谓章句之学即传注之学。《汉书・艺文志・六艺略》所载各部儒家经典除经文外还各有家学，其书皆别有章句。随后，作者讨论了部分古典文献学的义例。如后人注语窜入正文、古人成书常有续纂等等。为了强调章句之学的重要性，他列举《尚书・金縢》《毛诗序》《史记・五帝本纪》等五事说明"章之别亡，以致昧其意义"。对于句之失传以致不可解者，作者举出《北史・铁勒传》"则有诃咥曷截拨忽比干具海曷比悉何嵯苏拔也末谒达等"一句，这是由于句中多为少数民族部族之名，音译成汉语后而无从句读。

古书校读法　1923 年上海商务印书馆《东南大学丛书》本。

陈中凡撰。陈中凡有《经学通论》，已著录。著有《中国文学批评史》。本书分六部分，分别讲古书的体制、类别、读书旨趣、读书法、校书法等，书末附有一篇治国学书目。

论语文解　1918 年商务印书馆铅印本；1931 年商务印书馆《钱宾四先生全集》本。

钱穆著。钱穆有《国学概论》，已著录。本书撰写于 1913 年至 1919 年之间，是钱穆先生的第一部学术著作。作者参考《马氏文通》，试图通过语法上的结构来分析《论语》，其结构即八股文的起承转合。全书分明体、达用上下两部分。第一章主要讲述"起"，归纳出"对句""排句""对格排调之句""散句"四个类型。第二章讲述"承"，归纳出"时承""位承"两个类型。第三章讲述"起承变用"，如"单起分承""分起单承""分起分承"等。第四章以"排对之文”为主要论述对象。第五章讲述“转”，归纳出“转如承”“转如起”两种。第六章讲述“变转”，如“并承之转”“顶承之转”“虚承之转”。最后还附有明体表一、达用表二、体用分合表三。作者打破《论语》原有卷章，通过归纳《论语》一书的文例，利用起承转合来评点《论语》，是作者当时探索的一种独特的研究方法，层次分明，文意丰富，虽然略显牵强，但仍不失为一部重要著作。

文言虚字　1944年桂林开明书店铅印本。

吕叔湘撰。吕叔湘有《中国文法要略》，已著录。本书选收了文言中最常用的虚字24个，把两个意义和用法相近的字合为一组，共分12组，按代词、介词、连词、副词、语气词的顺序排列。这12组依次是：之和其、者和所、何和孰、于(於)和与、以和为、则和而、而和以、虽和然、且和乃、也和矣、焉和耳、乎和哉(附欤和耶)。本书有如下几个特点：一、解释细致。文言虚字往往一字表示多种意义和关系，不同的意义，用法也不同，本书条分缕析，使字义和用法都清楚明白地显示出来。如“之”字分析为6条、“也”字分析为7条、“以”字分析为12条。每条下都作详细解说。二、每项意义和用法都用较多的例句来做说明。如“之”字取消主谓独立，作者便举出五个简明例句。三、附录的150多个文言虚字也作了介绍，大大补充了正文收字少的不足。本书所收的字虽然不算多，但都是文言文中常用的，解释又是以常见的用法为主，深入浅出，并注意到复习和巩固，便于读者领会，既是学习古代汉语语法的读本，又可作为常用文言虚字的工具书。

第四节　修辞与写作

文体论　1931年上海商务印书馆铅印本；1945年重庆商务印书馆铅印本。

薛凤昌著。薛凤昌(1876～1944)，原名蛰龙，字砚耕，号公侠，江苏吴江人。早年留学日本。著有《龚定庵年谱》《语石考证》《松陵文征》等。本书共分4章。第一章文体的概观，薛氏从讨论“体之定义”入手，指出“体”就是“式样”，然后讨论“文体的缘起”，对“文体始于六经之一说”表示认同。本章论述重点在“历代辨别文体的著作”，通过对《文章缘起》《文心雕龙》《文选》等有关著作的介绍，辨说文体源流。第二章文体的纵观，介绍历代文体的变化趋势。第三章文体的分别，是对各种文体的分类说明，分别讨论了论辩体、序跋体、奏议体、书牍体等15类文体。第四章现代文体之变革，包括语体文之勃兴、我国语体先于文言和今后语体文之推测等3节。薛氏认为语体文的兴起是西学东来和科学思想冲击下的产物，从文章的发展来说，是语体先于文言。本书也存在明显的缺点，如论述略显单薄，在叙述各代文体的嬗变兴替时，极少作评论和概括，缺乏对内在规律的揭示。

文谈　1929年铅印本；1944年南通翰墨林书局《徐氏全书》本。

徐昂著。徐昂(1877～1953)，字益修，又字亦轩，江苏南通人。曾任南通师范学院教师、浙江大学教授等职。著有《京氏易传笺》《经传诂易》《声韵学撮要》等。本书共4卷，卷一为通论上下，上从文章的起源、语言和文字的区别、汉文字的重要性、汉文字通用范围以及文章的功用阐述了“什么是文章”；下通过散文和骈文、文体文和语体文、古文和时文、文学家之文和道学家之文的对比，阐述了不同文章的不同特点。卷二论各代文，是对近之桐城，远之唐宋八家，上溯司马迁、班固、庄子、屈原，推之《春秋》《战国策》，揭其体要，析其义例的论述。卷三为论制作，首先从道、性情、理想、神气、游览、事业、处境与享年、传世等方面对写作者的修养作了内在要求。其次从创革、辨异、审音三个方面对学习写作之人分辨文章优劣提供了外在参考。最后对文章文体进行分类，并针对不同文体总结了不同的写作方法。卷四是论文法，是关于文章写作的语法要求。本书有以下三个特点：一、继承传统，重视桐城派某些论文主张，以阳刚、阴柔分析文章风格。二、汲取西学，转型现代，文章学观点贯通古今，兼容中西；三、本书为讲义性质，语言通俗易懂。

语文零拾　1948年上海名山书局铅印本。

朱自清撰。朱自清有《国文教学》，已著录。《语文零拾》中收入14篇文章，主要是书评和译著。目录如下：陶诗的深度——评古直《陶靖节诗笺定本》、甚么是宋诗的精华——评石遗老人评点《宋诗精华录》、诗文评的发展——评罗根泽《中国文学批评史》及朱东润《中国文学批评史大纲》、历史在战斗中——评冯雪峰《乡风与市风》、生活方法论——评冯友兰《新世训》、短长书、修辞学的比兴观——评黎锦熙《修辞学比兴篇》、中国语的特征在那里——序王力《中国现代语法》《中国文学与用语》(译文)、日本语的欧化(读书笔记)——谷崎润一郎《文章读本》提要、日本语的面目(读书笔记)、《调整你的语调——与为人》(译文)、《回到大的气派》(译文)、《灵魂工程师》(译文)。

学文示例 1941～1944年上海开明书店铅印本;1946年上海开明书店再版。

郭绍虞编著。郭绍虞有《语文通论》,已著录。本书是燕京大学一年级国文教本,主旨在于通过学生主动的"潜修""领悟",引导学生真正形成阅读写作能力。本书从不同层面、不同视角、不同领域、不同切入点对有关文章去作"比较参证",并贯彻了"理论与实例"相结合的精神,以古代文论中的有关资料与典型例文互相配合,构建了完整的"学文"训练体系。本书将修辞的删改或润饰,行文因袭或变化,分为五项:一、评改例,分摘谬、修正两类,主要是去文章之病,摘谬是消极去病之例,修正是积极去病之例。二、拟袭例,分摹拟、借袭两类,摹拟重在规范体貌,借袭重在点窜陈言,因此又为根据旧作改写成新制之例。三、变翻例,分译辞、翻体两类,或移译古语,或隐括成文,也是改变旧作形成新制之例。四、申驳例,分续广、驳难两类,续广来申发前文未尽之意,驳难来匡正前人未惬之见。五、镕裁例,此则为学文最后工夫,参互比较,反复推寻,是比较旧作来启迪新知之例。本书搜采范围广博,选择作品精审,类列体例严谨,正如郭氏序中所说,是"一种新的编制,新的方法",它对启发读者对于古文学的欣赏兴趣,培养读者欣赏能力,很有帮助。

作文论 1924年上海商务印书馆《百科小丛书》本;1934年上海商务印书馆《万有文库》本。

叶圣陶著。叶圣陶有《国文教学》,已著录。本书共10节,分文章的内容和形式两方面,论述了文风、文源、章法、文体、表达、语言六大问题。一、文风论。叶氏认为文风既指内容又指形式;从内容讲,要"求实",从形式讲,要"独创"。二、文源论。"要写出诚实的自己的话","就应该寻找它的源头",求到充实的生活。这样就必须致力于两个目标:"训练思想和培养感情."三、章法论。即文章构成理论,核心是讲文章的组织法则。叶氏认为章法最高境界是"美满",圆球般的美满。圆球有一个中心,文章也要有一个中心,即主旨。文章各部分环拱于中心,为着中心而存在,而且各部分应有最适当的定位列次。四、文体论。即文章分类理论,核心是确立文章分类的原则、标准。叶氏将文章分为三类:叙述文、议论文、抒情文,并阐述三者的区别与联系。五、表达论。文体分类的主要依据是表达,表达的分类要根据内容。六、语言论。表达的手段是语言;语言的精蕴是造句用词;探究用词造句的规律就是语法;探究用词造句如何更有效力就是修辞,修辞的目的、任务是要使一句话"成为表达这意思的最适合的一句话"。本书对写作过程的关键问题都给以精确的论述,是作文理论的一部奠基之作,对于提高写作教学质量,培养习作者的基本功是很有裨益的。

文章例话 1937年上海开明书局铅印本。

叶圣陶著。本书通过朱自清等人所作《背影》等24篇现代文的例子,论述阅读和写作的关系,即如何从阅读鉴赏中学写作。作者认为,"人要在社会中间有意义地生活着,本该求经验和意思的精当、语言的精密",那不是为"写文章",为的是"生活","文章不是生活上的一种点缀、一种装饰,而就是生活的本身",这正是他"国文教育是为了培养应付生活的公民"思想的体现。早在1934年,作者就曾提出"文章面面观"的想法,即阅读一篇文章,要从思想内容、表现形式等方面入手,全面阐发文章的价值。这也正是本书核心内容之所在。比如《背影》一文,他主要分析文章的字词、主旨、动作描写,是从思想内容方面解说;《痈》一文,主要辨析随笔的文体特征;《整理好了的箱子》,主要讲写作技法;《现代建筑的形式美》一文,则主要从文章的结构来阐述,都是"文章面面观"思想的生动展现。

中国修辞学 1926年天津南开华英书局铅印本。

张弓著。张弓(1899～1986),笔名檠铭,江苏灌云人。曾任天津师范学院、北京师范学院、河北大学教授等职。著有《中国修辞学》《现代汉语修辞学》《古汉语修辞学讲纲》等。本书分总说和分说两部分。总说说明修辞学的作用以及中国修辞学的发展阶段等，认为中国古代的修辞学可以分为两个阶段：春秋战国时期为辨说期，其特点是重在“言语修辞”，修辞的目的是劝说、论证，修辞的形式主要是口语；汉代以后为词章期，其特点是重在“文章修辞”，修辞的目的是鉴赏，修辞的形式主要是书面语。分说讲修辞方式，将辞式分为化成式、表出式、布置式、譬喻式、代替式五类六十七式。本书的特点是重视修辞的社会作用，突出表现在对口语修辞和雄辩艺术的介绍方面。在推论中国修辞学的发展时，指出“语体文（按：指白话文）将要通行全国”。此外，最早将“移觉”“回环”列为辞式。本书刘大白给予很高评价：“一般号称中国修辞学的出版物中，没有能和它比并的。”但书中所概括的近 70 种辞格，今天看来有一些不够科学，有的界划也不甚明晰。

读书与写作　1936 年读书生活出版社铅印本。

李公朴编。李公朴有《怎样争取最后的胜利》，已著录。《读书与写作》是李公朴一本关于如何读书、写作的书。书前有 1936 年李公朴所写《编者的话》。本书分为读书之部、写作之部两个部分。其中读书之部包括读书概论、读书方法、各科研究方法、读书经验、读书与生活、读书漫谈；写作之部分为写作方法、写作经验。作者认为很多人对于读书的认识不正确，方法也不恰当，而本书的编写正是为了解决这些问题。本书收录了三十几位作者的意见，有陶行知、蔡元培、陈彬龢、陈子展等。作者在《编者的话》中说道：“这些意见并不是什么书生们的呆话，而是各著者从实践中得来的经验。在这里面是一致地指出读书与生活的联系性、求知的途径与读书的方法等。”本书的目的是纠正那些“为读书而读书”等读书论的错误，提出正确的读书态度。

现行公文程式　1946 年广益书局铅印本。

吴瑞书编。吴瑞书，江苏苏州人。曾任《苏州日报》主编。后往台湾高雄海洋科技大学，任海洋环境工程系教授。本书依据当时国民政府最新颁布的《公文程式条例》以及当时实行的各种关于公文的法令编辑而成。全书共分为 5 章：一、公文标点与行款；二、现行公文之类别；三、现行公文之结构；四、现行公文之术语；五、现行公文之用纸。其中，首章针对公文标点符号及行款的特别要求进行详细说明和正确示范。第二章将现行公文分为了 62 种，并说明其适用范围。第三章对现行公文的结构从实质上和形式上作了详尽研究。第四章列举了大量公文术语，并对旧时通用而当时不用的术语进行了特别说明。第五章阐述了不同公文的用纸格式。此外，书后另有现行公文程式之法令及现行公文之体例两种附录供读者参考使用。

公文模范大全　1935 年上海中央书店铅印本。

朱剑芒编。朱剑芒有《国民革命问答》，已著录。本书全 4 册，是一部指导公文写作的书籍。共分为 5 编，分别是：公文程式述要、政界公文类编、党部公文类编、军界公文类编、团体公文类编。每编下有细目，如政界公文类编部分又分为呈文、咨文、公函、命令等 7 种。各细目又注明公文的上下行关系，范文的排列也依中央政府、地方政府、附属机关为序，可谓井井有条。一部分生僻的典故，本书还对其进行了注释。书中所收公文的主要来源是 1928 年 6 月至 1929 年 3 月间的政府公报，此外还收录了部分报纸刊物刊录的公文，可见具有一定的权威性。

现行公文程式集成　1946 年上海世界书局铅印本。

朱翊新编。朱翊新有《党义 ABC》，已著录。本书是一部民国时期通行公文范式资料的汇编，共分为 5 编，分别是公文常识、一般公文、地方自治机关公文、陆海空军用公文、司法机关公文。其中，公文常识讲解了关于写作公文的基本知识。一般公文解释了常见公文的通例。此外，编者在编纂过程中还采纳了当时书籍、公报、杂志、报章中有助于为本书所录公文说明和举例的内容，供读者参考。作者在序言中认为，作为立宪国家的国民，人人都有参政权利，因此公文程式应为人人所熟知。除此之外，编者还提出了研究公文的材料界限。他认为研究公文程式当以成书为范畴，以阅历为补充。

契约程式大全　1931 年上海中央书店铅印本。

吴瑞书编。吴瑞书有《现行公文程式》，已著录。本书是一部指导进行契约拟定工作的书籍，由《契约论》《债权契约》(上、下)《物权契约》《亲属契约》《继承契约》等部分构成。其所论列的内容既有理论，也有具体契约范本，包含的领域也极为丰富，涵盖了当时社会上通行的各种主要契约类型。在序言中，编者一方面感叹人心浇漓，世风日下；一方面强调口头契约的不可据信，突出了书面契约的重要性和价值。他同时认为拟定契约时的遣词造句十分重要，差之毫厘，即谬以千里。

陆海空军公文程式 1946年春明书店铅印本。

吴瑞书编著。本书是一部指导军队文员进行公文写作的书籍，根据抗战后有关法令和军备编制，将当时陆海空军部队运用的公文程式、用语、体制及军队编制、军阶、文书处理程序等等，详加阐述。全书共2章13节。第1章总论，讲述公文程式、陆海空军公文程式、陆海空军战时公文、军用公文之用词、陆海空军公文办理程序、陆海空军公文之体例、陆海空军之编制、办理陆海空军公文人员；第2章各论，讲述陆海空各种关系的行文，依不同事由而叙述文种，列出呈文、报告、咨文、公函、训令、指令、批示、布告、通令、通报、代电、电报、委任状等范文。本书是研究民国时期军用文书较好的参考资料。

万事辩驳尺牍 1946年春明书店铅印本。

吴瑞书编。本书是一部指导人们在面对人际关系矛盾时用书面语言表达自身观点的书籍。所选范文包括婚姻类、身份类、继承类、契约类、债务类、买卖类、租赁类、借贷类、人事类、商事类、劳工类等多种内容，涵盖了生活的方方面面。具体到某一篇目上，皆首先作出情境说明。如在婚姻类否认代订婚约函中，编者交代了一位名叫戚如玉的女性因成年后另有所恋，决定否认父母媒妁之言的背景，然后再展示范文，此外，编者还选入了复函，体例十分完整。

酬世大典 1940年上海启明书局铅印本。

朱翊新编著。本书是民国时期发行的一部礼仪百科全书，由酬世常识、酬世文件、附录三部分组成。在酬世常识部分，编者主要讨论了社交礼仪、社交常识、生活须知三方面的内容。在酬世文件部分，编者编录了包括喜庆类、丧祭类、杂用类、集会指导、演说要诀在内的五部分应用文范文，内容涉及到社会生活的方方面面。附录部分，编者附入了邮政便览、电报章程、电报新编以帮助读者使用现代通讯方式。编者在卷首的《敬告读者》中强调了社交活动的重要性，叙述了编辑此书的原因，同时希望读者在使用本书时注意因时因地制宜，进行裁剪删改，以免发生不必要的误会。

新教育行政公文书牍大全 1946年新生书局铅印本。

吴研因等编著。吴研因有《初等教育概论》，已著录。本书是一部专供中小学教员及师范学校学生使用的关于教育行政公文书牍的教学参考书，共分为上、中两编。上编为公文述要，阐释公文的通则。共分5章，分别讨论了公文意义与类别、公文程式、公文用语、公文作法、公文处理等问题。中编为公文实例，以教育行政机关及中小学校为范围，分别事类，列举范例，以收实用之效。

中小学及地方教育行政公文书牍大全 1931年上海教育编译馆铅印本；1933年9月开明书店铅印本。

郃爽秋著。郃爽秋有《心理学的派别》，已著录。本书是一部供中小学学校行政及地方教育行政人员办理公文书牍时参考使用的书籍，主要由三编构成。第一编《公文作法概论》详尽列举了普通公文书牍的程式和撰拟方法。政府颁布的各种新法令如《公文程式条例》《画一公文用纸说明》等均收入此编。这部分内容既可供教育行政人员参考，又可作一般公务人员办理公文书牍的指南。第二编《地方教育行政公文书牍》及第三编《学校行政公文书牍》力求选文新颖，且适于使用。这两部分内容选材完备，足资相关行政人员参考。此外，作者对选文中较为陈旧或格式不合的内容进行了删汰，并为公文添加了新式标点。

学生书信指导 1935年12月上海大光书局铅印本。

李白英编。李白英(1903～1981)，原名澄，字镜清，笔名澹村、谈荣、南荣，江苏无锡人。民间文学研究家、作家。代表作有诗集《沉闷》《孤独者之死》，小说《某夫妇》等。本书是一部指导学生写作书信的专著，收入《学生指导丛书》。全书分为两篇。上篇主要讨论书信作法，分为绪论、书信的意义、书信的类别、书信的功能、怎样写书信六部分内容。下篇主要选取了部分作家的写作的书信范文，收入鲁迅《上海通信》、郁达夫《海上通信》、冰心《寄小读者》等12篇书信范本。

应酬文作法　1935年上海商务印书馆铅印本。

吴增芥等编。吴增芥有《初等教育概论》，已著录。本书是一部指导小学生写作应用文的专著，收入商务印书馆《小学生作文指导丛书》。本书专供五六年级小学生使用，主要由总说、邀请帖、送礼帖、答谢帖、讣告、祭文、祝词七部分构成。其中总说部分先以一个请人吃酒的故事情境引入，后对邀请帖等6种文体进行了概括性的描述。其余部分，编者首先对该类问题的写作作总的指导，随后是详细指导，并列有例文。例文中的生字词皆加有注释。此外，每篇后还附有练习题。

公告作法　1935年上海商务印书馆铅印本。

吴增芥等编。本书是一部专供五六年级小学生使用，指导他们进行公告写作的应用文教材，收入商务印书馆《小学生作文指导丛书》。本书以浅显的语言，以谈话的形式，向当时的小学生介绍了各类公告的写作方法。全书共列各类公告18种，包括提议案、集会程序、会议录、报告辞、誓辞、通告、公函、布告等。在具体讲解中，编者先列公告题目，接着是公告例文，然后从作法、修辞，练习等几个方面进行讲解指导，通俗易懂，便于接受。但书中所涉内容，是服务于当时的国民党政府的，读时应予注意。

现代女子书信　1930年世界书局铅印本。

陶秋英编。陶秋英（1909～1986），江苏苏州人，长于上海。姜亮夫之妻。毕业于燕京大学研究院，攻中国古代文论。曾任云南大学中文系教授、浙江师范学院教授。本书是一部指导女性常用书信写作的书籍，收录了大量的书信范本，主要分为家庭类、亲戚类、夫族类、师长类、同学类、社会类等。收录的书信大多契合民国女性解放时期女性日常交际的现实需要。语言上放弃了佶屈聱牙的文言文，改用白话文写成，语言浅显易懂、雅驯不俗、活泼有趣。在取材上，编者根据当时社会生活的变化也力求新颖，如选入了婚姻问题、财产问题等，为女性书信写作提供了详尽的参考。在具体篇目下，编者均撰写了提要，将篇中内容大要提出，眉目井然。篇目附有注释，使读者省去了翻检词典的麻烦。在作法方面，编者间或在篇后加入注意一项，对其进行简要说明。

第五节　方言与少数民族语言

南通方言疏证　1913年南通翰墨林书局石印本。

孙锦标著。孙锦标有《通俗常言疏证》，已著录。本书原为订正旧《通州志·方言》而作，但实际上远远超出了“正州志方言之误”的初衷，而收集了南通城里大量的方言词语，有时还旁及周围地区。本书分卷首和正文40卷，卷首为“旧通州志方言原文”（仅3页），正文是五十类词语的解释，如释天、释时、释地、释水等。各类中的条目排列无严格规则，大体上“以意相类”。条目用字力求音、义两方面都切合。《例言》：“大字（按：指条目字）多取古字古义，俾知吾通俗语本于古语者甚多，即间有用后起字者，音义必蕲吻合后已，疑者则付之阙如。”释义方面，由于本书原为订正旧志讹误而作，所以每遇旧志有误的条目，必引证典籍，详加疏证。有时旧志并无伪误，只是未究其源，语焉不详，本书也博引详考，疏通源流。旧志未收的词语，则直接加以解释。大多数条目还对本字、词源作了考证。总而言之，本书搜罗了19世纪南通方言的许多词语，为我们研究其词汇、语法结构提供了极为丰富的材料。同时，由于本书条目字“多取古字古义”，广征典籍，又为今天考求方言本字提供了方便。

徐氏类音字汇　1927年上海深柳书屋铅印本。

徐宗斌著。徐宗斌（1878～1950），字筱帆，江苏盐城人。长期从事教育工作，业余时间从事汉语方言语音研究。本书实际上是一部关于盐城方言的韵书，以吴语方言为主，共分15个韵部，5个声调（阴、阳、上、去、入）和p、m、f等18个声母，共收

13 000多字，其中同韵字、类音字集中，字下注有简单字义，书前有依音检字的有关介绍及康有为、章炳麟等人的题跋、序文。徐氏在凡例中说："此书编辑成部，每收一字韵内，或经数手，凡五易稿，历时三十余年而成。"又说："余甫及冠，心窃思之……于是朝夕寻思，几经寒暑，搜字母分类而为纲，积五音等韵而为目，延数岁之功而韵字方见粗完。"在序中说："世俗通用之字，口能道之，或不能笔之于书，是一大憾事，吾囊所成是编，或有补于万一乎？"可见其旨趣主要是即音检字，口能道之，便能笔之于书，尤其着重"世俗通用之字"，即大众口头常说而不知写法的词的书面形式。此外，本书也吸收了民间为表达口语新造的字，他自称"或新造之字，字典所无者，或各地方言未能尽悉者，是书概已辨别增入"。本书是我国较早的汉语方言同音字典之一，对盐城方言史的研究有重要价值。康有为称本书为"汉学锦囊"，章炳麟题词为"国学宝钥，韵学捷径，识字津梁，读书基础"。但本书也存在一些缺点，比如没有定出一套声母来，既无名称，也无次序。且徐氏有些说法存在错误，如把上平、下平和阴平、阳平混为一谈，这也是读者需要加以分辨的。

广西瑶歌记音　1930年国立中央研究院历史语言研究所铅印本。

赵元任著。赵元任(1892～1982)，字宜仲，江苏武进(今常州)人。中国现代语言和现代音乐学先驱，被称为"汉语言学之父"，"中国科学社"创始人之一。主要著作有《现代吴语的研究》《钟祥方言记》《语言问题》等。广西瑶歌是五种瑶人民歌中一种自称"正瑶"的歌曲类型，主要可分为甲子歌、舞歌等。本书是赵元任研究广西瑶歌的专著，序言部分对赵元任等人在广西地区开展田野调查的情形进行了描述，同时概述了瑶歌音韵并归纳了记音凡例。附录部分则附入了瑶歌乐调和瑶语字。正文部分则分为3章，即瑶歌正文、瑶歌音韵、比较的音韵。本书用语言学的方法详细记录了197首瑶歌的读音和汉译，着重对瑶歌的音韵乐调作了认真的比较研究。在书中，赵元任指出，严格意义上说，这些瑶歌其实不是真正意义上的瑶歌，而是瑶人唱的汉歌，且其读音大部分是汉音。同时，他通过对瑶歌歌词的读音分析说明了歌词的语言来源，揭示了瑶汉语言接触过程中语言借用的现象与规律。本书是研究瑶语和当地汉语接触之后产生语言变异的开创性著作，它所记录的大量民歌也为后人研究语言与社会关系提供了丰富的资料。

现代吴语的研究　1928年北平清华学校国学研究院铅印本。

赵元任著。本书共6章，分为"吴音"和"吴语"两部分。"吴音"包括"吴语声母""吴语韵母""吴语声调"和"声韵调总讨论"4章。前3章分别是表示中古汉语与现代吴语33处方言对照关系的"声母表""韵母表"和"声调表"。在"声母表"和"韵母表"前还列出了吴方言中存在的所有辅音和元音，并加以举例描写说明。第四章列举各地的语音特征，归纳出吴语语音中较共同的特征，指出"吴语为江、浙当中'并定群'等母带音或不带音而有带音气流的语言"。"吴语"部分包括"词汇"和"语助词"。"词汇"一章列出了"国语"的75个词在吴语30处中的说法，以"注音罗马字"标出其读音。此外还列举吴语24处方言中一些特别的词。"语助词"一章列表汇集了"国语"中56种用法的语助词在吴语22处方言中的说法，也以"注音罗马字"标出其读音。该章后还附有成篇的记音材料——北风跟太阳的故事，分别用汉字、国际音标、注音罗马字，及吴语音韵罗马字记录的苏州方言说法加以记录。本书是第一部应用现代语言学方法调查研究吴方言的专著，科学描写了吴语的语音、词汇，首创用国际音标记录汉语方言，《中国语言文字学大词典》称其"是现代汉语方言学真正兴起的标志，是汉语方言学史上重要的里程碑"。但由于赵氏等人的调查偏重江苏地区，而对浙中、浙南的调查较少，故本书对吴方言的复杂情况尚未能充分地加以反映。

钟祥方言记　1939年长沙商务印书馆铅印本。

赵元任著。本书共4章。第一章为语音的分析，分音类总表和各音值的说明两部分，先列出声母表、韵母表及声调表，计声母20个，韵母36个，声调4个，然后对每个声母、韵母和声调的音值作了详细具体的分析说明。在说明声调音值时，还阐述了二字组连读变调的规律。第二章为本地音韵，分单字音音类及同音字汇两部分，在单字音音类中以列表形式分别分析了钟祥话声母跟韵母的关系、介母跟韵母的关系、声母跟声调的关系及声母韵母声调间的关系，列出了钟祥话的单音字全表，即声韵调配合关系的总表。在同音字汇中，也以表的形式列出钟祥方言的同音字汇，共收同音字约 4 000 个左右。第三章为比较音韵，分跟国音比较及跟古音比较两部分。在跟古音比较时，还专门列出了不合规则的例外字。第四章为钟祥语，分分类词汇及钟祥语举例两部分，前者又分 40 类，收录方言词语 2 000 多条，较特殊的还有注意和举例。后者用汉字和国际音标记录了用钟祥方言讲述的北风和太阳的故事。本书是第一次对某个县的方言作较详细的记录和分析并撰成的方言记，在一定程度上它“可以给人做一个其他方言记录的样本”。由于历史的局限，本书只注重了语言的描写，而没有语法的描写，不得不说这是一个缺憾。

湖北方言调查报告　1948 年上海商务印书馆铅印本。

赵元任等著。本书内容包括序、湖北方言调查点图、总说明、分地报告卷一和综合报告卷二。“总说明”交代了字体及标点符号条例、语音符号及名辞、音韵概念、调查用字表、调查程序、调查点及地名简称表等，着重讨论了很多方言和音韵的重要问题和基本概念，如语音分析和音韵概念。另外在“调查程序”中说明了湖北方言调查中的重点——笔记。笔记是问六百多字的读音，强调了“留声片的音档”，即该调查灌制了留声片存档，方便了调查之后的复核。分地报告按地方分类描写，每个地方的报告分别记录：发音人履历、声韵调表、声韵调描写、与古音比较、同音字表、音韵特点、读物——会话或故事等。综合报告是对各分地报告横向比较、分析之后形成的结论性质的报告，分甲乙丙三个部分。甲部分“综合材料”包括总理遗嘱、狐假虎威故事、特字表、极常用字表。乙部分为“湖北特点及概说”，列出了翔实的分析特点表、综合特点表，并进行分区概说，与丙部分“湖北方言地图”从整体上展示了湖北方言各地的差别。本书是现代汉语方言调查研究最重要的文献之一，对方言调查工作和编写方言调查报告都具有普遍的指导意义。例如综合报告部分的“特字表”和“湖北特点及概说”，对方言的语音判别，以及如何说明方言的特点非常重要。又如 56 幅方言特征地图。这是汉语方言研究历史上第一次对一个省的方言绘制语言特征地图。但本书偏重语音，在比较音韵方面只限于跟古音的历史比较，缺少跟共同语的平面比较，是其不足之处。

华阳凉水井客家话记音　1948 年上海商务印书馆铅印本。

董同龢著。董同龢有《上古音韵表稿》，已著录。本书分三部分：第一部分标音说明，介绍本书所使用的记音符号。第二部分记音正文，全部是方言语料的记录，共 20 段。其中 1～14 段为自然对话材料，所谈均为“家常琐碎”，甚至连夫妻口角也包容在内；15～16 两段记录的是独白式的“龙门阵”；17～18 两段分别为当地人祭祖用的祷词和童谣，显示出与日常用语不同的格调；19～20 两段是较长的故事。可以看出四川客家话不同场合、不同语体的实际读音情况。第三部分语汇，是从所记得的语料中分析出来的语汇总表，其中收罗了能够独立运用的词、少量短语及一些须与别的字词结合起来才能使用的语素。按声母顺序排列，国际音标注引，普通话注释。本书虽然以记录四川客家话语音、语汇为主要任务，但其学术价值还在于所尝试的新的调查研究方法。现代汉语方言的调查通常“以记录预先选定的字为主”，董氏分析了这种方法的优点与不足，提出“实际的语言，即使只包含一个最简单的音素，也得是成句说出来的。所以最能表现言语真面目的是能自成片段的语言记录。供给材料，当以他们为主”。其实施方法是：“先问一些事物的名称或说法，以期在简短的字句中辨出必要辨别的语音。一等到辨音有相当的把握，就立刻开始成段以至成篇的语言记录。”虽然这种方法在当时尚有不尽人意之处，但董氏作为这种新方法的最早倡导者和实践者，其贡献是应当得到肯定的。

第六代达赖喇嘛仓洋嘉错情歌　1930 年北平国立中央研究院历史语言研究所铅印本。

于道泉编注、赵元任记音。仓洋嘉错（1683～1706），全名罗桑瑞晋仓洋嘉错，又译作仓央嘉措，门巴族人，六世达赖喇嘛。他不守戒律，沉湎酒色，据称创作了一系列藏语情歌。这些情歌是西藏地区最流行的歌谣之一，但实际上多非仓洋嘉错本人创作，而是出自后人附会。《第六代达赖喇嘛仓洋嘉错情歌》是 1930 年国立中央研究院历史语言研究所单刊甲种之五。于道泉为之注释并加汉英译文，赵元任记音，同时对英文译文做了审校的工作。本书内页之首镌有一幅仓洋嘉错像，随后是译者的中英文双语序言及关于“＊”用法的解释。在对记音状况进行了汉英双语说明后，情歌正文部分分别著录了藏文正文、国际音标、汉英单字翻译及译文等内容。译文部分还包括译文附注、藏文校勘记、读音变化说明等。据《序言》，本书是在当时西藏派驻北京的喇嘛官的帮助下创作完成的。于道泉获准进入雍和宫寻得了数首情歌的拉萨本，并向喇嘛官学习了藏语。赵元任则通过他们对于情歌的演唱完成了重要的记音工作。同时，二人在整理翻译中纠正了不少因传唱而带来的错讹。

第六节　外国语

英语读音一助　1937年上海中华书局铅印本。

谢大任编著。谢大任（1899～1994），江苏苏州人。毕业于上海圣约翰大学，先后担任同德医学院、光华大学、诚明文学院、暨南大学、圣约翰大学、震旦大学、上海医学院英语拉丁语教授。1952年起，任上海第二医学院外文教研室主任。著有《解剖学拉丁语》《拉丁语语法》《医学英语选》等。本书是民国时期谢大任编著的一部旨在帮助国人学习研究英语读音的著作。全书正文内容均为英语，1937年由中华书局出版，收入《英文学生丛书》。1947年12月，中华书局又将其收入《中华文库·初中第一集》再次出版。本书书首有胡达人中文序言、邹朝濬英文序言。其正文主要讨论了精确英语读音的重要性、错误读音的原因、学习英语语音学的方法、英语语音图等十方面内容。在汇刊成单行本之前，本书收录的单篇文章多已发表在中华书局出版的《英文高级周报》及江苏省教育厅出版的《江苏学生》上。

高等英文法　1916年中华书局铅印本。

沈步洲编。沈步洲有《美国政治精义》，已著录。本书是沈步洲编著的一部系统介绍英语语法的图书。1916年8月，由中华书局出版，至1925年7月已出至第7版。全书共分为8章，包括短语、词语的位置、句子分析等，章末间有内容总结。此外，本书着重强调了中英文互译的问题。书中练习部分引用的例子也几乎来自知名的英语作家，使得本书也具有了一定的文学色彩。

英文文法与作文　1943年民光书局铅印本；1947年4月广州求知图书社铅印本。

赵元任编著。赵元任有《广西瑶歌记音》，已著录。本书是赵元任编著的一部供初高中学生使用的，旨在介绍英文语法与英文写作技巧的英语教科书，曾由沪江书画公司和新群书店联合出版，题名为《（汉文详明注解）英文文法与写作》。本书包括研究英文的方法、英文句子、名词的类别、动词的分类、作文的概念、写作文时应行注意的要点、作文的举例等40章，涉及到英文词、句、篇等多方面内容。其中，作文举例部分所列举的题目，如《论中国国民的特质》《中国国民应为国家服务说》等，体现了抗日战争时期的社会思潮，具有明显的时代特征。作者在书前的《提要》部分强调了英语语法的复杂性和重要性。他认为本书可以和自己编著的《英文造句指南》配合使用，以达到事半功倍的效果。

开明新编中等英文法　1947年上海开明书店铅印本。

吕叔湘著。吕叔湘有《中国文法要略》，已著录。本书是开明书店出版的英语语法教材，1981年，北京人民出版社曾出版修订本，易名为《中级英语语法》。全书用英文讲解，分为上、下两编。上编为造句法，包含了《词语、短语、句子》《主语、动词、宾语》等10章内容；下编为词类分论，包括了《名词》《动词》《形容词》等六部分。这种编写体例打破了长期以来我国英语语法教材编著过程中先词法后句法的学院派传统，相较传统的编纂方式更适合国人使用。此外，本书根据中学英语教学的需要，针对中国人学习英语的难点，详略得当地介绍了英语语法。在举例时，吕叔湘废弃了原有英语语法书采用英语古典作品的作法，转而列举大量现代英语的例句，力求句子简明易懂。其所用的词语，也多为学生熟知应知的常用词。有学者认为，本书的出版为建立中国式的中学实用教学语法体系奠定了基础。

双解标准英文成语辞典　1926年上海中华书

局铅印本。

厉志云编。厉志云(1890～1959),江苏仪征人。翻译家、教育家。外文辞书译著的奠基人之一。曾任教扬州中学。《双解标准英文成语辞典》是厉志云编著的一部旨在类辑英语成语并加以解释的辞典,1926年7月由商务印书馆出版,至1948年已出至第十版。在编纂工作完成后,王云五、吴康二人对其进行了精细地校阅。本书由绪言、凡例、略字表、正文等部分组成。其中正文部分以26个英文字母为序,收录了英美等国当时常见通用的成语7 500余条。每条均有中英文注释。这些条目大概可分为谚语、习语、俗语、俚语四类,多取材于《Century Dictionnary》及《邝氏英文成语辞典》。此外,每词之后还附有例句。在编纂过程中,厉志云着重搜罗了多义词的义项,并对其进行了详尽的解释。如对To set up的注解就达20条至多。这使读者在阅读过程中能充分地比较各类义项的差异。

英汉双解韦氏大学字典 1923年上海商务印书馆铅印本。

郭秉文等编。郭秉文有《中国教育制度沿革史》,已著录。《韦氏大学字典》是美国乔治和查理·梅里厄姆公司出版的辞书,是1890年在《美国英语词典》的基础上修订而成,定名《韦氏国际词典》,1909年再版,称《韦氏新国际词典》,是当时最为通行的辞书之一。本书是商务印书馆在民国时期组织一批专家学者以《韦氏大学字典》为基础,将其译注成中文,以便国内学习英语的人士使用的一部辞书。由郭秉文、张世鎏任主编,蒋梦麟、厉鼎骧等任副主编,陈布雷、周越然等任翻译,张士一、朱经农等任顾问。本书首列原版序言,后以中文刊入蔡元培、王宠惠、黄炎培等人序言。其主要内容由发音指南、拼法详解、增编、正文等多部分构成。书成出版之后,美国米林公司曾控告本书侵犯其版权。而作为被告的商务印书馆经过与原告的激烈辩论后,被法庭判定赔偿原告白银一千五百两。

标准英语字汇 1935年南京正中书局铅印本。

陆殿扬编译。陆殿扬(1891～1972),江苏苏州人。毕业于南洋公学,先后任江苏省立第一中学校长兼东南大学教授,浙江省教育厅科长、主任秘书,正中书局高级编审等职。中华人民共和国成立后,任解放军外语学院英语系主任、教授。著有《实用英语修辞学》《英汉翻译的理论与实践》等。本书是陆殿扬为中学阶段英语教学编译的中学生应知应会的英语词汇表,收入《教与学月刊社丛编》丛书。主要包括编订标准字汇的必要、研究字汇的种种问题、英语字表三方面的内容。其中,编订标准字汇的必要一部分主要探讨了英语教学学时、英语课本字数、英语考试试题、英语单字价值等四方面问题。研究字汇的种种问题部分讨论了研究字汇的任务、材料等五方面问题。英语字表部分收录了常用英语五百字表、常用英语第二五百字表、标准英语字汇一千字表、教室英语字汇首六百字表等4种表格。

英文汉译的理论与实际 1936年开明书店铅印本;1939年开明书店增订本。

吴献书编著。吴献书(1885～1944),江苏苏州人。翻译家、教育家。毕业于东吴大学,后留校任教。著作等身,译著有《理想国》《社会论》等,著作有《英文文法作文全编》《英文翻译之理论与实际》《英语正误自修册》等。本书是一部研究英语汉译的学术专著,内容分为翻译通论、句译研究、译文比较、模范译文4章,对译文比较部分着力尤多。此章列举并比较了由不同译者译成的诸如《少年维特之烦恼》《慈父》《金银岛》等英文小说,以及《实用化学》《新实用物理学》等学术专著的汉语文本。正文末附有附录,主要阐述一般标点的使用。全书注重实际运用,不多作理论阐述。作者在《序》中认为翻译工作好坏的最关键要素是研究与实习,理论只不过是开始阶段的一种指导。本书的增订版和初版内容有一定差别,修订版在第一章中加入了标点的功用部分,第二章句译研究部分增补了四个例句,第三章增补了两篇例文。此外对英文较难理解的部分增补了汉语注释,对部分内容加以评价和比较优劣。

英华集 1948年正中书局铅印本。

吕叔湘编著。吕叔湘有《中国文法要略》,已著录。《英华集》是一部讨论中国古代诗歌英译的专著,辑录了外国人用英文翻译的中国古诗59首,并分为《诗经》及《楚辞》、汉魏六朝、李白与杜甫、唐诸家等四部分。每首诗下先列中文,后汇录不同译者的英文译文，以便比较研究。在序言部分，作者着重讨论了中国古代古诗英译过程中存在的诸多问题。他认为中国文字艰深，诗词用语凝练，译者在翻译过程中难免发生错误。随后，作者对中国古代诗歌英译错误的类型及原因进行了阐述。错误类型如误解词义、误解典故等；错误原因如不谙历史地理、语法差异等。此外，作者注意到古诗英译时由于中英文诗体差异而产生的翻译障碍，他主张诗歌翻译不应受到文学形式的限制，同时强调以散体译诗，首先应力求准确。最后，作者也讨论了译者在翻译过程中自由发挥的限度等问题。

英文尺牍教科书　1914 年上海商务印书馆铅印本。

张士一编。张士一有《小学“国语话”教学法》，已著录。本书是一部专供中学及师范学校英语教学使用的关于英文书信写作的课本，曾多次再版。本书由序言、给教师的建议及正文部分组成。在序言部分，作者提到本书应在接受作者的 15 节英文会话教学后使用，借此实现掌握最低限度实用英语的这一目标。在给教师的建议部分，作者系统而详尽地介绍了本书的使用流程，以期给予授课教师切实有效的帮助。正文部分则主要由两章内容组成。在第一章中，作者编排了 28 节课时的教学内容，分为样本、替换表达、练习、规则和说明四部分。在第二章中，作者精选了由英语作家写作的 48 封书信，作为教师教学及学生学习英文书信写作的参考。

英语教学法　1922 年上海中华书局铅印本；1935 年 3 月上海中华书局 6 版。

张士一讲演。本书是张士一 1921 年在南京高等师范学校教育研究会做讲演时两篇演讲稿的合刊，在单行本出版之前已收入《南高教育汇刊》第二集。两篇讲演稿分别题为《基本原理》和《实行事项》。在《基本原理》部分，张士一主要介绍了英语教学的目的、教材和教法。在《实行事项》部分，他则从时间的角度阐述了在教学不同阶段所应注意的教学问题。

陆殿扬英语教学言论集　1937 年正中书局铅印本；1947 年正中书局《外国语研究丛书》本。

陆殿扬著。陆殿扬有《标准英语字汇》，已著录。本书是陆殿扬关于我国英语教学研究的论文集，所收录的文章皆来自作者在国立东南大学、国立浙江大学任教时的讲演录以及散见于各个刊物的单篇文章。由于作者认为我国的英语教学法较为落后，无论是教师还是学生，都极为需要一部相关著作以减少无谓的努力，因此作者将上述文章合为一编，刊行于世。本书由 9 篇文章组成，即《中学英语科师资训练》《英语教材之两要素》《英语教学与国防》《英语教学的新姿态》《排除外国语直接教学法的误会》《英语学习法》《学习英语的途径》《学习英语要用英语思想》《英语发音浙江地方性缺点的检讨》。

中国人学英文　1947 年开明书店铅印本。

吕叔湘著。吕叔湘有《中国文法要略》，已著录。本书是吕叔湘创作的一部专门指导国人进行英语学习的专著，于 1947 年 5 月由上海开明书店出版，收入《开明青年丛书》，其初稿此前已先后刊登在当时著名杂志《中学生》和《英文月刊》上。解放后，吕叔湘还对本书进行过修订。全书共分 10 章，分别对国人学习英文的原理和方法，并对英文的语音、拼法、字义、词类、语形变化、动词时变、变式副词、词序、句式用问答体进行了探讨。在《自序》中，吕叔湘强调这本书的用意“不是代替文法书，而是对一般文法书作一补充”。在对中国人如何学习英文进行系统讲解的同时，吕叔湘在书中还重点讨论了外语的教学法，认为语言的使用是一种习惯，要注重比较英汉语的不同之处，强调耳、眼、口、手四到等。

现代英语　1945 年开明书店铅印本。

柳无忌等编。柳无忌（1907～2002），原名锡礽，笔名啸霞、胜己，江苏吴江人。柳亚子哲嗣。毕业于清华大学，历任天津南开大学、昆明西南联大、重庆中央大学教授。后定居美国。著有《西洋文学研究》《菩提珠》《柳亚子年谱》等。《现代英语》是抗战时期柳无忌等人在重庆中央大学编纂的一套专供高级中学六学期英语教学及同程度者自习使用的英文教材，全 6 册。其中，第一、二册以故事为主，主要参考了重庆南开中学高中一年级的课本，自后渐次增加其它文体的份量。第五、六册中各体文字份量大致相同。本书除收录文艺作品外，还编选了有关科学常识、英语国家社会生活、现代文化批判及世界名人事迹等课文。在编纂的过程中，柳无忌等人力求将学习者的英语水平与兴趣有机结合，并强调其所编选文章的思想启发性。为了便于学生理解，书中的每篇课文都附有中英文注释。其中，英文注释力求使用常用词，如英文难以注明，则采用中文注解。

初中英文背诵文选　1943年普及出版社铅印本。

吴献书编著。吴献书有《英文汉译的理论与实际》，已著录。本书是专为初中学生英文背诵使用的文章选集。书中选录了大量文字浅显且有益于初中学生身心的英文作品，共分为伟人事略、故事、演说、简易论文、诗歌五部分。其中，伟人事略部分收入了美国总统华盛顿、发明家瓦特等人的事迹。在编排时，作者将每部之中篇幅较短的置于篇幅较长的之前，并随篇附有较难语句的中文释义，以方便读者使用。

现代英文选　1946年龙门联合书局铅印本；1948年龙门联合书局增订本。

谢大任、徐燕谋编注。谢大任有《英语读音一助》，已著录。徐燕谋（1906～1986），曾用名承漠。江苏昆山人。复旦大学英语语言文学教授。著有《现代英文选》《现代英国名家文选》等。本书是谢、徐二人编注的一部供在校大学生阅读使用的现代英文选集，仅有英文原文，无中文注释。书前有钱钟书序言，序言认为编辑选集是一项并不讨好的工作，因为编者在编选过程中很容易因为与读者趣味的差异而遭受指责。本书共选录了30篇文章，作为供大学生使用的英语选集，内容可谓包罗万象，有讨论中国传统文化的《孔夫子与哲学家》，有关于个人品格的《勇气的问题》，有叙述异域风情的《在一个德国城市生活》等。

英语正误自修册　1933年上海商务印书馆铅印本。

吴献书编著。本书是一本专供学生使用的英语习题。本书共分为15章，包括有关动词的错误、有关形容词和副词的错误、单词的正确使用、复杂句子等，除最后两章外，本书内容主要参考作者另一部著作《英语正误详解》。作者在书中具有导读性质的《读法》部分谈及了本书的使用方法。他认为本书应与《英语正误详解》和《英语正误自修册答案》配合使用。学生在使用时应先做题目，然后核对答案，知晓做题时错误的原因，以免再犯。同时，作者还强调了第八章《复习》部分的重要性，因其习题中混有各类错误，他认为学生应对此章细心研究。

现代英语会话　1945年重庆开明书店铅印本；1947年5月开明书店3版。

柳无垢著。柳无垢（1914～1963），江苏吴江人。柳亚子之女。社会活动家。译著有《人类的喜剧》《敌人》《裘儿》等。本书是柳无垢在抗战期间于桂林中学教授英语时，课堂英语会话的选编。1945年2月，由开明书局出版，再版时，作者又对内容进行了修订，并更正了部分错误。本书共编选了13篇会话，部分会话内容具有浓厚的战时色彩，如《在空袭中》《我们真要感谢无名英雄们》《战争是必须的吗?》等。还有一部分反映了战时的生活面貌，如《假如物价继续高涨》《买办心理》等。

第十二章　文　学

第一节　文学理论与文学评论

文学概论　1928 年北新书局铅印本。

潘梓年著。潘梓年有《逻辑与逻辑学》，已著录。1923 年，潘梓年到保定育德中学教书，当时学校正成立保定育德中学文学研究会，他被聘请讲演新文学，《文学概论》即由其讲稿整理而成。书前有再版弁言、三版弁言、弁言和《代序——什么是文学》。本书分五讲，包括《鸟瞰中的文学》《内质与外形》《文学中理智的要素》《文学的变迁及派别》《文学的分类和其比较》，书后附录《怎样演讲文学》《太戈尔来华》《读诗与作诗》《艺术论》。潘梓年在代序中写道："文学是文字的形式，表现生命中的纯情感，使人生得着一种常常平衡的跳跃。""文学的内容要充实、真确、自然，文学的形式要精密、熨帖、自在。"从本书可以看出，作者已经接受了西方的文学观念和框架体例，在强调表现人生的同时，还需要把情感性推到了较高的位置。

文艺一般论　1933 年光华书局铅印本。

（日）芥川龙之介，（日）武者小路实笃著，高明译。高明（1908～?），笔名陈真、沈晦、珠海渔隐、淮海少年、匿名子、瞿然等。江苏武进（今常州）人。翻译家。译有《西洋文学概论》《文艺批评史》《欧洲现代文艺思潮》等。《文艺一般论》是《光华小文库》之一。本书收录芥川龙之介《文艺一般论》与武者小路实笃《文艺与人生》2 篇研究文艺本质及文艺美学的论文。芥川龙之介是日本新思潮派的主要作家。《文艺讲座"文艺一般论"》曾发表于 1925 年，作者在文中给文艺下定义为"文艺是以言语或文字为表现手段的艺术"，他认为文艺有多种形式，如"小说、抒情诗、戏曲等"，文艺即指文学作品。武者小路实笃是日本近代小说家、剧作家，他与周作人和鲁迅有着密切的交往。在《文艺与人生》中，他认为"文艺的特色，是在于它是一种有充实玩赏的人的心的力量的粮食"。高明不仅翻译了全文，还在一些地方作了注释，解释了一些名词或者典故。本书的出版，使得芥川龙之介的文艺观在中国广为传播。

论雅俗共赏　1949 年观察社铅印本。

朱自清著。朱自清有《国文教学》，已著录。《论雅俗共赏》是朱自清的杂文集，共收录《论雅俗共赏》《论逼真如画》《论书生的酸气》等 14 篇文章。作者在自序中写道："所谓现代的立场，按我的了解，可以说是《雅俗共赏》的立场，也可以说是偏重俗人或常人的立场，也可以说是近于人民的立场。书中各篇论文都在朝着这个方向说话。《雅俗共赏》放在第一篇，并且用作书名，用意也在此。"在《论雅俗共赏》一文中，作者凭借自己深厚的文学功底，评古论今，将文学雅俗共赏的进程放在一定的历史文化环境中进行阐述，使得雅俗共赏的审美境界成为文学发展的一种重要趋势。

中国文学批评论文集　1946 年正中书局铅印本。

王驾吾编。王驾吾(1900～1982),原名焕镳,号觉吾、因巢。江苏南通人。著名文史学家。著有《先秦寓言研究》《墨子校释》《明遗民万履庵先生年谱》等。《中国文学批评论文集》收录自春秋至清朝有关文学批评的文章55篇。每篇文章后附传略、结构大旨及注释。书前有自序,自序后有参考书举要。古代历来有系统的文学理论专著除了刘勰《文心雕龙》外很少,前人对于文学的意见多在信件中,或是在诗文集序跋中,才会抒发讨论。所以要研究前人的文学理论,只能从文集中搜罗些断简零篇。本书中收录的文章有司马迁的《史记·司马相如传赞》、陆机的《文赋并序》、刘勰的《文心雕龙·情采》、韩愈的《答李翊书》、白居易的《与元九书》、顾炎武的《日知录》论文九则、阮元的《四六丛话后序》等。作者在序中说道:"我现在编这本书,是要叫青年读者们晓得前人论文的本来面目。"

中国文学批评史 1927年中华书局出版铅印本。

陈中凡著。陈中凡有《经学通论》,已著录。《中国文学批评史》全书分12章。首章为"文学之义界",谈文学的意义和文学史的分界;第二章论述文学批评的意义和派别;第三章为中国文学批评史的总述。以下按照朝代分别对周秦、两汉、魏晋、宋齐梁陈、北朝、隋唐、两宋、元明、清代这九个历史时期的诗文、词曲、著作、文人等作了评论。本书涉及中国古代文学史上各历史时期出现的文学流派、文学思潮、文学运动的理论观点及各阶段代表作家的文学批评。简略地勾画了中国文学批评史的主要内容和线索,大体奠定了中国文学批评史的基本框架。本书是中国学者撰写的第一部中国文学批评史专著,填补了中国文学批评史研究的空白,对后来的批评史专著的撰写影响较大。

中国文学批评史 1947年上海商务印书馆出版社铅印本。

郭绍虞著。郭绍虞有《语文通论》,已著录。《中国文学批评史》是一部中国古典文学批评史。分上下两卷。上卷起周秦至北宋,下卷自南宋至清。每册前均有总论一篇。上册于1934年出版,下册1947年出版。书前有作者自序、胡适序。自序认为,"对于古人的文学理论,重在说明而不重在批评","这是叙述而不是表彰,是文学批评史而不是文学批评",所以作者希望能"在古人的理论中间,保存古人的面目"。本书编纂体例有的以家分,有的以人分,有的以时代分,有的以文体分,还有以问题分。全书篇目章节甚详,查阅较便。本书材料丰富扎实,在史的叙述与论断方面,也很有见识。本书是郭绍虞的代表作之一,也是当时中国文学批评史专著中极为重要的一部。

中国文学批评史大纲 1944年开明书店出版铅印本。

朱东润著。朱东润(1896～1988),原名世溱,以字行。江苏泰兴人。文学史家、传记文学家。著有《史记考索》《后汉书考索》《梅尧臣集编年校注》等。《中国文学批评史大纲》是1929年至1942年朱东润执教武汉大学期间写成的,是作者当时教授中国文学批评史课程时的讲稿。初稿完成于1931年,二稿完成于1933年,三稿完成于1937年,时值抗日战争爆发,第三稿的下半部遗失,后来作者将第三稿的上半部和第二稿的下半部合并,略加校订,便有了本书。书前有自序。本书起自孔孟,迄于清代陈廷焯,共76章。全书构筑了一个完整的中国文学批评史框架,对先秦到清末的批评家之理论作出了比较符合客观实际的评述,且将文学批评的流变放在极为重要的地位。本书除诗文批评外,首次将小说、戏曲理论批评纳入中国文学批评的范围。本书初步确立了中国文学批评史的框架,是朱东润的代表作品之一。

文人综论 1948年大东书局出版铅印本。

胡山源著。胡山源(1897～1988),原名三元。江苏江阴人。作家、翻译家。著有《散花寺》《南明演义》《风尘三侠》等,译有《欧·亨利短篇小说集》等。《文人综论》是胡山源撰写的一本评论文人的书。本书先是论述一般的文人,之后是论述从事编辑与撰著的文人。书前有作者自序,云:"自小读书时在书上看见了许多文人,入世以来所交接往来的也以文人为多,对于文人,于是不能无动于中,不能不略有一些意见或感想。这些意见或感想,又碰到可以发表的机会,便陆续地也写成了若干篇短文。"本书从《何谓文人》出发,对于文人的无聊、有聊、怪癖、迷信、势利、牢骚、苦闷、主观、客观等,都有自己的见解。最后附以《我的读书经验》作为结尾。其中有一篇《几个模范的作家》中首先提出了鲁迅、叶圣陶、茅盾等，他认为鲁迅是伟大的作家，叶圣陶是短篇小说专家，茅盾是最有成就的长篇小说作家。本书与《文艺综论》《作文综论》一起在大东书局出版。

楚辞之研究 1937 年上海泰东图书局铅印本。

支伟成著。支伟成有《标点老子道德经》，已著录。上编为研究之部，下编为解释之部。上编包括屈原传略、屈原文学艺术之评论、自屈原文学作品中体现之屈原人格、楚辞篇目考、参考书举。下编列《楚辞》之《离骚》《九歌》《天问》《远游》《卜居》《渔父》《招魂》《大招》等，采用新式标点，简单注释。书前有其自序："屈原为我国古代文学创作家，秉卓越之天才，遭迍蹇之时会。其作品，表现个性，有极高寒之理想，具极热烈之感情。"又"爰据《史记》，兼采旁证，考其平生。更就《楚辞》，录其遗作，加以标注"。本书以"近代人眼光，直接探讨文学之生命"为旨。本书借鉴梁启超《屈原之研究》一书，论述与注释都较简单，但因行世较早，曾多次印行。

红楼梦辨 1923 年上海亚东图书馆出版；1929 年亚东图书馆重印。

俞平伯著。俞平伯（1900～1990），原名俞铭衡，字平伯。祖籍浙江德清，生于江苏苏州。现代诗人、作家、红学家。著有《西还》《燕郊集》等。本书分上中下三卷，上卷集中讨论后四十回的问题，中卷主要剖析前八十回的文体，下卷则侧重佚稿与脂评研究。此书考证出《红楼梦》原书只有前八十回是曹雪芹所作，后四十回是高鹗续作，提出了作者自叙、色空观念、情场忏悔、钗黛合一、怨而不怒等论点。与胡适同成为新红学奠基人。该书是新红学史上的第一部专著，有许多研究具有开创价值。1952 年，作者将本书修订为《红楼梦研究》，由棠棣出版社出版。2010 年以原书名收入商务印书馆《中华现代学术名著丛书》（第一辑）。

红楼梦人物论 1948 年上海国际文化服务社铅印本。

王昆仑著。王昆仑有《三民主义提要二十条》，已著录。《红楼梦人物论》是作者在抗战期间撰写的，起初以"太愚"为笔名陆续发表在抗战期间曹孟君主编的《现代妇女》杂志上，共 19 篇。1948 年 1 月由国际文化服务社结集出版。中华人民共和国建立后，修改合并成 14 篇，在《光明日报》上发表。1983 年再次修改增补为 17 篇，由三联书店出版。此次出版增加了以前未曾修改的宝玉、黛玉的 4 篇，把《贾宝玉的直感生活》和《贾宝玉的逃亡》合并为《贾宝玉的直感生活及其归宿》，把《林黛玉的恋爱》和《黛玉之死》合并为《林黛玉的恋爱悲剧》。本书是最早试图用历史唯物主义观点来研究《红楼梦》的一部专著。由于本书创作的时代背景，作者对《红楼梦》的人物从政治、思想、历史、道德、美学等角度，以史学家的眼光进行了生动形象的分析。

论文杂记 1928 年朴社铅印本。

刘师培著。刘师培有《老子斠补》，已著录。《论文杂记》是刘师培的文论著作。共 1 卷，分 24 则。本书以《汉书 · 艺文志》上所列先秦诸子流派为类，比照历代作家作品，对各种文体，考镜源流。广泛论及上自先秦，下迄清末的诗文、辞赋、词曲、小说、南北剧等文学体裁，对历代文学渊源流变的论述，颇有独到之处。刘师培主张"文笔说"，推崇骈文，与桐城派主张迥异。正文前有校印例言，云："本卷篇帙虽不甚多，但包罗范围，至为广博，为研究文学史、文法学、修辞学与文学批评者所不可不读。"《论文杂记》原载于清光绪三十一年（1905）各期《国粹学报》，1928 年由朴社出版单行本，1934 年收入《刘申叔先生遗书》中。

谈艺录 1948 年上海开明书店铅印本。

钱钟书著。钱钟书（1910～1998），字默存，号槐聚，笔名中书君。江苏无锡人。著有《围城》《人 · 兽 · 鬼》《管锥编》等。《谈艺录》是钱钟书用文言文撰写的关于中国古典诗歌的评析著作。作者一方面继承了中国传统诗话的长处，一方面又广泛汲取了欧美文艺思想，采用中国传统诗话形式，纵论中国古典诗文。本书以唐、宋两个时代为主，以专题的形式，对其诗歌创作、诗人、诗话、诗论等作了深入的批评研讨。作者参引了大量的中外文学资料，征引或评述了宋以来的诗话近 130 种，引述西方论著 500 余种。本书的创作始于作者在蓝田国立师范学院时期，初稿完成于 1942 年，当时全国正处于抗战期间，钱钟书在序中开宗明义道："《谈艺录》一卷，虽赏析之作，实忧患之书也。"本书是一部集传统诗话之大成的书，也是中国最早的中西比较诗论。

第二节　各体文学评论与研究

中国韵文通论　1927年上海中华书局铅印本。

陈中凡著。陈中凡有《经学通论》，已著录。本书于1926年列入《文学丛书》中，由中华书局出版。本书是陈中凡在东南大学、广东大学、金陵大学任教期间教学研究成果的结晶。书前有郝立权序，云："因取平日讲稿，及师友讨论之作，萃为是书，述造逾年，遂成巨制。"韵文，是相对散文而言的，泛指用韵的文体，如歌谣、诗、词、曲、赋等。本书所论韵文，包括诗、词、曲、赋各类。分为九章，包括《诗经》《楚辞》、诗骚之比较、汉魏六代赋、乐府诗、汉魏至隋唐古诗、唐人近体诗、唐五代及两宋词、金元以来南北曲。本书是中国现代第一部诗歌史类著作，但所谈论韵文只至唐宋部分，于元代以后仅简述南北曲，而不涉及其他韵文体。

诗学纲要　1927年东南大学铅印本。

陈去病著。陈去病（1874～1933），原名庆林，改名去病。字佩忍，一字巢南，别号垂虹亭长、勤补老人等。江苏吴江人。南社创始人之一。著有《明遗民录》《清秘史》《浩歌堂诗钞》等，辑有《笠泽词征》《松陵文集》《吴江诗录》等。《诗学纲要》完成于1927年。1922年陈去病任东南大学国文教授，主讲中国文学及辞赋学等课，本书就是为东南大学所编写的文科教材。本书包括阐述论诗宗旨的自叙与评述历代诗歌发展的19篇专论，其目的是"明诗学之递嬗，考古今之得失"，以让学生了解诗学源流，趋于正道。书前有其自叙，云："积岁五稔，削稿粗定，名曰《诗学纲要》，俾诸生讲肄焉。"本书第一篇《诗之名义》与第二篇《诗之起源》，总论了诗的定义和起源。从第三篇《诗学之成立》至第十九篇《清诗之蕃衍》则分章论述历代诗歌的发展以及演进历程。作者论历代诗歌，大量运用了前人的研究成果，全书感情浓烈，语言优美，是陈去病最重要的诗学研究著作。

中国诗学大纲　1929年大东书局铅印本。

江恒源著。江恒源有《伦理学概论》，已著录。编写本书的目的就是提供给高级中学、师范学校作中文课的讲义。本书分上下两编。上编为诗学概论，分7章，简述诗经、乐府、古体诗、近体诗及词曲等；下编选录各体诗歌，皆先分类，次分时间。书前有1926年作者所写《本书编著之旨趣及体例》一文，体例中提醒读者要先看下编再看上编。作者写道："本书上编论述，虽仅寥寥七章，分量至简单；但其中包孕，为类实繁。教者学者于下编卒业以后，再为研究上编，自有触类旁通之乐。"又下编"分类可以明统系，分时可以明变迁。是关于文学概论及文学史研究之重要对象，实已具其大概"。

中国诗史三卷　1939年上海商务印书馆铅印本。

陆侃如、冯沅君合著。陆侃如（1903～1978），原名侃，字衎庐，笔名小璧。祖籍江苏太仓，生于江苏海门。著有《乐府古辞考》《南戏拾遗》等。冯沅君（1900～1974），原名恭兰、淑兰，字德馥。河南唐河人。陆侃如妻。本书初稿在1925年至1930年写成。陆侃如认为"中国诗歌变迁的第一关键在汉，第二关键在唐"，所以把诗歌的演进分为古代、中代、近代三个时期，即上中下三卷。上卷为陆侃如清华的毕业论文，作于1927年；中卷是陆侃如在上海教书时所写，下卷则为冯沅君著。本书运用唯物史观和马列主义文艺理论对中国古代诗歌变迁的趋势、诗歌的艺术技巧等进行研究，特别重视分析具有创新意义的作品和流派。本书对《诗经》作了全面的述评，弥补了胡适《白话文学史》的缺陷。

清诗话四十三种五十一卷　1916年文明书局铅印本。

丁福保辑。丁福保有《老子道德经笺注》，已著录。丁福保编有《全汉三国晋南北朝诗》《历代诗话续编》《佛学大辞典》等。《清诗话》是专收清人诗论著作的大型丛书。清人何文焕辑有《历代诗话》，丁福保继此编有《历代诗话续编》，然所收仅到明代。故继而又辑《清诗话》，专收清人诗话。所收书中如王夫之《姜斋诗话》、叶燮《原诗》、沈德潜《说诗晬语》及王士禛、赵执信、翁方纲诸作，都是清代诗论中的重要著作。本丛书搜罗不广，如袁枚《随园诗话》、赵翼《瓯北诗话》、翁方纲《石洲诗话》等重要著作，都未收录，未能反映清代诗论的全貌。在版本上选择亦不精，校勘尚多疏漏。

可园诗话八卷 1919年铅印本。

陈作霖著。陈作霖有《江苏兵事纪略》，已著录。本书题"重光耄道人"作，书前有刘保元、石凌汉序。刘保元序云："(陈作霖)博闻强记，每览佳什，辄识弗谖，晚年遂有诗话之辑。七旬后目已失明，犹口授不辍，继目光渐复，则自书以剋其成。"书前例言云："兹编搜采以见闻所及为断，上泝道光，下逮并世，乾嘉以上，概从阙如。"又云："兹编意在表微闾里，潜修之士，所采较多。"盖因诗立话，因话存人之体。陈氏熟于金陵地方文献，故本书亦多记载金陵诗人事迹与金陵诗词故实。如"六合刘氏多文人""袁氏随园在北门桥西""甘氏津逮楼藏书极富，洪杨乱后，荡为灰烬"等。本书乃研究金陵文学史尤为有用之文献。

续海虞诗话一卷 稿本，常熟市图书馆藏。

徐兆玮编。徐兆玮(1867～1940)，字少逵，号虹隐，又号剑心。江苏常熟人。著名藏书家。著有《闰余集》《虹隐楼随笔》《虹隐楼日记》等。《续海虞诗话》一卷，体例同《海虞诗话》，辑录前人品评海虞诗人之语，多辑自王应奎《柳南随笔》。所评人物有施显、魏冲、冯舒、钱陆灿、秦兰征、许彻等。卷末附"流派""摘句"。其中"流派"一类，对常熟诗歌的流派、风格的演化、特点，对常熟诗人间的授受传承关系等，都有具体的说明。如云："钱宗伯诗法受之于程孟阳，而授之于冯定远。两家才气颇小，笔亦未甚爽健，纤佻之处亦间有之，未能如宗伯之雄厚博大也。然孟阳之神韵、定远之细腻，宗伯亦有所不如。盖两家是诗人之诗，而宗伯是文人之诗。"又云："吾邑诗人自钱宗伯以下，推钱湘灵、冯定远两公。湘灵生平多客金陵、毗陵间，且时文、古文兼工，不专以诗名也。故邑中学诗，宗定远为多。"徐兆玮另辑有《海虞诗话》《虞山诗史》《海虞闺秀诗话》合4册，稿本，藏常熟图书馆。

然脂余韵六卷 1920年上海商务印书馆铅印本。

王蕴章编。王蕴章(1884～1942)，字莼农，号西神，别署西神残客、二泉亭长、洗尘、红鹅生等。江苏无锡人。南社社员。著有《霜华影传奇》《碧血花传奇》《梅魂菊影室词话》等。《然脂余韵》是清代闺秀诗话，为继清王士禄《然脂集》而作。书前有邵瑞彭、白曾然序及王蕴章自序。自序云："比年佣书于涵芬楼，楼中富藏书。戢舂所及，不加诠次，断自清初，以迄近禩。断章零句，录之或无所表襮，而玉情瑶韵，蔚成佳话者，亦录之传姓氏，志梗概，存什一于仟伯也。"又云本书"非敢纂西樵之坠绪，聊以阐闺襜之馨逸耳"。本书以诗为主，诗余杂文间亦采入。本书生动展现了清代闺阁生活，为清朝历史研究提供了资料。本书编纂始于1914年，先在涵芬楼的月刊上连载，1920年由商务印书馆出版。书后有徐彦宽跋，称本书"卓然集清三百年闺秀诗词话之大成"。本书后列入《民国诗话丛编》。

新诗杂话 1947年作家书屋铅印本。

朱自清著。朱自清有《国文教学》，已著录。《新诗杂话》是朱自清专门讨论新诗的著作。收录其所著《新诗的进步》《解诗》《诗与感觉》《抗战与诗》《爱国诗》等讨论新诗问题的15篇文章，另附一篇麦克里希《诗与公众世界》的翻译。书前有作者自序。作者以"解诗"为方法，将本书所收文章归为"诗的动向、爱国诗、诗素种种、歌谣同译诗、诗声诗律"等几类。作者在自序中写道"意义的分析是欣赏的基础"，而且"文艺的欣赏和了解是分不开的"。本书各篇解诗与诗论并行，范围相当宽泛，行文颇类诗话。书中所论，既有朱自清作为诗人的切身体会，又有作为文学研究者的独到见解。最后一篇《诗与公众世界》是介绍英美青年诗人的新动向，可作为对《诗的趋势》一文的补充。

幽默诗话 1932年世界书局铅印本。

胡山源编。胡山源有《文人综论》，已著录。《幽默诗话》是胡山源编的有关于幽默的诗、词、曲、联话总集。全书分为幽默诗话、幽默词话、幽默曲话和幽默联话四部分。材料除直接采自各种诗、词、曲、联话的幽默文字外，并旁及古今各种笔记。所录各篇均注明出处，卷末附有该书的提要。全书分为：文字、天时、夫妇、幻异、生死、地理、行游、技能、姓名、科第、品藻等类。本书是适应当时社会崇尚趣味、追求浅俗幽默的时风而产生的。书前有编者自序，作者在最后写道："看来天下大势，由盛而衰，六十年风水轮流转，物极必反，幽默的气数已到，不久之间，一定又会有什么东西出来奉天承运，在出版界中称孤道寡的。"全书收录的材料以意趣诙谐，能引起美感的为主。笑话、打油诗等均不收，单篇的幽默诗词曲联也不收，凡原书非诗词曲联话或笔记的，也不收录。

词学通论 1932年上海商务印书馆铅印本。

吴梅著。吴梅(1884～1939)，字瞿安，号霜厓，别署癯安、逋飞、厓叟等。江苏长洲(今属苏州)人。近代戏曲理论家、教育家、诗词曲创作家。著有《中国戏曲概论》《南北词谱》《霜厓诗录》等，现有《吴梅戏曲论文集》《吴梅全集》。《词学通论》原名《词学讲义》，是吴梅于1922年至1927年任教于东南大学讲授词学时的讲义。1933年被列入《万有文库》。本书论述平仄四声、音律、词的作法，以及唐至清代的词等。分为9章，第一章《绪论》讨论有关词的几个基本问题；第二至四章讨论词的四声、论韵和音律；第五章为词的创作，论作法；第六至九章为词史，概论各朝代词人的词作。本书史论结合，从格律到做法，多所创见，是吴梅的代表作之一。

词话丛编 1935年南京词话丛编社发行铅印本。

唐圭璋编。唐圭璋(1901～1990)，字季特。江苏南京人。吴梅弟子。著有《梦桐词》，编有《全宋词》《全金元词》等。《词话丛编》是大型的历代词话丛书。收录宋至近代词话共60种。专收评述词人、词作、词派及言本事之书，自宋王灼《碧鸡漫志》至近代潘飞声《粤雅词》。唐圭璋从1931年起，积3年之力，从各大丛书、明清人集子及各家选本中，潜心搜集，编成本书。其中有精校本、增补本、罕见本、原钞本，尤为可贵。吴梅为《词话丛编》作序，称"此书洵词林之巨制，艺苑之功臣矣"。本丛书不收杂论诗词之作，有些专门论词的，如词律、词谱、词韵及研讨词乐之书亦未收入。全书卷帙浩繁，不免有错字疏漏。1959年后，唐圭璋又开始修订增辑，对原刻校改错字，加以断句标点，并新增词话25种，共85种。增订本1986年由中华书局出版。

顾曲麈谈 1916年商务印书馆出版。

吴梅著。《顾曲麈谈》作于1913年，初刊于《小说月报》，商务印书馆于1916年出版单行本。本书分原曲、制曲、度曲、谈曲4章。第一章分述宫调、音韵、南曲作法、北曲作法，第二章为传奇、杂剧作法、清曲作法，第三章论述唱曲的规律，第四章杂论传奇、杂剧与历代戏曲家的作品及成就。钱基博在《现代中国文学史》中写道："曲学之兴，国维治之三年，未若吴梅治之劬以毕生。国维限于元曲，未若吴梅之集大成。国维详其历史，未若吴梅之发其条例。国维赏其文采，未若吴梅之析其声律。而论曲学者，并世要推吴梅为大师。"对吴梅甚是推崇。《顾曲麈谈》是吴梅的曲学代表作。

曲学通论 1935年商务印书馆铅印本。

吴梅著。本书为吴梅在北京大学教授曲学时的讲义，1919年由北京大学出版部出版，后在商务印书馆再版时改名为《曲学通论》。本书概论曲的源流、论曲和音韵的关系，以及作曲之法等。分曲原、宫调、调名、平仄、阴阳、作法、论韵等12章。书前有作者自序。据自序可知，本书的编写，以王骥德《曲律》为底本，又"旁采挺斋、丹邱、词隐、伯明诸谱，及陶九成、王元美、臧晋叔、李笠翁、毛稚黄、朱竹垞、焦里堂各家之言"，而第12章《家数》，则就金元以来曲家之风格加以介绍评述。

中国戏曲概论 1926年大东书局铅印本。

吴梅著。《中国戏曲概论》是第一部中国戏曲通史。分上、中、下三卷，分别论述元、明、清三代的戏曲。卷首有王文濡序。上卷分金元总论、金院本、诸宫调、元人杂剧、元人散曲；中卷分明总论、明人杂剧、明人传奇、明人散曲；下卷分清总论、清人杂剧、清人传奇、清人散曲。先总论三个时期戏曲源流、正变、盛衰，再就各家各派风格特征、创作成就及其具体作品作出评述，多有独到之见，特别是对前人研究和论述不足的清代戏曲的论述更具价值。

中国戏剧概论 1944年世界书局铅印本。

卢前著。卢前(1905～1951)，字冀野，自号饮虹、小疏。江苏南京人。戏曲家吴梅弟子。著有《明清戏曲史》《饮虹曲话》《南北曲溯源》等，还编印了《元人杂剧全集》《明杂剧选》《中州乐府音韵类编》等。本书是卢前的戏曲史专著，被列入世界书局《中国文学丛书》。本书共12章，全面阐述了中国戏剧的历史。从中国戏剧的起源、萌芽，到宋金杂剧院本、元杂剧传奇、明杂剧传奇、清杂剧传奇都有专门的篇章探讨。在清代戏剧部分还有对乱弹的论述，在近代戏剧中对话剧进行论述。本书充分吸收前人对于戏曲研究的成果，每章后列有参考书目。在论述中国戏曲的同时也参考了国外戏剧，具有开阔的学术视野。值得一提的是，作者突破偏见，将花部纳入学术视野，提升了花部在戏曲发展史上的地位。本书较早的勾勒出中国戏曲发展的历史，是我国第一部名副其实的戏曲史论著。书前有作者自序。

螾庐曲谈　1928年上海商务印书馆铅印本。

王季烈著。王季烈(1873～1952)，字晋馀，一字君九，号螾庐。江苏长洲(今属苏州)人。中国戏曲学家。著有《螾庐曲谈》《度曲要旨》，编有《集成曲谱》《与众曲谱》《正俗曲谱》等。《螾庐曲谈》是王季烈的戏曲理论著作。起初分别载于《集成曲谱》各集卷首，1928年由商务印书馆出版单行本。本书分4卷，卷一论度曲，探讨了七音笛色及板眼、识字正音、口法和念白等问题；卷二论作曲，讨论了宫调曲牌、套数体式、剧情与排场、词藻、四声和衬字等问题；卷三论谱曲，研究了宫谱版式、四声阴阳与腔格、各曲牌的主腔、诸腔联络与板眼节拍等问题；卷四余论，论述了传奇源流，考证了曲家事迹以及词曲掌故等。本书在曲学研究上补充了王国维、吴梅在乐理、乐律以及昆曲音乐、古代词曲音乐和今乐的对应上的不足，为建立近代曲学研究体系作出了贡献。

散曲概论　1931年中华书局聚珍仿宋《散曲丛刊》本。

任中敏著。任中敏(1897～1991)，名讷，以字行，笔名二北、半塘。江苏扬州人。戏曲理论家、敦煌学家、词曲学家。著有《敦煌歌曲校录》《教坊记笺订》《隋唐五代燕乐杂言歌辞集》等。《散曲概论》是任中敏所编《散曲丛刊》的第十四种。本书由作者1926年连续发表在《东方杂志》上的《散曲之研究》修改而成。任中敏在北京大学中文系读书时师从吴梅研究宋词和金元散曲，毕业后专程到南方拜访吴梅，留居“奢摩他室”，并凭借吴梅所藏词曲典籍，编出《散曲丛刊》和《新曲苑》诸书。本书分2卷，卷一包括序说、书录、名称、体段、用调和作家；卷二包括作法、内容、派别、余论，共10节。其中卷一除了序说外，其他均为考据，而卷二则均为议论。本书内容丰富，系统地论述了散曲的特点和流派，界定了散曲的概念，全面搜集了散曲的研究史料，是全面系统论述散曲的奠基之作。

明清戏曲史　1933年钟山书局铅印本。

卢前著。《明清戏曲史》为接续王国维《宋元戏曲史》一书而作。全书分7章，包括明清剧作家之时地、传奇之结构、杂剧之余绪、沈璟与汤显祖、短剧之流行、南洪北孔、花部之纷起。自序云：“余尝谓使以词归诸宋者，则曲当推朱明一代。……曲迄于清，虽稍稍衰矣；而谱律日严，远迈前叶。仍一代偏胜之说，明曲有足多者；就一体论，明清戏曲亦不可或忽视也。”又云：“然使学者知元后未尝无曲，于余心固已自忻慰已。”本书完整地勾勒出明清时期戏曲发展演进的情况，分析了明清文人剧作的不同特点，并从观众、演员、剧本、唱腔、表演等方面原因，论证清代花部之兴起和昆曲之衰微的必然性。

诵芬室读曲丛刊　1917年武进董氏诵芬室刻本。

董康辑。董康有《中国法制史》，已著录。《诵芬室读曲丛刊》是20世纪戏曲研究史上第一部古典戏曲史料汇编。董康热衷于俗文学文献资料的收藏，其诵芬室着力收藏一向被学者君子摒弃于大雅之堂外的小说、戏曲等俗文学。董康曾辑《诵芬室丛刊二编》，其中的曲论著作部分，1917年又重印，即《诵芬室读曲丛刊》。本丛刊辑录元明清戏曲论著，包括元钟嗣成《录鬼簿》2卷、明徐渭《南词叙录》1卷、明骚隐居士《衡曲麈谭》1卷、明魏良辅《曲律》1卷、明王骥德《曲律》4卷、明沈德符《顾曲杂言》1卷、清焦循《剧说》6卷。另刻有《旧编九宫目录》1卷、《十三调南吕音节谱》1卷。丛刊保存不少戏曲文献资料，也促进了古典戏曲的传播、流通，为古典戏曲研究的资料基础。

新曲苑　1940年中华书局铅印本。

任中敏编。《新曲苑》是古代戏曲论著丛书。

本书共12册，收辑《读曲丛刊》《曲苑》所未收的元、明、清及民国学者戏曲论著、史料34种，另附自编的《曲海扬波》6卷。本丛书所收之书大致分为两类，一类是原本独立成书或成篇的古代戏曲论著；一类是从笔记杂著中辑录出有关戏曲的内容编辑成书。《曲海扬波》是编著仿焦循《剧说》和王国维《优语录》体例，摘抄散见于笔记、杂录中有关材料汇成的，并辑录了许多戏曲文献的序跋。《新曲苑》所收各家著述，内容广泛，有关于杂剧、传奇戏曲、花部等各种戏曲源流演变的记载，作家作品的品评议论，题材故事的来源考证等，都具有较高的文献资料价值。

骈文通义 1934年大华书局铅印本。

钱基博著。钱基博有《经学通志》，已著录。《骈文通义》是钱基博撰写的关于骈文的评析之作。全书分为原文、骈散、流变、典型、漫话五个部分。书前有自序，根据自序可知钱基博自小通读《文选》，之后又读李兆洛《骈体文钞》、王先谦《骈文类纂》、彭元端《宋四六选》、曾燠《骈体正宗》、屠寄《常州骈体文录》，且称"而李之《骈钞》，恢张汉魏，以植散行之骨；王之《类纂》，极论才气，以闳骈文之规；尤能观骈散之会通，而足树楷模于斯文者也！发凡起例，撰为是册"。本书综合历代之论述加以辨析，简述骈文的发展演变，讨论文与骈、骈与散之关系，提出"骈文一体，实为文体之正宗""原文之必出于骈，非骈则不成文"等观点。

英国诗文研究集 1939年商务印书馆铅印本。

方重著。方重(1902～1991)，字芦浪。江苏常州人。文学翻译家。译有《近代英文散文选》《乔叟文集》《查理三世》等。《英国诗文研究集》是方重任教于武汉大学，结合教学而出版的著作。全书正文7篇，其中有2篇翻译，1篇书评，3篇与教学有关的文章，1篇读英国诗歌的心得。附录有短论及小品文5篇，还有英文短论1篇。书前有序言。全书第一篇《十八世纪的英国文学与中国》是中国比较文学史上的一篇重要论文。全文回顾了中英两国在18世纪以前的文化交流情况，探讨了中国文学和思想对18世纪英国文学的影响。另外《英国小品文的演进与艺术》一文则比较系统地概述了英国小品文的发展史。《心理学与文学批评》一文以莎士比亚、拜伦等的创作为研究基础，论述了心理学与文学的关系。另外4篇分别是《邓与布朗宁对人生的解答》《诗歌集中的可罗列奇》《莎士比亚与民族理想》《漫骂与幽默》。

一九三九年以来英国散文作品 1948年商务印书馆铅印本。

(英)约翰·黑瓦德著，杨绛译。杨绛(1911～2016)，原名季康。江苏无锡人。著名作家、戏剧家、翻译家。钱钟书妻。剧作有《称心如意》《风絮》，译有《小癞子》《吉尔·布拉斯》《堂·吉诃德》等。《一九三九年以来英国散文作品》由英国的著名学者与批评家约翰·黑瓦德所著，作为《英国文化丛书》12种之一出版。书前有朱经农为本丛书作的总序，还附有数张当时英国作家、批评家、出版家的照片。本书分为七个部分，包括引言、战事、传记与自传、散文与批评、历史与政治、宗教·哲学·科学·考据以及结论，并附参考书简目。引言中作者写道："本文目的，要把一九三九年至一九四五年那五年战争期间英国散文学的成就(除却小说)，向英伦三岛外的读者作一个尝试性的报告。"本书的涉猎面很广，有传记、历史、政治、宗教、哲学、科学等，每当遇到没有读过的作品，杨绛就会去请教钱钟书的英国朋友们，钱钟书也在书中为杨绛写了一篇详细的注。本书是杨绛翻译的第一本书，也是她第一次翻译的英文作品。

中国小说史 1927年苏州秋叶社铅印本。

范烟桥著。范烟桥(1894～1967)，乳名爱莲，学名镛，字味韶，号烟桥，别署含凉生、鸱夷室主、万年桥、愁城侠客等。江苏吴江人。鸳鸯蝴蝶派作家。著有《烟丝》《民国旧派小说史略》《孤掌惊鸿记》等。本书前有包天笑《弁言》，胡寄尘、黄觉、赵眠云序，江红蕉《我的感想》以及范烟桥所撰《引》。《引》云："去今两年之冬，天奇寒，不出户，以架庋说部为遣。"又云："乃思探索其源流沿革，察其变化递遭之迹象，以著其绩，于是有《中国小说史》之作。"本书以时间为顺序，"以著作为目，而以作者经纬之"。全书分6章，包括总说、混合时期、独立时期、演进时期、全盛时期以及结论，详尽叙述了中国小说自上古神话至民国初白话小说创作的整个历程。本书除录选古代小说外，还对近现代文学研究会的出版物、小说杂志、翻译小说、戏曲脚本、电影脚本等当时的新型作品逐一搜罗，对小说理论批评也有所关注。本书确立了小说在中国文学史发展中的重要地位，指出了小说与社会时代的密切关系。

欧美小说丛谈 1916 年上海商务印书馆出版社铅印本。

孙毓修编。孙毓修有《玄奘》，已著录。《欧美小说丛谈》是孙毓修编著的一部系统介绍欧美文学的专著，曾于 1913 年至 1914 年间在《小说月报》上连载，后作为《文艺丛刻甲集》之一出版单行本。本书包括《希腊拉丁三大奇书》《孝素之名作》《英国奇人约翰生》等，共 28 篇文章。作者以当时大量翻译文学为基础，并直接翻译采用国外书刊中的最新资料，介绍了 19 世纪以前欧美一些重要作家的生平和创作情况，内容涉及小说、神话寓言、童话、戏剧等。书前有小引云："欧美小说，浩如烟海。即就古今名作，昭然在人耳目者，卒业一过，已非易易。用述此编，钩玄提要，加以评断，要之皆有本原，非凭臆说。"本书勾勒了欧美文学的基本脉络，填补了当时中国欧美文学史研究的空白。

第三节　文学史与文学思想史

中国文学史 民国国学扶轮社铅印本。

黄人著。黄人（1866～1913），初名振元，字慕韩。中年改名人，字摩西。江苏常熟人。南社社员。著有《摩西词》等，今人辑有《黄人集》。本书始撰于光绪三十年（1904），最早用为东吴大学堂的国学讲义，至光绪三十三年方完成全书的编写。后由国学扶轮社铅印出版。全书分总论、略论、文学之种类以及分论四大部分。全书以"世界之观念，大同之思想"为宗旨，立足于中国文学的传统，借鉴西方文学理论，是中国最早运用比较文学方法研究中国文学的学术著作。尤其是它对于古典戏曲、小说的研究，具有拓荒意义。钱仲联在《辛亥革命时期的进步文学家黄人》一文中评价本书道"是我国自有文学史以来，第一部空前的巨制，至今还没有出现同样数量的大帙。该书所述，从语言结绳图画音韵而有文字，从文字而有文学金石学韵学小学美术之类，从文字肇始以至于'极盛时代'、'华离时代'，无所不详"。本书是国人自著最早的中国文学史著作之一，该书的出现，对后世的文学史撰写、文学研究乃至文学的发展均产生了重大影响。2015 年，苏州大学出版社出版了该书的点校本。

中国文学史 1918 年上海商务印书馆铅印本。

张之纯著。张之纯（？～1919 前后），字尔常，号痴山。江苏江阴人。著有《痴山随笔》《江阴倭寇旧闻》，评注有《春秋繁露》《晏子春秋》《荀子》等。《中国文学史》是以师范学校课程编撰，以供师范学校学生学习的教科书。本书按时代叙述，自上古至清代，分上下两卷。首为绪论，上卷始伏羲至隋代，下卷从唐代至清末。作者认为经传是文学的正宗，一切文章体例都是以经传为本，所以本书对经传有关的内容叙述比较详细。本书详细论述汉代的经学流传，诗词的源流、古籍的聚散、小说戏曲的发展、清代的诸儒学派等，还收录一些历代取士之文。其中清代"诸儒学派之总纲"一章 18 节叙述清代诸儒学派 18 家，对每个学派的创建者进行介绍，并述其流传，有"辨章学术，考镜源流"之意。

中国文学史 1930 年上海人文社出版铅印本。

胡小石著。胡小石有《甲骨文例》，已著录。《中国文学史》为胡小石自 1921 年至 1928 年间先后在北京女高师、武昌高等师范学校、东南大学、金陵大学主讲《中国文学史》课程时之讲稿，取学生苏拯的笔记加以审核，题名为《中国文学史讲稿上编》11 章，由上海人文出版社铅印出版。本书目录页、卷首及书口处均题有"中国文学史讲稿上编"字样。胡云翼在《新著中国文学史》自序中认为，最近十余年来，文学史的专著众多，但"实有多数不能令我们充分满意"，"我们认为满意的实只有吾家教授胡小石的《中国文学史》及吾家博士胡适的《白话文学史》"。他评价胡小石《中国文学史》"叙述周密，持论平允，是其特色。其缺点则亦嫌忽视民间文学的发展"。本书篇幅不长，但具有真知灼见，颇为学界所重。

中国文学史简编 1932 年开明书店铅印本。

陆侃如、冯沅君著。陆侃如、冯沅君有《中国诗史》，已著录。本书是陆侃如与冯沅君当时在中法大学、中国公学、安徽大学、北京大学等学校教授中国文学史时的讲义。全书分上下两编，每编分 10 讲，共 20 讲。上编主要为陆侃如撰写，下编主要为冯沅君撰写。本书从中国文学有文字记载的商代说起，一直讲到中国现代的“文学革命”，展示出中国文学发展的轨迹。文字简洁流畅，通俗易懂。叶圣陶评价本书云：“这是一本简括的中国文学文，书中对于古代书籍的真伪与一书产生的时代与地点等，都有详细解说。又自中国文学的起源起，至现代新兴文学的突起止，关系每一时代，也有极扼要的描述。”本书前有序例。

中国中古文学史讲义　1926 年北京大学铅印本。

刘师培著。刘师培有《老子斠补》，已著录。《中国中古文学史讲义》成书于 1918 年，是刘师培为北京大学文科二年级开设《中古文学史》课程时编写的讲义。本书主要讲授汉末至宋、齐、梁、陈时期的文学变迁。分为概论、文学辨体、论汉魏之际文学变迁、魏晋文学之变迁、宋齐梁陈文学概论，共 5 课。每课都以一段概述本期文学状况的小引开头，然后再分类逐条列出史料，最后以小段按语结束。第一课概论，提出全书核心观点，作者总论汉魏六朝文学的特质，肯定了六朝文学的价值。本书注重原始材料的整理叙述，旁征博引，罗列各家之说，而发表议论处不多。作者极力褒扬藻韵，推重美文，斥责唐宋八大家和“桐城派”。本书确立了汉魏六朝文学在中国文学史上的重要地位。1936 年，陈中凡等人把讲义收入《刘申叔先生遗书》中。

明代文学　1934 年上海商务印书馆铅印本。

钱基博著。钱基博有《经学通志》，已著录。《明代文学》为钱基博著的明代文学史纲要。本书将明代文学分成文、诗、曲、八股四个方面来加以具体论述。其中分析明代散文之流变，篇幅最多，也最有特色。书前有作者自序。自序云：“中国文学之有明，其如欧洲中世纪之有文艺复兴乎？”本书清晰地描述了明代散文演变的轨迹，而关于明代诗、曲、八股的流变则描述的略少一些。本书从纯文学史的角度来描述明代的文学成就，清晰的勾勒了文学发展的轨迹。本书每个章节都以作家命名，明确了作家在文学史上的贡献与地位。本书的缺点之一，是忽略了小说的成就。

现代中国文学史　1933 年世界书局铅印本。

钱基博著。《现代中国文学史》是钱基博历时十余年完成的一部巨著，原题《现代中国文学史长编》。本书于 1917 年开始创作，1922 年成书，1932 年由无锡国学专门学校诸生集资刊印，同年由世界书局正式出版。本书详细记述 19 世纪末、20 世纪初的近 30 年的文学史，并将当时的文学分为古文学和新文学两派，每派之中，又昭其流别，如古文学分文、诗、词、曲；新文学分新民体、逻辑文、白话文。对于“现代”的解释，钱基博在《绪论》中云：“吾书之所为题‘现代’，详于民国以来而略推迹往古者，此物此志也。然不提‘民国’而曰‘现代’，何也？曰：维我民国，肇造日浅，而一时所推文学家者，皆早崭然露头角于让清之末年，甚者遗老自居，不愿奉民国之正朔，宁可以民国概之？”本书不仅对中国近代文学发展有独到见解，更是了解民国政治、社会风貌的重要史料。

英国文学 ABC　1928 年 ABC 丛书社铅印本。

曾虚白著。曾虚白有《国际情报史》，已著录。《英国文学 ABC》分为上下两卷，全书将英国文学的历史分为初创时代、文艺复兴的初期、文艺复兴时代、清教时代、古典派时代、古典浪漫过渡时代、浪漫派时代，共 7 章。本书在这七个分期的基础上，从小说、诗歌、散文、戏曲等文体角度分别对英国文学发展情况作了详细的介绍和分析，对不同时期重要的作家的创作特点以及成就和地位作了中肯的评价。作者自序写道：“在我这本书里，每个作家大概有一些我主观的批评，同时也引用各大批评家像盖莱尔、德莱顿、安诺德、泰纳等的意见，想要让读者对于他有一个概略的映像；同时也把杰作提出一两种来叙述一下，想要引起读者去读他们的兴味。”1935 年世界书局出版《西洋文学讲座》时，把本书收入其中，将其改名为《英国文学》。

第四节　总集与地方艺文

全汉三国晋南北朝诗五十四卷　民国初年医学书局铅印本。

丁福保辑。丁福保有《老子道德经笺注》，已著录。《全汉三国晋南北朝诗》五十四卷，仿照严可均

《全上古三代秦汉三国六朝文》而成，按时代顺序编为十一集，分为：全汉诗、全三国诗、全晋诗、全宋诗、全齐诗、全梁诗、全陈诗、全北魏诗、全北齐诗、全北周诗、全隋诗，下接《全唐诗》。本书以明冯惟讷《古诗纪》为底本，取其正集中汉至隋代诗歌，并参冯舒《诗纪匡谬》，再加考证增订而成。以作者先后为序，末附无名氏诗、谣、乐府，共收有姓氏者730余人。卷首有丁福保撰《全汉三国晋南北朝诗绪言》，概述全书体例及编纂情况。本书收录较全，体例严整，但因当时的条件限制，以及丁氏个人的识力，本书校注略显疏略，考核不精，有不少舛误和重复，对各诗亦未注明出处。

全宋词 1940年商务印书馆铅印本。

唐圭璋编。唐圭璋有《词话丛编》，已著录。《全宋词》是唐圭璋编集的宋词总集。本书乃唐圭璋在综合诸家辑刻的基础上，广泛搜采，凡宋人文集中所附、宋人词选中所选、宋人笔记中所载词作，统统采录，同时还收录类书、方志、金石、题跋、花木谱等所载之词，汇编而成。全书收录作者1 219人，词作2万余首，以人为序，依《全唐诗》旧例，帝王、宗室居前，释道等居后，其他作者以时代先后为次，词人均有小传。本书所收的诸家词作，以善本、足本为主，并作了校勘，比同类词集收录更为齐备，考订更为精审，纠正了前人的不少谬误。之后，唐圭璋增订旧稿，并断句校勘，于1965年由中华书局出版新本《全宋词》，增补作者260余人，共收录作者1 330余人，词作19 900余篇，残篇530余首，编排体例改为按照作者时代先后为序，增加若干附录及作者索引。

饮虹簃所刻曲 1936年金陵卢氏刻本。

卢前辑。卢前有《中国戏剧概论》，已著录。《饮虹簃所刻曲》是丛书，正续二集，60种，96卷。所收皆元明清散曲。其中元人曲韵1种，元人散曲集15种，明人散曲集44种，间附卢前校记或题跋。书前有吴梅、叶恭绰等序。卢前藏书室名“饮虹簃”，故以此命名。吴梅《饮虹簃所刻曲序》云：“冀野旧居在城南饮虹桥下，杜陵老屋为秋风所破久矣！兹刻命名不忘所自也。书凡若干种，多世不经见者。”元代以来历代散曲作家所存作品多散乱，卢前致力于元明清三代散曲的搜辑整理，并自费刊刻。叶恭绰序云：“年来公私刊印历代曲集者，时有所闻，第断代巨编如此者，尚未之见。”《饮虹簃所刻曲》是研究元明散曲的重要丛书，其中所辑明人散曲尤为重要。

近代散文抄 1932年北平人文书店铅印本。

沈启无编。沈启无（1902～1969），原名鐊，字伯龙，后改名扬，字启无。江苏淮阴人。诗人、学者，周作人弟子。《近代散文抄》是沈启无编选的明清时代的小品文集。本书分上下两册，分别出版于1932年9月和12月。本书原名《冰雪小品》，曾被退回，后在周作人的鼓励下，沈启无重新整理，交于北平人文书店出版。书前有周作人序2篇。书后有俞平伯的跋。本书收录上起公安三袁，下迄张岱、金圣叹、李渔等明末清初17位前人的作品。周作人在序中评价本书有两点贡献，一是“辑录明末清初的新文学派的文章，结果是具体的将公安竟陵两派的成绩——即其作品和文学意见结集在一起”；二是由于这些明末清初的文章在清朝很多是禁书，所以现在都很难见到，“启无利用北平各图书馆和私家所藏明人文集，精密选择，录成两卷，各家菁华悉萃于此”，使难得一见的古籍能够有一部分通行于世。

梅欧阁诗录一卷 1920年铅印本。

张謇等撰。张謇有《农林工商政见宣言》，已著录。1919年，张謇为纪念梅兰芳和欧阳予倩的艺术成就和同道情谊，特设“梅欧阁”，并邀请各界名流赋诗。张謇将诗文汇编成册，即本书。卷首有如皋沙元炳《梅欧阁联吟集序》、张謇65岁肖像、梅兰芳26岁肖像、欧阳予倩30岁肖像、南通更俗剧场、梅欧阁照片等。此集收张謇所作《更俗剧场之梅欧阁所以旌浣华、予倩也，一月一日招金、吕、方、刘、欧阳诸君暨怡儿就阁小饮，即席各有诗》：“欧剑雄尤俊，梅花喜是神。合离两贤姓，才美一时人。珠玉无南北，笙镛有主宾。当年张子野，觞咏亦情亲。”表达了自己对梅、欧两位艺术家艺德友情的称颂。还收有张謇作《梅欧阁席散归复有作》《喜梅郎至花竹平安馆》等诗，亦收有袁克文、徐鋆、黄炎培等赠答之诗。所录梅兰芳《呈啬公并赠孝若公子》一诗云：“积慕来登君子堂，花迎竹护当还乡。老人故自矜年少，独愧唐朝李八郎。”“公子朝朝相见时，禺中日影到花枝。轻车已了常行事，接坐方惊睡起迟。”这是1920年5月，梅兰芳第二次到更俗剧场演出，离开南通时所作诗。诗中深切感谢张謇及其子孝若的厚意。

绿遍池塘草 1940年梅景书屋影印本。

吴湖帆辑。吴湖帆（1894～1968），初名翼燕，更名万，字东庄，又名倩，号倩庵，别署丑簃，书画书名湖帆。江苏苏州人。大澂孙。书画家、鉴赏家。1939年，吴湖帆夫人潘静淑因病去世，吴氏伤痛之极，乃检静淑《千秋岁词稿》及所摹《兰亭序》手迹两件刻石，分赠海内书画名家，并以词中“绿遍池塘草”为题，乞各家以图咏之，凡一百二十家，以年龄之高下为序编印而成，遂命名为“绿遍池塘草”。吴湖帆在序中云：“甲戌（1934）春偕余归里，闲步公园，成《千秋岁词》，就正于吴霜崖先生，先生赏其‘绿遍池塘草’句，曰‘清籁也’。君喜甚，顾自珍惜，亦不多作了。”书前有潘景承所作《归延陵姑母传》。本书收录图咏作品包括王同愈、陈夔龙、夏敬观、叶恭绰、沈尹默、张元济、冒广生、庞元济、姚虞琴、张大千等。张元济题曰：“春到池塘梦已仙，空留佳句入华笺。平时愁损未归眼，身后回思更惘然。”本书寄托了吴湖帆对妻子的深切悼念。

梁溪文钞四十卷续钞六卷 1914年游艺斋木活字印本。

侯学愈辑。侯学愈（1867～1934），原名士纶，字伯文，号戢庵。江苏无锡人。著有《环溪草堂诗稿》《吟鸥水榭诗稿》《怀清楼文稿》等。《梁溪文钞》原编76卷，附录2卷，补编2卷，共80卷，为清周有壬编纂。书成于咸丰三年（1853），因战乱多有散失，后原稿为侯学愈所得。侯氏对原稿进行了大量修订，重订本将原编80卷合并为40卷，原编脱漏处，则广搜典籍，予以补正。又增加了10余人，文章30余篇。同时，在体例上，也对原编进行修改，对作者的小传进行补充，特别详于生平著述，且对原书亦有辨正。侯氏重订本上起东汉，下至清代嘉庆、道光年间，共得300人，文1 000余篇。1914年，侯学愈印完《梁溪文钞》后，又以咸丰、同治以来，无锡人才辈出，文章亦盛，不可不予以收辑，乃延请许钰、杜学谦予以编选，自己亲为编校。先后共得54家，文120余篇，成《梁溪文续钞》，附刊于《梁溪文钞》后。自此，自汉至清末文章，搜罗大备，蔚成巨观，足以展示无锡地方人文之盛。

续梁溪诗钞二十四卷 1920年无锡锡成公司铅印本。

侯学愈等辑。本书为无锡地方诗文总集，乃续清顾广旭《梁溪诗钞》之作。侯学愈家藏图书甚富，在乡里授课之余，尽心搜访乡贤先哲著作，整理出版10余种地方文献，其中包括乡人著作、地方史志、地方文献总集，因此被称为梁溪“文献传人”。顾氏《梁溪诗钞》58卷，选诗1 100余家2万余首。然嘉道以来，名篇佳什亦无数，且足以正性情而维风教。侯氏等广为搜集，成《续梁溪诗钞》。本书按照原《梁溪诗钞》体例，上自清乾隆年间，下至光绪，凡得548家，诗4 347首。侯氏对本书倾注了大量的心血，他认为《诗钞》不仅集风雅之大成，而且使本邑先哲之遗书得以不胫而走，足以使后辈沾其膏馥。

徐州续诗征二十二卷 1935年铜山张氏小来禽馆铅印本。

张伯英选、徐东侨编。张伯英（1871～1949），字勺圃，一字少溥，号云龙山民，晚号东涯老人。江苏铜山（今徐州）人。清宣统元年（1909）进士。擅古文辞，工书。徐东侨，字惠伯，江苏铜山人。《徐州续诗征》22卷，乃桂中行《徐州诗征》之续作。本书卷首张伯英自序，又有1929年暮春张氏《征诗小简》，云：“前人文字每赖总集以传，曩使无诗征之作，此数十百家之诗，吾且无从得见。今为时又四十年，其人一往，诗辄散佚众矣。”故张氏决定编纂续编，“一以补前书所未备，一以存近贤之遗著”。除将《征诗小简》分寄徐州各地，张氏还聘请了25位同好分任各县采访，经过5年的搜集，终于在1933年夏完成书稿。本书辑录徐州地区作家593人。体例悉按桂中行《诗征》，又增加方外、流寓2类。以地为类，以人为目，前录小传，后系诗作。前21卷，按当时所属县分卷，包括铜山、萧（今属安徽）、沛、丰、砀山（今属安徽）、邳、宿迁、睢宁，最后一卷为闺秀、方外、流寓。

金陵词钞续编六卷 《南京文献》本。

仇埰编。仇埰（1873～1945），字亮卿，又字述龕，世称鞠燕词人。江苏南京人。著有《鞠燕词》等。《金陵词钞续编》6卷，收录起于清初，迄于20世纪40年代，计收词家108人，词作776首。本书前有自序2篇以及例言。仇埰家有"鞠燕斋"，藏书甚富，尤以清以前文人的诗词集和南京地区史志为特藏。1938年日军侵占南京后，其旧宅被日军占领，所藏书籍、字画、碑帖等散失殆尽，《金陵词钞续编》的手稿也遭毁弃。仇氏序云："会社友林讱龕谋补丁绍仪之《词综补》，时来函榷商，遂托其搜寻。而辑《清词钞》之叶遐龕，亦自港返沪，又托其匡助，复各方搜求，草草编定"云云。可知手稿遭毁后，编辑本书得到林葆恒、叶恭绰二人之助力甚多。陈作霖曾编有《金陵词钞》8卷，本书以此为例，序云："辑得是编，半以补可园之所遗，半为可园所未及见。"本书以时代为序，内有方外1家，闺媛8家，旨在"以词而存其人"。本书后列入《南京文献》第七号。

松陵文集初编四卷二编六卷三编四十卷　清宣统至民国间铅印本。

陈去病辑。陈去病有《诗学纲要》，已著录。本书辑吴江一地文人文章。全书分3编：《松陵文集初编》4卷，清宣统三年(1911)铅印本；《松陵文集二编》6卷，1917年铅印本；《松陵文集三编》40卷，1922年铅印本。《初编》卷首凡例称："今分其集为三编。曰《初编》，系未置县前，自汉严夫子迄唐陆天随诸先生是也。凡得文四卷。曰《二编》，系置县时间，自宋谢氏绛迄明季诸遗民是也。凡得文如干卷。曰《三编》，系分县迄今，即国初计、叶、潘、吴，近逮凌、柳诸先生是也。凡得文如干卷。"实际出版与之有所出入，《初集》4卷与凡例同，《二集》6卷收录宋至元代作者作品。《三集》所收全为明人之文。本书以人存文与以文存人，两义兼取。各作者下附人物小传。本书初创于清光绪二十五年(1899)，经始多年，方成是编，是清代之前吴江文集最完备的结集。

吴江诗录初编四卷二编二十二卷　1929年铅印本。

陈去病辑。本书收录吴江历代作者诗，初编始于三国吴，终于后梁开平三年(909)置县；二编始于北宋，终于元末。初编卷一收录六朝诗，卷二、三收唐陆龟蒙诗，卷四为唐代流寓吴江作者之诗。二编卷一至七收录宋代诗，卷八至十为元代诗，卷十一为宋代寓贤诗，卷十二为宋代官师之诗，卷十三为宋元方外诗，卷十四至十六为游览，卷十七至十八为题咏，卷十九为酬赠，卷二十至二十一为甄雅、别伪、怪异、谣言，卷二十二为补遗。本书入录作者均注明字号爵里，并采掇遗闻轶事以附其后。前有陈去病自序，自序后有凡例，细述成书始末、著录体例及标准。本书沿用殷增《松陵诗征》体例，广为搜讨以补殷氏之遗漏，详加考证以匡其谬误。柳亚子后序称"尤其弘览博物，故能左右逢源，百世之下征我邑诗故者，莫能外是矣"。

笠泽词征三十卷　1919年铅印本。

陈去病辑。本书辑吴江自宋至清200余家之词。吴江诗文之辑尤其是诗集之辑极富，而词作则未有辑集传世。编者有感于此，在编成《松陵文集》之后，又辑成此书，前后所费14年。编者自称"学识剪陋，未能窥见词家三昧"，故对前人著作，不作随意去取。因此反而使吴江词作得到更多保存。《词征》以南宋祥符人谢绛为第一人，因谢氏自浙江来迁后，父兄咸以文学仕宦有声于时，对吴江文化影响极大。编者在作者小传下广辑相关传记资料，亦有遗闻轶事，内容极为丰富。徐自华序云："余观是编，始宋迄今，代有探讨。举凡达官、名彦、寓贤、闺阁，弘章钜制，断简残篇，罔不兼综博采，次第分明。煌煌虖诚一邑之巨观，而千秋之盛业也。"柳亚子《自撰年谱》1921年记道："十月，重印陈巢南《笠泽词征》成，撰叙以纪。"

分湖诗钞　稿本，上海图书馆藏。

柳亚子辑。柳亚子(1887～1958)，原名慰高，字安如，更名人权，字亚卢，后又更名弃疾，字亚子，号稼轩，以字行。江苏吴江人。南社创始人之一。著有《磨剑室诗词集》《柳亚子集》等。《分湖诗钞》不分卷，稿本23册，藏于上海图书馆。本书辑录吴江分湖地方历代作者诗作，共作者400余人，诗2 500余首。前19册按作者姓氏分册，后4册分别为杂姓、闺秀、方外和寓贤。本书起自唐代，以元明清三朝诗人为主，每位作者均有小传。小传包括姓名、字号、籍贯、谱系、职衔以及主要著作等。有的则有按语，对其经历、性格、诗作的特点略加点评，或据乡邦文献，对有关史实进行考证。这些诗歌，记载了分湖地区的种种胜迹、风景、民俗、物产、节义、游侠、栖逸等，展现了分湖地区深厚的历史文化内涵。本书大约编于1918年至1924年之间，2009年江苏人民出版社出版了整理本。

第五节　旧体诗文集

半隐庐丛稿六卷附行状　1936年成都华西协和大学铅印本，南京图书馆、台湾"中央研究院"历史语言研究所傅斯年图书馆藏；《近代中国史料丛刊》第三十六辑。

朱孔彰撰。朱孔彰（1842～1919），字仲我，原名孔阳，字仲武，晚自号圣和老人。清吴县（今苏州吴中）人，一作长洲人。骏声子。光绪八年（1882）举人。光绪中受刘坤一、冯煦之聘，纂修《两淮盐法志》《凤阳县志》，兼主淮南书局。后历长蒙城书院及江楚编译局，江南通志局协修。通经学、小学，尤长《说文》。著有《说文通训定声续补遗》等。本集为朱氏生平笔记杂录合集，计6卷，前5卷为朱氏生前编就，第6卷为子师辙编入，多其晚年与友人唱和诗作。内容除相关治学心得外，亦收录清廷高官文士孙诒让、谭宗浚、王定安、汪文台、曾国藩、胡林翼等逸闻，间叙其亲历闻见，如朱氏在卷3中记曾国藩作诗劝慰其弟虽受委屈，也应泰然处之的逸闻。此外，本集中还记载了一些甲午战争、太平天国北伐军等情景，如《李健斋廉访牛庄战事》记述了李光九率4营与访牛庄日军激战，"斩日兵千余级"，后日军追至，又"以少击毙日兵500多人"。集后附《行状》，子师辙撰。

蒿盦类稿三十二卷续稿三卷　1913年刻本。

冯煦著。冯煦（1842～1927），字梦华，号蒿盦，晚年自称蒿叟、蒿隐公。江苏金坛人。工诗词，善书法。著有《蒿盦类稿》《蒿盦随笔》等，辑有《宋六十一家词选》。《蒿盦类稿》32卷，其中卷一、二为赋，卷三至卷八为诗，卷九、十为《蒿盦词》，又名《蒙香室词》，卷十一、十二为折子，卷十三至三十为各体文，卷三十一为《彭城答问》，卷三十二为《安吴书谱》。《续稿》卷一、二为诗词，卷三为文。书前有陈夔龙序。陈夔龙在序中评价其"散骈两体，渊懿典丽，骎骎入古。诗则无体不工，兼善倚声，充其所诣，卓然为东南名宿"。其诗词抒发苦成不穷，重税无限，列强迭侵，人民沉冤的悲愤之情。张舜徽在《清人文集别录》中说道："大抵煦之论学，力主致用。于当世精研名物之经学，高谈性天之理学，同视为无裨实际，而攻之甚力。……惟煦于经学、理学，用力本浅，虽补偏之言，切中时弊，而征实之学，未臻精密。"

艺风堂诗存四卷附碧香词一卷　1939年燕京大学图书馆刻本。

缪荃孙著。缪荃孙（1844～1919），字炎之，号筱珊，晚号艺风老人。江苏江阴人。清光绪二年（1876）进士。著有《艺风堂文集》《艺风堂藏书记》《艺风堂诗存》等，辑有《云自在龛丛书》。"艺风堂"为缪荃孙藏书处名，以图书典籍为教化之本，故名。本书收录诗起自咸丰初，迄于1913年，凡三百余首。卷一为《萍心集》《巴歈集》，卷二为《北马南船集》《秋窗集》，卷三、四为《息影集》。《碧香词》收词43首。各卷前有自序，全书后有1938年邓之诚跋，记述本书刊刻缘起。本书为缪荃孙自刻诗书，原版毁于辛亥革命时。此刻乃其手订，然未及刊刻缪荃孙已过世。后十年，其子刻之而未及刷印，版存燕京大学图书馆，1939年始印行，1985年中国书店曾以原版重新印刷。

小绿天盦诗草四卷词草一卷　1919年刻本。

窦镇著。窦镇（1847～1928），字叔英，号拙翁，自署九峰淡士。江苏无锡人。著有《小绿天盦文稿》《师竹庐随笔》等，辑有《国朝书画家笔录》。本书又名《小绿天盦诗词存草》。书前有陆绍云序，云："今先生春秋古稀外矣，于书画之余，搜集其平生散佚之作，剩有稿本可录者汇而成编，名曰《小绿天盦诗词存草》，都五卷。"本书卷二收录《待雪》《听雪》《喜雪》《赏雪》《咏雪》《映雪》《立雪》《钓雪》《踏雪》《煮雪》《弄雪》《扫雪》，共12首与雪有关之诗，似一气呵成，叙述作者从期待下雪到果真下雪时的喜悦之情。卷四收录《六船咏》，分别为书画船、箫鼓船、采莲船、载月船、捕鱼船、放鸭船，亦体现当时无锡的民俗特色。陆氏评价其诗作"俱涵泳乎庾鲍，出入乎郊岛，俊逸淡雅，皆可诵也"。

辛臼簃诗谶三卷　1923年刻本。

叶昌炽著。叶昌炽(1849～1917),字鞠裳,一字颂鲁,号缘督,自题缘督庐主人。江苏长洲(今属苏州)人。是晚清著名的金石学家、文献学家、收藏家。著有《语石》《藏书纪事诗》《奇觚庼诗文集》等。《辛臼簃诗谶》是感慨晚清光绪朝政坛动荡、时局危殆的一部"诗史"。本书主要收录叶昌炽"奉使前所作"。叶昌炽在晚清光绪年间任国史馆总纂官等职,接触上层政坛,了解清廷内政,耳闻目睹了光绪朝政局的动荡和危机。他用诗记录下当时的见闻和感受。本书初名《辛臼簃诗史》,后应觉得"史"字太过直接,遂改为"谶",以示对朝局和当权者的讽刺。作者署名"今日烂柯叟当年鬻髦生",乃叶昌炽隐名。"辛臼簃"是叶氏藏书处名,其有诗句曰:"齑臼颜簃印借辛",王季烈注曰:"君自署作诗之所曰辛臼簃。"本书初完成于光绪三十二年(1906),但由于诗歌题旨敏感,一直未曾公诸于世,潘祖年曾提出出资助其刊刻,也被叶氏拒绝。直到1923年,本书才由王季烈付梓刊刻,前有王季烈序。刊刻后,由于度词谯语,微文讥刺,意思深隐,难以索解,朱祖谋、夏孙桐、叶景葵、王季烈、刘承幹、费树蔚等十余人纷纷批注索隐。本书另有稿本,藏上海图书馆。

奇觚庼诗集三卷附前集一卷补遗一卷　1926年刻本。

叶昌炽著,潘祖年辑,王季烈续辑。本书前有章钰序。叶昌炽去世后,潘祖年欲将《缘督庐日记》手稿本中的诗汇集,未及半而卒,手稿转归汪星台,汪氏接续未及,第二年亦卒。后手稿辗转至潘承厚处,并交由王季烈继续其事。本书分上中下3卷,上卷起壬寅至乙巳,潘祖年所辑。中卷起丙午至辛亥,潘祖年辑、王季烈续之。下卷起壬子至丁巳,王季烈辑。章钰序称:"又辑壬寅至丁未诸诗为仲午所遗者成《补遗》一卷,辑辛丑以前日记所载与另稿应存之作汇成《前集》一卷,于是《奇觚庼》古今体诗灿然秩然,略无散佚。"本书与1921年潘祖年所辑《奇觚庼文集》,同收入《续修四库全书》中。

三借庐集五卷　1932年铅印本。

邹弢著。邹弢(1850～1931),字翰飞,号酒丐。别署瘦鹤词人、司香旧尉、潇湘馆侍者。江苏无锡人。久居苏州、上海。著有《浇愁集》《海上尘天影》《三借庐笔谈》等。《三借庐集》为邹弢骈散文诗词合集。由常熟钱育仁、邹东、无锡华樽等校刊。书前有邹弢小影、群贤评语、题词,又有吴荫培、钱育仁二序。本书卷一为骈文,卷二为书牍,卷三为诗,卷四为词,卷五为联话。吴荫培在序中称其:"叶语奇横,同人目之为花下流莺。"钱育仁序中云:"先生风晓月残,既工长调,云间日下,又擅偶言。"书末有钱育仁跋,云:"右《三借庐集》五卷,系酒丐老人生前手自编定,未及付刊而逝。由华君酌亭将稿详细校对,寄交下走代为募赀印行者也。"书前苕溪沈云题词云:"黄花诗好争名句。自注:君尝有黄花诗,传诵一时,名曰邹黄花。"然今集中并无黄花诗。据钱氏跋语可知,本书所载之骈文诗词多为《三借庐剩稿》及《续刊》《三刊》中选录,又加入散见他书者,故并非全貌。

蜕斋诗稿二卷　1949年铅印本。

鲍心增著。鲍心增(1852～1920),字川如,一字惺士,号润漪,晚号蜕农。江苏镇江人。著有《蜕斋遗稿》。《蜕斋诗稿》又名《蜕斋遗集》。本书由鲍心增子长东编成,前有田毓璠序。本书分为上、下、末三部分。卷上、卷下皆诗,自清光绪五年(1879)迄1920年,共500多首。卷末为铭、传、墓表。附有金坛冯煦撰《清故青州府知府鲍君墓志铭》《鲍蜕农传》、昆明陈荣昌撰《鲍君蜕农墓表》。光绪二十六年八国联军入京,慈禧母子出逃,鲍心增只身跟随。辛亥革命后,鲍氏回到故乡镇江,以遗老自居,授读为生。其诗作中有《扈从出关杂感》8首,第一首:"仓皇舆卫六龙来,杂遝群山阖复开。横海鲸鲵方并肆,当关豺虎尚应摧。江山万里成孤注,文物千年付劫灰。岂有单于怀圣德,王孙此日不胜哀。"下注"七月二十日夜,洋兵入城。比晓遂攻东华门"云云,详细叙述当时八国联军入京之事。田毓璠序云:"读君诗既终,掩卷祇徊,亦不胜皋羽西台之痛也已。"鲍心增另有《蜕斋遗稿》二卷,民国初年铅印本,有1913年自记。本书收入《清代诗文集汇编》。

鸣坚白斋诗集十二卷　1921年刻本。

沈汝瑾著。沈汝瑾(1858～1917),字公周,号石友,自号钝居士。江苏常熟人。著有《鸣坚白斋诗集》《月玲珑馆词》。《鸣坚白斋诗集》为沈汝瑾逝世后，由其好友吴昌硕结集、出资刊刻而成。卷首有吴昌硕题签、王震绘遗像。书前有吴昌硕序、沈焜撰题辞，卷末有俞钟銮《跋鸣坚白斋诗刻》。吴昌硕序称“其诗境凡三变，少慕清逸，中趋真挚，晚遂举其悲愤之心，托于闲适之致，乃至风月之吟弄，樵渔之歌唱，而其中若有甚不得已者”。俞钟銮跋称其“学诗寝馈于杜者三十年，乃上溯汉、魏，下逮宋、元，自病宽廓，收束于半山、后山。晚岁爱读《离骚》《国风》，变化精深”。据《跋鸣坚白斋诗刻》可知，沈氏全书原有《鸣坚白斋诗集》12 卷、《杂文》1 卷、《诗余》1 卷、《今乐府》1 卷、《新乐府》1 卷，而诗集 12 卷先刻，分卷篇次均沈氏生前手定。沈氏学杜多年，诗多疾恶刺时之作。身虽寒士，心忧国事，凡中法之战、甲午之战、戊戌变法、庚子事变等重大历史事件，皆有吟咏。作品含蓄深沉，每托物喻世，触景生悲，耐人寻味。

学制斋骈文二卷　1915 年铅印本。

李详著。李详（1859～1931），字审言，又字愧生，晚号齳叟。江苏兴化人。著有《愧生丛录》《文心雕龙补注》等。李详在《文选》学方面成就显著，故善作骈文，是清末著名骈文家。“学制斋”为李详书斋名。本书所收文章均为李详 56 岁前所撰。书前有谭献、冯煦、缪荃孙、沈曾植、蒋国榜序，以及自序。谭献在序中称李详“少通群籍，涵濡宫商，好为闳丽之辞，善持文质之变。不佞于君撰著之文，默识其浸淫流连于柔厚焉”。又称其“选辞务取其精，拓字必准于古。信足远揖陵、信，近召孙、洪”。对于写文章，李详崇尚自然，即文中之骈、散，并无严格界限，只要随文因情，自然而成即可。另外，李氏强调骈文在行文中要能够自抒胸臆。这些主旨都可以从其自序中看出。自序云：“江宁蒋君苏庵，新从余游，知余意有所寄，请先用聚珍铅字印行，兼任较雠之役。”知此书为蒋国榜所印。

志颐堂诗文集六集十八卷　1933 年中华书局铅印本。

沙元炳著。沙元炳（1864～1927），字健庵，别号碣髯。江苏如皋人。清光绪十八年（1892）进士。晚年专心研究佛经，笃信佛教。本书由门人项子清、姚泽人编辑。书前有泰兴金鉽序。金鉽序云：“君即家构堂两楹署曰‘志颐’，读书养志，以终其身。今集之所由名也。”本书分为目录 1 卷、文 3 卷、诗 12 卷、题跋 2 卷，其中文篇卷包括论辨、序跋、书启、传状、碑志、题记等。金鉽称其“为文不专一体，皆发于至性，而敷陈其大义。闲作杂说小言亦皆因物见理，隐然有维系人心风俗之力”。沙氏性喜牡丹，在志颐堂前种植牡丹，常聚友观赏、赋诗，本书中吟咏花卉的诗达 90 首，其中吟咏牡丹的即有 20 多首。沙氏留意乡邦文献，尝搜集先哲遗书多至百余家。家藏古籍金石书画甚富，多宋元以来精品，如宋本《韦苏州集》、元至正本《尚书辑录纂注》等，均各加题识，本书中题跋乃汇此而成。本书列入《近代中国史料丛刊续编》。

四当斋集十四卷　1937 年铅印本。

章钰著。章钰（1865～1937），字式之，又字坚孟，别署蛰存，晚年自号霜根老人。江苏长洲（今属苏州）人。清光绪二十九年（1903）进士。著有《宋史校勘记》《钱遵王读书敏求记校正》等。《四当斋集》14 卷，4 册，为章钰诗文集。“四当斋”，为章钰藏书处，取宋尤袤以书籍“饥读之以当肉，寒读之以当衣，孤寂而读之以当友朋，幽忧而读之以当金石琴瑟”四语。本书前有章钰小像、自撰题记及俞陛云《霜根翁四当斋集序》。序云：“生平文字，殆千余篇，有散失者，有删去者，手自厘定，得十四卷。其辞义懿美，读者自能知之，无待赞词。”章钰喜藏书，亦善校书。本书卷二、卷三所收均为章氏为其藏书所写题跋，不仅介绍了书籍的基本情况，还提到自己校书之艰辛，间及清末遗事、乡邦掌故。卷四至卷六，收录其为碑帖、画册等所撰题词。卷十至十四为诗词作品。本书清本告成之时，章氏即卒，其子遂以原稿铅印成书。

笺经室遗集二十卷　1941 年吴县王氏学礼斋铅印本。

曹元忠著。曹元忠（1865～1923），字夔一，一作揆一，号君直，晚号凌波居士。江苏吴县（今苏州吴中）人。清光绪二十年（1894）举人。著有《宋元本古书证》《赐福堂诗词稿》等。《笺经室遗集》收录曹元忠所著诗词文集、杂著、题跋、辑书等，门人王大隆整理。曹元忠卒后，其弟曹元弼因病目，无法亲自整理，于 1931 年委托王大隆代为整理，历时十年方成书。书前有曹元弼撰《诰授通议大夫内阁侍读学士君直从兄家传》云："精心详勘，拾遗订误，出入十年，网罗放失，总编为《笺经室遗集》二十卷。虽兄生平蕴蓄未尽发抒，而其博学深识，贞志纯行，亦于此可见矣。"又有钱同寿、冒广生序，卷末有王大隆跋。王大隆在跋中称其"古文则尔雅淳厚，俪体则裔皇典丽，而诗词皆自名家，上嗣谷音汐社之遗，不失温柔敦厚之旨"。本书凡文16卷，诗4卷。内含词1卷，又名《凌波词》。

病鹤遗稿六卷　1933年铅印本。

金鹤翔著。金鹤翔(1865～1931)，字琴一，号幼香，别号病鹤居士。江苏常熟人。南社社员。著有《病鹤诗词稿》《西湖新旧梦》等。《病鹤遗稿》6卷，分为诗稿4卷，词稿2卷。书前有其弟金鹤翀所作序。金氏去世后，鹤翀"遍搜其箧衍庋阁者，累旬日，得诗词十有余册"。又请张鸿、钱仲联共同选定，删定后存诗4卷、词2卷，题名《病鹤遗稿》。金氏诗以生活语言为长，诗词多为吟咏乡土风物、交游、悼亡、忆旧、咏史、咏画之作。其中有不少诗是描写常熟地区风貌的，如《北门》《大雪后登福山城》《白茆竹枝词》等。金氏曾到过上海、南京、杭州等地，故诗集中流寓之作亦甚夥，如《杭州遇孙纪芝》等。还有不少描写当时社会状况的诗词，如《金陵春感》《感事》《顷刻》等，描述了民国初年的政治变更、袁世凯上台及张勋复辟等重要历史事件。钱仲联在《梦苕庵诗话》中评价其为"倚声当家，诗饶韵味"，赞其"七律最工"。

茹经堂文集六编四十五卷　1927年刻本暨民国铅印本。

唐文治著。唐文治有《十三经提纲》，已著录。《茹经堂文集》六编45卷，其中一编6卷、二编9卷，为1927年刻本；三编8卷、四编8卷、五编7卷、六编7卷，均为民国铅印本。前五编为唐文治手定，第六编为其女弟子陆汝挺编次。一编前有曹元弼、李联珪、金绍基、陈柱序，二编有钱基博、朱文熊、汪曾武序，三编有陈衍、冯振序。冯振序称其："时时吐为文章，以舒其所抱，其海涵地负、亭蓄潴汇、网罗所及者至广且微，然要其归，必有关乎世道人心，不专为一人一家而作。"本书一、二编杂记晚清史事，其中有记载庆亲王、翁同龢、汪康年等事。唐氏幼承家学，于经学颇有研究。张舜徽在《清人文集别录》中评价："知其少年时从事朴学，颇具根柢，抑亦非其门弟子所能逮也。惟其晚岁持论偏激，与曹元弼友善，而所见大同，皆不识时达变之过。"本书收入《近代中国史料丛刊》。

摩西词八卷　1931年铅印本。

黄人著。黄人有《中国文学史》，已著录。黄人博学多才，善诗词，对文学史研究亦有成效。书前有张鸿所撰序，云："黄子摩西，学博而遇啬，其所为词，曷为使予悄然而悲，幽然而思，如见黄子毵毵短发，披拂项背，负手微吟于残灯曲屏间。其殆所谓究极情状，牢笼物态，有以致之欤?"本书8卷，分别为和龚自珍《无著词》《怀人馆词》《影事词选》《小奢摩词选》《庚子雅词》《集外词》各一卷，和张惠言《茗柯词》一卷，和蒋敦复《芬陀利室词》一卷。黄人词有伤情的，如《凤栖梧》《木兰花慢》；有抒发抱负的，如《金缕曲》"双鬓萧萧矣。问千年、古人满眼，疏狂谁似？火色鸢肩空自负，一个布衣而已。算造物生才多事。云气压头风雨恶，拥琴书、歌哭空山里。泪画作，一江水。"词最后写道："哀乐伤人真不值，剩此身、要为苍生死。愁万斛，且收起。"这首词慷慨激昂，体现出他不惜为苍生为国家献出生命的豪情。其词风格奔放横溢，雄奇瑰丽，又笔触细腻，意绪深微，忽而慷慨，忽而凄切，在当时引起广泛反响。2001年，上海文化出版社出版江庆柏、曹培根整理的《黄人集》，收录主要来源于各大图书馆及黄人后人所藏的黄人之稿本、抄本及刊本《摩西词》等。全书采用编年形式，便于研究者梳理黄人前、后期思想及诗风的发展历程。

郑斋感逝诗甲集四卷乙集一卷　1918年铅印本。

孙雄著。孙雄(1866～1935)，原名同康，字师郑，号郑斋。晚号铸翁、味新老人、诗史阁主人。江苏常熟人。著有《眉韵楼诗》《诗史阁壬癸诗存》《郑斋类稿》等。《郑斋感逝诗》乃辛亥革命以后，孙雄感愤时事，假借诗歌以发之，遂有此集。书前有自序，以及樊增祥、王式通二人序。又有丁传靖、吴昌绶、傅增湘、梁公约、潘飞声等人题词。其自序云："蛰居人海，颇颔寡欢。今雨不来，停云易逝。每怀往躅，辄赋短章，所谓既痛逝者行自念也。……发篇校文，数逾三百。兹编所录，裁十之七。"甲乙两集共5卷，诗204首，怀咏人物128人，皆以辛亥革命为界限。各人先后以时代辈行为次。其中甲集自德宗景皇帝至药龛和尚玉峰凡105人，乙集自袁大总统至吕女士昆秀凡23人。其序又云："呜呼！向秀思旧，可胜先零之悲；马迁述往，聊尽后死之责。风讥郐下，敢诩杀青。体近虞初，庶佐浮白。俟有赓续，再质方来。"

悔龛词一卷　民国刻本。

夏孙桐著。夏孙桐(1857～1941)，字闰枝，又字悔生、悔庵、无悔。晚号闰庵。江苏江阴人。清光绪十八年(1892)进士。著有《悔龛词》《观所尚斋诗存》《观所尚斋文存》等。《悔龛词》一卷，收录夏孙桐所作部分词作。书中有夏孙桐跋，云："己亥、庚子之作则尽在此册。旧作偶得一二，录之于前。壬寅后，唱和者多出京，遂辍笔。"又云："乙丑冬，谭篆卿诸君又结聊园词社，一岁中积十余阕。平生所作，斯为最多，要不足存也。"夏氏中年即工倚声，叶恭绰《广箧中词》云："悔庵填词极早，平生不事表襮，故知者较稀。今岿然为坛坫灵光，正法眼藏，非公莫属已。"夏氏之词，绵丽高骞，出入姜夔、张炎之间，融合吴文英，又从纳兰性德词中摄取精华。夏氏之词虽留存较少，然精品甚多，近现代学者均给予较高的评价，对清末民初词坛产生深远的影响。《悔龛词》后列入朱祖谋《沧海遗音集》中。又有《悔龛词》一卷续一卷，1962年铅印本。

环溪草堂诗稿八卷补遗一卷　1927年铅印本。

侯学愈著。侯学愈有《梁溪文钞》，已著录。"环溪草堂"为侯氏书斋。本书卷端有钱振锽题签，又有侯学愈小影、范廷铨题识。书前有杨志濂、钱振锽、严懋功序。本书收录古近体诗共1 014首，其中补遗18首。杨志濂序称："戢盦笃伦纪、敦性情，自言其诗取法国初袁简斋太史，以性灵为主，不屑屑于涂泽，读之信然。"钱振锽序云："侯子之诗亦工，盖自得于天下，不懈而及于古。今世道丧文敝，风雅扫地，于此言诗，岂易得哉。"本书收录诗歌多为交游、悼亡、忆旧、咏怀、图咏等主题，亦有与民生有关的诗，如《禁言行》《洋烟行》等。杨志濂称其集中怀人、悼亡之作缠绵悱恻，"得风人遗旨"，而"其他古体长篇，尤有浩气流行，独往独来之概"。

心太平室集十卷　1947年铅印本。

张一麐著。张一麐(1867～1943)，字峥角，又字仲仁，号民佣、公绂，别署红梅阁主。江苏吴县(今苏州吴中)人。著有《心太平室集》《古红梅阁笔记》《现代兵事集》等。《心太平室集》为张一麐诗文合集。书前有韩国钧、唐文治序、顾廷龙题字、小影、潘昌煦题辞。本书前六卷为公文、序文、跋、记、传、赋等，卷七为《莲幕集》，卷八为《古红梅阁笔记》，卷九为乐府、诗，卷十为诗词，最后有补遗、附录。韩国钧序云："君之门人方刊行君全集，属序于余。君之学海内所共知，余感于君之生平荦荦大节，乃仅以斯集为不朽之业，而使后之人得因斯集以窥君之生平，则可欣也。"张氏久居袁世凯幕府，曾任大总统府秘书长、教育总长，本书中内容多为其所见所感，与当时政局息息相关。特别是《古红梅阁笔记》，内有不少涉及当时历史的材料。《古红梅阁笔记》署名江东阿斗，即张一麐。本书列入《近代中国史料丛刊》。

复礼堂文集十卷　1917年刻本。

曹元弼著。曹元弼(1867～1953)，字谷孙，又字师郑，一字懿斋，号叔彦，晚号复礼老人，又号新罗仙吏。江苏吴县(今苏州吴中)人。另著有《复礼堂述学诗》《礼经校释》《周易郑氏注笺释》等。《复礼堂文集》10卷，6册，皆说经大义之文。书前有"宣统九年"自序，"宣统九年"实为1917年，当时张勋、康有为等人拥清废帝溥仪在京复辟，改该年为"宣统九年"。而曹元弼此书写"宣统九年"，以示其坚决拥护清朝统治之决心。自序云："录平日说经大义之文都为一编，其余杂著，义足相成，亦附存之。"本书前六卷为其研究经学所撰文章，卷一包括《原道》《述学》《守约》《经学文钞序》，以示诸生治学之方。其余五卷分别为周易、三礼、孝经等。卷七至卷十为杂文，有序、书、题辞等。张舜徽在《清人文集别录》中评价："元弼学问不逮其从兄元忠远甚，而好自扬诩。是集大书深刻，意欲与经传比重，亦可见其夸汰之习矣。"

南湖集四卷　1924年上海中华书局铅印本。

廉泉著。廉泉(1868～1931)，字惠卿，号南湖，又号岫云、小万柳居士。江苏无锡人。清光绪二十年(1894)举人。工诗文，善书法。著有《南湖集》

《潭柘集》《梦还集》等。本书前有孙道毅序、俞复题词。卷一、卷二为《东游草》，卷三为《拈花集》《潭柘纪游诗》及《翦淞留影集》，第四卷为《拈花集》，合称为《南湖集》。辛亥革命成功后，廉泉东渡日本，在神户建造"三十六峰草堂"，《东游草》收录的即此时所作诗，多为吟咏日本名山胜水、民俗风情。卷一东游草上，收录诗 194 首，甲寅(1914 年)、乙卯、丙辰作；卷二东游草下，收录诗 259 首，丁巳、戊午、己未作。《拈花集》收录诗 99 首，庚申、辛酉作；《拈花集》未刻之诗 182 首，壬戌、癸亥、甲子作。《翦淞留影集》为廉泉夫人吴芝瑛辑，收录廉泉及友人在小万柳堂中唱和诗。俞复题词《校南湖集讫漫赋二绝》之一云："不假经营惨淡思，天才性语两兼之。旗亭漫赌新翻曲，想见三山立马时。"

寒松庵诗草　1947 年铅印本。

董玉书著。董玉书(1869～1952)，字逸沧，号逋斋，晚号拙修老人。江苏江都人。著有《拙修草堂剩稿》《抚城怀旧录》《蒙国纪闻》等。本书包括《寒松庵诗草》2 卷、《拙修草堂剩稿》及其子董肇《红棉旧馆诗存》。书前有自序、自题及众人题辞。据其自序可知，原有《寄天游诗存》，为皖中所作；续有《蜕厂诗钞》，塞上所吟；又有《拙修草堂诗》，晚年所著，经删减整理，将拟出版，然中日战争爆发，董氏避地北湖，书稿遂散失不全。后辗转至上海，居近 10 年。序云："流离困苦，以诗自遣，大半忧世思乡，感旧怀人之作。"又云："因汇集近年所作，乞删定后，复自严汰，得诗若干首，颜曰《寒松庵诗草》。诗不足存，纪实而已。"又有《拙修草堂剩稿》自序，言其自宝昌解职后，遂入塞，取苏东坡"下士闻道，聊以拙自修"诗意，颜所居曰"拙修草堂"，遂以此名其集。"凡长城笳吹，燕市醉歌，以及菱湖渔唱，邗上竹枝，悉载集中"，可知其大意。

拙速诗存一卷　《陟冈楼丛刊》本。

潘祖年著。潘祖年(1870～1925)，字西园，号仲午，又号拙速。江苏吴县(今苏州吴中)人。潘祖荫弟。清末官刑部郎中。著有《拙速诗存》等。《拙速诗存》1 卷，书前有吴湖帆题签，又有曹允源撰《诰授通议大夫盐运使衔刑部云南司郎中加四级潘府君墓志铭》。潘祖年曾从叶昌炽、许玉瑑学，两人去世后，其遗著多由潘氏为之整理。曹允源墓志铭载："校梓遗集，居一小楼，伏案勘订，丹黄杂陈，虽盛暑严寒不辍，其笃于风义类如此。"可见其师生情谊。潘氏为其师刊刻诗集，然其本人所作辄不存稿。本书后有潘承弼跋，云："曩岁与先兄博山掇拾遗绪，思彰公业，计得古今体诗三百四十九首，皆公晚年之作，与萬舫叔祖唱酬者居半。"潘祖年之女潘静淑乃吴湖帆妻，故诗集中有数首与吴湖帆有关，如《题吴湖帆女夫翼燕临蓬心山水》《题湖帆刀会摄影》等。潘承弼称其诗"一言一字，不加雕琢，出于性灵之真"。

訚公诗存六卷　1935 年白雪庵刻蓝印本。

丁传靖著。丁传靖(1870～1930)，字秀甫，号訚公。江苏镇江人。清光绪二十三年(1897)举人。擅诗文、工曲剧。著有《沧桑艳传奇》《霜天碧传奇》《七昙果传奇》等。《訚公诗存》扉页有王宗炎题签。卷一收录丁酉(1897)至己酉所作诗，卷二收录庚戌辛亥所作诗，卷三收录壬子至丁巳所作诗，卷四收录丁巳至庚午所作诗，卷五为《击钵吟》，卷六为《明事杂咏》。丁传靖善史学，民国初曾任国史馆纂修，所著《宋人轶事汇编》《甲乙之际宫闱录》等著作均为人称道，史料真实可信。本书卷五所作诗多与历史人物有关，有项羽、东方朔、小乔、陶渊明、张丽华、安禄山、唐肃宗、罗隐、李后主等。卷六前有小序，云："杂忆前明旧事，各以一绝咏之。信手拈来漫无义，例经月遂得百首。略次先后，并注其事之稍晦者，不能悉记出处，要皆眼前书也。"

一行小集一卷　1914 年丁氏淑照堂铅印本。

丁祖荫著。丁祖荫有《铁琴铜剑楼宋金元本书影》，已著录。本书前有金天羽序，书后有丁祖荫跋。金天羽序云："今年春，丁君裒其两年来所咏之诗，名曰《一行集》，属余为之序。"本书皆丁氏任常熟、吴江县长时所作诗，始于辛亥，止于辞官后归里，以时间为次序，有《常熟知事任内杂咏》《之吴江任》《吴江视察道中》《辞官》《解吴江知事任归途感赋》《归里》等。诗中描写吴江人文风貌的，有《庞山湖村落》《平望道中》《夜泊芦墟》等。金天羽称其"诗之工，庶乎能穷万物之状态，则本于治心之所得，内外一贯而已矣"。

王伯沆先生遗稿四种　《南京文献》本。

王瀣著。王瀣(1871～1944),字伯沆、伯谦,号无想居士,晚自号冬饮。江苏南京人。著有《王冬饮先生遗稿》《清四家词选》等。《王伯沆先生遗稿》4种,为其女王绵收集整理,编成《冬饮庐文稿》《冬饮庐诗稿》《冬饮庐词稿》《冬饮庐藏书题记》,列入《南京文献》第21号。全书前有王冬饮先生遗像。又有1945年《国民政府令》,对王瀣进行表彰。《通志馆致市政府公函》,要求市政府保护好王瀣墓地,并有《市政府覆函》。《冬饮庐藏书题记》辑录其家藏群书题记。《冬饮庐文稿》收录王氏所作诗词集序跋、传记等文章,卷末有王绵所撰题识,云:"先严诗文,平日不喜存稿,乱后复多散佚。病中见旧作,辄嘱家人焚去。绵或潜以他纸易之。今收拾残余,得如干首。其中多为先严所不欲存者。"因为付印期限紧迫,王绵来不及请前辈删定,便直接付梓。1949年王绵又将《冬饮庐读书记》与前四种合编为《王冬饮先生遗稿》,1962年在台北出版。其弟子张其昀在《王冬饮先生遗稿》序中评价:"先生诗才清绝,其雄杰处,粹美处,可谓金声玉振。晚复好词,以自然为贵。"

云海楼诗存五卷雷塘词一卷　1933年江都闵氏刻本。

闵尔昌著。闵尔昌(1872～1948),初名真,字葆之,号黄山,晚号复翁。江苏扬州人。文史专家。著有《江子屏先生年谱》《雷塘词》《云海楼诗存》等,编有《碑传集补》《碑传征逸》等。《云海楼诗存》5卷,为闵氏家刻本。闵尔昌清末入袁世凯幕府,民国时任北京总统府秘书,与袁氏父子关系密切。闵尔昌工诗、古文辞。本书5卷,以时间为次。书前有郑沅题签,又有闵氏自序,云:"余年十二三即好为诗",又云:"吾生有涯,修名不立,慨念今昔,忧来无端。暇日偶取箧中草稿,删存如干首,平生志事大略可见,不忍多弃也。"《光宣诗坛点将录》云:"维扬多俊人,闵葆之(尔昌)、梁公约、陈移孙及方氏昆仲(地山、泽山),皆一时鸾凤也",又称其"诗律精严""以雄浑代纤巧"。本书后附其所作《雷塘词》一卷。

程一夔文集　1910～1932年千一斋刻本。

程先甲著。程先甲有《选雅》,已著录。本书分为甲集8卷、续编4卷、三编4卷,乙集4卷、续编4卷、三编4卷。其中乙集为清宣统二年(1910)出版,甲集、甲集续编、乙集续编为1923年出版,乙集三编为1930年出版,甲集三编为1932年出版。本书甲集为散文集,乙集为骈体文集。甲集前有劳乃宣序,缪荃孙、张士珩来书,并有其自撰题识,云:"先甲于宣统间写定古文为甲集十卷,俪体为乙集四卷。"然而乙集刚刊,辛亥革命爆发,甲集时尚未刊,东归后又遭劫掠,稿遂遗失,程氏重新搜集,"先以七卷付印,其字句剥蚀者阙之,佗日续有所获则列入八卷焉"。程先甲擅长文赋诗词,劳乃宣在序中称其古文"义例既极谨严,绝无他种文气掺杂其间,而思力尤极雄厚"。易顺鼎在《程一夔文乙集续编序》中评价道:"若程郎中俪体之文,可谓直追汉魏矣。"

浩歌堂诗钞十卷　1924年铅印本。

陈去病著。陈去病有《诗学纲要》,已著录。《浩歌堂诗钞》乃陈去病在清光绪十八年(1892)至1923年间所作的诗歌,以时间为序分为《东江集》《壮游集》《黟山集》《哀椎集》《岭南集》《呻吟集》《光华集》《湖上集》《护宪集》《从征集》《南雍集》。书前有汪精卫、侯鸿鉴、姚锡钧、柳亚子以及徐蕴华诸序。本书诗歌多为抒怀,及凭吊历史人物宣传民族思想之作,慷慨高昂,激励人心。柳亚子序称:"其奋斗之精神,恢弘之气宇,皆有不可磨灭者在。"汪精卫序称:"其所为诗,志趣贞洁,而情感秾挚,沉着痛快处,往往突过古人,非特于诗致力深至,所素养者然也。"侯鸿鉴序称:"陈君之诗,天籁也。人籁寓于中。署曰'浩歌',殆有以夫今后之诗教。"末附《巢南先生五十寿言》,柳亚子等选录,集诸家寿序。本书为《百尺楼丛书》本。

天放楼诗集三种九卷　1922年上海有正书局铅印本。

金天羽著。金天羽(1874～1947),初名懋基,又名天翮,后改天羽。字松岑、松琴,号天放,别署鹤望、鹤坊、天放楼主人,笔名爱自由者、金一、麒麟。江苏吴江人。著有《天放楼诗集》《天放楼文言》等。本书为门人高圭等为庆祝金天羽五十寿辰而编,分为《谷音集》3卷、《雷音集》5卷、《潮音集》1卷。卷首有张謇、叶德辉、路朝銮、胡韫玉、高燮所作序,卷末有门人高圭、马贻谋所作跋。《谷音集》

收录清光绪十三年(1887)至宣统三年(1911)所作之诗。《雷音集》收录1912年至1921年所作之诗。《潮音集》收录1922年所作之诗。共661首。张謇序云:"吴江山川旧隶吴郡,近代诗人若计、若潘、若吴,其与当时诸先辈鸿声茂誉,犹骖之靳焉。金君生计、潘、吴三先生后,翘才露颖,极于学以为工,亦可谓卓荦不群者矣。"又称其"诗格近石湖,又蜕其华而约其博,饮其清而纳其和,不尽袭也"。胡韫玉序云:"金君松岑,豪杰士也。怀有用之才,处晦盲否塞之世,郁抑无聊,寄之于山水。"本书收入《近代中国史料丛刊》。

枝巢编年诗稿十三卷 1934年刻本。

夏仁虎著。夏仁虎(1874~1963),字蔚如,号啸盦,又号和均,别号枝巢、枝巢子。江苏南京人。工诗,兼擅词曲。著有《枝巢编年诗稿》《啸盦词》《碧山楼传奇》等。《枝巢编年诗稿》收录夏仁虎60岁前所作诗,共896首。起于清光绪十五年(1889),止于1934年,绝大部分作于北京。依次为《觚梦稿》《箧尘稿上》《箧尘稿下》《淮南游草》《忆淮波稿》《出塞前稿》《出塞后稿》《还都稿》《图南稿》《枝巢稿》《先甲稿》《先甲后稿》《六一稿》。夏仁虎诗作形式多样,题材不拘。古近体诗有律有绝,而乐府、排律居多。内容则感事、咏史、记游、怀旧、游仙、唱和等,无所不包。书前有其自序云:"刻集取编年例,昔人刊名家诸集恒用之。若自刊所为稿,尤以兹例为善。"夏氏曾刊《啸盦诗稿》6卷,而序云:"岁月不居,寒暑七易。此七年中,匪特诗境屡变,即自稔所处,亦由壮盛而老苍,热恼而冷淡。而人事之变迁,世局之递嬗,亦往往于吾诗中遇之。"故检阅存稿,复得诗若干首,续为第七卷至第十三卷,并《啸盦诗稿》合订为《枝巢编年诗稿》。

山泾草堂诗存一卷诗话四卷 1936年铅印本。

汪佑南著。汪佑南(1875~1940),字启东,号冠瀛。江苏常熟人。《山泾草堂诗存》书前有钱萼孙序、自序,书后有金鹤冲撰《汪启东先生家传》。汪氏诗句通俗易懂,素淡平实,喜作长篇七古,而近体短篇亦多佳句。其自序云:"初取径剑南,究心于近体,知造句而不识行气,甜熟之病,时未能勉。后读韩诗以药之,明知韩不易学,学其古体始犹勉强,久而渐通其意,诗境为之一变。"《山泾草堂诗话》4卷,卷一阐述诗家诗论,评价韩愈、杜甫、崔颢、韦应物、陆游等人的诗风。第二卷对常熟诗坛的作家如陈祖范、王应奎、姚江、黄仲则、吴震、赵允怀、金鹤翔等进行评论,按照一般诗话体例评论其作品,或记载其轶事,对研究清末民初常熟诗坛,很有价值。

江山万里楼诗词钞十七卷 1926年中华书局铅印本。

杨圻著。杨圻(1875~1941),榜名朝庆,更名鉴莹,复更名圻,字云史,一字野王。江苏常熟人。为李鸿章长孙女婿。《江山万里楼诗词钞》分为诗钞13卷、词4卷。杨圻诗宗盛唐,尤擅梅村体歌行,其诗格局恢宏,气势磅礴。本书诗钞13卷,乃其50岁前事业及诗歌成就之总结。诗集卷首及卷尾分别编排《檀青引》《长平公主曲》,以此寄寓时代兴亡之叹。《檀青引》为杨氏成名之作,乃借述乐工蒋檀青曾侍奉咸丰之经历,旁及宫中往事,对重色轻国的咸丰帝进行了无情的讽刺。《长平公主曲》乃借清初顺治皇帝优待前明宗室之事,批评北洋政府取消优待清皇室,驱逐溥仪出宫。钱仲联《近百年诗坛点将录》称:"近代学唐而堂庑最大者,必推杨云史。《江山万里楼诗钞》,颇难求其匹敌。"杨氏不仅善诗亦能写词,张百熙《江山万里楼诗钞跋》云其词"清空流丽,风调隽永,方诸三李,存神化迹,是能入而出者"。

名山诗集十三卷附词六编 1947年木活字印本。

钱振锽著。钱振锽(1875~1944),字梦鲸,号谪星,又号名山、藏之、庸人,别署星隐庐主人、海上羞客。江苏阳湖(今属常州)人。工诗文兼擅书法、绘画及医学。著有《名山全集》《谪星集》等。本书包括《名山诗集》13卷附《名山词》1卷、《名山词续》1卷、《海上词》1卷、《海上词续》1卷、《海上词三编》1卷、《海上词四编》1卷。其中《名山诗集》13卷包括《名山诗》9卷、《海上羞客诗》4卷。本书所收诗词起自清宣统元年(1909),迄于1944年,乃作者生前自选诗1 000首,词100阕。书前有门人程中行题签。钱仲联《梦苕庵诗话》称其诗"于古人不专学一家,以意胜,不屑于字句间争工拙"。夏承焘《天风阁学词日记》评曰:"其诗文不假涂饰,自写胸臆,意气高迈,有壁立千仞之概。"《名山诗集》另有5卷本，为1926年浙江刻本，由门人谢玉岑题签。

思玄堂诗集不分卷 1937年铅印本。

汪荣宝著。汪荣宝有《法言义疏》，已著录。《思玄堂诗集》不分卷，为汪荣宝遗著。本书是近代西昆体诗的代表作，分为第一集、第二集和《楚雨集》三部分，未分卷。书前有武进赵椿年《题汪衮父遗诗》。第一集收录汪氏自入仕为官至从日本公使任上罢归期间的诗作，第二集为1931年罢归回国后的诗作，《楚雨集》多为仿玉溪体咏史诗和无题诗，较多借咏史以讽时的政治诗。其诗作中，可作史料者尚多，如《早春即事》《欧洲战事杂感》《壬子改元》《与仲仁论旧事》等。汪氏早年诗宗玉溪（李商隐），晚乃转趋平淡。汪国垣《光宣诗坛点将录》称其诗“苍秀在骨，江左旧格，为之一变”。本书收入《近代中国史料丛刊》。

中泠诗钞八卷 1915年铅印本。

叶玉森著。叶玉森（1878～1939），原名宝书，改名杏衫、荇衫、镔虹，号红于、箕渔、中泠、叶初等。江苏镇江人。南社社员。著有《啸叶庵词》《殷契钩沉》《殷虚书契前编集释》等。《中泠诗钞》8卷，分为《小矶集》《袖海集》《石城前记》《燕尘集》《吴山集》《石城后记》《从沤集》《舒州集》。叶玉森自幼天赋过人，诗文才气横溢，曾与丁传靖、吴清庠并称“铁瓮三子”。本书有白炎《中泠诗钞后序》，称其诗“则导源风骚，胎息汉魏，沉浸六朝唐宋，奄有众长，不名一格”，又云：“余与箕渔交最密，酬唱最勤，知其肆力古人，甘苦浅深亦最切，重违雅意，芟成八编，都为《中泠诗钞》，付之排比，且任校勘，固知遗珠多矣。”叶氏在南社期间，曾邀集社友在中泠泉联句，诗作列入《南社诗选》。叶氏亦善词，曾连续在《南社丛刻》等刊物上发表词作，后汇编成《中泠词卷》。

天衣集 稿本，南京图书馆藏。

叶玉森辑。叶玉森为早期甲骨学家，这部稿本共集楹联100首，每联均用甲骨文写就，然后剪贴在红丝栏页面上，右有楷书对照。

龙尾集三卷 1920年铅印本。

孙景贤著。孙景贤（1880～1918），字希孟，别名龙尾。江苏常熟人。著有《轰天雷》等。《龙尾集》分为《龙吟草甲》《龙吟草乙》《梅边乐府》，共3卷。书前有徐兆玮序，云：“《龙吟草》原题‘乙’字，爰取辛亥以前已刊之诗，列为首卷。增题‘甲’字，盖援《笠泽丛书》以甲乙丙丁为次例也。”孙氏诗格逼近西昆，恪守西昆家法甚严，如《始皇拟昆体》《代意拟昆体》等。诗集中有长篇纪事诗《宁寿宫词》，写李莲英之事，又有《正阳门行》写辛亥革命，均可称为诗史。集中《国府津车中望见富士山赋》《送客过富士》等诗，则是其曾任职于中国驻日本长崎领事馆时所作。《梅边乐府》后附补遗2首，为金病鹤所录。钱仲联在《梦苕庵诗话》中称其诗“近代无人逾之”，评价甚高。书后附有校勘记。

荔园楼集八卷 1929年铅印本。

钱育仁著。钱育仁（1880～1958），字安伯，号南铁。江苏常熟人。《荔园楼集》8卷，卷一、二为骈体文，卷三、四为古近体诗，卷五为联语，卷六、七为同姓名录、卷八为稀姓考。书前有孙雄、宗威、蔡卓勋序，张钰《荔圆楼骈文序》、丁祖荫《同姓名录序》。荔园楼，乃钱育仁读书处。张钰序云：“今以之名集，借才子风华之笔，写美人香草之思，亦情之所不容已者乎。”孙雄序称其“才气横溢，兴会淋漓，则与胡稚威、王仲瞿相颉颃；其清丽芊绵，藻思绮合，则又与刘芙初、乐莲裳相伯仲。近世作者，殆罕其匹”。蔡卓勋序赞曰：“先生之文，王杨卢骆之文也。先生之诗，曹刘何谢之诗也。”据孙雄序可知，钱育仁认为作文之要，不外“有物有序”；作诗之要，不外“诗中有事，诗外有我”。卷六《同姓名录》前有钱氏小序：“居无事，涉历史籍，偶得相同者，缀而记之，略考其爵里、时代，分类以从，积久成帙。”

庞檗子遗集 1918年铅印本。

庞树柏著。庞树柏（1884～1916），字檗子，号芑庵，别署龙禅居士、剑门病侠等。江苏常熟人。南社社员。著有《抱香簃随笔》《墨泪龛笔记》《龙禅室摭谈》等。《庞檗子遗集》为庞树柏诗词集，卒后由王蕴章编辑。本书前有萧蜕作传、柳亚子序，以及众人题词，书后有王蕴章后序。本书分为《玉琤瑽馆词稿》与《龙禅室诗》两部分。庞树柏工词，宗南宋，有姜白石的警秀，其《玉琤瑽馆词》深得近代词家朱祖谋之赞赏，为之点定。萧蜕在《庞檗子传》

中评价："君诗文秀丽，填词尤工，哀感顽艳，年未壮，骎骎迈古矣。"柳亚子序云："檗子之诗，上窥王、孟；其词则姜、张之遗也。"庞树柏的诗中有描绘故乡风光的，如《水乡春晓即事》，诗句清新自然，境界优美。也有表达诗人强烈的爱国主义情感的，如《西泠杂咏》第七首中对表达对烈士的怀念。钱仲联在《梦苕庵诗话》中称："此君以词名，天不假年，未大成。"

霜厓诗录四卷 1943年石印本。

吴梅著。吴梅有《词学通论》，已著录。《霜厓诗录》4卷，为其门人卢前所辑。扉页有吴湖帆题签，书后有潘承弼跋。潘氏云："先师《霜厓诗录》四卷，同门卢君冀野为辑遗著，据稿本校印于白沙。……顾其书南中流传绝少，亲友辄以未睹为憾。余既重写《词录》付印，继缮斯稿，授诸墨版。"所录诗作始于清光绪二十四年(1898)，终于1938年。其中卷一起于戊戌至辛亥，收诗65首；卷二起壬子至辛酉，收诗76首附录4首；卷三起壬戌至丁卯，收诗94首；卷四起戊辰至丁丑，收诗146首。本书对40年间的重大历史事件都有涉及，如戊戌变法、辛亥革命、洪宪复辟、军阀混战以及日军侵华等。

天啸残墨四卷 1934年4月广益书局铅印本。

徐天啸著。徐天啸(1886～1941)，名啸亚，字天啸，别署天涯沦落人，秋魂室主，晚号印禅。徐枕亚兄。江苏常熟人。鸳鸯蝴蝶派作家，南社社员。著有《神州女子新史》《太平建国史》《自由梦》等。《天啸残墨》为徐天啸所著作品集，分艺苑、笔记、说部、杂著4卷。书前有1917年陈医隐、李定夷、吴双热、徐枕亚4人序。徐枕亚序云："爰集其旧报文字，删繁就简，媵以诗词小品，说部谈乘诸作，编次成集。"又吴双热序引天啸语曰："集其宿构十之二，新著十之五，梓以行世，曰'天啸残墨'。曷言乎残也，以文豹不全，亡其十之三云。"则其名"残墨"之意明矣。观其目次，则有《今文古文》《蛩吟集》《忡庐谭乘》《粤西游记》《天涯沦落人印话》《湖上百日记》《鸳鸯梦剧本》等。其中《天涯沦落人印话》即徐氏篆刻论著，开篇云："作印之道，先明篆法，次书法，次章法，次刀法，此自然之程序也。"文中批评时人作印多不识篆文，故所作多谬，主张作印必先识篆。

世徽楼诗稿四卷 1946年正中书局铅印本。

叶楚伧著。叶楚伧有《新生活与情操》，已著录。《世徽楼诗稿》分为古近体、五绝、五律、七绝、七律，共4卷。其中古近体20首，五绝4首，五律31首，七绝108首，七律103首。书前有吴敬恒题签并序，序云："自民国初年，以迄最近，所著诗篇，多数均已录入。"又云："此四卷者，集其三十年来最精卓之作，以饷吾人。"书后有叶溯中跋，知此书由唐卢锋详加选录，叶楚伧"亲加指导，商榷体例，决定存删，录存四卷"。叶氏本拟作自序一篇"以阐述平生对于诗之主张"，然因事务所累，疲劳过度，遂一病不起，而本书自序"竟成广陵散，尤为无可弥补之遗憾"。

楚伧文存 1944年正中书局铅印本。

叶楚伧著。本书收录叶楚伧的散文、小说、杂文等。叶楚伧的文章多载在报刊上，在正中书局的邀请下，他将未印成集的文稿交付于正中书局出版。经过工作人员的挑选，最后得散文32篇，札记3种，小说13篇，小品8则，共7万多字。其中由于政论具有时效性，仅录3篇。散文中包括《说诗》之类的学术性文章，还有序文、祝词、墓志铭、传记、悼文等。小说有《云回夫人》《疯十八姬》《贾宝玉》《嫂嫂》等，政论为《川藏间行军里程考》《民国铁道计划》《民立报最近宣言》。文集主要收录1913年作者在《太平洋报》《民立报》刊载的文章，其主编《生活日报》《民国日报》时期的文章并未收集在内。

乘桴集 1929年平凡书局铅印本。

柳亚子著。柳亚子有《分湖诗钞》，已著录。《乘桴集》为柳亚子的旧体诗集，扉页由沈联璧书写。1927年至1928年间，柳亚子曾以唐隐芝为名流亡日本，本书所收的诗即在其时写成。书前有《乘桴集小序》云："计前后获诗七十有七，哀为一集。爰付梓人，以壮行李，非敢诧长爪郎锦囊佳句也。"又云："流连风物之作，无关弘旨，聊存一时纪念云尔。"本书所收诗多为柳亚子和西京名画家桥本关雪一行人往来酬唱，有游览日本名胜岚山、琵琶湖诸景，最后附词一阙。本书原拟柳氏在日本时即出版，因故直到1929年回到国内，在平凡书局的要求下才交稿付梓。

蕉舍吟草二卷　1946年世界书局铅印本。

顾毓琇著。顾毓琇有《中国经济的改造》，已著录。《蕉舍吟草》为顾毓琇的第一部诗词集。本书共2卷，卷一收录诗200首，起于1940年，止于1946年；卷二收词50首。书前有作者自序。诗作中有游览新疆、大理等地以及印度的纪游诗。1943年2月，顾毓琇担任中国教育访问团团长，出访印度，于是便有了《和平乡访泰戈尔故居》"云游来圣地，瞻拜入仙乡"等诗句。集中又有与当时抗日战争息息相关的纪事诗，如纪念日军投降的诗句"八年涕泪愁何在，万里江乡梦亦疑"。还有与郭沫若、老舍等人的唱酬诗、怀人诗，如《潜庐次郭沫若韵》《悼泰戈尔》等。他的词作中也多赞颂青年战士之作，如《十万英雄歌》《青年从军歌》《出征将士歌》等。顾毓琇是位在学业上全面发展的传奇式人物，他集"科学家、教育家、文学家、戏剧家、古音乐学家"称号于一身，被人们誉为现代文化史上的奇才。

撷芬室小诗　1933年铅印本。

凌景埏著。凌景埏（1904～1959），名敬言，字玄黄。江苏吴江人。著有《撷芬室诗稿》《玄黄词》《敬言曲稿》，编有《全清散曲》等。《撷芬室小诗》集中诗皆为凌景埏自选。辑诗皆七绝，每首右下题诗名，绿墨印制。扉页朱印，有"二十二年秋，景埏自选小诗一百首，印三百册"。书前有柳亚子、刘麟生题诗，及诸生序。柳亚子诗云："悱恻温靡苦费思，能诗白袷少年时。羽琌不作玄瑛逝，倘见风华绝代姿。"凌景坚序云："松陵词场独能胜楼船大将之任者，匪敬言谁属哉！"又称其诗："风情绵曼，声光彪炳，兼而有之。军兴以来，挥戈磨盾，而诗格亦一变。刀光剑气，血影雪花，不胜山川萧瑟、敌骑纵横之痛。"诗集全部是七言绝句，清新可诵，诗味醇厚。多咏水乡风物，有的是怀古咏史，有的是借景抒情。诗集中有一组《旅燕杂诗》，是他旅居北京，在燕京大学任教期间写下的。身在他乡，心系故国，生逢乱世，离愁别恨之感常流露于笔端。

梦苕庵诗存三卷　1937年无锡国专铅印本。

钱仲联著。钱仲联（1908～2003），原名萼孙，号梦苕，偶署知止斋主。江苏常熟人，原籍浙江湖州。著有《人境庐诗草笺注》《韩昌黎诗系年集释》《梦苕庵论集》等。《梦苕庵诗存》3卷，为钱仲联早期诗作。"梦苕庵"，钱仲联室名。其《自传》云："我室名'梦苕庵'，乃尚未回到湖州前所取名，是饮水思源之意。"钱氏诗1922年始存稿，1931年与王蘧常合刻《江南二仲集》行世，获时人高度评价。陈衍采其诗入《石遗室诗话续编》。本书为1937年无锡国专铅印本，书前有金天羽序，以吟咏山水为主，风格清隽灵秀，幽雅精致。1931年秋，日军侵占东北三省后，钱氏诗风开始变化，出现了大量愤慨国事、慷慨激昂的诗。金天羽序云："其骨秀，其气昌，其词瑰玮而有芒，盖骎骎乎造作者之堂矣。"金氏又在《文艺捃华》中称赞道，"（钱氏）才雄骨秀，独出冠时，老夫对此，隐同敌国"，可见其诗坛地位。

涉江词　1978年油印本。

沈祖棻著。沈祖棻（1909～1977），字子苾，别号紫曼，笔名绛燕，苏珂，别署子苾夫人。程千帆夫人。祖籍浙江海盐，生于江苏苏州。著有《微波词》《宋词赏析》《唐人七绝诗浅释》等。后人编有《沈祖棻全集》。《涉江词》收沈氏1932年春到1949年春的作品403首，由甲稿（1932～1940）、乙稿（1940～1942）、丙稿（1942～1945）、丁稿（1945～1946）和戊稿（1946～1949）五部分组成。1978年油印刊行，1982年由湖南人民出版社出版，1994年江苏古籍出版社出版《沈祖棻诗词集》时，由程千帆增加笺注。《涉江词》以词纪事，忠实记录了作者在抗日战争中的真实情感。作者多采用比兴和隐喻的方法进行创作，作品大都"语皆有托"。本书前有1949年汪东序。序云："方其肄业上庠，覃思多暇，摹绘景物，才情妍妙，故其辞窈然以舒。迨遭世板荡，奔窜殊域，骨肉凋谢之痛，思妇离别之感，国忧家恤，萃此一身。言之则触忌讳，茹之则有未甘，憔悴呻吟，唯取自喻，故其辞沉咽而多风。寇难旋夷，杼轴益匮。政治日坏，民生日艰。……加之弱质善病。意气不扬，灵襟绮思，都成灰槁，故其辞澹而弥哀。"沈尹默、朱光潜等人对《涉江词》都高度赞美，吴宓在日记中称："棻词殊佳，宓所识女中第一。"

第六节　新诗与散文

扬鞭集　1926年北新书局铅印本。

刘半农著。刘半农有《四声实验录》，已著录。

《扬鞭集》分上、中、下三卷。上、中两卷于1926年出版，下卷为译诗，未出版。上卷收1917年至1920年的诗作，中卷收1921年至1925年的诗作。本书收诗53首，散文诗14首，拟儿歌3首，拟拟曲2首，歌1首。书前有自序，写道："我今将我十年以来所作所译诗歌删存若干首，按时期先后编为一集，即用第一首诗第一二两字定名为'扬鞭'。"刘半农的诗歌代表了中国新诗早期的风格，对中国的新诗产生启发式的影响。从最初的《游香山纪事诗》可以看出是文言向白话的过渡，到后来的《教我如何不想他》，用白话吟唱游子思念故国的柔情，无论在意境上还是在表现技巧上，都是白话新诗的楷模。本书中有一部分诗采用方言、民歌和儿歌的形式创作，是作者在改革诗歌形式上的探索。

流云小诗　1947年正风出版社铅印本。

宗白华著。宗白华(1897～1986)，原名之櫆，字伯华。江苏常熟人。著名美学家、哲学家和诗人。著有《中国书法里的美学思想》《美学散步》《流云小诗》等，现有《宗白华全集》。《流云小诗》是宗白华的诗歌小集。1924年，上海亚东图书馆曾经把宗白华在《时时新报·学灯》上发表的一部分诗作，加上一些还没有发表过的诗作，共49首，编成诗集出版，题为《流云》。1929年上海亚东图书馆再版时，宗白华重新编辑，为每首诗添加标题，并改名为《流云小诗》。1947年上海正风出版社又重新编排出版，书后增加了宗白华《我和诗》一文。本诗集大多是吟颂个人对人生、自然、爱情的真情感受以及内心感悟的作品。作者把对生命的关爱、对生活的热情，都注入到一个个客观具体的自然物象之中，诗中如沁人的花香、翩飞的蝴蝶、星空、流云、山泉等，都是诗人内心感情的流露。这些小诗风格独特，意趣深远，引人入胜。这种清新的、纯真的、无拘无束的、玲珑剔透的小诗，为当时中国新诗坛增添了新鲜气息。

冬夜　1922年亚东图书馆铅印本。

俞平伯著。俞平伯有《红楼梦辨》，已著录。《冬夜》是俞平伯的第一部新诗集。全书分4辑，收录其3年间所作的新诗101首。书前有俞平伯自序、朱自清序。俞平伯在自序中提到，做诗的两个信念是"自由"与"真实"，在讨论诗与人生关系时，他写道："诗以人生的圆满而始于圆满，诗以人生的缺陷而终于缺陷。人生譬之是波浪，诗便是那船儿。诗的心正是人的心，诗的声音正是人的声音。"对于自己这本新诗集，作者认为第一辑里的作品比较幼稚，而第二辑里的又烦琐而枯燥，三辑的前半与二辑的作风相似，后半似乎稍有不同。第四辑从《打铁》起，正是他写《诗的进化还原论》的时候，如《打铁》《挽歌》《一勺水啊》《最后的洪炉》都是"稍有平民的风格"。俞平伯的诗率真自由，注重意境与音节的和谐。《冬夜》是新文化运动中继胡适的《尝试集》、郭沫若的《女神》之后产生的第三本诗集，在当时影响巨大。

伐木集　1946年北平著者书店铅印本。

汪震著。汪震(1901～?)，字伯烈。江苏武进人。著有《孔子哲学》《国语修辞学》《中等国文法》等。《伐木集》收录《静坐》《游总统府》《有感》等107首新、旧体诗。诗歌按写作时间依次编排，始于1920年所作的《静坐》，止于1930年所作《景山吊崇祯》。书末附著者的《新诗的拍子》《诗的想象之评判》及陈北鸥的《诗的声调》。书前有小引。小引主要介绍了作者比较艰苦的成长经历、求学经历。作者最后写道："前些年所受的痛苦，很要给他找一条宣泄之路；这样，我的诗集就要问世了。"这大致就是这本诗集的由来。本诗集所收诗歌新旧体诗掺杂，大部分为作者任职中学教员后在各处游览所写的即兴诗，如《出游》《游白云观》《游总统府》《游香山》等；也有一部分送友人、怀友人的诗，如《送丁文渊赴津》《下课访刘寄鸿》《闻石评梅先生死信》等。

诗歌时代　1941年海石书店铅印本。

许幸之著。许幸之(1904～1991)，原名许达，字幸之。笔名屈文、欧阳信、霓璐、天马、丹沙等。江苏扬州人。著名画家、美术史家、导演、作家。著有《诗歌时代》《扬子江》《万里长城》《海涯》等。《诗歌时代》由《牧歌》《大坂井》《中国的母亲》三部诗集汇编而成。从许幸之所撰总序可知，《牧歌》为1927年在《创造月刊》上发表的组诗，大多"是歌咏恋爱的哀伤、人情的变幻和历史的悲运"。《大坂井》收录1931年至1935年间的诗作，大多反映当时社会情境的诗。《中国的母亲》收录1936年至1939年间的诗作，感情"格外的真实而狂热"，是"狂飙时代的高歌”。这三部诗集中影响比较大的是《大坂井》所收的19首诗，反映了诗人自忧郁浪漫向生活深处思考转变的情感历程。《悼聂耳》《铁蹄下的歌女》2首，因真情的笔触而获得广泛流传。许幸之的诗歌创作受到其绘画、电影编导艺术经历的影响，呈现出独特的艺术风格。

春雨 1926年南京书店铅印本。

卢前著。卢前有《中国戏剧概论》，已著录。《春雨》是卢前的第一本新诗集。收录作品32首。书前有序，云：“卢冀野集其数年来所作新诗，选录为一卷，凡三十二篇，颜之曰‘春雨’，盖自年十五六与新文艺运动努力之果也。”卢前认为“文学无新旧也，有新旧也。无新旧，以其不失文艺之本质；有新旧，以时代之影响无常，文士之思想迁变”。所以“今予之所为，不合于旧诗词曲之格，只求赏心悦目；别存之，号曰新体”。诗集有武昌盲乐师冒烈卿逐首制作的乐谱，还有朱锦江绘制的插图等。这本诗集中流传至今比较有名的是《本事》：“记得当年年纪小，我爱谈天你爱笑。有一回并肩坐在桃树下，风在林梢鸟在叫，我们不知怎样困觉了，梦里花落知多少。”后来黄自为编写中国第一部音乐教材，选用了这首诗，并为之谱曲，广为传唱，成为经典之作。

纪德与蝶 1944年诗文学社铅印本。

汪铭竹著。汪铭竹（1905～1989），名宏勋，以字行。江苏南京人。著有《自画像》《纪德与蝶》。《纪德与蝶》写于1938年至1942年，收录作品34首。1942年以后，汪铭竹就再未写过诗。本书扉页写道：“燕：这卷诗献给你，其中大部分是在你对我之生命所投射的阳光下写成的。”在创作这些诗的时候，作者已经从南京逃难几千里到了贵州，住在山城铜仁后水门。日本侵略造成的国难，使得作者的诗时时处处都充满民族感情。全集的第一首诗《控诉》，是控诉日本惨无人道的南京大屠杀，作者写道：“这次故事将再没有说完日子。南京一座死城，白骨碰着白骨，夹着尾的癞皮狗都掉首而去了。”诗集中比较重要的诗有《法兰西与红睡衣》《纪德与蝶》。《法兰西与红睡衣》交织着现实主义与象征主义，而《纪德与蝶》是诗人所作诗中篇幅最长的一首，较充分地体现了诗人的功力。他以此诗命名他的诗集，也足见他自己对此诗的重视。

鱼目集 1935年文化生活出版社铅印本。

卞之琳著。卞之琳（1910～2000），笔名季陵、林子、老卞等。江苏海门人。徐志摩学生。诗人、文学评论家、翻译家。著有《三秋草》《汉园集》《慰劳信集》等。译有《西窗集》《维多利亚女王传》《紫罗兰姑娘》等。《鱼目集》收录卞之琳所作新诗29首，分5辑。第一辑收1935年诗7首，如《圆宝盒》《断章》等；第二辑收1932年诗4首，如《过节》《苦雨》等；第三辑收1930年诗6首，如《奈何》《黄昏》等；第四辑、第五辑收1931年至1934年诗共12首，如《新秋》《倦》《春城》等。卞之琳早期受新月派和现代派的影响，诗风含蓄，能在平凡的意象中凝练出自然和谐的诗意。卞之琳这个时期的诗更注重意境，多以梦境、寒夜、孤寂为背景、氛围。如《寂寞》《距离的组织》《奈何》《黄昏》《傍晚》《寒夜》《倦》等。诗集前有作者《题记》。

十年诗草：1930～1939 1942年明日社铅印本。

卞之琳著。本书是卞之琳1941年所编，收录他1930年至1939年大部分作品。书前有1941年出版题记。题记中提到诗集的出版是为了纪念徐志摩先生，“为了他对于中国新诗的贡献”。本书收录《音尘集》《音尘集外》《装饰集》《慰劳信集》《集外集》。朱自清在《新诗杂话·诗与感觉》中评价卞之琳：“在微细的琐屑的事物里发现了诗。”又：“卞先生是最努力创造并输入诗的形式的人，《十年诗草》里存着的自由诗很少，大部分是种种形式的试验，他的试验可以说是成功的。”本书中比较有名的诗是《音尘集》中的《断章》：“你站在桥上看风景，看风景的人在楼上看你。明月装饰了你的窗子，你装饰了别人的梦。”另外还有《圆宝盒》《距离的组织》《妆台》《白螺壳》等。

最后的星 1947年星群出版公司铅印本。

吴越著。吴越（1910～2002），原名春恒，笔名江清、兰后、江庄、吴广、吴惠生等。江苏泗阳人。著有《暴风雨集》《火焰集》《吴越诗选》等，长篇纪实文学《血染着我们的姓名》。《最后的星》被收入臧克家主编的《创造诗丛》。本诗集收录作品18首。

书前有臧克家的序，对吴越作了介绍，写道："他始终怀恋着他那灵魂的归宿地，这种怀恋使他的诗篇笼罩上了由真实生动亲切的感情所酿造的那样一团氧氛。"臧克家认为，由于吴越来自农村，所以他有很彻底的农民的典型性格，也就导致他的诗作中"分担了现况下农民的一份命运：悲惨、痛苦，还有点忧郁"。本诗集中的有一部分作品写实性很强，如《母亲》《苍苍的山岗》《在风雨的昨夜》《小弄堂》等，勾画了乡村、城镇的生活场景，人物则有母亲、农妇、小市民等，寄托着诗人的同情。《驴》《死鸟》等则是象征诗。本书所收诗歌中比较出色的有《苦难》《最后的星》《四等车》等。

心跳进行曲　1933年开明书局铅印本。

沙蕾著。沙蕾（1912～1986），原名凤骞，曾用笔名沙林。江苏宜兴人。回族。著有《心跳进行曲》《夜巡者》《热情交响曲》等。《心跳进行曲》是沙蕾的新诗集。全书分3辑，第一辑《月下踯躅者》，收诗35首；第二辑《此刻正是春天》，收诗19首；第三辑《心跳进行曲》，收诗28首。著名的有《上帝的踪迹》《记得》《浮云》《枯井》《啊！生命》《心跳进行曲》等。诗集的题名，正是作者这一阶段诗歌特色的形象概括。《心跳进行曲》写道："爱请听我的心正在跳。它说'我要跃进您心内'，但我被坚厚的衣服阻住了。衣服道'您敢胡闹，我是礼教'。"最后写道："我力不弱胆也不小，管他礼教。"这些诗表达了他对生活的热爱，对人生的思考，以及对艺术的追求。

江山情诗　1947年中国图书杂志公司铅印本。

姚江滨著。姚江滨（1915～2007），字公振，笔名江平、江冰等。江苏泰兴人。著有《江山情诗》《西湖烟雨》《归来》等。《江山情诗》是姚江滨撰写的第一部旅游诗集。书前有罗敦伟《写在江滨纪游朗诵诗前面》，又有叶圣陶《题江山情诗》："怀古情深不自持，悉归新体记游诗。镇扬我已廿年别，历历前游宛见之。"末附姚江滨作词、王岱云作曲《江山之歌》曲谱。本书分为《扬州风情》《镇江三山》《句容山景》《栖霞秋色》《无锡湖山》《苏州游》6部分。作者《前记》云："这是一种新型的记游朗诵诗集，是一点山水的游痕，是爱好江山歌唱江山的一点诗情。"作者以朗诵诗的体裁记叙他对祖国江山胜迹的观感，语言清新、流畅，读来朗朗上口，富有音乐的美感。以新诗来写湖山胜景，是作者的一种尝试。这本新体记游诗集的出现，是我国新诗的发展史上的一个重要贡献。

沸腾的岁月　1947年新群出版社铅印本。

袁水拍著。袁水拍（1916～1982），原名光楣，笔名马凡陀。江苏吴县人。诗人，文学评论家。著有《马凡陀的山歌》《冬天，冬天》《向日葵》等。《沸腾的岁月》是袁水拍的抒情诗集，收录40首诗。这40首诗除开头两首外，其余都是1942年至1946年的作品。诗集后有后记，写道："把这五六个年头称为沸腾的岁月，我想谁都有同感吧，国内外的大事件，像火一样燃烧我们，谁能够不沸腾呢？……好的诗，真的诗，只有在这种情形中才能产生。"这些诗歌抒发了对黑暗现实的强烈不满和对自由光明的追求，表现了诗人不畏艰险、忧国忧民的心情。诗中的语言典雅俏丽，充满着向往和激情。第一首《火车》是荡气回肠，令人感动的抒情名篇。诗人在这首诗中揭示了很多关于火车的细节，让我们感受到那种对于火车的期待。诗集中还有一部分以国际题材创作的诗歌，构思新颖，别具意境。

复活的土地　1949年森林出版社铅印本。

杭约赫著。杭约赫（1917～1995），原名曹辛之，笔名曹吾、曹辛、孔休、曲公等。江苏宜兴人。九叶派诗人、装帧艺术家。另著有《撷星草》《噩梦录》《火烧的城》等。《复活的土地》是杭约赫所创作的长篇抒情诗。本书分为《舵手》《饕餮的海》《醒来的时候》3章，卷首有序诗，卷末是作者的注。作者在注中大致叙述了自己于1948年7月完成此稿，原来有近百条注释，但因上海寓所突然遭到袭击，导致作者妻子被抓走，使得他成为居无定所的亡命之徒，也造成本书注释的散失。《复活的土地》是带有讽刺意味的、具有重大政治主题的史诗。这首抒情诗构思宏伟，气势雄壮，感情强烈。作者在诗中表达了复活的土地是人民的，人民才是历史的主人，应该掌握自己的命运，为解放自己而斗争。他写道："让我们欢呼吧，一个新世界就要在人民的觉醒里到来。"本诗通过酣畅淋漓的句子表达了诗人的情绪，是诗人的代表作。

战前中国新诗选　1944年绿洲出版社铅印本。

孙望选辑。孙望(1912～1990),原名自强,后改望,字止畺、子强,晚号蜗叟。江苏常熟人。著有《小春集》《元次山年谱》《全唐诗补逸》等。《战前中国新诗选》是抗日战争之前中国的新诗总集,是孙望从平时抄录下来的数百首诗中删汰而成,收50位诗人诗71首。收录的作品中,除了李金发的《秋》是1927年所作,其余均为1931年至1937年抗日战争爆发之前7年间的作品。书后有出版后记,叙述了孙望选诗的缘由,以及抗日战争爆发为本书编纂带来的困难,并对卞之琳、何其芳、常任侠、徐迟、戴望舒、汪铭竹、刘廷芳、艾青等人的诗作了简单的评价。后记中还提到选择此段时间的诗作的原因,是因为五四运动至1926年左右的作品,大多已经为《新诗年选》和《新文学大系》所选录,1926年以后的作品,已经为《新月诗选》和《中国现代诗选》所选录。本书所选诗作正处于新月诗风的转变时期,在新诗的发展过程中自成风格。

云外朱楼集　1934年中孚书局铅印本。

王蕴章编。王蕴章有《然脂余韵》,已著录。《云外朱楼集》是王蕴章的随笔,分为正编及附编。本书为郑逸梅编辑出版,陶冷月绘封面,赵云壑、朱其石题内外签。书前有作者自序。本书收录笔记小文多为作者生活中的点滴,有谈吴昌硕的,有谈梅兰芳的,如《夏屋品茗记》《瑶林顾玉记》《静安谒墓记》《秋英撷秀记》《四梅书缘记》《缶庐得宝记》等;有记载花草的,如《蝶圃看花》《洋水仙新谱》等;又有与棋有关的,如《宣南弈讯》《博弈丛话》等。这些文章原本载于报端,后由其弟子沈宗威收集整理。郑逸梅拟分2册,但由于篇数不够,郑氏又将散载于报纸杂志及《南社丛刻》的文章摘录下来,两者合并取名《云外朱楼集》。

脚步集　1931年新中国书店。

叶圣陶著。叶圣陶有《国文教学》,已著录。《脚步集》是叶圣陶的散文小说合集。内收随笔10篇,记人散文3篇,小说2篇,共15篇文章。书前有作者自记。作者写道:“因中间有《双双的脚步》一篇,即题此册为《脚步集》,取便称谓而已,别无深微的意义。”在收录的这些文章中,有作者本人最喜欢3篇记人散文,因“虽他们感动我者或深或浅,总之值得永远纪念”。叶圣陶的散文在思想上比较深厚,结构严谨、语言朴素。本书收入《新中国文艺丛书》中。

未厌居习作　1947年开明书店铅印本。

叶圣陶著。本书是叶圣陶的散文集,收录作者1923年至1935年散文36篇,多为其早期散文代表作。书前有作者自序。叶圣陶曾于1924年与俞平伯合出散文集《剑鞘》,又于1931年出版散文小说合集《脚步集》,1935年,作者把前两个文集作了一番筛选,再加入一些新作,由开明书店出版了本书。集中散文,题材广泛,有偏于写景抒事的,如《没有秋虫的地方》《藕与莼菜》《三种船》《双双的脚步》《看月》等,都是构思精美、意境隽永的佳文。有长于塑造人物的,如《白采》《两法师》《记佩弦来沪》等篇,把小说的技巧运用到散文中,所写的人物也简洁传神。

西滢闲话　1928新月书店铅印本。

陈源著。陈源(1896～1970),字通伯,笔名西滢。江苏无锡人。著有《西滢闲话》《西滢后话》。《西滢闲话》是陈源在五四时期的主要作品集。文集中收录的都是作者的随笔,还有不少对时事发表的议论。这些札记、随笔都发表在《现代评论》的“闲话”栏目。这些“闲话”有对西方戏剧的介绍,对中国戏剧的评价,对东西方文化的比较,对节育的提倡,对西医的批评等。也有一部分不是“闲话”,有对军阀混战的痛恨,对腐败政府的批判等。文集中值得注意的一篇是《新文学运动以来的十部著作》,文中分别从思想、学术、新诗、戏剧、小说等方面分类推荐了胡适的《胡适文存》、吴稚晖的《一个新信仰的宇宙观和人生观》、顾颉刚的《古史辨》、鲁迅的《呐喊》、郁达夫的《沉沦》、徐志摩的《志摩的诗》、郭沫若的《女神》、丁西林的《一只马蜂》、杨振声的《玉君》,以及冰心与白薇的作品。

踪迹　1925年亚东图书馆铅印本。

朱自清著。朱自清有《国文教学》,已著录。本书是朱自清的诗与散文合集。第一辑是新诗。第二辑是散文。第一辑收录《光明》《满月的光》《湖上》等31首诗;第二辑收录散文《歌声》《桨声灯影里的秦淮河》《温州的踪迹》《航船中的文明》。《温州的踪迹》系列文章又包含《月朦胧，鸟朦胧，帘卷海棠红》《绿》《白水漈》《生命的价格》4 篇。其中前 3 篇重在写景，《生命的价格》则侧重记事。本书中比较有代表性的有《匆匆》《桨声灯影里的秦淮河》等。其中《匆匆》一篇，文字优美，极具哲学意味，发人深思，也表达了作者当时不愿虚度年华，十分苦闷的心境。《桨声灯影里的秦淮河》全篇构思精巧缜密，作者以游览的踪迹为线索，将秦淮河的美丽夜景淋漓尽致地表现出来。虽为写景，却是借风景之美表现历史的幻灭和自我的矛盾。朱自清的散文有极高的艺术价值，风格清新细腻、真挚深刻。

背影　1928 年开明书店铅印本。

朱自清著。本书是朱自清的第一本散文集。文集分甲、乙二辑，甲辑收《女人》《背影》《荷塘月色》等 12 篇；乙辑收《旅行杂记》《说梦》《海行杂记》。书前有 1928 年朱自清自序。序中叙述了现代散文的发展与历史背景，作者最后写道："这本小书里，便是四年来所写的散文。其中有两篇，也许有些像小说，但你最好只当作散文看，那是彼此有益的。"又说："至于分作两辑，是因为两辑的文字，风格有些不同。"《背影》一文是描写父子之情的佳作，文中描写了家庭遭遇变故，父亲到车站送别远行的儿子这一极富情味的动人场景。《荷塘月色》是脍炙人口的名篇，文章中描绘的荷塘月色就像是一幅精美的画卷，美轮美奂，令人陶醉。《旅行杂记》描写了作者从浙江到上海，并前往南京参加第三届中华教育改进社年会的情形，直接从现实生活取材，夹叙夹议。

欧游杂记　1934 年开明书店铅印本。

朱自清著。本书是朱自清的游记。朱自清于 1931 年秋利用清华大学给予的休假机会留学英伦，漫游欧陆。1932 年回国后，他凭着记忆陆续写出了一些记述自己"游踪"的游记，在叶圣陶主编的《中学生》杂志上发表。后来又把这些文章收集成册，由开明书店于 1934 年出版。本书共 10 篇，附录《西行通讯二首》。书中介绍了威尼斯、佛罗伦司、罗马、瑞士、荷兰、巴黎等地的名胜古迹、自然风光、风土人情等。这些游记将写景与抒情完美融合，再现了当时的各国风光、风俗民情。本书前有作者自序，作者认为书中"所说的不外美术风景古迹"，"本书绝无胜义，却也不算指南的译本；用意是在写些游记给中学生看"。另有《伦敦杂记》出版于 1943 年。

你我　1936 年商务印书馆铅印本。

朱自清著。本书是商务印书馆的《文学研究会创作丛书》之一，是朱自清的杂文集，书前有自序。文章为 1924 年 8 月至 1934 年 12 月所作，分甲、乙两辑。甲辑为随笔，收《扬州的夏日》《看花》《你我》《我所见的叶圣陶》《论无话可说》等 12 篇；乙辑是序跋与读书录，收《忆跋》《白采的诗》《子恺漫画代序》等 17 篇。本书中的散文写的都是作者身边的事，内容多为儿女情长、朋友情谊，有回忆儿时婚姻的《择偶记》，有悼念前妻的《给亡妇》，还有记叙生活琐事的《看花》《南京》等。朱自清的散文注重从日常人生取材，抒写身边的琐事，体味人情世态，平易自然、朴实清新，富于现实感和人生味。

为法小品集　1936 年大光书局铅印本。

洪为法著。洪为法（1899～1970），字式良、石果，曾用名洪石果、洪炳炎，署名天戈。祖籍江苏仪征，世居扬州。著有《长跪》《古诗论》《谈文化》等。《为法小品集》是洪为法的散文集。本书分为四部分，第一部分为《曲阜漫话》《世味》《绿杨小记》；第二部分为《二元论者》《文人的架子》《小事不糊涂》等文章；第三部分为《每日谈话》《小言》《杂感》；第四部分为《橡皮人的溲气问题》《乞丐的开心》《结婚启事》等文章。最后附录《我与文学》。书前有小引，云："此册所收各文，乃近几年零星写成的。……在著者原是藉以游戏人间，聊慰寂寞，在读者只须当做一时的消遣，则目的已达，安望其他？"洪为法不仅善于创作旧体诗词，也写新诗，还有短篇小说和散文。他的散文文字清新，朴素无华，又充满了情趣。

春之花　1932 年世界书局铅印本。

徐蔚南著。徐蔚南（1900～1952），原名毓麟，笔名半梅、泽人。江苏吴江人。现代作家、翻译家。著有《春之花》《都市的男女》《艺术哲学》等。《春之花》是徐蔚南的散文集，收散文 12 篇。书前有代序，书后有跋。代序是徐氏翻译的意大利唐南遮的《生命的火焰》中的两首诗。本书中比较抒情的有

《春之花》和《莫辜负了秋天》，前者是赞美江南的美丽春色，描写江南的桃花和菜花，但又不仅限于此，而是借此告诫人们不要沉醉于这春色中，要“爱护光大我们的春之花，我们便应得沸腾起热血，鼓用起精神”，并且“一往无前奋战出去”。而《莫辜负了秋天》则是呼吁大家在秋天这个美术的季节里健康愉悦的生活。本书中还有一些作者的杂感，如《情书》《妇女的品味》等。徐氏的散文语言清淡自如，构思精巧，著名的篇目有《山阴道上》《快阁底紫藤花》等，收录在徐蔚南与王世颖合著的《龙山梦痕》中。

杂拌儿　1928年开明书店铅印本。

俞平伯著。俞平伯有《红楼梦辨》，已著录。《杂拌儿》一名《梅什儿》，是俞平伯的散文集。本书收录《桨声灯影里的秦淮河》《陶然亭的雪》《雷峰塔考略》等32篇文章。这些文章有游记、随笔、抒情小品、序跋、书信、杂感、考据等，有的用白话写，有的用文言写。书前有自序、周作人《〈杂拌儿〉题记》、作者自题记。周作人在题记中写道：“北京风俗于过年时候多喫杂拌儿，平伯取以名其文集。……平伯借它来做名字，大约是取它杂的意思。”他评价道：“平伯所写的文章自具有一种独特的风致。……这风致是属于中国文学的，是那样地旧而又这样地新。”俞平伯的散文继承中国散文的传统，这是他旧的地方，而他的散文又是优美的白话文，这又是他新的地方。本书中《桨声灯影里的秦淮河》《陶然亭的雪》等都是俞平伯的代表作。

白叶杂记　1927年上海光华书局铅印本。

叶灵凤著。叶灵凤(1905～1975)，原名蕴璞，笔名叶林丰、临风、亚灵、霜崖等。江苏南京人。小说家、散文家。著有《处女的梦》《菊子夫人》《未完成的忏悔录》等。《白叶杂记》是叶灵凤的第一本散文集，作为《幻洲丛书》之一出版。本书封面由叶灵凤自己创作，书前有《梦的纪实》作为代序。作者在文中写道：“这以下一册的文字中，有多篇写的便是这样的一个美妙的梦儿的过程，一个梦的纪实。”又写道：“这一卷茜红色的小文字，虽是使我见了每要生不堪回首之感，然而我终不忍将她弃去。”本书分《白叶杂记》《红灯小撷》《病榻呓言》《白日的梦》《偶成》《狱中五日记》六个部分，书中充满了哀愁，有对爱情的追思，有触景生情的感受，有对友情和故乡的怀念。其中《迁居》描写了对旧居的留恋；《狱中五日记》则描写他坐牢的经历。叶氏散文笔调优美，情真意切，充满生活气息，读来亲切自然。

晞露集　1933年星云堂书店铅印本。

缪崇群著。缪崇群(1907～1945)，笔名终一。江苏南京人。散文家。著有《寄健康人》《归客与鸟》《石屏随笔》等。《晞露集》是缪崇群的第一本散文集，收录《红菊》《守岁烛》《旧梦》等11篇文章。这些作品多为回忆少年生活之作，大都是描写人物的，尤以女性为多。书前有杨晦序，他在序中评价道：“在这一册薄薄的集子里，从《红菊》《童年之友》，以至于《野村君》《守岁烛》，篇篇都是那样地令人喜欢，甚至于表现作者短处的地方都是可爱的。”他又评价缪崇群的散文“有时使人凄楚，有时使人悲怆，随处都是一种心酸的滋味”。本书的基调是伤感的、孤寂的，作者同情那些被人压迫的弱者，歌颂他们的善良和纯真，就如红菊，她是他童年的朋友，那么的纯朴善良，而她的生命又是那么的脆弱短暂，在作者心中留下了深深的印记。这些回忆的文章，寄托着作者的真诚。

写在人生边上　1941年开明书店铅印本。

钱钟书著。钱钟书有《谈艺录》，已著录。《写在人生边上》是钱钟书的散文集，由杨绛编定。收录《魔鬼夜访钱钟书先生》《窗》《论快乐》《说笑》《吃饭》《读伊索寓言》《谈教训》《一个偏见》《释文盲》《论文人》10篇。书前有序，云：“人生据说是一部大书……假使人生是一部大书，那末，下面的几篇散文只能算是写在人生边上的。”本书作者以自己独特的视角，写下零星的随感，对民国以来文人阶级的诸多怪相大加讽刺，抒发自己对人生和文学的思考。钱钟书学识渊博，想象丰富，他的散文旁征博引，具有思辨精神，很有创造力，文字活泼犀利，一气呵成，每篇都能发人深省。本书是钱钟书的第一本散文集。

浮世杂拾　1941年长城书局铅印本。

王尘无著。王尘无(1911～1938)，原名王承谟，笔名尘无、向拉、离离、摩尔、劳人、方景亮等。江苏海门人。影视评论家。著有《浮世杂拾》《王尘无电影评论选集》。王尘无是当时上海著名的电影评论家和进步作家。1936 年秋至 1937 年夏，尘无到杭州西湖养病，病中，他曾写了大量的散文。在他去世后，由柯灵、桑弧等集为《浮世杂拾》一书出版。本书收录《寂寞的街头》《三和尚的死》《两盏灯》《废园冥想》《卖笛的老人》《狂欢的一夜》《看杀牛》等 26 篇散文。书前有柯灵序、作者小引，柯灵云："在'浮躁凌厉'以外，尘无还有他'缠绵悱恻'的一面，《浮世杂拾》正是这一类。"集中所收散文描写了"浮世中可依恋的景物"，如"寂寞的小街，冷落的荒园，漂泊的旅人，无依的少女，疾病、衰亡、秋风、夜雨，夕阳烟柳晚晴天……"柯灵认为"流贯在这些文字里的一片轻愁，真是沁人欲醉"。书后有桑弧的《校印后记》。本书被列入《长城文艺丛书》。

在城郊前哨　1949 年北京天下图书公司铅印本。

严辰著。严辰（1914～2003），原名汉民，笔名厂民。江苏武进人。作家、诗人。著有《生命的春天》《唱给延河》《同一片云彩下》等。本书是严氏现代散文集，收《战斗的一天》《搜查》《在城郊前哨》《人圈》《寨上村落见闻》5 篇文章。主要反映人民军队的斗争和解放区的情况。其中《战斗的一天》记述了 1942 年 4 月 29 日人民军队突破日本军队包围圈与日军战斗的事迹。《搜查》描写根据地人民掩护八路军干部的惊险经过。《在城郊前哨》描写第四野战军围攻北京、瓦解敌军的行动，从一个侧面反映北京解放的历史。而《人圈》则反映了日本摧残中国人民的暴行。《寨上村落见闻》通过对 5 个村落的描写，反映了游击区复杂的敌我斗争和人民群众的坚强斗志。这些纪实性作品，都是军事题材，描写生动，文笔朴素，体现了当时的时代特色。

菩提珠　1931 年北新书局铅印本。

柳无垢、柳无忌、柳无非合著。柳无垢（1914～1963），柳亚子次女。有《现代英语会话》，已著录。与柳无非合编有《柳亚子诗词选》。柳无忌，柳亚子子，有《现代英语》，已著录。柳无非（1911～2004），柳亚子长女。本书为柳无垢、柳无忌、柳无非的散文合集。收《老婆婆》《墓中人》《有聚必有散》《三张枫叶》《离乐天庐前》《人间的幸福》《菩提珠》《悔把童年影中看》等 17 篇，后附作者索引。其中柳无垢 9 篇，柳无忌 3 篇，柳无非 5 篇。书前有献辞："献给我们最亲爱的父母"，又有代序，云："希望这些清沁如新茶的作品，能使他得到少许的润泽，胜如那些强烈的浊酒与麻剂。"柳无垢的散文具有写实性，反映了她在 1927 年至 1930 年期间的生活经历。《菩提珠》即柳无垢所作，描写了社会底层人物的命运。本书是新文化运动的产物。

第七节　中长篇小说

十叶野闻　1917 年国华书局铅印本。

许指严著。许指严（1875～1923），原名国英，字志毅，一字指严，又作子年，号甦庵，别署苏庵、不才子等。江苏武进人。南社社员。著名旧派小说家。著有《民国春秋演义》《京尘见闻录》《许指严小说集》等。《十叶野闻》是一部掌故小说，是许指严的代表作。小说跨越清代近三百年的历史，从李闯王进京、崇祯自杀的《奉安故事》写起，一直到预示清朝灭亡的《流星有声》，共 43 条，138 个故事。小说内容庞杂，包括内政外交、宫廷斗争、官场黑暗腐败等逸闻轶事，揭露了清朝统治阶层的种种黑幕，如慈禧太后的专权和奢侈，太监李莲英的争权夺利，雍正夺嫡之前的种种逸闻等。书前有 1917 年作者自序。自序云："乃就清代十世掌故，而先最录其简隽佚宕者，自为一编，曰《十叶野闻》，都十余万言。"

清朝奇案大观　1919 年东华书局铅印本。

孙剑秋编，王钝根校订。孙剑秋，别号楞伽庵主。江苏昆山人。著有《廿五朝艳史大观》《女侠十三妹演义》《剑侠吕四娘演义》等。王钝根（1888～1951），原名晦，更名永甲，字耕培、芷净，号钝根，别署根盘。江苏青浦（今属上海）人。著有《四少奶奶》《红楼劫》等。《清朝奇案大观》是孙剑秋编写、王钝根校订的清代笔记小说集。本书分 4 卷，收录孙剑秋、俞鸿剑、汤用中、孙山、敬叔等人所撰写的短篇小说 233 篇。本书所涉及内容均为清代断案之事，题材选自史籍、笔记及报刊等。书前有孙剑秋序。书中所选小说均为文言撰写，大多为纪实，也有一些渲染或者虚构的。如《戊午科场案轶闻》叙述清咸丰八年（1858）顺天乡试科场案，这是清代最大的科场案件之一；又如《四川东乡冤案》叙述光绪初年四川东乡县知县苛捐杂税、横征暴敛之事。这些小说反映了晚清官场的腐朽黑暗。

铁冷丛谈　1914年民权出版社铅印本。

刘铁冷著。刘铁冷（1881～1961），名绮，又名文檝，字汉声，笔名铁冷，别署松涛等，以笔名行。江苏宝应人。鸳鸯蝴蝶派作家。著有《桃李因缘》（与朱鸳雏合作）《斗艳记》《求婚小史》等。《铁冷丛谈》是刘铁冷的笔记小说集。书前有胡常德、王无闷、沈章、孙家树、秋梦、杨行已、徐振英7人序以及自序，又有多人题辞。全书分6卷，多以人名为篇名，内容多以侠士、义仆、节妇、烈女事迹为主。其自序云："自惟蠹食卅春，笔耕十载，荟蕞烟花之谱，糟醨游侠之篇，博采遗闻，碑穷黄绢，旁搜稗乘，……斯则曲传巴里，言采刍荛。岂曰裨以备官，亦云珠能记事焉尔。"篇末仿照《聊斋志异》"异史氏曰"，发表议论，加以评说。

师竹庐随笔　1919年刻本。

窦镇著。窦镇有《小绿天盦诗草》，已著录。《师竹庐随笔》为窦镇所著笔记，分2卷。本书记载了当时社会的各种见闻，上至天文，下至地理，有传说，有志怪，亦有史实。书前有杨志濂序，云："观其言笃雅安和，而无夸诞华缛之习，则知其义敦本善俗，而非矜奇炫博之为。"而作者写书的目的在于"有益于世道人心"。本书有不少如《泥像垂泪》《霸王显灵》之类的志怪故事，有《雷击》《农人积德》之类的劝善故事，亦有《好猫竹》《淡妆》之类记载文人轶事的故事，还有《江浦灾异》等对于天灾的记载。最后为《自述》，以时间为序记载了作者从出生至1919年间的经历。其中有太平军在无锡等地活动的记载，如同治元年（1862）四月太平天国在苏州开炉铸钱之事。另有国内重大灾害的记载，如宣统元年（1909）"蒹月二十七日，黄昏地震。上海、杭州、南京等处，皆同时地震"等。

中国恶讼师　1923年公记书局铅印本。

平襟亚编。平襟亚（1892～1978），原名衡，字襟亚，笔名网蛛生、襟亚阁主人、秋翁。江苏常熟人。鸳鸯蝴蝶派作家。著有《人海潮》《刀笔评论文选》等。本书是平襟亚编著的笔记小说集。平襟亚把社会上刀笔讼师的传说，采纳笔记资料写成。分为初编、续编、三编、四编。初编卷前有周瘦鹃、吴朱麟、李云、吴虞公等11人序，以及作者弁言，卷末有忆红楼主跋。周瘦鹃云："狡黠者流竞起，舞文弄法，逞刀笔于一时，为人作颂词辨诉，蛊上而愚下，其机警灵敏之心思脑力，加人一等。群服其知，尊称之曰讼师。设一法措一辞，颠倒是非，易如反掌。"本书前三编均为小故事，正文前有平襟亚小识。第四编则分为《当代讼棍列传》与《横扫千军集》两部分。

梅瓣集　1925年上海图书馆铅印本。

郑逸梅著。郑逸梅（1895～1992），本名鞠愿宗，因出嗣外家，改姓郑，谱名际云。别署拙鸠、纸帐铜瓶室主。江苏苏州人。南社社员。鸳鸯蝴蝶派作家。著有《逸梅小品》《孤芳集》《三十年来之上海》等。《梅瓣集》是郑逸梅的掌故小说集，也是其第一部作品。本书由梅花馆主题写书名。收有《朝报澜言》《尼弄狡狯》《沈红红》等逸闻、趣事及作者所作补白式短文270篇。杂记近代人物逸事、地方传闻、志怪、联语、诗话等，语言简练含蓄，饶有风致。内容广摭博采，蔚为大观，是了解近现代文艺界的宝贵资料。

游艺集　1927年潮音楼出版社铅印本。

郑逸梅著。《游艺集》全书分为上下二卷。上卷包括游戏诗话、游戏文库，如今之食客、谈犬、哈哈镜解等。下卷收游戏杂俎，如滑稽经解、苏州之多、矛盾语等。另有说林佳话、古人奇号志、集锦小说、飞殇醉月，最后是春灯谜屑。书前有程瞻庐题眉，许瘦蝶题词，并有范佩萸、徐碧波、胡亚光、胡戴季梅4序。本书多用文言，简练含蓄，饶有风致，内容以清末民国文苑轶闻为主。

羽翠鳞红集　1929年益新书社铅印本。

郑逸梅著。《羽翠鳞红集》是郑逸梅的短篇小说、随笔、杂记合集，本书收录《同居》《看花小识》《古酒名录》等30篇文章。其中《鼠蠹余劄》《看花小识》等为笔记，《槎溪访墓记》《游燕小记》等为游记，《古酒名录》《杂谈一噱》等为杂文，《同居》《虚伪的死》等为短篇小说，另有联话、翻译数篇。书前有作者小影，以及数张美人、书画、风景照。郑逸梅号

"补白大王"，其文章多短小，多为掌故小品。本书中不仅有讨论妇女装束的，也有记录各种古酒、名花、珍果等与生活息息相关的内容。

浣花嚼雪录 1930年益新书局铅印本。

郑逸梅著，赵眠云编。全书共254篇小文章，分为上下二卷，上卷是笔记为《灯下清谈》，收录《小有天与清道人》《皇帝之白皮松》《女儿酒》等；下卷是杂文为《梅瓮杂碎》，收录《海上闻琴记》《近来之眼福》《可园读书记》等文章。《灯下清谈》记录了蔡锷、吴观岱、宋教仁、吴昌硕、叶楚伧、顾悼秋、张静江等众多民国政治、文化艺术界名人轶事。

逸梅小品 1934年中孚书局铅印本。

郑逸梅著。本书封面由澹盦题签，扉页由王蕴章所题。书前有潄六山房、王文濡、程瞻庐、许息盦、张恨水5序，又有顾佛影、童爱楼、屠守拙、许瘦蝶、范烟桥等人题词。其中"潄六山房"乃张春帆号，张氏序中称："郑逸梅君有补白大王之号，文坛驰骋，久已名盛一时。尤其擅长于小品文字。"并称赞其小品文"摛华抒藻，结构谨严，而恂恂儒雅，气温而润，神粹而清"。张恨水在序中称"郑则温文隽永""其文恰如其人"。本书收录《颐和园之西瓜灯》《清道人以画易蟹》《顾鹤逸之海野图》《作画遣兴之陆小曼》等小品文。

茶烟歇 1934年上海书店出版社铅印本。

范烟桥著。范烟桥有《中国小说史》，已著录。《茶烟歇》是由范烟桥历年笔记整理而成的。扉页有章太炎、吴湖帆题字。书前有严独鹤、周瘦鹃、程小青、顾明道、尤半狂、江红蕉等人作序。又有包天笑、柳亚子、王蕴章、蒋吟秋等人题辞。本书收集了范烟桥200多篇笔记，多为其近40年来的见闻，其中有很多名人轶事，如况周颐、石达开、翁同龢、胡雪岩、陈蜕庵、苏曼殊、毕倚虹、吴湖帆等；还有风景和物产，如谈拙政园、瞻园垂丝海棠、莫干山日出诸景物，述碧螺春、鸡头米、麦芽塌饼、闵饼、状元糕、银鱼、素火腿等。《苏曼殊与麦芽塔饼》一篇记述了苏曼殊喜食吴江麦芽塌饼，常人能吃三四枚，而苏曼殊能吃二十枚，令人称奇。柳亚子题辞云："茶烟歇候鬓丝青，娓娓清言入杳冥，不学羽琌孤愤语，珊瑚击碎有谁听！"

三十年来之上海 1947年学者书店铅印本。

钱化佛口述，郑逸梅编。钱化佛（1884～1964），原名苏汉，号玉斋。江苏常州人。善画佛像和人物。著有《中国名人画史》。本书分正续2册，正集名《拈花微笑录》，续集名《花雨缤纷录》，合称《三十年来之上海》。本书写于抗战胜利后，内容多为民国时期的人物掌故。所指的30年，是1946年之前的30年。钱化佛曾参加过辛亥革命，当过京剧演员、话剧演员、电影演员，最后成为著名画家。郑逸梅在《钱化佛和佛化钱》一文中说："他一生经过的事和见过的人很多，有关于革命的、艺术的、风趣的、社会性的，他一一的讲给我听，请我一一的记述下来"，于是便有了本书。作者在引言中提到本书有写清末民初的文人艺士、三教九流、党国珍闻、要人秘史、衣食住行、异域风光，还有钱化佛的革命生活、戏剧生活、丹青生活等。《续集》凡例云："在琐琐碎碎中，反映出三十年来之时代背景，那末即小见大，或许也有一读的价值。"

流水 1934年铅印本。

徐碧波著。徐碧波（1898～1992），曾用笔名红雨、归燕、五常、直谅、嫉俗、遂安。江苏吴县（今苏州吴中）人。著有《苏州屋檐下》《粉红莲》《灯明后》等，译有《菊子夫人》《洗澡》等。《流水》是徐碧波的文言笔记小说集，收录短篇文言笔记小说40篇。书前有黄太玄、沈禹钟、周瘦鹃、程小青、顾醉萸、姚民哀、郑逸梅、吴明霞、高亚魂9人序。根据周氏序可知，朱鸳雏曾著笔记，其文"美如簪花，姚冶可爱"，然朱氏早逝，徐碧波"心折朱子者最深"，故徐氏仿其笔墨，著《流水》，继其遗响。对于徐氏的《流水》，周瘦鹃序称："颜之曰《流水集》，观其行文之流利，诚如流水行云。"程小青则云："其所为笔记小说，每多哀感顽艳，悱恻缠绵，读之辄不禁心弦为之颤动，而往复低徊不能自已。"本书所收文章均为徐碧波旧作，虽然徐氏后来一直从事电影编剧事业，无暇写作，但因其所作笔记清丽绝俗，缠绵悱恻，受到读者喜爱，而本书的出版正如吴明霞所说是"欲藉以纪念其一时代之成绩"。

云片 1934年上海中孚书局铅印本。

赵眠云著。赵眠云（1902～1948），原名绍昌，字复初，号眠云，别署心汉阁主。江苏吴江人。长于著述，为鸳鸯蝴蝶派作家。与郑逸梅善。著有《云片》《双云记》等。《云片》为赵眠云的笔记小说集。本书是郑逸梅为其编辑刊行的，分为甲编《心汉阁杂记》、乙编《新辔轩志》两卷。书前有范烟桥、金芳雄、尤半狂、蒋吟秋、顾明道、郑逸梅 6 人序。金芳雄序云："眠云集其所为小品得如干则，将杀青以行世，即签其署曰'云片'。"本书多述美人名士之风流事迹，借以讽刺并规劝世人。郑逸梅序云："眠云擅作笔记，举凡朝野遗闻，美人名士之韵迹，无不摛翰抒写，不加藻饰，而逸响自吐，使人咨嗟诵美。"又云："《新辔轩志》尤奇特隆丽，似罗鬼怪魔妖，使之呈杂爨。其倾诡人目，有匪寻常所得而见者。"可知《心汉阁杂记》多为美人名士之事迹，而《新辔轩志》为鬼怪习俗之轶事。

交易所现形记　1922～1923 年连载于《星期》杂志。

江红蕉著。江红蕉(1898～1972)，原名江铸，字镜心，笔名江红蕉、红蕉。江苏吴县(今苏州吴中)人。鸳鸯蝴蝶派作家，南社社员。著有《不可能的事》《灰色眼镜》《江南春雨》等。《交易所现形记》1922 年至 1923 年间连载于《星期》杂志。小说共 14 回，分 27 次刊登。小说叙述抗日战争以前上海一些股票商的丑行，描写广东富商郁谦伯与日本浪人龟三郎谋划创办"支那交易所"的过程，揭露上海交易所这个行业的丑恶。故事从"支那交易所"的创办开始，最后是作者对交易所的结论。《交易所现形记》是 1921 年"信交风潮"可贵的参考资料，是金融小说的鼻祖。

人间地狱　1924 年自由杂志社出版。

毕倚虹著。毕倚虹(1862～1926)，原名毕振达，字几庵，号清波，笔名倚虹、娑婆生。江苏仪征人。著有《人间地狱》《黑暗上海》《光绪宫词》等。《人间地狱》是毕倚虹的代表作，署娑婆生著。小说 60 回，53 万字，自 1922 年至 1924 年在《申报》副刊《自由谈》上连载。书前有袁寒云、包天笑、周瘦鹃等序 9 篇，叶楚伧、王蕴章等人间地狱题词 10 则。书前有插图。《人间地狱》是长篇社会小说，主要描写才子柯莲荪和姚啸秋等名士的风流韵事。作者在赘言中说："余撰《人狱》之旨，自信无多寄托，特以年来所闻见者，笔之于篇，留一少年时代梦痕而已。"小说刊登后风靡一时，索隐考据之风也盛行起来，然而作者却又澄清小说中并无影射，云："《人间地狱》一小说而已，稗官家言，十九荒诞，未可认为纪实之文字也。"实则不然，这是一部写实的小说，主人公柯莲荪即毕倚虹自己，小说中又将当时上海文坛名人穿插其中。袁寒云序中称《人间地狱》"结构衍叙，有《儒林外史》《品花宝鉴》《红楼梦》《花月痕》四书之长"。评价甚高。毕倚虹去世后，包天笑续写了 20 回。

孽海花　1931 年真善美书店铅印本。

曾朴著。曾朴(1872～1935)，初字太朴，改字孟朴，又字小木、籀斋，号铭珊，笔名东亚病夫。江苏常熟人。著有《未理集》《推十合一室文存》《雪昙梦》等。《孽海花》被称为晚清四大谴责小说之一。小说故事发生在中国、德国、俄国和日本，以苏州状元金雯青与名妓傅彩云的婚姻生活为主线，展现了同治初年至甲午战争这三十年中国社会政治文化生活的历史变迁。书前《修改后要说的几句话》叙述了写小说的缘起，作者想"借用主人公做全书的线索，尽量容纳近三十年来的历史"。《孽海花》始作者为金天翮，故最初发表时作者署"爱自由者起发、东亚病夫编述"，其中"爱自由者"即金天翮，"东亚病夫"即曾朴。金天翮先于 1903 年创作了 6 回，后将原稿寄给曾朴，在与曾朴共同商定全书 60 回的回目后，改由曾朴续写。曾朴于 1905 年至 1907 年陆续发表至 25 回，1927 年在《真善美》杂志发表至 35 回，1931 年真善美书店将 30 回合为一册出版。1962 年中华书局出版增订本，将 31～35 回作为附录。《孽海花》在选材、结构和语言方面都很有特色，鲁迅在《中国小说史略》评价其为"结构工巧，文采斐然"。

续孽海花三十回　1946 年真善美书店铅印本。

张鸿著。张鸿(1867～1941)，初名澂，字映南，一作隐南，又字师曾，号璚隐，别号蛮公、燕谷居士等。江苏常熟人。清光绪十五年(1889)举人。工诗词、小说、昆曲等。著有《蛮巢诗词稿》等。《续孽海花》是张鸿受好友曾朴之托而成。本书前有《楔子》，记载了 1934 年秋张鸿赴虚廓园访曾朴叙旧之事，曾朴点出《孽海花》的宗旨，在于记述清末民国初的轶史，而张鸿的见闻与其相等，且书中所写的许多人，张氏也大半熟悉，所以曾朴认为能够续写此书的，“我友燕园中只有你一人”。为了完成好友的托付，1935年初，张氏开始续写此书。全书30回，主要描写清末戊戌变法和义和团运动，又以戊戌变法为重点。本书接着《孽海花》第三十回赛金花往下写，作为开场白。但书中赛金花出场的次数并不多，只是作为全书的引子或点缀出现。本书与《孽海花》的构思不同，处处渗透着爱国主义思想，书中又穿插许多清末的野史趣闻、掌故传说等，文字生动。

广陵潮 1930年震亚书局铅印本。

李涵秋著。李涵秋（1874～1923），名应漳，以字行，别署沁香阁主、韵花馆主、娱萱室主。江苏江都人。另著有《侠凤奇缘》《众生相》《沁香阁笔记》等。《广陵潮》是长篇社会小说。共10集，每集10回。本书原名《过渡镜》，初连载于《公论新报》和《震旦日报》上，1914年改名为《广陵潮》，连载于《大共和日报》和《神州日报》。本书初由上海国学图书室印行单行本，后转让于震亚书局。书前有弁言，庄纶仪、宋祖保、李铎等人序，又有众人所题诗词。这部小说以主人公云麟与表妹淑仪、妻子柳氏、情人红珠之间的爱情婚姻故事为线索，以扬州城为背景，展现了从中法战争至五四运动时的历史。作者不仅在小说中用细腻的笔法描绘了社会的怪现状，同时也痛斥了社会的黑暗。本书是鸳鸯蝴蝶派中最广为流传的长篇巨著之一，而李涵秋也因此获得了“第一小说家”的美誉。

上海春秋 1925年大东书局铅印本。

包天笑著。包天笑（1876～1973），初名清柱，又名公毅，字朗生，笔名天笑、拈花、钏影楼主、染指翁等。江苏吴县（今苏州）人。著有《人间地狱集》《包天笑说集》《钏影楼回忆录》等，译有《馨儿就学记》《苦儿流浪记》《迦因小传》等。《上海春秋》撰写于1922年，1924年由大东书局出版。1926年开始续作，1927年再次出版，共80回。《上海春秋》是包天笑向吴趼人学习的产物，作者在赘言中说：“愚侨寓上海者，将及二十年，得略识上海各社会之情状，随手掇识，编辑成一小说，曰《上海春秋》。”小说以十里洋场的上海为背景，描写了陈老六、柳逢春、周老五、李君美四个富家子弟的婚姻，记录了20年代上海的种种轶事，披露当时社会的黑幕。小说展示了清末民初上海的风俗画卷，描写了大都市里普通老百姓的真实生活。夏济安将《海上繁花梦》《上海春秋》《歇浦潮》称为民国初年的“黑幕小说”。本书是包天笑长篇小说的代表作。

留芳记 1925年中华书局铅印本。

包天笑著。《留芳记》是包天笑的长篇章回体小说，共20回。作者本欲从辛亥革命写到洪宪帝制，再到张勋复辟，而以梅兰芳为书中主要贯穿人物，阐发那段民国革命的史实。但小说并未写完，只到20回就停笔了。在完成的20回中，小说叙述了辛亥革命前后袁世凯这个阴险狡诈的野心家企图窃国称帝的故事。本书前有林纾弁言、包天笑缘起。林纾云：“今年天笑北来，出所著《留芳记》见示，则详载光绪末叶，群小肇乱取亡之迹，咸有根据。中间以梅氏祖孙为发凡。”本书从梅兰芳的祖父梅巧玲的事迹写起，作为开卷的“楔子”。包氏写此书，颇受曾朴《孽海花》的影响，书中人物多有影射，如吴子佩为吴佩孚，袁凯亭为袁世凯，冯国华为冯国璋等。

唐祝文周四杰传 1932年大众书局铅印本。

程瞻庐著。程瞻庐（1879～1943），名文棪，字观钦，号瞻庐，又号南园。江苏苏州人。鸳鸯蝴蝶派作家。著有《新广陵潮》《茶寮小史》《滑稽外史》等。《唐祝文周四杰传》是程瞻庐的代表作。主要描写唐伯虎、文征明、祝允明、周文宾四位明朝才子的逸闻趣事。小说开头有楔子，通过编者在苏州茶寮听《三笑姻缘》唱书，遇到一位张老先生，在张老先生与各位茶客的谈话中引出唐伯虎，继而引出唐祝文周四大才子。小说中有《唐伯虎三笑点秋香》《空箱记》《王老虎抢亲》等故事。全书情节生动，富有戏剧性。文字诙谐流畅，结构紧凑，是一部雅俗共享的通俗小说。

新山海经 1933年一二八书店铅印本。

张秋虫著。张秋虫，别名姜公、一沤，笔名百花同日生。江苏扬州人。鸳鸯蝴蝶派作家。著有《海市莺花》《初夜》《梅雪争芳记》等。《新山海经》是张秋虫所著长篇社会小说，署名“百花同日生”。本书50回，书前有自序2篇，以及《不经之谈》。作者在

《不经之谈》中写道,“我想做出一部我自己看了认为满意的小说,方对得住我自己”,“因此,我才发愤做了这部《新山海经》”,希望能够抒发他的抑郁之情。为了写这本小说,作者剃了和尚头,闭户著书。小说于1929年7月至11月间完稿。本书以小报记者的视角,反映了当时北京各种怪人怪事。小说人物有妓女、商人、政治家、学者、新闻人物等,内容涉及小巷人家、北洋军阀,以及官僚政客的家庭秘闻。小说中最主要的人物是金一刀、江竟无、祖终穷。这些人物都是作者笔下造就的睁着眼睛走向死亡的明白糊涂人,是那个特殊时代的特殊产物。

鸳鸯梦二卷 1914年文明书局铅印本。

贡少芹著。贡少芹(1879～1939?),名璧,字少芹,以字行。号天忏生,亦署名天忏。江苏扬州人。鸳鸯蝴蝶派作家,南社社员。另著有《美人劫》《傻儿游沪记》《亡国恨传奇》等。《鸳鸯梦》分上下两卷,是贡少芹撰写的文言哀情小说。书前有贡少芹《哀情小说鸳鸯梦提要》,提要写道:“此叙一男子昵一闺秀,挟以私逃,置聘妻而不娶。无何,相继而殁。其聘妻经营殡葬,归骨故乡,柏舟之节,矢以终身。”作者在第五章写道:“余书故隐约其词者,盖以普天下痴男怨女,一经堕落尘劫,必演成无量惨剧。吾书所述,非属子虚,是以姑隐其名,稍存忠厚之意。”全书用倒叙的笔法,故事情节以未婚妻的叙述展开,情节离奇,文笔沉痛,是哀感之作。《鸳鸯梦》曾被列入《鸳鸯蝴蝶派艳情名著系列》丛书;又《民国章回小说大观》也有贡少芹《鸳鸯梦》提要。然观其内容,可知两书所说之《鸳鸯梦》实非贡少芹之《鸳鸯梦》,实为《蝴蝶媒》。《蝴蝶媒》一名《鸳鸯梦》《蝴蝶缘》,题清南岳道人编、青溪醉客评,别题步月主人订,清代著名小说。

孽冤镜 1915年民权出版部铅印本。

吴双热著。吴双热(1884～1934),原名恤,又名光熊,字渭渔,号双热,笔名一寒。江苏常熟人。鸳鸯蝴蝶派作家。著有《断肠花》《无边风月传》《花开花落》等;短篇集《小说集锦》《双热小说精华》《双热嚼墨》等。《孽冤镜》是一部哀情小说。全书24回,最早在《民权报》与徐枕亚《玉梨魂》隔日连载,1914年2月出单行本。小说用第一人称的角度来叙述,描写王可青与薛环娘的爱情悲剧。书前有刘绮、陈志群、沈肝若、徐枕亚、金汉霄、黄耀卿6人序。又有1913年作者自序。吴双热在自序中表达了写《孽冤镜》的目的,即“欲救普天下之多情儿女耳,欲为普天下之多情儿女向其父母之前乞怜请命耳。欲鼓吹真确的自由结婚,从而淘汰情世界种种之痛苦,消释男女间种种之罪恶耳”。小说对封建家长包办婚姻进行批判和揭露,作者认为“欲矫其弊,非自由结婚不可”。

人海潮 1928年中央书店铅印本。

平襟亚著,郑逸梅校订。平襟亚有《中国恶讼师》,已著录。《人海潮》全书50回,作于1926年。小说以民国初年的社会生活为背景,通过描写当时上海及其附近农村中的地主、富商、军阀、官僚、纨绔子弟、市侩文人等人物的活动,展现当时苏南乡镇的社会生活画面。书前有袁寒云、钱芥尘、程小青、张秋虫4人序。袁寒云在序中写道:“上海滩上凡艺林、花丛以及种种秘幕未经人道者,皆网罗其内。”本书中描写市侩文人的篇幅最多,作者把亲身经历的事情,凭借记忆陆陆续续的写出来。小说以沈衣云与金珠两个人物贯穿全书。第一至第十回,全是描写乡下的事情;第十一至五十回,则是描写上海十里洋场的风光。平襟亚因《人海潮》而跻身旧派文学名家之林,成为民国时期鸳鸯蝴蝶派的代表作家。

山东响马传 1929年世界书局铅印本。

姚民哀著。姚民哀(1893～1938),原名联,字肖尧,号兰庵,后改名民哀,字天亶。笔名乡下人、花萼楼主、小妖、老匏、护法军等。江苏常熟人。京剧评论家、鸳鸯蝴蝶派作家。著有《四海群龙传》《南北十大奇侠》《民哀说集》等。《山东响马传》是姚民哀的第一部武侠小说。曾在程小青主编的《侦探世界》上发表。1923年山东著名大土匪孙美瑶劫持了国际列车,绑架了美国总统罗斯福的侄女等国内外名流,制造了轰动一时的“临城劫车案”。姚氏问询后,立即前往山东考察,后来便写了本书。书前有赵苕狂序云:“吾友姚子民哀,有心人也。道出山东,博加咨访,其于匪乱之原因,匪党之状况,抱犊崮之形势,以及孙氏昆仲之历史,探本索源,瞭如指掌,因有是书之作。”本书与平江不肖生的《江湖奇侠传》《近代侠义英雄传》《江湖怪异传》、赵焕亭的《奇侠精忠全传》并称为现代武侠的开山五传，后来被翻拍成电影。

孤掌惊鸣记 1923年上海大东书局铅印本。

范烟桥著。范烟桥有《中国小说史》，已著录。《孤掌惊鸣记》是范烟桥所著的长篇武侠小说。本书根据民间所传武艺高强的袁一掌的故事编写而成。全书共14回。大致描写了袁一掌拜师，去京城一路行侠仗义，到京城后继而返乡，不改侠义本色。后遭人暗算，一臂遂废。在护送亲戚徐知县去兰溪任职时击退贼寇，又屡次帮助知县破案。回乡之后虽然诈病成死，但仍旧暗地行侠义之事。最后深居简出，享尽田园之乐。本书虽题范烟桥编译，实为其所著，又由周瘦鹃校阅。这部小说虽为长篇巨著，范氏却仅用不到一个月就完成了。本书是鸳鸯蝴蝶派武侠小说之一，被列入《新小说丛书》中。

荒江女侠 1930年大益图书局铅印本。

顾明道著。顾明道（1897～1944），名景程，以字行，别署虎头书生、日月生、正谊斋主、石破天惊室主。江苏吴县人。著有《热血之花》《如此江山》《钗头凤》等。《荒江女侠》是现代长篇武侠小说。初集、二集均连载于1928年的《新闻报》副刊《快活林》，后由上海大益图书局出版单行本。这部小说主要围绕女主人公的复仇和爱情生活展开，叙述了女侠方玉琴为父报仇，学艺下山，遇同门师兄岳剑秋，两人结伴而行，行侠仗义的故事。本书把武侠与言情结合在一起，成为侠情小说，并在小说中寄托了爱国思想和民族精神。严独鹤在序中评价其“以武侠为经，以儿女情事为纬，铁马金戈之中，时有脂香粉腻之致”。本小说由于出版后深受读者欢迎，于是作者续写成6集，于1940年完成，共87回。后来这部小说又被改编为电影与京剧连台本戏。

关东奇侠传 1931年南星书店铅印本。

张箇侬著。张箇侬，笔名风俦生。江苏丹徒人。鸳鸯蝴蝶派作家。另著有《石破天惊录》《新镜花缘》《现代武学大观》等。《关东奇侠传》是张箇侬著，江红蕉评点的长篇武侠小说。全书分4集，每集10回。小说描写的人物有大侠夏定夷、黄栋、黄梁、萨福民等，都是当地的侠士。赵苕狂序中写道：“其写各奇侠之生平，虎虎有生气，须眉活见纸上，笔力雄浑，于斯可见矣。”小说的叙述方式时有转换，有时用作者的角度，如主人公夏定夷出场的时候，有时又用其他人的角度。赵氏称赞小说“造意新颖，布局整齐，结构严密，文情兼胜，绝不落寻常武侠小说窠臼”。这部小说通过描写关东武林侠士反对侵略者恶行，表达了作者的爱国之情。小说还有不少对揭露清朝的腐败与官场的黑暗的描写。如赵氏序中所说：“其主旨在殚发民族主义之精神，灌输读者以爱国思想，以唤起郭魂。而对于官场之黑暗，攻讦之尤不遗余力，前后事实数见，而绝不雷同。”

玉梨魂 1929年大众书局铅印本。

徐枕亚著。徐枕亚（1889～1937），名觉，字枕亚，别署东海三郎、泣珠生。江苏常熟人。鸳鸯蝴蝶派代表作家，南社社员。另著有《雪鸿泪史》《余之妻》《枕亚浪墨》等。《玉梨魂》是一部文言哀情小说，是徐枕亚的成名作。作者以亲身爱情经历为原型，塑造出一个缠绵悱恻而又凄美的爱情故事。小说的主人公何梦霞，从苏州到无锡教书，寄居于亲戚崔家。崔家有一寡妇白梨影，年轻貌美，满腹诗书，何梦霞在教白梨影之子鹏郎读书的机会下，与白梨影渐生情愫。白梨影碍于封建礼教无法与何梦霞在一起，便将小姑筠倩许配给梦霞。无奈梦霞坚决不同意，并且以死相逼，而筠倩追求自由，不愿与梦霞结婚，使得白梨影忧郁成疾，最后殉情而死。筠倩也因为对这场婚姻不能自主郁闷而死。何梦霞在双重打击之下东渡日本留学，辛亥革命时回国参加武昌起义，在战斗中壮烈牺牲。《玉梨魂》采用的是四六骈俪的叙事语言，中间穿插大量古典诗词，较好的营造了绮丽哀婉的氛围。小说在结构上以一人一事贯穿始终，突破了中国传统小说的叙事模式，且运用了大量的心理描写。小说被誉为“鸳鸯蝴蝶派小说的祖师”。

霣玉怨 1914年国华书局铅印本。

李定夷著。李定夷（1889～1963），字健卿，一字健青，别署定夷、墨隐庐主等。江苏武进人。鸳鸯蝴蝶派作家。著有《美人福》《千金骨》《茜窗泪影》等。《霣玉怨》30回，是李定夷的代表长篇哀情小说。本书卷首有海绮楼主人、刘铁冷、沈章序，还有铁沙天一、包醒独、何子恨等题词，以及鬘红女史评语。卷末附作者后序。小说讲述破落户才子刘绮斋在沪求学时与大家闺秀史霞卿一见钟情，私订婚约，却遭史父反对。史霞卿在经历了继母的各种折磨之后，终于得到史父对婚事的赞成，却阴差阳错以为刘绮斋已死，一病身亡，而刘氏知道霞卿的死讯后也遁入空门。鬘红女史曾询问李定夷此小说故事是否纪实，定夷承认确有其事，不过编成小说，稍微添油加醋了些。鬘红女史云："本书有两大主张：第一，力辟中国蓄妾之风。……第二，排斥嫁女择聘之谬。"本小说是鸳鸯蝴蝶派著名作品之一，其影响仅次于徐枕亚的《玉梨魂》。

伉俪福　1921年国华书局铅印本。

李定夷著。《伉俪福》是李定夷撰写的文言言情小说。本书共25章，初载于1915年的《小说新报》上。卷首有吴东园、倪轶池、朱剑山、陈秋水4人撰写的弁言，又有许浊物、汪诗圃、吴绛珠、许碧霞等人题词，以及刘裴郕《读伉俪福杂述》、李氏《伉俪福旨趣》。李氏在《旨趣》中写道："是书之作，虽属闺房细语，实为苦口婆心。窃愿世间伉俪，尽如吾书之主人翁，宜家宜室，亦唱亦随。"本书叙述一对夫妻十年恩爱的生活，作者以女主人公朱蓉华的口气完成小说。本书与徐枕亚的《玉梨魂》、吴双热的《孽冤镜》并称为言情小说的"三驾马车"。是鸳鸯蝴蝶派的代表作之一。

新秋海棠　1946年正气书局铅印本。

周瘦鹃著。周瘦鹃(1895～1968)，原名国贤，字祖福，号瘦鹃，别署紫罗兰庵主人。江苏吴县人。鸳鸯蝴蝶派代表作家。著有《行云集》《拈花集》《周瘦鹃小说集》等，译有《欧美名家短篇小说丛刻》等。《新秋海棠》是周瘦鹃发表的唯一一部白话中篇小说。周瘦鹃善写哀情小说，时人称其为"哀情巨子"，其代表性的作品有《此恨绵绵无绝期》《恨不相逢未嫁时》等。周瘦鹃与女儿阿瑛看了石挥话剧版《秋海棠》之后，为主人公悲剧的结局而痛哭流涕，女儿一定要周氏将其救活，于是在《新秋海棠》的弁言中，作者写道："我年轻时写小说，十篇中倒有九篇是哀情作品，非将男女主角置之死地，不肯罢休，因此也赚了人家不少的眼泪，作孽作的太大了。人到中年，应当修心补相，转变一下，救活了秋海棠。"便接续秦瘦鸥的《秋海棠》而作《新秋海棠》，在1943年的《紫罗兰》月刊上连载。从第一章《九死一生》到最后一章《皆大欢喜》，共12章，写成了一个圆满的结局。

兰生弟的日记　1926年北新书局铅印本。

徐祖正著。徐祖正(1895～1978)，字耀辰。江苏昆山人。作家、翻译家。著有《兰生弟的日记》《山中杂记》，译有日本岛藤春的小说《新生》和《春》。《兰生弟的日记》是徐祖正著的中篇小说。最初发表于骆驼社出版的《骆驼》第一集上，后由北新书局出版单行本，被列为《骆驼丛书》之一。本书包括《进献之辞》《兰生弟的日记》和独幕剧《生日的礼物》。《兰生弟的日记》通过一封罗兰生寄给薰南姊的告白恋爱信，描述了兰生弟与薰南姊曲折的情感经历，表达了其不断的自我反省。在这封信中多处引用兰生弟的日记内容。小说中的兰生弟不少经历与作者相似，似乎是作者的投影。郁达夫在《现代评论》上评价这部小说："是一部极其真率的记录，是徐君的全人格的表现，是以作者的血肉精灵来写的作品。"本书装帧非常精美考究，版本仿欧洲古典印刷法，且别出心裁的在每页右下角印了下一页起首的第一个汉字，以方便读者检索。

冷红日记　1916年小说丛报社铅印本。

吴绮缘著。吴绮缘(1898～1950)，原名吴惜，字绮缘，晚署起原，别署冷红、冷红女史等。江苏常州人。鸳鸯蝴蝶派作家，南社社员。著有《反聊斋》《游侠外传》《新镜花缘》等。《冷红日记》是吴绮缘18岁时创作的长篇文言小说。先刊于《小说日报》，后于1916年由小说丛报社出版单行本。卷首有吴绮缘、徐枕亚、吴双热序，惜霞女史琐言，卷末有姚民哀跋。民国初年，坊间多为才子佳人之类的言情之作，吴绮缘意识到这种几乎泛滥的局面，故在创作时别出心裁。《冷红日记》记述的是冷红小姐30多则日记，日记多描写冷红小姐与其姐妹之间的日常生活与交游。吴绮缘写道："情节平淡无奇，惟小儿女一笑一颦，皆有性情发现，细加玩索，颇可解颐。……盖亦说部中之别调也。"吴双热在序中称："绮缘之作《冷红日记》也，其设想每高人一等。其措辞能入木三分，亦温馨，亦尔雅，其写闺情也，一吐属，一举止，靡不入韵，绝不容心声流于郑卫，而为靡靡之音。吾是以珍之。"《冷红日记》不同于当时格调低下的言情小说，徐枕亚评价云："思想高尚，笔头干净。"

未完的忏悔录 1936年今代书店铅印本。

叶灵凤著。有《白叶杂记》，已著录。《未完的忏悔录》是叶灵凤的三部长篇小说之一，原载于《时事新报》副刊《青光》上。书前有《前记》，作者写道："这类小说，我下笔时是力求通俗，避免了一些所谓'文艺的'描写的。"因为当时读者刚从旧小说转向新文艺，为了适应读者，杂志社要求作者以通俗的的作品吸引广大读者。主人公陈艳珠是一个电影明星，作者称她是"一个沾染了都市浮华气息，但是在内心还潜伏着一点善良的现代女性"。小说描写了陈艳珠与韩斐君之间的爱情故事。这本小说不是大团圆结局，这对青年男女分开后一个闭门不见，一个身患疾病不知所终，小说通过他们的纠葛和分分合合揭示了人性的复杂。在书中，作者着重小说情调和氛围的营造，注重心理活动的渲染，而少情节的繁复和悬念。

雅典娜 1929年上海卿云图书公司铅印本。

时有恒著。时有恒(1905～1982)，笔名有恒、时间有恒、时间太郎、雅典娜女士、未名、于久等。江苏徐州人。作家、藏书家。著有《夜战》《活埋》等。《雅典娜》是时有恒所著的中篇小说，署名"时间有恒"。书前有小序，提到："本书的女主人公和女神雅典娜相似，她是蔑视过去和现在所有的女性，使她不得不站在男性方面。"小说以一封信开始，作者以第一人称写信给"亲爱的雅典娜"，并在信中向她介绍雅典娜的故事，称赞她是"现时代的雅典娜，是新社会的创造者的象征"。而这个"雅典娜"其实就是小说的女主人公"梅徵"。整篇小说都是男主人公岭凌写给梅徵的一封封书信。女主人公曾经追求过热烈的恋爱，做过人们所不敢做的事情，最后又为人类的幸福而牺牲。序中称她是"现时代不可多得的女性"。序后有题字"献给我的被敌人所残害的唯一的爱人"。小说最后有作者所写的《雅典娜，马德兰，Siren》一文。

北极风情画 1945年无名书屋出版铅印本。

卜乃夫著。卜乃夫(1917～2002)，原名宝南，更名乃夫，又改名卜宁，自号宁士，笔名无名氏。原籍江苏扬州，生于南京。另著有《塔里的女人》《海艳》《野兽·野兽·野兽》等。《北极风情画》是1943年作者首次以"无名氏"为笔名发表的小说。1945年由无名书屋出版，是一部描写爱情故事的长篇小说。小说以韩国革命志士李范奭为原型，以主人公的独白来叙事抒情，展现了一幅具有异域风情的生活画面。小说以"我"在华山之巅养病，偶然遇到一位"怪客"，在"我"的一再追问下，那位"怪客"向"我"讲述了一个缠绵悱恻的爱情故事。故事是"九一八"事变后，主人公在东北抗日义勇军马占山部任高级参谋，抗日失败，他跟着部队撤到苏联境内西伯利亚托木斯克。有一天深夜，他从歌剧院看戏归来，在路上偶遇波兰少女奥蕾利亚，他被少女误认为是自己的情侣，误会虽然解除，但多次相会之后，两人真正的相爱了。后来部队突然接到回国的命令，当部队撤走后，奥蕾利亚不能随他而去，竟在痛苦绝望中殉情自杀。小说充满浓厚的浪漫主义色彩。

众醉独醒 1924年自由杂志社铅印本。

程瞻庐著。程瞻庐有《唐祝文周四杰传》，已著录。《众醉独醒》是程瞻庐的长篇社会小说。本书前有周瘦鹃、顾明道、陈莲痕序以及自序，还有蒋吟秋、石征鸿、丹徒谢介子题词。周瘦鹃云："全书陈义甚高，著眼于众醉独醒四字，一唱三叹之余，时复杂以谐语，博人笑噱，而弦外之音，自可玩味得之。"自序云："吾悯夫社会之沈沈焉醉也，思有起而醒之，于是乎有《众醉独醒》之作。"《众醉独醒》刻画了一个资本家族的三代血腥发家史。小说围绕刘邦平的生活展开，他自私虚伪，擅长压榨迫害他人来谋取利益，他周围都是那样不择手段的反面人物。作者运用讽刺幽默手法，痛快淋漓地揭露现实中的丑陋现象与奸邪人物。小说于1920年至1921年连载于《自由谈》，受到读者的欢迎。

前辈先生 1929年光华书局铅印本。

叶楚伧著。叶楚伧有《新生活与情操》，已著录。《前辈先生》是叶楚伧的长篇社会小说，署名"叶小凤"。本书共20回，反映了民国初年的教育现状、社会风习和官场闹剧。《前辈先生》原载当时上海《民国日报》附刊《社会写真》，1927年光华书局初版单行本。书最后有《前辈先生告辞了》。本书全用白描手法,不加褒贬。作者文笔冷峻,好用反讽,语言含蓄。书中对"实业教育"讽刺尖刻。徐兆玮在其1938年的日记中写道:"阅叶小凤《前辈先生》一册,书中人皆有影射,如章实沈为张季直,章公拙为张孝若,马瑶光为冯玉祥。"本书可能是叶氏的最后一部长篇小说,标志着他在小说创作方面达到的新高度。

小梅香　1948年影艺出版社铅印本。

陈亮著。陈亮(1911～1989),笔名田舍郎、田池、司徒娃等。江苏丹阳人。著有《小裁缝》《田家风月》《黑弄堂》等。《小梅香》是用上海话写成的。田舍郎被称为"弄堂小说家",小说反映了当时上海街弄中下层市民的生活追求与价值观念。女主人公小梅香是出身贫苦的女工。小说讲述了她被逼答应与车间主任杨猴狲的婚事,在杨氏被捕后,又被逼嫁给了王厂长,之后又陷入大小老婆之间的勾心斗角,最后撞火车自杀的故事。而这些逼迫她的人,包括她的姐姐、阿姨和邻居,都是她身边的人。作者写尽了上海街弄中市民人生观消极、腐朽的一面。那些人认为即使没有爱情基础,以婚姻或者色相作为手段,只要能够达到暴富的目的都是可取的,都是令人羡慕的高攀。而不知这样没有道德底线的拜金,最后只能酿成悲剧。

围城　1947年上海晨光图书公司铅印本。

钱钟书著。钱钟书有《谈艺录》,已著录。《围城》写于1946年,是钱钟书的代表作,也是他唯一的长篇小说。小说刊登在《文艺复兴》第1卷第2期至第2卷第6期,1947年上海晨光图书公司出版单行本。小说描写了在抗日战争爆发后,以留学归来的方鸿渐为代表的一大批知识分子,在遭遇教育、爱情、事业、家庭的失败后,在精神上的困境。作者在小说中淋漓尽致地讽刺了知识分子。在1946年的序中,作者写道:"在这本书里,我想写现代中国某一部分社会、某一类人物。写这类人,我没忘记他们是人类,只是人类,具有无毛两足动物的基本根性。"作者善用比喻,小说中最有名也一直让读者记忆深刻的比喻就是"围城",即结婚如"被围困的城堡,城外的人想冲进去,城里的人想逃出来"。作者并不把这个"围城"的象征意义局限在婚姻家庭上,而是放到人类在不断追求梦想,和追求到成功之后精神上的不满足之间的矛盾上。《围城》被誉为现代的《儒林外史》。

倪焕之　1929年开明书店铅印本。

叶圣陶著。叶圣陶有《国文教学》,已著录。《倪焕之》是叶圣陶1928年写的一部长篇小说,连载于当时的《教育杂志》上,1929年由上海开明书店出版。小说描写的是辛亥革命到第一次国内革命战争十余年间,中小资产阶级和知识分子思想行为变迁的道路,形象地再现了辛亥革命、五四运动、五卅运动、上海工人第三次武装起义以及大革命失败等重大历史事件的真实面貌,生动刻画主人公倪焕之在当时社会背景下的心路历程。小说成功塑造了倪焕之、王乐山、蒋士镳、金树、蒋冰、金佩璋等重要人物。夏丏尊在序中认为,《倪焕之》不仅在作者的文艺生活上,而且在国内的文坛上都是"可以划一时代的东西"。这篇小说包含教育、革命,展现了小资产阶级知识分子在前进道路上追求、动摇和最终幻灭的精神历程。茅盾评价《倪焕之》是一部"扛鼎"之作。

残骸　1929年上海新宇宙书店铅印本。

顾仲起著。顾仲起(1903～1929),名自谨,号仲起。江苏如皋人。另著有《生活的血迹》《爱的疯狂者》《坟的供状》等。《残骸》是顾仲起写的以流亡生活为题材的中篇小说。书前有《几句可怜的话》,作者介绍本书是"数年来的奔波劳碌、饥饿、乞丐、做工、卖报、当兵、革命、恋爱,而终于失败又回到故乡来的一段事迹"。本书的主人公青年叶子实际上就是作者自己的写照。这部小说不是虚构的无病呻吟,而是记载了作者从1923年至1927年间曲折的生活经历,叙述他在生活中的痛苦挣扎。作者认为这不是一本完整的小说,而是一篇零乱的笔记,也不是艺术,而是"血泪的漫画,骸骨的雕刻,追求光明奔波疲倦的尸身,对于这社会最后的叹息"。正文前有一篇诗序,最后写道:"普罗列达利亚的我们,是现代社会所摧毁的残骸",大概就是这部作品名字的由来。小说的最后有一篇后记。

炼狱　1947年上海微波出版社铅印本。

周楞伽著。周楞伽(1911～1992),原名剑箫,又名棱伽、华严，笔名冯蹈、刘诚等。江苏宜兴人。海派作家。另著有《李师师传奇》《风风雨雨》《旱灾》等。《炼狱》是周楞伽的代表作。本书初版发行于 1936 年 1 月，是一部 30 万字的长篇小说。小说主要描写了四五个城市知识青年在 30 年代的不同命运，昭告当时的知识青年，在寻找真理的曲折和苦闷中，不要以幻想和冲动来安排自己的归宿。作者在序中写道："理想是要和现实生活相配合，在现实生活中脚踏实地、切切实实地努力去干，才会实现的，绝不是没有一定的目标，单凭空想就能实现。"小说的女主人公孙婉霞感到都市生活的苦闷，便孤身一人深入到农村去，试图改变农村落后面貌，却无法打破农村中根深蒂固的封建桎梏，最后反而成了一个悲剧。小说出版后，有人批评此书完全模仿矛盾的《子夜》，作者特地在第三版的新序中解释道："《子夜》是以民族资本家吴荪甫一人为中心，本书即以好几个青年男女为中心的，这是根本不同的所在。大概是因为我的企图描写一·二八后社会的全面，有些和《子夜》类似，所以才被人目为模仿《子夜》的吧！"

财主底儿女们　1948 年希望社出版铅印本。

路翎著。路翎（1923～1994），原名徐嗣兴，笔名路翎。江苏南京人。著有《饥饿的郭素娥》《燃烧的荒地》《在铁炼中》等。本书是路翎的代表作，初稿开始于 1940 年，但由于战争爆发，书稿遗失。现在的版本是 1942 年重写的，是当时篇幅最长的长篇小说之一。书前有 1945 年胡风序，路翎自序。小说以一·二八至苏德战争爆发这段时间的生活为背景，通过描写江南苏州首户蒋捷三家的分崩离析以及子女的不同思想历程，展现了这十年间中国社会的生活面貌，以及抗战前后中国知识分子的探索与追求。小说分为上下两部，上部从一·二八至七·七事变前，主要描写蒋家分崩离析的过程，以及蒋家儿女的生活。下部从七·七事变写到苏德战争爆发，集中描写蒋家小儿子蒋纯祖在大动乱中的经历。小说成功塑造了蒋慰祖、蒋少祖、蒋纯祖三个人物的形象，展示了中国现代史上三类知识分子的探索道路。胡风在序中评价本书，认为它的出版是中国新文学史上的一个重大事件。

春雷　1941 年华中图书发行公司铅印本。

陈瘦竹著。陈瘦竹（1909～1990），原名定节，又名泰来，笔名瘦竹。江苏无锡人。著有《奈何天》《灿烂的火花》《声价》等，译有《康蒂旦》《欧那尼》。《春雷》是陈瘦竹所著的长篇小说。小说描写了江南人民为守卫家园而抗击日寇的故事。小说后由马彦祥改编为话剧《江南之春》。陈源 1942 年在《中央周刊》评论《春雷》道："这一部书是抗战小说，可是就因为里面描写的是他所最熟悉的乡村，它与一般抗战小说不很相同。普通的抗战小说所着重的是故事，发生的地点和参加的人民大都凭想象虚构，所以读的时候，常常使人产生上不在天、下不在地之感。本书作者所着重的却在乡村人物的描写。故事的演变即从人物个性的发展中出来。我们可以说，这仍然是一部乡土小说，只是所写的不是平时的乡村，而是抗战中的乡村。"《春雷》以抗日战争为题材，又在当时抗战爆发的背景下出版，故出版后广受好评，在当时产生相当的影响。

新儿女英雄传　1949 年上海海燕书店铅印本。

孔厥、袁静合著。孔厥（1914～1966），原名郑志万，字云鹏，改名郑挚，笔名沈毅、孔厥。江苏吴县人。与袁静合著有《生死缘》《中朝儿女》《白洋淀水战》等。袁静（1914～1999），原名行规、行庄。江苏武进人。著有《刘巧儿告状》《淮上人家》《伏虎记》等。《新儿女英雄传》是孔厥与袁静合著的长篇小说。1949 年在《人民日报》连载后，引起广泛好评，后来译成英、法、日多国文字出版。书前有郭沫若 1949 年序，序中写道："这里面进步的人物都是平凡的儿女，但也都是集体的英雄。是他们的平凡品质使我们感觉亲热，是他们的英雄气概使我们感觉崇敬……人物的刻画，事件的叙述，都很踏实自然，运用人民大众的语言也非常纯熟。"小说以牛大水和杨小梅悲欢离合的故事为线索，以冀中白洋淀为背景，描绘了共产党领导下的广大人民在八年抗战中的斗争和胜利。文字通俗、人物形象丰满，故事性很强。

纠纷　1949 年山东新华书店铅印本。

菡子著。菡子（1921～2003），原名罗涵之，又名方晓。江苏溧阳人。著名女作家，散文家。著有《前方》《和平博物馆》《前线的颂歌》等。《纠纷》这篇小说讲述了小来顺父亲过世后，逃荒来的刘二负担起来顺家的千斤重担，并与来顺妈产生了感情，但他们两个人的结合受到了种种阻挠，最后在乡干部的努力下两人终于得以结婚的故事。这篇小说以崭新的艺术形式出现在文坛。一个普通的农村干部和普通的共产党员，在解放区新政权的领导下，帮助一个普通的农妇解决了婚姻问题，争取到幸福的生活，同时也使得当地的村民们获得了思想上的解放。小说以主人公在这种时代背景下获得的美好结局，来歌颂解放区人民新政权、新事物。这篇发表于1945年，曾被评为解放区优秀作品，并被编入《人民文艺丛书》。

彷徨的一晚　1934年上海育新书局铅印本。

王天恨著。王天恨，原名纾运，字翼吾，一作益吾。室名双红室。江苏泰州人。小说家。著有《第一夜》《秋风》《孙中山轶事》等。《彷徨的一晚》是王天恨的长篇小说，又名《彷徨的一夜》。分为《彷徨的一晚》《回故乡去》《店关了》《父亲的误会》《自白》《阴庆的无谓》《四姑太太的威风》《桂子姑娘》《欣喜和悲哀的两回事》《踌躇不决》共10章。本书描写了主人公林绳木从家乡安徽到上海去寻找工作，结果被冤枉关进监狱，放出来后发现上海生存困难而回到家中之后发生的一系列事情。王天恨是鸳鸯蝴蝶派小说家，著有《妃色丝巾》《衣冠禽兽》等侦探小说，本书亦被列为侦探小说一类，但并非像其他侦探小说那样描写杀人破案之事，而是着重描写主人公因为被误关进监狱后引起的一件件事情。林绳木本以为繁华的上海黄金遍地，却没想到不仅没找到合适的工作，还遭拘禁，而回到家乡又遭到父亲的误会，被四姑太太训斥等。小说描写了主人公在这种前途不知何处的情况下的彷徨。

第八节　短篇小说集

卓呆小说集　1926年世界书局铅印本。

徐卓呆著。徐卓呆（1881～1958），原名傅霖，号筑岩，别号半梅，笔名阿呆、笑匠、李阿毛等。江苏吴县（今苏州吴中）人。著有《笑话三千篇》《李阿毛外传》《秘密锦囊》等。《卓呆小说集》收录徐卓呆所写短篇小说7篇，分别为《狭窄的世界》《急性的元旦》《新人物》《七度新婚》《时髦税》《匣内之物》《上帝之大缺陷》。徐氏擅长写滑稽小说，被时人称为"小说界的卓别麟"。本书前有赵苕狂为其所撰的小传，写道："君少时已喜为小说，近年致力尤勤，散见于各杂志中者，殆不下百余篇，以滑稽一类为多，而隽永有味，弥含哲理，实能脱尽寻常滑稽小说窠臼而自成家数者。"徐氏的小说大多为短篇，取材于现代都市日常生活，表现手法灵活多变，文风活泼明快，有着鲜明的特点。虽然带有滑稽的意味，但包含讽刺时弊之意。如本书中《时髦税》这篇，即讽刺都市女子爱慕虚荣的行为。

中国新侦探案　1917年小说丛报社铅印本。

俞天愤著。俞天愤（1881～1973），又名承莱，字彩生。江苏常熟人。侦探小说家。著有《薄命碑》《镜中人》《剑胆琴心录》等。《中国新侦探案》是俞天愤的短篇侦探小说集。俞天愤为中国早期侦探小说著名作家，被誉为中国侦探小说的先驱者之一。本书是以"余"为侦探而创作的20篇短篇侦探小说，小说用文言所写，情节简单，场面也不宏大，但却写得小巧玲珑，颇有趣味。本书前有徐枕亚序云："余尤钦其于字里行间，斤斤以挽颓风，矫薄俗，发扬尚武精神，排斥金钱势力，为独造高峰之处。"本书所写故事，均以江苏常熟为背景，内容多为偷窃、拐骗、凶杀等。俞氏写侦探小说的目的是为了表达对当时法律制度的不满，所以小说中官方警察的形象都是愚笨无知的，反映了当时官场腐败的情形。本书的出版对中国侦探小说的发展起着先导作用。

小雨点　1928年新月书店铅印本。

陈衡哲著。陈衡哲有《新生活与妇女解放》，已著录。《小雨点》是陈衡哲的第一本白话小说自选集，收录短篇小说10篇。书前有胡适、任鸿隽序以及自序。胡适在序中写道："当我们还在讨论新文学问题的时候，莎菲却已开始用白话做文学了。《一日》便是文学革命讨论初期中的最早的作品。《小雨点》也是《新青年》时期最早的创作的一篇。"胡氏认为当时做白话文学的人很稀少，而陈衡哲的这几篇小说在新文学运动中具有开创的意义。这几篇小说有的取材于童年生活、留学经历，有的则以寓言、童话出现。书中《一日》是中国留学生在国外学校里一天的生活，而《小雨点》《西风》则像是科普型的童话,《波儿》《孟哥哥》等都是儿童文学作品。陈衡哲自序中写道:"我每作一篇小说,必是由于内心的被扰。那时我的心中,好像有无数不能自己表现的人物,在那里硬迫软求的,要我替他们说话。"而"我把他们公世的唯一理由,是我写作他们时的情感的至诚,与思想的真纯"。

隔膜 1922年商务印书馆铅印本。

叶圣陶著。叶圣陶有《国文教学》,已著录。《隔膜》是叶圣陶的短篇小说集,又名《隔膜及其他》。内收《一生》《春游》《一个朋友》等20篇小说。本书前有顾颉刚序,顾氏在序中极其详细地叙述了叶圣陶的经历和对于文艺的见解。他写道:"圣陶做的小说,决不是敷衍文字,必定自己有了事实的感情,著作的兴味,方始动笔。……他的小说完全出于情之所不容已,丝毫假借不得的。"顾颉刚评价:"如《一生》《一个朋友》《隔膜》——是从骨子里看出人与人之冥漠无情的,但《母》《伊和他》《小病》《低能儿》诸篇,把人类心情的相通相感之境写得美满极了。"本书中不仅有无可诉说的困恼和迷茫的篇章,也有充满了爱与美好的情感的内容。叶圣陶的小说特别着眼于妇女与儿童,如《一生》《春游》就是写妇女的苦难,而《低能儿》《一课》则是写儿童爱好自然。

紫罗兰庵言情丛刊 1939年时还书局铅印本。

周瘦鹃著。周瘦鹃有《新秋海棠》,已著录。《紫罗兰庵言情丛刊》是周瘦鹃的短篇小说集,分为初、二两集。初集收录《断肠日记》《鱼》《遥指红楼是妾家》等13篇小说,二集收录《此恨绵绵无绝期》《情弹》《恨不相逢未嫁时》等15篇小说。周瘦鹃曾经历过一场刻骨铭心的失恋,这使他的言情小说带有一种"悱恻缠绵,哀感顽艳"的哀情,而在这些描写男女青年爱情悲剧的小说中,《此恨绵绵无绝期》《恨不相逢未嫁时》是其中代表作。两篇小说都是用文言创作,主人公都是才子佳人,结局都是有情人不能终成眷属,充满了无尽的痛苦和悲伤。他的作品表达了对传统礼教所主导的婚姻制度的不满,抒发了青年男女对自由恋爱的渴望。

魔窟 1929年真美善书店铅印本。

曾虚白著。曾虚白有《国际情报史》,已著录。《魔窟》是曾虚白所著的神话小说集。收录《檭果》《傀儡》《鬼子》《徐福的下落》《孝子》《魃诉》6篇小说。虚白乃曾朴子,1928年父子俩在上海开办真美善书店,主编《真美善》月刊,本书所收文章曾在《真美善》杂志上发表。书前有苏梅序。本书的故事取材于《穆天子传》《山海经》《路史》《楚辞》等,作者以这些书为根据,创造出许多新的故事。这些故事,苏梅称之为"风格特异的作品",并评价本书"篇篇带着象征的色彩,含蕴着庄严的意味,深沉的悲哀,尖刻的讽刺,痛愤的诅咒"。如《傀儡》里的穆天子、西王母、傀儡,《徐福的下落》里的盘瓠后人、徐福,都具有鲜明的影射,都是借此对现实进行批判和讽刺。

男友 1927年上海良友图书印刷公司铅印本。

叶鼎洛著。叶鼎洛(1897～1958),笔名骆鼎、鼎洛、尤庭玉等。江苏江阴人。作家、画家。著有《脱离》《前梦》《乌鸦》等。《男友》是叶鼎洛的短篇小说集。收录《男友》《从江南来》《姐夫》《有情》等7篇。叶氏的小说,题材广泛,情节离奇。而他笔下的主人公无不性格内向,对社会的歧视愤愤不平,这大抵与叶氏的生活经历息息相关。本书前有《以信代序》,这是一封写给田汉的信,大致描写了叶氏自己到日本后的生活以及精神状况,文字中充满了颓废与疲倦之感。本书第一篇《男友》是同性恋题材的小说,在当时极其敏感,造就了这本小说集的特别之处。小说主人公是个青年教员,他与学生出现了同性情感,因为不被容忍,在舆论的压力下他离开了这个城市。叶氏的小说故事离奇曲折,又有伤感颓废的情调,文笔细腻隽秀,具有独特的风格。

死灰 1927年光华书局铅印本。

沈松泉著。沈松泉(1904～1990),原名沈涛,别名沈浩川,笔名松泉、苏约、沈思等。江苏吴县人。著有《醉吻》《少女与妇人》等。《死灰》是沈松泉的短篇小说集。收录《三年之隔》《割绝》《非蝶与莲心》《箫声里》《枯叶日记》《死灰》《落英》《僵蚕》共8篇小说。书前有题记,作者写道:"为某种苦闷不时袭来的时候,我络续的写下了一些粗浅幼稚的东西,像在这本集子里所包含的便是其中的一部分。"作者认为这些粗浅幼稚的作品在"我过去的二十几个春秋之中,是仅有的一点纪念"。如《三年之隔》

《割绝》两篇，都是描写青年男女之间的感情，且都是男主人公心爱的表妹最后嫁给别人的故事。如作者序中所说这些“诗的醉人的青春，在我已如风一般的过去了，不留下一些痕迹”，而“我已把我的青春葬在飘零的落花之中”，大致就是小说所要表现的感情。序的最后还有作者所写的青春的葬歌。

灵凤小说集 1934年现代书局铅印本。

叶灵凤著。叶灵凤有《白叶杂记》，已著录。本书收录《处女的梦》《爱的讲座》《妻子的恩惠》《菊子夫人》《鸠绿媚》《女娲氏之遗孽》等22篇小说。书前有作者前记。在这些作品中，作者认为写的好的有《鸠绿媚》《妻子的恩惠》《爱的讲座》《摩伽的试探》《落雁》等，其中作者最喜爱《鸠绿媚》《摩伽的试探》《落雁》，他认为“这三篇都是以异怪反常，不科学的事作题材——颇类于近日流行的以历史或旧小说中的人物来重行描写的小说——但是却加以现代背景的交织，使它发生精神综错的效果”，作者还认为这几篇小说不仅修辞精炼、场面美丽，“这一类的故事和这一种手法的运用，我觉得已经是值得向读者推荐”。叶灵凤的小说注重人物内心情感和心理的描写，包括潜意识的描写。他是中国最早推行心理分析的小说作家之一。

离婚 1928年光华书局铅印本。

潘汉年著。潘汉年有《全面抗战论》，已著录。《离婚》是潘汉年的第一本小说集，被列入《幻洲丛书》中。本书收录《离婚》《情人》《苦杯》《她和她》《求爱》《无聊人的半天》《白皮鞋》《混沌中》共8篇小说。本书第一篇《离婚》讲述的是一个女子在法庭的审判厅上要求与丈夫离婚。女子说自己不爱丈夫，而是爱另一个人，那个人已经回来，所以她要求离婚。《白皮鞋》描写的是大革命失败后革命者的艰苦生活。《混沌中》叙述的是革命者的监狱生活。这两篇都刻画了革命者不畏艰险、坚持战斗的形象。本书前有自序《先看完这篇》，自序大致讲述了本书的出版经过，以及作者出版这本书的原因(凑够回家过年的路费)，反映了当时作者生活的艰辛。

总退却 1937年上海良友图书公司铅印本。

葛琴著。葛琴(1908～1995)，女，笔名柯琴。江苏宜兴人。作家。著有《生命》《一个被迫害的女人》《窑场》等。《总退却》是葛琴的短篇小说集。共收《一天》《蓝牛》《总退却》《犯》《路》《罗警长》《枇杷》7篇小说。书前有鲁迅序。鲁迅写道：“这一本集子就是这一时代的出产品，显示着分明的蜕变，人物并非英雄，风光也不旖旎，然而将中国的眼睛点出来了。”本书中有描写工厂的，也有描写农村生活的故事。《总退却》曾发表于1932年5月的《北斗》上。小说以上海“一·二八”抗战为背景，以主人公寿长年的战斗经历为贯穿线，叙述十九路军士兵的转变及退却时的愤懑和失望。小说展现了上海军民奋起抗战的生动场面和爱国热情，揭露实行不抵抗政策的国民党的黑暗腐败，表达了作者对战士们的同情，对国民党反动派的仇恨。本书最后有作者的后记，大致叙述了出书的经过，以及对已经逝世的鲁迅先生的怀念。

人·兽·鬼 1946年开明书店铅印本

钱钟书著。钱钟书有《谈艺录》，已著录。《人·兽·鬼》是钱钟书唯一的短篇小说集。收录《上帝的梦》《灵感》《猫》《纪念》4篇小说。书前有序。本书的书名已经概括了书中的内容，其中《上帝的梦》和《灵感》即是“鬼”，这两篇构思奇特，诸多戏谑之笔，前者描写了借用上帝创世的典故剖析人性，后者通过怪诞的情节对粗制滥造的作家予以讽刺。《猫》即“兽”，描写了一个上流家庭的生活和纷争，讽刺了一群无聊的知识分子。《纪念》则是完全表现“人”的，细腻的刻画了男女之间的私情。本书是一部意义独特的小说集，作者以犀利的笔触深入到人物的内心世界，描写人性的弱点，在荒诞中展现真实的人生。

伥 1941年改进出版社铅印本。

陶雄著。陶雄(1911～?)，笔名云天、小捷、音波等。江苏镇江人。现代作家、戏剧家。著有话剧《壮志凌云》，小说《0404号机》《总站之夜》等。《伥》是陶雄的短篇小说集。本书收录《伥》《张二姑娘》《大华魂》《守秘密的人》《玫瑰书签》5篇小说。书前有题记，后有附记。从题记中可以看出，本书是在作者过世的妻子的支持和鼓励下完成的，所以本书原名《悼亡集》，以示对妻子的纪念。本书小说大多以抗日战争为背景，揭露日本侵略者残杀无辜的暴行，同时谴责汉奸卖国行为的卑劣，描写日本侵略暴行下民众的疾苦，歌颂爱国将士宁死不屈的斗争。《伥》描写日伪汉奸的可悲下场，原发表于1939年9月的《改进》1卷11期上，引起读者的强烈反响。

荆棘的门槛 1942年桂林白虹书店铅印本。

韩北屏著。韩北屏（1914～1970），原名立，笔名欧阳梦、宴冲等。江苏扬州人。作家、诗人。著有《江南草》《人民之歌》《没有演完的悲剧》等。《荆棘的门槛》是韩北屏在桂林创作的短篇小说集。收《鱼》《临崖》《遁》《锤炼》《误会》5篇小说。这些小说是从现实生活中选取题材，且有计划的描写系列人物形象。如集中前4篇小说，分别描写了林鱼、蒋临崖、叶玲、周柔宜4个“时代的孪生姐妹”的艺术形象。这4个不同的小说女主人公，分别是4种不同的类型，反映了抗战时期青年女子的不同遭遇，不同的生活道路。在后记中，作者认为中国的女性与自由之间丛生着荆棘，如果缺乏信心与勇气，是难以跨越的。这几篇小说写得真实生动，人物形象充满个性特色。这本小说集的出版，标志着韩北屏小说创作的艺术技巧逐步走向成熟。

邂逅集 1949年文化生活出版社铅印本。

汪曾祺著。汪曾祺（1920～1997），江苏高邮人。作家、散文家、戏剧家。著有《受戒》《晚饭花集》《晚翠文谈》等。《邂逅集》由巴金主编的《文学丛刊丛书》选编结集，文化生活出版社1949年出版。《邂逅集》收录短篇小说8篇，为《复仇》《老鲁》《艺术家》《戴车匠》《落魄》《囚犯》《鸡鸭名家》《邂逅》，是汪曾祺早期创作中最成熟、最具代表性的作品。其中《老鲁》《戴车匠》《落魄》《鸡鸭名家》等作品，是作者1946年至1948年在上海的时候发表的。作者说：“我的小说题材，大都是不期而遇，因此，我把第一个集子起名为‘邂逅’。”《邂逅集》中的小说除了《复仇》外，都是描写普通大众的生活。每篇小说均以第一人称“我”作为叙述视角。小说语言注重神韵，文字简洁，具有感染力。

第九节 戏剧文学

奢摩他室曲丛 1928年上海商务印书馆铅印本。

吴梅辑。吴梅有《词学通论》，已著录。《奢摩他室曲丛》为传奇杂剧总集。“奢摩他”，亦作“奢摩它”，为梵语译音，寂静、寂止的意思，以之为室名，取精神集中、不受外界干扰之义。吴氏室中藏有明清杂曲不下千家，1926年前后，吴氏从中选出264种，共362本，起名《奢摩他室曲丛》，准备整理出版。本书仅出初、二两集，共35种。初集收沈起凤、嵇永仁传奇6种；二集收朱有燉杂剧24种，附吴炳传奇5种。入选作品均经吴梅校勘，并有题跋。此书原计划出版152种，三、四集的版已排好，因“一·二八”事变商务印书馆被焚，未竟其功。本书的刊布，对于保存和传播明清传奇、杂剧具有重要的作用。

集成曲谱 1925年上海商务印书馆石印本。

王季烈、刘富梁辑。王季烈有《螾庐曲谈》，已著录。刘富梁（1875～1936），字凤叔。浙江桐乡人。《集成曲谱》是昆剧曲谱总集。分金、声、玉、振4集，共32册。本书选收昆剧、时剧88种的416出折子戏，曲词、宾白、曲谱均较完备。王季烈著《螾庐曲谈》有论度曲、论作曲、论谱曲及余论四部分，分别载于各集卷首。书前有魏臧、俞宗海、吴梅、严修等序以及自序。严修序云：“自元明至近代之佳曲，搜采无余，订正曲文，厘定宫谱，俾习昆曲者得所依据，不为伶工传钞之本所误，洵足以振衰起废，使昆曲复盛于今日也。”本书选择考订精审，且每出词白俱全，并注明工尺、板眼，分别正衬，另将生僻字注音。《集成曲谱》将数百年来流传之昆曲加以整理传播，使之得以保护而继续流传下去，对保存昆曲曲谱起到了重要作用。

与众曲谱 1940年合笙曲舍白纸线装石印本；1947年上海商务印书馆石印本。

王季烈编。“与众”二字，为“取孟子‘与众乐乐’之意”。书前有编者1940年自序。作者在自序中说明了编写《与众曲谱》的原因：1925年《集成曲谱》问世，先后两次印刷千余部，后因战火之故，存世的仅数百部，然而想要求取该书的人越来越多。由于重印困难，友人建议王季烈另选《集成曲谱》中较为常见的曲谱进行出版，以便初学者使用。自序后有凡例6条，介绍本书的体例。全谱收戏97折，另增加3套散曲，共得百出，体量较《集成》大为减少，但所取折目多为通用曲谱。故序云：“是书比《集成曲谱》篇帙既大为减削，宫谱亦较为循俗，非敢下乔入幽，聊免曲高和寡云尔。”

委曲求全 1932年人文书店铅印本。

王文显著。王文显（1886～1968），字力山，笔名胡世光。江苏昆山人。戏剧教育家、剧作家。另著有《梦里京华》《白狼计》《猎人手册》等。《委曲求全》是王文显用英文创作的三幕剧，由李健吾翻译。本剧写于1927年前后，反映军阀统治下北京高等学府一些道貌岸然的老师之间的勾心斗角。全剧布局紧凑，语言幽默俏皮，可以看出受到英国风俗喜剧的影响。朱光潜在《读〈委曲求全〉》一文中评价：“王文显先生的《委曲求全》在今日中国话剧之中总算是一种可惊赞的成就。它也是从外国文移译过来的，但是作者是一个道地的中国人，所描写的也是道地的中国社会。”又“它没有过于村俗的玩笑，没有浅薄的道德教训，只是很客观的而且很文雅的把社会内幕揭开给你看。写喜剧做到这种雅俗共赏的地步已经就很不容易了”。本剧于1929年在美国耶鲁大学戏剧学院举行第一次公演，获得巨大成功。1932年由李健吾译成中文出版，1935年春在北平公演，引起了轰动。本剧是王文显的代表作，又是中国话剧史上较早出现的大型剧作之一。书前有《〈委曲求全〉的胜誉》。

梦里京华 1944年世界书局铅印本。

王文显著。本书原名《北京政变》，是王文显用英文写的三幕话剧，后由其学生李健吾翻译成中文。王文显是用英文写剧本的中国剧作家，他曾在哈佛大学师从贝克教授学习编剧，受英国风俗喜剧的影响，非常讲究台词的幽默和戏剧结构的精巧。作为中国现代第一代戏剧教育家和剧作家，他对中国现代戏剧的发展影响巨大，是中国现代世态喜剧创作的宗师。《梦里京华》描写了袁世凯称帝的闹剧，以此烘托了蔡锷的革命情操和革命精神，是一部喜剧色彩颇浓的话剧。剧中主人公王承权即影射袁世凯，蔡同即蔡锷，方珍即小凤仙。本剧于1927年在耶鲁大学戏剧系正式演出，而导演、演员都是外国人。1942年由美艺剧社在上海的辣斐花园首次演出。1983年北京人民文学出版社合《梦里京华》与《委曲求全》为《王文显剧作选》出版。

一只马蜂及其他独幕剧 1925年北京大学现代评论社铅印本。

丁西林著。丁西林有《高级中学适用初级物理实习讲义》，已著录。《一只马蜂》作于1923年，是丁西林的成名作。这是一部喜剧，主要内容是有封建思想的吉老太太，干涉儿子吉先生的婚姻自由，想把余小姐介绍给侄子为妻。然而儿子早与余小姐相爱，两人为了骗过老太太，只能以反话进行交谈，表达爱意，最后获得自由恋爱的胜利。结尾吉先生拥抱余小姐，余小姐失声大喊，引来了老太太，只好谎称余小姐被一只马蜂给蛰了。全剧以吉先生与余小姐的对话为重点，着力描写两人针锋相对的反语。剧本在喜剧艺术的创造上比较成功，语言轻松调皮，充满善意诙谐的幽默特色。此剧发表后，1926年由北京国立艺术专门学校戏剧系公演。本书还收录了丁西林的《亲爱的丈夫》《酒后》2个独幕剧。

西林独幕剧集 1947年文化生活出版社铅印本。

丁西林著。《西林独幕剧集》收录丁西林创作的《一只马蜂》《亲爱的丈夫》《酒后》《北京的空气》《瞎了一只眼》《压迫》《三块钱国币》共7个独幕剧本。其中前三个剧本已经收录在《一只马蜂及其他独幕剧》中，出版于1925年。《压迫》是丁西林1925年创作的一部反映市民生活的独幕剧。该剧讲述了发生在北京的一件由租房引起的故事，充分展现了作者在喜剧创作中写实与轻松的特点。《压迫》被洪深称之为“那时期的创作喜剧中的唯一杰作”。《三块钱国币》也是其戏剧代表作之一，创作于1939年。讲述了女佣打碎主人的花瓶，吴太太逼她赔偿三块钱国币，从而引起的女佣、吴太太、警察与大学生之间的冲突。本剧以花瓶和三块钱国币贯穿始终，结构精巧、凝炼，人物语言俏皮、机智，结尾韵味无穷，具有强烈的社会批判意识，是抗战时期优秀的独幕剧之一。

妙峰山 1947年文化生活出版社铅印本。

丁西林著。《妙峰山》是丁西林创作的四幕喜剧。本剧是丁西林创作的一个高峰，剧本通过主人公王老虎被俘，在押解途中设计逃脱重返妙峰山，并同华华结婚的故事，表现抗敌爱国的正义事业必然胜利的主题。整个剧本具有浓厚的浪漫色彩和传奇性，作者成功塑造了王老虎和华华这两个正面的人物，和妙峰山这样一个虚构的理想地。本书有前言，作者称："这是一篇喜剧。一篇喜剧，是少不了幽默和夸张的。剧词中，对于社会的各方面，也多少含有讽刺的意味。可是这些讽刺都是善意的，都是热忱的。"剧本语言幽默风趣、机智俏皮，作者把内容上反帝爱国的严肃主题同表现方法上轻松幽默的喜剧风格很好地结合起来。

洪深剧本创作集　1928年东南书店铅印本。

洪深著。洪深(1894～1955)，字伯骏，号潜斋，别号浅哉。江苏武进人。现代剧作家、戏曲理论家、电影编导。著有话剧剧本《香稻米》《青龙潭》《飞将军》等，论著《戏的念词与诗的朗诵》《电影戏剧表演术》《洪深戏剧论文集》等。《洪深剧本创作集》收录洪深创作的《贫民惨剧》与《赵阎王》两个剧本，以及作者自序《属于一个时代的戏剧》。在这篇自序中，作者提出"戏剧所搬演的，都是人事。戏剧的取材，就是人生"，以及"凡一切有价值的戏剧，都是富于时代性的"，指出戏剧与人生与时代之间密切相关。《贫民惨剧》与《赵阎王》这两个剧本都是具有时代性的，洪深写道："我现在全照旧时所作，一些不加修改，刊登出来。为要忠实的保存著时代对于我所生的影响，以及我能力所够得到，捉取著的时代背景与精神。"《贫民惨剧》是1916年为筹建贫民小学义演而创作的。《赵阎王》是洪氏1922年创作的成名之作，通过一个老兵的经历和内心活动，揭示出军阀混战的罪恶。

农村三部曲　1936年上海杂志公司铅印本。

洪深著。《农村三部曲》收录独幕剧《五奎桥》、三幕剧《香稻米》、四幕剧《青龙潭》3个剧本。这3个剧本是洪深的代表作。书前有作者的自序和《戏剧的人生》(代序)。作者在自序中写道："《五奎桥》所写的，是乡村中残留的封建势力。《香稻米》所写的，是农村经济破产。……《青龙潭》所写的，是'口惠而实不至'的结果。"这三部曲既相互独立，又有所侧重，是一个前后连贯、不断深化的整体。其中艺术成就最高、影响最大的是《五奎桥》，本剧描写了在抗旱过程中农民与地主之间的矛盾斗争，成功地塑造了青年农民李全生和恶霸地主周乡绅等人物形象。《农村三部曲》是现代文学史上较早出现的反映农村生活和农民反抗斗争的剧本，在当时产生较大的影响。

夜上海　1939年上海剧场艺术社铅印本。

于伶著。于伶(1907～1997)，原名任锡圭，字禹成，又名任于人、任用梁，笔名尤兢、叶富根、淳于朴等。江苏宜兴人。著名剧作家。另著有《长夜行》《杏花春雨江南》《大明英烈传》等。《夜上海》是于伶编写的五幕话剧，是他的代表作。这个剧本是为纪念"八一三"两周年而创作的。《夜上海》是以1937年沦陷于日本侵略者铁蹄下的上海为背景，以写实的笔法，描写了当时生活在上海的诸多人物，反映了在上海失陷后各个阶层的面貌以及人民的苦难和反抗。故事的主人公开明绅士梅岭春，带着一家人到上海避难，却妻离子散，历经种种折磨和打击。本剧书前有作者小序。这个剧本在上海的璇宫剧院进行公演，虽然上演之前因为审查被迫删掉了第一幕和中间许多内容，但剧本上演后，还是引起了观众的共鸣，受到了充分肯定。《夜上海》被夏衍誉为"沦陷后的上海的最真实的史诗"。本剧是"孤岛文学"的名作之一。

长夜行　1942桂林远方书店铅印本。

于伶著。《长夜行》是四幕话剧，于伶的代表作之一。本书写于1942年的桂林。剧本的时代背景是抗日战争时期沦为孤岛的上海，时间是1941年下半年。剧本深刻展示了上海沦陷前后爱国知识分子与敌伪斗争的情形和以及社会下层人民生活的痛苦。其中着力刻画了三个知识分子的形象，分别是陈坚、俞味辛、褚冠球。在大动荡的年代，三个人心理产生变化，走上了不同的道路。俞味辛是爱国知识分子，具有强烈的爱国心和正义感；陈坚是坚定的地下党工作者，一心为了抗日事业；而褚冠球则走上了投敌之路。本剧寓意深刻，表现了沦陷区人民不屈服、不低头的高贵品质，展示了沦陷时期上海人民的精神面貌。

岁寒图　1945年群益出版社铅印本。

陈白尘著。陈白尘(1908～1994)，原名陈增鸿，又名征鸿、陈斐，笔名墨沙、江浩等，江苏淮阴人。剧作家、戏剧活动家、小说家。代表作有《升官图》《结婚进行曲》《岁寒图》等。《岁寒图》是陈白尘创作的三幕悲剧。剧本创作于1944年春，剧中的黎竹荪是医学院教授兼任附属医院的肺科主任，他救死扶伤、助人为乐，为了解救病人起草了一个长远的《防痨计划》，然而不仅此计划被政府当局官僚机构批驳，连他的许多合作者也因生活艰难而纷纷自谋生路，女儿也因营养不良而染上肺结核病。剧本描写了抗战时期大后方知识分子的不幸遭遇，深刻挖掘了知识分子品格中的坚忍与高洁，表现了知识分子的不屈形象，有力揭露了国民党统治区社会的黑暗与腐朽。《岁寒图》是陈白尘最钟爱的作品，也是他的明志之作。

升官图　1949年朝华书店铅印本。

陈白尘著。《升官图》是一部政治讽刺喜剧，是陈白尘的代表作。1945年10月，陈白尘因屡次发表文章抨击时弊，深受国民党当局的嫉恨，为了避免当局的陷害，他躲进友人的住所，在短短的20多天里他创作出了这个剧本。本剧的构思很有特色，全部故事都是在两个强盗的“升官梦”中演绎的。内容大致是百姓造反，冲进县衙门，打死了秘书长，打翻了知县大人，于是两个强盗正好冒充起县官来。他们在衙门里演出了一场接一场的闹剧。通过这个剧本，作者对国民党腐朽黑暗的官僚体制做了极其深刻的揭露与批判。这个喜剧讽刺泼辣犀利，构思大胆奇妙，运用漫画化的语言，使人物活灵活现，是中国现代文学史和现代戏剧史上一部优秀的喜剧作品。

当他们梦醒的时候　1939年世界书局铅印本。

孙石灵著。孙石灵（1909～1956），原名大珂，别名奇玉。江苏灌云人。著有《捕蝗者》《小立子的悲哀》《胜利前奏曲》等。《当他们梦醒的时候》是孙石灵编写的五幕悲剧，又名《桃花梦》。这是一部作者在上海“孤岛”时期创作的生活现实剧，描写当时一部分知识分子的生活，表现他们精神面貌。故事围绕主人公李学书、徐淑筠、徐太太之间的复杂关系展开，最后以悲剧结尾。书前有代序，作者写道：“这是一部悲剧。悲剧是人生的缩影，人生才是一部真正的悲剧。”赵景深曾经称这个故事为《雷雨》型的戏剧，而孙石灵则不这么认为，他认为两个剧本虽然都涉及到伦常，但他的主要目的不是在家庭方面，而是在于故事的背景，造成这种罪恶的原因。所以他认为本剧与《雷雨》“所表现的是两副完全不相同的面目”。本书被列入《大时代文艺丛书》中。

弄真成假　1945年世界书局铅印本。

杨绛著。杨绛有《一九三九年以来英国散文作品》，已著录。《弄真成假》是杨绛创作的五幕喜剧。本剧完成于1943年，剧本描述了周大璋和张燕华为追逐金钱婚姻而费尽心机，最后只得一场空的故事。杨绛在剧中刻画了周大璋这样一个可悲而又可笑的角色，在浮华的社会中，像周大璋和张燕华那样的人都幻想用捷径来摆脱贫困的处境，剧本揭露当时社会弥漫的拜金主义气息。作者笔调温婉含蓄，注重从人物的心理、言谈举止与表情上来寻找喜剧性。李健吾评价杨绛：“假如中国有喜剧，真正的风俗喜剧，从现代中国生活提炼出来的道地喜剧，我不想夸张地说，但我坚持地说，在现代中国文学里面，《弄真成假》将是第二道纪程碑。”（见孟度《关于杨绛的话》）《弄真成假》和《称心如意》是杨绛在抗战时期创作的两部重要的喜剧作品，被称为“喜剧的双璧”。

狂欢之夜　1947年世界书局铅印本。

鲁思著。鲁思（1912～1984），本名陈鹤，字九皋。江苏吴江人。戏剧家、影视评论家。著有《蓝天使》《十字街头》《影评忆旧》等。《狂欢之夜》又名《爱我今宵》，是一个五幕喜剧。鲁思的喜剧多为社会讽刺喜剧，他的喜剧表现形式上侧重于情节的夸张。这个剧本是鲁思专为华光剧艺学校的学生实习而改编的，剧本改编自俄国果戈里的《钦差大臣》。故事发生的背景是北伐前夜的江南小城。主要人物有县长余玉成、医院院长熊彝、中学校长戴如书等15人。本书前有代序，最后有附录与后记，附录中收录了赵景深、狄谟、铁流、欲仙、芷香5人对这个剧本的评价。铁流评价这个剧本：“具备了很多优点，像剧情的适合中国作风，台词的流俐俏皮，对白的尖锐有力，以及末一幕信词的灵活泼刺，在在显示了改编者的机智。”本剧1940年4月首演于璇宫剧院，得到了观众和评论家的较高评价。

精忠报国　1944年光明书局铅印本。

舒湮著。舒湮（1914～1999），原名冒效庸，一作孝容，笔名江上青。江苏如皋人。明末四大公子冒辟疆之后。现代剧作家、影评家。著有《精忠报国》《董小宛》《演剧艺术讲话》等。《精忠报国》是舒湮的代表作之一，是一个五幕话剧剧本，写南宋爱国名将岳飞之死。作者在剧本中用秦桧影射汪精卫，揭露和批判汪精卫"和平反共救国"的反动谬论。本剧1941年和1944年在以《岳飞》为名在上海两度公演，两次引起震动和骚乱，不久即被日伪查禁。中华人民共和国建立后，作者为求接近史实而修改剧本，改名为《天日昭昭》，却因增加的内容遭到"四人帮"及其追随者攻击迫害。作者在后来的《从三装〈岳飞〉所想起的》一文中写道："《岳飞》剧本先后在不同的时代，不同的社会三次遭遇'莫须有'的罪名。"本书后附《初版本后记》以及《重版赘语》。本剧在创作时，作者参考了大量的正史、杂史以及说部、戏曲等，剧中人物也有一部分来自说部或者传说。

赌徒别传 1945年世界书局铅印本。

蒋锡金著。蒋锡金(1915～2003)，曾用名有蒋镛、哲孟雄、金锡包、蒋策、蒋福俦、史曾刚等，笔名有锡金、霍亭、束胥、丰隆、长庚、蒋青嶂等。江苏宜兴人。诗人、作家。著有《黄昏星》《瘸腿的甲鱼》《横山镇》等。《赌徒别传》是蒋锡金创作的五幕剧，收录于《剧本丛刊》第五集。书前扉页有"献给艰苦地坚持着自己的工作的芳信"，书后有后记。本书是上海某剧团向作者约稿，为了赚些稿费，作者看到当时沦陷区的上海在日寇支持下赌风猖獗，便改编了俄国陀思妥耶夫斯基的小说《赌徒》，写成此剧。但后来剧团并没有采用他的剧本，作者便将稿件交给了世界书局。剧本的主角有叶安慈、祁骏佳、陶克勒、吕成德等人，故事围绕他们的关系展开。陶克勒为了证明他对叶安慈的爱而变成了赌徒，陷入赌博而不可自拔。这个剧本虽然改编自《赌徒》，但在原书的基础上还是作了很大的改动，反映了旧中国知识分子生活的一面。

风雪夜归人 1945年开明书店铅印本。

吴祖光著。吴祖光(1917～2003)，又名召石、韶。江苏武进人。著名戏剧家、书法家。著有话剧《凤凰城》《花为媒》《三打陶三春》等。《风雪夜归人》是吴祖光编的话剧，完成于1942年。本剧的名字来自唐诗"日暮苍山远，天寒白屋贫。柴门闻吠犬，风雪夜归人"的最后一句，并以此构成了整个剧本的意境。在这部剧中，男主角魏莲生的原型是吴祖光少年时代的艺人朋友刘盛莲。本剧分五幕，描写京剧名伶魏莲生与官僚宠妾玉春相爱，但玉春明白自己不过是他人掌中的玩物，告诫魏莲生不可安于眼前，应有清醒的自知。两人出逃败露，一对有情人终被拆散。20年后，在一个大风雪之夜，没来得及见到玉春，魏莲生即死于风雪之中。剧情凄婉动人，充满悲凉的诗意。剧本有序幕、尾声和三幕戏，采用倒叙式的结构，从魏莲生的死写起，倒叙他20年前的一段经历，最后又回复到他的死。1948年《风雪夜归人》由吴祖光亲自导演拍成电影，由香港大中华影业公司出品。

第十节　民间文学与儿童文学

吴歌甲集 1926年北京大学研究所国学门歌谣研究会铅印本。

顾颉刚辑。顾颉刚有《周易卦爻辞中的故事》，已著录。吴歌，是文学史上对吴地民歌民谣的总称。本书辑录苏州一带100首吴歌，分为上下两卷。上卷为儿歌，下卷为民歌。民歌包括：乡村妇女的歌、闺阁妇女的歌、农工流氓的歌、杂歌。民歌部分以表现男女爱情的歌为主。胡适在序中称这部《吴歌甲集》"是独立的吴语文学的第一部"。他认为第一卷的儿歌是最纯粹的吴语文学，而第二卷的民歌则受到了弹词唱本的影响，偏向于闺阁词的特点，乡村妇女和农工流氓这类真正的民歌太少。本书所收的歌谣，为民间口头流传之作，故于了解苏州地区民俗大有裨益。书前有胡适、沈谦士、俞平伯、钱玄同、刘复等所作之序文。卷末附录有顾颉刚《写歌杂记》《歌谣中标字的讨论》，魏建功《读歌札记》《吴歌声韵类》，钱玄同《苏州注音字母草案》。

吴歌乙集 1928年广州国立中山大学语言历史学研究所铅印本。

王翼之辑。王翼之，江苏苏州人。生平不详。《吴歌乙集》为《吴歌甲集》之续作，所记仍为吴地民间歌谣。本书依照《甲集》分类体例而来，全书上卷儿歌，共50首；下卷民歌，共62首。民歌仍以表现男女爱情为主。大致包括乡村妇女、闺阁妇女、农工流氓和杂歌4类。书前有张新伯代序，以及作者自序。作者在自序中写道：“适之先生曾嫌甲集太偏侧于闺阁妇女的歌，而于乡村妇女的歌和农人流氓的歌，似觉太少，并且希望编辑乙集时，多多采集这些材料。”所以乙集下卷，多为这方面的歌谣。对于民歌中这些男女相悦之辞，张新伯在代序中说：“这真是纯粹的民间文学，最有价值的了，所以我们要考察风俗研究民情，不能不先研究这民众情感流露得最真切而最丰富的民间文学——歌谣。”本书所收歌谣，为民间口头流传之作，对于了解吴地民俗，保存苏州民间口头文学，都具有重要的作用。

江南民间情歌集　1929年上海大光书局铅印本。

李白英辑。李白英有《学生书信指导》，已著录。作者为民间文学研究家、作家。《江南民间情歌集》收录江南民间情歌96首，充分体现了爱之自然与浪漫的主题。书前有引言，作者写道：“本来不想写什么引言，为了江南的春，为了少年男女的爱，就写这一段在卷首，还是不足以表白这歌集之内容的。”本书中所收情歌形式多样，不拘一格，少至4句，多至18句，并有小型的组诗。还有一些情歌采用问答式，连贯自然。诗歌地域特色鲜明，大量运用了吴地方言。很多情歌内容都与水相关，还有菜油香和荷花意象的频繁使用，都明显带有江南色彩。集中有不乏清新之作，如：“小小里横河一条条，河边小小里青山一字排。我牛背上清清楚楚看见山坳里，竹篱笆里就是她家格小屋两三间。”

江苏歌谣集　1933年江苏省立教育学院研究实验部铅印本。

钱佐元、林宗礼编。钱佐元(1912～?)，笔名钱小柏。江苏无锡人。著有《中国恋歌集》《民俗学与民间文学》，与林宗礼合编《吴歌己集》等。林宗礼，字敬之。近代民间文艺学者。《江苏歌谣集》收录钱佐元与林宗礼搜集的江苏61县的民间歌谣，总计3 000余首。本书以江苏旧道区作单位，分为5辑，分别为金陵区、苏常区、沪海区、淮扬区、徐海区。各区内的歌谣，按照周作人的歌谣分类法，分为生活歌、情歌、仪式歌、叙事歌、滑稽歌、儿歌、杂歌共七大类。歌词通俗易懂，真实反映了当时底层民众的社会生活。编者多用每首歌谣中最能代表全篇中心而又特别动人的句子作标题。本书第一辑前有雷宾南、钟敬文、方受楚和林宗礼的序言。

瓦釜集　1926年北新书局铅印本。

刘半农著。刘半农有《扬鞭集》，已著录。《瓦釜集》是方言民歌集，全部运用江阴方言和“四句头山歌”的声调写成的，收新诗21首。附录《手攀杨柳望情哥词》，包括诗人收集的19首民歌。书前有周作人用绍兴方言作的《序歌》，并收作者《代自叙》和周作人的《中国民歌的价值》一文。作者在《代自叙》中说：“集名叫‘瓦釜’，是因为我觉得中国的‘黄钟’实在太多了”，要把“数千年来受尽侮辱与蔑视，打在地狱里而没有呻吟的机会的瓦釜的声音，表现出一部分来”。收录的山歌，有劳动歌、女工歌、农歌、渔歌、牧歌，也有情歌等。这些山歌都具有优美的意象。作者采用民歌的形式、纯粹的方言表现下层人民的生活，运用象征、比喻、起兴、夸张与烘托等民歌常用的表现手法，形成了纯朴、自然的风格。

红花女　1931年北新书局铅印本。

李小峰编。李小峰(1897～1971)，名荣弟，字小峰，又作晓锋，笔名林兰。江苏江阴人。著有《金田鸡》《三个愿望》《文人的故事》等。《红花女》是李小峰编的民间故事集。自1924年北新书局成立之初起，李小峰(也就是“林兰女士”)就一直致力于民间传说故事的搜集与出版，从北平到上海，《民间故事》系列出版了数十册，《红花女》就收录在《民间故事第一集》中，由上海北新书局出版。本书收录了20个民间小故事，其中《一个白莲教徒》《长毛的故事》《刘罗贼及其妹》都是记述地方农民起义的。这些民间故事都有鲜明的地方特征，编者在故事的结尾会添加注释或者说明。如《红花女》，作者就注明“流传于新会”。这一系列民间故事的出版，标志着民国时期民间文学搜集整理与出版的繁荣，是我国民间故事学发展的一个高峰。

稻草人　1927年《文学研究会丛书》本。

叶圣陶著。叶圣陶有《国文教学》，已著录。本书是叶圣陶的第一本童话集。书前有郑振铎序。他在序中称赞在艺术上叶圣陶是“现在中国二三个最成功者当中的一个”。本书中收录了《小白船》《一粒种子》《画眉鸟》《玫瑰和金鱼》《花园之外》《稻草人》等 23 个小故事。其中《小白船》写于 1921 年，是叶圣陶创作的第一篇童话。从他这些童话故事里可以看出，叶圣陶早期创作的童话故事色彩绚丽，充满幻想，梦想着美满的大团圆结局，而后来渐渐直面现实，正如序中所说：“虽然他依旧想用同样的笔调写近于儿童的文字，而同时却不自禁的融化了许多‘成人的悲哀’在里面。”在《稻草人》中，作者通过稻草人的视角，讲述了一个个令人心酸的故事，描写了劳动人民的苦难，刻画了稻草人的善良与纯真。《稻草人》是叶圣陶童话中最有影响的作品，也是中国现代儿童文学的开山之作。

四三集 1945 年良友图书印刷公司铅印本。

叶圣陶著。本书是叶圣陶的短篇小说和童话合集，被列入《良友文学丛书》中。本书收录了《一个练习生》《一个小浪花》《多收了三五斗》等 20 篇小说和童话。书前有 1936 年自序，作者写道：“这本集子是四十三岁这一年出版的，就叫它《四三集》吧。”关于本书的篇目编排，作者尽量按照“以类相从”的方法，把有关联的篇目编排在一起。本书中收录的小说和童话大多是作者近一年来的作品，只有《冥世别》是八九年前的稿子。作品展现了一幅幅动荡破败的社会画面，作者以现实主义的创作方式，反映社会现实，为民众呐喊。其中《多收了三五斗》是一篇优秀的现实主义佳作，描写农村丰收成灾，是极有影响力的名篇，曾选入中国现代小说集《草鞋脚》。

第十一节　文学作品翻译

神曲 1939 年上海商务印书馆铅印本。

（意）但丁著，王维克译。王维克（1900～1952），原名兆祥、王和，笔名王维克。江苏金坛人。翻译家。译有《沙恭达罗》《云使》《屠格涅夫散文诗集》等。《神曲》是意大利作家但丁的代表作，分为《地狱》《净界》和《天堂》三部曲。《神曲》是一部长篇史诗，故事采取中古梦幻文学的形式，诗中叙述了作者本人在地狱、净界和天堂三个地方的见闻。本书仅翻译了《地狱》部分，前后耗费一年时间。书前有王氏所著《但丁及其神曲》一文，详细介绍了但丁的生平及其著作，《神曲》的总体概况，以及对《地狱》《净界》《天堂》的分析。书前有译序。本书是作者根据意大利原著，并参照了法、英等其他文字的译本翻译的，附有比较详细的注释。全文题材采用散文体。王维克后于 1939 年至 1948 年翻完整本《神曲》，由商务印书馆出版。这是中国最早的完整的《神曲》译本，也是流行最广的译本。

康特波雷故事 1946 年云海出版社铅印本。

（英）乔叟著，方重译。方重有《英国诗文研究集》，已著录。《康特波雷故事》又名《坎特伯雷故事》，本书为英国诗人杰弗里·乔叟所著，他是英国文艺复兴初期最卓越的代表作家，是英国诗歌之父。“乔叟”是作者取音译加意译，“叟”字象征为英国文学始祖之意。本书的翻译始于 30 年代，当时方重任教于武汉大学，结合教学出版了《英国诗文研究集》，但此时中国尚未有乔叟的作品，作者遂发愿翻译。卷首有译者代序《乔叟和他的康特波雷故事》。本书中方重选译原著中的 6 篇诗体故事，包括《巴斯妇的自述》《林边老妪》《童子的歌声》《意大利故事》《三个恶汉寻找死亡》《腔得克立》。全书采用散文翻译，侧重表达作品的叙事内容。在本书的基础上，作者于 1955 年在新文艺出版社又出版《坎特伯雷故事集》，并于 1962 年出版了《乔叟文集》。

馨儿就学记 1910 年上海商务印书馆铅印本。

（意）亚米契斯著，包天笑译著。包天笑有《上海春秋》，已著录。《馨儿就学记》是以教育为题材的儿童小说，翻译自意大利著名作家亚米契斯的《爱的教育》。小说起先连载于清宣统元年（1909）的《教育杂志》上，宣统二年由商务印书馆出版单行本。但《馨儿就学记》并非直接翻译自意大利语的原小说，而是转译自日译本。包天笑在翻译时对原小说作了精心的改动，选译了原书 100 则故事中活泼有趣且富含教育意义的 46 则故事，对其内容进行修改，使其符合中国特色。全文采用日记体写作，描写小主人公馨儿在校一年的生活点滴。本书出版后风靡全国，拥有大量儿童读者，影响深远。

大地 1934 年中学生书局铅印本。

（美）赛珍珠著，马仲殊编译。马仲殊（1900～

1958)，曾用名马广才，笔名马二先生、老秀等。江苏灌云人。作家、翻译家。著有《太平洋的暖流》《一个中学生日记》《文学概论》等，译有《大地》《儿子们》等。《大地》是美国赛珍珠的代表作，马仲殊编译，编入《通俗本世界名著丛刊》中。《大地》是赛珍珠长篇三部曲《大地上的房子》的第一部，1931年获得普利泽文学奖，出版后在美国引起轰动。《大地》讲述了中国农民王龙为土地奋斗一生的故事。本书前有序，评价其为"纯以描写中国农村的封建性，农人的固执的心理，土地占有欲的强盛，和屈服在封建势力底下的农妇的典型，这在缺乏描述农村作品的文坛，尤其出乎异邦人的手笔，是格外值得宝贵的创作"。《大地》在中国有很多翻译本，如伍蠡甫、张万里、胡仲持等，都为其翻译过。本书是节译本，把原本中繁杂的部分删去后，编成结构比较紧凑的故事，序中评价为"较别的译本更为有趣，文辞老练流畅，会使读者辨不出是翻译"。

黑水手　1936年商务印书馆铅印本。

(英)康拉德著，袁家骅译。袁家骅(1903～1980)，字嘉华。江苏常熟人。语言学家、翻译家。著有《汉语方言概要》《峨山窝尼语初探》《阿细民歌及其语言》，译有《语言论》《吉姆爷》等。《黑水手》全名《娜仙瑟使号底黑水手》，如今一般译为《"水仙号"上的黑水手》。这是康拉德的第一部"英国"小说，描述的是"水仙号"帆船从孟买到伦敦的回归之旅。书前有译者序、给读者、原序，书后有附录《书中人名英汉对照》《注释》以及《康拉德著作目录提要》。其序言是参考了12种关于康拉德的著作而写出来的，文中摘录了各家对于康拉德本人及其创作的评价。序中称这个故事是一个悲剧，是"一篇单纯而又丰富的散文小说，热烈浓艳却好像一首长抒情诗，迂曲紧张又好像一出戏剧"。小说的主题是"许多淳朴的水手对于'死'的感情挣扎"。作者1933年开始翻译本书，一直到1935年才完成。作者在翻译中把水手俗语、造船工程、气象与航海知识等，都经过考据后作了注释。

阿托莫诺夫一家　1946年文化生活出版社铅印本。

(苏)高尔基著，汝龙译。汝龙(1916～1991)，江苏苏州人。翻译家。另译有《人间》《复活》《总督大人》等。《阿托莫诺夫一家》又名《阿尔达莫诺夫一家的事业》，是高尔基的长篇小说，也是汝龙翻译的第一部著作。高尔基是前苏联著名无产阶级作家，社会主义现实主义文学奠基人。小说以旧俄罗斯的德廖莫夫城为背景，描写了工厂主阿尔达莫诺夫家三代人的命运，从而折射出俄国19世纪后半期半个多世纪的历史进程。本书是汝龙从英文转译的，文中有注释，对于故事背景、专有名词、典故等进行解释。本书翻译完成后，通过巴金在上海文化生活出版社出版，自此汝龙走上了翻译的道路。因为喜爱契诃夫的小说，他便把精力全部投入契诃夫短篇小说的翻译上，出版了《契诃夫小说选集》，被公认为契诃夫小说的翻译专家。

荒野的呼唤　1948年骆驼书店铅印本。

(美)杰克·伦敦著，蒋天佐译。蒋天佐(1913～1987)，原名刘秀眉、刘健，笔名史笃、贺依。江苏靖江人。文学评论家、翻译家。著有《低眉集》《海沫文谈》，译有《雪虎》《奥列佛尔》《荒野的呼唤》等。《荒野的呼唤》又译作《野性的呼唤》，是美国作家杰克·伦敦的中篇小说。杰克·伦敦是美国20世纪著名现实主义作家。小说以美国北部冰天雪地原始荒野为背景，描写了一只叫布克的狗经历了种种惊心动魄的遭遇后，终于野性复苏，加入了狼群。对于书名的翻译，日译者把书名译为《野性的呼声》，但蒋氏认为不然，他认为布克所听到的虽然是野狼的咆哮，但实质却是"荒野的呼唤"，他在1981年版的重校后记中写道："正是那个北国的荒野……在向他发出召唤。如若换成野性，又怎能体会和表达这一十分丰富的文学内容呢。"所以作者旨在从小说主人公布克与大自然的关系中寻找翻译的根据，尽可能的传达原作的内涵。本书是蒋天佐为配合当时的抗战斗争而翻译的作品，语言庄重、严肃，偏重于直译。

哥萨克　1949年开明书店铅印本。

(俄)托尔斯泰著，吴岩译。吴岩(1918～2010)，原名孙家晋，笔名蓝烟、高岑等。江苏昆山人。翻译家。著有《株守》《风云侧记》《落日秋风》，译有《克雷洛夫寓言》《园丁集》《流萤集》等。《哥萨克》是俄罗斯作家列夫·托尔斯泰根据自己的恋爱故事写成的小说，也是吴岩翻译的第一部著作。抗日战争时期，上海沦陷，吴岩蛰居于苏州角直镇，躲避战乱，闲来无事，就翻译起此书。由于作者不懂俄文，翻译是依据英文牛津版《哥萨克及其他高加索故事》转译的，到抗战胜利后，作者又买到了英文增订本《军中生活的故事》，于是认真修改原稿，还请好友校读，最后请吕叔湘通校一遍，才交由出版社出版。本书前有作者小引，大致对托尔斯泰的经历和创作过程作了介绍，同时也介绍了自己翻译的过程。小引后有主要人物表。

欧美名家短篇小说丛刻　1917 年中华书局铅印本。

周瘦鹃译。周瘦鹃有《新秋海棠》，已著录。本书为周瘦鹃 22 岁时为筹措结婚费用而编译的，他把前几年译成的西方各国名家短篇小说汇集起来，又补充了一些，最后完成 14 个国家的 50 篇作品，定名为《欧美名家短篇小说丛刻》，交中华书局出版。本书共 3 卷。上卷收英国小说 18 篇，中卷收法、美小说 17 篇，下卷收俄、德、意、匈、西班牙、瑞士、丹麦、瑞典等国小说 15 篇。鲁迅在当时的《教育公报》上发表了对本书的评语，称赞道："其中意、西、瑞典、荷兰、塞尔维亚，在中国皆属创见，所选亦多佳作。又每一篇署著者名氏，并附小像略传，用心颇为恳挚，不仅志在娱悦俗人之耳目，足为近来译事之光。"又云："得此一书，俾读者知所谓哀情惨情之外，尚有更纯洁之作，则固亦昏夜之微光，鸡群之鸣鹤矣。"本书前有包天笑、天虚我生、王钝根 3 人序。本书为《怀兰室丛书》之一。

茶花女　1926 年北新书局铅印本。

（法）小仲马著，刘半农译。刘半农有《四声实验录》，已著录。《茶花女》是法国著名小说家、戏剧家亚历山大・小仲马的代表作。故事讲述了巴黎名妓玛格丽特与青年阿尔芒的真挚爱情。《茶花女》是第一本流传到我国的外国小说，由著名的翻译家林纾用文言译就，在当时流传甚广。之后才有了刘半农翻译的话剧版《茶花女》。本书前有刘半农《译者的序》，以及《序外语》。刘氏翻译《茶花女》偏重于意译，他在《序外语》中认为："绝对的直译和意译都是不可能，斟酌语其间而略有所偏，则亦庶乎其无大过矣。"又说"译剧本与译小说不同"，要循着"顺口顺耳"的标准来做翻译，但因为"中法两种语言的语句的构造，和语词的含义，实在相差的太远，无论如何不能强彼以就此"，所以很难做到两者兼顾。在当时的《茶花女》话剧版译本中，刘半农的译本是最著名的。

易卜生集　1931 年上海商务印书馆铅印本。

（挪）易卜生著，潘家洵译。潘家洵（1896～1989），字介泉。江苏吴县人。文学翻译家。译有《易卜生戏剧集》《萧伯纳戏剧选》《温德米尔夫人的扇子》等。《易卜生集》是挪威易卜生的戏剧集，由潘家洵译，胡适校对。亨利克・易卜生是 19 世纪前后期挪威乃至欧洲最卓越的现实主义戏剧家。本书收录《娜拉》《群鬼》《国民公敌》《少年党》《大匠》5 个剧本。其中《娜拉》，今译名《玩偶之家》，是其最具代表的剧作。该剧描写主人公娜拉从爱护丈夫、信赖丈夫到与丈夫决裂，最后离家出走，摆脱玩偶地位自我觉醒的过程。潘家洵在其所撰的《易卜生传》中称："《娜拉》这本戏不但思想高超，情境逼真，并且写生、结构都好，把向来小说剧本的大团圆主义完全打破。"《群鬼》是《娜拉》的续作，而《国民公敌》是一出具有批判意义的社会问题剧。书末附胡适的《易卜生主义》一文，他在文中大量介绍了易卜生的社会问题剧，并给予易卜生以很高的评价。

樱桃园　1944 年文化生活出版社铅印本。

（俄）契诃夫著，满涛译。满涛（1916～1978），原名张万杰，曾用名张逸侯，笔名方晓白、万殊等。江苏吴县人。翻译家、评论家。译有《别林斯基选集》《果戈理小说戏剧选》《文学的战斗传统》等。《樱桃园》是俄罗斯作家契诃夫创作的四幕喜剧，是其最有代表性的剧作，也是他创作的高峰。契诃夫是俄罗斯 19 世纪末最伟大的批判现实主义作家之一。本剧通过一片樱桃园的易主，既表现了当时俄国社会的阶级地位变动，也展示了作者对于美好生活的向往。满涛有深厚的国学功底，并精通英、俄、法几种外语，由于他生长于北京，所以他的译文语言是纯正的北京话，很少出现读者不懂的方言。他的译文准确生动，文字朴实无华。本书虽是满涛从英译本转译的，但仍旧可看出他对契诃夫戏剧的风格及其深刻的现实主义意蕴的深刻理解。本书被列入《契诃夫喜剧选集》中。

普希金文集　1947年时代出版社铅印本。

（俄）亚历山大·谢尔盖耶维奇·普希金著，戈宝权译。戈宝权（1913～2000），笔名宝权、葆荃、北辰、苏牧等。江苏东台人。外国文学研究家，翻译家。著有《苏联文学讲话》，译有《不是战争的战争》《六月在顿河》《谢甫琴科诗选》等。《普希金文集》是戈宝权于1947年为纪念普希金110周年而编辑出版的。文集内含抒情诗40首，叙事长诗1首，故事诗2首，戏剧作品8部，小说8篇，并附有俄国作家果戈理、屠格涅夫等人以及中国著名作家对普希金的评论。本书作品全部是从俄文直接翻译过来的，译文优美感人。文集还附有普希金传略、著作年表及其作品在中国流传的情况等。《普希金文集》是中国第一部全面介绍了普希金的著作，主编是时代出版社的社长苏联人罗果夫，责任编辑是戈宝权，文集中的抒情诗全部由戈宝权翻译。

浪子回家集　1947年文化生活出版社铅印本。

（法）安特列·纪德著，卞之琳译。卞之琳有《鱼目集》，已著录。《浪子回家集》是法国作家安特列·纪德的作品集。收录《纳蕤思解说》《恋爱试验》《爱尔·阿虔》《菲洛克但德》《白莎佩》《浪子回家》6篇文章。其中前两篇为美文，第三篇及最后一篇为散文诗体的小说，第四、五篇为戏剧与自由体诗剧。本书原名《浪子回家》，收入巴金主编的《文化生活丛刊》，初版于1936年。1941年重印时，改名为《浪子回家集》，纳入《西窗小书》中。书前有译者序，卞之琳在序中对6篇作品进行了简要的分析，认为“这六篇文字，像散文诗，像小说，像戏剧”，又“不管缤纷的外观，这些文字的重点是在思想或观念”，并评价道：“纪德的风格向来是极富于圣经体的两重美处，灵性的热烈与感官的富丽。……可是我们在这里也看得出演变。”他肯定了纪德在文学艺术上的探索，也关注到其在艺术风格上的转变。卞之琳对纪德作品的翻译，对纪德创作思想和特色的探讨，在当时都是起推动作用的。

第十三章 艺 术

第一节 绘画

中国绘画上的六法论 1931 年中华书局铅印本。

刘海粟著。刘海粟(1896～1994),原名槃,字秀芳。江苏常州人。擅中国画、油画、书法、诗词等。著有《画学真诠》《黄山谈艺录》《刘海粟名画集》等。《中国绘画上的六法论》是中国绘画美学的重要著作。书中的六法依次指“气韵生动”“骨法用笔”“应物象形”“随类赋彩”“经营位置”“传移模写”。书前有刘海粟序言,云:“因念欧洲人士所感兴味之六法论,亦即中国绘画上之根本问题;爰将平昔劄记,汇成是稿。”又云:“客中所携书籍,只《王氏画苑》、秦氏《画学心印》二种,遗珠之憾,所不免也。”本书概括介绍了我国历代有关六法的理论,分为 4 章,分别为:谢赫以前的画论、谢赫的六法论、谢赫以后的六法论以及气韵生动说的分歧与辩护。本书以南齐谢赫在《古画品录》中所提出的六法论为中心,从其渊源以及发展进行论述,表达了作者对六法论的创立及其精神的见解。

鹤巢人物画稿三千法 1929 年碧梧山庄石印本。

王鹤编绘。王鹤(1877～1963),字云轩,号鹤巢。江苏无锡人。工人物,善佛像,兼长山水及花鸟。著有《鹤巢画集》《云轩画谱》等。《鹤巢人物画稿三千法》是教授人物画法的参考书。本书分 6 卷,分别对人物画的用笔、用墨、设色、步骤、明暗透视、布局、比例重心等,以图画形式作了详细的讲解。最后还附有西洋画之一斑。全书共有 3214 法,配图均为王鹤所绘画稿,人物形态各异,栩栩如生。王鹤弁言云:“此虽课徒时之底稿,乃数十年心得之作。映临默化之步骤除及门者外,初未尝与人所研究,焉敢贡诸于世。”又云:“其中图画详明,鹤个人所知之法咸备,循其门径而习之,则六法步骤,自能造乎堂奥。”王念慈对此书极其推崇,在其序中云:“云轩先生精于缋事,得其先人绪余,人物尤擅专长,因本其平生学力与经验,创为《人物画稿三千法》。书分六卷,包罗今古,沟通中西,不传之秘,尽量宣洩。”本书由碧梧山庄以石板红蓝墨三色印行。

画学真诠 1919 年商务印书馆铅印本。

刘海粟著。《画学真诠》是刘海粟为了传播西洋绘画的方法,普及美术教育而编写的教材。本书第一集为铅笔画写生。以英国美术家蒋麦克威斯托之《写生新说》为原本,而兼采日本近代画家森田恒友之《铅画讲义》。全书分为总论、材料与使用、线与浓淡之关系、写生概念、景物写生、风景写生、描写与实例、速写法、动物写生、人物写生、色铅笔画共 11 章。书前有张玄田、桂绍烈所撰序及其自序。自序云:“画科之教授,必先以写生为本。盖临画为妨害自动的,其流弊已为世界所公认。故教授画法,对于材料之应用、时间之分配、练习之次第、理论之商榷,均须与学者描写能力之程度相应、学理解释之次序适合。”

艺用解剖学 1930年商务印书馆铅印本。

姜丹书编。姜丹书(1885～1962),字敬庐,号赤石道人。江苏溧阳人。擅作写意山水、花卉,尤长蔬果,亦作西画。著有《敬庐画集》《美术史》《透视学》等。艺用解剖学也叫解剖形态学,是研究人体或者动物骨骼和肌肉的组织、位置、比例以及动作的机械作用等。本书为姜丹书早年在杭州国立艺专教授美术技法理论课时编写的教材,这是当时国内最早的艺用解剖学教材。作者在绪论中写道:"《艺用解剖学》——艺术解剖学是也。是以艺用解剖学,为造形艺术上最重要之基础的科学,早为一般艺术家教育家所公认。世界文明各国,凡属高等艺术学校,当然设有此科,而我国至今,始开其新纪元。"本书分为绪论、骨骼概论、骨骼各论、筋肉——肌肉概论、筋肉各论、表情论、容貌论、权衡论,共8章,每章下分数个小节。艺用解剖学在美术上的应用,有助于正确表现美术作品的外形动作和表情变化,是美术学校基础理论课程之一。

西洋画法纲要 1941年中华书局铅印本。

王济远、倪贻德编。王济远(1893～1975),江苏武进人。现代画家。擅长中西绘画,尤以水彩画见称。著有《王济远画集》《水彩画临本》等。倪贻德(1895～1970),笔名尼特,浙江杭州人。曾就任于上海美术专科学校。《西洋画法纲要》是关于西洋美术中素描、水彩画、油画等的技法介绍。卷首附有王济远水彩画作品2幅、素描1幅,倪贻德油画2幅。本书分为素描、水彩画、油画三个部分。其中素描篇主要介绍素描的意义、技巧,水彩画篇则为水彩画的种类、材料用具、画法,油画则介绍了油画的用具、构图、风景、人物等,最后还有绘画的完成及保存。例如素描中的木炭画,书中写道:"在外国,木炭画的石膏写生,是研究洋画所必经的阶段。"后面又解释了为什么要学习木炭画的石膏写生等,可见这是一本通俗易懂的西洋画教学书。

鹤庐画赘二卷附鹤庐题画录二卷 1941年刻本。

顾麟士著。顾麟士(1865～1930),字谔一,号鹤逸,别署鹤庐、筠邻、西津、西津渔父,因排行第六,亦署顾六。江苏苏州人。近代著名书画家、鉴赏家。著有《顾鹤逸山水册》《鹤庐题画录》《鹤庐画赘》等。《鹤庐画赘》分为上下二卷,是顾麟士的书画论著。书前有杨无恙序,云:"先生墨妙久为海内外宗仰。题识笔致清逸,足与东园鹿床伯仲。论画精微,尤足启发后学,为世津梁。诗亦幽隽如元人。此刻一出,裨益艺苑。"顾麟士精于鉴赏,论画独具见解,被张大千誉为"当代鉴画第一"。顾麟士对宋元明清画风具有精辟独到的见解,如其在文中写道:"明初之画,犹有宋元遗意,气息远胜。国朝特非庸俗所知耳。"又云:"宋画以骨胜,元画以韵胜。骨胜则意随笔尽略无腾闪,此非学力深至者不能钻仰也。韵胜则笔外有笔墨外有墨,虽魄力不逮宋人,而风神独绝,令人有玩索不尽之妙,殆吾师乎。"本书不仅是其绘画观点的集结,更是以画论的形式来阐释其对绘画作品的理解。附有《鹤庐题画录》,亦分上下二卷。

霜厓读画录 1935年铅印本。

吴梅著。吴梅有《词学通论》,已著录。《霜厓读画录》是吴梅1932年避难上海,为富商王伯元所藏书画而作的题画诗词。所咏画作大多为传世珍品,共23题57首。题下大都有小序,继以古近体诗或长短句。正文前有其自序云:"壬申之春,避寇居申,慈溪王君伯元招吾课其二子,因得尽读一贯轩所藏,上自宋元,下及近代,翻帑有得,即书卷尾。辞不求工,而一时刻烛题笺,亦有足录者,盖忘乎此身在流离烽火中也。"本书所收诗词,显示了吴梅多才多艺、精于书画鉴赏的特点。其弟子王季思评价道:"不仅考证宋元以迄清道咸间诸名家生平、踪迹、师友渊源,亦见先生的文笔诗才与胸襟气宇。"本书后被收入《乙亥丛编》中。

西洋美术史 1925年商务印书馆铅印本。

吕澂著。吕澂有《美学概论》,已著录。本书为作者在上海美术学校及上海专科师范学校讲授美术史时的参考书。书前有《述例》,云:"是篇叙述不务繁博,意在提举大纲,俾读者易于领会西方美术历世发展之途径,以为深加研求之准备。"本书以时间为线索,梳理了西方美术发展的脉络,阐述了原始美术,古希腊、罗马、威尼斯的美术,重点介绍了文艺复兴时期的欧洲美术情况,最后介绍16世纪至20世纪的各国美术发展。在书前导言《美术史之对象》中,作者写道:"美术史研究之对象,惟与时俱进之美术的价值。而美术史之实质，即为美术的价值发展之历史。”本书共 26 章，是我国的第一部《西洋美术史》。

曝画纪余 1920 年梁溪秦氏铅印本。

秦潜编。秦潜，字声洁，号弋厂。江苏无锡人。约光绪间生，民国间卒，年约 60 余。性好鉴藏书画，能继其先人之学，善画山水。著有《弋厂画存》《烟云奇趣》。《曝画纪余》12 卷，4 册，著录其曾祖秦炳文所藏之画及遗墨。炳文工画山水，家藏画多精品，且善鉴赏。本书仿戴熙《习苦斋画絮》之体例，按画之装潢形式分为六类：卷、册、直幅、横幅、扇画、杂件。每类 2 卷，分为名贤手迹、谊亭公(即秦炳文)遗墨两编。本书前有秦瑞玠、朱惟杰两序及其自序、诸家题词。其自序云：“深惧累累湘楮，弃置高阁，日久蠹蚀。且前贤孤本，万一不克保存，更为可虑。乃瞿然以兴从事，厘辑于展曝之暇，摘录诸名人暨先曾祖题跋，累为一编，命之曰《曝书纪余》。”所录名贤手迹数百件，大多为明清名家之迹，著录简明扼要，大抵包括开本大小、题字、题跋、印章、内容等方面，颇具参考价值。秦炳文遗墨，则多录其题画之作。

麓云楼书画纪略 1922 年石印本。

汪士元撰。汪士元，字向叔。江苏盱眙人。清光绪三十年(1904)进士。家富藏书，能鉴赏书画，亦能书善画。著有《麓云楼书画纪略》。《麓云楼书画纪略》著录汪士元家藏宋元明清名人书画，共一百数十件，以画居多，以作者时代编次。书前有 1922 年汪士元自序，谓：“今者杜门闲静，因取所藏诠次成帙。顾暑热殊甚，未能致详，略述梗概，聊以志古缘之萃合，并以视夫世之同好者。”是编所录始自宋代而迄于清代，多为名家作品，宋元真迹 10 余帧，明代画家 40 余人，清代仅 20 余人。所藏画作皆著录其纸绢、尺度、装潢、题识、印章、收藏经过等，并考以旧时著录。如其记录第一幅即宋徽宗《晴麓横云图轴》载：“纸本。水墨兼淡设色。长四尺七寸余，阔一尺九寸余。”又载其见《清河书画舫》云云。顾廷龙撰有题跋，云：“此盱眙汪向叔先生士元所藏书画之目，闻今已散尽，多入于庐江刘氏善斋矣。”

过云楼续书画记 稿本，苏州图书馆藏。

顾麟士著。顾麟士有《鹤庐画赘》，已著录。《过云楼续书画记》6 卷，书中所记书画，皆过云楼所藏精品。顾麟士乃清末著名书画收藏家顾文彬之孙，家有“过云楼”，收藏之富，甲于吴下。本书乃续其祖顾文彬之《过云楼画记》，补录了家藏书画 114 件。顾麟士在自叙中说：“唐宋元明真迹入吾过云楼者，如千里马之集于燕市。”例如王羲之、吴道子、范仲淹、苏东坡、米芾、唐伯虎、祝枝山、文徵明、八大山人、石涛等名家真迹均收藏其中。本书前 2 卷为书类，皆宋元明名迹。画类 4 卷，体例仍仿前记。书中部分题记，能总结书画艺术规律，并不仅为描摹而已。全书数说家珍，内容广博，不仅旁及诗词、戏曲、金石、历史、佛道等，还提供众多有关书法、绘画、文学、史学等方面的研究资料。

明清画苑尺牍 1942 年有正书局珂罗版影印本。

潘承厚辑。潘承厚(1904～1943)，字温甫，号少卿、博山、蘧庵。江苏吴县(今苏州)人。与潘承弼均以藏书知名。著有《蘧盦遗墨》，辑有《明清藏书家尺牍》《明清画苑尺牍》。《明清画苑尺牍》为潘承厚收藏尺牍之一，收集 246 位画家的书札、诗文稿，编次目录，附录小传。潘承弼《明清画苑尺牍跋》云：“先兄自由喜集明贤手翰，于家藏先世遗札，装褫标识，卷帖精好，盖童龄已具夙契……尝谓前人摹刻，殊失真传，而趋舍僻，尤失阐幽之道，爰是有志传布。”1942 年潘承厚先编成《明清藏书家尺牍》，并影印出版，收录藏书家 148 人，继而又编辑了本书。本书除了画家外，还收录了大量书法家、篆刻家以及文人的手札。这些人物中，其中不乏书画双兼的艺术家。如明代的沈周、祝允明、文徵明、唐寅、董其昌等，清代的吴山涛、恽寿平、赵之谦、吴昌硕等。本书几乎包罗了明清两代重要画家和书家的手迹，比较完整地展示出明清书坛画苑的风貌。

海陵谭家书画舫 1926 年华商书局影印本。

谭组云、谭少云、谭小云绘。谭组云(1876～1949)，名德钟，号高谭，法名德备，晚号海陵老人。江苏海安人。著有《海香诗钞》《海陵书画集》等。谭少云(1901～1988)，原名志仁，笔名凤凰山人，号妙微居士。江苏海安人。组云子。吴昌硕弟子，攻书画、篆刻，尤工画梅、佛像。编有《吴王谭三家墨妙》《艺海书画谱》《十家书画集》等。谭小云，少云弟。工画，风格近吴昌硕。三人在书画界有“三谭”之称。本书由韩国钧题写书名，扉页有王震题“珠玑在握”四字，收录谭组云书法 5 幅，松石画 1 幅，谭少云画作 3 幅，谭小云画作 3 幅，韩佩芬画作 1 幅。韩氏即谭小云妻。画作旁均有各家题识。吴昌硕在谭少云画作旁题：“师吾不俗，亦云难能”，对谭少云极为推崇。

中国现代名画汇刊 1935 年中国画会影印本。

贺天健等编。贺天健（1891～1977），原名贺骏，字健叟，别署纫香居士。江苏无锡人。善书画。曾主编《画学月刊》《国画学刊》。著有《贺天健画册》。《中国现代名画汇刊》收录当时以中国画会会员为主的名家作品 120 幅。中国画会，乃 1931 年由叶恭绰、黄宾虹、陆丹林发起成立，是当时上海最有影响力的中国画团体。本书前有许修直、王一亭、王祺、黄宾虹、陆丹林 5 人序，并有贺天健所撰楔言。贺天健云：“天健受本会付托之命，编印《中国现代名画汇刊》，原分甲乙丙三编，每编以六拾人为限。”然而征集不到一个月，应征作品已经超过 120 人，于是编者遂将甲乙二编合订为一本。黄宾虹序云：“兹则会比耆英，集成甄选，人各一艺，技有专长。由山水人物，至于花鸟杂画，无不兼该。廊庙山林，富贵野逸，俱臻雅称。千里一室，异曲同工。即此泥雪消融，蓬飘萍合，其豪情胜概，轶尘远俗，已可想见。”本书收录的画家著名的有齐白石、吴湖帆、张大千、潘天授（寿）、徐悲鸿、陆小曼、何香凝等。

莲瑞老人画册 1930 年中华书局珂罗版影印本。

恽元复绘。恽元复（1844～1911），字伯初，号祖南。别署醉墨翁，晚号莲瑞老人。江苏常州人。《莲瑞老人画册》分上中下 3 册，收录其画作 60 幅。恽元复乃恽寿平六世孙，此 60 幅为其仅存画作。恽氏病中谕儿：“此余半生心血所寄，虽在患难必保存无失也。”其子惨淡经营，最终由中华书局出版。画册前有章炳麟题写“莲瑞老人画册”6 字。又有郑午昌序，云：“此册画共六十页，系先生晚年得意之作，举凡花卉、翎毛、草虫、蔬果以及松竹、梅石，诸体毕具，众妙并发，询足振恽氏之家风，惠艺林于无既者也。”恽元复性好丹青，专攻南田。观其画册，所绘鸟虫灵动活泼，花卉笔法清婉，楚楚有致，深得南田笔意。

陆廉夫山水人物花鸟鱼虫册 1932 年上海碧梧桐山庄珂罗版影印本。

陆恢绘。陆恢（1851～1920），原名友恢。号廉夫，又号狷庵、狷叟、廉道人。别署破佛庵主人、话雨楼主人等。江苏吴江人。擅花鸟、山水、人物画。绘有《陆廉夫山水八景》《陆廉夫冷香居记事图册》《陆廉夫先生编年画册》等。《陆廉夫山水人物花鸟鱼虫册》又名《陆廉夫画册真迹》。全册共收 12 幅画，每幅画旁均有题字。扉页有吴昌硕题签，题曰“丑奴阁画册”。此册为陆恢五十后所作，气韵高超，华致秀逸，人物、山水、花卉、飞禽、走兽、鱼虫，一应俱全。其山水师法陶诒孙，花卉早年师刘德六，后学恽寿平。黄宾虹在《近代数十年画者评》一文中提到：“沪上萍花社画中九友，以吴江陆廉夫得名最早，山水专宗四王，渲染尤能逼肖。”

倪墨耕人物画册 1930 年苏州振新书社影印本。

倪田绘。倪田（1855～1919），初名宝田，字墨耕，号墨道人、墨翁。江苏扬州人。《倪墨耕人物画册》收录倪田画作 12 幅。扉页有吴湖帆题字“倪墨耕人物”。其画作用笔简练，设色淡雅，随意挥洒。尤善画马及走兽，能随手挥洒，不用朽笔起稿。其所绘人物，线条流畅，造形传神，意境高远。画册中各色人物，有老农、有诗人、有仕女、有儿童，或骑马狂奔，或月夜忘怀，或赤壁泛舟，或竹林小憩，均栩栩如生，跃然纸上。画册第一幅画“关山月夜”，即为一人骑马奔跑于草原之上，颇有一种孤寂之感。其画深得任伯年之精髓，无论山水树石，还是人物神态，都体现出任派绘画的特点，用笔灵动，线条活泼，色彩淡雅，构思巧妙，布局合理。

半聋居士画集 1931 年慎修书社影印本。

颜元绘。颜元（1859～1934），字纯生，又字润生。晚年号半聋居士，又号觉迟老人。江苏苏州人。善画山水、人物、花鸟。《半聋居士画集》收录颜元所绘佛像28幅。颜元为任伯年入室弟子，与当时吴昌硕、陆廉夫、顾西津等并驾齐驱，享有盛名。画册前有顾西津题识，王德森撰《半聋居士生传》。颜元善画人物佛像，所绘画风古朴，形象毕肖。画册中佛像神态各异，有立像、坐像、卧像，画中有山水、树木、花卉、蝙蝠、仙鹤等，布局合理，意境深远。顾西津序云："兹应巴黎友人之请，写罗汉一册先以示余，观其丰颐蹙额，深目大鼻，巨颡槁项，庄严法相，古野清奇，殆得吴生秘奥者。视禅月大师梦传十六尊者像有过之矣。"

觚庐画萃 1921年影印本。

吴观岱绘。吴观岱（1862～1929），初名宗泰，字观岱，以字行。一字念康，号啸岳、清翁、观道人、洁翁等，晚号江南布衣。江苏无锡人。绘有《吴观岱南湖诗意画册》等。《觚庐画萃》萃集吴观岱之佳作80幅。吴氏绘画工于花卉，兼擅山水、人物，初师潘锦，继学华岩、恽寿平，得其秀雅之气。画册前有侯毅、周濂、张祖翼、裴景福、吴敬恒、廉泉等人题词，张祖翼所撰吴氏小传。画集中山水、花卉、人物俱有展现。周濂题词云："吾邑吴观岱先生精研六法，卓然为近代大家，山水兼二石，其苍郁沉雄之处颇有过之。人物远仿龙眠，近窥秋岳，不落恒蹊。间为花鸟，亦超逸有致。"其绘画作品中的花卉得恽寿平、华岩两家秀雅名隽之气，山水作品意境开阔，苍健浑朴，人物画潇洒生动。可见吴观岱山水、人物、花鸟之全能，也展现了他"以天地为师"的绘画宗旨。

梁公约画册 1927年商务印书馆影印本。

梁菼绘。梁菼（1865～1927），字公约，又字慕韩，号饮真。江苏扬州人。工诗词，善画花鸟，画芍药最著名。著有《端虚堂稿》《慕韩遗稿》。《梁公约画册》收录梁菼画作27幅。本画册除一幅观音像，一幅佛祖像外，其余均为花卉，还有数幅松树。其中花卉种类繁多，有芍药、菊花、兰花、梅花、向日葵等。梁菼平生工诗擅画，尤以善画芍药著名。郑逸梅曾言："扬州梁公约善画芍药，有梁芍药之称。"郑氏又在《艺林散叶续》中提到："马万里深佩梁公约画艺，师事之若干年，得公约画数十帧，尤以为其妻眉倩所绘之花卉，寥寥数笔，妙到毫颠，为之珍藏不释。"其所画芍药、菊花，超凡脱俗，神韵天然。画册中所绘芍药比牡丹更绰约，皆为妙品。所绘菊花，构图极具匠心，设色清雅，用笔流畅。画册前有李宣龚所撰题词，云："笔底花枝老更妍，后生终觉畏前贤。能知白下梁公约，认取钟山雪满巅。"

顾鹤逸中年山水精品 1929年天绘阁影印本。

顾麟士绘。顾麟士有《鹤庐画赘》，已著录。《顾鹤逸中年山水精品》收录顾鹤逸画作12幅，乃其中年所绘仿古之作。每幅画作上均有作者题词，如第一幅云："行春桥下时来往，妙境天成足我娱。浓抹淡妆无不可，石湖端不让西湖。"后题"鹤逸仿恽之作"，知此画为石湖春景，乃仿恽寿平而成。顾鹤逸所作山水多逸气，自成高格。初学"四王"，后追宗元明诸大家，具有吴门画派以健笔写柔情，淡雅、秀丽、明快、清新的绘画特色，有云林清秘遗风。其设色清丽雅逸，点苔沉着老健，晚年喜用枯笔皴擦，可与麓台、石谷相颉颃，声望极高。

由里山人菊谱 1924年中华书局影印本。

缪谷瑛绘。缪谷瑛（1875～1954），字莆孙，号由里山人、晚香室主。江苏江阴人。善画花卉，为黄山寿再传弟子。著有《晚香室诗钞》。《由里山人菊谱》为缪谷瑛所绘菊花图。民国间，缪氏寓居上海，受哈同花园主人聘，为仓圣明智大学教授，时爱俪园中名菊种类颇多，课余必往写生，遂成为闻名上海的画菊专家。画册前有其自序云："余幼即嗜菊，长复成癖。橐笔饥驱，馆于宁沪二十余载。每当秋夕课暇，辄问津老圃，对花图之。或搜罗家藏佳本，门分类别，计历岁所积，共得一百二十种。"又有其所撰画菊心得，分为：对菊写真画浅说、对花定稿说、定稿法、设色、复色、菊花颜色分别之概略几个部分。画册中菊谱以颜色分类，分为黄类、大红类、白类、粉红类、紫类五大类。所绘菊花画笔优雅，画面饱满。

嵩山居士画集 1941年珂罗版影印本。

冯超然绘。冯超然（1882～1954），名迥，字超然，以字行，号涤舸，别署嵩山居士，晚号慎得。江苏常州人。早年精仕女，晚年攻山水。工行草、篆、隶，亦擅篆刻。与吴湖帆、吴待秋、吴子深并称，号"三吴一冯"。绘有《冯超然临严香府山水册》等。《嵩山居士画集》收录冯超然画作24幅。画册前有唐文治及沈卫分别撰写的《嵩山草堂记》2篇，又有夏敬观、叶恭绰等人手写题识。画册第一幅即《嵩山草堂图》，乃其晚年居上海嵩山路，故颜其居云“嵩山草堂”。其画作不仅有山水，还有人物、花鸟、双兔、游鱼等。冯氏山水宗法清代四王，又习明四家，并上溯宋元，注重运笔脉络，画风淡雅疏逸。其仕女师法唐寅、仇英等，人物风流高古，风格独具。唐文治《嵩山草堂记》载：“先生性秉智仁，是以乐山水之趣，而得动静之神，故于山水人物花鸟传神，靡不曲尽其妙，此其诣固非俗士所能知也。”画册后为王栩缘、方唯一两人题跋。观其画册，知其于人物、仕女、山水、花鸟、走兽无所不精。

中国名人画史　民国戏剧文艺社石印本。

钱化佛绘。钱化佛（1884～1964），原名苏汉，号玉斋。江苏常州人。善画佛像和人物。著有《三十年来之上海》。《中国名人画史》全2册，为钱化佛临上官周绘中国历代名人像。时梁鼎芬之子梁松垞游学上海，与钱化佛一见如故，因将其所藏清乾隆时晚笑堂上官周所绘的名人画册赠于钱化佛，希望他能临摹一过，印成画册，以广流传。于是钱化佛按图临摹，每成一图，则请一友人写传于左，共若干年，全图完成，名为《中国名人画史》。所绘人物自汉朝以至明代，共60人，有文士、武将、才女、高僧，以及忠臣侠客，无不兼收并蓄，如汉高祖、司马迁、孟浩然、欧阳修、虞姬、常遇春等。图旁写传的有袁寒云、钱瘦铁、范君博、许啸天、吴我尊、冯小隐等。题辞的有叶楚伧、章太炎、孙中山、吴昌硕、周瘦鹃等。封面题签由王一亭手写，内页有吴藏龛和天台山农题签。本书图文并茂，所绘之人神情逼真，风行一时。

长恨歌画意　1935年中华书局影印本。

李毅士绘。李毅士（1886～1942），名祖鸿。江苏武进人。是我国最早留学英国的学子之一。擅长人物肖像画和人物故事画创作。绘有《长恨歌画意》。《长恨歌画意》是李毅士的代表作。原稿创作始于1927年，完成于1929年，现藏中国美术馆。本画册用连环画的形式，配合白居易的《长恨歌》，描绘唐明皇与杨贵妃的故事，共30幅，每幅配《长恨歌》原诗一至三句不等，以单色水彩出之。图中服饰、宫殿陈设等均以北京故宫为蓝本，采用明制，故定名为“画意”。画册前有蔡元培序，于右任题词。本画册采用中西绘画材料技法结合的方式进行描绘，既有西洋画写实造型的特点，又参以中国画写意的韵味。鲁迅在《致姚克》信中提到：“先生见过玻璃版印之李毅士教师之《长恨歌画意》没有？今似已三版，然其中之人物屋宇器物，实乃广东饭馆与‘梅郎’之流耳，何怪西洋人画数千年前之中国人，就已有了辫子，而且身穿马蹄袖袍子乎？”可见，鲁迅对此种画法似有批评之意。

迦盦画集一卷　稿本，苏州图书馆藏。

陈摩绘。陈摩（1886～1946），字伽盦，一作迦盦，又字迦仙，别号迦蓝陀。江苏常熟人。陆恢弟子。工山水松石，有名于时。《迦盦画集》一卷，为民国间稿本，经折装，现藏于苏州图书馆。陈摩为陆恢弟子，得其笔法，山水、花卉、翎毛、蔬果，挥洒自如。本画册所收为彩色水墨花卉，有梅花、牡丹、海棠等。陈摩笔下的花朵秀丽生动，摇曳多姿，笔致腴润丰厚，画意灿烂。所绘花卉直接用颜色描绘，不用墨线勾勒，不同于传统的画法。人称其画“得任伯年之苍雄、吴昌硕之浑厚、张子祥之秀逸、陆廉夫之雅静”。

吕凤子先生人物画册　1929年神州国光社影印本。

吕凤子绘。吕凤子（1886～1959），名浚，字凤痴，别署凤先生。江苏丹阳人。近现代著名画家、美术教育家。工书画、篆刻。著有《中国画法研究》《吕凤子画集》等。《吕凤子先生人物画册》收吕凤子所作人物画10幅。包括《观涛图》《写六如诗》《范成大眼儿媚》《李洵浣溪沙》《观音一本》等。其画作以古诗意为主题，把写意技法与写实技法结合起来，创作的绘画作品形神兼备，格调高古。《观音一本》上有黄宾虹先生跋，云：“今展凤子先生人物画册，笔力圆劲，墨光翁郁，能得古人六法兼备之旨。余喜读古画，观于斯作，不胜钦佩。”这些人物画每幅都配有诗词，吕凤子将诗词与绘画高度结合起来，以古人诗词中的意境来表达自己内心的真实感情，增强了中国画的艺术性。画册中的仕女、文人颇具特色，充分展示了他“引词入画”的特色，真正做到“画中有诗”。

朱屺瞻画集 1930年上海艺苑真赏社影印本。

朱屺瞻绘。朱屺瞻(1892～1995),乳名增均,号起哉、二瞻老民。江苏太仓人。前期主攻油画,后期主攻中国画,擅长山水、花卉、蔬果等。著有《朱屺瞻百岁画集》《癖斯居画谈》等。《朱屺瞻画集》为朱屺瞻的第一本绘画专集。蔡元培为书题写封面,刘海粟、蒋梦麟、汪亚尘、王济远、潘光旦等都题词作序。唐文治序写道:"屺瞻表阮,熟娴国画、西画,气韵超凡,随宜点染,拓胜景于潇湘,参油画于巴黎,艾竹茅梅,兼施六要,殆摹其形而得其理者欤!"画集中有《苍松》《荷花》《国色天香》等名作。其画融会中西,将油画、书法的特点融于泼墨山水,色彩丰富多变,用笔颇见力度,风格苍劲,具有鲜明的个人风格。本画册是朱屺瞻多年闭门潜心研究创作的成果,一经出版,就受到极大关注。从画册中,可以看出朱屺瞻绘画的独特风格已经形成。

吴子深山水竹石集册 民国天绘阁影印本。

吴华源绘。吴华源(1893～1972),原名源。初字渔村,后字子深,号桃坞居士。江苏苏州人。擅画山水、兰竹,书宗米芾,精于医。著有《客窗残影》等。吴华源擅画山水、兰竹,所绘山水古趣盎然,浓淡得宜。《吴子深山水竹石集册》收录吴氏所绘山水竹石画8幅,其中竹石3幅、山水5幅。吴氏所绘山水远宗董源,近师董其昌,布局规矩,笔墨清秀。竹石师文同,飘逸淡泊。画册中有2幅竹石图有吴湖帆题字,有诗云:"萧萧数茎竹,一拳石尤璞。青镫风雨夜,可以伴幽独。不羡丹丘生,吾家仲圭复。"又云:"子深宗兄出近作示余,属题倚装,匆匆漫草俚语,不计工拙。即请正之。"可见其绘画水平深得吴湖帆赞赏。吴华源与吴湖帆、吴待秋三人,被称为"当世三吴"。

梅景画笈第一册 1943年珂罗版影印本。

吴湖帆绘。吴湖帆有《绿遍池塘草》,已著录。《梅景画笈》第一册,所收作品均为吴湖帆50岁以前所作,间有其妻潘静淑所作之画(花卉两帧)。"梅景书屋"为吴湖帆斋名,其妻30岁时,父亲潘祖年将收藏的宋刻孤本《梅花喜神谱》2册作为礼物送给她,吴湖帆遂把画室命名为"梅景书屋",用以收藏古书画。1943年秋,"梅景书屋"门弟子王季迁等30余人为纪念吴湖帆50岁寿辰,精选其自1929年至1943年的50幅力作,用珂罗版影印,即本书。书前有叶恭绰、陈子清、潘承弼序。陈子清在序中称,该画笈"亦近代画苑'中兴之谱'"。本画笈作品题材以山水为主,兼及竹石、花鸟诸类;手法上工写结合,偶有没骨大笔挥洒;画面色调以青绿为主,也有纯水墨。这是吴湖帆第一部以专集形式问世的作品集,强烈展示了他个人的风貌。

悲鸿画集 1932～1939年中华书局影印本。

徐悲鸿绘。徐悲鸿(1895～1953),原名寿康,别署江南布衣。江苏宜兴人。中国现代画家、美术教育家。工诗。擅长人物、走兽、花鸟。著有《悲鸿画集》《徐悲鸿文集》等。《悲鸿画集》共4册。第一册1932年出版,收录徐悲鸿的21幅画作,均为其在1928年至1932年之间的作品。同年出版第二册,收录画作20幅。第三册1936年出版,收录画作20幅。第四册1939年出版,收录作品21幅。四册均为徐悲鸿自编,由中华书局出版发行。画作内容大多为动物,偶有风景、人物画。画册中,动物生动传神,意气勃发,笔墨奔放。书前有徐悲鸿自序一篇,叙说自己从小在艰难困苦的环境中学艺,并表达了对艺术的态度。序后有《述学之一》,文中徐悲鸿讲述自己为什么喜好画动物的经历,谈论了他对欧洲著名动物画家的看法。《悲鸿画集》中所收画作,正值徐氏创作盛期,展现了他极具现实主义艺术思想和独具一格的创作风格,基本奠定了他在中国现代绘画史上的杰出地位。

冷月画集 1927年新中国画社影印本。

陶冷月绘。陶冷月(1895～1985),原名善镛,字咏韶,号镛、宏斋,别署冷月、五柳后人、柯梦道人。江苏昆山人。绘有《冷月画册》《冷月画屏》。《冷月画集》第一集收录国画16幅,第二集收录国画18幅。陶冷月早年学画于罗树敏,又师从陶诒孙、陆恢,创制出熔中西画法于一炉的"冷月山水"。最负盛名的是月景、雪景、山水,"冷月"之名亦来源于其笔下月色的独特面目。本画册前有吴郁生题签,程瞻庐撰《陶冷月小传》,张一麐、吴梅诗词题赠。又有蔡元培所撰序,云:"陶冷月先生本长国画,继而练习西法,最后乃基凭国画,而以欧法补充之,创作新中国画数十帧。一切布景取神,以至题词盖印,悉用国画成式,惟于远近平凸之别,光影空气之变，则采用西法。町畦悉化，体势转遒，洵所谓取之左右逢其源者。他日见闻愈博，工力渐深，因而造成一新派，诚意中事。"本画册的出版标志着其新中国画的形成。他的作品以一种与众不同的格局，享誉当时的中国画坛。

苏州吴似兰花卉册　1937年影印本。

吴似兰绘。吴似兰(1908～1964)，名华馨，字似兰，又字绿野、庆生。吴子深弟。江苏苏州人。工画、兼善摄影。绘有《苏州吴似兰花卉册》。本书为《苏州吴似兰花卉册》第三卷，收录吴似兰所绘画作14幅。1931年，吴似兰购得娑罗树一株，植于宅第，后经吴子深提议，发起成立娑罗画社，将画室命名为"娑罗花馆"。时参加娑罗花馆的画家，有40人之多，都是苏州有名的画家。吴似兰善绘花卉。画册所绘均为花卉，有桃花、菊花、荷花、兰花等。吴氏花卉师颜纯生，落笔有致，肥润若真，尤擅草木花卉，淡雅秀丽，线条挺拔，千姿百态，构思巧妙。

谢稚柳画集　民国影印本。

谢稚柳绘。谢稚柳(1910～1997)，名稚，字稚柳，号壮暮翁。江苏常州人。擅山水、花鸟、人物。工诗文、书法，尤精书画鉴定。著有《壮暮堂诗钞》《鉴余杂稿》《敦煌艺术叙录》等。《谢稚柳画集》1947年在台湾出版，潘伯鹰题签并作序，1948年出版二集。本册为二集，收录作品12幅。其中花鸟类有《梅梢试粉》《松石》《水仙》《霜枝翠羽》《秋实静禽》，人物类有《江干图》，山水类有《万木奇峰》《山斋清话》《烟江晓泛》《峨眉金顶》《溪山平远》《雪泛图》。《江干图》是画册中唯一一幅人物画，用笔文秀而有书卷气，如行云流水，具有极强的个性。而这一时期的花鸟画，正是其取法宋人走向成熟的时期，颇具特色。潘伯鹰题云："画苑千年各一军，诗家小谢画尤勤。豪端放过王都尉，更向秋堂梦道君。"本画册所收作品均为其早期画作，可以看出强烈的唐宋气息。谢氏博采诸家之长，将其创造性地融入自己的笔墨中，用笔隽秀，清秀飘逸，别具一格。

潘玉良油画集　1934年中华书局影印本。

潘玉良绘。潘玉良(1902～1977)，原姓张，婚后改姓潘，名世秀。江苏扬州人。著名女画家、雕塑家。有《潘玉良油画集》。本书为《潘玉良油画集》第一集，由中华书局出版，封面帧有自画像。内收油画22幅，每幅前均有说明。画集中不仅有静物、风景画，还有人物画。其中值得一提的是2幅自画像，有一幅名为《我之家庭》，是潘玉良一家三口的人物画像。另外还有潘玉良最爱的白菊，亦为其得意之作。潘玉良的作品融合了中西画之长处，蕴藏着中国传统水墨的技法，采用清淡的色调布置画面，用笔俊逸洒脱，气韵生动，形成了她自己独特的艺术风格。本画集保存了不少潘玉良第一手的油画作品资料，出版后即引起美术界的极大关注。潘玉良被冠以"中国西洋画中第一流人物"的美誉。

第二节　音　乐

中乐寻源　1926年商务印书馆铅印本。

童斐编。童斐(1865～1931)，字伯章。江苏宜兴人。本书是论述我国古典音乐和传统歌唱艺术的著作。全书包括两卷。上卷分8章，讨论音乐起源、音乐与教育、律吕、乐器、宫调、音韵、谱式、声歌诸问题；下卷介绍歌谱(包括散曲)。书后附中声五降说、腔调古简今繁说、合唱独唱之异、高音平音之感异、淫声解。书前有1925年吴梅序。序云："吾友童君伯章，悯近世俗乐，皆取材岛夷，中邦法曲，若存若亡，因作《中乐寻源》一书，备论八十四调之原，乐器弦管之法，以及聆音作谱之方，复取古代旧谱，一一为之厘定，上自《关雎》，下至唐诗、宋词、南北曲，粲然毕具，自有乐书以来，未能或之先也。"又有1925年自序。作者认为中国学校课程设有音乐一门，而老师所教歌谱乐器无不效仿国外，"若中国无音乐者"。作者考虑到古人谈及音乐之书甚多，却不知从何处说起，遂举平日所得，复参考旧籍，粗立标目，以成此编。名曰《中乐寻源》。"中乐者，对乎西乐而言也。寻源者，私心所探讨而认之为源。"

瀛洲古调　1916年江苏省教育会铅印本。

沈肇州辑。沈肇州(1858～1930)，名其昌，号绍周，字肇州。江苏海门人。琵琶演奏家。辑有《音乐初津》。《瀛洲古调》为中国琵琶曲集。瀛洲，崇明的别称。瀛洲古调是瀛洲派琵琶曲的总称，瀛洲派琵琶是我国四大琵琶流派之一。本书初版于

1916 年，内有沈氏所撰序文、左右手指讳号图、右手指法、左手指法，乐谱收 68 板小曲题材的乐曲 43 首，还有《汉宫秋月》三段及《十面埋伏》等乐谱。沈氏在序中叙述了崇明岛近百年来的琵琶传承历史。瀛洲派琵琶曲取北派刚劲雄伟、气势磅礴的长处，又收南派优美柔和华丽袅娜之精华，浑为一体，形成朴素醇厚，端正绮丽的特色。本书 1936 年由其弟子徐卓增订为三卷本，易名《梅弇琵琶谱》。上卷为《通论》，乃沈氏口授诸法之辑录；中卷为《音乐初津》，收录作为练习曲用的民间琵琶曲 5 首；下卷则为《瀛洲古调》。

雅音集　1924 年乐群公司铅印本。

杨荫浏、陈鼎钧编。杨荫浏（1899～1984），又名清如、亮卿。江苏无锡人。音乐学家。著有《中国音乐史纲》《中国古代音乐史稿》《古琴曲汇编》等。《雅音集》是杨荫浏、陈鼎钧合编的乐谱。分为二集，第一集为 1923 年乐群公司出版，是普通谱；第二集为 1929 年乐群书局出版，是琵琶专谱。本书前有例言，作者云："近来各地各校，充满西乐空气，而中乐寂然无闻，同人诚恐雅乐沦亡，夏声不振。辑为斯集，以公同好。"本书第一集分为乐器浅说、乐谱两个部分。乐器浅说中介绍了笛、箫、笙、胡琴、月琴、三弦、琵琶；乐谱中收录《梅花三弄》《洋合》《老六板》《平沙落雁》《清平调》等 84 段民间曲调。第二集分为琵琶浅说、琵琶小曲两个部分。其中琵琶浅说分为琵琶考证、配置、按法、手法记号以及品相位算法表 5 章，琵琶小曲收录 113 首曲调。杨氏将当时各流派乐谱汇成一册，并直译成简谱出版，《雅音集》第二集是我国最早用简谱出版的一部琵琶谱册。

中国呼声集　1936 年读书生活出版社铅印本。

李公朴选、周巍峙编。周巍峙（1916～2014），原名良骥。江苏东台人。著名人民音乐家。曾担任李公朴私人秘书。著有《文艺问题论集》等。《中国呼声集》是李公朴选、周巍峙编的中国第一部抗战救亡歌曲集。本书内收聂耳、冼星海等音乐家的救亡歌曲 100 余首，分民族之声、工农之声、青年之声、军人之声、妇女之声、儿童之声、时代之声等七部分。书末附中、美、英、法、德、意、日、苏等国国歌，以及聂耳挽歌。周氏认为，在当时的情况下，群众迫切需要革命歌曲，应该出版一本救亡歌曲集，更好的传播，以推动救亡歌咏运动的开展。于是在李公朴的鼓励下，周氏将当时流行于世的救亡歌曲，编成本书，并由李公朴作序。李公朴在序中称本书"是救亡运动高涨的时候，极端需要的一册大众歌唱的必备书"。本书出版后，供不应求，在社会上引起强烈反响。后来因为本书遭到国民党查禁，作者又以何立山的笔名在本书的基础上，增加了一些新的抗战歌曲，重新出版了《民族呼声集》。

第三节　表演艺术

影戏学　1924 年上海华先商业社图书部铅印本。

徐卓呆编。徐卓呆有《卓呆小说集》，已著录。《影戏学》是中国第一部电影理论著作。全书分 8 章，分别为：影片剧的要素、影片剧的形式及分类、造意与原作者、编著法及编著者、舞台监督、俳优、摄影场及舞台装置、摄影法及影片技术与技师。本书以电影本质为中心，从影片的要素、类别以及电影的取材、编剧、导演、演员、摄影、美工、特技等方面，阐述了当时电影创作和技术制作的理论。本书不仅介绍电影的有关知识，探讨电影的基本特征，还反映了中国早期的电影观念和理论主张。本书是中国传统文化思想与西方电影美学思想融合的产物，对中国电影理论的发展产生重要的影响。

电影戏剧的编剧方法　1946 年正中书局铅印本。

洪深著。洪深有《洪深剧本创作集》，已著录。《电影戏剧的编剧方法》是洪深的电影戏剧专著。全书共 8 章，分别为：作者与观众、为什么写戏、故事说明（理论）、对于人物的认识、人物的描写、故事的讲出、清楚与动人、材料的收集。本书大致论述戏剧艺术的社会作用，在创作上主张戏剧故事应该表现作者的思想倾向，戏剧描写的人物要具有独特的个性，成为典型等内容。书后有两个附录，分别为《编剧二十八问》《劫后桃花》（有声电影剧本）。其中《劫后桃花》是作者编剧理论与实践结合的一个范例。本书是洪深从事电影戏剧编剧实践与理论探索的经验总结，全面阐述电影戏剧的编剧方法，体现作者为人生、为时代服务的戏剧观，以及力求融中西戏剧为一体的努力。

电影文学论　1938年商务印书馆铅印本。

王平陵著。王平陵有《西洋哲学概论》，已著录。《电影文学论》是王平陵应友人徐公美的邀约为其主编的《电影小丛书》而作的，是一部有关电影文学研究的专著。书前有短序，作者写道："中国的电影业前两年曾有一度的亢奋，最近，似乎又消沉下来了，"他认为造成这种情况的原因虽然很多，但归根结底还是"艺术上的问题——国产电影还未能在艺术上建立生命，尽可能地与文学的各部门发生亲切的关系，要希望国片尽快走运，立刻夺取欧美的前席，总是异常困难的"。全书共15章，前9章除了绪论外，其他8章从使命、倾向、趣味、空间、时间等各方面对电影与文学作了比较，而后5章则是分别探讨了电影与小说、戏剧、诗歌、传记文学、报告文学之间的关系，最后一章是结语。本书主要分析了电影与文学密不可分的关系，认为中国电影要有所起色，就得回归文学。

王尘无电影评论选集　1994年中国电影出版社铅印本。

王尘无著。王尘无有《浮世杂拾》，已著录。王尘无是民国时期上海著名的电影评论家和进步作家，在当时享有"最有权威的影评家"之誉。因为英年早逝，他的电影评论文章从未结集出版过。本书收集他的文章，分编为影评、论文、杂文三类，每类文章以发表时间先后为序。本书所收录的影评文章中，评价的影片题材各式各样，有评价国产影片的，也有评价外国影片的，无论大公司出品还是小公司出品，无论精品影片还是拙劣之作，"他都能从某个有规律性的角度巧妙切入，严肃认真、举一反三地进行剖析，很少就片论片，使文章立意新、内涵深、容量大，真是十分难得的"（佳明《再论尘无》语）。本书收录的论文有著名的《电影讲话》《中国电影之路》等。本书收录的杂文，一部分为有感而发的，一部分为战斗檄文，"是在迎击各路围剿进步电影、进步电影评论的论敌的搏杀中引发出来的"。另外，本书将有关他的回忆录、评研文章亦编为一类，附在最后。

戏的念词与诗的朗诵　1946年大地书屋铅印本。

洪深著。《戏的念词与诗的朗诵》是洪深重要的戏剧和诗学论著。本书分为话底四种作用、中国字音的困难、气群与意群、自然成节奏、诗与散文、一般的需要、诗的朗诵7章。书前有郭沫若序，他在序中称："他（洪深）把丰富的经验和学术，透澈地融汇了在这儿，由四声以至于韵律，由发音以至于节奏，于念与诵之中求其共通，复于共通之中求其变异，新旧兼融，中西共治，条分缕析，反复论证，差不多把应该讨解的项目都逐一地予以了负责的解答。"本书论及诗歌的内容远多于戏剧，对于英汉诗歌的韵律与节奏，尤其是对诗和散文节奏的分野，进行了迄今为止也不多见的详尽的学理分析，是我国第一部深入探索诗与散文节奏的著作。

剧场生活　1937年中华书局铅印本。

阎哲吾著。阎哲吾（1907～1988），原名阎葆明，字哲吾，笔名折梧、包明等。江苏扬州人。现代戏剧家。著有《中国民间戏剧论文集》《中国话剧教育史稿》《表演艺术论文集》等。《剧场生活》是阎哲吾所著的关于戏剧理论的论著。分舞台管理、剧本演出、演员训练、语音学习、苦闷牢骚，共5辑，另有附录。每辑中有若干小节。书前有作者自序《写在前边》。1934年阎哲吾在北平成立了教育戏剧班，每周公演一次，虽然最后这个教育戏剧班"没有终局而离散了"，但正是因为这样的一次困难重重的实践，而使得作者从实际工作中获得了对于戏剧演出的"小小的经验"。所以本书是作者"乘着记忆清初的当儿，把一些值得记载的问题，随便地写了出来，作为自己某阶段生活的结束报告"。本书内容均是作者从实际经验中得来的，在当时"颇有供举办剧团及戏剧学校者参考之处"。

中国戏剧史　1938年铅印本。

徐慕云著。徐慕云（1900～1974），原名徐长賡。江苏徐州人。戏曲理论家、教育家。著有《京剧杂谈》《梨园影事》。本书分5卷。卷一为古今优伶剧曲史，上起先秦下迄清代；卷二为各地各类剧曲史，包括秦腔、昆曲、汉剧、越剧等；卷三为戏剧之组合，包括角色、场面、后台、道具、做工等；卷四为脸谱服装在剧中之特殊功用，卷五为戏剧之评价与其艺术之研究。书前有褚民谊、姬觉弥、郑过宜序以及徐氏自序。本书有很多篇幅用来研讨京剧艺术，对于京剧的演变和发展作了系统的撰写，对中国话剧发展史的叙述也相当详细，极具史料价值。本书还撰述了秦腔、昆曲、高弋、汉剧、粤剧、川剧、越剧、山西梆子、河南梆子、皮黄剧共 10 种各地各类的戏剧史。本书史料丰富，体例完备，对中国戏剧发展史作了全面地探索，为后世戏曲研究开拓了新的领域。

菊部丛谈 1926 年上海大东书局铅印本。

张肖伧著。张肖伧（1891～1978），原名张照，字蔡生，后改藜青，号肖伧。江苏常州人。戏剧评论家。《菊部丛谈》是张肖伧编写的戏曲论著。分为三部分。第一部分《燕尘菊影录》，记录清末民初北京舞台上京剧、昆曲、秦腔等剧种的著名艺人共 303 人的小传，按生、旦、净、末、丑各行分列，并评论其技艺。前有小序，云："愚作此录，纪伶工艺事，旁及轶闻遗史。"第二部分《歌台摭旧录》，辑录当时戏曲界的遗闻轶事。第三部分《蒨蒨室剧话》，收录作者发表于各报刊的戏曲评论文章。本书保存了许多珍贵戏曲资料，书前附有众多著名艺人照片，封面有梅兰芳题签及贾璧云山水画。徐兆玮在 1928 年的日记中评价道："惟《摭旧录》颇多轶事可采摭。"又云："《蒨蒨室剧话》论及唱片，此亦话剧中别开生面者。"

说书小史 1936 年中华书局铅印本。

陈汝衡著。陈汝衡（1900～1989），原籍镇江，生于扬州。曲艺理论家。著有《说苑珍闻》《陈汝衡曲艺文选》等。《说书小史》是陈汝衡的曲艺史专著。本书分为说书源流、宋代说书概况、话本、说书两大派别、评话、弹词以及苏州、上海、扬州说书等十二章。书前有序和凡例。陈氏自幼爱好听书，此爱好一直延续至长，陈氏序中称说书为"民众艺术之一"，又云："比年来治学之余，凡旧籍中涉及说书者，必另纸誊录，报章杂志所载，间亦剪裁保留，积久竟裒然成帙。"于是便有了本书。从陈氏的序中可知，大抵敦煌写卷已经有类似弹词的佛曲还有各种故事，而宋代的说书已经发展成为大众娱乐的一种。本书第一章作者就各种典籍记载考辨说书源流，此为当时前人著作所未涉及。本书所举为苏州、上海、扬州三地说书，作者称之"已足代表全国而有余，盖诸地固说书人材鳞萃之所也"。而北方的落子、南方的滩簧以及大鼓书都不包含在本书的谈论范围之内。

第四节　篆刻、雕塑、刺绣

明清画家印鉴 1940 年上海商务印书馆影印本。

王季迁、孔达合编。王季迁（1907～2003），原名季铨，又名纪千，字选青。江苏苏州人。先后随顾麟士、吴湖帆习画。著有《明清画家印鉴》《王季迁画册》等。《明清画家印鉴》收集历代画家、收藏家印鉴。1935 年北平故宫博物院所藏书画南迁上海，王季迁与德国孔达女士与故宫博物院商议，趁着书画集体审查之时，用摄影法将大部分真迹中之印章摄录下来，后又有海内收藏家借摄多种，历时 3 年，共得印章 6 000 余方。本书由商务印书馆出版，主要收录宋元明清画家及收藏家印章。每家收录多则 8 方至 9 方，少则 1 方至 2 方不等，每一印章下皆诠释篆文，并注明出处、或者收藏者姓名，并附有小传。所有文字，均以中德两国文字，相互对照。全书共有宋元画家 23 人，明清画家 430 人，明清收藏家 65 人。书前有吴湖帆、叶遐庵序。本书是当时鉴定、收藏书画的重要工具书。

拜缶庐印存 1927 年钤印本。

赵石篆辑。赵石（1873～1933），又名古愚，字石农，号古泥，晚号泥道人。江苏常熟人。工诗，善画花卉，书擅行楷，宗法颜真卿。精篆刻。著有《泥道人诗草》《赵古泥印存》《泥道人印存》等。《拜缶庐印存》为赵石自辑而成。赵石篆刻师从吴昌硕，吴昌硕号"缶庐"，赵石不忘师恩，遂为自己书斋取名为"拜缶庐"。本谱为赵石刻印后，随即钤拓留存之谱。本书为 40 册，每页一印，无边款，版心有篆书"拜缶庐印存"。其存印之多，远胜于赵石其他印谱。谱中所收印章，有当时社会的名士，如黄炎培、叶楚伧等，有当时苏州书画名家，如陆恢、吴华源、吴湖帆、赵眠云、顾麟士等，不仅有书画专用章，还有鉴赏章、收藏章等。赵氏篆刻，气度宏伟，意境开阔，灵动多变。虽为吴氏弟子，却不拘泥于吴派，能够触类旁通，独树一帜，故能开创“虞山派”，对近世篆刻艺术的发展变化产生巨大的影响。

冰晖阁印掇 1918年钤印本。

杨浣石纂辑。杨浣石（1891～1957），名祚职，字述卿，号浣石。江苏句容人。擅书画，精篆刻。著有《红香馆诗余》《芝雪居词稿》《杨浣石印存》等。《冰晖阁印掇》为杨浣石辑自刻印谱，4册，共收印100多方，多为自用印，取字多甲骨文。本书一页一印，印下附墨笔释文、印类、纪年。吴昌硕篆书题字，并以“吉城石鼓字”题云：“杨之贤，来自蜀，工勒章，同翰帛。方圆小大秀以朴，子道卅五君其族，游六艺一不鹿鹿。”书前还有郑孝胥、曾熙、李瑞清等名家题词。卷首有康有为题字“采摭英华”。4册分“元”“亨”“利”“贞”，其中元册载印20方，亨、利册载印各30方、贞册载印29方。本书附有杨浣石小传，评价其篆刻艺术：“刀法章法既师往古，更富新意。卜文、金文，一似刻成铸就，浑然无迹。小篆工整而不拘板，汉印温润而不近俗。边栏设计，残缺古厚，虚实相生，别开生面。”杨浣石为我国较早以甲骨文字探索入印者，印章风格风靡于一时。

瘦铁印存 1924年西泠印社影印本。

钱崖篆。钱崖（1897～1967），一作厓，字叔崖，号瘦铁，别号青峰馆主等。江苏无锡人。擅长中国画及书法、篆刻。著有《钱瘦铁画集》等。《瘦铁印存》全书4册，每页一印，共收印453方。郑文焯名其书斋为“瘦铁宧”，故自号“瘦铁”。钱氏从郑文焯学书法，其篆刻则师法吴昌硕。钱氏刻印，极擅借鉴取法，又不拘成法自出新意，刀法精湛，布局合理，取周秦金石文字之神韵，熔铸入印，自创一格。日本篆刻名家长尾甲为其印谱题诗云：“六书缪篆费经营，金薤琳琅布字精。腕底籀斯奔赴处，操刀戛戛自然成。”钱崖与吴昌硕、王冠山有“江南三铁”之名。

餐霞阁印稿 民国钤印本。

吴仲垌篆。吴仲垌（1897～1971），字载和，别署仲珺、仲军。江苏镇江人。精于书画、篆刻之学，为黄士陵再传弟子。辑有《郘亭印存》等。《餐霞阁印稿》为吴仲垌30岁时所辑自刻印谱。前有秦更年序，云：“即见君所刻石印，胎息西泠诸家，间亦阑人邓吴，秀雅独绝。”又云：“（吴仲垌）曰‘昔阳湖赵蓉湖学辙，幼精篆刻，三十后即弃去，吾年行且三十，将踵其辙，戒不复为。’余曰‘君之篆刻，方与年俱进，奈何以年自画哉！余意人苟不以象齿印相苦，虽至老勿衰可也。’君闻之，笑而不答。时方有印稿之辑，遂书以弁诸端。”书前还有潘飞声题诗：“丁黄而后数赵吴，谁把雕虫笑壮夫。今日逢君一枝截，汉铜秦玉独追摹。手铲赶超人纤尘，铁绕铜斑自可珍。何必七家谈旧谱，一编翻出古精神。”其篆刻受其父与李尹桑启蒙，又上追汉印，精研铜印、玉印，后从“西泠八家”入，参以邓石如、吴熙载篆刻之刀法。印章浑然凝练，笔画刚劲，既富金石气又富书卷气。

寒月斋主印存 1929年钤印本。

张寒月篆。张寒月（1906～2005），名政，字莲光，号兆麟。别署寒月斋主。江苏苏州人。工篆刻，性好佛学。著有《苏州园林室名印谱》《西园寺五百罗汉造像》等。《寒月斋主印存》2册，收张寒月自刻印54方，每页一印，皆朱砂精拓。前有张一麐题写书名，李根源题字，有朱家元、王蕴章等序文，及张荣培、吴汾跋。张荣培云：“张子兆麐以博雅好古之识，具金石刻画之才，年十六即工篆隶，且性好佛学，精持戒律。”又云：“其治印也得黄、陈之气骨，兼邓、赵之神韵，不规于法而自能入乎法之中，超乎法之外。斯可摩秦汉之壁垒而尽篆刻之能事矣。”其篆刻以汉印为宗，又旁及明清诸家，曾师法吴昌硕，又得赵石点拨。所刻印章苍劲古朴，工稳端庄，融书画篆于一体。

雕塑浅说 1934年上海商务印书馆铅印本。

熊松泉编。熊松泉（1884～1961），名赓昌，字松泉。江苏南京人。曾任上海中国画院画师，擅人物、山水、花鸟等，后专攻走兽。《雕塑浅说》介绍了西方雕塑的现状以及石膏像翻制和铸铜等工艺。本书分为总论、塑造、石膏像、实材之意义、木雕、石雕、铸造及其他、结论，共8章，每章下有数个小节，并附有图片。作者在总论中写道：“近代人的精神，概属绘画的，平面的，惟有志于雕塑者，均须有立体的感觉与观察，更必要深远的精神。换言之，立体的精神，为发挥雕塑艺术之根本的要素。”结论一章包括东西洋雕塑发达之大势、雕塑之特质与应用之范围两部分，大致介绍了国外雕塑的发展历史，以及雕塑的使用范围。本书对当时介绍引进西洋雕塑、发展推动我国早期雕塑起到了一定的促进作用。

雪宧绣谱一卷　1919 年南通翰墨林书局铅印本。

清沈寿述，张謇撰。沈寿（1874～1921），女。原名雪君、云芝，别号天香阁主。江苏吴县人。刺绣艺术家。《雪宧绣谱》又名《吴县沈氏绣谱》，由沈寿口述，张謇亲自记录。本书总结了我国唐宋以来的刺绣方法，并记录了沈寿借鉴西方艺术而自创的针法。全书分绣备、绣引、针法、绣要、绣品、绣德、绣节、绣通八节，每节又分为若干细目。其中“绣备”即为刺绣所作之准备，包括绷、架、剪、针等目。“绣要”则将仿真绣技法归纳为审势、配色、求光、肖神、妙用、缜性六个要素。“绣通”旨在说明绘画与刺绣之间的关系。沈寿在书中说：“余自笄龄，昼夜有作。尝过夜分，炷灯代烛。及于为妇，未懈而续。中馈之余，晷催漏促。坐是致疾，伤带任督。”刺绣之艰辛可见一斑。《雪宧绣谱》是一部非常实用的刺绣工具书，也是我国最早的一部刺绣理论专著。沈寿是清末民初苏绣艺术的杰出代表，她创新的仿真绣，将苏绣技艺提高到了一个新阶段。

第十四章　历　史

第一节　史学理论

资本主义发展史　1930年4月上海商务印书馆铅印本;1934年7月上海商务印书馆再版。

陈其鹿著。陈其鹿有《银行学》,已著录。此书列入《万有文库·新时代史地丛书》。本书分资本主义之概念、上古时代资本主义之发端、中古时代之资本主义、近世初叶之资本主义、十六世纪海外贸易殖民事业与资本主义之发展、十七世纪之商业资本主义及金融资本主义、十八世纪商业资本主义及金融资本主义之发展、殖民地之独立、工业革命与工业资本主义之开始、十九世纪资本主义之发展、二十世纪之实业、资本主义发展之各种影响、美国现今之经济革命及其高尚理想、中国资本制度之已往及将来等14章。附录参考书目和《英美拥护资本主义之理论》。卷首有自序(1929年5月于南京),认为资本主义是近世的潮流,资本制度建立在自由平等基础之上;孙中山的三民主义特别是民生主义同样基于自由平等等原则,若灌输以西方资本主义的资本、科学与技术,必造成极良善之资本制度,收西方资本制度之利而去其害。作者声称,反对极端资本主义和极端社会主义的学说,反对马克思主义的阶级斗争学说。该书主要参考(法)赛亨利《近世资本主义之起源》、(德)韦勃《经济通史》、(美)那爱脱《欧洲经济史》、(英)霍勃生《近世资本主义之发展》、(美)嘉惠尔《美国现今之经济革命》和《现在之经济世界》等西方经典著作。

中国历史研究法　1942年重庆峨嵋出版社铅印本。

吴泽编著。吴泽(1913～2005),字瑶青。江苏武进人。毕业于北京中国大学,历任复旦大学、朝阳法学院、大夏大学教职。中华人民共和国建立后,任华东师范大学教授。本书是抗战期间,以作者自撰为主,同时吸收其他几位马克思主义史学家论文而编成的一本著作。自序称收录论文12篇,但目录显示仅有10篇,其中《略论中国史研究》《实验主义中国历史观的批判》《法西斯侵略主义中国历史观的批判》《中国历史研究上的诸问题》《中国历史研究法的基本原理》等各节,皆取翦伯赞、花岗、吕振羽的文章改编而成。第一章引论,论述中国史学的动向,提出要用科学历史观的方法来研究中国历史,才是唯一正确的方法,并用较大篇幅阐述辩证法以及为何要用辩证法来研究中国历史。第二章几种错误中国历史观的批判,分成两节。第一节实验主义中国历史观的批判,主要针对胡适为代表的实验主义思想的剖析;第二节法西斯侵略主义中国历史观的批判,痛斥了法西斯侵略主义历史观及其鼓吹"暴力支配历史"的反动性,主要针对日本人秋泽修二《中国社会构成》的批判。第三章中国历史研究法的基本原理及具体方法,分两节。一节谈基本原理,一节谈研究中国古史的态度与具体方法。第四章中国历史史料运用的方法的基本原理及具体方法,论述了生产力与生产关系的矛盾,运动政治制度与意识形态史料的步骤与方法,科学方法运用史料的基本原则,中国史前历史史料的运用方法,以及殷周社会历史史料的运用方法。第五章中国历史研究纲要与历史上诸问题。将中国历史划分为史前原石社会、殷代奴隶制社会、西周至鸦片战争的封建社会和鸦片战争后的半封建半殖民地社会。说明了中国社会历史分期上存在的分歧，特别是马克思主义史学郭沫若与吕振羽及作者本人的分歧，批判了在“亚细亚生产方式”、中国哲学史等问题上存在的错误观点。

历史研究法 1945年永祥印书馆铅印本。

吕思勉著。吕思勉有《先秦学术概论》，已著录。全书分7章：为什么要研究历史、历史的历史、历史进化的几个阶级、旧时历史的弊病何在、现代史学家的宗旨、作史的方法、研究历史的方法。首先，作者认为“历史是前车之鉴”，好的要奉以为法，坏的要引以为戒，具有一定的局限性，揭示历史研究的重要性、必要性。其次，梳理中国传统史书的内容和体裁、官修与私撰等问题，认为古代史书注重政治，今人治史则要兼顾理智与情感两方面。在第三章中，他将中国史学的进化分成四个阶段，第一阶段，注意史料的搜集、编纂，以司马迁父子为代表；第二阶段，注重史法，以刘知几为代表；第三阶段，要求扩充史学范围，以郑樵为代表；第四阶段，把史料和史籍区分开，史料务求详备，作史提要钩玄，以章学诚为代表。与传统的论说角度不同，显得独特而深刻。在谈到弊病的时候，他列举如偏重政治、战争，崇拜英雄，以史激励爱国、爱民族之心，以史为戒等。尤其是在作史的方法上，他提出要三步走：搜集史料、考订史料、编纂史料，举例颇为平易简明。最后谈研究历史的方法，特别指出，研究历史之先决条件，就是对各种科学，不止是社会科学，也包括自然科学，要有一个常识。要知道历史是进化的，并提到马克思的经济基础一说，难能可贵。全书语言简明，论述有关史学理论、史学研究方法的主要问题，不乏精辟的论断和独到的见解。

国史要义 1948年上海中华书局《大学用书》本。

柳诒徵著。柳诒徵有《中国文化史》，已著录。本书系作者根据其在中央大学内迁时期所作讲义修改而成，为其“文史学之晚年定论”（苏渊雷语），可视为一部简明的中国史学史。书共10篇，仍沿用正文大字、小字附注相结合的形式，从十个不同角度阐述中国史学的特点，依次为史源、史权、史流、史联、史德、史识、史义、史例、史术、史化。历述数千年史书之源流，旁及诸子百氏所论，缕述历史的起源、史官的权威、中国史学的薪传、各种体例史书的相互联系、史官的道德品质等问题。全书“勾稽群言，穿穴百氏，根核六艺，渊源官礼，发皇迁固，踵蹑刘章，下追明清，旁览域外，抉挞政术，评骘学林，返溯古初，推暨来叶”。作者对经史之熟谙，使得他援引、评断前人之说，皆显得游刃有余，熊十力先生曾赞曰：“博而能约，密而不碎”，堪称的评。

史通评 1934年商务印书馆《国学小丛书》本。

吕思勉著。刘知几《史通》作为史学理论的巨著，其相关论点对后世具有深远影响。他所提出史才、史学、史识“三长”，成为对后代史书修纂、评判的重要标准。本书是吕思勉研读《史通》时所作评论，涉及对文本的疏通与解释，揭示各章之间的关系与重点。全书依照《史通》原来章节，逐一加以论述，除解释相关专业名词外，还着力解释刘知几的立论重点所在，对其得失进行评定，涉及到史学的发展沿革、历代史官和修史制度、史书的体裁问题、史书编撰原则与方法、史书纂修中的文学问题以及对刘氏疑古惑经的评判等。本书虽保留内篇、外篇，但不再分卷。我们从吕思勉对刘知几的评价中，直接可见《史通》的理论亮点与学术价值，间接则可推知吕氏本人的史学观。本书是吕思勉在史学史研究方面的重要著作。

文史通义解题及其读法 1929年中山书局铅印本。

钱基博著。钱基博有《经学通志》，已著录。《文史通义》是清代史学家章学诚史学理论的代表作，提出“六经皆史”的论点，对后世史学家影响深远。孟子有知人论世之说，故钱基博即为大家阅读、研究《文史通义》，作为此书导读。全书分论世、叙传、解题、读法等4章。前两章叙述章学诚的身世和为人，后两章评介分析《文史通义》一书。全书行文为文言文，对普通读者有一定难度。

当代中国史学 1947年胜利出版公司铅印本。

顾颉刚著。顾颉刚有《周易卦爻辞中的故事》，已著录。本书分三编，上编述近百年中国史学的前期，中编述新史料的发现和研究，下编述近百年中国史学的后期。每编各 5 章，详述史学各领域及专史研究的进展、成就和代表作。书中将鸦片战争以后的近百年中国史学发展，以民国成立作为划分前后期的界限。指出前期学者仍沿旧路对历代正史加以补正或改作，着力于正史中表、志等的补修及金石学、元史和西北边疆史地、经今文学方面的研究。随着新史料的发现、考古学的发展及西方史学研究法的传入，后期史学增加了考古学和史前史、中外交通史和蒙古史、敦煌学、小说、戏曲、俗文学、古史、社会史等六个领域。其引论称，本书是对百年中最有成绩的学术——史学来作一个总结算。特别提到，后期史学出现的新面貌，一是五四以后西洋科学治史方法的输入，中国才有科学的史学可言；一是西洋新史观的输入，人们才认识到历史是进化的。中国史学的进步最迅速的时期，是五四运动以后到抗战以前二十年中。全书对当代中国史学的分析和论述精辟允当，反映了近百年来史学发展的真实状况。

第二节　世界史

西洋史　1924 年商务印书馆铅印本。

陈衡哲著。陈衡哲有《新生活与妇女解放》，已著录。本书系作者应商务印书馆王云五之邀而编纂的高中历史教科书，但体例不受教科书所囿。范围以“文化的欧洲”为限。上册古代史，分上古、中古两编。上古史起于史前时代，终于公元 5 世纪西罗马帝国灭亡。中古终于 13 世纪文艺复兴，分蛮族入寇时代、封建时代、近代列国的成立、中国文化的回顾等 4 章。下册近代史，共十章。起于文艺复兴，终于第一次世界大战，历述文艺复兴、宗教改革、地理大发现、法国革命、列国争霸等史事。作者撰本书的目的有二，一是把历史作为工具用以揭穿武人政客愚弄人民的黑幕，以达到反对战争的目的；二是弥补当时国内西方历史参考书的缺乏。研究历史，应采取理解和同情的态度，用历史的眼光来考察史事。作者深信，历史不是片面的，选择史料的标准，不单是政治，也不单是经济或宗教，乃是政治、经济、宗教等多种因素，即人类活动的总和。在分期方面，她把公元 476 年西罗马灭亡作为上古、中古的界限；以 1321 年但丁之死，作为中古、近古的分界线。在下册中，她又改变了看法，将公元 1321 年至 1914 年定为近世史。全书文笔隽永，叙事畅达，对史事不乏独到的见解，而颇受时人的欢迎。本书出版后，五年内印了六版，无疑是最好的证明。

西洋文化史大纲　1936 年上海中华书局铅印本。

顾敦福编。顾敦福有《中国文化史》，已著录。全书共分 4 编，每编下又分章、节。书前有作者例言。第一编上古时期之文化，共分 10 章，依次记述史前时代人类进化之状况及历史上民族之分布、东方诸国之兴亡及其政体文物、波希战争与东西文化之关系、爱琴文化、希腊霸国之盛况及其政教、希腊之政治宗教学术文艺与欧洲文化之关系、罗马民族发展之原因程序及其政体之变迁、罗马之宗教学术文艺与欧洲文化之关系、罗马社会之生活状态、基督教传播之因果及其与世界文化之关系；第二编中国时期之文化，共分 13 章，谈到日耳曼民族大迁移、东罗马帝国复兴、回教国勃兴、西罗马帝国查理曼大帝之伟业、诺曼人之活动、罗马教皇权势之伸张、封建制度及武士制度果、十字军战争、黄色人种之西侵及其影响、新航路新大陆之发现、文艺复兴之始末及其影响、中古之宗教教育学术文艺及社会之生活等内容；第三编近古时期之文化，共分 12 章；第四编近世时期之文化，共分 11 章，亦先述史事，继而讨论文化、宗教、生活、艺术等各方面内容。全书贯穿欧洲数千年历史，篇幅既大，内容不能不稍加剪裁，面面俱到的同时，叙述必然显得较为简明。但作为当时出版的为数不多的西洋史，其价值不容忽视。

欧洲文艺复兴小史　1930 年商务印书馆铅印本。

陈衡哲著。本书撰写理由有二，陈氏在序言中早已说明：一是因为在编纂《西洋史》过程中，虽极力压制篇幅，但仍然写了一万三千余字，但想说明的问题，也并未能全部讲明白，于是写成此两万余字的小书，作为补充与延伸；二是作者认为，我们要了解近代西方文化，不能不了解其渊源所自，而文艺复兴正是关键所在，所以在不能编写十余万字的大书之前,先成此册,以为研究西方近代历史、文化之助。全书除首尾总论、结论之外,共分5章:古学的复兴、方言文学的产生、艺术的兴起、科学的兴起、知识工具的进步。对了解欧洲这段历史,具有一定的参考作用。

欧洲的向外发展(帝国主义研究之一) 1929年4月上海新月书店铅印本。

刘英士著。刘英士(1899～1985),江苏海门人。新月派代表人物。曾任上海东吴大学、暨南大学、中国公学教授,安徽大学法学院院长。1949年去台湾。本书目次为:第一章引论——向外发展的原动力,分客观认识的必要、追究台上的角色、市侩的功过等6节;第二章向外发展的开始,分伊比利亚半岛的独任先驱、初期探险的意义和手段、忽兴倏亡的帝国3节;第三章荷法英的争雄,分试验时期、殖民政策的形成时期、英法决斗时期3节;第四章悲喜交集的革命时代,分燕子啣泥式的帝国、塞翁失马的不列颠2节;第五章鹅步式的向外发展,分反帝国主义者开始放炮、开正步走的法俄二帝国、不列颠帝国的放大和改组3节;第六章怒茁勃发的世界帝国,分时代潮流的转变、开始角逐时的世界大势、非洲正等着划分等16节;第七章箭拔弩张的局势,分二十世纪开头的世界大势、正在结成联合战线的英法俄三大帝国、中欧霸主的郁抑等11节;第八章在变相中的帝国主义,分一个必然的结果——世界大战、如何可免第二大战、冠冕堂皇的分赃等14节;第九章结论——帝国主义的评价,分从过去说到未来、商业怎样跟随国旗、原料和帝国主义等12节。卷首自序称,本书系作者在中央党务学校和国立暨南大学讲演和讲义的基础上修改而成,旨在使一般民众和青年对“打倒帝国主义”这一时代口号中的“帝国主义”有更多的了解。

希特勒侵波记 1940年7月香港太平洋出版公司铅印本。

陈彬龢编译。陈彬龢有《中国佛教小史》,已著录。曾任中俄大学总务长。本书为《欧战丛刊》之一,目次为:一、英国蓝皮书:1939年9月21日,英国政府公布了战争爆发前驻德大使韩德森(Henderson)、驻波大使铿那尔德(Kennard)和英国外交部长哈里伐克斯(Halifax)间的秘密文件(本书共列出15件)。这些文件说明各国怎样勾心斗角,以求保全自己的命运,反映了英德关系演变的过程。二、德军进攻波兰的军事行动(1939年德国闪击波兰)。三、德军侵波之役:军事的背景(希特勒要摆脱凡尔赛和约的束缚)、双方对敌的军队(双方陆海空军力比较,相差悬殊)、动员和计划、进军维斯杜拉河。附录德军侵波地图。

意阿战争谈 1936年上海生活书店铅印本。

陈彬龢编著。本书介绍意大利危机及其侵略阿比西尼亚(埃塞俄比亚)的原因,阿比西尼亚概况及意阿战争的国际背景等。

南洋各国史 1936年国立暨南大学海外文化事业部铅印本。

李长傅编辑。李长傅有《南洋华侨史》,已著录。全书9章,书前有引端,述本书旨趣甚明。第一章总论,为南洋情况的概论。第二章至第八章分别介绍南洋8个国家:法属印度支那、暹罗、缅甸、英属马来、菲律宾、荷属东印度、英属北婆罗、沙劳越等的情况,每章自有目录。本书目的是供一般人了解南洋史,故以浅显简要为主。

南洋史纲要 1947年商务印书馆铅印本。

李长傅编。本书简述远古时代至20世纪初期的南洋史。书前有1935年10月28日顾因明序、1936年旧历元旦黄素封序。全书有绪言,概述南洋的定义、地理环境、研究南洋史之必要、南洋国别史与南洋通史、南洋史之二部、南洋史料之来源等。正文分上、下两篇。共44章。上篇后印度半岛,22章。先总述其人种渊源、太古传说、中印文化之输入等情,后依次载安南、暹罗、缅甸等国史事,涉及建国、被殖民、斗争、独立诸端;下篇马来西亚,22章。亦先述其人种渊源、印度婆罗门教之传入等情,继而依次述马来半岛、荷属东印度、菲律宾、爪哇、婆罗洲等国史事。书中有插图7幅。末附大事年表及南洋史参考书目。

远东的民族解放运动 1938年2月汉口生活书店铅印本。

周木斋著。周木斋(1910～1941),名朴,号树榆。江苏武进人。作家。曾任上海《大晚报》《大美晨报》编辑，先后加入中国文艺家协会、上海文化界救亡协会。本书为羊枣主编的《抗战国际知识汇编》第6种，分远东民族解放运动的主潮汹涌了、日本帝国主义是远东弱小民族的最大的敌人、远东民族解放运动的今昔3章，介绍远东各国及各地区反帝运动简况，其中朝鲜、台湾、印度、缅甸、马来亚、越南、菲律宾、东印度、暹罗等，朝鲜、台湾是反日，印度、缅甸、马来亚是反英，越南是反法，菲律宾是先后反西(班牙)反美和反日，东印度是反荷(兰)，暹罗(泰国)是同时反英反日。作者特别强调，日本帝国主义是远东弱小民族的最主要的敌人。

日本全史　1927年中华书局铅印本。

陈恭禄著。陈恭禄(1900～1966)，江苏丹徒人。毕业于南京金陵大学，先后任教于南京明德中学、金陵大学、武汉大学等校。后举家迁移南京，任南京大学教授。著作甚丰，有《日本全史》《印度通史大纲》《中国近百年史》等。书前有1925年陈氏自序，述撰此书之缘由。全书分24章：卷上，第一篇日本之位置与其地理上之影响；第二篇佛教输入前之日本(552年前)；第三篇佛教输入后之改革时期(552～857)；第四篇藤原氏之专横及平源二氏之盛衰(857～1192)；第五篇中世纪之武人时代(1192～1606)，依次为镰仓幕府(1192～1333)、战争时代(1333～1392)、室町幕府(1338～1573)、三雄平乱(1573～1606)；第六篇耶教在日本之盛衰(1549～1638)；第七篇江户幕府之极盛时代(1606～1651)；第八篇闭关时代及威逼通商(1651～1858)；第九篇订约通商后之内尤外患(1858～1867)；第十篇幕府覆亡；第十一篇武士道。卷下，第十二篇明治初年中之改革(1867～1873)；第十三篇文治武功派之党争及立宪运动(1878～1890)；第十四篇宪法与政府的制度；第十五篇立宪初期政府党之冲突(1890～1894)；第十六篇明治二十七年中内政之发达(1867～1894)，分为陆军、海军、财政、司法、教育、交通、农工商业、宗教；第十七篇明治二十七年前之外交(1867～1894)；第十八篇中日之战(1894～1895)；第十九篇中日战后十年中之内政外交(1894～1904)；第二十篇日俄战争(1904～1905)；第二十一篇明治末年国势之膨涨(1905～1912)；第二十二篇最近日本内政之嬗变(1912～1925)；第二十三篇日本最近之外交政策(1912～1925)；第二十四篇结论(日本对于世界之贡献及其国内问题)。叙述下限止于1925年。对于日本的历史作了鸟瞰式的梳理，为当时中国人了解日本，提供了方便。邹韬奋对本书颇有赞词。

日俄战争　1928年商务印书馆《新时代史地丛书》本。

吕思勉著。吕思勉有《先秦学术概论》，已著录。在近代史上，日、俄两国一直是中国东北地区军事活动的主要对象，日俄战争的发生，直接影响到中、日、俄三国此后的军事关系。本书比较系统、深入地分析了日俄战争的前因后果。全书分10章，包括东北形势、日俄开战的原因、战前交涉、两国战前形势、战事、和议、战事与中国的关系、战役结果及战后情势变迁等。作者在梳理史料的基础上，对事件本身进行了大量的剖析，围绕一些问题阐述个人的观点。更单设一章，专门探讨日俄战争与中国的关系，按战争前、中、后三个阶段分析当时中国的舆论、立场，日本政府的对华态度与对策以及战争结果对中国的影响等。本书可以说是最早研究日俄战争的著作，为之后发生的中日战争之研究，提供了铺垫。

第三节　中国通史

白话本国史　1923年商务印书馆铅印本。

吕思勉撰。本书是近代第一部用白话文写成的中国通史。由绪论和5篇构成，按时间顺序依次为上古史、中古史、近古史、近世史、现代史。每一篇里又分若干章，详述从远古到1922年华盛顿会议期间的中国历史，既囊括本国政治史事、社会经济、文化现象，又涉及东南亚、中亚、西亚各国、各民族与中国之关系。本书的历史分期有鲜明个人特色：周以前为上古，秦朝到盛唐为中古，从安史之乱至元朝灭亡为近古，明朝至清朝中叶为近世史，辛亥革命以后为现代史。作者认为：春秋战国是三代以前和秦汉以后社会的一个大界限，而西力东渐是传统社会与现代历史的另一个大界限，其间历史，只是承平、致乱、再复承平的不断重演，而无本质上的变化。但就政治形势和民族关系而论，汉唐和宋元明清又有很大的不同，所以唐中期安史之乱可以作为中古史和近古史的一大界限。全书史实简明，条理清晰，文笔流畅，深受青年读者欢迎，问世后不断重印再版。

本国史 1923年上海商务印书馆《现代初中教科书》本。

顾颉刚、王钟麒编著，胡适校订。顾颉刚有《周易卦爻辞中的故事》，已著录。王钟麒即王伯祥，有《中国学术思想演进史》，已著录。本书共分6编，第一编总说，第二编上古史，第三编中古史，第四编近古史，第五编近世史，第六编现代史。全书使用公元纪年，并分附当时、当地的年号，这样做，一来对时间容易掌握，二来可以打破历代的正朔观念。涉及到历史人物，称谓也随时地更改。不过，编次虽分史期，而叙述的单位却自为起讫，不因袭前人之说。全书分成3册，上册含第一编总说，分历史与地理、历史演进的各方面、构成中国历史的诸民族、史期的区分4节；第二编上古史（秦以前，公元前211年以前），下分六节；第三编中古史（从秦初到五代之末，公元前221～960），下分19节；中册为近古史（从宋初到明末，961～1644），下分12节；下册为近世史（清朝，1945～1911），下分10节；现代史（中华民国，1912年以后），分民国成立和蒙藏的态度、两度帝制的倏现、法律争执和南北交閧、最近的外交局势、文学革命和国语运动等5节。总而言之，本书是一部简明扼要的中国通史，对于学生及历史爱好者，不无参考的价值。

中华二千年史 1934年商务印书馆《大学丛书》本。

邓之诚撰。邓之诚（1887～1960），字文如。江苏江宁（今南京）人。曾任北京大学、燕京大学等校教授。本书原名《中国通史讲义》，是其在北大史学系讲授中国通史所作讲义，包括秦汉三国、两晋南北朝、隋唐五代和宋辽金夏元4卷，修订后列入《大学丛书》，正式出版时更名为《中华二千年史》。明清史一卷，于1955年方完成，次年交中华书局出版，全书始告完全。各卷体例相同，首列世系，其下依次介绍疆域、制度、边政、政治、社会生活等。大字罗列提纲，下以小字引述正史、笔记等原文，加以阐述。全书资料丰富，类似长编体。以大字为主，不时参考小字引文，自然有纲举目张之效果。名为讲义，却以文言为主，并不浅显，非普通初学者入门读物。书前有章炳麟书札一通，与邓氏论史学之教育，涉及教科书的编订问题。邓氏自序，从体裁、取材、文字诸方面，阐述编订历史教科书的方法，也可视作他编订本书的标准。

国史通略 1936年中华书局铅印本。

张震南著。张震南有《中学国文述教》，已著录。本书为《史学丛书》第四种，书前有张氏自序、例言十二则。全书是自上古至民初的通史，主要从四方面将史实进行分类：政术，凡职官兵刑之属，在当时具有特色，而关一代之治法者入之；国际，凡和战争仇好之属，有关国势之兴衰、境土之伸蹙者入之；生计，凡国家财政及国民经济之种种现象入之；学术，凡一时代设教讲学，可见当时学者精神者入之。全书共上、下两卷，分32章：初民、三代法、周诸侯、先秦学、秦、汉政术、汉国际、魏晋政学、东晋南北朝、隋唐政学、隋唐国际、唐政中衰、五代十国，以上卷上；宋政术、宋国际、宋学、元、明政术（国际附）、明季政乱、清政术、清国际、清政中衰、晚清失政、明清学、今政学、今生计、今国际，以上卷下。正文天头用小字标注要点，颇为醒目。

国史大纲 1940年商务印书馆《大学丛书》本。

钱穆撰。钱穆有《国学概论》，已著录。本书写作于抗战爆发之后的大后方，旨在唤起国魂，御敌救国。虽为通史性论著，但注重对大趋势之勾勒，而不拘泥于历史事件的排比与介绍。全书共计8编46章：上册5编30章，自上古至五代；下册3编16章，为宋元明清。论述首重政治制度，次为学术思想，其次为社会经济，重视经济基础对学术、政治的影响。详于汉唐各朝，宋元以下则稍显简略。全书继承了清代传统的考据学风，论证严密，以发展的眼光，认知历史，并能紧密结合有关现实，故识见、文风都远超同时之作。一经面世，即以独特的见解与严密的考辨获得广泛青睐，激起读者的爱国之心，成为当时国民政府教育部指定的大学教科书。

中国通史 1944年开明书店铅印本。

吕思勉著。吕思勉有《先秦学术概论》，已著录。本书根据作者在光华大学任教期间所作讲义修订而成。分上、下两册，共54章，“上册以文化现象为题目，下册乃以时代加以联结”，以求两相兼顾。上册18章，分门别类叙述中国古代社会经济、政治制度与文化学术的发展情况，主题包括婚姻、族制、政体、阶级、财产、官制、选举、赋税、兵制、刑法、实业、货币、衣食、住行、教育、语文、学术、宗教等，眉目清晰，给人以直观的中国文化衍变之说明；下册36章，按时间顺序，从中华民族的由来、夏商周各朝开始，至民国草创，纵贯数千年，叙述中华民族历史的大概及历代政权的盛衰、兴替，又注重易代之际的文化变迁，民族的交融与文化的渗透，与上册有相互照应之妙，以达到了解过去、解释现在、推测未来的目的。本书在记述史实的同时，不忘抒发己见，有鲜明的个人特色。

中国历史简编　1945年重庆峨嵋出版社铅印本。

吴泽著。吴泽有《中国历史研究法》，已著录。本书为作者所编《中国历史大系》的缩编本。书中侧重于社会发展史的研究。全书共7编，除绪论外，分6编：史前原始公社制社会、殷代奴隶制社会、两周初期封建制社会、秦汉到唐专制主义封建制社会、宋到鸦片战争专制主义封建制社会、鸦片战争到“七七”抗战半殖民地半封建制社会，记载原始社会到“七七”抗战的历史。每编都从经济构造、政治构造、意识形态三个方面加以叙述。书前有1940年作者自序。全书以马克思主义史学理论对中国历史进行梳理。

欧化东渐史　1947年商务印书馆铅印本。

张星烺著。张星烺(1888～1951)，字亮臣。江苏泗阳人。历史学家。早年留学美德。曾任北京大学、辅仁大学教授。本书所谓“欧化”，是指欧洲人创造的文化，直接或间接传入中国而产生实际影响者。全书分3章，论述了欧洲文化东传的途径、载体。第一章欧化东传之媒介，分4节：欧化界说、欧洲商贾游客及军政界人之东来、基督教传道师之东来、中国人留学及游历外国；第二章有形欧化即欧洲物质文明之输入，包括军器、学术、财政、交通、教育等事业的东传；第三章无形欧化即欧洲思想文明之输入，包括宗教、伦理、政治、学术、艺术等思想的东传。所记之事，上自汉代，止于清末，前后二千余年，颇为简明扼要，涉及的面也较广，对西方文化传入中国的某些现象及原因作了一些理论探讨。

中国民族史　1934年世界书局铅印本。

吕思勉著。中国是一个多民族的国家，在数千年的历史中，民族的冲突与交融，不断在发生，同时也牵涉到疆域的变迁与文化的互通。本书是作为历史学家的吕思勉，对历史上存在于中国境内的几大民族加以梳理的著作，具有鲜明的历史学倾向。全书分13章，第一章总论简述各族源流、发展史外，其余12章分别梳理12个民族，分为中、南、北三派：汉、匈奴、鲜卑、丁零、貉、肃慎、苗、粤、濮、羌、藏、白种，对于各族的源流、分合，名称的衍变(如丁令即回族、肃慎即满族)，族群的变迁，及其他们与中国历史发展之关系，都有所论述，并涉及各族的风俗、礼仪等情况。正文所论，有所不足者，则以附录形式，独立加以论述，如汉族后附《昆仑考》《三皇五帝考》《夏都考》3节，匈奴之论赤狄、白狄、山戎、长狄及《秦始皇筑长城》等，各有侧重。全书主要取材于历代正史，同时对文中一些疑难处有详细注释。

中国民族演进史　1935年上海亚细亚书局铅印本。

吕思勉著。书分10章，依次为：什么叫民族、中国民族的起源怎样、中国民族是怎样形成的、中国民族怎样统一中国本部、中国民族第一次向外开拓怎样、五胡乱后的中华民族是怎样的、中国民族在近代所受的创痛是怎样、中国民族的现状怎样、怎样复兴中国民族、中国民族演进的总观察怎样，附录参考书与复习问题。之所以每章标题如此口语化，并列参考书、复习问题，主要源于本书是作为中学生自学读物而出版的。吕思勉在自序中就说：“此书之作，本所以供中等学生的阅读，理论原无取高深。惟过于浮浅，读之亦使人一无所得；而且不易获得所要研究的问题的真际。我以为理论的高深与浅近，也很难有明确的界限的。”但也说道：“我写此书，自信话还说得明白的；也不至于十分肤浅。程度低一点的人，不至于看不懂；高一点的人，浏览一过，也还不至于十分乏味。”可见，本书是一部浅显易懂的简明读物。

中国民族革命小史　1938年10月上海一般书店铅印本。

周木斋著。周木斋有《远东的民族解放运动》，已著录。《一般文库》本。本书分中国所受的两种侵略，东晋的抗战，南宋的抗战与忠烈的抗争，反元的民族革命，明末的抗战与清初的反满战争，开始反帝国主义斗争的平英团，革命的宗教暴动和民众暴动，太平天国革命，太平天国革命激起的革命，反帝的反教士斗争与义和团运动，辛亥革命，反帝国主义运动，反日帝国主义运动和抗战，抗日的民族革命战争等14章，记述历史上中国对于外族、外国侵略的抗击，并重点介绍太平天国、辛亥革命、抗日战争等晚近史事。

中国殖民史　1937年上海商务印书馆铅印本。

李长傅编辑。李长傅有《南洋华侨史》，已著录。本书前例言9条，全书共5章，第一章述中国殖民特殊的意义，及关于中国殖民史诸问题。第二章至第五章，分中国殖民史为四个史期，历述其史实：中国殖民之初期，即中国殖民的起源；中国势力时代，即元代的殖民侵略和明初的殖民事业；中西势力接触时代，即西方资本主义殖民势力侵入；欧人势力时代，即使中国沦为半殖民地的过程。每节之后列举参考文献。

中西对照历代纪年图表　1933年商务印书馆铅印本。

万国鼎编。万国鼎有《井田之谜》，已著录。中国历史悠久，研究所据之材料，以正史为主，各书沿用各个政权的年号纪年，时间之贯通与比对，需要标准之年表作为参照。本书即以中国历朝历代纪年，对照西方公元纪年，制成统一表格，供学者、普通读者参考。虽然其原理颇为简单，但却是不可或缺的治史、读史的工具书。全书包括历代纪要、历代兴亡久暂图、历代分合传授图、姬周共和以前帝王表、中西纪年对照表及说明。另有东周列国年表、晋十六国年表、五代十国年表、民国纪元前年数推算法、西元甲子检查表、太岁纪年表、日本皇统年号表七种。最后附索引及说明，索引排列使用作者自创的《汉字母笔排列法》。1955年，本书经陈梦家、万斯年、戚志芬一起增订，重编索引，改名《中国历史纪年表》，重新出版，至今仍是最通用的历史年号工具书之一。

历代讳字谱　1932年毗陵张氏刻《小双寂庵丛书》本。

张惟骧撰。张惟骧（1883～1948），初名惟让，字季易，一作寄逸。江苏武进人。本书所收为中国历代避讳字，前有张惟骧自序及凡例13则，述旨趣甚明。全书分为上下两卷，上卷搜集历代帝王讳字300余个，上起自汉高祖刘邦，下止于清宣统溥仪。将所收之历代帝王讳字，以平水韵为序排列。因此，使用本书查检避讳字，首先必须熟悉韵部，不熟悉韵部者还需要借助于其他工具书，将要查检之字所属韵部，一一查出才能正常使用。下卷所收系因避讳所改之字，共计691个。下卷排列顺序与上卷同，查检方法亦与上卷无异。另外，本书还集有自西汉刘长（刘安之父），至宋朱松（朱熹之父）的家讳46字。这一部分对研究有关的私家著述，以及因其家讳而使用之借字，有一定的参考价值。但由于是按平水韵排列，今人使用起来略显不便。

史记考索　1943年开明书店铅印本；1948年开明书店再版。

朱东润著。朱东润有《中国文学批评史大纲》，已著录。抗战期间，朱氏在四川乐山武汉大学任教，以半年时间讲授《史记》，本书即当时研究心得之结集。全书共18篇，论史例者4篇：史记终于太初考、史记纪表书世家传说例、史赞质疑、史记序传质疑；论史实者3篇：楚人建置考、读高祖功臣侯年表书后、汉初匈奴大事年表；论史注者4篇：史记徐广本异文考证、裴骃史记集解说例、司马贞史记索引说例、张守节史记正义说例；论辑佚者3篇：史记正义本异文考、邹诞生史记音义辑佚、刘伯庄史记音义辑佚；附录4篇：太史公年谱订正、太史公名称考、史记名称考、史记百三篇伪窜考。因适逢战乱，撰写主要参考泷川资言之《史记会注考证》，邹诞生音义则出自慧琳《一切经音义》。本书对《史记》的名称、体例、历代主要注本都作了详细考察，并对作者司马迁的生平梳理，虽未面面俱到，但对部分重要问题有一定的开拓之功。

燕石札记　1937年商务印书馆《光华大学丛书》本。

吕思勉著。吕氏自幼读书便有札记之作，本拟以经、史、子三编，陆续写定刊行，羁于庶务，迟迟未杀青。稿或为友人、诸生索去，刊于报端。吕氏见书稿积少成多，乃以成稿勒为一编。凡67篇，自说经之《六艺》《原易》《孔壁》等，间及《管子·轻重》4篇，博涉甲乙丙三部，而以史部最多。自先秦下至魏晋，论《清谈》者5篇，今日观之，不甚惬意。而以论民族史最可观，如《越之姓》《越裳》《扬越》《秦平南越》《闽越民复出》《山越》等，论诸越也；如《匈奴为夏后氏苗裔》《匈奴风俗》《匈奴文字》《匈奴官制》《匈奴人口》《匈奴不讳名而无姓字》，论匈奴也。至于《左右史》《周氏五史》《太史公书亡篇》《守藏室之史》，聚说纷纭，则能不宥于成说，皆出己见。

最近日人研究中国学术之一斑　1936年常熟王氏铅印本。

王古鲁编撰。王古鲁有《言语学通论》，已著录。尝留学日本，其任金陵大学中国文化研究所研究员期间，曾以"日本学者研究中国学术概观"等专题作过系列研究。本书概括了明治维新以来日本对中国学术的研究概况，分为4章：首先是对学术研究人才培养机构，日本的普通、特殊两类各式学校中的中国学术研究情况作介绍；其次是专门研究机构，以及收藏中国学术资料的各公立图书馆、私立文库如宫内省图书寮、内阁文库、足利学校、东洋文库、静嘉堂文库、斯文会等的概述；第三是罗列了各日属机构对中国问题研究的主题与刊物等，其中涉及比较著名的机构有东亚同文会、东洋协会、满洲文化协会、日满文化协会、外务省、参谋本部、南满洲铁道株式会社、前青岛守备司令部、台湾总督府等；再次是有关中日庚子赔款所办的文化事业，涉及到著名的东方文化事业总委员会从创立到结束的整个过程。最后附录《明治维新以来日人研究中国学术的趋势》一文，对这一时期的研究大势作了鸟瞰。本书关注当时国际汉学的发展，是近代研究日本汉学史的滥觞之作。

第四节　中国古代史

尚书去伪　1926年泰东图书局铅印本。

支伟成编。支伟成有《标点老子道德经》，已著录。书前有蒋维乔《尚书去伪小序》、黄炎培序，以及1923年10月30日作者所作序例。支伟成从阎若璩之说，存28篇之真，而删去其余各篇，并为之标点、校释，以便学者。全书分引论、尚书渊源、尚书今古文派别(附表)、魏晋迄明尚书流传略史、尚书去伪之发难、尚书篇目考、参考书举要等6章，以及标点校释尚书经文28篇，并附录书序。

尚书研究讲义　民国开明书店石印本。

顾颉刚著。顾颉刚有《周易卦爻辞中的故事》，已著录。本书系顾颉刚20世纪30年代在北京大学、燕京大学讲授上古史所编讲义之一种。也是他研究《尚书》的代表性著作。第一册专评《尧典》，第二册为《尧典》讨论材料的长编。主要结论是今本《尧典》全部是汉武帝时代的作品。全书分为甲、乙、丙、丁、戊、己六种，甲种为《尚书》本文，乙种为伪古文《尚书》本文，丙种为作者对《尚书》各篇的评论，丁种为作者对伪古文《尚书》各篇的评论，戊种为作者搜集的有关《尚书》学中的问题及其讨论的材料摘要，己种为作者与同人有关本讲义的讨论资料。参加撰文讨论的有郭沫若、王树民、郑德坤、张福庆、谭其骧等，以及燕京、北大两校的同学。顾颉刚对于《尚书》的研究重在对古史地理、典章制度的考辨，而与同人的讨论也围绕着这些有关的问题展开，因而比较集中、系统、深入，代表了当时《尚书》研究的水平和最新成果。

殷代奴隶制社会史　1949年5月棠棣出版社铅印本。

吴泽撰。吴泽有《中国历史研究法》，已著录。本书是作者多卷本《中国历史大系》中殷代社会历史卷，全书由殷代世系、地理与殷族的建国，殷代社会的经济构造，殷代社会的政治构造与宗法制，殷代社会的意识形态四大部分组成。关于殷族的族源，作者提出的观点，与龙山、安阳后岗龙山层的考古学文化分布相一致。殷代社会已是青铜时代，生产技术的基础是青铜铸造业，书中仔细分析了殷代青铜器的渊源、成分、形制和分期，进而讨论了石器与青铜器并存关系中的主次问题，农业生产工具的性质问题，以及殷代用铁与否的问题。殷代的社会构成，主要是以"王"或"帝"为首的奴隶主阶级和奴隶阶级的对立，国家形态是专制主义君主制。作者对“殷代封建说”提出了批评，认为殷代社会确实存在着像后世封建社会中所具有的某些政治特点，但从殷代的土地所有关系、基本生产者的奴隶地位，及其二者相结合而成生产方式看，尚得不出殷代为封建社会的结论。从研究甲骨文中所见的亲属称谓入手，作者认为殷代的婚姻关系早已越过了半群婚制的阶段，进入一夫一妻制社会。本书利用甲骨文和新出考古材料，论证了殷代的社会性质，成为殷代奴隶社会论的代表性著作。中国在书中鲜明地提出，中国社会历史发展过程中，并未空白奴隶制社会阶段，殷代即中国的奴隶社会，而且具有浓厚的亚细亚特征。本书对马克思主义史学在中国的发展，对中国古代社会的认识贡献颇大。

先秦史 1941年开明书店铅印本。

吕思勉著。吕思勉有《先秦学术概论》，已著录。全书分两部分。前半部第一章至第九章是政治史，按历史顺序编排，各章题目为总论、古史材料、民族原始、古史年代、开辟传说、三皇事迹、五帝事迹、夏段西周事迹和春秋战国事迹。后半部第十章至第十六章是社会、经济、文化史，采用分门别类的叙述方法，分为民族疆域、社会组织、农工商业、衣食住行、政治制度、宗教艺术等类别，最后一章为结论。在政治史方面，作者着重抓住各个阶段主要政治斗争作为贯穿的线索；在社会经济和政治制度方面，作者注意分析各种制度的起源和变化，其中有不少精辟的见解。由于当时的局限，作者未能依据甲骨文、金文等以补史料的不足。

秦汉史 1947年开明书店铅印本。

吕思勉著。由于作者对前四史所下功夫很深，故对秦汉时期历史的叙述和分析十分扎实而有条理。作者认为，就秦汉社会组织来讲，新莽和东汉之间是一大界限，从此豪强大族势力不断增长，封建依附关系进一步加强，终于导致长期割据分裂的局面。本书共20章，第一章总论，第二章至第十二章，将秦汉、三国分为十一个段落，进行纵向梳理，采用纪事本末体，既有全面系统的叙述，又有比较详细的重点阐释。对豪强、奴客、门生、部曲、游侠作了重点探讨。第十三章至第二十章为第二部分，涉及政治、经济、文化等方面，仿照旧史叙述典章制度的体例，在政治制度和文化学术部分颇多创见。作者强调，神仙家求不死之药，非尽虚幻，不少内容与医学有关。至于道教的起源，当与附会黄老的神仙家、巫术家有关，当时分为二派流传：一派与士大夫结交，一派流传民间。两派宗旨不同而信奉之神没有差别，道教正是由于两派的交错发展而形成的。其不足之处在于没有利用新发现的考古资料，没有将地下史料和纸上史料密切结合起来。

三国志 1933年商务印书馆铅印本。

王钟麒选注。王钟麒有《中国学术思想演进史》等，已著录。此书为《学生国学丛书》之一种。系从陈寿《三国志》中选录重要篇目，加以注释、说明。除选录武帝曹操、文帝曹丕、刘备、刘禅、孙权、孙皓等人传记外，兼及各朝，又别录诸臣传。书前有1929年5月5日王氏所作绪论，分三国时势之鸟瞰、三国史迹之撰述、陈寿传略、裴松之传略、陈书裴注之评论、匡翼《三国志》之群籍、选录之标准与注例之说明等七方面，对于三国时期的历史背景、史书之留存情况、《三国志》的作者和注者生平，以及研究《三国志》的参考书，本书选录的标准和注释的要点，分别作了详细说明。全书仍按《三国志》魏、蜀、吴三志顺序，进行选注。书前有目录，一般主要人物下附次要人物，每篇传记分节后，逐节逐句进行注释，涉及时间、地理、人物、典故等方方面面，务求详简得当，便于学子理解与阅读。

三国史略 1934年上海商务印书馆铅印本。

王钟麒著。本书记述三国间史事。共分14节：时势之鸟瞰、黄巾之动乱、董卓之凶恣与凉州诸将之挠政、山东同盟与曹操挺起、袁曹之斗与群雄并灭、孙氏之据有江东、刘备之初起与入蜀、曹丕篡汉与蜀吴自立、蜀吴之和战、诸葛亮之治迹、辽东入魏与交州入吴、魏吴交争与吴廷变故、司马氏世专魏政、蜀汉之亡与司马炎之代魏平吴。内容颇为通俗简易。

三国史话 1943年开明书店《文化社丛书》本。

吕思勉著。本书是吕思勉生前所作惟一一部通俗性史学作品。由于通俗作品《三国演义》所梳理的事件与刻画的人物，早已深入人心，影响深远，本书旨在从历史研究的角度纠正从前观点的谬误，或陈述一些前人所忽略事情。这在书前的楔子中已清楚加以申明。全书16章，集中对魏、蜀两国，尤其是曹魏的考察。以丰富的历史知识为基础，选取代表性的人和事，从文学和史学的角度，对三国史上存在过的与三国文学中塑造的人物、事件、战争及地理环境作了细致的区分。同时，对许多重大的历史问题进行了深入的辨析，提出不少有价值的见解，如赤壁之战的真相、替魏武帝辩诬、替魏延辩诬等。本书注重对社会的综合研究，能融会贯通，评论则往往独具只眼。

晋之统一与八王之乱 1931年商务印书馆铅印本。

王钟麒著。本书为《中国历史丛书》之一种。纪事本末体简明晋史，共分15节。从司马氏代魏起，至八王之乱止。目录如下：司马氏之代魏开晋、孙皓之立与羊陆之交、羊陆之殁与定计伐吴、分道平吴与晋室统一、孙皓入洛与浑濬争功、广封宗亲与撤废州郡武备、相猜之潮与惠帝之嗣、八王大乱之序幕——贾后之初纵、贾后之极恣与汝南楚王之先覆、贾后之废死与赵王之篡立、赵王之废死与齐王之起、齐王之覆灭与成都长沙之代兴、成都河间之合兵与长沙之见杀、成都河间之迭霸与东海之挺起、八王大乱之终结——东海之独占与成都河间之就夷。书中用相当篇幅记述贾后专权与废死的史实。

两晋南北朝史 1948年上海开明书店铅印本。

吕思勉著。本书与吕氏《秦汉史》相衔接，体例亦与之同。全书凡24章，分上下两册，上册为政治史，分国论述两晋南北朝时期的史实。这一时期为我国历史上最错综复杂的阶段之一，加之相关官修史书数量非常可观，作者能将之梳理得条例井然，除了分析促进经济发展的社会与政治原因外，又能注意到君主之历史作用，论述细密，实属不易；下册可视为制度史，分述这一时期之社会组织、社会等级、人民生计、实业、人民生活、政治制度、学术、宗教等，与上册纵横交错，向人们展示全面的历史面貌。全书以正史、《通鉴》为本，而不盲目迷信，间有对诸史的驳正。正文大字后，有单行小字注解，说明依据所在及相关看法，尤便读者。据其自述，本书的总论颇值得一看。另外发见魏收之伪造与讳饰，表彰抗魏义民、表彰陈武帝，钩考物价、工资、资产及论选举制度，皆其亮点。本书因作于日寇侵略时，论五胡一段，意在激扬民族主义，稍失其平，需加注意。

五胡二十国史表 1928年上海震旦大学铅印本。

陆翔辑著。陆翔(1883～?)字云伯，江苏吴江人。画家陆恢之子。精通外文，在上海任教职数十年。本书共包括三个史表：纪年表，逐年记载要事；世系表，记录各国帝王世系；舆地表，详列州郡以定疆域。以上三表，以表格形式将一百六十余年间、二十国起并分合、兼并角逐的形迹，加以系统的摘要说明，为这一百六十多年的纷繁混乱的历史，勾勒出较为清晰的眉目，理出较为系统的脉络。制表的依据、渊源以及具体用法，详见书前凡例。书后附注"起晋惠帝咸康五年，讫宋武帝大明四年，凡一百六十八年"。按："咸康"为晋成帝年号，此处当为"元康"之误，自晋惠帝元康五年(295)至宋孝武帝大明四年(460)，共计一百六十五年。而据"纪年表"起讫年分推算，五胡二十国更替共一百六十六年，对照年表亦如此，与附注"凡一百六十八年"差两年，故在使用此表时须核对史书原文，以免出现舛误。

五朝门第 1943年金陵大学中国文化研究所油印《中国文化研究所丛刊乙种》本。

王伊同撰。王伊同(1914～2016)，字斯大。江苏江阴人。毕业金陵大学、燕京大学，曾任金陵大学教职。旋留学美国哈佛大学东语系，定居美国。本书为其燕京大学毕业后所作，得到张采田推介，拟刊入哈佛燕京学社专刊，因战事未果，乃以学社经费交金陵大学中文文化研究所在四川成都印行。全书分上下两册，上册论文，下册附表。论文8章，为总论晋、宋、齐、梁、陈五朝门第观念的由来、门第的特殊性等问题，其后依次研讨五朝之氏族、高门在政治上之优遇、私门政治之盛衰、高门在政治上之垄断、附属高门之奴客、高门之风范、高门之习俗，末附录五朝谱学。下册收录高门世系婚姻表六十余幅。王氏就读教会大学，深受燕京洪业、邓之诚、张采田等学者影响，治学撰文，中西参合，故行文典雅，注释严谨，制表精密，在书中表现尤为突出。近代以来，有关南北朝时期门阀制度的形成及其对政治、历史的影响之研究，本书取径之巧，论说之密，无出其右者。

蒙兀儿元史 1934年刻本。

屠寄著。屠寄（1356～1921），字敬山，号结一宧主人。江苏武进人。光绪十八年（1892）进士。曾任工部主事、京师大学堂正教习、民国北京大学国史馆总纂等职。治学长于史地，学风严谨，尤致力于蒙古史、元史研究。著有《蒙兀儿史记》《洛阳伽蓝记疏证》等。本书是纪传体蒙古史，凡160卷（其中14卷有目无文）。蒙兀儿，以蒙古祖先出自唐蒙兀室韦，故以此名之。本书之编纂，主要在于改写明修《元史》，并补正其阙误，但内容已超出旧《元史》所记范围，故名《蒙兀儿元史》。全书记事，从时间跨度上讲，主要加强了对《元史》本来较薄弱的蒙古族起源及先元四朝历史的叙述。根据《元朝秘史》《圣武亲征录》等史料，作《世纪》，专记蒙古祖先事迹。对成吉思汗至蒙哥时史事，也根据史料做了补充。对《元史》未涉及的元亡后蒙古族的活动情况，原拟作《后纪》，但未成稿。另外，书中还增立了四百多人列传，尤其弄清了有关窝阔台汗国以及蒙元时代不少重要蒙古宗王及其他人物的活动。本书取材广博，除各种汉文蒙元史籍、元人文集、金石志、方志资料外，还尽可能利用了当时所搜集到的外文史料；考证精详，在运用各种史料和参考吸收清代学者研究成果时，很少盲从，往往经过仔细辨析后才慎加取舍，并能注意纠正前人失误。在思想上也表现出不少进步观点，力倡民族平等和民主观念。在近代完成的几部《元史》改写著作中，本书最晚出，功力最深，在国际学术界也颇受好评。

明元清系通纪 1934年上海商务印书馆铅印本。

孟森著。孟森有《新编法学通论》，已著录。民国间，曾任教南京中央大学历史系，主讲清史。本书原拟40卷，1934年出版16卷，分前编1卷，正编15卷。用编年体，以明代的纪元，叙清代的世系。作者以二十余年时间，搜集材料，除本国史籍外，多采朝鲜实录，积累极富。叙述满洲起源、世系，增《明史》所削，补《清史》所讳。本书把清肇祖猛哥帖木儿以前事迹，列入前编；肇祖与明太祖同时，从明洪武时逐年叙述，至明嘉靖三年（1524）为止，已达15卷（以后各卷未出），为研究清代前期历史的重要资料。

心史丛刊 1916～1917年商务印书馆铅印本。

孟森著。《心史丛刊》3集16种。孟森民国时曾聘于南京中央大学历史系，主讲清史课程。其清史的研究成果显著，被史学界誉为我国近代清史学派的开山祖。本书为孟森早年研究清史之作，多记江南之事。书前有其自序，云："有清易代之后，史无成书，谈故事者乐数清代事实。"又云："吾曹于清一代，原无所加甚其爱憎，特传疑传信为操觚者之责，不欲随波逐流，辄于谈清故者有所辨正，偶举一事，不惮罗列旧说，稍稍详其原委，非敢务博贪多，冀折衷少得真相耳。"本书分为三集，其中有关文学的论著见于二、三两集。二集所收5篇并附1篇，涉及明代传奇本事、清初纪事诗笺释及作家生平考证等。三集所收7篇，多为有关明清小说及传说的考辨。本书不仅可作清史研究之用，也是反映当时江南现状的重要资料。

清朝前纪 1930年商务印书馆铅印本。

孟森撰。本书即其任教期间所作清史讲义之一部分，顾名思义，是研究清政权建立以前历史的著作。孟森虽为清廷臣子，却是在清政权灭亡以后，系统研究、教授清史的先驱。他继承了乾嘉以来传统的考据方法，利用正史及《东华录》《清实录》、明清人笔记等资料，对满族的发展与壮大、与明王朝的关系等，进行深入探讨。在书一开始，他即以"满洲名称考"，辨析"满洲"这一名称的缘起、衍变的经过，加以准确定义，平息了中日两国学者的纷争。继而详列全书纲目，从第三篇《女真纪第一》开始，沿用纪传体的体例，以人物为中心，从女真、建州等开始，对清政权未入主中原前的早期事迹，逐一加以勾稽，补充了清太祖以前有关满族政权的基本史实。本书实为清王朝的开国史。

孟心史先生遗著 1936年国立北平图书馆铅印本。

孟森著。本书系孟森去世后，汇编其在《故宫文献论丛》、北平研究院《史学集刊》《北京大学季刊》《北平图书馆馆刊》等刊物中发表的论文而成。以明清文献资料及考证为主，另附对《水经注》疑辨和《汉书人名通检》等。

清代通史 1927年商务印书馆铅印本；1931年商务印书馆再版(两卷本)。

萧一山撰。萧一山有《民族之路》，已著录。作者在北京大学读书期间，有感于日本人稻叶岩吉于所作《清朝全史》"观点纰缪，疏舛颇多"，遂发愤撰成《清代通史》上卷，于1923年版，深受好评，孙中山更为题写书名。两年后，中卷出版。1927年，商务印书馆合并出版上、中两卷本，而下卷至上世纪60年代方正式告成。本书前有日本学者今西龙、梁启超序，评价颇高。导言后有《大事表》《清帝爱新觉罗世系表》。上卷7篇34章，前六篇记后金汗国之成立到康、雍时代史实，第七篇述清初学术思想大势，含经学、理学、文学三章。中卷4篇20章，记乾隆至鸦片战争时期史实，第三篇六章述乾嘉间学术之盛，尤以经学为重。卷前有《清代外交约章表》。本书作为普通史写作的代表，以一己之力完成的百科全书式巨著，出版后受到广泛好评。本书历经80年，不断再版，足证其影响长久不衰。

清代史 1945年商务印书馆铅印本；1948年商务印书馆再版(《新中学文库》本)。

萧一山著。本书原名《清史大纲》，作者自言"一部清史，就是一部中国近代史"。全书10章，述后金建国至辛亥革命二百余载史事，以"民族革命史观"贯穿全书。其中第二、第五、第六、第十四章标题即冠以"民族革命"字样。具体分为三个阶段：第一时期从郑成功抗清开始，中经康雍乾嘉四朝，直至太平天国，革命的对象为满清，主力为天地会、太平军，虽未推翻政权，但使汉族逐渐掌权；第二时期从鸦片战争失败、门户开放至清末，革命的对象为帝国主义列强，主力为维新人士、革命党，最终推翻清廷，建立民国；第三时期从民国初年讨袁运动开始，一直到抗战，革命的对象从列强变为日本帝国主义，主力为国民党，努力实现抗战胜利。三者之间，又有一贯性、连环性。较之《清代通史》，本书篇幅骤减，且线索更简明，行文更通俗，便于大众之阅读、了解历史，为战时激励民族自强之心，起到积极作用。

清代通史卷下讲稿辩论集 1934年中华印书局铅印本。

萧一山著。本书收信函8件，内容均为作者与陈恭禄就《清代通史》下卷展开的辩论。卷首有太平天国有关文件16种、照片1页(附说明)，其下依次为《为清代通史下卷讲稿批评事致大公报文副编者书》《附陈恭禄评萧一山清代通史下卷第一二册》《附文学副刊编者案语》《为清代通史卷下讲稿批评事再致大公报文副编者吴宓君书》《附函论文翰与徐广缙禁英人入城事》《附陈恭禄为清代通史下卷答萧一山君》《补答陈恭禄论错误十例(二十三年七月补作未登报纸)》《陈恭禄为清代通史下卷再答萧一山君(附一山批注)》。书后附印《萧一山为清代通史请国内外学者赐教启事》一页，向国内外同道征求相关意见与建议。

清代学者生卒及著述表 1931年《北平文史学院讲稿》本。

萧一山著。本书系萧氏配合《清代通史》之讲授而作，最终作为三卷本《通史》附表之五。以表格的形式，依次记载人名、籍贯、生卒、著述四项，当时曾借顾颉刚《清籍考》稿本参考，故得以事半功倍。全书收录有清一代学者自沈国模(1575～1656)至刘师培(1887～1919)凡947人，加补遗25人，已近千人，内含当时尚健在之章炳麟、罗振玉等。按生年先后为序，十朝分作十段，乾隆一朝即有318人，各朝学术之盛衰，一目了然。四项之中，尤重于著述，但凡有著作者，无论已刊未刊，均加登录。已刊而版本繁复者，择要收录并附说明。生卒年排序以生年为序，不可考者次于同辈之间，稍有参差，不致大谬。对于中西历换算，对生年跨越两年首尾，与他家或生歧异，萧氏也有所注意，但限于体例，未逐一说明。1941年商务印书馆重印此书，更名为《清代学者著述表》。

清代督抚表 民国时期北平文史政治学院铅印本。

萧一山著。本书原为北平文史政治学院讲稿，以表格的形式介绍清代十朝的总督、巡抚出任情况。分总督(上、下篇)、巡抚(上、下篇)等4篇。上篇记自顺治至嘉庆五朝，下篇记自道光至宣统五朝。表中以人为纲，包括在任年月及革免、调迁、病卒、裁罢、召觐、差殉等项。

苏松常镇总兵将领清册　1924年东方学会《史料丛刊初编》本(第7册)。

罗振玉录。罗振玉有《殷虚书契考释》，已著录。苏松常镇，指清朝在江苏省设立的苏州府、松江府(今上海)、常州府、镇江府四府，本《清册》记录了顺治四年(1647)四府应议用的提督、总兵、将领等在职官员名单及其履历，以便报送兵马总营制册，备朝廷查核。履历项包括征召年份、官职、功绩等。在任职方式上，有特荐、旨调、旨从、钦命、钦赐、顺奉、投见等。本清册对了解清朝调用将领、监察职务、填补职位空缺等制度有一定作用。

第五节　中国近现代史

中国近代史　1935年商务印书馆铅印本。

陈恭禄著。陈恭禄有《日本全史》，已著录。本书纪事起自鸦片战争，迄于著书之时代，共19篇。作者以为近百年来，中国国际关系根本改变，举凡政治制度、社会经济、思想文化无不受外来文化之影响，故其事迹迥异于前，自成一时代。明了这百年史，可以洞悉当时中国的国际地位、政治嬗变、外交趋势、社会动荡、经济状况、人口问题，从而分析其原因，总结其教训，辨别得失。撰述按时代发展的逻辑顺序组织篇章。开篇鸦片战争前之中国，论述中国地理环境、民族、行政及社会状态，指出鸦片战争前夕国内人口激增、吏治腐败、人民反抗日渐增多，社会问题日趋严重，同时追溯了明清以来中西交通之发展、曲折及其困境，揭示了近代中国中西冲突这一历史主题。第二、三两篇叙述两次鸦片战争及这一时期西方资本主义对中国的侵略行径，认为清廷战败，由于不知英国之情状，海陆军之实力，太过自信，造成祸机，以致无法挽救。尤值得后人深思的是，战争期间及和议成后，朝臣疆吏尚未醒悟。第四、五两篇论述太平天国运动、捻军及西北、西南回、苗民起义，认为内乱之起，以人口增加、政治腐败、秘密社会活动为主因。其中详述太平天国的政治、军事、经济制度及其思想，兼及湘淮军之兴起及其镇压农民起义的活动。第六、七篇专写同光间洋务运动，尤重于这一时期的外交活动。第八、九两篇，论述中日甲午战争之缘起、经过及中国战败后的割地、赔款，以及西方借此各国插手中国事务。第十篇介绍康梁变法，以求自强的维新运动。第十一、十二篇记变法失败后，义和团运动的兴起、经过及失败。第十三、十四篇介绍辛丑之后，清廷立宪，孙中山领导革命，推翻满清，建立中华民国这一历史过程。第十五篇，记述近代以来中国社会各个阶层的状况。第十六、十七篇叙述1912年以来北京政府的政治变动、各项建设与军阀混战，至五四以来国共合作，北伐到南京国民政府成立，中国共产党的兴起和挫败。第十八篇结论。最后一篇概述史料，介绍档案、官书、日记、文集、书信等各类史料之价值及其分布。本书内容广博，重视近代中西冲突，其一大特色就是侧重于外交史。

近代秘密社会史料　1935年国立北平研究院总办事处出版社铅印本。

萧一山编。本书凡4册。上世纪30年代，萧一山在英国伦敦不列颠博物院发现该书原本，为晚清粤人抄录天地会文件，经英国汲尔夫人购得，携带回国。萧氏费时两月，抄录天地会文件数百页，回国后加以整理，并附上自己的研究成果，汇编成6卷。卷首为有关天地会图与起源等考证，图共4幅，计洪门总图4幅，洪门会场图、木杨城图、会场陈设图、三合会所图各1幅；卷二源流；卷三誓词、祝文；卷四口白；卷五诗句；卷六茶阵、杂录等；卷八图像、碑亭、旗帜、腰凭等。本书是研究晚清帮会历史与制度的重要文献资料。

太平天国革命史　1931商务印书馆铅印本。

王钟麒著。王钟麒有《中国学术思想演进史》，已著录。本书为《新时代史地丛书》之一种。主要记述太平天国兴起到灭亡的历史。共分22节：革命开幕时之社会背景、上帝教之创立与传布、金田起兵与清廷之应付、太平天国之初建、北出湖南与规取武汉、沿江东下与奠定天京、北伐中原、力争上游、湘军出犯与楚中之角逐、赣局之争战与武汉之沦丧、江西之失与两皖之战、下游之奋斗与杨韦之乱、翼王之别途发展、忠王之初起与英王之勇略、天京围解与经略东南、安庆之失与英王之死、上海之牵制与外人态度之转变、苏常之失、两浙之失、天京之陷落与天王忠王之殉国、幼主之被擒与余众之消亡、太平天国革命之意义。卷末附录官等表、诸王列侯表、大事年表及参考书目。

中日甲午战争之外交背景 1937年国立清华大学铅印本。

王信忠著。王信忠，又名迅中。江苏南通人。毕业清华大学研究院，师从蒋廷黻，致力于日本史、中日外交史的研究。本书是其日本留学期间，在清华大学毕业论文的基础上，利用新出史料加以修订后出版的。全书以中日两国对待朝鲜问题为主要线索，考察中日甲午战争爆发的背景情况。故以朝鲜问题为开端，而以中日战争为结果，分为10章，回顾了作为附庸国的朝鲜，在明清数百年间，日本对它的觊觎与侵袭，同时还有中国对它的保护措施。直到日本通过明治维新，实现自强之后，逐步侵蚀朝鲜，使之日渐脱离中国的控制，以至通过甲午战争，签订《马关条约》，达成其最终实际操控朝鲜的目的。其中涉及朝鲜内部壬午、甲申两次事变，金玉均暗杀事件与东学党之乱，中日两国势力的渗透与博弈，揭示中日出兵、李鸿章求和的相关细节，讨论中日开战的深层原因。书后附有详细的日志及相关条约全文。本书出版之时，正逢中日战争再次爆发，无疑具有重要的历史价值与现实意义。

愚斋存稿 1939年武进盛氏思补楼刻本。

盛宣怀著。盛宣怀(1844～1916)，字吉荪，又字幼勖，号愚斋，止叟。江苏武进人。近代著名实业家、教育家。本书初刊100卷，由盛氏后人选辑盛宣怀部分档案资料而成。起自清光绪二十年(1895)，终于宣统三年(1911)，包括奏稿20卷，电奏3卷及朋僚电稿77卷。卷首为愚斋遗像1幅，神道碑、墓志铭、行述各1篇及序6篇，卷末附有碑文5篇，吕景端跋2篇，选编者后记1篇及《愚斋东游日记》。本书仅选盛氏遗稿中的奏稿和电稿两部分，而更多的公文、信函、账册、地图、照片、条约、诗文、日记本、章程和合同等等，则一概不录。本书为研究盛宣怀及清末历史提供了极具价值的原始资料。后来《愚斋存稿》陆续有增补，最终成书120卷。

赵凤昌藏札 稿本，国家图书馆藏。

赵凤昌、赵叔雍辑。赵凤昌(1856～1938)，字竹君，号松雪道人，又号惜阴、惜阴主人。江苏武进(今常州)人。赵叔雍(1897～1956)，字尊岳，又名赵志学、乃谦。凤昌子。《赵凤昌藏札》是原赵凤昌、赵叔雍父子收藏、整理、装帧的书札集册，经折装，共计109册，现藏于国家图书馆名家手稿文库。藏札主要为名家致赵氏父子的书信，以及赵凤昌收藏的各家致张之洞书信及晚晴至民国初年的电报、奏折等，共计2 729件。藏札原件封面和首页均无提名，亦无题跋和印章。藏札是研究辛亥革命、南北议和的重要资料，具有相当高的历史价值。藏札原为赵氏后人所藏，后遗失，又辗转至上海图书馆，又因其历史价值，被调至北京，藏入国家图书馆。这批藏札所涉人物众多，不仅有政治人物，还有词曲家、书画家、出版家、藏书家、慈善家等，范围甚广，内容丰富，除历史、文化教育、刻书印书等资料外，还有一大部分诗词文集，涉及晚清至民国时期政治、经济、军事、文化、教育等各个方面。

秋梦录 《南京文献》1947年第5号。

王孝煃撰。王孝煃(1877～1947)，字东培，一字寄沤。江苏上元(今南京)人。平生淡泊寡欲，以诗文、书画自娱，与王伯沆并称"二王"。抗战期间，南京沦陷，王氏避难四川江津。抗战胜利后回宁，与石凌汉、仇埰、夏仁溥等结如社。其著作《里乘备识》《乡饮脍谈》《北窗琐言》《游梁杂识》4种，收入《南京文献》1948年第22号王孝煃著作专号。《秋梦录》记录辛亥革命期间，作者在南京的见闻。始于宣统三年(1911)八月十九日武昌起义爆发，终于同年十一月初十日。主要反映了辛亥革命前后，南京的政局变动、社会改革和革命经过，同时牵连涉及本地百姓的遭遇与生活变化，也略记外地兵事的消息。通过此段日记，可以看到辛亥革命对清末时局的影响与政权更替的种种细节。

镇江十日记 1922年铅印本。

顾敦弼撰。顾敦弼，字佑人，江苏丹徒人。本书记辛亥革命时镇江光复事。作者自题称"仿《扬州十日记》，作于黄帝纪元四千六百九十年十月初儿日"。记录时间自辛亥年(1911)九月十七日至二十八日，所记不止十天，取诗三百十一篇而言三百篇之义，举其大数而已。作者认为这几天是镇江旗民生死存亡之关键，顾氏曾亲自办理有关事务。顾氏因取自己之经历，并博采他人所说，写成此书。书中所记都是本邑人士所共见共闻者。前半部分记光复镇江事，后半部分记保全旗人事。作者认为本书虽仿《扬州十日记》而作，但本邑绅商学界对于旗人务及优待，使其生命财产不遭蹂躏，和清兵入关时扬州之十日不可同年而语。

无锡光复志　1913年无锡铅印本。

钱基博撰。钱基博有《经学通志》，已著录。清宣统三年(1911)九月十六日，无锡光复，成立锡金军政分府。钱基博受援淮总司令顾忠琛之聘，任少校参谋，参与军政分府一些重要文件的起草工作。1913年，时任军政分府总理的秦毓鎏参加国民党“二次革命”，起兵讨袁，失败后被袁世凯政府逮捕入狱。钱基博撰写本书，即为秦毓鎏等鸣不平。全书分匡复篇、军政篇、财政篇、民政篇、司法篇、自叙篇六部分。匡复篇记述光复无锡的经过，此后数篇依次介绍无锡军政分府的军政、财政、民政、司法等情况。自叙篇为自身家世渊源的简介。书前有照片17帧，书后附《无锡光复志余》，收录《无锡光复门碑记》《无锡民政之碑文》《无锡图书馆碑记》等3篇碑文。

护国军纪实　1935年燕京大学铅印本。

邓之诚撰。邓之诚有《中华二千年史》，已著录。邓之诚从云南两级师范学堂毕业后，曾在云南地方报社任职。23岁时，开始在昆明第一中学任教数年。积极赞助辛亥革命，参与反袁的护国运动，结识了孙中山、黄兴、蔡锷等人，并发表《护国军纪实》。所记自蔡锷云南护国起义始，至1917年滇蜀兵争止。全书分11节：记蔡锷督滇始末第一、记护国军起义始末第二、记蜀湘滇粤间之战第三、记蔡锷督蜀始末第四、记罗佩金督蜀始末第五、记罗戴之争第六、记罗刘之哄第七、记戴戡督蜀始末第八、记戴刘之哄第九、记滇蜀兵争第十、杂记第十一。

常熟筹防要牍备览　1919年无锡成印刷公司铅印本。

钱基厚辑。钱基厚(1887～1975)，字孙卿，晚号孙庵老人。江苏无锡人。南京两江法政学堂毕业。历任无锡市教育会会长、无锡县商会主席。中华人民共和国建立后，任江苏省政协副主席。1916年，杨梦龄任常熟知事。时值洪宪变政，各省纷纷宣告独立，常熟一地，也是聚讼纷纷，谣言四起，人心惶惶，杨氏一以保护商民、维持地方治安为宗旨。杨氏在任凡六月，后调任无锡。邑人感念杨氏保卫地方之功，于是辑录有关文书汇成此编。所录有常熟县知事杨梦龄所上南京军民两长电等电稿、杨梦龄与巡使齐耀琳及相关乡绅之来往函稿。又有常熟绅民等送杨知事诗、杨梦龄留别诗等。

江苏兵灾调查纪实：民国十三年　1924年江苏兵灾各县善后联合会铅印本。

傅焕光撰。傅焕光(1892～1972)，字志章。江苏太仓人。农学家。曾任江苏第一农业学校校长、总理陵园设计委员会委员。中华人民共和国建立后，任安徽省林科所副所长。本书由陈陶遗题签，冯煦、唐文治、王清穆、张一麐、黄炎培、沈恩孚、孟森、郭秉文等八人撰序。主要内容为兵灾各县调查报告、各县兵灾概论、赈务概况等。列有齐卢战争形势图说明，兵灾后之刘河镇、南翔镇、真茹镇、吴淞镇全图，流亡图，灾民图、灾况图，兵灾各县(嘉定、太仓、宝山、青浦、昆山、松江、宜兴、上海、金山)损失统计表等数十种详尽统计图表。附录《江苏救济农业贷款局办法》《兵灾区域明春农业救济办法》《灾区农事救济调查表》《上韩省长论兵灾赈务书》(过探先拟)等。卷首有《缘起》《凡例》和《编者识》。

无锡兵灾记　1925年铅印本。

侯鸿鉴撰。侯鸿鉴(1872～1961)，字葆三，号梦狮、铁梅、病骥、沧一等。江苏无锡人。教育家。曾留学日本弘文学院师范科。1905年创办竞志女校，任校长。辛亥革命后任无锡县临时议会副议长、无锡县教育会会长。1924年第二次直奉战争，奉军获胜南下，江苏督军直系齐燮元被免职，齐军兵溃败退，所经城市无不烧杀抢掠，无锡亦遭严重兵灾。由于无锡商团武装坚守无锡城垣，城中民众生命财产得以保全。然而在被围的9天中，无锡被齐军敲诈银元几十万元；奉军来后，又被迫缴纳“军饷”6万元。兵灾之后，城外商业繁华之区被抢劫焚毁，街区成为一片焦土。惠山名胜之区亦遭重创。本书即为作者就亲历见闻所作无锡兵灾的逐日记录，系不可多得的地方珍贵史料。

江阴战事记　1925年商报馆铅印本。

徐再思编。徐再思(1890～1947),名通,字介常,笔名再思。江苏江阴人。报人。曾创办《晶报》三日刊,并先后任江阴《商报》《民声》《大声》《江声》等报副刊主编。1946 年 9 月,江阴新闻记者公会成立,被推为主席。本书专记齐卢之战江阴人民所受战争之苦。卷首徐再思撰《缘起》云:“我邑惨罹兵灾,所受痛苦深矣。战前备尝拉夫之苦,战时则大遭焚掠之劫。炮火惊天,流弹如雨,置身绝地,生命在呼吸之间。”编者亲身经历了这场战争,事后追忆,有“俨同再世”之感。战后,商报馆钱保和发起编辑江阴战事记,同人遂请徐再思任主编,征集稿件,完成此书的编辑。全书首载江阴战区灾区图、城乡状图等 57 帧。主要内容有:战事之起因,战时之要塞、战前江阴驻兵情形、齐军困守孤城六日记、江阴战区战事记、齐军在城内洗劫情形、齐军骚扰之各乡情形、江阴兵灾善后会纪事、死亡灾民调查补遗、毁屋调查表、战后关于赈恤之紧要公牍(包括兵灾善后会者、旅沪兵灾救济会者、京沪同乡会者、江苏防灾会者、省拨二十万元赈恤款项等问题)、战事拾零、兵灾见闻、罗树森澄锡勘灾记、围城避难记、乙丑海虞警烽记、江阴围城七日记、避难日记、江阴红会记事等。

民国军事近纪附广东军事纪　1926 年 10 月上海商务印书馆铅印本。

丁文江著。丁文江有《中国矿业纪要》,已著录。本书分绪论,直、鲁、豫、三特别区及东三省(一、二),陕西、山西、甘肃、新疆,江苏、浙江,湖北、安徽、江西,福建等 7 章。附《广东军事纪》。记述北洋军阀统治时期北洋各派系的形成、北洋军各师旅建制与沿革,直皖、直奉、江浙战争经过,各地方小军阀的派系起源及其相互间的混战。

丁丑劫后里门闻见录　《南京文献》1947 年第 3 号。

陆咏黄著。陆咏黄,名旋,字连寰,别号咏黄。江苏江宁人,南社社员。正文之前有 1941 年辛巳初冬陆氏所作前言,当时陆氏寄居四川省巴县歇马乡之大磨滩。可见本书系追忆 1937 年滞留南京期间的所见所闻。在南京陷落之前,陆咏黄因病辞职,移居江浦县城养病,闻警后又蛰伏江浦乡间七月之久。由于斧资将罄,不得已返回南京家中,发现门东老宅已经毁于战火,遂借居友人家中 11 月,亲眼目睹日本侵略者种种恶行。正文 6 章,依次简述南京城陷落前后的军事情况,城破之后中国人之惨遭屠戮,日本人之鸠占鹊巢,肆意抢劫,控制商业,并进行文化侵略,以亲善共荣为幌子,扶植傀儡政权,在珠江路大厦中设总机关,下设调查、发掘、抢掠各组,大肆掳掠中国公私藏书(如龙蟠里国学图书馆藏书)、古物(朝天宫所埋藏之物)等,虽经梁鸿志交涉,亦不能阻止。在学校中,又教授日文,奴化学子。汉奸、敌伪组织与无赖为虎作伥,借势欺人,公开贩售鸦片等等。令读者心情沉痛,是南京沦陷后真实情况的珍贵记录。

倭寇祸京始末记　《南京文献》1947 年第 1 号。

陶秀夫撰。陶秀夫,南京市民,侵华日军南京大屠杀幸存者。家住城南剪子巷,是卢前的老邻居。卢前在 1946 年担任南京通志馆馆长期间,竭力搜集有关的资料。陶秀夫受其所邀,写下此文。封面题为“倭寇祸京始末记”,正文题为“日寇祸京始末记”。作者以大屠杀幸存者的亲身经历,详细记录了日寇在南京奸淫掳掠的种种暴行,其中一些细节,可作为控诉口军在华暴行的有力罪证。当年陶秀夫因年老幸免于难.但其堂弟被日寇枪杀,侄子被日寇掷于水面淹死。作者还提到日寇对南京公私藏书的洗劫:“南京自沦陷后,日寇之捆载车驱以去者不知凡几。”“自日寇派有精鉴图书者至,而图书之劫临矣。”“至若私人之藏书,则作者同里之吴老及卢冀野先生,历世所藏之卷帙,亦于房屋被毁时,为回禄挟之以俱去。即以作者而论,先人所传之善本,及本人所购置,亦俱有藏书。不免同情于吴老及卢馆长一掬伤心之泪也。吾尝闻南城藏书家以石云轩先生为最夥,石先生居与青溪相近,此番浩劫,片纸无存。附近之人走相告曰:石君之书,始则日寇以汽车运之,继则匪人以肩担负之,终则日寇举火焚烧之。呜呼,楚人一炬,可怜焦土。”与陆咏黄《丁丑劫后里门闻见录》所记有相互呼应处。

痛史一斑　清稿《耐庵丛著》本,泰州市图书馆藏。

夏兆麐撰。夏兆麐(1885～1948),字绍侯,号耐庵。江苏泰州人。本书分《血影啼痕录》《六一四惨状之详记》《记青墩之战》三篇。《血影啼痕录》又分：第一节敌军威胁情况，记1939年日军战机轰炸泰县县城情形；第二节敌军入城情况，记1941年日军入侵泰县县城的情况；第三节敌军肆虐情况，记日军在泰县县城横行之事；第四节敌军厌战情况，记到抗战后期日军士兵的伤亡、厌战情绪等。《六一四惨状详记》主要记述1939年6月14日，日军飞机轰炸泰州的详细情况。本书是抗战时期泰州地区遭受日寇侵略暴行的实录。

镇江沦陷记　民国铅印本。

张怿伯著。张怿伯(1884～1964)，字文铨，江苏镇江人。16岁入上海电报学堂，毕业后任南京电报局值报。后任北洋海军“海琛”号巡洋舰正电官。辛亥革命中，联络同人，成功起义。民国以后，一度就任安徽赣皖电政管理局文牍员。1916年，回乡从事实业，曾任无敌牌镇江工厂股份两合公司总经理兼无限责任股股东。1937年抗战爆发，遣散公司人员，张怿伯亲自留守镇江。同年12月8日镇江沦陷，他亲身经历日寇烧杀淫掠等种种暴行。次年2月逃亡苏北樊川。他根据“身之所历，足之所至，耳之所闻，目之所见”，记录当时的情况，撰成《镇江沦陷记》。初版包括：沦陷前之种种、一二八日寇陷镇江、劫掠、奸淫、烧杀及伤害污辱、其他种种、笔者的感想，以及杂录等8章，再版时增入第九部分“逃亡后之所闻镇江消息”，对日寇罪行进行揭露和控诉。本书又有1946年张氏重书手稿一种，曾于1998年5月现身北京海王村拍卖会，为人竞去。1999年，嵇钧生重新编注由人民出版社出版，分上、下两编。上编即张氏原书，并附录其《守厂记》、僧人德峻著《焦山沦陷记》、美国人莫龙纳《南京屠城记》及相关经历者的回忆资料。下编为嵇氏撰写的张氏生平及本书的研究、评价。本书系作者自费印刷，免费赠阅，可见其用心良苦。

抗战中的江南　1940年江西上饶战地图书出版社铅印本。

冷欣著。冷欣有《江苏省各县抗战初期的工作实况辑要》，已著录。本书记述著者任江苏省政府委员兼江南行署主任时所辖26个县的民政、财政、经济、教育、文化、军事概况。

江苏省各县抗战初期工作实况辑要　1941年中央政治学校印刷所铅印本。

张迺藩编纂。张迺藩(1905～?)，字效武，江苏涟水人。国立中央大学政治系毕业。1930年任江苏省民政视察，1933年任宿迁县长，1937年任太仓县长，1946年任江苏省第六区行政督察专员兼保安司令，1948年任江苏省第一区行政督察专员兼保安司令。本书系江苏省政府主席陈果夫为了解抗日战争初期江苏沦陷各县的工作情况，总结抗战准备工作、战时行政工作经验，以期指导后方各县开展抗战工作，提供参考，特命张迺藩编纂的，陈并为之作序，阐明宗旨。全书分两大部分，第一部分为《导言》，分《江苏在抗战中的地位》《战事概述》《战时县政方针》等三部分。第二部分为《各县抗战工作概要》，其中又分《战前准备》《战时工作》两部分，下面又详分细目。《战前准备》包括《积储备粮食》《储藏医药卫生材料》《储藏电信材料》《调查交通运输工具及各种资源》《筹备防空》等5章，《战时工作》包括《关于准备事项》《关于运输事项》《关于交通通讯事项》《关于救护事项》《关于防御事项》《关于组训传事项》《关于军政联系事项》《关于县城失陷及县长退出经过》等8章，下又有细目，兹不一一罗列。最后摘录江苏省政府在“七七事变”后指导各县处理有关问题所颁布的法规要案中的26条，以及26个县长各自所作的抗战工作报告。本书是研究抗战期间江苏各县情况的一手材料。

第六节　人物传记

少年歌德　1929年北新书局铅印本。

柳无忌著。柳无忌有《现代英语》，已著录。全书分3章，分别介绍了歌德的孩童时代、求学时代和在狂飙运动中的经历。书前有1929年6月11日柳无忌自序。在自序中他谈到为何要写此书，理由很多：歌德是个有名的作家；歌德的作品虽在中国已有译本，但他的生活却尚无系统的介绍；中国现在的时代，也正如歌德的少年时代一样，充满着狂飙的精神；德国的文艺革命时期后产生了歌德，我们中国的新文学运动成绩又当如何？借他邦的人物可作自己的照镜。

王尔德生活 1929年上海世界书局《生活丛书》本。

王古鲁著。王古鲁有《言语学通论》,已著录。本书为其所著英国唯美主义作家奥斯卡·王尔德(1856～1900)之生平和创作,收入徐蔚南主编《生活丛书》中。书前有徐氏所作《生活丛书发刊旨趣》,后附《丛书》已印各书广告。全书除绪论外,编为24章,末两章为王尔德的生涯及其著作的年表、参考书目。目录前有王尔德像、《约翰与莎乐美》封面两幅插页。全书以时间为顺序,记述了王尔德跌宕起伏的一生,文学创作方面着重介绍了他的代表作《道林格雷的画像》《莎乐美》的诞生及其影响,生活方面则详于他因同性恋倾向而遭到的牢狱之灾,以致最后病逝的悲剧人生。本书相对爱尔兰作家弗兰克·哈里斯的《王尔德之生平与自由》英文版虽然晚出十多年,但作为王尔德传记的中文传记,向国人介绍这位唯美主义作家,却是最早的。

疑年录汇编 1925年张氏小双寂庵刻本。

张惟骧编著。张惟骧有《历代讳字谱》,已著录。清代钱大昕曾考研古今名人的生卒年份,自汉至清共363人,开创体例编成《疑年录》4卷,是当时比较有影响的一本查考历代人物生卒年的工具书。有清嘉庆二十三年(1818)刊本。后诸家续补,有嘉庆二十三年吴修编《续疑年录》4卷,道光十八年(1838)钱椒编《补疑录》4卷,光绪五年(1879)陆心源编《三续疑年录》10卷,光绪二十四年张鸣珂编《疑年赓录》2卷、1923年闵尔昌编《五续疑年录》5卷附录2卷等。张惟骧将上述诸书汇总整理,补缺正误,编成本书,共收录3 928人。刻成后又从粤雅堂本《续疑年录》补得20人,作为《补录》附于卷后。所收人物按年代先后排列。表分为四栏:一年龄,载姓名、字号、年岁和生卒年;二原编:载明辑自何种疑年录;三原注,记录原书的注解;四附注,说明编者本人的考订。书后附有《分韵人表》,把所载人名按诗韵次序排列,以备检索之用。

名人生日表 1927年毗陵张氏小双寂庵刻本。

孙雄编,张惟骧补。孙雄有《郑斋感逝诗》,张惟骧有《历代讳字谱》,均已著录。孙氏编有《名贤生日诗》10卷,收录屈原、郑玄以至曾国藩、胡林翼等50余人生日诗1 100余首,又编《名人生日表》作为附录,刊于前者之后。孙氏所编未及系统整理,便仓促印行。张惟骧在编印《疑年录汇编》之后,主动请缨,将此表重加校定、补订。书前有1927年7月孙雄序,言颠末甚详。正文前有张氏识语,表格分经、纬,经为月,纬为日。限于书籍本身纸幅尺寸,一年十二月,不能悉数开列,故经又一分为二,前半为1～6月,后半为7～12月。前半段之后有附记,为表中个别人物生日之考证。张氏另撰《名人忌日表》,形式与本书同,稿本未刊。

历代帝王疑年录 1930年毗陵张氏刻本。

张惟骧撰。张氏继《疑年录汇编》16卷之后,又采集汉魏以下,至清光绪帝等历代的王的生卒年等材料,编次为《历代帝王疑年录》。始于汉高祖刘邦,讫于清德宗载湉,凡222人,其中,如西楚霸王项羽等,收入附记。十六国之后梁、十国之西辽的主君,没有列入。体例主要先记生卒年齿,次姓氏避讳,次在位年数、国都陵寝,如年龄与前人旧说有不同者,列入附记,详加考证辨析。书前有1925年常熟孙雄序,对此书颇有赞辞。正文分数格,依次为年齿、姓氏、避讳、在位年数、国都、陵寝、附记八项,年齿首称庙号、年龄,次二、三两行记生、卒年。附记主要引证吴荣光《历代名人年谱》。

模范军人 1915年上海商务印书馆铅印本。

孙毓修编。孙毓修有《玄奘》,已著录。本书一套8册,介绍中国历代著名军事将领关羽、岳飞、张飞、赵云、王浚、谢玄、韩擒虎、贺若弼、李靖、尉迟敬德、苏定方、李光弼、郭子仪、曹彬、王彦章、狄青、韩世忠、刘锜、旭烈兀、郭侃、徐达、常遇春、冯胜、蓝玉、戚继光、周遇吉等26人事略。本书各册分别由黎元洪、龙济光、靳云鹏、郑汝成等题签。

明清巍科姓氏录 1930年毗陵张氏刻本。

张惟骧撰。科举考试,是中国文人自隋唐以来晋升的主要途径。至宋开宝元年(968),始定殿试;八年,始分三甲。到了明洪武四年(1371),朱元璋才开始在奉天殿策问中会试者,赐一甲三人进士及第,赐二甲进士出身,赐三甲同进士出身,以此授官,形成定例。但仅沿用宋代状元、榜眼、探花为三鼎甲的旧制,加上二甲第一名传胪,取其尤者4人而已。张氏此书主要收录明、清两代科举考试中会元、三鼎甲及传胪5人的姓名、籍贯，按照年代先后，从洪武四年辛亥科开始，逐一详加登录，下方小字加以考订、附注。书前有1926年常熟孙雄序，同年11月丹徒丁传靖题词。孙序对我国古代科举考试的历史、作用作了简要梳理，同时也提到本书间接反映了明清两代政治的治乱兴衰。从学术史来看，本书只是一部相对简明实用的中国明清两代科举史研究的工具书。

清代朴学大师列传 1925年泰东图书局铅印本。

支伟成著。支伟成有《标点老子道德经》，已著录。作者认为清朝学者的治学方法很有科学精神，因此在前作《安徽朴学大师列传》的基础上，增辑成本书。全书收录清代重要学者370余人的传记，包括生平、学术渊源、成就和著作等资料，按先导大师、北派经学家、吴派经学大师、吴派经学家、皖派经学大师、皖派经学家、常州派今文经学家、湖南派古今文兼采经学家、浙粤派汉宋兼采经学家、南北怀疑派两大家、小学大师、史学大师等25类目编排。所收人物，自明末清初顾炎武以迄清末民初之王先谦，涉及经学、小学、史学、地理学、金石学、校勘目录学、天文、历算、博物等学科，凡学有专长者几乎网罗无遗。作者对诸传的编写，汲取了《清史·儒林传》、江藩《汉学师承记》等成果，并纠正了诸书的阙失。本书是查阅清代学术流派、人物和研究成果颇有价值的一部工具书，从中也可以综合了解清代三百年学术演变的概貌。

屈原与宋玉 1935年商务印书馆铅印本。

陆侃如著。陆侃如与冯沅君有《中国诗史》，已著录。本书为《百科小丛书》之一种。共分6章，介绍屈原、宋玉两位大文学家的生平与文学成就。第一章引论，叙述我国文学的起源及楚民族与楚地文学的概况；第二章屈原的生平；第三章屈原的作品；第四章宋玉的生平；第五章宋玉的作品；第六章余论。

晋唐二大画家 1945年世界书局铅印本。

温肇桐著。温肇桐有《国民教师应有的美术基础知识》，已著录。本书是温氏继《清初六大画家》《元季四大画家》之后所作的晋、唐两位画家的传记。南宗为中国绘画正统，上溯历史可到晋代画家顾恺之、唐代画家王维（摩诘）。本书分成两部分。顾恺之一章，分为3节，依次为晋代绘画概况（晋以前之中国绘画、两晋之绘画与大家）、顾恺之事迹考记（顾恺之生卒名号考、里籍世系考、三绝琐记）、顾恺之画学论述（张彦远论顾恺之画、《女史箴图卷》及其他、顾恺之与中国绘画思想），最后为顾恺之先生年表、参考书目。王维一章，基本结构与顾氏类似。传记内容颇为简明，便于初学美术史者。

宋人轶事汇编 1935年商务印书馆铅印本。

丁传靖撰。丁传靖有《闇公诗存》，已著录。全书20卷，辑录了宋代600多人的遗闻轶事。大体上按年代先后排列。卷一至三为帝后，卷四至十九卷为臣民，最后一卷附故事、杂文等。全书引用书目达500多种，以各种笔记、诗话为主，搜罗丰富，可补正史之不足。一些正史没有专门记载的文人事迹，也赖此书得见大略。前者如陆游与原配唐氏的离异，书中《陆游》一节引《齐东野语》，提到了此事；后者如宋遗民郑思肖、汪元量、龚开等，书内有专节。所引著述，有一小部分是宋以后人所撰辑。材料转引，难免失实。如《郭忠恕》引《宋稗类钞》一则，源出《东坡七集·东坡集》中《郭忠恕画赞》，《宋稗类钞》对苏轼原文有所增减，而又未注明出处。本书引用材料有时有删略，同一性质的材料，删存之间，则有未尽妥贴之处。如上述陆、唐离异事，陈鹄《西塘集耆旧续闻》所载，与《齐东野语》可以比照互参，但本书未加引用。

元季四大画家 1945年世界书局铅印本。

温肇桐著。本书系作者继《清初六大画家》之后的又一部古代画家传记，主要介绍元代四大画家黄公望（大痴）、王蒙（叔明）、倪瓒（云林）、吴镇（仲圭）的生平事迹。书前有1945年寒食节温氏自序，述撰本书之大意，最后特别提到"存天阁主人刘海粟先生秘藏古大家珍品殊夥，余每过从，辄出牙签玉匣，相与揣摩抉覈，屡无倦色，斯则于余《名画家丛刊》诸书之纂述，助莫大焉"。全书分4章，每位画家一章，其结构颇相近似，如黄大痴，第一章《大痴山人黄公望》，分大痴家乡生卒考、从政与布教、遨游山水三节；第二章《黄大痴之艺术》，论大痴画、大痴之画迹、关于《富川山居图卷》、大痴之画论与诗，后附黄大痴先生年表、参考书目。王、倪、吴三家章节近似，生平、代表作等不同而已。

明代四大画家 1946年世界书局铅印本。

温肇桐著。明代山水画坛，自沈、文崛起，吴门一派遂执牛耳。本书所载，即明代吴门四大画家沈周（石田）、文徵明、唐寅（伯虎）、仇英（十洲）的生平事迹与代表作品。书前有陆高谊《中国名画家丛刊前言》及1945年8月16日温肇桐自序。明四家中，沈、文、唐三家生平资料丰富，仇英则资料很少，就连生卒年也不能确定，温氏序中直言此事，并不有所避讳。对于四家的介绍，仍循其一贯的体例，如《晋唐二家》《元季四家》一样，分生平事迹、艺术成就、代表作品以及年表、参考书目等几部分。由于温氏本人为常熟人，在书中不无故乡情结，在沈周一章中，第一节《白石翁沈石田》之第二段"眷眷虞山"，特别提到沈周与常熟的关系。对在常熟收藏家张鸿家中，看到其所藏沈周所绘《双桧图》一事，也有详细的记录。

清初六大画家 1945年世界书局铅印本。

温肇桐著。本书是温氏所撰《中国名画家丛刊》的第一种，书前有陆高谊《中国名画家丛刊前言》及1945年2月温肇桐自序，分别叙述了世界书局出版此丛书的缘起、经过，作者撰写本书的始末。由于温氏本人为常熟人，故最早撰写的是常熟籍画家王翚（石谷）传记，后经师友如沈佩畦、刘海粟等人鼓励与帮助，获得陆高谊的出版支持，最终将清初六大画家王时敏（烟客）、王鉴（圆照）、王翚（石谷）、王原祁（麓台）、吴历（渔山）、恽寿平（南田）的生平事迹、艺术成就、代表作品，逐一加以介绍、品评，全书分6章，每人一章。每位作家又分别论述其生平、艺行、作品，最后附各自年表。王时敏作为第一家，在介绍其人之前，较其他几位多了一节内容，就是对清初画苑概况的记述，作为铺垫。

中国共产党烈士传 1949年9月东北新华书店铅印本。

华应申编。华应申（1911～1981），江苏无锡人。曾任新四军《盐阜报》《苏北报》总编辑、华中新华书店经理，中共中央宣传部出版委员会委员。中华人民共和国建立后，任出版总署出版局、发行局副局长，新华书店总店副总经理，国家文物事业管理局副局长。本书收录张如心、邓中夏、康生、萧三、陈毅、饶漱石、蔡畅、丁玲、廖承志、冯仲云、周而复等撰写的，悼念李大钊、向警予、苏兆征、邓中夏、刘华、彭湃、恽代英、蔡和森、瞿秋白、关向应、方志敏、刘志丹、左权、彭雪枫、罗炳辉、王若飞、秦邦宪、叶挺、邓发、罗登贤、杨靖宇、李兆麟、吉鸿昌等23位中共烈士的文章。卷首冠《中共七大代表暨延安人民代表追悼中国革命死难烈士祭文》。

太仓乡先贤画像 1948年影印本。

凌祖怡辑。凌祖怡，江苏太仓人。本书所收人物起自赵宋，迄于清季光宣间，计50人，以时代为序，每人一像一传一赞，画像或临后裔保藏者、或从各家谱牒摹出，传略皆据州志县志及私人谱牒传记之类，赞语若前人已为撰定，则袭用不替，无赞者由唐文治、钱诗棣、陆修佑及凌氏补全。先贤精神由是熠熠生辉，跃然纸上，凌氏保存之功诚匪小。全书前有唐文治、汪鹓禽、瞿世镇序言各一首，凌祖怡自序及凡例，言撰述之意甚明。

吴中藏书先哲考略 1930年江苏省立苏州图书馆铅印《可园丛书》本。

蒋镜寰辑。蒋镜寰有《图书馆之使命及其实施》，已著录。作者1918年入南京高等师范学校就读，毕业后任职江苏省立苏州图书馆，后任馆长。抗战爆发时，曾积极组织转移馆藏古籍。1949年8月辞职。随后又任教国内各大学。蒋氏于图书馆学、金石学皆颇有造诣。本书即其任职苏州图书馆时裒辑苏州当地历代藏书家事迹，略加考订而成。因其素来留心乡邦文献，复得益于馆藏地方文献，是以全书虽仅一卷，而内容肯切扼要，深得其体，实乃研究苏州藏书文化不可多得之佳作。

虞山画志补编 1922年铅印本。

邵松年辑。邵松年（1848～1923），字伯英，号息庵。江苏常熟人。清光绪九年（1883）进士，授编修。工小楷，善画。著有《古缘萃录》《虞山画志补编》《虞山画志续编》等。《虞山画志补编》成书于1922年，本书为补郑抡逵《虞山画志》而作。常熟为著名书画之乡，自清嘉庆间郑抡逵辑《虞山画志》，至民国初年，已近百年。邵松年忧心若不及时收辑，常熟画家恐多被淹没，于是就见闻所及，辑为《虞山画志补编》。本书所收画家，若郑《志》已收者则不再补入，鱼翼《海虞画苑略》所录而郑《志》所遗者则补之，加上其续采者，凡 44 人，流寓 8 人，俱注明出处。文末附补遗 40 人，则未注明来源。体例则仿郑《志》，以画存人，以人存画。而郑《志》今已失传。又邵松年于宣统时辑《虞山画志续编》，专收清代人物，凡 228 人。观其《虞山画志补编》与《虞山画志续编》，可见常熟书画之盛。

常熟书画史汇传一卷附二卷 1930 年兰石轩铅印本。

庞士龙辑。庞士龙（1899～1987），字树云，号云斋，别署海禺山民。江苏常熟人。致力于金石学，篆刻师法王冰铁、赵古泥。辑有《海禺山民印存》《云斋刻印》等。《常熟书画史汇传》乃作者依据志乘，参考各家书画记载，及邑人诗文集等文献，辑录常熟书家、画家之资料。自唐至民国，凡 1 080 余人，搜罗极为丰富。以笔画多少、时代先后为序。凡女士、流寓，均另行标出。附二卷著录释家、道家书画人物。各家撰成一小传，并注明史料出处。庞士龙认为鱼翼《海虞画苑略》、郑抡逵《虞山画志》、邵松年《虞山画志补编》诸书记载，每有重出，或者误载，有"误一为三者""误二为一"者，所以本书在上述著作的基础上"凡有疑义之处，是编悉加附注，俾便参考"。如今常熟一些画家的记载，有些已不易见，多依本书流传。

吴门画史 1939 年江苏省立苏州图书馆铅印本。

徐澂编。徐澂（1908～1976），初名福元，字沄秋。江苏苏州人。擅书画、工诗文、精鉴定。曾任江苏省立苏州图书馆馆长。著有《吴门画史》《卓观斋脞录》《王烟客年谱》。《吴门画史》为吴地画家小传集，所辑自晋至清苏州历代画家 1 220 人，以姓氏为序编排。本书有章太炎题字，陈石遗、邓邦述、吴诗初作序。邓邦述序云："吴门画苑故实详备卷中，堪补府县志乘所未及。"苏州地区著名画家有南朝的陆探微、顾野王，唐代的顾况、杨惠之，北宋的范仲淹，元朝的陈植等。明代中叶后，涌现出一大批蜚声画坛的名家，其中以"吴门四家"声誉最著，即沈周、文徵明、唐寅、仇英 4 人。清朝又有徐枋、王武、张宗苍等人。其人数之多，在中国绘画史上极为罕见。本书先记载人名、字号、籍贯，后评论画技并注明文献出处，是对苏州历代画家较为完整的一次记录。

锡金游庠同人自述汇刊 1932 年铅印本。

蒋标等编。蒋标（1865～1943），一名士栋，字留春，江苏无锡人。幼孤，寡母守节抚之成立，博学善文。本书之刊行，始于 1929 年锡金游庠同人雅集，发起人为蒋标、丁福保、孙谍鸿，参与其事者多至十数人，所收游庠人物凡 84 人，起自同治十年(1871)，迄于光绪三十一年(1905)，其后则科举废矣。全书乃集各人自述而成，故于其人家世、生平、学行皆足征信，复有摄影为傅丽，形神遂跃然纸上。而其人皆亲历鼎革，思想、言辞未尝不趋时势而变，由此亦不难见当时世风之迁移。书前有辛未雅集照片及蒋标撰龙湛霖传，尤桐为之序，书后有蒋氏辛未腊月跋语及校勘表。

太史公疑年考 1928 年毗陵张氏小双寂庵刻本。

张惟骧撰。张惟骧有《历代讳字谱》，已著录。《史记》因其在正史中的重要地位，从古至今，研究者代不乏人。除了对《史记》本身的研究外，对于作者司马迁生平的研究，也是重要的组成部分。本书名为"疑年考"，实际上是一部简略的司马迁大事年表。书前有 1928 年 2 月孙雄所作《题太史公疑年考七绝六首》。正文以表格的形式分为四栏，依次是纪年、朝政、时人、本事。考证主要集中在"本事"部分。书中最重要的观点是对司马迁生年的考证。张氏经过多方考察，认为王国维《太史公行年考》提出司马迁生于汉景帝中元五年(前 145)的观点不正确，认为应生于汉武帝元光六年(前 129)，与李长之、郭沫若等人观点亦相左，因此未获得广泛支持。

屈原 1923 年亚东图书馆铅印本。

陆侃如著。陆侃如与冯沅君有《中国诗史》，已著录。全书分三部分：一、屈原评传；二、屈原集；三、附录。卷首有楚辞地图一幅，以杨守敬之舆图为底本，增补其所未备，并标注现代的省名及省界。《屈原评传》中，考证占十分之七以上，对屈原作品的真伪、时代详加讨论。分任职与去职、初放与遇罚、再放与自沉、余论4节，后附屈原年表。《屈原集》分上下两卷，上卷5篇《橘颂》《离骚》《抽思》《悲回风》《惜诵》作于楚怀王时期，下卷6篇《思美人》《哀郢》《涉江》《怀沙》《惜往日》《天问》作于楚顷襄王时期，共计收录作品11篇。其余未收者，均是陆氏认为非屈原作品，列入附录。书前有1923年4月20日陆氏自序。

越勾践志 1940年无锡国学专修学校铅印本。

唐文治著，王蘧常、周麟瑞编。唐文治有《十三经提纲》，已著录。本书成于1940年，当时正处于抗战，日本侵略者践踏我国土，残杀我人民，大江南北，惨遭蹂躏，本书之作，盖具深意。参加纂辑的周麟瑞（振甫）在跋语中说："茹经夫子之创意为《勾践志》也，盖以显言不足以避患，故托古明义。空言不足以取信，故见之于行事。"就清楚地说明编著本书的真正意图。全书分16章，主要介绍越王勾践生平、战绩等，托古讽今，希望国人能效仿勾践，于危难之际，忍辱负重，卧薪尝胆，不忘复仇。书前唐氏叙录说"爰比次旧文，别标新目，择其言尤雅驯者、无抵违者著于篇。其或一事数见，而记各不同，则参稽前后，折衷一当。又或事有详略，语有精芜，则舍略取长，删芜仍要。而微意所存，均发于总论，其有随文生意者若干则，别为余论附于末"，由此可见当时编著本书之主要方法与意图。本书对于激扬国人、学子的士气，具有一定的推动作用。另有一说，称本书系唐氏学生兼助手陆景周所拟编，而署老师之名，姑附记于此，以待查证。

秦始皇帝 1944年胜利出版社铅印本。

顾颉刚著。顾颉刚有《周易卦爻辞中的故事》，已著录。本书是《中国历代名贤故事集》第一辑《民族伟人》之一。前有潘公展作《故事集编纂旨趣》、作者小传、故事集书目及作者表。全书分6章，依次述始皇的幼年、统一的基础——历代先君之功业，统一的完成，秦帝国的规模，帝权的保持和享用，帝国的崩溃，附录年表（自秦穆公任好元年至二世三年）。本书为通俗读物，较为浅显。

韩愈志 1935年商务印书馆出版。

钱基博著。钱基博有《经学通志》等，已著录。本书辑录新旧《唐书》及其他书中有关韩愈的记载，主要阐述韩愈在文学上的成就。书前有1929年2月14日钱氏叙目，总述大意。全书分为古文渊源篇、韩愈行实录、韩愈佚事状、韩友四子传、韩门弟子记、韩文籀讨集等6篇。虽以"志"为名，但并不长于史实考订。据卷首叙目及卷末附录《韩集论汇录写目》，本书所引韩愈诗文的批评论著达325种之多，可窥见其旨趣所载。

张居正大传 1943年开明书店铅印本。

朱东润著。朱东润有《中国文学批评史大纲》，已著录。朱氏以写作传记文学作品著称于世，此《张居正大传》为其第一种历史人物传记，亦是最成功的代表作。作者认为现代需要的传叙文学，应承西洋三百年来传叙文学的进展，采取一种有来历、有证据、不忌繁琐、不易颂扬的作品。因此作者选择明朝后期著名政治家张居正为主人公，用14章的篇幅，记述一位从荆州普通的士子，最后荣登宰辅之位，积极实行改革的历史人物。全书取材审慎，多据正史及相关笔记、别集等，对当时的变幻莫测的政局有客观而详尽的记述，从丰富的史料中提取出精彩的人物对话，描绘出人物的思想感情与内心世界，使得张居正的形象在读者心中鲜活起来。本书不仅是一部优秀的传记文学作品，也是一部兼有历史价值与现实意义的史学著作。

郑成功 1934年商务印书馆铅印本。

王钟麒著。王钟麒有《中国学术思想演进史》，已著录。本书系《百科小丛书》之一种。全书共4篇、14章，记述郑成功一生的主要事迹。分家世与时势、抗清运动之展布、台湾之营辟、余烈之终替。主要介绍了郑成功据守金、厦，拒清之诱、围攻福州、收复与经营台湾，一直到郑经继立，金、厦失守，最后清军攻陷台湾等史实。全书通俗易懂，便于初学。

王同春开发河套记 1935年平绥铁路管理局铅印本。

顾颉刚著。1934年春，顾颉刚和顾廷龙旅行至包头，同年夏又游察哈尔、绥远，听到有关王同春开发河套的故事，对当时见过或知道王同春者如贺渭南、赵承绶、周颂尧、吴泽（谢冰心记录）、陈中心等人的口述材料，加以整理编辑，先刊于《大公报·

史地周刊》第15期。后增加材料，重印单行本，即本书。全书主要记述清末直隶省顺德府邢台县人王同春，在河套地区开渠引黄灌溉农田的事迹。本书前有河套图，后附《东华续录》(朱寿彭)、《塞北纪行》(张相文)、《王同春小传》(张相文)等资料。

吴芳吉评传 1941年独立出版社铅印本。

卢前著。卢前有《中国戏剧概论》，已著录。吴芳吉(1896～1932)，字碧柳，自号白屋吴生。重庆江津人。曾在章太炎丛书社任校对等职，爱好诗文。写过《论吾人眼中新旧文学观》等文章，驳斥胡适的"八不主义"。1925年出任西北大学教授。本书叙述其生平经历，主要是吴氏的文学成就，并录其《冻雀诗》《玉姜曲》等诗作。

一日一谈 1936年上海复兴书局铅印本。

马相伯述。马相伯有《五十年来之世界宗教》，已著录。本书是马相伯晚年接受采访的谈话录，文中回忆了他是如何由家乡只身赴沪，接受神学教育，又如何因时势影响从一个天主教耶稣会神学人员转而投身于政治、外交、教育等活动的事迹。其中也不乏清末民国时期重大事件的内幕轶闻，以及对诸如李鸿章、慈禧太后、溥仪、袁世凯、丁汝昌、张之洞、郑孝胥、蔡孑民、胡适等人物的看法。这些不为人知的细节是极为难得的第一手资料，对于文学爱好者和史学研究者均极具参考价值。

第七节 年谱

刘向歆父子年谱 1943年中国文化服务社铅印本。

钱穆著。钱穆有《国学概论》，已著录。本书原载《燕京学报》第七期，以批评南海康有为《新学伪经考》为主，仿王国维《太史公行年考》之法，缕举向、歆父子事迹，及新莽朝政，条别年代，证明刘歆并未窜改群经。本书出版后，影响颇大。此为单行本，前有钱穆自序。本书推翻了刘歆伪造群经之说，从时间、伪造方式、伪造的动机目的等方面，论证了康有为、崔适等人论点的不可信。这个晚清以来学术史上聚讼纷纭的公案，终于得出定论。同时论证了《周官》《左传》等书，皆是先秦旧籍。对于王莽，则是平情考量其代汉的事实，认为这是两汉以来历史发展的自然趋势、人心所向，王莽新政虽多迂腐，但也有可取之处。另外，力证今古学之分在东汉以前犹未彰著，所谓十四博士"道一风同"、今古学势同水火的看法，乃是后世晚起之说，廖平等人张皇过甚之论。

曾南丰先生年谱 1930年《江苏省立国学图书馆第三年刊》本。

王焕镳撰。王焕镳(1900～1982)，字驾吾。江苏南通人。毕业于南京高等师范，师从吴梅、柳诒徵等。曾任职江苏省立图书馆。曾巩(1019～1083)字子固，江西南丰县人，故人称南丰先生。北宋著名散文家，"唐宋八大家"之一。本书是曾巩年谱，从"宋真宗天禧三年己未公生"，一直记到"元丰七年甲子六月丁酉，葬公于南丰从周乡之源头，敦所在给其丧事"。首述家世，记事皆次序为之，附记师友、名人生卒于后。谱文所立，皆注明出处。作者间有考辨，以按语另行出之。本书是建国以前唯一一部曾巩年谱，具有开创性质。

鞠通先生年谱及其著述 1940年《文学年报》第六期抽印本。

凌景埏编。凌景埏有《撷芬室小诗》，已著录。谱主沈自晋(1583～1665)，字伯明，又字长康，晚号鞠通。南直隶吴江人。诸生。明末戏曲学家，以词曲名，尤精音律。谱前列沈氏世袭，谱后附录《家传》。正文以大字记纲，小字记事，更以小字括注出处，各年末均附注解。谱中记沈氏著述，分传奇、散曲、诗文等。又记有关词曲人物生卒、事略、著述、家事等。

毛子晋年谱稿 瞿凤起抄本，常熟图书馆藏。

钱大成编。钱大成，字希英，常熟人。藏书颇富。常年在无锡任教，曾与曹菊生、王彬元合资在常熟开设泽古书铺。著有《听冰室诗稿》。毛晋(1599～1659)，原名凤苞，字子久。后改字子晋，号潜在，别号汲古主人。江苏常熟人。明末著名藏书家、出版家、刻书家。早年师从钱谦益。家有汲古阁、目耕楼，藏书极富，刻书精而多。本谱对毛氏家世、生平作了较为全面梳理，全文曾刊于1947年《中央图书馆馆刊》第1期第4号。

归玄恭先生年谱 稿本，国家图书馆藏。

归曾祁编。归曾祁(1874～?)，字小宋，江苏常熟人。家有寿与读书室，富藏书。纂有《盋山佣书全沺录》3卷等。谱主归庄(1613～1673)，明亡后更名祚明，字尔礼，一字铁虎，号玄恭，别号恒轩。江苏昆山人。明诸生。曾参加复社活动。入清以后，以遗民自居，曾一度参加抗清活动。归曾祁为归庄后裔，于光绪三十年(1904)编辑《玄恭文钞》时开始编辑年谱，屡有中辍。1918年复据归庄诗文、传记等，增辑成书。谱中记录归氏家世、交游及著述等事，并记谱主在昆山组织抗清斗争始末。后附《著述目》。

归玄恭先生年谱 1924年昆山赵氏《又满楼丛书》本。

赵经达编。赵经达，字尊山。江苏昆山人。赵诒琛之子。工诗文，擅撰述。编有《又满楼丛书》和《归庄集》等。谱主归庄，清初遗民。本谱与归曾祁所编相类似，取材略有小异。采及张穆《顾亭林年谱》《查东山年谱》及有关地方志、归氏诗文等，以记述著作为主，每年最后列诗文编年。间记当时政事，如李自成农民起义、明末政治情况。谱前有陈洙、俞鸿筹、吴梅等人序，李澍等题词及凡例八条。本谱最大特色，是奉明朝为正统，记年不用清历。崇祯十七年(1644)之后，用弘光、隆武、绍武、永历诸年号，将清历附注于下。至永历十六年(康熙元年，1662)以后，采用干支纪年，清历仍附下。谱后附录归氏著作目录。

汪尧峰先生年谱 1925年昆山赵氏又满楼刻本。

赵经达编。谱主汪琬(1624～1691)，字苕文，号钝翁。南直隶长洲(今江苏苏州)人。清顺治十二年(1655)进士，历任户部主事、员外郎、刑部郎中等职。擅诗古文，著有《尧峰诗钞》《文钞》等。本谱在清康熙汪筠《钝翁年谱》的基础上，加以增补，较之汪编更为充实，记家世、经历及友朋交往，颇为完备，尤其详于诗文撰述之事。谱后续记康熙三十年(1691)、乾隆三十年(1765)及道光七年(1827)三条，记身后祠祀之事。

钱遵王年谱稿 1947年《中央图书馆馆刊》第1期第3号。

钱大成编。钱大成有《毛子晋年谱稿》，已著录。钱曾(1629～1701)，字遵王，号也是翁，又号贯花道人、述古主人。江苏常熟人。钱谦益弟子。绛云楼火后，烬余之书，钱谦益举以赠遵王。也是园藏书之精善，名于江南。钱氏又撰《读书敏求记》，开后世编撰私人藏书志之风气。钱大成系常熟钱氏后人，本谱颇为简略，且错误不少，但仍有参考价值。谢正光《钱遵王诗集校笺》即将本谱附入，是为明证。

万季野先生系年要录 1944年绿格抄本，国家图书馆藏。

王焕镳编。王焕镳有《曾南丰先生年谱》，已著录。谱主万斯同(1638～1702)，字季野，号石园。浙江鄞县(今宁波)人。幼承家学，长师事黄宗羲。康熙十七年(1678)应博学鸿词科，次年应召入京，与修《明史》。著有《历代史表》《纪元汇考》等。谱中记万氏一生经历、治学、结会、交游及修史等事。于参修《明史》之经历尤为详细，可资研究者参考。谱前载万氏世系表，又有张寿镛前言，知本谱系其五子张芝联从《史学杂志》中抄录而成。

卢抱经先生年谱 1928年《中央大学国学图书馆第一年刊》本。

柳诒徵编。柳诒徵有《中国文化史》，已著录。谱主卢文弨(1717～1796)，初名嗣宗，字绍弓，晚号檠斋，人称抱经先生。乾隆十七年(1752)进士，历任编修、翰林院侍读、侍读学士、湖南学政等。晚年主讲钟山、娄东、龙城等书院。著有《抱经堂文集》《仪礼注疏》《钟山札记》等。卢氏家有抱经楼，富藏书，以精校勘著名于乾嘉间。本谱据传记、诗文及卢氏所批校群书等资料，记录其生平大事、学术活动及友朋交游、同时代学者生卒等内容。其中又以校书活动为主，近于校书谱，并附记馆藏情况。特别利用了国学图书馆所藏卢文弨手批诸书之资料，最为可贵。

卢抱经先生校书年表 1932年《江苏省立国学图书馆第五期刊》本。

赵鸿谦编。赵鸿谦(1893～1977)，字吉士。江苏镇江人。毕业于南京高等师范学校国文科。曾任江苏省立国学图书馆主任。著有《宋元本行格表》《松轩书录》《善本书室藏书志校补》等。谱主卢文弨，生平详柳诒徵《卢抱经先生年谱》条。赵氏系柳诒徵弟子，本表补其师《年谱》之未备。纪事始于乾隆四年(1739)，终于乾隆六十年(1795)。表格分上、中、下三栏，依次为：年岁、所校书名、事略。分别列纪年和谱主年龄；馆藏卢氏手校书，未刊者顶格，已刊者低一格，并括注卷数；记谱主出处，颇简略。

高邮王氏父子年谱　1927年江都闵氏刻本。

闵尔昌编。闵尔昌有《云海楼诗存》，已著录。本书系《王石臞先生年谱》《王伯申先生年谱》两种之合称。谱主王念孙(1742～1832)，字怀祖，号石臞，系乾嘉之际著名经学家，著述宏富，有《读书杂志》《广雅疏证》等；谱主王引之(1766～1834)，念孙之子，字伯申，号曼卿，亦为著名经学家，著有《经义述闻》《经传释词》等。两谱体例相同，均以记二人学行、家事为主，并将每年大事提要录入，颇为简略。闵氏自序云："尔昌生长江都，与高邮为同郡，壤相接也。辛丑、壬寅又客高邮者二年，闻先生之流风余韵也稔矣。"但自感于文字音韵之学非所擅长，故仅"取梁先生事迹钩稽而排比之，成年谱二卷，藉寓仰止之诚"，足见闵氏之作，旨在表彰乡贤事迹耳。

王仲瞿年谱　稿本，上海图书馆藏。

王謇编。王謇有《吴中文献展览会特刊》，已著录。谱主王昙(1760～1817)，一名良士，字仲瞿，号瓶山。浙江秀水(今嘉兴)人。乾隆间举人，工诗，擅骈文。著有《烟霞万古楼文集》《仲瞿诗录》等。本谱系未完稿，记事仅至乾隆四十四年(1779)，略述其家世生平。谱主为龚自珍好友，谱后附录二种，一位《龚集质疑》四则，辨龚自珍集中字词之疑者；一为《龚定庵师友旧事辑》，摘录曾松崖、杭世骏等人著作中文字。殆王氏曾重编《龚自珍全集》，疑此为其副产品。

张夕庵先生年谱　1926年丹徒鲍氏石印本。

鲍鼎编。鲍鼎(1898～1973)，字扶九，号默庵。江苏镇江人。鲍皋五世孙。幼年丧父，勤于自学。1928年应聘到上海蟫隐庐书店、中国书店编辑书目，后历任正风文学院、大夏大学、无锡国学专修学校教职。后转入实业银行、新亚药厂任职。1960年回镇江，在绍宗藏书楼工作。著有《默庵所著书》《中国金石学史》《默庵金石三书》等。谱主张崟(1761～1829)，字宝岩，号夕庵，晚号城东挚叟。江苏丹徒人。善绘画，工诗文。著有《逃禅阁诗集》。本谱不逐年罗列谱主事迹，而以记述其诗歌创作、参修《丹徒县志》等事为主。谱后列洪亮吉、沈曾植等论谱主绘画成就之文字，可见其对当时及后世影响甚大。后有附录，为谱主嘉庆九年(1804)日记所记画迹，可借此窥见他在绘画上之功力。末有鲍氏跋文，称作谱除听家人口述外，兼取张氏诗集、家乘及方志中史料。

江子屏先生年谱　1927年江都闵氏刻本。

闵尔昌编。本书系闵氏所编扬州乡贤年谱之又一种。谱主江藩(1761～1830)，字子屏，号郑堂，晚号节甫，江苏甘泉(今扬州)人。从惠栋弟子余萧客、江声学，博通经史，兼善辞章，以《国朝汉学师承记》《国朝宋学渊源记》著称于世，为乾嘉时期"扬州学派"的代表人物。据书前1927年闵尔昌自序，闵氏入民国后曾向时在国史馆负责儒学传的缪荃孙借阅手稿，发现江藩传已被删汰，于是立志为之编订年谱。今人漆永祥认为本谱搜集资料，有筚路蓝缕之功，"然其所据者，亦不过常见的江藩书籍数种，以及江氏交游数人之著述而已，故漏略殊甚，难称人意"，与闵氏自谓"年谱殊未详备，弥惜无叙传可考耳"相合。但本谱于1927年刊印，成为之后数十年间了解江藩生平学行大概的主要文献，其价值固不容一笔抹杀。

焦理堂先生年谱　1927年江都闵氏刻本。

闵尔昌编。本书系《高邮王氏父子年谱》二种编成两月之后，闵氏所编另一种乡贤年谱。焦循(1763～1820)，字里堂，一作理堂，江苏甘泉(今扬州)人。嘉庆六年(1801)举人。乾隆四十五年(1780)就学于安定书院。六十年至嘉庆元年，先后馆于阮元山东、浙江巡抚官署中。中举后，以母病未应礼部试，闭门读书著述，葺老屋曰半九书塾，复构雕菰楼，足不入城市十余年。焦循为清代"扬州学派"代表人物之一，著述等身。本谱主要据焦氏著作，按年梳理其一生事迹与学术成就，颇为简略。

浮生六记年表 抄本，上海图书馆藏。

俞平伯编。俞平伯有《红楼梦辨》，已著录。谱主沈复(1763～?)，字三白。江苏吴县人。19岁习幕，后游幕、经商于浙江海宁、安徽绩溪、广东广州、江苏扬州等地，兼设书画铺。著有《浮生六记》，名重于后世。本表为沈三白生平大事表，而以《浮生六记年表》名之。本表记事，至嘉庆十三年(1808)，沈氏46岁，作《浮生六记》第四卷止。附记沈复之妻陈芸事迹。主要钩勒谱主一生经历与游迹，与《浮生六记》叙事顺序相呼应，可以作为《浮生六记》的重要参考书。表后附1944年1月1日《研究季刊》第一期所载李钟《沈三白史料的发现》一文。

黄荛圃先生年谱补 1929年铅印本。

王大隆编。王欣夫(1901～1966)，原名大隆，字欣夫，号补安。江苏吴县人。长于目录、版本、校勘学。家富藏书。著有《文献学讲义》《学礼斋文存》等。谱主黄丕烈(1763～1825)，为清代著名藏书家，生平事迹详见江标《黄荛圃先生年谱》。本为补江标《年谱》而作，前有王氏自序，称读《荛圃题识》《年谱》过程中，随手笺补，间加案正，得700余条，更定体例，广搜故实，补缺正讹，并编附录，遂成此书。江谱已录者，概从删落，错者正之，缺者补之，又根据邑志、笔记，黄氏友人潘奕隽《三松堂集》、段玉裁《经韵楼集》及黄氏藏书、拓片中的题跋等，补入史事颇不少，并叙入有关人物的生卒年。谱后附《所著书目》。

舒铁云先生年谱 稿本，上海图书馆藏。

王謇编。本谱与《王仲瞿年谱》稿本合一册。谱主舒位(1765～1815)，字立人，一字犀禅，自号铁云山人。幼自力学，26岁游幕，博学工诗，喜书画。著有《瓶水斋诗集》《瓶笙馆修箫谱》等。本谱与王昙一谱同为未完稿，记事至乾隆五十七年(1792)。记载亦颇为简略，仅及谱主家世、经历、诗画等。主要引用陈裴之《行状》、石韫玉《家传》及《编年诗》等内容。

顾千里先生年谱二卷 1931年昆山赵氏刻本。

赵诒琛编。赵诒琛(1869～1941)，字学南。江苏昆山人。承其父赵元益之后，藏稿钞、校本极多。1913年所居上海峭帆楼被焚，图书悉烬。编有小品集20余种，辑有《对树书屋丛刻》，著有《峭帆楼善本书目》《赵氏图书馆藏书目录》等。谱主顾广圻(1766～1835)，字千里，别号涧薲。江苏元和(今苏州)人。师从江声，精于校勘之学。嘉庆六年(1801)应阮元聘编纂《十三经注疏校勘记》，又为胡克家校刻《文选》等。日人神田喜一郎曾编有《顾千里先生年谱》，赵氏重为辑录，优于前者。本谱主要记述顾氏学术活动，并于相关年月、事迹下纂辑谱主所撰序跋、题记，对于版本、校勘之学颇有参考价值。又叙入相交往学者的生平简历，亦便于读者使用。

罗镜泉先生年谱稿 稿本，上海图书馆藏。

王謇、秦翰才编。谱主罗以智(1800～1860)，字镜泉。浙江钱塘(今杭州)人。道光五年(1825)拔贡，后任遂安县训导，权镇海县教谕。长于说经，深于编史，精于音韵之学，通内典，擅书画，能操琴度曲。著有《七十二侯表》《经史质疑》《字夺》《浙学宗传》《金石所见录》《恬养斋诗钞》《文钞》等。王謇家有海粟楼，藏书甚富，曾得罗氏手稿，或为编撰本谱之起因。谱前录题诗数十首。谱文始述罗氏名号、生卒、家世，起于嘉庆五年(1800)，讫于咸丰十年(1860)，贯穿谱主一生。参照罗氏及亲友之著述，兼及史志随笔，旁征博引，逐条考辨，详载谱主事略。谱后有编者总结、镜泉先生撰纂诸书目录、镜泉先生批校诸书目录，可借此窥见罗氏的才识学养，以及后人对他的评价。

郑子尹年谱 1935年《国专月刊》第2卷第1～2期连载。

钱大成编。钱大成有《毛子晋年谱稿》，已著录。谱主郑珍(1806～1864)，字子尹，别号五尺道人、且同亭长。贵州遵义人。道光十七年(1937)举人，曾任古州厅训导、威宁学正、镇远训导、荔波训导等职。著有《巢经巢遗诗》《汗简笺证》等。郑氏于经学、诗文均有名于时，与莫友芝、唐树义等交往密切。钱氏此谱，侧重记录其生平、交游、撰述、游踪等，附入同时名人生卒及国家大事。所引用材料主要源自郑珍著作，故内容略显单薄。

俞曲园先生年谱 1940年《吴中文献小丛书》本。

徐沄秋编。徐沄秋(1908～1976),原名福元,一名徐溦。祖籍吴江。曾入章氏国学讲习会,师从章太炎。抗战爆发后,出任伪苏州图书馆馆长,编印《江苏文献》《苏州文献小丛书》等。中华人民共和国建立后,任职苏南文管会。1960年转入南京博物院,任鉴定编目员。著有《吴门画史》《卓观斋脞录》等。俞樾(1821～1907)年谱,先有周云青编撰者,刊于《民铎》杂志第9卷第1号。本谱所记,较周本稍详。谱前有总论一段,根据《吴县志》《国史儒林传》及《碑传集》所在传记,概述曲园先生学行,评定其学术成就,列举著述简目。谱文按年月记载俞樾家世、生平、交游、著作情况,每条后括注同时名人生卒。叙述简明,可备查检。

吴窓斋先生年谱　1935年燕京大学铅印本。

顾廷龙撰。顾廷龙有《明代版本图录初编》,已著录。吴大澂(1835～1902),字清卿,号窓斋。江苏吴县人。同治七年(1868)进士。官至广东巡抚、湖南巡抚。晚清著名金石家、古文字学家。著有《说文古籀补》《字说》《窓斋集古录》等。顾廷龙为吴氏同乡晚辈,幼年习字就临摹吴氏金文。又从外叔祖、吴氏门人王同愈处获闻吴大澂生平事迹,于是撰写本谱,为吴氏正名。全书前有1934年8月潘景郑、1935年2月19日顾颉刚序,对本谱颇有赞辞。另有顾氏叙例十则、插图十余帧,包括吴大澂照片画像、手稿墨迹、绘画文房等。谱文冠以世系表,纪事按月、日排列,谱文下皆注明出处,部分并用小字摘录原文,以期与谱文相互补充。谱后附录《窓斋先生著述目》(分已刊各书、未刊各书)、《窓斋先生所藏古器物目》(窓斋所藏吉金目、窓斋藏石目、辟雍明堂镜室藏镜目、百二长生馆藏专目、百二长生馆藏瓦目、百宋陶斋藏瓷)《征引书目》。

张文襄公年谱　1947年上海商务印书馆铅印本。

许同莘编。许同莘(1878～?),字溯伊,江苏无锡人。清末举人。留学日本,毕业于日本法政大学速成科。归国后入张之洞幕,担任文案委员。1912年,任北洋政府外交部佥事。后历任河北省政府主任秘书、河南省政府主任秘书。著有《治牍要旨》《公牍铨义》等。谱主张之洞(1837～1909),字孝达,一字香涛。直隶南皮人。同治二年(1863)进士,历任编修、侍读、侍讲,湖北、四川学政,两广、两江、湖广总督,军机大臣等。卒谥文襄。是晚清重臣,洋务派首脑之一。许氏任其幕僚久之,熟悉其生平,编撰本谱,堪称得人。谱前凡例自言"自草创迄于写定,历十五年",因此内容十分详备。谱中对张之洞一生从政之大事,记录颇有可采之处,如办洋务,中法、中日战争,戊戌变法,义和团运动等重大事件,均有独到的见解。

酒翁年录　民国铅印本。

史悠厚自编。史悠厚(1842～1917),字芩宾,一字夷清,号阆仙,晚号酒翁。江苏武进人。一生以作幕、坐馆为业。本谱系作者自订,当起草于民国初年,记事止于清宣统三年(1911),时史氏70岁。主要记历年游幕、坐馆授徒事,兼及时政大事。书前有史氏自序及钱振锽撰《史芩宾先生传》。其中,值得注意的是,谱主在太平天国时期,正好居住原籍,一度被太平军俘虏,后始逃脱,对于咸丰年间太平军在江、浙、赣等地的活动情况,以及清军的军事状况,均有涉及。民国以后至其去世六年间事,由其子史久传续成。

溪山老农年谱二卷续编一卷附录一卷　1918年太仓王氏溪山书屋刻本。

王祖畬自订,王保譿续编。王祖畬(1842～1918),字岁三,一字紫翔,号漱山。江苏镇洋(今太仓)人。光绪九年(1883)进士,曾任河南汤阴知县,旋以父丧归里,即居乡讲学。年谱正编系王祖畬自记,至光绪二十年止,分上下卷,记一生治学、讲学、著述及交游情况。间记时事,如小刀会响应太平军起义之类。续编由其子王保譿续补谱主54岁以后直至去世24年间事,以其父著述、讲学为主,兼及家事。谱后附录,包括王保譿撰《家谱约书》《同谱录》《弟子录》,开列谱主之谱友、弟子名单。下接《著述书目》及《手校书目》。最后为李澍、唐文治所撰《祭文》各一篇,唐文治《通告同学书》一篇,对于了解谱主生平,具有一定参考作用。

次皙次斋主人年谱　1919年无锡印刷公司铅印本。

孙振烈自编。孙振烈(1843～1919),字季芳。江苏无锡人。钱基博舅父。本谱自记生平所经历之事，止于1914年，最后5年付之阙如。谱中纪事颇为琐碎，主要是他参加科举考试及家中琐事的实录。由于江浙地区，在清咸同间为太平天国活动频繁的地区，故年谱中记录了不少太平军在无锡的地区的活动。谱前有孙振烈遗像，钱基博撰像赞，谱主与孙曾合影，1919年钱基博序及1914年孙氏自序。

艺风老人年谱 1936年北平文禄堂刻本。

缪荃孙自编。缪荃孙有《艺风堂诗存》，已著录。本谱作于1912年，记事止于清宣统三年(1911)。民国以后活动，由其子缪禄保等在跋文中略加记述。谱文主要记述缪氏家世生平、治学从政、交游及刻书等事，谱后附夏孙桐撰《缪艺风先生行状》，概述谱主一生学行。

苏杰生年表 1929年《北新》第4卷第1～2号连载。

柳亚子编。柳亚子有《分湖诗钞》，已著录。谱主苏胜(1845～1904)，字仁章，号朝英，别号杰生。广东香山县人。买办商人，苏曼殊父亲。本谱主要记苏氏家事，尤详述其婚姻，以证实苏曼殊生母非华人。内容颇为简略，亦非严格按年月排比。

潘孝端年谱 民国铅印本。

潘肇元编。潘肇元，江苏如皋人。谱主潘永贵之子。谱主潘永贵(1847～1924)，榜名逢泰，字保之，自号五山寄樵，晚号樵叟。江苏如皋人。同治九年(1870)举人。曾任高邮州学正兼中学监督。本谱系潘永贵去世后，其子等所编纂，主要记录家事及谱主在乡参加之各种活动，如兴学、办赈等，均极为简略。

师竹庐自述 1919年木活字印本。

窦镇自编。窦镇有《小绿天盦诗草》，已著录。本谱为作者晚年自编，记出生至1919年间家事、读书、授馆、游历、交往、著述等事，凡73年。其中也涉及太平军在无锡等地的活动情况，兼及当时政治大事、自然灾害，游历所见之各地风景名胜。后附《师竹庐随笔》一卷。

惜分引轩主人述略 1920年无锡周氏铅印本。

周憬自编。周憬(1851～1920)，字莘农。江苏无锡人。商人，曾在上海、无锡等地经商。本谱系周憬晚年追记生平，自出生至1920年70岁时。主要记家事及经商等事，极为琐屑，但也涉及到太平军在无锡等地的活动情况。由于是商人出身，特别对数十年间经济情况，有所关注与记录。对于研究近代经济史，具有一定参考价值。

啬翁自订年谱二卷 1930年上海中华书局铅印本。

张謇自编。张謇有《农村工商政见宣言》，已著录。本系张謇自编年谱，自出生起，至1922年70岁止，主要依据日记稿本钩稽而成，失之太略。其子张孝若续至1926年张謇去世。附于《南通张季直先生传记》后。《续编》除补足最后4年生平外，对前面70年自订部分略作增删，但补订不多。张氏作为清末民初著名的事业家，年谱所记，对于研究近代中国民族资本企业之发展，以及民族资产阶级之性格与形成，颇有裨益。

张謇年表 1930年上海中华书局铅印本。

张孝若编。张謇之子。1918年，毕业于美国哥伦比亚大学商学院，回国后辅佐父亲。曾担任江苏省议会议员、吴佩孚联军司令部参赞、淮海实业银行总经理等职。1926年，其父张謇去世后，继任大生纱厂等企业董事长、私立南通大学校长。1935年10月17日，于上海遭仆人暗杀。有《张孝若演讲集》，已著录。本谱附于《啬翁自订年谱》之后，以表格形式记录，分年月、政局、文事、事迹、亲友六栏，分别摘录《年谱》中大事，简记相关内容。

六三老人自序年谱 稿本，上海图书馆藏。

钱骥自编。钱骥(1854～1918)，号六三老人。江苏无锡人。商人。谱主钱氏初习夏布生意，后办和丰泰茧行、宝兴矿务，又营盐务。首谱文8页，记出生至1918年事，接录《六三老人自序》。谱后附病状。谱文略而《自序》颇详。从中可见钱氏家世、生平，以及经商之种种细节，是研究清末民初经济史有用的史料。

止叟年谱 1941年上海百宋铸字印刷局铅印本。

韩国钧自编。韩国钧(1857～1942),字紫石。江苏泰州人。光绪五年(1879)举人,清末任知县等职。民国后,历任江苏民政长、江苏省长等职。著有《永忆录》等。谱主身历清朝、北洋政府及国民党政权三时期,谱中记清末至抗战前后之时事变化颇多,而于清末之政治、民初之军阀混战等记录尤多,但所记内容均嫌简略,可供检阅,不能引证。

追忆录一卷续录一卷 民国中华书局铅印本。

殷保诚自编。殷保诚(1862～?),字亦髯。江苏江阴人。廪生。早年游幕,后任南京高等学堂教授。本谱自记个人经历及家事,篇幅甚长,细节极详,笔法细腻。虽有很多琐碎之处,但可见时俗世风,也不乏有价值的史料与掌故。如记光绪初年科场弊窦,光绪元年(1875)办保甲局之弊,《中日马关条约》在民间的反应,辛亥革命期间南京激变情况等,均有涉及。正编止于1922年,同年刊行。至1930年,又撰《追忆续录》,殷氏时年69岁。

啰庵主人自订年谱 民国苏州启新公司铅印本。

张茂镛自编。张茂镛(1864～1924),号申伯。江苏吴县人。茂炯兄。谱主系光绪十七年(1891)举人,后纳资以知县分签浙江,历任浙江省洋务局委员,上虞、金华等县知县,安徽省辑要局、糖捐局提调等职。本谱系张氏于1912年50岁时手自编订,记述自己家世、生平以及求学、作宦、交游等情况。

景牧自订年谱 载《南京文献》第16号。

吴廷燮自编。吴廷燮(1865～1947),原名承荣,字向之,室名景牧堂。江苏江宁人。一生纂辑甚富,著有《唐方镇年表》《明督抚年表》等。谱主系清光绪二十一年(1895)举人,历任山西省通判、同知、知府,巡警部郎中、右参议,陆军部一等咨议官,度支部参议上行走,法制院参议,弼德院参议。辛亥革命以后,曾被袁世凯任命为总统府秘书。1914年,任北平政府政事堂主计局长、清史馆总纂,北洋政府时任统计局长。后应张学良之聘,赴沈阳萃升书院任史学主讲。1931年"九一八事变"后回北平,从事学术活动。抗战胜利后,回南京,应聘为国民政府国史馆修纂,撰写《国史义例》。谱文止于1937年抗战爆发,主要记述其家世生平、仕宦治学、著述及家事等,于纂辑史表之事,尤为详明。

茹经先生自订年谱 1935年无锡国学专修学校学生会铅印本。

唐文治撰。唐文治有《十三经提纲》,已著录。唐文治生于清同治四年(1865),曾任清外务部主事、员外郎、商部左丞、农工商部左侍郎署理尚书等职。后返苏,任存古堂教习,又创立无锡国学专修馆,以教书育人为己任。本谱系唐氏任无锡国专校长期间,应学生一再要求,于70岁时,将自己一生经历,按年回忆、记录而成,故止于1934年。全书所记为唐文治一生之荦荦大者,颇为简明,后附著作年表。书前有著者《年谱题辞》《世系》,书末附冯振编《茹经先生著作年表》并跋。从冯跋可知,年谱之所以能成书,乃其屡屡暗中请求所致,"谱中著作所系,略加案语,以当索引。又综先生文集、奏疏所载,逮各专书,编为著作年表,附刊于后",足见冯氏于此书之面世,居功至伟。本谱出版后,唐氏80岁以前,每年均有纪事稿本留存,身后经其子唐庆诒编为《续编》,合成全本,则已在中华人民共和国建立以后。

苓泉居士自订年谱二卷 1942年刻本。

杨寿枏自编。杨寿枏(1868～1947),字味云,号苓泉居士。江苏无锡人。著有《云在山房类稿》等。谱主自订年谱,止于1927年60岁时。杨氏中光绪十七年(1891)举人,历任商部主事,农工商部主事、员外郎、公司注册局总办、商标局会办,度支部郎中、参议等官。民国以后,历任北洋政府盐政处总办、长芦盐运使、山东财政厅厅长、财政部次长、盐务署署长、无锡商埠督办、参议院议员等。晚年在天津、唐山等地办理华新纱厂等实业。谱中所记,除日常应试、仕宦外,也涉及清末民初的政局。所记虽略,却提供了线索。但总体思想守旧,有遗老习气。

曾孟朴先生年谱 民国《曾公孟朴纪念特刊》本。

曾虚白编。曾虚白有《国际情报史》,已著录。作者为谱主曾朴(1871～1934)之子。曾朴,字太仆,易字孟朴,笔名东亚病夫。江苏常熟人。曾之撰子、汪鸣銮女婿。光绪十六年(1890)举人,二十年入同文馆学习法文。清末曾参加"立宪运动",任江苏省议员。民国后,入共和党,曾任江苏官产处处长、财政厅长、政务厅长。擅文学,译介法国文学作品,曾在上海创办真善美书店。所撰小说《孽海花》,为清末名著。本谱系其子用白话文编纂而成,记述其父生平及时代背景,纪年用公元,而不系年次,且不逐年排比,无谱主年齿,往往并合数年于一段,作概括叙述,在年谱中,别具一格。

涉园年略　1939年铅印本。

陶湘编。陶湘(1871～1940),字兰泉,号涉园。江苏武进人。近代著名藏书家、刻书家。本谱一名《陶涉园七十年记略》,系陶湘自订年谱,刊行第二年,陶氏便离世,享年71岁。光绪十六年(1890),陶氏以大兴县学生员保送鸿胪寺序班,后纳资加捐,累保至道员。历任京汉路北路养路处、机器处总办,行车副监督,上海三新纱厂总办。民国以后,历任招商局、汉冶萍煤矿董事,天津中国银行经理,北京交通银行总行经理,天津裕元纱厂经理。谱文除家世生平外,以记录其著述及刻书事为主。自宣统以后,陶氏致力于古籍的刊印,先后刊印《昭代名人尺牍续集》《涉园续刻词录》《百川学海》《喜咏轩丛书》等。其中,刻书事尤其详尽,凡序跋、凡例等,无不全部录入,为研究版本目录及丛书源流,提供了不可或缺的史料。

赛金花年表　1934年《赛金花本事》附录本。

刘半农编。刘半农有《四声实验录》,已著录。赛金花(1874～1936),原名傅彩云。安徽黟县人,长于苏州。光绪间,被洪钧纳为妾,随使俄、德、奥、荷等国。洪钧去世后,流落上海、天津、北平。八国联军陷京师,曾与德军首领瓦德西关系亲密。晚年死于北京。刘半农所编年表,起于同治十三年(1874),终于1934年,此时赛金花尚未去世。不过本谱只是按年月纪事,十分简略。

畴隐居士自订年谱　1929年无锡丁氏铅印本。

丁福保编。丁福保有《老子道德经笺注》,已著录。本书系丁福保自订年谱,从出生起,止于1929年56岁时。所记主要为前半生之经历、编印书籍等事,兼及时事,如民国间江浙战争对无锡之影响等。谱前有作者自识,不同版次印本,其时间亦有所差异。本谱有1921年、1925年、1929年、1939年印本。

乐农自订行年纪事　1934年铅印本。

荣宗铨编。荣宗铨(德生)有《无锡之将来》,已著录。本谱纪事止于1934年作者60岁时。荣氏在上海、无锡经营纱厂、面粉厂,年谱所记主要是他大半生经历,涉及经营实业的经过及相关情况,颇为详细,对于研究中国近代民族资本企业的历史及民族资产阶级形成与发展,具有重要参考价值。其间也提及时势对社会经济的影响。同时,也从资本家的立场,记录了工人运动,可以间接了解当时的社会运动状况。

演苍年史　1929年吉林吉东印刷社铅印本。

谢荫昌编。谢荫昌(1877～1930),号演苍。江苏武进人。教育家。谢氏自订年谱。其早年曾在上海书局编辑《最新经世文编》,任《选报》编辑。光绪二十八年(1902),赴山西筹办《晋报》,任编辑。后留学日本明治大学,习经济。回国后,在东三省学务处办理公报,后改任提学使署图书课课长兼总务课副课长。民国后,历任教育司社会科科长、巡按使署政务厅教育科主任等。1919年,奉天成立教育厅,任厅长。谢氏一生大部分时间从事教育事业。自编年谱,叙其求学经历,半生宦途,间记东北教育概况。

苏曼殊年谱　1929年北新书局《曼殊全集》附录本。

柳无忌编。柳无忌有《现代英语》,已著录。苏曼殊(1884～1918),名玄瑛,家世见柳亚子《苏杰生年表》,以诗文创作,名重一时,著有《断鸿零雁记》等。1918年英年早逝,仅35岁。生前与章太炎、柳亚子、刘师培等交好。1927年,柳亚子父子搜集其遗著等,辑成《曼殊全集》5册。柳无忌又编写年谱附于第四册之后。本谱记录苏氏一生经历,简明扼要,又将相关材料附录于下,颇为丰满。谱后有柳亚子撰后序,知本谱实系柳氏父子共同编订。

苏曼殊年表　1929年北新书局《曼殊全集》本。

柳无忌编。本表为《苏曼殊年谱》的节略本,纪事举其纲目而已，置于《曼殊全集》第一册，方便读者参考。

重订苏曼殊年表　1931年中学生书局铅印本。

柳亚子编。柳亚子有《分湖诗钞》等，已著录。本谱写定于1931年6月，较北新书局《苏曼殊年谱》所附《年谱》《年表》晚出，且有所修订，故冠以"重订"字样。本谱确认苏曼殊父亲为华人，母亲仍是日籍，籍贯为广东香山县恭常都沥溪乡，并补入他的家庭情况、参加民主革命活动、与革命党人的交往的内容，这均是前谱所未涉及的。

霜厓先生年谱　1939年石印本。

卢前编。卢前有《中国戏剧概论》，已著录。吴梅(1884～1939)于抗战中，避居云南大姚村，不幸病逝。卢前为霜厓门人，编撰本谱，简单记述老师的家世与生平，侧重点放在老师的诗、词、曲创作与研究上。"以《霜厓诗录》编年为主，而以词系年有年月者附焉"。年谱前有于右任题辞、郑鹤声序，末附吴梅后人追怀亡父文字及国民政府褒恤令。谱后有卢前跋。

孙庵老人自订五十以前年谱二卷年表一卷附录一卷　1943年铅印本。

钱基厚编。钱基厚有《常熟筹防要牍备览》，已著录。本书系钱氏自订年谱，记事至1936年50岁时，抗战尚未爆发。主要记录家庭琐事与个人经历。1911年，谱主肄业于南京两江法政学堂。1912年，当选无锡县议员，并任共和党无锡支部长、无锡教育会会长。1914年任无锡县公署学务科科长。1919年参加"五四运动"，被推为县国民大会事务所干事。1921年，先后当选无锡县自治促进会副会长、江苏省议会议员。1922年，与无锡报人李柏森等创办《无锡新报》，任董事长。1924年，被荣德生聘为公益工商中学校长，11月当选市公所总董。1927年，任无锡县商民协会主席。1928年底，当选无锡县商会主席。1930年，任无锡第三中学校长，并任无锡市公款公产委员会主席。"一·二八事变"后被推为国难委员会主席，负责支前和收容难民。谱前有自编之《孙庵自订五十以前年表》，分年岁、国家大事、地方政情、本身事迹、亲友备考等五栏，较之年谱更为简单而且眉目清晰，是谱文之纲领，对于了解钱基厚前半生有很大帮助。

孙庵私乘　秦翰才抄本，上海图书馆藏。

钱基厚编。本书为《孙庵老人自订五十以前年谱》的续编，谱前有1943年作者自序。时抗战爆发已6年，作者的家国之痛，在谱中不时流露。谱文自1937年起，至1949年止。正是近代中国社会政局发生巨大变化的13年，年谱首先便提到"七七事变"后上海战事，以及汪伪政权在无锡的情况。抗战胜利后，国统区普遍通货膨胀，无锡亦未能幸免。解放前夕，税收不断加重，无锡地方上商会、农会、总工会等20余个公私团体"自觉自救、救国"。较之《自订五十以前年谱》，更贴近时代的步伐。

第八节　日　记

锄月馆日记　稿本，上海图书馆藏。

何荫楠著。何荫楠，江苏江宁(今南京)人。福建候补知府。日记凡53册，始于清光绪十四年(1888)，止于1917年5月，前后长达20余年，极富史料价值。所记以在上海的见闻为多，大抵可分成五方面：一、对当时上海的园林、街道、码头的记录；二、沪上梨园演出的记载；三、上海当日之政治斗争的记录；四、经济史料，对于上海市面的历年情况均有涉及；五、作者与当时重要人物、友朋的交往，如梁士诒、缪荃孙、唐文治、孙宝琦、曾孟朴、谭人凤等人。

粟香室日记　稿本，上海图书馆藏。

金武祥著。金武祥(1841～1924)，原名则仁，又名淮生，号粟香，江苏江阴人。缪荃孙表兄。稿本现存42册，起自清光绪四年(1878)，止于1919年，共计22年。记述金氏后半生的个人经历与交游、著述等。

艺风老人日记　稿本，北京大学图书馆藏。

缪荃孙著。缪荃孙有《艺风堂诗存》等，已著录。日记始于清光绪十四年(1888)三月一日，终于1918年10月21日，前后共计30年时间。记录颇为简单，可见缪荃孙个人的经历，与晚清进入民国的政治变化以及对学者文人的影响。缪氏一生创建京师图书馆、江南图书馆，日记反映他个人事功的同时，也见证了中国的现代化。稿本已于1986年由北京大学出版社影印出版，2014年出版标点本收入《缪荃孙全集》。

缘督庐日记 不分卷，稿本，同治九年（1870）至1917年，王季烈跋，苏州图书馆藏。《缘督庐日记钞》16卷，王季烈摘抄稿本，苏州图书馆藏；1933年上海蟫隐庐石印本；《续修四库全书》本。

叶昌炽撰。叶昌炽有《辛臼簃诗谳》，已著录。叶昌炽现存日记有两部，均为稿本。一名《梨云仙馆日记》，系同治七年至九年的日记，上海图书馆和上海社会科学院图书馆分别藏有残本。一名《缘督庐日记》，自同治九年闰十月十三日起，记至民国六年九月十五日绝笔，共43册，今藏苏州图书馆。两部日记时间上前后相接。前者因记载简略，时间也短，故不为人重视，人们通常所说的叶昌炽日记，指的是《缘督庐日记》。这部日记长达48年，记载了叶昌炽一生的主要事迹，而且反映了广泛的社会生活，被公认为我国近代史上最著名的几部日记之一。日记在叶昌炽生前未能出版。叶昌炽同窗好友王颂蔚之子王季烈摘录其中有关藏书、搜碑、国事、交游等方面的内容，约为原稿的三分之一，于1933年出版，名为《缘督庐日记钞》。王季烈删去了日记原稿中大量自己认为不宜公开的内容，一些敏感性词语则打了方框。

柳西草堂日记 稿本，南通博物苑等藏。

张謇著。张謇有《农林工商政见宣言》，已著录。日记稿本28册，后有散佚。博物苑所藏起自清光绪九年（1883），讫于1926年，中有间断。1962年江苏人民出版社影印出版了《张謇日记》，收入这一部分。另有14册，自同治十二年（1873）九月初四日至光绪十八年五月二十九日，被沈燕谋携往台北，后与大陆所藏全部影印收入《近代中国史料丛刊》。张謇作为晚清民初著名的实业家，日记中记录了数十年间办企业的经历，同时也涉及南通地区，乃至江苏、上海等地的时事，是研究近代史重要的文献。

余鸿钧日记 稿本，苏州博物馆藏。

余鸿钧著。余鸿钧（1857～1930），字升孚。江苏昆山人。医生。日记存15册，始于清光绪二十四年（1898）元旦，终于1925年除夕，其间偶有中断。主要记余氏家庭生活、行医日程，以及与昆山友人如方惟一、王德森等人的交往。尤其是辛亥革命期间，余氏详细记录了昆山城内普通百姓的情况。日记中基本每天都有新诗记事，并抄录各报纸上的时政大事。

横山乡人日记 稿本，私藏。

陈庆年著。陈庆年（1862～1929），字善余。江苏丹徒人。陈庆年《日记》19册，内容多为作者长期编印书籍的心得、时局评论和与当时文人的交往记载等。起于光绪十三年丁亥（1887），迄于1920年，前后跨度30余年；另有《尺牍》11册，系与端方、缪荃孙、马相伯等人的信件底稿，修改颇多，直接表露了作者当时的心态，起于光绪乙未（1895），迄1922年。除《日记》部分选载于《镇江文史》外，大部分内容均未刊布。日记详细记录清末民初陈庆年在管理两湖学务，任职江楚编译局，参与创办江南图书馆，编校《洋务辑要》，收购钱塘丁氏八千卷楼藏书诸事之经过与见闻，其中不乏与张之洞、梁鼎芬、刘世珩、王绶珊、黄遵宪、徐万昌、张謇、端方、缪荃孙、马相伯、郑孝胥、柳诒徵等往来应对的记录。日记跨越时间之长，涉及事件、人物之多，较为罕见，是研究晚清民国初年中国政治、经济、文化及洋务运动和图书馆史珍贵的第一手资料。

蒋炳章日记 稿本，南开大学图书馆藏。

蒋炳章著。蒋炳章（1864～1930），字季和，号留庵。江苏吴县人。清光绪二十四年（1898）进士。民国初年，任江苏咨议局副议长。日记现存三部分：《虎文先生日记》12册，卷一至卷十起自清光绪九年十一月初七日，讫光绪二十一年六月十九日；卷十二起自光绪二十二年四月初一，止于光绪二十四年七月三十日；卷十六起自光绪二十八年十月初一日，止于光绪二十九年六月二十九日。《池上草堂日记》，系1921年日记。《葑田日记》31册，起自清宣统元年（1909）九月一日，终于1928年5月1日。本书对于研究近代江苏、苏州等地历史，具有参考价值。

徐兆玮日记 稿本，常熟图书馆藏；2013年黄山书社点校本。

徐兆玮著。徐兆玮有《续海虞诗话》，已著录。日记含《甲午行记》《棣秋馆日记》《剑心簃日记》《燕邸日记》《燕台日记》《虹隐楼日记》《讲习馆日记》《丛书草堂日记》等，始自清光绪二十年(1894)二月十二日，终于1940年7月16日，共56年。日记中记录读书心得、摘录报刊所见新闻篇幅颇多。个人经历之外，也涉及与友人的交往，特别是常熟籍的学者、藏书家的事迹。

复礼堂日记 王大隆抱蜀庐抄本，复旦大学图书馆藏。

曹元弼著。曹元弼有《复礼堂文集》，已著录。日记起自清光绪二十一年六月十二日，讫于1953年10月14日。民国间日记，偶有用伪满年号者，盖曹氏以遗民自居，示不忘清朝也。日记甚为简单，主要记每日读书及心得，亦涉及师友的拜访等。苏州博物馆藏稿本两册，字大如钱，存1937年至1946年，均用康德年号。

峭帆楼日记 稿本，苏州图书馆藏。

赵诒琛著。赵诒琛有《顾千里先生年谱》，已著录。此稿本一册，纪事始于1918年正月初二日，迄于1939年5月16日。非逐日都记，或每月一记，或每年一记。书中收录叶昌炽稀见藏书目录一百二十七种，具有一定的文献价值。

拙速日记 稿本，上海图书馆藏。

潘祖年著。潘祖年有《拙速诗存》，已著录。潘氏一族多有日记留存，潘祖年日记现存光绪二十七年(1901)一月一日至1924年10月30日，共24年。其中主要记录家事，以及为亡兄潘祖荫编刻《藏书记》，为老师叶昌炽刻印《寒山寺志》等著作，也涉及辛亥革命等记录，具有一定的史料价值。

江南阅书记 稿本，上海图书馆藏。

孙毓修著。孙毓修有《玄奘》，已著录。日记存1919年1月14日至7月12日，主要记访书事。孙氏未刊手稿存世颇多，日记稿本亦流散民间，韦力芷兰斋即藏有其日记、书目等手稿。

红霞日记 稿本，上海图书馆藏。

顾希昭著。顾希昭，江苏无锡人。孙毓修继室。日记存1912年11月15日，至1913年3月25日。

丁初我日记 稿本，上海图书馆藏。

丁祖荫著。丁祖荫有《铁琴铜剑楼宋金元本书影》，已著录。丁氏日记现存光绪三十二年(1906)正月初十日，至1929年7月17日，凡23年余。其中涉及丁氏从政，退居里门，迁居苏城后的生活，以及收藏古籍等记录。

因是斋日记 稿本，上海图书馆藏。

蒋维乔著。蒋维乔有《中国哲学史纲要》，已著录。日记现存清光绪二十二年(1896)九月初二日至1958年1月29日，共计63年。反映了自晚清至20世纪50年代末的政治、文化以及蒋维乔个人的治学、交往与游历，保留了这段时期文化界、教育界及佛教界的大量珍贵史料。稿本已于2014年以《蒋维乔日记》之名在中华书局影印出版。

彦均室歙行日记 稿本，苏州博物馆藏。

潘承谋著。潘承谋(1874～1934)，字铁仲，号省安。遵祁曾孙，观保嗣孙。清光绪二十三年(1897)副贡，官农工商部员外郎。著有《瘦叶词》《小松鳞书屋诗》。全书写于朱丝阑稿纸上，每半页十行，每行字数不等。日记系潘氏与族人赴安徽歙县展拜祖墓期间所作，今存1914年6月6日至7月2日，不足一月，记录沿途所见颇为详细。潘氏另有展墓日记，刻入《大阜潘氏支谱》，其中有《甲寅大阜展墓日记》，本稿或即其底本之一部分。

复辟半月记 1917年交通图书馆铅印本。

许国英著。许国英(1875～19123)，字指严，又字志毅、子年，号甦庵，江苏武进人。南社成员。曾任商务印书馆编辑、北洋政府财政部秘书。日记起自1917年7月1日清废帝溥仪宣布复辟，至同月17日张勋复辟失败，逃匿荷兰公使馆。日记出于一己之所见所闻，虽有失实之处，但对于研究张勋复辟一事，仍具有一定的参考价值。

南行日记 1935年铅印本。

唐肯著。唐肯(1876～1950)，字企林。江苏武进人。日本中央大学法律系毕业，画家。日记起自1935年4月21日，终于同年6月16日，记录赴广东旅行之事，前后60日。其中涉及文物、书画赏鉴，与友人交往等，提到返沪欲访同乡谢玉岑，而谢氏已先一月去世。

钏影楼日记 稿本，上海图书馆藏。

包天笑著。包天笑有《上海春秋》，已著录。包天笑晚年定居香港，回忆往事，作《钏影楼回忆录》，风行一时。而其早年日记留于大陆，今藏上海图书馆。日记15册，起自1925年2月11日，止于1940年7月17日，共计15年。其中涉及民国上海地区新闻业，以及海上文人，苏州亲友的交往，可与《回忆录》并观。另有1949年日记，收入《钏影楼回忆录续编》。

叶茳渔日记 稿本，上海图书馆藏。

叶玉森著。叶玉森有《中泠诗钞》，已著录。叶氏日记现存两册，起自1932年6月1日，至于1933年3月30日。

庄通伯日记 稿本，上海图书馆藏。

庄先识著。庄先识(1882～1965)，字通伯，江苏武进人。早年留学日本。于吕思勉、蒋维乔等友善。著有《惜日短室文集》《寒俭书室偶录》等。庄氏日记现存40册，起自清光绪二十五年(1899)正月初一日，至于1924年6月3日。

季自求日记 稿本，南通市图书馆藏。

季天复著。季天复(1887～1944)，字自求，江苏南通人。季氏早年入南京水师学堂，与周作人同学，通过周作人认识鲁迅。辛亥革命后，在孙中山的参谋本部第三局从事军事谍报，后在袁世凯总统府任侍从副官、参谋部参谋。1915年至1917年，随参谋次长陈宧入四川，任军务处一等参谋，后返京任职。日记现存两段，一起自清宣统三年(1911)三月十八日，止于1919年6月；一起自1929年1月30日，止于1939年2月18日。其中涉及民国以后史事颇多，具有很高的文献价值。

柳亚子日记 稿本，中国国家博物馆藏；《柳亚子文集》本。

柳亚子著。柳亚子有《分湖诗钞》，已著录。日记包含三段：《乘桴日记》，起自1927年5月15日，止于1928年4月6日；《旅港日记》，起自1919年1月1日，止于同年2月26日；《北行日记》，起自1949年2月27日，止于1950年10月29日。其中，有柳氏自香港返回北平，见证了新中国的建立之事。

五石斋日记 稿本，北京大学图书馆等藏。

邓之诚著。邓之诚有《中华二千年史》，已著录。邓氏原籍江苏江宁，长期在北平任教。日记所记，多为当时北平文教界往事，除读书治学外，尤多人物之月旦，内容极为丰富。现存1933年5月1日至1960年1月1日二十余载日记。稿本于2007年曾由国家图书馆出版社影印出版。另有邓瑞摘选、整理的《邓之诚文史札记》，由江苏凤凰出版社出版。

禅那室日记 稿本，上海图书馆藏。

陈裕菁著。陈裕菁(1889～1963)，字南屏。江苏丹徒人。庆年子。《禅那室日记》稿本，一册，写于“文普通中学堂功课簿”朱丝阑稿纸上，每半页十行。所记之事，始自1916年11月15日(礼拜三，农历十月二十日)，至1917年2月22日中止，再从1923年8月2日起，至同年11月14日止，前后各四个月左右。日记用毛笔手书，间杂英文。《日记》1923年8月2日以后，连续三月记录翻译《蒲寿庚考》事。

王伯祥日记 稿本，浙江图书馆藏。

王钟麒著。王钟麒即王伯祥，有《中国学术思想演进史》，已著录。王氏早年毕业于苏州草桥中学，历任上海商务印书馆、开明书店编辑，编辑出版《二十五史》《二十五史补编》等。上世纪50年代入京，任职中国社科院文学所研究院。日记始于1924年1月1日，止于1975年8月30日，共计50余年，对于研究近代文化史，尤其编辑出版等方面，具有一定价值。本稿已于2011年由国家图书馆出版社影印出版。

刘半农日记 稿本，原稿藏归绍升处。

刘半农著。刘半农有《赛金花年表》，已著录。

刘氏日记手稿，上海图书馆藏1981年静电复制本。现存两册，起1934年1月1日，讫于同年6月19日。

西行日记 1926年朴社铅印本。

陈万里著。陈万里（1892～1969），名鹏。江苏吴县人。中华人民共和国建立后，任职故宫博物院，为著名的瓷器研究专家。书前有自序，简述西行的起因，是应福开森之介绍，与华尔纳、翟荫等人随美国考古队赴敦煌考察。在自序中陈氏列出心得七条，供后来之考察者参考。日记始于1925年2月15日，终于同年7月31日。后有附录，依次为《敦煌千佛洞三日间所得之印象》《经川石刻校释及考证》《万里校碑录》《官厅调查表》（敦煌千佛洞、安西万佛峡、安西东千佛洞）《旅程表》。

顾颉刚日记 稿本，家藏。

顾颉刚著。顾颉刚有《周易卦爻辞中的故事》，已著录。日记起自1913年10月1日，至于1980年12月17日。顾氏日记记录简明，但其中涉及中国近代学界名家，从中不仅可见其一生治史的痕迹，更可见近现代史学发展的轨迹，作为研究近现代学术史的重要史料。稿本经顾颉刚女儿顾潮整理，收入《顾颉刚全集》，附有人名索引，使用甚为方便。

丑簃日记 稿本，上海图书馆藏。

吴湖帆著。吴湖帆有《绿遍池塘草》，已著录。吴氏日记不相连属，从时间上看分为四段：第一段起自1931年4月14日，迄于1935年5月16日；第二段丁丑记事，起自1937年1月1日，迄于同年9月19日；第三段起自1937年9月20日，迄于1938年6月10日；第四段始于1938年6月15日，讫于1939年11月30日。主要记录家事、友朋交往及经验书画，也涉及时事，如抗战期间，日军对苏、沪等地的轰炸等。其中对于鉴赏书画的心得，最具学术价值。日记后整理收入《吴湖帆文稿》中。

叶圣陶日记 稿本，上海图书馆藏。

叶圣陶著。叶圣陶有《国文教学》，已著录。叶氏日记数十年，多已整理收入《叶圣陶集》。现存宣统二年（1910）十月初一日至1915年4月30日，1939年5月1日至1982年6月30日。其中，1915年5月1日至1945年12月10日，名为《西行日记》；1945年12月11日至1949年1月6日，名为《东归日记》；1949年1月7日至1982年6月30日，名为《北游日记。》

丁治磐日记 稿本，台北"中央"研究院近代史所藏。

丁治磐著。丁治磐（1894～1988），字似庵。江苏东海县人。丁氏自1912年投身军旅，历任民国政府各级军职。1950年去台湾，致力于国防学理之研究。晚年脱离军政界，潜心诗文书画。本日记分两段，一为1939年1月至1949年8月；一为1952年8月至5月。前一段十年余，记录抗战间事，颇具史料价值。

曾虚白工作日记 稿本，中国第二历史档案馆藏。

曾虚白著。曾虚白有《国际情报史》，已著录。日记起自1941年5月5日，讫于1944年12月。部分日记曾连载于《民国档案》杂志。

朱自清日记 稿本，上海图书馆藏。

朱自清著。朱自清有《国文教学》，已著录。朱氏日记已整理收入《朱自清全集》第9～10两卷，起自1931年8月22日，讫于1948年8月2日。其中涉及抗战、清华大学西迁以及西南联大等事，对研究朱氏生平及民国期间的大学教育，具有重要史料价值。

南游日记 1919年商务印书馆铅印本。

唐庆诒著。唐庆诒（1898～1986），字谋伯。江苏太仓人。文治长子。美国哥伦比亚大学政治学硕士，归国后任上海交通大学外文系主任，一生任职交大。日记起自1917年7月15日，止于同年8月31日。是作者在美国南部地区旅游的日记。

盛成日记 稿本，中国现代文学馆藏。

盛成著。盛成（1899～1996），江苏仪征人。诗人、学者。日记存1947年赴青海日记，以及20世纪70年代日记。

琅玕精舍日记 稿本，上海图书馆藏。

赵君豪著。赵君豪有《中国近代之报业》,已著录。日记现存 6 册,起自 1943 年 2 月 10 日,讫于 1948 年 12 月 31 日。

辛酉日记 稿本,南京雨花台烈士陵园藏。

张应春著。张应春(1901～1927),字蓉城。江苏吴江人。毕业于上海两江女子体育师范专门学校,曾任厦门集美女师、松江景贤女中、黎里女校等教职。1927 年 4 月 11 日在南京被捕,旋即被杀害。现存 1921 年日记,稿本,未刊。

王欣夫日记 稿本,不详藏处。

王大隆著。王大隆有《黄荛圃先生年谱补》,已著录。王氏祖籍浙江嘉兴,自高祖时移居苏州。日记始于 1920 年,终于 1965 年,其中略有缺失,少 1922～1927、1930～1931、1942～1954 年日记。王氏是著名文献学家,日记中记录了大量经眼的古籍版本内容和学林掌故。原稿于 2006 年由上海嘉泰拍卖公司拍卖流出,不知现藏何处。

读律室日记 稿本,上海图书馆藏。

孙祖基著。孙祖基有《地方自治》,已著录。孙氏日记稿本存一册,起自 1938 年 12 月 10 日,讫于 1939 年 2 月 22 日。

顾廷龙日记 稿本,上海图书馆藏。

顾廷龙著。顾廷龙有《明代版本图录初编》,已著录。顾廷龙于 1939 年夏应叶景葵等之邀,从北平南下上海,担任私立合众图书馆总干事,从自定居上海。日记即始于南下之际,一直延续至建国以后。稿本由后人捐赠上海图书馆,主要内容被摘入《顾廷龙年谱》。除了记录个人、家庭之事外,主要涉及古籍的搜集、整理与保护,以及与海上诸老的交往等,具有很高的文献价值。

景郑日记 稿本,家藏。

潘承弼著。潘承弼有《明代版本图录初编》,已著录。作者为版本目录学家。家有著砚楼,藏书甚富。日记手稿从民国一直持续至中华人民共和国建立以后。新中国以前,存 1929 年、1931 年、1936～1941 年、1946 年,其中 1929 年日记稿本藏苏州图书馆,存 2 月 10 日至 9 月 8 日。另有 1933 年日记,存苏州博物馆,涉及章太炎到苏州作国学讲座等事,对于研究章黄学派,具有重要参考价值。潘氏好藏书,日记中记录了大量的买书、读书的细节,为研究民国时期苏州的古旧书业提供了很多资料。

俞鸿筹日记 稿本,上海图书馆藏。

俞鸿筹著。俞鸿筹(1908～1972),字运之。江苏常熟人。著有《舍庵诗词残稿》。日记 7 册,始于 1949 年 1 月 1 日,终于 1955 年 12 月 31 日。记录了作者进入新中国以后的家事与国事、经历与见闻。

养性室日记 稿本,复旦大学图书馆藏。

张敬礼著。张敬礼(1911～1995),名立祖。江苏南通人。著名实业家。张詧之子、张謇之侄。日记现存 1928 年 1 月 1 日至同年 6 月 21 日。主要记录张氏父亲遭到通缉,从上海避居大连事,其中有张敬礼举办婚礼等细节。从日记可见,在张謇身后,其子张孝若与伯父张詧之间的微妙关系。不难发现,在宁汉合流之后,南通张氏作为地方势力的代表,其家族力量受到政府方面的分化。本稿收入《中国近现代稀见史料丛刊》第三辑。

夏济安日记 稿本,上海图书馆藏。

夏济安著。夏济安(1916～1965),江苏苏州人。毕业于上海光华大学英文系,后赴台湾,任台大外语系教授。日记存 1946 年 1 月 1 日,至同年 9 月 29 日。

第九节　文物考古

铁云藏龟拾遗 1925 年影印本。

叶玉森著。叶玉森有《中泠诗钞》,已著录。刘鹗《铁云藏龟》为甲骨学之名著,本书乃其续作之一种。前有 1925 年叶氏自序,称刘鹗身后,所藏甲骨 5 000 版陆续散出。是年春,刘家又售出甲骨一批,经友人王伯沆、柳诒徵介绍,叶玉森购得之,计 1 300 版。取与《铁云藏龟》《藏龟之余》相对,未著录者甚多,选集其中 240 版,手自拓墨,编订成册,名为《铁云藏龟拾遗》,并附考释于后,影印问世。本书对于研究甲骨者,无疑是珍贵资料。

殷墟霾契考　1928年石印本。

陈邦福撰。陈邦福(1893～1976),号墨簃。江苏镇江人。本书由徐乃昌题写书名,书前有1928年6月陈氏自序,自述研究甲骨文之经历与心得,同时也怀念同道好友王汉辅(王懿荣次子)。全书主要考订殷帝丁卜辞,兼及殷帝王之世系与名字、霾藏卜事等,主要用出土甲骨文,证以传世文献。分条记述类笔记,而未标条目名。

殷契辨疑　1929年石印本。

陈邦福撰。本书主要是对前人著作中甲骨文考释的补订,吴士鉴题写书名。一般先罗列前人成说,继出己说,时有汇聚诸家之说,相互质证,以证成自说者。全书篇幅不大,主要针对王国维《戬寿堂殷墟文字》、叶玉森《铁云藏龟拾遗》、王襄《簠室殷契征文》、罗振玉《殷墟书契前编》等书中有关文字,加以考辨。

殷虚书契前编集释　1934年上海大东书局铅印本。

叶玉森著。本书系对罗振玉《殷墟书契前编》所收甲骨文字作集中考订,原书8册。书前有1932年5月叶氏自序,缕述甲骨文发现以后,刘、罗、王等人的研究成绩,并谈到自己费十数年之功,先成《殷墟书契前后编释文》一稿,而未刊行。1931年寓居上海,发愤缮写旧稿,并罗列众说,附以己见,成此《集释》。书前有凡例12条,于全书体例解释颇为明晰,如提到辑录众说,“悉依著作印行之年月先后为序,或整篇,或摭要语,后说袭前说者,概置之不录”;又因诸家大多用文言,有非文言者,不得已变其文体,然于作者本意,不敢稍损。书后附有参考书目,亦甚为可观。全书先汇集他人之说,次列自己的考释,不仅仅只是资料的汇编,且多有个人创见。篇幅颇为庞大,而能自始至终,客观而细致的考辨,其治学态度就令人心生敬意。

汉魏木简义证　1931年石印本。

陈邦福撰。本书每半页10行24字,版心有“亿年堂丛书”字样。首顶格录木简原文,后加案语,主要引用《汉书》《后汉书》等,共计24条。末题“辛未七月著稿,甲戌三月斠印,墨逐记于东台玉带桥”。

国朝金文著录表补遗　1933年墨缘堂石印本。

鲍鼎撰。鲍鼎有《张夕庵先生年谱》,已著录。王国维《国朝金文著录表》6卷,于1931年由蟫隐庐书店印行。鲍鼎《国朝金文著录表补遗》是对王氏《著录表》的补充。书前有1931年初秋鲍鼎自序及《国朝金文著录表略例》16条,最后一条是引用书目与略称对照表,从中可知鲍氏利用了清代18种著作,前13种皆有刊本,后5种系未刊稿抄本。正文以表格形式写定,以器型为序,表格分四栏,依次为器名、诸家著录、字数、杂记。末有同年秋鲍氏跋。王、鲍二书,既有联系,也有区别。主要的差异是,王国维在书中,对青铜器的真伪有所鉴别,鲍鼎则未涉及器物的真伪问题。较之《国朝金文著录表》收录范围至宋、金止,《国朝金文著录表补遗》增元、明两朝,并收入清代编的《西清古鉴》《西清续鉴》《宁寿鉴古》三书中所绘的器物。鲍鼎另有《王氏原本夺漏诸器表》,就是对王国维《著录表》的直接补充。

语石　初稿本,1卷,上海图书馆藏;清宣统元年自刻本;1994年中华书局《语石·语石异同评》本。

叶昌炽著。叶昌炽有《辛白簃诗讔》,已著录。本书为叶昌炽所撰金石学名著,叶氏长期从事碑刻的收集鉴赏,“访求逾二十载,藏碑至八千余通,朝夕摩挲,不自知其耄”。费尽多年心血撰成本书。编排独出心裁,资料丰富,论述精当,内容涉及石刻研究的诸多领域,“制作之名义,标题之发凡,书学之升降,藏弆之源流,以逮摹拓、装池、轶闻、琐事,分门别类,不相杂厕”。全书10卷,卷一自三代至明,记述历朝石刻,卷二记各省及朝鲜、日本等国石刻,卷三至六对碑刻、造象、撰书、题款、刻字等具体内容分类细述,卷七、八论述书人、书体等,卷九、十杂记阳文、避讳、摹本、赝本等。本书问世以来受到广泛好评,成为石刻学理论的奠基之作,与叶氏的另一部名作《藏书纪事诗》一起被称作“乃二百数十年间无人荟萃之创作,文字一日不灭,此书必永存天壤”。

碑版研究法　稿本,家藏。

陈邦福撰。陈邦福有《殷墟霾契考》等,已著录。陈氏精研金石学,本书稿本,待刊。全书凡6

卷11章。写于无格稿纸上，半页10行25字。第一章述碑版源流、立石作用、碑文体裁；第二章字之系统、画之系统、雕刻之系统；第三章标题方法、考证方法、鉴定方法；第四章整理方法、编目方法、摩岩举要；第五章碑拓常识、撰书别称、传世伪刻；第六章参考书介绍、宋元明及清初拓本择要介绍宋元明清以来金石家介绍；第七章新出汉石经残石摘要介绍、新出魏石经残石摘要介绍、汉武梁祠画像存石介绍；第八章南朝瘗鹤铭图介绍、北朝以来龙门造像总数介绍、泰山石峪金刚经字数介绍；第九章郑道昭写摩岩存目介绍、李北海写碑存目介绍、颜真卿写碑存目介绍；第十章赵孟𫖯写碑存目介绍、新出唐五代墓志记载唐人文献资料择要介绍、略考；第十一章所见、述闻、琐记，后附拓影一册，目录注明配入文中何处。本书对于初涉碑拓研究者，不无助益。

古玺发微 民国石印本。

陈邦福著。全书分为类别、玺式、钮式、辨赝、余说等几部分，对古玺印的形制、文字的考订、印纽的式样、如何辨别真伪作了介绍，另外还介绍了一些有关古印的掌故、笔记等。

越器图录 1937年上海中华书局铅印本。

陈万里著。陈万里有《西行日记》，已著录。本书前有叶恭绰题签，并有1936年高野侯序，同年1月18日陈万里自序。本书是研究浙江越窑瓷器的图录，陈氏因1935年余姚上林湖碎瓷片在杭州市场上发现，便开始关注龙泉窑所出瓷器，陆续搜集相关碎片，加以研究，汇编成书，是科学研究青瓷的滥觞之作。陈万里在序言里，对整个发现、研究的过程作了细致记述，可以作为论著来读。难能可贵的是，图录中碎瓷片采用彩色印刷，保留了重要的信息，并由陈蕴文对瓷片上的图案加以摹画，弥补了照片不能完全清晰反映的缺陷。

瓷器与浙江 1946年上海中华书局铅印本。

陈万里著。本书前有1944年罗常培序及同年5月陈万里自序。全书一共分两部分。第一部分主要是序跋与短文：青瓷之调查及研究第一集引言、越器之史的研究、越器图录序言、瓷器与浙江、唐代越器专集引言、中国瓷器史与景德镇瓷业史的批评、越窑与秘色瓷、一个瓷印的考证、瓷器与浙江小序、追记吴兴金华永嘉三处所发现之古代窑基、忆欧翁、故宫一部分古瓷鉴定之商榷、吴晋时代的浙江陶瓷、巴尔《中国古代美术谱》读后记；第二部分集中讨论浙江青瓷：龙泉青瓷之初步调查、第二次调查龙泉青瓷所得之观感、龙泉西南北三乡之古代窑基、龙泉大窑之新发现、一年半中三次龙泉之行、龙泉访古记、山阴道上访古日记、余姚上林湖访古记。

西陲壁画集 1928年良友图书印刷公司铅印本。

陈万里摄。1925年春，作者受北京大学研究所国学门及考古学会之委托，作敦煌千佛洞、安西万佛峡之行，其沿途所记，后编印为《西行日记》。而沿途所拍摄照片，未能及时付印。1928年，经梁得所介绍，选择其中一部分，交良友公司出版，定名为《西陲壁画集》，选登照片18帧，前有作者卷头语，及1928年2月马叙伦、11月陈衍两家题词。照片中，8帧为敦煌千佛洞壁画、9帧为安西万佛峡壁画，最后1帧为瓜州口驿南破屋中残画。

第十五章　地　理

第一节　中外地理概况

中国地理大势　1928年上海中华书局铅印本。

吕思勉著。吕思勉有《先秦学术概论》，已著录。本书列入《通俗教育丛书》，故内容相对浅显易懂。分上下两册，上册5章，第一章总论，其余依次为本部十八省、黄河流域、长江流域、粤江流域；下册5章，内容接续上册，依次为东三省、蒙古、新疆省、西藏青海、沿海，从全书体例来看，作者按地域加以介绍论述，相对较为简要，比较便于初学者了解中国地理的概况。

中国疆域沿革史　1938年长沙商务印书馆《中国文化史丛书》本。

顾颉刚等著。顾颉刚有《周易卦爻辞中的故事》，已著录。历史学家。著有《古史辨》《汉代学术史略》等。全书共26章。第一章绪论，认为："今日国内以省区为首要，然夷考其初，须溯自金、元；求其远因，则应取证魏、晋。今日之县制为地方基本区划，若一探究其根源，又须推至先秦之时。今日去逊清尚近，各地习俗仍多以府州相称，其所指不过一城，所辖不出数县或数十县；岂意两汉、魏、晋一州之大，较诸今省犹有过之。"第二章考察了历代疆域沿革之著作，得出的结论是："疆域沿革之学，其初本为史学之附庸，自经清代朴学诸君子之努力，渐由附庸而为大国，吾人细览前人之成绩，诚不禁向往之甚也。"第三章至第五章，分别对夏民族的历史传说及其活动范围、殷商民族的来源及其活动区域、西周的疆域及东周王畿的区域作了论述。第六章至第九章，分别对春秋时代诸侯互相吞并、战国时代华夏疆域的扩张及民族的同化、秦统一六国后的疆域情形作了分析，并对长城的沿革作了考证。第十章至第二十四章，分别概述了西汉、新莽、东汉、三国、两晋、南北朝、隋、唐、五代、宋、辽、金、元、明、清的疆域。第二十五章论述鸦片战争后，藩属被夺，领土日损的局面。第二十六章介绍民国成立后疆域区划及制度的改革。本书成于抗战初期，是现代研究中国疆域沿革的奠基之作。

南洋地理　1940年中华书局铅印本。

李长傅著。李长傅有《南洋华侨史》，已著录。书前有例言六则，内分上、下两篇。上篇为总论，共7章。介绍南洋的概念、地形、气候、生物、种族、资源、实业及交通。下篇为分论，共7章。介绍法属印度支那、泰国、缅甸、英属马来、荷属东印度、英属婆罗洲、菲律宾的地理情况。地文方面，注重地质构造、气候区域及生物分布。人文方面则注重民族分布、经济、交通与自然的关系，以及国际现状。地方则注重地理区域及聚落的分布。每章之后，均附有重要参考文献。书中并插入草图多幅，大部分为地质构造、地形、经济分布、地理区域等，帮助读者更清晰地了解南洋各国的地理情况。

科学的南洋　1934年商务印书馆铅印本。

黄素封编著。黄素封译有《中国炼丹术考》，已著录。作者为化学史家、医药学家、教育家。金陵大学化学系毕业。1928～1934 年在印尼创办学校并任教。本书系黄素封赴爪哇直葛中华中学任教期间陆续撰写的，后经学生为之编集成书。书前有 1931 年 4 月 27 日中华学校校长龚道熙序、同年 3 月 3 日刘宏谟序、1930 年双十节驻荷属东印度爪哇总领事张铭序，以及陈金羊女史《辑者小言》，1931 年 7 月 18 日作者自序，说明编著此书的原委。全书 15 篇，内收《荷属东印度的位置人口及华侨密度》《一九三〇年东印度人口问题和华侨》《荷属东印度气象一瞥》《荷属东印度国际贸易演进史略》《南洋群岛的自然地理》《南洋群岛的人种及其问题》《南洋植物界一瞥》《荷属东印度动物界一瞥》《南洋食品中之活力素甲》《香蕉与人生》《吧城水族馆》《爪哇婆罗浮图石雕考》《爪哇的金鸡纳》《纳夫西亚花》《关于第四届太平洋科学会议》。最后附录马都拉概况。书中附图甚多，显得图文并茂。

缅甸鸟瞰　1936 年正中书局铅印本。

张正藩著。张正藩有《最近日本之教育》，已著录。张氏留学缅甸，对于其国情颇为熟悉，本书即其所作缅甸简介。全书共分 6 章：第一章缅甸兴亡史一瞥（缅族来源考、缅甸民族之立国、纷争割据之时代、阿脑拉他王之伟业、缅甸与锡兰之交涉、中缅最初之关系、元代三征缅甸与巴岸朝之衰亡、缅甸之鲜族王朝、缅甸暹罗历代之战争、明初缅甸之内府、缅甸与清廷之关系、英缅初期之关系、英缅第一次战争、缅甸之灭亡）；第二章缅甸地理概略（疆界、面积、区域、山脉、河流、气候、种族、交通、物产、工商业、财政、币制、都市、名胜）；第三章缅甸政治概观（行政、立法、司法、缅人对于政治之态度）；第四章缅甸风俗现状（饮食、衣服、房屋、婚姻、丧葬、交际、游戏、戏曲、沐浴、妇人地位、宗教、教育、语言文字、思想、行动、迷信、缅谚）；第五章旅缅华侨概况（人数、商业、工业、教育、团体、一般情形）；第六章滇缅界务问题（滇缅解悟问题之发生、滇缅界务交涉之回溯、片马问题、江心坡问题、班洪问题、滇缅界务之展望与对策），最后附录《南渡银矿工场记》《玉石厂调查记》《宝石厂纪略》。全书除了对缅甸本身历史、地理作介绍外，也谈及中缅、英缅等关系，尤其是对滇缅关系的考察，切乎当时的国际大势。

第二节　省志与府县志

江苏通志编纂委员会筹备概况报告书　民国铅印本。

朱文鑫编。朱文鑫（1883～1938），字贡三，号槃亭。江苏昆山陈墓（今锦溪）人。天文学家。1929 年 1 月 16 日，江苏通志编纂委员会召开成立大会。朱文鑫担任编纂兼总务主任，遂将此次筹备经过概况写成这份报告书。全书分：本会缘起、成立大会、规定章程、重要公文、通志述要、编纂意见、收支报告等七个部分。卷首有照片一帧，系参加成立会委员的合影。卷末附有通讯录，名单中有庄蕴宽（总编纂）、张相文、陈去病、金鉽、柳诒徵（以上 4 位系常务编纂）等，编纂人员 10 位，如钮永建、叶楚伧、吴稚晖、柳弃疾等，均名列其中，干事有陈定祥等 7 人，录事有朱学瀚等 4 人，全部共计 27 人，皆附有通讯地址。

江苏省通志稿　1945 年铅印本；稿本，南京图书馆等藏。

缪荃孙、冯煦、庄蕴宽、吴廷燮等纂修。早在清同光间，苏省大吏便已檄属下各府、州、厅、县纂修志书，为纂辑《江苏通志》作准备，然终未能开局。直至宣统元年（1909），两江总督张人骏才奏置通志局于南京龙蟠里，延聘缪荃孙为总纂，着手编纂通志。不久，辛亥革命爆发，通志局遂告解散。当时仅成缪荃孙《江苏金石志》，陈作霖《江苏兵事纪略》，皆单独刊行。1918 年 3 月，江苏省长齐耀林下令南京设通志局，延请冯煦为总纂，宗舜平、金鉽等为协纂，续修省志。又因战事频仍，经费困难，志局再度撤销，至冯煦病逝，仅得草稿 300 余卷。1929 年，江苏省政府再次成立《江苏通志》编纂委员会，开局修志，局设镇江焦山，庄蕴宽为总编纂，遂以旧稿为基础，另立新体，但“又以事逾再期而辍”，只有柳诒徵的《书院志》《礼俗志》《钱币志》与金鉽《艺文志》行世。1944 年，汪伪江苏省政府于苏州设通志编纂委员会，任吴廷燮为主编，第四次纂修通志。以冯、庄两稿为基础，参酌清代旧志，荟萃参订。次年抗日战争胜利，汪伪江苏省政府解散，《江苏省通志稿》编修工作也同时停止。而全书初稿已草就，共计22个分志350卷，但仅有《大事志》《建置志》《民政志》《都水志》《司法志》《邮传志》《古迹志》《列女志》《灾异志》等九志印出，其余大部分仍为稿本。中华人民共和国建立后，历30余年，全书才基本清理出版。分设22个专志，依次为：大事志、方域志（省府州厅县图、历代疆域图、各府州厅图说、海道、建置沿革、星野、诸山）、都水志（黄河、厅汛表、运河、江、淮河、海、水利、水利治绩、水系）、建置志（城池、署廨、津梁、坛庙）、民政志（历代户口表、自治、徭役、善举、赈蠲、慈善机关、团练、乡镇表）、礼俗志（社会总论、时令、丧祭、冠昏）、度支志（田赋、盐法、商课、引目、厘金、杂税、捐输、漕运，岁计、军饷、洋款）、货殖志（物产、农业、工业、商业、金融）、职官志、选举志、文化志（尊孔、兴学、书院表、学堂表附储书及新闻事业）、武备志（历代军制、绿营、防营、陆军江防、海防、军学、军械）、司法志（刑案、大赦、停勾）、邮传志（驿铺、路、电、航、邮）、经籍志、古迹志、金石志、邦交志、宗教志（佛教寺院、高僧传、比丘尼传、道观、羽士传、居士传、善女传、回教、天主教）、人物志（名宦、帝王、仕绩、孝义、忠节、儒林、文苑、艺术、隐逸、流寓，方外）、列女志、灾异志。书前有吴廷燮序及例言。记事上溯古初，下限《度支》《货殖》《民政》等止于北洋政府，其余断于清末。各专志之前均设有序，提要勾玄，言简意赅。书中内容包括从西周至清末江苏的重大历史事件和历史人物活动，涉及到两千多年来江苏全省政治、军事、经济、文化、社会等各个方面，且取材于历代重要史籍和江苏省属府、州、厅、县志与著名乡镇、山水、园林、寺观志，以及大量实录、档案、文集、笔记等，比较系统而又完整地保存了丰富的江苏地方文献资料，特别是关于鸦片战争、太平天国革命、洋务运动、捻军起义及水旱灾害、盐漕赋税、农田水利等资料，对于研究江苏的地方史，更加具有珍贵的史料价值。

江苏备志稿六十三卷首一卷　1942年稿本，上海图书馆藏。

吴廷燮纂。吴廷燮有《景牧自订年谱》，已著录。本志最初由梁平、章南复发起，二人因感江苏200余年方志失修，忧文献渐就湮没，遂嘱吴廷燮纂辑。编者三游北京，广为摭采江苏史料，经数载考辑成稿63卷、卷首序目1卷，正文有方域记、大事记、职官表、选举表、民政记、度支记、文教记、武备记、邮传记、邦交记等凡8记2表。《方域记》列疆域、道县沿革表、各县面积表、河川表、湖泊表，各县乡镇闾目表，末附清府厅州县沿革表。而《大事记》，以时为序，分列乾隆、嘉庆、道光、咸丰、同治、光绪数朝，后附宣统，叙前事略，记近事详。为便检索，编年系月，有如政记。《职官表》，上自督抚，下至州县，尽收悉登，始自乾隆，断于1928年。因时代久远，簿录散失，府、州、县志未登者，付之阙如。《职官表》之《武职表》《职官考》，以编者未几病卒，未能成稿。《选举表》亦因文献难征，多所缺略。《邮传记》之《路政》载光绪初吴淞筑铁路，以屏外而毁之，《航政》记同治于宁、镇、沪诸地，始经营招商局；《邮政》述其事始于海关，驿铺渐废；《邦交记》首列各国驻江苏领事等地表，下分道光、咸丰、同治、光绪、宣统五朝。江苏自分省后，典章制度、大事掌故，资料未备，作者一人之力毕竟有限，故失之简略，情有可原。

皖志列传稿　1936年铅印本。

金天翮著。天翮后改名天羽，有《天放楼诗集》，已著录。1915年后，金氏受聘于安徽通志馆，发凡起例，其功甚巨，是稿即其时起陆续纂成，1936年铅印刊行。是书所收人物起自晚明，迄于民初，以家族、昆弟、师友、乡谊相系，颇可见一时一地，一家一族之变迁，于有清一代皖地人文武功表曝无遗。传记本文虽采自前人旧作，然能折衷众说，加注出处，殊便于征验，传后又缀论赞之语，申明大意，阐幽表微，其人之功过得失遂昭然于世焉。全书前有徐震、李国瑰序与通志凡例目录草案，以及金氏编纂余言。

江苏　1936年中华书局铅印本。

李长傅编。李长傅有《南洋华侨史》，已著录。全书分为绪论、地文志、人文志、地方志4编，前3编介绍江苏的名称来源、地理位置、沿革、行政区域、地形、地质、气候、生物、住民、文化、经济、交通、政治等情况。第四编分为南京市、上海市、西南丘陵区、江南平原区、江北平原区、淮北平原区6章，详细介绍南京、上海及本省所辖61个县的具体地文、人文状况，颇为详明。之所以将南京单列，将上海附入，源于两市之中，前者为当时国民政府首都，地位与江苏其余市、县不同,后者与江苏联系密切,两者同直属中央,所处地位十分重要,故而如此。

江苏六十一县志　1936 年商务印书馆铅印本。

殷惟龢纂。殷惟龢,字彦常。江苏阳湖(今常州)人。惟一弟。民国间入商务印书馆,曾任《辞源》编辑。本书囊括江苏及其所属六十一县之志,首列江苏省总述,次记各县概况。总述涉及沿革、疆域、人口、地势、山脉、川流、湖泊、海岸、气候、民族、言语、教育,宗教、交通、物产、工业等十六项。除气候、民族、言语、宗教四项见总述外,其余各项,诸县均分别记述。六十一县中,包括后划归上海市的上海、青浦、宝山、金山、奉贤、南汇、川沙、嘉定,安徽省的砀山九县。因当时南京市、上海市不属江苏省,故在江宁、上海两县中附记之。有关各县面积、人口、交通、教育之属,所用数据皆采自当时最新之公报或统计表,客观反映当时真实情况。书后附江苏省已成汽车路一览表、江苏省邮政局一览表、江苏省快信一览表、江苏省电报局一览表、江苏省商埠表、江苏省山川村镇同名表,颇为实用。

新南京志　1928 年南京共和书局铅印本。

徐寿卿编。徐寿卿,名炎森,以字行。江苏江宁(今南京)人。本书原名《金陵杂志》,主要记录南京地理人文、风俗民情。中华民国定都南京以后,徐氏特意将之加以修订,改今名重印。书中分街道志、水道志、城垣志、山麓志、桥梁志、庙宇志、官署志、局所志、学校志、炮台志、银行志、银楼志、绸布庄志、米行志、钱庄志、名园志、古迹志、南朝寺庙志、商标法志、照相馆志、旅馆志、中西菜馆志、茶馆志、物产志、风俗志、社会志、时令俗例志、好尚志、避忌志、金陵古迹诗志等。书前有中山陵、明孝陵、报恩寺、莫愁湖等风景照片。由于本书完成于劝业会成立前夕,故内容与劝业会存在紧密关系。本书对于游览南京,具有很高的实用价值。如其中附有宁省火车价目时刻表、公共汽车价目时刻表等。

首都志十六卷　1935 年南京正中书局铅印本。

王焕镳编纂。王焕镳有《曾南丰先生年谱》,已著录。作者曾任职江苏省立图书馆,本书即其在图书馆任职时所编。国民政府定都南京之后,叶楚伧曾有意编纂《首都志》,认为定都 7 年之久,不能无一志纪其历史沿革与兴建之功。乃就商于柳诒徵,柳氏因忙于馆务,于是举荐王焕镳自代。王氏遂耗时 6 月,爬梳历代旧志,成此新志,溯源穷委,存故标新。全书分上、下两册,共 16 卷,囊括南京之历史沿革及疆域、街道、山陵、水道及气候、户口、官制、警制、自治、财政、司法、教育、兵备、交通、外交、食货、礼俗、方言、宗教、人表、艺文各端,末列历代大事表。并附有各式地图、古建筑图 52 幅,风景照片、名胜古迹、文化交通设施照片 75 帧,表格 61 种,图文并茂。全书篇幅浩繁,内容丰富,广引博证,层次分明,行文简要。不过,由于编纂时间短促,难免有不周之处。但从中可见南京三千年之历史,更可见民国间建设新首都的成就,作为近代新编志书,具有一定代表性。

江宁县乡土志二卷　1916 年江宁小学教育研究会石印本。

孙濬源、江庆源编。孙濬源,字阆仙,号太狷。江苏江宁(南京)人。正礽子。岁贡生。著有《秋影庵词》。全书上、下两卷,分 80 课、15 类。依次讲授境域、山、水、城垣、街市、风俗、物产、工业、商业、教育、交通、人物、古迹、田赋、结论。作为普及乡土教育国民学校教材,由江宁小学教育研究会推行。内容简单通俗,对于中小学生了解江宁的历史、地理、风俗、人情,有很大帮助。

江浦县新志稿　稿本,南京浦口区档案馆藏。

詹其桂著。詹其桂(1870～1932),江苏江浦(今南京)人。清末拔贡。民国间,任江浦县志局总纂。全书不分卷,共分十门,依次是:一舆地志:沿革、界至、形胜、集镇、自治区、户口;二水利志:江、河、洲渚、井泉、塘坝、圩沟;三建置志:城垣、关堡、庙学、公署、局所、坊表、官建、义建、官义合建;四教育志:学校沿革、学校(县立学校、区立学校表、私立学校表)、教育行政(劝学所、教育局、县督学、学区、教育委员、社会教育、教育经费、教育会);五实业志:农业、林业、工业、商务(附赛会);六财赋志:考赋、摊征田亩、额征、芦课、岁计、蠲赈、积储、杂税、地方税、公款公产、盐法;七礼俗志:祀典(特祀、官祀、私祀)、风俗(方言、谣谚)、宗教(佛教、道教、耶教、回教);八交通志:陆路、驿路、铁路、航政、邮政、电报;九兵防志:兵事、军政沿革、防军、保卫团;十警务志：县警察、各乡镇警察、水上警察、消防、卫生。前录旧志序跋，计汪士铎《江浦备征录序》，顾云《浦纂序》，莫芝祥、甘元焕《江浦埤乘序》，杨松乔《江浦埤乘跋》等。记事止于1929年，殆其时詹氏已经中风，口述其文，命子、外甥笔录。全书结构规整，记述谨严，取材广泛，内容丰富。

六合县续志稿十八卷 1920年石印本。

汪升远、王桂馨等纂。汪升远，字鹄扬，江苏六合人。清光绪二十九年(1903)进士。本志系郑耀烈任六合县知事期间，为续清光绪《六合县志》主持纂修的，记事止于清宣统三年(1911)。共计18卷，首为全县舆图。卷一至三为地理，含沿革表、界至、形胜、晷度、山脉、水道、市乡、交通(水陆道路、邮政，小轮)、风俗、物产；卷四至六为赋税，含户口、田赋、厘税、杂税表(附地方公共款产)；卷七至八为学校，含学官、殿庑位次、祭器祭品、乐器乐章、祝辞、学署、学额、学田、书院、社会义学、学堂、公共体育场、教育会、劝学所、教育经费；卷九至十为武备，含兵制、屯操、马政、民团(保甲、团练、保卫团)、警察、枪械、历代兵事；卷十一为官师(续前志)、官师表(续前志)；卷十二至十三为人物志；卷十四位实业，包括农业(农产物、农业器、农田土壤、农田水利、农田肥料、农会、模范农场、蚕桑、育蚕试验所、苗圃、林务公会、园圃、渔牧)、商业(商市、商品、商类、商情、商会)、工业；卷十五至十六为艺文志；卷十七为金石志；卷十八附记祥异事、前志校勘记。本志搜采全备，较旧志详明，对新兴实业多有记录，无旧志之习气。

棠志拾遗 1947年六合新奎光石印馆石印本。

张官倬纂。张官倬(1877～1960)，江苏六合(今南京)人。曾任江苏文史研究馆馆员。棠邑为六合古称，书名题为《棠志拾遗》，顾名思义，是对六合县志的拾遗补缺。书前有王乃屏、封沛序，作者自序、再序各一篇。全书分九门，依次为：地理(又分山脉、河流、街巷三类)，古迹(记六合境内古迹)，物产，人物，科贡，官师(记历朝历代在六合任职的官员)，兵事，艺文(分为诗、文两部分)，金石。所用资料，均采自历代史书、志乘、谱牒与各家诗文著述，各条下均注明出处。本志在补订前代志书方面，成就很高。

(民国)重修高淳县志二十八卷 1918年刻本。

吴寿宽纂。吴寿宽，字敬甹，高淳人。熟地方掌故，为乡中名宿，著有《乡土志》。本志系刘春堂任高淳知县任内，主持纂修。记事始于光绪七年(1881)。吴氏为实际编修者。篇幅虽多达28卷，但体例上仍沿袭光绪县志的旧模式，未能有所创新，是其不足之处。

高淳县乡土志 1913年活字本。

吴寿宽编。本志系遵京师编书局颁发例目而编辑的，故按历史、地理、格致三科十五条设纲立目。其中，历史科分为：建置、政绩、兵事、耆旧、人类、户口、氏族、宗教、实业。地理科分为：方域、山、水、道路。格致科分为：物产、商务。资料大致取自高淳旧志、当时见闻。是志之编印，主要作为小学教科书，但与一般乡土教材有所不同。编者受传统修志思想的影响，仍依旧志分类编排，而不是如流行之课本分若干课。另外，在正文后附“韵言”，尽管也是传统方式，但却方便儿童阅读，朗朗上口，便于记诵，于教学有益。

续修江苏通志无锡征访类稿 1919年抄本，无锡图书馆藏。

钱基厚辑。钱基厚有《常熟筹防要牍备览》，已著录。1918年，无锡县议修志书，钱基厚被聘为提调。同年，基厚按《江苏通志》征访条款的要求，于办公之暇，就睹记所及，“甄采官私文书，汇辑成编”，名为类稿。次年，按征访条款第十一条增录文书，又补辑二目。连前共八目：无锡风俗制度调查表、无锡礼俗习惯调查表、无锡教育沿革大略、民国以来无锡教育概况、无锡先哲遗书提要、无锡地方自治沿革大略、无锡县实业视察报告、无锡农产物调查表。记事大体始于1912年，止于1919年。首冠1918年钱基厚题识。所据资料，除政府公牍访册外，还选录了私著文献。每类之末详注出处和时间。其中教育记载尤详，如对光绪二十四年(1898)无锡第一所竢实学堂创办的经过，仔细记述。

无锡县志补遗二卷 1919年稿本，镇江图书馆藏。

侯祖述纂。侯祖述，无锡人。国子生。1917年，任江苏省省志名誉征访员。编者在1918～1919

年间，将征访所得近时人物资料及省志漏误之处，按照《江苏通志稿》子目体式，汇成是编。上卷舆地志（坛庙、冢墓）、职官志（文职）、人物志（宦绩、忠节、孝义、儒林、文苑、隐逸、艺术、流寓，贤淑、义烈、完节、贞孝）、艺文志（经、史、子、集），下卷舆地志（山川、关津、坛庙，祠祀、冢墓、寺观）、学校志（书院），武备志（兵制）、职官志（文职）、选举志（进士、举人、荐辟、选贡）、人物志（宦绩、完节，忠节、孝义、儒林、文苑，隐逸、艺术，流寓、贤淑、义烈、孝贞）。记事自周代始，下迄1918年。分类立目较为合理，层次明晰。所收资料，以人物居多，增补省志漏收人物213名。其他条目大抵补阙拾遗，并附有诗、文、记，以备采摭，弥补了民国时期屡修县志未成、史料散失之不足。

锡金续识小录六卷　1925年活字本。

窦镇著。窦镇有《小绿天盦诗草》，已著录。全志分二十七门，共6卷。书前有胡介昌、钱福炯序。卷一山水、城廓，桥梁、兵事、灾异；卷二园墅、庙祠、谥典；卷三寺观、冢墓、匾额无款，古迹，风俗、善举、订讹；卷四宦望、名儒，文苑、忠节、孝友，耆硕、义行、艺术、列女、流寓；卷五艺文；卷六杂识。记事至1925年3月。其中于太平天国、聚众抗租、齐卢交战、灾异记载尤详，清代和民国前期地方人士的事迹也备载于篇，具有一定的史料价值。但与黄印《锡金识小录》相比，“体例不若迥谷之严密”，“简核不及黄氏书”。

无锡识小录补　1914年4～9月《新无锡》报连载。

钱基博纂。钱基博有《经学通志》，已著录。1914年，钱基博仿黄印《锡金识小录》撰写此编。全志分成七门：纪异、补传、稽逸、综考、前鉴、旧迹、语隽。体例循前人之旧，内容通合古今，记事至1914年止，可与县志相互参证。

江阴县续志二十八卷附江阴近事录三卷　1921年刻本。

缪荃孙纂。缪荃孙有《艺风堂诗存》，已著录。1916年，陈思任江阴县县知事，乃蓄意续修县志。次年仲春，由缪荃孙手定凡例，分任同人纂辑，至1919年成书，随即刊刻印行。全书记事始自光绪五年（1879），止于宣统三年（1911）。首有冯煦序、修辑姓氏、凡例、目录。卷一沿革：沿革表、大事表、沿革图；卷二天文：中星更表；卷三建置：官署、仓库、官宇、官局、商局、会所、公所、义局、义庄（附邑外公产及邑中旅公产）；卷四山川：山、江、湖、河港、桥梁；卷五民赋：户口、沙田、赋额、免征、盐策；卷六学校：庙制、书院、文社、义塾、宾兴、城内学堂、城外小学堂；卷七武备：城守、水师、屯军、炮台（附水、旱雷营、火药库）；卷八秩祀：庙、祠；卷九风俗：通尚、岁时、农占谚、方言；卷十氏族；卷十一物产（附实业）；卷十二职官；卷十三选举（附封赠荫袭）；卷十四官师；卷十五至十六人物：乡贤、忠义、孝弟、儒林、文苑、政绩、行谊、隐逸、耆旧、艺术、侨寓；卷十七列女；卷十八寺观：寺、庙、观、殿、阁、堂、冢墓、义冢，卷十九至二十艺文；卷二十一至二十三石刻记；卷二十四前志原委；卷二十五、二十六杂识；卷二十七前志证误；卷二十八叙录。书末附《江阴近事录》，同样系缪荃孙纂辑，录存1912～1918年间的史事，实际上是《续志》的续补之作。凡3卷。卷一建置：官署、仓库（附积贮）、官局、商局、公所、义局（附义冢）、职官表、仕宦表、时政（附时事）、庙祀（庙、祠、寺、庵、阁，堂）、河港、桥梁、实业；卷二学校：庙制、公立学校、县立学校、乡立学校，水警、炮台；卷三列女。末有跋语。

江阴志略　1942年《江苏文献》第3～4期合刊本。

王维屏著。王维屏有《国防地理》，已著录。《江阴志略》是王维屏1934年在校期间，为江阴《正气报》所作。本志“乃记一方之天时、地利、人和相互之关系，举凡陵谷之变迁，风俗之推移，民生之荣枯，人物之兴替，均为天、地、人三者相激相荡之产物”。原分15卷：导论、概述、气候、地形、水利、资源、交通、实业、民生、聚落、人口、氏族、军事、古迹、文献。《江苏文献》删导论、人口、军事3篇。行文采用白话，在江阴旧志中尚属首创。

铜山县志七十六卷附编一卷　1926年刻本。

王嘉诜、王开孚纂。王嘉诜，原名如曾，字少沂。师从冯煦、刘庠，著有《养真诗集》。王开孚，字雪樵，徐州人，王嘉诜弟子，著有《灶雪庐文稿》等。本书为1917年夏，余家谟任铜山县长时主持纂修，

1919年12月完稿。因内乱频繁，资金短缺，延至1926年方梓行。全书76卷，分21篇。卷首有余家谟序，凡例、修志姓氏，末有王开孚跋。正文分图、表、考、志等类，依次为：全境图、九区图、内外城图，晷度表，沿革表，纪事表，官司表，选举表（封赠，应例，武功、荫袭附），舆地考，建置考（城池，域寨、官署、局所，坛庙，桥梁），山川考，河防考（运河附），田赋考（丁口、仓储、杂租，课税附），学校考，武备考（河营、驿递，铺兵附），古迹考，艺文考，宦绩，人物（义行、艺术、释道、人物搜佚表附），列女、列女姓氏表，志余，附编，最后为叙录。记事初断至宣统三年（1911），章世嘉刊刻时别为《附编》续至1926年。全书篇目设置细致，检索便利。舆图依1922年江苏陆军测量局地图影绘，也清楚实用。

沛县志十六卷民国新志一卷 1920年上海商务印书馆铅印本。

赵锡蕃纂。赵锡蕃，字晋三，沛县人。曾任山西稷山知县及首任沛县民政长。1918年春，赵锡蕃受县知事于书云之聘，组织李恒昌、张洪源、李昭轩、张敬斋等人参订、征访，编成本书，至1920年冬脱稿。书前有于书云、赵锡蕃序，并录旧志上侯绍瀛《光绪志》序、李棠《乾隆志》序。全书16卷，卷一图考：沛县全图、沛县城厢图、公署图、文庙图、地方公产公款经理处图、警察所图，县农会图、商务会图、教育会图、劝学所全图、师范讲习所图、县立第一女子高等小学校全图、县立高等小学校址图、县立第一国民学校及公园图、体育场图、县立第一农林试验场图、县积谷仓图、县苗圃图、营房图；卷二纪事沿革表、封建、时政，兵灾、灾祥；卷三疆域志；卷四河防志，山川，湖泽，运河（闸堰附）；卷五建置志；卷六古迹志，故城、宅里、亭台，祠庙寺观、丘墓；卷七学校志；卷八艺文志（碑碣附）；卷九武备志，卷十职官表；卷十一田赋志；卷十二选举志；卷十三人物传；卷十四列女志；卷十五志余；卷十六湖团志附。书后附有《民国新志》一卷。旧志十六卷"悉依省志条例，叙至宣统三年（1911）"，辛亥革命后内容入《新志》。《新志》虽设目简略，但记载新政大事，资料价值高。

邳志补二十六卷邳志再补一卷 1923年刻本。

窦鸿年纂修。窦鸿年（1851～1931），字植园，徐州邳人。光绪拔贡，曾任湖北襄阳知府，晚年迁居上海。民国初年，窦氏退居里门，响应缪荃孙、冯煦议修省志的倡导，以县志编修为己任，与同人经过数年努力，于1923年完成此书。书前有冯煦序。卷一历代疆域图，总图，全境山图、全境水图、邳治图、邳署图，文庙图，武庙图；卷二晷度；卷三沿革；卷四爵封；卷五建置；卷六山川；卷七至八田赋；卷九学校；卷十至十一军政（卫所，操防、修防，驿递、邮政，历代兵事）；卷十二职官；卷十三名宦；卷十四至十七人物；卷十八贡举；卷十九至二十列女；卷二十一古迹；卷二十二艺文；卷二十三金石；卷二十四物产；卷二十五杂记；卷二十六叙录。后附《邳志再补》一卷，述及清亡以后民国之建置，赋税，兵防、学校等，内容较简略。从实际内容看，对旧志有正误纠谬之处，尤其是保存了不少民国初年地方史料，殊属珍贵。

睢宁县志稿 1937年稿本，睢宁县地方志办公室藏。

傅毓祥著。傅毓祥（1867～1937），原名蕴斋，别名渔村。江苏睢宁人。初以教书为生，继而从政，辛亥革命后任县议会议长。傅毓祥留意乡中掌故，晚年立志修志，于1937年完成《睢宁县志稿》。同年6月，不幸因车祸身亡，志稿未及刊行。全志不分卷，详目如下：清季睢宁大事记，民国以来大事记，医药清洁卫生事项，清季睢宁官吏姓名、经历及其治绩，民国行政官职及变迁、官吏姓名、经历及治绩，睢邑警务情形及历任长官姓名、警官姓名，睢邑逐年救恤事业，睢邑积谷办法及现存之数，睢邑通行钱币及逐年流通之数、银两、银元、铜元总换之数并地方习惯所用纸币，睢宁境内担负国家地方公债之名目及其确数，睢宁审检厅之设立及县知事代理司法时期（附承审员），睢宁监狱状况及实施改革待遇犯人之法，教授工艺之技并羁留所、待质所情状，睢境河流施工之计划，睢邑旧黄河区域内垦地若干、河床若干，高于地面若干，睢宁境内教育机关及民众教育设施，学校出版物及所有风潮，睢宁最近之党务，睢宁境内温度、雨量、风汛，睢宁境内河流湖荡之变迁，睢宁市乡区域，学校区域，警务区域，睢自清季以来举办自治经过及逐年选举国，省、县会情形，散插睢境之邳卫经省政府核准划归睢宁管辖，睢宁县城及城濠，睢宁境内古迹之存废及发现者，睢宁境内户口逐年调查数，睢邑田赋之积弊，睢邑旧日绿营之兵额饷糈，民国改办警队之兵额饷糈。由于是未定稿，内容相对不是太完整，但上接光绪《县志》，补充光绪至抗战以前的资料，文献价值不言而喻。

重修金坛县志十二卷　1926年上海商务印书馆铅印本。

冯煦等纂修。冯煦有《蒿盦类稿》，已著录。1921年，冯煦受乡中礼聘，主持重纂本志。两年后成书，于1926年印行。全书凡12卷首1卷。卷首有冯煦序及旧序、凡例、衔名，并总图等5幅。正文依次为卷一舆地志：沿革、至到、形势、分野、晷度、风俗、物产；卷二山水志：山川、水利；卷三建置志：城池，公署、坛庙、坊里、集镇，桥渡；卷四赋役志：赋役、杂税（盐课附）、蠲赈（善堂附）；卷五职官志：令长，教佐；卷六学校志；卷七武备志：军制（马政附）、驿站；卷八选举志；卷九至十人物志：名臣，儒林、忠节、孝义、忠义表，文苑，政绩，隐逸，流寓，方伎，仙释，列女（贤淑，义烈、完节、已殁及生存之贞孝）；卷十一艺文志：分经、史、子、集四部；卷十二杂志：古迹、丘墓、寺观、祥异、纪事。体例仿《乾隆志》而略有增减，增《山水》《建置》《武备》三志，省《典礼志》，子目亦作相应调整。《山水志》中详述源流蓄泄之法，颇为实用。

（民国）吴县志八十卷　1933年苏州文新书局铅印本。

曹允源等纂修。曹允源（1855～1927），字根荪，吴县人。光绪十五年（1889）进士，官至宣化知府。民国后，任苏州图书馆馆长。著有《复庵文稿》《复庵外集》《淮南杂志》等。1918年，知县吴秀之聘请曹允源、吴荫培、蒋炳章任总纂，于沧浪亭设修志局，聘员纂修。主持者屡经变更，前面三家外，又有孔昭晋、张一麐、李根源等。其间时作时辍，历时14年方成书。全书采用纲目体，立大纲四：曰图、表、考、传，仿章学诚《湖北通志稿》体。每纲下分设子目。卷一图：三县全城图、三县总图、三县分图、三县乡镇图、官署图、学宫图、太湖全图；卷二至十七表：职官表、选举表；卷十八至六十一考：舆地考；沿革、疆域、城池、山、水（乡镇租界附）；坊巷；桥梁（关津水闸附）、文庙、书院、义塾；学堂；公署、局所；驿传；仓庾（义庄附）；古迹；坛庙祠宇；寺观；第宅园林；冢墓；水利、田赋、物产、风俗；兵防考；祥异考；艺文考；金石考；卷六十二至七十七传；名宦；列传；忠节；孝义；列女；艺术、流寓、释道；卷七十八、七十九杂记；卷八十旧序。前有张一麐、孔昭晋序及《修志凡例》。记事止于宣统三年（1911）。与旧志相比，不设“巡幸”一目，将清廷的有关诏谕、帝王行踪等，分别载入“田赋”“公署”“名胜”，较为可取。“物产”涉及近代工业，如丝厂、纱厂、电灯厂、冰厂、汽水厂等。“金石”一目尤为详细，可补乾隆、道光、同治各志之缺略。“杂记”中有关传统工艺产品的记述，如裱褙、玉雕、篆雕、石刻、木雕、微型雕刻、铜锡器等，具有一定的史料价值。

吴县志稿　稿本，苏州图书馆藏。

曹允源等纂。本稿为曹允源、李根源等所纂《吴县志》之草稿。全稿字迹非出一人之手，清晰可辨.用纸也不同，有无阑格之白纸、有“江苏存古学堂”用笺。设目与定稿略异，且文中又多次用“国朝”字样，似为清人口吻，而下限均止于宣统三年（1911），疑系抄袭旧志而来。其《职官》一门小序称：“前志职官，三县体例不一。《姑苏志》旧有《古今守令表》，《吴县志》沿其例，年经事纬，次序秩然。史体不乖，事属可因。惟乾隆中叶以后，邑志未修。道光、同治两府志，只载令长，校官、丞簿以下不可考。兼之中遭兵燹，册籍荡然，兹亦姑从盖阙。至光、宣两朝，就有可征者，列之以昭信实。”除个别字外，与定稿完全相同。本稿不见完整体例，设目无逻辑次序。记叙范围由苏州府至吴、长洲、元和三县，实为三县合志。由于是草稿，书中附有各种标记，有增有删，并附考核，可窥见《吴县志》修纂之部分进程。其中有些记载，并未全部收入后来付印的志书，具有一定参考价值。

邑志拾遗　稿本，上海图书馆藏。

王謇纂。王謇有《吴中文献展览会特刊》，已著录。王謇曾任民国《吴县志》协修，《邑志拾遗》顾名思义就是对方志之拾遗补缺。其后人家藏民国《吴县志》一部，天头地脚多有王謇批注，另有园林、艺文等补订稿留存，此亦其中未完稿之一种。现存十四门：风俗、坊巷、田赋、物产、乡都、寺观、冢墓、职官、选举、人物、艺文、金石、杂记、集文。每门下大多有附注，说明可资增补处。最后为《吴县志列传补遗目》，显然为补民国《吴县志》而作。本稿亦已收入《海粟楼丛稿》，可与王氏《民国吴县志校补》参看。

吴县乡土小志 1945年稿本，苏州图书馆藏。

卢文炳著。卢文炳，字彬士，号俦庐。江苏吴县(今苏州吴中)人。家住城南仓米巷。江苏两级师范学堂毕业，曾任江苏第二工业学堂图书馆职员。中华人民共和国建立后，任江苏文史研究馆馆员。本志主要分为地理与人口、生活与习尚等几大方面。其中包括：地理概况(疆域及沿革、形势、行政区域、人口数、城区重要街衢及政治经济中心之位置、气候、交通)；生活状况(家庭制度、奴婢制度、居室情形、起居情形、饮食嗜好、服饰习尚、交际惯例、职业概况、信仰宗教及其他特殊习尚)。全书用浅显的文言，颇为精炼。吴县自民国曹允源等修成志书以后，未再修纂。本书所记，着重于民国以来的社会史事，且以城区居多。其生活与习尚反映了清代灭亡后民风的变化，对于研究地方民俗学颇有作用。

吴江县乡土志 1917年铅印本。

范烟桥纂。范烟桥有《中国小说史》，已著录。本志为小学四年级用乡土教材。共18课、36教时。依次为：吴江县之大势、行政、自治、交通、吴江市、湖东乡、西乡、南厍乡、北拆乡、同里市、盛泽市、黎里市、震泽市、吴淡乡、五都乡、严墓市、周庄乡、莘塔乡、芦墟乡、北厍乡、平溪乡、梅堰乡、横塌乡。从第五课至十八课，皆附各市、乡所有校名，叙市、乡时，则以物产为主。

(民国)新昆两县续补合志二十四卷 1923年刻本。

李传元、赵诒琛纂。李传元，字橘农，江苏昆山人。赵诒琛有《顾千里先生年谱》，已著录。民国初年，江苏省拟修省志，因命下属各州县奉先行修志，以备采撷。昆山于1917年秋设局修志，两年后告成。记事自光绪七年(1881)，迄宣统三年(1911)。主要续补光绪《县志》之未备，续补光绪五年(1889)以后旧志所不载者。凡例称“仿边实续《玉峰志》之例，别为一书，与旧志并行”。体例参考光绪旧志，而略作细微变化。全书24卷。卷一天文、风俗(占候、方言)、祥异；卷二山、公署、兵防、学校；卷三水利、户口、田赋、物产；卷四市乡(桥梁)；卷五交通、冢墓、牌坊、坛庙；卷六祠宇(寺观)；卷七古迹、第宅园亭；卷八公产、地方自治；卷九职官表、选举表；卷十名宦、人物(列传)；卷十一至十五人物(孝友、文苑、隐逸、耆硕、好义、艺术、游离)；卷十六至十七列女(贤淑、义烈、完节、贞孝、才媛)、耆寿；卷十八集文；卷十九艺文；卷二十、二十一金石；卷二十二、二十三杂记；卷二十四光绪志校补。前有连德英、赖丰熙、汪原渠三家序，凡例，王德森《修志臆说》。本志的缺点，在于类目杂乱，无所谓逻辑次序。

太仓州志二十八卷首一卷末一卷 1919年刻本。

王祖畬、钱溯耆等纂修。王祖畬有《溪山老农年谱》，已著录。光绪年间，王祖畬、钱溯耆等曾重订《太仓州志》30卷，《镇洋县志》12卷，惜未能刊刻问世。民国初续修州志，王祖畬任总纂，故不另定体例，只于每卷下注明“原修”与“续修”以示区别。时太仓州已与镇洋合为太仓县，但因断限止于宣统三年(1911)，故仍称《太仓州志》。全志首有洪锡范、温绍梁、卢鸿钧、冯如衡四家序，凡例，纂修姓氏，目录，舆图。图分为州县境全图、浏河图、七浦图、杨林图等。正文30卷，依次为卷一至二封域：建置、沿革、四至、分野、高度、山冈、墩、形胜、古迹、第宅园林、坟墓、寺观；卷三风俗、节候、方言、物产；卷四营建：城池、坛庙、公署、驿馆、试院、学堂、仓廒、坊巷、里铺、市镇、桥梁；卷五至六水利：水道、开浚、海塘、闸座、治水议、开河规制、筑岸；卷七赋役：户口、徭役、乡都、科则表、田赋、解支、蠲赈、蠲赈表、课税、学租、盐法；卷八至九学校、庙学、礼乐、学额、乡饮、学田、书院、社学、义塾；卷十选举：科贡表、武科表、荐举、特科、荫袭、封赠、例仕；卷十一职官：官制、州县分治前文职表、州县分治后文职表、武职表；卷十二名宦、台司、郡守、知州、倅贰、教职、武职；卷十三至十五兵防：营制、纪兵、防海议；卷十六两卫：卫制、卫职、屯田；卷十七至二十四人物：古今人传、艺术、杂传、流寓、方外、列女(节烈、贞孝、贤能、秀淑)；卷二十六祥异；卷二十七至二十八杂记；卷末旧序。本志征引较为丰富，所用文献多达一百余种，且多能注明出处。原纂有谬误及引文有抵牾处，辄加“按语”详加考订。各门所记，较为翔实。

乙亥志稿四卷 1935年铅印本。

唐文治、王保譿、钱诗棣等纂。唐文治有《十三经提纲》，已著录。本书为民国《太仓县志》的人物志稿。太仓志书，本有王祖畬的《太仓州志》和《镇洋县志》，但两志成书虽成于清末民初，但人物志却断于光绪初年。因此，县人议续修县志，聘唐文治任总纂。唐氏又请王祖畬之子王保譿、钱诗棣共纂。因客观原因，一时难以全部完稿，因仿钱宝琛《壬癸志稿》例，先成人物一门付印。全书分名宦、人物(古今人传、艺术传、列女传)。前有《乙亥志稿例言》及唐文治《乙亥志稿序》、后有钱诗棣跋。断于1935年，所记不过数十人而已。

乙亥志稿二编四卷 稿本，南京图书馆藏。

王保譿著。王保譿(1880～?)，号慧言。江苏太仓人。祖畬子。二编系王氏一人于1937年撰成，为拟修太仓志“艺文志”底稿。上自宋元，下迄民国，按经、史、子、集四部分卷。对前代旧志艺文志作了“订误、补逸、续新、删繁、备考”，共收书2 630余种，比前志增加约900种。抗战爆发后，王氏颠沛流离，郁郁而终，此稿未再能加以校定付印。

镇洋县志十一卷末一卷 1919年刻本。

王祖畬、钱溯耆等纂修。本书设目与《太仓州志》体例一致而略有减削。全书11卷，分别为卷一封域：建置、四至、山冈、形胜、物产、古迹、第宅、园林、坟墓、寺观；卷二营建：城池、坛庙、公署、仓廒、坊巷、里铺、市镇、桥梁；卷三水利：水道、开浚、海塘、坝；卷四赋役：户口、乡都、科则表、田赋、解支、课税、学租、盐法；卷五学校；卷六选举：科贡表、武科表、荐举、特科、荫袭、封赠；卷七职官：文职表；卷八名宦：知县、佐贰、教谕；卷九至十人物：古今人传、列女(节烈、贞孝、贤能、秀淑)；卷十一艺文：经、史、子、集；卷末旧序、跋；附录自治：县自治款产(仓谷、学堂、城镇乡区域方里户口议员田亩银米细数表)、城自治款产(慈善、实业、城自治所分田表)、城自治祠庙、州境乡自治款项、县境乡自治款项。全书所记，严谨而翔实。

重修常昭合志二十二卷首一卷末一卷 稿本，常熟市图书馆等藏；民国铅印本。

丁祖荫纂，徐兆玮续纂，潘一尘、张礼纲续修，庞树森再续纂。本志自1917年起，经丁祖荫、徐兆玮、庞树森继等先后主持其事，历时多年，方才编成。卷首有序文、例言、各题名录、图，共计22卷：卷一沿革志(附大事表)；卷二疆域志：分野、形胜、境界、市镇、乡都；卷三建置志：城垣、坊巷、公署、仓库、馆驿(局所附)；卷四山川志：山(墩附)、水(潮汐附、河流类表附)；卷五水利志；卷六赋税志：户口、徭役、赋额、屯田、芦课、征解、征榷；卷七荒政志：积贮、捐赈(捐输附)；卷八善举志；卷九学校志：庙学、医学(阴阳学附)、书院(宾兴局附)、学堂；卷十兵防志：兵制、兵事；卷十一祠祀志：坛庙、祠宇、寺观(教堂附)；卷十二名迹志：古迹、第宅、园林、冢墓；卷十三异征志；卷十四风俗志：通尚、岁时、占候、方言；卷十五物产志；卷十六职官志(附表)；卷十七选举志：表(谘议局附)；卷十八艺文志、附录；卷十九金石志；卷二十人物志；卷二十一列女志：节妇(附录)、贞孝、义烈、贞寿、贤妇、才媛；卷二十二杂记；卷末叙录(附历修邑志表)。本志结构严谨，有所创新，记叙详尽，慎于考订，重视反映地方特色。

江苏通志通州属志稿十卷首一卷 稿本，中国科学院图书馆藏。

金鉽纂。金鉽(1871～1950)，字蘅意，号陶宧。江苏泰兴人。光绪二十一年(1895)进士。历任泰兴县学堂总教习、南菁高等学堂教务长兼督学、江楚编译局分纂、江苏通志局协纂。入民国，曾任泰兴县知事，后任彭泽县官。抗战后，被聘为国史馆编修，因病未能就职。著有《江山小阁诗文集》。本书系金氏应江苏通志局之檄而搜集整理的征访稿。卷首附录(历代兵略：通州)；卷一沿革表、疆域、山川；卷二城池、关津、公署(仓廒附、义宇增)、坛庙(祠祀)、宅墓、寺观、古迹、风俗、通州沿革(通州、如皋县)、通州沿革(新增)、通州疆域、通州山川；卷三通州学宫、通州户口、通州田赋(杂税附录)、通州芦课、通州屯田、通州群田、通州牧政、通州物产；卷四通属选举表；卷五通州文职表、通属名宦；卷六至七通属人物(名贤、宦绩、武功、忠节、孝义、儒林、文苑、隐逸、艺术、流寓、方外、列女)；卷八至九艺文、海门厅人物；卷十杂类志(纪事)。记事止于光绪三十三年(1907)。所附《历代兵略·通州》冠于全书之首,为他志罕见。全书以新增旧志所未收、补充旧志所遗漏、纠正旧志所误记为宗旨,新增、补遗、纠正均于志中注明,眉目颇为清晰。但因系稿本,立目间或错乱,秩序颠倒亦往往有之。

南通县图志二十四卷　稿本,中国科学院图书馆藏。1921～1925年南通翰墨林印书局铅印本。

范铠纂、张謇续纂、孟森增订。范铠、张謇有《通海垦牧志》,孟森有《新编法学通论》,均已著录。1912年,张謇出资聘请范铠编纂《南通县图志》。初稿未成,因范铠与张謇意见不合,辞职离通,修志暂停。1921年张謇改聘孟森参与续纂、增订。将《南通县图志》编定为24卷,并陆续付印。依次为:地理志、工程志、物产志、盐业志、赋税志、工商业志(六、七两卷)、实业志、教育志、慈善志、公款公产志、礼教志、军政志、巡警工商警卫渔团志、文选武选表、选举志、职官表、古今人表、列传、列女传、列女表、杂记、前纂叙传、续纂后叙。本志集中记述了19世纪末至1925年南通各方面的情况,收载了张謇"实业救国""教育救国"、兴办地方自治,使南通成为全国模范县的业绩。资料丰富,记载详实,是研究南通近代经济史、文化教育史、交通史、水利史、盐垦史等方面极为珍贵的典型史料。

如皋县志二十卷首一卷末一卷　1929年铅印本;稿本,南京图书馆藏。

沙元炳、金鉽等纂。沙元炳有《志颐堂诗文集》,已著录。清光绪十八年(1892)进士。宣统二年(1911)冬,任如皋民政分府民政长。1912年春,因病去职。1915年,元炳主纂本志。沙氏殁后,泰兴沈文翰、金鉽继任。全书历18年方完稿,书前有金鉽等序5篇,为志、为传各14、正目113、附目6。卷首志序、编纂崖略、纂修题名、星野、全县分区图(附图说);卷一区域志:沿革考(附表)、形胜、四境、乡都、村市、水道(附水泉汇载)、堤堰、津梁;卷二至三建置志:城池、官署、仓廒,善堂,秩祀、街、巷、坊表、古迹、宅墓(附义冢)、寺观,卷四民赋志:户口、田赋、群田、杂办、解支、徭役、沙田、杂税、蠲赈,救荒、关榷;卷五典礼志:庙祭、坛祭、祠祭、群祀、祈祷、耕藉、宾兴、入学、风俗、方言,防卫志:军制、军事(附正误)、乡兵、团练(附渔团)、保甲(附表)、警察(附团练巡警表)、消防,邮置志:递铺、邮政、电政;卷六至九食货志:农业、工业、商业、渔业、盐法、物产,学校志:学制、崇祀、从祀(附祠祀)、礼乐、学额、书籍、学田、书院、社学、义学、学堂、学务公所、教育会、劝学所,秩官志:官制、文职表、盐官表、武职表、名宦传,选举志:选举表、文武科第、荐辟、应例、武达、将材、封荫、学校毕业;卷十至十四人物志:名贤、宦绩、武功、忠节、孝友、义行、文苑、儒林、隐逸、方技、流寓、方外、耆寿、贞寿;卷十五至十七列女志:列女年表、节孝、孝妇、烈妇、贞女、孝女、烈女、才淑、义烈、贞孝、贞烈;卷十八至十九艺文志:经、史、子、集;卷20祥祲志(附轶事琐闻);卷末旧志序、跋。本志上承皋邑明万历、清乾、嘉、道、同五志,并旁征远引,详加考核而纠误订谬,删芜补阙。下限迄于宣统三年(1911)。资料翔实,体例规整,但篇目偏繁。文中关要处,加按语、记考据,引文注明出处,诗文有关地方制度、文物、风教、利病者,附正文之后。卷首全县分区图,以近代测绘术制作,较旧志无疑更为精密。

续海门厅图志　民国稿本,上海图书馆藏。

刘伟纂。刘伟,江苏海门人。曾以优贡简分河南州判。本书系续补光绪周家禄所纂《海门厅图志》而作,以竟其未竟之绪。全书依次为地图、官师表、科举表、仕宦封赠表、旌礼表、列女表、赋役志、建置志、学志、艺文志、名宦列传、耆旧列传、寓贤列传。记事起于光绪二十三年(1897),迄于宣统三年(1911),所续内容以人物为主。

(民国)海门县图志十五卷　民国抄稿本,上海图书馆藏。

刘伟纂。辛亥革命后,海门厅改海门县。本志纂于1935年。卷前有图。卷一舆地;卷二设治以来政事年表;卷三地域志;卷四至五政治志;卷六教育;卷七交通;卷八实业志;卷九党务;卷十赋税志;卷十一建置志;卷十二物产志;卷十三人物志;卷十四艺文志;卷十五杂志。记事自民国初年起,止于1935年。反映了民国时期海门的社会状况。党务、议会、学校、公路,实业等均已载入。对《人物志》也有所改革,"列女"已不入志,而旧志如科举、仕宦、封赠、旌表等,均代之以对各行业公会等记述,体现了民国初期的时代特点。

海门县续志　民国抄本，海门地方志办公室藏。

范钦孟著。范钦孟（1887～1942），江苏南通人。毕业南通河工学校，为海门水利建设献出了毕生精力。此志编纂于范钦孟去世前夕，除沿革、建置外，仅续成《（民国）海门县志》水利、交通部分。记事自民国初至1935年。目录为：沿革、分区、县道路、水利。其中，沿海、沿江港汊河道记载甚详。

淮阴志征访稿八卷　民国抄本，上海图书馆藏。

徐钟令著。徐钟令，字庶侯，江苏淮阴人。曾任安徽无为州江防州同，代理霍邱知县。全书共八卷十一门。卷一诏谕志；卷二宸章志；地理志：图、疆域，山川、村镇、物产、沿革表、封建表；卷三河渠志：水道、堤闸、水利；经政志：户口、田赋、禄饷、盐法、仓储、榷税、蠲恤、祀典、公署、交通、警察；卷四学校志：学宫；武备志：兵制；卷五故事志：大事略、兵事略、古迹（故城镇、署宅、陵墓、祠宇、寺观）、杂事（志事、释道、灾祥）；卷六官师志：传、补遗、清代官师武营表；卷七人物志：先贤（名贤、宦迹、武功、忠节、孝义、儒林、文苑）、方技、列女（节妇、孝妇、寿妇、贤母、烈妇、烈女、贞女、孝女）、选举表（乡饮、征辟、吏阶、武阶）；卷八艺文志：纪述本地事之书，本地人著述、金石。记事《沿革表》始于先秦，《宸章志》始于南朝，《盐法志》始于康熙，大部以晚清同治、光绪为断，下限最晚者迄于1918年。

淮阴风土记二卷　民国秋怀室主人铅印本。

张震南纂修。张震南有《中学国文述教》，已著录。1929年5月，张震南倡修《淮阴地理读本》，得黄少玖、范农研响应，年底拟订编纂凡例，并得会员二十余人，次年初更定书名《淮阴风土记》，不久即广泛开展社会调查，分区征集资料和稿件。资料汇集后，又由张震南统稿润色，分上、下两卷印行。全书前有楔子，正文按地区编排，上卷前有随伯子序、张震南弁言，计3章11节。第一章清江区（东郊巡礼、城内及北郊、城西至窑汪、马头镇、徐家湖至武家墩），第二章老子山乡（老子山、涧西与涧东），第三章南湖区（水边村市、张家圩、陈集至御坝、黄河两岸）；下卷亦3章11节，前有秦选之序，第四章吴城区（中运之行、夏家湖、三柯树、渔沟与浪石），第五章大河区（袁集至西坝、盐河两岸、寿宁之游、娘子庄诸镇），第六章金城区（沭阳道上、六塘两岸、永丰到永兴）。书后有张震南识语。各章首有区乡地图，正文中时有照片附入。各节以下设细目。全书以中学生口吻，于结伴周行全县之后，根据观察和访问所得，据事直书。上卷以寒假出行，故笔下尽用冬景，下卷以暑假出行，故笔下尽用夏景。书中所记内容，涉及政治、教育、财政、军事、卫生、司法、交道、水利、山川、街巷、集市、农业、古迹、寺庙、风俗等方面。张震南在《弁言》开篇就是说，向来官修志书难以发挥志书的教化功能，而“本书创议之始，即务求所以弥志书之缺憾”，“以文学言，大致欲仿近人游记之体，而将各种材料贯穿叙述”，故所记莫不逼肖，本志是努力突破传统志书固有体例的尝试。

淮阴区乡土史地　1936年淮阴区感化院铅印本。

范成林编。范成林（1898～1954），曾任淮阴区公民训练师资养成所教习。1936年春，淮阴公民训练师资养成所成立，范成林受聘主讲乡土史地。因无教材，范氏于夜间自编讲义，历二月而成本书。第一章江苏总述，分6节：江苏省在国防上的地位、沿江海镇及重要城市、全省的水陆交通、全省人口及外侨、全省重要农品产量及积谷情形、对外关系；第二章淮阴区史地概述，分5节；淮阴区在江北的形势、各县沿革形势及疆界、各县人口及保甲编制、各县面积及重要村镇、各县民族英雄的史迹；第三章淮阴区政治概述，分7节：专员公署行政现况、各县县政府行政现状、各县财政现况、各县警卫现况、各县教育现况、各县建设现况、各县司法现况；第四章淮阴区经济概况，分7节：各县出产品总述、各县特产及农家副业、各县农产品统计、各县工商业情形、各县银行钱庄当业合作情形、各县林业情形、各县垦牧及渔业情形；第五章淮阴区社会概述，分9节：风尚、农村问题、各县主要商场情形、人民智识程度、贫民与盗匪、各县救济事业、各县卫生的设施、各县名胜古迹、各县歌谣。收录范围包括淮阴、淮安、宝应、涟水、泗阳、宿迁6县。记事始于清雍正二年（1724），迄至1935年。书中分门别类，叙述征引，统计造表，记述颇详。

连云一瞥 1936年无锡协成印务局铅印本。

许绍蘧著。许绍蘧（1886～1936），江苏灌云人。曾任灌云县县志局采访专员。全书分10篇，内容包括：总论（发端、过去的连云、现在的连云、未来的连云、结论），导游（缘起、墟窑之游、宿城之游、东磊之游、前顶之游、凤凰山之游、导游），历史（重视的、泽及的、增光的），地理（名称、沿革、面积与人口、界域、行政、形势、地址、地势与气候、山脉、河流、海岸、交通、民俗），物产（动物、植物、矿物、工艺），企业（盐业、渔业、林业、帮猪业），金石（金类、石类），异闻（仙迹、神话、述异、存疑），拾零（计划、议决案、训令、意见书、统计表、简则），地名典（凡例、目录）。每篇下有小序，说明宗旨。前有灌云县县志局长吴修五所撰序、连云港形势图、题词、卷头语。文中并有插图照片21帧。本书之作，主要为宣传东方第二大港连云港的建设，内容十分详细。

（民国）续修盐城县志稿十四卷 1933年铅印本。

林懿均修，胡应庚、陈钟凡纂。林懿均，字立山，江苏丹阳人。1928年任盐城县县长。胡应庚（1885～1957），字启东，江苏盐城人。胡乔木之父，晚年寓居北京。著有《寓穗集》《鞍湖书屋藏书目》等。陈钟凡有《经学通论》，已著录。1929年，林懿均奉令重修县志，以胡应庚、陈钟凡为总纂。由于屡遭水旱和社会不安之扰，4年仅成稿一半，杀青无期，特将各卷已成之稿自为篇章，首尾完具者抽出若干，付之铅印，作为清稿先行披露，1933年刊行，谓之志稿，并附注为第一辑。所设类目以江苏通志局所订类目为准，凡待辑者都加注明，分别为卷首（待辑）：凡例、舆图（县境图、县治图、水道图、交通图）；卷一舆地志：总述、自治分区沿革表、乡镇（待辑）、名迹（园林、楼观、宅第、冢墓、桥梁）、古建置考；卷二水利志；古水道说、今水道说、水利述；卷三民俗志：户口、宗教（待辑）、风俗（待辑）、方言、方音；卷四产殖志：物产、农垦、工艺、商市、盐灶、渔航、劳动、经济、粮食；卷五赋税志：田赋（已成）、盐课、关榷、杂税、地方杂捐、临时派款；卷六（待辑）经制志；行政、司法、地方自治、党部、公团；卷七（待辑）教育志；总述、教育行政、学校沿革表、书院及已废学校、各项教育事业、学产；卷八（待辑）交通志：邮递、电信、轮运、公路、海港；卷九公安志：公安局、警察队、保卫团、水上公安队（已成）；卷十至十一（待辑）公益志：职官表上（已成）、职官表下、各级议会选举表、县党部职员表、各公团职员表；卷十二人物志：列传：科贡、流寓、列女（待辑）；卷十三艺文志：书目；卷十四杂类志：纪事（待辑）、拾遗、考证、勘误。卷前有1933年胡应庚弁言。志书虽未全部完稿，但从已成部分来看，较之前志详尽不少。

（民国）续修盐城县志 1936年苏州文新书馆铅印本。

林懿均修，胡应庚、陈钟凡纂。《续修盐城县志稿》印行后数年内，编纂者再接再厉，编成此书。门类设置、基本内容与志稿基本无异，而稍有变更。卷首较《志稿》省县治图、水道图、交通图，《舆地志》省“乡镇”，《公益志》省“地方禁令”“公产公款”，《民俗志》增“谣谚”，《经制志》改《政制志》，《公安志》改《警卫志》，《保卫团》改《保甲》，《公职志》改《职官志》，省《各级议会选举表》《县党部职员表》《各公团职员表》，余仍其旧。书后附《续修盐城县志稿第一辑攻错录》，系《志稿》纠谬之作。

盐城县乡土地理二卷 1919年上海商务印书馆铅印本。

印鸾章编辑。印鸾章（1883～1968），字水心。盐城县人。曾任上海商务印书馆、中国图书公司校理，编有《水心精舍类编八十种》。1919年5月，印氏返里后，四出实地考察，尽数十日之力，整理编成书。稿成后，又经同乡诸人士订正，方始付梓，凡四阅月书始成。全书分上、下两卷，共计8章。卷上3章，第一、二章总论：疆域、沿革、地势、河流、田赋、民俗、附盐城岁时风俗记、交通、建置、区划；第三章南穿场河流域：城厢市、伍佑市、便仓乡；兴盐界河流域：大冈乡、合陇市。卷下5章，第四章蟒蛇河流域：龙冈市、太平乡、秦南乡、横塘乡、义陇乡；第五章临湖荡地：沙沟市、常盈市、兴丰乡、射湖乡；第六章西塘河流域：建高市、梁垫乡、湖垫市、楼冈市、三丰市；第七章北穿场河流域：新兴市、上冈市、草堰乡；第八章滨海、樵滩：北洋市、南洋乡、正便乡。每乡之后，各附该乡地理一览表。书末有盐城县全境学校表、盐城县教育行政职员表。本书以盐城本境之地势、河流、人民、物产及乡土地理有关事实为范围，上起唐虞，下至民国初年，记述各乡地势、河流、人民、物产、实业、交通、学校、古迹等。篇幅虽小，资料全面，篇目合理，内容广博而语言简炼，述事清楚而又浅显明白。

（民国）阜宁县新志二十卷首一卷末一卷 1934年铅印本。

庞友兰纂。庞友兰（1874～1947），字馨吾，原名庆芝，笔名眉翁、古愚。江苏阜宁县东坎镇（今属滨海）人。清末举人。1942年，与陈毅、李一氓、范长江、薛暮桥等成立湖海艺文社，为抗日、民主服务。著有《古愚诗文钞》《湖海艺文社纪盛长歌》等。1928年，县长焦忠祖奉国民政府令主修志事，次年成立修志局，以庞友兰为总纂，遵省志目录编新志。1930年焦氏卒，改由继任县长吴宝瑜主修。3年后志成，于1934年印行。全书20卷首1卷，体例仿旧志，设图、表、志、传诸体，按时就事据实陈述。全志内容丰富，所载民国期间司法、财政、教育、交通、工业、农业、商业、选举、议会等方面的资料尤为详尽。

扬州风土记略三卷 1915年初稿本；1945年定稿本，皆不详藏处。

徐谦芳著。徐谦芳（1886～?），字益吾，号羡于。江都县人。肄业仪董中学。著有《文史评最》《藏书辑述》《江都徐氏藏书目录》等。本书初稿名《扬州风土小记》，2卷，后改今名，增为3卷。所记范围包括当时扬州所辖江都、泰县、高邮、兴化、宝应、仪征、东台7县，即包括今泰州市全部。时间起自古代，迄至1931年。卷前有陈含光、王汝许、季可甫序、徐谦芳自序，卷末附徐谦芳1945年作《六十自述》及其子壮猷、硕猷等跋。定稿3卷10编。卷上述地势（天文附）、古迹（建置、名胜附）；卷中述河渠、学术（学校附）、风俗（方言附）、宗教；卷下述交通、物产、岁时、杂缀。本书系扬州旧志中成书最晚的志书，可弥补扬州府志在清末民国间记述之缺空。取材方面博采详搜，内容上加强考辨，记述笔法寓政教于史，文字表达刻意求工，对于扬州历史的记述，主要突出其历史文化名城的特点，记述广博精湛，当属扬州私志之上乘。

（民国）江都县续志三十卷首一卷 1926年扬州集贤斋刻本；1937年重印本。

桂邦杰等纂。桂邦杰（1856～1928），字蔚丞。江苏江都人。清光绪三十三年（1907）进士。曾执教于扬州仪堂学堂及京师大学堂。民国《江都县续志》总纂。本志之纂修，创议于1917年，1925年乃成，次年刊行。卷前有钱祥保、桂邦彦序、凡例、目录、续修职名。体例仿于光绪《县志》，而删《圣泽记》《大事记》、“咸丰三年以来”五表及《政考》，增《实业》《物产》《寺观》《金石》等。记事上续旧志之光绪九年（1883），下至宣统三年（1911）。惟《人物》一门中，有仕履悉在清朝而殁于民国者不加限制。各门篇首冠以小序，以明记述原委。文中所用资料均注明出处。对因档案官书所遗而旧志未备者，则以私家旧作及采访所得增之，其中尤以《地理考》《河渠考》等门类中补增较多。对光、宣所创新政，其有类可归者，附见各门之后，无可归者，如《实业》《自治》等则别列门目，因而较多地反映了近代扬州工商业初期的发展状况，并附本邑在“南洋劝业会赛物会”获奖物品表。新增《补正》一门，对前志所记阙略讹误者，一一加以辑补增订，其中尤对以《光绪志》之《名宦传》《列传》补正为多。

（民国）江都县新志十二卷末一卷 1937年刻本。

陈懋森纂。陈懋森（1871～?），字赐卿。江苏江都人。主有《休庵集》。1929年冬，江苏省令各县纂修志书。陈懋森被任命为县志编委会委员兼编纂主任，于1932年开局纂辑，3年后稿成。因无经费，延至1937年才由后任江都县长马镇邦集资刊成，马氏因此列名其中。本志续自民国之始，主要补前志之阙，对民国以来无更变者不再重列类目，但也根据社会的演进，对一些目类名称作相应变易。卷前有马镇邦序、与修职名、目录。卷一职官表；卷二建设考（城池、官察、会场所、祠祀、道路、桥梁、舟车交通、善堂、水会、津渡）；卷三教育考；卷四田赋考（户口、额田、赋则、仓储、杂捐）；卷五自治考（国会、江苏省议会、县参议会、市乡议董会）；卷六至十二人物传；卷末人物传（前志补遗）。民国初年，甘泉并入江都，故内容也包括了民国以来甘泉县事迹。书中对人物的记述，尤其对辛亥革命、民国初期许多江都革命志士生平事迹的记述较详。卷末人物传补遗，系补记旧志民国前本邑人物的漏载者，有助于学者对清末江都人物的研究。

江都沿革一览表　1929年铅印本。

汤寅臣著。汤寅臣(1854～1930)，字公亮，又字浒北，别署小玉茗堂主。江苏扬州人。有《汤公亮诗文集》。本书以表格形式，将江都历代的沿革，加以梳理。主要将古今史书、志乘有关沿革的内容，编制成表，将两千余年之变迁，纳入一表之中，化繁为简，使得读者能够一目了然，进而了解其中演变的细节。表分三栏，依次是时代、沿革、证明，前两者主要是客观的记录、梳理，证明是作者的有关研究成果。全表始于周敬王三十四年(公元前486)，吴王夫差城邗沟，通江淮；止于1928年，废淮扬道，改县知事为县长，直隶江苏省。体例所言，行文甚为简明扼要。

(民国)甘泉县续志二十九卷首一卷　1921年扬州集贤斋刻本。

桂邦杰纂。桂邦杰纂有《江都县续志》，已著录。本书主要继光绪旧志后，记甘、江合并前三十年中甘泉县事。记事下限为宣统三年(1911)，仅于《人物》门，殁于民国者则不以为限。卷前有1925年钱祥保序、1926年邦彦序、凡例、目录、续修职名。卷首序例图说，卷一地理考；卷二建置考；卷三河渠考；卷四民赋考；卷五盐法考；卷六实业考；卷七物产考；卷八学校考；卷九兵防考；卷十自治考；卷十一祠祀考；卷十二寺观考；卷十三名迹考；卷十四艺文考；卷十五金石考；卷十六职官表；卷十七选举表；卷十八女行旌门表；卷十九名宦传；卷二十至二十六人物传；卷二十七列女传；卷二十八补正；卷二十九杂录。该志较多地反映了近代特别是光宣新政后的情况，如《寺观考》附录中有关清末法、英、美各教堂；《实业考》关于当地商会、农会、商业、树艺业、渔业等方面的记述等。《地理考》运用当时颇为先进的测量、计算手段。《民赋志》对社会经济情况有较多反映。

(民国)三续高邮州志八卷附录二卷　1922年刻本。

高树敏纂。高树敏，江苏高邮人，廪生，曾任高邮州教育会会长、民国高邮市议会议长、江苏水利协会研究员、高邮县水利研究会主任。民国初年，高邮废州为县，因本志主要记述民国以前史实，故仍沿袭光绪《再续州志》之名，命名为《三续高邮州志》，而将民国以来的事实作为附录。书前有胡为和、高树敏两家序、目录、纂辑姓名、凡例。前7卷基本同于光绪《州志》，末卷删《禁革》，改为《附录》，记民国事。《附录》共4篇，依次为：县附录一，光复事略、舆地、河渠；县附录二，民赋、食货、实业；县附录三，学校、自治、善举；县附录四，祠祀、军政、交通、职官、选举、杂类、新志补遗、前志正误。所补止于宣统三年(1911)。书中新绘高邮州境等三图，系采用近代测量方法和仪器测绘而成，其精详远在前此旧舆图之上，正文较多地记述了清末高邮新事物。另外，书后载《前志正误》，专门标录高邮旧志中的舛误之处，可作检阅旧志时的参考。

高邮志馀补　稿本，上海图书馆藏。

宣哲辑。宣哲(1866～1942)，江苏高邮人。曾任清陆军部主事。辛亥革命后迁居上海。精金石，富藏书。全书系未刊稿本，不分卷。本书主要汇集高邮州志中所遗内容，但尚未进行厘次编排，十分杂乱。主要内容包括：名胜、艺文、人物、考异、杂记、异闻等。其中绝大部分篇幅为艺文，尤以诗词为多，约占全书篇幅的三分之一以上。对知名度不太高的本、客籍人士之作，多在名氏下略加简介，为它书所罕见。诗词之外，疏、状、题、奏亦夥，多涉时政策论。名胜部分记述了爱日园、楼庄、桴园等高邮胜迹，其内容为高邮州志所略。杂记部分有《明末高邮志》《高邮旧志》，述及明末以前高邮旧志的情况，有裨对高邮志书考镜源流，系统地了解高邮方志的编纂史。

(民国)宝应县志三十二卷　稿本，不详藏处；1932年铅印本。

冯煦、朱学程、朱苌生纂。冯煦有《蒿盦类稿》，已著录。朱学程，字绍伊。江苏宝应人。附生，曾任安徽知县。朱苌生，字慰予。江苏宝应人。附生，曾任《江苏通志》复纂。民国间修《宝应县志》，冯煦主修，而请朱学程总其事，稿仅成半而学程病废，乃以朱苌生代之。1926年完稿，由于无经费，未能刊行。至1932年，新任县长江辅勤始筹资刊印。全书记事截止清宣统三年(1911)。卷前有江辅勤《发刊词》、冯煦序、例言等。卷首列县境图、县域图。卷一疆域志：历代沿革表、晷表、至到、风俗、土产(方贡附)；卷二建置志：城池、坛庙、仓储、铺庄、街巷、坊巷、津梁、园圃、寺观；卷三山川志：山、川（水利附）；卷四至五食货志：户口、田赋、屯卫、解支、盐课、杂税、水旱、蠲赈；卷六学校：庙制、学额、学田、书院（义学附）、学堂；卷七选举志：辟荐表、科贡表（武选附）、封赠、事例、荫恩（恩叙附、恩例附）、学堂奖励表；卷八武备志：操防、修防、驿递；卷九至十官师志：宫师表、官绩；卷十一至十七人物志：列传、循良、忠义、孝友、笃行、文苑、隐逸、艺术、流寓、方外；卷十八至二十二列女志：贞烈、节孝、贤明；卷二十三至三十艺文志：书目、论说、策议、序跋、书牍、碑记、传状、墓志铭、辞赋、铭赞；卷三十一古迹志：古迹、墓域（义冢附）、金石；卷三十二杂类志：摭记、异闻。有关各门都增设了反映近代社会的子目，如《学校》增《学堂》，《选举志》增《学堂奖励表》等。编者还据列刘宝楠《宝应图经》、刘赞勋《重修宝应县志辨》等书，作了考证补佚工作。

镇江地理　1933年铅印本。

李长傅著。李长傅有《南洋华侨史》，已著录。全书分绪论（名称、位置、境域、区分）、地形、气候、生物、住民（人口、成分、聚落、语言、地方性、信仰）、资源、工商业、交通、城市、四乡等13章，附插图7幅，辅助说明镇江行政区划、河流变迁等细节。是作者回乡返乡休养时所著，希望对家乡中小学教育有所裨益，同时对研究镇江者起到向导的作用，所以各方面介绍均简明、平易。而作为地理学家，论述上较之旧方志更科学、理性，很多问题注重追根溯源。

续丹徒县志二十卷首一卷　1930年刻本。

高觐昌、杨邦彦等纂。高觐昌（1856～1924），字葵北，号省庵，晚号葵园遁叟。江苏丹徒人。清光绪十二年（1886）进士。历任广东知府、道台。辛亥革命后，返里家居。杨邦彦（1857～1936），字振声，号艮斋。江苏镇江人。秀才。曾留学日本，辛亥革命时任镇江军政府民政部长。1919年任丹徒县公署教育科长。本志创议于1920年，县中聘高觐昌领衔纂修，而以杨邦彦为志局协修兼总干事，主持日常事务。1924年基本完稿，因战乱未刊。4年后，由杨邦彦定稿，并募资付印。全书所记，上起清光绪五年（1879），下迄至宣统三年（1911），光绪以前事偶有拾补。全书20卷首1卷，卷首为咸丰兵事谕旨；卷一至三舆地志；卷四河渠志；卷五食货志；卷六学校志；卷七武备志；卷八至九外交志；卷十职官志；卷十一选举志；卷十二至十五人物志；卷十六至十七列女志；卷十八艺文志；卷十九杂缀志；卷二十修志函件摘要等。其兵事、通商、传教等部分，打破旧志忌讳，记述了郑成功北伐、鸦片战争、太平天国三次战事和近代新生事物。但因成书过程迁延日久，协纂者屡有物故，变更频繁，付印也很仓促，所以内容有草率、重复处。

（民国）丹阳县续志二十四卷首一卷　1927年刻本。

贺俞纂。贺俞（1873～1942），原名焕章，字赓云、鲠云。江苏丹阳人。清光绪十九年（1893）恩科举人，后留学日本，日本法政大学卒业。历任大理院推事、总检察厅检察官、京师高等审判厅书记官长、司法部秘书、平政院评事等。又曾在为上海执业律师。此名《续志》，上承光绪《县志》记事下限之光绪十一年（1885），下迄宣统三年（1911）。全书24卷首1卷，门目取法光绪《县志》，而于卷首增图说，《建置》《沿革》增疆域，《城郭》增闸坝、公园，《赋役》增带征、仓储，《学校》增教育会、劝学所、学堂、游学、《兵防》增征兵、警察，《寺观》增教堂，《选举》增学堂、出身，《艺文》增金石，另以卷二十三增地方自治、交通实业。随着进入民国，一些新生事物开始进入县志，如铁路、小汽轮、县城公园、邮政、电报局等，都被载入志书，保留了可贵的地方近代史料。

（民国）丹阳县志补遗二十一卷附考证一卷　1927年刻本。

孙国钧纂。孙国钧，江苏丹阳人。本志主要是补正光绪《丹阳县志》中的不足与讹误之处，全书21卷附考证1卷，分二十六门，大抵与光绪《县志》相对应。卷首有序、目录，详目如下：卷一山水；卷二水利；卷三城郭（附桥梁、闸坝、堰埭）；卷四兵防（兵事附）；卷五祀祠、寺观；卷六陵墓、古迹；卷七职官（教职附）；卷八选举（武科附）；封爵（荫袭附）、名臣；卷九仕进（武职附）；卷十儒林（文苑附）；卷十一忠节；卷十二孝友；卷十三隐逸、方技；卷十四方外、流寓；卷十五义举；卷十六列女；卷十七咸丰殉难表；卷十八至十九艺文；卷二十书籍。卷末附《考证》，为同乡周桂荣所撰。大都取材于历代《府志》

《县志》，以及其他史籍、公牍、家谱等，颇多可取之处。

（宣统）泰兴县志续十二卷首一卷志补八卷志校六卷 1930年稿本，南京图书馆藏；1933年刻本。

金鉽纂。金鉽有《江苏通志通州属志稿》，已著录。1918年，江苏省长公署通令所属各县重修县志，金鉽主其事，因事迁延，最终于1930年定稿，至1933年刊印。《志续》前有1924年王元章序、1930年李详序、1931年柳诒徵序、1932年金鉽序。记事起自上古，迄于宣统三年（1911）。体例、门目以光绪《县志》为本，内容略作续入而已。金氏又成《泰兴县志补》，补光绪《县志》之阙漏，时间迄至光绪末年。补录8卷，依次为：卷一区域志（沿革、风气、物产、河渠）；卷二建置志（城垣、公署、名迹）；卷三经制志（赋役：芦课、屯田、群田、征榷、蠲恤、附盐法）、典礼、军备；卷四秩官志（古今官属年表、仕绩列传）；卷五至七人物志（选举表、宋元明人列传、清初以来见旧志者列传、嘉庆以来列传、技艺、侨寓、方外、节妇前录续录今录、贞烈孝义合录、艺文）；卷八志余（述异、谈逸）。又作《泰兴县志校》，系校正光绪《县志》之舛误者。门目基本同于《志补》，而于《区域志》增内形势、方言、乡聚，《建置志》增义宇，《经制志》增学校、营伍。全志取材广博，不但参阅图书典籍、官廨档案，而且搜集私家谱牒、祠墓石刻；舆图系以近代科学方法测绘制成，时人对此多持褒辞。

（民国）续纂泰州志三十五卷首一卷 稿本，中国科学院图书馆藏；抄本，南京图书馆藏。

韩国钧、王贻牟总纂。韩国钧有《止叟年谱》，已著录。韩国钧1922年任江苏省省长。本志于1920年成立修志局开始纂修，1924年脱稿。书中体例以光绪《州志》及宣统《续纂泰州志》为基础而成。内容上起道光七年（1827），下迄宣统三年（1911），但亦有1920年的内容。附舆图23幅，袭用光绪《州志》之图。门目设置类于道光《州志》，而删去《疆域》《山川》，增《商会》《引年》。因民国后风气渐开，其《风俗》篇中，遂载有今昔不同之冠婚丧祭、士农工商之社会习尚，并有各区各行业斗、斛、秤、尺、砝码之比较。新增《交通》一目，记述光绪三十年（1904）前后盐运、电报、邮政、轮船等行业创立发展情况。《事略》篇中有关太平军的记述甚多，而《建置》一门只记至北宋，乃因分纂未竟作而逝所致。全书因故漏略者不少，似未定稿。

（民国）泰兴县志稿 稿本，南京图书馆藏。

金鉽纂。金鉽有《江苏通志通州属志稿》，已著录。《泰兴县志稿》尚未编次厘定，凡4册，以“元”“亨”“利”“贞”为序。元册包括民政志（户口、乡聚）、区域志（四境、乡聚、分率、风俗、水道、河渠、津梁）、建置志（公所、教堂、防卫、警察、巡警局、邮政、义仓、善堂、仓廒、义冢）、区域志（古迹、寺观、赋利、屯田、海关、厘捐、书院、义学、学堂、学校）、食货志（物产、轮步）；亨册包括祭祀、官师志（印庄巡检）、人物志（科第、贡举、应例、效力、封赠、封荫、附贡、学校串业、武达、武科、耆寿、方技、节妇、烈妇、孝妇、贤母、贞寿、贞孝）、志余；利册包括孝友、忠烈、文苑、宦绩、武勋、义行、寓贤、方外；贞册包括闺秀、烈妇、贞孝、孝妇、贤母、贞寿、灾异。因系初稿本，故门目前后重叠杂出。每部分内容记述之后，注分纂人姓名。纪事最迟至1920年，主要内容为民国改元后事。

（民国）兴化县小通志 民国抄本，上海图书馆藏。

阮性传著。阮性传，江苏兴化人。全志各以篇为名，两册所记内容依次为：疆域、舆图、城池、水利、水名、水志、水流、来水、去水、坝水、保坝、忧水、忧旱、地平、测量、治运、决堤、导淮、治湖、治河、修圩、治港、范堤、刘塘、治坝、治闸、市河、水程、水贼、旱魃、镇乡、路政、碉堡、图分、时节，以上第一册；节序、纪念、日景、雨量、风势、兵劫、农时、茶市、市容、稻苗、释稻、稻种、稻熟、稻价、稻秧、植树、养牛、养猪、养鸡、养鸭、赌博、慈善、游学、电报、盐政、电话、无线电、庆吊、乞丐、嗜茶、饮酒、酒类、法制、盗隐、强盗、绑匪、盗源、窃盗、治盗、捕盗、弥盗、防盗、讳盗，以上第二册。共80篇，记事至1934年。书中对于社会事物的记述相当广泛，除路政、电报、电话、无线电等当时新事外，还侧重记述了官修志书中难以见得的窃盗、赌博、乞丐等社会现象。

（民国）兴化县续志十五卷 1944年铅印本。

李详、魏俊、任乃赓纂。李详（1858～1931），字审言。江苏兴化人。与修《江苏通志》。魏俊（1879～1949），字克三。江苏兴化人。县志委员会副主任。任乃赓，江苏兴化人，县志委员会副主任。民国初年，李详、魏俊先成《兴化县续志稿》，因经费一直未刊布，李详亦去世。1943 年，伪县长李恭简自任总修，推魏俊为主编，以《续志稿》为基础，补充 1928 年以后内容而成此志。记事从咸丰元年（1851）至 1940 年。卷前有李恭简弁言、李详序等。全书 15 卷：卷一舆地志；卷二河渠志；卷三食货志；卷四实业志；卷五学校志；卷六警卫志（警卫、事略）；卷七自治志；卷八善举志；卷九交通志；卷十党务志；卷十一秩官志；卷十二选举志；卷十三人物志；卷十四艺文志；卷十五杂类志。诸志各领若干目。卷首名宦乡贤像绘有范仲淹、魏源、郑燮、任大椿等。《舆图》系实测所得，并有关于咸丰《县志》舆图舛误厘正的说明。本志对清末和民国鼎革以来的近代社会现象有较多的记述，历史资料价值较高。

（民国）沭阳重修县志十六卷首一卷　民国抄本，不详藏处。

钱崇威纂。钱崇威（1870～1969），字自严，江苏吴江人。清光绪三十年（1904）进士，曾东渡日本学法律。民国后，出任江苏省高等检察所检察长。新中国成立，他应邀参加苏南各界人民代表会议。1954 年 10 月，任江苏省文史馆馆长。沭阳县志自清康熙十三年（1674）后二百多年未再续修。宣统至民国间，江苏迭修通志，沭阳遂于 1918 年纂辑县志，至 1926 年书成，因故未能刊行。本书分正编、外编两部分，共 16 卷首 1 卷。其中正编 15 卷，外编 1 卷。书前有修辑姓氏、目录、凡例，正编卷一至卷十五，其细目如下。卷一舆地志：疆域（沿革、四至、分星、高度、风俗、物产）、建置（城池、官廨、善堂、乡镇、集市、圩砦、津梁、道路、古迹、坛庙、祠、寺、观、会所）、山川（山、墩、阜、川、沭流、沂流）；卷二河渠志：沭系各河，沂系各河、沟洫、湖荡、水利政绩、堤、堰、俩、坝、水口；卷三食货志：户口、田赋、仓储、徭役、稽征、蠲赈、义赈；卷四学校志、学宫、魁星楼、祭器、藏书目、学额、书院、学堂、义塾、学田、教育会、劝学所；卷五武备志：防营、汛兵、路墩、屯卫、驿传、递铺、兵劫、匪乱；卷六官师志：东汉迄元、明知县、县丞、主簿、教谕、训导、典史、清知县、县丞、主簿、教谕、训导、典史、巡警；卷七选举志：进士、举人、征辟、副贡、恩贡、岁贡、贡监、武进士、武举、文秩、武勋、封赠、荫袭；卷八至九人物志、名宦、乡贤、儒林、忠荩、孝义、文苑、任侠、独行、稳逸、艺术、人瑞耆年；卷十列女志、贤母、孝妇、节妇、烈妇、孝女、贞女、烈女、殉捻难妇女、才媛、寿妇、五世同堂；卷十一金石志：古剑、古砚、古砖、钟、磬、鼎、碑记、墓志铭、节孝坊、百岁坊；卷十二艺文志：经、史、子、集；卷十三杂类志；祥异、轶事、博物、辨讹、叙述；卷十四诗征：五古、七古、五律、七律、五绝、七绝、非沭阳人诗；卷十五文征：奏疏、记、书、论、辩、状、纪事、序、书后、祭文、墓志、诔、赋、非沭阳人文；卷十六外编，卷首疆域图、河道图、城厢图（有目无图）。外编目次同于正编。正编记事上限力求追溯，下限止于宣统三年（1911），外编接续正编，下限止于 1926 年。本书搜集材料丰富，补充了康熙十三年之后至 1926 年为止 250 多年间的记录空白，保存了许多珍贵的资料。

宿迁县志二十卷　1935 年宿迁会文斋铅印本。

冯煦纂。冯煦有《蒿盦类稿》，已著录。全书 20 卷，目录与内容未一一对应，偶有差异，据正文内容分为：卷一宸翰志；卷二疆域志：图、沿革（附封建）、至到、分野、晷度、风俗、物产；卷三山川志（附黄运、厅汛堤坝工程）；卷四营建志：行宫、城池（附圩砦）、官署（附公所）、坛庙、街巷（附市）、乡镇、井泉、津梁、坊衰；卷五古迹志：都邑、宅里、寺观、冢墓；卷六至七民赋志（附骆马湖地）：屯田、盐课、关税、厘捐、水旱蠲振、仓储、善堂（附义冢）；卷八学校志：庙制、书院、学田、学堂、艺文；卷九选举志：荐辟、进士、举人、五贡、武进士、武举人、文阶封赠、耆寿、乡饮宾、七世同堂、五世同堂、武阶、勋袭、巴图鲁、封典、花翎、蓝翎；卷十至十一兵防志：驿递、警察、兵事、忠义、义烈；卷十二至十三职官表；卷十四至十六人物志；卷十七至十九列女志；卷二十杂记志：辨讹、记闻、方技、仙释、流寓、怪异、修志源流。记事止宣统三年（1911）。内容补同治《县志》所缺，图略增五乡图、山水图等，附同治《县志》未载的艺文目于"学校"之末。

（民国）泗阳县志二十五卷首一卷　1926 年铅印本。

张相文、王聿望纂。张相文(1866～1933),字慰西。江苏宿迁人。地理学家。清廪贡生。1912年任第一任众议院议员。著有《南园丛稿》。王聿望,字慰亭,江苏宿迁人。清光绪举人。民国间任泗阳县知事。1921年,张相文议修县志,详订体例和编纂大纲,但未能成书。三年后,王聿望归里,依相文体例和编纂大纲编纂志书,七阅月而成书。刊行前略有增补,故记事止于1926年。全书前有序、凡例、纂修人员姓氏、目录,共计25卷。卷一图叙及图(县境沿革图二、县境总图、十六市乡分图、学区图、县境水道图二、淮北水道图、洪泽湖图、文庙图、武庙图、县公署图、县立小学校图);卷二疆域沿革表;卷三大事表;卷四职官表;卷五科第表(附学校毕业、议员选举);卷六人物表;卷七地理志(里至、形势、晷度、气候、风俗、山川、关井、桥渡);卷八古迹志(古迹、冢墓);卷九至十一河渠志(泗水、黄河、运河、六塘河、洪泽湖、河工、厅汛、水利总说、水利研究会、地方水道、附兴修水利议案);卷十二乡镇志;卷十三建置志(城池、公署、坛庙、寺观、街巷、仓储、坊表、慈善、义地);卷十四经政志(县行政、市乡行政、县议会、市乡议会、户籍、选举、地方款产处、司法警察、警备、附保卫团);卷十五至十七田赋志(户口、乡图、田赋额、田赋增减表、湖河租、大河卫、附加税、滩领田、屯营田、学田、公产、失权田、荒田、杂税、徭役、解支);卷十八教育志(学宫、书院、教育会、教育局、学校、通俗教育馆、公共体育场、学田);卷十九实业志(物产、实业局、农业、农会、农场、工业、商业、商会);卷二十交通志(驿递、邮电、省道、县道、航路);卷二十一氏族志;卷二十二名宦传;卷二十三乡贤传;卷二十四流寓传;卷十二五列女传。计图27、表5、志15、传4、列目20,收录较详。《大事表》记载尤为详晰。《经政》《教育》《实业》《交通》的增设,反映了时代特点。本志考证较详,纠正了旧志一些明显的错误。

第三节　乡镇志

栖霞新志　1934年铅印本。

陈邦贤编著。陈邦贤(1889～1976),字冶愚、也愚。江苏丹徒人。医史学家。陈氏先有《栖霞导游》,1930年又编《栖霞新志》,作为《史地小丛书》之一于1934年由上海商务印书馆出版。鉴于旧志层层因袭,体例未见突破,陈邦贤以两年之功,调查考证,记录栖霞的新面貌。书前有陈氏自序、凡例、目录。正文共分10章:第一章沿革,主要是对栖霞寺的记载;第二章形势(位置、气候、形势、风景);第三章交通,分铁路、航路、山峰、街市、桥梁、村庄、电报、邮政等;第四章古迹,当时仍存的古迹均考证其名称、沿革、形势、风景等,无考者附于后;第五章人物,分帝王、秩官、隐士、高僧、技师五类,记录各人生平履历;第六章文艺,分为诏敕、碑铭、传略、建记、游记、书简、诗赋、山志、金石等;第七章学校,记栖霞的教育状况;第八章自治,记辛亥革命后栖霞的状况,如沿革、人口、组织、人员等;第九章物产,分植物、动物、矿物等;第十章风俗,分婚嫁、丧葬、时令。每章都有考证,末附参考书籍。相对旧志而言,作者更多地强调贯通古今,科学的加以记录,给同时代人和后人,提供可靠的资料。

无锡富安乡志二十八卷　稿本,南京图书馆藏。

奚铮著。奚铮(1859～?),字文轩。无锡富安乡人。1928年,奚铮以公民名义具文呈请并获准设局编纂《富安乡志》,经过4年方编辑完成,共28卷。书前有胡可蔼、奚铮、贾道辰三家序,末有吴廷铨跋。各卷内容如下,卷一区域、沿革、自治团体、村落户口;卷二田赋、亩数、粮额;卷三山水;卷四物产;卷五风俗;卷六科举:进士、举人(贡附)、辟召、武科(附近代大学高中毕业学员);卷七学校(附书院、义塾、图书馆、民众教育、农民合作社、蚕业制种场、畜牧场);卷八宦望(附乡宦录);卷九忠节(附死难姓氏录);卷十孝友;卷十一义行;卷十二列女;卷十三善举(附善堂、义庄);卷十四交通、电话、邮政、轮船、区乡道;卷十五兵防(附战事);卷十六古迹(附园墅);卷十七祠墓(附碑碣);卷十八宗教:寺庙、庵观、僧、道(附耶、回各教);卷十九隐逸;卷二十儒林;卷二十一文苑;卷二十二耆硕;卷二十三寿征;卷二十四著述(附艺文、诗词、记录);卷二十五艺术;卷二十六流寓;卷二十七祥异;卷二十八杂著(附遗闻、轶事)。志书中记述自然风光、人情物产极为详尽,对于交通、邮政、学校、宗教等的记载,从一个侧面反映了当时农村的社会发展状况。

齐溪小志一卷 1926年朱氏士食旧德之庐铅印本。

李楚石纂。李楚石，一名受之，江苏吴县人。抗战中，曾出任伪职。齐溪，在今苏州市区齐门外燕塘汇，有东、西二泽，故名。此志设目有建置沿革、城池、川泽、官宇（仓库、驿递、善堂、义冢附）、军制、坊巷、桥梁、祠庙、寺观、第宅、园林、冢墓。古迹、人物、列女、释道、流寓、金石、艺文（附集文、集诗）、杂记。前有张一麐、单镇二序，后有王謇跋。全书篇幅不大，但取材谨严，每一记载，均注明出处，且均事归雅驯。

香山小志稿一卷 1917年抄本，苏州图书馆藏。

徐翥先著。徐翥先，苏州香山人。本志系未定稿，未定门类。所记内容，大致分地域、山、乡里、村落、寺观、祠庙、桥、水利、冢墓、宅第、杂记为序。记叙颇为严谨，征引的文献有《吴地记》《吴郡图经续记》《吴郡志》《吴门表隐》《吴县志》及《皇明纪略》《闻见偶录》《清隐录》等10余种。同时引述宋元明清各代有关的诗文，作者有宋范成大、周必大，元陈征，明顾闻、吴宽，清王士禛等。本书虽以香山名，但并非仅记香山。而是包含香山，又北连穹窿山，南址近太湖胥口，而气脉与胥山接。其中并有纠正《苏州府志》讹误之处，如吕山、周山及五云洞的位置。

木渎小志六卷首一卷 1921年苏州华兴印书局铅印本。

张郁文著。张郁文（1863～1938），江苏吴县胥口人。又名学文，字壬士，晚号訚如。清光绪贡生。曾任木渎吴县第六高等小学校长。深于史地之学。民国间，张氏退居里门，任吴县修志局采访员，因感于"木渎既无旧志，而县志所载又百不及一"，遂爬梳载籍，采访逸事，独力完成此书。全书6卷首1卷，卷前有吴荫培、郭绍裘序。卷首载凡例、地图；卷一为区域、都图表、选举表、山、水、古迹；卷二至四为人物、名臣、孝子、逸民、文学、列女、方外、工伎；卷五为寺观、祠庙、冢墓、物产、风俗；卷六为艺文、杂志、题咏、骈言。书后附《光福诸山记》。志书中，收录有苏南抗倭、太湖地区抗清史实。"冢墓"一类中，详细标识吴中自春秋至清代名人如伍子胥、钱元璙、朱长文、韩世忠、范成大、唐寅、金圣叹、顾广圻等人坟墓。清末本地创办的新式学校、小火轮、邮政分局、电灯厂诸事，也有所反映。

黄埭志四卷 1922年黄埭镇公益事务所石印本。

朱福熙修，程锦熙纂。程锦熙，字质卿，黄埭人。曹允源、李根源等纂民国《吴县志》后，而吴县乡镇志不下数十种，独黄埭一乡未见专书。为配合《吴县志》纂修，乡董朱福熙、杨政、谈宝善、钱保黎发起修志，请程锦熙主纂。"凡见于从前碑铭、文集、图籍，以及谱传等类，有关黄埭一乡者，搜罗而撮录之"。乡董钱保黎任采访主任，"阅时两载，积草盈箧，于是悉心删订，厘为十六门"。书前印有黄埭镇发起诸君照片4帧、黄埭风景照片6帧、黄埭乡地图、黄埭镇兴国寺全图、黄埭镇城隍庙全图各1帧，以及吴荫培、张一麐、蒋炳章，冯秉乾四家序。全书4卷，卷一为区域、建置、水道、都图；卷二为风俗、物产、寺庙、祠宇；卷三为第宅、冢墓、公署（社仓、善堂附）、学校；卷四为人物、艺文（金石附）、列女、杂记。据《凡例》，都图中的里数、地名，户口、钱粮等，皆有根据，详实可靠。所引文献，如有疑义，往往用加按语作补正。

相城小志六卷 1930年上艺斋活字印本。

陶惟坻修，施兆麟纂。施兆麟，字济众。苏州相城人。《江苏省通志》协助采访员，长、元、吴三邑合志名誉采访员。吴长元三县合志局成立之初，施兆麟以名誉采访员身份亲历村镇，博访周咨，访获相城列朝古墓，有感于本乡世有闻人而向无志乘，遂以采访录为蓝本，参酌乾隆《长洲县志》，仿张郁文《木渎小志》体例，广为罗致，积十年之功，纂成此书。全书记事至1926年。凡6卷，分20门，卷一市镇、乡都图圩（村庄附）、川泽津梁（圩岸附）；卷二古迹、坊匾、寺观祠庙（第宅附）、冢墓、金石；卷三学校、兵防（庄仓局所各种社会附）、田赋户口、物产、风俗（方言、占验附）；卷四人物（流寓附）；卷五人物（列女）、释道、选举、杂记，祥异；卷六艺文（诗、词、序、记）。前有纂志职员姓名表、湘城镇全图、相城区图、沿革、凡例，后附收支报告。凡例后有施兆麟题记，《收支报告》中有认捐人捐款情况及本书经费支出情况等。当时正值清末民初，西风东渐，书中对此也有所记述，如教堂、自治选举及议员、议长等等新鲜事物。

乡志类稿　1944年《洞庭东山旅沪同乡会卅周年纪念特刊》本。

叶承庆著。叶承庆(1899～1950)，谱名奕钦，字乐天。江苏吴县东山前山叶巷村人。毕业于东吴大学。好家乡古迹名胜，尤致力于考据。曾在家乡兴办学校、医院。藏书甚富，著有《洞庭杂缀》《爱泽楼书目》等。所谓类稿，乃编者自谦之辞，意为"不敢自以为定本"，"藉以备遗，成书有待"。早在抗战前，叶氏就着手编纂此书，中经兵火，忧病而辍。值旅沪同乡会编辑特刊，遂发箧陈书，闭户索讨。从1943年秋至1944年夏，历时大半年方告竣。拟订条例时，曾屡与王季烈商榷，例仿王鏊《五湖志》而损益之。分为十门，一方舆类，包含名称、沿革、图说、峰岭、港道、气候，地质、土壤(缺)、泉石、园林、古迹；二建置类，包含交通、公益、义庄、水利、坊表、桥梁、庙宇、第宅、祠墓；三湖坊类，包含防湖论说、记兵、营汛、警卫；四官政类，包含公署、职官、户口、村里、都图、选举、例仕；五食货类，包含山林、泽薮(缺)；六风俗类，包含习尚、岁时、礼仪、氏族、信仰、流弊、方言；七人物类，包含仕迹、义行、文学、艺林、货殖、列女、流寓、方外、隐逸；八学校类，包含清代书院学堂、民国停办诸校、战期临时中学、现存各小学校；九艺文类，包含书目、金石、谱录；十丛录类，包含灾异、梵乘、杂记、旧序。书前有1944年王季烈序、叶承庆自序及凡例。其中编录洞庭两山著作目录，对研究地方历史，具有一定的实用价值。

洞庭杂缀　稿本，苏州博物馆藏。

叶承庆著。叶承庆有《乡志类稿》，已著录。全书系叶氏未完稿本，12册，写于各色稿纸上，开本大小亦不同。包括《东山旧闻录》《洞庭文粹存目》《洞庭杂缀》《甲申札记》《陋居录》《南扬文献》《松鹤庐随笔》《西园杂抄》《信笔所之》《卅二年癸未续收两山书目》《莫厘爱泽楼藏洞庭两山书目》《两山备考书目》《续收洞庭书目》等，其中主要抄录有关洞庭东西山的史料，如名人、古迹、题跋、诗文，还有叶氏宗族的相关资料等，比较杂乱，未系统整理。其中《两山书目》等，对于研究东西山历史者，具有一定的参考价值。

东山杂录初编　稿本，苏州图书馆藏。

秦长烇著。秦长烇(1843～?)，字寿屏，号星楼。江苏吴县东山人。本编初稿始于光绪中，后屡有增补，记事至1914年止。全书体例错杂无序，大约拟分两卷。按其内容先后，一为东山全面图、葑山名胜图，二为重修古金塔记、太湖厅修浚雕鹗诸河碑记，三为兵纪，四为明洪武以来职官简历、节妇名录。"兵纪"记有太平军攻占东山史事，以及太平军统治东山时的种种措施。书后收有作者的部分诗作、议论之文。书中尚有部分经济史料，其中有关东山地区近代货币变化情况记载尤详。

巴溪志　1936年铅印本。

朱保熙著。朱保熙(1898～?)，字慕丹。江苏昆山巴城镇人。业医，曾任巴城乡乡长，熟谙地方情形。巴溪即巴城镇，因有巴王墓而得名。巴溪为昆山北之首镇，境接常熟。作者"本其乡里耳闻目睹之事实，辑为《巴溪志》一书，有条有目。以旧志之体裁，为新理之编辑。记载翔实，洪纤不遗"。自序也说，记"将近数十年耳闻目睹之人之事"。其目次：天文(经纬、日晷、气象)、地理(舆图、疆域、湖荡、河流、山城)、行政(乡镇、户口、公所)、教育(学校、学生)、经济(田亩、产量、工商、土物)、建设(桥梁、圩闸、亭园、电灯、公墓、义冢)、交通(轮航、电话、邮政)、社会(风俗、习惯、宗教)、古迹(寺庵、祠庙、园亭、古物、冢墓)、人物(列传)、杂记(志灾、志异、碑示)，并附《巴城镇工商业统计表》及有关信函及古柏、巴城湖等照片3帧。前有庞树森、王德森、邱樾、赵诒琛、王瑞鸿、蔡吾裁、盛鸣和七家序及自序。与当时乡镇志比照，本志追溯历史较少，而以民国史事为主，体现了详今略古的原则。

垂虹识小录八卷附一卷　抄本，国家图书馆藏。

费善庆纂。费善庆，字伯缘，江苏吴江人。全书8卷，卷一地理类：镇市村、水、山、公署、坛庙祠宇、古迹园第、寺观、墓域、灾异祯祥；卷二人物、列女、旧事；卷三人物、方言；卷四至六人物；卷七古迹、河道、桥、杂记、寺、塔、人物、书目；卷八杂记、人物、列女；末附江震科第贡举考，不分卷。全志内容较为错乱，前后有重复。是一部未整理完成的志稿，但保存了许多资料。

同里乡土志 1921年出版。

范烟桥、袁同孙、严渭渔校订。范烟桥有《吴江县乡土志》，已著录。本书系为学生编写的乡土教材。共16课，内容相对较为简单，依次为：同里之沿革、区域及人口、市公所、湖荡、水产、交通、农业、实业、园艺、人物一、人物二、名胜、教育、田赋、县市乡、各区距离，末附同里镇与它区距离表。“人物二”虽涉及贞、节、烈、孝，但衡量标准已有不同，所收者或“相夫成名士”、或“训子以清白”、或“骂贼而死”、或“从容就义”，具有一定的积极意义。

穿山志初稿二卷 稿本，南京博物院藏。

狄辰著。狄辰，字弘微。江苏太仓人。穿山一名飘山，位于太仓县东北40里。其乡东至浮桥镇，南至老闸镇，西南至涂松镇、沙头镇，西至三里桥，西北至归家庄、王秀桥镇，北至璜泾镇。明代陆钺曾作《穿山志》，已亡佚。清道光间，邵廷烈《穿山小识》与周煜《穿山小识补遗》，颇受士林珍视，狄辰以为《小识》“疏漏不备”，《补遗》“增订仍有未尽”，于是“发兴重编”。于“山考”删其讹误繁琐者数条，于“园居”“祠墓”，“博采而哀益之”。“人物”增删的就更多。全书断限于1948年，分2卷，其设目本诸《穿山小识》，而略有变动。卷上：山考（市集附）、溪桥（义井、电讯、公路附）、园居、祠墓（坊表、庙宇附）、学校、选举、人物（列女、流寓、氏族附）；卷下：艺文（诗征附）、杂记、旧序。前有《自序》，穿山图（原目录列有“摄影”，稿中无）。

常熟新庄乡小志六卷 抄本，北京师范大学图书馆藏。

陆晶生编。陆晶生，生平未详，或以为江苏常熟新庄乡人。本志于20世纪40年代纂成。新庄乡占地甚小，地名今已不存在，其地今属张家港杨舍镇。全志凡6卷。卷一位置、境域、沿革；卷二山脉、水道、气候、物产；卷三街衢、市厘、工业、商业、教育、公共建筑物、古迹、风俗；卷四交通、苏游；卷五对于本乡之感触、本乡与本县之关系、本乡与本省之关系、本乡与本国之关系、本乡与世界之关系；卷六珍奇物。本志不设序言、图。记事颇能反映历史变迁。

鹿苑乡土小志 1929年抄本，南京图书馆藏。

钱昌运著。钱昌运（1894～1962），字显符。江苏张家港人。毕业于日本大阪高等工业学校。鹿苑位于张家港市杨舍镇东南9公里处。原属常熟，今属张家港市。本志卷端署“民国十八年春钱昌运辑”。全书包括七个部分：绪言、常熟县小志、鹿苑乡小志、鹿苑镇小志、结论、附注、补志。钱昌运在纂辑鹿苑钱氏家谱（即《海虞禄园钱氏宗谱》）之余，辑为此小志。卷首绪言，概括说明了乡土与乡人、家族的关系，以及本志的体例。正文即分别写县、乡、镇的沿革、区域、村镇、古迹、文化等，体例与一般乡镇志有所不同。最后，结论指出“世事沧桑，变态无常”，而人与环境，也是互为作用的，天然环境未尝不可以人力改变，“仁里、互乡之分，是在乡人之努力，毋自弃也”，要求乡人积极向上。我国传统的地方志具有资治、教化、存史的功用，乡镇志由于涉及范嗣较小，和乡人的关系尤为密切，因而通过乡镇志来达到教化的意图，也更明显。

梅李全区小志六卷首一卷 稿本，南京图书馆藏。

邓慰生纂。邓慰生，江苏常熟人。曾在本地经商。本书卷首有1931年王鸿飞序、1930年张达宸序、1929年张振庠序，及1929年除夕邓慰生总序。总序自述本书来源，将宗兄视明访稿择要著录，又借得黄冈（字鉴人）“补遗志”一本，以两者作为基础，约占全书十分之一。采辑县志十分之三，此外取自各家诗文集、家谱、碑记，以及父老口述、同人赐稿，并实地访问所得，合成八万言，成为此志。其资料截止于1929年除夕。全书首1卷，为序言、地图（区境、街栅）、凡例。正文6卷：巷一沿革、疆域、秩官、公廨、市镇（巷门弄）、水道（桥梁、路政）；卷二风俗、户口、田赋（赋税）、蠲赈、山川，古迹（金石）；卷三学校、行政（党部、村制、商会、议会）、物产、水利；卷四兵防、寺观（祠堂、教堂）、都图、冢墓（义庄）、第宅（园林）；卷五科名、人物、列女；卷六善举、祥举、艺文（家谱）、集文、方外、轶闻。记事颇为详细。

双浜小志稿三卷首一卷 1932年稿本，南京博物院藏。

王鸿飞编修。王鸿飞(1883～1939年),字采南,号忏庐。常熟东张人。双浜现名东张,本名白茆老市,以张士诚曾驻此,改名张家市。稿分4卷,事记至1932年。目录标明卷首为序言、目录、例言及参考书籍、参校姓氏等;卷一为沿革、区域、市镇、河流、水利、田赋,卷二为户口、人物,卷三为艺文。下限一般断至民国年间,《蠲赋》记至1932年。《双浜小志稿》因尚未完稿,故问题较多,卷首缺序言及参考书籍、参校姓氏,卷二人物传记体例不一,卷三艺文仅为诗文集。另外,空格、空行、空页之处颇多,标题与正文有出入,删减修改之处也颇多,故疑是未定稿。

金村小志三卷　1923年铅印本。

金鹤翀著。金鹤翀(1873～1960),字叔远,号箬帽山人。江苏常熟人。清光绪增生,南社社员。撰有《钱牧斋先生年谱》《暗泾文抄》等。金村距常熟城北三十五里,虽处乡僻,而"村以金名,守五百年之墟墓,地以人著,多文学士之冠裳。范家青山,梁朝古刹,遵海访晋人之宅,耕山得唐墓之碑"。全志凡3卷。卷一山水、古迹、杂记;卷二诗文;卷三人物。卷首有李维翰序、金鹤翀自序。该志草创光绪二十六年(1900),历二十余年方始定稿。志书对金村物产记录颇为细致。此外,书中所收的《重浚竺塘记》《重浚金村市河记》,记述了清末民国初重浚竺塘、金村市河的概况及重浚后的作用。这些对研究民国时期张家港市粮食作物、经济作物,水利等方面的情况,都有参证作用。

东台县栟茶市乡土志　1916年抄本,南京图书馆藏。

张正藩著。张正藩有《最近之日本教育》,已著录。栟茶又名南沙,在掘港镇西北70余里处,地处黄海之滨。两晋南北朝时聚沙成陆,唐初为煎盐场亭,宋、元为栟茶场,属泰州。清乾隆三十三年(1768),改属东台。1945年属如东县。本书是记述栟茶历史的地方小志,每章篇幅短小,语言简明,内容浅易。全书共分4章:《始论篇》简述了栟茶的名称及沿革、位置及境域;《天然篇》介绍了山川、气候、物产等自然情况;《人为篇》列述了实业、教育、公共建筑物、古迹、风俗、交通、街道及市廛等社会情况;《结论篇》是对于本乡土之希望和对于本乡土之感触。书末附缪文功《东台县栟茶市乡土志》,分别从饮食、衣服、居处、器用、婚嫁、丧葬、集会、钱财、业务(农商工渔盐窑)、游乐宴会、族姓、寓言等十二个方面对栟茶的风土人情作简明描绘。

王家营志六卷　1933年铅印本。

张震南著。张震南有《中学国文述教》,已著录。王家营镇(今名王营镇)位于江苏淮阴市北郊,清末海道未通以前,从陆路入京,多取道于此,为明清时淮北重镇。津浦铁路通车后,王家营沦为僻地。其史事散见诸书,原无专志。张震南重其乡里,博稽史籍野录,广访故老师友,搜集丛残,拟定义例,于1933年冬,辑成是志。记事上起明嘉靖、万历时王家营得名,下迄1933年完稿时。全书凡6卷13门。卷一建置(沿革、圩寨、坊市、疆域、天文、里甲)、河渠(河水、淮水、盐河、鲍营河、营河、文渠沟、各项工程);卷二军政(明清兵事、清军制沿革、职官姓氏)、警卫(警政沿革、警官姓氏、民团、保卫团、街政事务所、镇公所);卷三职业(河徙前概况、工技、行贩、细民生计、近郊农业、关税、地方杂捐)、交通(舟航、驿递、盐河津渡、旧黄河津渡、桥梁、道路、邮政);卷四礼俗(古今习尚、婚丧诸礼、义行、方言)、宗教(僧徒、巫术、回教、耶稣教、在理教)、学校(义学、小学、宣讲所、阅报社、民众学校、农民教育馆);卷五人物(士行、列女)、古迹(故镇、署宅、坊井、陵墓、碑识);卷六杂记、叙传。"职业""交通"二门取材丰富,读之可想见当年往来客商渡浊河、驰官道、北货麕集、车马喧阗的情形。但全书行文求简,记叙事情不够具体。

(民国)瓜洲续志二十八卷首一卷　1927年瓜洲于氏凝晖堂铅印本。

于树滋纂。于树滋(1856～1938),字德甫,号遁叟,别号东轩老人。江苏瓜洲(今属扬州)人,寄籍仪征。清末秀才。著有《瓜洲伊娄河棹歌》《遁叟古稀寿辰唱和集》《遁叟璧水重游唱和集》等。本志始纂于1924年,成书于1927年。体例参照嘉庆《瓜洲志》,并增补不少门目。全书体例,先汇集府、县志及瓜洲旧志所述内容,后始增入续编内容,故曰"续志"。定稿后所得资料,又作补遗,附于每卷之末。记述时间止于宣统三年(1911)。卷前有自序、凡例、图、目录。卷首宸翰、谕旨，卷一疆域（城池、街巷、都里、铺、洲、镇、濠、村庄、洲圩、港池、溪塘、渡闸、堰、埭、坝、浅、岸、桥）；卷二山川（江。海、淮、潮汐、涨沙、河、泉）；卷三河志、兵志（军政、塘汛、江汛、弓兵、巡船，炮、水师营制）、漕运；卷四盐法（淮盐总栈）；卷五关税（由闸）；卷六职官、选举、世职、坊表、顺治丁酉海寇殉节男女名氏纪录、粤乱殉难纪录；卷七公署、局所、善堂；卷八古迹（宫、殿、楼、阁、亭、台、轩）；卷九寺观；卷十宅、园、墓；卷十一善堂章规；卷十二祥异、风俗、农谚；卷十三至十四人物；卷十五、十六列女；卷十七至二十五艺文（名人题咏、名人撰述、乡贤、寓贤著作）；卷二十六书目、古物、碑（目、文）、卷二十七杂文；卷二十八杂录。末有后叙并附勘误表。图共6幅，其中尤以瓜洲全城图、瓜洲坍余半城图、瓜洲全坍地图三种资料可贵。于氏作志时瓜洲旧城已全坍江中，幸其自幼生长于斯，乃默揣地势，并参以税关地图草绘而成。以一镇之志，其内容之备，资料之详，门类之广，在扬州镇志中首屈一指。

曹甸小志初稿　1946年油印本。

郝澍著。郝澍（1914～?），一名庶，字少洲。宝应曹甸人。抗战期间，避难各地，以教书为业。1956年还乡任民办教师。擅长诗词书画，上世纪80年代尚健在。作者于1944年3月客于太仓南里固晋草堂时，编成本书。曹甸镇，战国时期属楚地，名楚甸。三国时曹操与孙吴构兵，航海而南，屯兵楚甸，故更名为曹甸。镇在泾河东端，原属淮安府山阳县，今属扬州市宝应县。《小志》有1944年6月自序，云作于太仓东野苗浦草堂。全稿共8则：曹甸于淮安府、曹甸于山阳县、重修山阳县志对曹甸之记载、续纂山阳县志对曹甸之记载、曹甸于淮安之地位、曹甸于淮安之区划、曹甸之出产、曹甸之戎事等。内容涉及地理、区划、物产、军事等。郝氏后又作《曹甸镇志》，初稿大多附入其中。

曹甸镇志　1946年油印本。

郝澍著。本书成于1945年，距《小志初稿》之成仅一年。全书凡十门三十四目：一正名（曹甸、楚甸），二区域，三舆地志（历史、地理、古迹、村庄），四河渠志（水利、沟渎），五建设志（街市、巷口、园林、楼宇、祠祀、寺院、坊表、学校、桥梁、堤防、其他），六民俗志（风俗、谣谚、方言、音韵、氏族、宗教），七人物志（科贡、列传、艺林、列女），八艺文志（书目、题赠、遗著、近人诗录），九产殖志（稼穑、工艺、其他），十杂志（纪事、掌故、杂录、拾遗）。书前有小引、目录、凡例，书后有自跋、参考书目。其中九、十两门因限于资金，未能付印。原书记事止于1944年。书中所记史事，多以诗词附于其后，并有按语、注释凡事涉抵牾者，必广征博引；每有决断，必以理为先。

广曹甸志　1946年油印本。

郝澍著。本书《江苏旧方志提要》以为系郝澍所编，但《扬州文库》本提要以为标题之下有“淮宝闲人豆村邵驺重写”，《短引》之中又有“豆村邵驺谨记”等文字，故作者应为邵驺。本志成于1945年，书中多处提及王宗筠《崔堡小志》，而从未涉及郝澍《曹甸镇志》。全书不分门类，以杂记形式收录有关曹甸的资料一百多条。全书对于曹甸的地名由来、辖区范围、历史状况、河渠流向、水利事业、古迹遗存、风俗民情、倭患水灾、名门大族、园林宅第、捐税治安、名医巧匠、人文著述等，都有所记录与评述。所征引的多种地方文献，不少已经散佚，可见其史料价值之珍贵。其中尤其注意收集有关地方风物的谚语、诗词、楹联，多能反映曹甸地区的历史面貌和人物事迹。同时，书中揭露了日本侵华战争对曹甸造成的巨大破坏，记述了曹甸人为抗日阵亡将士撰写对联并汇编成册、油印保存的事迹。

崔堡小志　民国抄本，南京图书馆藏。

王宗筠著。王宗筠（1866～1948），字志清。江苏山阳崔堡人。诸生。著有《溪堂锁记》《虚生白室丛钞》等。崔堡又名崔家堡，原属于淮安，今划归扬州。崔堡虽为江北小镇，但并非荒僻之地，明初以后，人户渐增，清代乾嘉以来，颇为兴盛。抗日战争中，遭受敌机轰炸，房屋多毁，乡邦文献丧失殆尽。王氏深恐后人无从知晓地方掌故，乃将往日遗闻轶事、先辈行谊文章，以及寺院之建筑、学校之设立、桥梁之改造，聊记颠末。记事大略始于明清，迄于1941年左右。全书不分卷，内容分为十二类。一建置（位置、沿革、形势），二河渠（水利），三物产，四学校，五桥梁（古井附），六庙宇（祠祀附），七园囿，八人物，九列女，十艺文，十一坟墓，十二杂记。所记偏重“人文”与“杂志”。“杂志”中收录了当地不少的遗闻轶事，保存不少史料，均有助于近代地域经济、政治、文化研究。

丁丑闲谈　1937年稿本，泰州市图书馆藏。

陆铨著。陆铨(1899～1962)，字次公。江苏泰州人。民国间曾任职泰县民众教育馆、泰县图书馆馆长。生平笔耕不辍，现存著述手稿10多种。本书又名《塘湾小志》。塘湾镇位于泰州市东南角，距泰州市6公里。东与蔡官、大冯两乡接壤，西邻寺巷镇，南与白马乡毗邻以周山河为界，北与泰州市相连。1956年撤区并乡时，取消镇制，将现白马乡、塘湾镇合并为塘湾乡，隶属泰州市管辖。2006年取消镇制，建立凤凰路街道。本书主要记载塘湾沿革、位置、河流、乡镇、行政、古迹、风俗等。

第四节　山水名胜志

秦淮志十二卷　1948年《南京文献》第2号。

夏仁虎著。夏仁虎有《枝巢编年诗稿》，已著录。秦淮乃南京名胜，自明初设教坊司以来，青楼管弦，风流不歇，绵延至今数百年。夏仁虎认为“秦淮士女，亦极盛一时，足以供其点染”，遂于1943年撰成本书。全书12卷。前有傅岳棻《夏枝巢同年秦淮志序》、自序、述例、目录。卷一流域志，卷二汇通志，卷三津梁志，卷四名迹志，卷五人物传，卷六宅第志，卷七园林志，卷八坊市志，卷九游船志，卷十女闾志，卷十一题咏志，卷十二余闻。记事止于民国。各卷之前皆冠以小序，阐述立卷所据。《流域》《汇通》《名迹》，多采摭前人书籍成编，文末注明资料出处。《宅第》《园林》《坊市》《游船》《女闾》，不少是作者耳闻目睹所得。秦淮河众流趋赴，广纳百川，《汇通志》收及青溪、玄武湖、护城河及句容、溧水的赤山湖、湖熟、白米湖等河湖资料33则。人物以所见所闻者为原则，收有卒于咸、同、光、宣及民初者近20人，其中多为县志及《金陵通传》所未载。《游船志》记有灯船、楼船、火食船、佛事船、歌船、卖唱船等方面的内容，为其他志书所罕见。

玄武湖志八卷　1932年刻本。

夏仁虎著。本书卷一往迹志，卷二、卷三人物志，卷四至卷六艺文志，卷七名胜志，卷八物产志。《往迹志》以编年体手法，记述了自“晋元帝时创为北湖”得名始，至清同治年止有关玄武湖的兴废状况。有关玄武湖的地理形胜、帝王将相在玄武湖的活动、沿湖建筑、沿湖的土地开垦、玄武湖的水利地位等，书中均有涉及。卷二限本籍人士，卷三外籍人士收录标准及分类均较严。《艺文志》收有王安石《湖田疏》、梅曾亮《为江宁水患上陆制军书》、许宗衡《旧游日记》、洪亮吉《观后湖打鱼歌》等诗词。《名胜志》收录不仅包括玄武湖名胜，也包括“通湖诸水及堤埭陵墓”，其历朝建筑虽成劫灰或具在史册，或犹存遗址者，并录无遗，从而保存了大量与玄武湖有关的山、沟、城池、门、苑、坛庙、观阁、寺塔等资料。《物产志》详尽记载了玄武湖丰饶的物产。末附《后湖租税述略》。

覆舟山小志　《南京文献》1947年第3号。

汪訚著。汪訚，字蔼庭，江苏南京人。曾任职省立国学图书馆。文献学家。金陵为六朝故都，有关金陵历代掌故名胜的记载甚多，独覆舟山未有述著，汪訚采摭史乘及六朝文集中有关覆舟山之记载，辑成《覆舟山小志》，不久又增补订正，厘成此编。首有自序，正文未标目，依所记内容，大致可分为山名、园囿、寺庙，战事、名僧、艺文、逸闻等几类。记事始自东晋，迄于1943年。覆舟山又名玄武山、龙山、龙舟山，俗称小九华山。东接青溪，北临玄武湖，风景优美，形势险要，晋于此置芍药园，宋文帝改乐游苑，萧梁时侯景叛乱曾陈兵山北，山上又建有法轮寺、三藏塔等，篇中于此均有记述。所收藏冰事属六朝礼制资料，于读者颇可长见识、助谈资。艺文类收有宋武帝、梁简文帝、鲍照、颜延之、谢灵运、范晔、沈约、丘迟、温庭筠等名人歌咏，《释志道传》《业首尼传》《竺道生传》《净秀尼传》《齐禅林寺尼净秀行状》等，于研究宗教人物较有用。编纂取述而不作之法，摘录历代史志、笔记、佛典等原始资料撮录排比而成。

南汤山志　1937年南汤山陶庐铅印本。

严伟著。严伟，字觉之，江苏仪征人。汤山在南京中山门外30公里处，因山有泉，冬夏常温，四时如汤(热水)，故名。以北京亦有汤山，所以又称“南汤山”。民国时期，江宁陶席三经营南汤，辟城市于山林，化萧艾为荃蕙，辑录掌故及名流投赠文翰。1937年，严伟编著《南汤山志》，目录后有图、照片、序。志分五部分，依次为旧闻、建置（包括汤泉性质分析）、名胜（附茅山游记）、艺文（录袁枚等诗百余首和赋、记各两篇），杂俎（录题记十九则，发明、调查报告、轶事各一则，游记五篇）。是志为地方小志，突出写了汤泉的特点，其中汤泉性质分析、发明和调查报告，均有科学价值。但艺文和杂俎竟占三分之二，且多囿于陶园的酬酢之作，不免显得臃肿。

惠山新志　1921年1月1日《无锡大观名胜号》本。

徐振新著。徐振新，江苏无锡人。教师。本志记述了惠山及其周围各个景点和一些遗址。全志分8编，编下以条目分述。该志以惠山寺为中心，依次介绍周围景物。编一惠山寺之中央：古华山门、石幢、金莲池、银杏树等；编二惠山寺中之观泉道：华孝子祠、尊贤祠、二泉门等；编三惠山寺中之听松道：顾端文公祠、邵文庄公祠等；编四惠山寺右之南行道：春申君庙、双塔寺、高墓、顾墓等；编五惠山寺前之东行道：倪云林先生祠、张中丞庙等；编六惠山寺右之北行道：横街、石门、张仙殿等；编七惠山寺东北之寺塘泾：邓祠、高忠宪公祠等；编八惠山寺东南无锡山峰：锡山峰、紫竹庵、石浪庵、仙姑池等。最后为“惠泉山竹头木屑”，介绍惠山游览须知、交通、物产、茶馆酒楼、祠祭及赛会等事。

横云景物志　1935年铅印本。

杨翰西著。杨翰西（1877～1954），名寿楣，别号静斋、横云居士。江苏无锡人。清光绪二十八年（1902）举人。曾受两江总督端方委派，赴日本考察陆军军制。1913年，接办业勤纱厂。以后又陆续创办润丰机器榨油厂、广勤纺织公司、广业垦殖公司、广丰面粉厂等。日军侵占无锡后，杨翰西出任伪职。1954年病殁于香港。1917年，杨翰西购置鼋头渚山地60亩，创办杨氏竣实植果试验场。以后陆续构筑亭台楼间，兴建山庄。鼋头渚临水石壁有知县廖纶所题“横云”“包孕吴越”摩崖石刻，杨翰西即以“横云”命名。本志所记皆鼋头渚风物名胜，不分卷，列山、泉、湖水、旱潦、冰湖、山笋、石壁、石洞、灯塔、禽兽、水族、虬松、石柏、渡船、移星等目，详述该地景物历史。

东台县茅山志　1924年石印本。

袁承业著。袁承业（1866～1928），字伯勤，晚号砚寿老人。江苏海安人。茅山是里下河地区唯一的一座真山。茅山历史悠久。东汉时，属广陵郡。清乾隆三十三年（1768），江苏省划泰州之东北境置东台县，茅山归东台县。1944年，茅山隶属兴化，直至今日。西汉景帝年间，陕西咸阳茅氏三兄弟（茅盈、茅固、茅衷）来山修道，筑舍隐居，采药炼丹，济世救民，人们便称茅氏三兄弟为三茅真人。并于山麓建三茅真君道观，称此山为三茅山。宋真宗景德年间，三茅真君观改为寺，名景德禅寺，成为里下河著名的佛教圣地。《东台县茅山志》为茅山一地的专志。全书共分为八个部分，《山源志》考证了茅山脉络源理；《山寺易名志》述说了历代关于茅山名称改易的整体情况；《殿宇楼台志》描写了茅山寺庙的殿宇分布；《人物古迹志》记载了茅山的历史人物和古迹；《物产志》陈列了茅山的物产特产；《山僧志》列述了茅山著名僧人的世系；《施助芳名志》载录了施助茅山建设的施主名单和事迹；《文章志》是茅山地区的艺文志。本书对茅山的自然状况和历史源流作了详细描绘，是研究当地山川历史的一手史料。

钵池山志六卷志余一卷补遗一卷　1938年国光书局铅印本。

冒广生著，宋焜补遗。冒广生有《淮关小志》，已著录。宋焜（1889～1955），字文献，江苏淮安人。钵池山是道教七十二福地之一，为淮上名胜，但从未有志。1920年，冒广生任淮安关（今板闸镇）监督，刻成《楚州丛书》，不久又编成《钵池山志》。山志共6篇，山水志第一、建置志第二、古迹志第三、金石志第四、人物志第五、方外志第六，附志余1篇。该志于1921年刊印行世，收入《如皋冒氏丛书》。其后宋焜作《补遗》一卷，篇目顺序仍遵《钵池山志》，增补诗歌31题36首，碑记1篇，人物5人，其中方外1人；《志余》增补13条。1938年由国光书局出版。本志《山水志》叙说钵池山的地理位置及风景形胜，收录诗文最多，有60余篇，多为游钵池山所作。《建置志》列举钵池山上之寺庙、钟楼、祠堂等建筑，收录诸人诗作20余首。《古迹志》记丹台、丹井、爱莲亭等古迹，收录潘采、刘宫、吴进等人诗文。《金石志》所记有米元章画佛石刻、清叟禅师重开钵池寺残石等。《人物志》收录杨理、陈锐安、胡琏等26人。《方外志》收录德爱、文敏等有名的僧人。《志余》主要补充说明前面内容，如爱莲亭、景会寺等名胜古迹的布局和特色等。

灵岩山志八卷 1948年印公纪念会铅印本。

张一留辑。张一留（1882～1949），名援，字涤珊，晚年法号一留。江苏靖江人，寄籍苏州。早年留学日本弘文师范科，归国后曾任教苏州中学教职。灵岩山志书自宋朱长文《琴台志》起，至清沈钊《灵岩新书》共有五部，而大多散佚不存，仅有明黄习远《吴中灵岩山志》存有孤本。另有清王镐《灵岩志略》，但纪事简略。有鉴于此，灵岩寺方丈妙真法师"煞费苦心，博采搜罗，积年累月，壬午冬举稿盈尺"，而嘱张一留编撰成书。全书8卷，卷首设图像、序例，其中灵岩之路、灵岩山图、灵岩寺平面图绘制精细，分别标有比例尺。前有范古农序，张一留自序。全书"以山为范围"，专载与灵岩相关涉者，而不备其余。并以"志山概详志寺，而志佛尤要于志山"为编撰宗旨。具体内容分布如下：卷一胜迹；卷二梵宇（始建、新兴）；卷三高僧（传记、语录）；卷四檀越（法施、财施）；卷五灵异；卷六规制；卷七寓贤；卷八艺文；卷末为杂记、题跋。是近代关于灵岩山、灵岩寺较为系统而全面的一部志书。

岳墩小志 《耐庵丛稿》本。

夏兆麐著。夏兆麐有《痛史一斑》，已著录。岳墩为泰州城内一个大土墩，系宋绍兴年间筑东西市河，垒土而成。初以州名名之，称泰墩，又称泰山。宋建炎四年（1130），岳飞为通泰镇抚使，兼知泰州，曾在此抗御金兵。明万历十六年（1588），兵备舒大猷在此土山上建岳鄂王庙，其地遂称为岳墩，也称为岳阜。岳墩为泰州著名古迹，登山眺望，百里风光俱收眼底。本邑文人墨客，往往在此流连。作者敬仰民族英雄岳飞，因撰为此志，自称"以为访古人士之向导，及话民族英雄故事者之谈资"。志分记载、杂著、吟咏三类。

勺湖志十六卷 民国抄本，国家图书馆藏。

毛乃庸编。毛乃庸（1875～1930），字元征，号伯时，又号诶生，别属剑客，江苏甘泉人，流寓山阳。宣统元年（1909）拔贡。勺湖，古称放生池、郭家池或阮池，今名勺湖公园，在江苏淮安城（今淮安市淮安区）内西北隅，西及北均抵城垣，东限万寿桥，与城河通，是淮安现存最古老的寺庙园林。作为淮安风景名胜之一的勺湖曾引来众多诗人画家在此歌咏唱和、挥毫泼墨。毛氏遂编《勺湖志》，搜罗典籍，考察旧闻，得16卷，计总叙1卷，书院7卷，园林1卷，祠庙3卷，寓贤1卷，艺文2卷，丛记1卷，编后附有1卷。观此志则勺湖之历代变迁与今日之现状均可得见，且晚清、民国时期淮安知识分子仿古修禊、诗文唱和的生动情景亦可得窥。

金陵四十八景全图 1920年上海书局石印本。

徐寿卿编。徐寿卿有《新南京志》。已著录。本书为金陵四十八景图。四十八景为：莫愁烟雨、祈泽池深、雨花说法、天界访僧、凭虚远眺、永济江流、燕矶夕照、狮岭雄观、石城霁雪、钟阜晴云、龙江夜月、牛首烟岚、花崖清兴、北湖烟柳、东山棋局、虎洞探幽、冶城西峙、赤石片矶、清凉问佛、嘉善闻经、杏村沽酒、桃渡临流、青溪九曲、风台三山、达摩古洞、甘露佳亭、长干故里、鹭洲二水、化龙丽地、来燕名堂、楼怀孙楚、台想昭明、长桥选妓、崖记虞公、石室余青、幕府野游、报恩寺塔、神乐仙都、鸡笼云树、灵谷深松、秦淮渔唱、天印樵歌、商飚别馆、谢公古墩、摄山耸翠、木末风高、珍珠浪涌、落星名岗。各景均请名手绘图，旁加详细解说，介绍其具体所在、名称由来、著名传说等等，并对其景观的主要景点进行描绘，加以评论。

金陵四十八景题咏 《南京文献》1948年第23号。

张通之著。张通之（1876～1948），名葆亨，字通之，以字行，江苏六合人，居南京仓巷。宣统元年（1909）拔贡，未仕。从教33年。1946年南京通志馆成立，任编纂，参与编辑《南京文献》。擅诗书画，著有《娱目轩诗集》《秦淮感逝》《庠序怀旧录》等。金陵四十八景起自明万历年间，清初高岑绘有《金陵四十八景图》。乾隆十八年（1753），《儒林外史》作者吴敬梓写过23首《金陵景物图诗》，记冶城、杏花村、燕子矶、谢公墩、凤凰台、莫愁湖、凭虚阁、青溪、雨花台、琉璃塔、灵谷寺、桃叶渡、天印山、观音山、幕府山、乌衣巷、东山、鸡笼山、太平堤、长桥、三宿岩、龙江关、钟山。晚清徐行敏刊有《金陵四十八景》图册。1946 年冬日，张通之得徐氏图册，因战乱丢失一半，后由收藏此图册的李诚斋将其补全。张通之因就四十八景，各撰一诗。四十八景依次为：神乐仙都、古村沽酒、赤石片矶、幕府登高、化龙丽地、嘉善闻钟、白露佳亭、楼怀孙楚、东山秋月、长桥选妓、谢公古墩、商飚别馆、桃渡临流、木末风高、永济江流、燕矶夕照、龙江夜雨、狮岭雄观、虎洞明曦、祈泽池深、清凉问佛、天印樵歌、凤凰三山、珍珠浪涌、祖堂佛迹、栖霞佛岭、乌衣旧巷、周处书台、天界钟声、灵谷深松、太平堤畔、钟阜晴云、秦淮箫管、石城霁雪、落星帆影、莫愁胜览、鸡笼璇衡、长干晓市、凭虚烟雨、青溪柳岸、雨花香迹、牛首白云、报恩灯塔、献花星槎、弘济江声、达摩灵洞、白露春潮、冶城琳宫。所列四十八景名称与徐寿卿所编略有差异。

扬州揽胜录七卷首一卷 1942 年铅印本。

王振世著。王振世(1877～1954)，字铎生。江苏扬州人。诸生。授徒自给，潜修学业。工吟咏，留心地方掌故。著有《巢风而诗集》。扬州居江淮间，号为东南一大都会，清李斗《扬州画舫录》详细记述了康乾盛世的繁华历史。然岁月流逝，战乱纷繁，昔日淮左名都、竹西佳处，早已荒芜萧条、残破冷落。地方当局有感于此，意欲将破碎的景点加以修复，同时鉴于四方游者日众，亦有必要成一专著以供观览。遂托王振世撰一书稿，使修复工程有所借鉴，兼供游客游览之需。王振世躬历湖山，考据典籍，咨询故老，竭两载之努力而成此扬州名胜专著。书凡 7 卷首 1 卷，卷首介绍扬州之沿革和扬州之形势。卷一至卷七，篇各标目，顺其道之远近，以为编次，分别为北郊录(上、下)、西郊录、东郊录、南郊录、新城录、旧城录。本书只记录关于名胜古迹以及公私园林的内容。前有陈懋森序、熊育衡序以及作者自序。董逸沧为题七绝 4 首，陈含光为之署签。本书在介绍名胜的同时，亦阐扬忠孝，激励民族气节，如大书史可法英勇抗清之事，并收录很多祠墓资料，在当时战乱的背景下，尤显珍贵。是书图文并茂，援引前人文辞甚多，篇后有附录补充介绍相关资料。全书完稿在 1936 年夏，因战乱搁置，直至 1942 年才出版。

第五节　专志、杂志

金陵园墅志三卷 1933 年翰文书店铅印本。

陈诒绂著。陈诒绂，字稻孙，江苏南京人。陈作霖之子。本书 3 卷：上卷记载历代所建园墅的地址、建筑者姓名，台榭景物的位置、形制等。除了著名的园墅，如愚园、随园、鼓楼公园、五洲公园、莫愁湖公园外，还有不为人所熟知的园墅。不仅有南京城内的园墅，还有城外的园墅。中卷记载历代金陵园墅游记。如袁枚《随园记》、袁起《随园图记》、汪士铎《薛庐记》、左宗棠《美树轩记》等。下卷载各朝有关金陵园墅的诗歌。如王安石《江宁府园示元度诗》、张之洞《翠微亭诗》、张怡《小桃园诗》、龚贤《半亩园诗》等。本书是研究南京园墅兴废、了解南京历史的重要文献。

明孝陵志 1934 年南京中山书局铅印本。

王焕镳著。王焕镳有《曾南丰先生年谱》，已著录。作者辑录《明实录》《明会典》《国榷》《明史》《明通鉴》《肇域志》《大清一统志》康熙《江宁府志》嘉庆《江宁府志》同治《上江两县志》以及晚清档案、明清人笔记、文集等近两百种古籍中有关明孝陵的史料、记录，汇编成此书。全书分 7 篇：形胜第一、规制第二、丧葬第三、谒祭第四、守缮第五、灾异第六、艺文第七，记述了明孝陵五百余年的历史兴衰。

总理陵园小志 1933 年总理陵园管理委员会铅印本。

傅焕光编。傅焕光有《江苏省新农业建设计划大纲草案》，已著录。作者曾任江苏第一农业学校校长、总理陵园设计委员会委员。本书记述了紫金山地质、气候、动植物、陵墓工程筹备经过、纪念建筑工程建设、道路、给水工程、配套工程、园林建设、森林、农业生产、植物园、陵园名胜、陵园界内学术机关、陵园界内重要建设经费等诸多方面详实内容，是研究中山陵园建设不可多得的资料性文件汇编。

寒山寺志三卷 1922 年吴县潘氏刻本。

叶昌炽著。叶昌炽有《辛臼簃诗谵》，已著录。

寒山寺为江南古刹，因唐人张继《枫桥夜泊》而蜚声中外。本书系叶氏应江苏巡抚程德全之请，为纪念募修寺院而作。初稿成于宣统三年（1911）六月，旋由程德全延请郑文焯厘定。因郑氏多所改易，乃至叶氏不满，遂于1912年又据旧稿整理修订，后由其弟子潘祖年出资刊刻问世。全书3卷，卷一志桥、志寺、志、象、志钟；卷二志碑、志僧、志产、志游、志事；卷三志诗。前有叶昌炽自序及后序。本书对寒山寺的历史沿革、文物、碑石以及寒山、拾得的事迹作了全面的记述和考证，并辑录了历代咏吟寒山寺的诗篇，体例精当，史料翔实，文字典雅，被推为苏州寺园小志中的上乘之作。

寒山寺小志二卷　稿本，南京图书馆藏。

张选编。张选，生平不详。寒山寺历经千年风雨，至民国初年重新修葺，因住持雅好文，嘱枫桥小学校长马锡侯缮录全寺诗文、碑记，委张选纂次，选乃仿宋荦《沧浪小志》例，辑为《寒山寺小志》。凡二卷。上卷：志、传、诗、碑；下卷：记、诗、楹联。其中多唐以来名家佳作。其尤为精彩者，若寒山子、韦应物、张继诗；若《重修寒山寺记》二篇，亦为后人鉴知名利之助。本稿较叶昌炽《寒山寺志》略逊色。

沧浪亭新志八卷　1928年铅印本。

蒋镜寰辑。蒋镜寰有《图书馆之使命及其实施》，已著录。沧浪亭自清康熙间宋荦重修后，经历太平天国运动，咸、同间续有修整。至1928年，已逾60年，复渐荒落。邑人吴子深慨亭之将废，以巨款修治之。前后栋宇，均还旧观。蒋氏时仟职可园苏州图书馆，与沧浪亭为邻，每有赓继小志之愿，至此遂网罗宋荦以后有关沧浪亭之记述、题咏，及宋荦漏而未采者，当新亭落成之际，亟增辑成《沧浪亭新志》8卷。内容依次为纪载、集文、集诗、石刻、联额、史传、寺院、杂缀。内容较宋荦《沧浪小志》更为广博。其中历代《重修沧浪亭记》，后人读之，可知沧浪亭相沿变革史实，弥足珍惜。诸家题咏，颇富文采，亦为名亭增辉。《集诗》大都为宋荦之后名士所为，皆咏物抒怀之佳作。

宋平江城坊考五卷首一卷附录一卷补遗二卷吴中氏族志一卷考补一卷吴中故市考一卷　1925年铅印本。

王謇著。王謇有《吴中文献展览会特刊》，已著录。本书主要依据宋代遗刻《平江图》，考订苏州城内坊巷、水道、桥梁、园林、宅第、古迹之历史沿革。《平江图》始刻于南宋绍定年间，历经岁月侵蚀而岿然独存，至1917年8月经叶德辉、朱梁任督工深刻，乃获重光。全图记内外两重城垣、水陆五门、坊表65座、桥梁314座，另有各类古迹60余处，其中不乏历经宋元明清千年而沿用未改者。王謇以此为蓝本，历时7年，对遗迹进行实地踏勘，并勾稽历代旧志记载，对坊巷、古迹等名称、方位、沿革，加以梳理整比，并增入相关风土人情、金石题刻、人物传记、掌故传说等内容，分西南、西北、东南、东北四隅及城外各一卷，进行考订。结构上采用正文大字、附注小字的形式，纲举目张，使得千百年来苏州城市历史得以集中、立体地展现。中华人民共和国建立后，王氏对初稿有所补正。1986年江苏古籍出版社据抄本重新整理出版。

苏州小志　民国抄本，上海图书馆藏。

王謇著。本书系未完稿，原无书名，现名为上海图书馆所拟。收录作者所纂苏州地方小志4种，依次是《天宫寺志》，存“金石”一门；《支硎小志》，存“纪载”“金石”二门；《天平山志》，存“纪载”“祠宇”“寺院”“高僧”“金石”“杂记”“集文”等七门；《狮子林志》，存“纪载”“高僧”“金石”“艺文”“集文”等六门。以上几种，多系王謇抄录旧志，以为资料留存之作。其旧藏《天平志》清抄本，现存苏州博物馆。故《天平小志》最具规模，想来得古人之助最多。本书已影印收入国家图书馆出版社2016年出版的《海粟楼丛稿》中。

淮关小志　民国刻本。

冒广生辑。冒广生有《钵池山志》，已著录。本志为淮安关署史料的汇编。淮安关署是明清两朝所设的钞关，系中央设在地方的税务机构。位于淮安府城城北的板闸。随着漕运兴起，关榷林立，商船云集，店铺林立，经济发达，市井繁荣。全书不分卷，亦分立目录、标题，主要杂记有关淮关之事，包括其位置、建筑、园亭景致、淮上榷税来源、关口、税课大吏题名，并记载相关人物，辑录有关淮关的诗词等。对于了解早已淹没在历史中的淮安关署，具有一定参考价值。

武进天宁寺志十一卷　1947年铅印本。

濮一乘纂修。濮一乘，字伯欣，江苏溧阳人。早年学佛，精研教义，曾应狄平子聘请，于上海主编《佛学丛报》，后任金陵刻经处董事会董事。天宁寺向无寺志，本志系濮一乘历时五年三易其稿，纂修而成，于1947年问世。书前有吴镜予序、凡例，凡11卷，卷一建置：基址、沿革、建筑（殿、楹、堂、室、房、寮、楼、阁、院、浮图、厨、校、窑，池、井）；卷二僧伽：尊宿、法系、功行；卷三法语：法钟禅师法语、大晓禅师法语；卷四著作（附天宁寺佛经流通处已刻佛经书目）；卷五贞石：古迹、碑碣；卷六至九艺文：记、传、塔铭、行述，杂著、诗；卷十规约、文告；卷十一志余。体例精严，内容详核，重点突出，其中"建筑""艺文"两门篇幅约占全书一半。"著作"附录已刻佛经书目千余种。

故宫图录　1928年良友图书印刷公司铅印本。

陈万里摄影。陈万里有《西行日记》，已著录。中华人民共和国建立后，任职故宫博物院，为著名的瓷器研究专家。本书系1924年溥仪出宫后，陈万里参与清室善后委员会工作，拍摄照片百余幅。之后又拍摄不少照片。1928年曾选出84张，编印成《民十三之故宫》。他自己又从中选取110张，编成此书，因非全部，所以定为"第一集"。照片中百分之七八十为陈氏作品，也是吴郁周、王梅庄、童韵笙所摄。前有1928年10月17日陈万里序与照片详目。本书可见抗战前故宫的旧貌，具有重要的影像价值。

凤台山馆题咏录　1930年出版。

潘宗鼎编。潘宗鼎（1870～?），字禹久，号姜灵。江苏南京人。廪生，入江宁府学尊经书院，同学有夏仁虎、仇埰、孙濬源、石凌汉、王孝煃、金世和等。光绪三十一年(1905)废除科举后，考取了小学校长，从事教育。潘氏因喜古凤凰台遗址畔竹柏交荫，苍翠静谧，于光绪三十四年(1908)戊申在此筑屋以居，并命名为"菜舍"。1914年，潘宗鼎宦游赣南，在邵莲士道尹处佐幕，襄理赈灾，劳于案牍达十余年之久。至十五年始归故里，以其旧宅新葺，扩建为"凤台山馆"。平日莳花种菜，躬耕自给，常与老圃僧徒往还。其家大门有联云"闭门种菜，隐居放言"表达了从此息影凤麓、以著述终老的意愿。凤台山，在今南京中华门内西南隅，因凤凰台在此而得名。凤台山地势高亢，为睹"大江前绕，鹭洲中分"最佳处。据本书自序，作者"卜宅凤凰台畔"后，宦海浮沉，风尘仆仆，岁月骎骎，自认为和历经安史之乱的杜甫有相似之处。《凤台山馆题咏录》记录了作者"戢影凤麓，寂寥山馆"之时所集的诗文作品，所记文句皆为"当时大雅之不鄙而赐"，包括诗文、楹联、图画等。潘宗鼎山居多暇，遂抄录而成此书，"临风展卷于凤去台空之余，其有慷慨怀古之思"。

冶西杂咏　1932年铅印本。

王孝煃著。王孝煃有《秋梦录》，已著录。本书封面题"东培山民近著冶西杂咏一卷"。卷首张通之题词云："未涌凤麓一百咏（自注：孙太狷近著《凤麓百咏》，尚未付梓），先读冶西三十章。异日邦人捋掌故，风流文献藉参详。"本书存诗30首，每首无标题，但有注解，说明此诗题旨、所咏景点之典故并意蕴。所咏为南京门西之古迹，有文津桥、运渎、晋卞忠贞墓、黄泥巷、水西门濠桥、乌榜村、卧佛寺等。其诗云："乌榜村前夕照凉，幽人曾住冷朝阳。即今疏柳秋风里，何处诗家旧草堂。"其注道："乌榜邨在运渎北岸，唐诗人冷朝阳结宅于此。秋风疏柳，为韩翃送冷归上元诗句。"又如："筑野曾开问字堂，主人不吝馈贫粮。扬风花雅承平事，三径重来已就荒。"其注云："丁家巷傅氏辟筑野文合，月课孤寒诗赋词章，与甘集同。音舍在朱状元巷东，桥桐庭院，今易为茶寮。"历来题咏金陵者甚多，但所咏多为人所熟识之景点，如玄武湖、雨花台、白鹭洲、紫金山等，而街坊里巷题咏者不多。王氏此作，可弥补此缺，对当前规划保护古民居亦有相当参考价值。

冶城话旧　1944年《万象丛书》本。

卢前著。卢前有《中国戏剧概论》，已著录。本书主要据作者从小的亲身见闻，记录南京旧日的风物，涉及南京古物遗迹、诗词艺文、社团、物产、书院、书肆、藏书楼和人物等多方面内容。其中，尤以古物遗迹、旧时人物最有价值，遗迹如秦淮酒家、扫叶楼、凤凰台之类，缕述其历史变迁过程，笔录有关传说故事，搜罗历代诗文名句，类于传统之笔记小志。人物则以彼时知名人士为主，附以民间艺人、外国传教士等。本书反映了南京往日的风土人情和社会生活，对于了解旧日的南京，具有一定的文献价值。

东山琐缀　1948年江宁县文献委员会铅印本。

卢前著。东山，此指江宁县。本书记载江宁县的有关事情，主要包括《东山备乘》《民国以来江宁长官表》《书林别话》《织造余闻》《鸭史》《俗语三家》等6篇。《东山备乘》记江宁县的地理位置、历史沿革、人口面积、县署机构等。《织造余闻》介绍江宁的缎业。《鸭史》则是介绍南京食鸭的历史。《俗语三家》是从甘熙《白下琐言》卷六、陈作霖《炳烛里谈》卷中、朱朝柱《三度梅花馆杂著》中辑录有关俗语资料。书前有江宁县略图。

惠山听松石床题字考　稿本，南京图书馆藏。

孙毓修著。孙毓修有《玄奘》，已著录。本书汇辑惠山听松石床之考订文献。前为双钩摹印石床题字，有墨琴夫人牙章，并"留盦手题"白文方章。以下依次为王澍《竹云题破》(其下有"孙毓修印"白文印、"小绿天藏书"朱文印)、翁方纲《复初斋集》"跋听松篆"、同治四年(1865)吴云题记、同治五年莫友芝题记。又辑邵宝《石床记》、陈澧《惠山听松二字跋》、道光十五年(1835)无锡知县江右曾题记。卷末为刘继增《惠山石床题名跋》，谓光绪二十年(1894)刘继增持吴云所刊本至石床细细辨认吴本所阙字，又辨得10字。

苏州实录吟钞　抄本，苏州图书馆藏。

范广宪著。范广宪(1897～1976)，字君博，江苏吴县人。南社社员。中华人民共和国建立后，曾率领范氏族人，将范氏义庄所藏文物，捐赠国家。本书主要采用歌咏附注体，将苏州历代史事加以介绍，类似于《诗坛点将录》《藏书纪事诗》等。韵文囊括大意，附注为散文，进行解释、补充说明。纪事上溯先秦远古，自黄帝辟扬州、泰伯奔吴开始，一直到1935年扬子江水利委员会办理太湖流域水利为止，上下数千年，依照年代次序排列。本书可能成稿于抗战以前，而未及刊行，一直以抄本形式流传。

吴门百咏　1930年苏州毛上珍铅印本。

张茂炯著。张茂炯(1875～1936)，字颂清，一作仲青，江苏吴县人。光绪三十年(1904)举人。官度支部员外郎。民国初任职财政部盐务署。书前张氏集吴梦窗词句为序。苏州"清幽入画"的山水风光，引得帝王以及先贤们纷纷游幸于此。苏州的园林景物而今早已经荒凉，可谓"白驹过隙去如飞"；而苏州的五人墓、苏小小墓、鸳鸯冢等"皆足为湖山生色"；苏州的太湖、宝带桥等美丽动人。本书的后半部分则展现了苏州今日一种新的气象：公园游人杂沓；吴门画舫已无人问津，酒店客人甚多；学堂兴盛，"青年子弟争尚出洋"；吴中女子非复羞涩之态，自由婚姻盛行；今日的苏州交通四通八达，"万家灯火"。本书展示了苏州城昔日的美丽风情与今日的崭新气象。作者对于新事物的涌现持一种欣慰态度。

吴门坊巷待辖吟五卷　抄本，苏州图书馆藏。

范广宪著。本书体例与《苏州实录吟钞》相同，而内容略异，主要记述苏州的街道、城门、坊巷、河浜、村庄、桥梁等。依次分区域，加以介绍。首以苏州城内主干道卧龙街(又称护龙街，今之人民路)为对象，此后分别按西南、东南、西北、东北分卷，卷五记古城区以外区域。与《苏州实录吟钞》之以时间为序不同，本书以空间为序，涵盖了苏州的古今与城区乡镇。本书搜集材料十分丰富，涉及地名的来历、变迁，同时附录有关历史、传说、掌故、民俗，更有范氏案语，作为补充，对于研究苏州街巷的变迁、民间风俗的古今演变，具有很高的参考价值。

红兰逸韵四卷补遗一卷　抄本。苏州图书馆藏。

范广宪著。本书得名，疑从清人张紫琳《红兰逸乘》借鉴而来。《逸乘》为散文笔记，主要为苏州地区之逸闻。本书所收内容，接续《红兰逸乘》，而采用与《苏州实录吟钞》一样的韵、散结合的形式，篇幅较大，凡8册，以时代先后为序，记载吴中史事、胜迹、人物等，可与《苏州实录吟钞》《吴门坊巷待辖吟》等相互参证。

垂虹杂咏一卷　1927年费氏华萼堂铅印本。

费善庆著。费善庆(1858～1939)，字福堂，号伯缘，晚号盲叟。江苏吴江人。薛凤昌中表兄。著有《松陵费氏诗集》《松陵费氏著存书目》《松陵女子诗征》等。垂虹，本为吴江县治之桥名，在县城松陵镇东门外河上。后因作吴江之代称。作者故居附郭而筑，早岁钓游，壮年觞咏，都不离此地，故极为熟知此地风土人情。本书即吟咏本地之作，并各有注释，且注释极为详尽。所咏有胡泊（太湖、东湖等）、村庄（梅里村、柳胥村等）、桥梁（利往桥、流虹桥等）、宫庙寺塔、亭园宅第等，也有一些诗描写民国以来的新事物。如《市公所》写道："中华事事尽更新，天视天听自我民。邑政全凭市政出，朝犹田舍暮儒绅。"其注释云："市公所昉于清季，由众选举一人，综司地方诸务。别选议员若干人，以议地方兴革。"卷首有表弟薛凤昌撰序，对本书甚为推崇。序指出："古者国有史，邑有志。史以识一国之隆污，志以识一邑之变迁"，"是史与志互为表里，而不容中断者。"

莺湖红豆唱和录三卷　1935年一树梅花馆主铅印本。

陆飚辑。陆飚，字醒恙，亦作惺恙，江苏吴江人。吴江平望莺脰湖南滨之穆溪，有上升道观，道观墙角有相思树一株，双干挺立。1932年秋，其中一枝忽然开花，结红豆子甚多。陆飚以相思树为世所罕有之珍，又本产于吴地，为江南特有之物，因拍下照片，遍征题咏，并辑为此集。卷首有陆飚所摄照片一帧。卷三为附录《红豆谈屑》，辑录《申报》《新闻报》等报纸所载有关红豆之资料。并录平望鼎稼英、凌景埏、陆飚等人联名公启，函请当时的盛泽区长同意将北角乡改为红豆乡。1934年春，地方人士会议，一致同意改名，并呈县及省厅备案。

梓闻漫拾三卷　1929年铅印本。

谢鼎镕著。谢鼎镕，字幼陶，号冶盦，江阴人。宣统二年（1910）毕业于南菁高等学堂，历任靖江、泰兴、武进地方审判厅推事。著《冶盦诗文钞》《江阴先哲遗书》等。本书完成于1919年，以记述江阴遗闻佚事为主。见闻之外，则主要抄撮前人史志、笔记中的相关条目，零碎而不成系统。如有吴人朱凤翰营救东林党人李应升的记述等。

续梓闻漫拾　稿本，国家图书馆藏。

谢鼎镕著。本书系1921年正月十五日以后至年末所作笔记稿本，抄录与江阴古今人文地理有关的史料，体例与正编相类似。每条之后多注明抄撰的时间，可见其写作的过程。

澄江旧话　1930年铅印本。

徐再思著。徐再思有《江阴战事记》，已著录。本书所记，皆作者有关故乡江阴史事的研究心得或见闻随笔，其中所记前代典章制度、人物行实、逸闻轶事、民间故事、地方传说等，均富有价值。同时由于作者的好奇之心，书中也不可避免的阑入一些毫无证据、荒诞不经的故事。但瑕不掩瑜，其史料价值不容忽视。

芜城怀旧录三卷补录一卷　1948年上海建国书店铅印本。

董玉书编。董玉书有《寒松庵诗草》，已著录。本书作于海上，时董氏年过古稀，犹作客异地，遥忆故乡，遂有此书之作。芜城之名，始自南朝鲍照《芜城赋》，其时维扬历经战祸，诗人不免城春草木深之慨。而是书所记则乾嘉以来之淮左名都也，风物之盛，甲于江南，人材之蔚，一时无其匹者。或以其为绍继李艾塘《扬州画舫录》而作，实亦互有轩轾，《画舫录》以风物缀人事，其在于纪物；《怀旧录》则追怀旧人往事，其重在记人，内中若卷二殷如璋一条记鲁迅祖父科场案事，虽片言只语，实弥足珍贵也。书前有张惟骧、杜召棠序文及董氏自序，书后有闵尔昌跋。

第六节　旅游与游记

青岛导游　1935年上海国光印书局铅印本。

赵君豪编。赵君豪有《中国近代之报业》，已著录。本书是中国旅行社委托赵君豪编辑而成的，叶恭绰为之题签。书前有编者导言，即以旅行社的立场阐明宗旨。全书10章，分概说、区域、户口、名胜、游程、交通纪要、食宿娱乐、机关、社会纪要、物产及商品几大方面。前有青岛市区域图、劳山游览图；末附艺文，包括沈鸿烈《劳山环游记》、叶恭绰《青邱游屑》、傅增湘《游劳山记》和青岛市繁荣促进会《青岛之经济状况》，最后附《青岛建设概况》。10章之中，以第四章《名胜》篇幅最大，下分甲、乙、丙、丁四部分，分别记述青岛的公园（10个）、海水浴场（5个）、市内名胜（23处）、劳山名胜（分北部、中部、南部共30处），十分简明实用。从全书内容看，青岛在抗战以前，就早已成为旅游胜地，相关城市建设、配套设施都十分成熟。

恒山 1919年商务印书馆铅印本。

蒋维乔编纂。蒋维乔有《中国哲学史纲要》，已著录。本书系《中国名胜》第十二种，收山西恒山风景照片24幅：悬空寺、恒山正门、艇子岭下村落、柴木岭积雪、虎风口、岳庙正门、岳庙寝宫、更衣殿、潜龙二泉、岳庙正殿、御碑亭、玉皇阁、会仙府、恒山绝顶、自绝顶俯视白龙洞、白虎峰、白虎峰前森林、琴棋台望远、纯阳宫、凌云阁、娘娘庙、关帝庙、岳帝宝印侧面及正面。书前有1918年12月蒋氏弁言，简述恒山的地理位置、历史地位、旅行路线，言及本年其赴山西考察教育，因而游览太原、五台、浑源、大同等地，阳历十月恒山已经积雪。另有旅行须知，告知后来者赴山西旅行需注意的事项，如车站、旅馆、路线、饮食、天气等信息。

大房山 1924年商务印书馆出版。

蒋维乔编纂。本书系《中国名胜》第十六种，凡两集，第一集前有蒋氏1919年6月弁言，介绍房山县大房山之游览要点。分上方山、石经山、游览日程、旅行须知四部分。第一集收录大房山风景名胜照片30幅。第二集收录照片25幅：白龙潭、观音说法台、十八罗汉、观音洞、胜泉庵、一斗泉、自象王峰脊俯视七十二庵、象王峰、旱龙潭、下庄、西峪寺前森林、西峪寺前断龙桥、西峪寺、西峪寺大殿、西峪寺东压经塔、西峪寺内架松、石经山下张果老骑驴石、石经堂、石经堂右藏经洞及八角亭、石经堂右二大石井、云居东峰及宝塔、云居南峰及宝塔、香树庵、水头。

因是子游记 1935年上海商务印书馆铅印本。

蒋维乔著。书前冠杨无恙《因是子以六十老翁在华山攀铁绠登博亭图》，后接游览所摄照片5帧，涉及雁荡、五台、天台、恒山、大房山。正文前有1935年8月蒋维乔自序。全书收录游记40余篇，分省编排：江苏、浙江、安徽、湖南、河北、山东、山东、陕西、国外，主要游览了我国各名山大川，如山东泰山、湖南衡山、山西恒山、陕西华山、安徽黄山、浙江雁荡山等，此外尚有九华山、终南山、大房山、妙峰山、西湖、栖霞山等，国外则是菲律宾、日本两国。书后附赵君豪整理的《蒋竹庄先生访问记》，主要与旅行有关。蒋氏好摄影，其游览照片，商务印书馆曾为出版，收入《中国名胜》丛刊内。

川湘纪行 1944年商务印书馆铅印本。

陈万里著。陈万里有《西行日记》，已著录。陈氏行程从1943年6月24日开始，全书共分10节，依次为：渝筑道上、十日间的贵阳所见、经过柳桂、湘南之行、在长沙、衡阳印象、回桂小驻、途中的烦恼、金筑候车、匆匆北归。

闽南游记 1930年开明书店铅印本。

陈万里著。书前有1928年3月15日罗常培序，接印插图48帧，第一帧即作者在灵山回教先贤墓上拓碑时的照片，其余除了少数风景照之外，主要为闽南地区古物遗迹照片。游记始于1926年11月3日，主要分为5章：泉州第一游记、漳州游记、泉州第二次游记、泉州第三次游记、旅厦杂记。

南游十记 1936年上海国光印书局铅印本。

赵君豪著。本书是1936年上半年，赵君豪从上海出发，参观粤汉铁路株韶段的工程，白天游览，夜间记录当日的见闻，寄回上海，在《申报》上连载为《汉粤纪行》，后又据回忆重写十记，印成本书。据书前自序，赵氏的行程是从上海出发，乘火车到南京，换长江轮船到汉口，渡江后由武汉徐家棚沿粤汉铁路南行，沿线停留的地方如长沙、株洲、渌口、衡山、衡阳、郴州、宜章、坪石、乐昌、广州等地，时间长者不过两天，短的只有几小时。到了广州之后，临时又前往香港、澳门、中山，最后乘海轮船返回上海。全书十记分十章：江行之乐、长沙一日、渌河大桥、南岳登临、衡阳闻见、郴山郴水、山水桥洞、广州名胜、澳门中山、香港游观，附录《汉粤纪行》。除了文字活泼、内容平实外，书中配图50余帧，平均每篇文章约有5张风景照，显得图文并茂，给旅游爱好者提供很多身临其境的直观感受。

新疆见闻 1947年中央日报社铅印本。

卢前著。卢前有《中国戏剧概论》，已著录。本书是卢前1946年随于右任等赴新疆时所写的游记，全部不到两万字，分段均有小标题。书前有

1947年6月15日卢氏自序。提及本书从1946年8月23日起在《中央日报》连载，至9月1日结束。这部分内容又收入于氏《天山记集》。书中配有插图若干，如封面卢前骑马照，均为摄影家许一夫所拍摄。

第七节　风俗与习惯

改装必读　1912年上海文明书局铅印本。

吴稚晖著。吴稚晖有《一个新信仰的宇宙观及人生观》，已著录。本书介绍制度改变后的改装办法，如剪发、衣服形式及其他婚丧仪节等。

礼俗史论略　1944年重庆中央训练团党政高级训练班铅印本。

柳诒徵讲。柳诒徵有《中国文化史》，已著录。本文后以《中国礼俗史发凡》发表在南京《学原》第1卷第1期(1947年5月)。分论读经史以治礼俗之法、礼俗之演变、秩叙、教育、仪法、人文等6章。作者有云:“古今教育之判，固以教之合于礼之实际与否为断，而乐之关系尤巨。《周官・大司乐》章，虽流传至今，而乐教之衰，与时俱降。后儒虽多锐意考订，终不能如古之小学、乡学、国学，一切皆以乐教人而行礼。故尝妄谓宋明儒者，极力从事于诚意、正心、居敬、主静之学，而其成就回不能追古之圣哲。且其于化俗也，尤形扞格，流俗至以其讲道德而避之而侮之。盖古有乐教，故讲道德而宽裕安和，行之不形拘苦；后世无乐教，故讲道德而鞭辟强制，行之鲜获同情，不得已而假途释氏，以简易参悟为宗，此风尚迁流之最大者欤?”

江苏社会志初稿　1931年江苏省立国学图书馆铅印本。

柳诒徵著。本书载《江苏省立国学图书馆第四年刊》(1931年10月)，仅有《礼俗篇》。柳诒徵认为:“述一代全国之政事，而尤有一中心主干为史法史例，其所自出即礼是也。”又说:“吾国以礼为核心之史。”在《礼俗篇》中，详述江苏自古至今的礼俗发展，主要说明“今之礼由古之礼”；从“礼”的功用上，注意古代礼教对20世纪初江苏一带民间习俗的影响及传承古礼的大义；藉研究江苏礼俗的发展过程，以见江苏一带“民尚礼仪度数”。作者认为“伦理者，礼之本也，礼之义也；仪节者，礼之文也，观秩序之发明”，即是说民间伦常关系也深藏礼义。提倡“言礼防决而人心风俗不可复言”，藉治地方礼俗史以正人心。在作者看来，礼是日常人类伦理行为的准则，建立礼的标准后，夫妇、父子、君臣、兄弟、朋友的五伦关系遂得以建立。从民间风俗，特别是民间伦理与礼治的关系言，中国文化的精神就是呈现“礼”的精神。

苏粤的婚丧　1928年国立中山大学语言历史学研究所《民俗学会小丛书》本。

顾颉刚、刘万章述。顾颉刚有《周易卦爻辞中的故事》，已著录。本书前有1928年1月29日顾颉刚《民俗学会小丛书弁言》，1928年4月17日刘万章序。主要记述苏州、广州两地的婚丧习俗。共6章，前三篇为苏州的婚丧，系顾颉刚所写，包括《一个全金六礼的总礼单》《一个光绪十五年的奁目》《两个出殡的导子账》，后三篇为刘万章所写，包括《广州的旧婚俗》《广州的旧婚俗补述》《广州的旧丧俗》。本书对于研究清末民初苏、粤两地的民俗具有一定参考价值，有些材料也是社会学研究的绝佳资料。

第十六章　自然科学

第一节　自然科学总论

科学方法　1931年上海商务印书馆《万有文库》本。

胡明复著。胡明复(1891～1927),名达,以字行,江苏无锡人。教育家。本书篇幅不大,仅两章,前章论述科学方法的定义和精神。胡氏认为,科学之所以称为科学,而不与哲学、文学等相溷,在于他的特殊性,这个特殊性就是科学方法。科学方法,即归纳与演绎,而归纳作为演绎的基础,尤为重要。科学方法的唯一精神,在于"求真",提倡科学,当养其"求真"之精神,知"真",则事理明、是非彰、廉耻生、不妄从、不逆行。科学不以实用始,亦不以实用终,真理既明,物质自随,真理尚无,遑论物质。后章主要讲述科学律例与真理的关系。作者所谓的科学律例,指我们直接或者间接感知、或经过推求形成的对自然界简彻易通的"意象世界"。这个"意象世界",既可以是总结得来的,也可以是推论得来的。科学的目的,就是追求"意象世界"与自然界的相似性。科学的进步,就是随着新的发现修正或者推广这一"意象世界"的过程。从作者论述来看,"科学律例"与哲学中的"理论"一词较近似。

科学方法漫谈　1946年上海商务馆铅印本。

汪敬熙著。汪敬熙(1897～1968),字缉斋,江苏吴县人,一说山东济南人。神经心理学家。本书共12篇,每篇独立讨论一个问题,包括科学方法和普通方法的区别,科学方法与法术思想、宗教思想、哲学思想的区别,科学方法的步骤,实验法的特点,科学与文学的关系,科学方法中人的重要性,科学与逻辑学、哲学的关系等等。作者认为,科学方法的特点,是在精神上不使感情欲望影响思想,不盲从权威,不信合理的空论,而"只相信自动的实验所求得的事实";科学方法在应用时,也"最注重自动的数量的实验"。既往哲学家们关于真理的争论,崇尚空谈,完全背离了实际,和科学家有了假设去自动的做实验,用实验事实作假设的最后裁判,迥然有别,只有美国的"实际主义"才真正注意到实验的重要性。可见,作者这种"只有实际工作才是科学的唯一方法"的思想,是受了美国学者杜威"工具主义""实用主义"的影响。

科学史　1931年世界书局铅印本。

沙玉彦著。沙玉彦(1903～1961),江苏江阴人。物理学家。本书包括古代科学、中世纪科学、十六至十九世纪科学、近代科学等8个章节。作者认为,科学是有系统和组织的知识,有狭义和广义之分。狭义的科学是关于自然现象的,重要的有6种:数学、天文学、地质学、物理学、化学、生物学,本书讲述的即这6种学科的进展史。全书内容较为简略,但搜罗尚广,对一些新出现的科学事件,也作了介绍。比如营养素丁(维生素D),1927年才和维生素A分离,1929年才知道由紫外线和动物脂肪的作用转变而成,而本书都加以采用。再如爱因斯坦的相对论,作者也设立了篇章作了较详细的介绍。当然,此书也有不足之处,最重要的一点,就是以西方作为科学的代名词，对于亚洲科学的发现和进展无一字提及，比如古代科学，讲的是古巴伦的六十进制算法、天文学，埃及的历法、几何学，却不讲我国古代的十进制算法及天文成就，这不能不说是一种偏见。

第二节　数理科学与化学

数论初步　1931 年上海商务印书馆铅印本。

吴在渊著。吴在渊（1884～1935），字起潜，江苏武进人。数学家。吴氏自序称编写此书的目的，是为了引导培养青年的求知欲望，他说“欲人多能知乐，必先使能操弦；欲人多能调羹，必先使能识味”，因此在编写时，力求平易，理论接近高中数学水平的，尽量采用，较高层次的，如代数数、等分圆周问题、Galois 氏虚数、级数形式等概不收录。本书内容共有 5 章：整数初等性质、等余理论（同余理论）、等余式（同余式）解法、平方剩余、不定式方程，另附有例题若干。书中也偶有失误，如求三元一次方程 $ax+by+cz=d$ 的整数解，其根据二元一次方程 $ax+by=c$ 的解法，限定了任意数 t、s 为整数，导致三元一次方程只能得到部分解，而不能得到全部解。本书曾多次再版，为数论在我国的传播和普及发挥了巨大作用。

高等微积分　1941 年西南联合大学工学院油印本；1949 年上海商务印书馆铅印本。

赵访熊著。赵访熊（1908～1996），江苏武进人。数学家。1937 年，清华大学工学院为提高工科的数学教学，聘请赵访熊为工学院教授，专门讲授微积分。“七七事变”后，学校迁往昆明。由于抗战的原因，工学院既无法引进外文教材，也没有中文教材，赵访熊决定按照工学院的教学要求，结合教学实际编写讲义，即本书。1941 年，工学院蓝印初稿数本，深受学生欢迎。1949 年经修订后，收入商务印书馆《大学丛书》中。本书包括实数理论、无穷级数、含参数积分、运算微积分、复变函数、偏微分方程、椭圆积分、积分方程、变分法等内容，是我国较早的一部工科高等微积分教材。它的特点，一是重应用，如特设运算微积分一章，以满足电机工程、航空工程、物理学的需要；二是重方法，如在全书的定理证明上，特别强调 ε 方法的运用等。

联立一次方程之图解　1934 年国立交通大学唐山工程学院铅印本。

罗河著。罗河（1904～1988），字润九，江苏涟水人。测绘学家。本书分图表类型、作图条件、作图法、作图的简略法 4 章，内容“即以圆规、界尺为工具，而依几何原理论联立一次方程间之关系及其解法”。书中一共罗列了 5 种求解方法，即斜度法、力量法、距离法（三种），联立一次方程虽是初等数学的内容，但作者的解法却很新颖，发人深思。作者认为，几何法虽然可能因为绘图的原因，所得结果不易准确，但如果说几何法无法与代数法相提并论，则未必尽然。图解法是一种新理论，和代数法不同，但在解题时，却往往与代数法不谋而合。而且图解法在计算时，又可衍生出多种代数式，丰富代数法。加之图解法可以立刻作图求解，直观简洁，实际上较代数法更为便利。几何与代数，是两两相应的关系，而不应相互排斥。本书后更名为《联立一次方程之几何》，收入商务印书馆《算学小丛书》中。

堆垒素数论　1947 年苏联科学院铅印本（俄文）。

华罗庚著。华罗庚（1910～1985），江苏金坛人，祖籍江苏丹阳。数学家。本书写成于 1941 年，因在国内谋求出版未果，遂转投苏联，二战结束后，在苏联以俄文出版，1953 年在国内以中文再版。撰文用中文版。本书主要依据华氏完整三角和估计、三角和的积分平均公式，以及 Volgograd 的 Weyl 和估计、以素数为变数的三角和估计，将 Waring（华林）问题推广为处理不定式方程 $N=f(x_1)+\cdots\cdots+f(x_s)$ 求解的问题。当 $f(x)=x^k$，即得 Waring 问题。再利用三角和积分平均公式，当 k 较小时，华氏得到了 Waring 问题当时最好的结果，再利用 Volgograd 关于素数变数三角和的估计，可以限制 x_1，……，x_s 皆取素数。本书因为计算精密，简洁易懂，出版后立刻在数学界引起强烈反响，被译成日、德、匈牙利、英等多种文字。美国数学家哈贝斯坦评价道：“他关于华林问题变体的研究以及关于华林—哥德巴赫问题的著名研究，对于弄清圆法的力量和范围都是极具开创性的……几代数论学家都从华罗庚的至今仍有影响的1947年的专著《堆垒素数论》中学到了圆法的知识。”

图解力学 1939年北京大学工学院铅印本。

朱兆雪著。朱兆雪（1904～1965），原名肇锡。江苏常熟人。工程学家。本书所称的“力学”，指的是平面静力学，不包括空间力学、动力学。全书共分为6章：力之图解法、固体之平衡、平面焊架体、稜行固体之内力、图解积分法、连续力。内容由浅入深，尤其对平面焊架体内力的求法，胪列甚详，以便“学者将来易于学习材料耐力学”。作者自云，图解之法自1839年西人Cousinery创立后，欧洲各国日增月累，极力推广，特别对于学习工程者，视为必须之学，而我国虽大力提倡科学书籍，于图解一门却无专书介绍，因此，作者参考Maurice Levy等人的著作，将工程中遇到的平面力学问题用图解法解之，以期学习者能得图解法之门径，为将来研究打下基础。

物理的现象 1944年重庆文风书局《新少年文库》本。

魏学仁著。魏学仁（1899～1987），字乐山，江苏江宁人。物理学家。文风书局的《新少年文库》，是以高小及初中生为阅读对象，由当时一些著名的科学家编写的，一共有4集，每集10种，本书是第三集中的一种。全书共有4节，第一节《在实验室里》，通过主人公元庆和爸爸的对话，解释了什么是物质、物质的三种形态、物质守恒理论以及物理学与化学的区别；第二节《参加周末的音乐会》，讲述的是声音的发生、传播以及共振原理；第三节《到南山散步》，通过遇到雷雨闪电，爸爸向元庆介绍了什么是电、电的特征、电的传导，以及电的用途；第四节《炉边闲话》，爸爸向烤火的元庆姐弟介绍了热的三种传播方式（传导、对流、辐射）、温度的测量以及热量和物体三种形态的关系。本书通过一些常见的事物，向少年读者介绍了物理学上的一些基本原理，浅近易懂，趣味横生。作者的文笔也有可圈可点之处，比如描写南山风光一段，文学色彩很浓。惜篇幅过短，对其它物理学知识亦未能再作介绍。

理论化学实验 1945年重庆商务印书馆铅印本；1947年上海商务印书馆《大学丛书》本。

张江树著。张江树（1898～1989），一名雪帆。江苏常熟人。物理化学家。本书是张江树在中央大学任教时编写的实验教材，也是我国化学家编写的第一本物理化学实验教材，它改变了以往大学教学全用外国教材的状况。全书分16章，涵括物质结构、热力学、电化学、动力学、表面现象、胶体化学等多方面的内容，另附有实验的目的和实验前后的注意事项、舛差（误差）的分析处理办法，以及建设实验室的要求和设备等。本书共记载实验48个，每个实验皆包括实验范围、大意（实验原理）、设备、实验手续（步骤）、结果之处理、讨论等部分。这些实验虽然大部分采自西方书籍，但作者根据当时实验室的具体情况，在实验方法和步骤上都作了改进，更适合我国的国情。

第三节 天文与地球科学

天文学小史 1935年上海商务印书馆《万有文库》本。

朱文鑫著。朱文鑫有《江苏通志编纂委员会筹备概况报告书》，已著录。本书在1931年以前已经定稿，1932年在上海商务印书馆印刷时，被日军炮火所毁，事后朱文鑫据残稿重新整理而成。作者认为，中西天文学是两个独立产生的不同系统。一个“由时代而演进，有完整之历史”，一个由“地势而转移，随物理而兴灭”，各有渊源，各自发展，到明末始逐渐合流。从观测方面而论，大致可以分为三个时期：观测天文学或应用天文学时期、引力天文学或论理天文学时期、物理天文学或自然天文学时期。按照这一思想，全书被分为古天文学、新天文学上下两编。上编中国部分，以时间为序，叙述了自唐虞到明代，中国天文学的基本脉络。外国部分，按巴比伦、埃及、希腊、罗马、印度、阿拉伯、西域、欧西分章，揭示了西方天文学的起源和发展轨迹。下编则不分东西，以天文理论和观测手段的进步为中心，介绍了16世纪到20世纪天文学的发展情况。本书是我国第一部天文学史著作，其开创之功，实不可没。

历法通志 1934年上海商务印书馆铅印本。

朱文鑫著。本书一共24篇，其编排与主要内容见朱氏自序，“先举总目(历代历法数量)以为纲领，次叙沿革以明变迁，继志年表以征行用，复列各表以较疏密，后述志略以考得失，末附各论以志关系”。书中共罗列了我国古代历法102种(中有4种为同历异名，实98种)，并对它们进行评述，很有见解。如“三统历必玄妙其说，谓推大衍数得月法，反使人不可解”，“语多假托，好为立异，其实皆由日法、月法推得之”；张子信“始悟日月之不平行，开后世定朔之源”；一行“复测见恒星之移动，已开西法之先”等等。此外，书中“各历岁实朔策表”“各历近点月交点月表”“各历五星会合周期表”等章节，给出了不少天文测量数据，其中虽不免有计算错误之处，但对天文学的定量分析却很有裨益。

日历指南续刊附交食捷术　1931年思枣室铅印本。

蒋士栋著。蒋士栋(1865～1943)，原名标，字留春，江苏无锡人。数学家。本书推算历日(阳历)共分五个步骤，先求任何年的太阳年根，再求逐年的太阳年根和阳历闰日，再求任何年任何省逐月首日首时太阳躔于某宫某宿之度分，及交任何节气之真时。作者自云，其以前所作历日指南，都是就太阳平行理论推演，此次改进，乃据实行推算(所谓实行指地球绕太阳椭圆运动，而不是平行的圆)，故更为精确。从算法来看，作者仍以雍正元年癸卯为历元，岁实取365.243 344 2日，并通过四率来计算太阳根，可见，历法仍属癸卯元历的范畴。书末附《交食捷术》一篇，乃作者受交食表中的逐宫逐度一小时之太阳太阴实行度分的启发，通过二次日躔月离的推算先求出实望泛时与实望真时的数值，进一步求得食分及初亏、复圆时刻。和以往推算交食，需反复五次推算日躔月离，一次日躔需布算九个数，一个月离需布算五十个数，甚至还要用到对数表相比，虽未必精确，但方法上却更为简洁。

应用天文学　1933年上海商务印书馆《大学丛书》本。

夏坚白著。夏坚白(1903～1977)，江苏常熟吴市人。测绘学家。本书初撰于1931年，书稿交商务印书馆后，因“一·二八”事变被毁。1932年10月，作者凭记忆重新写就。本书是我国第一部关于应用天文学的专著，内容包括天体运动、天球坐标、时间及观测法、星历表、地球形状、星座、经纬度观测、航海天文学等内容，尤其偏重仪器的使用，以及各种观测方法的计算，但对各天体之间的距离以及空间的实际运动很少涉及。本书也有一些不足，特别是第九章《星座》，用大段文字介绍星座的分类，以及传说故事，指导大家认识恒星，殊为不类。在论述室女座时，又说“希腊、罗马、印度、中国……诸国皆称此星座为处女”云云，也毫无必要，黄道十二宫本来就是从巴比伦传入印度、再传入中国的，名称上自然不会有别。因此，1953年夏坚白、陈永龄、王之卓重订此书时，将这一章删去，并将全书更名为《实用天文学》，是经过深思熟虑的。

测量经纬度报告　1935年国立北平研究院地质学研究所铅印本。

方俊著。方俊(1904～1998)，字君选，江苏武进人，出生于广东。地球物理学家。本书是方俊为纪念地质研究所(自工商部地质研究所算起)成立二十周年而编写的一份经纬度调查报告，内容相对简单，分仪器、经纬度测量及其计算法、方位测量法、新测各地经纬度表、测量地点说明5个类目。从所附经纬度表来看，包含了1930年曾世英勘测川广铁路时所测地点，谭锡畴、李春昱在西康所测之点，方俊本人1933年奉翁文灏之命在山西、河南等地所测之点，以及1934年周宗浚在青海、甘肃等地所测之点，总计113处。曾、谭等人多用经纬仪测量，经度用东西星象高度法、纬度用近子午线南北星象高度法，所测经度的误差不出30秒、纬度不出10秒，方、周则多改用简便的六十度等高仪测量。这些数据和当时陆地测量总局所测数据相比，虽然精度稍差，但测点多，为其后地质学研究所的地图绘制工作提供了数据基础。

气象学　1937年油印本；1946年国立编译馆铅印本。

朱炳海著。朱炳海(1908～1994)，字晓寰。江苏江阴人。气象学家。本书乃作者在中央大学任教时所著，前有胡焕庸序。1937年先出油印本，其后多次补正，直至1946年才由国立编译馆铅印发行。全书分大气、温度、气压、风、自由大气、空中水分、天气等章节，是我国第一部大学普通气象学教材。作者自序云，气象学教材以德文为最佳，但所引例证，多采自欧美，与我国的实际情况并不相干；而且气象学理论日新月异，发展迅速，一些理论早已过时，不适用初学者。因此，他根据国外教材的编写体例，吸收最新研究成果，结合我国的气象资料，辑为本书。如太阳常数，作者虽取的是1902年的值，但对1930年的值也作了论述，并介绍了太阳常数对大气温度影响的新学说；再如作者根据当时少有的探空资料，指出北京涡动逆温层可高达2 000米，南京冬季也有500米到1 000米，都是采用新说、结合实际的典型事例。

极面学说与中国长江流域下游之风暴 1930年南京北极阁气象研究所铅印本。

吕炯著。吕炯（1902～1985），字蔚光，江苏无锡人。气象学家。极面学说（后译作锋面学说）是挪威气象学家勃乾锃（Bjerknes）创立的有关风暴形成的理论，该理论认为风暴乃是由两种来源不同、温度相差悬殊的气流相遇而成。这一学说在当时的气象学上引起轰动，并迅速从欧洲推广到北美洲和亚洲。本书的目的主要是讨论极面学说在我国是否适用的问题。由于我国北方各省偏于北面，且气候记录缺乏，因此作者选择长江中下游地区作为研究对象。作者认为，我国冬季气候受西伯利亚高气压控制，低气压不易发展，只能脱离陆地趋入海洋，这与欧美的冬季气候受低气压控制不同，可命名为“反风暴支配式”，故冬季降雨也与欧美大陆相差悬殊。总之，就极面学说本体而言，该学说并不适用我国，在我国使用极面学说时，必须加以修正。作者的这一结论，对我国当时盲目崇拜极面学说的学者而言，无疑是一针醒心剂。

普通地质学 1945年重庆商务印书馆铅印本。

孙鼐著。孙鼐（1910～2007），字调之，江苏南京人。地质学家。此书撰成于1943年，作者时任重庆大学地质系副教授。由于时值抗战，教材缺乏，在地质学家朱森教授的鼓励下，作者依据授课讲义整理成书。全书共16章，以地壳静力学、地壳动力学为序分类编排。理论之外，尤重实例。而实例的选择，又以本国的材料为主。且配图丰富，极便理解。限于当时的条件，此书也存在不少错误，比如“经济地质学是以非金属矿产的阐述为主”，而不涵盖金属矿产，有失偏颇。再如“活水湖泊因此又称为淡水湖，静水者故又称为咸水湖”，也是似是而非，譬如印尼的多巴湖就是淡水死水湖。本书中华人民共和国建立后曾多次修订重版，作为高校地质学教材，成绩也是不可否定的。尤其是书中提出的“地质学乃不科学之科学”的至理名言，揭示了地质学与经典数理化之间的重大差别，地质学难以用数字公式定量来表示，大多数时候只能作定性推测，给很多地质工作者带来了有益的启示。

芜湖以下扬子江流域地质报告 1919年上海黄浦疏浚局铅印本（英文版）。

丁文江著。丁文江有《中国矿业纪要》，已著录。本书初版为英文，后由汪胡桢改易为中文，刊登在《扬子江水道整理委员会月刊》1929年第1～3期上，更名《扬子江下游之地质》。全书共分为4个章节：地层论、构造论、地文论、扬子江口的历史。其中，《地层论》分震旦系、中古生界、石炭系与二叠系、第三系、第四系五部分，因受德国地质学家李希霍芬学说的影响，有一些错误之处。但《扬子江口的历史》一章，向来为人所称道。比如，长江下游“三江”之说，历史上争论不休，李希霍芬也曾加入论战，认为北江是扬子江，中江是“芜湖分江水入太湖”者，南江是钱塘江，而丁文江通过实地考察，得出中江应该是扬子江支流流经太湖，再由吴淞江东流入海的一条河流。再如丁文江通过长江三角洲附近城市、海塘的建立情况，得出“愈近海者成立愈后”，“此处无一城市立于五世纪以前，则此处在四千年前必犹无其地矣”，也是非常令人信服的结论。撰文用中文版。

中国北部寒武纪动物化石 1924年农商部地质调查所《古生物志》乙种第一号本。

孙云铸著。孙云铸（1895～1979），字铁仙，江苏高邮人。地质学家。中国寒武纪化石的采集研究始于德人李希霍芬，其后华可脱在1905年和1906年发表了两篇关于中国寒武纪的论文，并介绍了维理氏关于中国寒武纪分层的情况。华氏论文影响甚大，当时学者皆倚为不易之论。但华氏等人的研究，标本均采自山东、山西及辽东等地，于别处尚未发现，且时代多属中寒武纪及下寒武纪，上寒武纪化石寥寥无几。地质调查所成立后，在山东、奉天、直隶各处采集到上寒武纪化石甚多，经鉴定，有新属八、新种四十一，除一种属中武寒纪上期外，其它全属上寒武纪。作者在葛利普教授的指导下，对新旧化石进行了系统分析，并对维理氏的分层作了增补，即在上寒武纪里新增凤山（或高里）层，作为上寒武纪和下奥陶纪的分界。本书是我国学者所写的第一部古生物学著作。在本书影响下，不少学者包括日本学者皆投身中国寒武纪的研究，并取得了丰硕的成果。

近世地震学　1931 年山东青岛市观象台铅印本。

王应伟著。王应伟（1877～1964），字硕甫，江苏吴县人。天文学家、地球物理学家。本书是作者根据英、德有关著作编译而成，一共 11 章，前半部分是理论，包括地震的一般事项、弹性波动理论、地震波的反射与屈射、地震波的传播、地震机械理论；后半部分是实地应用，包括地震计、地震记象、地震波的观测、震央与震源等。弹性波动作为地震学理论的基础，极为重要，因此作者特意对所有与地震学有关的弹力学公式作了系统说明，“诚为得地震学之窍要”。本书作为我国第一部关于地震理论的著作，对很多地震问题都提出了看法，比如作者在介绍日本大森氏余震公式及关谷氏改进的余震公式后就说：“此处尚应起一疑问，即吾人对于余震之研究，为何仅调查其回数，而不涉及余震能量之计算，盖算余震之能量，较诸余震之回数，诚然有充分的物理学意义存在”，“故若就余震之能量施行计算”，“应约得对数曲线”，这一观点就很有启发性。

中国煤矿储量新估计　1929 年中国矿冶工程学会铅印本。

胡博渊、翁文灏著。胡博渊，矿冶工程学家。有《开发我国后方各省金矿之建议》，已著录。关于我国的煤炭储量，1929 年以前，主要有 4 家结果，即 1923 年日本的井上氏、1921 年我国的丁文江与翁文灏氏、1925 年我国的谢家荣氏，以及西人杜来克氏。这 4 家的估算差别很大，最多的有 996.135 兆吨，最少的只有 23.255 兆吨。随着一些新资料，特别是地质研究所的勘察结果的出现，胡氏等人决定重新计算我国的煤炭储量。他们把全国的煤炭资源分成两类，一类是有较可靠数据的，一共 16 省；一类是调查未精，数据缺乏，需根据煤系估算的，一共 10 省。考虑到我国煤矿的开采深度最多不超过 600 公尺，故以往估算储量时，数值往往偏低，此次参考英美标准，增加到 1 000 英尺。通过新的数据和方法，胡氏等人得出，我国的煤炭储量在 200 兆吨到 350 兆吨之间。作者这一结果现在看来并不精确，比如新疆的煤炭储量，认为只有 6 兆吨，就明显偏低，但和以往那些缺乏根据的结果相比，却仍有很大的进步。

青康藏新西人考察史略　1945 年国立中央大学理科研究所地理学部铅印本。

徐尔灏著。徐尔灏（1918～1970），江苏江阴人。气象学家。自 1864 年迄 1935 年，英、法、德、俄、瑞典、印度人（英、俄最多）借口到中国青海、西康、西藏、新疆及其邻近地区进行“考察”的就有 146 次，他们主要目的是为了分裂我国的疆土，掠夺我国的文物和资源。但他们在所谓的“考察”中，记录的路线以及地质测量和探查方面的数据，却值得注意。因此，作者搜罗了上百种文献，对西人来青、康、藏、新以及川、滇、甘、宁活动的情况逐一作了介绍。书中首为路线测量、次为探查测量、最后是重要文献目录、“考察”路线图及测量区域图。叙述时，以“考察”年份先后为序，略述“考察者”的生平及考察情况，而我国国境以外的考察一概从略。可惜限于时间，本书的记载大都较为简略，但一些重要的人物，如瑞典人海定（Hedin）、俄国人科兹洛夫（Kozloff）、英国人斯坦因（Atein），却记述颇详。总之，本书对唤起国人对边疆重要性的认识，推进学者进入边疆进行科学考察，颇有意义。

第四节　生物科学

普通生物学　1932 年上海商务印书馆铅印本。

陈桢著。陈桢（1894～1957），字席山，改字协三，江苏扬州人，入籍江西铅山。生物学家。本书是作者在东南大学任教时的讲稿。出版本书的缘由，是作者“还没有看见一本中文书论到生物界的普遍现象，介绍关于原生质、生殖、遗传、天演等的各种学说，并且举出这些学说的科学证据和最近状况”。因此，本书的重点一是举出各种学说的证据，做到言必有据，二是介绍新说，让读者了解近代生物学的发展趋势。从横向的知识点，到纵向的学术史，都有观照。其次，作者在书中特别强调科学实验的重要性，他说“实验的方法可以发现观察和比较方法不能解决的问题”，研究生物方法先是“观察”，次是“比较”，最后是“实验”，他反对科学家“不耐烦藏身在实验室里”，“用哲学的方法凭着自己的空想造成一个生物哲学，把关于生命的一切问题都用空论解决”。据此可见作者所持的科学态度。

生物学大意　1933 年上海商务印书馆《百科小丛书》本。

龚积芝著。龚积芝(1901～1982)，字厥民。江苏吴江震泽人。本书共 12 章，包括自然界的分类、细胞、生物的生活现象(自存、繁殖)、发生、遗传、进化、生活方式、自然生态、生物分布、自然界的相互关系、人与自然等。本书内容较为浅显，只是一般的科普读物，论述重点也以动植物为主，对人类、微生物(本书归入植物)的介绍笔墨不多。作者写作此书的目的，见《人与自然》一章。他认为，人类对自然界的利用如何，是评价人类文明程度的标杆，但我们研究、利用、保护自然界，不能只限于实用方面，更要提升到精神层面、思想层面。人类今日取得的各项成就，归根结底是人类善用智能、节制欲望、追求进步的结果。因此，作为精神优越的万物之灵，人类应该更多地考虑自己在自然界的地位，不能为动物的本能冲动所驱使，而要以“求知识、增人格、爱他人、供献社会”作为奋斗目标，发挥人类的真能力，探究人生的真使命。

微生物学纲要　1935 年上海中华书局《百科丛书》本。

华皋熙著。华皋熙(1897～1991)，字霁孙，江苏无锡人，后定居苏州。微生物学家。中华书局的《百科丛书》主要是给中等学校学生课外阅读以及失学青年自修研究使用的，以简洁实用为主，故本书亦较为简单，对于一些高深理论不多涉及。全书共 9 章，前八章为总论，论述微生物的形态学、生物学、传染论、免疫学、消毒法、化学疗法以及研究方法等；第九章为各论，分述各种微生物的特性以及诊断、治疗、预防等事项，总计有 70 余种，主要以细菌为主。此书的缺陷，主要体现在微生物的分类上，作者把微生物分为 7 类：芽生菌(酵母菌)、丝状菌(霉菌)、分歧菌(放线菌)、细菌、螺旋虫、原虫、滤过性病原体，并认为前四种是植物性的，螺旋虫和原虫是动物性的，这和我们现在分法的差别很大，不但同属于真菌的霉菌和酵母菌被分为两类，而且在螺旋虫中，又把螺旋体和病毒合二为一，故分论里既有梅毒螺虫又有出热血螺虫。其他像流行感冒菌这种称呼，现在看来也是不恰当的。

细胞学大意　1923 年商务印书馆《百科小丛书》本

薛德焴著。薛德焴(1887～1970)，字良叔。江苏江阴人。动物学家。本书后更名《细胞学》，收入《万有文库》中。全书共 12 章，包括细胞学的定义、研究方法、细胞的形态构造、核分裂及细胞分裂、生殖细胞、自然及人工单为生殖(单性生殖)等内容。作者在书中把细胞学分为通常细胞学、特殊细胞学、生态细胞学、生理细胞学、发生细胞学、组织细胞学、病理细胞学、实验细胞学等多种类型，而本书主要以普通细胞学、发生细胞学为主。从内容来看，本书较为浅显，适合入门者。

高等植物学　1923 年上海商务印书馆铅印本。

胡先骕、邹秉文、钱崇澍著。邹秉文(1893～1985)，字应崧。江苏吴县人，生于广东广州。农学家、植物病理学家。本书是我国第一部自己编写的大学生物系教材，它参考了加农(Ganong)、韦特斯坦(Wettstein)、斋藤功太郎、佐藤礼介等所著多种国外植物学教科书及有关图书。在编排上，一改以往植物形态学、组织学、生理学分立的传统，将三者合而为一，以便学生全面了解植物的构造组织及其作用。在分类上，则依据进化进程，将植物按简单低等到复杂高等排列。同时，本书还对以往经常采用的日本教科书中的一些不合理名词加以修正，如将隐花植物改为孢子植物、显花植物改为种子植物、藓苔植物改为苔藓植物、羊齿植物改为蕨类植物等，这些更正后的名称至今仍在使用。还有一些更改，如雌雄蕊改作大小蕊、雌雄异株改为大小蕊异株等，则未被大家接受。另外，书中提出的经济植物学和植物生态学概念，在当时也很有开创性。

实验观察植物形态学　1928 年上海商务印书馆《科学丛书》本。

彭世芳著。彭世芳(1886～1940),字景贤,号型伯,江苏吴县人。博物学家。本书所说的植物形态学是狭义上的形态学,即外部形态,不包括内部形态细胞与组织等。书分绪论和本论两编,绪论讲自然物的分类和植物学的分科,分论详述植物的形态(器官),包括根、花、叶、茎、种子等章节。本书主要根据日人神田正悌的《实验观察植物学讲义》编辑而成,盖作者认为,日本植物学书籍取法英德,采用分科制,即按形态学、组织学、生理学分类,和美国书籍采用的混合制不同。混合制适合中小学校,而如果是大学预科或者专攻植物学者,则需注重"纯正植物学",循序渐进,宜采用分科制教材,可见此书是供大学或专门学校使用的。本书图文并茂,植物又多以本国习见的为主,因此出版后大受欢迎,植物学家吴征镒、周建人等,都曾受过该书的影响。其他如朱隆勋为北平中国大学编写的《植物形态学》讲义,外部形态部分也以此书为蓝本,只不过内容上略加删减而已。

普通植物学(形态之部) 1947年国立北京大学出版部铅印本。

张景钺著。张景钺(1895～1975),字岘侪。江苏武进人,生于湖北光化。植物学家。本书是抗战期间西南联合大学《普通植物学》教材中的一种,主要讨论植物形态。其书中所说的形态,并非肉眼或显微镜下所见的形状,而是按照植物自然分类,由低级到高级阐述它们的结构、生活史、进化史、分类及应用等,因此称作《植物系统学》更为合适,《植物系统学》是1957年再版时使用的书名。全书只分细菌门、蓝绿藻门、裸藻门、粘菌门、真菌门、苔藓植物门、蕨类植物门、种子植物门等13类,和现在的分类法略有不同。种子植物门下的被子植物,由于别的教科书早已论及,本书只介绍了它的有性生殖,其他则付之阙如。本书的贡献在于,它开拓了我国植物形态学和植物系统学研究的新领域,可惜由于时代限制,未能绘制插图,作者也因此耿耿于怀,几次再版都一再提及。值得一提的是,作者新译的一些中文术语,如"衣藻""裸藻""甲藻"等,至今仍在使用。

南洋植物志 1919年暨南学校铅印本。

吴元涤著。吴元涤有《吴氏高中生物学》,已著录。本书是作者在南京国立暨南学校师范部任教时的讲义,分两编,第一编为南洋植物本论,包括热带植物的特征、热带植物主要的种类及分布、南洋的经济植物、观赏植物以及实用果实等。第二编为南洋农林业概况,主要论述南洋各类有用植物的栽培。南京国立暨南学校创办于清末,1918年,教育部规复暨南学校专收华侨学生,这些学生,主要来自南洋。由于我国在南洋的侨民,大多从事海上贸易及农耕工作,故本书的重点并非要研究南洋植物的区系以及自然生态,而是选取有关产业上、商品上的重要植物进行讲解,论述它们形态、用途以及栽培方法,以引起侨民或国人拓垦兴趣。每种植物又附有汉名、南洋土名、学名以及图谱,可供研究热带植物者参考。

中国北部植物图志 1931～1936年北平研究院植物所铅印本。

刘慎谔、林镕等著。林镕(1903～1981),字君范,江苏丹阳人。植物学家。本书一共5册,第一册旋花科,刘慎谔与林镕合撰,刊印于1931年;第二册龙胆科,林镕撰,刊印于1933年;后三册分别为忍冬科(郝景盛著)、苋科等(孔宪武著)、蓼科(孔宪武著)。书中所谓的北部,实指河北及周边省市。据作者研究,旋花科北方有五属(旋花、天剑、甘藷、牵牛、茑萝、菟丝子),龙胆科亦有五属(埃蕾、蔓龙胆、龙胆、侧蕊、花锚、当药、荇菜)。本书的分类虽不十分完善,但书中的植物图版却非常准确精美,在当时殊为难得。而且在编排时,对于一些存在疑问的种属,作者也抱着谨慎的态度,不遽下结论。比如斜升龙胆,由于和达乌里龙胆相似,很多学者认为可能是后者变型植物的误认,本书就未将它收录在内。胡先骕尝盛赞此书,认为它对河北一省的植物,描述"甚精"。即使中华人民共和国建立以后编写的《中国植物志》,也把本书列为重要的参考书之一。它为我国旋花科、龙胆科植物的分类起到了奠基性的作用。

中国种子植物分科检索表 1948年中国科学图书仪器公司铅印本。

耿以礼著。耿以礼(1897～1975),字仲彬。江苏江宁人。植物学家。上世纪20年代,东南大学教授钱崇澍、胡先骕二人因教学需要,曾编写了十几页英文种子植物的分科检索表，大概130余科，随后该表由耿以礼逐年加增，1946年冬写成本书初稿。耿氏又命其子伯介译成中文，于1948年2月正式出版。本书总计58目221科，裸子植物亚门下仅分苏铁、毬果二纲，银杏、松柏作为科隶属银杏目、毬果目。被子植物分双子叶植物纲和单子叶植物纲。双子叶植物纲下又分原始花被亚纲、后生花被亚纲；单子叶植物纲又分萼花亚纲、冠花亚纲，而无颖花亚纲。从检索表来看，作者是先以有无真正的花冠，呈不呈葇荑花序为主要特征，再以花冠是离生花瓣还是合生花瓣组成为次要特征，最后再讨论雌蕊的心皮分离和子房的位置等，可见主要采用的是恩格勒（Engler）分类系统。中华人民共和国建立后，此书曾多次重版，并根据赫经生（Hutchinson）分类系统及胡先骕"多元分类系统"理论对科目进行大幅改动，更趋精善。

水龙骨科的自然分类系统（英文） 1940年《Sunyatsenia》（中山专刊）第5卷第4期。

秦仁昌著。秦仁昌（1898～1986），字子农，江苏武进人。植物分类学家。秦仁昌是我国蕨类植物研究的开拓者和奠基人，同时也是水龙骨科自然分类的创始人，他的分类思想，就体现在本文中。长期以来，世界蕨类植物的分类一直沿用英国科学家虎克（J. D. Hooker）的分类系统，按照这个系统，世界1万余种蕨类植物都要归入水龙骨科，以种的数目论，占到了蕨类植物的90%以上；以属论，占到了蕨类植物属的五分之四，水龙骨科将成为一个超级大科。本文从蕨类植物的演变规律出发，根据该科植物的外部形态和内部构造的异同，将全科分为33科249属，并提出5条进化线，清楚展示了水龙骨科蕨类植物的进化历程，这是世界蕨类植物系统分类学上的一次重大进步。文章发表后引起国内外植物学家的强烈反响，秦仁昌也因此获荷印龙佛氏生物学奖。虽然现在新的分类系统在国际上相继出现，但均或多或少受到秦仁昌分类系统的影响，因此植物学家科伯伦特（E. B. Copeland）曾盛赞秦仁昌，称他"为中国在科学的进步中赢得了一个新的地位"。

近世动物学二卷 1923年商务印书馆铅印本。

薛德焴著。薛德焴有《细胞学大意》，已著录。本书以1913年至1919年期间作者在江西、武昌两地高等师范学校上课的讲稿为基础编写而成，分上下两卷，上卷为无脊索动物，下卷为有脊索动物，是我国第一部国人编写的大学动物学教科书，民国间曾多次重版，中华人民共和国建立后又大幅修改，增订为《系统动物学》一书。本书参考了不少国外文献，如Parker、Sedgewick、饭岛魁等人的著作，但并不拘泥，论述举例也多以我国常见的动物为主，如鸣禽类第四亚目齿嘴类，共列举鸟类25种，只有极乐鸟、琴鸟2种是我国没有的。受时代的限制，本书初版有一些观点是不准确的。比如论我国家鸡的起源，作者根据达尔文的假说，认为大约在公元前1400年从印度引进。而在重订的《系统动物学》中，作者却将这一段删去，并例举了亚洲东南部的原鸡，可见作者对家鸡的进化有了新的认识，也更符合现在的研究实际。

动物学 1935年上海编译馆铅印本。

张作人、朱洗译著。张作人（1900～1991），原名念恃，曾用名觉任。江苏泰兴人。动物学家。本书分为3册，上册为动物通论及原生动物，中册为无脊椎动物，下册为脊椎动物及动物分布学，是以法国动物学家 Remy Perrier 所著《Cours Elementaire de Zoologie》（《动物学基本教程》）为基础，增添最新研究以及我国方面的材料（约占五分之一）组合而成的。新增加或更正的内容，皆以附注形式出现，对原文不作修改。张作人是研究原生动物的专家，因此在原生动物一章的附注里，有很多自己的创见。如关于草履虫的生殖方式，有接合、内融合之别。内融合的时间，有说30天一次，有说60天一次，而他通过实验却认为内融合每天都可能发生，关键取决于培养液中细菌的情况。他还引用新学说，指出接合繁殖能使原始动物"返老还童"是不完全可信的。同样，书中也引用了不少朱洗的研究成果，像蚕卵独特的排泄极体的方法等。

昆虫 1931年上海商务印书馆《万有文库》本。

邹树文著。邹树文有《新生活与乡村建设》，已著录。本书由于篇幅限制，作者只重点介绍了昆虫与人类的关系、昆虫与昆虫的关系，以及害虫产生的原因和驱治方法四部分内容，对于昆虫的分类、昆虫的形态、生活史等皆付之阙如。书虽简短，但书中很多观点，都非常有借鉴价值。例如，他说“（昆虫）他们对于环境中的相互关系，是复杂得不可胜言”，简单地把昆虫分为益虫和害虫，是不可取的。而应该保持它们的多样性，研究“他的生活习性及环境上各色关系”，“化无用为有用”。在防治方面，他也提到从国外引进天敌来消灭害虫是极其危险的，要十分慎重。即使没有危害，也要充分考虑引起害虫爆发的原因以及环境因素带来的影响，不能过信这种方法的效力。

普通昆虫学　1940年中华书局铅印本。

邹钟琳著。邹钟琳（1897～1983），字孟千。江苏无锡人。昆虫学家、农业教育家。本书总共10章，大致可以分为昆虫形态学、生理学、生物学、行为学、分类学、生态学、害虫防治几个方面，内容全面，结构合理。尤其是生态学部分，当时的昆虫学教材少有人论述，作者利用自己学科上的长处，从有机环境、无机环境两个方面作了详细阐述。但也不可否认，本书存在着一些错误和不严谨之处。如将翅、翅脉、内胸骨当作胸部的副器（附肢），肛门当作腹部的副器；认为“蜉蝣目及膜翅目昆虫，前翅较后翅为小，而中胸亦较后胸为狭”，都是错误的。再如论昆虫翅膀，言其有使昆虫得到食物、可寻觅配偶及产卵、可在适宜处营巢避免敌害等作用，亦未经深思。再如第九章把食物和寄生都算成昆虫的无机环境，也值得商榷。

昆虫进化论　1935年上海商务印书馆《万有文库》本。

张景欧著。张景欧（1897～1952），字海珊。江苏金坛人。昆虫学家、植物检疫学家。本书包括昆虫之出现、昆虫纲之系统发达、昆虫纲各目之系统发达、昆虫分类学发展史4章，是一部关于昆虫分类学研究的著作。作者自云，昆虫分类学是昆虫学最基本的知识，其原理是根据昆虫血统间的相互关系进行分类，但要辨别昆虫的血统关系，必须从形态和化石两方面入手。由于昆虫化石的发现为数不多，故昆虫学家们对昆虫分类的主张颇不一致，作者遂综合“世界名著及个人意见”，而写成此书。对于昆虫的起源，作者重点介绍了起源于有爪类、起源于三叶类、起源于甲壳类三种学说，目的分类则主要以亨特立喜（Handlirsch）、克兰波登（Crampton）二氏为主，而参以诸家。

人种改良　1936年南京正中书局铅印本。

于景让著。于景让（1907～1977），字师竹，江苏昆山人。遗传学家。本书初刊在《教与学》杂志第1卷第9期和第11期，再经正中书局抽印单行，包括遗传原理浅说、人类遗传的研究方法、人的遗传、结婚问题几个段落。在书中，作者提出了自己对节育优生的几点看法：人类虽受遗传法则的支配，但有些研究遗传的方法，不能用于人类；人类的优生在积极方面只有改善结婚，对有遗传缺陷者，应以善意的处理；我们有提醒人们优生的义务，但更应努力改变优生的环境；教育未能普及发展，各种环境设施没有发展到一定水平，我们无权根据阶级区分贤愚，而剥夺“下愚”者的生育权利；人类应该节制生育，使之与土地的生产力保持平衡。于氏的观点和孙文本有些相似，反对用研究动物的方法研究人类，反对人为认定的优秀与低劣，可以说是对当时甚嚣尘上的极端“优生学”的一次有力反击。另外，于氏提出的优生应该“优境”的观点，注重先天遗传影响的同时，也注意到了后天环境的作用，也很有价值。

第五节　医药卫生

丁氏医学丛书　1909～1940年上海文明书局、上海医学书局铅印本；

丁福保编译著。丁福保有《老子道德经笺注》，已著录。《丁氏医学丛书》的编译起始于1908年，作者自序云：“余拟荟萃中外书籍，不分门户之见，不存骑墙之说，擘精覃思，冀有以得其会通焉。”实际上以编译日人著作为主，中医书籍亦占一定分量，大约在十分之一。丛书的子目，尚无定论，《丁氏医学丛书提要》仅著录68种，学者一般认为在百种之内，涵括解剖、病理、生理、内外妇儿科、传染病、药物、中医、精神病、看护、医学史等各个门类。它的特点，一是假道日本，提倡西医，翻译日人西医著作几十种；二是能正视传统医学的价值，如田启十郎的《医界之铁椎》，就是一部提倡汉医的作品；三是重实用、重普及，《新万国药方》《肺痨一夕谈》《肺痨病预防法》《鼠疫一夕谈》是其代表；四是重视医学的新发展，如《免疫学一夕谈》（1911年出版）中介绍的治疗梅毒的有效药物"六零六"，就是德国免疫学家欧立希1909年的最新发明。

中国医药入门丛书 1934年上海中西医药书局铅印本。

陈景岐编。陈景岐（1877～1949），原名文钟，以字行，江苏常熟人。擅医。本丛书包括《诊脉入门》《辨舌入门》《药性入门》《汤头入门》《内经入门》《金匮入门》《伤寒入门》《温病入门》《妇科入门》《产科入门》《幼科入门》《痘科入门》《外科入门》（附《疔科入门》）《伤科入门》《眼科入门》《喉科入门》16种，皆是抄撮他人著作而成，自己缺少发挥。比如《幼科》《眼科》，都取自吴谦《医宗金鉴》；《温病》即吴鞠通《温病条辨》；《女科》即傅青主《女科证治》；《汤头》即徐灵胎《方剂论》以及方耕霞《新编汤头歌诀》。惟《内经入门》一书，改称《灵素节要》，而不言出处，中分道生、望色、闻声、问察、切脉、经络、病机、审治、生死、杂论十门，考其分类，实出自陈修园《灵素节要浅注》。书中错讹之处甚多，如《闻声》一节，将陈氏所引喻昌之言与经文混淆，尤为失当。陈氏所编书大抵皆如此。

中国医学大辞典 1921年商务印书馆铅印本。

谢观编纂。谢观（1880～1950），字利恒，晚年自号澄斋老人。江苏武进人。中医学家。本书编于作者任上海中医专门学校校长期间，作者从3 000余种中医古籍中摘录7万余条词目，按病名、药名、方名、身体、医家、医书、医学七大类进行编排，其中医方有1万余种、典籍提要有2 000余部，总计300万余字。本书释病先述病源，次述治法；释药先述形态，次述性质、功用、制法，末附杂论；释方先述功用，次述药品、制法，其君臣佐使之配合，亦括之以杂论。因取材广泛、考证详实，成书后，颇受中国医药界人士的欢迎，并多次翻印。但由于卷帙浩繁，加上时代的局限，书中仍有一些错误。如清代医家王宏翰，误作明代人；朱纯嘏，误作米纯嘏；陈白云乃项昕之师，误作项昕门生；《慎柔五书》，本胡慎柔著，石震校订，误作石震著等等，故使用时须多加注意。

中国医学史 1920年上海医学书局铅印本；1937年上海商务印书馆《中国文化史丛书》本。

陈邦贤著。陈邦贤有《栖霞新志》，已著录。本书撰成于1919年，1937年重新出版时，作了较大的修订，改文言为白话，并充实了现代医学部分。它摆脱了以往医学史著作以人物传记为主的撰写方式，采用通史和专题史结合的方法，系统阐述了上古到民国中国医学发展的状况，对医事制度、学术思想演变、疾病史等论述尤详，且多有创见。由于本书是我国现代医学史的开山之作，缺乏可资研究、归纳的前人成果，因此整体略显粗糙。在细节方面，偏重资料的搜集和罗列，而未能深入。如对两汉时期盛行的"阴阳五行"学说，作者将它简单地等同于迷信，而加以排斥，摒弃不谈；又认为"古人所说的经脉就是动脉，络脉就是静脉"，皆有失偏颇。本书另有1957年第三次修订本，及日人山本成之助日译本。

群经见智录三卷 1936年上海章巨膺医寓《药盦医学丛书》本。

恽铁樵著。恽铁樵（1878～1935），名树珏，字铁樵，以字行，号冷风、焦木、黄山民、药盦。江苏武进孟河人，生于浙江台州。中医学家。本书作于1922年，有武进恽氏铅印本。卷一首论《内经》的发源、成书、读法以及总提纲；卷二为扁鹊、仓公医案及张仲景《伤寒论》研究；卷三驳斥余云岫《灵素商兑》一书的错误。余云岫《灵素商兑》成书于1917年，书中对中医痛加贬斥，认为中医是荒谬之说，即有效果，乃是以数千人性命为实验偶然得来，故恽氏作此书以应之。恽氏认为，《内经》与《易经》原理相通，皆言天人之理。其总纲领，即人之生老病死，都受四时寒暑支配，五行、六气皆所以说明四时，与阴阳家的阴阳五行有本质区别。中西医虽哲学基础不同、诊疗思路各异，但皆"殊途同归"，不得以西医证中医之缪。同时，他又指出，改进中医，当以中医本身学说为主，不能因循守旧，应积极吸收西医的长处，"纵不能深入，苟一涉其藩，亦当贤于古人"。本书在近代医学史上产生了深远影响，也确定了恽氏在中医界的地位。

中医新论汇编 1932年苏州国医书社铅印本。

王慎轩著。王慎轩（1899～1984），原籍浙江绍兴，迁居苏州。医学家。本书分生理、哲理、病理、诊断、药物、方剂、治疗、内科(上下)、女科、儿科、外科12编,内容皆为当时医家在医书、杂志、报刊上发表的新见解,采集的书刊计2 000余种,而取其精华,汰其不经。如某类篇目过少,则王氏酌情自补,以成体系。每篇末尾,王氏都加以按语,评长论短,正谬补缺。本书内容庞杂,主旨大致有二:一是维护中医传统地位,抵制西医。如马师赞《脑属于心说》、马善征《心脑皆非全体生理之主宰说》,皆是无稽之谈,而王氏迷信中医,认为此二说乃是西医当头棒喝,已不值一辨;二是以西医来解释中医,论证中医的理论的正确性。如傅晓丞《营卫新释》,以营为血之精气,卫为淋巴液,即是一证。王氏精于女科,书中将闭经分为虚性闭经、实性闭经,溢乳分为病理性溢乳、生理性溢乳等,皆甚有见地。但也偶有失误,如认为室女痛经(原发性痛经)产育之后自能痉愈,实际上也并不一定。

脉学发微五卷 1936年上海章巨膺医寓《药盦医学丛书》本。

恽铁樵著。恽铁樵有《群经见智录》,已著录。本书成于1928年,共5卷,第一卷导言,第二卷述脉之基本原理,后几卷释各种脉象。恽氏论脉,有几个突出特点。一是中西汇通。如他以为"脉之原动力在心",心动而脉动,大脉是"心藏大张大弛";脉管壁有神经,脉受人脑支配,弦脉是"脉管壁神经纤维神经拘急之脉"等等,都是利用西医原理阐释脉学。二是重病症。他说脉象说不清楚、无形无质,有凭有据,判别死活,不是脉象,乃是"病形"。病形四纲,脉居其一,尚有色泽、呼吸、规矩权衡三纲,故在导言中他首先论述三纲的重要性。三是崇《内经》。本书论脉皆以《内经》为根本,甚至以为"科学所未明、西国医所不能知之病理",都可以从《内经》推知。因此,恽氏极力反对王叔和《脉经》、李时珍《脉学》,认为他们"千言万语,愈说愈离"。

脉学复古 1942年复兴医药杂志社《脉学丛书》二集本。

姚心源著。姚心源(? ~1946),字滋常。医学家。江苏吴县人。民国时期,因为西医的迅速发展,中医脉学受到了很多人的质疑。姚心源根据自己多年的诊疗经验,结合西医解剖、生理学知识,率先在上海、苏州等地掀起脉学复古运动,并撰写本书赠送给民众,以广宣传,后又与绍兴张子英编撰《脉学丛书》,宣讲其脉学核心思想——三部脉法。姚氏所谓的三部脉法,就是指诊脉时,不专主寸口一处,而是在颈(人迎)、手(寸口)、足(趺阳)三处切脉。再根据三处脉象的浮、沉、中,将脉象划分为九类(九候)。然后再在九候的基础上区别诸(全身病)与独(某一区位病)。最后通过经脉走向,确定疾病的位置。虽有人提出了反对意见,认为独取寸口并无"深妙理由",但从张子英诊治医案来看,三部脉法确实提高了中医脉诊的准确性,尤其在寸口脉诊不明显时,值得一用。

中国针灸学讲义 1941年无锡中国针灸学研究社铅印本。

承澹安著。承澹安(1899~1957),原名澹盦,字启桐。江苏江阴人。针灸学家。本书共4编,第一编针科学,第二编灸科学,讲述针灸的起源、形式、方法、针灸后处置及生理变化等;第三编经穴学,介绍经穴及经外奇穴的位置;第四编治疗学,论述针灸在疾病上的应用。后两编又以他早先的著作《中国针灸治疗学》为蓝本。本书结构合理,内容上又能博采众长,吸收了当时很多针灸学派的观点(如书中所举单刺、旋捻等8种"科学观点之针法",就是日本人的提法),是一部全面公允的针灸学著作。和作者以前所著《中国针灸治疗学》相比,本书理论更为进步。比如何谓经穴,他在《中国针灸治疗学》中认为,"经即神经,络即血脉,穴为神经之支节处",在《讲义》里却说,"以《内经》所云之循行路径考之,绝少得相符也",指出原来的说法"似是而非",经穴究竟为何物,尚需数百十人经若干月实验考正才能得一定论,态度更为谨慎,论述也更科学。中华人民共和国建立后,本书又大加删改,更名为《中国针灸学》,曾作为医学教材流传一段时间。

针灸秘笈纲要 1948年无锡中华针灸学社铅印本。

赵尔康著。赵尔康(1913~1998),字安生。江苏江阴人。针灸学家。赵尔康师承承澹安,故本书在编纂思想与组织结构上全依承氏《中国针灸学讲义》,分针科学、灸科学、经穴学、治疗学4编。而承氏《讲义》经穴、治疗部分,又以其《中国针灸治疗学》为蓝本,《中国针灸治疗学》中每个穴位又按解剖、部位、主治、摘要、手术分类释义，也都为本书所踵袭，唯于摘要略有增补。两书不同之处，在于治疗之手法。如云门穴，承澹安认为“针三分至四分，太深令人气短促”，赵尔康则认为可至五分；鱼际穴，承澹安认为“针二分至四分深，留三呼。灸五壮”。赵氏则以为“禁灸。针二分至三分”。鱼际穴在古代属于禁刺、禁灸穴位，可见承、赵二人是依据各自的理解和治疗经验，进行归纳总结的。本书在1953年曾再版，更名为《中华针灸学》。

曹氏伤寒发微四卷 1931年上海昌明医药学社铅印本。

曹颖甫编。曹颖甫(1868～1937)，名家达，以字行，又字尹孚，号鹏南，晚号拙巢老人。江苏江阴人。中医学家。本书是作者为张仲景《伤寒论》所作的注释，分太阳、阳明、少阳、太阴、少阴、厥阴、霍乱、阴阳易差后劳复、痉湿暍9篇，对于《伤寒》原文多有订正，总计有50余处，即其凡例所言“本书伪谬者甚多，鄙人不避讪谤，辄为更正”者。作者又说，著述家有二病，一是“沿袭旧说”，一是“谬逞新奇”，皆不可取，当以考验实用为主要。因此注释时，作者往往附治验一二则，以为征信，借以表明仲景之法，今古咸宜，破除俗工“古方不治今病”之惑。对于一些成论，作者也敢表明自己的看法。如厥阴病寒热错杂证，作者斥为“谬论”，而认为“气上撞心，心中疼热”是胆火太甚之证，“饥不欲食”是胆火不足之证。此外，他用西医解剖学来解释六经，如“西医谓胃底含有胆汁，足以证明少阳、阳明之同化，及消渴厥阴跗阳同病之理”之类，有时虽不免牵强，但也体现了他中西汇通的思想。

图表注释伤寒论新义十卷首一卷 1940年昆明中华书局铅印本。

余无言著。余无言(1900～1963)，原名愚，字择明，别署不平。江苏阜宁人。奉仙子。中医学家。本书成于1939年，是对《伤寒论》的注释，但整理时对原文有变更和删改。余氏自序称其整理方法有四：一是以经注经，即以仲景原文互注；二是以精注经，即采取诸家之长以相发明；三是以新注经，即以西医理论汇通中医；四是以心注经，即提出自己的心得和经验。其中“以新注经”比例最大，约占四成。如“凡服桂枝汤吐者，其后必吐脓血”，余氏根据西医胃粘膜如有轻度炎症，呕吐剧烈，伤及粘膜，必吐鲜血，认为“脓血”当为“浓血”之误。针对屡遭西医批评的“六经”“阴阳”学说，余氏也提出新见解，他认为《伤寒论》之“六经”与《素问》“六经”，名同而实异，《素问》是一病之六经，《伤寒论》是众病之六经；《伤寒》之“阴阳”也是狭义之“阴阳”，单指脏腑、表里、虚实、寒热、昼夜而言，既不违背经旨，又切中病情，皆可备一说。

温病明理四卷 1936年上海章巨膺医寓《药盦医学丛书》本。

恽铁樵著。恽铁樵有《群经见智录》，已著录。本书写成于1928年，共4卷，第一卷为外感热病正名，《难经》及西医定名法皆不可从，主张以《内经》为宗；卷二驳斥吴鞠通三焦之说；卷三以陆九芝说驳斥叶(天士)、吴(鞠通)，指出“伤寒太阳证，是寒邪从肌表入，伤寒阳明病，是病毒从口入”，反对温病学派“温病从口鼻入”之说；卷四解释湿暍二病，以为今人所谓真温病，古人以为伤寒。恽氏属伤寒派，故此书的意旨乃在排斥吴、叶温病学说，以消其流弊。作为一种学术争鸣，本无可厚非，但恽氏不顾中医理论发展以及诊疗实际，纯以訾诋为事，竟贬叶天士为江湖游医，《温热论》乃是伪作，不免过分。

温热辨惑 1933年上海章巨膺医寓铅印本。

章巨膺著。章巨膺(1899～1972)，一名寿栋。江苏江阴人。中医学家。本书为作者在上海国医学院任教时编写的温病学讲义，分病理总论、诊断概要、方剂汇说、临证医案4编。章氏早年喜叶天士、吴鞠通之书，拜恽铁樵为师后，改宗伤寒，编写此书的目的，也是为了力辟叶、吴之缪，维护仲景学说。他说：“温热病皆从伤寒来，伤寒是病之初，温热是病之既”，“论温而跳出伤寒范围，即是歧途。”对于温热病的分类，吴鞠通《温病条辨》曰有风温、温热、温疫、温毒、暑湿、温湿、秋燥、冬温、温疟9种，但章氏以为从病理来看，只有6种，无秋燥、冬温、温疟，且此6种温病俱因伤寒邪而得，并指出“温热病即阳明证”。在治方上，他主张“以《大论》《要略》为宗”，反对滥用经方。对当时医家迷信温病“下不嫌早”之说，章氏也是抨击不遗余力，他认为“用下药总须有下证”，无证用药，绝非医法。

春温伏暑合刊 1931年上海中国医药书局铅印本。

宋爱人著。宋爱人(1897～1963),原名鼎基,一名翼,号翼庐。江苏吴江同里人。温病学家。本书分《春温新绎》《伏暑新绎》两编,主要论述春温(邪在表分未入脏腑谓风温、邪潜伏脏腑谓伏温)与伏暑的病理、诊断、辩证、证治、新方等。作者反对伤寒派以"《伤寒论》乃治四时温病热病之书",治病皆"一本《伤寒论》而无敢贰"的看法,同时也反对温热派"必跳出《伤寒论》圈子之外,而后乃可与言温病、热病"的主张,他认为《伤寒论》可守者在六经证治,据六经推衍四时病机,如此,则温热不缘伤寒而亡,伤寒不因温热而没。并指出,评议前人学说,"第一要把理论归纳到事实,断断不可把理论来指定事实"。因此,对于伏暑邪犯心包,神昏谵语,他既反对滥用芳香开泄之药,又反对胶执承气攻下之方,而是根据临床事实,明辨六经,随证进方。限于时代,本书也有不足,特别是以中医"气化"一词对应空气中氢氧氮碳含量的变化,尤为荒谬无稽。

市隐庐医学杂著 1913年刻本。

王德森著。王德森(1857～1943),字严士,号鞠坪,晚号岁寒老人。江苏昆山人,医学家。本书包括《苦口婆心语》《论湿温症用药之误》《伤寒正名论》等14篇,如《苦口婆心语》极力反对当时医界不究病因、不问病状,概用平稳之药的风气,提倡辨证用药;《痳症喉痛误以喉症治之必死说》阐述痳症、喉症之别,指出治疗喉痛,必先辨别是痳是喉;《小儿难治之症有四说》云慢惊、痧子、痘症、脐风四症虽难治,但皆有可治之方,勿视为难而不治,"治得其法则难者亦易,治不得法则易者亦难";《血症不尽属火论》云血症有劳力受伤、盛怒伤肝、脾不统血、思虑伤神等不同,治疗应审其病因而施治,或清或温、或补或泻、或攻或伐、或散或和,不胶成见,惟病是视;《伤寒正名论》将伤寒分揭为风、寒、温、热、湿五类,对时人不辨伤寒症中风、寒、温、热、湿之不同,又不问《伤寒论》中以何者为主方,都用治寒之法统治各病大加针砭等,大旨皆纠正俗医因袭之失。

治病法轨三卷 1941年中医书局铅印本。

王汝霖著。王汝霖(1877～1945),字雨三,江苏太仓人。医学家。本书上卷总论阴阳气血、望闻问切、辨证论治等;中卷为内科证治;下卷为瘟疫、妇科、儿科以及其他一些疾病的证治。王氏在学术上推崇李东垣、薛立斋,而贬斥吴又可、吴鞠通等人,治病崇尚温补,他说"凡百病症,不外阴阳、气血、表里、虚实之偏胜而致","用各经之温凉、补泻以治之,病未有不应者",视牛蒡子、枳实苦寒类药物为毒药。在诊断上,王氏极重脉诊,他从古人"左半身属血,右半身属气",悟得"左手脉以候血之虚实,右手脉以候气之虚实",认为以此识别阴阳气血之偏颇,乃是至显至简之法。而治病之道,乃在调整阴阳气血之平衡,为此,王氏特意绘制了《权衡图》,以脉之有力无力候阴阳虚实,脉位三部九候应内脏,并在此基础上指点用药。秦伯未称此书有四善,无门户之见,无迂远之论,无隐约之词,无浮范之方,命为《法轨》,名副其实,评价甚高。

徐氏霍乱论 1938年上海徐氏诊所铅印本。

徐相任著。徐相任(1881～1959),原名尚志,一字相宸,晚号无私老人。江苏吴县人。医学家。徐氏擅长时疫的治疗,尤其对霍乱有独到的见解。他认为霍乱是阴寒直中三阴,三阴同病,上吐下泻,四肢厥冷,脉浮汗出,阳气暴脱,即"脱疫",故本书一名《脱疫论证》。书中对霍乱的病因、预防、见证、诊断、治疗都作了全面的论述。在治疗上,徐氏主张以回阳固脱为主,以调理肠胃为善后。常用方药有理中定乱汤、回阳来复丹、三矢定乱汤等。理中定乱汤主治霍乱吐泻初起,四肢微冷者;回阳来复丹主治吐泻稍后形气不支,四肢如冰者;三矢定乱汤主治危笃霍乱后病势未净,以及预防服用者。三者皆从旧方化出,次序井然。但作者认为"霍乱是阴寒症而非热症,其危象是脱而非闭",否定了干霍乱、热霍乱的存在,却值得商榷。

高憩云外科全书 1917年澄江高氏铅印本。

高思敬著。高思敬(1850～1925),字憩云。江苏江阴人。中医学家。本书为丛书,写成于光绪二十六年(1900)后,1917年在天津付梓。全书共10种,包括《外科医镜》12卷,及《外科三字经》《六气感证》《外科问答》《逆证汇录》《五脏六腑图说》《五脏补泻涩凉药性歌》《三百六十穴歌》《经络起止歌》(附《井荥俞经合歌》)《运气指掌》各1卷。高氏所持理论，见于《外科医镜·序论》《外科问答》等章节，统而言之有二。一是兼收并蓄，不泥古。他虽然在学术上推崇高秉钧、陈正铎，却一再强调"当使书为我用，不可我为书拘"，"须知一书有一书之见解，各有至理存焉"。比如痈疽治疗是否要用刀针，他就不赞同王洪绪慎用刀针之说，提出"痈疽既已成形，非刺破不克奏功"的主张。二是注重内外结合、中西结合。他说"辨乎外，不知内理，犹盲人骑瞎马"，又说西法"颇多可采之处"，醉心和訾议都是偏见，"宜采其长补吾不及"，不可舍己从人，而应并重，"荟萃中西，参观而互证之"。

中国时令病学　1931年中医改进研究会铅印本。

时逸人著。时逸人(1896～1966)，江苏仪征人，祖籍无锡。中医学家。本书版本极多，初刊于1931年，此后数次增订，中华人民共和国建立后又修订为《中医伤寒与温病》一书，民国期间，又有沈啸谷改编本，题《温病全书》。撰稿用1951年增订本。全书分两部分，总论论述时令病的源流、病因、病理、诊断、治法等；分论分述春温、风温、温病、暑温、伏温、湿温、秋燥、冬温、伤寒诸证。作者认为，"时令气候变迁，致体中温度发生调节障碍者，皆为时令病"(实指有感冒症状的非传染病)，并指出："伤寒与温病系属同一性质之病症，单属风寒感冒及兼有伏热不同而已"；"初中期病情传变，不出三阳经范围……伤寒、温病莫不如是"；"新感、伏邪二项为四时六气所同具，正不必以伤寒、温病限之。"简而言之，即作者将传染性和非传染性外感热病进行了区分，并且"初步融合了中国医学上伤寒、温病争执之焦点"，"将伤寒论中六经之成见"，"化陷阱为坦途"。

咽喉病新镜　1931年中国医药书局铅印本。

张赞臣著。张赞臣(1904～1993)，名继勋，以字行，晚号壶叟。江苏武进人。中医学家。本书根据作者在《医界春秋》上发表的《咽喉生理论》《咽喉症预防法》《咽喉列方》《白喉忌表论》等数十篇论文整理而成，为两个部分，先总论咽喉的生理、病症、病因、预防和治疗；次论白喉忌表、喉痧喉风与白喉之辨、喉痹与喉闭之辨、喉痧与白喉的预防、喉风的症治方药，末附喉科验方一百种。张氏认为，咽喉病虽是局部病患，但实质是脏腑功能失调，治疗时，需整体与局部、内部与外部相结合，尤其要注意肺、胃疾患。他说："肺属燥金、胃属阴土，皆为温热之乡，故咽喉之病，大都红肿热痛。"即《咽喉经验秘传》所说的"其症虽繁，大要总属于火"。因此，在治疗上，张氏主张以清热、解毒、化痰、疏肝、通下诸法为主。他的这一观点，为现代中医喉科奠定了理论基础。

医方经验汇编　1955年上海中医书局铅印本。

余奉仙著。余奉仙(1860～1939)，字涤凡，江苏阜宁人。中医学家。本书乃余奉仙遗著，生前已成书，部分医案曾刊载在《医界春秋》月刊中。全书不分章节，仅罗列条目，共51条，首为医理，次述中风、伤寒、温病、疫病等治法，论案结合，时有见地。如论药物多寡，他说"用药之道，拘于古者，不合于今"，并举了病人多服麻黄不汗而痉的案例，来说明李时珍"麻黄发汗，骋不能御"一说须因人而异。全书最突出的，在于疫病的治疗，所举瘟疫、疫疟、疫疹、疫瘢、大头瘟、葡萄疫、鼠疫、燥疫病例20余条，皆有临床治验和效方。他诊治疫病，不局限于属热一说，认为春夏之交，"元气素虚，饥饱劳役，或涉水饮冷，喜食瓜果"，就会感寒性疫邪为寒疫。在治疗上，宜用温药温阳散寒。对于温热疫邪犯人，他认为"由口鼻吸入，直行中道，流布三焦"，施治之法，宜以清热为主。他又屡用大黄、浮萍、石膏为主药，灵活组方，每见奇效。

丁甘仁医案八卷　1927年崇礼堂铅印本。

丁甘仁著。丁甘仁(1865～1926)，名泽周。江苏武进孟河人。中医学家。本书一名《思补山房医案》，共8卷，前六卷为内科、第七卷为妇科，第八卷为外科。每卷又分门别类，列伤寒、霍乱、中风等60余种病症，总计医案400余例。丁氏治病，重视经典，尤其对仲景之学情有独钟。故曹家达序云，丁氏"每当诊治，规定六经纲要，辄思求合于古，故其医案，胸痹用瓜蒌、薤白，水气用麻黄、附子、甘草……于黄瘅则用栀子、柏皮，阴黄则用附子"，是名副其实的"经方家"。从用药来看，丁氏注重和缓醇正，他说"古之善医者曰和曰缓，和则无猛峻之剂，缓则无急切之功"，可以"免人疑窦而坚人信心"。曹氏也说他"虽剂量过轻，于重症间有不应，甚或连进五六剂才得小效"，却无损名医之号。对于温病，丁氏认为吴又可《瘟疫论》最得仲景微旨，意在调和寒温分歧。治疗时，他也多采用六经辩证的思路，屡得奇效，即丁万济所谓“伤寒可以化热，温病亦能化寒，皆随六经之气化而定”也。

惜分阴轩医案四卷 1916年绍兴医药学报社刻《医药丛书》本。

周镇著。周镇(1876～1942)，谱名廷镛，字伯华，号小农。江苏无锡人。中医学家。本书是周氏临证随手所录，不分门类，总计医案286则，以温邪湿热及杂症为主。每案都详细记载了疾病的病因病机、辨证、治则与方药。周氏学术近叶天士、吴鞠通一派，尤其擅长随证变通，化裁经方，以求疗效。如“王廷椿室”一案，乃湿遏挟痰，其治法、方药全从叶、吴两家化出，并强调：“暑湿挟痰、挟水、挟气、挟食均多，见识不清，则难已病，不可不审。”再如“观沧子案”，乃伏邪食积，向有遗泄，经汗、下、清治疗后，病人出现脱症，周氏及时用参、术补救，挽回一命。在此案中，他一再引《伤寒兼症析义》《广温热论》《医通》申言此症的危险性，足见其见识阅历之深。1962年，上海科学技术出版社重订本书，增其晚年未刊手稿3卷，以病症分类，成6卷39门，并更名为《周小农医案》。

名医张简斋经验处方集 1947年新中华医学会刻本。

张简斋著。张简斋(1880～1950)，字师勤。江苏南京人。医学家。本书为张简斋弟子王祖雄所编，分内科(时病、杂病)、妇科、儿科三门，每门再按病名分类，如时病分感冒类、风湿类、温病类、疟疾类等。在治疗上，先列治法，再列处方，共56方。张氏处方多由成方加减而来，故论述时先述处方，次述主治病症、治法要义，再与成方对比，凡有病症异同、药味出入，皆用按语诠释明白，条理极为清晰。张氏医道从张仲景入手，融会李东垣、叶天士、吴鞠通、尤在泾等各家医理，敢于创新，用药灵巧大胆。如其“祛导湿热法”治疗风湿一方，即据李东垣当归拈痛汤化裁而成，而去除其中的升麻、白术，改增法半夏、茅术、会皮，祛风和中，疗效显著。原本治疗脚气的方药，转而成为风湿良方。张氏用药师古而不泥古，由此可见一斑。本书另有1956年周复生重订本。

泊庐医案 1941年铅印本。

汪逢春著。汪逢春(1884～1949)，原名朝甲，字凤椿，号泊庐，江苏吴县人。中医学家。本书乃其门人所编，收录医案142则，其中外感及内科疾病84例，妇科40例，儿科18例。每则医案都详细记录了患者初诊及复诊时脉、舌、色、症的变化，以及药物加减情况。汪氏以擅治湿温(肠伤寒)著名，书中收录医案5则，足见其治疗思路。如初诊病逾三候，神昏谵语，皆用芳香宣化；大便不通用酒军研末吞服，小量增减；热证虽退，仍宜化余邪，不用补剂等等，都遵循叶桂治疗温病“在一经不移”“下之宜轻”“炉焰虽熄，灰中有火”的原则。但作者尊古师古却不泥古，选方用药灵活多变，比如消渴一案，“亟以金匮法加味”。所谓的金匮法，即薯蓣丸，本是治疗虚劳之方，作者改治消渴。再如淡附片一药，向为妊娠所忌，作者亦能根据症状，大胆施用，疗效显著。

鲟溪陆氏医述 1931年绍兴医药学报社铅印本。

陆锦燧著。陆锦燧(1864～?)，字季农，号晋笙、叔岳，江苏吴县人。光绪十九年(1893)举人。中医学家。本书拟刻15种，实刻9种，即《外候问答》12卷、《病症辨异》4卷、《要药选》1卷、《鲟溪内服单方选》2卷、《鲟溪外治方选》2卷、《鲟溪医案选择要》4卷、《鲟溪医论选》6卷、《用药禁忌书》2卷、《景景医话》1卷附《医谈录旧》1卷，乃陆锦燧与其子女协同编纂，并由锦燧审定而成。陆氏力主“气化说”，认为人之胚胎形成及生长发育，皆由气化，天地间金石草木鸟兽虫鱼亦得四时之气而生，但却偏而不纯，只能取以为药。人之气质可分为寒热燥湿四种，而风即气，又包含在四者之中，寒热燥湿一阴一阳，故治病不外乎阴阳。但他某些观点，比如认为孕妇佩戴雄黄会转女为男，笔记小说所载人体内能生出雉雀，根据气化说都是完全可能的，则非常荒唐，不值一驳。陆氏对中医一向推崇，认为中医是“医道”，而于西医则极力抵制，贬之为“医术”，以为西医“仅恃盐液，其它无闻”，实非公允之论，也违背了他自己“莫专习一家，偏信一书”之箴言。

华氏医学心传四集 1933年无锡锡城印刷公司铅印本。

华秉麾著。华秉麾（1869～1943），字承谟，江苏无锡人。光绪十九年（1893）举人。中医学家。本书共4集，本草分类表、脉决、验苔诀、药性主要歌、卫生学等为第一集；脏腑虚实论、病源论为第二集；经验良方、医案为第三集；改正仲景伤寒方为第四集。作者此书是反对当时医家自己不肯研究，教授学徒藏头露尾而作，认为医家须“留心医理，研究药性，务求其明了而后已，务求其效验而后已”。故其新编药性分类表，仅取常用之品注明药性、用量；又嫌张仲景伤寒方宜于北方，不合于南人，且药性不全，为改正四十方，使伤寒、温病、温虐、寒虐、中风、中寒秩然不紊。作者自认为本书可使“人人得以知医，人人可以为医，人人可以不为医误”。当然，书中也有可商榷之处。比如《论人身如机器》一节，虽然重视全局，立意新颖，但将气血精液比作蒸汽、筋络比作皮带、口鼻发声比作鸣笛，殊为不类。再如论疼痛，认为只有外伤、中毒、感热三种阳证，否认阴证疼痛的存在，也失之偏颇。

汤头歌诀续编四卷　1927年中华新教育社石印本。

郑思聪编。郑思聪，字敏斋。江苏苏州人。中医学家。本书成于光绪二十五年（1899）。清康熙年间，休宁名医汪昂将便于使用的古方编成《汤头歌诀》一卷，计歌200余首，载方300有奇。汪昂另有《医方集解》一书，收录方剂更多，有正、附方865则。郑氏取《医方集解》中不见于《汤头歌诀》的方剂近600种，仿照《汤头歌诀》编写成歌，又按《医方集解》分为补益、发表、攻里等二十二门（《医方集解》本二十三门，末《勿药元诠》无方剂），故名《续编》。每歌先罗列类似方，再给出注释。注释内容包括方药的适应症、药物组成以及病机释疑等。本书方剂、注释皆从《医方集解》中摘出，可以说是《医方集解》的简编本，但也偶有自己的见解。如六味地黄丸的制作与服用，《医方集解》作“蜜丸。空心、盐汤下；冬，酒下”；本书但作“蜜丸，水泛。盐汤送下”，略有不同。

医方概要　1935年利苏印书社铅印本。

李畴人著。李畴人（1902～1951），中医学家。江苏吴县人。作者有感于当时不少医家医理不明，治病时信口雌黄，胆小者专用和平清淡之方，不治病，不伤命；胆大者喜用猛剂，草菅人命，因此与其门人细加研讨，选汪昂《汤头歌诀》、方仁渊《新编医方汤头歌诀》及当时名医药方凡600余首编成此书，末另附舌苔歌诀、四言脉诀、十二经络歌诀3种。书中将药方分为表散、攻里、和解、寒凉、温热、补益、固濇、因证八门，首为歌诀及出处，次为用药及药剂所治病症之机理。侯锡蕃评云，是书“能使人知寒热温凉表里攻补，皆有根据”，不仅“示人以当然”，也“示人以所以然”。当然，本书也有小疵。比如各类方剂的编排，采用了当时流行的笔画排序，正如戴天爵先生所说，一些关系密切的方剂，“《伤寒论》的麻黄汤、桂枝汤、大小青龙汤，《温病条辨》的杏苏散、银翘散、桑菊饮等，前后相隔，不能相续”，这对方剂的对比研究和选用，确实带来了不便。

西医浅说　1933年上海商务印书馆《万有文库》本。

程瀚章著。程瀚章（1897～?），字念劬。江苏吴江人。江苏省立医科大学毕业，译编医学书籍多种。作者撰写本书的目的，是想通过对西医历史沿革、使命、伦理、治疗等方面的介绍，推进我国西医事业的进步。作者认为，西医在治疗上，比我国固有的医法为优，其未能在我国昌明的原因，在于民众、医务人员、国家对西医信仰的缺乏。在此基础上，作者提出数条改进意见，主要包括实行医务人员注册登记，淘汰鱼目混珠者；增设卫生学校，普及医学教育；改变诊疗制度，医生诊疗时务必遵循科学的原则；多设药厂，打破药品、器械被外国垄断的局面；推进西医学术方面的研究等。但作者又说，“要促进社会的信仰，这使命除却西医自己，是无人担负的”，西医首先“应自重”；其次对待病家要“忠实”，可见作者所主张的改进，是一种自下而上“自救”式的改革。

病理总论　1920年上海商务印书馆铅印本；1939年长沙商务印书馆《大学丛书》本。

周威、洪式闾纂。周威（1886～1968），字仲奇。江苏江宁人。医学博士。病理学一般分总论和各论两部，总论讲述的是各种疾病发生发展的共同规律，分论则是各个系统各种疾病的特殊规律。本书只分诱导论、疾病论、病理解剖论（循环障碍、荣养障碍、炎症、肿疡、一般病原论）、病因论四部分，不涉及具体的某个疾病，故名《总论》。本书是我国编写较早的一部《病理学》著作，且因多次重版，影响很大，编制的专有名词索引及英汉对照表，使用也颇为方便。但全书在章节、段落上完全抄袭丁福保《新撰病理学讲义》，内容上也只是删去丁福保按语，并作了一些精简，缺乏见解与新意。如疾病的概念，《讲义》在《绪言》第二篇，以为疾病是“身体器官有解剖的变化及化学的变化，障碍正规之机能，其人有不快之状态”，《总论》只不过将其改为白话，置于卷首；再如窒息，《讲义》例举了空气减少、中毒、气道闭塞三种类型，《总论》亦全盘照搬，完全不作改动。

病原细菌学及免疫学简义　1943 年北京人人书店铅印本。

庞敦敏著。庞敦敏（1890～1956），江苏吴江人。细菌学家。本书是作者执教北大农学院时编写的教材，一共 47 章，分前后两编。第一编为总论，讲述细菌及免疫学说的一般理论；第二编为各论，就人畜所患各种传染病病原体，详论其形态、形状、鉴别及免疫法，对病毒、真菌、原虫亦有涉及。由于所述多为致病菌，故名病原细菌学，实称作病原微生物学更为允当。作者在书中，对德国科学家 Erlich 的侧锁学说非常推崇。侧锁学说认为细胞具有多种受体以吸收营养，与营养成分相似的某种毒素会与特定的受体结合，并刺激细胞产生更多的特定受体和毒素结合，从而避免毒素侵犯细胞，起到免疫作用。这一学说在当时很有说服力，但随着科学的进步，知道抗体是球蛋白，并由淋巴细胞产生后，这一学说已经遭到摒弃。而作者限于当时科学的进展，称侧锁说能解释免疫的“全般现象，毫无窒碍”，“诚万世不朽之伟论，全世界学者不得不奉为圭臬也”，则未免言过其实，过于夸大了。

实用儿科学　1943 年上海中华医学会铅印本。

诸福棠等编。诸福棠（1899～1994），江苏无锡人。儿科专家。本书是我国近代第一部全面的儿科著作，由诸福棠及其同事吴瑞萍、邓金鍌等编写。诸福棠在序言中写道：“我国儿童之疾病率及死亡率远过于先进国家。最大原因乃是预防知识未能普及，医界乏倡导之热诚，政府无推行之决心。”因此，在本书中，重视预防是一大特色。对于一些常见的或危害很大的传染病和寄生虫病，如天花、麻疹、肺结核、流行性感冒、狂犬病、白喉、血吸虫等，都有专节讲述预防方法。其次，全书紧密结合我国的具体情况，很有针对性。如当时广泛流行的结核病，特意分三章来讲述。再如黑热病，民国时爆发流行，但原虫的分布和传播途径，并不清楚。作者通过调查研究，认为原虫的分布在长江以北各省，不局限于苏北和山东；白蛉是主要的传播媒介。这给疾病的诊断和预防，提供了帮助。本书出版后深受欢迎，并多次增订重版，民国医学史专家李涛评价它是“一部活的书”，堪称的论。

实验疗肺学　1936 年医学书局铅印本。

丁惠康编纂。丁惠康（1904～1979），江苏无锡人。福保子。医学家。1935 年春，丁惠康出访德、奥、瑞士等国，考察参观各国医院、学校、研究院、疗养所上百所，于彼国专门人士就肺病问题（主要为肺结核）作了多次讨论，回国后依记录写成本书。全书分统计、预防、免疫、病理、治疗、附录（疗养院等介绍）六大类，每类又分若干条，向国内读者介绍外国肺病预防、治疗的现状和经验。作者的原意，在于博采众长，而不主一家。比如治疗一类，就罗列了气候治疗、钙质治疗、金属治疗、酒精治疗、碘油治疗、金鸡纳治疗、AO 接种治疗、食脾治疗、手术治疗等等多种方法。同时，作者也意识到，有些方法并不科学，因此他在序言中强调，本书只是为了让读者“费极少量时间与经济，获知近代疗肺学说之大概”，书中所述，仅供“吾人之研究与参考”，并非“贸然提倡而盲从其说”，并举当年我国盲从日人煤油疗肺之说为证，可见作者务实的精神。

镭疗浅说　1937 年上海商务印书馆《医学小丛书》本。

陈明斋著。陈明斋（1911～1997），江苏苏州人。普外科专家。本书共 9 章，讲述镭疗（放射疗法）的兴起、原理，以及身体各部的治疗、镭疗的并发症与禁忌症等，重点阐述了口腔癌、皮肤癌、直肠癌、子宫癌、乳癌的近距离放疗（镭针法）。本书虽是科普读物，但资料翔实，有理有据，对一些新的学说也有很好地介绍。比如分次治疗（一种减少单次剂量增加照射次数的放疗方式），1928 年才由 Coutard 首次报道，以后逐渐成为公认的标准方法。作者对此却有深刻的认识，他说“少量长时期之镭疗，与重量短时期之镭疗，其结果迥然不同”，“在某种肿瘤时，一次重量之放射，其结果甚佳，但多数医家赞同轻量分次治疗法”，“某种瘤细胞必经多次之强度射线，始能杀死”。当然，他的个别说法，像“治疗须在最短期内完成，治疗之全程，不能超过三四星期”，用当今医学来衡量，却是欠妥的。

药物学四卷 1949 年上海国医印书馆铅印本。

章次公著。章次公（1903～1959），名成之，以字行，号之庵。江苏镇江丹徒人。医学家。本书以《伤寒论》用药为主线，参考《和汉药考》《和汉药物学》编排而成，共收药物 102 种。每种药物都下列科属、品考、产地、形态、药用之部、修治、性味、成分、用量、效能、禁忌、编者按语等名目，其中以效能、编者按语二目最为有用。效能主要是罗列历代医家对药物功能的认识，药物使用的发展演变、利弊得失一览即知。按语则是记录作者自己对药物的认识，非常精辟。如论桂枝，他以为苏派学家拘泥于“南方无真伤寒”，一遇热病，不论伤寒、温病皆不敢用，只以大豆卷、连翘应付，殊为可笑。“血家忌桂枝”一说，也值得商榷。如果是虚劳羸弱，“劳者温之”，完全可用桂枝，效用与地黄、黄芪同，张仲景、孙思邈等都曾用过。再如论姜，近代医家薄生姜而畏干姜，他认为这也是叶天士之流毒，如遇失血之症，干姜必不可少。可见其学术思想属伤寒一派。本书初 4 卷，后增为 6 卷。

中国新本草图志第一集二卷 1931～1932 年国立中央研究院化学研究所铅印本。

赵燏黄著。赵燏黄（1883～1960），谱名汝询，一名一黄，字午乔，号药农。江苏常州人。药学家。1929 年，赵燏黄进入上海国立中央研究院化学研究所工作，他有感于我国旧有本草研究之落后，立志以生药学、化学、药理学为基础，编写《实验新本草》。他原本的计划是按照《本草纲目》的顺序，参考《图经衍义本草》《救荒本草》《植物名实图考》《植物名汇》等中外典籍，以及最新研究成果，对药物（本草）进行系统的整理和研究。但因为工程浩大，短期只完成了甘草、黄芪，以及人参 2 卷，先后在化学研究所集刊第三号和第六号上发表印行，即本书。书中每种药物，包括名称、考据、产地、栽培法、植物（分类及标本）、生药、构造、成分、药理、药用等内容。而且作者能结合科学试验，论证药物的作用原理。尤其是考据一节，删繁就简，不袭前说，非常精到。蔡元培称“是书一出，将一扫旧式本草之瑕点而显其精粹”，诚非溢美之词。

现代本草生药学（上编） 1934 年中华民国药学会铅印本。

赵燏黄、徐伯鋆著。本书另有下编，由赵氏弟子叶三多撰成，刊于 1937 年。上编分总论和分论两部分，总论论述生药学的起源、与本草学的关系、生药学的定义与分类法、生药学通则以及生药研究法等。分论将药物分为隐花植物、皮、木、根茎、根五类，每类先介绍该类药物的生药学特点，然后介绍具体每种药物的名称、来历、形状、组织结构、化学成分、应用等，总计药物 550 余种。分论又分正文和附录两项，正文为现今世界各国著名的药物，以及公认确认有效的国产药材、可以代替外国生药的药物等；附录主要为国产药材，少数外国稀用药物，以及药典上未能普及之药物。本书是我国生药学的奠基之作，影响深远，蔡元培认为本书，即可为“医学家与药剂师之检证”，又可为“传习兹学者之指导”，“诚足一新二千年来吾国本草学之壁垒，而其对于医药界之贡献，将未可限量”。

新从中国麻黄中提出之三种有机物质 1934 年铅印本。

赵承嘏、梅斌夫著。赵承嘏（1885～1966），字石民，江苏江阴人。化学家。本文原发表在《中国医学杂志》第二十卷第五期，此为重印单行本。中国麻黄有很强的药理作用，主要因为其含有植物碱麻黄素。麻黄素作为治疗哮喘等疾病的特效药，中外研究者甚夥。先是赵氏发现中国麻黄含有假性麻黄素，含量占麻黄素的 20%，嗣后日本和欧美学者又发现了 4 种与麻黄素作用相似的植物碱。赵氏遂再次详细研究，又发现了 3 种新物质，即麻黄副素、一种中性物质、一种挥发油。其中尤以麻黄副素（分子式 $C_8H_8N_2O_3$）最为重要，作者就其物理化学性质作了简单试验，皆备载本文中。麻黄副素后经陈克恢博士研究，证明是与麻黄素药理作用相反的一种物质。赵氏的这项发现，不仅提炼出了新物质，也加深了学者对中国麻黄的认识，意义重大。

上海近十年来医药卫生鸟瞰 1933年中国科学公司铅印本。

庞京周著。庞京周(1897～1966),原名国镐,以字行,江苏吴江同里人。医学家。作者认为,近十年来上海整个医药业"混沌杂乱",学说是"是非未判",业务是"浮而不实,畸形发达",行政是"令出难行,或自相矛盾",医药教育是"特殊发达",刊物是"过剩而不统一"。书中对中西医学说的异同辨析较多,但由于作者崇尚西医,往往对中医痛加贬低。比如他说"新医是根据科学来的,旧医是根据玄学来的","国医馆保存的旧医的学说,只能留作一种文献",要拿来实用,绝对不合潮流,旧医家实行的"用科学方法整理旧医药",是新瓶旧酒,欺蒙世人。并预言,旧医的淘汰,是迟早间的事情。因为是业内人士,作者的一些建议,比如诊所招牌不能使用医院字眼,上海急需提倡建立传染病医院,医生应该享受高工资,医院应该晚上设立急诊,医院应加强护士的培养等等,都因事立言,不尚空论。

公共卫生概论 1929年上海商务印书馆《万有文库》本。

胡鸿基著。胡鸿基(1894～?),字叔威,江苏无锡人。卫生学家。本书分为3篇,首篇论述公共卫生的意义和作用,次篇介绍公共卫生的内容和行政机构,末篇为我国公共卫生事业的简短总结。胡氏认为,公共卫生事业包括治疗医学、预防医学两大类,目的是谋求人类的健康,它不是慈善组织,而是有组织有系统的政府行为。我国公共卫生事业不发达,主要有三大原因:组织不良、人才缺乏、经费无着。欲谋发展,必须外则参考西方,内则斟酌国情,方能后来居上。不过,作者认为公共卫生"不仅要注重环境卫生及传染病之预防与疗治,即非传染病之预防与疗治,亦应负监督促进之责",但从所举病例来看,似有将个人卫生纳入公共卫生之嫌。

卫生丛话 1927年上海商务印书馆《医学丛书》本。

俞庆恩著。俞庆恩(1884～1930),字凤宾,江苏太仓人。卫生学家。本书一共4集,100余篇,都是作者发表在《申报》以及其他报刊一些普及卫生方法和个人卫生感想的文章,内容非常宽泛,但以养生和传染病防治篇数最多。书中不乏一些好的建议,如谈到公共卫生,作者就呼吁"吾人既为民国之民,即有应尽公民之责任",公共卫生"绝非一二人之力所能经营",需要民众以"阿典誓之精神为精神";再如《论地方自治亟宜设立医院》一文,作者从医学发展、公共卫生、救死扶伤等角度出发,强调设立医院的重要性,振聋发聩;又其所立《医学伦理纲要》数条,言简意赅,亦可资后世医生、患者参考。但书中也有不可信之处,如《百零九岁老医师之长生法》,记载了一位法国的"医师"从地里挖出自己六十年前的一个签名,告诉世人自己年以过百,长寿的秘诀就是睡觉时用指南针严格确定床位(头北脚南),依靠地球磁场运通血脉,作者竟不识此乃骗术,认为磁力之说"殆非无稽之谈",则不免轻信他人。

学校卫生论 1930年上海商务印书馆《万有文库》本。

程瀚章著。程瀚章有《西医浅说》,已著录。本书包括学校卫生的定义、学校卫生对儿童心身的影响、与学校相关的卫生因素、学校卫生事务、学校卫生教育、学校防疫、常见的学校疾病等。作者认为学校生活不同于家庭生活,学生脱离父母,又缺乏锻炼,身心变化很大,容易罹患各种疾病,因此,教育者在教育时,应当追求智育和体育的平衡,了解学生身心发展规律,帮助学生健康成长。从论述来看,本书的内容还是较为浅显的,如学校病,仅例举了近视眼、砂眼、脊柱弯曲、龋齿4种,对各种传染病都没有涉及。但本书也有值得称道的地方,比如《性教育与卫生》一节,作者就说,对于性教育,现在的教育家要么绝口不提,要么断章取义,只讲生殖,只讲反面的花柳病,不利于学生的心身发展,真正的性教育应该包含个人生理发展、身份认同以及指导将来如何为人父母等概念,并提出应根据学生的生理发展阶段制定相应的教育计划。这些观点确胜时人一筹。

性欲卫生 1936年上海商务印书馆铅印本。

俞庆恩著。本书是作者所著《卫生学要义》(包括《个人卫生》《肺痨康复法》《性欲卫生》等,皆单行)中的一种,共14篇,主要讲述性生活的卫生常识,其中某些篇目,如《花柳病之陷溺个人与危害群众》另有单行本。作者认为,性卫生与个人、家庭、社会之康健关系甚大，但我国对性知识缺少普及传播，或者传播方法不当，致使民众不知花柳之害，有违养生卫生之义。因此，作者提出几点建议，一、制育（节育），妇女宜慎生产，有重大疾病者，应停止其育嗣；二、提倡高尚娱乐，洁身自好，废止淫欲生活；三、以法律手段强行取缔娼妓；四、加强儿童性知识教育，使其树立正确的性观念。作者尤其强调制育和禁欲的作用，对手淫、早婚、体弱妇女的生育一概持反对态度，以为伤生害性，则未免持论太过。

民族与卫生　1947年上海商务印书馆《国立中央民众教育馆进修丛书》本。

胡定安、司马淦著。司马淦（1914～1987），江苏常熟人。传染病学家。本书包括我国民族体质、婚姻、妇婴保健、环境卫生、营养与食品、传染病等章节，1946年初版于重庆。传染病篇幅最长，重点介绍了肺结核和性病的传播及治疗情况。作者认为，民族体质由人的智力、体力以及品性等要素构成，营养状况、文化水平以及地理环境，皆足以影响体质的优劣。提高民族体质的基本条件，就是要优生，其手段包括，积极方面选择优良的配偶，提倡婚前体格检查；消极方面即取消不良系统的繁殖。这些观点本无可厚非，但作者认为须制定严格的法律，禁止患先天性低能、遗传性盲目、遗传性耳聋、重症酒精中毒、传染病、躁郁症者以及常习犯人生育，男女皆强制实行输精管、输卵管截断手术，对早婚（作者认为早婚会生体质衰弱、精神迟钝的子女）、老年分娩（高龄产妇，子女易患痴呆）也要加以劝止，则不免过于残酷，完全剥夺了他人的生育权。其他议论尚属平实，内容亦浅近易懂。

保健延寿谈　1948年上海中华书局铅印本。

黄伯樵著。黄伯樵（1890～1948），原名国祥，江苏太仓人。铁路工程学家。作者因年轻时即罹患糖尿病，又不注意饮食，中年时几至失明。此后遂严格忌口，自认为于身体有效，故查找资料，写成此书，并请公共卫生学博士黄子方审定，以为他人养生之助。全书共9章，前7章讲饮食卫生，包括食品的热量、营养成分、饮食与卫生的关系等等；后2章为其他卫生方法，如起居、运动、节欲等等。作者认为，人要健康长寿，首先要注意饮食，饮食应定性定量，不可过多，亦不可过少；其次，优美的自然环境、适当的运动、良好的人际关系、健康的心理也非常重要。心理方面尤其要注意抑制感情和欲望，毋令放纵。作者所言，大体不差，不过作者将很多疾病的发生都认为是饮食所致，则过于简单化。比如他说："（饮食）过多……新陈代谢病中，如糖尿病、尿崩症、痛疯症、酸尿性关节炎、肥胖症等……接踵而起。"其实尿崩症的口渴多饮，并非是疾病的原因，而是疾病的表现，如果归咎于饮食，则失于偏颇。

营养新论　1944年中国文化服务社《青年文库》本。

沈同著。沈同（1911～1992），字子异，江苏吴江人。营养学家。本书共7章，即营养与人类幸福、营养的六个重要概念、食物的消化吸收与利用、营养不良的疾病、儿童与孕妇乳母的营养、战时营养，以及膳食的调制，末附食物营养成分表。本书从内容来看，皆围绕美国营养学家谢尔曼（Sherman）提出的六个概念（热量、蛋白质、矿物质、维生素、各营养素之间的关系、营养素与身体的关系）进行解说，并不复杂。又从人类幸福和科学进展的角度，对当时流行的两种营养观点（一种认为不需要注重营养，一种认为现在的营养知识已经万能）进行了批判，给人以驱散迷雾之感。但作者把积累好几代尝试成功的营养方法称为营养艺术，把现今运用营养知识进行营养的方法称为营养科学，认为原始民族饮食最合乎自然，体格健壮，是营养的艺术，现代人因为环境的影响，才产生了众多的营养问题，才需要利用营养科学，提高自己身体机能，因此，营养问题是文明产生后的问题，这些说法却值得商榷。

烟酒茶与人生　1935年上海商务印书馆《百科小丛书》本。

孙云焘著。孙云焘（1913～2005），江苏高邮人。医药学家。本书共5章，主要论述烟草、鸦片、酒、茶四类物质对人体的影响。每种物质又详细介绍它的产地、种类、化学成分、药理作用、中毒症状、成瘾性、医疗用途等等，对民众认识这四类物质甚有裨益。至于药理作用各项，似皆采自《中华药典》一书。但由于时代的限制，书中也有一些似是而非的结论。比如他说鸦片能减少人体的新陈代谢，导致储藏在肝脏里面的糖原分解，从而升高血糖，血糖进入尿液，形成尿糖。而事实上，肝糖原的分解未必就能造成尿糖升高。在临床中，鸦片依赖合并糖尿病的例子并不多见，合并糖尿病的原因主要与神经及内分泌系统失调相关，和肝糖原代谢分解无关。再如，作者说醋能解酒，大概是因为醋酸能和乙醇反应的缘故，这也是不正确的。醋酸与乙醇反应需要强酸、加热催化，这在我们的胃里根本是做不到的。

心理卫生意义范围与重要性　1934年12月南京中央大学教育学院铅印本。

吴南轩著。吴南轩有《证述心理学》，已著录。此为南京中央大学教育学院《教育丛刊》第二卷第一期（1934年12月）抽印本。本书论述心理卫生的涵义、范围及其对于国民精神状态的重要意义。著者认为，卫生（hygiene）即健康，卫生或身体卫生是保持身体健康的科学；社会卫生，广义上指促进健全的社会关系的任何努力，狭义上是促进健全的性的关系之一种宣传，内容包括性的教育和性的卫生；心理卫生的意义可从消极、积极两方面来加以解释：消极方面在于防止心理失常或疾病，积极方面在于保持和促进精神健康；心理疾病的普遍性及其所带来的经济和精神上的损失，决定了心理卫生的重要性；心理卫生的工作范围和目标则有三：一是心理疾病的预防，二是心理疾病患者的治疗与护理，三是促进积极的心理健康，其重点在于心理健康的积极增进而非心理疾病的消极治疗。

心理卫生论丛　1945年3月重庆商务印书馆铅印本。

丁瓒著。丁瓒（1910～1968），江苏南通人。心理学家。早年在北京协和医学院脑系科研究和讲授医学心理学。抗战时期任重庆社会教育学院教授，并创办重庆中央卫生实验院心理卫生室。中华人民共和国建立后，任中国科学院心理研究所副所长。《人事心理研究社丛书》第五种。本书收《怎样开始心理卫生工作》《近代医事心理学的发展》《我国社会现代化过程中的心理卫生》《心理卫生工作和文化改进运动》《从心理卫生的立场讨论建立民族哲学和精神动员》《什么是"神经衰弱"》《战时难童的心理卫生问题》《青年期的彷徨》《男女之间》《从心理卫生个案研究"男女之间"的问题》《儿童期的性教育问题》《父子之道》《自卑与傲慢》等论文与讲演13篇，论述心理卫生的诸方面问题。卷首冠《人事心理研究社丛书要旨》（萧孝嵘），略述1941年成立人事心理研究社之概况，强调心理建设之重要。卷首有作者自序（于重庆中央卫生实验院心理卫生室），卷末有后记。

国际心理卫生运动　1934年12月南京中央大学教育学院铅印本。

吴南轩著。南京中央大学教育学院《教育丛刊》第二卷第一期（1934年12月）抽印本。本书分历代社会对于心理疾病的态度、心理卫生运动的起源、美国的心理卫生运动、加拿大的心理卫生运动、英国的心理卫生运动、法国的心理卫生运动、德国的心理卫生运动、意大利的心理卫生运动、苏俄的心理卫生运动、日本的心理卫生运动、国际联合的心理卫生运动、心理卫生运动的趋势及我国应负的责任等12节。作者指出，除我国以外，日光照临之地，几乎无处不有心理卫生运动的踪迹，呼吁积极开展和推广中国心理卫生工作。

第六节　农业科学

农业　1914年上海商务印书馆铅印本。

刘大绅著。刘大绅，江苏丹徒人。生平不详，疑与太谷学派之刘大绅乃一人。太谷学派刘大绅（1887～1954），字季缨，号居夷、贞观，刘鹗子，罗振玉婿，黄葆年弟子。本书是为师范学校编写的教科书，分上下两卷，上卷6章，为栽培总论及各论，各论又包括作物、土壤、肥料、农具等；下卷6章即农业经济，包括蚕桑、畜牧、森林、制造等。作者自言，本书的特点是"专重实用，不尚肤言"，比如对于一些具体的农事，像蚕桑、畜牧等，皆根据我国的农业状况立说，不推崇外国。农具一章也是如此，凡我国的农具，不论今古，皆采录无遗，而他国的农具，则仅取可供我国使用或参考的作一介绍。但书中疏漏之处，亦复不少。比如水泵，作者不但未作介绍，反认为其原理与我国的桔槔相似，只不过借灵水火气之力，效率更高而已，尚属浅薄。此外，在作物栽培一节中，所列作物仅9类40种，不仅数量偏少，一些特殊的经济作物如药材类，根本没有提及，也是不足之一。

农业及实习 1934年黎明书局铅印本。

唐志才、储劲编。唐志才(1892～1942)，江苏太仓人，生于江苏常州。曾任江苏省立苏州农业学校校长。本书是供师范学校以及农民教育馆使用的教科书，共4册，分为3编：上编为总论，讲述农业大意、农业气象、土壤、肥料等基本知识；中编为各论，包括作物、园艺、造林、畜牧、蚕桑等学科；下编为农业应用及教学法，即农业土木、农具、病虫害、农业推广等。本书的特点，是理论与实验并重，每节末尾都提出问题，并指导学生实践。如《农具》一章，除介绍农具外，还要求学生学会各种农具的使用等。盖作者认为，实业学科特别是农业学科，不参加农田实习，就不能窥见其中的奥妙和精髓。农田实习既有生产意味，又具劳作精神，是一种知行合一的教育。这种教学方法，改变了以往师生在教室内单纯研究科目知识的传统方式，代表了当时师范教育的一种新潮流。

多数品种时田间试验之新法不完全区组之应用举例 1940年四川省农业改进所铅印本。

周承钥、蔡旭撰。周承钥(1905～1996)，字石民，江苏宜兴人。农业学家。蔡旭另见《四川小麦之调查试验与研究》。不完全区组设计，是英国统计学家R. A.费希尔最先提出的一种数理统计方法，旨在研究制定实验方案，提高实验效率，降低随机误差。费希尔的设计主要有随机区组法和拉丁方设计法。但该两法皆受实验品种数目的限制，如果品种数目及其它影响因子过多，实验的数量将会激增而无法实行。因此F. Yates等人经过潜心研究，对其进行了改进，提出了似因子、均衡不完全区组两种新方法。本书即以加拿大人C. H. Goulden的著作为主，对上两种新方法作详细的阐述，内容包括引言、不完全区组以外的其他方法、不完全区组的设计、不完全区组实用上的价值等。生物统计学和田间试验技术，虽然在我国当时的一些农场已经采用，但很多人对此所知甚少。本书的出版，对倡导和传播田间试验以及生物统计学在农业研究中的应用，起到了很好的推动作用。

土壤微生物学 1947年国立编译馆铅印本。

陈华癸著。陈华癸(1914～2002)，江苏昆山人。土壤生物学家。本书是我国土壤微生物领域第一部专业著作，共10章，包括土壤微生物的种类、数目、化学变化和营养，土壤中的有机质，微生物的氮素固定作用，无机氮素化合物的氧化还原和气化作用，土壤微生物与矿物质的关系等。由于土壤微生物学是一门新兴学科，有些问题还没有肯定的答案，因此，作者在编写时，只力求条理清晰，对一些尚未定案的理论没有涉及。比如作者自己1941年通过人工接种实验首先发现的紫云英根瘤菌与紫云英结瘤共生固氮是一个独立互接种族(指某种根瘤菌只能和某类豆科植物形成根瘤的共生关系)，就没有写入本书，本书只收录了苜蓿、三叶草、豌豆、四季豆、羽扇豆、大豆、豇豆7种互接种族。直至建国以后，作者重新编写《土壤微生物学》一书，才将紫云英族补入，足见作者撰写本书时是非常谨慎的。本书另有1950年上海商务印书馆《自然科学小丛书》本，文字上作了简单校改。

水土保持学概论 1949年上海商务印书馆《国立复旦大学丛书》本。

陈恩凤著。陈恩凤(1910～2008)，字惠同，江苏句容人。土壤学家。本书撰成于1949年1月，作者时执教复旦农学院。因教学需要，作者参考美国人有关水土的三种著作，以及中央地质调查所土壤研究室及作者自己的调查报告编为本书。全书10章，包括土壤侵蚀方式及危害、土壤侵蚀因子、土壤侵蚀的防止办法、水土保持工程、我国主要土壤的侵蚀现象等。对于水土保持，作者提出治标、治本两个原则，治标即避免不能控制的流失水土产生危害，治本即增加土壤吸水量，防止水土流失。此外，书中对梯田的种类、设计、修筑方法、修筑费用、保护及水流出口、作物栽培方式阐述尤详，皆深切时用。作者认为，“梯田对于保水保土与其中养分之功能，皆达最高度”，梯田作物生长茂盛，产量增加，即使建筑修葺费用巨大，但与获益相比，“仍属经济”。限于条件，作者虽强调土壤的侵蚀以水、风二者为主，但对于受风影响的沙漠化问题论述不多，是其不足。

中等农业气象学 1926年上海中华书局铅

印本。

倪慰农著。倪慰农(1889～1961)，江苏吴江黎里人。农业学家。本书是给农业学校以及师范学校农业专业编写的教科书，分概论和本论两部分。概论即普通气象学，叙述天空现象、地面状况及应用仪器等，包括大气、温度、气压、风、水蒸气、云、降雨、灾象预测等章节；本论即农业气象学，详论与农业有关的气象学知识，以及利用之方、防灾之法，包括农业气象、气候与农产的关系、气候与作物、天气与作物等章节。由于本书采用的气象数据，以上海徐家汇天文台、北平农商部观测所、香港气象台的报告为准，因此书中所述之气候，实以北平、上海、香港代表我国北、中、南地区，虽不尽恰当，也是不得已而为之。但作者对天气和气候的论述，却有混乱之处。作者虽已指明天气是一定时间内的天气景象，气候是一地天气的平均度和极度，却仍把霜、电归入气候中；而在叙述天气对作物的影响时，因气候和天气难以骤然区分，又不以天气为纲，改以作物为纲，将气温、日照、水分和霜、雪等混为一谈，实不如将气候与作物、天气与作物两章合并为气象对作物的影响更为合适。

化学肥料硫酸錏 1944年中国肥料普及会铅印本。

徐正铿著。徐正铿(1895～?)，字凤清。江苏吴县(今苏州吴中)人。农业学家。硫酸錏即硫酸铵，是一种优良的农业氮肥。本书撰写的目的，是向国人推广肥料知识，促进我国化学肥料的研究与改良。全书包括硫酸錏生产需求、性质说明、制造法、应用，以及在我国的销行情况等章节。和一般的科普著作不同，本书非常注重硫酸錏的生产、销售及进口情况，具体数目皆列为附表，总计有各类图表40余张，这对研究我国的氮素工业极有价值。根据附表我们可以发现，民国期间，我国的硫酸錏主要依靠进口，竟占到全国氨素工业品的一半以上。1930年进口最多，达3 133 427担，折银18 052 164开平两，数目非常惊人。此外，本书对硫酸錏作用的认识也比较公允。和豆饼相比，作者认为豆饼氮磷钾均衡，且不会改变土壤的酸碱度，因此在使用时，宜以豆饼作基肥，硫酸錏作追肥。这对农业施肥，很有指导性。

植物病虫害检验 1934年铅印本。

张景欧著。张景欧有《昆虫进化论》，已著录。1932年，张景欧应上海商品检验局聘请，任植物病虫害检验课课长。该课的任务主要是防止国外植物病虫害，特别是防止国内尚未发现和分布不广的病虫害进入我国，同时防止我国的植物病虫害进入外国，促进出口贸易。张景欧任职后，专程往美国、日本、东南亚了解国外植物病虫害检验制度、病虫害种类以及检验方法，再根据我国的具体情况，写成本书。本书发表在《实业部上海商品检验局业务报告》(第二辑)中，书中罗列了我国尚未发现和已经发现但分布不广的植物病虫害2 095种(虫害1 250种，病害845种)，论述了他们的分布情况以及人为的传播关系；并规定了植物病虫害检验的科学方法和具体的检验施行细则，阐明了植物检疫的重要意义。它的出版，标志着我国植物检疫事业进入了一个新阶段。

经济昆虫学 1947年上海国立编译馆铅印本。

邹钟琳著。邹钟琳有《普通昆虫学》，已著录。本书一名《害虫防治之原理》，包括昆虫发生之诱因及其为害状况、昆虫生活史、昆虫的趋性及其利用、昆虫繁殖与温度湿度的关系、害虫的生物学防治法、寄主的抗虫性、昆虫与植物疾病的关系、地形土壤农耕制度与害虫发生的关系、杀虫剂等内容。作者认为，经济昆虫学是一门综合性的学科，根据其性质的不同，可分为农业昆虫学、医学及兽医昆虫学、益虫学三部分，本书侧重农业昆虫学。本书是论述全面、材料丰富，虽作者自言“书内材料多半采自西文书籍杂志”，但于本国材料的搜罗，亦不在少数。比如阜宁垦区棉虫的分布与土种含盐量的关系，就是李士勋的重要研究成果；重庆地区地蚕的生活史，是王启柱、李黎元尚未刊发的论文；甚至对一些学科外的书籍也有参考，如杀虫剂一章，竟引用了顾毓珍《液体燃料》一书，足见其取材之广。

中国农业害虫之防治及研究情况 1935年实业部中央农业实验所铅印本。

吴福桢、徐硕俊著。吴福桢(1898～1995)，江苏武进人。农业昆虫学家。本书是对1917年至1935年十余年来，全国(江浙两省为主)农业害虫防治和研究情况的一次总结，共采集专门文献150

余篇，分四个部分来撰写。首先介绍农业害虫防治和研究的历史，次述政府对于昆虫事业的设施（按：指机构设置）以及重要害虫的防治情况，次述我国重要害虫研究情况大要，包括蝗虫 2 种、稻虫 11 种、棉虫 12 种、桑虫 4 种、仓库害虫 10 种、菜虫 5 种、果虫 12 种、森林害虫 7 种、其他害虫 10 种，最后介绍杀虫药剂的使用情况，杀虫剂包括巴豆、雷公藤、棉油等共 8 种。本书的编纂，不仅为研究者提供了方便，而且文中谈到的各种农业害虫的防治方法，都经过了多年研究和验证，实用性很强。比如米象，采用蔡邦华的权威研究，米象的产卵适合温度在 24℃～29℃，如果仓库能保持湿度在 60% 以下、温度在 10℃以下或 25℃以上，就能绝对防止米象的繁殖。其他亦大皆类此。

中国螟虫研究与防治现状 1936 年实业部中央农业试验所特刊。

蔡邦华著。蔡邦华（1902～1983），江苏溧阳人。昆虫学家。本书包括螟虫概说（名称、分布、形态、习性）、螟虫猖獗（原因、条件、螟灾预测）、螟虫防治（四季治螟、抗螟育种、治螟与农作制度）、螟虫调查方法与螟灾损失统计 4 编，总计 15 章。所用材料大多来自作者数年来的调查研究（如蔡氏论文《三化螟猖獗与气候》等），同时也采用了一些国内外的重要成果，内容详实而可信。作者指出，我国形成重大灾害的螟虫以三化螟为主，而三化螟的猖獗，主要和气候相关，秋季高温多湿、冬季温暖干燥是促成三化螟大发生的主要原因。尤其是秋季高温多湿，不但能增加螟虫年中代数、增加越冬虫的抵抗力，还能给三化螟的孵化创造适宜条件（据作者研究，在温度 24℃～29℃、温度 90%～100% 条件下，三化螟孵化率最高，能达到 90% 以上），造成来年螟虫激增。依据上述结论，作者创建了一套螟灾预测和螟虫防治办法，如根据气候预测来年螟虫数量、治螟以冬季稻根处理为主夏秋季采卵为辅等，都很有价值。

农林部中央农业实验所民国三十五年全国蝗患调查报告 1947 年农林部中央农业实验所铅印本。

陆培文、吴福桢著。陆培文（1912～2007），字颖如，江苏常州人。农业昆虫学家。本书包括飞蝗的发生地点，发生时期，发生地环境，秋蝗产卵地点及面积，各地蝗虫为害情况，各省治蝗工作情况、四川、湖南各省竹蝗情况等章节，另附各类图表 10 余幅。此次报告，因战后的原因，只调查了苏、皖、赣、冀、鲁、豫、晋、鄂、台湾、南京 9 省 66 县 1 市的飞蝗，以及湘、川、赣、闽 4 省 13 县竹蝗的情况，蝗灾总计造成损失约国币 55.7 亿元，其中飞蝗损失 52 亿余元，为害最巨。飞蝗最严重的地区为河南，共 23 县受灾。报告认为，蝗灾与自然环境息息相关，湖滩、海滨、低湿地、碱地、黄汛区是蝗虫的主要产地，特别是 1938 年黄河在花园口决堤以后，豫、皖、苏三省 1 400 余万亩田地被淹，此等地区，水位涨落无定，是飞蝗产卵的理想地区，也是之后数年应重点防范的地区。本书虽未能对全国的蝗灾情况作一详细调查，也没有提出具体的治蝗措施，但它对蝗虫习性的研究，为后人的治蝗工作提供了很好的参考。

油桐尺蠖研究 1937 年铅印本。

周明牂、柳之英、马同伦著。周明牂（1907～2005），原名盛继，江苏海安人。农业昆虫学家。本书是浙大《农学季刊》的抽印本。油桐是浙东主要的经济作物之一，但一直以来遭受油桐尺蠖的侵害，民众束手无策。1935 年，周明牂、柳之英受兰溪县政府之托，前往筹商防治事宜。周氏等人认为，要寻求科学的防治之法，必先了解害虫的生活史及习性。经过近两年的观察，油桐尺蠖的生活习性业已明了，故周氏将观察结果汇编成册，公诸于世。书中最重要的成果，莫过于发现油桐尺蠖喜欢在树干缝隙间产卵。幼年油桐树干光滑，故少受其害。老年油桐由于抽枝等原因，树干疤痕增多，如果油桐周边再有树干缝隙较多的松杉，则会导致害虫猖獗。因此，周氏等人提出了几点重要的防治意见：一、取缔油桐与松杉等树木的混栽；二、限制抽桐，防治油桐刺毛；三、桐林中悬挂松干等有缝隙之物，诱集产卵。周氏等人的研究，注意到了害虫与周边生态环境的关系，且防止方法安全无毒，易于进行，有较强的指导作用。

抗战胜利后之农田水利事业建设 稿本，国家图书馆藏。

章元羲著。章元羲（1913～?），江苏吴县人，生于天津，水利学家。本书后发表在农产促进委员会《农业推广通讯》第4卷第7期《抗战胜利后的农业建设》专号中，随后又铅印单行。全书共4章：我国农田水利过去之历史及其成功、农田水利之现状与需要及其待解决的问题、战后农田水利推进之计划、抗战期中应行准备的事项及办法。作者认为，我国灌溉土地面积，仅占全国土地面积的千分之二，远远低于发达国家，要解决民食问题，就必须加强农田水利方面的建设。战后亟需采取的措施，除加大水利工程建设（灌溉、排水、放淤、洗碱、垦泽）外，还需要普及和制定农田水利方面的政策法规、解决农民的心理负担、科学收集与农田水利有关的数据、培养人才、改良农村经济、组织农田水利合作社等等。本书篇幅较短，是一份纲领性的文件。

重要作物　1931年8月上海商务印书馆铅印本，1945年1月重庆商务印书馆铅印本。

唐启宇著。唐启宇有《农业经济学》，已著录。本书共10章，先概论作物的意义、作物之重要性及其分类，然后分章论述稻、小麦、杂粮（如大麦、玉米、蜀黍、粟等）、棉、麻（如大麻、苎麻、黄麻、青麻等）、油料作物（如大豆、花生、油桐等）、茶、烟、烟草、甘蔗及甜菜等的来历、性状、栽培、主产地、销售、虫害及防治等。附录《重要作物轮栽表》。

稻作　1939年中华书局《农业丛书》本。

徐正铿著。徐正铿有《化学肥料硫酸铔》，已著录。稻在我国的栽培历史已有四五千年，但由于农人缺乏科学知识，耕作守旧，品种退化，虫害孳生，以致产量减少，甚至白米皆须仰仗他国。而研究者又缺少实地调查，对各稻作区的风土环境、耕作方式缺乏了解，所著书籍皆泛泛而谈，没有指导价值。作者遂费多年心力，写成本书，包括稻的栽培历史、稻的性状及生长特点、稻与气候土壤的关系、陆稻栽培、灌溉与施肥、播种与移植、稻田管理、稻种改良、病虫害防治等内容，其中又以播种移植、稻田管理、病虫害防治篇幅最多，是全书重点。为写成本书，作者在各稻作区实地调查达7年之久，自认为本书得我国稻作“真确之情形”，足为我国稻作种植之参考。从叙述来看，确如作者所言。比如，水稻的品种，作者就记载了数百个。每个品种的浸种时间、播种数量、生长日数、耕作方式、田间管理也都有详细的记录，绝非其他崇尚空谈的著作所能比拟。

四川小麦之调查试验与研究　1942年四川省农业改进所铅印本。

蔡旭编。蔡旭（1911～1985），字勖敏，江苏武进人。小麦栽培及遗传育种学家。本书分概况调查（自然环境、小麦产销情况、栽培情况、小麦种类及分布）、试验研究（四川省气候与小麦生育的关系、品种易地种植的影响、育种试验及栽培试验的成果等）、良种推广、今后工作的重点和建议四部分，扼要叙述了四川省农业改进所各农场5年（1936～1941）来小麦调查、试验、研究、推广的情况。改进所的重要成果，是调查了川省74县地方麦种的分布情况，并在成都种植了1 700余种中外麦种，同时又与中央农业实验所合作进行3个小麦区域实验（黄河流域、珠江流域、西南高原区），通过对这些麦种的性状研究，探讨了小麦自然分区的问题。蔡氏认为，“惟就一般而论，远地引进品种难望有良好之结果”，如未经试验，冒险大量引进，往往造成浪费。本书为以后我国小麦的生态型划分提供了良好基础，促进了我国小麦育种、引种工作的进步。

棉　1923年上海商务印书馆铅印本。

过探先著。过探先（1886～1929），原名宪先，江苏无锡人。农业学家。本书分7章，包括棉的重要性、世界棉产概况、棉的植物学特征、棉的栽培方法、棉的选种方法、我国棉产面临的问题等。书中对棉花的选种问题尤为重视。作者说，解决我国的棉产问题，无非有二，一是增加产量，二是改良品质。其方法，除扩大生产、改变耕作方式、防治病虫害外，以选择优质种子最为重要。种子的选择有两种方式，一是输入优良的美棉，二是对中棉进行改良，二者应同时进行，缺一不可。中棉改良的方法，惟有实行单本纯系选种，此法“最有把握而见效最速”，而不必另求良方。且经单本选种育成的棉种，不论品种如何优良，如何纯粹，选种必须继续，以便进一步淘汰存在缺陷的棉种。对旧式棉与大豆、小麦等夹种的栽培方式，作者也提出了批评，认为这是导致棉产过低的原因之一，不可不慎。本书1929年再版时更名为《种棉法》，收入商务印书馆《万有文库》中。

国立中央大学农学院之良改棉种 1939年国立中央大学农学院铅印本。

俞启葆著。俞启葆(1910～1975),江苏昆山人。农棉学家。我国的棉种改良事业开始于1919年,主要由东南大学负责办理,十余年来的苦心经营,成绩尚为可观,作者因将历年来该校的育种情况,详加叙述,以明得失,主要分析了爱字棉、脱字棉、江阴白籽棉、孝感长绒棉四类棉种的来源、行状与特征、育种经过、育种成绩及分布推广情况。卷末,作者通过对历年经验的总结,提出了自己的几点建议:驯化美棉、改良中棉,完全有可能,但目的必须明确,材料必须完备,靠选种淘汰棉种的不良性状,几无可能;育种的材料不必求多,而要少而精密,对选株的品质考察,尤要严格;生产能力的考察,虽有赖田间布置及分析方法的精密,但田间观察更应引起注意;育种之时,应尽量采用未改良种作为对照,并宜在各处作品种试验,以确定推广区域。

云南木棉研究报告 1948年农林部中央农业实验所铅印本。

奚元龄、陈仁著。奚元龄(1912～1988),江苏武进人。棉花遗传育种专家。本书共3编:第一编《木棉生长习性产量及品质之研究》,奚元龄、陈仁撰。作者根据云南省建设厅迤南林务局及云南全省经济委员会开蒙区垦殖局的有关资料,对木棉的生长周期、历年产量、木棉品质作了详细研究。实验结果表明,正常的木棉有两个生长周期,与普通棉花一年只开花一次结果一次不同,在农业生产上很有实用价值。但木棉的生长受温度的影响明显,温度过低,开花、分枝皆成突减之势。木棉的产量自栽种后二三年起产量递增,三四年达到稳定,产量与气温、田间管理有很大关系。木棉品质甚佳,惟同籽与异籽之间,纤维差异甚多,亟需改良。后两编《木棉成铃之研究》《木棉之整枝及更新》,皆奚元龄撰。主要研究木棉的成铃时间、成铃百分率、棉铃受损情况以及整枝、更新情况,也得到了一些极有价值的结论。如木棉更新,如采用七月更新(第二生长周期),产量损失甚多,毫无经济价值可言,须加以禁绝等。但有些实验,因木棉惨遭战争摧毁,未能获得结果,殊为可惜。

药用植物实用栽培法 1945年重庆商务印书馆铅印本。

周太炎著。周太炎(1912～2003),一名大贤,字慕莲。江苏常熟人。植物学家。周太炎在1940年曾出版《经济药用植物学》一书,选择易于栽种的一年生或二年生药用植物20种,介绍它们的功效和栽培方法,深受各省医药卫生和农林机关的欢迎。以此为基础,自1944年起,他又开始编写本书,内容较前书有大幅增加,多年生植物亦收录在内,总计50种,主要以适合四川种植的植物为主。在编排上,本书也更科学。每种植物都按学名、科名、形态、产地、药用部分、效用、成分、栽培法进行论述,而删去前书别名、药物修制、分量、附方等内容。中华人民共和国建立后编写的《中国药用植物志》,也是按照这一结构。在栽培上,本书也并非只是流于纸上,很多药物作者都作了播种实验。如大黄,作者就通过温床和花盆发芽试验,证明它喜欢微湿的土壤,而重庆歌乐山气温太高,土壤干旱,就不宜种植。

实用园艺学 1939年铅印本。

孙云蔚著。孙云蔚(1908～1968),原名华,江苏吴江人。农学家。本书分总论、各论两编,总论叙述园艺的定义、我国园艺的现状、栽培上的基础知识(土壤、肥料、灌溉、种子、育苗、繁殖、病虫害、农具、果实加工与储藏等);各论按果树园艺、蔬菜园艺、花卉园艺、造庭园艺分类,讲述具体的栽培方法。全书涉及的园艺植物总计500余种,数量之大,远超同类著作,且凡栽培上的 切学理和技术,都备载无遗,手此一编,小到个人园庭、大到农村建设,都能按图索骥,"获科学的解决"。当然,本书也有不完备之处,"栽培气候,以中部及北部为主,南部为副",以水果而言,如荔枝、香蕉等,就均未述及。还有些记载,如蘘荷,作者认为原产日本,实本日人说法,其实原产在我国南部,《楚辞》中就有记载;南瓜原产中美洲一带,作者却分为美国南瓜(美国原产)、印度南瓜(印度原产)、中国南瓜(中国原产),也是不正确的,我国的南瓜乃是明代从美洲传入。凡此之类,皆须加以辨别。

中等林学大意 1934年上海中华书局铅印本。

殷良弼著。殷良弼(1894～1982),字梦赉,江苏无锡人。林学家。本书一共4编,第一编绪论,讲述林学的起源、林业的目的和效能;第二编造林,是全书的重点,论述造林的目的、林木种类和习性、造林与气候及土壤的关系、造林的方法等,尤侧重人工造林;第三编抚育及养护;第四编森林作业法。由于本书是专供中等农业学校或师范学校使用的关于森林学的入门教材,因此相比其他同类著作而言(如凌抚元《林学大意》),较为简单,所涉及的树木种类也不多,且多以北方植被为主。但本书选择的材料,都是作者多年经验所得,较为可信,与其他耳食者不同。如书中所附桧、合欢、刺槐等18种植物的种子实验表(重量、发芽率、成熟期等),就是作者执教北平农业专门学校林场时历年实验的结果,有很强的实用性。

养蚕法教科书　1918年上海商务印书馆铅印本。

郑辟疆著。郑辟疆(1880～1969),字紫卿。江苏吴江人。蚕桑教育家。本书乃作者执教山东省立农业专科学校时编写的教材之一。作者另编有《桑树栽培教科书》《蚕体病理教科书》《制丝学教科书》等教材多种,皆经大学院审定,作为中国蚕丝教育的系列教材在全国发行,受到各地农校的欢迎。本书包括总论、养蚕与蚕具、养蚕之准备、饲育法、蚕种制造、蚕业经营等章节,内容精邃,实用性强。在总论中,作者提到,自19世纪中叶始,世界蚕业已进入第四期,中日义(意大利)法四足鼎立。特别是日本,蚕业发展迅速,蚕丝输出额已经超过了中国。而我国却进取不力,欧美蚕丝消费额占有量由以前的40%下跌至29%。蚕丝是国货输出的大宗(约占总额的25%),只有振兴蚕业,才能扩张利源,挽回颓势。可见作者拳拳救国之心。

养蚕法讲义　1931年南京民丰制种场铅印本。

顾青虹著。顾青虹(1895～1985),原名召菂,江苏无锡人。蚕学家。本书分两编,主要根据日人著作及作者经验编写而成。前编为养蚕前的准备工作,包括蚕种、蚕室、蚕具、饲育法等;后编为具体的饲养方法及原理,包括扫蚁、蚕室室内环境、饲料、给桑法、除沙、扩座分箔、眠蚕管理、上簇法、收茧等。书中提出了几条主要的饲育原则:一选择适良的饲料、二给桑适度、三供给适当之蚕座、四务求清洁、五制造适当的气象(室内环境)、六其他恳切之管理等。同时,作者也指出,这几条原则不过是“饲育之大道”,并非饲育之真髓。因为蚕作为一种有机生物,生活现象颇为复杂,绝非依靠某种单纯方法就可支配。因此,了解蚕的生理习性,用学理和经验得来的知识观察蚕的活动,推测其生理状况,顺其所欲施以适当的方法和手段,方是养蚕的核心所在。

实业部中央农业研究所民国二十二年家蚕品种实验第一年结果报告　1935年实业部中央农业研究所特刊本。

孙本忠著。孙本忠(1897～1968),字飏绳,江苏吴江人。家蚕育种学家。家蚕品种改良,是改良蚕桑业最重要的工作之一。作者认为,家蚕育种短时间不能奏效,要挽救蚕桑业,必须标本兼治,一方面要坚持改良品种,另一方面要使用选种法迅速得到好的蚕种,本报告即属选种法的范畴。作者征集的蚕种共99种,其中土种66种,占三分之二,并以最良品种中四号作为标准品种,以资比较。调查的项目包括蚕期实验、蚕茧实验、蚕丝实验三类十五项,而又以产丝量作为首要的选种目的。作者最后得出结论,99种蚕中,产丝量超过中四者有9种,土种中则只有1种超过中四。但土种在蚕丝的伸强力方面,却有独特的优良性。这份报告,虽然只有一次实验,不能算作定论,却为研究者提供了详实可供参考的资料,为当时的蚕桑业注入了一针兴奋剂。作者也自认为“前途希望实属不尠”,并预计如在此基础上继续工作四五年,一定能选出更优良的蚕种。

蚕种学　1935年上海商务印书馆铅印本。

陆星垣著。陆星垣(1905～1991),江苏无锡人。家蚕遗传育种学家。本书是陆氏在中国合众蚕桑改良会镇江女子蚕业学校任教时所用的讲义,主要参考日人高桥依势次郎《蚕种学教科书》等著作编写而成。全书包括蚕的种类、春夏蚕种制造法、越年蚕种保护、蚕的遗传与变异、蚕品种改良法、蚕种制造场经营设计等章节,尤其对人工孵化法讲授最详。所谓人工孵化,就是指在人为的物理和化学刺激下,使越年蚕卵在产下后,年内就可再孵化为不越年蚕种的一种孵化方式。这些人工孵化的蚁蚕，体质强健、整齐划一，蚕丝质量好，且可根据需求随时供应。人工孵化有人工越冬、浸酸、浸汤、电气等多种方法，但最常用的还是稀盐酸孵化法（普通浸酸法）以及冷藏盐酸孵化法（随时浸酸法）。特别是冷藏盐酸孵化法，虽然在日本等国已施行有年，在我国却是新技术，1927 年才在江苏实验成功并大面积推广。实验的成功，对我国的养蚕业而言，影响深远，这也正是作者将其作为全书重心的原因。不过书中遗传育种等理论章节，论述稍显简陋。

蚕种制造　1945 年上海中华书局《农业丛书》本。

殷秋松著。殷秋松（1909～1976），字子隽，江苏武进人。家蚕育种学家。本书包括品种改良、原蚕饲养、原种催青法、蚕病预防和消毒、蚕种制造、蚕种的保护与冷藏、蚕种人工孵化法、蚕种制造经营等章节。由于当时我国改良蚕业，多取法日本，而作者又尝就学日本，因此作者以日人加纳锐所著《蚕种制造实务要览》一书为中心，删去不适合我国的内容，加入其他日本及我国学者的研究成果，将蚕种制造的学理、技术要点，用条目的方式，编纂成本书，即作者所说“亦可谓之《蚕种制造字汇》”者。作者自己的意见，则以“备考”的方式附录在后。本书的缺点，毋庸置疑，是以日人的成果为主，对国内的资料收罗不多，仅品种改良和蚕种制造经营两章略有采集，比如冷藏盐酸孵化法，江苏农场早已取得成绩，本书则未见反映，殊为可惜。

蚕种指导　1948 年南京正中书局铅印本。

殷秋松著。战后，我国由于内外政治动荡，蚕丝事业大不景气，江苏省蚕业改进管理委员会因此特意召开座谈会，商量对策，认为挽救之道，唯有提高产品质量，降低成本，而此两者均应从农村养蚕人家入手，帮助其改进育蚕技术、革新经营方式，并拟于 1947 年春起，集中种场、茧行、丝厂的力量，为农家广设指导，本书即为蚕业指导员而作。全书分两编，第一编为总论，包括绪言、中国农村社会、蚕业指导员服务须知等内容；第二编为蚕业指导的实施，包括调查与组织、共同购买、蚕病防治、共同催青、稚蚕共育、壮蚕饲养、蚕业合作等内容。本书重点强调两点，一采用科学的方法育蚕，二组织养蚕合作社改变经营方式。其论合作社云，合作社关系到“蚕农自身利益”以及“国家经济”，应是最为紧急推行的普遍组织。这其实与当时国民政府强制推行的“乡镇保合作社”制度息息相关。

中国水利史　1939 年上海商务印书馆《中国文化史丛书》本。

郑肇经著。郑肇经（1894～1989），字权伯。江苏泰兴人。水利学家。本书分为黄河、扬子江、淮河、永定河、运河、灌溉、海塘、水利职官 8 章，对上述河流的水患历史、治理情况、各省灌溉工程、江浙海塘利弊得失，以及历代水利机构变迁皆作了详细论述，特别是对广义运河的定义以及价值的认定，堪称深见卓识。书中另附《黄河变迁图》《运河全图》等 8 幅，亦极有价值。但由于成书仓促，本书在结构和内容上仍有不足。在例言中，郑氏就提到，由于资料相对匮乏，一些重要河川（如珠江、钱塘江、闽江、黑龙江等）、海港、水力都略而不谈，这使读者难以了解中国水利的全貌；其次，全书既称“水利史”，似宜从“水利”二字入手，将各章合并为防患治河、农田灌溉、航运交通等几大部分，相比以河道为纲，更为恰当。

江苏水利全书四十三卷　1949 年南京水利实验处铅印本。

武同举著。武同举（1871～1944），字霞峰，号两轩，江苏海州（今属连云港）人。光绪举人。水利学家。本书成书于 1944 年 2 月，原名《私纂江苏通志水工稿》，本拟作民国《江苏通志》的《地理水工篇》，因《江苏通志》修纂未果，作者遂发愤私纂，以成此稿。全书 7 编，第一编江，附秦淮水、滁水；第二编淮，附旧黄河史略；第三编江北运河，附江北运河水系；第四编江南运河，附江南运河水系；第五编太湖流域，附胥溪、东坝考；第六编江南海塘，附崇明县海塘；第七编江北海堤，附古代云台山海堰。作者认为，述水利当明系统，与一般志书之述山川有别。又谓水利之外，别有水利工程，此又与旧例河渠志有别，均有见地。本书每一编前，都有历史提要、现势述略两篇，资料丰富，编纂精审，读此可明江苏水利古今大势。故黄文熙评云：“（此书）堪称华东水利资料之宝库，实为切合目前需要之重要文件。”作者稿本 14 册，曾由其子捐献给南京市军事管制委员会水利部，今藏连云港博物馆，铅印本即据稿本重排。

淮系年表全编 1929年铅印本。

武同举撰。武同举有《江苏水利全书》，已著录。本书是武同举历经8年时间写成的，全书4册，分三部分：一是淮河年表并图，二是淮河历代水利与水患，三是淮河水道篇。列出上自唐尧、下至宣统末年淮河水系水患、水利大事。附淮系年表岁纪编、淮系年表补遗。从体例上看，本书既是一本编年体的淮河水利史专著，又是一本记述淮河水利的志书。

两淮水利 1947年12月上海正中书局铅印本。

胡焕庸编著。胡焕庸有《中国人口之分布》，已著录。本书系胡焕庸等1934年考察江北淮扬一带后所著《两淮水利盐垦实录》（南京国立中央大学地理系，1934年刊印）中水利部分的重刊，分概说、地形与水利区域、气象与水文、沭河与蔷薇河、沂河六塘与灌河、微山湖与中运、盐河与临洪、淤黄、淮河与洪（泽）湖、清江附近之河道、里运与高宝诸湖、归江十坝、归海五坝、下河水道、串场河与归海诸港、各种导淮计划评议等16章，重在实况与病理之叙述，讲解河流发源、历史、为害原因等，并根据相关数据绘制表格，简明易懂。作者受法国地理学之影响，尤为注重地理环境中人的作用，作者强调地域差别“非完全由于地利之厚薄，亦人谋臧否之所判”。附录连云港述略（李旭旦），分开港简史、位置及形势、气象、地质与水文、筑港计划之检讨、现行工程之实况、连云（港）市、结语8节。卷首有胡氏自序（1947年3月于中央大学）。按：李旭旦（1911～1985），江苏江阴人。人文地理学家。南京中央大学地理系毕业，英国剑桥大学理学硕士。曾任中央大学教授、南京师范学院地理系主任。

江淮水利施工计划书 1919年2月江淮水利测量局铅印本。

张謇编。张謇有《农林工商政见宣言》，已著录。张謇极为关注苏北水利。清末民初，复淮、导淮议论峰起，有的主张全部入海，有的主张江海分流。1919年张謇发表《江淮水利施工计划书》，分绪论、淮运施工计划、沂运施工计划、沭水施工计划、结论5章。作者分析了各种观点的优劣，以实际测量的数据为依据，主张三分入海、七分入江。入江路线由三河经高宝湖，入里运河归江各坝，至三江营和瓜洲入江；入海路线由张福河循废黄河至涟水，从涟水至甸湖开挖新河，以下路段仍按旧黄河入海。本书文字和地图、图表并重，提供了大量确实的勘察测量数据，并估算经费，对来源、开支、回报作了初步设想。作者反复申明水利的重要性：“生计之稳固莫如农垦，农垦之先莫如治河。”

导淮工程计划释疑 1933年导淮委员会铅印本。

须恺著。须恺（1900～1970），字君悌，江苏无锡人。水利学家。黄河夺淮后，淮水入江，泛滥时闻，民不聊生。1929年，国民政府成立导淮委员会，决定实施导淮工程。工程原则主要有二：一排洪入江，以入江为主，入海为辅，江海分疏；二利用洪泽湖拦拱，以省尾闾工程，并以之蓄水，用资灌溉。该计划刊布之后，引起热议。各方人士所见各殊，对计划疑虑责难者比比皆是。约略言之，疑问主要有如下几点：如果江、淮暴涨，淮水超过或者江水不能容纳计划所定的每秒6 000立方公尺的水量，水将无处排泄，最终酿成大祸；入江水量限制为6 000至9 000立方公尺，根据何在；高宝湖原为淮水潴泄之所，今湖中筑堤，夺去其蓄洪能力，会不会造成下游洪水之灾；洪泽湖筑成水库，能不能确保无决堤之虞，最大容量是否足够蓄积余水；淮害的主因是洪泽湖淤垫，废黄河河槽高仰，计划不能降低洪泽湖水位；导淮当以入海为主，不应以入江为急务等。作者因此综合二十六种意见，详细研究，一一加以解释，最终编成本书。

流水挟运泥沙之通式 1943年油印本。

沙玉清著。沙玉清（1907～1966），字叔明，江苏江阴人。水利学家。本书是国立西北农学院农田水利研究部研究报告之一。自1879年法国人杜步亚（du Boys）创立扫力理论阐述流水的挟沙能力以来，各国学者竞相研究，发表见解，其中以A. Schoklitsch挟沙量为比降与单位河宽内流量的函数最为著名。沙氏此文主要研究我国西北河渠流经黄土区域时挟沙量的情况。他首先论述了泥沙的通性、流水含泥后物质性质的改变；接着论述了流水含泥能力的一些重要因素，最后通过分析 D. Sokolow、G. K. Gilbert 等人的实验结果，制定了新的公式。该公式因对计算流水含泥量及挟沙量均适用，故名曰通式。该通式因只有湿周(R)、比降(S)、泥沙粒径(d)、涡率(Re)、比重(γ)少数几个变量，且有些变量变化较小，影响不大，可以忽略，因此计算非常简单，惜文中缺乏实验数据作进一步验证说明。作者这一研究，为他日后撰写《泥沙运动学引论》打下了良好基础。在《引论》中，他使用了七变量来表达流水挟沙能力，更为全面精进。

第七节 工业技术

英汉对照工程名词草案(机械、航空、土木卷) 1928～1929 年中国工程师学会铅印本。

程瀛章等编。程瀛章(1894～1981)，字寰西。江苏吴江人。化学家。1925 年，中国工程师学会在杭州召开年会，提出统一中国工程名词的议案，随后即成立“工程名词审查委员会”专门负责此事。1929 年，《工程名词草案》陆续出版完毕，计土木、机械、航空、汽车、道路、电机、无线电、化学、染织 9 种。程瀛章(时任审查委员会委员长)负责土木(与张济翔合编)、机械(与张济翔合编)、航空(与钱昌祚合编)3 种，其中土木 1 800 余则、机械 2 000 余则、航空 1 200 余则。这一工作对推进我国的土木、机械及航空工程学建设意义重大，因此，本书发行后马上赠销一空。但编纂之时，由于“各方急需待用”，《草案》未待委员会审查即匆忙付梓，故遗漏和错讹之处亦少数。尤其是土木、机械两门，没两年就发现“业已残缺，亟待增订重印”，于是在 1932 年又聘请茅以升、杨毅主持修订(书未见)。1934 年，刘仙洲等人又将机械部分进行了修订，收词至 11 000 余则，较本书影响更大。

十年来之工业试验 1949 年上海中华书局铅印本。

顾毓瑔著。顾毓瑔(1905～?)，江苏无锡人。工程学家。自 1928 年中央工业实验所创立以后，各省应工业发展的需要，也纷纷设立研究实验机构。虽经费支绌、设备简陋，但各研究所在 10 余年的时间里，也取得了一些成绩。本书介绍的即此种内容，先述 12 家实验机构的情况，再介绍实验机构在工业原料、机械工业、木材工业、陶瓷工业、盐碱工业、纺织工业等十三个领域取得的成绩。概括而言，有如下几项：工业技术专利 286 件；重要的工业技术发明 29 项；仿造产品 15 件；工业问题解答 427 件；重要的工业论文 452 篇；培养专业人员 700 余人。书中的数据虽有遗漏，但大体不差，是研究我国民国时期工业发展情况的重要文献。

材料力学 1949 年上海龙门联合书局铅印本。

金一新、任开钧著。金一新(1890～1950)，江苏吴江人。工程学家。本书写成于 1948 年，作者因见坊间无适合职业学校使用的材料力学教本，遂根据自己的教学经验，编成本书。全书共 11 章，大致可分为三个部分：总论，论述材料力学的基本原理；引张及压缩、剪割、弯曲、扭转、合应力等章节，论述材料变形的基本形式；螺旋弹簧、中空圆筒及球、回转轮、混凝土及钢筋混凝土等章节，讨论一些特殊的构件。这些章节中，以弯曲一章所用笔墨最多，是全书的重点。作者指出，材料力学是一门通过应变或应力来研究材料各种现象的工业基础学科，而研究工业工程之目的，不外乎经济与坚固二事，欲以最经济之道求必要之坚固，则需从研究材料力学始，别无他途。本书以有“初等数学和物理”基础的读者为对象，故所用原理及事例并不复杂，方法亦较平易，是一本供初学者学习的入门书。

机械图画法 1919 年上海商务印书馆铅印本。

庄启著。庄启(1882～1960)，字仲希。江苏武进人。电气学家。作者有感于不少学校教授机械课，不懂投影法，不用实物进行绘制，而是照成图抄录，与作平面几何图无别，遂总结自己的教授方法，撰成本书。全书共 47 条，按其内容，大致可分为常用投影图、剖面图、图用比例、计数法、作图顺序、示例几个部分。作者的意旨，在开篇即已指明，他认为机械绘图的目的，不仅仅是为了展现机械的构造，更是为了让使用者能够依据图纸制造机械。因此，机械绘图应当遵循两大原则，一是显，即无不清之处；二是备，即无遗漏之点。此外，计数亦需准确明了，以节约制造者的时间，防止出现纰漏。本书的缺点，主要是内容过于提纲化，缺少展开，仅适合初学者。

化工原理 民国兵工学校印刷所铅印本。

严演存著。严演存(1912～?),字衍城,江苏吴县人。化工学家。本书是分两编,第一编为理论及计算,内容包括流体的流动、热的传送、挥发、蒸发、渗透、吸收、蒸馏、湿度、空气调节、烘干、分离、过滤等章节;第二编主要是图例与操作,但因条件限制,暂缓出版(未见)。严氏此书主要脱胎于 Walker、Lewis、McAdams、Gilliland 合著的《化工原理》一书,惟第一章《流体的流动》、第二章《热的传送》、第七章《蒸馏》是其自撰。Lewis 等人所著《化工原理》,是化学工程学科最权威的著作,它首次系统介绍了单元操作原理(即化工生产过程采用的粉碎、混合、加热、蒸馏等单元操作方式),标志着化学工程学科的建立。因此,严氏根据此书编译,是颇具眼光的。在严氏之前,我国论化工原理的著作尚有张洪沅、谢明山所编《化学工程机械》等书,但与本书相比,在深度上略显单薄。

无机化学工业 1925 年上海商务印书馆《大学丛书》本。

程瀛章、李续祖著。程瀛章有《英汉对照工程名词草案》,已著录。本书共 32 章,介绍了玻璃、黏土、水泥、硫酸、硝酸、盐酸、电化、磷、肥料等多种无机工业用品的生产原理及制造过程,其中硫酸、硝酸、水泥、肥料是其重点。但本书成书仓促(一阅寒暑),又多根据他人材料抄掇而成,疏漏之处亦不少。比如硝酸的制法,主要有分解硝石法、电弧法、氨的接触氧化法三种。电弧法发明于 1901 年,20 年代产销达到顶峰。但自从 1913 年实现氨合成工业法、1916 年实现氨接触氧化法制造硝酸后,硝酸制造工业发生了革命性的改变,30 年代初,电弧法即已基本被淘汰。程氏此书编写于 1925 年,虽然对分解硝石法、电弧法作了详细介绍,对氨的接触氧化法却未置一词。"三酸二碱"(硫酸、硝酸、盐酸、烧碱、纯碱)是无机化学工业的核心,它们制造方法的更新,关系整个化学工业的发展,作者的漏收是不应该的。

工业药品制造法 1937 年正中书局《应用科学丛书》本。

顾毓珍、吴守忠著。顾毓珍(1907～1968),字一真,江苏无锡人。化学家。毓琇弟。本书分为 3 编,前为概论,次为无机工业药品,再次为有机工业药品,具体介绍了 21 个门类(无机物 7 个,有机物 14 个)150 种左右工业药品的制造方法及用途。这里所说的药品,并不是指医药用品,而是指"化学物"。全书的编纂原则,大致有二。一是尽量采用经济的方法以降低工厂的成本;二是新旧法兼备,而突出新法的简便性和可操作性。以盐酸为例,作者首先介绍的是硫酸和食盐加热反应的焙烧法,就是从成本考虑。其后又介绍了当时蓬勃发展的电解法,可惜限于所见,未能有详尽的解说。再如氢氧化钠的制造,虽然介绍了石灰乳法和电解法两种,但新法电解法的篇幅远远超过石灰乳法(介绍了隔膜法、钟罩法、汞极法、熔盐法 4 种电解法),因为电解法仅用食盐作原料,方法简便,成品精良。其他像乙醇制造仍以发酵法为主,而不用乙炔合成法(乙烯直接水合法当时尚未发明),也是出于上述原因。

言油 1919 年国立北京工业专门学校铅印本。

戴济著。戴济(1889～?),字汝楫,江苏吴县人。化学家。作者将油分为四类,即动植物油脂、挥发油、石油、煤木黑油之分馏物,故撰写本书时,即以此分章,将动植物油脂作为上册,后三种作为下册。在编写时,上下两册采用不同的体例,上册为"讲义体",包括油脂总论、提炼方法、各种油脂的特点、功用等,是全书的重点;下册为"考据体",乃作者根据各种报刊论文抄掇而成,以条目为主,不多加阐述。在书中,作者多次强调,化学工业日新月异,"尽信书则不如无书",应该多看专业报刊,了解最新的研究和动态,作为进步的基础。他勉励从事化学工业者做到"五勿五须","五勿"即"勿人云亦云""勿奉书本讲义为圣经""勿鄙视土法""勿看轻劳动""勿以毕业为业已毕",其重视学习、重视实践的态度,让人肃然起敬。

液体燃料 1939 年正中书局《抗战建国中工业问题丛书》本。

顾毓珍著。本书根据顾氏在中央工业研究所数年来研究液体燃料问题的报告汇编而成,一共 4 篇,即概论(解决中国液体燃料问题的途径)、酒精代替汽油问题、植物油代替汽油问题、中国油页岩蒸馏实验。由于当时我国尚未发现储藏丰富的油田，凡石油之精炼品皆仰给于外国，抗战爆发后，燃油需求极大，因此，谋求燃料的自给成为重要的工业问题。顾氏在书中提出“标本兼治”的方针，所谓治标，即用酒精、木炭(以及其他固体燃料)、植物油代替汽油；所谓治本，即利用油页岩的蒸馏、煤的氢化、一氧化碳及氢的合成获得汽油等。作者从实验出发，详细论证了各种方法的可行性。

煤造汽油法　1938年长沙商务印书馆《工学小丛书》本。

徐宝鼎著。徐宝鼎(1911～1994)，字学固。江苏无锡人。化学家。燃料对于一个国家的发展至关重要，而众多的燃料中，又以汽油为急需。从石油中提炼汽油，是最常见的方法。但在民国期间，我国对境内的石油却无力开采。因此，利用新法获取汽油，很有意义。徐宝鼎早年即潜心人造汽油的研究，当得知英、法、德各国利用煤炭在高氢、高温、高压的条件下提取汽油获得成功后，他觉得此法很有提倡的必要，于是利用在里昂大学化学院学习的余暇，写成本书。全书包括前提(能源的重要性)、燃料通论、汽油概论、煤炭提炼汽油的方法、欧洲各国用煤炭提炼汽油的情况等章节，对具体的提炼方法、注意事项、技术难题都有详细论述。不过他提倡的这一方法，最终未能在我国实行，非常可惜。

颜料及涂料　1930年上海商务印书馆《万有文库》本。

戴济著。戴济有《言油》，已著录。本书7章，包括颜料总论、天然颜料、干法人工颜料(加热)、湿法人工颜料(加水)、染法人工颜料(代颜料)、涂料制法、涂料用法等。除染法人工颜料采用染料成分分类外，其他皆按颜色编排。书中对每种颜料的成分、制法、适用、特点、使用方法都有简明扼要的说明，尤其注重制法的介绍，比如铅白，就记录了中国法、荷兰法、卡忒法、马提孙法、攸思吞法、牢力法6种制造方法。涂料则重点介绍了亚麻油、桐油、豆油、玉黍油、白鱼油、天然漆的性质及用途。总体而言，全书的重点在无机颜料，对有机颜料(即染法人工颜料)涉及不多，只笼统介绍了酸性色素、碱性色素、不溶性色素几种代颜料的制造方法，对一些常见的有机颜料，如1899年裘留氏发明的立索尔红(当时广泛应用在石印技术上，又名石印红)等等，都是一笔带过，殊为可惜。

火药　1944年重庆商务印书馆《国防科学丛书》本。

严演存著。严演存有《化工原理》，已著录。本书是作者根据自己的笔记，以及在兵工学校、重庆大学、西北工学院教学时的讲义整理而成。而材料的来源，则多为德英法有关的书籍和杂志。本书一共有18章，前3章为总论，即火药的定义与分类、火药的力量、火药的安全问题，后15章为分论，具体讨论各种火药的组成、制造以及性质、用途等，包括黑火药、液体火药、硝化纤维素、硝酸铵、硝化甘油、硝酸酯、芳香族硝基物、无烟火药等。此书与作者在兵工学校时所撰《火药学》一书相比，结构上基本一致，但更为简明，没有复杂的理论和繁琐的公式计算，盖本书偏重大众、《火药学》偏重专业学生之故。

中央陶瓷试验场工作报告　1930年中央研究院工程研究所铅印本。

周仁、刘兼编辑。周仁(1892～1973)，字子竞，江苏江宁人。陶瓷学家。中央陶瓷试验场成立于1928年，是专门研究中国传统陶瓷工艺技术的机构，由周仁担任试验场主任。本书是对陶瓷试验场二年来各项工作的总结，包括窑、原料分析、坯泥配合、成型法、釉彩等内容。其最大的特点，是“以科学的方法研究历代的古瓷”。比如窑炉的设计，就采用德国的式样，并配置了光焰法高热测验器(火焰高温仪)、及热电流高热测验器(热电偶)；各项原料也都采用现代化学分析的手法，使用的是柳大纲、张继龄等人研究的数据；各色釉的配比分量、火候，以及熔剂的成分，也有非常详细的数据。故宋伯胤在《对古陶瓷研究的反思》一文中盛赞本书，认为它是“我国第一篇以科学技术研究成果为基础的我国古代陶瓷工艺的研究成果”。

宜兴陶业之初步化学观察　1931年国立中央研究院化学研究所铅印本。

王琎、柳大纲著。柳大纲(1904～1991)，字纪如。江苏仪征人。化学家。作者以为，宜兴是世界石器制造的发源地之一，几百年来陶业称盛，但近年来陶业出现不振之势，要改良补救，应从科学研究入手，首先要做的就是分析陶料（不料和釉料两种）的化学成分，因此作者托葛伯寅从宜兴鼎山一带征得陶料二十余种，按美国标准局及 Scott 分析耐火土、陶土的方法，逐一加以测定。通过分析，作者发现，宜兴陶器之所以能以色取胜，是因为不料含有较为丰富的 Fe_2O_3，但铁在高温下，要控制色彩很难，窑工靠经验虽甚可靠，但如辅以科学的方法，可能事半功倍；而从釉料来看，其亦富含铁质和锰质，但缺乏铅质，而且不用釉果、釉灰等材料，改进空间非常之大。同时，作者也指出，由于我国的工业原料开采制炼无标准可循，这次采样也未能使用科学的方法，这个结果可能尚不足以代表平均成分，只能聊识一斑。但这次实验，丰富了我国制陶业的科学数据，是一次很有价值的尝试。

摄影用干片速度之变迁及其与显影液关系之研究　1928 年铅印本。

王季点著。王季点（1879～1966），字巽之，号希琴，江苏吴县人。本书系王氏为《光社年鉴》第二集所撰研究摄影之论文抽出单行者。王氏精通化学及摄影，故此书依据他自己的研究以及摄影经验，对干片和显影液的性质、用途、保存方法作了详细的阐述。约而言之，有以下数点：干片制成后，在保存期间速度会逐渐下降，高速度干片尤其明显；曾经曝露的干片溴化银结晶，遇显影液后，可还原为银粒，然未曝光者，无此现象；显影液可分为还原剂、保存剂、促进剂、缓和剂四类，性质各异；新旧干片未经曝露者，对显影剂的反应不同，旧干片在不含缓和剂的显影液中容易起雾，可通过增加缓和剂、减少促进剂来防止或减少这一现象，但干片速度会变小；旧干片的起雾现象，可以用来判断干片的新旧程度及制造适用的显影液，但需精密控制促进剂和缓和剂的用量；迅速摄影所用显影液，不宜加缓和剂；显影液宜分还原剂与保存剂、促进剂、缓和剂三类分别储藏，还原剂需盛满全瓶密塞等。对摄影爱好者而言，本书很有指导意义。

衣食住行工艺概要　1935 年上海中华书局铅印本。

薛明剑著。薛明剑（1895～1980），原名萼培，江苏无锡人。实业家。本书原名《民众实用工艺》，是作者在中央大学农学院和民众教育学院授课时的讲义，包括衣食住行 4 编。作者认为，工艺的繁盛与否，关系一国贸易的盛衰，关系国民经济的强弱。我国的工艺制造虽较以前有了一些进步，但由于数千年来重农重士不重工，工艺不振由来已久，而传入的欧美工艺虽多，也不能继续精求，事事以模仿为能，殊可浩叹。故本书就衣食住行 85 种生产工艺进行了讲说，目的是希望从事工艺事业之人，能将我国的工艺事业发扬光大，为民众谋福祉，达到“民生主义”的目标。书中对每种工艺它的机械、厂房、原料、新旧制造法、用途、管理都有详细的讲解，有些工艺，作者根据自己的见闻，还给出了科学的改进建议。本书的出版，不仅给民众提供了切实可行的技术指导，也为后人研究中国工艺技术发展史提供了根据。

煮茧学　1942 年中央技专出版组油印本。

戴亚民著。戴亚民（1912～1984），又名元亨，江苏无锡人。蚕丝专家。本书共 8 章，详细介绍了煮茧用水，以及煮茧的作用、方法、器具、相关事项等，是一部理论性、操作性都很强的专业著作。作者指出，煮茧是缫丝前重要的准备工作，茧的煮熟程度，与缫丝工作、丝量、丝质（三要素）息息相关。本书通过大量的文献数据，制定了煮茧的各项要求，如茧内外层煮熟均一、茧解舒良好、不产生过多屑丝、控制丝胶的溶解量、不伤害丝的品质、方法经济适用等，同时对水的硬度、汤液的 pH 值、茧的吸水率、煮茧温度及时间、煮茧方法的采用也作了明确规定，如水硬度要求在德标 5 度以下、吸水率在 95%～97%，前煮茧与后煮茧时间为 4∶6 等，都很有指导意义。尤其是根据当时工厂大量采用自然水的情况，对制茧用水作了大幅描述（包括自然水的分类、成分、与制丝的关系、水质改良方法等），更为同类作品所不及。

酿造酱油之理论与技术　1948 年上海商务印书馆铅印本。

秦含章著。秦含章（1908～），江苏无锡人。食品发酵工业专家。制造酱油在我国有悠久的传统，且酱油作为日用必需品，人皆用之，然旧式酿造法不仅设备简陋，卫生堪忧，且酿造时间长，成本昂贵，加之外货横行，与之争利，因此推广新法酿造，实有益国计民生。但我国的酿造厂家，不管方法是否高明，产品是否精良，对于自己采用的方法和配置比例，皆严守秘密，不轻易示人；坊间出版的书籍，又或言不由衷，又或人云亦云，缺少确实的指导及精密的记载，因此作者根据自己在四川省立教育学院主持农场农艺化学室的研究和生产经验，取可行的，一一详细辑录，编为本书。全书共 14 章，包括原料及处理、制麹、制醪、酱醪压榨、酱油消毒及贮藏、酱渣的利用、套油调制、酱油检验、工厂设计、酿造成本等内容。新法酿造与旧法酿造的最大区别，就是制麹工作的不同，只有利用纯粹培养的麹霉，制成优良的种麹，才能进一步酿造优质的酱油，故全书又以制麹一章最为详尽，而制醪次之。

电机工程概论　1933 年上海商务印书馆《万有文库》本。

陈章著。陈章(1900～1992)，又名端臣，字俊时，江苏苏州人。电子学家。作者将电机工程分为两大类，一类是电力工程，包括电力的发生、输出和应用等，即书中发电机、发电厂、变压器、电动机、电照学、电机铁道、电镀、电池等章节的内容；一类是电信工程，即书中电报、电话、无线电、电视等章节的内容。由于是普及性质的读物，本书主要以介绍为主，对一些艰深的理论一般不作阐述。但从内容来看，虽每章都不能臻于详尽，却也面面俱到，读者手此一编，对该学科的发展基本能有清晰的认识，非其他东拼西凑、寻章摘句者所能比拟。书中对一些新事物的推崇，更是不遗余力。比如电视，当时尚在试验阶段，作者已预卜它日后必能兴盛，因此对电视成像的原理，作了全面的讲解。其他像写真机、电机铁道、感应电动机、短波无线电通信，也都有详细的介绍。

工程名词—电机工程五千余则　1934 年中国工程师学会铅印本。

顾毓琇著。顾毓琇有《中国经济的改造》，已著录。1929 年，中国工程师学会为统一编译工程名词，陆续编辑出版了《英汉对照工程名词草案》9 种，其中电机部分由尤佳章执笔，约有 2 500 余条。由于译名业内分歧很大，且初版早已告罄，中国工程师学会遂邀顾氏重订此书。顾氏此书共 5 000 余条，相比旧版，有如下几个特点：一、采摭众本，又多取习见之词，以求划一。据自序，顾氏在编写时参考了中国电工杂志社常用名词、中华工程师学会《华英工学字汇》、建设委员会《电机工程应用名词》、日本《英和工学字汇》等 10 余种著作。二、注重相关学科之间的联系。比如采用中国物理学会《物理名词》等。三、对于争论较多的大小数的处理，顾氏仍采用创造新字的作法，如将千分之一安、千瓦合写成一个字；同样的单位，在不同的场合，采用不同偏旁的写法：静电单位安，下加“凵”；电磁单位安，下加“辶”等。虽然阅读时一目了然，却给平常书写和印刷带来不便，从而遭到很多学人的反对。

无线电与中国　1931 年铅印本。

王崇植、恽震著。王崇植(1897～1958)，字受培，江苏常熟人。恽震有《建设委员会电气事业专刊》，已著录。本书共 10 章，前四章为无线电的历史以及欧美无线电的发展概况，第五章为无线电的功用及将来，后几章为中国无线电的发展概况以及今后的整理与建设等等。作者在书中提出四条建议：一、全国通讯网之完成，不能专恃有线电或无线电一项，实有待于二者之分工合作，截长补短，相互为用；二、我国的国际通讯主权被外人把持甚久，亟宜收回。尤其大东、大北公司在我国铺设的水线，现合同期满，绝不可继续；三、由于我国有线电受制于人，而现今无线电蓬勃发展，中美、中德、中法、中菲等无线电路已经通达，欲求国际通讯主权的独立，舍无线电一道末由。因此，需大力提倡无线电研究以及无线电器材的制造，努力把我国建成“无线电科学研究之大本营”；四、电波散布空间，虽人皆可取，但应参照国家无线电报公约，制定规则，对各电台波段进行管理，防止互相骚扰。李范一评云：“本书以世界政治经济眼光，对中国无线电通讯作一有系统的研究”，“诚为不可多得之新著。”

无线电工程学　1939 年长沙商务印书馆铅印本(四版)。

陈章著。陈章有《电机工程概论》，已著录。本书写成于 1926 年，原名《无线电工程概要》，抗战时书版全毁，故作者又重新修订，改名为《无线电工程学》，用作职业学校的教材。第四版共有 14 章，包括电子学原理、无线电交通、震荡电路与谐振、减幅及等幅波无线电报、真空管原理及其应用、无线电话、短波与超短波无线电等。相比第三版，本书主要的改动在于将特式真空管（指多极管）独立一章，又将超短波与原来的短波合为一章，体现了作者与时俱进的态度。比如五栅管（七极管），因为具有震荡和检波的双重作用，使用它不但可以大大简化电路，而且还能保持震荡功能的稳定性，是当时最流行、最精密超等外差式收音机的重要元件，但它发明于 1933 年下半年，而本书的第三版在该年的上半年已经修订完毕，因此没能采入，而四版重订特意作了详细介绍。同样，短波与超短波也是当时研究的重点，故而单独成篇。后作者翻译美国人特尔曼所著《电子学与无线电原理》一书，本书遂废。

无线电工程　1944 年重庆军事委员会政治部印刷所铅印本。

陆鹤寿著。陆鹤寿（1913～?），江苏吴县人。无线电专家。本书一共 4 册 34 章（第四册未见），第一册为无线电波的基础知识、电阻与电容、电感、电子管、电路；第二册为放大器、调波器、震荡器、检波器、整流器；第三册为无线电接收器、发射器、天线、航用无线电；第四册为电声设备、超高周率电波与微波、无限广播、无线电视及各种无线电的应用等，内容相当全面，特别是对无线电界的新进展，都设有专章介绍，尤为难得。比如电视、调周、超高周三章，就展现了当时无线电发展的趋势。此外，以往无线电方面的著述，对于电路符号往往各执一说，难以统一，作者在参考美国近期的同类著作后，毅然舍弃了当时在我国影响很深的 Terman（即弗雷德·特曼，硅谷之父）《无线电工程》一书中的符号，而改用美国无线电工程师学会 1938 年新订标准符号，这对我国无线电事业的推广意义重大。中华人民共和国建立后，此书得以再版，但书中采用的美国标准因是资本主义毒瘤，被迫作了修正，不过结构和内容方面并没有大的变更。

城市计画学概论　1927 年上海商务印书馆《市政丛书》本；1930 年上海商务印书馆《万有文库》本。

郑肇经著。郑肇经有《中国水利史》，已著录。本书包括四个部分，绪论、旧市之改良（旧路展宽、新路添设、不卫生城区的改造等）、新市之计划（总论、房屋建设、段落界画、道路建设、广场设备等）、城市建筑条例（概论、沿革、分级制建筑条例、建筑条例与人生的关系等）。作者深受当时西方规划思想的影响，故书中案例多以欧美（德国最多）为主。本书是我国第一部关于城市规划的著作，书中提出了很多极有价值的观点。比如新市的建设，首要考虑殖民、交通、卫生三项；“旧城之古迹，如堡垒、寺庙、碑碣、古树之类，毁之不可复得，必加意爱护”；“（计画城市）须顾及附近一带之村镇，备将来城市发展之归并村镇时，可联成一气”，都很有见地。

公路及市政工程　1939 年长沙商务印书馆铅印本。

华南圭著。华南圭（1875～1961），字通斋，江苏无锡人。土木工程学家。本书是一部关于道路修筑及市政建设的专业著作，共 8 章 500 余条，首章为总论；第二三章为乡道及市道建设；第四章为道路附属工程，即种树、路灯、路凳、路牌、门牌等；第五章为公共卫生，主要论述用水卫生及垃圾处理；第六章为道路的维持，包括洒扫、保养等；第七章市政总论；第八章为补遗。公路及市政工程应以经济、科学为准，是作者本书的核心思想。比如论修路，他说“路应造却不能妄造”，因为妄造靡费大而效果小，且不易保养，而应以“最少之金钱”，“成最大之路程”，欲达此目的，则需“乞灵科学”。同样，他认为修建乡路，当先考虑石砟及石块路面，而不主张沥青、木块路面；架空电车和地内电车，在中国任何城市均无力设置，也“无此需要”，也都是出于经济考虑。因此，他总结市政建设的十六字箴言是“取之于民，用之于民，应有应有，应无尽无”。而诸如市民活动中心像图书馆、博物馆皆不宜设在远郊；城市建设改良旧市时，要重视开辟新市；城市道路不能设置死路等等，都体现了作者科学规划的思想。

给水工程学　1937 年上海商务印书馆《大学丛书》本。

陶葆楷著。陶葆楷（1906～1992），字伯偕，江苏无锡人。土木工程学家。给水工程是卫生工程的重要部分，作者见我国城市不但自来水厂甚少，且对水质多不讲究，乡间用水更是随处皆有污染，而讨论此学的书籍又寥寥无几，就连适用大学的教科书都很少，遂于教学之暇，编为本书。内容包括水力学、用水量计算、拦水库与坝、管道铺设、地下水取给、水的卫生与消毒等。作者认为，给水工程设计有几大原则，首要是稳固，自来水的源流要可靠，工程构造要力求坚固，构件要有敷余，以备不虞；经济上，要从水源的选择、水质的好坏等方面细加研究，以节约成本；建设上，要根据取水工程、配水工程、清水工程的不同要求，选择合理的设计，如水源为地面水，需有拦水库，若为地下水，则需普通井、自流井等。再如水的卫生问题，虽然作者说都市的自来水，要考虑经济和工业的需要，不能仅注意卫生，但全书仍有近三分之一的篇幅介绍水的清洁，可见作者对它的重视。

净水工程学　1937年上海商务印书馆《大学丛书》本。

顾康乐编纂。顾康乐（1901～1999），江苏苏州人。工程学家。本书包括天然水的性质、水质分析、给水与疾病传播、水的净化与方法等内容。作者认为，水的净化方式可分为两种类型，一是除去悬浮杂质，二是除去溶解杂质。最普通的方法即过滤法，而在过滤之前，则应先将污水帘格、沉淀、凝集。因此，本书重点介绍了慢滤池、快滤池的设计和应用，以及氯气杀菌法、氨氯杀菌法、曝气法的原理和功效。受当时工业发展的限制，本书水体净化的对象主要是指自然水和生活污水中的病原体、固质（溶解固质、悬游固质等）、耗氧有机物及无机盐等，不包括工业污水。作者另有《沟渠工程学》一书，介绍城市下水道的施工与建设，是此书的姊妹篇，有1934年《大学丛书》本。这两部书，作为我国第一套大学市政卫生工程专业的教材，填补了我国这一学科的空白，意义深远。

河工学　1935年上海商务印书馆《大学丛书》本。

郑肇经著。郑肇经有《中国水利史》，已著录。本书共6章，包括总论、河性通论、治河工程、护岸工程、堤防工程等。郑氏是德国水利学家、现代水工模型试验技术创始人恩格司（Engels）的亲炙弟子，故本书内容多半取自恩氏《水利大全》，而参以其他中外河工名著，以求完备。书末又附《河工模型试验述要》一篇，对恩氏的水工模型试验技术阐述尤详。但郑氏以为，我国治河有数千年历史，关于治河的记载更是卷帙浩繁，且记录者皆躬亲治河之役，积数十年之经验，实为有效之方法。加上世界河流各有特性，治理之方，莫不因地制宜，而有所差异。因此，我国传统的治河方法和经验，绝不能漠然视之。作者建议国人研究河工者，对于中国固有的治河方策，不但要加以学习，还要注意比较中西治法的不同，研究其利弊，加以改进。

第八节　航天航空

空中战　1915年上海商务印书馆铅印本。

孙毓修编。孙毓修有《玄奘》，已著录。本书为教育部审定之《常识谈话》，介绍从气球到飞艇、飞机的发明简史。

英德法华航空工程名词　1940年中国机械工程师学会铅印本。

吕凤章、岳劼毅、杨彭基编。吕凤章（1915～1982），江苏丹阳人。工程学家。航空学在清末即已从西方传入我国，但由于是新鲜事物，很多专有名词都没有固定的中文翻译，一些有识之士，虽有统一航空名词的想法，却多未付诸成功，这对我国航空事业的发展而言，非常不利。1929年，程瀛、钱昌祚二人在中国工程师学会的委托下，首次编成《英汉对照航空工程名词草案》一书，但收词仅1 000余条，遗漏甚多。此后继起者甚夥。1940年，中国机械工程学会与清华大学航空研究所合作，邀请航空所留学生吕凤章、岳劼毅、杨彭基三人（皆“中国航空促进会”成员）再为重订。时吕留学德国，岳留学英国，杨留学比利时，三人因收集欧美最新书籍杂志中常见的航空工程名词，参考其英、德、法文原义，谨慎翻译，回国后再加修订，得词条2 000余则，遂以付梓。在此书编订之前，我国虽有七八种航空辞典问世，但都从英语翻译而来，无一采用四国语言，且翻译者往往多非专门人士，故此书的出版，价值不言而喻。

基本空气动力学　1947年国立编译馆铅印本。

柏实义著。柏实义（1913～1996），江苏句容人。空气动力学家。本书作者执教国立中央大学航空系所用的讲义，主要根据美国加州理工大学以及麻省理工学院两校新编实用空气动力学教材，并参考其他空气动力学书籍编纂而成。一共10章，包括基本空气动力学的概念、原理、翼剖面、全机翼之性能、粘性流体动力学概论、特殊空气动力问题、废阻力等内容。虽然本书的重点是为了阐述空气动力学的基本原理，即以理论为主，但对实验亦非常注重。比如论引擎与机翼的相互干扰，就重点介绍了美国航空评议会研究所大规模的实验结果。盖作者认为，“研究实用空气动力学之第一步”，“是讨论理论空气动力学中所推定之原理，及实验空气动力学中所求得的事实，并两者间的相互关系”。故罗荣安评价本书，能综合理论、实验各家之长，是一部完备的大学教材。

飞机木质翼梁之设计　1937年铅印本。

林致平、王培生著。林致平（1909～1993），江苏无锡人。航空工程学家。翼梁是机翼的主干，地位非常重要。其由木质构造者，剖面往往为匣形。本书即研究此种木质匣梁的制造方法，其根据主要有二，一是Newlin和Trayer二人的实验结果，一是Prager拟定的木材理想化应力应变曲线。本文先介绍计算匣梁的各种应力公式，接着讨论匣梁最佳阔高比及两托缘厚度比，阔高比因变化较多，数值不定，厚度比取0.6，图编皆以此绘制，最后讨论各种材料的可抗应力以及设计步骤。经过试验，作者得出几点结论，腹板的厚度，影响腹板强度最大；层竹如胶合不好，不宜用作腹板材料，可改用层板；云杉为所试国产木材中制造匣梁托缘的最佳材料，桦木与楠木重量稍大，但亦可使用。作者自言，依照其绘制的公式图表，在正常情况下，完全可得一略强梁剖面，这一剖面，自当“应用无虞”。

欧美的航空　1933年5月上海申报社铅印本。

徐渊若著。徐渊若有《空中战》，已著录。本书为《申报丛书》第十二种，目次为：第一章欧美列强航空界的现状，分军事航空和民间航空2节，列举美、法、英、意、德、苏现状。第二章欧美列强之空防，分欧战中列强之空中袭击及损失，战前及战时之欧洲航空（战前列强之防空、战时伦敦之防空），欧美列强防空设施之现状（防空方针，英、法、美、意、苏之防空设施）、列强的民间空防设施（英、法、德、意）4节。作者指出，目前欧美航空界的现状是，在竭力扩张军事航空的同时，竭力发展民间航空，以便一旦有事，可以马上民转军。法国是空军第一大国，拥有欧洲大陆的制空权；英国稍逊于法国；美国凭借其雄厚的经济实力，大力发展航空，后来居上；德国虽然受条约的限制，但以优越的技术和工业生产力，转向民间航空的发展，势头迅猛，并扩张至海外。为大力发展空军，各国相继成立空军部或航空部，竭力增加爆炸机队和战斗机队（在战时深入敌国，破坏燃料厂、火药库和兵工厂以及铁桥、铁道、车站等交通设施，并威胁敌国国民，扰乱敌军阵势），大力研发高性能、大功率发动的远程飞机。现在，各国空军的扩张正方兴未艾。

考察欧美各国航空报告书　1937年铅印本。

钱昌祚著。钱昌祚，航空工程学家。有《军用飞行术》，已著录。1936年6月，钱昌祚奉命考察欧美各国航空事业，经欧美及日本等10余国，考察航空学校及研究所217处，次年2月回国。回国后，将所见所闻以及一些具体问题和意见，整理为专题报告予以上呈，即本书。报告一共9篇，包括各国空军技术教育、航空研究所概况、飞机制造厂概况、航空发动机厂概况、航空修理厂概况、航空器材管理、留学生学业情形以及航空技术人员待遇等，并针对我国的情况提出自己的见解和建议，概括而言，有以下数条：确定空军的使命；空军发展计划必须连续限期完成；战斗组织要便于动员；人员训练要学校和服务齐头并进；增加人员待遇；航空器材要争取自给自足；加强航空研究机构的建设；航空器材要物尽其用；提倡民航事业，加大民众航空教育的宣传等。其中，尤以航空研究机构的建设最为紧迫，因为它关系到人才的集中、科研的进展，是当务之急，重中之重。

航空气象学　1940年国立编译馆铅印本。

黄厦千著。黄厦千（1898～1977），原名应欢，以字行，江苏南通人。气象学家。本书包括大气的物理特性，气象要素，气象仪器，风、雾、雷阵、积冰、乱流等气象因素对飞行的影响，气象报告及天气预报，气象知识在航空上的运用，汽艇气象学等等内容，总计17章。作者认为，虽然天气情况有气象机关专司观测和预报，但是如何运用这些报告，仍需飞行人员自行斟酌，特别是遭遇临时的天气变化，更需飞行人员作出专业判断，因此飞行人员不可不知气象学。由于航空气象学是一项非专事理论的实用科学，重点在于应用，故本书在编写时，对于一些与实际应用无关的气象学理论“概不深究”，仅举例说明之。以往的航空气象学书籍，多认为云是飞行的最大障碍，而对雾、积冰很少论及，这其实并不符合飞行人员的实际经验，作者有鉴于此，特意将雾和积冰放在首要位置作了详细介绍，重点突出。

第九节　交通运输

铁路撮要　1919年铅印本。

华南圭著。华南圭有《公路与市政工程》，已著录。本书共两编，第一编轨路材料，包括轨路总则、轨路材具、特别设置、号志、传动具5章；第二编为铁路工程，包括铺路工程、车站之轨路、建筑物、铁路的策划、铁路的修养5章，据作者售书目录，当有第三编车辆及运输，未见。本书乃作者随时所记，积累成书。内容极丰富，但多为条目式，以简赅为主，对具体理论多不涉及，于度量衡亦多不统一。本书另一个特点，就是图表极多，约占全书篇幅的三分之一，且绘制精密，足资学者参考。

公路运输管理　1936年江南汽车股份有限公司《江南丛书》本。

吴琢之著。吴琢之（1897～1967），原名其相，号叔屏，江苏太仓人。公路运输专家。本书包括3编，第一编总论，论述交通的概念、公路事业的内容以及汽车运输事业的要旨；第二编实体组织，论述官商公路运输机构的设置、职权、事业；第三编应用管理，论述具体的管理事项，包括选择车辆、规划设站、厘定票价、任用人员、建造修理、材料会计，以及其他各项事务的处理等。作者认为公路管理需注意三点：实际化、科学化、经济化。所谓实际化，指对外应根据实际情况满足顾客需要，对内应合于人情，追求实际的成果；科学化指采用合理的管理方法，即以最经济的代价、用最便利的方法、收获最大量的结果。经济化指控制花费的时间与金钱。吴氏主办江南汽车公司多年，本书乃其经验之谈，颇为实用。

中国航业　1933年上海商务印书馆《商学小丛书》本。

王洸著。王洸（1897～1967），字长保，又字道之，江苏武进人。航运学家。本书共9章，主要内容包括我国轮船公司的沿革和状况、外国航业侵入我国的历史、外国轮船公司沿革和状况、国内主要航路的航业情况、改良航业与整顿航政的计划等。作者认为，我国航业不振的原因主要有三：一、政府不能积极保护；二、外国航业势力侵入；三、国人不知航业的重要性。针对这些情况，作者提出了九点意见：一、收回海关兼管的航政权力；二、奖励本国航业及造船业事业；三、编订航政法规；四、造就航业人才；五、取缔外人引水（指引导船只安全入港）；六、创办远洋航业公司；七、实行水陆联运；八、扩充造船厂；九、肃清沿海盗匪，且于每条意见都有详尽的解说，不尚空谈，对当时航业的改革很有参考价值。此外，对我国自办的轮船公司，作者也提出了几点建议，比如要注意时间的准确、装载的适量、客货的位置等，尤其指出在同一航线的轮船公司，一定要协同合作，一致对外，如此方能争得一席之地，和外商相比，不致相形见绌。

中国航业论　1934年12月南京交通杂志社铅印本。

王洸著。《交通杂志社丛书》之一。本书分总论、国人自营航业、外人在华航业、航路之概况及船舶之配置等4章。第一章论中国航业发展之沿革、外国航业侵入之沿革、中国船舶之数量、民国以来历年进出口船数及吨数；第二章论船舶之分布，国营招商局，各民营航业公司诸如三北轮埠公司、大达轮船公司、民生实业公司等；第三章介绍英国太古洋行、怡和洋行以及日本、美国、挪威、荷兰、丹麦、葡萄牙、法国、意大利等各国在华的航业；第四章介绍中国沿海航线及长江暨诸内河的航路。

航业与航权　1930年上海学术研究会铅印本。

王洸著。本书叙述我国及外国在华经营的轮船公司及洋行现状，对中外航海业加以比较，并介绍英、美、日、德、意等国的航业政策，提出我国应采取统一航政、制定法规以及收回航权等建议。

航业政策　1934 年 12 月南京京华印书馆铅印本。

王洸著。《交通杂志社丛书》之二。本书分总论、各国航业政策、中国航业政策论等 3 章。第一章解析间接与直接航业政策；第二章分述英国、美国、德国、法国、意大利、日本、荷兰、挪威、瑞典、西班牙、智利、巴西等国的航业政策；第三章概述我国在收回主权、保护航业、发展航业、改进航业行政、培养人才等方面的政策。末附《中国航政制度》一文，介绍中央航政主管机关、海关兼管航政机关和各地航政机关。

现代航政问题　1937 年 7 月南京正中书局铅印本。

王洸著。本书为论文资料集，分航业行政、战时航业统制、航运业务、航业保护政策、航政法规、航政制度、商港与港政等七个专题，分别辑自作者发表在杂志上论述中外航政的专著及资料，共 27 篇，包括《革新中国航政方案》《最近我国航政上几个重要问题》《航业政策与改进我国航政》《收回引水权问题》《如何维护航行安全》《海关兼管航政问题》《整顿航政与扩充航业之管见》《招商局之整理与复兴》《我国远洋航业》《美英日航政制度》《美英之港政》等。

水道运输学　1945 年上海商务印书馆铅印本。

王洸著。本书据作者在国立交通大学执教时的讲义改编，共 20 章，包括船舶的种类与吨数、航业的种类与营业管理、政府对于航业的管理与监督、国内外的航线、商港、港口的设备与费用、各国的航业政策、我国战时的航业情况等内容。以往我国关于水道运输、商船管理的著作，大多翻译自外国，多论述英美各国航务，对我国的航务情形少有言及，很难满足我国航业航政人员的需求，本书旨在补救此项缺憾，故对我国的航线、行政记述最详。如内河航线，就介绍了长江、珠江、闽浙内河、东三省内河、海河、黄河、运河几十条河流的运输情况，我国内河运输的大概由此可见。在书中，作者对战后我国航运事业的建设，也提出许多好的建议，比如航运应国营民营并重、沿海内河应分区建设等，皆见识超卓。本书出版后，大受读者欢迎，商务印书馆曾多次再版。1954 年，台湾商务印书馆又再次请作者修订，作者以旧版侧重内河和沿海，又增补了远洋航运部分的内容。

第十七章　综合类

第一节　丛　书

涵芬楼秘笈　1916～1926年商务印书馆影印暨铅印本。

孙毓修等编。孙毓修有《玄奘》，已著录。民国初年，张元济主持商务印书馆，建涵芬楼以贮存古籍善本。先后选其中宋元善本影印入《四部丛刊》《续古逸丛书》等大型丛书，复以旧抄旧刻零星小种世所绝无者，编为此书。全书仿清鲍廷博《知不足斋丛书》例，以8册为1集。共10集80册。第一、八集各收4种，第二、五、十集各收5种，第三、九集各收6种，第四、七集各收7种，第六集收3种，共52种。所收珍本秘笈，如第六集《脉望馆书目》，第十集《进呈书目》，均世所罕见。

南社丛刻二十二集　1910～1923年铅印本。

陈去病辑。陈去病有《诗学纲要》，已著录。南社，清宣统元年(1909)成立于苏州，由陈去病、高旭、柳亚子等发起，是当时产生过重要影响的文学团体，社名取"操南音不忘其旧"之意。《南社丛刻》共22集，始刊于宣统二年，不定期出版，1923年12月停刊。柳亚子、陈去病、高旭、苏曼殊等编撰。设南社文选、诗录、词选三大类，以诗词为主，另外还辑录不少南社成员个人的作品集等。经费依靠社费及社员捐助。陈去病在发刊词《南社诗文词选叙》中写道："自古羁人、贬官、寡妇、逋臣、才子、狂生、遗民、逸士，苟其遭逢堪轲，诧傺穷途，志屈难伸，身存若殁，莫不寄托豪素，抒写心情。……南社之作，得毋类欤！"

八年丛编　民国铅印本。

赵诒琛、王保譿、王欣夫合编。赵诒琛有《顾千里先生年谱》，王保譿有《乙亥志稿》，王欣夫有《黄荛圃先生年谱补》，均已著录。八年丛编，是指1934年至1941年间编校、刊印的8部丛书。分别为《甲戌丛编》《乙亥丛编》《丙子丛编》《丁丑丛编》《戊寅丛编》《己卯丛编》《庚辰丛编》《辛巳丛编》。其中《甲戌丛编》20种22卷，赵诒琛、王保譿合辑，1934年铅印。《乙亥丛编》16种21卷，赵诒琛、王保譿、王欣夫合辑，1925年铅印。其余均为赵诒琛与王欣夫合辑。《丙子丛编》12种18卷，1936年铅印。《丁丑丛编》10种15卷，1937年铅印。《戊寅丛编》10种17卷，1938年铅印。《己卯丛编》10种20卷，1939年铅印。《庚辰丛编》10种27卷，1940年铅印。《辛巳丛编》9种17卷，1941年铅印。《甲戌丛编》书前有唐文治序，云："(该书所收)皆零星碎玉，或从未刻行，或旧刻而仅存之本。其属于名人传记、地方掌故者，足资征考献之助。"又云："二君(赵诒琛、王保譿)皆酷嗜书籍，尤勤搜罗散佚，是编之辑，意在表彰前哲，兴起后人。"八年丛编所收著作均以吴门文献中未刻稿本为主，并兼及罕见旧刻，对保存吴地文献起到了重要的作用。

文学山房丛书四集二十八种　1924年苏州文学山房木活字印本。

江杏溪编。江杏溪(1881～1949)，名如礼，以字行。江苏苏州人。曾在苏州创立文学山房书店。《文学山房丛书》又名《江氏聚珍版丛书》。书前有1924年屈爔序。清光绪二十五年(1899),江杏溪建文学山房于苏州护龙街嘉余坊口。因所藏旧书丰富,经手善本甚多,凡丛书中金石书画等类,不易得单行本者,率取以木活字精印,以广流传。而丛书名则来自书店匾额“文学山房”。本丛书所收著作主要以小学、金石、书画、校勘、考证、题跋等为主,其中《思适斋集》《艺芸书舍宋元本书目》《别下斋书画录》《持静斋藏书记要》《铁函斋书跋》《雕菰楼集》等多为清代学者、藏书家的代表作。本丛书底本精良、校勘严谨,被誉为“清季活字版收山之作”,所收各书正文、序跋及目录均为活字,仅书内封为雕版。

冶麓山房丛书十八种 1976年台北联经出版事业公司《明清未刊稿汇编初辑》本。

陈作霖编。陈作霖有《江苏兵事纪略》,已著录。冶麓山房,陈作霖室名,后改名为可园。陈氏著作多有关于乡邦文献,亦专门搜罗南京地方文献、金陵掌故和先贤著述。丛书原收书37种,如李元度《国朝先正事略》、金鳌《金陵待征录》、阮镛《蜨仙诗钞》等,因已刊行,故未列其中。余未刊者18种,如《金陵文征小传》《金陵传记杂文钞》《邓林金汪金诗词钞》《秣陵风土小志》等。其中《邓林金汪金诗词钞》不分卷,陈作霖编,收录邓廷桢《双研斋词钞》、林端《偶然居士遗稿》、金德荣《桐轩诗钞》、汪汝式《信芳阁诗存》、金和《椒雨集》,并附陈玚《小游仙》诗一首。本丛书所收皆南京人著作,盖编者为保存金陵重要文献,而手自抄录、编著者。

金陵丛书四集五十四种 1914～1916年上元蒋氏慎修书屋铅印本。

翁长森、蒋国榜编。翁长森(1855～1914),字铁梅。江苏江宁人。好聚书,造津寄藏书楼。留意乡邦文献,刊书甚多。著有《荆公金陵诗钞》。蒋国榜(1893～1970),字苏庵。江苏南京人。工诗文,喜好书画、金石、碑帖等。编有《简斋集》《清道人遗集》等。《金陵丛书》分为甲、乙、丙、丁,共4集54种,为金陵文献的集成之作。乃翁长森辑于光绪年间,蒋国榜以铅字刊于上海。甲集出版于1914年,乙集出版于1915年,丙集与丁集均出版于1914～1916年。丛书前有冯煦总序,云:“亡友江宁翁长森尝裒其乡先生遗著世所罕觏者,自六朝以迄并世,凡数十百家,将授剟世,名之曰《金陵丛书》。”又云:“铁梅复衰病日剧,乃举所裒之四巨椟书,以归上元蒋国榜。”丛书所收作者除梁陶弘景外,均为明清时人。明朝有焦竑、顾璘、顾起元、金大车、金大舆、何栋如、顾梦游、庄杲,其余均为清人。丛书中各书后均有蒋国榜跋,如清顾櫰三《补后汉书艺文志》《补五代史艺文志》,蒋国榜对其评价很高。其《补五代史艺文志跋》云:“仿前史经史子集例分类,条例与所著《补后汉书艺文志》繁简不同,义各有当。”

南京文献 1947年1月至1949年2月南京市通志馆、南京市文献委员会铅印本。

卢前编。卢前有《中国戏剧概论》,已著录。卢前一直热心于家乡文献资料的收集刊印,1946年11月,南京市政府设立通志馆,卢前被聘为馆长。卢前即以通志馆的名义广泛征集南京的地方文献,第二年1月创办《南京文献》月刊。1948年1月南京市文献委员会成立,通志馆隶属该会,卢前又被聘为主任委员,继续出版《南京文献》。自1947年1月至1949年2月,共出版26期,收入元明清到民国各时期的南京地方文献67种,包括南京的方志、专志、诗文总集等,还有不少南京乡贤的著作,如年谱、日记、诗文杂著等,保存了大量南京地区的自然、社会、人文资料。

吴中文献小丛书三十二种 1939年至1943年伪江苏省苏州图书馆铅印本。

江苏省苏州图书馆编纂委员会编。本丛书所收均为苏州地区的地方文献。伪江苏省政府成立后,委任徐澂为伪江苏省苏州图书馆馆长,本丛书即此时编成。其《刊行〈吴中文献小丛书〉旨趣》云:“地方文献,全文化之所由积也。文化为物,群伦攸共。故凡尊惜文化,应自地方文献始。吾吴夙称东南文薮,文献箸录,与禩俱进;或既铅椠,或秘箧衍。经兹兵燹,散佚难稽;历劫幸存,弥足珍贵。本馆整拾丛残,职责莫贷。爰拟就有关地方文献之亟待表章者,如先儒专著,寓贤璅纪,或其遗稿未经刊布,或虽刊刻而流传已尠,特辑为《吴中文献小丛书》,次第梓行。孔氏有言:‘文献不足故也,足则吾能征之矣!’谨以竢诸来者之征。”所收各书前,均有一篇“序”,即该书提要。本书所收有俞樾《俞曲园先生日记残稿》、徐昂发《畏垒山人文集》、葛昌楣《蘼芜纪闻》等。

咫园丛书五种八卷 1948年合众图书馆刻本。

宗舜年辑。宗舜年(1866～1936),字子戴,亦作子岱,号耿吾。江苏常熟人。清光绪十四年(1888)举人。著有《咫园藏书目》《宗氏咫园藏书残目》。"咫园"为宗舜年藏书处。本丛书初由宗舜年编辑,以江宁乡贤遗著为主。在编完顾起元《金陵古金石考目》、严长明《官阁消寒集》及《江淮旅稿》后,宗舜年过世,其子宗惟恭续承遗志,增刻黄锡蕃《刻碑姓名录》及刘喜海《嘉荫簃集》2种,共5种。然而版刻刚完,即逢国难,宗氏遂将书版赠于叶景葵,叶氏又转赠于合众图书馆。1948年在合众图书馆总干事顾廷龙的支持下,本丛书得以刊行。故书前有顾廷龙序,版心下刻"合众图书馆"五字。其余版心均刻"咫园丛书"四字,是为宗氏原版。

海虞稗乘十五种 1919～1920年抄本,常熟市图书馆藏。

徐兆玮编。徐兆玮有《续海虞诗话》,已著录。本书辑录有关常熟的历史掌故、小说、人物资料、诗歌等。除《蠡滨异响序》一种外,其余亦见于清抄《海虞杂志(二十六种)》本、《虞阳说苑》《虞稗》等。其中《七峰遗编》为60回足本,叙清顺治二年(1645)常熟以严栻为首的乡民的抗清斗争。《柳如是诗钞》记录柳如是《清明行》等诗18首。《蠡滨异响序》不知作者何人,此书记载太平军进入苏州后,苏州地区遭受的破坏,又记载了苏州地方官员与太平军联络,以及地方官员勒捐强取等,颇具史料价值。

邑志拾遗六种 稿本,常熟市图书馆藏。

徐兆玮编。本丛书辑录王明清《玉照新志》、叶梦得《石林避暑录话》、洪迈《夷坚志》、杨钟羲《雪桥诗话》等书中有关常熟的史料,包括《邑志拾遗》1卷、《海虞艺文考》1卷、《海虞孝节贞烈文编》1卷、《海虞诗乘》1卷、《乡贤遗事》1卷、《邑人诗汇抄》1卷(上下册)。

虞阳说苑甲编二十种乙编十二种 民国铅印本。

丁祖荫编。丁祖荫有《铁琴铜剑楼宋金元本书影》,已著录。虞阳,乃常熟旧称。本丛书所收均为有关常熟的历史小说和故事,所谓故老所流传,里巷所称说,系于一地,系于一人,系于一事一物者,多取材于《虞阳说汇》。《虞阳说汇》30种,清抄本,清菰村渔父辑,载录有关常熟一地的旧闻掌故。见于本丛书而不见于《虞阳说汇》的有《七峰遗编》《虞山妖乱志》《张汉儒揭疏稿》《虞山胜地记略》《吕侯千公政绩纪略》《常熟记变始末》《守虞日记》《残麓故事》等。丛书前有1917年丁氏自序,云:"予生长于虞,喜闻虞事,喜蓄书,尤多致虞人著述。"其时常熟有修志之举,于是将旧藏重新校正后,予以出版。谢国桢《增订晚明史籍考》称其书"可为采风问俗者所征取"。

虞山丛刻十四种 民国常熟丁氏刻本。

丁祖荫编。本书收常熟钱谦益、毛晋、周同谷、龚立本等名家著作,皆为未刊刻或极有价值之抄本,分甲、乙、丙3集,末附丁氏校语或跋尾。甲集5种,除钱谦益《吾炙集》《东山酬和集》之外,皆明代宫词,且多无刻本流传。乙集6种,皆毛晋著作,如《和古人诗》1卷、《和今人诗》1卷、《和友人诗》1卷、《野外诗》1卷,仅见于《汲古阁校刻书目》,不见坊间流传。丙集3种,如《松窗快笔》《虞乡杂记》多记载常熟人物,或乡邦故实。常熟市图书馆又有红印本,种类略少。

海虞文苑二十四种 稿本,上海图书馆藏。

丁祖荫编。丁氏喜藏书,尤多乡邦文献,藏书处名"淑照堂"。本书书口题"常熟丁氏淑照堂丛书",收录明清常熟人士著作24种。如明孙七政《松韵堂集》10卷,孙氏字齐之,号三川,自号沧浪生,隆庆元年(1567)在金陵与梁辰鱼等举鹫峰诗社,与王世贞等友善;张洪《归田集》不分卷,张氏字宗海,号止庵,永乐元年(1403)奉使日本,后入文渊阁,充《永乐大典》副总裁。又如清冯舒《默庵遗稿》10卷、周同谷《霜猿集》2卷、《霜猿集补遗》1卷、钱陆灿《夜航吟集》1卷、柳如是《柳如是尺牍》1卷附《湖上草》1卷等。本丛书《中国丛书综录》未著录,钤"初我读书记"印,有徐烝批校并题跋。

虞山诗微二十六种 抄本,上海图书馆藏。

丁祖荫编。《虞山诗微》为丁祖荫辑明清常熟人士著作丛书,所收之书均为抄本,抄手不一,多有时人题跋。本丛书名"虞山诗微",并不准确,《虞山诗微》仅为该丛书之一种。本书书口题“常熟丁氏淑照堂丛书”，淑照堂为丁祖荫书室名，故题名作《常熟丁氏淑照堂丛书》或《淑照堂丛书》更为贴切。本与丁祖荫辑《海虞文苑》稍有差异，故分别著录。与《海虞文苑》相较，《海虞文苑》缺《噩梦集》《三桥春游曲》两种；《虞山诗微》，清佚名辑，而《海虞文苑》作《虞山诗征》，丁祖荫辑，亦有不同。本丛书《中国丛书综录》未著录。

虞社丛书四种 1923～1924年铅印本。

俞鸥侣编。俞鸥侣，字萍生，江苏常熟人。虞社社员。著有《萍生浪墨》等。本书子目为：《萍缘集》6卷，包括《萍缘集文选》1卷、《萍缘集诗选》1卷、《萍缘集词选》1卷、《闰亭绮语》1卷、《杯光灯影诗录》1卷、《诗词补刊》1卷，为俞鸥侣辑录虞社成员所作文、诗、词；《锦囊残墨》2卷，包括常熟冯国鑫《宣城秋雨录》1卷，顾邦瑞《消寒三十韵》1卷；《萍缘集》4卷，包括《萍缘文选》1卷、《萍缘诗词选》1卷、《消寒集》1卷、《萍生浪墨》1卷，《文选》《词选》为俞鸥侣所辑虞社成员的诗词作品，《消寒集》为1923年腊月虞社同人消寒雅集所赋诗；《萍生浪墨》1卷，俞鸥侣作，多为杂记；《独行流芳录》1卷，俞锺銮撰，为题咏人物之诗集。

太昆先哲遗书首集十种 1928～1930年太仓俞氏世德堂铅印暨影印本。

俞庆恩编。俞庆恩有《卫生丛话》，已著录。俞庆恩爱好文学，又喜收藏善本古籍，热心乡邦文献的保存与流传。在行医之余，搜集太仓、昆山未刻著作，准备刻印成书，并请唐文治为之作序。其序云：“爱国不在空言，当先爱乡。爱乡不在空言，当先爱乡先哲。爱乡先哲不在形迹而在精神。先哲往矣，其精神何所寄？惟传述其著作文字而已。”本书所收皆太仓、昆山先贤著作，包括陆世仪《五子绪言》、诸士俨《勤斋考道日录》、钱敬堂《吃语偶存》、朱用纯《朱柏庐先生大学讲义》、管志道《从先维俗议》、唐景星《爱莲居诗钞》、唐受祺《浣花庐诗钞》等。其中《吴梅村先生编年诗集》12卷《诗余》1卷《诗话》1卷《诗词补钞》1卷，清吴伟业撰，清程穆衡原笺，清杨学沆补注，程穆衡笺注旧无刊本，而《吴诗集览》又多采其说，此本乃据手稿排印，最为可贵。

陶社丛书第二集 1931年陶社木活字印本。

祝廷华编。祝廷华(1871～1939)，字丹卿，号毅丞。江苏江阴人。清光绪二十九年(1903)进士。著有《怡园诗文钞》，辑《陶社丛书》等。陶社，清光绪三十四年成立于祝氏怡园内，祝廷华任社长。本书为《陶社丛书》第二集，共14种。仿缪荃孙《常州先哲遗书》例，选编缪书未收及同时代江阴文士之著作，以木活字印行，长篇巨制则刊入《江阴先哲遗书》。本书字体秀雅，行格疏朗，铅印精致，为民国活字本之精品。卷首有祝廷华《陶社丛书序》云：“吾社刊书，以正人心、维风教为指归，故必其书之价值足以风世励俗，或有关地方文献，而后其书之刊乃确定焉。”其序又云：“第二集刊成，浏览再四，爱不忍释。盖一展卷而经史子集各撷菁英，序传诗歌广罗佳制，纪载都关掌故，骈散悉擅胜场，远及宋元明前代之文章，近迄咸同光名臣之奏议。”并赞美这些著作为“士林之瑰宝”“文苑之精华”。

江阴先哲遗书十一种 1934年陶社木活字本。

谢鼎镕编。谢鼎镕有《梓闻漫拾》，已著录。清光绪三十四年(1908)，陶社成立后，推谢鼎镕主持刻书之事。本丛书辑录江阴作家著作，用木活字印行，包括明夏树芳《奇姓通》14卷、清黄毓祺《黄介子诗钞》4卷、章诒燕《读史诤言》4卷、曹禾《未庵初集》4卷、李寄《李介立诗钞》4卷等。本书虽署谢氏编纂，但祝廷华辑刊之功亦不可没。如章诒燕《读史诤言》，流传未广，就是祝氏从作者之孙处借的精抄本；《蓉江诗话》，也是祝氏从作者后人手里借来的稿本。从子目序跋来看，谢氏撰文8篇，祝氏则撰文11篇。夏孙桐跋《未庵初集》所云“祝君丹卿、谢君幼陶方辑《江阴丛书》”，是为得之。

陶社丛编十八种 1944～1947年铅印本。

谢鼎镕编。陶社成立于清光绪三十四年(1908)，祝廷华任社长，并推谢鼎镕主持陶社刻书之事。后因战事，陶社停办。1939年祝廷华病逝，谢鼎镕与陈名珂商议在沪恢复陶社，至1945年抗战胜利，陶社共举行17次诗会，并由谢鼎镕主持编印《陶社丛编》。本丛书共甲、乙、丙3集。甲集为祝廷华《怡园剩稿》、曹家达《气听斋骈文零拾》、陈宗彝《沤公遗稿》；乙集为谢鼎镕《冶龕文钞》《冶龕诗钞》、陈名珂《文无馆诗钞》《文无馆词钞》；丙集为陶社在沪复兴期间的诗会汇辑，如《愚谷修禊集》《陶社诗钟选》等。谢鼎镕所刊印各书，卷末多有谢氏跋尾，述及该书流传经过等情况，对读者极为有用。

锡山先哲丛刊四辑　1922～1931年中华书局铅印本。

侯鸿鉴编。侯鸿鉴有《无锡兵灾记》，已著录。《锡山先哲丛刊》4辑，12种附2种补2种，共19册。1920年，无锡县图书馆馆长刘书勋与乡贤陶守恒、侯鸿鉴、俞复等商议，选择无锡地区重要且流传较少的地方文献，编纂《锡山先哲丛刊》。次年由侯鸿鉴负责成立《锡山先哲丛刊》社，整理、出版该丛书，前后费时10年。本丛刊第一辑出版于1922年，据卷前俞复所撰缘起，知第一辑所刊书为稿本。第二辑出版于1923年，前有侯鸿鉴序，其序云："鸿鉴初意欲先刊乡贤书籍中之孤本，次抄本，次未刊本，既以未刊本过多，孤本亦不鲜，而抄本又系转辗传抄，误字甚多，校对不易。今拟先择未刊本之简单者，不论种数，专以第一辑俞师序中所言页数为衡。"第三辑出版于1924年，第四辑出版于1931年。本丛书无锡地方文献第一次最重要的结集。

横山草堂丛刻二十三种　清宣统至民国间陈庆年横山草堂刻本。

陈庆年编。陈庆年有《横山乡人日记》，已著录。《横山草堂丛刻》23种10册。本丛书各馆所藏，各有参差，此依南京图书馆藏本。"横山草堂"乃陈氏藏书楼。辛亥革命成功后，陈庆年回到镇江，收校镇籍先哲遗书，编成此书。辑唐代至清朝历代镇江人士、寓居镇江人士所撰著作，及与镇江地域有关之著作。本丛书分为一、二两集，第一集除最后一种《开沙志》为清人所作外，余均为唐至明人著作；第二集均为清人著作。其中《嘉定镇江志》宣统二年(1910)刻本，《芸窗词》《云山日记》《京口三山志》宣统三年刻，余均为1914～1919年所刻。

海陵丛刻二十种　1925年铅印本。

韩国钧编。韩国钧有《止叟年谱》，已著录。海陵为古地名，西汉置县，治所在今泰州市。韩国钧以"海陵"名其所辑丛书，以示不忘祖籍乡贤。《海陵丛刻》刊印始于自1919年，历经10多年精心编纂，至1925年方全部完成。丛书汇集宋、元、明、清16家海陵学人的著述，其中有多种地方著作。如《海安考古录》《春雨草堂别集》《梓里旧闻》《退庵笔记》等。各书后均有韩国钧跋。丛书种数有题18种、有题23种者，或因藏书有缺，或因将附刻连带计算。今查此书封面题签，明确标明第一种至第二十种顺序，故本书种数当以20种为准。

淮阴丛书　民国刻本。

徐钟令编。徐钟令有《淮阴志征访稿》，已著录。本丛书包括四种，作者皆淮阴人，书前均有徐钟令序或附况。其中《南园吏隐诗存》1卷，清蒲忭著。是书共录蒲忭诗约百首，前有徐钟令《新序》、徐锦《原序一》，汪廷珍《原序二》，合观之，可见是书之源流及基本情况。《琴况》1卷，清孙长源著。孙氏潜心律吕之学，著琴学书4种：《琴鹄》《琴谱拙存》《琴旨补正》《琴况》。《琴况》或作《孙氏琴况》，或作《琴况二十四则》，共24章，记述孙氏的音乐生活及体会。《鲁通甫先生集外文》2卷，清鲁一同撰。是书录鲁一同文共44篇，文体多样，有议论、书、序、说、传、祭文、墓铭等等。《明道杂志》2卷，宋张耒著。张耒为"苏门四学士"之一，本书为张氏考订词章名物之随笔。

楚州丛书第一集　1921年如皋冒氏刻本。

冒广生编。冒广生有《钵池山志》，已著录。本书为《楚州丛书》第一集23种。"楚州"为淮安唐宋时旧称。丛书由民国初冒广生任淮安海关监督时，与段朝端、田毓璠合作编辑刊刻而成。段朝端(1843～1925)，字笏林，号蔗叟；田毓璠(1865～1954)，字鲁玙，号福生，一号孚庵，均江苏淮安人。冒广生负责总编、经费筹集，段朝端侧重于编辑、校勘，田毓璠负责总务和校对等事宜。丛书辑录上起汉代枚乘，下至清乾隆、嘉庆年间，收淮人著述如《枚叔集》《渭南诗集》《画鉴》《毛朱诗说》《山阳志遗》等若干种，并收段朝端所编淮人年谱三种。第一集刊成后，因冒广生离任而中断。

扬州丛刻二十四种　1930～1934年扬州陈恒和书林刻本。

陈恒和辑。陈恒和(1883～1937)，祖籍丹阳，生于江都杭集，后定居扬州。版本目录学家。1923年，陈恒和回扬州创设书店，名曰"陈恒和书林"，从事古旧书籍买卖，同时他悉心搜集乡邦文献稿本，自1929年开始，历时5年，择其要者24种雕版印行，名曰《扬州丛刻》，计47卷，12册。扬州自古为人文荟萃之地，有关扬州历史文化、风俗民情的文献记载多不胜数。本丛书集扬州作家所写的有关扬州的著作，内容翔实，范围广阔，包括名胜古迹、风物民情、历史地理、诗词歌赋、河防水利等，涵盖了人文地理等各个方面，是一部扬州文化的集粹。本丛书甚为世人称道，陈延韡在《扬州丛刻序》中云："于是吾郡之掌故，与纪吾郡掌故之前贤，皆得托以不朽。夫使人不朽者，天必以不朽报之，则千秋后之陈君，其必不居常熟毛、姑苏席两氏之后也。"本丛书的刊行，是近代史上扬州地方文献的第一次大规模汇刻，丛书中所收的一些稿本，后来已经散佚，所以本丛书的存在为保存扬州地方文献起到了重要的作用。

高邮王氏遗书七种 1925年上虞罗氏铅印本。

罗振玉编。罗振玉有《殷墟书契考释》，已著录。《高邮王氏遗书》乃辑高邮王氏王安国、王念孙、王引之祖孙三代之著作。高邮王氏为当地著名仕宦家族，祖孙三代都在清廷做官。王念孙、王引之是乾嘉学派杰出代表，扬州学派的主要学者，他们的著作代表了当时音韵、文学、训诂、校勘等方面最高水平。1922年，罗振玉从江姓手中购得高邮王氏父子未刊丛稿一箱，其中的写定稿，经整理编次，于1925年出版，即此书。本丛书按内容和文体可分为三大部分。第一部分是高邮王氏的家状志传，第二部分是王念孙的学术著作，第三部分是高邮王氏祖孙三代的遗文。子目为：《高邮王氏六叶传状碑志集》《輶轩使者绝代语释别国方言补正》《释大》《古韵谱》《王文肃公遗文》《王石臞先生遗文》《丁亥诗钞》《王文简公文集》。

江都汪氏丛书十四种四十七卷 1925年上海中国书店影印本。

秦更年辑。秦更年（1885～1956），原名秦松云，字曼青、曼卿，号婴闇居士。江苏扬州人。清末民国间诗人、藏书家、书画家。著有《金文辨伪》《婴闇藏书跋》《婴闇诗稿》等。本丛书收录汪中、汪喜孙父子著作。汪中（1744～1794），字容甫，一字颂父。江苏江都人。与阮元、焦循等同为扬州学派代表人物。汪喜孙（1786～1847），字孟慈，号荀叔，晚年改名喜荀。清嘉庆十二年（1807）举人。博览群籍，于文学、音韵多所研究。喜藏书。1924年，秦更年与陈乃乾、尹炎武等人搜集汪氏父子著作，编成此丛书，由上海中国书店影印问世。这是汪氏父子著作最为完整的版本，包括《述学内编》《广陵通典》《容甫先生遗诗》《大戴礼记正误》《经义知新记》《国语校文》《旧学蓄疑》《容甫先生年谱》等。

锡山荣氏绳武楼丛刊十三种附录三种 1933年铅印本。

荣棣辉编。荣棣辉（1889～1967），字鄂生，号思庵。江苏无锡人。著有《忍庵行年随录》。《锡山荣氏绳武楼丛刊》辑录无锡荣氏三代著作16种，共30卷。无锡荣氏清末以来，代有名人。"绳武楼"即荣氏家族藏书楼，荣棣辉热心社会公益，支持家族和社会活动不遗余力，遂以此楼为名，辑成本丛书。丛书辑荣汉璋、荣汝楫、荣汝棻、荣善昌、荣金声、荣涟、荣光世及荣棣辉本人的著作。子目为：《自怡吟拾存》《半读斋剩稿》《棠荫轩遗稿》《医学一得》《戊午挽言录》《毛太君徽音集》《成思室遗稿》《成思室联语》《成思室遗稿附录》《壬申挽言录》《凋芳录》《洄泉诗钞》《兰言居遗稿》。钱振锽在《锡山荣氏绳武楼丛刊叙》中写道："读是编者，可以见荣氏家法矣。"

松陵陆氏丛著十七种二十八卷 1927年苏斋刻本。

陆明桓编。陆明桓（1902～1929），字简敬，号苏斋。江苏吴江人。世居苏家港，迁芦墟镇。编有《松陵陆氏丛著》。陆明桓喜与名宿游，热心地方文献的收集整理。尝印行地方人士著作多种，又欲重金购买邑中名人遗著编为《松陵先哲丛书》。每次出游均购书归，发愿欲办私家图书馆，供人阅览。本丛书所辑，均为吴江陆氏先人著作。陆明桓在序中写道："夫鸠家以成族，鸠族以成国。一家一族之文献，即一国之文献所由本。文章学术，私之则为吾祖吾宗精神之所萃，而公之则为一国儒先学说之所关。"陆明桓相信，通过对陆氏先人著作的整理刊刻，不仅能起到表彰先烈的作用，还能规范子孙的行为。书中收录有陆日曛、陆日章、陆日爱、陆亘昭、陆亘辉、陆廷桢等人著作。另有陆氏先人零散之作《陆氏诗剩汇编》一卷《文剩》一卷。

陟冈楼丛刊甲集十三种乙集二种 1943～1945年潘承弼石印本。

潘承弼编。潘承弼有《明代版刻图录初编》，已著录。《陟冈楼丛刊》分甲乙二集，甲集收吴县潘氏六代人未刊之作，共13种；乙集辑吴梅诗词2种。“陟冈楼”，乃潘承弼居室名。其自撰跋云：“取先泽之未刊，及师友遗著之有待名山者，与其他罕传秘帙有资考索者，凡若干种，次为若干集，积以岁月，传诸墨版。”又云“题曰《陟冈楼丛刊》者，志永怀也。”乃为纪念其兄潘承厚手足之情而编。甲集有潘家先世未刊稿4种，分别为：潘祖荫《古坝考释》、潘世恩《兰陔絜养图题咏》及《家庆图训》、潘祖年《拙速诗存》。乙集则为《霜厓词录》《霜厓诗录》。甲集另收《养闲草堂图记》一卷，潘曾玮辑。记潘曾玮同治间退居城中百花巷，筑养闲草堂自娱自事。所收何绍基、沈经堂、锡绶、俞樾、冯桂芬五篇图记是重要的园林宅第资料。

张季子九录九种附一种 1931年中华书局铅印本。

张謇撰，张孝若编。张謇有《农林工商政见宣言》，张孝若有《张孝若演讲集》，均已著录。本书是由张謇自定，过世后由其子孝若编撰出版。全书共80卷，包括《政闻录》19卷，《实业录》8卷，《教育录》6卷，《自治录》4卷，《慈善录》1卷，《文录》19卷，《诗录》10卷，《专录》10卷，《外录》3卷，附《张南通先生荣哀录》10卷。本书记载了张謇一生在政治、经济、农工商行政、水利计划、盐务改革、教育慈善事业等方面的成就，为研究张謇生平及清末民初历史提供了详实资料。本书后被收入《张謇全集》中。

横山乡人丛稿十六种 稿本，上海图书馆藏。

陈庆年撰。陈庆年有《横山乡人日记》，已著录。陈庆年喜好搜集资料，特别是对镇江地方文献，以及乡贤先哲遗著，必定加以抄存。本丛书子目如下：《大学论次》《杨文襄公年谱》《横山乡人日记》《南宋军饷史丛钞》《明末清初兵事丛钞》《京口军事记》《京口兵事通纪丛钞》《兵法史证》《丹徒县续志残稿》《横山乡人劄记》《横山乡人丛记》《名媛事辑》《名妓事辑》《横山乡人尺牍》《横山乡人丛钞》《示儿语》《横山乡人类稿残稿》。其中《横山乡人日记》虽是陈氏个人日记，却也记录了当时的社会经济状况、国家大事和自然灾害等，其对镇江史料的搜集和编撰工作也在日记中都有体现。

汉堂类稿十种 1922年武进李祖年铅印本。

李宝淦著。李宝淦（1864～1919），字经畦，又字经彝、汉堂，晚号荆遗。江苏武进人。著有《汉堂文钞》《濯缨室诗钞》等，编有《诸子文粹》。《汉堂类稿》为李宝淦从子李祖年受其遗命，为之编辑而成。包括《汉堂文钞》1卷《补遗》1卷、《汉堂诗钞》14卷、《濯缨室诗钞》3卷、《问月词》1卷、《北齐书平议》2卷、《周书平议》2卷、《晋书平议》3卷、《三国志平议》2卷、《魏书平议》3卷、《吕氏春秋高注补正》1卷。吴江费树蔚《汉堂类稿序》云：“常州古才薮，今之雄于文词者犹比比焉。独李氏父子既以文学世其家，而为吏廉、持躬悫，翛然自异于众。”书后有李祖年《汉堂类稿跋》云：“叔疾之将革也，呼祖年于床前而诏之曰：‘余于立身行己之间死无遗憾，惟宿昔所兢兢者，在《诸史平议》一书，冀天假之年竟其业，以继钱辛楣、王西庄诸家之后。今脱稿者仅五史，而年不我与矣，然即此区区者，亦皆半生心力所萃，子当为我刊行之。’因欷歔诵古人诗曰：‘书有一卷传，亦抵公卿贵。’其声惨凄，所不忍闻。”李宝淦所编《诸子文粹》62卷，后由商务印书馆刊行。

樵隐集九种 1923年丹徒李遵义小臧室刻本。

李遵义撰。李遵义（1865～?），字子宜，号芷沂，又号岘南樵隐者，江苏丹徒人。清光绪十四年（1888）举人。著有《樵隐诗》《种薯经证》等。本书是李遵义的诗文杂著集。子目包括《樵隐诗》3卷《文存》1卷、《垦余读书录》1卷、《垦余闲话》1卷、《毛诗草名今释》1卷、《毛诗鱼名今考》1卷，附《嘉鱼考》《孔子艺事考》1卷、《种薯经证》1卷、《银币考》1卷。其中《种薯经证》一书记载了李氏于清宣统二年（1910）开垦荒地3 000亩，并强制佃民以其中一半栽种甘薯之事。书中对甘薯的栽培方法，以及个人的经验，都有详细描述。周作人在《书房一角》中曾评价《樵隐集》云：“以个人偏好论之，则其中亦只《毛诗草名今释》《鱼名今考》二种一册，差可取耳。《诗存》三卷中，《山居杂事》《岘南杂兴》等绝句四十余首，写农家风物，亦有佳句，作集序者称其书确为农家云云，诗中只此可为左证，其余都浑不似矣。”

诗史阁丛刊甲集五种 1927年铅印本。

孙雄辑撰。孙雄(1866～1935),原名同康,字师郑,号郑斋。晚号铸翁、味新老人、诗史阁主人。江苏常熟人。著有《眉韵楼诗》《诗史阁壬癸诗存》《郑斋类稿》等。诗史阁,孙雄室名。本丛书包括《丁卯元旦诗》1卷、《乙丑介眉集》1卷、《禹斋文存》2卷、《禹斋骈文》1卷、《埙篪酬唱集》1卷。其中《丁卯元旦诗》《乙丑介眉集》为与同人唱酬集;《埙篪酬唱集》为孙雄、孙光庭两人唱和集。

北松庐杂著十种 稿本,常熟市图书馆藏。

徐兆玮撰。徐兆玮有《续海虞诗话》,已著录。本书是徐兆玮的杂著集,包括《红豆录》《困学璅语甲编》《测字》《优语》《酒令》《骗术》《乩示试题》《译本小说考异》《诗文杂著》《读译本小说诗》。其《读译本小说诗》有自序云:"甲辰(清光绪三十年,1904)里居多暇,日读译本小说,意有感触,辄赋数截句,得二十种而中辍。丙午(光绪三十二年)来京师,小说日出益夥,最录其目,殆逾百种。是区区者,管窥蠡测,媕陋不足数。而以其颇费目力也,不忍焚弃,古人所谓鸡肋者近之矣。弁此数言,愿与嗜鸡肋者共惜之。虹隐楼主人记。"书中每部书写诗一至二篇,并有题解,介绍该书的基本情况。如读《少年军》写诗二首,其一云:"登车誓死励同群,热血淋漓染阵云。长为国民留纪念,美洲南部少年军。"其二云:"义勇无端说拒俄,支那影响果如何。新声谱出从军乐,风雨深宵一剑磨。"题解云:"记一千八百六十四年美国南北战争南部威尼亚兵学校生徒退校从军事。"上一首表彰美国南北战争中的"英雄",下一首写对中国人的启示。

南园丛稿十二种附一种 1935年北平中国地学会铅印本。

张相文撰。张相文有《泗阳县志》,已著录。本书收录张氏诗文集以及地理、历史等方面的著作,共12种。子目有《耶律楚材西游录今释》1卷、《湛然居士年谱》1卷、《成吉思汗陵寝辨证书》1卷、《游记》1卷、《韩边外志》1卷、《南园诗存》1卷、《南园文存》2卷、《沌谷笔谈》4卷、《帝贼谱》2卷、《中国地理沿革史》2卷、《佛学地理志》3卷、《万法精理》5卷(法国孟德斯鸠撰,张相文等译)。附《泗阳张沌谷居士年谱》1卷《荣哀录》1卷,子张星烺撰辑。本书以人文地理为主,包括自然地理、历史、文学、宗教、政治、军事等方面,内容丰富,颇多创新。书中有不少辛亥革命人物传记及其他近代史资料,如《韩边外志》一书记述了清末韩氏三代对于吉林桦甸境柳条边外的治理,对于韩边外领土的沿革、位置人口、气候、产业等均有详细记载,是研究东北人民开发边疆的重要史料。

云在山房类稿十八种 1930年至1935年无锡杨氏仿宋聚珍版印本。

杨寿枬撰。杨寿枬有《苓泉居士自订年谱》,已著录。本书为杨寿枬所作诗文词集。子目如下:《思冲斋文钞》《思冲斋文补钞》《思冲斋文别钞》《思冲斋骈体文钞》《思冲斋骈体文补钞》《思冲斋诗钞》《思冲斋诗补钞》《钵社偶存》《鸯摩馆词钞》《鸯摩馆词补钞》《藏奁幸草》《云迣诗话》《云迣漫录》《觉花寮杂记》《贯华丛录》《秋草斋诗钞》《秋草唱和集》《续秋草唱和诗》。其文气韵生动,词藻工丽,对当时的财经、政治等,亦多提出有自己的看法。《思冲斋文钞》中《云迣记》一篇,描写了自己的住所情况。其文云:"行十万里路,仕宦三十年,齿发既衰,始遂初服,归而筑室于城西,以其隙地辟为小圃,而命之曰'云迣'。云迣之地广不四亩,池居三之一,微波沦漪,莹若碧玉。池之上为平台,广三丈许,半为花坞。台之后为楼三楹,曰裘学楼,藏书之所也。下为况梅斋,贮列书画鼎彝琴剑香炉棋枰笔床茶灶,轩窗洞敞,湘帘四垂,吾燕居之地也。……裘学楼左转折而北有小楼,上为卧室,曰杏雨楼,下为书室,曰香南精舍,楼前叠石为峰。"池榭花树,图史金石,叙写了典型的苏南士大夫庭园居室的格局。

孙隘堪所著书四种 民国元和孙德谦四益宧刻本。

孙德谦撰。孙德谦有《古书读法略例》,已著录。本书汇集孙德谦所著有关于史学、目录学之书,共4种。分别为《太史公书义法》2卷、《刘向校雠学纂微》1卷、《汉书艺文志举例》1卷、《六朝丽指》1卷。其中《太史公书义法》借鉴了《文心雕龙》的体例,分为50篇。以《引旨》一篇,自明其作书之意。书前有张尔田序,其云:"《太史公书》,论者以为我国史籍之冠,最为难读。治之者如赵瓯北、梁曜北诸人,大都毛举细故,无当宏恉;而疑之者则又极意诋諆，诚有如陈元所称，断截小文，媟黩微词，以年数小差，掇为巨谬，遗脱纤微，指为大尤者。君一一疏通而证明之，有一经道破，怡然理顺，可使异说者夺之气，而不敢放厥词。好学深思，心知其意，如君方无愧乎斯言。”全书内容丰富，对于当代的《史记》研究，具有很高的参考价值。

名山全集　清末至民国铅印本。

钱振锽撰。钱振锽有《名山诗集》等。本书为钱振锽个人文集。钱振锽的早期著作，主要以“谪星”命名，其中期、晚期著作则均用《名山集》为总名，从初集以至九集续，均以线装本行世。另有单行本《名山诗集》十三卷，附词六编。其本人著作之所以早期总标“谪星”、后期总标“名山”，其原因可从作者自撰《钱振锽传》文中得知：“其书初名《谪星集》，以生前有星异故。后其父遗言曰：‘尔性高疏，当著书名山以老。经世，俗事也，非尔任。’遂改名《名山集》。”但作者对早年收入家集的《谪星诗草》还是很重视的，晚年在避难上海时，曾以铅字本重新整理印行，分为4卷，收入其光绪十六年(1890)至光绪三十四年的诗作。据钱振锽后人介绍，钱振锽生前未编《名山全集》，各图书馆收藏钱振锽集，名称也互不统一，子目皆从略。

徐氏全书三十七种　稿本，南通市图书馆藏。

徐昂撰。徐昂有《文谈》，已著录。徐昂一生治学严谨，讲求务实之学。自1929年起，其有关易学、音韵学、杂学的专著单行本陆续问世。抗日战争胜利后，因年事已高，退休故园，整理毕生著作，至1952年汇编为《徐氏全书》。本书分为三大类，第一类是有关易学的著作，如《京氏易传笺》《周易虞氏学》《周易对象通释》等，第二类是有关音韵学的著作，如《诗经声韵谱》《石鼓文音释》《等韵通转图证》等，第三类是杂著，如《国学商榷记》《课儿读书录》《楞严咒校勘记》等。其中《京氏易传笺》是第一部对《京氏易传》加以正确注释的专著。而《周易对象通释》以归纳为原则，全面精辟的分析易理，是一部易学巨著。徐氏易学专著为中外易学研究者深入研究《易经》指明了方向，得到国内外学者的推崇。

小双寂庵丛书二十一种　民国武进张氏小双寂庵刻本。

张惟骧辑撰。张惟骧有《历代讳字谱》，已著录。《小双寂庵丛书》21种，均为张惟骧所撰。“小双寂庵”为张惟骧书斋名。宋人邹浩曾为张守撰《双寄记》，张守监军义阳，结茂为庵，名曰“双寂”，邹浩、张守均为张惟骧乡先哲，故题所居曰“小双寂庵”，以志向往而寄遐思。本丛书子目为：《疑年录汇编》《疑年录外编》《历代帝王疑年录》《名人生日表》《名人忌日表》《太史公疑年考》《明清巍科姓氏录》《疑年录汇编补》《清代毗陵名人小传》《清代毗陵书目初稿》《清代毗陵书目二稿》《历代讳字谱》《清人小名录》《续名人小名录》《续名人生日表》《疑年录汇编补遗》《清代名人同姓名略》《毗陵名人疑年录》《重订名人生日表》《小双寂庵琐谈》《小双寂庵诗文稿》。

刘申叔先生遗书七十四种　1936年铅印本。

刘师培著。刘师培有《老子斠补》，已著录。本书为1936年其弟子陈中凡、刘文典搜辑，其友钱玄同整理，南桂馨、郑裕孚校印。本书前有钱玄同《左庵年表》、陈中凡《刘先生行述》、蔡元培《刘君申叔事略》以及章炳麟、黄侃所撰关于刘申叔君之文等，共8篇。又有丁维汾、张继、汪东、黎锦熙、钱玄同、南桂馨6人序。蔡元培在《刘君申叔事略》中写道：“除诗文集外，率皆民元前九年以后十五年中所作，其勤敏可惊也。”钱玄同在序中称：“刘君著述所及，方面甚多，余所能言且认为最精要者有四事：一为论古今学术思想，二为论小学，三为论经学，四为校释群书。”本书分六类。甲类论述群经及小学，包括《尚书源流考》等22种；乙类论述学术和文章，包括《国学发微》等13种；丙类为群书校释，包括《周书补正》等24种；丁类是作者的诗文集包括《左庵集》等4种；戊类系读书札记，包括《读书随笔》等5种；已类为教科书，包括《中国中古文学史讲义》等6种。另附年表等。

耐庵丛著二十四种　民国清稿本，泰州市图书馆藏。

夏兆麐编。夏兆麐有《痛史一斑》，已著录。《耐庵丛著》为夏兆麐生前编订之丛书，共24种45册，各册封面均有顺序号。夏兆麐关注社会状况，热心搜集、整理地方文献，在泰州历史地理、民俗方言、文学掌故等文献资料的收集整理方面，卓有成效。本丛书子目为：《族谱学概略》《论语政要》《新生活解证》《两汉地方自治制度考》《萤草文存》《瑞芍堂谐著》《佣余漫墨》《续墨》《春红晚白轩杂缀》《松林庵小志》《泰县内政志》《泰县方言补》《吴陵语录》《泰县风俗谈》《泰县氏族略》《泰县三大灾录》《吴野人生活》《吴陵野记》《吴陵牧影》《吴陵艺苑》《痛史一斑》《梓里抽奇录》《梓闻余录》《海陵文拾》《海陵诗史》《国学研究社诗文选》。以上诸书，多与泰州社会、方言、风俗、历史、地理、文学息息相关，是研究泰州文化的可贵资料。

耐庵丛稿　报刊剪贴本，泰州市图书馆藏。

夏兆麐撰。夏兆麐有《耐庵丛著》，已著录。本丛书子目与《耐庵丛著》不完全相同，包括《梓闻余录》《吴陵牧影》《吴陵艺苑》《吴陵野记》《春红晚白轩杂缀》《丁卯兵灾录》《辛未水灾录》(以上合1册)，《海陵文拾》《泰县风俗谈》《泰县氏族略》《两汉地方自治制度考》《岳墩小志》《松林庵小志》(以上合1册)。本丛书不仅记载了民国期间泰州发生的名人逸事、民俗、方言、土产、民生状况等，还记录了当时泰州发生的自然灾害以及战争，具有较高的史料与学术价值。

第二节　辞典与索引

普通百科新大词典　1911年国学扶轮社铅印本。

黄人编辑。黄人有《中国文学史》，已著录。本书包括政治、教育、格致、实业四大类。政治类包括宪法、行政法、法律学、民族、商法、民事诉讼、刑事诉讼、刑法、国际法、计学、财政学(附统计学、簿记学)等学科。教育类包括本国史学、世界史学、本国舆地、外国舆地、哲学、教育学、宗教学、神学、心理学、伦理学、名学、社会学、国文学、世界文学、言语学、图画学(附雕刻、音乐、装饰品、游戏)等学科。格致类包括算学、几何、代数、三角、微积、力学、热学、声学、光学、电磁学、化学、天文学、地文学、地质学(附地震学、古物学)、生理学、卫生学(附病理学、药物学)、矿物学、动物学、植物学、人类学、人种学等学科。实业类包括农业学、畜牧学(附：蚕业学、造林学、渔业、猎业)、工业学、商业学等学科。包括补遗在内约1.2万个条目，涵盖了近代中国所认识的绝大部分自科与社科知识。本书《凡例》称"该书以适用于教员考检、学子自修为宗旨"，大致适合于中学程度。《普通百科新大词典》是我国首次使用"百科"一词作为书名的著作，是我国第一部现代性质的百科全书，具有门类较齐全、内容新颖、释文简明扼要等特点。

辞源　1915年上海商务印书馆铅印本；1931年上海商务印书馆续编；1939年合订本。

陆尔奎主编。陆尔奎(1862～1935)，字浦先，号炜士，江苏阳湖(今常州武进)人。辞书编纂家。《辞源》是上海商务印书馆组织编纂的百科兼语文词典，是我国现代第一部大型语文辞书。参与者数十人，罗书10万余卷，前后历经20余年。本书以旧有字书、韵书、类书为基础，又吸收了现代辞书的特点。以语词为主，兼收百科，举凡成语、掌故、典章、制度、天文、地理、人事、名物、图书、音乐等无不毕收。又以常见为主，强调使用，结合书证，重在溯源。本书按单字部首排列，分为子、丑、寅、卯等12集214部。每字先注以反切或直音，然后分条释义，并举例证，但引文只标书名。全书共收单字13 000多个，复词10万余条。因条件限制，《辞源》也存在一些问题。刘叶秋曾指出《辞源》中的七项缺点或失误：解释错误，或似是而非；引书错误；引书不注时代、作者、卷次、篇目，使读者无法查阅原文；引文删节，不做标识；某些语词未加必要的解释，一般读者难明故事之意义；所收词语去取失当；释义引书，遗漏甚多等。1958年，国家统一规划开展了对《辞源》的修订工作。《辞源》就此着重收录古代汉语词语和成语，以示与《辞海》相别。1983年，《辞源》修订本全部出齐。

丛书大辞典　1936年辞典馆铅印本。

杨家骆编。杨家骆有《狄岱麓与李石曾》，已著录。本书是查检丛书的工具书，将丛书名、子目名、著作等要素，逐一编成大索引，方便读者使用。全书收丛书约6 000余种，将丛书书名、编者、子目、子目编者、子目撰者，组成170 000个条目，按条目首字四角号码编排。书前有编者《丛书大辞典草创本序例》，介绍编辑此书的宗旨及使用方法等，具有很高的实用价值。

四库大辞典　1932年中国国书大辞典编辑馆铅印本。

杨家骆著。本书专为查阅、了解《四库全书》的读者所编，对《四库全书》所收书，按序加以编排。共计收录1万余条图书提要和7 000余条著作家传记，以《四库全书总目》所列书名及其著者为词条，依四角号码排列。书后附《四库全书概述》《助检表》《笔划索引》《拼音索引》，相当于为《四库全书》及总目提要编了新式的索引。

四库全书学典　1946年世界书局铅印本。

杨家骆著。本书是研究《四库全书》的工具书，全书共三部分：一、四库全书通论，包括四库全书的知识体系、四库全书史上的几个主要命题等9章；二、四库全书辞典，据《四库大辞典》改编，是全书的主要部分。其中正编是《四库》著存书1万种、撰者7 000人的词条及13 000参见条(如人之别号、书之异名等)；广编是见于通论的与《四库全书》有关的条目300条，按笔画编排，有首字次序表和首字拼音索引；三、四库全书综览，是有关的统计资料和专题目录。三部分内容在通论第九章设有专节介绍。

十三经索引　1934年开明书店铅印本；1946年开明书店再版。

叶圣陶编。叶圣陶有《国文教学》，已著录。十三经是我国古代十三部儒家经典的简称，即《周易》《尚书》《诗经》《周礼》《仪礼》《礼记》《春秋左传》《春秋公羊传》《春秋穀梁传》《论语》《孝经》《尔雅》《孟子》。因为卷帙浩繁、内容庞杂，编者为了检索十三经经文方便，于1923年开始以世界书局缩印的嘉庆阮刻本《十三经注疏》为底本，编订《十三经索引》，用以查考十三经经文中所有文句的出处。本书将经文按句读分解，如“子曰学而时习之不亦说乎”一句析为“子曰”“学而时习之”“不亦说乎”三条。每条按首字笔画数大小排列，若首字相同，则以第二字笔画为序，每句之下注明书名、篇目以及在正文之中的段落，如“所敬在此”是《孟子·告子上》的第五段，则标明“□孟告上5”；若一语重见于一章或一段者，只注明某经某章某段，如“一人行”“□易损·系下4”；一语并见于一经数章者，次注省去经名，如“乃命有司”“□礼月73·78”。

尚书通检　1936年哈佛燕京学社铅印本。

顾颉刚主编。顾颉刚有《周易卦爻辞中的故事》，已著录。本书是研究《尚书》的索引工具书。以江南书局翻刻相台岳氏本《尚书孔传》为底本，将《尚书》里的字逐一按《康熙字典》字序排列，字下注明出现次数。每字都用数码标明篇次、字次，并列出该句所在的句子，检一字便可知其在句中的意义和位置。本书共分五部分：《尚书》正文、通检、相台本异体字表、《尚书》孔传蔡传异文异读表、通检目录。书后附录：中国字庋撷检字、四角号码检字、分韵检字、拼音检字四个检字表。

太平御览索引　1934年商务印书馆铅印本。

钱亚新编。钱亚新有《索引和索引法》，已著录。《太平御览》系宋代李昉等所编大型类书，共1 000卷，征引古书十分丰富，计有2 579种之多，其中十之八九原书已经散佚不存，因此，此书具有很高的文献价值。但全书部帙浩繁，分55部，每部又分若干子目，计4 558个子目，检索颇为不易。钱亚新根据清鲍崇城刻本编辑《索引》，把全书的部、目按四角号码序列，部名下注卷数起止，子目下注卷数、页数，方便读者利用《太平御览》。全书分为两部分，一是有关《太平御览》书名、编者、年代、取材、部类、篇幅、版本等的研究，一是《太平御览》总目、类目及子目名称的卷数索引。本书原载武昌《文华图书馆专科学校季刊》第5卷第1期，后出单行本，较哈佛燕京学社引得编纂处所印洪业等编《太平御览引得》早一年。

第三节　书　目

书目答问补正　1935年铅印本。

张之洞撰、范希曾补正。范希曾(1899～1930)，字耒研。江苏淮阴人。毕业于南京高等师范学校文史部，师从柳诒徵。《书目答问》系清同治间张之洞任四川学政时，命缪荃孙、章寿康等协助纂成的书目，以示诸生读书门径。全书著录图书2 200余种，分经、史、子、集、丛书五部，下设小类、子目若干。著录各书均注明卷数、作者、通行易得版本，间附简明按语。末附别录，举初学可用群书读本，又类举清代主要学者姓名、籍贯。作为学子日常购书、读书的指导性书目，《书目答问》自问世以后流传极广。进入民国后，数十年间翻印、新版之书又复不少。范氏乃以《答问》为主，纠正原本书名之误、卷数之误、作者之误、版本之误，补入原书漏记之版本，以及光绪二年以后所出版本，增录部分后出而与原书性质相近之著作。《补正》曾部分刊于《中央大学国学图书馆年刊》，全稿告成，范氏就不幸因病去世。其师柳诒徵乃以全稿铅印问世，并为作序，述范氏生平及纂述之旨。书后有1929年范希曾跋，乃移用《国学图书馆第二年刊·史部补正跋》。

书目举要补正　1930年暨南大学铅印本。

刘纪泽著。刘纪泽有《目录学概论》，已著录。本书系刘氏任教暨南大学时所作讲义，主要针对汪辟疆的《读书举要》而作，以汪书为纲，加以补充订正。全书分收藏书目、史志书目、题跋书目、考订书目、品类书目、通志之属、知见之属、征禁之属、释道书目。最后附录汪辟疆《读书举要》。对于初学者使用书目，具有一定的实用参考价值。

补晋书艺文志六卷　民国铅印本。

丁国钧著。丁国钧（？～1919），字秉衡。江苏常熟人。本书系补《晋书》中所缺的《艺文志》，凡6卷。体例略仿《隋书·经籍志》。书前有例略，述体例甚明。全志所录，取资隋、唐三志者占十分之六，共1 070余种，从群书中钩稽出者占十分之四，680余种。

南献遗征笺　1931年刻《稚露室遗著》本。

范希曾笺。范希曾有《书目答问补正》，已著录。《南献遗征》一卷系清末学者郑文焯所编清代学人未刊书目，范希曾以典书省立国学图书馆之便，对郑氏所列目录，详加笺注。书前有王焕镳撰《范君墓志铭》，正文前有1928年7月范氏识语，自云："自斯目成至今四十年间，诸书颇多刊行。郑氏诏示之功，未可没也。不佞笺此，意在分别已刊、未刊，其未言版本，皆犹未刊。愿当今海内刻书家，于此加意焉。"全书按经史子集四部分类排序，郑氏目顶格，仅记书名、卷数、作者，范氏笺皆低一格，首有"笺"字，以区别之。范笺主要注明后出之刻本、丛书本，偶及馆藏，不论刻本之异同，颇便学者物色各书读之。兹所见者，为徐宗元旧藏，天头、行间有小字批注，如"韩诗外传疏证十卷"条，作者陈瑑，范笺"瑑字聘侯"，下有批注"瞿中溶女婿也"，其余大多补郑目、范笺之未备，具有很高的学术价值。

清代毗陵书目八卷　1944年常州旅沪同乡会铅印本。

张惟骧撰。张惟骧有《历代讳字谱》，已著录。全书8卷，收录有清一代常州地区学者著述之简目，明代以前、民国以后所作，均不收入。主要分成三部分：第一部分5卷，为常州籍作者现存之书目；第二部分1卷，为常州人校刻之书目；第三部2卷，为常州籍作者已佚之书目。三部分皆按四部分类法编排，目验之书，详细著录书名、卷数、作者、版本等情况，未见者相对简略，并依书名推测分别部居，不免失之粗略。书前有凡例、目录及1939年徐震序一篇。全书对时代、地区限制较严，至于存佚情况，则未敢必也。从书目所录，可见清代常州地区学术研究、文学艺术的创作情况，间接反映出该地区的家族文化与人才培养情况。

常熟艺文志　1948年铅印本。

丁祖荫辑。丁祖荫有《铁琴铜剑楼宋金元本书影》，已著录。丁祖荫为常熟地方文献甚丰，自言如泗《常昭合志》、庞鸿文《常昭合志稿》起设艺文志，载录乡邦文献，杨英彝《海虞艺文目录》、姚福均《海虞艺文志》、袁景韶《海虞艺文续志》三家专志拾遗补漏，但时有脱误。在此基础上，丁祖荫《重修常昭合志·艺文志》（即本志），纠正了《四库全书总目提要》《海虞艺文目录》等公私书目、专志的错误。丁氏引用文献达150多种，其中有各类书目、方志，以及大量总集、别集，不少地方文献今已不存。本志以人系书，对于人物著录科第、列官，兼及别号、私谥，与《重修常昭合志·人物志》互为补充，不见人物传的，补叙身世；对于每种书，详记依据的史料，注明版本。这种做法，方便读者，但殊为不易，编纂难度大。丁氏以"待考""备考"附录存疑，体现实事求是的精神。

钱遵王读书敏求记校证　1926年长洲章氏刻本。

章钰校证。章钰有《四当斋集》，已著录。《读书敏求记》为清初常熟藏书家钱曾就自藏善本所撰之题记，清初以来，虽有刻本，颇为罕见，反以抄本流传最广。章钰搜罗有清一代诸家校注本，汇集折中，写定为《校证》4卷，视钱氏原文不啻倍蓰。刻本每半页10行，行20字，小字双行同。四周单边，上下大黑口，无鱼尾。书前有总目、《补辑类记》《据校各本略目》、四库提要等，后附佚文、各本序跋题记、附录及1926年章钰《后记》，末有"京都杨梅竹斜街文奎斋王孝艾缮刻"一行。全书收录题记620条，佚文13条，共计633条。钱氏原文大字，章氏校证小字双行，或是正文字，或考订史实，或辨别版本，或证明异同，原原本本，堪称钱氏诤友。

可园存书目录　稿本，南京图书馆藏。

陈作霖著。陈作霖有《江苏兵事记略》，已著录。此稿存8卷，书目4卷，跋尾4卷。《跋尾》存"乾部""元部""亨部""利部"四类。据其次序，当尚有"贞部"一类，而南图另著录《可园存书跋尾》1卷《续》1卷，即有"贞部"1卷，恐原为一稿，而析为二书。陈作霖蓄书以治学参考为主，故不偏嗜宋元旧刻，而取通行易得之本，广取博观，所以学问精湛，著作等身。此固为学问家之藏书目，不必与鉴赏家相较而轻视之。《可园存书跋尾》较之《冶麓山房藏书跋尾》丁部多书数十种，内容颇有异同。全稿不仅子目分类、顺序互有差异，而且所收各书亦有不同。至于同一书之题跋，文字亦间有出入。恐系后来陆续有所增订所致，故当与《冶麓山房藏书跋尾》并存，不可偏废。

粟香室藏丛书目录　稿本，南京图书馆藏。

金武祥藏并编。金武祥有《粟香室日记》，已著录。金氏藏书，编有《木兰书屋藏书目》5册与《粟香行箧书目》6册，均为朱丝阑稿本，今藏国家图书馆。此《粟香室藏丛书目录》，稿本4册，书衣题"汇刻书目(粟香室藏本)"，凡收录金氏所藏丛书130余种，每种均开列子目。据其题签，似即效顾氏《汇刊书目》之意，就自藏丛书编成此目，方便检阅使用而已。

思补楼藏书目录　稿本，上海图书馆藏。

盛宣怀藏。盛宣怀有《愚斋存稿》，已著录。盛氏早年收得江标灵鹣阁、方功惠碧琳琅馆及王文韶诸家藏书。宣统中，创建愚斋图书馆于上海，延请缪荃孙、罗桨臣等人编订书目。辛亥革命爆发后，避往日本，再次购获大量汉籍。愚斋图书馆藏书，于盛氏身后分捐上海圣约翰大学、山西铭贤学校及交通大学。此盛氏藏书草目21册，7册用绿格稿纸，半页9行，行字不全。前四册铜钉装，书衣分题"思补楼藏书目录"卷一、二、三、四，依次为经、史、子、集四部，著录书名及本数。后3册纸捻装，亦仅著录书名、册数。后14册，用"愚斋钞本"墨格稿纸，半页10行，行字不全，著录书名、作者、卷数、版本、册数，似即盛氏藏书目录之底稿。其间偶装有善本书目稿零页，书目之后附有提要，知当时曾有意撰写书志而未成。

愚斋图书馆藏书目录十八卷　民国抄本，南京图书馆藏。

盛宣怀藏。此目录乃民国初年所编。书前有叙一首，末署"盛氏愚斋图书馆"，于盛氏收藏书籍、创建图书馆以及书目之编订等，均有详细说明。全目分经、史、子、集四部，每部之后均记种数、卷数。计经部3卷，史部5卷，子部5卷，集部5卷，共收书6 666种，169 934卷。四部之中，以集部清人别集一类为最多，约有千余种，万数千卷。此外，尚有大量日本刻本、抄本汉籍与日人著作，以及不少朝鲜本。全书与《思补楼藏书目录》勾乙涂抹不同，抄写工整，应是最后誊清之本。《愚斋图书馆藏书目录》另有1932年上海大成印务局铅印本10册，著录图书455种，28 583卷。数量不及抄本书目之十分之一，而其所载各书，与抄本多不相同，则印本书日非删选抄本书目而来明甚。

艺风藏书目　民国李氏抄本，北京大学图书馆藏。

缪荃孙藏并编。缪荃孙《艺风堂诗存》，已著录。此目写于"秀文斋"朱丝栏稿纸上，每半页9行，行字不等。上册书衣题"艺风藏书目，上册"，"丁巳秋日录，戊辰九日重装"。下册题"艺风藏书目，下册"，"附日本访书志"。正文首页首行顶格题"艺风藏书目"，次行题"经学第一"，三行起书目正文。然类目不全，次序亦未一律。全书始于"宋刊小字本周易白文"，终于"明末刊本三国演义二十册"。《日本访书志》目录末有墨笔"丁巳大雪前七日写样，茶微”一行。此后留白三纸，写“《四库全书》凡三千四百六十部七万九千三百三十八卷，三万六千二百七十五册，二百二十九万零九百十六页，分装六千一百四十四函。乾隆壬寅年写成，藏文渊阁，续成三部，分储热河避暑山庄文津阁、圆明园文源阁、奉天文溯阁，又续写三部，储扬州文汇阁、镇江文宗阁、杭州文澜阁”七行。此系缪氏藏书目，与《藏书记》之附提要，两者详略稍有不同。

艺风藏书续纪八卷　1913年江阴缪氏刻本。

缪荃孙撰。此本系踵续前书而刻，行款俱同《藏书记》。书前有1913年缪氏撰《藏书续记缘起》，详述辛丑以后十年藏书经历，及此目之编订旨趣。书分十类，卷一经学、小学，卷二诸子，卷三舆地，卷四史学，卷五目录、类书，卷七、卷八诗文，卷八艺术、小说。其名或有小异，其实并无不同。辛亥革命爆发，缪氏携眷仓皇避地上海，藏书托日人转运到沪，颇有损失。而此后生活日窘，不得已以藏书易米，此《续记》之刻成，所著录之书业已稍稍散去，然则世乱固书之厄也。

艺风藏书再续记　1940年燕京大学图书馆铅印本。

缪荃孙著。缪氏身后，遗书多归陈立炎古书流通处出售。而所藏碑拓及缪氏手稿由其子携往北京者，大都售归燕京大学图书馆，今藏北大图书馆。此《再续记》原名《艺风堂新收书目》，即燕大图书馆据缪氏手稿铅印者。书前有缪氏自序、总目，书后有1939年田洪都、薛祈龄两家跋。全目分宋刻本、元刻本、明刻本(附清刻本二种)、旧抄本、校本、影写本、传抄本七类，收书114种，抄校本居多。书目依次著录书名、卷数、作者、行款、牌记，并抄录名家题跋原文，甚为详明。

五百经幢馆藏书目录　民国抄本，复旦大学图书馆图书馆藏。

叶昌炽藏。叶昌炽有《辛臼簃诗谵》，已著录。复旦图大学图书馆藏《五百经幢馆藏书目录》，写于红格账簿之上，每半页8行，书衣钤有“治廧书库”朱文长印，似为叶氏家藏底簿。书目虽标四部，而未分别部居，往往诸部杂出，且多讹字，似非出于知书人之手。全目著录藏书近千种，其中以吴中文献居多，盖叶氏有志搜藏乡邦文献。另有敦煌经卷数卷，为其任甘肃学政时所得。上海图书馆藏1919年姚钟藻抄本，书前录黄钧题记，分类较复旦图本稍稍整齐，藏书则少数十种。北京大学图书馆藏有燕京大学图书馆传抄本，卷首有薛祈龄题记，知当日据书坊抄本录副，一存燕大，一存哈佛燕京图书馆，而其收书次第与上海图书馆本同。

叶氏治廧室善本书目　民国香影庵抄本，复旦大学图书馆藏。

叶昌炽藏。是书写于“香影庵校录”绿格稿纸上，每半页10行，行18字。正文首页首行顶格题“叶氏治廧室善本书目”，著录叶氏所藏善本94种，多为明刻明人别集，记书名、卷数、册数、版本等项，间有附注。

小脉望馆藏书目　民国抄本，南京图书馆藏。

赵宽藏并编。赵宽(1863～1939)，字君闳，号止扉，又号传侯，江苏阳湖(今常州武进)人。烈文子。诸生。清代曾官嵊县、富阳知县。入民国后，供职于江南官产处，参修民国《江苏通志稿》。赵烈文藏书，身后多归赵宽保藏。抗战爆发，赵氏一家寄居上海，困穷潦倒，遂以藏书易米。此《藏书目》稿本5册，前4册为藏书目录，分元、亨、利、贞四号，末一册题为“出行川赀记数”。全目不分部类，按存书之橱、箱、架顺序著录，共登记书籍22 958本。每书仅记书名、本数，而不及版本，稿钞本尚可辨，余均难以分别，殆其为赵氏藏书之底簿清册，尚未分类编校。第五册后附碑刻目，著录碑版250余通，每通皆记字数。其后又有“乙亥年立夏日记”，仅录80种书名，殆为1935年夏，赵氏所自拟之读书日程。

章氏四当斋藏书目三卷　1938年燕京大学图书馆铅印线装本。

顾廷龙编。顾廷龙有《明代版本图录初编》，已著录。四当斋系苏州人章钰藏书处。章钰身后，其藏书由夫人、子女于1937年暂存燕京大学图书馆。以备当时供职图书馆的顾廷龙检核。书目前有章家与燕大契约、章钰遗像及小传，书后有跋、书名通检、霖根老人自著表、勘误表等。书分上、中、下三卷，篇幅并不均衡，因其每卷各成体系，分别为四当斋所藏善本、章氏批校题跋本、普通古籍，均以四部分类法排列，详记书名、卷数、时代、作者、版本、册数等。善本与章氏批跋本，又有解说，详记行格、藏印等内容，并摘录题跋文字。相对于公藏书目之一板一眼，更见其自由灵活，内容之详审缜密，尤为难得。章氏书最后散入国家图书馆、北大图书馆大库，据此目可见其全貌，惜未及藏拓耳。

笺经室藏书目录　民国晒蓝本，北京大学图书馆藏。

曹元忠藏。曹元忠有《笺经室遗集》，已著录。曹氏初肄业南菁书院，兼长考证、辞章，于目录、版本亦有所擅长，并精三礼之学。曹氏家富藏书，颇多善本。此目分经、史、子、集四部，每部一册。书目仅著录书名、卷数、作者、版本诸项。而所收多丛书本，所录同时人著作止于俞樾，知此目约编定于光绪、宣统年间。书前有张孟劬题记。原书中有“潘景郑家珍藏”朱文长方印。此晒蓝本有“燕京大学图书馆珍藏”朱文方印。

顾鹤逸书目　民国国立北平图书馆抄本，国家图书馆藏。

顾麟士藏并编。顾麟士有《鹤庐画赘》，已著录。作者受父祖影响，妙于丹青，并精鉴别。家中过云楼，藏古籍书画极富。所藏书画有《过云楼书画记》《续记》。过云楼藏书于1992年大多让归南京图书馆，其余则流散人间，难以踪迹。此书目抄本，乃国立北平图书馆传抄傅增湘藏本，每半页10行，行字不全。书衣题“苏州顾鹤逸所藏旧椠书目”。全目分四类，依次为宋元旧椠，48种；精写旧抄本（各种精抄本大半出名人手写，有题记校记，并有未刻孤本在内，目录下漏注尚多），147种；明版书籍，135种；国朝精印本，157种，共计487种。每条著录书名、本数，间有附注，如宋元旧椠中有附注为“明本”者，又有“已去”字样者，殆为傅增湘所批，定其版本，记其存去。

顾鹤庐书目　民国丁氏淑照堂抄本，复旦大学图书馆藏。

丁祖荫辑。丁祖荫有《铁琴铜剑楼宋金元本书影》，已著录。此稿写于“淑照堂”九行朱丝阑稿纸上，书目一行两列，天头、地脚附有批注。仅数纸，似系后人取书中夹页，重新装订。卷尾有1933年王荫嘉题记“右顾鹤庐所藏书，昔年曾有出售之意。丁初我手录评价凡二纸，予据所知，补注一二。其外尚有钞本五种：《六书正讹》、余钞《国朝诗选》十二册、《钱湘灵诗》六册、《牧斋诗》四册、毛抄《吴中旧事》一册（此种据别目为居商谷手抄，未知其的），合计三百余元，并录存考。癸酉冬杪，殷泉手录。”

鹤庐藏书志残稿　稿本，苏州市档案馆藏。

顾麟士著。此稿写于朱丝阑稿纸上，仅十数页，书衣由瞿凤起用朱笔题书名。全书著录过云楼藏书精善之本十余种，主要为宋元旧刻及名抄，每种除记录书名、卷数、藏印外，并有解题。如元刻本《古今杂剧三十种》，详记三十种子目，天头有墨批称被日本书贾刀田翰赚去。就是指日本人岛田翰骗取岛田翰所藏善本一事。此本经瞿凤起整理，并传钞一本，藏于上海图书馆，末有瞿氏题记。

愢园宗氏藏书残目　民国抄本，上海图书馆藏。

宗舜年藏。宗舜年辑有《愢园丛书》，已著录。此《藏书残目》写于红方格稿纸上，每半页12行，行25字。分《愢园宗氏藏书残目》《愢园所藏金石书目》（167种）及《明本书目》（72种）三门。其中《藏书残目》分元明本（117种）、钞校本（89种）两类，元明本又各分经史子集四部，着录书名、卷数、版本、册数各项。钞校本着录书名、卷数、册数、版本、批校者姓字。《残目》后有1939年2月20日潘景郑题记，谓“数年前，曾见一目，较此为备，意屡经斥散，目亦递改，区区二百余种，当不过愢园所藏善本之二三。兹目所存，又不逮四五”。

宗氏明本及印谱书目　民国抄本，上海图书馆藏。

宗舜年藏。此书衣有朱笔题“宗氏明本及印谱书目，宝山楼辑录”。全目写于“吴县潘氏宝山楼校钞乙部秘籍”朱丝栏稿纸上。半页11行，行字不全。此书目收书73种，较之宗氏《藏书残目》之第三种多末“周易传义二十四卷，白皮纸，明经厂本，十二册”一条。《印谱书目》著录印谱共24种，为《残目》所未收。全目著录书名、卷数、版本、编辑人姓字、册数。书中钤有“潘承弼藏书记”朱文长方印，盖即潘氏编订之本。

海虞宗氏书录　稿本，复旦大学图书馆藏。

宗舜年藏并编。全稿写于乌丝栏稿纸上，每半页10行，行字不等。虽未分部类，而前有总目，著录明清刻本、抄本80余种，而以古文选本为主，因疑其为宗氏书录中集部总集类残存之一本。全书朱墨涂乙，几不能辨。著录版本、序跋、藏印，并有提要考辨之语。书中有“欣夫”朱文方印，知其为王大隆蛾术轩中旧物。

咫园书目　稿本，南京图书馆藏。

宗舜年藏。是稿写于“今悔堂”朱丝栏稿纸上，首册题为《咫园藏书楼善本书目》，其余4册题作《阅览室检查书目》。前者著录古籍415部，以明本居多，兼有少量宋元本及清刻本。后者所收均为普通古籍，5 000余部。由此可见宗氏咫园藏书之规模，颇为可观。此目为著录宗氏藏书最全者，虽记版本，而无提要，却已见宗氏藏书之概貌。咫园藏书，经舜年长子宗惟恭之手出让，精善之本多由蒋祖怡购得，转售他家。其存藏常熟故居者，抗战中毁于兵燹。余书散入市肆，为叶景葵、潘景郑等所获，今多藏上海图书馆。

博古斋旧本书经眼录　稿本，复旦大学图书馆藏。

柳蓉春著。柳蓉春（？～1924），一作蓉村，江苏苏州洞庭山人。民国初年，曾设博古斋书肆于上海三马路惠福里弄口。勤于研讨，富于经验。遇古书，入手即知为何时何地所刻，谁家装潢，某刻为足本，某刻有脱误，历历如数家珍，故人称柳树精。曾影印大部丛书如《百川学海》《津逮秘书》《六十种曲》《士礼居丛书》等。本书系柳氏贩书经眼所记，字虽不工，的系手稿。全稿写于黄竹纸上，纸捻订成一册。书衣题“经眼录”三字，又有“博古斋记”字样，凡收录古籍善本150余种，其中以宋元旧刻、名家稿钞本居多，略有提要，文字颇为潦草，似为柳氏随得随记之作，故所录未必全备。

虹隐楼书目汇编　稿本，常熟图书馆藏。

徐兆玮藏并编。徐兆玮有《续海虞诗话》，已著录。此徐氏《书目汇编》计收《虹隐楼藏书目》2册，《虹隐楼藏书记》9册，《佛学书存目》《医学书存目》合1册，《本省地志存目》1册，《善本书目》《邑人著述存目》《石印丛书目》《虹隐楼检存书目》合1册，《邻邑人著述存目》1册，《应用书存目》1册，《旧刊善本书存目》1册，《新刊善本书存目》1册，《旧刊善本丛书子目》1册，《新刊善本丛书子目》4册，《文艺类存目》1册，《小说分类书目》1册，《演义弹词传奇存目》1册，《申报馆聚珍版书存目》1册，《聚珍版石印本小本丛书存目》2册，《新书目录》2册，共计著录书籍12 000余部。常熟图书馆另藏《虹隐楼藏近刊善本书目》稿本1册，著录书籍700余部。

诵芬室藏目　民国抄本，南京图书馆藏。

董康藏。董康有《中国法制史》，已著录。董氏曾七次东渡日本，撰有访书记《书舶庸谈》，并好刻书，所蓄刻工除刊刻诵芬室诸书外，又为徐世昌、罗振玉、蒋汝藻、吴昌绶、陶湘等刻印书籍多种。董氏藏书，素未见书目。此抄本藏目仅数页，著录藏书63种，虽简略殊甚，且未知出于何人之手，亦弥足珍贵。

群碧楼善本书录六卷寒瘦山房鬻存善本书目七卷　1930年邓氏刻本。

邓邦述藏并撰。邓邦述（1868～1939），字正闇，号孝先，江苏江宁人，祖籍苏州洞庭西山。藏书家。光绪二十五年（1899）进士，授翰林。本书为邓氏出售图书后所编刻。书前有邓氏1929年6月自序及1930年宗舜年、吴梅两家序，并附宣统三年（1911）所作《群碧楼书目初编》原序。邓氏自序谓“前目都二万四千九百六十四卷，今目总一万三千一百八卷，鬻已过半”。此本仍按版本分类，《善本书录》卷一为宋刻本，卷二为元刻本，卷三为明刻本，卷四为明嘉靖刻本，卷五、卷六为钞校本。收书430余种。《鬻存善本书目》卷一为宋本、原本、景宋钞本、景元钞本，卷二为明刻本，卷三为嘉靖刻本，卷四为钞校本，卷五为明钞本、名人手钞本，卷六为名人手校本，卷七为自校本。收书380余种。两部书目于书名、卷数、作者、版本之外，并记藏印、题跋，并间附解题。

武进涉园陶氏鉴藏明板书目　1931年铅印本。

陶湘藏并编。陶湘有《涉园年略》，已著录。作者为近代著名藏书家、刻书家。陶湘藏书，以明末乌程闵、凌两家所刻套印本为特色。又好收殿本书，尤喜开化纸印本，故有“陶开化”之称。所刻书籍，刻工精良，纸墨俱佳，为时人所重。陶氏所藏开化纸本后由北京文友堂收购转售，丛书500余种则让予日本东方文化学院京都研究所。本书系其家藏明板总目，董康题签，傅增湘撰序。书目按经史子集分部，每部下再分细目，末均附注部、卷、册总数。书目记书名、卷数、作者、册数，间有附注。著录图书831部、35 196卷，内中集部占三分之一，计334部、12 208卷，而明人别集有153部，蔚为大观。

赵氏图书馆藏书目录五卷补遗一卷　1926年赵氏义庄刻本。

赵诒琛编。赵诒琛有《顾千里先生年谱》，已著录。本书大抵按经、史、子、集及丛书五大部分类。内容绝大部分是古籍，但也收入少数现代科学类书籍。《赵氏图书馆藏书目录》补遗中，许多著作下都附有题解，或品评本书优劣，或指出阅读方法，非常切合家族子弟就读。如在孔广森撰《诗声类》《诗声分例》一书下注云："此书为读诗不可少之书，由此研求古韵，即知古人作诗自有体例。"对本书的优点及作用说得十分明白。同时对本书版本又提出批评："严氏刻本多用古字，校刻精善，江南号为文学渊薮。今视之殆有愧色矣。"如不是精于治学门径、通于版本源流者，断不能作此语。又如评王世贞《弇州史料集》云："是书所载皆有明典故，辨正精严，明代正史赖以考证。"这些题解对指示家族子弟读书是很有帮助的，正如赵诒琛在《赵氏图书馆藏书目录序》中所说："欲征文考献，研精义理乎？则可由此而得其门径矣。"赵诒琛的这部书目实际具有导读性质，如果能够按照他的要求，"循序诵读"，就可有所收获。

小渌天孙氏鉴藏善本书目　民国铅印本。

孙毓修藏。孙毓修编有《玄奘》，已著录。此目凡32页，分经、史、子、集、丛五部及补遗，收书3 000余种。其中，经部485种，史部103种，子部113种，集部199种，丛书10种，补遗15种。书目著录书名、著者、版本、卷数、册数等项。孙氏藏书中颇有善本，并有用作影印底本者。其藏书出售时，潘景郑、王佩诤、黄裳等均收得不少。

朱氏遗书目　稿本，上海图书馆藏。

朱师辙编。朱师辙（1879～1969），字少滨，号允隐，江苏常熟人。骏声孙，孔彰子。民国初年，曾任清史馆编修。后历任辅仁大学、中国大学、河南大学、华西大学、中山大学等校教授。著有《商君书解诂》《和清真词》《黄山樵唱》等。此系其手录家藏祖父、父亲著作目录。全稿写于朱丝栏稿纸上，每半页10行，行字不等。凡8页，纸捻装。分"先大父丰芑博士遗著目录""先君仲我协修遗著目录"两门。书前有1930年6月朱师辙题记云："易寅村先生索先代遗著书目，拟广流传，意至盛。时羁旅白门，稿藏燕市，携随甚尟，因粗将遗著分类编目，略识刊否存佚以贻之。"朱骏声父子著作均按四部分类，骏声著作目后附记"以上四部都九十二种，尚有帖体诗二卷，时文二卷，未入目"二行。朱孔彰著作凡15种，记书名卷数而外，小字略作说明。

同龢书屋藏书目　民国铅印本。

沈维桢藏。沈维桢（1882～1966），字同一，江苏长洲（今属苏州）人。曾任南洋公学教职凡17年，继长南洋模范中学20余年。全书前有总目及沈维桢谢启。书目前依次有沈维桢近影及其家庭合影、唐文治撰《同龢书屋祝辞》、1948年李佑之《同龢书屋藏书序》《南模同人为同龢书屋主人筹建纪念缘起》、寿联、寿诗、寿词，以及张锡佩《同龢书屋颂词六章》、沈维桢《同龢书屋藏书记》《同龢书屋主人六十自序》。唐文治祝辞云："戊子仲春，忻逢友人沈同一先生六秩揽揆良辰，先生以时事多艰，生民憔悴，戒勿铺张庆贺。适毗陵杨氏习养室藏书愿易主，由沈君挺绍介，归诸先生，请其董理庋藏，计为书三百六十余种，三千六百余册，凡四部要略大致咸备。"可见沈氏之藏书，为其六十岁时购自常州杨氏，编此目以为纪念耳。书目分甲、乙、丙、丁、戊五部，即经、史、子、集、杂五类，仅著录书名、册数，甚为简略。纵观全目，多日用常见之书，而以集部为最多。

瞿安书目　稿本，国家图书馆藏。

吴梅藏并编。吴梅有《词学通论》，已著录。此吴氏藏书目，写于红格稿纸上，每半页10行，分上下两栏，行字不等。全目编号著录，正编从元号至五十四号，其后依次为不编号者、左字号、右字号，似按橱登录，而未分类。另藏曲以干支为序，自甲至癸，后附架上目。书目仅著录书名及本数，颇为简略。

癖泉书室所藏泉币书目四卷附录一卷征求录一卷 1934年铅印本。

宗惟恭藏并编。宗惟恭，字礼白，江苏常熟人。舜年子。早年毕业于浙江法政专门学校，后任复旦图大学、中国公学教授，20世纪70年代客死山西。宗惟恭酷嗜金石古货，名其斋曰癖泉书室。曾于十余年间搜集钱币著作近百种，编为本书。《书目》收录书籍97种，分图像、文字、题跋、杂著四类，同一种书附注不同版本。《附录》收录外国钱币著作22种。《征求录》所收，为宗氏搜求未获者，逐一开列书名，向同道征求其书，共计22种。

二十八宿研斋善本书目 稿本，苏州图书馆藏。

王荫嘉藏并编。王荫嘉（1892～1951），名大森，字荫嘉、苍虬，以字行。祖籍浙江嘉兴，自曾祖迁居苏州。早年就学北京，光绪末年因父丧南归，未再北上。与其弟王大隆俱好藏书，承其父二十八宿研斋藏书，益加搜罗，遂粲然可观。后转而收藏泉币，乃以书易泉，藏书始陆续散去。曾任《泉币》杂志主编，著有《王荫嘉钱币论集》《品泉录》《品泉续录》等。王氏身前藏书历经战乱，又自易泉币，散失颇多，身后家境窘困，家人乃以善本数十种归北图。此《善本书目》原草钉3册，今改线装6册。书前有王荫嘉1937年自序，书中又夹有致王佩诤一札，知此目为吴中文献展览会而编，故择家藏善本中涉及吴地者，编成草目，并非其藏书之总目。目录按经、史、子、集分类，而未编卷次，收录元明以下刻本及名家稿钞批校本150余种，每种依次书录书名、卷数、版本、页数、纸张、册数，并摘录原书序跋及名家题跋原文，末附解题，折中成说，颇简明扼要。

二十八宿研斋珍藏书目 稿本，复旦大学图书馆藏。

王荫嘉藏并编。此目为其早年与其弟王欣夫合编，抄录于无格毛边纸上，每半页9行，每行十八九字不等。书前有1919年秦绶章序、1918年王荫嘉《二十八宿研斋珍藏书目缘起》，末有1918年夏王守藩跋。全书由王守藩手录，秦序则秦氏手书。全目著录书籍160余种，分经、史、子、集四部，冠以丛书，殿以乐府，凡六类。每书除书名、卷数、版本、册书外，多有附注，长短不一，视其罕见否耳。书中夹《申鉴校勘记》六纸，用“清秘阁”朱丝栏稿纸，每半页10行，末有“中华民国十九年九月二日即庚午七月初十日雨窗殷泉校毕。次日以程荣本、卢抱经校本覆校，程、卢皆不见正德本”，然则《校勘记》为王荫嘉作于1930年。此目后为王欣夫收藏，《蛾术轩箧存善本书录》著录。书中有“梅勒庐”朱文长印、“佩鹤”朱文方印、“秦绶章印长寿”白文方印。

常熟翁氏藏书记 稿本，翁以钧藏。

翁之熹编。翁之熹（1896～1972），江苏常熟人。斌孙子。常熟翁氏藏书自翁心存、翁同书、翁同龢父子开始，传承数世，蔚为大观。其中如宋刻《长短经》《鉴诫录》等，为传世绝品。翁同龢去世后，藏品归翁之廉。1922年翁之廉故后，又传予翁之熹之子翁万戈。1949年，翁氏藏书精华被翁万戈运往美国，存于大陆的善本，不久入藏北京图书馆。而此前藏书均在天津由翁之熹保存，遂有《藏书记》之编纂。全书写于朱丝阑稿纸上，按经、史、子、集四部分类，详记书名、卷数、版本、藏印，并有解题。全稿10册，经历“文革”，现存9册。此书比较全面地反映了翁氏藏书的主体，对于了解分藏北京、上海等地的翁氏藏书概貌，有很大帮助。

昆山胡氏仁寿堂藏书目 稿本，上海图书馆藏。

胡文楷藏并编。胡文楷（1901～1988），字世范，江苏昆山人。早年曾在商务印书馆任职，受其夫人王秀琴影响，搜访古代女性诗文集，编著有《历代妇女著作考》一书。此其家藏书目稿本，写于无格黄竹纸上，每半页8行，行字不等。所收录者以闺秀诗文别集、总集为主，后附录《书苑》一种。闺秀别集依次著录书名、卷数、时代、作者、版本，其中多为抄本，凡240余种。其中胡文楷辑录者有《李易安诗》《马湘兰诗》《柳如是集》《吴芝瑛夫人文钞》等，胡氏稿本有《历代名媛文苑》《历代名媛文苑续编》《闺秀艺文志》《闺秀艺文志简编》《历代名媛书简续编》等。《书苑》收录兰亭序、夫子庙堂碑、晋唐小楷、同州圣教序等14种。上图另藏有胡氏《昆山胡氏仁寿堂藏闺秀书目》抄本、《怀琴室闺秀书目》稿本各1册，殆皆收录妇女著作之专门目录。

民国以来出版新书总目提要 1936年辞典馆铅印本。

杨家骆编。杨家骆有《狄岱麓与李石曾》，已著录。本书系新书总目，而加以简单的解题。收录范围为1911年1月至1933年5月间出版的图书，不收教科书及通俗读物，共计8 553种。书目采用新式分类，依次为总类、哲学、语文、文学论著、创作文学、翻译文学、艺术教育、自然科学、应用技术、社会科学、经济、政治法律、历史地理等14类，每书皆有提要。书前有编者所撰《我的终身事业》。书后附《辞典馆事业之社会反应》。

历代医学书目提要 1918年上海医学书局铅印本。

丁福保编。丁福保有《老子道德经笺注》，已著录。丁氏本人业医，深感我国传统医籍多达数千种，查检不易，于是将所知书目分门别类，序其流派，编成本书。这是一部比较特殊的医学目录，包括《历代医学书目》和《丁氏医学丛书提要》两部分，是融中西医学著述的医学目录。全书共著录医书2 000余种，分为22类，计《素问》《灵枢》61种，《难经》17种，《甲乙经》3种，本草类519种，伤寒类110种，金匮类19种，脉经类97种，五脏类(附骨与经络)33种，明堂针灸类85种，方书及寒食散370种，疾病总类230种，妇科56种，小儿科87种，疮肿50种，五官36种，脚气类8种，杂病类52种，医案类24种，医话类16种(附名医传、医史)，卫生类64种(附服食导引之法)，祝由类11种(附五运六气)，兽医类6种。其所收书目较广，但著录简单，仅有书名、卷数、著者项，版本也只录其一。本书是明清以来著录中医学书籍最多的书目，是对历代医学文献的总结，对大家了解历代中医学经典书籍的源流发展很有价值。

藏书纪事诗 《灵鹣阁丛书》本；清宣统二年(1910)长沙叶氏刻本；1989年上海古籍出版社王欣夫补正本。

叶昌炽著。叶昌炽有《辛臼簃诗讔》，已著录。本书为研究藏书文化的重要著作，叶昌炽留心有关藏书的历史，“自正史以逮稗乘方志、官私薄录、古今文集，见有藏书故实即裒而录之”，撰成此书。全书分为7卷，按朝代分类，收集自后蜀毋昭裔至清末藏书家1 110余人，为一人或数人创作一首诗，记载其生平和事迹。每首诗后标明藏书家姓名，再征引史籍记载相关史事，其后为叶昌炽按语加以考证补充，如首篇毋昭裔，就辑录《宋史》《焦氏笔乘》有关毋昭裔藏书及刊刻《九经》等书的记载，叶昌炽按语又引《挥麈余话》加以补充。中国藏书文化历史悠久，本书为研究藏书史的开山之作，体例合理，编排得当，丰富的藏书史料得以有条不紊的汇辑记载，在学界产生重要影响，后世仿作续作作品不断出现，如伦明《辛亥以来藏书纪事诗》等。

附　　录

一、主要参考文献

民国时期总书目　书目文献出版社　1986 年～1997 年出版

中国丛书综录　上海图书馆编　1986 年上海古籍出版社

中国丛书广录　阳海清编　1999 年湖北人民出版社

中国地方志联合目录　中国科学院北京天文台主编　1985 年中华书局

历代妇女著作考　胡文楷编著　1985 年上海古籍出版社

江浙访书记　谢国桢著　1985 年三联书店

中南、西南地区省、市图书馆馆藏古籍稿本提要　阳海清主编　1998 年华中理工大学出版社

江苏艺文志　赵国璋主编　1994～1996 年江苏人民出版社

江苏旧方志提要　徐复、季文通主编　1993 年江苏古籍出版社

江苏地方文献书目　江庆柏主编　2013 年广陵书社

江苏地区期刊与方志综录　戴国林编著　1990 年江苏教育出版社

南京文献综合目录　杨永泉编撰　2003 年南京大学出版社出版　《南京文化研究丛书》之一

秦淮著作志　杨献文主编　2001 年南京市秦淮区地方史志编纂委员会等铅印本

绍宗藏书楼书目　镇江市图书馆编　2003 年 4 月电脑打印本

无锡县立图书馆乡贤部书目一卷　刘书勋编　1920 年铅印本

无锡县立图书馆地方著述目录　陈然编　1936 年铅印本

无锡艺文志长编　辛干撰　2015 年上海古籍出版社

无锡地方文献选目　陶宝庆编著　1992 年南京出版社

无锡方志辑考　钱建中著　2006 年世界知识出版社

苏州民国艺文志　张耘田，陈巍主编　2005 年广陵书社

吴江艺文志　董振声、潘丽敏主编　2011 年国家图书馆出版社

昆山图书馆先哲遗书目录附昆山现存碑目一卷　王颂文编　《明清以来公藏书目汇刊》本

太仓县立图书馆乡人著述书目　该馆编　1943 年抄本，上海图书馆藏

常熟艺文志不分卷　丁祖荫撰　1948 年铅印本

扬州文献书目　扬州市图书馆编　1959 年扬州市图书馆油印本

宝应县志书目校补　成永撰　1988 年政协宝应县委员会文史科翻印本

泰县图书馆乡土书目提要不分卷　夏兆麐撰　抄稿本，泰州市图书馆藏

南通地方文献联合目录初稿　南通市图书馆编　1963 年油印本

淮阴市地方文献联合目录　该馆编　1986 年淮阴市图书馆油印本

连云港艺文志　许厚文、崔月明编著　2001 年沈阳出版社出版

江苏人物传记丛刊　江庆柏主编　2011 年广陵书社

中国历代人物年谱考录　谢巍编撰　1992 年中华书局

中国美术家人名辞典(修订本)　俞剑华编　1992 年上海人民美术出版社

国内公共图书馆网站

大学数字图书馆国际合作计划网(http://www.cadal.zju.edu.cn/Index.action)

孔夫子旧书网(http://www.kongfz.com)

二、书名索引

D

E

F

G

H

K

L

M

N

O

P

Q

R

S

T

W

Y

Z

附录

编纂始末

江苏省作为一个文化发达的省份，著作资源十分丰厚。2014 年，江苏省地方志办公室领导约请我们编写《江苏著述志》。按照省地方志办公室的规划，《江苏著述志》包括古代、近代、现代三卷。我们根据自身的情况，决定承担其中的古代、近代这两卷。同年 6 月，签订了编写协议。

《江苏著述志》近代卷的基本体例如下：

一、《江苏著述志》著录江苏籍作者的代表著作，酌收外省流寓并定居于江苏的作者的代表著作。本志所说的江苏，指截至 2013 年江苏省所管辖的地区。历史上属于江苏省而今已划归其他省市者(如松江府，今属上海市)不收，历史上不属于江苏省但今已来属者(如盱眙县，原属安徽省)予以收录。

二、《江苏著述志》按照时代分为古代卷、近代卷、现代卷三册。

“近代卷”著录、介绍民国时期江苏历史上有代表性、有影响的著作。具体时间是指从民国元年(1912)，至民国三十八年(1949 年 9 月 30 日)。部分可延续至 1951 年前后，但不过于扩大，以免与“现代卷”相重叠。

如作者于 1949 年 9 月 30 日之前已经去世的，为更好地反映其著作的流传情况，其著作版本包含这一时间之后出版的。如作者于 1949 年 9 月 30 日之后还在世的，因其著作有可能还要收入“现代卷”，本书只收录 1949 年 9 月 30 日之前出版的图书版本，不收录这一时间之后出版的著作，一般也不著录这一时间之后重版的图书版本。

三、本志所说的著述系指编集成册的。江苏文人主持修纂、或作为主要人员参与编纂的地方志数量很多，无法一一列出，仅收录若干有一定代表性的地方志。家谱、期刊、舆图、拓片、档册、政府公报等类型的文献不收录。但其中少量与江苏地情有重要关系的、或有一定代表性的文献，酌予收取。

四、“近代卷”分类根据《中国图书馆分类法》，并结合江苏著作的内容。每一大类下面再根据著作的实际情况，分为若干二级类目。

为避免过于琐碎，二级类目下没有再列出三级类目的名称，但实际上会按照三级分类的原则，将图书按类编排。如第一章哲学第三节中国哲学，先收录《中国哲学史》《国学概论》等通论性的著作，再分类收录《周易消息大义》《周易解题及其读法》等专论性的著作。

一些存世文献较少的类目，按照“邻近原则”，归入相应的类别。

同一类别下的著作，按作者生卒年顺序编排。

五、本志按品种著录各类著作。多人撰写的著作，作一种著录，不在多个作者名下一一列出。总集、丛书按一种著录。丛书子目在 10 种以下者全部列出，10 种以上且《中国丛书综录》已收者注明“子目从略”。如不见于“综录”，则子目均一一列出，以备查检。

六、每一种图书的著录包括书名、作者小传、内容提要三项内容：

书名项，包括书名、卷数。现存图书(包括辑佚书)注明版本，稿本、抄本、稀见本等注明收藏单位。同一部书的不同版本，在一部书下择要介绍，不一一列出品种。版本项数少的全部列出，项数多的择要列出，一般不超过三种。

作者小传项，介绍作者情况简明扼要，不求面面俱到。一般作者历官情况从简，只列任职时间最长或级别最高的官职。若未任官职，列出作者科第登科年份等。主要经历中突出对其学术思想和有影响的事件。小传列举作者的代表作一般不超过三种。

作者第一次出现时，对作者生平作一介绍。再次出现时一般不再有小传，而是用参见法，说明其人有何著作，已著录。如同一作者的几部著作前后相接、或相隔不远，后面的著作不再一一标示。

内容提要项，每一部书撰写一篇简明的提要，扼要概括本书的基本内容，包括著述缘起、成书过程、书名由来、体例结构、内容梗概、学术源流、序跋简介等，以及若干书籍特殊性所决定的必须介绍的方面。以上各项视具体情况，有所侧重，不面面俱到。同时概括说明本书的主要特点。

七、凡属于今天江苏省境内的地名，一般按照文献产生时的名称著录。历史地名与今地名不同者一般不括注今地名。凡属于今天江苏省境外的地名，若历史地名与今地名不同、或归属有变化者，一般括注今地名、或今天的归属。同一条目中同一地名只在第一次出现时加注。

以上是一般性的规定。个别条目会根据实际情况有所变通。

“近代卷”编写分工如下：

哲学、语言文字：南京师范大学文学院苏芃。

哲学（心理学）、宗教、社会科学总论、社会学、政治、法律、军事、经济：南京图书馆陈希亮。

文化、历史、地理、综合类：苏州博物馆李军。

教育、自然科学：苏州图书馆卿朝晖。

文学、艺术、综合类（丛书）：苏州图书馆姜雨婷。

江庆柏负责全书规划、制订凡例，并审稿统稿。

《江苏著述志》（近代卷）编写组

2018年6月

江苏著述志（古代）

江苏省地方志编纂委员会 编

JIANGSU

ZHUSHUZHI

凤凰出版社

图书在版编目（CIP）数据

江苏著述志. 古代·近代 / 江苏省地方志编纂委员会编. -- 南京 : 凤凰出版社, 2019.11
ISBN 978-7-5506-3046-8

Ⅰ. ①江… Ⅱ. ①江… Ⅲ. ①江苏－地方志－古代②江苏－地方志－近代 Ⅳ. ①K295.3

中国版本图书馆CIP数据核字(2019)第246760号

江苏著述志(古代·近代)

编　　者　江苏省地方志编纂委员会
出版统筹　卞惠兴　常宁文
责任编辑　尤丹丹　常宁文
责任校对　吴　蕾　张　磊
责任监制　刘　辉

出版发行　凤凰出版社(原江苏古籍出版社)
　　　　　发行部电话 025-83223462
出版社地址　南京市中央路 165 号,邮编:210009
出版社网址　http://www.fhcbs.com
照　　排　南京凯建文化发展有限公司
印　　刷　南京爱德印刷有限公司

开　　本　889 mm×1 194 mm　1/16
印　　张　54.75
字　　数　1 657 千字
版　　次　2019 年 11 月第 1 版
印　　次　2019 年 11 月第 1 次印刷

标准书号　ISBN 978-7-5506-3046-8
定　　价　398.00 元(全二册)(精)

江苏省地方志编纂委员会（2019年2月～　）

主　任　吴政隆

副主任　樊金龙　许仲梓　周继业　陈建刚

委　员　（排名以发文顺序为准）

杨根平　王　林　徐　莹　杨　峰　周春发　王立平
焦建俊　李国华　朱光远　邢光龙　陈向阳　李侃桢
葛道凯　王　秦　谢志成　吕德明　储永宏　戴元湖
刘　聪　周　岚　陆永泉　陈　杰　杨时云　马明龙
杨志纯　谭　颖　费少云　缪志红　王汉春　左健伟
夏锦文　刘德海　蓝绍敏　黄　钦　庄兆林　丁　纯
李亚平　徐惠民　方　伟　蔡丽新　曹路宝　夏心旻
张叶飞　史立军　王　昊

办公室主任　左健伟

《江苏省志（1978～2008）》总纂、副总纂

总　纂　吴政隆（2017.5～　）

罗志军（2008.9～2010.12）

李学勇（2010.12～2015.12）

石泰峰（2015.12～2017.4）

副总纂　顾介康　李一宁　李　敏　余春芳　何国平　周桂根
周世康　费伟康　张晓铃　刘福林　钱伯华　姚百义
左健伟

江苏省地方志编纂委员会（2008年7月～2019年1月）

1. 2008年7月～

主　任　罗志军

副主任　赵克志　柏苏宁　张桃林　陈宝田　樊金龙　方未艾

委　员　（排名以发文顺序为准）

姚晓东　薛　和　唐　建　刘立仁　傅沿江　郭广银
孙学玉　周和平　吴乐勇　崔广怀　韩　杰　蒋宏坤
曹新平　王伟成　阎　立　丁大卫　徐一平　王燕文
刘捍东　姚建华　毛伟明　王吉生　沈　健　朱克江
吴洪彪　潘永和　赵永贤　陈震宁　周　岚　游庆仲
吕振霖　吴沛良　朱　民　章剑华　郭兴华　王　华
张卫东　徐毅英　廖　进　宋林飞

2. 2009年9月～

主　任　罗志军

副主任　赵克志　柏苏宁　曹卫星　陈宝田　樊金龙　方未艾

委　员　（排名以发文顺序为准）

姚晓东　薛　和　唐　建　刘立仁　傅沿江　郭广银
章剑华　周和平　吴乐勇　崔广怀　韩　杰　张敬华
王伟成　阎　立　丁大卫　徐一平　谢正义　刘捍东
姚建华　毛伟明　陈震宁　沈　健　朱克江　吴洪彪
潘永和　吴可立　周　岚　游庆仲　吕振霖　吴沛良
朱　民　郭兴华　王　华　张卫东　徐毅英　廖　进
宋林飞

3. 2011年5月～

主　任　李学勇

副主任　柏苏宁　曹卫星　陈宝田　樊金龙　方未艾

委　员　（排名以发文顺序为准）

姚晓东　唐　建　李一宁　刘国中　傅沿江　王　奇

徐一平　周和平　石为斌　崔广怀　谢　波　朱克江
张敬华　王伟成　阎　立　张国华　杨省世　谢正义
刘捍东　徐郭平　蓝绍敏　毛伟明　陈震宁　沈　健
曹苏民　吴洪彪　潘永和　吴可立　周　岚　游庆仲
吕振霖　吴沛良　朱　民　章剑华　郭兴华　费少云
朱晓明　徐毅英　张颢瀚　刘志彪

4. 2012年12月～

主　任　李学勇
副主任　柏苏宁　曹卫星　范燕青　毛伟明　方未艾
委　员　（排名以发文顺序为准）
杨志纯　唐　建　李一宁　刘国中　陈　平　王　奇
章剑华　周和平　石为斌　崔广怀　谢　波　朱克江
朱　民　姚晓东　周乃翔　张国华　杨省世　曲福田
魏国强　朱民阳　朱晓明　徐郭平　蓝绍敏　陈震宁
徐一平　沈　健　曹苏民　吴洪彪　江建平　谭　颖
周　岚　游庆仲　吴沛良　吕振霖　马明龙　徐耀新
王咏红　费少云　徐　劼　徐毅英　张颢瀚　刘志彪

5. 2014年1月～

主　任　李学勇
副主任　赵　鹏　曹卫星　范燕青　张敬华
委　员　（排名以发文顺序为准）
康旭平　陈为民　李一宁　吴洪彪　赵铁海　王　奇
梁　勇　周和平　石为斌　崔广怀　谢　波　汪　泉
朱　民　费高云　周乃翔　张国华　赵晓江　曲福田
魏国强　朱民阳　朱晓明　陆志鹏　王天琦　陈震宁
徐一平　沈　健　曹苏民　侯学元　徐　宁　谭　颖
周　岚　游庆仲　吴沛良　李亚平　马明龙　徐耀新
王咏红　费少云　徐　劼　周　琪　刘德海　刘志彪
方未艾

办公室主任　方未艾

6. 2014年10月～

主　任　李学勇

副主任　赵　鹏　曹卫星　范燕青　张敬华

委　员　（排名以发文顺序为准）

康旭平　陈为民　李一宁　吴洪彪　赵铁海　王　奇
梁　勇　周和平　石为斌　崔广怀　谢　波　汪　泉
朱　民　费高云　周乃翔　张国华　赵晓江　曲福田
王荣平　朱民阳　朱晓明　陆志鹏　王天琦　陈震宁
徐一平　沈　健　曹苏民　侯学元　徐　宁　谭　颖
周　岚　游庆仲　吴沛良　李亚平　马明龙　徐耀新
王咏红　费少云　夏心旻　周　琪　刘德海　王庆五
方未艾

7. 2016年12月～

主　任　石泰峰

副主任　黄莉新　赵　鹏　张敬华　范燕青　王　奇　漆冠山

委　员　（排名以发文顺序为准）

康旭平　王　林　谢润盛　吴洪彪　赵铁海　胡金波
周　琪　周和平　朱光远　张亚青　谢　波　汪　泉
周铁根　费高云　曲福田　韩立明　项雪龙　惠建林
戴　源　张爱军　朱晓明　史立军　王天琦　赵建军
徐一平　沈　健　王　秦　侯学元　沈益锋　谭　颖
李侃桢　周　岚　游庆仲　吴沛良　李亚平　马明龙
徐耀新　王咏红　费少云　焦建俊　徐　莹　秦景安
刘德海　王庆五

总序

江苏省省长　吴政隆

在全省上下深入学习贯彻党的十九大精神，奋力推动高质量发展、加快建设“强富美高”新江苏的重要时刻，二轮《江苏省志(1978～2008)》各分(专)志陆续编成出版，这是我省地方志事业取得的重要成果，极大地丰富了江苏历史文化宝库，对于促进文化强省建设、提升江苏文化软实力具有重要意义。

地方志是中华优秀传统文化的瑰宝，编修地方志为中华文明代代相传、血脉相承发挥了不可替代的作用。江苏地区编修地方志已有2000多年的历史，素有“方志之乡”的美誉。在首轮《江苏省志》圆满完成的基础上，省政府于2008年启动二轮省志续修工程。二轮省志由60本分(专)志组成，约4800万字，时间贯穿30多年，内容覆盖政治、经济、文化、社会、军事、自然等各个领域，系统记录江苏改革开放和现代化建设的历史进程和辉煌成就，生动展示各行各业具有时代特征、中国特色、江苏特点的发展战略和创新举措，是我们了解历史变迁、把握省情地情、借鉴治理经验、推动科学发展的重要载体。

地方志作为横陈百科、包罗万象、流传千载的资料性文献，担负记录历史、传承文明、服务当代、启引未来的重任，具有特定的编纂体例和方法。二轮省志编修是一项系统工程，组织严密，规模宏大，由省各有关部门、团体、高等院校、科研院所、各市县以及中央驻苏机构、解放军驻苏部队等共同承担编写任务，汇聚各方智慧合力完成。10年来，全省广大修志人员以高度的政治责任感和历史使命感，坚持正确的政治方向

和质量第一的原则，秉笔直书、辛勤耕耘，努力打造具有较高学术水平和重要文化价值、社会价值的精品佳志，为推动文化传承创新、服务经济社会发展付出了心血和汗水。

盛世修志，志在于用。党的十九大确立了习近平新时代中国特色社会主义思想的历史地位，吹响了决胜全面建成小康社会、夺取新时代中国特色社会主义伟大胜利的前进号角，习近平总书记对江苏工作作出一系列重要指示，为我们指明了前进方向，提供了根本遵循。省委十三届三次全会对深入学习宣传贯彻党的十九大精神作出全面部署，明确要求扎实推动“六个高质量”发展，接续推进“两聚一高”新实践，加快建设“强富美高”新江苏。新时代、新使命、新征程，对志书成果开发利用提出了新的更高要求，也提供了更广阔的舞台。我们要坚持以习近平新时代中国特色社会主义思想为指导，认真落实中央和省委关于地方志工作的部署要求，始终坚持正确的政治方向，抓好历史文化记录和保护，编纂好特色专业志书，传承好江苏符号和江苏印记，在做特、做优、做活地方志工作上下功夫、出成果。要紧紧围绕经济社会发展新目标、当今时代文化发展新趋势、人民精神文化生活新期待，大力开发利用志书资源，积极拓展读志、传志、用志渠道，鉴往知来、承先启后，抢抓机遇、开拓创新，充分发挥地方志存史、育人、资政的独特作用，以新时代新作为谱写地方志事业高质量发展新篇章，为“强富美高”新江苏建设作出新的更大贡献。

凡例

一、本志总名《江苏省志（1978～2008）》。按大类排列，编以序号。定名为《江苏省志（1978～2008）·××志》。

二、本志上限为1978年，下限断至2008年年底。各分志上限如与首轮志书下限有交叉的，可从简记述；专志下限为2008年年底，上限不限。

三、本志记述江苏省境域内自然、政治、经济、文化、社会等各个方面情况。

四、本志坚持“横分门类，纵述史实”的传统格局。各分（专）志一般采用章、节、目的结构层次。

五、本志采用述、记、志、传、图、表、录并用的综合体裁。以志为主。

六、本志内容以资料为主，用记述体表述，不作主观评论，寓观点于资料中。概述与章下无题序可作适当归纳议论。

七、本志“人物”分志集中记载省内有重大影响的人物，其他分志不再设人物章节。入志人物的收录标准另定。

八、本志设“中共”和“人民团体”分志，有关党、团和妇联、工会等组织及其活动的内容，其他分志不需设专门章节记述。

九、本志资料，录自档案、口碑资料和历史文献的，为节省篇幅，除特别重要、珍贵的资料须注明出处外，一般不再注明出处。统计数字，以江苏省统计局的统计数据为主。

十、本志数字、计量单位及语言等的使用，按《〈江苏省志（1978～2008）〉行文细则》的规定表述。

总目*

---

* 该总目自2019年10月起施行。

江苏省地方志编纂委员会办公室

主　　任　左健伟

副 主 任　牟国义　方亚光　陈　华

《江苏著述志》主编及撰稿人名单

主　　编　江庆柏

撰　　稿　苏　芃　周　忠　王　婷　沈玉云

本专志责任副总纂　姚百义

本专志责任协纂　黄　静　陈大福

目　录

概　　述

一

我国是个具有悠久历史的文明古国，同时也是重视历史记录、道德建设、文化传承的国度。立功、立德、立言，这是古代被称为“三不朽”的盛事。及身立言，成为许多人的自觉行为，由此使得我国也成为典籍最丰富的国家，人们常用“浩如烟海”来形容我国历史文献数量的巨大。与此同时，研究与整理历史文献，也一直成为我国的文化传统。给图书编制目录，撰写提要，就是研究与整理历史文献的重要形式。

一般认为，我国目录的产生约在殷商时期，在战国时期得到了一定的发展。系统目录的建立是在汉代。西汉刘向著《别录》，这是我国第一部解题性的综合性分类目录书。《汉书·艺文志》称：“条其篇目，撮其旨意，录而奏之。”其子东汉刘歆所编《七略》，是我国第一部综合性图书分类目录。《别录》和《七略》总结了社会已有的思想成果和学术成果，全面反映了当时的社会图书财富。受其影响，历代封建王朝都特别重视图书建设，设置有专门的藏书处，并组织专门人员收集、整理、保管图书，编制目录。在历代正史和地方志中，大都设立有著录图书目录的《艺文志》（也有的称之为《经籍志》）。

我们通常把正史中的艺文志和地方志中的艺文志合称为史志书目。正史艺文志和地方志艺文志是互为补充的。正史艺文志通贯古今，著录全国作者的著作。通代正史艺文志可以看到历史上国家的著作情况。地方志艺文志著录一个地区作者的著作情况，是正史艺文志的重要补充。正史艺文志和地方志艺文志的结合可以更全面地反映一个时期或一个地区的著作情况。

《江苏著述志》介绍江苏历史上有代表性的著作，以反映江苏的文化成就。

二

江苏素称人文荟萃之地，是我国文献资源最丰富的地区之一。这些丰富的文献资源，全面系统地记载了江苏的历史渊源、发展变迁，也体现了江苏人文资源的繁盛局面。

江苏作者的著作数量巨大。据最新修订的《江苏艺文志》统计，历史上的江苏著作家有29 000余人，著作8万余种。据我们编撰的《江苏现存书目》统计，留存至今的有3万种左右。这个数量在全国处于领先地位。

江苏著作的内容非常广泛，它涉及社会生活的各个方面，是了解、研究江苏历史、自然、社会、文化、经济等状况的可靠资料。江苏著作的种类也丰富多样，充分显示了江苏人民的聪明才智。

在江苏的著述史上，产生了许多有重要历史影响的著作。

隋唐以前，我国的文化中心、经济中心在中原地区，地处淮河流域以南的江苏，在文化、经济等方面相对处于落后状态，因此在著作方面的成就也相对来说不够突出。但即便如此，也有几部重要的著作，在我国文化史上产生过重要影响。

刘邦之孙、淮南厉王刘长之子刘安的《淮南子》，被近代学者梁启超称誉为“其书博大而有条贯，汉人著述中第一流也”（《中国近三百年学术史》十四《清代学者整理旧学之总成绩（二）》）的著作。《淮南子》又被称为《淮南鸿烈》或《鸿烈》，是刘安在做淮南王时，“招致宾客方士数千人”撰写而成的。刘安作为主编，《淮南子》也反映出了他本人的思想。本书是战国至西汉初期黄老之学理论体系的代表作。

汉刘向的《新序》《说苑》，记述历代帝王故事、诸子言行，借以发挥儒家的政治思想和道德观念，

并有不少有关于治国安民、家国兴亡的哲理格言。《四库全书总目》评《说苑》道:“议论醇正,不愧儒宗。”亦是赞誉有加。当然从学术史的角度看,刘向、刘歆父子在我国古代目录学建设方面的成就更为重要,也更值得重视。

东晋葛洪《抱朴子》,分为内篇和外篇。内篇言神仙、方药、鬼怪等事,属道家;外篇言人间得失、世事臧否,属儒家。本书总结了战国以来神仙家的理论,确立了道教的神仙体系,同时体现了儒道互补的思想倾向。

南朝宋刘义庆《世说新语》,是六朝志人小说的代表。本书记载东汉至东晋时期政治人物、文人雅士乃至普通士庶僧徒的趣闻轶事、言谈举止等。这部著作揭示了文人的内心世界,同时保存了大量思想、政治、文学、语言等方面材料,具有很高的学术价值。

南朝齐陶弘景《本草经集注》,被称为我国医药史上的一部经典之作。本书在《神农本草经》基础上进行整理,又增加药物 365 种,分为玉石、草木、虫兽、果、菜、米食、有名未用 7 类。本书首创按药物自然属性和治疗效果的分类方法,成为我国古代药物分类的标准。虽原书已佚,但内容尚散见于《经史证类备急本草》中。

南朝齐刘勰《文心雕龙》,是我国第一部全面系统的文学理论专著。南朝梁萧统《昭明文选》,是我国现存的最早一部诗文总集。这两部著作在我国文学史、文化史上都有着深远的影响。

以上这些著作的出现,不是偶然的。这时候全国的经济重心正由中原地区逐步南移,文化力量也在作相应地移动。刘邦政治集团在彭城的崛起,奠定了徐彭地区文化的坚实根基,成为我国汉文化的发祥地。孙吴、东晋、刘宋、萧齐、梁、陈这六个朝代先后建都于今日的南京,为南方的经济开发注入了活力。相应的经济的迅速发展,有利于创立良好的政治环境、社会环境,更重要的是吸引了大量的人才。侨州侨县的设置,也引来了大批来自北方的文化精英。

这个时期的著作情况,还有一个显著的特点,就是大都和一定的政治集团有着各种联系。这些著作的作者或组织者,有许多就是最高统治者的戚族。

这种情况不难理解。在雕版印刷术产生之前,文献的流传极为原始、困难,因此有机会接触到藏书的人,其写出著作的可能性也就更大。例如刘向、刘歆父子,都有在宫廷看书的机会。而这样的机会不是普通人可以随便得到的。再如《世说新语》作者刘义庆,为宋武帝刘裕之侄,长沙景王刘道怜次子,社会地位也不低。至于《淮南子》《昭明文选》的产生,更是主持者凭借着自己的政治地位和相应的号召力,集结了一批文人、学者共同完成的。

我国古代经济重心的变化,一般认为可以分为三个阶段。第一阶段是从远古到西晋时期,这一阶段经济重心在北方,北方经济的发展远远超过南方。从西晋末年、东晋初年开始,是我国古代经济重心变化的第二个阶段,南方经济发展开始超过北方。第三阶段是从北宋到南宋时期,经济重心最终完成南移。

经济重心的南移,使得整个社会的文化水准得到了极大的提高。正是从隋唐以后,江苏地区尤其是苏南地区出现了一个著作的高峰期。这一时期的江苏,在各个领域都产生了许多有影响力的著作。

我国古代图书分类通常使用四分法,即将图书分为经、史、子、集四部。经部也称甲部,包括儒家经书及其注释的著作和文字学著作。史部也称乙部,包括各种体裁的历史著作。子部也称丙部,包括先秦以来诸子百家、释道宗教著作及科技著作。集部也称丁部,包括历代作家一人或多人的诗文词曲等的集子和文学评论、戏曲、小说等著作。经、史、子、集四部之下,再分为若干类别。江苏作家在这些图书类型方面,都有大量代表性著作。

这类代表性著作举其大者,经部著作有胡瑗《周易口义》、惠栋《周易述》、胡瑗《洪范口义》、阎若璩《尚书古文疏证》、孙星衍《尚书今古文注疏》、陈启源《毛诗稽古编》、陈奂《诗毛氏传疏》、张惠言《仪礼图》、秦蕙田《五礼通考》、顾栋高《春秋大事表》、洪亮吉《春秋左传诂》、刘文淇《春秋左传旧注疏证》、庄存与《春秋正辞》、刘逢禄《春秋公羊经何氏释例》《公羊春秋何氏解诂笺》、陈立《公羊义疏》、陆德明《经典释文》、陈立《白虎通疏证》、刘宝楠《论语正义》、焦循《孟子正义》、王念孙《广雅疏证》、王引之《经义述闻》《经传释词》、马建忠《马氏文通》、段玉裁《说文解字注》、顾炎武《音学五书》等。

史部著作有毕沅《续资治通鉴》、计六奇《明季

北略》《明季南略》、刘向《列女传》、葛洪《神仙传》、阮元及罗士琳《畴人传》《续畴人传》、江藩《国朝汉学师承记》、顾炎武《天下郡国利病书》、顾祖禹《读史方舆纪要》、顾禄《清嘉录》、甘熙《白下琐言》、徐弘祖《徐霞客游记》、薛福成《出使英法义比四国日记》、钱曾《读书敏求记》、黄丕烈《荛圃藏书题识》、浦起龙《史通通释》、赵翼《廿二史札记》等。

子部著作有顾炎武《日知录》、赵翼《陔余丛考》、何焯《义门读书记》、王念孙《读书杂志》、叶天士《温热论》、王锡阐《晓庵遗书四种》、计成《园冶》、叶梦得《石林燕语》、文震亨《长物志》、李斗《扬州画舫录》、薛福成《筹洋刍议》、冯桂芬《校邠庐抗议》、冯梦龙《三言(喻世明言、警世通言、醒世恒言)》、施耐庵《水浒传》、吴承恩《西游记》、许仲琳《封神演义》、刘鹗《老残游记》、曾朴《孽海花》、李宝嘉《官场现形记》、李汝珍《镜花缘》等。

集部著作有洪兴祖《楚辞补注》、蒋骥《山带阁注楚辞》、范仲淹《范文正公集》、秦观《淮海集》、陈师道《后山集》、范成大《石湖居士集》、高启《高青丘诗集》、王鏊《震泽集》、唐寅《唐伯虎先生集》、文徵明《甫田集》、唐顺之《荆川先生文集》、归有光《震川先生集》、钱谦益《初学集》《有学集》、吴梅村《梅村家藏稿》、归庄《归庄集》、阎尔梅《白耷山人集》、顾炎武《亭林诗文集》、吴嘉纪《陋轩诗》、尤侗《西堂全集》、陈维崧《陈检讨集》、汪琬《尧峰文钞》、汪中《述学》、阮元《揅经室集》、梅曾亮《柏枧山房全集》、恽敬《大云山房文稿》、张惠言《茗柯文编》、沈德潜《归愚诗钞》、赵翼《瓯北集》、黄景仁《两当轩全集》、叶梦得《石林诗话》、王世贞《艺苑卮言》、张溥《汉魏六朝百三家集》、刘熙载《艺概》、周济《未隽斋词》、蒋春霖《水云楼词》、梁辰鱼《浣沙记》、李玉《一捧雪》、杨潮观《吟风阁杂剧》、冯梦龙《挂枝儿》《山歌》、陈廷焯《白雨斋词话》、焦循《剧说》等。

这些著作代表了江苏思想界、学术界、文学界的成就，也是江苏文化实力的体现。以清阮元主持编纂的《畴人传》为例。畴人，指精通天文历算的学者。《畴人传》是我国历史上第一次为数学家、天文学家立传的书，也是第一部科学家的传记集。中国古代社会普遍存在重道轻艺的问题。中国的知识分子一贯以“重道”“弘道”为己任。《论语・泰伯篇》云:“曾子曰:士不可以不弘毅，任重而道远。仁以为己任，不亦重乎？死而后已，不亦远乎？”清魏荔彤云:“天地之道在人物，人为万物之灵，然后独膺弘道之任矣。”(《大易通解》卷13)可见这一思想在封建士人中，古今是完全一致的。这种个人的自我觉悟，又上升为国家的政策:“国家重道崇儒。”(《四库全书总目》卷79《钦定国子监志》提要)正因为如此，我国古代没有专门为“畴人”立传的著作。阮元在序中说:“乃儒流实事求是之学，非方技苟且干禄之具。”特别表彰了他们的科学精神，并为这些学者立传，编成《畴人传》46卷，收录黄帝以至阮元所在时代的人物243人。受其影响，长期寓居扬州的罗士琳补著《续畴人传》6卷，其后诸可宝著《畴人传三编》7卷，清华世芳撰《近代畴人著述记》1卷，黄锺骏著《畴人传四编》12卷。后人将其汇辑为《畴人传汇编》，形成一个独特的系列。

此外，在说到江苏历史上的著作情况时，不能不提到广大的女性作者。江苏女性文化程度较高，与外界联系相对较多，视野也较开阔，因而著作热情也较高。据今人统计，仅清代江苏妇女作家就有1 543人，著作1 851种(这里面包括上海地区。见史梅《地域文化、家族文化与清代江苏女学的繁荣》，南京大学古典文献研究所《古典文献研究》2003年辑)。

由于阅历、交往、性格等原因，江苏女性作者的著作基本以诗歌为主，有少量文章。不过学术性著作也有不少。经学方面如无锡安璿珠《周易翼释义》，江阴杨文楷《抱经堂群经校刊记》，江都叶蕙心《尔雅古注斠》。史学方面如仪征刘文如《四史疑年录》，算学、历法方面如常熟沈绮《管窥一得》，苏州江熹《西楼遗稿》，江宁王贞仪《星象图释》《重订策算证讹》《西洋筹算增删》，吴江王锡蕙《树百算学》等。诗学、词学方面如王贞仪《文选诗赋参评》，如皋熊琏《澹仙诗话》，常熟苏慕亚《妇人诗话》，丹徒王琼《名媛诗话》，苏州朱崇善妻赵慈《诗学源流考》，宝应陈氏《诗略附编》，常熟杨全荫《绾春楼诗词话》，金匮杨芸《金箱荟说》等。小说戏曲方面如金坛于禹卿妻黄小琴《三生石弹词》《赤玉莲花弹词》，上元侯芝改订弹词《玉钏缘》《再生缘》等。另外还有为数不少“妇学”著作，如太仓王炜《续列女传》，丹徒左淑芬《列女传集解》，常熟吴静《女鉴录》，武进恽珠《兰闺宝录》，丹徒曹雪芬《廿四史列女合传》，昆山朱蕙锦《劝孝刍言》，江宁胡培妻陈立《妇女庸言》《女戒》《女箴》，海安李氏《女则》，丹阳

段氏《慎庵女录七十二则》等。可惜这些著作大多已经亡佚。著作的存亡与否自然有各种原因，但女性著作的大量亡佚和社会对这类著作重视不够有关系。

明清时期，江苏尤其是苏南地区的商业经济已十分发达。这一地区出现了大批颇具规模而且十分繁华的市镇。道光七年(1827)文祥撰《重修浒墅关志序》描写这时的浒墅关时说："自前明设立钞关，历四百载以来，襟领闽浙，控引江淮，商贾之所骈凑，帆舶之所攒萃，岁输税有定额，关之民比屋连甍，街衢阗噎，杂贿云屯，阛阓鳞次，诚东南之筦键，川涂之吭嗌，商旅之渊薮，津梁之雄钜也。"舒明阿撰序，也称"居民鳞次栉比，不下数千户，洵吴川之钜镇也"。

市镇不仅成为一地的经济中心，更成为一地的文化中心。苏南地区的市镇，其文化气氛相当浓厚。苏州唯亭镇，"里中先民业商贾，务耕织，习儒者亦不少。近时吟咏成风，科名相继，可与诸镇相埒"。"自有明数百年来，先后词坛宗匠蔚然代兴，亦可以识地灵矣。"(道光《元和唯亭志》卷3"风俗")吴县甪直镇(甫里)，"诵诗读书者正复不少"(乾隆《吴郡甫里志》卷5"风俗")。吴江同里镇，"素尚文学，多诗礼之家，比他镇为蔚"(嘉庆《同里志》卷6"典制志")。吴江平望镇，"人文炳蔚，景物清华，地虽一隅，可与通邑大都等量齐观也"(翁广平纂《平望志》卷1)。"上岸多士夫之家，崇尚学术，入夜诵经声不绝"(嘉庆《黎里志》卷2"形胜")。这一地区的中心城市，如苏州、无锡、常州、镇江，县治所在地如常熟、江阴等，均成为一地政治、经济、文化中心。

这种经济优势、文化优势，催生了大批著作的产生。

繁华市镇的出现，也由此产生了一批反映市井生活的作品，其中以余怀的《板桥杂记》、李斗的《扬州画舫录》为代表。

《扬州画舫录》内容涉及扬州城池沿革、城市区划、河道变迁、园林景物、名胜古迹、风俗民情、书院学宫、梨园酒肆、文人传记、词章学说、工艺商业、轶事遗闻等，是一份非常有价值的城市生活记录。

《板桥杂记》描写明末清初南京秦淮河畔的梨园、秦淮河灯船、妓院和江南贡院情形，描绘了顾媚、董小宛、卞玉京、李香君等秦淮群艳的事迹，记录了艺人杂事及金陵、瓜洲等地的轶事。作者以明朝遗老，观一代之盛衰，发千秋之感慨，亦借以抒发亡国遗恨。作者余怀(1616～1695)，字澹心，一字无怀，又字广霞，号曼翁，别号板桥老人等。祖籍福建莆田，明末寓居江宁，常自称江宁余怀。晚年退隐吴门。鲁迅《中国小说史略》说："唐人登科之后，多作冶游，习俗相沿，以为佳话……自明至清，作者尤夥，清余怀之《板桥杂记》尤有名。"

《板桥杂记》出版后，受其影响，出现了一批同类著作，就江苏地区而言，就有《续板桥杂记》(珠泉居士)、《板桥杂记补》(金嗣芬)、《雪鸿小记》(珠泉居士)、《秦淮画舫录》(捧花生)、《三十六春小谱》(捧花生)、《秦淮廿四花品》(琅玕词客、清惜花居士)、《白门新柳记》《白门衰柳附记》《秦淮灯舫曲》(懒云山人、许豫、杨亨)、《秦淮八艳图咏》(叶衍兰)、《秦淮艳品》(张曦照)、《秦淮八仙小谱》(栩栩子)、《吴门百艳图》(司香旧尉、花下解人)、《吴门画舫录》(西溪山人)、《吴门艳迹记》(许豫)、《广陵女士花殿最》(萍乡花史)、《广陵香影录》(徐凤采)、《广陵花册》(爱莲居士)、《广陵花谱》(张家驹)、《竹西花事小录》(芬利它行者)等。这些著作记述的内容各不相同，体例也多有差异，但基本上都可以看到《板桥杂记》的影响。

这些著作大多是通过"歌妓"这样一个特殊的视角，来反映江苏有别于以"日出而作，日落而息"为典型生活状态的传统的农耕型的生活方式。

鸦片战争给中国带来了沉重的灾难，但也打开了中国的大门，警醒了中国人，打开了中国人的眼界。一批先进的中国人通过出国考察，在自己的著作中记下了所见所闻及所感。同样，江苏也有不少士人走出国门，考察世界，思考未来。作为"近代中国知识分子'向西方国家寻找真理'的实录"的"走向世界丛书"及其《续编》，里面就收录了多部江苏近代作家的著作。例如：

无锡徐建寅(1845～1901)的《欧游杂录》，记述他光绪五年(1879)由李鸿章派往德国定购铁甲兵船，同时考察兵工、机械、化学工厂的情形。其书是近代中西交流和技术科学发展史上的一份重要资料，被称为"一位务实的技术专家走过的道路"。

江宁李圭(1842～1903)《环游地球新录》记费城世界博览会盛况，并分述对美、英、法诸国政治、风俗之考察，为较早的世界游记，有较大影响。其《自序》称："将会内情形并举行所闻见者，详细记载带回中

国”，“亦欲敦友谊，广人才，冀收利国利民之效”。

武进人余思诒（1835～1907），纳赀在工部行走。因好探求“西学之用”，被驻外大臣刘瑞芬奏调为驻英、法、意、比等国随员。光绪十三年（1887）奉命与邓世昌等将在英所造之致远、靖远二舰与在德所造之经远、来远二舰护送回国。旋任直隶武备学堂提调。次年任天津电报招商局专办。光绪二十三年任驻美国旧金山总领事。其《楼船日记》即记护送四艘军舰回国行程中的所见所闻。

江阴缪祐孙（1851～?）《俄游汇编》汇集了作者游历俄国两年，对俄罗斯的军事、历史、疆域、道路、山川、经济、人文等方面考察调研的成果，以及记录考察过程的日记等。

江阴缪荃孙（1844～1919）《日游汇编》记载了作者考察日本教育的收获，内容包括高校讲义、诸校沿革、考察学务游记、访书记等。

常州盛宣怀（1844～1916）《愚斋东游日记》记载了作者考察日本工业、教育等方面的见闻和思考。

海安韩国钧（1857～1942）《实业界之九十日》详细记载了作者历时3个月考察日本实业界的情形和成果。作者主张学习日本，但同时也应对其保持警惕。

南通张謇（1853～1926）《癸卯东游日记》是作者考察日本工商业特别是日本企业的日记，较为翔实地记述了他所见到的日本工商业的成就和经验。

王韬《漫游随录》《扶桑游记》也记载了自己的海外见闻。

无锡薛福成（1838～1894）被称为洋务派的一颗新星。光绪十五年，受命为出使英、法、意、比四国大臣。薛福成“默察西国之情势，亦期裨益中国之要务”，其《出使英法义比四国日记》记录了他在欧洲四国的出使经历，集中体现了他的西学思想。

这些作者出国考察，开阔了自己的视野，看到了一个与中国传统社会有着许多差异的世界，更重要的是改变了自己的观念。他们的著作也为中国的近代化提供了思想资源。

三

江苏作家的著作成就之所以值得关注，不仅仅在于数量庞大，还在于这些著作中，有不少属于开辟一个研究领域或一个研究方向的著作。

例如《文选》《文心雕龙》等就属于最有影响力的著作之一。

南朝梁武帝长子萧统组织文人编选的《文选》即《昭明文选》是我国现存的最早一部诗文总集。《文选》收录自周代至六朝梁以前七八百年间130多位作者的诗文700余篇。《文选》不仅保存了这一时期的诗文精华，还从理论上对我国的文学现象作了分析。“事出于沉思，义归乎翰藻”（萧统《文选序》），这不仅成为《文选》编选的标准，而且成为文学与非文学的重要评判标准，也成为文章欣赏、文章品评的标准。《文选》的编选和《文选序》的发表对我国古代的文学创作起到了极为重要的作用。

《文选》不仅对我国文学的发展产生了重要的影响，而且对我国社会生活也有着重要影响。唐朝大诗人杜甫基于自身的认识，教育儿子宗武要取得科举成功，须得熟读《文选》。“熟精《文选》理”（《宗武生日》）一语，得到了广泛的社会认同，到了宋代，更有“《文选》烂、秀才半”的俗谚（陆游《老学庵笔记》）。《文选》被认定为学子们必读的一部基本图书。《文选》的价值及其作用，由个人的体会发展为社会的共识。

此外，研究《昭明文选》的学问，也逐渐发展成为一门专门的学问“文选学”，也简称“选学”。文选学的发展，从隋代开始，一直是以扬州为研究中心的。《文选》成书后，至隋代即有萧该的《文选音义》，这是最早研究《文选》的专门著作。其后江都曹宪也撰写了《文选音义》一书，并用此书在扬州讲学。曹宪是我国历史上最早开始用《文选》教授学生的人。当时跟他学习《文选》的人先后有许淹、李善、公孙罗、魏模、魏模的儿子景倩等人。后来人说：“江淮间为文选学者，本之于宪。”（《旧唐书·儒学传》）曹宪的学生主要是扬州人，其中成绩最突出的是李善及其儿子李邕。李善注《文选》60卷，成为唐代文选学之集大成者。

扬州在文选学史上发挥过重要作用。而如从祖国学术文化事业的发展来看扬州对文选学的贡献，其意义就更为深远，正如也是扬州人的焦循所说：“扬州文学如曹、李之于《文选》，二徐之于《说文》，此二书为万古之精华，而扬州泄之，为天下学者之性命。”（焦循《雕菰集》卷13《覆姚秋农先生书》）这是扬州文化史上的骄傲，也是江苏文化对我

国传统文化的贡献。

这时期还有一件值得一提的事是隋朝在扬州建立了“文选楼”。文选楼的建立，可以说是在地方上竖立了一个文化地标。除扬州外，许多地方，如镇江南郊、句容茅山、常熟，以及浙江桐乡乌镇、天目山、湖北襄阳、安徽池州，都有昭明太子读书台。南京的昭明太子读书台还有多处，如钟山北高峰上、定林寺附近、湖熟镇等。这也从一个方面说明了《昭明文选》在社会上的影响。以一部书而形成为一地地标的现象，在我国历史上并不多见。由此也可见《文选》及文选学在中国的影响。

差不多与《文选》同时诞生了《文心雕龙》，《文心雕龙》研究也逐渐形成一门专门学问即“龙学”，并成为一门国际性的“显学”，影响遍及国内外。2011年3月，在武汉大学召开了“百年龙学国际学术研讨会”，来自海内外的100余位学者就龙学百年中的一系列问题进行了回顾与反思。

这些经典之作的出现，往往成为一地的文化地标。

明代徐霞客是我国杰出的地理学家、探险旅行家，所著《徐霞客游记》是我国最早的一部详细记录所经地理环境的游记，也是世界上最早记述岩溶地貌并详细考证其成因的著作。徐霞客及其《徐霞客游记》在我国产生了广泛的影响。其出生地江阴马镇，于2003年和其他两个镇合并，组建徐霞客镇。镇上保留有徐霞客故居，故居及故居内的晴山堂石刻，被列为全国重点文物保护单位。国内许多地方成立了徐霞客研究会。《徐霞客游记》的影响也走出了国门，例如在美国也成立了“徐霞客研究会”。

研究徐霞客及《徐霞客游记》的学问也称之为“徐学”。历史地理学家陈桥驿撰写的《关于“徐学”的兴起与当前研究》(收入《徐霞客在浙江》，浙江教育出版社1998年出版)的论文，对这样一门学问的形成、发展过程有具体的叙述。论文对这门学问的内涵及其意义，也有清晰的表述。通过各种对徐霞客的纪念和学术活动，我们进行了爱国主义教育；通过对徐霞客的旅行和他对祖国大自然的无比热爱的介绍，我们宣传了祖国的锦绣河山。

2011年4月，国家旅游局宣布自2011年起，每年5月19日为“中国旅游日”。这一节日日期的确定，根据就是《徐霞客游记》的开篇日。《徐霞客游记》开篇《游天台山记》写道：“癸丑之三月晦(公历1613年5月19日)，自宁海出西门。云散日朗，人意山光，俱有喜态。”

这一切，都源于一部伟大的著作。

再如在兴化设立了“施耐庵文学奖”。这是以《水浒传》作者施耐庵先生的名字设立的文学奖。据介绍，该奖旨在鼓励当代汉语长篇叙事艺术的深度探索与发展，推动汉语长篇叙事的创新与繁荣，进一步提升汉语长篇叙事作品的世界地位。从2011年开始，每两年评选一次。每届评出4部作品，其中海外作品1部。兴化市为该奖的永久颁奖地。“施耐庵文学奖”在海内外具有重要影响力和权威性，是我国最高荣誉的文学奖之一。

类似的例子在江苏还有许多。常州有唐荆川纪念馆，纪念明代杰出的文学家、心学学者唐顺之。还有经学家、文学家洪亮吉纪念馆，诗人、文学家黄仲则纪念馆。金坛有戴叔伦纪念馆，与字圣段玉裁纪念馆、数圣华罗庚纪念馆等连成一片。无锡有顾宪成纪念馆、薛福成纪念馆等。扬州毓贤街有阮家祠堂，系清代学者阮元的家祠，现为江苏省级文物保护单位。高邮为纪念语言学家王念孙、王引之父子设立了王氏纪念馆。淮安有吴承恩故居。在淮安城内勺湖东南的高公桥西街上，有刘鹗故居。盐城白驹镇坐落着施耐庵纪念馆。1992年，《镜花缘》作者李汝珍纪念馆在连云港市海州区板浦镇建成。

江苏的每一地差不多都有各种类型的纪念馆。就上述这些纪念馆、故居来看，其设立虽然也有的是出于对主人事功的肯定，但大多是因着各自的重要著作。如连云港板浦镇李汝珍纪念馆大厅陈列橱内展出了中外多种文字的《镜花缘》版本和国内外专家、学者的学术论文、研究资料。在纪念仪式上，《镜花缘》研究会的专家、学者对纪念馆的建设、保护、文史资料的征集工作都给予充分肯定。他们希望各级有关部门能扩大纪念馆的规模，全方位收集李汝珍的各种文物和《镜花缘》的国内外版本、研究资料，不断充实馆藏文物，逐步扩大规模，把李汝珍纪念馆建成《镜花缘》研究中心。可见这个研究和活动内容，都是围绕着《镜花缘》而展开的。再如2018年新建的冯梦龙纪念馆，既是纪念其所秉持的“济世为民，两袖清风”的执政理念，也是纪念其创作的《醒世恒言》《警世通言》《喻世明言》等家喻户晓的名作。

这些都充分说明了江苏著作的强大生命力和广泛的社会影响力。江苏著作在走出书斋的斗室，走向更广阔的社会。

四

20世纪80年代的首轮修志，对艺文志并不重视，绝大多数志书都没有这方面的内容。“从已版的志书看，多数新志的文化志对本地近几十年的文献和论著的反映十分贫乏，着力很不够。”(巴兆祥：《方志目录学刍议》,《中国地方志》2003年第3期)当时只有很少的地方志注意在书中设立艺文志或者著述志。如1990年出版的《常熟市志》设立了“藏书、著述编”。著述编序言称：“常熟由于历代藏书蔚成风气，历史文化蕴蓄丰厚，从古代直到近现代，文章典籍的著述代有名家。民国期间纂修的《重修常昭合志·艺文志》,辑录了起自先秦迄于清季的作者1 864人，著作4 191种，另设附录收录229种。民国以后，尤以新中国建立以来，各种著述不断问世。”市志“著述”乃“选其要者，列常熟籍人士的成书书目1 204种，以文表相间，按章分列于后”。

不过这类新修方志不多见。据方志学家仓修良先生调查统计，在所查阅的229部新编县志中，记载艺文的仅有74部(仓修良:《对当前方志学界若干问题的看法》,《史家·史籍·史学》,山东教育出版社2004年版，第864页)。因此仓修良先生专门撰写了《新修方志中艺文志不可少》一文，呼吁新修方志应载一地的艺文(《中国地方志》1992年第4期)。并称：“作为一部新修县志，将本地人士的各类著作都能加以著录，这不论从哪一方面来讲，都将是功德无量的事情。”

其后，也不断有人加以呼吁。例如陈华发表《第二轮修志应增补艺文志》一文，指出：艺文很重要，志书中不可或缺；从艺文志的源流和当代方志学家对该类志重要性的认识上看，第二轮志书有增补艺文志的必要(《中国地方志》2005年第11期)。

事实上，自第二轮修志开始，许多地方都注意到了艺文志(著述志)的设立这个问题。例如2009年9月16日，扬州市地方志办公室发布“《扬州市志·艺文志》(1988～2005)资料征集启事”,称：为全面反映18年来扬州的文化艺术积淀，展示扬州人的著作成果，彰显扬州在社会主义精神文明建设中所取得的成就，特向社会各界广泛征集编纂《扬州市志·艺文志》(1988～2005)资料。其收录范围包括扬州籍人士或在扬客籍人士的著作，及非扬州人士所著的一些事关扬州的重要著作。1988年至2005年间，经国家认可的正式出版机构出版的(包括在此期间再版重印的),有一定学术价值和存史价值的，社会科学、自然科学的中文图书著作(包括独著、译著、合著、编著等)。2014年9月20日，宿迁市史志工作办公室发布“《宿迁市志·著述志(艺文志)》资料征集启事”,说：为全面反映宿迁的文化底蕴，展示宿迁人的人文气质，传承宿迁文化，特向社会各界广泛征集编纂《宿迁市志·著述志》的资料。其收集范围中的各类著作是：宿迁籍人士的著述；客籍人士在宿迁工作生活时的著述；非宿迁籍人士所著的事关宿迁的重要著作。

一些省级地方志，也出现了专门的著述志。如1999年中国对外翻译出版公司出版了《河北省志·著述志》。2012年启动新修《著述志》,2013年6月，编辑部还再一次发出了“征集《河北省志·著述志》入志著述通知”,继续征集有关著作。2000年，三秦出版社出版了《陕西省志·著述志(古代部分)》,对陕西省地方的著述进行了总体的介绍，涉及领域包括哲学、宗教、政治、经济、军事、法律、文学、艺术、自然科学等。

江苏省作为一个文化发达的省份，著作资源十分丰厚，在新一轮修志中，也应有著述志，以展示江苏历史上的著作成就。在省地方志编纂委员会的规划和指导下，我们编写了这部《江苏著述志》。由于我们编写经验不足，所存在的问题尚祈专家批评指正。

第一章　经　部

第一节　易　类

陆氏周易述 1 卷　《古经解汇函》本;《玉函山房辑佚书》本(3 卷);《丛书集成初编》本。

三国吴陆绩撰。陆绩(187～219),字公纪。吴郡人。仕吴,官至郁林太守,通天文、历算,曾作《浑天图》,注《易经》,撰写《太玄经注》等。陆氏《易》注殆亡于宋,后姚士粦、孙堂、黄奭、马国翰、张惠言各为其辑佚,其中除马本为 3 卷外,其余各本皆为 1 卷。因诸家取材有限及取舍不同,故诸本虽各有疏漏,然陆氏《周易述》面貌亦可见一斑。该书虽取资于京房易为主,然亦资于子夏、孟喜、马融、郑玄、荀爽、虞翻之说,融合诸家易学之长而有独特见解,既揭象数之微旨,亦发义理之奥秘,故能融象数义理之长。且注释简明易晓,而含义深远,蕴内圣外王之意于其中,要其旨归,则归本于人事,以施人生之日用。

周易口义 12 卷　清康熙二十六年(1687)泰州李振裕白石山房刻本;《四库全书》本;天津图书馆藏清抄本。

北宋胡瑗口授,弟子倪天隐记述。胡瑗(993～1059),字翼之。泰州人。世称"安定先生","宋初三先生"之一。历任太子中舍、光禄寺丞、天章阁侍讲、太常博士等。倪天隐,号茅冈。睦州桐庐(今属浙江杭州)人。《四库全书总目》云:"《宋志》载瑗《易解》十卷,《周易口义》十卷。朱彝尊《经义考》引李振裕之说云:'瑗讲授之余,欲著述而未逮,其门人倪天隐述之。以非其师手著,故名曰《口义》。后世或称《口义》,或称《易解》,实无二书也。'其说虽古无明文,然考晁公武《读书志》有云:'胡安定《易传》盖门人倪天隐所纂,非其自著。故《序》首称先生曰。'其说与《口义》合。又列于《易传》条下,亦不另出《口义》一条。然则《易解》《口义》为一书明矣,《宋志》盖误分为二也。"书中继承了王弼注重义理的学风,排斥以老庄、佛道解《易》,通过解释卦爻象和卦爻辞阐发义理,提出"天地为乾坤之象,乾坤为天地之用",主张天道与人事的贯通。胡瑗不信汉唐注疏,自立新解,甚至大胆疑经改经,本书中改经之处多达 10 余处,开创了宋人以义理说《易》的先河,对后世影响很大。

易变体义 12 卷　中国科学院图书馆藏清抄本;《四库全书》本;《四库全书珍本初集》本。

北宋都絜撰。都絜,字圣与。丹阳人,一说丹徒人。宋徽宗宣和六年(1124)进士,绍兴中官吏部郎中,知德庆府。官至司农少卿、淮西总领。絜父郁,字子文,以易学为乡里师,终惠州教授。都絜传父学,撰有《周易说义》等。卦爻辞义先儒已多有详论,故本书专就《易》的变体用法进行探讨,认为《左传》中所记载的《周易》诸占,即所谓某卦之某卦者,凡十事,似乎因为是动爻,可随机断义,不必都是《周易》本旨。所说多不事附会,而自然贯通。说解亦有牵强附会之处,如"家人"六四"富家大吉",作者便认为此说即与"乾"之"同人",并解释说:"自道以观。身家皆为我累,而况富乎! 其有家也,姑以

同乎人而已，不以家为累也。其家之富，亦以同乎人而已，不以富为累也。盖‘极高明而道中庸’，所以为中人法。”凡如此类，则极力穿凿，使之吻合。又引用老、庄之辞阐释经义。四库馆臣自《永乐大典》中辑出，编作12卷，已非完帙。

周易集说40卷 《通志堂经解》本(13卷)；《四库全书》本。

元俞琰撰。俞琰(1234？～1297?)，字玉吾，自号全阳子、林屋山人、石涧道人。长洲人。曾以词赋见称。宋亡，隐居著书，尤精于《周易》与丹道。俞琰一生探研《易》学，颇有成就。有《周易参同契发挥》《周易参同契释疑》《易经考证》《易传考证》《读易举要》等，《周易集说》则是其代表作。作者对象数指趣有独到见解。其论《易》以象数为本，称《易》始作于伏羲氏，初仅有卦画而未有辞。辞本于象，象本于画，有画方有象，有象方有辞。若舍画而玩辞，舍象而穷理，辞虽明，理虽通，非《易》之学。故俞氏释《易》，着眼于卦象、爻象，次之明理。此与宋代前道教学者的《易》象数学颇多相合之处。作者由卦象申发义理，非以一卦说一理，每“并卦取义”，即以两卦互并，倒转反对，释象说理，在一定程度上有融通之效果。

读易举要4卷 《四库全书》本；《四库全书珍本初集》本。

元俞琰撰。俞琰有《周易集说》，已著录。本书于《文渊阁书目》、焦竑《国史经籍志》等皆有著录，但少有流传，故朱彝尊《经义考》称未见，唯《永乐大典》存其说，清乾隆时期修《四库全书》从中采辑而成。俞琰说《易》宗朱熹，但论刚柔往来，则以两卦反对见义，例以泰、否两卦彖辞，较朱熹卦变说更近自然。其论象数，又驳张行成以元、亨、利、贞为《周易》起数于四之证，皆不苟同前人之说。虽有臆解，但往往有超出前儒之处。

易象大旨8卷 明嘉靖三十三年(1554)刻本；明嘉靖四十年刻本；《四库全书存目丛书》本。

明薛甲撰。薛甲，字应登，号畏斋。江阴人。嘉靖八年进士，历任官兵科给事中、宁波通判、保定同知，四川、赣州佥事副使。笃信陆、王之学。撰有《四书正义》《艺文类稿》《大家文选》《薛兵宪集》等。本书将《彖传》全文拆开，分列六爻之前。《象传》则删《大象》而存《小象》，分缀六爻之下。《文言》《系辞》《说卦》《序卦》《杂卦》诸传全部删去，打乱了经文顺序，乖逆古义。其大旨主于因象以明理。如解“讼卦”“元吉中正”、解“升卦”“亨于岐山”之类，颇出新意。但亦有阑入老庄之处，如解“乾卦”“潜龙勿用”为“泯思虑，忘知识”，解“坤卦”“括囊无咎”为“将迎意必之私，一无所容于中”之类，颇有象数一派玄妙之语。

易经渊旨1卷 清乾隆归朝煦玉钥堂刻本；《四库全书存目丛书》本。

明归有光撰。归有光(1507～1571)，字熙甫，又字开甫，别号震川，又号项脊生，世称“震川先生”。昆山人。嘉靖四十四年(1565)进士，历任长兴知县、顺德府通判、南京太仆寺丞等职，撰有《震川文集》，辑有《诸子汇涵》等。本书是体现归有光易学思想的重要作品，主张不必拘泥于卦位，且在明初宋濂等人的基础上，进一步质疑易图，认为易图非作《易》之本，并非朱熹《周易本义》和《易学启蒙》中所谓的伏羲之书，而是邵子之学。《四库全书总目》指出《明史・文苑传》《明史・艺文志》以及朱彝尊《经义考》均不载本书，“惟《江南通志》载有光《易图论》上、下篇，《大衍解》二书，而无《渊旨》之目”，且本书多引旧说，仅有数条新证，故认为是书“真伪盖莫可知也”。当今学者吴正岚认为《易经渊旨》“与归有光最核心的易学思想和政治思想在具体观点和理论形式上颇为接近”，并比较《震川先生集》对《周易》的引用与论述文字，证其为真作可能性较大。

读易纪闻6卷 《四库全书》本。

明张献翼撰。张献翼(1534～1601)，字幼于，后更名敉。长洲人。嘉靖中监生。与兄凤翼、燕翼并有才名，时称“三张”。精于《易》，其说《易》诸作，皆平正通达。著有《读易韵考》《文起堂集》《纨绮集》等。本书是他早年读书苏州上方山所著。献翼放诞不羁，言行诡异，而其说《易》乃平正通达，笃实不支，祧庄老之玄虚，阐程朱之义理，凡吉凶、悔吝、进退、存亡足为人事之鉴者，多所发明，得圣人示戒之旨。朱彝尊《经义考》载献翼《易》注凡5种，惟《读易韵考》注“存”。其《读易约说》3卷、《易杂说》2

卷、《读易臆说》2 卷及本书 6 卷，均注曰“未见”。今搜采遗编，惟得《读易韵考》及本书。《韵考》纰漏殊甚，如盲谈黑白，聋辨宫商，已别存目。本书不载经文，但逐节拈说，有如札记之体。《江南通志·文苑传》称：“献翼好《易》，十年中笺注凡三易。盖亦积渐研思而始就者。”

周易六龙解 1 卷　1944 年复性书院刻本；《无求备斋易经集成》本。

明管志道撰。管志道(1536～1608)，字登之，号东溟，人称“东溟先生”。太仓人。隆庆五年(1571)进士，官南京兵部主事。因上疏被勘，调改刑部、广东按察佥事，名益重，从者甚众。著有《问辨牍》《续问辨牍》《师门求正牍》《惕若斋集》等。本书综述乾卦，发挥经义，不乏可取者。如云：“潜亦不问治乱，治而潜，故曰‘天下有道，丘不与易也’；乱而潜，故曰‘天地闭，贤人隐’。”按治而潜，“勿用”之本义也；乱而潜，坤六四之应乾初九也。曰：“未有‘龙德’而不从战竞惕厉中来也。”曰：“‘修辞’自不妄语始。”按是犹明言行君子之枢机，可补慎乎！又以一之则先天之学，二之则后天之学，皆是。然以“潜时所乐常在遁世，所忧常在易世”，似未含经义。盖或遁或易，各有忧乐者也。于上爻有曰：“知伊周处亢，尚未履丧亡之地，然圣人固应有丧亡时矣。邵尧夫乃谓‘圣人无死地’，岂未知亢龙之道与。”亦违爻义。

周易象义 4 卷　明万历三十五年(1607)纯白斋刻本；1948 年《唐氏所著书十七种》铅印本；《四库全书存目丛书》本。

明唐鹤徵撰。唐鹤徵(1537～1619)，字元卿，号凝庵。武进人。明穆宗隆庆五年(1571)进士，官至太常寺少卿。晚年讲学无锡东林书院。唐顺之子。凝庵幼承庭训，颇得父学。初尚意气及园林丝竹，继归道术，精研老、庄之学。唐氏为明代后期唯物主义思想家，继承发展了张载的唯物主义思想，力图纠正王学的弊病。撰有《桃溪札记》《周易合义》《皇明辅世编》《太常遗著》等。是编用王弼本，故不注《系辞》以下。大旨述荆川先生之说，主于以象明理，间杂新解已见。亦有以反本还元归根复命之说解乾之上爻，涉及道家之处；或穿凿而不当理之说，如“于‘坤’之上爻，谓龙战为惧而战栗；以过时退居，故称‘野’；以贬损自伤，故称‘血’”。卷首载“纯白斋读《易》法”：一曰《易》须象与理合，象与爻合；二曰上下卦宜分看；三曰一卦必有主爻；四曰互卦最有关系；五曰倒体亦有关系；六曰每卦各有大意。有提纲挈领之用。由是书亦可见其哲学主张之一斑：事物是永恒运动变化的，并且由渐到积，“天地盈虚消息，终无停机，皆时为之”；事物有矛盾的两个方面，“阴阳消长之机，间不容发，阳一盈于上，阴即始姤于下矣”；其转化有一定的时机，“进退，存亡，得丧，各有其时，不可偏废。能因其时，则得其正矣”。

像象管见 9 卷　明万历三十二年(1604)毗陵钱氏刻本 4 卷；《四库全书》本；2010 年南京大学出版社重版《常州先哲遗书》本。

明钱一本撰。钱一本(1546～1617)，字国瑞，号启新。武进人。万历十一年进士，任庐陵(今江西吉安)知县，授福建道御史。因上《论相》《建储》二疏论政弊，触怒神宗，被削职为民。归筑经正堂，潜心六经及濂洛诸书，尤精于《易》，学者称“启新先生”。撰有《四圣一心录》《范衍》《遁世编》等。钱一本研究六经，尤邃于《易》。本书不取京、焦、管、郭之说，亦不取陈抟、李之才之义，惟即卦爻以求象，即象以明人事，故曰“像象”。大旨以为由辞得象，而后无悬虚说理之病；知象为像，而后有神明默成之学。深辟言象遗理，言理遗象，仿佛其象而仍不知所以为象之弊。认为象为天道，像其象者尽人合天之道。其说虽有支离，大体笃实近理。钱一本自称用力 20 年方成其书，足见用力之深。

周易易简说 3 卷　《四库全书》本。

明高攀龙撰。高攀龙(1562～1626)，字存之，又字云从，世称“景逸先生”。无锡人。东林党领袖，“东林八君子”之一。万历十七年(1589)进士。与顾宪成兄弟复建东林书院，在家讲学 20 余年，天启初年复起用。历任太常少卿、大理寺右少卿、太仆卿等职。天启六年(1626)，魏忠贤搜捕东林党人，高攀龙不堪屈辱，投水自尽。后平反，赠太子太保、兵部尚书，谥“忠宪”。另有《高子遗书》等。本书自序云：“其知易知，其能简能，易简而天下之理得。”又云：“五经注于后儒，《易》注于夫子，说《易》者明夫子之言，而《易》明矣。”故名本书为《周易易

简说》,"易简"亦为本书诠解的宗旨与特色。本书逐条解说《周易》,于《易》每条之后附以己见,每条寥寥数言,是为形式上的简易。作者为晚明大儒,其学多受朱学与陆学之影响,尤其是陆王心学,故其解说多意解,这是内容上的简易。如云:"天下有非《易》之心,而无非心之《易》,是故贵于学也。学也者,知非《易》则非心,非心则非《易》,《易》则吉,非《易》则凶悔吝"等。《四库全书总目》论本书,"务屏弃象数,离绝事物,遁于恍惚窅冥,以为不传之秘也,是固不得谓以心言易,为攀龙之失矣",对本书的诠释方式提出了批评,反映了明清两朝治学观点的差异。本书从学术价值上看远不及惠栋《周易述》等著作,然是书重个人意解,也有一定价值。

周易像象述 10 卷　吉林大学图书馆藏明末刻本 4 卷;1935 年上海商务印书馆影印本。

明吴桂森撰。吴桂森(1565～1631),字叔美。无锡人。万历四十四年(1616)贡生。与顾宪成、高攀龙讲学东林书院,自号"东林素衣",学者称"素衣先生"。撰有《书经说》《曲礼说》《息斋笔记》《真儒一脉》。作者师从钱一本学《易》,尽读钱氏所著各书,日夕面授,觉先生之言有"不尽于书"者,意有"不尽于言"者,施加留意,自己亦间有所述,以呈钱氏,未及半而钱氏卒。本书实就钱氏之说而加以记述推阐,名为《像象述》,即述钱氏《像象管见》诸书之意,以明其师承,不掠人之美。本书经文用注疏本,而删其卦首六画。卷首列《像象金针》一篇,标举大旨,谓读《易》之法,先看阴阳,阴阳分明,再看八卦,再看六十四象,六十四象卦名识,再看彖辞,彖辞明,再看三百八十四爻义,爻义得,然后再看小象,从源察流,始知条理。其注释,皆一字一句,究寻义理,颇有新意可参。清修《四库全书》收明人易学著作不多,本书为其一。《四库全书总目》据吴氏天启五年(1625)自序,定本书成于是年,又以所据底本有高攀龙、钱一本朱批,推断本书草创于吴氏从师钱氏之后。

周易古本 1 卷附周易古本辨周易古本记疑 1 卷　清求是斋刻本;《四库全书存目丛书》本。

明华兆登撰。华兆登,经学家。无锡人。其余生平不详。本书成书于万历中,分文王《卦辞》上下、周公《爻辞》上下,又以孔子之《象传》《彖传》《爻传》《文言》《系辞》《说卦》《序卦》《杂卦》为 8 篇,共 12 篇。其所谓《象传》,即今《大象》;《爻传》即今《小象》。附《古本辩》一篇,记疑 6 条,皆自述更定编次之意。6 条分别为:象爻之分、上下二篇之分、象彖次序、十翼之篇、爻传篇目、十二篇之更迭。华兆登据马融、陆绩之说,以为爻辞周公作,故应与文王异卷。一家之说,孤论难持,而且与孔子明言二篇之策相悖。今以上下经为四篇,亦无证据。其爻画之说,见于吴仁杰之《费氏古易》,朱子已讥其重复。作者立意要于圣人之说之间调和,"有不合焉,则当为之深求,深求不已,则必有恍然独见其会通者。夫不求己之见未通,而妄疑圣人之有不合则已过矣"。然而华兆登却用爻画代替了初九、初六的说法,与孔子之言相去甚远,《四库全书总目》讥之:"岂孔子所见,尚非古本乎？名为复古,实则臆说而已矣!"

十愿斋全集易说 1 卷十愿斋全集易笺 2 卷　清康熙间刻本;《四库全书存目丛书》本。

明吴钟峦撰。吴钟峦(1577～1651),字峻伯,号稚山。武进人。崇祯七年(1634)进士,选授长兴(今浙江湖州)知县,任上体恤百姓,以"清敏"著称。曾师从顾宪成、高攀龙等,治学严谨,专心于濂洛,尤精于《易》,著述甚丰。主要有《霞舟语录》《周易卦说》《梁园佳话》等。《易说》1 卷只有"上经"部分并笺语。朱彝尊《经义考》及《江南通志·儒林传》皆只载其《周易卦说》,不著卷数,无本书名。《四库全书总目》因其无"下经",以为"似非足本"。此本前有小引,题曰《霞舟易笺》,言本书成于舟行五十日的"观玩偶得",又言"尚未见《易》,亦未成书",或许本书足本即此 2 卷,亦未可知。全书记上经三十卦,每卦后附作者笺语,多结合虞、舜、伊尹圣人之事例证之,或以后世兴亡之际印证之,融会贯通,条分缕析,达变易之言;由世而人,述简易之观,毫无艰深佶屈之感,于为人自修、经世致用,多有启发。

系辞十篇书 10 卷　明神默斋刻本;《四库全书存目丛书》本。

明陈仁锡辑。陈仁锡(1579～1634),字明卿,号芝台。长洲人。谥号"文庄"。天启二年(1622)探花,入授翰林编修。究心经世之学。累迁南京国子祭酒。学贯经史,讲求经济。撰有《皇明世法录》

《潜确类书》。本书以“十篇”为名，曰《翼易书》《太极书》《河洛书》《羲易书》《文易书》《文序书》《孔易书》《蓍占书》《卦爻书》，仅有九名。其首冠以《系辞说》，不入目录。《翼易书》分上、下，其中上编有金、木、水三集，下编有火、土二集；《文易书》下附以《羲文合论》。《四库全书总目》以为“不知以何一篇足为十也。其书立名诡异”。

易窥10册　明抄本；《四库全书存目丛书》本。

明程玉润撰。程玉润，字铉吉。常熟人，祖籍洛阳，宋理学家程颐后裔。万历四十一年(1613)进士，历官易州知州、大理评事。本书不分卷，分上、下经，条别释卦，以程氏之说为本，多调停程、朱二说的不同之处。务力以阴阳之说勾连天地四时造化之理，仁义道德之伦。申畅程传，教人以君子大人之道，变时移世之立命。据《经义考》只载程玉润《周易演旨》65卷，而无《易窥》之名。又本书仅有10册，不分卷数。本书与倪长玗所称“取正叔先生《传》而增益之者”的宗旨相符。故《四库全书总目》认为本书为《周易演旨》初稿，后以一卦为一卷，并总论为65卷，此稿可能未分卷。

易宗集注12卷　清康熙二十九年(1690)天心阁刻本。

清孙宗彝撰。孙宗彝(1612～1683)，字孝则，号虞桥。高邮人。顺治四年(1647)进士，官至吏部考功司郎中，历官蓟州分巡道副使，告病归。撰有《历数》《爱日堂文集》《诗集》等。本书成于康熙十九年。象数、义理兼采，因象而测其数，因数而测其理，核心为“中”，故卷首冠以《中论》3篇。其说谓《河图》《洛书》五皆居中。“中”可解为理之宗也，故名曰《易宗》。然《易》所言“中”，皆指中画，本书却以《河图》《洛书》之五位为用中之本，实是附会。注文中详论变爻、变卦及反对、互体之义，而卷首兼论岁运。其学大致出于黄道周，掺杂别家言论。

读易约编4卷　清康熙三十六年(1697)直斋刻本。

清朱江撰。朱江，字东注，一说字东柱。江都人，生平不详。作者与其胞弟朱潢昆源、兴化李秉铗蜀嘉探讨汇校，采集《周易》中可作试题的内容，依据先人批注，条分缕析，旁征博引，合经文、批注、讲义为一体，以便学童举子诵读讲习。全书分4卷，卷1为上经讲解；卷2应为下经讲解，原文暂不可考；卷3为《系辞》上传；卷4为《说卦传》。本书诠解经文大体依据朱子《本义》，考点精析，余者仅录经文。凡例有言：“是编合经文讲解共六万余言，较之本义仅存强半，故名约编。”观来确为简明课蒙之书，详略有别，举子科第或称善。

周易阐理4卷　清华大学图书馆藏清刻藻堂抄本；《四库全书存目丛书》本。

清戴虞皋撰。戴虞皋，字性公，号遁轩。昆山人。顺治四年(1647)补诸生。其先祖素庵公，尝著《周易汇解》，原本程朱，学者宗之，遭乱散佚，仅存《系辞》一卷。虞皋穷探极索，近20年，续成上、下《经解》。卒年80有余。本书原稿有三四百页，虞皋自以为太繁，删存十之一二。其子孙贻又以为太简，又采原稿增补，即为此本。成于康熙四十一年(1702)。以黜象数、明义理为宗旨，故名《阐理》。前有《授易源流》一篇，分言数、言理二宗，述术数之学以为自老子传鬼谷子，后焦延寿得之以传京房，陈抟得之以授穆修、李之才、邵雍。述义理之学以为孔子授商瞿，后分田何、费直两家。田何之学后传晁说之、吕祖谦，费直之学后传郑玄、王弼。至宋为周敦颐、程颐、朱熹三家之说；至明有胡广、蔡清、林希元、陈深、郝敬等说。对各家都有排击，唯尊郝敬一家之说。

乔氏易俟18卷　清康熙间竹深荷静之堂刻本；清同治四年(1865)其五世孙阶补刻本(20卷)。

清乔莱撰。乔莱(1642～1694)，字子静，号石林，又号石柯。宝应人。康熙六年(1667)进士，授内阁中书。康熙十七年诏举“博学鸿儒”特科，授翰林院编修，修《明史》。康熙二十四年大考，列一等四名，得充日讲起居注官。寻擢中允，纂修《三朝典训》。旋迁侍讲，转侍读，中蜚语罢归。撰有《南归集》《直庐集》《归田集》等。本书杂采宋元后诸家《易》说，复加“莱按”自抒己见，间多引史事以证之。本书不尚谶纬，“前列诸图，不主陈抟《河图》《洛书》、先天、后天、方圆、横直之说。于卦变亦不取虞翻以下诸家，而取来知德之‘反对’”。且其解经多推求人事，参以古今之治乱得失。“如谓‘履卦’六三为成卦之主，而引莽、卓、安、史解‘咥人之凶’；谓

三百八十四爻惟‘离’九四最凶，而引燕王旦、建成、元吉、高煦为证；谓《小畜》九三为小人笼络君子，而引温体仁、文震孟近事为说。”虽有牵强附会，然非空虚之谈，为治《易》者之一说。“盖《诚斋易传》之支流。假借牵合，或所不免，而理关法戒，终胜庄、老之玄谈也。”经文多用三国魏王弼注本。于经文兼注古韵，互陈得失，又采清顾炎武古音之说，于象传协韵，仍从宋吴棫之说。

索易臆说 2 卷　清康熙五十二年(1713)怀新阁刻本；《四库全书》本。

清吴启昆撰。吴启昆(1660～1733)，字宥函。江宁人。康熙六十年进士，官翰林院编修。本书论《易》发明象数皆为有见，但所言皆宋以来之象数，非汉以来之象数，故不离图书之说。

周易札记 2 卷　《四库全书》本。

清杨名时撰。杨名时(1661～1737)，字宾实，一字赓实，号凝斋。江阴人。康熙三十年(1691)进士，出李光地门下。康熙末、雍正初，任云南巡抚，擢云贵总督。卒谥文定。学以存诚为主。撰有《杨氏全书》。本书是杨名时读《易》的记录，前后无序跋，亦未标明成书年月，查看书中的引证，大概在钦定《周易折中》之后完成。杨名时为李光地所取士，因此其易学多从李光地获得。其诠释解说经、传，把义理作为解释的中心，并未涉及象数，大抵于程朱之义不为苟异，亦不为苟同。在宋学之中，明白而笃实。名时为云南巡抚时，夏宗澜尝从之问《易》。

易义随记 8 卷　清雍正十年(1732)刻本；清乾隆间刻本。

清杨名时讲授，夏宗澜记。夏宗澜，字起八，号震轩。江阴人。父殁，谒杨名时于滇南，从受经义。本书用问答体，记载夏宗澜学《易》问其师杨名时，与其师的答复。凡问者皆夏宗澜语，而答者皆杨名时语。时夏宗澜从杨名时于云南，雍正五年冬，杨氏解任后，乃手点《周易折中》，逐条讲论。夏氏因纪录而推索之，以成本书。书先阐释经文，后解《彖辞》《系辞》《说卦》，最后一卷解释易图。清乾隆的刻本中还附有《附刻》1 卷，全从杨名时《文集》中采录。杨、夏二人深得阴阳六等之理，尤重将经文解释和阐述人伦义理相结合，推崇程朱理学，强调从卦象中领悟到为人处世的道理，主张顺应自然。

周易本义述蕴 4 卷　清乾隆十四年(1749)姜氏寅清楼《周易述蕴》刻本。

清姜兆锡撰。姜兆锡(1666～1745)，字上均，号素清学者。丹阳人。康熙二十九年(1690)举人，授内阁中书，改蒲圻县令。乾隆元年大学士鄂尔泰荐其充任三礼馆纂修官。生平精心研究经史。曾建双桐书屋，在其中著述数十年，成书达数百卷之多。如《书经蔡传参义》6 卷、《周礼辑义》12 卷、《仪礼经传内编》23 卷、《春秋公穀汇义》12 卷等。“述蕴”取自《通书》“圣人之精画卦以示，圣人之蕴因卦以发”之义。全篇恪遵朱子《本义》，舍《本义》而从程《传》、孔《疏》者有一二。其书在卦画之后继以《彖辞》《彖传》，于《彖辞》《彖传》之后继以《象辞》《象传》。割裂《文言传》为二段，分别系于《彖传》《象传》后。既非古本，又非今体。又解《本义》九图，而《卦变》一图其说与《本义》不同，或为疏漏。

周易洗心 9 卷　清雍正八年(1730)诵芬堂刻本；清乾隆三十四年(1769)清芬堂刻本；清光绪八年(1882)任氏家塾刻本。

清任启运撰。任启运(1670～1744)，字翼圣，世称“钓台先生”。荆溪人。雍正十一年进士。历任都察院左佥都御史、三礼馆副总裁官、宗人府府丞。撰有《清芬楼遗稿》《尚书约注》《礼记章句》等。本书为作者年 60 时作，观象玩辞，时阐精理。全书 9 卷，于经传爻卦条目下，附有前人批注，后附上自己的见解，多发前人所未发。《四库全书总目》云：“其文句异同，亦多从马、郑、王弼、王肃诸家之本。即或有不从旧本者，必注某本作某字，以存古义，亦非图、书以外废训诂而不言。然则其研寻奇偶，特好语精微而已，非如张行成等竟舍经而谈数也。”

易说 6 卷　《四库全书》本；清嘉庆十五年(1810)璜川吴氏真意堂刻本；《皇清经解》本。

清惠士奇撰。惠士奇(1671～1741)，字天牧，又字仲孺，号松崖，又号半农，人称“红豆先生”。吴县人。惠周惕子，惠栋父。康熙四十八年(1709)进士。官至翰林院侍读。师承家学，兼治经史。主要撰有《礼说》《春秋说》《红豆斋诗文集》等。本书杂

释卦爻，专门效法汉学，以象为主。其说解，多引《老子》《庄子》思想以为证据，认为庄周精于《易》，善道阴阳，后儒说《易》者皆所不及；对于王弼《易》说，士奇多有批驳，或者指斥其为臆说；对于虞翻，士奇亦认为其说《易》过伤于工巧，故穿凿最多。说解中对纬书材料有所取用，并以为纬书不可尽废。在剖析卦例时，多引证史实，不作玄理空谈，注意阐明古字古义。但是因为寻求引证非常广博，又不免稍失之杂。比如说解释《讼卦》，引用荀爽说"讼之言，凶也"，则以丹朱之"嚚讼"为"嚚凶"；解释"弟子舆尸"，引《左传》"彘子尸之"，认为"尸"是军中元帅。惠士奇广博地阅览群书，学有根柢，其精研之处，实不可磨。

易卦私笺2卷 清嘉庆元年(1796)蒋和刻本；《四库未收书辑刊》本。

清蒋衡撰。蒋衡(1672～1747)，原名振生，字湘帆，一字拙存，晚年号江南拙叟，又号函潭老布衣。金坛人。一生致力古学，善书法。曾用12年时间以楷书写《十三经》计80余万字，乾隆时刻石立于太学。著有《易卦私笺》《拙存堂临帖》《拙存堂诗文集》等。其孙蒋和序云："吾祖初从大兴王或庵先生为古文，又与桐城方灵皋先生共论实学。于六经各有《集解》，暮年专精于《易》，凡四脱稿而成是编。顾吾祖以书法擅名，或未能尽知其邃于经学也。"又曰："先儒论《易》，谓四圣人各为己说。吾祖疑之，因合《彖传》、爻辞、大小《象》之旨，归于一致，作《易卦私笺》二卷。"该书唯解六十四卦，未录经文，徒明卦、爻、《彖》《象》之大义，间采《圭约》之说，为前贤所未道。如豫卦云："愚反复豫卦之辞，而窃疑三圣人之言，何其不同也。观《彖传》曰'豫，顺以动，故天地如之，而况建侯行师乎？'似建侯行师，不足以尽卦义也。下又发出天地圣人大义，《象》又言作乐崇德荐上帝，配祖考，果非'建侯行师'之足以尽也。而六爻止于二称吉，九四为成卦之主，不言吉凶。初凶，三悔亡，五贞疾，上渝而无咎，何其与《彖传》《大象辞》故相反，而且绝不见'建侯行师'之意？遂为明确之解释以贯通之。"全书此类甚多，可见其钻研入微。

周易孔义集说20卷 清乾隆十九年(1754)学易堂刻本；清光绪八年(1882)江苏书局刻本。

清沈起元撰。沈起元(1685～1763)，小名传时，字子大，号敬亭。太仓人。康熙六十年(1721)进士，选庶吉士，改吏部主事。历官福建福州、兴化、台湾知府，河南、直隶布政使，终光禄寺卿。撰有《周易孔义集说》20卷、《敬亭文稿》4卷、《诗草》8卷、《桂轩诗草》2卷等。本书大旨以《十翼》为夫子所手著，又没有经历秦火，其书独完，故学《易》者必当以孔《传》为主。因取明高攀龙《周易孔义》之名，别加纂集，于古今说《易》诸书，无所偏主，惟合于孔《传》者即取之。其篇次依照今本，以《彖传》《象传》系于经文之下，谓《易》之亡不亡，不系于古本之复不复。王氏以传附经，亦足以资观玩，惟《大象传》往往别自起义，《文言》则引伸触类以阐《易》蕴，皆无容附于本卦，故别出之。前列三图，一为《八卦方位图》，一为《乾坤生六子图》，一为《因重图》，皆据《系辞》《说卦》之文。至于《河图》《洛书》《先天》《后天》《方圆》诸图，则谓此陈、邵之《易》，非夫子所本有，概从删薙，颇能扫除纷纭轇轕之习。其中亦多能推验旧说，引伸新义，如《彖传·乾》"大明终始"，王注、程传、朱子皆未有确解，起元独取侯行果"大明，日也"之说，而证以《彖传·晋》之"顺而丽乎大明"，《礼记》之"大明生于东"，于经义颇有根据。《观》六三、九五、上九之"观我生""观其生"，自孔《疏》以"动出为生"，而后儒遂以"动作施为"解之，俱不免于牵强。起元独取虞翻"生谓'坤'，生民也"之说，尤有合于九五《象传》"观民"之旨。其释《大象传》比类求义，于字句相似而义不同者，推阐更为细密。在近来说《易》家中，亦可云有本之学矣。

易象大意存解1卷 《四库全书》本；南海孔氏岳雪楼抄本；民国间庐江刘氏远碧楼抄本。

清任陈晋撰。任陈晋(1689～1766)，字似武，号后山，亦称以斋。兴化人。任大椿祖父。乾隆四年(1739)进士，任徽州府教授。究心注疏，尤邃于《易》经。工诗文，有《燕喜堂文集》《后山诗集》。本书不记载《经》文，只是折衷诸家之说，讲明《易》象的大意，因此以之为名。考证《左传》韩起聘鲁，见《易象》《春秋》，则《易》之主象，古有明文。陈晋把象作为全书的中心，实三代以来旧法。卷首标《凡例》七则，多申尚象之旨。书中首论太极五行，兼谈《河》《洛》《先天》诸图，但是发挥明简，惟标举其理

所可通。一切支离推衍，布算经而绘弈谱者，都剪除殆尽。它的“凡例”有曰：“后之言象数者，流入艺术之科。其术至精，而其理亦更奥涩。然偏于一隅，似反涉形下之器。”可谓是确切的评论。接着论象、论爻、论象，不互相映衬补充，都以《杂卦传》为依据。接着论述六十四卦，各自概括它们的大旨，也大抵切合人事立言。最后以《系辞》《序卦》《说卦》《杂卦》结束，这些文章非常简略。大概著书之意在于六十四卦，其余只是互相佐证罢了。

易学图说会通 8 卷　清雍正乾隆间武进杨氏复初堂刻本。

清杨方达撰。杨方达，字符苍（一作扶苍）。武进人。雍正二年（1724）举人。府县荐举经学，不应，闭门读书，79 岁卒。精研经学，对《易》《尚书》《春秋》多有研究。著作有《周易辑说存正》12 卷（附《易说通旨略》1 卷）、《尚书约旨》6 卷、《尚书通典略》2 卷、《春秋义补注》12 卷等。本书乃集录宋元以来易图及说之作，自言“寻绎宋、元经解及近代名家纂述，见其精研象数，或著为图，或著为说，有裨《易》学者，类而录之”。左图右说，集成 8 卷。以朱熹《本义》九图为主，博采诸家而间附己论。本《易学启蒙》四篇体例，前列周子《太极图说》，后论《律吕八阵图》。本书“太极探原第一”，列太极诸图，后附己之“论周子太极图”。“图书测微第二”，列《河图》《洛书》诸图，末附己之“河图洛书说”明其河洛图书观。“卦画明蕴第三”主要阐释伏羲八卦图。“卦互广演第四”和“筮法考占第五”俱列六十四卦相关图。“律吕指要第六”主要探讨十二律的问题。“外传附证第七”和“杂识备参第八”采集其他相关的易图。本书 8 卷共列图 112 幅，读其书即可观宋元以来易图之精华，除“有裨《易》学者”，又多收录“异图”，多发“异闻”，内容广泛，不似四库馆臣所言“盖专讲先天之学”。

易通 14 卷　清乾隆十二年（1747）道宁堂刻本；《续修四库全书》本。

清程廷祚撰。程廷祚（1691～1767），初名默，字启生，号绵庄、青溪居士。上元人。其学以博文约礼为进德居业之功，以修己治人为格物致知之要。力屏异说，以颜氏为主，而参以顾炎武、黄宗羲。读书极博，皆归于实用。著《大易择言》《青溪诗说》《春秋识小录》等。《易通》中对《易》的研究属于义理《易》，程氏反对时人治《易》受历代易学影响，未就经传本身加以探究。故书中不依程朱，尽扫图纬之说，宋、元儒尊希夷先生陈抟河洛图书及变互卦气之说，又或拘执爻位阴阳乘承比应之体，发展出易简哲学。《四库全书总目》赞：“其《精义》统论易理，通其说于道学，略如语录之体。”

大易择言 36 卷　《四库全书》本。

清程廷祚撰。程廷祚有《易通》，已著录。全书参考方苞绪论，以 6 种条目编纂诸家之说。一曰《正义》，罗列诸家之中可以作为经义的说法；二曰《辨正》，校订异同；三曰《通论》，标明此处说法可以和别处的释义互相参看理解；四曰《余论》，单辞片语，还有可以阐发的地方；五曰《存疑》、六曰《存异》，似是者谓之“疑”，背驰者谓之“异”，都是旧有的讹舛之文。在这些之外，有自己阐发的地方，就用“愚案”表示出来。其阐明爻象，以《说卦》健、顺、动、入、陷、丽、止、说八义为八卦真象。八者之得失，则以所值之重卦为断。其“明爻义”，则求之本爻，而力破承、乘、比、应诸旧解。其“稽六位”，则专据《系辞》“辨贵贱者存乎位”之旨。著者主要是对前人义理之说进行了归纳、分类、比较，并对分类的标准和根据有所说明，取舍标次都有缘由可本。他反对过于艰深晦涩的解释，但凡阳爻阴位、阴爻阳位之说，全部芟除，以义理为宗，力排象数之说。务求通过梳理纷繁的易学笺疏，去粗取精，实现《易》“明道立教”的功用。

周易浅释 4 卷　《四库全书》本。

清潘思榘撰。潘思榘（1695～1752），字絜方，号补堂。阳湖人。雍正二年（1724）进士，改庶吉士。八年，授广东南雄知府。十三年，迁海南道，调粮驿道。本书皆即卦变之法以求象，而即象以明理。每卦都注明从某卦来，谓之“时来”。盖《易》道广大，很是完备，其中阴阳变化宛转关生，亦具有相通之理。故汉学如虞翻诸家，皆有这种说法，宋学即程子、朱子亦阐明这般道理。虽然不是《易》的本义，大要也是《易》之一义也。前有白瀛《序》，称思榘点勘通志堂所刊《易》解四十二家，竭尽毕生之力以成本书。等到他去世之前，还勉强支撑病体起草，尚且缺少“乾”“坤”二卦未注，遂以绝笔。故此

本所说惟六十二卦，其《彖传》《象传》则以用注疏本附《经》并释，而《文言》《系辞》《说卦》《序卦》《杂卦》却未之及。盖主理者多发挥《十翼》，主象、主数者多研索卦爻，其宗派然也。后有松江沈大成与其门人福唐林迪光二跋。迪光述思架之言曰："象多言象，而变在其中，爻多言变，而象在其中。不明时来，不知卦之来处；不求爻变，不知卦之去处。爻无所不包，旧说一概讲入身心政治上去，遗却许多道理，不如就其浅处说，而深处亦可通也。"

周易述23卷　清乾隆二十五年(1760)德州雅雨堂刻本(30卷)；1936年上海中华书局铅印本；1993年巴蜀书社点校本。

清惠栋撰。惠栋(1697～1758)，字定宇，号松崖，学者称小红豆先生。吴县人。祖父惠周惕，父惠士奇，皆治《易》学，三世传经，赞为一代佳话。撰有《后汉书补注》《九经古义》《明堂大道录》《松文钞》等。本书目录凡40卷。从卷1到卷21，均训释经文。体例复《周易》之旧，经、传分释。卷22到卷23是《易微言》，均是杂抄经典论《易》之语。卷24到卷40为《易大义》《易例》《易法》《易正讹》《明堂大道录》《褅说》，有录无书。其注疏尚缺"下经"14卷，以及解《序卦》《杂卦》两传的第二十一卷。其《易微言》2卷，都是录自旧说以备参考，为他时完成之事。从王弼《易》流行，汉学便断绝，宋、元诸儒，大都以意见揣测，去古甚远。中间言象数之人又把它分为图、书之说，其说越变越繁杂。惠栋能够一一原本汉儒，推阐考证，虽属掇拾散佚，未能备睹专门授受的全部，但其引据古义，颇具根底，较那些空淡说经者远胜。本书与惠氏《易汉学》《易例》合观，可得汉《易》之概。

易汉学8卷　清乾隆五十三年(1788)刻本；清光绪二十二年(1896)汇文轩刻本。

清惠栋撰。本书为追考汉儒《易》学而作。其中述孟喜《易》2卷，上卷述卦气之理，后列逸象。虞翻《易》1卷。京氏《易》2卷(干宝《易》附见)，有八卦六位、八卦宫次、世应、飞伏、五行、占验。郑玄《易》1卷，述爻辰说。荀爽《易》1卷，论升降、九家易逸象。最后是惠栋自己阐发易学之理，辨证河图、洛书、先天、太极之学，排宋图学而独尊汉学。他以虞翻次于孟喜，是由于虞翻别传自称五世传孟氏之《易》；以郑玄次于京房，是由于《后汉书》称郑玄通京房《易》；荀爽《易》别为一卷，是以其为费氏《易》之流。汉儒之学，不一定尽合《周易》本旨，但当时离古未远，必有所传受。惠栋采辑遗闻，钩稽考证，使学者能够略见汉儒之门径，对易学亦不为无功。

周易本义辨证5卷　清《省吾堂四种》本；《续修四库全书》本。

清惠栋撰。本书卷首有凡例，云明永乐中修《周易大全》，取朱传割裂附于程传之下，后来士子又弃程习朱，书坊遂取《大全》之本，删除程传，唯留朱传，以程之次第为朱之次第，以致朱传面目全非。作者为之整理辨证，又取吕祖谦《音训》附于后，其未备者，取《说文》《玉篇》《广韵》等补之；如义有不足，则取《朱子语类》及程传补之；并对朱传与程传不同之处及朱说之所本，略加笺释。凡于朱熹《本义》，或则推明其义之所出，或则考其用字之异同，或则纠正其未当，或则补足其未备；故实能发挥朱熹之说，较一意奉行《本义》者，反而有功于朱子也。论者谓惜不信图书、先后天等，乃是书一大瑕疵。他如正朱子从郭京《举正》之非，以卦变为卦体之疑，皆是。又《文言》"贤人在下位"，朱子谓九五以下；作者谓九三，更切合于象。渐之三言"孕妇"，朱子不晓其象，作者补之曰："三至五约象离，离中女，故称妇；为大腹，故称孕；离体非正，故不育。三、五皆体离，故皆称'孕妇'。互体约象之说，朱子所不用，故云'不可晓'也。"凡此等每多可取，虽得失互见，然能推本求原，以明其意，故已能贯通汉、宋，颇有参考价值。

易例2卷　清乾隆五十四年(1789)竹西书屋刻本；《四库全书》本；清光绪十四年(1888)南菁书院刻本。

清惠栋撰。本书最后一条说："《坤·文言》述坤云妇道也，妻道也，臣道也。盖坤于乾有妇道、妻道、臣道，独不云有子道，子道属六子也。圣人《易》例之分明如是。"由是发现《易》有条例可录，故取名《易例》。列例九十，其中有题而无文者十三，专为考究汉儒《易》说之主要观点及概念而作。所述观点者有论太极、易、大衍等，所述概念者有世应、飞伏、消息、两象易等。然体例并不严谨，有许多非例

之例，有本属一例而散列十余条者。如既有“抚阳抑阴”一类，又有“阳道不绝阴道绝义”一类，又有“阳无死义”一类，此为欲作“扶阳抑阴”一例而杂录于三处。又如说“中和”，有“《诗》尚中和”，“《礼》尚中和”，“礼乐尚中和”，“君道尚中和”，“建国尚中和”，“《春秋》尚中和”六类，已极繁复，而其后又出“中和”一类、“君通中和”一类，卷末更出“中和之本”一类，此为欲作“《易》尚中和”一例而散见于九处。凡此种种，说明本书系为著书搜辑的资料汇编，不可据为定本。然栋于诸经深窥古义，其所据摭，大抵老师宿儒专门授受之微旨，一字一句，具有渊源。苟汰其芜杂，存其菁英，因所录而排比参稽之，对研究作《易》之大纲，汉代传经之崖略，颇有裨益，不可因其残缺少绪而弃之。

周易析疑15卷图1卷 清乾隆九年(1744)梅花书局刻本。

清张兰皋撰。张兰皋，原名一是，字天随。武进人。平生肆力经史，并因此弃举子业。性尤嗜《易》。研习学问外，家人以家事相告，唯唯而已。张氏尝从蒋紫真先生，蒋氏汇集各家学说，撰《读易随抄》，未有刻本，所传写者不过30部，未竟。张氏“不敢虚负先生期望之念，反复玩味，广搜博采，汇集颇多，性求感发以合圣人之旨”，补订其书，成《周易析疑》。本书大旨以程子《易传》、朱子《本义》为宗，而佐证以宋元诸说。先分卦而后序，“不用古文十二篇之说，盖从萧汉中《读易考原》”。于卦之前明圣人立卦之意，辞旨深奥，条理清晰，若其间亦有未易明者，故从程子用序卦。《上经》《下经》后《系辞》《说卦》《序卦》《杂卦》，略不置解，则用王弼例也。前附图录一卷，释《河图》《洛书》等重要易图，承朱子《易》，个人见解较少。

周易读翼揆方10卷 清乾隆二十三年(1758)宗古堂刻本；清嘉庆间刻本。

清孙梦逵撰。孙梦逵，字中伯。昭文人。乾隆七年进士，官至宗人府主事。长于《易》学，尤精于《十翼》。本书不采用陈抟“先天”诸图，深有考证。孙氏认为孔子作《彖传》以释《彖辞》，作《爻传》以释《爻辞》，世人称之为《小象传》，实际上是《爻传》而不是《象传》，当附在《彖传》之后，而《大象》则应该另归在《系辞》之后。他采用吴仁杰本，却对体例进行整改，自为一例，与历代诸本皆不相同。他认为经文经过孔子作《传》，后人不能加之毫末，所以只解释传而不解释经，在诸家《易》解之外，亦自为一例。他谈论揲蓍，左扐得一得三为奇，得四得二为偶，也不同于旧解。馆臣认为“皆自我作古之说也”。钱大昕曾称赞孙梦逵作本书，言其“潜心《十翼》。融洽贯串，因其各指所之之辞，揆其变动不居之方，其诠解大义，直而有要，简而不支，而互体、飞伏、世应、纳甲之术，俱无取焉”，且“不苟同乎先儒”。

易见9卷 清乾隆二十四年(1759)脉望书楼刻本；清嘉庆元年(1796)郁文堂刻本。

清贡渭滨撰。贡渭滨，字羡溪。丹阳人。清中期的一位布衣学者，以穷诸经闻于时。性静好读，精于《易》学。亲殁后，独居脉望楼，摒弃人事，一意著述。另撰有《易见本义发蒙》。本书是贡氏所辑历代各家解易大全。前列《易序传》《传序》《诸儒姓氏》《易学源流》，邵子、程子、朱子纲领及筮仪、五赞、经传音释、《本义》异同、程《传》异同，不入卷数。末附《启蒙大旨》，亦不入卷数。据沈德潜序和自序云，本书用费直本，因以“诸家易解大全，先程传而后本义，盖以世次而无主从之分”，故体例与明永乐间纂辑的《大全》异，而与集宋《易》之大成的清易学巨著《周易折中》同。卦爻彖象之下，以本义居先，程《传》类从。程《传》之下，又博引“语类文集之有醇无疵者”附焉。最后附上自己的心得。层次分明，便于理解。沈氏赞其“语简而明，意微而旨，发挥旁通，要于至当”。然四库馆臣责其“解经以《本义》为宗，而杂录先儒旧说以足之，然往往曲相迁就”，是“偏主之过”。

周易观玩篇12卷 国家图书馆藏清抄本，卷11、卷12配乾隆间刻本；《四库全书存目丛书》本。

清朱宗洛撰。朱宗洛，字绍川，号巽斋。无锡人。乾隆二十五年(1760)进士。曾任天镇县(今属山西大同)知县，又曾设教于虞山。朱氏自言本书“取观象玩辞变玩占之义，始从费本以传经，欲便于观玩云尔”，然四库馆臣以“其书每卦画六爻于前，而分书‘初九’‘九二’等字于爻画之中。右列爻辞，左列《小象》，而后列卦辞及《彖传》。至《文言》《大象》则另录置《系辞》前”，认为这是朱氏自定本，非

费直本。朱氏"酷信图书"，开篇即列上经、下经序卦图，解经又多引《参同契》为说。《序卦图说》亦主五行、纳甲。他认为《杂卦图说》即古《归藏易》，孔子附之《易》末，"如录《诗》之有《商颂》"，但是馆臣以为并无凭据。

周易集解10卷 《岱南阁丛书》本；《粤雅堂丛书》本。

清孙星衍撰。孙星衍(1753～1818)，字渊如，号伯渊，别署芳茂山人、微隐。阳湖人，后迁居金陵。辑刊《平津馆丛书》《岱南阁丛书》堪称善本。著有《寰宇访碑录》《孙氏家藏书目录内外篇》《芳茂山人诗录》等。该书卷首载序并注，叙《周易》之源流。自王弼以老庄之学注《易》，古学失传；自唐用王弼注本作《正义》，而古注散佚，郑玄《易》学遂微。唐代李鼎祚集子夏以下传注，名曰《周易集解》。而汉魏《易》说，时时见于古书传注以及史征《周易口诀义》中。因以李氏《周易集解》合于王弼注本，又采集书传所载马融、郑康成诸人之注，及《周易口诀义》中古注，附于其后。凡《说文》《释文》所引经文，异字异音，附见本文，命曰《周易集解》。书中称"解"者，指李鼎祚所辑；称"注"者，指王弼所注；称"集解"者，则出于个人自采。对于魏伯阳《参同契》、伪关朗《易传》、宋陈抟所集伪《子华子》戴九履一、河图之学、先天太极之说，皆不采取。以为宋人言《易》，繁而寡要；称赞惠栋所作《周易述》《易例》《易汉学》诸书实出于唐宋诸儒之上。该书兼存王弼、韩康伯注，乃其特色。盖凡究汉易者，莫不敌视王、韩，因其废古义也，而孙氏网罗旧注外能并存之，可见其识见之广大。

周易述补2卷 《皇清经解》本；《四部备要》本。

清江藩撰。江藩(1761～1831)，字子屏，号郑堂、水松，晚号节甫。甘泉人。清代经学家、目录学家、藏书家。惠栋的再传弟子，师事江声、余萧客。终生未仕。博览经书，尤熟于史事。著有《尔雅小笺》《汉学师承记》等。惠栋作《周易述》，未竟而卒，缺自"鼎"至"未济"十五卦，以及《序卦》《杂卦》二传，江氏为之续补，悉遵其体例。江氏足成师志，其意可嘉；然于自注自疏中，与惠氏未免有出入。如惠氏于坎《大象》用"水洊至"，江氏于震《大象》用"瀳雷震"，且谓"坎卦之'水洊至'当作'瀳'"。又惠氏于萃、升二卦用"禴"，江氏则用"礿"字；惠氏于屯卦等用"昏冓"，江氏则仍加女字用"婚媾"。然其义皆一也。他如惠氏于"食"字不去噬嗑象，而江氏亦从虞氏而取焉。总观所注，每从虞注，此盖所存之汉易中，本以虞注为多也。至于与惠氏的出入，则见仁见智。然此书亦有疏误，且颇有门户之见，是其一大弊病。

雕菰楼易学三书40卷 《焦氏丛书》本；《皇清经解》本；2016年广陵书社《焦循全集》点校本。

清焦循撰。焦循(1763～1820)，字里堂。甘泉人。嘉庆六年(1801)举人。精研经学、算学、方志学、医学等。著书数百卷。该书又名《焦氏易学三书》，共40卷，包括《易章句》12卷，《易图略》8卷，《易通释》20卷。焦氏治《易》主张实测，用所谓"天元术"说明卦爻的运动，用转注、假借去理解经文，并在此基础上创造了旁通、时行、八卦相错三条《易》例。《易章句》就是依据这三条《易》例来疏理、解释《周易》的经传部分。《易通释》是焦氏在治《易》中对《易》辞、《易》象既见于此卦、又见于彼卦这一遍阅说《易》之书而无从得解的疑问，在研习天文、算学之后，用数之比例求《易》之比例，以解释这一疑问的著作。《易图略》是作者在撰毕《易通释》后，复提其要旨而撰成的著作。其主旨在破除汉儒诸说的谬误。

周易解故1卷 《广雅书局丛书》本。

清丁晏撰。丁晏(1794～1875)，字俭卿，号石亭，一号柘堂、淮亭，别号石亭居士、颐志老人。山阳人。道光元年举人。曾主讲书院，在籍修府城、浚市河。咸丰十一年(1872)，以团练功由侍读衔内阁中书加三品衔。少好治经，生平笃嗜郑学，于《诗笺》《礼注》，研讨尤深。亦不掊击宋儒。所著书博综众说，确有心得。著有《尚书余论》《三礼释注》《颐志斋集》等。本书详考《周易》经文音义、句读异同，十分之九录自《释文》，颇引汉赋及《说文》等以证之。潘雨廷先生指出，该书初辨上、下经之分，文王、周公时已然；若必谓爻辞为周公作，殊不必，阙疑为是。以下屡辨王肃改经文之不可从，郭京《举正》之无据，皆是。谓坤卦辞之当"主"字断句，"羸""累"之可通，"同人曰"三字非衍文，他如"贲亨"之

"亨"，鼎"元吉亨"之"吉"，亦不以为衍，莫不有合于古。存"大衍章"之原次，《附论》中谓十翼之定论乃不得有异辞，更合于易道者也。唯噬嗑《大象》字"雷电"，宜以石经作"电雷"，盖所以经文自明，证莫善焉。又答苏秉国，明师五"利执言"之"言"宜训讯，谓执俘而讯其言，则另备一说，实当以程传明其罪而讨之为正。苏氏泥于五爻乃师之成功，不待此时方执辞伐罪；丁氏即推论其说而得之。然以观象论，六爻有时位之异；以时言，则五爻已将成果；以位言，则明罪讨之正宜五爻也。

陈氏易说 4 卷附录 1 卷 清光绪二十一年(1895)木活字本。

清陈寿熊撰。陈寿熊(1812～1860)，字献清，一字子松。吴江人。生平湛深经学，兼综汉宋，且精历数。其学兼综汉、宋，经学诗文所诣皆深，犹精于《易》学，成著盛多。撰有《读易汉学私记》《周易集义》《周易本义笺》《周易正义举正》《读易启蒙私记》《诗说》《冬官补亡》《考工记释诗说》《明堂图考》《参同契注》等，然均未见传本。其为文简严，风格类王安石。亦能诗，有《静远堂集》诗文 3 卷，叶廷管辑《劫余所见诗录》录诗 1 卷。书中大旨，以推衍虞翻"变即济定"之说为主。故其释《乾・象》云："乾元交坤而亨，凡爻位未当者，皆裁制得宜，以归于正，而利于凡所贞问之事。"又云："乾与坤必表里相错，而反覆以交变乾二交坤五，四交坤三，上交坤初，则阳爻居初、三、五阳位，阴爻居二、四、上阴位，而乾、坤皆成既济。六十四卦莫不皆然也。"本书破碎不完，虽经诸福坤辈之苦心整理，其条贯仍不悉具。亦有人疑本书即《周易集义》之稿。

易纬略义 3 卷 《张皋文笺易诠全集》本；《广雅书局丛书》本；《续修四库全书》本。

清张惠言撰。张惠言(1761～1802)，原名一鸣，字皋文，一作皋闻，号茗柯。武进人。著有《周易郑氏义》《周易荀氏九家义》《周易郑荀义》《茗柯文集》等。《易纬》存于今者共八种，该书合而论之。于《后汉书注》无目之《乾坤凿度》《乾元序制记》二纬，于前者舍而不论，后者视为宋人抄撮他纬而成，故择取足成他纬之义的内容。像《是类谋》以言谶验为主的也不多取，可见张氏之审慎。自叙云："纬者，其源出于七十子之徒相与传夫子之微言，因以识阴阳五行之序，灾异之本也。"此得《纬书》之精义。该书抄录《易纬》原文，依类序之，每类下略言其大义。计卷 1 之目为"《易》三义"，"易数一七九"，"上下经"，"六位"，"八卦用事"，"六日七分"，"七十二侯"，"六十四卦主岁"。此八类皆《易纬》之精义。卷 2 分七类，其中"卦轨"一类依各家之注而推论其得失。卷 3 分四类，皆明卦气之应验。

第二节 尚书类

洪范口义 2 卷 《四库全书》本；《墨海金壶》本；《丛书集成初编》本。

宋胡瑗撰。胡瑗有《周易口义》，已著录。该书是专门诠释《尚书・洪范》篇之作。晁公武《郡斋读书志》谓此书与《周易口义》同为胡瑗门人所编录，无诠次首尾，名为《洪范解》，《文献通考》沿袭此说，而后人多有质疑。《宋史》本 1 卷，已佚，今传本是清人从《永乐大典》中辑出，校定字句后析为 2 卷。该书将胡氏之说载于经文各句之下，内容条贯，而所见经文多从伪孔《传》，略有改动。训释以伪孔《传》、孔颖达《正义》为宗，时有驳正，不泥于前人注疏旧说，重在发明"天人合一"之旨，而不以阴阳灾异附会经义，亦不流于象数之学。又能详引《周官》之法，推演"八政"，以经注经，较为平实可信。

尚书砭蔡编 1 卷 《四库全书》本，《学海类编》本(改名作《尚书蔡注考误》)。

明袁仁撰。袁仁(1479～1546)，字良贵，号蓡波。苏州人。袁仁曾与沈周、王阳明等有过交往，博极群书，家有藏书两万余卷，号称文献世家。明代著名思想家袁了凡即其子。主要著有《尚书砭蔡编》《毛诗或问》《春秋胡传考误》等。本书主要是针对蔡沈《书集传》所作注解进行考误、批驳而作。列举认为是蔡《传》有误者凡近百条，详引古书以正其失，如论"粤若""越若"之前后异训；"三百六旬有六日"为宋历非古历；"方命"当从《蜀志》《晋书》所引；"鸟鼠同穴"，实有其事；"四辅非三辅之义"等说，皆确有证据，为合理有效的考误。而另外一部分观点如"不格奸"为不止其奸；"鲜食"非肉食，"怪石"为资服饵等，则是作者"有意立异"而提出的，不足为据。故本书在提出一定有价值的意见同时，也难免

有为标新立异而强立新说的倾向。总体来说，在蔡《传》为官定科举文本、占据主流思想地位时，作者能不拘泥于众见，针对蔡《传》中的纰缪提出自己的意见，为明朝经学发展提供了一种不拘泥于主流见解的方向，这是值得肯定的。

尚书日记16卷 明万历十年(1582)于明照刻本；《四库全书》本。

明王樵撰。王樵有《周易私录》，已著录。本书按《尚书》诸篇次第，不载经文，其间加入笔记形式的批注及作者观点，故名"日记"。本书大旨以蔡沈《书集传》为宗，制度名物如有蔡《传》未详细考证的，则采取旧说补之。又取金履祥《通鉴前编》所载，凡有关当时事迹者悉数采入，引据详明，考证精核。本书除了考据名物事例外，也有较多内容为义理阐发，大体上与宋明理学家的观点是一致的，即运用《尚书》章句阐述传统封建社会的天命观、君臣观，维护封建正统。前有李维桢序说本书于《尚书》的书旨多有发明，且符合正统观点，可以用于科举，这在蔡沈《书集传》为主流的科举背景下是比较有利用价值的。对于今天的《尚书》研究，或也可为蔡《传》后的一份较完整的材料，具有一定的考察价值。

禹贡长笺12卷 《四库全书》本。

清朱鹤龄撰。朱鹤龄(1606～1683)，字长孺，号愚庵。吴江人。主要著有《禹贡长笺》《尚书埤传》《读左日钞》《春秋集说》《愚庵小集》等。本书专释《禹贡》一篇，随文作注，搜求前贤旧说甚备，己意则以双行小注间列。前列条例10条，条例自言以孔安国、蔡沈、苏洵注为纲，又颇引《书传大全》。本书参合时事、有关经济的内容另起一行，然犹依附天文，画作分野。历代诸家立说分歧，不得不依《一统志》为准的，不明其虚妄，此白璧微瑕者。前列25图，以总图为纲要，又依导水为专图。《四库全书总目》谓本书"于贡道漕河，经由脉络，剖析条理，亦较他本为详"。本书与胡渭《禹贡锥指》类似，四库馆臣以为博瞻有所过之，而整体有愧于胡书，批评其己见不足。

尚书埤传15卷首1卷末1卷 清康熙十二年(1673)宝瀚楼刻本；《四库全书》本。

清朱鹤龄撰。朱鹤龄有《禹贡长笺》，已著录。作者"以蔡氏释《书》未精，斟酌于汉学、宋学之间，撰《尚书埤传》十七卷"，可知本书为其结合汉学、宋学两派学说而作的补注。《四库全书总目》称书前后两卷的观点中"大抵以孔《传》为真，故《史记》所载《汤诰》，亲受于孔安国者，反以为伪。所见未免偏僻"。然而其中15篇《埤传》仍有可取之处，如于沂水则取金履祥之言，而鲁之沂与徐之沂截然分明；于分别九州则取章俊卿之《考索》；于《西伯戡黎》则取王樵之《日记》，"如此之类，颇见别裁"，这是对其正面的肯定。但同时其中也有一些不足之处，如于三江故道偏采郭璞的说法，有轻信失考之嫌；《多士》《多方》，并录王柏更定之本，尤失于轻信琐记，窜改古经。总体来说，该书更加重视义理的阐发，既不像崇尚理学的宋儒一般正经，也不像汉学家那样拘泥，而是杂取两家之所长，有其可取之处。同时，该书的考订训诂亦有一定的意义，因此《四库全书总目》称其"较书肆讲义则固远胜焉"。

尚书古文疏证8卷 清乾隆十年(1745)眷西堂刻本；《聚学轩丛书》本。

清阎若璩撰。阎若璩(1636～1704)，字百诗，号潜邱。淮安人，祖籍山西太原。为学宗顾炎武，注重考订校勘，于地理尤其精审，抉摘讹谬，援引有据，发前人所未发，为乾嘉学派先导学者。著有《毛朱诗说》《四书释地》等。东晋梅赜所献《古文尚书》，宋吴棫始有异议，宋朱熹、元吴澄、明梅鷟或疑其作伪，或证其剽窃，但搜采未周。阎氏在前人成果的基础上，引经据古，列出128条证据，一一陈其矛盾之故，《古文尚书》之伪遂成定论。黄宗羲《序》称其"取材富，折衷当"。开创了清代辨伪疑经之风，为汉学的恢宏开辟了道路。其辨析三代以上时日、礼仪、地理、刑法、管制、名讳、祀事、句读、字义，及因《尚书》以证经史诸项，可祛后学之蔽。在其影响下，又有惠栋《古文尚书考》、程廷祚《晚书订疑》、段玉裁《古文尚书撰异》等问世，进一步充实了阎氏的论据。因阎氏生前未及修订，故编次较乱，内容亦多枝蔓。王鸣盛《尚书后案》有所匡正。

禹贡谱2卷 清康熙四十六年(1707)积书岩刻本。

清王澍撰。王澍(1668～1743)，字若霖，亦自

书为窌林，号虚舟，尝自署二泉寓客。金坛人，后寓居无锡。康熙五十一年进士，改翰林院庶吉士，散馆，授编修，充《三朝国史》《治河方略》《御纂春秋》三馆纂修官。官至吏部员外郎。其于经学宗宋儒传注，言性理一本程朱。著有《虚舟文集》《大学古本文》《学庸本义》《古今法帖考》等。本书是集合了《禹贡》经文并以图附于其后的地理研究著作。由于江河频繁改道，水患严重，百姓倍受其苦，著者为了继承祖父遗业、兴修水利因而为《禹贡》作谱。是书引经文于前，附图于后，图中亦有详说。作者编次先九州，次导山、导水，次山川，次田赋，而终之以弼服。于地图有九州疆界图、贡道图、导弱水图、导黑水图、九州山川图等 30 幅。于表，有九州田赋、赋法升降、九州金谱 3 种。又有甸服、侯服、绥服等总图 6 种。末附《禹贡释同》。其书多本蔡沈《书集传》，而参以诸家之说。条理简明，颇易寻览。然多用旧说，不能折中，无所裁断，故多依违迁就之论，远不及胡渭《禹贡锥指》。

尚书地理今释 1 卷　《四库全书》本；《皇清经解》本；《丛书集成初编》本。

清蒋廷锡撰。蒋廷锡(1669～1732)，字扬孙，一字南沙，号西谷。常熟港口人。康熙进士，官至大学士。主要著有《青桐轩诗集》《破山集》等。本书是作者官内阁学士时仰承圣训所作。书中辩证考订《尚书》山川地理，皆即今考古，故名“今释”。其中订定诸儒之说凡 11 条，订定蔡沈《书集传》之说凡 9 条。如释《尧典》“隅夷”，据《后汉书》定为朝鲜，正薛季宣、于钦之误；解“宅西”，则据黄度《尚书说》，不单指一具体地方，正徐广《史记注》之误；解《禹贡》“治梁及岐”，则据曾旼之说，辨其非吕梁狐岐；释“九河既道”，则据《经典释文》，辨简洁非一河。其考订精核，征引古籍或历代学者之明见详加考辨，足证旧说之讹。其说全被《书经传说汇纂》所采。

尚书质疑 3 卷　清道光六年(1826)眉寿堂刻本。

清顾栋高撰。顾栋高(1679～1759)字复初，一字震沧，晚年自号左畬。无锡人。康熙六十年(1721)进士。授内阁中书。雍正时以奏对越次罢职，乾隆十五年(1750)授国子监司业，后以年老不任职，赐司业衔。与秦蕙田、惠栋交往甚密，于学术上致力于经学、史学研究。曾参与修纂《江南通志》《淮安府志》《无锡县志》等，协助秦蕙田编《五礼通考》。主要著有《春秋大事表》《毛诗类释》《毛诗订诂》等。本书是对《尚书》疑义的考证之作。其书书例不载经文，亦不训释经义。惟标举疑义，每条撰论 1 篇。如《虞书九族论》《璇玑玉衡论》《虞书五瑞五玉辨》《舜巡狩四岳论》等凡 41 条。其考证多不精审。如其深信“道心唯一，人心惟危”的“十六字心传”，不知伪《古文尚书》晋时始出。又如遽谓夏商不分封同姓诸侯等。其考证时又多用前人旧论，如论《洪范》不本《河图》《洛书》；论微子面缚，而又左牵羊右把茅；论周公未曾居摄等等。《四库全书总目》称其书“大抵多据理臆断，不甚考证本末”。诚为的评。至于驳蔡沈《书集传》引“两阶干羽”一事以注《禹贡》等条目，则确为有据。

尚书小疏 1 卷　清乾隆吴江沈氏刻《果堂全集》本；《皇清经解》本。

清沈彤撰。沈彤(1688～1752)，字冠云，号果堂。吴江人。诸生。自少力学，以穷经为事。初从何焯学，继游张伯行、杨名时之门，中岁善方苞。乾隆元年荐试博学鸿词，报罢。与编“三礼”及《一统志》。门人私谥文孝先生。笃志群经，尤精“三礼”。又精词曲，曾参与校订沈时栋编《古今词选》。主要著作有《周官禄田考》《春秋左氏传小疏》《果堂集》《吴江县志》《震泽县志》等。本书是沈彤关于《尚书》的考订笔记汇编。书成后经沈廷芳审订。著者选取自《尧典》至《禹贡》的数十则疑义，一一加以诠释，但往往失于标新立异。如沿袭阎若璩《潜邱札记》之说，以荆州地域直统交趾证胡渭《禹贡锥指》“九州大略不过五岭”说为非。此实以汉之疆域考证《禹贡》经文。以后证前，殊为失据。其他附会游移之说，往往类似。《四库全书总目》称其“长于‘三礼’，而《尚书》非其所精，又务求胜于胡渭，故纠纷至是，不足为据也”。洵为确论。

古文尚书考 2 卷　清乾隆刻《贷园丛书》初集本；清道光《昭代丛书》本；《皇清经解》本。

清惠栋撰。惠栋有《周易述》，已著录。本书主要包含四方面内容，一是比较汉古文《尚书》58 篇篇目及郑玄所述古文逸《书》24 篇篇目，并参照《汉

书·艺文志》等材料，指出汉古文《尚书》与梅本之不同；二是辨正孔颖达《正义》所述之误，引古文逸《书》之可信者；三是指出梅本所增加25篇中的某些谬误；四是参考阎若璩《古文尚书疏证》，将伪《书》按篇逐句指出其抄袭之处，补阎氏之不足。第四部分是全书重点，将伪《书》25篇中袭用旧典的文句大都找到了出处，进行罗列，使梅赜本古文之伪彻底定案。

尚书集注音疏14卷　《皇清经解》本；《续修四库全书》本。

清江声撰。江声（1721～1799），本字鲸涛，改字叔澐，号艮庭、鳄涛，晚号艮庭，学者称艮庭先生。元和（今苏州）人。著有《论语质》《恒星说》等。作者师事惠栋，为《尚书》之学。因知《古文尚书》及《孔传》皆时人所伪作，遂于阎若璩《尚书古文疏证》、惠栋《古文尚书考》之研究基础上，搜集汉儒经说，以注《尚书》29篇。不取伪古文及孔传。汉儒不备的则旁考他书，研精古训，有集注和音注两部分。附《补谊》9卷、《识字》1条，《尚书集注音疏前后述外篇》1卷，《尚书经师系表》1卷。书中或自注自疏，或采用其师惠氏《周易述》之例，凡经文注疏皆以古篆书之。本书在刊正经文、疏明古注方面超过了阎、惠二氏，辨《泰誓》最详核。原刻本有篆书、正书二种。此去取确为允当。

尚书经师系表1卷　清乾隆五十八年（1793）刊本；《皇清经解》本。

清江声撰。该书与《尚书集注音疏》互为表里，发挥汉儒之学，专释真古文29篇，取马融、郑玄注及伏生《大传》异义，参酌而辑之，更博采他书称引、考证《尚书》者。至于王肃注及伪孔《传》，择其不谬于经者，间亦取焉，且加以己意，为之疏解，申发其义。搜辑其亡篇遗文，定其篇第。无篇名者总列于后。模仿《经典释文》体例，经文及注下各为之音。《尚书经师系表》可视为《尚书集注音疏》的辅助材料，二者同为一体，广征博引，考证详实，极具参考价值。

尚书古文撰异32卷　清乾隆间七叶衍祥堂刻本；《经韵楼丛书》本；《皇清经解》本。

清段玉裁撰。段玉裁（1735～1815），字若膺，号懋堂，晚年又号砚北居士、长塘湖居士、侨吴老人。金坛人。乾隆二十五年（1760）举人，历任贵州玉屏、四川巫山等知县。清代文字训诂学家、经学家。曾师事戴震，长于文字、音韵、训诂之学，同时也精于校勘。著有《说文解字注》《六书音均表》《毛诗故训传定本》《经韵楼集》等。本书是其研究《尚书》的重要专著，利用音韵训诂、小学为基本方法，立足于古文、今文相异，认为古文所遭厄运最多，迭经秦火，汉博士压抑，魏晋间出现伪古文，唐天宝间改字，宋天宝间改释文等诸多事实，遂根据伏生以下欧阳氏、夏侯氏、司马迁、董仲舒、王褒、刘向等人之今文系统，自孔安国以下刘歆、卫宏、贾逵、马融、郑康成、许慎等人之古文系统，对31篇古文暨书序，进行参照，钩考异同，略于经义，详于文字，以求"正晋唐之妄改，存周汉之驳文"。广搜博证，足备参启，不失为一有价值的经书注疏之作。

尚书今古文考证7卷　《珍艺宧遗书》本；《续修四库全书》本。

清庄述祖撰。庄述祖（1750～1816），字葆琛。武进人。常州学派代表人物。清乾隆四十五年（1780）进士，官至礼部侍郎。述祖原本家学，研求精密，于世儒所忽不经意者，覃思独辟，洞见本末。其尤好金石文字及经学，旁及《逸周书》《尚书大传》《史记》《白虎通》。主要著作有《夏小正经传考释》《毛诗考证》《五经小学述》《汉铙歌句解》《石鼓然疑》等。本书是关于今文、古文《尚书》的考证笔记。著者逐条罗列阅读《尚书》时所见疑义，并予以考证。其中失考者较多。如《多士》："尔殷遗多士，弗弔旻天，大降丧于殷。"谓"弔"古文"第"字。读为淑善也。而不知《周礼·大祝》郑司农注引作"闵天不淑"。新出土《汉石经·大雅》有"不弔不祥"之语，"弔"正作"淑"。盖古文形近而讹。至于补正《汤誓》则认为《史记》所载与东晋古文前后错互，而以《史记》为是。又多依据《史记》《墨子》《国语》补阙，而不知《汤氏》本有阙文，并非错简。王先谦《皇清经解续编》盖因可采者少而未收本书。

尚书今古文注疏　《平津馆丛书》本30卷；《皇清经解》本39卷；中华书局1986年点校本。

清孙星衍撰。孙星衍有《周易集解》，已著录。本书以孔颖达《尚书注疏》为底本，校以唐代开成石

经，注明文字异同，其“注”汇集司马迁、《尚书大传》、夏侯氏、欧阳氏、马融、郑玄等人对经文的训释，并校正文字。其“疏”则指明注文出处，并广征群书对经文及注进行解释。作者之所以要重作新疏，是“以孔氏用梅赜《书》杂于廿九篇，析乱《书序》，以冠各篇之首。又作伪传而舍古说。钦奉高宗纯皇帝鉴定四库书，采梅鷟、阎若璩之议，以梅氏《书》为非真古文，则《书》疏不能已于复作也”。光绪十年(1884)二月初八日王懿荣上奏“请复古本《尚书》附入《十三经注疏》与今本《尚书》并行”折子，对孙书极为推崇，称其:“搜辑前汉今、古文及各家古注之仅存者，编次成书，类复其旧。又遍采前人传记之涉《书》义者，备疏其下，不逞私臆，最称矜慎。”皮锡瑞《经学通论》专设《论治〈尚书〉当先看孙星衍〈尚书今古文注疏〉陈乔枞〈今文尚书经说考〉》一节，其论清代《尚书》注疏各家优劣，对孙书评价尤高:“孙星衍《尚书今古文注疏》，于今古说搜罗略备，分析亦明”，“优于江、王，故王懿荣请以立学”。今中华书局点校本《尚书今古文注疏》点校说明云孙氏本书“虽较晚出，然积二十二年之研究，博稽慎择，在许多方面超越了前人，是代表乾嘉时期《尚书》学研究水平的总结性著作”。本书之不足在于重在搜集前人旧说，独到见解不多。

尚书补疏 2 卷　《皇清经解》本;《焦氏丛书》本。

清焦循撰。焦循有《雕菰楼易学三书》，已著录。本书是焦循疏证孔安国《尚书传》的著作，书成于嘉庆二十二年(1817)。本书摘出孔《传》60 条进行疏证，或对其阐发，或有所订正，见解不乏精到。著者虽然认为东晋晚出的孔《传》固然是伪作，但若排除其中确属伪作的 25 篇，且不将其假托于孔安国，而是将它作为魏晋时人的传注看待，那么孔《传》的价值与何晏、郭璞、范宁等人的传注而言理应相当，这就是用比较的方法肯定了孔《传》的学术价值。焦氏在书中举出了孔《传》胜于《尚书》郑玄注的大量例证。如《金滕》:“我之不辟。”郑读为“避”，说者多不以为然。孔《传》则训为“法”。焦氏认为确为有据，谓周公居东为东征。焦循作是书不守门户之见，当时研习《尚书》者多因阎若璩《尚书古文疏证》而对伪《古文尚书》大加挞伐，以致“尊郑而黜孔”，著者却独称其善，可谓特见。

禹贡郑注释 2 卷　《皇清经解续编》本;《焦氏丛书》本。

清焦循撰。本书是焦循依据前人所辑录的《尚书》郑玄注考证《尚书·禹贡》所载的有关地理方面内容的著作。阎若璩撰成《尚书古文疏证》之后，学者多摒弃《古文尚书》及伪孔《传》，于是郑玄注之辑录显于世。焦循时为阮元门客，乃因阮元考证《禹贡》三江而撰本书。是书着意于郑注，兼采班固《汉书·地理志》。焦循所撰序言称其为“专明班氏、郑氏之学”，书中于班称《志》，于郑称《注》。其书首列《禹贡》原文，后分列班《志》、郑《注》，附以著者按语。内容上，焦循辨胡渭所谓班固未将《汉书·地理志》所载诸如华阴太华山、上雒熊耳等地山水系之于《禹贡》之说为误，而谓班《志》引平当、桑钦之言，可知其称《禹贡》者皆信而可征。其不可遽定者则阙之。此洵为可信。其他如总结《禹贡》书例，谓“他水自源来附者谓之入;经流径过他水者谓之会;自经流分出袤行者谓之迤;自经流分之又合为一，谓之播，谓之同”。于研究思路上亦卓荦可观。

尚书今古文集解 30 卷　《皇清经解续编》本。

清刘逢禄撰。刘逢禄(1776～1829)，字申受，一字申甫，号思误居士。武进人。嘉庆十九年(1814)进士，改翰林院庶吉士，散馆，授礼部主事。道光四年(1824)，补仪制司主事。于礼部 10 余年未迁，卒于官。主要著有《左氏春秋考证》《易虞氏变动表》《五经考异》《石渠礼论》等。本书是作者继其舅父庄述祖《尚书今古文考证》的“未竟之志”而续作。其义例有五:一曰正文字，因《尚书》已罹七厄，多有混乱，故于经文之下，必先审其音训，别其句读，详其衍脱，析其同异;二曰征古义，即对马融、郑玄、王肃等注之差谬简错者，悉为厘正，以严家法;三曰祛门户，即不以人废言，采集诸家之说，以集思广益;四曰崇正义，即对诸家之说详载博辨，详加考索，对有违说经的杂论，加以删汰;五曰述师说，即并引外祖父庄存与、舅氏庄述祖之说，并加以案语，申发其义，以明授受。该书旨在提倡今文经学，排斥古文经学，为研究《尚书》的必备参考书之一。

尚书略说 2 卷　清嘉庆二十五年(1820)刻本;《皇清经解续编》本。

清宋翔凤撰。宋翔凤(1779～1860),字于庭,一作虞廷。长洲人。清代今文经学家。嘉庆五年举人。少从舅父庄述祖受业,长游段玉裁门,生平长于治经,兼通训诂名物。本书又名《尚书说》,是逐条考证《尚书》的学术笔记。卷1以《尚书》经文中的语词为篇名,即择重要名物制度而论说。大抵主匡马郑。如其释九族,主欧阳、夏侯说,兼外姓有亲戚者言之。释四岳,用《汉书·百官公卿表》之说,谓四方诸侯系于四方者。其号非一人,其职非一定,其人非一时也。释太原,谓其地在雍州,当即《汉志》安定郡高平县等处,为今甘肃平凉府固原等州云。卷2资料丰富,涉及面广,对《史记》《汉书》《三国志》《隋书·经籍志》《文选》《诗经》等均有所征引,大多言之有据,可成一说,也偶有疏失。如杨筠如《尚书覈诂》以大原即《诗·六月》之太原,其地在山西荣河、闻喜之间,与梁、岐、岳皆冀州之地,较该书所谓三地皆不在冀州者近于事理。

尚书余论1卷 《颐志斋丛书》本;《皇清经解续编》本。

清丁晏撰。丁晏有《周易解故》,已著录。本书是关于《尚书》的考证之作。自丁晏以前,宋朱熹、吴棫,明梅鷟等对东晋梅赜所献《古文尚书》及《孔安国尚书传》有所怀疑。清阎若璩作《尚书古文疏证》,证明二书出于伪作。惠栋、王鸣盛、李惇相继辨证,定为出于三国魏王肃一手伪造。丁晏以为诸人议论,尚未畅明其旨,特又著论加以申辨,名曰“余论”。著者分《古文尚书〈孔传〉见王肃〈家语后序〉为一手伪书》等20余条加以论述,认为孔安国只传授古文,未尝著传,真古文久佚不传,今所传孔氏《书传》及《论语注》《孝经传》皆王肃依托伪造。同时指出《古文尚书孔传》始见于王肃《家语后序》,为伪书;《古文尚书》西晋已立博士,非东晋梅颐伪作;王肃注书多同《孔传》。著者借此对自阎若璩以来各家之论证,加以补充完善。

禹贡古今注通释6卷 清咸丰元年(1851)古杼秋馆刻本;清光绪六年(1880)侯复曾古杼秋馆活字本。

清侯桢撰。侯桢(1816～1863),字子勤,号二梅。金匮人。道光二十年(1840)举人。治朴学,博通经史、方舆、水利诸书,善为诗文,与张岳骏同师事梅曾亮于京师。南归,杜门著书。主要著作有《诗经笺雅》《鸟兽草木虫鱼谱》《汉书地理注今释》《忠臣传略》《畿辅水利志》《古杼秋馆文集》等。本书是一部以《尚书·禹贡》为中心的地理考证类著作。是书成书于道光三十年。正文以冀州、兖州等九州分叙,次导山、导川,终以定赋弼服。对于九州分合、山水原委、今昔异通,著者皆能广征博引,讨索辨难,折中一是,且于当时畿辅诸水亦言之甚详。本书立说唯宗郑玄,如于“三江既入”力伸郑说,以为三江一派,既入者入于海也。后人因涉班固《汉书·地理志》及郦道元《水经注》而生异说。在书中,作者认为“九河入于海,昔之患在尾闾,今之患在中隔”。有鉴于此,他主张因势利导,从而使河流顺轨。由此可见其与耽于章句的小儒不同,而有经世之志。惟九江取宋儒洞庭之说,则沿胡渭《禹贡锥指》之误,确为失察。

尚书历谱2卷 《皇清经解续编》本;《成氏遗书》本。

清成蓉镜撰。成蓉镜(1816～1883),字芙卿,自号心巢;后改后孺。宝应人。诸生。博通经学、小学、象纬、舆地,对金石文字的审订尤为精确。治学实事求是,不守汉、宋门户;晚年著述,则一以朱熹为宗。主要著作有《周易释例》《春秋世族谱拾遗》《释名补正》《禹贡班义述》《经义骈枝》《史汉骈枝》《切韵表》等。本书推校古历,以殷历校殷、周历校周。其中对“商大甲元年”“周文王受命元年”“武王伐纣之年”“周公居摄之年”等,都做了具体的考证,对阎若璩、钱大昕等人释历之说也多有纠正。作者认为成于汉代的《世经》,其间所记得“四分历”是可信的,正如《春秋日南至谱·叙》中所说:“四分,春秋古术之仅存者,故《三统》《世经》述焉。”故其以《世经》所载《伊训》为真古文。此外,作者还就一些经中术语提出了自己的看法,认为“望日生霸,望后一日曰旁生霸,望前一日常曰哉生霸”。其说多可参证。

禹贡班义述3卷 清光绪十四年(1888)广雅书局刻本;《皇清经解续编》本。

清成蓉镜撰。成蓉镜有《尚书历谱》,已著录。本书是一部以班固《汉书·地理志》所言地理考证《尚书·禹贡》的著作。成蓉镜认为焦循《禹贡郑注

释》参核郑玄注释与《汉书·地理志》考证《禹贡》，并非以班义为主，故作是书。本书于道光六年(1826)成书。本书内容条分缕析，凡郑注与班义偶殊者必一一为之辩证，班义与经文不合者亦不曲为回护。刘文淇书前撰序，称其引史证经，实事求是，并赞誉本书为专门名家之学，又称赞成氏为班固功臣。朱一新《无邪堂答问》亦甚推崇。然于三江仍主阮元《三江图考》之说，实为误断。

第三节　诗　类

毛诗草木鸟兽虫鱼疏2卷　《津逮秘书》本；《四库全书》本；1922年上海文明书局石印本；1937年上海涵芬楼影印本。

三国吴陆玑撰。陆玑，字元恪。吴郡人。三国吴学者。仕太子中庶子、乌程令。本书作者，明北监本《诗经正义》引文作“陆机”，毛晋《津逮秘书》本题曰“唐陆玑”皆误。经前人考证，作者当为三国吴学者陆玑。本书是一部专门对《诗经》中提到的动植物进行注解的著作，是中国古代较早研究生物学的著作之一。原书早佚，本书大抵是由后世学者从《毛诗正义》中辑出的。但辑录并不完备，如《毛诗正义》中《卫风·淇奥》引有作者疏文而未被采入。全书共记载草本植物80种，木本植物34种、鸟类23种、兽类9种、鱼类10种、虫类18种，共计动植物175种。对各动植物不仅训释其名、描述其形，且考证异名。书末附《四家诗源流》4篇，详述《毛诗》源流。动植物名称自古以来多有变化，作者所生活的年代去《毛诗》时代未远，所说较为得实，因此《毛诗正义》关于草木鸟兽虫鱼的训解全采其说。本书是研究《毛诗》名物的重要参考书，后世学者考证《毛诗》名物深受本书影响。

毛诗陆疏广要2卷　明崇祯三年(1630)毛氏汲古阁本；《津逮秘书》本；《四库全书》本。

三国吴陆玑撰，明毛晋注。毛晋(1599～1659)，原名凤苞，字子久。后改字子晋，号潜在，别号汲古主人。常熟人。明末著名藏书家、刻书家、学者。收藏图书八万四千余册，建汲古阁以收书，多宋元善本。曾校刻《十三经》《十七史》《津逮秘书》等，流布甚广。著有《明诗纪事》《隐湖题跋》等。本书载陆玑原书2卷，每卷又分二子卷。本书是毛晋对三国吴陆玑所著《毛诗草木鸟兽虫鱼疏》的注解。毛晋藏书极富，因此所征引书籍十分广泛，征引内容相当繁杂，毛晋从中斟酌异同，考证十分严谨。本书中许多考辨很有说服力，如“南山有台”一条，引《韵书》证今本有佚脱；“有集维鹞”一条，则引《诗缉》辨其同异。但因嗜异贪多，有的注释又颇为繁琐，以致殊乖于体例，且内容伤于冗碎。明末王学风行，说《诗》流于空疏，毛晋旁征博引，与当时学风不同，因而本书颇受汉学家肯定。

毛诗徐氏音1卷　《玉函山房辑佚书》本。

晋徐邈撰，清马国翰辑。徐邈(345～398)，东晋经学家。原籍东莞姑幕，祖南渡居京口。历任中书舍人、散骑常侍，转祠部郎、中书侍郎、骁骑将军。所注《穀梁传》，见重于时。另著《周易音》《穀梁传义》等。《隋书·经籍志》著录：“梁有《毛诗音》十六卷，徐邈等撰，《毛诗音》二卷，徐邈撰，亡。”马国翰《玉函山房辑佚书》自《颜氏家训》《经典释文》《匡谬正俗》《六经正误》《类篇》《集韵》等书所引，辑得250余条，依《毛诗》编次，合编一卷，卷首有马国翰序，是当前较为完整的辑本。本书主要以直音法和反切法为《诗经》中的字注音，反映了许多古代读音以及破读、又读等语音现象。如“顾，音古”，“嫉，音自”，“侮，音貌，莫候切”，“洋，音祥”，“俟，音矣”等，是研究《诗经》押韵及东晋语音的重要资料。此外，该书还有敦煌卷子残本。与马辑本相校，多可正其讹误。如《大雅·生民》“维糜维芑”，马辑本据《集韵》上声六“芑”字注辑入“白苗也”一义；《大雅·卷阿》“伴奂尔游矣”，马辑本据《集韵》去声二十九“换奂”字注辑入“伴奂，有文章也”一义，并不见于敦煌残本，检查《释文》，则“白苗”为郭璞之说，“文章”则为《毛传》之义，皆因《集韵》误引，马氏失考所致。《大雅·民劳》“柔远能迩”，马辑本：“柔，毛如字，郑奴代反。”毛、郑本来是为“能”字注音，而马国翰误为“柔”音，实为疏忽。尽管如此，《毛诗徐氏音》世无完本，马辑本仍是最完整的辑本。

诗说1卷　《通志堂经解》本；《艺海珠尘》本。

宋张耒撰。张耒(1054～1114)，字文潜，号柯山，人称宛丘先生、张右史。楚州淮阴人。北宋文学家，为“苏门四学士”之一。著有《柯山集》《两汉

决疑》等。本书原载于《柯山集》之中。清代纳兰性德认为《柯山集》流传不是很广，于是便将本书从中析出刻于《通志堂经解》之中，总共有12条。其中如《抑》篇中“慎尔出话”这一条，大概是因苏轼的“乌台诗案”一事感发。《卷阿》篇中“尔土宇昄章”一条，大概是为北宋熙河之役而感发。

柯山诗传不分卷 清武英殿聚珍版丛书《柯山集》本；清光绪二十一年(1895)福建布政使署《柯山集》本。

宋张耒撰。张耒有《诗说》，已著录。本书是为《大雅》《周颂》所作之传，即《抑》《桑柔》《云汉》《嵩高》《江汉》《常武》《文王》《臣工》8篇。《抑》与《嵩高》皆相连，《江汉》与《嵩高》仅隔《韩奕》一篇，《常武》与《江汉》亦相连。其作《传》之意，当是讽切时政，故篇中惟阐大义，不释全诗。如《抑传》中，反复于“哲人之愚，亦惟斯戾”。盖惟君者至于使哲人皆愚，人才尽矣，而其原自不知修己，将使“无竞维人”者，乃在于“有觉德行”而“四国顺之”，下无违德，则人才从上而作。《桑柔传》疑为是诗大要，止于“告尔尤恤，悔尔序爵”，而“尤恤”与不能“序爵”，亦非两端。王不能使贤者在上，不肖者在下，各治其职事，故国至于可尤可恤。将使尤恤无至乎前，在反其本，本即序爵。又如《江汉》《常武》二传，论命将用兵；《文王传》论养士。诸篇托义平正，条理通顺，名为“诗传”，实际是针砭时政的政论文章，开王夫之《诗广传》之先。

诗传旁通15卷 清初抄本；《四库全书》本；《常州先哲遗书》本。

元梁益撰。梁益，字友直。江阴人，其先福州人。元代学者，文学家。著有《诗传旁通》《诗绪余》《史传姓氏纂》《三山稿》等。本书是在朱熹《诗集传》基础上做研究的一部著作。作者认为《诗集传》虽详于说解作诗之意，而对《诗经》中的名物训诂说解太略，故作本书。本书仿孔、贾等前儒诸疏、证明及注文之例。因元代杜瑛先撰《语孟旁通》，本书体例与其相类，故作者以“旁通”为名。卷首冠以类目，末一卷为序说。对《诗集传》所引录的典故事实，作者一一引据出处，辨析源委。如“圣人之耦”，引《汉书》中刘歆论董仲舒之语；“见尧于羹”“见舜于墙”，引《后汉书·李固传》，皆明出典。其中也有与朱熹之说稍异或不合的，作者自有主见，绝不坚持门户，与一些元儒研究《诗集传》往往攀附高名、言言附合殊为不同。因书前有元代翟思忠所作序文，明代朱睦《授经图》误认为本书作者为翟思忠。

诗通4卷 清顺治十五年(1658)归起先刻本；《四库全书存目丛书》本；《续修四库全书》本。

明陆化熙撰。陆化熙，字羽明。常熟人。明代学者。治《毛诗》，著有《诗通》行于世。作者认为“朱注所不满人意者，止因忽于所谓微言、托言，致《变风》刺淫之语，概认为淫；《变雅》近美之刺，即判为美耳”(《诗通自序》)，因而书中对《国风》的解说多参引《小序》，对二《雅》、三《颂》的解说亦多引《小序》之说，而又间引《郑笺》《孔疏》以证之，与对朱注株守门户者殊为不同，但所得不深。本书以韵为体章，各分韵之叶成章。不载经文，只标篇目，而发挥其意旨。其中大多都是依照文词诠释意思，在词气之间寻味。对《诗经》进行文学性解读，具有个人特色，也体现了明代中后期《诗经》研究发展的特征。

六家诗名物疏55卷 明万历三十三(1605)年刻本；《四库全书》本。

明冯复京著。冯复京(1573～1622)，字嗣宗。常熟人。著有《遵制家礼》《常熟先贤事略》等。其书为增广宋蔡卞《毛诗名物解》而作，是研究《诗经》名物的力作。蔡书只解《毛诗》名物，而本书曰“六家”者，除《毛诗》外，其余五家为《齐诗》《鲁诗》《韩诗》、郑玄《毛诗笺》、朱熹《诗集传》。蔡书分11类，本书广为32类，共1 300多种名物。作者征引颇为赅博，据书前所冠《引用书目》，所引经史子集各种书籍共570余种，可谓集文献之大成，在明人私家著述中亦属少见。其所考证也多有根据，如《国风·召南·采蘩》“被之僮僮”句，郑笺释“被”为“发髢”，《诗集传》释作“编发”，作者据《周礼·追师》定朱熹之误。《四库全书总目》录本书为54卷，且谓明冯应京撰，卷数与作者均有误。卷数实应55卷，作者为复京而非应京。冯应京为盱眙人，事迹具《明史》本传，然而《明史》并无冯应京作《六家诗名物疏》的记载，清崔秀春、傅昭曾《盱眙县志》同治十二年(1873)刊本中亦无记载。钱谦益《牧斋初学集》有《冯嗣宗墓志铭》：“君强学广记，不屑为章句小儒。少而业《诗》，钩贯笺疏，嗤宋人为固陋，著

《六家诗名物疏》六十卷。”

诗经副墨 8 卷 明末光启堂刻本；《四库全书存目丛书》本。

明陈组绶撰。陈组绶，生年不详，卒于 1637 年。字伯玉，号象孔，又号伊庵。南直隶常州府武进人。明末文学家。著有《皇明职方地图》《诗经副墨》《四书副墨》《孝苑》《伊庵集》等。卷首《凡例》中有言：“诸说虽精，或于制义未当者，吾从宋。”从此言可知本书旨在阐发《诗》义，亦可知作者的研究主张。本书先列《读书二十四观》，次为《通考》，次为《总论》。于每一篇之前，并列《诗集传》与《小序》之文，而将《诗集传》居在《小序》之前。书中每一章的诠解，主要是根据诗文铺陈其大意，不重视阐发经文之旨，而重在文学性的品赏评析。本书对《诗经》的研究立足文学本位，可以说是一部《诗经》赏析著作，观点新颖，趣味浓厚，于文学理论亦不乏可观之处。

毛诗振雅 6 卷 明天启四年(1624)朱墨本。

明张元芳、魏浣初撰。张元芳，字完朴。扬州人，事迹无考。魏浣初(1580～1638)，字仲雪。常熟人。万历四十四年(1616)进士，有《诗经脉》《四如山楼集》等。本书如高头讲义格式，分上中下三格。上格阐诗旨，首是全诗大意，次则分章诠释；中格是诗篇正文，章下有章旨，篇下有篇，正文旁有旁注，标明笔法，并以朱笔圈点；下格节录各家评点文法之语。全书不重章句训诂，而意在诗旨和诗法。著者以释五、七言诗之法来释《诗经》，一扫腐儒训诂之胶固，纯取妙悟，如释《郑风·遵大路》云：“淫妇为人所弃而作此诗。”释《有女同车》云：“怀佳人也。”释《山有扶苏》云：“淫女戏其所私者而作也。”释《丰》云：“妇人所期之男子，已俟乎巷，而妇人以有异志不从。既则悔之，而作是诗也。”释《伐木》云：“此燕朋友故旧之乐歌。”虽寥寥数语，不落言筌，深得诗人之本旨，故本书亦属欣赏派之著作。然上格诠释篇章大旨，下格点评文法，仍未免拘文牵义、钩剔字句，不脱时文之积习，明人解经之通病。

诗经说约 28 卷 明崇祯十五年(1642)刊本；《续修四库全书》本。

明顾梦麟撰。顾梦麟(1585～1653)，字麟士，号中庵，时称织帘居士。太仓人，世居双凤，后徙常熟唐市。顾炎武族兄。与杨彝友善，并称“杨顾”。明末著名经学家、诗人。所著《四书说约》《诗经说约》《四书十一经通考》均为当时科举考试重要参考书，为学子所必读，有重大社会影响。另有《织帘居士文集》《中庵琐录》《双凤里志》等。本书是明末科举考试的重要参考书，也是明末清初最为风行的《诗经》流行读本。本书不同于一般的“时艺”著作，自明初颁行《诗传大全》以来，百余年间，虽然也有几家有名的通行的经解，但都是因袭朱熹《诗集传》的注解，这些流行读本如黄宗羲为顾炎武所写墓志所说，它们“于朱子之所有者无余蕴，所无者无儳入也。然则各自成书，意为骈拇，辞或枝指。自《说约》出而诸书俱废，博士倚席而讲，诸生帖坐而听者，皆先生之说也”。每篇首列经文，次摘采诸家之说，融会训释，以归于至善；又次则附以己见。或训诂文字，或订正音读，或诠释诗旨，大抵皆以朱子《集传》为宗，而折中于毛、郑诸家之说。大旨以诸家《诗》说卷帙浩繁，难于披寻，因采择诸说，辑为一编，名曰《说约》，言约取其说之善者也。核其所取，虽仅采《集传》及《大全》合纂成书，然别择调和，颇具苦心，故其持论类皆和平，能无区分门户之见，且又时时自出新论，至今仍有一定的参考价值。

诗传阐 23 卷阐余 2 卷 明崇祯八年(1635)刻本；《四库全书存目丛书》本。

明邹忠胤撰。邹忠胤，一作忠允，字肇敏。武进人。明代诗文家、学者。万历四十一年(1613)癸丑进士。著有《周易揆》《尚书稽》《春秋衷》《诗传阐》《忠公外记》等。世所传子夏《诗传》实为明丰坊伪作，而世传申培《诗说》亦为丰坊所伪。《明史·丰坊传》称，丰坊为《十三经训诂》，类多穿凿。本书据丰坊所伪《诗传》逐章推演其义，而对丰坊所伪《诗说》则深斥其妄。故《四库全书总目》谓本书“一手所造之书，而目为一真一赝，此真不可理解之事”。可见其学术价值实较为有限。并有《阐余》2 卷，作为增补合刻。

诗经注疏大全合纂 34 卷 明崇祯年间刻本；《四库全书存目丛书》本。

明张溥撰。张溥(1602～1641)，字干度，一字

天如，号西铭。南直隶太仓人。明末文学家、学者。读书勤奋，七录七焚，书斋号为“七录斋”。曾组织复社评议时政，是东林党与阉党斗争的继续。文学方面，推崇前后七子的理论，主张复古。著有《七录斋集》《五人墓碑记》等。明代说《诗》之学虽兴起，然而毛郑之学却慢慢衰微。明永乐年间修成的《诗经大全》颇受清代朴学家微词，顾炎武即有言：“自《五经》有《大全》而经学衰。”本书杂取郑玄笺、孔颖达疏与《诗经大全》合著而成，故名。虽然与株守一家之言的一些学者稍有不同，不过仍是钞撮之学，鲜于考证发明。

诗经通义12卷 清稿本，陈中英跋，上海图书馆藏；清雍正三年(1725)濠上草堂刻本；《四库全书》本。

清朱鹤龄撰。朱鹤龄有《禹贡长笺》，已著录。作者专主《小序》，力驳朱熹废《序》之非，为清中叶尊崇《诗序》之先导。本书首列诗经本文，经文后辅以小序，小序之后则博采前人诗说，或予以发明，或加以辩驳，于名物典故、古音古韵多加考订。引征极博，兼采汉宋诸家所说，于汉用毛亨、郑玄说，于唐用孔颖达说，于宋用欧阳修、苏辙、吕祖谦、严粲之说，清用陈启源之说。释音方面，用陈第、顾炎武之说。作者专崇古义，而宋元以来诸家说法，则取其和于古义者。作者虽专崇古义，对于汉学注解的乖违处不加回护，于宋学注解中的有理处亦不剔除，参停于今古文之间。其考定郑氏《诗谱》亦十分有条理。然而作者嗜博好奇，爱不能割，有的地方稍嫌引据过于繁富至于芜杂。此书稿本题《毛诗通义》，《四库全书》等则改为《诗经通义》。

毛诗稽古编30卷 清康熙四十年(1701)赵嘉稷抄本；《四库全书》本；《皇清经解》本；1991年山东友谊出版社《孔子文化大全》本。

清陈启源撰。陈启源(1608？～1689)，字长发。吴江人。明末清初学者。著有《尚书辨略》《毛诗稽古编》《存耕堂稿》等。作者专宗汉学，反对宋儒诗学，崇尚古经古说。书名为《稽古编》，明参伍众说，寻流溯源，推求古经本指，以挽俗说之弊。对《诗集传》《诗本义》《诗缉》等宋学著作加以辨正，对刘瑾《诗集传通释》、辅广《诗童子问》等宋学著作进行掊击。训诂一准《尔雅》，篇章一准《小序》，诠释经旨一准《毛传》，佐以《郑笺》，字体正以《说文》。前24卷依经次散加考辨，心得但载篇目，不载经文。次5卷为《总诂》，对诗解中的有关问题，总加考论。末为附录1卷，统论“风雅之旨”。本书坚持汉学，虽或有所偏，不免有矫枉过正之处，但引据赅博，疏解详明，为清代汉学家解诗奠定了基础。

诗本音10卷 《音学五书》本；《皇清经解》本；2011年上海古籍出版社点校《顾炎武全集》本。

清顾炎武撰。顾炎武(1613～1682)，本名绛，字忠清、宁人，亦自署蒋山佣；南都败后，因仰慕文天祥学生王炎午之为人，改名炎武。因故居旁有亭林湖，学者尊为亭林先生。昆山人。明末秀才，早年入复社，参加抗清活动，后遍游华北各省，考察边塞山川形势，访求各地风土人情，晚年卜居山西曲沃、陕西华阴。主要著有《日知录》《天下郡国利病书》《肇域志》《音学五书》《左传杜解补正》《金石文字记》《亭林诗文集》等。本书为其《音学五书》之二，为研究《诗经》音韵的名著。作者继承陈第的学术观点，主陈第《诗》无叶韵说，不与吴棫“补音”之说争辩，但亦不取吴棫之例，而是完全根据《诗经》本文所用之音互相参证，并证以其他古籍，明其古音原本的读音，故名《诗本音》。每首诗都全列经文，注其音于句下，与当时的韵合者，注曰：“《广韵》某部”；与当时的韵不合者，就注为古某音。较宋人陈第《毛诗古音考》更为周密。清江永《古韵标准》对本书辨正颇多，但合于本书者十分之九，不合者仅十分之一，故不因江氏之书而废本书，当以江书辅正本书。《四库全书总目》评价本书“南宋以来，随意叶读之谬论，至此始一一廓清”。本书进一步考证古今语音的不同，以正确的理论和较为精密的方法，为《诗经》音韵学奠定了基础。

诗问1卷 《赐砚堂丛书》本；《后知不足斋丛书》本。

清汪琬撰。汪琬(1624～1691)，字苕文，号钝庵，初号玉遮山樵，晚号尧峰，小字液仙。长洲人。与侯方域、魏禧合称“明末清初散文三大家”。著有《尧峰诗文钞》《钝翁前后类稿》《续稿》。本书不以考据为重，主问《诗经》风雅正变。据太史公司马迁曰“周道缺而《关雎》作”及《韩诗薛君章句》“《芣苢》伤夫有恶疾”之言，认为《二南》不得为正风；据司马

迁"仁义陵迟，《鹿鸣》刺焉"之言，认为《鹿鸣》之下不得为正雅。本书论诗之旨主温柔敦厚，而不引孔子"兴、观、群、怨"及"授之以政"之言；论圣人录"淫诗"，则认为此是圣人录之以为惩戒，而不引孔子"思无邪"之言。总体而言其学术成就比较有限。

诗经正解30卷 清康熙二十三年(1684)深柳堂刻本；清光霁堂刻本；日本安政五年(1858)奎晖阁活字印本(33卷)。

清姜文灿撰。姜文灿，字我英。丹阳人。精通经史，尤擅长作诗。与吴苏右、贺国璘为诗友，吟诗唱和。著有《陶园诗集》《杜诗集注》《易经正解》《左传汇解》。曾受聘参加《丹阳县志》的纂修，以勤慎著称。本书开头部分为《诗经字画辨疑》，接下来为《天文》《舆地》《服饰》《礼乐》《器具》《车马》《兵制图》《姓氏》《草木》《禽兽》《鳞介》诸考。内容大抵因袭宋杨甲《六经图》及明冯复京《六家书名物疏》等书而作。其训释也比较浅显简易。其篇章划分清晰明白，十分精当，足资学者参考。

毛诗日笺6卷 清康熙三十九年(1700)尊贤堂刻本；《昭代丛书》本；《常州先哲遗书》本；《续修四库全书》本。

清秦松龄撰。秦松龄(1637～1714)，字汉石，又字次椒，号留仙，又号对岩，晚号苍岘山人。无锡人。明末女词人王朗之子。清代学者、文学家。著有《苍岘山人文集》《微云词》。作者认为朱熹《诗集传》宗《孟子》"以意逆志"之旨，多不依《小序》，于是取宋代欧阳修、王柏等诸家以及明代郝敬、何楷、清代顾炎武等人说《诗》之言，互相参核，而以己意断之。本书并不专主《小序》，同时也不专主《集传》。凡有疑义，便为之作疏解，但并不完整地解说全诗，其体例类似于札记的形式，故本书名为"日笺"。清王士禛《居易录》评价本书云："秦宫谕所辑《毛诗日笺》，所论与余夙昔之见颇同。其所采取亦甚简当。然大旨多以意揣之，不尽有所考证也。"此评较为得实。

诗说3卷 清康熙间惠氏红豆斋刻本；《皇清经解》本；《丛书集成初编》本。

清惠周惕撰。惠周惕(1646?～1696)，原名恕，字元龙，又字砚溪(或作研溪)，号红豆主人。吴县人。惠有声之子，惠士奇之父，惠栋祖父。康熙十八年(1679)举博学鸿儒科。康熙三十年进士及第，选翰林院庶吉士，散馆，改任密云县知县，卒于任上。清代经学家，是吴派经学的导源人。著有《易传》《诗说》《春秋三礼问》等。本书对于毛公《诗传》、郑玄《毛诗笺》、朱熹《诗集传》无所专主，作者虽总体宗于汉学，不拘泥旧说，对于《诗经》的一些问题往往以己意考证，但并非徒以臆见决是非。作者博引《左传》《仪礼》《礼记》《公羊传》等中的相关材料论说考证，使其言皆有依据。对于二《雅》、二《南》之分等问题提出了开创性的看法，并通过充分考证指出旧说之非。虽然不免存在一些穿凿、曲解的错误，但全书总体引据确实，树义深切，一些研究特色可谓是吴派经学风格的渊源所自。

读诗质疑31卷附录15卷 清乾隆九年(1744)绳武堂刻本；《四库全书》本。

清严虞惇撰。严虞惇(1650～1713)，字宝成，号思庵。常熟人。清代文学家、藏书家。著有《读诗质疑》《严太仆集》等。本书正文为析论《国风》15卷，《小雅》8卷，《大雅》3卷，《大雅》每卷析一子卷，《颂》5卷，共31卷。《附录》15卷，依次为《列国世谱》《国风世表》《诗指举要》《读诗纲领》《删次》《六义》《大小序》《诗乐》《章句音韵》《训诂传授》《经传逸诗》《三家遗说》《经传杂说》《诗韵正音》《经文考异》。大旨尊崇《小序》，同时参以朱熹的《诗集传》。各篇篇首冠以序文及诸家论序之说，于每章之下疏解字义。于篇末总论大旨，并说明其去取诸家说法之故。其说基本以推求诗意为主，对于名物训诂方面所作的研究十分有限，引据考证的内容亦不甚多。然而其言大致皆平心静气，对汉宋诸家说法玩味研求，择长弃短，既不存门户之心，也并不涉调停之见，因此所得甚为可观。

诗经集成31卷 清康熙二十九年(1690)金陵三乐斋刻本。

清赵灿英撰。赵灿英，字殿飏。武进人。本书成于康熙庚午年(1690)，乃是为科举考试而作，因此在最前面列出了朱子的《集传》，其后铺陈发挥对《诗经》经义作串讲；串讲之后，又列总解。在总解之后，又附上近科乡试、会试的墨卷，如此更加不像解说经书的体例。本书基本上相当于是揣摩场屋

之用的高头讲章，学术价值较为有限。

诗经劄记 1 卷　《四库全书》本；清宣统元年(1909)南菁高等学堂刻本。

清杨名时撰。杨名时有《周易札记》，已著录。本书为作者读《诗》所记。大体上以李光地《诗笺》为宗，又参核《小序》、朱熹《诗传》之间。如论《关雎》，沿用《小序》的求贤之说，十分明允；认为《郑风》不尽为淫诗，而圣人兼存淫诗以示戒，属持平之论。作者旁征博采，所持皆有据有故，非凿空臆说，如引《礼记》《周礼》《仪礼》《月令》等所述，以证《诗经》之辞等即是。作者于汉宋之间绝不偏颇，师从李光地，却绝不回护其师说，可谓破除讲学家门户之见。在其师说的基础上，可谓有所发明。

毛诗类释 21 卷续编 3 卷　《四库全书》本。

清顾栋高撰。顾栋高有《尚书质疑》，已著录。本书为考释《毛诗》名物典制之书。作者认为以往诸家说《诗》，对于名物典制的研究往往为求炫其所知以至于考证繁杂寡要，不成系统。于是群聚类分，仿《尔雅》体例分为天文、地理、山、水、时令、祭祀、官制、礼器、乐器等 21 类，类各一卷，逐一考察其名实，采录核对诸家的说法，并附上自己的看法，辩证详细，说解明白。《四库全书总目》评价本书"采录旧说，颇为谨严，又往往因以发明经义，与但征故实、体同类书者有殊，于说诗亦不为无裨也"。《续编》3 卷，是作者将《尔雅》中《释诂》《释言》《释训》3 篇中有关于《诗》的部分摘录辑出，并略为疏证而成。不过用《尔雅》校之，《续篇》尚缺"匹""言戒"二条。

诗贯 18 卷　清乾隆年间刻本。

清张叙著。张叙(1690～1776)，镇洋人。生平沉潜理学，穿穴经奥，名重公卿间。前后主讲莲池、白鹿诸书院，成就人才甚多。著有《诗贯》《凤冈诗草》《评选唐宋八大家文载》《通鉴纪要》等。本书首载《诗说》1 卷、《诗本旨》1 卷、《诗音表》2 卷，其后依经文次序为主《诗经》作注释，各章训释详于经文之下，共 14 卷。其说多与朱子异同。如认为《关雎》为后妃求贤之诗，由此推演认为此篇并下二篇皆后妃自作等。但其说有不少不免于牵合。且各章训释已详载于《经》文之下，而又仿《小序》的体例别为《诗本旨》1 卷冠在前列，因而在体例上体例稍伤于繁赘。

毛诗名物略 4 卷　清嘉庆七年(1802)蔚斋刊本。

清朱桓撰。朱桓(1697？～1763)，字勖威，又字拙存。宜兴人。雍正十一年(1733)进士，改翰林院庶吉士、散馆，授编修，充《八旗志》书馆纂修。乾隆三年(1738)充顺天乡试同考官，后乞养归。工诗、古文辞。著有《历代名臣言行录》《多识类编》《行运类编》《毛诗名物略》《拙存集》等。本书分天、地、人、物四部约 23 类，其天部则天文、时令，地部则地志、山川，人部则宗庙、宫室、祭祀、宴享、位号、礼器、乐器、兵器、车旗、服饰、器用、农事，物部则鸟兽、草木虫鱼。书中多疏漏，人多不取。

虞东学诗 12 卷　清乾隆三十三年(1768)顾氏诵芬堂刻本；《四库全书》本。

清顾镇撰。顾镇(1700～1771)，字佩九，一作备九，号古湫，又号虞东。昭文人。清代学者。著有《虞东学诗》《三礼劄记》等。作者"以讲学诸家尊《集传》而抑《小序》，博古诸家又申《小序》而疑《集传》，构衅者四五百年，迄无定论。故作是编，调停两家之说，以解其纷"(《四库全书总目》)。作者兼采汉宋众说，所征引的诸家学说凡数十家，而于欧阳修、苏辙、吕祖谦、严粲四家所取尤多。作者虽然镕铸群言，自为疏解，但是对于所称引的前人学说，一定在句下标注其出处。又因为朱熹《诗集传》多阐明义理，对名物训诂声音之学比较有限，作者为此一一考证，具有根底。于汉学、宋学之间，能斟酌以平，择长弃短，本书可谓是清代《诗经》学研究汉宋兼采的代表性著作。

治斋读诗蒙说 1 卷　清抄本；《昭代丛书》本。

清顾成志撰。顾成志(1717～1783)，字心勿，号治斋，别号中乡老农。太仓人。著有《治斋读诗蒙说》《邑乘小志》《课余偶笔》等。本书分篇名说、序说、韵说、体说、杂说 5 篇。其论说间引顾炎武、毛奇龄之论，又承明代说诗学风，注重诗作的语脉、句法、篇章结构及艺术手法。著者认为，《诗经》的一些诗句为凑足四言句式，有衍字或略字；还认为《大雅》中的《文王》《下武》《既醉》，都是下章的首句

蝉联上章的末句，这种蝉联之法为曹植《赠白马王彪》、颜延之《秋胡行》所继承，于后世也有影响。

毛诗说4卷　《味经斋遗书》本。

清庄存与撰。庄存与（1719～1788），字方耕，号养恬。武进人。庄培因兄。乾隆十年（1745）进士，授编修。历任湖北、浙江乡试主考官，会试副考官，提督湖南、直隶学政，内阁学士，以礼部左侍郎致仕。潜心学术，诸子百家之书，旁及天文、舆地、算法、乐律，无不览究，而尤精于经学。为常州今文经学派创始人。著有《易说》《毛诗说》《周官说》《尚书说》《尚书既见》等，后人总汇其所撰为《味经斋遗书》。本书多本《小序》《毛传》推衍成文，但凡《序》《传》有说解的地方，都发挥铺陈其大义，来增广《序》《传》之说。但亦有例外的，如对《相鼠》篇，作者引《白虎通论》说，认为此诗为妻子谏夫之辞；对《皇矣》中“此维与宅”一句，引《汉书·韦玄成传》为“此维予宅”。然而诸如此类者，在书中十分罕见。本书中多数不从《序》说亦不从《毛传》而发明一家之说的见解，被许多学者认为是臆说而不取用。

毛诗通议6卷　清乾隆五十三年（1788）刻本；《续修四库全书》本。

清胡文英撰。胡文英，字质余，号绳崖。武进人。乾隆三十年（1765）贡生，曾官直隶高阳县知县。著有《吴下方言考》《屈骚指掌》等。文英研治《诗经》有《诗经逢原》10卷、《诗考补》2卷、《诗疑义释》2卷、《诗疏补遗》5卷及本书6卷，共5种25卷。本书是继以上诸书而作，盖研治又有心得也。故本书不释全经，不录经文，只就个人心得立题作文，随意发挥。作者认为毛公传《诗》，其功甚伟，但所谓子夏所传，乃后儒伪托，非毛公之言；《诗序》有正有悖，反复烦重，非一人之辞，故说诗不可为卫《序》所惑。其驳诘旧说，断以己意，往往近理，但亦难免臆断之处。

毛诗故训传定本30卷　《经韵楼丛书》本；《皇清经解》本；2015年江苏人民出版社《段玉裁全书》本。

清段玉裁厘定。段玉裁有《尚书古文撰异》，已著录。作者认为今传《毛诗》经、传相杂，已非原旧，认为经与传本各自为书，郑玄笺诗时始离析《毛传》，分别置于经文各句之下，致使经文文意隔断。作者为存古义，遂考订《毛诗故训传》，以成一定本，使经、传相厘次，还其旧观。本书各置《序》于篇端，次录经文，次录传文，传中释句义者复举所释经文，并据各本正其讹误，补其脱落，又以双行小字夹注毛传体例，各诗诗题也移至诗前。作者精于文字音韵训诂之学，故考证多从文字、音韵着眼，颇多可采，为世推重。然未安处亦较多，清人丁晏《毛郑诗释》末附《书段氏校定毛诗故训传后》一文，于本书乖疏处多所纠正。

诗经小学4卷　《皇清经解》本；《拜经堂丛书》本；2015年江苏人民出版社《段玉裁全书》本。

清段玉裁撰。段玉裁有《尚书古文撰异》，已著录。本书为作者早期研究《诗经》的重要著作。本书先列《诗经》原句，然后杂取《尔雅》《方言》《说文》《广雅》等书以及注释书中有关解释，最后断以己意，或注音、或释义、或正讹误，或明假借，也注明各本引诗的异文。本书精善之处悉经清人陈奂采入所著《诗毛氏传疏》中。本书有4卷本和30卷本之分，刊行于世者多为4卷本，有学者认为4卷本为段氏弟子据30卷本删减改编而成。

毛诗名物图说9卷　清稿本；清乾隆三十六年（1771）刊本；《续修四库全书》本。

清徐鼎撰。徐鼎，字峙东，号雪樵。吴县人。乾隆优贡生，善画山水，颖敏好学，工诗古文，名重江左。著有《毛诗名物图说》《霭云馆诗文集》等。本书是一部专门以考释《诗经》名物为旨意的著作。作者习《毛诗》始自童年而耽好“格致”“多识”之学，在全书《序》文中称编纂本书历时达20年之久。书中对于名物的博考，不仅注意“搜罗典籍，往来书肆”，而且重视现实生活中的查证，“凡钓叟、村夫、樵夫、猎户，下至舆台皂隶，有所闻，必加试验而后图写”，这使得该书考释相当精详，时有补正或超越前人之处。作者认为《诗经》物类的考释应当兼顾“名”“义”。他说：“图、说二者相为经纬”，采用了“置图于上”而“分列注释于下”的形式。这种形式把文字考订与名物形状的再现结合起来，增加了阅读者的形象感与辨识力，是一个颇具创意的有益尝试。且作者本人是知名画家，书中为三百篇“鸟兽虫鱼草木”所绘制的255幅画图，虽不能做到幅幅

精美，但也大多运笔严谨、状物逼真、富于生活气息，多有可资观玩、欣赏之处，这是该书的特色和价值。

韩诗内传征4卷 清乾隆六十年(1795)刻志学堂刻本;《积学斋丛书》本;《续修四库全书》本。

清宋绵初撰。宋绵初，字守端，号稻孙，高邮人。乾隆四十二年(1777)拔贡生，官五河、清河训导。著有《韩诗内传征》《古韩诗说征》《释服》等。宋氏研习经术，精声音训诂之学，尤善授《诗经》。该书摘引古代典籍中的韩诗佚说，分条载录。序云:“汉三家《诗》久佚，然齐、鲁虽亡，《韩诗》犹杂见于他书，朱子语门人《文选注》多《韩诗》说，尝欲写出。王伯厚因其意辑《诗考》，于《韩诗》盖详，用以扶微学，广异义，叹古人之用心勤也。然其中殊多脱漏，引书则篇卷不明，经文与传注相汨……至郑氏虽从张恭祖受《韩诗》，但其学该博，不名一家……若确然定为《韩诗》之说，恐未必然也。”宋氏有鉴于此，遂“拟更掇拾，备西汉一家之言。披览有得，辄笔之于书”，且补充王应麟《诗考》遗略，去其疑似。旁搜博采群书相发明、诸家考正之文，加以引证。该书不失为《诗》学研究者的参考著作。

毛诗说6卷 清石印本。

清庄有可撰。庄有可，原名献可，字大久，一字岱久，号慕良。武进人。博通经史，自言读史2 000余遍。著有《周官集说》《考工记集说》《春秋注解》《春秋地名考》等。本书篇各为说，遵从旧注解的，仅有十之一二，大多是自出新义。书中有些解说能言之成理，时出新见，发人之所未发。但大多为牵强附会，很难尽如人意，难免有臆造杜撰之嫌。如谓《汉广》刺昭王娶房女为后而又南征;《汝坟》伤西周之亡而喜秦能勤王;《雀巢》莘国归太姒而文王亲迎;《摽有梅》急取士以待贡等等，不过是新的附会。卷首自序又谓笙诗6篇是孔子删其辞而存其题，存其题是为了凑《小雅》八十之数;删其辞是为了凑诗三百之数，商诗5篇则不在三百之数。逞臆说标新立异，殊不足取。

毛诗考证4卷 《珍艺宧遗书》本;《皇清经解续编》本;清光绪十五年(1889)蜚英馆石印本。

清庄述祖撰。庄述祖有《尚书今古文考证》，已著录。本书是一部专门考证毛诗各本异文的著作，多考证《毛诗正义》《经典释文》及石经等文献材料的异同。其中如辨证“彼美淑姬”一条，《经典释文》言“叔”音“淑”，本亦作“淑”。作者认为是《诗经》本作“叔”，郑玄读为“淑”，《经典释文》从之，《毛诗正义》本因此误作“淑”，所以应当从通志堂本改正。又如“鏜鼓乐之”一条，辨石经“鏜”字作“鍾”之类。大凡像这类考证，书中不胜枚举，虽然其所见甚是，但与《诗经》大旨的阐释不甚相关。

毛诗补疏5卷 《焦氏丛书》本;《皇清经解》本;1986年华中师范大学出版社出版晏炎吾等点校《清人诗说四种》。

清焦循撰。焦循有《雕菰楼易学三书》，已著录。本书为作者《六经补疏》之一。作者以为“孔颖达本而增损为《正义》，于诸经为详善。然毛、郑又有异同，往往混郑于毛，比毛于郑，而声音训诂之间疏略亦多”，为此作者曾著《地理释》《草木鸟兽虫鱼释》《毛郑异同释》三书，共20余卷，后来删录合一书，合为5卷。本书仅载所涉及的经文，次列《毛传》《郑笺》，附以“循按”杂采诸家之说加以辩证。旨在辨明毛、郑之异同，辨《孔疏》之是非。本书工于精审文字、音韵、训诂之间，于名物、地理的考证尤为详尽。

诗书古训6卷 《皇清经解续编》本。

清阮元撰。阮元(1764～1849)，字伯元，一字伯梁，号芸台，又号雷塘庵主，室名积古斋。仪征人。乾隆五十四年(1789)进士，选庶吉士，授翰林院编修。后任礼部、兵部、户部、工部侍郎，山东、浙江学政，浙江、江西、河南巡抚及漕运总督、湖广总督、两广总督、云贵总督等职。历乾隆、嘉庆、道光三朝，体仁阁大学士，太傅，谥号文达。有《十三经注疏校勘记》《诗书古训》《揅经室集》等。作者认为“万世之学，以孔孟为宗，孔孟之学以《诗》《书》为宗，学不宗孔孟必入于异端。孔孟之学所以不杂者，守商周以来《诗》《书》古训以为据也”(《诗书古训·序》)，而后儒多臆造诸说，发挥己意，使人迷惑，因而针对《诗经》《尚书》中难明其义的字句篇章，征引《春秋》三传、《论语》《孟子》《孝经》《大戴礼记》《国语》《尔雅》中引《诗》《书》为训者，列于《诗》《书》各篇之下;征引汉晋以前子史典籍引《诗》《书》

古训者，低一格附之于后。凡所征引，作者均不加主观评论，而仅作客观载录，以供读者判别是非。因此本书保存了大量的古代《诗》《书》训释的原始资料。黄朝桂撰有《诗书古训补遗》10卷，以补其未备。本书原为6卷，其中卷2《小雅》、卷3《大雅》各分上下，实为8卷。《皇清经解续编》又析原本卷1《国风》为2卷、《尚书今文》为2卷，共为10卷。

齐诗翼氏学4卷 清嘉庆十七年(1812)蓬莱山房刻本；《皇清经解续编》本。

清迮鹤寿撰。迮鹤寿(1773～?)，字清崖，号阑宫。吴江人。清代学者。长于考证之学。有《蛾术编注》《夏殷周九州经界疏证》《九州分土疏证》《齐诗翼氏学》《韵字急就篇》等。本书是一部研究考证《齐诗》的著作。翼氏指翼奉，汉元帝时人。《齐诗》自辕固生传夏侯始昌，始昌再传翼奉。翼奉明于阴阳五行之学，以《齐诗》推阴阳言灾异。但其学说早已经失传，连诗篇编排次序也已不可考。后世程易畴《通艺录》、孔广森《经学卮言》等对翼奉的《齐诗》研究都曾做过推演和考论，但收获都比较少。对于这种已经亡佚的学说，作者编撰本书欲以还原发明，虽然好像较有发明，但大部分观点多为臆测，而且本书对《诗纬》显然仍有未达，考证中也多有疏漏。然而本书阐发翼氏一家之学，对于考证《齐诗》授受源流及翼氏《齐诗》学旨都甚为有功。

诗双声叠韵谱1卷 清道光十八年(1838)刻本；《双砚斋丛书》本。

清邓廷桢撰。邓廷桢(1775～1846)，字维周、嶰谷。江宁人。嘉庆进士，授翰林院编修，历任地方官、安徽巡抚、两广总督等。善诗文，尤精于音韵。有《双砚斋诗钞》等。作者认为，读诗知叠韵易，而后知双声难，言韵不知双声，则无从了解古今声韵的变异，也无从体会诗人的研练之精，而欲知双声，必须从诗中研求，因此，他撰写这部双声叠韵谱。三百篇是韵宗，从三百篇的韵可知古音韵，从双声可推知古今音韵之转化。该书分错综、对待、叠句、单辞四目，列举诗句，指明何处是双声、何处是叠韵，所以名为“双声叠韵谱”。本书广泛吸收顾炎武、江藩、戴震、段玉裁、孔广森诸家之说，择善而从。从谱中可以看出双声字有在一、三者，有在二、四者，也有双声字分用于两章者，叠韵字也有在一、三者，在二、四者，或分用于两句者，或者一句中既有双声，也有叠韵。因为《诗经》用韵丰富多彩又灵活变化，不仅限于尾韵。这种研究，不但推动古音韵学的进展，也可供诗歌创作参考。

诗毛氏传疏30卷 清道光刻《陈氏毛诗五种》本；《皇清经解续编》本。

清陈奂撰。陈奂(1786～1863)，一作陈焕，字硕甫，号师竹，晚自号南园老人。长洲人。师事段玉裁，咸丰初年举孝廉方正。著有《诗毛氏传疏》《毛诗说》《毛诗九谷考》《公羊逸礼考征》《三百堂文集》等。作者以为“三家诗虽自出七十子之徒，然而孔子既没，微言已绝，大道多歧，异端共作，或借以讽劝时君，以正诗为刺诗，违诗人之本志。故齐、鲁、韩(诗)可废，毛(诗)不可废，齐、鲁、韩且不得与毛抗衡”，以《毛诗》多记古文备详前典，在诸旧注中，“最为近古，训诂与《尔雅》说略异同相为表里，一切礼数名物，自汉以来无人称人引，遂韬晦不彰，故博引古书，广收前说，讲明而条贯”(《诗毛氏传疏叙例》)。其以西汉人之说为主，凡所采皆有益于申明毛氏传义者，近人说《诗》家取而参证之，不合毛义者则弃而不论。于《诗》经文、毛传所涉皆详为解说训释，惟于三家诗说无有载释辨异。作者毕生治《毛诗》之深研钻极，尽荟萃。

毛诗传义类19篇 清道光刻《陈氏毛诗五种》本；《皇清经解续编》本。

清陈奂撰。本书一称《毛雅》，为《陈氏毛诗五种》之一。将《诗经》的毛传训诂，本《尔雅》19篇之例编辑而成。《尔雅》并非专门解《诗》之作，《毛传》对一些字词的释义与《尔雅》不尽相同，如“大也”条《尔雅》收39字，《毛诗传义类》收50字，“安也”条《尔雅》收5字，《毛诗传义类》收11字，作者遂仿《尔雅》的义例，辑《毛诗》中训传之句而类汇为专书，使学者可与《尔雅》比照，于探求词义发展规律殊为方便。《毛诗传义类》附于《诗毛氏传疏》后。

毛诗音4卷 清道光刻《陈氏毛诗五种》本；《皇清经解续编》本。

清陈奂撰。《毛诗音》为《陈氏毛诗五种》之一，附于《诗毛氏传疏》后。作者以为“三代同文而不同音，右韵书久亡，六书谐声，韵书之权舆也，《诗》三

百篇，韵书之经纬也。大毛公生周季，去古近，作故训传，与三百篇韵甚谐也，由韵以知音，因音以求义”，因此在作《毛诗传疏》的基础上，又别撰本书。从音韵学的角度研究《诗经》，以求音而达义。于《诗经》中文字音之变异、声韵之轻重、南北之别读、古今之异音之类，都详为注释；《毛诗》用古文，因而字词多通假，作者也一并辨识。作者主张读《诗》“执古音不兼通今音，不可与言音也，泥今音而反昧古音，不可与言诗也，故其不仅求古音，也通今音，今古音之变可知”。作者作《毛诗传疏》，以释义为主，是书以释音为本，二者可谓为姊妹篇，互为补充。

毛郑诗释3卷续录1卷 《六艺堂诗礼七编》本；《颐志斋丛书》本。

清丁晏撰。丁晏有《周易解故》，已著录。本书为《六艺堂诗礼七编》之一。作者自幼喜攻《毛诗》，颇受惠栋、戴震等学者考释《毛诗》之作的启发。但认为惠、戴诸家，对《毛诗》古义、古音未能尽释，故以己见“钩稽记于简札，积久成帙，为《毛诗古学》”（《毛郑诗释自序》）。又笃好郑玄《诗笺》，对郑义未及者，常深思博考，加以厘正。历14年之久，所得甚多。于是将这两部分重新修改汇编，改题曰《毛郑诗释》，并仍以《毛诗古学旧序》冠于前。书中认为，“毛公之学得圣贤之正传，其所称道，与周秦诸子相出入，郑玄申畅毛义，修敬作笺，孔疏不能寻绎，误谓破字改毛，援引疏漏，多失郑恉”（《清儒学案·柘唐学案》）。因而博采众籍，相互考证，以申其正旨。该书对《毛诗》《郑笺》有所发明，可资学者参考。

郑氏诗谱考证1卷 《六艺堂诗礼七编》本；《颐志斋丛书》本。

清丁晏撰。《郑氏诗谱考证》为《六艺堂诗证七编》之一。宋代欧阳修《诗谱补亡》对郑玄《诗谱》散逸之处予以补充，颇有辑补之功，然亦不无有误之处。本书据《毛诗正义》排比重编，考证郑玄《诗谱》，并正欧阳氏辑补之失，欧阳修《诗谱补亡》缺《周颂》《鲁颂》《商颂》，本书亦作了补充。作者于考证中既正又补，观澜索源，且所援引的材料皆确凿罕误，对于《诗谱》的研究可谓作出了十分优异的贡献。

诗考补注2卷补遗1卷 《六艺堂诗礼七编》本；《颐志斋丛书》本。

清丁晏撰。本书为《六艺堂诗证七编》之一。汉郑玄笺《诗》兼采三家，后来学者渐渐专主《毛诗》，而齐、鲁、韩三家诗逐渐散佚。宋时王应麟有《三家诗考》补刊，开后人辑录、研究三家诗之风。然而因系草创，未及审定，错误较多。近世刊本讹误更多，并无善本。本书对《三家诗考》进行了修订，删去重复，改正讹误，调整编次并加以补充。后又收集佚遗，作《补遗》1卷。于王应麟《三家诗考》的基础之上，本书可以说是补充和提高。当然本书亦有疏漏，但瑕不掩瑜，本书对于《诗经》研究是一本十分有益的参考书。

毛诗传笺异义解16卷 清咸丰六年(1856)棣鄂堂刻本；《续修四库全书》本。

清沈镐撰。沈镐(1811～?)，字子辉，号愚亭。震泽人。道光二十七年(1847)进士。清代经学家。作者认为《诗经》《毛传》《郑笺》多异义，两家说法并陈而不知孰是，《毛诗正义》也时有与《传》《笺》有歧义之处，后世学者对此各有所宗，不免有相互掊击之论，以至于对《诗经》多训诂不明、古义渐失。作者以《小序》出自孔门而最古，遂遵《小序》之义，参以诸家之说，对《毛传》《郑笺》有异义之处进行辨析、折衷。本书旨在力尊汉学，多参考陈启源《毛诗稽古编》、段玉裁《诗经小学》及李黼平《毛诗细义》等《诗经》汉学著作，且多以《说文解字》作佐证。对于众家说法无苟同亦无苟异，在一些地方亦能有所发明，不失为一部有价值的《诗经》研究之作。

诗经集解辨正1卷 1923年铅印本；2015年凤凰出版社《泰州文献》本。

清徐天璋撰。徐天璋，字睿川。泰州人。著有《诗经集解辨正》《阙里讲经编》等。本书大致依据《左传》和《史记》等书，驳正《毛传》、朱熹《诗集传》两家对《诗经》的训释。体例上本书先列《小序》，次列《集传》，又次是《汇解》，最后是作者的辨正。本书遍引诸家，且引而不议，然后自为辩证，不仅训诂义理考据精详，对于人物、典礼、时事亦加考证；观点新颖，往往发前人之所未发，然而作者疑古太过，几乎完全推翻了旧案。其认为“《诗》三百篇，皆国政也，不但无淫奔之诗，兼无民俗之诗”（缪潜《诗经

集解辨正序》)，其论过于绝对，参考援引时需要加以斟酌。

毛诗异文笺10卷 清光绪十四年(1888)江阴南菁书院刻本。

清陈玉树撰。陈玉树(1853～1906)，字惕安，后改名为玉澍。盐城人。晚清著名爱国诗人、文学家。著有《卜子午谱》《后乐堂文钞》等。本书主要是对《诗经》文字之学进行研究，以字论字，很少涉及义理。作者以《毛传》《郑笺》的释义作为训释标准，又以《说文解字》作为判断异文类别的依据。并对异文类型作细致区分，充分吸收前人的研究成果，将异文分为古今文、假借字、通用字、俗字四类分别研究，细致深入。然而作者对所援引的材料往往不加辨证，在征引中又极少引用宋学文献，门户之见较深，墨守成规以至略有迂腐之嫌，一定程度上限制了本书的学术视野。然而作者坚守古文经学的立场，以考据为其所宗，难能可贵。本书作为清代《诗经》考据学著作中的代表作品，亦足资后学学习参考。

诗经广大全20卷 清康熙二十一年(1682)宝翰楼刻本；清康熙年间授政堂刻本；《四库全书存目丛书》本。

清王梦白、陈曾同撰。王梦白，字金孺。无锡人。陈曾，字衣圣。无锡人。本书为二人合著。王梦白认为明初《诗经大全》虽于朱熹《诗集传》有所裨益，但所采群经典故，未备本末，所引诸儒论说，也未有折衷，于是与同乡陈曾为之增广。大旨上以《诗集传》为主，而间存诸说。本书为增广《诗经大全》而作，采择精详，诠释简当，对于研究《诗集传》还是有一定的价值的。然而本书不能深究古义，训释名义也仅仅以蔡卞《毛诗名物解》、冯复京《六家诗名物疏》二书作为蓝本，疏于考证，未能有所发明。

第四节 礼 类

周礼传10卷图说2卷翼传2卷 明嘉靖四十二年(1563)吴凤瑞刻本；武汉大学图书馆藏明抄本；《四库全书》本。

明王应电撰。王应电，字昭明，又字明斋。昆山人。明代学者。著有《同文备考》《书法指要》等。本书三种虽各为卷帙，实则相辅而行。核其大致，亦瑕瑜互见。其《传》10卷，不录《考工记》，自言专解古《经》，却割裂《序官》，将同一职官相互统领者以类别分部行文，有窜乱之嫌，论说虽略于考证，而义理多有发明。《图说》2卷，用以稽考《传》义。中如《职方氏》"九州"之类，有图无说。而女官、女奚、女奴等，则有说无图。上卷《明堂表》1篇，亦有录无书，盖原本所阙。下卷阙《井邑》《邱甸》诸图、别见《翼传》，故不复载。所说间有舛误，今姑与其《传》并存，以备一家之说。其《翼传》2卷，凡分7篇。上卷分为《冬官补义》,《天王会通》《学周礼法》《治地事宜》，下卷分为《握奇经传》《非周礼辨》《经传正讹》。其《冬官补义》拟补土司空、工师等十八官，多为臆测。三书之中，多参臆说，不可尽从。因《周礼》《仪礼》至明代几成绝学，故取长弃短，略采数家，以彰显一朝经学，不得已而退求其次。三书凡14卷，《明史》约举，作数十卷。

周礼沿革传4卷 《庄渠先生遗书》本；《四库全书存目丛书》本。

明魏校撰。魏校，字子才，号庄渠。昆山人。著有《周礼义疏》《春秋经世》《大学指归》《奕世增光录》《官职会通》《魏庄渠粹言》等。本书选取《周礼》六官之属，以秦至明代的官职沿革相证明。但仅有《天官》《地官》《春官》三篇，是未成之稿。此种校读之法存在问题，时代变迁，官制改换，职官名称存在巨大差异，本书试图以后世制度比附三代，谬不可言。以古勒今，足以祸乱天下，读者不可不细细体察。

周礼注疏删翼30卷 明崇祯间刻本；《四库全书》本；清天德堂刻本。

明王志长撰。王志长，字平仲。昆山人。明万历年间举人，深于经学。本书删郑玄《注》、贾公彦《疏》中繁芜之文，故谓之"删"，又杂引诸家之说以发明其义，故谓之"翼"。郑玄《注》明训诂，贾公彦《疏》通名物制度，后世少有超越，宋代周敦颐、张载、程颐、程颢、朱熹等人，自度征实之学必不能高于汉唐，故虽盛称《周礼》，但皆无笺注之专书。其传于今者，王安石、王昭禹始推寻于文句之间；王与

之始脱略旧文，多集新说；叶时、郑伯谦始别立标题，借《经》以抒议。其于《经》义，盖在离合之间。于是考证之学渐变为论辨之学，而郑、贾几乎从祧。王氏本书，多采宋以后说，浮文妨要，盖所不免。但能以《注》《疏》为根柢，尚变而不离其宗。且自朱申以后，苟趋简易，以《叙官》为无用而删之，《经》遂有目无纲。俞庭椿、邱葵以后，又多骋臆见，窜乱五官，以补《冬官》之亡，《经》遂更无完简。沿及明代，弥逐颓波，破碎支离，益非其旧。志长能恪遵古本，亦为力遏横流。在经学荒芜之日，临深为高，亦可谓研心古义者。

周礼注疏合解 18 卷　明末刻本；《四库全书存目丛书》本。

明张采撰。张采（1596～1648），字受先，号南郭。太仓人。曾为复社领袖。著有《太仓州志》《知畏堂集》等。本书采用了郑玄和贾逵的说法，并参考了汉代以来众家注释《周礼》的篇目，对各篇做了疏解，并提出，不可以补齐原书中缺失的《冬官》，以此来保持原书的面貌。但全书通读之下，粗陋之处甚多。以张采在当时的学术与名望，本书质量之低，不似出自其手，或是当时之人假托张采之名所著。

重订古周礼 6 卷　明末刻本；《四库全书存目丛书》本。

明陈仁锡撰。陈仁锡有《系辞十篇书》，已著录。本书不用俞庭椿《周礼复古篇》，与郎兆玉相同。称名“重订”，当即因兆玉本。但书中天、地、春、夏、秋五官皆移《叙官》于“惟王建国”之前，可见所依亦非古本。又《凡例》有言：“考《汉艺文志》，是书原阙《冬官》，汉儒补以《考工记》，未免割裂圣经，不必妄为补缀。”而全书 6 卷，仍将《考工记》列入其中，乃自违其说，可谓悖谬。书中注释多剽窃朱申《周礼句解》，体例尤为繁杂且失当。以陈氏声望学术，断不应有此类疏漏舛误，故应是庸劣坊贾托名，未必真出自陈氏之手。

周礼辑义 12 卷　《九经补注》本；《四库全书存目丛书》本。

清姜兆锡撰。姜兆锡有《周易本义述蕴》，已著录。本书是对于《周礼》中所涉及的官职含义进行疏解的著作。全书主要针对《周礼》中官职有疑义的部分进行注解，利用的材料则是书中出现的其他官职和《仪礼》《礼记》中的相关内容。全书的注解与郑玄和贾公彦的注疏多有抵牾之处，在利用时需要进行辨别。

肆献祼馈食礼 3 卷　《四库全书》本；《聚学轩丛书》本；《皇清经解续编》本。

清任启运撰。任启运有《周易洗心》，已著录。本书以《特牲馈食礼》为诸侯之士之祭礼，《少牢馈食礼》为诸侯之大夫之祭礼，因据“三礼”及其他书中忧患于王者之礼的部分进行推论，如果经文中没有记载，则用注疏之中的文辞补充，一共 5 篇，分别是祭统、吉蠲、朝践、正祭、绎祭，其名则取自于《周礼》中“肆献祼飨先王，馈食飨先王”。每篇之内，又各有章节次序，每一节首先总汇个人看法，之后再疏解说法的来源，再附上经文和传文，相当精密，可以和《续仪礼经传通解》互相参考阅读。

礼说 14 卷　《四库全书》本；《璜川吴氏经学丛书》本；清嘉庆刻本。

清惠士奇撰。惠士奇有《易说》，已著录。本书不载《周礼》经文，只举出其中可以考证辨驳的部分，提出自己的看法，按照《经》文的次序编排，分为《天官》2 卷，《地官》3 卷，《春官》4 卷，《夏官》2 卷，《秋官》2 卷，《考工记》1 卷。因郑玄注《周礼》，常以汉制比拟周制，而至清代，郑注所言名物训诂又多不可解，故需新注。本书对于《经》文中的古音、古字分别疏通，又援引诸史百家之文，或用以证明周制，或用以参考郑氏所引之汉制从而递求周制，分别阐释各个礼制的深意。本书在清前期对于《周礼》的论述中可谓独成一家，颇有所长。但仍旧存在拘泥古义，蔓衍附会，词不达意，欲矫空谈等积弊。但统观全书，能够做到旁征博引，皆有本原，辨论繁复而悉有条理，可谓瑕不掩瑜，仍是佳作。

周官指掌 5 卷　清玉海楼抄本；《正觉楼丛书》本。

清庄有可撰。庄有可有《毛诗说》，已著录。本书沿袭宋人做法，不根据传注疏解，而是将经文割裂错出，以求尽抒个人见解。卷 1 分为 30 篇，自天下十畿里数至王府贾肆列市，主要讨论田地问题；

卷2分为24篇，自稍里地数至间田，主要讨论赋税问题；卷3分为12篇，自室制至朝觐宗遇会同，主要讨论宫庙朝会问题；卷4分为21篇，自三纲至工作，主要讨论族党、嫡庶、公卿、诸侯、邑都、邦国之等差及车服要领等问题；卷5分为12篇，自大丧至自强，主要讨论丧礼、乐律、历法等问题。共计100篇，对于《周礼》中所涉及的问题进行了详细的讨论与分析，分类详明，且颇有新意，但将其余书籍，如《白虎通》中部分篇目窜入经文，勉强合为一篇，颇为不宜，应为应对科举考试而作。

礼经本义17卷 《四库全书》本；《四库珍本初集》本；清抄本。

清蔡德晋撰。蔡德晋，字仁锡，号敬斋。无锡人。雍正年间举人。著有《礼经本义》《礼传本义》《通礼》等。本书以《周礼》为礼之纲领，《仪礼》为礼之条目，将本书分为上下经。上经专门选取《周礼》中的五官之文进行疏解，而以《考工记》为补入则弃之不用。前16卷释本经，第十七卷则附吴澄所辑《逸礼》8篇，皆引宋、元、明以来诸家之说，与郑玄《注》、贾公彦《疏》将其中的名物制度一脉相承，考辨十分详备且颇有新义。颇辨析精密，为前儒所未及也。

周官记5卷周官说2卷补3卷 《味经斋遗书》本；《皇清经解续编》本；清孙诒让校抄本。

清庄存与撰。庄存与有《毛诗说》，已著录。《周官记》5卷，刻于嘉庆年间，书末有其孙绶甲跋，据跋可知，《周官记》5卷及《周官说》前2卷为庄存与手定，后3卷为庄绶甲于遗稿中辑录而成。《周官记》卷1为《冢宰记》，列《五官官属表》；卷2为《司徒记》，附载师任地谱，以明均土分民之法；卷3为《司马记》，补小司马、军马诸职阙文；卷4为《冬官司空记》，补司空之阙文；卷5为《司空记》，摭拾周、秦之书可资引证者，以当《冬官》义疏。清代胡玉缙在《许庼学林》评价本书称："无宗伯、司寇记，表、谱颇便省览，所补阙文亦古奥可喜，其余大率凭臆而谈，虽未尽合周公制礼之意，而尚有依据。"具有一定的学术研究价值。

周礼军赋说4卷 清乾隆间刻本；《皇清经解》本；清嘉庆三年(1798)嘉定鉴汗筠斋刻本。

清王鸣盛撰。王鸣盛(1722～1797)，字凤喈，一字礼堂，号西庄，晚号西沚。嘉定人。清代史学家，考据学家。著有《尚书后案》《蛾术编》《十七史商榷》等。本书是王氏受秦蕙田命，为《五礼通考》撰写军赋一部分而成的著作。查考《五礼通考》，本书全然著录，次序微殊。本书共4卷，卷1总论周礼军赋，分别论述了王畿军制、六乡、廛里以下九等田、六遂、乡遂出军、三等采地、四处公邑、田余夫、圭田等；卷2论述沟洫之制，分别论述了井田制、三等授田和税法轻重等；卷3论述制军，分别论述了车之卒伍、起徒役、军将、军粮、调发临敌不同制等；卷4论述邦国乡遂之军，分别论述了邦国境内之军、邦国军将、卿大夫、家军制、鲁制、齐制、晋制等。全书以《周礼注疏》为本，参考了各经的注疏和序论，对于宋代以后驳斥郑玄的部分进行了一定的辩证，搜集资料相当丰富，所作评断亦极审慎，是研究《周礼》军赋的重要参考书。

周礼汉读考6卷 清嘉庆间刻本；《经韵楼丛书》本；《皇清经解》本。

清段玉裁撰。段玉裁有《尚书古文撰异》，已著录。本书摘《周礼》经文及注为纲，并为之疏通证明。段氏依贾昌朝《群经音辨》之例，而稍加变通，为汉儒注发疑正读之例有三：读如"读若"者，拟其音；读为"读曰"者，易其字；"当为"者，定为字之误、声之误，而改其字。可谓发凡起例，不仅利于《周礼》之治，而且亦实大补于汉学。阮元所作序云："此言出，学者凡读汉儒经子汉书之注，如梦得觉，如醉得醒，不至如冥行擿埴。"极为允当，玉裁此三例，实开汉学治法之大门径。其于书中依此三例进行认字、正音，然互有得失，当分别观之。其间于字之正借，声之分合，剖析甚细，万谓不失为治《周礼》之卓异者。清李慈铭《越缦堂读书记》称："段氏本书义理精深，足为郑学津逮。"

周礼故书考1卷 《积学斋丛书》本；《稻香楼杂著》本。

清程际盛撰。程际盛，原名炎，字焕若，号东治。长洲人。乾隆五十年(1785)进士，授内阁中书，累官至湖广道监察御史。著有《骈字分笺》《说文古语考》《清河偶抄》《续方言补》等。本书是对于《周礼》一书中所出现的古语进行考辨的著作。书

前有乾隆五十六年武亿的序文和程氏的自序。全书注解始于《天官・冢宰》“胥十有二人”条的注释“‘胥’读如‘谞’”，止于《考工记・弓人》“利射侯与弋”条的注释“与作其”，共计400余条。清代徐养原亦著有《周礼故书考》，书中只有郑玄注解中明言“古书”的部分，程氏本书，则将“读如”“读为”一并列入，引例较徐氏更为繁复，但个人的见解发明却远不如徐氏多，故两书可以对比使用。

周礼注疏献疑7卷　清嘉庆间刻本；清玉海楼抄本。

清许珩撰。许珩，字楚生。仪征人。诸生。著有《周礼注疏献疑》《周礼经注节抄》等。本书是对《周礼》的郑玄《注》和贾公彦《疏》进行补正的著作。全书分为7卷，依次为《序官》《天官》《地官》《春官》《夏官》《秋官》和《考工记》。对于郑《注》和贾《疏》中存在疑误的地方补充自己的见解，如无则不录。全书参考了大量的书目，内容十分详博，对于前人的疏漏多有驳正，利用价值较高，但仍旧存在一定的疏漏。

周官礼经注正误1卷　清嘉庆二年(1797)石梁学署刻本；《积学斋丛书》本。

清张宗泰撰。张宗泰(1750～1832)，字登封，号筠岩。甘泉人。嘉庆年间诸生。著有《春秋左氏传读本正误》《旧唐书疏证》《新旧唐书合钞》《质疑偶存》等。本书主要是针对《周礼》的郑玄《注》和贾公彦《疏》所做的补正。全书计《天官》3条，《地官》5条，《春官》10条，《夏官》4条，《秋官》4条，《考工记》8条，共计43条。全书对陆德明《经典释文》多有采纳，订正今本。内容则多有可取之处，部分条目可对观孙氏《周礼正义》，多有殊胜，可供参阅。

礼说4卷　《皇清经解》本。

清凌曙撰。凌曙(1775～1829)，字晓楼，一字子升，号明经。江都人。著有《春秋公羊礼疏》《公羊礼说》《公羊问答》《仪礼礼服通释》《礼论略抄》《四书典故核》等，由刘文淇集为《蜚云阁丛书》。本书为凌氏专研《仪礼》之著作，其体例为先辑录政书、类书如《通典》《太平御览》《册府元龟》，及陈祥道《礼书》、敖继公《仪礼集说》、徐乾学《读礼通考》、万斯同《群书疑辨》、汪琬《钝翁类稿》、阎若璩《潜邱杂记》、吴廷华《仪礼章句》等诸多礼学研究著作议礼之文，下附按语，结合礼经的注疏之文考辩其原委，辩驳议论。清张之洞《书目答问》称其原名《礼论》。清李慈铭《越缦堂读书记》称凌氏著书皆精确得汉儒家法，又言：“先生食贫力学，阮仪征都两广时，曾延教其子，并刻其《礼论》等入《皇清经解》。先生有自撰《礼论》前后序，述其贫悴之况，令人酸鼻。三旬九食，忍饿著书，真有不愧古人者。”本书充分体现了作者的研究功力，清晰详辨，可作为研读《仪礼》的书目。

明堂大道录8卷　《经训堂丛书》本；《皇清经解续编》本；《丛书集成初编》本。

清惠栋撰。惠栋有《周易述》，已著录。本书为惠氏专研明堂之制之著述，书名取自《礼记・礼运》“大道”之义，本学《易》之法施诸明堂之制。明堂为天子大庙，禘祭、宗祀、朝觐、耕籍、养老、尊贤、乡射、告朔、政教诸事皆行诸其中。惠氏本书分8卷，每卷分若干节。首卷总论明堂性质、功能，附论明堂与宗庙、学校、路寝等建制关系，并概述明堂兴衰。卷2论述明堂制度产生渊源及虞、夏、殷、周各时期状况，卷3阐述明堂象征意义及功能，卷4讲述明堂形制及祭天，卷5论证明堂建官、行政、清庙诸事，卷6、卷7、卷8引述前人观点，多有发挥创见。

周官禄田考3卷　《四库全书》本；清乾隆刻本；清抄本。

清沈彤撰。沈彤有《尚书小疏》，已著录。北宋欧阳修在整理《周礼》时认为其中存在着“官多田少，禄且不给”的问题，之后的学者多从，即使有分辨者，亦不能自圆其说，本书则通过详细考察经文中所载制度，发现欧阳所言不实，故成本书，以与之辨。全书分为《官爵数》《公田数》《禄田数》3篇，积算甚为精密。凡是田、爵、禄之数不见于《经》文，或求诸家注文，如在注文中没有记载的，则据《经》文起例，推阐旁通，补《经》文所阙。全书说理淹通，可说是在郑玄《注》、贾公彦《疏》之后的一部相当独特的作品。但其中说解仍有与同时期他书记载相矛盾之处，应是未曾详细考察所致，然仅三四条，瑕不掩瑜，可谓湛深经术，是研究《周礼》官、田问题的一部不可多得的书。

周礼郑氏注12卷校语1卷　《士礼居丛书》本；清光绪十三年(1887)石印本；清抄本。

清黄丕烈撰。黄丕烈(1763～1825)，字绍武，一字承之，号荛圃，绍圃，又号复翁、佞宋主人、秋清居士、知非子、抱守主人、求古居士、宋廛一翁等。长洲人。清代著名藏书家、目录学家、校勘家。著有《求古居宋本书目》《百宋一廛赋注》《百宋一廛书录》等。本书首有嘉庆二十三年(1818)自序，云以明嘉靖本为底本，参考蒋氏寿松堂所藏绍兴间集古堂董氏刻本等为之校勘，并出《校语》1卷。凡所改字，必注明以何本为定，字有可疑者则仍旧保留原貌，在校语中标出，将“死校法”和“活校法”熟练综合运用。纵观本书，精确之处甚多，不愧大家手笔。

考工记车制图解2卷　乾隆五十三年(1788)刻本；乾隆五十七年七录书馆刻本；《皇清经解》本。

清阮元撰。阮元有《诗书古训》，已著录。《考工记》原为单行之书，然《周礼·冬官》篇亡佚，后人便以《考工记》补阙。该书系详细记载古代手工业技术的官方专书，论述了车、削、矢、剑、钟、量、甲等多种器物的制作工艺。且记载车工尤多，然原文与郑玄注文均甚简略，加之年代久远，于后学理解实为不便，阮元精研车制，认为《考工记》注车制解释粗疏，唐以后学者解释时又专守传注，不贯通经义全文。该书订证牙围捎薮、轮绠车耳、阴轨辀深、任木衡轭等十余事，作轮解、辀解、革解、金解、推求车度次第等篇，并附轮、舆、辀三图，图文并茂，实有功于经解。阮元在该书跋语中云：“以此立法，实可闭门而造，驾而行之。”

周礼经注节抄7卷　清嘉庆十六年(1811)刻本。

清许珩撰。许珩有《周礼注疏献疑》，已著录。本书首有嘉庆十六年严荣序，后有凡例12条。正文以郑玄《注》、贾公彦《疏》为主，参考在此之后各儒的说法，并提出自己的看法。在选择取舍上十分精密审慎，并在音律上进行了考订，例如分辨府吏胥徒的有无，人数的多少，名称的差异等，都很有个人的看法。本书核实概括，学者读之，易于成诵，诸家之说，简而能明，经义贯通，音韵、释义一目了然，十分利于初学《周礼》者。

周礼古注集疏13卷　台北国民出版社1960年本；台北华世出版社1975年本；江苏古籍出版社1997年本。

清刘师培撰。刘师培(1884～1920)，字申叔，一字鲁江，号左庵。仪征人。晚清著名经学家。著有《左盦集》《左盦外集》《左盦诗录》《词录》等。本书以杜子春、郑众、郑兴、贾逵、马融说为主，旁采《左传》《战国策》《大戴礼记》《周书》等书，以证古仪，又参考孙诒让《周礼正义》，故于两汉古文师说，辨迹源流，咸有证据，堪称杰作。本书成后，曾交由黄侃作序付梓，但始终未刊，后宁武南氏假刘氏家中稿本刊印刘氏遗书，惜卷帙多佚失，原书14卷，仅存13卷。

古今五服考异8卷　《钝翁全集》本。

清汪琬撰。汪琬有《诗问》，已著录。本书汪氏自言礼服之学，自明代以来被人们视为凶事，故人们往往弃而不谈，然而士大夫在选择服制时，都各按己意，随意施行，没有定制，这有违圣人之言，因此作了本书。以《逸礼》为准，参考当时的法律条文和诸家学说，并附上个人见解，首为《仪礼》及明代《慈孝录》的“五服之制”；其次为《五服图》20幅，以最后的总跋文进行串联；再次则为“考异”33篇；最后以考说论辩或问40篇，援引诸多典籍，囊括古今，甚为详尽，但多有与郑玄、贾逵等人的注解相违背之处。书前有自序2篇及引用诸书的凡例3则，书后则有后序。

朝庙宫室考13卷　《四库全书》本；《聚学轩丛书》本；《皇清经解续编》本。

清任启运撰。任启运有《周易洗心》，已著录。本书李如圭《释宫》之外另分种类：门、观、朝、庙、寝、塾、宁、等威、名物、门大小广狭、明堂、方明、辟雍等13类，考据颇为详核。惟谓房东为东厢，西为西厢，颇为无据，《四库全书总目》已有所辨正。《仪礼》一经，久成绝学。任氏能够研究钩沉，贯通全书，使条理秩然，颇为不易。虽然中间有小小疵谬，而大致精核，由此观之，要亦不愧穷经之目。

仪礼管见3卷　清乾隆刻本；《粤雅堂丛书》本；清抄本。

清褚寅亮撰。褚寅亮(1715～1790)，宁搢升，

一字鹤侣。长洲人。著有《勾股广问》《公羊释例》《周礼公羊异义》《十三经笔记》等。本书书前有乾隆四十九年(1784)正月王鸣盛序,言郑学尤精于"三礼",然而《仪礼》却成为孤学,褚氏则分辨敖氏的失当之处,明确郑玄《注》的精妙。后有自序。卷1主要摘录敖氏妄改经文的部分,共计40余条,其次是宫室广修考、笙诗有声无词辩、拜下解、旅酬考等,都是褚氏本书的特有之处。本书卷上自《士冠礼》至《燕礼》,卷中自《大射》至《丧服》,卷下自《士丧礼》至《有司彻》。本书以彰显郑玄《注》,辩驳敖氏有误之处为主,于郑《注》发明之处甚多。后胡培翚的《仪礼正义》亦多引本书。

仪礼汉读考1卷 《经韵楼丛书》本;《皇清经解》本。

清段玉裁撰。段玉裁有《尚书古文撰异》,已著录。该书摘经文及注为纲,为之疏通证明,不专古今古文,如同《周礼汉读考》不专主故书。止于《士冠礼》,其余16篇未成。该书说不主于一家,亦不尽同公认之论。其认为《说文解字》多从古文,《小戴礼记》多从今文。如"质明行事",据《说文·日部》引"质"作"哲",谓"《戴记》多从今文,《礼器》《昏义》皆云'质明',则'质'今文,'哲'古文,郑不叠古文者略"。其推本家法,有为宋世荦、徐养原、胡承珙诸书所未及者。如"缺项"注,"缺"读如"有頍者弁"之"頍";"滕、薛名簂为頍",据《释名》"簂恢"条以证,谓"'簂''缺''頍'皆双声",并正江永及其师戴震如"缺项"如字之失,尤见不为苟同。其创通大义,有功于经学。

仪礼图6卷 清嘉庆十年(1805)刻本;《皇清经解续编》本;清同治九年(1870)刻本。

清张惠言撰。张惠言有《易纬略义》,已著录。本书兼采唐宋元明清诸儒之书,断以经注,首先是宫室图、衣服图,总领全书大纲,之后根据事件每一篇分别画图,或纵或横,或左或右,可按图索骥,分明了然。读《仪礼》必须首先明确古人的宫室之制,否则很多问题,如位置、陈列、揖让进退的礼节将会无从把握。阅读本书之后,对于人物礼节、宫室座席的方位以及各类礼器的陈列将会十分清晰。本书较之于杨复的《仪礼图》更为详明,十分利于读者学习。

仪礼石经校刊记4卷 清乾隆六十年(1795)刻本;《粤雅堂丛书》本;《文选楼丛书》本。

清阮元撰。阮元有《诗书古训》,已著录。本书取汉石经残字,参考《经典释文》、唐石经、《通典》、朱熹《仪礼经传通解》和李如圭、杨复、敖继公等人的注疏和明监本、清《仪礼义疏》《天禄琳琅书目》所载的宋元善本等,综合对比,博观约取,择善而从,胜于顾炎武、张尔岐、金曰追等人所著,是研究石经中所载《仪礼》文字不可或缺的书籍。

仪礼经注一隅1卷 《朱氏群书》本。

清朱骏声撰。朱骏声(1788~1858),字丰芑,号允倩,晚号石隐。元和人。嘉庆间举人,道光朝曾任安徽黟县训导,咸丰朝授国子监博士、扬州府学教授。少从父受《说文》,后师事钱大昕,学识渊博,《左传》《礼记》及天文历算,无所不通,尤精于文字音韵训诂之学。与段玉裁、王筠、桂馥并为"清代《说文》四大家"。著有《说文通训定声》《夏小正补传》《小尔雅约注》《春秋左传识》《离骚补注》《经传堂文集》等。本书书前有朱氏自序,称自己撰写本书是为了私塾授课。卷上自《士冠礼》至《大射礼》,卷下自《聘礼》至《有司》,而《觐礼》之后的4篇则是有目无文,篇次延续了经文之旧,但删节了大量的经文和郑玄《注》,只是为了易读易懂,训蒙便利,朱氏长于文字之学,本书在释读文字时有大量的发明,虽薄薄一册,亦颇有价值,适合初学者使用。

仪礼经传内编23卷外编5卷 《九经补注》本;《四库全书存目丛书》本。

清姜兆锡撰。姜兆锡有《周易本义述蕴》,已著录。本书《内编》首《嘉礼》,以《士冠礼》冠之,之后分别是《大夫冠礼》《昏礼》《饮食》《飨燕》《宾射》《贺庆》,然后是《军礼》《宾礼》《凶礼》《吉礼》。《外编》为《丧服本经》,又《补丧服》,又《采经》4篇,终之以《图考》。本书以《仪礼》为主,《仪礼》所未备,则采他书以补。类多因袭前人,发明最少。即如《大夫冠礼》,在古礼本无可据。此本但取《礼记》无大夫冠礼而有其昏礼。古者五十而后爵,何大夫冠礼之有?又引《国语》"赵文子冠"一段,以此为足以补大夫之冠礼。是欲以空言当实义。揆其著书之意,盖欲补正《仪礼经传通解》,然远不及原书。

礼经校释 22 卷　清光绪十八年(1892)刻本;清光绪三十四年刻本。

清曹元弼撰。曹元弼(1867～1953),字谷孙,又字师郑,一字懿斋,号叔彦,晚号复礼老人,又号新罗仙吏。吴县人。晚清民国时期著名学者、藏书家。著有《周易郑氏注笺释》《古文尚书郑氏注笺释》《复礼堂文集》《复礼堂述学诗》等。本书依《仪礼》篇目进行分卷,叙、凡例、目录皆附于卷末,后有《礼经纂疏序》,详言礼经源流,又有王大纶跋,略言曹氏治礼之经过及本书价值。本书称贾公彦《疏》沉实精博,多得郑《注》本意,但中唐之后,讹误多生,因此厘清文章上下,推理本意,正讹补脱上千处,使得贾公彦《疏》免于讹误。又称胡培翚《仪礼正义》体大思精,但仍有微瑕,因此列出其中有异于郑玄《注》的,推理缘由以订误。纵览全书,旁征博引,多有创见,可谓研究《仪礼》的一部力作。

礼议 2 卷　《求恕斋丛书》本。

清曹元弼撰。曹元弼有《礼经校释》,已著录。本书书首有刘承幹、劳乃宣、沈曾植三人为本书所作的序文。书分为上下两卷,卷上自礼书当列废礼新礼议到皇后庙见礼议,下卷自皇子亲王迎亲议上下到古无丁忧人员当差服议,文末附有 4 篇律议。曹氏参考先儒的说法,论说相关的礼制,如冠礼见母不见父,冠者承父命而冠等,都是不刊之论,然而书中仍旧有一些值得讨论的部分,需要在阅读中细细体会分辨,总体而言,本书仍是一部质量上乘的大家之作。

礼经学 7 卷　清宣统元年(1909)刻本。

清曹元弼撰。曹元弼有《礼经校释》,已著录。本书卷 1 为略例,自尊尊、亲亲、长长、贤贤、男女有别五大义例至《注疏》通例;卷 2 为要旨上、下,上卷《冠》《昏》各礼至《觐礼》,下卷《丧服》《丧礼》至《有司》,盖以发明总纲;卷 3 为图表,有《宫室图》《冠服图》《冕弁冠服表》《丧服表》等;卷 4 为会通,谓《易》《诗》《书》《春秋》《孝经》《论语》,其旨在礼,而《周礼》为纲,《礼记》为疏,郑玄等人注书以其他经典相证明,虽多举大义,但多不如此卷;卷 5 为解,分上、下,上卷自胡培翚《仪礼》非后人伪撰辨,至朝日祀方明朝诸侯先后辨,下卷自丧服变除考至不傧尸者旅酬无算爵辨;卷 6 为阙疑;卷 7 为流别,自礼经注解传述人至陈澧修礼诸说。曹氏精于此,博采群籍,于礼诸义及演变,所论甚详,发明良多。

礼经旧说 17 卷补遗 1 卷　台北国民出版社 1960 年本;台北华世出版社 1975 年本;江苏古籍出版社 1997 年本。

清刘师培撰。刘师培有《周礼古注集疏》,已著录。《仪礼》在郑玄前,两汉博士治者甚众,自郑《注》成后,旧说皆晦。宗郑者以其为今文而后随,言今文者诿于郑学,是以古义不明,师说废坠。刘氏本书,甄采古义,搜集佚失,自经传、《白虎通》《通典》以至唐宋以来类书,网罗殆尽,复下己意折中而疏通,虽语出转引,亦为之一一检校,期归于至当,于郑学之外,别开一路,可谓绝业。但本书非定稿,颇多脱佚。宁武南氏刊刻之时颇多补益,虽未完善,已粗具崖略。

礼记集说 160 卷　宋刻本;《通志堂经解》本;《四库全书》本。

宋卫湜撰。卫湜,字正叔,号栎斋,学者称栎斋先生。吴郡人。宋代经学家。本书始作于南宋开禧、嘉定间。《自序》言日编月削,几二十余载而后成。宝庆二年(1226)作者官武进令时,表上于朝,得擢直秘阁,后赵善湘为锓版于江东漕院。九年之后复加核订,定为此本。自作《前序》《后序》《跋尾》,述其始末甚为详细。盖首尾阅三十余载,故采摭群言,最为赅博,去取亦最为精审。自郑玄《注》而下,所取凡 144 家。其他书之涉于《礼记》者,所采录不在此数。今自郑《注》、孔《疏》而外,原书无一存。朱彝尊《经义考》采摭最为繁富,而不知其书与不知其人者,凡 49 家,皆赖本书以传,亦可云《礼》家之渊海。明初定制,乃以陈澔注立于学官,而卫注在若隐若现间。清代钦定《礼记义疏》,取于本书者特多,是非之公,久必论定。《后序》有云:“他人著书,惟恐不出于己。予之此编,惟恐不出于人。后有达者,毋袭此编所已言,没前人之善也。”即此一节,非惟其书可贵,其用心之厚,亦非诸家所及。

礼记集说辨疑 1 卷　明嘉靖华察刻本;《涉闻旧梓》本;《丛书集成初编》本。

明戴冠撰。戴冠,字章甫,自号濯缨。长洲人。

明代经学家。著有《濯缨亭笔记》《读史类聚》《气候杂解》《经学启蒙》《通鉴纲目集览精约》等。本书所论，分为《曲礼》3条，《檀弓》9条，《王制》3条，《曾子问》2条，《文王世子》1条，《礼器》1条，《郊特牲》1条，《内则》5条，《玉藻》2条，《大传》1条，《少仪》1条，《丧大记》2条，《祭义》1条，《表记》1条，《缁衣》1条，应是未完之书。嘉靖二十六年(1547)陆粲刊刻戴氏的《濯缨亭笔记》时，将本书附载于末。纂修《四库全书》时，馆臣将两书分开，将本书列入存目。本书较好地讨论了前人注解《礼记》时出现的问题，但卷帙颇少，内容不够深入，可作为阅读时的参考书目，不必详读。

礼记集注30卷 明万历三年(1575)刻本；明刻本；《四库全书存目丛书》本。

明徐师曾撰。徐师曾(1517～1580)，字伯鲁，号鲁庵。吴江人。著有《医家大法》《周易演义》《文体明辨》《大明文钞》《宦学见闻》《吴江县志》《湖上集》等。本书书前有隆庆六年(1572)及万历三年宋望之所作的序。全书认为元代陈澔所著的《礼记集说》未得义，因此别采先儒的旧说以为此注。于郑玄《注》、贾公彦《疏》间能体会，但批判经文的地方，不一而足。徐氏不多加考证《注》《疏》，而是单纯地执着于周代礼仪，这明显是未曾将“三礼”经义融会贯通，而只是随文生义，因本书中说法多有错误，不可不在阅读时细细分辨。清代朱彝尊在他所著的《经义考》一书中引明代黄虞稷的言论称：“徐氏《集注》删改陈澔《集说》，而参以自得，多所发明。”此评说相当中忤，读之可知所谓“发明”之处不过“自得”而已，实不足求证于经注。

礼记纂注30卷 稿本；1997年齐鲁书社本。

明汤道衡撰。汤道衡，字平子。丹阳人。著有《世经堂文集》《渡江草》《史谐史案》《礼记纂注》等。本书是汤道衡居忧之时采陈澔《礼记集说》与徐师曾《礼记集注》，撫拾两书所长，附以己所偶得而成，故命名为《礼记纂注》。本书和其先与父合著的《礼记新义》并不相同，且卷首标题并未命名为《新义》。然利瓦伊桢、胡士容二人为本书作序都以《礼记纂注》《礼记新义》为一书，大有谬误。朱彝尊作《经义考》，也仅录汤三才《礼记纂注》，未提及本书，可能也误以两者为一。本书集《云庄礼记集说》和《礼记集注》之大成，对后世研究《礼记》有很大帮助，可用来作《礼记》集注的参考，惜传世本稀少。

礼记章义10卷 清雍正十一年(1733)寅清楼刻本；清雍正刻本；《四库全书存目丛书》本。

清姜兆锡撰。姜兆锡有《周易本义述蕴》，已著录。本书大意，是说《礼记》由汉儒掇拾而成，章段繁碎，论说者往往误断误连，当分章以明其义，故题名曰“章义”。其说有本非一篇而牵合为篇者，如《经解》之“天子”以下，《聘义》之“问玉”之属；有简篇互错者，如《射义》篇首之“射必先燕”节，当是领起《燕义》《乡饮酒义》之总辞。但逐条讨论，时有所见。至于孔氏之不丧出母及降妇人而后行礼诸条，皆征引《仪礼》以驳前人之谬，亦间有考证。较之陈澔《礼记集说》，固为稍密，而大致循文推衍者多，疏略如是，而动辄排击前人所说，非治学良习。

礼记章句10卷 清乾隆三十八年(1773)清芬堂刻本；清光绪二十一年(1895)护荫堂刻本；《任氏遗书》本。

清任启运撰。任启运有《周易洗心》，已著录。本书前有《自序》，案《礼记》诸篇之分类，自刘向《别录》首肇其端。本书本于元吴澄作《三礼叙录》。然任氏之意，是以朱熹《经传通解》一书中丧、祭二礼续诸黄氏，其于《礼记》不为完书，因复变更先后，补其阙略，定为42篇。以《大学》《中庸》为首，《明伦》《敬身》《立政》次之，《五礼》《乐》《通论》又次之。移易章次，如《深衣篇》全附入《玉藻》内，而又取《少仪》之句以附。《服问篇》则全附入《小记》内。《檀弓》则分其半合诸《问丧》《三年问》《间传》《丧服四制》，而总谓之《丧义》。《郊特牲》则分其半入《礼器篇》内，而其半分入《冠》《昏》《祭义》。其余补附参合，或章或句，尚非一处。与刘向《别录》之以全篇分类者，大不相同，颇有新意，可为一观。

礼记训纂49卷 稿本；清道光二十二年(1842)刻本；浙江大学出版社2010年点校本。

清朱彬撰。朱彬(1753～1834)，字武曹，一字郁甫。宝应人。著有《经传考证》《游道堂诗文集》等。本书依照《礼记》原书次第，因《大学》《中庸》已被朱熹单独析出编入《四书》，故不再加以注释，于《大学》后附有朱熹所考订的篇章。全书以节取郑

玄《注》和孔颖达《正义》为主，旁采古今诸说，汉宋兼采，集众家之长，在训诂上有所根据，在义理上有所阐发。要言不烦，不失为严谨之作。总体而言，本书是一部简要的《礼记》注释书，便于初学。

王制里亩算法解 1 卷 《金陵丛刻》本；《丛书集成初编》本；《秋算汇编》本。

清谈泰撰。谈泰，字阶平，又字星符。上元人。清代数算学家。著有《测量周径正误》《观书杂识》等。本书首先指出《五经》之中，少有谈及算术之学的，只有《王制》篇中谈论里亩时提及，但郑玄、陈澔等见解皆不尽相同，梅瑴成《赤水遗珍》中，有《方田度里》一篇，正《王制》注疏之误，但所列不明言乘除之数，恐观者无从稽核，难明经义。故谈氏援引梅氏原文，逐句疏解，并用三率互视法相推，辨前人之误。明代之后懂算法之人日趋减少，本书不仅为研究算法指示门径，也是研究算法及经学的杰作。书后附有《仪礼义疏算法解》同是解《王制》里亩算法。

王制井田算法解 1 卷 《金陵丛刻》本；《丛书集成初编》本。

清谈泰撰。谈泰有《王制里亩算法解》，已著录。本书首解畿外八州建二百一十国之实数，次解天子畿内九十三国之实数，并以里数亩，十百千万，以次递升，位数参差，易失其序；又作里数表、亿大数表、十里方积表、七十里方积表、百里方积表、千里方积表附于后，初学者一览即明。后解畿外九州建国之法，亦颇详审。由此观之，《王制》所言建国之法，皆子虚数。本书解说并非完全准确，却是此类书籍的开山之作，不可多得。

夏小正考注 1 卷 清抄本；日本抄本；《经训堂丛书》本。

清毕沅撰。毕沅（1730～1797），字湘蘅，又字秋帆，号灵岩山人。太仓人。乾隆二十五年（1760）进士。历任陕西按察使、陕西巡抚、河南巡抚、湖广总督等。著有《释名疏证》《秦汉瓦当图》《灵岩山人文集》等。本书的经文部分选择用篆书书写，而传文则用楷书书写，书中所附释义，必然推求一字一句皆合于《说文解字》，自成一家之体。书前自序名言，认为原说可取，则必然要寻找证据以证明，偶然有个人的见解，也必然在各家经文之中求证，以此来合乎《大戴礼记》本旨。书中释义并非全部从于传文，多有考证，旁征博引，所释非精通小学的人不能为。但本书极似江声笔法，不知是否与题作毕沅所撰的《释名疏证》一般为江氏所作。

明堂阴阳夏小正经传考释 10 卷 清嘉庆十四年（1809）刻本；清光绪九年（1883）刻本。

清庄述祖撰。庄述祖有《尚书今古文考证》，已著录。本书卷 1 为《夏时明堂阴阳经》《大戴礼记·夏小正》经传考异，卷 2、卷 3 为《夏小正》说义，卷 4 至卷 9 为《夏小正》等例文句音义，卷 10 为《夏小正》等例子。荟萃古说，条理名畅，合校众本，疏通章句，使经文明白可读。发明最著莫过于以斗柄南门织女纪天行之不变，以参中火纪日度之差等，最为世人称服。书中虽有一部分失之于迂腐的部分，但瑕不掩瑜，仍是研究《大戴礼记》的上佳之作。

夏小正传校正 2 卷 《岱南阁丛书》本；《翠琅玕馆丛书》本。

清孙星衍撰。孙星衍有《周易集解》，已著录。本书书前有嘉庆三年（1798）孙氏自序，正文分上下卷，先列经文正字音义，后列傅崧卿本《夏小正传》并序，《玉海》本《夏小正》的经文。书中参考了宋以后可见到的诸多版本，并对各个版本进行对校，务求其实，注文相异之处则群列释义，又加以考订、校正，而多有创见。本书《清史稿·艺文志》载为 3 卷，但《续修四库全书总目提要》与《江苏艺文志·常州卷》皆载为 2 卷。

夏小正经传集解 4 卷 《士礼居黄氏丛书》本；《丛书集成初编》本；1985 年中华书局本。

清顾凤藻撰。顾凤藻（生卒年不详），字梧生，长洲人。该书以宋韩元吉所刻《大戴礼记》为主，其或舛误，则正以傅崧卿之本，集先儒故训及同时各家之说，博观约取，体例颇为谨严。前有道光辛巳（1821）夏文焘序，后有自序，正文先列所训辞章，下以双行小字附注文，或拟其音，或释其文，均深通小学之言。顾氏广搜诸家之注，用何平叔《论语》、范武子《穀梁》之例，名曰《集解》。所引注文各标姓氏，条目清晰，择善而从，其行文不失为经生家言，在《夏小正》中可推为善本。

夏时考6卷　无锡市图书馆藏清稿本；清光绪十一年(1885)刻本；首都图书馆藏清稿本。

清安吉撰。安吉，字汇占。无锡人。乾隆年间举人。著有《韵准》等。本书原分6卷，分别是读《夏小正》考订十二月之节候；读《尧典》考订四时；读《洪范》考订五行；读《豳风》考订寒暑往来；读《周易》考订阴阳消长；读《诗》《书》《春秋传》考订三正与闰月；读《尔雅·释天》《史记·天官书》，考订太岁岁星历十二辰；读《国语》，考订十二律，辨月令、《逸周书》月时训，考二十四气七十二候，辨《周官》《古文尚书》时不合三正。此仅刻第一卷《读夏小正》，谓《夏小正》之书，因时布政，知殷周皆因于夏礼，改月而不改时政，月令改其时政，是吕不韦为秦人制礼，非三代之礼。所陈述的诸般内义，都十分具有卓识，多发前人所未发。书前有阮元序。《清史稿·艺文志》载为5卷，《续修四库全书总目提要》录有嘉庆间刻1卷本。

夏小正补注4卷　《心斋十种》本。

清任兆麟撰。任兆麟，初名廷麟，字文田，号心斋。震泽籍，兴化人。任大椿族弟。太学生。嘉庆元年(1796)举孝廉方正，以侍养归。著有《毛诗通说》《春秋本义》《夏小正注》等。本书书首辑录序说，前有乾隆五十二年(1787)王鸣盛、张肇芋、江藩序。卢辩的《大戴礼记解诂》只有24篇有注文，其余的15篇却没有。北宋政和年间，傅崧卿又从兄长关浍处得到了一卷《夏小正》，并为之做了注文，本书模仿杜预注《春秋》，先列经文，再列传文。在此之后，诸儒的异解相当之多，而任氏参阅了前任的注解，拾残补缺，考订疑误，大作补注，疏通证明，在旧说有误之处多多补正，因此王氏、江氏颇有赞誉。《清史稿·艺文志》载为《夏小正补注》4卷，而《续修四库全书总目提要》载为《夏小正注》4卷。

三礼合纂28卷　《四库全书总目》存目著录江苏巡抚采进本。

明张怡撰。张怡(1604～1691)，初名鹿征，一名遗，字自怡，号瑶星，后更名怡，字薇庵，自号白云山人。江宁人。明诸生。著有《读易诗抄》《尚书策取》《四书汇通》《大学古本钞》《中庸通一解》《咨闻随笔续笔》《金陵私乘》等。本书大约成于康熙初年。大体仿《仪礼经传通解》，而次序稍有不同。首先列《通礼》，次列《祭礼》，次列《王朝之礼》，再次为《丧礼》。《通礼》部分以《大学》《中庸》为首，《大学》用王阳明批注古本，而不采用朱熹的改定本。《王朝之礼》用《周官》为首，以《仪礼》中的觐、聘、燕射诸礼仪为附，并认为"《周官》多操切富强之术，详于政而略于教，《仪礼》等周旋升降之节，仪则繁而礼则疏"等，都违背了古义。同时该书还对儒学以"三礼"为三经之说提出异议，因而被《四库全书总目》批评"如因是而斥《周官》，则大不可。且以《周礼》为有政无教，《仪礼》为仪繁礼疏，则尤不得先王因事寓训之旨。大抵其解出于郝敬，而又益以姚江之心学。凡先王大典，皆视为粗迹，无足怪也"。

弁服释例8卷　清嘉庆二年(1797)望贤家塾刻本；《皇清经解》本；《续修四库全书》本。

清任大椿撰。任大椿(1738～1789)，字幼植，一字子田，号芝田，扬州兴化人。幼植少工文辞，后专治经学，究心汉儒，长于治《礼》经，尤精通名物训诂，著有《深衣释例》《弁服释例》，辑有《字林考逸》《小学钩沉》等。

该书又称《经典弁服释例》，共八卷，释"三礼"弁服所用之例，将弁服按等次分为爵弁服、韦弁服、皮弁服、朝服、玄端五门，凡一百四十余事，211条。其中爵弁服、皮弁服及朝服各分为上、下两卷，韦弁服、玄端各一卷。每类先推原其用，次详其制度，次载其异名同实者，最后说明所配服饰制度。在体例方面，各类先列条目，次引注疏，后加按语解说，以换行空格的方式加以区分。广征博引，考证严谨，条理清晰，不失为清代进行上古服饰类名物训诂的高水平著作。阮元为此书作序云："综览经疏史志，发微订讹，灿然经纬毕著矣。"

佚礼扶微5卷　国家图书馆藏手稿本；上海图书馆藏手稿本；《南菁书院丛书》本。

清丁晏撰。丁晏有《周易解故》，已著录。本书以南宋王应麟《困学纪闻》所举逸礼篇目，博考群书，编纂而成，间附案语，为之疏通。首先列出佚失的经文，其次列出佚失的记文，再次列出佚失的注文，而后是附录和补遗。书前有作者在道光年间所撰写的自序。本书虽有疏漏，但补佚之功不可没，是少有的专门研究"三礼"之学中佚文的书籍。

礼乐通考 30 卷 清乾隆年间藜照轩刻本；《四库全书存目丛书》本。

清胡抡撰。胡抡，字应麟。武进人。清代经学家。本书中胡氏认为朱熹所撰的《仪礼经传通解》五礼杂糅，又不能各详始终本末，疑非朱子亲笔所作，故作本书。首以《通论》1 卷，次《吉礼》《凶礼》各 6 卷，次《宾礼》2 卷，次《军礼》1 卷，次《嘉礼》7 卷，而终以《乐制》7 卷。然其间杂引经史，丛脞少绪。且《仪礼经传通解》本朱子未竟之书，属黄幹续成，授受源流，灼然可证。胡氏想要窜改其书，而又担心随意篡改朱子文章引来非议，于是巧为之辞，称《通解》一书非朱子之亲笔。这是宋儒删改诸经，托言于汉儒窜乱的老办法。虽出尔反尔，足验好坏，但尤而效之，实则不必如此。

读礼通考 120 卷 清康熙三十五年(1696)刻本；《四库全书》本。

清徐乾学撰。徐乾学(1631～1694)，字原一、幼慧，号健庵、玉峰先生。昆山人。康熙九年(1670)探花，授翰林院编修，先后担任日讲起居注官、《明史》总裁官、侍讲学士、内阁学士，康熙二十六年，升左都御史、刑部尚书。有《澹园集》《碧山集》《舆地纪要》《传是楼书目》等，主持编修《明史》《大清一统志》等。本书是徐氏家居读《礼》时所辑而成，在他归田以后，又加订定，积 10 余年，三易稿而后成。对于《仪礼》中的《丧服》《士丧》《既夕》《士虞》等篇及大、小戴记，仿照朱熹的《仪礼经传通解》，兼采众说，剖析其义。对于历代典制，则一本正史，参考《通典》及《开元礼》《政和五礼新仪》诸书。全书分为 8 个部分：丧期、丧服、丧仪节、葬考、丧具、变礼、丧制、庙制。丧期历代异同则有表，丧服暨仪节、丧具则有图。条分缕析，颇为详备。徐氏的传是楼藏书甲于当时，而一时通经学古之士如阎若璩等亦多集其门，合众力而为，故博而有要，独过诸儒。乾学又欲并修吉、军、宾、嘉四礼，方事排纂而歿。然而本书网罗富有，后秦蕙田《五礼通考》即因其义例而成，古今言丧礼，大备于本书。

五礼通考 262 卷 《四库全书》本；台湾圣环图书出版社 1994 年本。

清秦蕙田撰。秦蕙田(1702～1764)，字树峰，号味经，卒谥文恭。金匮人。乾隆进士，授翰林院编修。曾任礼部侍郎，工部、刑部尚书，兼理国子监算学，充经筵讲官。少承家学，以经术笃行，知名海内。专力"三礼"之学。本书承徐乾学《读礼通考》而来，徐书惟详丧葬一门，而《周官·大宗伯》所列五礼之目，古经散亡，鲜能溯端竟委。惠田沿徐氏《通考》之体例，博及吉、凶、宾、军、嘉五礼，又分 75 类，网罗众说，汇为一书。把乐律附于吉礼中的宗庙制度之后，又把天文推步、勾股割园，立"观象授时"一目统之，把古今州国都邑、山川地名之事物，立"体国经野"一目统之，并载入嘉礼。此非五礼所属之内容，然周代六官总名曰"礼"，朱子《仪礼经传通解》于"学礼"载钟律诗乐，又欲取许慎《说文解字》序说及《九章算经》为"书数"篇而未成。本书杂取乐律、算法而附存，虽失之博杂，也为有所依据，故论者有称其能竟朱子未竟之志者。其考证经史，元元本本，具有经纬，体大思精，含括万有，实说礼之渊薮，五礼之类典。是礼学研究中不可多得的重要著作。

第五节 乐 类

乐说 2 卷 清嘉庆六年(1801)刻本；《味经斋遗书》本；《皇清经解》本。

清庄存与撰。庄存与有《毛诗说》，已著录。本书分上、下 2 卷，首举《宋史·燕乐志》七字谱配古律法，及毛氏《竟山乐录》配古律法，作者指其谬误，并载所定配十二律四清法，依合四乙上尺工凡五六乙上尺字，配黄钟讫应钟十二律，再上下推衍，得三十六声。云竽瑟皆具之，不尽用，唯用十六声。次为《成律和声论》等 8 篇，所论大抵拘泥于经籍，以为解释，作者本是今文经学大师，专求微言大义，于乐学本身并不专精。《续修四库全书总目提要》谓"若以经学视是书，则自有其不可没之价值焉"。此言不虚也。

燕乐考原 6 卷 《校礼堂全集》本；《粤雅堂丛书》本；《丛书集成初编》本。

清凌廷堪撰。凌廷堪(1755～1809)，字次仲，一字仲子。歙县籍，海州板浦场人。乾隆五十五年(1790)进士。晚年主讲宣城敬亭书院等。该书首卷为"总论"，根据历史上的音乐文献及明清俗乐宫

调资料，探索了燕乐二十八调的源流。卷2至卷5，分别论述燕乐宫、商、角、羽四宫各七种调式。卷6为“后论”，分论“燕乐二十八调”“字谱即五声二变”“述琴”“述笛”“宫调之辨不在起调毕曲”“徵调”“燕乐以夹钟为律本”“明人九宫十三调”“南北曲”“声不可配律”等专题。该书大旨是提出了燕乐以琵琶定调和燕乐为四宫七调之说。凌氏考证燕乐之原，出于龟兹琵琶，唯宫、商、角、羽四均，无徵声。其器以琵琶为主，而众音从之。该书对研究隋唐燕乐宫调体系有重要参考价值。

乐县考2卷　《艺海珠尘》本；《粤雅堂丛书》本；《江氏丛书》本。

清江藩撰。江藩有《周易述补》，已著录。乐县是指周代有关钟、磬乐器数量与设置方位的等级规定，《周礼·春官·小胥》：“正乐县之位：王宫县，诸侯轩县，卿大夫判县，士特县。”江氏本书，考订精详，卷上6篇：《钟磬二十八十六枚一虡说》《钟磬十六枚一虡之序》《七均八十四调表》《方响说》《匀锣说》《摩说》。卷下4篇：《乐县说》《歌钟二肆辩》《释鏄》《答问》。其末篇《答问》是为与其弟子钟葵嘉与其侄江懋钧有关乐县诸说的问答。江氏守郑注之旧，如《钟磬二十八十六枚一虡说》，谓十六者十二辰之外加四清声为十六，四清声者黄钟、大吕、太簇、夹钟之清声也，清声有六，用之者四，以姑、仲之半律太高，不能歌，所以不用。但自宋以降，说者多谓四清声非古制，不是当时所有。其他论说，也各有参差。然江氏精于乐理，又各制以图，详为区分，所考究非妄为高论者比也。

第六节　春秋类

春秋集传纂例10卷　《四库全书》本；《古经解汇函》本；《丛书集成初编》本。

唐陆淳撰。陆淳（？～806），字伯冲，号文通，后改名质。吴郡人。历任左拾遗、太常博士、信州刺史、台州刺史等职。师事啖助、赵匡，传其春秋学。主要著有《春秋集传纂例》《春秋集传辨疑》《春秋微旨》等，开宋儒疑经之风气。本书又称《春秋啖赵集传纂例》，共40篇，为作者阐发其师啖助、其友赵匡关于《春秋》经说之作，欲通过归纳《春秋》各种义例，来探寻所谓圣人褒贬之旨。首8篇为全书总义，考究《春秋》之宗旨，三传之得失，啖、赵论说之义例等。第九至第三十五篇掇拾《春秋》微旨，阐明义例，分公即位、告月视朔例、郊庙雩社例、婚姻例、崩薨卒葬例、盟会例、用兵例等。末5篇考核经传文字脱谬，并述人名、国名、地名，引啖、赵之说，怀疑《左传》非为左丘明所作，而是孔子再传弟子广集诸国之史而成。《四库全书总目》称其“盖舍传求经，实导宋人之先路，生臆断之弊，其过不可掩；破附会之失，其功不可没也”。

春秋集传辨疑10卷　《四库全书》本；《古经解汇函》本；《丛书集成初编》本。

唐陆淳撰。陆淳有《春秋集传纂例》，已著录。本书与《春秋集传纂例》可相参详。《春秋集传纂例》阐发啖助、赵匡关于《春秋》经说，总其大意。本书罗列经传不入《纂例》者，复列啖助、赵匡对“三传”讲解的批评，逐句辩驳，“一字一句而诘之”，故曰“辨疑”，冠以凡例一篇。所述赵说为多，啖说次之，又间以陆淳按断，常有确凿中肯之论，亦不免有意求疵，过于疑古之处，如郑伯克段传，啖氏谓“郑伯必不囚母”，陆氏以为臆断。《四库全书总目》评价“自是书与《微旨》出，抵隙蹈瑕，往往中其窾会。虽瑕瑜互见，要其精核之处，实有汉以来诸儒未发者，固与凿空杜撰，横生枝节者异矣”。

春秋微旨3卷　《四库全书》本；《学津讨原》本；《古经解汇函》本。

唐陆淳撰。陆淳有《春秋集传纂例》，已著录。本书又称《春秋集传微旨》，力图发明《春秋》经传隐微之旨，故名“微旨”。其体例先标经文，次列“三传”之文，以见三者解经异同，末或列以啖助、赵匡之说，或标其师之议，以断“三传”之是非，并申以己意。其标“闻之师曰”之论，时见胜义。《四库全书总目》以为陆淳自撰，而必称师说者，为“不忘本”。由于啖助的《春秋统例》已经亡佚，所以通过《春秋微旨》可见其开创了一种更加简便的解经模式，以通经为意，间取“三传”，合而为一，注重以“凡例”来解释《春秋》经文的意义。不拘泥于今文学派，也不囿于古文学派，兼重义理和考据，采取了一种比较通达与科学的研究态度。

春秋权衡 17 卷 《通志堂经解》本;《公是遗书》本;《四库全书》本。

北宋刘敞撰。刘敞(1019～1068),字原父,世称公是先生。临江新喻人。北宋前期著名经学家。累迁知制诰,拜翰林学士、改集贤院学士,判南京御史台。长于《春秋》学,不拘于传注,著有《春秋权衡》《七经小传》《公是集》等,另与其弟刘攽、其子刘奉世合著《汉书标注》。权衡本指秤,引申为衡量,本书旨在评议与权衡"《春秋》三传"得失,以建立一个公平的标准,使"童子不欺""市人不惑",故名《春秋权衡》。本书前 7 卷论《左传》及杜预注得失,卷 8 至卷 13 论《公羊传》,驳《公羊传》与何休注,最后 4 卷论《穀梁传》,批《穀梁传》和范宁之说。作者"不惑传注",在自身积累的深厚经学知识基础上,以较为理性、成熟的态度看待《春秋》经传,是宋学博学与善疑精神的典型代表。本书对"三传"都有批评,又都有所吸收,不乏合理之论和独到之见,但也自逞臆说,强词夺理者不在少数。朱彝尊《春秋权衡序》称其"凡'三传'有害于义者,旁引曲证,必权其轻重而别其非,是以待读者之自悟,可谓善学《春秋》者也"。

春秋经解 15 卷 《通志堂经解》本;《四库全书》本;《丛书集成初编》本。

北宋孙觉撰。孙觉(1028～1090),字莘老。高邮人。北宋皇祐进士,神宗时擢右正言,历知谏院、同修起居注、知审官院。哲宗即位,兼侍讲,迁右谏议大夫,御史中丞。主要著有《春秋经解》《孙莘老先生奏议事略》等。作者认为"《春秋》三传"中《穀梁传》义理最精,故本书以《穀梁传》为本,论是非褒贬,亦杂取《左传》《公羊传》及历代诸名儒之说,择善而从,遇前人所未论及,则或以其师胡瑗之说予以详解,或下以己意,《四库全书总目》称其"大旨以抑霸尊王为主"。本书瑕瑜互见,平正中肯者有之,讲求证据确凿和立论充足,对不同的义例作出统计与总结概括,进而解经,并提出的新的义例、标准。但迂怪不经者也不少,逞臆发挥,借解经阐发作者的政治思想,解一条经文,犹如作一篇政治论文,例如解"公子益师卒",大谈天子诸侯的求贤之道、遇臣之礼;解"郑人伐王"四字,畅论《春秋》争霸战争之是非,洋洋数百字,甚至上千字。

春秋传 20 卷 《通志堂经解》本;《四库全书》本。

宋叶梦得撰。叶梦得(1077～1148),字少蕴。吴县人。绍圣进士,累迁翰林学士、尚书左丞、江东安抚制置大使等,后隐居湖州卞山石林谷,号石林居士。著有《春秋考》《春秋传》《春秋三传谳》《石林燕语》《石林诗话》《建康集》等。本书又称《叶氏春秋传》,系通释《春秋》之作。其序言谓"三传"解经,《左氏》传事不传义,是以详于史,《公羊》《穀梁》传义不传事,是以详于经,皆偏颇不切。故本书考"三传"以求经旨,不得于事则考于义,不得于义则考于事,兼参古之礼制典章及经文本身,更相发明。其形式亦较新颖,先出结论,后标"叶子曰"详加分析考证。《四库全书总目》称其"颇为精核",对前儒旧说多所匡正,对北宋时期诸儒有关《春秋》学著述进行了一次全面的评价,旨在求合于《春秋》之法。作者重视"事"与"意"在解释经义中的作用,但也指出各自的局限,主张两者相互为用,互为补充,但书中也有些不甚高明的见解,分析考证亦有牵强之处。

春秋三传谳 30 卷 《四库全书》本。

北宋叶梦得撰。本书原为 30 卷,作者自记共 1220 条,已散佚,今本为四库馆臣从《永乐大典》及程端学《春秋辨疑》中辑出,缺失 239 条,存 22 卷。本书承啖助、孙复之余波,主张信经不信传,故专抨击"三传"之疏误,兼驳杜预、何休、范宁三家注。分为《左传谳》10 卷,《公羊谳》《穀梁谳》各 6 卷。本书分条驳诘,先列经文,次列传文,后列己论。其批评所据或经文,或旧典制,或推理。《四库全书总目》称"虽辨博自喜,往往有澜翻过甚之病。于经旨或合或离,不能一一精确。……惟古引《春秋》以决狱,不云以决狱之法治《春秋》,书名以《谳》,于义既为未允,且左氏、公羊、穀梁皆前代经师,功存典籍,而加以推鞫之目,于名尤属未安,是则宋代诸人藐视先儒之锢习,不可以为训者耳",对作者片面否定《春秋》三传的做法提出了批评。

春秋考 30 卷 《四库全书》本;《丛书集成初编》本。

北宋叶梦得撰。本书原为 30 卷,已散佚,今本为四库馆臣从《永乐大典》及程端学《春秋辨疑》中辑出,尚可得原书十分之八九,存 16 卷。本书前 3

卷为总论，内容较杂，大抵在于发明《春秋》笔法深微用意与排诋“三传”之谬误。后13卷按鲁十二公顺序，逐条诠释经文，但不抄录经文，每条后多指陈“三传”之失，偶亦有肯定其是者。所论多据周典章制度以为断，以求合于《春秋》之法。本书辨博纵横，语有本原，陈振孙《直斋书录解题》称其“辨定考究，无不精详”，其病在于炫博而杂、时有穿凿。作者关于《春秋》学观点并存于《春秋考》《春秋传》《春秋三传谳》三书中，宜将三书并览，方见其全貌。

春秋王霸列国世纪编3卷　《通志堂经解》本；《四库全书》本。

南宋李琪撰。李琪，字开伯，号竹湖。吴郡人。宋宁宗庆元二年（1196）进士，官国子司业。本书以诸国为纲，以《春秋》所载事迹类编为目，前冠序，后附论断。第一卷为《王朝及霸国》，依次讲述了齐、晋、宋等国的王位接替和王朝盛衰，以及霸国黜秦穆公、楚庄王而存下来了宋襄公。第二卷为周同姓之国。第三卷为周异姓之国。本书所论，皆有目的，为文之意在于鉴戒。如议晋文公借秦抗楚，晋悼公结吴困楚，实则为徽宗时之通金灭辽而言。讥讽纪侯邻于仇敌而不能自强，则显然为高宗不事北伐复国而专事和议而言。作者通篇均属借《春秋》以寓时事，大体与胡安国《春秋传》同。并且作者思想亦与胡氏一致，既有强烈的爱国意识，于口头高喊要讨伐金人，但在另一方面，却又害怕战争，讨厌战争。因此本书是宋儒挟带现实问题去发挥《春秋》微言大义的最典型著作，对后人研究南宋诸儒的心态，参证价值尤高。

春秋谳义12卷　明末抄本；《四库全书》本。

元王元杰撰。王元杰，字子英。吴江人。元代经学家。至正年间领乡荐，终生不仕，教授乡里以终。本书搜辑宋代程颐、朱熹、胡安国三家关于《春秋》的解说，分别把它们列于经文之下，并加以评议，“谳”即评判之义，因此其书名《春秋谳义》。另一方面，本书对朱熹之说无一字异义，有时甚至全录朱熹一篇之文，一字不改。如于“隐公四年州吁”条下，备录朱熹《邶风·击鼓篇》之说。于《春秋》书法无关，也推崇其说，不改一字。《四库全书总目》批评“墨守前说，一字不敢芟削，实难免重佁之诮云”，“其谨守旧文，尚差胜无师瞽说”。

春秋钩玄4卷　明初刻本；《四库全书》本。

明石光霁撰。石光霁，字仲濂。泰州人。师从名儒张以宁，洪武年间，以明经举，授国子学正，进博士。本书大旨本张大亨《春秋五礼例宗》和吴澄《春秋纂言总例》，以属辞比事的方法研究《春秋》书法，以《春秋》书法分属五礼。凡失礼者则书之以示褒贬。本书据《周礼》经注，详录吉、凶、军、宾、嘉五礼条目，至于五礼之外的内容如年月日时、名称爵号之类，就另外用杂书法以冠于首。每条书法之下，采集诸传文字，以切要者为纲，发挥义理者为目。主要以《左传》《公羊传》《榖梁传》、胡安国《传》、张以宁《春秋胡传辨疑》及《春王正月考》等为主。有不详尽的地方，也不时会采用啖助、赵匡诸儒之说，而以己意将其折衷。前有序文一篇，无撰人名氏，言“啖、赵之《纂例》，详于《经》而略于《传》；《纂疏》《会通》之书，备于《传》而略于《经》。兹能损益其所未备”，其称许颇当。

春秋胡氏传辨疑2卷　明嘉靖四十二年（1563）陆延枝刻本；《四库全书》本；《指海》本。

明陆粲撰。陆粲有《左氏春秋镌》，已著录。本书为专纠胡安国《春秋传》繁文曲说之弊而作。作者《自序》谓胡安国传《春秋》“或失于过求，词不厌烦而圣人之意愈晦，故此以辨论之”。本书只60余条，大旨主于信经而不信所谓例，体例则先列经文，再列胡安国《传》，而以己说纠正于后。如认为《春秋》始于隐公，取欧阳修“远而难不修”之说，以驳胡安国“罪平王”之说；“遂以夫人妇姜至自齐”一条，认为声姜、敬嬴、穆姜皆称妇，以文、宣、成皆有母称妇，以别于君母；以纠胡《传》贬称“妇以见恶”之说。所指责皆中症结。在明代笃信胡安国《春秋传》的风气下，本书是最先明确驳正胡《传》的著作之一。

左传附注5卷　明嘉靖间刻本；《四库全书》本。

明陆粲撰。陆粲有《左氏春秋镌》，已著录。本书前3卷驳正杜预《春秋经传集解》，第四卷驳正孔颖达《春秋左传正义》，第五卷驳正陆德明《经典释文》中关于《左传》的音义。本书广采明代以前诸儒之说，间断以己意，对杜注批驳有得有失，于训诂家颇为有裨。明代《春秋》学继承宋元之绪余，重舍传求经，专治《左传》者相对较少，再加上明人治学空

疏，故其著作能为后世所重者更是凤毛麟角。顾炎武《日知录》于“驳正左传注”后言“凡是邵(宝)、陆(粲)、傅(逊)三先生所已辨者不录”，可见本书在明代《左传》学中的地位。

春秋国华 17 卷　明万历三年(1575)活字印本；《四库全书存目丛书》本。

明严讷撰。严讷(1511～1584)，字敏卿，号养斋。常熟人。明嘉靖二十年(1541)进士，授翰林编修，官至礼部尚书、吏部尚书、武英殿大学士。谥号文靖。主要著有《严文靖公集》《春秋国华》等。本书以《春秋》所书周及列国之事，分国系之，而仍以鲁之十二公的年代编排，又旁采“三传”内容附于经下，也间及《国语》《史记》等书。作者外甥陈瓒《序》称作者“请沐三月而成是书”，旁搜互考，稽古准今，条分缕析，巨细毕举，此说未免夸饰。《四库全书总目》入“春秋类”存目，称本书“潦草编排，取盈卷帙，宜但抄录旧文，无所发明考证矣”，可谓中肯允当。

春秋事义全考 16 卷　明万历十年(1582)刘怀恕序刊本；《四库全书》本。

明姜宝撰。姜宝(1514～1593)，字廷善，号凤阿。丹阳人。嘉靖间进士，官至礼部尚书。主要著有《周易传义补疑》《春秋事义全考》《四书解略》等。本书大旨虽然以胡安国《传》为本，但也颇有参考自己的想法。胡《传》于襄公、昭公以下多有缺失，本书多有补充。对《春秋》地名，以今证古，虽然间有考订，但和各家说法大同小异。向来申说《春秋》者以笔削褒贬为例，所以像“王不称天”“公不书即位”之类，都说是孔子有意贬低，是褒讥之法，且将上施于君父。作者否定此说，认为并非圣人之意，为宋以来所未有之论，可谓阐述笔削之旨，尤为大义炳然。虽然本书颇近科举之学，但也无伤宏旨，实非啖助、赵匡以来所能企及的。

春秋辑传 13 卷宗旨 1 卷凡例 2 卷　明万历四十七年(1619)刻本；《四库全书》本。

明王樵撰。王樵有《周易私录》，已著录。本书辑各家《春秋》传注，附以作者论断而成。所辑之传除《左传》《公羊传》《穀梁传》外，还有胡安国《传》、杜预《左传集解》等。作者自己的解说则加“按”字以区别，大体以朱熹为宗。《宗旨》共 4 篇，包括附论 1 篇。凡例则比类推求，不涉迂怪附会，比同时说《春秋》者更为简明笃实。明人说《春秋》大抵以胡安国《传》为主，以科举为目的。本书在当时尚属写实之作。《四库全书总目》评本书“未免或失之冗，然大旨犹为醇正”。

春秋孔义 12 卷　明崇祯十三年(1640)刻本；《高子全书》本；《四库全书》本。

明高攀龙撰。高攀龙有《周易易简说》，已著录。本书力主以经解经，摒除臆说。其说参引左氏、公羊、穀梁、胡安国四家之传，不作考证，也无所穿凿，凡无经有传者不敢信，有经无传者不敢疑，故名曰“孔义”，明其说为孔子之义，而非诸儒之臆说。虽偶引旧说，亦不出于四传之外。《四库全书总目》评价：“虽持论稍拘，较之破碎缴绕、横生异议，犹说经之谨严者矣。”

春秋衡库 30 卷附录 3 卷备录 1 卷　明天启五年(1625)自刻本；《四库全书存目丛书》本；2007 年凤凰出版社《冯梦龙全集》点校本。

明冯梦龙撰。冯梦龙(1574～1646)，字犹龙，一字耳犹、子犹，号龙子犹、姑苏词奴、顾曲散人等。长洲人。才情跌宕，博览群书，工于经学，尤擅传奇小说、音乐戏曲，为我国古代通俗小说大家及刻书家。著有《春秋衡库》《麟经指月》《墨憨斋定本传奇》《喻世明言》(又名《古今小说》)、《警世通言》《醒世恒言》等。本书有李长庚序和作者《发凡》10 则，说明了本书编纂的原则、宗旨和方法。附录为《列国始末》《各传序略》和《两周事考》。本书编纂目的是“以功令为主”，即为科举而作，以胡安国《春秋传》为主，并杂引各说加以发明，又列春秋前事、后事，对经所未书，传所未尽者，原其始末。本书对《左传》《国语》《公羊传》《穀梁传》加以按断，载于胡《传》之前，广辑百家之说，采其切中情理、不涉穿凿附会者，定为正注。作者门人周应华对题目的解释是：“衡喻精审，库喻广储。储之广，审之精，神而明之，在君一心，故以天子之礼当之。而《春秋》，天子之事也，百王之法度，万世之准绳，衡之库之，于是乎在。”缺点是有些内容过于杂沓和琐碎。

麟旨定 12 卷　明崇祯四年(1631)刻本；《四库全书存目丛书》本。

明陈于鼎撰。陈于鼎(1601～1662),字尔新,号实庵,又号啸斋,别号南山逸史。宜兴人。陈一教次子。崇祯元年(1628)戊辰进士,选翰林院庶吉士,授编修。后降清,任弘文馆编修。著有《麟旨定》,批点古本《西厢记》等。本书小引解释书名云:"麟者,圣王之瑞也。旨者,脂也。枯者可腴,苦者可甘。太子诸王俱好之左氏,不得与分半席,记事编年之书不如断章取义,如利刃截物,了然于目,快然于心也。"本书先拟一题,然后对题目略作说明,多承袭旧说,新意不多。《四库全书总目》列入存目类,对本书评价不高,谓"以'麟'字代'春秋'字,命名已陋。但又标拟题,各以一破题为式,而略为诠释于下。即在举业之中亦为下乘矣"。

春秋三书31卷 明末清初刻本;《四库全书存目丛书》本。

明张溥撰。张溥有《诗经注疏大全合纂》,已著录。本书分为三编,第一编为《春秋列国论》,计24卷;第二编为《春秋四传断》,计6卷;第三编为《春秋书法解》,计1卷。本书未完而作者卒,张采为之补缀而刊行。由张采所撰《例言》中可知,他将《春秋四传断》所未完之僖公、文公、襄公条补续。其中《书法解》篇目杂多,然仅仅写成一则。本书中采摭繁富,但奥义无多,无甚新意。《四库全书总目》列入存目类,谓本书"别无奥义,采等以交游之故,为掇拾补缀而刊之,实不足以为溥重也"。

左传杜解补正3卷 《亭林遗书》本;《借月山房汇钞》本;2011年上海古籍出版社点校《顾炎武全集》本。

清顾炎武撰。顾炎武有《诗本音》,已著录。《四库全书总目》云:"是书以杜预《左传集解》时有阙失,贾逵、服虔之注,乐逊之《春秋序义》今又不传,于是博稽载籍,作为本书。"就体例而言,是书按鲁十二公分年编次,首取《左传》原文和杜注,后针对要点阐发或补充作者观点,博征《国语》《尔雅》《吕览》《楚辞》《说文解字》《孔子家语》《水经注》以及郑玄、王肃之说和石经资料等,间以按核地理实情,展开考证。能不囿于门户之见,兼采众长,持之有故,超越前人如孔颖达《五经正义》偏信偏取之情状。本书重在补杜注未备,并改正杜注之失,所补居多,所正较少。顾炎武作为清初学术开山之祖,这种既补又正的方法,后为清儒研究《左传》所沿用。

三传折诸44卷 《四库全书》本。

清张尚瑗撰。张尚瑗,字宏蘧,一字损持。吴江人。康熙二十七年(1688)进士,师从朱鹤龄。著有《三传折诸》《石里文稿》《石里诗集》等。本书分为《左传》30卷,《公羊传》《穀梁传》各7卷。书名取自扬雄《法言·吾子》"众言淆乱则折诸圣",意在探求孔子作《春秋》的本意。卷首有作者所撰数十篇考证、研究性的文字,篇名有《郊禘考》《五岳考》《涂山会诸侯考》《地名同》《名谥同》等。正文部分在诠释之余大量联系春秋以后的历代史事,广征博引,考证极详。但有的考辨又太繁杂,引证不当。《四库全书总目》评本书:"取材既广,储蓄遂宏,先儒训诂之遗,经师授受之奥,微言大义,亦多错见于其中。所谓披沙简金,往往见宝,固未可以其糠粃遂尽弃其精英。……尚瑗是书,虽未能刊削浮文,颇乖体要,而搜罗荟萃,犹为摭实之言。过而存之,视虚谈褒贬者固胜之远矣。"

春秋疑义2卷 《潢川吴氏经学丛书》本;《四库全书存目丛书》本。

清华学泉撰。华学泉(1644～1719),字天沐,号霞峰。无锡人。曾教其外甥顾栋高习经。主要著有《读易偶存》《仪礼丧服考》《春秋类考》等。作者曾将《春秋》记载的大事分为88门,依照类别排比,每事之下有诸家注解,偶尔抒发自己的观点,思想大抵倾向于宋儒,尤其是主于胡安国《春秋传》,撰成《春秋类考》。而本书专门讨论《类考》所未备之义,集汉宋以来诸儒之说,参以按断,多有平允之义,深得孔子之旨,然亦有不必要疑虑而疑虑的地方。其外甥顾栋高撰《春秋大事表》,体例也略仿本书,受其影响颇深。

春秋地名考略14卷 清康熙二十七年(1688)高氏清吟堂刻本;《四库全书》本。

清高士奇撰。高士奇(1645～1704),字澹人,号竹窗,又号江村。钱塘(今浙江杭州)人。以诸生供奉内廷,康熙十五年升为内阁中书,官至詹事府少詹事兼翰林院侍读学士。晚年又特授詹事府詹事、礼部侍郎。卒后追谥文恪。著有《左传纪事本

末》《春秋地名考略》《左传姓名同异考》《清吟堂全集》等。本书以《春秋》经传地名分国编排，自周、鲁、齐、晋以迄小邾、北燕为12卷，诸小国2卷。先列国都，此及诸邑。每一地名下，先列经传之文及杜注，复博引诸书，考其异同，详其源起，述其兴衰，一展卷而知当日之某地某名即清初之某名某处。本书考证精核，眉目清晰，然亦有贪多炫博，过求详备而失之于琐碎庞杂处。如“鲁庄公筑台临党氏”，遂因之立“党氏台”一条，殊与地理之类无关，此所谓形质相异者。又如“晋以先茅之县赏胥臣”，遂因之立“先茅之县”一条，既不能指为何地，但称犹云苏总生之田，则又悖于地名考之旨。是为欲求详备而忘忽地名考之大旨所失者。

春秋长历10卷　《四库全书》本；《皇清经解续编》本；《丛书集成初编》本。

清陈厚耀撰。陈厚耀（1648～1722），字泗源，号曙峰，泰州人。康熙进士。官苏州府教授。通晓经史，精天文历算，著有《春秋长历》《春秋世族谱》《春秋世次图》等。该书补西晋杜预《长历》为《补春秋长历》，原本不分卷帙，后人厘为10卷。分为四大部分：一为历证。备引汉至元代诸史、《左传注疏》《春秋属辞》《天元历理》《历法新书》诸说，以证推步异同，多有创获。如引《春秋属辞》载杜预论“日月差谬”一条，为《注疏》所无。又如引《大衍历义》“春秋历考”一条，为《唐志》所未载，尤为珍宝。二为古历。以古法19年为一章。一章之首，推合周历正月朔日冬至。前列算法，后以春秋十二公纪年。横列为四章，纵列十二公，积而成表，以求历元。三为历编。举春秋242年，一一推算其朔闰、月的大小，而以经传、干支佐证。主要是述杜预之说，而予以考辨。四为历存。以古历推隐公元年正月庚戌朔，而非杜预《长历》所谓辛巳朔。该书明于历法，推算较杜预严密，并矫正其疏误，是研究《春秋》重要的参考书。

春秋世族谱2卷　清雍正三年（1725）陈氏刻本；《四库全书》本；清光绪二十五年（1899）两湖书院正学堂刻本。

清陈厚耀撰。陈厚耀有《春秋长历》，已著录。杜预《春秋释例》中原有《世族谱》一篇，宋以来亡佚，仅孔颖达《春秋左传正义》内有少量存载。作者据《春秋左传正义》而广采他籍，纂成本书，按周、鲁、晋、卫、郑、齐、宋、楚、秦、陈、蔡、曹、莒、杞、滕、许、邾、吴、越诸国次序排列，末附小诸侯。各国首列君王世系，次列王子、公子世系，末附以卿大夫世系。有的偶见经传，世系无可考的，如周的凡伯、南季，鲁的众仲、秦子一类，则以《杂姓氏名号》统括，附于卿大夫世系之后。书中对经传所载人称、官爵、字等皆悉采无遗，极为赅洽，考核精详。其后顾栋高《春秋大事表》中有《世系表》2卷，可与本书相发明。对于研读《春秋》及“三传”有关世系诸问题，本书大有裨益。

春秋宗朱辨义12卷首1卷　《四库全书》本。

清张自超撰。张自超（1654～1718），字彝叹，一字沧溪。高淳人。主要著有《春秋宗朱辨义》《沧溪诗集》等。本书卷首有《总论》12条，每条确立一个主题，以朱熹“据事直书”作为准则，对前人的见解进行评说，并提出自己的意见，不为隐深阻晦之说，颇得《春秋》“比事属辞”之旨。本书所论皆据经文前后，参考以求其义，不可知者则阙而不论，辨诸儒是非异同之说，所解多矫前人之误，发明《春秋》之义。《四库全书总目》称本书“虽以宗朱为名，而参求经传，务求心得，实非南宋以来穿凿附会之说。后方苞作《春秋通论》，多取材本书。近时解《春秋》者，焦袁熹《春秋阙如编》外，此亦其亚矣”。当然，本书只是宗朱，探求《春秋》深意，作者并不具备对儒学和孔子思想的批判精神以及对时代和国家前途命运的关心和思考，故仍未摆脱传统经学研究的范畴，有一定的思想局限性。

春秋事义慎考14卷　清乾隆八年（1743）姜氏寅清楼刻本；《四库丛书存目丛书》本。

清姜兆锡撰。姜兆锡有《周易本义述蕴》，已著录。本书分为上、中、下三考，共12卷，又附以《考前》《考后》各1卷，主旨在考证《春秋》事类，分析修辞表义手法。《考上》分纪时、系名，凡2考。《考中》分正位、大婚、丧纪、祀典、赋税、工役、军旅、搜狩、刑法等23考。《考下》分“事词通义”“事同书异”“书同文异”“释文明义”“隐文存义”等十一考。《考前》分“圣经本末”“列传本末”“王侯邦国”“王侯世系”等七考。《考后》仅传有经无一考。本书遵奉宋胡安国《春秋传》，而胡《传》曲解经义，多有抵牾，

本书复从而割裂分配，更显繁琐而失当。

春秋说15卷 清乾隆十四年(1749)刻本；《四库全书》本；《皇清经解》本。

清惠士奇撰。惠士奇有《易说》，已著录。本书又称《半农春秋说》《半农先生春秋说》，考辨《春秋》礼制、史情、书法等，以礼为纲领，将《春秋》所记之事以类相从，取"三传"附于后，偶尔也采《史记》等书相证。言事实多取材《左传》，而论断多用《公羊传》《穀梁传》。每一礼的条目下，多附辨诸儒之说，时加驳正，又以己意为总论。其意多出自宋张大亨《春秋五礼列宗》、沈棐《春秋比事》，虽不免有拘泥窒塞之处，但大抵言必有据，论必持平，精审胜于二家。书中过于尊信汉儒，物而不化，如灾异之类，反复辨诘，申述董仲舒《春秋阴阳》，刘向、刘歆《洪范五行》之说，是本书不足之处。

春秋大事表50卷 《四库全书》本；《皇清经解续编》本；1993年中华书局点校本。

清顾栋高撰。顾栋高有《尚书质疑》，已著录。本书以春秋列国大事，比而为表，故名，并附《舆图》1卷，《附录》1卷。本书有叙、说、论、辨131篇，并分时令、朔闰、《长历》拾遗、疆域、列国地理、都邑、山川、险要、官制、姓氏、世系、刑赏、田赋、人物、列女等目，凡40类，可谓门类齐全，表谱众多，规模宏大。每表前有叙论，后多有余论，一一说明，条理明晰，考证精确，多发前人所未发，颇具史料价值。《舆图》则用红字、黑字分别古今地名；《附录》为各表的序，及表中所未及，并辨订旧说之误，是研治《左传》及春秋时代历史的重要参考书。

春秋识小录9卷 《四库全书》本；《金陵丛书》本；《丛书集成初编》本。

清程廷祚撰。程廷祚有《易通》，已著录。本书包括《春秋职官考略》《春秋地名辨异》《左传人名辨异》各3卷。其考官职，首为数国共有之官，次考一国独有之官，皆分类排纂，凡是和《周礼》所载有异同者的一一根据杜预注和孔颖达疏进行辨证，颇为精核。末附《晋军政始末表》，叙晋军八变之制，而详列其将佐之名，又以御戎、戎右附表于后。其考地名，首考地同而名异者，次考地异而名同者。末为《〈晋书·地理志〉证今》一篇，因杜预解《春秋》《左传》，地名悉注晋代郡县，故作此篇证以今地之所在。其辨人名，各分国别，自一人二名至一人八名者，皆汇例而分注，并标出始见于经、传何年。本书虽以"小"命篇，实于研究春秋历史裨益匪小。

春秋正辞11卷附春秋举例1卷春秋要旨1卷 清嘉庆六年(1801)刻本；《味经斋遗书》本；《皇清经解》本。

清庄存与撰。庄存与有《毛诗说》，已著录。本书主要以经传相核，对《春秋》之大义予以究辨，其间多微言大义。凡"正奉天辞"第一，"正天子辞"第二，"正内辞"第三，"正二伯辞"第四，"正诸夏辞"第五，"正外辞"第六，"正禁暴辞"第七，"正诛乱辞"第八，"正传疑辞"第九。一篇一卷，唯"正内辞"为3卷，"正传疑辞"只阙文一则。每篇皆详论于前，然后别分子目，举经文为纲，纲下各为小论。大旨本《公羊传》及何邵公注，兼资二传，通会群儒。虽伪《古文尚书》亦不废弃。末2卷为《春秋》举例，凡10条，则摘《公羊传》文为纲，各为之论；又《春秋》指要11条，即其全书之略例。涵濡圣真，执权至道，非经生俗师所能言。然亦有推挹稍过之处。总而言之，其条例赅括，甄综精详。实所谓宗圣尚贤，信古而不乱，其价值超过元赵汸《春秋属辞》。

春秋随笔2卷 《四库全书》本；清道光五年(1825)成都龙氏敷文阁刻本。

清顾奎光撰。顾奎光(1719～1764)，字星五，号双溪。无锡人。主要著有《春秋随笔》《然疑录》《顾双溪集》等。本书是作者读《春秋》的笔记，不载经文，读书偶有心得就随笔记录下来，故名"随笔"。本书长于议论而疏于考证，认为《春秋》有达例，有特笔，然也要理会大旨，不可太过苛责缴绕。议论深中《春秋》家苛刻迂阔之病，所论多能得笔削之旨。如谓说《春秋》者自相矛盾，既云为贤者讳，又曰责贤者备；既曰隐公为摄，又曰桓公为篡：何者为是？作者另有《疑然录》，所载说《春秋》诸条，与此相同。但是《然疑录》颇为琐碎，菁华则已尽见本书中。当然也不乏臆测之言。如庄公娶哀姜，作者认为是贪其美色，已经是臆度之词，但又说未闻庄公好色，但其实庄公筑台以临党氏，割臂以盟孟任，均是其好色的明证。

左觿 1 卷 《邵文庄公经史全书》本。

明邵宝撰。邵宝（1460～1527），字国贤，号泉斋，别号二泉。无锡人。成化二十年（1484）进士，历任户部员外郎、江西提学副使、浙江按察使、南礼部尚书等。主要著有《左觿》《定性书说》《简端录》《春容堂全集》等。据作者自序，本书是在听其塾师高子明读《左传》时遇到难解处就“稽之疏义，参诸他书，纵横推度，往往有得，得辄呼笔记之于简”，历数月而拾掇成书。书名“觿”，觿本是解绳结的工具，后来佩觿代表自己是能够解决问题、善于解决问题的君子这一寓意。本书内容即随举《左传》语而解之，随手标志于简端，与其《简端录》类似。以“觿”属名，然亦不尽关其要义。本书杂论书法及注解，然寥寥无多。其中精核者数条，已被顾炎武《左传杜解补正》吸取，《四库全书总目》谓顾氏“所遗者，其糟粕矣”。

左氏春秋镌 2 卷 明嘉靖二十七年（1548）卢氏少谷草堂刻本；《续修四库全书》本。

明陆粲撰。陆粲（1494～1551），字子余，一字浚明，号贞山。长洲人。嘉靖五年（1526）进士，选庶吉士，授工科给事中，劲挺敢言，为人中伤，谪贵州都镇驿丞，迁永新知县，以念母乞归，卒于家。主要著有《陆子余集》《左氏春秋镌》《春秋胡氏传辨疑》《左传附注》《庚巳编》等。本书是作者的第一部《左传》学著作，成于作者谪都镇驿丞途中。上卷 54 章，下卷 59 章。前有题辞，叙成书大意及作书缘由。作者认为《左传》为战国人所作，汉刘歆等人又以意附益，故往往卑浅不中于道，或为奇言怪说，颇骛乎末流，所以作本书以纠正左氏议论之失。本书简录《左传》传文，多为对话及评论，作者批判纠正之语则以“镌曰”为始附于后。《四库全书存目》著录本书，评价并不高，称本书“于左氏释经之谬，辟之可也，至记言记事，但各从其实，事乖言谬，咎在古人，与记载者无与也，亦谓之镌左，则非其罪矣”。但是作者不以命名定祸福、不以生死系占梦等观点大都合情合理，很有可取之处。

春秋左传属事 20 卷 明万历十三年（1585）日殖斋刻本；《四库全书》本。

明傅逊撰。傅逊，字士凯。太仓人。曾师事归有光，晚年以岁贡授建昌训导。主要著有《左传属事》《左传注解辨误》《左传古音奇字音释》等书。本书仿宋袁枢《通鉴纪事本末》体例，变《左传》编年体为纪事，先以事分题，再题以国分，列国之间顺序的排列则以经文为根据。无题则以类分。每记叙一事，必具首尾，以便得见其成败始终，盛衰离合。一事可分两处时，则按重点分入一处，另一处用参见法。传文之后各总括大意而加以评论。自《公羊传》《穀梁传》以及贾逵、杜预而下，举凡注解诠释无不加以纂集，注名物制度比较详细，而一般字句不注。遇到各家异说及乖误者，时予纠正，对杜预《春秋左传集解》不当之处，亦多加改定。本书实开《左传》纪事本末之先导，且注释得体，能纠正古人之失，在明人《春秋》学中属于比较重要的著作。

读左日钞 12 卷补 2 卷 清康熙二十年（1681）朱鹤龄刻本；清乾隆六年（1741）刻本；《四库全书》本。

清朱鹤龄撰。朱鹤龄有《禹贡长笺》，已著录。本书采集前人的成果注解《左传》经传文，又引用各种材料自为解说，尤其于赵汸《春秋属辞》、陆粲《左氏春秋镌》、傅逊《左传注解辨误》、邵宝《左觿》、王樵《春秋辑略》等书所取为多，大抵集旧解者十之七，出己意者十之三，故名《读左日钞》。所补 2 卷，多用顾炎武《左传杜解补正》说。作者既有对《左传》注疏的补充引申，也有对《左传》注疏错误的纠正，注重实证材料。本书瑕瑜并陈，虽然不及顾炎武、惠栋诸家之密，有自相矛盾之处，其中引孔颖达《左传疏》连篇采掇，殊属赘疣。但本书保存了前人解说《左传》的文献，断以新义，有补于杜预的误漏，改变了唐代中期以来“以意说经”的弊端，可作为研读《左传》之参考。

左传姓名同异考 4 卷 清康熙间高氏刻本；《四库全书存目丛书》本；《续修四库全书》本。

清高士奇撰。高士奇有《春秋地名考略》，已著录。本书将《左传》中所见各色人等分国别整理，依身份归类，大体包括国君名谥，后妃、夫人，王子、公子，诸侯大夫、卿士等，各国具体分类又依情而定；于周分为周天子名谥、周后妃、周王子、周寰内诸侯大夫、周卿大夫士五类，于鲁则有鲁十二公名谥、鲁夫人、鲁公子、鲁卿世系、鲁诸卿大夫士、鲁妇人、鲁君之女七类，同时又据不同时期当权氏家对家臣等

进行划分，人物身份地位情况一目了然。人物考证详细，如王子带亦曰太叔带，亦曰甘昭公，亦曰太叔，亦曰昭叔，注曰：惠王子，襄王弟。后附诸小国君臣见经传者。体例、内容庞杂而疏舛，不如其《春秋地名考略》条理清晰。

左传拾遗2卷 《金陵丛书》本；《丛书集成新编》本；《四库全书存目丛书》本。

清朱元英撰。朱元英，字师晦，一字荔衣，自号虹城子。上元人。康熙年间进士，著有《牧民通考》《治平新语》《治河要略》等，皆散佚，唯本书留存。本书又称《左传博议拾遗》，仿照宋吕祖谦《详注东莱左氏博议》体例，自序谓“窃取东莱吕氏之意，读其书，拾其所遗者，因而究焉”，故名“拾遗”。本书摘取《左传》一百一十事，《博议》更多地阐发经义，本书侧重订正传文，根柢政事，以史证经，训诂辨正，必有根据。然喜好立意标新，常常有所偏颇。如桓公十七年“冬，十月朔，日有食之”传曰：“不书日，官失之也”，作者认为不书日是圣人的微言大义，而讥讽《左传》不理解圣人的深意。又如襄公二十九年吴季札请观周乐，歌《小雅》有“周德之衰”一语，作者认为训诂之失，而引《九章算法》，谓差分为衰分，其说不确。

春秋左氏传小疏1卷 《果堂全集》本；《四库全书》本；《皇清经解》本。

清沈彤撰。沈彤有《尚书小疏》，已著录。作者以为元赵汸、清顾炎武所补充的《左传》杜注仍有未尽之处，因此撰本书加以订正。其中得失互见，如昭公二十年闰八月，本为正史官之失，本书则以为积气朔余日以置闰，在四季月，即归余于终，闰八月正为夏时闰六月，偶合于传。而于襄公二十八年传，“令倍其赋”一条辨正孔颖达以“赏地”误为“采地”，则足辟相沿之谬。又于襄公二十五年传，“赋车兵徒兵”，顾炎武以为执兵者称兵是秦才开始的，本书则引隐公五年“诸侯之师败郑徒兵”、襄公元年“败其徒兵于洧上”以纠正顾炎武的错误。本书虽只有1卷，但可资考辨。

左传补注6卷 《四库全书》本；《皇清经解》本；《丛书集成初编》本。

清惠栋撰。惠栋有《周易述》，已著录。作者认为杜预《春秋左传集解》颇多谬误，渐失经传之义，遂着力搜求汉人贾逵、马融、郑众、郑玄、服虔等人之说，博采古今文之异同，为《左传》作补注，且匡正杜注之失。本书虽有索隐钩沉，纠正杜注某些失误之功，但由于作者过信古人，及缺乏金石文字素养等，因而有不少牵强附会和疏漏之处。而且征引佚书不标出处，也是缺点。又如哀公六年“无疾而死”引《汲冢琐语》之野谈，十二年“效夷言”谓春秋时已重吴音，不始于晋，也与注经的体例相违背。《四库全书总目》评说“盖其长在博，其短亦在于嗜博，其长在古，其短亦在于泥古”。

春秋左传诂20卷 清嘉庆十二年（1807）阳湖洪贻孙刻本；《皇清经解续编》本；1987年中华书局点校《十三经清人注疏》本。

清洪亮吉撰。洪亮吉（1746～1809），字君直，一字稚存，号北江，晚年号更生。阳湖人。乾隆五十五年（1790）榜眼，授翰林院编修。嘉庆四年，上书军机王大臣言事，极论时弊，免死戍伊犁。次年诏以“罪亮吉后，言事者日少”，释还。居家10年而卒。著有《春秋左传诂》《比雅》《汉魏音》等。作者认为西晋杜预注解《左传》，望文生义，不遵古训，“欲存《春秋左传》之古学”，故名《春秋左传诂》。为了匡正杜注，书中尤其重视利用汉唐时期的文献资料，训诂方面，以东汉贾逵、许慎、郑玄、服虔为主；地理方面，以东汉班固、应劭等为主，综合《汉书·地理志》《水经注》《元和郡县志》等史地资料；参考汉唐石经，唐陆德明《经典释文》等，以校正异文。在体例上一反杜预“分经之年与传之年相附”的做法，依据《汉书·艺文志》的著录，将经、传离析，分作《经》4卷，《传》16卷。整体而言，本书虽不免对《左传》杜注与孔《疏》的过分苛责贬斥，但实有纠谬补缺之功。此外，作者行文凝炼，本书亦可视作一部《春秋左传》简明注本。

左氏春秋考证2卷 《皇清经解》本；清光绪二十三年（1897）广州太清楼刻本。

清刘逢禄撰。刘逢禄有《尚书今古文集解》，已著录。本书分上、下2卷，系辨伪之作。作者以为《左氏春秋》，犹如《晏子春秋》《吕氏春秋》。直称《春秋》，为司马迁所据旧名；冒名《春秋左氏传》，则东汉以后之以讹传讹者所为，因撰本书，以正其名。

上卷凡119条，皆摘引传文，各证其非左氏旧文，而为刘歆所比附。下卷凡24条，皆摘引《史记》《汉书》《后汉书》《说文解字》、孔颖达《春秋疏》、陆德明《经典释文》诸书，各证左氏不传《春秋》，统属刘歆所篡改。自序称左氏以良史之材，博闻多识，本不曾求附于《春秋》之义，后人增设条例，推衍事迹，强以为传《春秋》者，冀对《公羊》博士之师法。本书以后，考辨伪古文经著述相继出现，甚至有人说其辨伪价值，实与阎若璩《尚书古文疏证》相等同。

春秋左传旧注疏证　原稿、副稿（又称清抄本）各7册，上海图书馆藏；1959年中国社会科学院历史研究所整理，科学出版社出版；2002年上海古籍出版社《续修四库全书》影印副稿。

清刘文淇撰，子毓崧、孙寿曾等续撰。刘文淇（1789～1854），清代乾嘉时期扬州学派经学家。字孟瞻，江苏仪征人。清代学者于《十三经注疏》多有批驳，义疏学由此兴起。《清史稿》云："（文淇）尝谓左氏之义，为杜注剥蚀已久，其稍可观览者，皆系袭取旧说。"适逢道光八年（1828）秋，刘文淇与友人刘宝楠、包慎言，门人陈立等赴金陵应试不第，相约各治一经，加以疏证。取贾逵、服虔、郑玄三君之注，疏通证明。凡杜氏所排击者纠之，所剿袭者彰之，沿用韦氏《国语》注者亦加说明。其兼采顾炎武、惠栋等各家之长，末始下以己意，定其从违，草创四十年，得长编80卷，然后依次排比成书。因刘文淇甫得1卷而殁，其后刘氏子孙三世续撰至襄公五年，未能完成。该书广搜旧注，旁征博引，尤侧重典章制度之考证，是《左传》研究的集大成之作。

春秋繁露注17卷　清《蜚云阁凌氏丛书》本；《皇清经解续编》本；1975年中华书局标点排印本。

清凌曙撰。凌曙有《礼说》，已著录。凌曙在该书《自序》中提出《春秋》之义存于公羊，而公羊之学传自董仲舒，董氏《春秋繁露》"识礼义之宗，达经权之用，行仁为本，正名为先，测阴阳五行之变，明制礼作乐之原。体大思精，推见至隐，可谓善发微言大义者矣"。《繁露》流传既久，鱼鲁杂糅，篇第褫落，致难卒读。凌氏以武英殿聚珍本为主，参考、吸纳了卢文弨抱经堂刻本及张惠言校勘成果，将缺文错简重新刊定，而又颇为审慎，采列代旧闻与先儒成说，博稽旁讨，通究本末，栉梳理解其篇义章句。对于隋唐以后引《繁露》之书，皆考其异同，较其详略。书目姓氏，胪列下方。该书凡为注17卷，有凌曙自序和新安洪梧所作《〈春秋繁露注〉序》，且卷首冠以《史记》本传及宋庆历七年（1047）楼子文序，亦各为之注。阮元称该书闳深肃括，卓然成一家之言。自有《繁露》以来2 000余年，有功于《繁露》者，此其最也。

公羊礼疏11卷　《凌氏丛书》本；《皇清经解》本。

清凌曙撰。凌曙有《礼说》，已著录。本书专疏《春秋公羊传》所及礼制。卷首有自序2篇，称何休《公羊解诂》言礼较详，徐彦之疏，"详于例而略于礼"。作者初治郑氏，熟于经典，闻刘逢禄论何氏之学而好之。为阮元校辑《经郛》，尽见魏晋以来诸家《春秋》说，遂取徐氏疏而补疏之，义若隐略，则更表明，如有不同，便征引经史传注及历代典志疏证之。书中先列《春秋》经文，换行列何休解诂并疏。总观全书，所有引征皆序而不断，实事求是，无后来说经者之蔓衍支离。

公羊礼说1卷　清《蜚云阁凌氏丛书》本；《皇清经解》本；2015年上海古籍出版社《春秋公羊礼疏（外五种）》点校本。

清凌曙撰。该书自序云："仆虽不敏，从事有年，慨自李唐之世，赵匡争鸣，赵宋之朝，刘敞横议，是以谛制全乖，庙义未允。绵蕞不习，谁从稷嗣之君；刍豢未胜，谁访胶西之相。属辞比事，经生恶其烦苛，厌故喜新，学者趋于简易，未析全经之旨，已夸独得之奇，检式荡然，藩篱决矣。"凌氏对此深感痛惜，以"议必征诸古人，论不离于师法"为原则，以《公羊》说礼，"考群儒之说，综列史之文，学寻坠绪，业守颛门，撰《公羊礼说》一卷"。该书实事求是，力避穿凿附会之嫌。

公羊春秋何氏解诂笺1卷　《皇清经解》本；清光绪二十三年（1897）广州太清楼刻本。

清刘逢禄撰。刘逢禄有《尚书今古文集解》，已著录。刘氏对《公羊春秋》钻研尤深，初为《春秋公羊经何氏释例》，专明墨守之学，析其条例，以申发何氏之未著及他说之可兼者。取郑玄笺《诗》之旨名该书，共93条，分为隐公、桓公、庄公、僖公、文公、宣公、襄公、昭公、定公9篇，以申何为主，又广

其异义，补其未备，折中众家，下以己意，以求其是。书中发挥汉代的公羊三世说，认为“大一统者，通三统为一统，周监夏、商而建人统，教以忠制，尚文；春秋监商、周而建人统，教以忠制，尚质也”。李兆洛为其作传，谓刘氏洞明经术，究极义理，宏而通，不泥守章句，亦如康成注诗，宗毛为主、如有不同即下己意。该书与其他著作共同构建了刘氏的公羊学说体系，为清代公羊学派的兴起奠定了基础。

春秋公羊经何氏释例 10 卷　清嘉庆间养一斋刻本；《皇清经解》本；2013 年上海古籍出版社《清代春秋学汇刊》本。

清刘逢禄撰。本书从梳理何休《春秋公羊传解诂》入手，归纳总结出二十六“例”和四“表”。如张三世例第一，通三统例第二，内外例第三，时月日例第四，名例第五，褒例第六，讥例第七，贬例第八等等。每“例”先罗列举证《春秋》经传及何休《公羊解诂》条文，后以“释”来阐述该“例”之要旨。“表”是“例”的变体，“表”首以“序”阐述要义，而后通过纵横比对使义例更为清晰。是书以发挥微言大义为主，兼采考据之法，尊奉前人之旨，又补其未备，建立起严密的公羊学体系，是清代公羊学的奠基之作。

穀梁大义述 30 卷　《皇清经解续编》本；清道光二十六年（1846）刻本（不分卷）；《续修四库全书》本。

清柳兴恩撰。柳兴恩（1795～1880），原名兴宗，字宾叔，号润江，丹徒人。著有《穀梁大义述》《毛诗注疏纠补》《尚书篇目考》《群经异义》等。柳氏认为毛公师荀卿，荀卿师穀梁，《穀梁春秋》乃千古绝学。《叙例》云“《春秋》托始于隐之旨独在此矣”，以为穀梁子亲受学于子夏，“开宗明义，首发此传，《春秋》之旨，炳如日星”。慨叹于自汉以来《穀梁传》之传授反不敌左氏、公羊，几近于废弃，因阮元刻《皇清经解》，公羊、左氏俱有专家，而穀梁独阙，乃发愤沉思，欲为此书。该书前有阮元《序》及柳兴恩《叙例》，凡 7 类，包括述日月例第一、述礼第二、述异文第三、述古训第四、述师说第五、述经师第六、述长编第七，对《穀梁传》之日月、礼、异文、古训、师法、师说等问题分别加以论述，并按经史子集之序，循次摘录编辑，表明本经兴废源流。且广征博引，涉猎四部，议论精核，阮元盛赞该书“惜见之晚”，陈澧“叹其精博”，甚受当时学人推重，为研治《穀梁传》的重要参考书。

第七节　孝经类

孝经章句 1 卷　《今古文孝经汇刻》本。

清任启运撰。任启运有《周易洗心》，已著录。作者学问宗朱子，精于性理之学。本书一遵朱子《孝经刊误》本，而于《传》之 10 章增加“君子无不敬也”等 112 字。其文与《礼记》小有异同，而今本《孝经》皆无之。作者《自序》称得之于山西佛寺中，疑为熊安生所传之本。又云：“王肃于《家语》言本文有见《戴记》者，后人辄于《家语》除其文。此章之阙，亦必因本文见《戴记》而后人于此除其文也。”《四库全书总目》谓：“熊安生为北齐人，其传本安得至今犹在？其说无征。且马昭以《家语》为王肃伪作，其说今载《礼记疏》中，言之凿凿。启运乃又引以为证，恐此章亦王肃《家语》之类矣。”

孝经本义 1 卷　《九经补注》本；清光绪二十九年（1903）宝庆劝学书舍重刻姜氏本。

清姜兆锡撰。姜兆锡有《周易本义述蕴》，已著录。本书成书年代不详，凡 1 卷。全书取今文《孝经》删去《开宗明义》诸章名，加入古文经《闺门》一章，别分为 16 章，对经文作随文注释，别无考订，所述较为浅显，一般认为是私塾教师开蒙之作，不足资参考。《郑堂读书记》谓：“其所分章段，尚无害礼，惟其诋今文分章为俗本，此则拘墟之见也。”此评或为中肯之语。

孝经集解 1 卷　清康熙间刻本。

清蒋永修撰。蒋永修，字慎斋，号纪友。宜兴人。顺治四年（1647）进士。历任平越府知府、湖广提学副使。另有《小学集解》6 卷、《慎斋遇集》等。本书 1 卷，是作者官给事中督学湖广时所作，随文注释，用作童蒙读物。本与《小学》合刊，取名《孝经小学集解大全》。《四库全书总目》谓其“以宋儒杂纂之本与圣经并为一编，似不于伦，难于著录，今分为二书，各存其目焉”。可见本书开始并未单行，四库馆臣拆分而录。

孝经集注1卷 清道光元年(1821)扫叶山房刻本;清光绪十六年(1890)宛委山庄刻本;清江阴源德堂刻本。

清任兆麟撰。任兆麟有《夏小正补注》,已著录。本书编取朱子《孝经刊误》本,采辑诸家成说,疏明经文义理,以方便童蒙习诵。书前有《孝经序说》一篇,以拟朱熹的《论孟序说》。卷首载"子朱子曰"一段,亦仿照朱子《学庸章句》引"子程子曰"例,有刘子元所谓"貌同而心异"之意。童蒙习诵应该以今文孝经教授,本书每章引《诗》毕具,领略言外之旨,今以《刊误》本为之根基,得毋不可,周中孚于《郑堂读书记》谓"此则墨守朱学之过也"。

孝经义疏补9卷首1卷 稿本,北京大学图书馆藏;清道光间春喜斋刻本;《文选楼丛书》本。

清阮福撰。阮福(1801～1875),字赐卿,一字小芸,号喜斋。仪征人,居扬州。阮元三子。官至甘肃平凉知府,候选郎中。通经学,尤好金石考据。著有《小鄉嬛丛记》《两浙金石志补遗》等。本书是作者对唐宋时期形成的《孝经注疏》所作的不重合校正,全录《御注》《邢疏》,每有补充和校勘,皆以"补"字注出。阮福少读其父阮元《曾子十篇注释》,其与《孝经》互为表里,在父亲指导下,将《曾子十篇》中可以发明《孝经》的文字悉分补于各章句之下,此其缘起。本书可以说融合了当时经学研究的三大倾向于一体,一是外传倾向,这是对朱子以后明清学人传统的继承与发扬;二是辑佚倾向,此为乾嘉诸老治学之风尚;三为考证倾向,本书考证成果颇丰,以"补"字标识,甚过原《注疏》文字。本书撰著亦有阮元之功,作者序言谓"偶下己意,不敢自是,皆就训于家大人而后著之"。

孝经述注1卷 清咸丰七年(1857)刻本;《颐志斋丛书》本。

清丁晏撰。丁晏有《周易解故》,已著录。丁氏《孝经》二书,《述注》在于通经,《徵文》在于证经,盖通经以达其意,证经以明其古。丁氏以为,唐玄宗《石台孝经注》,"取郑君、王肃、韦昭、虞翻、刘劭、刘瓛、魏真克诸家,摘要剪芜,约文敷畅",在经解中确为上乘之作。其后注解虽有数十家,而以司马光《指解》和范祖禹之《说》,"明白正大,粹然儒者之言"。作者相信《孝经》今文而怀疑古文,故以今文《孝经》为据,对《御注》《指解》和《范说》进行剪裁,取其所可而弃其所芜,因其书只有删繁就简、汰冗去复的功夫,比之"述而不作"(丁氏《自序》),故名书曰《孝经述注》。

孝经徵文1卷 稿本,北京大学图书馆藏;《木犀轩丛书》本;《皇清经解续编》本。

清丁晏撰。丁晏有《周易解故》,已著录。如前所述,丁氏《述注》在于通经,《徵文》在于证经,盖通经以达其意,证经以明其古。是书前首列《孝经》18章,次列两汉以前群书征引《孝经》的资料,又附录了5篇文章(《集先儒说辨古文孔传之伪》《日本古文孝经孔传辨伪》《武王缵太王王季文王之绪》《菲饮食而致孝乎鬼神》《以天下养养之至也》)。丁氏认定今文《孝经》是汉以前的作品,古文《孝经》是伪书。《续修四库全书总目提要》著录本书,伦明在《提要》中说:"自朱子作《孝经刊误》……开后人疑《孝经》之渐。晏因博采《孝经》本文散见古籍者,言《孝经》者始于《吕氏春秋》,次及陆贾《新语》,董仲舒《春秋繁露》,司马迁《史记》等,原文具存,一一取以为证。又注《孝经》者,始于魏文侯,次及孔安国、郑玄等,古义俱存,亦一一取以为解,搜采极博,辨别亦严,惟既斥孔安国传为伪,而篇中仍兼引孔传,开篇解仲尼二字,既据刘献述张禹之义,以为仲者中也,尼者和也,言孔子有中和之德,故曰仲尼,以《家语》祷于尼山,为不足信。而又引《家语》以驳兄字伯尼之无据,未免出尔反尔。书末遍征众说以攻孔传,并以王肃之说多同孔传,硬断为王肃伪撰,夫肃注之同于安国,足为严见安国传之证,若自撰一书,本其解以伪撰一书,不嫌雷同,无是理也。晏又因孔传出于日本,推之《群书治要》《文馆祠林》,并皇侃《论语义疏》,山井鼎《孟子七经考》文,凡出于日本者一切伪之,则又妄而不足与辨矣。"

孝经学7卷 清光绪三十四年(1908)江苏存古学堂木活字朱印本;清宣统元年(1909)吴县曹氏刻本。

清曹元弼撰。曹元弼有《礼经校释》,已著录。本书是曹元弼编撰的《十四经学》之一。曹氏认为六经之本在《孝经》,欲作《孝经六艺大道录》一书,因而静思穷神先作《述孝》一篇置于首卷,以《孝经》贯通群经。张之洞看后"深然之"。本书体例严格

依照张之洞《劝学篇·守约》中所提出的通经之“提要钩玄”法式，列“明例”“要旨”“图表”“会通”“解纷”“阙疑”“流别”七目，各条目为一卷。曹氏认为《孝经》一书虽篇幅简短“至明且清”，但其“训诂旨趣，要待指说。旧注精深者难示初学，浅近者无当经旨”，故先著《孝经学》《孝经郑氏注笺释》《孝经校释》等书，阐明《孝经》深旨大义。

第八节　四书类

论语旨序 1 卷　《玉函山房辑佚书》本。

晋谬播撰，清马国翰辑。谬播（？～309），字宣则。兰陵人。生活在西晋惠帝、怀帝之世，历官给事黄门侍郎、侍中、中书令，死后赠卫尉。著有《论语旨序》等。《隋书·经籍志》著录该书为 3 卷，《唐书·艺文志》著录为 2 卷，《宋史·艺文志》不著录，故佚亡已久。马国翰辑录皇侃《论语义疏》所引十四节，合订为 1 卷。又云：陆德明《经典释文序录》引一则，实无。其说发挥《论语》大义，阐明微言，颇合旨意。如释《公冶长》孔子问子贡“汝与回也孰愈”云：“发问以要赐对，以示优劣也，所以抑赐而进回也。”释《雍也》“子见南子，子路不悦”云：“灵公无道，蒸庶困穷，钟救于夫子。物困不可以不救，理钟不可以不应。应救之道，必明有路，路有南子，故尼父见之。……或亦发孔子之答，以晓众也。”释《述而》子路“子行三军则谁与”之问云：“由之性也，以勇为累，常恐有失其分，觅功炫世。故因题目于回举三军以倒问，将以叩道训，陶染情性，故夫子应以笃诲，以示厥中也。”释《阳货》宰我“三年之丧期”之问云：“尔时礼坏乐崩，而三年不行。宰我不惧其往，以为圣人无微旨以戒将来，故假时人之谓，咎愤于夫子，义在屈己以明道也。”立说具有独见，皆探本穷源之论。其他旨解皆清畅可诵。所谓“旨序”，盖序其大旨也。

论语义疏 10 卷　《古经解汇函》本；《知不足斋丛书》本。

南朝梁皇侃撰。皇侃（488～545），吴郡人。曾任国子助教，散骑侍郎。著有《礼记讲疏》《论语义疏》等。本书根据一家之说，逐字、逐句、逐章详尽讲解古文，阐发经义，为一种讲义式讲疏。以三国魏何晏《论语集解》为主，兼采老、庄学，阐发经义，集孔安国、包咸、马融、郑玄、陈群、王肃、周生烈之说，不拘家法，断以己意。“博极群言，补诸书之未至”。略于名物制度，为后学所宗。是南学的主要经注之一。南宋时亡佚。有唐时旧本流传于海外，清乾隆年间由日本觅回。本书价值主要体现在以下方面：一、在思想方面，它可以看作是中国六朝时期的思想资料库，它在保存我国本土儒家思想、道家思想的同时，还容纳了来自异域的佛家思想，体现了兼容并包的博大气象。二、在文本方面，皇侃首次用“义疏”这一疏经体式，对《论语》的经文和《集解》收录的各家注文进行重新解释，从而在形成的新的文本中，体现了不同于以往的新特点：注者不再简单机械、不分良莠地盲从前人的旧注，而是以怀疑的精神对前人的部分旧注进行反省、补充、评判等。三、在语言方面，该书注释语言虽然总体上仍维持着先秦以来的文言体系，但由于“义疏”这种特殊文体的性质，加之出于六朝这一特定的历史时期，故不可避免地保留了不少具有时代特征的口语和一批受佛教影响而产生的词语（词义），这些都是后来同类作品（如邢昺《论语注疏》、朱熹《论语集注》等）所不具备的或不完全具备的，在中国语言学尤其是中古语言学史上具有的特殊的意义和价值。

论语音义 1 卷　《士礼居黄氏丛书》本。

唐陆德明撰。陆德明有《经典释文》，已著录。本书是黄氏从《经典释文》中别出，据影宋抄本重雕而成的单行本。该书以何晏等《论语集解》为底本，又吸收了魏晋六朝部分学者的研究成果，内容主要包括以下几个方面：一是对《论语》字句的考订，校正经注文字和厘定经注文句，及对《论语》经注中的古今字、假借字、异体字、讹字等通过“本亦作”“本今作”“本或作”“本又作”“当作”等形式予以考述；二是对《论语》及注文进行注音，摘字为音，异音并存，主要采用直音和反切两种注音方法；三是偶有释义，也有独到之处，释义援引众训，广列异说；四是分章断句，《音义》中保存了许多这样的资料，有些颇有启发性。本书从字句、注音、释义、句读等方面对汉魏六朝《论语》研究进行了总结，保存了大量的《论语》研究的史料，是对前儒《论语》研究的一次大汇总，代表着该时期《论语》研究的最高成就，是继何晏《论语集解》、皇侃《论语义疏》之后《论语》学

史上的又一座丰碑，在《论语》学史上具有重要的地位。

论语说义 10 卷 《皇清经解续编》本。

清宋翔凤撰。宋翔凤有《尚书略说》，已著录。作者以为《论语》是孔子“性与天道”之“微言”，如能“寻其条理，求其旨趣，而太平之治，素王之业备焉。自汉以来，诸家之说时合时离，不能画一”（《自序》），综核古今，撰成本书。受刘逢禄《论语述何》影响，多强引《春秋》公羊家之说，融通《春秋》与《论语》，以《春秋》说解《论语》，这是其解经的最大特色。同时，作者早年对文字学用功颇多，故能以精熟的文字、音韵、训诂知识，援引典籍，对《论语》中的名物、典制作出疏解考证，并借以进一步阐发其政治主张，给人以启发。

论语正义 24 卷 清同治五年（1866）初刻本；1990 年中华书局点校《十三经清人注疏》本。

清刘宝楠撰。刘宝楠（1791～1855），字楚帧，号念楼。宝应人。主要著有《论语正义》《释谷》《汉石例》《念楼集》《宝应图经》《胜朝殉扬录》《文安堤工录》《愈愚录》等。作者“病皇（侃）、邢（昺）《疏》芜陋，搜辑汉儒旧说，益以宋人长义及近世诸家”（《清史稿·刘宝楠传》），仿焦循《孟子正义》体例，“先为长编，次乃荟萃而折衷之”，撰《论语正义》，后因官事繁忙，未能成书，交由其子恭冕续编终成。本书在对皇侃《疏》、邢昺《疏》、朱熹《集注》充分辨证基础上，指正谬误，兼采善说，对其他诸家的佳注，也时有甄采。对清人的注解考证，更是博取众长，详加引录，且能在注释中注重文字训诂、史实考订、阐发经义，尤其对典章制度、风俗礼节、历史故事及人名、地名的注释考证，更为详备，对不能定论的异说，多兼收并蓄，待读者鉴别。书中于汉、魏古注辑录甚多，而且对古注尚有疏解，极大丰富了《论语》注释的内容，使这书出清人诸家《论语》注之上，至今仍为古今说解《论语》之善本。

论语竢质 3 卷 清嘉庆四年（1799）元和江氏刻本；《琳琅秘室丛书》本。

清江声撰。江声有《尚书集注音疏》，已著录。本书共 3 卷，作于嘉庆四年。书前有自序，云：“竢质者，不敢以为是，竢质正于同学及来哲也。”作者认为两汉诸儒传《论语》者不下数十家，今其全注皆亡，其轶乃仅见何晏《集解》及裴骃《史记集解》，而何晏所采诸儒之注，往往取其糟粕，而遗其精英。至何晏自下己说，率皆悖谬荒诞。主要内容是从形、音、义三个方面，根据《说文解字》以勘正《论语》今本中的脱字、误字、别字及通假字，共勘正 172 条。本书所解颇有新意，如《公冶长》：“子路曰：愿车马，衣轻裘，与朋友共敝之而无憾。”朱熹《集注》：“衣，去声，服之也。”作者云：古本应作“愿车马衣裘”，“朱子本‘衣’下有‘轻’字，而解‘衣’云‘服之’，是袭误本而谬解，贻误后学矣”。朱本的“轻”字是后人所加，现有很多证据可以证明唐以前的本子并无“轻”字，可佐证江说。本书亦有拘泥处，如释《为政》“其为仁之本”云：“‘仁’读当为‘人’，古字‘仁’‘人’通。‘其为人之本’，正应章首‘其为人也孝弟’句。不知六书假借之法，徒泥仁为仁义字，纷纷解说无当也。”仁、人古通，前人多以论及，但此章之“仁”，义为仁义之仁，当无可疑，江氏胶柱鼓瑟，显然有失。

论语说 4 卷 清道光十七年（1837）东山草堂刻本；《金陵丛书》本。

清程廷祚撰。程廷祚有《易通》，已著录。本书共 4 卷，征引孔安国、赵岐、马融、郑玄、包咸、郑樵、朱熹、阎若璩等诸儒之说及诸经传，多言义理，亦考订《论语》之分章、句读及文义。其说不主一偏，持论中正，于朱熹之说多有驳正。胡适在《颜李学派的程廷祚》中评价本书说：“全书的宗旨只是要剥去宋儒的心性玄谈，使《论语》恢复成一部平平实实‘立人道’的书。”如卷 3 释《颜渊篇》“克己”，驳朱注释“己”为“身之私欲”，“不惟古无此训，且使经之克己由己，俄顷顿有异同”。又如卷 1 释《为政篇》“众星共之”，即谓“天下之士皆愿立于其朝，天下之农皆愿耕于其野之类。旧注以无为为训，朱注载以简御繁、以静制动之说，虽与黄老之学有间，然直与经旨不合”。此说既否定旧注、朱注，亦附著己说，颇为卓异。

论语古注集笺 20 卷 《皇清经解续编》本。

清潘维城撰。潘维城（？～1848），字朗如。吴县人。受业于李锐，为钱大昕再传弟子。主要著有《群经索引》《说文索引》《寿花庐偶录草》等。作者

认为,《论语》为何晏所乱,何晏学无师法,孔安国虽为今文学家之祖,但其注早已亡佚不传,而何氏采之,于诸文相证多不合,故知其伪;而郑玄兼通古今文,集诸儒大成。故是书从《集解》中绌去孔、何两家,搜辑散见于他书中的郑注,依据陈鳣《论语古训》增列的郑注及宋翔凤、臧庸的郑注辑本,汇订保存,又采汉魏古义及晚近各家之说,申明古义的放在前,异说列于后,或有己说,也附在后,故名"笺",又因非出一人,名为《集笺》。书后附《论语考》,罗列王应麟、臧琳、冯景、钱大昕等人学说,论述《论语》传授注释源流,又附郑玄《论语叙》及《论语孔子弟子目录》的辑佚。每卷于《论语》原文下有"注"和"笺"。"注"多引汉魏古注,并标明出处;"笺"多采清儒之说,也有古注佚文。本书于声音训诂之说胪列无遗,颇便检阅。然该书虽博采众说,但罕有发明,于义有未安处,也不驳正。如"传不习乎"条援引旧说,仅为引录,一无辨说。

论语骈枝1卷　《刘端临先生遗书》本;《广雅书局丛书》本。

清刘台拱撰。刘台拱有《经传小记》,已著录。本书是阐发《论语》旨意之作,因《论语》之词而加以考证训释,旨在维护《论语》经说,以推广郑玄所作注,驳正孔安国注,怀疑孔注出于魏人假托。其说《论语》"如切如磋,如琢如磨"据《尔雅》之文,"有事弟子服其劳""有酒食先生馔"据《内则》之文,"子贡欲去告朔之饩羊"据《周官》《大戴礼记》《穀梁传》之文,"师挚之始,《关雎》之乱"据《周官》《仪礼》之文,"入公门"以下据《聘礼》之文,"吉月必朝服而朝""孔子时其亡也,而往拜之"据《玉藻》之文,认为此皆圣经之达诂,而传注之所未及。全书论辨不多,凡15条,持论多精核,或论辩章节之划分,或辨证字音,或发明礼仪,或点名《论语》一书体例、语势,或证明《孟子》之误,或驳斥众说以阐发己意。详征博引,论说精当,足见其书之价值。

论语广注2卷　清嘉庆五年(1800)刻本。

清毕宪曾撰。毕宪曾(1759～?),字季瑜,号静山。太仓人。毕沅侄子。乾隆乙卯(1795)举人。本书首有彭元瑞序及自序。其采书之例有四:考异、拾逸、集说和互证。该书广采经史及汉唐来诸儒之说以注《论语》,但本经注疏及唐宋后专解不述。如释"学而时习之,不亦说乎"句,引《周易·序卦传》:"人而后说之,故受之以《兑》。兑者,说也。"虞翻曰:"兑为讲习。"释"敬事而信"句,引《周易·乾·文言》:"贞固足以干事。"何晏曰:"贞,信也。君子坚贞,正可以委任于事。"释"先行其言而后从之"句,引沈括《梦溪笔谈》,认为"先行"当为句,其言自当后也。释"夫子之言性与天道"时引郑玄注:"天道,七政变动之占。"释"三人行必有我师焉"时引邵宝《简端录》:"一人行不善即恶,师亦于是乎在矣。必曰三人者,一人行二人中,《易·复》六四所谓中行也,不然奚择之。"释"苟有用我者,期月而已可也"时引《史记·儒林传序》曰:"苟有用我者,期月而已矣。"释"邦有道,如矢。邦无道,如矢"时引《汉书·贡禹传》注:"言其壹志。"凡此之类,皆颇精当,有裨经训。彭序又举"君子耻其言而过其行",明人旧抄高丽本作"君子耻其言之过其行也",语义明白,足证今本之误。

孟子注1卷　《玉函山房辑佚书》本。

唐陆善经撰,清马国翰辑。陆善经,或名该,字善经。吴郡人。著有《周易注》《古文尚书注》《三礼注》《论语注》《孟子注》等。本书内容全部辑自孙奭《孟子音义》所引,共16条,其中有不少合理的创说。如《公孙丑下》"有私龙断焉",陆注云:"龙断谓冈垄断而高者。"释"龙"为"冈垄",比赵岐注"堁断而高者"更为精准;又如《滕文公下》中对"诡遇"的解释,陆注云:"诡遇,诡计以要禽也。"此解比赵岐注"横而射之曰诡遇"更便于对上下文的理解。本书也存在望文生义的误解之处。其中最为后人诟病的就是《梁惠王上》中对"折枝"的诠释。赵岐和刘熙都释为"按摩"意,但陆氏创为新说,释为"折草树枝"意,该解被朱熹《孟子集注》采纳。其后学者们对该注多持否定意见,如焦循《孟子正义》、周广业《孟子四考》等。这源于其不明假借之说,仅依字词的本意为训。尽管本书有一些瑕疵,但依然有其重要地位。据孙奭记述,本书是唐代第一部为《孟子》作注的著作,对于在盛唐士人中倡导传播孟子的思想,会起到积极推动的作用。他重视《孟子》的独到识见,其后就得到了嗣音,即杨绾和赵匡上书代宗,建议将《孟子》增列为科考书目的热切呼吁。

孟子音义1卷　《玉函山房辑佚书》本。

唐张镒撰，清马国翰辑。张镒(? ～783)，字季权，一字公度。苏州人。能经史，善"三礼"。著有《三礼图》《五经微旨》《孟子音义》等。马国翰辑本1卷共94则，主要辑自孙奭《孟子音义》。本书是研究《孟子》字音字义的著作。孙奭《孟子音义序》说："其书(指《孟子》)由炎汉之后盛传于世，为之注者则有赵岐、陆善经。为之音者，则有张镒、丁公著。"该书以注音为主，但对《孟子》词语也有一些不同前人的创新解释。如《离娄下》："岁十一月徒杠成。"赵岐注说："周十一月，夏九月，可以成步度之功。"张氏注云："徒杠成。杠，方桥也。可通徒人行过者。"比赵注清楚简明。如《告子上》："性犹杞柳也，义犹桮棬也。"赵岐注："桮棬，桮素也。"张氏注云："桮棬，屈木为之。"盖其本于《礼记》注。《礼记·玉藻》："母殁而桮圈不能饮焉。"注云："圈，屈木所为，谓巵匜之属。"据此，则桮棬是可以实用的饮具，与赵注"桮素"指未经雕饰尚不能实用的杯盘胎坯不同。又如《告子下》："三子者不同道，其趋一也。"赵注："此三人虽异道，所履者一也。"张注云："趋读趣，言其趣而正道无异也。"张氏读趋为趣，趋趣上古音同义通。本书时常别出新意，但持之有故，能自圆其说，不失为较有参考价值的注本。

孟子丁氏手音1卷　《玉函山房辑佚书》本。

唐丁公著撰，清马国翰辑。丁公著(769～832)，字平子。吴郡人。著有《礼志》《皇太子诸王训》各10卷，已佚。本书内容全部辑自孙奭《孟子音义》所引，共214条，以注音为主，突出特点是在反切或直音的基础上增加了注明音调，其中也包括对赵岐注文内容的注音，从而使得音义更加明确。如《梁惠王上》"然而不王者"条，丁注曰："王，去声，下文以意读之。"注音时特别注明古今假借现象。如《公孙丑上》"由反手也"条，丁注曰："'由'义当作'犹'，犹，如也，古字借用耳。"本书虽以注音为主，但在释义方面较之陆善经注、张镒注更为详赡。作者广泛引用诸家字书，如《尔雅》《广雅》《方言》《玉篇》《纂文》《声类》等。同时引《说文》与《方言》以证字义，并对地方方言有所介绍。且该书承继着赵岐注"证以经传"的传统，擅长引述经传典籍来释义，如引证《尚书》《周礼》《论语》《庄子》《史记》以及《诗经》类的《毛诗》《韩诗》等等，详于史实、名物、习俗等。本书也有疏误，如信伪为真，有多处征引伪《古文尚书》以勘误等。但比较来看，该书是唐代《孟子》三家注中注释最为详赡，亦较为精审的一个注本，代表了唐代注释《孟子》的最高成就，在《孟子》学发展史上占有重要的地位。

孟子生卒年月考1卷　《皇清经解》本。

清阎若璩撰。阎若璩有《尚书古文疏证》，已著录。旧史诸书对孟子生卒年未有确载。《山堂肆考》虽载孟子生卒年月，阎氏以为不可信而未录。本书以《孟子》七篇为主，博引《史记》等书，加以考证。以孟子生为邹人，晚始游梁，继仕齐为卿，久之归邹又如宋，以乐正子故至鲁，终之滕，道不行，归而作书七篇，其卒当在赧王之世。具有一定参考价值。

孟子正义30卷　清道光五年(1825)家刻本；《皇清经解》本；《新编诸子集成》本。

清焦循撰。焦循有《雕菰楼易学三书》，已著录。作者与其子廷琥博采顾炎武以下60余家著作中有关《孟子》和赵岐《注》的论述，先编次长编十四帙，而后就长编以己意贯串推衍，又复讨论群书，删繁补缺，终成定稿，70余万言，手写清本未半而病卒，后道光三年至五年，由其弟焦征缮清付刊问世。本书是作者一生中最重要的著作，也是清代第一部用一家之注(赵岐)的新疏，他在书末概述本书编纂过程谓为《孟子》和赵《注》作疏有十难，而取资于诸家之书则"已得其八九"。本书以名物训诂为主，务求详尽，同时注重义理之阐发，期在简当精要。较少直接解释《孟子》正文，多是解释赵岐注，却不墨守唐、宋旧疏"疏不破注"之成法，"于赵氏之说或有所疑，不惜驳破以相规正"，也实为清学实事求是学风之体现。全书立论极坚实，疏解甚明晰，阮元称之为"斯一大家"。

孟子七篇诸国年表2卷　《积学斋丛书》本。

清张宗泰撰。张宗泰(1750～1832)，字登封，号筠岩。甘泉人。著有《质疑偶存》《周官尔雅注疏正误》《孟子七篇诸国年表》等。本书主要考证孟子游历诸侯的年代、事迹以及与之有关的战国史实，由说和表两部分组成。"说"分为11个部分，主要考证《孟子》涉及的梁、齐、楚、邹、薛、鲁、燕等国的史实。一考"惠王三十六年，改元称一年"，二考"太

史公不知梁惠王改三十六年为一年，而又不得与楚战实迹，故易其词曰兵三折于外”，三考“孟子至梁当在惠王后十六年”，四考“孟子去梁之后，适齐当有二，合计实三至齐”，五考“齐伐燕有二事”，六考“邹即邾”，七考“滕非灭于越”，八考“《孟子》第二篇下所谓薛馈五十镒而受者，其即孟尝君”，九考“季氏本以臧仓之沮平公在赧王四年，误矣”，十考“孟子适宋有二”，十一考孟子“与宋牼遇于石丘”。“表”列十国，将梁惠王、齐宣王、楚宣王、邹、滕、薛、鲁景公、燕文公、宋剔成君、任等10个诸侯国列于一表，“以见经先后为序，不因国之大小，故邹滕薛得在鲁燕宋先”，以各诸侯纪年相互参照，考证列举了从梁惠王三十年到梁昭王十年，共五十六年的各国有关史事。“说”和“表”两者相互补充，相得益彰。本书考证的诸多史实，有的已被后人进一步证明是正确的，但仍有一些到目前还无定论。但其严谨的治学态度和缜密的考证方法是值得推举的。

孟子赵注补正6卷 《皇清经解续编》本；《广雅书局丛书》本。

清宋翔凤撰。宋翔凤有《尚书略说》，已著录。本书依《孟子》七篇之序对赵岐的注进行补正，前五卷亦按《孟子》七篇的顺序进行分卷，第六卷将《孟子》“告子章句”和“尽心章句”合为一卷，故总为6卷。作者积30余年研习《孟子》的心得，以《诗经》《尚书》等典籍和《说文》《广韵》等专著补正赵岐《孟子章句》。补充的主要内容为：多方引证、详细阐发赵注释义；字词训释从音义角度取证，与赵注会通；考证古史古制古地名等。驳正的主要内容是以经典所记录的古制纠正赵注的失误。本书充分体现了清代考据学家实事求是、考证精审的特点。作者作本书意在保存汉人学说，推崇汉学。该书不仅征引了清以前的许多著作，而且清代前期著名学者的著作也引用了很多，如顾炎武、毛奇龄、阎若璩、臧庸、江永等，吸收了他们的研究成果，保存了许多珍贵资料。该书考证也存在结果不正确、证据不足或不够严谨等缺点。尽管得失皆有，瑕瑜共存，“但此编考订详明，固未可以一眚掩也”（《续修四库全书总目提要》）。因为该书可称清代《孟子》学史上的重要著作，有很高的参考价值。

答疑孟1卷 清道光六年（1826）刻本。

清陈钟英撰。陈钟英（1824～1880），字怀亭，又字英多。吴江人。撰有《答疑孟》《驳正朔考》《辩宜斋野乘》等。本书就司马光《疑孟》诸条，各自为说驳斥之，和宋人余允文的《尊孟辨》援义多相同，但二书词不相袭，盖陈氏未及见余氏之书。其中“答齐宣王问卿”条，不如余氏援引《春秋》大义严正。其不合理之处在于生硬牵入司马光行事，谓“不杀吕惠卿、章惇、蔡京之徒，卒致养成巨奸，宋遂以亡”云云。不思主行新法者实乃神宗，而王安石辅助，岂能专罪吕惠卿之徒？至于蔡京，司马光认为他有才能而加以赏识，以何罪诛之？“沈同问伐燕”条，又牵及“箪食壶浆以迎王师”等语。齐伐燕，考之《孟子》，《梁惠王篇》载其为齐宣王时事。宣王以问孟子，而孟子答以“置君而后去之”“箪食壶浆以迎王师”，即此时语也。《公孙丑篇》载其为齐湣王时事。湣王伐燕，不问孟子。而沈同但以其私问孟子，安知沈同即以其语劝王？又王既未与孟子谋划，孟子何从以有怀而未尽者告于王而止之？然司马光所疑，似亦并前后为一事，与陈氏同误。该书至今仍有一定的参考价值。

四书是训15卷 清嘉庆八年（1803）江苏提督学政平恕刻本；《聚学轩丛书》本。

清刘逢禄撰。刘逢禄有《尚书今古文集解》，已著录。本书共15卷，其中《大学》1卷，《中庸》3卷，《论语》5卷，《孟子》6卷。作者研寻七经，服习彝训，以为四子之书，靡不该备，七经之理皆入寰内。因而摘录七经中睿断之文，裁正四子书典故之说，依章次综以义类而成。该书断节分章解经释注，并将朱熹《四书集注》次于其后，两并存而不悖，使学者可以溯其源流，见其异同。如遇章节分合各殊、次第各异，则以今本章次附后。释经引书为钦定《书经传说汇纂》《诗经传说汇纂》《三礼义疏》等，诸书本已纂集历代史书、经书注释成果，有大量关于典章制度的解释，兼释文义。诸书与四书义理可互相发明，多引录七经中有关读四书的名次解释。如引用《诗义折中·伐柯》中的一段文字以训《论语·问陈》：“孔子学俎豆于军旅之先，以礼止兵也。周公践笾豆于军旅之际，以礼行兵也。故曰：先圣后圣，其揆一也。”认为孔子是和周公一样的圣人。

四书释地1卷续1卷又续1卷三续1卷 《四

库全书》本；《皇清经解》本。

清阎若璩撰。阎若璩有《尚书古文疏证》，已著录。本书1卷57条，续1卷80条，又续1卷163条，三续1卷126条，共4卷426条。《四书释地》纯考地理；《续》既有前编未尽之义，又牵涉到四书人名考释；《又续》除了含有地理、人名外，还涉及物类、训诂、典制；《三续》则包括了其他解释经义的东西。该书是最早以"四书"作为一个整体而考释其地理的著作。四库馆臣给予该书很高的评价："大抵事必求其根柢，言必求其依据，旁参互证，多所贯通。"甚至对作者也给予了罕见的赞美："盖若璩博极群书，又精于考证，百年以来，自顾炎武以外，罕能与之抗衡者。"虽有偏执之词，然可信者仍为十之七八。当然书中也有疏漏之处，宋翔凤专撰《四书释地辨证》2卷，以纠其失。

四书释地辨证2卷　《浮溪精舍丛书》本；《皇清经解》本。

清宋翔凤撰。宋翔凤有《尚书略说》，已著录。本书以阎若璩《四书释地》为条目，立目凡50条，纠正阎氏过执己意之外的训诂之失。主要内容包括：对《四书释地》所及地名作进一步的地理位置考证；对阎氏"不知所在"的地名引前人考证、前代地制进行补充证明；用异文、对文、散文等证明阎氏所言的地名及位置；以古制、古训驳阎注之失。如"首阳"一条，举阎氏《释地》所引"《史记正义》：首阳山凡所。王伯厚考曾子书以为在蒲坂，舜都者得之"。宋氏征引《史记·伯夷列传》注、《西征记》《孟子》《说文》《庄子》等数十家之文，然后论辨诸家之说得失，断以己意说："汉人多以偃师首阳为夷齐隐，惟马融注《论语》首阳谓在蒲坂，《汉志》：河东蒲坂县有尧山首山祠。雷首在南，则蒲坂之山乃是雷首，非首阳也。又在蒲坂南，安得有西山之目？"又"天覆地载"一条驳正阎氏以《舜本纪》"北发息慎，南抚交阯"为对文，而引《大戴礼·少间篇》和《汉书·武帝纪》以"北发"为国名，匡正阎说，颇为可信。然亦有不足者，如卷下"宋存"一条，于义迂曲难通。

四书朱子本义汇参43卷　清乾隆十年(1745)敦复堂刻本；清光绪三十一年(1905)上海宏文阁书局石印本。

清王步青撰。王步青(1672～1751)，字汉阶，又字罕皆，号己山。金坛人。著有《己山文集》《四书本义汇参》等。本书凡43卷，《大学》3卷、《中庸》6卷、《论语》20卷、《孟子》14卷。本书秉承《四书章句集注》本义，缀诸家之说以为汇参。在逐章逐节用大字单行列出四书原文后，以诸书可证明者双行附注其下。以《集注》为权衡，参照朱熹《四书或问》《四书语类》《朱文公集》，断诸家是非。《或问》《语类》中可仍者仍之，不可仍者注明与《集注》的差别。又旁参汉唐以来诸家之说，对训释得当的单词只义无不取之。全书对于四书语脉字义推阐颇详，条分缕析，为之佐证。本书因其能条贯众说，简明扼要，颇受时重，在当时流行的四书讲章中较为切实。当然，作为初学者入门的读物，也有一些缺点，《四库全书总目》斥其"乃以场屋八比之法，计较得失，斯已逐影而失形矣。其发凡中病汪份删纂《四书大全》，参取阎若璩、顾炎武之说，或与朱子相左。是未考汉学、宋学各有源流。至于赝本《或问小注》，明知其依托朱子，而有意模棱。殆虑一斥其伪，即不能假朱子之名钳伏众论，故存为疑案，不欲显言"，"门户之见未能尽化矣"。

四书典故核8卷　清嘉庆十三年(1808)刻本；《蜚云阁凌氏丛书》本。

清凌曙撰。凌曙有《礼说》，已著录。作者针对宋以后专讲义理而忽于名物的倾向，依四书次第，取有关于制度文物的内容，详考经说传疏及古今人议论，征引论述确凿者。所释内容包括衣食住行、王制官职、历律、度量衡等，间有字词训释，可概括为四个方面。一、明礼制。如"伐冰之家"言在朝廷治其职事而就官食者乃得于丧浴有冰；"祖庙"述宗庙之制，分别说明天子、同姓诸侯、异姓诸侯的庙制。二、陈异说。如"朝"将虞舜之制"五年一巡守"之说与周制"六年而遍，五服毕朝"之说并陈。卷7言"巡守"又有崔灵恩提出异说，以唐虞之世每二十年遍巡四岳，而周制则四十八年乃得遍巡。三、辨前人之误。如"牖"辨朱熹"塞向"之说为不明北方习俗而误，又以"牖"或为"墉"之误字。四、义理引申。如"绘事后素"引《考工记》等说明五色为天地玄黄及四方之色。本书坚持"以经解经"的原则，探求四书、"三礼"、春秋及"三传"间的关联，开创以"三礼"为枢纽以解群经的治经方法，具有一定的参考价值。

四书地理考 15 卷　清道光十五年(1835)壑舟园刻本;清光绪十七年(1891)习静斋重刻本。

清王瑬撰。王瑬(1786～1843),原名仲瑬,字亮生。吴县人。著有《乡党正义》《四书地理考》《毛诗多识编》等。本书以类分卷,以地别条,各条之下排比文献,罗列众说,末下己案,汇为一编。其时言四书地理者,以阎若璩《四书释地》最为精核,然亦不免疏漏,故著本书,其大旨有八:一曰证今,凡地,先标今名;二曰稽古,凡古说所见,必征引;三曰择雅,凡古书不雅训者,不载;四曰削繁,凡引书,删繁就简;五曰旁通,因考一地,兼及他义;六曰折衷,诸说纷淆,厘定是非;七曰正讹,旧说有误则驳正之;八曰阙疑,无可考订则存疑。本书多征引而少考辨,但合理运用地名学,于纷纭前说,甄别是非,亦有精彩之处。如驳正顾炎武《日知录》卷 31“阙里”条云:“顾氏以阙党为阙里,是矣。以为因茅阙得名,则想当然耳。”指出顾氏引《水经注》有篡改文献之嫌。又顾氏征引叙述逻辑混乱,“阙里”究竟因何得名,诸说纷纭,不知所从。王氏抽丝剥茧,分辨甚明。该书缺点是有些条目征引繁复拖沓,有贪多务博之嫌,辨析诸家之说也偶有谬误。

四书约旨 19 卷　清乾隆间刻本。

清任启运撰。任启运有《周易洗心》,已著录。本书共 19 卷,《大学全旨》1 卷,《中庸大旨》1 卷,《论语》10 卷,《孟子》7 卷。作者认为:读书必求之心,验之身,奉孔曾思孟为吾师,而身侍其侧,每读一言,若面受训,是治学的根本。该书是作者平日与门生讲贯四书随笔札记的文字,以朱熹注为旨,称朱注是“笃实辉光,发圣人之蕴”。其对朱注亦有所发挥,认为“孔子为时中之圣”,又赞“夫子之文辞便是文,威仪便是礼”。作者指出《论语·学而篇》为一部《论语》之冠,便该得孔子一生,首节是学而不厌,次节是教而不倦,末节是下学上达,知我者天。作者对《论语》也偶有质疑,如认为《论语》无“信篇”:“时俗尚诈人,皆以无信为可矣。夫子言彼之所为可者,我殊不解也。人与人相接全恃信以行。无信则不行矣,其所为可者竟安在哉!”对于今人亦颇有启发。

论语孔注证伪 2 卷　稿本,国家图书馆藏;《合众图书馆丛书》本;《续修四库全书》本。

清丁晏撰。丁晏有《周易解故》,已著录。本书力证孔安国所注《论语》为伪书。《自序》云“余自幼年即疑是书之伪,然未敢有言也,久之确见其赝,驳诘遂多,辨说既繁”,遂成本书。其要证有四:(1) 两汉诸儒皆不言孔某为《论语训》;(2)《孔注》不讳汉高祖名;(3) 孔某卒于武帝元狩之末,不得至天汉后训解《论语》;(4)《孔注》与《尚书传》《孔子家语》《孔丛子》说多相似,因是断为王肃所伪托。

金州讲习会论语讲义 1 卷　《辽居杂著乙编》本。

清罗振玉撰。罗振玉(1866～1940),初名振钰,后改今名。初字坚白,后改字叔蕴、叔言,号雪堂、贞松,又号永丰乡人、仇亭老民。祖籍浙江上虞,生于淮安。清秀才,授徒乡间。生平在搜集、整理汉晋简牍、敦煌遗书、金石器物及整理明清内阁大库档案方面成绩卓著,在殷墟甲骨的收藏、研究、流传方面功绩尤大。著有《流沙坠简考释》(与王国维合著)、《殷墟书契考释》《三代吉金文存》等,后人汇辑为《罗雪堂先生全集》。该书共十一章:《子曰学而时习之章》《有子曰其为人也孝悌章》《子曰父在观其志章》《子曰不仁者不可以久处约章》《子曰述而不作章》《曾子曰士不可以不弘毅章》《子曰后生可畏章》《子曰三军可夺帅也章》《子曰知者不惑章》《子曰君子有三畏章》《子曰性相近也章》。该书系《论语》讲义,是作者在大连文化会讲学时,“为演述古今学述概略”,后又受金州曹冠甲之请,复讲《论语》大旨,“得《讲义》十一章”。罗氏于此《讲义》中,“所论述乃案切时势”,“与前仟之说未尽合”。

四书人物考 40 卷　明嘉靖间刻本。

明薛应旂撰。薛应旂(1500～1572),字仲常,号方山。武进人。嘉靖十四年(1535)进士。授浙江慈溪知县,累迁南京考功郎中。忤严嵩,谪建昌通判,迁浙江提学副使,以大计罢归。曾就学于王守仁,主“良知”说。工文史,与唐顺之、瞿景淳齐名。著有《四书人物考》《宋元通鉴》《宪章录》《薛子庸语》等。本书共 40 卷,“纪”3 卷,“传”37 卷。“纪”以记帝王,“传”以记臣下,各系以论、赞。对四书中所载人物援引诸书,详其事迹,但杂引诸书,不著出处。又补“考”8 卷,题应旂孙采编,杂考四书名物。《四库提要》云此类书乃为时文而编,“襞积

割裂，以涂饰试管之耳目，斯亦经术之极弊”。王重民《中国善本书提要》谓：是书增补本颇多，此嘉靖本乃是原本。

新刊举业精义四书蒙引15卷王孚斋先生緟阅四书索引别录1卷　明万历十五年(1587)刊本。

明庄煦辑。庄煦，字楚园，一字启旸。武进人。廪生。家贫，课徒为生。志行高洁，好读书，日夜吟诵不辍。深受弟子辈敬重。门中多通显士，名臣吴中行即其高弟。道光《武阳合志》作《重辑四书蒙引》，原按：删节虚斋蔡氏清《蒙引》初稿、续稿，重为编辑。其门人吴中行序之。《别录》则以孚斋王氏升亦有芟节本，故别为编辑。每条后有按，则楚园自出己见也。

四书朱子异同条辨40卷　清康熙近譬堂刻本；《四库禁毁书丛刊》本。

清李沛霖、李桢撰。李沛霖，字岱云。盱眙人。贡生。留心理学，与弟桢(字兆恒)殚心纂述，著书甚众。据光绪《盱眙县志稿》卷12，其另有《四书辑要释义》《四书经注合参》《岱云文稿》，已佚。本书旨遵朱熹《四书章句集注》，带有强烈的批判意义，学术反思比较深刻。首先，该书将批判矛头转向盲目“从朱之人”，《凡例》云：“予自总角时，往往以《章句》解书以明，以杂说解书而晦，即疑《大全》以下诸本不可尽信。于是备集诸家，妄加批抹，易其本者屡矣。……既又痛圣人之道不毁于畔朱之人，而即毁于从朱之人，亦可嘿嘿而已也。”又进一步批判盲目从朱的要害是“名从而实违”。条辨诸儒与朱子异同，必参互《四书章句集注》《四书或问》《朱子语类》，乃至《论孟精义》诸书，而于四书经文之下，一句一辨。虽长篇累牍，卷帙浩繁，似为繁琐，然撰者之意乃在为宗朱一派清理门户，故追源溯流，搜讨穷尽，故该书未尝不可以四书学史视之。

玄晏斋困思钞3卷　明万历刻本；《常州先哲遗书》本。

明孙慎行撰。孙慎行(1565～1636)，字闻斯，号淇澳。武进人。唐顺之外孙。万历二十三年(1595)一甲三名进士。授翰林院编修，擢礼部右侍郎。曾数度乞假里居。精研理学，讲学于东林书院，深为刘宗周所推重。天启初，拜礼部尚书。崇祯八年(1635)，廷推为阁臣。方入都，即病卒，赠太子太保，谥文介。著有《周易明洛义》《玄晏斋困思钞》《事物类编》《玄晏斋集》等。本书是万历庚戌(1610)至甲寅(1614)年间所录钞的读四书心得。多有所心得，但常好为新论，如解《中庸》“致曲”之曲，为《礼经》“曲礼三千”之曲。卷首有性善、性教二图，卷末一条，是孙氏对该书大旨的说明。

四书说1卷　《味经斋遗书》本。

清庄存与撰。庄存与有《毛诗说》，已著录。光绪《武阳志余》载阮元谓“是书敷畅本旨，可作考亭诤友”。宋翔凤谓本书非原本，后人以其多非议朱熹芟削之。

论语发疑4卷　清光绪十八年(1892)刻本。

清顾成章撰。顾成章，字泳植，后更名福棠。武进人。光绪十四年附贡生。著有《论语发疑》《西崖经说》《孙子集解》等。书前有金保泰序，书中多创解。如认为“其为人也孝悌”，句中“仁作人”与“孝悌也者其为仁之本与”句相呼应。又据《集解》引郑说及《礼记・檀弓疏》，认为子夏为魏人，以辨《史记》及《孔子家语》“子夏卫人”之说。由释“有酒食先生馔”章，谓先生非父兄，乃老而教学者，言侍食于父母之侧，如侍食于先生之前，则子虽能敬反无温柔之色，何得为孝？故曰“色难”。又解曾参之“参”乃“骖”之通用字，古文名字文义相属。曾子字子舆，而名参。盖取驾马引车之义。又辨参之本字当读曰“川”，而以《说文》之“参”“森”同音为周秦之言，非齐鲁之言。证以曾子之子名申，“若参”读“若森”，则父子之名同一音矣。又如疑“有妇人焉”中“妇人”当作“归人”，以“归”“妇”文相近，故是传写之误。“归人”即指伯夷也。如按“妇”字则解释必不可通。

论语义府20卷　明金坛王纲振序刻本。

明王肯堂撰。王肯堂(1549～1613)，字宇泰，号念西居士，又号损庵。金坛人。万历十七年(1589)进士。选翰林院庶吉士，授检讨。倭寇朝鲜，疏陈十议，愿假御史衔练兵海上。疏留中，乃引疾归。好读书，尤精于医。所编《六科证治准绳》《古今正统医脉全书》等，整理保存了许多医学著作，影响极大。另著有《尚书要旨》《论语义府》等。

本书不列原文，只标章目。历引宋元明诸家讲义，宋以前旧说偶取一二。与《论语集注》见解不同的就低一格录写。但“有境无境”诸义，释“子贡问贫而无谄”章等，多杂禅风。

大学困学录 1 卷中庸困学录 1 卷 清乾隆二年（1737）《积书岩六种》本。

清王澍撰。王澍有《禹贡谱》，已著录。自明以来，解释四书的著作多以寻绎语脉为时文敷衍的工具，但此二书发挥学问之功，见识远在坊刻讲章之上。解释详明，也偶有失之冗长之处，间有出入。如《大学·补传》第五章，辨陆九渊、王阳明致知之误，极为分明。《传》第七章乃云“心中不可存一物”，则仍陷入其门径也。如《中庸》第二章谓“君子时中”只是敬其意，以敬为无忌惮之反，而不知此时中字彻上彻下，彻内彻外，当由格物穷理，明体达用而来，非一“敬”字所能尽。又如《中庸》第二十章，谓“九经”句句有一篇《西铭》在内，其理固然。然不可如此说书。

四书集说不分卷 清乾隆三十年（1765）刻本。

清李道南撰。李道南（1712～1787），字晴山。江都人。母胡氏苦节，临终执道南手，曰：“还是读书。”道南泣受命，遂名其堂为“还是读书堂”。乾隆三十六年进士。著有《四书集说》《还是读书堂课艺》《断针吟》等。据本书自序，作者“每见学者于他经一名一物之细，经年考究，自矜博雅，而《四子书》反置之不讲，遗本逐末，其无得于义理之精也久矣。至三家村守高头讲章，于宋五子书有终身未尝过目者，无真书理，安得有真文章？”本书以宗朱为旨，指出“六经之精微，尽于四子之书，而四子之精微，尽发于朱子之《大全》《或问》《语类》。末学骄语汉、唐，遂欲驾马、郑诸公于朱子之上，此艾东乡所谓‘奉宋儒之弃余，好名而无实’者也”。该书博采众长，“上自程朱语录之微言，下逮元、明诸儒之名论，无不博采而慎择之”。对于清朝诸名家所选不多，认为“李厚斋先生简而精，陆稼书先生质而醇，不失朱子之旨”，采择甚严。

四书说苑 11 卷首 1 卷补遗 1 卷续补 1 卷 清道光四年（1824）自刻本；道光二十八年补刻本。

清孙应科撰。孙应科，字研芝（一作彦之）。高邮人。廪贡生。壮年折右臂，仍复抄录不辍。著有《四书说苑》《犹存集》《丰吾堂文钞》等。本书汇聚群言，类似刘向《说苑》，故以名编。首有钱栻、李周南、夏味堂、刘宝楠诸序，及作者《例言》。又列历代解四书名目，其为该书列为引用书目达 202 种。续遗又列引用书目 13 种。凡经史子集四部中涉及四书，只言片语俱行采摭，并及于同时之人。其父孙齐所著《读书识小录》未有刊本，引用尤多。或两说异而互相发明，则俱存之，不自下断语。书中如“反古之道”从《问字堂集》说，“父在观其志”二句据《潜研堂集》说，“当仁不让于师”据《小仓山房集》说，“行不由径”据《焦氏笔乘》说等等，多在四书注解之外，可以广异闻，备博采。且部分条目注意到了用出土文献加以印证，胜义尤多。

四书纬 4 卷 清道光十六年（1836）自刻本；清光绪十二年（1886）重刻本。

清常增撰。常增，字子寿，一字益之，又字美质，号继香，又号高庵。泰州人。道光五年拔贡生。聪颖过人，嗜学不倦。安化陶澍督两江时，以画梅卷册属题。常增运笔如飞，顷成 30 首，称为江左奇才。著有《仪礼琐辨》《四书纬》《竹叶山房外集》等。本书首有自序，言“郑夹漈注《尔雅》谓名物为经，义理为纬，名物应释，义理不应释。余幼喜读濂洛诸书，私幸闻道最早，故于夹漈所谓纬者，余则视之为经；夹漈所谓经者，余则视之为纬”。此该书起名之缘由。该书考据居多，言制度者如屋漏、奥灶、主皮、沟洫、五亩之宅诸条，考名物者如鸢、蒲、撮、荼等诸条，辨地理者如邦、畿、淇、澳、汶上、水浒诸条，俱极详核，言之有据。他有关经义者，亦多有阐发，极有意理。

论语实测 20 卷 1924 年南京铅字排印本。

清徐天璋撰。徐天璋（1852？～1936），字睿川，号曦伯。泰州人。诸生。湛深经学，于十三经均有著作。年 80 余卒，葬于扬州平山堂。门人刊其著作。著有《尚书句解考证》《诗经集解辨证》《三礼析义》《徐氏经学丛书》《徐氏类编》等。本书《自序》以为《论语》为孔门弟子记孔子言行之书。考其年月悉在司寇去官之日，自卫反鲁之时，定、哀间居多，意各有指。认为孔子生当春秋，或因政治感言，或为君相托讽，质之《史记·世家》《年表》《年谱》

《弟子列传》《春秋三传》《管子》《晏子》诸子，大小《戴记》，《家语》等书，蛛丝马迹，皆可寻绎，因著本书。“实”，指经史子集显有明证。“测”以为按。谓古者学校皆为官师。大夫七十致仕，老其乡里，大夫为父师，士为少师。孔子反鲁不肯从政，故任以国学之老，教士于杏坛。认为《学而》三节，盖子莅国学，哀公行释菜之礼，因乞言而勉多士，学校之少师也。俱能言之成理。但20篇中必一一证以事实，因而难免有悬揣臆度而牵强附会之说。

四书指月不分卷　明末刻本。

明冯梦龙撰。冯梦龙有《春秋衡库》，已著录。本书是残篇，仅存《论语指月》和《孟子指月》。该书虽是讲解《四书》章句，但处处针对八股文的写作。如《子曰为政以德章》一篇，云：“时文重讲首句，而于辟处数语点过，全失题神。合居其所而众星共之，完全画出个‘为政以德’来，只重居所，意亦不全。”作者对《四书》中每一篇章字句都有讲解，并指出重点生发之处，完全是八股文写作时应该注重的地方。在《子曰攻乎异端章》《或曰子奚不为政章》等章，他还注明“袁了凡谓”“袁了凡曰”，即袁黄讲解八股文的作法技巧，本书意在指导八股文写作的目的十分明确。

释孟子四章1卷　《唱经堂才子书》本；《中国文学珍本丛书》本。

明金人瑞撰。金人瑞（1608～1661），字圣叹，别署贯华堂主人，室名沈吟楼、唱经堂等。长洲人。诸生。顺治十八年（1661）遭杀。善衡文、评书、议论，尤邃于《易》。凡经史子集，疏证训诂，与释道内外诸典，稗官野史、九夷八荒之所记载，无不供其纵横评议，一以贯之，毫无剩义，发前人所未发。著有《唱经堂才子书汇编》《金圣叹奇书》等。孟子是金圣叹评批先秦古文名家的第一人，评批体例是每章前有总评，文中有夹批；每章分若干段落，每个段落后都有一段评语。该书是评批《孟子》第一篇的开首四个段落，以娴熟的心理分析方法贯穿始终，得出不少精彩的结论，在思想内容和审美方式上，至今富于发人深省的意义。

四书明儒大全精义38卷　清康熙四十四年（1705）刻本。

清汤传榘撰。汤传榘（1651～1708），字子方，号磊轩。长洲人。曾任归化知县。著有《春秋讲义》《四书明儒大全精义》、康熙《归化县志》等。本书卷首有自序，交代该书缘起、内容，云：“余生不敏，未尝涉圣学之藩篱，不过从帖括起见，尝泛滥有明儒者诸书，见其有关于四子书，辄案章札记，自弱冠以后，强仕以前，约二十年之功。始则汰其不合于《集注》者，继则汰其无裨于《集注》者，而其存者已积成卷帙，几等永乐朝所纂本子……余又窃自幸以鲁钝之故，生平惟笃信紫阳，恪遵令甲，采摭所及，必取其无悖于《集注》，与《或问》《语类》诸书相发者，以为明初《大全》之辅翼舆卫。虽不敢妄论一代钜儒异同得失，然而嘉隆以来改头换面、阳儒阴释之说，当亦不至苗莠朱紫之杂陈也。更愿与知言君子别白而订正之，其庶几足以继胡杨诸公之后尘也夫！”本书博采诸家，而引《读书录》《困知记》《居业录》数书最多。搜罗甚富，别择亦颇矜慎，视《大全》之窜易淆乱，尚为胜之。而卷首不载采用书目，亦其一憾。

第九节　群经总义类

经典释文30卷　宋刻宋元递修本；《通志堂经解》本；清光绪八年（1882）成都尊经书院刻本；2006年中华书局《经典释文汇校》本。

唐陆德明撰。陆德明（550？～630？），名元朗，字德明。苏州吴县人。唐代经学家，秦王府十八学士之一。生于梁承圣年间，卒于唐贞观初年。陈后主时任左常侍，隋炀帝时召为秘书学士，授国子助教，贞观初年任国子博士，封吴县男。本书共30卷，首为《序录》，主要说明本书的内容安排和经学的传授源流。次《周易》1卷，《古文尚书》2卷，《毛诗》3卷，《周礼》2卷，《仪礼》1卷，《礼记》4卷，《春秋左氏传》6卷，《公羊传》1卷，《穀梁传》1卷，《孝经》1卷，《论语》1卷，《老子》1卷，《庄子》3卷，《尔雅》2卷。其中因唐代《孟子》尚不为经书，故未收入。而《老子》《庄子》因魏晋以后影响很大，故也收入。本书以注音为主，兼及释义和校勘，对所注之书，均标明书名和章节，然后摘录字句，注释音义，绝大多数字都标明反切或直音。作者不仅为经典本文注音，而且还为注文注音，全书共收录汉魏六

朝230余家的各种音切和诸家训诂。因绝大多数音训原书都已失传，故本书保存的资料弥足珍贵，后世治文字、音韵、训诂之学者，均崇本书。

简端录12卷　明崇祯四年（1631）邵澄刻本；清抄本；《四库全书》本。

明邵宝撰。邵宝有《左觿》，已著录。本书是作者读《五经》的札记，凡12卷，其中《易》3卷326条、《书》2卷182条、《诗》1卷93条、《春秋》3卷292条、《礼记》（《孝经》附）1卷106条、《大学》《中庸》合1卷共43条、《论语》《孟子》合1卷共63条。简，本为古代用以书写的狭长竹片，后引申为书籍，此指经文书页。邵氏读书，每有心得，即记于简端，积久渐多，其门人王宗元为之辑录成书，故名《简端录》。华希闵序谓邵氏"于四子、五经非徒言之，实能行之。所著《简端录》，皆其深造有得，卓然见道之言"，"足以发明圣人之道，正天下后世之学术者"。《四库全书总目》亦谓本书笃实醇正，"平心谈理，不为放言高论者，即为有裨于经义。宝所记虽皆寥寥数言，而大旨不悖于圣贤，其醇正固足取矣"。

五经四书明音8卷　明嘉靖三十二年（1553）黄洪毗刻本。

明王觉撰。王觉，号沟东。江阴人，一作武进人，嘉靖进士。本书分为《五经明音》5卷和《四书明音》2卷，是一部标明古籍音读的音义书。《明史·艺文志》有著录。

经籍异同3卷　明万历间刻本；《四库全书存目丛书》本。

明陈禹谟撰。陈禹谟（1548～1618），字锡玄，号抱冲。常熟人。万历间举人，历仕南京国子监学正、四川按察司佥事、贵州布政使。博闻强识，淹贯经史。著有《广滑稽》《经籍异同》等。本书杂引五经之文，证四书所引之异同，并兼及其余经史之书，凡有语意相近、字词略同者一概旁采，故《四库全书总目》谓其"颇为庞杂"，而舛误殊多。例如引东汉李尤所作《盘铭》以证汤之《盘铭》，前者实际与经书毫无干涉，不过篇名相同。又如班昭《东征赋》中有"由力行而近仁"句，本是运用《中庸》之语，而陈氏引以为"力行近乎仁"句之异同，殊为乖谬。又有石经《大学》，本明人丰坊伪撰，陈氏竟据为定论，尤失考矣。

五经旁注19卷　明崇祯刻本。

明陈仁锡撰。陈仁锡有《系辞十篇书》，已著录。本书包括《易经旁注》3卷、《书经旁注》2卷、《诗经旁注》4卷、《礼经旁注》6卷、《春秋旁注》4卷。陈氏认为经传艰深，幼学难读，因此节录各经传笺，以为童蒙读书之法。全书的体例以训诂列在经文的旁边，有难读的字就用直音、反切的方法注在本字之下，亦兼采诸家之说，略加诠释，辞旨简核，颇便于童蒙学习。然过求简约，往往割裂经文，于圣人之意，较少发明。

九经误字1卷　清抄本；《四库全书》本；《指海》本；《亭林遗书汇辑》本。

清顾炎武撰。顾炎武有《诗本音》，已著录。顾炎武以明国子监所刊《九经》文字讹脱实多，坊刻之误又甚于监本，乃考唐石壁《九经》及诸旧本，作本书以正之。其中所摘监本坊本之误，诸经尚不过数处，惟《仪礼》脱误比诸经尤甚，赖本书校明。著者以唐刻石及历代善本为据，对《九经》进行认真校勘，考证严谨，为清代校勘学的发展奠定了基础，同时对经传文字进行了深入考证，也有助于改变当时空言心性的风气。

石经考1卷　清抄本；《石经汇函》本；《亭林先生遗书汇辑》本。

清顾炎武撰。顾炎武有《诗本音》，已著录。石经，一般指刻在石碑上的儒家经典，如汉石经、魏石经、唐石经、五代蜀石经、宋石经等，本书对由汉迄宋石经的刻石经过、文字异同详加考证，故名之《石经考》。汉魏石经一字三字争如聚讼，本书博列众说，相互参校，例如根据卫恒《四体书势》认为三字石经非邯郸淳所书；又据《周书·宣帝纪》《隋书·刘焯传》以正经籍志自邺载入长安之误，《四库全书总目》谓其"尤为发前人所未发"，又谓"至于洪适《隶续》尚有汉仪礼一碑、魏三体石经数碑，又开封石经虽已汩于河水，然世传拓本尚有二碑。炎武偶然未考，竟置不言，是亦千虑一失耳"。综上，本书尽管略有不足，但仍大致精当，更开一代石经研究之风气，稍于其后万斯同即撰同名著作增补其未详。

经义杂记 30 卷附叙录 1 卷　《拜经堂丛书》本；《皇清经解》本(10 卷)；《续修四库全书》本。

清臧琳撰。臧琳(1650～1713)，字玉林。武进人。康熙间补县学生。平生博览群书，长于汉学，尤精《说文》《尔雅》。著有《尚书集解》《尚书考异》等。本书为作者读经心得札记，原名《经义杂识》。全书共 517 则，每卷有标目，如“正名”“北风”“义疏”“擅弓”“大戴”“经典”等，而不分门，取诸经中一些存在歧义的问题与字句，罗列唐以前诸儒之说，辨其离合，进行考证训释，阐发其义。其说以郑玄为宗，于文字训诂以《说文解字》为则，旁罗参证，抉择幽微，多有发明。多关经传大事，余则辨讹谬，补遗脱，一字一句，无不深究。其《正名》一篇，说《论语》正名，当时皇侃《论语义疏》尚未复出，臧氏已能尊信郑玄正书字之义，可见其探究深邃。于《诗》《礼》二经致力尤深，论者谓“推见至隐”“觉悟群疑”。阎若璩最早为本书作序，极为推重。王鸣盛序称臧氏可与顾炎武、阎若璩等抗行，并采《纪义杂记》数条于所著《蛾术编》中。本书宗尚汉学，精于训诂，实开清代考据学之先。但由于书成后，只有阎若璩等少数人知道，一直晦而不显，直到嘉庆间，才由臧琳玄孙臧庸刻出，一时为学者所重。

九经补注 88 卷　清雍正乾隆间寅清楼刻本。

清姜兆锡撰。姜兆锡有《周易本义述蕴》，已著录。本书包括《书经蔡传参义》6 卷、《周礼辑义》12 卷、《仪礼经传内编》23 卷、《外编》5 卷、《礼记章义》10 卷、《春秋公穀汇义》12 卷、《胡传参义》12 卷、《孝经本义》1 卷、《尔雅参义》6 卷。自题曰《九经补注》，谓补朱子所未注也，如《书经蔡传参义》中驳正了许多著者认为不合朱子之意的地方，有经文互错，错混句读，错解文意数条，可称得上是一家之言。

九经古义 16 卷　手稿本；《贷园丛书》初集本；《皇清经解》本。

清惠栋撰。惠栋有《周易述》，已著录。本书所解，包括《周易》《尚书》《毛诗》《周礼》《仪礼》《礼记》《左传》《公羊传》《穀梁传》《论语》十经。其中《左传》6 卷后更名《左传补注》刊版别行，只存其九。所谓“古义”，是指汉儒专门训诂之学得以考见于当时者。作者搜采旧文，相互参证，原原本本，可称精核，其价值在王应麟《诗考》、郑玄《周易注》之上。但因爱博嗜奇，不能割爱，有个别地方显得牵强附会，失之拘执，曲徇古人。或者征引旁文、无关训诂，未免为例不纯。

古经解钩沉 30 卷　清乾隆二十七年(1762)刻本；《四库全书》本；清乾隆六十年(1795)刻本；《孔子文化大全丛书》本。

清余萧客撰。余萧客(1732～1778)，字仲林，别字古农。吴县人。著有《古经解钩沉》《文选音义》《文选杂题》《文选纪闻》《选音楼拾遗》等。本书采录唐代以前诸儒有关十三经的训诂资料，考证排比，汇编而成。首卷为序录，“备述先儒名氏爵里及所著义训”，其次分卷辑录有关《尚书》《毛诗》、三礼、三传、《孝经》《论语》《孟子》《尔雅》古训，“自诸家经解所引，旁及史传类书，凡唐以前之旧说，有片言单词可考者，悉著其目”。

群经识小 8 卷　清道光六年(1826)高邮李氏安愚堂刻本；《皇清经解》本；《续修四库全书》本。

清李惇撰。李惇(1734～1784)，字成裕，一字孝臣，高邮人。乾隆进士。著有《群经识小》《左传通释》《杜氏长历补》《说文引书字义考》等。

该书共八卷，卷 1 说《易》，卷 2 说《书》，卷 3 说《诗》，卷 4 说“三礼”，卷 5 说“《春秋》三传”，卷 6、卷 7 均为《附录》，分别说《论语》《孟子》，卷 8《补遗》乃补前 7 卷之未备者。前五卷为李惇手订，全书则由其子李培紫编辑而成。内容方面，是书考诸经古义 220 余事，不泥守前人成说，对邵雍、周敦颐等人的观点提出质疑，多发前人所未发。而其有先儒说本不误而后儒辄生异义者，李惇必申明旧说以决其是非；其最为浅劣者则直指其缪，不使贻误后人。各经中饮食、衣服、宫室、器皿之制，亦皆详细考定，有理有据。王念孙所作序谓李氏“好学深思，不惑于晚近之说，亦不株守前人”，“能以古义之宏深，启后学之锢蔽”。

六书音均表 5 卷　清乾隆四十一年(1776)刻本；《皇清经解》本；《四部备要》本。

清段玉裁撰。段玉裁有《尚书古文撰异》，已著录。段氏精于文字、音韵、训诂之学，将其研究先秦古音所得，离析而成此五表。表一列示古韵 17 部，

包括并指明其为《广韵》何部，附文字说明，阐述分部理由及其于上古音方面的某些理论见解。表二为《谐声表》，作者认为凡形声声符相同的汉字，在上古音中亦必为同部，故分同声符字为17部，以备查考。表三为《合用类分表》，依声音上的远近，将17部归纳为六大类。认为同类常合韵。创“异平同入说”，认为上古某一入声韵可同时与几个舒声韵相配。表四为《诗经韵表》，于17部下，遍举《诗经》用韵例，以证其分部之合理。表五为《群经韵表》，选取先秦两汉其他经典中韵文用韵例，为所分17部提供补充例证。本书对上古音研究建树颇多，虽尚未尽善，但为后人之深入研究打下基础，有较高的学术参考价值。本书于流传中多附于《说文解字段氏注》之后。

经传小记1卷　《刘端临先生遗书》本；《皇清经解续编》本；《广雅书局丛书》本。

清刘台拱撰。刘台拱(1751～1805)，字端临，一字江岭。宝应人。乾隆三十五年(1770)举人，官丹徒县学训导。后又多次会试，不中，遂绝意科举。清代经学家、训诂学家。所著书卷帙不多，皆为精粹之言。有《论语骈枝》《国语补校》《荀子补注》《淮南子补校》《方言补校》《汉学拾遗》《文集》等。刘氏摘录《礼记》《周礼》《尚书》等典籍的某些疑难章句，在训释中阐发其义。另外，还征引《诗经・周颂》中的同种用法作为佐证，令读者得益非浅。刘氏虽然崇尚宋学，但又重视汉学传统，精于训诂，谙于考证。故全书不仅旁征博引，务求穷通，而且阐发诸经义理，公允有致，不拘于宋儒之说。

五经小学述2卷　《珍艺宧遗书》本；《皇清经解续编》本；《续修四库全书》本。

清庄述祖撰。庄述祖有《尚书今古文考证》，已著录。该书考证五经中的文字音义，或补前人之阙，或纠前人之误，多引清人之说以证己，在庄氏所著中较为平实。如《礼・少仪》“祭祀之美，齐齐皇皇”注：“齐齐皇皇，读如归往之往。”《正义》：“皇氏云：‘心所系往’。”庄氏谓《说文》云：“暀，光美也。”《释诂》云：“暀暀，皇皇，美也。”郑以上言语之美，既云“皇皇”，此祭祀之仪，当为“暀暀”，故读如归往之往，非必取义心有所系往也。自不明六书有谐声，壹以会意释之，穿凿附会之病，固非独王介甫《字说》为然矣。又《内则》“择于诸母与可者”注：“诸母，众妾也。可者，傅、御之属也。”庄氏谓“可”作“阿”，读乌何反。《说文》云：“娿，女师也。杜林说：加教于女也，读若阿。”继诸母而言可者，明是傅姆，非御妾也。其说并允。

十三经注疏校勘记245卷　清嘉庆十三年(1808)阮元文选楼刻本；清嘉庆二十一年江西府学重刊《十三经注疏》合刻本；《皇清经解》本。

清阮元撰。阮元有《诗书古训》，已著录。作者鉴于明代南北监本《十三经注疏》纰缪百出，广搜宋、元、明、清多种经本、经注本、单疏本、经注疏合刻本以及唐石经，并以卢文弨所校《十三经注疏》为底本，集当时著名学者李锐、徐养原、顾广圻、臧庸等分别校勘，参考石经及清人研究成果等，最终由作者总领其事，亲自复勘，定其是非。每一经前皆有所据版本目录。校勘态度谨慎客观，被国内外学者研究经学所取鉴。

皇清经解1412卷　清道光九年(1829)广东学海堂刻本；清光绪十三年(1887)上海书局《皇清经解石印直行足本》；清光绪中上海点石斋石印本。

清阮元编纂。阮元有《诗书古训》，已著录。本书又名《学海堂经解》，汇集清代儒家经籍训释著作的丛书。阮元任两广总督时曾主学海堂，认为当时治经者，苦于不能备观各书，乃为之搜集清初至乾嘉时期经学著作74家，共180余种，360册，1412卷，汇刻而成本书。本书搜罗丰赡，其中大多是清代学者训释考订成果，由此可以窥见清初至乾嘉时期经学的演变。

经义述闻32卷　稿本；清道光七年(1827)京师寿藤屋刻本；2012年上海书店出版社《中国经学史基本丛书》本。

清王引之撰。王引之(1766～1834)，字伯申，号曼卿。高邮人。父念孙、祖安国，皆以治名物训诂著称。其学力主通核，不尚墨守，以文字训诂最为专精，与其父王念孙齐名，并称“高邮二王”。嘉庆四年(1799)进士，授翰林院编修，后擢升礼部左侍郎，参与纂修《词林典故》，任实录馆、国史馆副总裁。道光七年，晋工部尚书。谥号文简。作者幼承家教，本书所述，多为其父所授，作者继承并有所发

展。自序称“引之过庭之日，谨录所闻于大人者，以为圭臬，日积月累，遂成卷帙，既又由大人之说，触类推之”，故名《经义述闻》。所述均为训释《周易》《尚书》《毛诗》《周礼》《礼记》《大戴礼记》《左传》《国语》《公羊传》《穀梁传》《尔雅》等书中的讹字、衍文、脱简、句读等疑难问题，纠正毛、郑、马、贾、服、杜之旧注，陆、孔、贾之旧疏，解决了自汉以来很多不易解决的问题，最大的价值在校勘与训诂，很多难读或前人误读的文句，经引之广征博引、深入考辨而冰释。是书初刊于嘉庆二年(1797)，乃其未完本，道光七年重刻于京师，增加《太岁考》《春秋名字解诂》两篇，即今通行之足本。

拜经日记 12 卷 清嘉庆二十四年(1819)拜经堂刻本；《皇清经解》本；《续修四库全书》本。

清臧庸撰。臧庸(1767～1811)，初名镛堂，字在东，又字东序，后改名庸，字用中，一字西成。武进人。室名拜经。臧琳玄孙。师卢文弨于龙城书院，尽得其学，并从钱大昕、段玉裁等讨论学术。精研经学，治学根据经传，剖析精微。擅长校雠，嘉庆初，助阮元编纂《经籍籑诂》《十三经注疏校勘记》。卢文弨誉之为“校书天下第一”。一生困于场屋，以诸生终。著有《孝经考异》《月令杂说》《乐记二十三篇注》《臧氏文献考》《拜经堂文集》等。作者拟《经义杂记》而作《拜经日记》。《日记》所研究者，一曰诸经今古文，二曰王肃改经，三曰四家《诗》同异，四曰《释文》义疏所据旧本，五曰南北学者音读不同，六曰今人以《说文》改经之非，七曰《说文》讹脱之字，而于孔孟事实考之尤详。高邮王念孙亟称之：“用中绍其先玉林先生之学，撰《拜经日记》十二卷，考订汉世经师流传之分合、字句之异同，后人传写之脱误、改窜之踪迹，擘肌分理，剖毫析芒，其可谓辩矣。若其说经所旁及者，叔孙《礼记》、南斗文昌之类，皆确有根据，而补前人所未及。”周中孚称其书专于发挥经义，推见至隐，直使读者置身两汉，若亲见诸家之说者；其余泛论学问无关于经义者，亦皆穷源竟委，钩贯会通云云。段玉裁称其学识远超孙星衍、洪亮吉之上，诚非虚言。

群经释地 10 卷 《戴静斋先生遗书》本。

清戴清撰。戴清(1762～1827)，字静斋。仪征人。嘉庆时期贡生，候选训导。好考究古籍典故，并工诗文。著有《四书典故考辨》《群经释地》《双柑草堂诗文集》。本书共 10 卷，分为《书经》《诗经》《周礼》《礼记》各 1 卷，《春秋三传》3 卷，《尔雅》《论语》《孟子》各 1 卷。他经附见。本书就阎百诗《四书释地》一书推广而成。是书对各经书所涉及的地名，或释地名缘起，或追索地名变迁，间及典故，对研究有关经书和考证地理沿革，均有一定的参考价值。

十七史经说 12 卷 清照旷阁抄本，国家图书馆藏；清述郑斋抄本，南京图书馆藏。

清张金吾撰。张金吾(1787～1829)，字月霄，又字慎旃。昭文人。清代著名藏书家、版本学家、刻书家。一生致力于藏书、校书、刻书、研究校雠诸学。著有《释冕》《释龟》《广释名》《两汉五经博士考》《十七史引经考》等。《史记》《汉书》《后汉书》《三国志》等史书引经多存古义，清儒多引证据以明通假、正诂训，而晋以后的史书却鲜有人引以此用，后汉诸史虽然并非当时人所编纂，但大多也是当时之人事，《南史》《北史》所载经义，大多都是唐以前的内容，即便《唐书》也大都是唐人之说。本书钩稽自《史记》至《唐书》所引经文传注，采摘其语，相互明证，与同时王绍兰之《周人经说》、阮元之《诗书古训》，有异曲同工之妙，都是追溯其源，探求其本，同样有裨于经学研究。

白虎通疏证 12 卷 清光绪元年(1875)淮南书局刻本；《皇清经解续编》本。

清陈立撰。陈立(1806～1869)，字卓人、默斋。句容人。曾任翰林院庶吉士、刑部主事等职。从师于凌曙、刘文淇，于《春秋公羊传》用力最深，在前人阐释《公羊传》的基础上，写成《公羊义疏》。本书是对班固《白虎通义》一书的疏解之作。本书集礼制之大成，书中多采取公羊家之言，作者在本书序文中说道：“只取疏通无资辨难，仿冲远作疏之例，依河间述义之条，析其滞疑，通其结辖，集专家之成说。”本书是研读《白虎通义》的重要参考书籍，本书还有助于了解有关典章制度的名词概念。

隶经杂著甲乙编 4 卷 清光绪十八年(1892)刻本。

清顾震福撰。顾震福，字竹侯。淮安人，清末

民初文字学家、经学家、著名谜家。正史无传。著有《小学钩沉续编》《三家诗遗说续考》《毛诗别字》《周易连语》《重言释》等书。本书记录了作者年少时说经的文字，多是考释名物，笺正伪误。作者作本书时见书不多，见识不高，尽管篇幅不小，但是精到之处罕见。如《甲编》卷上《鼫鼠硕鼠辨》《陆玑陆机辨》之类，前人已有论述。又如卷上《貉纶也正误》《爰居名杂县补义》之类，是读《尔雅》时的札记，更改标题而作为一篇，所以着墨不多，与其他篇目不相似。著者著本书时学力尚浅，造诣不高。本书卷首有《盭厔路伭》一序，称其少年志锐，是编乃其权舆，他日学与年进，其精博当更无涯也。

第十节　小学类

尔雅校议 2 卷　《食旧堂丛书》本；《续修四库全书》本。

清刘玉麐撰。刘玉麐（1738～1797），字又麒，号春圃。宝应人。著有《粤西金石录》等。本书非刘氏手定，乃后人辑成。周祖谟、许嘉璐等人认为，本书与《尔雅补注残本》是同一著作的两种辑本，但亦有学者以为非。据《自序》，本书是刘氏在校勘《尔雅注疏》的过程中搜集了很多汉魏旧注，又做了一些考证后所作。后刘氏又得见《尔雅正义》，再将《正义》中未涉及的部分进行补充，即成本书。本书上卷从《释诂》到《释水》，下卷从《释草》到《释畜》，全书体例是先列《尔雅》正文和郭注、邢疏中欲补正的词条，继而以“玉案”添加自己的注解。本书注解，主要是依靠其他文献中的引文和注文对郭注和邢疏进行补充。如《释诂》“羕、融，长也”条，刘氏认为“融、羕所未详。玉案：郭林宗碑文‘禀命不融，享年四十有二’，是以融为长也。”同时会利用《尔雅》来解决文献中的训诂问题。如《释山》“独者，蜀”条，刘氏认为“《方言》‘一，蜀也。南楚谓之独’，转相训，故‘独’以为‘蜀’。《管子·形势》‘抱蜀不言而庙堂克修’，当本此为训”。本书的内容，与《尔雅正义》仍有一定的重复，且有将《正义》内容传写错误的地方，但因是辑本，故是刘氏之误还是辑录者之误，在运用本书时需要详加辨别。

尔雅补注残本 1 卷　《广雅书局丛书》本；《功顺堂丛书》本；《丛书集成初编》本。

清刘玉麐撰。刘玉麐有《尔雅校议》，已著录。本书非刘氏手定，乃后人辑成。周祖谟、许嘉璐等人认为，本书与《尔雅校议》是同一著作的两种辑本，但亦有学者以为非。全书共计 63 条，多有《尔雅校议》所未及者。如《释诂》“极，至也”条，刘氏引《管子·形势》“山高而不崩则祈羊至，渊深而不涸则沉玉极”，以证“极”为“至”。本书作为《尔雅正义》的校本，在一定程度上可以补充《正义》的不足。如《释诂》“郃，合也”条，邵氏主要是从声音上探求“郃”有“合”义，而刘氏则是从地理角度来探源“郃”义，可互为补充。与刘氏所作《尔雅校议》相比，本书的注解则更加深入，引文也更为丰富。如《释诂》“祔、祪，祖也”条，《校议》只有“《说文系传》引郭璞曰：‘祪，毁也。祔新庙毁旧庙也。”而本书则有“郭注：‘祔，付也，付新死者与祖庙。祪，毁庙主。’玉案：《曲礼》‘立之主’，注云：‘祔而立主。’《左传》‘祔而作祖’，是祔亦祖也，祖与主同声，盖祖即主耳”。刘岳云在本书的跋语中评价道：“盖先生考据之精，大略可睹矣。视翟灏《尔雅补郭》、戴蓥《尔雅补正》，有过之而不无及。”

尔雅郝注刊误 1 卷　《殷礼在斯堂丛书》本；《续修四库全书》本。

清王念孙撰。王念孙（1744～1832），字怀祖，号石臞。高邮人。王安国子，王引之父。清乾隆四十年（1775）进士，官永定河道等。著名音韵、训诂、校勘学家。本书书前有罗振玉的序言，序言提出郝懿行所作《尔雅义疏》的阮刻删节本应当是出自于王念孙之手，“以书迹观之，皆出石渠先生手，间有一二为文简书，其尤未安处则石渠先生加墨签，每条皆出‘念孙案’，凡百十有三则，知删定果出石渠先生，非托名也”。全书先列《尔雅》经文，再列郝疏，最后是念孙案。全书内容主要分为以下三个方面。一是阐释了学术史上对《尔雅》性质的不同理解，王氏认为“《尔雅》之作主于释义，非以辨别文字，解释形声”，与郝氏所见相异。二是纠正了郝书中的一些引文上的错误。如《释诂》“卬、吾、台、予、朕、身、甫、余、言、我也”条，郝氏引《管子》“吾子食盐二升少半”，认为“吾子犹言我子耳”，而王氏则认为“吾子犹言余子”。三是纠正了郝书中一些校勘上的错误。如《释诂》“元、良，首也”条，郝氏认为

"元良"乃"元首"讹误，但王氏以版本为依据，并引阮元《十三经注疏校勘记》，辨证郝氏为非。罗振玉对本书评价甚高，本书亦足见王氏治学之谨严，具有较高的学术价值。

尔雅注疏本正误5卷 清光绪庚子(1900)广雅书局刻本;《积学斋丛书》本;《续修四库全书》本。

清张宗泰撰。张宗泰有《周官礼经注正误》，已著录。本书主要是对《尔雅》经文及注疏文字和音读所作的校正。卷1为"正经文之误"，卷2为"正注文之误"，卷3为"正疏文之误"，卷4、卷5为"正音释之误"，其中，卷4自《释诂》至《释水》，卷5自《释草》至《释畜》。卷1主要依据《经典释文》《说文》等对今本《尔雅》经文进行文字上的校勘。如《释诂》"揫，聚也"条，张氏认为"揫，今本误从木，注'拘揫'误同"。卷2主要依据《释文》、邢疏等纠正今本《尔雅》郭注文字讹误。如《释宫》"有室曰寝"条，张氏认为"注'但有大室，今本'室'误作'寝'，疏'但有大室者曰寝'"。卷3主要校正今本《尔雅》邢疏文字讹误。卷4、卷5主要校正今本《释文》对《尔雅》注音的讹误。本书在体例上将《尔雅》原文、郭注、邢疏和《释文》音注分别归类校勘，明确了然，但所借助的各书皆存在版本不够丰富精善的问题，在利用时不可不注意。

尔雅汉注3卷 《问经堂丛书》本;《丛书集成初编》本。

清臧庸撰。臧庸有《拜经日记》，已著录。本书是臧氏对于《尔雅》在汉魏之时注解的辑佚著作。臧氏认为，郭注出现以后，之前的诸家注解都逐渐亡佚，但这些注解，"皆说《尔雅》者所必宗也"，郭氏的注解，问题十分明显，即"于古文古义不能尽通，往往以己意更定"。因此，搜集这些早期的注解具有相当大的必要性。臧氏主要搜集了犍为文学、刘歆、樊光、李巡和孙炎等人的注解，对于所辑到的古注，臧氏都一一注明了出处，后时附个人按语。如《释诂》"即，尼也"条，臧氏有"孙曰：'即尤今也；尼者，近也。'《书》正义十。郭同。按：景纯注《尔雅》袭用旧说，于孙氏尤多，后遇郭义与古注同者，多数'郭同'二字，以验其所本也"。臧氏本书，如卢文弨评价，对《尔雅》汉魏时期的注解，"能引伸其所长，而不曲护其所短，由训诂以通经学，斯不难循途而至矣"，后人注疏《尔雅》，多有引臧氏本书者。因此，本书具有较高的学术参考价值。

尔雅注疏校勘记6卷 清嘉庆十三年(1808)阮元文选楼刻本;《续修四库全书》本;1980年中华书局《十三经注疏》本。

清阮元撰。阮元有《诗书古训》，已著录。本书是阮元《十三经注疏校勘记》中的一部分。阮氏在校勘《尔雅》时十分注重版本，他几乎搜集到了当时可见的各种善本，如白文本有唐石经本，单注本有元雪窗书院本、明吴元仿宋刻本，单疏本有宋椠本，注疏本有元椠本、明闽本、汲古阁本及诸名家注疏本，充分利用了版本和前人及同时代人的校勘成果。如《释诂》"疆，垂也"条，阮氏有"唐石经、单疏本、雪窗本同。《释文》：'疆字又作畺，经典作疆，假借字。'惠栋云：'据此知《尔雅》不作疆也，当改正。'按：《说文》畺界字作畺，或作疆。此当经作畺，注作疆。尝谓《尔雅》之文有较经典独得其正者，此类是也。《一切经音义》卷25：'疆界，居良反。疆，竟也。《尔雅》：疆，陲也。与陆本合"。不仅对《尔雅》原文，而且对郭注和邢疏的文字辩证都有着很大的价值。阮氏认为"《尔雅》释经，则假借特多，其用本字本义少也。此必治经者深思而得其意"。总体来看，本书是清代注疏《尔雅》的著作中成就最高的一部，学术价值极高，是《尔雅》研究者的必读书目，为后人所推崇。

尔雅释例5卷 1921年南京高等师范学校排印本;《续修四库全书》本。

清陈玉澍撰。陈玉澍(1852～1906)，原名玉树，字惕庵。盐城人。晚清著名学者、诗人。著有《毛诗异文笺》《卜子年谱》《后乐堂诗文集》等。本书是陈氏在前人研究《尔雅》基础上对《尔雅》条例进行系统总结的一部重要的雅学著作，也是清人第一部深入阐发《尔雅》体例的著作。本书有顾实、黄以周、陈氏和陈氏之侄陈钟凡的叙。本书成书之后，曾由刘师培、陈汉章加以校订，后顾实曾做过二次校订。在叙文中，陈氏提出，清代学者对于其余各经典的体例都有所剖析，但独独《尔雅》却未见。"玉澍则知释《尔雅》之不可无例，犹之释诸经之不可无例也。"全书共计45条。前3卷为《尔雅》释义例，主要总结了编纂和释义的体例，有助于读者精

确把握全书编排和释义规律。后两卷则为《尔雅》校勘例，主要针对《尔雅》在流传过程中出现的校勘问题，总结了错误的类型和致误的原因。本书后人评价甚高，如顾实"诧为杰作"，认为本书"洵为初学者研治雅诂之人门"，黄以周则认为本书"标明纲格，统括大归，畴昔《尔雅》有例之言，得此大畅"，但也存在一定的失误，如归纳过于琐碎等，后闻惕著有《〈尔雅释例〉匡谬》一书，对本书有所补正，可供参考。

尔雅古注斠 3 卷　清光绪二年(1876)李氏半亩园刻本；《续修四库全书》本。

清叶蕙心撰。叶蕙心，字兰如。江都人。著有《兰如诗抄》等。本书是对《尔雅》古注进行辑佚的著作。据叶氏夫婿李祖望的跋语，本书刊刻于光绪二年，李氏另外提到，叶氏少年时即可背诵《尔雅》全文，但不通其意，后历近 20 年，搜集古注，撰成本书。全书搜集旧注共计 1 200 余条。全书体例是先列《尔雅》，后接所辑旧注及其出处。在部分条目中，叶氏以"蕙心案"的形式阐发了自己的见解，纠正了古注或是郝懿行、邵晋涵注释中的有误之处，阐发通转假借。如《释诂》"鲜"字，郭注有"本或作尠，非古斯字"，叶氏则认为"鲜、善，一声之转，鲜、斯亦声近假借。《诗・北山》云'鲜我方将'，郑笺云'鲜，善也'，又《诗》'鲜民之生'，《书》'惠鲜鳏寡'，诸'鲜'字皆古'斯'字。若作'尠'，为不词矣。郭音义故以为非"。此外，叶氏也对诸家注解不一致之处进行辨证，在某些部分也会给出自己的注解和校勘。翻阅本书，可看出叶氏搜集旧注颇为详细，保存了大量的《尔雅》旧注材料，同时加以考证，并吸收了许多同时期的雅学研究成果。李慈铭在《越缦堂读书记》中评价本书有"其搜集较臧拜经所辑为多，间附按语，亦甚精密"，可见本书价值之高。本书是清代雅学古注研究的重要著作。

读尔雅日记 1 卷补记 1 卷　清光绪十六年(1890)学古堂日记本；《续修四库全书》本。

清董瑞椿撰。董瑞椿，吴县人。本书主要是对《尔雅》中的某些词条进行校勘、补正，并对郭注、邢疏中的错误进行纠正的著作，全书共计 93 则。书中校勘、补正了大量《尔雅》原文中出现的错误，给出了自己的见解。如《释天》"四气和谓之玉烛"条，有郭注"道光照"。董氏则认为"《雅》此文无'光'字，注何以言光？据邢疏引《尸子・仁意》'四气和为正光，此之谓玉烛'，疑此'四气和'与下元本《尔雅》尚有'为正光'三字。郭所见本尚未夺，因以'道光照'注'为正光'，与下文'四时和为通正谓之景风'，句法亦正一例"。书中另外利用词义引申、因声求义等方法，对郭注和邢疏做了多处疏证，颇有创见。如《释诂》"士，察也"条，有郭注"士，理官，主听察"。董氏则认为"士虽主听察，要不可即谓之察，注义非也。《说文》'士者，事也'。事有二义：一职守之事，同司；一服役之事，同伺。景纯舍士之本义，反借士师之士，未知何故"。《补记》共计 78 条，全部是对《释诂》篇的补正，在保持《日记》原有体例的基础上，对于同时代人的研究成果也多有吸收和评判。《日记》与《补记》并有数条辑佚条目，并加以考证。因此，作为札记类著作，本书对于《尔雅》研究有着较大的学术价值。

尔雅注疏参议 6 卷　《九经补注》本；《续修四库全书》本。

清姜兆锡撰。姜兆锡有《周易本义述蕴》，已著录。本书是补正《尔雅》的著作，全书分为 6 卷，卷 1 为释诂，卷 2 为释言和释训，卷 3 为释宫、释器、释乐，卷 4 为释天、释地、释丘、释山、释水，卷 5 为释草、释木，卷 6 为释虫、释鱼、释鸟、释兽、释畜。姜氏在序言中对《尔雅》及雅学的发展进行了一番剖析，认为《尔雅》非一人所作，而雅学在发展过程中出现了文饰滋蔓的现象，对于《尔雅》全书的体例，姜氏认为多有错讹，故在本书中做了一定的删改和增补。全书主要围绕郭注和邢疏展开，首先对部分生僻字进行注音，其次添加按语，对于注疏做了大量的补充。如《释诂》"省、绯、觳，善也"条，姜氏即补正道："愚按：省、绯、觳，注未详。今考绯之言善，修整之义；觳为圆满之义，犹攻为精专之义也；省亦为察治之义，故皆得为善与。"此外，姜氏对《尔雅》正文也做了大量的校勘工作。值得指出的是，姜氏尽管提出了大量个人观点，但多处显是臆测，不可尽信，运用本书，需要关注这一点。

别雅 5 卷　清乾隆七年(1742)新安程氏督经堂刻本；《玲珑山馆丛书》本；清道光二十九年(1849)小蓬莱山馆刻本。

清吴玉搢撰。吴玉搢(1699～1774),字籍五,号山夫,晚号顿研,又号钝根。山阳人。晚年方得贡生,授凤阳府训导。长于金石之学。著有《说文引经考》《六书叙考》《别雅》等。本书搜辑古书中文字形音歧异而意义相同的词语以韵编之,初名《别字》,后改《别雅》。王家贲《序》:“吾友吴山夫集经籍史传中字形错互、音义各别、疑于传讹承谬者,会萃而订之,因为推阐义类,各疏其所以通、同、转、假之故,皆有征据,名《别字》,五卷。洵六经子史之津逮也,予以其体似《尔雅·释训》《释诂》,因为易其名曰《别雅》。”本书对所释之字,分别列出别字异体及假借之字,注明出处,辨析异同,例如卷1“穹桑”条:“穹桑,空桑也。《吕览》:‘伊尹生于穹桑’,《春秋纬》:‘少昊邑于穹桑’,即空桑也。《字汇补》云:‘今云南县名浪穹,土音为浪空。’盖‘穹’‘空’二字音近,古或通用。”作者对于古人用字同声假借、转音变异、别体重文等辨析并不明晰,有些说解亦有疏谬。古书中常见的假借通用之字,本书也有漏收。

说文解字系传40卷 《四库全书》本;《四部丛刊初编》本;中华书局1986年影印清道光年间祁寯藻刻本。

南唐徐锴撰。徐锴(920～974),字楚金。广陵人。五代南唐文字学家。与兄徐铉齐名,史称“大小徐”,官至内史舍人。著有《说文解字系传》一书,世称“小徐本”。本书是汉魏以后存世的《说文解字》注本中最早的一部,之所以名为“系传”,是取法于易传,徐锴因尊崇许慎,把《说文》视为“经”,而自谦所作训释为“传”。全书40卷,卷1至卷30为“通释”,每个正传下先列《说文》原文,次以“臣锴曰”“臣锴案”进行诠释阐发,疏证古义,一般引“小徐本”即指“通释”。卷31、卷32为“部叙”,专讲540部首的排序的原理,卷33至卷35为“通论”,阐发文字结构的意义,附会阴阳五行及社会伦理。卷36为“祛妄”,批驳唐代李阳冰的新说。卷37为“类聚”,取同类名物的字说明其取象。卷38为“错综”,从人事推阐古人造字的意旨。卷39为“疑义”,论列《说文》所阙之字和字体与小篆不合者。卷40为“系述”,说明各篇著述的宗旨。本书对后世《说文》研究影响深远,周祖谟先生评价说:清代段玉裁《说文解字注》在本书基础上“更加精深而已”,“在考索字义方面,徐氏特别注意的是从声音上去探讨。这也就是清人所说的‘因声求以义’”,“由此可见徐锴《系传》是清代文字训诂之学的前驱,清人受徐锴《系传》的启示很多”。

说文解字校定本30卷 清嘉庆十四年(1809)孙星衍覆刻宋本;同治十二年(1873)陈昌治覆刻本。

汉许慎撰,南唐徐铉校订。徐铉(916～991),字鼎臣。广陵人。徐锴之兄,与韩熙载齐名,江东谓之韩徐。历任吴校书郎,南唐御史大夫、吏部尚书,宋太子率更令加给事中,出为右散骑常侍,迁左常侍,后贬靖难行军司马。精于小学,好李斯小篆,隶书亦工,受诏与句中正、葛湍、王惟恭等同校《说文》,所成《说文解字》校定本,世称“大徐本”。另有《徐公文集》。许慎《说文解字》原15卷,徐铉以为卷帙繁重,每卷各分上下,共30卷。注义及序例偏旁有而《说文》失收者,铉补入正文中,凡19字。又把先秦古籍中出现而《说文》不载的,即所谓“经典相承传写”者,以及许慎之后产生的新字而《说文》不载的,即“时俗要用”者,新附于正文每部之后,共402字,每字皆用孙愐《唐韵》切音注于下。总体而言,徐铉的功绩主要有以下几个方面:一是对《说文》版本进行校勘订正。北宋以前,通行的《说文》是李阳冰校定本,经李阳冰的擅改,《说文》体例与解释都出现了混乱,经徐铉等人校勘,剔除了李阳冰妄改之误,基本恢复了许书原貌。二是补缀《说文》缺漏。大徐增19字于正文,如《说文叙》引“幼子承诏”语,但正文漏落“诏”字,大徐遂于“言部”补进“诏”字,并说解云:“诏,告也。从言从召,召亦声。”三是为《说文》添附新字,如“示”部新附“祢”“祧”“祆”“祚”4字。“大徐本”成为后世《说文》最为通行的定本,在我国文字学史上占有重要地位。黄侃先生说:“大徐本虽未必即为许君原书,而究非搜辑他书断烂讹脱者可比,《说文》惟有依据大徐为正。”

字鉴5卷 《铁华馆丛书》本。

元李文仲撰。李文仲,自署“吴郡学生”,长洲人。作者伯父李世英曾撰《类韵》20卷,从经史百家书中字同音异者钩稽出来,旁征博引,以求音义之确,成书于元英宗至治元年(1321),不久李世英

去世，而《韵类》内文字点画尚有未正者，作者于是续作《字鉴》一书，以补正《类韵》之误。本书根据《说文》，参照诸家字书，辨正点画，刊除俗谬，对诸家字书皆有驳正，其中对毛晃《增修互注礼部韵略》驳正尤多。《四库全书总目》评价说“大旨悉本《说文》，以订后来沿袭之谬，于小学深为有裨。至若‘茇’字变为‘荸’、‘陊’字变为‘堕’、‘隓’字变为‘隳’之类，则以为承讹既久，难于遽改，而但于本字下剖析其所当然，深得变通之宜，亦非泥古骇俗者所可比也”。

隶辨8卷　清康熙五十七年(1718)项䌹玉渊堂刻本；清乾隆八年(1743)黄晟重刊本；上海扫叶山房影印本。

清顾蔼吉撰。顾蔼吉，号南原。吴县人。清金石学家。本书以北宋娄机《汉隶字源》为基础，采汉魏所有文字，钩摹其形，按《礼部韵略》次韵编次，每字之下均出碑铭，并引碑语。对于《汉隶字源》的错谬，如“舩、船，爯、再，体或不分；血、皿，朋、多，形常莫别，悉从《隶释》《隶续》详碑定字，指摘无余”，于娄氏所未备，亦复加以补充。对所收录的隶字，依据《说文》辨其“正”“变”“省”“加”。复依《说文》部次，纂偏旁540字，括其枢要，以见篆、隶变迁之迹。又列诸碑之目，折中“分”“隶”之说，各为之考。全书共8卷，卷1至卷5为正文，依《韵略》分韵隶字，并加以注释考证，卷5末附列“疑字”。卷6分析偏旁540部，卷7、卷8为《碑考》，并附《隶八分考》《笔法》2篇。《四库全书总目》批评顾氏“碑字出自手摹”，不足为凭，又每字下所引碑语亦多舛讹。本书重点在于以隶证经，又能本之《说文》辨其“正”“变”“省”“加”，显示出篆隶变化的规律。本书于隶字取舍较为严格，隶书通行之字，即使不见于《说文》而义可相通，亦加以收录，若字体乖剌过甚，则摒而不录。

读说文记15卷　《借月山房汇钞》本；《续修四库全书》本。

清惠栋撰，江声参补。惠栋有《周易述》，江声有《尚书集注音疏》，均已著录。本书为惠栋随手札记，未经告成，其弟子江声用惠氏原本为之参补完成。惠氏尝谓《说文》一书，不但形声点画足考制字之原，其所训诂，亦足佐毛、郑诸家之未备，又皆魏晋以前古文，一句一义在今日皆为瑰宝。《读说文记》即其研读《说文》时之旁注侧记，遂录而为书。本书或用经史子集原文以证字之本义、别义，或说明字之正体、或体，或说明字之古音，内容相当丰富。

说文引经考2卷　清道光元年(1821)仪征程赞咏刻本；清光绪八年(1882)湖南双峰书屋刻本；《偲进斋丛书》本。

清吴玉搢撰。吴玉搢有《别雅》，已著录。本书中注明《说文》所引经文详细出处，指明引书作用，订正许书、经书之误，指明许慎引经异于今经书传本之原因，取证广博详实。原《序》云：“汉太尉祭酒汝南许叔重氏署《说文解字》十五卷，所引诸经数千余言，按其同异大约参半，非独与宋人抵牾，亦与汉儒剌缪。然要其大端，尚有可考。或经师授受各殊，或隶变相承递变，或形声近似即相通假，或以讹传讹渐至悬绝。故其间有与今本虽异而实同者，有可以并行而不悖者，有今本显失、不考《说文》不足以证其误者。”其取《说文》引经与今本有异同者一一标出，合计1 112条，成书2卷，附《补遗》。书成则便利学林，可资治《说文》、群经之用。其后同考《说文》引经者如陈瑑《说文引经考证》、吴云蒸《说文引经异字》、柳荣宗《说文引经考异》、雷浚《说文引经例辫》、承培元《说文引经证例》，有赖于此开山之作。李慈铭《越缦堂读书记》评《说文引经考》“取证虽较吴氏云蒸书为博，而于许君义例，未能深知，误文窜语无所别。又以原书为次，不如吴氏分经为类，便于检寻”，胡朴安《中国文学学史》中评《说文引经考》“虽未尽当，大致颇足观”，较为公允。

说文解字注15卷附六书音均表5卷说文部目分韵1卷　清嘉庆二十年(1815)段氏经韵楼刻本；凤凰出版社2007年出版许惟贤整理本。

清段玉裁撰。段玉裁有《尚书古文撰异》，已著录。作者熟通典籍，精于音韵训诂之学，认为向来治许慎《说文解字》者，多不能通其条贯，考其文理，未得许书要旨，故撰本书。先撰长编性质的《说文解字读》，以此为基础，“简练成注”，完成《说文解字注》，前后历时近30年。卷帙一仍“大徐本”30卷之旧，阐明许书体例，以许注许，订讹正误，使读者能正确理解《说文》，领会作者旨意。作者形、音、义三

者并重，以音韵为骨干进行训诂，不仅就字论字，而是形音义三者相互推求。不仅将《六书音均表》附于书末，而且在分析字形字义及过录徐铉本切音之外，逐字注明古音所在部次，或直言第几部。本书在词汇学、词义学上也有贡献，对同义词的辨析也很准确。本书是《说文》研究的权威性著作。其不足表现为过分维护许慎之说，许慎的某些错误非但未得到纠正，反而强为之解。

说文引经考 20 卷　清嘉庆十年(1805)程世勋刻本；《续修四库全书》本。

清程际盛撰。程际盛有《周礼故书考》，已著录。本书在清代《说文》引经研究的著作中较为特殊，既不专事《说文》引经与今传本之间字句差异，也不对《说文》引经体例进行阐发，而是寻绎《说文》引经的来源，探索《说文》对经部典籍的"暗引"问题，如《说文・酉部》"酒"字释义有"古者仪狄作酒醪，禹尝之而美，遂疏仪狄"。程氏指出："《离娄》'禹恶旨酒'。按：《孟子》注：'仪狄作酒，禹饮而甘之。曰：后世必有以酒亡其国者，遂疏仪狄而绝旨酒。'"这类索隐求源的研究，虽然可以彰显古书中互见关联的文字内容，但实际上已经超出了引书研究的范围，而且结论未必可信。《说文》标明的引经条目约 1 300 处，而程氏钩稽出的引经出处多达 2 593 处，甚至把徐锴《系传》为《说文》作注的引经也列入其中，因此显得过于芜杂。

说文古语考 2 卷　《稻香楼杂著》本；《续修四库全书》本。

清程际盛撰。程际盛有《说文引经考》，已著录。本书对《说文》中引用的方言古语进行疏证，证明许慎所引古已有之。共 150 条，作者认为扬雄《方言》多识奇字，《说文》中亦多异方语，与《方言》互有同异，三代及秦汉以前逸言殊音皆可证验。如《说文・辵部》"逆"字："关东曰逆，关西曰迎。"程氏按语："《方言》：'逢、逆，迎也。自关而东曰逆，自关而西或曰迎，或曰逢。'"又引《周礼・小注》"逆时雨"郑玄注"逆，迎也"为证。作者把方言古语独立出来，专门研究，具有开创性意义，但疏证中过于简略，没有揭示方言古语的古今变化，以及方言词与通语词汇的语音关系，显得不够深入。

续方言补正 2 卷　《艺海珠尘》本；《程氏遗书》本。

清程际盛撰。程际盛有《说文引经考》，已著录。本书分为上下卷，上卷补杭世骏《续方言》所未及，取《毛诗正义》《释文》、"三礼"注疏、及《史记》《汉书》《后汉书》《山海经》《楚辞》《淮南子》《穆天子传》等书旧注，补其未逮，共收词目 100 余条，体例与《续方言》一致，补注出处，先引原书条目，再以按语注明。下卷校正《续方言》误引、误注、误刻等 60 余条。

说文解字注匡谬 8 卷　《偲进斋丛书》本；吴县潘氏刻本。

清徐承庆撰。徐承庆，字谢山，一字梦祥。元和人。乾隆五十一年(1786)举人，官至汾州府知府。从钱大昕学，说经每每承其师说。本书专匡段玉裁《说文解字注》之谬误，分为 15 个科目。一是便辞巧说，破坏形体。二是臆决专辄，诡更正文。三是依他书改本书。四是以他书乱本书。五是以意说为得理。六是擅改古书，以成曲说。七是创为异说，诬罔视听。八是敢为高论，轻侮道术。九是似是而非。十是不知阙疑。十一是信所不当信之谬。十二是疑所不必疑。十三是自相矛盾。十四是检阅粗疏。十五是乖于体例。胡朴安评价说："徐承庆之匡段，十三目之'自相矛盾'，诚然是段氏之误；惟段氏成书时，年已七十，失者不能改正，校雠之事属之门下，吾人不能不为段氏谅。其他十四目，是否悉中段氏之弊，著者不必遽下断语，读者当以研究之结果而自得之。惟有一语可先声明者，徐氏之说，断不能尽是，亦不能尽非。"(《中国语言学史》)

说文解字校录 18 卷　清光绪十一年(1885)江苏书局刊本；《续修四库全书》本。

清钮树玉撰。钮树玉(1760～1827)，字蓝田，晚年因著《匪石子》，学者称"匪石先生"。吴县人。曾游学钱大昕门下，为钱氏所重。精《说文》、金石、音律等。著有《说文段注订》《说文刊误》《说文玉篇校录》《说文新附考》《急就章考证》《群经古义参证》等，又长于诗文。本书自序曰："盖《说文》自经李少温刊定，辄有改易。自宋以来，艺林奉为圭臬，唯大徐定本。今流传最广者，乃毛氏翻刻本。而毛本又

经后人妄下雌黄，率以其所知改所不知，大义微矣。树玉不揣鄙贱，有志是书。窃以毛氏之失，宋本《五音韵谱》《集韵》《类篇》足以正之；大徐之失，《系传》《韵会举要》足以正之；至少温之失，可以纠正者，唯《玉篇》为最古。因取《玉篇》为主，旁及诸书所引，悉录其异，互相参考，成书十八卷，名曰《说文校录》。"

说文段注订 8 卷 清碧螺山馆刊本；金氏重刻本；湖北崇文书局本。

清钮树玉撰。钮树玉有《说文解字校录》，已著录。本书成于道光三年(1823)，自序曰："段大令懋堂先生注《说文》刊成，余得而读之，征引极广，钩索亦深，故时下推崇，以为绝学。然与许书不合者，其端有六：许书解字大都本诸经籍之最先者，今则自立条例，以为必用本字，一也；古无韵书，今创十七部以绳九千余文，二也；六书转注，本在同部，故云'建类一首'，今以为诸字音指略同，义可互受，三也；凡引证之文当同本文，今或别易一字，以为引经会意，四也；字者，孳乳浸多，今有音义相同及诸书失引者，辄疑为浅人增，五也；陆氏《释文》、孔氏《正义》所引《说文》多误，《韵会》虽本《系传》而自有增改，今则一一笃信，六也。有此六端，遂多更张，迥非许书本来面目，亦不能为之讳也。"钮氏尝以《玉篇》校《说文》，兹书订段亦多本《玉篇》，其条例大体如序所言。林昌彝《读段氏说文注》评价说："近儒吴县钮君树玉又著《段氏说文注订》，虽不无偏见，然辨段氏之失者十有二三，其所举正多有依据。"本书虽然持论是非参半，但对匡正段注之失功不可没。

说文新附考 6 卷续考 1 卷 清嘉庆六年(1801)非石居刻本；同治五年(1866)碧螺山馆补刊本；《续修四库全书》本。

清钮树玉撰。钮树玉有《说文解字校录》，已著录。钱大昕叙云："《说文》所以仅存者，实赖徐氏昆弟刊校之力，而大徐书流布尤广。其尊信许氏，驳正流俗沿习不知所从之字，至今谬篆家犹奉为科律。唯新附四百余文，大半委巷浅俗，虽亦形声相从，实乖《苍》《雅》之正。……钮子匪石，笃志好古，精研文字声音训诂，本本元元，独有心得，谓《说文》悬诸日月而不刊者也，而后人以新附殽之，于是博稽载籍，咨访时彦。一一疏通证明之，而其字之不必附、不当附，了然如视诸掌。"本书谓大徐新附之字，多有可商之处，遂于经籍中搜求新附字的本字或正字，然而亦多牵强之论。附《续考》专论新补字，如谓"诏"通作"召"，"志"即"识"之古文等，作者谓大徐所补十九文，在《说文》中皆有一字以当之，故本不当补之，所论限于大徐十九文，未及小徐所补者。

说文解字述谊 2 卷附说文新坿通谊 2 卷 清道光二十四年(1844)刻本；《聚学轩丛书》本；《四库未收书辑刊》本。

清毛际盛撰。毛际盛(1764～1792)，字泰交，号清士。宝应人，一说宝山(今属上海)人。师从钱大昕，曾主讲泰山书院。著有《说文解字述谊》《说文新附通谊》等。本书自叙云："己酉九月，归自江夏，始成《述谊》一卷。述谊者，述许君之谊，并述所闻于(钱)少詹事之谊也。"本书守钱氏家法，荟萃群书，于许君之义加以疏通证明，时出新意。《说文新附通谊》成书于钮树玉《说文新附考》与郑珍《说文新附考》之前，但因为作者早逝，未能及时付梓。该书针对大徐本新附字而作，徐铉所附 402 字，新补 19 字以及"俗书讹谬，不合六书之体"29 字，共计 450 字，毛氏考订 313 字，其中涉及新附字 286 个，新补字 18 个，俗书讹谬 9 个，并能以审慎的态度加以考订，对不明悉之字，阙而不论。但因其过于追求本字，部分考证不免牵强。

说文释例 2 卷 清咸丰间李氏刊本。

清江沅撰。江沅(1767～1838)，字子兰，一字铁君。吴县人。江声之孙。从段玉裁学，为段氏高弟。段氏著《说文解字注》，与之多所商榷。著有《说文释例》《说文解字音韵表》等。《说文释例》分为上下两卷，上卷释字例，凡《说文》本义、引申义之例，皆详加疏通，而于假借之例辨证尤精。下卷释音例，本师说，取段氏谐声表，依谐声偏旁分别部居，求双声之理，明通转之迹。

说文辨疑 1 卷 《许学丛书》本；吴兴雷氏刻本；《丛书集成初编》本。

清顾广圻撰。顾广圻(1770～1839)，字千里，号涧蘋，亦作涧苹，自号思适居士，晚年以字行。元

和人。嘉庆间诸生，学问淹博，尤善校雠，其学得自江声，为学沿袭吴派传统。著有《说文辨疑》《说文考异》《思适斋文集》等。清代学者严可均、姚文田著有《说文校议》30 卷，校正二徐本《说文》3 440条，皆援据古书，注明出处。顾广圻《说文辨疑》即对《说文校议》进行辨疑之作，辨正凡 34 条。

说文字原集注 16 卷 清乾隆五十三年(1788)刊本；《四库未收书辑刊》本。

清蒋和撰。蒋和，字仲和，号醉峰，又号小拙。无锡人。乾隆五十一年举人，精书法，尤善篆隶，兼能诗画。初以太学生充任四库馆篆隶校对，后补国子监学正。蒋和见元代周伯琦《说文字原》石刻本谬误百出，遂按《说文》次第，录 540 部首，首列正书及大徐本音切，次列诸家篆书，而附以隶书，凡《复古编》以下诸家篆体与《说文》小异者悉加收录，便于寻览，又明流变。每字复加以注释，并分诸家注解为“正义”“别义”，备加甄录。又立“辨证”一条，以正诸体讹谬，附于各字“正义”“别义”之后。凡所采摘皆注明出处，颇为谨严。

说文字原表 1 卷附表说 1 卷 清乾隆间寓斋刊本；《四库未收书辑刊》本。

清蒋和撰。蒋和有《说文字原集注》，已著录。本书分天地人为三纲，以干支附于后，把 540 部首编次为表。以一为天，从一所生之部首类记之；以二为地，从二所生之部首类记之；从人所生之部首，隶于人而类记之；天干甲乙，地支子丑等不属于天地人者类记之。《表说》略说其据形系联之故。

说文通训定声 18 卷 稿本；清道光二十八年(1848)黟县学舍初刻本；清同治九年(1870)补刻本。

清朱骏声撰。朱骏声有《仪礼经注一隅》，已著录。本书改变《说文》按 540 部首排列的次序，以形声字声符为序，共 1 137 个。声符按古韵分为 18 部，每部用《周易》封名标名。《自序》：“题曰说文，表所宗也；曰通训，发明转注假借也；曰定声，证广韵、今韵之非古而导其源也。”对文字象形、指事、会意、形声进行设解，除本训外，详于转注、假借、别义等项，即所谓的“通训”，凡经传及古注之以声为训者，必详列各字之下。又认为转注就是字义的引申，与许说不同。按声训相通的原则，考明字音字义，即所谓“定声”。本书被认为是《说文》研究方面最重要的著作之一，由于晚出，具有集大成之性质，将《说文》研究从文字的形义关系转入了音义关系，受到历代学者推重，王力先生评价说：“朱骏声则在词义的综合研究上应该坐第一把交椅，他的主要贡献不在《说文》的研究上，而在全面地研究了词义。”本书对于解经、查找通假字最为有用，是研究《说文》及古汉语文字、词义和音韵学的重要参考书。

说文答问疏证 6 卷 《思进斋丛书》本；《许学丛书》本；《丛书集成初编》本。

清薛传均撰。薛传均(1788～1829)，字子均。江苏甘泉人。嘉庆时诸生。精研《说文》《十三经注疏》《资治通鉴》。著有《说文答问疏证》《文选古字通疏证》。本书博引经史，证钱大昕《说文答问》一书而成。既阐发钱氏之旨，又有纠正其谬误之处，薛氏自序说：“标字之有无，辨体之正俗，明迹之疑似，审谊之虚实，音亦订乎传讹，韵兼及乎通转。旁求六朝别本，并征子史旧文，凡欲得其会通，抉其指要也。其中有一二牵合泰甚者，如玉之有瑕，如丝之有纇，人所共睹，蒙亦未敢婀附焉。”

说文部首韵语 1 卷 清同治十一年(1872)赖春士刻本；民国六年(1917)仓圣明智大学刻本。

清黄寿凤撰。黄寿凤(1791～?)，字桐叔，号同叔。吴县人。诸生，黄丕烈子。能书法，篆书学钱坫。工刻印，致力秦、汉，究心浙派。校刊《士礼居丛书》。本书把 540 部首字编为四字韵语，如“一为字始，上示乃生。贯三为王，玉玨异声”，以便于学童记诵之用。

说文经典异字释 1 卷 清道光十五年(1835)吴青霞刊本；光绪九年(1883)万卷楼刊巾箱本；《续修四库全书》本。

清高翔麟撰。高翔麟(1796～1820)，字文瑞，号苇堂。吴县人。嘉庆间进士，官至衡、永、郴、桂道。通小学，著有《说文经典异字释》《说文字通》等。本书自序云：“凡经典相承之字，其《说文》引称异者，详其训诂，复搜取他书义有可与发明者，广援互证，以通其说，俾知文有古今，义仍一贯。《凡将》《急就》，阙佚多矣。《说文》自汉以迄五代，屡经兵

燹，已非叔重全书。……今《说文》无'爿''榦'等字，唐本尚有之，而徐本不之载，盖鼎臣率凭臆见。新附又多羼入，楚金《系传》根据独核，音义较大徐为长，故其说所采最多。癸巳春，因搜箧中散稿，得曩时诠释者约数百余，重加铅椠。复得戈文学顺卿互相商榷增益十余义。以经语散见各部者，分属诸经，荟为一帙，或于初学读书识字之功，未必无小补云尔。"

说文字通 14 卷 清道光十八年(1838)刊本；《续修四库全书》本。

清高翔麟撰。高翔麟有《说文经典异字释》，已著录。作者鉴于《说文》经历代辗转传抄，篆隶递变，文殊古今，加以许氏解字专释本义本音，而间及引申假借多未之备，因即《说文》中有见于他书，其某字即今某字者，悉加援引采摘，备加诠释，俾与六经及古子史书靡不贯通，写成《说文字通》，又名《说文字通通释》，海昌查元偁为之作序，称其书"字简而用博，深得古人微旨"。全书按照说文 540 部列字，详加考证。

说文谐声孳生述 1 卷 清光绪二十六年(1900)徐氏积学斋刻本；《续修四库全书》本。

清陈立撰。陈立有《白虎通疏证》，已著录。本书为清代古音学著作，成于道光十五年(1835)。此书以古韵 20 部列《说文》谐声字。陈氏认为，《说文》谐声即是韵母。因取《说文》谐声字，以象形、指事、会意为母，以形声为子，以母系子。其子所谐又各缀于子下。按《广韵》次第，综采清顾炎武、江永、段玉裁、戴震、孔广森诸家之说，分古韵 20 部，以序数标目。许氏阙音的，附于全书之末。凡母、子异部的，于各部下注明。字下注明《说文》部首。在当时及稍前一些以《说文》谐声系统研求古韵的书，有一很大毛病，即把非形声字作为形声字，因而在古韵分部上颇与《诗》韵相违、陈氏以象形、指事、会意三者为母，从而很大程度上克服这一毛病。

说文引经例辨 3 卷 清同治三年(1864)曾国藩刻本；《雷刻说文四种》本；《续修四库全书》本。

清雷浚撰。雷浚(1814～1893)，字深之，一字广文，号寓楼，又号甘溪。吴县人。以刊书为业，通小学，精校雠。著有《说文引经例辨》《说文外编》，又叙刻顾广圻《说文辨疑》、刘禧延《说文碎金》合为《雷刻说文四种》。潘钟瑞叙云："许氏之书，说文也，解字也，非诂经也。其引经者，为其字之义作证也。所引之经有与其字之义不相应者，古字少，经典多假借，不尽用其本义也。许君引其用本义者，兼引其不用本义者，而字义之直指，字音之旁通，无不了然矣。后人不察，以诂经之法，考《说文》之引经，拘泥则窒碍，泛滥则穿凿，均之无当焉。将欲廓而清之，必先理其绪而分之，然后能比其类而合之，此雷深之广文所以有《引经例辨》之作也。"本书取《说文》引经 965 条，分为三例：一是引经说本义，所引之经与其字之义相发明者。二是引经说假借，所引之经与其字之义不相蒙者。三是引经说会意，所引之经与其字之义不相蒙，而与其从某从某某声相蒙者。作者发许君引经之例，与以前诸书考异同者不同，然所析之例尚较粗疏。

说文引经证例 24 卷 《广雅书局丛书》本；《续修四库全书》本。

清承培元撰。承培元，字守丹，一字受亶。江阴人。道光二十三年(1843)优贡生。曾就读于江阴书院，师从李兆洛，学有成就。精于《说文》，能文章，工篆刻。著有《说文引经证例》《广潜研堂说文问疏证》《说文解字系传校勘记》《籀雅》《承守丹先生古近体诗词稿》等。本书吴翊寅跋云："《说文》引经，厥例非一：有今文，有古文，有异文；有证字者，有证声者，有证假借作某者，有证偏旁从某义者，有证本训外别一义者，有称经说而不引经文者，有用经训而不著经名者，有隐括经文而并其句者，有删节经文而省其字者，有引一经以证数字者，有引《大传》称《周书》者，有引《左氏传》称《国语》者，综观全书，前后义例虽或参差，然理而董之，则若网在纲，有条不紊。因念许书以引经为大端而例最踳驳，疑后人所删改，《校勘记》中已发其凡。别纂本书，疏通证明，冀复许旧，由形声以考训诂。今所引《说文》与二徐本时有不同，皆先生所媚正者也。"据《中国文字学史》，本书所引凡 1 232 条，胡朴安析作十八例：一是有引经证字者。二是有引经证字形者。三是有引经证字义者。四是有引经证声者。五是有引经证字兼义者。六是有引经证字而隐括举之者。七是有引经证字说者。八是有引经证所从之义者。九是有引经证字兼释所从之义者。十是有

引经证假借义者。十一是有引经证异义者。十二是有引经以证古文异义者。十三是有引经证“一曰”之说者。十四是有引经证异名同物者。十五是有引经证古文者。十六是有引两经证一字者。十七是有引一经证数字者。十八是有引经证义而不言经者。

说文古籀补 14 卷补遗 1 卷附录 1 卷 清光绪十二年(1886)点石斋石印本;清绪二十四年重刊本。

清吴大澂撰。吴大澂(1835～1902),初名大淳,字止敬,又字清卿,号恒轩,晚号愙斋。吴县人。同治七年(1868)进士,历任翰林院编修、陕甘学政、太仆寺卿、广东和湖南巡抚。晚年主讲龙门书院,精于金石学。著有《说文古籀补》《愙斋集古录》《字说》《权衡度量实验考》《古玉图考》等。古籀,即古文、籀文。《说文解字》中标明古文仅 500 多字,籀文仅 200 多字,作者广泛搜集钟鼎、石鼓、陶器、货币、玺印文字等 3 845 字,后又增补 1 200 多字,依据《说文》540 部首顺序排列,以补《说文》之未备,存疑者,列入附录。本书开创了以古文字资料订补《说文》的先例,其后丁佛言《说文古籀补补》、强云开《说文古籀三补》,踵武赓续。本书不同于宋元以后“六书学”对《说文》的批判,也有别于乾嘉考据学者对《说文》的盲目崇信,而是根据当时所见的出土文献资料对《说文》进行客观地订补。此外,作者在本书序言里提出了对《说文》古文、籀文的新认识,认为籀文有的不合于六书,为周末文字,是一种年代较晚的文字,与《汉书・艺文志》所记载的《史籀篇》是周宣王时代的字书的说法迥异;怀疑古文是“周末七国时所作”,即战国文字。前说近年来已为古文字研究界否定,后说获得了广泛认同。

说文佚字辑说 4 卷 清光绪十五年(1889)紫薇花馆刻本。

清王廷鼎撰。王廷鼎(1840～1892),字铭之,号梦薇,又号懒鹤。震泽人。官浙江县丞。有《说文佚字辑说》《紫薇花馆集》《裕德堂一家言》等。作者取《说文解字注》《说文校议》《说文释例》《说文五翼》诸书所载古籀之偏旁及说解中字而不见于正篆者,与郑珍《说文逸字》所收字,于字下加以笺注,论者谓王氏本书所辨证之 235 字所谓逸字皆非逸字。

玉篇 30 卷 日本昭和七年到十年(1932～1935)东方文化丛书第六辑影印《玉篇》残卷;日本宫内厅藏《大广益会玉篇》宋刻本;清张氏泽存堂覆刻《大广益会玉篇》;《续修四库全书》本。

梁顾野王撰。顾野王(519～581),字希冯。吴郡人。历任梁武帝大同四年(538)太学博士、陈国子博士、黄门侍郎、光禄大夫,博通经史。《玉篇》是我国第一部楷书字典,在《说文解字》和《字林》之后,所分部首有增有减,部首排列的次序也有很大变动,主要是按照义类相近与否来安排的。传世本《玉篇》又称《大广益会玉篇》,是宋真宗大中祥符六年(1013)陈彭年等重修本,收字达到 22 803 个,对原本做了大量增字减注的工作。原本在宋代就已亡佚,日本保存了一部分传写本,学界通常称之为原本《玉篇》残卷。从顾野王的原本来看,每字下不仅注明字义,而且举出见于古籍的例证和前人的注解,类似后世的《故训汇纂》。字有异体也分别注明,与《大广益会玉篇》殊异。顾野王作《玉篇》的宗旨是要综合众书,辨别形体意义的异同,网罗训释,以成一家之言。是《字林》之后一部承前启后的重要著作。《玉篇》对后世字书有很大影响。

博雅音 10 卷 清嘉庆间高邮王氏刻《广雅疏证》本;《畿辅丛书》本。

隋曹宪撰。曹宪,江都人。隋时为秘书学士,入唐拜朝散大夫。精于小学,享年百余岁。本书为音韵书。《广雅》隋时避杨广讳改为《博雅》,本无音切,宪乃为之注音。非注所有之字,而只注较难或有异读者。注音分反切和直音两种。除注音外,亦间有辨正字形,解释词语和注语句出处之语。本书可作为研究隋时语音、考求切韵音系的参考读物。

音学五书 38 卷 清康熙张弨符山堂刻本;清道光二十六年(1846)福田书海铜活字本;清光绪十六年(1890)思贤讲舍刻本。

清顾炎武撰。顾炎武有《诗本音》,已著录。本书由《音论》《诗本音》《易音》《唐韵正》《古音表》组成。《音论》总述对古音的认识,《诗本音》扩展、加深了明代陈第《毛诗古音考》的探索,《易音》辑录《周易》押韵之处析辨研究。《唐韵正》依《唐韵》韵部为序,于韵中诸字一一拟其古音。《古音表》据其上述研究作出结论,分古音为十部。顾氏自述:“余

纂辑此书几三十余年，所过山川亭鄣，无日不以自随，凡五易稿而手书者三矣。然久客荒壤，于古人之书多所未见，日西方莫，遂以付之梓人，故已登版而刊改者犹至数四，又得张君弨为之考《说文》，参群书，增辩正，酌时宜而手书之；二子叶增、叶箕分书小字；鸠工淮上，不远数千里，累书往复，必归于是。”顾氏该书中的系联方法，特别是其中对谐声偏旁的运用，为后世江永、戴震、段玉裁、王念孙、江有诰、章太炎、黄侃等所承用。

韵补正1卷 《亭林遗书》本；《借月山房汇钞》本；2011年上海古籍出版社点校《顾炎武全集》本。

清顾炎武撰。本书是顾炎武订正宋吴棫《韵补》一书而作。吴棫，字才老，建安人，宣和六年(1124)进士，尝召试馆职，不就，数年不求官，筑室读书。后除太常丞。忤秦桧，斥通判泉州，有治绩。吴氏可称是古音学研究的开山之祖，朱子作《诗集传》《楚辞集注》，多采其说。作者在序言中盛赞吴棫：“如才老可谓信而好古者矣。后之人如陈季立、方子谦之书，不过袭其所引用，别为次第而已。今世甚行子谦之书，而不知出于才老，可叹也。”而作者之所以还要订正吴书，是因为他读了以后，认为“其中合者半，否者半”，叹息“才老多学而识矣，未能一以贯之，故一字而数叶，若是之纷纷也”。因此他在《韵部正》中一一列出“合者”“不合者”“疑者”“四声转用不必注者”“韵中元有者”“古音同用不必注音者”等条。至于“一字数叶”，则是《韵补》最大的缺陷，究其原因，当是将古音的历史变化误认为数音同时并存的缘故。但才老并不以为此书已经完善，他在《韵补序》中说：“若谬误，若未尽，皆俟后之君子正而成之，庶斯道之不坠也。”作者此举，正符合才老生前的心愿，其所创的古音之学，后世非但未坠于地，还为作者及其后学所发扬光大。

六书指南2卷 《四库全书总目》存目著录浙江巡抚采进本。

明李登撰。李登，字士龙，号如真生。江宁人。曾任新野县丞。著有《六书指南》《摭古遗文》《书文音义便考私编》，曾以活字印行过自撰的《治城真寓存稿》8卷《续稿》21卷。万历年间刻印过《六书正义》。本书为蒙学课本，成书于万历间。用《千字文》体，四字为句，辨俗传讹体之字以诲童蒙，亦颜氏《干禄字书》之类。然俗字颇多，又不为剖析其义。

摭古遗文5卷再增摭古遗文1卷 明万历二十二年(1594)刻本；万历三十一年刻本；清初孙毓云抄本；《四库全书存目丛书》本。

明李登撰。本书仿夏竦《篆韵》体例，以杜从《古文文韵》、刘楚《钟鼎韵》为蓝本，从中选录篆籀古文，集而成编。凡与今文不同而有意义可寻者、与今文相同而笔画简少者、别出今文之外亦有意义者，悉数入录；凡同于小篆者、过于繁密者、奇邪不可究诘者、字形重复者，全部不予收录。全书凡5卷，增补1卷。编排体例是按四声分类，上平声、下平声、上声、去声、入声各一卷。各卷之内以韵部统字，计平声21部、上声21部、去声21部、入声9部，凡72部。本书分部与《广韵》不合，并“冬”于“东”，并“江”于“阳”，并“侵”于“真”，并“肴”于“萧”，分齐微二韵之字于支灰，分覃咸盐之字于寒先，分蒸韵之字于青庚，分真谆桓寒韵各为二，大抵皆以意杜撰。李氏在序言中解释道，这是“以新定私韵为帙，图易检也”。每字所录不同形体的异文，大都在3个以上，多者可达20余个，如“扬”字列异形23个，“宝”字列异形22个。所列古文均不注明所出，颇不便于引据。

韵法横图1卷 明万历四十三年(1615)宣城梅氏《字汇》本。

明李世泽撰。李世泽，字嘉邵。上元人。明末学者李登之子。本书原名《切韵射标》，因与《韵法直图》同附于梅膺祚《字汇》之后，遂被改名为《韵法横图》。本书改变了宋元以来的等韵观念与体制，完全抛开摄的观念，把韵与韵母直接相连，变四等二呼为开、齐、合、撮等多呼，具有开创性意义。正文为7个韵图(平、上、去三声各两图，入声一图)，每图横列36个字母，端组与知组同列，帮组与非组同列，精组与照组同列，实为23行，与《四声等子》相同。纵列各韵之开、齐、合、撮、混五呼。所列之韵，非入声韵分为42类，入声韵分为16类，韵目与《韵法直图》大体一致，但分韵列图上有一些不同之处。声调只分平、上、去、入四声，平声不分阴阳，但全浊音声母下列阳平调字。在韵图之后的说明中，作者力图阐明反切，提出“射标”的方法，以反切上

字为标，反切下字为箭，利用韵图来说明反切读音的方法。作者又提出“隔标法”“隔列法”“浊声法”三个“活法”来说明反切和韵图有矛盾的那些字的读音。之所以称为《切韵射标》，是因为作者所创立的求切音之法名“标射切韵法”。

康熙字典36卷 清刻本；上海鸿宝斋石印本；商务印书馆铜版印本，附王引之《字典考证》。

清张玉书等编纂。张玉书（1642～1711），字素存，号润甫，谥号文贞。丹徒人。自幼刻苦读书，顺治十八年（1661）进士，精《春秋》三传，深邃于史学。历任翰林院编修、国子监司业、侍讲学士，累官至文华殿大学士兼吏部尚书。本书是清代康熙年间张玉书、陈廷敬等奉敕修纂的，它在明朝《字汇》《正字通》两书的基础上加以增订完成。该书的编撰工作始于康熙四十九年（1710），成书于康熙五十五年，历时6年，因本书名叫《康熙字典》。《康熙字典》由总纂官张玉书、陈廷敬主持，修纂官凌绍霄、史夔、周起渭、陈世儒等合力完成。字典采用部首分类法，按笔画排列单字，字典全书以子、丑、寅、卯等十二地支分为十二集，以十二地支标识，每集又分为上、中、下三卷，并按韵母、声调以及音节分类排列韵母表及其对应汉字，共收录汉字47 035个（清代陆以湉《冷庐杂识》统计）。书首附有检字、辨似，检字是查检部首难以辨别的字，辨似是辨别笔画近似而音义相异的字。书末附有《补遗》，收有音有义的冷僻字，或正集中某些字的异体字。《备考》收有音无义或音义全无的字。本书的优点主要在三个方面。一是收字多，超越以往所有字典，其后的字典，即使如当今的《汉语大字典》也以该书收字为基础。二是注音详尽，几乎将每字的不同音切全部列出，还标有直音，为读者辨识读音提供了便利。三是释义全面，每一义项多引初见于某部古籍的书证，有的义项还列出多个书证，以体现用法差异与词义的褒贬色彩。本书的疏漏也不少，其中尤以引书错误最为严重。道光七年（1827）王引之奉宣宗之命，撰《字典考证》12卷，纠正《康熙字典》引书错误2 588条，实际上全书错误不止这些。这些错误大致有几个方面：书名、篇名错误或妄改；引文错误或脱落；引书错乱或正文与注疏相混；删节失当；断句错误；书证与释义不合；漏列常见音义等。

类音8卷 清潘氏遂初堂刻本；《续修四库全书》本。

清潘耒撰。潘耒（1646～1708），字次耕，号稼堂，晚年自号止止居士。吴江人。康熙十八年（1679）召试博学鸿词，授翰林院检讨，参与编修《明史》。生平博涉经史、历算、音韵、训诂之学，能诗，善属文。著有《遂初堂集》等。《清史稿》卷484有传。本书共8卷，卷1是为“音论”，包括“声音无本论”“南北音论”“古今音论”“全分音论”“反切音论”等部分；卷2为“图说”，有“五十母图说”“平声转入图说”“二十四类图说”“一百四十七韵图说”“四呼图说”“等韵辨淆图说”等；卷3为“切音”，包括平、上、去声各24类，入声10类等项，表明其新定之切语；卷4以下是韵谱，近似于一部韵书。作者撰作本书目的是“欲使五方之人去其偏滞，观其会通，化异即同，归于大中至正”。所以称《类音》，就是要“按类定音”。所定之音是：字母50个；呼有开、齐、合、撮4类；韵目为24类；声调有平、上、去、入。潘氏创为50个字母，分为喉、舌、腭、齿、唇五音，把韵分为24类，每类皆有四呼，统摄他所分的147个韵母。书中韵谱部分，按照所定的语音框架，写成近似韵书的格式，也是以声调为纲，下隶韵类，韵内分列四呼。一韵之内再分小韵，先注明他改定的反切，中间释义，最末列旧时反切及本小韵所辖字数。

比雅19卷 《玲珑山馆丛书》本；《粤雅堂丛书》本；《丛书集成初编》本。

清洪亮吉撰。洪亮吉有《春秋左传诂》，已著录。本书旨在“增补《尔雅》之缺漏，以为及门之指归”，广泛搜辑意义相近、相对、相关的语词，所谓“两两比并”者，博引书证，详加辨析。所释语词如：赢，长也；缩，短也。伤良为谗，害良为贼。天地四方曰宇，古往今来曰宙。樵取薪也，苏取草也。有足谓之虫，无足谓之豸。雄曰凤，雌曰凰等等，故名“比雅”。全书分为《释诂》《释言》《释训》《释天》《释地》《释山》《释水》《释人》《释宫》《释乐》《释舟》《释草》《释木》《释虫》《释鱼》《释鸟》《释兽》《释畜》等19篇，一篇为一卷。本书是洪氏随手辑录，未加整理，书稿又遭火，首尾焦烂，付刊时仍据原稿，多误入之处，如《释木》误入《释诂》，因此收词失于芜杂。

汉魏音4卷 清乾隆间刻本；清光绪三年

(1877)刻本;卷施阁刻本。

清洪亮吉撰。作者自序说:"今《汉魏音》之作,盖欲为守汉魏训诂之学者设耳。止于魏者,以反语之作始于孙炎,而古音之亡亦由于是,故以此为断焉。"本书"刺取汉魏诸儒传注中音读之字,凡数千条,以《说文》旧部类聚区分,而以所无者附见于后。或《说文》所有,而后复讹为他字者,则注云某字本某字,不移其部。若传讹已久,则各从其部正附两列焉。其后儒以反语改汉人之音者,亦置不录,以非其旧也。止于魏者,以反语之作,始于孙(炎),而古音之亡亦由于是,故以此为断焉。其以《说文》字部为次,不用韵书,盖不欲以今韵律古音也。书成于乾隆甲辰(1784),自为之叙"(《郑堂读书记》)。本书对于汉魏古音研究具有参考价值。

释名疏证8卷 《经训堂丛书》本;《丛书集成初编》本。

清毕沅撰。毕沅有《夏小正考注》,已著录。本书取群经及《史记》《汉书》注、唐宋类书、道释二藏比勘《释名》,疏通校证,拾遗补缺。但由于本书是最早的《释名》注本,可资借鉴者少,加之作者小学功底不深,书中注错之处不少,需要辨别。梁启超认为本书"题毕秋帆著,实则全出江艮庭之手"。(《中国近三百年学术史》)本书有篆书、正书二种。

六书说1卷 《小学类编》本;《益雅堂丛书》本;《丛书集成初编》本。

清江声撰。江声有《尚书集注音疏》已著录。本书不足2 000字,所论"转注",尤为精辟,钱坫赞曰:"转注之说,古无定解,得此足以破其的。"江声转注之说曰:《说文解字》一书,凡分五百四十部,其分部即"建类"也,其始一终亥五百四十部之首,即所谓"一首"也;下云"凡某之属皆从某",即"同义相受"也。江氏之后,许宗彦、孔广居、张行孚、陈澧、廖登廷等人皆持相似见解。江氏谓"日在茻中为莫,王在门中为闰,凡视之可识,察之见意者皆是也",误将指事与会意相混淆。

广雅疏证10卷 清嘉庆间高邮王氏刻本;《皇清经解》本。

清王念孙撰。王念孙有《尔雅郝注刊误》,已著录。本书是系统整理、阐述《广雅》的著作,作者借《广雅》一书以畅述其音韵、文字、训诂之学识,是清代语言学史上成就较高的小学要籍。《广雅》是三国魏张揖所撰,是一本增广《尔雅》的著作,隋代曹宪曾作音释,因避讳隋炀帝杨广名讳,称《博雅音》,自此至清,再无注本,本书流传之间衍生许多错讹,至王念孙做《广雅疏证》才得到较为彻底的校正。具体篇章次序一仍《广雅》,对其训释,逐条加以疏证,内容主要有"补正《广雅》文字""辨证张揖误采""纠正先儒误说""揭示《广雅》体例""疏证《广雅》的训释""兼涉同源探求""校正曹宪音释"。同时,作者也以《广雅》证群书,纠正前儒旧说之误。

方言疏证补1卷 《高邮王氏遗书》本。

清王念孙撰。本书仅成稿1卷,依据戴震《方言疏证》加以案语,所补20条,然循声求义,抉择成说,见解精到,往往能得益于其谙熟古书,精通小学之功,而自立新说,重新校改,能切中肯綮,足成定校。王氏在乾隆四十四年(1779)居湖滨精舍时,开始校勘明代胡文焕《格致丛书》本的《方言》,翌年(1780)携《方言》校本入都供职翰林院,其后在乾隆五十三年写成本书。两者都是王氏早年研究《方言》的成果,通过比较可以看出,王氏《方言》校本的校改或者校语都反映在《方言疏证补》里,前者多是简单的圈改,后者是长篇的论述。

拾雅20卷 清嘉庆二十五年(1820)刻本;清道光二年(1822)刻本。

清夏味堂撰。夏味堂(1745～1825),字鼎和,号澹人。高邮人。乾隆三十年(1765)拔贡,四十二年举人。秉礼法之教,笃于内行。晚年以桑梓公事为己任。著有《拾雅》《遂园诗钞》等。本书取名"拾雅",即采辑汉唐故训弥补《尔雅》《广雅》阙漏,作者在《自叙》中说:"所补大要有三:《尔雅》各部已释而未详,一也;《广雅》已释而未详,二也;《尔雅》《广雅》所遗释,三也。"故全书分为《拾雅释》6卷,拾补《尔雅》已释之所未备,《拾广释》4卷,拾补《广雅》已释之所未备,《拾遗释》10卷,拾补《尔雅》《方言》《广雅》《小尔雅》之所未释。其中《拾雅释》篇目,一仍《尔雅》19篇之数,为《释诂》《释言》《释训》等,《拾广释》篇目,只有《释诂》《释言》两类,《拾遗释》亦沿用《尔雅》19篇之目。本书有六种情况不著录:一是经传已释之词;二是各有专书之类,如《周礼》官

名、《本草》药名；三是诸雅中反复训释之词；四是古体字；五是《方言》《说文》《三苍》中不为经史所采的僻字；六是见于《小尔雅》《释名》之词。夏味堂之弟夏纪堂偕味堂子齐林、云林为本书作注。本书旨在对《尔雅》《广雅》拾遗补缺，对已见他书或已有专书训释的词语不予收录，因此缩小了收词范围，降低了学术价值。

吴下方言考 12 卷　清乾隆四十八年(1783)留芝堂刻本。

清胡文英撰。胡文英有《毛诗通议》，已著录。作者认为《尔雅》"数十字而训一义者"，是方音造成的，《方言》为"合九州之音以成一家言"的著作，而本书则专解吴语，搜集江南一带的方言俗语，以通晓故训，又与燕、齐、楚、粤等地方言相参证，亦一并附入。本书按平水韵编次，例如卷 1 平韵一东："偬，扬子《方言》：'陇右人名懒曰偬。'案：偬，为人作事不用力也。吴中谓作事不用力曰偬，所作之误甚平常亦曰偬。"此条考"偬"字来源。然而本书并不是要集录吴语词汇，其目的在考求方言本字，以明训诂，证释古书，如卷 12 入韵八黠："勃窣，《世说》：'张凭勃率为理窟。'案：勃窣，散尘也。"以今语解古语。因此本书在通解古语词方面贡献尤著，但就考求本字而言，也存有时代的局限性。

经籍籑诂 106 卷首 1 卷　清嘉庆十七年(1812)扬州阮元琅嬛仙馆刻本。

清阮元编纂。阮元有《诗书古训》，已著录。本书是阮元任浙江学政时，亲自制定凡例，遴选两浙通经文士几十人分头搜集资料整理而成，臧镛堂、礼堂兄弟总纂其事，凡历二年，于嘉庆三年完成付刻，是一部古代训诂资料的汇编之作。全书以平上去入四声为纲，以《佩文韵府》的 106 韵目为序，一韵一卷。一卷之内，以字立条，每条只释义，不注音，并标明书证出处，再说异文、通假等，如有古人名、字材料则列在后面，再后面是补遗。释义部分分不同义项，一般先列训释语，再列书证，训释语不同者，以前加圈为分界。材料搜集尽可能详尽，且编者不加以自己见解取舍。补遗的内容有两类，一是根据《广韵》或《集韵》增补一些字，同时包括对这些字的解释，二是在释义上有所补充。书中征引文献的次序，仿照陆德明《经典释文》，先《易》《书》《诗》，次《周礼》《仪礼》《礼记》，次《左氏》《公羊》《穀梁》，次《孝经》《论语》等，《尔雅》为诂训之祖，举而冠诸《方言》《广雅》之前，孟子为孔、曾之亚，尊而尚之荀卿、扬雄之上，由此可见本书虽然是一部类似于现代辞书的工具书，但实际上还是解经之作。

经传释词 10 卷　清嘉庆间高邮王氏刻本；《皇清经解》本。

清王引之撰。王引之有《经义述闻》，已著录。本书是一部解释经传古籍中虚词的著作，这里的词，略同于现代汉语语法研究中的虚词。作者"自九经、三传及周、秦、西汉之书"中选取虚词 160 个，举例说明其意义、用法、演变，编成本书。间有同义虚词连用之词。如"庸"字附及"庸何""庸安""庸讵""庸孰"4 词。其训释体例是：每条之下义项分列，每项先说词义，再引例证。本书特点有三。一是因声求义，不囿旧说。二是引证博赡，详加辨析。三是条例清晰，分类简明。其中因声求义是王氏父子研究中的一大特色，将所收 160 字按照声纽的喉、牙、舌、半舌、齿、半齿、唇七音排列，通假的线索一目了然。此外，本书还从语法意义上解释虚词，部首词汇意义的，对于汉语语法学的产生也有积极意义。

小尔雅训纂 6 卷　《浮溪精舍丛书》本；《皇清经解续编》本；《龙溪精舍丛书》本。

清宋翔凤撰。宋翔凤有《尚书略说》，已著录。《汉书·艺文志》著录"《小尔雅》一卷"，未题撰人，《隋书·经籍志》著录"小尔雅一卷，李轨略解"。后世著录多与《隋志》同，或有认为《小尔雅》是孔鲋所撰的《尔雅》续作，被收入《孔丛子》第十一篇，内分《广诂》《广言》《广训》等 13 章，其中除度、量、衡 3 章外，都是对《尔雅》的补充，体例也承袭《尔雅》。今本《小尔雅》从《孔丛子》中辑出别行，非《汉志》所称旧本。本书是宋翔凤疏解《小尔雅》之书，考证翔实，引证丰赡。全书 6 卷，卷 6 是序录及逸文。本书认为王煦《小尔雅疏》虽然精详，但逐字为疏，无一遗漏，颇为繁冗，所以对于常见即不可强解之处略去或阙疑，又以王煦《疏》于《小尔雅》字字谨守，而该书既然编入《孔丛子》，又被辑出，其间必有窜乱错讹之处。卷 6 考辨《小尔雅》的性质及撰作者、注释者的各种问题，较为详审。

广释名 2 卷　清嘉庆二十一年(1816)爱日精庐刻本;《知不足斋丛书》本。

清张金吾撰。张金吾(1787～1829),字慎旃,别字月霄,小字五十。昭文人。嘉庆十四年补博士弟子员,省试不遇,绝意仕进。清代著名藏书家。主要著有《爱日精庐藏书志》《金文志》《广释名》等。本书网罗东汉以前的各种故训资料,按《释名》27篇的次第,依类编排,增补阙逸,义例谨严,援据精核。周中孚《郑堂读书记补逸》评价说:"按刘氏《释名序》云:'凡所不载,亦欲智者以类求之。'然阅千六百载,竟无有以类求之者。有之自月霄始,其书自诸经传注,及诸子纬候,一句一义有与《释名》相类者,依刘书所分二十七篇之目,仿其例广之,中如亲属释及嫁娶媒妁,言语释及君臣朝觐,与刘书小异,盖以无类可归,故连及之,非故为异同也。其书殚精研思,得未曾有,于以成刘氏之志,亦小学家之一助。然其所援引,只就阮云台《经籍籑诂》一书依韵检取,此外未能博采,惟抉择尚属谨严,如《尚书》孔传、《孝经》孔传、郑注及《家语》《孔丛》诸书尽置弗录,具见学识,殆刘氏所称智者欤!"

小学骈支 8 卷　《海陵丛刻》本;中国科学院图书馆藏清抄本;《续修四库全书》本。

清田宝臣撰。田宝臣(1792～1858),字少泉,号竹家。泰州人。师事魏茂林,28岁补博士弟子员,年50余始为庠生。治《说文》,尽通前儒之说,于文字、偏旁、音读辨证尤精。骈支,语出《庄子·骈拇》:"骈于足者,连无用之肉也;枝于手者,树无用之指也。"又作骈枝,比喻多馀无用的东西。本书名"骈支",言《骈雅》之支,为补正《骈雅》之作。作者以《说文》为主,以《尔雅》《方言》、诸经旧注为基础,旁及《庄子》《荀子》《淮南子》《素问》《大戴礼记》、《史记》三家注、《汉书》颜师古注、《后汉书》李贤注、《广雅》《释名》《水经注》《玉篇》《颜氏家训》《文选》及佛经音义,下逮二徐《说文》《集韵》《类篇》以及清代学者诸家之说,溯源析流,钩稽考订,参互众说,采择有据。

急就章考异 1 卷　《岱南阁丛书》本;《丛书集成初编》本;《续修四库全书》本。

清孙星衍撰。孙星衍有《周易集解》,已著录。《急就章》为汉人史游所撰,凡34章,大抵按姓名、衣服、饮食等分类编成韵语,用章草写成,以教学童识字。然经历代辗转传抄,尤其唐宋以后,别本渐多,差距渐广,其中不乏窜乱增删之处。该书以绍兴三年(1133)勒石本《急就章》为据,兼以颜师古注本、黄鲁直本、李仁甫本、朱文公所刊越本、王应麟注本、梁国治临本互为参校,将诸本与帖本不同之处录出,注于帖本之下,并考证《急就章》命名之本义、诸本异文异说,以纠正诸本之失。该书训解精练,行文简洁,是一部识字断文的实用著作。

中州音韵辑要 21 卷　清乾隆四十九年(1784)咸德堂刻本。

清王鵕撰。王鵕,字履青,号槜林散人。昆山人。作者自序云:"余廿年留心音韵,而寡闻孤陋,难得指归。国朝《字典》《韵府》集古今之大全,垂范百世。近世词家,率以《中原音韵》为宗,而注切未明,阴阳互混。及见《中州全韵》而觉远胜于彼,惟纂杂过繁,而应备之字却尚未尽,并较对疏略,字画多讹,重复舛误之处亦不少。不揣剪劣,斟酌两本,删其僻而辑其要,并辨正字体。"又认为《中原音韵》和《中州全韵》各有不足,"《中原音韵》甚简,恒病稽考;《中州全韵》太繁,多载无益"(《例言》),所以采取去繁补缺的办法,斟酌于两书之间,并参证朴隐子《诗词通韵》写成本书。本书分韵为21部,一部之字为一卷,其21部是:1东同,2江阳,3支时,4机微,5归回,6居鱼,7苏模,8皆来,9真文,10干寒,11欢桓,12天田,13萧豪,14歌罗,15家麻,16车蛇,17庚亭,18鸠由,19侵寻,20监咸,21纤廉。又于各字之下详注切语,对南北方言音异者,悉加注明。仿效范善臻的做法,分去声为阴阳两类。从分韵上看,本书近于《洪武正韵》,对《中原音韵》已有较大改变,与《中州全韵》也不尽相同。

增订中州全韵 22 卷　清乾隆年间此宜阁刻本。

清周昂撰。周昂(1732～1801),字千若,号少霞。常熟人。乾隆三十年(1765)选贡成均,廷试授安徽宁国府训导。三十五年举人。三十七年上书称病辞职归里。著述甚富,工诗词,长于韵学。尝经理虞山书院。本书又名《新订中州全韵》。全书分22韵,较王鵕《中州全韵辑要》多一"知如"韵,是依据作者方音,从"鱼模"韵和"齐微"韵中分化出来

的，刘禧延《刘氏遗著》认为："别立知如一韵，岂非妄作乎？"本书另一特点是平、上、去三声都分阴阳两类，入声派入三声，其中上声分阴阳是作者独创。

土风录18卷 清嘉庆三年(1798)刊本；上海古籍出版社2015年点校本。

清顾张思撰。顾张思，字雪亭。太仓人。清代学者、诗人顾陈垿侄。诸生。禀承家学，闳览博物，擅考据。著有多种笔记杂著。本书以考证民俗与俗语为主，记录清代乾嘉以来江浙风俗与百姓的日常俗语。全书共18卷，每卷内容以类相从。全书体例上基本按照时令、民俗、日用、器物、饮食、人体、俗语、三字语、四字语、谚语、单字、叠字、称谓、神灵等类别排列，并从民俗、训诂等多方面对所收材料加以诠释，各类材料1 000余条，其中有些材料采自吴地民间。在解释民俗与俗语时，多采《尔雅》《释名》《方言》与其时民俗、俗语相结合的方法。对成语、方言、俗语的诠释，有如《通俗编》《恒言录》等俗语辞书，为今天研究语言及清代经济文化等提供了珍贵的文献史料。钱大昕在本书序言中说："其铺叙节物，则《阳羡风土》《荆楚岁时》之遗也；其诠释器服，则《匡谬正俗》《事物纪原》之例也；其考证方语，则《方言》《释名》《释常谈》之亚也。征引必检元文，而道听途说弗取也折中必谐六书，而向壁虚造弗尚也。以视夫《齐谐》《诺皋》《冥通》《梦游》之做，语怪诲淫，以取悦于贩夫庐儿者，其用心岂可同日语哉！"

魏三体石经遗字考1卷 《平津馆丛书》本；《石经汇函》本。

清孙星衍撰。孙星衍有《周易集解》，已著录。该书又名《魏三体石经残字考》，考订洛阳出土的曹魏正始石经文字。魏三体石经刻有《尚书》《春秋》和部分《左传》，每字都用古文、小篆和汉隶3种字体书刻，于正始二年(241)刻立于洛阳，是研究古代文字的重要材料。宋皇祐时苏望曾得拓本摹刻于洛阳。宋金之乱，石经不存，宋拓本亦失。孙氏据南宋洪括《隶释》所载，整理得古文(大篆)307字，篆文(小篆)217字，隶书295字，证以经典、字书，为之音释，包括校勘、考证、注音等。又与严可均、洪颐煊所著互相参证，按经文篇章顺序编排。

汉熹平石经残字集录1卷补遗1卷 1929年罗氏石印本。

清罗振玉撰。罗振玉有《金州讲习会论语讲义》，已著录。本书因徐鸿宝、马衡集出汉魏石经并通行于世之后，罗氏同样在从事汉石经的考订工作而作。书中说明《仪礼·乡饮酒礼》古今文的次序并不完全相同，读石经可补郑玄《注》的失误，因此颇有价值。

第二章 史 部

第一节 正史类

南齐书 59 卷 宋蜀大字本；明汲古阁本；1972年中华书局点校本。

梁萧子显撰。萧子显（488～537），字景阳。南兰陵人。南齐开国皇帝萧道成之孙，豫章王萧嶷之子。封宁都县侯，拜给事中。齐亡入梁，官吏部尚书、吴兴太守等。本书是记载南北朝时期南齐政权历史的著作。南齐间设立史官，有江淹等人编集国史，南梁间沈约、吴均等亦著有史书，萧子显以前人著述为基础，收集各类史料，编撰成书。本书为纪传体断代史，二十四部正史之一，全书 59 卷，本纪 8 卷，志 11 卷，列传 40 卷。南齐只维持 23 年，却经历了 7 位帝王，统治阶级间激烈的政治斗争，在本纪和列传中都有详细的记述。其他如唐寓之领导的农民起义，有真实的记录。祖冲之的科学成就，也得到较为详尽的记载。志书中如《百官志》所载职官制度，《州郡志》所记建置沿革及各地风土人情等，记载较为明晰。作者文笔简练，叙述得法，亦为此书特点。南齐史也是萧子显的家族史，其对家族成员的腐朽罪恶等有所揭露，同时对其祖、父亦颇多曲笔回护，如对萧道成篡夺刘宋政权的记载，就不尽可信。

两汉刊误补遗 10 卷 国家图书馆藏清抄本；《知不足斋丛书》本；《四库全书》本。

南宋吴仁杰撰。吴仁杰（1137～1200?），字斗南，一字南英。昆山人。祖籍洛阳。淳熙五年（1178）进士，官国子学录等。讲学于朱熹之门。北宋史学家刘攽撰《两汉书刊误》，其后又与刘敞、刘奉世所撰合编为《三刘汉书标注》等，吴仁杰撰本书以补正刘攽所著及他书之阙失。内容有关《汉书》8 卷、《后汉书》2 卷，共 200 余条。先列两汉书原文，其下或引《两汉书刊误》之言，后为吴仁杰按语加以辨正，或引他书及众家之说，其后吴氏补充记述。如卷 10“要子”，《后汉书》赵岐传有《要子章句》，《两汉书刊误》曰“要”当为“孟”，古书无《要子》，赵岐著《孟子章句》传至今。吴仁杰分析要字古文字形与黾相近，疑“黾”与“孟”通，赵岐传“孟子”原作“黾子”，讹作“要子”。最后引《水经》“大黾谷”，注云“大要谷”为证。《四库全书总目》对本书颇有赞誉，“仁杰是书，独引据赅洽，考证详晰，元元本本，务使明白无疑而后已，其淹通实胜于原书”。

南北史合注 191 卷 北京大学图书馆藏《四库全书》撤出本；《续修四库全书》本。

清李清撰。李清（1602～1683），字心水，一字映碧，号碧水翁，晚号天一居士。兴化人。明大学士李春芳玄孙。崇祯四年（1631）进士，官吏科给事中等。后任弘光政权大理寺左寺丞等。南明亡，隐居故里，屡征不起。本书在清初是非常著名的学术著作，与梅文鼎《历算全书》、顾祖禹《读史方舆纪要》合称为三大奇书。“南北史”指唐李延寿所撰两部纪传体通史《南史》《北史》。与《南史》相关的又有四部南朝纪传体断代史《宋书》《南齐书》《梁书》《陈书》，与《北史》相关的又有四部北朝纪传体断代

史《魏书》《北齐书》《周书》《隋书》。本书共191卷，分为《南史》86卷，《北史》105卷。卷6、卷7原缺，以抄本补。本书正文以《南史》《北史》为基础，其他八部断代史书与二书不同者，以注的形式低一格标出，此为注的主体。《南史》《北史》有改动者，亦以注标出。作者的意见也以此标出，称为"愚按"。作者及前人赞语亦低一格。魏禧序将本书优点概括为三：将南北朝八代史加以统一整理，有助于学者；南北朝十史重出者、不备者、讹者，加以删补考辨，行文有法；以春秋纲目书法正其名义，发扬史学传统。

明史拟稿6卷 清康熙刻本；《四库未收书辑刊》本。

清尤侗撰。尤侗（1618～1704），字同人，一字展成，号悔庵，晚号艮斋。长洲人。康熙十八年（1679）举博学鸿儒，授翰林院检讨，与修《明史》。康熙十八年诏征博学鸿儒纂修《明史》，与选者50人，尤侗亦其一，分派其纂修弘治、正德史事。尤侗纂修所分派的本纪列传未及半数，即以病归。至康熙三十年尤氏择其所撰稿中文之稍雅驯者删而存之，编为本书。列传3卷，文苑1卷，隐逸、孝行、忠节、独行1卷，循吏、艺术1卷，共正传55人，附传22人。尤侗所撰为康熙间所修《明史》初稿，与今本《明史》多有不同，如卷6循吏、艺术共17人，其中姜昂父子今本《明史》有传，其他如徐霖、陈铎、梁辰鱼等人均无传。尤氏在撰修本传时又私自增撰论赞，今本《明史》只于卷末有论赞。二者所言亦多有不同，如王守仁传，尤氏论王氏之学与权，非权不足以济其学，其用兵亦多出权术，天下有可与权者而未可与学道者。而《明史》赞在肯定王氏功业后，又言其讲学之弊，可见尤氏与其后修史者观点之差异。尤氏对明之灭亡颇为沉痛，在吕维祺传后论赞中，肯定其道学、经济、节义三者兼备，又曰："明之季也，道学盛而门户开，日断断于格致诚正之说，而朝廷刑政置之不讲。是以兵日敝，粮日竭，寇日剧，而国遂以亡。虽有节义之士，以身殉而已。"

五代史记补考24卷 《适园丛书》本；《丛书集成续编》本。

清徐炯编撰。徐炯，字章仲，号自强。昆山人。徐乾学子。康熙二十一年（1682）进士，官至直隶巡道。《五代史记》即宋代欧阳修所编的正史《新五代史》。正史中的"志"，《新五代史》称作"考"，仅有司天2卷、职方1卷。徐炯补作十考，包括五行2卷、百官3卷、选举2卷、食货2卷、赋役3卷、征榷1卷、礼乐5卷、刑法2卷、军旅1卷、艺文3卷，分门别类辑录此一时期政治、经济、文化各方面资料，注明文献出处，间载徐氏按语。五代政权更迭频仍，典章制度更是纷繁复杂，本书搜辑群书史料编撰而成，体例得当，内容丰富，有助于五代史研究。

两汉订误4卷 上海图书馆藏稿本；《丙子丛编》本；《丛书集成续编》本。

清陈景云撰。陈景云（1670～1747），字少章。吴县人。诸生。何焯弟子。门人私谥文道先生。本书为陈景云考订《汉书》《后汉书》而作，二书各2卷，先录二书原文及注文，其后陈氏按语加以辨析。陈景云精于史学，本书考订制度，校正文字，为两部正史的研究提供了重要参考资料。如卷2《韩王信传》"增世贵，幼为忠臣"，陈氏云："'忠'当作'中'，诸曹侍中皆中朝官，故曰中臣。"其说来自韩增传，颇有依据。《贾谊传》"惠王亲兄子也"，陈氏云惠王乃文帝之兄，非兄子。又考《资治通鉴》推测"惠王"下应有"之子"，刊本偶脱，其说亦颇为合理。

补三史艺文志1卷 《金太史全集》本；《昭代丛书》本；《丛书集成初编》本。

清金门诏编撰。金门诏（1672～1751），字轶东，号东山。江都人。乾隆元年（1736）进士。官山西寿阳知县等。本书之前有焦竑《国史经籍志》著录历代书籍，金门诏以为其中辽、金、元三朝之书缺略为多，故依据《辽史》《金史》《元史》所载，旁搜博采各类文献，编成本书。分为四部共42类，经部9类，史部12类，子部12类，集部9类，每类中分辽、金、元三代，分别著录书籍，包括作者、书名、卷数，间有小注，记述作者身份、成书时间、主要内容、书籍异名等。本书是清代补撰正史艺文志中较早的一部，辽、金、元三代重要书籍多为收录，如史部实录类著录辽代实录3种，金代实录7种，元代实录14种，注明编撰者、编撰时间、卷数等。此类书籍后世亡佚，本书所载成为非常宝贵的资料。

后汉书补注24卷 清嘉庆九年（1804）冯集梧

刻本;北京大学图书馆藏抄本;《续修四库全书》本。

清惠栋撰。惠栋有《周易述》,已著录。《后汉书》纪传 90 卷,刘宋范晔撰,唐李贤注;志 30 卷,晋司马彪撰,南梁刘昭注。惠栋注本书以范书为主,博采旧史家之作如《东观汉记》,皇甫谧《帝王世纪》,谢承、谢沈、袁山松、司马彪、袁宏、薛莹等诸家《后汉书》等,又参考顾炎武、何焯等考订之说,撰成本书。本书对《后汉书》正文及注文加以注解,按原书次序排列,前 20 卷为原书纪传部分,后 4 卷为原书志,卷名亦作《续汉志补注》。补注内容为考订史实,解析典章制度,训释语词,校勘文字等,以小字附于原文之后。此外前 4 卷帝纪部分,补注之后又有附论,附录前述史家旧书之论赞等。惠氏学问渊博,注解繁征博引众家之说,包括其父惠士奇之言,考据严谨,顾栋高序言"一字不肯放过,亦一字不肯轻下,洵史志中绝无仅有之书"。历代《后汉书》注解之作颇多,本书为其中尤为突出者。

晋书地理志新补正 5 卷 清乾隆四十八年(1783)经训堂刻本;《续修四库全书》本。

清毕沅撰。毕沅有《夏小正考注》,已著录。唐代房玄龄等撰《晋书·地理志》多有阙误,毕沅参考南北朝史籍如《宋书》《晋书地道记》《水经注》等,以及《汉书》《太平寰宇记》等书中相关史料加以补正,撰成本书。原书所载为大字,毕氏补正为小字,旁征博引史籍以作考证,校正讹漏数百条,又采其他地理书资料补充阙失,对南北朝史地研究等多有参考价值。如卷 2 荥阳郡,属县有卷、阳武等,"卷有博浪长沙,张良击秦始皇处",毕沅按《续汉书·郡国志》《晋地道记》《元和郡县志》等书,只有阳武县博浪沙的记载,即秦始皇遇袭处,无卷县记载。毕氏遂疑此 12 字原在阳武县下,错简入卷县,此说颇为合理。

补三国疆域志 2 卷 清乾隆四十六年(1781)西安刻本;《四库未收书辑刊》本。

清洪亮吉撰。洪亮吉有《春秋左传诂》,已著录。《三国志》只有纪、传两部分,无专志记载各国地理疆域,本书补充记载此部分内容。体例仿《宋书·州郡志》,内容主要依据《续汉书·郡国志》和《晋书·地理志》二书补充,其郡县之未经分割者,置县次第准《郡国志》为多,或已分割及废而复置者,则先后类从《地理志》。二书记载迥然不同者,则宁缺而不妄加断定。又依据《宋书·州郡志》《元和郡县志》《太平寰宇记》《水经注》等多种历史地理类书籍,旁征博引,参互考订,编撰成书。魏一卷,蜀汉、吴一卷,分州、郡、县记载各国疆域,简略记述其设置沿革及山川、古迹、城防等,亦考正各书记载之异同是非。本书体例得当,记述有法,开清代正史地理补志之先河。

东晋疆域志 4 卷 《北江全集》本;《广雅书局丛书》本;《丛书集成初编》本。

清洪亮吉撰。《晋书·地理志》东晋部分记载过于简略又多失误,故洪亮吉编撰本书。书中材料以《晋书》纪传为主,又参考《宋书》《魏书》及其时诸史家之著,又及《水经注》《元和郡县图志》《太平寰宇记》《方舆胜览》等。书中内容分为两部分,卷 1 至卷 3 实州郡县,分州、郡、县记载东晋疆域,记述其设置沿革及山川、城池、宫殿、园林等,亦考正各书记载之异同是非。卷 4 分为实州侨郡、侨州实郡、遥立州郡、侨州郡县,记载东晋政权所设侨州郡县和遥立州郡的建置始末。本书体例得当,史料丰富,东晋时期纷繁复杂的地理情况得以清晰地记载。

十六国疆域志 16 卷 《北江全集》本;《广雅书局丛书》本;《丛书集成初编》本。

清洪亮吉撰。本书与《东晋疆域志》体例相似,相辅而行,洪亮吉杂取诸书于乾隆五十年(1785)编成。材料来自《晋书》《宋书》《魏书》《水经注》《元和郡县图志》《太平寰宇记》《太平御览》等。自前赵至夏国,一国一卷,分州、郡、县记载各国疆域,简略记述其设置沿革及山川、宫殿、城池等。十六国政权兴衰更替频繁,地名变动不一,文献资料稀少,诸书记载多有出入。洪氏克服诸多困难,广搜博采相关史料,参互考订编撰成书。本书作为第一部研究十六国地理的专著,内容丰富,体例完整,十六国疆域得以系统记载,有助于古代历史地理的研究。

四史发伏 10 卷 清光绪八年(1882)小石山房刻本;《四库未收书辑刊》本。

清洪亮吉撰。本书为校勘和考据前四史之作,《史记》《后汉书》《三国志》各 2 卷,《汉书》4 卷。先

简略引述原文或注文之意，后加案语。内容包括校勘文字的讹误、衍脱，记载异文，考辨史实之误和可疑之处，补充记述相关史实，指出他书相关记载之误等等。洪亮吉的案语非常简洁，不繁征博引，如卷1“孝文九年御史大夫敬。案：《汉书表》在七年”。卷3“秦将章邯距破之。案：《姓谱》邯字少荣”。有明显疑误者，亦直接指出，不注出处，如卷1“子惠公立。案：不应有两惠公，疑有误”，“子惠文君立。案：君字宜作王”。洪亮吉精于史学，本书考校前四史，发现问题之处甚多，有助于前四史研究，其用力之勤，学识之深亦可见一斑。

辽史拾遗补 5 卷　清道光五年(1825)汪氏振绮堂刻本；《续修四库全书》本。

清杨复吉撰。杨复吉(1747～1820)，字列欧，一字列侯，号笠鸥。吴江人。乾隆三十七年(1772)进士。王鸣盛弟子。藏书家。清厉鹗著《辽史拾遗》，对《辽史》颇多补正，本书依据《旧五代史》《契丹国志》《宋元通鉴》及其他文献，对《辽史》及厉著加以补缀，共400余条，完成于乾隆五十九年。先列《辽史》或厉著原文，次为增补的各类史料，间附杨氏案语。部分内容是对《辽史》的相关记载加以补充。如卷1辽太祖与李克用云中之会，《辽史》记为天祐二年(1091)，《旧五代史》记为天祐四年，本书加以补录。部分内容对厉著记载简略之处加以增补。如卷2重熙九年九月富弼与辽主言和事，厉著补辑二者问答之语较为简略，本书则据《宋元通鉴》详细记述二者之间对话。《辽史》记事疏略，本书广引各类史料，对《辽史》及厉氏拾遗加以补充，有助于辽代历史研究。

汉书地理志补注 103 卷　常熟图书馆藏清抄稿本；清道光二十八年(1848)包慎言刻本；《四库未收书辑刊》本。

清吴卓信撰。吴卓信(1755～1823)，字项儒，号立峰。常熟人。诸生。本书补注《汉书地理志》中的郡国部分，三辅、郡、国各为1卷，除户口外，逐句加以补注。本文下汇辑历代各类典籍中相关内容，除地理状况、历史沿革外，又有音义训诂内容，吴氏按语则考辨补正阙失之处。本书补充相关资料颇为丰富，如卷39丹阳郡，“秣陵”下，汇集汉代至清代12种文献如《汉书·王子侯表》《吴录》等有关秣陵历史和地理情况的记载。吴氏按语亦颇有见解，如卷1京兆尹，“高帝五年置”下，吴氏引《史记》及《索隐》之言作六年，又曰“而此云五年，盖追书也”。本书手稿曾经著名学者李兆洛等人整理。李兆洛对本书颇为推重，序中云其“搜辑该博，大致备矣”。

历代地理志韵编今释 20 卷皇朝舆地韵编 2 卷　清道光十七年(1837)辈学斋刻本；清同治九年(1870)李氏重刻本；《续修四库全书》本。

清李兆洛编撰。李兆洛(1769～1841)，字申耆，号绅琦，晚号养一老人。阳湖人。嘉庆十年(1805)进士，官凤台知县等。后主讲江阴暨阳书院达20年。清代著名学者、文学家。本书为道光中李兆洛主讲暨阳书院时所编，参与编撰者还有其学生六严、六承如等人。《历代地理志韵编今释》汇辑《汉书》至《明史》14部正史地理志中的郡县等名称，地名后一字以平水韵编次，地名下小注，注明历代沿革及现今名称、地理位置等。如卷10宁中的“江宁”，列举晋、南朝宋、齐、隋、宋、元、明、清8个朝代，县、府两级行政区划沿革情况。《皇朝舆地韵编》则收录清代府县地名，体例同前。卷首有地球上面图、全国总图、各省地图。李兆洛编撰本书目的在便于阅史者寻检，历代史籍中的大量地名集中编排，条理清晰，检索便捷，是一部非常实用的历史地理辞典。

宋书补表 4 卷　南京图书馆藏稿本；《二十五史补编》本。

清盛大士撰。盛大士(1771～1839)，字子履，号逸云，又号兰畦道人。镇洋人。嘉庆五年(1800)举人，官山阳教谕。善画山水。二十四史之一的《宋书》无表，盛大士仿《汉书》诸表之例，以《宋书》为根据，参考《晋书》及其他南北朝正史，又及万斯同《纪元汇考》等相关专著，编成本书。起宋武帝永初元年(420)，迄宋顺帝昇明三年(479)。卷1纪元表，卷2诸侯王表、王子侯表，卷3功臣侯表，卷4外戚侯表、恩幸侯表。其中纪元表内容最多，逐年辑录《宋书》及他书相关记载，注明出处。刘宋史事居首，其下又记其时同存之魏、北燕、北凉、西凉、夏、西秦诸国史事，补表内容远不止《宋书》。

三国志考证 8 卷　清嘉庆十五年(1810)刻本;《广雅书局丛书》本;《续修四库全书》本。

清潘眉撰。潘眉(1771～1841),字稚韩,号寿生。吴江人。廪生。主潮州黄冈书院。潘眉精于史学,以为前四史中惟《三国志》较少专门考订,通行版本讹误多,故撰本书。校勘衍、脱、讹、异同文若干条,又间采传记略为疏解,作考证 8 卷,其中魏书 5 卷,蜀书 1 卷,吴书 2 卷。本书考订颇为严密细致,如魏书武帝纪,共 29 条,内容包括解释史书体例、考证史实、训释词义、校勘文字等。所据文献除《三国志》及三史外,又有《一切经音义》《太平御览》《晋书》《文选》《玉海》《义门读书记》《元和郡县志》《廿二史考异》等。其中如"又加君九锡"和"分汉中之安阳西城为西城郡,置太守。分锡、上庸郡,置都尉"两条考订颇为详尽,前者比较公羊纬、礼纬不同记载,云此九锡用《礼纬含文嘉》次序,又补充王莽九锡次序。后者先释句读及衍文,后考述自武帝至高贵乡公锡和上雍郡县设置沿革,又涉及《廿二史考异》相关内容。

汉书疏证 36 卷　南京图书馆藏清光绪陈倬家抄本;清光绪二十六年(1900)浙江官书局刻本;《续修四库全书》本。

清沈钦韩撰。沈钦韩(1775～1831),字文起,号小宛。吴县人。嘉庆十二年(1807)举人。官宁国县训导。沈钦韩推崇《汉书》至深至博,对颜师古注多有不满,自序言"初笑其浅陋,继觉其盗窃,终乃显然识其纰缪,鲜有是处,此《汉书疏证》之所由作也"(《幼学堂诗文稿》文稿卷 6)。沈氏历经 10 余年寒暑不辍,嘉庆二十二年撰成本书,惟有地理志未及撰写。分纪 2 卷,表 9 卷,志 15 卷,传 10 卷。纪、传部分发明奥义,折衷旧注,是者略之,缺者补之,未足者引伸之等。表、志部分疏证非常详尽,尤具价值,百官表有 3 卷多,古今人表有 7 卷,序言二表"绍闻六典,甄综九品,悉有考据,虽曰注释,实可单行"。志中律吕、食货、郊祀、沟洫诸志颇详。艺文志则有 3 卷,据王应麟《汉书艺文志考证》而加审。

后汉书疏证 30 卷　清光绪二十六年(1900)浙江官书局刻本;《续修四库全书》本。

清沈钦韩撰。沈钦韩有《汉书疏证》,已著录。沈钦韩不满《后汉书》注,以为李贤注杂出众手,刘昭注殊无统贯等,故撰本书。沈氏少读《后汉书》即细书疏记,年 40 以后更征求群书,考订名物,通畅事理,嘉庆二十二年(1817)成书。本书疏证无帝纪部分,前 12 卷为列传疏证,后 18 卷中郡国志疏证有 17 卷,另有卷 27 补《后汉书》所缺之艺文志。《后汉书》郡国志 5 卷,沈氏以为刘昭注于地理尤疏谬,本书疏证郡国志非常详尽,繁征博引各类典籍疏解地理名词,疏证中又有小字注解,补充各家之说。

旧唐书逸文 12 卷　清道光二十八年(1848)岑氏惧盈斋刻本;《续修四库全书》本。

清岑建功撰。岑建功(?～1848),字绍周。甘泉人。监生。清代学者、出版家。清道光间岑建功重刻《旧唐书》,复延请罗士琳等加以校勘,得校勘记 66 卷。此后岑氏又将《太平御览》等书所载有关内容与《旧唐书》绝不相比附者,荟萃而加考订,二十八年撰成本书。分本纪 5 卷,志 3 卷,列传 4 卷。逸文来源以《太平御览》为主,其次为《太平寰宇记》《事类赋注》《资治通鉴考异》等,又参考《唐会要》《册府元龟》《通典》《新唐书》《文苑英华》等书。其所辑逸文有互见于志传而实为纪者,有互见于纪传而实为志者,有互见于纪志而实为传者,将其条分缕析,详注其由,《太平御览》误引《通典》《唐会要》之文者则过而存之,留以备考。阮元序言总结本书内容有关于经学者、有关于史法者等十善,复言其编次精密、辨证周详、去取谨严、校订慎重。清代《旧唐书》研究成果频出,岑氏贡献颇多。

旧唐书校勘记 66 卷　清道光二十六年(1846)岑氏惧盈斋刻本;《续修四库全书》本。

清罗士琳、刘文淇等撰。罗士琳(1784～1853),字次璆,号茗香。甘泉人。学者秦恩复之甥。国子监生。考取天文生,入钦天监。清代著名学者,尤长于算学。刘文淇(1789～1854),字孟瞻。仪征人。学者凌曙之甥。贡生,候选训导。清代著名学者,尤精于《左传》。清道光二十三年岑建功重刻《旧唐书》,此后复延请罗士琳等校勘此书。校勘者除罗士琳、刘文淇外,还有刘毓崧、陈立。全书 66 卷,本纪 10 卷刘文淇校,志 21 卷、列传 35 卷四人分校。本书依据此前考订《旧唐书》的专著如沈炳

震《新旧唐书合钞》、丁子复《唐书合钞补正》、张宗泰《旧唐书考证》等书以及《旧唐书》其他版本，详加校勘，又引群书互证，如《新唐书》《太平御览》《册府元龟》《资治通鉴》《唐六典》《通典》《廿二史考异》等各类典籍。有资于考订者莫不采录，较然可从者从之，详略互异、字句迥殊者则谨载之而不敢遽断。在正史校勘专著中，本书为较为完善者，岑建功序亦云“实为从前校史者所未有，且为后人开此门径”。

楚汉诸侯疆域志 3 卷 清光绪二年（1876）金陵书局刻本；《槐庐丛书》本；《二十五史补编》本。

清刘文淇撰。楚汉之际，霸王项羽曾王九郡，又分封十八王，其所王九郡及十八王封地具体疆域，《史记》《汉书》记载不详，历代注家或不加解释，或未之缕析。刘文淇依据《史记》《汉书》中的相关记载，又参以《元和郡县志》《太平寰宇记》等史籍，勾稽考订，编撰成书。本书分为项羽九郡 1 卷，十八王封地 2 卷，先详细梳理诸书所记内容，其后记载其统治疆域郡县，简单记述其历史沿革。刘文淇对《史记》《汉书》深有研究，旁征博引，考证谨严，显示出深厚的学术功力，亦为古代历史地理研究提供了重要参考。

三国志补义 13 卷 清咸丰十年（1860）刻本；《四库未收书辑刊》本。

清康发祥撰。康发祥（1788～1865），字瑞伯，一字伯山。泰州人。岁贡生。工诗古文辞。康发祥以为《三国志》及裴松之注有缺漏之处，依刘攽注《后汉书》、颜师古注《汉书》等例，参考清代学者杭世骏、钱大昕等人之说，补正《三国志》及裴注之失。蜀书 2 卷补遗 1 卷附录 1 卷，魏书 5 卷补遗 1 卷，吴书 3 卷。主张以蜀为正统，蜀先主传等当改曰纪，魏武帝纪等当易曰传。先引本文及注文，其后为康氏按语，征引各类典籍加以补正，指出史事人物、制度地理等记载之失，训释文字音义。又揭示陈寿著史得失，如魏书一武帝纪，曹操征陶谦，所过多所残戮，康氏曰：“按承祚作魏志，每多曲笔回护，兹言多所残戮，此直笔也。”书中征引《华阳国志》之处颇多，附录又迻录《华阳国志》所载先仕蜀后入晋的文立、柳隐等人传记。

补后汉书艺文志 10 卷 1914 年蒋氏慎修书屋铅印本；《二十五史补编》本。

清顾櫰三撰。顾櫰三（？—1853），亦作槐三，字秋碧。上元人。诸生。正史中的《后汉书》无艺文志，后世学者多有补作，本书即其一。顾櫰三生前尚未编定，1914 年乡后学蒋国榜校订印行。按四部分类，卷 1 至卷 3 经部 10 类，卷 4 至卷 7 史部 10 类，卷 8 子部 7 类，卷 9 集部 2 类，卷 10 为经学师承，分别记载诸经和图谶的各家师承。所载后汉书籍著录作者、卷数、注明出处，又有解题加以考述。顾櫰三深于《后汉书》研究，搜录后汉文献非常详备，又据类书等所载辑录部分重要书籍。如卷 7 别传类的《曹操别传》，就引 3 则《太平御览》所载辑录而成；《曹瞒传》，则引 1 则《后汉书·袁绍传》、3 则《太平御览》、4 则《三国志》注所载辑录而成。二书所载曹操事迹可与《三国志·武帝纪》等参互考查。

补五代史艺文志 1 卷 《广雅书局丛书》本；《续修四库全书》本。

清顾櫰三撰。正史中的新、旧《五代史》均无艺文志，后世学者有补作，本书为影响较大的一种。顾櫰三搜辑五代人著作编成，共 700 余种，依四部次序分别著录。多数书籍只著录作者、书名和卷数，部分重要著作则考述较详，如《雕板九经》，就据新、旧《五代史》所载述其始末，又按《玉海》《文献统考》及杂史、笔记等所载加以考辨。《旧唐书》前又录五代间与编纂唐史有关的奏疏等。《旧五代史》著录卷数、作者，又言此书虽成于宋代，主修者薛居正后周显德中已为吏部尚书，纪传所载多属亲见，故附入五代。

南北史补志 14 卷 清光绪四年（1878）淮南书局刻本；《二十五史补编》本；《续修四库全书》本。

清汪士铎撰。汪士铎（1802～1889），字振庵，别字梅村，晚号悔翁。江宁人。道光二十年（1840）举人。曾充胡林翼幕宾。晚年授国子监助教。清代著名学者，著述颇丰。清道光末年，权盐运使童濂延请刘文淇等人注南北史，汪士铎亦参与，分任补两史志表，成志 30 卷、表 1 卷，又经包世臣等人参阅。太平军战争期间此稿遗失，同治间失而复得，光绪四年刊成。原稿 12 志：天文、地理、五行、

舆服、礼仪、乐律、刑法、职官、食货、氏族、释老、艺文，只存天文、地理、五行、礼仪4志14卷，末附12志赞。其他8志16卷和表1卷阙失。本书所补主要依据南北朝八书中的《宋书》《南齐书》《魏书》《隋书》各志，亦收辑其他诸史及各类典籍所载资料。每志首为叙（五行后附），其下按朝代为序加以分类记载，先南朝，后北朝。天文志收辑景初、元嘉、正光、兴和、开皇、大业、皇极诸历。礼仪志收辑吉、凶、军、宾、嘉诸礼。汪士铎学识渊博，尤长舆地之学，本书史料翔实，考证精洽，足补正史之阙。

补梁疆域志4卷 清道光十五年（1835）刻本；《广雅书局丛书》本；《丛书集成初编》本。

清洪齮孙撰。洪齮孙（1804～1859），字子龄，一字芝舲。阳湖人。洪亮吉子。道光十九年举人。官广东镇平知县。《梁书》只有纪传二部分，无专志记载地理疆域，本书补充记载此部分内容。洪齮孙继承家学，潜心史地研究，广泛采辑文献史料编撰成书。书中材料来自于《梁书》《隋书》《元和郡县志》《太平寰宇记》《资治通鉴》等各类史籍，分州、郡、县记载梁代疆域，记述其设置沿革及山水、宫殿、城池、陵墓等，亦考正各书记载之异同是非。

辽史地理志考5卷 清光绪二十八年（1902）李氏刻本；《四库未收书辑刊》本。

清李慎儒撰。李慎儒（1836～1905），字子钧，号鸿轩。丹徒人。同治三年（1864）举人，官刑部郎中。《辽史·地理志》讹误较多，李慎儒撰本书加以考正，依原书分为5卷。首先为总说，略述辽代政权及其政区设置。其后随文注解，原文大字，注文小字，舛错者驳正，疑者阙之。所据史料除《辽史》本书外，征引历代史地著作加以考辨，对原书多有补正。如卷1上京道："上京临潢府，本汉辽东郡西安平之地，莽曰北安平。"李慎儒认为辽之临潢府当在内蒙古巴林部，若汉之辽东郡西安平，"则在今奉天府辽阳州之东。辽阳州，辽之东京辽阳府也，临潢府何能亦在此处，地理志之误也"。又如卷2东京道："东京辽阳府，本朝鲜之地，周武王释箕子囚，去之朝鲜，因以封之。"李慎儒云箕子故都，"在今朝鲜国京畿道东南五百里平安道所治平壤府"。

元史译文证补30卷 清光绪二十三年（1897）陆润庠刻本；1990年河北人民出版社田虎校注本。

清洪钧撰。洪钧（1839～1893），字陶士，号文卿。吴县人。同治七年（1868）进士第一，曾出使俄国、德国、奥地利、荷兰，官至兵部左侍郎，总理各国事务衙门大臣。明初宋濂等修《元史》，遗误较多。洪钧光绪间出使欧洲，见到西方学者编撰和翻译的蒙古历史著作，采辑相关史料编成本书初稿，以补《元史》之错误和阙失，回国后未及定稿而卒。其后由邑人陆润庠整理刊印本书。全书30卷，其中10卷有目无书。书中材料来自拉施特《史集》、多桑《蒙古史》、志费尼《世界征服者史》等。元代统治地域辽阔、民族众多，中亚、西亚各国相关历史记载颇为丰富，近代欧洲学者亦详加考订，洪氏收集众多资料对《元史》加以证补，改正原书缺失颇多。书中记载内容较多者有《太祖本纪译证》《拔都补传》等，有关西域地理、民族等方面内容尤为丰富，如《西域补传》《地理志西北地附录释地》《西域古地考》等。末卷为《旧唐书大食传考证》。洪钧运用外国语言文献资料研究本国历史，对其后历史研究产生重要影响，如柯绍忞《新元史》、屠寄《蒙兀尔史记》等就受本书启发并吸取相关内容。

晋书校勘记5卷 清光绪广雅书局刻本；《续修四库全书》本。

清周家禄撰。周家禄（1846～1910），字彦升，一字蕙修，晚号奥簃老人。海门人。同治九年（1870）举优贡生，官江浦训导等职。曾入吴长庆、张之洞等幕，任湖北武备学堂、上海南洋公学讲席等。《晋书》成于唐代，非出一手，异同讹误较多，后世学者多有校正。周家禄从军期间，以《晋书》本书互校，随笔写记而成。本书卷1目录，卷2帝纪，卷3志，卷4列传，卷5载记，记载周氏校勘《晋书》所得各种差错，注明依据，其说颇为可靠。其中卷2武帝、惠帝、孝武帝、安帝诸纪各有数十处，如《武帝》中"几为燕王"，周氏据《宣五王传》所载，云封燕王者为机，薨，无子。齐王冏表以子几嗣，则几为机之子。《惠帝》中"骏弟卫将军瑶、太子太保济"，周氏据杨骏本传，云"瑶"当作"珧"，"太保"当作"太傅"。《简文帝》中"以司徒谢玄为卫将军、仪同三司"，周氏云"玄，安之误"。

明史考证攟逸42卷补遗1卷 上海图书馆藏

稿本;《嘉业堂丛书》本;《续修四库全书》本。

清王颂蔚编撰。王颂蔚(1848～1895),初名叔炳,字芾卿,号蒿隐。长洲人。光绪六年(1880)进士,官军机章京等。清乾隆间《明史》撰成后,乾隆皇帝又命史臣重加考订,领其事者为总裁英廉等,纂辑者为宋铣等 7 人。有关考证内容编成后未及刊行。清光绪间王颂蔚于方略馆搜得此书进呈本、稿本和正本 3 种,只存列传考证,无纪、表、志。王氏将三本参观互证,删汰冗衍,排比成书 42 卷,卷首有改译人地名和各卷纂辑姓名。清甲午年(1894)编成本书。1921 年,其子季烈将本书与《文津阁四库全书》本《明史》所附考证对照查考,选录有关考订者 30 余条,编为补遗 1 卷。本书考证内容有考辨史实、改订文字、解释制度、评述赞语等,有关征引均标注出处。王氏自己所作考证以小字按语附于其后。

三国疆域志补注 15 卷大事表 1 卷疆域表 2 卷疆域志疑 1 卷　清光绪刻本;《四库未收书辑刊》本。

清谢钟英撰。谢钟英(1855～1901),武进人。清光绪十四年(1888)举人。张之洞任湖广总督,延其为幕僚。光绪十七年应台湾巡抚邵友濂之聘,助其整理台南盐务。谢钟英对洪亮吉《补三国疆域志》加以补充和考正,撰成本书,所据材料包括正史及《水经注》《元和郡县志》《太平寰宇记》《读史方舆纪要》等。《补注》包括魏 8 卷,蜀 2 卷,吴 5 卷。又撰成《大事表》1 卷,记载重要事件。《疆域表》2 卷,概述三国疆域。《志疑》1 卷,记载《补注》未解的问题。洪书记载较为简略,本书补充内容丰富,如卷 11 建邺,补烈州、小江等 20 处记载。本书对洪书及前人之失也加以纠正,如卷 4 白马黎阳津,洪书云黎阳津为曹操擒关羽及关羽杀颜良之地,谢氏按语则据《三国志》关羽传,云曹操擒关羽在下邳,关羽杀颜良在白马。本书又对洪书中各州次序加以调整,对古地名标注今名。

第二节　编年类

后汉纪 30 卷　明黄姬水刻本;1987 年天津古籍出版社周天游校注本;2002 年中华书局张烈点校本。

东晋袁宏撰。袁宏(328～376),字彦伯,小字虎。原籍陈郡阳夏(今河南太康),晋室东迁,移居金坛。历官大司马桓温府记室、东阳太守等。东晋著名史学家、文学家。本书记载自西汉末年农民大起义,至曹丕代汉、刘备称帝,共 200 余年的历史,是研究东汉史的重要著作。袁宏编撰《后汉纪》,体例上借鉴了东汉荀悦编撰西汉史的编年体著作《汉纪》。在本书之前,亦有不少记载后汉一代历史的著作,袁宏不满其烦秽杂乱,他参考此前的东汉官修《东观汉记》,谢承、司马彪等人著作,加以汇集编撰和考订,又借鉴张璠所撰《后汉纪》加以增补,重新编撰成书。袁宏在序言中言及撰此书的宗旨就是弘扬名教,为统治阶级服务,在以"袁宏曰"形式出现的论赞中,竭力宣传正统封建思想观念,在史事记载中,重点记述东汉建国和汉末纷乱的历史,借此总结治乱得失的经验和教训。袁宏借鉴纪传体史书的做法,往往把时代略近、事迹相近的人物放在一起记述,更有助于对人物的认识。本书详略得当,后汉有 11 位帝王,其中光武帝、灵帝、献帝内容最多,突出重点,加深对后汉历史的了解。本书的论赞内容颇多,部分论赞多迂腐陈旧之说,有损此书的价值。

通鉴续编 24 卷　元刻本;《四库全书》本。

明陈桱撰。陈桱,字子经。祖籍浙江奉化,流寓长洲。明初任翰林学士。《资治通鉴》以编年体记载周威烈王至五代史事,《资治通鉴纲目》以纲目体记载此段历史,本书记事内容增补《通鉴》,体例则仿《通鉴纲目》,为一部记载自上古至两宋的纲目体通史。内容可分为三部分,卷 1 记盘古至高辛事迹,补记《通鉴》未及的上古史;卷 2 记《通鉴》未详及的唐至五代契丹事迹;后 22 卷记宋代史事,起于建隆元年(960),迄于祥兴二年(1279)。记事以时间为序,以大字提要为纲记载重要史事,小字分注为目,详记其实。本书继承《通鉴纲目》的正统观念,宋、辽、金三国,以宋为正统,以宋帝年号纪年,辽、金年号系其下。宋帝书帝,辽、夏、金帝王书主。

宋元通鉴 157 卷　明嘉靖四十五年(1566)自刻本;明万历间王道行刻本;《四库全书存目丛书》本。

明薛应旂撰。薛应旂有《四书人物考》，已著录。本书为《资治通鉴》续书，此前《资治通鉴》的续作有李焘、刘时举、陈柽等诸家之作，薛应旂以为诸书纪载失次，笔削未当，有意续著。嘉靖三十五年(1556)放归后，始专心著书，依据《宋》《辽》《金》《元》四史，复采摘宋元人文集、家记、野史等，至四十五年撰成本书。宋纪128卷，起建隆元年(960)，迄祥兴二年(1279)。元纪29卷，起于至元十七年(1280)，迄于至正二十七年(1367)。薛氏严守华夷之辨，尊宋抑元，辽、金史事附于宋纪。以为宋世内小人外君子，宋因以亡，中国尽为夷狄，"元之乱华皆本于宋之用匪其人所致，而千万世之永鉴，莫有大于是也"。薛氏为史学家，亦为理学家，他以为"道见于事，事寓乎道，经亦载事，史亦载道，要之不可以殊观也。故旂于是编，凡有关于身心性命之微，礼乐刑政之大，奸良邪正之辨，治乱安危之机，灾祥休咎之征，可以为法，可以为戒者，皆直书备录"。其著本书目的既为资治，亦为明道。本书于宋元史籍及诸名家诏令奏疏、议论启札等有可为世法戒者，直录全文，多不裁减，史料颇为丰富，其中有关道学家的记载非常详尽，多出正史之外。

宪章录46卷　明万历二年(1574)陆光宅刻本；《续修四库全书》本；2014年凤凰出版社展龙、耿勇校注本。

明薛应旂撰。薛应旂有《四书人物考》，已著录。本书以编年体记载明代初期至中叶的历史，起于洪武元年(1368)，迄于正德十六年(1521)。薛应旂早年即留心于明代典章制度等文献，历数十年收辑非常丰富，期望这些资料于现实政治有参考价值。抵牾当权者退归后，因对此前记载明代历史的著作不满意，如陈建《通纪》仿编年而芜鄙，郑晓《吾学编》效纪传而断落，于是从其所集文献中摘录汇辑本书，思有经世之用，至万历元年成书。史料来源于历朝《宝训》《实录》、邸报等多种官方文献，亦有个人专著、文集、杂记等。本书记载明代九朝重要史事，史料丰富，记述得法，在明人所著当代史中较为著名，对后世史学亦颇有影响。此后吴瑞登以同样体裁记载嘉靖、隆庆两朝史事，名为《两朝宪章录》。

皇明嘉隆两朝闻见纪12卷　明万历二十七年(1599)沈朝阳刻本；《四库全书存目丛书》本。

明沈越撰。沈越(1501～1570)，字中甫，号韩峰。南京锦衣卫籍。嘉靖十一年(1532)进士，官监察御史等。沈越退归后，记载其于嘉靖、隆庆两朝所闻所睹之事，未获成书而殁。其子沈朝阳即其稿与吴瑞登《两朝宪章录》、范守己《肃皇大纪》及其他著作参互订证，万历二十七年编撰成书。体例同《两朝宪章录》编年体，自正德十四年(1519)至隆庆六年(1572)，逐日记载重要史事等。又有按语，征引史家著述以作补充，如王世贞、郑晓、高岱及吴瑞登等。本书记事时间同于《两朝宪章录》，所记内容比后者详细，完整记述嘉隆两朝史事。其按语则难见其见解，多转录他人观点，如世宗崩后，按语只是摘录《实录》之语，不及《两朝宪章录》之论公允。

两朝宪章录20卷　明万历二十二年(1594)光州儒学刻本；《四库全书存目丛书》本。

明吴瑞登撰。吴瑞登，字云卿。武进人。由贡生官光州训导。本书之前有薛应旂《宪章录》，以编年体记洪武至正德间史事。吴瑞登欲仿其体例以续之，故撰本书。记载嘉靖元年(1522)至隆庆六年(1572)世宗、穆宗两朝史事，时间接续《宪章录》，逐日记载政治、军事、经济诸方面事件以及重要官员事迹等，颇及其时政治实情，较为真实可信，记事详尽，体例得当，与《宪章录》一起较为完整清晰地记载明初至明中叶历史。吴氏又作按语补充记载史事，加以评论，又附载奏疏等。其评论亦颇敢言，对世宗修玄，严嵩父子弄权等多有揭露，体现出史学家的良知，如卷18世宗崩后吴氏所云："世宗土木繁兴，方士斋醮，戮大臣，系谏官，南倭北虏，征剿不绝，大约皆严嵩父子溷浊朝政而惑乱其心也。"

纲鉴正史约36卷　明崇祯刻本；《四库全书存目丛书》本。

明顾锡畴编撰。顾锡畴(1585～1646)，字九畴，号瑞屏。昆山人。万历四十七年(1619)进士。崇祯间官至礼部左侍郎，南明弘光政权任礼部尚书。顾锡畴家居期间，依《通鉴纲目》之体编成本书。记载自三皇五帝至元代的历史，《通鉴纲目》及《资治通鉴》未及之事，采自《通鉴前编》《宋元纲目》《续通鉴》等书。顾氏编撰本书，意为留之家塾，以示儿辈，将2 000余年主德昏明、朝政理乱、人才消长、民生苦乐等事，记其本末，后学可以此为基。本

书内容条理清晰，记述详略得当，要言不烦，重要历史人物、事件等多为记载，附以历代研究者评述，有助于初学者掌握领会。

两朝从信录 35 卷　明崇祯刻本；《续修四库全书》本。

明沈国元撰。沈国元，字飞仲，改名常，字存仲。秀水人，寓吴县。一作吴县人。诸生。师陈仁锡。于城中开设大来堂书坊，刻书有名于时。本书为《皇明从信录》续作，起于万历四十八年（泰昌元年，1620）八月，迄于天启六年（1626）八月，记载光宗和熹宗间朝政大事。沈氏在卷首述意中言及编撰方法和原则，如尊旨、存信、是非、达观、平论等，颇有见地。本书记事非常简略，主要内容为其选录的诏谕奏议等官方文献，沈氏又有补记、评论，则出以眉批。如记光宗朝史事，光宗在位仅一个月，自八月丙午朔登基至九月乙亥朔驾崩，逐日记其事。八月丙午，先载继位诏，记事只“西酋来贡”一条 4 字，后以小字记述其详。九月乙亥，先记“帝崩”2 字，后为遗诏和皇长子令旨，其后记群臣请皇长子即位事。除诏谕外，本书所录奏议，亦颇有价值。卷 1 就有六日御史张泼《论相臣亦内外兼用疏》，八日御史申廷谟《为枚卜推举疏》，十三日台臣黄彦士《谨陈要务疏》，十四日御史史永安《敬陈交际之道疏》等，对此类原始文献的考察，有助于了解其时政局状况。

嘉靖以来注略 14 卷　明崇祯六年（1633）刻本；《四库禁毁书丛刊》本。

清许重熙撰。许重熙，字子洽，晚号东村八十一老农。常熟人。明太学生。入清卒。本书记载明嘉靖、隆庆、万历、泰昌、天启五朝史事，又名《五陵注略》《五朝注略》《宪章外史续编》，扉页作《皇明五朝纪要》。书中所载触怒诚意伯刘孔昭，奏劾许重熙书生妄言国事，许氏得罪革职，书板追毁。书中记事起于正德十六年（1521）四月，迄于天启七年（1627）八月，先简介五朝皇帝生平及内阁诸臣等，其后逐月记载重要史事，低一格为作者按语以及徐学谟、范守己、朱国祯、董其昌等人相关论述。本书编撰较为得法，五朝史事得以清晰完整地记述，董其昌序言“卷帙不病于浩繁，指陈殊快于简易，可谓艺文兼美者矣”。许氏按语及诸臣评论等，所言明末政治、军事等问题亦颇为中肯。

纲目分注拾遗 4 卷　清康熙二十年（1681）留余堂刻本；《四库全书》本。

清芮长恤编撰。芮长恤（1615～?），字蒿子，原名城，字岩尹。溧阳人。明诸生。《资治通鉴纲目》由朱熹撰凡例和提纲，分注由其门人赵师渊编撰，分注部分有与《资治通鉴》内容不一及讹误者。芮长恤将二书详加校勘，摘录异文，复加考辨，编成本书，有助于对《资治通鉴纲目》的研究。如《通鉴纲目》卷 1“赦横罪，召之曰：‘横来，大者王，小者乃侯耳，不来，且举兵加诛焉’”，《通鉴》原文“召之”下有“横谢曰：‘臣烹陛下之使郦生，今闻其弟商为汉将，臣恐惧，不敢奉诏。’使还报。帝乃诏商曰：‘横即至，人马从者敢动摇者族。’乃复使使持节具告以诏商状”。《通鉴纲目》卷 1 田横之语中有“纵彼不动”一句，《通鉴》原文作“畏天子之诏，不敢动”。芮长恤将此两处原文摘出，云前处有田横辞谢及诏郦商一节处分，然后可以祸福谕田横，可见高祖待横得大体处。又云后处改动原因：“既删上节，则天子之诏不见根据，不得不并删也。”

资治通鉴后编 184 卷　《四库全书》本；清光绪间富阳夏氏刻本。

清徐乾学等编撰。徐乾学（1631～1694），字原一，号健庵。昆山人。顾炎武外甥，与弟秉义、元文合称“昆山三徐”。康熙九年（1670）进士。历任明史馆总裁、左都御史、刑部尚书等。著名学者、藏书家。本书以编年体记载宋元两朝史事，为《资治通鉴》续书。此前史家同类著作有陈桱、王宗沐、薛应旂所撰诸书，徐乾学以为诸作大都年月参差，事迹脱落，不足继《资治通鉴》之后，于是组织学者参考各类史籍，编撰本书，参与者有万斯同、阎若璩、胡渭等。宋代 152 卷，起于建隆元年（960），迄祥兴二年（1279）；元代 32 卷，起于至元十七年（1280），迄至正二十七年（1367）。书中所记史实需参订者，出以小字考异，又低一格附录历代史家如富弼、吕中、陶宗仪、王鏊、薛应旂等相关评论，编撰者自己的意见则标以“臣乾学曰”。所载详于北宋及南宋前期，南宋后期及元代部分较略。本书参与编撰者多为著名学者，用力颇深，订误补遗史事，可补前人未及，尤精于舆地，于宋元历史研究，颇具参考价值。

纲鉴会通明纪15卷 清康熙五十八年(1719)刻本;清书业德刻本;2014年凤凰出版社《泰州文献》本。

清陈志襄撰。陈志襄(1645～1720),字陶思,号南村。泰州人。顺治诸生,考授州同知。本书以编年形式记载明一代史事,始于壬辰(元至正十二年,1352),终于甲申(明崇祯十七年,1644),又附南明诸王。体例为以"编"为纲,以"纪"为目。"编"顶格,以一两行文字按年月简述史事;"纪"低一格,细述此事本末。又有双行小字夹注,以注音、析义、释典等。"纪"后又间有明清史家之言,如薛应旂、陈建、谷应泰等,以双行小字征引文献。又有眉批,寥寥数语,或简单概括史事,或表达自己的评论意见。明代历经200余年,史实浩繁,记述颇为不易,本书体例得当,叙述有法,把头绪繁多的各类重要事件记载清楚,简捷扼要,便于读者阅读。记载偏重于重要的政治事件,如皇帝、大臣的成败得失、政局变换、人事迁动等。作者不人云亦云,对历史事件有自己的看法,如对殉节名臣方孝孺等就多有异议。对正统史书不载的传说亦收录,如建文帝的下落就多采野史传闻等。

纲目订误4卷 清乾隆十九年(1754)刻本;《四库全书》本。

清陈景云撰。陈景云有《两汉订误》,已著录。本书订正《资治通鉴纲目》之失,先列《纲目》之文,陈景云在按语中据正史、《通鉴》及《纲目》本书所载,举证其失,对后世学者之说如汪克宽《考异》、王幼学《集览》、陈济《正误》等亦加以辨析。陈景云博通史籍,书中所云指证精确,足正传讹。如卷1晋明帝太宁三年(325),《纲目》云"虎禽岳杀之",陈氏云:"按是时石虎禽刘岳送襄阳,未尝杀岳也。后三年洛西之战,石勒禽刘曜以归,有令刘岳见曜之事,见《通鉴》。岳不死于石虎之手明矣。"卷2宋明帝泰始二年(466),《纲目》云"遣建安王休仁讨梁州",陈氏云:"按梁当作江,若梁州乃汉中地也。"宋顺帝昇明元年(477),《纲目》云"越郡校尉王敬则",陈氏云:"按越郡当作越骑,诸校尉初无越郡名。"《四库全书总目》对本书评价颇高,云:"其于摭实之学,亦可云愈推愈密矣。"

续资治通鉴220卷 清嘉庆六年(1801)冯集梧等递刻本;清同治间江苏书局本;1957年中华书局排印本。

清毕沅编纂。毕沅有《夏小正考注》,已著录。本书是《资治通鉴》的续作,共220卷,其中宋纪182卷,元纪38卷。记载时间与《资治通鉴》相衔接,起自宋太祖建隆元年(960),迄于元顺帝至正二十八年(1368),是一部完整的宋、元编年史,记载内容涵盖辽、金、西夏史事,史料丰富,内容全面。体例上亦仿《资治通鉴》,著有考异,分注于正文之下,对史事虚实和史料真伪,作细致的考订。本书之前,已有不少类似的著作,如明代薛应旂、王宗沐各著有《宋元资治通鉴》,清代徐乾学等编成《资治通鉴后编》。毕沅编纂本书以《资治通鉴后编》为基础,参以南宋李焘的《续资治通鉴长编》、李心传《建炎以来系年要录》以及《契丹国志》等史籍,各家说部文集等百余种著作,又得著名学者如邵晋涵、章学诚、钱大昕等相助,历时20余年,方完成本书的编纂。嘉庆二年刊刻,只刻成103卷,嘉庆六年冯集梧补刻117卷。本书博采典籍,剪裁得当,考证严谨,叙述有法,是《资治通鉴》续书中较为完善的一部。

读通鉴纲目条记20卷首1卷 清嘉庆七年(1802)刻本;《续修四库全书》本。

清李述来撰。李述来(1778～1868),字少仔,又作绍仔。武进人。诸生。工于词章,善书画。年90余卒。朱熹《资治通鉴纲目》对后世产生深远影响,书中也有不少疏漏之处,后世对其研究补正之书颇多,本书即为其一。卷首对朱熹所作《资治通鉴纲目》序例、凡例、《答赵师渊书》中不当之处加以解析,如《凡例·统系》"汉晋之间,魏、吴、晋三大国,凡十六年",李述来云:"按蜀亡魏踵,晋承魏域,与吴分霸,不当云三大国。"其后则对后世学者如尹起莘《资治通鉴纲目发明》序、刘友益《资治通鉴纲目书法》凡例等加以辨正。其后20卷则先列《通鉴》原文,次列《纲目》之文及后世学者之说,对其加以辨析,如周威烈王二十三年(前403),《纲目》云:"任章问焉,桓子曰无故",李述来据《通鉴》原文云:"此较原文省八字而文义蹇晦,不如仍原文。"

明纪60卷 同治十年(1871)江苏书局刻本;《四部备要》本;《四库未收书辑刊》本。

清陈鹤撰。陈鹤(1757～1811),字鹤龄,号稽

亭。元和人。嘉庆元年(1796)进士,官工部主事。本书以编年形式完整记载明代及南明史事,起自元至正十二年(1352)朱元璋投郭子兴农民军,迄于清顺治十八年(1661)吴三桂俘获桂王。明代诸帝包括惠帝在内各自为纪,南明三王则为始末。此前清人所撰明代史书已有多种,陈鹤以《明史》为本,参以王鸿绪《明史稿》,又采摭说部野史诸书,考证核实,编撰而成。其生前只完成52卷,后8卷由其孙克家完成。清人所撰明代史书多有卷帙浩繁者,如同为编年体的《国榷》洋洋数百万言,与之相比,本书记事颇为简练得法,直接记载各类重要事件,无考证注释,亦无作者评论,不及百万字而300余年间朝政成败得失、人物忠邪是非等,记述有条不紊,作者之用心亦清晰明了,颇便于后学。

纪元编3卷末1卷 清道光十一年(1831)辈学斋刻本;《续修四库全书》本。

清李兆洛编撰。李兆洛有《历代地理志韵编今释》,已著录。本书为李兆洛所编古代历史纪元表,此前同类著作不便翻检,故李兆洛编撰本书,由其弟子六承如集录。卷上《总载》,汇录历代年号,自汉武帝建元至明庄烈帝崇祯及南明诸王,其后又载僭窃、外国、道经杂记所载、拟议不用、钱文年号。卷中《甲子表》,以干支排列历代年号,自建元辛丑至光绪乙未,僭窃附于其下,外藩省略。又补建元之前历代甲子表,以《竹书记年》和《史记》的《十二诸侯年表》《六国年表》为本,起自黄帝元年庚寅,迄于武帝建元辛丑。卷下《纪元编韵》,将年号的第二字检出,按韵排列。又附三字、四字、六字年号。卷末补充僭窃、外国、道经杂记、钱文年号,又将历代陵名第二字检出,编韵排列。本书内容完备,三部分内容涵盖古代年号、干支,分韵排列,便于检索。

竹书纪年集证50卷首1卷 国家图书馆藏稿本;清嘉庆十八年(1813)裛露轩刻本;《续修四库全书》本。

清陈逢衡撰。陈逢衡(1778～1848),字履长,号穆堂。江都人。诸生。道光间举孝廉方正,力辞不就。晚年馆于黄奭家,董理刊刻《汉学堂经解》。《竹书纪年》是记载上古至战国历史的编年史书,原书亡佚,元明后通行之书称为今本,其真伪及价值近代学者多有争议,清代学者整理本称为古本。本书为陈逢衡为今本《竹书纪年》所作集证,成于嘉庆十八年。卷首《叙略》,列举前48卷重要集证内容。《集说》,汇集历代学者之说,陈氏亦作评述。卷1至卷48,自黄帝至周隐王十六年(前299),本文之后,采辑历代典籍相关内容加以补正,陈氏意见出以按语。末2卷为补遗,汇辑他书援引而今本无者120则,附录《璅语》数十则,后为陈氏按语。陈逢衡编撰本书,参考历代学者见解,采纳同时学者张宗泰、洪颐煊等人之说,“旁搜博采,不敢偏执一见,始以群书订《纪年》之讹,继且以《纪年》证群书之误”(《凡例》),是今本《竹书纪年》研究著作中影响较大的一种。

资治通鉴地理今释16卷 清光绪八年(1882)江苏书局刻本;《续修四库全书》本。

清吴熙载撰。吴熙载(1799～1870),原名廷扬,字熙载,50岁后以字行,改字让之,号让翁、晚学居士。仪征人。诸生。著名学者、书画家。本书将《资治通鉴》中记载的古地名,注明现在的名称及所在,按原书顺序收录,自卷1至卷294。解释较为简略,不注文献出处。书中地名难以考定者,如《周纪二》“陵观、廪邱”,注明“无考”。地名有误者指出,如《周纪五》“中阳”,吴熙载云:“当依注作中人,今直隶保定府唐县。”亦有解释较为详尽者,如《汉纪一》“穀泗水”,先解释穀水即睢水支津,非河南府之穀水,以下再记载睢水和泗水的源流。《资治通鉴》所载内容历经16纪,1 300余年,地名众多,变迁频繁,吴熙载将其详加辑录,标注今名及所在,有助于对《资治通鉴》及古代历史地理的学习和研究。

小腆纪年附考20卷 清咸丰十一年(1861)徐氏刻本;《续修四库全书》本;1957年中华书局王崇武校点本。

清徐鼒撰。徐鼒(1810～1862),字彝舟,号亦才。六合人。道光二十五年(1845)进士,官福宁府同知等。著名学者,著述颇富。本书记载明崇祯及南明福、唐、桂、鲁四王及郑成功史事,起于明崇祯十七年(1644)正月,迄于清康熙二十二年(1683)八月。记事以年月为序,大事为纲,其后分述其详,附小字考证,徐氏评论另起一行。徐氏编撰本书,依据正史所载,博采旧闻杂记,自叙言及书名的参考文献有数十种,有王鸿绪、温睿临、黄宗羲、谷应泰、

吴伟业、顾炎武、李清、夏允彝等名家之作，亦有不知名之作如《国变难臣钞》《赣州乙丙纪略》《江东事案》等，又及国子监进士题名碑、各省郡县志、诸家诗文集等，史料非常丰富。史籍记载有疑义及众说纷纭者，加以考订梳理，颇为详尽。评论亦复公允，如崇祯之死，徐氏言明亡其难辞其咎，又同情其遭遇，赞其殉难为千古一人而已。谢国桢《增订晚明史籍考》自序，认为本书与《南疆逸史》记南明史最为完备。

续资治通鉴长编拾补 60 卷　清光绪九年(1883)浙江书局刻本；2004 年中华书局顾吉辰点校本。

清秦缃业等编撰。秦缃业(1813～1883)，字应华，号淡如。无锡人。道光二十六年(1846)副贡。官浙江金衢严道等。南宋李焘所撰北宋九朝编年史《续资治通鉴长编》，为研究宋代历史的重要史料，后世散佚，清人自《永乐大典》辑为 520 卷，英宗、神宗、哲宗三朝部分阙失，徽宗、钦宗二朝全阙。光绪间浙江书局据南宋杨仲良所著《通鉴长编纪事本末》及其他史籍，于光绪八年编成本书，参与编撰者还有黄以周等数人。本书 60 卷即《续资治通鉴长编》所阙内容，编年体例排列，以《通鉴长编纪事本末》相关内容为正文，采自其他文献的补充材料双行小字附于其后，详加考订，其中有旧题李焘编的《续宋编年资治通鉴》以及《宋》《辽》《金》三史等多种文献。据秦氏序言，本书竭八九人心力，稽考百余种文献，阅两年之久，至此《续资治通鉴长编》补充完整，有功于李氏之书及宋代历史研究。

第三节　纪事本末类

通鉴纪事本末前编 12 卷　明万历四十五年(1617)唐世济刻本；《四库未收书辑刊》本。

明沈朝阳撰。沈朝阳(1547～1623)，字宗明，号凤冈。江宁人。沈越长子。万历三十五年贡生，官池州府学教授、楚府纪善等。南宋袁枢撰《通鉴纪事本末》，将司马光《资治通鉴》所记之事，分类编排，各立条目，详记一事始末，创纪事本末体。明万历间陈邦瞻撰《宋史纪事本末》《元史纪事本末》，补记袁氏书以后之事。沈朝阳欲补记袁氏书以前上古至周威烈王之事，依据金履祥《通鉴前编》、陈柽《通鉴外纪》所载，又参考《左传》《国语》《史记》等书，撰成本书。全书 12 卷，自《盘古之始》，至《周复分东西》，正文顶格，历代学者及作者本人考论低一格，所引学者有苏洵、范祖禹、胡宏、吕祖谦、胡一桂、罗泌、陈士元及《公羊传》《穀梁传》之语。本书采择颇严，自经史典籍外，外家野记之说概不收录，考订颇为详密。所记之事与袁、陈二书所记时代相接，上古至明代之前中国历史以纪事本末体完整记载，数千年之事得以胪列条分，颇便后学。

定陵注略 10 卷　国家图书馆藏清抄本；《明季史料集珍》本。

清文秉撰。文秉(1609～1669)，字荪符，号竹坞遗民。长洲人。文震孟子。国子生。本书记载明神宗一朝史事，自神宗即位初年事迹记至万历四十五年(1617)大计京朝官，分为 45 事，每一事以四字标题概括，如《新政去国》，记首辅高拱被逐事。《江陵擅政》《江陵夺情》《江陵覆车》，记权臣张居正弄权及失败始末。《建言诸臣》，记官员所上重要奏疏内容及所受处分等。《大臣党比》，记党争之始。《矿税诸使》和《内库进奉》，记万历间遣内使四处开矿、征税事。《忤奄诸臣》，记得罪宦官的官员及其事迹。明末社会动荡，各地变乱事件众多，本书所记就有杭州、郧阳、南京、昆山等地突发事件。人事变动亦为万历间政治斗争的反映，历年大计亦多有记载。文氏著本书期为后世借鉴，故抑个人爱憎，较为客观记载此间史事，所据多为诏谕奏疏等，颇有史料价值。如卷 4《内库进奉》，详细记载各地矿监、税监进奉的银两数额，即为非常难得的资料。文氏见解亦颇有独到之处，叙言将宋神宗、哲宗与明神宗、熹宗相比，将北宋与明代的衰亡归罪于不好善之辅臣。卷 3《癸巳大计》、卷 4《矿税诸使》，文氏指责党争、矿税等源于辅臣之失，“自逾其垣，徇私情，蔑公论”，“阿谀顺旨，漫无短长”。文秉父震孟崇祯间亦为辅臣，文氏得悉其中实情，故在书中多次指责辅臣之失，体现其勇气与良知。

绥寇纪略 12 卷　清康熙十三年(1674)邹式金刻本；《四库全书》本；1992 年上海古籍出版社李学颖点校本。

清吴伟业撰。吴伟业(1609～1671)，字骏公，

号梅村。太仓人。明崇祯四年(1631)进士，曾任翰林院编修、南京国子监司业等职。南明弘光政权任少詹事。入清隐居，后被迫应诏，官国子监祭酒。明清之际著名文学家、学者。本书记载明崇祯间农民军战争始末，共12卷，每卷以三字冠名，如《渑池渡》《车箱困》等。其中第十二卷《虞渊沉》专记天文灾异等事，其余11卷或集中记载农民军起事的始末，或以一场重要战事或一位重要人物为中心，以时间为序记载史实，中有小字夹注，末为“旧史氏曰”“外史氏曰”，对所叙史事作出作者自己的评述。再后为低一格的“附纪”，补充相关记载以及当事者的记述、官员奏疏、书信等。本书为研究明末农民军战争的重要史籍，记载史事颇为详尽细致，客观地记录了明王朝衰亡的过程，真实记载战争的残酷及人民所遭受的苦难，对明末历史研究具有重要价值。相关记载后为清代史书如《明史》等采辑。

皇朝武功纪盛 4 卷　清湛贻堂刻本;《近代中国史料丛刊》本。

清赵翼撰。赵翼(1727～1814)，字云崧，亦作耘松、云松等，号瓯北，晚号三半老人。阳湖人。乾隆二十六年(1761)进士。官广州知府、贵西兵备道等。清代著名文学家、史学家。乾隆末年赵翼阅读文汇阁《四库全书》所收官修用兵方略400余卷，见其卷帙浩繁，于是节繁撮要，编为本书，使读者易于披览。书中记载清代康熙至乾隆期间发生的重要战争史事，卷1《平定三逆述略》《平定朔漠述略》，卷2《平定准噶尔前编述略》《平定准噶尔正编述略》，卷3《平定缅甸述略》，卷4《平定两金川述略》《平定台湾述略》《平定廓尔喀述略》。内容包括历史渊源、地理形势、战事经过、朝廷决策、官员作为等，最后为赵翼论赞，歌颂皇朝赫赫武功等。上述战事赵翼亦有参与，如准噶尔之役时其任职军机处，抄录谕旨奏折，缅甸之役身在前线，两金川之役时任职贵西，又与将军温福、阿桂等讨论军事，台湾之役为李侍尧延入幕府，故本书记载事详文约，条理清晰，深得史家之法。卢文弨序云本书“驭繁以简，举重若轻，深得《史》《汉》之义法，而尤有不可及者，其于兵势地形之利害，言之悉中窾要，是不独史才，且将才也”。

续明纪事本末 18 卷首 1 卷　清光绪二十九年(1903)育英学社铅印本;《台湾文献丛刊》本;《中国野史集成续编》本。

清倪在田撰。倪在田(1842～1916)，字子新，又字茗村。江都人。诸生。入张之洞、陈宝琛等幕。著述颇多。本书仿《明史纪事本末》记南明史事，卷首凡例，其后记事分为南都兵事等十八事，一事一卷。时间上起卷2马阮奸迹，崇祯十五年(1642)正月以马士英提督凤阳，下迄卷7闽海遗兵，康熙二十二年(1683)八月施琅入台湾。卷1至卷5记弘光政权，卷6至卷14记鲁王、隆武、绍武、永历及郑成功政权，卷15、卷16记各地官员士绅与农民军、清军战事，南明殉节官员士绅事迹，末2卷记农民军余部战事。本书条目清晰，记述详明，完整记载了南明诸王政权始末。

第四节　别史类

建康实录 20 卷　宋绍兴十八年(1148)刻本;《四库全书》本;1986年中华书局张忱石点校本。

唐许嵩撰。许嵩生平不详。当代学者认为其郡望为高阳(今属河北)，西晋末年高阳许氏家族南渡，许嵩的先人定居江南。许嵩在建康一带长期居住，生活于唐玄宗、肃宗之时。本书记载吴、东晋、宋、齐、梁、陈六朝历史，由于六朝建都建康(吴名为建业)，故以为书名。全书20卷，卷1至卷4吴，卷5至卷10东晋，卷11至卷14宋，卷15、卷16齐，卷17、卷18梁，卷19、卷20陈。记载上自东汉兴平元年(194)，下至陈祯明三年(589)近400年历史。吴、东晋用编年体，齐、梁用纪传体，宋、陈兼用二体。史料来源于正史，时人所著史书如裴子野《宋略》、臧荣绪《晋书》等以及地记志乘。本书取材广泛，内容丰富，可补充订正正史之缺，亦具文献辑佚价值。书中特别注意记载建康遗迹，如序言“若土地山川，城池宫苑，当时制置，或互兴毁，各明处所，用存古迹”，许多内容是研究六朝史及南京地方史的重要文献，亦对后世史籍如宋张敦颐《六朝事迹类编》等产生重要影响。

续后汉书 90 卷　《四库全书》本;《宜稼堂丛书》本;2000年齐鲁书社黎传纪、易平点校本。

元郝经撰。郝经(1223～1275)，字伯常。祖籍

泽州陵川(今山西陵川)。元中统元年(1260)以翰林侍读学士充任国信使,奉诏使宋,被贾似道拘于真州(今仪征)16年。期间不辱使命,著述不辍。卒后封冀国公,谥文忠。元代政治家、学者。本书为郝经真州扣押期间所著,成书于至元九年(1272),记载汉末三国间历史。此前已有陈寿《三国志》记述此段历史,郝氏以为此书以曹氏继汉,体统不正,其后裴松之注及《资治通鉴》仍其旧,朱熹《通鉴纲目》虽然以蜀汉为正统,本史正文犹用陈氏之书。郝氏以蜀汉承续汉统,魏吴为僭伪,改作《三国志》,以裴注之异同,《通鉴》之去取,《纲目》之义例,参校刊定,又博采群书,记述其详。书成后又命一同出使之门生苟宗道作注。本书原名仍为《三国志》,元延祐间,官方刊印本书,名为《续后汉书》。分为年表1卷,帝纪2卷,列传79卷,录8卷,中间又各分子卷,实为130卷。今本年表1卷和刑法1卷缺。帝纪记蜀汉二帝,魏吴帝王入列传,诸臣列其后。除群臣传外,又别为儒学、文艺、行人、义士、高士、死国、死虐、技术、狂士、叛臣、篡臣、取汉、平吴、列女、四夷诸传。陈寿书无志,又创为八录。本书元刻本明代以后绝少传,清修《四库全书》,从《永乐大典》采辑所得。

春秋战国异辞55卷通表2卷 《四库全书》本;《四库全书珍本初集》本。

清陈厚耀撰。陈厚耀有《春秋长历》,已著录。本书采辑春秋战国史料编成,卷首《通表》2卷,对《史记》中的《十二诸侯年表》和《六国年表》中所载重新编排,颇有条理。《异辞》54卷采择古代群书中与《春秋》三传、《国语》《战国策》不同的记载,分国编次,间有考辨。以切实可据的典籍如《史记》、先秦诸子等为正文,而百家杂说难以确信者皆降一格,附于其后。卷末《摭遗》1卷,则收入一些较为次要的记载,如神仙艺术、谐谈琐记等。本书广泛采录各类传世文献,注明出处,史料丰富,考证严谨,为春秋战国史研究提供了丰富的资料。

世本辑补10卷 清嘉庆二十三年(1818)琳琅仙馆刻本;1957年商务印书馆《世本八种》排印本。

清秦嘉谟辑补。秦嘉谟,字味芸。江都人。恩复侄。廪膳生。高宗南巡,召试二等,以训导用。《世本》是记载上古至战国间帝王、诸侯和大夫等世系传承的史籍,原书后世亡佚,后代学者多有辑佚。秦嘉谟辑补本书,资料采辑自《史记》《国语》《左传》等典籍。《世本》此前有祁承㸁辑佚2卷、洪饴孙辑佚4卷,秦氏又据二书详加增校,嘉庆十一年编成。卷首诸书论述和《世本》篇目,汇辑《史记》《汉书艺文志》等书的相关记载,秦氏亦作按语。全书10卷,帝系、纪、王侯谱、世家、大夫谱、传、氏姓、居篇、作篇、谥法各1卷。所辑《世本》原文顶格,应邵、宋忠、宋均注低一格,其下双行小字注明出处,补充记述。其后为秦氏按语,亦出以双行小字。《世本》辑佚诸书中,本书为其中篇幅最多、内容最为丰富的一种,秦氏按语亦颇有见解,有助于古代文献的保存和研究。

晋略66卷 清道光十九年(1839)味隽斋刻本;《四部备要》本;《四库未收书辑刊》本。

清周济撰。周济(1781～1839),字保绪,一字介存,号未斋,晚号止庵。荆溪人。清嘉庆十年(1805)进士。官淮安府学教授。著名文学家、学者。两晋历史此前已有唐代官修《晋书》记载,此书成于众人之手,抵牾屡见,加之言词浮靡,后代史家颇有微词。周氏潜心史学,于《晋书》加以考订,究其翔实,汰其繁芜浮诞、义所未安者。事以类附,例以义起,重新编撰成书。历二十余载,书成于道光十七年。凡本纪6卷、表5卷、列传36卷、国传11卷、汇传7卷、序目1卷。其中表分为甲子、州郡、割据、执政、方镇,甲子为两晋十六国大事年表,州郡、割据类同地理志,执政、方镇类同职官表。国传分记十六国史事。汇传分为宗室、笃行、清谈、任达、良吏、文学、隐逸,记载各类人士。序目先总结此段历史,再分述各卷旨意。两晋十六国100多年纷繁复杂的历史,本书记来秩序厘然,文约旨赅。对其间兴亡得失、形势利病的分析,颇中肯綮。

小腆纪传65卷补遗5卷补遗考异1卷 南京图书馆藏清傅以礼抄本;清光绪十三年(1887)金陵刻本;1958年中华书局排印本。

清徐鼒撰。徐鼒有《小腆纪年》,已著录。本书撰于《小腆纪年》之后,徐氏卒后,其子承礼等整理遗稿,编定为65卷,又续作补遗部分。本书以纪传形式记载南明史事,卷1至卷7福、唐、桂、鲁四王本纪,卷8至卷45后妃、宗藩、诸臣列传,卷46至

卷65义师、忠义、义士、儒林、文苑、遗臣、逸民、方外、列女、宦官、奸臣、贰臣、逆臣列传。补遗5卷为宗藩、曾英等9人、儒林、文苑、孝友列传。补遗考异10余条，列他书之说。本书与《小腆纪年》所记史事时代相同，一以时间为序，纲目记事，一以人物为中心，二书对照阅读，更有助于了解南明史事。本书所设列传颇有特点，义师3卷，记载各地抗清武装领导人。遗臣2卷，记活动于明亡之后的部分官员。贰臣1卷，记方逢年、郑芝龙等降清官员。逆臣2卷，记左良玉、刘泽清等军阀。所载与《明史》列传亦不尽相同，可对照查考。

第五节　杂史类

战国策33卷　清嘉庆十九年(1814)黄氏士礼居覆刻宋剡川姚氏本；清乾隆二十一年(1756)卢氏雅雨堂刻本；2006年上海古籍出版社范祥雍笺证本。

西汉刘向编纂。刘向(前77～前6)，原名更生，字子政。沛人。楚元王刘交四世孙。汉宣帝时，为谏大夫。汉元帝时，任宗正。汉成帝即位后，更名向，官光禄大夫，后为中垒校尉。著名学者、文学家。汉成帝时刘向奉诏校中秘书，将战国末年和秦汉间人所著的《国策》《国事》《短长》《事语》《长书》《修书》等书，整理编辑，共得33篇，记录十二国事，定名为《战国策》。所记史实从东周贞定王十七年(前452)，到秦二世元年(前209)，共244年。全书33卷：东周1卷，西周1卷，秦5卷，齐6卷，楚4卷，赵4卷，魏4卷，韩3卷，燕3卷，宋、卫合1卷，中山1卷。主要记录战国间谋臣策士们游说各国统治者时的辩驳论战，各种政治军事见解以及策略安排，真实记载战国间纵横捭阖的政治军事活动及纷繁复杂的矛盾斗争，展现社会转型时期的真实面貌，反映纵横家的思想学说，具有重要的史学价值。叙事简练，人物鲜明，亦具有重要的文学价值，很多篇文章都是千古相传的文学名篇。

国语注21卷　《四库全书》本；《士礼居丛书》本；2009年上海古籍出版社梁谷整理本。

吴韦昭撰。韦昭(204～273)，因避晋讳改名曜，字弘嗣。吴郡云阳人。历仕东吴四朝，任太史令、中书郎、中书仆射、侍中，领左国史等职，领修《吴书》，校定众书。为孙皓所害。三国时期著名学者。《国语》记载西周末年至春秋时期周、鲁、齐、晋、郑、楚、吴、越八国史事，为我国最早的国别史。本书是现存最早、影响最大的《国语》注本，它吸取此前学者郑众、贾逵、虞翻、唐固等的注解，加以增润补缀，“参之以五经，检之以内传，以《世本》考其流，以《尔雅》齐其训，去非要，存事实，凡所发正三百七事”(自序)。本书注解内容非常丰富，包括考订史实、解释名物制度、训诂音义、校勘文字等。韦氏为当时著名学者，本书集众家所长，体例完备，考证严谨，语言精练，是一部代表古代《国语》研究水平的集大成之作，对后世《国语》研究亦产生重要影响。

建炎时政记3卷　恰颜堂乌丝栏抄本；《原国立北平图书馆甲库善本丛书》本；2014年当代中国出版社吴晶、周膺点校本。

南宋李纲撰。李纲(1083～1140)，字伯纪，号梁溪。无锡人，祖籍福建邵武。政和二年(1112)进士，高宗间官尚书右仆射兼中书侍郎等。著名政治家。本书为李纲奉诏追记其任宰相期间政事，卷上起建炎元年(1127)六月一日，其除尚书右仆射，兼中书侍郎，止十二日。卷中起于六月十三日，止于六月终。卷下起于七月一日，止于八月十八日，其除观文殿大学士、提举杭州洞霄宫。李纲为南宋名臣，书中记载其在任期间诏谕奏疏、君臣对语、重要举措、军事行动等，有助于南宋初叶历史研究。如六月二日李纲出札子奏陈十事，其中议国是、议巡幸、议赦令、议战、议守五札降出，余皆留中。六月三日降旨，议国是等五事分别施行。李纲又请议张邦昌僭逆及受伪命臣僚二事，早降处分，宋高宗云执政大臣有不同议论，李纲请与之廷辩，高宗宣召黄潜善、吕好问、汪伯彦面对，李纲据理力争，为高宗采纳。六月四日奉旨，张邦昌及受伪命臣僚受到相应惩处。

皇朝平吴录2卷　《金声玉振集》本；《四库全书存目丛书》本。

明吴宽撰。吴宽(1435～1504)，字原博，号匏庵。长洲人。成化八年(1472)会试、殿试皆第一。官至礼部尚书。著名藏书家、书法家。元末张士诚

政权以苏州为中心，与元朝及朱元璋政权抗衡。本书记载张士诚政权始末，自至正十三年(1353)张士诚起事泰州，至吴元年(元至正二十七年，1367)苏州城破，张士诚被明军擒获自经。内容主要记载与元军和朱元璋军的战事过程、政治军事形势的变化、双方重要人物的言行事迹等，有助于元末明初历史研究。如其中辑录的朱元璋诏令、书檄等，就具有重要价值。又如书中采录的其时吴中歌谣："初，吴中有十七字市谣，云：'丞相做事业，专用王、蔡、叶。一夜西风来，干别。'盖当时用事者有三参军，皆迂阔书生，不知大计，至是卒败，果如市谣云。"

辽小史1卷金小史8卷　明万历三十七年(1609)刻本；《四库禁毁书丛刊》本。

明杨循吉撰。杨循吉(1458～1546)，字君卿，一作君谦，号南峰。吴县人。成化二十年(1484)进士，官礼部主事。工于诗词曲赋。辽、金是与宋同时的北方少数民族政权，二国历史记载篇幅众多，纷繁复杂，杨氏加以简化，编成本书，有便于学者。《辽小史》自太祖耶律阿保机兴起记至天祚帝降金，又及西辽耶律大石事，简述其首尾始末。《金小史》自太祖完颜阿骨打至金哀宗，记事稍详，其中与宋战事记载颇多。杨氏对史事清楚表达其看法，如《金小史》序言："桧和则罪，贯与侂胄战则罪，惟拱手而谈者无罪，则宋之不振，宜矣。"明代中叶政权虽然比较稳定，杨氏即已意识到要吸取宋朝的经验教训，防微杜渐，颇具历史眼光，"金所关中国事至人。窃因故史浩繁弗便观，于是摘其兴灭之大故，旁采他录，属而书之……惟涉宋者虽细不弃，史故为中国作乎！"

安楚录10卷　明万历四年(1576)秦氏刻本；《四库全书存目丛书》本。

明秦金撰。秦金(1467～1544)，字国声，号凤山。无锡人。弘治六年(1493)进士，官至南京兵部尚书。秦金正德九年(1514)至十五年任湖广巡抚，在任多有作为，本书收录与其巡抚任上相关的各类文献。卷1敕谕，共10件，令其督办大木运解、抚剿内乱、修建王府等各类事务。卷2、卷3奏疏，卷4、卷5檄文、文移，收录巡抚任上相关公文。卷6叙碑文、卷7诗词、卷8歌颂赋，收录湖广官员及其同僚等颂扬其功绩的诗文等。卷9启札，收录当朝大学士、六部尚书等高官与其往来信件。卷10附录封丘遗事，湖广地方官员士绅为其立生祠而撰的碑记等。其中卷2至卷5奏疏公文等为秦金所撰，也最有价值，记载其在任作为，亦保存了此一时期各类历史资料，如卷2正德十年六月所作题为地方事的奏疏，题请的事务有8件：添府官以督边仓，设关吏以谨防御，减差内臣以靖地方，裁革多官以省冗费，处边卫军职以便行事，处军职以严事例，订法令以清仓场，处置苗民以保地方，涉及仓储、治安、吏治、军备、民政等，体现其对地方事务的深入了解和充分应对。卷3作于正德十二年闰十二月间题为捷音事的奏疏，记载本年十一月至闰十二月平定郴州地区内乱之事，战事过程、相关人员的姓名人数等记载非常详细，是研究明代军事、社会史的第一手资料。

弇山堂别集100卷　明万历十八年(1590)雨金堂刻本；《四库全书》本；1985年中华书局魏连科点校本。

明王世贞撰。王世贞(1526～1590)，字元美，号凤洲，又号弇州山人。太仓人。嘉靖二十六年(1547)进士，官至南京刑部尚书。著名文学家、史学家，著述宏富。王世贞潜心史学，有意撰修国史，收集朝家故典等文献颇多，本书即据所藏文献编撰而成。王氏序言本书"无当于经术政体，即雕虫之技亦弗与焉，故曰别集也"。全书分为皇明盛事述5卷，皇明异典述10卷，皇明奇事述4卷，史乘考误11卷，表34卷，考36卷。三述记载帝王将相文士等上层人物值得夸耀之事，如皇帝功德、宗室盛事、高官要职、封赏美谥、科举通显等。考误考订国史、野史、家乘记载之失，包括官修历朝实录、明人私家著作如《皇明通纪》《吾学编》《今言》《宪章录》《枝山野记》《菽园杂记》等数十种著作以及行状墓志等。表含帝系、诸王、公侯伯、辅臣九卿、总督守备等世表年表。考包括亲征、巡幸、赏赐、命将、谥法、科试、诏令、兵制、市马、中官等。本书内容主要涉及明代典章制度，王氏留心相关文献收藏，有机会阅读官方档案，本身亦为高官，故本书所记内容非常丰富，考订细致，史料价值很高，如表中的职官表，记载自明初至万历中200余年重要官员任职情况，非常系统详尽。考中的谥法、科试、中官诸考，内容

亦非常详备，为记载相关制度的专书。

弇州史料前集30卷后集70卷 明万历四十二年(1614)刻本;《四库禁毁书丛刊》本。

明王世贞撰。王世贞卒后，华亭人董复表裒辑王氏各类著作，于万历四十二年编成本书。前集表序2卷，考14卷，志2卷，世家4卷，传8卷。后集传8卷，志状碑表13卷，序记1卷，像赞4卷，碑版杂纪、札记题跋、章疏、议策各1卷，《国朝丛记》6卷，笔记2卷，《觚不觚录》、书序各1卷，《皇明三述》20卷，《史乘考误》10卷。书中各卷内容辑自王世贞所著《弇山堂别集》《弇州四部稿》《弇州续稿》《凤洲笔记》《觚不觚录》等。王世贞着意于明代历史撰述，一生所著颇多，本书所辑内容非常丰富，集中反映王氏史学成就。

召对录1卷 明万历刻本;《四库全书存目丛书》本。

明申时行撰。申时行(1535～1614)，字汝默，号瑶泉，晚号休休居士。长洲人。嘉靖四十一年(1562)进士第一。官至内阁首辅、中极殿大学士。明代著名政治家。本书记明神宗对内阁辅臣及九卿的训谕，以及申时行等的对答之语。自万历十三年(1585)五月迄十八年七月，共九次。申时行时为首辅，参加召见的还有辅臣许国、王锡爵、王家屏及勋臣定国公徐文璧、临淮侯李言恭等。君臣对话涉及吏治、军政、封赏、赈济等内容。万历间皇帝怠政，君臣否隔，六年间只召对九次即为明证。本书所记以万历十八年两次召见颇为详尽，以十八年正月朔为例，此前上年十二月大理寺左评事雒于仁上疏，言皇帝之病在酒色财气，激怒神宗。十八年正月朔，神宗召见申时行等四臣即言及此事，欲重责雒于仁，申时行等巧加化解，本书记载颇详。申时行等先言小臣狂戆轻率，不足以动圣意，又言其为沽名，重处适成其名，又言将此疏留中，以免传播出去，再传语雒于仁上司，使之去任。后来事件处理亦如此。神宗之言则清楚表达其对此事的感受，揭示了高高在上的天子的真实情感。此后君臣所言则为册立东宫等，又记皇长子、皇三子出见辅臣事，亦关立嗣大计。本书所记召见之语等，实为研究万历政治的第一手资料。

皇明驭倭录9卷附略2卷寄语略1卷 明万历刻本;《四库全书存目丛书》本。

王士骐撰。王士骐，字冏伯，号澹生。太仓人。王世贞子。万历十七年(1589)进士，官吏部员外郎等。本书记载明代中国与日本关系史，王士骐任兵部主事时依据国史等官方文献，参以他书编成。主要内容为与日本相关的诏谕奏疏，记载日本使者来华朝贡和明政权剿灭倭寇之事。卷1至卷4依朝代次序，记自洪武至正德事。卷5至卷8记嘉靖朝事，尤详剿灭倭寇的战事。卷9记隆庆朝事，又收入万历二十四年御史奏言一则。附略卷1收录自《后汉书》至《元史》历代正史，以及《沿海小录》《倭志》二书中有关日本的记载。卷2为与日本相关的诗歌、杂记。末为自《筹海图编》《日本国略》中录存的汉语日语对读的寄语略1卷。嘉靖间倭寇猖獗，军事行动频仍，为本书主要内容，记载较有价值。嘉靖初至中叶，日本仍派使者入贡，自二十七年后所记为与倭寇军事行动。三十一年起，福建、浙江、南直隶沿海军事行动加剧，记载各地战事颇为详细，内容包括战斗经过、人员伤亡、官员处分等。又收录诏谕奏疏等，涉及战略部署、官员设置处罚等等。

建文书法拟5卷 明万历刻本;《续修四库全书》本。

明朱鹭撰。朱鹭(1553～1632)，初名家栋，字白民，号两空居士。吴县人，诸生。建文为明代第二位皇帝朱允炆年号，共4年，成祖朱棣称帝后，革除其年号，并入洪武，相关史籍亦多有窜改，建文朝事迹后世多不详。朱鹭欲补记建文朝史事，历20余年，八易其稿，万历二十三年(1595)编成，史料来源于实录和史家著述等。卷首述盛德10条、述公议6条，为历代皇帝及官员有关建文帝的诏旨奏疏等。书法拟十六议为本书凡例，又有年表和忠臣谱。前编1卷，记载洪武十年(1377)朱允炆生至三十一年即位期间事迹及朝政大事。正编2卷，记载建文朝4年间史事。附编上卷，为明代官员、学者所作与建文帝相关的诗词论赞等。下卷为朱鹭所撰《拥絮迂谈》，补述相关史事，加以评论。本书前3卷记事体例仿《资治通鉴纲目》，建文一朝重大事迹得以清晰记载，又附以朱氏论赞加以总结。朱氏颇为敢言，如论古未有君天下而不得称年者，靖难是

而革除过等。本书编成于万历二十三年朝廷恢复建文年号前，可见其高超见识。

三朝辽事实录17卷总略1卷 明崇祯刻本；北京大学图书馆藏清抄本；《续修四库全书》本。

明王在晋撰。王在晋（1564～1643），字明初，号岵云。太仓人。万历二十年（1592）进士。官至兵部尚书。本书记载万历、泰昌、天启三朝辽东战事，卷首总略记载辽东地理形势及女真族的历史等，以下记载起自万历四十六年四月努尔哈赤计袭抚顺，迄于天启七年（1627）十一月兵部尚书阎鸣泰奏疏。王在晋退归后开始编撰，完成于崇祯十一年（1638）。王在晋熟习兵事，曾任总理户兵工三部相关事宜的兵部左侍郎，天启二年三月至九月任辽东经略。万历末至天启间，辽东战事非常激烈，本书内容辑录自官方文献及时人著述，以奏疏数量最多，亦有野史笔记等，其中亦记载王在晋本人事迹及其奏疏，又有作者及相关人员的评述补记等。王氏评述常揭示出当时政局之实情，如卷7，天启二年正月广宁失守，王氏评论经略熊廷弼、巡抚王化贞："抚臣之言战虚声也，经略明知之，疏牍亦明言之矣。知其为虚声则不必争，争之亦不必力，而经臣却借此为卸担之题目，其争伪也。抚臣伪言战不能愚经臣，而经臣乃伪争战守以愚中外。"本书记载明末辽东战事非常详尽，尤其详于朝廷高层战略部署及相关决策过程等，是研究此段历史的第一手文献资料。

皇祖四大法12卷 明万历四十二年（1614）刻本；《四库全书存目丛书》本。

明何栋如撰。何栋如（1572～1637），字充符，一字子极，号天玉。南京卫籍，祖籍无锡。万历二十六年进士，官至太仆寺少卿。何栋如万历间辑录明太祖朱元璋有关治理国家的言行事迹，编成本书，心法2卷、治法6卷、祀法2卷、兵法2卷，材料来源于《太祖宝训》《太祖实录》以及相关著作。"心法"自朱元璋诞生至去世逐年记载，总记其一生事迹。以下3类记载亦按时间为序，"治法"记载其治理国家的重要举措、制度建置等，"祀法"包括祭祀礼乐等文化建设等，"兵法"记建国前后军事征战等。朱元璋统治期间重要事件，其对臣下的言语、发布的诏谕、群臣的奏议等多为收录。朱元璋创立明朝基业，一生文治武功，令后代帝王敬畏，何栋如采辑太祖治国安邦的重要事迹，期望当代统治者效法。书中所载亦有助于明初政治研究。

甲申纪事13卷 南明弘光元年（1645）刻本；1993年江苏古籍出版社《冯梦龙全集》本。

明冯梦龙编撰。冯梦龙（1574～1646），字犹龙，又字耳犹，号龙子犹、墨憨斋主人等。长洲人。贡生。官福建寿宁知县等。明代著名文学家。本书为崇祯十七年（1644）三月明亡后，冯梦龙辑录时人有关此一事件的著作，又附以冯氏自撰著作编成。卷1首录福王圣谕，次为文震亨撰《福王登基实录》，冯梦龙撰《甲申纪闻》。卷2冯梦龙撰《绅志略》。卷3程源撰《孤臣纪哭》。卷4、卷5陈济生撰《再生纪略》。卷6佚名撰《燕都日记》《北事补遗》《淮城记事》《扬州变略》《京口变略》。卷7至卷12为南明官员史可法、张国维、陈函辉、祁彪佳、刘宗周等人以及南方各地士民所撰檄文、奏疏、揭文、策议等，包括冯梦龙撰《钱法议》《中兴实录叙》。卷13为尤侗、陆世仪等人哀悼明亡的诗文，冯梦龙亦有诗作。末附南京工部等《题中兴大工疏》。书中诸篇纪略较有价值，真实记载北京城破、明代灭亡、农民军战败、清朝建立等重大历史事件，战祸给各阶层人民带来的灾难，农民军的所作所为，明代官员的不同表现等，俱为重要资料，可补史书之不足。奏疏中收录阮大铖《备江疏》，马士英《在兵言兵疏》《请诛逆臣疏》，亦是较为难得的史料。

颂天胪笔24卷首1卷 明崇祯二年（1629）刻本；《四库禁毁书丛刊》本。

明金日升撰。金日升，字茂生，自号吴门布衣。吴县人。活动于天启、崇祯间。明代天启间魏忠贤阉党集团把持朝政，与东林党等展开激烈的政治斗争，崇祯皇帝登基后粉碎阉党势力，本书为记载此事件的重要文献。卷首有谥典、众正标题，记载为阉党祸害者，又记李选侍、李可灼等事。正文分为10类：圣谕圣旨、召对二类记载崇祯皇帝谕旨及与群臣会议等，其中涉及清除阉党的经过及相关文献等。赠荫、简恤、起用、启事四类记载与阉党集团斗争的官员生平事迹及相关奏疏等。戮珰、锄党、讼冤三类记载有关请求严惩阉党、平反伸冤的奏疏及相关文献。附纪一类包括《朝野纪闻》《诏狱惨言》

《缇骑纪略》等16种文献，记述灾异事件以及阉党对东林君子的残酷迫害等。阉党与东林党的斗争对明代政治产生重大影响，明清史籍多有记述，本书为其中较重要的一种，搜集史料非常详备，既有诏谕奏疏等官方文献，亦有野史笔记等私人著述，比较完整详细地记述了此一纷繁复杂的事件。

明季甲乙两年汇略 3 卷 清初刻本；《续修四库全书》本。

清许重熙编撰。许重熙有《嘉靖以来注略》，已著录。本书记载明清之际史事，自甲申（崇祯十七年，1644）正月庚寅朔至乙酉（顺治二年、弘光元年，1645）五月辛亥晦，逐日纪事，记载崇祯政权灭亡及南明弘光政权始末等。卷1、卷2后有《异同补》，卷3后有《遗事补》，补充记载相关史事。本书所记甲、乙两年重要史事，颇有助于明末清初历史研究。如卷3《遗事补》记南明官员士绅不与迎降者及殉节者，江阴民众反抗薙发令死难事，张国维等抗清事。书中作者及其时史家谈迁、杨士聪等评述，亦颇有价值。如卷3《遗事补》江阴野史评述江阴死节者，记其时之语："八十日戴发效忠，表太祖十七朝人物；六万人同心死义，存大明三百里江山。"

启祯两朝剥复录 10 卷 国家图书馆藏清初吴氏楼山堂刻本；《续修四库全书》本。

明吴应箕撰。吴应箕（1594～1645），字次尾，号楼山。贵池（今属安徽池州）人，寓居南京。贡生。复社成员。明亡后举兵抗清，英勇就义。本书记载天启、崇祯间魏忠贤阉党集团乱政及东林党官员等与之斗争事。卷1至卷6以编年形式记载阉党乱政始末，自天启四年（1624）六月杨琏劾魏忠贤二十四大罪，至崇祯元年（1628）十月阉党成员受到惩处。卷7《熹朝忠节死臣传》，为赵南星等人传记。卷8《己巳京察》，记载崇祯二年京察纠拾阉党官员事。卷9为京察前南京户部尚书署南京吏部尚书郑三俊所上惩处阉党的奏疏。卷10《东林点将录》，为阉党王绍徽所撰，仿《水浒传》一百零八将记载东林重要人物。书中所记对研究明末政治具有重要参考价值，如卷1至卷6以时间为序完整记载阉党始末，辑录奏疏、谕旨等内容，又以"野臣曰"对史事加以评论。卷8、卷9详记附逆阉党的各级官员的具体事迹，更是非常重要的史料。

天南逸史 北京大学图书馆藏清抄本；浙江图书馆藏抄本；1985年浙江古籍出版社《岭表纪年（外二种）》本。

明瞿共美撰。瞿共美（1597～1656），字叔献，号海外时人。常熟人。瞿式耜族人。官永历朝行人。本书记南明诸王史事，以永历政权为主，自乙酉（顺治二年，1645）至庚寅（顺治七年）。书中记载永历政权与清军的战事及内部纷争等颇为详细，有助于南明历史研究。如永历朝重要官员李成栋，瞿共美在论赞中肯定其功劳，对其滥杀无辜、擅权生事等恶行也如实记录。书中对战争的惨烈也多有记载，如屠南昌等。永历朝重臣瞿式耜功绩卓著，书中也记其事迹，尤以清兵攻占桂林后，瞿式耜与张同敞不屈死事记载较详。部分史事记载后又以逸史氏曰作出评论，颇具眼光和胆识，如书末云："是书之成，世有黄祖辈否邪？国可灭，史不可灭，一死甘心矣！"

南渡录 5 卷 浙江图书馆藏清抄本；1988年浙江古籍出版社何槐昌点校本；1999年江苏古籍出版社《南明史料（八种）》黄俶成点校本。

清李清撰。李清有《南北史合注》，已著录。李清在弘光政权历任工科都给事中、大理寺左寺丞，南明灭亡后撰本书，以纲目体逐日记载弘光朝史事。本书主要内容起崇祯十七年（1644）四月丁亥福王至南京，迄弘光元年（1645）五月清军入南京及弘光帝被俘，完整记载弘光政权始末。其后又记潞王、唐王事，最后记弘光二年五月弘光帝遇害于北京，末附钱谦益诗二首。本书所记弘光朝重要史事多为李清目见耳闻，其间朝廷政治内幕、南明与清军的军事斗争等记载颇为详尽，清晰地揭示了弘光政权的兴衰历程。李清著书少门户之见，持论公允，故本书记载较为可信，尤具史料价值。

三垣笔记 6 卷 中国科学院图书馆藏清抄本；《嘉业堂丛书》本；1982年中华书局顾思点校本。

清李清撰。李清有《南北史合注》，已著录。三垣指六科中的刑科、吏科、工科，李清明崇祯间先后任三科给事中，弘光间复掌工科。李清将崇祯十年（1637）至弘光元年（1645）任此职期间闻见之事，笔之于书。本书分为笔记上、中、下3卷，各卷内有补遗；附识上、中、下3卷及补遗；末为附志2条，附录

4条。李氏认为当时记注邸报、传记志状等多遗误，故著本书以真实记载此间史事。其目见者入笔记，闻知者入附识。其所上奏疏中，录留中者，已报者弗悉录。明代六科给事中是一个非常重要的职务，职低而权重，能够参与核心政治。李氏所闻见之重要史事甚多，其著书少门户之见，力求公平，所载明末政治斗争及朝章典故等多有他书所不及者，故本书在明季文献中尤具史料价值，可补正史之不足。

过江七事1卷　《痛史》本；1982年上海书店《中国历史资料研究丛书》本。

清陈贞慧撰。陈贞慧（1604～1656），字定生。宜兴人。陈于廷子，陈维崧父。明廪生。与冒襄、侯方域、方以智合称“四公子”。曾与吴应箕等作《南都防乱公揭》攻阮大铖。弘光间被陷害入狱。入清，隐居不出。本书记载南明弘光政权史事，“七事”为“计迎立”“正纠参”“禁缉事”“护总宪”“裁镇将”“防左镇”“持逆案”，涉及弘光政权建立、制度建设、人事更迭、党派斗争等，弘光朝官员中姜曰广、史可法、马士英等言行事迹记载较多。七事中，“计迎立”记载拥立福王为帝之事非常详尽，如姜曰广、马士英诸人所立原为桂王，及马士英归凤阳，见高杰、黄得功、刘良佐与守备太监卢九德合盟，欲立福王，遂附其盟，福王得立为帝。“持逆案”则详记马士英为荐用阮大铖费尽心机，仍为朝中正直官员所阻之事。

恸余杂记1卷　上海图书馆藏清抄本；《四库禁毁书丛刊》本；1959年中华书局排印本。

清史惇撰。史惇，字子有。金坛人。明崇祯三年（1630）举人，十三年特用第一。官九江知府等。本书主要记载明末政坛人物事迹、党派斗争等，也记载清初史事，共50则。书中对东林党多有微词，《东林缘起》云：“直至使天下之士但知有门户，不知有朝廷。又宁可得罪于朝廷，不敢得罪于门户。”《梁廷栋》记明末政策之失，除东江而奴酋入，裁驿递而流寇起，“故东江除，岁省二十万，而频年虏犯，岁费不止百余万。裁驿递，岁省金钱四十余万，而添设剿寇督镇各兵，岁加练饷至二百四十万”。《圈田》记圈田之令、藏匿东人及满人放借三事，为清初恶政，汉人尤遭残害。《庚辰特用》则记作者本人经历，时崇祯帝有厌进士之意，故将庚辰（十三年）乞恩举人与廷试贡士尽留特用，其《后记》特用诸人遭当权者轻视事。

甲乙事案2卷　北京大学图书馆藏清抄本；《续修四库全书》本；1999年江苏古籍出版社《南明史料（八种）》李昌宪点校本。

清文秉撰。文秉有《定陵注略》，已著录。本书记载明崇祯十七年（甲申，1644）和南明弘光元年（乙酉，1645）两年史事，主要内容为弘光政权始末，自史可法等誓师勤王，至南京政权投降，又及此后江南各地陷落及拥立唐王事等。末附隆武元年（1645）何腾蛟闯逆伏诛疏。明亡后文秉屏迹深山，见《弘光事略》一书邪说充塞，恐遗讹后世，仿《通鉴纲目》之例编撰本书。以纲目记事，后又设“发明”“附录”二细目，一评述史事，解释书法，一补充记载，以备考证。文氏以为北京政权灭亡后，南明诸臣如果戮力同心，明朝仍可复兴，可是当权者背公植党，罔上行私，致使弘光政权覆灭，本书记载此间史事，其中与清军的战事、高层政治斗争等重大事件多有记述。书中发明颇有独到之处，如史可法死事，提纲不记，细目中记其突围出城死，发明中解释不书其死难或逃的原因，表明本书立法严而宅心忠恕之旨。

烈皇小识8卷　清刻本；国家图书馆藏清抄《明季野史汇编前编》本；1988年上海书店《明季稗史初编》本。

清文秉撰。文秉有《定陵注略》，已著录。本书记载崇祯一朝史事，自天启七年（1627）崇祯皇帝即位起至崇祯十七年（1644）北京城破自尽，末记吴三桂与李自成战事，又附隆武元年何腾蛟逆闯伏诛疏。文秉意按谥法崇祯帝谥号应为烈宗，故为书名。文秉认为崇祯皇帝有意振作，却不信朝臣，群臣则流于党比，无所作为，致使大局无法挽回。本书逐年月记事，颇为详尽地记载崇祯朝重要事件，附以奏疏等，亦时加评论。文秉父震孟亦为重要官员，八年七月任东阁大学士，时首辅为温体仁，遭其排挤，十一月去职，本书亦记其事迹。文氏的评论亦颇有深意，如卷4所云：“尔时天下事实有不可为者，政府之事权日轻，貂珰之盘踞已久，能尽削之以归中书乎？疆场之饬备无期，内地之流毒愈炽，谁

为宗岳之选乎？真小人张弧以伺我隙，伪君子甘言以售其奸，能一一烛照之，俾勿堕其网乎？虽欲佐圣天子以转移天下，将安从措手也。”此则评论作于记温体仁倾轧文震孟事后，虽不无偏护其亲之嫌，却已客观深刻地揭示了明末政局的形势。

先拨志始2卷 苏州图书馆藏清初抄本；清写刻本；1982年上海书店《中国历史研究资料丛书》本。

清文秉撰。文秉有《定陵注略》，已著录。本书记载明末党争之事。党争起于万历间东林党与其反对派的国本之争，其后魏忠贤阉党用事，斗争更趋激烈，至崇祯即位，粉碎阉党集团，本书即记此间之事。党争对明末政局影响巨大，文氏叙言甚至以为明之灭亡不在于农民军战争，而在阉党用事及对东林诸贤的迫害。本书记载此段政治斗争颇为详尽。上卷自万历起，天启四年(1624)止；下卷自天启五年起，崇祯二年(1629)止。其时发生的妖书、梃击、红丸、移宫诸案始末，东林与阉党激烈的斗争，东林君子杨涟、左光斗等死难事，阉党成员的言行，阉党覆灭始末等多有记述。主要依据诏谕奏疏等史料，如与妖书案有关的《忧危竑议》《续忧危竑议》《妖诗》《妖言十大说》等。《东林党点将录》记载东林党重要人物，钦定逆案记载阉党之人行事及下场。文氏秉持东林立场较为公正地记载此段历史，所发评论亦颇为中肯。

明朝小史18卷 清初刻本；《玄览堂丛书》本；《四库禁毁书丛刊》本。

清吕毖辑。吕毖(1611～1664)，字贞九，号桴庵。苏州人。明诸生。明亡，退隐为道人，自号“赤隐子”，居苏州清真观。后于苏州城西南灵岩山隐居修持。本书18卷，自洪武纪至弘光纪，除太祖2卷，其他皇帝各1卷，每卷下分若干条目。本书所载内容非常丰富，如历史事件、制度设置、帝王大臣言行、诏令奏疏以及奇闻怪异之事等。又有抄纂稽考所得的文献资料，记载颇为详尽。如洪武纪所载内容最多，其所颁诏令制谕诸文，多有关于明代政治制度等创设，与诸功臣之《铁券》，则为非常难得的文献史料。又如光宗皇帝在位仅一月，泰昌纪无事可记，只《三字治安策》《祖宗朝谥考》2条。《祖宗朝谥考》稽考明代谥号及得谥官员，颇为详备。崇祯纪只10条，主要内容为《各府州钱粮》与《诸番国风土》2条，一为崇祯间各府州应缴钱粮数，一为永乐间郑和下西洋所记诸国风土资料。

复社纪略4卷 湖南省图书馆藏清抄本；《续修四库全书》本。

清陆世仪撰。陆世仪(1611～1672)，字道威，号刚斋，又号桴亭。太仓人。明诸生。刘宗周弟子。明亡隐居讲学。著名理学家，与陆陇其并称“二陆”。复社是明崇祯间成立于苏州的文学团体，具有强烈政治色彩，以东林后继自任，主要领导人为张溥、张采，成员为遍及各地的文人学子等，多达数千人，对明末政治文化具有很大的影响力。陆世仪曾为复社成员，熟悉其历史，撰本书记载与复社相关的重要史事及复社成员的事迹，具有重要历史价值。如卷1记载尹山大会与复社成立，参加大会者来自全国各地，记其姓名、籍贯，其中名人众多。卷2记复社领袖二张显赫声势，四方称谓不敢以字，云“西张”“南张”等。复社成员则有“四配”“十哲”“十常侍”“五狗”等称呼。卷末社局总纲，以编年形式记载自崇祯元年(1628)至十六年与复社相关的重要史事。书中多记载复社成员之间的紧密关系，又记其时科举考选、复杂的党派政治斗争等事，辑录重要奏疏，据此可考明末社会政治文化等状况。

明季实录4卷 上海图书馆藏清抄本；《四库未收书辑刊》本；2012年上海古籍出版社《顾炎武全集》本。

清顾炎武辑。顾炎武有《诗本音》，已著录。本书为顾炎武搜辑明末各类文献编成，多与崇祯十七年(1644)明亡及其后南明政权相关，内容非常丰富，多为官方文献。如监国福王诏书、监国福王誊黄、福王登基诏书、南中近报、弘光上谕等多记弘光政权建立始末。大清檄文则记清政权安葬崇祯皇帝、安抚天下及要求与南明政权通和讲好事。新进士南归口述实录以及梁溪华兰芬、闽中吴鸿磐、西蜀拔贡吴邦策等所记北京城破事等，记载战祸之惨烈，尤详于各类官员的不同表现。此外还有多篇记载官员投降或死节事，以及弘光政权嘉奖或处罚各类官员的公文。又有崇祯十五年米脂知县边大绶塘报伐李自成祖坟事，崇祯十七年御史题秦中死难

各官事等。最后一篇为明末人所作《酉阳杂笔》，记湖广等地战事，涉及吉王、桂王及左良玉事，记载颇为详尽。

圣安皇帝本纪2卷 《明季稗史》本；1999年江苏古籍出版社《南明史料（八种）》孟昭庚校点本。

清顾炎武撰。顾炎武有《诗本音》，已著录。本书又名《圣安纪事》，圣安为南明隆武政权所上弘光帝尊号。本书记载南明弘光政权史事，自崇祯十七年（1644）四月南京官员拥立福王起，至弘光元年（1645）五月弘光帝被清军俘获止。书中以时间为序记载朝政大事，包括人事更迭、军事形势、弘光皇帝及重要官员的言行事迹等，弘光政权内部激烈的斗争得到真实记载，生动反映南明政权的衰败腐朽。如十七年十月丙寅，命于杭州选淑女，校尉突入民家搜索女子，有投水自尽者。及选入，又不称旨。上怒，命各城推户举首，隐匿者罪及地方邻右，各官重处等。

怀陵流寇终始录18卷附录2卷 南京图书馆藏清初钱氏述古堂抄本；1993年辽沈书社陈协琴、刘益安点校本。

清戴笠、吴殳编撰。戴笠（1614～1682），字耘野。初名鼎立，字则之。吴江人。明诸生。吴殳（1611～1695），一名乔，字修龄。太仓人，占籍昆山。明诸生。本书记载明末农民战争，一名《寇事编年》。清初学者潘柽章有意编撰明史，戴笠分任农民战争部分，依据崇祯邸报、官员奏疏、私家记载等编成初稿，其后吴殳再加删订，附以己见，编成本书。卷首吴殳撰流贼亡明节目，总结明朝廷对待农民军的失策之处43条。以下起于天启七年（1627）八月崇祯皇帝即位，迄于崇祯十七年（1644）十二月，记载农民军与明军战事。附录《甲申剩事》记载顺治二年（1645）至康熙三年（1664）农民军余部事迹。将亡妖孽记辅臣事迹以及当时怪异之事。末附李自成传。本书完整记载崇祯一朝农民战争，史料丰富，记事详赡，在同类诸多著作中较为著名，为研究明末农民战争不可或缺的重要史料。

行在阳秋2卷 《明季野史汇编》本；1982年上海书店《中国历史资料研究丛书》本。

清戴笠撰。戴笠有《怀陵流寇终始录》，已著录。本书记载南明永历政权史事，自隆武二年（顺治三年，1646）十月十四日永明王监国肇庆，至永历十六年（1662）七月二十九日晋王李定国薨，以编年形式记载永历政权建立至灭亡的过程，内容包括其间朝廷政治斗争、人事更迭、与清军战事及政治人物言行事迹等，记述颇为详实，有助于明末清初历史研究。如卷上永历三年正月，录《两粤新书》所载："时肇庆有假山五虎图，为元胤以贾冒李也。元胤本姓孙，又姓贾。五虎者，为总宪袁彭年为虎头；丁时魁为虎尾；户科蒙正发为虎脚；兵科金堡，浙人，隆武初为延平知府，疏激上杀冏卿尹文烨、施琥二人，人畏之，号为虎爪；副都刘湘客，陕西布衣，来自瞿相，又为成栋同乡，号为虎皮。"卷下记永历八年予大学士吴贞毓自尽，杀张镛十余人，先录皇帝诏旨，后附孙可望奏疏，是记载这场政治斗争的重要资料。

明季遗闻4卷 清顺治刻本；《四库禁毁书丛刊》本。

清邹漪编撰。邹漪（1615～?），字流绮，又字西村。无锡人。吴伟业弟子。本书记载明末史事，自崇祯间农民战争至清朝平定闽广，邹漪依据邸报、私家著述等文献编成。卷1"北都"，记载农民战争始末，明代灭亡，清朝定鼎北京。卷2"南都"，记甲申（崇祯十七年，1644）三月至九月弘光政权建立等事。卷3"南都"，记甲申十月至乙酉（弘光元年，1645）五月弘光政权灭亡事。卷4"福建两广"，记乙酉至庚寅（顺治七年，1650）清军平定闽广事。明末史事纷繁复杂，相关文献记载众多，本书将此段史事依时间、地域加以区分，一一缕述，简捷得当，二十余年复杂激烈的政治、军事事件得以清楚的展现，亦为难得的明季史料。

三朝野纪7卷 清道光四年（1824）李兆洛木活字本；《荆驼逸史》本；1982年上海书店《中国历史研究资料丛书》本。

清李逊之撰。李逊之（1618～1677），字肤公。江阴人。李应升子。本书记载泰昌、天启、崇祯三朝史事。史料来源于政府邸报、诸臣文集、野史笔记及作者见闻，详细记载重要事件，载录相关诏谕、奏疏等，附有时人及作者评述，相关史料非常丰富。此间发生的复杂案件，激烈的党派斗争，魏忠贤阉

党集团的罪恶及覆灭，明军与农民军、清军的战争等多有记载，三朝史事得以首尾完整的记述。李逊之父应升为东林党著名人物，为阉党所杀，李逊之记载东林与阉党的斗争颇为细致，对其父言行事迹及奏疏等亦多记载，颇有价值。如卷2记阮大铖与魏大中交恶，遂投阉党。李氏言阮大铖初亦为正人，与魏大中和李应升交好。其后载李应升劝和文及魏大中诗，仍欲与阮恢复旧好等。崇祯间军事一败涂地，李氏之言亦颇可记，如卷7记崇祯十六年(1643)十一月陕西总督余应桂与崇祯皇帝对答之语等，李氏随后云政事之不堪："是时朝无确报，相率自愚，莫有以贼在意者。阁中票旨，但云以匹马不入为功，兵部议兵，但云以死报国，未闻作何调遣。上下相蒙，驯至败亡，莫之省也。"

皇明末造录2卷　中国科学院图书馆藏清抄本；浙江图书馆藏张宗祥抄本；1986年浙江古籍出版社丁红校点本。

清金钟撰。金钟(1622～?)，字声庵，晚号长干逸人，别署旧京孤臣。江宁人。曾任南明永历朝河南道御史。入清，官彭衙主簿，摄奉先令。

本书主要记载南明永历政权史事，卷上东南纪略，卷下入缅纪略。卷上先记弘光元年(1645)和隆武元年(1646)之事，记载南明弘光灭亡，鲁王、隆武、绍武诸政权始末及南方各地战事，又记永历政权的建立。其后自永历元年(1647)至十六年，逐年记载永历政权始末。永历朝史事史籍记载颇多，永历十二年十二月离滇前之事，本书所记多撮其大要。离滇入缅后之事，本书所记来自金钟采访亲历其事之人，录其事之实而言之确者，其中如永历朝官员困于缅境及被杀戮事，记载颇为详细。

明季北略24卷　浙江大学图书馆藏清抄本；清北京琉璃厂半松居士木活字本；1984年中华书局魏得良、任道斌点校本。

清计六奇撰。计六奇(1622～?)，字用宾，号天节子，别号九峰居士。无锡人。诸生。著名史学家。本书记载明末史事，起自神宗乙未(1595)努尔哈赤兴起于东北，迄于思宗甲申(1644)明亡。序言："题曰北略，以志北都时事之大略焉耳。然于国家之兴废，贤奸之用舍，敌寇之始末，兵饷之绌盈，概可见矣。"成书于康熙十年(1671)。卷1记万历二十三年至四十八年事，卷2记天启一朝七年事，卷3记崇祯皇帝即位事，卷4至卷20逐年记载崇祯一朝十七年事，卷21记殉难诸臣、列女，卷22记诛戮、幸免、从逆诸臣，卷23补遗记李自成及农民军等事，卷24五朝大事总论，总结此段历史。每卷内分若干条目，或记载有关史事，或为人物传记，或抄录奏疏，又有低一格的附记等，考释补充有关史实。计氏采辑明末史籍如《通纪》《野乘》《野记》等数十种及邸抄、京抄等官方文献，自己也收辑采访各类人士的记述，所记较为可信，尤详于农民军战争的记载，卷23更集中记载李自成农民军史事，可补正史之不足。卷23论明季致乱之由，卷24论国运盛衰，分析导致明末祸乱灭亡的各种因素，其高超的史家见识于此可见。

明季南略18卷　杭州大学图书馆藏清抄本；清北京琉璃厂半松居士木活字本；1984年中华书局任道斌、魏得良点校本。

清计六奇撰。本书记载南明史事，上起崇祯甲申(1644)南京福王政权建立，下迄康熙四年(1665)洪承畴卒。卷1至卷4记福王政权，卷5、卷6记鲁王政权，卷7、卷8记唐王政权，卷9至卷15记桂王政权，卷16记张名振、郑成功、张煌言等抗清事迹。体例同《明季北略》，亦成书于康熙十年。史料来源于数十种明末史籍和邸抄、京抄等，计氏又四处采辑有关资料。本书记载南明诸王政权始末，涉及各政权内部严酷的政治斗争，南明武装与清军的激烈战事，各类人士的不同表现，真实反映了明清易代之际的社会状况。本书与《明季北略》各自独立成编，所记史事时间又前后衔接，二书构成一部完整的晚明史。

金陵野钞　《殷礼在斯堂丛书》本；1999年江苏古籍出版社《南明史料(八种)》孟昭庚点校本。

清顾苓编撰。顾苓(1626～?)，字云美，号浊斋居士。长洲人。钱谦益弟子。明亡后隐居不仕。善书法，精篆刻。本书记载南明弘光政权始末，自崇祯十七年(1644)四月至弘光元年(1645)六月，其间发生的重要政治军事事件多为记载，包括弘光政权建立经过，南明军队与农民军及清军的战争，南明政权内部的政治斗争、人事更替，与清廷的谈判等，是研究南明史的重要文献资料。如追谥追赠建

文朝死节官员、开国名臣、正德谏臣、天启惨死官员、北京死难官员等的记载，清廷与史可法的劝降书及史可法答书，刑部上从逆诸臣六等罪案所记载的投降农民军的官员，马士英等审问假太子经过等。

爝火录32卷附记1卷论略1卷 浙江图书馆藏嘉业堂抄本；1986年浙江古籍出版社《明末清初史料选刊》本。

清李天根编撰。李天根，原名大木，号云墟，以字行。江阴人，迁居无锡。本书记载南明史事，自顺治元年(1644)至康熙元年(1662)，记载明王朝灭亡后，南明福、潞、唐、鲁、绍武、永历诸王政权史事。附记1卷记载自康熙二年至二十九年郑经、吴三桂、郑克塽等事。李天根依据明清正史野记、方志文集等百余种文献资料，于乾隆十三年(1748)编成。本书完整地记载南明史事，其间各个政权内部的政治斗争、战场上的军事行动、忠奸之人言行事迹等，首尾清楚，条理明晰，叙述简捷，真实展现了南明政权兴亡的历史进程，是研究南明史不可多得的史料。李天根言其编撰本书仿《日下旧闻》例，书中内容依史料编撰，自己不著一字，其个人见解则于卷末论略中表述，对重要历史事件和人物等加以评判。李氏所言具有独到之处，如言马士英非大奸大恶之人，东林诸人对其过于苛刻，致其入奸党，又记其值得赞许的作为。其言史可法忠有余而才不足，身居高位却无大作为，对弘光政权失败负有责任，最后则赞其知不可为而为之，鞠躬尽瘁，无以成败相论，可见李氏评判之公正。

江上孤忠录 《艺海珠尘》本；《丛书集成新编》本。

清黄明曦撰。黄明曦，江阴人。清顺治二年(1645)江阴人民反抗薙发令，据城与清军死战，战事非常惨烈，记载此事史籍颇多，本书为其中较为著名者。原以抄本传世，道光间武进黄怀孝、阳湖龚丙吉重加排纂，编成本书。书中记事多辑录相关史籍，注明出处。江阴民众拥立原典史阎应元为首领，守城81日，屡败明降将刘良佐等率领的数万清军，殉难死节者众多。书中叙述生动细致，非常感人，如："十三日，给民间赏月钱，期至十七然后已。城中民携酒登陴，分曹快饮。许用作五更转曲，令善讴者歌之，和以刁斗。十五日夜，天无纤云，皓月皎洁，旌旗不动，剑戟自鸣。忽歌声发于城上，城外倚壁听之，或悲歌，或怒詈，慷慨激烈，期于必死。"

召对记言1卷 《辟疆山房丛书》本。

清陈厚耀撰。陈厚耀有《春秋长历》，已著录。陈厚耀为经学家、历算学家，有名于时。康熙皇帝重视自然科学，常与专家探讨相关知识。本书即记载康熙皇帝与陈厚耀之间对数学、天文、地理等相关学问的探讨。时间为康熙四十八年(1709)四月二十二日、二十三日、二十七日、二十八日，共4次，地点为南书房、密云行宫等。陈厚耀未面对回复，而是康熙皇帝通过大学士张玉书、陈廷敬，内侍李玉，传旨询问相关问题，陈厚耀口头答复，由内侍回奏，亦有书面答复。讨论的问题有测量法、开方法等，如康熙皇帝询问地周几何、地径几何、是圆是方等问题，陈厚耀结合中西科学加以解释。康熙皇帝是中国历史上少有的通晓西方科学的君主，此书记载即反映其对新知识孜孜不倦的追求。

征辟始末 《辟蠹山房丛书》本；2014年凤凰出版社《泰州文献》本。

清邓励相撰。邓励相，字方回，号冠城。泰州人。邓汉仪子。邓励相父汉仪明末清初以诗文有名于时，此书所记为康熙十七年(1678)和十八年邓汉仪在北京应试博学鸿儒的经历，励相其时随侍。邓汉仪无心出仕，无奈前往应试。在北京期间与相识的公卿名士交往，如王崇简、魏象枢、梁清标、王士禛、施闰章、陈维崧等。其时汉族知识分子对清廷的拉拢，亦各持立场，很多人亦与邓汉仪一样不愿出仕，如杜越、傅山以老请免，嵇宗孟以病请免，李因笃以亲老请免，邓汉仪亦欲效仿，"铨部不允，云非真正耄耋及病废者不准，他如养亲等例不敢上奏"。十八年三月朔日，邓汉仪等于体仁阁应试，试题为《璇玑玉衡赋》和《省耕诗二十韵》，赋必用四六序文方中式，汉仪草草应付了事，未用四六序文，故考试未予录取。清廷对知名文人学者颇为用心，未录取者亦授职衔，邓汉仪授内阁中书舍人衔。其时相识诸人又欲其留史馆等任职，邓汉仪决意南归，于五月望日独驱车离京。此书撰于康熙二十年，二十三年邓汉仪读此书后又附后记，认为此书同于《东京梦华录》等。

永宪录 4 卷续编 1 卷 湖南省图书馆藏清抄本；《近代中国史料丛刊》本；1959 年中华书局朱南铣点校本。

清萧奭撰。萧奭，江都人。本书作者或题萧奭龄。书成于乾隆十七年(1752)，记事上起康熙六十一年(1722)正月丁亥，下迄雍正六年(1728)八月癸巳，中间多有缺失，如缺雍正二年正月至三年四月等。书中材料多来自于邸钞、朝报、诏谕、奏折等，主要记载此间发生的重要历史事件，涉及国家制度、政坛变故、官员事迹、动乱战事等，如康熙驾崩、雍正即位，其后发生的年羹尧、隆科多等大狱，汪景祺等文字狱，平定青海战役等。对清代历史研究具有重要参考价值。

战国策释地 2 卷 《宛邻书屋丛书》本；《丛书集成初编》本。

清张琦撰。张琦(1764～1833)，初名翊，字翰风，号宛邻。阳湖人。张惠言弟。嘉庆十八年(1813)举人。官馆陶知县等。博学多才，精通医学。张琦以为《战国策》三家注于地理较为疏略，故据《史记》《汉书》诸书随方辨正，旧注与己意合者则注明今之地名，义有未安者加以论述。书中注解共 374 则，先录原文，注明出自《战国策》何章，有三家注则录其文，其后张氏加以释解，对《战国策》本文及三家注文都加以解释。如卷上《钓于渭阳之滨》，吴师道注依据《史记正义》引《吕氏春秋》之语及《水经注》之语，加以注解。张琦认为吴师道所引《水经注》文有误，实为《史记正义》引《扩地志》文，其后说明吴注中所云磻溪现在所处府县，又云引文中的“凡谷”当作“丸谷”。张琦精于史地之学，书中注解考辨严谨，资料详实，有助于古代地理研究。

胡文忠公抚鄂记 3 卷 国家图书馆藏抄本；1988 年岳麓书社《湘军史料丛刊》本。

清汪士铎撰。汪士铎有《南北史补志》，已著录。汪士铎为胡林翼门生，太平天国战争期间入其幕府，咸丰十一年(1861)胡氏卒，次年汪士铎取官书排比连缀，编纂本书。上起咸丰五年三月胡林翼署理湖北巡抚，下迄咸丰九年十一月胡氏督军安徽太湖。书中主要记载此间胡林翼率领清军与太平军在湖北等地的多次交战，亦及保境安民的各种政治经济措施等，多录其奏疏谕饬等资料。本书所记内容来自官方文献，史料颇为翔实，尤其详于记载此间发生的历次战事，清军重要官员如杨载福、彭玉麟、罗泽南、李续宾、曾国华、鲍超、都兴阿、多隆阿等亦多为记载，是研究太平天国史及晚清历史的重要文献。

平浙纪略 16 卷 清同治十二年(1873)浙江书局刻本；《四库未收书辑刊》本。

清秦缃业等编撰。秦缃业有《续资治通鉴长编拾补》，已著录。本书记载太平天国战争期间浙江战事始末。同治间由浙江巡抚杨昌濬属秦缃业、陈钟英辑纂，同治十三年成书。咸丰末同治初，左宗棠任浙江巡抚、浙闽总督，率军与太平军作战，对击败浙江太平军发挥重要作用，本书即以记左宗棠军队战史为主。卷 1 为左宗棠咸丰十一年(1861)奏疏，卷 2 至卷 7 记左宗棠军队克服浙江全境事，卷 8 至卷 10 记闽军、外国兵勇、本地民团、苏军战事，卷 11、12 记左宗棠军队安徽、江西、福建战事，卷 13、卷 14 记抚恤筹饷之事，卷 15、卷 16 记左宗棠任浙江巡抚之前咸丰间浙江战事。本书史料来源于官方文献，以当时统兵大臣奏报为凭，私家记载不取。最后 2 卷，因咸丰间案卷毁失无存，主要依据嘉兴知府许瑶光所著《谈浙》。

豫军纪略 12 卷 清同治十一年(1872)刻本；《近代中国史料丛刊》本。

清尹耕云等编撰。尹耕云(1815～1877)，字瞻甫，号杏农。桃源人。道光三十年(1850)进士，官至河陕汝道。本书记载清末河南清军与农民军战事，尹耕云等受曾任河南巡抚的李鹤年属托编撰，同治十一年编成。书中分为粤匪、会匪各 1 卷，土匪 3 卷，皖匪 7 卷，以时间为序，记载咸丰同治间河南地区清军以及太平军、会党武装、各地农民武装、捻军的军事活动。记粤匪事起自咸丰三年(1853)太平军林凤祥部进入河南，迄于同治六年太平军赖汶洸部失败。“记会匪事”起自咸丰四年禹州刘化振起事，迄于同治元年商丘金楼寨部姚氏武装失败。“记土匪事”起自咸丰三年永城县擒斩陈毛，迄于同治九年宜阳县擒斩张野猫。记皖匪事起自咸丰三年皖豫之交捻首李士林等起事，迄于同治七年捻军领导人张总愚自尽于茌平。尹耕云对其时政治军事多有谋划，又亲历与农民军战事，依据官方

文献编撰本书，资料丰富，条理清晰，有助于清末政治军事研究。

吴中平寇记 8 卷　清同治九年(1870)刻本；《近代中国史料丛刊》本。

清钱勖撰。钱勖(1826～1867)，原名旭，字葵初，号子谅。无锡人。咸丰五年(1855)举人。李鸿章幕僚。本书记载李鸿章军与太平军战事，自同治元年三月李鸿章率军至上海驻守起，至同治三年收复常州等地止。其间李鸿章军次第击败太平军，克复江南各地，所历大小战事等一一记载，对李鸿章功绩多加赞美。书中资料多来自官方文献，较为可信，如卷 4 记此一时期吴中赋额颇重，百姓深受其厄，李鸿章与曾国藩奏请减苏松太浮粮事。奏疏中列举清初以来与赋额相关的政策为据，请求朝廷为深处战事之苦的吴中等地百姓纾解困苦，所言颇为有据，被朝廷采纳，苏松太减三之一，常镇所属减十之一。又如李鸿章雇佣的戈登常胜军作战以及与洋人交涉事，太平军后期战争始末等相关史事亦颇有史料价值。

贼情汇纂 12 卷　北京大学图书馆藏清抄本；《续修四库全书》本。

清张德坚撰。张德坚(？～1873)，字石朋，晚号铁眉。扬州人。咸丰三年(1853)任湖北抚辕巡捕官，四年任曾国藩行营采编所总纂官。曾国藩咸丰四年在军中设立采编所，收集分析太平军情报，以张德坚为总纂官，令其将太平军各项制度、重要官员姓名等分门别类编成书册。张德坚以清军所得太平军文书告示及各类采访人员的记述，分类编撰，咸丰五年编成。记载内容分为 9 类：剧贼姓名 2 卷、伪官制 1 卷、伪军制 2 卷、伪礼制 1 卷、伪文告 2 卷、贼教 1 卷、贼粮 1 卷、贼数 1 卷、杂载 1 卷。所记之事自道光三十年(1850)至咸丰五年。卷首开列采访人员姓氏，分为官绅、兵勇、逃难衿民和俘贼 4 类，共 80 人，在书中后注直书其姓名。本书记载太平军各项制度及重要事件，资料颇为详实，如卷 3"伪官制"，分为伪官表、伪品级铨选、伪朝内官、伪军中官、伪守土官乡官、伪女官、伪科目 7 类。其中，"伪官表"先载《伪官表说》，总述其官制，其后分为 17 表，自《伪官等差总表》《伪王侯分表》《伪官分表》直至《伪女官表》，记载太平军各级各类官职，其后又有《伪官表后补遗考》加以补充，记载非常详细，是研究太平军官制的珍贵史料。

淮军平捻记 12 卷　清同治刻本；《续修四库全书》本。

清周世澄撰。周世澄(1840～1877)，字孟舆，一字虔生，号贞蹇居士。阳湖人。周腾虎之子，赵烈文外甥。曾任江南书局襄校。李鸿章保荐以知县分发直隶，奏派总办直隶张家口矿务。本书前 10 卷记载李鸿章统领的淮军击败捻军始末。起自同治四年(1865)三月，江苏巡抚李鸿章命淮军将领张树珊、刘铭传等率军进至徐州一带，防剿捻军首领张总愚、太平军遵王赖汶洸等所部。迄于七年六月，淮军刘铭传、郭松林诸部击败捻军于山东茌平，张总愚溺水死。又记其后七月间朝廷封赏等事。末 2 卷附纪淮军军制、军饷、军储。本书依据资料为诏谕奏疏等官方文献，详细记载此间淮军与捻军作战整个过程，史料丰富，内容详实，是记载此一事件的可靠文献。附纪淮军军制等，亦为研究淮军乃至近代中国军事制度的重要资料。

鸦片事略 2 卷　清光绪二十一年(1895)海宁州署刻本；《续修四库全书》本。

清李圭撰。李圭(1842～1903)，字小池，江宁人。曾任宁波海关副税务司霍博逊的文牍，1876 年前往美国费城参加美国建国 100 周年世界博览会，回国后建议开办中国邮政。官至海宁知州。清代鸦片贸易及其后查禁和引发的战争等，对中国近代历史发展产生重要影响，本书记载与鸦片有关的史事。卷上记述鸦片起源产地、流通中国之始、官方禁烟政策，尤以林则徐奏议记载较详，又记其任钦差大臣广州销烟事，其后略记鸦片战争爆发和《江宁条约》签订。卷下记鸦片战争后清政府禁处鸦片的经济政治措施，如课以重税等。本书资料来源于官方文献如谕旨、奏议、章程等及相关著述，记载颇为详尽，辑录的统计数据等，尤具史料价值。如卷上西人记载的嘉庆二十二年至道光十二年，印度输入中国的大小鸦片箱数和价值。卷下记载同治三年至光绪十二年，自印度诸处运至香港以及转运通商各口的鸦片数量，根据此数据，李圭加以统计："外洋一年进口鸦片，共一千万斤，五成煮膏五百万斤，节多补少，每人日吸烟膏二钱，一年则需膏

四斤八两。以此计吸烟者，得一百一十一万余人。各省自种之土烟，亦如进口之数而两倍之，共得三百三十三万余吸烟之人。”

金陵兵事汇略 4 卷　清光绪十三年(1887)刻本；《近代中国史料丛刊续编》本。

清李圭编撰。太平天国期间金陵战事频仍，虽然有关太平天国历史的书籍卷帙浩繁，却无专记金陵战事之书，故李圭编撰本书。以《平定粤匪纪略》为基础，又采集《曾文正公大事记》《吴中平寇记》《平浙纪略》《瓮牖余谈》诸书所载，又记录其耳闻目见和故乡脍炙人口者。本书以编年形式记载金陵一地发生的重要史事，自咸丰二年(1852)十月，两江总督陆建瀛进军江皖防御太平军起，至同治三年(1864)十一月，清军收复金陵后改殓陆建瀛止。又以附记记载太平天国始末及其他地区清军的重要战事，又辑录时人著作加以补充，史料丰富，条理清晰，是研究太平天国历史的重要文献。

扬州御寇录 3 卷　《扬州丛刻》本；《中国野史集成》本。

清倪在田撰。倪在田有《续明纪事本末》，已著录。本书记载扬州境内清军与太平军战事，逐年记事，起于咸丰二年(1852)漕运总督杨殿邦被旨扼江口，迄于同治六年(1867)太平军余部赖文光被擒。末附正志误，辨正扬州方志所载之误。书中内容以记载战事为主，亦涉及其时经济状况、民众生活等。太平天国期间发生在扬州的战事非常激烈，书中详记此间发生的历次交战过程，战争的惨烈场面、双方的胜败得失、将领的不同表现等得以生动展示，清官员的腐朽无能、无辜百姓的悲惨遭遇等也得到真实反映。倪在田根据其战争中的亲身见闻，参酌再四而后编撰成书，故本书内容较为可信，记载生动，太平天国期间扬州历史得以细致地记录。

中兴别记 61 卷　清宣统三年(1911)铅印本；1979 年中华书局《太平天国资料汇编》本。

清李滨撰。李滨(1855～1916)，字古余，一字少堂，号梦榴，晚号清士。上元人。监生。官浙江通判等，后教练浙东钱江水军。1911 年任河南省图书馆馆长。本书记载太平天国历史，李滨采辑官私材料 200 余种，又亲加采访，历 10 余年编成，书成于光绪三十一年(1905)。编年记事，起自道光十六年(1836)三月上帝教首洪秀全与杨秀清、萧朝贵等传教于广西鹏化山，迄于同治三年(1864)九月干王洪仁玕、幼主洪福瑱被擒止，完备记载太平天国政权始末。书中内容以太平军与清军战事为主，亦记载其时政治和社会重要事件，战争对晚清政权造成的巨大打击、清官员的腐朽没落等得以真实反映，广大百姓遭受的苦难包括作者家人的事迹亦得以生动记载。

第六节　诏令奏议类

政府奏议 2 卷　元元统二年(1334)范氏刻本；《四库全书》本；2002 年四川大学出版社《范仲淹全集》本。

北宋范仲淹撰。范仲淹(989～1052)，字希文。吴县人。大中祥符八年(1015)进士，官至枢密副使、参知政事，卒谥文正。北宋著名政治家、文学家。古代称宰相处理政务之地为政府，范仲淹仁宗庆历三年(1043)至五年任参知政事(副相)，本书即为其此间所撰奏议。由其子范纯仁所辑。内容分为治体、边事、荐举、杂奏四类，共 85 篇。书中奏议反映其治国思想，如治体中的《答手诏条陈十事》，作于刚任参知政事时，仁宗要求其言当世急务，范仲淹陈言十事为明黜陟、抑侥幸、精贡举、择官长、均公田、厚农桑、修武备、减徭役、覃恩信、重命令，均为关系国家根本利益的重要举措。边事中的《奏陕西河北和守攻备四策》，其时西夏与北宋交兵，西夏屡胜，又求通顺，辽国亦虎视眈眈，局势非常复杂，范仲淹的建议是“择师练兵，处置边事，日夜计略，为用武之策，以和好为权宜，以战守为实事”。所言应对四策为陕西和策、陕西守策、陕西攻策、河北备策，依据不同情况多方应对，显示其战略眼光。范仲淹在任期间，为仁宗所信用，其奏议中所陈之事，亦多为采纳，对其时的政治改革发挥了积极作用。

两汉诏令 23 卷　元至正九年(1349)苏天爵刻本；《四库全书》本。

北宋林虙等编撰。林虙，字德祖。长洲人。绍圣四年(1097)进士，官开封府左司录等。北宋末年

林虙采括史籍编辑为西汉诏令一书，其后程俱加以整理，编为12卷。南宋间楼昉依其体例编成东汉诏令11卷，元至正间苏天爵将二者合刻为一书。二书诏令辑自《汉书》和《后汉书》，依世代为序，一帝一卷，诏令按时间排列，辑自本纪者注明年月，辑自志传者注明篇名，时间无考者亦注明。诏令为最高权力机关发布的文件，内容涉及国家生活的各个方面，是历史研究中最重要的原始文献之一。本书收辑两汉诏令齐全完备，内容广泛，排列井然，便于学者查考。

石林奏议15卷　宋刻本；清光绪十一年(1885)皕宋楼影宋刻本；《续修四库全书》本。

南宋叶梦得撰。叶梦得有《春秋传》，已著录。叶梦得仕途通显，历官多职，所上奏议颇多，生前曾编成《志愧集》10卷，后失传，本书为其子模所编。以官职分类，奏议先后作于其任应天尹、两浙西路安抚使、户部尚书、尚书左丞、江南东路安抚使、福建路安抚使等职时，其中以江南东路安抚使任上所作奏议最多，篇幅占全书一半。叶梦得绍兴初任此职，其时宋金战事非常激烈，叶梦得身负重任，恪尽职守，奏议可见其作为，在《奏措画防江八事状》中，叶梦得陈言应对之策：申饬边备、分布地分、把截要害、约束舟船、团结乡社、明审斥堠、措置积聚、戒核官吏。其后所上奏议又有《奏乞立赏格募人擒捕兀术等用事首领十三人札子》《奏乞下张俊等军随机备御金贼并下韩世忠岳飞进兵牵制札子》《奏论张俊已渡江乞令韩世忠岳飞进兵牵制札子》《奏乞戒师恢复中原札子》等。主张积极应对，乘胜追击，显示其战略谋划之完备，亦可见其高昂斗志和拳拳热忱。

李忠定公奏议69卷附录9卷　明正德十一年(1516)胡文静萧泮刻本；《续修四库全书》本。

南宋李纲撰。李纲有《建炎时政记》，已著录。本书收入李纲奏议600余篇，附录收入李纲所撰《靖康传信录》《建炎进退志总叙》《建炎时政记序》以及为皇帝起草的诏诰制书等。奏议中涉及宋金战争者占很大篇幅，此时正值国家危亡之际，李纲多方谋划，以纾国难。如卷4《论御寇用兵札子》，此篇奏议宣和七年十二月二十八日钦宗召对延和殿时进呈，时钦宗刚即位，金军大举进犯，宋军失利，李纲在奏议中陈画二十事，总的对策为固守，“坚壁深堑，勿与争锋，待其粮竭气衰，徐议攻战。绝其饷道，扼其归路，使虏惊顾，一鼓破之”。卷20《议国是》，此篇奏议作于高宗朝，议和战守之策，李纲举宋代景德和建康两朝经验教训，又及历史上的事例，分析和战守的利害，主张现阶段罢和议，专务自守之策，而战议姑俟之。待国势强大，然后兴兵伐罪。李纲为北宋末、南宋初具有重要影响力的政治家，本书所载奏议是其一生的政治业绩的突出反映，对研究两宋间政治、军事具有重要价值。

叶文庄公奏疏40卷　明崇祯四年(1631)叶氏赐书楼刻本；《续修四库全书》本。

明叶盛撰。叶盛(1420～1474)，字与中。昆山人。正统十年(1445)进士，官至吏部左侍郎。明代政治家、藏书家。本书为叶盛正统十三年至成化三年(1467)所作奏疏，含4种。《西垣奏草》9卷，任兵科都给事中时作。《边奏存稿》7卷，任协赞军务山西右参政时作。《两广奏草》16卷，任两广巡抚时作。《上谷奏草》8卷，任宣府巡抚时作。前两种叶氏生前编定，《两广奏草》为嘉靖三十年(1551)提督两广军务应槚所编。崇祯四年其六世孙重华将四种奏疏汇梓行世。《西垣奏草》内容为参劾不法官员、肃清吏治、安抚军民等事。后3种奏疏事关边防军务、平定内乱等。叶盛为官勇于任事，熟习军务，对巩固边防尤多贡献，于奏疏中可见其作为。如《边奏存稿》卷1《详陈军务疏》，陈言守卫独石等处关口要务，包括严惩军中奸弊、清理军伍、严格管理公干差遣、保障军人供给等。

关中奏议18卷　明嘉靖二十九年(1550)刘仑刻本；《四库全书》本；2001年中华书局唐景绅、谢玉杰点校《杨一清集》本。

明杨一清撰。杨一清(1454～1530)，字应宁，号邃庵，又号石淙。丹徒人，祖籍云南安宁。成化八年(1472)进士，官至华盖殿大学士，内阁首辅。明代著名政治家。杨一清弘治末至嘉靖初历任督理马政、陕西巡抚、三边总制，本书为其任上所撰奏议。卷1、卷2马政类，卷3茶马类，卷4至卷6巡抚类，为其弘治末所奏。卷7至卷9总制类，正德元年(1506)初任三边总制所奏。卷10后总制类，正德五年复任三边总制所奏。卷11至卷18提督

类，嘉靖四年至五年以故相提督陕西三边军务所奏。此外又收录兵部、户部等衙门就杨一清奏议所上的覆奏，以及皇帝圣旨。明代陕西及延绥、宁夏、甘肃等地为重要边关，事关国家安全，马政等事宜又与经济民生相关，杨一清所上奏疏涉及其重要职责，各衙门覆奏亦详及相关事务，为研究明代历史的原始文献。如卷10《为遵奉敕谕起解反逆贼寇事》等疏，时杨一清受命平定安化王朱寘𫔍叛乱，奏疏对此一事件始末记载非常详尽。

大儒大奏议6卷　明弘治十八年(1505)王德明刻本；《四库全书存目丛书》本。

明邵宝撰。邵宝有《左觿》，已著录。本书为邵宝总理江西学政时为诸生所编。大儒为宋代程颢、程颐、朱熹，大奏议为大而要者之意。邵宝推崇孔子、孟子告君之言，认为后世只有程朱三人奏议得孔子之纯、孟子之辨，选编其重要之作编为本书。全书6卷，程颢1卷8篇，程颐2卷15篇，朱熹3卷20篇。程朱三人为理学名臣，事功未显，然其奏议亦颇有切于适用者，如程颐《为太中上神宗皇帝论薄葬书》，先言孝莫大于安亲，其后又言不得其道则反害之，随后举例言秦汉而下帝王鲜克保其陵墓者，独魏文帝、唐太宗陵墓安全，原因在其嗣君不为崇侈。又言神宗皇帝欲崇厚陵寝，有违先帝俭德，请遵从魏文帝遗制，明器以瓦木为之，金银铜铁宝物不得入圹，然后昭示遐迩，刊之金石等。

谏垣奏草4卷　明嘉靖十七年(1538)刻本；《四库禁毁书丛刊补编》本。

明毛宪撰。毛宪(1469～1535)，字武之，号古庵。武进人。正德六年(1511)进士。官给事中。与王守仁、湛若水等多有交往。毛宪正德六年除刑科给事中，九年除兵科给事中，十二年任礼科给事中，十三年致仕。本书收录其任职期间所作奏疏。卷首御试策，卷1刑科五疏，卷2、卷3兵科十七疏，卷4礼科九疏。毛宪任职谏垣期间勇于言事，书中奏疏对国家大政多有建言，又指陈时弊，弹劾官员，不负言官重任。如卷4《论谨几微建国本》，毛氏在言谨几微一事时，先列举其时内忧外患的局面，其后直言武宗"出幸无时，臣民惊惧，制治保邦似不如此。逆揣事变，有非臣下所敢言者"。在陈言武宗巡幸的危害后，"乞杜游幸之逸乐，复德政之常规"等等。言建国本一事时，先列举汉、宋皇帝预建皇储之例，又言明代故事，皇嗣未诞时，例留亲王一人居京，请武宗恢复旧制。

复套议2卷　明万历刻本；《四库全书存目丛书》本。

明曾铣撰。曾铣(?～1548)，字子重，号石塘。江都人。嘉靖八年(1529)进士，官至兵部右侍郎兼都察院右副都御史、总督陕西三边军务。因复套事得罪被杀。明代军事家。明代中叶河套地区渐为蒙古诸部占据，对明政权形成严重威胁，嘉靖二十五年曾铣出任总督陕西三边军务，提议收复河套。本书即收录其相关奏疏，又录兵部覆奏及皇帝圣旨，是研究明代军事、政治的原始文献。曾铣有胆略，长于用兵，对军事多所谋划，书中奏疏可见其见解，如作于嘉靖二十五年十月的奏疏，对其时军事形势加以评析，提出复套之议，分为八事：定庙谟、立纲纪、审机宜、选将材、任贤能、足刍饷、明赏罚、备长技。奏疏内容涉及政治决策、军事部署、官员选拔、物资供应、奖惩制度、武器装备等诸多方面内容，对明代中叶的国防建设提出了许多有用的建议。

荆川先生右编40卷　明万历三十三年(1605)南京国子监刻本；《四库全书存目丛书》本。

明唐顺之编撰。唐顺之(1507～1560)，字应德，一字义修，号荆川。武进人。嘉靖八年(1529)会试第一，官至巡抚凤阳右佥都御史。明代著名学者、文学家、军事家。本书辑录自周至元历代名臣奏议，右史记言，因以为书名。唐顺之以为人情世事，古犹今也，编撰本书以资经世。万历三十三年南京国子监官员刘曰宁、朱国祯等依据焦竑所藏本书稿本，又加以补充，整理成书。体例大致同唐顺之所撰《历代史纂左编》，分为21类：治总、君、相、将、后、储、宗、主、戚、宦、倖、奸、乱、镇、夷、吏、户、礼、兵、刑、工，每类再分细目，分门别类收录古代奏议，其中唐宋奏议最多。朱国祯序言："书最详于唐宋，而宋家回伏朽蠹之状，尤与国朝相近，不可不细读。"《四库全书总目》亦云本书价值："古来崇论宏议、切于事情、可资法戒者，菁华略备。"

掖垣题稿3卷　明万历二十九年(1601)自刻

本;《四库全书存目丛书》本。

明顾九思撰。顾九思(1532～1610),字与睿,号韦所。长洲人。隆庆五年(1571)进士,官至通政司右通政。顾九思万历间任户科给事中,礼科、兵科都给事中,本书为其任上所作奏疏。万历间朝政百弊丛生,顾九思任职期间勇于言事,书中收录的奏疏真实反映了此一时期的社会状况。如卷上《条议光禄未尽事宜》,其时顾九思巡视光禄寺,针对相关制度弊端提出四条改进意见:申催解之令、酌支放之宜、严保歇之惩、定商额之数。卷下《河西失事不报情属隐匿》,针对陕西边方被侵掠之事,参劾陕西督抚等官员。末录圣旨,督抚被罚俸三月等。《敬循职掌条议河西御虏事宜》,条议决战、将吏、兵饷、恤番、赏罚诸事,对河西防御详尽细致地提出建议。

历代名臣奏疏 6 卷 明万历刻本;《续修四库全书》本。

明王锡爵编撰。王锡爵(1534～1611),字元驭,号荆石。太仓人。嘉靖四十一年(1562)进士第二。官至内阁首辅,建极殿大学士。王锡爵选辑历代名臣奏疏等,万历二十二年(1594)编成本书,时为内阁首辅。所选奏疏自周秦至赵宋,共 300 余篇。王锡爵任内阁辅臣 10 年,是万历间著名政治家,对治国安邦、举才用人等国政大计多有见解,其自撰奏议等就编为 23 卷。本书编选亦颇具眼光,自序言历代名臣奏疏中老成谋国、忠知陈谟者,可以为名言;言人人殊、不尽究诸施用者,其言亦不可湮灭。故本书所选范围较广,历代名臣及著名奏疏多为收录,其中唐宋间名臣魏徵、刘晏、陆贽、田锡、司马光、苏轼、范纯仁、李纲、张浚、朱熹、真德秀等人奏疏收入较多。

冲庵顾先生抚辽奏议 20 卷 明万历刻本;《续修四库全书》本。

明顾养谦撰。顾养谦(1537～1604),字益卿,号冲庵。南通州人。嘉靖四十四年(1565)进士,官至蓟辽总督兼经略朝鲜军务。顾养谦万历中任辽东巡抚,本书为其任上所撰奏议,内容包括抵御外敌、安抚军民、查劾官员等。顾养谦熟习边事,本书有关军事方面的奏议最为重要,王世贞序言认为本书善言兵事,将其与明代中叶名臣杨一清、翁万达、王守仁相提并论。卷 1《虏贼入犯官军获捷乞赐勘议功罪》、卷 3《擒斩大虏收获奇捷》等,记载战事时间地点、双方兵力、作战过程结果、伤亡情况、奖励处罚等等。卷 2《夷囚来降立功乞赐饷安插》记载安置归降的境外少数民族武装人员之事,涉及相关战事、人员情况、钱粮数目、安置措施等。卷 5《议处辽镇兵饷》记载辽东军事保障之事,详记兵员、粮饷细目,又言其时制度弊端。卷 6《全镇图说》,全面详细记述辽东军事形势及相关制度设施、兵员粮饷等。此外如卷 8《调停鬻赈事宜》、卷 12《广开垦以修实政》,所记辽东军民土地钱粮等情况非常细致,亦为有用的资料。

太仆奏议 4 卷 明天启间刻本;《四库禁毁书丛刊》本。

明张辅之撰。张辅之(1547～1629),字尔赞,号容宇。太仓人。万历十四年(1586)进士。官至南京工部尚书。本书收入张辅之奏疏 69 篇,为其官工礼兵三科给事中、太仆寺少卿时所陈公事,又有告病、给假、乞休诸疏,时间自万历十九年至万历四十七年。张辅之居官勤于公务,颇为敢言,所上奏疏涉及其时政治军事诸多紧迫事务,指陈制度弊端,反映万历间政局情形,如卷 1《立法当疏其壅疏》,言及万历中官员选用中的混乱情况,"惟是万历十年以来,司农筹边饷,司空鸠大工,而事例一开,官多歧路。自鸿胪、光禄输粟入监外,有农民、吏典、承差、知印名色,而又有吏援外历者,有承差援外历者。司计之臣,日与赀郎为市,奈轻官爵而贻民害何?"其后建言"夫选法疏通则群才毕集,复望我皇上聚精会神,去间隔之患而上下常通,节用爱人,罢不急之工而财用常裕"等。

掖垣谏草 5 卷 明万历刻本;《四库全书存目丛书》本。

明张贞观撰。张贞观(1549～1610),字惟诚,号惺宇。沛县人。万历十一年(1583)进士,官礼科都给事中等。万历间张贞观历官兵科、工科给事中,礼科都给事中,本书为其任上所作奏疏,分为兵垣 2 卷、工垣 1 卷、礼垣 2 卷,时间自万历十八年至二十二年。张贞观敢于直言,有名于时,书中收录的奏疏涉及万历朝各方面重要事务,真实反映了明代政治经济状况,对明史研究具有参考价值。如万

历朝有关太子的国本之争一直是中心议题，卷4、卷5多篇奏疏即与此问题有关，如《公请册立疏》《并封待嫡事出异常疏》《圣断已决复疑疏》《国本所关甚重疏》等，最终触怒皇帝而被罢官。卷5《出阁届期恳乞圣明急俞部请以襄大典疏》末录万历帝圣旨，也反映此一时期政治斗争的真实情况："张贞观等这厮每又来要功渎阻，好生可恶，本当重治，且各罚俸一年。如再有奏扰的，预教别有旨行。"

万历疏钞50卷 明万历三十七年(1609)刻本；《四库禁毁书丛刊》本。

明吴亮编撰。吴亮(1562～1624)，字采于。武进人。吴中行子。万历二十九年进士。官至大理寺少卿。本书为吴亮采辑万历初至三十六年奏疏编成，书成于三十七年，时为宣大巡按御史。按奏疏内容分为50类，一类一卷。吴亮为官勇于言事，颇有胆识，自序直指皇帝："上久废郊庙，朝讲厌薄，大小臣不即除，诸署鞠为茂草。奏人不答常十九，而舞者、御人者因以为利。"又言及执政大臣之失及言路闭塞等。编撰本书以记载万历年间政治形势，亦可藉此转移人心，回归平康正直之路等。万历年间朝政多失，党争激烈，战事频繁，本书广泛收辑各级官员所撰奏疏，内容涉及明代政府各个部门，全面记载万历年间国家状况，是非常难得的第一手资料，诸如国本、纲常、言路、发奸、纠邪、阉宦、铨政、察典等，记载了对其时政局具有重大影响的诸多奏疏，为研究明代政治所不可或缺。

皇明诏制10卷 明崇祯七年(1634)刻本；《续修四库全书》本。

明孔贞运撰。孔贞运(1576～1644)，字开仲，号玉横。句容人。万历四十七年(1619)进士第二。官至文渊阁大学士、内阁首辅。本书辑录明代皇帝诏书，自吴元年(1367)传示中原檄至崇祯三年册立皇太子覃恩诏，除建文帝外的历代皇帝诏书共200余篇。崇祯七年孔贞运任南京礼部右侍郎时组织编撰。皇帝诏书是记载古代政治制度的重要文献，亦是研究古代社会的可靠依据。本书所载诏书涉及的内容非常广泛，如总括朝政大计的即位诏，处理藩属国关系的谕外国国王诏，赈济安抚性质的免粮诏、存恤诏，发生重大灾异后的修省诏，告诫官员的修职诏，发动战争的征伐诏等，如本书卷1所载洪武十三年(1380)更定五府六部诏，即为废除设立已逾千年的丞相制度，皇帝直接领导六部管理国家，此项措施对后世明清政治制度影响深远。

周忠毅公奏议4卷 明崇祯间刻本；《续修四库全书》本。

明周宗建撰。周宗建(1582～1626)，字季侯，号来玉。吴江人。万历四十一年(1613)进士，官监察御史等。天启初弹劾魏忠贤乱政，死于狱中。周宗建天启六年(1626)被阉党迫害至死，本书为崇祯间熊开元及周宗建子廷祚所编，共52篇，除一篇作于万历四十八年，其他奏议标注时间自天启元年至三年，三篇职务署候补御史，其他为福建道监察御史。卷1请谥、请恤、裁革等疏，包括各类事宜。卷2各篇参劾魏忠贤等权阉。卷3各篇亦与阉党集团斗争有关。卷4主要为辽事，又及平定地方等。卷末附录周宗建墓志和传记资料。周宗建是天启初年与魏忠贤集团斗争的著名人物，卷2、卷3各篇记载其中详情，有助于明末政治斗争的考察。卷1《请恤东南加派疏》记述明末三吴地方民众生活之艰难，《查刷事竣条议裁革疏》所记光禄寺制度之弊端等，亦为有用的历史资料。

柴庵疏集20卷 清康熙间刻本；《四库禁毁书丛刊》本；1989年浙江古籍出版社秦晖点校本。

明吴甡撰。吴甡(1589～1670)，字鹿友，号遄愚，晚号柴庵。兴化人。万历四十一年(1613)进士，官至礼部尚书、东阁大学士。明末政治家。吴甡万历至崇祯间历任知县、御史、巡抚、大学士等官。本书为其奏疏集，起明天启二年(1622)，迄南明弘光元年(1645)。卷1至卷4为《台疏》，作于天启二年至崇祯元年(1628)，其任都察院山西道监察御史等。卷5、卷6为《按豫》，作于崇祯三年，其巡按河南。卷7至卷10为《赈秦》，作于崇祯四年、五年，其抚赈、巡按陕西。卷11至卷16为《抚晋》，作于崇祯七年至十年，其任山西巡抚。卷17至卷20有《大理疏》作于崇祯五年，时任大理寺左寺丞。《部疏》作于崇祯十四年，其任兵部左侍郎。《协理戎政》作于崇祯十五年，其任协理京营兵部左侍郎。《内阁疏揭》作于崇祯十六年，其任礼部尚书东阁大学士。最后两篇作于崇祯十七年和弘光元年，南明

政权赦免其罪，其回奏谢恩及分辩其罪责。吴甡任监察御史，与阉党及权臣不屈抗争，有名于时。按、抚河南、陕西、山西时临危受命，拯民于水火，不愧良臣。读相关奏疏如《御患莫如修备弭盗莫如安民疏》《安民必先择吏疏》等，可见其风骨。其任大学士后，渐有非议，最终以督师延缓不行，免官得罪，其编此集，亦有辨明是非之意。

明大司马卢公奏议 10 卷　清道光九年(1829)卢氏祠堂刻本；1984 年浙江古籍出版社《卢象升疏牍》排印本。

明卢象升撰。卢象升(1600～1639)，字建斗，号九台。宜兴人。天启二年(1622)进士，官宣大山西总督等。卢象升是崇祯间与农民军及清军作战的明军主要统帅之一，崇祯七年(1634)至十一年历任郧阳巡抚、湖广巡抚、南直隶等处总理、宣大山西总督，本书即为其任职间所作奏疏。分为抚郧奏议 2 卷、抚楚奏议 1 卷、总理奏议 1 卷、宣云奏议 6 卷，各卷中又有揭文、公牍、书启、规则、湄隐园记等多篇。卢象升娴于军事，精于谋划，奏疏可见其军事筹措部署。如卷 4 所载 5 篇剿寇要策疏，其时任南直隶等处总理，统帅数省军队，位高权重，前 4 篇分言措饷、筹兵、用人任将、严明法纪等，第五篇又建言立团寨筑壕堑、挑乡勇设游兵、收资粮敛头畜，皆可弥补其时军事制度、战术等方面的缺陷。卷 2 公牍所载郧寇初平、靖寇绥民、兵船巡江、募军屯田、立寨并村等各条议则，亦多切于实用。明末战争频仍，卢氏为其时著名统帅，其奏议涉及许多重要战事，对明代军事研究具有重要史料价值。《卢象升疏牍》将卷 2 中公牍析为 1 卷，又收入卢氏文集中书信为 1 卷，共 12 卷，排印出版，便于读者。

谏垣疏草不分卷　明崇祯刻本；2014 年凤凰出版社《泰州文献》本。

清李清撰。李清有《南北史合注》，已著录。本书共收录李清于明崇祯间所作奏疏 21 篇，又有进呈的李善长等四人传，颖宋二公考等。最早的一篇奏疏作于崇祯四年(1631)，时为新科进士的李清为其母请赐旌表。书中多数奏疏作于崇祯十一年、十二年，时为刑科给事中，主要内容可分为两类，一类是奏请公正对待前朝的功臣，如对傅友德、冯胜等的补谥等。一类是与刑科、刑部相关事务的奏疏，如有关朝审、停刑的对策，关于法律公平一致等的建言，上供积逋过多而参催不力的解决方案等。六科给事中官低权重，在明代的政治制度中具有非常重要的作用，担任此职的人不仅需要突出的工作能力，更需要其具有优异的操行品德，承担相应的风险。李清即如此，他对两任刑部尚书的工作就进行了有力的监督，《为直揭累臣》疏就涉及刑部尚书刘之凤，此前李清首纠其托疾规避等事，后刘之凤得重罪，李清又认为判罚过重，上疏皇帝，请求公正处理。《苏积系锄大蠹》疏也涉及刑部尚书甄淑，李清在疏中指出刑部存在的严重问题，崇祯帝采纳了他的意见，处罚了相关责任人，又听从了甄淑的指控，将李清降二级调外用。

防河奏议 10 卷　清雍正十一年(1733)刻本；《续修四库全书》本。

清嵇曾筠撰。嵇曾筠(1670～1738)，字松友，号礼斋。无锡人，原籍苏州。康熙四十五年(1706)进士，历官文华殿大学士兼吏部尚书、浙江总督等。本书为嵇曾筠治河奏议集及相关文集，作于雍正元年至十一年，此间嵇曾筠任兵部左侍郎、吏部尚书、河南山东河道总督、江南河道总督等职，负责黄河、运河等治理。卷 1 至卷 9 奏议，共百余篇。卷 10 为治河专题文集，内含《挑挖引河说》《堵塞支河说》等 14 篇文章。嵇曾筠为清代治河名臣，在任多有作为，书中奏议反映其功绩，涉及官员管理、物资储备、夫役保障等制度建设及水利工程技术等方面，部分奏议后又有附纪，记载治河经过。其奏议所言多中肯綮，故多能得到朝廷采纳，依议执行，如卷 2《条陈河工善后事宜》的六条举措：岁修埽料宜节减清厘，印河各官宜通融调补，防河兵弁宜酌增专设，月堤防守宜增设抽拨，汛地辽阔宜添设微员，拨料浚船宜循例添设。

出使奏疏 2 卷　《庸庵全集》本；《近代中国史料丛刊》本。

清薛福成撰。薛福成(1838～1894)，字叔耘，号庸庵。无锡人。诸生。入曾国藩、李鸿章幕，官至左副都御史。曾出使英、法、意、比四国。清末著名思想家、外交家。光绪十五年(1889)薛福成任出使英、法、意、比大臣，光绪二十年离任归国，本书收录薛福成在任期间所作与其职位相关的重要奏疏

36篇，记载其在任履行使臣事务情况，和对外交政策提出的建议。薛福成对其时国际形势颇具眼光，对处理对外关系具有清醒认识，书中所记是非常重要的历史资料。如《察看英法两国交涉事宜疏》，薛氏先言以往英法诸国对华的蛮横，又言近来各国对华态度有所转变，主要原因是中法战争后法国得不偿失，中国外交事业有所发展，海防海军建设得到加强等，其后言“大抵外交之道与内治息息相通，商税受损则财用不足矣，教民横恣则吏治不饬矣，海外之华民保护不及则国势不张矣，内地之土货行销不远则民生不厚矣”。最后言国外使臣驻扎，以得见君主为荣，君主接见以示优异，光绪皇帝亲政以来各国使臣未获觐见，疑有薄待之意，英法报纸屡有报道，将来不免合力固请，请筹划应之。

第七节　传记类

列女传7卷续传1卷　明嘉靖黄鲁曾刻本；明万历三十四年(1606)刻本；《四库全书》本。

西汉刘向撰。刘向有《战国策》，已著录。本书是中国第一部妇女传记著作。刘向以为妇女品行影响教化，故采取诗书所载正反两方面的妇女事迹，编撰成书，以为戒鉴。原书7篇，颂1篇。7篇为母仪、贤明、仁智、贞顺、节义、辩通、孽嬖，记载104位妇女，有中国历史上著名的贤良贞节者有虞二妃、孟母等，亦有祸国乱亡者妲己、褒姒等。后曹大家等将7篇析为14篇，加颂1篇，又有15卷本。宋代王回、蔡骥等整理为7卷续传1卷，原书颂附于各卷中，续传1卷为后人所增，记20位妇女。本书所述古代妇女事迹，保存了与古代婚姻家庭制度、社会风俗相关的历史资料，对研究古代社会具有重要价值。对后世史学也产生重要影响，自《后汉书》起，历代正史多有《列女传》，地方志亦多有此传。本书描写妇女形象，揭示其思想感情，亦影响到后世文学创作如小说、传奇的发展。

京口耆旧传9卷　《四库全书》本；《守山阁丛书》本。

南宋刘宰编撰。刘宰(1167～1240)，字平国，号漫塘病叟。金坛人。绍熙元年(1190)举进士。官浙东仓司干官等。南宋嘉定间，刘宰受镇江郡守史弥坚之托，为修纂《镇江志》收集先贤事迹，后据此编成本书，收录镇江所属丹徒、丹阳、金坛县各个阶层100余位人物。起于宋初，至嘉定间，最后为刘蒙庆、刘宰父子传。此书后世散佚，乾隆间四库馆臣辑自《永乐大典》，故不题撰者，近世学者考定为刘宰所撰。宋代镇江非常繁盛，名人辈出，如沈括、米芾、吴淑、王存、苏颂等，在政治、文化等领域产生重要贡献，书中所载名贤传记资料，取材严谨，记载详细，有助于镇江历史文化研究。《四库全书总目》对本书评价颇高：“盖是书体例，全仿正史。每为一传，首尾该贯，生卒必详。与诸家杂说随笔记载不备端末者不同。故事实多可依据，于史学深为有裨。”

云山日记2卷　上海图书馆藏清劳权抄本；《横山草堂丛书》本；《续修四库全书》本。

元郭畀撰。郭畀(1280～1335)，字天锡，号云山，晚号退思。镇江人。任饶州鄱江书院山长、江浙行省掾吏等。与倪瓒交游密切。元代书画家。本书为郭畀至大元年(1308)、二年间日记，自元年八月二十七日至二年十月三十日，记载其镇江家居生活以及客游杭州、长兴、兴化、常州等地见闻，包括朋友往来、游赏景观、欣赏书画、官场应酬等，又及各类日常生活之事。如元年九月二十八日记其见赵孟頫，“玄同观见赵子昂，时郝左丞坐正席，子昂问都下事。游开元宫，旧杨驸马宫也，深邃可爱，正殿曰景命万年之殿”等。书中所记反映其时中下阶层官员、知识分子的生活状态，展现了元代江南地区的社会面貌。

皇明名臣琬琰录24卷后集22卷　明弘治间刻本；明嘉靖间刻本；《四库全书》本。

明徐纮编撰。徐纮(1456～1505)，字朝文。武进人。弘治三年(1490)进士。官至云南按察司副使。本书为徐纮所编明初中期重要官员传记，所收人物起洪武间徐达，迄弘治间陈献章。传记资料来源于神道碑铭、墓志铭、传、言行录、行状、庙碑、祠堂记及地方文献如《易州人物志》，作者多为高官，亦有多位作者传记资料收入本书。碑志资料等作为原始文献，所记人物事迹较为真实可信，对当代史研究非常重要。本书共收辑太祖朝至孝宗朝200余位官员的传记文献，此一时期重要人物多被收

录。徐书之后，又有明代历史学家编撰同类性质的专书，如王世贞《皇明名臣琬琰录》、焦竑《国朝献征录》等。

毗陵忠义祠录 4 卷　上海图书馆藏清抄本；《四库全书存目丛书》本。

明叶夔撰。叶夔（1455～1534），字司韶，号存斋，学者称古心先生。武进人。贡生。官汝阳训导。南宋德祐间元军攻常州，知州姚訔、通判陈炤等，坚守不降而死，文天祥发兵援救，死难宋臣等甚多。明代成化、弘治间，常州当局士绅先后建忠义祠等，纪念死难忠臣，其后叶夔等人又请祀典等，本书记载相关资料。卷 1、卷 2 为文天祥、姚訔、陈炤等人传记，或摘自文集、郡志、《宋史》，或为叶夔、高启等所撰，又载危素撰《昭先录序》，刘一清撰《钱塘遗事》，附文天祥等人诗歌。卷 3 记载祠庙神位排列，叶夔所撰赞语等，又载叶夔撰杂议 5 首。卷 4 叶夔撰请祀典呈文，相关官员奏状等。

成化间苏材小纂 4 卷　国家图书馆藏明抄本；《四库全书存目丛书》本。

明祝允明撰。祝允明（1460～1526），字希哲，号枝山。长洲人。弘治五年（1492）举人，官应天府通判等。著名书法家、文学家，与唐寅、文徵明、徐祯卿并称为"吴中四才子"。本书记载明代成化间苏州著名人物事迹，卷 1 至卷 3 簪缨纂，卷 4 丘壑、孝德、女宪、方术纂，共 30 人，传记后间有赞语。书中内容以记载官员事迹为主，其中徐有贞、韩雍、叶盛等高官记载较为详尽。徐有贞是英宗朝重要官员，书中记载其事功业绩，如治理黄河的重要贡献，英宗复辟中的关键作用，与石亨、曹吉祥的政治斗争等。由于徐有贞为祝允明外祖，书中也颇多溢美之词。韩雍、叶盛多记其在任期间讨伐出征之事，表扬其显赫战功。其他如俞士悦、练纲、盛昶、陈鉴、夏㲾等人亦为明中叶具有重要影响的官员，书中对其学行功业也多有记载。

春秋诸名臣传 13 卷　明隆庆五年（1571）安绍芳刻本；《四库全书存目丛书》本。

明邵宝、姚咨编撰。邵宝（1460～1527），字国贤，号泉斋，别号二泉。无锡人。成化二十年（1484）进士。官至南京礼部尚书。姚咨（1495～?），字潜坤，亦字舜咨，号潜庵子。无锡人。工诗古文辞。本书初由邵宝编撰成编，邵氏卒后散佚，其后姚咨得原书目录、小论，补辑成书。书中记载 148 位春秋名臣事迹，卷 1 周，卷 2、卷 3 鲁，卷 4 齐，卷 5、卷 6 晋，卷 7 至卷 13 楚、郑、卫、秦、宋、吴、陈、蔡、曹、燕各一卷。卷之首录邵宝二泉山人论曰，简评书中内容，其后为人物传记，其后有姚咨潜庵子曰，对人物加以评论。书中详记春秋名人重要事迹，多取材《左传》《国语》《史记》等典籍，又参考历代《春秋》经传研究著作，邵宝和姚咨评论也对《春秋》之义加以阐发。

昆山人物志 10 卷　明嘉靖刻本；《四库全书存目丛书补编》本。

明方鹏撰。方鹏（1470～?），字子凤，亦字时举，号矫亭。昆山人。正德三年（1508）进士。官至南京太常寺卿。本书记载汉至明昆山人物事迹，分为名贤、节行、文学、政绩、隐逸、孝友、列女、艺能、游寓、杂志 10 类，各为一卷，主要记载明代人物。卷末有《或问》七条，为本书凡例，言范成大等人去入依据。名贤一类，概括人物各方面事迹而言，其他各类人物或各举其所重者言之，或因风教之始，或以增重昆邑。名贤 6 人，如唐张镒、宋范成大、明叶盛等，因其功业道德等最为显著，故记载较为详尽。其他各卷记载较为简略，亦有不少著名人物，如节行王英、姜昂，文学陆机、陆云、卫湜、毛澄，政绩王倬、周广，隐逸顾瑛等，昆山先哲事迹多为记述。孝友、列女则表彰官僚士大夫以外的布衣、妇女的品行，对考察昆山地方历史尤有价值。

续观感录 12 卷　明张元电刻本；《四库全书存目丛书》本。

明方鹏撰。明初周是修曾撰《观感录》，记古今孝义人物事迹，其书不传。方鹏从各类书籍中采辑汉至明下级官吏、妇女厮役、优伶夷虏等不为人所熟知的事迹，编成本书。本书所记上层人物以外的各类人士忠孝节义事迹，颇为详尽细致，末注明出处，具有史料价值，如卷 12 自《东海文集》中采摘的杨埙事，天顺间锦衣卫都指挥使门达怙宠骄横，陷害其同僚袁彬，时人知其冤而莫敢言，军匠杨埙仗义执言，智斗门达，最终袁彬得救，末赞曰"特以公论所激，挺身以突虎口，其不死者幸也，勇于行义何

如哉!”读者阅读本书,确如作者所言,可见人性之皆善,观感而兴起焉。

淮郡文献志 26 卷补遗 1 卷 明嘉靖三十四年(1555)淮安府刻本;《四库全书存目丛书》本。

明潘埙编撰。潘埙(1476～1562),字伯和,小字果州,号熙台。山阳人。正德三年(1508)进士。官至河南巡抚。本书记载淮安人物事迹及其诗文作品,嘉靖间潘埙搜辑春秋至明正德间名臣硕儒、忠孝文节、遗老贞媛之属 309 人,编成本书。卷首淮郡沿革。卷 1 至卷 7 以朝代为序,记载自春秋至明代重要历史人物事迹。卷 8、卷 9 分为儒林、文苑、流寓、方技、列女诸门,记载各类人物。卷 10 至卷 26 按赋、诗等各类文体,收录淮安人士诗文,亦包括外地人士所撰与淮安人物相关的作品。补遗有行实 1 篇,列传 1 篇。淮安历代名贤辈出,政治人物如项羽、韩信、陆贾、萧望之、匡衡、萧统、陆秀夫等,儒林如后苍、严彭祖等,文苑如枚乘、陈琳、鲍照、何逊、萧子显等,对其时政治和文化都产生了重要影响。

吴中人物志 13 卷 明隆庆张凤翼刻本;2013 年古吴轩出版社陈其弟校注本。

明张昶撰。张昶,字景春。长洲人。张昶辑录古今文献中苏州人物事迹,编成本书,隆庆间其曾孙凤翼、燕翼校刻行世,每卷末又增论赞,由献翼撰写。书中吴中人物自春秋至明代近千人,来自各个阶层,广为收录,分为孝友、忠义、吏治、荐举、宦迹、儒林、文苑、闺秀、逸民、流寓、列仙、方外、艺术 13 类,各为一卷。本书编撰颇有独到之处,很多布衣百姓,其品行有可述者,即为记载。名公巨卿之类著名人物只占很少篇幅,有的名人记载非常简略,如卷 5 韩雍,为明成化间朝廷重臣,军功赫赫,其传记只有 50 余字,简述其生平。徐有贞因英宗复辟,位极人臣,其传记中不记最重要事迹,只记其治水事。明代苏州人物传记著作中,本书收录人物较多,有助于苏州地方史研究。

考亭渊源录 24 卷 明隆庆三年(1569)林润刻本;《四库全书存目丛书》本。

明宋端仪、薛应旂撰。薛应旂有《四书人物考》,已著录。本书记载朱熹及其师友弟子事迹,莆阳人宋端仪初撰,后其同邑林润巡抚苏松,属薛应旂整理,薛氏参互考订,删繁补阙,仿《伊洛渊源录》之例,编成本书。卷 1 老师李侗等 4 人,卷 2 朱熹,卷 3 至卷 5 友人张栻、陆九渊等 7 人,卷 6 至卷 22 门人黄干等 293 人,卷 23 门人无记述者 88 人,卷 24 叛徒赵师雍等 3 人。人物传记载其主要事迹,后附备遗,补充记述评论。朱熹是对后世产生深远影响的一代宗师,宋以后历代学者非常重视对其研究,本书以朱熹为中心,记载相关人物,梳理其学术思想源流传承,有助于学术史研究。

阙里书 8 卷 明崇祯间刻本;《四库全书存目丛书补编》本。

明沈朝阳撰。沈朝阳有《通鉴纪事本末前编》,已著录。本书为孔子、孔子弟子及后世名儒列传,又记圣贤家人事迹,沈朝阳据《史记》《孔子家语》等书编撰而成,其后盐城人陈之伸又有增定。卷 1 正殿,孔子。卷 2 四配,颜、曾、思、孟。卷 3 十哲,闵子、冉子等。卷 4、卷 5 东庑,卷 6、卷 7 西庑,先贤先儒自澹台灭明至胡居仁。卷 8 启圣祠,叔梁纥,配享,颜无繇等 4 人,从祀,周辅成等 4 人,记孔子及先贤先儒的家人。书中记载儒家重要人物生平事迹、品德修养、学术贡献等,其中明代大儒王守仁、陈献章传又分别辑录王世贞、林俊之言加以评述。

皇明献实 40 卷 国家图书馆藏明叠翠山房抄本;《明代传记丛刊》本。

明袁袠撰。袁袠(1502～1547),字永之,号胥台。吴县人。嘉靖五年(1526)进士。官至广西按察使佥事。本书记载明代重要人物生平事迹,共收录明初至嘉靖间文武官员、忠臣烈士、文人学者等 180 人,记载其一生功勋政绩、品德操守、学术诗文等。篇末多有袁袠论赞,对其事迹加以总结评述。人物以年代为序排列,按其事迹分类记载,对名公巨卿记载较详,对一些名声不显、事迹不详的官员也予以记载,主要在表扬其德行义举。如卷 6 至卷 8 所记革除死事者 60 人,袁袠从宋端仪、林塾、张芹、王佐诸家所录及王骥所作墓表中辑得有事迹爵里者 43 人,为其作传,其他 17 人存名。

战国人才言行录 10 卷 明嘉靖三十二年(1553)敬业书院刻本;《四库全书存目丛书》本。

明秦瀹编撰。秦瀹(1516～1583)，字季新，号慎庵。无锡人。诸生。博通典籍。谈修尝从其问学。本书记载战国149位名人事迹，卷1至卷3世家，分记魏、赵、韩、齐、楚、燕、秦、宋、卫9国诸侯事迹。卷4至卷10列传，分为儒林、忠义、诸子、智宗、相国、诸将、四豪、名吏、名士、策士、说客、辩士、酷吏、刺客14类，记载各个阶层人物。列传中的儒林列传有鲁仲连，忠义列传有屈原，智宗列传收录晋国智氏4位人物，酷吏列传有公孙鞅和白起。书中人物事迹取材于《战国策》《史记》等典籍，记述颇为得法。

续吴先贤赞15卷 明万历刻本；《四库全书存目丛书》本。

明刘凤撰。刘凤(1517～1600)，字子威。长洲人。嘉靖二十三年(1544)进士，官至河南按察佥事。藏书家。本书为明代苏州人物传记，前人所撰《吴先贤赞》失传，故以为名。前6卷主要记载官员事迹，7卷以下人物分为节义、死事、孝友、儒林、文学、辟命、隐逸、艺事、道术、寄寓10类，其中文学占3卷多。苏州自古人杰地灵，明代更是名人辈出，本书记载有明初名臣高启、杨基、姚广孝等，有科举入仕、身居高位者如叶盛、韩雍、吴宽、王鏊、朱纨等，有文艺创作闻名于世者如祝允明、徐祯卿、唐寅、沈周等。书中所载人物不详记其生平，只记重要事迹，后为刘凤赞语，对其一生加以总结。如卷1高启，小传简述其行事，赞曰"国家肇基，威武出三代上，其始开以文，则季迪有力焉"。其后言其诗歌特色，感慨其遭遇。

嘉靖以来首辅传8卷 明刻本；明万历四十五年(1617)茅元仪刻本；《四库全书》本。

明王世贞撰。王世贞有《弇山堂别集》，已著录。本书记载嘉靖、隆庆、万历中期内阁首辅事迹。明太祖废除宰相制度，皇帝通过六部管理国家，其后成祖设立内阁，辅佐皇帝处理朝政。嘉靖至万历间内阁地位真正确立，凌驾于六部之上，内阁大学士中，首辅又与诸臣有别，往往权倾一时，本书记载此间16位首辅事迹：杨廷和、蒋冕、毛纪、费宏、杨一清、张孚敬、李时、夏言、翟銮、严嵩、徐阶、李春芳、高拱、张居正、张四维、申时行。张孚敬传中又记与"大礼议"相关的诸臣，张四维、申时行二传又多记张居正事，此外各传又记首辅之外内阁诸臣及其他官员事迹。本书所记首辅事迹上下60余年，其间发生的朝政大事多有记载，尤其是统治阶级内部激烈的政治斗争，记载非常详尽。王世贞深谙史学，熟悉典章制度，本身亦为高官，耳闻目睹朝廷之事甚多，与嘉靖末至万历间几位首辅更有交往，其所撰史学著作多与明代时政相关，如《弇山堂别集》就有《内阁辅臣年表》，考察明代内阁制度，故本书记载较为真实可信，亦为最早记载明代内阁制度的专著，其后史籍如《明史》多加采纳。

皇明名臣琬琰录32卷 浙江图书馆藏明抄本；《四库禁毁书丛刊补编》本。

明王世贞编撰。本书之前已有徐纮编撰的《皇明名臣琬琰录》，王世贞自序言此书成化后不复传，又多挂漏者，其与杨豫孙益搜之，人以千计，卷亦过百。本书即据此类文献编撰，万历十二年(1584)编成。收入明初至万历间各类官员500余人，大致以官职身份分类排列，传记资料来源于神道碑铭、墓志铭、传、行状、墓表及国史实录，部分内容与徐书相同。与徐书相比，本书所收入的人物中，中下级官员占相当比重。如卷31所载传主官职为卫经历、千户所吏目、驿丞、宣课司大使等下级官员，此类人物的传记资料对历史研究颇有价值。

忠节录6卷首1卷 明万历刻本；《续修四库全书》本。

明张朝瑞编撰。张朝瑞(1536～1603)，字子禎。海州人。隆庆二年(1568)进士。官至南京鸿胪寺卿。本书记载明代建文朝忠节人物事迹。燕王朱棣起兵夺取皇位，建文朝尽忠死难官员甚多，万历皇帝即位后，下诏崇祀建文忠臣。应天府(南京)当局建祠，入祀118人。万历三十年(1602)张朝瑞摄应天府事，新增数十人事迹，编成本书。卷首纶音，记载永乐至万历相关诏旨内容。卷1至卷4为各级官员、诸生等。卷5为事迹不详之人或军卒平民、方外之人。卷6考误15则，辨证相关记载之误。此前同类著作亦有宋端仪、黄佐、郑晓所撰多种，本书参考前人著作，复加搜辑考订，撰述成书，建文朝忠臣事迹多为收录，其中所记忠义之人，节烈之事，感动人心至深。考误数则辩论前书之失，如诸书所记建文皇帝为僧事，张氏之论亦颇为

合理。

皇明辅世编 6 卷 明崇祯十五年(1642)陈睿谟刻本;《续修四库全书》本。

明唐鹤征编撰。唐鹤征(1538～1619),字元卿,号凝庵。武进人。唐顺之子。隆庆五年(1571)进士。官至南京太常寺少卿。退归后与顾宪成等讲学东林书院。本书为唐鹤征编辑自太祖朝李善长至世宗朝胡宗宪共 42 位重要官员的传记,崇祯十五年由其门人湖广巡抚陈睿谟整理刊行。在明人所编传记史籍中,本书收录人物数量不算多,但人物事迹记载非常详尽,传记多有数千至数万言者,如杨廷和、翁万达传。文中有小字夹注补充记载,又引明代史家如王世贞、陈建等的相关论述,或引《实录》等文献的相关记载,间作考辨。每篇传记后有"太常氏曰",由唐氏对传主和史事加以评论。书眉间有陈睿谟评点。本书收录人物都是其时具有重要影响的高级官员,传记详记其成就功业,对明代政治军事研究具有重要价值,其对政治人物和历史事件的评论亦较公允,如对胡宗宪,既言其有不法行为,亦肯定其抗倭功绩,又言其所练义乌兵产生的弊端,可见出作者之见识。

国朝献征录 120 卷 明万历四十四年(1616)徐象橒曼山馆刻本;《续修四库全书》本。

明焦竑撰。焦竑(1540～1620),字弱侯,号澹园、漪园。江宁人。万历十七年进士第一,官翰林院修撰。明代著名的史学家、文学家,著述宏富。明代传记史学非常兴盛,本书编撰之前有雷礼《列卿纪》,王世贞《皇明名臣琬琰录》等多种,本书为其中最为重要的著作之一。万历二十二年焦竑与修国史,期间搜集积累了大量文献资料,其后国史修纂未果,焦竑归乡,继续收集资料,至万历四十四年完成本书编撰。全书 120 卷,首为宗室、戚畹、勋爵等皇亲贵族,次为内阁、部院、寺监等中央机构官员,次为地方布政司、府县官员,次为藩府僚、武职衙门官员,次为布衣百姓、寺人、释道、胜国群雄、四夷等。所载人物起自元至正末年,迄于明万历末年,约 3 500 人。焦竑编撰本书博采群籍,慎加考订,资料来源有墓志等原始资料,亦采录传记、实录、官署志、地方志等,大多数人物传记,都注明出处。所载人物来自各个阶层,有上层贵族卿相,中下级官员,亦有普通百姓、方外之人乃至士大夫不齿的宦官等,真实记载各类人物的生活及思想,是非常宝贵的历史文献,为明末清初诸多史籍乃至官修《明史》所取材参考。

皇明人物要考 6 卷 明万历刻本;《四库禁毁书丛刊》本。

明焦竑撰。本书为焦竑所撰明代人物传记,卷1、卷 2 圣朝帝王考、公主驸马考、开国元勋考,文皇帝功臣考,英宗、宪宗、世宗、万历皇帝封荣考,文臣拔尤考。卷 3 至卷 6 为文臣拔尤考。共记载明初至万历间 300 余人,以文臣为主,多为高级官员及知名文人等。本书人物记载比较简略,记其重要事迹,传记后低一格为明人解缙、陈敬宗、王琼、彭时、刘珝、王直、彭韶、杨廉等所作评述,其中史家陈建、郑晓所言颇多。焦氏自己的意见则出以按、赞等。

遁世编 14 卷 明万历刻本;《四库全书存目丛书》本。

明钱一本撰。钱一本(1546～1617),字国瑞,号启新。武进人。万历十一年(1583)进士,官监察御史,巡按广西。罢归后与顾宪成分主东林书院讲席。本书记载古代隐逸之士,自上古至元代共 500余人,分为 9 类,钱一本退归后所编,卷中论赞为吴亮所撰。本书收录非常宽泛,有历代典籍所载隐士,亦有许多著名人物、文人学者被收录其中。神隐有巢父、许由等,真隐有鬼谷先生、黄石公等,儒隐有颜回、曾参、邵雍等,节隐有伯夷、叔齐、陶谦、司空图等,侠隐有鲁仲连、介子推、范蠡等,哲隐有张良、王羲之、贺知章等,达隐有嵇康、刘伶、阮籍等。高隐人物最多,占全书大半,如季札、列御寇、郑玄、左思、陶弘景、孟浩然、林逋、郑樵、倪瓒、陶宗仪等。别隐有李耳、葛洪等。隐逸文化及高雅之士,历代典籍多有记载,是中国古代文化的重要组成部分,尽管本书所收人物及分类有不妥之处,书中所载人物资料,亦有助于古代文化研究。

皇明昆山人物传 10 卷名宦传 1 卷 明崇祯刻清补修本;《四库全书存目丛书》本。

明张大复撰。张大复(1554～1630),字元长。昆山人。本书记载明代昆山人物事迹,洪武至万历共 300 余人,末附名宦传 1 卷,记载昆山知县、教谕

等15位外籍人士。昆山明代英才辈出，有身登显贵的政治人物如叶盛、毛澄、朱希周、周伦、顾鼎臣等，亦有名闻遐迩的学者、文艺名家，如魏校、归有光、梁辰鱼等，亦有其他品行可传述者，明代昆山人文之盛，风俗之淳，于此可见一斑。书中人物记其重要事迹，附传其家族成员及相关者，或事迹相近者合为一传，后为张大复评论。如卷2张翼、支鉴、王纶附顾培、李元寿，记载5位工于书法者事迹，张氏首言传记之难："予为人物传，意在阐幽，而幽者之不能必阐也。"对此五位事迹不详的幽者，张氏记其与常人不同的言行举止，又记其书法成就，给人留下深刻印象。

诸葛忠武侯全书20卷　明崇祯十一年(1638)吴天挺刻本;《四库全书存目丛书》本。

明王士骐编撰。王士骐有《皇明驭倭录》，已著录。王士骐搜辑诸葛亮事迹、著述及后人评述编成本书，王氏卒后吴审度又加增订。卷1录《三国志》诸葛亮传，卷2录宋张栻撰诸葛亮传。卷3至卷10鼎立、继统、连吴、南征、北伐、遗命、调御、法简8卷，辑录《三国志》中与诸葛亮相关的记载以补张栻之传。卷11心书、卷12新书，辑录诸葛亮政治、军事著述。卷13八阵图绩、图说、创始、真传、议论，辑录《三国志》及后世著作中与八阵相关的记载。卷14篇翰，先列本书中提及的诸葛亮文章，后录《梁父吟》《诫子》等文。卷15世系，辑录诸葛亮家族人物事迹。卷16外纪，辑录历代文献中所载诸葛亮事迹。卷17纲目，录《资治通鉴纲目》有关内容；异同，辑录《三国志》记载及裴松之、胡三省、刘知几相关评论。卷18至卷20附录，辑录后人评论和诗文。尽管本书体例较为芜杂，辑录的材料却非常丰富，正文之后按语中又搜集了历代学者对诸葛亮各方面的评论。

毗陵人品记10卷　明万历刻本;2013年凤凰出版社《常州历史文献丛书》排印本。

明吴亮等编撰。吴亮有《万历疏钞》，已著录。本书为吴亮等所编撰常州人物传记。此前武进毛宪编有《人品记》，无锡顾宪成编有《桑梓录》，二者俱未成书，吴亮依据二书复加增修，于万历四十六年(1618)编成本书。前5卷记载自商至元历代常州人物，后5卷记载明代人物。常州自古人文荟萃，商周就有泰伯、季札，南朝名人如萧统、周文育、萧摩诃等，唐宋元名人如萧颖士、李绅、李纲、尤袤、倪瓒等，亦收入各个阶层品行事迹有可记录之人，记述简捷扼要。明代人物共300余人，其中活跃于万历间政坛的曹三旸、刘光济、吴中行、赵用贤、顾宪成、顾允成、钱一本、薛敷教等人，都为吴亮同时代人，包括其父中行，诸人传记中多有明代时事政治的记载，如张居正夺情事等。

名世编8卷　明天启四年(1624)刻本;《四库全书存目丛书》本。

明吴亮编撰。吴亮有《万历疏钞》，已著录。本书为吴亮编撰的历代著名人物传记，自虞夏至宋100余人，材料主要来自唐顺之《左编》、李贽《藏书》、李廷机《名臣记》三书，多位门生参与本书的编撰。明代名臣传记类书籍颇多，本书亦为其一，收录了史书中常见的历史上最为著名的政治人物，以将相公卿为主，其中如诸葛亮、李纲等记载其事迹颇为详尽，亦有义士、隐者如鲁仲连、侯嬴。

事编内篇8卷　明崇祯十一年(1638)孙士元刻本;《四库全书存目丛书》本。

明孙慎行编撰。孙慎行(1565～1636)，字闻斯，号淇澳。武进人。唐顺之外孙。明万历二十三年(1595)进士，官礼部尚书等。明末政治家。本书为孙慎行所摘录古今名人事迹。卷1至卷7为春秋公孙侨至明代王守仁共18位名臣，卷8隐逸为季札至邵雍6人，其中郭泰传中又附10人。各篇记载其人一生事迹和言论，文中或分为若干节，出以标题，或在书眉标记提示，末附作者及史家评论。孙慎行身居高位，熟悉政治事务，对前代名臣行事较能理解，故其评论颇为得当，如卷3武则天时名臣狄仁杰，孙氏云："梁公久为相，大臣之义，自当委蛇善处，要必还先帝故物而止。况濒死再三，初无阿就，终复唐祚，志意皦然。人言梁公事女主为过，是殊不然。"

明常熟先贤事略16卷　南京图书馆藏稿本；上海图书馆藏清抄本;《明代传记丛刊》本。

明冯复京编撰。冯复京(1573～1622)，字嗣宗。常熟人。廪生。本书记载明代常熟人物事迹，冯复京纂集旧闻，网罗佚事编成。前11卷记官员

士绅 34 人，其中卷 7 卢翊、王宗锡、朱骥三传由后人增补。后 5 卷为《孝义》《文苑》《方伎》《列女》《自序》，记载中下层人物，又记其家世及本人生平。明代常熟名人辈出，著名官员就有吴讷、李杰、瞿景淳、徐恪、严讷、赵用贤等，对其时政治产生重要影响，书中详记其功业操守，又录其奏疏，冯氏在卷末论赞中评述其事迹。书中也记载中下阶层官员的事迹，如卷 2 黄钺、蒋钦、程式、唐天恩，均为殉身国难的忠勇之士。冯复京家族亦为本地名门，卷 16《自序》，述其家世颇详，如成化间进士冯玘，官至福建按察副使，记载其为官事迹，录其奏疏。卷 15《列女》中，又记其高祖母、曾祖母事。

姑苏名贤小记 2 卷　明万历四十二年(1614)文氏竺坞刻本;《四库全书存目丛书》本。

明文震孟撰。文震孟(1574～1636)，初名从鼎，字文起，号湛持。长洲人。文徵明曾孙，文彭孙。天启二年(1622)进士第一。官至东阁大学士。本书记载明代苏州著名人物。明人常视苏州人轻柔浮靡，文震孟为之不平，编撰本书以打破时人偏见。记载自明初至万历苏州的长洲、吴县二邑人物，主要内容为苏州先贤之刚劲和清修苦节事迹，诗书翰墨之士、逍遥作达之人亦为收录，记载人物以重要事迹为主，附以文氏评论。书中人物多为官僚士大夫，如高启、韩雍、吴宽、沈周、王鏊、杨循吉、祝允明、朱希周、唐寅、徐祯卿、朱纨、袁洪愈等，人物事迹可传者颇多。如朱纨传，记其抗倭及含冤自尽事颇为感人，末文氏之论亦复痛心："朱公有言：去外夷盗易，去中国盗难;去中国萑苻之盗易，去中国衣冠之盗难。盖自公死而中外摇首不敢复言海禁事，比海寇起，糜烂东南者二十年，而两粤士大夫尚嚣然谓寇自朱某始也。"

安危注 4 卷　清康熙吴元复刻本;《四库全书存目丛书》本。

明吴甡撰。吴甡有《柴庵疏集》，已著录。本书名取自陆贾之语"天下安，注意相;天下危，注意将"。将相责任重大，关系国家兴亡，吴甡崇祯间位极人臣，不能拯救国家危亡，中心伤悲。明亡后选择历代将相以身系天下之安危者，编此成书，以为寄托。汉、晋、唐、宋各一卷，记载 84 位名臣事迹，详记其显赫事功。作者评论"专愚氏曰"穿插其间。吴甡对历史人物的认识较为深刻，故其评论所言颇给人启发，如言曹彬"彬以廉谨仁厚称，故用伐江南孱弱之国，得以著其所长。若用之伐契丹，遇大敌则怯，以失节制而致败"。

逊国忠纪 18 卷　明崇祯刻本;《四库全书存目丛书》本。

明周镳撰。周镳(1600～1645)，字仲驭，号鹿溪，金坛人。周应秋侄，周钟兄。崇祯元年(1628)进士，官礼部郎中等。弘光中，为马士英、阮大铖所恶，得罪死。本书记载建文帝忠臣事迹，此前同类著作有《革除纪事》等 20 余种，周镳取近于信者，又参考他书编成本书。按职官分类，首为翰林院、六部等中央机构，次地方布、按二司及府、县、王府等，次公、侯、驸马、都督等，次举人、生员、布衣、内官、失官职、失姓名等，末 2 卷为从亡、闺阃，总共记载来自各个阶层的 200 余人事迹。明初靖难之变是明代重要的历史事件，本书搜辑众多文献记载，颇有参考价值，周氏按语对史事也多加考论，也有助于对明初历史的研究。如卷 2 吏部尚书张纮传，文皇即位后解其职，张纮自经于吏部后堂。按语引《西樵野语》，言太宗登极将时任广东布政使的张纮召回，张纮即与妻妾、子女、奴仆投钟山下龙潭死。周氏考证张纮建文元年(1399)入为吏部尚书，《耀州志》也备载其自经于吏部后堂事，其子后亦出仕，《耀州志》作者乔世宁为张纮同乡，言必有据等。

洛闽源流录 19 卷　清康熙二十一年(1682)彝叙堂刻本;《续修四库全书》本。

清张夏撰。张夏，字秋绍，号菰川。无锡人。明末诸生。清初江苏巡抚汤斌延至苏州学宫讲学。年 86 卒。宋代学者程颢、程颐和朱熹开创的学派分别被称为洛学和闽学，是宋明理学中对后世具有重大影响的学派。本书记载明代理学家的生平事迹和著述，卷 1 至卷 13 收录程朱学派学者 200 余人，以时代为次序。卷 14 江门学派，收录陈献章以下 30 余人，卷 15 至卷 17 姚江学派，收录王守仁以下 60 余人。卷 18、卷 19 补编，据熊赐履《学统》等补录 58 人。张夏笃信程朱之学，书中对明代程朱理学的发展记载颇为详尽，对陈、王之学记载亦较为客观，有助于中国思想史研究。

两粤梦游记 《荆驼逸史》本；《台湾文献丛刊》本。

清马光撰。马光，字涑庵。吴县人。崇祯十二年(1639)开征辟特科，由监生试授广西永宁知州等。永历时官至全永巡抚。本书记载马光明末清初间经历，作者崇祯十二年赴北京应试特科，得官广西永宁知州，次年赴任，其后历任全州知州、广东琼州府同知，永历政权太仆寺少卿、全永巡抚，在两粤10余年，后辞官，顺治九年(1652)离开粤西返乡。书中主要记载其在两粤为官事迹，其中记其任永宁和全州知州的经历颇为详细，涉及在任期间抚安民众，处理与藩王、土司关系，兴办教育，维护治安等，又记崇祯十六年与农民军等战事。其后记其在永历政权为官的经历及归乡途中见闻，有助于对明末政治经济及广西地方历史的研究。

明名臣言行录95卷 清康熙采山堂刻本；《续修四库全书》本。

清徐开任编撰。徐开任(1610～1694)，字季重，号愚谷。昆山人。徐乾学从父。明诸生。记载明代名臣言行的著作有多部，本书之前就有明人杨廉、徐咸等所编著作，本书为卷数最多，内容最丰富的一种。徐开任采辑明初洪武至南明弘光间名臣言行，编撰成书。徐氏有感于明之兴亡，采辑其时人物言行事迹，期望为后世所取法，亦寓劝惩之志于其中。徐氏家世通显，多藏书，又得其侄徐乾学、徐元文史馆购求抄录书籍之助，收辑史料非常丰富，其著书立意别伪存真，少门户之见，收录的人物上至公侯将相，下至诸生、布衣乃至道士僧人共700余人，其中以高级官员为主，明代著名人物事迹多有收辑。少部分下层人士的言行亦颇可取，如卷16所记与靖难事迹相关的人物舟工、佣人、补锅匠、樵夫以及道士僧人，记其高尚品行气节，可补正史之缺。

南宫旧德录10卷 南京图书馆藏《春雨草堂别集》抄本。

清宫伟镠撰。宫伟镠(1611～1680)，字紫阳，号紫玄，一作紫悬，别号桃都漫士。泰州人。宫继兰子。明崇祯十六年(1643)进士。官翰林院检讨。入清两荐举未就，于小西湖遗址筑春雨草堂，闭门著书。南宫即泰州宫氏，本书记载泰州宫氏人物事迹。志传1卷，辑录《泰州名贤志》《泰州尚义志》《扬州府志》所载宫志达、贵、永建、景隆、继兰5人传记。崇祀3卷，载明清间为宫永建、景隆、继兰建祠崇祀的呈文及当局批文、祀典凡例、祭文、奉祀录等。志铭1卷，嘉靖间泰州学正何宏撰宫贵及配墓志。行述3卷，宫继兰撰其父景隆及配行述，宫伟镠撰其父继兰、母潘氏行述。杂记2卷，载礼部尚书王崇简撰宫继兰寿幛词、宫继兰撰告诸先达文等。宫氏为泰州望族，宫永建、景隆、继兰诸人以学问品行、科第宦迹显于其时，书中所载保存了明清间泰州史料。

影梅庵忆语1卷 《昭代丛书》本；1991年岳麓书社排印本；1995年湖北辞书出版社《闲书四种》本。

清冒襄撰。冒襄(1611～1693)，字辟疆，号巢民，又号朴巢。如皋人。明崇祯副榜。复社著名人物。康熙间诏征山林隐逸、博学鸿词等，皆力辞。本书主要记载冒襄与其爱妾秦淮名妓董小宛的爱情故事，记述二人从相识到结合、从日常家居至生死离别的9年之间发生的故事。除二人情感之事外，又涉及明末清初纷繁复杂的社会面貌，战争动乱的真实记述，以及如皋等地的社会生活等等。其中对董小宛的描绘刻画是书中主要内容，如记其多方奔走，苦苦追随冒襄，冒氏病难之中，精心护卫，见其感情之强烈诚挚。家庭生活中敬奉尊长，善待家人之事，见其品德之贤惠。身处战乱之时，临危不惧巧于应对，见其机智果敢。助冒氏裒集唐诗及编纂《奁艳》，又善书画，见其艺术才华。与董氏家庭生活中饮食观玩等赏心乐事，亦是书中着力刻画之处。书中对家庭爱情生活的生动记述，对妇女美好形象的精心描绘，对后世传记文学等产生重要影响。

印人传3卷 《四库全书》撤出本，故宫博物院图书馆藏；《篆学琐著》本。

清周亮工撰。周亮工(1612～1672)，字元亮，一字减斋，号栎园。江宁人。原籍河南祥符。崇祯十三年(1640)进士，官监察御史。入清，官至户部右侍郎。周亮工喜爱收藏印章、印谱，汇辑整理其藏品成册，又随记印人家世里第，交往经过，作品创作等，后由其子在浚缮录成书，梓刻印行。本书曾

收入《四库全书》，后因亮工《读画录》有违碍之处，遂将其撤出。书中所记共 60 人，首为名臣文天祥、海瑞、顾宪成，其后为亮工父、弟，亦收录明代文彭、何震等篆刻名家。印章艺术在明代得到蓬勃发展，本书集中记载明代印人生平事迹及其艺术成就，是我国第一部专门记录印人的著作，对其后印章艺术的研究具有重要影响。书中所记内容颇为丰富，具有较高参考价值，如卷 1 所记文天祥事，其印为铁印，侯官农夫得自野田，后归一老儒，其时人家有得疫病者，持此印往镇之则愈，得厚偿，后供不应求，老儒印一纸，患者得之贴户上或额上，每纸定价一星。周亮工欲以多金购不得，买得数纸归云云。

启祯野乘一集 16 卷　明崇祯十七年(1644)刻清康熙五年(1666)重修本;《四库禁毁书丛刊》本。

清邹漪编撰。邹漪有《明季遗闻》，已著录。本书记载明末人物事迹，邹漪依据疏牍、志状等文献，收录品节行谊、经济文学、循良忠烈等方面事迹突出，卒于天启、崇祯二朝之人，崇祯十七年编成本书。所收人物共 200 余位，以辅臣尚书、总督巡抚等官员为主，亦载孝子节妇及方外之人。邹氏编撰本书以宁详无简、宁核无讹为原则，客观记载人物生平事迹，征引其奏疏记述，末附以评论，明末著名人物多有记载。如万历、天启间首辅叶向高，极力维持其时政府的正常运行，后世对其亦存非议，本书记其主要事迹。邹氏评论亦颇为公允:“公独急流勇退，自保令终。岂真谋国之智不如，或亦运数使然。若其保全善类，周旋官府，功亦何可没也!”

启祯野乘二集 8 卷　清康熙十八年(1679)刻本;《四库禁毁书丛刊》本。

清邹漪编撰。本书记载卒于崇祯十七年(1644)之后的明末人物事迹，体例同一集，康熙十八年编成。共收录 100 余人，其中南明官员颇多，亦记载下层人物事迹。本书与一集比，收录人物较为复杂，有彪炳史册的人物，如史可法、刘宗周、黄道周等。史可法传记其主要事迹，又录其奏疏，末言其死则持二说，一为自刎死，一为城外卒于乱军。末论其遭时不造，一木难支大厦，其不守河而守江，致伏尸百万。所言俱较为客观。本书亦记声誉有缺之人，如左良玉、黄得功，为其时手握重兵的将领，对南明覆灭负有重大责任，本书为其列传，亦具保存史料的作用。

帝里明代人文略 22 卷题前 1 卷附后 1 卷　清道光三十年(1850)甘煦津逮楼木活字本。

清路鸿休编撰。清路鸿休(1623～?)，字子仪，晚号青岩逸叟。上元人。明崇祯十三年(1640)补博士弟子员。博览群书，尤善诗古文辞。南京古称帝里，明初为首都，此后为留都，为明代人文荟萃之地。本书所记上至皇帝、下至平民，记载各个阶层人物及其家世事迹。始编于康熙四十一年(1702)，路鸿休依据其辑录资料以及友人汪曰檥所提供的图书等于四十五年编成。题前有订辑大意、总目并条例等。卷 1 天宗，记载明初生活于南京的 5 位皇帝:兴宗(懿文太子)、建文皇帝、成祖、仁宗、宣宗，高祖所封二十五王，懿文太子和建文皇帝诸子。王宗，记居住于南京的齐废王家世。卷 2 懿宗，记皇后、驸马家世。勋宗，记开国勋臣家世。卷 3 至卷 5 品外，记明初陈遇、王显、王元吉 3 位名士。大学士诸宗、尚书诸宗，记高级官员。卷 6 至卷 8 文武甲科元宗，记文武状元、榜眼、探花、会元、解元之类以科第显名者。卷 9 至卷 20 宗系可考，卷 21、卷 22 宗系未考，记南京官员士绅、文人学者乃至平民百姓事迹。后附有路氏撰友人汪曰檥传，顾起元撰《金陵名贤咏》等。

松陵文献 15 卷　清康熙三十二年(1693)潘耒刻本;《四库禁毁书丛刊》本。

清潘柽章撰。潘柽章(1626～1663)，字圣木，一字力田，吴江人。耒兄。明诸生。明亡隐居故里。康熙二年因受庄廷鑨《明史》案牵连遇害。潘柽章有意作《松陵文献》一书，献纪先贤之事，文录邑人诗文，文集部分未成而罹祸，其弟潘耒于康熙三十二年编订献集之稿而成本书。分为《人物志》12 卷，《官师志》3 卷。《人物志》记载自汉至明本邑人士，前 7 卷记载历代重要人物，后 5 卷分为儒林、孝义、文学、隐逸、高僧、道术、艺能、列女、寓贤 9 类，记载相关人物。《官师志》记载自吴至明任职于吴江的官员，主要为知县，卷末记载训导、教谕等学官。所记人物以明代为主，尤详于嘉靖之后，欲以补县志之缺。潘氏编撰本书，广为搜录古今史志文集等与吴江相关的文献，又记自己亲闻之事，史料颇为丰富，记述亦较为详尽。如潘氏祖母、继母皆

吴氏，卷4明代父子尚书吴洪、吴山遗事潘氏即得备闻。卷6潘志伊为潘氏曾祖，卷15章日炌为其外祖，其事记载亦颇详。潘氏间于多篇传记后加以评论，所言亦有可记之处，如卷15评论明代吴江最后一任知县林嵋所言："人臣遇变，死者韪矣，亡者亦未必非，要其归何如耳！"

续南宫旧德录8卷 清康熙五十年(1711)家刻本；2014年凤凰出版社《泰州文献》本。

清宫梦仁编撰。宫梦仁(1632～1713)，原名历宗。字宗衮，号定山。伟镠子。泰州人。康熙十二年进士。官至福建巡抚。本书分为八录：家乘、宸翰、祀典、传志、文状、遗稿、家训、杂纪。家乘辑录宫继兰所纂家谱的谱引、谱例、谱规、飨祀格以及家谱目录。宸翰辑录明崇祯、清康熙间给宫氏家族成员的制诰、敕谕。祀典辑录宫梦仁为宫继兰入祀兖州名宦祠所撰的呈文及山东巡抚批文。传志辑录陈学泗、赵士麟为宫梦仁长子寿平撰写的传记2篇。文状辑录宫梦仁所撰其父母、元配、长男的告文、奠文。遗稿辑录宫永建、宫景隆、宫继兰、宫寿平4人的诗文。家训录宫梦仁所撰法戒、寄答。杂纪录宫梦仁友朋就其所作四迹图而撰的诗文，多有清初名人如王鸿绪、高士奇、徐乾学、张英、陈廷敬、王士禛等人之作。

明末忠烈纪实20卷 国家图书馆藏抄本；浙江省图书馆藏刘氏嘉业堂抄本；1987年浙江古籍出版社张金庄校点本。

清徐秉义编撰。徐秉义(1633～1711)，初名与仪，字彦和，号果亭。昆山人。顾炎武外甥，乾学弟，元文兄。康熙十二年(1673)以进士第三人登第，官至内阁学士兼礼部侍郎。明朝灭亡后殉节之士众多，文献记载广泛，徐秉义广搜纪录，编成本书。卷1至卷10按地域收录，分殉豫、秦、楚、蜀、晋、江北、齐鲁、黔滇、豫章、畿辅诸传，记载崇祯朝与农民军、清军战事中殉节的各地官员士绅。卷11至卷15按政权收录，分殉君、福、唐、鲁、桂诸传，记载为崇祯政权及南明诸王殉节者。卷15至卷18效死、违制、殉国三传，记载江南各地抗清武装烈士及殉节官员士绅、死于剃发令者。末2卷列女传，按地域收录贞女节妇。徐秉义精于史学，编撰本书时与黄宗羲、万斯同等人讨论切磋，取裁严格，记述颇为矜慎。

东林列传24卷末2卷 清康熙刻本；《四库全书》本；2007年广陵书社排印本。

清陈鼎撰。陈鼎(1650～?)，字定九，又字九符。江阴人。本书记载明末东林党人事迹，陈鼎依据《天鉴录》等七录、《东林党人榜》《熹宗实录》所载人物，采访其里人家属，考核记志史传诸书，编成本书，记述东林忠义之人事迹。卷1收录宋代于东林讲学的杨时等7人。卷2首载正德嘉靖间于此讲学的名儒邵宝。其后记自顾宪成、高攀龙为首的东林君子共180余人，详细记载其忠烈事迹，附以作者评论。末2卷附熹宗原本本纪。书中排列人物不以年代为序，死难者行状相类者集于前，其他事迹相近者依次排列。东林党成员非常复杂，行事各异，陈鼎考证诸书记载，收录生平行事高尚、公论确凿的东林忠臣烈士，确为清流而事迹不详者，则附于他人传中。奸邪之人或事迹前后不一者不予收录，继承东林旗帜的复社、几社成员不收，流为佛道之徒的东林党人亦不取。东林党肇始于无锡，对明末政治产生重要影响，本书对研究相关问题具有重要参考价值。

留溪外传18卷 清康熙三十七年(1698)自刻本；《四库全书存目丛书》本。

清陈鼎撰。本书记载明末清初人物事迹，陈鼎广泛收集自官员学者至妇女道僧各类人士事迹，分为忠义、孝友、理学、隐逸、廉能、义侠、游艺、苦节、节烈、贞孝、贞烈、闸德、神仙、缁流13类加以记载，记述其卓异之事，末附评论。其中妇女有苦节至闸德5类7卷，超过全书三分之一篇幅，可见作者之见识，有助于明清社会历史研究。本书收录主要为史籍不载的草野韦布之人，间有上层社会人物，如卷2南明宁靖王，明代辽王后裔，历仕南明诸王，与郑成功攻取台湾，清军攻台湾时自尽。本书记其一生事迹，对其殉难之事记载颇详，亦为难得的史料。

卓行录4卷 清吴江黄氏圭庵刻本；《四库全书存目丛书》本。

清黄容撰。黄容，字叙九，一字圭庵。吴江人。本书记载明末清初人物事迹，于康熙间编成。卷1、卷2官员、文士、平民等，卷3、卷4贞女、烈妇，共

200余人。本书旨在阐发幽潜，其事迹赫赫、他书具载者不多录，其中有少数名人如丁宾、吴廷举、张可大、孙承宗、徐石麒、周亮工、魏大中、张采等，略记其一二事迹。书中多数为默默无闻的中下层人物，由黄容纂辑咨访，记述其忠义、仁惠、贞烈等动人事迹，有助于对明末清初社会状况的了解。

元季伏莽志10卷 南京图书馆藏稿本；《续修四库全书》本。

清周昂编撰。周昂（1732～1801），字千若，号少霞，别号鸥梦。常熟人。乾隆三十五年（1770）举人。官宁国训导。清代戏曲家。本书记载元末农民军及地方割据政权史事，卷1序略8篇，卷2韩林儿、刘福通，卷3徐寿辉，卷4陈友谅，卷5明玉珍，卷6张士诚，卷7方国珍，卷8扩廓帖木儿，卷9李思齐、纳哈出、陈友定、何真。周昂将书中人物分为6类：盗臣、逆党、小谅、表忠、高蹈、降辱，又有杂传志，记载相关事物。卷10为驳辨，讨论史籍中记载不一的问题。各个政权领导人除刘福通列入《逆党传》、何真列入《高蹈传》外，均入《盗臣传》，对其生平事迹详加记载，周氏间加评论。除政治、军事、人物外，亦记载其他阶层人物，如卷6将元末著名文人高启、杨基列入《降辱传》，陶宗仪、杨维祯入《高蹈传》。又将梅氏、后载妻等各阶层妇女列入《表忠传》等。

己未词科录12卷首1卷 清嘉庆世恩堂刻本；《续修四库全书》本。

清秦瀛编撰。秦瀛（1743～1821），原名沛，字凌沧，号小岘，晚号遂庵。无锡人。乾隆三十九年（1774）举人。官至刑部右侍郎。学问渊博。尝入四库全书馆分任编校工作。参与《一统志》纂修。己未为康熙十八年（1679），康熙皇帝特开博学鸿词科，以收罗天下贤才，众多知名文人学者被荐举参加考试，是清初一项重要的文化举措。本书记载被荐举者生平事迹以及与此次考试相关的史事。此前同类书籍有《鹤征录》等，秦瀛据《鹤征录》加以增广，采录制诏奏疏、志传墓铭等编成本书。卷首谕旨、试题、阅卷官、吏部奏疏等。卷1纪事，记载考试过程及人员登用等。卷2至卷8传略，分为一等、二等、特授内阁中书、患病行催不到、与试未用等数类。卷9至卷12丛话，记载与此次考试相关的史事。书中材料辑录自各类著作，注明出处，秦氏在按语中略加考证。

国朝汉学师承记8卷国朝经义经师目录1卷国朝宋学渊源记2卷附记1卷 清嘉庆二十三年（1818）刻本；1983年中华书局钟哲整理本；2013年上海古籍出版社漆永祥笺释本。

清江藩撰。江藩（1761～1830），字子屏，晚字节甫，号郑堂。甘泉人。监生。余萧客、江声弟子。与阮元关系密切，曾任丽正书院山长、《广东通志》总纂等。清代著名学者。汉学和宋学是古代学术研究两大流派，汉学重视语言、文字的训释和名物、制度的考据，讲究师承，无征不信。宋学以阐释性命义理之学为主，对经典著作亦敢于怀疑，以己意说经，长于思辨。清代汉学和宋学都有发展，尤其是汉学在乾嘉时期非常繁盛。江藩为吴派汉学大师惠栋的再传弟子，亦为著名汉学家。《汉学师承记》收录清初至嘉庆间重要的汉学家，以乾嘉间学者为主，正记40人，附记17人，又附61人，共118人，包括清初汉学家阎若璩、胡渭等，清中叶吴派、皖派的重要学者惠栋、钱大昕、戴震等，对清代汉学产生重要影响的明末清初学者黄宗羲、顾炎武，记载诸位学者生平和著述。本书客观全面地对清初至清中叶汉学的学术渊源、师承关系、成就得失等作出详尽的论述，是最早对清代汉学进行全面总结与评价的专著。《经义经师目录》论述诸经授受源流，开列清代学者著述目录。《汉学师承记》刊刻于清嘉庆二十三年。此后江藩又著《宋学渊源记》，道光三年（1823）与《汉学师承记》合刻。此书宋学家中的高官显宦不载，收录伏处下位的学者，上卷孙奇逢等10位北方学者，下卷刘汋等21位南方学者，附记收录沈国模等8位治儒学亦参佛理的学者，多为清代重要宋学家，宋学发展源流以及重要成果得以清晰记载。

儒林传稿4卷 清嘉庆刻本；《续修四库全书》本。

清阮元编撰。阮元有《诗书古训》，已著录。清嘉庆间阮元任翰林院侍讲，总纂《国史儒林传》等，收辑清初至嘉庆重要学术人物，嘉庆十七年（1812）编成本书。正传44人，附传50余人。清代学者众多，本书严加取裁，只收录学行兼优的著名学者，明

人而贰仕于清朝及行止有可议者皆不收入。卷1首录乾隆皇帝敕修国史谕，其中言及顾栋高，遂以顾氏为首，附陈祖范等，以下各人以年代为序。又仿《明史》载孔氏于《儒林》之例，卷末为孔兴燮、颜光猷等人列传。传记载各位学者生平事迹和学术贡献，俱摘录载籍原文，编撰者不加撰一字，标明文献出处，以供总裁审核。阮元为嘉道间汉学领袖人物，其编撰本书则汉宋兼采，考据义理并重，收录清代具有代表性的学者，全面反映了清代学术成就，对清代学术史的研究具有开创作用。

畴人传52卷 清嘉庆、道光间阮氏琅嬛仙馆刻本；2009年广陵书社《畴人传汇编》本；2013年中州古籍出版社《畴人传合编校注》本。

清阮元、罗士琳编撰。罗士琳有《旧唐书校勘记》，已著录。畴人即天文学家、数学家等，阮元收集古今中外畴人事迹，嘉庆四年(1799)编成本书，共46卷，记载自上古至清代中国科学家243人，外国科学家37人，参与编撰者有李锐、周治平等学者。道光二十年(1840)罗士琳又收集自宋至清中国科学家，撰成续补6卷，补遗17人，续补26人。书中传记载各位科学家的生平事迹及学术贡献，每篇传记后标注文献出处，其后为编撰者评论。资料来源于二十四史、《四库全书》天文算法类著作以及其他著作。参与编撰者多为著名学者，代表了其时科学研究水平。书中收辑了众多中国科学家事迹，详细记载了中国天文学、数学等的发展历程和学术成就，真实反映了西方科学对中国科学发展的影响，对中国科学技术史研究具有开创作用。

胜朝殉扬录3卷 清同治十年(1871)淮南书局刻本；2015年广陵书社《扬州文库》本。

清刘宝楠编撰。刘宝楠(1791～1855)，字楚桢，号念楼。宝应人。师于从父刘台拱。道光二十年(1840)年进士，历任文安、三河等县知县。清代著名学者。清顺治二年(1645)南明大学士史可法率军坚守扬州，城破殉国，扬州民众死难者众多，清人立祠祀之。道光十八年，扬州知府李璋煜属刘宝楠考核史公祠从祀、忠节祠补祀者，由刘宝楠子刘恭冕检录史志文集，刘宝楠复加考订编成本书。文武官弁1卷，乡官士民1卷，文武官弁及乡官士民妇女1卷，资料采辑自《明史》《明史稿》及扬州府志，江都、甘泉县志等书所载，各个阶层人物的忠勇事迹记载详细。卷上、中按语记载清代康熙至道光间朝廷和扬州地方当局设置忠正祠和忠义祠的始末。卷下搜辑死难妇女事迹，请祀于节孝祠。

道咸宦海见闻录不分卷 中国社科院近代史所藏抄本；1981年中华书局杜春和、张秀清整理本。

清张集馨撰。张集馨(1800～1878)，字桂吾，号椒云，别号时晴斋主人。仪征人。道光九年(1829)进士。官至陕西按察使署陕西巡抚。本书记载作者一生经历见闻，张集馨生前没有刻印，以《椒云年谱》《张集馨自订年谱》等书名传钞于世，起自嘉庆五年(1800)，迄于咸丰十年(1860)，咸丰二年至四年缺失。主要内容为张氏道光至咸丰间官宦生涯，故中华书局整理本冠以《道咸宦海见闻录》。张氏中进士后供职翰林院，其后任地方官多年，遍及山西、福建、陕西、四川、甘肃、河南、直隶、江西等地，出任知府、道员、按察使、布政使、署理巡抚等，官场履历丰富，见闻广泛，书中记载晚清政治、文化、社会生活各个方面，其时官员腐败、制度弊端等多有涉及，是非常重要的历史资料。

国朝名臣言行录16卷 清光绪十一年(1885)广仁堂刻本；《清代传记丛刊》本。

清王炳燮编撰。王炳燮(1822～1879)，原名炳，字绸斋，号朴臣。元和人。祖籍徽州。光绪二年进士，官邯郸知县等。本书记载清代名臣事迹，王炳燮博采清代诸家著述，编撰成书。共记71人，自清初范文程至乾隆间陆燿，先简述其生平，其后辑录各类文献记载，按时间为序排列，注明出处。书中记载人物事功、操守、学术等，材料多来自墓志、传状、年谱等。书中所记多为彪炳史册的名公巨卿，亦有不太知名的中下层官员，如卷2王伯勉，顺治进士，官御史。为吏部文选郎中时，奉公守法，廉洁自律。卷12蔡璧，康熙朝贡生，官罗源教谕，于鳌峰书院等处教习诸生，从学者众多等。

司马太师温国文正公年谱8卷后1卷遗事1卷 民国刘氏刻《求恕斋丛书》本；1987年中州古籍出版社刘光胜点校《司马温公年谱》本；1990年中华书局冯惠民点校《司马光年谱》本。

清顾栋高撰。顾栋高有《尚书质疑》，已著录。

本书为顾栋高所撰司马光年谱，采辑司马光文集中的内容，其行状、神道碑所记，以及《宋史》《通鉴纲目》、诸家文集、百家小说等各类书籍，勾稽其生平事迹加以排比编次，雍正十一年(1733)编成。年谱8卷以其生年为次，先记其岁数、官职等，以下按月或日略述其行事大端，再低一格详述其事迹，其后为顾氏按语加以补充。卷后1卷记其身后朝廷赠赙赐谥，祭葬之事及神道碑文等，又及后世政治待遇等。遗事1卷辑录群书所记时间无可考证之事等。年谱多依司马光章奏、书牍、诗文及相关文献编撰，编撰体例得当，内容记载较为可信。司马光为古代著名政治家，其年谱亦有多种，本书为其中影响较大的传记文献佳作。

朱子年谱4卷考异4卷论学切要语2卷　清乾隆间白田草堂刻本；《四库全书》本；1998年中华书局何忠礼点校本。

清王懋竑撰。王懋竑(1668～1741)，字予中，一作与中，号白田。宝应人。从学于叔父王式丹。康熙五十七年(1718)进士。官翰林院编修等。朱子年谱有多种，本书为其中影响较大的一种。王懋竑依据朱子行状、诗文、语录、书信、奏疏、序跋、专著等，又参考诸家年谱及宋人文集等编成本书，资料详实，考证谨严，是朱子研究的重要文献。如卷2淳熙六年二月“陆子寿(九龄)来访”，就辑录朱子《和鹅湖寺子寿韵》《语录》《答吕伯恭书》《答曹立之书》《祭陆子寿教授文》《答傅子渊书》等，记载与此次会面相关之事。卷3淳熙十二年“辨陆学之非”，辑录《曹立之墓表》以及与刘晦伯、陆子静、诸葛诚之等10余家往来书信，详细记述朱、陆二家学术思想异同。十五年十一月“复辞，遂上封事”，辑录朱子奏疏等以记述其政治思想。

戴东原先生年谱1卷　《花雨楼丛钞》本；《近代中国史料丛刊》本。

清段玉裁编撰。段玉裁(1735～1815)，字若膺，号懋堂。金坛人。龚自珍外祖。乾隆二十五年举人，官贵州玉屏、四川巫山知县。清代著名学者。戴震为清代著名学者，段玉裁为其弟子。本书详记戴震生平事迹，如记载戴震10岁乃能言，聪明蕴蓄，读书过目成诵，有所问难，塾师不能应。又记其求学经历，所撰著作，学术发明，入京与当时知名学者交往而声重京师，屡试不第，段玉裁向其问学，与修《四库全书》，赐同进士出身、授翰林院庶吉士等一生重要事件。又记戴震在四库馆校定之书，与段玉裁等人书信，平生著述及刊刻情况，最后为语录。书中所记详于戴震学术生涯及贡献，段玉裁亦为学术精深的知名学者，对戴震的学术特点与成就记述全面，评价精当，是重要的清代学术研究资料。

容甫先生年谱1卷　清嘉庆刻本；《重印江都汪氏丛书》本。

清汪喜孙撰。汪喜孙(1786～1847)，字孟慈，号荀叔，晚年改名喜荀。江都人。汪中子。嘉庆十二年(1807)举人。官河南怀庆知府。传其家学，整理其父著述多种。汪喜孙9岁而孤，成人后将其听闻母亲所言的汪中事迹，访问亲友长辈求证，又依据汪中著作，因文考事，编成本书。汪中出身贫寒，童年丧父，却在长期艰苦的环境中发愤求学，终身不渝，终成一代知名学者、文学家，书中记载其一生矢志问学的事迹，非常动人。如乾隆二十八年(1763)记其入江都学为附生，“昼营饘粥之资，夜则倍诵所业，以红豆记其数。伏腊蜡饮之时，音声琅琅，达于临舍”。书中所记主要采辑自汪中著述。汪氏为著名文学家，书中所录其诗文等，记事抒情，真切感人。如乾隆十五年录汪中所撰《先妣灵表》，其母抚育一子二女，居止三席，左无壁，覆以苫，使姊守舍，携汪中及妹丐于亲故，率日不得一食。“冬夜号寒，母子相拥，不自意全济，比见晨光，则欣然有生望焉。”

孤儿编3卷　清道光二十年(1840)刻本；《重印江都汪氏丛书》本。

清汪喜孙编撰。汪喜孙一生留意搜集编撰汪中及其家族事迹的资料，本书收录汪喜孙所撰记其家族事迹的各类文章，编撰成书。卷1考析记述汪氏家族源流、先茔墓表、逸事传略等；卷2汪中灵表、学行记、著述跋记；卷3汪中书信、藏物跋记，汪中友人著作跋记，汪中友人传记，汪喜孙姐、孙墓志，汪中事迹辨正，汪喜孙著作序跋、书信等。本书集中了与汪中相关的各类记载，可作为汪中年谱的补充资料。其中《学行记》涵盖汪中学术生涯，详细记载汪中各类著述的内容与特点，评价其学术成就，又及与汪中学术研究相关的史事，是一篇重要

的学人传记。

还读我书室老人手订年谱 2 卷 清光绪十八年(1892)家刻本;《近代中国史料丛刊》本。

董恂(1807～1892),初名醇,后改恂,字忱甫,号醖卿。甘泉人。道光二十年(1840)进士,官至户部尚书,总理各国事务大臣。本书记事至光绪十七年,光绪十八年收录挽联及其孙诚后按。董恂一生经历丰富,历官多职,书中逐年记事,涉及晚清社会政治诸多方面的内容。如咸丰九年(1859)其任顺天府尹,记载任上之事,包括自元旦入宫朝贺至十月初四武乡试校射的各类公务。其中所记其监临顺天乡试,士子完卷后例不开门,于是拇战吹笛、升屋高歌等事,颇为有趣。同治八年(1869)记元月十六日廷臣宴,记服饰、地点、座次、食馔、进酒诸项礼仪颇为详细。光绪九年记朝廷对云南报销案的处分,其时董恂已开缺,由于涉及户部官员,也连带处分,最终不加严谴,仅镌二级。

黄荛圃先生年谱 2 卷 清光绪二十三年(1897)长沙使院刻本;《近代中国史料丛刊》本;1988 年中华书局王大隆补、冯惠民点校本。

清江标编撰。江标(1860～1899),字建霞,号萱圃。元和人。光绪十五年进士。官至湖南学政。清末维新派官员,创办《湘学报》,组织南学会等。又刊刻《灵鹣阁丛书》等。黄丕烈(号荛圃)是清代著名藏书家、目录学家,本书记其生平事迹,主要内容为其藏书经历及相关活动。书中材料来自于《士礼居藏书题跋记》《士礼居藏书题跋记续》及原书跋语,又引用其友人记述,如钮树玉《匪石日记》、张金吾《爱日精庐藏书志》、钱大昕《潜研堂文集》等,注明文献出处,江标又加按语补充记述。黄丕烈为清代著名藏书家,其藏书始于乾隆五十四年(1789),时年 27。书中记其收藏、题跋、校勘和刊刻之书籍及相关活动,又记其与当时学人和藏书家的交往,如钮树玉、钱大昕、顾广圻、鲍廷博、瞿中溶、吴骞、陈鳣、吴翌凤等,是研究清代藏书及江南文化的重要资料。

汪悔翁乙丙日记 3 卷 《明斋丛刻》铅印本;《近代中国史料丛刊》本。

清汪士铎撰。汪士铎有《南北史补志》,已著录。同治三年(1846)太平军攻克南京,汪士铎陷于城中数月,其后流居皖南数年,其手书日记《乙卯随笔》和《丙辰备遗录》,主要记载其间之事。民国间邓之诚得二书加以整理编次,于 1935 年印行。书中所记太平军战争期间南京之事颇多,如太平军入城后处置及征发南京居民之事,太平军防守南京的军事部署,南京各阶层人士死难事,包括汪氏之女及亲友死状。又记其在友人帮助下脱逃经过,详细记载自南京至绩溪路程及途中花费等。书中记载太平军军制、领导人情况及其内乱事等,对其时清代官员如陆建瀛、邹鸣鹤、张芾、向荣的无能多有谴责,对政治弊端亦有揭露,“将军、提督、都统虽武弁,然循格推升者,原不知武为何事也。文臣之佳者以廉名、以干名,皆色取之巧也,夤缘依附之力也”。书中又记皖南等地太平军战事,如清军祸害石棣、青阳,致使民众帮助太平军等事。汪氏精于史学,在书中对自古以来治世御敌之策加以探讨,又记其家中藏书情况和汪氏著述目录,谈论学问之语,避居地绩溪地方风俗人情等。

王韬日记 上海图书馆藏稿本;1987 年中华书局方行、汤志钧整理本。

清王韬撰。王韬(1828～1897),初名利宾,后名为瀚,又改名韬,字仲弢,号弢园、天南遁叟。长洲人。诸生。曾主上海墨海书局笔政。因谋应太平军被清政府通缉,历游诸国。后创办《循环日报》。晚年主讲上海格致书院。清末著名思想家、文学家。本书原名《蘅华馆日记》,记载王韬咸丰八年至十年(1858～1860),同治元年(1862)、二年经历。此时王韬在上海墨海书馆工作,与英国传教士合作,翻译出版西学书籍。书中主要记载其寓居上海的日常生活,又记其香港之行等。此时太平天国战争激烈,王韬避居上海,所闻太平军战事颇多,如苏州、常州等地为太平军攻陷事,记述颇为生动。书中又记与他交往密切的李善兰等人事迹,以及其与英人伟烈亚力、艾约瑟等交往,如八年九月三日,记英人威妥玛示其咸丰帝赐耆英自尽的谕旨,记耆英得罪始末。十一月晦日,记伟烈亚力此前在太平军占领的芜湖见闻,抵金陵城后太平军称英公使为西洋番弟,词甚倨傲,公使亦不怒等。

翁同龢日记 1925 年商务印书馆影印手稿

本；1989～1998 年中华书局陈义杰整理本。

清翁同龢撰。翁同龢(1830～1904)，字声甫，号叔平，晚号松禅。常熟人。心存子。咸丰六年(1856)进士第一。官至军机大臣兼总理各国事务衙门大臣、协办大学士。晚清著名政治家、书法家。翁同龢日记起自咸丰八年，迄于光绪三十年(1904)，又有光绪九年、十年军机处日记，日记时间长达 46 年，基本包括翁同龢入仕以后的官场生涯。翁同龢为同治、光绪两朝帝师，历任刑、工、户各部尚书，军机大臣兼总理各国事务衙门大臣、协办大学士等显要职务。作为晚清政坛的显赫人物，翁同龢见证参与了许多重要历史事件，如中法战争、甲午战争、维新运动等，清末纷繁复杂的官场事务，朝章国故和宫廷见闻，各地的山川形胜、地方风物等，日记中都多有记载，有助于对晚清的历史研究。

能静居日记 54 卷　台湾图书馆藏稿本；南京图书馆藏赵氏能静居抄本；2013 年岳麓书社廖承良标点整理本。

清赵烈文撰。赵烈文(1832～1893)，字惠甫，号能静居士。阳湖人。博学多才，屡应乡试不第。咸丰、同治间入曾国藩、曾国荃幕府，后官易州知州。辞官卜居常熟。本书为清末著名笔记，时间长达 30 余年，起自咸丰八年(1858)五月初四，迄于光绪十五年(1889)六月二十日，内容包括赵氏读书札记、朋友交往、时事见闻、名胜游踪以及为官经历等，又摘抄官方文件等多种。书中所记涉及太平天国之事颇多，如江南杭州、常州、苏州等地战事及赵氏避难迁徙所见等，生动细致地记载了战争的曲折进程以及百姓遭受的深重灾难。曾国荃率军攻占金陵时，赵氏为其幕僚，所记颇为真实详尽，如同治三年(1864)六月二十三日对金陵城破后清军暴行的记载："其老弱本地人民不能挑担，又无窖可挖者，尽遭杀死。沿街死尸十之九皆老者，其幼孩未满二三岁者亦斫戳以为戏，匍匐道上。妇女四十岁以下者，一人俱无，老者无不负伤"等等。曾国藩与赵氏为师弟关系，交往非常密切，同治六年五月至九月间所记二人交谈内容颇为详细，其时赵氏入住曾国藩两江总督公署，二人所谈内容包括政局时事、学术诗文、家庭琐事等等，细致揭示了一代名臣曾国藩的内心世界。光绪元年后赵氏退归，书中所记其家居生活，也是研究清末江南社会文化的重要资料。

薛福成日记　南京图书馆藏稿本；2004 年吉林文史出版社蔡少卿整理本。

清薛福成撰。薛福成有《出使奏疏》，已著录。本书为薛福成同治七年(1868)至光绪二十年(1894)的日记。薛福成自同治四年入曾国藩幕，其后任职苏州书局，入李鸿章幕，出任浙江宁绍台道，出使英法意比钦差大臣，光绪二十年离任归国，本书所记基本包括其官场生涯。书中内容非常丰富，除其亲身经历之官场见闻外，还摘录大量官方文献如上谕、奏章、禀报等，又摘抄电报、报刊、杂志等所载时事。薛福成对政治、军事等情况非常熟悉，对时局发展具有清醒的认识，尤其在对外事务方面多有高超见识，有关洋务运动的记载颇为详尽。出使四国期间所记，包括旅途见闻、对外交涉、政治制度、科学技术等内容，更是非常重要的历史资料。

甘元焕日记不分卷　南京图书馆藏稿本。

清甘元焕撰。甘元焕(1841～1897)，即甘勋，字建侯，一字绍存，号复庐，晚号岘叟。江宁人。延年次子，鳌同父异母弟。喜搜购书籍、金、石、碑、版，藏书数万卷，欲复津逮楼之旧，小筑五楹以藏书，名曰"复庐"。工诗文，于经史、小学、金石、舆地、医药之学以及殡殓葬祭之礼，罔不精研。撰有《复庐日记续录、补录》《金陵文乘初稿》等。日记一名《复庐日记》，为元焕在光绪元年至四年(1875～1878)、十一年至十三年、十七年至二十三年间亲手写就的日记稿本，9 册。日记记录了当时的时事变迁、友人交往、学术交流等事，较真实可信。如发表对鸦片战争时期的国事看法，坚定地支持爱国知识分子；记光绪十二年正月初七日秦伯虞等有挑菜会；记平时闲暇生活，甚至细致到记录下晚年患病时所服用的药名。薛时雨曾赞其文曰："空山鼓琴，沉思独往，非真能读书养气者不办。"

思痛记 2 卷　清光绪六年(1880)师一斋刻本；《近代中国史料丛刊续编》本。

清李圭编撰。李圭有《鸦片事略》，已著录。本书记载李圭被俘于太平军中的经历。李圭居于南京聚宝门外 50 里的永丰乡，太平军占领南京后，其生活未受太大影响。咸丰十年(1860)闰三月太平

军攻破江南大营，战事波及南京诸邑，李圭家人数十口死于战乱，其为太平军俘获，司文札等事务，随太平军侍王李世贤部四处转战，于同治元年(1862)六月在杭州趁机逃脱。书中主要记载太平军杀戮之事，又记太平军中各项制度及此一时期南京至杭州等地激烈战事，战争中民众的悲惨遭遇等得以生动展示。

第八节　史钞类

历代史纂左编 142 卷　明嘉靖四十年(1561)胡宗宪刻本；万历四十年(1612)翻刻嘉靖本；《四库全书存目丛书》本。

明唐顺之编撰。唐顺之有《荆川先生右编》，已著录。唐顺之为探讨国家治理之法，搜集整理自战国至元代的历史人物相关事迹，人以类分，事从人系，编撰成书，初名《史大纪》。分为 25 类：君、相、名臣、谋臣、将、后、公主、戚、储、宗、宦、幸、奸、篡、乱、莽、镇、夷、儒、隐逸、独行、烈妇、方技、释、道。史料来源于《史记》《汉书》等诸史，旁及稗官野乘，文集传记等。本书所载历史人物繁多，生平行事差异显著，唐氏以探讨治法为宗旨，搜集史料，剪裁人物事迹，总结正反两方面人物的经验教训，以此揭示历代国家理乱之原，民生休戚安危之故，名臣良将经略制置之法等，以期对现实政治有资借鉴。其门类设置及对历史人物的评判亦有其独到之处，如奸臣分为潜篡、亡国、擅权、害储、聚敛、酷吏、卖国 7 类，李斯、沈约、李勣入《亡国》，冯道入《卖国》，即与传统观点不尽相同。

两晋南北合纂 40 卷　明万历刻本；《四库未收书辑刊》本。

明钱岱撰。钱岱(1541～1622)，字汝瞻，号秀峰。常熟人。隆庆五年(1571)进士，官巡按山东御史等。本书是钱岱将记载两晋南北朝历史的三部正史《晋书》《南史》《北史》加以整理编纂而成，分为两部分：晋书纂 16 卷，南北纂 24 卷。晋书纂有纪 1 卷，传 12 卷，载记 3 卷。南北纂则先南朝宋、齐、梁、陈，后北朝魏、齐、周、隋，各以纪、传记其史。本书编纂以三史为基础，删去志，对纪、传、载记又加以删节，去其无关之事、枝蔓之语，又旁采他书史料，加以补充，钱希言序云本书取自三史者五之三，裒辑者五之二。与内容相关的评论、考订又出以眉批。《晋书》130 卷，《南史》80 卷，《北史》100 卷，本书则将三书内容缩略为 40 卷，只记载重要内容，颇便于学者。

二十一史论赞 36 卷　明崇祯十年(1637)大来堂刻本；《四库全书存目丛书》本。

明沈国元编纂。沈国元有《两朝从信录》，已著录。论赞是中国古代史书中作者用来评论所记述的历史人物事件，表达自己的观点，揭示本篇主旨大意的一种文体。论赞集中表达作者的史学思想，是史书的重要组成部分。正史中《史记》每篇末的“太史公曰”即为著名的论赞，《汉书》名为“赞”，《三国志》称“评”，《新五代史》则以“呜呼”二字发端。本书即为沈国元辑录自《史记》至《元史》21 部纪传体正史的论赞，以便于领会诸史大义，又利于作者子弟阅读正史之用。诸史多为 1 卷至 2 卷，《晋书》《新唐书》3 卷，《宋史》4 卷。此前明万历间已有彭以明辑《二十一史论赞辑要》36 卷，所辑论赞内容与本书大致相同。本书在每部正史论赞前有小引，总体评价该史的成就、特点。在各篇论赞后，又低一格为后世史家、学者对相关内容的评论，作者自己的评论置于最后。本书辑录的后世史家、学者的评论颇有价值，特别是明人的相关评述非常集中丰富，对研究明代史学颇有价值，以卷 1 为例，所引明代学者就有钟惺、陈继儒、王维桢、陈仁锡、张溥、杨慎、茅坤、王世贞、王铎、王鏊、归有光等多人。

诸史异汇 24 卷　浙江图书馆藏旧抄本；《四库禁毁书丛刊》本。

清李清撰。李清有《南北史合注》，已著录。此书无序跋，各卷署名昭阳李清映碧甫辑，其中怜才类未标卷数，实际此书为 25 卷，有残缺。《清代禁毁书目四种》军机处奏准抽毁书目中，有李清《诸史同异录》。《增订四库简明目录标注》子部十一有《诸史同异》68 卷：“取诸史所载事迹，以相合者为同，分 38 类，相反者为异，分 30 类。与陈禹谟之《骈志》，大致相近，而体例各异，博洽亦较胜之。”按《骈志》是将古事相类者，比而录之，《诸史异汇》则相反，将相异者分为 2 目，比而录之，而每目下又记相同数事，则实含同、异 2 类。《诸史同异录》已毁，

与此书关系待考。全书分为君臣、父子、夫妇、朋友等25类，每类下有子目，少则2条，多则数十条。所记古事性质相异或相关，以题目标出，如《安明主》与《安妖后》，《门生天子》与《天子门生》。一目中记事则相同或相近，或一事，或数事，事迹或发生于同一人，或不同人，或出自同书，或出自异书。每事节引历代文献中相关史料，注明出处。史料来源以正史居多，亦有《吕氏春秋》《十六国春秋》《册府元龟》等各类文献。

廿二史纪事提要8卷　清乾隆十一年(1746)刻本；《四库全书存目丛书》本。

清吴绥撰。吴绥(1635～?)，字罄宜，号韩章。无锡人。诸生。本书为摘录《资治通鉴》等书加以编成，初拟名为《通鉴摘锦》，于书中选择有关治乱兴亡以及兵刑制度、礼乐文章等内容，依照历代帝王为序编排，自上古至明代。每一帝王下有一至数个标题概括其事，其下简略记载相关史实，如明太祖下分为56个标题，自"智服滁阳二子"至"半边月儿"，记载其一生功业事迹。本书以8卷书系统地概括记载上下5 000年历史大事，内容编排眉目清晰，叙述简洁扼要，颇便于后学。

史要7卷　清嘉庆刻本；光绪十四年(1888)石印本；《四库未收书辑刊》本。

清任启运等编纂。任启运(1670～1744)，字翼圣。宜兴人。雍正十一年(1733)进士，官至三礼馆副总裁、宗人府府丞。清代学者，尤长于礼学。本书将历代史籍所载重大历史事件，加以简化叙述，以利学者。初由任启运纂辑为7卷，邑后学吴兆庆加以纂注。卷1上古至秦，卷2两汉三国，卷3晋至隋，卷4唐五代，卷5宋辽金夏，卷6元，卷7明。本书多以四言一句的八字标题概括历史事件，再低一格为简单解说，文中又有小字注解。提纲挈领记述一朝一代大事，要而不烦，据此掌握历史发展脉络，颇便于后学。如将明代200余年历史，分为90条叙述，崇祯朝只2条，"崇祯入继克诛阉逆""流寇蔓延身殉社稷"，记载此朝最重要的历史事件，注解亦只200余字。卷末作者将历史经验总结为："用贤者兴，用佞者灭。爱民者昌，虐民者绝。"以为后世借鉴。

廿二史言行略42卷　清嘉庆四年(1799)刻本；《四库未收书辑刊》本。

清过元皎编撰。过元皎，字穆君，号梦园。长洲人。过元皎抄撮历代正史中所载著名人物之嘉言善行，编成本书。书中所录言行分为22门，其中事父母门、辅国门各6卷，治民门5卷，内容较多。门下分大类，大类下有小类，如立身门2卷，下分力学、慎行、谨言、改过四大类，其下又有勤讲习等15小类。书中所录材料采自《史记》至《元史》的世家和列传，注明出处。历代正史卷帙浩繁，难以卒读，本书采录最有价值、可为后世效法的古人言行事迹，荟萃于一书，采择矜慎，条目明晰，有助于古代历史的学习和研究。

第九节　载记类

南唐书30卷　明初刻本；国家图书馆藏明嘉靖二十年(1541)姚咨手抄本；2004年杭州出版社《五代史书汇编》点校本。

北宋马令撰。马令，宜兴人。南唐是五代时期偏安一隅的南方割据政权，其后建立的宋代，有胡恢、马令、陆游三位学者编纂了三部《南唐书》，本书即其中之一。马令祖父元康，世家金陵，熟知南唐故事，欲撰《南唐书》未及而卒。马令继其志而成之，崇宁四年(1105)完成。本书30卷，其中书5卷，用《蜀志》称主之例，记载南唐先主李昪、嗣主李璟、后主李煜事迹。传24卷，记载自后妃、宗室、官吏至儒者、义士、浮屠、叛臣等阶层不同、事迹各异的人物。谱1卷，建国谱记载南唐疆域，世裔谱记载李氏世系。《南唐书》史料来源有徐铉的《江南录》、陈彭年的《江南别录》、欧阳修《五代史》等，亦收录了南唐君主诏书以及奏疏等文献，保存了许多宝贵的原始资料。三部《南唐书》中，流传至今只有马令和陆游的著作，二书可对照参考。

南唐书合订25卷　故宫博物院图书馆藏《四库全书》撤出本；《四库禁毁书丛刊补编》本。

清李清编撰。李清有《南北史合注》，已著录。本书记载南唐一代史事。李清以陆游《南唐书》为主，以马令《南唐书》及《江南录》《江南野史》诸书为辅，又征引《资治通鉴》《宋史》等加以增补考证，编

成本书。陆游《南唐书》原文顶格，补充他书资料低一格。本纪3卷，记烈祖、元宗、后主事迹。列传21卷，其中卷4为后妃诸王列传，卷5至卷10记南唐群臣事迹，卷11至卷24分为忠义、循吏、独行、文学、隐逸、烈女、奸幸、方技、浮屠、灭国、悍藩、吴唐二臣、唐周宋诸臣、北狄、叛逆列传。志1卷，征引陈霆之言，其后补充记载南唐三十五州、宫阙志、都城志、五行志。陆游《南唐书》记述较为简略，李清仿裴松之注《三国志》之例，对原书严其体例，校其讹舛，增加大量史料，有助于南唐历史研究。

南唐书注 18 卷　1915年刘氏嘉业堂刻本；《续修四库全书》本。

清周在浚撰。周在浚（1640～1700），字雪客，号梨庄、苍谷。祥符（今河南开封）人。寓居南京。亮工长子。国学生，官太原府经历等。清代藏书家。宋代有三家《南唐书》，传世有马令和陆游二书，周在浚以为陆书较有识见，为之作注，始撰于康熙庚申年（1680），成于乙亥（1695）。纪3卷，传15卷，卷末附录。周氏认为马令书价值不高，然琐事多可考订，可引以为注。陆游书此前已有李清注，周氏不太满意，以为李书更定原书，以南唐继后唐，不用宋朔，又多凭据正史，所注寥寥。周氏作注一仍原书本文，注释细密，参订精详，所据文献有《徐骑省集》《江南别录》《南唐近事》《江南野史》《江南录》《十国纪年》《九国志》《五代春秋》等众多史籍，又参阅宋人说部书不下200种。诸书中吴任臣《十国春秋》引用尤多。附录则摘录史家戚光、马令、吴非、杨维桢、李清、丘钟仁的相关考作。

国初群雄事略 12 卷　国家图书馆藏清抄本；《适园丛书》本；1982年中华书局张德信、韩志远点校本。

清钱谦益撰。钱谦益（1582～1664），字受之，号牧斋，晚号蒙叟。常熟人。明万历三十八年（1610）进士，官礼部侍郎等。弘光政权任礼部尚书。降清，官礼部右侍郎等。著名学者、文学家，著述宏富。本书记载元末明初农民军、地方割据政权及元末政权历史。钱谦益以为明朝政权兴起于韩林儿、郭子兴农民军，仿《史记·楚汉月表》著本书，系以年月，疏其终始，以便后世知晓此段历史。记各地方政权及元末政权始末，亦有助于了解元末历史，以为后世借鉴。共记12人，一人一卷，完整记载其兴亡历程。体例为顶格编年纪事，主要取自《元史》和《太祖实录》等，低一格叙述其详，亦摘自明代典籍，间附钱氏所作考证，若干卷末又有史家及钱氏评论。卷1韩林儿，卷2郭子兴，卷3徐寿辉，卷4陈友谅，卷5明玉珍，卷6何真，卷7张士诚，卷8方国珍，卷9扩廓帖木儿，卷10李思齐，卷11纳哈出，卷12陈友定。本书原为15篇，比今本多明昇、察罕、何荣3篇，各篇次序亦不同。清代只有抄本行世，至1913年始由乌程张钧衡重加整理，将上述三人各从其父明玉珍、纳哈出、何真，定为12卷，刊刻行世。

第十节　时令类

月令广义 24 卷首 1 卷　明万历陈邦泰刻本；《四库全书存目丛书》本。

明冯应京撰。冯应京（1555～1606）。字可大，号慕岗。盱眙人。世登子。万历二十年（1592）进士。官至湖广佥事。税监陈奉恣横，冯应京抗疏列其十大罪，被诬奏下狱。卒于家。《月令》是一种古代天文历法著作，以四时为纲，十二月为目，记述天文历法、自然物产等知识。它是古人总结天文历法知识，结合阴阳五行理论而成，藉此组织农业生产和政府日常行政管理等，保存于《吕氏春秋·十二纪》《礼记·月令》《淮南子·时则》等文献中。本书由冯应京草创，原名《士民月令》，其后又由新安戴任增释，内容大为增加。本书卷首有图说，载洛书洪范、六十四卦图、天文图、广舆图、授时图等图多幅，并加以解说。卷1、卷2岁令，卷3每月令，卷4至卷20四时十二月令，卷21闰月令，卷22、卷23昼夜令，卷24时令。每卷内再分为政典、事文、名数、气候、历考、礼节、祀典等各类条目，以下则为《礼记》《管子》《大明会典》等相关文献记载以及与《月令》相关的各种文句词汇，再以双行小字征引各种典籍加以解释。本书是《月令》研究著作中内容比较丰富的一种，李登序云“上自圣王之大政，先民之典礼，凡君子居身摄生医方饮食，下及民俗、种莳、作息之事，吟咏歌谣等篇，苟关时候亦恶其不备也”。

月令粹编 24 卷首 1 卷 嘉庆十七年(1812)琳琅仙馆刻本;《续修四库全书》本。

清秦嘉谟编撰。秦嘉谟有《世本辑补》,已著录。本书采辑历代诗文中与时令相关的典故成词,分类排列,注明出处。此前与本书相类的著作已有多种,秦氏以为《岁华纪闻》简而未备,《古今类传岁时部》杂而不纯,故加以博取去瑕,编撰成书。卷首图说,载月令主属大全图等 20 图。卷 1 岁令总,卷 2 每月令,卷 3 至卷 18 四时总及十二月日次,卷 19 闰月令,卷 20 昼夜时刻,卷 21 至卷 23 补遗,卷 24 附编为蔡邕《明堂月令章句》。本书大体仿照《古今类传岁时部》重加编撰,以时代先后为序,采征依照原书,体例颇为得当,亦颇有助于文人墨客的诗歌创作。

第十一节 地理类

吴地记 1 卷后集 1 卷 《古今逸史》本;《学津讨原》本;1999 年江苏古籍出版社《江苏地方文献丛书》曹林娣校注本。

唐陆广微等撰。陆广微(? ～约 888),吴县人。《吴地记》是现存最早的苏州方志,原书散佚,由后人重辑增缀,作者及成书年代亦多有争论。书中记载唐代苏州地方历史颇详,包括吴郡及下属吴、长洲、嘉兴、昆山、常熟、华亭、海盐七县的地理环境、历史沿革、城墙四门,乡户、税茶盐酒、酱菜衣粮及军资数目,坟茔园宅、山林湖泊、桥梁寺观等。最后记载 25 位吴主及其在位时间。古代苏州山川形胜、建筑景观等多为本书记载,有助于对苏州地方历史的研究。后集 1 卷为北宋人续编,对原书加以增补,多记寺观桥梁等。

括地志 4 卷 《岱南阁丛书》本;1980 年中华书局贺次君辑校本。

唐萧德言等编撰。萧德言(558～654),字文行。南兰陵人。隋文帝仁寿间授校书郎。唐太宗贞观间官著作郎、弘文馆学士。为晋王李治讲授经书。封武阳县侯。高宗立,拜银青光禄大夫。博涉经史,精《春秋左氏传》,晚年尤笃志于学。本书为唐代第一部地理总志,贞观十二年(638),魏王李泰奏请编撰《括地志》,引著作郎萧德言等就府修撰。以贞观十三年大簿为依据,对全国地理山川作详尽记录,于贞观十六年编成,凡 550 卷,又序略 5 卷,署名李泰表上。本书编成后影响很大,为唐代许多著作征引,张守节撰《史记正义》,解释古地名时,基本依据《括地志》一书。本书至宋室南渡时已亡佚,清嘉庆二年(1797),孙星衍采辑群书,辑成《括地志》8 卷,凡 980 余条,刊入《岱南阁丛书》。今人贺次君从《史记会注考证》中辑出今本《史记正义》所无的《括地志》佚文数十条,又采录《初学记》《通典》《太平寰宇记》等书所载,共辑得《括地志》佚文 1 100 余条,分为 4 卷,为迄今为止各种辑本中条目最多、内容最为丰富的版本。

元丰九域志 10 卷 国家图书馆藏清初影宋抄本;国家图书馆藏清乾隆五十年(1785)卢文弨抄本;1984 年中华书局王文楚、魏嵩山点校本。

北宋王存等纂修。王存(1023～1101),字正仲,丹阳人。庆历六年(1046)进士,神宗时为国史编修官,修起居注,历官吏部尚书、知杭州等。北宋大中祥符年间,王曾等修《九域图》。此后行政区划多次变更。神宗熙宁八年(1075),神宗命王存、曾肇、李德刍重修。至元丰三年(1080)书成。其后又经修订,所载政区为元丰八年之制,正式刊行在元祐元年以后。本书为北宋中叶地理总志,全书 10 卷,首列四京,其次二十三路,最后省废州军、化外州、羁縻州。记载各路所属府、州、军、监及其距京里程、主客户数、土贡、领县数等,每县又记载距府州方位里程、所领乡数、名目、名山大川等。州县沿革,以北宋为主。本书条理明晰,体例得法,文字记载简捷,内容充实丰富,如书中详细记载的各地户数、土贡数额及城、镇、山岳、河泽的分布情况,都是历史地理和自然地理的宝贵资料。本书修成后,绍圣间黄裳又加以增补,添加"古迹"一门,书名为《新定九域志》。中华书局点校本《元丰九域志》将后增"古迹"门列入附录,使本书更加完整。

吴中水利书 1 卷 《四库全书》本;《墨海金壶》本。

北宋单锷撰。单锷(1031～1110),字季隐。宜兴人。胡瑗弟子。嘉祐四年(1059)进士,不就官。单锷留心吴中水利,尝独乘小舟往来于苏州、常州、湖州之间,周览其源流,考究其形势,经 30 余年撰

成本书。书中详析吴中地理形势、水域特点、水患原因以及以往水利治理的得失，提出治理方案，并绘图上呈官府。贴黄开列 9 条建议，如“先开吴江县江尾茭芦地；先迁吴江沙上居民及开白蚬江通青龙镇、安亭江通海；先去吴江岸土为千桥”等等。书中又录苏轼撰《进单锷吴中水利书》。本书对吴中水利治理提出许多重要意见，受到时知杭州的苏轼的肯定，并上呈朝廷。明代治水官员如夏原吉、周忱亦用其策，对其后太湖治理等产生重要影响。

吴郡图经续记 3 卷　宋绍兴四年(1134)刻本；1924 年乌程蒋氏影宋本；1999 年江苏古籍出版社金菊林校点本。

北宋朱长文撰。朱长文(1039～1098)，字伯原，号乐圃。吴县人。嘉祐四年(1059)进士，官秘书省正字等。著名学者、藏书家。本书为现存最早的完整保存的苏州地方志，此前真宗大中祥符间，苏州曾修纂《图经》一书，至元丰初年已有 70 余年，此时晏知止知苏州，请朱长文续修。朱长文编撰本书只收录祥符《图经》失载的陈迹遗闻及近年间传闻事迹，祥符《图经》已备者不录，素所未知则阙如，于北宋元丰七年(1084)编撰成书。上卷城邑、户口、人物等，中卷桥梁、寺院等，下卷治水、园第等，共 28 门。分门别类，广泛征引古代典籍的相关记载，保存不少重要文献，如户口、事志、杂录等记载，具有重要史料价值。祥符《图经》今已亡佚，本书愈显珍贵。本书门目设立亦颇可取，苏州为水乡，设治水一门记载古今水利兴废事迹，尤具见识。

东南防守利便 3 卷　明崇祯刻《芝园秘录》本；《四库全书存目丛书》本。

南宋陈克等撰。陈克(1081～1137)，字子高，号赤城居士。临海(今浙江台州)人。寓居金陵。官江东安抚司准备差遣等。工诗词。本书论述南宋初军事地理形势。绍兴三年(1133)，吕祉知建康府，与安抚司准备差遣陈克、通判府事吴若共议其时形势，裒集类次“汉魏以来方策所载山川险阻、道里远近、军马屯戍之地，争战胜败之事”，编成本书上奏。内含 4 篇文论，卷上《东南利害总论》《建康根本论》，卷中《江淮表里论》，卷下《江流上下论》。主张以建康(今南京)为根本之地，江南淮河表里如一，长江上下要在相接。后 3 篇附列建康，江北淮河一带，建康上游今湖南、湖北、江西等地的地理形势、历史沿革等等。作者清晰分析了当时军事形势，颇具战略眼光，所搜辑相关史料非常丰富，有助于军事地理研究。明崇祯间战事四起，茅瑞征颇为看重本书之价值，刊印本书，序言云“沿江一带，防戍道里，剖如列眉”，“今古防守，叙次如掌，无能出其规画”。

中吴纪闻 6 卷　明弘治七年(1494)严春刻本；《知不足斋丛书》本；1986 年上海古籍出版社孙菊园校点本。

南宋龚明之撰。龚明之(1091～1182)，字熙仲，一字希仲，号五休居士。昆山人。绍兴三十年(1160)以特恩召廷试成进士，授高州文学。以宣教郎致仕。本书记载苏州地方史事，龚明之撰本书时年 92，恐其闻记之事后世无传，口授其子龚昱整理，书成于淳熙九年(1182)。主要记载有裨王化，有关士风的内容，多苏州方志所不载者。内容材料来自龚明之所闻长辈所述苏州故事，其亲身经历之事，以及各类文献相关记载，包括名人轶事、古迹名胜、地方风俗等，又辑录诗歌文章，亦有少量鬼神梦卜、谈谐嘲谑之言。其中，苏州古今名人事迹记载颇多，如东晋张翰，唐代白居易、皮日休等，宋代范仲淹、丁谓、梅尧臣、苏舜钦、张先、贺铸、朱长文等，尤以范仲淹之记为多，亦包括其家族成员。又记龚明之祖先事迹，如其高祖识、曾祖宗元。

吴郡志 50 卷　宋绍定刻元修本；明毛氏汲古阁本；1999 年江苏古籍出版社陆振岳校点本。

南宋范成大撰。范成大(1126～1193)，字致能，号石湖居士。吴县人。绍兴二十四年(1154)进士，官至参知政事。南宋著名政治家、文学家。本书又称《吴门志》，南宋绍熙初范成大编撰成书，其后又由汪泰亨等加以订补，于绍定二年(1229)刊行。内容分为沿革、分野、户口税租、土贡等 39 门，分门别类记载相关内容。本书于古代方志中颇为著名，记载内容广博丰富是其突出之处，人物景观等记载尤为详尽，许多历史资料赖以保存。书中征引的史籍、文集、方志、杂记等文献有 100 余种，引文注明出处。正文之外又有小字夹注补充记述，夹注之中又有注，相关内容记载非常详尽。《四库全书总目》言其“征引浩博而叙述简核，为地志中之善

本”。对其后明清苏州方志也产生很大影响。

揽辔录 《说郛》本；2002年中华书局《范成大笔记六种》孔凡礼点校本。

南宋范成大撰。南宋乾道六年(1170)，范成大出使金国，本书记其出使见闻，主要内容自八月戊午至戊子，记载出使道路里程，金人统治区域内城市地理、民俗风情及金国政治、经济制度等，具有重要史料价值。如记南京(今开封)城门、街巷、宫阙等，录其钞文，可考其经济情况。又记其时民众生活习俗，云“民亦久习胡俗，态度嗜好与之俱化”，其下描述其服饰之变，“最甚者衣装之类，其制尽为胡矣”。其后记金国首都燕京(今北京)城池、街道、桥梁，详细记载宫阙内建筑景观、礼仪制度、金主服饰等，对其穷奢极丽加以评论：“虏既蹂躏中原，国之制度，强慕华风，往往不遗余力，而终不近似。虏主既端坐得国，其徒益治文，为以眩饰之。”

骖鸾录 国家图书馆藏明抄本；《知不足斋丛书》本；2002年中华书局《范成大笔记六种》孔凡礼点校本。

南宋范成大撰。南宋乾道八年(1172)，范成大出任知静江府(今广西桂林)、广西经略安抚使，本书记载其从家乡吴郡(今苏州)至静江的一路见闻，时间起乾道八年十二月七日，迄九年三月十日，逐日记事。范成大一路途经今江苏、浙江、江西、湖南、广西五省区，书中记载道路里程、山川名胜、地方风物，亦记载其时社会经济情况及讨论诗文等，所记具有史料价值。如九年正月在严州所见重征商税事，录官吏之语，又加评论：“出山时价极贱，抵郡城已抽解不赀。比及严，则所征数百倍。严之官吏方曰‘吾州无利孔，微歙杉不为州矣’。观此言，则商旅之病，何时而瘳?”范成大是著名文学家，文笔优美，书中生动细致地描绘途中游历的自然人文景观，给人留下美的享受，亦是古代游记文学的佳作。

吴船录2卷 国家图书馆藏明抄本；《知不足斋丛书》本；2002年中华书局《范成大笔记六种》孔凡礼点校本。

南宋范成大撰。淳熙四年(1177)，范成大自四川制置使召还，本书记其自成都返苏州的见闻，自五月二十九日至十月三日，逐日记事。范成大此行经过今四川、重庆、湖北、江西、安徽、江苏，书中记载道路里程、山水名胜、风物特产、绘画碑刻等，又记名人轶事、诗文佳作，具有重要历史文化价值。如秋七月戊戌，游峨眉山牛心寺，录继业三藏所记西域取经行程。八月乙未游东林寺、西林寺，记其所见唐以来碑刻，包括名家李邕、颜真卿、柳公权、蔡京、欧阳询等人作品。范成大为文学名家，书中游记语言优美，亦为文学佳作，如六月丙申登峨眉山，记其所见雪山、云海、洗岩雨、摄身光等，生动描绘出峨眉山独有的神奇景象。又如八月壬午(十五)晚在鄂州南楼赏月，月色奇甚，范成大联想起平生遭遇，感慨伤怀，遂作《水调歌头》一首，文中记述真实展现其内心世界，非常感人。

桂海虞衡志 《古今逸史》本；1986年广西人民出版社严沛校注本；2002年中华书局《范成大笔记六种》孔凡礼点校本。

南宋范成大撰。范成大乾道八年(1172)三月到任知静江府、广西经略安抚使，至淳熙元年(1174)改任知成都府、四川制置使，就任途经潇湘、洞庭等地，历半年时间方至成都，途中追记其在广西登临之处与风物土宜，以及方志未载、蛮陬绝徼见闻可纪者等编为一书。此书后世多有散佚，今本已非全本，分为志岩洞、志金石、志香、志酒、志器、志禽、志兽，志虫鱼、志花、志果、志草木、杂志、志蛮13篇，记载古代广西地区地理景观、土特矿产、动物植物、气候风俗、少数民族等，内容丰富，具有重要历史文化价值。如杂志所记俗字，为范成大阅讼牒所习见，云其虽甚鄙野，而偏傍亦有依附。又记其地法度疏略，婚姻多不正，村落强暴，窃人妻女以逃，转移他所，安居自若，谓之“卷伴”。志蛮则记广西少数民族中与官府声问相接、关系较为密切的羁縻州洞、瑶、僚、蛮、黎、蜑，记其历史和习俗等。

淳祐玉峰志3卷咸淳玉峰续志1卷 国家图书馆藏清黄氏士礼居抄本；《续修四库全书》本；2010年广陵书社《昆山宋元三志》陈其弟点校本。

南宋凌万顷、边实编纂。凌万顷，字叔度，号松朧，一作松曜。昆山人，祖籍阳羡。景定三年(1262)进士。官直学。边实，字宜学。昆山人，祖籍陈留。玉峰为昆山境内名山，南宋淳祐间昆山知

县项公泽属凌万顷、边实编纂，淳祐十二年(1252)编成3卷，以历代府志为本，附以耳闻目见可考之事。卷上沿革、乡镇、城社、山、水诸目，卷中公宇、赋税、人物诸目，卷下古迹、土产、寺观诸目。咸淳八年(1272)，昆山知县谢公应又属边实续编，增入30余条，改定20余条，编成1卷。本书为现存最早的昆山方志，记载了许多珍贵的南宋昆山社会历史资料，如淳祐志卷中课利，详细记载赋税之外取办自酒税的课利名目和数额。官租，记载各种官租名目和数额。进士题名，则记载了自端拱元年(988)至淳祐七年间200余位昆山进士。

至顺镇江志21卷首1卷 杭州大学图书馆藏影抄本；清道光二十二年(1842)丹徒包良丞刻本；1999年江苏古籍出版社《江苏地方文献丛书》杨积庆等校点本。

俞希鲁(1279～1368)，字用中。丹徒人。俞德邻子。以茂才除庆元路教授，官至松江府同知。学识渊博，工于诗文。本书由俞希鲁编撰，是现存少数元代方志之一。元刻本久佚，清道光间阮元将所藏抄本等属刘文淇、刘毓崧校勘整理，包良丞刊刻行世。卷首郡县表、官制表，其后分为地理、风俗、户口、土产等27门，其下再分为百余类，系统记载自古至今镇江政治、经济、文化诸方面内容。书中旁搜博采，考订细致，保存了大量文献资料，尤其记载了许多元代的重要史实，有助于对镇江地方文化的研究。如卷3户口分为土著、侨寓、客、单贫、僧、道6类，其下再分户、口、躯，记其数目，反映了元代多民族国家中各社会阶层的情况。卷9僧寺中的大兴国寺，录儒学教授梁相所撰记，反映了元代基督教在镇江传播的情况。

至正昆山郡志6卷 《宛委别藏》本；《续修四库全书》本；2010年广陵书社《昆山宋元三志》陈其弟点校本。

元杨譓编纂。杨譓，字履祥，自号东溪老人。祖籍浦城(今属福建)，徙太仓。官昆山州学训导。元末杨譓历10余年编成此书，元代升昆山县为州，故称郡志。杨譓卒后其子求序于杨维祯，卷首有杨维祯至正四年(1344)序。卷1风俗、山、坊、园亭、冢墓、古迹，卷2名宦、封爵，卷3进士题名，卷4人物，卷5人物、释老，卷6土贡、土产、杂记、考辩。杨维祯序云此书22卷，本书或为残本。书中各目记载较为简略，其中有关元代部分的记载较有价值，如卷2名宦所记先后出任昆山知州的王安贞、那怀本、姜复昌、八资剌、孛罗帖穆尔诸人事迹，对研究元代昆山地方社会政治等颇有参考价值。

洪武苏州府志50卷图1卷 明洪武十二年(1379)刻本；上海图书馆藏抄本；《中国方志丛书》本。

明卢熊编纂。卢熊(1331～1380)，字公武。昆山人。元季授吴县教谕，张士诚据吴辟为掾，入明官兖州知府，坐累下狱死。少从杨维桢学，博学工文词，尤精篆籀。本书为卢熊于洪武初年编成，图1卷，其后分为沿革、分野、疆域等35门，记载自古至今苏州历史事迹。书中门类齐全，资料非常丰富，具有重要史料价值。其中人物21卷，几占全书一半篇幅，下分名宦、名臣、儒林、文艺、循吏、忠义、孝友、高行、隐逸、方伎、释老、列女12类，记载苏州历代各个阶层人物。集文4卷，收录历代重要文学作品，亦可见苏州文风繁盛之一斑。

成化重修毗陵志40卷 明成化二十年(1484)刻本；清嘉庆二十五年(1820)刻本；《中国方志丛书》本。

明朱昱编纂。朱昱(1423～1494)，字懋阳，号约斋。武进人。博综群书，好学工诗。明成化五年，常州知府卓天锡聘请朱昱编纂郡志，次年编成。至成化十八年，知府孙仁再聘朱昱增修，增加新置靖江县及常州府修城等事，20年编成。本志编纂以咸淳郡志为基础，参以洪武郡志及永乐、景泰郡志，卷首图、表，其下分为19门，记载自古至今常州历史事迹。其中地理4卷，下分子目13，山川3卷，下分子目27，详记常州建置沿革、风俗形胜、城郭乡都、山岭江湖等。食货2卷，下有户口、土贡、财赋、土产4子目，记载古今常州经济状况及自然物产等。词翰6卷，保存常州文学资料颇为丰富。

慧山记4卷 明万历刻本；清咸丰七年(1857)二泉书院刻本；《四库全书存目丛书》本。

明释圆显、邵宝编撰。圆显(1449～?)，俗姓陈。初号卧云，晚号知微子。无锡人。惠山寺住持。邵宝有《春秋诸名臣传》，已著录。慧山即惠

山，无锡名胜。明代慧山僧人圆显收集相关文献编成《慧山志》20 卷，邵宝复加编辑增补，编成本书 4 卷，邑人潘绪等亦参与编撰。卷 1 慧山、泉、石、峰坞、池涧，卷 2 寺、祠庙，卷 3 物望、山居、古迹，卷 4 胜览、墓、土产、杂考。编撰者俱为本地人，熟悉慧山情况，又广为搜罗相关资料，故本书内容颇为丰富，慧山自然风光、历史沿革、人文遗迹等方面得以详细记载，如慧山泉称为天下第二泉，名闻天下，本书搜辑唐代陆羽以来历代名人诗文等，记述颇为完备。书中收录历代作家文 10 余首、诗 200 余首，包括邵宝自己的诗文多首，亦反映古今慧山浓厚的人文传统。

震泽编 8 卷　明弘治十八年(1505)林世远刻本；2014 年古吴轩出版社陈其弟校注本。

明蔡昇、王鏊撰。蔡昇，字景东。吴县人。王鏊(1450～1524)，字济之，学者称震泽先生。吴县人。成化十一年(1475)进士。官至文渊阁大学士。明代政治家、文学家。“震泽”为太湖古称，本书为现存最早的太湖志，由蔡昇编撰成书，其后王鏊重加整理，名为《震泽编》。卷 1 五湖、七十二山、两洞庭，卷 2 石、泉、古迹，卷 3 风俗、人物、土产、赋税，卷 4 水利、官署、寺观庵庙、杂纪，卷 5 至卷 8 诗、文。本书记载以太湖两洞庭为中心，两位作者俱为本地人，亲身经历其间，复加文献采辑，内容非常丰富，真实记载了当地的自然环境、历史沿革、建筑景观、文化传承等各方面情况，保存了珍贵的历史资料。如卷 3 人物分为宦迹、文学、经学、武功、不仕、贞节，记载各类人士，卷 4 水利记载 6 种治水方法，颇为详细。本书一半篇幅为诗文，亦反映太湖地区人文传统之深厚。

正德姑苏志 60 卷　明正德元年(1506)刻本；《四库全书》本。

明王鏊编纂。王鏊有《震泽编》，已著录。本书之前已有宋代范成大、明初卢熊所修两部苏州志书，成化、弘治间地方官绅吴宽等又谋重修，吴氏未及成书而卒，其后林世远为苏州知府，属王鏊修纂。王氏以吴宽志稿为基础，综合范、卢二志所记，又加采辑增补，删繁订讹，编成本书，参与编纂者还有杜启、祝允明等多人。前 7 卷为沿革、守令、科第诸表，卷 8 至卷 36 为山水、户口、田赋、城池、桥梁、官署、寺观诸志，卷 37 至卷 42 宦迹，卷 44 至卷 58 人物，末 2 卷纪异、杂事。有关苏州的文献资料非常丰富，编撰者亦为本地著名文人学者，故本书内容非常丰富，真实记载苏州自然、历史、人文、经济各方面状况。苏州人口众多，钱粮赋税繁重，故明代政府机构等设置颇多，本书官署 3 卷、仓场 1 卷，详细记载众多机构，记其职掌沿革等情况，是难得的明代政治史、经济史资料。苏州地区佛教活动繁盛，《寺观》2 卷即记载了大量的佛寺及其相关资料。苏州人文荟萃、名人辈出，有关人物记载就有《宦迹》6 卷，《人物》16 卷，记载自古至今与苏州地方相关的各类著名人物。

正德常州府志续集 8 卷　明正德八年(1513)刻本；国家图书馆藏江安傅氏藏园抄本；《中国方志丛书》本。

明张恺编纂。张恺(1453～1538)，字元之，号企斋，又号东洛。无锡人。成化二十年(1484)进士。官至福建盐运使。明正德七年常州知府李嵩请张恺续增府志，八年编成，成化郡志所载内容不录，增补阙佚，又增加成化二十年后内容。卷 1 地理、诏令、官寺、食货，卷 2 职官，卷 3 文事、山川，卷 4 人物，卷 5 宫室、祠庙、寺院，陵墓、祥异，卷 6 至卷 8 词翰、摭遗。其中《食货》记载弘治、正德间常州户口、田地、赋税等数据资料，《职官》记明代常州各级官员名录及小传等，颇具史料价值。

嘉靖吴邑志 16 卷　明嘉靖八年(1529)刻本；2006 年广陵书社陈其弟点校本。

明杨循吉编纂。杨循吉有《辽小史》，已著录。明代苏州府下辖有吴县，本书为吴县首部方志，杨循吉嘉靖八年编成。卷 1 建置、疆域等，卷 2 吴国本末等，卷 3、卷 4 县治、乡图、公廨等，卷 5、卷 6 学校、庙坛、祠宇，卷 7 至卷 10 人物，卷 11、卷 12 山水、卷 13、卷 14 古迹、物产等，卷 15、卷 16 诗文。本书门类齐全，记述有法，吴县一地自然地理、历史沿革、经济文化诸多方面情况，得以具体系统地记载。如卷 1 建置总论，较为详细地记载吴县的历史沿革。卷 4 乡图都分，记载明代吴县图都坊巷及户口田赋等资料颇为具体。卷 5 学校，记载古今学校设施、教育制度等情况，又有明代乡举、进士题名，反映了吴县教育事业的繁荣及人才之鼎盛。

阙里志 24 卷 明崇祯刻清雍正增修本;《四库全书存目丛书》本。

明陈镐等编撰。陈镐(1462～1511),字宗之,号矩庵。祖籍会稽,明初以钦天籍家南京。成化二十三年(1487)进士,官至湖广巡抚。明弘治十七年(1504)重建阙里孔庙成,大学士李东阳奉敕代告,因阙里无志,属山东提学副使陈镐编成 13 卷,崇祯间孔子六十五世孙,袭封衍圣公孔胤植重纂,编成 24 卷。雍正增修本又增加了清代奏疏、墓志铭、致祭文等内容。本书分为图像、礼乐、世家、事迹、史记世家、祀典、宗子世纪、人物、林庙、山川、古迹、恩典、弟子、诏诰、历朝御祭、撰述、艺文诸门,记载孔子后裔历史及孔庙祭祀制度等,颇有历史价值。如《宗子世纪》记载二代孔鲤至六十五代孔胤植的事迹,《人物》分闻达子孙、甲科、乡科、监生、岁贡题名,记载历代孔氏英才等。

京口三山志 10 卷 明正德七年(1512)刻本;《四库全书存目丛书》本。

明张莱撰。张莱(1463～1517),本姓雷。字廷心,号心庵。丹徒人。正德九年进士,官户部主事等。三山即金山、焦山、北固山,正德间镇江府推官史鲁属张莱搜辑相关文献编撰本书,正德七年编成。卷 1 总叙、诸寺、田土、祠庙,卷 2 名贤、住释,卷 3 至卷 8 诗文,卷 9 诗话、碑刻,卷 10 杂纪、纪异。三山为镇江名胜,本书首先记载三山的自然景观、历史传说等,其次记载甘露寺、金山寺、焦山寺等佛寺的兴替沿革及其堂宇、田土等。其次记与三山相关的历史名人如焦光、李德裕、苏轼等以及著名僧人。三山为游览胜地,历代文人诗文题咏叙记颇多,此部分内容占本书大半篇幅,汉代以来诗文名家之作多有收录,尤以诗歌为多,反映了三山深厚的人文传统。

金陵古今图考不分卷 明正德十一年(1516)刻本;《四库全书存目丛书》本;2006 年南京出版社《南京稀见文献丛刊》本。

明陈沂撰。陈沂(1469～1538),字宗鲁,一字鲁南,号小坡。上元人。正德十二年进士,嘉靖中以行太仆卿致仕。工诗文书画。金陵城邑始建于战国吴越楚间,其后至明代多历变迁,始终为中国历史名城,本书以图考形式记其历史发展。明正德间陈沂应邀修府志时编撰本书,正德十一年成书。本书共有图 16 幅,每幅图后为考述,记其始末。金陵自战国至明代历代继有建置沿革,本书所记自吴楚越始,继为秦秣陵县、汉丹阳郡、孙吴都建业、东晋都建康、南朝都建康、隋蒋州、唐昇州、南唐江宁府、宋建康府、元集庆路,末为明朝都城,共图 12 幅。又有应天府境方括、境内诸山、境内诸水 3 幅图记明代金陵地理状况,最后一幅为历代互见,总述城郭规制变迁。

金陵世纪 4 卷 明隆庆三年(1569)史际刻本;《四库全书存目丛书》本;2009 年南京出版社《南京稀见文献丛刊》本。

明陈沂撰。陈沂有《金陵古今图考》,已著录。本书记载明代金陵地理形胜。陈沂言汉、宋有《三辅黄图》《东京梦华录》等书记其都城,金陵为明代都城,亦应有书,嘉靖十六年(1537)撰成本书。全书共 18 门,卷 1 都邑、城郭、宫阙、郊庙,卷 2 官署、邕泮、衢市、第宅、楼宇,卷 3 山川、驿路、津梁、台苑,卷 4 陵墓、祠祀、寺观、杂遗、赋咏。前 16 门分门别类记载各类景观建筑,杂遗为补记所遗,赋咏则摘录历代名流相关作品。与记载南京地理状况的方志如《万历应天府志》相比,此书所记较为简略,不繁征博引,金陵主要地理名胜、重要建筑等记载却一应俱全,便于学者查考。

南畿志 64 卷 明嘉靖刻本;《四库全书存目丛书》本。

明闻人诠、陈沂撰。陈沂有《金陵古今图考》,已著录。嘉靖中余姚闻人诠以监察御史提督南直隶学校,本书由其组织各地学官、诸生多人编撰而成,主要编撰者为陈沂。南畿即南直隶,明代行政区划主要分为北直隶、南直隶以及十三布政司,南北直隶各府州直属中央政府管理,此书为南直隶十四府(应天、凤阳、苏州、松江、常州、镇江、扬州、淮安、庐州、安庆、太平、宁国、池州、徽州)四直隶州(广德、滁州、徐州、和州)总志。本书材料来自《明一统志》《洪武京城图志》以及各府县志,全书 64 卷,1～3 卷为总志,卷 1 载南京、凤阳的城阙、坛庙、山陵、公署等。卷 2 载自先秦至明代南直隶地区的行政区划、地方政府建置沿革,重要官员小传。卷 3 载户口田赋和有关诏令,水利和戎备。卷 4 至卷 64

为各府州分志，详载各府及属县的建置沿革、山川形胜、街道桥梁、官府机构、重要官员、陵墓古迹、历代宦迹、乡贤列女、方外艺文等。本书是一部较重要的地方历史文献，保存了许多明代南直隶政治、经济、军事史料，如卷2所载南直隶地方文武官员官衔职掌，卷3所载南直隶户口田赋、军卫兵营等，即可与《大明会典》等专门文献对照查考。

正德江宁县志10卷　明正德刻本；《北京图书馆古籍珍本丛刊》本；2012年南京出版社《金陵全书》本。

明刘雨等编纂。刘雨，字润之。江宁人。贡生。正德十五年(1520)江宁知县王诰属应天府学生刘雨编纂县志，其后应天府丞寇天叙又延请府学生管景等增修，十六年编成。卷首县境、县治图，其后分为沿革表、官守表、建置沿革、分野、疆域共33目，全面搜集江宁文献资料。如卷3户口、葘亩、赋税、物产，卷5坊乡、市镇、衢道、桥梁诸目，保存了许多珍贵的明代南京经济社会史料。作者在记述史实后，也常表达自己的意见，如在户口中，记载了洪武、弘治、正德三朝户口日渐减少的现象，其后作者云："户口渐少而征科日繁，况监局人匠旧额二千五百七十五名，逃亡殆尽，而取办沓至。民何以堪？官何以处？君子安得不为恻然而思为之所云。"

嘉靖惟扬志38卷　明嘉靖二十一年(1542)刻本；《天一阁藏明代方志选刊》本。

明盛仪编撰。盛仪，字德璋，号蜀岗。江都人。弘治十八年(1505)进士。官至太仆寺卿。本书是扬州现存最早的地方志，嘉靖二十一年扬州知府朱怀干属致仕家居的盛仪编撰，扬州地方官员也参与。盛氏博采史传文集等资料，又对此前《宝祐惟扬志》等多种扬州方志所载增补删削，凡七阅月编成。原书38卷，今仅存18卷：卷1至卷3，卷7至卷12，卷18(有残阙)至卷22，卷32、卷33，卷37、卷38。卷1郡邑古今图，卷2以下16门：建革、疆里、历代、公署、户口、田赋、储备、盐政、军政、礼乐、经籍、秩官列传(不全)、人物、人物列传(不全)、诗文(不全)、杂志。本书虽然残缺，仍然保存了许多有用的资料，如卷8户口、田赋、储备三志，卷9盐政志，详细记载具体数额及各类制度，是反映明代扬州经济社会生活的重要史料。扬州地区为古来人文荟萃之地，文化传统深厚，书中一半以上内容记载古今名贤、诗文杰作，内容非常丰富，有助于扬州历史文化研究。

西洋朝贡典录3卷　《借月山房汇钞》本；《续修四库全书》本；1982年中华书局谢方校注本。

明黄省曾撰。黄省曾(1490～1540)，字勉之，号五岳山人。吴县人。黄姬水父。嘉靖十年(1631)魁乡榜。从王守仁、湛若水游，又学诗于李梦阳。著述颇多，整理刊刻书籍多种。本书记载明初郑和下西洋所经诸国地理物产情况，由近及远共记23国，每国一篇，记其道里远近、风俗美恶、物产器用之殊、言语衣服之异等，末有论赞。本书依据《星槎胜览》《瀛涯胜览》《针位》三书编成，其中《针位》已失传，书中改正了一些《星槎胜览》《瀛涯胜览》中的错误，又补充二书遗漏的资料。本书对各国地理情况及其朝贡物资的记载，是研究古代中国对外关系及海外交通的重要文献。

吴江水利考5卷　清乾隆五年(1740)沈守义刻本；《四库全书存目丛书》本。

明沈啓撰。沈啓(1490～1568)，字子由，号江村。吴江人。嘉靖十七年(1538)进士，官至湖广按察副使。吴江为太湖要枢，水利治理至关重要，故沈啓编撰本书加以探讨，编成于嘉靖十八年。卷首吴江水利全图等图多幅，卷1水道、水源，考察太湖流域河流水道和湖水来源等地理情况。卷2水官、水则、水年、水蚀、水治、水栅，考察历代水利管理制度、水患灾害、工程建设及泄水要处等。卷3至卷5水议，辑录历代水利文献，主要为官员奏疏以及学者专著等。沈氏生长于斯，熟悉本地情况，复博采群书加以考察，相关记载如水道、水源等非常详细，水议则总结历代治水经验，为吴江水利治理提供了众多有用的资料。

庐山纪事12卷　清顺治十六年(1659)刻本；《四库全书存目丛书》本。

明桑乔编纂，清范礽补辑。桑乔(？～1564)，字子木，号玄同子。江都人。嘉靖十一年(1532)进士，官监察御史等。嘉靖间桑乔遭严嵩构陷，谪戍九江，桑乔于此辑录庐山古今事迹，于嘉靖四十年编成本书，清顺治间会稽范礽又加补订，搜辑庐山

事迹颇为完备。卷1、卷2通志，包括山纪、品汇等八目，又总记登山道路以及重要山峰、景点等。卷3至卷8山南，卷9至卷12山北，分记庐山南北道路、景点。先记述庐山历史、景物，随后分别汇录历代文献记载，标注书名或作者。又有“桑乔曰”“范礽曰”加以补充及评论。庐山为中国著名旅游胜地，自然风光和人文景观名闻天下，本书对庐山的地理形势、山水、道路等自然之美记载全面，颇便于旅游者。本书主要内容是采辑历代文献中有关庐山的记载，庐山的历史传说、著名人物等多有记载，尤其详于历代作家的诗文作品如山水诗、游记等，可谓文学宝库。

郑开阳杂著10种 清康熙三十二年(1693)刻本；《四库全书》本；南京图书馆藏清抄本。

明郑若曾撰。郑若曾(1503～1570)，字伯鲁，号开阳。昆山人。贡生。师从魏校、湛若水、王守仁。佐胡宗宪平倭有功。郑若曾生前撰有著作数种，其后五世孙起泓等对相关著作删汰重编，康熙间编成本书。内容涉及军事、地理、交通、水利等内容，包括《万里海防图论》2卷，《江防图说》《日本图纂》《朝鲜图说》《安南图说》《琉球图说》《海防一览》《海运图说》《黄河图议》《苏松浮粮议》各1卷。前10卷内有图多幅，颇为细致。郑若曾为明代军事家，著有《筹海图编》《江南经略》等著作，本书前3卷及《海防一览》内容与军事相关，日本、朝鲜、安南、琉球四国图说记载其地理、历史、风俗、土产、语言及与中国交往等，其中日本又记倭船、倭刀、寇术等内容。末3篇涉及经济民生等内容，展现了作者的独到见解。

筹海图编13卷 明嘉靖四十一年(1562)胡宗宪刻本；《中国兵书集成》本；2007年中华书局李致忠点校本。

明郑若曾编撰。本书之前郑若曾编辑沿海图12幅，主持剿倭事务的胡宗宪览而嘉之，罗之幕府中，郑氏又搜辑相关书籍资料，编成本书。卷1舆地全图，广东、福建、浙江、直隶、山东、辽东沿海山沙图，卷2王官使倭事略、使倭针经图说、倭奴朝贡事略、倭国事略、日本国图，卷3至卷7各省及南直隶沿海总图、各府图、防官考、倭变纪、事宜，卷8倭患总编年表、寇踪分合图谱，卷9大捷考，卷10遇难殉节考，卷11至卷13经略。郑若曾对其时军事形势具有清醒认识，又搜集大量官方文献及专门著述，资料丰富，图文并茂，前7卷总叙地理形势，其后分述各地地理与战事，卷8概述倭患始末，卷9、卷10记载重要战事及人物事迹，末3卷记载军事规划部署、法令制度、技术装备等，书中多有作者独到见解，明代倭寇史事得以清晰地记载，是研究明代政治军事的重要文献。

三吴水利录4卷续增1卷 明刻本；《四库全书》本。

明归有光撰。归有光有《易经渊旨》，已著录。本书为归有光论述太湖治理的专著，前3卷采辑前人郏亶、郏乔、苏轼、单锷、周文英、金藻等人的相关论述，卷4为归氏所撰水利论、禹贡三江图及叙说、淞江下三江口图及叙说、淞江南北岸浦、元大德开江丈尺、天顺开江丈尺诸篇。续增为归有光与熊分司、王太守书，讨论相关事宜。明代太湖水灾频繁，治理难见成效，归有光生长于此地，熟悉太湖地理环境，梳理历代专家学者之说，总结各家之得失，撰成本书。主张治理太湖要点在疏通吴淞江，以利湖水东下，“故独治松江，则吴中必无白水之患，而从其旁钩引以溉田，无不治之田矣。然治松江必令阔深，水势洪壮，与扬子江埒”。所言颇为合理。二图及叙说、淞江岸浦、元明开江丈尺等篇提供路线、数据等较为详细，对太湖治理颇有参考价值，亦为太湖水利研究的重要资料。

万历重修镇江府志36卷图1卷 明万历二十五年(1597)刻本；《原国立北平图书馆甲库善本丛书》本。

明王樵编纂。王樵(1521～1599)，字明逸，一字明远，号方麓。金坛人。嘉靖二十六年(1547)进士，官至南京都察院右都御史。万历中王应麟任镇江知府，因80余年未修府志，请致仕家居的王樵主持编撰成书。卷首图1卷，以下设郡邑、山川、户口诸志，记载自古至今镇江历史地理情况，其中记载明代各类史料非常详尽。如卷5至卷13赋役志，分田赋、盐钞、诸课、匠班、里甲军需、均徭、马政、驿传、兵饷、屯田籽粒、征解库藏事宜等目，全面记载明代经济制度，五花八门的各类赋役也真实反映了明代百姓的生活状况。卷21至卷26《士品志》，分

古今贤哲、荐辟、进士、乡举、贡、门荫、武科、赀选、军资、吏道、隐德等目，广泛辑录镇江古今卓异之士。

牛首山志2卷 明万历七年(1579)刻本；2010年南京出版社《南京稀见文献丛刊》本。

明盛时泰撰。盛时泰(1529～1578)，字仲交，号云浦。上元人。嘉靖时贡生。博学多才，有名于时。牛首山位于南京南郊，自古即为游览胜地。本书分为8志，上卷山名、岩洞、池泉、殿庐、草树、法宝，下卷游览、丽藻。分别记载牛首山历史以及自然、人文景观，门类齐全完备，记载全面详尽，颇具史料价值，其中法宝、丽藻二志内容最为丰富，占全书大半篇幅。牛首山为佛教胜地，寺庙、僧人众多，法宝志所载两件公文，记载名寺弘觉寺之山塘、田地、坟山等颇为详尽，可考其时牛首山佛事状况。丽藻记载与牛首山相关的塔记、碑铭、游记及诗词等，作者有唐代的刘禹锡、李华、李吉甫，明代则有乔宇、都穆、罗洪先、陈铎、严嵩、顾璘、陈沂、何良俊等多位名人，可见其时南都文学繁荣之一斑。

惠山古今考10卷附录3卷补遗1卷 明万历刻本；《四库全书存目丛书》本。

明谈修编撰。谈修(1534～1617)，字思永，号信余，自署梁溪无名生。无锡人。诸生。博学善文。本书考述惠山古迹，又收录相关诗文。卷1考述惠山名胜景物，卷2至卷10收录南北朝至明代与惠山景物相关的诗文，以明人作品为主，亦收录谈修的诗文。附录收录时人撰写的赞颂谈修修复小洞、立李丞相读书台碑的诗文，也有谈修的文章。补遗则补充记述惠山古迹。惠山名胜景观众多，其中遗迹之一的小洞，由谈修加以修复，书中首先记载此事经过，又考述另一处遗迹重阶。其后记述惠山的三贤祠、惠山寺、二泉书院等多处景观，详述古今变迁，对惠山历史的记载颇为详尽。书中搜辑的历代文人名士赞美惠山的大量诗文，有助于无锡历史文化的研究。

万历重修常州府志20卷 明万历四十六年(1618)刻本；《原国立北平图书馆甲库善本丛书》本。

明唐鹤征编纂。唐鹤征有《皇明辅世编》，已著录。万历间常州知府刘广生因百余年未修府志，属唐鹤征编成本书。分为地理3卷、钱谷4卷、职官3卷、选举1卷、武备1卷、人物3卷、词翰5卷，每门之下再分若干细目。本书广泛搜辑各类史料，记载内容非常丰富，对研究明代常州历史具有重要价值。如钱谷4卷分为户口、土贡、额赋、里徭、征输、征榷、蠲赈7类，分别记载常州经济史料，其中户口记载自晋至明人口资料，明代嘉靖朝有5个年度资料，万历朝有4个年度资料。《额赋》记载自宋至明赋税资料，明代资料非常详细，其中万历朝辑录了自二年至四十五年27个年度资料，细载各类赋税数据。《里徭》分为里甲、均徭，记载名目繁多的徭役，真实反映了明代百姓的沉重负担。

敬止集4卷 明万历二十四年(1596)刻本；《四库全书》本；2014年凤凰出版社《泰州文献》本。

明陈应芳编撰。陈应芳(1543～1610)，字世龙，一字元振，号兰台。泰州人。万历二年进士。官至太仆寺少卿。本书收录陈应芳所撰有关河道治理及漕运、田赋的各类文章。卷1图、论，卷2奏疏、公移、序、碑、传，卷3尺牍，卷4书。书中所言涉及泰州、兴化、高邮、宝应、盐城等地地理形势、水害防治、经济状况、农政管理等。陈应芳为泰州人，对本地情况十分熟悉，书中所言颇为有据合理，有助于古代地理和经济研究。如卷1《论田赋分数》，记载泰州上乡、下乡编户里数、官民地田亩数、科税数额，文中论其时制度弊端："不知物土所宜，各有定产，此无米之乡也，而强以米坐之。甚矣！其不通也，宜其不能行也。"《附泰州利病》，记影响泰州地方利益四事：兴化新堤、荒废虚粮、民灶征输、包区累民，真实反映其时民众生活的困苦。

金陵琐事4卷续金陵琐事2卷二续金陵琐事2卷 明万历三十八年(1610)刻本；清道光元年(1821)刻本；2007年南京出版社《南京稀见文献丛刊》本。

明周晖撰。周晖(1546～?)，字吉甫，号漫士，又号鸣岩山人。上元人。诸生。博古洽闻，隐居不仕。周晖曾撰有《尚白斋客谈》，本书为其从中选录有关金陵者撰成《琐事》4卷，万历三十八年成书，续书作于此后。本书记载明代金陵掌故佚闻，包括政治制度、名人轶事、文化艺术、民间风俗等各个方面的内容。如《琐事》卷1《举朝皆妇人》等4篇，记

海瑞事颇详。卷2《佳句》录明代100多位诗人佳句，又有《字品》对40位书法家作出评论，《画品》对50余位画家作出评论，《曲品》对20位曲家等作出评论。卷3《古碑碣》，记南京所存上古至宋代古碑碣；《牙板随身》记词曲名家陈铎事。卷4《嘉靖来南场剩事》记嘉靖元年(1522)至万历三十七年南京乡试诸事。《续琐事》上卷《轸恤运艘》记运粮军人之苦。下卷《诗集》记明人诗集100余种。《二续琐事》上卷《夏曹纪事》，记南京兵部制度。诸如此类记载非常丰富，有助于对明代历史的了解。

万历上元县志12卷　明万历刻本；《原国立北平图书馆甲库善本丛书》本。

明李登等编纂。李登，字士龙，一字如真，又字爵庸，别号利仁老生。上元人。嘉靖四十四年(1565)拔贡。官新野知县等。弃官归居30年，以讲学教授乡里。卒年86。明代上元与江宁同为应天府附郭县，万历间上元知县程三省属李登编成本书，参与编纂者还有盛敏耕和陈桂林。自《京城图》至《艺文志》分为14门，下分若干类，记载自古至今上元历史和地理资料，其中明代部分的史料较有价值。如卷2版籍，下有坊厢、乡图、户口3类，记载明代上元城乡及人口资料。田赋，依据应天巡抚欧阳铎之书纲要，分为税粮、里甲、均徭、驿传、坊厢赋役、坊厢应付6类，详载各项经济制度及具体数据，有助于明代经济研究。

日本考5卷　明万历刻本；《续修四库全书》本。

明李言恭等撰。李言恭(1542～1599)，字惟寅，号秀岩。盱眙人。岐阳王李文忠裔孙。万历二年(1574)袭封临淮侯。官至总督京营戎政。诗文有名于时。本书为李言恭与右都御史山西蔚州人郝杰同撰，记载日本历史地理、物产风俗、语言文艺等各方面情况。卷1日本国图、倭国事略等，卷2沿革、疆域等，卷3字书等，卷4切音正舌歌等，卷5文辞、诗赋等。明代记述日本情事的著作颇多，此书记载较为全面，尤详于民物风俗等。明代倭寇祸害中国，书中相关记载颇有价值，如卷1倭国事略、倭船、寇术、倭刀等记载较详，可补史乘之不足。

三吴水考16卷　《四库全书》本。

明张内蕴、周大韶撰。张内蕴，吴江生员。周大韶，华亭(今上海松江)监生。明万历四年(1576)朝廷命御史林应训修浚苏、松、常、镇诸府水利，任务完成后林应训命张内蕴等编成本书，记载三吴地理形势和水利治理等内容，初名《水利图说》。书中内容分为诏令、水利大纲、水年、水官、水议、奏疏、水移、水田、水绩、水文诸考，记载相关资料。书中内容非常丰富，有关记载集中详细，是非常重要的水利文献。如《水利大纲》详细记载江南诸府县水源、水道情况，《水议》《奏疏》记载历代治水方略，《水绩》记载历代水利工程建设。《四库全书总目》对本书评价颇高："诸水之源流、诸法之利弊，一一详赅。盖务切实用，不主著书，固不必以文章体例绳之矣。"

万历应天府志32卷　明万历五年(1577)刻本；《四库全书存目丛书》本。

明王一化等编纂。王一化，字汝诚。泰兴人。贡生。官南京国子监学录。万历间应天府尹程嗣功主持修纂府志，王一化时为应天府儒学教授，主要由其编纂。卷1至卷3"郡纪"，记载自尧舜至明隆庆五年(1571)重要史事。卷4至卷12"表"：沿革、历官、封爵、科贡、荐举。卷13至卷23"志"：诏令、风土、山川、建置、官职、学校、田赋、祠祀、杂志。卷24至卷32"传"：宦迹、人物、勋封、一行、列女、杂传。本书体例得当，门类齐全，所载史料非常丰富，明代应天府称为南京，作为留都与北京地位相当，《建置志》记应天府的各级政府机构官署、街道桥梁等。《田赋志》记载自洪武至万历应天府户口、田土、税粮、坊厢等各类数据资料。《杂志》记载应天府城池、宫阙、楼台、亭苑、故宅、陵墓、寺观等历代名胜景观。卷末多有作者评论，颇有见地，如《田赋志》后论曰："然以杂役并之正税，卒乃正税不可除而杂役旁午焉，盖屡变而辄重，至于今极矣，法可易言哉！语曰：兴利不若除害。志中详列之，使夫恤民隐者其尚画一之思乎？"

客座赘语10卷　明万历四十六年(1618)刻本；1987年中华书局谭棣华、陈稼禾点校本；2012年上海古籍出版社孔一校点本。

明顾起元撰。顾起元(1565～1628)，字太初，一作邻初，号遁园居士。江宁人。万历二十六年进

士，官至吏部侍郎。本书为记载南京地方掌故的名著，全书10卷，文400余篇。顾起元为南京人，喜闻桑梓故事，本书所记涵盖与南京有关的各方面内容，如名人轶事、民间风俗、地理名胜、户籍赋役、科举文化等，有作者耳闻目睹的当时社会众生相，亦有其辑采古籍所得的各类故实佚闻，内容非常丰富。以卷2为例，有《两都》(政治)、《佛会道场》(宗教)、《海水雪景》(艺术)、《王谢居址》(地理)、《樱桃园》(军事)等等，尤以反映当时南京经济、社会状况的部分内容最有价值，如《议糴》《力征》《坊厢乡》《户口》《赋役》《条编始末》《荒白》《坊厢始末》《铺行》等，涉及当时民众生活的诸多方面，《勾军可罢》《召募十便》《快船》《运船》等，则记载当时不合理制度下军人的困苦生活，真实反映了明代后期南京的真实面貌，可补史乘之不足。

皇明常熟文献志18卷　明万历三十三年(1605)刻本；上海图书馆藏抄本；《北京师范大学图书馆藏稀见方志丛刊》本。

明管一德编撰。管一德，字士恒，号沥川。常熟人。万历十九年举人。本书主要记载明代常熟教育文化等方面史事，明代编成常熟地方志数种，万历间管一德网罗旧闻，本之家乘国史以及老师宿儒之传说等编成本书。方志所载嘉靖以前之事加以删润，增加嘉靖至万历间事。卷1地类，山川、建置沿革、市镇、村落等，卷2至卷11献类，县令、学博、科第、人物等，卷12至卷18文类，与常熟相关的诗文奏疏，又及灾异、神异等。本书不载地方志中已有的户口、寺观、桥梁等志，主要记载科第名宦人物以及与常熟相关的诗赋纪载，如卷4至卷8科第、进士题名、荐举、贡生诸志，记载明初至万历中历科举人、进士、贡生以及荐举入仕者名录小传。卷9恩纶、任子、武弁、输粟入仕诸志，记载受封赠恩荫的官员士绅、武职官员以及输粟入仕者。卷10盛奇志，仿王世贞《皇明盛事述》《奇事述》二书之意，记载常熟士大夫官宦、科举等事。

长安客话8卷　国家图书馆藏抄本；明刻本；1982年北京古籍出版社排印本。

明蒋一葵撰。蒋一葵(1553～?)，字仲舒，一字二和，号石原。武进人。万历二十二年(1594)举人，官南京刑部主事等。本书记载明代北京地区及边关地方的历史和地理情况，蒋一葵依据其见闻又采辑各类书籍编撰成书。内容分为5类，皇都杂记、郊坰杂记、畿辅杂记各2卷，关镇杂记、边镇杂记各1卷。蒋氏博览群书，又曾于北京为官，书中所记北京历史、地理等资料具有参考价值。如卷1《赐第》，记明代名臣胡濙、李贤、李东阳、张璁赐第具体街巷。《洗象》，记每年六月初伏，官校用旗鼓迎象出宣武门濠内洗濯。卷2《候气堂》，记顺天府治后有候气堂，冬至日以葭官吹灰候气。《禁刑日》，先述释氏十斋日及唐代禁刑的法律，引《大明律》中有关禁刑日的规定，其后蒋氏云明代禁刑日即十斋日。

徐霞客游记　国家图书馆藏清杨名时抄本；清乾隆四十一年(1776)徐镇刻本；1985年云南人民出版社朱惠荣校注本。

明徐弘祖撰。徐弘祖(1587～1641)，字振之，号霞客。江阴人。中国古代杰出的地理学家、文学家。本书为中国古代地理学名著。所记起明万历四十一年(1613)三月晦，迄崇祯十二年(1639)九月十四日。书中内容可分为两部分。万历四十一年至崇祯六年历次游历，所记有天台山、雁宕山、白岳、黄山、武彝山、庐山、九鲤湖、嵩山、太华山、太和山、闽、五台山、恒山等，此部分内容不到全书篇幅十分之一。崇祯九年至崇祯十二年徐霞客的万里旅行，为全书主要内容，所记分为浙游、江右游、楚游、粤西游、黔游、滇游各篇。以滇游、粤西游记载最多，占全书篇幅大半。本书以日记形式，详细记录下旅途中观察到的地理、地质、水文、气候、植物、动物等各类自然现象，具有重要的科学价值，如对我国西南地区石灰岩地貌的考察记述，是世界地理学史上最早研究石灰岩溶蚀地貌的科学文献。本书广泛真实地记载了明代晚期中国南方地区的民情风俗、经济活动、民族关系等，具有重要的历史价值。同时也是一部古代文学名著，是记载内容最为丰富的游记文学作品，它以形象生动的语言，描绘了多姿多彩的山川河流、岩石洞壑等自然景观，激起读者对祖国大好河山的热爱之情。

旧京遗事　复旦大学图书馆藏清抄本；《四库禁毁书丛刊》本；1986年北京古籍出版社排印本。

清史玄撰。史玄(?～1648)，字弱翁。吴江

人。本书杂记明代北京史事，如京城皇城城门、诸家皇亲、西市行刑、神宗事迹、内官制度、党人之祸、士大夫生活、京军供给、王恭厂之变、京官礼仪、职官制度、风俗物产、市井生活等，时间自万历至崇祯。又有按语补充记载相关内容。所记诸事有听闻者，亦有史玄目击者，有的内容记载颇为详尽，可补史乘之不足。如记京军防卫之疏，“如戊寅敌众入据西安门，结营惜薪司前，惟张一青布幕，四周有刀杖数十件，兵将不知在何处”。又记宦官显赫气势，“司礼掌印太监曹化淳提督京营，前后马队几及千人，小珰俱秃襟小袖，跟随左右”。

留都见闻录2卷 清丰顺丁氏抄本；《国粹丛书》本；2009年南京出版社《南京稀见文献丛刊》本。

明吴应箕撰。吴应箕有《启祯两朝剥复录》，已著录。本书为吴应箕所记明末南京见闻，原稿分为13目，后有散佚。康熙十九年(1680)其子孟坚将山川、园亭、科举3门刊梓成书，雍正八年(1730)其孙铭道补辑河房、公署、官政、寺观、服色、时事6目，合前刻手录成帙。南京为明代留都，在国家政治、经济、文化生活中发挥重要作用，书中所记有助于明代历史研究。如《园亭》有六部各园、公侯之园、士大夫诸园，记载南京著名景观颇为细致。《科举》记吴应箕自万历戊午起8次应举见闻，对明代科举之事记述较详，包括南京科场制度、私通关节、考试题目、主试官员等。《官政》记载明末南京政治制度及重要官员事迹，对其时弊端多有揭露，如言南京操江官员，“乌程唐世济，时称振刷，然所募新水营兵七百，名为健卒，其实即盗也。有一举人为上河巡兵所劫，诣唐直责曰：‘兵为盗，则老先生为盗魁。’唐为气沮，立枭数卒”。记南京户部，“户部司属，南中最膻之任位，不营产者即为高品。司官一榷差官，回即营园置第，而以墨败下狱者亦相踵”。

锡山景物略10卷 明末嘉乐堂刻本；《四库全书存目丛书》本。

清王永积编撰。王永积(1600～1660)，字崇岩，一作稚实，号蓉湖野叟、蠡湖野史。无锡人。明崇祯七年(1634)进士，官至兵部职方司郎中。明亡后隐于里。本书记载无锡地方名胜，著名景观包括山、泉、寺庙、书院、祠堂、园林、桥梁、湖泊等多为收录记载。各处景物记其地理位置、历史沿革、重要景点等，其后为历代诗文等资料，亦包括王永积的诗文，低一格附于篇末。书中记载颇为细致，论述也很中肯，如卷9《东林书院》云：“学之晦明，院之兴废，国之治乱，宗社之存亡，实系焉。”其后详记其建置始末、主要建筑、学院制度等，又录王守仁、欧阳东凤、邹元标等多人所撰记略诗赋等。《四库全书总目》谓此书诗文采录过滥，贪于标榜，此说未必得当，书中收集保存的与无锡相关的大量文献，为无锡地方史的研究提供了重要资料。

微尚录存6卷 《海陵丛刻》本；2014年凤凰出版社《泰州文献》本。

清宫伟镠编撰。宫伟镠有《南宫旧德录》，已著录。本书为宫伟镠所编泰州志稿，卷1记、论赞，卷2考辨论次、论，卷3至卷6列传，其中秩官2卷，名贤1卷，笃行、文学、孝子、义侠、贤孝、侨寓、艺事1卷。宫伟镠熟悉泰州旧志，对泰州志书编撰多有见解，卷1《州志前后记》，记述泰州旧志情况。《社稷坛记》《山川论赞》等篇对旧志补充记载。卷2各篇对旧志加以考辨，又记述泰州钱粮、河渠、名宦乡贤特祠、乡饮酒礼等事。卷3宋代人物列传，依据《宋史》及宋代旧志等加以增订。

庭闻州世说6卷续1卷先进风格1卷 《避蠹山房丛书》本；《海陵丛刻》本。

清宫伟镠撰。宫伟镠有《南宫旧德录》，已著录。本书主要记载泰州一邑及邻近地方先辈遗事、掌故趣闻、地理风物等，有宫伟镠转述其父继兰之语，亦有其经历见闻等。如卷1记宋代海陵登科姓名，宋代泰州名人周孟阳、周麟之等事。卷2记明代泰州名人如储巏、林春、王艮、华湘、沈良才、凌儒等生平事迹。卷6记泰州地形，又记文峰塔、望海楼、玉带河等名胜景观。卷7记唐顺之、戚继光泰州征倭事，又记其家庭之事、地方旧规习俗及养生之法等。“先进风格”多记培德修身之语。

闽小纪4卷 清康熙周氏赖古堂刻本；1985年福建人民出版社来新夏校点本；2008年凤凰出版社《周亮工全集》本。

清周亮工撰。周亮工有《印人传》，已著录。周亮工清顺治间任福建按察使、布政使等，本书记其宦闽时见闻，康熙初编成。所记内容非常广泛，包

括物产名胜、人物诗文等等。其中当地特产食物如闽茶、闽酒、海鲜、水果等记载颇多,多内地稀见物种,如卷3《蕃薯》,记万历间蕃薯引进中国之事及其种植、加工等。著名景观如万安桥、玉华洞等亦多有记载。又记明代福建著名官员文士事迹,如林庭机、林燫、曹学佺、黄居中、张经、谢肇淛等人。平民事迹亦为记载,如卷3《烈女高氏》,记述其事颇详。明代福建诗文创作亦有涉及,如卷1录宋祖谦《闽酒曲》,卷3《闽诗》,评论明代福建诗歌创作。

康熙淮安府志13卷首1卷 清康熙二十四年(1685)刻本。

清胡从中等编纂。胡从中,字师虞,号天放,一号栋居。山阳人。明崇祯十五年(1642)举人。入清后,隐居乡里。喜吟酒作诗,善书法。年80余卒。清康熙间淮安知府高成美主持府志修纂,具体编撰者为胡从中和张应锡,二十四年修成。卷首图,以下分为舆地、建置、秩官、学序、典礼、兵制、贡赋、漕运、河防、选举、人物、艺文、丛纪诸志,一志一卷,下分若干类,记载古今淮安历史地理情况。如卷7《贡赋》,分为户口、田粮、驿传、盐课、芦政、蠲恤6类,记载清初各类经济数据。田粮中又有《一条鞭始末》,记隆庆六年(1572)淮安知府陈文烛议作《一条鞭法》,公私称便,至清初仍遵守,其后开列杂征各项。卷8《漕运》,先总述漕务河道、漕务设置、漕船险阻、旗丁作弊始末,其后记载职官屯卫。卷9《河防》记载水利建设之事颇详,治法纪略中包括开浚引河、浚筑云梯关、筑高家堰、筑清水潭、堵筑决口等内容。

肇域志 云南图书馆藏清抄本;《续修四库全书》本;2004年上海古籍出版社谭其骧等点校本。

清顾炎武撰。顾炎武有《诗本音》,已著录。本书为明代地理总志,顾炎武始撰于明崇祯十二年(1639),成书于清康熙元年(1662)。按两京十三布政司分为十五部分,后有散佚,现存十一部分:南直隶、山东、山西、河南、陕西、湖广、浙江、福建、广东、云南、贵州。本书征引宏富,考订精审,具有重要的史料价值。顾炎武序言本书编撰:"先取《一统志》,后取各省府州县志,后取二十一史,参互书之,几阅志书一千余部。本行不尽,则注之旁。"书中所载内容非常丰富,包括行政区划的建置沿革,田土户口,钱粮课钞,山川名胜,建筑景观,境内卫所,路程驿站等各方面资料。顾炎武编撰本书尤其注重地区特点,详记一地特有的自然物产、农业水利、交通运输等情况,如江南为经济命脉,详细记载田赋水利等,北方为边防重镇,详记关隘堡垒等,反映其讲求经世致用的治学倾向。

天下郡国利病书 南京图书馆藏手稿本;《四部丛刊三编》本;2012年上海古籍出版社黄珅等校点本。

清顾炎武撰。顾炎武有《诗本音》,已著录。本书为《肇域志》的姊妹篇,顾炎武序言其明崇祯十二年(1639)科场失意,"于是历览二十一史及天下郡县志书,一代名公文集,间及奏章文册之类,有得即录,共得四十余帙。一为舆地之记,一为利病之书"。清康熙元年(1662)二书编撰完成,前者为《肇域志》,后者即本书,亦有残缺。内容分为北直隶、南直隶(直接分为各府)、十三布政司、交阯西南夷、九边四夷,其中以南直隶所占篇幅最多。《肇域志》是地理总志,分门别类,全面记载各地地理状况。本书则偏重于记载各地政治经济社会状况,如官署、军卫、地形、居民、田土、赋役、里甲、水利、物产等等,主要内容辑录自史籍、专著、方志、奏疏等文献,很多为全文收录,保存了大量的第一手资料,具有极高的史料价值。讲求利病是本书的宗旨,所载内容都与社会生活密切相关,体现出顾炎武经世致用的学术思想。

历代帝王宅京记20卷 《四库全书》本;1984年中华书局《中国古代都城资料选刊》排印本。

清顾炎武撰。顾炎武有《诗本音》,已著录。本书记载自伏羲至元代的历代都城制度。首2卷总序,其下分记历代都城历史,其中以汉、魏、唐、宋记载较详,都城中关中4卷,雒阳3卷,邺2卷,此外为其他15座都城,其中有建康、开封、临安等古代名城,亦记临潢、大定、会宁等不知名的都城。史料来自历代典籍,注明出处,亦有小注加以补充,有关古代建都制度、都城建设、建筑景观等内容记载非常丰富。顾炎武为著名地理学家,《四库全书总目》亦称赞本书"征引详核,考据亦颇精审"。都城制度在古代政治制度中占据重要地位,涉及军事、经济、地理、人文等各个方面,本书所记有助于对古代政

治制度的研究，亦为考察古代城市建设、建筑工程等方面提供有用的资料。

板桥杂记 3 卷 《昭代丛书》本；清康熙刻《说铃》本；2000 年上海古籍出版社李金堂校注本。

清余怀撰。余怀（1616～1696），字澹心，又字无怀，号曼翁、广霞等。祖籍福建莆田，侨居南京。晚年移居吴门。文学家。余怀明末寓居南京，颇喜冶游，熟习故事，本书记载明末南京秦淮旧院见闻。上卷《雅游》，记明代旧院相关故实、灯船河房、服饰习俗、名家诗文等。中卷《丽品》，记旧院名妓，有余怀相识者，亦有采自传闻者，记载较详者如尹春、李十娘、葛嫩、李大娘、顾媚、董白、卞赛、顿文等，附记珠市名妓王月、寇湄等。下卷《轶事》记文人名士、浪子狎客等，如张魁、徐青君、柳敬亭等，又记名妓李三娘等。附录记秦淮女宋蕙湘等，又记秦淮名妓上元节盒子会事。书中所记名妓的动人容貌、超绝技艺、可贵品德，如临危不屈的葛嫩，慷慨深情的寇湄，颇为感人。本书不单记狭邪艳冶，余氏在序言更言一代之兴衰，千秋之感慨，明清易代之际的创痛哀伤常流于笔端，如下卷记魏国公弟徐青君，在明末及弘光政权时生活豪奢，入清后沦落至为人受杖。附录记秦淮女宋蕙湘等人战乱中的悲剧命运，令人感伤。

康熙镇江府志 54 卷首 1 卷 清康熙十三年（1674）刻本；《中国地方志集成》本。

清张九征等编纂。张九征（1617～1684），字公选，号湘晓。丹徒人。张玉书父。顺治四年（1647）进士，官至河南提学佥事。康熙十七年举博学鸿词，恳辞不赴。清康熙间镇江知府高得贵谋修府志，请张九征主持编纂，编成于康熙十三年。卷首宸翰、图经，其后分为建置沿革、山川、形胜、户口、赋役诸志，体例完备，史料丰富。其中赋役 8 卷，艺文 10 卷，充分反映了镇江的经济文化发展状况。书成后镇江当局又有增补重印，乾隆十五年（1750）知府朱霖又主持重修，成书 55 卷首 1 卷。前 54 卷内容悉依康熙府志，增补原板磨灭不可复识的内容以及来属的溧阳县，又增加康熙以后的部分内容，新增第五十五卷为河工奏疏、坍田疏稿、皇恩恤灾记、丹徒县续节孝志等。

百城烟水 9 卷 清康熙二十九年（1690）张大纯影翠轩刻本；1999 年江苏古籍出版社薛正兴校点本。

清徐崧、张大纯编撰。徐崧（1617～1690），字松之，号臞庵居士。吴江人。张大纯（1637～1702），字文一，号松斋。长洲人。明末清初徐崧遍访苏州各处名胜景观，参考文献记载，编撰本书，书未成而卒，由张大纯重加纂辑，补缀成书。书中记载苏州各地城市面貌和山水形胜，分为 9 卷，首为苏州府，以下为所属 8 县，各卷记载府县建置沿革、城郭、学校、园林、亭阁、宅第、寺观、山水、桥梁、祠墓、书院等，文中又有小字补充相关记载、辑录诗文等。书中内容非常丰富，明末清初苏州地区的自然形胜、人文景观多为记载，同时也记述了此一时期社会历史文化等方面的内容，是研究苏州文化的重要资料。

历代地理沿革表 国家图书馆藏清抄本；清道光十三年（1833）刻本；1991 年江苏广陵古籍刻印社影印本。

清陈芳绩撰。陈芳绩，字亮工。常熟人。诸生。明亡弃举业，隐居教徒。与顾炎武交游密切。古代地理变革纷繁，作史志者止于一代一地，陈芳绩有鉴于此，博观二十一史，广搜天下志乘，按其山川城郭、形势位置，究其历代渊源，于康熙六年（1667）编成本书，卒后百余年由同邑张大镛、黄廷鉴整理刊印。本书以图表形式，以地为经，以朝代为纬，记载自虞舜至明代天下地理沿革，分为三等，部表 3 卷，首为唐虞十二州及秦汉所开之交州，下列境内历代郡、州、国、道、府、省情况。郡表 15 卷，首为秦置四十郡，下列境内历代郡、州、路、府、军、卫情况。县表 29 卷，首为《汉书·地理志》所载天下各县，下列各县历代变迁等。书中于历代添设、并省、更名、徙治等地理情况，纤悉具载，史籍记载不同者加以辨析注解，记述详实，条目清晰，令学者开卷了然，有助于古代地理研究。

峨眉山志 18 卷 清康熙刻本；《续修四库全书》本。

清蒋超撰。蒋超（1624～1673），字虎臣，号绥庵、华阳山人。金坛人。顺治四年（1647）一甲第三名进士，官翰林院修撰、顺天学政等。后出家为僧。

峨眉山志始于清初胡世安《译峨籁》，蒋超编撰本书以《译峨籁》为基础，又采辑《四川总志》《嘉定州志》《峨眉县志》《蜀中广记》等书记载，又集文人诗赋、名贤题咏等关系山中形胜、僧家典故的资料，虽细必录，取裁严格，考订精审，至康熙十一年（1672）编成。卷 1 序、山图、凡例、星野等，卷 2 形胜，卷 3 寺观、光灯，卷 4 高僧，卷 5 神仙，卷 6 方物，卷 7 典籍，卷 8 古迹，卷 9 至卷 17 艺文，卷 18 志余。本书史料丰富，条目得当，是研究峨眉山历史文化的重要资料。如卷 3《光灯》，记载著名的峨眉山佛光，逼真记载各种奇异景象。书中一半篇幅为艺文，记载与峨眉山相关的历代重要诗文，又以诗歌资料最为丰富。

读史方舆纪要 130 卷　上海图书馆藏稿本；清光绪二十五年（1899）邹代过刻本；2005 年中华书局贺次君、施和金点校本。

清顾祖禹撰。顾祖禹（1631～1692），字复初，一字景范，号宛溪。无锡人。徙居常熟。清代地理学家。本书与梅文鼎《历算全书》、李清《南北史合抄》被清初诸儒称作“三大奇书”。顾祖禹承其父说，以为明《一统志》于古今战守攻取之要，类皆不详，于山川条列，又割裂失伦，源流不备，故著本书“以一代之方舆，发四千余年之形势，治乱兴亡，于此判焉”（凡例）。首 9 卷为历代州域形势，总述自唐虞三代至明代的天下地理形势。其次 114 卷分记两直隶十三布政司，载其建置沿革、山川形胜、城邑关隘等。次 6 卷川渎，记大江大河、漕河海运等。最后 1 卷分野，载历代史志等星宿分野之说。附录《舆图要览》4 卷，载各地及边疆漕运等图说。征引之书包括正史地志，历代地理总志、山水志书，明代《一统》《寰宇》《名胜》诸志、十三布政司通志等典籍，文献史料非常丰富。本书的编撰体现了经世致用的思想倾向，尤其注重记述山川险易，历代战守成败之迹，对此详加论述，严格考证，颇便实用。“帝王卿相之谟谋，奸雄权术之拟议，以迄师儒韦布之所论列，无不备载。”对古代军事地理学的研究发展亦具有重要意义。

康熙常州府志 38 卷首 1 卷　清康熙三十四年（1695）刻本；光绪十二年（1886）活字本；《中国地方志集成》本。

清陈玉璂等编纂。陈玉璂（1635～1706），字赓明，号椒峰。武进人。康熙六年进士，官中书舍人。工于诗文，著述颇多。清康熙三十三年，常州知府于琨请陈玉璂主持编纂府志，当年编成。记载自古至今常州历史事迹。卷首巡幸，其下分为 28 门。职官表 2 卷，记载自晋太康元年（280）置郡至清康熙三十三年的官制变迁及常州各级官员名录等。选举 2 卷，分征辟、岁荐、乡科、甲科、武乡科、武甲科 6 类，记载上自东汉下至康熙三十三年的常州各类选举入仕者名录等。艺文 7 卷，区分文体，记载自古至今与常州相关的优秀文学作品。

宁古塔纪略 1 卷　国家图书馆藏清抄本；《昭代丛书》本；2014 年黑龙江教育出版社《中国边疆研究文库》本。

吴桭臣撰。吴桭臣（1664～?），字南荣，又字苏还。吴江人。吴兆骞子。吴兆骞顺治十五年（1658）因南闱科场案遣戍宁古塔，吴桭臣生于此地，后遇赦还乡。晚年追记往事，著成本书。书中记其家事及日常生活，对宁古塔地理气候、特产风俗、官署驻军、流人管理等多有记载，是记载清代东北地区历史地理的重要文献。如其中所记满洲人的生活习俗，包括语言称呼、房屋形制、相见礼仪、喜庆疾病礼俗等。又记宁古塔将军管辖之事，如三年一次，汉满未成丁者俱到衙门比棍，如棍长者即注册披甲，派差食粮。不愿者，每岁出银六两。其后又详记康熙二十年（1681）还乡诏下，其家入关回京里程路线等。

东林书院志 22 卷　清雍正十一年（1733）刻本；2004 年中华书局《东林书院志》整理委员会整理本。

清高嵀等编撰。高嵀（1666～1742），字象姚。无锡人。高攀龙裔孙。东林书院是我国古代著名书院，明末更是在政治、文化等领域发挥重要影响。明末清初间曾有东林书院志数种，雍正十年江苏按察使刁承祖属高攀龙后裔高嵀等重新编撰，主要编撰者为高廷珍及邑人许献，雍正十一年编成。建置、院规各 1 卷，会语 4 卷，列传 6 卷，祀典、公移各 1 卷，文翰 4 卷，典守、著述、东林轶事、诸贤轶事各 1 卷。其中有关东林书院起源、管理制度、仪式著述等内容，记载较为简略。会语 4 卷为顾宪成与高

攀龙在书院讲学的讲义等，讲学内容围绕儒家经典著作，阐述孔孟思想。列传6卷，自宋代创办书院的杨时，至清初江苏巡抚任上修葺书院的张伯行等人，记载与书院相关的人物事迹，明末东林党著名人物多有记载，史料来源于正史、墓志等。文翰4卷，记载与书院相关的诗文，对书院的历史和人物记载颇多。轶事2卷，补充和增加列传人物事迹。

乾隆淮安府志32卷　清乾隆十三年(1748)刻本；《续修四库全书》本。

清叶长扬、顾栋高等编纂。叶长扬(1667～?)，字尔祥，一作尔翔，号定湖。吴县人。康熙五十七年(1718)进士，官翰林院编修。顾栋高有《司马太师温国文正公年谱》，已著录。清乾隆间淮安知府卫哲治延请叶长扬、顾栋高等编纂府志，十三年编成。分为舆图、建置沿革、疆域、山川、城池，共32门，体例完备、资料丰富。如卷6《河防》，先记载自古至今黄河、淮河、运河、中河以及海口、运口的地理形势、水利治理状况，其后为总说，记载清代水利建设成就等，其后为各厅工程、增设厅营，分别记载管理河道的各厅具体管辖地段、工程事务及官员设置等。卷31《辩讹》，纠正诸旧府志的纰谬，考证亦颇为细致。

中山传信录6卷附中山赠送诗文1卷　清康熙六十年(1721)刻本；《续修四库全书》本。

清徐葆光撰。徐葆光(1671～1740)，字亮直，号澄斋，别号二友老人。长洲人。康熙五十一年进士，授编修。五十七年奉旨充册封琉球副使。雍正初以御史记名。琉球古称中山，清代为中国藩属国，康熙五十七年徐葆光奉旨充册封琉球副使，次年出使其国，本书记载此间见闻。卷1渡海兵役、针路、海行日记、历次封舟渡海日期、风信等，卷2天使馆、谕祭仪注、册封仪注、册封诏敕、中山王肆馆仪仗、中秋宴、重阳宴、中山王谢恩表疏等，卷3中山世系附封贡事迹，卷4星野、潮、地理、琉球三十六岛、地图、纪游，卷5官制、氏族、土田、礼仪、学、禅宗等，卷6风俗、屋舍、舟、轿、月令、物产、琉球语等。其中所记如航行里程路线、册封礼仪、琉球国王世系、琉球政治制度等，具有非常重要的历史价值。

雍正扬州府志40卷　清雍正十一年(1733)刻本；《中国方志丛书》本。

清程梦星等编纂。程梦星(1679～1755)，字午桥，号洴江。江都人。康熙五十一年(1712)进士，官翰林院编修。雍正间扬州知府尹会一主持修纂府志，请程梦星等人编撰成书，分为舆图、建置、星野、疆域等29门。雍正间原属扬州的通州、如皋、泰兴析出，新置甘泉，书中记载了行政区划的变化。本书采辑资料非常丰富，其中人物6卷、艺文4卷，内容较多。人物志除了记载历代著名人物外，再分为忠节、孝友、儒林、文苑、武勋、戚畹、笃行、隐逸、流寓、方伎、仙释、列女12类，收录自古至今各阶层人物。扬州水网密布，交通航运等非常发达，河渠志分河湖等、堤堰等、津渡三大类，记载本地地理状况。扬州为重要盐产地，盐法志记载相关制度，记载明清两代各级盐法官员。选举志分为辟荐、进士、举人、武科进士、武科举人、贡士，记载自汉代至雍正十一年的扬州英才。

摄山志8卷首1卷　乾隆五十五年(1790)汪志伊刻本；《中国佛寺史志汇刊》本；2010年中国文史出版社排印本。

清陈毅撰。陈毅，字直方，号古渔。上元人。工诗文书法。与袁枚交游。摄山又名栖霞山，位于南京东北郊，千年名刹栖霞寺即位于此处，自古为金陵山水名胜之地。清康熙年间，栖霞寺住持楚云命门人纂志稿8卷，后陈毅对此稿重加编纂，未及刊刻而逝。乾隆年间苏州知府汪志伊取陈稿略加删补，经钱大昕考订，付梓行世。卷首天章，录乾隆皇帝诗文多篇，卷1图序、图说，卷2形胜、创始、建置、古迹，卷3人物、高僧、律师，卷4诏敕、碑铭、塔铭、建记，卷5赞游记、书启等各体文，卷6、卷7诗，卷8考证、灵异、诗话、杂记。栖霞山风景优美，人文景观众多，自古以来留下大量文献记载，人物、高僧、塔铭、建记诸篇记载南朝至清代著名官员文人、高僧大德事迹及栖霞寺历史，是重要的佛教文化史资料。诗文3卷收录众多历代文人佳作，亦有助于历史和文学研究。

锡金识小录12卷　清光绪二十二年(1896)活字本；《中国方志丛书》本。

清黄印编撰。黄印(?～1757)，字尧咨，一作

爻资，号迴谷。无锡人。贡生。乾隆间无锡修县志，黄印以为此志不够完备，搜集关系邑事者，雅俗兼取，不厌琐屑，益以近事，类次成书，作为县志外编。分为备参、旧迹、司牧、补传、稽逸、科名、前鉴、纪异、语隽9门，反映无锡一地历官贤否、政治得失、民生利病、习俗醇靡等。黄氏认为县志有关田粮民役的记载，过求简约而致脱误不明，卷1备参上，详记无锡社会经济状况，如米价、交易银线、汇追、漕弊、关栅等，涉及无锡农村经济生活各方面内容。衙棍、胥吏、邑绅，记载无锡地方各阶层人物。补订节序，记载无锡一年十二月习俗。补传1卷，搜集县志未载的人物。稽逸3卷，则补充县志所载人物逸事等。黄印又作按语，对所载之事加以考证评述等。

太湖备考16卷续编4卷 清乾隆十五年(1750)金氏家刻本；清光绪补刻本；1998年江苏古籍出版社薛正兴校点本。

清金友理、郑言绍编撰。金友理，字玉相。吴县人。诸生。郑言绍，字季雅，吴县人。光绪六年(1880)进士，官河南祥符知县等。本书之前已有多部太湖专书，清乾隆间金友理参考前书，加以考订增补，编成16卷。光绪间郑言绍又对本书加以续补，编成4卷。本书记载太湖流域苏州、常州、湖州等地自然环境、人文景观、风俗人情、历史文化、政治军事、经济发展等方面的重要资料，其中有关太湖地理环境、水利资源及建设等记载占3卷，包括水源、水委、坍涨、水口、滨湖山、水治、水议等事。卷5田赋门，详记太湖流域各地田亩、秋粮、夏税等等各类数据，注明文献出处。卷6物产门，记载太湖所产粮食、蔬果、鱼禽、布帛等。集诗、集文二门占4卷，收录此前各书不载的诗文。书中所载内容非常丰富，可称得上一部记载太湖的百科全书。

关中胜迹图志32卷 清乾隆毕氏经训堂刻本；《四库全书》本；2004年三秦出版社张沛校点本。

清毕沅编撰。毕沅有《夏小正考注》，已著录。本书为陕西地理图志，毕沅陕西巡抚任上编撰，乾隆四十一年(1776)编成。首先记载陕西全省地理，以下为西安等12府州，各分为地理、名山、大川、古迹4目，末2卷为陕西省及各府州疆域图，华岳、黄河、未央长乐宫等图多幅。正文详记内容始末，夹注征引历代文献，又有毕沅按语加以考证，或记载其任上兴建修复之事。陕西历史久远，人文传统丰厚，自然风光雄伟壮丽，历来文人学者多有相关著作，本书荟萃群书记载，考据本末，内容非常丰富，城郭宫室市井之繁华，高山大河之壮美，遗闻古迹之流传等记载详细完备，为一部优秀的清代地理著作，对陕西历史文化研究尤有价值。

广陵通典10卷 清道光三年(1823)刻本；《重印江都汪氏丛书》本；2004年广陵书社《扬州地方文献丛刊》田汉云点校本。

清汪中撰。汪中(1745～1794)，字容甫。江都人。贡生。与江藩、王念孙、刘台拱等为友。乾隆五十九年(1794)在杭州文澜阁校《四库全书》，因病去世。清代著名学者、文学家。本书记载扬州史事，汪中原计划上起先秦下至明代，突然病卒中辍，20余年后其子汪喜孙整理遗稿，刻印行世。上起吴王夫差十年(前486)筑邗城，下至唐昭宗乾宁元年(894)十一月杨行密事，用编年之体，作释地之篇，涉及扬州历代沿革变迁、地理面貌、经济状况等多方面史事，以政治军事内容为主。汪中精于史地之学，博采历代文献，考证严谨，记述详实，历代扬州重大事件、杰出人物等多有记载，是研究扬州地方历史的重要文献。

乾隆府厅州县图志50卷 清嘉庆八年(1803)刻本；《续修四库全书》本。

清洪亮吉编撰。洪亮吉有《春秋左传诂》，已著录。本书为洪亮吉所编的清代地理总志。洪氏通籍前历客陕西、河南时开始编撰，至乾隆五十三年(1788)编成，体例仿《元和郡县志》。卷1三京，卷2至卷48直隶等19布政司，卷49牧厂、新疆、外藩，卷50朝贡诸国，每一地之前有总图及众水归合表。本书主要记载府县地理状况，府首记户口，次载历史沿革、本朝建置，后为府境、八到、土贡。府属各县先记建制沿革，其次为境内山川河流湖泊、城池宫阙陵墓等。末2卷体例略同。与卷帙浩繁的《一统志》等相比，本书记载简捷得当，全国府县地理状况等清晰明了，颇便于学者。洪氏以为水道时有迁徙，故水之源委记载颇详，又有《众水归合表》加以梳理。

扬州画舫录 18 卷 清乾隆六十年(1795)自然庵刻本;1960 年中华书局汪北平、涂雨公点校本;1984 年江苏广陵古籍刻印社周光培点校本;2010 年广陵书社陈文和点校本。

清李斗撰。李斗(1749～1817),字北有,号艾塘。仪征人。诸生。博学多才,工于诗文。本书为记载清代扬州繁华景象的代表作。李斗熟悉地方掌故,平时将耳目见闻之事,上至士大夫流风余韵,下至诙谐里俗之谈,加以采录,以地为经,以人物记事为纬,历 30 年之久编成本书。书中内容分为两部分,前 16 卷将扬州城郡之地,分为若干区段,详记其地人文景观、山水名胜,附记与之相关的人物、事件、风俗、特产等等。后 2 卷则记建筑工程、园林设计及画舫制造等事。书中所记反映了清代扬州全盛时期的重要事件和社会风貌,如卷 1 记载乾隆下江南期间在扬州的游历路线、活动布置等事,卷 2 记载扬州书画名家百余人生平事迹,卷 3 和卷 10 记载与扬州相关的著名文人学者事迹,卷 5 记载扬州戏曲事业的繁荣与发展,卷 9 和卷 11 记扬州歌妓、娱乐业及市井生活等,具有重要的历史价值。

扬州名胜录 4 卷 《扬州丛刻》本;2002 年江苏古籍出版社《扬州地方文献丛刊》本。

清李斗撰。李斗有《扬州画舫录》,已著录。扬州为历史文化名城,风景名胜众多,本书详记扬州名山秀水、寺观园林、亭台桥梁乃至集市街巷等。如卷 1 记黄金坝鱼市,一日三市:早挑、中挑、晚挑。挑者输鱼城中,以行之迟速分优劣。下记各种淡水鱼类,分为三等。黄金坝设有八鲜行、咸货行、腌切行,又记载各类海产品。其后记载梅花书院、天宁寺等颇为细致。卷 2 记载天宁寺和高旻寺行宫、文汇阁等。卷 3 记载郡城烹茶,不取汲井水,自保障湖来者,谓之船水,自官河来者,谓之河水。城中井水可用者,天宁门青龙泉、东关广陵涛。又记画舫有市有会,春为梅花、桃花二市,夏为牡丹、芍药、荷花三市,秋为桂花、芙蓉二市等。卷 4 先辑录历代典籍中有关蜀冈的记载,其后记其重要景点如功德山、法净寺、平山堂等。卷末记扬州著名荤素茶肆及各类小吃。

道光苏州府志 150 卷首 10 卷 道光四年(1824)刻本。

清石韫玉等编撰。石韫玉(1756～1837),字执如,号琢堂。吴县人。乾隆五十五年(1790)进士第一,官至山东按察使。归后主讲紫阳书院等。著述颇丰。清代康熙、乾隆间曾两修苏州府志,道光初元宋如林任苏州知府,距前修府志已 70 余年,欲增补其间地方史事,请引疾家居的石韫玉主持府志的编撰,道光四年刊成。首为《苏州府九邑全图》等 18 幅图,其后卷首巡幸 2 卷,宸翰 8 卷。以下星野、疆域至杂志、旧序共 150 卷。体例兼采康熙、乾隆二志,田赋门 10 卷,悉据新修《赋役全书》。旧志人物门分县不分类,本书遵《江南通志》之例,人物门分为名贤、宦绩、武功、忠节、孝义、儒林、文苑、隐逸、艺术、流寓 10 类,共 34 卷。列女 10 卷、僧 2 卷、道 1 卷别立专门。新增金石门 2 卷,以存古人名绩。旧志所载诗文有关考证者仍旧,其余诗文及他书所见鸿篇丽制则别列集文门 8 卷,集诗门 5 卷。

北湖小志 6 卷首 1 卷 清嘉庆十三年(1808)刻本;2014 年凤凰出版社《雕菰楼史学五种》本。

清焦循撰。焦循有《雕菰楼易学三书》,已著录。北湖为扬州灵秀之地,阮元和焦循即为本地人士,焦氏并编撰本书记载此地历史。卷首北湖图六、旧迹名胜图十,卷 1 叙水、地、农、渔、旧俗 6 篇,卷 2 记 10 篇,卷 3、卷 4 传 21 篇,卷 5 书人瑞、天时、物异、金石、诗话、轶闻、鬼神、疑义 8 篇,卷 6 家述 2 篇。书中记载北湖地区地理环境、经济生产、风物习俗、名胜古迹、名人贤士等,又据焦氏家谱记其家族历史,末录臧庸《焦氏世德记》。书中内容非常丰富,是一部真实反映扬州地方历史的重要文献。如卷 3、卷 4 列传诸篇,旁搜博采各类文献,搜辑与北湖相关的明清间人物事迹,包括忠臣义士、文人学者、孝子贞妇等数十人,如明代死节名臣高邦佐、梁于涘事迹非常动人,又记阮元祖父阮玉堂之事。末为私传,记载焦循亲友门人等。

邗记 6 卷 《扬州丛刻》本;2014 年凤凰出版社《雕菰楼史学五种》本。

清焦循撰。本书记载扬州历史,自春秋哀公九年(前 486)吴国建邗城起记载,下至元末,内容包括扬州历代建置、地方官守、著名人物、名胜古迹等。焦循旁搜博采历代典籍,严加考订编撰成书,文献资料非常丰富,有助于古代历史文化研究。如卷 2

云万斯同《历代史表》缺梁陈方镇表，宋齐方镇表亦未精审，焦氏在书中通四代史事考之，对万著加以增订。卷6云扬州旧志以董永冠孝子首，焦氏先引诸书相关记载，后云："董永事本街巷所传，托诸刘向，本不足为典要。即使向说可为依据，则亦不得以千乘之人为泰州产也。"又与事迹类似的祝英台事加以比较。其后又对扬州旧志所载刘秉忠为方国珍所害事加以辨析，考述元末相关史事非常详尽。

广陵览古 7 卷　清嘉庆十三年(1808)刻本；2005年广陵书社《扬州地方文献丛刊》本；2015年广陵书社《扬州文库》本。

清顾銮编撰。顾銮，号谢吟。江都人。本书为顾銮为塾课子弟而作，采录郡内人文故实有资古学者编撰成书。分为古迹4卷，人物3卷，记载江都、甘泉、仪征、高邮、兴化、宝应、泰州、东台诸邑自周至元历史事迹。顾銮亦作按语，考述相关史事。扬州自古文化繁盛，文献记载众多，本书广泛采辑扬州地理人文资料，记述简洁扼要，明代之前扬州史事得以明晰记载，便于初学者使用。如卷1瓜州，书中简略记载"在城南四十五里"，又选录张祜、王安石诗各一首。顾銮按语又引《名胜志》《雍正扬州府志》及唐宋间史事补述重要资料。

清嘉录 12 卷　清道光十年(1830)刻本；1999年江苏古籍出版社王迈校点本；2008年中华书局来新夏点校本。

清顾禄撰。顾禄，字总之，一字铁卿，号茶磨山人。吴县人。诸生。生活于嘉庆、道光间。本书记载清代苏州岁时风俗，按十二月为序分为12卷，凡吴中掌故之可陈，风谣之可采者，莫不按节候而罗列之，共记载各类风俗200余则。地域涵盖苏州府城及吴县、长洲、元和三邑。内容包括节庆礼仪、饮食习俗、避讳禁忌、娱乐游戏等等。所记内容多为顾禄耳目见闻之事，复搜集相关风俗记载，纤悉无遗，虽琐必登。顾氏网罗群书数百种，正文之外再加案语，广引典籍为证，或参以己见。本书于苏州风土著作中颇为著名，记载全面、考订详赡，清代苏州民间习俗资料多为收录，有资于吴地历史研究。

桐桥倚棹录 12 卷　清道光二十二年(1842)刻本；1980年上海古籍出版社王湜华点校本；2008年中华书局王稼句点校本。

清顾禄撰。桐桥为清代苏州名胜虎丘最著名之处，本书记载以虎丘为中心的山水景观，体例仿《虎丘志》，分为山水、名胜、寺院、祠宇、冢墓、坊表、讯地、第宅、古迹、市廛、工作、舟楫共12卷。顾禄为撰本书，除广罗群书外，复亲自采访，风雨无间，询诸父老，证以前闻，所记虎丘附近名胜景观等非常详备。顾氏凡例言本书略人所详，详人所略，末3卷市廛、工作、舟楫、园圃等，方志等限于体例多不备载，本书则虽琐必登，详加记载，此为本书最有价值的内容。卷10《市廛》所记酒楼、花露、葵扇、琉璃灯、自走洋人等，卷11《工作》所记紫竹器、塑真、虎丘耍货、影戏洋画、洋琴等，卷12《园圃》所记花树店等，记载非常详尽，皆为研究清代苏州经济社会生活的宝贵资料。

京口山水志 18 卷首 1 卷末 1 卷　清道光二十四年(1844)刻本；《中国方志丛书》本。

清杨棨撰。杨棨(1787～1862)，字羡门，号蝶庵，别号苏庵道人。丹徒人。贡生。本书记载镇江山水名胜，首为镇江府及所属四县山水图，郡邑1卷记载镇江府县历史沿革。其后分为丹徒12卷，其中山8卷、水4卷，丹阳、金坛、溧阳各2卷，各分山、水。卷末附录、补遗为补充记述。杨棨认为京口江山称天下第一，全面收录镇江山水名胜景观，广泛搜集与之相关的古代文献记载，精心编撰成书。镇江各处著名景点以及历史名人事迹、著名诗词文赋等得以详细记载。

扬州水道记 4 卷　清道光二十五年(1845)江西抚署校刻本；《中国华东文献丛书》本；2011年广陵书社赵昌智、赵阳点校本。

清刘文淇撰。刘文淇有《旧唐书校勘记》，已著录。本书记载扬州运河历史地理情况，卷首图数幅，其后为江都运河2卷，高邮运河、宝应运河各1卷。扬州运河起自春秋时期邗沟，后世沿革变迁频繁，历史资料众多，刘文淇检书万余卷编成本书。先引历代典籍相关记载，其后刘氏按语为书中主要内容，考证古代文献所述内容，详细记述运河地理情况，资料详赡，考订严谨，是研究扬州运河的重要资料。如明代总理河漕刘东星开界首越河事，《明

史·河渠志》所记非常简略,刘文祺在卷3中对此事加以补述,材料来自《明史》的《刘东星传》《河渠志》,又征引《南河全考》所载,详记此事始末。

吴门表隐20卷 苏州市图书馆藏清抄本;清道光刻本;1999年江苏古籍出版社《江苏地方文献丛书》甘兰经等校点本。

清顾震涛编撰。顾震涛(1790～?),字默庵,又名瀚,字景澜,号小野。长洲人。勤于著述。本书记载苏州府城及吴、长洲、元和三邑史事,只录方志未载及记载不详者。顾震涛广采群书和传闻,严加取裁,多注明出处,历时近30年编成。卷首为时人所撰序和诗多首,卷1至卷12记载苏州主要建筑景观、山川形胜、风物特产等,卷13至卷20记载历代名贤。末为附集补充记述。本书内容非常丰富,可补方志之不足。清代苏州商业发达,各类商品非常丰富,卷1所载就有珍珠丸、顾皮蛋、狮子油、空青膏、滕痱药等。苏州古来贤人义士、孝子贞女等众多,顾震涛广为搜录记载。书中也记顾震涛参与之事,如卷13记道光间顾震涛等人请祀各邑忠义、孝悌诸贤,其后巡抚陶澍等建吴郡名贤总祠,所祀苏州历代名人众多。

退庵笔记16卷 《海陵丛刻》本;《四库未收书辑刊》本;2011年凤凰出版社徐进等校注本。

清夏荃撰。夏荃(1793～1842),字文若,号退庵。泰州人。廪贡生。历官丰县、桃源县训导。生平覃精典籍,搜罗乡里文献,纂辑甚富。本书记载夏荃所知泰州旧事,内容非常广泛,如卷1所记《吴陵志》《泰州志》《陆志》等泰州方志,其下又记《东城集》《绘事微言》等本地文人著作多种。卷2记载本地科举,详及各大世家科第之盛等。卷3记地方名胜古迹等。卷5记客居泰州的名人如孙豹人、费燕峰等事迹。卷7所记柳敬亭事迹颇为详尽。卷10多篇考述周煇家族事迹。卷16记修复城壕之事等。泰州古今历史、历代名人、地理名胜等等多为涉及,可补地方志之不足。

梓里旧闻8卷 《海陵丛刻》本;2014年凤凰出版社《泰州文献》本。

清夏荃编撰。本书辑录与泰州相关的文献记载,注明出处,夏荃作案语补充。卷首有抄撮群书目录,列出征引文献百余种。书中内容包括名人奇士、趣闻异事等,有助于泰州历史文化研究。如卷5所载张士诚、张士德、张士信事,辑自《辍耕录》《都公谈纂》等10余种文献,有助于对元末张士诚割据政权的了解。卷6对明代泰州重要人物储巏事记载颇多,辑自《明大政纪断》《明世说新语》等10余种文献,可补邑志家乘之不足等。

白下琐言8卷续2卷 清光绪十六年(1890)筑野堂刻本;2007年南京出版社《南京稀见文献丛刊》本。

清甘熙撰。甘熙(1797～1852),字实庵,号二如居士。江宁人。清道光十八年(1838)进士,官户部郎中等。家有津逮楼,藏书颇丰。本书原为8卷,编成于道光二十七年。光绪十六年,甘熙从子甘曾沂又从甘熙所著《日下杂录》择出关系金陵掌故者26则,编成续2卷。书中记载明清间南京名胜古迹、名人轶事、城市面貌、社会风尚等,间记其亲族师友事迹,资料颇为丰富。如卷3所记南京城内外各处关帝庙、乾隆间江宁知府许兆椿事迹、南京嫁娶习俗,卷4记甘熙族人武术家甘凤池事迹、上元节醵饮之仪、城南三铺两个桥与城北两铺三个桥,卷5记载有关南京历史的历代著作、道光间江宁知府俞德渊事迹,卷6记载南京城内外各处祠堂、土俗称呼多近非理、地名俪语等等,有助于南京地方历史文化研究。如上元节醵饮以江宁七县名为酒令,颇为有趣:"上元佳节,有酒自斟,举杯高淳,饮尽江浦,句容溧水,无滴江宁,六合同春。"

金陵待征录10卷 清道光刻本;《中国方志丛书》本;2009年南京出版社《南京稀见文献丛刊》本。

清金鳌撰。金鳌(?～1853),原名登瀛,字伟军,一字晓六。江宁人。贡生。本书记载南京地理名胜、历史掌故等。金鳌参考历代地方志、传记史籍等500余种,历经5年于道光二十四年(1844)编成。卷1至卷4志地,卷5至卷7志人,卷8志事,卷9志言,卷10志物,记载简洁扼要,标明文献出处,颇便于南京地方历史的学习和研究。如卷2记载金陵古宫殿之名,录元王士点《禁扁》,益以南宋行宫,并采明陈沂《金陵世纪》,分为宫、室、苑、园、圃、院等35类,自东晋至明代七朝宫殿古迹多为辑录。卷10记载南京地方文献《建康实录》等共59

种，其中多有稀见文献，如《淡墨偶纪》《金陵闻见录》《瓦官寺志》《清凉散》等。

同治续纂扬州府志 24 卷　清同治十三年(1874)刻本；《中国地方志集成》本。

清晏端书、卞宝第等编纂。晏端书(1800～1882)，字彤甫。仪征人。道光十八年(1838)进士，官至署理两广总督。卞宝第(1824～1892)，字颂臣。仪征人。咸丰元年(1851)举人，官至闽浙总督。清嘉庆间阿克当阿等修成扬州府志，颇为完备，同治十年两淮盐运使方濬颐欲续修府志，请其时家居的晏端书、卞宝第及归安钱振伦主持编纂，十三年编成。增订嘉庆旧志阙佚，补充记载嘉庆至同治间史事，将旧志 28 门约之为 19 门，其中人物志 13 卷，占全书一半篇幅。书中所记嘉庆以来 60 余年扬州史事，内容颇为丰富。如咸丰、同治间太平军战争对扬州产生重大影响，本书多加记载，卷 24 事略，自咸丰三年二月林凤翔率军攻陷扬州仪征，至同治三年十二月赖文光被擒，完整记载扬州清军与太平军战事始末。卷 10 人物志忠义类，亦记载死于太平军战事的扬州官员士绅及普通民众事迹。

同治续纂江宁府志 15 卷　清光绪七年(1881)刻本；《中国地方志集成》本。

清汪士铎等编纂。汪士铎有《南北史补志》，已著录。清嘉庆间吕燕昭等修成江宁府志，颇为完备，同治间蒋启勋、赵佑宸先后出任江宁知府，续修府志，由汪士铎主持编纂。图说、田赋、军制、祠祀、学校、实政、建置、名迹、艺文、大事表、秩官表、科贡表、兵事表、人物、拾补各 1 卷，其中卷 14 人物，占全书大半篇幅，分为 11 类：驻防、名宦、先正、孝友、仕绩、儒林、文苑、义行、寓贤、忠义贞烈、列女，记载自嘉庆以来 70 余年间江宁地方各类人物事迹。咸丰、同治间江宁为太平天国首都长达 11 年，政治军事重大事件众多，卷 13 兵事表，用表格形式记载江宁各地战事，分为江南北将帅、上元江宁、句容、溧水、江浦、六合、高淳七部分，时间自咸丰三年(1853)至同治三年(1864)。人物志中的“忠义贞烈”类，占人物志一半篇幅，记载死于太平天国战事中的各个阶层人物名录及事迹。

吴郡岁华纪丽 12 卷　南京图书馆藏稿本；1998 年江苏古籍出版社《江苏地方文献丛书》甘兰经等校点本。

清袁学澜编撰。袁学澜(1803～1894)，原名景澜，字文绮，号春巢。元和人。诸生。诗名著于吴下。本书记载苏州府城及吴、长洲、元和三邑岁时风俗，袁学澜续采方闻，稽诸往籍，按节序罗列，编撰成书。书中一月一卷，以节令民谚为题，记载各种习俗，袁氏间作按语加以考证，其后附以前人诗文，也有袁氏自己的作品。书后附录为《吴中讽喻诗》《吴中时序篇》《苏州时序赋》。书中生动记载苏州地方习俗、风土人情等，搜录完备，考证细致，内容丰富，是研究苏州历史文化的重要资料。如卷 3《清明开园》记载苏州园林风俗，春日园丁索看花钱，纵人游览，士女如云。清明日开园放游人，至立夏节方止。其后袁氏按语考述苏州历代著名园林，后附其撰春日游吴郡诸家园林记和诗。

江北运程 40 卷首 1 卷　清咸丰刻本；《四库未收书辑刊》本。

清董恂编撰。董恂有《还读我书室老人手订年谱》，已著录。本书记载运河京师至瓜州段地理及历史，分为 40 卷分段记述。卷首有漕诸省和河湖闸坝图，其后为总略和纲汇，总述江北运河里程及地理水利等情况。每卷首为提纲，简述该段地理里程，其后记载有关内容。如卷 1 记载顺天府设置沿革、行政区划、京仓、额漕、桥梁、里程等，广引文献资料加以记述，有古今地理志及各类专著文集如《大清一统志》《日下旧闻考》《漕运全书》等，其后又有小注加以补充。董恂曾任户部云南司主事，管辖漕运事务，曾参与编撰《漕运全书》等，对漕运河防事务等非常熟悉，本书搜集了大量的历史文献资料，记载详实，体例完备，有助于对清代历史地理的研究。

光绪淮安府志 40 卷首 1 卷　清光绪十年(1884)刻本；《中国地方志集成》本。

清吴昆田、高延第等编纂。吴昆田(1808～1882)，原名大田，字云圃，号稼轩。清河(今淮安)人。道光十四年(1834)举人。官终刑部员外郎。高延第(1823～1886)，字子上，号槐西。山阳(今淮安)人。监生。光绪间淮安知府孙云锦等谋修府

志，延请吴昆田、高延第等编纂，10 年编成。卷首图说等，其后郡县建置沿革表、疆域、城池、河防等16 门，下分 44 子目。吴昆田等人为淮郡名彦，学识丰富，本书取材丰富，体例完备，充分反映了淮安地区历史文化情况。如民赋 6 卷，详细记载淮安府县的里图、户口、条鞭、田赋、杂办、杂税、解拨、屯卫人丁田赋等项的具体数额，是研究清代淮安经济发展状况的重要资料。

同治苏州府志 150 卷首 3 卷　苏州图书馆藏稿本；清光绪八年(1882)江苏书局刻本；《中国地方志集成》本。

清冯桂芬等编纂。冯桂芬(1809～1874)，字林一，号景亭。吴县人。道光二十年(1840)进士，官至詹事府右春坊右中允。太平军战争期间在乡办团练，后入李鸿章幕府。曾先后主讲金陵、上海、苏州诸书院。晚清著名思想家。清同治间苏州知府李铭皖请冯桂芬为总纂，编纂府志，同治八年(1869)开局，至十三年冯氏病卒，其子芳辑等继其遗志于光绪二年编成。本书体例悉遵乾隆府志而略为变通，卷首图、巡幸，其下分为 33 门，记载自古至今苏州史事，以清代为主。体例完备，资料丰富，记载详实。卷首的苏州府县图、苏州城图、太湖图，采用西方绘图法绘制，比旧志各图更为精确。田赋 8 卷，详细记载清代赋税数据资料及相关史事，是研究清代经济的重要参考。名宦、人物、艺术、流寓、列女共 66 卷，详细记载生活于苏州的历代各阶层人物。

瀛壖杂志 6 卷　清光绪元年(1875)刻本；1989 年上海古籍出版社沈恒春、杨其民标点本。

清王韬撰。王韬有《王韬日记》，已著录。本书记载上海的地理文化、旧事新闻等，内容非常广泛。卷 1、卷 2 记上海地理形势、历史沿革、经济交通、民风习俗、自然物产、文化教育等。卷 3 记江南制造局、广方言馆等，又记鸦片战争期间江南提督陈化成、上海典史杨庆恩等多位官员殉节事，后又记明清间有名于书画诗文的上海人士。卷 4 记其时上海才女贞妇，方外诗人等。卷 4、卷 5 记足迹及于上海的文人名士。卷 6 辑录其时与上海有关的诗词，又记上海租界及西方人的生活习俗、宗教信仰、科学文化等。王韬长期居住上海，书中许多内容为其亲身经历，尤其是上海开埠后的许多见闻等，具有重要价值，有助于上海地方史研究。

小方壶斋舆地丛钞　稿本；清光绪铅印本。

王锡祺辑。王锡祺(1855～1913)，字寿萱，号瘦冉。清河人。近代历史地理学家、藏书家。此为王锡祺地理学著作。《中国丛书综录》著录王锡祺辑《小方壶斋舆地丛钞》十二帙、《补编》十二帙、《再补编》十二帙，共 1 432 种，光绪十七年至二十三年排印本。《中国古籍善本书目》著录王锡祺辑《小方壶斋舆地丛钞》537 种、《再补编》26 种，国家图书馆藏。《小方壶斋舆地丛钞三编》92 种 92 卷，大连市图书馆藏。《小方壶斋舆地丛钞》内容广泛，涉及社会生活的许多重要方面，包括民族、移民、交通、水利、商贸、外交、农垦、海防、边防、边界划分、领土归属、民俗、军事、行政区划、地理沿革等。此外也有相当数量的世界地理内容，反映了编者自己对世界形势的理解，也反映了他认为国家应该采取的对外政策和策略。王锡祺还有不以“小方壶斋”命名的《中外游记汇编》稿本 130 种，无锡市图书馆藏。稿本与刊本尽管有重复，但重复数量并不多。王锡祺对清代的地理著作作了空前的整理。

星槎胜览 2 卷　《古今说海》本；1954 年中华书局冯承钧校注本。

明费信撰。费信(1388～?)，字公晓，一作公晚。昆山人。明永乐、宣德间费信随郑和四次出使西洋，将其见闻编成本书。内容分为两部分，前集记载其亲历的异国风土人情，有占城、宾童龙等 22 国，后集为其采辑的西洋各国记载，有真腊、东西竺等 22 国。书中内容颇为广泛，包括各国地理情况、民族、宗教、服饰、气候、物产、习俗、法律等等，文后又赋诗一篇。所记涵盖东南亚、南亚、西亚、东非各国，是研究古代地理、民族和文化的重要文献。书中所记与中国交往之事，较有价值，如《锡兰山国》记载郑和船队宣扬国威，生擒其王事，对研究郑和下西洋历史具有重要价值。

朝鲜纪事 1 卷　辽宁省图书馆藏明抄本；《续修四库全书》本。

明倪谦撰。倪谦(1415～1479)，字克让，号静存。上元人，祖籍钱塘。正统四年(1439)进士第三

名。官至南京礼部尚书。明代朝鲜为中国藩属国，两国关系非常密切，正统十四年十一月，即位两个月的景帝派遣翰林院侍讲倪谦、刑科给事中司马恂颁即位诏于朝鲜国，并赐其国王及妃锦绮彩币等物。本书记载倪谦此行见闻，自景泰元年(1450)正月丙戌辽东起程，记至二月戊寅返至鸭绿江。记载出使道路里程、朝鲜风俗民情、政治文化制度等，对两国政府外交礼仪及文化交流的记载颇为详细，有助于对明代政治及对外关系史的研究。如正月庚子，记载其时朝鲜国王有病日久，世子代掌国事，世子亦病，不能行礼，王令他子代行。引起倪谦怀疑与不满，威胁要捧诏还朝，奏闻朝廷：使臣至朝鲜，国王、世子俱托病不出云云。其后倪谦顾其辞情恳切，谅是实病，遂允其陈。闰正月丙午朔，记载宣诏受敕皆如礼。礼毕，世子扶病相见，其后诸王子与百官来见，设宴款待，馆堂设正使、副使二席南向，主席东向。倪谦谓既代王宴，可只分东西坐，乃易席就宴。诸王子以次奉觞。又进奉女乐，为倪谦峻辞却之等事。

西洋番国志1卷　国家图书馆藏清知圣道斋抄本；1961年中华书局向达校注本。

明巩珍撰。巩珍，字国宝，号养素生。上元人。明宣德间巩珍随郑和下西洋，将此间的见闻编成本书。卷首有自序及永乐和宣德年间敕书三道，记载与下西洋有关的史事。书中记载了占城、爪哇共20个国家，内容颇为广泛，包括各国地理位置、王城、民族、宗教、服饰、居室、气候、物产、习俗、法律等等，又记与中国交往之事，反映了明代中国与东南亚、南亚、西亚等国家的密切关系。本书叙事详尽，文辞赡雅，是研究郑和下西洋历史的重要文献。

环游地球新录4卷　清光绪四年(1878)刻本；1985年岳麓书社《走向世界丛书》本。

清李圭撰。李圭有《鸦片事略》，已著录。1876年美国费城举办建国100周年世界博览会，曾任职宁波海关10余年的李圭被委派参会。他从上海出发，经日本东渡太平洋到美国，参加博览会后游览华盛顿、纽约等地，又横渡大西洋，游览英国、法国，最后经地中海、印度洋归国，途中游览锡兰、新加坡、西贡、香港等地，历时8个多月，水陆行8万余里，环游地球一周，回国之后撰成本书。卷1美会纪略，记载参观博览会见闻，先记中国赴会之物，其后详记各国参会物资，其中有代表欧美各国工业制造的最新产品，也有世界各国的丰富物产等。卷2、卷3游览随笔，记载其游览美国各地及伦敦、巴黎见闻，又记其时中国政府派往美国肄业的幼童参会之事，华人寄居美国始末，苏伊士运河述略等。卷4东行日记，总记其向东环游地球一周始末。李圭颇具眼光，书中对各国历史文化等问题多有涉及，对欧美社会风俗民情也颇有反映，令人大开眼界。

第十二节　职官类

古今经世格要28卷　明刻本；《四库全书存目丛书》本。

明邹泉撰。邹泉，字子静，号峄山。常熟人。诸生。本书汇辑历代职官文献编撰而成。分为六官，天官3卷，地官10卷，春官8卷，夏官4卷，秋官1卷，冬官2卷。每一官内再分格，如“天官铨课”格等，叙述其起源、职掌等，其下再分为数类，每类分为数项，辑录相关文献记载，后附历代学者评论。“六官”即吏、户、礼、兵、刑、工六部，古代统治国家的政府机构，明代六部权力尤重。本书广泛搜辑历代典籍所载相关内容，分门别类加以梳理，详细记载六部职官的起源沿革、权责职掌、历史作用等，内容非常丰富，有资于其时政府治理，亦有助于古代制度研究。

国朝殿阁部院大臣年表18卷首1卷　明崇祯刻本；《四库禁毁书丛刊补编》本。

清许重熙撰。许重熙有《嘉靖以来注略》，已著录。殿阁部院大臣是指明代的殿阁大学士和六部尚书、都察院都御史，为明代最高级别的文官。明代学者著有多部官员年表，如万历间就有雷礼《国朝列卿记》，王世贞《弇山堂别集》亦有官员年表。许氏以为前人所著“虽曰博考，反觉繁碎”，于万历四十五年(1617)撰本书，崇祯十七年(1644)续作。本书又有弘光元年(1645)的记载，当为补作。卷首附录1卷，载明建国前元至正十五年(龙凤元年，1355)、龙凤二年、龙凤十年、吴元年(至正二十七年)所设重要官员。以下年表自洪武元年至弘光元年，除高皇帝(太祖)、睿皇帝(英宗)各2卷外，一帝

一卷。与其他年表相比，此书编撰颇为得法，明代文官系统非常复杂，与其他年表一样巨细皆载，必然卷帙繁杂，本书则专载对实际政治发挥最大影响的最高等级文官，颇有独创。本书记载非常系统详尽，自洪武至弘光，完整记录有明一代大臣年表，亦为其他年表所不及。

三国职官表 3 卷 道光二年(1822)李兆洛刻本；《续修四库全书》本。

清洪饴孙撰。洪饴孙(1773～1816)，字孟慈，一字右甫。阳湖人。洪亮吉长子。嘉庆三年(1798)举人，官湖北东湖知县。魏、蜀、吴三国职官名称多承袭汉制，官制变化较大，对其后两晋南北朝官制之变产生重要影响。本书专门考述三国职官制度，职官表分作三栏，分记魏、蜀、吴三国。首列相国等第一品官员及仪同三司等加官，以下分列各类官员，如九卿、尚书台官员、中书省官员、骠骑将军等武官、刺史等地方官员。每一官职开列名称、人数、品级、职掌、沿革，后为官员人数、姓名、任职时间。高级官员又列府属官员，低一格。小字注明征引内容、文献出处。文献来源有《三国志》《通典》《汉书》《晋书》《宋书》《唐六典》等。本书所载官制以魏最详，蜀、吴较略。

第十三节　政书类

皇明祖训 1 卷 洪武礼部刻本；《四库全书存目丛书》本。

明朱元璋编撰。朱元璋(1328～1398)，原名重八。字国瑞。濠州(今安徽凤阳)人。明朝开国皇帝。幼为皇觉寺僧，元末投郭子兴领导的农民军。1368 年在应天府(今南京)称帝，国号大明，年号洪武。庙号太祖。本书为朱元璋亲自主持编撰，作为家法传之后世子孙。初名《祖训录》，其后又经修改，至洪武二十八年(1395)编定，朱元璋撰序，命礼部刊印行世。内含 13 条目：祖训首章、持守、严祭祀、谨出入、慎国政、礼仪、法律、内令、内官、职制、兵卫、营缮、供用。本书为朱元璋要求后代子孙遵守的祖制家法，涵盖政治、礼仪、法律、生活等各项制度，如《祖训首章》言禁用酷刑、不立丞相、不征诸夷国等。《礼仪》载祭祀、进表、朝觐礼仪及东宫、亲王子孙名等。《法律》载与皇太子和亲王相关的各类法规。《内官》载内府、东宫、王府、公主府所设内官机构、职掌等。《职制》载封爵制度及宗人府、王府官的设置。《兵卫》载王府侍卫、亲王仪仗等。《供用》载亲王及以下宗室成员的钱粮供给等。朱元璋的子孙为明代帝王，他们必须遵守的各类规范实际亦为国家大法，其中有关制度如禁立丞相等对明代政治制度产生重要影响。尽管后世帝王并未完全遵守祖训，本书仍然是研究明代政治、法律制度不可或缺的重要文献。

御制大诰 1 卷续编 1 卷三编 1 卷大诰武臣 1 卷 明洪武内府刻本；《续修四库全书》本。

明朱元璋编撰。本书为朱元璋亲自主持编撰的法律文献，是一部具有特殊性质的法令，明初与当时制定的《大明律》并行于世。《大诰》编成于洪武十八年(1385)，74 条；《续编》成于洪武十九年，87 条；《三编》成于洪武十九年，43 条；《武臣》成于洪武二十年，23 条。条目内容多先列案例，其后为对案犯的严刑惩处，最后由此案对臣民作出训诰。有的条目记载非常详细，如《续编》“朝臣蹈恶”，先记载罪名，其后为 80 余名官员的职务、姓名、罪行，最后言已于洪武十八年诛杀，复加以评述。上述案犯均为下级官员，贪污所得亦只有钞千百贯等，可见其时刑罚之严厉。记载最为详细的为《三编》“臣民倚法为奸”和“进士监生不悛”，前者记载 18 个案例，案犯为府县各级官员及地方豪强等，或凌迟，或枭首，或长流。后者记载犯罪官员 300 余名，分为死罪、流罪、徒流罪、杖罪 4 类，各记其罪行。与《大明律》相比，本书新增了许多罪名，刑罚更重，其中又以严厉惩治官吏豪强为重点，体现了朱元璋重典治国的法律思想。由于所载法令过于严苛，朱元璋死后，渐被废止。

漕运通志 10 卷 明嘉靖杨宏刻本；《四库全书存目丛书》本；2006 年方志出版社荀德麟、何振华点校本。

明杨宏等编撰。杨宏(1463～1541)，字希仁，号容堂。海州人。嘉靖间任漕运总兵。本书记载明代漕运制度。此前已有漕河诸志记载相关内容，嘉靖初漕运总兵杨宏不满旧志，博采群书，旁征案牍，成初稿若干，其后谢纯亦参与编撰。嘉靖四年

(1525)成书。卷1、卷2漕渠，以下漕职、漕卒、漕船、漕仓、漕数、漕例、漕议、漕文各1卷。前7卷记载河道路程、专管官员、运军单位及人员、运粮船只、仓储、漕粮岁派运数等。后3卷漕例、漕议、漕文，为本书主要内容。《漕例》记永乐元年(1403)至嘉靖三年漕运制度设立和变迁等，又载嘉靖十五年相关官员奏疏3件。《漕议》载明代之前历代与漕运相关的制度。《漕文》载元明两代碑记等文献资料。书中详细记载了明代漕运的设置沿革，是研究古代漕运制度的重要文献。

治河通考10卷　明嘉靖刻本；《四库全书存目丛书》本。

明吴山编撰。吴山(1470～1542)，字静之，号讱庵。吴江人。正德三年(1508)进士，官至刑部尚书。本书为吴山河南巡抚任上所著，就《治河总考》重加编辑，撰成本书，具体编撰者为刘隅，记载历代治理黄河史事。卷1《河源考》，汇录历代有关河源的记载，自《夏书禹贡》至《水经注》，附录《元史·河源》《国朝河南总志》。卷2《河决考》，自周定王五年(前602)河徙砱砾，至明正德八年七月河决曹县以西，附录黄河故道。卷3至卷9《议河治河考》，记载自陶唐氏起，至元末贾鲁治河，又有诸儒总论，主要为明代官员有关治河的文章。卷10《理河职官考》，自有虞氏起，至明正德七年所设总理河道官员。本书梳理历代有关黄河治理的理论学说及实际经验，反映了明代黄河治理的实际状况。

南船纪4卷　清乾隆六年(1741)沈守义刻本；《续修四库全书》本。

明沈岱撰。沈岱有《吴江水利考》，已著录。沈岱嘉靖十八年(1539)任南京工部营缮司主事，署都水司监督龙江提举司造船主事，本书为其任上所编造船制度。卷1黄船、战巡船、后湖金水河船、快船、裁革船图数，有各类船图，尺寸、部件、用料、银两等具体数据。卷2记载上述各类船只建造制度沿革。卷3南京工部都水司及龙江提举司制度。卷4提举司掌管的造船、收船、收料、料余、稽考制度。明代南京工部主管船舶制造，造船规模较大，工艺技术复杂，管理制度亦迭经更替，沈氏于主管官员任内编撰本书，依据南京工部档案资料，复细加考订，具体制度及相关数据等内容系统全面，真实可信，是非常难得的原始资料，对中国造船史研究具有重要价值，亦有助于明代政治制度研究。

两淮盐法志12卷　明嘉靖三十年(1551)刻本；《四库全书存目丛书》本；2010年方志出版社点校本。

明史起蛰、张榘撰。史起蛰，江都人。嘉靖三十二年进士。历官福建松溪知县、礼部主事等。张榘，字范中，一字同壄。仪征人。嘉靖举人。本书为记载两淮盐法制度的专书。明代设于扬州的两淮都转运盐使司，所掌管淮盐产量高居各地之首，所辖盐场分为淮南盐场和淮北盐场，共30个盐场，由泰州、通州、淮安三分司管辖，地址坐落于今江苏长江以北邻海地区。又设有巡盐御史监管盐法，又设扬州巡盐察院。本书嘉靖三十年编成。卷1《图说》，共载图五十四幅，包括官署、管辖地区、下属分司、盐场、生产流程等。卷2《秩官》《署宇》，记载各类官员的名称，官署、盐仓等的地址、建筑。卷3《地里》《土产》记载各盐场地址、面积，境内草场、田地、河渠、桥梁。所产盐的种类、等级，生产方法等。卷4至卷6为《法制》，记载各类规章制度的设立、沿革、具体内容。卷7《户役》《贡课》，记载各盐场灶户数额、佥派的各类役夫，岁贡内外官府衙门和供应边商的盐产品数额，各行盐地区的具体数额等。卷8《人物》，记载出自各盐场的科举、理学、忠亮、孝行等各类人士。卷9《祠祀》，记载所建的祠堂、碑记等。卷10《宦迹》，为御史、运使等的小传。卷11、卷12《杂志》，杂记灾眚、祥异、山水、土产等。江苏为我国重要盐产区，所产淮盐历史悠久，有关江苏盐业的历史记载，此书是较早的一部。

皇明贡举考9卷附贡举纪略1卷　明万历刻本；《四库全书存目丛书》本；2009年武汉大学出版社《贡举志五种》本。

明张朝瑞编撰。张朝瑞有《忠节录》，已著录。明代通过科举选拔官员，培养人才，推动教育文化的发展，是一项非常重要的制度，本书即记载此项制度。相关记载起吴元年(1367)太祖开科诏令，迄万历十一年(1583)殿试。卷首有贡举纪略1卷，辑录有关事例，如三试皆元、五世甲科、三代尚书等科举美谈。甲科朊仕则为洪武四年(1371)至正德十六年(1521)历科进士中的高官，分为直内阁、官一

品、官二品、封爵、赐谥等。卷1总述明代科举制度，主要内容为历朝皇帝诏令及相关条例，注明文献出处，有《皇明通纪》《宪章录》《吾学编》《诸司职掌》《大明会典》等，低一格为王鏊、丘濬等学者评论及会试录序、乡试录序等相关记载，张朝瑞又作小字按语加以考释。卷2至卷9记载历次科考相关资料，所记内容分为乡试、会试、殿试三类，乡试载两京各省解元姓名、籍贯、科目。会试载考试官官职、姓名、籍贯，三场试题，贡士前5名姓名、籍贯、科目。殿试载皇帝策问全文，三甲进士姓名、籍贯。其间有张朝瑞小字按语补充解释。所记内容自洪武三年乡试至万历十一年殿试，上下200余年的明代科考资料，得以系统完备地保存。

皇明经世实用编28卷续集2卷 明万历刻本；《四库全书存目丛书》本。

明冯应京纂辑。冯应京有《月令广义》，已著录。冯应京纂辑明代诏令奏议及政书、专著所载相关典章制度，编撰成书。分为乾、元、亨、利、贞五集。“乾”集载太祖御制心法、皇明祖训、亲贤及天地春夏秋冬六官。“元”集载荐举辟召取士等。“亨”集载任官等。“利”集载务农讲武任人等。“贞”集载正学育才、礼乐射御书数、诸儒语录等。续集卷上载诸儒语录，卷下载与山东滕县治理相关的公文。本书内容主要为冯氏纂辑的相关文献，亦有其记述考论，所载典章制度多以六部所管事务分类，记载颇为全面丰富。如“贞”集中的“六艺”与教育制度相关，所载内容多为基本知识，便于学生学习，如礼学有《五服图》《乡饮酒礼图》等，乐学有《汉唐宋损益图》等，射学有《乡射礼总图》，御学有《良马图》等，书学有《正字千文》《草诀歌》等，数学有《九九合数》《九归歌》等。

海防纂要13卷 明万历四十一年(1613)刻本；《续修四库全书》本。

明王在晋编撰。王在晋有《三朝辽事实录》，已著录。本书编于王在晋浙江按察使任上，其与浙江巡抚高举共同磋商，执笔撰写，万历四十一年编成。卷首为《舆地全图》《镇戍总图》等，卷1、卷2记载广东、福建、浙江、两直隶、山东、辽东地理形势和军事部署等，又及往日本针路，朝鲜、琉球考等。卷3、卷4记载明代中国与日本、朝鲜的外交关系，历朝与倭寇战事，万历间援朝抗日等。卷5至卷8记载御倭方略，详细记载各种具体部署。卷9至卷12记载历次御倭战事，多为军事胜利之事，又及各项军事条令、法规制度、医药保障等。卷13记吉凶、占验等。书中材料来自其时官员奏疏及前人论述等，也有作者本人奏疏及论述。王在晋熟习军事，对抗倭斗争多有谋划，书中广泛搜辑各类资料，对明代抗倭斗争的经验教训进行总结，条目明晰，记述得法，是研究明代政治军事的重要文献。

通漕类编9卷 明万历刻本；《四库全书存目丛书》本。

明王在晋编撰。王在晋有《三朝辽事实录》，已著录。本书记载明代漕运制度，王在晋万历四十二年(1614)编成。卷首漕运图、黄河图等。漕运4卷，卷1古代漕运制度，卷2明代漕粮数额、职官、漕船、漕军、漕运卫所、漕运职掌等，卷3征运方法、损耗、仓廒、船只、挂欠等，卷4官军粮钞、选补、犯罪等事宜，民运规则、乞运、改折、支运等制度更替。河渠4卷，记载运河、湖泉闸坝、黄河的地理情况、水利治理等。海运1卷，记载海运、海道等。明代漕运关系国家经济命脉，相关制度历代迭经变革，仍然弊端丛生，王在晋曾任职工部都水司，又曾督运漕粮，对漕运制度较为熟悉，主要依据《漕运议单》《大明会典》等官方文献所载资料，将相关内容分门别类加以梳理，明代漕运制度得以清晰记载。

工部厂库须知12卷 明万历四十三年(1615)林如楚刻本；《续修四库全书》本；2013年人民出版社江牧校注本。

明何士晋编撰。何士晋(？～1625)，字武莪。宜兴人。万历二十六年进士。官至两广总督。本书记载明代工部厂库制度。明代工部主管建筑工程、采捕陶冶、水利交通、屯种薪炭等事，其辖下厂库负责生产和征收相关物资等。万历间厂库制度弊端丛生，时任工科给事中的何士晋取《会典》《条例》诸书，质以异同沿革，核定相关数额，编成本书，工部官员亦有参阅等。前2卷载厂库约则，工科给事中与工部官员奏疏。后10卷分记工部四司相关制度，其中营缮司事最详，虞衡、都水二司次之，屯田司最略。每司下分记各项工作，先列生产和征收的各类物资及其数额，记载所需工人、物资、银两

等，后载具体制度条议。本书专门记载工部厂库制度，所记各类物资数额及规章制度非常详细，可与《会典》相关记载对照查考，有助于明代经济研究。

皇明三元考 14 卷　明刻本；《四库全书存目丛书》本；2009 年武汉大学出版社《贡举志五种》本。

明张弘道、张凝道撰。张弘道（1549～1617），字成儒，号元岳。武进人。万历二十八年（1600）举人。官至开封通判。张凝道（1556～1642），字明儒，号修庵。武进人。弘道弟。官句容教谕。本书记载明代历科乡试解元，会试会元，殿试状元、榜眼、探花。起洪武三年（1370）乡试，迄万历四十七年殿试。各科考试先记其相关背景资料，亦有选录诏书，或以按语补充解释。乡会试主试官记其官职、姓名等，三元记其姓名、籍贯、年龄、履历等。其后又有解元中式、兄弟同榜、少年进士、庶吉士、名臣、入阁、一品、二品等条目，补充记载相关资料。其中对会元、状元、榜眼、探花的记载较为详细，类似小传，所记亦多为著名人士。将本书与《皇明贡举考》对照查考，有助于明代科举研究。

皇明世法录 92 卷　明崇祯刻本；《四库禁毁书丛刊》本。

明陈仁锡编撰。陈仁锡（1581～1636），字明卿，号芝台。长洲人。天启二年（1622）进士，官至南京国子监祭酒。著述颇丰。陈仁锡辑录明代典籍所载典章制度等编成本书，分为十大类：维皇建极、悬象设教、法祖垂宪、裕国恤民、制兵敕法、浚河利漕、冲边严备、沿海置防、奖顺伐衅、崇文尚武。其中“维皇建极”为高皇帝和文皇帝的宝训、圣制、圣武，记载明代最重要的两位皇帝功绩。后 8 类记载政治、文化、经济、军事、外交等各类制度，“崇文尚武”则为重要人物传记。每类下又分五小类，有的小类下又分细目，如“悬象设教”中的礼制又含圣节庆贺、岁时赏宴、朝仪、献庙大礼、文庙、从祀、名贤祀典、谥法、封赠 9 个细目。各类制度多首列明代历朝皇帝诏谕，其后分载有关制度。敬天、历法两小类体例则不同，只辑录古代典籍相关记载。本书记载内容非常丰富广泛，如卷 20 的献庙大礼，记载世宗朝的大礼仪之争颇为详尽。卷 27 训宗，除列皇帝诏谕外，又收录陈建、王世贞、郑晓、马文升等相关论述。又如盐法、屯政、驷政、钱钞、理财、厂库、黄册赋役田土、农桑、水利等小类，除各类制度细则外，又详载各种数据。本书各类记载可与《大明会典》对照查考，有助于明代相关制度研究。

榷政纪略 4 卷奏疏 1 卷莅政八箴 1 卷　明崇祯刻本；《续修四库全书》本。

明堵胤锡撰。堵胤锡（1601～1649），又作允锡，字锡君，改字仲缄，号牧游。宜兴人。崇祯十年（1637）进士。官长沙知府等。后任职南明政权，永历时官至东阁大学士、兵部尚书。明崇祯十三年至十四年，堵胤锡以南京户部主事督理北新钞关，职责为征收过往船只的船税、货税等。本书收录其在任期间所作公文、奏疏及箴言等。榷政纪略收录申禁令、明贯则、革长单、祛包漏等明令告示，内容包括禁绝各类弊政陋规，严格管理本部事务，遵守国家政令，改革不合理制度，查处违法乱纪案件等。奏疏共 3 篇，两篇涉及相关制度改革，一篇要求朝廷蠲缓征税。箴言包括约己、恤商等 8 条。晚明时期朝廷不断加征税收，引发严重的政治及社会问题，堵胤锡在任期间尽心尽责，不负使命，本书可见其行事，对明代经济制度研究亦具参考价值。

明宫史 5 卷　《四库全书》本；《学津讨原》本；1980 年北京古籍出版社排印本。

清吕毖编撰。吕毖有《明朝小史》，已著录。本书记载明代北京宫殿规制、内府制度、内臣服食等。明代宦官在政治生活中发挥重要作用，明代史书对其职官制度多有记载，记载最为系统详尽的为宦官刘若愚所撰《酌中志》20 卷。本书即据《酌中志》卷 16 至卷 20 加以编撰而成，内容有所简省删订，卷次亦作调整。卷 1 宫殿建筑规制，卷 2 内府职掌，卷 3 内臣服佩，卷 4 饮食好尚，卷 5 内板书数。崇祯间定逆案，刘若愚得罪下狱后著《酌中志》，其著书的主要意图是为自己辩白诉冤，许多内容述其生平行事等，又详细记载宦官制度。吕毖编撰本书则力求简捷，舍弃其他内容，只辑录有关宫殿规制、内府制度等，如排印本吕毖后序言“一时之事与一人之事，不必尽有关于天下万世之大经大法，以故余不备录。录其一代之制，外人鲜有知者，刊布行世”。

左司笔记 20 卷　国家图书馆藏清抄本；《四库全书存目丛书》本。

清吴暻撰。吴暻(1662～1708),字元朗,号西斋。太仓人。吴伟业子。康熙二十七年(1688)进士,任兵科给事中、《书画谱》纂修官等。本书记载清代初期户部掌管的相关事务,吴暻官户部广东司主事时编撰,广东司时称左司,故为书名。户部掌管国家经济,本书分为疆域、户口、田地等20门,分别记载相关管辖事务。如"正赋",记载康熙三十九年各地正赋银两、米麦、豆谷的具体数额。"三库、十仓、常平",记载库藏物资、仓储粮米具体名称数额及其管理制度等。"官俸",记载王公贵族、文武官员及其银米供给数额。"兵食",记载军费开支,详列各地官兵、马匹、银钱、米豆草数额。"设官",记载户部职掌、官员设置、下属机构等。"廨署",记载户部及其下属机构官署建筑。本书所载来自户部档案资料,所记较为真实可信,吴氏又征稽历代典籍相关记载,考察各项经济制度始末,故本书所载颇有助于中国经济史研究。

圣门礼乐统24卷首1卷　清康熙四十一年(1702)万松书院刻本;《四库全书存目丛书》本。

清张行言编撰。张行言,字躬先。江浦人。诸生。曾入四库馆。博学能文。本书记载历代祭祀孔子制度及儒家重要人物。卷首纲领、图考。卷1至卷5祀典通考,记载自鲁哀公十六年(前479)至清康熙三十六年历代祀典,又录拟祀诸贤、历朝御祭文。卷6世家,有孔子世家和宗子世表,世表记载孔子子孙自第二代孔鲤至六十七代孔毓圻。卷7至卷15四配、十哲、先贤、先儒列传,自颜子至明代王守仁。卷16启圣公传,从祀启圣祠先贤、先儒列传。卷17改祀、罢祀先贤先儒列传。卷18至卷23乐经、乐志、乐器、律吕、谱法、礼器、乐器等。卷20孔子及四配林庙诸图。书中搜集历代文献中关于礼祀孔子及儒家先贤的记载,分门别类加以辑录,注明文献出处,资料丰富,有助于古代文化研究。

作吏九规2卷　清嘉庆十八年(1813)刻本;2014年凤凰出版社《泰州文献》本。

清仲振履撰。仲振履(1759～1822),字临侯,号云江,又号柘庵等。泰州人。嘉庆十三年进士。官广东东莞知县、南澳同知等。仲振履撰本书用来记载官府运作的规范程序、统治人民的经验教训、官员应该具有的操守等,以垂示后学,儆示属吏,亦用以自勉。卷上立品、居官、事上、用人、养士,卷下安民、决狱、办案、催科,附《石香秘录》《十诫诗》。每一规下又分细目,多为要求奉公守法、勤政爱民等,亦有很多为作者的忠告,颇为用心,可见其诚意,如"事上"一规下就有《勿抗》《勿卑》《勿诉贫苦》《勿逞才能》《勿恃爱而轻长官》《勿希宠而挤同辈》等。《石香秘录》记载命案验尸的具体经验,涉及古代法医学领域,亦为宝贵资料。《十诫诗》则告诫各类人群洁身自爱、痛改前非等。仲振履任知县等职多年,深知民间疾苦与社会弊端,作为一个具有良知的官员,撰书勾画一个理想官员应该具有的道德规范与治理能力,虽未必尽为可行,亦显示其良苦用心,对中国古代政治制度研究亦具有参考价值。

筹海初集4卷　清道光十六年(1836)刻本;《中华文史丛书》本。

清关天培撰。关天培(1781～1841),字仲因,号滋圃。山阳人。由行伍考取武生,官至广东水师提督。鸦片战争期间协助林则徐加强海防,抵御外敌。道光二十一年英军进犯虎门,率领官兵英勇抵抗,壮烈殉职。本书收录关天培道光十四年至十七年所作各类公文,其时任广东水师提督,包括虎门海口炮台图多幅、上谕、奏稿、章程、公文稿等,主要内容为筹议海防、整饬营伍、训练弁兵等,"以冀水师寅僚咸知御夷要旨,一览而了然于胸臆间也"。书中真实记载了鸦片战争前夕广东军事状况,是非常重要的历史资料。如卷1《重勘虎门炮台筹议节略稿》,记载沙角、大角等炮台地形位置、建造历史、炮台面积、炮洞和铁炮数量、官兵人数、官厅营房等,又记各处炮台具体防卫措施手段,针对其薄弱之处提出改进意见。又提议改进士兵福利,加强军队管理,增添弹药贮备,修造战船等。

淮扬水利图说1卷　清道光十九年(1839)刻朱墨套印本;清光绪二年(1876)淮南书局重刻本。

清冯道立撰。冯道立(1782～1860),字务堂,号西园。东台人。道光元年岁贡,咸丰元年(1851)荐举孝廉方正。自幼好学,博览群书,而胸怀大志。为清代著名水利专家,一生致力于治水与水利地图研究。本书即为其治水思想的体现。书由8幅水利图及相应说明组成,图说部分包括《淮扬水利全图》《淮黄交汇入海图》《御坝常闭水不归黄沿江分

泄图》《漕堤放坝下河筑堤束水归海图》《漕堤放坝水不归海汪洋一片图》《东台水利来源图》《东台水利去路图》《东台杨堤加高图》8幅图。每图后皆针对该水道的具体情况，提出了自己的规划和治水方案。附《淮扬治水论》（亦名《西园文抄》），概括“治水之道”为“疏”“畅”“浚”“束”四法，并谓：“善治水者，逐无用之水，循序归壑，留有用之水，灌溉田亩，以济舟楫。则水不但无害于民，且有益于民，在乎人之利导耳。”探究利病得失，颇多卓见。

校邠庐抗议2卷　清咸丰十一年（1861）广仁堂刻本；光绪十年（1884）刻本；2015年上海社会科学院出版社《校邠庐抗议·汇校》（德）冯凯整理本。

清冯桂芬撰。冯桂芬有《同治苏州府志》，已著录。本书收录冯桂芬所撰文40篇，咸丰十一年编成。其时太平军战事激烈，冯桂芬避居上海，对内忧外患的现实展开深入的反思，向危亡之中的清政权提出建议，涉及政治、经济、军事、文化各个方面，指陈社会弊病，主张变法自强，反映了晚清精英知识分子的清醒眼光和深刻见解，对其后洋务运动产生积极影响。如《公黜陟议》《汰冗员议》等，揭露其时吏治的腐败。《折南漕议》《利淮鹾议》等，指出经济制度的弊端。《采西学议》《制洋器议》，明确主张向西方学习，《制洋器议》直言中国不如外国之事，“人无弃材不如夷，地无遗利不如夷，君民不隔不如夷，名实必符不如夷”。其后提出具体主张，要求学习西方科技，重视科技人才，将其与科举并重，“上好下甚，风行响应，当有殊尤异敏、出新意于西法之外者。始则师而法之，继则比而齐之，终则驾而上之。自强之道，实在乎是”。

学仕录16卷　清同治六年（1867）刻本；《四库未收书辑刊》本。

清戴肇辰撰。戴肇辰（1810～1890），字友梅，号芝生。丹徒人。监生。官至署广州知府。本书收录清人所著与治理国家相关的各类文章，涉及出仕为官者经常处理的各类民政、吏治、治安、司法等事务，包括奏疏、告示、条约、檄文、札牒、条款、禀文等各类公文，亦有书信、语录、格言、序跋以及专题议论文。作者有高官重臣如魏象枢、汤斌、于成龙、张玉书、李光地、李绂、陈宏谋、毕沅、阮元等，亦有中下级官员如汪琬、李塨、李渔、任启运等，亦有少数布衣文人，如卷1所录顾炎武《日知录》中的相关内容。书中所载集中反映了清代官员士绅对统治国家、管理民众的理论设想和实践经验，对研究古代政治具有参考价值。

两浙宦游纪略　清同治五年（1866）刻本；《近代中国史料丛刊续编》本。

清戴槃撰。戴槃（1813～1882），字涧邻，号铭新。丹徒人。道光二十三年（1843）举人。官严州知府等。本书记载戴槃任浙江地方官时所行政事。《严陵记略》有记20篇，其时任严州知府，所记包括招徕棚民开垦，修筑湖坝、储备仓，购买储备仓粮谷，修建祠堂、学校等。《东瓯记略》有记23篇，时任温州知府，包括议建同治守备衙门移驻枫林镇，禁止温州坐筵等。《桐溪记略》有记等16篇，时任桐乡知县，包括祷雨、办宰、征收冬漕等事。书中所记反映了清代地方官员的任职情况，如《定严属垦荒章程并召棚民开垦记》，记载太平天国战争后，严州地区田地荒芜，人民稀少，戴槃设法招徕徽州地区棚民开垦土地，作此公文，包含4条措施：随垦随报，垦户三年后即行执业，原业主早为呈报，宜严禁冒认。《乐清办理善后记》，记乐清县城收复后，时为台州司马的戴槃与同官力争，阻止大行株连，全活甚众事。

浙东筹防录4卷　《庸庵全集》本；《近代中国史料丛刊》本。

清薛福成撰。薛福成有《出使奏疏》，已著录。光绪十年（1884）薛福成任浙江宁绍台道，备兵海防，监督两海关。中法战事波及浙东后，浙江巡抚刘秉璋命其综理营务，尽护诸军，统筹协调浙江沿海清军抵御法军。本书收辑薛福成中法战争期间所撰有关浙东防御的文牍书檄等。卷1上、下禀牍、详文，卷2书牍，卷3咨、移、札、照会、告示，卷4电报。内容包括军事部署安排、协调诸军事务及处理外交事宜等。薛福成通晓军事外交，战争期间多有建言献策、谋划布置，书中所载包括因形势、设巨防、定民心、搜军实、清间谍、杜向导、申纪律、明赏罚等，辅佐刘秉璋等指挥清军积极防御，取得镇海之战的胜利等。本书所载相关公文资料，有助于清末政治外交的研究。

出使公牍 10 卷 《庸庵全集》本;《近代中国史料丛刊》本。

清薛福成撰。薛福成有《出使奏疏》,已著录。光绪十五年(1889)薛福成任出使英、法、意、比大臣,光绪二十年离任归国,本书收录薛福成在任期间所作公牍。咨文 2 卷,书函 4 卷,照会、札文、批答 1 卷,洋文照会 2 卷,电报 1 卷。主要为与总理衙门的公文,亦有与驻外使节及各国外交部门的公文,记载薛福成出使 4 年间有关外交事务的办理、对外政策的建议等,是非常重要的历史资料。薛福成《序》云使职难称之故,国人不晓外务,动为所欺,西人狃于积习,不能平等相待。中国使臣生事者少,畏事者多。薛氏遇交涉大事,喜与外人争辩,"我虽执彼所不愿闻之言,而其理正,其事核,其气平,出以忠信之怀,将以诚恳之意,知彼之不能难我也。然后断然用之以难彼而勿疑,其端倪可见于文牍者,亦仅十之四五而已"。洋文照会所记与英法等国外交部门办理交涉事,可见其在任期间维护国家主权的作为。

南朝宋会要、齐会要、梁会要、陈会要 国家图书馆藏稿本;1984～1986 年上海古籍出版社排印本。

清朱铭盘撰。朱铭盘(1852～1893),字曼君,泰兴人。光绪八年(1882)举人。曾入吴长庆幕,从军朝鲜。博学多才,长于史学。本书是记载南朝宋、齐、梁、陈四代典章制度及其沿革的典制体史籍,主要内容取材于南北朝隋唐间所修正史《宋书》《南齐书》《梁书》《陈书》《南史》《隋书》。分为帝系、吉礼、凶礼、军礼、宾礼、嘉礼、乐、舆服、文学、历数、封建、职官、选举、民政、食货、兵、刑、方域、蕃夷 19 类(《陈会要》无"蕃夷"类),各类下再分为若干条目,分别记载相关制度,各项记载都注明出处,对研究南朝历史具有参考价值。如《宋会要·职官》共 97 条,其中"尚书台"一条记载颇详,记载尚书台各类官员的设置沿革、职掌权限、品秩俸禄及与之相关的重要史事等。《梁会要·文学》"崇佛教"一条,记载佛教在梁代的兴盛,重要的佛教活动,武帝等帝王贵族及文人对佛教的崇信等。

第十四节 目录类

别录 《玉函山房辑佚书》本;《快阁师石山房丛书》本;2008 年上海古籍出版社邓骏捷校补本。

西汉刘向编撰。刘向有《战国策》,已著录。汉成帝河平三年(前 26)诏令刘向等人校理群书,刘向校勘秘府藏书撰成定本,将其分为六艺、诸子、诗赋、兵书、数术、方技六大类。每书校毕,刘向条其篇目,撮其旨意,撰成叙录,内容包括记载新定本的篇目,叙述校定过程,记载各种版本情况如来源、篇数、文字差谬等等,记述全书大意、作者生平事迹、辨别真伪等。刘向将各书叙录汇编为《别录》一书。本书是刘向等人系统总结我国古代思想文化成果编撰而成,是中国目录学的开端,反映了古代文化发展状况,保存了大量重要的文献资料,具有极为重要的历史价值。《别录》后世散佚,清代学者加以整理辑佚,以姚振宗所辑 1 卷本较为详备。

七略 《问经堂丛书》本;《快阁师石山房丛书》本;2008 年上海古籍出版社邓骏捷校补本。

西汉刘歆撰。刘歆(前 53～23),字子骏,后改名秀,字颖叔。沛人。刘向之子。成帝时为黄门郎。与刘向校理群书。王莽时拜为国师,后因谋诛王莽而死。西汉著名学者。汉成帝时期刘向等校理群书,刘歆亦参加,经过近 20 年,将大多数图书都校定了新本,编撰了叙录,图书分类亦基本确定。刘向卒后,刘歆领导此项工作,经过 2 年时间,编成我国第一部系统完备的图书目录《七略》。分为六大类,38 种,603 家,13 219 卷。第一篇辑略,是全书的叙录,包括群书总序、六略的大序、38 种的小序,说明每个大类和小类的图书内容及其思想流派等,辨章学术、考镜源流,对总结古代学术史具有重要价值。以下分别著录六大类即六艺、诸子、诗赋、兵书、数术、方技的书籍,著录书名、篇卷数、作者等项。本书系统地著录了西汉末年以前的重要文化典籍,体现了古代文化发展成就,反映了当时的政治和思想状况,具有重要的历史价值。此后《汉书·艺文志》即依据本书编撰而成,对后世目录学发展影响深远。《七略》后世散佚,清代学者加以整理辑佚,以姚振宗所辑 7 卷本较为详备。

遂初堂书目 1 卷 国家图书馆藏明抄本；《说郛》本；2006 年中华书局《宋元明清书目题跋丛刊》本。

南宋尤袤撰。尤袤（1127～1194），字延之，号遂初居士。无锡人。绍兴十八年（1148）进士。官至礼部尚书兼侍读。著名诗人、藏书家。本书为我国最早的一部版本目录。共分为 44 类，其中经部 9 类，史部 18 类，子部 12 类，集部 5 类，共著录图书 3 000 余部。所录图书仅记书名，无解题，亦不记作者和卷数，但重视版本。如经总类，十三经中除《周礼》《仪礼》《孝经》外，其他 10 种俱著录版本。正史类，前四史俱著录不同版本，《前汉书》则有 4 个版本。本书比较重视宋代史籍，宋代主要官修、私撰史籍多有著录，如国史、本朝杂史、本朝故事、本朝杂传四类专记本朝史籍，实录、职官、仪注等类亦多记宋代史书。

菉竹堂书目 上海图书馆藏清初抄本；《粤雅堂丛书》本；《四库全书存目丛书》本。

明叶盛撰。叶盛有《叶文庄公奏疏》，已著录。本书为叶盛编于成化年间，自序言本书依马端临《经籍考》分类排列经史子集，首为制，收录朝廷颁赐之书敕，末为后录，收录叶氏一家之书，共收录书籍 4 600 余册，22 700 余卷。本书后世有所散佚，其子孙复加整理，内容与自序所记颇有不同。首先为圣制。其后为四部书籍，分类颇为复杂，经部较整齐，分为易、书、诗、春秋、周礼、仪礼、礼记、礼书、乐书、诸经总义、四书、性理 12 类。其他三部，史部分为经济、史。子部分为子书、子杂。集部分为文集、诗词集。其后又收录史、子二部书，分为类书、韵书、姓氏、法帖、画谱、政书、刑书、兵法、算法、医书、农谱、古今通志、阴阳书、道书、佛书。著录亦较为简单，只有书名和册数。叶盛为明代著名藏书家，本书于明代书目中亦颇有名，所收图书多有其他书目未见者，据此可考明代文献著述及收藏情况。

南濠居士文跋 4 卷 明刻本；《续修四库全书》本。

明都穆撰。都穆（1459～1526），字玄敬，号南濠居士。吴县人。弘治十二年（1499）进士，官礼部郎中等。本书收录都穆所撰书跋，共 100 余种。卷 1、卷 2 为四部文献中较为少见及重要的书籍，也有都穆自己编撰的《壬午功臣爵赏录》和《壬午功赏别录》。卷 3、卷 4 则为名家书画作品。书跋对书籍和书画作品的主要内容、特点及作者情况等略加考述，对其思想和艺术成就等加以评价和赏析，亦记收藏和版本等。书中所记名家书画尤有价值，如智永《真草千字文》、虞世南《奏草》、韩幹《二马图》、张择端《清明上河图》等。都穆亦常言其鉴赏书画的经历和感受，如《王维画伏生像》云：“一日与顾吏部华玉过之，休伯张燕，予戏谓之曰：‘必出书画乃饮，宋元姑置，其亦有唐人笔乎？’休伯笑而不答，遂出此及维著色山水一卷。予不觉惊伏，以为平生之未见也。”其后又对画中人物箕股而坐、凭几伸卷感到不解，又联想到王维尝画雪中之蕉像，推测王维画作不必拘于形似者。

国史经籍志 6 卷 明万历十八年（1590）刻本；明万历三十年陈汝元刻本；2011 年清华大学出版社《二十五史艺文经籍志考补萃编》本。

明焦竑撰。焦竑有《国朝献征录》，已著录。明万历间修国史，焦竑专领其事。国史未成而罢，仅成此志，故名《国史经籍志》。卷 1 制书类，子目 4，载明代皇帝及皇后御制、敕修和史官所记时政之书。卷 2 至卷 5 经、史、子、集 4 类，为历代四部书籍。经类子目 11，史类子目 15，子类（上下）子目 16，集类子目 6。子目后各有小序（诗文评无）。收录之书开载书名、卷数、作者等项。卷 6 纠缪，改正历代正史艺文志、著名书目及《通志 · 艺文略》《文献通考 · 经籍志》分类之失等。本书体例，多依据《通志 · 艺文略》，收录图书不限于明代，所收宋、元以前之书，亦多从《通志 · 艺文略》等书。本书于明代目录学著作中颇有影响，尤其是小序考镜学术源流，多有见识，纠缪所言亦颇为可取。

绛云楼书目 4 卷 国家图书馆藏清嘉庆二十五年（1820）刘氏味经书屋抄本；《丛书集成初编》本；《续修四库全书》本。

清钱谦益撰。钱谦益有《国初群雄事略》，已著录。钱谦益为清初著名文人和藏书家，本书于清初藏书家中颇有影响。所收书籍大致按四部分类，共 3 000 余种。著录款目比较简单，包括作者、书名、册数等，宋板、元板书标明，抄本亦作标注。书目分类比较繁冗，亦自有其特点，值得注意。如卷 3 有

明朝制书实录、明朝实录、传记、典故、杂记5类，全部为明代书籍，为钱谦益为修明史搜集的文献资料，共500余种。卷4又设天主教、伪书2类，前者收录书籍7种，反映了明末清初中国天主教的发展状况。后者收录书籍15种，体现其时学者、藏书家的研究状况。绛云楼藏书毁于火，本书为了解研究绛云楼及清初藏书不可或缺的资料。

千顷堂书目32卷 上海图书馆藏佚名录吴骞手校本；《适园丛书》本；1990年上海古籍出版社瞿凤起、潘景郑整理本。

清黄虞稷撰。黄虞稷(1629～1691)，字俞邰，号楮园。江宁人。居中子。康熙十七年(1678)荐博学鸿词，二十年授翰林院检讨。著名藏书家。本书收录明人著作10 000余种，是反映明代文献最为完备的书目。黄虞稷父居中为著名藏书家，编撰《千顷斋藏书目录》6卷，本书以其为基础编撰而成。分为经12门，史18门，子13门，集8门，主要为明代文献。收录之书载作者、书名、卷数、作者生平、成书经过、内容简介等项，每门之后补录宋辽金元文献。本书所收明代文献非常丰富，记载较为细致，其中如作者生平、成书经过等，尤有价值。类书类如司马泰《文献汇编》100卷，前33卷残失，录后67卷细目，其他如《广说郛》80卷、《古今汇说》60卷、《再续百川学海》80卷、《三续百川学海》30卷亦如此。本书分类亦有其特色，如集部就有制诰类、表奏类、制举类等。别集尤其细致，先帝王，以下洪武至崇祯各朝，每朝又以乡会试年次为序，其后又有宗藩、中官、妇女、道士、释子、女冠、土司、外国各目。《四库全书总目》对其分类颇多责难，然如此分类，于保留史料等亦有价值。本书为明代目录学名著，黄氏后入明史馆，又在本书基础上编撰《明史艺文志稿》，其后张廷玉等修《明史·艺文志》即删削此书而成。

读书敏求记4卷 清雍正四年(1726)赵孟升刻本；清乾隆十年(1745)双桂草堂刻本；1984年书目文献出版社丁瑜点校本。

清钱曾撰。钱曾(1629～1701)，字遵王，号也是翁，又号述古主人。常熟人。钱谦益族孙。著名藏书家、目录学家。钱曾家富藏书，后又得钱谦益绛云楼所藏，与毛晋等藏书家往还，其藏书室先后命名为述古堂和也是园。钱曾编撰过3种书目，即《述古堂书目》《也是园书目》《读书敏求记》，以《读书敏求记》最有价值，为版本目录学名著。本书4卷，以经、史、子、集分类，经部6类，史部10类，子部21类，集部4类，共收录其藏书精品600余种，多宋元善本和旧钞，是一本重要的善本书目。书中著录卷数和版本，考订书名、作者和授受源流，对书籍内容加以评论，引用了丰富的文献资料。本书重视版本的鉴定，书中提出从版式、行款、字体、刀刻、纸墨等来判定雕印年代，从初印、重印、翻刻等方面评定版本优劣等，总结出较完善的版本鉴定方法，对后世版本学的发展产生重要影响。

季沧苇藏书目1卷 清嘉庆十年(1805)黄氏士礼居刻本；《粤雅堂丛书》本；《续修四库全书》本。

清季振宜撰。季振宜(1630～1674)，字诜兮，号沧苇。泰兴人。顺治四年(1647)进士，官监察御史等。清代著名藏书家。本书一名《延令宋板书目》，是著名的宋元版本书目。季振宜父寓庸即为藏书家，季振宜自己也多方收集，特别是承继了江浙几个重要藏书家如毛晋、钱谦益、钱曾等的藏书。故季氏藏书，极富盛名，此书即为其家藏书目。季氏生前未刊行，原为抄本，至嘉庆十年由著名藏书家黄丕烈整理，手录上板。共著录图书1 200余种，分类不严格。首先著录部分书目，不按四部分类。其后书目题为“宋元杂板书”，下分经部、史部、古文选、韵书、子书、文集、诗集部、类书、杂部、内典、儒书、医书、方舆。其后书目又题“崇祯历书总目”“经解日录”。每种书主要著录书名、卷数、册数，部分著录作者。又有黄丕烈案语，或纠正其讹误遗漏，或言其书今归何处。卷末黄丕烈校语及跋。此书目被尊为“善本目录之泰斗”，黄丕烈所作跋语云“详载宋元版刻以至抄本，几于无所漏略”，至今仍是研究版本目录学所必备的工具书。

传是楼书目6卷 国家图书馆藏清邢澍守雅堂抄本；清道光八年(1828)刘氏味经书屋抄本；《续修四库全书》本。

清徐乾学编撰。徐乾学有《资治通鉴后编》，已著录。徐乾学藏书清初非常著名，黄宗羲《传是楼藏书记》言“南北大家之藏书尽归先生”。传是楼为徐乾学藏书之处，其中书橱以千字文编号，橱分数

格。本书目亦以千字文为序，自天至帝，每字分为数格，以四格为多。本书经部、子部各1卷，史部、集部各2卷。经部14类，史部37类，子部15类，集部4类。每种书著录书名、卷数、作者、册数及复本等项。其中史部分类非常繁复，制度典章分属故事、职官、仪注、法令等类，有酒茗，又有食经，有冥异，又有祥异。集部分为制诏、表奏、赋颂、别集4类，无总集。本书著录图书非常丰富，约有10 000种，其中史部1卷专门著录地理类图书，分为地志、别志、朝聘行役、蛮夷4类，别集类书目亦非常详备。

汲古阁珍藏秘本书目1卷 清嘉庆五年(1800)士礼居刻本；《续修四库全书》本。

清毛扆撰。毛扆(1640～1713)，字季斧，号省庵。常熟人。毛晋子。清代著名藏书家、校勘家、出版家。本书为毛扆所编鬻书目录，著录书籍500余种，大体按四部分类排序，子部下又略作分类。著录项包括书名、册数、作者、抄本类型、价格等。本书颇具版本价值，著录书籍以抄本为主，分类较为细致，有宋板影抄、元人抄本影写、旧抄、精抄等。旧抄又分绵纸旧抄、旧纸旧抄、红格旧抄、黑格旧抄、竹纸旧抄等。精抄又分宋板精抄、元板精抄、绵纸精抄、竹纸精抄。此外还有元人手抄、国初人手抄、秦西岩手抄、吴方山手抄、业书堂抄本、玄素斋抄本、内府抄本、旧业堂抄本等等。少数书籍为刻本，其中宋板、元板于书名前注明。部分书籍有解题，言此本特点价值、抄写依据版本等。毛扆后跋言书中抄本及宋元板书定价依据。

楝亭书目4卷 南京图书馆藏清抄本；国家图书馆藏清道光六年(1826)刘氏味经书屋抄本；《辽海丛书》本。

曹寅(1658～1712)，字子清，号荔轩，又号楝亭、雪樵。汉军正白旗人。曹雪芹祖父。康熙三十一年(1692)继其父官江宁织造，后兼巡视两淮盐政。著名藏书家、出版家。本书著录曹寅藏书共3 287种，分为书目1类，经11类，史6类，子8类，集10类，每类之后多有补遗、附，加以补充。首先著录特殊版本，其中有大量抄本，其后著录书名、作者、卷数、册数，间记书序。本书编排很有特点，原为史部目录类的书目，单列居首，收录19种。史部历来分类复杂，本书分为六大类：史、鉴、明史、外国、经济、地舆。“史”包含正史、别史、史钞、史评等，“鉴”包括编年、纪事本末等，“明史”集中收录明代史籍共84种。集部10类：文集、诗集、诗类、汉魏六朝人集、唐人集、宋人集、元人集、明人集、词、曲，文集收录总集，“诗集”有总集又有别集，“诗类”主要收录诗话。其后按朝代收录作家别集。

藏书纪要1卷 《士礼居黄氏丛书》本；《藏修堂丛书》本；1999年北京燕山出版社《书目书话丛书》本。

清孙从添撰。孙从添(1692～1767)，一作从沾，字庆增，号石芝。常熟人。诸生。善医术。清初藏书家。本书记载孙从添藏书心得，书中论述的内容分为8个方面：购求、鉴别、钞录、校雠、装订、编目、收藏、曝书。涉及图书的收购，版本、校勘、目录等文献学研究内容，以及图书馆建设、图书保管等诸多方面。明清以来江南私家藏书非常发达，本书系统总结了此一时期私人藏书的经验，加以具体地论述。其中如图书版本鉴定的经验和准则、图书编目的理论和方法等，对其后私家图书收藏及图书馆事业的发展等产生重要影响。

平津馆鉴藏书籍记3卷补遗1卷续编1卷 清道光二十年(1840)独抱庐刻本；《丛书集成初编》本；2008年上海古籍出版社焦桂美标点本。

清孙星衍撰。孙星衍有《周易集解》，已著录。本书前3卷编于孙星衍任山东督粮道时，后2卷编于孙氏归田后，著名学者洪颐煊亦参与编撰。卷1宋版、元版，卷2明版，卷3旧影写本、影写本、外藩本，补遗、续编2卷包括宋、元、明版、旧写本、写本、外藩本等。共著录书籍300余种，俱为孙氏藏书中的精品。每种书著录书名、卷数、作者、版刻年代、行款、序跋、印记等项，常征引目录书及典籍加以说明，又有文字校勘等内容。记述内容非常丰富，具有极高的目录学价值。孙氏收藏的大量珍贵书籍大多于后世亡佚，本书为研究孙氏藏书以及清代藏书提供了宝贵的资料。

孙氏祠堂书目内编4卷外编3卷 清嘉庆十五年(1810)孙氏刻本；《丛书集成初编》本；2008年上海古籍出版社焦桂美标点本。

清孙星衍撰。孙星衍将其所藏2 000余种图书编成书目，分为内、外编，以教课宗族子弟，俾循序诵习，应岁周之数，分为12类。书成于嘉庆五年。书籍著录较为简单，包括书名、卷数、朝代、作者、版本等项。所藏书籍有宋元珍本，亦有通行本，包括当代书籍，体现其古今并蓄、讲求实用的藏书思想。本书分类较有特色，不按传统四部分类，分为12类：经学、小学、诸子、天文、地理、医律、史学、金石、类书、词赋、书画、说部，下分44小类。小学、天文、地理、说部等成为大类，反映了清代图书出版和学术研究的发展状况，亦代表了清代目录学的新进展，对后世目录学产生重要影响。

百宋一廛书录1卷　国家图书馆藏清劳格抄本；《适园丛书》本；《续修四库全书》本。

清黄丕烈撰。黄丕烈(1763～1825)，字绍武，号荛圃、宋廛一翁等。长洲人。乾隆五十三年(1788)举人，官主事。著名藏书家、校勘家。黄丕烈以收藏宋版书百余种有名于时，本书即为其所藏宋版书目录，编成于嘉庆八年(1803)。按四部排序，卷末有残缺，共收书112种。此百余种书，篇幅完整者与残缺者各一半，皆世所罕秘之珍本。本书著录内容非常丰富，对目录学研究具有重要价值。每种书书名首列一行，其次著录内容包括卷数、刊刻时间、刊刻校正者、旧藏家、收藏经过、序跋、残缺卷数、文字脱衍、印记、行格、纸墨、字体等，又有小字引文补充记述。如书中著录的5种《后汉书》、4种《昌黎先生集》，细述其版本特点等内容，有助于后世古籍文献的研究。

士礼居藏书题跋记6卷　光绪八年(1882)潘氏滂喜斋初刻本；《续修四库全书》本；1989年书目文献出版社周少川点校本。

清黄丕烈撰。黄丕烈有《百宋一廛书录》，已著录。本书为藏书家潘祖荫搜辑黄丕烈所撰题跋，于光绪八年编撰而成。书分6卷，经类、史类各1卷，子类、集类各2卷，收录题跋300余条。题跋记载颇为详尽，首列书名、卷数、版本，以下叙述书籍收藏经过，又及版本情况，如行款、残阙、字体、避讳、图记、纸张等，末为题跋撰写时间。题跋尤详于书籍流传情况与购藏始末，以及作者所历书林轶事，反映其时社会风貌。一些题跋如《吴志》等篇叙事抒情，颇为感人。本书所收录书籍颇具版本价值，书名之后所列版本颇为细致，有宋刻本、元刻本、金刻本、明刻本、宋刊配元明刻本、明活字本、铜活字本等，又有校宋本、校元本、校旧抄本、校明抄本、旧抄本、明抄本、毛抄本、述古堂抄本、抄校本、影宋本、影元本、稿本等不同类型，有资于目录学研究。

四库未收书目提要5卷　《揅经室外集》本；1965年中华书局《四库全书总目》本。

清阮元撰。阮元有《诗书古训》，已著录。嘉庆间阮元任浙江巡抚，搜集《四库全书》未收之书，进呈内府，每种书又按照《四库全书总目》提要的格式，纂写提要一篇奏进。提要由著名学者鲍廷博、何元锡审订，阮元最后改定纂写。十数年间共撰写提要170余种，后由阮元之子阮福等搜集整理，于道光二年(1822)编成本书。书中提要不以四部分类次序排列。依《四库全书总目》提要之例，著录作者、版本诸项，尤详于对书中内容的考订评述。本书中的许多书籍较为罕见，由著名学者参与提要撰写，是一部重要的目录学著作，有助于历史文化研究。如卷1所载《皇宋通鉴长编纪事本末》150卷，此书后世罕见，宋代目录书亦不载，作者不详。提要考证此书据李焘《续资治通鉴长编》编成，李氏之书残缺徽钦二朝记载，本书记载可补其缺，又考订其作者和版本。

思适斋书跋4卷　《黄顾遗书》本；《国家图书馆藏古籍题跋丛刊》本；2007年上海古籍出版社黄明标点本。

清顾广圻撰。顾广圻有《说文辨疑》，已著录。本书为顾广圻所撰书跋，由王欣夫搜辑散见于各处的顾氏题跋，于1935年编撰成书。书中收录题跋180余篇，分为经、史、子、集各1卷。每种书记载版本、传藏、校读经过，又及书籍作者和内容特点等，于校勘学、目录学研究具有重要价值。如卷3《扬子法言》13卷，言此书通行本源出《纂图互注》，非原书真面目。何焯所校李轨注本，与司马光所见李轨注本不同，其后顾广圻在扬州得阅石砚斋主人所藏，见剜板填补痕迹，方悟司马光所见为初版，何焯所校为修改版。顾广圻遂借此本，是正极多。又从司马光序文及最后名衔，得知此书为吕夏卿校定于

治平二年(1065),国子监镂版印行等等。

思适斋集外书跋辑存4卷　1935年吴县邹氏百拥楼铅印本。

蒋祖诒辑、邹百耐增订。邹百耐,苏州人。福保之子。书估。《书跋辑存》4卷,乃乌程蒋祖诒所辑,邹百耐增订铅印者。蒋祖诒即传书堂主人蒋汝藻之子。邹氏设百拥楼旧书店于观前塔倪巷家中,1933～1934年,邹氏经手松江韩氏读有用书斋藏书出售事宜,其中颇多黄、顾两家遗书。乃以蒋氏所搜集顾氏题跋为主,略加增益,印成本书。书前有1935年潘承弼序,顾氏题跋手迹、批校本书影、书札书影,书后有同年冬邹百耐跋。全书著录善本104种,亦分4卷,经、史、子、集各一卷,所收题跋与王欣夫《思适斋书跋》重出者颇不少,而活字铅印,校勘不及其精,讹误滋多,取用宜慎之。

爱日精庐藏书志36卷续志4卷　道光七年(1827)张金吾家刻本;光绪十三年(1887)吴县徐氏灵芬阁木活字本;2012年中华书局冯惠民整理本。

清张金吾撰。张金吾(1787～1829),字慎旃,号月霄。常熟人。张海鹏侄。诸生。清代著名藏书家、目录学家。张金吾藏书处名爱日精庐,本书收录其藏书中的精品,著录古籍700余种,其中宋元明善本200余种,抄本等500余种。按经、史、子、集编排,每种书著录版本、藏家、作者、年代、行款、印记、残阙等。本书收录书籍标准为宋元旧椠及钞帙之有关实学而世鲜传本者,注重选择阐明经训、考证古今即经史二部中有重要价值的著作,为《四库全书》未收之书撰写解题300余篇,收录稀见序跋千余篇。本书收录历代重要书籍,著录详备,考订精核,资料丰富,是清代版本目录学名著。书中收录了许多罕见的重要典籍,如《舆地纪胜》200卷,《四库全书》未收,张氏解题对其内容特点和价值加以考述,其后收录王象之、钱大昕等人《序》及《直斋书录解题》的记载等,有助于对此书的全面了解。

铁琴铜剑楼藏书目录24卷　清光绪瞿氏家塾刻本;2000年上海古籍出版社瞿果行标点、瞿凤起覆校本。

清瞿镛撰。瞿镛(1794～1846),字子雍,常熟人。瞿绍基子。贡生。官宝山县学训导。清代著名藏书家。清代常熟藏书家瞿绍基、瞿镛父子藏书10余万卷,铁琴铜剑楼为其藏书处,为晚清四大藏书楼之一。瞿镛生前将其藏书中的精品收入本书,完成初稿,其子孙又请专家加以增订,至光绪二十四年(1898)由其孙瞿启甲编成刊行。共收录古籍善本1 194种,其中宋刻本173种,金刻本4种,元刻本184种,明刻本275种,抄本490种,校本61种,其他7种。收书止于元以前人的著述,明人以及明以后的著述概不收录。全书按四部分类法编排,计经部7卷、史部5卷、子部6卷、集部6卷。所收书籍著录卷数、版本、作者、朝代、行款、校勘记、序跋、印记诸项。本书所收俱为罕见善本书籍,又有叶昌炽等学者参加编撰,对书籍的版本源流、内容特点等记载非常精辟,是一部清代目录学名著。其中一些重要书籍解题颇为详细,如卷2《尚书通考》10卷,先记其版本情况,又与通志堂本等进行比较,其后抄录此书雷机《序》,接着探讨与此书相关的《尚书》今古文的异同真伪等问题,有助于读者对此书内容的深入了解。

开有益斋读书志6卷续志1卷　清光绪六年(1880)金陵翁氏茹古阁刻本;《国家图书馆藏古籍题跋丛刊》本;2015年上海古籍出版社《中国历代书目题跋丛书》本。

清朱绪曾编撰。朱绪曾(1805～1860),字述之。上元人。道光二年(1822)举人。官台州知府等。著名藏书家。本书收录朱绪曾所撰提要序跋。朱氏身后书稿散佚,后由其子朱桂模、好友刘寿曾整理成书。按四部分类,卷1经部3类18种,卷2、卷3史部17类47种,卷4子部7类16种,卷5、卷6集部3类64种。《续志》经部5种、史部5种、子部4种、集部13种,又录金石文字3种。每种书著录书名、卷数、作者、时代,记载版本流传、真伪错讹、内容特点、学术成就等。所收书籍包括罕见之书、版本优于四库之书、金陵地方文献、时人著作等。如卷2《建文元年京闱小录》较为罕见,朱氏记载建文元年乡试应试1 500人,登名于籍者240人,又记各场考题,与江宁府志比对,录失载及误记的应天府举人等。

滂喜斋藏书记3卷　1924年陈乃乾慎初堂铅印本;1928年潘承厚刻本;2007年上海古籍出版社

《中国历代书目题跋丛书》本。

清潘祖荫撰。潘祖荫(1830～1890),字伯寅,号郑盦。吴县人,潘世恩孙。咸丰二年(1852)一甲三名进士,官至工部尚书、军机大臣。潘祖荫为著名藏书家,其滂喜斋所藏宋元善本甚多,本书收入其所藏精品共130部,其中宋本58部,金本1部,元本29部,明本19部,日本、朝鲜刻本及抄本等23部。实际编撰者为潘祖荫弟子叶昌炽。卷1经部18部、史部17部,卷2子部41部,卷3集部54部,解题内容包括原藏地、刊刻年代、行款、残阙、版本源流、序跋、印记等。一些珍贵书籍记载较详,如卷1《北宋刻〈广韵〉五卷》,此书由杨守敬购于日本,后被滂熹斋收藏,解题叙其传藏经过,对此书多有赞赏:"此为汴宋祖刻,首尾完好,纸质坚厚,墨彩飞腾,洵为罕觏之秘笈。"解题后又附杨守敬记一篇,指出根据此书刊刻的张氏泽存堂本讹误之处以及获得此书始末。部分珍贵书籍,解题后附录名人题记甚多,如卷1《宋刻〈金石录〉十卷》,解题简述传藏源流,其后收录20余家题记及藏印近百种,与此书版本、内容、作者等相关的记载非常详尽。

宋元本行格表2卷附录1卷补遗1卷 清光绪二十三年(1897)刘肇隅刻本;1914年上海文瑞楼石印本;《四库未收书辑刊》本。

清江标撰。江标有《黄荛圃先生年谱》,已著录。本书记载宋元本书籍行数、字数。《行格表》著录宋元本自四行本至二十行本,每一行本按四部为序排列,每部之内,再以字数自少至多为序排列。《附录》记载自七行本至十六行本数种,《补遗》记十一行本一种。每种书著录版本、书名、行数、字数、卷数。小字注释著录书籍跋文、藏书记等记载。宋元本书籍为非常重要的古代文献,历来学者非常重视其版本鉴定,本书详尽收录宋元本行格,为一部非常重要的版本目录学书籍。如书中记载最多的十行本,著录四部宋元善本300余种,注释也著录众多书籍的相关记载,包含了丰富的版本目录学知识。

第十五节　金石类

名迹录6卷 南开大学图书馆藏明抄本;《四库全书》本。

明朱珪编撰。朱珪,字伯盛,号静寄居士。昆山人。善篆籀,工于刻印。朱珪篆籀、刻石有名于时,收辑生平所镌刻的碑志资料等编成本书。卷1诰命、碑铭、记,卷2记,卷3墓表、墓碣、圹志,卷4墓志铭,卷5杂刻,卷6附赠言等。碑志资料记载元明时期昆山等地的社会状况、人物事迹等,如著名文人顾德辉墓志铭。撰、书、篆额也多出自名人之手,如郑东、吴睿、杨维桢、卢熊、顾德辉等。朱珪所交多为当时名士,卷6赠言包括郑东、郑元祐、倪瓒等所撰《赠朱伯盛诗序》,杨维桢、谢应芳所撰《方寸铁志》《方寸铁铭》等,陆居仁、倪瓒等赞颂其技艺、品格的诗歌等。末为卢熊等人为朱珪编撰的《印文集考》等书所作的序跋等。本书有助于元末明初吴中等地的历史文化研究。

金薤琳琅20卷 明嘉靖刻本;《四库全书》本;《学古斋金石丛书》本。

明都穆撰。都穆有《南濠居士文跋》,已著录。本书仿洪适《隶释》之例,收辑上古至唐代石刻文字及相关典籍记载,加上自己的考证评述撰成。先录石刻全文,顶格,阙字以小字标出,部分石刻标出其行数,每行字数,存阙总字数。此后缺一格选录前人相关评述,都穆自己的考述置于最后。本书所载周刻2、秦刻6、汉刻23、隋刻5、唐刻27。首为《周坛山石刻》,末为颜真卿撰并书其父惟贞《庙碑铭》。本书所录碑刻具载全文,所辑前人记述多为名家之作,都氏所考亦多警辟之语。所录碑刻有遗佚者,值得后世所珍重。

金石文字记6卷 《亭林遗书》本;清嘉庆十三年(1808)张海鹏刻本;1998年江苏古籍出版社《历代碑志丛书》本。

清顾炎武撰。顾炎武有《诗本音》,已著录。顾炎武自少时即好访求金石文字,数十年间周游天下辛勤搜寻,又得见朋友收藏,将其所见文字资料加以记载编成本书。书中收录自商周至元代金石资料共300余种,每种金石记其今存之处、刊刻书撰者、年代、尺寸、字数、书体、文字内容、文献记载、学者考证以及顾炎武考述,末附诸碑别体字及门人潘耒补遗20余种。书中利用金石文字研究经史,多有所得。如卷4《颜氏家庙碑》,结合颜真卿撰书其父祖名字,探讨古人行文中对父祖名字的避讳,征

引多种史料为据，最后得出结论“古人临文不讳”，“今人自述先人行状而使他人填讳，非古也”。顾氏常利用其深厚的文字、音韵学知识对金石文字进行考订，如卷1《峄山石刻》中的“功”，顾氏言当为“攻”，古人攻、功二字通用，并举齐侯镈钟铭，《周礼·肆师》为证，颇为有据。本书为清代金石学开山之作，《四库全书总目》称赞此书“证据今古，辨正讹误，较《集古》《金石》二录实为精核”，对其后清代金石学的发展产生重要影响。

金石录补27卷附续跋7卷 《别下斋丛书》本；1998年江苏古籍出版社《历代碑志丛书》本。

清叶奕苞撰。叶奕苞(1629～1687)，字九来，号二泉，别署群玉山樵。昆山人。叶方蔼从弟。监生。康熙十八年(1679)应试博学鸿儒科，放归。清初文学家、金石学家。宋代赵明诚《金石录》为金石学名著，本书收录自夏商至五代金石资料，对《金石录》加以补充，并辨正其疑误之处。卷1古器物铭，卷2至卷24碑刻、画像、塔铭等，卷25集异、碑题、碑立处，卷26传疑，卷27杂记。《续跋》卷1古器物铭，卷2至卷7碑刻等。每种金石记其今存之处、文字图画内容、字数、刊刻书撰者、年代等。叶奕苞考述内容颇多，常利用金石资料对史籍所载进行研究，如卷12《唐赠润州刺史马公墓志铭》记载马怀素生平颇为详细，叶氏将墓志资料与《旧唐书》和《新唐书》所载传主资料加以比较，对史书内容提出疑问。叶氏也常对《金石录》所记提出疑问，如《续跋》卷3《汉郎中马君碑》，叶氏先引赵明诚云：“文字残灭，可见者字元海而已”，其后抄录碑刻内容颇多，最后云：“岂赵氏所收皆残灭不可考究耶?”

金石存15卷 《函海》本；清嘉庆二十四年(1819)李宗昉闻妙香室刻本；《四库未收书辑刊》本。

清吴玉搢撰。吴玉搢(1698～1773)，字籍五，号山夫。山阳人。贡生。官凤阳府训导。本书辑录吴玉搢所见金石文字资料。按书体分类，篆书5卷，商代至元代；隶书10卷，汉代至唐代。每种金石抄录原文，著录字数、书撰者、藏地等，征引历代文献记载及学者之说对其内容加以考述。吴玉搢深于金石之学，见闻广博，书中考述有助于历史学、语言学等方面研究。如卷8《汉闻熹长韩仁碑》，吴氏引《汉书·地理志》《后汉书·郡国志》等云“闻熹”亦作“闻喜”，又言《史记·周本纪》云“欣憙”、《汉书·郊祀志》颜师古注“憙”读曰“喜”等，言此二字音义同。吴氏又据金石文字辨正古代文献记载之失，如卷7《汉泰山都尉孔宙碑》，吴氏引《隶释》所云汉儒亲受业则曰弟子，以次相传授则曰门生，未冠则曰门童，而此碑文则前列门生，次门童，后列弟子，与《隶释》所言相异，因言：“《隶释》此言虽本之欧阳《集古录》，恐终未可深信也。”

中州金石记5卷 《经训堂丛书》本；1998年江苏古籍出版社《历代碑志丛书》本。

清毕沅撰。毕沅有《夏小正考注》，已著录。本书为毕沅巡抚河南期间所编撰，收录汉代至元代金石资料数百种，著录书撰者、年代、尺寸、字数、书体、藏地等，毕沅结合文献记载加以考证。毕氏对金石学深有研究，书中资料内容非常丰富。其弟子洪亮吉在《后序》云其假书中碑数百通校史传阙疑，其间得史文之误者十之三，以史文正碑石之失者亦十之一，可见本书所载颇有助于历史研究。河南具有悠久的人文传统，本书集中反映河南历代重要金石资料，对河南地区文化研究也具有重要价值。如卷2《嵩岳少林寺碑》，毕沅按《太平寰宇记》记少林寺北魏间创建之事，又据《太平御览》所载，补充碑中所载稠禅师北齐间事迹，又据《旧唐书》纠正《神僧传》所记达摩事迹之失等。

关中金石记8卷 《经训堂丛书》本；《续修四库全书》本。

清毕沅撰。毕沅有《夏小正考注》，已著录。关中为三代秦汉隋唐都会之地，金石资料富于海内，毕沅首任陕西巡抚期间，收集修复和集中保存大量金石资料，二任巡抚期间收集各地金石资料编为本书。始于秦，讫于元，共797种。每种著录年代、书体、藏地、书撰者、尺寸、字数等，其后结合文献记载对其内容加以考证。征引广博，辨析谨严，有助于金石学、历史学和文字学等研究。如卷4《颜氏家庙碑》，毕沅以两《唐书》无颜氏世系表，依据碑中所记颜氏世系，又及两《唐书》颜真卿、颜师古、颜杲卿传，《晋书》颜钦传，《北齐书》颜之推传，考定颜氏世系颇为详尽。其后又以两《唐书》本传记载颜真卿迁转官爵多有误，以行状、神道碑铭及家谱、年谱与

本传参互考证，对颜真卿生平事迹详加考述。

寰宇访碑录12卷 清嘉庆七年(1802)刻本；《平津馆丛书》本；《续修四库全书》本。

清孙星衍等编撰。孙星衍有《周易集解》，已著录。本书为乾嘉时期著名金石学著作。此前邵晋涵曾集录海内石刻编为一书，孙星衍以此书为基础，亲历四方采访征集，又得著名学者王昶、钱大昕、翁方纲等相助，归吴下后又得邢澍增补，前后历20年编撰成书。本书以朝代为序分类排列，时代自周至吴，地域遍及全国各地，所收石刻有碑石、砖瓦、造像、墓志等，著录刻者、书体、时代、存地、藏家等，失传者则记载拓本及藏家。本书内容非常丰富，收录石刻共计7 000余种，历代重要石刻多为收录，亦多他书不载者。本书撰成后影响颇大，出现多种续作，如赵之谦就有《补寰宇访碑录》。

京畿金石考2卷 清乾隆五十七年(1792)问字堂木活字本；《滂喜斋丛书》本；《续修四库全书》本。

清孙星衍撰。本书著录北京地区金石碑刻，为孙星衍乾隆五十七年任职刑部时，参考宋人金石著作以及家藏直隶石刻编撰而成。按府县分类，每县内又按朝代为序，记载自先秦至元代金石碑刻，有碑石、石鼓、经幢、墓志、鼎钟等，著录朝代、名称、撰者、时间、位置等项，未见之碑及传闻之误则记其出处，间作考证。古代北京地区金石碑刻多有收录，资料非常丰富，是研究北京地区历史文化的重要文献。

积古斋钟鼎彝器款识10卷 清嘉庆九年(1804)自刻本；《后知不足斋丛书》本；《续修四库全书》本。

清阮元撰。阮元有《诗书古训》，已著录。本书著录商器173件、周器273件、秦器5件、汉晋器100件，共551件，皆摹录其文字，并加以考释。阮元自序说："平湖朱氏右甫酷嗜吉金文字，且能辨识疑文，稽考古籍。国邑大夫之名，有可补经传所未备者，偏旁篆籀之字，有可补《说文》所未及者，余以各拓本属之编定审释之。甲子秋，订成十卷，付之梓人。"卷首有《商周铜器说》2篇，谓铜器的重要性几与九经相等，并引述周代有关彝器的记载，说明汉以后出土彝器的情况等。另附有《商周兵器说》1篇。书中记载对研究金石学、语言学、历史学及书法艺术等具有重要价值。如卷2《糸爵》，据《说文解字》《周礼》《广韵》《经典释文》所载，认为"糸"与"繶"音相近，"糸爵"即《仪礼・士虞礼》中记载的"繶爵"，并举郑注为证。是书虽然较为精审，然亦有疏误，胡朴安评价说："阮氏元号称精研金文，而其《积古斋钟鼎彝器款识》中所收之'董氏钟'，认商代器物，可谓无识。"(《中国文字学史》)孙诒让《古籀拾遗》考释本书三十器，谓得失参半。《贩书偶记》著录吴县王仁俊撰有《积古斋钟鼎彝器款识补遗》1卷。

两浙金石志18卷补遗1卷 清道光四年(1824)广东刻本；1998年江苏古籍出版社《历代碑志丛书》本。

清阮元撰。阮元任职浙江期间搜集金石资料编成本书，赵魏、何元锡等学者亦参与考订，共收录秦代至元代金石资料共658种。书刻成后，阮元之子阮福又刊补遗1卷，收录金石数种。每种金石抄录原文，著录书撰者、尺寸、字数、年代、书体、藏地等，阮元结合文献记载加以考证。浙江为人文荟萃之地，文物众多，本书收录金石资料内容非常丰富，有助于浙江地区历史文化研究，也是重要的金石学、语言学、历史学研究资料。如卷3《钱武肃王铁券》，记载五代十国时期吴越国史事，阮元先引钱大昕、翁方纲考证所云《旧唐书》《十国春秋》《辍耕录》记载之误，随后又据元费著《器物谱》考唐代赐券故典，以证唐代政治之无纲纪，又言此券之珍贵，非钱氏一家之宝。

山左金石志24卷 清嘉庆二年(1797)阮氏小琅嬛仙馆刻本；1998年江苏古籍出版社《历代碑志丛书》本。

清毕沅、阮元撰。毕沅有《夏小正考注》，阮元有《诗书古训》，已著录。山东古代金石资料众多，清乾隆五十九年(1794)，时任山东学政的阮元与山东巡抚的毕沅谋划编撰本书，其后阮元与其幕府及众多学者参与本书的编撰，收录金石资料共1 300余种。卷1至卷6为周代至元代钟鼎彝器以及刀布、镜、印，卷7至卷24为秦代至元代石刻、画像、碑记等。每种金石摹写或抄录图形文字，著录存

地、尺寸、字数、年代、书体等，阮元等人依据文献记载对金石资料内容进行考证。本书收录大量山东金石文字，考证谨严，资料丰富，有助于历史学、语言学及山东地区文化等的研究。如卷8《孔庙置百石卒史碑》，宋代张稚圭以为此碑为汉末钟繇书，阮元考证孔庙置百石卒史之事，认定此碑立于东汉永兴元年(153)，非钟繇所书，其说颇为有据。

金石索12卷首1卷 清道光滋阳县署刻本；《续修四库全书》本。

清冯云鹏、冯云鹓辑。冯云鹏(1765～1839)，字九扶，号晏海，又号红雪词人。通州人。增贡生。冯云鹓(1779～1857)，字葆芝，一作宝芝，号集轩，一号仪叔。云鹏弟。嘉庆十六年(1811)进士。官滋阳知县、署胶州知府等。本书为冯云鹏兄弟收辑绘录金石资料编撰而成，书中金石器物，索于旧闻者二三，索于新得者七八。卷首为乾隆皇帝钦颁阙里庙廷周范铜器10种，其后金索、石索各6卷，金索分为钟鼎、戈戟、量度、杂器、泉刀、玺印、镜鉴7类，石索分为碑碣、瓦砖2类，上自商代，下至元代，亦包括外国器物。金石器物据原样绘图摹写，旁为释文，其后对此加以考证，亦记器物收藏经过等。本书记载的金石资料非常丰富，如石索三、四卷，记载汉武梁祠画像，包括石关题字、画像，石室画像，孔子见老子画像，其中石室画像百余幅，摹画细致，考述精当，是重要的金石学参考资料。

江宁金石记8卷江宁金石待访目2卷 清嘉庆九年(1804)赐书堂刻本；宣统二年(1910)江楚编译书局刻本；1998年江苏古籍出版社《历代碑志丛书》本。

清严观撰。严观，字子进，号述斋。江宁人。严长明之子。嗜学，好金石文字。江宁自古即为名胜之地，历代金石刻画众多。严观有志采辑，四处寻访，收录自秦汉至宋元金石资料百余种，订以六书，征以史传，用备一方掌故，历3年编成。每种资料多具录全文，标出阙字及漫漶之处，其后多录历代学者考证文章，后为严氏考述，标明今存之处、书撰人姓名、立碑年月、尺寸、书体等等。《待访目》2卷则为各类文献中所载金陵金石目录。严观多结合碑刻文字对有关历史资料加以考述，如卷1《金陵摄山栖霞寺碑文》，严氏先言其撰书者，后叙此碑后毁及重建事，接着考述撰者江总崇信佛教事。又提及钱大昕对书者韦霈官衔前有“翊前”二字不解，严氏因考《陈书》后主第八子会稽王庄曾除翊前将军，韦霈为其属官，故书如此。最后又言“竟”“界”二字省笔，“义”则为异体字。严氏也常对碑刻的书法艺术加以评价，如卷8《朱子书邵子尧夫游伊洛诗》云：“右朱文公书笔法险劲，光彩四射，与常德府易有太极石刻相似。”

金石续编21卷 清同治十三年(1874)毗陵双白燕堂刻本；1998年江苏古籍出版社《历代碑志丛书》本。

清陆耀遹撰。陆耀遹(1771～1836)，字绍闻，号劭文。武进人。道光元年(1821)举人，官阜宁教谕。清代王昶所撰《金石萃编》为金石学名著，其后对其续补的书籍颇多，本书即为其一。陆耀遹身后由其子整理，著名金石学者陆增祥校订。本书收录《金石萃编》未载的自汉至宋、辽、夏、金及高丽金石文字资料共400余种，每种著录年代、书体、藏处、尺寸、字数等，摹写或抄录原文，抄录与之相关的序跋等文字资料。其后为陆耀遹按语，结合文献资料对金石加以考订。最后为陆增祥增订内容。陆耀遹原著中有录无文者170余种，陆增祥补充者颇多。本书收录了许多重要的古代金石资料，体例完善，考证严谨，是一部重要的金石学著作。书中的许多内容有助于历史文化研究，如卷3《骠骑将军龚宾墓志》，原文记载北周骠骑将军龚宾生平，本书收录《古泉山馆金石文编》的相关内容，对其家世资料等详加考证，其后陆耀遹也结合相关记载对墓志资料加以考证，对北朝历史研究具有参考价值。

八琼室金石补正130卷 1925年刘氏希古楼刻本；1998年江苏古籍出版社《历代碑志丛书》本。

清陆增祥撰。陆增祥(1816～1882)，字魁仲，号星农、莘农。太仓人。道光三十年(1850)进士第一，官湖南辰沅永靖道等。清代王昶所撰《金石萃编》为金石学名著，其后对其续补的书籍颇多，本书亦为其一，收入《金石萃编》未录的金石资料，自东周至宋、辽、夏、金及朝鲜、越南、日本等金石文字共2 000余种，又对《金石萃编》中的阙失加以补正。每种金石著录尺寸、字数、书体、藏处、年代等，摹写或抄录原文，后录与之相关的序跋等文字资料，最

后为陆增祥考证内容。本书是继《金石萃编》之后又一部金石学集大成之作，资料非常丰富，考证精当，体例完备，有助于历史文化研究。如卷5《堂谿典嵩高请雨铭》，所录历代金石研究文献《金石录》《中州金石跋》《两汉金石记》《读碑记》《金石文钞》《金石续编》等记载，对此铭考证颇为详备，其后陆增祥又旁征博引经史典籍考释铭中文字，记录异本，辨正此前学者之谬误等。

十二砚斋金石过眼录18卷 清光绪元年(1875)自刻本；1998年江苏古籍出版社《历代碑志丛书》本。

清汪鋆撰。汪鋆(1816～?)，字砚山。仪征人。诸生。善画山水花卉，精于金石学。本书收录汪鋆所见之重要金石资料，上自秦汉，下迄宋元，共200余种。著录其尺寸、书体、行数、字数，部分金石备录全文，又录前人跋语，间作考证附于篇末。汪鋆对金石文字深有研究，所见金石颇为广泛，有些为前人未曾著录的，汪氏对其详加考订。如卷1《河平石碣》，先录全文15字，其后考证其内容，包括年代、地理、氏族、文字，征引《读史方舆纪要》《通志》《史记》以及《永寿二年韩敕造礼器碑》《北齐南阳寺碑》等为据。末记“同治庚午，泰州宫本昂得之平邑，故他书未曾著录云”。

石鼓文定本14卷 清古华山馆刻本；《四库未收书辑刊》本。

清沈梧撰。沈梧，字旭庭，号古华山农。无锡人。石鼓文是研究古代历史文化的珍贵资料，沈梧对石鼓文字进行训释考证，编成本书。卷首为篆文缩本，一依原本行格，后附楷书。今文释音1卷，辨明石鼓文音读。辨证2卷，对石鼓文内容加以考证，又有多篇后跋，对众家学者之说提出意见。章句注疏10卷，逐字逐句对10篇石鼓文进行训释，多引《说文解字》等古代典籍为据，又征引清代学者之说。地名考1卷，集中考证石鼓文中的地名，引《禹贡》《水经注》等为据。本书征引广博，如章句注疏“甲鼓第一章”引《诗经韵表》《十七部古今音韵表》《考工记》《两汉金石记》《正字通》等多种文献，详加考析，为石鼓文的研究提供了重要参考资料。

攀古楼彝器款识2卷 清同治十一年(1872)滂喜斋刻本；《续修四库全书》本。

清潘祖荫撰。潘祖荫有《滂喜斋藏书记》，已著录。潘祖荫致力于吉金收藏，藏品颇富，与周悦让、张之洞、王懿荣、吴大澂等相与讨论，图状释文，编成本书。共收录潘氏所藏钟鼎彝器50件，吴大澂绘图、摹款，王懿荣楷书。24件器物有考证文字，出自上述诸人及胡义《赞》，潘氏之说列于最后。书中收录彝器多为精品，如郘钟、史颂鼎等均为重要文物。诸家考证矜慎，众说并存，涉及文字训释、史实考述等内容，有助于金石学研究。

关中金石文字存逸考12卷首1卷 清光绪二十七年(1901)刻本；《续修四库全书》本。

清毛凤枝编撰。毛凤枝(1835～1895)，字子林，号蟫叟。甘泉人。寓居西安，为塾师和幕宾。本书收录西北地区金石文字资料，毛凤枝始撰于光绪元年，至十五年编成。卷首前序、例言、引用金石书目。卷1、卷2西安府，卷3、卷4长安县，卷5至卷10陕西其他府县及甘肃府县，以年代为序，收录自周至清的各类金石资料。卷11、卷12目录，后序，附石刻书法源流考。金石文字著录撰书者、年代、书体、存逸、藏地等，又结合文献记载加以考证。书中内容以记载金石文字存逸为重，考据不能悉详，亦不尽录全文。对新出碑志则录其节略，详加考证。欧阳修、赵明诚等人记载不详而又复现于后世者，亦备录详考。西北地区历史悠久，金石资料丰富，毛凤枝网罗放失旧闻，博采金石诸书，分别郡县，编撰成书，陕甘之地重要金石文献多为收录，有助于古代文化研究。

关中石刻文字新编4卷 民国会稽顾氏石印本；《续修四库全书》本。

清毛凤枝编撰。毛凤枝有《关中金石文字存逸考》，已著录。毛凤枝所撰《关中金石文字存逸考》，收录西北地区金石文字资料非常丰富，其中同治、光绪间关中新出石刻，只节录其大旨，加以考证。新出石刻全文则录于《金石萃编补遗》和《古志石华补遗》二稿，1935年顾燮光将二稿各2卷编成本书刊行。收录自汉至唐碑碣墓志等石刻文字164篇，著录全文，注明年代、见于《存逸考》卷数、保存处所、尺寸、书体、字数等，间附毛凤枝案语。本书可与《存逸考》相辅以行，有功于关中石刻文字的保存与研究。

窸斋集古录 26 卷释文剩稿 2 卷 1917 年涵芬楼影印本;《续修四库全书》本。

清吴大澂撰。吴大澂(1835～1902),原名大淳,字清卿,一字止敬,号恒轩,别号窸斋。吴县人。清同治七年(1868)进士。官河道总督,湖南巡抚等。清代金石学家、书画家。吴大澂精通金石学,他认为钟鼎彝器款识有助于认识三代文字,因而便于学习研究古代经典文献,以其收集的拓本 1 000 余种及朋友所藏拓本数十种,精心墨拓,详加考释,编撰本书。原分为商周 11 卷,秦汉各 1 卷,汉以后 1 卷,后吴大澂患病,费屺怀等人参与编订,其后又命其门人王同愈校录整理,至 1917 年编成,析为 26 卷。目录注明共收录钟鼎等 1 144 器,除去重出和遗漏,实际 1 126 器,又附《释文剩稿》2 卷,收录 137 器。书中颇为注重文字音读的训释,如卷 1《兮仲钟》,"兮仲"疑"羲仲"之省,又云"兮""猗"二字古通,吴氏旁征博引《说文解字》《礼记》《古文尚书》《汉石经》《史记》《玉篇》之例,又举本书所录钟器为证。

铁云藏龟 清光绪抱残守缺斋石印本;《续修四库全书》本。

清刘鹗编撰。刘鹗(1857～1909),字铁云,号老残,笔名洪都百炼生。丹徒人,后移居淮安。著名学者、文学家。19 世纪末甲骨文被学术界发现,刘鹗是最早收藏和研究甲骨文的学者,藏有甲骨 5 000 余片。所藏甲骨文部分来自王懿荣的收藏,大多数来自多方收购所得。刘氏第一个提出甲骨文是"殷人刀笔文字",此说具有重要学术意义,他自己又辨识出 40 余字。光绪二十九年(1903),刘鹗从他搜集的甲骨中,精选拓印了 1 000 余片,编成本书。本书是公开出版的第一部甲骨文集录。此前甲骨文均为私人收藏,学者难得亲见,本书的公诸于世,为学者从事甲骨文研究提供了极大的方便,为其后甲骨学的迅速发展奠定了基础。

第十六节　史评类

史通 20 卷 明万历五年(1577)张之象刻本;1990 年重庆出版社赵吕甫校注本。

唐刘知几撰。刘知几(661～721),字子玄,彭城人。弱冠举进士,历官太子中允、太子左庶子兼崇文馆学士、左散骑常侍等,与修国史 20 余年。唐代著名历史学家。本书是我国第一部史学理论专著,编撰起于武后长安二年(702),成于唐中宗景龙四年(710)。分为内篇、外篇两部分,各 10 卷。内篇原有 39 篇,《体统》《纰谬》《弛张》亡佚,实存 36 篇;外篇 13 篇,共 49 篇。内篇为全书的主体,论及史书的体裁体例和编纂原则方法等,外篇则论述史官制度、史籍源流及史家得失等。本书系统地考察了唐以前中国历史学的发展历程,全面总结其成就和得失,肯定其优良传统,批判其错误理论,提出自己的积极见解和主张。明确主张历史著作为现实政治服务的观点,强调历史研究必须兼有史才、史学、史识三个方面,史书编纂必须实录直书等进步思想。本书把历代史书概括为《尚书》等六家、编年体与纪传体二体,细致分析其特点和长短,探讨史官设置的变迁、历代正史的修纂,从体制方面阐明史学的源流。对于五经和孔子学说的怀疑和批评,体现其批判态度,对灾异迷信的驳斥,则充满科学精神。由于本书的进步主张,遭到保守学者的指责,后世流传较少,至明中叶后始重受学者重视,对其后中国史学研究产生重要影响。

学史 13 卷 明正德十五年(1520)陈察刻本;《四库全书》本。

明邵宝撰。邵宝有《春秋诸名臣传》,已著录。本书为邵宝任江西提学副使时所撰。前 12 卷各以地支为名,第 13 卷名"闰"。每卷 30 章或 29 章,取象年、月、日之义,共 380 余章。辑录自上古至元代史事,末标明所引史籍。每条史事后为邵氏评论阐述,取程子格物之义题为"日格子曰"。本书所录史事以先秦两汉事居多,或朝政大事,或人物言行。邵氏依据儒家立场加以评述,见解高超处颇多,对历史学习研究大有助益。如卷 6 范仲淹设立义田事,言妇人再嫁亦供给,"日格子曰:程子论孀妇谓饿死事极小,失节事极大。何范氏义田有再嫁之给也?程子扶世教而立言,范公处世变而立法。其皆有所见乎?"

尚论编 20 卷 明万历刻本;《四库全书存目丛书》本。

明邹泉撰。邹泉有《古今经世格要》,已著录。

本书评论历史人物，依朝代为序，自夏禹至元代杜本。先采摘经传史籍等所载，列为人物小传，其后为邹泉及历代史家司马迁、班固、范晔等人评论，以邹氏评论为主。所评人物以名臣为多，亦有忠义、孝友、逸民之类。邹氏评论人物以忠孝节义、民族气节等为标准，观点多同正统观念，亦有过当之处，如对司马光和王安石的评价，一扬一抑，评价悬殊。本书所评历史人物颇多，历代名臣多为收录，人物评论亦代表传统观念，有助于学者了解历史。

读史商语4卷 明万历四十七年(1619)刻本；《续修四库全书》本。

王志坚撰。王志坚(1576～1633)，字弱生，更字淑士，亦字闻修。昆山人。万历三十八年进士，官终湖广学政。王志坚阅读历代正史和《资治通鉴》等，对书中记载的历史人物、事件之得失是非加以评论，撰成本书。以时代为次序，自先秦至五代。其评论颇有史家眼光，如卷1言："人臣进言，视其君之所急，则片言居要。若泛然烦称，虽洋洋可听，无益也。"举匡衡上疏于元帝、成帝不为采纳为例。卷2言："时局转移之间，虽豪杰不能测其所至，所可恃者无失其是而已。若以利害轻易所向，未有不两失所据者。"以刘牢之三反为例。又言崔浩之死亦为自取，"自古史官以直笔受诛者有矣，至于国史刊石则未之前闻也。人君不观史，古制也，人主且不令见，岂有榜之通衢者乎？"

历代史论一编4卷二编10卷 明崇祯刻本；《四库全书存目丛书》本。

明张溥撰。张溥(1602～1641)，字天如，号西铭。太仓人。崇祯四年(1631)进士，选庶吉士。与郡中名士结为复社，评议时政。明代著名学者、文学家，著作宏富。本书分为二编，一编自秦楚之际论至元顺帝论100条，论述项羽至元朝的历代帝王。二编自三家分晋至世宗征淮南239条，论述自战国至后周的重要历史事件。张溥历史评论颇有其独立见解，如唐太宗统治时期，史书多认为明君良臣，政治开明，一编卷3《唐太宗论》则颇有非议，列举此朝君臣过失，曰"内则巢剌王妃之有宠，太子承乾之被诛，外则夷狄之结昏，东征之不已，累德非浅，群臣默不一言"，其后又补述太宗失德之举，群臣失谏之过。一编卷4《宋太祖论》，认为太祖得天下之原因在当时无人才，其功臣元勋亦为碌碌之人，即赵普亦只为富贵子孙计。接着将宋太祖君臣与汉高祖君臣相比，言二者截然不同的结局。最后评论颇具历史眼光："一则好全人之所短，一则好诛人之所长，其优柔刚果，立国之始强弱已见。要论心术，吾不以彼易此。"

明史杂著1卷 北京大学图书馆藏清抄本；2014年凤凰出版社《泰州文献》本。

清李清撰。李清有《南北史合注》，已著录。本书为李清考论明代历史的专著，含论、辨、书后、传、记、序各体文，共76篇，成书于明亡后。李清史学研究功力深厚，从此书可见李清见识之高超。如《高皇帝设卫所论》，论述明太宗朱棣改制对卫所制度造成的严重影响。明初朱元璋设卫所制度，军事力量强盛，至明末卫所制度崩坏，军力衰弱，原因之一即为朱棣分开国卫弁与靖难卫弁为二，一严一宽，一弛则两弛，"惟靖难偏重耳。偏重不已，继之偏护，以致废其比试，此高皇帝法所以究归荡然也"。《崇祯失事诸臣论》，论述崇祯皇帝对战事失利官员的处置不当之处，首言"昔人知爱惜人才为社稷计，而先朝独不知爱惜边才为封疆计，故其亡忽耳"。既而述及袁崇焕、熊文灿、赵光抃、卢象升、陈新甲之遭遇，言处置不当对战局的影响，"取敌人剪灭不尽之边才，而恣悬刀锯以代之行诛，是敌所祷祀而求也，误矣"。

史纠6卷 国家图书馆藏清抄本；《四库全书》本。

清朱明镐撰。朱明镐(1607～1652)，字昭芑。太仓人。复社成员。诗文有名于时。本书为考论正史之作，前5卷对《三国志》、南北朝二史八书以及《新唐书》《宋史》《辽史》《金史》共15部正史考订正误，加以评论。卷6为书史同异，列举南北朝八书与二史记事抵牾之处加以考辨。朱明镐对诸史钩稽参核，细致勘验，亦多采《三国志》裴注、《史通》《通鉴考异》之说，所言正史书法之谬、事迹之误等，颇为得当，依据充分，对阅读研究历史颇为有益。如卷6《书史同异》，陶潜传，《宋书》字渊明，《南史》字深明，朱氏云《南史》"渊"概作"深"，避李渊讳，所言颇为有据。《四库全书总目》言本书"参互考证，多中肯綮。精核可取者十之六七，亦可谓留心史学

者矣”。

看鉴偶评 5 卷 清康熙刻本；1992 年中华书局李肇祥、李复波整理本。

清尤侗撰。尤侗有《明史拟稿》，已著录。尤侗认为编年著作以《资治通鉴》与《通鉴纲目》最为详严，对此后二书续作及研究著作少所许可，将其平时读书相关杂记汇而录之，康熙二十九年（1690）编成本书。尤侗针对历史上的重大事件、重要人物等展开评论考述，书中内容最晚至元代。尤氏为著名文学家，对历史亦颇有研究，书中所言亦较有价值。如卷 1 云秦缪公卒，将良臣奄息等从葬，坑儒之祸始于此，故其以霸王而谥曰缪。卷 2 以对景帝的记载不同来比较《汉书》与《史记》。卷 3 言《资治通鉴》以晋承魏，故以魏为正统。《通鉴纲目》揭大义于天下，故以蜀为正统。卷 4 云国家强、富、大莫过秦、隋、元，然三个朝代时间加起来不及汉、唐、宋一代，原因是以力不如以德，“秦失之暴、隋失之侈、元失之荒”。

国史考异 6 卷 清初刻本；故宫博物院图书馆藏《四库全书》撤出本；《续修四库全书》本。

清潘柽章撰。潘柽章有《松陵文献》，已著录。本书原为 30 余卷，潘氏罹《明史》案之祸后著作大都毁佚，后其弟潘耒整理遗稿，编成 6 卷。凡高皇帝 3 卷，让皇帝 1 卷，文皇帝 2 卷，考订洪武至永乐三朝史事。潘耒言柽章赞赏司马光撰《通鉴》别著《通鉴考异》、李焘撰《续资治通鉴长编》将事迹参差者备载于分注的作法，“于是博访有明一代之书，以《实录》为纲领，若志乘、若文集、若墓铭家传，凡有关史事者一切钞撮荟萃，以类相从，稽其异同，核其虚实，积十余年数易手稿，而成《国史考异》一书”（《国史考异序》）。撰成后，受到钱谦益、顾炎武等大家的赞赏。本书的考异对象为明代史籍，尤以《明实录》为主。《明实录》为明代历朝史官根据档案、公文、邸报等官方文献修纂而成，是研究明代历史的基本资料，潘氏将《明实录》所记与其他文献对照查考，分析其差异，考述其原因，对明史研究颇多贡献。如卷 2 朱亮祖事，《太祖实录》《功臣录》云其病卒，《异姓诸侯传》云其坐胡党卒，潘氏考御制圹志、庚午诏书等书，辨明其实为高祖杖杀。

史通通释 20 卷 清乾隆十七年（1752）浦氏求放心斋刻本；1978 年上海古籍出版社王煦华校点本。

清浦起龙撰。浦起龙（1679～1762），字二田，号心孩、孩禅，晚号三山伧父。金匮人。雍正八年（1730）进士，官苏州府学教授。历主五华、紫阳书院讲席。王昶、钱大昕、王鸣盛等出其门下。《史通》是唐代史学家刘知几所撰我国第一部史学理论专著，分为内篇、外篇两部分，共 49 篇，对后世影响深远。浦氏参考之前《史通》研究者郭孔延、王维俭、黄叔琳等所著，复加考释校订，广征博采，撰成本书。乾隆十年辞职后开始撰写，十三年完成。其后又经修改，十七年刊行。本书 20 卷，内篇、外篇各 10 卷。卷首有门人蔡焯撰举例，将本书通释内容分为二科十别，“二科”即训正和刊讹。训正其别六：释、按、证释、证按、夹释、杂按；刊讹其别四：字之失、句之违、节之淆、简之错。以多种形式疏正其旨意，订正其错讹。浦氏精于史学，本书考释颇为精审，足见其功力。《四库全书总目》称其引据详明，足称该洽，于知几本意多能阐发。本书亦为最流行的《史通》注释本。

读史提要录 12 卷 清乾隆三十七年（1772）刻本；《四库未收书辑刊》本。

清夏之蓉撰。夏之蓉（1697～1784），字芙裳，号醴谷。高邮人。雍正十一年（1733）进士，官翰林院检讨、湖南学政等。本书对自汉至明的重要历史人物和事件加以评论，尤严于人物臧否。序言：“吾儒生数百载之后而取数百载以前之人，一一沿而溯之，必审度所处之时势，委曲周至，略迹以观其用心，然后是非明而褒贬当。倘知常而不知变，则泥矣，举一而漏其全，则偏矣。”务为古人留真面目，对历史上的大忠大奸之人加以剖断。对历代帝王亦注意分析评判，如卷 12 言明代世宗不与群臣相见而朝端纪纲不废，其后神宗与怀宗俱效法世宗，一深居不出，一杀戮大臣，二人皆误。诸如此类之言对后世学者颇有启发。

十七史商榷 100 卷 清乾隆五十二年（1787）桐泾草堂刻本；清光绪六年（1880）校刻本；2005 年上海书店出版社黄曙辉点校本。

清王鸣盛撰。王鸣盛（1722～1797），字凤喈，

号礼堂，又号西庄，晚号西沚。嘉定（今上海）人，告归后居吴县30余年。乾隆十九年进士，官侍读学士、内阁学士兼礼部侍郎、光禄寺卿等。清代著名学者。本书与钱大昕《二十二史考异》、赵翼《廿二史札记》合称清代三大史学名著，亦是王鸣盛最重要的史学研究著作。本书始撰于乾隆二十八年，至五十二年全书刊成。以历代正史为研究对象，其中《旧唐书》《新唐书》合为一书，《旧五代史》《新五代史》合为一书，包含宋代以前历代纪传体正史，自《史记》至《新五代史》共19部。每卷以史籍为名，下分为若干条目，考证校勘该史书相关的史料史事等，条目约2 000条。序中自言著书目的，“改讹文，补脱文，去衍文，又举其中典制事迹，诠解蒙滞，审核踳驳”，亦即校释文字、考订史料、考证典章制度等。本书亦对历代史书的体例和编纂方法、史家的成就得失等，加以考察评判。依据历史事实，对历史人物和事件作出自己的评判，表现出不同凡俗的见解卓识。坚持考据学求真务实的原则，强调据事直书，反对史家擅加褒贬，体现了强烈的科学精神。

廿二史札记36卷　清嘉庆初年湛贻堂《瓯北全集》本；清光绪二十八年（1902）湖南新化西畬山馆本；2011年上海古籍出版社曹光甫校点本。

清赵翼撰。赵翼有《皇朝武功纪盛》，已著录。本书与钱大昕《二十二史考异》、王鸣盛《十七史商榷》合称清代三大史学名著，亦是赵翼最重要的史学研究著作。本书初稿完成于乾隆六十年（1795），刊版行世，其后又有增补，至嘉庆五年（1800）左右最终完成。本书研究内容为历代正史，其中《旧唐书》《新唐书》合为一书，《旧五代史》《新五代史》合为一书，实际包含自《史记》至《明史》的全部24部纪传体正史。每卷以史籍为名，下分为若干条目，考订评述该史书相关的史料史事等，条目约600个。本书对历代正史的成书、体例、史料、史实等进行考证，对各书编纂方法、叙述手段等进行评判。用比较和归纳的方法，对历史上的重大事件、重要人物等加以评论，揭示历代政治、军事、文化等方面的发展变化。与《二十二史考异》和《十七史商榷》相比，本书在考据校勘方面不及二书，更加注重评述历史现象，总结历史经验教训，以此为现实政治服务，体现了鲜明的经世思想。

明史十二论1卷　《昭代丛书》本；《续修四库全书》本。

清段玉裁撰。段玉裁有《尚书古文撰异》，已著录。本书以问答形式对明代历史上的4个重大事件加以讨论，十二论包括三大案论、世宗论一至十、红丸论。“三大案论”总述燕王篡位、英宗复辟、大礼议三大事件，其后“世宗十论”详细讨论嘉靖间大礼议事件，最后论述明末红丸案。段玉裁对书中问题清晰表达了自己的观点，在“三大案论”中云燕王篡位依《春秋》之义当书之为“六月乙丑，燕王棣入都城弑帝，己巳遂自立”。英宗复辟云：“景泰帝无恙也，而入其宫，而夺之位，非篡而何?”大礼议事件非常复杂，对明代政治产生重要影响，书中主要篇幅探讨此一事件，在三大案论中段玉裁也概括其对大礼议的观点，“世宗非篡而以篡自居者也……尊其父兴献王为皇考献皇帝，奉其父之主入于太庙，跻武宗上。凡篡人国者，必自尊其宗庙，而废人之宗庙”等等。

味隽斋史义2卷　《周止斋遗稿》本；《求志堂存稿汇编》本；《续修四库全书》本。

清周济撰。周济有《晋略》，已著录。本书为周济评论《史记》而著，共对《史记》中的58篇作出评论。书中评论针对历史人物、事件、制度、风俗、学术等而发，或言其是非得失，或述其始末，又对《史记》一书作出评价与分析。数篇评论后又有“后说”加以补充论述。周氏对《史记》非常推崇，其评论亦颇为严谨，所言对《史记》的思想内容与学术成就等作出较为公允的论述与评判，有助于《史记》研究，对一般读者亦颇有帮助。如《平准书》言文帝重农而无教，民众富乐生侈，景帝不兴礼让，徒以富贻武帝，结果风俗败坏，又封禅开边，民众不事生产，衰世益贫。《苏秦列传》先言苏秦非秦臣却列秦臣列传中，次言原因在于其功绩，“苏氏之功殆与管仲争烈矣。虽其心逐富贵，用术倾危，不足自振于后世。然救时之功恶可没哉？诸秦臣皆为秦，秦不遽并天下由苏氏，是以不系之六国而系之秦”。后说又加以补充司马迁之意旨：“太史非有爱于苏秦也，恶秦之极，故能为秦难者必表出之。”《游侠列传》后说中，周氏又对司马迁与班固作出比较，“读此文当知孟坚之妄议子长，适以见其不肯好学深思而已”。

第三章　子　部

第一节　儒家类

新语 2 卷　明弘治十五年(1502)李廷梧刻本；明万历十九年(1591)天一阁刻本；《四库全书》本。

陆贾，汉代楚人，居沛。从刘邦定天下，曾两度出使南越说服赵佗归汉。拜太中大夫。惠帝时，被免家居。后为丞相陈平、太尉周勃出谋画策，卒诛吕氏。文帝即位，复拜太中大夫。以寿终。本书分为道基、术事、辅政共 12 篇，全面阐述了一位儒家学者和政治家对历史和社会的思考，充分反映了儒家的政治理想，具有积极的意义。书中提倡仁义，崇尚德行，谴责暴政，反对战争，要求统治阶级克制贪欲，修身培德，以身作则，善待百姓，也要求广大民众遵守礼法。陆贾突破了封建等级观念的束缚，以德行仁义作为评判是非的标准，如在《本行》中说："治以道德为上，行以仁义为本。故尊于位而无德者黜，富于财而无义者刑，贱而好德者尊，贫而有义者荣。"书中善于叙事，将深刻的道理通过生动的故事展现出来，如在《辨惑》中通过"指鹿为马"和"曾子杀人"两个故事，提醒人们要善于区分是非。汉初盛行的黄老思想也在书中有所反映，如《无为》中云："道莫大于无为，行莫大于谨敬。"接着谴责秦代苛政："秦非不欲治也，然失之者，乃举措太众，刑罚太极故也。"

说苑 20 卷　宋咸淳元年(1265)镇江府学刻元明递修本；元大德陈仁子刻本；《四库全书》本。

汉刘向撰。刘向有《战国策》，已著录。西汉成帝时刘向整理先秦至秦汉文献，汇辑各类资料编成本书，共 20 篇，后代有佚失，宋代《崇文书目》只著录 5 篇，后曾巩又搜辑 15 篇，加上旧有的 5 篇编辑为今本《说苑》。书中篇名为《君道》《臣术》《建本》等，每篇下分为若干则，全书共 600 余则。书中主要内容多反映儒家的政治思想和伦理道德，如《君道》，开篇就是晋平公问师旷人君之道，齐宣王问尹文人君之事，其后所记古代名人包括了尧、舜、禹、汤、伊尹、文王、武王、周公、太公、孔子等儒家学者眼中的圣贤，记载其言论事迹。本书取材非常广泛，自周秦诸子至汉人杂著，书中反映的思想颇为复杂，又具有类书和杂家的性质，如《善说》所记庄周事，就来自《庄子》。书中引用的很多书籍已经失传，故而具有很高的文献价值。本书不仅仅只记载言论，也善于叙事，如《正谏》中所记伍子胥事等，颇为曲折生动。一些故事也含有虚构成分，如《贵德》所记于定国事，虚构了东海孝妇沉冤得雪事，对后世小说戏曲产生很大影响。

新序 10 卷　宋刻本；明正德五年(1510)楚府正心书院刻本；《四库全书》本。

汉刘向撰。刘向有《战国策》，已著录。西汉成帝时刘向整理先秦至秦汉文献，汇辑各类资料编成本书，共 30 篇，至宋代只有 10 篇，经过曾巩的整理编辑为今本《新序》。书中篇名为杂事、刺奢、节士等，每篇下分为若干则，全书共 180 余则。书中主要内容多反映儒家的思想规范，如《杂事一》的主要内容体现了为君为臣之道，所记之人包括了舜、禹、

孔子、蘧伯玉、祁奚、魏文侯等符合儒家理想的政治人物。书中赞美忠孝人物，要求明君贤臣虚心接受批评，直言进谏，善待百姓，轻视物质享受，遵守礼法，任贤举能，警惕奸嬖，远离女色等等，反映了进步的政治理想。本书取材非常广泛，自周秦诸子至汉人杂著，反映的思想颇为复杂，又具有类书和杂家的性质，如《杂事一》所记楚威王与宋玉的对话，就体现了“瑰意奇行，超然独处”的道家思想。书中语言简洁生动，善于叙事，杂以议论、对话，对后世小说产生了积极的影响。

启蒙记 1 卷 《玉函山房辑佚书》本。

东晋顾恺之撰。顾恺之（348? ～409），字长康，小字虎头。晋陵无锡人。出身士族。博学有才气，尤善丹青，被尊为“画祖”“画圣”，阐发“以形写神”“迁想妙得”的绘画理论。尝任参军、散骑常侍之职，称其为黠痴各半，故世传顾恺之为三绝：才绝、画绝、痴绝。著有《启蒙记》《论画》《魏晋胜流画赞》《画云台山记》等。本书名《启蒙记》，与束晳《发蒙记》相类。清代马国翰所辑《玉函山房辑佚书》曾为采收，弁于卷首，谓《隋志》有《启蒙记》3 卷、《启疑记》3 卷，并题顾恺之撰；《唐志》有顾恺之《启疑记》3 卷，《启蒙记》不著录，今并散佚。马氏从裴松之《魏志注》《北堂书钞》《太平御览》等书辑得十节，涉及泛林、天台、山水、玉精、魏宫人及神怪等。通过马氏所辑条目，可窥测原书。

节孝语录 1 卷 《四库全书》本。

北宋徐积撰。徐积（1028～1103），字仲车。楚州山阳人。英宗治平四年（1067）进士。元祐初授扬州司户参军，为楚州教授，历和州防御推官，改宣德郎，卒于监西京嵩山中岳庙，政和六年（1116）赐谥节孝处士。父没，以父名石，终身不用石器。行路遇石，避而不践。遇石桥，使人负之而趋，事母至孝，母亡，庐墓 3 年。著有《节孝集》。徐积立身“操守坚正”，而“其文乃奇谲恣肆，不主故常”。《四库全书总目》云：“是书为其门人江端礼所录。《文献通考》载一卷，与今本合。其中说经之条，如释‘唐棣之华，偏其反而’，谓‘偏’当音‘遍’，言开遍而复合。今考《礼》‘二名不偏讳’注，‘偏’读为‘遍’，则遍、偏二字原相通。然以释‘偏其反而’，则曲说矣。其释《春秋》‘壬申，御廪灾，乙亥，尝’，谓说者皆言‘先言御廪灾，是火灾之余而尝，志不敬。其实《曾子问》言：天子、诸侯之祀，遇日食、火灾、丧服，则皆废祀。今御廪灾，则尝可废而不废，是为不敬。何必谓火灾之余而尝?’今考《曾子问》曰：当祭而日食，太庙火，乃废祭，他火灾不废也。积概言火灾则废，反斥《公》《榖》二传，亦殊失经意。若以《论语》三嗅为三叹，谓《春秋》‘西狩获麟’，重书僭狩非礼，不重书获麟，亦皆穿凿。至于商论古人，推扬雄而讥贾谊，至以陈平为秦汉以来第一人，殊乖平允。而误解《礼记》‘葬欲速朽’以近世用厚棺为非，尤为纰缪。然积笃于躬行，粹于儒术，所言皆中正和平，无宋代刻核古人之习，大致皆论事、论人，无空谈性命之说，盖犹近于古之儒家焉。”

唐氏遗编 4 卷 《四库全书》本。

宋唐棣撰。唐棣，字彦思。宜兴人。北宋政和五年（1115）进士，官秘书丞。宋理学家程颐门人，是程颐弟子杨时的“同门同志者”。本书又名《彦思遗编》，记载程颐与弟子间的答问，为语录体，收入《二程遗书》，名为《伊川杂录》。康熙年间，其后代唐一学等从中析出，重新刊刻于家塾，改名为《唐氏遗编》。后附唐一学父所作《桐友遗编》1 卷。唐一学及其兄弟又在各个条目下附以已见，而成本书。

伊川语录 1 卷 清同治十年（1871）徐宗瀛刻《二程全书》本；中华书局 1981 年出版《二程集》本。

北宋邹柄辑。邹柄，字德久。晋陵人。北宋“道乡先生”邹浩长子。幼时即以长俊著称，黄庭坚呼为“小友”。弃科举，师杨时，尽传其学。官至天台知府，多有善政。性刚梗有父风，与人不苟合。本书主要记载的是“二程”平时讲学或者谈话的记录，虽然不是二人亲自撰写，但也在一定程度上保存了有关“二程”思想的形成、发展和变化的资料，对研究“二程”的思想与学术具有一定的参考价值。

辨惑编 4 卷附录 1 卷 《四库全书》本；《守山阁丛书》本；《丛书集成初编》本。

元末谢应芳撰。谢应芳（1279～1392），字子兰，号龟巢。武进人。隐居不仕。其一生尊奉程朱理学，极力破除迷信，以道、佛教为异端，并加以反对。另有著作《龟巢稿》《思贤录》。本书针对吴俗信鬼神、多拘忌的风俗习惯，取圣贤问答之词，用以

开导愚迷，辟邪植正，故以“辨惑”名书。全书分为生死、疫疠、鬼神、祭祀、淫祀、妖怪、巫觋、卜筮、治丧、择丧、相法、禄命、方位、时日、异端15类共计45篇。末一卷附录书及杂著8篇，选录历来有关古人的经验事实和孔子、荀子、王充、柳宗元等人反对鬼神迷信的言论，斥责佛、道和民间占卜祭鬼等迷信活动，以宣扬无神论思想。《四库全书总目》评价此书：“应芳此书，持论虽似乎浅近，而能因风俗而药之，用以开导愚迷，其有益劝戒。”今人将其视作无神论著作，认为本书对于推动古代无神论的发展起到了积极作用。

传道四子书8卷 明刻本；清抄本；2011年上海古籍出版社《苏州文献丛书》本。

明徐达左辑。徐达左(1333～1395)，字良夫，号松云道人。苏州人。曾受《易》于鄱阳邵宏道，又受《书》于天台董仁仲，隐居光福山中。洪武初为建宁县训导，卒于学官。喜收藏图书，所藏高编大册甚富。著有《颜子鼎编》《金兰集》。本书搜集颜、曾、思、孟四子之书，各分内、外篇2卷，各为小序。大致内篇载经书，附以周、程、张、朱之说，外篇载传记，附以诸子百氏之论述，达左又各加案语。前有至正庚子自序，乃未入明所作。江南图书馆所藏影写元刻本，陆氏《皕宋楼藏书志》遂题为元人，非也。考历代史志，无颜子书，惟张栻采经文为《希颜录》，元李纯仁、李罙递有附益；曾子则宋汪晫、赵汝腾、刘清之、章樵诸人，各有编辑；子思子，晫亦有辑本，惟孟子罕见。是编颜、思、孟篇目皆十，曾子篇十四。曾子全载《孝经》，而有分析移易，孟子仅取20余条入内篇，去取圣经，殊近于妄，而搜罗摭拾，四子之佳言懿行，颇可藉是以考见，亦具苦心。篇分内、外体例不可谓不善，其后潘府校集《颜子》，讥其“内篇外篇，虽轻重略分，犹以圣经贤传，与庄、列、荀、扬之流，《论衡》《琴操》之类表里对举，殊失崇黜之意”，则是拘泥之语。

唐荆川先生编纂诸儒语要10卷 明隆庆五年(1571)叶世遇宝山堂刻本；明万历三十年(1602)江西宜春吴达可刻本；《四库全书存目丛书》本。

明唐顺之撰。唐顺之有《荆川先生右编》，已著录。据本书序言可知作者的初衷为“先君子荆川翁早刳心于圣人之学，谓诸先生者，入圣之阶也。诸先生之言，又诸先生之所以为诸先生也。尽取而读之亦知其不无择言而纯者未尝不在也。俾后之人因其不择言并纯者而遗之，今日之责也。自濂溪先生以至阳明先生，录其成文者为儒编，又录其言句之纯者以为语要”。卷1为周濂溪、程明道语录；卷2为程伊川语录；卷3为张横渠、谢上蔡、杨龟山、胡五峰语录；卷4为朱晦庵语录；卷5为张南轩、陆象山语录；卷6为杨慈湖、陈白沙、王阳明语录；卷7撰圣贤类、诸子类、诸儒类另加记疑、程氏门人部分；卷8为朱辨游杨吕谢、朱辨吕氏《大学解》、朱辨苏黄门《老子解》、朱辨张无垢《学庸解》、朱吕张辨知言疑义、朱辨知言、张南轩胡子知言序；卷9为朱辨陆象山、陆辨朱晦庵、朱论南轩东莱龙川止斋；卷10为杨墨老庄佛禅、释氏。

辨惑续编7卷附录2卷 明成化五年(1469)刻本；《四库全书存目丛书》本。

明顾亮撰。顾亮，字寅仲。长洲人。正统年间苏州知府况钟曾礼聘其至幕中。本书撰作源于世俗百姓常常被丧葬吉凶之事拘系，顾亮因而编辑古今书传，分为7卷，分别是《事生》《应变》《居庐》《奠祭》《择墓》《送葬》《拘忌》，又附录2卷分别论死生、轮回、寿殀、贫富、贵贱、吉凶、祸福、师巫、邪术诸事。因此本书针对乡俗而作，读者多为平民百姓，文化程度不高，故而其语言、注释皆浅近易懂。因元人谢应芳有《辨惑编》，故顾亮自作取名为《续编》。

宵练匣1卷 《说郛续》本；《景印元明善本丛书十种·百陵学山》本。

明朱得之撰。朱得之(1485～?)，字本思，号近斋，又号参玄子。靖江人，一说乌程(今浙江湖州)人。嘉庆间以岁贡为江西桐庐丞。师从王阳明，其学体虚静、宗自然，最得力处在“立志之真”，是心学的重要代表。著有《四书诗经忠告》《苏批孟子补》《老子通义》《庄子通义》《列子通义》《正蒙通义》《杜诗阐义》《心经注》《宵练匣》等。本书为杂著，凡三编：《稽山承语》记其闻于师者；《烹芹漫语》记其闻于友者；《印古心语》记其验于经典而有得于心者。“宵练”本为剑名，形容是剑寒光闪闪，如夜间白练。出《列子·汤问》：“孔周曰：吾有三剑……三曰宵练，方昼则见影而不见光，方夜见光而不见形。其

触物也，瑭然而过，随过随合，觉疾而不血刃焉。此三宝者，传之十三世矣，而无施于事。匣而藏之，未尝启封。”本书所以名《宵练匣》就在于此。《四库全书总目》云：“喻其析理之人微，不在名象间也”，“‘匣’者，理寓于书，如剑藏于匣也”。

诚意问答 1 卷　1936 年世界书局《明儒学编》本；《万有文库》本。

明王栋撰。王栋（1503～1581），字隆吉，号一庵。泰州人。嘉靖三十七年（1558），以岁贡授江西南城县学训导，转山东泰安州州学、江西南丰县学教谕。在南丰，曾建南台书院讲学。为王艮族弟，从学于王艮。为泰州学派的中坚人物。在致良知问题上，主张“良知无时而昧，不必加致”，同时也指出阳明后学之流弊也正是由于“不言致字误之”。其为学大端有二：“一则禀师门物之旨而洗发之”，“一则不以意为心之所发”。在格物问题上，继承王艮“安身立本”之说。在诚意问题上，提出“意为心之主宰”的命题，创立独特的“诚意”说，黄宗羲认为这与刘宗周的“意为心之所存”之观点可谓不谋而合。著有《一庵王先生遗集》《会学十规》《祠堂纪事》。本书即关于王栋答弟子李梃侍坐事。通篇围绕“正心诚意”展开，以李梃问、王栋答一问一答的形式行文。王栋在该篇就处理“意”与“志”的关系进行了自己的阐发，核心观点为“意近乎志，即经文所谓有定也。主意定，而后静且安，则修身矣”。又提出处理“诚身”与“诚意”关系的论点，即“为学贵乎知本，诚身诚意固一也”。反面论证“然不知诚意，以修身为国家天下之本则，则身不止于至善，而每蹈于危险之地矣”。并且，王栋在本篇中还主张“心迹一，而后知吾儒之妙”，强调“反身而诚”“不必察私防欲，心次自然广大”。

世纬 1 卷　《四库全书》本；《知不足斋丛书》本。

明代袁袠撰。袁袠有《皇明献实》，已著录。本书凡 20 篇，曰官宗，曰遴傅，曰简辅，曰降交，曰诱谏，曰广荐，曰崇儒，曰贵士，曰裁阉，曰汰异，曰拒伪，曰抑躁，曰久任，曰惜爵，曰惩墨，曰节浮，曰革奢，曰正典，曰实塞，曰均赋。《四库全书总目》评价道：“其言皆指陈无隐，切中时弊。虽立说不免过激，而忧时感事，发愤著书，亦贾谊痛哭之流亚也。”该书又有钱大昕作序曰：“《世纬》凿凿乎经世之言，惜不得少见于事，而徒托之空言，盖深有慨乎言之。”本书流传甚少，《明史·艺文志》亦未著录。钱大昕以袁氏为有体有用之儒，其立言可堪不朽。

薛子庸语 12 卷　明隆庆刻本。

明薛应旂撰。薛应旂有《四书人物考》，已著录。本书为其讲学之语，分 24 篇，各以首二字为篇名，而每条冠以“薛子曰”，意欲如扬雄之拟《论语》，其门人向程为之音释。书中主要论述自己的学术观点，如认为心即道，人心本与天通。圣之所以为圣者，在于此心；贤之所以为贤者，在于此心。主张“求经于心”，认为“致良知”，就是把人先天赋有的不虑而知、不学而能的天赋发挥出来。反对空谈良知、不务实际的恶劣学风，提倡务实，其思想对东林学派的影响很大。

六子书　明万历四十年（1612）刻本。

明于孔兼辑。于孔兼（1538～1615），字元时。金坛人。万历八年进士。历任礼部主事、议制郎中。上疏争立太子，帝怒隐忍，又谏三王并封，事遂止；上疏救赵南星，帝积前恨，贬为安吉判官。投牒归，家居二十年，杜门读书，天启中，赠光禄少卿。本书收录罗钦顺所撰《罗整庵先生困知记》1 卷，明罗洪先所撰《念庵子》2 卷，明魏校所撰《魏庄渠先生书》3 卷，明崔铣所撰《后渠子》4 卷，明吕柟所撰《泾野集理学》2 卷、《经济》2 卷以及明王慎中所撰《遵岩子》2 卷。《罗整庵先生困知记》自述早期受禅学影响，后经长期“研磨休认”，始“了然有见乎心理之真”。对释氏的“明心见性”说及程朱的“理先气后”和陆王的“此心但存，则此理自明”等观点皆进行批判。论证气为世界之本源，“通天地，亘古今，无非一气而已”。反对“存天理，灭人欲”，认为“欲与喜怒哀乐皆性之所有者，喜怒哀乐又可去乎？”注重思考的作用，提出“能思者心，所思而得者性之理也”“苟学而不思，此理终天由而得”。否定“顿悟”说，强调“夫学者之事，则博学、审问、慎思、明辨、笃行”。其余 5 种亦为阐述性理之作。

筠斋漫录 10 卷续集 2 卷别集 1 卷　明万历三十年（1602）刻本；寄沤书巢藏原刻缮写本；《续修四库全书》本。

明黄学海撰。黄学海，字宗宇，号�斋，又号思菴。延陵人。嘉靖四十一年(1562)进士。知内黄县，入为户部主事，擢守赣州。黄懋孝跋称其妙龄通籍，早岁挂冠，不蝇营鼠腐，而独抱遗编，刳心群籍，盟烟霞而友泉石云云，似为隐居之士。本书据《明史》及《千顷堂书目》所载，称《筠斋漫录》10 卷，又《续录》1 卷，又《新录》1 卷，又《别录》1 卷，又《外录》1 卷。而《漫录》10 卷，卷 1 抄录《宪章录》，卷 2 抄录《震泽长语》《余冬稿》《天顺日录》诸书，卷 3 节录《国语》《战国策》，卷 4 节录《史记》《世说新语》《篷底浮谈》《续通鉴》，卷 5 节录《西京杂记》《述异记》《博物志》《世说新语》《韵语阳秋》，卷 6、卷 7、卷 8 节录《何氏语林》，卷 9 节录《四友斋丛说》，附录《老子》《庄子》《晏子》《孔丛子》《尹文子》，卷 10 节录《篷底浮谈》《王氏耳谈》《省心录》《自警编》《续观感录》《玄敬诗话》《养生类纂》《桯史》《省约三书》《白沙遗言》《景行录》《窒病录》《橘壮录》《橘如录》《近代名臣录》《松窗寤言》《续自警编》。《续集》2 卷，上卷先抄《韩诗外传》《拾遗记》《抱朴子》，又分神仙、异僧、报应、定数、廉俭 5 目，下卷分知人、精察、神明、俊辨、将帅、豪侠、画、医、相、贤妇、交友、诡诈、杂录诸类。《别集》1 卷抄《经钮堂杂志》，又分杂录、谈林 2 目，又抄《西湖游紧志》4 条，殿以随笔数条。而邑城刘氏寄沤书巢所藏残本，自卷 8 至卷 10，仅 3 卷。卷 9、卷 10，各标子目，邑中故家所藏无全本，仅此残余 3 卷。书前有万历二十九年学海小引，书于翠微馆，大旨曰："一可贯万，约可该博，由是充之，而探古今之赜，体天地之撰。"书末有犹子懋孝万历三十年跋称凡记载以来之可法可惩、可骇可愕、可被弦歌、可勒金石、可垂千万祀者皆之。今人考此书，则认为其随意抄录，漫无体例。

小心斋札记 18 卷　明万历三十六年(1608)蔡献臣刻本；清康熙顾贞观刻《顾端文公遗书》本。

明顾宪成撰。顾宪成(1550～1612)，字叔时，号泾阳，世称泾阳先生或东林先生。无锡人。明代东林学派代表人物。他 31 岁得中进士，授户部广东司主事，后历任湖光桂阳州判官、浙江处州府判官等，45 岁时被革职还乡，遂修复东林书院，创建东林学派，著述讲学，倡导实学救国。著有《泾皋藏稿》《顾端文公遗书》等。此书为其读书及答门人问的笔记，按年代编次，"始于甲午，终于辛亥"。其主要内容在于表彰程朱，不满王守仁心学及佛学，特别是禅宗。他主张"语本体，只是性善二字，语功夫，只是小心二字"。在本体论上，顾氏认为"太极"是"生天地之本"；在人性论上，他指出"性即理也"；在认识论上，他贯彻了本体与功夫的合一，强调性为天道，学为人道。本书严厉斥责了王阳明良知学的空言之弊，指出"此窍一凿，混沌几亡，往往凭虚见而弃精魄，任自然而藐兢业，陵夷至今，议论益玄，习尚益下"。

程子节录 4 卷　清乾隆七年(1742)华希闵刊《高子全书》本；《四库全书存目丛书》本。

明代高攀龙撰。高攀龙有《周易易简说》，已著录。《四库全书》将《程子节录》列为存目。《四库全书总目》谓本书收取"二程"语录，择其精粹者辑录成编。先辨性，其次论学，再次治事，后释经。卷首载同县陆楣序，称"其抄本藏秦松龄家，顾鳌欲刻之，未果。鳌子栋高踵成之，属为雠校"云云，此后殆无重刊此书者，邑人许同蔺所藏此本，盖即据顾刻本抄录之。

正蒙集注 4 卷　明万历刻本；《性理四书注释》丛书本；《四库全书存目丛书》本。

明高攀龙纂辑。本书是注释北宋张载《正蒙》之书。作者自谓《正蒙》一书，根本枝叶，莫不悉备。门人盛赞该书"有六经之所未载，圣人之所未言者"。朱熹曾为之作训释，而尚有未尽。攀龙重因其指，广为集注。嘉兴徐必达笃好此书，曾条列所见，谓之《发明》，将高氏之集注与徐氏之发明合刊，称《正蒙释》，分别见于张子正文之后，以"集注""发明"字样分隔。顾允成为之序称："朱子曰：'解书不可将大话说，不可将小巧说。'读高存之《正蒙集注》，及徐德夫《发明》，平正通达，可谓无二者之病矣。"清《四库全书总目》为之存目。《提要》引叶向高序，称徐德夫"条其所见，谓之《发明》，以质云从其说，同者去之，异者存之，异而此失彼得者去之，短长互见者存之"云云，盖谓此书"为必达所自定，非攀龙之本"耳。

就正录 2 卷　无锡县立图书馆缮写本；明崇祯刻清修《高子全书》本。

明高攀龙撰。作者自辑其语录、文章之作。据

《四库全书总目》可知，“凡分十二类：一曰语，二曰札记，三曰经说、辨赞，四曰备仪，五曰语录，六曰诗，七曰疏、揭问，八曰书，九曰序，十曰碑、传、记、谱、训，十一曰志、表、状、祭文，十二曰题跋、杂书；《附录》志、状、年谱1卷。其讲学之语类，多切近笃实，阐发周密。诗意冲澹，文格清遒，亦均无明末纤诡之习。盖攀龙虽亦聚徒讲学，不免渐染于风尚。然严气正性卓然自立，实非标榜门户之流，故立朝大节，不愧古人。发为文章，亦不事词藻，而品格自高，此真之所以异于伪欤！”本书以阐发理学之微，记录为学所得，要为多用尊德行功夫，题曰《就正》，言就正于道，殆即鸡鸣而起，孳孳为善之道，所谓进德修业。其主敬存仁之学，又可于斯二字见之。门人陈龙正所编《高子遗书》中收攀龙《就正录》自序。

龙文鞭影4卷 清光绪十一年(1885)南京李光明庄刻本；民国间上海铸记书局石印本。

明萧良有辑，明杨臣诤增订，清李恩绶校补。萧良有，字以占。湖北汉阳人。明万历八年(1580)进士，授翰林院编修。杨臣诤，字古度。安徽桐城人。著有《禹贡笺》《礼经会元》等。李恩绶(1835～1911)，字丹叔，又字亚白，晚号讷庵。丹徒人，著有《尚友录箴补》《巢湖志》《香花墩志》《紫蓬山志》《采石志》《历代诗人祠堂记》等。本书是中国古代著名的儿童启蒙读物。龙文是古代一种千里马的名称，它只要看见鞭子的影子就会奔跑驰骋。作者寓意是青少年读了这本书，就有可能成为“千里马”。本书主要是介绍中国历史上的人物典故和逸事传说，四字一句，两句押韵，读起来抑扬顿挫，琅琅上口。它问世后，影响极大，成为最受欢迎的童蒙读物之一。

高子节要14卷 《五子近思录》本。

明高世泰编。高世泰，字汇旃。无锡人。东林党首领高攀龙从子。崇祯十年(1637)进士，为东林学派传人。入清官至湖广提学佥事。晚年重建东林书院燕居庙等屋，讲学其中。善楷书，得王羲之黄庭法。进官至湖广提学道。东林学派致力于传播正宗理学，与湖湘学者有相近之处。当时吴道行任山长，力排王学的荒诞空疏，接纳高世泰至书院传播东林学。自此以后，朱张学重居正统。另著有《三楚四朝文献录》。本书是《高子遗书》及其未刻稿节录之书，故曰《节要》。世泰引言谓《高子遗书》“乃先伯父忠宪公之门人、嘉善陈几亭先生所订，而相公钱御冷先生为南宗伯时，勒为部板，今部废而板失。世之念先公者，惜此书不传；念先公之学者，谓此书不可不传。然而卷帙浩繁，重锓无力，又有未刻藏稿，尚余其半。谋窃不揣，诠次之。思先公仿朱子《近思录》例，以节朱子之语为《节要》，今谨遵条目，亦列为十四卷，名为《高子节要》合而编之。凡前贤已拈示，无取重申；或同志之折衷，芟其复说”。

思辨录辑要35卷 清顺治刻本；清光绪江苏书局重刻本；暨南大学图书馆藏章太炎批本。

明陆世仪撰。陆世仪有《复社纪略》，已著录。“思辨录”取名自《中庸》“慎思”“明辨”之义。本书集札记、师友问答以及平生闻见而成。顺治十八年(1661)正式刊行，但仅选辑原稿十分之三四。其死后友人将原稿全部刊行。有序文6篇，全书分为前、后集，前集有大学、小学、立志、居敬、格致、诚正、修齐、治平8类22卷，后集有天道、人道、诸儒、异学、经子、史籍6类13卷。又附诗歌、书文、杂说3类。康熙四十八年(1709)以《思辨录辑要》为名重刻此书，去原书所附诗、文、说3类，不分前后，合并为一，共计35卷。其学恪守程朱，以“一准于程朱”为宗旨，在“居敬穷理”“格物致知”等方面和朱熹见解基本相同认为“居敬穷理是学者圣人第一工夫，彻上彻下彻首彻尾，总只此四字”，和朱熹的见解基本相同。但在为学方法上，对程朱“静中验喜怒哀乐未发气象”表示怀疑，对陆王则“深知其流弊之祸世”而持批评态度。近来研究此书的学者中有人将其思想归入明清之际实学思潮之中。

性善图说1卷 《娄东杂著》本；《陆桴亭先生遗书》本。

明陆世仪撰。本书收入《陆桴亭先生遗书》，详述人性与教育的关系，认为人之性善不属道德范畴，实际上是指人皆具有的学问能力，这是人与物的本质区别。所以人之能力有高下之不齐，然而通过教育的方式，以达到不齐至于齐的目的。本书篇幅短小，仿照《太极图》重新呈现人、物化生的过程。陆世仪通过阐发“成之者性”来说明万物未生之前只是命，落入气质时才成性，又从人物之别的角度

提出“人性之善正在气质”的性学观点。陆世仪力图重构性善以纠时弊，但也由此带出新的理论困境。首先，从“成”的角度规定性，使性的存在依附于气质，消解了性的独立性；其次，割裂了“性”“命”，性善无法从命善中讲出，其结果是“性”先“善”后，使“善”下落成性中的一个属性；最后，人物之别的前提，使人性善只有在人禽之别的语境中才有意义，性善丧失了普遍性。

小学纂注 6 卷　清康熙二十年(1681)长沙彭氏南畇草堂本；清同治八年(1869)江苏书局本；《四库全书存目丛书》本。

明高愈撰。高愈(1605～1683)，字紫超。无锡人。明都御史高攀龙裔孙。著有《读易偶存》《春秋经传日钞》《春秋类》《春秋疑义》《周礼疏义》《仪礼丧服或问》。本书删正南宋朱熹辑、明陈选注的童蒙读物《小学集注》而为之，正其得失，删其繁冗，而其次第章法，力求脉络贯通，与《小学集注》相近，分《立教》《明伦》《敬身》《稽古》四部分，后附《总论》及《朱子年谱》。《四库全书总目》为之存目。

太极图说注解　《四库全书》本。

清陈兆成撰。陈兆成，字慎亭。常熟人。康熙初年撰成《太极图说注解》。《太极图说》，北宋理学家周敦颐撰，《四库全书总目》谓“无卷数”，是周敦颐在《太极图》的基础上发明自身宇宙观、世界观的著作。《太极图说注》，南宋朱熹撰，对周书的解读之作，陈氏此书在朱熹《太极图说注》的基础上又进行注解。本书对程颢“善固性也”的说法多有补正，而在谈及五行干支之时多自相抵牾。书末有其子陈鲁在乾隆戊辰年间附记的凡例，认为该书与自注《参同契》互有异同，既可分为二刻，亦可勒为一编。该书大量阐发阴阳五行之说，《四库全书总目》对此似有微词。

钱子存笥稿 1 卷　清康熙二十五年(1686)钱肃润镇朴堂刻本。

明钱尔登撰。钱尔登(1607～1648)，字叔嘉，号蓉峰，又号涤翁。无锡人。钱起凤第三子。崇祯十六年(1643)进士，授浙江长兴知县，入清不仕。尝执经问业于高攀龙之门，治《尚书》，读《周易孔义》。高攀龙殉节后，尔登精研理学，深求心性之事，悉以师道为归。本书为所存语录稿。以自著行述，并临革时赋诗十章为殿。其子法编录梓行。卷中首页第一行所注之年代，曰丙戌至戊子，考丙戌为清顺治三年，可证去官后所存之稿。其宗弟肃润序之，称“以高子之门人，而能学高子之学者，语录一编具在，何不可为道南羽翼之一助”云。

臆言 4 卷　清康熙三十年(1691)天瑞堂刻本。

清朱显祖撰。朱显祖，字以君，号雪鸿。江都人。顺治三年(1646)乡试副榜，淡于仕进，屏迹 30 余年，著书自娱。本书采用札记体的形式，讨论儒家学说。《四库全书总目》评价：“论皆醇正，而亦患陈因。如云行莫大于仁，德无加于孝之类，虽圣人不易斯言矣。然何必显祖始能言也。”

小学提要 6 卷　清雍正间初刻本。

清杜诏、潘果同辑。杜诏(1666～1736)，字紫纶，号云川，别号浣花词客、蓉湖词隐。无锡人。清康熙五十一年(1712)进士，授庶吉士，以终养告归。著有《云川阁集》《浣花词》《蓉湖渔笛谱》等。潘果同，字师仲，号让村，又号晓沧。雍正元年(1723)进士，擅长创作诗词古文，精于《易》学，曾任宜章知县、永顺同知等职。本书以南宋朱熹辑、明陈选注的童蒙读物《小学集注》为底本，严加校勘。杜、潘二人撰作提要，标注于卷首，对其主旨加以概括说明，而注释则均以陈选注为准。太仓钱镠为此书作序，称之为“约而不漏，切而不泛，令阅者了然于心”，此论诚为的评。

家语正义 10 卷　清雍正十一年(1733)寅清楼刻本；《四库全书存目丛书》本。

清姜兆锡撰。姜兆锡有《周易本义述蕴》，已著录。《孔子家语》，旧称孔子二十七世孙孔猛所出，魏王肃为之作注。清孙志祖《家语疏证》认为是王肃伪作。本书对此因袭旧说。其自序认为《孔子家语》的内容有十之三四是孔猛自叙所闻，而其余则散见于《礼记》《史记》《说苑》等书。本书先论《至圣年表》正讹，内容编次从葛鼒本，而与毛晋汲古阁本不同。《四库全书总目》认为毛本编次实为王肃注本之旧，而姜兆锡“窜乱旧次，特为勇于变古”。其训释内容考证亦不够精审，被《四库全书总目》认为是“俗下讲章之体”。

孔丛子正义 5 卷 清雍正十一年(1733)寅清楼刻本;《四库全书存目丛书》本。

清姜兆锡撰。姜兆锡有《周易本义述蕴》,已著录。《孔丛子》旧谓孔子后人汉孔鲋撰,《汉书·艺文志》不著录,与《孔子家语》同时现于三国魏时,学者或谓为王肃伪撰。南宋朱熹认为其辞不似西京,多类东汉人语。本书认为大梁李嫌志说近是,定为子丰、季彦之徒集先世遗文而成。本书将世传本《孔丛子》删去《连丛子》上下篇,又删去《小尔雅》《诘墨》二篇,只记录孔氏家族的言行,定为 5 卷。其体例略仿《诗序》,其中对《孔丛子》的内容偶有考订。如"纳于大麓","大麓"作"大录"等。姜氏对笃守宋学,对《孔丛子》中于宋儒传注不合的皆称"断章"。他对"赵王归齐尸"等内容虽有疑辞,但往往回护,不肯斥为依托。

读书随记 1 卷续记 1 卷剩语 1 卷 清刻本;寄沤书巢捐赠旧藏影写本。

清王邦采撰。王邦采(1676～1746),字贻六,号逸老,亦曰逸人、携鹿。无锡人。康熙间诸生。中岁弃举子业,覃精六经,淹该史学,好为诗,古文辞,尤工于画,擅别缣素,凡南北宋雕锓版本,吴兴贾人接踵就辨真赝。又喜笺注前人遗编,而于《离骚》,尤别有解会。《国朝画识》及《画史绘传》,并著其名。本书《随记》《续记》皆讨论经史,类宋儒之学,《剩语》为五七言古诗,间有律赋及小令词。《清朝文献通考》《清通志》著录,称该书前后无撰刻姓名,而卷首自序曰"湖上逸人",《剩语》自序又曰"逸老"。《四库全书总目》著录之曰:"其书皆摘录经史中语,而以己意论断之,然无所发明。《剩语》为诗赋小词数十首,于句下各加笺注,亦无可采。"

景行录 2 卷 清梁溪秦氏刻本。

清秦震钧撰。秦震钧(1735～1807),字西经,号蓉庄。无锡人。历任临清州知州、西宁府知府、陕西督粮道、两浙江南都转盐运使等职。他重视孝道,造福乡里,善于断案,受到乡里百姓及治所民众称誉。本书搜集儒家经义、先世嘉言,汇为 2 卷。书名取《论语》"高山仰止,景行行止"之义,期望家中子弟效法先贤,同时强调了自修的价值。本书由他的儿子秦泳刊行,并于书末记有跋语,谓:"先君子之录是编也,本诸身心性命之微,核诸孝弟忠信之实,其言之诚切,莫过于是。吾兄弟读之,可以知先人景仰前贤之志,而欲窥圣贤之藩篱,思造其堂"云云。

述学 6 卷 清同治刻本;《粤雅堂丛书》本;2014 年中华书局《述学校笺》本。

清汪中撰。汪中(1744～1794),字容甫。江都人。幼年丧父,家贫无力读书,由母教读。后因助书商贩书,始得博览群籍,成为一代学者。与阮元、焦循同为"扬州学派"的杰出代表。乾隆四十二年(1777)拔贡生。性刚直,敢标新立异,被当世视为狂人。能诗,尤善骈文,在清代骈文中格调最高。其著作有《尚书考异》《述学》《广陵通典》《容甫遗诗》等。作者一生著述精华皆萃于本书,作者本欲博考先秦古籍及三代、两汉学制,旁涉文字、训诂、度数、名物等,分别部类,著《述学》一书,惜未成。后取平日读书所得及所论之文编为是书,分内外篇、补遗、别录,乃杂集其生平撰著之文而成。虽名《述学》,但并非作者欲撰之《述学》也。本书所收之文,分为两大类:一是学术考证,一是辞章之文。汪氏学术考证,可分为 5 类:一是诠释经义,二是表彰经传与先儒,三是考订老墨,四是训诂文字,五是其他考证文章。书中有许多思想观点敢于反对传统,对清代学术思想发展和清末革新思潮有一定影响。汪氏骈文,梁启超评价说"清人颇自夸其骈文,其实极工者仅一汪中",其散文创作水平亦极高。

孔子集语 17 卷 清嘉庆二十年(1815)刻本;浙江书局本;1989 年上海古籍出版社《诸子百家丛书》本;《续修四库全书》本。

清孙星衍撰。孙星衍有《周易集解》,已著录。《孔子集语》是宋代学者薛据汇辑的关于孔子言行事迹的文字汇编。本书作者对薛氏辑本不甚满意,在晚年引疾归田后,与其族弟星海、侄婿龚庆一起检阅群籍,从《易十翼》《礼小戴记》《春秋左氏传》《孝经》《论语》《孟子》《孔子家语》《孔丛子》《史记·孔子世家》《史记·仲尼弟子列传》等 83 种典籍中采辑了 813 条孔子言行记录,并仿照《说苑》的体裁按类编排,共分 14 篇 17 卷。前 10 篇反映孔子的基本思想,后 4 篇多属于孔子的生平事迹和寓言故事。初稿撰成之后,他又请学者严可均进行审校。本书不仅重视材料的收集,还为每一条材料注明出

处，并把内容相同或相近的材料排列在一起，而且对疑文脱句加以按语进行校勘，因而具有较高的学术参考价值。清末王仁俊作《孔子集语补遗》增补77条，李滋然作《孔子集语补遗商正》，再补89条。

曾子注释4卷 《皇清经解》本；清咸丰十一年（1861）广东学海堂补刻本；2014年北京大学出版社《儒藏》本。

清阮元撰。阮元有《诗书古训》，已著录。曾子为孔子弟子，《汉书·艺文志》著录《曾子》18篇，已佚。《大戴礼记》中有《曾子》相关篇目10篇。宋王晫、明曾承业取《大戴礼记》之文分录为辑本。阮元重新厘定，并加注释，正诸家之得失，辨文字之异同。篇目为：立事第一，本孝第二，立孝第三，大孝第四，事父母第五，制言上第六，制言中第七，制言下第八，疾病第九，天员第十。《天员篇》记孔子所述天地阴阳之道，如"天道曰员，地道曰方""阳之精气曰神，阴之精气曰灵""律历迭相治，其间不容发"等等，其间多涉《周易》《周髀算经》思想，能采用中西天文算学之说进行解释，是研究曾子思想的重要资料。

颜子书8卷 清道光十四年（1834）崇川冯氏刻本；1989年山东友谊出版社《孔子文化大全》本。

清冯云鹓撰。冯云鹓有《金石索》，已著录。本书辑录孔子弟子颜回的言行事迹、思想言论，刊于作者辑校的《圣门十六子书》。首依《陋巷志》《山东通志》与《孔子集解》列本传于卷端。次载《孔子家语》《说苑》《庄子》《荀子》《韩诗外传》《史记》《列子》《新序》《尚书大传》《尸子》《淮南子》《孔丛子》《吕氏春秋》《庄子逸篇》《越绝书》《琴操》《论衡》《论语谶》《论语摘辅象》《金楼子》《汉书》《后汉书》《北史》《法言》《性理》等典籍中有关颜子至仁贤之品性、尚孔崇礼之言行；其中与孔子论修身天道所录尤详；亦兼及后世学人对其仅次于孔子之"亚圣"美誉。又收入《陋巷志》《山东通志》《碑记》中颜氏历朝封号，复圣颜子庙、殿、祠、墓及复圣林等古迹名胜之记载。另依家谱排列颜子二代至七十四代宗子世代表于卷末。

端木子书7卷 清道光十四年（1834）崇川冯氏刻本；1989年山东友谊出版社《孔子文化大全》本。

清冯云鹓撰。本书辑录孔子弟子端木赐（字子贡）的言行事迹、思想言论，刊于作者辑校的《圣门十六子书》。首列周景王二十五年、鲁昭公二十二年（前520年）至周贞定王十三年（前456年）年表。包括端木赐生年，族谱、婚姻、孝颖之品性、仕宦之政绩。次据《孔子家语》《荀子》《说苑》《孔丛子》《淮南子》《新语》《新序》《吕氏春秋》《庄子》《韩诗外传》《韩非子》《尚书大传》《论衡》《荀子》《列子》《博物志》《尸子》《越绝书》等典籍，综录端木赐之仁政观、法治观、天道现、生死观、贤达，兼及孔子对其之评价与教诲，体现了他在孔门诸弟子中典型的世俗化倾向与政治外交才能，以及其思想中与孔子相左之处。又收入《山东通志》《江南通志》《河南通志》等方志中有关端木子祠墓古迹考证。另依家谱列端木子七十四代子孙之名及官职，并录《通志·氏族略》中端木子后代以"贡"为氏之说。

闵子书6卷 清道光十四年（1834）崇川冯氏刻本；1989年山东友谊出版社《孔子文化大全》本。

清冯云鹓撰。本书辑录孔子弟子闵损（字子骞）的言行事迹、思想言论，刊于作者辑校《圣门十六子书》。首列年表，包括闵损生年、姓氏与至孝之品性。次据《史记》《孔子家语》《韩诗外传》《说苑》《孔丛子》《孝子传》《尸子》《庄子》《琴操》《春秋繁露》《亢仓子》等典籍，综录闵损"笃圣"之品德、崇礼之志趣，尚乐之才情；兼及与孔子论治国之要、孝道之差别等。又收入《山东通志》《江南通志》《齐州闵子庙记事》《齐州记事》《闵子家乘》《堀坊志》中有关闵子祠墓古迹之记载。另列闵子七十一代子孙的姓名以及官职之世表。

冉子书16卷 清道光十四年（1834）崇川冯氏刻本；1989年山东友谊出版社《孔子文化大全》本。

清冯云鹓撰。本书辑录孔子弟子冉耕（字伯牛）的言行事迹、思想言论，刊于作者辑校《圣门十六子书》。首依《阙里志》《通志·氏族略》《山东通志》与宋王钦若赞列本传于卷端。次据《史记》《孔子家语》《白庐通义》《淮南子》《论衡》《论语》《世系谱》《汶上志》《辨命论》等史籍中的零散记载分述冉耕亚于颜闵之德行，遭逢恶疾之际遇。又收入《山东通志》《东平志》《河南通志》中冉耕祠、庙、墓、故

里与伯牛埠等古迹名胜之方位，并按家谱列二代至六十九代宗子世系表于卷末。本书亦辑有孔子弟子冉雍(字仲弓)的言行事迹，共4卷。收入《史记》《论语》《孔子家语》《孔丛子》《大戴礼记》《晏子春秋》《陈器五宝故事》等典籍中有关冉雍之祖先、生年、婚姻、德行、汉元帝之封之史料；评录其与孔子论政事迹，其中多为刑政、刑教之道。据《山东通志》《冉子世系谱》《元和志》《东昌府志》收入有关冉雍祠墓古迹之记载。另列冉雍七十一代子孙之名及官职。另外还辑有孔子弟子冉有(字子有)之言行事迹，共6卷。从史传中辑录冉求有关生平事迹的资料汇集。首依《阙里志》与宋陈尧叟赞刻本传于卷端。次据《史记》《孔子家语》《冉子世系谱》《冉氏族谱》《荀子》《韩诗外传》《庄子》《说苑》等史籍分述冉求系出、婚姻、从师之简历，谦谦令德之品性，好学博艺之才情，敏于从政之特长。又收入《山东通志》《滕县志》中冉求墓、庙古迹方位，并附编者之考证。另排冉求二代至七十代宗子世系表于卷末。

仲子书7卷　清道光十四年(1834)崇川冯氏刻本；1989年山东友谊出版社《孔子文化大全》本。

清冯云鹓撰。本书是孔子弟子仲由(字子路)之言行、事迹辑录。从史传中辑录仲由有关生平事迹、思想言论的资料，汇集而成。依《阙里志》与宋陈尧叟赞列本传于卷首。排鲁襄公三十一年至鲁哀公十五年(前542～前480)仲由生卒、从师、婚姻、仕宦等简历于卷1。卷2至卷4据《仲里志》原本、《孔子家语》《说苑》《荀子》《韩诗外传》《吕氏春秋》《孔丛子》《韩非子》《新书》《庄子》《搜神记》《史记》《论语谶》《论语隐义》《孝子传》等史籍杂传，综录仲由从政之才、勇于行义之德、果烈刚直之性。其中以仲氏善质疑与孔子对其之教诲为详。《河南通志》《卞里志序》《峄县志》《泗水志》《曲阜志》中仲子祠庙、故居、墓之处所及蒲城、问津处、倾盖亭、石门桥、御水堤、仲子书堂、卞邑、石门庄、石门山、卞城等古迹方位。并按家谱列仲氏二代至六十七代宗子世表于卷末。

卜子书6卷　清道光十四年(1834)崇川冯氏刻本；1989年山东友谊出版社《孔子文化大全》本。

清冯云鹓撰。本书辑录孔子弟子卜商(字子夏)的言行事迹、思想言论，刊于作者辑校《圣门十六子书》。首依《阙里志》《史记考证》与赵安仁赞列本传于卷端。次据《孔子家语》《尸子》《中论》《说苑》《孔丛子》《韩诗外传》《韩非子》《荀子》《新序》《列子》《礼纬稽命征》《吕氏春秋》《论语摘辅象》《博物志》《孝经说》《春秋说》《春秋繁露》《史记》等史籍中的有关记载，综录卜商治学、为人之道。其中以论道之精微、文学之才情，温柔敦厚之品性而见长于孔门其他弟子。又收《山东通志》《莒州志》《河南通志》中有关卜商之墓、祠、子夏书院等古迹方位，并补充《卜子宗谱》中有关事实的缺佚。另列卜商二代至六十九代宗子世表于卷末。

宰子书8卷　清道光十四年(1834)崇川冯氏刻本；1989年山东友谊出版社《孔子文化大全》本。

清冯云鹓撰。本书辑录孔子弟子宰予(字子我)的言行事迹、思想言论，刊于作者辑校《圣门十六子书》。依《阙里志》《通志・氏族略》与宋冯拯赞列本传于卷首。排鲁昭公二十年至周贞定王十一年(前522年～前458年)宰予之生卒、家教、婚姻、从师、仕齐等简历于卷1。卷2至卷4综录《大戴礼记》《孔丛子》《孔子家语》《说苑》《论语摘辅象》《晏子春秋》《淮南子》等史籍中宰予言辞之长，从政之惠，传史之功。卷5则附《史记》《孔子家语》《盐铁论》中宰予与田常为乱之事以及《史记考证》和编者有关考辨质疑。卷6收入《山东通志》《曲阜志》《防西志》中宰予墓之方位。又按家谱列其二代至七十一代宗子世系表于卷末。

有子书7卷　清道光十四年(1834)崇川冯氏刻本；1989年山东友谊出版社《孔子文化大全》本。

清冯云鹓撰。本书辑录孔子弟子有若(字子有)的言行事迹、思想言论，刊于作者辑校《圣门十六子书》。依《阙里志》《文献通考》《通志・氏族略》《有子宗谱》与宋高宗赞列本传于卷首。有子自出生至72岁间从师、周游列国、删定六经等活动年表列于卷1。卷2至卷4分录《孔子家语》《荀子》《檀弓》《韩非子》《新语》《史记》《新论》《论衡》中有若干资料。卷5收《有子宗谱》中其祠墓古迹情况。又列有氏二代至七十二代宗子世系。

曾子书9卷　清道光十四年(1834)崇川冯氏刻本；1989年山东友谊出版社《孔子文化大全》本。

清冯云鹓撰。本书辑录孔子弟子曾子的言行事迹、思想言论，刊于作者辑校《圣门十六子书》。据《阙里志》与宋张齐贤赞列本传于卷首。排曾氏出生至73岁之年谱子卷1。卷2至卷4收入《曾子书》10篇(见《大戴礼记》及其后裔之补录《王言》篇)。卷5与卷6收录《说苑》《韩诗外传》《吕氏春秋》《韩非子》《孔子家语》《孔丛子》《荀子》《庄子》《中论》《列女传》《孝子传》《搜神记》《晏子》《论语撰考谶》《诗疏》《抱朴子》《新语》《尸子》《水经注》《盐铁论》《论衡》《博物志》《琴操》《周正乐记》《昌黎集》《颜氏家训》《史记》《汉书》《淮南子》《潜夫论》《绎史》《新序》等史籍中有关曾氏事亲、交友、修身、学问之道。其中以孝廉之美德最为显著。卷7按《武城家乘》《山东通志》《广平府志》《济宁府志》所载分述曾子庙、曾子书院、琴堂、耘瓜台、咏旧亭、石坊、曾子山、曾子井、宗圣祠、曾子墓之古迹名胜与历代修建概况。又排曾氏二代至七十二代宗子世系表于卷末。

子思子书7卷　清道光十四年(1834)崇川冯氏刻本；1989年山东友谊出版社《孔子文化大全》本。

清冯云鹓撰。本书辑录孔门之孙孔伋(字子思)的言行事迹、思想言论，刊于作者辑校《圣门十六子书》。首依《阙里志》《文献通考》与宋高宗赞列本传于卷端。次取《孔丛子》中《子思子书》记问、杂训、居卫、巡狩、公仪、抗志6篇分为2卷，综录孔伋哲学观、伦理观、政治观。又采马氏《绎史》与《韩非子》《吕氏春秋》等所载兼及孔伋居贫修善之德，并附后世有关其《中庸》之考证。另按《山东通志》《阙里志》分述孔伋祠墓古迹、中庸书院之所在。又据《孔丛子》与《绎史》列出明朝弘治至清朝乾隆年间孔氏后人之世职。

颛孙子书7卷　清道光十四年(1834)崇川冯氏刻本；1989年山东友谊出版社《孔子文化大全》本。

清冯云鹓撰。本书辑录孔门弟子颛孙师(字子张)言行事迹、思想言论，刊于作者辑校《圣门十六子书》。依《阙里志》《通志·氏族略》与宋张齐贤赞列本传于卷首。排颛孙师生卒间活动简历于卷1。卷2至卷4据《孔子家语》《大戴礼记》《孔丛子》《说苑》《中论》《韩诗外传》《新序》《庄子》《荀子》《檀弓》《事林广记》等先秦至魏晋时古籍综录颛孙师尊贤容众之德，外矜庄而寡诚信之性以及孔子对其之教诲；另附其弟、其子简要事迹。卷5收入《山东通志》《江南通志》《堀坊志》中颛孙师之祠、墓、祭田、堀坊村(故里)与堀坊八景等名胜古迹方位。另列颛孙师二代至七十代宗子世表于卷末。

学堂日记故事图说1卷　清同治七年(1868)刻本。

清余治撰。余治(1809～1874)，字翼廷，号莲村，又号晦斋，别号寄云山人。原籍无锡。曾5次应试未中，后于清咸丰年间，由地方官保荐作训导。同治二年移家苏州，并在玄妙观内开设“得见斋书坊”，刻印发卖各种劝善之书。晚年亲自编写新戏，从事皮黄调曲本的创作。著有《得一录》《庶几堂今乐》等。本书采善恶果报故事，以示劝惩，著之于篇，并绘图以示意。归安吴云为之作序。而后有自序曰：“《学堂日记》者何？为童蒙记问也。童蒙记问曷取乎此？读书以学做好人为第一义，非仅为识字计也。故学做好人，须凭榜样，是编所集，善者可以劝，恶者可以惩，皆榜样也。而且绘图出之，近而可信，显而易明，更足资观感而动彝良，是榜样之最善者也。贤父师欲望子弟为好人，当无不乐为讲说，而责其日记者，当勿以事近因果而忽之耳。青云在望，此即阶梯，求我童蒙，请以持赠。”则其切望子弟进取之心，可谓无微不至。

学堂讲话1卷　清同治十年(1871)苏州刻本。

清余治撰。余治有《学堂日记故事图说》，已著录。本书可能是余治任广方言馆监院时所作，分《事观》《事长》《存心》《治家》《处世》《交友》《修福》七端，而附以《童蒙三戒》。其自书于卷末谓：“子弟规戒之事不一端，总须为师者不惮烦劳，随心所发，或对书指点，或借景生情，以期早绝邪心，引归善道，则为师之功，直可与天地并立。”他著此书之用心确实纯厚，为人称道。

身范13卷　清道光二十七年(1847)礼社薛氏刻本。

清孙希朱撰。孙希朱(1810～1856)，字仰晦。无锡人。自幼好学，少时笃好朱熹《小学》，因名“希

朱”。其为人至孝。其母病重，思食鱼而不得，他因此便终身不吃鱼肉。著有《仰晦先生集》《省身格》《劝戒赘言》《残本书堂壁贴》等。本书汇集能够体现孝、悌、忠、信、礼、义、廉、耻的古人格言和行为，编辑成8卷；又编辑古代圣贤致力于学业的故事，命为《圣学》1卷，此外还有《绪论》4卷，统名为《身范》。弁言中说：“范者何？法也，法所以立身之道也。立身之道安在？曰身范。盖庶几自范其身，以与诸同学共范其身。”孙希朱编纂这本书，不仅以古人之道约束自己，更希望将古人之道传播给弟子门人。

幼仪辑略1卷 清道光二十七年(1847)礼社薛氏刻本。

清孙希朱撰。本书取朱子《童蒙须知》《训子帖》，更增诸学者为童子言者，辑为10则，名为《幼仪辑略》。而自弁之曰：“幼学之不讲久矣。昔杨文公谓：‘童稚之学，不止记诵，养其良知良能，当以先人之言为主。兹者将于课读之余，为诸童子讲说一二，使之入心记著，责以必行，然后以次渐进《小学》《近思录、四书、六经、性理全书》，以为由浅入深，由末及本之助。”

共勉录1卷 清道光十一年(1831)刻本。

清朱福基撰。朱福基(1840～?)，原名载基，字西山，号笙甫。无锡人。同治四年(1865)进士，授翰林院编修。光绪乙亥年(1875)，典试湖北，继而督学山西。本书采陈宏谋《养正遗规》《训俗遗规》之尤足发警者，复益以他篇，汇为1卷，分为《立志》《劝学》《豢蒙》《正俗》四部分。卷首列朱子《白鹿洞院揭示》，卷末附诸家格言，为督学山西时所著，可见其用心勤笃。

颜氏家训补注1卷 1989年江苏古籍出版社《李审言文集》本。

清李详撰。李详(1858～1931)，字审言，号枚叟。兴化人。曾被两江总督端方聘为江楚编译官书局帮总督纂，为端方收藏的书画金石拓片进行鉴定。宣统元年(1909)，安徽巡抚冯煦、布政使沈曾植在安徽创办存古堂，聘其讲授史学和《文选》学。辛亥革命后，贵州刘世珩邀其去上海帮忙校刻书籍。1923年在东南大学任国文教授。论学精湛，藏书丰富，以其藏书晚年办审言图书馆。著有《文心雕龙补注》《文选精读》《清代学述概论》等。本书作者以抱经堂本《颜氏家训》为底本，选取颜之推说而条辨之，共计45条，篇幅甚短，5日而成。广搜博引《颜氏家训》一书用语的本源。不仅使后人对古代伦理学家重要著作的出处、学问、本义的了解至为重要，而且对于后人避免望文生义、以今度古、主观臆测、割裂篇章诸病也有所助益。

身世准绳2卷 清道光二十九年(1849)额鲁礼译满文抄本；清光绪二十六年(1900)重刻本。

清李光迪撰。李光迪，字觐文。无锡人。诸生。另著有《四书讲义正宗》，今无传本。本书博取古昔圣贤格言懿训，以节其繁，而增附己意。上卷言身之所以可以修，下卷言世之所可以涉，裨益风教之著也。同县王云锦，为之梓行。是书在雍正年间初刊，道光甲辰海阳余氏为之重刊，及光绪庚子，已有三刊。

杨仁山先生遗著1卷 1948年铅印本。

清杨道霖撰。杨道霖(1856～1932)，原名楷，字仁山。无锡人。17岁时应童子试，以第一名入泮。光绪十年(1884)，应会绍宁台道薛福成的聘请，办理文案，开始与“洋务派”接触。光绪十五年，应登莱青道盛宣怀之聘，办理文案并承办编辑洋务书。光绪十八年进士。十月，应张之洞聘主讲武昌自强书院，兼办督署洋务文案。此后，在商部(后改农工商部)为京官。光绪三十一年，随同载泽、端方、戴鸿慈等五大臣出洋，作为随员驻日本考察政治。光绪三十三年十一月，任柳州知府。著有《光绪通商列表》等。本书是作者早年修学心得，按日所录笔记，以古、今体诗为附。其子曾勖辑录刊行，而弁于简端曰：“先公弃养于壬申之岁，曾勖守制里居，整理遗书，得日记二册，始于有清同治十三年六月一日，讫于次年光绪元年八月十七日，盖为先公两年间所作也。日记中大抵阐述先圣贤之绪论，于修身律己处，独多心得。想见先公当日读书力行之勤。”

云薖漫录2卷 1928年无锡杨氏仿宋铅印精校本。

清杨寿枏撰。杨寿枏(1867～约1947)，初名寿

械，字味云（一作号），晚号苓泉、苓泉居士，室名云在山房、思冲斋、沧桑斋、秋草斋、鸯摩馆，又署贯华、藏园、云薖、觉花寮。无锡人。光绪十七年（1891）举人。历任商部、农工商部主事、员外郎、商标局会办、度支部郎中及参议等官。民国以后，历任北洋政府盐政处总办、长芦盐运使、粤海关监督、山东财政厅厅长、财政次长、无锡商埠督办等职。晚年在津、唐等地开办新华纱厂等实业。本书辑录昔贤子部杂记中精粹名论，并其训子书牍，虽似记载问学入德之方，实为训迪子弟立身行己之本。说者又称："卷中论列，虽似寻常训子之语，皆洞悉物理人情，绝无学究家头巾气味。"所载《幽梦影》一书，称其"无字不香，无语不雅，每一展诵，如啖佳果，如对名花"。卷首载《修竹庐主人自序》，为其父宗济遗著，历叙平生事迹之大者。作者谓"先大夫所著《自序》一首，侯君伯父已选入《梁溪续文钞》中，今《云薖漫录》印成，乃以此序冠诸简端，昭示子孙，毋忘彝训"。

女镜8卷　明万历刻本；2017年燕山出版社《中国古代女教文献丛刊》本。

明夏树芳撰。夏树芳（1551～1635），字茂卿，号习池，江阴人。以诸生教授乡里，造就甚多，缪昌期即出其门下。万历十三年（1585）举人。以母老不赴公车。养母之余，惟耽著作。隐居毗山东麓，不屑仕进。曾与黄毓祺、董其昌、陈继儒等人为吴震元付刻《宋相眼》募捐，终无成。作者"辑古昔之哲后、贤妃、令母、贞女计四百七十有七人，厘为八卷，汇为一编"（孔兼序）。所谓"女镜"，希望女子以本书为镜，审视自身，以正闺范。孔兼云："元时于子曰：人知镜居于器也，而不知实具不器之用；人知镜用于人也，而不知实操察人之权。"即是此意。

王节妇女范捷录1卷　清光绪六年（1880）江南李光明庄刻《女四书》本；2017年燕山出版社《中国古代女教文献丛刊》本。

明刘氏撰、清王相笺注。刘氏，江宁人。王相母。幼善属文。相父三十而卒，刘氏苦节60年，扶养孩子。寿90岁。是书分《统论篇》《后德篇》《母仪篇》《孝行篇》《贞烈篇》《忠义篇》《慈爱篇》《秉礼篇》《智慧篇》《勤俭篇》《才德篇》11篇，以儒家传统"三纲五常"教"正内之仪"（《统论篇》）。《统论篇》叙述文章之总旨，后10篇从10个方面大量引述历代贞妇、孝女、贤妻、良母之典范事迹，列举历代各类名女作为教育楷模，在人物事迹中阐说女教原理。

女世说4卷补遗1卷　清道光五年（1825）经义斋刻本；2017年燕山出版社出版《中国古代女教文献丛刊》本。

清李清撰。李清有《南北史合注》，已著录。本书为作者续其亡伯父李长敷未尽之志，仿《世说新语》之意而成。全书4卷，补遗1卷。4卷分别为：卷1淑德、仁孝、能哲、节烈、儒雅，卷2隽才、毅勇、雅量、俊迈、高尚、识鉴，卷3通辩、规诲、颖慧、容声、艺巧、缘合、情深、企羡，卷4悼感、眷惜、宠嬖、尤悔、乖妒、蛊媚、侈汰、忿狷、纰缪、狡险、征异、幽感。书中广采二十一史之妇女事实，亦兼采二十一史外之"一切霸史可参正史者"，兼及稗官野记。

女教史传通纂12卷　清乾隆间刻本；2017年燕山出版社《中国古代女教文献丛刊》本。

清任启运撰。任启运有《周易洗心》，已著录。作者"博采闺阁之异操奇节"，依次记录上古至明朝之贤女子事迹，上至后妃公主，下至庶民百姓，所录有四五百人。书前有李光墺序，言此书"得之古今传志及十七史中者十之三四，得之金元四史暨前朝小说者十之五六"，可见其取材广泛。

新镌大字女儿经1卷　清状元境聚珍书局蒙学读本；清宛委山庄刻本；2017年燕山出版社《中国古代女教文献丛刊》本。

清臧庸撰。臧庸有《拜经日记》，已著录。是女儿经为七言句，讲述女子日常行为规范，比之《女三字经》更为详细，更为口语化。如"为甚事，穿了耳，恐怕听张还听李。还加一对耳环儿，务要时常来记取。为甚事，钮了扣，恐怕头回左与右"。书中条理清楚，各成系统，如写女子7岁至20岁各年龄段需遵守之规范，"女七岁，学成人，清晨早起理衣襟。……十四五，至二十，在家做女无多日"。又如写10种为人妇的礼仪，"第一道，要你孝，孝顺自有天知道。……第九节，慕贞洁，美玉无瑕谁不悦"。既从细节入手，又加以说教，并举例说明。

兰闺宝录 6 卷 清道光十一年(1831)红香馆刻本;2017 年燕山出版社《中国古代女教文献丛刊》本。

清恽珠辑。恽珠(1771～1833),字星联,一字珍浦,晚号蓉湖道人,又称蓉湖散人,自称毗陵女史。武进(今常州)人。恽寿平族孙女,满州泰安知府完颜廷璐妻。能诗善绘,闺中有"绝"之目。绘画受笔法于族姑恽冰,深得家法。子完颜麟庆,官至河南总督。

本书采《八旗通志》《一统志》及各省通志,专选汉以来"瑰德奇行"之女子事迹收录成集。书前有自序,阐发坤道之义理。本书共 6 卷,分别为卷 1 孝行、卷 2 贤德、卷 3 慈范、卷 4 节烈、卷 5 智略、卷 6 才华。每卷前有四字序言,如卷 1"孝行序言"道:"孝为行始,夙兴步趋。善养父母,曲从舅姑。有宪有诫,勿怠勿踰。葆兹淳始,式乃壶模。"全书只录传记不作评论。因采自通志,故所录之人多为乡间传诵并立碑庙者,与正史之记载有所不同。

女诫注释不分卷 1916 年进德丛书铅印本;2017 年燕山出版社《中国古代女教文献丛刊》本。

清裘毓芳撰。裘毓芳(1871～1904),字梅侣,笔名梅侣女史,无锡人。光绪二十四年(1898)五月,其叔父裘廷梁创办了江苏最早的报纸《无锡白话报》,由裘毓芳任主编,因此她成为我国最早从事新闻工作的女报人。其主编之《无锡白话报》,以鼓吹变法、提倡女学、推广白话、介绍各国变法维新史为主要内容。裘毓芳亦是我国第一份妇女报纸《女学报》之主笔之一,在该报上发表了许多提倡女学、争取女权、主张男女平等的文章。本书是裘毓芳为曹大家《女诫》所作的注释。注释所用皆是白话文。作者对曹大家虽也较为推崇,但不是一味颂扬,书中已出现男女平等等新思想。如"曲从"篇后作者说:"曹大家这节书,是说无论公婆是不是,做媳妇的总要千依百顺。但也要是可依得的才依。譬如遇了不懂道理的公婆,要叫媳妇做贼,也不可顺从的。"又如"夫妇"篇后作者说:"后来重男轻女的风俗一日胜一日。世界上一切道理、一切学问都不叫女人知道。……若女子个个都会教到有学问有道理,真是与国与家都大有益处的。"书后华留芳女史序也声讨了对女子的极度不公平与进行压迫的缠足等陋习。

第二节　兵家类

孙子 南宋刻《武经七书》本;《二十子》本;《四库全书》本。

春秋孙武撰。孙武,字长卿。春秋末齐人,陈国公子陈完后裔。齐国四姓之乱后不久,去齐奔吴。前 512 年,向吴王阖闾进呈兵书《十三篇》,被任为将。前 506 年率兵破楚。中国古代杰出军事家。本书又称《孙武兵法》《孙武兵书》等,是中国现存最早的兵书,也是世界上最早的军事著作,受到历代军事家的重视,被誉为"兵学圣典"。全书共 6 000 字左右,分为 13 篇,按内容分为 5 部分,第一部分战略运筹,包括计篇、作战篇、谋攻篇。第二部分作战指挥,包括形篇、势篇、虚实篇。第三部分战场机变,包括军争篇、九变篇、行军篇。第四部分军事地理,包括地形篇、九地篇。第五部分特殊战法,包括火攻篇、用间篇。书中以精炼的语言,阐述孙子具有原创性的军事理论,提出了出其不意、灵活机动,知己知彼、百战不殆等军事思想,内容博大精深,是古代军事斗争经验的系统总结,故而受到历代政治家、军事家的重视,在我国古代战争实践中起过极其重要的指导作用,也是在全世界影响最大的中国经典著作之一。

黄石公三略 3 卷 南宋孝宗、光宗年间刻《武经七书》本;清光绪二十四年(1898)《武经七书》本;《续古逸丛书》本。

汉黄石公撰。黄石公(前 292 年? ～前 195 年),下邳人,秦时隐士。懂兵法。相传张良刺秦始皇不中,逃匿下邳,于圯上遇老人,授以《太公兵法》曰:"读此则为王者师矣。后十年兴。十三年孺子见我济北,谷城山下黄石即我矣。"后十三年,张良从汉高祖过济北,果见谷城山下黄石,取而祠之。世于是称圯上老人为黄石公。托名黄石公的兵书不少,《黄石公三略》便是其中的一部。本书又称《三略》,当是后人假托黄石公之名而作。分上略、中略、下略。《上略》多引《军谶》语,论述以柔弱胜刚强为指导,以收揽人心为中心,以"任贤擒敌"为宗旨的治国统军的战略思想及其实现方法。《中略》多引《军势》语,论述君主驭将统众的谋略,主要

思想有因时而变法、因人而致用，战时“将在自专”，平时要“夺其威，废其权”。《下略》着重陈述道德，明察安危，说明打击迫害“贤人”，必遭灾祸。唐时魏征将其有关内容收入《群书治要》，宋元丰年间与《孙子》等一起被颁定为武学“经书”，在中国古代军事史上占有重要地位。宋代曾被译成西夏文。本书唐代流传到日本，现存有抄本、翻刻本多种，后又流传到朝鲜。

虎钤经 20 卷　明覆宋刻本；《四库全书》本；《粤雅堂丛书》本。

北宋许洞撰。许洞（976～1015），字渊夫。吴郡人，一说吴兴（今浙江湖州）人。咸平三年（1000）进士，为雄武军推官，均州参军，乌江主簿，免归。寻召试中书，改乌江县簿，坐事，变姓名，隐中条山。所著诗篇甚多，除著《虎钤经》外，还有《春秋释幽》5卷，《演玄》10 卷，《集》百卷，但均已失传，欧阳修尝称其为俊逸之士。本书是现存最早的一部北宋兵书，“虎”指“虎符”，即“兵符”，“钤”指“锁钥”，《虎钤经》意为开启兵符锁钥之书，掌兵权者应备之经。全书共 210 篇，分 20 卷，上言人谋，中言地利，下言天时，兼及风角占候、人马医护等内容。卷 1 至卷 4，着重论述谋略运用、从严治军和将帅修养等问题。卷 5 阐述如何判明天气、地形和敌人营阵等问题，并强调“逆用古法”；卷 6 介绍水战、火攻、城邑攻防及攻守城器具；卷 7 汇辑作战指挥的旗鼓及与军事有关的天文、历法、记时及识别方位等知识；卷 8、卷 9 为结营统论及古代有关阵法，并自创了飞鹗、长虹等阵；卷 10 是人马医护和相人。卷 11 至卷 20，为六壬、遁甲、星辰、日月、风云、气候、风角、鸟情以及宣文设奠、人马相法等孤虚旺象之类。本书辑录前人之说，参以己意，不仅使《孙子兵法》《太白阴经》的精义更加具体化，而且还进行了不少有益的发挥，如卷 9 所载飞鹗、长虹、重覆、八卦四阵，及飞辕寨诸图，为作者自创，问其四阵统论自以为远胜李筌所纂。书中亦有不少迂阔诞渺之说，不足见诸施行。

江南经略 8 卷　明隆庆二年（1568）初刻本；清康熙年间郑若曾子孙郑起泓、郑定远刻印本；《四库全书》本。

明郑若曾撰。郑若曾有《郑开阳杂著》，已著录。全书共 8 卷，每卷又分二子卷。卷 1 之上为兵务总要。卷 1 之下为江南内外形势总考。卷 2 之上至卷 6 之下记苏州、常州、松江、镇江四府所属山川险易、城池兵马，各附以土寇、要害。卷 7 上下论战守事宜。卷 8 上下则杂论战具、战备，而终以水利、积储与苏松之赋粮。卷 1 之下至卷 6 之下附有南畿全图、倭寇海洋来路之图、府州县全图、江河湖图、海防图、江防图、湖防图、备寇水陆路图、险要图等地图。为当时抗倭而言，所列江河湖海之险要，道路之冲僻，多经作者亲自实地探查，“凡水陆道路，躬亲阅历，多方考证，一一著明，而于所当设险之处，又为图、为说，罔敢阙略，庶后之经略者可考而知焉”。尤其是有些地方在此之前向无图志，这是作者第一次绘制，因此本书具有重要的史料价值和军事地理学价值。

登坛必究 40 卷　明万历二十七年（1599）刻本。

明王鸣鹤撰。王鸣鹤，字羽卿。山阳人。约生活于明万历年间。出身将门，袭祖职任千夫长。万历十四年武进士，积功升广西总兵、骠骑将军。著有《平黎纪事》《东粤私忧》《登坛必究》《火攻答》等。本书 40 卷，72 类目，100 余万字，附图 560 余幅。王鹤鸣鉴于当时社会上轻视武将，武将亦自轻而不知兵的状况，从历代兵书和经史子集中汇辑天文、地理、选将、训练、赏罚、军制、屯田、马政、敌情、城池攻防、江河守备、步骑车战、阵法布列、舰船器械、河海运输、人马医护，以及近世名臣有关军事问题的奏疏等内容，编成该书，以备将帅学习参考。各卷大体以时代为经，依次排列。本书虽“专事汇辑而鲜发挥”，但作者在各类前面均有简明扼要的按语既对内容提要钩玄，又阐发个人对重大军事问题的思想观点。本书选材广泛，内容丰富，联系实际，探源求全，对于后人研究中国古代军事思想发展和明代后期国防思想，有较高的参考价值。

唐荆川先生纂辑武编 12 卷　明万历四十六年（1618）徐象枟曼山馆刻本；清乾隆八年（1743）刻本；《四库全书》本。

明唐顺之撰。唐顺之有《荆川先生右编》，已著录。本书有 10 卷本、12 卷本两种，分前后二集。前集主要论述将、士、制、练、营、阵、兵器、火器、军需

及各种用兵破敌之术，共 54 门；后集引征古代带兵、用兵的战例、故事，论述料敌、抚士、使间、坚壁、摧标等法，共 97 门。由于版本不同，各书所列门类数目不等，其体例与《武经总要》近似。本书特点是广征博引，上采孙子、吴子、司马穰苴等先秦兵家之言，下摘李筌、许洞等唐宋论兵之作，并搜集历代名臣奏议、经籍文献中有关军事之论述，如姚文蔚序所言“贯穿《七书》，包络《通典》”。其中也间有作者的见解，如郭一鄂所言其旨在“极古今之阵势、殚水陆之精形，尽背合之巧态，穷起伏之变法”，以达到“证之古，酌之今，准之成，究之败”的目的。《武编》中虽然含有一些牵强附会之说，但作者汇辑古代兵法、阵法及其他军事论述，有些具体的制度、方略近乎实录，具有较高的资料价值。其中更有作者于战阵行伍之间的经验之谈，因此《四库全书总目》称“是编虽纸上之谈，亦多由阅历而得，固未可概以书生之见目之矣”。

左氏兵略 32 卷　明万历间吴用先等刻本；明天启间刻本；《四库全书存目丛书》本。

明陈禹谟撰。陈禹谟有《经籍异同》，已著录。本书乃其任兵部司务时所撰，就《左传》所载史实研究兵法原理，开创了根据战史研究兵法的新路。但作者未能把春秋历次战争按主要战略或主要战术分类归纳。

握机经 3 卷握机纬 15 卷　明《握机经握机纬》合刻本。

明曹允儒撰。曹允儒，字鲁川。太仓人。万历年间以恩贡知龙岩县。著有《孙子握机纬》《握机经》等兵书。本书讲布阵之法。《四库全书总目》兵家类存目云：“书首载风后古文一十九字，次载太公望增衍三百六十五字，次载宋阮逸所撰《李卫公问对》中六十七字，采辑诸家注释，于衡冲风云诸阵，皆绘为图，凡三卷。又以《孙子》十三篇、《吴子》六篇为《握机纬》。《孙子》辑诸家训释，凡十三卷。《吴子》惟用刘寅注，凡二卷。考《千顷堂书目》有元人《孙子握机纬》十三卷，刘寅《吴子握机纬》二卷，书名卷数与此书一一相合，其即得此书之残本，误为标目欤。据王世贞序，称昆山明斋王氏与念菴罗公、荆川唐公因倭变，力研究之，而以其说尽授之鲁川曹君。曹君向与戚大将军商之，戚深以为然，数向予称道之云云。”《四库全书总目》力证本书乃曹允儒所撰。本书较之《十一家注孙子》，经过删繁就简，保留了各种不同见解，更加简明。

类辑练兵诸书 18 卷　明天启二年(1622)董承诏刻本。

明董承诏编。董承诏，武进人。万历三十五年(1607)进士，历官兵部主事、员外郎、郎中，崇祯初累官至浙江左布政使。本书辑录戚继光谈兵之言。此书卷 1 至卷 2 奏疏，卷 3 至卷 4 条议，卷 5 将略，卷 6 兵纪，卷 7 赏罚，卷 8 阵，卷 9 营，卷 10 战，卷 11 操，卷 12 哨守，卷 13 长兵，卷 14 短兵，卷 15 声类，卷 16 色类，卷 17 什器，卷 18 仪节。其中《议处兵马钱粮疏》《经略广事条陈戡定机宜疏》《请申军令以一士心疏》《上大兵援辽议疏》《兵机十事》《筑台规则》《议虏》《陈边情》《上御虏五策》《陈主将机宜》《议京营》《建辎重营》《陈武科以植真才》等篇最为重要。于明兵制、训练、装备、指挥、进攻、防御、军法、兵器等均有论述。是研究明代军事史的重要资料。

兵录 14 卷　明万历三十四年(1606)刻本；明崇祯浙江正气堂抄本；清康熙年间抄本。

明何汝宾撰。何汝宾，字寅之，一作仲升。吴郡人。出身将门，喜武事，世袭指挥，调任昌国参将，累迁广东都督签事。天启六年(1626)编修成《舟山志》，“示险要，列兵防”，为明代舟山唯一官修志书。本书共 14 卷。卷 1：论将总说、选士总说、编伍总说；卷 2：教练总说；卷 3：射法总说、鸟铳总说、弩箭总说、牌艺总说、狼筅总说、长枪总说、镋钯总说、拳法总说；卷 4：棍法总说、较艺总说；卷 5：阵法总说、旌旗总说；卷 6：器械总说、军行总说；卷 7：安营总说；卷 8：守御总说；卷 9：攻战总说(战略、临阵、战法、攻城)；卷 10：水攻总说(平时整饬、遇警临敌、舟慎行泊、水攻用火、师行渡水、水攻城寨、战船说、兵船束伍、制蓬索药)；卷 11：火攻总说(火攻要法、火攻药性、提硝法、提磺法、火药方、火攻杂说)；卷 12：制器炼铁法；卷 13：西洋火攻神器说、医药总说；卷 14：地利总说、天时总说。附图 484 幅。本书内容丰富，继承了前代兵家的军事思想，且对诸多军事问题进行了概括归纳。虽“间附以己意”，但其主要内容均辑自他书，为研究明代火器的发展提供

了重要资料。

残本金汤十二筹8卷 明崇祯十二年(1639)刻本。

明李盘撰。李盘,原名李昌珂,字根大,号小有。兴化人。李春芳孙,兄弟皆登科,独李盘落拓。崇祯末,以荐授广西怀远县知县。入清以隐逸终。兴化诸李,皆有文采,李盘名声尤盛。其诗专摹唐贤,同时与钟惺、陈子龙为友,而无与于派系之争,著有《李小有诗纪》。本书以十二筹为名,而今所存者,一曰筹修备,二曰筹训练,三曰筹积贮,四曰筹制器,五曰筹清野,六曰筹方略,七曰筹水战,八曰筹制胜,已缺四筹,为不完之本。所言皆团练乡勇,扞御土寇之计。杂引古事以佐证,多不切合。

惧谋录4卷 清康熙间抄本;清嘉庆六年(1801)丁丙跋抄本;2011年上海古籍出版社《顾炎武全集》本。

清顾炎武撰。顾炎武有《诗本音》,已著录。本书原题“昆山顾炎武宁人氏录”,这是一部辑录《资治通鉴》经典战例,并且分类编排的兵书。“惧谋”当出自《论语·述而》“临事而惧,好谋而成者也”的典故,即做事要谨慎,谋划充分才能成功之义。全书辑录兵家“行师之要”凡“六十六策”,分隶4卷。各卷之下,分列策目,如卷1“知彼知己”,卷2“虚声”,卷3“游军”,卷4“争例”等。策目之下,间撰解题,如卷1“知彼知己”解题:“《法》曰:‘知彼知己,每战不殆。不知彼知己,一胜一负。不知彼不知己,每战必败。’知彼难而知己易,人苦不自知,故有贪兵、愤兵。”各策所录战例,自成篇段,各篇之末,或附案语。本书向无印本,仅有数种抄本传世。学者对其真伪,多有存疑。清代丁丙认为:“此书前后无序跋,亭林先生亦未闻著是书,其姓名下署‘录’字,岂当时手录他人之作欤?”谢国桢《江浙访书记》云:“是否为顾宁人原作,亦不可知。”

兵镜11卷 清康熙十八年(1679)刻本;《四库全书存目丛书》本。

清邓廷罗撰。邓廷罗,字叔奇,号偶樵。江宁人。顺治中拔贡生,官至湖广荆南道。《四库全书总目》评价本书曰:“是编凡《孙子集注》一卷,十三篇各为评释。其《作战》一篇,移为第三。《九变》一篇,改为《军变》,而删其与《地形》篇重出五句。《九地》一篇,谓原本重复,为之改正,殊嫌窜乱旧文。次为《兵镜或问》上、下卷,各十五篇。次为《兵镜备考》八卷,则于十三篇中摘其要语为纲,而罗列史事以互证其说。缀拾颇为丛杂。”而《兵镜或问》为关于军事斗争的一系列对立统一因素的问答,分为上、下两卷。上卷为:王霸、天人、内外、文武、用舍、人势、道法、赏罚、创守、微彰、恩威、谋战、先后、缓急、弃取、奇正;下卷为:众寡、虚实、强弱、胜败、常变、险易、分合、老壮、劳逸、攻守、彼己、进退、顺逆、主客、长短。“或问”即设问,邓氏将历代帝王将相之庙谟胜算、文德武功,其事迹相反、名义相类者,设为问答,使之相提并论,以考其得失。“于同处求异,于异处求同”,既论析了矛盾双方的对立统一,又指明其相互转化的问题。

练阅火器阵纪1卷 《昭代丛书》本。

清薛熙撰。薛熙,字孝穆。苏州人。为清代著名作家汪婉的门人。著有《明文在》《依旧集》。书中记清康熙三十五年(1696)江南提督张云翼教部队使用弩之事,所记阵法颇为详尽。《四库全书总目》存目著录。

洴澼百金方14卷 清乾隆五十三年(1788)榕城嘉鱼堂刻本;清道光间活字本易名《备豫录》;民国年间铅印本改名《自卫新知》。

清袁宫桂撰。袁宫桂,一作吴宫桂,一般认为“惠麓酒民”即其自号。清乾隆年间诸生。将明代的《金汤借箸》和《金汤十二筹》合而编之,为14卷,名曰《洴澼百金方》。“洴澼”典出《庄子·逍遥游》,吴王用洴澼者不龟手之药而大败越军,作者以此为喻。全书14篇,篇下分章设目,涉及城邑防御的各个方面,如预备、积贮、选练、制器、清野、险要等。其基本内容实本于《金汤十二筹》,并收入明代有关城邑防守兵书中的部分资料,所辑事例则以《左传》和正史所载为主。该书强调防患于未然,所谓“安不忘危,盛必虑衰”,故对贮储备练活动极为重视,其大部篇幅亦言此事。对守御作战方面则提出“以战为守”,“正兵”抗御时要善于运用“奇兵”“天降”“地出”“近冲”“远击”,多方攻敌。书中附有各种冷兵器、火器、攻防器械、守备工事、营阵战船等图170余幅。清王苞孙称其“所列攻战之策,防守之具,或

古人已行之效，或今人增攻之方，了无一字干碍”。此书在清代较有影响。

孙吴司马法8卷 《岱南阁丛书》本。

清孙星衍辑。孙星衍有《周易集解》，已著录。作者汇辑影刻宋刊曹操《孙子注》等注本，共8卷，其中《孙子注》3卷，另有《吴子》2卷、《司马法》3卷。清顾广圻据宋本曹注《孙子》影刻，后多次被翻刻。

皇朝兵制考略 清光绪元年（1875）武昌署刻本。

清翁同爵撰。翁同爵（1814～1877），字侠君，号玉甫。常熟人。翁心存次子。咸丰间由荫生官兵部主事。同治间历任陕西布政使、湖北巡抚。光绪间兼署湖广总督。书前有咸丰十一年（1861）作者自序，称治国之道莫急于治兵，兵可百年不用，不可一日不备，自隋以来各朝兵员数目均可考察，如隋伐高丽时为113万人，唐贞观时60余万人，宋代自开宝年间至治平间其数不等，最多时达125万人，明代则以嘉靖时兵最多，计97万，本书则主要就清代兵额等详列其数。全书分题直省兵额表、列朝兵制、列朝兵饷纪略、满汉各营马匹数附属干草料、满汉各管枪炮数附制造火药单、各省战船数。如《直省兵额表》，据康熙二十八年（1689）《会典》附康熙二十四年饷额，乾隆二十九年《会典》、乾隆五十年《通考》、嘉庆十七年《舍典》、道光元年（1821）《中枢政考》、道光三十年兵部册档、户部北档房所录近年拨饷数目，而依京巡捕管及直隶等省分列其数额。其他各类目皆如此，详录清代相关制度及诸多具体数额等，是考察清代兵制兵额的重要资料。

兵学新书16卷 清光绪二十四年（1898）刻本。

清徐建寅撰。徐建寅（1845～1901），字仲虎。无锡人。其父徐寿为中国近代化学先驱。初从父在江宁、上海助任制造，十三年供职天津机器局。历任山东机器局总办，德使馆参赞，福州船政局提调。戊戌政变后，被革职。后由张之洞调赴湖北，督办保安火药局。后因试制无烟火药失事身亡。著有《造船全书》《兵法新书》《欧游杂录》等。本书凡16卷，附图200多幅。卷1至卷10以军事训练为主，兼及军事给养等内容，卷11至卷12、卷14至卷16分别论述兵器、野战工事、瞭望哨所、军事铁路工程等军事技术问题，卷13为军队驻营后的食宿事项。作者对军事问题的论述，建立在科学的基础上，其定性论述比较合乎事理，其定量分析亦较为精确无误。“不载吉凶占验诸异说，可谓集近时兵学之大成，得古今教民之深意矣。”（张罗澄《兵学新书序》）本书是在吸收西方军事学最新成果的基础上，结合中国国情、军情编写的第一部新型兵书，对改革清军的作战训练方法，改造中国传统的兵学体系，都起到了重要作用。

治兵私议不分卷 国家图书馆藏清末至民国初抄本。

清张謇撰。张謇（1853～1926），字季直，号啬庵。南通人。近代实业家、立宪派领袖。入庆军统领吴长庆幕，随庆军驻仁川。代吴草《条陈朝鲜事宜疏》等纪事和策论，受到翁同龢的赏识。光绪二十年（1894）状元，授翰林院编修。甲午战起，上书弹劾李鸿章。列名强学会，主张以战求和。《马关条约》签订后弃官兴办实业和办学。著有《张季子九录》《张謇日记》《啬翁自订年谱》等。本书写于光绪二十年七月。文中提出了“治海军”的建议，主张建设一支实力强大的海军，以军舰时时“游弋东西洋”的方式御敌于领海之外，“保护中国商旅，熟习各国海道”，并控制我国的岛屿。

春秋兵法史略学2卷 清光绪间安庆正谊书局排印本。

清陈庆年撰。陈庆年（1862～1929），字善余，号困学主人、石城乡人、横山乡人。镇江人。光绪十四年（1888）优贡生，无意于举业，悉心以实学为务。光绪二十九年由端方保荐，任内阁中书。后随即辅佐张之洞，管理两湖学务。先后任江楚编译局主办、江南通志局总纂等职。著有《春秋兵法史略学》《兵法史略课程》《司马法校注》等。本书为陈庆年最著名之作。光绪二十五年，陈庆年正式进入两湖书院，授兵门史略学门。先成《春秋时局》1卷，由梁鼎芬刊印，受张之洞称赞，同年增撰为2卷，即“课程义例”和“春秋时局”部分，属总论部分，是为2卷本。同年陆续撰成召陵之战、城濮之战、邲之战、鞍之战、鄢陵之战、柏举之战、吴越之战，合原有2卷，共9卷。因属课程讲义，两湖书院随讲随刻，而

后又遇陈庆年转入端方幕府事，故流传版本较多(较常见者为2卷本、6卷本、9卷本)。1920年，徐鼐霖为之重刊。此书为中国近代第一部以“战役”为基本单元的兵史著作。其序又收入《横山乡人类稿》；卷2“课程义例”部分复为《中国兵书集成》影印收录。(注：《著述要目》有12卷本，合《兵法讲义补遗》《兵法讲义答问》。后二书具体为何，尚未知。)

兵法史略学口义1卷　清光绪间安庆正谊书局排印本。

清陈庆年撰。本书为光绪二十七年(1901)孟夏新生入堂所撰，其序云：“日本自战国至于维新，泰西自波希之激战至于俄土之难端，亦为纲纪崖略，使便讽览。凡所包举，不务恢博，区区之意，在识世界。宣和宰相，朱子所讥。履危救亡，莫急于此。靡国不到，诗美蹶父。能知外事，传推贾季。经训所言，岂欺我乎？管子论兵，屡言遍知天下矣。子罕论兵，亦言昏明所由矣。持此说以较中外，余所以有无穷之思也。”又曰：“兵法史略课程，前所创稿，已有五卷，所授《春秋时局》《列国盟战》，文颇繁富。近于专门讲义，每述一役，不能遽终，本年孟夏，新生入堂，因作《口义》示之，积久成册，叙目如右。”本书可视为兵法史略学简编教程。

第三节　法家类

祥刑要览2卷　明成化二十二年(1486)林符刻本；明正德十一年(1516)郭琮刻本；清道光十四年(1834)粤东抚署求放心斋刻本。

明吴讷撰。吴讷(1372～1457)，字敏德，号思庵。常熟人。明永乐年间，因谙知医学被举荐至京。明成祖召对称旨，命为宫廷顾问。洪熙元年(1425)，任监察御史。宣德年间，先后出按浙江、贵州。卒谥“文恪”。著有《小学集解》《文章辨体》《思庵集》等。《四库全书总目》云：“此书乃其致仕后所作。上卷经典大训十六条，次为先哲议论十五条。下卷善可为法十三人，恶为可戒十人。其经典大训中引及《论语》《大学》，而开卷《尚书》一条，皋陶下注舜臣字。盖为通俗之文，以戒不甚读书者，故浅近如是也。”编者从历代史书文集中辑录有关祥刑的言论和事迹而成是书。《尚书·吕刑》：“有邦有土，告尔祥刑。”传：“有国土诸侯，告汝以善用刑之道。”祥刑，同“详刑”，即详细地审理狱案，谨慎地用刑罚。本书从历代经史文集中辑录有关祥刑的言论和事迹，取《尚书》“告尔祥刑”即善用刑则可期无刑之意命名。书中有真德秀谕长沙僚属六事，内容是批评断狱不公、听讼不审、淹延囚系、惨酷用刑、泛滥追呼、招引告讦，朱熹论轻刑、郭弘传律、周阳曲法、李杰买棺、认皮获贼、舆妓屈盗等篇目，是关于古代法律思想和司法审理、侦破、用刑等方面的专题汇编，对研究古代司法制度、司法状况和法律思想有一定参考价值。

诸子汇函16卷　明天启六年(1626)立达堂刻本。

明归有光辑评。归有光有《易经渊旨》，已著录。本书为子书汇刻，共收93种子书，作者为之作评。《四库全书总目》载：“是编以自周至明子书，每人采录数条，多有本非子书而摘录他书数语称以子书者。且改易名目，诡怪不经：如屈原谓之《玉虚子》，宋玉谓之《鹿溪子》，江乙谓之《嚣嚣子》，鲁仲连谓之《三柱子》，淳于髡谓之《波弄子》，孔求谓之《子家子》，孟谈谓之《岁寒子》，顿弱谓之《首山子》，甘罗谓之《潼山子》，貌辨谓之《云幌子》，陆贾谓之《云阳子》，贾谊谓之《金门子》，董仲舒谓之《桂岩子》，韩婴谓之《封龙子》，东方朔谓之《吉云子》，刘向谓之《青藜子》，崔寔谓之《嵯岈子》，桓谭谓之《荆山子》，王充谓之《委宛子》，黄宪谓之《慎阳子》，仲长统谓之《黉山子》，王符谓之《回中子》，桓宽谓之《贞山子》，曹植谓之《镜机子》，束皙谓之《白云子》，嵇康谓之《灵源子》，刘勰谓之《云门子》，陆机谓之《于山子》，刘昼谓之《石匏子》，李翱谓之《协律子》，罗隐谓之《灵擘子》，石介谓之《长春子》，皆荒唐鄙诞，莫可究诘，有光亦何至于是也。”由此可见其所收子书名目的面貌，而当时学者对此书编纂方式所持的批评态度亦可见一斑。

管韩合刻44卷　明万历十年(1582)赵氏刻本；明崇祯十一年(1638)葛鼎刻本。

明赵用贤编。赵用贤(1535～1596)，字汝师，号定宇。常熟人。隆庆五年(1571)进士，万历间官至检讨，官终吏部侍郎。卒谥文毅。家多藏书，据家藏之书编有《赵定宇书目》。该目附有《稗统》全

部244册目录不见于他书。还有《稗统后编》《稗统续编目录》2目，皆为珍贵的小说书目。子琦美，亦以藏书知名。著有《三吴文献志》《松石斋集》《国朝典章》《因革录》。明万历十年赵用贤本《管韩合刻》本《管子》，是在南宋浙刻本和明刻刘绩本《管子补注》基础上形成的新版本。此本补充浙本、刘本没有的文句，修订讹误之字，将刘绩本注释的精华部分刊印于上栏，并将赵用贤本人补充的注释亦刊印于上栏，印刷精美。此本用字比较正规，影响很大，明清众多版本以此为母本，清代研究《管子》的学者亦多以此本为底本。而另一部分《韩非子》的部分，也被公认为较好的刻本。

读律佩觿8卷 清康熙十三年（1674）冷然阁刻本；1976年法律出版社《律学丛刊》本；《四库全书存目丛书》本。

清王明德撰。王明德，字金樵。高邮人。官刑部陕西司郎中。清康熙年间曾任督理通惠河道、刑部陕西清吏司郎中。本书是一部学律的入门书。觿，一种骨制的锥，用于解结，也用作佩饰。作者取名“佩觿”，意在随时携带，作为读律、解决法典中疑难问题的参考。编成于康熙十三年。取当时所行律例，分类编辑，各为笺释。每门先载《大清律本注》，次《明律旧注》，而以己意辨证之。全书8卷。卷首首列“读律八法”和“八字广义”。作者在“读律八法”中除指导阅读律文外，还着重探讨了律意的内涵及其根源。卷2至卷7，除卷4逐条解释“金科一诚赋”外，都是对法典用语作注，精细详慎，且附拟判或案例。附以《洗冤录》及《洗冤录补》。其说好为驳难，而不免穿凿。所作《洗冤录补》，杂记异闻，旁及鬼神医药之事，尤近小说家言。

弟子职集解1卷弟子职句读1卷考证1卷补音1卷 清光绪七年（1881）四川盐茶道署刻本；清光绪十四年江苏书局刻本；《丛书集成初编》本。

清庄述祖撰。庄述祖有《尚书今古文考证》，已著录。《弟子职》，古代学则，见《管子·杂篇》。旧说为古塾童子入学受业事师之法，郭沫若认为当是战国齐稷下学宫之学则。讲述弟子受业、应客、坐作、进退、洒扫、馔馈等仪节。为中国教育史上关于学生守则最古之论述。庄述祖《弟子职集解》为其注释本，是我国古代的一部内容全面、篇章完整、记述明晰、年代也最久远的校规学则。

韩非子20卷附识误3卷 清嘉庆二十三年（1818）吴鼒刻本；清光绪二十三年（1897）新化三味书局刻本；清宣统石印《子书二十八种》本。

清顾广圻撰。顾广圻有《说文辨疑》，已著录。顾广圻在《韩非子识误》序中写道，撰写该书曾借宋椠本于扬州太守张古馀先生，顾氏对照其之前所得述古堂影抄本，并以述古堂本补足宋椠本所缺第十四卷第二叶。顾氏认为述古堂本远不如宋椠本，宋椠本之误所由来正反映其未被校改，故可据此寻其旧貌，与赵刻之误来源于后人不解而多加妄改正好可比堪。既明得失，故条列校勘成果而成书，且不断增订。后顾氏再客扬州，全椒吴山尊知宋椠之善，重刊以行，将《识误》附载于书后。

管子识误1卷 清道光五年（1825）刻本。

清宋翔凤撰。宋翔凤有《尚书略说》，已著录。此书对《管子》一书的不同版本，如明刘绩的刻本、赵用贤本及影抄南宋初年本等进行对比校对，刊正纰误。书收入《过庭录》。

韩非子录要1卷 清宣统刻《怡云堂全集》本。

清沈保靖撰。沈保靖（1828～1903），字仲维。江阴人。咸丰八年（1858）举人。父翟鋆，湖北通判，武昌陷，骂贼被害。保靖出入贼中觅遗骸，三载始得死事状，得赐恤立祠。李鸿章督师上海，招参幕事，积功至道员。同治十一年（1872），授江西广饶九南道。时英使订约烟台，议于江西湖口轮舟停泊起卸货物，保靖以有碍九江关税务，力争之，总署卒废约。擢按察使，摄布政使。光绪七年，迁福建布政使。法越事起，方事急，城闭，钱米歇业，居民汹汹将为乱。保靖出谕，发库款30万以济市面，人心始定。以他事被劾夺职，旋复官，遂不复出。所著有《读孟集说》《韩非子录要》《怡云堂内外编》等。本书为《韩非子》的一部评选节录本，其文字大抵以前人节录类编本或评选本为底本，实际上更类似于作为一种普通的文学读本问世的。此书系节录《韩非子》一书中“尤切于事变者”及“寓有深意焉”之处，对于初读者《韩非子》大致领略其主要内容很有帮助。

提牢琐记 1 卷 清光绪间吴县潘氏滂喜斋刻本；上海社科院图书馆藏律例馆本。

清濮文暹撰。濮文暹（1830～1909），初名守照，字青士（一作青粈），号瘦梅子。溧水人。瑗子。从汪纯甫游，习实用之学，举凡天文、算数、地理、壬遁诸术，以及刀稍击刺，靡不通晓。咸丰九年（1859）举人。同治四年（1865）进士。历官南阳知府。淹通经史，工诗文，并善鼓琴。撰作《石话杂记》《算草》等文。提牢，是古代狱吏名称，管理监狱各项事务，虽位卑但权重。本书云："提牢，是狱吏也。位卑而责重，易孽亦易福焉。国家哀矜庶狱，不遗一人，岂容愚贱妄议损益。"提牢官管理监狱相关制度总称为提牢制度。从其所写的《提牢琐记》的《题记》中自述其著述本怀来看，内容中多有革除类似方苞《狱中记事》所述的"积弊"。

第四节　农家类

耒耜经不分卷 《百川学海》本；《夷门广牍》本；《津逮秘书》本。

唐陆龟蒙撰。陆龟蒙（？～881），字鲁望，号天随子、江湖散人、甫里先生。长洲人。唐后期著名文学家、农学家。曾任湖州、苏州刺史从事。编著有《甫里先生文集》等。陆龟蒙与皮日休交好，世称"皮陆"。本书是一本古农具专志，是研究古代耕犁最基本的文献，记述了我国唐代江南地区农具曲辕犁的构造和功用。另外对耙、碌碡、砺砗几种农具也有相应介绍。

扬州芍药谱 1 卷 明弘治十四年（1501）华理刻本；明嘉靖十五年（1536）郑氏宗文堂刻本；《四库全书》本。

宋王观撰。王观（1035～1100），字通叟。如皋人。王安石为开封府试官时，科举及第。后历任大理寺丞、江都知县等，相传曾奉诏作《清平乐》一首，描写宫廷生活。高太后对王安石等变法不满，认为王观属于王安石门生，就以《清平乐》亵渎了宋神宗为名，将王观罢职。王观于是自号"逐客"。王观以"扬之芍药甲天下"，因著此书，为后人研究芍药提供了丰富的资料。其谱首先论述了芍药生长与"天地之功"和"人力之至"的关系，次之介绍旧谱中本有的芍药品种和自己自熙宁八年（1075）冬令江都以来新发现的芍药品种。所记芍药品种包括该类型的外形、颜色、大小、高度及命名原因等。

农书 3 卷 《四库全书》本；1965 年农业出版社万国鼎校注本。

宋陈旉撰。陈旉（1076～?），号如是庵全真子，一作西山隐居全真子。籍贯不详，绍兴间居住于扬州西山。陈旉认为农业是生民之本，自己也亲身参加生产劳动，将其从书本中获得的知识结合长期积累的生产经验，编成本书。书成于绍兴十九年（1149），其时作者 79 岁，将书送给真州（今仪征）知州洪兴祖过目。洪氏以其所作《仪真劝农文》附后，俾属邑刊行。上卷论述财力、地势、耕耨、天时等耕作之事，中卷专论养牛，下卷专论蚕桑。陈旉认为本书与其他农书的不同之处，是来自于亲身实践，而不单单依靠书本，"非苟知之，盖尝允蹈之。确乎能其事，乃敢著其说以示人"。书中系统论述了土地利用的问题，详细探讨了改良土壤、肥料使用、水稻生产技术等问题，对此后农业生产的发展具有积极影响。

范村梅谱 1 卷 明刻本；《四库全书》本；《墨海金壶》本。

南宋范成大撰。范成大有《吴郡志》，已著录。范成大一生喜欢梅。赏梅、咏梅、记梅、啖梅。范成大赋闲在苏州石湖，辟范村，在其地大量栽种梅花，并潜心写下了一部关于梅的专著《范村梅谱》。本书也称《石湖梅谱》，或称《梅谱》，是我国和世界上的第一部梅花科学专著。《范村梅谱》记录了许多梅花品种的名称，如江梅、早梅、官城梅、消梅、古梅、重叶梅、绿萼梅、百叶缃梅、红梅、鸳鸯梅、杏梅，以及蜡梅等，并记录了各自的特性。有时还说明了范村与梅花的关系，有助于人们了解、欣赏苏州梅花的情致。

农说 1 卷 1936 年商务印书馆出版。

明马一龙撰。马一龙，字负图，号孟河。溧阳人。历经正德、嘉靖二朝。嘉靖二十六年（1547）进士，为南京国子司业。明朝文学家。著有《农经》《字帖》《游艺集》等。本书是我国第一部系统阐述耕作理论的著作，强调以农为本，要求司农之官教

民务农。又以哲学论农业，为古代农业文献中极罕见者。作者对前代的农学理论作了进一步的阐述，使之具有系统性和完整性。所论证至今诸多启迪，惟论证未脱旧理学家之窠臼，文字深奥，篇幅简短，较为难懂。

芋经1卷 《夷门广牍》本；《明世学山》本；《百陵学山》本。

明黄省曾撰。黄省曾有《西洋朝贡典录》，已著录。本书为关于种芋的专著，包括《名》《食忌》《艺法》《事》四章，大部分为汇录古书中有关芋的记载。《名》一章记载了芋名种类；《食忌》一章是有关于食芋时的注意事项；《艺法》一章记述了种芋的方法；《事》一章则引述了食芋救饥的历史故事。

稻品1卷 《广百川学海》本；《丛书集成初编》本。

明黄省曾撰。黄省曾有《西洋朝贡典录》，已著录。本书为记稻类品种的专书，记载了江苏、浙江、安徽三省的品种，粳类21种，糯13种。并详细记载了这些水稻种类的性质、播种期、收获期等。

种鱼经1卷 《夷门广牍》本；《明世学山》本；《百陵学山》本；《农圃四书》本。

明黄省曾撰。黄省曾有《西洋朝贡典录》，已著录。本书又名《养鱼经》《鱼经》，是现存最早的淡水养鱼专著。其内容分三部分：一是鱼秧，介绍鱼苗的培养；二是饲养，介绍养鱼技术；三是鱼种，介绍各类鱼的品种和习性。此书属现存最早最完整之养鱼书，弥足珍贵。

花佣月令1卷 《传砚斋丛书》本；2016年浙江人民美术出版社《艺文丛刊》标点本。

明徐石麒撰。徐石麒（约1644年前后在世），一作石麟，字又陵，又字长公，号坦庵，又自称花佣。原籍湖北，迁扬州。幼承父学，精研名理。明亡后隐居不应试，与宗观、吴绮为诗文交。著述甚丰，可惜大部分毁于大火，传世有《坦庵乐府》《坦庵词曲六种》《古今青白眼》《蜗亭杂订》等10余种。本书以十二月为经，以移植、分栽、下种、过接、扦压、滋培、修整、收藏、防忌九项为纬，记述约250种果蔬花木栽培方法，涉及许多园艺知识和花木技术。反映了明末清初士人的养植花卉时尚，是我国宝贵的园艺文献资料。此书写成后未付刻。嘉庆年间，同县人焦循手录一遍，并为之写序，才有流传。

茶史2卷补1卷 清康熙十四年至十七年刘谦吉刻本；《四库全书存目丛书》本。

清刘源长、余怀撰。刘源长，字介祉。山阳人。庠生。父宗远任广西怀集所吏目，阻兵乱不得归，源长万里涉险前往，又事祖母孝。以子谦吉贵，封思南府知府。余怀有《板桥杂记》，已著录。茶学典籍以唐代陆羽《茶经》最著，明清间刘源长采集《茶经》在内的各家著作及诗赋论记所载，编成2卷，卷首著录参考文献19种，陆羽事迹11则，又附卢仝事。卷1记载茶的起源、种类及采茶、焙茶、藏茶、制茶等，卷2记载与茶有关的泉水、茶具、茶事、茶咏等，作者广为收录与茶有关的历代记载，内容颇为丰富，如茶叶的种类，分为名产、分产、近品3类，分别记载数十种名产，又引众多名人事迹及诗文为证。《补》1卷余怀撰，选录其所撰《茶苑》中的部分内容，对《茶史》加以增补。

浦泖农咨不分卷 清光绪三十一年（1905）刻本；1963年上海图书馆影印本；《续修四库全书》本。

清姜皋撰。姜皋，字少眉，号香瓦楼主。吴县人。据光绪《华亭县志》和《松江府续志》著录："姜皋者字小枚，舒县教谕兆研子也。恩贡生。"姜皋"诗文沉着绝丽，喜著书，颇有文名，平日尤其留意农田水利"。他曾参与高崇瑞、崇瑚兄弟及殷绍伊等所结诗社，有"柳东七子"之称。本书是一部记述上海地区农业经济和生产技术状况的农书。浦是指黄浦，柳是指柳湖，属于原淞江地区，即作者家乡一带，因此这是一部地区性农书。姜皋把对这一地区的农业状况的调查总结，编写成书，以供农业生产研究之用，名曰《农咨》。本书篇幅不大，内容"切近时事，复以简要出之"。全书共分40条，每条以"曰"字起头，包括了水利、天时、播种、秧田、耘耥、刈获、肥田、耕牛、农具以及赋税、佃租、土地制度、农民生活状况等。

筑围说1卷 《娄东杂著》本；1990年江苏广陵古籍刻印社影印本。

清陈瑚撰。陈瑚（1613～1675），字言夏，号确

庵、无闷道人、七十二潭渔父。太仓人。尝居江苏太仓小北门外。与陆世仪、江士韶、盛敬齐名，被人合称为“太仓四先生”。崇祯十六年(1643)举人。卒后门人私谥其为“安道先生”。作者在昆山蔚村讲学时，因为当地沼泽很多，就领导乡人筑围防水。《筑围说》一书就是在那时写的。全书简明阐说以往治水、治田、治岸的经验。针对在治水中只见目前，不规划久远，往往惜小费而误大计的时弊，倡行筑堤修围，因势利导。是一部地方性颇强的陈述治水与治田主张以及指导筑岸实际技术的著作。

农具记 1 卷　《檀几丛书》本；《续修四库全书》本。

清陈玉璂撰。陈玉璂有《康熙常州府志》，已著录。本书是一部农具专著。它将农器定在与大田生产直接相关的一些器具上，将犁单独作为一类，而与牛有关的农具又划为了一类，整地和中耕的农器合在一类，又按用途将农具分为藏种之器、布种之器、收获之器、作场之器、戽水之器和治谷之器。本书对于研究中国传统农具有着重要参考价值。

丰豫庄本书不分卷　清光绪三年(1877)潘祖荫刻本；清抄《区种五种》本。

清潘曾沂撰。潘曾沂(1792～1852)，初名遵沂，改名曾沂，字念祖、功甫，号春泉、小浮、小浮山人、船庵、蔓庵、护生庵、瑟庵。室名丰豫庄、东津馆、东洋馆、凤池园、三十六梦龛。吴县人。工部尚书、武英殿大学士潘世恩长子。道光元年(1821)援例得内阁中书。五年，患肺病辞官归里，遂不复出。佐其父经营丰豫义庄，丰年买进粮食，荒年施舍赈济贫苦农民。10余年间，赈济大米四五万石。又创放生会。后以赈灾叙功得光禄寺卿衔。本书是一部重要的农书，重点总结了清代晚期苏吴地区农业生产及经营管理等方面的经验。道光八年，潘曾沂在庄地丰豫庄试行区种法，写成《课农区种法直讲》32条，具体介绍区制、选种、拌种、播种、耕耘、用粪等方法。区种，指在田里按一定距离开沟挖穴，将种子播入其间的一种农作法。便于小范围内深耕细作，集中施肥灌水。潘曾沂又总结了稻作技术，积极提倡水稻直播法。本书不仅是一部研究农业生产技术的著作，书中还有治家及个人道德修养等方面的内容，所以张之洞撰本书序，特别指出，“循其说而行之，可以厚生善俗，家为富民，人为良士”，并谓“驯政太平，不外乎此”。

第五节　医家类

吴普本草 6 卷　《问经堂丛书》本；《中国医学大成》本；《丛书集成初编》本。

魏吴普撰。吴普(149？～250)，广陵人。三国时著名养生家。华佗弟子。长期跟随华佗学医、行医，并将所习五禽戏传授后人，使之广为流传。《华佗别传》中载：“吴普从佗学，微得其方。魏明亮呼之，使为五禽戏，普以年老，手足不能相及，粗以其法语诸医。普今年将九十，耳不聋，目不冥，牙齿完坚，饮食无损。”原书已佚，见于《隋书·经籍志》《旧唐书·经籍志》《新唐书·艺文志》著录。今本皆是后人辑本，系从《证类本草》《太平御览》等书中辑出。辑本中有代表性的如清代孙星衍辑本，根据宋、明本草中所引用《吴普本草》的内容辑录，收集在《神农本草经》中，共收载药物189种。对绝大多数药物性味，记述颇为详尽。如“人参”，神农谓甘、小寒，岐伯黄帝谓甘、无毒，扁鹊谓有毒等等。他将对药性认识的不同经验汇集于一处的作法，为指导临床用药提供了互相参照的、丰富的药物知识。后世本草如《本草经集注》《嘉祐补注本草》《证类本草》《本草纲目》《齐民要术》及《太平御览》等均有引用，可见该书对后世本草著述的影响。

肘后备急方 8 卷　明嘉靖三十年(1551)北城吕氏襄阳刻本；明万历二年(1574)李栻刻本；《四库全书》本。

东晋葛洪撰。葛洪(283～363)，字稚川，自号抱朴子。句容人。三国方士葛玄之侄孙，世称小仙翁。东晋时期著名的道教领袖、炼丹家、医药学家。他曾受封为关内侯，隐居罗浮山炼丹。著有《神仙传》《抱朴子》《肘后备急方》《西京杂记》等。本书是一部中医治疗学专著，又名《葛仙翁肘后备急方》或《肘后救卒方》，作者将其原著《玉函方》中可供急救医疗、实用有效的单验方及灸法摘录下来汇编而成，凡70篇。经梁代陶弘景，金代杨用道补录，即现存《肘后备急方》。主要记述各种急性病症或某些慢性病急性发作的治疗方药、针灸、外治等法，并

略记个别病的病因、症状等。书中对天花、恙虫病、脚气病以及恙螨等的描述都属于首创，尤其是倡用狂犬脑组织治疗狂犬病，被认为是中国免疫思想的萌芽。这部书也是中国第一部临床急救手册。我国当代科学家屠呦呦曾经受到《肘后备急方·治寒热诸疟方》关于青蒿汁记载的启发，经过多次试验成功提取了一种分子式为 $C_{15}H_{22}O_5$ 的无色结晶体，命名为青蒿素，进而开发出创制新型抗疟药青蒿素和双氢青蒿素，并且因为此种贡献获得了 2015 年诺贝尔生理学或医学奖，成为首获科学类诺贝尔奖的中国本土科学家。

类证普济本事方 10 卷　清乾隆四十二年(1777)云间王陈梁校刻本；《四库全书》本；1959 年上海科技出版社铅印本。

北宋许叔微撰。许叔微(1079～1154)，字知可。真州人。绍兴二年(1132)进士，历任徽州、杭州府学教授及翰林学士。宋代医学家、经方派创始人之一。因不满高宗苟安江南及秦桧陷害忠良，退隐乡里，行医济人，终享"名医进士"之誉。主要著有《伤寒百证歌》《伤寒发微论》《伤寒九十论》《类证普济本事方》《仲景脉法三十六图》等。本书又名《普济本事方》《本事方》，按病症分为 25 门，包括中风、肝、胆、筋骨诸风，心、小肠、脾、胃病，肺、肾病等脏器常见病，及其他内科杂病，外科、妇科、儿科、五官科、伤寒时疫，旁及针灸，靡不悉备，每门分列数证，证下系方若干，共收录 330 余方，每方均简述主证、病因、病机、用药、炮制及服法，或载医论、病案、灸治、烟治法等内容。文字简明，辑方切于临床，为许氏多年"刻意方书"所积累的验方汇编，书中用医案医话形式写就论证 73 则，见解精辟。全书有方有证，有理有法；方以病汇，因方辨证，是我国历史上第一部比较完备的方剂专书，在当时的医药界起到了振衰继微的作用，对后世影响深远。

读素问钞 4 卷　明嘉靖十二年(1533)明德书堂刻本；明万历三十年(1602)沈府刻本；2010 年中医古籍出版社出版。

元滑寿注，明汪机续注。滑寿(1304？～1386)，字伯仁，晚号樱宁生。祖籍河南襄城，后迁仪征，又迁浙江余姚。元代大医学家。他不仅精通《素问》《难经》，而且融通张仲景、刘守真、李东垣三家学说，所以给人治病有"奇验"，他还著有《读伤寒论抄》等医书多种。汪机(1463～1539)，字省之，别号石山。安徽祁门人。撰《石山医案》《本草会编》等。汪机精内、外、针灸、痘疹诸科，治病强调以调补气血为主，更偏重理气。《针灸问对》一书，以问答形式撰述针灸基础知识和具体操作方法，颇有见地。本书选录《素问》中的重要内容：藏象、经度、脉候、病能、摄生、论治、色诊、针刺、阴阳、标本、运气和汇萃共 12 类，并作简要注释，续注部分又作补充。该书分类重编选注，融会诸家，辨论精核，是《黄帝内经素问》的重要注本之一。

诊家枢要 1 卷　明弘治十七年(1504)古绛韩重刻本；《明医指掌》本；《周氏医学丛书》本。

元滑寿著。滑寿有《读素问钞》，已著录。作者具有丰富的临床经验，专精脉学，以"无问贫富皆往治，报不报弗较也"的崇高医德，受到时人的赞誉。本书即会通元代以前的脉学，结合自己的心得而成。清周学海为本书加以评注，于卷后附录诸脉条辨及持脉总论。本书专论脉诊，除介绍脉法及其原理以外，凡脉的名称和形象，如浮、沉、迟、数、虚、实、洪、微、弦、缓、涩、长、短、大、小、石、紧、弱、动、伏、促、结、芤、革、濡、牢、疾、细、代、散 30 种脉，每条首叙该脉体象及主病，然后依临床常见兼脉简述其病候。书中《诊家宗法》一篇，专述了 16 种脉象阴阳反目对峙的区分。此书在讨论脉理、平脉、病脉、小儿指纹诊要诸问题的论述中均有独到之处，尤其是诊脉之道论述之详、涉及之广及诸脉阴阳相反对照的写作方法是本书的特色之一。

医经溯洄集 1 卷　明初刻本；《四库全书》本；日本贞享五年(1688)养志堂刻本。

明王履撰。王履(1332～?)，字安道，号奋翁，又号畸叟。昆山人。学医于义乌朱震亨，尽得其学。工诗文，善绘画。著有《百病钩玄》《伤寒立法考》等。本书取名《医经溯洄集》，即对医学探本溯源之义。取张机《伤寒论》三百九十七法，删其重复，补其阙漏，重订为三百九十七法，并极论内伤外伤、中风中暑之辨，撰为此书，共 21 篇。作者据《内经》"亢则害，承乃制"的观点，阐发人体内外环境的统一性，论述人体以五脏为中心的五大功能系统的相互制约协调和统一，以及在人体生理、病理中所

起的作用。并以这一原则广泛地讨论病理与治疗法则，对温病与伤寒的研究颇有心得。作者从理论上分析了温病的病理机制、传变过程及治法，从而把温病与伤寒区分开来，对温病学的发展有一定影响，于医道多有发明，但是语辞多夸伐。《四库全书总目》对其加以肯定，对汪必昌批评本书自以为是、失当无足观的说法进行了驳斥。

青囊杂纂　明弘治年间崇德堂刻本；清抄本。

明邵以正撰。邵以正（？～1462），号承康子，别号止止道人。苏州人。明初高道刘渊然弟子。曾奉敕命督校《正统道藏》，天顺三年（1459）成，令其列二品班末。作者曾辑录其师、师祖平日所收集之胎产、小儿、追痨、济急、济阴、理伤、续断等著作及方剂，所集方书、外科、伤科、儿科、内科及胎产等医籍8种，即《仙传济阴方》《徐氏胎产方》《仙传外科集验方》《（新刊）小儿痘疹证治》《秘传外科方》《济急仙方》《上清紫庭追痨仙方》《仙授理伤续断秘方》，并附有《秘传经验方》一部，汇集成帙，编定了这部较有影响的道教医方丛书《青囊杂纂》。本书对所收大量临证方剂的功用、主治、配伍、用法一一予以介绍，对道教医学经方的收集、整理与传播做出了特殊贡献，在临床治疗上有重要参考价值。

壶隐子日用方3卷　1991年上海中医学院出版社《中国医籍通考》本；2007年中医古籍出版社《中医药学术语集成》本。

明刘浴德撰。刘浴德，字肖斋、子新，号壶隐子。淮阴人。大约生活于嘉靖至万历年间，世代业医。自幼敏悟，勤奋好学，博涉群书，搜罗诸医百技之书，闭户读之，终夜不辍，深研脉理三十余载，终成名医，并记下大量心得。主要著有《壶隐子医谭一得》《脉赋训解》《脉诀正伪》《壶隐子应手录》等。本书成书于明万历三十一年（1603），现存中、下两卷，缺上卷。每卷按病证分门列方，多为历代名方，汇集《千金方》《太平惠民和剂局方》《太平圣惠方》及医家钱乙、河间、丹溪等著作中的著名方剂及刘氏家传和临床验方共130余首。每方有功效、主治、组成等内容，以七言绝句将方剂的组成、主治及服法括之以歌，便于诵读记忆。

壶隐子医谭一得2卷　明万历三十一年（1603）抄本。

明刘浴德撰。本书系《壶隐子医书四种》之一。本书是刘氏对临证常见病的病名、病因、病理（部分病含治法）的阐释之作，共收载87个病种。全书分正、续二集，共91题，内容主要为内伤、外感、六淫为病以及具体内科杂病，兼及一些五官科病和外科疾病。其学术思想多宗丹溪、河间等，许多症候中列举这些医家们的论点，并综合各家之长，各有侧重地加以归纳。全书文字简洁，内容丰富，是一本流传不广的临床参考书。

壶隐子应手录1卷　明万历三十一年（1603）抄本。

明刘浴德撰。本书系《壶隐子医书四种》之一。刘氏搜集90余部医籍中关于脉学的理论及临床上常用的诊脉方法、脉象主病等加以整理、归纳而成。内容包括：脉诊正讹、先天之气、阴阳一气、脉由升降、脉具五常、脉随呼吸、脉资饮食、调平气息、取脏腑法等近60条，从人的生理、脉的来源、奇脉、怪脉、禁忌等诸多方面分门别类，尤其对临床上最常见和最不常见的脉象加以描绘，且集内外妇儿之全，使人阅后颇感心中了了。在"脉状主病"条下，刘氏以大量篇幅将浮沉迟数、滑涩紧缓等26种脉象进行论述，平病结合，使其内容更加翔实可靠。作为脉学启蒙，本书通俗易懂，便于掌握；作为脉理研究，本书义理深奥，颇得彰明。

保婴撮要20卷　明崇祯元年（1628）朱明刻《薛氏医书十六种》本；《四库全书》本；1922年上海大成书局《薛氏医案》石印本。

明薛铠撰，薛己订。薛铠，字良武。吴县人。弘治间御医。出身医药世家，有家学渊源。精于医书，熟谙医理。尤精儿科。薛己，铠子。本书是一部儿科著作。前10卷论述婴儿初生护养婴儿、儿科疾病诊法、小儿变蒸、五脏生病，以及幼儿内科杂病的证治；这10卷除临床医案部分为薛己补入外，均系薛铠原作。后10卷论述有关幼外科、皮科及痘疹等病证治及其医案，均为薛己所撰。此外，本书收有130余种药物的炮制方法和临床应用。

薛氏医案二十四种　明万历刻本；清嘉庆十四年（1809）书业堂刻本；1926年大成书局石印本。

明薛己撰。薛己(1487～1559),字新甫,号立斋。吴县人。铠子。薛氏得家传,原为疡医,后以内科擅名。正德时,选为御医,擢南京院判,嘉靖间进院使。著有《外科枢要》《内科摘要》《女科撮要》《疠疡机要》《正体类要》《口齿类要》等。本书是医学从书,是薛己及其父亲薛铠所撰集校注的医书24种合刊而成,因此又名《薛氏医案二十四种》。其中薛铠所撰者有《保婴撮要》;所校者有徐彦纯《本草发挥》、滑寿《十四经发挥》。薛己所撰有《内科摘要》《外科发挥》《外科心法》《外科枢要》《外科经验方》《正体类要》《口齿类要》《疠疡机要》《妇科撮要》;所校者有滑寿《难经本义》、倪维德《元机启微》、陶华《痈疽神秘验方》、朱震亨《平治荟萃》、马宗素《伤寒钤法》、杜清碧《敖氏伤寒金镜录》;所注者有王纶《明医杂著》、陈自明《外科精要》及《妇人大全良方》、陈文中《小儿痘疹方论》、钱乙《小儿药证直诀》《保婴金镜录》。

正体类要2卷 《薛氏医案》本;《中国医学大成》本;2007年中国中医药出版社出版《中医经典文库》本。

薛己撰。本书是骨伤科专著,共2卷,上卷载有正体主治大法,包括扑伤治验、坠跌台疮治验、汤火伤治验等共64种病证的医案,并在每种病证论述之后均附有临症医案。下卷收载内、外治疗方药70首。本书以论述一般性软组织损伤的症治经验为主,故不论在症侯的诊断或疗法上,都与其他伤科专书有显著不同。本书不侧重外治手法的治疗,而是以内治法为主要治疗手段,因此采用大方脉形式,强调辨症论治、理法方药在伤科中的正确应用,其总的治则是以补气血为主,行气活血为辅,对雷世伤科内治法的发展有一定的影响。清乾隆时期《医宗金鉴·正骨心法要旨》中的某些治则,在一定程度上受本书治疗思想的影响。

口齿类要1卷 明崇祯元年(1628)朱明刻《薛氏医书十六种》本;《四库全书》本。

明薛己撰。本书是中国现存最早口齿科专著。也是现存清代以前唯一的以口齿病症为主兼及五官疾病的医著。此书撰于嘉靖八年(1529)。本书在治疗方面多介绍内服药物辨证施治。全书共分12门,以辨证论治原则记述口、齿、唇、舌、喉等科,包括茧唇、口疮、齿痛、口舌肿痛、喉痹、喉痛、骨鲠、误吞水蛭、诸虫入耳、蛇入七窍、虫咬伤、男女体气即腋臭等病证的病因、证候和治疗。多数病证附有验案。卷末列处方70首。所有方药亦为内服药物。

女科撮要5卷 明崇祯元年(1628)朱明刻《薛氏医书十六种》本;《四库全书》本;2014年湖南科学技术出版社《中医古籍珍本集成》本。

明薛己撰。本书系《家居医录》《薛氏医案》之一。上卷为经候不调、经漏不止、经闭不行、带下诸疾,以及乳痈、阴疮等15类疾病证治和方药;下卷论保胎、小产等15类胎产病证的方法,每类疾病均附薛氏治验及方药。全书论述条理清晰,施治恰当。如在论述月经病时,首述其病因病机,认为外感六淫、内伤七情、饮食失节、起居失宜致脾胃虚损,引起冲任失固,月经不调;又如述带下时认为,或因六淫七情,或因醉饱房劳,或因膏粱厚味,或服燥剂所致,脾胃亏损,阳气下陷,或痰湿下注,蕴积而成,"凡此皆当壮脾胃,升阳为主,佐以各经见证之药",体现薛氏治妇科病证以脾胃为主的学术思想。多系明以前妇产科著作之精粹论述和规范方药,其中亦不乏薛氏的独到见解。

疠疡机要3卷 明崇祯元年(1628)朱明刻《薛氏医书十六种》本;《四库全书》本。

明薛己撰。本书对麻风病的本症、变症、兼症与类症的辨证治疗等予以全面阐论和辨析。尤其可贵的是本书收载麻风病治疗验案较多论述病候,条目比较清晰。本书分为序、上卷、中卷与下卷。上卷内容分为本症治法、兼症治法、变症治法、疠疡类症、本症治验和类症治验;中卷内容为续治诸症;下卷内容为各症方药。

外科枢要4卷 《薛氏医案》本;1983年人民卫生出版社《薛氏医案选》本。

明薛己撰。本书为外科著作,刊于1571年,收入《薛氏医案》中。本书凡60条,先论后方,并附有治验,是薛氏治疗疮疡的经验总结。卷1载疮疡诊候辨证共21论;卷2、卷3以病证为纲,分论全身各部疮疡共30余病的证治,并附验案;卷4总列疮疡各证治疗方剂。本书认为疡科临床必须在明虚实、

本末，调阴阳、和气血的基础上，正确运用疏通、托里和荣卫三大法则。反对滥用化腐生肌药，强调整体治疗，甚至在针刺排脓时亦应先药而后针。总之，本书在较大程度上突出内治方法在疡科临床的重要意义。内容简要，条理清晰，是一部有实用价值的临床参考书。

保婴金镜录1卷 明崇祯元年(1628)朱明刻《薛氏医书十六种》本；《四库全书》本。

明薛己撰。本书首载儿科面部色诊并治验30余则，次述小儿指纹诊法并治验10余则，末附儿科常用方剂60余首。本书对于小儿望诊论述较详。

先醒斋广笔记4卷 明天启二年(1622)刻本；《四库全书》本。

明缪希雍撰。缪希雍(1546?～1627)，字仲淳，号慕台。海虞人，后迁居金坛。明代著名医家。主要著有《先醒斋医学广笔记》《炮炙大法》《本草经疏》《本草单方》等。本书是综合性医书，简称《医学广笔记》，初名《先醒斋笔记》，乃丁元荐取缪氏所搜集临症所用诸方刊行于世，后经缪氏本人增订改用今名。前3卷分述内、妇、儿、外各科的某些疾病证治并附有灸法，同时总结一些病症的治疗规律。卷4列述常用药及其炮炙大法等。本书语言简练、蕴义深刻，反映了作者的医疗经验和学术思想。《四库全书总目》称："天启中，王绍徽作《点将录》，以东林诸人分配《水浒传》一百八人姓名，称希雍为神医安道全，以精于医理故也。是编初名《先醒斋笔记》，乃长兴丁元荐取希雍所用之方裒为一编，希雍又增益群方，兼采《本草》常用之药，增至四百余品，又增入伤寒、温病、时疫治法，故曰'广笔记'。"

神农本草经疏30卷 明天启五年(1625)毛晋绿君亭刻本；《四库全书》本；2013年山西科学技术出版社出版。

明缪希雍撰。本书简称《本草经疏》，是一部以注疏形式进行药物理论研究的重要著作，是明代继《本草纲目》之后的又一药物巨著。其中不少内容根据前人之言推阐而加以纠正。《四库全书总目》指出缪氏在《梓行体草经疏题辞》中说的"药性之道，具在本草，虽代有哲匠演其奥义，然去古弥远，寖失其旨"，因此，以《本经》为主，参以《别录》以后诸家本草以作注疏。计30卷，其中有论文30余首，"备列七方十剂及古人用药之要"。后之尊经崇古者有"《经疏》出而《本草》亡"的评议。

外科正宗4卷 明万历四十五年(1617)刻本；清乾隆三十三年(1768)博雅堂刻本；中医古籍出版社《中医古籍名著丛书》点校本。

明陈实功撰。陈实功(1555～1636)，字毓仁，号若虚。南通人。明代著明外科医学家。其主要成就，在于重视外治法，强调"开户逐贼"，常用腐蚀药或针清除坏死组织，强调扩创引流，"使毒外出为第一"，突破长久以来外科多偏依内治的主张。陈氏积前人之经验与自己的体会，著成《外科正宗》。本书共4卷。卷1总论外科病痛的根源、诊断与治疗；卷2至卷4分论外科各种常见疾病100多种，首论病因病理，次叙临床症状与特点以及各种病症的治疗方法，手术的适应证、禁忌等，以及各种药剂的组成，其中对皮肤病、肿瘤等亦有论及。书中绘有插图30余帧，描述各种重要疮肿的部位和形状，最后又介绍了炼取诸药法。全书载药方156首，补遗157首，方中药物大多数注有炮制方法。在中医外科医书中，本书向以"列症最详，论治最精"见称，倍受推崇。

瘟疫论2卷 《四库全书》本；1977年人民卫生出版社浙江省中医研究所评注本。

清吴有性撰。吴有性(1582～1652)，字又可。吴县人。明末清初传染病学家。本书是我国现存最早的传染病学专著。本书卷1载论文50篇，阐发瘟疫之病因、病机、证候、治疗及与伤寒的区别；卷2载论文33篇，叙述瘟疫的各种兼挟证治。所创制的达原饮、三消饮、举斑汤等广为后世医家沿用。书中提出"疠气"说，认为"伤寒与中暑，感天地之常气，疫者感天地之疠气"，"然此气无象可见，况无声复无臭"，"众人有触之者，各随其气而为诸病焉"，在没有微生物学说的时代，这种较为科学的设想，比西方医学家提出外科感染是微生物所致的发现要早200多年，为瘟病学说进一步发展奠定基础。

寿世秘典18卷 清顺治十八年(1661)至康熙六十年(1721)颐吉堂刻本；浙江图书馆藏18卷稿

本;《四库全书存目丛书》本。

清丁其誉纂集。丁其誉,字蜚公。生于明朝崇祯末年,卒于清朝康熙年间,享年63岁。如皋人。顺治十二年进士。官行人司行人。本书共9卷,《月览》1卷、《调摄》1卷、《类物》2卷、《集方》5卷。卷1《月览》,包括"岁时通典""物华纪丽""农家占候"三部分,按月令的顺序,逐月说明了各种生活习惯活动应与天时相合。卷2《调摄》,从衣、食、住、行等方面,论述养生的原则与方法。卷3、卷4《类物》,包括水、谷、茶、果、鳞、介、禽、兽等部。叙述日常饮食物的医疗作用。卷5至卷9《集方》,阐述生病的原因、病机和治疗处方及用药。本书能为临床研究提供很多的实用资料。

养生镜1卷　1922年上海明德书局铅印本。

清石成金撰。石成金,字天基,号惺庵愚人。扬州人。其祖父和父亲皆务农,好读书,虽未为官,在当地却是望族。石成金自幼读书,及长勤于著述,提倡孝道,讲究信用,好行善事,喜欢游历。其著述极为丰富,主要有《养生镜》《长生秘诀》《石成金医书六种》《笑得好》《雨花香》。本书成于康熙三十六年(1697)。分心思、房事、饮食、起居、医药、杂录等7章,主述养生之道。

长生秘诀1卷　清康熙年间刻本;1991年岳麓书社铅印本。

清石成金撰。本书分心思部、色欲部、饮食部、起居部、卫生必读歌及清福要旨六部。首列《心思部》,内容包括常存良善思、和悦想、安乐想、康健想,主论精神修养;次列《色欲部》,强调欲不可禁戒,但不可不加节制,尤详论寒暑、雷雨、恼怒、醉饱、衰志、疾病之时当戒房事;又列《饮食部》,主论饮食、饮茶、饮酒之宜忌,详论饮食宜早、宜少、宜缓、直淡、宜暖、宜软等"六宜";再列《起居部》,详论四时、每日、每夜、行旅、起居、行立坐卧、衣着、居处等调摄法;后列《卫生必读歌》,以歌诀总结上述诸内容;末载《清福要旨》,论述良辰美景、赏心乐事之"养生四美"。收录历代摄生名言,结合个人养生经验而成,主张"善养生者,当以清行为主,而以调养为佐。二者并行不悖,体自健而寿命自可延长"。所载养生之道多为笔者亲身体验。

伤寒缵论2卷绪论2卷　《张氏医书七种》本;《中医古籍珍本集成(续)》本。

清张璐撰。张璐(1617～1698),字路玉,号石顽老人。长洲人。自29岁潜心医学以来,取历代名医方论,考据于古,检验于今,汇编成《张氏医通》16卷,又有《伤寒缵论》2卷、《伤寒绪论》2卷等。本书取张机《伤寒论》重分其例,采喻昌《尚论篇》及各家之注为之发明,而参以己见。又以原书残佚既多,证治不备,博搜前人之论以补之。

诊宗三昧1卷　《张氏医书七种》本;2000年天津科学技术出版社出版。

清张璐口述,张登编。本书又名《石顽老人诊宗三昧》,专明脉理。首宗旨,次医学,次色脉,次脉位,次脉象,次经络,次师传,次口问,次逆顺,次异脉,次妇人,次婴儿。书中阐释了脉位、脉象、经络,详述浮、沉、迟、速、虚、实等32种脉象、主病,以及相似脉的鉴别。分析脉学理论比较全面深入,在医学界确实具有较大的影响。但书中也有部分芜杂的内容,如论述清脉、浊脉时,未完全脱出太素脉之臆说。

本经逢原4卷　《张氏医书七种》本;1957年四川人民出版社出版;2010年中国中医药出版社出版。

清张璐撰。作者写作本书意在"疏《本经》之大义,并系诸家治法,庶使学人左右逢源",故名《本经逢源》。全书共4卷,收载常用中药784种,其中260种有炮制内容。涉及煅淬、水飞、煮、烧、炒、蒸、炙、制、焙、煨、制霜、熬、煅、发酵以及拌、洗、浸、去皮、去毛、泡、去梢、去芦、去壳、去净膛膜、去皮子、去梗、去根节、去心、去足尾、去翅、去头足、去头尾、镑碎、捣汁、去皮尖、去目、汤泡、去皮弦子、去核毛、炼、去黑口及丝、去翅足等炮制方法。所用的炮制辅料有醋、硫黄、香油、萝卜汁、黄连汁、甘草等50余种。本书以《神农本草经》为主,而加以发明,兼及诸家治法,部分次第悉依《本草纲目》,而疏通大义,较为明显。

伤寒舌鉴1卷　《张氏医书七种》本;清康熙六年(1667)金阊书业堂刻本;《四库全书》本。

清张登撰。张登,字诞先。长洲人。名医张璐

子。编有《伤寒舌鉴》。本书是舌诊著作，自序称作者取《观舌心法》这一继《伤寒金镜录》之后的舌诊专著，正其错误，削其繁芜。阐述白、黄、黑、灰、红、紫、霉酱、蓝，及妊娠伤寒舌九大类舌象，共载图120种。虽为伤寒病舌象专设，但论温病和杂病的舌象亦不少，其以字图结合的方法来描述每种舌象的特征，并论述了每种舌象经常相兼出现的脉证及其诊断意义和治疗方剂。张氏对舌质、舌苔、舌体、舌态等观察均具体入微、其不仅论述了临床常见的舌象，还论及了数种罕见而具有特殊诊断意义的舌象。

伤寒兼证析义1卷　清康熙五年(1666)隽永堂刻本；《四库全书》本；《张氏医书七种》本。

清张倬撰。张倬，字飞畴。吴县人。名医张璐的次子。继父业，亦以医名。撰有《伤寒兼证析义》，另与其兄张登参订《伤寒缵论》《伤寒绪论》。本书对伤寒兼证的诊治有所发挥，提出“圆机在我，活法随人”。所称伤寒兼证，并非单指六经病兼证而言，包括伤寒兼杂病的多种情况。作者分析了中风、虚劳、中满肿胀、噎膈反胃、内伤、宿食、咳嗽、咽干闭塞、头风、心腹痛、亡血、多汗、积聚动气、疝气、淋浊、泻利、胎产17种兼夹病症，以问答方式，阐述这些伤寒兼证的病因、病理、证候及治法。后附十二经、八脉、运气、方宜等说。对治疗外感内伤兼夹病症有一定启发。

绛雪园古方选注3卷　清乾隆二年(1737)介景楼刻本；日本明和八年(1771)浪华书铺石原茂兵卫刻本；清扫叶山房刻本。

清王子接撰。王子接(1658～?)，字晋三。长洲人。初习儒，制举之余致力于医学，苦学20余年，终成名医。早年著有《脉色本草伤寒杂病》一书，因后来经验积累较多而对先前所著书深感不足，年50岁时自觉此书悖谬，于是投火焚毁，重新研究。门徒甚多，叶桂是其中之佼佼者。主要著作有《绛雪园古方选注》《绛雪园得宜本草》《伤寒古方通》等。本书分上、中、下3卷，上卷注释张仲景《伤寒论》113方、397法，分为和、寒、温、汗、吐、下六剂；中卷、下卷精选《内经》《金匮要略》《千金方》《外台秘要》《圣济总录》，以及钱乙、东垣、丹溪等历代古方300余首，分属内科、女科、外科、儿科、眼科、耳鼻咽喉科，以及折伤、金簇等13科，其中加以注疏，故又名《十三科古方选注》。《四库全书总目》指出：“是书所选之方，虽非秘异，而其中加减之道，铢两之宜，君臣佐使之义，皆推阐其所以然。”本书以经解方阐明方义，旁推博引交通方意，着力于类同方的辨别比较，精选历代名方，分析中肯、说理透彻，对后世方论的研究影响很大。

伤寒古方通2卷　清雍正九年(1731)刻本；光绪间上海乐善堂重修本。

清王子接撰。本书是《绛雪园古方选注》的一部分，将《伤寒论》方分为六类，即和、寒、温、汗、吐、下六剂。每剂首列祖方，每方列组方、剂量、煎服法，并阐明方义、功用及加减禁忌。共载剂113首。

伤寒方法2卷　清乾隆间俞氏刻本；上海中医大藏抄本。

清王子接注。本书属于伤寒金匮类，共2卷，上卷载和、寒、温剂，下卷为汗、吐、下剂，共载方剂113首。内容与王氏《伤寒古方通》基本相同，又增以注释。

博物知本5卷　清康熙三十年(1691)林屋绣刻本。

清尤乘撰。尤乘，字生洲，号无求子。吴县人。初习儒，后改习医，就受业于名医李中梓，尽得其传，并遍访名医。后至京师就良师学习针灸，并在京任太医院御前侍直，后告辞归里，潜心著作。对李中梓之《诊家正眼》《本草通玄》《病机沙篆》进行增补，成《士材三书》。又增补《经络全书》、补辑《脏腑性鉴》，与《药品辨义》合而为《博物知本》。另有《寿世青编》存世。本书由《脏腑性鉴》《经络全书》《药品辨义》三书合刊而成。《脏腑性鉴》是脏腑学说著作，2卷。全书以《人镜经》内容为主线，兼辑《内经》及历代诸家对脏腑功能的论述。《经络全书》2卷，分前后二编。前编为明代沈子禄所撰《经脉分野》，后编为徐师鲁所撰《经络枢要》。《药品辨义》，分上、中、下3卷，明贾所学撰，尤乘增补。

脏腑性鉴3卷　清康熙二十七年(1688)刻本；《博物知本》本；《脏腑性鉴经络全书》合刻本。

清尤乘撰。本书为脏腑学说著作。重点介绍

脏腑生理。全书以《人镜经》内容为主线，兼辑《内经》及历代诸家对脏腑功能的论述。

士材三书　清康熙六年(1667)刻本；清康熙四十七年刻本；清乾隆三十四年(1769)文盛堂刻本。

明李中梓(字士材)撰。清尤乘增辑。尤乘有《博物知本》，已著录。本书是医学丛书，辑录李中梓的三部医著而成，分别为《诊家正眼》3卷、《本草通玄》2卷、《病机沙篆》2卷。《诊家正眼》论述脉学基本理论及其临床应用，以《内经》《难经》为本，融合前代诸家学说，并简述望、闻、问三诊。书中以四言歌诀形式分述28脉，并对高阳生《脉诀》有所批判，末附"脉法总论"。《本草通玄》将药物分为草、谷、木、菜、果、寓木、苞木、虫、鳞、介、禽、兽、人及金石等14部，共收药物341种。重点叙述了每种药物的临床应用。末附用药机要及引经报使、针灸要穴图等。《病机沙篆》全书分列中风、虚劳、噎膈等12种内科病证。各证摘录历代医书相关内容的精辟论述，分析病机、病因、症状，然后确定治法，列出处方。有论有方，以论为主。

药品辨义3卷　清康熙三十年(1691)林屋三味轩刻本；《博物知本》本。

贾所学撰，尤乘增辑。尤乘有《博物知本》，已著录。本书在贾所学《药品化义》基础上增辑而成。卷上增加"用药机要""临治辨法"等内容，撷取李时珍、缪希雍等医论。卷中、下载药144种，为药物各论，编例一同《药品化义》，分气、血、肝、心、脾、肺、肾、痰、火、燥、风、湿、寒等类，并在每一类前加一小引统论每类药物，又以药母、属、体、色、气、味、性、能、力、性气、入等目，解说新增诸药。

神农本草经百种录1卷　《四库全书》本；《徐氏医学丛书》本；1956年人民卫生出版社影印本。

清徐大椿撰。徐大椿(1693～1771)，又名大业，字灵胎，晚号洄溪老人。吴江人。通晓天文、地理、音律、军事等，尤精医学，为清代中叶著名医家。他治病圆融活变，用药独善神妙。著有《医学源流论》《神农本草经百种录》《难经经释》《伤寒类方》《兰台轨范》《慎疾刍言》《医贯砭》《洄溪医案》等。本书是药学著作，收录《神农本草经》中主要药物100种，依上、中、下"三品"，结合临床加以简要注释，药物之后又加按语。徐氏此书注意从诸药形色、气味、质地、性情、生时、产地等方面阐发其治病的原理。《四库全书总目》评价其书曰："凡所笺释，多有精意，较李时珍《本草纲目》所载'发明'诸条，颇为简要。"

药性切用6卷　《徐灵胎医书三十二种》本；民国间上海集成书局石印本。

清徐大椿撰。本书成书于清乾隆六年(1741)，为《徐灵胎医略六书》《徐灵胎医书三十二种》之一，但有非徐氏所撰之说。全书收药726种，分草、木、果、菜、谷、金石、水、火、土、禽、兽、虫、鱼、鳞、介、人16部。每药依次阐述异名、性味、归经、功用主治、炮制、禁忌等内容，颇多个人见解。

中风大法1卷　《徐灵胎医书三十二种》本；民国间上海集成书局石印本。

清徐大椿撰。本书属内科类，约成书于清乾隆二十九年(1764)。全书论述中风病因、辨证、治法、用药等。论说平正，方药亦简明确切。

医学源流论2卷　《四库全书》本；清乾隆半松斋刻《徐氏医书六种》本。

清徐大椿撰。本书撰于乾隆二十二年(1757)，收其文章99篇。上卷为经络、脏腑、脉、病、方药，下卷则治法、书论(并各科)、古今。纵横捭阖，触及之处，每有新见，发前人之未发，言常人所不敢言，尤针砭时弊甚多，论述道理深湛，为中医史上少见的大手笔之评论家。此书颇多先进之论，例如作"治人必考其验否论"，指斥"今之医者，事事反此，惟记方数首，择时尚之药数种，不论何病何症，总以此塞责"，他认为，"若医者能以此法(效验)自考，必成良医；病家以此法考医者，必不为庸医之所误"。是颇具"实践检验"为标准之义。种人痘法本非传统，当时推行尚多阻力，徐氏却具真知灼见，指出有"九善"，作不遗余力之提倡。

伤寒类方1卷　清乾隆二十四年(1759)刻本；清光绪四年(1878)扫叶山房刻本；1956年人民卫生出版社影印本。

清徐大椿撰。本书又名《伤寒论类方》。徐氏认为"方之治病有定，而病之变迁无定"，于是不以

六经分类，而将《伤寒论》中113方分为桂枝汤、麻黄汤、葛根汤、柴胡汤、栀子汤、承气汤、泻心汤、白虎汤、五苓散、四逆汤、理中汤及杂方计12类。每类先论主方条文，并将同类方条文附述于后。书末附六经脉证和别证变证，以补其所未备。从方治规律的角度阐述《伤寒论》辨证论治原则性与灵活性，对于各类方药性、病证、适应范围，加减变化有比较全面的了解，其独创之论，颇受医家欢迎，对研究《伤寒论》及临床均有参考价值。

兰台轨范8卷 清乾隆二十九年(1764)洄溪草堂刻本；《四库全书》本；《徐灵胎医学全书》本。

清徐大椿撰。本书以论述内科证治为主，除卷1"通治"门列载97首诸病通治方外，其余各卷均据病证分门类编，阐述内科杂病、时病及五官、妇人、小儿诸病证治，共36门，720余方。每门以《内经》《难经》《伤寒杂病论》《千金》《外台》等古典医籍的论述为本，所选药方多宋以前的古方。各病先叙病原，次析脉证，再立治法，后列主治方药。书中诸病方论全面贯穿了徐氏识病名、析病由、辨病状、定治法、列专方、详主药的学术主张，法度森严而条理清楚。各病证方论之下，徐氏多以附注形式说明诸方配合施用要点，而于疑似之处剖判尤为详尽，这些切合临床实际的精辟见解，不但使其辑选的诸家方论得以融会贯通，而且充分反映了徐氏精湛的学识和临证经验，颇为后世医家所推崇。

洄溪医案1卷 《徐灵胎医书三十二种》本；民国间上海集成书局石印本；2013年上海中医药大学出版社出版。

清徐大椿撰。全书载徐氏医案89例，共为1卷，概括为内、外、妇科病55种。其目录如下：中风、恶风、周痹、痱、伤寒、刖足伤寒、外感停食、时证、游魂、失魂、祟病、瘟疫、暑邪热呃、疟、痢、疟痢、畏寒、畏风、痰、痰喘、痰喘亡阴、饮癖、翻胃、呃、癃、水肿、消、虫痛、怔忡、元阳、吐血、瘀留经络、肠红、血痢、崩、瘀血衝厥、胎中毒火子痢、试胎、产后风热、产后血瘕、产后肠痈、恶痘、流注、肠痈、腿痈、臂疽、项疽、对口、发背、对心发、肺痈、乳疖、下疖、筋瘤。每案后附有海昌王士雄按语。

六经脉证不分卷 《徐灵胎医书三十二种》本；民国间上海集成书局石印本。

清徐大椿撰。本书为伤寒金匮类，成书于清乾隆二十九年(1764)，系《徐灵胎医书三十二种》之一。全书5 600余言，将《伤寒论》六经病证有关条文归纳叙述，并适加注解；对六经本证以外的证候则分门叙述，如脏结、除中、伏气、温病等，亦包括《金匮要略》所载的狐惑、百合病等证。

汤引总义不分卷 《徐灵胎医书三十二种》本；民国间上海集成书局石印本。

清徐大椿撰。本书成书于清乾隆六年(1741)。其称为书，实仅一页。所叙为七方十剂及药物性味、升降浮沉与五脏的关系。

杂病源1卷 民国间上海锦文堂书局石印本。

清徐大椿撰。本书是徐大椿根据多年的临床经验，结合中医理论知识著成的，内含11篇，从有关杂病病源的认识、病机的分析、辨证的关键等方面，做了详细的论述。立论与张景岳相类，大悖《医学源流》《慎疾刍言》要旨，显然明人余绪也，殆光绪癸巳坊贾杂诸《全集》中，鱼目混珠，欺世渔利。

临证指南医案10卷 清道光二十四年(1844)周氏经钮堂刻本；清同治三年(1864)刻本；清光绪十八年(1892)上海图书集成印书局铅印本。

清叶桂撰。叶桂(1667～1746)，字天士，号香岩，别号南阳先生，又号上津老人。吴县人。清代著名医学家，四大温病学家之一。先世自安徽歙县迁吴，祖时、父朝采，皆精医。主要著作有《温热论》《临证指南医案》《未刻本叶氏医案》等，全部是门人和后人搜集、整理的结果。本书为一部流传很广、影响很大的中医医案专著，是其门人取叶桂方药治验，分门别类集为一书，附以论断，未必尽为叶桂的本意。共10卷。卷1至卷8以内科杂病医案为主，兼收外科及五官科医案，卷9和卷10分别为妇科医案和儿科医案。全书序列89门，述证86种，每门以病证为标目，序列其经治医案，言简意赅，切中肯綮，于学术多有所体悟，于后学启迪甚多。每门之末附有论述该门证治大要的附论一篇，系由叶氏门人分别执笔撰写而成。

温热论1卷 清乾隆四十二年(1777)卫生堂

刻本;清道光二十六年(1846)经锄堂刻本;2013年学苑出版社《医道传承丛书》本。

清叶桂述。本书为温病通论著作,亦为温病学说的奠基性著作。相传本是叶氏师徒之间的问答授课,后由其弟子顾景文执笔著录。传本不一,其一传于叶氏门人华岫云,王孟英《温热经纬》中《外感温热篇》的原文即据此;又本见于唐大烈《吴医汇讲》卷1,名为《温症论治》,内容与华氏大同小异,次序略有不同,章虚谷注本即本于此,名为《叶天士温热论》,收入《医门棒喝》中。全文十分简短,仅4 000余字。但记录了叶氏对温热病论述的精华部分,重点分析温邪上受、首先犯肺、逆传心包的传变规律,温热病的病理和"在卫汗之可也,到气才可清气、入营犹可透热转气、入血直须凉血散血"的治疗原则,创立卫、气、营、血的辨证体系,介绍温热病察舌、验齿和观察斑疹的诊法等内容。此书对后世的影响很大,吴鞠通接受了叶天士《温热论》的学术思想和医疗成就才有可能产生《温病条辨》,其中的一些学术见解直到现在仍为临床医家所重视。

湿热条辨1卷 清嘉庆十七年(1812)璜川吴氏刻本;《中西医学劝读》本,附章楠释;2014年湖南科学技术出版社《中医古籍珍本集成》本。

清薛雪撰。薛雪(1661～1750),字生白,号一瓢,又号槐云道人、磨剑道人、牧牛老朽。吴县人。与叶桂同时而齐名。诗文俱佳,又工书画,善拳技。后因母患湿热之病,乃肆力于医学,技艺日精。薛雪并非专一业医者,但他于湿热证治特称高手,所著《湿热条辨》即成传世之作,于温病学贡献甚大。又尝选辑《内经》原文,成《医经原旨》6卷。唐大烈《吴医汇讲》录其《日讲杂记》8则,阐述医理及用药;另有《膏丸档子》(专刊稿)、《伤科方》《薛一瓢疟论》(抄本)等,亦传为薛氏著作。本书撰年不详。本书专论湿热病证,共35条。每条均有作者自注。重点辨析湿热受病的原委,各种临床表现及治疗,指出湿热多由阳明、太阴两经表里相传。以其分析透彻、辨证精微,故其立论明确、治法得体,每为后世所宗。嗣后章虚谷曾加注释。王孟英根据本书内容曾予补订,并另加按语,辑入《温热经纬》卷4,名为《湿热病篇》。

医经原旨6卷 清乾隆十九年(1754)扫叶庄刻本;1992年上海中医学院出版社点校本。

清薛雪撰。此书是作者选辑《黄帝内经》原文,按阴阳、藏象、论治、疾病等分为14类,约取诸家注释,并加入个人体会而成。此书亦是选择分类性著作,但一般认为不如李仲梓的《内经知要》选文精当,故此书传世亦不如《内经知要》广泛。作者把所选择的原文分为9类,依次为:摄生、阴阳、藏象、脉色、经络、标本、气味、论治、疾病。其疾病类共载《内经》中有关"风厥""伤寒""寒热"等30多种病证。有关经络针刺疗法方面的内容,作者收录的较少,因为作者认为:"至于针灸一法,另有专书,故略收一二,余多节去。"其注释方法是:"其据文注释,皆广集诸家之说,约取张(景岳)氏者多。苟或义理未畅,间尝缀以愚见。"注释比较简洁,有其所长,很少穿凿附会,说理方法也较客观。

针灸要略8卷 上海中医药大学图书馆藏抄本。

清俞明鉴撰。俞明鉴,字世微。长洲人。士悦八世外。五世业医,精于治病。明鉴得家学,年30余,遇浙江陈氏子,得针灸书,授以用针之法,并言此法久失其传,当以赠子。由是专理针灸,生人无数,与叶桂、薛雪称为鼎足。本书载述经络理论、经络循行、腧穴定位、主治、刺灸法、针具创造、清毒、止痛药、针灸治法腧穴配伍、特定穴运用等内容,并编有歌赋和图;后两卷介绍内、外、妇、儿、五官各科及腰背部等病症的治疗方法。

医学蒙引1卷 清乾隆二十九年(1764)刻本。

清徐时进著。徐时进(1685～?),字学山。甫里人。清代医家。后人将其书综为《医学门径》6卷。另有《医宗必读补遗》1卷。未见行世。本书属于临证综合类,初刊于清乾隆二十九年。本书采用四言韵语,以讨论内伤杂病的证治为主,并旁及本草、脉诀等,尤对中风、类中风、头痛、眩晕、心痛、腹痛、胁痛、泄泻等38个病证作重点阐述。每证先释义,次述病因病机,再列方若干。书末附有口舌、齿、耳鼻、咽喉等五官科及妇产科疾病的诊治方药。

运气辨1卷 《海陵丛刻》本;2014年凤凰出版社《泰州文献》本。

清陆儋辰撰。陆儋辰(1777～1842),字筦泉,

别号耳乡。海安人。清代郡廪生。为提学使陆舜之从曾孙。勤奋好学，尤致力于医。喜研金石，擅书法、工琴、好诗，喜博弈。曾得古医书多种，各据善本，为之校正。主要著有《证治赋》《运气辨》。本书认为五运六气的变化与人类疾病密切相关，前人对运气学说理解若明若暗，或有误差，故“辩”而证之。本书主要内容是“七辩”“二说”“二论”“十四图”及“三表”。别开生面，阐析运气，颇有创见。

吴医汇讲11卷 清乾隆五十七年(1792)吴门唐氏向心草堂刻本；清乾隆五十七年扫叶山房刻本；1923年成都昌福公司铅印本。

清唐大烈著。唐大烈(？～1801)，字烈三(或立三)。苏州人。曾任典狱官，并为狱中犯人治病。唐氏为乾隆、嘉庆年间苏州名医。当时江南地区尤其苏州名医汇萃，唐氏仿效康熙年间过绎之所辑《吴中医案》一书，将江浙地区40余名医家的文章约百篇汇集起来，刊为此书。名曰“汇讲”，实际是一部很好的医论性杂著。全书共11卷，不分门类，不限体式，内容生动，丰富多彩。有经典著作的注解阐发，有学术理论的争鸣探讨，有临床治验的记录，有药物方剂的解释、考证以及医话歌诀等。如叶天士的《温证论治》、薛生白的《日讲杂记》、王绳林的《考正古方权量说》、唐笠山的《读书十则》等，都全文刊出。

六醴斋医书10种72卷 清乾隆五十九年(1794)修敬堂刻本；1915年上海千顷堂书局石印本。

清程永培辑。程永培，字瘦樵。元和人。清代医家。治医以喉科为长。以为咽喉诸症皆由火起，然火有虚实之分，虚者宜补虚降火，实者宜祛风痰、消热毒为治。著《咽喉经验秘传》详论咽喉证治。本书属于综合性著作。成书于清乾隆五十一年。全书汇辑南齐、晋、唐、宋、元、明时期10位名家代表著作，即南齐褚澄编《褚氏遗书》1卷，晋葛洪撰《肘后备急方》8卷，唐王冰撰《元和纪用经》1卷，宋沈括等撰《苏沈内翰良方》10卷，元葛可久撰《十药神书》1卷，明胡嗣廉纂《加减灵秘十八方》1卷，明韩懋撰《韩氏医通》2卷，明朱惠明撰《痘疹传心录》19卷，明黄承昊撰《折肱漫录》7卷，明胡慎柔述、石震订《慎柔五书》5卷。

丹痧咽喉经验秘传1卷 清道光刻本；清修敬堂刻本；1921年铅印本。

清程永培著。本书成书年代未详，载有丹痧经验秘传、咽喉经验秘传、制药秘法等内容。“丹痧经验秘传”记载了烂喉痧的病因病机、临床表现、治疗宜忌，并附有透邪煎、托里举斑汤等治疗丹痧的有效方17条；“咽喉经验秘传”对咽喉部分常见病症的病因病机、证候表现进行详细论述，并附有喉煎方、舌煎方等50余条；“制药秘法”则对喉症膏剂、散剂进行了详细的论述，末附有喉症十二字药方及“喉痢吊痰方”。

继志堂医案2卷 清光绪三十年(1904)江阴柳氏惜余小舍刻《柳选四家医案》本；江苏科学技术出版社《柳选四家医案评校》。

清曹存心撰。曹存心(1767～1834)，字仁伯，号乐山。常熟人。清代医家。幼得父传，后从薛性天习医，苦学不倦，遍览师藏医籍，积10余年，尽得师传。弟子百余人，其教授门生，重视病理辨析。主要著作有《过庭录存》《曹仁伯医案论》《继志堂语录》等。本书系曹氏学生所录乃师医案，经柳宝诒编辑，刊入《柳选四家医案》。凡23门，翁同龢按。是书内伤杂病门首案，心悸恍惚久治不愈，诸虚丛集，逐证施治则医者应接无暇，作者着重安神一途，强调“精神魂魄，必令各安其所，庶得生机勃勃”，而取许叔微《本事方》首方真珠丸法出入治之得瘳。“咳喘”门中伤风不醒，咳嗽痰浓，或带血色，小有寒热者，作者辨为是劳风证，用柴前连梅煎治之，颇具卓识。“泄泻”门中先发热，后腹痛便溏者，曹氏断为“表邪下陷”，用小柴胡汤，盖张从正、喻昌治利法之变化。于阴虚湿热之症，作者尤多心得，阐述良丰。

李翁医记2卷 《焦氏遗书》本；清光绪二年(1876)衡阳魏氏补刻本；1929年上海回澜社影印本。

清焦循撰。焦循有《雕菰楼易学三书》，已著录。此书为焦循为当时名医李炳所撰医案。李炳(1729～1805)，字振声，号西垣。仪真(今仪征)人。清代医学家。焦氏不但长于《易》理、算术，亦颇通医理，常与人论医。与李炳交厚，李常为焦氏家族治病，遂将其医案撰成本书，每一病案均究源穷委，

务使阅者能明其理。本书上卷为李翁治焦氏家人三案，载有臂痛、蛔厥、鼻衄、痢疾等症；下卷为他人所记李翁治验，载有伤寒、头痛、哮喘、腹痛、泄泻、咳嗽、咯血、痛疝、痿躄、牙疳等20余则验案。本书辨证周密，用药贴切，临床上颇有参考价值。

奇病录3卷 清道光二十年(1840)心太平轩刻本。

清徐锦著。徐锦，字淡安。长洲人。清代医家。为名医顾雨田之弟子，辑有《奇病录》《心太平轩医案》等书。本书成于清道光十二年。卷上详述人生卵、血鳖崩、无病斑、羊毛瘟、浑身虱痒、三年不寐、冷热气、爱闻臭、寐能溺、灸鬼哭穴、胁痛猝死、战汗盈石、乐死、发血等奇病证治；卷中、卷下则记载嗽吃醋、耳中语、刀豆子治不寐、井上止痢、西瓜解呃、鳝鱼治嗝等奇法治病共20法。

心太平轩医案1卷 清黄寿南抄本。

清徐锦著。本书属于医案医话类。初刊于清道光三十年(1850)。本书载有中风、类中、风痧、胃痛、反胃、水肿、鼓胀、泄泻、痰饮、疟疾、痉厥、喉痹、目疾、血淋、癃闭、遗泄、症瘕、癫狂等病案202则。

温病条辨6卷卷首1卷 清嘉庆十七年(1812)淮阴汪廷珍刻本，清光绪三十一年(1905)扫叶山房刻本；1955年人民卫生出版社影印本。

清吴瑭撰。吴瑭(1758～1836)，字鞠通、配珩。淮安人。清代医学家。师承叶桂，为温病学派的代表人物之一。曾参加《四库全书》之抄写与校检，获见吴又可《温疫论》，叹服其说，遂究心医术达10余年。著有《吴鞠通医案》《医医病书》《温病条辨》行世。本书为清代温病学说标志性著作。作者仿《伤寒论》体例，分条列论，以求简要易诵，并在各条之下详加辨析议论，故名"条辨"。卷首《原病篇》，以求温病之原始。正文前3卷专论温病。各依次分上、中、下三焦设立篇目，分别论述三焦温病，并出治法。卷4《杂说》论救逆及病后调治法。后附《解产难》论产后调治与产后惊风诸症、《解儿难》论小儿急慢惊风痘症等2篇。本书完全独立于伤寒的温病学说体系，创立了三焦辨证纲领，与张仲景伤寒六经辨证、叶天士温热"卫、气、营、血"辨证理论互为羽翼，成为温病创新理论之一。书中还提出了清营汤、化斑汤、清宫汤，以及一甲、二甲、三甲复脉汤等治疗温病的方剂，促进了温病学的研究和发展。

王旭高医书六种 1921年上海千顷堂书局石印本。

王泰林撰。王泰林(1798～1862)，字旭高，晚号退思居士。无锡人。医家。本书乃无锡周小农所刊，其中《退思集类方歌注》《医方证治汇编歌诀》2种为未刊稿本。《退思集类方歌注》从徐大椿《伤寒类方》化裁而来，附以金匮方、后人方、自制方，分为24类；《医方证治汇编歌诀》为各科通治方，亦本徐氏《兰台轨范》；《增订医方歌诀》分补益之剂、发汗之剂、攻下之剂、和解之剂4类；《医方歌诀》为杂病方。以上四书共计方药500余种，皆以歌诀形式介绍各方的组成和用途，而博采众家之说，参以己见予以说明，颇利初学。《薛氏湿热论歌诀》乃是对薛雪《温热论》一书的改编。《西溪书屋夜话录》是最能反映作者学术思想的著作，可惜只存《肝病》一篇。篇中将肝病分为肝气、肝风、肝火3类，条分缕析，总结归纳出30种治法(肝气8种、肝风5种，肝火7种，其他10种)，自成体系。王氏疏肝药不用柴胡，亦可见其用药高妙，不拘一格。

医医病书2卷 1915年《曹氏医学丛书》石印本；1999年中国中医药出版社《吴鞠通医学全书》本。

清吴瑭撰。吴瑭有《温病条辨》，已著录。本书成书于嘉庆三年(1798)，为作者晚年著作，主要是补其《温病条辨》的不足。正如作者所述，"一医流俗之病，一以补前刻所不及"，因而本书针对当时医界时弊而作，着眼于医治医生诊治中的弊病，故题名为《医医病书》。此书在当时未曾刊行，只有手抄本，流传甚少。后四明(今宁波)曹炳章从何廉臣处录存，并加以整理，于1915年石印，收载于《曹氏医学丛书》之中。原书76条，不分类。经曹炳章增补为81条，名为《增订医医病书》，并加了按语。书中辨析多属内科杂证，议论诊治，语多中肯。如诊病以现症为主，治病不必拘执古方，宜针对病情而用药。

顾雨田医案1卷 北京中医科学院图书馆藏

清光绪三十年(1904)王霖抄本;上海中医药大学图书馆藏石岑抄本;上海科学技术出版社《中医古籍珍稀抄本精选》本。

清顾文垣撰。顾文垣,字雨田,号西畴。吴县人。清代医家。早年习儒,为国学生。精于医术,有名于时。著有《顾西畴方案》《顾西畴城南诊治》,今有影印本行世。还撰有《书云宜人共识说》一文,刊于《吴医汇讲》。此书系顾氏学生收集其散见的医案汇集编撰而成。书中所载医案包括风温、春温、冬温、温病失血、温病发斑、湿温、湿温发斑、湿热、湿热下注、酒湿、湿痹、风湿、寒湿、疫湿、外感湿气杂症,暑症、暑风、暑湿、暑气发斑、伤暑、霍乱、并病、瘴疟、疟母、疟癖、疟臌、疟痢、暑疟、阴疟、三疟、痢疾、秋燥、噎膈反胃、呕吐吐蛔、肿胀等近40种病证的临证治验。所录验案以温病、湿病、疟病为主,故于这类病证的分类、诊断,治疗用药等方面均有其独到的证治经验。尤其在论述疟病的诊治方面,分类细微,论述详尽,用药灵活,史料丰富。全书对于研究温热暑湿疾病、疟病均具有十分重要的参考价值。

养病庸言1卷　清光绪三年(1877)求放心斋刻本;清溶月轩主人抄本。

清沈嘉澍撰。沈嘉澍(1834~?),字子复。太仓人。清光绪十四年举人。少受业于叶裕仁,后致力于小学,从叶裕仁为江苏书局襄校,后继其事,同事具推服之。年50余始膺乡荐。主试李文田亟赏之,张之洞延其主两湖书院。主要著有《尚书要义校勘记》《校订曲阜县志》《白虎通疏证札记》《鲁归纪程》《养病庸言》等。本书主论养病当遵“知(病因何起)、忘(勿记在心)、拒(嗜欲勿肆)、看(置身病外如看他人一般)、耐(忍耐)、调燮(指思欲、饮食、起居诸事项)”六务,并须知“昧、忧、迎、忽、愤、糟蹋”六戒。其中有不少论述房中养生的内容。沈氏认为,夫妻感情越是深厚,就越是要注意节欲,尤其是两人久别重逢之时,更宜谨慎。有一定的参考价值。

养生三要1卷　1919年镇江袁氏润德堂刻本。

清袁开昌辑。袁开昌(1850? ~1905),字昌陵。广陵人,后迁居丹阳。生平好读书,受范仲淹“不为良相,便为良医”的影响,潜心研究医学,擅长眼科、外科,善用火针治外症。医学造诣较深,临床经验丰富。光绪二十一年(1895),扬州流行瘟疫,袁开昌遵古方制药饵,挽救了无数生命。主要著有《医门集要》《养生三要》。本书分为“卫生精义”“病家须知”和“医师箴言”三部分。辑录《内经》《庄子》《抱朴子》《千金方》等历代医著20余种,以及葛洪、李时珍、张景岳等近30位医家的有关论述。其中“卫生精义”阐述了养生、延年、益寿之道,详细论述了未病先防、善养延年;“病家须知”阐述了求医、煎药、服药、禁忌等问题,认为养生应“存退步心”,解除思想负担,提倡自然疗法;“医师箴言”则对医生的道德品质、服务态度、行医注意事项等提出了具体的要求。袁氏反复强调医乃仁术,不可贪图名利,须要修身养性。内容丰富,可称集清以前养生之大成。

医学蒙求4卷　清嘉庆九年(1804)五柳居刻本;清嘉庆十四年刻本。

清徐行著。徐行,字步安,号鉴泉。长洲人。本书属于临证综合类。分为4卷。卷1收载李时珍《濒湖脉学》;卷2收载薛雪《湿热论》,包括痰论及疟辨;卷3载徐鉴泉《鉴泉三略》,包括伤寒略、内伤略、女科略、舌法考等;卷4为诸方,载《伤寒论》《金匮要略》等经验方150余则。

喉科指掌6卷　清乾隆二十二年(1757)彭启丰序苏雪书屋刻本;清咸丰十年(1860)善化易存仁堂重刻本;清同治十二年(1873)河南藩库厅宋官署重刻本。

清张宗良著。张宗良,字留仙。吴县人。医家。精研医理,尤擅长喉科,颇有治验,活人无数。本书属于喉科著作,刊于1757年。卷1总论咽喉病的诊治大纲、分经及针穴图等;卷2选方及制药法;卷3到卷6分为咽喉(11证)、乳蛾(7证)、喉痹(7证)、喉风(12证)、喉痈(11证)、大舌(13证)、小舌(15证)及杂喉(7证)等8门,共73病的证治图说。内容比较丰富。全书分门别类论述喉科多种病证甚为详备。基本反映了喉科的发展水平。1815年又有书名《喉科杓指》(又名《图注喉科杓指》,署名包永泰撰),系在本书内容中增入牙齿门,并作了部分补充,删去原作者姓名合并为4卷者。

伤寒方集注不分卷　清乾隆五十九年(1794)管氏稿本。

清缪遵义著,管鼎节录。缪遵义(1710～1793),字方彦,又字宜亭,号松心、松心居士。吴县人。雍正十三年(1735)举人,清代医学家,与薛雪、叶桂并称"吴中三家"。门人管鼎,能传其业。本书属于伤寒金匮类,成书于清乾隆五十九年。缪氏以《伤寒论三注》为主,复采30余家注文,编成《伤寒方集注》60卷。门人管鼎恐其卷帙浩繁,不易卒读,故采录其113方之方解,辑编成书。方之次序悉遵周扬俊《伤寒论三注》,探其深幽,阐其奥妙。书中除辑注外,并作"又按"阐发。缪氏《伤寒方集注》已帙,其说可见于是书。

缪氏医案1卷　清道光十一年(1831)务本堂刻本;《三家医案》合刻本。

清缪遵义著。本书属于医案医话类,约成书于清乾隆四十年(1775)。医案体现出其善于调补,常用血肉有情之品治疗虚劳杂病的临床经验。缪氏用血肉有情之品滋补虚损与叶天士相仿,而用药之广、应用之泛又胜之。

松心医案1卷　1913年铅印本;1915年张存存斋石印本。

清缪遵义著。本书又名《松心医案笔记》,成书于清乾隆四十年(1775)。本书记载了缪氏通过母病,详细分析了支饮所涉及的脏腑为肺、脾、肾及其病机转变,提出了主用方药的时机与变化进退。缪氏在本书所阐述的病机、方义,一宗《内经》之旨,尤其对运气学说有关的节令气候变化,病邪的性质和传变,均有结合具体病例的明确阐述,本书的内容反映了当时疾病的流行情况,载述了半术丸、菟丝煎、千金散、伏龙肝饮等治验案例40则,设计内、外、妇科、儿科等临证各科,其中多为缪氏诊治疑难杂症的经验,虽然卷帙不多,但论证透彻,内伤外感辨别清晰,有一定的临床参考价值。

温热朗照8卷　苏州图书馆藏清抄本,清管礼耕、徐康跋;中国中医科学院图书馆藏1935年抄本;1989年江苏科技出版社《吴中医集》本。

清缪遵义著。本书成于乾隆五十一年(1786)。成书后为缪氏珍藏,并未刊印。书前钤有"吴门缪氏珍藏"长方印。后于嘉靖年间辗转于名医徐锦手中。《温热朗照》所引用的医书种类繁多,内容广泛,摘录精审,难得可贵,另外此书进一步完善了温病学说的体系。

脉决秘鉴1卷　清雍正间凝和堂刻本。

清郭大铭著。郭大铭,字书右。清吴县(今属苏州)人。本书刊于清雍正年间。先述诊脉的基本知识、诊察要点,以及神门脉、反关脉、上鱼脉、冲阳脉、太溪脉、太冲脉等少见脉象,后评论二十八脉象及意义。

金匮翼8卷　清嘉庆十八年(1813)赵亮彩刻吴门徐氏心太平轩藏版本;清嘉庆十八年忠恕堂刻本;清光绪二十四年(1898)刻本。

清尤怡著。尤怡(?～1749),字在泾,一字在京,号拙吾,晚年又号饲鹤山人。长洲人。业医,晚岁学益深造,治病多奇效,名始著。暇则著书自得,曾注《伤寒论》,名曰《贯珠集》,又注《金匮要略》,名曰《心典》。其著《医学读书记》,于轩、歧以下诸家,多有折衷,徐大椿称为得古人意。怡好为诗,著有《北田吟稿》。本书为尤氏补充其所著《金匮心典》而作,故称为《金匮翼》。书中参考历代方书,参以个人心得和经验,详细论述内科杂病,凡48门,每门先述统论,然后分述证候和治法,最后附有按语。对各证表里虚实之辨,补泻温凉之用,明晰了然。本书对内科杂病的分类较细,论述清楚,对中医内科临床医生,颇具实用价值。

金匮心典3卷　清雍正十年(1732)遂初堂初刻本;清扫叶山庄刻本;清宣统元年(1909)成都同文会刻本。

清尤怡著。本书又名《金匮要略心典》,属于伤寒金匮类。成书于清雍正七年,初刊于雍正十年。书首有徐大椿叙及尤氏自序。正文依林亿新校正之编次,卷上自《脏腑经络先后病脉证》至《肺痿肺痈咳嗽上气病脉证治》7篇;卷中自《奔豚气病脉证治》至《水气病脉证并治》7篇;卷下自《黄瘅病脉证并治》至《妇人杂病脉证并治》8篇,计22篇。是书之注既编集前贤所论,复结合尤氏数十年心得经验,其注释明晰,条理通达,据理确凿,切合临床,而较他注为胜。诸多注释,悉皆言简意明,论理贴切。

静香楼医案 2 卷　清光绪三十年(1904)上海文瑞楼石印本;抄本;《柳选四家医集》本。

清尤怡著。本书约成书于清雍正七年(1729)。原系抄本,附刻于尤氏《医学读书记》者仅 31 条,后柳宝诒又从吴氏抄藏本中“选精粹者,得十之五”,收入《柳选四家医案》。分门汇辑为上、下 2 卷,32 门。包括内伤杂病、伏气外感、外疡、妇人等内容,并择要详加按语。本书于杂病证治发挥颇多,医案立方稳健,流传较广。

伤寒贯珠集 8 卷　清嘉庆十五年(1810)朱陶性活字本;清嘉庆十八年苏州会文堂刻本;清日本文政九年(1826)小川氏校刻本。

清尤怡著。尤怡于仲景之学钻研甚深。本书不仅对《伤寒论》原文逐条注解,还采用以六经为纲,治法为目,以方类证的方法,对《伤寒论》原文次序做了重新的编排和归类,突出了伤寒治法特色。

利济堂医案　中国科学院图书馆藏抄本。

清顾大田著。顾大田,长洲人,从徐锦习医,名亦颇著于时。本书共 6 册,约成书于 1911 年。全书共收内、妇、儿科医案 550 余则,述证简约,方药无剂量,部分医案后有简单按语。

四时病机 14 卷　清同治三年(1864)刻本;清光绪四年(1978)刻本;清宣统元年(1909)江南医学公会校翠石印本。

清邵登瀛著。邵登瀛,字步青。吴县人。清代医家。尝就名医薛雪学,得其传,成吴中名医。尚著有《温毒病论》《女科歌诀》,后世把三书合为《邵氏医书三种》。本书系温热病专著。卷 1、卷 2 采辑《内经》《伤寒论》等有关内容,各引喻嘉言、沈目南、周禹载等说以为注。卷 3 起根据四时外感发病情况,分论春温、湿温、湿病,暑病,疟病、伏暑,冬温的病证方治。并附列了一些前人医案及个人治验。本书著成后,未得刊行,因遭兵燹,散佚过半。曾孙炳扬,玄孙景康、景尧裒集残稿,考订补辑,刊行于世。

瘟毒病论 1 卷　《邵氏医书三种》本;清光绪初吴门邵氏安庆刻本;清抄本;上海铸记书局石印本等刊本。

清邵登瀛著。邵登瀛有《四时病机》,已著录。本书成书于清嘉庆二十年(1815),为《邵氏医书三种》之一。书中对温毒、疫病证治进行分析。

女科歌诀 1 卷　清光绪五年(1879)吴门邵氏刻本;《邵氏医书三种》本。

清邵登瀛著。邵登瀛有《四时病机》,已著录。本书属于妇科类。成书于清嘉庆二十年(1815),系《邵氏医书三种》之一。本书是用歌诀体编写的女科专书。内容包括妇科经、带、胎、产诸证,选辑诸病应用方 63 首,论述简明正确,选用方药也多有效,并以韵语写成,便于记诵,很适于初学者诵读。所附经验方由其曾孙邵炳杨所辑。

喜伤心恐胜喜解 5 篇　清唐大烈《吴医汇讲》收录。

清翁介寿著。翁介寿,字寿承,号南轩。吴县人。住珠明寺南,医学训导。本书探讨了关于“运气学”“五运六气”等方面的学说,介绍了各种情志引发疾病的表现,阐述了作者独到的观点。如:“心有所乐谓之喜,何反谓之伤心哉?凡人之气,以平为期,不及者病,过者亦病。”解说平实。

花韵楼医案 1 卷　抄本;上海科学技术出版社《珍本医书集成》本。

清顾德华撰。顾德华,字鬟云。吴县人。清代女医家。以妇科享盛名,吴下士大夫争礼致之。作者平生累积验案甚多,经钩元提要,而成本书 1 卷,共收 29 案。一案数诊,有多达 15 诊者。本集不仅辑入妇科经、带、胎、产,也载有不少妇人内科病案,如呕吐、泻痢、心悸等。案以妇科病为主,兼有内科杂病证治。每案从初诊到复诊都详加记载。每诊必录临床表现,病理分析,药物加减及剂量,于妇科临床有参考价值。立案清晰,分析透彻。药物炮制自有心得。

医案集存 2 卷　中国中医科学院图书馆藏稿本。

清徐娱庭撰。徐娱庭,吴江人。清代医家。名医徐大椿之曾孙。本书系徐娱庭之子徐文清根据其父多年的临床经验,分类汇集而成。书中共记载 66 种病证的验案,包括咳嗽、怔仲、中风、中暍、产后、痰饮、头痛、风温、调经、崩漏、淋浊、痞积、诸痛、

牙猎、心悸、痫证、痢疾、湿温、胎前、遗精、便泄等内、妇、儿诸病及杂病证治。这部分医案多数是作者本人临证记录,包含其父遗留治案。全案记述颇详,可供读者临证参考。

第六节　天文算法类

七政推步7卷　明刻本;《四库全书》本;《算术汇编》抄本。

明贝琳编。贝琳(? ～1490),字宗器,号竹溪拙叟。祖籍宁波,明太祖洪武初年其父以军籍迁居南京,出生在南京。贝琳以天文起家,进入钦天监工作。以后子孙都在钦天监工作,一直到明朝灭亡,共七代。七政是古代天文学术语,是"天文学"的意思。推步是推算天象历法。古人谓日月转运于天,犹如人之行步,可推算而知。本书是中国第一部系统介绍回回历法(见伊斯兰历法)和阿拉伯天文学的著作。据贝琳说,此书是洪武十八年(1385)从国外传入,由历官元统"译为汉算"。但《四库全书总目》则认为是《明史・历志》中所说的回回历,元代传入中国,洪武十五年由翰林李、吴伯宗和回回大师马沙亦黑等人翻译。本书是研究回历和阿拉伯天文学的重要资料。《明史・历志》中有《回回历法》3卷,就是根据这部书编出的。

算义探奥　中国科学院自然科学史研究所图书馆藏清抄本。

清陈厚耀撰。陈厚耀有《春秋长历》,已著录。本书分勾股法义、积求勾股法义、勾股容方容圆法义、三角形求中长法义、测量法义、割圆法义、圆求弧背法义、圆容法义、错综法义、推古历法、推授时历法、推授时历百年消长法等,受西方影响,以叙述几何学内容为主。其中《错综法义》一章,讨论排列组合问题,尤具独到见解。

晓庵新法6卷　《四库全书》本;《守山阁丛书》本;《丛书集成初编》本。

清王锡阐撰。王锡阐(1628～1682),字寅旭,号晓庵。吴江人。明亡时曾投河自尽以忠于明朝,遇救后放弃科举,隐居乡间教书,同时致力于天文历算的研究,撰有多部天文学著作。本书前1卷述勾股、割圜、变率、通率诸法。后5卷皆推步、七政、交食、凌犯之术。本书以南京应天府为里差之元。分周天为384,更以分弧为逐限,以加减为从消。所创立新名,虽有臆撰之处,亦符合天象。康熙中,御制《数理精蕴》亦多采锡阐之说。

日月左右旋问答1卷　《木犀轩丛书》本。

清王锡阐撰。我国古代关于地球自转、地球绕日公转、月亮围绕地球转动这三种运动,有两种不同的认识。一种为"日月右旋说",认为恒星随天壳自西向东左旋,而日月右旋,《晋书・天文志》"周髀家说"持有此说。另一种为"日月左旋说",认为日月和恒星只存在左旋,见于西汉刘向《五纪论》。王锡阐在本书中通过和其两个弟子令望、锡纶的问答,对以上两种传统的说法作了比较。作者举出了5条观测证据说明太阳沿黄道向右移动、月亮沿白道向右移动。

晓庵遗书15卷　《守山阁丛书》本;《木犀轩丛书》本。

清王锡阐撰。本书约写于顺治末年至康熙初年。王锡阐因无子嗣,学无传人,加之其著作喜用篆字,人多不能识,故遗稿颇多散失。后潘耒等搜集整理,存遗稿50余种(包括诗文),本书即其遗作中之天文学著作。本书共9种(篇),包括《晓庵新法》6卷、《大统历法启蒙》5卷、《历表》(大统历立成)3册、《历策》1篇、《历说》5篇、《日月左右旋问答》1篇、《五星行度解》1篇、《推步交朔序》1篇、《测日小记序》1篇。明末清初,正值西方天文学著作大量传入中国之际。王锡阐认为,西法优于中法之处在于测候精详,但并非尽善尽美。其《晓庵遗书》即对西法之误提出了诸多批评。

恒星说1卷　乾隆间近市居刻篆书本;《昭代丛书》本;《丛书集成续编》本。

清江声著。江声有《尚书集注音疏》已著录。本书用西法岁差数值,推算《礼记・月令》成书年代天象,重新论证了东汉郑玄关于《月令》源于《吕氏春秋》这一古老命题。

行素轩算稿19卷　《行素轩算学全书》本;《测海山房中西算学丛刻初编》本。

清华蘅芳撰。华蘅芳(1833～1902),字若丁。金匮人。兼通中西算学,著述、译书均富。曾与徐寿研究设计中国第一艘自造轮船。光绪二十二年(1896)任常州龙城书院、江阴南菁书院院长。本书为一部数学丛书,共计 6 种 19 卷。包括《开方别术》1 卷(成书于 1872 年),阐述整系数高次方程整数根方法;《开方古义》2 卷(成书于 1882 年),阐述数字高次方程解法;《数根术解》1 卷,阐述若 n 为一数根(素数)则 2n－2 必能被 n 整除的正确性;《积较术》3 卷,讨论招差法在代数整多项式研究和垛积术中所起的作用;《学算笔谈》和《学算笔谈续》12 卷,讲算术、天元术、代数、微积分等。在数学研究领域指出了一条由简到繁的捷径。光绪十九年(1893)自刻付梓,收于《行素轩算学全书》和《测海山房中西算学丛刻初编》。

天元一释 2 卷 《里堂学算记》本;《富强丛书续集》本;《中西算学丛书》本;《测海山房中西算学丛刻初编》本;稿本。

清焦循撰。焦循有《雕菰楼易学三书》,已著录。本书主要阐述宋元数学的重要成果之一——天元术。明末清初,由于中国传统数学的衰微,天元术濒于失传。焦循客居杭州时,获见阮元抚浙时所得《测图海镜》《益古演段》二书,始初识天元术。因感二书端绪丛繁,学者鲜能知要,故于嘉庆己未年(1799),会通其理,成《天元一释》2 卷。上卷首先阐述"立天元一"的几何意义,解释所用名词,接着根据一元高次方程各项系数符号的变化情况将其分类,并将《测圆海镜》中的方程予以归类。此外,还具体讨论了宋元数学中"天元在上,太极在下"和"天元在下,太极在上"两种记法的利弊。下卷首先辨明了《数书九章》中的"立天元一"与"天元术"的"立天元一"不同,接着重点对各种类型的方程及其变形的基本解法一一疏导、注释,最后还通过考证,否定了当时流行的"李演秦说"。《天元一释》虽然只是对天元术的注释,但其所论重在算理,基本不涉及具体计算,表明焦循的方程论研究已不再仅仅是具体解法的讨论,而是上升到理论的探讨,这正是焦循数学研究的一个重要特点,即对一般规律的总结与抽象。

开方通释 1 卷 《木犀轩丛书》本。

清焦循撰。焦循有《雕菰楼易学三书》,已著录。本书是焦循阐述宋元数学家增乘开方法的著作。作者在杭州时曾读到李冶的《测图海镜》和《益古演段》,后又从镇江钞得秦九韶《数书九章》,深感其中用开方法既精且简。嘉庆五年(1800),作者和李锐同在杭州,二人共同钻研算书,作者因得《开方通释》和《天元一释》。此书前半部分论"十二式",每一式都列出一至十次方程并以题例及算草加以说明,是全书的核心,其中前八式实际上是 8 类不同形式的高次方程,后四式则是增乘开方法的几个关键步骤;后半部分主要以实例说明李冶、秦九韶"开方"方法的异同,并特别阐明了"投胎""换骨""开连枝同体术"等方法。作者成此作之前,明清两代学者对宋元数学中的增减开方几乎一无所知。《开方通释》综合李冶、秦九韶二人成果,对增乘开方的要点做了精辟的论述,为后人从事这一课题的研究廓清了迷障。

加减乘除释 8 卷 《雕孤楼丛书》本;《中西算学丛书初编》本。

清焦循撰。本书草创于乾隆五十九年(1794),嘉庆二年(1797)在进一步研究古算著述的基础上,删补旧稿成书 8 卷,此为焦循的代表作。在此书中,他试图用加减乘除运算法则,将古代数学中传统算法反映出的数学原理加以会通概括。第一、五两卷主要论述数的加减运算规则;第二卷主要论述二项式的乘方运算;第三卷主要论述数的乘除运算规则;第四、六两卷主要论述分数的性质及其运算规则;第七卷主要论述各类比例问题;第八卷主要论述加减乘除四则运算规则。全书共列出有关运算规则 93 条,每一条都相当于现代数学教科书中的定理或公式。焦循认为"论数之理,取于相通,不偏举数,而以甲、乙明之"。故在书中用甲乙丙丁等汉字代表不同的数字,这是我国数学书中的一个创举。此书以加减乘除运算法则作为基本内容,而不以具体数学问题作为研究对象,可视为一部理论性的数学专著,反映出中国传统数学抽象化的倾向。

第七节 术数类

玉灵聚义 5 卷 元天历平江路刻本;1995 年齐鲁书社出版;《中华再造善本》本。

元陆森撰。陆森，字茂林。元天历间平江路人。官阴阳教谕。历二年刻印过自编《玉灵聚义》5卷。本书所述皆龟卜之法。书前有延祐二年(1315)作者自序。卷1录载徐坚《初学记》净龟部、故实、诗文等，卷2录载《史记・龟策传》全文，卷3以下载龟卜图式诀法。玉灵，指古代占卜用的神龟。《史记・龟策传》："假云玉灵夫子。"司马贞《史记索隐》："尊神龟而为之作号。"此书收集有关龟卜的文字而成书，故名《玉灵聚义》。《四库全书总目》记载此书："词旨鄙俚，不出术家之习。其书久无刊版。此本传写颇脱误，证以《永乐大典》所载，全书卷首佚赵孟暄、骆天祐、范濂三序，卷3之末佚《龟经秘诀》三条，卷4佚《自然清平》一图，卷5之末佚《推六神行法》，配入《五乡》一章，《自然卦颂》一章，及所列十图，盖残阙之本。自孔子系《易》，极赞蓍德，而龟卜渐以不传。后世术家所用，皆别立名目，以意断制，非复古法，盖无足贵。今亦姑存其目，所佚诸条，不复采掇葺补焉。"可窥其要。

梦占类考12卷 明万历刻本；《续修四库全书术数丛书》本；1995年齐鲁出版社出版；1996年上海古籍出版社出版。

明张凤翼撰。张凤翼(1527～1613)，字伯起，号灵虚，别署灵墟先生、冷然居士。南直隶苏州府长洲人。与弟燕翼、献翼并有才名，时人号为"三张"。嘉靖四十三年(1564)与燕翼皆中举人。为人狂诞，擅作曲。所著戏曲，有传奇《红拂记》《祝发记》《窃符记》《灌园记》《扊扅记》《虎符记》(以上6种，合题《阳春集》)。诗文有《处实堂集》8卷，及《文选纂注》《四书句解》《瑞兰阁景行录》等。本书取六经子史及稗官野乘所言梦兆之事，排比成书，分为34类。大抵摭集原文，略采后人之论，及以己见附之。但是也只是据其善恶已然的迹象，而对于所谓占事知来，则茫乎未得其术。因而《四库全书总目》称其"则亦仅抄撮故事之书，而不可据以候视示吉凶，于占之名，颇无当也"。

衍范2卷 《四库全书总目》存目著录江苏巡抚采进本。

清顾昌祚撰。顾昌祚，号忍园。娄县人。康熙中举人，官江夏县知县，降补莱州府经历。清文人顾成天之父。《四库全书总目》载："是编附刻其子成天文集之前。首为三图，一曰皇极图，中为小圈，其状如毂，圈内书一'诚'字，外为大圈，其状如辋，而界画以三十二线，其状如辐。一曰老子之极图，三圈相函如射的，而中一小圈书一'虚'字。一曰佛氏之极图，两圈如月之晕而虚其中，别画一小圈于外，书一'空'字。上卷自为之说，下卷引经以证之，大旨以《洪范皇极》贯注万理万事，故名曰《衍范》。自朱子传周子《太极图》，儒者尊为道学正脉，上接孔子。后来讲学者遂纷纷作图，以希追配，此亦其一。"

画前易衍 《四库全书总目》存目著录江西巡抚采进本。

清徐灿撰。徐灿，字朗亭，号玉峰。昆山人。乾隆辛酉年(1741)举人。《四库全书总目》为之存目，载："其书以太极函三兼综河洛理数，取周子《太极图说》引而伸之，以为交兆。又采古今格言，复益以己说，为占词。法用太极化十六事为纲，曰顺，曰矫，曰潜，曰建，曰照，曰劲，曰近，曰约，曰折，曰止，曰回，曰宜，曰练，曰脱，曰经，曰纬。以十六事相错得二百五十六，每事各为五兆，曰合五，曰八三，曰九二，曰七四，曰六五。皆有占词，合为一千二百八十兆。其占法以一百二十子阴黑阳白各半揉和，先拈一字居中，以应天一之数，尚虚中位四数，俟后积数补之。次于前后左右，按次列十一数衍之，谓十六兆。内消象，纯黑圈。息象，纯白圈。交兆，纯阳数者，阳极生阴，下半圈黑。纯阴数者，阴极生阳，下半圈白。若方数不符，消息犯重者，不列。又以十六纲配二十四气，前此言数学者所未有也。自序谓梦周子、二程子各书一三字见示。又授笔一枝，册一帙，颜曰画前易，因衍为此书云云。可谓语怪矣。"

第八节　艺术类

书断3卷 《百川学海》本；《四库全书》本；2012年浙江人民美术出版社石连坤评注本。

唐张怀瓘撰。张怀瓘，初名怀素。海陵(今泰州)人。官鄂州司马，翰林院供奉。本书为书法理论名著。上卷列古文、大篆、籀文、小篆、八分、隶书、章草、行书、飞白、草书10种书体，记述其源流

特点，各附以赞。末为总论1篇加以总结，探讨文字的起源发展等。中卷与下卷，品评书法家，分神、妙、能三品，各品亦按书体区分。共列神品25人，妙品98人，能品107人，除去重复者，共记载86位书法家，自周史籀至唐卢藏用，各有小传，记其创作情况并加以品评。末为总评，论述书法艺术。张怀瓘为书法家，精通书法创作，对历代书法名家及作品详加稽考，书中记载内容非常丰富，品评公允得当，故本书在唐代即受到重视，对后世书法理论发展亦产生重要影响。

唐朝名画录1卷　《王氏画苑》本；2016年黄山书社吴企明校注本。

唐朱景玄撰。朱景玄，吴郡人。官太子谕德、翰林学士。本书为我国第一部绘画断代史。共收录唐代画家122人，首列亲王3人，其后分为神、妙、能、逸四品，包括神品，上1人，中1人，下7人；妙品，上7人，中5人，下10人；能品，上6人，中28人，下26人；逸品3人。又附录李嗣真《画录》不可定其品格者25人。本书之前有张怀瓘《画品断》，将画家分为神、妙、能三品定其等格，朱景玄主要依据三品收录唐代画家，又增加"逸品"，收录格外有不拘常法者，如此分类对此后传统绘画的品评研究产生重要影响。书中对收录其中的唐代著名画家的生平事迹加以记载，对其艺术成就加以品评。如周昉，列入"神品"中，详记其绘画之事，末云："其画佛像真仙、人物士女皆神品也，惟鞍马鸟兽、草木林石不穷其状。"

墨池编6卷　清康熙五十三年(1714)朱氏刻本；《四库全书》本；2012年浙江人民美术出版社何立民点校本。

北宋朱长文撰。朱长文有《吴郡图经续记》，已著录。本书为古代书学经典著作，朱长文辑录古人著述以及自己的撰作，编撰成书。内容分为字学一类、笔法二类、杂议二类、品藻五类、赞述三类、宝藏三类，碑刻二类、器用二类。原为20卷，明以后并作6卷。本书分门别类总结古代书学成就，包括书学理论、名家评论、名作鉴赏、器物用具等，涉及书法研究的各个方面。书中搜集古人著述的书学资料非常丰富，历代重要文献多为收录。"品藻"类中有朱氏所作《续书断》，对书法理论与实践俱有精到的论述，在古人著述后又常常作出自己的评论。本书代表了北宋书学研究的水平，对后世书法家及研究者产生重要影响。

琴史6卷　国家图书馆藏明抄本；《四库全书》本；2010年中华书局林晨编著本。

北宋朱长文撰。本书是我国最早的琴史专著，朱长文搜辑史料复加撰作，编撰而成。前5卷搜录自上古至北宋的音乐人物154人，介绍其生平及与琴史相关的事迹。第六卷分为莹律、释弦、明度、拟象、论音、审调、声歌、广制、尽美、志言、叙史11篇，论述琴学理论的各个方面。本书所记录的音乐人物及其事迹，系统记述古代音乐发展的历史，具有重要史料价值。第五卷所记北宋10位音乐人物，包括宋太宗、范仲淹、欧阳修这样的政治家、文学家，亦包括其祖父朱亿及崔遵度等音乐家，反映了宋代文化发展状况。第六卷有关琴学理论的阐述，代表了北宋琴学研究的水平，对中国音乐史研究具有重要意义。

书史1卷　《百川学海》本；《四库全书》本；2013年中州古籍出版社赵宏注解本。

北宋米芾撰。米芾(1051～1107)，字元章。襄阳人，寓居京口。官书画博士、礼部员外郎等。著名书画家、鉴藏家。人称"米颠"。本书为米芾记载其所见名家书法作品，始自西晋，迄于五代，共百余条。评论书法作品的艺术水平，鉴定其作者、时代，记载奇闻异事、收藏之所等，兼及印章跋尾、纸绢装褙等。其中如二王法帖，记载颇为详细。书法大家颜真卿、怀素、张旭、欧阳询等，亦记载数条。亦记米氏自己所临名家之作等。亦有数则记载非常简略，如"唐高闲书令狐楚诗，在尚书李常家"，"文勋有一轴黄麻篆，阳冰少时书"等。米芾为书法大家，其论述之语多有精到之处，可据此了解其书学思想，亦为中国书法史的重要资料。

画史1卷　《津逮秘书》本；《四库全书》本。

北宋米芾撰。本书记载自晋至宋著名画作。其体例与《书史》略同。分为晋画、六朝画、唐画三部分，共记约200条。唐画包括五代及北宋画，为本书记载的主要内容。米芾在书中品评画作的艺术水平，鉴定其真伪，记载收藏之处，介绍相关奇闻

异事，又及装裱印鉴等。古代著名画家及画作多有记载，如顾恺之、王维、李公麟、巨然、董源、范宽等。书中所载画作多为其亲见。又记米氏所藏名家之作，如“顾凯之维摩天女飞仙，在余家”，“戴逵观音，在余家。天男相，无髭，皆贴金”等，其后对其家收藏记载颇详。米芾为书画大家，亦为鉴藏名家，本书所载古代著名作品及相关评述，为后代书画家奉为圭臬，是研究中国美术史的宝贵资料。

宝章待访录1卷　《百川学海》本；《四库全书》本。

北宋米芾撰。本书记载米芾亲见和耳闻的晋唐书法名作，分为两部分，目睹54条，的闻29条，部分内容与《书史》相出入。米芾为书法大家，眼光非同一般，书中记载多有名家真迹，如王羲之《雪晴帖》、智永真草书《归田赋》、欧阳询《卫灵公天寒凿池帖》、颜真卿《乞米帖》、张旭四帖、孙过庭草书《千文》、怀素《千文》等。记载书法名作的作者、内容、纸质、收藏者、题跋、印章、流传等，又鉴定作品真伪、品评艺术特点等，记述生动形象，为古代书法研究提供了重要的资料。如颜鲁公《郭定襄争坐位第一帖》，“右楮纸，真迹，用先丰县先天广德中牒起草。秃笔，字字意相连属，飞动诡形异状，得于意外也，世之颜行第一书也”。

海岳名言1卷　《百川学海》本；《四库全书》本。

北宋米芾撰。本书记载米芾对书法艺术的品评鉴赏之语，为后人辑录，共26则。米芾为书法大家，书中所言多寥寥数语，却反映出米芾对书法艺术的独到见解，生动形象，颇为传神。如云：“字要骨格，肉须裹筋，筋须藏肉，帖乃秀润生，布置稳，不俗。险不怪，老不枯，润不肥。变态贵形不贵苦，苦生怒，怒生怪；贵形不贵作，作入画，画入俗：皆字病也。”又记自身成就经历：“壮岁未能立家，人谓吾书为集古字，盖取诸长处，总而成之。既老始自成家，人见之，不知以何为祖也。”米芾对前代名家推崇魏晋，贬低唐人，对当代名家的评价也观点鲜明：“蔡京不得笔，蔡卞得笔而乏逸韵，蔡襄勒字，沈辽排字，黄庭坚描字，苏轼画字。”自我评价直云：“臣书刷字。”

珊瑚木难8卷　国家图书馆藏稿本；《四库全书》本；2012年浙江人民美术出版社王允亮点校本。

明朱存理编撰。朱存理（1444～1513），字性甫，号野航。长洲人。布衣。与文徵明、沈周、吴宽等为友，精于书画鉴赏。朱存理以书画鉴赏闻名，目见大量名人书画真迹，选其所见的书画题跋编成本书。此外又收辑较少见的诗、赋、记、序、传、墓志铭等资料。全书8卷，编次以见录时间先后为序，抄录其所见作品。书画、文学名家之作多为收录，如唐张旭、颜真卿、柳公权，宋欧阳修、苏轼、苏辙、黄庭坚、辛弃疾、周密，元赵孟頫、虞集、杨维桢、倪瓒、危素、陶安，明方孝孺、沈周、吴宽、李东阳等。名家之作后有朱存理按语，除评论外，又及抄录作品的因由、时间，作品藏家等。本书不仅集中收录古代题跋及名家之作，又收录了许多较为罕见的诗文作品如宋陈亚，元胡助、仇远、郑洪，明胡奎、凌云翰、袁华等人的作品，许多稀见文献赖以保存。

铁网珊瑚16卷　国家图书馆藏明抄本；《四库全书》本；2012年广陵书社韩进、朱春峰校证本。

明朱存理编撰。本书《四库全书》本署名为《赵氏铁网珊瑚》，认为是明万历间常熟赵琦美编撰，后世学者多以为本书为朱存理所编，赵琦美所作为整理补辑。本书亦集中收录古代书画题跋及相关诗文作品。与《珊瑚木难》编排无序不同，本书体例较为整齐，全书16卷，分为书、画两类。卷1至卷10，收录自周秦至明100余件书法作品的题跋诗文等。卷11至卷16，收录自唐至明近百件绘画作品的题跋诗文等。编排以时代先后为次序，同一人的作品编作一处，许多中国古代最著名的书画作品被收录，如石鼓文，二王书帖，阎立本、韩幹、顾恺之画作等。由于朱氏鉴赏之精，此书颇负盛名，身价在当时已超过了宋元善本。后为著名藏书家毛晋所得，大为珍重，“不减米襄阳《宝章待访录》，吴中推为墨宝”。《四库全书》亦云“所载书画诸跋，颇足以辨析异同，考究真伪，至今赏鉴家多引据之”。

王氏画苑10卷补益4卷　明万历十八年（1590）王元贞刻本；《四库全书存目丛书》本。

明王世贞、詹景凤编辑。王世贞有《弇山堂别集》，已著录。王世贞任郧阳巡抚时，搜辑古代绘画论著等编撰成书。初名《古画苑》《古今名画苑》，共

收录15种。其后新安詹景凤续补，收录16种。以唐宋人著作最多，有专门论著，亦有单篇记述。王氏所选著作有张彦远《历代名画记》10卷，刘道醇《圣朝名画评》3卷，邓椿《画继》10卷，黄休复《益州名画录》3卷，米芾《海岳画史》1卷，沈括、荆浩、王维等各1篇。詹景凤补选有董逌《广川画跋》6卷等。本书所选为具有代表性的古代绘画专著，材料非常丰富，有助于学者了解中国古代绘画史。

王氏书苑10卷补益12卷　明万历十九年(1591)王元贞刻本；《四库全书存目丛书》本。

明王世贞、詹景凤编辑。王世贞有《弇山堂别集》，已著录。本书为王世贞任郧阳巡抚时，搜辑古代书法著作等编成。初名《古法书苑》《古今法书苑》，共收录5种。其后新安詹景凤续补，收录9种。王氏所选著作有张彦远《法书要录》10卷，米芾《海岳书史》1卷等，詹景凤补选有孙过庭《书谱》1卷，姜夔《续书谱》1卷，米芾《宝章待访录》1卷及董逌《广川书跋》10卷等。本书所选均为古代著名的书法专著，内容非常丰富，有助于中国古代书法史研究。

琴书大全22卷　明万历十八年(1590)刻本；《续修四库全书》本。

明蒋克谦编撰。蒋克谦，字国光。徐州人。祖姑为嘉靖皇帝之母章圣皇太后，祖父轮、父荣，玉田伯。官锦衣卫都指挥佥事。本书编撰始于蒋克谦高祖父敩，此后其祖父轮、父荣继续整理，传至克谦，又延海内琴士参互议订，于万历十八年刊成。内容包括序琴、声律、琴制、琴式、琴徽、琴弦、指法、指法手势图、弹琴、琴事、曲调、曲调拾遗、历代弹琴圣贤、记载、杂录、文、琴诗、琴谱。蒋氏数代整理古代琴学文献，精心编排成书，所载内容非常丰富，与琴有关的历史记载、声律原理、制造技术、演奏技法、曲调琴谱、演奏名家、相关诗文等多有记载，是一部系统总结中国古代琴文化的重要著作，堪称琴学的“百科全书”。

清河书画舫12卷　清乾隆池北草堂刻本；《四库全书》本；2011年上海古籍出版社徐德明校点本。

明张丑撰。张丑(1577～1643)，原名谦德，字叔益。后改名丑，字青甫，号米庵。昆山人。本书著录古代书画名作。按时代为序记载自魏晋至明代书画家作品，记载前人题跋、鉴藏印记、收藏经过等。张丑又加评论考证，记述流传原委，辨正前人记载之误，鉴定真迹等。末附鉴古百一诗。张丑收藏丰富，善于鉴藏，书中收录多为历代书画名作，记载详细，考证严谨，对鉴定书画方法多有论述，故书成后，时人多服其精当。《四库全书总目》对本书多有赞语：“明代赏鉴之家，考证多疏，是编独多所订正。”本书对于古代书画作品的鉴别研究，至今仍具有重要的参考价值。

真迹日录5卷　清乾隆池北草堂刻本；《四库全书》本。

明张丑撰。张丑撰成《清河书画舫》后，受到鉴赏家好评，多以名品卷轴见示，张丑随见随记，编成本书。著录历代书画名作百余件，不以时代为序，亦有见于《清河书画舫》者。记载书画内容、题跋、印鉴等，前人有关评论也多加采录，又及张氏自己的评述和跋语。书中记述较详的名作，如卷1《松雪翁委顺庵图卷》《研北杂志》《韩魏公像卷》《米南宫八帖》，卷2《唐十八学士图》《龙眠山庄图》《米南宫易说》《米书九帖》《蔡忠惠公十帖》，卷3《阎立德王会图》《黄庭坚草书谈道章帖》《宝晋斋简帖》，卷4《唐人临右军东方朔像赞》，卷5《米南宫九帖》等。

绘事微言4卷　明天启七年(1627)刻本；《四库全书》本；1985年人民美术出版社王伯敏点校本。

唐志契撰。唐志契(1579～1651)，字敷五，又字玄生。泰州人。擅长山水画。本书论述山水画技法理论等。卷1为唐志契论述51则，卷2至卷4辑录南齐谢赫至明代诸家有关记述。唐志契精于画事，本书所言绘画理论技法等颇中肯綮，如画尊山水、写画要读书、画不可苟、画要看真山真水、画有自然等阐述其见解主张，用墨、积墨、皴法、碎石、烟云染法、点苔等探讨技巧方法等，显示其深厚的艺术功力。所采前人之说亦颇有价值，如《品画录》《纪艺》《续纪艺》《画题》《名人图画语录》等，汇辑历代画家的理论总结和创作心得，有助于中国画的创作和研究。

园冶3卷　明崇祯刻本；1988年中国建筑工业出版社陈植注释本。

明计成撰。计成(1582～?),字无否,自号否道人。吴江人,中年迁居镇江。善绘事,以建造园囿为业,结交钱谦益、阮大铖、郑元勋诸名士。本书初名《园牧》,于明崇祯四年(1631)编成。计成将其丰富的造园经验与高度的艺术修养相结合,对古代造园艺术进行总结,完成了这部我国最早的系统探讨造园艺术的著作。全书分为3卷,第1卷兴造论、园说以及相地、立基、屋宇、装折4篇,第2卷栏杆,第3卷门窗、墙垣、铺地、掇山、选石、借景6篇。其中兴造论、园说为总述,屋宇、装折、栏杆、门窗、墙垣为建筑艺术,配合造园需要加以叙述。其他6篇为造园艺术,为本书最重要的内容,相地分为6类,立基分为7类,铺地分为4类,掇山分为17类,选石分为16类,详尽论述园林艺术的各个细节。本书在清代逐渐失传,而在日本却产生广泛影响,书名又作《夺天工》,被誉为研究造园艺术最重要的典籍。民国间我国学者对本书重新加以整理研究,对现当代园林艺术的研究和发展产生了积极影响。

读画录4卷 清康熙十二年(1673)周氏烟云过眼堂刻本;2008年西泠印社周飞强、王素柳校注本;2008年凤凰出版社《周亮工全集》本。

清周亮工撰。周亮工有《印人传》,已著录。本书收录明末清初生活于南京及周边地区的画家,共77人,如李日华、董其昌、吴伟业、陈洪绶、渐江、王翚、杨文骢等著名画家。记其生平简历、趣闻轶事、艺术创作等,对其艺术成就、风格等加以评论,多引名家之说。周亮工本人精通书画,书中人物多与其有交往,又征引文献记载,故本书内容非常丰富。如董其昌,不记述其生平,摘录钱谦益等5人评论,概括其艺术成就。陈洪绶,记载颇详,言其家世及与作者交往,记其经历和创作,刻画其言谈举止和个性,最后辑录同行评论。又如马士英,名声不佳,本书则对其人品和艺术加以客观评论,所言颇为公允。

书法正传10卷 清乾隆世豸堂精刻本;《四库全书》本;1985年上海书画出版社崔尔平点校本。

冯武(1627～?),一名长武,字窦伯,号简缘。常熟人。冯复京孙,舒、班侄。家世多书籍,喜校雠,工书法。清康熙四十六年(1707),冯武年81,馆于苏州缪曰芑家,撰成本书。冯氏认为诸体之中,正书最为切要,辑录历代书法专著和名家之言等,专论正书之法。卷1陈绎曾《翰林要诀》,卷2周伯琦《书法三昧》,卷3李溥光《永字八法》,冯武认为三家论书,独得微旨。冯氏亦有补注。卷4李淳《大字结构八十四法》。卷5至卷7《纂言》,辑录历代名家有关书法的论述与专著。卷8《书家小传》简介历代名家,《书家品藻》记书法名家对名家名作的品评,又杂记与书法相关之事。卷9《名迹源流》介绍书法名作,冯氏亦加以评述。卷10冯班《钝吟书要》,辑录冯班谈论书法之言。本书资料丰富,记述得当,颇便于后学。

无声诗史7卷 清康熙五十九年(1720)观妙斋刻本;《续修四库全书》本;2009年华东师范大学出版社印晓峰点校本。

清姜绍书撰。姜绍书,字晏如,号二酉。丹阳人。姜宝孙,以祖荫南京工部郎。明亡不仕。本书为明代画家列传,卷1至卷4为著名画家,首列明代帝王及黄公望、王蒙等数位元末明初大画家,卷5为著名女画家,卷6、7为真迹不存或名声较小的画家,亦包括数位女画家。全书共记载400余人,以时代为序。明代是中国绘画发展的重要阶段,流派纷繁,名家众多,姜绍书工绘画,善鉴别,潜心于书画艺术的研究,广泛采辑整理文献资料,明代重要画家多为收录。书中简述其生平履历,详记其艺术特点和成就,有助于中国美术史研究。

大观录20卷 1920年武进李氏圣译楼铅印本;《续修四库全书》本。

清吴升撰。吴升,字子敏。苏州人。曾从王时敏、孙承泽等游处,精于书画鉴赏。康熙间吴升记其生平所见书画,编成本书。卷1至卷9魏晋至元明法书,卷10元明诗翰姓氏,卷11至卷19晋至明名画,卷20沈、唐、文、仇四家名画。吴升与明末清初书画名家交往密切,所见名作甚多,本书所记书画作品非常丰富,中国古代书画名作多为收录。先题作者和作品名称,其下小字记载纸绢尺度、作者简介、法书字数行数、名画所绘情状、吴升评论等,其后为书画本文和款识,最后为题跋和印章。吴升评论非常精当,所述亦颇见文采,历代名人题跋尤有资料价值。卷10记载数百位元明书法家生平资料,卷20则记述明代苏州最有代表性的4位画家

的作品，有助于中国书画研究。

平生壮观10卷 清抄本；《续修四库全书》本；2011年上海古籍出版社林虞生校点本。

清顾复撰。顾复，字来侯，号方泾上农。常熟人，祖籍湖南武陵。诸生。数世富于书画收藏。本书为顾复康熙间著录所见古代书画名作，分为书画各5卷，按朝代先后为序，记载自魏晋至明书画家及其作品。每件作品记载尺寸行款、诸家题跋、钤印图章等，又记作者师承渊源、艺术造诣、遗闻逸事。顾复精于鉴赏，家藏法书名画等甚富，又广交收藏名家，得见书画名迹辄记之，故本书所载对于书画鉴赏研究具有重要价值。其中卷5对明人书法作品记载颇为细致，除明代皇帝及著名书法家作品外，又分为名公手泽、东林诸公遗墨、北京殉节诸贤翰墨、南京死节诸贤遗墨、南中死节诸贤遗墨5类，每类前有序简略评述明代史事，其后记载著名官员文士等书法作品，颇具史料价值。

印典8卷 清康熙刻本；《四库全书》本；2011年浙江人民出版社何立民点校本。

清朱象贤编撰。朱象贤，字行先，又字圣涵，号清溪。吴县人。监生。官万载知县等。朱象贤辑录与印学相关的各类记载编成本书。分为12类：原始、制度、赉予、流传、故事、综纪、集说、杂录、评论、镌制、器用、诗文等。朱氏精于印学，广泛搜集文献记载，精心加以编排，内容包括印的源流、制度、形式、镌刻、名人轶事、相关诗文等，其中《制度》近2卷，记载自秦汉至明代的官印制度，元代部分的给诸司印、明代部分的诸司印信等较为细致。《评论》记载印的种类亦比较完备。《四库全书总目》云本书“采摭既富，亦足以资参考之助”。

淳化秘阁法帖考正12卷 清雍正诗鼎斋刻本；《四库全书》本。

清王澍撰。王澍（1668～1739），字若林，号虚舟。金坛人。康熙五十一年（1712）进士，官五经篆文馆总裁官、吏部员外郎等。宋人所编《淳化秘阁法帖》收录众多名家法帖，对后世影响巨大，被公认为丛帖之祖。历代对其研究者颇多，本书为较为重要的一种。此书之前米芾、黄伯思、顾从义等人曾对《淳化秘阁法帖》加以考论，王澍平素临写，有所见则加以疏记，又博取群书详悉考镜，参考众家之说，编成本书，仍依法帖原目，分为10卷。以史传正讹误，以笔迹辨依托，对行款标目以及释文之类，亦一一考核。末附录《古今法帖考》1卷，溯《阁帖》之缘起及诸帖之源流。《论书剩语》1卷，探讨执笔、用墨、临古等问题。王澍为清初著名书法家，学问广博，书中所言颇为精当，有助于书学研究。如卷6王羲之《适得书帖》，王氏引姜夔所言古人草书特点为据，判断此帖为伪作，“此帖字相连属，如笔不停缀者，然既乏顿挫，兼带俗韵。黄长睿以为笔无晋韵，乃近世不工书者伪作。不刊之论也”。

吴越所见书画录6卷首1卷 清乾隆四十一年（1776）陆氏怀烟阁刻本；《续修四库全书》本。

清陆时化撰。陆时化（1714～1779），字润之，号听松。太仓人。监生。本书著录陆时化所见古代书画作品。卷首为《书画说铃》1卷，有书画说29则，记载其鉴赏收藏书画心得。卷1至卷5著录唐宋元明书画名作，以明人作品最多。卷6著录清人作品，主要为清初“四王恽吴”之作。共收录作品600余件，著录藏处、尺寸、印章、题跋、作者小传等。卷末《书画作伪日奇论》，记载其时书画作伪情形。陆时化嗜书画，鉴别甚精，书中收录的多为历代书画精品，其中所录清初“四王恽吴”（王时敏、王鉴、王翚、王原祁、恽寿平、吴历）的作品180余件，又记其生平事迹和艺术成就，有助于书画鉴赏和研究。

绘事琐言8卷 清乾隆五十九年（1794）刻本；《续修四库全书》本。

清迮朗撰。迮朗，字辉庭，又字蕴高，号卍川。吴江人。乾隆五十四年举人，官凤阳训导。本书记载与绘画有关的笔墨纸砚以及书室、画几、眼镜、烛台等各类用品60种。迮朗精于绘事，本书所载为绘画所用寻常用品，对其中许多不为人注意的物品也详加记载，故书中所记有助于中国文化研究。其中记载较详的有卷1“砚”，记载各种材质10余种。笔，记载各种材质20种，各种制式20余种。卷2“墨”，先记古今谈墨之略7种，又记自周至明制墨名家数百人，各记其所制名墨。其中记载最详的明代程君房所制名墨就有数百种。卷7“印”，分为识篆、审名、辨印、论材、分式、别度、定见、笔法、刀法、

章法、摹古、蓄谱、集印、立品、去病、用法诸目，每目下又分子目，如识篆就包括六书、八体、汉六书、篆体正宗、篆体奇赏、篆字书，有关印学资料非常详备，可视作一部印学简史。

剧说6卷 国家图书馆藏稿本；《诵芬室丛刊》本；2008年广陵书社韦明铧点校本。

清焦循撰。焦循有《雕菰楼易学三书》，已著录。焦循乾隆五十七年(1792)得破书一帙，杂录前人论曲、论剧之语，引辑详博，而无次序。嘉庆十年(1805)，养病家居，因取前帙，参以旧闻，名之以《剧说》。本书辑录汉代以来的与戏剧相关的文献资料编撰而成，内容非常丰富，包括戏曲历史、脚色行当、戏曲本事、作家事迹、戏曲语言、演员表演、掌故趣闻等等。焦氏学识渊博，对戏曲亦颇有研究，常对书中内容加以解释和评述，亦记自己所见所闻等。引用书目开载166种，实际不止此数，汉以来相关文献收集比较完备，具有非常重要的史料价值，为研究古代戏曲提供了极大的便利。

花部农谭1卷 国家图书馆藏稿本；《怀豳杂俎》本；2008年广陵书社韦明铧点校本。

清焦循撰。本书为我国第一部地方戏曲专著，花部即与雅乐昆曲相对应的京腔等地方戏曲。焦循喜花部戏曲，常与农人闲谈，因以为名。书成于嘉庆二十四年(1819)。其时花部戏曲被士大夫所轻视，焦循则充分肯定花部的价值，在序中他比较昆曲与花部，宣扬花部的艺术价值与社会价值，“其事多忠孝节义，足以动人；其词直质，虽妇孺亦能解；其音慷慨，血气为之动荡”。本书记载了其时流行的10部花部戏曲作品如《铁邱坟》《龙凤阁》等，叙述其故事梗概，探其本事，分析其艺术特色，表现出焦循进步的艺术观。本书的问世亦反映了此一时期地方戏曲繁盛兴旺的状况，对地方戏曲事业的发展，具有积极的促进作用。

石渠随笔8卷 《文选楼丛书》本；2011年浙江人民美术出版社钱伟强、顾大朋点校本。

清阮元撰。阮元有《诗书古训》，已著录。阮元既是著名学者，对书画艺术也深有研究。乾隆五十六年至五十八年(1791～1793)，阮元奉旨南书房行走，与王杰等修纂内府所藏书画，编成《石渠宝笈续编》。阮元将此间所见内府书画精品，札记笔录撰成本书，包括书画总册及自晋至清名家之作，多为民间罕见的精品真迹。书中对书画作品的记载颇为详细，包括题咏、跋语、尺寸、印记等，描述画作内容，品评鉴赏之语非常精辟。对书画名作详加考订，辨明真伪，著录有关历史资料，具有较高的文献价值，也反映了阮元对书画的深刻见解。如卷6著录明代书法家董其昌的作品7种，考据品评颇为细致。书中对名作的描述颇为生动，令人难忘，如卷7“钱文敏维城山水，苍秀绝无尘俗，花卉傅色，最为鲜明。其折枝花卉，长卷巨册为极多，丹粉焕如堆垛，有光采，设色之工，空前绝后”。

红豆树馆书画记8卷 清光绪八年(1882)刻本；《续修四库全书》本。

陶樑(1772～1857)，字宁求，号凫芗。长洲人。嘉庆十三年(1808)进士，官至礼部左侍郎。陶樑收藏历代书画真迹300余种，又收录若干友人所藏名画，仿《铁网珊瑚》《江村销夏录》之体，分卷、轴、册页3类，于道光十六年(1836)编成本书，光绪七年由其甥潘霨整理刊刻。收录作品自唐代至清代，按时代排列，记其纸绢、尺寸、印章、题记、书法本文、画作内容、画家简介、作品评论等。书中收集多为明清著名书画家作品，少数为唐宋作品，如唐韩滉《文苑图》、戴嵩《三猿图》、南唐王齐翰《挑耳图》、后蜀黄筌画猫以及苏轼书李太白《梁园吟卷》、宋徽宗《岁安图》、唐宋名人画册等。

历代画史汇传72卷首1卷附录2卷 清道光五年(1825)尚志堂彭氏刻本；《续修四库全书》本。

清彭蕴璨撰。彭蕴璨(1780～1840)，字振采，号朗峰。长洲人。本书为历代画家列传，自上古至清中叶共收录7 500余人。卷首为清世祖和高宗圣制，后为10余位宗室王公画家小传。又附录2卷，记载所见之笔不能详实者。卷1“古帝王”门，记载帝王画家自黄帝至明华山王事迹。卷2至卷61为“画史”门，记载历代画人。卷62为“偏阙”门，记载姓氏不详，以字号行世的画家。卷63为“外藩”门，卷64、卷65为“释氏”门。卷66起记载女画人，卷66分“后妃”门和“女史”门，此后至卷72为“女史”门，卷72又分“偏阙”门、“毗丘尼”门、“女冠”门。《附录》及卷2以后各卷按诗韵分卷，依韵部排列姓

氏先后，同一姓氏之下，则依时代为序。彭氏家藏名画甚多，精于画学，花费数十年精力编成此书，首列引证书目就有1 000余种，古代画人多为收录，小传中间有考证及绘画评论，有助于中国美术史研究。

篆学琐著30种40卷 清道光二十年（1840）海虞顾氏刻本；《续修四库全书》本。

清顾湘编撰。顾湘，字翠岚，号兰江、石墩山人等。常熟人。篆刻家、藏书家。本书辑录唐代至清代篆学著作汇为一书，包括36家著作30种，自李阳冰《论篆》至汪启淑《续印人传》。此前篆学研究著作较少，顾湘编撰本书，稽摹印之源流，阐书势之旨要，综其说而集其成，涉及篆学各个方面，包括源流、书体、印式、器用、得失、创作方法、论印诗歌、篆刻家传记等等，内容非常丰富，具有史料价值，亦便于创作者学习和借鉴。其中周亮工《印人传》3卷和汪启淑《续印人传》8卷是篇幅最多的两种，收集篆刻家生平资料颇多。顾湘为篆刻家，所编本书颇具眼光，系统收集古代篆学重要论著，在中国篆学史上占有重要地位。

过云楼书画记10卷 清光绪刻本；1990年江苏古籍出版社顾荣木点校本；2011年上海古籍出版社柳向春校点本。

清顾文彬撰。顾文彬（1811～1889），字蔚如，号子山，晚号艮庵。元和人。道光二十一年（1841）进士，官浙江宁绍台道等。著名藏书家。本书著录顾文彬所藏书画精品，分为书类4卷，画类6卷，共240余件，每件书画记其行款、布局、题记、传承始末、轶事遗闻等。顾氏精于鉴别书画，考辨精审，所藏多为传世名迹，其中明清书画尤其是“明四家”和“清初四王”作品最为突出，故本书对于法书名画的赏析研究具有重要参考价值。顾氏善于记述，常在题语中言其收藏书画的始末及欣赏书画的感受，亦可看作富于高雅情趣的小品文。如卷1《张温夫书华严经册》：“回忆在都门日，偶过许星叔斋中，亦见秘阁手书《华严经》一卷，以坐有他客，匆匆翻帋，不能记其卷次。今者北望京华，云龙之合，视韩孟为难，互出夸炫，不知又在何时也。书竟惘然。”

扬州画苑录4卷 清光绪十一年（1885）刻本；《续修四库全书》本。

清汪鋆撰。汪鋆有《十二砚斋金石过眼录》，已著录。本书为清代扬州画家列传，汪鋆光绪九年编成，资料来源于《扬州画舫录》等书，后2卷分为流寓、方外、闺秀3类。首先记载画家生平简历，注明出处。其后征引他书或汪氏按语，补记相关事迹，记载稍详。清代扬州书画艺术繁盛，出现如“扬州八怪”等一批著名画家，本书之前对扬州画家的记载不多。汪鋆本人即为书画家，结识交往较广，又广搜书画专著、地方文献等，本书收录的扬州画家数量超过以往著作，对其生平经历、艺术创作的记载亦较详细，对中国古代书画以及扬州地方文化的研究具有重要价值。

画学心印 清光绪四年（1878）刻朱墨套印本；《续修四库全书》本。

清秦祖永编撰。秦祖永（1825～1884），字逸芬，号声白，别号楞烟外史。无锡人。贡生，官广东碧甲场盐大使。工诗古文，善书画。本书收辑自晋至清书画名家学者有关画学的论述和专著等60种，秦氏所撰《桐阴画诀》存目。秦氏有关见解和评述，低一格附于其后，简短评论置于书眉。中国古代画学评论和著作颇为丰富，本书收录其中论述精辟者，自顾恺之《画评》、梁元帝《山水松石格》、张彦远《叙画源流》、王维《山水诀》，至龚贤《画诀》、笪重光《画筌》、恽格《瓯香馆画跋》、王原祁《雨窗漫笔》等。秦氏精于书画，其论说亦颇有见解，如卷2邓椿《论界画法度绳尺》，秦氏云：“界画固不可杜撰，即没骨一法亦以神彩生动为上，不可以杜撰率易为之。若执而不化，则外合而内不充。所当容与其心，与天为徒，与古为徒”等。

桐阴论画2卷首1卷附录1卷画诀1卷续论画1卷二编2卷三编2卷 清同治、光绪刻本；2014年浙江人民美术出版社余平点校本。

清秦祖永撰。本书集中品评明清重要画家。秦祖永将120位画家分成逸品、神品、妙品、能品分别评骘，于同治三年（1864）编成《桐阴论画》。卷首大家16家，上下二卷名家100家，附录闺秀名家4家。各人名下标明诸品，以数十字概述其艺术风格和成就，后为小传，书眉又有评语。其后为《画诀》，自述其书画创作心得体会，自执笔、用笔、用墨至构

局、设色等，多精当独到之语。最后为《续论画》，又增补此前未收录的120位画家小传。光绪六年(1880)秦氏又对其生平所弆藏寓目者重新评论，编成《二编》和《三编》。《二编》收录明季至康熙间120家，《三编》收录雍正至道光间120家，与初编同一体例，评述其艺术成就，记载其生平事迹。秦祖永精于绘画与鉴赏，书中对明清画家的品评，多有精辟之处，是画学研究的重要资料。

第九节　谱录类

古今刀剑录1卷　《百川学海》本；《四库全书》本。

梁陶弘景撰。陶弘景(456～536)，字通明。自号华阳隐居。秣陵人。道教著名人物，医药家、文学家。本书为古代记录刀剑的名著，所记均为历史上的著名刀剑，分为四部分。首为帝王刀剑，自夏启至梁武帝，记40事。次为诸小国刀剑，即地方割据政权君主刀剑，自刘渊至赫连勃勃，记18事。次为吴将刀，记周瑜以下10事。次为魏将刀，记钟会以下6事。时间上至三代，下至梁代，记载著名刀剑的名称、制造时间、尺寸以及铭文等资料，是研究古代刀剑制作技术的宝贵文献。陶弘景本人亦为刀剑冶炼专家，本书也记梁武帝命其所制刀剑，"普通中，岁在庚子，命弘景造神剑十三口，用金银铜铁锡五色合为之，长短各依剑术法，文曰：服之者永治四方，并小篆书"。

砚史1卷　《百川学海》本；《四库全书》本；《丛书集成初编》本。

北宋米芾撰。米芾有《书史》，已著录。米芾于砚石颇知鉴赏，本书共27条，其中《用品》《性品》《样品》诸条，记砚石的功用、特性、形制等。其余诸条自玉砚至蔡州白砚，为其所目见之各处佳品，尤以《端州岩石》《歙砚婺源石》二条所记较详，对端砚、歙砚研究鉴赏颇有价值。米芾为书画名家，对砚石之了解远出众人之上，书中所述历代砚石制作的发展变化颇为周详。本书为文房鉴古名著，后世深受其影响，仿《砚史》之作盛行其后。

云林堂饮食制度集1卷　国家图书馆藏清初毛氏汲古阁抄本；《续修四库全书》本；1984年中国商业出版社邱庞同注释本。

元倪瓒撰。倪瓒(1301～1374)，初名珽，字元镇，号云林。无锡人。著名画家。与黄公望、王蒙、吴镇合称"元四家"。本书为反映元明之际江南地方饮食风格的烹饪专著。共记51条，主要为食品烹饪制作方法，《香灰》《洗砚法》2条则与饮食无关。书中所记菜肴品种和制作方法，多为日常生活所及，颇为实用，反映了当时社会生活情况。菜品中鱼、虾水产颇多，也反映了江南水乡的地域特色。本书对后世相关书籍颇有影响，如《烧鹅》一条，被《随园食单》收录，题名为"云林鹅"。

汝南圃史12卷　明万历书带斋刻本；《续修四库全书》本。

明周文华撰。周文华，字含章。吴县人。本书记载古代各种花果、竹木、蔬菜及其种植方法。卷1"月令"，记载十二个月适合栽植的各种植物，又录有关月令节气的谣谚俗语。卷2"栽种十二法"，概述自下种至收藏的各类栽种方法。卷3至卷12，分类记载各种植物，有花果、木果、水果、木本花、条刺花、草本花、竹木、草、蔬菜、瓜豆10类，摘录文献中记载的各种植物形状、产地、品种、滋味、栽种方法等，又录有关诗文。其中有关种植技术等记载较为详尽，如卷6"牡丹"，录欧阳修《洛阳风土记》等所记栽培方法，其后又分种粗子法、接花法、分栽法、栽花法、打剥花法、浇壅法6类加以记载。

剑策27卷　明翠幄草堂刻本；《续修四库全书》本。

明钱希言撰。钱希言，字象先，号简栖。常熟人。钱谦益从叔。诸生。钱希言收辑古代与剑有关的各类记载编成本书。分为27篇，一篇一卷，记载与剑相关的各类史事。每篇各有序言。内容非常广泛，如制剑之始、所出之地、善铸剑者、善相剑者、帝王之剑、帝王赐剑、勇将用剑、忠臣孝子用剑、剑仙剑侠剑技等，有关古代制剑、用剑、名剑、名人等记载颇为详尽，全面反映了中国历史悠久的剑文化。如卷1《硎采篇》，记名剑30余种，有传说中的上古帝王之剑、春秋战国名剑、汉代名剑、外国名剑。卷2《绳艳篇》，记相剑20余事，自上古至明代，涉及剑的制造、材质、形制等。卷27《乘化篇》，记仙

侠、剑技等事，如荆卿剑、虬髯客剑等。

香乘 28 卷　明崇祯十六年(1643)自刻本；《四库全书》本。

清周嘉胄撰。周嘉胄(1582～?)，字江左。扬州人。顺治间寓居南京。本书为记载香文化的名著。初编于明万历四十六年(1618)，共 13 卷，其后周嘉胄对内容又加增补，于崇祯十四年编成，共 28 卷。包括香品、佛藏诸香、宫掖诸香、香异、香事分类、香事别录、香绪余、法和众妙香、凝合花香、熏佩之香、涂傅之香、香属、印香方、印香图、晦斋香谱、墨娥小录香谱、猎香新谱、香炉、香诗汇、香文汇，对与香有关的各方面内容详加记载。周氏对香文化素有研究，悉心考察历代相关著述，又参考此前洪、颜、沈、叶四家香谱，全录《晦斋香谱》和《墨娥小录香谱》，采摭繁富，体例得当，有助于香文化的传播与研究。《四库全书总目》对本书评价甚高："嘉胄此编殚二十余年之力，凡香名品、故实以及修合、赏鉴诸法，无不旁征博引，一一具有始末。自有香谱以来惟陈振孙《书录解题》载有《香严三昧》十卷，篇帙最富。嘉胄此集乃几于三倍之，谈香事者固莫详备于斯矣。"

随园食单 4 卷　清嘉庆元年(1796)小仓山房刻本；《续修四库全书》本，2010 年中华书局陈伟明编著本。

清袁枚撰。袁枚(1716～1798)，字子才，号简斋，又号随园主人等。浙江钱塘人。乾隆四年(1739)进士，选庶吉士。历任溧水、江宁等地县令，为官颇有政声。后辞官隐居于南京小仓山随园，吟咏其中。清代著名文学家。袁枚为清代著名美食家，自序言其每当品尝美食后，必使家厨前往就教，前后历 40 年，对饮食烹制等颇为了解，本书即为其多年美食实践的产物。卷 1《须知单》《戒单》《海鲜单》《江鲜单》，卷 2《特牲单》《杂牲单》《羽族单》，卷 3《水族有鳞单》《水族无鳞单》《杂素菜单》《小菜单》，卷 4《点心单》《饭粥单》《茶酒单》。其中《须知单》《戒单》总论饮食烹制技术等内容，其余各单分述各类食物的制作加工以及品尝鉴赏等。本书记载了清乾隆年间江浙地区的饮食菜品与烹饪技法，涉及菜肴饭点 300 多种及当时盛行的美酒名茶等多种，自问世后即被公认为饮食佳作，时至今日，仍被视为美食经典著作。

古玉图考　清光绪十五年(1889)上海同文书局石印本；《续修四库全书》本；2013 年浙江人民美术出版社《古刻新韵》本。

清吴大澂撰。吴大澂有《愙斋集古录》，已著录。吴大澂对古玉非常重视，认为依据古玉，可以考察典章制度、宗庙礼仪、冠冕服饰、君臣之辨等古代文化。吴氏收藏古玉必考其源流，证以经传，岁月既久，搜讨益广，又属其族弟大桢将古玉形制绘为图，编成本书。书中收录各类古玉近 40 种，近 200 件，按类记述器物尺寸、名称、用途、年代，并附有考释。图形比例多为原大，否则在图旁注明。书中对许多玉器结合古代文献加以考证，如镇圭，《周礼·考工记·玉人》中有"天子圭中必"，郑注："必，读如鹿车绊之绊，谓以组约其中央，为执之以备失队。"吴氏依据镇圭形制认定"必"即古"柲"字，又引《说文解字》《周礼·考工记》等相关记载为证，其说颇为有据。

巽斋所藏钱录 12 卷　清光绪十六年(1890)刻本；2014 年凤凰出版社《泰州文献》本。

清费锡申撰。费锡申，字巽斋。泰州人。诸生。费锡申精金石校勘之学，喜蓄古泉，潜心研究历代钱币，撰成本书。12 卷按朝代排列，卷 1 夏至东吴，卷 2 晋至北周，卷 3 隋唐，卷 4 五代，卷 5 北宋，卷 6 南宋，卷 7 辽金元，卷 8 明，卷 9 明末诸王及农民军政权，卷 10 安南、朝鲜、日本等，卷 11 压胜、吉金钱，卷 12 支币、神符钱等，共著录各类钱币一千余品。每类钱币先列正反两面图案，再加文字介绍和考证，少则数字，多则数百字，常常引经据典，加以考察，行文精审，要而不烦。读者据此书可以按图索骥，颇助后学。此书收录钱币数量不多，但贯穿中国各个朝代，又收割据政权、外国以及压胜、神符钱等，门类齐全，是一部颇有价值的钱币谱录。

第十节　杂家类

淮南子　《正统道藏》本；1989 年中华书局刘文典集解本；1997 年北京大学出版社张双棣校释本。

西汉刘安编纂。刘安(前179～前122),沛人,汉高祖刘邦之孙,淮南厉王刘长之子。袭封淮南王。博学善文辞,广招宾客。后以谋反事发自杀。西汉著名的思想家、文学家。本书又名《淮南鸿烈》,是刘安及其宾客门人集体编著的一部著作。完成于景帝年间,武帝建元初,刘安把此书进献给朝廷。东汉末年高诱作注,广为流行。本书有21卷本和28卷本之别,21卷本流传较早,28卷本是把《原道》等7篇分为上、下,成28卷。《汉书·艺文志》将本书归入杂家类,其思想倾向非常复杂,包含道家、儒家、阴阳家、墨家、法家、兵家等各家学说,是一部集诸子百家思想于一体的著作。其中道家思想占据优势,对战国以来的黄老思想作了较系统的阐发,反映了汉初黄老学说在思想文化领域的重要地位和影响,亦为研究古代思想史提供了重要的文献史料。本书的内容非常丰富,涉及哲学、政治、历史、天文、地理等诸多学科,如卷3《天文》等篇就记载当时自然科学发展的成就,是研究古代科学史的宝贵资料。本书在阐明哲理时,常引用传说故事,使得许多宝贵的神话作品得以流传,如"女娲补天""后羿射日""共工怒触不周山"等,对后世文学产生重要影响。

鬼谷子注3卷　《道藏》本;清乾隆五十四年(1789)刻本;《续修四库全书》本。

梁陶弘景撰。陶弘景有《古今刀剑录》,已著录。《鬼谷子》为反映先秦纵横家思想的著作,记载中国古代军事家、政治家和外交家所热衷的各类智谋权术等,其作者历代众说不一。《鬼谷子》成书后有注释多种,陶弘景注是影响较大的一种,有《道藏》本存世。清乾隆间秦恩复依据《道藏》本重新整理《鬼谷子》陶注,刊印行世。本书分为3卷,上卷《捭阖》等4篇,中卷《飞箝》等10篇,其中《转丸》《胠乱》2篇亡佚,下卷《本经阴符》等9篇,现存21篇。《鬼谷子》本文非常简略,陶注解题,疏解正文。其注直抒己意,不烦引他说,较为简练得当。如《谋篇第十》,"故说人主者必与之言奇,说人臣者必与之言私"。其义不详,陶注补充其说,区别不同对象达到不同目的,便于理解,"与人主言奇则非常之功可立,与人臣言私则保身之道可全"。

金楼子6卷　《知不足斋丛书》本;2011年中华书局许逸民校笺本;2014年上海古籍出版社陈志平、熊清元疏证校注本。

梁萧绎撰。萧绎(508～554),字世诚,小字七符,自号金楼子。南兰陵人。武帝衍第七子,简文帝纲之弟。始封湘东王。公元552年即位于江陵,年号承圣。三年西魏军攻破江陵,被俘遇害。次年追尊孝元皇帝,庙号世祖。萧绎搜集古今闻见事迹,附以议论,撰成本书,其自号金楼子,因以为名。原本10卷15篇,明代以后亡佚,清代修《四库全书》,自《永乐大典》辑录为6卷,共14篇:《兴王》《箴戒》《后妃》《终制》《戒子》《聚书》《二南五霸》《说蕃》《立言》《著书》《捷对》《志怪》《杂记》《自序》,其中《二南五霸》有录无书。本书所载内容比较复杂,时间上自上古,下至当代,涉及国家政治、历史事件、著名人物、思想修养等,亦记载奇闻异事等内容。其中《聚书篇》,记载萧氏所聚图书。《立言篇》,反映萧氏思想文化见解等。《著书篇》,记载其撰述情况。《自序篇》,记其经历与感受等。本书对研究南北朝思想文化等方面具有重要价值。

梦溪笔谈26卷补笔谈3卷续笔谈1卷　宋乾道二年(1166)扬州州学刻本;元大德九年(1305)东山书院刻本;1987年上海古籍出版社胡道静校证本。

北宋沈括撰。沈括(1031～1095),字存中。钱塘(今浙江杭州)人。仁宗嘉祐八年(1063)进士,官权三司使、鄜延路经略使等。晚年迁居润州。宋代著名科学家、政治家。沈括定居润州,建梦溪园,本书即完成于此。《笔谈》26卷分为故事、辩证、乐律、象数等17类,加上《补笔谈》《续笔谈》所载,全书共609条笔记。体例同于一般笔记作品,内容却大为不同。沈括是我国古代杰出的科学家,本书既包括政治经济、历史考古、语言音乐等传统学术内容,更涵盖天文数学、物理化学、工程医药、生物地理等领域,是一部百科全书式的作品。特别是其中有关自然科学方面的记载非常丰富,反映了中国古代科学发展的成就,英国科学史学家李约瑟称之为"中国科学史的里程碑",成为中国文化科学研究的宝贵财富。

石林燕语10卷　明正德元年(1506)杨武刻本;《稗海》本;1984年中华书局侯忠义点校本。

南宋叶梦得撰。叶梦得有《春秋传》，已著录。本书作于叶梦得南渡前后归隐湖州期间，建炎二年(1128)由其子栋编集成书。后人又增补建炎二年后之事。记载内容非常丰富，有叶梦得听闻长老名流所述的趣闻轶事，又有其亲历的朝廷庙堂之事，下至田夫野老之言、滑稽谐谑之辞。叶梦得四朝为官，学问博洽，熟悉典故，娴于政事，本书所记又以政事为详，其中典章制度、朝廷故实、名人轶事等，可补史书之不足。《四库全书总目》将其与宋敏求《春明退朝录》、徐度《却扫编》相提并论。本书在宋代即因其重要的史料价值而广为流传，当时就有两部对其内容进行考证辩驳的书籍，即汪应辰《石林燕语辨》、宇文绍奕《石林燕语考异》。后人将《石林燕语考异》各附梦得书本条之下，中华书局点校本将《石林燕语辨》作为附录，使本书更为完整。

避暑录话 4 卷　《宋人小说》本;2012 年上海古籍出版社徐时仪校点本。

南宋叶梦得撰。本书为叶梦得绍兴五年(1135)与二子及门生避暑于泉石竹松处，"泛论古今杂事，耳目所接，论说平生出处，及道老交亲戚之言"，其子栋笔录成书。书中内容丰富，唐宋间政事文艺、名人轶事之类尤多，足资考证。如欧阳修，卷 1 记其作平山堂事，卷 2 记其作范仲淹神道碑事，又记其知人善任，推荐吕公著、司马光、王安石事，卷 3 记其与张方平素不相能及荐举苏氏父子事。又如苏轼，卷 1 记其黄州作蜜酒事，又记其喜神仙事，卷 2 记其黄州病目，误传其卒事，卷 3 记其守杭州赈灾事，卷 4 记其元丰诏狱事等。叶梦得本人历任要职，经历颇多，书中也多有记载，如卷 4，记其时士大夫多以讳不言兵为贤，叶梦得颇不以为然，官许昌时新作甲仗库，督掌兵官复教场，以日阅习，后即有人危言毁谤等。

岩下放言 3 卷　《四库全书》本;《石林遗书》本。

南宋叶梦得撰。本书为叶梦得致仕退归卞山所作，书中谈论学问哲理，多言佛道之事，记载名人事迹和诗文创作，又及叶氏自己生活经历等。叶氏学问博洽，多知故事，所记多有可采之处。如卷上记苏轼、苏辙兄弟学禅事，末云："子瞻论理超胜，出入大乘诸经无所留碍，诚为闳妙。子由晚作老子解，乃其心法，自许甚高，与他解经不类。天下至理，不为凝滞所隔，则为聪明所乱。二人后，必有能辨之者。"其后又记王安石再罢相，居钟山时信佛习禅事，王氏云其所撰《字说》深处亦多出于佛书，又撰《金刚经解》。王氏云："禅学为无有其徒，自作法门，以动世之未有知音者尔。"又记其与圆通秀等高僧往来及舍宅为寺事。其后记载张志和《渔父》词中西塞山所在之处。又记苏轼极爱此词，患声不可歌乃改作，其后黄庭坚闻又有继作。

墨庄漫录 10 卷　国家图书馆藏明抄唐寅、陆师道校本;中华书局 2002 年孔凡礼点校本。

南宋张邦基撰。张邦基，字子贤。高邮人。性喜藏书，随所寓曰墨庄。本书所记内容颇为复杂，以记宋代文人轶事为主。宋代著名文人如欧阳修、王安石、苏东坡、黄庭坚、米芾、晏几道、秦观等多有记载，记其风雅事迹、创作经历，分析、评价其作品。亦记前代文人事迹或作品，如何逊、杜甫、刘禹锡、韩愈、李商隐、李后主等。或记风物特产，如玫瑰油、陕州铁牛、茉莉花等。亦有少数考证内容，如西施考、凤翔比干墓等。本书记载内容颇为翔实，张邦基自跋言："寓言寄意者，皆不敢载。闻之审，传之的，方录焉。"所载有资考证，颇长见闻。其中有关文学作品的记载具有重要价值，苏东坡与杜甫的事迹和作品记载尤多，《宋诗纪事》等书即广为征引。

懒真子 5 卷　《稗海》本;《四库全书》本;2012 年上海古籍出版社田松青校点本。

南宋马永卿撰。马永卿，字大年。一作名大年，字永卿。扬州人。大观三年(1109)进士。官永城主簿、夏县令等。本书杂记宋代名人轶事，考论经史诗文，又及作者生平见闻等。如其中所记宋代名臣司马光、刘安世、苏轼、欧阳修等人事迹。卷 1 记司马光提举崇福宫时，每日与本县从学者十许人讲书等事，又记其省坟、父老请讲书、提问被难倒之事。卷 5 记司马光私第建筑景观，赐书阁中榜额皆司马光染指书，"其法以第二指尖抵第一指头，指头上节微屈，染墨书之"。又记其日常生活："东畔小阁侍吏唯一老仆。一更二点即令老仆先睡，看书至夜分，乃自罨火灭烛而睡。至五更初，公即自起，发烛点灯著述，夜夜如此。天明，即入宅起居其兄，且

或坐于床前问劳，话毕即回阁下。”本书又多有考证学问的内容，如卷3提及《晋书·王衍传》中所云：“何物老妪，生宁馨儿?”马永卿云：“宁作去声，馨音亨，今南人尚言之，犹言‘恁地’也。前宋废帝悖逆，太后怒语侍者曰：‘将刀来剖我腹，那得生宁馨儿！’此两‘宁馨’，同为一意。”

梁溪漫志10卷　明刻本；1985年上海古籍出版社金圆校点本；1986年山西人民出版社傅毓钤标点本。

南宋费衮撰。费衮，字补之。无锡人。国子监免解进士。梁溪为无锡之别称，本书杂记近200条。卷1至卷3多记宋代典章制度等，卷4专记苏东坡事，卷5至卷10则为考证史事、评论诗文、辑录遗文轶事等。书成于宋绍熙三年(1192)。书中所记政治制度数则，颇为详尽，如卷1《本朝殿阁建官》、卷2《文武官制》、卷3《入阁》等。有关苏东坡事本书所记较多，卷4共22条，其他卷又有7条。费氏杂记诸事，不只简单摘引他书，较为注重考据事实，持论具有根柢，《四库全书总目》言本书详贯该洽，足资考证之助，在宋人说部中颇称精审。南宋开禧二年(1206)国史实录院抄录本书，以备参修高、孝、光三朝正史，可见本书重要的史料价值。

野客丛书30卷附野老记闻1卷　明嘉靖王谷祥刻本；1991年上海古籍出版社郑明、王义耀校点本。

南宋王楙撰。王楙(1151～1213)，字勉夫，号分定居士。长洲人，祖籍福建福清。刻苦于学，杜门著述，时称“讲书君”。本书为王楙读书杂记，自庆元元年(1195)至嘉泰二年(1202)三易其稿。后附其父王大成撰《野老记闻》1卷，记元祐诸人遗事等。本书主要内容考订学术艺文，涵盖四部典籍，书中所记有资考证，亦可见王楙读书之勤，学识之广。如卷1《班史略于节义》，言《后汉书》于节义事率多疏略，此事系风教之本，可以示劝激之义，故摘录数事，如郑当时先人郑君、朱建之子、符玺郎等。卷9《古人避讳》，考察秦始皇至宋代皇帝避讳，征引史事颇为详细，又对前人之说加以辨析。卷10《佛入中国》，不同意后汉明帝佛入中国之说，引《魏略·西戎传》《列仙传序》《汉武故事》等，认为西汉时佛教就已传入中国。卷12《郦生事不同》，引《史记》郦生正传与朱建传，辨析郦食其生平事迹。卷14《贾岛事众说不同》，引《新唐书》《唐遗史》《摭言》考察贾岛事迹及诗文创作。卷16《汉唐俸禄》，征引史籍及诗文，考证汉唐俸禄颇为细致。

书斋夜话4卷　国家图书馆藏清抄本；《四库全书》本。

元俞琰撰。俞琰(1258～1327)，字玉吾，号全阳子、林屋山人，学者称石涧先生。苏州人。精于易学和道学研究。本书为俞琰读书笔记，内容主要为考论经史之学和名家诗文等。俞琰学问广博，书中所言颇有参考价值。如卷1《礼器》“束帛加璧，尊德也”，《郊特牲》“束帛加璧，往德也”，俞氏云“往”字疑是“旌”字，谓旌表其德。《论语》中的“曾子曰：吾日三省吾身”，俞氏云：“三如字。下文云：为人谋而不忠乎？与朋友交而不信乎？传不习乎？曾子每日以三者省察其身也。”卷4《文子》“所以亡社稷，身死人手，为天下笑者，未尝非欲也”，俞氏云贾谊《过秦论》末句用其语。《汉书》京房传中所云“后之视今，犹今之视前也”，俞氏云王羲之《兰亭诗序》用其语。

研北杂志2卷　明刻本；《四库全书》本。

元陆友撰。陆友，字友仁，号研北生。平江人。博雅好古，精于书画。本书杂记唐宋元名人轶事、诗文书画等。陆友学识高深，见闻广泛，书中所记颇有参考价值。如卷上记宋代文学家贺铸故居和葬处，其二子名字和官职。又记叶梦得镇许昌时，其下属官员中多名人之后，一时冠盖人物之盛等事。又多评论考证书画艺术的内容，如“南唐李后主谓：‘善法书者，各得右军之一体。若虞世南，得其美韵，而失其俊迈；欧阳询得其力，而失其温秀；褚遂良得其意，而失其变化；薛稷得其清，而失于窘拘；颜真卿得其筋，而失于粗鲁；柳公权得其骨，而失于生犷；徐浩得其肉，而失于俗；李邕得其气，而失于体格；张旭得其法，而失于狂；独献之俱得，而失于惊急，无蕴藉态度。’观此言，则是终无有得其全者”。卷下又记元代盐课数额、户口之数等。

青溪暇笔2卷　辽宁省图书馆藏明抄本；《续修四库全书》本。

明姚福撰。姚福，字世昌，一字守素，号定轩。

上元人。世袭羽林卫千户。本书为姚福杂记读书所得及耳目见闻之事。卷上多记明代史事，其后多谈论学术、诗文等。书中所记颇有价值，如明太祖赞扬元军将领王保保为好男子，云“常遇春不如”等。永乐初迎天竺真僧来京，号大宝法王，居灵谷寺，谓之神通，教人念“唵嘛呢叭咪吽”。翰林侍读李继鼎笑之曰：“彼既有神通，当通中国语，何为待译者而后知乎？且其所念‘唵嘛呢叭咪吽’，云‘俺把你把哄也’，人不之悟耳。”其后记卜大用所云岭南征战时所用且战且却之法。又云外国使臣多非本国土夷，皆中国士人为之，使窥中国四方之虚实，军马之盛衰，北虏之强弱，下至经商细务，莫不周知以去等。

石田翁客座新闻 11 卷　上海图书馆藏明抄本；国家图书馆藏清抄本；《续修四库全书》本。

明沈周撰。沈周（1427～1509），字启南，号石田，晚号白石翁。长洲人。吴门画派创始人，与唐寅、文徵明、仇英并称“明四家”。本书为沈周所撰笔记，材料来源于客人所谈旧闻掌故、奇闻异事，亦有沈周亲身经历之事及摘抄自他书者。书中内容涉及明代社会文化各方面内容，如卷 1《周文襄公知遇》，记明初名臣周忱永乐、宣德年间为朝廷知遇之事，卷 2《吴文定公知大体》记载苏州名人吴宽为官三事，可见其刚直方正，勇于任事。《边军劳苦》记边军身荷铁甲战裙重 45 斤，再加铁盔护心及武器装备共重 88.5 斤，其后沈周作诗咏叹其事，并与江南军人的悠闲相比。卷 5《中官武臣斗富》，记明中叶南京太监与锦衣卫指挥使各出古代名家书画相斗，多为晋唐宋旧物，原来得自于勋贵和内府。

石田杂记 1 卷　《学海类编》本；《四库全书存目丛书》本；2013 年浙江人民美术出版社汤志波《沈周集》点校本。

明沈周撰。本书为沈周所记闻见杂事等，沈氏卒后由其友人整理刊刻。书中反映明中叶社会政治的内容颇多，如记明代名臣钱溥曾为宦官教师，其后互感恩德，又得其赠金之事。又记正统间京师童谣：“雨帝雨帝，城隍土地，雨若再来，还我土地。”反映景泰、天顺间皇权更替之事。又记沈周亲戚蒋廷贵三甲进士，例官知县，蒋氏以之为耻，其父亦以不得京职为憾，遂至病心发狂，时人笑其痴。又记其时奸僧谋财之法，埋旧铜佛头于土中，其下铺以黄豆，以水沃之，黄豆湿涨将佛头顶出，以为奇观。

寓圃杂记 10 卷　南京图书馆藏明抄本；《玄览堂丛书》本；1984 年中华书局张德信点校本。

明王锜撰。王锜（1432～1499），字元禹，号苇庵，别号梦苏道人。长洲人。本书记载明代帝王大臣等著名人物事迹，又及重要历史事件、地方风俗等，不少记载有助于明代政治、军事、文化等研究。如卷 1《胡皇后》，记宫廷秘事，涉及三朝皇帝皇后。《早朝奏事》，记早朝制度变迁。卷 3《记守令》，记载明代初中期 15 位苏州知府生平事迹。卷 5《监生五途》《义官之滥》，记载明中叶官僚制度之弊端。《变法》记载明代苏州地区田赋制度变迁。《吴中近年之盛》，描述明中叶苏州地区工商文化等繁盛情况。卷 8《邵宏誉失机》，记载军中制度，描述失事官员之狼狈、监军宦官之权重颇为细致。卷 10《王振》，记载宦官王振擅权作恶事，连都御史都要下跪听命等。

濯缨亭笔记 10 卷　明嘉靖二十六年（1547）华察刻本；《四库全书存目丛书》本。

明戴冠撰。戴冠（1442～1512），字章甫。长洲人。以年资贡礼部，授绍兴府儒学训导。本书内容颇为丰富，如杂记历史事件、著名人物、奇闻异事、动物植物，又疏解古代典籍，训释字义等。其中所记明代之事，较有价值。如卷 1 辑录天顺八年（1464）南京刑科给事中王渊等奏疏，所言五事俱涉及其时政治弊端。又如成化间荆襄巡抚杨璿等官员建议遣返荆襄流民，导致重大灾难之事。又载南畿巡抚王恕与刘珝书，成化末政治腐败，大学士刘珝等在位无所作为，王恕在书中表达对国事的担忧及其报国之志。卷 3 言苏人诸役之害无如驿传马头，其下记其事始末。卷 7 记宣德间御史李立等人于苏常诸郡清理军伍时作恶事。诸如此类有关明代政治、社会诸方面的记载，具有史料价值。

震泽长语 2 卷　明万历刻本；《四库全书》本；2014 年中华书局《震泽先生别集》本。

明王鏊撰。王鏊有《震泽编》，已著录。本书为王鏊退归里居时的随笔杂记。共分为 13 类，上卷经传、国猷、官制、食货、象纬，下卷文章、音律、音

韵、字学、姓氏、杂论、仙释、梦兆。王鏊学问广博，所记涵盖四部之学，持论有据，多有心得。由于其官至宰辅，故所记官制、食货部分尤有价值。如内阁、翰林院制度，宦官刘瑾擅权事，明中叶税粮、俸银、官员、军人等各类数额等，有助于明代历史研究。如官制所言："刘瑾虽擅权，然不甚识文义，徒利口耳。中外奏疏处分，亦未尝不送内阁，但秉笔者自为观望。本至，先问此事当云何、彼事当云何，皆逆探瑾意为之。有事体大者，令堂后官至河下问之，然后下笔，故瑾益肆。使人人据理执正，牢不可夺，则彼亦不敢大肆其恶也。"此段记载对研究宦官与内阁关系问题颇有价值。

震泽纪闻2卷 《说郛续》本；《续修四库全书》本；2014年中华书局《震泽先生别集》本。

明王鏊撰。王鏊有《震泽编》，已著录。本书记载明初至中叶政坛名人事迹，涉及靖难事迹、土木之难等重要史事。王鏊在书中褒贬时事，立场鲜明，谴责奸臣权阉，赞颂贤臣义士，如同为宦官，既记王振、梁芳、韦兴等专权作恶事等，也记怀恩仗义执言等义举。同为宰辅重臣，既言三杨举贤任能，徐溥具有大臣之度，又言万安、刘珝、刘吉之贪贿腐败等。不少记载颇为生动细致，可补史乘之不足。王鏊在任期间，宦官擅权，干预朝政，书中多有记载，如《刘瑾奴》，详记其罪恶一生。明代辅臣在其时政治体制中发挥了重要作用，《李东阳》《焦芳》记载两位内阁首辅的事迹颇为详尽，对其善恶是非亦加以评论。

祝子罪知录10卷 明万历祝世廉刻本；《续修四库全书》本。

明祝允明撰。祝允明有《成化间苏材小纂》，已著录。本书记载祝允明对历史人物事件、学术文艺等的议论。卷1至卷5论人，卷6、卷7论释，卷8、卷9论学术诗文，卷10论神鬼妖怪。其言分为5类，举、刺、说、演、系，举曰是是，刺曰非非，说曰原是非之故，演曰布反复之情，系曰述古作以证斯文。祝氏之言多与传统观点相异，对古代著名人物尤多非议。《四库全书总目》对其说多有不满，引王宏之说云"圣人在上，火其书可也"。书中所言内容广泛，充分体现了祝允明的思想见解，反映了明中后期知识界的思想风尚，亦有助于对此一时期学术思想的考察。祝氏之说亦不乏中肯的见解，如卷5"刺曰"："道学虽善，其伪不可不辩。"其后"说曰"："道学之名甚尊，伪学之利甚厚。莫不小惑于初，而大获于后。官不峻而势益张，权愈失而力转重，时君通国莫敢婴其锋。以是黠子从之如狂，从古以来窃声利者无若此途之捷也。"其后"系曰"，征引周密《癸辛杂识》中对道学的相关记载。最后"演曰"，祝氏对前述观点详加论述。

泾林杂纪2卷 明刻本；《续修四库全书》本。

明周复俊撰。周复俊(1496～1574)，初名复辰，字子枢，一字子吁，号木泾子。昆山人。嘉靖十一年(1532)进士。官至南京太仆寺卿。本书记载明代名人轶事、社会见闻、地理风俗，又及学术诗文等。内容非常丰富，尤以所记明代政坛事件较有价值。卷下记武宗所创梵宇极金碧之胜，包括金银铸夷鬼淫亵之像巨细不下千百，佛骨、佛头、佛牙亦不下千百，世宗登极后并令销毁。又有隆庆元年(1567)吏部所上奏状，恩恤嘉靖间建言诸臣，分为三等，录其姓名、官职、所受处分等。又记丘濬之言，苏州一府垦田九万八千余顷，天下八百四十九万余顷，苏州税粮二百八十万石，天下税额二千九百四十万石，科征之重，民力之竭可知。书中又详记严世蕃凶德万端事，言其为人机智灵巧、鸷害坚忍等，亦记其贪赃淫乱等事。

戒庵老人漫笔 《藏说小萃》本；《常州先哲遗书》本；1982年中华书局魏连科点校本。

明李诩撰。李诩(1505～1593)，字厚德，号戒庵。江阴人。诸生。本书为李诩晚年所撰杂记，包括明代典章制度、重要人物事迹、奇闻怪异之事，亦有前代历史典故轶事、学术考订辨析等，内容颇为丰富。如卷1《凤阳父老》，明初仿丰沛之例召父老至京，其后制度废弛，以至父老锁项批解上京，与原意相违。《江阴乡贤名宦》，记载历代江阴先贤。《清明上河图》，抄录李东阳《清明上河图后记》，鉴赏考析之处颇为细致。《半印勘合户帖》，记载所见洪武三年(1370)户帖，是非常难得的资料。卷4《常熟倭变》《江阴邑令战死》等篇，记载嘉靖间倭寇犯江南之事。《己未岁荒》，抄录呈文所载嘉靖三十八年(1559)旱荒事。卷7《陶仲文传》，录自新刻楚志，对这位嘉靖间显赫一时的道士事迹记载颇详。卷8

《论赈济遏籴》，抄录章懋所撰《赈济》《遏籴》二书，有助于对明代经济的研究。

钱罄室杂录不分卷 稿本，明文从简跋，天津图书馆藏。

明钱谷撰。钱谷(1508～1578)，字叔宝，号罄室。吴县人。文徵明弟子。书稿仿照《太平御览》等类书的体例，以类系事，分天文、时令、地理、圣贤、忠孝、德、让、智、命、友、公平、品藻、鉴诫、敏识、愚昧、著述、书写镂板、读书藏书、史事著作、字义、拆卜、诏令露布杂事、箴铭诗什、书翰、墨、贫、愁、泣、侠、报、女德、老、言、谣、吟、啸、头、目、口舌、发、髑髅、礼乐、杂纪、官职、族氏、名字、称号、名讳、祖父、母、儿、宗族、兄弟、任子、不肖、奖掖、劝勉、孤寒、膏粱、外家、姑、姊妹妻女、美女、丑女、婚姻、妓妾婢、奚奴仆役、相貌、眠睡、梦、物释等71类。个别大类下还有小类，如“天文”类下有日、月、星、风、云、雾、雷、虹八个小类，“言”类下包括大言、小言，“物释”类包括禽、兽、果三类。“鉴诫”类著录了有关修身养性以及可以作为统治者借鉴的警句、史事，“杂纪”类偏重于摘录人物逸事趣闻，“史事著作”类有些条目具有诗话的性质，或为钱氏自身所著，或摘录前人诗话。此稿内容丰富，惜所引文字大多未著录出处。

谭辂3卷 明万历刻本；《续修四库全书》本。

明张凤翼撰。张凤翼有《梦占类考》，已著录。本书为张凤翼读书笔记。张凤翼以文采名，其读书颇为广泛，广览经史典籍，书中所记亦颇有见识。如卷上言及唐代王叔文，后代史书对其多有非语，张凤翼所云颇公道：“轻举好进，背公死党，固不可以为贤矣。然其志亦欲扶唐之衰，不可谓之小人也。何当？时有‘八关十六子’之号，史氏因其败黜，遂皆指以为小人之党。不知以柳易播之事，果小人能为之否耶？范晔有言功成则誉显，业谢则衅生。”王氏对道学家也颇有微词：“大抵道学辈只是自以为是，居之不疑，本无事功也，而以功名之士为粗迹；本无才藻也，而以文章之士为浮华。窃佛氏之作用，而复诋其非；盗道家之糠秕，而复辟其短，乱圣贤之道，而坏人心术也。”

焦氏类林8卷 明万历十五年(1587)王元贞刻本；《粤雅堂丛书》本；《续修四库全书》本。

明焦竑编撰。焦竑有《国朝献征录》，已著录。焦竑博览群书，读书会心处即加以笔记摘录，所积颇多，其友李登加以整理，取《世说新语》篇目，又增创门类，编次成书。共分59门，2 400余则。近半数门类同《世说新语》，如言语、政事、文学等。少数笔记原文摘录，多数经过改编。大多注明材料出处，标注文献数百种。本书部分内容同《世说新语》类似，记载文人雅士事迹，又增添很多新的门类，记载更加全面丰富。如卷1编纂、君臣、父子、兄弟、夫妇、师友6类，《编纂》记刘邵、葛洪、陆机等书籍编撰之事。《君臣》记载古代周公、齐桓公、管仲、孔子、晏子等明君良臣，亦载后世谏臣事迹等。《父子》记载曾子、李密、颜延之、房玄龄等可为后世效法的言行。此部分内容置于首卷，标明其对君臣大义、人伦天理等正统思想的重视。卷7象纬、形胜、草木、鸟兽等15类，卷8仙宗、释部2类，杂记天文地理、花鸟虫鱼、仙佛传说等内容，有助于增长见闻，亦反映其时思想风尚。

焦氏笔乘6卷续集8卷 明万历三十四年(1606)谢与栋刻本；1986年上海古籍出版社李剑熊点校本。

明焦竑撰。本书为焦竑读书札记。焦竑学问宏富，见识颇为高超，本书体现出其学识之不同凡响。对儒家经典的考释阐述等占本书很大篇幅，首篇即《仲修劝读论语》。书中经部书籍多有涉及，《续集》卷1整卷即为《读论语》《读中庸》《读孟子》。有关小学的内容很多，如卷6有《夏英公字书》《杨用修字书目》《英公用修有闻见字书目其未备者则疏于此》，集中记载相关文献，此外还有多篇涉及文字音韵学的探讨。史部内容亦占很大篇幅，卷3就有《史通所载史目》，记载史部文献，书中对历代史事多有考述，内容广泛。焦竑精于佛学，卷2有《戒杀生论》，记载颇为详细。《续集》卷2为《支谈》，所论体现其调和儒释的倾向。本书对唐宋诗文亦加品评，言及刘禹锡、韩愈、杜甫、韦应物、苏东坡、黄庭坚诸家。此外又有对明代人物的记载，如周忱、杨士奇、王直、魏骥、刘俨、罗钦顺等，言其道德文章等。《续集》卷7、卷8为《金陵旧事》，杂记南京史事。焦氏对经史典籍、名物制度的考订等，具有学术参考价值。对儒家、佛家思想的阐述等，亦颇有

新意，体现了晚明时期知识界的思想潮流。

玉堂丛语 8 卷　明万历四十六年(1618)曼山馆刻本；1981 年中华书局顾思点校本。

明焦竑撰。玉堂为翰林院别称，本书主要内容为明代翰林院官员事迹，又及帝王言行、朝政大事、典章制度等。焦竑依据国史典籍、野史笔记、文集专著等各类文献，加之其所见所闻，于万历四十六年编成。体例仿《世说新语》分为行谊、文学、言行等 54 门，分门别类记载相关内容。大多记载较为精炼，以人物事迹为主，亦有记载较为详尽，有资考述者。如卷 1《文学》，记杨慎著述之富，记载其百余种著作。卷 2《政事》，记周忱巡抚江南之善政颇为详尽。卷 3《召对》《讲读》，记明代诸帝言行。《宠遇》，记仁宗为太子时所作诗文，俱为难得材料。卷 4《献替》，记成化弘治间宦官怀恩刚直持正之事。卷 7《企羡》，记著名学者陈献章受人尊敬事。卷 8《纰漏》，记成化间焦芳谋划废太子失败事。焦竑知识渊博，熟悉朝章典故，交游甚广，故本书内容非常丰富，尤其详于政治人物、制度等，有助于明代政治研究。

西台漫纪 6 卷　明万历刻本；《续修四库全书》本。

明蒋以化撰。蒋以化，字仲学，号养庵。常熟人。隆庆元年(1567)举人。官监察御史。蒋以化杂记其目见耳闻及史籍所载人和事，编成本书。卷 1 纪龙兴略，为明太祖开国史事。卷 2 至卷 4 纪各类人物，包括官员、缙绅、文人、孝子、隐士、列女等。卷 5 纪先茔、赠典等家世见闻。卷 6 纪怪穴、怪木等事。其中所记时事，颇有价值。如卷 2《纪卓令》，记载嘉靖间两位造福常熟的县令，王铁坚守城池，抗击倭寇，最后英勇殉职；黄嘉宾于地方遭受水灾时，千方百计拯救灾民，又擒灭巨盗。《纪石东泉》，记载万历间朝鲜之役，兵部尚书石星为沈惟敬所骗，身败名裂事。《纪曹御史》，记载万历间御史曹学程反对兵部尚书石星东封之策，为皇帝所恶，得罪下狱，石星事败后，曹学程仍未获释。其幼子幼弟入狱给使，多方哀告，大小官员尽力营救，仍身系狱中数载。蒋以化对万历皇帝亦有微词，“主上之忿，夫非痛恶言官切直，欲潜消直气，姑借一官为令，而曹偶值之耳”。

郁冈斋笔麈 4 卷　明万历三十年(1602)刻本；《续修四库全书》本。

明王肯堂撰。王肯堂(1549～1613)，字宇泰，号损庵、念西居士。金坛人。王樵子。万历十七年进士，官终福建参政。著名医学家。王肯堂学识广博，本书记载涉及群经诸子、佛教医学、时事政治、书画艺术、天文术数等内容，有资于历史文化研究。王氏为著名医学家，书中有关医术的记载颇多，如卷 1 记隆庆四年(1570)其妹乳病甚重，书中有关病理和用药等记载颇详，最终治愈其病。书中对其时政治记载也颇多，卷 2 云世宗皇帝晚年多忌讳，以文涉刺讥下诏狱者非一。嘉靖三十四年(1555)顺天乡试，有人因题目生事构陷，皇帝大怒，大学士徐阶巧于应对，方避免此难。卷 4 又对其家乡金坛时事多所批判，“盗与捕盗者州里恶人之可备，宪访与窝访者皆密交也。水火猫鼠合为一家而欲盗息奸戢，得乎?”

泾林续纪 2 卷　明刻本；《续修四库全书》本。

明周玄暐撰。周玄暐(？～1616)，字叔懋，一字绒吾，号青阳。昆山人。周复俊孙。万历十四年(1586)进士，官云南道御史等。四十三年以所作《泾林续纪》中有刺时语，逮系京狱死。本书记载明末名人事迹、社会见闻以及奇闻怪异之事等，亦包括周氏家族成员之事。周玄暐阅历丰富，学识广博，书中所记颇有历史价值。卷上记载严世蕃事迹颇多，如记其资性强记、善揣主意等事，云世宗观经史书籍，有未解者，令内阁大学士严嵩、徐阶等答复，诸人不晓，严嵩令人飞马问世蕃，其即云在某书某卷某叶作何解。又云部院官员有疑难请教严嵩，亦由世蕃“援昔证今，合于律例，凡所处分，人皆帖服”。又记其贪污受贿、陷害忠良之手段，叹曰“世庙英明，入其笼络而不觉也”。卷下记科考之事颇多，涉及考场制度和考试官员、应试举子各种事迹，详尽记载考场中各种作弊手段等，真实展现明末社会风貌。

梅花草堂笔谈 14 卷　明崇祯刻清顺治补修本；《四库全书存目丛书》本；1991 年岳麓书社毕敏标点本。

明张大复撰。张大复有《皇明昆山人物传》，已著录。本书为张大复见闻杂记，内容包括明代地方

著名人物、趣闻轶事、游玩观赏、地理风物、诗文书画等等，共900余则。书中记载非常广泛，反映明末江南一带社会文化生活，如其时名人就有陈继儒、梁辰鱼、姚希孟、徐渭、时大彬等。如卷1《眉公语》记陈继儒之言：“大地一梨园也，伶人演戏，先离后合。人生不然，父母妻子，乃至骨肉齿发，刚合即离，真可发一笑耳。”《书田孙二监事》，记载明代宦官中之贤者，杭州制造孙隆，于西湖多有修建，地方得利。杭州监税宦官以翠裘进奉，司礼田太监抑之不以进，封送孙隆，言此事不可开端。孙重责之，又罚银三千，使重建湖心亭。

林居漫录前集6卷别集9卷畸集5卷多集6卷 明万历刻本；《续修四库全书》本。

明伍袁萃撰。伍袁萃，字圣起，号宁方。吴县人。万历八年(1580)进士，官至广东海北道副使。本书杂记明末重要事件、政治人物及作者官场经历，亦有谈论学术艺文等内容。伍袁萃见闻丰富，敢于直言，书中所记对历史研究具有参考价值。如对万历朝政治弊端，书中多有涉及，《别集》卷4云：“国家有三亡，而水旱饥馑之灾、夷狄侵凌之患不与焉。诛戮谏臣、刚愎自用一亡也；聚敛财贿、怨毒日积二亡也；骤近其小喜而远其大忧三亡也：皆诗之所谓不可救药者也。”又记伍氏亲历之事，如《前集》卷3记万历二十一年大学士王锡爵应诏入京，伍氏语之云：“入朝当以力请面君为第一义，召见当以力请建储为第一义。”其后王锡爵遭言论攻击而请致仕，伍氏劝其留任，云：“安社稷于俄顷，定变故于须臾，古人大手段多自仓卒中见之。”王锡爵听其劝告，终成其事。书中所记又有异于他书者，如《明史·徐阶传》云海瑞上疏，世宗大怒，徐阶力救方得系。《前集》卷4则云：“华亭(徐阶)拟以毁谤君父，决不待时，传首天下。常熟(严讷)力争，乃改拟秋后处决。上从之。”

尧山堂外纪100卷 明万历三十四年(1606)舒一泉刻本；《续修四库全书》本。

明蒋一葵撰。蒋一葵有《长安客话》，已著录。蒋一葵读书广博，搜录散见于稗官野史中的名人轶事及其诗文书画创作等编成本书。上起上古，下迄明代，征引资料非常丰富。其中卷78至卷100记载明代帝王将相、文人学者等，记载内容较多者如政治家于谦、夏言，文学家解缙、李东阳、王磐，书画家唐寅、文璧，宦官刘谨等，又记外国倭国、安南之事，许多记载具有参考价值。如卷96《肃皇帝》记嘉靖皇帝事，其为王子时，御史毛伯温以手抚弄其首与额，云：“貌相良雅秀。”其时11岁，愤然不平，故即位后裁抑御史。又记其即位后，承天有谣曰：“飞上一条龙，留下八支虎。天下皆快活，安陆独受苦”等。又如卷92、卷93、卷99中记载前后七子事迹及诗文，亦有助于文学研究。

花当阁丛谈8卷 《借月山房汇钞》本；《续修四库全书》本。

明徐复祚撰。明徐复祚(1560～?)，原名笃儒，字阳初，后改字讷川，号三家村老等。常熟人。徐栻孙。国学生。明代著名戏曲家。本书又名《三家村老委谈》，原为36卷，徐复祚摘记各类书籍及其听闻之语编成。徐氏身后有所散失，清代康熙、嘉庆间后人加以整理为8卷，收入《借月山房汇钞》。卷1杂记明代政治制度、重要事件等，卷2至卷7记各类人物事迹，卷8记与倭寇相关之事。书中内容丰富，对历史研究具有参考价值。如卷1《乾明门》，先摘录《涌幢小品》所记明代宫廷豢养的猫、狗、虎、鸽子等及巨大浪费，其后记徐氏听闻内官张信所言鸟房耗费，以及用人参煮秫米粥饲马之事。《司礼监》记其制度，如一人掌印如首揆，其余八人则季轮二人管事。内阁大学士与之关系密切，以通宫府消息等。卷3多篇记严嵩父子胡作非为之事，详录抄家清单。卷2记名人事迹，又及苏州地方之事，如《朱应举》记吴县富民朱应举作恶事。卷5《书癸卯事》，记万历三十一年(1603)府试童生引发的风波等。卷8详记倭寇始末，又记剿倭官员如王忬、张经、胡宗宪等事迹。

学古适用篇91卷 明崇祯刻本；《四库全书存目丛书》本。

吕纯如编撰。吕纯如，字孟谐。吴江人。万历二十九年(1601)进士，官至兵部尚书。吕纯如博采群籍，取切于实用者条分品类，编成本书。自《善处人父子兄弟之间》至《士大夫居乡亦有事做》，分为91卷。书中选取的古今人物事迹，涉及学问修养、处世之道、官场经验等各方面内容，有助于对古代历史文化的了解。吕纯如历官多职，熟知为官之

道，如《为政须知大体》《忠义会须有用》《耐烦是居官第一义》《晚节不可不慎》《镇之以静》诸卷所载，反映其丰富的官场经验。书中所载明代史事亦颇多，如《为政须知大体》所载两广总督秦纮被逮之事，由于其责任重大，朝廷威望所在，故秦纮在其辖境内军容驺从略不少损，官校不敢肆言。度岭后始白衣囚首，坚请自系。《晚节不可不慎》则举名臣都御史熊概、刑部尚书林聪晚节有损之例，引以为戒。

焦氏说楛 7 卷　明万历刻本；《续修四库全书》本。

明焦周撰。焦周，字茂潜，又作茂叔。上元人。焦竑子。万历二十八年(1600)举人。本书为焦周采录诸书中新颖之语，及其闻见可资谈噱者，杂载成编。内容广泛，包括天文地理、异人名士、花草鸟兽、诗词书画等。如卷 4 记绍兴二十一年(1151)冬十月宋高宗幸张俊府第，首先记载供进御筵，各类菜肴果品等极为丰盛。又记随行官员之食，外官食次第一等太师秦桧、少保秦熺，第二等少师杨存中等 6 人，第三等吏部尚书陈诚之等 28 人，第四等第五等右监门居闲等 125 人，中官 50 人，饮食丰俭各有等差。又详记进奉宝器、有御宝画十轴、无宝有御书九轴、无御宝画，所记宋代书画文物也非常详细。又如后《汉书》载曹操素与蔡邕善，痛其无后之事。焦氏考《晋书·后妃传》，景献羊皇后，母陈留蔡氏，为蔡邕之女。又按《羊祜传》云祜为蔡邕外孙，祜讨吴有功将进爵土，乞以赐舅子蔡袭，诏封袭关内侯。可知蔡邕未尝无后，女亦不止琰一人。

智囊 28 卷　明还读斋刻本；1993 年江苏古籍出版社《冯梦龙全集》本；2007 年中华书局栾保群、吕宗力校注本。

明冯梦龙撰。冯梦龙有《甲申纪事》，已著录。本书为冯梦龙搜集先秦至明代各类书籍中与智慧相关的故事编撰而成，明天启六年(1626)辑成 27 卷，崇祯七年(1634)冯氏又加增订为 28 卷，又名《智囊补》《智囊全集》。本书故事中人物上至帝王将相，下至布衣百姓，或军国大计，或日常琐事，以突显人物智慧为中心，分门别类编集加工润色，分为上智、明智、察智、胆智、术智、捷智、语智、兵智、闺智、杂智 10 部，其下再分为 28 类，共 1 000 余则故事。每部前有叙言，许多则故事有冯氏评论和按语。《上智》《明智》等多记重大事件，《语智》记能言善辩之事等，《兵智》记军事谋略等，《闺智》记女子故事，《杂智》记骗术等事。冯氏在书中记载了许多历史上的重要人物的事迹，常常表现其不同凡俗的见解，如对奸臣秦桧就肯定他对待金使的智谋。书中设《闺智》部，记载了许多有才智的妇女，表现其高超的见识。本书所记各类人物事迹，总结了数千年中国人的智慧谋略，亦反映了晚明时期人们思想观念的变化，颇有历史价值。

古今谭概 36 卷　明天启叶昆池刻本；1993 年江苏古籍出版社《冯梦龙全集》本；2007 年中华书局栾保群点校本。

明冯梦龙撰。本书又名《古今笑》《古今笑史》等，为冯梦龙所撰的幽默小品集。分为迂腐、怪诞、痴绝等 36 部，共 1 000 余则故事。故事素材来自历代典籍、野史笔记等，冯氏加以编辑润色。所记之人来自古今社会各个阶层，所述之事涵盖世间百态，或揭露社会丑恶现象，或讽刺愚蠢可恶之人。其中亦多涉及明代之事，如卷 14《汰侈部》所记严嵩、严世蕃父子之事的《唾壶》《肉双陆》《严氏溺器》《淫筹》诸篇。卷 17《容悦部》的《江陵相公事》，记张居正当权期间官员奉承巴结之言行。卷 36《杂志部》的《武庙南巡事》记载正德皇帝滑稽之事。最后一篇《世事相反》，以作者之言记其时可笑可哀之事，真实反映了晚明的社会面貌。

戏瑕 3 卷　明刻本；《续修四库全书》本。

明钱希言撰。钱希言有《剑策》，已著录。本书为钱希言读书杂记，摘记沿袭舛误，订事理字义，兼举礼仪称谓等。书中内容颇为丰富，有资见闻。如卷 1《沉鱼落雁》《高唐云雨》，考证成语典故出处。《行李》，引《左传》所载及杜预注、江总《辞行李赋》，记述其义，并云宋儒之失。《水浒传》，记载明代《水浒传》流传情况，言及文徵明、郭勋、胡应麟。卷 3《山人高士》，则记载明代山人之流行，“词客称山人，文士称山人，征君通儒称山人，喜游子弟亦称山人，说客辩卿、谋臣策士亦称山人，地形、日者、医相、讼师亦称山人。甚者公卿大夫，弃其封爵，而署山人为别号，其义云何？今娄江诸士子，为人题扇，往往自署曰山人某，尤可绝倒”。

菜根谭 明刻本;清乾隆间常州天宁寺校刻本;清道光十五年(1835)刻本。

明洪应明撰。洪应明字自诚,号还初道人。金坛人。早年离乡学道,遍访名师,曾经作过地方官吏。晚年归隐茅山,潜习著述。本书又名《处世修养篇》,编成于明代万历年间。书中内容为400余条格言,每条少则十余字,多则百余字,以明白晓畅的语句阐述作者对自然和人生的深刻感悟。书中有大量脍炙人口的名句,是作者广泛采集谚语典故、名言警句进行艺术加工而成,语言清新优美,音韵和谐,给读者以美的享受,自然而然间受到感染和启迪,如"宠辱不惊,闲看庭前花开花落;去留无意,漫随天外云卷云舒"。"林间松韵,石上泉声,静里听来,识天地自然鸣佩;草际烟光,水心云影,闲中观去,见乾坤最上文章。"书中表达的思想颇为复杂,既有儒家积极进取、造福社会的精神,亦有佛道二家空寂超脱、清静无为的思想倾向,反映了晚明时期的思想潮流。自问世以来,本书不仅受到我国读者的广泛欢迎,也流传至日本,在日本读者中产生重要影响。

长物志 12 卷 明刻本;1984年江苏科技出版社陈植校注本。

明文震亨撰。文震亨(1585～1645),字启美。长洲人。文徵明曾孙,文彭孙,文震孟弟。天启五年(1625)恩贡,官中书舍人。著名书画家。文震亨总结晚明文人雅居生活所需之物及赏玩之事,撰为本书。共12卷,分为室庐、花木、水石、禽鱼、书画、几榻、器具、衣饰、舟车、位置、蔬果、香茗,共200余则。内容包括文人名士悠闲生活必须的园林建筑、书画清玩等。文震亨出身晚明苏州望族,生活优裕,精于书画,对风雅鉴玩颇为精通,所撰诸事深具高人雅致、文人情调。如卷3《水石》:"石令人古,水令人远,园林水石最不可无。要须回环峭拔,安插得宜。一峰则太华千寻,一勺则江湖万里。又须修竹、老木、怪藤、丑树交覆角立,苍崖碧涧,奔泉汛流,如入深岩绝壑之中,乃为名区胜地。"诸如此类描述颇多,体现了中国传统的审美趣味,也是晚明社会经济文化发展状况及人们思想风貌的生动反映。

广仁品二集 明崇祯六年(1633)刻本;《四库全书存目丛书》本。

清李长科编撰。李长科(? ～1657),后改名盘,字根大,号小有,又号广仁居士。兴化人。明崇祯间举孝廉。官广西怀远知县。入清以隐逸终。此书卷首李长科序,言其此前曾撰《仁品一集》,遍行海内,又觉未罄私衷,续撰本书。全书分为《生杀果报》《善恶果报》18类,每类都有序,述其宗旨,正文古今事迹及相关文献,或采自书籍,或耳闻目睹。《四库全书总目》云:"此书阐明佛家戒杀之说,皆杂举故实以明因果。"《清代禁毁书目四种》抽毁书目:"书内经史果报中宋赵显复仇一条,甚属诬谬,应请抽毁。"四库馆臣评价不确,李长科序言:"此仁品所广,以戒杀放生为始,不以戒杀放生止。凡有当于仁,咸取其平易切近、确可躬行者存之。"今考其书,内容较广,非止戒杀果报,《坊淫警训》要求戒淫节欲。《了凡四训》抄录袁黄之作。《纪训存赏》赞扬尊贤友爱,忠诚孝敬。《澹泊明志》主张君子修身,节俭戒贪。此书集中辑录的古今圣贤、高僧大德及文人学者的相关文献,亦有史料价值。

识小录 4 卷 《涵芬楼秘笈》本;《丛书集成续编》本。

清徐树丕撰。徐树丕(1596～1683),字武子,号墙东居士,又号活埋庵道人。长洲人。明季诸生。姚希孟婿。复社成员。入清隐居不仕。本书杂记古今人物、学术诗文、地理风物等,其中记载明代史事颇多,具有较高价值。如卷2《差内臣》,辑录朝廷给苏杭织造的敕书,几乎涉及地方官管辖的所有事务。徐树丕论曰:"此敕所少止提督学校四字耳!且大哉王言,竟似老讼师之笔。读之可胜浩叹。"《浒墅张孟儒事》,记明末権政官员作恶事,惨状令人触目惊心。卷4《禁书帕》,记明代官场习气,举其岳父姚希孟之事为例。《福藩之变》,记明末福王被农民军残杀事,其后又语及其子弘光帝曰:"身历古今未有之奇惨,君与父之仇萃于一身,乃崎岖江左,一登宝位,知识奄然,君臣荒淫,期月而亡。天耶? 人耶?"

钝吟杂录 10 卷 《钝吟老人遗稿》本;《四库全书》本;2013年中华书局《历代史料笔记丛刊》本。

清冯班撰。冯班(1602～1671),字定远,号钝吟居士,晚号钝吟老人。常熟人。明末诸生。钱谦

益弟子，与兄冯舒齐名。清代文学家。本书为冯班身后其族子冯武辑录遗稿编成，共9种，《家诫》上下二卷、《正俗》一卷、《读古浅说》一卷、《严氏纠谬》一卷、《日记》一卷、《诫子帖》附《社约》一卷、《遗言》一卷、《通鉴纲目纠谬》一卷、《将死之鸣》一卷。书中内容包括家诫遗言、读书札记、考论艺文等。在《家诫》中，冯氏对其后人谆谆教诲，通达事理，充满生活经验，如教育子弟："为子弟择师是第一要事，慎无取太严者，师太严，子弟多不令，柔弱者必愚，刚强者怼而为恶"；又云"子弟小时志大言大是好处，庸师不知，一味抑他，只要他做个庸人，把子弟弄坏了"等等。冯班为清初著名诗人，书中也多反映其诗学观点，如《正俗》中对明代诗家的批判："王李李何之论诗，如贵胄子弟倚恃门阀，傲忽自大，时时不会人情。钟谭如屠沽家儿，时有慧黠，异乎雅流"等等。《严氏纠谬》，则专门批驳严羽《沧浪诗话》之失。

玉光剑气集31卷　上海古籍书店藏手稿本；《四库禁毁书丛刊》本；2006年中华书局魏连科点校本。

清张怡撰。张怡（1608～1695），初名鹿征，字瑶星，明亡后更名怡，字薇庵。上元人。张可大子。明诸生。荫官锦衣卫千户。康熙间在栖霞山为道士。本书分为帝治、臣谟等31个门类，一类一卷，广泛记载明代社会各方面情况。由于本书站在明王朝立场叙事，清代被列为全毁书目。书中内容有辑录自明代史籍杂记，亦有张怡耳闻目睹之事，涉及之事非常丰富，有助于明代历史研究。如卷1记载东厂制度，可见此特务组织职掌之广，权力之重。又记景帝、武宗狎妓事，明代帝王之荒唐亦可见一斑。卷2言及明代内阁制度，评论明中叶后历代权臣是非，末言"后之任相与相之任国，岂不鉴哉！"其后又记兴安等5位宦官之贤者，言其功绩人品等。

书影10卷　清雍正怀德堂复刊赖古堂原本；1981年上海古籍出版社《明清笔记丛书》本。

清周亮工撰。周亮工有《印人传》，已著录。本书为周亮工官户部侍郎缘事系狱期间所撰，书名取"老人读书只存影子"之语。书中记载其平生见闻、名人轶事、治学札记、品评艺文、奇闻异事等，多为前代之事，可见其深厚学识。其中记载明代的史事颇多，卷1记晚明文人叶昼事迹，记其托名李贽评点《水浒传》《琵琶记》《拜月亭》等。又记嘉靖间武定侯郭勋重刻《水浒传》，此书被建阳书坊删落事，又言及此书作者应当阙疑。又记嘉靖间名臣顾璘事。卷3记艾南英评王世贞著述修怨而无君事，卷8记明成化间吏部尚书李裕事，卷9记唐顺之抚浙事等。诸如此类记载对研究明代历史具有参考价值。

闲情偶寄16卷　清康熙十年（1671）翼圣堂刻本；1936年上海杂志公司铅印本；1985年浙江古籍出版社《李渔全集》本。

清李渔撰。李渔（1611～1680），初名仙侣，后改名渔，字谪凡，号笠翁。浙江兰溪人。明诸生。少壮擅诗古文词，有才子之称。入清后无意仕进。康熙元年移家金陵，营建芥子园新居。专事著述，并开设书铺，编刻、售卖图书，又建有家庭戏班，到各地演出。晚年回到杭州，卒于此地。本书为李渔所撰反映生活艺术的名著，分为词曲、演习、声容、居室、器玩、饮馔、种植、颐养8部，论述了戏曲服饰、园林建筑、美食制作、花卉种植、颐养保健等各方面的内容。其中如词曲部包括结构、词采、音律、宾白、科诨、格局6类，演习部包括选剧、变调、授曲、教白、脱套5类，深入浅出地探讨了古代戏曲创作表演的经验成就，是研究古代戏曲的重要资料。居室部包括房舍、窗栏、墙壁、联匾、山石5类，生动展示了传统造园艺术高妙之处。作者颇具艺术眼光，善于发现日常生活之美，以生动流畅的语言加以表述，使得本书具有高雅的格调，体现了明清间文人士大夫的生活情趣，受到读者的广泛欢迎。

日知录32卷　清康熙三十四年（1695）潘耒遂初堂刻本；清道光十八年（1838）黄汝成西溪草庐集释本；2006年上海古籍出版社栾保群等校点本。

清顾炎武撰。顾炎武有《诗本音》，已著录。顾炎武平时稽古有得，随时札记，久而类次成书。本书是其历20年心力而成，生前刊行8卷，身后由弟子潘耒刻成全书。全书有条目1 000余条，长短不拘，长者《苏松二府田赋之重》有数千字，短者《召杀》仅9字。本书包含的领域极为广博，顾炎武分为3类：上篇经术，中篇治道，下篇博闻。其弟子潘耒在序中概括为8类：即经义、史学、官方、吏治、财

赋、典礼、舆地、艺文，涵盖传统的四部之学，是一部代表了清初学术成就的百科全书式的学术巨著。顾炎武学识宏富，对经典文献的考释、典章制度的梳理、语言文字的校勘等，是本书的突出成就，对其后考据之学的繁兴，产生重要影响。本书又是一部反映明体适用、匡时救世的通儒之学的著作，其对古代典籍的考辨，就是为了恢复儒家传统，复兴礼教人心以拯救时难。其对古代制度风俗的考述，亦是总结历史经验，为当代提供借鉴，对清代学术思想的发展产生深远影响。

艮斋杂说6卷续说4卷　清康熙刻《西堂全集》本；1992年中华书局李肇祥、李复波整理本。

清尤侗撰。尤侗有《明史拟稿》，已著录。本书为尤侗晚年退归后所作，所记为载籍所传、宾客所话及其生平经历等，成于康熙二十九年(1690)。本书内容颇为丰富，或阐释儒经之旨，或考证史籍之事，或评论诗文之美，又论及佛道二氏。尤氏学识之富，修养之深，可见一斑。所记明清人事迹亦颇有史料价值，如卷5所记蒋超、杜濬、陈继儒、王穉登、黄周星、陈圆圆等。亦有荒诞不经之事，如卷6记载扶鸾之事颇详。此卷又记药方等。尤侗在书中常记其思道体悟之语，有的颇为简洁，如卷2“有静有动者，天地之道；常静不动者，圣贤之学。”卷10“色声香味悉归空，养心莫善于寡欲；喜怒哀乐皆中节，知命要在于无忧”。

潜书2卷　清康熙王文远刻本；1984年四川人民出版社注释本；2011年岳麓书社黄敦兵校释本。

清唐甄撰。唐甄(1630～1704)，初名大陶，字铸万，号圃亭。四川达州人，寓居苏州。清顺治十四年(1657)举人。曾任长子知县，后罢官从商。清代著名思想家。本书集中反映了唐甄的政治思想和学术思想，历30年完成。初名为《衡书》，意在“权衡天下”，后因其接连遭遇不幸，改名为《潜书》，意即“潜存待用”。分为上下篇两部分，每篇各分上下，共97篇论文。上篇《辨儒》《取善》等50篇主要是与学术相关的内容，下篇《尚治》《惰贫》等47篇主要是与政治相关的内容。书中亦记唐甄自身经历见闻及社会生活等。本书揭露了封建专制社会的种种弊端，提出积极的社会革新主张，反映了新颖的民主启蒙思想倾向。对程朱理学的错误思想也进行了有力的批判，也体现了朴素的唯物辩证思想，对后世思想界产生了积极的影响。

潜邱札记6卷　清乾隆十年(1745)阎氏眷西堂刻本；《四库全书》本；《皇清经解》本。

清阎若璩撰。阎若璩有《尚书古文疏证》，已著录。本书为阎若璩学术笔记，由后人编定。卷1至卷3考论经史诸子之学等，卷4考证丧服制度等，卷5补正《日知录》及跋语杂记等，卷6书信，与傅山等友人探讨学问。阎若璩学识广博，治学严谨，开清代考据学先河，本书内容丰富，博采群书，考证精当，对经史之学多有独到见解。如书中对明代历史、学术多有论述，其中对王守仁之学颇有非议，卷1云明世宗初年以议礼而获罪者皆出于李西涯(东阳)之门，以议礼而获进者出王阳明(守仁)之门，最后论云：“西涯本以辞章教门人而门人据经守礼，百挫不回，阳明以理学教门人而门人反依附揣合，以致贵显，人固不系于师承如此。”同卷中其又发愤叹息明代文章学问不能远追汉唐及宋元，原因有三：“一坏于洪武十七年甲子定制以八股时文取士，其失也陋；再坏于李梦阳倡复古学而不原本六艺，其失也俗；三坏于王守仁讲致良知之学而至以读书为禁，其失也虚。”

蕊亭随笔2卷　《辟蠹山房丛书》本；2014年凤凰出版社《泰州文献》本。

清王孙骖撰。王孙骖，字参马，一字受轩，号纯夫，一号蕊亭。泰州人。康熙八年(1669)举人。授宜黄知县。此书卷首有王孙骖康熙三十七年作《弁言》，言其《随笔》一书已至八集，本书为《随笔》一部分，2卷，由作者抄寄其长孙阅读，共130则。此书述古训祖功、心之所得、身之所历、耳目所见闻，期读者有资乎法戒。王氏家族颇有名望，祖上多有科举中第出仕者，其父王相说，明代进士，官御史等职，为本邑名人。此书叙其家世较多，于此可考明末清初泰州乡绅阶层之生活。所叙明清名人言行事迹亦较多，如储巏、罗钦顺、李廷机、唐顺之、袁懋贞、王艮等。此外多为谈人生修养、生活哲理等，如《怒》《天理》《守身》《贫富》《溺爱》等篇。除苦心劝告读者上进向善之文外，此书与其他笔记作品一样，也记风水及趣闻轶事等。亦有令人发噱者，如《记旧》，记顺治十三年(1656)秋有谣传选妃，阖州

哄然。一人仓皇求匿其女，视其貌，麻面巨足，又眇一目。

广阳杂记 5 卷 南京图书馆藏清同治四年(1865)周星诒家抄本；《畿辅丛书》本；1957 年中华书局汪北平、夏志和点校本。

清刘献廷撰。刘献廷(1648～1695)，字君贤，号继庄，别号广阳子。顺天大兴(今北京)人。先世吴人，其复迁居苏州。清代著名学者。馆于徐乾学府中，与万斯同为友。本书杂记涉及非常广泛，包括典章制度、名人轶事、地理名胜、天文算术、草木鸟兽、医药矿物以及考订典籍、语词训释等等。刘氏熟于史事，对明末清初史事记载颇多，比较详细者如卷 2 所记郑成功事、康熙阿克萨之捷、崇祯间土司普明声之乱、康熙间吴三桂之变等，又有天下钱谷总数、各地钱谷数额等，记载颇详。尤多记明末农民军战事。人物既记贵族魏国公徐弘基，又记秦淮倡朱媚儿等各类人士。又选录有关奏疏，有助保存史料，如卷 1 康熙二十九年御史徐树穀疏请修国史事，卷 5 部议总河靳辅疏事等。刘氏尤精于地理、音韵之学，本书有关地理记载非常丰富，多载名山大川及其相关史实，如卷 2 所记南岳庙事，卷 4 有关黄鹤楼事等，详记各地来往路线里程，又及其亲身游历等。有关音韵训诂的记载，如卷 2 所记林益长著《声位左编》，卷 3 壬申衡州署中初定韵谱，卷 4 与吴修龄论业字之义等。本书所记可见刘献廷学识之渊博，考论之精当，于清人笔记中亦为突出者。

义门读书记 58 卷 清乾隆三十四年(1769)刻本；《四库全书》本；1987 年中华书局崔高维点校本。

清何焯撰。何焯(1661～1722)，字润千、屺瞻，号茶仙，学者称义门先生。长洲人。康熙间召直南书房，御赐举人，复赐进士。官编修，直武英殿修书。清代著名学者，著述颇富。何焯精于考据校勘之学，本书为其代表作。何氏卒后，其子云龙、从子堂、门人沈彤等整理其遗稿，完成《春秋三传》《两汉书》《三国志》的整理工作，共 6 卷，取名《义门读书记》，乾隆十六年刊印。其后蒋维钧复加搜录，共整理 18 种，编成 58 卷，乾隆三十四年刊行。本书从内容可分为三部分，卷 1 至卷 12 经部，《四书》《诗经》《春秋三传》。卷 13 至卷 29 史部，前四史和五代史。卷 30 至卷 58 集部，韩、柳、欧、曾、《文选》、陶、杜、李商隐。或总体评述一书，或言其章节宗旨，主要内容为对经义的解释、史实的考证、语词的校勘训释、诗文的品评等。征引前人之说，则标出处。何氏学问渊博，考证精审，本书为反映清代学术水平的名著。

白田杂著 8 卷 《四库全书》本；《广雅书局丛书》本。

清王懋竑撰。王懋竑有《朱子年谱》，已著录。本书为王懋竑学术杂记，书中征引广博，考订详核，有助于文献研究。如卷 1《〈易本义九图〉论》，云《易本义九图》非朱子所作，后人以启蒙依放为之，又杂以己意，而尽失其本指者，所言颇为有据。卷 5《读史漫记》对《战国策》《史记》《资治通鉴》等所载史事加以考论，对《通鉴纲目》与《资治通鉴》所载异同考论较多。如云司马懿密谋诛曹爽本以倾魏，爽诛而篡夺之形成，于此当严其词，《纲目》一依《通鉴》，其辞有未尽者等。王懋竑笃信朱子之书，卷 6《玉山讲义考》、卷 7《朱子答江元适书薛士龙书考》等则对朱子之学详加考述。

读书记疑 16 卷 清同治十一年(1872)福建抚署刻本；《续修四库全书》本。

清王懋竑撰。本书为王懋竑读书札记，内容涵盖四部。卷 1 至卷 5《周易》《尚书》《毛诗》《礼记》《左传》《论语》《孟子》《音韵考》，卷 6 至卷 10《史》《南史》《北史》，卷 11 至卷 15《国语存校》《庄子存校》《荀子存校》《后汉书存校》《南史存校》《北史存校》，卷 16《读杜工部集》《读昌黎集》《读河东集》等。王懋竑深通经史之学，书中资料非常丰富，考论允当，有资于古代文献研究。如卷 8《南史》，将其所载与《宋书》《南齐书》《梁书》《陈书》相关内容相核，加以考辨。如庾于陵，官尚书功论郎，《梁书》作尚书工部郎，王懋竑云："此校者不知尚书属有功论郎，而疑'工'误为'功'，遂改作'工部'，工部之名起于隋，又齐梁所未有也，故凡古书不可轻改。"又如王僧孺祖父准，《南史》作准之，王氏云："准之王琳(彬)之后，与僧孺别族。僧孺王肃之八代孙，其名与僧绰、僧虔等同一僧字，族既各别，时代亦异，王僧辩又不知所出。南朝人多以僧字为名，故易混乱。"

柳南随笔 6 卷续笔 4 卷 清乾隆刻本;《借月山房汇钞》本;1983 年中华书局王彬、严英俊点校本。

清王应奎撰。王应奎(1683～1759?),字东溆,号柳南。常熟人。诸生,工于诗文。本书记载包括名人轶事、读书札记、地方掌故等。其中明清间名人事迹记载较多,包括陈继儒、王在晋、熊廷弼、董其昌、倪元璐、钱谦益、柳如是、吴伟业、金圣叹、赵执信、王士禛、沈德潜等。如《随笔》卷 2 记王士禛自重其诗,不轻为人下笔,刑部尚书徐乾学请其为权臣明珠赋诗贺寿,力辞之。卷 4 记顾祖禹事迹,言其兄事魏禧,至为其执伞、捧溺器等。《续笔》卷 3 记王士禛、赵执信交恶事。书中谈论学问亦有多篇,涉及经史典籍,如《随笔》卷 1 考述“先生”“汉子”“丈人”等词语起源等,卷 3 亦有讨论诗歌起源、格律等多篇。王氏对古今之学评述较为客观,如卷 2 言:“今人事事不如古人,而有二事却胜之,历法之密也,算法之巧也。”此外亦有多篇记载吴地史事及作者生平遭遇,如卷 5 记其八入棘闱,场屋之苦备尝,又录其友所作《别号舍文》,备极形容内中之苦。书中各篇所记有助于对明末清初历史及文学的研究。

随园随笔 28 卷 《随园三十种》本;1993 年江苏古籍出版社《袁枚全集》本。

清袁枚撰。袁枚有《随园食单》,已著录。本书为袁枚的读书杂记、学术随笔。内容非常广泛,涵盖四部,其中诸经类 1 卷,诗文著述类 2 卷,其他 25 卷内容为史部和集部,尤以史部较多,如诸史类 3 卷,官职类 3 卷,典礼类 3 卷等。袁氏对于诸多学术内容加以考订评述,反映出袁氏读书之勤,用心之深。如诸史类 3 卷考述历代正史及各类著名史籍,卷 2《史迁矛盾》,列举《史记》记载的前后矛盾处。又有《〈前汉纪〉与〈汉书〉异同》《〈后汉纪〉与〈后汉书〉异同》等篇,亦摘录其中的差异。《〈晋书〉之失》《〈宋书〉之误》等,则分析其中记载的失误之处。卷 3《〈宋史〉无识》《〈宋史〉繁芜之故》,则直接指斥《宋史》的编撰水平和方法。袁氏也对史籍编撰的理论方法等加以评论,如卷 3《〈五代史〉持论太苛》云:“忠孝不能两全,君子必以一端与之,未始非善善从长之意,而欧公一笔抹杀,过矣。”卷 4《作史》云:“作史者直须据事直书,而其人之善恶自见,以己意定为奸臣、逆臣,原可不必。然既已分列其目,则褒贬自宜允当。”

蛾术编 82 卷 清道光二十一年(1841)沈氏世楷堂校刻本;1958 年商务印书馆排印本;2012 年上海书店出版社顾美华标校本。

清王鸣盛撰。王鸣盛有《十七史商榷》,已著录。本书为王鸣盛学术笔记。王氏晚年将其 30 余年治学所得编撰成书,书名来自《礼记·学记》“蛾子时术之”。原本 95 卷,后人整理为 82 卷,分为 8 类,说录 14 卷,说字 22 卷,说地 14 卷,说人 10 卷,说物 2 卷,说制 12 卷,说集 6 卷,说通 2 卷。本文后有清代学者迮鹤寿的注文,对其内容加以补苴。书中内容以经义、史地、小学为主,又及人物、制度、名物、诗文,王氏考证经史典籍多繁征博引,条分缕析,可见其渊博的学识,有助于古代学术研究。如卷 8《孟子之学长于〈诗〉〈书〉》,先言赵岐所云“孟子通五经,尤长于《诗》《书》”,然后征引《孟子》中有关内容,认为孟子尤长于《春秋》,最后云:“赵岐不通经,故不知之。”书中对宋人治学多有非议,如卷 71《袁亮知宋儒考古之非》,据明嘉靖三十七年(1558)山东乡试考题,提及明代学者对汉宋经学的看法,然后批评宋代学者改古之非。

茶余客话 22 卷 清光绪间铅印本;中华书局 1959 年排印本;2012 年上海古籍出版社李保民校点本。

清阮葵生撰。阮葵生(1727～1789),字宝诚,号吾山。山阳人。乾隆二十六年(1761)进士,官至刑部右侍郎。本书为阮葵生读书笔记和见闻杂录。作者学识渊博,阅历广博,又有机会阅读内阁大库所藏档案,故本书所载非常广泛,包括历史政治、文艺宗教、天文地理等各方面内容。如前 7 卷记述包括清代在内的古代政治制度,大致按六部九卿为序。卷 1《满文原始》《建旂辨色》《满洲建国》等篇,记述满清早期历史文化。《内阁沿革》等篇,考析历代内阁制度等。卷 2 记述翰林院制度、科第、选官等。卷 3 记述税银、田土、户口、漕运、仓储等。卷 4、卷 5 记述诰敕、服饰、祭祀、陵寝、婚丧等礼制。卷 6、卷 7 记述红衣炮、刑律、刑官、监察御史、通政、大小九卿、总督、吏员等。随后各卷涉及古代社会文化各方面内容,如卷 8 记述清代重要人物,卷 9

至卷12记述学术人物及重要著作、文学名家及诗文作品等。卷18中《水浒传》《金瓶梅》等篇，尤有助于古代小说研究。

陔余丛考43卷 《瓯北全集》本；1990年河北人民出版社栾保群、吕宗力校点本；2011年上海古籍出版社曹光甫校点本。

清赵翼撰。赵翼有《皇朝武功纪盛》，已著录。本书为赵翼的读书札记、学术随笔，为其代表作之一，辞官后所撰。因奉养父母称为“循陔”，故以为名。全书内容广泛，涵盖四部，其中卷1至卷4，为考述经传记载，卷22至卷24论述艺文，其他内容多与史部和子部相关。赵翼为著名史学家，本书中的史部考论最有价值，如卷5至卷15论史籍编撰，卷16至卷21杂论各类史事，卷25论年号，卷26、卷27论官制，卷28、卷29论科举等。其中有关史籍编撰的部分内容，收入其著《廿二史札记》中。赵翼对历代史籍所载史实加以考述，论述史籍编撰理论与方法，反映出高深的学识。如卷5《赵氏孤之妄》，引《左传》《国语》等以证《史记》之误。卷6《〈晋书〉舛讹》指出书中内容自相抵牾，又引《宋书》为证。其后比较南北朝八史与《南史》《北史》书法之异。卷12比较新、旧《唐书》，开列《新唐书》所增重要史事。又载《新唐书》不应删节的内容。又将新、旧《唐书》彼此互异的内容用《通鉴》《纲目》等书加以订正。卷14《〈明史〉多附书》，论述《明史》编撰方法之善，《大礼之议》总结明代嘉靖间错综复杂的大礼议之事，又对《明史》传赞作出评价。

檐曝杂记6卷续1卷 《瓯北全集》本；1982年中华书局李解民点校本。

清赵翼撰。本书为赵翼记其经历见闻之事及读书杂记等。卷1、卷2为其任京官时见闻，如朝廷典章制度、名人轶事等。卷3、卷4为赵翼出仕广西、云南、广东、贵州期间所知之事，如各个地区的风土人情等。卷5、卷6为其读书笔记，包括杂记野史、诗文书画等。续1卷首录其重赴鹿鸣宴谢摺，又补记数事。赵翼在京中为官十余载，熟悉朝廷典故，亲身经历之事颇多，此类记载尤有价值。如卷1中的《军机处》《廷寄》等篇记载军机处制度，由曾任军机章京的赵翼写来较为细致准确。其他如《木兰杀虎》等篇记载木兰秋狝之事，卷2《辛巳殿试》记其登进士经过及相关事件，卷3《缅甸之役》记载乾隆间缅甸战事，写来令人印象深刻。其所听闻之事记载也颇为详尽细致，如卷1《黑水营之围》记载乾隆间清军平定回部之乱战事，卷6《冒赈大案》记嘉庆十三年(1808)的一桩重案等。卷2记载清代名人事迹各篇如汪由敦、傅恒、尹继善、徐乾学、高士奇等，亦具有史料价值。

读书杂志82卷余编2卷 清道光十二年(1832)刻本；1985年江苏古籍出版社影印本；2014年上海古籍出版社徐炜君等校点本。

清王念孙撰。王念孙有《尔雅郝注刊误》，已著录。本书为王念孙校读古籍的专著，以读书札记的形式对史部和子部典籍的部分内容加以校勘。包括《逸周书杂志》4卷、《战国策杂志》3卷、《史记杂志》6卷、《汉书杂志》16卷、《管子杂志》12卷、《晏子春秋杂志》2卷、《墨子杂志》6卷、《荀子杂志》8卷又《补遗》1卷、《淮南内篇杂志》22卷又《补遗》1卷、《汉隶拾遗》1卷。王氏生前于嘉庆十七年(1812)后陆续付梓，王氏卒后其子王引之又整理札记遗稿260余条，编为《余编》2卷，于道光十二年刊刻成书。王念孙博览群书，学识宏富，在各篇读书札记中细心梳理了古代典章中出现的大量讹误，推究致误原因，探讨校勘方法，在《读淮南子杂志书后》中更系统分析古籍中的错讹现象，归纳为传写讹脱和凭意妄改两大类64种，代表了清代校勘学发展的成就。在校勘古籍中，王念孙常依据其精深的文字学、音韵学知识加以论断，书中的许多内容都是清代训诂学研究的杰出成果。

晓读书斋杂录8卷 清道光二十二年(1842)刻本；《续修四库全书》本。

清洪亮吉撰。洪亮吉有《春秋左传诂》，已著录。本书为洪亮吉读书杂记。其平素考订经史，疑义随手札记，积累成书。分为初、二、三、四录，各分上下。《三录》上、下又名《黔中录》《塞外录》。洪亮吉学识广博，书中内容涵盖四部，涉及训诂、地理之学者尤多，于经史之学研究具有参考价值。如《二录》卷上，引《三国志》孙权传：赤乌八年(245)，遣校尉陈勋等凿句容中道，自小其至云阳西城。洪氏云此即今丹阳城西抵句容、达江宁府大道也。小其当在今江宁、句容界中，俟考。又引《明史》丁宾传，其

为南京工部尚书，自上元至丹阳道，悉易以石。洪氏云勋始辟道，至宾则又易以石也。书中除引经据典谈论学术外，又言及其自身经历，如《初录》卷下，举《管子》、诸葛亮、吴汉为据，言赦之害，愈赦则犯法者愈多。又举其经历为据，嘉庆五年(1800)其蒙恩赦自伊犁回，同赦者一人犯窃盗者，入关后又行窃，洪氏云其“惟知犯法，并以为再犯法又可再遇赦”。

履园丛话 24 卷 清道光十八年(1838)述德堂刻本;1979 年中华书局张伟校点本。

清钱泳撰。钱泳(1759～1844)，初名鹤，字立群，号台仙，一号梅溪。金匮人。国子生。精于诗文书画。本书分为旧闻、阅古等 23 门，内容包括记述史事和名人事迹，考论学术和品评诗文，辑录书画碑帖和名胜古迹，杂记怪异传闻和滑稽之事等。不少记载非常详尽，有助于历史文化研究。如卷 1《旧闻》中的《席氏多贤》，记载明末清初苏州席氏家族保境安民及遭陷害之事，颇为感人。《康熙六巡江浙》记载康熙二十三年至四十六年(1684～1707)康熙皇帝在苏州事迹，包括游历路程及与官员对话等。卷 2《阅古》中的《古泉》《秦汉瓦当》《古砖》记述古籍所载及作者亲见的各类文物。卷 3《考索》中的《出母》《宗谱》等篇考订礼法及相关内容，颇见学术功力。又如卷 4《水学》广记太湖及三吴水利之事，卷 5《景贤》记载乡贤之事，卷 6《耆旧》所记文人学者、名臣贤达等事迹，颇具史料价值。卷 23《杂记上》中的《裹足》，考订裹足之事颇详，对此恶俗大加批判，可见作者之见识。

熙朝新语 16 卷 清嘉庆二十三年(1818)刻本;《笔记小说大观》本;2009 年上海书店出版社顾静标校本。

清徐锡龄、钱泳撰。徐锡龄，字鹏贻，号厚卿。元和人。廪贡生。候选训导，改就府经历。钱泳有《履园丛话》，已著录。本书原题“古歙余金德水辑”，为钱泳取徐、钱二人姓氏偏旁，托名“余金”。作者广泛辑录各类著作编撰而成，涉及清代的朝政大事、典章制度、名人趣闻、科举考试以及社会见闻等，又摘录诏谕奏疏，对于历史文化研究具有一定的参考价值。如其中所记康熙皇帝事颇多，卷 3 康熙三十二年(1693)鄂罗斯察汉汗遣使进贡，康熙言曰:“至外藩朝贡，虽属盛事，恐传至后世，未必不因此反生事端。总之中国安宁，则外衅不作。”卷 4 康熙间皇太后六十大寿，详记康熙所进礼品，其中如令膳房粒米一万粒作万国玉粒饭。七十大寿，皇帝亲舞蟒式舞进爵。又谕大学士曰书册所载不可尽信，如囊萤读书，“朕曾取百枚，盛以大囊照书，字画竟不能辨”。

过庭录 16 卷 清咸丰三年(1853)浮溪精舍刻本;1986 年中华书局梁运华点校本。

清宋翔凤撰。宋翔凤有《尚书略说》，已著录。本书为宋翔凤读书札记，内容涵盖四部，经部 10 卷，史、子、集部各 2 卷。宋翔凤的外祖父庄存与、舅父庄述祖都是清代常州今文学派著名学者，宋翔凤与表兄刘逢禄一同受学于庄述祖，亦为今文学派学者，本书部分内容即反映其学术观点。如卷 9《元年春王周正月》《郑伯克段于鄢》等篇，阐发公羊学的微言大义。宋翔凤治学也受到其时考据学派的影响，在经学研究中注重字词训释、名物考订，如卷 10《曹交》《追蠡》等篇即引《说文》等书为据，辨析字义，加深对经文的研究。《孟子事迹考》则考辨其受业子思之事、《史记》列传中游齐梁之误、孟子谱之误，引证群书加以辨析。

经史答问 4 卷 清光绪二十年(1894)金陵刻本;2010 年华东师范大学出版社樊波成校证本。

清朱骏声撰。朱骏声有《仪礼经注一隅》，已著录。朱骏声精于小学，深通经史之学，曾与同时学者汪文台、俞正燮、程鸿诏及弟子程朝铥、程朝仪等就经史质疑问难，本书即其记录。原稿散佚颇多，其子朱孔彰辑为 4 卷。书中以一问一答的形式考察经史典籍中的疑难问题，多凭借其丰富的语言学知识加以辨析考证。如卷 1，问:《孟子》“四端”，端字何解？答:此耑之假借字也。朱注“犹有物在中，而绪见于外”，当改云“犹草木根在土中，而题见于外也”。书中亦有部分内容对历史人物事件加以品评，如卷 1，问:张良为韩公族，避乱易姓，盖忠于韩者，然欤？答:当食其劝立六国后而良谏，以为不可，其为汉谋则忠，未见其忠于韩也。

愈愚录 6 卷 国家图书馆藏稿本;《续修四库全书》本;2006 年广陵书社《宝应刘氏集》本。

清刘宝楠撰。刘宝楠有《胜朝殉扬录》，已著

录。本书为刘宝楠学术笔记。刘氏精于经史之学，书中内容涉及历代典籍，旁征博引，考订精详，有助于古代文献研究。如卷1《汉碑引经》，搜集汉碑所载与通行本经文相异者，资料非常丰富。《周公摄政非摄位》，刘氏云周公相成王者，谓为冢宰也，征引典籍论证前人云摄位之失。卷6《第》，刘氏云《说文》无“第”字，《毛诗正义》引《说文》，第，次也，从竹、弟。段氏注《说文》，据以补入竹部。刘氏征引《汉孝成鼎铭》等所载之“苐”字，云：“凡从竹之字皆书作艹，此见古本有第字。”又云：“《说文》弟，韦束之次弟也，从古字之象，然则第字从竹，本以竹简次第，与弟为韦束次弟不同，段氏谓俗省弟作第，非。”

悔翁笔记6卷　《春在堂全书》本；《续修四库全书》本。

清汪士铎撰。汪士铎有《南北史补志》，已著录。本书为汪士铎学术笔记。卷1考述经部典籍及史地之学等，卷2考《仪礼》《周礼》《礼记》有关礼仪礼制等，卷3考释《尔雅》相关内容，卷4论述古今南北语音之异等，卷5记南京、扬州等地河流，卷6考述宋代祠禄制度等。汪士铎深于经史之学，书中所记内容非常丰富，有裨于历史学、语言学等研究。如卷4云古今南北语音之异，云：“诸家言韵混而一之，殊可笑也。然则言韵则分南北二枝，又分上古之音、周音、先秦西汉之音、东汉魏晋之音，然后下接六朝。陆韵以偏旁分析不必言，陆氏部分以疏不以密。且字有两读者，方音使然。”又言及民生不常用与民生日用之字读音，认为前者为学士大夫以入文章，故千古一音，五方无殊，后者则妇孺各随方音言之，其下举民生日用之字“射”的读音为例，广引文献为例。

读书杂释14卷　清咸丰十一年（1861）福宁郡斋刻本；1997年中华书局阎振益、钟夏点校本。

清徐鼒撰。徐鼒有《小腆纪年》，已著录。本书为徐鼒读书杂记，以经部典籍为主，又及《吕览》《老子》《楚词》《史记》《汉书》《后汉书》《水经注》《说文》《文选》等。徐氏自幼从其父治经，学养深厚，尤重训诂考据之学，对经典著作中的文字音读、名物制度等多有考述。如卷3《葛藟萦之》，征引《说文》《尔雅》《经典释文》，断定“萦”为假借字。卷12《毋桐好逸》，引孔安国《论语注》、皇侃《论语义疏》《尚书》伪孔传，认定“桐”为“侗”的假借字。徐氏对宋儒治经也多有非议，如卷5《视于无形听于无声》云“宋儒说经往往为理学所蒙溷”，以下引郑玄之说以证真德秀所言之失。书中有些内容非常简捷，如卷3《斧以斯之》：“《诗·墓门》‘斧以斯之’，《释文》云：斯，所宜反，又如字，又音梳。今南方以锯开木谓之梳，即斯字之古音也。”

前尘梦影录2卷　《灵鹣阁丛书》本；《丛书集成初编》本；2000年中国美术学院出版社孙迎春校点本。

清徐康撰。徐康（1814～1889），字子晋，号窳叟。长洲人。诸生。工于书画篆刻，尤精鉴别。咸丰间太平天国战事起，古物荡然，战后徐康仿周亮工《书影》之意，追忆劫前所见文房珍品，以示来兹。本书编成于光绪十一年（1885），徐康时年72。书中记载其所见所闻各类文物及相关之事，包括文房纸砚、法书字画、书籍善本、铜器玉器及其他文玩用品等，其中以墨与善本书所占篇幅为多。徐康为清末鉴赏大家，所见文化艺术珍品颇多，书中所记多为文物收藏和研究史料。部分记载涉及作者生平之事，如咸丰十年（1860）苏州为太平军攻占，两年后徐氏于虎丘山寺以贱价购得善本书籍20余本，其中有元大德延祐本《范文正事迹》等，作者感言此为颠沛流离中乐境也，所记之事颇为感人。

瓮牖余谈8卷　清光绪元年（1875）申报馆铅印本；《续修四库全书》本；1988年岳麓书社陈戍国点校本。

清王韬撰。王韬有《王韬日记》，已著录。本书杂记清末史事、外国见闻等。书中记载内容非常广泛。卷1记载太平天国战事中殉难的官员士绅、其时奇人异士，卷2记孝女贞妇、外国著名人物等，卷3杂记趣闻时事，卷4、卷5记外国地理风土、政治经济状况等，卷6至卷8记太平天国史事。王韬精通西学，书中对外国地理历史、科学文化等记载颇多，如卷4《新金山》记澳大利亚地理人文，《花旗沃土》《花旂善法》《嘉邦筑路》记美国地理、政治经济，《印度叛英》《俄国弊政》《暹罗米贱》《英国兵数》《英国海防》记各国状况，《李文通探地记》等记英国探险家事迹。卷5有《星陨说》《金刚石说》《西国印书考》《西历缘起说》等，记载西方科学文化知识。书中记太平天国史事亦颇为详尽，天王以及诸王等分

篇记载，又记其悍将事迹。最后一篇《贼陷金陵记》，记南京城被太平军攻克及占领期间史事。

庸盦笔记 6 卷 清光绪二十三年(1897)刻本；2000 年江苏古籍出版社南山点校本。

清薛福成撰。薛福成有《出使奏疏》，已著录。本书为薛福成见闻随笔，记于同治四年(1865)至光绪十七年间，内容可分为史料、轶闻、述异、幽怪诸类。薛氏编撰本书意在挽回世道人心，有裨经世之学，《凡例》言其书中所记务求独造，不拾前人牙慧，史料类涉笔严谨，不敢稍参私见。薛福成跻身官场，特别是在曾国藩、李鸿章幕中多年，见闻颇多，熟悉其时政治内幕，本书所记对了解清代中后期历史具有重要价值。如卷 1《科尔沁郡王擒获林凤翔李开方》《李傅相入曾文正公幕府》《咸丰季年三奸伏诛》，卷 3《查抄和珅住宅花园清单》《河工奢侈之风》《戊午科场之案》《太监安得海伏法》，卷 4《张汶祥之狱》等记述颇为详尽，俱可作为有用的史料。

柳弧 6 卷 中国人民大学图书馆藏稿本；2002 年中华书局宋平生等整理本。

清丁柔克撰。丁柔克(1840～?)，号燮甫。泰州人。其父丁楚玉，官云南蒙自等县知县。岳父贾洪诏，官至云南巡抚。丁柔克同治间署理湖北汉阳府事，光绪间主持湖北沔阳厘局。本书杂记晚清官场之事、社会百态及奇闻怪异之事等，共 663 则，内容丰富，保存了不少社会史料，具有一定历史文化价值。如卷 1《大吏奢侈》，记某大吏任巡抚时，夏旱祷雨，每日三次，三日九次，每次易衣一件，其仆亦然。将出阅军政，署中上自大人下至隶卒，无不赶办行装，成衣工不计其数。卷 2《刑名》言及清代法律，云："律为一代之章程，例为随时之条例，故开口皆曰照例办，而不曰照律办也。律重求例，例重求律。"其后记法律术语如七杀、十奸、律眼、五刑、五徒、五军、三流等，最后云："有例即照例行，无例方照律行，律例皆无，则用比照。"

第十一节　类书类

古今同姓名录 2 卷 《四库全书》本；《丛书集成初编》本。

梁萧绎撰，唐陆善经续。萧绎有《金楼子》，已著录。陆善经，吴郡人。玄宗开元中，宰相萧嵩等荐之入集贤院，预修国史等。官至国子司业、集贤殿学士。本书辑录古籍中记载的姓名相同者。原本后世不传，今本为元代叶森收集增补，载于《永乐大典》，清人复加编辑，收入《四库全书》。本书收录人物自上古至宋、金，史料来源于四部群书，多注明出处，间作考证，陆善经和叶森续增内容也标明。古籍中往往记载同姓名之人，给读者阅读带来困难，如书中所记十一王褒、十六刘宏、十四刘章、十二刘德等。本书的编撰颇便于读者，亦可见作者学识之丰富、用心之良善。

事类赋 30 卷 宋绍兴十六年(1146)刻本；《四库全书》本；1989 年中华书局冀勤等校点本。

北宋吴淑编撰。吴淑(947～1002)，字正仪。丹阳人。幼俊爽敏捷，为韩熙载、潘佑所器重。仕南唐，以校书郎直内史。入宋，试学士院，授大理评事，与修《太平御览》等书。官秘阁校理、职方员外郎等。本书是以赋体写成的类书，为吴淑所创。吴氏为宋代著名文人学者，学识渊博，他以为"类书之作相沿颇多，盖无纲条，率难记诵，今综而成赋，则焕焉可观"，故创为此书。正文为赋，小字夹注中广引群书，对赋文加以解释。本书原为吴淑所著《一字题赋》20 卷，进上后又奉旨加以注释，广为 30 卷，改名为《事类赋》。全书分为天部 3 卷、岁时部 2 卷、地部 3 卷、宝货部 2 卷、乐部 1 卷、服用部 3 卷、什物部 2 卷、饮食部 1 卷、禽部 2 卷、兽部 4 卷、草木部果部鳞介部各 2 卷、虫部 1 卷，每卷下子目若干。共 14 个部类，100 个子目，多为各类常见的事物，其下吴氏之赋分咏各类事物。吴氏赋作具有较高的艺术成就，注释非常繁富浩博，征引各类书籍诗文等达千种以上，多引自原书。本书对后世类书撰作颇有影响，其后华希闵就有《广事类赋》之作。

实宾录 14 卷 《说郛》本；《四库全书》本。

北宋马永易编撰。马永易，字明叟。扬州人。徽宗时官池州石埭尉。本书初名《异号录》，其后又由文彪增广，后改今名。元以后此书久佚，《说郛》本寥寥数条，清人从《永乐大典》搜辑共得 600 余条，编入《四库全书》。本书搜辑古来人物殊名别号，分类排列，内容较为丰富，有助于增广见闻，亦

可资采掇。如卷1《将》，就辑录大树将军、真将军、飞将军、飞将等13种称呼，分别记载历代名将冯异、周亚夫、李广、李克用等事迹。卷11《先生》，就辑录卫先生、束先生、瞿硎先生、祁先生等47种称呼，记载历代贤士束皙、瞿硎先生、祁嘉等事迹。

荆川稗编120卷 明嘉靖胡宗宪刻本；万历九年(1581)东海茅一相刻本；《四库全书》本。

明唐顺之编撰。唐顺之有《荆川先生右编》，已著录。本书为唐顺之采辑群书典籍所载及历代文人学者相关论述，分门别类，荟萃一书，原名《杂编》。内容可分为4类。经类42卷，分为六经总论、易、书、诗、春秋、礼经、礼、乐。其次为诸家29卷，分为诸子、天文、律历、地理、理数、术数、相、医、道、释。文艺15卷，分为诗赋、词赋、文、书法、画、古器、琴、射、弈。史类34卷，分为总论、君、相、将、谋、谏、后、储、宗、戚、主、宦、倖、奸、篡、封建、镇、乱、夷、名世、节、侠、隐逸、列女、方技、吏、户、礼、兵、刑、工。本书巨细兼采，门目浩博，内容非常丰富，为明人所编类书中较为突出者。

类隽30卷 明万历六年(1578)汪珙刻本；《四库全书存目丛书》本。

明郑若庸撰。郑若庸(1489～1577)，字中伯，号虚舟。昆山人。诸生。生平著书颇丰。郑若庸嘉靖间客赵王朱厚煜邸中，赵王给以笔札，出其藏书，属郑若庸仿《初学记》《艺文类聚》编为一书，历20年编成。分为20门：天文、时令、地理、天族、人伦、人品、宫室、艺术、身体、衣服、饮食、器用、布帛、珍宝、乐器、释道、花木、果实、羽族、毛族。每门之下分若干类，每类下分若干类条目，分别辑录典故成词，注明出处，征引较为简略。如卷5《地理类·钟山》，记载与南京钟山相关的典故“金山”“扬镇”“蒋陵”“紫云”“弹琴”“金陵”，资料分别来源于《释门略》《丹阳记》《吴志》、庾阐《杨都赋》注、《宋书》、李白诗。

骈志20卷 明万历刻本；《四库全书》本；苏州图书馆藏竹书堂抄本。

明陈禹谟编撰。陈禹谟有《经籍异同》，已著录。骈有并列之义，陈氏博览群籍，自序言“往牒中事词多肖，不若胪列肖者，足备遗忘”。于是收辑古代典籍所载相同相近的事例或词汇，每二事为一组，先为标题，其后征引文献所载相关内容。如“舜耕历山鸟为之耘，禹藏会稽鸟为之耘”2条，分引《文粹》《水经注》所记内容。补充内容则出以按语或小字。全书20卷，以天干排列，各分上下。所辑内容多出于史部，间有诸子书，主要为隋唐前典籍。书成于万历三十四年。本书收辑古代文献资料非常丰富，有资于考证稽引，《四库全书总目》亦言其披沙简金，往往见宝。

山堂肆考228卷补遗12卷 明万历二十三年(1595)金陵书林周显刻本；万历四十七年张幼学重修本；《四库全书》本。

明彭大翼编撰。彭大翼(1552～1643)，字云举，号一鹤。海门人。诸生，官梧州通判等。本书为古代私人编撰的类书中篇幅较大的一种，正集228卷，分为宫、商、角、徵、羽五集，其下又分天文、时令等45门，每门之下再分若干类，每类下再分若干条目，记载各类事物。又有补遗12卷。书中网罗古今著述所载相关内容，记述简明扼要，保留了丰富的历史资料，堪称一部百科全书，有助于古代历史文化研究。如《臣职》有38卷，是本书篇幅最多的一门，书中记载的古代政治制度、历史人物等内容非常丰富。其中卷43《丞相》，先总述其设置始末，其后分为百余条目，记载自上古至宋代与其有关的各类故实。

说略30卷 《四库全书》本。

明顾起元编撰。顾起元有《客座赘语》，已著录。本书为顾起元汇辑群书编撰而成，分为象纬、方舆、时序、人纪等21类，分门别类编次相关记载，部分内容注明文献出处。本书广泛涉及地理气象、动物植物、历史社会、文学艺术等，其中《史别》《典述》各3卷，篇幅颇多。《史别》汇录历代经传史籍中有关历史事件、人物等方面记载，其中有关上古三代的资料颇多。《典述》则记载古代文献方面的内容，其中如摘录《汉书》中的古字和假借用字、地名中的奇字和别音字等，语言资料非常丰富。此外，《礼法》中所记古代刑罚种种，《工考》中所记古代名香多种，《食宪》中所记各种酒器等，记载颇为详尽，有资于考证。

事物绀珠46卷　明万历吴勉学刻本;《四库全书存目丛书》本。

明黄一正编撰。黄一正,字定父。江都人。本书为黄一正汇辑群书编撰而成,自天文、地理至测玄、遐穑,分为54部,部下再分若干类,纪录天地自然、社会文化各类事物。其中有关明代的历史文化资料较为丰富。如《称谓部》中汇录了六部都察院、地方二司及五府锦衣卫等各级官员的称呼。《冠服部》有国朝君臣冠、后妃命妇冠、君臣服、君臣佩带、后妃命妇服诸类,集中记载明代服饰制度。《食部》中有国朝御膳米面品、汤、肉食诸略,记载各类御膳食物。《音乐部》中有国朝乐类、舞类,记载明代音乐、舞蹈名称。《遐穑部》有国朝贡会类,记载各类外国朝贡物资等。

八编类纂285卷六经图6卷图2卷　明天启间刻本;《续修四库全书》本。

明陈仁锡编纂。陈仁锡有《皇明世法录》,已著录。"八编"即明人编纂的8种内容比较丰富的史部、子部书籍:《大学衍义补》《史纂左编》《右编》《稗编》《图书编》《函史编》《实用编》《经济类编》。陈仁锡从中辑录相关内容,分为36类,排比编次成书。卷首为宋代杨甲所撰《六经图》。书中内容涵盖四部,如六经、职官、天文、地理、人事、诸子、文学、政治等,原书内容依类完整收录。职官类共81卷,按吏、户、礼、兵、刑、工六曹分类,收入原书记载,材料非常丰富,可视为一部古代政治制度史。《人事》类160卷,为全书主要内容,分为人、君、后、储、宗、臣、将、学、妇、戚、镇、边、倖、奸、盗、篡、夷、乱,历代重要历史人物、事件多为收录,分为若干类别,亦便于学者掌握古代历史。

潜确居类书120卷　明崇祯刻本;《四库禁毁书丛刊》本。

明陈仁锡编纂。陈仁锡有《皇明世法录》,已著录。本书为陈仁锡博采群书编纂而成。卷首《征阅书目》所列近1 500种书籍。分为玄象、岁时、区宇、人伦、方外、艺习、禀受、遭遇、交与、服御、饮啖、艺植、飞跃13类,内容包罗万象,诸如天文地理、古今人事、宗教礼法、医药卫生、社会生活、植物动物等,是一部百科辞典性质的书籍。书中先列出各类名词,其下辑录相关内容,多标注出处。《区宇》42卷,分为大地、州郡、九边、四夷、山、水、都邑、关津、郊原、廨舍、居处等类,记载古今地理沿革、自然人文景观等。《飞跃》17卷,分为鸟、兽、畜、麟、介、虫等类,记载各类动物的生物特征,又及相关历史文化内容。

古俪府12卷　《四库全书》本。

明王志庆编撰。王志庆(1591～1642),字与游。昆山人。王志坚弟。天启七年(1627)举人。卒年52。王志庆搜辑元代之前的诗赋骈文等名作编成本书。分为18部:天文、地理、岁时、帝王、宫掖、储宫、帝戚、政术、人、职官、礼、乐、道术、文学、武功、居处、恩赉、物类,每部下再分子目,如《天文部》下就有日、月、星、云等,共一百余子目。体例仿欧阳询《艺文类聚》,或载全篇,或存节本,均采自元以前总集、别集,间有《玉海》所载。书中将许多古代文学名篇收集起来加以分类,颇便于读者欣赏阅读,如《文学部》"好学"中就收录12篇有关好学的名篇,如束皙《读书赋》、蒋防《萤光照字赋》、任昉《为萧扬州荐士表》等。

艺林汇考　清康熙间刻本;《四库全书》本;2012年东方出版社陈志明编校本。

清沈自南撰。沈自南(1612～1666),字留侯。吴江人。顺治九年(1652)进士。官山东蓬莱知县。本书汇集群书所记编撰成书,分为栋宇、服饰、饮食、称号、植物5篇,其下再分36类。《栋宇篇》有宫殿、府署、亭台、门屏、庙室、寺观、宅舍、庑序、梁楣、沟涂10类,分别辑录相关内容。如宫殿,就选择自《苏氏演义》《初学记》至《留青日札》《弹雅》的历代各类文献数十种,记载有关内容。《植物篇》只1类琼花,辑录历代有关琼花的记载。本书取裁颇为得当,《四库全书总目》云"其所征引,率博赡有根柢",有助于对古代历史文化的学习和研究。

宋稗类钞36卷　清康熙八年(1669)刻本;《四库全书》本;1985年书目文献出版社刘卓英点校本。

清潘永因编撰。潘永因,字长吉。金坛人。本书采辑宋代诗话、小说、杂记等著作,分门别类记载各类事迹。分为60门,自君范、符命至草木、鸟兽,最后一门搜遗则为补录。所搜集的内容非常丰富,涵盖宋代社会文化诸多方面,其中记载宋代帝王将

相、文人学者等著名人物的趣闻轶事等，许多不为正史典籍所载，较有价值。分类亦较细致，有助于学者查考检索。据本书可补史籍记载之缺，后世考证宋代历史、编辑文学作品等，多引用参考本书。不标明征引内容出处，则为本书缺憾。

读书纪数略 54 卷　清康熙刻本；《四库全书》本。

清宫梦仁编纂。宫梦仁有《续南宫旧德录》，已著录。本书分为天、地、人、物四大类，天部子目 4，地部子目 10，人部子目 29，物部子目 11，记载古代典籍中含有数字的名词术语、典故成词等。有常见词语如二气、三才、诗三百十一篇等，有不常见词语故实如宋宰相上事判案三道、梁将军一百三十四号等，对其作出简捷的解释。多数词语和部分解释标注出处。本书内容收罗广泛，涵盖社会科学、自然科学各个方面，分类详细，解释得当，有助于古代文化研究。

事物考辨 63 卷　故宫博物院图书馆藏清康熙二十四年(1685)周德宣抄本；《四库全书存目丛书》本。

清周象明撰。周象明(1634～1691)，字悬著。太仓人。康熙十一年(1672)举人。本书采摭古代典籍所载各类内容，分为 43 目，自七经、四书至昆虫、植物，内容涵盖四部。每目之下又为细目，辑录各类文献中相关记述，标注作者和书名，间附周象明按语。多数条目内容简略，亦有较为详备者，如卷 32 历代官名异同，辑录《古今释疑》所载颇为详细。周象明按语主要对前人之说加以补充，征引资料较为广泛，所言颇为有据。如卷 39《居无何》："《两汉博闻》李广传，居无何。师古曰：无何，不多时也。"周氏引《汉书》东方朔传、匈奴传、韩安国传相关记载，补证"无何"之义。

广事类赋 40 卷　清康熙三十八年(1699)剑光阁刻本；乾隆二十九年(1764)刻本；《续修四库全书》本。

清华希闵编撰。华希闵(1672～1751)，字豫原，号剑光，又号芋园。无锡人。康熙五十九年举人。雍正十三年(1735)以博学鸿词荐，不赴。乾隆十六年迎乾隆帝于惠山，赐知县职衔。华希闵之父曾刊刻吴淑《事类赋》，见此书间有未备，于是命华氏重加增广，编成本书。分为天文、岁时等 27 门，下分 191 子目，其中《职官》4 卷、《花木》4 卷，内容较多。体例仿《事类赋》，搜集各类赋作分门别类排列，下加注解。本书对《事类赋》多有补充，如《事类赋》天部子目 12：天、日、月、星、风、云、雨、雾、露、霜、雪、雷，本书天文部子目 5：星象、浑天仪、霞、虹霓、河汉，增加许多新的内容。书中所载颇利于记诵，便于初学者使用。

第十二节　小说家类

山海经注 18 卷　宋淳熙七年(1180)尤袤刻本；明成化四年(1468)北京国子监刻本；1980 年上海古籍出版社袁珂校注本。

东晋郭璞撰。郭璞(276～324)，字景纯，河东闻喜(今属山西)人。避战乱居建康。晋元帝时官尚书郎等。反对王敦谋反被杀。著名文学家、学者。《山海经》是我国古代著名典籍，3 万余言，记载上古神话、地理、历史、物产、民族等诸多内容，是研究古代历史的重要文献，非一人一时之作，今传本经过西汉刘歆编定，东晋郭璞作注。本书 18 卷，包括《山经》5 卷、《海经》8 卷、《大荒经》4 卷、《海内经》1 卷。《山经》记述海内名山大川、动植物产等，《海经》记载海外异国风俗、传说奇闻等。《大荒经》和《海内经》原来别本流行，郭璞作注时，收录本书中。郭璞注 2 万余言，训释词义，标注音读，记载异文，解释名物制度等，广征先秦文献为据。部分注解非常详尽，如卷 5 洞庭之山"帝之二女居之"，郭注引《离骚》《九歌》《河图玉版》《列女传》《礼记》《左传》等考订其详。其注释态度亦非常严谨，多有"未闻""未详"之语。

穆天子传注 6 卷　《道藏本》；《平津馆丛书》本；1994 年华东师范大学出版社王贻梁、陈建敏汇校集释本。

东晋郭璞撰。郭璞有《山海经注》，已著录。《穆天子传》为先秦古籍，作者不详。西晋武帝年间，汲郡人不准盗发魏王墓，出土大量文献，世称汲冢书。其中就有《穆天子传》5 篇，由荀勖等人整理为 5 卷，后又增入同时发现的《周穆王美人盛姬死

事》，编定为6卷。东晋初年，郭璞重加整理，为之作注，其后广为流传。本书纪事以日月为序，前5卷记载周穆王在位时率师征战的盛况，及西征昆仑山、见西王母等事，所历遍及中国北方及西域、中亚等地。所记征伐之事、旅途见闻等，保存了古代历史、地理等资料，亦是我国最早的游记文学作品。本书又有部分虚构成分，用于叙事、塑造人物等，亦对后世小说发展产生积极作用。最后一卷记载其美人盛姬的葬礼等事，对先秦丧礼制度记载颇详。郭璞注包括释音、释义、校勘等，征引先秦文献及传说见闻为据，注释非常简略。偶有稍详者，如卷1穆王八骏，描述其相貌，又引证《史记》相关记载。部分注解以“疑”开端，反映其以疑存疑的严谨作风。

西京杂记6卷　明嘉靖三十一年(1552)孔天胤刻本；1985年中华书局程毅中点校本；2006年三秦出版社周天游校注本。

东晋葛洪撰。葛洪有《肘后备急方》，已著录。本书的作者，有多种说法，如刘歆草创葛洪编集说，葛洪杂抄汉魏百家托名刘歆说等，葛洪说较为流行。西京指的是西汉的首都长安，本书记载的主要是西汉的杂史传说，杂记100余则，2万余言。记载的内容非常丰富，上至帝王公卿的政治斗争、奢侈生活，下及百姓日常生活、民风民俗等，又记载文人佚事、风流传说，以及天文地理、科技知识等。本书具有重要的文献价值，为后世重要的类书、小说书如《太平御览》《太平广记》等所重。其中许多重要历史事件、历史人物、典章制度的记载，采自亡佚的汉魏古籍，弥补了《史记》《汉书》等记载的不足。有关宫殿苑林、奇珍异玩的记载，反映了汉人所掌握的丰富自然知识以及当时建筑工程、工艺制造的高度成就。本书又具有重要的文学成就，语言形象生动，展现出高超的叙事技巧。本书所载贾谊、司马相如、扬雄事，对后世文学研究具有重要价值，所记趣闻风俗等亦成为其后文学创作的源泉。

幽明录6卷　《古小说钩沉》本；1988年文化艺术出版社郑晚晴辑注本。

南朝宋刘义庆撰。刘义庆(403～444)，原籍彭城，世居京口。南朝宋武帝刘裕之侄，长沙景王刘道怜之次子。袭封临川王。任南兖州刺史等。著名文学家。本书为南北朝时期著名志怪小说，刘义庆编撰。原本已散佚，鲁迅《古小说钩沉》辑录265则，搜辑较为完整。郑晚晴据此本又加补辑，是目前较为完备的版本。本书所载鬼神灵怪故事题材广泛，内容丰富，包括名人趣事、风物名胜、婚姻爱情等等，涵盖各阶层人士的生活，又多反映佛教题材的故事。本书具有较高的艺术成就，语言流畅自然，景物描写生动，注意刻画人物形象，故事曲折动人，小说中常穿插诗歌，使作品更加优美典雅。书中一些故事流传甚广，如《刘晨阮肇》《柏枕幻梦》《生死姻缘》等，成为后世小说戏剧的故事原型，产生积极影响。

世说新语3卷　宋绍兴八年(1138)董弅刻本；1983年中华书局余嘉锡笺疏本；2002年上海古籍出版社朱铸禹汇校集注本。

南朝宋刘义庆撰。刘义庆有《幽明录》，已著录。本书是南北朝时期著名志人小说，刘义庆编撰，分上、中、下3卷，依内容分为“德行”“言语”等36门。全书共1 000余则，记载东汉至东晋上层人物、文人雅士乃至士庶僧徒的趣闻轶事、言谈举止等。时间历经200余年，记载人物五六百人。本书内容非常丰富，记述重大历史事件，反映魏晋统治阶级的真实面貌，揭示文人的内心世界。作者赞赏品行高洁的人物，尤其津津乐道于名士的放达疏狂，着重表现其清虚玄谈的生活方式，体现人们的精神风貌，反映了此一时期社会生活的方方面面，具有重要的历史价值。本书显示了高度的文学技巧，善于刻画人物，语言精炼隽永，“竹林七贤”的狂放不羁，“二王”父子的风流雅韵，王导、谢安的雍容气度，写来栩栩如生。“咄咄怪事”“望梅止渴”“七步成诗”“管宁割席”“鹤唳华亭”等成为脍炙人口的典故成词。书中描写的人物故事成为后世文学作品的素材，如曹氏父子故事之于《三国演义》等。后世亦出现大量仿此书体例写成的作品如《续世说新语》等。梁代刘孝标为本书作注，征引繁富，引用文献达数百种，补充记述大量人物事迹，注解文义，使本书更为完备。

异苑10卷　《秘册汇函》本；《津逮秘书》本；1996年中华书局范宁校点本。

南朝宋刘敬叔撰。刘敬叔(？～468)，彭城人。

少颖敏有异才，起家司徒掌记，累官给事黄门郎。本书为南朝志怪小说，共记载300余则故事，多为神灵鬼怪、因果报应及奇异自然现象等。材料来自于文献所载和民间传说，许多故事离奇曲折，引人入胜。书中写的是怪异之事，却反映了其时的社会生活，表达了广大人民的愿望。一些故事颇有研究价值，如卷4记秦始皇时期歌谣："秦始皇，何僵梁。开吾户，据吾床。饮吾酒，唾吾浆，飧吾饭，以为粮。张吾弓，射东墙。前至沙丘，当灭亡。"卷10记介子推事："介子推逃禄隐迹，抱树烧死。文公拊木哀嗟，伐而制屐。每怀割股之功，俯视其屐曰：'悲乎足下。'足下之称，将起于此。"

隋唐嘉话3卷　《顾氏文房小说》本；1979年中华书局程毅中点校本；2000年上海古籍出版社《唐五代笔记小说大观》本。

唐刘𫗧撰。刘𫗧，字鼎卿。彭城人。史学家刘知几之子。父子三人更莅史官。天宝初，历集贤院学士，兼知史官，终右补阙。本书又名《传记》《国史异纂》等，记载南北朝至唐开元年间历史人物的言行事迹。唐太宗和武后朝事记载较详。刘𫗧出身史官家庭，自己又在朝为官，本书所载来自其所见的史书记载和亲身所闻之事，比较可信，具有很高的史料价值。如唐太宗与魏徵君臣故事，唐太宗名言："以铜为镜，可以正衣冠；以古为镜，可以知兴替；以人为镜，可以明得失"；《兰亭序》秘于昭陵等故事。此外还记载典章制度、社会风俗等，新、旧《唐书》和《资治通鉴》等所记史实，亦有取材于本书者。《隋唐嘉话》又具有很高的文学价值，所记多为人物言行片段，言简意赅，语言生动形象，人物性格鲜明。书中记录了一些著名作家的趣闻轶事，如薛道衡作《人日思归》事，宋之问赋诗夺锦袍事等，有助于文学史研究。《隋唐嘉话》记载的隋唐之际草莽英雄的故事，对明清历史演义小说如《隋唐演义》《隋史遗文》具有重要影响。

中朝故事2卷　《说郛》本；《四库全书》本；2014中华书局《奉天录(外三种)》本。

南唐尉迟偓撰。尉迟偓，生卒、年里不详。仕南唐，居金陵。官朝议郎守给事中，与修国史。本书为尉迟偓任史官时承命而作，记载唐末故事。因南唐承唐代统绪，故称唐为"中朝"。上卷记载君臣事迹及朝廷制度，下卷则杂录神异怪幻之事。其时去唐未远，所记内容来自故家文献所记，颇具史料价值。如卷上言京兆尹有生杀之柄，然而清要之官多轻薄之，其后所记有关政治制度等内容。如言缙绅子弟皆怯于尚公主，其下所记涉及其时风俗等。所述宫女之事亦颇令人感伤："每岁上巳日，许宫女于兴庆宫内大同殿前与骨肉相见。纵其问讯，家眷更相赠遗。一日之内，人有千万。有初到亲戚便相见者，有及暮而呼唤姓第不至者，涕泣而去，岁岁如此。"

稽神录6卷拾遗1卷补遗1卷　《津逮秘书》本；民国涵芬楼刻本；1996年中华书局白化文点校本。

北宋徐铉撰。徐铉(916～991)，字鼎臣。广陵人。仕南唐，官至吏部尚书。归宋后官至散骑常侍。曾受诏校定《说文解字》。与修《太平御览》《文苑英华》《太平广记》等。著名学者、文学家、书法家。本书为徐铉所撰志怪小说集，绝大部分收入《太平广记》，多为鬼神怪异和因果报应故事。本书继承六朝志怪与唐人传奇小说的传统，反映了宋代志怪小说的成就。书中所记虽多荒诞不经之事，也记载了一些具有历史和文化价值的内容，如卷1《徐善》，记徐善之妹被军校所掳，既而求婚，徐善自以旧族，不当与戎士为婚，临以白刃亦不惧。《何致雍》记南楚宰相何致雍的经历，《王玙》记杨吴鄂帅王玙的军旅事迹。书中也记载了一些今天看来很平常，当时人却不能理解的事件，如《濠州井》，记父子二人疏浚旧井而死，当为毒气或缺氧所致，而其时观者如堵，无敢复入。

孙公谈圃3卷　《百川学海》本；《四库全书》本。

北宋孙升撰。孙升(1038～1099)，字君孚。高邮人。治平二年(1065)进士，累官天章阁待制，知应天府，改集贤院学士。绍圣初坐劾，贬果州团练副使，汀州安置。孙升历官多职，见闻丰富，本书内容为其贬官之后与临江刘延世谈论之语，由刘延世辑录编成。书中所记北宋诸帝之事颇多，又记著名政治人物司马光、王安石、苏轼、欧阳修、韩琦、丁谓等趣闻轶事，对其时重要事件等多有记载，孙升的言论事迹亦有记载。孙氏虽为元祐党人，评骘人物

颇为客观公正，书中所记可作为研究宋代历史文化的参考资料。如卷中记仁宗未立嗣，群臣多陈言，其中韩琦最有力，仁宗不得已，立濮王，回宫后对宫人哭泣。又记韩琦请太后还政于皇帝事："太后怒曰：'教做也由相公，不教做也由相公。'琦独立帘外不去，及得一言有允意即再拜，驾起，遂促仪鸾司拆帘。上自此亲政。"

后山谈丛 6 卷　《宝颜堂秘笈续集》本；《适园丛书》本；2007 年中华书局李伟国点校本。

北宋陈师道撰。陈师道（1053～1102），字履常，一字无己，号后山居士。彭城人。元祐初苏轼等人荐其文行，起为徐州教授，后官秘书省正字等。宋代著名文学家。本书为宋代著名笔记，内容非常丰富，包括重要历史事件、名人轶事、文学艺术乃至奇闻异事等，有助于对宋代历史文化的研究。如卷 1 有关澶渊之役有多则，对此一影响宋初政治局势的重要事件记述颇详，记其战争决策过程，对寇准发挥的关键作用多有记载，又录其上真宗书。记述其事也颇为生动，如澶渊之役，真宗使候莱公。曰："相公饮酒矣！""唱曲子矣！""掷骰子矣！""鼾睡矣！"又如澶渊之役，所下一纸书："尔州县坚壁，乡村人保，金币自随，谷不可徙，随在瘗藏，寇至勿战。"卷 1 又记富弼使契丹事，记其谈判过程和双方言语。对北宋诸帝及著名人物如韩琦、范仲淹、王安石、欧阳修、苏轼、丁谓、夏竦等人事迹也多有记载。此外又记书画艺术等内容，如卷 2 记南唐制墨、王羲之书法等。

清波杂志 12 卷　宋刻本；《知不足斋丛书》本；1994 年中华书局刘永翔校注本。

南宋周煇撰。周煇（1127～?），字昭礼。泰州人。曾随使者使金，晚年隐居钱塘（今浙江杭州）。南宋著名藏书家，学者。本书作者自序署于绍熙三年（1192）。全书 12 卷，记载内容非常广泛，包括名人轶事、典章制度、风俗物产、时人诗文等，其中对重要人物、历史事件及典章制度等记载，可补史籍不足。如徽宗朝刘逵、吴拭奉命出使高丽，就是非常重要的事件，记载较为完整，是非常重要的史料。很多记述出于作者所见所闻，较为真实可信，如作者在金国的见闻，就是非常罕见的实录。本书也保留了很多宋代名士的诗文，很多已散佚或亡佚，具有很高的辑佚价值。本书著录史实，兼有议论，评价较为公允。

遂昌杂录 1 卷　国家图书馆藏明抄本；《稗海》本；《四库全书》本。

郑元祐（1292～1364），字明德，号尚左生。遂昌（今浙江丽水）人。侨居吴中近 40 年。官平江路儒学教授、江浙儒学提举。诗文颇负盛名，学者称遂昌先生。本书记载宋元史事、名人趣闻、钱塘名胜等，记事议论，多见作者独到见解，具有一定历史文化价值。如记元初道士邓山房事，元官员让其比较宋元官员操守，邓云："此事不难见，宋养士大夫厚，其廉隅可以守。较之今，则相去远矣。"后记作者元末与官员交往事，末云："国初文网虽甚疏，而上下乐易，不难治。今日正相反，而治道益不如昔。可胜叹哉！"论岳飞事云："高宗昏孱，竟毙王于权奸之手。论者乃谓余讥贬高宗太甚。夫宋有国时，固当为其君讳，而归罪于秦桧。宋亡矣，高宗忘父兄之深仇，彼秦桧者复何恨?"

水东日记 40 卷　明万历叶重华赐书楼刻本；康熙十九年（1680）叶方蔚重刻本；1980 年中华书局魏中平点校本。

明叶盛撰。叶盛有《叶文庄公奏疏》，已著录。本书记述明代典章制度、名人事迹等，又及前代史事和诗文等。叶盛身居高位，熟悉掌故，学问渊博，故本书所记内容非常丰富，具有重要史料价值。如卷 1 记载正统十三年（1448）邓茂七农民起义，官方不同的应对及内部的政治斗争。卷 5 记明代将官专生杀，言及韩观守广西杀生员事。卷 6 记载参赞军务一职的设置沿革。卷 11 记载太监阮安清苦介洁、长于工作之事，言其为中官中甚不易得者。卷 17 两广方岳郡守题名，记载广东、广西都指挥、布政、按察三司各级官员及各地知府姓名。卷 22 记载正统十四年官军、马驼数额，又分实有、事故两类。正统十三年兵科所掌管的守卫官军、四城官军制度。卷 29 六科旧僚题名，记载正统、景泰间六科给事中姓名、籍贯、现任官职。卷 34 记载宣府军事守卫制度等颇为详尽，包括人员物资详细数据、各级官员姓名等。

菽园杂记 15 卷　明毛元仲刻本；《墨海金壶》

本;1985年中华书局佚之点校本。

明陆容撰。陆容(1436～1494),字文量,号式斋。太仓人。成化二年(1466)进士,官至浙江右参政。本书为陆容所撰杂记,包括明代政治经济制度、名人轶事、历史典故、花木器具、奇闻异事等等,具有较高史料价值。如卷1记载其所见洪武四年(1371)《御试录》,与后世《进士登科录》对比,有助于明代科举研究。又记载其犒师宁夏事,涉及内官、藩王以及文武官员之事,又记边地风土等。卷4记宦官曹吉祥请内阁大学士李贤来见,李贤不见,曹吉祥命二宦官掖而至,又言其后内阁体势之轻。卷5记朝廷会议、边地官员会本奏事、总兵称呼等制度变迁。又记明代苏州田赋之重。卷6记载行人司制度。卷7言宦官王振秉内政期间亦行善政。卷9记载明代巡抚一官设置沿革之事。卷10考察浙江各县布政、按察二司分司规模不一原因,较为细致。卷11记司礼太监怀恩善举,亦颇难得。

都公谈纂2卷 南京图书馆藏旧抄本;2012年上海古籍出版社《历代笔记小说大观》本。

明都穆撰。都穆有《南濠居士文跋》,已著录。本书记载元明间人事迹及灵应怪异之事等,部分记载颇有历史价值。卷上记元末明初文人倪瓒、杨维桢等事颇多。如记载倪瓒性格之怪异孤傲,其在主人家辱其婿,只因言貌粗率。朋友不赏佳茗则发怒。力拒张士信求画,言不为王门画师,为其窘辱不发一言。潜住芦中,仍爇龙涎香。入狱仍好洁,惹怒狱卒而锁于溺器上等。书中还记载明初参与修元史和考礼的苏州人士。苏州知府况钟在任多有作为,书中记其功绩及高尚品质。卷下记述正统间一起冤案以及官员之间的斗争,涉及名臣薛瑄、王文等人,明代政治的真实面貌亦可见一斑。

野记4卷 明毛文烨刻本;《四库全书存目丛书》本。

明祝允明撰。祝允明有《成化间苏材小纂》,已著录。本书记载明初至明中叶名人轶事、重要史事及民间奇闻等。卷1记明初功臣事迹及太祖事颇多,卷2、卷3主要记太宗至宪宗时各类史事,卷4杂记故闻及异域传闻、民间异事等,内容较为丰富,可供历史研究参考。如卷1记苏州赋税之重缘由:“太祖愤其城久不下,恶民之附寇且受困于富室而更为死守。因令取诸豪族租佃簿历付有司,俾如其数为定税,故苏赋特重。”后太祖又命减苏松赋税,此后又由于富民以田产诡托亲邻等,太祖又命丈量田亩,确定赋税,而比其他地区偏重。卷4记卤簿官仪非常详尽,有助于明代礼制研究。其后又记考选宫廷侍卫:“今朝制选将军(谓直殿者,号大汉将军),身力相应,以长八尺(所司以木架高八尺,选者立其旁,与之齐则是也),担五十斤砖行殿庭二匝为合格。”

翦胜野闻1卷 明刻本;《四库全书存目丛书》本。

明徐祯卿撰。徐祯卿(1479～1511),字昌谷,一作昌国。常熟人,徙吴县。弘治十八年(1505)进士,官大理寺左寺副等。明代著名文学家,与祝允明、唐寅、文徵明并称“吴中四才子”。又与李梦阳、何景明等并称“前七子”。本书主要记载明太祖朱元璋之事,颂扬其治国平天下之雄才大略、英明神武等,也记载其对待臣民的猜疑残忍、大行杀戮等。书中所记对明代历史研究具有参考价值。如书中所录朱元璋自撰朱氏世德之碑,记载其家世。朱元璋对功臣严苛无情,书中有所记载,如宋濂一点小事就得罪而子孙惨死,太子、皇后求情亦无果。又如朱元璋的谋士陶安卒后,其子又得罪死,家人40余人悉坐罪从军丧亡,军卫收完伍而家无余丁,安妻裹素裳赴京师击鼓求见。书中记二人对答之语颇为细致。

觚不觚录1卷 《广百川学海》本;《四库全书》本。

明王世贞撰。王世贞有《弇山堂别集》,已著录。本书记载明代典章制度等,书名借《论语》之语感慨时代变迁,常有今不如昔之感。王世贞历官多职,见闻广泛,书中内容或亲身见闻,或得之故典,对明代官场习俗旧例等记载颇多,具有重要史料价值。如记其万历甲戌以太仆卿陪祀太庙,所见宦官服饰不合旧制,于是访之前辈,又考之实录,方得出结论:“此必隆万间大珰内遣行中霤礼,辄自制祭服以从祀耶!惜乎言官不能举正,坐成其僭妄耳!”又记嘉靖、万历间,亲王与文武大臣投刺作书等礼仪变迁,由尊至卑:“若陶仲文之过徽,其王自称弟子,俯伏吮靴鼻,宴会必侍坐,送必候升舆,尤可怪也。”

又记其初仕刑部时官员之守法，复加感慨："二十年后，有甫入部而遽委理刑者，有越资而差审决者，甚至有以私情借别部差者，有借本部剪除名目不当差官而差者，此可叹也！"又记明中期至晚期官员与权宦相见礼仪之变："国朝文武大臣，见王振而跪者十之五，见汪直而跪者十之三，见刘瑾而跪者十之八。嘉靖以来，此事殆绝。而江陵殁，其党自相惊，欲结冯珰以为援，乃至言官亦有屈膝者矣。"

艳异编40卷 明刻本；《原国立北平图书馆甲库善本丛书》本；1988年春风文艺出版社排印本。

明王世贞编撰。本书搜录历代笔记传奇、杂著传记等所载资料编成。内容主要分为恋爱艳情和神异鬼怪两类，分为星、神、水神、龙神、仙、宫掖、戚里、幽期、冥感、梦游、义侠、徂异、幻异、妓女、男宠、妖怪、鬼17部，共300余篇。其中《宫掖》10卷内容最多，记载历代帝王后妃情事较详，如汉武帝、赵飞燕、陈后主、隋炀帝、武则天、唐玄宗、杨贵妃、海陵王等。《妓女》5卷，多记古代文人名妓情事，如王之涣、李逢吉、薛涛、刘禹锡、杜牧、琴操、霍小玉、李娃等。此外《妖怪》3卷、《鬼》5卷所记之事亦颇多。本书搜集了大量古代传说故事，加以整理加工，故事曲折感人，语言生动，受到读者欢迎，对明清小说产生重要影响，其后多有续作。

广滑稽36卷首1卷 明万历刻本；《四库全书存目丛书》本。

明陈禹谟编撰。陈禹谟有《经籍异同》，已著录。本书辑录群书所载琐事隽语，自先秦至元末明初，共搜录四部文献300余种。卷首有滑稽释义，又录陈禹谟所编《说储》部分内容。卷1至卷15为正史及其他史籍，卷16至卷36按时代先后为序收录四部文献，时代相近的书籍列为一卷。书中资料主要来自史部和子部，采自正史的较为集中，有《史记》《北史》《旧唐书》《唐书》《五代史》各1卷，《晋书》《南史》《宋史》各2卷。引用的子部书籍数量最多，历代重要著作多有采录。

古今小说（喻世明言）40卷警世通言40卷醒世恒言40卷 明天许斋刻本，1958年人民文学出版社许政扬校注本；明金陵兼善堂刻本，1956年人民文学出版社严敦易校注本；明叶敬池刻本，1956年人民文学出版社顾学颉校注本。

明冯梦龙编撰。冯梦龙有《甲申纪事》，已著录。《古今小说》（《喻世明言》）、《警世通言》《醒世恒言》合称"三言"，为明代著名短篇小说集。冯梦龙将宋元话本及明代拟话本小说重新加工润色，加上其自撰若干篇编撰而成，每本书各有40篇短篇小说，成书于天启年间。"三言"中的小说故事曲折生动，广泛反映明代社会风貌，揭示市民阶层的生活感受，展现了新的思想观念。小说结构多有创新，人物形象鲜明生动，具有高度的艺术成就。其中如《蒋兴哥重会珍珠衫》讲述商人蒋兴哥与其妻王三巧悲欢离合的故事，真实反映下层人民生活及其感情世界。《崔待诏生死冤家》，讲述平民崔宁与王府婢女璩秀秀的悲惨遭遇，控诉统治阶级的罪恶。《杜十娘怒沉百宝箱》，写名妓杜十娘的悲剧故事，刻画了一个执着于爱情的刚烈妇女形象。《卖油郎独占花魁》，写一个小商贩秦重与名妓莘瑶琴的故事，真实展现市民阶层对美好爱情的追求。《施润泽滩阙遇友》，刻画了一个精于算计又心地善良的商人施复的形象，反映了明代江南地区社会经济发展的新面貌。

笑府13卷 明刻本；1992年海峡文艺出版社《冯梦龙丛书》本。

明冯梦龙编撰。冯梦龙搜集笑话集和其他书籍所载笑话故事，自己复加创作，编成本书。分为13部：古艳、腐流、世讳、方术、广萃、殊禀、细娱、刺俗、闺风、形体、谬误、日用、闰语，共500余则笑话。每部前都有小序，部分笑话后有批语或附录。书中笑话故事揭露其时社会黑暗现象，讽刺各类丑恶人物，包括官员、文人、富商、僧侣以及下层百姓等，记述其可笑可悲之事，风趣幽默，令人忍俊不禁，亦有部分内容涉及低俗。书中也有笑话故事涉及古代圣贤，亦反映出其时社会思想风尚。如《古艳部》就有孔子及其弟子的故事："孔子见死麟，哭之不置。弟子谋所以慰之者，乃编钱挂牛体，告孔子曰：'麟已活矣。'孔子观之，曰：'非也，分明一只牛，只多这几个钱耳。'"

情史24卷 明刻本；1993年江苏古籍出版社《冯梦龙全集》本。

明冯梦龙编撰。本书一名《情史类略》，又名

《情天宝鉴》，是冯梦龙搜录古代史籍及笔记小说等文献中的爱情婚姻故事编撰而成。共800余篇，分为情贞、情缘等24类。书中很多感人的故事符合传统的道德观念，如“情贞”类，多记述忠贞不屈的妇女。亦有许多故事违反正统观念，表现对爱情的大胆追求，如“情私”类中的许多恋人。书中还歌颂妇女的勇敢机智等品质，比男子表现更为突出，如“情侠”类的一些故事。书中也记载了许多帝王将相的爱情故事，写其穷奢极欲的生活，如“情豪”类中的秦始皇、汉武帝等。还有一些故事记载不符常理的爱情，如“情痴”类中的眇倡、哑倡、老妓等。书中部分故事后有冯梦龙评语，肯定情感的积极作用，赞美人的真挚感情。本书记载的大量古代爱情故事，生动反映了古代中国人的爱情婚姻生活，有助于古代社会研究。书中故事及评语体现出复杂的思想观念，反映了晚明的思想风尚，也是研究古代文学及社会思想的重要资料。

梼杌闲评 50 回　清刻本；1983年人民文学出版社刘文忠校点本；2005年中华书局金心点校本。

清李清撰。李清有《南北史合注》，已著录。本书原无作者署名，后世学者多认为李清所撰，叙述明末宦官魏忠贤一生事迹，书名又作《明珠缘》。前20回写其早年混迹社会种种事迹。后30回写其净身入宫后，勾搭其旧相识熹宗乳母客氏，因缘际会发迹之事。此后又与崔呈秀等朝中高官结党营私，把持朝政，作恶多端。崇祯皇帝即位后，魏忠贤畏罪自杀，结束其罪恶一生。本书中的人物事件多各有原型，作者经过精心构思创造，以魏忠贤事迹为中心，生动揭示了明末的黑暗政治，真实展现了明末社会各阶层的生活，刻画了一个灵活机敏又狠毒贪婪的权贵形象，深刻反映了明末官僚阶层的腐朽和没落。书中善于刻画人物，表现人物不同的性格特征，语言生动明快，是一部颇具影响的清代小说。

坚瓠集 66 卷　清康熙刻本；《清代笔记丛刊》本；2012年上海古籍出版社李梦生校点本。

清褚人获编撰。褚人获（1635～1703），字稼轩，又字学稼，号石农。长洲人。清代文学家。本书为清人笔记中卷帙较繁者，作者引言所载为有裨王化、关名教之事，以及邮亭歌咏之章，间阎谐谑之语等。书名以“坚瓠”为无用之物自谦。全书分为《坚瓠集》40卷（甲集至癸集各4卷）、《续集》4卷、《广集》6卷、《补集》6卷、《秘集》6卷、《余集》4卷。褚氏读书广博，本书所载来自其搜辑之历代群书，犹以稗官野史、小说杂记等为多，涉及历代重要史事、典章制度、名人趣闻、文学艺术、天文地理、社会风俗等各个方面，内容广泛，资料丰富，有助于古代文史研究。

觚剩 8 卷续编 4 卷　清康熙临野堂刻本；《续修四库全书》本；1986年上海古籍出版社《明清笔记丛书》本。

清钮琇撰。钮琇（1640～1704），字玉樵，号书城。吴江人。贡生。官广东高明知县等。钮琇晚年结合自己历居多地的见闻编成本书，内容包括名人轶事、民间传闻以及奇异之事等。正编《吴觚》3卷，《燕觚》《豫觚》《秦觚》各1卷，《粤觚》2卷。续编《言觚》《人觚》《事觚》《物觚》各1卷。书中所记明清间名人之事颇多，《吴觚》所载就有张煌言、潘柽章、陆陇其、黄周星、冒辟疆、杜濬、柳如是、钱谦益等，人物事迹后多附录其诗文著述。其中明清易代之际的有关记载颇为生动，如《布囊焚余》记张煌言之死：“就逮之日，公乌巾葛衣，不言不食者数日，惟啜水而已。临刑，二卒以竹舆舁至江口。先生从舆中出，见江上青山夹岸，始一言曰：‘好山色。’因索笔研，作绝命词，付行刑者。”其后录其诗4首。书中记载妇女事迹颇多，名人除柳如是外，还有《燕觚》中的陈圆圆。《吴觚》中的《河东君》记柳如是与钱谦益夫妇生活，记其才华与智慧，最后为纾家难自尽，颇为感人。《吴觚》中的《云娘》，写一位侠女，坚贞不屈，有勇有谋，令人赞叹。

女仙外史 100 回　清康熙五十年（1711）钓璜轩刻本；1985年百花文艺出版社杨钟贤校点本；1991年上海古籍出版社刘远游、黄蓓薇标点本。

清吕熊撰。吕熊，字文兆，号逸田叟。昆山人。康熙间入于成龙幕。年80余卒。本书为清初著名长篇小说，书中故事以发生在明初的燕王朱棣篡夺建文帝皇位及唐赛儿农民起义的真实事件为基础，进行虚构加工，精心构思成书。唐赛儿被写成嫦娥下凡，朱棣则为天狼星转世，二人在天界结成宿怨。朱棣起步反叛，暴虐无道，唐赛儿则维护建文皇朝，与之展开军事斗争，最后获得胜利，唐赛儿也成圣

飞升。全书前14回记述唐赛儿前世及出世以来事迹，第15至18回叙述燕王起兵夺取皇位之事，后82回写唐赛儿兴兵勤王作战之事。本书结合了历史演义、英雄传奇及神魔小说的创作方法，以历史事件为原型，对人物事迹进行虚构改造，增加神仙妖魔之事，使得小说故事曲折动人。作者维护正统皇朝，谴责暴君的残酷无道，批判落后的封建礼教，体现了一定进步思想。书中语言通俗流畅，善于表现战争场面，刻画了一位巾帼英雄形象，对古代小说艺术有所创新。

野叟曝言154回 清光绪七年(1881)毗陵汇珍楼木活字本；1993年岳麓书社湘白校点本；1997年人民文学出版社黄克校点本。

清夏敬渠撰。夏敬渠(1705～1787)，字懋修，号二铭。江阴人。诸生。本书叙述作者虚构的明代成化、弘治间的英雄圣贤文素臣的传奇事迹。夏敬渠一生不得志，将其理想通过小说中的人物故事表现出来，真实展示了中下层知识分子的生活追求和思想境界。文素臣是作者心目中的理想人物，多才多艺，品德高尚，赤胆忠心，扶危济困，虽然屡遭陷害，却总能化险为夷，遇难成祥，最后功成名就，位极人臣，成为圣贤。书中内容非常丰富，涉及古代天文地理、文学历史等各方面的知识，通过文素臣的传奇经历，描绘了各地的风土人情，也广泛反映了清代的社会问题。作者结合神魔小说与才子佳人小说的创作手法，将奇幻与写实加以融合，善于刻画人物心理，是一部具有独特风格的清代小说。

红楼梦 北京大学图书馆藏《脂砚斋重评石头记》本(庚辰本)；清乾隆五十六年(1791)萃文书屋木活字本(程甲本)；1957年人民文学出版社启功注释本；1982年人民文学出版社中国艺术研究院红楼梦研究所校注本。

清曹雪芹撰。曹雪芹(1715？～1763？)，名霑，字梦阮，号雪芹，又号芹圃、芹溪。满洲正白旗人。生于江宁。曾祖玺、祖寅、父頫相继为江宁织造。雍正间迁居北京，晚年贫病而卒。清代伟大的文学家。本书为中国文学史上的经典巨著，曹雪芹所撰只流传前80回，名《石头记》，后40回为高鹗续补，名《红楼梦》。本书版本众多，可分为80回抄本和120回印本两大系统。前者有脂砚斋评语，称脂本。后者为程伟元、高鹗整理，称程本、程高本。本书以贾府生活及贾宝玉、林黛玉、薛宝钗等人爱情故事为中心，描绘贾、王、史、薛四大家族的衰亡史，揭示中国封建社会的复杂面貌和深刻矛盾，预示其必然灭亡的命运，批判传统的伦理道德思想，反映进步的民主主义理想。本书体现了高度的小说艺术创作技巧，塑造了众多鲜明生动的典型人物，展现了杰出的语言艺术成就，是中国古典小说的伟大代表，也在世界各国读者中产生巨大影响。

新齐谐(子不语)24卷续新齐谐(续子不语)10卷 《随园三十种》本；1993年江苏古籍出版社《袁枚全集》本《子不语》；1996年人民文学出版社排印本。

清袁枚撰。袁枚有《随园食单》，已著录。本书为清代著名文言小说，袁枚乾隆间所撰。原名《子不语》，后因元人说部中有同名作品，改名《新齐谐》。小说所记有作者亲身经历之事，有听闻的传说趣事，亦有其虚构的鬼神故事。本书内容较为广泛，揭露政治黑暗，讽刺社会恶习，真实反映百姓生活，质疑正统观念，批判科举制度，针砭佛道的愚世欺人，同情妇女不幸命运，肯定美好爱情等，体现了清代中期社会生活的方方面面，表现出袁枚主张个性解放，反对思想束缚的进步思想倾向。作者长于叙事，语言质朴自然，浅显易懂。

娱目醒心编16卷 清乾隆五十七年(1792)刻本；1988年上海古籍出版社汪原放校点本。

清杜纲撰。杜纲，字振三，号草亭。昆山人。诸生。本书为杜纲所撰拟话本小说集，共16回，部分内容采录自他书。作者叙述明清间发生的令人惊愕敬慕的各类事件，以期有补于人心风俗，歌颂忠孝节义思想，宣扬因果报应之说。小说广泛反映了明清间的社会生活，揭露官府的贪婪凶残，展示社会风气的低下堕落，赞扬孝子贞女，谴责贪官恶吏，体现了积极的社会意义。故事情节曲折动人，语言精练生动，颇能吸引读者。如《执国法直臣锄恶，造冤狱奸小害良》，故事原型为明代嘉靖间李福达案，作者将矛头直指最高统治者嘉靖皇帝及权臣郭勋、张璁、桂萼，彻底揭露明代政治制度的腐朽，体现了积极的批判精神。《诈平民恃官灭法，置美

妾藉妓营生》，刻画了一个无赖之徒盖有之，他认官宦家奴作父而获得官职，作恶多端得罪，后又开设妓院获利，最终遭殃，深刻揭示了下层政权的黑暗。

北史演义 64 卷 清乾隆五十八年（1793）刻本；1989 年上海古籍出版社石继昌标点本。

清杜纲撰。杜纲有《娱目醒心编》，已著录。本书是演述北朝时期历史故事的长篇小说，叙述北魏宣武帝即位至隋文帝灭陈平定天下 90 年间的重要史事。杜纲以史籍所载真实历史事件和人物为基础，进行艺术加工创造，撰写成书。本书叙事内容包括北魏、北齐、北周、隋四朝，以北齐为主。详细记载北朝时期纷繁复杂的政治军事斗争，真实展现改朝换代的历史进程，揭示各个朝代治乱兴亡的历史经验和教训。小说将头绪众多的历史事件精心编排，叙事条理清晰，语言纯熟精炼。塑造了一批栩栩如生的人物形象，如高欢、宇文泰、尔朱荣等，尤以对北齐神武帝高欢的刻画最为用心，塑造了一个乱世豪杰、英明君主的形象。又结合才子佳人小说的艺术手法，生动描述高欢与娄昭君等众多女子的爱情故事，展现了作者高超的艺术创作力，亦使小说更具吸引力。

南史演义 32 卷 清乾隆六十年（1795）刻本；1989 年上海古籍出版社石继昌标点本。

清杜纲撰。杜纲有《娱目醒心编》，已著录。本书是演述南朝时期历史故事的长篇小说，叙述自晋末朝政混乱刘裕出世，至陈后主亡国这段时间发生的故事。杜纲以正史等记载的南朝历史事件为基础，加以合理的虚构和改造，完成本书的撰写。南朝宋、齐、梁、陈 200 余年的重要事件多为本书记载，生动叙述了这一时期残酷的政治斗争、激烈的军事战争、昏君奸臣的腐朽没落、英雄人物的传奇经历，揭示封建王朝兴亡得失的历史经验。小说善于塑造人物，尤以对几位开国皇帝如宋武帝刘裕、齐高祖萧道成的刻画颇为成功，语言生动精炼，故事曲折动人，颇为吸引读者。

浮生六记 《独悟庵丛钞》本；1980 年人民文学出版社俞平伯校点本；2000 年上海古籍出版社《明清小品丛刊》本。

清沈复撰。沈复（1763～?），字三白，号梅逸。元和人。以游幕为业。本书为沈复所撰自传性质的文言小说，记载其乾隆至嘉靖间生活中经历之事。光绪三年（1877）杨引传在苏州冷摊上淘得本书手稿，只有四记，即《闺房记乐》《闲情记趣》《坎坷记愁》《浪游记快》，后又得王韬等题跋，杨氏将其刊行，引起读者注意。后人又有伪作《中山记历》《养生记道》二记。《闺房记乐》记沈氏与其妻陈芸的感情生活，二人情深意笃，生活中充满家庭之乐。《闲情记趣》记其园林文房之乐，体现其文人的生活情趣。《坎坷记愁》记其家庭矛盾、亲人分离、陈芸离世等生活中的哀愁。《浪游记快》记其游幕 30 年间所至之处，多得览胜之快。本书为清代著名文言小说，语言清新优美，感情真挚强烈，格调高雅脱俗，具有独特的文人品位。书中刻意描写的陈芸，更是形象优美动人，体现了中国妇女的美德，林语堂英译本《序》称其为“中国文学中最可爱的女人”。

续博物志疏证 10 卷补遗 1 卷 上海图书馆藏稿本；2015 年广陵书社《扬州文库》本。

清陈逢衡撰。陈逢衡有《竹书纪年集证》，已著录。《续博物志》为张华《博物志》续书，陈逢衡为考订《博物志》检阅此书，有所诠释，编为本书。卷首《序》考订《续博物志》的作者李石生平及著述。书中先录《续博物志》原文，陈氏随加疏证。《补遗》又辑录《佩文韵府》《埤雅》《类说》等书所载《续博物志》遗文。《续博物志》征引唐五代、北宋间诸书之说，零星琐碎，陈氏对书中所载考证补订，内容数倍于原文，内容丰富，疏证细致，有助于古代文化的研究。如卷 10“纣剖比干观其心，桀杀龙逢无剖心之事。桀惟比之于日，纣乃诈命于天”，陈氏考证《尚书》《史记》《竹书纪年》《符子》《尚书大传》《新序》诸书记载，以明上述诸说之来源。

品花宝鉴 60 回 清道光二十九年（1849）刻本；1990 年上海古籍出版社尚达翔校点本。

清陈森撰。陈森（1796? ～1870?），字少逸，号采玉山人。常州人。本书主要叙述清代中后期京师梨园男伶与才子们的爱情故事，是一部少见的反映同性恋生活的长篇小说。本书正面描述了同性恋人的真挚感情，以杜琴言和梅子玉、苏蕙芳和田春航两对恋人为代表，他们容貌俊秀、品行高洁，情深意长，文采风流。与之相反的则是一群丑陋卑鄙

的好色之徒，如魏聘才、奚十一、潘其观等，描写他们的肮脏生活，毫不留情地讽刺挖苦。书中结合了才子佳人和世情小说的艺术手法，生动描绘了清中后叶北京的生活画面，真实反映此一时期的社会文化潮流和道德风尚，逼真展示了梨园生活面貌，塑造了一群性格各异的人物形象。本书以正面人物故事为主线，反面人物故事为副线，有条不紊地向前发展。陈森善于外貌刻画、心理描写，语言生动形象，体现了较高的小说艺术创作技巧。

遁窟谰言 12 卷 清光绪元年(1875)申报馆仿聚珍版初印本；1913 年惜阴书屋石印本；1991 年河北人民出版社《后聊斋》排印本。

清王韬撰。王韬有《王韬日记》，已著录。此书有文言小说等 160 篇，著于王韬避居香港期间。首篇《天南遁叟》，即记述作者生平经历。书中记述内容包括文人义士，如卷 1《奇丐》、卷 7《鲁生》、卷 9《某观察》等；也有社会奇闻轶事，如卷 10《铁臂张三》《少林绝技》等；也有各阶层妇女的事迹等，如卷 1《韵卿》《碧珊小传》等。书中很多小说描写鬼怪之事，却能够真实表现人物思想感情，反映其时社会问题，具有现实意义。书中注重描写妇女的生活，或虚幻或写实，生动表现了古代社会妇女的命运，赞颂她们忠于爱情、敢于斗争的精神面貌，体现了作者的进步思想。

淞隐漫录 12 卷 清光绪十年(1884)石印本；1983 年人民文学出版社王思宇校点本。

清王韬撰。本书又名《后聊斋志异》，是王韬追忆 30 年来所见所闻之事撰写而成，共有文言小说 100 余篇，各篇最初发表在上海《申报》副刊《画报》上。有虚构妖鬼之事，如卷 1《华姑》《玉箫再世》等；有记述奇人异士，如卷 5《四奇人合传》、卷 12《十鹿九回头记》、卷 8《泰西诸戏剧类记》等；有写作者及友人狭邪之闻，如卷 10《二十四花史》、卷 11《三十六鸳鸯谱》等。书中善于描写不惜生死、忠于爱情的妇女形象，或人或鬼，或勇敢贞烈，或多情温柔，或多才多艺，令人难忘。本书用浅近的文言文写就，语言优美典雅，情节曲折离奇，人物形象生动。书中又增添了外国妇女形象，如卷 1《纪日本女子阿传事》、卷 4《海外美人》，具有新颖的时代特点。文人才子风月生活的描写，亦反映了其时知识分子的生活状态。

淞滨琐话 12 卷 《香艳丛书》本；1984 年江苏广陵古籍刻印社《笔记小说大观》本；1986 年齐鲁书社刘文忠校点本。

清王韬撰。本书有文言小说 60 余篇，主要记载文人士子浪漫生活、各类妇女的动人事迹以及妖魅鬼怪之事等，其中以反映妇女和爱情的部分内容较为突出。王韬或借妖狐之事写文人奇幻迷离的情感故事，如卷 1《田荔裳》《倪幼蓉》等。或写现实生活中各类女子的悲欢离合，如卷 2《魏月波》《金玉蟾》等，塑造了许多忠于爱情、富有智慧、勇敢刚烈的女性形象。也有部分内容写作者及其友人的冶游之事，如卷 9《东瀛艳谱》、卷 11《燕台评春录》等。对烟花粉巷享乐生活的记载，也反映出下层文人对清末社会的失望伤感之情。本书用浅近的文言写成，语言精炼生动，善于摹写人物，描绘景物，情调高雅，富于韵味。

水浒传 明正德、嘉靖间书坊刻本；明万历三十八年(1610)杭州容与堂刻本；《金圣叹批评第五才子书施耐庵水浒传》，明崇祯十四年(1641)贯华堂刻本。

明施耐庵撰。施耐庵(1296？～1370)，名子安，又名肇瑞，字彦端，号耐庵。兴化人，后迁海陵。一说为浙江钱塘人。元至顺二年(1331)进士，与张士诚部将卞元亨友善。张败后，隐居大丰白驹著书，避朱元璋征，往淮安，卒。一说曾在杭州(或淮安)为官 2 年，因不合于当道，弃官回苏州从事著述。本书为古典小说四大名著之一。北宋末年宋江等人起义，此后民间流传着许多宋江等人的传奇故事，元末明初，施耐庵依据相关话本杂剧等加工创造，撰成本书。此后又经后人改造，故本书版本非常复杂，大致可分为繁本(文繁事简)和简本(文简事繁)两个系统，繁本中的万历容与堂百回本(无征田虎、王庆事)、万历袁无涯百二十回本、崇祯金圣叹贯华堂七十回本(至聚义为止)为影响较大的版本。小说讲述北宋徽宗年间宋江等 108 位好汉的故事，包括各人经历、梁山聚义及接受招安，以及随后征讨辽国、田虎、王庆、方腊之事，最后叙述各人结局。其中受招安之前的内容为全书思想性、艺术性较高的部分。本书通过宋江等人生动曲折的

故事，深刻揭示了北宋末年的社会现实和复杂矛盾，刻画了大量栩栩如生的英雄形象，展现了高度的语言艺术成就，在中国小说史上占有重要地位，亦在世界各国广为流传。

水浒传批评 明崇祯十四年(1641)贯华堂刻本；清雍正十二年(1734)芥子园刻本；2016年凤凰出版社《金圣叹全集》本。

清金圣叹撰。金圣叹(1608～1661)，名采，字若采，又名人瑞，字圣叹，别署贯华堂主人。长洲人。明诸生。清代著名的文学家、文学批评家。元末明初施耐庵将宋元话本小说的故事进行艺术创造，完成长篇小说《水浒传》。此书版本众多，其中金圣叹批评《水浒传》70回影响最大，成为清代的通行本。本书全名《贯华堂第五才子书水浒传》，故事内容至梁山泊英雄聚义为止，删去100回本和120回本中71回之后的招安及征讨辽国、田虎、王庆、方腊之事，以卢俊义梦梁山头领被杀作结，将原书中的第一回改作楔子，删去原书中的诗歌等，在故事叙述、人物事迹、形象描绘等方面亦有改作。前71回是《水浒传》最为精彩的部分，金圣叹的改作保留原书的精华，通过艺术加工润色使书中的内容更加精炼。金圣叹在《序》《读第五才子书法》以及回前总评、夹批眉批中对《水浒传》的创作动机、小说结构、形象塑造、情节安排、语言的表现力等方面加以评点，多有精彩之论。尤其注重人物形象的评析，揭示人物性格的丰富性和复杂性，总结塑造人物形象的方法技巧，对小说创作理论的发展做出重要贡献，对其后的文学批评产生深远影响。

西游记100回 明万历金陵世德堂刻本；明福建书林杨闽斋刻本；1955年人民文学出版社排印本。

明吴承恩撰。吴承恩(1500? ～1582?)，字汝忠，号射阳山人。山阳人。贡生，官荆王府纪善等。明代杰出文学家。本书为古典小说四大名著之一。唐代贞观年间，玄奘法师远赴印度取经，后世流传了许多以此为题材的话本杂剧等文学作品，如宋代《大唐三藏取经诗话》等。明代中叶吴承恩在话本小说等基础之上加以创造，撰成本书。小说首先讲述孙悟空大闹天宫等故事，书中主要内容为孙悟空、猪八戒、沙僧及白龙马护卫唐僧取经，一路经过八十一难，降妖伏魔，最后到达西天，取得真经。书中借天宫中的各类神仙和取经路上的妖魔鬼怪，影射其时丑恶现实，揭露社会黑暗。书中充满浓厚的宗教色彩，宣扬佛法无边，果报宿命等思想，亦体现了调合三教的思想倾向。本书是古代浪漫主义文学杰作，充满奇特迷幻的想象夸张，营造一个绚丽多姿的神奇世界，塑造了一系列鲜明生动的人物形象。其中的孙悟空，足智多谋，本领高强，不畏险阻，是作者极力刻画的理想化的英雄。其他如好吃懒做的猪八戒、懦弱迂腐的唐僧，在作者笔下亦栩栩如生。此外，本书亦展现了高度的幽默讽刺技巧和语言艺术成就。书中的许多故事在中国耳熟能详，孙悟空、猪八戒更成为家喻户晓的人物形象，在世界各国读者中也受到广泛欢迎。

封神演义100回 明金阊舒载阳刻本；清康熙四雪草堂刻本；1973年人民文学出版社排印本。

明许仲琳撰。许仲琳(1560? ～1630?)，号钟山逸叟。应天府人。本书又称《封神榜》。宋代以后民间流传着一些话本小说，如《武王伐纣平话》等，讲述武王伐纣以及神仙故事。明人余邵鱼编《列国志传》，亦讲述商纣故事。明代后期许仲琳在话本小说等基础之上加工创作，撰成本书。小说叙述商纣王为妲己所惑，荒淫无道，祸害天下，武王以姜子牙为军师，兴师讨伐昏君。双方各得神仙魔怪等相助，代表神教正统的阐教支持武王，代表旁门左道的截教支持纣王，战事激烈，最后武王获胜，纣王自尽，姜子牙封神，武王封列侯。书中商纣无道等内容影射明代后期的现实政治，对文王、武王、姜子牙明君良臣的赞扬，亦反映人们对清明政治的向往。书中具有浓厚的宗教色彩，展现出一个庞大的神仙体系，阐教、截教的对立斗争，反映道教内部争斗。作者以道教为正统，又调合各教，三教合一，反映了明代思想潮流。小说吸取各种民间传说，生动反映了古代生活风俗。书中充满了丰富多彩的想象夸张，构造了一个神奇瑰丽的世界，曲折离奇的故事情节、面目各异的人物形象、光怪陆离的法术神通，给读者以艺术享受。

杨家府演义58回 明万历二十一年(1593)唐氏世德堂刻本；明万历三十四年卧松阁刻本；1980年上海古籍出版社排印本。

明纪振伦编撰。纪振伦，字春华，别号秦淮墨客，一作秦淮寓客。江宁人。擅著小说传奇。本书全名为《杨家府世代忠勇演义志传》，述北宋杨继业一家世代抗辽报国故事。杨家将故事起自南宋，至明代在民间广为流传，万历间纪振伦加以整理改编。全书58回，自《宋太祖受禅登基》至《怀玉举家上太行》，书中主要描述杨继业、杨六郎、杨宗保、杨文广、杨怀玉数代忠勇人物英勇表现，也刻画了穆桂英等众多杨门女将巾帼不让须眉的生动事迹。书中赞美杨家将们对国家的忠诚，刻画他们视死如归的英雄气概，对奸臣潘仁美的丑恶行径则给以严厉的批判，反映了广大人民的心声。曲折的历史故事，鲜明的人物形象，使本书受到广大读者的欢迎。

新列国志108回 明崇祯吴县书林叶敬池刻本；明末刻赠言堂印本；清德聚堂刻本。

明冯梦龙编撰。冯梦龙有《甲申纪事》，已著录。本书是叙述春秋战国故事的长篇历史小说，记载自周宣王至秦始皇500余年的历史事件。宋元的讲史话本中有许多春秋战国故事，明嘉靖、隆庆间余邵鱼将宋元话本编辑加工，写成《列国志传》8卷226节。冯梦龙在此书基础上重新改写润色，参考《左传》《史记》等书的记载，注重故事的真实性，艺术性有所提高，内容也大为增加，刊行后受到读者欢迎。本书生动叙述了春秋战国间纷繁复杂的历史事件，展示此一社会大变革时期的真实面貌，记载了激烈的政治军事斗争，刻画了形形色色的历史人物，谴责暴君奸臣，赞颂明君良相，同情深受苦难的广大民众。小说头绪纷乱，人物众多，经过作者的巧妙构思，以重要事件为叙述重点，以时间先后为次序，串连众多故事，条理清晰，丰富多彩。小说注重人物形象的塑造，一些著名历史人物如伍子胥、勾践、廉颇、蔺相如等，刻画得逼真传神。清乾隆间蔡元放对本书内容略加修饰，增加夹注和评点，改名《东周列国志》，成为此后最为流行的版本。

新平妖传40回 明金阊嘉会堂刻本；旭雪斋批点清怀德堂刻本；1993年江苏古籍出版社《冯梦龙全集》本。

明冯梦龙编撰。冯梦龙有《甲申纪事》，已著录。北宋庆历间发生了王则起义，朝廷派文彦博等率军平定，此后民间就流传着王则等人的故事。元末明初罗贯中对宋元各类小说故事加工整理，编成长篇小说《三遂平妖传》20回。明末冯梦龙在罗贯中著作基础上加以增补修改，编撰成长篇小说《新平妖传》40回。小说叙述妖狐圣姑姑、胡媚儿、胡黜及王则前身之事，此后王则在圣姑姑、胡媚儿的化身胡永儿妖术引导下反叛朝廷，自立为王。文彦博率领官军征讨，与诸葛遂智、马遂、李遂等人在九天玄女帮助下最终平定叛乱。书中谴责官府的黑暗统治，反映明代现实政治，体现了一定的积极意义。所述妖怪神仙之事，故事离奇，情节曲折，对读者具有很强的吸引力。

三国演义批评 清康熙十八年(1679)醉耕堂刻本；清康熙姑苏怀颖堂刻本；1957年人民文学出版社铅印本。

清毛宗岗撰。毛宗岗(1632～?)，字序始，号孑庵。长洲人。元末明初罗贯中在正史记载及宋元话本小说等故事的基础上精心构思创作，完成了长篇小说《三国志通俗演义》，24卷，240则。清初毛宗岗对罗贯中原著进行了批评和改定，评改本在后世版本中最为流行，成为《三国演义》的定本。毛宗岗对全书回目定为120回，对内容作了重要修改，删去不真实的史事，改换诗文评赞，增删情节，对字句辞藻加工润色，使小说内容更加精炼，主题更加突出，人物更为生动。毛氏评点尊刘抑曹，以蜀汉为正统，提倡儒家仁政思想，在对仁君贤臣的赞扬、乱臣贼子的谴责中，体现了进步的民本主张，对小说创作理论亦有精辟的论述。毛宗岗对《三国演义》的评改，符合广大读者的欣赏口味，反映了人民群众的渴望清平社会的愿望，提高了作品的思想意义和艺术成就，扩大了作品的社会影响力，成为古代小说批评的经典之作。

隋唐演义100回 清康熙三十四年(1695)西雪草堂刻本；清乾隆五十八年(1793)崇德书院刻本；1981年上海古籍出版社排印本。

清褚人获撰。褚人获有《坚瓠集》，已著录。本书为清代著名长篇历史小说，叙述故事自隋朝建立后文帝杨坚伐陈始，至唐朝"安史之乱"后玄宗驾崩止。本书之前就已广泛流传了多种隋唐小说等，褚人获参考相关历史著作等，对这类文学作品进行加工改造，精心编撰成书。内容可分为两部分，一为

乱世英雄推翻隋朝统治的军事斗争等，一为隋炀帝、唐明皇的帝王宫廷生活等。隋朝至唐代中期180余年间发生的重要历史事件多有记述，广泛展现了此一历史时期激烈复杂的政治军事斗争，生动反映了各个阶层人们的生活，谴责荒淫无道的昏君奸臣，赞颂不畏强暴、扶危济世的反抗者。其中尤以讲述反隋侠义英雄事迹的部分篇章最为成功，塑造了一系列栩栩如生的英雄好汉，成为后世不同文学作品中的素材，如秦琼、程咬金、单雄信等。小说故事情节生动，语言通俗流畅，因而深受人们的欢迎。

金瓶梅批评　清康熙三十四年(1695)刻本；清乾隆十二年(1747)刻本；1987年齐鲁书社王汝梅等校点本。

清张竹坡撰。张竹坡(1670～1698)，名道深，字自得，号竹坡。徐州人。著名文学批评家。《金瓶梅》是晚明出现的一部文人独立创作的长篇世情小说，作者署名兰陵笑笑生。小说以宋代土豪恶霸西门庆事迹为中心，实际反映了明代中后期社会的腐朽和没落。清代初期，张竹坡以《新刻绣像批评金瓶梅》为底本，改动一些不恰当、不通顺的字词，删除原书评语，对其重加品评，以《皋鹤堂批评第一奇书金瓶梅》刊行，成为清代《金瓶梅》的流行本。正文前有《批评第一奇书金瓶梅读法》等总评多篇，每回都有回评，正文内有眉批、夹批。张竹坡全面系统地对《金瓶梅》进行批评，包括创作动机、作品主旨、总体结构、情节安排、叙事方法、人物形象等诸多方面，对小说创作艺术进行了深入细致的探讨，否定了《金瓶梅》为淫书之说，认为它是一部泄愤世情书，是史家文字。张竹坡批评对此后《金瓶梅》研究产生重要影响，对古代小说批评的发展亦发挥了重要作用。

儒林外史56回　清嘉庆八年(1803)卧闲草堂刻本；清同治八年(1869)苏州群玉斋木活字本；1999年上海古籍出版社《儒林外史汇校汇评》本。

清吴敬梓著。吴敬梓(1701～1754)，字敏轩，又字粒民。别称秦淮寓客。晚年自称文木老人。安徽全椒人。幼颖异，善记诵。稍长，补官学弟子员。安徽巡抚赵国麟举以应博学鸿词，不赴。移家金陵，居城东之大中桥。环堵萧然，读书自娱。晚年往来真州、淮安、扬州等地。卒于扬州。本书著于吴敬梓寓居南京期间，是中国古代最杰出的讽刺小说，书中虚构的故事发生在明代，实际讽刺批判的是清代中叶丑恶的社会现实。书中将主要矛头对准了腐朽的科举制度，揭露其虚伪和罪恶，反映了科举制度下知识分子的悲惨遭遇。书中刻画的人物众多，全方位展示了此一时期的社会生活，针砭讽刺各种不合理的社会现象，也赞颂了作者心目中的理想人物，如蔑视富贵的王冕，特立独行的杜少卿等人，同情下层劳动人民如牛老爹、鲍文卿等人，体现了进步的思想倾向。书中善用对比手法，揭露讽刺各种自相矛盾的行为，运用白描手法生动刻画人物，展示了高度的艺术技巧。

镜花缘100回　清嘉庆二十二年(1817)江宁桃红镇坊刻本；清道光十年(1830)芥子园重刻巾箱本；1955年人民文学出版社张友鹤校注本。

清李汝珍撰。李汝珍(1763?～1830?)，字松石，号松石道人，人称北平子。直隶大兴(今北京)人，寓居海州(今连云港)。师从凌廷堪。官河南县丞。本书是李汝珍创作的一部具有独特风格的长篇小说。全书分为两部分，前半部分叙述唐代武则天统治期间，唐敖、林之洋、多九公在海外各国的奇异经历；后半部分叙述武则天以科举选才女，由百花仙子托生的唐敖之女唐闺臣及其他才女展示才华等故事。其中以前半部内容最为有趣，李汝珍在古代文献记载的基础上进行充分虚构，以丰富的想象力描绘了一个奇幻的世界，君子国、黑齿国、女儿国等充满了奇异的风俗，寄寓了作者对理想社会的追求，含蓄表达了对现实世界的不满和批判。后半部分亦刻画了一批才女的形象，生动展现其学问才华和品格，体现了进步的思想。作者善于运用幽默的笔调、夸张的手法，讽刺各种不合理的现象，语言流畅生动，加上离奇的故事，因而备受读者欢迎。

老残游记20回　《天津日日新闻》铅印本；清光绪三十三年(1907)上海神州日报馆排印本；1957年人民文学出版社陈翔鹤校、戴鸿森注本。

清刘鹗撰。刘鹗有《铁云藏龟》，已著录。本书为晚清四大谴责小说之一，作者题为洪都百炼生，最初连载于《天津日日新闻》等，主要内容是一位名铁英、号老残的江湖郎中在山东等地游历的所见所

闻。小说第一回就以梦境中的一艘危船，影喻摇摇欲坠的清王朝。书中通篇描写了处于危机中的晚清社会，同情人民群众所遭受的痛苦，谴责凶残无能的官员，对清王朝又抱有幻想，反对义和团和革命党人，宣传太古学派的思想，对国家、社会及文化的现状感到哀伤，展现了复杂的思想内容。本书继承了古典小说的优秀传统，在艺术手法上又有创新，第三人称叙事，饱含丰富的主观感情色彩。小说语言优美生动，融入诗歌和散文的笔法，善于描绘景物，意境高雅深远。刻画人物手法多样，注意描写人物心理，生动传神地展现人物的性格。本书问世以来，备受好评，被译成多种文字在全世界广为流传。

官场现形记 60 回　清光绪二十七年(1901)起《世界繁华报》连载；清光绪三十年粤东书局石印本；1957 年人民文学出版社张友鹤校注本。

清李宝嘉撰。李宝嘉(1867～1906)，字伯元，号芋香、南亭亭长。武进人。诸生。光绪间在上海创办《指南报》等，主编《绣像小说》。清末著名小说家。本书为晚清四大谴责小说之一，作者题为南亭亭长。最初在上海《世界繁华报》连载，全书未及完成李宝嘉就病卒，最后部分由其友补作。本书内容是暴露晚清官场的真实面貌，通过生动叙述数十则迎合钻营、丑陋不堪的官员故事，逼真地揭示了清末政治制度的腐朽没落。书中很多故事取材于真人真事，人物上自军机大臣、清代贵族，下至吏目典史，从京城到偏远之地，全方位展现各级官员的糜烂和丑恶。本书在结构安排上，没有贯穿始终的故事，而是若干相对独立的短篇故事，从不同的角度反映了本书的主题。书中善于刻画人物，运用讽刺、夸张手法，强烈的对比，抓住关键细节，揭示人物的性格特征，达到理想的艺术效果，体现了巨大的批判力量，因而问世以后，成为晚清最畅销的小说，在中国小说史上占据重要的地位。

第十三节　释家类

弘明集 14 卷　《碛砂藏》本；2013 年上海古籍出版社李小荣校笺本。

梁僧祐编撰。僧祐(445～518)，俗姓俞。建业人。14 岁投钟山定林寺法达门下，又受业于名僧法颖。齐梁时代著名僧人。本书为现存最早的一部以弘道护法为中心的佛教文献汇编，收录东汉至南梁有关论文、书信、奏表、诏令、檄文等。僧祐编撰此书的时代，佛教非常兴盛，同时又与各种政治势力及本土宗教斗争激烈，其作此书目的即为佛教作辩护，申扬其宗旨。僧佑在后序中将各种非难佛教的观点总结为 6 条：“一疑经说迂诞，大而无征；二疑人死神灭，无有三世；三疑莫见真佛，无益国治；四疑古无法教，近出汉世；五疑教在戎方，化非华俗；六疑汉魏法微，晋代始盛。”然后据此六疑，收集整理历代“通人雅论、胜士妙说”，以“摧邪破惑”“为法御侮”。本书收集各类文章 180 余篇，作者约百人，有高僧、帝王、名士如释慧远、释支遁、释道盛、梁武帝、萧子良、桓玄、何承天、颜延之、桓谭、刘勰、孔稚圭、刁凿齿等，真实记载了此一时期人们的思想状况及佛教的发展历程，是一部非常重要的佛教文献。集中所载名家之作，亦具有文学和历史价值。

出三藏记集 15 卷　《碛砂藏》本；《续修四库全书》本；1995 年中华书局苏晋仁等点校本。

梁僧祐编撰。僧祐有《弘明集》，已著录。本书为中国现存最早的佛典目录，全书 15 卷。《序》言此书分为四部分，其中《撰缘记》为卷 1，为本书的导言，叙述佛经的编纂，佛藏分类，梵汉文字翻译等问题。《铨名录》为卷 2 至卷 5，为目录部分，著录佛教典籍 2 000 余部、4 000 余卷，分为 14 录。《总经序》为卷 6 至卷 12，汇集有关序、记 110 篇。《述列传》为卷 13 至卷 15，共 32 篇，记载东来及汉地译经僧人 49 位。齐梁之前佛教典籍的翻译流传等就已十分兴盛，相应的佛经目录也有多部，其中以道安《综理众经目录》成就最高。僧祐编撰本书即据《综理众经目录》为基础，又凭借其在建业的建初、定林两寺所建经藏典籍，加以考订增补，编撰成书。本书继承了道安创立的编撰方法，又加以补充完善，如《铨名录》对所录典籍甄别异同和真伪，判明译者和翻译的地点时间，增加了不同译本的异译经、多卷本的失译经、抄经、伪经等目录，并分别注明其存佚，对后世佛典目录的编纂产生很大影响。《总经序》保留了许多佛教发展初期的史料，《述列传》则为现存最早的高僧传记。

比丘尼传 4 卷　《大正藏》本；光绪十一年(1885)金陵刻经处刻本；2006 年中华书局王孺童校注本。

梁宝唱撰。宝唱，俗姓岑。吴郡人。僧祐弟子。天监中，奉敕为新安寺主。掌华林园宝云经藏。本书为中国第一部比丘尼传记著作，按朝代为分卷，记载东晋至梁四代 65 位比丘尼事迹，梁天监十六年(517)编成。书中记载内容丰富，如比丘尼出家的原因、修证讲经事迹、寺院生活及管理、诗文创作、其时佛道之争等，有关早期比丘尼及六朝佛教的史料记载颇多。其中有关比丘尼出家之前的生活及出家原因的记载，可考当时妇女家庭等方面状况，有助于古代社会研究。书中所记一些比丘尼出身上层，或与上层社会往来，亦有参与政治活动之事，亦可见其时社会风尚及佛教对南朝社会的重要影响。

中观论疏 26 卷　1915 年金陵刻经处刻本；《续修四库全书》本。

隋吉藏撰。吉藏(549～623)，俗姓安。先世为安息人，迁居金陵。7 岁从法朗出家。三论宗创始人，世称嘉祥大师。本书为吉藏疏解《中论》之作。《中论》4 卷为印度僧人龙树所撰，其后青目加以释论，姚秦间鸠摩罗什译成中文，是佛教大乘中观派典籍，分为 27 品，阐述中观思想，批判其他学派的教义学说。吉藏总结此前中观派诸师的思想，对全书宗旨加以论述，首先疏解姚秦僧叡《序》，以下逐一详细解释《中论》27 品。吉藏为三论宗创始人，三论即木着龙树《中论》《十二门论》及龙树弟子提婆《百论》立宗，本书不仅仅疏解《中论》，吉藏的三论宗学说亦得到论述，如八不正道、真俗二谛等思想，征引的六朝时期佛教思想史料亦颇为丰富。作为三论宗重要典籍，本书对研究六朝隋唐佛教具有重要价值。

三论玄义 2 卷　清光绪二十五年(1899)金陵刻经处刻本；1987 年中华书局韩廷杰校释本。

隋吉藏撰。吉藏有《中观论疏》，已著录。三论即龙树《中论》《十二门论》及龙树弟子提婆《百论》，本书论述三论宗旨。上卷为通序大归，分为“破邪”和“显正”。破邪即驳斥三论思想以外的各种错误思想，包括佛教内外各种派别。显正分为明人正和显法正，论述龙树及后代诸师学说之正确。下卷为别释众品，分别解释经论相资的 13 个问题。本书为三论宗经典著作，全面阐述了三论宗的思想学说，包括真俗二谛、八不思想、中道思想等，是研究六朝隋唐三论宗思想的重要文献，亦有助于中国佛教史研究。

续高僧传 30 卷　《碛砂藏》本；2014 年中华书局郭绍林点校本。

唐道宣撰。道宣(596～667)，唐代僧人，俗姓钱。丹徒人，或作吴兴(今属浙江)人。律宗南山宗创始人。世称南山律师、南山大师。梁代僧人慧皎曾撰《高僧传》，记载东汉至梁代佛教高僧的生平事迹。道宣以为此书记载颇有缺失，亦欲记载梁以后高僧事迹，通过搜录古代文献，又亲加采访，撰成本书。记载自梁初至唐贞观十九年(645)144 年间 400 余位僧人事迹。内容分为译经、义解、习禅、明律、护法、感通、遗身、读诵、兴福、杂科声德 10 篇，分门别类加以收录。译经记载梁至唐重要的翻译家。义解内容最多，占全书三分之一篇幅，记载重要僧人的活动与成就。其他各篇亦记载品行或学识出众的佛教人物。本书记载对佛教发展做出重要贡献的人物事迹，肯定其成就，赞颂其品德，起到弘教护法、开悟众生的作用，反映了南北朝至唐代佛教发展兴盛的进程，保留了大量重要的佛教史料，有助于佛教史研究，对此一时期社会文化的研究亦具有重要意义。

广弘明集 30 卷　《碛砂藏》木；明万历十四年(1586)吴惟明刻本。

唐道宣撰。道宣有《续高僧传》，已著录。本书是道宣为维护佛教地位，弘扬佛法而编撰的一部佛教思想文献集。收录魏晋至隋唐 130 余位作者 400 余篇作品，内容分为归正、辩惑、佛德、法义、僧行、慈济、诫功、启福、悔罪、统归 10 篇，分门别类收录文献。每篇前有序，揭示本篇要旨，阐明编者观点。此前梁代僧祐曾将有关佛教文献汇编为《弘明集》，本书内容和体例与之不同，有所增广。本书编撰宗旨即为推崇佛教，所收文章内容包括辨疑解惑、解释佛法教义、颂扬佛的盛德、记载高僧大德行事、倡导慈济利众等。本书记载了佛教与道教思想的冲突与论争，与上层统治阶级的矛盾斗争，佛教理论

教义的探讨和发展等，反映了魏晋至隋唐时期佛教发展的真实面貌，保存了大量的历史文献资料，对佛教史研究乃至古代思想文化研究具有重要价值。

大唐内典录10卷　《径山藏》本；《龙藏》本。

唐道宣撰。道宣有《续高僧传》，已著录。本书为道宣所撰佛经目录，收录自后汉至唐佛经典籍。分为十部分。第一部分卷1至卷5，为历代众经传译所从录，即历代佛教三藏目录。下按朝代分为18部，每一朝代前有序论，以下包括书名、卷数、出处、译者小传等内容，共2 232部，此为本书主要内容。第二部分卷6、卷7，为历代翻本单重人代存亡录，即佛书简明目录，分为大乘、小乘，共770部。第三部分卷8，为历代众经总撮入藏录，即唐代尚存之翻译佛书之入藏者。第四部分卷9，为历代众经举要转读录，为欲转读佛经之佛徒所设。卷10包括其余六部分：历代众经有目阙本录、历代道俗述作注解录、历代诸经支流陈化录、历代所出疑伪经论录、历代众经录目终始序、历代众经应感兴敬录，包括中国人佛教著述目录、疑伪佛书、历代诵经之感应故事等。后汉至唐佛教典籍多为本书收录，有助于佛学及目录学研究。

释迦方志2卷　《碛砂藏》本；1983年中华书局范祥雍点校本。

唐道宣撰。道宣有《续高僧传》，已著录。本书记载古代印度地理情况，又及佛教传入、中印交往等，道宣参考《大唐西域记》等书，编撰而成。分为2卷，包括封疆、统摄、中边、遗迹、游履、通局、时住、教相8篇。《中边篇》记印度地理情况。《遗迹篇》占最大篇幅，记载中国至印度的交通路线及印度地理情况，颇为详尽。《游履篇》记载自西汉至唐中印交往史。《通局篇》有早期中国佛教传入以及与道教的斗争等记载。《教相篇》记载自晋至隋历代统治者对佛教的扶持等，如立寺、造像、译经、度僧等，各类数据记载颇详。本书记载多有他书未见者，有助于中国佛教史、中外交通史的研究。

指月录32卷　明万历二十九年(1601)严澂刻本；清乾隆八年(1743)明善堂刻本；2005年巴蜀书社德贤、侯剑整理本。

明瞿汝稷撰。瞿汝稷(1548～1610)，字元立，号洞观。常熟人。瞿景淳子。以父荫受职，官至太仆寺少卿。瞿汝稷虔信佛教，历从紫柏、密藏诸高僧游，本书记载自七佛至宋代宗杲大慧禅师事迹。“指”为言教，“月”为佛法。卷1至卷4，七佛、应化圣贤、西天祖师、东土祖师。卷5至卷7，六祖下一世二世、旁出法嗣、未详法嗣。卷8至卷30，六祖下三世至十六世。卷31、卷32，十六世径山大慧宗杲禅师语要。本书记载历代禅师600余人的言行事迹，禅宗重要人物多为收录，末2卷记载大慧宗杲禅师颇为详细。书中记载的高僧语录，比较详尽地阐发禅学思想，揭示禅宗教义，是佛教研究的重要资料。

吴都法乘12卷　国家图书馆藏清抄本；《四库全书存目丛书》本。

明周永年撰。周永年(1582～1647)，字安期。吴江人。诸生。本书辑录有关苏州一地佛教的文献记载编撰而成，分为始兴、显圣、半满、应现、袭灯、开宝、逸格、禅藻、表刹、坛宇、像设、道影12类。书中内容为周永年辑录的历代学者、高僧相关记述，周氏又撰部分按语，记载自东吴至明代苏州佛教历史、经籍、僧人、寺院等方面内容。其中《应现》至《禅藻》5卷记载历代高僧，《表刹》《坛宇》2卷记载寺院建筑，是全书主要内容，《袭灯》《开宝》《坛宇》3卷所占篇幅最多。本书资料非常丰富，可视为苏州佛教史著作，尤以明代部分记载最详，明代著名文人学者、高僧大德的记述多为辑录，有助于苏州历史研究。

阅藏知津44卷总目4卷　清康熙刻本；《续修四库全书》本。

明智旭撰。智旭(1599～1655)，字素华，晚称蕅益老人。俗姓钟。吴县人。24岁从憨山弟子雪岭剃度为僧。明代著名僧人，与憨山、紫柏、莲池并称四大高僧。本书为佛经目录，智旭阅读《南藏》和《北藏》，见佛藏典籍分类无序，于是历经20余年编成本书。全书分为经、律、论、杂四藏，经、律、论三藏各分为大乘和小乘，杂藏分为西土撰述和此方撰述。其中《大乘经》又分为华严、方等、般若、法华、涅槃五部，《大乘论》又分为释经论、宗经论、绪论释，《此方撰述》又分为净土宗、禅宗、密宗、律宗等。共收录佛典1 700余部。本书对明代《大藏经》的目

录分类进行了全盘整理，编目有诸多革新，更为合理，如增加杂藏，大乘经分为五部等。解题亦有创新，如每部之首加以总述，依明南、北藏标注卷数、函号，对卷帙多而不知名的佛典进行详细解说等。作为一部影响较大的佛经目录，本书对其后《大藏经》的编辑分类等产生重要影响。

南岳继起和尚语录10卷三峰和尚年谱不分卷　上海图书馆藏民国影印本；2014年凤凰出版社《泰州文献》本。

清弘储等撰。弘储（1604～1672），又作洪储，字继起，晚号退翁。俗姓李。兴化人，一作通州人。禅宗临济宗第三十二世僧。早岁出家，师事三峰和尚，后历住天台国清寺、苏州灵岩寺、衡州南岳寺等，在明末清初间影响巨大。《南岳继起和尚语录》辑录弘储在多座寺院上堂说法等的言论，由弘储的弟子济玑等整理。卷首自序，卷1至卷6收录其在11座寺院的语录，自常州祥符寺至汉阳兴国寺。卷7、卷8为《灵岩廿一录》上下，卷9、卷10为《南岳正续录》上下。卷末《退翁自铭塔》。语录内容为传法心要、参悟验证、互相问答、诘难辩论等，真实记载一代宗师的哲理名言，是非常重要的佛教文献。有些语录内容精炼，语言传神，文学性较强，如卷1“上堂，江月照窗，风吹永夜。清霄何所为，行尽东西廊，几多人未归，堪悲为着谁”。《三峰和尚年谱》不分卷，末附三峰和尚书信若干通及《三峰藏和尚语录后序》等。三峰和尚即汉月法藏（1573～1635），为禅宗临济宗三峰派创始人，弘储为其嗣法门人。《年谱》详细记载三峰和尚生平经历，尤重记载其对佛教的虔诚之心及对佛理的不懈追求，非常令人感动。其与同时高僧的交往答问等记载，亦是宝贵的佛教史资料。三峰和尚在江南等地传道时所受欢迎的盛况，其与当时名士交往的记载，对明代文化史研究亦有重要价值。

居士传56卷　清乾隆四十年（1775）长洲彭氏刻本；2014年中华书局张培锋校注本。

清彭绍升编撰。彭绍升（1740～1796），字允初，号尺木，又号知归子、二林居士，法名际清。长洲人。彭定求孙，彭启丰子。乾隆二十六年进士。清代居士佛教代表人物。居士即佛教在家信众，彭绍升见出家僧尼多有传记著作，而居士事迹记载未备，搜集各类著作中有关记述，于乾隆四十年编成本书。参与考订的还有汪大绅等。书中记载历代居士事迹，自东汉牟融至清代知归子（彭绍升），正传227人，附传77人，注明文献出处，传末有彭绍升和汪大绅评论。佛教传入中国后迅速发展，信奉佛教者众多，在古代思想文化领域产生重要影响，本书收录的居士多为上层人士、文人学者等著名人物，如刘勰、萧统、颜真卿、王维、柳宗元、白居易、苏轼、黄庭坚、李贽、焦竑、袁宏道等等。本书收录历代居士虔敬佛教、弘扬佛法等言行事迹，人物众多，记述详细，有助于佛教史以及古代文化研究。

净土圣贤录9卷　清刻本；《续修四库全书》本。

清彭希涑编撰。彭希涑（1761～1793），字乐园，号兰台。长洲人。彭绍升从子。乾隆五十一年（1786）举人。本书记载净土宗圣贤及往生净土的各类事迹，由彭绍升发凡起例，指导彭希涑编撰完成。分为10类，卷1为净土教主、阐教圣众2类，记载阿弥陀佛和观音等菩萨、尊者、论师言行事迹。卷2至卷9，记载往生比丘、比丘尼、人王、王臣、居士、杂流、女人、物类8类事迹。其中比丘为全书主要内容，占一半篇幅，以慧远为首，记载净土宗著名僧人。王臣有文彦博、袁宏道等著名文人。物类则有鹦鹉等。书中内容多记文献出处。本书依据一切众生皆有佛性之义，收录事迹自教主至动物，内容较为广泛，一些记载反映了禅宗与净土宗之间的关系等，有助于佛教史研究。本书对后世颇有影响，其后就有莲归居士的《净土圣贤录续编》等书。

第十四节　道家类

列仙传2卷　明嘉靖三十二年（1553）刻本；2007年中华书局王叔岷校笺本。

西汉刘向撰。刘向有《战国策》，已著录。本书作者旧题刘向，亦有学者以为魏晋人所作，此从旧说。记载了从神农时代的赤松子至西汉间玄俗共71位神仙。体例首为传记，后为四言八句赞语，书末总赞。本书是现存最早叙述神仙事迹的著作，所记有赤松子、黄帝、老子、吕尚、彭祖、介子推、范蠡、王子乔、萧史、东方朔等自古相传的著名人物故事，

叙事细致生动，对后世神仙志怪小说产生重要影响。生动的故事传说亦成为后世文学作品中常用的典故，人仙爱情故事等更为小说传奇的创作提供了素材。本书亦为道家名作，记载神仙们服食养生的修练方法和特异本领，对道教的发展兴盛产生积极作用。

神仙传 10 卷 《广汉魏丛书》本；《四库全书》本；2010 年中华书局胡守为校释本。

东晋葛洪撰。葛洪有《肘后备急方》，已著录。本书作于《列仙传》之后，为早期神仙人物传记。葛洪序言其弟子问神仙岂有其人，葛氏记其所知神仙及抄集百家之书所载，撰成此书。《四库全书》本共记载 84 人，《广汉魏丛书》本载 92 人，所记人物与《列仙传》相同者只有彭祖和容成公。本书所记神仙有王侯公卿、文人墨客，亦有平民百姓、女流之辈等，主要记载神仙的超自然能力和神秘变化，描述服食丹药的神奇效果，强调人不分贵贱，只要修炼，均可成仙的理念，对道教的传播发展，具有积极作用。本书在当时就颇有影响，《三国志》裴松之注、《齐民要术》《水经注》等典籍就曾引用其资料。本书所述仙道故事对后世小说、散文的创作，亦提供了可资汲取借鉴的素材和方法。

抱朴子内篇 20 卷外篇 50 卷 《平津馆丛书》本；1985 年中华书局王明内篇校释本；1991 年中华书局杨明照外篇校笺本。

东晋葛洪撰。葛洪有《肘后备急方》，已著录。本书分为《内篇》和《外篇》，《外篇》自叙称：《内篇》言神仙、方药、鬼怪等事，属道家；《外篇》言人间得失、世事臧否，属儒家。《外篇》写作时间早于《内篇》。两篇内容不同，分别单行，至《遂初堂书目》始合二书为一，归入道家，《四库全书总目》承之。内篇为葛洪所著道教经典，是战国以来神仙思想和炼丹养生方术的系统总结，为道教发展奠定了理论基础。葛洪在本书完整阐述其道教理论，详细记载道教方术资料，是非常宝贵的早期道教思想资料。在《金丹》《黄白》等篇中具体介绍的多种炼丹方法，是记载古代化学技术发展的宝贵史料。《外篇》为葛洪有关社会、政治、文化等问题的论文，反映其内外相容、儒道互补的思想倾向，他要求勖学崇教，崇尚君道臣节，主张贵贤任能，注意吸取前代衰亡经验教训等，表现出葛氏思想中积极的一面，体现了两晋时期的社会思想风尚。

真诰 20 卷 《正统道藏》本；2006 年中国社会科学出版社《海外道教学译丛》本。

梁陶弘景编撰。陶弘景有《古今刀剑录》，已著录。本书产生于东晋中期，最初由道教信士杨羲、许谧、许翙编成，其后散失，至梁代，陶弘景收集手稿抄本，加以编排注释，编成本书。本书最初为 7 卷，即《运象篇》《甄命授》《协昌期》《稽神枢》《阐幽微》《握真辅》《翼真检》7 篇，至明代《正统道藏》收入本书，析为 20 卷。本书为道教上清派重要典籍，书中较详尽地记载了《上清经》的出世、流传、收集、整理等情况，上清派的教理教义以及各种修炼养生方术得以保存下来，是研究东晋南朝时期道教历史的重要资料。书中也记载了不少学道求仙的故事，这些故事大多想象丰富，而且具有人物、情节、环境和主题等小说的要素，许多诗歌想象奇特，辞藻华丽，情意绵绵，书中塑造的不少神仙也出现在后世文学作品中，对古代文学的发展产生积极影响。

周氏冥通记 4 卷 《道藏》本；明刻本；2010 年齐鲁书社《〈周氏冥通记〉研究（译注篇）》本。

梁周子良撰，陶弘景编辑。本书为周子良所撰其梦中与神仙交往之事，自天监十四年（515）五月至次年七月。周子良为陶弘景之徒，字元龢，汝南人。天监十四年梦于神仙通灵，次年自尽身亡，其间以日记形式记其事。死前毁弃书稿，其后陶弘景寻得此书，加以编排，增加注释按语，又增《周子良传》一篇。周子良所记梦中与神仙交往之事，反映了其时道教上清派的基本教义和思想，是记载六朝道教及相关内容的珍贵史料。本书语言具有六朝南方口语特色，保存了许多难得的语言资料，对中古汉语研究亦具有重要价值。

南华真经副墨 8 卷 明万历六年（1578）李齐芳刻本；2010 年中华书局蒋门马点校本。

明陆西星撰。陆西星（1520～1606），字长庚，号潜虚子，又号方壶外史。兴化人。道教内丹派东派创始人。本书为陆西星所撰《庄子》注解著作，“副墨”二字取自《大宗师》中的“副墨之子”。用《天道》中的“虚静恬淡寂寞无为”八字，将《庄子》33 篇

分为8集。每篇首为解题，随后逐段加以解释，末为乱辞及文评加以总结。《庄子》本文又有6种标识：标题、主意、肯綮、精粹、段络、音叶，以不同符号区分。陆西星为著名道教学者，本书全面阐述其道家思想，是一部重要的庄学研究著作。明代学者常主张三教同源、调和二氏等，本书亦多持此说，如《德充符》中云："当时西竺之经未至，而佛法已在中国，孰谓佛者夷狄之一法哉？"陆西星精通儒家和佛教典籍，本书说解常引征二家之说，如《大宗师》中云："此在吾儒则周子所谓无极是也，故在太极之先而不为高，在六极之下而不为深。六极即六合也，六极之下即佛书中所谓风轮持之，乃九地之最深者。"

方壶外史8卷　明未孩堂刻本；1994年江苏广陵古籍刻印社影印本；2010年宗教文化出版社编校本。

明陆西星撰。陆西星有《南华真经副墨》，已著录。明嘉靖、隆庆年间，陆西星将部分道教重要著作加以测疏，示其精要，名为《方壶外史丛编》，共14种：卷1《无上玉皇心印妙经》《黄帝阴符经》，卷2《老子道德经玄览》，卷3《周易参同契测疏》，卷4《参同契口义》，卷5《崔公入药镜》，卷6《纯阳吕公百字碑》，卷7《紫阳真人金丹四百字》《龙眉子金丹印证诗》《邱长春真人青天歌》，卷8《玄肤论》《金丹就正篇》《金丹大旨图》《七破论》。上述著作均为重要的道教经典文献。本书通过对经典的测疏等，系统阐述其内丹修炼理论，以及阴阳同类双修的丹法主张，是明代重要的内丹学理论著作，在道教发展史上具有重要地位。

老子通义2卷　明嘉靖四十二年(1563)陈烁刻本；嘉靖四十四年浩然斋刻《三子通义》本；2014年凤凰出版社《泰州文献》本。

明朱得之撰。朱得之有《宵练匣》，已著录。《老子》历代注家众多，朱得之企及能信者只有元儒林尧叟等四家，其说亦有未备之处，故撰本书，分为上下2篇64章。卷首《读老评》，辑录历代名人评论之语。目录每章标题下辑录异文。卷1首为《史记》老子传，其下逐章解释。朱氏序言老子主张道法自然，本书之旨"由自然通其心之所安也"，对《老子》书中内容疏通本文大意，揭示其归于自然之旨。书中解释不作繁细引证，部分章节标题后引各家之说，其后为朱氏按语等。朱氏注解较为平实可信，有助于《老子》学习和研究，间有引各家之说后加以辩证，亦颇有见解。如46章"治人事天莫如啬"一节，朱熹言啬即收敛，不要放出。朱得之言"无放即无收，无敛即无出，天地之间屈伸消息，无顷刻之停"。"老子所谓啬，非闭而不放出也，不轻纵也。"此说有合理之处，给学者以启发。

庄子通义10卷　明嘉靖四十四年(1565)浩然斋刻《三子通义》本；《续修四库全书》本。

明朱得之撰。朱得之有《宵练匣》，已著录。朱得之以为求文辞于先秦之前，求道德于三代之季，《庄子》而已。对此书非常推崇，撰述以疏通其义。本书先列《庄子》本文，后为其撰《通义》。此前南宋学者褚伯秀撰《义海纂微》，朱氏亦非常看重，《通义》之后附列《义海》，本书实际为两种书合刊。朱氏治《庄子》有调和儒道倾向，认为二者宗旨无大异，自引言："其异者辞也，不异者道也。""《诗》《书》固经世之准，而三子(老、列、庄)则立命之方。立命达于人人，经世存乎一遇，安得守此而弃彼乎？"其《通义》中颂扬孔子处甚多，如《寓言》庄子谓惠子："举世莫敢并，天下不易之道于孔子而定也。"朱氏认为不合孔子学说者则斥为伪书，《盗跖》孔子与柳下季为友："执辔三失，目茫然无见，色若死灰，据轼低头，不能出气，绝不类庄周口气，亦不知孔子之为孔子也。"《列御寇》孔子曰："此非体道者之言也而诬孔子，冤哉！"

列子通义8卷　明嘉靖四十四年(1565)浩然斋刻《三子通义》本；《四库未收书辑刊》本。

明朱得之撰。朱得之有《宵练匣》，已著录。《列子》8篇，为道家经典著作，朱得之以为《列子》一书为其学生编辑师门言行而成，后世又夹杂他人著作，其本文义有未纯，注释又随文生义，杂以推测，给《列子》增加疑讹，故撰作《通义》，贯以己见。其中考索名物，多因其旧，主要内容为释诂字句。自序言"求夫理通而自慊耳。其立言初意，然不然，不论也"。"得于辞而后可以通其意，斯籍也，其文则纪事者也，而因事以明道也"。故其《通义》主要解释篇章大意，贯通文句，对其旨意加以品评，较少繁琐考述。部分解释颇为精炼，言简意赅，颇得《列

子》本义。如卷8《孙叔敖戒其子无受利地》一文，朱氏《通义》曰：“廉退自居，道固可久。取人所不取，则争妒息矣。世守而不失，非善择术者而易得乎？至今不失，今指何时，殆楚越皆亡之后乎？”

含玄子16卷附录1卷　明活字本；《四库全书存目丛书》本。

明赵枢生撰。赵枢生（1533～1593），原名廷梧。字彦材，号含玄子。太仓人。赵宧光父。本书仿《庄子》体例，分为内篇8卷，外篇2卷，余篇6卷。卷首附录为黄姬水、王世贞、王穉登等人所作说、赠叙等。《内篇》记赵枢生悟道之语，内容多为习静养生、修仙修佛等。《外篇》杂记天文、地理、鸟兽，考订经史等。《余篇》经、史、文各2卷，记述相关内容。赵氏为贵介公子，中年后弃举业，颇有文名，与名士交游，本书所记其修行证道所得体会，反映其时文人思想观念，亦有助于道家思想研究。如卷8所言道佛二家殊途同归之语：“佛家之尘芥六合、梦幻人世，疑若仙不得而与也，然仙之小而无内者，实在其内。仙家之尘芥一身、梦幻百为，疑若佛不得而与也，然佛之大而无外者，实在其中。盖仙佛之道，大小之归，其究一而已。”

老子翼3卷　明万历十六年（1588）刻本；《四库全书》本；2011年华东师范大学出版社黄曙辉点校本。

明焦竑撰。焦竑有《国朝献征录》，已著录。《老子》为中国古代著名典籍，对后世思想文化领域产生深刻影响，历代注解者甚多，焦竑亦有心得，于是收集历代注家之作，上自韩非子、河上公，下至明代李贽，共64家，加上焦氏自著《笔乘》所解，于万历十五年撰成本书。卷首先列采摭书目，其后3卷可分为两部分，前2卷依《老子》81章次第，每章经文下为训诂音义，其后附各家注解。第三卷为附录和考异，附录汇集历代以来与《老子》有关的重要文献如《史记·老子列传》、薛道衡《老子庙碑》等数十种，考异则录《老子》异文。焦竑对老庄之学研究颇深，本书备载各家之长，采择精审，颇合《老子》旨意。《四库全书总目》对本书评价颇高，“于诸家注中为博赡而有理致”。

庄子翼8卷　万历十六年（1588）刻本；《四库全书》本；《金陵丛书》本。

明焦竑撰。《庄子》为中国古代著名典籍，对古代思想文化的发展产生重要影响。焦竑撰《老子翼》后，复采各家注释，加上自己见解，于万历十六年撰成本书。体例同《老子翼》，卷首先列采摭书目，加上焦氏《笔乘》共49家。其后为《读庄子》7则，录自《笔乘》。其后8卷分为内篇2卷，外篇3卷，杂篇3卷，每章经文下为训诂音义，其后附各家注解，以郭象、吕惠卿、褚伯秀、罗勉道、陆西星5家为多。卷末为阙误和附录，阙误全录宋人陈景元《南华经解》之文，附录收入《史记·庄子列传》、阮籍《庄论》等7种与《庄子》有关的文献。焦氏学有根柢，尤长于庄氏之学，本书所采多据古书，颇得《庄子》之意，在《庄子》注解著作中较为著名。

道藏目录详注　明天启、崇祯间原刻本；《四库全书》本。

明白云霁撰。白云霁，字明之，号在虚子。上元人。南京朝天宫道士。本书为白云霁天启六年（1626）所编道藏目录，分为三洞四辅共七部。前3卷为洞真、洞玄、洞神三部，其下各分为本文、神符、玉诀、灵图、谱录、戒律、威仪、方法、众术、记传、赞颂、表奏12类，以道藏《千字文》函目字号为序，收录书籍，开列书名、卷数、作者、注释等项。末卷为太玄、太平、太清、正一四部，不分类，余同前3卷。名为详注，实际书中注解较为简略。明代刻有《正统道藏》《万历续道藏》，对此前流传的道教典籍加以搜集整理，保存了大量文献。本书为道藏总目，道教重要文献多为收录，加以合理分类，揭示内容大旨，有资于研究参考，是一本颇为有用的道教文献目录。

古今列仙通纪60卷　清刻本；《四库全书存目丛书》本。

清薛大训纂辑。薛大训，字六诂。原姓任，从外家姓。宜兴人，迁居吴江。明崇祯九年（1636）中副榜。官衡州府同知等，南明擢湖州知府。父死后为道士服，号紫光居士。卒年46。本书为薛大训编纂的历代仙人传记，其中又有其辑录的道教传记著作。首5篇为《轩辕皇帝》《穆天子传》《广黄帝本行记》《元始上真众仙记》《老子史略》，以下自关尹子至孙仙姑，记800余位仙人事迹。书中又收录《汉

武帝内传》《外传》《许真君仙传》《八十五化录》等书，46卷后则为《清河内传》《文昌化书》等传记著作。书中所录传记著作取自《道藏》，薛氏所纂仙人传记亦采自《道藏》等书，收录人物较多，古代著名仙人多为收入，可作为道教研究资料。有许多文人名士亦被收入，如颜真卿、嵇康、李白、李贺等，可见其采择标准颇为宽泛。

庄子独见33卷　清乾隆十七年(1752)聚文堂刻本；清乾隆间文渊堂刻本；清嘉庆九年(1804)聚文堂刻本。

清胡文英撰。胡文英有《毛诗通议》，已著录。本书主要以注解的形式对《庄子》的文学成就加以评说。卷首有《庄子论略》和《读庄针度》，对庄子其人其书加以概述，其后依《庄子》33卷原文加以注解，每卷末又论述此卷文法。胡文英好学深思，学有本原，书中对《庄子》一书的主旨及文法的评判颇为得当，如在《庄子论略》所云“庄子眼极冷，心肠极热”。“庄子最是深情。人第知三闾之哀怨，而不知漆园之哀怨有甚于三闾也。”《读庄针度》所云：“读《庄子》要如演杂剧一般，生、旦、净、丑，各各还他神气。”《齐物论》“方生方死，方死方生”三句后，胡氏云，此三叠与《孟子》“犬之性犹牛之性，牛之性犹人之性”一样用意，彼用反扑，此用正接。书中对字词的解释亦颇精炼，如《逍遥游》中解释“野马”为“日中游气”，其后云唐诗“窗里日光飞野马”本此。解释“大而无当”云：“当，底也。《韩非子》‘玉卮而无当’。”

老子道德经考异2卷　《经训堂丛书》本；《丛书集成新编》本。

清毕沅撰。毕沅有《夏小正考注》，已著录。本书为《老子》校勘著作。毕沅所见《老子》不下百余本，认为只有唐傅奕本多古字古言，为世所希，故就其本，互加参校，于乾隆四十六年(1781)撰成本书。毕沅学识广博，精于文字训诂，校勘《老子》力图恢复原貌，对《老子》各本差异作出自己的判断，“中间有不合于古者则折众说以定所是，字不从《说文解字》出，不审信也”。如“道可道”条下的“妙”字，毕氏云古无“妙”字，下引《易》王肃本、陆机《文赋》、屈原《九歌》俱作“眇”为证。“徼”字，李约本作“儌”，非。下引董遇注《易》：眇，成也，《说文解字》：徼，循也。认为二字应从此义。最后为司马光、王安石二家对此段的断句。

第四章 集 部

第一节 楚辞类

楚辞 17 卷 清同治十一年(1872)金陵书局重刻本。

汉刘向编。刘向(前 77～前 7),字子政,本名更生,后改名向。沛县人。西汉经学家、目录学家。其所著《别录》,为我国目录学之祖。汉高祖弟楚元王四世孙。本书是中国历史上第一部文人创作的诗集。《四库全书总目》称之为"总集之祖"。书中收录屈原的《离骚》《九歌》《九章》《天问》《远游》《卜居》《渔父》,宋玉的《九辩》《招魂》,景差的《大招》诸作,贾谊《惜誓》,淮南小山《招隐士》,东方朔《七谏》,严忌《哀时命》,王褒《九怀》及刘向自作《九叹》,共 16 篇。今原书已佚,后世自王逸《楚辞章句》中录出为书。王逸《楚辞章句》17 卷,增入已作《九思》及班固二"序",为最早的《楚辞》注本,侧重注释词语,亦保存不少前人见解。本书首次在文学史上正式使用"楚辞"这一名称。《四库全书总目》云:"集屈、宋诸赋,定名《楚辞》,自刘向始也。"

楚辞补注 17 卷 明刻本;上海图书馆藏明抄本;《四库全书》本。

汉王逸章句,宋洪兴祖补注。洪兴祖(1090～1155),字庆善,号练塘。丹阳人。本书是洪氏为补王逸《楚辞章句》之未备而作。体例为先列王逸注于前,又一一疏通证明补注于后,以"补曰"二字别之。原本还有《考异》1 卷,今分散而入"补注"之中。洪氏用力颇勤,注释详明,对书中名物一一考据;征引广博,保存不少汉魏六朝隋唐及宋人遗说,如郭璞《楚辞注》、徐邈《楚辞音》以及无名氏《楚辞释文》等;校勘修订《楚辞》异文脱简,诸家旧校均辑存之;力推屈原舍生取义之大节,斥班固、颜之推之非议为"无异妾妇儿童之见";结合与楚地有关的《山海经》故事加以注释,敢发新论。《四库全书总目》誉称其"于《楚辞》诸注中,特为善本"。朱熹《楚辞集注》也多取其说。但此书偶有原注之误不改,原注无误而曲解之失,名物训诂方面亦有牵强附会之说。

饮骚 清康熙间华天章刻本。

清贺宽撰。贺宽(1631～?),字瞻度,号拓庵,晚号岑居。丹阳人。本书原分 2 卷,又名《山响斋别集》《离骚笺释》。卷首有王弘、倪会宣《序》各 1 篇,及作者《自序》《目录叙》,《凡例》4 条,沈亚之《屈原外传》,楚三闾大夫半身像,《饮骚原始》,司马迁《屈原列传》,《饮骚之目》(上卷《离骚》《九歌》《天问》,下卷《九章》《远游》《卜居》《渔父》《大招》《招魂》《九辩》)。上卷署"丹阳贺宽瞻度私笺,古虞倪会宣尔犹、良常周而衍东会同阅"。下卷署"丹阳贺宽瞻度私笺,澄江陈其难克艰、毗陵蒋理正至正同阅"。正文后附《诸家评骘》(计 18 家:司马迁、王逸、曹丕、萧统、沈约、刘勰、李白、苏轼、苏辙、洪兴祖、朱熹、祝尧、何景明、王世贞、刘风、陆时雍、蒋之翘、金蟠)。本书每篇题下录王逸小序,校以朱熹小序。正文分章而注,按《凡例》4 条所言,每章后均列"音""释""笺""评"四项分别注释,诗后另有"总

评”(引各家说法)。贺氏参考朱熹《楚辞集注》与黄文焕《楚辞听直》,其“音”“释”部分,多从朱说,“笺”多从黄说,“评”按己意引各家说。但又认为“朱子之说近于略,黄子之说近于纤,折衷其间,如吾意而止,不敢示人也”(《自序》),故此书称“私笺”。冷士嵋《江泠阁文集·答贺大理书》誉称“所赐《饮骚》,受而读之,咀味无已。足下是书,笺解明切,而义意复联贯而有条,为前所未有。较之诸家,可谓集大成矣”。

离骚汇订4卷屈子杂文笺略2卷 清康熙六十一年(1722)初刻本;清乾隆九年(1744)刻本;《广雅书局丛书》本。

清王邦采撰。王邦采有《读书随记》,已著录。本书卷首有《总题》《自序》《屈子总目》各1篇,卷末附《总跋》1篇。书分6帙,前4帙为《离骚汇订》,后2帙为《屈子杂文笺略》。《离骚汇订》,亦称《离骚注释》。第一帙为“卷首”,收序、汇订姓氏、楚三闾大夫像、四言八句像赞、司马迁《屈原列传》、沈亚之《屈原外传》、贾谊《吊屈原辞》《离骚》读本、《书离骚后》《读离骚有感》七绝二首。王氏首开分段讲解《离骚》之先河,在《读本》中将《离骚》分为3段:第一段自首至“岂余心之可惩”,第二段自“女媭之婵媛兮”至“余焉能忍而与此终古”,余下为第三段,此法沿用至今。第二、三、四帙为《离骚汇订》正文,取王逸、洪兴祖、朱熹、徐焕龙、林云铭、朱冀六家旧注,随义注释,间或参以己见,尤其对林、朱两家之说,多有驳正。《屈子杂文笺略》为全书第五、六帙,有《自序》1篇,收《九歌》《天问》《九章》《远游》《卜居》《渔父》诸篇。各篇有题解,篇末有《总论》一段。采摘诸家之说,但仅用大义,不引原文。王氏亦提出不少创新之见,如认为《九歌》之“二湘”“二司命”当合为一;《天问》中不无遗漏,后人强为联络照应而已。

山带阁注楚辞6卷卷首1卷余论2卷说韵1卷 清雍正五年(1727)蒋骥山带阁原刻本;《四库全书》本;1958年中华书局上海编辑所据原刻本排印出版。

清蒋骥撰。蒋骥(1678～1745),字涑塍,室名山带阁。武进人。本书卷首有《采摭书目》《自序》1篇,司马迁《屈原列传》、沈亚之《屈原外传》《楚世家节略》各1篇。又附蒋氏所考《楚辞》地理总图,《抽思》《思美人》路图,《哀郢》路图,《涉江》路图,《渔父》《怀沙》路图等楚辞地理及屈子两朝迁谪行踪图,简洁明了。正文6卷,精择屈原作品25篇,参校10余种注本,内容翔实,注释详博,尤重考订屈原生平事迹、作品创作时地和《楚辞》地名。《余论》阐发大义,考订典故,间及驳正旧注,颇多精粹之言;《说韵》则论《楚辞》音韵,“分以字母,通以方音,博引古音之同异”,阐明己见。蒋氏在此书中对围绕屈原的几个争议也提出了自己的观点,他还注意到《楚辞》材料与楚文化和古代神话传说之间的联系,为《楚辞》研究开拓新路。

离骚赋补注1卷 清道光年间刻本;清光绪八年(1882)临啸阁刊《朱氏群书》本。

清朱骏声撰。朱骏声有《仪礼经注一隅》,已著录。本书作于道光二十七年(1847)冬,旨在补正王逸《楚辞章句》注之不足。卷首有朱氏自序,序后为《补注》正文,不分章节。体例仿洪兴祖《补注》,以《离骚》原诗两句为一组,其下先列王逸《楚辞章句》,后以“补曰”二字引起朱氏补注,对王注进行驳辨补充。朱氏精于音韵、词义、词法、句法的研究,不仅注释字词、校勘原文更为精确详实,而且还准确归纳出《离骚》中的复句、复调、复字,将《离骚》归纳为一百八十韵,推动了对屈原的音韵、语言的研究。朱氏还将《离骚》分为三大段,在层次关系中探讨结构布局的安排和屈原思想的变化,颇多新见。但此书之注亦有过于指实之病,如对“九天”之解便如此。总体而言,本书一定程度上弥补了王注之不足,侧重从语言文字来讲解《楚辞》,比戴震之《屈原赋注》更进一步。

楚辞启蒙1卷 清光绪二年(1876)黎阳端木埰刊巾箱本。

清端木埰撰。端木埰(1820～1892),字子畴。江宁人。近代词人。本书又名《离骚启蒙》,为端木埰刊巾箱本《楚辞》之附录,大旨在说明《离骚》篇章旨义。“首言同姓之亲,次述命名之义,次言修能有素,次言善败所由。于是伤灵修,哀众芳,愿依彭咸之遗则,以清白死直,自反而无悔。而女媭戒之,乃为之称述成败,上下千古,终不悔死,且欲一陈于王前。又以嫉妒蔽贤,一再阻遏,王又不寤,不得已求

卜决巫，毅然远逝。愈去愈远，而忽睨旧乡，终以身殉。”作者谓屈原“处万难合之时，而有不忍离之谊。无轻其生之心，而有不容不死之势”。姜亮夫《楚辞书目五种》评价此书“大抵明以来通说为多”。此书虽无太多创新之见，但也反映了端木氏自己的爱国忧思。

第二节　别集类

刘子政集　《汉魏六朝百三家集》本。

汉刘向撰，明张溥辑。刘向（前77～前7），字子政，初名更生，世称刘中垒。沛人。楚元王交四世孙，德子，歆父。宣帝时，为谏大夫，以铸伪黄金事免。元帝即位，擢为宗正。成帝时，更名向，得召拜郎中，迁光禄大夫。奉诏校阅经传、诸子、诗赋等书籍。撰《别录》一书，为我国目录学之祖。本集为刘氏文集，收录其所作赋、疏、上书、封事、议、对、颂、铭、序、骚、传等文。集前有明张溥题词，详目如下。赋1篇：《请雨华山赋》；疏5篇：《理甘延寿陈汤疏》《谏营起昌陵疏》《论星孛山崩疏》《说成帝兴礼乐》《谏成帝》；上书1篇：《使人上变事书》；封事2篇：《条灾异封事》《枢谏外家封事》；议1篇：《神宝旧畤议》；对1篇：《日食对》；叙1篇：《高祖颂》；铭2篇：《杖铭》《薰炉铭》；序7篇：《上战国策序》《上阙尹子》《上晏子》《上子华子》《上列子》《上于陵子》《孙卿子后序》；骚为《九叹》，分别为：《逢纷》《灵怀》《离世》《怨思》《远逝》《惜贤》《忧苦》《愍命》《思古》；传1篇：《洪范五行传》；附录1篇：《本传》。张溥《题词》评云：“其书皆非无谓而作者。虽《九叹》深雅，微逊《骚经》，其他文辞宏博，足相当矣。”

刘子骏集　《汉魏六朝百三家集》本。

汉刘歆撰，明张溥辑。刘歆（约前53～23），初字子骏。后改名秀，字颖叔。沛人。向子。成帝时，为黄门郎。后迁为中垒校尉。河平中，奉诏与父领校秘书。向死，歆总校群书，以《别录》为基础，撰成《七略》，为我国最早的图书分类目录。王莽执政，立古文经博士，拜为国师。后谋诛王莽，事败被杀。《汉书》《后汉书》有传。本集为刘氏文集，集以赋、书、议、奏、说、论等文体列目。集前有明张溥题词，详目如下。赋3篇：《遂初赋》《甘泉宫赋》《灯赋》；书3篇：《移太常博士书》《答文学》《与扬雄求方言书》；议3篇：《武帝庙不宜毁议》《太上惠景寝园议》《王莽服母缌缞议》；奏1篇：《上邓析子》；说1篇：《三统历说》；论1篇：《新序论》；传1篇：《洪范五行传》；附录：《本传》。其中《移太常博士书》一文，措辞峻厉，详述古文经来源及其学术价值，批评今文学派“党同门、妒道真”，“杜塞余道，绝灭微学”。刘勰《文心雕龙·移檄》评为“辞刚而义辨，文移之首”。

陈孔璋集1卷　《汉魏六朝百三名家集》本；扫叶山房本；《汇刻建安七子》本。

三国陈琳撰。陈琳（？～217），字孔璋。广陵人。文学家，“建安七子”之一。本书又名《陈琳集》《陈记室集》，原集已佚，今存辑本。本书有张溥题词及附录本传1篇，概述陈琳生平。陈琳以文章著称，曹丕在《又与吴质书》中评价其文“章表殊健，微为繁富”。《为袁绍檄豫州》为其代表作，站在袁绍立场声讨曹操，铺张扬厉，笔力雄健。其诗存世不多，质朴厚重而寓磊落不平之气。所作《饮马长城窟行》，述百姓徭役之苦、夫妻别离之痛。曹植《与杨德祖书》中称“以孔璋之才，不闲于辞赋，而多自谓能与司马长卿同风，譬画虎不成反为狗也”，点出陈琳创作上的不足之处。

鲍照集10卷　明新安汪氏校刻本，题《鲍明远集》；明正德五年（1510）朱应登刻本，题《鲍氏集》；《四库全书》本，题《鲍参军集》。

南朝宋鲍照撰。鲍照（约414～466），字明远。东海籍。出身贫寒。少有文学才思。临海王刘子顼镇荆州，任前军刑狱参军，世称鲍参军。工诗赋，尤擅古乐府，与谢灵运、颜延之齐名，世称“元嘉三大家”。七言歌行为后世七言诗之发展拓宽坦途，五言乐府为李、杜所推崇。《宋书》《南史》有传。鲍氏死于兵乱，遗文散佚。南朝齐永明年间，虞炎奉文惠太子萧长懋之命搜辑编成《鲍照集》10卷，后散佚。《四库全书》本据明正德五年朱应登刻本《鲍氏集》抄录。《四部丛刊》本据清康熙十五年（1676）毛扆校宋本《鲍氏集》10卷影印，较接近原貌。鲍氏诗文俊逸豪放，文气跌宕，其中以诗歌成就为最高，乐府诗所占比例尤重，《拟行路难》18首，真实反映了门阀社会下贫寒士人的生活状况。《宋书·

本传》赞鲍氏“文辞赡逸，尝为古乐府，文甚遒丽”。

贞白先生陶隐居文集2卷 明嘉靖二十三年(1544)文嘉据宋绍兴刻本抄本；明冯彦渊抄本，与《支遁集》合订。

南朝梁陶弘景撰。陶弘景有《古今刀剑录》，已著录。本书卷首有“昭台弟子傅霄编集”“大洞弟子陈桷校勘”字样。书前有江总原序。书后有傅霄后记，记述编撰缘由：“故礼部侍郎王公钦哀其遗文三十二篇，以为一卷。南丰曾恂复得《寒夜愁》《胡笳》二诗于《古乐府集》中，《难镇军沈约〈均圣论〉》于《弘明集》中，因考其制作先后，为之次，以类相从，并残文附于后。嘉靖甲辰假得周氏所藏绍兴刻本，因手录一帙，藏于萧闲斋。”本书分上、下集，上集录陶弘景诗文，有赋、诗、表、启、书等；下集附其他相关文章。陈桷《后序》云：“其后宗派相承，殆今不绝，尽由隐居扶宗立教，发明上道，见于经诰，甄别真伪。”肯定陶弘景在道教史上的地位。

梁武帝集12卷附录1卷 《七十二家集》本。

梁萧衍撰。萧衍(464～549)，字叔达，小字练儿。南兰陵人。本书又名《梁武帝御制集》。据《南史·梁武帝本纪》载：“爰自在田，及登宝位，躬制赞、序、诏诰、铭、诔、说、箴、颂、笺、奏诸文，又百二十卷。”梁末存32卷。《隋书·经籍志》载有5种：《梁武帝集》26卷、《梁武帝诗赋集》20卷、《梁武帝杂文集》9卷、《梁武帝别集》目录2卷、《梁武帝净业赋》3卷。《旧唐书·经籍志》《新唐书·艺文志》著录10卷，《宋史·艺文志》不载。《通志·艺文略》著录为：“《梁武帝集》三十一卷，《武帝别集目录》二卷，《武帝杂文集》九卷。”可见隋唐诸本宋时已大多散佚。是书为明代张燮所刊《七十二家集》收录。卷首有沈约所作《序》1篇。卷1为赋，卷2为乐府、诗，卷3至卷6为诏，卷7、卷8为敕，卷9为令、檄、表，卷10为书，卷11、卷12为序、记、箴铭等文。附录收有《南史》《梁书》中有关梁武帝的传记，以及诸人与梁武帝的书启、序文和奉和之作。今存明人辑本。另有薛应旂《六朝诗集》本《梁武帝集》1卷、张溥《汉魏六朝百三家集》本《梁武帝集》2卷。此本为明人辑本中最完备者。

刘秘书集1卷 《汉魏六朝百三名家集》本；《六朝诗集》本，作《梁刘孝绰集》；《汉魏六朝百三家集选》本，作《刘秘书集选》。

南朝刘孝绰撰，明张溥辑。刘孝绰(481～539)，本名冉，字孝绰，小字阿士。彭城人。累迁秘书丞。其辞藻，为世所宗，每作一篇，皆为时人讽诵。工诗，与何逊并称“何刘”。《梁书》有传。《隋书·经籍志》曾著录《刘孝绰集》14卷。《旧唐书·经籍志》著录12卷，《新唐书·艺文志》著录11卷，《宋史·艺文志》著录1卷。明人辑本有薛应旂《六朝诗集》本《刘孝绰集》1卷、张燮《七十二家集》本《刘秘书集》2卷。张溥本自张燮本出，集前有明张溥题词，收录表、启、书、序、碑等文及诗。

李北海集6卷附录1卷 明崇祯十三年(1640)曹荃刻本；《四库全书》本；《乾坤正气集》本。

唐李邕撰。李邕(678～747)，字泰和。江都人。历任校书郎、北海太守等职，史称“李北海”“李括州”。史称邕长于碑颂，前后所制凡数百首。《新唐书·艺文志》著录文集70卷。多已散佚，流传至今，已十不存一。今本为明无锡曹荃所刊。书前有曹荃《序》1篇，记述其得书始末，赞颂邕之直节。本书共收赋5首，诗4首，表14首，疏、状各1首，碑文8首，铭、记各1首，神道碑5首，墓志铭1首。其《谏郑普思以方技得幸疏》劝诫唐皇莫要沉迷于长生不老之术。其诗《六公咏》颇受杜甫推重。卷末《附录》载新、旧《唐书》李邕本传及时人赠送诸作。另载《文苑英华》所录李邕《贺赦表》6篇，题曰《纠缪》。宋人彭叔夏《文苑英华辨证》谓考其事在代宗、德宗、宪宗时，邕不及见，当为李吉甫所作。

储光羲诗集 明嘉靖二十九年(1550)毗陵蒋孝刻本；清雍正间刻本；《四库全书》本。

唐储光羲撰。储光羲(707～约760)，润州延陵人。曾隐居终南山，与王维为“伯仲之欢”。本书原70卷，由其子储溶编辑，王缙、顾况为之序，已佚。宋晁公武《郡斋读书志》、陈振孙《直斋书录解题》均著录5卷，但只存诗而无文。《四库全书》据内府藏书收入，卷首有顾况《序》、殷璠评语、栾城遗言，存诗224首。其诗多五古，描写田园生活为佳，如《田家即事》《田家杂兴》等。殷璠赞其诗“格高调逸，趣远情快”。栾城遗言曰其诗“高处似陶渊明，平处似王摩诘”。

唐皇甫冉诗集7卷 明正德十三年(1518)刘成德刻《大历二皇甫诗集》本;《四部丛刊三编》本。

唐皇甫冉撰。皇甫冉(714～767),字茂政。润州丹阳人。晋皇甫谧之后。甫曾兄。10岁能属文。天宝十五载(756)进士,授无锡尉。官至左补阙。工诗文,风格清新。《全唐诗》评其“天机独得,远出情外”。本书为皇甫曾所编诗集,大历十四年(779)托独孤及作《左补阙安定皇甫冉集序》。诗歌如四言古诗《刘方平壁画山》、五言古诗《题裴二十一新图》、七言古诗《杂言迎神词二首并序》、五言律诗《润州南郭留别》、五言排律《赠郑山人》、七言律诗《同温丹徒登万岁楼》、五言绝句《山中五咏》、六言绝句《小江宁一上人》、七言绝句《送魏十六还苏州》等,多为送别寄赠之作,社会状况亦有所反映。语言工巧玄妙,发调新奇,远出情外,尤为时重。《四部丛刊三编》本附《补遗》1卷,补其五律、七律、七绝诗计7首,如《逢庄纳因赠》《春思》《韦中丞西厅海榴》等,并附张元济《校勘记》1卷。

唐皇甫曾诗集1卷补遗1卷附校勘记1卷 明正德十三年(1518)刘成德刻《大历二皇甫诗集》本;《四部丛刊三编》本。

唐皇甫曾撰,张元济校勘。皇甫曾(?～785),字孝常。润州丹阳人。诗人。甫冉弟。天宝十二载(753)举进士。曾任殿中侍御史,谪阳翟令以终。与兄甫冉仕道既同,才名亦配,时人比之为张载、张协。本书为甫曾所作诗别集。《四部丛刊三编》本以正德十三年刻本为底本影印,加之张元济以明正德、嘉靖间的《皇甫冉诗集》所附《皇甫曾诗集》为底本,以铜活字本、黄贯曾刻本、徐献忠刻本、袁翼覆宋刻本以及席启寓刻本为参校本,于文字有歧异处,别录《校勘记》1卷。甫曾诗多为游历赏玩、酬答赠别之作。高仲武称其“体制清洁,华不胜文”,有王维之风。《补遗》1卷,录其五律、五古、七古、七律、七绝诗8首。

戴叔伦诗2卷 《唐人集》本;《唐诗百名家全集》本;《全唐诗》本。

唐戴叔伦撰。戴叔伦(732～789),字幼公,一作次公。润州金坛人。《新唐书·艺文志》著录其《述稿》10卷,已佚。《全唐诗》编其诗为2卷,录诗300首,但可确定为明人伪作的已有56首。其诗继承杜诗传统,清丽质朴,感情真挚,部分诗作反映农民疾苦。

权载之文集50卷 国家图书馆藏宋蜀刻本;清嘉庆十一年(1806)大兴朱珪翻宋刻本;《四部丛刊》本。

唐权德舆撰。权德舆(759～818),字载之。其先天水略阳(今甘肃秦安)人,父皋居丹徒,至德舆移居丹阳,家练湖上。德宗召为太常博士,元和间拜礼部尚书,同中书门下平章事。卒谥曰文。本书宋蜀刻本存卷1至卷8、卷21至卷31,共19卷。前杨嗣复序云:“虽观于巨海,难挹于波涛,而藉用白茅,所资诚敬,其五十卷次第,具在集目。”可见德舆文集50卷,卷次分明。德舆为诗有盛唐之风,收录诗、赋10卷200余首,内容多为应制、奉和、纪行、酬赠及送别之作。其文40卷,为文雅正赡博,温润周详。《唐故漳州刺史张君集序》称“体物导志”,故公卿侯王、硕儒名士之碑铭、集纪,多出其手。

许用晦文集2卷遗篇1卷拾遗1卷 宋刻本;《中华再造善本》本。

唐许浑撰。许浑(791? ～858?),字用晦。祖籍安陆(今湖北安陆)。少居巩、洛间,大和初,自湖湘挈家至京口,购得城南丁卯涧村舍而居焉。本书收录许浑所作近体诗歌,五七律偏多,且题材多样,有惑讽、慨叹、游览、闲适、燕集、怀寄、纪赠、酬和、送别、寓情、交伤、杂赋等类型。其中尤以怀古诗见长。如卷1《咸阳城东楼》云:“一上高城万里愁,蒹葭杨柳似汀洲。溪云初起日沉阁,山雨欲来风满楼。岛下绿芜秦花夕,蝉鸣黄叶汉宫秋。行人莫问当年事,故国东来渭水流。”颇有登临怀古、叹古今兴废的苍凉悲壮感。与之类似的还有《楚宫怨二首》《甘露寺感事》等怀古诗。郊游、送别、怀寄诗等也时有慧句,善于寓情于景,笔调清新闲适。《残雪》《苦雨》《孤雁》等诗,诗句较冷涩。整体而言,许浑诗风思正气清,挺拔有致。

唐甫里先生文集20卷 宋宝祐五年(1257)吴江叶茵刻本,见《四库全书简明目录标注》;明成化二十三年(1487)严春刻本;明抄本(卷20配清黄丕烈抄本,有黄丕烈校补并跋、许心扆校并跋、丁丙跋)。

唐陆龟蒙撰，南宋叶茵辑。陆龟蒙（? ～881），字鲁望，号天随子、江湖散人、甫里先生等。吴县人。高祖陆贽，宾虞子。幼聪慧高致，通六经大义，尤精《春秋》。举进士不第，遂隐居松江甫里，任游江湖间。好苦吟，极清丽。与皮日休为耐久交，世称“皮陆”。南宋宝祐五年（1257），叶茵将龟蒙《松陵集》中的诗与《笠泽丛书》合为一部，且从《万首唐人绝句》《文苑英华》以及《唐文粹》中辑得诗文，总计652篇。书中诗13卷，收诗600余首。龟蒙擅写景状物，描摹闲适生活，其中尤以七绝爽利。赋2卷，杂著4卷。多收闲情别致的小品文，亦有《四舍赋》《吧灶解》《登高文》等愤慨世事、关怀民生的赋文。《附录》1卷，收录与龟蒙有关的传记及序文9篇。

徐公文集30卷 南宋绍兴十九年（1149）明州公库据北宋天禧中胡克顺刻本重刻本；《四库全书》本；《四部丛刊》据黄丕烈钞宋本影印本。

宋徐铉撰。徐铉（917～992），字鼎臣。广陵人。精小学及篆隶，与弟锴并称“二徐”。受诏校《说文》，与修《文苑英华》《太平广记》。本书又名《徐常侍集》《徐骑省文集》。本书有宋天禧元年（1017）胡克顺《进表》、淳化四年（993）陈彭年《序》，大中祥符九年（1016）晏殊《后序》等。此集在铉殁后20余年由胡克顺刊行，后多遗落，存者编为30卷。明清之后主要以抄本形式流传。其诗平易浅切，虽率意而成，但思致清婉，无丰缛之习，方回以为“有白乐天之风”（《瀛奎律髓》卷16）。宋僧文莹《玉壶清话》卷8称其晚年于诗愈工。入宋以后，诗风有变，清吴之振《宋诗抄》谓“凄楚婉折，则难言之意多焉”。文以骈体为主，雅淡冲融，不事堆砌。所撰李煜墓志铭云：“孔明罕应变之略，不成近功；偃王躬仁义之行，终于亡国。道有所在，复何愧欤?”既能“存故主之义”（宋太宗语），亦不忘对大宋的褒扬。吕祖谦编《皇朝文鉴》，特录此碑，“赏其立言有体”。

春卿遗稿1卷 明天启间刻本；《四库全书》本；《常州先哲遗书》本。

宋蒋堂撰。蒋堂（980～1054），字希鲁，号遂翁。宜兴人。本书为明天启年间其二十世孙镄掇拾佚稿而成。《四库全书总目》：“此集题曰‘春卿’，仍举其致仕之官。”周代以春官掌邦礼，为六卿之一，后世因此称礼部官为“春卿”。蒋氏以礼部侍郎致仕，故此集乃以其官名名集。宋代胡宿《文恭集》载蒋堂“有文集二十卷”，《宋史・蒋堂传》亦称“有吴门集二十卷”，但原集久佚不传。是集收蒋氏所作赋1篇、诗37首、记1篇。其诗平正通达，清绝自然，无雕琢之气，如《守会稽日修永和故事作》：“一派西园曲水声，水边终日会冠缨。几年诗笔无停缀，不似当年有罚觥。”胡宿《文恭集》撰蒋堂神道碑，赞其“有高情、富清藻，多所缀述，尤邃于诗。其闲所得，往往清绝。善作尺牍，思致简诣，时人得之，藏为名笔”。《四库全书总目》称其诗“虽兴象不深，而平正通达，无雕镂纤琐之习”。卷末附《宋史》本传。

文正集20卷别集4卷补编5卷 明万历三十六年（1608）毛一鹭松江刻《二范集》本；明万历三十七年康丕扬刻《韩范两集合刻》本，本集24卷、年谱、补遗、附录各1卷；清康熙四十六年（1707）范时崇刻《二范集》本。

宋范仲淹撰。范仲淹（989～1052），字希文。吴县人。政治家、文学家、军事家。墉子。大中祥符八年（1015）进士。历任参知政事等职。卒谥文正，追封楚国公。《文正集》又名《丹阳集》，为仲淹自编诗文集。其中诗赋5卷，杂文15卷。集前有宋哲宗元祐四年（1089）苏轼《序》。《别集》4卷，为南宋孝宗淳熙（1174～1189）间，鄱阳从事綦焕校定旧刻所得。《补编》5卷，为清康熙中，范氏后裔范能濬搜辑仲淹遗文而成。仲淹诗、词、文俱佳，其《岳阳楼记》为千古名篇。工于诗，如《江上渔者》《游石子涧》等，文辞秀美，风格清新明健。词传世少，但如《苏幕遮》《渔家傲》等，苍凉刚健，气度豁达。

文恭集40卷拾遗1卷 《四库全书》本；《常州先哲遗书》本；《丛书集成初编》本。

宋胡宿撰。胡宿（996～1067），字武平。晋陵人。卒谥文恭。本书原集70卷，久已失传。《永乐大典》收录其诗文1 500余篇。《四库全书》据其辑录，按类编次为50卷。《永乐大典》失采而散见于他书者，另辑为《补遗》1卷。《四库全书总目》著录此书为50卷补遗1卷，而《四库全书》著录时删去

青词、乐语、道场疏、祝文等170余篇，缩编为40卷，无补遗。凡诗赋6卷，奏议2卷，表、笏记3卷，外制10卷，内制6卷，帖子、上梁文1卷，策问、颂铭、论辨、序赞1卷，书启5卷，记1卷，墓志铭3卷，碑表、塔铭1卷，行状1卷。胡氏其文典重赡丽，追踪六朝，特工四六；其诗气势雄浑，波澜壮阔，有盛唐气韵。但其文多为官样文章，其诗多酬和之作，价值不高。

苏魏公集72卷 《四库全书》本；清道光二十三年（1843）苏廷玉刻本；1988年中华书局王国策校点本。

宋苏颂撰。苏颂（1020～1101），字子容。原籍泉州南安，父卒葬润州，遂全家徙居于此，为丹阳人。幼承家教，博学多能，通经史九流、星官算法、山经本草等，尤明典故。庆历二年（1042）中进士，曾任集贤校理等职，晚年入阁拜相，以制作水运仪象台名世。本书由其子携搜辑苏氏遗诗、遗文编辑成集。乾道七年（1171）施元之刊于三衢。明、清皆有重刻本。道光二十二年颂后裔苏廷玉从杭州文澜阁《四库全书》本中抄出苏集刊刻行世。本书正文卷1至卷13为诗，多为和诗赠友、关注民生之作。文翰辞美，自成一家，内容翔实博洽，广涉经史百家、天文、地理、本草等。

淮海集40卷后集6卷长短句3卷 宋乾道九年（1173）高邮军学王定国刻本；明嘉靖十八年（1539）高邮张綖鄂州刻本；《四库全书》本。

宋秦观撰。秦观（1049～1100），字太虚，改字少游，别号邗江居士，世称淮海居士。高邮人。与黄庭坚、晁补之、张耒并称"苏门四学士"。《文献通考·别集类》载《淮海集》1卷，《宋史》则作40卷。嘉靖中高邮张綖重为编次，多后集6卷，长短句分为3卷。本书前40卷收赋、古诗、律诗、绝句、进策、进论等诸体，后集诗4卷、杂文2卷，长短句76首。王安石赞其"清新婉丽，有似鲍谢"。秦观时常将目光投射在百姓身上，关心民生疾苦，如卷1第一首《浮山堰赋》即是熙宁元年（1068），他目睹水灾给百姓带来的痛苦之后所作。秦观为婉约派一代正宗，但其诗文成就长期被忽视。明胡应麟《诗薮杂编》卷5曰："秦少游当时自以诗文重，今被乐府家推做渠帅，世遂寡称。"尤其是策论，涵盖治国、任臣、朋党、法律、财用、军事等方面，可谓立意高远，言辞犀利，说理透彻，"辞华而气古，事备而意高"。

宝晋山林集拾遗8卷 宋嘉泰元年（1201）筠阳郡斋刻本；国家图书馆等藏清抄本；《中华再造善本》本。

宋米芾撰。米芾有《书史》，已著录。本书收录米芾《宝晋山林集》存世的诗歌及散文部分，原书共计100卷，多散佚，现存8卷。前有蔡肇作《南宫舍人米公墓志铭》，后有米宪手跋。其律诗尽显胸怀，如《宝应道中》："蒸云大泽斗蛟龙，五日顽无一点风。十幅快帆飞野水，此生亦是小时通。"有股奔逸绝尘之气。而《智讷草书》："人爱老张书已颠，我知醉素心通天。笔锋卷起三峡水，墨色染遍万壑泉。兴来飒飒吼风雨，落纸往往翻云烟。"亦颠狂豪放。所作词如《西江月》等，"溪面荷香粲粲，林端远岫青青。楚天秋色太多情，云卷烟收风定"，婉约清致，耐人寻味。而《书史》《画史》《砚史》是其关于名家书法、绘画以及各地奇砚的独特的审美观点和品鉴心得，从中可见米芾本人在书法、绘画上的造诣。

后山集24卷 清雍正八年（1730）云间赵鸿烈校刻本，学稼轩藏版，题《宋陈后山先生诗文全集》；《四库全书》本；番禺陶福祥爱庐校刻本。

宋陈师道撰。陈师道（1053～1102），字履常，一字无已，号后山居士。彭城人。历任徐州、颍州、棣州教授，官至秘书省正字。名列"苏门六君子"。先后师从曾巩、黄庭坚。为文精深雅奥，诗爱苦吟，是江西诗派"三宗"之一。《宋史》有传。《后山集》原为其门人彭城魏衍所编，本书非衍旧本，为清姚听严据明马暾刻本所抄之藏本，云间赵鸿烈重刊，凡24卷，包括诗、文、谈丛、理究、诗话、长短句。师道之诗得自苦吟，运思幽僻，言外寄托，难以臆揣，可谓自成一家。五言古诗出入郊岛之间；七言古诗学韩愈，亦间似黄庭坚，然"颇伤謇直"；五言律诗成就最高，佳处直逼杜甫，而间失之僻涩；七言律诗风骨磊落，而间失之太快太尽；五七言绝句多为杜甫"遣兴"之格。其古文简严密栗，虽为欧、苏、曾、王盛名所掩，仍"不失为北宋巨手"。其"谈丛"笔力高简，记述宋代史事人物，可补史书之缺。其"诗话"之论诗沿袭苏、黄，主张"以故为新，以俗为雅"，不重记事、摘句，以对诗人诗作批评为主。

龟山集42卷 明万历十九年(1591)林熙春刻本;清康熙四十六年(1707)杨氏刻本;《四库全书》本。

宋杨时撰。杨时(1053～1135),字中立。晚年隐居龟山,学者称龟山先生。将乐(今福建三明)人。绍兴间寓居无锡东林精舍讲学18年。卒谥文靖。本书又名《杨龟山先生集》。其文多涉时事,曾请排和议、争三镇、一统帅、罢庵寺、治盗贼等,亦对边防、军制、茶务、盐法、籴买等多有评议。其诗有理学气,诸体皆备。杨氏学宗"二程",主张"致知必先于格物",强调六经之学,认为"六经中自有妙理"。对南宋一代学风,影响甚大。此集旧版散佚,明弘治间将乐知县重刊,并为16卷,后常州东林书院刻本分为36卷,万历间将乐知县重刻本为42卷。

道乡集40卷 明成化七年(1471)邹量刻本;明正德七年(1512)无锡邹翎刻本;《四库全书》本。

宋邹浩撰。邹浩(1060～1111),字志完,号道乡居士。常州晋陵人。本书一作《道乡先生邹忠公文集》,为其子邹柄、邹栩所辑。凡诗14卷,诸体诗900余首,包括《愤古赋》《四柏赋》2篇赋;文26卷,收录制、表、状、书、疏、启、记、序、策问、杂著、墓志铭、祭文、行状、传等诸体文500余篇。卷首有李纲所作序一篇。王士禛在《居易录》中评价邹氏"古诗似白居易,律诗似刘梦得","受学程门,而特嗜禅理,诗文多宗门语"。邹氏在元符二年(1099)因上疏谏立刘后获罪,书稿即遭焚毁。其子搜辑整理遗槁未备,去取亦未尽当。明成化六年,其裔孙邹量得内阁抄本,遂刊为《道乡先生邹忠公文集》40卷。正德七年邹翎重刊时增《续集》1卷。万历四十六年(1618),十九世孙邹忠允又重刊。

丹阳集24卷 清乾隆四十一年(1776)孔继涵家抄本;《四库全书》本;《常州先哲遗书》本。

宋葛胜仲撰。葛胜仲(1072～1144),字鲁卿。丹阳人。哲宗绍圣四年(1097)进士。累迁国子司业,官至文华阁待制。绍兴元年(1131),罢归,晚年寓居丹阳。与叶梦得酬唱颇多,品格亦复相埒。卒,谥文康。本书因其籍地名。据胜仲之婿章倧《文康葛公行状》载,《丹阳集》原有80卷,《外集》20卷,惜明以后佚。四库馆臣从《永乐大典》中以类裒集,汇编为24卷,附录行状谥议1卷。其《进养士图籍札子》《贺收复湟州表》《上扬州蹇尚书书》《谢试宏词及三经义入等启》《宗正寺少卿壁记》《端诚殿芝草颂》《跋钱伸仲东坡诗卷》《汝州劝农文》等,为文汪洋雄健而复精深醇密。诗歌如《记梦诗并叙》《喜元举归》《题横林馆》《将至襄陵二首》等,风格多样,清丽婉致,颇近陶风。

忠惠集10卷附录1卷 《四库全书》本;《四库全书珍本》本。

南宋翟汝文撰,翟耆年编。翟汝文(1076～1141),字公巽。润州丹阳人。父思自开封徙居。早年从苏轼、黄庭坚游。元符三年(1100)进士。累官中书舍人,制词典雅,旋奉命同修《哲宗国史》。绍兴二年(1132)为参知政事,寻与秦桧不合,遂罢任致仕。能书画,好古博雅,尤精篆籀。卒后门人私谥忠惠。本集乃汝文子耆年所编,《宋史·艺文志》《郡斋读书志·附志》《读书附志》皆著录有30卷,然明以来久不复传。清修《四库全书》,自《永乐大典》各韵辑其文章重编为10卷。另附录《孙繁重刊翟氏分巽埋铭》,系其子耆年请人所作。汝文作文有熙宁、元祐遗风,而尤工于制诰,文古雅典重,气格浑厚,故《四库全书总目》赞曰:"今观其文大都根柢深重,措词雄健,所谓无一字无来处者,庶几足以当之。非南宋表启涂饰剽掇之比,其为作者所推,非徒然也。"

葛侍郎归愚集(一作侍郎葛公归愚集)10卷补遗1卷 宋抚州刻本,作20卷,清黄丕烈跋;清抄本,10卷,丁丙等跋;《常州先哲遗书》本。

宋葛立方撰。葛立方有《韵语阳秋》,已著录。本书在《宋史·艺文志》《直斋书录解题》中作20卷,宋刻已残缺不全,仅存9卷,为卷5至卷13。今传本为后人将其残遗重新编次,辑成是集,并以原别为一集的《归愚词》1卷并入。卷1至卷4为诗,约200首,几乎均为近体诗。卷5乐府词,多写景咏物和酬答相赠之作,词风平实铺叙,少清新婉转之思。卷6赋,卷7至卷8为外制,卷9表,卷10启,计收各体文百余篇。《补遗》1卷,收立方文启、经疏、祝文、祭文等,由清盛宣怀从《播芳大全》《临安志》诸书中辑得。后附其子葛郯《信斋词》1卷。

南兰陵孙尚书大全文集70卷 国家图书馆藏明抄本；《宋集珍本丛刊》本。

宋孙觌撰。孙觌(1081～1169)，字仲益，别号鸿庆居士。大观三年(1109)进士，后举词学兼茂科。历官翰林学士，吏、户二部尚书。靖康之变，专附和议。建炎初，贬峡州，再谪岭外。复引旧。后以罪斥提举鸿庆宫。本书又名《宋南兰陵孙尚书大全文集》，编书时间已不可考。是书不著编辑姓氏，凡70卷，收录书、启、诗、表、状、外制、札子、记、序、贺启、帖、行状、铭赞、文语、颂传、题跋、墓表、墓铭、挽词、青词、祭文、疏文等各类文章。孙氏另有《鸿庆居士集》42卷收入《四库全书》，较此书少诗文近千篇，又多此本无者诗文62篇，两书可互为增补。

梁溪先生文集180卷附录6卷 明刻本；清道光十四年(1834)刻本；《四库全书》本。

宋李纲撰。李纲(1083～1140)，字伯纪，号梁溪。无锡人。卒赠少师，谥忠定。本书又名《李忠定公集》。卷首陈俊卿序1篇。凡180卷，附录6卷，计赋4卷，诗28卷，表本诏书2卷，拟制诏4卷，表札奏议64卷，札子2卷，状3卷，书22卷，启2卷，记2卷，序6卷，赞2卷，颂箴铭词1卷，论2卷，迂论10卷，杂著6卷，题跋3卷，祭文疏词2卷，碑志5卷，《靖康传信录》3卷，《建炎进退志》4卷，《建炎时政记》3卷，附年谱1卷，行状、谥议、祠记、祭文、挽诗、像赞、书跋等5卷。其诗文雄沉雅健，磊落光明，非寻常文士之笔。文以奏疏为主，多论时政。诗亦多表达政治理想，力主抗敌。其子秀之裒辑80卷，而诗文未收入。《郡斋读书志》录为150卷，《直斋书录解题》则作120卷，而宋代刻本则为180卷，诗文部分当为后人所补辑。宋代以降，流传颇广，除《四库全书》本等180卷附录6卷本外，其他卷帙多不一。

毗陵集16卷 《四库全书》本；《常州先哲遗书》本；《丛书集成初编》本。

宋张守撰。张守(？～1145)，字全真，一字子固、元成。晋陵人。谥文靖。本书《直斋书录解题》《宋史·艺文志》皆著录50卷，其本久佚。《宋史·艺文志》复多出奏议25卷，又别集18卷。四库馆臣自《永乐大典》中辑出15卷录入《四库全书》，有诏1卷，制1卷，表2卷，札子4卷，奏状、状1卷，记、序、跋等杂文1卷，启1卷，志铭2卷，诗2卷，附娄机等所作谥议文2篇。《武英殿聚珍版书》收录16卷，编次与四库本稍异。张氏其文多论国家大事，陈述时政是非利害，如《论防淮渡江利害》《论金人侵淮有四路》等，《四库全书总目》赞其“卓有经世之才，尤非儒生泥古者所可及”。其诗多闲适恬静之作，卢文弨在《书毗陵集后》中评价道“集中诗风格苍老，源于少陵，使事亦复精切”(《抱经堂文集》卷12)。

石湖居士集34卷 南宋嘉泰三年(1203)范莘刻本；明弘治十六年(1503)金兰馆铜活字印本；明抄本，佚名跋。

宋范成大撰。范成大有《吴郡志》，已著录。周必大作《范公神道碑》曾指出，成大曾手定《石湖集》136卷。南宋嘉泰三年其子范莘、范兹寿栎堂家其集，范兹跋云“诗文凡百有三十卷”。后文集失传，仅有诗集34卷。弘治刻本是明代印行的范成大唯一的诗集。成大诗题材多样，以政治诗和民生诗为主。既有关心民生、揭露社会残酷的诗作，如《催租行》《缫丝行》等，也有意境开阔、清峻壮丽之作，如《成都时写景诗》，还有记载风土民俗之诗，如《夔州竹枝歌》等。尤以田园诗著称，其《四时田园杂兴》七绝60首，对农民生活的酸甜苦辣以及春夏秋冬四季农村田园景色的变化进行了多方面的描绘，风格清婉秀逸，温润淡远，对后代田园诗产生极大影响。至清有“家剑南而户石湖”之说。

梁溪遗稿2卷 清康熙三十九年(1700)尤侗刻本；《四库全书》本；《常州先哲遗书》本。

宋尤袤撰。尤袤有《遂初堂书目》，已著录。本书成于康熙三十九年，尤侗辑其诗文编为2卷。卷首有朱彝尊序一篇。卷1收古今体诗47首，采自《瀛奎律髓》《茅山志》《荆溪外纪》等书；卷2收疏、记、序等诸体文26篇，辑自《建炎以来朝野杂记》《赤城志》《赤城集》等书。道光元年(1821)，裔孙兴再刻之。光绪二十三年(1897)重刻时，又从《三朝北盟会编》《天台别编》《文选跋》等书中辑得遗诗若干首，从《后村诗话》辑逸句四联，收入《常州先哲遗书》。方回曾为其作跋，称“中兴以来，言诗必曰尤、杨、范、陆，诚斋时出奇峭，放翁善为悲壮，公与石湖冠冕佩玉，度骚婉雅，则袤在当时本与杨万里、陆

游、范成大并驾齐驱”。然其遗作散佚尚多，仍待搜辑整理。

江湖长翁文集40卷 明万历四十六年(1618)李之藻刻本;《四库全书》本。

宋陈造撰。陈造(1133～1203)，字唐卿，号江湖长翁。高邮人。时人称为“淮南夫子”。本书久无刻本。明万历中，李之藻将之与秦观集同刻之于高邮。康熙《扬州府志》卷28题为《陈唐卿诗文杂著》40卷。书中涵盖辞赋、四言古诗、五言古诗、七言古诗、五言律诗、五言排律、七言律诗、五六言绝句、七言绝句、记、序、书、札子、传、赞、铭、箴、偈、说、文、题跋、论、策问、易说、志状、表笺、启、疏、青词、致语、上梁文诸体。其诗文锤字炼词，谨严有法。《罪言》一篇，乃仿杜牧而作，专论应敌、备用、就时之略，所言虽未必悉当，比于时人则恢奇排忧可以肩随。其他札子诸篇亦多剀切详明，绝少空言。钱钟书在《宋诗选注》中评价“自从杨万里以后，一般诗人都想摆脱江西派的影响，陈造和敖陶孙两人是显著的例外。他敢批评当时的社会习尚，肯反映人民疾苦……”。

漫塘刘先生文前集36卷 明正德十六年(1521)任佃刻、明嘉靖八年(1529)王臬续刻本;明万历三十六年(1608)王尧封刻本;《四库全书》本。

宋刘宰撰。刘宰(1166～1239)，字平国，晚号漫塘病叟。祖籍沧州景城(今属河北)，后移居丹阳，其父蒙庆定居金坛。谥文清。本书又名《漫塘文集》。宋理宗淳祐初，王遂哀其遗稿，十得四五，编订为《前集》。理宗收入秘阁，世遂无传。明正德间大学士靳贯从内阁抄出，因授王臬锓梓，编为36卷。赋、诗4卷;文32卷，分为状1卷、书问札子8卷、表启杂文等5卷、序记题跋6卷、铭赞祭文墓志等8卷、行状哀辞4卷。其诗风格朴质无华。其文多为应酬之作，淳古质直，不事藻饰，自然畅达。集中所收《漫塘赋》，传诵颇广。

雪篷诗稿1卷 《宋百家诗存》本;《南宋群贤小集》本。

宋姚镛撰。姚镛，字希声，一字敬庵，号雪篷。溧水人。其祖父姚古为山西太原人，宋高宗南渡时，卜居溧水，遂世为溧水人。嘉定十年(1217)进士。吉州判官，以功擢守赣州。后贬衡阳。本书又作《雪篷稿》，为端平二年(1235)姚镛哀诗文编成，自为序。收《春夜曲》《桐庐》《访中洲》等诗。以律诗见长。如《寓雪川》:“玉戴溪头小隐仙，渔翁引上雪溪船。几回钓罢思归去，又为苹花住一年。”格律齐整，清丽可爱。刘克庄《后村题跋》曾评其诗文“一字不可增损;半句之工，片辞之善，贤于他人千篇百首”。

龟城叟集1卷附录1卷 《楚州丛书》本。

宋龚开著。龚开(1222～?)，字圣予，号翠岩，又号龟城叟。淮阴人。本书为清人冒广生搜辑而成。龚氏家近龟山，故号为龟城叟。其诗文散佚已久，冒氏辑其诗14首，序3篇，跋4篇，题词、诗评各1篇，赞36篇，传1篇，编成此书。卷末有附录41则。龚氏曾为陆秀夫作传，并写诗哀挽:“立事宁将败事论，在边难与在朝分。从来大地为沧海，可得孤臣抱幼君。南北一家今又见，乾坤再造古曾闻。他年自有春秋笔，不比田横《祭墓文》。”张丑在《清河书画舫》评价“翠岩工诗文，尤长于书画，所制《中山出游图》后有亲书八分诗、跋，极自负也”。

陆忠烈公全书8卷 明王梦熊辑，清道光十五年(1835)陶性坚、陶镶刻本。

南宋陆秀夫撰，明王梦熊辑。陆秀夫(1236～1279)，字君实，号实翁。盐城长建乡人，徙镇江。宋末政治家。宝祐四年(1256)与文天祥同榜进士。和文天祥、张世杰并称为“宋末三杰”。祥兴二年(1279)二月，崖山破，负帝昺投海死。明廷赠谥号忠烈。《宋史》有传。据清陶性坚《宋左丞相陆公年表》、近人蒋逸雪《陆忠烈公年谱》，秀夫生于宋嘉熙二年(1238)。本集收陆氏所作文集及遗文轶事。陆氏负帝昺跳海亡后，其著述多散佚无存，后由明末王梦熊搜集其生平事迹、遗文、轶事汇集成书，编为此集，道光十五年由陶性坚父子刊刻行世。卷3为陆氏遗作8篇，包括诏令4篇:《景炎皇帝遗诏》《祥兴皇帝登宝位诏》《授文天祥通议大夫右丞相枢密吏使都督诸路军马诏》《奖谕文天祥诏》;书1篇:《劝陈文龙书》;跋1篇:《编正孝经刊误跋》;诗1篇:《题鹤林寺诗》;记1篇:《丹阳馆记》。

大痴道人集1卷 《元诗选》本;清道光间黄泰

辑刻《虞山黄氏五集》本。

元黄公望撰。黄公望(1269～1354),本姓陆,名坚。出继永嘉黄氏为义子,因改姓名,字子久,号一峰、大痴道人。晚号井西道人。常熟人。画家,与吴镇、倪瓒、王蒙合称"元四家"。本书收录黄公望的诗文作品,由清人顾嗣立保存在他所编的《元诗选》里。其生平作品大多散佚,是集对研究其文学思想有重要参考价值。

快雪斋集1卷补1卷 《元诗选二集》本;《横山草堂丛书》本。

元郭畀撰。郭畀(1280～1335),字天锡,号云山,晚号退思。镇江人。景星子。历任书院山长、州儒学教授、行省掾史等职。能诗善书画,书法出入赵孟頫,山水有米家风,尤善竹木窠石。本书为郭畀诗文集,由其幼子郭启收集编成,又名《退思集》。郭畀曾藏王羲之《快雪时晴帖》,故以之名"快雪斋"。书前有至正十五年(1355)俞希鲁序云:"君身长八尺余,美须髯,善论辨,通国语,倜傥略边幅。堂堂然伟丈夫也,王公大人见之,莫不竦然起敬。"详描郭畀外貌,因美须髯,被称为"郭髯"。书中收录诗文多清雅之作,如《明妃曲》"瑶琴惯听九歌谱,怀感远道偏消魂",借咏叹明妃,有感而发;《次韵袁通甫》"掩书不读亦不寐,明暗一灯如露萤",透出气定神闲、悠然自适感;《宿焦山上方》"炉烟已断灯花落,唤起山僧看月明",郭畀喜与方外之士谈空核玄,交游唱和,此处"唤起"为神来之笔,亦表思乡之情。清陈庆年辑《快雪斋集补》1卷,补郭畀遗文。

居竹轩集4卷 明嘉靖刻本;《四库全书》本;《宋元四十三家集》本。

元成廷珪撰。成廷珪,字原常,又字元章、礼执。六合人。好学工诗,不求仕进,早年奉母居扬州时,植竹庭园,因名所居曰居竹轩。与张翥、郜肃等人交好。晚年避于吴中,卒于华亭,年70余。生平事迹见《元书》卷89。本书为廷珪友郜肃、刘钦辑,收成廷珪所撰古诗、律诗、绝句。郜肃《序》曰:"五言务自然,不事雕刿。七言律最工,深合唐人之体。"其七律诗创作最多,遒丽工整;五言诗则自然流畅,务去雕饰。诗句通俗平实,词浅意深。其《戚戚行》"戚戚复戚戚,白头残兵向人泣"等纪实诗,反映了元末战乱不断、民不聊生的社会面貌。《四库全书总目》云:"惟五言古诗竟无一篇,似不应全体遗佚,或自知非其擅长,遂不复作,殆所谓善藏其拙者。"

龟巢集20卷 南京图书馆藏旧精抄本;《常州先哲遗书》本;《四部丛刊三编》本。

元谢应芳撰。谢应芳(1296～1392),字子兰,自号龟巢老人。武进人。元至正十六年(1356),谢氏隐居白鹤溪,构室名龟巢,自号龟巢老人,因以名集。本书卷首有余诠、卢熊序各1篇。凡20卷,卷1为赋,卷2至卷10为诗,卷11为词,卷12为书,卷13为疏,卷14为序,卷15为记,卷16、17为启,卷18为题跋、说、杂著,卷19为行状、铭、赞、箴,卷20为祭文。作者身处元末明初,前期作品多反映元末战乱,向往安宁;后期归老田园,感慨世事变迁,间有故国之思。其诗雅丽蕴藉,其文多应酬之作。谢氏重儒教,认为官员应当"以民为本""恤民为先",因此也有不少关于国计民生、风土民情的作品,如《上周郎中论五事启》《上奉使宣抚书》《与五氏诸子书》《上周参政正风俗书》等。

倪云林先生诗集6卷附录1卷 明天顺四年(1460)蹇曦刻本;清乾隆六年(1741)刻本;《四部丛刊》本。

明倪瓒撰。倪瓒(1301～1374),初名珽,字符镇。谥清贤。无锡人。画家,与黄公望、吴镇、王蒙合称"元四家"。本书又名《云林诗集》,为明人蹇曦辑录,收诗800余首,按体编次。卷首有钱溥序1篇。卷1为四言诗、五言古诗,卷2为七言古诗,卷3为五言律诗,卷4为七言律诗,卷5为五六言绝句,卷6为七言绝句。卷末有虞集等人题诗,卞荣跋、蹇曦后序。附录1卷,收入倪氏所写的杂文、词。其诗多咏史、应制之作,写景佳作颇多,但诗风柔弱,内容空乏,价值不高。

清閟阁全集12卷 清康熙五十二年(1713)曹氏城书室刻本;《四库全书》本。

明倪瓒撰。本书初刻于明天顺四年(1460)。万历二十八年(1600),其八世孙珵汇刊成15卷。清康熙五十二年,曹培廉重加编订,成12卷。诗8卷,收诗1 100余首;乐府1卷,收词23首,赞、跋等文39篇;杂著1卷,收序、记、书等42篇;外纪2卷,上卷载遗事、传铭与赠答、吊挽之作,下卷辑诸家品

题诗画之语。是集收罗倪氏诗文著作较为全备，是研究倪瓒及元代文学的重要参考资料。此集还辑录大量与绘画有关的诗词、题跋、酬唱之作，对研究其绘画艺术和宋元绘画史价值颇大。

黄杨集3卷补遗1卷 明隆庆二年(1568)刻本；明万历四十六年(1618)华子虚刻本。

清华幼武撰。华幼武(1307～1375)，字彦清，号栖碧。无锡人。谥靖孝。本书卷首有陈方、陈谦《原序》各一篇，吕纬文《锓梓黄杨集引》，俞贞木《黄杨集后序》。重刻本卷首有华与进序，陈继儒《题黄杨集》，文宠光序。黄杨四时不凋，木质坚硬，为木之良才，故以“黄杨”命名。其所作《养浩斋杂咏·黄杨》：“咫尺黄杨树，婆娑枝干重。叶深圃翡翠，根古踞虬龙。岁历风霜久，时霑雨露浓。未应逢闰厄，坚质比寒松。”陈方《黄杨集原序》认为“世传黄杨之为木，遇闰岁则厄而不长”。原本为6卷，今本为3卷。卷上为五古、七古，卷中为七律、七言排律，卷下为五律、五言排律、七绝、五绝。后附补遗1卷，收录其传记及题跋资料。其诗多记行、感怀、酬答之作，言浅意直，世人重其人品，但其诗不足以为名家。

梧溪集7卷 元至正、明洪武间刻本；明景泰七年(1456)陈敏政重刻本；《知不足斋丛书》本。

明王逢撰。王逢(1319～1388)，号席帽山人、梧溪子，自号最闲园丁。江阴人。本书原名《澄江棹歌》。前6卷刊于元末，卷7则是作者死后由其子王掖刊行于明洪武年间，景泰七年陈敏政据旧本补刻。卷首有周伯琦、杨维桢、汪泽民序，卷末有陈敏政后序。王氏为元代遗民，故集中记载宋元之际人才国事，反映元末社会现实，多史家所未备。首列小序以标其始末，可补史传之未及。王氏诗风浑厚典重，语意新警，学虞集而得其神韵。沙曾达《澄江咏古录》赞道：“巢从清洁敢希踪，高峰黄山席帽峰。泉石耽吟推性适，梧溪遗集仰诗宗。”杨维桢序言：“《梧溪集》者，江阴王逢氏遭丧乱之所作也。予读其诗，悼家难，悯国难，采摭贞操，访求死节，网罗俗谣与民讴……亦杜史之流欤！”此外，集中还记有女纺织家黄道婆相关事迹，甚为珍贵。

高太史大全集18卷 明景泰元年(1450)刘儆刻本；明刻蓝印本，此集刻印前经明刘景韶校；清康熙吴县许氏竹素园刻本。

明高启撰。高启(1336～1374)，字季迪，号槎轩，又号青邱子。长洲人。住苏城北，与王行辈10人号“北郭十友”。洪武初，被召入京，参与纂修《元史》，授翰林院国史编修官。博学工诗。其诗雄健浑涵，与杨基、张羽、徐贲3人并称“吴中四杰”。本书收高氏所作诗集，景泰元年由徐庸掇拾遗篇，编辑而成。高启曾担任翰林院国史编修，故名《高太史大全集》。其诗写景抒怀，风格雄劲奔放；凭吊怀古，寄托深微。或酬答友人，情意真挚，平实感人。此外亦有不少生活诗作，如《鸥捕鱼》《江村乐》《田家庆寿图》等，反映农民的打麦、牧牛、捕鱼等劳动生活，语言质朴真切，极富乡土气息。作者关注民生，对于人民所遭受的苛捐杂税等深表同情，对统治者隐有揭露讽刺语。

沧螺集6卷 明末汲古阁刻本；《四库全书》本；《江阴丛书》本。

明孙作撰。孙作，字大雅，一字次知，自号东家子。江阴人。洪武中，聘修日历，授编修。累擢国子司业，因事废为民。工诗文。书前宋濂《沧螺集序》云：“析之则理性，辟之则辞严，动有据依，皆非臆说。”对孙作诗文成就推崇备至。本书计6卷，诗1卷，文5卷。孙氏诗力追黄庭坚，在元末别为一调。其文醇正典雅，磊落奇伟，亦自成家。

王舍人诗集5卷附录1卷 明弘治元年(1488)荣华刻木；南京图书馆藏清抄木；《四库全书》本。

明王绂撰。王绂(1362～1416)，字孟端，号九龙山人，又号友石生、九龙山人、鳌叟。无锡人。本书又名《友石山房稿》《友石先生诗集》《王绂诗集》。为其子王默所编。卷首有永乐二十年(1422)曾棨序，洪熙元年(1425)王进序，卷末附王洪《王孟端小传》、章昞如《王公行状》和胡广《王孟端墓表》。凡5卷，按体编次，卷1为四言古诗、五言古诗、五言排律，卷2为七言古诗，卷3为五言律诗，卷4为七言律诗，卷5为五言绝句、七言绝句。其诗体格稍弱而清雅有余。缪永谋赞其“诗格疏爽，有松石闲意”。都穆《南濠诗话》评价道：“寄别娶妇一绝，则伧父面目，不足以见王绂之长。”

吴文恪公大全集 10 卷 国家图书馆藏清抄本。

明吴讷撰。吴讷有《祥刑要览》,已著录。本书分前集、后集、续集,为作者手定稿。熊概为之作《前集序》,陈敬宗作《后集序》,魏骥作《续集序》。公孙淳编为《思庵文粹》11 卷。弘治间杨名父重刻,嘉靖中范来贤守延平时又刻。此本为吴讷曾孙堂属钱仁夫编定,综三集而成全稿,无刊本,爰假抄本录而传之。

东谷遗稿 13 卷 明成化十四年(1478)孙琏、汤齐刻本。

明汤胤勣撰。汤胤勣(? ～1467),字公让。南京人,寓居镇江。一说为亳州(今安徽凤阳)人。明天国勋臣东瓯王和曾孙。初授锦衣百户,亦世职。后官延绥参将,殉难。工诗,为“景泰十才子”之一。《明史》有传。本书多收录赋、诗、词等作品。胤勣善七古,慷慨豪迈,豪放奇倔,援笔挥洒,如《水月舫为奚川钱竹深赋》《为钱理容题美人月琴图》《竹深处为奚川钱理平作》等诗篇皆辞彩纷呈,浩气婉转。亦能词,如《浣溪沙》:“燕垒雏空日正长,一川残雨映斜阳。鸬鹚晒翅满鱼梁。榴叶拥花当北户,竹根抽笋出东墙。小庭孤坐懒衣裳。”词风清丽,平易浅近,清润入格。

倪文僖公集 32 卷 明弘治六年(1493)上元倪岳刻本;《四库全书》本。

明倪谦撰。倪谦(1415～1479),字克让,号静存。上元人,祖籍浙江钱塘。卒赠太子少保,谥文僖。曾预修《英宗实录》。谦古今体诗体裁多样,内容丰富,辞藻秀丽,挥洒自如。送别诗情浓不舍,如《送同年李进士郁归省》:“交深志逾合,敬久情不衰。”写景诗清新淡雅,如《石蒲画二首》“齿齿水中石,翛翛石上蒲。清风一披拂,疏翠自纷敷”等。文如《盘泉诗集序》《钱昱起东字说》《味澹对》等,语言练洁,理次分明。《四库全书总目》云:“其文步骤谨严,朴而不俚,简而不陋,体近三杨,而未染其末流之失。虽不及李东阳之笼罩一时,而有质有文亦彬然自成一家矣。”以倪谦文与三杨台阁之体比较,倪文不仅有典雅工丽的格式,且具备湛深的内涵。较好地评价了倪谦严谨质朴、平正醇实的文风。

菉竹堂稿 8 卷 明嘉靖八年(1529)叶梦淇刻本。

明叶盛撰。叶盛(1420～1474),字与中。昆山人。谥文庄。诗人、目录学家、藏书家。本书为作者自订。菉竹堂为其藏书室,故名。凡 8 卷,诗词 4 卷,文 4 卷,在两广巡抚任上而作。叶氏诗词皆非其所长。文有劲直之气,略胜于诗,但亦无甚佳作。惟其所撰碑志数篇,颇有可取之处。

叶文庄公全集 30 卷 清康熙间叶氏赐书楼刻本;康熙间赐书楼刻乾隆四年(1739)印本;雍正叶氏刻本。

明叶盛撰。叶盛有《菉竹堂稿》,已著录。作者著有《水东稿》8 卷、《开封纪行稿》5 卷、《菉竹堂稿》8 卷、《泾东稿》9 卷、《山东游览诗》1 卷等。清康熙叶氏赐书楼汇集其稿,刊成 30 卷。叶氏善七律,诗风俊逸浑融。陈田《明诗纪事》评价其“七言近体风格遒上,即精研声律者,无以过之”。彭士望在《叶文庄公全集序》中赞“公盖自成其文章者也。诗不必似杜,而无不可以为杜;文不必似歌,而无不可以为欧。文从理顺,进达其胸中之意而止”。另有清叶氏五百经幢馆抄本 16 卷本。

石田稿不分卷 稿本,国家图书馆藏;《续修四库全书》本。

明沈周撰。沈周有《石田翁客座新闻》,已著录。稿本中应和、赠答、送别之作颇多,多叙写与友人间的深情厚谊。反映劳动人民苦难,写天灾,闻时政得失则忧喜于色的作品亦不少,如《堤决行》:“江风中潮江雨大,白波直向人头过,老农袖手不可拦,叹息还来屋中卧。”稿本中登临怀古诗作多对历史人物的歌颂来寄寓爱国、隐居等思想。诗中也有不少描写落花幽兰、朝云夕霞等景物的闲适之作。

石田诗选 10 卷 明正德安国刻本;《四库全书荟要》本;《四库全书》本。

明沈周撰,明华汝德辑。其集仿宋人分类杜诗之例,按类编排,分为天文、时令、山川(园池附)、居室(亭馆附)、寺观(庵院附)、祠庙(坟墓附)、宗族、杂流、僧道、古迹、怀古、时事、述怀、忠孝(节义附)、闲适、庆寿(生辰附)、会晤、投赠(寄答附)、题号、谢答、送别、伤悼(送葬附)、图像、图画、墨迹、文词、花

竹(草木附)、鸟兽、器用、咏物、杂咏等31类。诗集较为全面地反映了自己的生活经历、生活状况。《四库全书总目》云:“盖不以字句取工,徒以栖心邱壑,名利两忘,风月往还,烟云供养,其胸次本无尘累,故所作亦不雕不琢,自然拔俗,寄兴于町畦之外,可以意会而不可加以绳削。”

定山先生集10卷 明正德元年(1506)山西按察使李善刻本;明嘉靖十四年(1535)刘缙等重修本;清康熙四十一年(1702)庄清佐重刻本。

明庄昶撰。庄昶(1437～1499),字孔旸,号木斋,又号卧林居士,晚号活水翁,学者称定山先生。江浦(今属南京)人。明成化二年(1466)进士,官至礼部郎中。追谥文节。博学嗜古,有所得,辄见于诗。为明代中期“性灵诗派”的代表诗人。本书为庄昶诗文合集,前后历多次修刻。书前有周满、湛若水等序。诗、文各5卷。庄昶作诗多重理学之道,造语平实朴质,境界宁谧自然,常以比兴之体,抒写义理之趣,如《和李白凤凰台》《晓发扬州遇雨》《南还瓜洲渡江》等;文亦多本太极之旨,论心道性,然亦有挥斥方遒、指斥时弊之文,如卷6《送戴侍御提学陕西序》即论述科举之弊端。闻人铨《读定山先生集》评云:“比今督学行部,访其存稿而尽读之,乃知其造诣渊泓,植本深固,故言出道存,虽居常讽咏,亦不徙溪禽野卉之娱,上极廊庙之宏谟,下尽民俗之庸行,随事精察,无不可师。”

青溪漫稿24卷 明正德间熊世芳刻本;《四库全书》本;《武林往哲遗著后编》本。

明倪岳撰。倪岳(1444～1501),字舜咨,号青溪。上元人。谦子。明天顺八年(1464)进士,选为庶吉士。卒赠少保,谥文毅。本书24卷,前9卷为赋、辞、乐府、古诗、律诗以及绝句,如《耕借田赋》《乐清轩十律为乡友沙士清》《贺英国张公射防歌》等,赋文沉郁大气,诗文婉约豪迈并存。以七言绝句《居庸道中》为例:“浮云出没翠微中,淡紫深青远近同。此景峥嵘真可畏,愁怀郁郁正无穷。”作者借景抒发心中无法排遣的哀愁,婉约深远。卷10至卷24收有经筵讲章、奏议、颂、表、赞、箴铭、记、序、书、说、题跋、策问、碑、墓表、墓志铭、传、哀辞、诔、祭文等各式文体,其中尤以“疏议”为重,合59篇,包括《祀典一》《灾异二》《防议》等文,语言简切明达,切中要旨。岳常抒经世之言,心系国家人民,如《防议》:“夫欲思有以回天意,必当有以顺民心。欲思有以顺民心,必当有以宽民力是以营缮频兴。”以民为先,以民为本,彰显倪岳拳拳爱国爱民之心。整体而言,倪岳文辞洋洒浩瀚,不重雕琢之功,以气取胜。

震泽先生集36卷 明嘉靖刻本;明嘉靖刻万历鹤来堂印本;《四库全书》本,题名《震泽集》。

明王鏊撰。王鏊(1450～1524),字济之,一字守溪,号拙叟。吴县人。藏书家。成化十一年(1475)进士,授编修,累官至文渊阁大学士。后辞官归田。博学有识鉴。卒,赠太傅,谥文恪。唐寅(伯虎)为墓坊撰联:“海内文章第一,朝中宰相无双。”《明史》有传。本集初刻于嘉靖间,署名《震泽先生集》,凡36卷。前有嘉靖十五年(1536)霍韬序。《四库全书》即以此为底本抄录。王鏊文章典雅遒洁,湛深经术,论文明畅,精研各体,有《愧知说》《五湖记》《谢存问疏》《愧斋先生传》《皇甫成之墓志铭》等,其中赋文如《吊闺庐赋》《待隐园赋》等,凭吊怀古、写景抒怀,皆有六朝遗风。其诗博学诸家,有寄情山水者,如《登西马坞》《云山图二首》等;有摹景状物者,如《咏并蒂莲三首》《鹦鹉二首》等;有寄托深思者,如《雨钱》《弃妇怨》等,亦有交游送往者,如《送陆汝昭通守东昌》《赠琴士杨凌》等;闲情写意者,如《小适园桃花忽开》《杨柳青舟中见月》等,峭直疏放,于先正格律之外,自成一家。

松筹堂集12卷 明万历元年(1573)顾从德芸阁活字印本;清金氏文瑞楼抄本,署“吴郡杨循吉著,上海顾从德校”;清宋宾王抄本,宋宾王校,邓邦述跋。

明杨循吉撰。杨循吉(1456～1548,一作1458～1546),字君谦,号南峰。藏书室名卧读斋。吴县人。成化二十年(1484)进士,授礼部主事。善作乐府小令。性狷隘,好持人短长。为诗傲兀自放,规模三唐,力主“直吐胸怀,实叙景象”。《明史》有传。本集系杨氏自选诗文别集。因其多病,31岁即致仕归,结庐支硎山下,课读经史,以松枝为筹,不精熟不止,“松筹堂”以此得名。集前有万历元年顾从德、黄省曾《序》。杨氏所作诗词文赋、杂著小品、乐府小令等数量甚夥。文风清新,真切自然,直吐胸

怀，妇人小子皆晓其所作。然《总目》对杨氏诗文成就评价不高："是集虽经别裁，尚多俗体。盖循吉任诞不羁，故其词往往近俳"，持论稍显偏颇。

柴墟集15卷 明嘉靖四年(1525)储洵沔阳补刻本；明万历四十二年(1614)储耀重刻本；《海陵丛刻》本。

明储巏撰。储巏(1457～1513)，字静夫，号柴墟。泰州人。本书一作《柴墟斋集》。卷首有邵宝所作《储文懿公集序》一篇，记刻书始末，述其生平交往，赞储氏为"大雅君子"。本书卷1至卷5为诗，收诗500多首，卷6至卷8为序文，卷9为墓志，卷10、卷11为杂著，卷12为奏疏，卷13至卷15为书简。储氏为文森然有法度，诸作系天下国家，关乎古今治乱。朱彝尊对其文评价较高："文懿以文章复古，为国家元气，极其扶植，得不倾陷。"尤工于诗，仿陶、韦，冲澹沉蔚，凌铄魏晋。虽才力富健不及李梦阳等，然亦明代泰州人物文章之冠。邵宝评价"其为诗或恬淡平雅，或浑雄跌宕，或洒落清远，所谓风雅遗音"。陈田《明诗纪事》谓："柴墟以西涯为师，空同为友，故诗力雄厚，迥异台阁之体。"故其诗风融东阳、梦阳二派，自成一体。

祝氏集略30卷 明嘉靖三十六年(1557)张景贤刻本。明万历三十九年(1611)陈以闻刻本；《四库全书》本。

明祝允明撰。祝允明有《成化间苏材小纂》，已著录。祝允明诗文、书法名重当世。与徐祯卿、唐寅、文徵明并称"吴中四才子"。祝氏文集，《明史·艺文志》《千顷堂书目》皆载："《祝氏集略》三十卷，《怀星堂集》三十卷。"《四库全书总目》收录《怀星堂集》，提要称"今行于世者惟《祝氏集略》及此集"。这些著录均认为祝允明有《祝氏集略》与《怀星堂集》两部书。王重民《中国善本书目提要》认为《祝氏集略》与《怀星堂集》两集相同，"盖后之翻刻《集略》者，易其名为《怀星堂集》耳"。王氏所说甚是。其集原为张景贤据祝氏家藏遗文搜集，经允明子校阅，刊刻付梓。万历本与《四库全书》本题作《怀星堂集》。允明诗歌取材多样丰富，语多不事雕镂，激情洋溢，挥洒自如，清新不俗。文章有奇气，辞藻绚丽，辞韵通畅。此外作者亦颇费笔力揭露社会现状和政治问题，表达其对专横官吏的批判，语多旷达激愤。

容春堂集61卷 明正德刻本；明嘉靖十三年(1534)慎独斋刻本；《四库全书》本。

明邵宝撰。邵宝有《春秋诸名臣传》，已著录。本书名"容春堂"，为邵氏先世所居堂名。卷首有李东阳、浦瑾、王鏊、林俊序各1篇，作者自序1篇。是集凡61卷，分为前集20卷、后集14卷、续集18卷、别集9卷。初刻于正德年间，后集、续集、别集均为作者没后嘉靖年间其后人续编。前集卷1为辞赋，卷2至卷8为诗，卷9至卷20为文。后集卷1至卷8为文，卷9至卷13为诗词，卷14为书简。续集卷1至卷5为诗，卷6至卷18为文。别集卷1至卷4为诗，卷5至卷9为文。邵氏师从李东阳，重师古，宗法唐诗。其文典重和雅，其诗清逸淡泊。《四库全书总目》评价道："今统观四集，其文边幅少狭，而高简有法，要无愧于醇正之目。《明史·儒林传》称其学以洛、闽为的，尝曰吾愿为真士大夫，不愿为假道学。其文典重和雅，以李东阳为宗，而原本经术，粹然一出于正，殆非虚美。其诗清和淡泊，尤能抒写性灵。顾元庆《夷白斋诗话》极称其《乞归终养上疏不允》一篇，谓其感动激发，最为海内传诵，盖其真挚不可及云。"陈田《明诗纪事》赞其"诗格平衍，其蕴藉入古处，则学为之也。在茶陵诗派中，不失为第二流"。

唐伯虎先生集2卷外编5卷续刻12卷六如唐先生画谱3卷 明万历四十二年(1614)刻本；《续修四库全书》本。

明唐寅撰。唐寅(1470～1524)，字伯虎，一字子畏，号六如、桃花庵主。吴县人。弘治十一年(1498)举乡试第一。因科场案逮下锦衣卫狱三月，谪为吏役，耻不就。善书，画入神品，诗文初尚才情，晚年颓然自放。为有明一代书画宗匠。"吴中四才子"之一。唐寅早期诗风有"咄咄逼古人"之气，多纪游、酬答、感怀之作，以表达狂放和孤傲的心境，以及对世态炎凉的感慨，如《席上答王履吉》《和雪中书怀》等。后虽牢骚满腹，然玩世疏狂，以俚语、俗语入诗，如《把酒对月歌》等，语涉不经，通俗易懂，显其胸中郁勃之气。赋文如《娇女赋》等，词采华美，跌宕融畅。《画谱》3卷，收张彦远《叙画

源流》、王维《山水诀》、董羽《画龙辑议》等文。何成大《序》评道："所著诗文，翩翩有奇藻，乃其迈往不屑之韵，卓然如野鹤之在鸡群。"

甫田集36卷 明嘉靖刻本；清康熙间文氏重刻本；《四库全书》本，作35卷附录1卷。

明文徵明撰。文徵明(1470～1559)，初名璧，以字行，更字征仲，别号衡山。长洲人。林子。正德末，以岁贡生赴吏部试，授翰林院待诏。后辞官归里。诗文书画皆工，而画尤胜，世称兼赵孟頫、倪瓒、黄公望之长。为有明一代书画宗匠，"吴中四才子"之一。卒，私谥贞献先生。本集为文徵明诗文合集。卷1至卷15为诗，卷16至卷35为文，卷36为附录，附其子文嘉所述《行略》1卷。文氏尚有佚篇散于集外，惜未辑入。文氏诗宗白居易、苏轼与陆游，多细致描写个人生活点滴，擅近体七言，温润雅致，如《行色》《冬夜读书》《和答石田先生落花十首》等，雅饰之中，时饶逸韵。文则醇雅典则，细腻严谨，如《正始堂记》《题苏沧浪诗帖》《太傅王文恪公传》等，雅润之中不失法度，与其书画略同。

顾华玉集45卷 明嘉靖间刻本；《四库全书》本；《金陵丛书》本。

明顾璘撰。顾璘(1476～1545)，字华玉，号东桥。上元人。弘治九年(1496)进士，官至刑部尚书。与陈沂、王韦号称"金陵三俊"。本书包括《浮湘稿》4卷、《山中集》10卷、《凭几集》5卷《续集》2卷、《息园存稿》14卷《文集》9卷、《缓恸集》1卷。诗歌多见于《浮湘稿》《山中集》《凭几集》《息园存稿诗》中，其中《山中集》前4卷收有闲适诗107首、游览诗84首、赠答诗108首、赋咏诗122首并词6首。璘诗，以风调胜。乐府诗多仿照南朝乐府民歌而作，古体诗或质朴纯实，或高古劲直，或雄浑沉郁，或婉约流转。璘行文体裁多样，风格多平正朴实，笔力浑厚。如其传志，人物形象鲜明，有叙兼议，寓庄于谐，如《高石门传》《文信侯传》等；其记类之文，则语言简洁凝练，如《宾菊堂记》《游武夷记》等，结构编排得当，因记说理，意境精深。

凌溪先生集18卷 明嘉靖三十三年(1554)朱曰藩刻本；清道光十五年(1835)宜禄堂刻本。

明朱应登撰。朱应登(1477～1526)，字升之，号凌溪。宝应人。明"十才子"之一。本书卷首有许宗鲁序1篇，述往日情谊，颂其师为人。《四库全书总目》评价其"文章康李传新体，驱逐唐儒驾马迁"，诗文格调略近北地，"沉着顿挫处则才力不及梦阳、顾璘"。其关心民生疾苦，关注时事发展。如卷1《平蛮赋》颂扬陈金率兵平定普安苗族妇女起义的英勇事迹；卷3《关山月》感慨战争给普通民众带来的伤痛。除雄浑劲健之作外，亦有卷4《采莲曲》"皎皎越中女，眉目婉清扬"这样的清新明快之作。顾璘赞其曰："先生立岳宇内，发奋覃精，力绍正宗。其文刊脱近习，卓然以秦汉为法，其诗上准风雅，下采沈宋，磅礴蕴藉，郁兴一代之体，功亦伟乎。"虽有夸大之嫌，却也足以证明朱氏在文坛的重要性。

徐昌谷全集16卷 明万历四十七年(1619)周文萃松涛阁刻本；《明别集丛刊》本。

明徐祯卿撰。徐祯卿(1479～1511)，字昌谷，一作昌国。常熟人，徙吴县。弘治十八年(1505)进士。曾任大理寺左寺副，坐失囚，降国子监博士。在京与李梦阳、何景明游，名亦相亚，史称"前七子"。其诗镕炼精警，喜白居易、刘禹锡，"吴中四才子"之一。《明史》有传。徐祯卿曾自定诗文集《迪功集》，收诗190首，又录杂文24篇。祯卿逝世后，由李梦阳编刻，并作序，刊于豫章。万历中，吴县知县傅光宅综合徐集的各种刻本，分为内、外集，计11卷，刊于万历十二年(1584)。万历四十七年，周文萃裒集前人成果，编成《徐昌谷全集》16卷。据卷首周文萃撰《重刻迪功徐昌谷全集叙》所云，可见周氏从徐祯卿曾孙徐善长处得到徐氏全部诗文稿，亦包括豫章刻本未备以及傅光宅本删除者，故此编为传世徐集中最完善者。全集收赋10首，诗522首，文34篇。徐氏论诗讲才情，早年诗沉酣六朝，风格华艳。后七言胜五言，绝句胜诸体，风骨清逸，深情且矜贵。

张愈光诗文选8卷 明嘉靖间刻本；《云南丛书初编》本；《丛书集成续编》本。

明张含撰，杨慎选。张含(1479～1565)，字愈光，一字禺山，自号遁野荒民。江宁人，云南永昌籍。本书前有杨慎、李根源、赵藩作序。前6卷为诗，后2卷为文，合8卷。后附《张愈光诗文集叙跋汇录》。杨慎《序》中言："句必《公》《穀》，字必科籀，

万卷之富，聚若囊括。一经之士不能独诂，兹其愈光之文乎?”对张含的诗文成就给予很高的评价。张含与杨慎私交甚密，情深意笃。其律诗《寄升庵》云：“常于诗词慕相如，独坐茅斋读子虚。触眼尘埃随燕雀，忧时肝胆对樵渔。猿啼巫峡遥牵泪，雁过衡阳不寄书。留滞烟波滇海客，秋风秋雨十年余。”既有诗文唱和之乐，也表达了对好友的相思之情。其他如《虎衔鱼说》“国家之败，由官邪也。官之失德，宠赂章也”等文，针砭时弊，发人深省。

矫亭存稿18卷续稿8卷　明嘉靖十四年(1535)刻十八年续刻本。

明方鹏撰。方鹏有《昆山人物志》，已著录。本书由其弟方凤编辑而成。《存稿》18卷，分文15卷，诗3卷。卷首有周凤鸣序、自记，卷末有顾梦圭后序。其诗文多应酬之作，所载笔记亦无所发明。朱彝尊《静志居诗话》评价道“矫亭古诗效陶，近体学白，颇饶自得之趣。其《自题小像》云：‘此像何人斯，吴淞方矫亭。颇记前身事，生可六七龄。一疾速夭死，天地为冥冥。苍头抱我哭，诸妇痛拊膺。其家事城居，面北高檐楹。临街列屠沽，阴风助哀声。思之宛如昨，语及辄涕零。性灵想不寐，还复得此生。’乃知记忆前身事，匪独鲍井羊环也。”

重镌心斋王先生全集6卷　明万历三十四年(1606)耿定力、丁宾刻增补本；明王言纶等刻本，明天启元年(1621)刻崇祯增刻本，附《新刻王心斋先生疏传合编》2卷；明王元鼎补遗，明万历间刻本。

明王艮撰。王艮(1483～1541)，初名银。字汝止，号心斋。泰州安丰人。哲学家。38岁事王守仁。一生未仕，以讲学终身，注重平民教育，曾作《乐学歌》《孝弟箴》等。为“泰州学派”创始人，“淮南格物”的大成者。后钦谥“文贞”。王艮集在明代曾多次刊刻，多经其子王衣、王襞及门人董燧等编订而成。集中内容有《格物要旨》《勉仁方》《语录》《年谱》《杂著》等。卷2收《世系源流载略》《王心斋年谱》；卷3《语录》；卷4《大成歌寄罗念庵》，以诗歌形式阐发其“大成学”宗旨；卷5收《门弟子配享列传》等文。艮多从百姓日常生活着眼，阐发良知之学。黄宗羲《泰州学案》中曾赞其“若先生者，其圣贤而豪杰者乎”。

庄渠遗书16卷　明嘉靖间王道行校刻本；《四库全书》本。

明魏校撰。魏校(1483～1543)，字子才，其先本李姓，自号庄渠。昆山人。谥恭简。本书由其门人归有光为之编次。一作《庄渠文集》。卷首有胡松序。正文包括奏疏、讲义各1卷，书2卷，说、序各1卷，谱牒2卷，公移2卷，拾遗6卷。《四库全书总目》误注为12卷。是集文律谨严，不失雅正，考据亦具有根柢。但亦有不当之处，如《郊祀论》一篇，称“见于经者，独有南郊无北郊，而以社当地祇之祭”。因不知大司乐方立、圜立之相对，故所引《周礼》为证，颇为迂阔。

张水南集11卷　明隆庆间刻本；《常州先哲遗书》本；1914年江阴张氏木活字本。

明张衮撰。张衮(1487～1564)，字补之，号水南。江阴人。本书凡11卷，诗2卷，文7卷。卷首有隆庆元年(1567)范惟一所作序。据范序言，本书先由刘大参、季缄至二人校之，后由范惟一删订，厘为11卷。明清后散佚无存。民国时张南云从缪荃孙处借得原集，经校对后重印，附《张氏吉光集》2卷。《张氏吉光集》卷下另有张衮遗诗4首，从张氏家谱中录出，为原集未载。张氏关心国事，“在谏垣，颇多建白。嘉靖中，倭扰东南，其家居在危城中，驰书政府，条上御倭五事，盖亦留心于经世者”。其文风质朴，诗则宗法盛唐，清雅俊逸。所作绝句偶有妙笔，如《和顾东桥新营息园》：“每多幽兴在濠梁，曲曲京江见野塘。风磴云门时隐见，有谁题作浣花庄。”

五岳山人集38卷　明嘉靖刻本；明万历二十四年(1596)董汉儒补刻本；《四库全书存目丛书》本。

明黄省曾撰。黄省曾(1490～1540)，字勉之，号五岳山人。吴县人。鲁曾弟。诸生。弱冠与兄鲁曾散金购书，覃精艺苑，先达王鏊、杨循吉皆为延誉。正德十四年(1519)赴绍兴，从学于王阳明。嘉靖十一年(1532)魁乡榜，累试不第。好农桑，工诗文。《明史》有传。著《西洋朝贡典录》《稻品》等。本集为黄氏诗文合集，在其去世后由家人刊刻。卷前有皇甫汸、王世贞序。王世贞序称“古今体诗皆出自六代、三唐”。黄氏诗宗六朝，近于齐梁，著作

丰富多样，其中可以考见诸多藏书家事迹。

玉华子游艺集26卷 明万历三十二年(1604)马震章、马震伯等刻本。

明马一龙撰。马一龙有《农说》，已著录。其诗大多歌颂祖国美好河山，抒发真情实感，诗风较为质朴。如《观音山俯瞰大江》"大江渺无际，山寺寄空濛。落雁随风叶，惊鳞起钓筒"，描绘俯瞰大江所见之景，暗抒辞官归乡之思。《湖上有怀》，眼前景色是"高飞双鹤与天近，远去孤舟隔水明"，开阔宁静，但自己"为客故乡秋雁杳，怀人落日莫云平"，思念家乡，郁郁不平。

许太常归田稿10卷 明万历十五年(1587)卓明卿、吴自新等刻本；《四库全书存目丛书》本。

明许谷撰。许谷(1504～1586)，字仲诒，号石城。上元人。堂子。曾从顾璘学，嗣顾璘主南京文坛。嘉靖十四年(1535)进士，官至尚宝司卿，罢归。博涉精诣，以文名。书前有明万历十五年吴自新《刻许太常归田稿序》："《归田稿》者，吾乡先达许石城先生罢列卿家居所著诗也……是稿始谋于廖衢州，继谋于卓光禄，乃克成编，二君皆旧蒙先生知爱者。"书后有廖希元《许太常归田稿跋》、卓明卿《许太常归田稿后语》。本书为诗集，卷1，五言古诗；卷2，七言古诗；卷3至卷4，五言律诗；卷5，五言排律、七言排律；卷6至卷9，七言律诗；卷10，五言绝句、六言绝句、七言绝句以及诗余。如卷2《苦雨叹》、卷6《辛亥除日》、卷8《诏下进阶喜复原品喜而有作》等诗，清爽俊逸，不烦绳削。然亦有应俗之作，则失于芟择。

射阳先生存稿4卷 明万历十八年(1590)刻本；1930年故宫博物院图书馆排印本。

明吴承恩撰。吴承恩有《西游记》，已著录。本书成书于万历十七年。凡4卷，赋、骚、诗1卷，序文1卷，论、表、杂著、志铭、跋等1卷，障词、词1卷。卷首有陈文烛、李维桢序各1篇，卷末有吴国荣跋1篇。收诗文200余篇。其诗文创作"率自胸臆出之"，格调在孟、韦、元、白之间，自然清丽。郭麟《灵芬馆诗话》评价道"射阳先生诗笔，清而不薄，淡而能隽"。吴氏一生所作诗文颇富，因无子嗣，死后大多亡佚。后由"亲犹表孙、义近高弟"的丘度"从亲交中遍索先生遗稿"(吴国荣跋)，但也仅"存十一于千百"，编订成书。

归先生文集32卷附录1卷 明万历四年(1576)翁良瑜雨金堂刻本。

明归有光撰。归有光有《易经渊旨》，已著录。本书为其子子祜、子宁所辑，又称"昆山本"。卷首有陈奎、陈文烛、周诗序各1篇。正文凡32卷，分为经术、议、书、制诰、奏疏、策问、志、序、记、杂著、行状、墓志铭、墓表、碑碣、铭、颂、赞、传、说、祭文(哀辞、诔附)、题跋、寿序、诗计23类。附录1卷有王锡爵《明故太仆寺寺丞熙甫归先生墓志铭》，子祜《先君述》、子宁《先君序略》等。归氏乃唐宋派中坚，王世贞《归太仆赞并序》赞曰："先生于古文词，虽出之自《史》《汉》，而大较折衷于昌黎、庐陵。当其所得，意沛如也。不事雕饰而自有风味，超然当名家矣。"清人王鸣盛《钝翁类稿序》也对归氏评价颇高："明自永、宣以下，尚台阁体；化、治以下，尚伪秦汉，天下无真文章者百数十年。震川归氏起于吾郡，以妙远不测之旨，发其澹宕不收之音，扫台阁之肤庸，斥伪体之恶浊，而于'唐宋八大家'及浙东道学体又不相沿袭，盖文之超绝者也。"

震川先生集30卷别集10卷附录1卷 清康熙刻本；清乾隆归景灏刻本；《四部备要》本。

明归有光撰。归有光有《易经渊旨》，已著录。本书为清康熙十四年(1675)其曾孙归庄参校诸本，补入未刻之文，汇刻而成。卷首有王崇简、徐乾学序及凡例。归庄在凡例中极言旧刻本之讹，诋斥不遗余力，但其亦作不少改窜，为人所诟。本书共收文774篇，诗歌112首。《文集》30卷，收录经解、序、论、议、说、杂文、题跋、书、赠送序、寿序、记、墓志铭、权厝志、生志、圹志、墓表、碑碣、行状、传、谱、世家、铭、颂、赞、祭文、哀诔等诸体文。《别集》10卷，为诗文合集，收录应制论、应制策、制诰、奏疏、策问、志、《宋史论赞》、纪行、小简、公移、谳词、古今体诗等。其文善于即事抒情，纡徐平淡，亲切动人，如《项脊轩志》《先妣事略》《沧浪亭记》等。但其诗文题材比较狭窄，亦有不少应酬之作。此书清代被列为禁书。

唐荆川先生文集18卷补遗1卷附录1卷 清

康熙五十八年(1719)唐执玉刻本;《常州先哲遗书》本。

明唐顺之撰。唐顺之有《荆川先生右编》,已著录。本书收录唐氏平生绝大部分诗文作品。卷首有王慎中、孙慎行所作序各1篇,顾宪成《唐荆川先生本传》,赵时春《墓志铭》,王锡爵《唐荆川先生祠堂记》。《四库全书总目》称其"考索既深,议论具有根柢,终非井田、封建之游谈"。卷2收有《游嵩山少林寺》,卷3收有《杨教头枪歌》《峨嵋道人拳歌》和《日本道人拳歌》等有关武术方面的内容。

严文靖公集12卷 明万历十五年(1587)严治刻本;《四库全书》本。

明严讷撰。严讷(1511～1584),字敏卿,号养斋。常熟人。卒谥文靖。本书卷首有门人唐文灿序1篇,卷末有后序1篇,未注姓名。集中收诸体文章,按体分卷,卷1至卷3序,卷4记,卷5至卷8墓志铭,卷9墓表,卷10墓碑、行状,卷11传、杂著、奏疏、书,卷12祭文。其文多为应酬之作,格调不高。据《明史·严讷传》称"讷入直西苑,所撰青词皆称旨,然文格未能拔俗"。卷末附诗1卷,收录46首。

姜凤阿文集38卷 明万历十三年(1585)刻本;《四库全书存目丛书》本。

明姜宝撰。姜宝(1514～1593),字廷善,一作惟善,号凤阿。丹阳人。嘉靖三十二年(1553)进士。授编修官。官至礼部尚书。为人清修淳行。著有《易传义补遗》《四书解略》等。本集为姜宝诗文集,以文为主,由门人晋江张治具编次。万历十三年汪道昆《姜凤阿先生文集序》云:"其后二十年所,始得睹集之大成,期间论道者什三,经世者什七,即属辞泛应,非近斯二者不谈,要皆根于实心,典于实学,含章时发,则为实言。"本集分为《初稿》《中秘稿》《读礼稿》《史馆稿》《西川稿》《周南稿》《八闽稿》《银台稿》《南雍稿》《家居稿》《留部稿》等稿。姜宝少从学于唐顺之,然学力根柢不及顺之深厚。其行文步骤开阖,颇具盛名,然亦不及顺之文也。

鹿城诗集28卷 国家图书馆藏清抄本。

明梁辰鱼撰。梁辰鱼(1520～1592,一作1521～1594),字伯龙,号少白,自署仇池外史。昆山人。戏曲作家、散曲家。本书卷首有文徵明、王世贞、屠隆序各1篇。正文分体编次,共收诗1 094首。《续修四库全书提要》称其诗:"或正言以明志,或婉语而引情,玄霜绛雪,非世所常。其高者极声音之奥,穷造化之奇,其浅者不过略能骈赡而已。"又云:"集中篇什,如七古《松云歌》《五台山歌》《破瓢诗》《落魄公子夜阑曲》《双头莲叶歌》最为出色,律绝次之,古乐府则兴会飙举,独具体格。"本书对研究梁氏生平经历,价值颇大。另有万历年间所刻10卷本,收诸体诗1 085首,极为罕见。

宗子相集15卷 明嘉靖三十九年(1560)林朝聘、黄中等刻本;《四库全书》本。

明宗臣撰。宗臣(1525～1560),字子相,一字方城。兴化人。"嘉靖七子"之一。本书收其诸体诗11卷,文2卷,书2卷。《四库全书总目》评价其诗跌宕俊逸,取法李白却意境不足。律诗多佳句无完篇,绝句较有神韵。朱彝尊在《静志居诗话》中讥其诗"薜荔芙蓉、靡芜杨柳,百篇一律",指出其雷同颇多的毛病。其文较为出色,立意深刻,如卷13《西门记》记其在福建任职期间,倭寇猖獗,民不聊生,亲率百姓坚守西门之事。卷14《报刘一丈书》述奔走权门的无耻之徒的种种丑态,揭示了封建官场的腐败堕落。钱基博在《明代文学》中称赞此文"淋漓喷薄,无复摹秦仿汉之习;而感慨中出诙诡,乃极似太史公《游侠列传》、杨恽《报孙会宗书》"。

处实堂集8卷续集10卷后集6卷 明万历刻本;《四库全书存目丛书》本。

明张凤翼撰。张凤翼(1527～1613),字伯起,又字伯子,号灵虚。长洲人。嘉靖四十三年(1564)举人,四上春官报罢遂弃去。读书养母,以终其身。才情横溢,与弟献翼、燕翼并名于世,号"吴中三张"。擅词曲传奇。《明史》有传。《处实堂集》8卷,为诗文合集,集中多论传奇之语。前有王世贞、徐显卿序。凤翼诗文多表真情实感,新颖脱俗,略失轻浅。

松石斋集36卷 明万历四十六年(1618)赵琦美刻本。

明赵用贤(1535～1596),字汝师,号定宇。常熟人。隆庆五年(1571)进士。万历时官检讨,五年

(1577)与吴中行同疏论张居正夺情，被杖戍。居正没，起官，任吏部左侍郎，兼翰林学士，专修《大明会典》，纂《玉牒》。嗜收藏图籍。印刻《五经》、《管子》、《韩子》、《玉海》等书，后人视为善本。本书凡36卷，包括文集30卷，诗集6卷。卷首有邹元标序一篇。文集卷1至卷5为奏疏，卷6中秘稿，卷7试程，卷8至卷10叙文，卷11题、引、跋、书后、募疏、议，卷12记、墓碑、墓表，卷13、卷14传，卷15、卷16行状，卷17至卷22墓志铭，卷23祭文，卷24至卷36启、尺牍。其文劲健简峻，诗则较为平淡。

谋野集10卷　明万历江阴郁氏玉树堂刻本。

明王穉登撰。王穉登(1535～1612)，字百谷、伯穀，号玉遮山人、半偈长者、青羊君等。先世江阴人，后移居吴门。少有文名，善书法。万历二十二年(1594)征修国史，未上而史局罢。吴中自文徵明后，风雅无定，穉登尝及徵明门，遥接其风，主词翰之席者30余年，同时以诗鸣之山人布衣，未有出其右者。《明史》有传。本集为书信集，亦谓名士式书牍，计10卷。书名取自《左传》"子产载裨谌以适野，与谋可否"，因名《谋野集》。书信多记载穉登游历、酬答之作，如《与马姬》《答冯咸甫》《与冯开之》等，亦有记录个人日常生活之语，风格平易清新。穉登有作品全集《王伯谷集》，共24卷(另有版本为38卷)，亦收入此集，为屠隆评点，名为《屠先生评释谋野集》4卷，赞曰"荐绅先生、章缝髦士辈，咸脍炙嗜之"。

赐余堂集14卷　明万历二十八年(1600)吴亮、吴奕等刻本；清乾隆五十八年(1793)重刻本；《常州先哲遗书》本。

明吴中行撰。吴中行(1540～1594)，字子道，号复庵。武进人。本书为其诸子、孙刊刻于万历二十八年，各卷末附校刊者名。凡14卷，卷首有吴可行、屠隆纬、管志道序。吴氏以鲠直著称，词章不甚著于世。集中所录《植纲常》《正朝廷》二疏，气节凛然，足以彪炳千古。

青莲阁集10卷　明万历十八年(1590)刻本。

明李言恭撰。李言恭有《日本考》，已著录。本书卷首有陈文烛、李维桢、袁应祺、汤显祖序各1篇，序作时间从万历十九年至二十三年，可见从征序至诗集正式出版，时间颇久。本书诗作内容多与其生活地位相关，如带兵阅武、登临寄兴、交游唱和、谈禅说理等。李维桢序中评价李氏是"在朝言朝，在野言野，在军旅言军旅，触景以生情，而不迫情以就景；取古以证事，而不役事以骋材；因词以定韵，而不穷韵以累趣；缘调以成体，而不备体以示瑕"。李氏诗有明"前七子"之风，重意象生动，词采清新，有追慕三唐的意向，汤显祖赞其"有清寒之色"。卷3《宴夷》记日本、朝鲜、琉球、安南(今越南)四国使臣来访进贡，李氏以总督、勋臣身份宴之，字里行间天朝大国姿态尽显，颇为傲慢自满，但此诗亦对研究明代周边国家关系有参考价值。

贝叶斋稿4卷附录1卷　明万历间朱宗吉刻本；明万历八年(1580)玉盘山堂刻本。

明李言恭撰。本书题"盱眙李言恭惟寅著，兰溪胡应麟元瑞编，寿州朱宗吉汝修校梓"。卷首有欧大任、王世懋、庄履丰、周训、屠隆所作序各1篇。卷末附录1卷，为《丁丑游西山记》《戊寅山行记》。屠隆序言："贝叶者，禅家言，惟寅曷为以名其稿？盖自贝叶斋所铨次而名也。古之为声诗者，率高彭泽、右丞、襄阳、苏州诸公，则以其人俱耽玄味道，标格轶尘，发为韵语，亦翛然远如其人，故足赏也。余闻惟寅筑贝叶斋，日跏趺蒲团之上而诵西方圣人书，与衲子伍，则惟寅性灵何如哉。"故李氏以"贝叶"命稿。钱谦益其诗多从容安详，如《送仲第南还兼怀老亲》"伏枕梦回沧海月，登临望极白云天。飘零若见高堂问，双鬓休言异昔年"，钱氏评价道："惟寅诗风婉弱，时有韵致，送安茂卿诗云：'梦回芳草远，人去落花多。'艺苑至今传之。"穆敬甫则云："临淮诗清远有调，庶几大历中语。"(《明诗综》引)但其诗境略显呆板，诗风婉弱，朱彝尊《静志居诗话》称其诗"如四姓小侯，桥门列席，雍容韦带，叱咤彭羴之气都尽"。此集传本甚稀，《四库全书》未曾著录。

螺冠子咏物诗26卷茶歌1卷酒咏1卷　明万历三十三年(1605)金陵书林叶如春刻本。

明周履靖撰。周履靖(1542～?)，字逸之，初号梅墟，改号螺冠子，晚号梅颠，一称梅痴居士。嘉靖至万历年间浙江嘉兴(一说浙江秀水)人。万历间侨居金陵，开荆山书林。工书，好金石，通本草，勤编撰，有《茹草编》《梅颠稿选》《夷门广牍》等书行

世。本书版式与《夷门广牍》同。书中收录履靖诗近2 000首，履靖把相关咏物作品单列出来，并标明“咏物诗”三字。郑振铎评曰：“古人无专以‘咏物诗’成专集者。履靖此书所咏自天文至花卉杂物，无所不包，近二千首，可谓洋洋大观。末附‘诗余’‘词余’及酒歌、酒咏。诗词皆不俗。”履靖常通过对山水自然景物进行描摹、咏赞，尽写春、梅、竹等物情状，手法多样，或单纯咏物，或借物抒情，或托物言志，或借物明理。如《青莲舫咏》：“人世功名亦何用，且效渊明归去来。……富贵荣华诚蝶梦，勤苦一生博虚名。”诗歌语言清致洗练，诗境恬淡隽永。通过对历史归隐人物的赞颂，寄托其对功名的否定和人生的无奈等思想感情。

平康马湘兰诗2卷 明万历间周履靖编《香奁诗十种》本。

明马守真撰。马守真（1548～1604），一作守贞，小字玄儿，又字月娇，号湘兰。金陵人。“秦淮八艳”之首。秉性灵敏，明秀艳异。工诗，擅画兰竹，兰仿赵子固，竹法管仲姬，笔墨秀雅有致，并精音律。曾作《梅竹芝兰册》，撰《湘兰子集》，著传奇《三生传》及《曲录》等，多佚。本书《续金陵琐事》题作《马姬诗》，《众香词》作《湘兰子集》，皆无卷数。书卷首题：“桃叶女郎月娇玄儿著，螺冠子周履靖逸之次韵。”书前有王穉登序，对湘兰人品及才华不吝其赞。本书收湘兰诗66首，含《怆别二首》《席上偶成二首》等组诗。湘兰诗歌风格多样，清丽有致，或托物言志，如《咏兰》《对茉莉有怀》等；或闺怨怀思，如《月下有怀》《枕上偶成》等；或赠友惜别，如《悔别王生二首》《赠青城周君》等；或酬答唱和，如《和王生二绝》；或郊游赏玩，如《游桃花坞》《月下泛秦淮》等。穉登序评曰：“而其搦琉璃之管，字字风云；擘玉叶之笺，言言月露。蝇头写怨，而览者心结；鱼腹缄情，而闻者神飞。寄幽悰于五字，音似曙莺之啭谷；抒孤抱于四韵，情类春蚕之吐丝。按子夜之新声，翻庭花之旧曲。”

孙宗伯集10卷 明万历十三年（1585）陈一数、刘毅刻本；《四库全书》本。

明孙继皋撰。孙继皋（1550～1610），字以德，号柏潭。无锡人。谥文贞。孙氏卒赠礼部尚书，即大宗伯，故以此名集。《四库全书总目》：“继皋致仕去后，追赠礼部尚书，此编题曰《宗伯集》，从所赠官也。”其诗文雍容恬雅，风格近台阁派。卷首有叶向高序1篇。卷1至卷9为杂文，收诸体文500余篇。卷10为诗，收460首。卷2末有其子孙源文跋，述其父“生平不敢自居于名，以故谏草都焚，箧中只存辞疏十八，又求得其三，其留中者无从觅稿。即其他著述，亦多不存。今所刻碑铭志传之文，皆源文杂，得之其子若孙暨朽傔败扇与行于世者”。可见其留存之作甚少，十分珍贵。

泾皋藏稿22卷 明万历三十九年（1611）刻本；明崇祯间顾与沐刻本；《四库全书》本。

明顾宪成撰。顾宪成有《小心斋札记》，已著录。本书原名《泾皋藏稿》，明崇祯二年（1629）追谥端文，改题《顾端文公全集》。是集凡22卷，包括疏书等5卷，序记6卷，说1卷，题辞3卷，墓志铭、墓表3卷，传、祭文、行状等4卷。卷首有马世奇序，卷末附《顾端文公年谱》2卷。顾氏主张程朱之学，偏重经世致用。其文多议朝政大事，“讲习之余，往往讽议朝政，裁量人物”。《四库全书总目》称“惟宪成持身端洁，恬于名利，且立朝大节多有可观。其论说亦醇正，未尝挟私见以乱是非”。

调象庵稿40卷 明万历三十六年（1608）刻本。

明邹迪光撰。邹迪光（1550～1626），字彦吉，号愚谷。无锡人。本书卷首有李维桢、汤显祖序各1篇，邹氏自序1篇。自序云：“自《郁仪楼集》出后，更四载而得诗千七十六首，文一百十九首，尺牍二百四十八首，合之为卷30有九，而题曰《调象庵稿》。昔调达出象五百触佛，佛为竖五指，出五狮，而象皆詟陨不敢动，调达感悟，因入法门为弟子。余奉佛氏，故以名斋，复以名其集云。”“调象”典出《涅槃经》，作者晚年奉佛氏，因以名集。汤显祖颇重其诗文，序言：“折节抵艰，非公所习，则其郁触喷迸而杂出于诗歌文纪之间，虽谈世十一，谈趣十九，而终焉英英沄沄，有所不能忘者，盖其情也。至于今，四海人士鲜不引重公者。然犹大其才而高其气。则当时之岳岳一世何如矣。虽然，世人为其不可传者，而公为其可传者。噫而风飞，怒而河奔。世能厄之于彼，而不能不纵之于此。”但有过誉之嫌。

消暍集20卷　明崇祯元年(1628)江阴夏氏刻本;《粟香室丛钞》本。

明夏树芳撰。夏树芳(1551～1635),字茂卿,号习池。江阴人。本书卷首有董其昌、周延儒序等。原题20卷,但其中卷2等9卷又分为上、下或上、中、下,总计为32卷。王重民《中国善本书提要》著录2种,北京图书馆藏本20卷,北京大学图书馆藏本24卷。缪荃孙《艺风堂续书记》卷7著录32卷,云:"此集罕见印本,从邑中故家凑集而成,内钞配数十叶,亦旧钞也。"其中"诗余"1卷,为近人赵尊岳辑入《明词汇刊》,编为2卷,改题《消暍词》。

沈璟集　1991年上海古籍出版社徐朔方辑校本。

明沈璟撰。沈璟(1553～1610),字伯英,号宁庵,晚号耽和,别署词隐生。吴江人。本书收沈氏现存戏曲、清曲、诗词、文等,有《沈璟著作出版流传简况》等附录多种,是收集沈璟作品最完备的集子。

小辨斋偶存8卷　明顾宪成《顾端文公遗书》附刻本;《四库全书》本;南京图书馆藏清抄本。

明顾允成撰。顾允成(1554～1607),字季时,号泾凡,学者称泾凡先生。无锡人。本书凡8卷,包括策1卷,疏1卷,说议等2卷,书2卷,文1卷,诗1卷。是书收其诗70首,余则为诸体文章,有《救海瑞疏》《争三王并封疏》《说议》等。

止园集24卷　明天启间刻本。

明吴亮撰。吴亮(1562～1624),字采于,号严所。武进人。本书卷首有《止园集自叙》,马之骐、吴宗达序各1篇,范允临跋1篇等。卷5至卷7为"园居诗",收录其在止园居住时所作诸诗篇。卷17《止园记》,立体化展现了止园的风貌,令人如同身临其境。

从野堂存稿8卷　明崇祯十年(1637)缪虚白刻本;清雍正六年(1728)缪诜刻本;清同治十三年(1874)缪之镕重订校刻本。

明缪昌期撰。缪昌期(1562～1626),字当时,一字又元,号西溪。江阴人。福王时,追谥文贞。本书是作者死后,其长子缪虚白所编刻的一部遗稿。卷首有方岳贡、陈必谦、张玮等所作序。正文凡8卷,收其生平所作诗文。陈必谦序云:"其为古文词一本之天真,不落前人窠臼。晚岁文笔益老,气肃而情深,读之如对雅人法士,整襟端立,不觉浮敛而躁释也。"对其评价颇高。同治十三年,十世孙缪之镕重订篇次,补首1卷、末1卷、外集1卷。首1卷收《明史》本传、图象并缪之镕编《文贞公年谱》,末1卷收叙跋、后记等,外集则收缪昌期《集文古旨》14条,并缪之镕编赠答、吊挽、遗事等。此书又有《常州先哲遗书》本,盛宣怀跋云:"崇祯本最为完备,今以崇祯本为主,以雍正、同治两本校其得失,择善而从。崇祯本所无者则为《补遗》一卷。同治本刊于海陵,版式最陋,编次无法。"此书曾为安徽巡抚闵鹗元奏缴,乾隆四十四年(1779)十一月十八日奏准禁毁。

高子遗书12卷附录1卷　明崇祯五年(1632)刻本;清康熙二十八年(1689)重刻本;《四库全书》本。

明高攀龙撰。高攀龙有《周易易简说》,已著录。本书为其门人陈龙正于崇祯五年编辑而成。卷首有诰命、钱士升序、陈龙正序,又小序12则,乃各卷编辑说明。按体分卷,包括语、札记、经说、辨、赞、讲义、语录、诗、疏、揭、问、书、序、碑、传、记、谱、训、志、表、状、祭文、题跋、杂书。附录1卷,收志、状、年谱。其讲学之语,多切近笃实,阐发周密。其文格清遒,诗意冲淡,无明末纤诡之习,颇近陶渊明。沈德潜称其"无心学陶,天趣自会"。高氏出自赵南星之门,兼取朱陆两家之长,以格物为先。《四库全书总目》赞其"立朝大节,不愧古人;发为文章,亦不事词藻,而品格自高。此真之所以异于伪欤"。

天全堂集4卷附录1卷　清乾隆四十六年(1781)安吉校刻本;无锡图书馆藏抄本。

明安希范撰。安希范(1564～1621),字小范,号我素。无锡人。万历十四年(1586)进士,授礼部主事。"东林八君子"之一。天全堂建于明万历十六年,为无锡胶山安氏居住处之一,希范后人以此名其集。本书卷首有翁方纲序,《明史》本传。凡4卷,卷1收疏4篇,卷2收记、序、传等11篇,卷3收书信37篇,卷4收五言古诗10首、七言古诗3首、五言律诗41首、七言律诗31首、五言排律4首,五

言绝句8首，七言绝句11首。卷末有其六世家孙经传跋一篇。

懒真草堂集20卷　明万历四十六年(1618)刻本；《金陵丛书》本。

明顾起元撰。顾起元有《客座赘语》，已著录。本书前有万历四十六年冬日顾起元书于归鸿馆的自序，收诗20卷，文30卷。内缺卷11至卷17。卷1至卷3为五言古诗，其中《钟山望孝陵》《燕子矶望三山》《朝天宫飞霞阁》《牛首山寻虎窟》《灵应观俯五龙潭》等以南京景点为题，地域特色浓郁。卷6、卷7为五言律诗，其中《石城夜泊》："弭櫂石城畔，蓬窗夜坐时。霜因上杵薄，月为下弦迟。水气生芦管，山香长菊枝。河梁分手近，此夕倍相思。"借景抒情，意境邃远。卷8至卷10为七言绝句，卷18、卷19为五言绝句，如《送友人之黄山》："此去黄山别路遥，峰峦片片入烟霄。到来萝薜从中月，洞口孤吹白玉萧。"将送别友人时的担忧不舍之情通过"路遥""孤吹"等词语细腻地描画出来。卷20为七言绝句，有《夏黄门奉使琉球》四首等。附跋中提及"右《懒真草堂集》十三卷亦顾太初先生著"，解释了卷数失缺问题。

玄晏斋集5种　明天启间刻本；明崇祯刻本。

明孙慎行撰。孙慎行(1565～1636)，字闻斯，号淇澳。武进人。谥文介。本书卷首有何宗彦序1篇。是集分为《文抄》《诗选》《奏议》《困思抄》和《慎独义》等5种。《文抄》收录道术、论古、论今、论文、记事、家行、自寓、自嬉、杂著等诸体文章。《文抄》《诗选》之间有作者自题1篇。《诗选》凡5卷，按年编次，收录万历四十一年至崇祯三年(1613～1630)所作之诗。《奏议》前有《奏议引》1篇，凡3卷，共42篇。《困思抄》卷首有叶向高《读困思抄集题》1篇，林宰序1篇。此集以《四书》为主，摘条详解。《慎独义》卷首有刘鳞长序1篇。是集记录其阅读《中庸》之心得体会。刘宗周评价孙氏道："近看孙淇澳书，觉更严密。谓自幼至老，无一事不合于义，方养得浩然之气。苟有不慊则馁矣。"黄宗羲则视孙氏为东林之学的集大成者，"是故东林之学，泾阳导其源，景逸始入细，至先生而集其成矣"。

药园文集27卷　稿本，清吴翌凤校，存卷1～17、卷21、卷22、卷25、卷27，辽宁省图书馆藏；清宣统王季烈晒印旧抄本，缺卷18、卷19、卷20、卷23、卷24，上海图书馆藏；1930年吴县王季烈铅印本。

明文震孟撰。文震孟(1574～1636)，初名从鼎，字文起，号湘南、湛持，一作湛村，室名竺坞山堂。长洲人。元发子，征明曾孙。天启二年(1622)状元，授修撰。崇祯初拜礼部左侍郎，兼东阁大学士。福王追谥文肃。书画咸有家风。本集为震孟稿本。吴翌凤题识云："文相国《药园文集》，不知其卷数，乾隆甲辰十月廿又一日，得此不全本于宝砚书肆，犹是文肃公自写稿本，又未知与刻集异同若何也。"道明得书由来。本集所收多为序，其次为墓志、记、传、题跋，如卷13《邢大来制义题词》、卷14《题吴孙绳稿》、卷17《跋匏翁咏物》等。每卷前有震孟手写篇目，有朱墨涂改痕迹。以卷1《序》为例，《贺宪使李公进阶参岳序》，旁有朱笔标"兵""宪副""代"字样。

冯梦龙文抄1卷　抄本，苏州博物馆藏；1982年复印本。

明冯梦龙撰。冯梦龙(1574～1646)，字犹龙，一字耳犹、子犹，号龙子犹、姑苏词奴、墨憨斋主人等。长洲人。崇祯四年(1631)补贡生，官至福建寿宁知县。戏曲家、小说家。本集所收多为序文，次为疏、跋文，内容多涉宗庙记事、日常交往等，如：《承天寺代化大悲像疏》《雍熙寺重修大殿碑文》《慧庆寺募修大悲殿疏》《碛砂古寺寡缘重建疏》《代人为万吴县考绩序》《吴邑令万公志思碑》《真义里俞通守去思碑》《贞节姚母旌表序》《代人赠陈吴县入觐序》《代人赠陈吴县觐行序》《代人为谢嘉定考绩序》《代人贺范长白得子序》《侯后编跋》《抚吴疏檄草序》(计文3篇)《侯雍瞻西堂初稿序》。

十愿斋全集6种　清康熙初刻本。

明吴钟峦撰。吴钟峦(1577～1651)，字峦稚(一作峦雉)，又字峻伯，号霞舟、方外稚山，学者称霞翁、霞舟先生。武进人。本书收书6种，包括《霞舟自述年谱》1卷、《大学衍注》1卷、《十愿斋遗集》5卷、《十愿斋文集》4卷、《十愿斋易说》1卷、《霞舟易笺》2卷。

无梦园遗集8卷家乘1卷小品1卷　明崇祯

八年(1635)陈礼锡、陈智锡刻本;《续修四库全书》本,据"明崇祯八年陈礼锡、陈智锡等刻本"影印。

明陈仁锡撰,陈礼锡等辑。陈仁锡(1579～1634),字明卿,号芝台。长洲人。允坚子。天启二年(1622)进士,授翰林编修。崇祯初复官,官至国子监祭酒。究心经世之学。著有《四书语录》《皇明衍义》等书。仁锡曾获一方古砚,砚铭有"良宵恐无梦,有梦即同游"之句,故以"无梦"名其园,亦以名其集。集前有洪周禄《无梦园集序》,仁锡《无梦园初集自序》《征文自引》,崇祯八年仁锡弟陈礼锡《跋伯氏遗集》云:"丹头垂熟,惜天夺之算,因不忍偏废,广罗而并录焉。至若对策、讲义、武录暨家乘,再授剞劂。……附刻《翠娱阁小品》,以识玄赏,遂称合璧。"说明了文集的搜辑过程与内容。集后附《继志堂家乘》与《翠娱阁评选初集小品》。仁锡为文喜谈时事,文气跌宕,颇善小品文。

大愚老人集2卷附录1卷 《江阴黄氏家集》本;天津图书馆藏清抄本;《四库未收书辑刊》本。

清黄毓祺撰。黄毓祺(1579～1649),字介子,一作介兹,号大愚。江阴人。本书卷首序1篇。卷1收诗47首,其中《咏史》34首;卷2收近体诗130余首。卷末附录1卷,收文数篇。黄氏诗文风格豪迈,排奡雄杰,以清超简古为宗。

初学集110卷 明崇祯十六年(1643)瞿式耜序刻本;《四部丛刊》本。

清钱谦益撰。钱谦益有《国初群雄事略》,已著录。本书又名《牧斋初学集》。凡110卷,包括诗20卷、文80卷、《太祖实录辨证》5卷、《读杜小笺》5卷。是其万历四十八年(1620)至崇祯十六年作品合集,崇祯十六年由其门人瞿式耜刻印。诗集共收古今体诗1 200余首,按年编次,包括《还朝诗集》《归田集》各2卷,《崇祯诗集》6卷,《桑林诗集》《霖雨诗集》各1卷,《试帖诗集》《丙舍诗集》各2卷,《移居诗》1卷,《东山诗》3卷。其诗主张本性情、导意志。其文气魄宏伟,古近皆工。瞿氏《牧斋先生初学集目录后序》云:"先生为文,每削稿,式耜辄手钞而藏之,先生不能禁也。乃固请于先生,出其所缮写,厘为一百卷,锲梓以公之当世。先生力禁之不得,复手削其作之四五,命其名曰《初学集》。"时人评其诗"清而绮,和而壮,感叹而不促狭,论事广肆而不诽排,洵大雅元音,诗人之冠冕也"。

有学集50卷校勘记1卷补1卷 清康熙三年(1664)邹镃刻本;清康熙二十四年金匮山房刻本,增补遗1卷;《清代诗文集汇编》本。

清钱谦益撰。本集由钱氏亲手编订,稿曾存钱曾处。集前有康熙三年(1664)邹镃序。所收皆钱氏入清后之作,可窥钱氏在经学、史学、子学、文学、佛学、版本学上的成就。然集中行文仍奉明正朔,无清年号,保留南明时期的大量史料,亦包括钱氏的抗清之举。

澹宁居文集10卷 清雍正十年(1732)含清堂刻本;清乾隆二十一年(1756)周原溥补刻本;《四库禁毁书丛刊》本。

明马世奇撰。马世奇(1584～1644),字君常,号素修。无锡人。明谥文忠,清改忠肃。本书又名《马文肃公文集》。卷首有吴培源所作《校刻马肃修先生文集序》,述重刻之始末。又有华允诚题识。卷1收疏2篇、呈1篇、启9篇、赋2篇、箴4篇、颂2篇、议4篇、说2篇,卷2论10篇、表8篇、判8篇,卷3策10篇,卷4文序16篇,卷5志铭9篇,卷6志铭4篇、墓表3篇,卷7传1篇、状2篇,卷8寿序18篇,卷9书61篇,卷10书59篇。马氏于明末身殉国难,其文零落散佚,存世不过十之一二,但读之"犹凛凛有生气"(吴培源《序》)。后人钦佩其行,搜辑而梓行。

石臼集前集9卷后集7卷 清康熙间刻本;清乾隆十六年(1751)补刻本;清光绪十八年(1892)刻本。

明邢昉撰。邢昉(1590～1653),字孟贞,一字石湖,室名鲁稽斋。高淳人。珝玄孙。诸生,复社成员。入清,弃举子业,筑室石臼湖滨以自隐。诗清真古澹,而工力深厚,为王士禛、施闰章所重。与东台吴嘉纪齐名。本书收录邢昉明末清初间所作诗。因邢昉入清不仕,隐居县西石臼湖旁,故名。本书初定于曾裕,次定于范印心,再定于宋荦。其作于明者为《前集》,入清者为《后集》。乾隆十六年邢氏族孙复生重订,就正于沈德潜,但诗中文字有改窜。书前有宋荦序以及钱谦益、顾梦游、施闰章原序。本书按体编排,每体之中,大体以时间为序。

邢昉诗风恬淡自然，有陶渊明、韦应物之风；亦有悲国忧民、念乱伤离之作，颇得少陵家法。宋荦序云："凄清悲壮、山峙云涌，多温厚之遗，无怨诽之失，具体少陵而出入韦孟钱刘以发其菁华。"精辟概括了邢昉的诗歌风格。清代乾隆中后期被列为禁书，直至光绪十八年始有影清初刻本问世。光绪本补年谱、小像于其首。

落落斋遗集10卷　明崇祯十七年(1644)李逊之刻本；清康熙间刻本；《常州先哲遗书》本。

明李应升撰。李应升(1593～1626)，字仲达，号次见。江阴人。谥忠毅。本书又名《落落斋遗稿》，作者逝后，崇祯十七年其子李逊之辑其所遗之诗文杂稿，刻印成书。卷首有蒋允仪《序》，作者《自序》，张有誉、万曰吉、吉云甫、陈瑚《序》，萧士玮诗一首，卷末有同年辑者跋。正文分类编次，收奏疏、诗、西台书牍、理署书牍、家书、序、杂文等，内容多为弹劾魏忠贤党及匡辅时政之作。集中收录230余首诗词，关注时政民生，全面展现了李应龙短短34年人生中为官、做人的忠毅之风。

默庵遗稿10卷附录1卷　清康熙世豸堂刻本；常熟市图书馆藏清抄本；1925年张鸿排印本。

清冯舒撰。冯舒(1593～1649)，字已苍，号默庵，别号癸巳老人、讱道人、孱守居士。常熟人。与其弟冯班并称"海虞二冯"。本书卷首有钱谦益序、冯舒传及总目。凡10卷，收诗381首。集中包括《空居集》2卷、《北征集》2卷、《浮海集》1卷、《避人集》2卷、《幽违集》1卷，另杂文2卷35篇。前3种作于明代。《北征集》专收明思宗崇祯十年(1637)作者被捕北上时，沿途所见所感之作，及在狱中所作。《避人》《幽违》二集作于南明弘光朝被灭以后。邓之诚《清诗纪事初编》谓"集当刻于康熙初，诗多缺字，以避忌讳，然抵触尚时有之"。

息斋集4卷外集1卷续外集1卷外集补遗1卷　清顺治间刻本。

清金之俊撰。金之俊(1594～1670)，字彦章，号岂凡。吴江人。卒谥文通。本书卷首有钱谦益、王铎、胡世安、岳瑛斗、陈名夏、吕宫、程芳朝《序》，及作者《自序》。卷1序39篇，记、跋、说、墓志铭、赞、书序、传16篇；卷2序10篇，记、墓志铭、引、说、哀文、祭文、杂文、铭25篇；卷3寿序等6篇，墓志铭、书事3篇；卷4寿序、墓志铭10篇。《外集》卷首有王铎、陈名夏、孙承泽序，及作者自序。收录诗、颂、偈36篇，序、引、疏19篇，像赞4首。《续外集》有龚鼎孳序，收序、疏、记、说、题辞16篇，引、文、偈34篇。《补遗》收序、记、约、偈、题、记、铭、说12篇。钱谦益序言："岂凡风云玄感，誉望在玉衡大斗之间，非子初所敢望。以其所撰著，征诸鹿门，出车合辙，则亦太史公之子幼也。岂凡自叙其集，以谓闻鹿门之绪言，取八大家文钞读之反复，始知为文之道端不外是，岂不信哉?"

金文通公集20卷诗集6卷奏疏6卷外集8卷　清康熙二十五年(1686)怀天堂刻本；清雍正元年(1723)端介堂刻本。

清金之俊撰。金之俊有《息斋集》，已著录。本书为作者卒后所辑，删去前明所作。《文集》20卷，皆文无诗，序5卷，记2卷，传、说、题跋书后、碑文各1卷，墓志铭5卷，墓表、行略、祭文等1卷，赞1卷，颂、铭、箴等1卷，年谱韵编等1卷。卷首有钱谦益、陈名夏、王铎、胡世安、吕公瑾、程芳朝、岳瑛斗《序》，作者《自序》。《诗集》前3卷题名为《珥笔闲吟》，后3卷题名为《山居候鸣》，均按古体、律诗、绝句各分3卷。卷首有毛莹《序》。《奏疏》6卷，包括《佐枢疏草》《佐铨疏草》《总宪疏草》《中铨疏草》《纶扉疏草》《山中奏草》等集，每集一卷，多涉顺治时事。卷首有韩世琦、宋实颖、金汉鼎序。《外集》所收为与佛教有关之文。卷首有龚鼎孳、陈名夏《序》。卷1为序，卷2为记、疏，卷3为疏，卷4为引，卷5为说，卷6为志铭等，卷7为颂、偈，卷8为诗、答问、客难等。其文多为奏疏或稽考时政之作；其诗多为朝廷君王歌功颂德之作。惟数篇写景诗、赠别诗，清爽劲朗，情意真切。

顾与治诗8卷　清初书林毛恒刻本；清康熙元年(1662)施闰章、沈希孟等刻本；清抄本。

清顾梦游撰。顾梦游(1599～1660)，字与治。江宁人。幼号神童，8岁作《荷花赋》千言，然乡试辄病。工诗词，善行楷。凡宴游饯送之会必赋诗，诗必手书。平生任侠好义，耿介自守。入清，遂杜门不出。倡"性情"诗学，以"振兴风雅"为己任，有"江左诗人之冠"称。本书前有施润章《顾与治诗

序》："吾友顾与治淹雅服古，有忠孝至性，与人敦气谊。"极赞梦游为人清高任侠，抱道守益。方文、程鼐、周亮工等亦为之作序。书中收录诗歌641首，以五言诗居多。其中酬答唱和之篇目近三分之二，反映其交游结社之广泛，酬唱之频繁。综论全书，梦游诗风迭变，从天启、崇祯间叙幽情别趣，清真雅洁，抒澹泊之志，至发"性情"之音，沉郁悲凉，寄托其亡国遗民之痛和愤懑，从中可一窥明末清初遗民诗学之内涵。《四库全书总目》集部别集类存目作《茂绿轩集》。

卢忠肃公集12卷附遗翰　清乾隆间刻本；清嘉庆十八年(1813)木活字本；清光绪三十四年(1908)重修光绪元年祠堂刻本。

明卢象升撰。卢象升(1600～1638)，字建斗，号九台，一字斗瞻，又字介瞻。宜兴人。南明福王追谥忠烈。清乾隆四十一年(1776)改谥忠肃。本书又名《明大司马卢公集》《卢忠烈公文集》。卷首有施惠、李治运、万锦雯序各1篇，卢安节题识，又有储大文《明大司马卢公传记序》1篇，凡例7条，另附明史、邑志、纪实、集传、祭文、图像、年谱等相关资料。李治运序言："特是兵火之后，散失几尽，曾侄孙豪然博采旁搜得奏疏十有其八，镌而呈之史馆。曾孙安节集传记凡二十五首，更编次，年谱与所得遗集敬刊。"凡例云："豪然刻本凡十二卷，题曰《忠节全编》，兹即其本及卢氏家藏疏稿校勘付梓。"正文凡12卷，抚郧奏议2卷，抚楚奏议1卷，总理奏议1卷，宣云奏议6卷，文集1卷，诗集1卷。卢氏是明末名将，故集中多为军事、时政相关的奏疏公牍，如《入山会剿疏》《请令川兵北援疏》等等，对研究明末清初军事战略思想等有参考价值。

堵文忠公集10卷年谱1卷附录1卷　清道光二十八年(1848)潘士超静日轩刻本；清光绪十三年(1887)周恭刻本。

清堵胤锡撰。堵胤锡(1601～1649)，亦作允锡，字锡君，改字仲缄，号牧游。宜兴人。谥文忠，墓表及家传皆作文襄。后改谥忠肃。本书凡10卷，卷1至卷3为奏议，卷4书启，卷5论著，卷6传志，卷7序文，卷8、9词章，卷10为附录。卷首有张霞、俞德渊《序》各1篇，以及例言、作者所作《堵文忠公自编年史》、任源祥编《续编年史》、潘士超编《堵文忠公年谱》、湖南主人《书后》。其诗文直抒胸臆，工拙可不必言；所作奏议传志，可以考见时事掌故，价值颇大。

石云居诗集7卷　清初刻本；《四库全书存目丛书》本。

清陈名夏撰。陈名夏(？～1653)，字百史，别号石云居士。溧阳人。本书凡7卷，按体分卷，先近体，后古体，前2卷收诗较多。卷1五律，卷2七律，卷3五绝，卷4七绝，卷5史诗，卷6五古，卷7七古。书中所收均为明亡之际陈氏辗转流亡及入清后所作，共收录949首，其中五律260首，七律345首。其诗八股色彩浓郁，重起承转合，多用典故，丰美含蓄。卷5史诗颇具特色，均为七绝，以历史上32位名臣为题名，如申屠嘉、公孙弘、魏征等，围绕其人经历而作。部分诗作记录贰臣与遗民之交往，如卷1《寄询阎大》、卷2《寄薇山湖友人》等，可作研究之参考。

大错和尚遗集4卷　《云南丛书初编》本；《丛书集成续编》本。

清钱邦芑撰。钱邦芑(1602～1673)，字开少，出家后法名大错，字他山。丹徒人。诸生。南明永历中，以御史巡按四川。永历六年(1652)受任抚黔。八年祝发为僧，改居室为"大错庵"。卒于宝庆(今湖南邵阳市)，葬于衡山集贤峰下。工文善书，尤善草书。著书凡20余种，有《他山诗选》《十年堂诗选》《鸡足山志》等。本书为晚清赵联元自《明遗民诗》《黔诗纪略》等书中辑录、辑考出邦芑遗文，合为4卷。书前有赵联元作《大错和尚传》："邦芑所著书有《蕉书》，记残明事，入禁毁书目，今不传。所著诗文，杂见于他书者，余哀而辑之曰《大错和尚遗集》四卷。"除详述邦芑生平，亦交代成书背景。书中收录诗2卷、文2卷，内容多为邦芑苛谨治学、感怀时事、借古喻今、精忠爱国之作。其中涉及明末清初史事，对研究明末士人为僧之事多所参考价值，如卷2《甲午祝发偈》《答任僎贻书》《被械至黔途中口占三首》等，其中《祝发偈》"任他霹雳眉边过，谈笑依然不转睛"，表达其威武不屈、精进勇猛的禅者气概；他如《松下独坐》《竹间待月》《山中晚烟》等诗，显其隐居自适的情怀。此外，书中收录《水源洞记》《鸡足山赋》等游历之作，细腻描绘出所涉之地

的风景人情。

隰西草堂集 12 卷 清道光四年(1824)刻本;1933 年铜山董士恩补刊本。

明末清初万寿祺撰。万寿祺(1603～1652),字介若,一字内景,号年少。南直隶铜山人。明崇祯二年(1629)入复社,三年举于乡,参与反对阉党活动。明亡后,举兵太湖反清,兵败入狱,几遇难。后脱走江北,抗节逃禅,徙淮安清江浦,筑隰西草堂。博览群书,精通象纬,旁通禅理。本书由铜山董士恩于 1933 年辑补汇刻,凡 12 卷。卷首有张伯英等《序》。其文托体峻洁,多"丁国变志光复悲愤之言"。又将"一切可泣可歌之事,悉寄之于诗",其古诗本汉魏而兼六朝,近体由大历以溯开、宝,冲和雅澹,清新俊逸,于清逸中而寓沉雄悲壮之气。

阎古古全集 6 卷 1922 年北京中国地学会铅印本。

明末清初阎尔梅撰,民国张相文编。阎尔梅(1603～1679),字用卿,号古古,又号白耷山人、蹈东和尚。南直隶沛县人。明崇祯三年(1630)举人。与万寿祺并称"徐州二遗民"。曾入史可法幕,后亡命四方。清顺治四年(1647)祝发,而志在恢复。易姓游历九省,晚年归里,杜门著述。工诗善画。其文或记游历,或关注社会问题,笔意纵横,论议精当,气势磅礴。阎氏文多涉时事,《贻伪防御武愫书》《伪官入沛域纪事》等文记载李自成农民起义诸事,颇具史料价值。其《纳谏》《用人》等文作于崇祯间,为向皇上进谏的中肯之言。其诗多感怀时事,用典繁富,熔铸史事,抒发誓死抗清之意志与忠贞不渝之气节。古体诗似太白,田园隐逸之作近渊明;尤工七律,渊源"七子",对仗齐整,颇多警句。诗作格调沉雄、哀婉苍凉。另其《白耷山人集》,有稿本,中国社科院历史所藏。又有《白耷山人诗》10 卷,清初豹韦堂刻本,国家图书馆藏。

蟾台集 4 卷 明崇祯十年(1637)传经堂刻本;清初卓天寅、卓长庚刻本;《卓珂月先生全集》本。

明卓人月撰。卓人月(1606?～1636),字珂月,小字长耳,号蕊渊。先世浙江瑞安籍,随父发之侨寓南京,遂为江宁人。崇祯八年(1635)贡生。喜郊游,为吴伟业器重,与孟称舜、袁于令相善,后入复社。工为诗文,兼通词曲。撰有《蕊渊集》《寤歌词》《花舫缘》等。晚明戏曲家。本书收人月所作文,卷 1 有《辛壬癸甲集序》《朱士叶野筑小草序》等文;卷 2 有《硖矶遁影序》《徐野君诗集序》等文;卷 3 有《选文杂说》《书李卓吾年谱后》等文;卷 4 有《祭忠贞公文》《上伯父书》等文。其卷 2《新西厢序》云"天下欢之日短而悲之日长;生之日短而死之日长,此定局也",提出中国曲论史上独特的悲剧曲论。又,人月曾作《如何》诗"如何千古恨,尽贮余怀里",卷 3《如何》文云:"犹忆此是破笔第一首,时在壬戌夏秋之间。"显其忧伤情事。

退庵文集 21 卷 清初刻本,存 7 卷。

清李敬撰。李敬(?～1665),字圣一,号退庵。江宁六合人。顺治四年(1647)进士。官至监察御史,巡按湖南。为学宗白沙、定山,善诗,尤工五言,曾与王士禛、汪琬等论诗,颇有新意。李敬原自订诗文集,惜未刊。本书包括诗词 12 卷,奏疏及杂著 9 卷。参见《四库全书总目》别集类存目。清王士禛编《感旧集》以及《晚晴簃诗汇》《国朝金陵诗征》等诗文总集均收其作品。其中以五言为长,如《天宁洲至六合》《清明泊瓜步阻雨》《读水经注怀洞庭》等,以《青溪曲》为例:"十里青溪半藕花,亭台相向夕阳斜。小姑不解伤心事,夜夜月明来浣纱。"王士禛甚推其诗,曾赞不灭古人。李敬亦作《请囚粮疏》《论蠲免疏》《王贻上渔洋诗集序》等疏序文,或谨严担责、紧牵民生,或与友唱和、情深意笃,平淡中自蕴真味。

愚庵小集 15 卷附录 1 卷 清康熙十年(1671)金阊童晋之刻本;《四库全书》本;上海图书馆藏抄本。

清朱鹤龄撰。朱鹤龄(1606～1683),字长孺,自号愚庵,吴江人。本书凡 15 卷,卷 1 为赋,卷 2 至卷 6 为古今体诗,卷 7、卷 8 为序,卷 9 为记,卷 10 为书,卷 11 为论,卷 12 为辨,卷 13、14 为杂著,卷 15 为传。卷首有康熙十年计东、王光承《序》。卷末附《传家质言》13 则,自述其持身处世、读书作文之法。本书是《四库全书》中著录的唯一一部清初遗民诗文集,对研究《四库全书》编纂思想、删改原则等有重要参考价值。

沉吟楼诗选1卷附广阳诗集 清抄本，中国社会科学院文学研究所藏；2016年凤凰出版社《金圣叹全集》本。

清金人瑞撰，刘献廷选，沈六书增辑。金人瑞有《释孟子四章》，已著录。本集为诗别集，不分卷。人瑞婿沈六书以抄存形式留世，并经刘献廷选录，故名“诗选”。卷首有雍正五年(1727)李重华《序》，卷末有俞鸿筹读后记。收录人瑞诗约380首，按体分类，各体中又按写作时间先后排列。每体中未标明“逸诗”者为刘氏所选，标明“逸诗”者为沈六书增辑。诗歌内容多涉作者个人生平际遇及其交游酬唱之作，对早年优渥生活及中年贫困、潦倒之景况有所反映，诗风笔意隽秀、沉郁顿挫，如《绝命诗》《与儿子》等。此外亦有记述乱离、触及时忌者，反映其对清廷态度，如《题徐松之诗二首》《甲申秋兴》等。集后附刘献廷所作《广阳诗集》。

云谣九叠1卷 清抄本，南京图书馆藏。

清张怡撰。张怡(1608～1695)，初名鹿征，字瑶星。明亡后更名怡，字薇庵，别署白云道者、白云山人。上元人。可大子。晚明诸生。官至锦衣卫千户。明亡归里，杜户著书。其学务淹博而兼主王阳明良知之说，深通晚明史实。著述凡数百卷，秘不示人。曾纂辑《金陵私乘》《白云言诗》等。本书与《玉光剑气集》合刊，附于康熙十六年(1677)自传《白云道者自述》后，为康熙二十六年张怡80寿辰时仿楚辞体之作。书前序云：“昔西王母作《白云谣》，百远而情深。今白怡老人作《云谣》，音哀而味苦。”渲染悲音之味。本书内容分为《悲人生》《孤情》《怀先服》《空谷白云》《山海观》《理窟》《旄期》《法自然》《哀鸣》九章。如《怀先服》“岁月积兮愁愈奢，面目觍兮空咨嗟”，怀念与叹惋交杂，惆怅与无奈情绪并显。而《山海观》“如选胜于名山兮，登霄崿而见千里也。若聆音于雅奏兮，具条理而该始终也”，格调恬适，神韵悠然。张怡以耄耋之年坚韧不移，谣成九叠，肠亦九回，表达其悲人生梦幻、顾吉凶相倚之意。

梅村家藏稿58卷补遗1卷世系1卷年谱4卷 清宣统三年(1911)董氏诵芬室刻本；《清代诗文集汇编》本。

清吴伟业撰，董康重编。吴伟业有《绥寇纪略》，已著录。作者与钱谦益、龚鼎孳并称“江左三大家”，亦为“娄东诗派”开创者。长于七言歌行，自成新吟，时称“梅村体”。本集为武进董氏据旧抄《家藏稿》60卷本重编，较旧刻多出诗、词、文100余首及《诗话》；集后有《补遗》1卷，增诗文各8首、词1阙；后附顾师轼所辑《世系》及《年谱》4卷。其中《梅村家藏稿》58卷，卷1至卷20为诗，卷21至卷22为词，卷23至卷57为文，卷58为《梅村诗话》1卷。吴氏早年诗作多绮丽之作，婉丽风流；后经历代之变，意志沉暮，转而哀时伤事，其中有不少诗以叙事形式反映明末社会动荡、农民起义、苛吏压榨诸事，如《松山哀》《圆圆曲》《马草行》《临顿儿》等。《四库全书总目》曾评其诗：“格律本乎四杰，而情韵为深；叙述类乎香山，而风华为胜。”吴伟业词富情韵，清丽哀婉，如《满江红·蒜山怀古》等。其文清秀隽永、苍劲雄健兼有之。

戆叟诗钞4卷 清乾隆五十二年(1787)手写本；《金陵丛刻》本；《清代诗文集汇编》本。

清纪映钟撰。纪映钟(1609～1681)，字伯紫，又作伯子、蘗子，号戆叟，自称钟山遗老。上元人。青子。还撰有《真冷堂诗稿》等。本书扉页有王以敏题名，“光绪乙巳仲冬(1905)江西刊印”。傅春官、赵明镳等作序。本书由石椿编定。共4卷，诗歌内容多涉怀古、咏物、行旅、送别等类，笔力苍劲洗练。如卷1中《钟山道中感怀》：“翠栝已空梁代寺，白云长抱汉家茔……十载流离愁过此，夕阳风扫半山晴。”纪映钟生长于南京，抚今溯往，感时触绪，凡可歌可泣者全托乎诗，《金陵秋感》等也多如此。而《元武湖》《乌龙谭》《金陵故宫》等与南京切切相关者，在映钟笔下平添一层韵味。此外，《雪中怀沈友圣》“情深流水怀湘郢，春后狂花恼杜韦。相赠旧京龙虎句，澄江端不让元晖”，《送谢参军》“五陵裘马日纷纷，君去湖山弄水云。古寺晚烟轻艓子，荷花开待谢参军”，此类送别感怀诗道出了与友人间的深情厚意。而《北风吟》“志士伤心感霜雪，肯将苦酒送年华”，笔锋一转，又透出苦涩哀婉之意。总体而言，纪映钟诗或清俊沉雄，或忧懑愤惋，颇有深味。

林屋诗集9卷 清康熙二十四年(1685)刻本；清道光三年(1823)邓廷桢校刻本；《清代诗文集汇

编》本。

清邓旭撰。邓旭(1609～1683),字符昭,号九日。明崇祯末自安徽寿州迁金陵,遂为江宁人。家有青藜阁,藏书甚富。清康熙二十四年六月钱陆灿为之作《序》:“其号林屋,何也?公先世家吾郡洞庭山林屋洞,即洞庭也。”简述了《林屋诗集》书名的由来。旭著作甚多,凡所郁积于胸者,往往发之于诗。然皆随手弃置,散佚过半,后由邓燃等搜辑旧帙,和诗若干首,由钱陆灿为之校定。诗集合9卷,收古今诗和杂体诗,细分之,有五、七言古诗;五、七言律诗;五、七言长律以及五、七言绝句。旭古体多奇语,排奡诘曲,刿钵洗练,如《夜泊石壁滩限尽江字韵五十句》:“咙既虑长鲸,突复忧老魅。扛石砻冲铁。壁药臼响银。淙伥走频邀,虎豹猵远类。”语言佶屈聱牙,效李长吉之风,《嘉鱼赤壁箭头歌》《白鹿龛》等诗风格近似。旭所作近体诗古淡有王孟之风,香艳间人于温李,如《闲情》:“泽畔闲吟拾杜蘅,春光撩乱起春情。江豚吹浪近疑逼,山鸟啼风远更清。”读来清新婉约,《春社》等格调也如是。

春雨草堂集34卷别集30卷 抄本,南京图书馆藏。

清宫伟镠撰。宫伟镠有《南宫旧德录》,已著录。《春雨草堂集》中有不少宫氏家族纪事及地方资料。卷1至卷28为诗文杂著,卷29至卷34均与《泰州志》相关,包括州志记、州志论赞、州志考辨论次、州志论、州志列传。卷1《述祖德诗》谓“肃肃我祖,系本南宫。克修懿戒,令闻以崇。肇姓太原,迄于瀛海。志恽晖唐,总兹日采。河东旧氏,分治维扬。爰兹署守,锡我彝章”云云,亦可考见泰州宫氏之迁徙情形。《春雨草堂别集》30卷,按目录所记,卷1至卷7《庭闻州世说》,卷8《先进风格》,卷9至卷18《南宫旧德录》,卷19至卷26《春雨草堂题咏》,卷27至卷30《留行赠别诗》。南京图书馆藏抄本中仅有《南宫旧德录》《春雨草堂题咏》两种。《辟蠹山房丛书》本、《海陵丛刻》本收有《春雨草堂别集》,为《庭闻州世说》6卷《续》1卷、《先进风格》1卷,显然是从30卷《别集》中分出别行者。《留行赠别诗》仅见《别集》目录,其书未见。《春雨草堂集》卷首康熙四十年(1701)宫伟镠子宫梦仁撰《例言》云:“留行、赠别二诗,则壬辰北行,辇下诸公先后唱和者也。”

春雨草堂宦稿5卷 清刻本。

清宫伟镠撰。本书缺卷1、卷2,存卷3下论10篇,卷4上孟3篇、下孟6篇,卷5书论2篇。从用人、忠孝、交友、君臣、举贤等方面论述为政之道,借《论语》《孟子》中的观点来阐明主张。如卷5《国君进贤如不得已》,用《孟子·梁惠王》句,详细分析了天、国、君、贤之间相辅相成的关系,论证选贤任能之重要性。

巢民诗集6卷文集7卷 清康熙刻本;《如皋冒氏丛书》本。

清冒襄撰。冒襄有《影梅庵忆语》,已著录。本书卷首有龚鼎孳题辞,刘体仁《悲咤一篇书水绘庵集后》和弘储复札一篇。其诗秀雅妍丽,晚年因生活困厄而转为沉郁质朴。如《甲午皋月送赵友沂入都四首和邓孝威原韵》其二云“把手白云外,踌躇当深语。深语恐世嗔,余也蓬蒿人”。《诗集》共6卷,律诗占3卷,尤其七言律,独具一格,更为精妙。如《寄周静香宪副》:“江上东风拂柳绵,相思独坐思悠然。”其文才情俱佳,如卷7末篇《祭老妻苏孺人文》是他为发妻苏氏所作悼文,回顾两人幼时订婚,及长成婚,几十年来持家生活。生逢巨变,其亦有关心民生疾苦之作,毛泽东认为“所谓明末四公子中,真正具有民族气节的要算冒辟疆”。如卷3《答曹秋岳先生询救荒书》,批评富贵大家冷漠自私,讨论君子参与救济之正确方式,当为实用主义者。

西昆发微3卷 《借月山房汇钞》本;《适园丛书》本;《丛书集成初编》本。

清吴乔撰。吴乔有《怀陵流寇终始录》,已著录。本书专论李商隐之诗。卷首有作者自序一篇。作者取李商隐《无题》诗16首为上卷,与令狐父子及当时往还者诗20首为中卷,疑似之诗17首为下卷,详说其意,故以“发微”名。吴氏承袭杨亿之旧说,解释拘限于李商隐与令狐父子之间的关系,颇多牵强附会之处。

爱日堂全集 清康熙二十九年(1690)刻本;清康熙四十二年刻本;清乾隆三十五年(1770)刻本。

清孙宗彝撰。孙宗彝(1612～1683),字孝则,号虞桥,别号眉休居士。高邮人。本书凡文集8卷、诗集2卷、外集1卷、附墓志铭1卷。文集收录

体裁颇富，卷首有先著、李滢《序》各一篇。附录钱陆灿所作墓志铭 1 卷，详述其生平经历，虽仕途不顺，仍一心为民。诗集前收陈可畏《序》1 篇，后附孙仝邵《序》1 篇，述刻书始末。外集原志为之作序，作品多与说禅学道有关。孙氏其文多经世之作，其诗则抒情寄慨。先著在序中评价孙氏“其诗近举胸情，旁超耳目，绝去词人拘挛刻削之习；其文务为布帛菽粟，有资于世用，于纲常名教之地，忧天悯人，三致意焉”。孙氏所记清初徭役、河工等扰民之害颇详，如《淮扬治水全议》《淮扬治水利害议》《治河议》《拟河槽变迁疏》等诸篇，多有可供采择之处。

归庄集 10 卷　1962 年中华书局上海编辑所出版。

清归庄撰。归庄(1613～1673)，字尔礼，又字玄恭，号恒轩。明亡后，更名祚明，或自称归藏、归妹、悬弓等。昆山人。与顾炎武并称“归奇顾怪”。本书凡 10 卷，诗 1 卷，曲 1 卷，文 8 卷。卷末附《归玄恭先生年谱》《传略》等。其文气势雄浑，充满爱国思想和民族气节；其诗沉郁苍凉，深刻揭露社会现实和政治腐败。1962 年中华书局上海编辑所以《归玄恭文续钞》7 卷、《归玄恭遗著》不分卷、《归高士遗集》10 卷为基础，增补其手写诗稿、康熙间刻本、潘景郑藏《癸卯年应酬诗》、小石山房刊《寻花日记》《看花杂咏》、又满楼刊《击筑余音》等，整理出版此集，为迄今为止最完善的本子。

亭林文集 6 卷亭林余集 1 卷　清光绪三十年(1904)刻本。

清顾炎武撰。顾炎武有《诗本音》，已著录。本书凡 6 卷，卷 1 为辨 2 篇、论 14 篇，卷 2 为序 15 篇，卷 3、4 为书 36 篇，卷 5 为记、后、行状、墓志铭，卷 6 为补遗、为论、辨、书、序等。前 5 卷为其门人潘耒所辑，末卷为后来增补。《亭林余集》1 卷，乃乾隆间彭绍升所编，收录议、后、序、墓志铭、行状、札等。顾氏主张文章要“明道，纪政事，察民隐，乐道人善”，故其文朴素自然，不事藻饰，其诗苍劲沉郁，富于爱国情怀。

青岩文集 8 册　光绪间王荫谦藏抄本；民国间胡应庚藏抄本。

清王之祯撰。王之桢(1613～1703)，字筠长，号青岩。盐城人。梦熊子。史可法开府扬州，诣军前献策，遂辟置幕中，掌机要文字。举充选贡。比入金陵，危殆之势已成。未几，可法殉节，乃归里隐居。顺治五年(1648)被拘囚，赖宋曹赴淮营救。居乡授徒，从游者数百人。康熙十七年(1678)以博学鸿儒荐，力辞不就。博通经史，工书法，善诗文。本书今存《青岩文集》2 卷、《外集》6 卷，民国间胡应庚自同邑陶、张二氏处抄得一份，凌钟智据以传抄，并补入镇江图书馆所藏 1 册，录诸家简注，现藏中国科学院图书馆。卷上收文 41 篇，卷下收祭文 12 篇、书牍 46 篇，多录作者感怀所得；《外集》内容为经书讲章及杂文。集中有《代史阁部复摄政王者》《郑氏经略》等文。之桢所作颇有独见。

匡庵文集 12 卷前集 6 卷京稿诗集 6 卷　清康熙二十八年(1689)刻本。

清马世俊撰。马世俊(1617～1666，一说 1609～1666)，字章民，一字甸臣，别号匡庵。溧阳人。时有“二右”之名，谓书法如右军王羲之，绘画如右丞王维。马氏所作颇富，大未能传世。文集 12 卷，所收篇目浩多，内容广泛。其曾潜心 20 年为《杜诗全集》作评注，惜未能刊行，但所作《杜诗全集评注序》在《文集》中保存下来，对研究杜诗，多有参考。马世俊自崇祯九年(1636)开始，将每年所作诗稿订为一卷，共集诗稿 30 卷。卒后，其子先于康熙九年选刻其在京做官 6 年间的诗作，共 6 卷，收诗 327 首。康熙十九年，又刻印其顺治二年至十七年(1645～1660)所作之诗，凡 6 卷，收诗 491 首。二者共计 12 卷，存诗 818 首。其诗不落俗套，文辞温丽，音调铿锵，含蓄蕴藉，赞颂壮美山河之作，如《秦淮灯船竹枝词》，清新优美。又马世俊出身贫寒，“多侘傺不平之气”(徐世昌《晚晴簃诗汇诗话》)，亦有不少揭露社会黑暗、同情百姓疾苦之作，如《得容儿书》《泰山妇人行》等。

陆密庵全集 34 卷　清康熙二十年(1681)思过堂刻本。

清陆求可撰。陆求可(1617～1679)，字咸一，又字月湄，号密庵，一作密安。山阳人。本书卷首有张永祺、宋德宜、刘谦吉、徐转迅《序》各一篇，分《文集》20 卷、《录余》2 卷、《诗集》12 卷。陆氏其文

颇为疏畅，而精通各类时艺；其诗则多为应酬之作，诗格不高，然亦偶有敏妙之句。刘谦吉《序》中评价"诗赋华润似云间，条议又往往似敬舆"。徐转迅《序》中称"密庵学凡数变，文凡数变，而濂雒关闽之旨始灿然表里"，"其赋有六朝之蕴藉"。陆氏在《四书稿自序》中自述"余之文凡几变矣"，从"效圣贤语气"到"钱希声阐发程朱飘骊摇曳，余心企之，乃命志风骚，笔欲流转"，再效台阁体、力追正始、纵笔疾书、敛步就绳、洗脂谢粉、创议辟论，最终返璞归真、浑秀和雅，对自身文风的转变有详细且清楚的梳理，是研究其作品的重要依据。

慎墨堂诗19卷笔记1卷 汉画轩抄本；辟蠹山房抄本。

清邓汉仪撰。邓汉仪（1617～1689），字孝威，一字旧山，又称旧山农、旧山叟、旧山梅农。泰州人。本书为夏荃辑邓氏遗诗而成。凡9卷，收四言9首、乐府6首、五古28首、七古25首、五律115首、七律117首、五绝23首、七绝106首。卷末附《慎墨堂诗逸句》《慎墨堂诗余》。邓氏著作颇丰，散佚亦多。其诗学唐，后及苏、陆，多感怀故国之作。如《章门逢谈长益约同访徐巨源、陈士业不果》"万里烽烟长草屩，一生魂梦客铜驼"，《张登子招集喜遇胡豹生感赋》"万里山河惊觱篥，一时儿女对烽烟"，描绘清初乱离景象，流露沧桑之感。其《题息夫人庙》最为有名："楚宫慵扫眉黛新，只自无言对暮春。千古艰难惟一死，伤心岂独息夫人？"《晚晴簃诗汇》评价其"近体雅近钱、刘，七绝态秾意远，胜处尤多，《息夫人庙》一首，为时传诵"。孔尚任《湖海集》卷7有《哭邓孝威中翰》，"吾从先生游，非但论风雅。举世慕浮云，谁为最真者"，对其评价颇高。

退思堂草10卷 清顺治七年（1650）刻本；清康熙刻本；《四库禁毁书丛刊补编》本。

清朱凤台撰。朱凤台（1617～1704），字慎人，号骥渚。靖江人。本书凡10卷，文草9卷、诗草1卷。卷1序文，卷2祭文，卷3记，卷4书启，卷5下学赘语，卷6传，卷7志铭行状，卷8杂著，卷9偶抄诀世大略，卷10诗。朱氏在卷9《诀世大略》中对自己的身后事一一作出安排，显示其豁达的生死观，王豫赞其为"有学有守之士"。其诗文被收入清代的许多诗选文丛，如《淮海英灵续集》《国朝文汇》《皇清诗选》《江苏诗征》等。是书后为清廷所禁。

湖上草1卷柳如是诗1卷尺牍1卷 1981年浙江图书馆影印铁如意馆抄本；《清代诗文集汇编》本。

清柳是撰。柳是（1618～1664），本姓杨，名爱。后改性柳，名隐，又名是。字如是，号蘼芜君。一说号我闻居士，亦以其族望称为河东君。吴江人，一说嘉兴人，或松江人。《湖上草》1卷，为汪然明刻于崇祯十二年（1639），收诗35首。《柳如是诗》1卷，为邹漪所辑。《尺牍》收书简31则，为汪然明刻于崇祯十三年。卷首有明末才女林雪序一篇，卷末有林云凤跋。《清代诗文集汇编》亦有收录，题名为《河东君尺牍》，卷首有王国维跋。

陋轩诗12卷陋轩诗续2卷 清嘉庆刻道光增修本；《清代诗文集汇编》本。

清吴嘉纪撰。吴嘉纪（1618～1684），字宾野、宾贤，号野人。泰州安丰人。出身灶户。成童时习举业，入清后弃去，专工于诗历30年。绝意仕进，隐居海滨。家贫，破屋数间，不蔽风雨，因题曰"陋轩"。与扬州汪楫、孙枝蔚游，周亮工尝盛称其诗，又善书法，宗六朝。其《陋轩诗》凡十刻，除四刻已佚外皆存。此12卷为清缪中依汪楫所汇，于嘉庆间刻，道光年间增修本。后夏家谷又增120首，编为《续》2卷。是集之诗有怀亲、忆友、叙事类，于高岸深谷、细柳新蒲之感尤甚，情多缠绵沉痛，如《怀吴后庄》《僻壤》《落叶》之作。泰州多以煮海为业，吴嘉纪隐居后从此计，深知盐民之苦，故其诗对此多有所撰。如《绝句》写白首老人六月煮盐之辛劳，末"走出门前炎日里，偷闲一刻是乘凉"一句常被后人诵读。《临场歌》以四言歌行，描绘官吏逼债、百姓鬻子之场景，痛斥官商勾结，悲愤之情溢于言表。又因作者亲历明清易代，目睹江淮生灵涂炭之惨，故此类体裁亦有表现，如《翁履冰行》《堤决诗》《刘民船》等作，感触深切。览其诗，状景之作，幽峭冷逸，有王维、孟浩然等诸家之致。人民疾苦之作，善于因题制宜，表达不拘一格，自有特色。其风骨颇遒，情感深挚，多为后人所推重。

西堂杂俎24卷剩稿2卷秋梦录1卷西堂各集

诗21卷百末词6卷附词余6种　清康熙十八年(1679)刻本;民国间上海中华图书馆石印本。

清尤侗撰。尤侗(1618～1704),字同人,更字展成,号悔庵、艮斋,晚号西堂老人。长洲人。康熙十八年应博学鸿儒科试,授翰林院检讨,累官至侍读。曾分修《明史》。擅诗词古文,才思富赡而新警,体物言情精切流丽。能词曲,汇入《西堂曲腋》。《西堂杂俎》24卷,卷首王崇简序云:"既综西京之尔雅,擅晋魏之蔚然。"卷末徐元文跋云:"极著作之奇,称翰藻之盛。"评价甚高。因所收文大抵为骚赋之体,铭赞之词,应俗之篇,游戏之作,故名"杂俎"。内容庞杂丰富,其中谈曲之文,注重词曲的一贯性,颇有见地。《剩稿》2卷,为尤侗诗集。《秋梦录》1卷,为尤侗诗别集,收录诗约80首,按诗体编次,多为古体诗。《西堂各集诗》21卷,多为尤侗诗集。言所欲言,酣畅明达,不拘一格。《百末词》6卷,尤侗自称其词为"《花间》《草堂》之末",故名《百末词》。多抒发性情之作,兼杂关注民生之作,如《踏莎行》《行香子》《菩萨蛮》等,构思新颖独到。《词余》6种,收闺情、旅思、警世之作,风格清丽,如《秋闺》《南中吕驻云飞》(十空曲)等。以上诸集子将尤侗诗词赋等尽皆收入。

世耕堂诗集(一作孙箨庵诗稿)2卷　清康熙二十八年(1689)刻本;清光绪间家刻本,前有宋曹、刘沁区两序;民国间胡应庚藏抄本。

清孙一致撰。孙一致(1619～1689),字惟一,号止澜,一号箨庵。盐城大孙庄人。顺治十五年(1658)进士第二人,授翰林院编修。累官至侍读学士。与同邑宋曹交善。诗宗杜甫。书法俊逸。世耕堂为孙氏室名,因以名集。本书2卷,收录孙氏诗歌304首,多记录民生之作,亦有纪游、唱和、感怀等作。孙氏宗杜甫诗风,写作《甲寅蝗》《丙辰大水》等诗时,密切关注自然灾害,反映社会民生,忧国忧民,言辞凄切悲凉,中肯朴实。其《大水(壬子)》诗云:"沉没桑田尽,奇荒计五年。淮扬都是水,湖海不分天。舟宿浮生蹙,巢居野哭悬。直将忧国泪,洒到圣明前。"描绘出淮郡连年水灾、哀鸿遍野的悲惨境况,表达了作者对广大灾民的同情。刘泌区评价其诗云:"意永而脉清,色新而调逸,于盛唐诸家,若供奉之流丽,右丞之澹雅,常侍、嘉州之森秀,已兼收众妙,其意度波澜,开阖顿挫之法,一以老杜为归。"

林蕙堂全集26卷　清康熙四年(1665)博古堂刻巾箱本;清康熙三十九年刻本;《四库全书》本。

清吴绮撰。吴绮(1619～1694),字薗次,亦作园次。号丰南,一号听翁,又号红豆词人。江都人。歙县籍。与陈维崧齐名。本书是其没之后其子寿潜搜访遗稿合编而成。康熙三十九年鲁超、富僧石镰等人又捐资刊刻。书前有龚鼎孳、吴兴祚等人所作序及吴绮所作《听瓮自传》。收录有赋、表、记、书、启、序、题跋、引、露布、疏、传、赞颂、文、碑、说、诔文、墓表、墓志铭、诗、词、曲等多种体裁。其中卷1至卷12为骈文,即《林蕙堂集》;卷13至卷22为诗,即《亭皋集》;卷23至卷25为诗余,即《艺香词》;卷26则是其所作南曲。其诗以清新为尚,骈文以秀逸见胜。其词曲多描写闺怨离情,题材狭窄。如《明月斜·春情》:"月华春,风光夜。乳燕寻花不肯归,玉奴背面珠帘下。"惟长调意境和格调较高,如《满江红·岳坟次武穆原韵》《满江红·金山》《沁园春·述怀》等。

晴江阁集30卷　清康熙十五年(1676)刻本;清康熙十七年刻本;丹徒何焕勋抄本。

清何絜撰。何絜(1620～1696),字雍南,号晴江。丹徒人。家有晴江阁,故人称晴江先生。与程世英并称"京口二家"。本书前有王严、程世英等作序。合计诗8卷、文22卷。诗有乐府、五言古诗、七言古诗、五言律诗、七言律诗、五言排律、五言绝句、七言绝句之类。何絜所作绝句,清新绝丽,五言绝句多因小事而触动感怀,如《泛舟有感》云:"泛泛桃花水,轻轻莲叶舟。只因风雨幻,不敢浪遨游。"其他如《戍妇词》《闺怨》等,多从女性视角出发,表现离怨别情。其文以所作传记最为重要,传中记录了文武将吏仗节死绥之义及其他奇闻轶事。王严序云:"余尤好其传文,其叙次生动,结构曲折而摹画淋漓,读之如亲见其人,亲闻其声。睹其事而又无今人小说游戏不雅驯之言,非有得于史迁者不能故。"对何絜传文赞誉甚高。

会秋堂诗集(一作会秋堂诗稿)　清光绪间宋氏裔孙惟新家藏残本;1980年周梦庄辑录手抄本。

清宋曹编。宋曹(1620～1701),字彬臣,亦作

邠臣、斌臣，自号耕海潜夫、汤村逸史，时称射陵先生。盐城北宋庄人。鼎彝子。福王时，由辟荐授中书舍人。康熙十七年(1678)，清廷以纂修明史开博学鸿儒科，以母老固辞。与孙一致、魏禧、胡介交甚笃。工诗善书，以汉魏、盛唐为宗，颇多反映民生疾苦。有《书法约言》行世。本集为康熙元年宋氏自编诗集，题材包括感怀、纪游、咏物、怀古等。周梦庄辑录手抄本，曾云：传有刻本，今未见。佚诗为周氏陆续抄得一百数十首，然未臻完备。

李介立诗稿 12 卷　重庆市北碚区图书馆藏清凝香居抄本。

清李寄撰。李寄，一作李介，字介立，号昆仑山樵、萍客、白眼狂生等。江阴人。本书为其生平诗集之汇编，包括《停车集》《髫春集》《谷口集》《附游集》《偕隐集》《晴川集》《鸣蝉集》《听雨集》《孤筇集》《息影集》等。李寄是徐霞客之子，其母逝世后，受人资助，游历天下，留下不少诗作。

十山楼稿 32 卷　清初抄本。

清范国禄撰。范国禄(1623～1696)，字汝受，号十山。通州人。本书国家图书馆所藏缺卷 25 至卷 27，南京图书馆所藏缺卷 22 至卷 24，合即完璧。本书又名《十三楼稿》，收录范氏诗文，酬唱赠答、写景纪游之作尤多。其为乐府以汉为宗，古诗有陶谢遗音，近体又备极初、盛、中、晚之变，游踪半天下。管劲丞《南通历史札记》称“清代通州诗人，首推范国禄，不止年辈早，亦最多且佳”。钱邦芑赞曰“出其诗歌、古文尤能抉其精蕴，归于古质”。杨廷《一经堂诗话》引陈维崧评价称“十山得父膏腴，其性深醇，故其词质而不浮；其情笃挚，故其词温削；其才豁达，故其词辩而不支；其气纵横，故其词逸而不促”。范氏身处易代之际，心怀故国之思，思想特立独行，论史多有创见。本书记录了范氏与众多明末遗民的交往，是研究遗民思想和心态的重要资料。

秋水集 10 卷　清康熙间吴严氏雨青草堂佚亭刻本；1917 年无锡县图书馆刻本。

清严绳孙撰。严绳孙(1623～1702)，字荪友，号藕鱼，又藕荡渔人，学者称秋水先生。无锡人。与朱彝尊、姜宸英并称“江南三布衣”。本书凡 10 卷，按年编次，诗 8 卷，600 余首；词 2 卷，90 余阕。卷首有朱彝尊、陆楣、姜宸英、叶方蔼序，词前有吴绮序。朱彝尊序称“秋水名集者，何以取诸？取诸有源也”。其诗仿建安体，多山水纪游之作，如《苏堤》《飞来峰》《杭州杂感》等。王士禛赞其诗“冲融恬易，鲜娇激之言”。五七言则婉约深秀，独标神韵。《晚晴簃诗汇》评价道“宗黄初、建安，近体出入温、李，蔚茂而婉丽”。其词秾纤合度，吴绮序言“揽香于兰畹”，如《金缕曲》。

尧峰文钞 40 卷诗钞 10 卷　清康熙三十一年(1692)西园书屋刻本；《四库全书》本；《四部丛刊》本。

清汪琬撰。汪琬(1624～1690)，字苕文，号钝庵(翁)，玉遮山樵，又号尧峰。长洲人。膺子。与魏禧、侯方域并以古文擅名，称“三大家”。顺治十二年(1655)进士。康熙十八年(1679)举鸿博，历官户部主事、刑部郎中、编修。曾预修《明史》。于诸经皆有发明。诗兼范成大、陆游、元好问之胜。性狷介，遇人议抨不稍宽假。康熙十五年(1676)琬曾自裒其诗文为《钝翁类稿》62 卷，后又刊《钝翁续稿》56 卷，晚年又加删汰，定为此集。琬门人侯官林佶手写而刊之。集前有宋荦及琬弟子惠周惕《序》。《尧峰文钞》40 卷，收琬各体文约 3 400 篇。琬擅古文辞，文风雅正，气脉畅达，长于记事，其中碑传文叙议有法、简当不繁，如《侯记原墓志铭》《江天一传》《送王进士之仕扬州序》等。《诗钞》10 卷，收琬诗千余首。诗宗宋人，如陆游、范成大等，清新自然，时露俊意。其《删校尧峰诗文钞了有感》云“文章自可让余子，学术要须趋大醇”，“大醇”乃为琬诗文所追宗旨。

改亭集 22 卷　清康熙二十七年(1688)计氏读书乐园刻本；清康熙三十二年宋荦刻本；清乾隆十三年(1748)计滨刻本。

清计东撰。计东(1625～1676)，字甫草，号改亭。吴江人。本书凡 22 卷，文集 16 卷，诗集 6 卷。文集卷首有宋荦、汪琬序。卷 1 至卷 7 为序，按书序、赠序、寿序排次，卷 8、卷 9 为记，卷 10 为书，卷 11、卷 12 为论，卷 13 为碑记、传，卷 14、卷 15 为墓志铭、墓表、祭文，卷 16 为行状。诗集卷首有王廷扬序。卷 1 为五言古诗，卷 2 为七言古诗，卷 3 为五言律诗，卷 4 为五言排律，卷 5 为七言律诗，卷 6

为七言绝句。其文醇正和雅，颇负时誉；其诗则以气骨胜。沈德潜《国朝诗别裁集》中评价其“诗不苟作，时露胸中抱负”。

湖海楼全集 54 卷　清康熙间患立堂刻本。

清陈维崧撰。陈维崧（1625～1682），字其年，号迦陵。宜兴人。本书凡 54 卷，包括《陈迦陵文集》6 卷、《陈迦陵俪体文集》10 卷、《湖海楼诗集》8 卷、《迦陵词全集》30 卷。《文集》卷首有李澄中、胡献征序，陈宗石、陈维岳跋；《俪体文集》有毛先舒、毛际可、陈僖序，陈宗石、陈维岳跋；《诗集》有任玑、李应廌、徐乾学序，陈宗石、陈维岳跋；《词全集》有高佑釲、任玑序，陈维岳、吴璠、陈宗石跋。诗文初刻于康熙二十五年（1686）、二十六年间，词初刻于康熙二十八年，是为患立堂本。1919 年商务印书馆据其影印，收入《四部丛刊》，总题《陈迦陵文集》。其所作散文亚于骈体；诗始为雄丽跌宕，一变而为沉郁；词尤凌厉光怪，变化若神。另有《湖海楼集》51 卷本，凡《湖海诗集》12 卷、《诗补遗》1 卷、《词集》20 卷、《文集》6 卷、《俪体文集》12 卷，诗词文序次较为不同，乾隆六十年（1795）浩然堂刊。

定峰乐府 10 卷　清康熙刻本；清嘉庆间刻本；清道光十八年（1838）刻本。

清沙张白撰。沙张白（1626～1691），初名一卿，字介臣，一作介人，号定峰。江阴人。本书卷首有《诸公论乐府书》一篇，收录曹禾、钱陆灿、杜濬、王崇简、朱嵋、魏裔介、施端教、汪琬、龚鼎孳、高珩、吴山涛、詹夔锡、洪昇、陈玉璂、曹廷懿等 16 家有关乐府诗的评论文字，并曹禾的批语。正文收 380 余首乐府诗，或用古题，或自制新题。题材丰富，内容多反映民生疾苦，如《孤儿》叙述一位受兄嫂虐待的孤儿的生活；《征衣曲》《东流》等揭露了战争的残酷和百姓的苦难；《蚕妇叹》《二月丝》等反映了贪官污吏对人民的剥削。其中还有部分写景诗，如《匡庐雪》《菡萏曲》，短小精悍，清新雅致。沙氏论诗强调诗有“奖正刺邪、讽谏规箴”的社会意义，认为“诗乃有韵之春秋”，反对蹈循前人。卷末附《定峰山左杂咏》1 卷。沙氏的乐府诗影响极大，推动了清代的新乐府运动。洪昇评价道：“古今以乐府擅长者，代不数人，未有多至六百余篇……伟哉定峰，可谓集乐府之大成矣。”但沙氏所作《咏史》十二首等，多据史书以敷衍成篇，甚不可取。

朱柏庐先生愧讷集 12 卷　清雍正三年（1725）严心斋刻本；清雍正三年吕廷章刻本；《津河广仁堂所刻书》本。

清朱用纯撰。朱用纯（1627～1698），字致一。昆山人。私谥孝定先生。本书又名《愧讷集》。凡 12 卷，卷 1、卷 2 为书，卷 3 至卷 5 为序，卷 6 为记，卷 7 为像赞、字说，卷 8 为祭文，卷 9 为传，卷 10 至卷 12 为杂著，附录《朱柏庐先生传》《墓志铭》《李光士讲语》，《三贤祠记》两篇，以及勘误表。

已畦诗集 10 卷　清乾隆二十八年（1763）二弃草堂刻本。

清叶燮撰。叶燮（1627～1703），字星期，号已畦。晚居吴县横山，人称横山先生。本书凡 10 卷，按写作时间先后编次，但未注明编年。收诗 1 000 余首，大致是康熙二十年至三十八年（1681～1699）的作品。叶氏论诗以杜、韩、苏三家为宗。王士禛称其“熔铸古昔，能自成一家”。

江泠阁文集 4 卷文续集 2 卷诗集 12 卷首 1 卷词 1 卷绪风吟 3 卷　清康熙四十三年（1704）《宗冷二子合刻》本；《四库全书存目丛书》本；《清代诗文集汇编》本。

清冷士嵋撰。冷士嵋（1628～1710），字又湄，号秋江野史。丹徒人。明末诸生。入清绝意仕进，以授徒教学自给。性淡洁疏达，居傍大江，故建“江泠阁”，以图书诗史自娱。多次主修冷氏京口宗谱。与张自烈、魏禧、宗元豫等为挚交。晚贫甚，寄居焦山僧舍。本书前收魏禧、笪重光、宗元豫等序。康熙六年士嵋自叙云：“每登高临远，抚今追昔，彷徨慷慨之际，有所触未尝不寓之诗若文……久之，积盈笥箧，值已亥之难，散亡略尽……始搜辑其余，洎犹或能记忆者为次而录之，得若干篇，藏江泠阁中。”记载士嵋诗文创作及整理过程。其词 1 卷，为诗余小令 13 首，如《闺中七夕》《咏美人》等，风格婉约含蓄，多生死契阔之感。《绪风吟》3 卷，卷分上下，乃士嵋 80 岁以后作品，收《吊宁都魏烈妇》《翠微五君咏》等文。笪重光《江泠阁集序》曾云：“著有《江泠阁集》若干卷，骚赋古诗宗汉魏而轻梁陈，五七言近体祖初唐而薄中晚，至为文则欲两汉争驰

矣。"简要总结士嵋诗文风格，古诗宗汉、魏，近体祖初唐盛唐；为文则博辨条达，朴质澹远，有两汉之风。

叶文敏公集 12 卷 清抄本；《续修四库全书》本。

清叶方蔼撰。叶方蔼(1629～1682)，字子吉，号讱庵。昆山人。谥文敏。本书凡 12 卷，文 7 卷 200 余篇，诗 5 卷 600 余首。卷 1 为应制诗文，卷 2 至卷 9 为文，分杂说、序、论、书、记、传、墓志铭、祭文 8 类，卷 10 至卷 12 为诗。其诗多"沨沨乎盛世之音"，颇受清世祖、圣祖所赏。邓之诚《清诗纪事初编》卷 3 称"方蔼诗文皆有法度，视同时张英、陈廷敬，似尚过之"。

南斋诗集不分卷附录 1 卷 清康熙三十五年(1696)山阳邱氏刻本。

清邱象升撰。邱象升(1629～1689)，字曙戒，号南斋。山阳人。与弟象随齐名，时称"二邱"。本书卷首有宋荦、陈台孙、冯景、刘沁区序各 1 篇，姚诜、谢起秀、胡从中、释今释、胡介、靳应昇、吴亢宗、张新标、陆嘉淑所作旧序共 10 篇。卷后附王士禛《大理左寺副邱公墓志铭》、李澄中《邱南斋先生传》、冯景《邱大理公传》。邱氏流布四方，作品存者仅十之一二，本书收诗 485 首。其诗沉雄遒厚，卓然成家，多交游酬答、山川风物、风土人情之作。邓汉仪《诗观三集》称其诗作"绝灵奇险"，沈德潜亦赞其"能状奇险之境"(《清诗别裁集》卷 4)，如《清远峡》"晓昏云气变，雷雨石痕崩"，《苦竹渡》"树暗惊人语，溪寒避虎风"，让人身临其境、惊心动魄。宋荦在序中评价其诗"和雅无叫嚣弩张之气，较近唐音，五言律尤胜，清新隽永似刘长卿"。陈台孙对其作品总结道："《焚余》《西清》二草思亲怀友诸作，俊逸凄婉，蔼蔼乎仁人孝子之言也；早朝应制诸作，春容典则，煌煌乎清庙明堂之音也。其他《领海》《江汉》《入燕》诸集，温厚和平，怨而不怒，一唱三叹，有风人之遗意焉。"甚为精当。

石堂全集 10 卷近稿 1 卷金台随笔 1 卷 清康熙刻本；清道光十年(1830)普照寺刻本；清光绪七年(1881)刻本。

清释元玉撰。释元玉(1629～1695)，俗姓马，字祖珍，号石堂，又号古翁，晚号死庵。通州人。卷首有张肇昌、高珩、成宏声、孔贞瑄序各 1 篇，吴云所作序 3 篇及《语录别序》《石堂记》。徐宗斡作《石堂记》1 篇，附禅师小像 1 幅，为之题识。又有《泰山普照禅寺祖珍和尚塔铭》1 篇，朱卿云、杲伦《普照禅林图记》各 1 篇。《近稿》卷首徐炜然序赞"其古诗苍秀"。《金台随笔》卷首韩冲、陈于逵序各 1 篇，主要是收录侍者佛光所记其法语、杂著、尺素、诗偈。本书卷末附蒋大庆跋 1 篇，徐宗斡《读石堂集跋》1 篇。禅师其诗颇近陶渊明、韦应物，王士禛盛称之，"谓如获异嗜，啖江瑶柱"(邓之诚《清诗纪事初编》引)。但也有锤炼谨严，典丽精工之作，如七律《赋得长安今日少年行》2 首。孔贞瑄在序中评价"其风格蕴藉，辄颇疑其不凡日异哉"，"诵其文终卷无烟火食一语，真所谓石肝霞肠、玉骨雪髓耳"。

秋笳集 8 卷 清雍正四年(1726)刻本；清知止草堂刻本。

清吴兆骞撰。吴兆骞(1631～1684)，字汉槎。吴江人。与其兄吴兆宽、吴兆宫共负盛名，称为"三凤"。本书前 4 卷为徐乾学所刊，后 4 卷为其子振所刊，随得随刊，故编次无序。卷首有作者《奉健庵书》，自述流放期间郁郁寡欢以寄情于诗。其子吴振臣跋称："离桑梓而谪冰雪，触目愁来，愤抑侘傺，登临凭吊，俯仰伤怀，于是发为诗歌以鸣不平。虽蔡女之十八拍不足喻其凄怆，此'秋笳'所由名也。"前 3 卷题《秋笳集》，卷 4 题《西曹杂诗》，卷 5 题《秋笳前集》，卷 6 题《拟古后杂体诗》，卷 7 题《秋笳后集》，卷 8 前 5 页题《杂著》，后题《秋笳后集》。集中收诸体诗近 500 首，赋 8 篇，杂著 7 篇。吴氏前期多登临抒情、咏史怀古之作，抒发兴亡盛衰之感。后因"科场案"流放宁古塔，于戍所凡 23 年，其诗多写塞外风光、风俗人情，以抒发其抑郁不平之气，如《出关》《次沙河塞》《城楼晓望》等。

憺园集 36 卷 清康熙三十六年(1697)刻本；清光绪九年(1883)金吴澜重刻本。

清徐乾学撰。徐乾学有《资治通鉴后编》，已著录。本书又名《昆山徐健庵大司寇乾学憺园全集》。卷首有宋荦序，黄元炳跋。卷 1 为赋、颂、乐章；卷 2 至卷 4 为《虞浦集》上中下，收诗 350 首；卷 7 至卷 9 为《碧山集》上中下，收诗 227 首；卷 10 至卷 36 为

疏奏、辨说、序记、碑志、杂著等诸体文。四库馆臣称其“学问颇有根据，然文章则功候未深，大抵随题衍说，不甚讲求古格。赋颂用韵，尤多失考，尚未能掉鞅词坛，与诸作者争雄长也”。诗则“格律圆整，音调和谐，不离唐诗正声”。

西轩纪年集 50 卷　南京图书馆藏稿本。

清邱象随撰。邱象随（1631～1701），字季贞，号西轩。山阳人。与兄象升有“二邱”之称。本书卷首有李楷、姚佺、谢起秀所作序各 1 篇，作者自序 1 篇，述编书始末及目的。收诗凡 2 000 余首，按年编次，从甲申年（1644）至癸酉（1693），一年一卷。本书真实记录其大半生的方方面面活动，可作研究其人其事之重要参考资料。

在陆草堂文集 6 卷　清雍正元年（1723）储掌文淑慎堂刻本；清光绪十七年（1891）重刻本；《近代中国史料丛刊》本。

清储欣撰。储欣（1631～1706），字同人，号在陆。居处名在陆草堂。宜兴人。本书又名《在陆草堂集》。储氏生前自编文集 10 卷，汇辑文章 200 余篇，然未付梓。作者殁后，其孙掌文与邢维信重加编次，择录 100 篇，厘为 6 卷。卷 1 为辨、论，卷 2 为书、碑记，卷 3 为传，卷 4 为家传和谱，卷 5 为序，卷 6 为志铭、行状和杂著等，另有补编 5 篇。卷首有吴之彦、邢维信所作凡例，本书评论校阅姓氏、储掌文跋、储欣之子储芝跋等。储氏为文简洁明畅，有唐宋遗风，颇近苏东坡，集中评语称其文“笔力驰骋，章法密变”，有“晚唐、北宋真境界”。其诗集今未见，凡例云：“外有诗 2 首，沉雄新辟，兼有杜韩，俟续刻以公同好。”

绾秀园诗选 3 卷词选 1 卷　北京大学图书馆藏稿本；清乾隆刻本。

清杜首昌撰。杜首昌（1632～?），字湘草。山阳人。卷首有高士奇、尤侗、程崟所作序。尤侗评价称“余卒读全集，反复咏吟，益信少陵衣钵今归湘老，于皇而外仅见也”。杜氏拒不仕清，以布衣身份漂泊四方，故其所作诗词皆清丽可诵，多记与友人交游，如《送裕铭王大司农归滇南》《柳敬亭持箑口占赠之》《满江红》等。亦有不少游历山川、生活旨趣之作，如《题栖霞寺》“岭开古洞来千佛，松响苍涛卷半天”、《采莲曲》“画舫随香到若耶，荷珠迸碎湿裙纱”。

西园诗集 8 卷　清康熙盱眙李氏刻本。

清李枝芃撰。李枝芃（1632～?），字峨士，号西园。清盱眙人。卷首有曹溶、沈荃、杜濬、戚玾及作者自序各 1 篇。李氏作诗以性情为主，奇思警句颇多。诗原有 3 000 首，不自收拾，子嶟瑞等辑而成编。李氏中年患疾，自言“双脚蹒跚如负重械者，一步不可出，终年累月伏枕支床，呻吟而已”，其心唯以诗发之。故其诗充满生活旨趣，看花对月、焚香听鸟、登山临水皆入其诗，遇好天、值佳节、读异书、逢奇士皆成好诗。曹溶评价其“性癖耽佳，沉酣四声之学，发为歌诗，清微古淡，愈把高岑之背，而登韦柳之堂”。杜濬粗述李氏为人之梗概，赞其“倜傥非常，慷慨多大节，故其为诗，风情流逸，意致苍坚，有顾盼一世之容而无纤媚柔冶之习，宛然肖其为人”。读其诗即知其人，不徒论诗也。

墨井集 5 卷　清宣统元年（1909）上海徐家汇印书馆铅印本。

清吴历撰。吴历（1632～1718），原名启历。字渔山，自号墨井道人，又号桃溪居士。常熟人。本书旧刻有《墨井诗钞》，为康熙五十八年（1719）陆道淮所编。集中包括《墨井诗钞》2 卷、《三巴集》1 卷和《墨井题跋》1 卷。《三巴集》一名《嶴中杂咏》，乃作者客居澳门 7 年间所作诗，反映了西方天主教文化内容和澳门风物。三巴为其所在天主教堂名。宣统元年，李杕将《墨井诗钞》3 种重刻，并补入吴历 80 首《圣学诗》，末附赵修令所撰《吴渔山先生口铎》1 卷，遂成 5 卷，改名为《墨井集》。卷 1 为生平资料与师友传略，卷 2 为《墨井诗钞》，将旧刻 2 卷合为 1 卷，卷 3 为《三巴集》，卷 4 为《墨井题跋》，卷 5 为《吴渔山先生口铎》。卷首有李杕自序及马相伯序。卷末附编者跋语，并补佚诗 9 首。

南州草堂集 30 卷首 1 卷续集 4 卷菊庄词 2 卷词话 1 卷枫江渔父图题词 1 卷青门集 1 卷　清康熙三十四年（1695）菊庄刻本。

清徐釚撰。徐釚（1636～1708），字电发，号拙存，又号虹亭，晚号枫江渔父。吴江人。本书凡 30 卷，卷首 1 卷，附录《续集》4 卷、《菊庄词》2 卷、《词

话》1卷、《枫江渔父图题词》1卷、《青门集》1卷。卷首有朱彝尊序、自序、姜宸英序等旧序12篇。是集前16卷为诗，辑康熙元年至三十四年间古今体诗971首。卷17至卷30为文集，收录赋、颂、雅、序、记、书、传、题跋、墓志铭、祭文等诸体文130余篇。《续集》4卷，原名《松风余稿》。《菊庄词》甲集1卷，乙集1卷。《枫江渔父图题词》为作者南游之绘图及名人题咏，收录屈大均、毛际可、姜宸英、田雯、施闰章、王士禛等91人题辞136首。《青门集》为康熙二十五年作者谪迁时，诸公卿所赠送之诗赋集，收录梁清标、张英等70人题赠诗文100余篇。时人评价其诗文"其雄浑则若轰雷激瀑，其严饬则若搢笏垂绅，其清削若臞叟枯僧，其娟秀若闺娃时卉"。邓之诚《清诗纪事初编》卷3称"其文叙述有法，诗尤华秀"。

邵子湘全集30卷 清康熙三十二年(1693)刻本；日本刻本；《常州先哲遗书》本。

清邵长蘅撰。邵长蘅(1637～1704)，一名蘅。字子湘，号青门山人。武进人。本书一作《邵子湘前后集》，亦作《邵青门全集》。凡30卷，分为：《青门簏稿》16卷，诗6卷、文10卷，收录其康熙十七年前所作；《青门旅稿》6卷，诗2卷、文4卷，收录康熙十八年至三十年所作；《青门剩稿》8卷，诗3卷、文5卷，收录康熙三十一年后归乡所作；附《邵氏家录》1卷，汇编邵雍祠堂碑记之类。其诗多羁旅行役、山水纪游之作，尤善七古、七律，徐世昌《晚晴簃诗汇》赞其"七古之浏漓顿挫，七律之苍秀沉雄，尤为诸体之冠"。邵氏亦有不少诗作揭露现实黑暗，展现明末清初社会场景，如《守城行纪时事也事在己亥六月》《豫民谣》《苦旱行》《城根妇》等。王士禛《邵子湘青门集序》评价"邵子之诗，格甚高，气甚遒，尝观海市于之罘，穷炎涨于扶胥，而其诗益奇恣尽变"。其文苍秀有法，纪游、论说尤佳，张舜徽赞曰"简炼而不芜冗，讲求蕴藉"(《清人文集别录》卷3)。宋荦《邵子湘全集序》则评价道："大较英爽飙发不如朝宗(侯方域)，而根柢胜之；明切善议论不如叔子(魏禧)，而春容胜之。"

百尺梧桐阁诗集16卷文集8卷 诗集清康熙十七年(1678)自刻本，文集康熙五十四年汪荃刻本；1980年上海古籍出版社《清人别集丛刊》本。

清汪懋麟撰。汪懋麟(1639～1688)，字季甪，号蛟门。江都人。工诗，受业王士禛门。与汪楫并称"二汪"。本书卷首有计东序，懋麟在《凡例七则》中解释，凡见赠旧序，分属各集之前，只将计东的序放在书前，以不忘故人。诗集前有徐乾学之序和《凡例七则》。《凡例七则》论述此集编年始自康熙元年，随年增入，至康熙十七年，以及其对"居三年之丧，不当从事于诗书"、古人彼此称名、刻集乞序等观点的独特见解。文集前有杜濬之序，懋麟自记及汪荃之书，收录书8首、序49首、记26首、书后2首、跋9首、传13首、墓志铭8首、墓表1首、碑阴2首、杂文4首、祭文14首、行状3首。王士禛评价其诗文成就，认为其诗歌师法韩愈、苏轼，又时出新意，晚年文章则峭刻近王安石。徐乾学在序中称其"于学无所不窥，下笔妙天下，而尤长于诗"，又将其诗分为"雄爽而激发""典实而春容""慷慨而深沉"三个阶段，赞其为博达之才，经世之器。

百尺梧桐阁遗稿10卷 清康熙五十四年(1715)汪文蓍瞻芑堂刻本；江苏省立国学图书馆传抄本；1980年上海古籍出版社《清人别集丛刊》本。

清汪懋麟撰。汪懋麟有《百尺梧桐阁集》，已著录。本书所收诗为汪懋麟一生最后10年即康熙十八年至康熙二十七年所作。康熙五十四年由其侄汪荃搜集遗诗250首，交与瞻芑堂刊刻。书前有顾图河、宋荦、汪荃、费锡璜、汪文蓍所作序，王士禛所作之传。本书收录诗作按创作年份排序，一卷一年，对研究其晚年生活交游和思想变化颇有参考价值。末卷仅收录13首，《无题》中"好梦十年真恨速，清歌一曲已嫌迟"一句，似已知道自己的生命即将走到尽头，悲凉之意顿生。

临野堂集30卷 清康熙四十一年(1702)临野堂刻本。

清钮琇撰。钮琇(？～1704)，字玉樵，室名临野堂。吴江人。本书卷首有潘耒序1篇。凡30卷，包括文集10卷、诗集13卷、诗余2卷、尺牍4卷、粤游日记1卷。文集卷首有李因笃序。卷1为赋，卷2、卷3为启，卷4、卷5为序，卷6为记、传，卷7为祭文、行状，卷8为题跋、引、赞等，卷9为外篇，卷10为杂言。诗集卷首有姜宸英《居项胥钞题辞》。卷1至卷3分别题为《笠钓初吟》《再吟》《三

吟》，卷4、卷5为《前筑音》《后筑音》，卷6、卷7为《居项胥钞》上、下，卷8为《端暇游》，卷9为《续筑音》，卷10为《粟语》，卷11为《南县客笔》，卷12为《柳下言》，卷13为《荔梦编》。《诗余》分上、下两部分，卷上38首，卷下30首，内容以咏物、述怀、题赠为主。《尺牍》卷首有康乃心《尺牍题辞》。凡4卷，卷1共47篇，卷2共37篇，卷3共43篇，卷4共37篇。潘耒序称是集"大抵诗章绮拔而隽永，一篇之中必有沉思警语，造微诣极，言简指深，绎之殊有余味。诸体杂文各有理趣，匠心独运"。

张文贞集12卷　《四库全书》本；清乾隆五十七年(1792)松荫堂刻本；清光绪二十七年(1901)活字本。

清张玉书撰。张玉书(1642～1711)，字素存，号润甫。丹徒人。顺治十八年(1661)进士，康熙三年(1664)授翰林院编修，累官内阁学士、经筵讲官、刑部尚书等。并充《平定朔漠方略》总裁、《康熙字典》总阅官。其诗气雄笔健，格调苍浑，卓然入唐人之室(《京江耆旧集》)。谥文贞。本书凡12卷，乃四库馆臣据东南大吏家藏抄本采进本删削而成。《四库全书总目》云："是集不分卷帙，亦无目录。其缮写格纸版心皆有松荫堂字。盖其家藏钞本编辑未成者也。"书前有储大文、曹文埴、冯应榴序。其玄孙张攫乾隆五十七年据以付梓，是为松荫堂刻本。其作文词典丽，端绪详明，内容多涉经济、人口、军事、清初将相事迹等。如卷1收《南苑赋》《璇玑玉衡赋》2篇、卷4《御定全唐诗录后序》《褒忠录序》、卷6《跋御书卷后》等，多为康熙歌功颂德之作，雍容典雅；卷7《纪平定江南事》《纪平水西事》等，记福王灭亡、李自成失败、平定三藩诸事，史料价值丰富，可与史传相参。沈德潜《清诗别裁集》卷6评云："文贞古今文俱以风度胜，诗品亦然。令读者如饮醇醪，自然心醉。"

遂初堂全集40卷　清康熙四十九年(1710)刻、雍正三年(1725)补刻本；吴江孙灵琳藏手稿本。

清潘耒撰。潘耒(1646～1708)，字次耕，号稼堂，晚号止止居士。吴江人。本书凡40卷，包括诗集15卷、诗补遗1卷、文集20卷、别集4卷。诗分少游、梦游、近游、江岭游、海岱游、台荡游、闽游、黄庐游、楚粤游、豫游、卧游诸章，按年编次。文则按体分类，为二氏作者入别集。其诗不事雕饰，直抒所见；其文气体浑厚，多论学之作。是书对经史小学、目录校雠、古典文学等方面的研究都有重要参考价值。

学文堂集47卷　清康熙刻本；《常州先哲遗书》本。

清陈玉璂撰。陈玉璂有《康熙常州府志》，已著录。本书《四库全书总目》著录为43卷，实为47卷，文43卷(其中有录无书者9卷)、诗10卷、词3卷。文以类编次，诗按体排列，词名《耕烟词》，分小令、中调、长调3卷。文集随作随刊，故无定本，卷数多寡不一。全集卷首有冯溥、吴伟业、王崇简、周亮工、卢纮序。文集前有黄与坚、奚禄诒、盛符升等人所作序。诗集前有谢良奇、黄永、巢震林、陈维崧序。词集前有沈泌、任绳隗、徐喈凤序。其文序作较多，说经、辩议有理有据，诗则非其所长。吴伟业序中赞其文"体裁之整，才气之逸，意思之沉雄，字句之典雅，莫不得古人法度而嚅哜其精，信可并古人以传，非仅睥睨名流也"。

严太仆先生集12卷　清乾隆元年(1736)严有禧绳武堂刻本；清光绪九年(1883)严氏西泾草堂重刻本。

清严虞惇撰。严虞惇(1650～1713)，字宝成，一作字赞成，号思庵。常熟人。古文详赡有体，经义以理气胜。本书卷首有蒋廷锡、杨绳武序。蒋廷锡在序中评价道："间牵勉应酬为古文词，深厚尔雅，远拟欧、曾，近亦与潜溪、安亭相上下。其为诗写所自得，不屑规模一家，而暗与古合。"凡12卷，卷1至卷3为诗，卷4至卷7为书序、寿序，卷8为记、书、书后、题词，卷9至卷11为志、传、碑、表、祭文，卷12为策问。杨绳武《皇清诰授中宪大夫太仆寺少卿严思庵先生墓表》提到此书题名缘由，云："先生制义既已风行海内，衣被后学，其古文词尤度越于俗，卓然名其家。昔昆山归震川先生为有明一代作者，而官止于太仆，今先生名位适与之相符，居相近，世相接，文章学问先后辉映，从学之士欲为先生刊《严太仆集》，继归太仆后，论者咸以为不愧云。"

匪莪堂文集5卷　清雍正刻本；清光绪二年

(1876)复庐校刻本;《清代诗文集汇编》本。

清刘岩撰。刘岩(1656～1716),原名枝桂,字月丹,又字大山,号无垢。江浦人。康熙四十二年(1703)进士。生平治经尤力,于《毛诗》《春秋》用功最深。古文豪宕,近于欧苏,为李光地、韩菼所礼重。诗品高洁,不尚辞华。工制艺,时称"刘江浦"。本书由刘岩裔孙藿扬所藏,吴楫辑,光绪二年甘元焕校刊。书前有吴楫作《刘大山先生传》《大山年谱》《序》等文,详细介绍刘岩生平事迹。吴楫曰:"呜呼!有才而不学则必自枉其才,有学而无行则虽声名洋溢,必有从而发其覆者。此先生之所以为难,余特表而出之,俾后学有所考云。"交代辑录缘由。本书计5卷,收文59篇,如卷1《游鸡鸣寺记》、卷2《送徐泰初入太学序》、卷3《郑清江先生传》、卷4《冬青女传》、卷5骈文,收方望溪《闻见录》等。其中《匪莪堂记》一文,记述其堂匾名之缘由。刘岩与方苞交游甚密,有《克伐怨欲不行焉》文。方苞评曰:"明白纯粹,绝无艰涩之态,说理之文,此为上乘。"书后有甘元焕跋。

恕堂诗7卷　清康熙四十四年(1705)精刻本;清嘉庆二十一年(1816)王世丰补刻本;泰州图书馆藏清稿本,16卷。

清宫鸿历撰。宫鸿历(1656～1718),一名鸿律,字西篆,一字友鹿,别号恕堂。泰州人。本书收宫氏康熙三十九年至四十三年之诗作。分《旧雨集》《感秋集》《散怀集》3种。《旧雨集》2卷收四十一年至四十二年诗作,《感秋集》3卷收四十三年诗作,《散怀集》2卷收三十九年至四十年诗作。其诗内容多交游唱和、咏史抒怀,如《金山寺》《留别商丘公》《吴恒王墓》等。所作《哭家七兄》"泪落青衫似绠縻,谁传噩耗到京师","山丘零落悲今日,巾尘从容忆少年",追忆其兄,深厚情谊溢于言表。宫氏还有一些作品富含生活旨趣,如《食枨郎四绝句》:"正味森严沁齿龈,洊雷入腹已硠磤。"《莆中午日》:"记取日斜人醉后,木兰船住木兰陂。"

依归草10卷　清康熙三十五年(1696)刻本;清康熙间刻本;《海陵丛刻》本。

清张符骧撰。张符骧(1663～1727),字良御,号海房。东台安丰人。世爵子。年20补郡庠生。笃信理学,与陈大始等人研讨性理之说。古文法归有光。康熙六十年进士,改庶吉士。在馆3年,雍正二年(1724)即告南还。里居四载,编辑宗谱,奖励后辈,游其门者益众。劝浚河道,恳修范堤,善诗词,勤著述,有《海房文集》等。"依归草"指依照归有光的文章为标准作诗文,清焦循《钞依归草序》云:"依归者,依明人归熙甫(归有光字熙甫)之文以为文也。"张氏文多酬唱赠答之作,传记文中亦收录不少真人轶事:如卷1《咸参军传》《雪鸿先生传》《沧浪水樵传》等,卷3收《李登云寻母记》《景氏贞烈记》。其中《范家浅缪节妇待旌记》详细列举了贫苦无依的百姓因种种现实原因而放弃旌表荣耀的实例。

存砚楼文集16卷二集25卷　清乾隆九年至十九年(1744～1754)刻本;《四库全书》本;清光绪元年(1875)静远堂刻本。

清储大文撰。储大文(1665～1743),字六雅,学者称画山先生,又号樊桐居士。室名存研楼、九峰楼。宜兴人。本书由储大文弟子张耀先、张冕等编。文集凡16卷,而论形势居7卷,二集25卷。凡山川阻隘,边关厄塞,无不详究,如《荆州论》11篇、《襄阳论》7篇、《广陵西城》1篇。推求古今城郭异地,山川异名,援据史籍,论述进退攻守之策。储氏作史论详于险易,对研究舆地、军事等意义颇大,但其他杂文则略显繁冗,价值不高。《四库全书》本、清光绪元年静远堂刻本缺《二集》。

朱止泉文集8卷　清乾隆四年(1739)顾天斋刻本;清光绪二十七年(1901)米寿镛重刻本。

清朱泽沄撰。朱泽沄(1666～1732),字湘陶,号止泉,学者称止泉先生。宝应人。本书一作《止泉先生文集》,由朱光进编辑。卷首有刘师恕所作序。收录诗、赋、语录、书、辨、说、序、跋等诸体,尤以书为多。卷1《自省》"必事致知能见大,须从克己着功深。兢兢毋懈存诚志,恻恻常怀济世心",反映其为人处世之道。《丙午吟》共32首,既有关于立志、主敬、知性、尽伦、威仪、克己、谨言、慎行、改过、穷理、力行等为人处世方面的,也有读《诗》《易》《尚书》《礼记》《春秋》等读书体悟,尤其《养民》一首,亦体现其爱民之仁心。书后附其门人王箴传为其所作《止泉先生朱公行状》,述其学脉渊源、生平、行谊、论说之大略,尤其朱氏去世之前仍勤学苦读,当

为后学者楷模。

夹斋文集不分卷 抄本,南京图书馆藏。

清姜兆锡撰。姜兆锡(1666～1745),字上均,别号素清学者。丹阳人。康熙二十九年(1690)举人,授内阁中书。生平究心于性理经学,常与方苞讨论。建双桐书屋,著述甚多。有《周礼辑义》《仪礼经传内编》《家语正义》等书行世。本集皆收姜氏所作序文。姜氏博学通经,乾隆元年(1736),以大学士鄂尔泰荐,任三礼馆纂修官。其奏文中多涉及此,如乾隆六年(1741)奏《拟进九经补注札子》,雍正三年(1725)撰《重刻十三经注疏序》等;序文中收录十三经注疏者为多,如《礼记章义目录序》《春秋公羊穀梁诸传汇义序》《孝经本义序》等;亦有为文史作序者,如《重刻二十一史序》《唐宋八家文序》等;有为友人著作撰序者,如《王父静宜先生适我园遗编序》《汤鲁滨诗草序》《同学荆其章时文序》等;其他尚有为族谱、贞烈、修建桥梁等作序者,如《宋墩赵氏族谱序》《阙里孔门李氏烈女序》《修建本社梓潼帝君庙序》等。

云川阁诗集14卷词7卷 清雍正九年(1731)刻本。

清杜诏撰。杜诏有《小学提要》,已著录。本书收录杜氏作于康熙三十二年(1693)至雍正九年之间诗作。卷首有杨绳武、楼俨和王会汾序。《四库全书总目》著录残本9卷。另有6卷本,康熙四十九年所刊,与词1卷合刻;康熙五十二年所刊,与词7卷合刻。

白田草堂存稿24卷行状乡贤录1卷 清乾隆十七年(1752)刻本。

清王懋竑撰。王懋竑(1668～1741),字予中,一作与中,号白田。宝应人。史学家。本书一作《王白田全集》。卷首有雷鋐所作序,称其"穷经论史,皆有卓识"。附王氏历任官职经历及沈德潜纂评。本书收录杂著、奏、书、序、寿序、祭文、行状、记、墓志铭、详稿、启、诗等诸体,卷1至卷20为文,卷21至卷24为诗。孙仝辙、孙仝敞撰《例义》,述王氏致力于朱子之学,考证《朱子年谱》之经过。王箴听等作《文林郎翰林院编修先考王公府君行状》,记其生平诸事。附《行状乡贤录》1卷,分事实、部议、题疏、祭文,记其被推举列入乡贤祠录之缘由及过程。本书对研究其生平、仕事、治学、治家、交游等皆有裨益。王氏在朱子之学上用力颇深,梁启超评价其所著《朱子年谱》,称"我们要知道朱子是怎样一个人,则非读这部书不可,而且读这部书也足够了"(《中国近三百年学术史》)。

蒋西谷集12卷 清康熙四十一年(1702)刻本;常熟市图书馆藏抄本。

清蒋廷锡撰。蒋廷锡(1669～1732),字杨孙,号西谷,一号西君,又号南沙。常熟人。卒谥文肃。本书又名《南沙诗钞》。凡12卷,收录《青铜轩诗集》6卷、《破山集》1卷、《秋风集》1卷、《片云集》1卷、《西山爽气集》3卷。

清芬楼遗稿4卷 清嘉庆二十二年(1817)英和刻本;《荆溪任氏遗书》本。

清任启运撰。任启运有《史要》,已著录。本书凡4卷,卷1为奏疏、书札,卷2为序记题跋,卷3为论说、考辨之文,卷4为传、志、赞、箴之文。卷首有英和、百龄、秦瀛序。卷末有曾孙任泰跋,详述成书始末。作者于《周易》《礼记》造诣颇深,不以词章争胜于文字间,不以文著而以文传,文章气息纯古,义蕴深厚,因事立言。

拙存堂文初集8卷 清乾隆六年(1741)刻本。

清蒋衡撰。蒋衡(1672～1743),原名振生,字湘帆,一字拙存,号拙老人、函潭老布衣等。金坛人。本书凡8卷,卷1《中庸说》《易卦私笺》,卷2《读诗疑》,卷3至卷6杂文,卷7《尺牍》《说诗别裁》《古乐府》《古诗十九首笺》《杜诗纪闻》,卷8《学诗偶存》等。另有《拙存堂文集》不分卷,凡6种,《说诗别裁》1卷,《古乐府》1卷,《古诗十九首笺》1卷,《杜诗纪闻》1卷,尺牍1卷,贡卷1卷。

己山先生文集10卷别集4卷 清乾隆十七年(1752)敦复堂刻本;《四库全书存目丛书》本。

清王步青撰。王步青(1672～1751),字汉阶,又作罕皆,号己山。金坛人。为雍正、乾隆时时文正宗。己山,又名句曲山、茅山,在句容、金坛之间。本书原名《竹里草堂遗稿》,其子士鳌所编。后宁化雷鋐督学江苏时,取其稿本,重为删定,凡存90余

篇，勒为 10 卷。用步青别号，改题今名。别集 4 卷，皆其时文选本之序论，附刊以行。张舜徽《清人文集别录》云："学者观此，可以见科举取士之世，塾师之所以教，士子之所以学者奚在。"

归愚文钞 20 卷　《归愚全集》本。

清沈德潜撰。沈德潜（1673～1769），字确士，号归愚。长洲人。乾隆四年（1739）进士。官至礼部侍郎。少受诗法于叶燮，论诗主盛唐，倡"格调说"，为乾嘉诗坛大宗。卒，赠太子太师，入乡贤祠，谥"文悫"。德潜曾取韩愈《秋怀》诗"归愚识夷途，汲古得修绠"之义，更字"归愚"，因以名集。本集 20 卷，收赋、考、说、书、传、论、序、墓志铭等各体文，其文平实简古，倡"文之与道为一"，如《与李客山书》《答滑苑祥书》等文可窥其文论。此外集中所收记、序、墓志铭等文尤多，如《宫赞尤先生墓志铭》《徐龙友遗诗序》《方上舍传》等。德潜文篇幅精短，自然洒脱，平实简古。

今有堂诗集 4 卷后集 6 卷附茗柯词 1 卷　清乾隆十二年（1747）刻本。

清程梦星撰。程梦星（1679～1755），字午桥，一字伍乔，号洴江，一号香溪。江都人。本书卷首有张璨所作序一篇。《诗集》4 卷收录程氏 50 岁之前的作品，古今体诗 466 首，分《江峰集》《分藜集》《香溪集》《畅余集》4 种，唐建中、漆绍文、杜诏、厉鹗各为之作序。《后集》收雍正三年（1725）年之后的作品，古今体诗 807 首，均作于杭州，卷首有胡期恒序、程氏自序各一篇，收《蠹余集》《漪南集》《五舰集》《山心集》《琴语集》《就简集》6 种，马曰琯、陈章、邵泰、姚世钰、刘师恕各为之作序。后附《茗柯词》1 卷，收词 74 首，江炳炎序。程氏长于近体，七律、七绝尤胜，诗学李商隐，风华清丽，内容多题赠应酬、山水田园、咏史怀古。张璨在序中赞"先生诗冲澹夷犹，不作剑拔弩张之态，而清音秀骨，象外天成"。袁枚言："午桥先生古风力弱，近体风华，不可没也。"（《随园诗话》）但《四库全书总目》评价"其诗略近剑南一派，而间出入于玉溪生。词亦具南宋之体，但格力差减耳"。

香溪集 1 卷　清乾隆刻本。

清程梦星撰。程梦星有《今有堂集》，已著录。本书前有杜诏所作之序，详述其与程梦星之交往、书名之由来。集中共收录古今体诗 114 首，皆为纪游诗，记述作者效仿王维，蜡屐游黄山，由白门渡江，经采石返岑川，穷极天都诸胜，既而涉桐庐、富阳，流览西湖、虎丘至锡山，偕秦靖然、杜诏、周金简秉烛山行，过寄畅园，饮天香阁下，一路之所见所闻所感。既有"一路平原尽草莱，六朝金粉冷于灰"（《雨花台》）的平原风貌，也有"屹立苍旻表，中都轩后家"（《天都峰》）的山川胜景。从"杏花委地柳丝牵，装点江城雨后天"（《金陵道中》）到"归日乍逢夏，游时忘过春"（《瓜不归舟》），或独行，或偕友，深得"不急之务"之趣。

万卷楼文稿 10 卷　无锡市图书馆藏稿本；国家图书馆藏清抄本。

清顾栋高撰。顾栋高有《司马太师温国文正公年谱》，已著录。本书凡 10 卷，卷 1 为说《尚书》之文，卷 2 为说《诗》及其他论、辨、考、说、记之文，卷 3 为书后、书札、碑记，卷 4 为书叙、赠序，卷 5 为诗文叙、寿叙，卷 6 为传，卷 7 为碑志、祭文，卷 8 为杂著、题跋、志稿小叙，卷 9 为颂、赋、诗歌，卷 10 为诗及诗余。顾氏长于治学，其文多繁冗。是集有《与华师道论修南北史合注书》，论述颇有见地。

双薇园集不分卷　清乾隆十五年（1750）刻本。

清丁有煜撰。丁有煜（1682～1764），字丽中，一字介堂，号石可，晚号个道人。静海乡人。"外八怪"之一。本书一作 5 卷。卷首有刘藻《题双薇园书屋》一篇，徐钺、王箴舆序各一篇。附丁有煜画像《瘦筇图》一幅。本书共收诗 675 首，多为其在双薇园隐居期间读书治学、交游唱和之作。徐钺赞其诗"宗杜陵，追栗里，淘汰铅华，独辟幽邃"。王箴舆评价"磊落英多，奇芬袭人，而炎炎，而詹詹，常有离忧悲侘之气，盘郁喉舌间"。丁氏自评"学书无能，学画无成，学铁笔拟秦汉，愧文何生"。其亦有不少作品反映百姓疾苦，鞭挞官府黑暗，透出反清复明思想，故其三部诗集皆在"文字狱"中被禁毁。如《缝穷妇》"少妇客他乡，提筐走街市"，《风尘二首》"春草乱离添旧恨，书生只合老林邱"。袁枚叹其卒曰："个老亡，江北无名士也。"可见其人风骨。

水南先生遗集 6 卷　清嘉庆二十一年（1816）

汪敬刻本。

清程嗣立撰。程嗣立(1688～1744),初名城,字风衣,号篁村,一号水南。安徽歙县人,世居山阳。卷首郭麐序一篇,述其对程氏才学仰慕之情。卷末附汪敬序一篇,述此书付梓之经过。本书前3卷收古今体诗200余首,附词43首,后3卷收序、辨、记等诸体文。程氏工诗,出入魏晋,取法唐人。其诗多唱和之作,兼有写景、题画等内容。其词属婉约派,格局较小。郭麐在《灵芬馆词话》评价"程水南先生,风雅总持,诗文皆洁净可传,词非当家"。其文法韩欧,受桐城派影响颇大。郭麐在序中总结称"其诗质而不俚,新而不佻,纵横排宕而不乖于矩镬;感慨幢戾,深嘹太息而不涉于怨悱。高处出入魏晋而取材于唐贤,亦旁及摩园、后山、简斋诸家。其文则一以韩、欧为法,议论皆有根据,不为枵然无用之大言,沉闷不切之理"。当是中肯之语。

望溪先生全集30卷年谱2卷 清咸丰元年(1851)戴钧衡刻本;《四部丛刊》本;《清代诗文集汇编》本。

清方苞撰。方苞(1688～1749),字凤九,一字灵皋,号望溪。桐城籍,上元人。论文提倡"义法",为桐城派创始人。本书30卷,分正集18卷、集外文10卷、集外文补遗2卷。前有王兆符、顾琮、程崟等作原序。清戴均衡以王兆符、程崟辑本未善,乃重编为18卷。后又多方搜辑,辑成《集外文》10卷,又以所得文为《补遗》2卷。且附苏惇元撰《年谱》1卷。戴均衡《重刊方望溪先生全集序》云:"周、汉、唐、宋诸家义法,亦先生出而后揭如星月;而其文之谨严朴质,高浑凝固,又足以戢学者之客气而湔其浮言。"高度肯定了方苞的清正雅洁的文风和"义法说"。方苞在讲究"义法"的前提下,写作不少精当的论说文,如《汉高帝论》《灌婴论》等。而其散文创作,有以情动人处,如《先母行略》《亡妻蔡氏哀辞》等,描摹出深厚的母子、夫妻情谊;也有针砭时弊,深省自悟处,如《狱中杂记》《逆旅小子》等。

浣松轩赋稿1卷诗集11卷 清嘉庆五年(1800)刻本。

清顾我锜撰。顾我锜(1689～1734),字湘南,号帆川。清吴江人。据光绪《苏州府志》卷138载,顾氏有《浣松轩集》,凡诗集6卷、文集6卷、外集10卷。今存《浣松轩赋稿》1卷,诗集11卷,其中编年6卷,分体5卷。

游洞庭诗1卷 南京图书馆藏稿本。

清顾我锜撰。顾我锜有《浣松轩赋稿》,已著录。本书收录作者游览洞庭湖风景所作之诗,如《过楞伽山》《夜泊胥口即事》《翠峰寺》《龙潜井》《控鹤亭》《天衣禅院》《登莫厘峰》《仪山》《古雪居》等。

青溪集12卷 清道光十七年(1837)程氏东山草堂刻本;《金陵丛书》本;《清代诗文集汇编》本。

清程廷祚撰。程廷祚(1691～1767),初名默,字启生,号绵庄,晚年自号青溪居士。歙县籍,上元(今南京)人。廷祚多评述前人的文学典籍,且论据信于心、安于理、确然有征于古。其致力于经学研究,论文有理有据,且将自己的见解融入其中,做到"经世致用"。故姚鼐序言:"余日夜读之,始知其心胸阔大,气魄雄毅,直欲自立于汉唐宋明之后,以上接孟子之传。"

板桥集 清清晖书屋刻本;清善成堂刻本;清西山堂刻本。

清郑燮撰。郑燮(1693～1765),字克柔,号板桥。兴化人。文学家、书画家。为"扬州八怪"之一。本书分六编,凡诗钞两编,共收古今体诗339首;词钞一编,收77首;道情一编,收10首;题画一编,收65则;家书一编,收16通。《诗钞》前有慎郡王允禧题诗,赞其"高人妙义不求解,充肠朽腐同鱼蟹。此情古人谁复知,疏凿混沌惊真宰"。其诗近杜甫、陆游,明白流畅,较多地反映社会现实。词尤胜诗,吊古抒怀,激昂慷慨。其题画打破前人窠臼,别开文人画之新境界。《道情十首》雅俗共赏,劝人觉世。前6首关心民间疾苦,感慨世事艰难。后4首偏重于历代兴亡,借古说今,倡导清净无为。郑燮兼擅诗、词、曲、文、书、画、联、印,享誉清代文坛,也是"扬州八怪"中影响最大的一个。

西垣集20卷次集8卷 清乾隆井谷园刻本。

清保培基撰。保培基(1693～?),字哲庵,号西垣。通州人。本书卷首有陈元龙、李堂、袁枚、陈邦彦、黄天源、顾瀛等人所作序数篇,作者自叙一篇。据其自叙,《西垣集》20卷所收为其40岁以前所作

诗文,《次集》8 卷为其后所作。陈元龙在《总序》中总结“其文依据京师,裁铸欧柳;诗则规模晋唐,驱架温李;词则凄艳悲壮,与小山白石屯田诸作相伯仲”,赞其为“真学者、真情人”。其卷 5《馑》记旱灾之后饿殍遍地,无物可食的悲惨场景,黄天源赞其无怨天尤人之句,得杜甫之神韵。陈邦彦在《西垣文序》中评价其文“沉郁冲雅,宏深奥衍,亦庄亦骚,不可端倪”。卷 14《四乡荡子传》述一奇人奇事,以一“荡”字,恣意发挥,李堂赞其是“皮袭美、陆鲁望一派文字”。

半舫斋编年诗 20 卷古文 8 卷 清乾隆三十六年(1771)侯学诗精刻本。

清夏之蓉撰。夏之蓉(1697～1784),字芙裳,号醴谷,晚号半舫老人。高邮人。诗集由其门人侯学诗编辑批点。卷首有周长发、傅为詝、茹敦和、陶易、侯学诗所作之序。侯学诗在序中详述编书始末,记夏氏所著起于康熙五十六年(1717),至乾隆三十六年,共 2 600 余首。其以气格为主,为之删辑,得 1 083 首古今体诗。夏氏既有《平山堂怀欧阳公》《过露筋祠》等怀古之诗,亦有《湖上秋居》《九日同人登文游台》等写景之作。茹敦和称其“落简必持以深稳,则又含东坡之腴而削其疵”,评价甚高。文集则由门人戴祖启编辑批点。卷首有陈兆仑、朱仕琇、戴祖启之序,称其文“援据精确,气色渊古”,“浑朴真挚,不以雕绘炫长而瑰玮特达”。收录颂、碑文、解、辨、考、传、论、书、札子、序、记、策、策问、说、议、墓表、墓志铭、祭文、杂著、赋等诸体文 99 篇,题材颇丰。

玉山诗钞 4 卷文钞 4 卷附刻 1 卷 清乾隆二十七年(1762)刻本;《四库未收书辑刊》本。

清项樟撰。项樟(1701～1762),字景贻,号芝庭。阜宁人。自祖父始,居庙湾场三灶里。雍正十一年(1733)进士。历知四川大竹、万县、湖北黄冈、山西蒲州事,擢安徽凤阳知府兼护凤庐颍道。所至勤于民事。后以赈灵璧大灾,积劳卒于官。本集前有沈德潜、秦大士等作序。收项氏所收古今体诗,多为记录生活琐事及写景纪游、与友唱和之作。其中有记录盐城本域风景的《射湖八景》等诗;有记录赈灾史事的《河东勘灾纪事十首》等诗;有咏怀古迹、抒发感怀的《虞姬墓》等诗;有与友应和的《蕉窗夜雨次友人韵》《道上怀署中诸子》等诗;亦有纪游之作,如《游南峰寺》《晴过心红峡》等。诗风清丽朴实。

馂存诗稿 3 卷 清道光十年(1830)刻本。

清倪瑞璇撰。倪瑞璇(1702～1732),字玉英。宿迁人。宜兴徐起泰继妻。作者年 30 而卒,卒前自焚诗文 6 册。此书原分 9 卷,凡 400 余章,多残失次,完整者尚 200 余章。后经曹嘉重加排纂,定为上、中、下 3 卷,加以刊刻。书前收有瞿源、朱桓、朱期成、周保极、曹嘉所作序各 1 篇,徐起秦所作传 1 篇。上卷收录其出嫁前的作品,中卷为出嫁后随丈夫在睢地时期的作品,下卷为从睢地回到故乡之后的作品。其诗风飘逸类李白,偶亦作元白歌行体。沈德潜在《国朝诗别裁集》中称赞其诗能“发潜阐幽,诛奸斥佞”,令人“每一披读,悚然起敬”。比如《闻蛙》“无人能脱征徭累,只有青蛙不属官”,借青蛙暗讽苛捐杂税之重,无人能免。其代表作《德政碑》“一碑未久一碑起,勒功纪绩悬累累”,“忽闻扣门人乞文,袖底纳金喜颜色”,“好丑贤奸无定相,兰台好恶随升降”,义正言辞地批判官场黑暗腐败之风,对当时的社会状况有着清醒而深刻的认识,尖锐大胆,甚为难得。

浣玉轩文集 4 卷 清光绪十六年(1890)刻本;1936 年重修本。

清夏敬渠撰。夏敬渠(1705～1787),字懋修,号二铭。江阴人。本书为嘉庆十年(1805)其子祖燿编辑而成。凡 4 卷,卷 1 读经余论、卷 2 读史余论、卷 3 序传杂文,卷 4 杂著。《江阴夏氏宗谱》卷 14 载嘉庆十年其从侄祖燿识语曰:“集旧分三目,一为经史余论,一为学古编,一为是集。今其两汉三国以后史论之文已入《纲目举正》者,不赘录,因并三目,择而辑之为一集成四卷。”光绪十六年其曾侄孙子沐汇其诗文,辑成《浣玉轩集》4 卷,跋曰:“二铭公所著书皆未梓,嘉庆间祖燿公复都文集为四卷,诗集为二卷。经庚申兵燹,诸书无复存者,诗文集亦无完本。今搜括仅得骈散文若干篇、古近体诗若干首,编成四卷。”

海门初集 10 卷首 1 卷 清乾隆四年(1739)健余堂刻本。

清鲍皋撰。鲍皋(1708～1765),字步江,号海门。丹徒人。彝子。国子生。自幼聪颖,有"奇童"之称。一生耽溺于诗,不事科举。与尹嘉铨、钱为光等人交往颇深。乾隆元年荐举博学鸿词,托疾不就。与余京、张曾并称"京口三诗人"。本书为鲍皋所作诗集,尹嘉铨编选。书前有尹会一序云:"诗且日进不懈而及于古。独得乎温柔敦厚之遗,而迥异浮华放浪之习。"刘大櫆序云:"其才力之放纵,浩乎无所不极,直将追古人而上之,所谓天偶以是气畀之其人以为心者也。"皆推其诗才之高,清雅旷达,有六朝、盛唐典范。本书收鲍皋古体诗与今体诗,或怀古寄思,或交游唱和。其寄情山水之作,细致描摹自然风光,清新自然,多具镇江地域色彩,如《登金山壮观楼》《北固怀古》《秋夜焦山》等。如《江上步月》:"江静月无声,依微沙渚明。庐中闻雁起,柳外觉人行。"以动衬静,描绘出月光朗朗下的宁谧江景。鲍皋珍惜友人情谊,书中多录其与友人酬答之作。

文靖先生诗钞13卷 清道光六年(1826)宝晋堂刻本;《崇川各家诗钞汇存》收其诗156首。

清孙世仪撰。孙世仪(1710～1778),字虞朝,号渔曹。南通人。监生。门人私谥文靖先生。本书一作《冬荣馆诗钞》。卷首有钱兆鹏序、蒋震文传及赞各1篇。书中收录孙氏从乾隆三十一年至五十三年(1766～1788)古近体诗共1 202首,按年份编次,一年一卷。钱兆鹏在序中称赞孙氏"德言兼懋,显晦咸宜"。其文学韩愈,诗学唐宋,上溯汉魏。其诗风格雅近杜甫,温厚尔雅,穆如清风。诗作内容多生活旨趣,记述交游唱和,四时景致,如卷1《友人招赏藤花》"紫霞团盖天冥濛,短节人造霞天中",卷6《荷珠》"高盖团清泚,空明的皪圆"等。其亦有不少悯农之作,如卷2《大雨》"秋租愁失望,何以庇生灵"等。本书主要收录其后十三年的作品,因而也多有反映其迟暮之痛、寂寥之苦之作,如卷5《亡荆百日》"伤哉泉下人,长夜何时旦",卷6《夜坐》"照壁孤灯挑有穗,烛香寒火拨生灰"等。

水西诗钞1卷 清刻本。

清李蟠枢撰。李蟠枢,字建中,号蒨园。山阳人。本书卷首有王际华序1篇。正文凡1卷,按五律、七律、杂体三部分排序。其诗多描写生活琐事,如《不寐》《赏溪秋望》等。王际华序中评价"其风格清雅,迥殊凡俗","持论公正,见闻渊博","其诗温厚和平,不失风人之旨,且语有关系,非风云月露之辞所可概也"。

绳庵内集16卷外集8卷 清乾隆三十七年(1772)用拙堂刻本;清乾隆三十九年重校刻本。

清刘纶撰。刘纶(1711～1773),字如叔,又字慎涵、宸翰,号绳庵。武进人。与刘统勋同为高宗倚重,有"南刘北刘"之称。本书凡24卷,内集16卷,外集8卷。其诗学青丘子,文则本原经史,取法六朝。《内集》所载大科应试诸作,清华典丽,根柢宏深。

锡庆堂诗集8卷 清咸丰九年(1859)刻本。

清嵇璜撰。嵇璜(1711～1794),字尚佐,号黼庭,晚号拙修。无锡人。曾与刘纶、纪昀等主持四库全书馆之纂修。谥文恭。本书初经作者手定为《锡庆堂诗钞》1卷,未刊刻。后其子承群自他人集中及手卷画册间录出数百首,亦未付刻。其孙文骏乃将所集古今体诗若干首分为8卷,刊刻之。凡有诗无题者即标曰"失题",诗中字句不全者亦听其缺,如不敢以私臆增损。

于文襄手札 手稿本,国家图书馆藏;1933年国立北平图书馆影印本;《中华再造善本》本。

于敏中撰。于敏中(1714～1780),字叔子,一字重常,号耐圃,金坛人。乾隆二年(1737)状元。三十八年,晋文华殿大学士,兼户部尚书。充国史馆、三通馆正总裁。卒后祀贤良祠,谥文襄。《清史稿》有传。乾隆三十八年,乾隆帝诏修《四库全书》,于敏中被任为正总裁之一,后又任为《四库全书荟要》总裁官。此手札即于敏中就《四库全书》及《荟要》纂修事,写给当时的总纂官陆锡熊、纪昀等人的信函。信函共56通,后结为此集。这批信函涉及的问题包括有关《四库全书》的馆务、人事、《永乐大典》择书标准和辑佚书的校勘、丛书类的处理、外省采进遗书的使用、具体图书的处理等问题。是《四库全书》纂修研究的重要参考资料。

小仓山房文集35卷诗集37卷补遗2卷 《随园三十种》本;《四部备要》本;《清代诗文集汇

编》本。

清袁枚撰。袁枚有《随园食单》，已著录。《小仓山房诗文集》是袁枚的代表作之一，集中体现了作者的文学观念，也可以看到袁枚的文学创作成就。袁枚论诗主性灵，自作诗用笔轻灵，情韵悠然，但有时略嫌浮滑。古文和骈文摒弃雕饰，浅近自然，代表作如《祭妹文》，自始至终贯注着一个"情"字，透露出作者的深情、真情。杭世骏序云："记叙用敛笔，论辨用纵笔，叙事或敛或纵，相题为之，而大概超超空行，总不落一凡字，此其志也。"对袁枚的古文特色有很高评价。

蕺园诗集10卷 清乾隆二十七年(1762)敬箴堂刻本。

清程晋芳撰。程晋芳(1718～1785)，原名廷镄。字鱼门，号蕺园。江都人，安徽歙县籍。与修《四库全书》。一生藏书颇丰，"罄其资以购书，庋阁之富，至五六万卷，论一时藏书者，莫不首屈一指"。本书凡10卷，分别为《篱东集》《春帆集》《索米集》《刻楮集》《白门春雨集》《结夏集》《桂宦集》《小金台集上》《小金台集下》《拜书亭稿》《拜书亭后稿》，共收录古今体诗757首。全集编年分卷，起于乾隆八年，止于乾隆二十二年。袁枚评价其"一生以诗为最"，程氏自己也认为"所学惟诗自信"。其诗歌四言、五言、六言、七言、九言、杂言、古体、近体、乐府、歌行皆备。按题材可分为记事感怀诗、行旅纪游诗、宴饮赠答诗和进御诗四大类，尤其记事感怀类诗歌，描绘了作者真实的生活场景，借以抒发其内心情感，感叹"侪偶聚散、家世盛衰"，可谓其诗歌当中最具代表性的部分。

蒋春农文集不分卷遗研斋集2卷 国家图书馆藏清抄本。

清蒋宗海撰。蒋宗海(1720～1796)，字星岩，又字天津，号春农，晚号冬民、归求老人。室名"椒馨阁"。丹徒人。暹子。乾隆十七年(1752)进士，官内阁中书。曾应卢见曾聘修纂《金山志》《焦山志》等。后相继主讲如皋雉水书院、扬州梅花书院等。工诗，能篆刻，善丹青，精鉴别。著有《春农吟稿》等。本书前有翁方纲序："而春农每来座中，手箧楱快辨横飞。有与商古籍者，则屈指唐镌、宋椠，某书某板阙某处，某家鉴藏某帖，如贯珠，如数家珍。"赞其古籍鉴赏之能。书中收《吴文木诗说序》等文，"予尝谓为文必根柢经籍，博宗考订，非以空言机法为也"，主张诗文要根柢于儒家经训，是为"正本探原"之说。

研经堂诗文集16卷乡贤录1卷 清道光十二年(1832)刻本。

清吉梦熊撰。吉梦熊(1721～1794)，字毅扬，号渭崖。丹阳人。幼年随长兄梦资读书。乾隆十七年(1752)进士，改庶吉士，官通政使。弹劾不避权贵。擅蝇头小楷。能诗文。曾为"撷秀山房"诗社成员。著有《丹阳闻见录》《研经堂文集》等。生平事迹见李桓《国朝耆献类征初编》卷91。"研经堂"为梦熊室名，吉姓宗祠有联"梦熊集成研经堂"。本集前有朱珪《研经堂集序》云："余卒读之，其体雅正清和，想见其生平。盖公之为人，廉悍卓荦，词气侃侃。由翰林改官御史，洊至九卿，衡文不苟，闽人称之。旁通六壬耶律之书，而不诡于理，犹是儒家言也。"集内包括《研经堂文集》3卷，录其所作策论、序颂、碑铭等文；《研经堂诗集》13卷，录其游历、酬答、怀古等诗。梦熊曾仿宋张先和苏轼为前、后《六客词》例，作《前六客诗》《后六客诗》2首，令人称绝。后附《乡贤录》1卷。

七录斋诗文稿不分卷 泰州市图书馆藏稿本。

清阮葵生撰。阮葵生有《茶余客话》，已著录。卷首有王溥所作《七录斋诗钞序》，极力称赞阮氏才、学、识三者皆备，"读吾山诗，其亦可关其口，旋其面目矣"。其嗜好作诗，自述"二十年间两千篇，丛编蠹简恣涂窜"(《邱丈桐园为予订〈十载删余集〉赋长句寄怀》)。《诗钞》共收古今体诗672首。以阮氏乾隆二十六年(1761)入朝为官为界，其创作分为前后两个时期。前期题材广泛，风格多变，以咏史、言志、纪游、叙事为主，如《野望》《读饴山集》等。《赈粥谣》记录了乾隆盛世之下百姓生活困苦的另一面，抨击了官吏贪腐的社会风气，言辞激烈，意义深刻。后期入仕后，以唱和赠答，咏物、思亲为主，如《乞猫联句用昌黎斗鸡联句韵》《对月有感》等。《文钞》收录赋、颂、连珠诸体153篇。其文笔精粹，意境优美，尤以记述家国大事的大赋为佳，如《皇舆一统图赋》《圣驾六巡江浙赋》等。

七录斋诗选8卷 清嘉庆十九年(1814)金陵刻本。

清阮葵生撰。阮葵生有《茶余客话》,已著录。本书卷首有百龄序1篇,阮元所撰《刑部侍郎盾山阮公传》1篇。正文收古近体诗凡721首,卷1古近体诗64首,卷2共93首,卷3共54首,卷4共58首,卷5共152首,卷6共109首,卷7共76首,卷8共115首。百龄赞其"以其正气发为中声,故时而严霜震电,则大车行露之威也;时而甘雨卿云,则硕鼠哀鸿之泽也","天地山川之奇,草木虫鱼之状,欢愉愁苦人事之变,交感勃发,磅礴郁积而一吐之于诗"。其诗"辞丽而不纤,流而不剽,疏以达其于古"。是集多记生活琐事、交游往来,亦有反映时事之作,如《赈粥谣》"可怜一勺浆,泥沙杂糠秕。上疗父与母,下逮妻与子"等。

瓯北全集 清嘉庆年间湛贻堂刻本;清光绪二年(1876)刻本。

清赵翼撰。赵翼有《皇朝武功纪盛》,已著录。本书卷首收录赵翼墓志铭及其子廷俊等校审的年谱。凡172卷,共收录7种:《廿二史札记》36卷、补遗1卷,《陔余丛考》43卷,《檐曝杂记》6卷,《皇朝武功纪盛》4卷,《瓯北诗钞》17卷,《瓯北诗话》10卷、续集2卷,《瓯北集》53卷。《廿二史札记》成于乾隆六十年(1795),包括24种纪传史,按年代编次,分别加以评述和考订。《陔余丛考》每卷分若干篇,凡892篇,分为经义、史学、掌故、艺文、纪年、官制、科举、风俗名义、丧礼、器物、术数、神佛、称谓、杂考14类,学术价值颇大。《檐曝杂记》成于晚年,乃其平生零散笔记的汇辑,内容涉及朝廷政事、文人轶事、科举考试、海外贸易、京城风貌,桂、滇、粤、黔见闻,以及读书札记等。《瓯北集》正集50卷、续集3卷,收诗4 300余首,几乎包括了其全部诗作。所涉内容极为广泛,按年编次,曾数次刊刻,53卷本乃作者辞世后由其子弟编辑刊刻而成。作者晚年手自删订《瓯北集》,存十之三四,1 000余首,分体重编为《瓯北诗钞》。《瓯北诗话》论诗主张"独创",反对"荣古虐今"的复古倾向。前10卷评论李白、杜甫、韩愈、白居易、苏轼、陆游、元好问及明代高启、清代吴伟业、查慎行十家,附《陆放翁年谱》一卷;后2卷论韦应物、黄庭坚等唐宋诗人诗作及诗格、诗体。

红豆诗人集18卷词1卷附录1卷 清道光十九年(1839)刻本。

清董潮撰。董潮(1729～1764),字晓沧,号东亭。阳湖人,旧籍浙江海盐。曾赋《芙蓉庄红豆树歌》,传诵都下,人称"红豆诗人"。董氏长于近体,其诗多为山水纪游、乡愁离思之作,风格清丽明快。如《晚霁》:"断虹明古涧,凉雨过高城。乡信怀千里,寒蝉更一声。"《京口渡江》:"铃音几处烟中寺,灯影谁家水上楼。最是二分明月好,玉箫声里宿扬州。"其词风格绮丽,富于意境,丁绍仪《听秋声馆词话》评价为"凄清遒逸,迥殊凡响"。如《青玉案·用贺方回韵》:"小桥流水西塘路,记泪眼,匆匆去。一片春帆云外渡,乱烟芳草,远山残照,知道人何处。红藕香销秋欲暮,苦忆当时临别句。一寸柔肠余几许,那堪今夜,断鸿声里,点点芭蕉雨。"

灵岩山人诗集40卷 清嘉庆四年(1799)毕氏经训堂刻本;清道光十五年(1835)刻本;南京图书馆藏清抄本。

清毕沅撰。毕沅有《夏小正考注》,已著录。"灵岩山人"为毕沅号,因以名集。收诗计2 700余首。卷1至卷4《砚山怡云集》;卷5《三山揽胜录》;卷6《渡江吟草》;卷7至卷8《莲池吟草》;卷9至卷10《五湖载酒集》;卷11至卷13《青琐吟香集》;卷14至卷16《阆风集》;卷17至卷20《听雨楼存稿》;卷21《萍心漫草》;卷22《陇头吟》;卷23至卷24《崆峒山房集》;卷25《秋月吟笳集》;卷26《杏花亭吟草》;卷27《青门集》;卷28至卷30《终南仙馆集》;卷31至卷32《终南仙馆续集》;卷33《玉井搴莲集》;卷34至卷36《嵩阳吟馆集》;卷37至卷39《香草吟》;卷40《绘声漫稿》。时人评毕氏诗"意气激昂、情文悱恻"。

灵岩山馆文钞不分卷 上海图书馆藏清抄本;《清代诗文集汇编》本。

清毕沅撰。毕沅治学以汉学为宗,重训诂考证。文集未刻,今存非其原貌。本集收录多为毕氏奏议,内容涉及赈灾、修坝治水、疏浚航道、平定内乱等方面。

梦楼诗集24卷 清乾隆六十年(1795)食旧堂刻本;1916年上海同文图书馆石印本;《清代诗文

集汇编》本。

清王文治撰。王文治(1730～1802),字禹卿,号梦楼,别号无余。丹徒人。乾隆二十五年探花。历任翰林院编修、国史馆纂修等。先后主讲浙江、镇江诸书院。工诗善书。与刘墉、梁同书、翁方纲并称"清四家"。本书卷首有王文治《自序》及姚鼐《食旧堂集序》,并附袁枚、曾燠、姚鼐等人致王文治《书》。虽有溢美之辞,然亦多公允之论,如袁枚《书》云:"细绎公诗,方知功夫之深纯,精神之绵密,细筋入骨,高唱凌云,能兼此二者,当代能有几人哉!"本书共收作者古今体诗1 800余首,按年编次,分《放下斋初存稿》《海天游草》《扬州集》《丁香馆集》《乙卯集》等25集。诗歌多行旅、赠答、题图、怀古之作。如卷1《杂诗二十首·十五》《有所思》等诗,可见其交游之广。卷6《秋夜对月有怀李随轩楚游》、卷18《舸斋图歌为张翊和作》等,极写友朋酬答之情,豪情跌宕,情深意重。也记其宦涯吏治、关怀民生等事,如卷6《题毕秋帆同年倚竹图》、卷9《蜂房》等。此外写景状物善用白描,清新淡雅。梦楼诗作自成一体,深纯精粹,对京江诗派影响较深。

严东有诗集10卷　《观古堂汇刻书》本;《郎园先生全书》本;《续修四库全书》本。

清严长明撰。严长明(1731～1787),字冬友,亦写作东有,一字道甫。江宁人。曾选编《千首宋人绝句》等。本书前有叶德辉、潘奕隽、程晋芳所作序,钱大昕撰《内阁侍读严长明传》。叶德辉序云:"始余获《归求草堂诗集》六卷、《秋山纪行集》二卷,均为原稿,未经前人刊行。"本书内容包括:《归求草堂诗集》6卷、《秋山纪行集》2卷、《金阙攀松集》1卷以及《玉井搴莲集》1卷。诗歌题材多样,有宦游、交友、唱和、咏物、山水田园诗等,如《春雨桥晚坐(在幽居门外)》:"凉雨春添秀,和烟落翠微。引声低梵唱,园影晃僧扉。浴鹭清相照,漂花澹不归。石阑如可惜,小坐竟斜晖。"透出一股闲适恬淡的田园气息。诗如其人,诗气恬法密、神清韵和,措辞多平易温和,渟滢恣肆间,又兼有众体。洪亮吉《北江诗话》中评论其诗:"严侍读长明诗,如触目琳琅,率非己有。"可见其诗作功力至深。

香叶草堂诗存1卷　清嘉庆元年(1796)刻本;清道光间刻本;1918年铅印本。

清罗聘撰。罗聘(1733～1799),字遁夫,号两峰,别号花之寺僧。安徽歙县人,嘉庆中寓扬州。画家,为"扬州八怪"之一。画梅入高格,尤喜画鬼。其妻方婉仪,子允绍、允缵均善画梅,称"罗家梅派"。本书卷首有翁方纲、吴锡麒所作序,记述与金农、罗聘之交游,赞颂其"活梅花于腕下,生竹树于胸中;春山淡而秋山明,新鬼大而故鬼小"。书后有金楷之跋,述其在道光间将《香叶草堂诗存》藏板交付坊人,装订成书之经过。诗风晓畅亲切,沁人肺腑,翁方纲评价为"能尽发其所欲言"。其师金农赞其学诗"得予风华七字之长"。狂放洒脱,"爱我若爱酒,酒痕污我衣。隔溪相揖别,穿树独吟归"(《与杨溉夫野饮归》)。但其命途坎坷,亦时有《自叹》"飘零自叹鬓成丝,此夕心情减昔时"之句。其与妻子伉俪情深,妻子病危,自己却要远行,"出门落泪岂无情""明知见面是他生"(《将之都门别内子口占》),生离死别的痛苦溢于言表。

松崖文钞4卷　清乾隆五十九年(1794)大观楼刻本。

清管干贞撰。管干贞(1734～1798),初名翰,曾改名干珍,字阳复,号松崖。阳湖人。本书又名《诵诗一隅》。卷首有管氏《诵诗一隅小序》,其自言"以吾心之所得探古人之会心","采六经以证一经,综众说以求一说","所见一隅则一隅之论","至于引而伸之,触类而长之,观其会通,以俟君子"。可见,是集是其考证六经诸说的汇辑。凡150条,卷1收《二南》14条、《国风》25条,卷2收《国风》32条,卷3收《小雅》38条,卷4收《大雅》19条、《周颂》13条、《鲁颂》5条、《商颂》4条。

经韵楼集12卷　清嘉庆间七叶衍祥堂刻本;《经韵楼丛书》本;清光绪十年(1884)镇海张氏重校《戴段合刻》本。

清段玉裁撰。段玉裁有《明史十二论》,已著录。本书为作者平生论学散文之汇辑,涉及经籍训诂、文字音韵、古书校勘等方面。收文186篇,多为说经考据之作,包括序、跋、说、解、考、辨体文等。以类相从,据时编次。卷1至卷4为对十三经的考证、序跋,卷5至卷7为有关文字、声韵、地理等方面的考证、序跋,卷8至卷10为序、传、碑铭,卷11、卷12为古代礼制的考据和书信。其于校勘多有所

得，如《与诸同志论校书之难》，见解精辟。所作史论《明三大案论》《明世宗非礼论》，文字严谨，论证精当。

子田初集4卷 清乾隆间刻本。

清任大椿撰。任大椿有《弁服释例》，已著录。本书卷首有钱陈群题辞1篇，沈德潜诗评3则，王鸣盛序1篇。任氏少读《文选》，受其影响最大，又喜为穷苦之句，诗类贾岛，如卷3《病起》"奔车销壮志，流水在贫家。采药堪终日，临风短鬓斜"。徐世昌在《晚晴簃诗汇》中评价其诗"英光沉思，远追鲍谢，近攀韦柳"，如《白马篇》《平望道中》《泛舟城北入山水深处》《晚泊江口登燕子矶》等皆为意境清远之作。王鸣盛在序中称赞"其乐府幽深杳冥，五古曲折微至，而一种澹风远响，又入韦左司、柳仪曹之室，是真卓然名家者矣"。洪亮吉在《北江诗话》中赞许"任侍御大椿诗，如坝桥铜荻，冷眼看春"。袁枚《随园诗话》评价其"诗学《选》体，独《了义寺》一首，脱尽齐梁金粉"。惜其诗集流传不广。

竹初诗抄16卷 清嘉庆十三年(1808)刻本；《清代诗文集汇编》本。

清钱维乔撰。钱维乔(1739～1806)，字树参、季木，小字阿逾，号曙川、竹初、半园逸叟等。阳湖人。本书初名《春星堂诗集》。卷首有胡邵鼎、赵怀玉、管干珍、程晋芳、袁枚、钱大昕、洪亮吉、崔龙见、钱维城序各1篇，袁枚、崔龙见跋各1篇，蒋和宁、任大椿、杨芳灿、吕岳自等人所作题辞6则。集中所收均为古近体诗，凡1 688首。其诗内容多生活旨趣、写景抒情，清新自然。"诗笔雄肆若可敌万夫"(程晋芳序)，"思深而力厚，格高而气和"(钱大昕序)，读之"心怦怦若有所感""足以感余心"(管干珍序)。袁枚亦称赞其"深于李杜而略于苏黄，所以独臻上乘"。

三松堂诗集20卷续6卷文集4卷词1卷自订年谱1卷 清嘉庆十六年(1811)序刻本；清同治九年至十一年(1870～1872)刻本。

清潘奕隽撰。潘奕隽(1740～1830)，字守寓，号榕皋，又号水云漫士、三松居士。室名"三松堂"。吴县人。乾隆三十四年(1769)进士，官户部主事，典试黔中，旋即归故里。工行、楷、篆、隶，善画山水，画兰尤得天趣。诗跋俱妙。有《说文蠡笺》《水云词》等行世。本集以其室名"三松堂"名之。集前王昶《潘榕皋三松堂诗集序》云："读书乐志，朝弦夕咏，间与吴越名人从容清宴，有所得辄发之于诗。"《诗集》20卷，卷1至卷17收诗1 454首，如《桃花坞寻唐子畏桃花庵故处》《鲍氏慈孝堂诗》《虎丘杂诗十四首并引》等；卷18收试帖65首；卷19至卷20收水云词64首。《续集》6卷，皆收古今体诗，约679首。《文集》4卷，收策问、表、序文、序、书、题跋、记、传、墓志、杂著，计104篇。《年谱》1卷，主记奕隽生平事。

双佩斋诗集8卷文集4卷骈体文集1卷金陵杂咏1卷 清嘉庆十年(1805)刻本；《清代诗文集汇编》本。

清王友亮撰。王友亮(1742～1797)，字景南，号东田，中年又号葑亭。其先婺源人，其父迁居江宁，遂为江宁人。诗歌与吴锡麟、法式善等齐名。本书封面题《双佩斋全集》。诗集自乾隆十七年(1752)至嘉庆元年，存诗963首。《金陵杂咏》则为题咏金陵名胜古迹之作，计231题263首诗，分成山岩、川梁、城市、第宅、园亭、祠庙、寺观、陵墓、宫祠、杂物十大类。友亮古体诗多自出机杼，如《吴大帝陵》："金汤半壁启雄图，毕竟孙郎与众殊。继业父兄仍手创，资材文武悉心输。坚持虎斗三分鼎，早奠龙盘六代都。留得一抔山色里，南朝陵寝没秋芜。"怀古寄思，沉郁雄浑。诗格近袁枚"性灵"，自抒胸意，情真语直，法式善《梧门诗话》称其"能以清思写其远韵"。又文章古朴质雅，持论纯正有力。如《正师》就社会上存在的盲目奉广东寺僧为宗的行为予以揭露和讽刺，针砭时弊，笔力老道。引诸名士推崇。本书附其子王麟生撰《补梅书屋诗草》1卷。

素修堂诗集24卷后集6卷补遗1卷 清嘉庆十八年(1813)古金石斋刻本。

清吴蔚光撰。吴蔚光(1743～1803)，字悊甫，号竹桥、执虚，自号湖田外史。常熟人。本书收录乾隆三十二年(1767)至嘉庆八年所作之诗。凡31卷，《诗集》24卷、《后集》6卷、《补遗》1卷。卷首有冯伟等序。汪佑南《山泾草堂诗话》谓"集中五律名

句颇多”。

小岘山人诗集26卷文集6卷文续集2卷补编1卷 清嘉庆二十二年(1817)城西草堂刻本;清道光间补刻本;1933年铅印本。

清秦瀛撰。秦瀛有《己未词科录》,已著录。本书经多次增补而成全本。嘉庆初刻有《赐泉堂集》,诗12卷,文无卷数。嘉庆二十二年,秦氏晚年手自编订成《小岘山人诗文集》。道光间补刊诗2卷,补编1卷,乃成足本。1933年,其五世孙秦毓钧又重编刊行。嘉庆本卷首有吴德旋序1篇,重刊本卷首有钱振锽序1篇。其诗风清健俊逸,意象深沉,自成格调。洪亮吉《北江诗话》称其诗“如久旱名山,尚流空翠”。其文醇雅冲淡,文理畅通,法度严谨。秦氏颇受时人推崇,然多有过誉之嫌。

双牖堂集5卷附1卷 清道光二十四年(1844)韩印编刻本;《韩氏家集六种》本。

清韩廷秀撰。韩廷秀(1744～1790),字绍真,号介堂。江浦人。廷杰弟。廷秀卒后,著作散佚,其长孙印从廷秀婿朱持处收回书院课本及手录古近体诗,又从家塾搜罗拾掇,编成本书。收文集1卷、诗集2卷、外集1卷、集余1卷,附集1卷。其中诗集前有韩印序,卷上收《题义山诗集》《竹啼山露月》《随园观灯曲》等诗,卷下收《读史五首》《登钟山绝顶》《燕子矶》等诗。诗歌语言平和,内容多为生活感怀、郊游唱和,显示廷秀不凡胸襟。文集前有韩印序,道光二十六年吴双跋。收颂、赞、序、论等文,如《圣驾六巡江浙迎銮颂》《元和郡县志补序》《六事廉为本论》等。外集收12篇赋,如《宴安南使臣赋》《春兼三月闰赋》《一丈红赋》等。集余即为《黄山纪游随笔》1卷。附集为印岳父孙捷《护槐堂诗集》1卷。

容甫先生遗诗5卷补遗1卷附录1卷 清光绪十一年(1885)述古斋木活字印本;《风雨楼丛书》本;《四部丛刊》本。

清汪中撰。汪中有《广陵通典》,已著录。本书卷首有员墩、刘台拱题辞,赞其“为文钩贯经史,镕铸汉唐,宏丽渊雅,卓然自成一家”。阮元作小传,称其“诗学盛唐,参以金元”“生平多谐谑凌轹,时辈人以故短之”,但钱大昕、段玉裁、王念孙、程瑶田皆“极口推崇”。书后附录1卷,收书、跋数篇,内容多为时人对容甫先生遗诗之评价。其诗歌创作以30岁为界分前后两期,后期受顾炎武、杭世骏影响,创作减少。其诗主要是抒发对个人坎坷命运的哀叹,其年少家贫,《客中食蟹作》中回忆“早岁鱼盐生物少,贫时虾菜食鲜难”。出自底层,故其对下层民众也多有同情之心,如《示仆》一诗,感慨仆人辛劳,“贫苦累人事,早作暮未息”“念此罕苛责”。另有不少咏史抒怀、记述生活的诗作。

王光禄遗文集6卷 清咸丰七年(1857)刻本;《高邮王氏家集》本。

清王念孙撰。王念孙有《读书杂志》,已著录。本书前有夏昆林、陈奂所作序。书中以念孙所作序、书为多,其他诸体数篇。王氏书、序多是与友人往来交游之作,反映其治学交友。如《刘端临遗书序》就是其73岁时为相交30余年的老友所作之序,忆相识、相交之过往。《答江晋三论韵学书》《与江晋三书》2篇,论其与段玉裁、江有诰在音韵学方面见解之异同,终获知己之狂喜溢于言表。又有《敬陈剿贼事宜疏》《粮漕利弊说》等诸篇,针砭时弊,对研究其政治观、民生观亦有参考价值。

更生斋诗续集10卷文续集2卷文甲集补遗1卷文乙集续编1卷 清道光五年(1825)刻本。

清洪亮吉撰。洪亮吉有《春秋左传诂》,已著录。“卷施阁”题名下所收为古文,洪氏遣戍伊犁前所作;“更生斋”题名下所收为骈文,乃洪氏赦还乡居时所作。清光绪五年(1879),洪用懃重刊《洪北江全集》,除原有各集以外,增收《卷施阁文甲集续》1卷《补遗》1卷、《乙集续编》1卷、《更生斋文续集》2卷、《更生斋诗续集》10卷、《鲒轩外集唐宋小乐府》1卷。其诗多山水纪游之作,遣戍伊犁后所作多描绘塞外风光,颇具特色。《文甲集》为古文,以涉及舆地及文字者为较精;《文乙集》为骈文,其词翰之美,可希踪八代,继轨六朝。

杜诗镜铨20卷附杜文注解2卷 清乾隆五十六年(1791)江汉书院刻本;清同治十一年(1872)盱眙吴棠望三益斋重刻本;1910年至1930年扫叶山房石印本。

清杨伦撰。杨伦(1747～1803),字敦五,号西

河、西和、罗峰等。阳湖人。“毗陵七子”之一。本书为杜诗注本中影响颇大的一种，简明精当、平正通达。杨伦不满于历代杜诗注本之繁琐冗杂，历25年，采诸家所长，参以个人所得，而成本书。本书按年编次，注解简要，便于初学。于注文外，还有圈点、眉批、题解及精选的诸家评笺，扼要完备。其以杜诗注杜诗，引《文选》注杜诗，借文法解杜诗，尽显杜诗之妙。

亦有生斋文集20卷诗集32卷　清嘉庆二十年(1815)自刻本；清道光元年(1821)刻本。

清赵怀玉撰。赵怀玉(1747～1823)，字亿孙，号味辛，别号映川、生斋、收庵等，学者尊称其为味辛先生。武进人。“毗陵七子”之一。“亦有生斋”为室名。诗集32卷，卷首有吴锡麒、陆继辂序。诗无编次，均为古今体诗。文集20卷，卷首有恽敬序。卷1为赋、颂、连珠，卷2至卷5为序，卷6为记，卷7至卷9为跋，卷10为书、启，卷11为考、辨、论、赞等，卷12为书事、状，卷13、卷14为传，卷15为碑记、墓表，卷16为墓表、墓碣，卷17至卷19为墓志铭、塔铭，卷20为哀词、诔、青词、疏等。袁枚《随园诗话》赞其“能为八家之文”。

两当轩集22卷考异2卷附录6卷　清咸丰八年(1858)黄志述刻本；清同治十二年(1873)集珍斋木活字本；1934年扫叶山房石印本。

清黄景仁撰。黄景仁(1749～1783)，字仲则，又字汉镛，自号鹿菲子。武进人。“毗陵七子”之一。本书为黄集最完善本，由其孙黄景述编刻。因其曾考《史通·隐晦篇》中“以两当一”之语名斋，遂以名集。凡22卷，编年诗16卷，诗余3卷，遗文1卷，补遗2卷，收诗1 170首，词216首，遗文6首。洪亮吉《行状》云：“及殁而出箧中诗，篇幅完善者至二千首。”黄志述又仿《韩集考异》之例，作《考异》2卷，为校勘记。《附录》6卷：卷1为序跋，刊印“两当轩”诸家刻本的序、跋；卷2为传、状、志文，有武进县志文学传、黄县丞状、黄仲则小传等；卷3、卷4为唱酬题赠；卷5为黄仲则先生年谱；卷6为诗话、先友爵里名字考。作者终身贫困潦倒，是集正是其坎坷不遇的真实记录，因此有不少嗟贫叹苦、啼饥号寒之作，如《杂感》“十有九人堪白眼，百无一用是书生”等。黄诗情真意切，悲怆感人，善用白描，音韵和谐。王昶称其诗“正如泪流鲛客，悉化明珠；米掷麻姑，俱成丹粒”(《湖海诗传》)。翁方纲序曰“其诗尚沉郁清壮，铿锵出金石，试摘其一二语，可通风云而泣鬼神，何必读至五百首哉！”(《悔存诗钞序》)其词明白晓畅，尤善白描，但含蓄不足。

芙蓉山馆尺牍16卷编年目录1卷　无锡市图书馆藏民国无锡县图书馆抄本。

清杨芳灿撰。杨芳灿(1753～1815)，字才叔，一字蓉裳。金匮人。本书光绪八年(1882)由刘继增增辑，余一鳌校。是集收录杨氏与家人、朋友往来书信730余篇。《杨氏家谱·杨氏著作》载：“《芙蓉山馆尺牍》未梓散佚。按：公尺牍尚存亲笔稿百余页，光绪初年余一鳌搜访零本数帙，经同里刘继增石香编年手录，辑成十二卷，虽未全备，已略可观，今藏刘处，兹将例言数则先刻，附谱。”又余氏《梁溪余氏负书草堂秘籍书目》载：“《芙蓉山馆尺牍》墨圈点手稿本，心禅(余一鳌)公跋，四册原缺一册。《芙蓉山馆尺牍》十六卷，原稿已缺四之一，此虽誊本亦属可珍，九册。《芙蓉山馆师友尺牍》，朱墨点原稿本，一册。”卷首目录“芙蓉山馆尺牍例言”介绍成书过程和抄录凡例，正文有红笔圈点，天头上有批语。此辑校本仅存5册，目录首一卷、卷1、卷2、卷3、卷4、卷11、卷12、卷13、卷14，他卷皆佚，上海图书馆藏。另有16卷全本，藏于无锡市图书馆。

孙渊如诗文集21卷附长离阁集1卷　《四部丛刊》本；《丛书集成初编》本；《国学基本丛书》本。

清孙星衍撰。孙星衍有《周易集解》，已著录。孙氏为文，每数年即自订一集。是集分为《芳茂山人文集》12卷和《芳茂山人诗录》9卷。文集卷首有乾隆六十年(1795)王鸣盛所撰《问字堂集序》，以及钱大昕、江声、张祥云、朱珪、阮元、王朝梧赠言，收有《问字堂集》6卷、《岱南阁集》2卷、《五松园文稿》1卷、《嘉谷堂集》1卷、《平津馆文稿》2卷。诗集卷首有石韫玉、唐仲冕序，收《澄清堂稿》2卷、《澄清堂续稿》1卷、《济上停云集》1卷、《租船咏史集》1卷、《冶城絜养集》2卷、《冶城遗集》1卷、《冶城集补遗》1卷。附其妻王采薇所作《长离阁诗集》1卷。诸书刊刻时间不一。《问字堂集》卷首有王鸣盛序，成于乾隆五十九年；《岱南阁集》成于嘉庆三年

(1798)；《五松园文稿》成于嘉庆七年；《平津馆文稿》卷首有自序1篇，成于嘉庆十一年。《芳茂山人诗录》则由其弟沈星衡哀集，刊于嘉庆二十三年。文五集均收入《岱南阁丛书》，诗集收入《平津馆丛书》。

扶海楼诗集12卷文续集5卷　清道光刻本。

清李懿曾撰。李懿曾(1755～1807)，字拾珊，号渔衫。通州人。本书在作者卒后成编。李氏卒后10余年，其子琪辑其遗文为《扶海楼文续集》5卷。卷首有李琪序1篇，述成书始末，共分5卷，卷1经进稿，卷2至卷3古体文，卷4至卷5今体文。数年后，徐宗干汇其诗词成《扶海楼诗集》12卷，附词2卷。李氏散文奇古，诗不守一体，自汉魏六朝以后合炉而冶，特成一家。周曾锦《卧庐词话》评价"其《扶海楼诗集》，典赡风华，卓然名家。至于倚声，非所措意，然《藕叶词》二卷，不乏鸿篇丽制，亦可谓出其余技，足了十人者矣"。

校礼堂文集36卷诗集14卷　《校礼堂全集》本；《安徽丛书第四集》本；《续修四库全书》本。

清凌廷堪撰。凌廷堪有《燕乐考原》，已著录。其学于《礼》外，更深于南北曲乐。于诗不分唐宋门户，专论声韵之协、对偶之工。雅擅属文，尤工骈体。《文集》多考证礼经乐律、读史论说等文。《诗集》遣词极妙。其卷2中《论曲绝句》32首于音律、文辞等曲乐理论方面造诣极深，故钱大昕赞其"精深雅健，无体不工，儒林文苑，兼于一身"。

渊雅堂全集58卷附2卷　清嘉庆汪荣光刻本；清嘉庆长洲王嘉祥渊雅堂刻本。

清王芑孙撰。王芑孙(1755～1817)，字念丰，号德甫，一号惕甫、楞伽山人。长洲人。乾隆五十三年(1788)召试举人，官华亭教谕。诗最工五古，尤以书名世，仿于刘墉。撰有《碑版文广例》《古赋识小录》等。本集所收书目如下：《渊雅堂编年诗稿》20卷，收录芑孙诗约1 400首；《惕甫未定稿》26卷，多收芑孙所作古文；《诗外集》2卷，收历年试帖诗，计208篇；《文外集》4卷，收芑孙骈体文及居京代公卿达官所作应奉文字；《文续稿》1卷、《编年诗续稿》1卷，诗文续稿皆为芑孙子嘉祥所编，所收皆芑孙60岁以后至63岁逝世前所作；《瑶想词》1卷，收芑孙词32首，词首有乾隆四十七年沈清瑞题词；《读赋卮言》1卷，前有沈清瑞旧序，后为汪荣光序，目次如下：导源、审体、立意、谋篇、造句、小赋、律赋、献赋、诗赋、序例、注例、和赋例、韵例、官韵例、押虚字例、总指16条；《波余遗稿》1卷，收芑孙弟王翼孙诗文遗稿及及当代名人所作哀悼文。后附妻曹贞秀《写韵轩小稿》2卷，诗、文各1卷。

大云山房文稿11卷　清同治八年(1869)蜀刻本；清光绪十年(1884)刻本；《四部丛刊》本。

清恽敬撰。恽敬(1757～1817)，字子君，号简堂。阳湖人。与张惠言同为"阳湖文派"创始人。本书又名《大云山房全集》，凡11卷，323篇，《初集》4卷、《二集》4卷、《言事》2卷、《补编》1卷。《补编》为其孙补辑，其余则为作者手定。按年编次，《初集》成于嘉庆十六年(1811)，收录嘉庆元年至十六年著作，卷1、卷2论说考辨，卷3书札、记、传，卷4墓版碑铭。《二集》成于嘉庆二十一年，收嘉庆十七年至二十一年间之作，卷1论说考辨，卷2跋、书札，卷3序、记、行述，卷4墓版碑铭。《言事》成于同治二年，《补编》亦刻于同治间。其孙恽念孙于同治八年始合刻于蜀，成为全本。其文多为碑传和学术文，《大庾戴文端碑》被称为"近世之奇作"。张舜徽《清人文集别录》评价："究其所至，大抵以碑传之作为最佳，简洁谨严，颇具史法，远非并世文家所能逮。"其亦有不少山水纪游之作，风格清峻，如《游庐山记》《游翠微峰记一》等。清包世臣《艺舟双楫》称其文"精察廉悍，如其为人"。《清史稿·文苑传》评价其文"盖出于韩非、李斯，与苏洵为近"。

实事求是斋遗稿4卷续集1卷　清嘉庆中子桐阶刻本；清道光二十九年(1849)家刻本；清光绪八年(1882)刻本。

清汪廷珍撰。汪廷珍(1757～1827)，字玉粲，号瑟庵。山阳人。本书卷首有阮元序1篇，述编书始末及汪氏其人。卷末附彭祖贤跋1篇。《遗稿》《续集》皆按"经进、古文、制艺、杂著"编次。"经进"收录奏疏、试策、赋、九言诗、歌、试帖、试录序，"古文"收录序、传、记、跋、铭、祭文、哀言、行述，"制艺"收录《大学》《中庸》《论语》《孟子》，"杂著"收录书、策问、赋、作赋例言、古近体诗、题图、试帖、联额。汪氏文如其人，学无所不通，笃实廉直，其作仅存十

之二三。此书中不少有关汪氏为官、治学、做人、交游等方面的资料，对研究其人其事颇有价值。

啸竹诗钞4卷　清嘉庆十九年(1814)刻本。

清袁承福撰。袁承福(1759～1818)，字成之，号啸竹。东台安丰人。诸生。能诗。壮岁寄情山水。名公世卿多乐与为友。为芸香诗社成员。晚年家居，里中善事，多董其成。善画工书。卒年60。葬于梁垛开家舍，近吴嘉纪墓。本书以袁氏号名集。袁氏曾著《啸竹诗钞》8卷，见清袁承业《明儒王心斋先生弟子师承表》。谓是书原刻本曾存南京，太平天国战争后，仅得孤本2册，抄本2册，参合原刻而成，并附《啸竹图》1卷。本书内有嘉庆十三年(1808)袁氏所作《戏园歌》"少犹五百多千人，百钱一号利可数"，展现了当时扬州戏院的规模，描绘了当年戏园演剧的情形。《老翁卖牛行》写农民在遭遇自然灾害时被迫卖掉耕牛的悲惨境遇。《灶户卖牛行》等亦属此类。

匪石山人诗1卷　《灵鹣阁丛书》本；《丛书集成初编》本。

清钮树玉撰。钮树玉(1760～1827)，字蓝田，晚称匪石先生。吴县东山人。家道中落，以生计迫贾齐鲁间，日以赢钱聚书，遂博极群书。与钱塘陈鸿寿、阳湖孙星衍等为文学交。诗工五言，亦简远有味。并通音律，尤工小学，旁及刻印。有《说文解字校录》《钮非石遗文》等行世。本集以树玉号命名，取"我心匪石，不可转也"(《诗·邶风·柏舟》)之意。收录诗70余首，多记录钮氏生活纪游感悟，有酬答、怀古、纪游、咏物、题画、题书、题像、哀挽诗等类，如《龚君率人出示诗人走笔以赠》，记其与龚自珍交往唱和事；《三月二十六日自溧阳发棹至广陵途中口占》等为纪游感怀诗；《溧阳怀古四咏》《婴桃瓦宫歌》等为怀古诗；《相马篇》《半枯桐》等为咏物诗；《琴趣图为筱石司马题》《小迁写钟进士弹琴图戏作短歌》等为题画诗。钮氏诗注重描摹生活点滴，清新自然，直抒性情，惜格局不够弘广。

天真阁集54卷外集6卷　清嘉庆五年(1800)刻本；清道光间刻本；清光绪十七年(1891)强至善南皋草庐重刻本。

清孙原湘撰。孙原湘(1760～1829)，字子潇，晚号心青。昭文人。本书卷首有作者自识、小像、总目。正集凡54卷，诗32卷，词6卷，文12卷，骈体文4卷。是书收诗按年编次，收录乾隆四十四年至道光八年(1799～1828)所作古今体诗3 601首。又收词按年编次，共381首。古、骈文按类编次，分别收217篇、46篇。《外集》6卷，均为诗。卷末附李兆洛所撰墓志铭及行述。孙氏诗多纪行、酬唱之作，主张"性情为诗之主宰"。张维屏《国朝诗人征略》中评价其诗"骨力沉郁不及船山，却无船山集中之叫嚣；才气富赡不及随园，却无随园集中之游戏"。时人则言其诗"以才气写性灵，能以韵胜"。

茗柯文初编1卷二编2卷三编1卷四编1卷　清嘉庆十四年(1809)李生甫、张云藻刻本；清道光十五年(1835)陈善刻本；《四部丛刊》本。

清张惠言撰。张惠言有《易纬略义》，已著录。本书《初编》《二编》为张氏手自编订，《三编》由其子成孙编辑，《四编》为其甥董士锡辑。其文分散体、骈体两类，散体多为传记、杂文、政论、史论、文论、游记等，骈体多为写景抒情之作。张氏不少作品揭露、抨击黑暗现实，如《与金先生论保甲书》《明秀才许君家传》《书山东河工事》等。《游黄山赋》《寒蝉赋》等则状物寄情，清新典丽。曾国藩序称张氏"文辞温润，无考证辩驳之风，尽取古人之长"。但集中也有阐道翼教、宣扬封建糟粕的部分，是其思想局限之处。

里堂诗集8卷词集2卷　国家图书馆藏稿本；上海图书馆藏抄本。

清焦循撰。焦循有《雕菰楼易学三书》，已著录。本书卷首有徐熊飞所作之序，亦载于其《雕菰集》卷首。诗集8卷收录著自乾隆四十五年(1780)至嘉庆十年(1805)之诗，计有260首。词集上卷收词31首，下卷19首，其中36首亦刊载于《仲轩词》中。其诗词多述生活交游、四季胜景，亦有不少感慨时事、民生疾苦之作。如诗集卷1《荒年杂诗》记乾隆五十一年饥荒，"昨日死十七八，今日死廿三四""农夫饿死西原头，鸢鸟攫肠犬食臂"的惨况。卷2《卖糕妇》讲述一个年老色衰的卖糕妇的今昔生活；《大疫室人几死弟复感之不寐作此》则抒发了其历经大劫之后，死里逃生之愁郁与寂寥。

琅嬛仙馆诗略 8 卷 清嘉庆十三年(1808)巾箱本。

清阮元撰。阮元有《诗书古训》,已著录。本书按年编诗,起于乾隆五十四年(1789),止于嘉庆十三年。目录后有阮氏从弟阮亨所作小序,述刻书始末。阮氏一生仕途特达,故诗文兼有学者与达官的华贵气派,有不少与皇帝相关的诗文之作。如卷 1《御试赋得眼镜》,阮氏凭借此诗被乾隆拔置为一等第一名,从中亦可展现当时西方器物进入中国,有识之士理性看待西方科学的社会风气。其诗多纪游题咏之作,工整清丽。如卷 1《芭蕉》云"闲心寥落依草木,手种芭蕉数叶长。读书略同抽卷轴,煮茶聊与门旗枪",展现其日常生活中慵懒闲适的一面。卷 4《上元后一日春宴和谢苏潭方伯韵》、卷 5《题汪蛟门先生少壮三好图》等,皆是与友人唱和之作。阮氏亦有不少关心民生疾苦之作,如卷 5《浙东赈灾纪事》,记载嘉庆五年夏六月"山海本交错,蛟龙出其间""狂流破山出,百道开巑岏"等灾情。为防贪官污吏动用救灾粮,阮氏边赈灾边反贪,显示其一片赤诚、公正廉洁之心。

瓶水斋诗集 17 卷别集 2 卷 清嘉庆二十一年(1816)刻本;清光绪十二年(1886)杭州重刻本,附诗话 1 卷;清宣统三年(1911)开州胡嗣芬铅印本。

清舒位撰。舒位(1765～1815),字立人,号铁云,小字犀禅。大兴(今属北京市)人。母吴人,父亡后,移家吴中。乾隆五十三年(1788)举人。家境贫寒,以馆幕为生。尤工于诗。又能吹笛、鼓琴、度曲,所作乐府院本盛传于世。还撰《瓶笙馆修箫谱》《桃花人面》等戏曲作品。本集所收诗 17 卷,按诗章写作先后排列,卷 1 至卷 16 编年始于乾隆四十七年,迄嘉庆十九年;卷 17 为续刻嘉庆二十年诗,位于当年辞世。本集卷前有王昙、赵翼、宋思仁、法式善、梁同书、萧抡等序、题识。作者嘉庆二十年《自序》云:"读万卷书,未能破之,行万里路,仅得过之。积三十年,存二千首。"计收古今体诗 2 000 余首,以七古为最。诗歌内容丰富,多感慨个人生平经历及羁旅、行役、咏史之作,反映民生疾苦,揭露现实社会的腐朽黑暗,如《杭州关纪事》等。亦有《雨行平望道中即事》等清新自然之作。诗风博丽奇崛,郁怒横逸。别集 2 卷,卷 1 为乾隆五十一年《春秋咏史乐府》140 首;卷 2 为嘉庆二年《黔笛竹枝词》组诗 52 首,内容多涉及贵州苗族源流、支派及其语言、风俗。

扫红亭吟稿 14 卷 清道光十年(1830)刻本。

清冯云鹏撰。冯云鹏有《金石索》,已著录。卷首有孔庆镕、邵凤依所作序,冯氏自序,述成书始末。附录《题词》1 卷,收诸友人题词,对研究其生平、交游颇有参考价值。其中,孔庆镕题诗一首:"岛瘦郊寒莫与论,江南才子擅阳春。一编心血寻章苦,百炼功夫摘句新。词藻古同三代器,风花浓比六朝人。吟坛主帅谁能敌?大树将军笔有神。"对冯氏可谓倍加推崇。其诗题材丰富,既有清丽明快之作,如卷 1《采莲童曲》,亦有感慨民生多艰之作,如卷 3《苦雨》"遥怜贫窭者,多少掩柴门"。卷 10《菊花二百咏》为二百种菊花一一题咏,"暇则展玩,如日坐百花中",可见其心性。又《崇川各家诗钞汇存补遗》卷 20,收其诗 48 首。

归懋仪集 2015 年中华书局《清代闺阁诗集萃编》本。

清归懋仪撰。归懋仪,字佩珊,自号虞山女史。常熟人。朝煦女,上海李学璜妻。受学于吴县潘奕隽,往来江浙间,为女塾师。善画,工诗。归懋仪著有《绣余小草》1 卷、《绣余草》1 卷《续草》1 卷《再续草》1 卷《三续草》1 卷《四续草》1 卷、《五续草》1 卷、《绣余近草》1 卷等,有稿本、抄本、刻本,均存世。归懋仪受业于袁枚,其论诗主张也多同袁枚,强调诗人性情,认为性情胜于格律。其诗多写眼前之景,身边之事,表现真情实感,抒写真情至性。归懋仪曾往来江浙间,为闺阁塾师,见识较一般女子为多。故诗风娟秀,亦间露雄杰之风,时有激楚之音。如其诗云:"湖山佳气付须眉,乞食何须数叹奇。若使轮回能称意,他生我愿作男儿。"(《桃花梦影图题句有"今生不若重为女,强似王孙乞食多"语读之有感复得一绝》)诗名遍播江浙间。时人多有赞语,诗人宋咸熙赞曰:"近时闺阁中无此才也。"与席佩兰为闺中畏友,互相唱和。

思适斋集 18 卷 清道光五年(1825)上海徐紫珊校刻本;《春晖堂丛书》本;清同治八年(1869)补道光刻本。

清顾广圻撰。顾广圻(1766～1835),字千里,

后以字行，更字涧薲，自号思适居士、一云散人等。元和人。嘉庆诸生。师从江声。受惠栋之学，敏颖博洽，时称“万卷先生”。尝谓：“凡天下书，皆当以不校校之。”曾参与《十三经》《全唐文》校勘，被誉为“清代校勘第一人”。工古诗文词及骈体文，皆有时誉。顾氏尝以邢子才“日思误书，更是一适”语，自号思适居士，又以为校勘有得，“豁然如启幽室而明之，举世之适，诚莫有适于此也”，故本集以“思适”名集。杨文荪序云：“皆精审不苟，举世珍若珙璧”，“生平校仇之学之深，备见集中”，肯定顾氏校勘功力。集中内容包括诗、词、赋、杂文，以顾氏所作校勘题记尤为精粹，如卷7《释名略例》，归纳《释名》大例有二：曰本字，曰易字，并归纳十则细则。其他如卷15《宋本淮南鸿烈解跋》亦用功颇深。

思适斋集补遗2卷附补遗1卷 1936年秀水王氏学礼斋刻《黄顾遗书》本；《清代诗文集汇编》本。

清顾广圻撰，王大隆辑。《补遗》卷上8篇，多为顾氏校勘考异及书文，如《礼记祭义郑注四学谓周四郊之虞庠也考异》《祭义四学为四代之学解》《与段茂堂大令第二书》《又与吴山尊学士书》等；卷下31篇，以序文和跋文为多，如《古砖录序(代陈寄磻)》《重刊梧溪集序》《跋泰山刻石残字》《跋寿阳公主杨景通为造钟铭》等。集后附《补遗》1卷，收顾氏诗9首，以酬答应和、题画题书诗为主，如《和程湘舟见寄次韵》《题袁绶阶竹柏楼居图》《辛巳四月三日桃花庵送春集分韵得三肴呈吴山尊学士》等。

长真阁集7卷诗余1卷 天一阁文物保管所藏清抄本；南京图书馆藏稿本；清嘉庆十七年(1812)刻本。

清席佩兰撰。席佩兰(1766～?)，名蕊珠，字月襟，又字韵芬、道华、浣云，善画兰，自号佩兰。常熟人。作者为孙原湘之妻，故其集多附刊于孙原湘《天真阁集》后。录诗700余首，按年编次，另有词18首。卷首有袁枚序、作者自识。袁枚序中赞其诗“字字出性灵，不拾古人牙慧，而能天机清妙，音节琮琤”“似此诗才，不独闺阁中罕有其俪也。其佳处总在先有作意而后有诗，今之号称诗家者愧矣”。本书南京图书馆藏有稿本，诗集存卷3至卷6，诗余1卷全。

拜经堂文集5卷 1930年上元宗氏影印汉阳叶氏旧藏写本。

清臧庸撰。臧庸有《拜经日记》，已著录。本书凡5卷。卷1解论考释，卷2古今诸书序跋，卷3与师友论学书札，卷4及卷5题记赠序传状诸杂文，有阮元撰传，宋翔凤撰诔铭，秦瀛、吴士模序，郝懿行、孙星衍、阮元、许宗彦等评语。薛子衡序曰：“吾友子容刘君，以先生手稿四册示子衡，凡为文一百三十篇，无卷目，前后亦无伦次。余惧先生之书湮没不传也，为删其无关大要，定存释解考论十二首、序跋凡例书后二十八首、书记说传状六首，凡七十二篇，类而次之。”可见，今存仅为选本。其文明辨多识，注重考据，讲究义理，文风质朴，平易畅达。卢文弨誉之为“校书天下第一”，其校《尔雅》为最精，如卷3《录尔雅汉注序》《重雕宋本尔雅书后》《校宋椠尔雅疏书后》诸篇。又辨明古书作者，认为《易传》为汉韩婴所撰。但卷1所载经解诸篇，仍不免繁琐偏执之失。

灵芬馆诗初集4卷二集10卷三集4卷 清光绪十年(1884)日本东京拥书城石印本。

清郭麐撰。郭麐(1767～1831)，字祥伯，号频伽，晚号蘧庵学人，又号复翁。吴江芦墟人。本书收录郭氏所作之诗。《初集》《三集》由孙均刊于嘉庆十二年(1807)，《二集》刊于嘉庆九年。卷首有屠倬序1篇，要求为诗自出机杼，不能拾人牙慧。张维屏《国朝诗人征略》评价其诗“含情若抑，吹气如兰，于憔悴婉笃之中，有悱恻芬芳之致”。

初月楼文钞10卷续钞8卷遗编4卷 清道光三年至十六年(1823～1836)刻本；清光绪九年(1883)活字本。

清吴德旋撰。吴德旋(1767～1840)，字仲伦，一字半康，号安蔬居士。宜兴人。本书又名《初月楼诗文稿》。《文钞》10卷，收文189篇，多为读书所感。卷首有康兆晋序1篇。正文按类编次，卷1杂著21篇，卷2书23篇，卷3至卷5序59篇、题辞8篇，卷6记13篇，卷7传26篇，卷8述2篇、行状2篇，卷9为墓志铭、墓表、哀词等文21篇，卷10经义14篇。《续钞》卷首有吴敬承序。卷1杂著10篇，卷2书19篇，卷3序21篇，卷4序17篇、题跋11篇，卷5记13篇、书事3篇，卷6传35篇、述1

篇，卷7碑文2篇、墓志铭17篇，卷8墓表5篇。《遗编》4卷，收录其晚年所作之诗，分为《拊瓴草》《雪泥草》《泽畔微吟草》。其先从恽敬、张惠言学古文，后乃宗法韩愈，由是一意宗桐城。文章古朴磊落，"以幽敻窅渺之思，造渊旷空濛之境"，诗亦澹远绝俗。但其文学水平仅得桐城派中下，顾炎武《亭林文集》卷4《与人书》评价"君诗之病，在于有杜；君文之病，在于有韩、欧"，直指其弊病所在。

德风亭初集13卷　《金陵丛书》本；清抄本，南京图书馆藏；《丛书集成续编》本。

清王贞仪撰。王贞仪（1768～1797），字德卿。清上元人。锡琛女，宣城詹枚妻。六艺旁通，博又精专，为著名女科学家。临终前，将所作书稿尽遗吴江蒯夫人钱与龄，后由其整理成编。本书题《德风亭集》，前有小传及自序。后有朱述之、蒋国榜跋。嘉庆二年（1797）《自序》云："以'德风亭'则仍乎仪先人旧居之名而不敢忘也。"本书卷1至卷9为文、卷10至卷12为诗、卷13为词。集中《象数窥余自序》《岁差日至辨疑》《地圆论》《勾股三角解》《月食解》等文显示了贞仪在天文学和数学领域的造诣。其言"尝拟雄心胜丈夫""始信须眉等巾帼，谁言儿女不英雄"，表达了她的雄心壮志。贞仪诗词恣意放达、内敛思深，直抒性灵，潇洒不羁。如《感赋》诗："拔剑欲舞室，我非聂隐娘。张琴待鼓曲，我非汉女沧。愿言梦游仙，飘然驾鸾凤。"钱大昕赞其"班昭之后，一人而已"。

写韵楼诗集5卷首1卷末1卷　清嘉庆八年（1803）刻本；清道光十二年（1832）刻本；上海图书馆藏抄本。

清吴琼仙撰。吴琼仙（1768～1803），字子佩，一字珊珊。吴江震泽人。画家、诗人。本书卷首有吴锡麟序，郭麐撰小传，洪亮吉撰墓志铭、彭兆荪撰诔文，女诗人汪玉轸、范玉、许琼思、高篃4人撰题挽，其夫徐达源所撰行状1篇。卷末附录题辞1卷，收录30余人所作题辞。卷首有其长子晋镕《先母〈写韵楼遗集〉刻竣感赋》一首。卷末有庞元征及女诗人何明生所写跋语。袁枚对她评价极高，认为她有徐淑（东汉女诗人）之才，在秦嘉之上。

种竹轩诗钞8卷　清嘉庆元年（1796）王昶刻本。

清王豫撰。王豫（1768～1826），字应和，号柳村，又号翠洲农、小猬川主人。丹徒人。诸生。性酷嗜诗，论诗以高淡清雅为宗。受阮元、王昶等人支持，嘉庆间尝下榻于焦山佛阁，辑江苏诗人5 460余家，为《江苏诗征》183卷，阮元称"发潜德之幽光"。还与张学仁合辑《京江耆旧集》13卷。道光二年（1822），举孝廉方正，力辞不就。本书前有阮元《王柳村种竹轩诗序》云："读所著诗，惊异之心为之下，既乃为翠屏洲之游。洲在焦山北岸，桃柳数万株，杂之以竹，人迹罕至，江潮到门，置诗人于此间，安得不异？"记其环境。卷首附《种竹轩诗话》，为同时代人钱大昕、洪亮吉及张学仁等评王豫诗。王豫诗学王、孟、韦、柳，高澹醇雅，不为风气所移，笔力多注于四时风物和隐逸生活。如《初冬村居写怀》"茅屋少尘事，田家多古情。著述拟闭户，休更负平生"，即其生活之写照；《晚望》"斜阳傍鸟下，江月与帆飞"，《焦山》"苔痕江雨碧，竹翠海云深"等诗，摹景如画，清微澄淡。此外，王豫交游极广，作《悼吴澹川》《邗上寓馆听吴山人仕伯弹琴》《赠石远梅》等诗，或悼念或寄赠，呈拳拳挚友之情。

养一斋文集20卷补遗1卷诗集8卷文集续编6卷校字1卷　清道光二十四年（1844）李慰望刻本；清光绪四年（1878）刻本；清光绪八年重刻本。

清李兆洛撰。李兆洛有《历代地理志韵编今释》，已著录。李氏著述除刊为专书外，均编入是书内。卷首有作者画像及像赞，汤成烈序、赵振祚序、《名宦题稿》、包世臣《李凤台传》、薛子衡《李养一先生行状》。文集辑录颂、疏、序、跋、赠序、记、碑铭、行状、传、箴、铭、赞、祭告、哀诔、论说、议、疏引、书信、杂著等诸体文共681篇。《补遗》辑《东辅赋》《史右章先生传》等10篇。李氏为文主张融合骈散文两体之长，"相杂迭用"，要求"读圣贤之遗经，寻求其义类，以自抒其所得"。汤成烈序云："先生之学，博大精醇，故发之于文，深厚缜密，直逼西京也。"

崇百药斋文集20卷续集4卷三集12卷　清嘉庆二十五年（1820）合肥学舍刻本；清道光四年（1824）刻本；清光绪四年（1878）兴国州署刻本。

清陆继辂撰。陆继辂（1772～1834），字祁孙，

一作祁生、祈孙，亦字又商、商对、季木，号霍庄、修平居士、崇百药斋主人。阳湖人。与从子耀通齐名，时称“二陆”。本书为诗、词、文合集，包括《文集》20卷、《续集》4卷、《三集》12卷、《合肥学舍札记》12卷，另附其妻钱惠尊《五真阁吟稿》1卷。《文集》汇辑其乾隆五十二年(1787)至嘉庆末年30年间所作。卷首有阮元序，前12卷为诗，卷13为词，卷14至卷19为文，卷20乃陆氏为其母亲所撰年谱。《续集》前2卷为诗，为道光元年、二年、三年所作，后2卷为文，计48篇。《三集》收录道光四年以来4年之诗作。卷首有宋翔凤序，前10卷为诗词，分别为《伤逝集》《梅心集》《望云集》《玳梁集》《玳梁乙集》《玉燕集》《焚巢集》《望云乙集》《乡溪集》《息会集》，后2卷为序、记、碑、铭、述和墓表、墓志等诸体文25篇。《合肥学舍札记》为其读书笔记，语多精诣，卷首有李兆洛序。《五真阁吟稿》有宋翔凤序。陆氏长于诗赋，其诗词婉笃深远，淡而弥永，李兆洛称其“温情多风，如其为人”，“不肯轻涉世事，唯肆力于诗”。其文亦为阳湖文派代表之作。刘声木《桐城文学渊源考》赞“其文不苟依傍，通达事理，洋洋乎职千顷之波，而劲气昭质充然炯然，按之皆有物”。

幼学堂诗稿17卷文稿8卷　清嘉庆十八年(1813)屠孟昭刻道光八年(1828)续刻本；民国间抄本；《续修四库全书》本，据北京大学图书馆、上海图书馆藏清嘉庆十八年刻道光八年增修本影印。

清沈钦韩撰。沈钦韩(1775～1831)，字文起，号小宛。吴县木渎人。嘉庆十二年(1807)举人，官安徽宁国县训导。质敏而为学甚勤，淹通诸学，其学自诗赋、古文词外，尤长于训诂考证。撰有《水经疏证》40卷等。本诗文集由沈氏手定付梓，首刊于嘉庆十八年(1813)，卷前云：“癸酉岁之夏，写定古今诗十卷文笔四卷，友人屠孟昭见而善之，出资刊板。”后于道光八年(1828)续刊诗7卷、文4卷。本集前有道光八年宋翔凤、阮文藻序。《诗稿》17卷，皆为古今体诗。《文稿》8卷，有赋、铭、序、记、杂著、墓版、哀辞、传、论等。沈氏诗风清奇，非空谈性灵神韵；文亦简洁严谨，有韩愈之风。道光八年阮文藻序评：“摆脱凡近，破唐、宋、元、明之界限，而深病王、朱、沈、袁之各有所主，所谓舍筏登岸，脚踏实地。”

双砚斋诗钞16卷　《双砚斋丛书》本；《双林唱和诗词合刻》本，作1卷；《清代诗文集汇编》本。

清邓廷桢撰。邓廷桢(1775～1846)，字维周，号嶰筠，晚号妙吉祥老人，又号刚木老人。江宁人，抗英名臣。撰有《邓制军款烟防海奏议》2卷等。本书16卷，辑录自嘉庆四年至道光二十五年间(1799～1845)的992首诗。诗歌内容丰富，既有闲适的山水诗、咏物诗、交友诗，也有赤忱的忠心爱国诗、体恤百姓诗、讥砭时事诗等。如《癸未生日》“珍重岁寒频励节，莫将才尽负恩晖”，是勉励自己要珍惜光阴，以报君主圣恩。诗歌表现手法多样，有叙事、议论、用典、借景抒情、情景交融等。如《温泉题壁三绝・其二》“艳说春寒赐浴时，君王有诏洗凝脂”，即化用李隆基与杨玉环“春寒赐浴华清池，温泉水滑洗凝脂”的典故。方东树作序云：“公之诗上规雅颂，下薄风雅，一本于温厚。”体现廷桢温雅清润、蕴藉寄托的诗风，以《灯下翻阅旧作自题》为例：“元白抒性灵，往往入浅易。皤然慕玉溪，未敢嗤獭祭。”相较于元稹直抒性灵的格调，他更喜欢李商隐的隐意寄托，以纡徐之笔写风雅之旨。此外，廷桢于音韵用力较深，《清流关》：“云气诸天合，烟光大地环。醉眸何处豁，倚剑一跻攀。”读来自然流畅，可见韵律清拔且和谐。

陆忠烈公全书续编2卷　清道光十五年(1835)陶氏刻本。

清陶性坚辑。陶性坚(1775～1851)，字琴仙。盐城人。镶父。本书为明王梦熊辑《陆忠烈公全书》8卷之续编，由清道光间陶性坚、陶式型父子增编。共2卷。前卷包括序文，《陆忠烈公遗像》，《宋左丞相陆公年表》，《陆秀夫手迹》，《陆忠烈公世系图》，《陆丞相世系考》，《陆公君明家谱自序》(陆秀夫长兄清夫，字君明)，清颜敏《重修陆氏家谱跋》，黄垣《重修陆宋丞相陆忠烈公祠碑记》，卫哲治《陆君实先生传》，《陆丞相夫人》，《陆公祠》，《陆丞相墓》，《宋忠臣丞相陆公故里碑》，《痛仰孤忠坊》以及祠联、挽诗、祭文等。后卷包括：挽诗词赋62首(篇)，包括龚开挽诗2首；其他为《宋丞相陆公宜请从祀》，议略，祭文，陆氏谱系辩，跋，后序，从祀录等。卷末附《陆丞相全书校勘记八卷》、光绪二十七年(1901)陈玉树作《宋左丞相陆公年表考》。参见叶劲《建湖县发现〈陆忠烈公全书〉〈续全书〉介绍》。

刘礼部集 12 卷 清道光十年(1830)思误斋刻本;清光绪十八年(1892)延晖承庆堂重刻本。

清刘逢禄撰。刘逢禄(1776～1829),字申受,号申甫,别号思误居士。武进人。清代著名今文经学家、常州学派奠基人。本书收《易象赋》《春秋论》《释礼制例》《书序述闻》等文 130 篇,古今体诗、词百首。凡 12 卷,文 10 卷,诗词 1 卷,并其子承宽撰《行述》,附录次子承宠遗稿《麟石文抄》1 卷。刘氏专肆力于《公羊》,为学务通大义。其文多说经议礼之作,尤能发凡起例,如《公羊诸例》《诗声衍条例》诸篇。李兆洛称其"一意志学,洞明经术,究极义理。凡所著书,不泥守章句,不分别门户,宏而通,密而不缛"(《养一斋文集》)。张舜徽《清人文集别录》评价:"逢禄所以大过人者,尤在能发凡起例。若是集卷 4、卷 5 所载《公羊》诸例,固已极其渊邃,不愧专门名家。即卷 7 所载《诗声衍》条例二十一则,详究字书,博综传注,循流溯源,穷极要眇,非深通文字、声韵、衍变异同之故者,何足以语此。"是书对考察清代学术源流,研究经学、文学、小学均有重要参考价值。

弇榆山房诗略 10 卷 清道光二十四年(1844)刻本;清道光二十九年刻本。

清许乔林撰。许乔林(1776～1852),字贞仲,号石华。海州板浦人。与兄桂林称"东海二宝""板浦才子二许"。嘉庆十三年(1808)进士。为学深得乾嘉学派要旨,尤精史、地及地方文献之学。"弇榆山房"为许氏室名,因以名集。本集为编年体诗集。许氏与唐仲冕、翁方纲、李汝珍、林则徐等交善,故本集多收许氏酬答应和之作,如《校刊〈岱览〉三十二卷上唐陶山先生》《送李松石县丞汝珍之官河南》《将还海州留别林少穆方伯(则徐)》《蔡陶门(家琬)索阅近诗,次韵奉酬》等;许氏曾居海州、苏州等地,集中亦收录不少记载其生活所感诗,如《海州志馆即事》《苏州杂诗》《长洲县斋杂诗》等。此外集中收有不少交游诗、怀古诗、咏物诗等。

汤贞愍公诗钞 1 卷 南京图书馆藏抄本。

清汤贻汾撰。汤贻汾(1778～1853),字雨生,又字若仪,号粥翁、扫云子、琴隐道人。武进人。谥"贞愍"。本书凡 1 卷,收诸体诗 120 余首。其诗内容多与游历山川、交游酬赠等相关,风格清新雅正。亦有不少反映底层民众生活艰辛之作,如《守花歌》"去年果多遭雹伤,租吏到门无可抵。今年花幸一春霁,看花人奈折不已"。

止庵遗集 3 卷 清道光间刻本;《常州先哲遗书》后编本。

清周济撰。周济有《晋略》,已著录。本书分文 1 卷,诗 1 卷,词 1 卷。卷末有盛宣怀跋 1 篇,曰:"身后友人复刻其文诗词各一卷曰《止庵遗稿》。自遭兵燹,板久不存。"周氏乃常州词派的代表人物之一,早期多作小令、长调,风格豪宕遒丽,近辛弃疾、陈维崧之类;后期膜拜清真,多作咏物长调,注重声律、字词,揣摩南宋格律派路径。董士锡《周保绪词叙》云:"周子保绪,工于为词,隐其志意,端于比兴,以寄其不欲明言之指。故依喻深至,温良可风。"是集所收词起于道光十二年(1832)春,迄于道光十九年夏作者逝世前。集中还收录了 3 篇重要的词论文章,《剪梅词序》《宋四家词筊序》和《词调选隽序》,对研究其词学思想有重要参考价值。

养一斋集 26 卷 清道光二十九年(1849)刻本。

清潘德舆撰。潘德舆(1785～1839),字彦辅,一字四农,号养一。山阳人。本书卷首有姚莹序 1 篇,述与潘氏交往。又潘亮彝《校勘记》1 篇。潘氏自序 1 篇,论述其诗学观念。本书卷 1 至卷 10 收录其嘉庆八年至道光十九年(1803～1839)所作之诸体诗,按年编次;后 16 卷则收录赋、论、辨、说解、杂著、序、记、书、传、志表哀文、丧礼正俗等诸体文。卷末附《崇祀乡贤录》1 篇,鲁一同《崇祀乡贤安徽候补知县潘先生行状》1 篇,吴昆田跋 1 篇。潘氏其诗古淡质朴,耐人寻味,尤以五古见长。所作五言苍深沉郁,歌行豪宕,律句遒亮。内容多以日常生活为主,亦有不少揭露社会黑暗之作。如《茌平有感》:"百里田畴无秀麦,四更门巷有清歌。征人蹀躞谋行乐,长吏逡巡报荐瘥。岳岳马生呼不起,荒荒残日下岩阿。"潘氏自序称"余诗逃不得一'杂'字",对诗作不甚满意。但李慈铭《越缦堂诗话》谓"自道光以来五十余年,唯潘四农之五古差有真意"。徐世昌《晚晴簃诗汇》亦称"四农诗境高洁",谓其论诗主张"足挽江左诗派之失"。其文精醇雅正,入幽出显。姚莹赞其诗文"精深奥突,一语之造有耐人百日思者"。

一经堂诗录2卷 清咸丰三年(1853)刻本。

清杨廷撰著。杨廷撰(1785～1854),字述臣。通州人。本书收《癸丑年存稿》《甲寅年存稿》各1卷。《癸丑年存稿》收其在咸丰三年所作古近体诗149篇,卷首有同人赠言23则,孙星衍所作《述臣三十四岁小像》,蒋煜所作《采经图》,秦湖所作《述臣先生七十一岁小像》,及诸人题记数则,杨氏自题1篇。其诗多描写战争之残酷,民生之艰难,如《败兵来伤居民也》《土匪横颂良牧也》《贫家妇》等。《甲寅年存稿》收录其咸丰四年作品,除感伤时事外,亦有不少借物抒怀、写景抒情之作,如《春梅半谢,庭前两株方开,触物感怀,诗以记之》《雨中夜坐》《雪案吟·待雪》等。又有《一经堂诗录》8卷、《赋录》1卷、《诗赋续录》1卷。

柏枧山房文集16卷文续集1卷诗集10卷诗续集2卷骈体文2卷 清咸丰六年(1856)蒋氏慎修书屋刻本;清光绪二十七年(1901)刻本。

清梅曾亮撰。梅曾亮(1786～1856),初名曾荫,字葛君,后改今名,字伯言,又字柏枧。上元人。桐城派代表人物之一,与管同、方东树、姚莹并称"姚门四弟子"。本书共8册,扉页题"柏枧山房全集卅一卷",后学王瀣补署。本书收录自嘉庆九年(1804)至咸丰六年的作品。前5册《文集》16卷、《文续集》1卷,第6至7册《诗集》10卷,第8册《诗续集》2卷、《骈体文》2卷,其中《诗集》10卷收录554首诗,《诗续集》2卷收录122首诗,共计676首。曾亮诗歌清妙,为时推服。笔力高简醇古,文字洁净,说、论、记、传、序、墓志铭等文皆有体现。其论文重气直体曲,治古文者多问义法,然未脱桐城派窠臼。《清史稿》本传云:"义法本桐城,稍参以异己者之长,选声练色,务穷尽笔势。"曾亮心系国家民族安危,曾感叹国家将士人等同于商贾负贩,致使士人地位低下,丧失入世热忱。《士说》云:"士之于国,犹木之于室也。……今以士之有类于商贾负贩也,而谓用商贾负贩者之无异于用士。此士之所以终不出欤。"其他如《民论》《上汪尚书书》等都体现了作者的救世情怀。

燃松阁诗钞3卷 清道光十二年(1832)刻本;《冶麓山房丛书》本;清清光绪二十二年(1896)王必我舫排印本。

清顾櫰三撰。顾櫰三有《补后汉书艺文志》,已著录。本书初稿删存起自嘉庆九年(1804),迄十七年。前有周竹恬、朱树堂、鲁兰岑等题词。朱树堂云:"诗似李长吉,人同顾阿瑛。才情真磊落,心事太峥嵘。"将顾櫰三的诗风与人格简练概括。本书收录顾櫰三诗361首。诗歌才气浩瀚,凄声郁旨。如以"寒"为主题的《寒斋》《寒月》《寒镫》《寒雅》《寒鸡》《寒梦》等,也有以《柴》《米》《油》《盐》《酱》《醋》《茶》为题的组诗,较有新意,生趣盎然,道尽生活百态。如《茶》:"蟹眼新煎百沸汤,碧腴春乳试头网。十年离雨故人至,满地落花僧院香。便唤酪奴终苦口,拟呼森伯更搜肠。一杯真抵金茎露,酒醒镫残忆渴羌。"将煮茶、品茶的意致描摹得生动又形象。

恩晖堂诗集6卷帖体诗3卷律赋1卷 清咸丰三年(1853)刻本;清咸丰六年刻本。

清王藻撰。王藻(1787～1866),字萩原,号燕镐。通州人。本书卷首杨廷撰、陈奂序各1篇。诗集收古近体诗419首,帖体诗234首,律赋10首。王氏诗作多逸情爽气,别出新意,内容多咏物记事,如卷1《种松》"竹径淡逾碧,梅檐香不空。后凋吾老友,初识岁寒中",卷2《雪后早发感而有作》"馆人愿与春风约,笑递梅花马上看"。王氏帖体诗数量不少,内容涉及立身做人、天下民生、自然景物、四季变迁等诸多方面。杨廷撰评价其作品"别裁伪体,提唱宗风,意切箴规,发其悱恻缠绵之隐,心存忠爱悉本、温柔敦厚之思"。

传经室文集10卷 《求恕斋丛书》本;《续修四库全书》本,据民国刘氏刻《求恕斋丛书》本影印。

清朱骏声撰。朱骏声有《仪礼经注一隅》,已著录。此为朱氏文集,多为考证论学之作,于经解方面用力尤深。如《禘说》《旅酬下为上解》《文字声音源流》等;其他方面多涉序文、跋文、记、人物小传、墓志铭、年谱等,如《说文通训定声自序》《佩韦之室跋语》《朱晋康乐道山房记》《孔方传》《杜少陵年谱》等。刘承幹序云:"先生博不及博山,而翔慎似过之。至其他文所谓'事出于沉思、义归乎翰藻'者,亦皆错华比采,铿锵可诵,则又非专治考证之儒所能兼逮矣。"

念楼集8卷外集2卷 南京图书馆藏稿本;台

湾文海出版社《清代稿本百种丛刊》本。

清刘宝楠撰。刘宝楠有《胜朝殉扬录》，已著录。本书卷首有戴䌹孙、梅曾亮所作序各1篇，孔继鑅所作诗8首。本书共8卷，前4卷收录刘氏所作古今体诗371首，后4卷收其文65篇。后人搜集整理其被孔继鑅等人删去的诗文及其他散佚的晚年作品，编成外集。其诗多记生活琐事、咏物抒情、怀古思人，梅曾亮赞"其为诗跌宕清妙，怡人心神，或磊落质直，无所雕饰"。《一叶行》"人生在天地，渺如一叶轻""不须惆怅看秋叶，尔我俱为萍泛人"，表达了其豁达从容的人生态度。其文保存了不少有关扬州、宝应地区明清时期文人创作和文学作品的资料，为研究扬州地方文学史、刘氏生平学术活动以及清代中晚期社会历史情况，提供了重要的史料依据。南京图书馆藏稿本，无《外集》2卷。

丹魁堂诗集7卷附茗韵轩遗诗1卷　清咸丰间刻本；清同治四年（1865）紫琅寓馆季念诒重刻本。

清季芝昌撰。季芝昌（1791～1861），字云书，号仙九。江阴人。追谥文敏。本书卷首有万青藜序1篇，又刻其门人曾国藩呈稿。凡7卷，收古今体诗共711首。是集先于咸丰六年（1856）刻成5卷并附1卷，后又于十年续刻六、七两卷。卷末附其妻王堺稙所撰《茗韵轩遗诗》1卷。季氏诗作记录其为官、生活的方方面面，题材丰富，是研究其人其事的重要参考资料。

知止斋诗集16卷　清光绪三年（1877）常熟翁氏刻本。

清翁心存撰。翁心存（1791～1862），字二铭，号遂庵。常熟人。卒谥文端。本书成于光绪三年。凡16卷，收嘉庆十七年至咸丰十一年（1812～1861）诗1 708首，按年编次。集中多唱和之作，亦有不少表彰孝节、谈论诗艺、借物言志之诗。翁氏还有一些反映社会现实、百姓疾苦的作品，如卷15《飞蝗叹》、卷16《挖蝻子》反映了咸丰六年河北蝗灾的惨状，表达了对百姓的同情和怜悯。《晚晴簃诗汇》赞其"久赞讲帷，因事纳海，计虑深远，发为歌吟，亦有吁谟定命气象"。

观濠居士遗著8种　常熟图书馆藏抄稿本（17卷）；常熟图书馆藏俞鸿筹抄本（21卷）。

清杨沂孙撰。杨沂孙（1813～1881），字子与，号咏春，自号濠叟。常熟人。清代书法家。本书为杨沂孙遗著合集，包括《文集》2卷、《诗集》3卷、《诗集补遗》1卷、《诗余六阙》1卷、《箴铭杂著》1卷、《文字说解问讹》4卷、《许书干支建首形义正讹》1卷、《积古斋钟鼎彝器款识辨疑》8卷。

宝素斋诗钞10卷　清咸丰间刻本；《清代诗文集汇编》本。

清邹鸣鹤撰。邹鸣鹤（1793～1853），字钟泉，号松友。金匮人。谥壮节。本书又名《邹壮节公宝素斋诗钞》。收书10种，一集一卷，均为邹氏所作古近体诗。卷1《公车集》48首，卷2《豫游集》46首，卷3《河上集》20首，卷4《返汴集》13首，卷5《戊己集》18首，卷6《沧桑集》6首，卷7《三至集》30首，卷8《转漕集》30首，卷9《赴召集》28首，卷10《粤西集》8首。另有《殉难金陵绝命词》2首。其诗多反映游历见闻之作，题材较为广泛，对研究晚清社会风貌具有参考价值。

曹集铨评10卷逸文1卷附录1卷　台湾图书馆藏稿本；清同治十一年（1872）金陵书局刻本；1957年文学古籍出版社出版叶菊生校订本。

三国魏曹植撰，清丁晏评。丁晏认为《四库全书》所著录《曹植集》10卷不为全备，因取明万历休阳程氏刻本作底本，用明张溥《百三家集》本和《昭明文选》及唐宋类书所载曹植之文加以校订，又参考各种类书，收辑佚文，补正缺漏。卷末附《逸文》1卷，收史传、年谱及集说。丁氏校勘精审，是书辑佚价值颇大，但亦存在漏辑之处，尚待增补。作品题下间有小注，注文除考订题目文字外，还有不少有关此题本事或写作背景方面的资料。书眉又加有评语，阐发见解，有很大参考价值。

颐志斋初稿10卷　南京图书馆藏稿本。

清丁晏撰。丁晏有《周易解故》，已著录。本书卷首有王钦霖序1篇，收录丁氏所作考、叙、说、解、辨、赋、赞等诸体文近200篇。丁氏所涉颇广，文风朴茂真实，卓然有古。此书收有不少对《说文》《玉藻》《月令》《礼记》等的研究考校。其中《〈古文尚书〉为王肃伪作说》《王肃私改毛传以难郑笺说》等

篇，对王肃伪作、私改等一系列行为表示“太息痛恨”，对推动《尚书》《毛传》等的研究价值颇大。《山阳丁氏族谱序》一篇，述家族往事，讲家风家规，有大家风范。

丹徒柳翼南遗稿　1936年江苏省立国学图书馆铅印本。

清柳荣宗撰。柳荣宗（1802～1865），字德斋，号翼南。丹徒人。兴恩弟。诸生。少承庭训，精通小学。绝意仕途，以著书为业。有《说文引经考异》等行世。为文古逸，得两汉之妙。工书，自小楷至钟鼎古文莫不古雅绝伦。本遗稿经柳诒徵整理，收录于1936年《江苏省立国学图书馆第九年刊》“遗书”中。包括《尚书解诂》《洛诰订诂》《尚书解》《涉四山房杂著》等内容。末附柳诒徵《翼南公遗稿跋》。本书多为解经之学及骈散文，其中《尚书解诂》乃柳氏于咸丰三年（1853）避兵乱居泰州海安镇时所撰，后未竟而卒。解经析义别出机杼，凡诸经之字不同者，以音义求之。通省假借，曲证旁参。故陈庆年《柳荣宗传》云：“其为文长于考证，义据通深，闲为骈文，胎息魏晋，渊雅隽逸。”后柳诒徵等编《丹徒柳氏先德遗墨》收其手书联、屏、扇面、书画并《游焦山记》《说文引经异字通释》《尚书解诂》《洛诰订诂》《尚书解》《自悼文》等著作手书墨迹。

悔翁诗钞15卷补遗1卷诗余5卷笔记6卷　清光绪九年至十年（1883～1884）合肥张士珩味古斋刻本；清上元吴达桐鼓轩重刻本；1935年燕京大学图书馆补刊铜鼓轩本。

清汪士铎撰。汪士铎有《南北史补志》，已著录。本书专收士铎所作的诗词及考证笔记。书前有光绪九年尚北山绘《悔翁先生小像》，卷首目录后有张士珩序，云：“先生天性简夷，雅嗜典籍，贫贱患难，弗渝素怀，一切尘缘，皆糠秕已。曾文正公以谓：‘芳絜欲师陶靖节，湛冥略近蜀君平。’盖纪实也。文字语言非所惜，意掇拾所见，聊志鳞爪云尔。”评士铎其人及作品较为公允。《悔翁诗钞正编》及《补遗》共辑录自道光三十年（1850）至光绪五年各类诗作984首。《笔记》6卷，为士铎考证笔记。卷1、卷2主考群经，卷3主考《尔雅》《说文》，卷4至卷6杂论史地。士铎曾自评其作：“《笔记》为上，诗次之，词又次之，而文最下。”

尚简堂诗稿10卷　清同治十三年（1874）刻本；《韩氏家集六种》本。

清韩印撰。韩印（1804～1889），字伯符，号介孙，一作介荪。江浦人。廷秀长孙。早年从学于曹士蛟、顾櫰三，道光二十四年（1844）中副榜，授江苏新阳训导，升直隶肥乡知县，擢保安知州。后引疾归，增筑尚简堂于其侧。卒年80余岁。曾编修《金陵韩氏族谱录》。本书扉页题“同治甲戌刻于萝川官廨”。前9卷收韩氏《夷门集》《郡寓七夕寄内》《苦水行》等诗，卷10为《官阁聊吟集》《同社诸作录后》，收刘元震、陈正棻、刘廷霖、朱承武等人作品。韩印诗工近体，如《谒明祖陵》《屈子祠汤池歌》《定林寺怀古》等，咏史诸作多对现实有所讽喻。又仿元好问，作诗论当时金陵19名诗人，亦时以议论入诗。

通甫类稿4卷续编2卷诗存4卷诗存之余2卷　清咸丰九年（1859）刻本；《鲁氏遗著》本；《近代中国史料丛刊》本。

清鲁一同撰。鲁一同（1805～1863），字兰岑，一字通甫、通父。山阳人。《类稿》卷首有汤修序1篇，收其诸体文章。《诗存》卷首有鲁氏自序1篇，卷末附周韶音等人跋，4卷共收其道光五年至咸丰八年（1825～1858）所作诸体诗322首，按年编次。《诗存之余》又收诸体诗100余首。鲁氏其人致力于经世致用之学，故其“为文务切世情，古茂峻厉，有杜牧、尹洙之风”（《清史稿》本传），作诗“非中有所感，勃发不可已，则不事苦吟”（周韶音《通甫诗存·跋》），不争声律。鲁氏其文多切于实务之作，风格刚健，如《与左逸民书》等；其诗于民生疾苦多有反映，如《荒年谣》五首，忧悯百姓，事皆征实；《读史杂感》五首、《重有感》八首、《三公篇》三首等，述鸦片战争时期国事，雄直苍凉。李慈铭谓其诗文“气象雄阔而未成家，蹊径亦多未化，然浩荡之势，独来独往，固为偏师之雄矣”“传之将来，足当诗史”（《越缦堂日记》）。

敦夙好斋诗初编12卷续编11卷　清光绪十六年（1890）叶氏重刻本；《清代诗文集汇编》本。

清叶名沣撰。叶名沣（？～1858），字翰源，一字润臣。溧水人。道光十七年（1837）举人。官内阁中书，迁侍读，改浙江候补道。博学好古，致力经

学，尤工诗。诗有真意，自言诗法得自潘德舆。撰有《桥西杂记》《读易丛记》等。本书为叶氏手自删存的诗集。咸丰三年(1853)《初编》镂板京师，咸丰九年《续编》刊印。光绪十六年叶氏重刻此书，将《初集》《续集》合刊。刘存仁叙称其诗“体素储洁，冲漠夷旷，肆而不流，廉而不刿，高情远韵，翛然笔墨之外”。叶氏爱山水，见闻发之以诗，如《天宁寺塔铃歌(明司礼监冯保造)》《重过北兰寺》《沅江杂诗》等；其他或酬唱应和，或怀人纪游，或追古题赠，如《题马士英画册三首》《舟夜闻雨梦姚梅伯》等，语多真质自然。符葆森《国朝正雅集》曾评其诗曰：“统观其诗，以真朴之性一发其胸中所欲言。”

显志堂稿12卷梦奈诗稿1卷　清光绪二年(1876)冯氏校邠庐刻本；《续修四库全书》本。

清冯桂芬撰。冯桂芬有同治《苏州府志》，已著录。本集为冯氏文集，成于光绪二年。集前有吴云、俞樾、吴大澂序。收左宗棠所作家传、李鸿章所作墓志铭。冯氏为文法度谨严、通俗流畅，多关乎时局民生，如《江苏减负记》《耒阳纪闻》《上海纪事》等均记录了近代史实。俞樾《序》云：“于学无所不通，而其意则在务为当世有用之学。”集后附《梦奈诗稿》1卷，收冯氏诗百余首。

尊小学文集6卷诗集1卷诗余1卷家训1卷年谱1卷　清光绪九年(1883)古吴得见斋刻本。

清余治撰。余治有《学堂日记故事图说》，已著录。本书又名《尊小学斋集》，以作者书斋“尊小学斋”名之。《文集》6卷，卷首有俞樾、过人远序。《年谱》1卷为无锡吴师澄编，应宝时、沈秉成为之序。余氏广收门徒，大力弘扬慈善传统，康有为在《书余莲村尊小学斋集后》对其评价很高：“今直省水旱饥灾，岁有月出，余君弟子匍匐争号，拯其死亡。”但其思想较为迂腐，集中亦有不少诋毁批判戏曲小说之文，如《教化两大敌论》《删订淫书小说议》《庶几堂今乐自序》《上当事书》等。

心庵诗存12卷　清同治十二年(1873)武林刻本。

清何兆瀛撰。何兆瀛(1809～1890)，字通甫，号青耜，一作青士，又号心庵、堂梨馆主，室名老学后庵。江宁人。汝霖子。道光二十六年(1846)举人。官至两广盐运使。何氏自序云：“生平不喜和韵，尤不工投赠之作，自抒性情，自写身世，但期为我之诗耳。”其诗有描述生平经历的《三十初度自述》《四十初度自述八首》《五十生日自述》；有咏物言志者如《水仙花》《垂杨》《咏斋中唐花》等；有出外郊游者如《雪后登江亭》《晴过尖山道中作》等；有赠友送别者，如《闻歌赠周郎稚云》《岁暮怀人诗》等；有读书感得者如《夜读书感》《读汉书》等；有怀亲挚情者如《记内子蔡恭人事》《陈母哀诗》等。还收录不少题画题书诗，如《题横波夫人画兰》《题影梅庵传奇》《题海秋腊鼓赋后》等。

未灰斋文集8卷外集1卷　清咸丰十一年(1861)福宁郡斋刻本；清光绪三年(1877)六合徐氏刻本；《敝帚斋丛书》本。

清徐鼒撰。徐鼒有《小腆纪年》，已著录。本书计8卷。书前自序云“事不灰，人不灰，而吾之文亦因以未灰”，故以“未灰”名集。书中多记在六合任职时之事，如《请定战守疏》《伍员论》《汉昭烈不取荆州论》等。卷1《拟上开矿封事》：“然则今之筹国用者，在于重农桑而已矣。重农桑必先贵谷帛，贵谷帛必先禁淫侈。”针对当时的开银矿观点，鼒持续明以来批评用银的观点，即务本贱银论。后于《务本论》中进一步加深此观点，反映其维护自然经济以及重农抑商的态度。《外集》1卷，多为酬唱赠答之篇。李慈铭《越缦堂读书记》评曰：“文则散俪皆非当家，且多酬应之作。然其论说诸篇，诸多名议。”然鼒所作文章绝不类桐城，尤喜为骈文，以“初唐四杰”为宗。

许海秋文稿不分卷　南京图书馆藏稿本。

清许宗衡撰。许宗衡(1811～1869)，初名鲲，字海秋。上元人。幼孤，从母学。道光十四年(1834)举人，咸丰二年(1852)进士。选庶吉士，改中书，历起居注主事。性简傲，淡于仕进。古文辞京师群推为首。诗风沉郁，多理深思远之作。著有《玉井山馆集》《拳峰馆诗》等书。本书为手稿，计3册，书于红栏格稿纸上，有多处字样修改痕迹。不分卷。第一册前有《许海秋文稿残录》，收文38篇，如《致卞颂臣书》《饮凌虚阁记》《西山纪程》等；第二册前有《许海秋文稿残录》，收文40篇；第三册无目录，内收刻本稿与手写稿，亦附宗衡所作日记多则。

宗衡所作有书、记、传、纪游、集序、赠送序、祭文、碑铭等文，如《致卞颂臣书》《先母孙太安仁灵表》《书红蕉吟词后》《朝鲜李藕船诗序》《程又庭传》《高夫人墓志铭》《游盘山日记》等，或与友人酬答，或作传记，或为至亲友朋撰写墓志灵表等，坦白通达，意蕴窈然而深。又有游历咏物之作，如《记花》"因己之花开否而独有欣戚是有私也，而世之类于花之或开或否者，固自若也。其必不以余之欣戚而又或异也"，有颠倒而非、顿悟自醒之意。至于目击时弊，必愤惋疾呼，时有不能已焉。书末有宗衡《自记》，记其同治四年(1865)春将生平文5卷交由程君荀叔点识，黄君翔叙，严鹿溪校勘。

妙香室集4卷补遗1卷　《金陵丛书》本；《丛书集成续编》本。

清杨长年撰。杨长年(1811～1893)，字朴庵。江宁人。铨子。同治九年(1870)，年60，始举于乡。李鸿章称之为"群英领袖"。会试报罢，归。工诗古文辞，诗法唐贤，古文得史汉笔意，词学姜夔(号白石)、周密(号草窗)。卷1文，卷2、卷3诗，卷4词。《补遗》1卷。其诗不乏清冷深幽之作，如《赠钟山僧见明》诗："泉急怒且咽，路曲下转上。结茅五年余，乘兴偶一往。空山多白云，欲寻转惝恍。木落四山寂，但闻清磬响。"谭献《复堂日记》评其诗"老成有法度"。

静虚堂吹生草4卷　《金陵丛书》本；《丛书集成续编》本。

清王章撰。王章(1812～1863)，初名抟霄，亦作抟云，字雨岚，一字宇南。上元人。困于场屋，穷愁以终。与同里许宗彦齐名，又与王金洛并称"金陵二王"。工诗文词曲，并擅书画。本书前有王章小传、许海秋作传。卷1文，有《沧浪亭赋并序》《跋子秋先生书后》《七星岩探梅记》等。光绪《续纂江宁府志》本传称其文"深博遒丽，辞无不赅，而骨尤简秀"。卷2诗上，有《竹》《夜读》《赠月坡》等诗；卷3诗下，有《听邻歌有感》《姑苏记所见》《山阴感怀》等。卷4词。书后蒋国榜《静虚堂吹生草跋》云："视君生平著述十不二三，然迹其所存，精到处雄深秀逸，卓尔不群，足跻唐宋而颉颃之。"

心白日斋集6卷　清光绪十年(1884)刻本；清光绪二十一年刻本。

清尹耕云撰。尹耕云有《豫军纪略》，已著录。本书卷首有高延第、王闿运序各1篇，吴昆田《河陕汝道尹君墓表》1篇，《淮安府志》尹氏小传1篇。是集卷1至卷2为奏议，论海防事9篇，扼要明备，皆国防要务。卷3杂著，有论《诗经》1篇，时务策、胥吏论等。卷4为人物传，表彰义士、烈妇及良臣，文风尚晓畅明白，不作艰涩语。卷5至卷6为诸体诗抄，按年编次。其诗多反映现实之作，慷慨有奇气。高延第评价其"诗文清俊雅饬，具有前人规格，则皆君簪笔鸣剑之暇之所为也"。符葆森《国朝正雅集·寄心盦诗话》谓其诗"健笔凌空，沉思透纸，有无限欲言之隐，往往发于二三语。诗虽不多，可据一席"。集中"奏议""杂著"部分，对太平军北伐和西征多有议叙，保存不少相关史料。吴昆田《墓表》中述其"剀陈时政，疏凡八九，上最后以与设立夷馆议，力争不可，痛哭于朝，于是天下知有直臣尹杏农"，可见尹氏为人至正。

有不为斋集6卷　清宣统元年(1909)刻本；《续修四库全书》本；《清代诗文集汇编》本。

清端木埰撰。端木埰有《楚辞启蒙》，已著录。本书为端木埰著作总名。前有光绪三十三年(1907)邓嘉缉、宣统元年(1909)吴荫培序。卷1至卷4为文，多为同乡邓嘉缉选编，主要有端木埰所作疏、书、论、议，合35篇，如《兵事篇》《生慈倪太宜人事略》《张文毅公行状》等，或反映时事政务，或评议历史人事，或述行状、寄哀思，或慷慨激愤，寄予个人襟怀，文意精深悠远；卷5、卷6诗，有《村居即事》《自题画扇》《送伯音南归》等诗，其诗或咏史怀古，或写景咏物，或忧时悯乱，或惜别故人，流露其孤愤穷愁之意，细致描绘出晚清的社会风貌及个人遭际。吴荫培序云："集中诸文，洞察古今，言皆有物。诗亦随事抒写，洒然天真。"充分赞誉端木埰的诗文造诣。书后有宣统元年其孙端木藩跋。

来云阁诗6卷　清光绪十八年(1892)丹阳束允泰杭州刻本；清光绪二十一年铅印本，题名《秋蟪吟馆诗钞》；2009年上海古籍出版社点校本。

清金和撰。金和(1818～1885)，字弓叔，别字亚匏。上元人。增生。以学行闻于时，尤长诗古文辞。与孙文川、郭传璞等为诗友。著有《秋蟪吟馆

诗钞》等。本书卷首有光绪十八年谭献序和二十一年束允泰撰《金文学小传》。谭献曾评金和诗曰:“悲歌慷慨,至于穷蹇酸嘶,有列国变风所未能尽者,亚匏之诗云尔。”本书为编年体,每卷自为一集,卷前均有作者序。卷1《然灰集》,收道光十八年至咸丰二年(1838～1852)诗,记录金和对社会弊病和民生疾苦的关注。卷2《椒雨集》,起咸丰三年二月,止四年二月,收诗150首,多感慨其历尽危难的流离丧乱之痛。卷3《残冷集》,起咸丰四年八月,止六年十月,收诗100余首,多反映其残杯冷炙、清苦飘零的生涯。卷4《南栖集》,收咸丰十年三月至同治六年(1867)间所作之存者,多为孤愤悲慨之辞。卷5《奇零集》,收同治六年夏至光绪十一年间所作。卷6《压帽集》,收其少时所作词之存者,多记早年饮酒作赋的闲适生活。金和诗语言或平和通俗,或犀利爽快,记录和反映了鸦片战争、太平天国革命以及平民百姓哀矜凄惨的生活面貌,颇具史料价值。

裴光禄遗集8卷 清宣统三年(1911)阜宁裴氏刻本;《清代诗文集汇编》本。

清裴荫森撰。裴荫森(1823～1895),字樾岑。先世居吴县。阜宁周门人,光绪十年(1884)以后定居淮安。咸丰十年(1860)贡士,同治二年(1863)补行殿试成进士。任工部主事,后历任福建船政大臣等。生平笃学,宗尚孙奇逢、顾炎武、汤斌、于成龙。其文多涉及船政事宜,如《察看海口及填塞港道情形折》《寰泰快船试洋并陈厂务情形折》《闽厂开办船坞折》等,亦有关于时政及地方经济,如《上河督请复淮水故道》《禀淮销情形》《上涂中丞》等。卷8为笔记,多妙语箴言,如云:“志固不可不立,然有志而不学,则志亦渐卑矣。故学者不可专恃志。”均是有感而言。宣统三年段朝端书后赞裴氏云:“忧时感事,身山林而心魏阙。……学为儒宗,仕为国宾。”

湘谷诗文全集19卷 清光绪七年至十五年(1881～1889)丹徒缪氏刻本;《清代诗文集汇编》本。

清谢庭兰撰。谢庭兰(1824.1.30～1899),字湘谷。丹徒人。诸生。以教授生徒、研究学问为业,虽家贫终不改其志。学宗宋五子,笃信义理,尤致力于《尚书》。著有《古文尚书辨》《经学丛钞》《读尚书隅见》等。本集包含《湘谷初稿》《湘谷续稿》《湘谷吟稿》3种。庭兰古文风格朴实说理,近于桐城派方苞。

弢园文录外编12卷 清光绪九年(1883)上海铅印本,10卷;清光绪八年香港印务总局初版铅印本,九年重印;1959年中华书局汪北平、刘林整理本。

清王韬撰。王韬有《王韬日记》,已著录。本集为王韬自编集。因作者自号弢园,故名。是我国历史上第一部报刊政论文集,系韬客居香港时(1862～1882)所作。韬自谓:“外编者,因其中多言洋务,不欲入于集中也。”本集12卷,收录文章185篇,起自同治元年(1862),迄于光绪十年(1884)。其中不少政论文章选自韬在《循环日报》《近事汇编》等报刊上发表的文章,反映其政治态度和思想主张。韬的政论提倡变法,如《变法中》曾从自强制夷的角度,论述变法意义:“设我中国至此时而不一变,安能埒于欧洲诸大国,而与之比权量力也哉!”同时主张学习西方的“富强之术”,发展工商业、开煤矿、修铁路、造轮船、办纺织,要实行取士、练兵、学校、律例的改革,如《越南通商御侮说》《洋泾滨海市说》等比较集中地反映了资产阶级改良主义的思想。

蒿庵文集8卷 清同治七年(1868)刻本;《清代诗文集汇编》本。

清庄棫撰。庄棫(1830～1878),一作庄忠棫,字希祖,一字中白,别号蒿庵。丹徒人。家居扬州。通张惠言、焦循之学。好微言大义,信谶纬之说,学旨沿常州今文经学派。同治中,应曾国藩请校书淮南,往来扬州、江宁。工诗文,尤致力于词。与谭献齐名。本书卷1为研习经学之文,如《经义所见述》(上、下)、《周易通义》《洪范臆说》等;卷2有《轻重说》《索隐荆山命国争义》等文;卷3为《补晋史表序》;卷4多为论文,如《衡论一》《广定命论》《杨雄论》等;卷5为议、跋、书等,如《废合帅议》《跋西魏书》《书古文苑梁父吟后》等;卷6序、记,如《复堂词序》《扬州双山墓记》等;卷7颂、赞、铭、跋、书等,如《河间献王颂》《云台二十八将赞》《神铭》等;卷8书、铭、哀辞等,如《书津门二公事》《高渭川墓志铭》《戴子高哀辞》等。

瓶庐诗补遗 1 卷校异 1 卷词 1 卷 1916 年铅印本；1921 年上海聚珍版仿宋印书局铅印本。

清翁同龢撰。翁同龢有《翁同龢日记》，已著录。《瓶庐诗补遗》1 卷为张兰思所辑，与《诗校异》1 卷、《词》1 卷合刊。卷首有冯煦、沈曾植、孙雄等序。冯煦在序中详述刊书过程："瓶庐师薨后二年，门下士同县张兰思南陔，哀所著诗三百六十余首，将授剞氏，而未果也。后十五年，弢甫前辈始编遗诗八卷刻之。南陔取以校所藏，爰厘为一卷，题曰诗补，词诗十五首别为一卷附焉。又诗已见集中而与所藏有异同者，复为校异一卷，次诗补后。南陔惓惓于师之遗著，其风义亦云笃矣。"翁氏其诗雅健清隽，"七言古体，笔力放纵"，"以戊子至戊戌十年间为菁华所在"(《晚晴簃诗汇》)。

见在龛集存 22 卷首 1 卷补遗 1 卷 1917 年溧水濮氏刻本；《清代诗文集汇编》本。

清濮文暹撰。濮文暹有《提牢琐记》，已著录。"见在龛"为濮文暹室名。书前陈三立序云："先生故工诗，富于篇什，凡有作，天才照烂，悱恻而委备，不假雕饰。文亦融情敷理，哀乐相副，尝叹为元、白二贤遗轨未坠，所谓维其有之是以似之者耶。"对文暹诗文评价很高。本书卷 1 至卷 12 诗，按编年排列。卷 13 论辨，如《与友人论诗》；卷 14 序跋，如《金陵通传序》《秦伯虞哭女诗书后》等；卷 15 书说，如《说金线泉》；卷 16 赠序，如《饶学周七十寿序》；卷 17、卷 18 为传状，如《濮述》；卷 19 碑志；卷 20 杂记；卷 21 箴铭；卷 22 哀祭。《补遗》收录文暹诗，另附序跋、传状等。文暹生平志耽山水，写下不少记游诗文，如《游开元寺题句秋棠泉侧一首并序》《游岱随笔》等，亦有记载溧水当地碑志事，如《重修江苏溧水县城隍庙碑》。

挹翠楼诗存 2 卷 清刻本；《石城七子诗钞》本，书名作《挹翠楼诗文集》；陈作霖辑《冶麓山房丛书》本，作《挹翠楼存稿》，不分卷。

清朱绍颐撰。朱绍颐(1832～1882)，字子期，一字养和，号劫余道人。室名"挹翠楼"。溧水人，寄居江宁。仲龄孙。沅子。以诸生援例为教职，历署邳州、海州学正。光绪二年(1876)举人。"石城七子"之一。朱氏诗五、七言较有特色，多感喟身世之作，于战乱及民生疾苦均有反映，如《官振粥》《无处居》《忧乱》等，其中《泥滑滑》诗云："前者尚奔走，后者已被杀。奈何天意太绝人，偏使新泥常滑滑。"深刻揭示了战乱时分民命贱如草的悲惨命运。《新乐府四首录三》分别为《田价贱 · 伤农废业也》《估客 · 讥苛征也》《五云车 · 戒骛远也》，从不同角度揭露苛捐杂税给民众带来的沉重负担。此外亦有拟古咏史之作，如《拟战城南》《登泰州岳墩杂感》《无题十二首》等；本集亦收录朱氏部分纪游之作，如《春日山居》《郊行》《归舟过吴江》等，笔意自然多变，抒怀畅达。

潄经斋文稿 1 卷诗稿 1 卷联稿 1 卷笔记 1 卷春雨酬唱录 1 卷 镇江市图书馆藏清光绪五年(1879)抄本；南京图书馆藏 1935 年丁步坤抄本；1947 年淮安丁氏铅刻本。

清丁寿恒撰。丁寿恒(1832～1894 后)，原名寿辰。字叔居。山阳人。本书又名《潄经斋遗集》。卷首有何其杰、陈寿彭序，李钟骏题词，《丁君叔居传》，张之万《候选郎中丁君诔》。卷末有王锡祺跋 1 篇。《潄经斋文稿》收文 20 篇，《诗稿》收诗 100 余首，《联稿》收 28 条。《笔记》卷末有顾云臣跋 1 篇。《春雨酬唱录》收其与友人交游唱和之作 20 余篇。

颐情馆闻过集 12 卷 清光绪三年(1877)刻本；《四库未收书辑刊》本。

清宗源瀚撰。宗源瀚(1834～1897)，字湘文，别称咫元、子岱，室名颐情馆。上元人。少佐幕，历官浙江衢州、嘉兴、宁波等各地知府，升署温处道、杭嘉湖道。工诗词书法，尤精舆地。精赏鉴，藏书甚富。辑有《国朝严州诗录》等。本书又名《守湖稿》。书前有光绪三年源瀚自序："十余年来，守衢、守湖、守严、守禾，在严凡五年，守湖凡两次……乃出同治庚午辛未初守湖时诸稿，厘为十二卷，付之梓人。"同治九年(1870)源瀚首次调任湖州知府，光绪三年二任湖州知府。故本书多编录其治湖文牍，具体内容如下：卷 1、卷 2 水利、卷 3 书院、卷 4 义塾、卷 5 育婴、卷 6 捕防、卷 7 劝葬、卷 8 词讼、卷 9、卷 10 保甲、卷 11、卷 12 杂稿。本书包含源瀚指导穿渠灌田、筹建水利海防、加强地方治安与社会控制等内容，如卷 6《禀抚宪》、卷 9《保甲 · 禀抚藩臬道》等。以卷 12《杂稿 · 致王莲生》为例："凡事须顾大局。一隅中亦有大局，兄岂见不及，此不免为时

贤所困耳。弟作幕作官,皆不欲囿于时,以此颇觉不合时宜,然古人不云乎‘动而得谤,名亦随之’?窃愿与兄共勉也。”足见源瀚有良吏之才,所至以人民利益为重,以兴利除弊为务。

小迦陵馆文集1卷　清宣统二年(1910)浙江官报局铅印本。

清陈宝撰。陈宝(1835～1879),字百生,号白森。东台人。智开长子。同治十年(1871)进士。改庶吉士,授检讨。博观广览,工诗。诗初学吴嘉纪,及参戎幕,多言时事。其《军行杂咏》语皆纪实,为时传诵。与朱铭盘等相友善。小迦陵馆为陈宝室名,因以名集。本集为陈宝女婿袁长春整理付梓,有支恒荣序,朱铭盘撰《翰林院检讨陈君墓表》。集中共收录陈氏遗著37篇,其中有关注地方水利建设的《治运河论》《东台防水议》等,尽显陈氏在水利理论知识方面的真知灼见。《衍织之碑碑文》(碑文拓片现藏于东台市志办),详述同治五年东台知县欧阳锴指导东台农民种棉织布、改善人民生活的事迹。陈氏交游极广,《刘宝楠四十寿言》《黄子湘太守诗序》等文反映其与友人交情匪浅。此外本集亦收录陈氏悼念亲友的祭弟文、亡妻王夫人诔、孔广牧哀辞等,文风凄哀,感人肺腑。

冬心书屋诗存15卷续存1卷　南京图书馆藏稿本。

清李恩绶撰,李恩绶(1835～1911),字丹叔,一字亚白,号荫轩、冬心老人,晚号讷庵。丹徒人。附贡生。科举不利,遂橐笔壮游。曾参与光绪《丹徒县志》修订。精研古学,考证源流,有《读骚阁赋存》《讷庵骈体文存》《缝月轩词》等行世。书前作者自序认为诗本适性之物,故随触随吟,随得随录,不尚险怪,不取繁缛。本书收诗按年编排。多录其游历酬答之作。恩绶与南京等地渊源颇深,诗中多记南京游历诸事,如《登北极阁》《乌龙潭春游诗》《游金陵朴园同谢大伯纯》等。恩绶留心掌故,幽光畸行,皆于记载,如《望汜光溯感明毅皇逸事》等,亦有不少怀古兼针砭时弊之作。此外,书中收录不少自遣抒怀之作,表达其啸吟不废之乐。

南冈草堂诗选2卷　《石城七子诗钞》本;清光绪二十七年(1901)刻本。

清秦际唐撰。秦际唐(1837～1908),字伯虞,晚号南冈老人。上元人。肄业钟山、尊经、惜阴三书院。同治六年(1867)举人,候选知县。光绪六年试礼部落第,自此家居教授20余年。工诗能文,以诗名同光间。与陈作霖、邓嘉缉、顾云、蒋师辙、何延庆、朱绍颐并称“石城七子”。曾编撰《奎光书院赋抄》《国朝金陵词钞》等书。本书书前有光绪十三年何延庆叙。卷上有《月夜》《六合行》《田家诗》等诗,卷下有《悼亡》《哭善伯》《题冶山居士之居铭》等诗。际唐所作,或借景抒情,或郊游唱和,或悼友情深。如《薛庐十咏·冬荣春妍》:“李桃成荫处,竹柏耐寒心。物候有容悴,冲怀无古今。青青留气暖,潋潋借香斟。佳日登临暇,拈髭试一吟。”薛庐位于乌龙畔的龙蟠里,环境清美,为薛时雨居所,庐内有冬荣春妍室、双登瀛堂、夕好轩等景。际唐为时雨弟子,借歌咏薛庐,寄托难忘师恩之深情。

高子安遗稿2卷　抄本;《南京文献》1948年第15号;《清代诗文集汇编》本。

清高德泰撰。高德泰(1838～?),字子安。上元人。祖上以机织为业,德泰早年亦从其事。咸丰、同治间辗转南京、苏州、如皋等地。后肆力于搜辑太平天国战争期间金陵死亡人物传记资料。能诗。撰《忠烈备考》《高氏闺门殉难十二图说》等。本书收录德泰文稿20篇,主记晚清金陵诸事,有时事、传记、序文、书评等内容。其记人物,多注意社会中下阶层,如《记施翁还银事》,用平实朴素的语言刻画出一个拾金不昧的美好人物形象。又,德泰搜辑很多太平天国战争期间金陵死亡人物的传记资料,并对记载忠烈之士的书加以评论,以期记录下癸丑之变时动乱的社会情况。1922年叶遇春叙云:“文虽不高,述乱离颇详,盖有心人也。”

鸡肋剩草诗集4卷　北京大学图书馆藏手抄本。

清王璋撰。王璋(1838～?),字梦橼,一字迂人,晚号尘海迂叟。东台富安人。咸丰九年(1859)客如皋,后至各地入幕。撰有《东台县志稿》《保寿方》等。王氏诗歌有眷乡情深者,如《归故乡》“不著锦衣归不惭,乡里知予短作造”等;有专门记录泰州、海安、如皋等近地风情者,如《泰州松林庵松》《别香山·在泰州作》《登海安凤山》《如皋意园》等;

有与友酬答唱和诗，如《五月廿五日偕如皋诸子龙王庙宴集》《秋日留别海安诸子》《东台汪宝夫斋中小坐次见赠原韵》等；有题像、题画、题书诗，如《自题像赞》《题张时生采芝图》等；有感怀至亲者，如《诫长男仁熙诗》《孙种心周岁诗》《岁暮思亡内》等；有贺喜哀挽诗者，如《吕瑛新婚》《先慈忌日》《挽夏少林》等；亦有记载田园生活点滴者，如《中伏喜雨》《赏菊》《村居四时乐》等。吴春镕认为王氏诗文继《陋轩诗》后成就罕匹。

庸庵文别集 6 卷 清光绪二十九年(1903)醉六堂石印本；1985 年上海古籍出版社标点排印本。

清薛福成撰。薛福成有《出使奏疏》，已著录。本书由其子薛莹中纂辑。作者另有《庸庵全集》，是集为《庸庵全集》未收文稿之结集。凡 6 卷，奏疏 1 卷，书牍 4 卷，论说、书后、记、序、家传 1 卷，分体别类，按年编次。是集共收文 119 篇，内容多有关时局变革。薛氏大力主张改革，呼吁发展民族资本之工商业，培养专职外交人员与各国交涉。其于国防军事亦有不少论见，如《答伯兄书》叙述其布置镇海防务经过，可与《浙东筹防录》相表里。本书对研究清末时局、洋务运动等价值颇大。

薛叔耘遗著 16 种 南京图书馆藏稿本。

清薛福成撰。薛福成有《出使奏疏》，已著录。本书所收为薛氏逝世后遗稿，封面皆其手迹，由其三子薛莹中校理、汇刻。凡 16 种，为《庸庵文编》4 卷、《文三编》3 卷、《蓉湖古文稿》不分卷、《文稿》不分卷、《函稿》不分卷、《幕府公牍》不分卷、《奏稿》不分卷、《幕府古文笺奏稿》不分卷、《出使信函稿》不分卷、《西征零草》不分卷、《出使公牍》不分卷、《出使四国奏疏》不分卷、《驻法奏疏》不分卷、《出使奏疏草稿》不分卷、《幕府消闲录》不分卷、《析津消夏笔记》不分卷。内容基本为"庸庵文编"和"出使疏牍"系列，可作研究薛氏其人之参考资料。

日长山静草堂诗存 2 卷补遗 1 卷 清光绪三十一年(1905)杨士琦铅印本；1924 年孙叠波批校本；1931 年六合孙氏影印本。

清汪达钧撰。汪达钧(1839～1901)，字少浦，自号迂圃。清六合人。光绪元年举人。曾掌三界芝生书院。诗与骈文皆精到。诗出入于杜甫、陆游两家，内蕴深厚。本书由杨士琦始刊于光绪三十一年，但错误甚多。六合孙叠波于 1924 年获见原稿，乃重为校定。除版心外，原书封面、卷端均用红笔将"日长山静草堂诗存"校改作"绿净园诗存"，卷首跋、叙亦均改，自注云："依汪氏家藏本及原稿改正者用朱笔。"1930 年孙叠波又抄了一本，次年其子孙为霆乃据抄本用石印法影印。影印本订正了杨氏刻本的讹误，凡杨本原误均分别注出。其篇序与杨本亦有不同。书后有为霆跋。达钧诗多怀古感时、山水交游之作，少与人唱和之作，书中收录《过扬州》《瓜步玉泊》《雨中渡江逆风行三十里抵瓜步泊》《纵游城西山水胜处》等诗。

椿花阁诗集 8 卷 1918 年刻本。

清段朝端撰。段朝端(1844～1925)，字笏林，号椿花阁、蔗湖退叟，晚号蔗泉。淮安人。本书卷首有作者自序，冯煦、李详序各 1 篇。收录咸丰八年(1858)至 1918 年所作诗。卷末有丁宝铨跋 1 篇。冯煦评价其诗"辞旨精炼，神味渊永，出入东坡剑南间"。

扁善斋诗存 2 卷 《邓氏家集》本。

清邓嘉缉撰。邓嘉缉(1845～1909)，字熙之。清末江宁人。尔晋子。优贡生。室名"扁善斋"。候选训导，兼袭云骑尉。曾见重于曾国藩，国藩死，因不见用于世，遂以诗古文自娱。善楷隶。与同邑顾云、蒋师辙并称，"石城七子"之一。分纂《续纂江宁府志》《临朐县志》等。本书收《六朝石歌用王渔洋六朝松石歌韵乙巳》《祀山长薛先生遂宴集于永今堂各依本姓为韵》《桑根先生服除集薛庐石公以见先生手书遗诗感赋之作见示因次其韵》等诗，骨坚韵峭。发为歌咏，多穷苦之词，如《平原君祠》："翩翩公子有遗祠，想像风流奠一卮。臣亦毛生思脱颖，不知可有处囊时？"嘉缉半生沦落，虽托门荫，贫困以老，故借咏赞平原君，抒写其郁积之情。

盋山文录 8 卷诗录 2 卷 清光绪十五年(1889)刻本。

清顾云撰。顾云(1846～1906)，字子鹏。人谓其介如石，因自号石公。行五，人称江东顾五。上元人。长庚子。廪贡生。工古文辞，亦豪于诗。全椒薛时雨主讲尊经书院，从之学。光绪二十年，主

讲崇文书院，与郑孝胥相交甚密。“石城七子”之一。著有《忠贞录》等。盋山在南京市西，顾云筑精舍于盋山，以园林之胜自娱，故定为《盋山文录》和《盋山诗录》。《文录》8卷，为顾云手定，选录其于光绪五年至十五年间所作，计80篇。卷1至卷3为志、书等，有《读老子》《读五行志》《复邓熙之书》等；卷4至卷8为传记、行状、碑志等，如《罗文学蒋孝廉别传》《汪梅村先生行状》等，多发议论之语，可兹史料之补。如《邵阳魏先生传》，除记载魏源生平事迹外，亦附有顾云评语：“邵阳错苗疆，山川雄奥，历世乃无闻人。先生挺出狉榛，进薮乎文物者而抗之，屹屹自树立，为世所不能朽，抑不惟魁前轶后于其乡焉，可谓豪杰！”《诗录》2卷，多记录战乱时事、友人往来之作。

寿恺堂集30卷补编1卷　清光绪十八年(1892)铅印本；1921年至1922年海门周坦铅印本。

清周家禄撰。周家禄有《晋书校勘记》，已著录。本书卷首有郑孝胥、张謇序各1篇，《南通县新志耆旧篇》1篇，顾锡爵《海门周府君墓志铭》1篇。卷1至卷14为诗编，分《奥簃集》《西村集》《春明集》《北村集》《西楼集》《小楼集》《勃海集》《高句丽集》《潇湘集》《闽越集》《江汉集》11种，收其同治三年(1864)到光绪二十九年之诗作。卷15为词编，《惠修盦集》。卷16至卷25为文编，卷26至卷30为文外编。周氏其诗以清丽见长，其词有南宋风格，其文隽永似魏晋人。张謇序中称其文“或屈郁纵宕而尽其旨，或妍丽博赡而振其华”，其诗“若春条扬花，谷泉送响，风日会美而林壑俱深”。顾锡爵在《墓志铭》中评价“其无韵之文，隽永如魏晋人；有韵之文，上通于骚人之清深”。但汪国垣在《近代诗人述评》中称其诗“以清丽见长，沉博不及桂之华轩，而韵味差绵远”。

白雨斋诗钞　清光绪二十年(1894)刻《白雨斋词话》附；《清代诗文集汇编》本。

清陈廷焯撰。陈廷焯(1853～1892)，原名世焜。字伯与，号亦峰。丹徒人，后寓居泰州。光绪十四年中举。十五年，应礼部试，落榜而归。工诗词及词学理论，潜医道。于词倡“沉郁”说，本诸《风》《骚》，正其情性，温厚以为体，沉郁以为用。本书与《白雨斋词话》《词存》合刊，由高寿昌选编。《诗钞》收录廷焯诗约200首，多为怀古、咏怀、记事等作，诗风沉郁，以古朴、冲淡、巨丽、雄苍胜。其中部分诗有高寿昌、王耕心评语，如《织妇叹》评“托意遥深”，《少年行》评“读此诗可以悟无邪之旨”，《老马行・怜老将也》评“出奇全在转换”等。言简意赅，别有可观。

范伯子诗集19卷　清光绪三十四年(1908)刻本；1933年浙西徐氏校印本。

清范当世撰。范当世(1854～1904)，原名铸，字铜士，更名当世，字无错，号肯堂。因行一，世称范伯子。通州人。卷首有姚永概所作《范肯堂墓志铭》，赞“其诗震荡开阖，变化无方”。收录光绪四年至三十年所作之诗，按年编次。范氏为“同光体”代表诗人，因其命途坎坷，身处晚清巨变之中，故诗多沉郁苍凉之作。吴汝纶对其诗文曾作如下评论：“文之道，莫大乎自然，莫妙于沉隐，无错中年到此，则天下文章其在通州乎?”其诗作题材广泛，既有关心国事、关注吏治、关爱民生、关切外敌之作，亦有表达见解、怀念亲友、阐发哲理之作。范氏曾入主李鸿章相府西席，故对晚清官场腐败、民生凋敝，变革图强等皆有深刻感悟，其诗文从一介书生的角度展示历史时局，极有研究价值。1933年浙西徐氏校印本附姚蕴素《蕴素轩诗稿》5卷。

铁云诗存4卷　1976年油印本；1980年齐鲁书社刘蕙孙标注本。

清刘鹗撰。刘鹗有《铁云藏龟》，已著录。本书为鹗之孙刘厚滋、刘蕙孙据家传稿本、抄本并多方搜辑编成。严薇青序云：“才调高旷，清华绝伦；工力深厚，迥异凡响。所谓清新、俊逸，殆兼而有之。”对鹗诗风格评价甚高。书内收诗113首。卷1《芬陀利室存稿》，为光绪二十二年(1896)鹗忆旧时所作，兴之所致，任意咏歌，不求其工。内容多样，有感怀、闺怨、纪游、题画诗等。卷2《东游草》，乃三十二年游日本之作，真实记录异国游历之感。卷3《抱残守缺斋遗诗辑存》，收《落叶诗》《梦中作》《题画二绝》等诗。卷4为附录，录《老残游记》所附诗、长短句以及补遗《杂感》4首，如《曹州题壁》《八声甘州》等。锷诗感时伤事，以情动人。

醉侯诗钞2卷　《南京文献》1947年第八、九

号;抄本,不分卷。

清刘源深撰。刘源深(1859～1910),字少卿,号醉侯、潜翁。江宁人。诸生。工诗文。曾肄业于钟山尊经书院。壮年后曾历游燕、鲁、皖、赣、湘、鄂间,所在皆留题咏文。张之洞任湖广总督,更行新法,招源深掌机要文牍。后欲居杭州,因病归,卒于里。撰《鄂渚纪闻》等。本书收录诗自光绪二年至二十七年(1876～1901)止,570余首。卷上收《皎皎天挂月(丙子)》《冬日偶成》《海门观涛行》等诗;卷下有《登钟山绝顶偕丁佩秋志兰作》《饯岁》《感事十六首》等诗。刘绍基、绍桢跋云:"《醉侯诗钞》二卷,初署《味梅花馆诗集》,盖取旧斋名名之。既以意别有托,改署今称。而人情习故,往往沿举旧名不废,故见于公私载记或犹称《味梅花馆诗集》云。"

第三节 总集类

汉魏六朝百三家集118卷 明张氏原刻本;《四库全书》本;清光绪五年(1879)彭懋谦信述堂重刊本。

明张溥编。张溥(1602～1641),字乾度、天如,号西铭。太仓人。文学家。崇祯四年(1631)进士,改庶吉士,授编修。复社创始人,与同邑张采并称"娄东二张"。著有《七录斋诗文合集》《七录斋近集》等。本书又名《汉魏六朝一百三家集》《汉魏六朝百三名家集》。张氏在明张燮《七十二家集》、冯惟讷《古诗纪》、梅鼎祚《历代文纪》等基础上,辑录自汉代贾谊至隋代薛道衡103家的诗文,大致一人一集,每集按赋、文、诗排序。卷首有作者自序1篇。本书反映了张氏"兴复古学"的文学主张,展现了汉代以来文学的创作成就和发展历程。《四库全书总目》批评本书部分篇章是从经说、史类、子书中辑录文字,又有牴牾显然而不辨、是非疑似而臆断、伪妄无稽而滥收、移甲入乙而不觉、采摭未尽、割裂失次等失误之处。

文选30卷 敦煌卷子本;北宋天圣七年(1029)刻本;《四库全书》本。

南朝梁萧统编。萧统(501～531),字德施,小字维摩。南兰陵人。衍长子。文学家。谥号昭明,世称昭明太子。《文选》,亦称《昭明文选》,由萧统聚集宫中文人共同编订,为我国现存最早的文学总集。版本有无注本、李善注本、五臣注本、六臣注本、集注本等几类。共30卷,分38类,选录先秦至梁代130余家诸体文700余篇。本书以"事出于沉思,义归乎翰藻"为选录标准,诗、赋两类尤多。编排体例上则"凡次文之体,各以汇聚。诗赋体既不一,又以类分。类分之中,各以时代相次"。此书对后世影响巨大,形成了以研究和注释《文选》为主的"文选学"。

文选注60卷 北宋天圣七年(1029)刻本;南宋淳熙八年(1181)尤袤贵池刻本;元延祐间张伯颜刻本。

唐李善注。李善(630～689),江都(今扬州)人。史书上称他清正廉洁、刚直不阿,有君子的风范和韵致。有雅行。淹贯古今,不能属辞,故人号"书簏"。《文选》原书30卷,唐高宗显庆年间李善为之作注,析为60卷,"注以文传,文以注显"。本书是中国现存最早的《文选》注本,体例严谨,本末详备,集汉魏六朝小学训诂和集部注释之大成。李善即事注释,四易其稿。凡作品有旧注者,即采其可取者入书,间有对旧注的补正,标明"善曰"予以区别。共引书23类,1 689种,其中大量已亡佚,为后世考证、辑佚者所取资。还订误补阙,发凡起例。此书偏重于语源的说明和典故的解释,保存了大量训诂资料,对古汉语研究颇有价值,但"释事而忘义"(《新唐书·李邕传》),有望文生训之弊。唐李匡文《资暇录》云:"李氏《文选》有初注成者、复注者,有三注、四注者,当时旋被传写之。其绝笔之本,皆释音训义,注解甚多。"南宋时将李注与吕延济、刘良、张铣、吕向、李周翰五臣注合为"六臣注",李注遂微。后又从六臣注中辑出李注,即今所见本。

文选纂注评苑26卷 明万历克勤斋余碧泉刻本。

明张凤翼纂注。张凤翼有《梦占类考》,已著录。本书仿余良史《精摘梁昭明太子文选崇正编》,分前、后两集,卷1至卷14为《前集》,收赋、诗;卷15至卷26为《后集》,收选文。卷首有沈一贯、张凤翼原序各1篇。正文眉栏镌评,汇集十余家评语,大致分为疏通文意和简单赏评两类。但其因袭六

臣注而删繁就简,杂采旧注而不注明出处,故多认为所标"陆弘祚辑订"当是书商牟利之手段。所注评语虽水平不高,简短浅显,却对八股文谋篇布局颇多讲解,迎合了当时读书人的需求。此本基本涵盖了其后《文选》评点著作最常见的评语类型,对《文选》评点的发展贡献甚大。

文选音义 8 卷 清乾隆二十三年(1758)静胜堂刻本;《文林绮绣》本;《丛书集成续编》本。

清余萧客撰。余萧客有《古经解钩沉》,已著录。该书据何焯所校明汲古阁本《文选》,摘字作音,先辑李善注,补以六臣本旧刻,五臣音注可采者偶择数条列后,并注明诸本异同。其自序称:"其字一从汲古,诸本异同,参注其下。叶韵则从沈重改音,古音则从入韵偶见,音叶无考,则从阙疑。"《四库全书总目》列此书于存目,批评其罅漏丛生,与其《古经解钩沉》如出二手,并举其八大失误。钱泰吉《曝书杂记》云:"(余萧客)《古经解钩沉》极精博,所为《文选音义》则体殊不称。《四库全书总目提要》详言之。……然《音义》多用直音,便于省览。载义门校语颇详,亦初学所不废也。"钱说较平稳。

文选古字通疏证 6 卷 清道光二十年(1840)刻本;《益雅堂丛书》本;《玲珑山馆丛书》本。

清薛传均撰。薛传均有《说文答问疏证》,已著录。薛氏因《昭明文选》多古字,故著该书。原稿 12 卷,惜未定稿而薛氏早卒,刘文淇、刘宝楠、包孟开相约协力修订,择其首尾完备者辑成 6 卷付刻。该书共列 204 条,首列《文选》李善注标明"古字通""同"类字例,引《说文》以释《文选》,对《文选》中字之假借、音之转移、义之引申者,皆分析其异同,判断其是非,引例精详,阐释确当,间或涉及方言、形讹等问题。该书以小学释选学,实事求是,不为凿空之谈,不仅对阅读、研究《文选》颇有助益,而且对古代汉语通假字及词义引申的研究有一定参考价值。

文章辨体 50 卷外集 5 卷总论 1 卷目录 2 卷 明天顺八年(1464)刘孜等刻本;明嘉靖三十四年(1555)徐洛刻本;明钟原刻本。

明吴讷辑。吴讷有《祥刑要览》,已著录。本书辑录明以前诗文,分内、外两集,内集 50 卷,录古体诗;外集 5 卷,录骈体、律诗及词。大体仿宋真德秀《文章正宗》,分体编纂,内集 50 体,是为正体,外集 9 体,是为变体,共 59 体。每体自为一类,各以时序为先后,各类之首均有辨析文体正变、高下,阐述体制、演变之"序题"。卷首有彭时所作序 1 篇,《凡例》,又有《诸儒总论作文法》汇录颜之推以来历代学者论作文法若干则。《四库全书总目》批判此书"大抵剽掇旧文,罕能考核源委,即文体亦未能甚辨",但程敏政作《明文衡》颇重之,陆深《溪山余话》亦称此书精博。文体分类虽有繁杂之弊,但打破了前人和时人对文体理论的偏见,对文学发展状况有较为全面的认识。其后徐师曾编《文体明辨》、贺复征辑《文章辨体汇选》,皆据是书增修而成。此书保存不少有关古代文体及其性质、流变之资料,颇有可以取资者。

文编 64 卷 明嘉靖间胡帛刻本;明天启元年(1621)陈元素刻本;《四库全书》本。

明唐顺之辑。唐顺之有《荆川先生右编》,已著录。本书成于嘉靖三十五年(1556),收录由周迄宋之文,分 33 类,按体编次,偏重论文。其自序云:"不能无文,即不能无法。"卷首有作者原序、目录。正文共 64 卷,制策、对、谏疏、论疏、疏、疏请、疏议、封事、表、奏各 1 卷,上书 3 卷,说 1 卷,札子 3 卷,状 3 卷,论 13 卷,年表论断、论断各 1 卷,议 1 卷,杂著 4 卷,策 4 卷,辞命 1 卷,书 5 卷,启、状 1 卷,序 3 卷,记 3 卷,神道碑、碑铭各 1 卷,墓志铭 3 卷,墓表、传 1 卷,行状、祭文 1 卷。唐氏受明初朱右《八先生文集》影响,于唐宋两代,惟取韩愈、柳宗元、欧阳修、苏洵、苏轼、苏辙、曾巩、王安石八家文章,由此后世逐步确立了"唐宋八大家"之历史地位。《四库全书总目》赞"是编所录虽皆习诵之文,而标举脉络,批导窾会,使后人得以窥见开阖顺逆,经纬错综之妙",认为学秦汉者当于唐宋求门径,学唐宋者当以此书为门径。但亦指摘其"以庄、韩、孙子诸篇入之论中,为强立名目。又不录《史记》《汉书》列传而独取《后汉书·黄宪传》,冠诸传之上,进退亦多失据"。

文体明辨 61 卷首 1 卷目录 6 卷附录目录 2 卷附录 14 卷 明万历寿桧堂刻本;明万历建阳游榕铜活字印本;《四库全书》本。

明徐师曾辑。徐师曾(1517～1580),字伯鲁,号鲁庵。吴江人。本书为明以前文体论的集大成之作,凡84卷,分正集、附录两部分,计有纲领1卷,诗文61卷,目录6卷,附录目录2卷,附录14卷,共选文4 878篇。据明初吴讷《文章辨体》损益而成,凡121类,分体选文,上采先秦,下及明代,依体序说。卷首《文章纲领》1卷,辑录历代作家论诗文语,对各类所加之序说,指明其文体来历、特点、流变,颇有参考价值。但作者过分强调"文章必以体制为先",因此文体分类略嫌繁杂,《四库全书总目》斥之"千条万绪,无复体例可求,所谓治丝而棼者欤"。本书总体上收罗文体完备,各体解说详明,对研究古代文体有较高的参考价值。

古诗源14卷 清康熙竹啸轩刻本;清霁月山房刻本;清善成堂刻本。

清沈德潜编选。沈德潜有《归愚文钞》,已著录。本书辑选上古至隋代诗歌700余首,按朝代编次。卷首有康熙五十八年(1719)作者自序、《例言》,简略品评历代诗歌特点,阐述编书目的。沈氏认为唐以前诗为古诗,古诗是"唐人之发源","既以编诗,亦以论世,使览者穷本知变,以渐窥风雅之遗意"。诗后间有点评。本书收诗范围较广,除《诗经》《楚辞》外,历代名篇大多选入。作者论诗反对雕琢堆砌,重视政治民生,因此书中收录不少反映民生疾苦、社会风貌之作。但也存在真伪混杂、排斥南朝民歌等不足之处。

列朝诗集81卷 清顺治九年(1652)毛晋刻本;清宣统二年(1910)上海国学扶轮社铅印本;清宣统二年上海神州国光社铅印本。

清钱谦益辑。钱谦益有《国初群雄事略》,已著录。本书收录元末至明崇祯间1 600余人之作,仿金代元好问《中州集》之体例,以诗系人,以人系传。每一作者均有小传,详细介绍爵里生平,品评作品得失。是书共分乾、甲前、甲、乙、丙、丁、闰七集,大体按诗人年辈排序。乾集2卷,收录明历朝皇帝及宗室诸王作品;甲集前编11卷,收录元末明初诸家(多为元遗老);甲集22卷,收录明初洪武至建文期间作品;乙集8卷,收录永乐至天顺六朝诗人作品;丙集16卷,收录成化至正德三朝诗人作品;丁集16卷,收录嘉靖至崇祯六朝诗人作品;闰集6卷,收录高僧、名僧、道士、异人、金陵法侣、香奁、宗室、内侍、青衣、佣书、无名氏、神鬼、滇南、朝鲜、日本、交趾、安南、占城诗。是书涉及面较广,保存了丰富的明代文献,为后世研究明诗、明史提供了颇为珍贵的资料。但《四库全书总目》对此书颇多贬斥,认为"党同伐异""颠倒是非,黑白混淆"。容庚则评价"钱氏选诗仿自《中州集》,实为选诗之正轨。目光如炬,而学力足以副之,故于明朝三百年之诗,褒美贬恶,无所遁形。然抨击太过,辛辣之味,读者不无反感"。当为中肯之言。此书编纂目的不仅在于论诗、传诗,而且在于"铺陈皇明"、寄托故国之思,故初刊于康熙初年,不久即遭禁毁。至宣统二年,始据原版重印。其族孙钱陆灿曾将书中小传汇辑成《列朝诗集小传》,单独刊行。

诗观 清康熙十一年至二十九年(1672～1690)慎墨堂刻;清乾隆十三年(1748)仲之琮、胡裘锝补刻本;清乾隆十五年至十七年深柳读书堂重刻本。

清邓汉仪辑。邓汉仪有《慎墨堂诗拾》,已著录。本书又名《天下名家诗观》《十五国名家诗观》,收录清初1 824家诸体诗15 000余首。凡三集41卷,初集12卷,二集14卷、闺秀别集1卷,三集13卷、闺秀别集1卷。每集卷首皆有自序、凡例,正文以人为目,名下列有小传,记字号、爵里,集中间有评语。邓氏辑选范围宏富,全面展现了清初诗歌的发展历程,"足备后人采择"(沈德潜《清诗别裁集》),《清史列传》亦赞此书"别裁伪体,力追风雅,海内诗家咸宗之"。是书虽未摆脱明末互相标榜之弊,且"选数多寡,实非有意,皆因其卷之繁简,地点之远近然",但收录众多明末遗民故老之作,是研究清初遗民文学的重要参考资料。近人徐世昌评价"其中遗集罕传者,颇赖以得梗概"(《晚晴簃诗汇》)。

天启崇祯两朝遗诗初集10卷小传2卷 清初刻本;1958年中华书局上海编辑所影印本。

清陈济生编。陈济生(1618～1664),字皇士,号定叔,长洲人。本书又称《忠节录》或《启祯集》,录存明末天启、崇祯两朝遗诗(也有部分崇祯以后之作),主题多为抗清、反阉宦等。凡10卷,前8卷为初集,后2卷为续集,辑自顺治十年至十二年

(1653～1655)，随选随刻。卷首有吴甡序、归庄序、自序等8篇，《凡例》1篇。共307人，卷末附作者小传(间亦有有传无诗，有诗无传的)。是集选诗"以人为重"，选人"以节义为主"。卷1至卷4皆为忠义诸公。卷1录入天启五年(1625)、六年因反对阉逆而被屈杀死的正直朝臣之遗诗，如高攀龙、杨涟、左光斗、周顺昌等人。卷2选入在崇祯十七年(1644)至顺治二年间壮烈牺牲的殉国者之作，如张铨、何廷魁、卢象升等人。卷3、卷4选的是乙酉以后的殉节者。其后则是硕德名贤、高士幽人等。此书可补钱谦益《列朝诗集》之未备，有重要的史料价值。是集刻于顺治十六年(分两次刻成，初编刻于十二年)，遭人告讦，即遭厉禁。康熙初莱州黄培诗案发，顾炎武等即为是书牵连入狱。诗案发作后，无人敢收藏，故流传绝少。1958年中华书局上海编辑所影印本后附陈乃乾著《启祯两朝遗诗考》。

天下才子必读书15卷 清初文越堂坊刻本；《金圣叹全集》本。

清金圣叹辑。金圣叹有《水浒传》批评，已著录。本书正文15卷，补遗1卷，收文352篇。按时代先后排次，先秦5卷，汉晋4卷，唐宋6卷。其中汉代文章分西汉、东汉、后汉(蜀汉)，晋文仅9篇。补遗1卷，收《左传》2篇，《史记》16篇，汉文6篇，唐宋文各1篇。其编书目的在《读第六才子书(西厢记)法》第十四条中云："仆昔因儿子及甥侄辈要他做得好文字，曾将《左传》《国策》《庄》《骚》《公》《谷》《史》《汉》、韩、柳、三苏等书杂撰一百余篇，依张侗初先生必读古文旧名，只加'才子'二字，名曰《才子必读书》。盖致望读之者之必为才子也。久欲刻布请正，苦因丧乱，家贫无资，至今未就。"入清以后金圣叹又对此书加以修订增补。是书选文"精而赅，雅而畅"，每篇均有总评，文中夹批、夹评，疑难词句则详加注释，多精妙见解。《古文观止》受其影响颇大。

古文眉诠79卷前1卷 清乾隆九年(1744)三吴书院刻本；清乾隆静寄东轩刻本；清光绪二十四年(1898)岭南良产书屋刻本。

清浦起龙辑。浦起龙有《史通通释》，已著录。本书卷首有作者自序，述其评注原则及编书始末。正文辑录《左传钞》8卷，《公羊传钞》《穀梁传钞》1卷，《国语钞》2卷，《战国策钞》4卷，《庄子钞》1卷，《楚辞钞》1卷，《史记钞》13卷，《汉文钞》6卷，《后汉文钞》1卷，《文选钞》5卷，《孝穆文钞》《子山文钞》1卷，《宣公奏钞》2卷，《昌黎文钞》6卷，《柳州文钞》3卷，《文苑英华钞》2卷，《六一文钞》2卷，《老泉文钞》1卷，《东坡文钞》6卷，《栾城文钞》《临川文钞》1卷，《南丰文钞》2卷，《宋文鉴钞》2卷，《龙川集钞》1卷，《朱子大全集钞》2卷，《文献通考序钞》2卷，共27种，807篇文章。其版式为两节版，上为眉批，下为古文原文。浦氏用力颇深，历时17年，辑录《左传》《国语》等14种古籍的历代各家评注，参照不同版本补脱去衍，修正错谬，详加评注，于乾隆六年付梓开雕，又3年而成。此书于古籍校勘方面成就颇高，可供研究历代评注之参考。

四六法海12卷 明天启七年(1627)载德堂刻本；《四库全书》本；清光绪三年(1877)重刊本。

明王志坚编。王志坚(1576～1633)，字弱生、淑士。昆山人。万历三十八年(1610)进士，历任南京兵部主事、员外郎郎中，贵州提学佥事，湖广提学佥事，卒于官。本书辑录魏晋至元骈文，仿《文选》体例，分类编纂。卷首有天启七年作者自序，论述骈体文的源流演变及成书始末。"魏晋以来，始有四六之文，然其体犹未纯。渡江而后，日趋绩藻，休文出，渐以声韵约束之。至萧氏兄弟、徐庾父子，而斯道始盛。"本书始于天启五年之秋，成于六年之冬，初题"耦编"。七年春，张德仲编辑梓行，仍改为"法海"。"法"取轨持，"海"喻广大，寓意作者"欲泛藻海之波而饬词坛之法"。卷首凡例论及编书目的、辑选标准，"大抵为举业而作"，"骚赋及诗于举业不甚切用，兹概未入"。王氏于每篇之末，或笺注其本事，或考证其异同，或胪列其始末。本书对研究历代骈文发展脉络有参考价值，但也存在对文章点评分析较少、引用他人评论过多、考订史实有误等不足之处。

钦定四书文41卷 清乾隆五年(1740)刊印本；清光绪十五年(1889)刻本；《四库全书》本。

清方苞编。方苞有《望溪先生全集》，已著录。本书为乾隆初年方苞奉敕编撰，选明清两朝诸大家四书制义文数百篇，以为举业准的。卷首有谕旨、奏折、《凡例》8则、职名等。正文按四书体例编次，

共分五集，化治文6卷、正嘉文6卷、隆万文6卷、启祯文9卷及国朝文14卷，共收明人文章486篇，清人文章297篇。每篇文中均有圈点旁批，指明行文优劣，文后有总评。方氏在《凡例》中自述“凡所录取，皆以发明义理、清真古雅、言必有物为宗，庶可以宣圣主之教，思正学者之趋向”。又将明代八股文分四个发展阶段，一一评之，认为“各有所长，亦各有其弊”。《四库全书总目》中评述明文“自洪永以迄化治，风气初开，文多简朴；逮于正嘉，号为极盛；隆万以机法为贵，渐趋佻巧；至于启祯，警辟奇杰之气日胜，而驳杂不醇，猖狂自恣者亦遂错出于其间”，认为“启横议之风，长倾诐之习”，继而影响国运。又总结称“是编所录，一一仰禀圣裁，大抵皆词达理醇，可以传世行远。承学之士，于前明诸集，可以考风格之得失；于国朝之文，可以定趋向之指归”，揭示编书目的所在。此书分类未必恰当，亦有不少维护封建统治之内容，当是其弊。

七十家赋钞6卷 清道光元年(1821)合河康氏家塾刻本；清光绪四年(1878)宏达堂重刻本；清光绪二十三年江苏书局刻本。

清张惠言辑。张惠言有《易纬略义》，已著录。本书成于乾隆五十七年(1792)，录战国至南北朝时期七十家赋206篇，起于屈原，止于庾信，分代编次。卷首有康绍镛序、张氏自序。张氏自序概述赋体流变，以荀卿、屈原为辞赋之祖，谓屈赋本于《诗》，荀赋出于《礼》，后世各家，皆亦源出前人。此书所选审谨精严，六朝以前的辞赋大家及其代表作皆收入在内，少数篇目兼附张氏所加评注、校语。张氏生前未及定稿，死后由其友康绍镛于道光元年(1821)刊行。后朱锦绶参校各书，作《赋钞校读本札记》6卷，附于光绪二十三年江苏书局刻本后。

诂经精舍文集14卷 《文选楼丛书》本；《丛书集成初编》本。

清阮元辑。阮元有《诗书古训》，已著录。诂经精舍是清代嘉庆至光绪年间阮元创办于浙江杭州的一座官办书院，本书即该院师生选文之合集，是八集中的第一集，凡14卷。其中收录大半为师生所作学术文章，以经学、史学为主，用乾嘉学派的文字、音韵、训诂的考证方法来考辨具体而微的问题。另外还有不少诗文赋之作。卷首有许宗彦序。卷中部分撰者人名前标“称作”二字，以示为老师所作示范之作，如卷2《诂经精舍记》、卷3《许叔重木主结衔议》等。本书及其后七集，共保存2 000多篇文章，为研究清代学术史提供了丰富的参考文献资料。

骈体文抄31卷 清道光间合河康绍镛刻本；清同治六年(1867)刻本；世界书局仿古字版。

清李兆洛辑。李兆洛有《历代地理志韵编今释》，已著录。本书卷首有吴育序、目录、作者自序。吴育在序中，论文体流变，称“大凡庙廷之上，敷陈圣德，典丽博大，有厚德载物之致，则此体为宜”。凡31卷，收录晚周至唐前骈体文700余篇，旨趣融通骈散，不拘一格，与桐城派的《古文辞类纂》分庭抗礼。正文分上中下三编：上编为庙堂之制、奏进之篇，有铭刻、颂、杂扬颂、箴、谥诔哀策、诏书、策命、告祭、教令、策对、奏事、驳议、劝进、贺庆、荐达、陈谢、檄移、弹劾；中编为指事述意之作，有书、论、序类，杂颂赞箴铭、碑记、墓碑、志状、诔祭；下编为缘情托兴之作，有设辞、七连珠、笺牍、杂文，共31类。李氏论文主张奇偶并用，骈散合一，“相杂而迭用”，否则“毗阳而躁剽，毗阴则沉膇”。他还主张“言必称情，藻必当物，凡辛苦愉乐之词，一视乎其境之所遭而不矫饰也”。本书对后世学者溯骈体文之本始，察其流变，论其异同，多有裨益。惜李氏之论仅局限于文体的骈散，未能从文章的根本上解决问题。

古文词略24卷 清同治六年(1867)合肥李氏刻本；清光绪间成都志古堂刻本；清光绪三十四年(1908)学部图书馆铅印本。

清梅曾亮编。梅曾亮有《柏枧山房集》，已著录。本书为诗文选集，收文20卷257篇，诗4卷329首。卷首《凡例》1篇，自述“姚姬传先生定《古文辞类纂》，盖古今之佳文尽于是矣。今复约选之，得三百余篇，而增诗歌于终”。可见此书所选之文皆从其师姚鼐《古文辞类纂》中约选而得。又说“今取渔阳《古诗选》为鹄，而汰其大半于李，杜、韩之五古则增入之”，可见所选之诗亦承王士禛《古诗选》而来。书中分为论辨、序跋、奏议、书说、赠序、诏令、传状、碑志、杂记、箴铭赞颂、哀祭、词赋、诗歌，共13类，按年编次。此书所录之文止于明代，且明

代仅收归有光一家，所录之诗自汉迄金，金代仅录元好问之诗，虽有便初学及学科举者，但在作品择取方面则多有不足。

松陵集 10 卷　明弘治十五年(1502)刘济民刻本；明崇祯九年(1636)顾氏诗瘦阁刻本；《四库全书》本。

唐皮日休、陆龟蒙撰。陆龟蒙有《耒耜经》，已著录。本书凡 10 卷，收诗 698 首，主要为陆龟蒙与皮日休等人在苏州交游唱和之作。松陵，苏州所属吴江之别称，故名。卷首有皮日休序，述交往过程及编书始末。卷末有吴都穆跋。正文分体编排，各收陆、皮二人往体诗 93 首、今体诗 193 首、杂体诗 38 首，及联句及问答 18 首。又有张贲 15 首，郑璧 4 首，颜萱、李谷各 3 首，司马都、崔璞各 2 首，崔璐、魏朴、羊昭业各 1 首。此外，录有清远道士、颜真卿、李德裕、幽独君诗 5 首，系追录旧作。清王夫之《唐诗评选》谓“皮陆松陵唱和诗，奕奕自别，巧心佳句，诚不可掩”。《四库全书总目》评价“依韵唱和，始于北魏王肃夫妇，至唐代，盛于元、白，而极于皮、陆”，观此书“可想见一时文雅之盛也”。但贺贻孙在《诗筏》中却颇有微词，认为“皮陆二子，清才绝伦，其所为诗自有可传，必欲炫才斗巧，以骇俗人，则亦过矣”。

河岳英灵集 3 卷　宋刻本，2 卷，国家图书馆藏；明嘉靖刻《唐人选唐诗六种》本；《四库全书》本。

唐殷璠编。殷璠，润州曲阿人。文学家。大致活动于唐玄宗与代宗之间。收录唐开元二年至天宝十二年(714～753)40 年期间常建、李白、王维等 24 位盛唐诗人的 234 首诗作。殷璠序中称所录诗人为河岳英灵，故以此名集。据宋刻本殷璠自叙，此书原分为上、下卷，但后出的本子如《唐人选唐诗六种》本、《四库全书》本等都作 3 卷。其论诗反对轻艳矫饰，提倡风骨与声律统一。本书反映盛唐诗歌主要成就，开创了评、选结合的先例，为后世所仿效。编者选录标准为“既闲新声，复晓古体，文质半取，《风》《骚》两挟”。孙光宪《白莲序集》中誉其“优劣升黜，咸当其分”，惜书中未录杜甫诗作。

全唐诗稿本 716 卷　台湾图书馆藏清稿本；1979 年台北联经出版事业公司出版《明清未刊稿汇编》影印清稿本。

清钱谦益、季振宜辑。钱谦益有《国初群雄事略》，季振宜有《季沧苇藏书目》，均已著录。本书由钱谦益初编，季振宜续成之，共收诗家 1 895 人，诗作 42 931 首。钱氏以计有功《唐诗纪事》为本，季氏承其旧稿，于每一诗人爵里可考者皆立小传，不可考而诗有牵连其人者则贯串为次第。季氏又用朱、蓝、墨三色笔校雠文字，广搜辅本，明辨作者，注解每多新意。康熙四十二年(1703)所辑刊的《御定全唐诗》便是根据此本缮录而成。此书是研究《全唐诗》的直接资料，尤其对厘清《全唐诗》所据底本版本、注解来源等问题，颇有价值。国家图书馆藏稿本《唐诗》717 卷《目录》5 卷。

唐宋八大家类选 14 卷　清乾隆十年(1745)二南堂刻本；清光绪九年(1883)重刻本。

清储欣辑。储欣有《在陆草堂文集》，已著录。本书是储氏晚年为课孙而评选的家塾读本。卷首有吴振乾序、作者引言等。书中将唐宋韩愈、柳宗元、欧阳修、苏洵、苏轼、苏辙、曾巩、王安石八家古文按体分为六类，各加评语。卷 1、卷 2 奏疏类 22 篇，卷 3 至卷 7 论著类 86 篇，卷 8、卷 9 书状类 42 篇，卷 10 至卷 12 序记类 68 篇，卷 13 传志类 17 篇，卷 14 词章类 13 篇，共 248 篇。吴振乾《西汉文选例言》曰：“先生晚年课孙，自左国史汉，下逮唐宋诸家，各有约选定本，而《八家类选》一书，尤便揣摩。”此书体例完备，所选古文简洁明畅，所评详略有所侧重，所用文体分类方法颇具价值和影响。

唐诗别裁集 20 卷　乾隆二十八年(1763)教忠堂刻本；清小西山房巾箱本。

清沈德潜、陈树滋编。沈德潜有《归愚文钞》，已著录。本书初名《唐诗宗》，后据杜甫《戏为六绝句》“别裁伪体亲风雅”而改。由沈氏和陈树滋共同编选，历 30 年而成。初刻于康熙五十六年(1717)，收诗千余首。乾隆二十八年重订时，增补初唐四杰诗、白居易讽喻诗、张籍王建乐府诗、李贺诗等。卷首有编者原序及重订序各 1 篇，强调“作诗将求诗教之本原”，标榜“去淫滥以归雅正”。《凡例》简述唐诗各体的渊源及流变。正文凡 20 卷，收 270 家诗 1 928 首，分体编排，计五古、七古、五律、七律各 4 卷，五言长律 2 卷，五绝、七绝各 1 卷，每体之中大

致按时代先后排列。其选诗标准兼顾“温柔敦厚”与“格调”说，强调“是集以李杜为宗”（《凡例》），又主张“备一代之诗，取其宏博”（《原序》）。所选诗作专主雄浑阔大，以李白、杜甫为最多，约400首，占全书五分之一，还选录不少名家及小家之作。所选诗人多附小传及诗作的简要评注，颇多精当之语。沈氏选诗兼顾题材、风格、流派、体裁、时期和作家所长等诸多方面，较为全面地反映了唐诗的基本面貌。此外，对清初王士禛主盟诗坛所造成的空疏枯寂的流弊，在一定程度上也起到了补弊救偏的作用。但书中也存在入选作品重出、误收、误属、编排不当，及小传、引文资料的讹误等问题。又沈氏所选试帖诗较多，少抨击时政、揭露社会矛盾之作，但此书作为唐诗选本中较为优秀之作，梁章钜在《退庵随笔》中亦将其奉为唐诗导读的“初学金针”，可见其价值所在。

注释唐诗三百首　清乾隆二十八年（1763）刻本。

清孙洙、徐兰英编。孙洙（1711～1778），字临西（苓西），号蘅塘退士，又号鸥亭。金匮人。本书成于乾隆二十八年，蘅塘退士孙洙、徐兰英夫妇合编，原是为童蒙学习诗歌而编的家塾课本。蘅塘退士序称：“俾童而习之，白首亦莫能废，较《千家诗》不远胜耶？谚云：‘熟读唐诗三百首，不会吟诗也会吟。’请以是编验之。”其以沈德潜《唐诗别裁集》为蓝本，选77家诗310首，共8卷。按体分卷，各卷中再按作者年代编次。计有五古、七古、五律、七律、五绝、七绝及乐府诸体：卷1五古（附五言乐府）40首，卷2、卷3七古28首，卷4七言乐府14首，卷5五律80首，卷6七律51首，卷7五绝37首，卷8七绝（附七言乐府）60首。所选多是唐代名家，“就唐诗中脍炙人口之作，择其尤要者”，兼收帝王、士大夫、僧人、歌女、无名氏之作，重点突出盛唐时期的李白、王维，中晚唐的杜甫、李商隐等人，比例适当，选目广泛。诗作内容偏重描写个人生活、感物抒怀，基本上反映了唐代社会生活和诗歌风貌。问世之后，“风行海内，几至家置一编”（《四藤吟社主人序》）。其缺点在于反映社会矛盾之作入选不足，如杜甫《三吏》《三别》，白居易《新乐府》《秦中吟》等皆未选入。此外，原书句旁附有简要评点，惜过于简略。本书选目精粹，数量适中，流传甚广，后世为作注释或评点者亦多。有清道光年间刻本，题《唐诗三百首注疏》6卷，《续选》1卷，为清章燮注，于庆元续选；咸丰六年（1856）刻本，题《唐诗三百首补注》8卷，为清陈婉俊补注。

千首宋人绝句10卷　清乾隆三十五年（1770）刻本；1927年商务印书馆排印本；1935年商务印书馆排印本。

清严长明辑。严长明有《严东有诗集》，已著录。本书为宋代诗歌总集。乾隆二十八年严氏任职京师，“一时寄兴，兼以资吟”，仿南宋洪迈《万首唐人绝句》之例，去其尚奢之弊，对宋人绝句严加拣别而成。全书共分10卷，分体排列，恰好千首之数：七绝7卷，共686首；五绝2卷，共216首；六绝1卷，98首。每体之中又按帝王、后妃、宫掖、宗室、降王、降臣、宋臣、属国外臣、闺媛、释子、羽士、尼、无名子、神仙、鬼怪、妓女等分次；每类人又按时代排序。所选诗人共365家，其中选诗最多者为苏轼46首，其次为王安石28首，以下为黄庭坚、秦观、陈与义、范成大、杨万里、陆游、姜夔、刘克庄等。前10家所选共234首，超过全书总数的五分之一。严氏选诗视野开阔，避熟就生，侧重选取不为大多读者所知的好诗，因此能客观反映宋人绝句的风格与成就。惜此书编纂仓促，亦有诸如编次失当、误署作者、误系诗题、他诗牵合入题、非绝句而入选之弊。

金文最120卷　国家图书馆藏清抄本；南京图书馆藏旧抄本；清光绪八年（1882）粤雅堂刻本。

清张金吾编。张金吾有《爱日精庐藏书志》，已著录。本书编成于清道光二年（1822）。作者有感于金人著述大多散佚，乃尽12年之力，在庄仲方《金文雅》的基础上，广采专集、史传、地方志及佛藏、道藏之书，成120卷。书名称“最”，乃取《公羊传》“会，犹最也”之义，犹言会聚也。本书汇集金代骈散文，收申良佐、赵秉文、元好问等百余人作品近2 000篇，分赋、乐章、骚、诏令、册文、制诰、铁券文、策问、表、奏疏、箴、铭、序、跋、札子、论、辩、墓碑、塔铭、行状、祭文、传、杂著等，凡42类。因已有《全金诗》1编，故诗词类未录。卷首有阮元、英和、陈揆、黄廷鉴、陈沣、谭宗浚序各1篇，作者自序，凡例。卷末有黄廷鉴、伍绍棠跋各1篇。此书是研究金代政治、经济等的重要历史资料。黄廷鉴在《〈金文

最〉序》中赞此书“创所未有”，较之郭元钎《全金诗》“事虽同功，其勤倍于郭氏远矣”。但此书分类过于琐细，不便检索，又求全而有滥杂之弊。后庄仲方《金文雅》行世，张金吾为省篇幅，将已见于《金文雅》之文仅存其目，不录原文而仍注原卷数于题下，删成60卷。

元诗选三集、元诗选癸集10卷补遗1卷 清顾氏秀野草堂刻本；《四库全书》本；1987年中华书局本。

清顾嗣立编，席世臣撰《补遗》。顾嗣立(1669～1722)，字侠君，长洲人。清代文学家、藏书家。康熙五十一年(1712)进士，改翰林院庶吉士。散馆改授知县，以疾归。曾参与编纂宋、金、元、明四代诗选及《皇舆全览》等书。席世臣，字邻哉，江苏常熟人。乾隆五十二年(1786)举人。曾参与分校《四库全书》。本书分三集，每集再分十集，以天干名集，但癸集均未完成，有录无书，且二、三集无丁集。初集刊行于康熙三十三年(1694)，卷首收元文宗诗2首，顺帝诗1首，正文收元好问以下元代诗人100家，附录16家，凡68卷。二集续刻于康熙四十一年，收段克己、段成己以下元代诗人100家，附录七家，凡26卷。三集续刻于康熙五十九年，收麻革以下元代诗人100家，附录17家，凡16卷。诗人名下注明集名，附作者小传，间有考证。本书保存了不少已佚作品，是系统研究元诗发展脉络及特点的重要参考资料。嘉庆三年(1798)席世臣补选，刊成《元诗选癸集》十集。《四库全书总目》赞此书“网罗浩博，一一采自本书，具见崖略，非他家选本饾饤缀合者可比。有元一代之诗，要以此本为巨观矣”。

元诗选6卷补遗1卷 清乾隆刻本；无锡市图书馆藏旧抄本。

清顾奎光选辑，陶瀚、陶玉禾参评。顾奎光(1719～1764)，字星五，号双溪。无锡人。本书收元代诗人186家，自元文宗、李俊民、刘因至和尚行端，以人系诗。作者认为顾嗣立《元诗选》“意在广收，未遑持择”，宋、明诗皆有选本，而金、元独少，故据其汰选而成此书。卷首有陶瀚、陶玉禾《元诗总论》《元诗选名氏爵里考》等。顾氏在叙中先论性情、气格与风会之关系，又评元诗之特点与不足，认为“元诗矫宋流弊，而失于多学晚唐”，多宗温(庭筠)、李(商隐)，间学长吉(李贺)，“其佳者婉转怊怅，附物切情，工整而流逸，清新而秀丽”，病在纤浓繁缛。二陶《总论》对元诗的总体特色和部分诗人详细点评，多引用胡应麟《诗薮》之条目，反映了明代复古派的思想观点。《名氏爵里考》则考所选诗家爵里，略述其生平及著作。正文选录诸家诗文，多为小诗，亦有史诗性长诗。选诗多者依次为赵孟頫40首，虞集33首，郝经、黄溍、傅若金各20首，萨都剌、郭钰各19首，顾瑛17首，柳贯、宋无、戴良各16首。陶瀚和陶玉禾为之参评，天头镌批，以唐诗审美规范为标准，多惬心餍理之言，如评马臻《蝶》云：“世訾元诗纤缛，不知其工秀婉丽，乃是唐人正宗，并有晚唐人不到处。”惜学界认为此本所选欠精，不如顾嗣立之辑。

国朝金陵文钞6卷 清光绪二十三年(1897)刻本。

清秦际唐辑。秦际唐有《南冈草堂诗选》，已著录。本书选金陵籍散文作家218人，收文567篇。除少数如卷13端木埰收文22篇外，大多数作家仅收文1篇。《凡例》谓“是书志在阐幽，凡专集久已风行，则择其有关掌故者录于篇，其有著述等身，遗书在笥，与其传钞于洛下，不若永寿于名山，博览旁搜，多多益善，先睹为快，当有同心”。作者意在因人以存文，因文以传世，借此宣扬乡邦人文之盛。故其选文亦多与金陵地理人文有关，“若夫昌黎志墓之作，东坡表忠之碑，襄阳耆旧，中垒列女，清芬大节，附骥益彰，牵连得书，维桑所系，匪独文字有灵，亦将来志乘之张本也”。卷末附陈作霖《叙录》1篇，称赞金陵人文兴盛，对各家所作，述其师承，谨加评语。又秦际唐《后序》1篇，述编书始末，自评“是书亦一代文献之征也”。作者感慨“运会有盛衰，而斯文之在天壤者，一日不息。虽兵燹之后，其炳著固如此也”，其致力于编著之心亦可明鉴。

润州赋钞 清光绪二十三年(1897)冬心书屋刻本。

清李恩绶辑。李恩绶有《冬心书屋诗存》，已著录。本书辑录清代镇江作者之赋作，自清初冷士嵋、张玉书、贺鉴以下，直至光绪朝作者丁传靖、姚锡光等，所辑不下三四百家。有清一代镇江赋作，大致收罗其中。书不分卷，除开头卷端标有“润州

赋钞卷1”之外，其余各卷均未标注卷次。各作者下附有简单传记。此书收录颇为繁富。编者自序引司马相如“一经一纬，一宫一商，赋家之心，苞括宇宙，总览人物”之言，故辑为是编。牌记题“光绪丁酉开雕”，是为光绪二十三年。光绪二十四年夏五月吴毓庭题“润州赋钞”书名。

吴都文粹10卷 国家图书馆藏明抄本，存卷6至卷8；南京图书馆藏清雍正十年(1732)谢甫泰抄本；《四库全书》本。

宋郑虎臣编。郑虎臣(1219～1275)，字景兆，以字行。吴县人。其居第甚盛，号“郑半州”。本书收录历代至南宋记述苏州风土人情之作，凡10卷，共639篇。《四库全书》及《四库全书总目》均题9卷，实为10卷。分类编次，大体上以城郭、学校、古迹、山川、寺院、土物等类编排。作品内容涉及兵农大计、山川景物、舆地人事等，如李寿朋《补新军》、汪应辰《许浦水军》、赵甫《三十六浦利害》、郑亶《至和塘六得六失》诸篇，均有关兵农大事，是研究当时社会风土人情的重要资料。书中苏州地理沿革的相关记载，足订方志之误。还有不少编者的考订之语，亦对考察古代吴郡风俗演变价值颇大。如唐皮日休《鱼斗》，皮自注：“吴中卖鱼论斗。”编者又注云：“鱼斗者，吴俗以斗数鱼，今以二斤半为一斗，买卖者多论斗，自唐至今如此。”《四库全书总目》谓其“与范成大《吴郡志》相辅而行，正堪互补”。

吴都文粹续集56卷补遗2卷 上海图书馆藏清顾氏谀闻斋抄本，南京图书馆藏清抄本；《四库全书》本。

明钱谷辑。钱谷有《钱磬室杂录》，已著录。本书收录与苏州有关的诗文，凡56卷，补遗2卷。朱彝尊《静志居诗话》称钱氏仿郑虎臣《吴都文粹》，辑成《续编》，闻有300卷。其子功甫继之，吴中文献，藉以不坠。其所称卷数与此本不符，疑合与治续编言之，或初所搜罗，原有此数，后复加删汰，以成今本。正文编次体例仿《吴都文粹》，第五十三、五十四卷俱佚，第五十五卷残缺。今本已非完本，故集中所标二十门，分类亦多未确。按所收诗文内容分类，或有文无诗，或兼有诗文，大致分为：都邑、城池2卷，学校5卷，风俗、节令等1卷，公廨、仓场、古迹等4卷，书院1卷，祠庙等5卷，山2卷，山水4卷，题画2卷，花果、食品、徭役1卷，道观1卷，寺院6卷，桥梁2卷，坟墓等9卷，杂文2卷，诗3卷，诗词2卷，53、54卷缺，诗文集序2卷。《四库全书总目》评价其“能博而未能精”，但所选采辑甚富，几乎为郑书之10倍，对保存吴中文献贡献颇大。

海陵文征20卷附录12卷 清道光二十三年(1843)自刻本；清光绪九年(1883)泰州吏目邓清麟补刻本；1919年韩国钧刻附录本。

清夏荃辑。夏荃有《退庵笔记》，已著录。本书编辑体例仿明程敏政《新安文献志》。正集20卷，成于道光二十三年，专辑邑人之文，自唐张怀瑾至清汤治昭，凡72人，文460篇。附录12卷，于1919年由韩国钧单独刊刻，辑“人非土著而文则有关邑之山川、古迹、漕运、水利、人物、著述者”，共228篇，起于晋，迄于清道光。是书正集于退庵殁后，其子、侄集资付梓，李璋煜、刘文淇为之序。其后经多次修订。咸丰中，泰州陈宝晋得板重校，首增陈金诏序；光绪九年，泰州吏目邓清麟在此基础上修补续印，增王广业序及邓清麟跋；1917年，板归海安李勖初，增汪鋆序，删去王序、邓跋；海安韩国钧得《附录》未刻稿本12卷，续印于正集后，此书方成全帙。夏荃毕生致力于地方文献整理，凡桑梓旧闻，衣冠盛事，故书杂记，轶行遗文，下及技艺寸长，乡闾琐语，莫不辨非求是，援古证今，搜罗甚富。惜其文稿散佚大半，十不存一。

江苏诗征183卷 清嘉庆二十五年(1820)刻本；清道光元年(1821)焦山诗征阁刻本。

清王豫辑。王豫有《种竹轩诗钞》，已著录。本书收录清代江苏一省作于嘉庆二十年以前之诗歌30 000余首，是清代地方类诗歌总集中最大的一部。王氏仿沈德潜《国朝诗别裁集》之法，从嘉庆十年筹备到二十一年辑成，前后历时12年。此书凡183卷，收诗人5 467家，依姓氏分韵排次，“山林苦吟之士，名不出闾里，其集未刻或刻而未传者，所录较多”。卷首有陈文述、阮元序各1篇，及凡例、总目等，自述编书缘起、收书原则、编纂过程等。正文诗前各系以作者小传，“以人存诗，以诗存人”。书中后22卷为闺阁名媛、释氏，还收录不少久客江苏的流寓者及前朝遗民之作，广搜博采，对于保存和研究清代江苏的诗歌资料和创作面貌价值颇大。

王氏论诗以王、孟、韦、柳为宗，高澹醇雅，选诗独具慧眼，惜其编次体例不尽合理，后人研究多有不便。

国朝金陵诗征 48 卷 清光绪十二年(1886)江宁翁长森、朱桂模等刻本；清光绪江宁陈作霖刻本。

清朱绪曾编。朱绪曾有《开有益斋读书志》，已著录。本书编选清初至道光间金陵七邑诗人之作，共收南京籍 2 100 余人，流寓金陵者 170 余人。每人诗前有作者小传，诗后略评数语。卷首有汪士铎、俞樾序各 1 篇。朱氏"旁搜博访，得古近体诗数万首，分门别类，都为一集曰《金陵古今诗征》"。翁长森谓其"借湖海英灵之集，写桑梓恭敬之思"，因此"诗以人存，宁宽勿隘"。本书广搜博采，保存不少诗人诗作，俞樾序中称"其里居必载，其科目必书"，是研究清代南京地方文学史的重要资料。清代流寓金陵者不乏诗坛领袖、名人大家，如杜濬、周亮工、熊赐履、方观承、袁枚、孙星衍、唐仲冕等等。因此书中也对这些人详加笔墨，以展现清代金陵诗坛全貌。本书与《金陵诗征》同时编纂，因战乱稍有遗佚。翁长森《凡例》谓"事阅卅年，人非一手，石鼓已阙，酒诰俄空，三写成乌，识者所哂，纠绳其阙，有余望焉"。

京江后七子诗钞 7 卷 清光绪八年(1882)刻本；1932 年解树强刻本。

清周伯义辑。周伯义(1823～1895)，字子如，号焦东野叟、焦东周生。清丹徒人。本书为光绪七年周氏于"后七子"诗作中各选若干首，刊刻而成，收杨履泰《杨孝廉诗钞》1 卷，刘炳勋、刘炳奎《二征君诗钞》2 卷、张正廉《张明经诗钞》1 卷、解为干《解布衣诗钞》1 卷、夏铭《夏剑门诗钞》1 卷、严允升《严孝廉诗钞》1 卷。周氏又附自作诗《焦东阁诗存》1 卷于后。其在序中称"夫诗亦辞也，后人慕为风雅。风云月露，秾缛裔皇，日失其本，不知兴观群怨之旨而达忠孝之思，故于人心风俗有关焉……凡此二十一人皆能得《三百》遗意而能自达者"。"后七子"生逢乱世，诗作内容多哀叹民生艰难、感伤外敌侵犯、抨击社会时弊的慷慨激昂之作。周氏择其诗 644 首，发乱世危苦之音，亦反映了晚清镇江诗坛之面貌。

梁溪诗钞 58 卷 清乾隆间刻本；清嘉庆元年(1796)双桥草堂刻本；清宣统三年(1911)文苑阁聚珍本。

清顾光旭辑。顾光旭(1731～1797)，字华阳，号晴沙，又号响泉。清无锡人。本书收录自东汉至清中叶历代无锡诗家 1 100 余人，诗 20 000 余首。梁溪，无锡之别称。顾氏以顾斗光《梁溪诗钞》与黄正衡《梁溪诗汇》为底本，历 12 载重加厘订而成此编。卷首有孙士毅、王一峰、钱载、顾光旭等序和同订姓氏。正文分本籍、闺媛、流寓、方外四门，依朝代编次，同朝代以科第先后为序，无则按行年排列。其中东汉 1 人(黄彪)，东晋 1 人(顾恺之)，南朝宋 1 人(湛挺)，唐 1 人(李绅)，北宋 9 人，南宋 12 人，元 14 人，明 300 余人，清初至乾隆间 700 余人。各卷前均有目录，载作者姓名和诗歌数量，共为 1 024 位作者写了小传，志其字号、爵里、事迹，极具史料价值。此书取材多自诸家遗稿、初稿、残稿，乃至诗人手定之稿，选诗遵沈德潜《国朝诗别裁集》"以诗传人，以人传诗"之旨，"一言之善，辄录之"(钱载《梁溪诗钞叙》)。凡 58 卷，选毕顾氏取诸稿埋之，名曰"诗冢"，作诗记之，传为一时佳话。本书保存了众多邑人生平及诗作，无锡自后汉至清乾隆之季间诗歌创作之盛衰和发展变化之脉络，于此得而概见。

七十二峰足征集 88 卷文集 16 卷 清乾隆十年(1745)吴氏依绿园刻本。

清吴定璋辑。吴定璋(1679～1750)，字友篁，号半园，后改名庄。吴县东山人。与翁琢三并称"东山二家"。本书凡 104 卷，收录太湖七十二峰诗人 200 余家。诗 73 卷，闺秀 3 卷，寓公 4 卷，方外 5 卷，仙鬼仆伎 1 卷，赋 3 卷，词 2 卷，文 13 卷。卷首有沈德潜序、秦蕙田序、凡例。吴氏在《凡例》中回顾历代太湖诗歌选集，阐述其编书是"为吾乡先哲存其言行"，侧重记录太湖地区先哲之言行举止。其仿《中州集》体例，不以时代为编次，而以氏族作类叙，各系一小传，题为某氏合编。吴氏"裹粮移棹于七十二峰，古里荒村无远不到，残编剩卷无有不搜"，耗 20 余年心力编成此书，为保存太湖地区诗词文献作出了巨大贡献。嘉庆《吴门补乘》誉之"表章具区文献，吾党有心之士也"，《太湖备考・风俗》亦称其"足表湖山文献之盛矣"。其卒后，仍有 3 卷文集尚未付梓出版，幸得其子妇朱氏为其掇拾刻版付印。但本书内容良莠并存，《四库全书总目》谓

"征引颇为赅洽，而大旨在因诗以存人，不免夸饰之见，复不免乡曲之私，滥采兼收，固其势所必至"。

淮海英灵集22卷 《文选楼丛书》本;《丛书集成初编》本。

清阮元辑。阮元有《诗书古训》，已著录。"淮海"指江苏省扬州府地域，乾隆年间，扬州府包括江都、甘泉、扬子、兴化、宝应、东台六县，高邮、泰州二州。本书收录清初至乾隆朝扬州府人士各体诗作，将旧隶扬州的通州、如皋、泰兴诗也包括在内。卷首有阮元自序1篇，述编纂始末，"博求遗籍，遍于十二邑"。凡例1篇，对选人、选诗、撰写原则详加解释，又将相助诸友姓名一一列出。阮氏效遗山《中州》十集之体，录为甲、乙、丙、丁、戊五集，各4卷，又以壬集收闺秀1卷，癸集收方外1卷，虚己、庚、辛三集以待补录。书中共选诗人865家，流寓诗人不录，所录诗人皆以已故者为断，各为小传数行以纪爵里事迹，或以诗存人，或以人存诗。其甲、乙分集，皆以得诗先后为定，随到随编。阮氏无选家唐宋流派门户之见，所选各家之诗，皆就其所擅长者录之，研究价值颇大。

淮海英灵续集12卷 清道光间刻本。

清阮亨、王豫辑。阮亨，字仲嘉，号梅叔。阮元从弟。幼时曾作《蕉花曲》，故人称"阮蕉花"。王豫有《种竹轩诗钞》，已著录。本书由阮亨、王豫编纂而成，为补阮元《淮海英灵集》之缺。卷首有王豫序1篇，述编书始末。凡例1篇，大体遵循《淮海英灵集》之体例。正文分三集，共12卷，己集4卷、庚集5卷、辛集3卷，共收诗人771家，诗1 494首。此二集对保存、记录清代扬州地区的文学作品贡献极大，是研究清代扬州地区风土人情之重要参考。

扬州足征录27卷 《榕园丛书续刻》本;清光绪间广陵墨香书屋刻本;国家图书馆藏云蓝阁抄本。

清焦循辑。焦循有《雕菰楼易学三书》，已著录。本书据《扬州图经》《扬州文粹》旧稿编辑而成，凡27卷。焦氏任扬州知府时，曾应阮元之约，分任纂辑《扬州图经》《扬州文粹》两书，后又参与纂修嘉庆府志。其将所存旧稿整理成书，收辑了明末清初及乾嘉之际与扬州有关的诸体文近300篇，包括志、传、序、后题、疏、书、纪、碑记、记、启、说、征、对、文、哀辞等。其自序曰:"文粹者，存扬人之文，非扬州者不取也;足征录者，存扬州之事，事有关乎扬州者，不必扬人之文也。义各有取乎尔。"说明本书收录的均是关于扬州之文章。

山阳诗征26卷 清道光七年(1827)手定底稿本，台湾图书馆藏;清光绪二十四年(1898)小方壶斋铅印本，与《续编》合刊;2009年陕西人民出版社出版。

清丁晏原辑，王锡祺重编。丁晏有《周易解故》，已著录。丁晏其见世传本邑辑诗之作大抵缺误殊甚，因就潘埙《淮郡文献志》、吴玉搢《山阳耆旧诗》，"增加诗话、事实，详为纪载"，历时18年，辑成本书。丁晏自序其辑录主旨云:"或以诗存人，或以人存诗，自学士文人，以至武夫寓公、高人名媛、艺士贩夫、羽衣缁流，皆所不遗。其间忠孝节烈、道德文采，彪炳天壤，足为斯集之光。而一二穷愁之士，抚时感事，排闷写忧，剩辄烂札，未尝不藉斯集以传。诗之裒集，又曷可少哉?"是书所收录者，自汉魏之枚乘、陈琳至清阎若璩、刘培元等人，并及淑媛、羽士、缁流之类，共384人。各人均有小传。李宗昉序曰:"吾邑之诗十得其九，而作诗者之生平梗概亦藉是以传。"

山阳诗征续编44卷 手定底稿本，台湾图书馆藏;清光绪二十四年(1898)小方壶斋铅印本。

清王锡祺辑。王锡祺有《小方壶斋舆地丛钞》，已著录。本书成于光绪二十四年。王锡祺以丁晏《山阳诗征》失收者甚众，所记者又有所谬误，故为之重订，辑成《续编》44卷。上起明万历朝，至清光绪年间止。是书先列作者，名下有小传，而后陈列此人诗作，叙述历代对其人其作之评价，尤以丁晏本人的《淮阴脞录》为主。是书内容丰富，考据精详，实足以"令后之览者读其诗，知其人，论其世，考求文献"，即李宗舫序所谓"淮之志乘即于是存焉"。光绪本与丁晏《山阳诗征》26卷合刊，稿本存15卷。

东台诗征4卷 南京图书馆藏稿本，20册。

袁承业辑。袁承业(1866～1928)，字伯勤。东台安丰人。毕身研究地方文史，收集整理编印的文献有《东台文征》《王心斋先生全集》等。本书搜罗

先哲遗集，凡成集者仍依原集刊刻，至丛残不入集者征入本集。本书据南京图书馆所藏稿本书根所题分为正集、别录和外编。《正集》中汇集东台籍文人的诗作，上起元明之际的缪思恭、明代的周沂，下至作者当世（清末），总共 77 人，人名下附小传，词作附于诗作之后。又附夏寅官文章 16 篇。《别录》中收明代人作品 4 种，分别为周瑞《餐蔗堂遗稿》、周士弘《志学堂遗稿》、周庄《蝶园草遗稿》、黄逵《明隐士黄仪逋诗》；清人作品 2 种，分别为鲍振《唧唧诗》、程岫《江村诗》。自第十三册至第二十册为《外编》，内容含《东台茅山志稿》《明儒林东城先生年谱》《乐吾韩先生遗稿》《陆仲子遗稿》《明儒王心斋先生弟子师承表》《淘西别墅文稿》。册中笔迹非出一人之手，但所用笺纸，书口多有"袁氏藏板""袁氏思子塔藏板""淘西别墅藏板"，正集中多处有朱笔修改，由此可定为稿本。

朐海诗存 16 卷　清道光十一年(1831)刻本。

清许乔林辑。许乔林有《弇榆山房诗略》，已著录。本书收清代海州一地诗人 236 家，诗作 1 263 首，每人各附小传，间有评论。"朐海"指海州，因州境内有朐山，故名。清代为江苏省直隶州，统辖赣榆、沭阳二县。此集只收海州诗，而两县不与。卷首有作者自叙、吴邦庆叙各 1 篇，凡例，诗作姓名。集中所选诗作多为古体，主要描绘本地风土人情。"侧词艳语，在所禁绝""其语有关系而非承平雅颂之音，亦所不录"。书中选录其弟许桂林诗最多，凡 196 首，3 卷；其友程宗城 105 首，1 卷。许氏叙云："《江南通志》谓海州密迩邹鲁，号称多材，固人文之薮也。自子徒、子析受业孔门，汉京以还，殊勋茂绩，焜耀汗青，而缪熙伯父子实开此州文苑之先。今则歌咏升平，几于人人有集，称极盛焉。"吴邦庆叙云："是选宗旨，主于端诗教，持人心，冀保其乡邹鲁淳风，其意甚正。"许氏编辑此书目的主要是保存乡邦文献，宣扬儒家诗教，"就枌榆之闻见，溯师友之渊源，俾先正遗文，不致久而渐佚"(《凡例》)。

玉山草堂雅集 13 卷　国家图书馆藏明末抄本；南京图书馆藏旧抄本；《四库全书》本。

元顾德辉编。顾德辉(1310～1369)，一名瑛，字仲瑛，别名阿瑛，自号金粟道人。昆山人。本书全称《玉山草堂雅集》，通常简称为《草堂雅集》。顾氏以文会友，建玉山草堂，广揽四方名士，"仿段成式《汉上题襟集》例，编唱和之作为此集"(《四库全书总目》)。顾氏此书非一次刻完，随得随编随刻，故现存版本众多，差异较大。《四库全书》本 13 卷，所收诗人起自陈基，止于释自恢，凡 70 人，世称"俗本"。元刻本 13 卷，存诗 2 945 首，但其卷 1 有后集 2 卷，卷 2、卷 9、卷 12 各有后集 1 卷，故实有 18 卷，所收诗人起自柯九思，止于释自恢，凡 74 人，世称"善本"。清徐渭仁旧藏抄本 16 卷，存诗 3 369 首，卷 1、卷 2 各有后集 1 卷，故实有 18 卷，起自柯九思，释自恢后增释楚石，凡 80 人。此外还有 16 卷本、17 卷本等。顾氏所选诗人以元代后期活动于江南者为多，名下附其小传，以交游唱和之作为主。此集所选虽有一定局限性，但均为第一手可靠材料，因此是研究元末文学史的重要参考。

玉山唱和 2 卷遗什 2 卷　南京图书馆藏影抄本；国家图书馆藏清经鉏堂抄本。

元顾德辉编。顾德辉有《玉山草堂雅集》，已著录。本书辑录作者与友人唱和之作。凡 4 卷，正文 2 卷，遗什 2 卷。《遗什》中收录《金粟道人顾君墓志铭》《金粟道人小像》《故武略将军钱唐县男顾府君墓志铭》《祭顾玉山文》等文，对研究顾氏生平颇有价值。是集对研究士人生活、节日风俗等有参考意义。

六十年师友诗文同人集 12 卷　清康熙间水绘庵刻本；清康熙间水绘庵原刻、乾隆十七年(1752)冒念祖等修补拼板本；清道光四年(1824)冒长清刻本。

清冒襄辑。冒襄有《影梅庵忆语》，已著录。本书选录冒襄师友投赠酬答之诗文，共 12 卷。《四库全书总目》称此书仿顾瑛《玉山草堂雅集》，但顾瑛所刊选诗文仅限于文酒之欢，此书则将寿序之类一并载入，故繁富胜之，而精美则略有不及。卷首有李清、韩则愈、张大心、吴绮序各 1 篇，冒襄像 1 幅，诸人所作题像赞 6 篇，卢香《冒巢民先生传》，韩菼《冒潜孝先生墓志铭》。正文收录 460 余人，近 3 000 作品，文体极丰，如序文、寿文、记、引、乞言、传、墓铭、文、题辞、书后、题跋、像赞、赋、尺牍等等。卷末附余稷跋 1 篇。本书所收诗文，内容繁富，其中有不少对复社斗争、满清暴政、黎民苦难的记载，

极具史料价值，堪为研究冒襄及其师友之唱和交游之重要参考。

箧衍集 12 卷 清康熙三十一年（1692）蒋国祥精刻本；清乾隆二十六年（1761）金匮华绮校刻本；清宛委书局铅印本。

清陈维崧辑。陈维崧有《湖海楼全集》，已著录。本书选录陈氏与时人交游投赠之作，辑成一帙，仅予自赏，不以示人。《庄子·天运》"夫刍狗之未陈也，盛以箧衍，巾以文绣，尸祝齐戒以将之"，"箧衍"指盛祭品之竹器。陈氏此集名"箧衍"，意在赞美所载诗作之精美。卷首有浦起龙序、王士正序、宋荦《陈其年太史尝钞》。正文收清初名家 160 余人，诗 500 余首。凡 12 卷，分体编排，包括五古、七古、五律、七律、五绝、七绝等。先列作者姓名，无小传，姓氏之下仅记字号、籍贯及所著集名，重复出现者则注明"再见""三见"等。此书保存不少名家佚作，对校补诸家诗集亦有裨益，基本上反映了清代初期诗坛的面貌。王士禛曾有"古琴瑟疏越之遗"，颇有益于"诗教"之誉。沈德潜《清诗别裁凡例》云："国朝选本诗，或尊重名位，或借为交游结纳，不专论诗也。陈检讨《箧衍集》较诸本为善，然只及康熙癸丑（1673），以下阙如。"

松陵女子诗征 10 卷 1918 年吴江费氏华萼堂铅印本；1919 年锡成公司铅印本。

费善庆、薛凤昌编。费善庆（1858～1939），字福堂，又字伯缘。晚患目疾，故又号盲叟。清吴江人。薛凤昌（1876～1944），原名蛰龙，字砚耕，号公侠，一号病侠。吴江同里人。早年留学日本。曾与柳亚子等人组织"吴江文献保存会"，保存、整理、研究乡邦文献。本书由费善庆、薛凤昌共同编纂而成。卷首有金祖泽、柳弃疾序各 1 篇，凡例 1 篇，卷末附费善庆跋 1 篇。柳弃疾在序中详细描绘了吴江女性文学的盛况，前半着重勾勒出吴江沈氏、叶氏这两大文化世族、文学世家，后半则展示了诸多提倡女学的文人与女性作家的风采。正文共选女诗人 273 位，诗 2 000 余首。第 10 卷为《待征录》，有人名而无作品，录女诗人 139 位。本书为保存苏州女性文学作品，展现吴中女学之盛，提供了可靠详实的资料。

诗媛八名家集 8 种 8 卷 清顺治十二年（1655）邹氏鹥宜斋刻本。

清邹漪编。邹漪有《明季遗闻》，已著录。本书成于清顺治十二年。书中收录王端淑《王玉映诗》1 卷，诗 96 首，诗余 3 首；吴琪《吴蕊仙诗》1 卷，诗 99 首，诗余 10 首；吴绡《吴冰仙诗》1 卷，诗 83 首，诗余 4 首；柳是《柳如是诗》1 卷，诗 29 首；黄媛介《黄皆令诗》1 卷，诗 63 首，诗余 9 首；季娴《季静姎诗》1 卷，诗 56 首；吴山《吴岩子诗》1 卷，诗 37 首；卞梦钰《卞玄文诗》1 卷，诗 30 首。八女之作多故国之思、易代之苦，邹氏编刊此本，亦代表了当时文士对诸才女之赞赏态度，暗抒己之悲痛。此书对研究明清之际女性诗歌价值颇大，尤其吴琪、黄媛介、吴山、卞梦钰四人无诗集流传，可作校勘其作品之参考。

闺秀正始集 20 卷附录 1 卷补遗 1 卷 清道光十一年（1831）红香馆刻本。

清恽珠辑。恽珠（1771～1833），字珍浦，号星联，满洲镶黄旗人，晚号蓉湖道人，又自称毗陵女史。室名红香馆。阳湖人。闺中有"三绝"之誉。本书收录清初至道光初年女诗人 933 家，凡 22 卷，诗 1 700 余首。"正始"，语出《诗序》"正始之道，教化之基"。其所选之作，均以性情贤淑为正，以求"风天下而端闺范"，故不选宫廷后妃、女冠缁尼、青楼娼妓之作。本书卷首有恽珠自作弁言，潘素心、黄友琴序各 1 篇，例言，许琼鹤、翁瑛、王韫徽等 20 余位女诗人的题辞。卷末附石黛卿后序 1 篇，恽珠长媳程孟梅跋 1 篇。正文先录红兰主人、科德氏、恽清于、毕韬文、伊夫人、伊太夫人、林氏、希光、沈惠玉、李氏之诗作，其余诸人则仿《国朝诗别裁》体例，按齿序排次，各人名下记其里居表字、其夫或其子名位。生于前明、而其夫殉明的女诗人概不入选，但如"柳如是、卫融香、湘云、蔡闰诸人，实能以晚节盖，故遵国家准旌之例，选入附录，以示节取"。所选之诗内容均为有关教化、端正闺苑、温柔敦厚之作品，可作研究清代妇女生活及事迹之参考。

第四节 诗文评类

文心雕龙 10 卷 元至正十五年（1355）刻明修本；明弘治十七年（1504）冯允中刻本；《四库全

书》本。

南朝刘勰撰。刘勰（约465～约520）字彦和。祖籍东莞莒县（今属山东）人，世居京口。历宋、齐、梁三朝，精于佛理。梁代兼东宫通事舍人等职，深得太子萧统器重。后出家，法名慧地。本书凡10卷，共50篇，分为绪论、文体论、创作论、批评论、总序5个部分。绪论包括《原道》《征圣》《宗经》《正纬》4篇，论"文之枢纽""文源于道"，是全书理论的基础。文体论包括《辩骚》至《书记》21篇，逐一论述骚、诗、乐府等35种文体的名称、性质、特点及源流。创作论包括《神思》至《物色》20篇，论述创作过程、写作风格和内容等问题。批评论包括《时序》至《程器》4篇，论述批评标准及方法，点评历代作家、作品。最后一篇《序志》，说明写作目的和全书结构。本书继承发展了前代文学批评理论，全面概括分析了文学发展脉络，抨击了当时片面追求形式的风气，把我国古代文学批评理论推向了新的阶段。范文澜《中国通史简编》称赞此书"剖析文理，体大思深，全书用骈文来表达致密繁富的论点，宛转自如，意无不达"。

后山诗话1卷　《稗海》本；《百川学海》本；《四库全书》本。

宋陈师道撰。陈师道有《后山谈丛》，已著录。本书又名《陈无己诗话》《后山居士诗话》。原为2卷，今存1卷。凡70余条，言诗不偏于论事，论辞不限于摘句，以对作家的批评为主，多转述欧阳修、苏轼论诗语。此书作者，向有异议。陆游认为书中对苏轼、黄庭坚的作品俱有不满之词，与陈氏思想不符，且记有陈氏身后之事，当为后人伪作。方回及《四库全书总目》等均从其说。但陈氏门人魏衍编《后心集》时，已言《诗话》《谈丛》各为专集，胡仔《苕溪渔隐丛话》亦曾称引此书。近人郭绍虞《宋诗话考》考证认为陈氏未竟稿，后人续作。陈氏书中所论不限于诗，兼及古文、赋、四六、词，扩大了文学批评的范围，标志着诗话的新变，为后世诸家所祖。间有考证，颇多参考价值。因此书或非陈氏手定之稿，后世又不无增损，故所论真假相杂，自相矛盾之处亦多。

石林诗话3卷　元陈仁子刻本；《百川学海》本；《四库全书》本。

宋叶梦得撰。叶梦得有《春秋传》，已著录。本书分上、中、下3卷，记载唐宋诗坛诗人轶事，间有评点。如欧阳修变革西昆体一事道："欧阳文忠公诗始矫昆体，专以气格为主，故其言多平易疏畅，律诗意所到处，虽语有不伦，亦不复问。而学之者往往遂失真，倾囷倒廪，无复余地。然公诗好处岂专在此？"叶氏强调作诗要"缘情体物"，崇尚谢灵运"自然见于造化之妙"。作者尤重杜诗，谓《病柏》《病橘》《枯棕》《枯楠》"皆兴当时事"，"自汉魏以来，诗人用意深远，不失古风，惟此公为然，不但语言之工也"，"惟老杜变化开阖，出奇不穷，殆不可以形迹捕"。叶氏出于蔡京之门，因而对部分诗人态度有所偏颇。《四库全书总目》评价"是书乃其平日论诗之语，其中推重王安石者，不一而足"，但对欧阳修、苏轼等人，"皆有所抑扬于其间"。

韵语阳秋20卷　宋乾道二年（1166）刻本；上海图书馆藏抄本；《四库全书》本。

宋葛立方撰。葛立方（？～1164），字常之，自号懒真子。丹阳人。胜仲子。本书成于宋隆兴元年（1163），取《晋书》"皮里阳秋"语义。又名《葛立方诗话》《葛常之诗话》。书中评论自汉魏至宋代诗人诗作，凡20卷，共422则，不专论词句之工拙，而多论诗歌意旨之是非。在编排上，大体以类相聚：第1、2两卷论诗法诗格，3、4两卷论诗之本事，5、6两卷重在考证，7、8两卷多涉用事，9、10两卷多评史之作，卷11论仕宦升沉之况，卷12述死生达观之理，卷13重在地理，卷14多论书画，卷15述歌舞音乐，卷16述花鸟虫鱼，卷17述医卜杂技，卷18论人识鉴，卷19、卷20谈岁时风俗饮食妇女之类。卷末沈洵所作跋评价"《韵语阳秋》二十卷，自汉魏以来诗人篇咏，咸参稽抉摘，以品藻其是非，不以名取人，亦不因人废言，质事揆理而当之为贵"。《四库全书总目》誉之"大旨持论严正，其精确之处，亦未可尽没也"。此书持论颇多精确，保存了一些不传于世的文学作品，但附会、舛误亦多，引诗论事有失实处。赵与时《宾退录》对其中谬误多予以驳正，可供参考。

全唐诗话6卷　明嘉靖二十二年（1543）王教、王政刻本；《历代诗话》本；《丛书集成初编》本。

宋尤袤撰。尤袤有《遂初堂书目》，已著录。本

书初传时未题著者姓名，明人因原序署曰“咸淳辛未(1271)重阳日遂初堂书”，而南宋尤袤又曾以“遂初”名堂，便附会为尤袤所撰。而尤袤卒于绍熙五年(1194)，咸淳辛未其早已作古。清初尤侗《艮斋续说》认为此书乃尤袤之孙尤焴所编，《四库全书总目》则认为是贾似道门客廖莹中抄窃计有功《唐诗纪事》而成，“后人恶似道之奸，改题袤名以便行世”。本书共选录320余位唐代诗人的资料，以人立目，据《唐诗纪事》删减而成，检阅较为方便，但错漏颇多，取舍不当。乾隆间，孙涛重为修订，增补《续编》2卷，以原书载其人而遗其事者入上卷，人与事俱未载者入下卷。

谈艺录1卷　明刻本；上海图书馆藏清惠氏红豆斋抄本；《历代诗话》本。

明徐祯卿撰。徐祯卿有《翦胜野闻》，已著录。本书共24则，论述汉魏古诗，力陈其复古之主张。徐氏认为“魏诗，门户也；汉诗，堂奥也”，主张“法经而植旨，绳古以崇辞”，以“削浮华之风，敦古朴之习”。其系统阐释了诗歌的特性，强调诗的“情”“气”“思”“力”，“盖因情以发气，因气以成声，因声而绘词，因词而定韵，此诗之源也”。又提出“因情立格”，重情贵实，认为“诗者乃精神之浮英，造化之秘思”，对清代“神韵说”的产生有一定影响。但其过分崇古，未能摆脱复古理论的影响。

诗源辨体36卷后集纂要2卷　明崇祯十五年(1642)陈所学刻本；1922年上海娱庐以古宋字排印本；1987年人民文学出版社杜维沫校点本。

明许学夷撰。许学夷(1563～1633)，字伯清。江阴人。崇祯六年与沈鹜、邱维贤、徐益辈22人结沧洲社并为之领袖。本书“四十年十二易稿始成”(《凡例》)，可见成书之艰辛。凡38卷，前集956则，后集159则，共1 115则。前集36卷，论先秦至晚唐五代之诗人诗作；后集《纂要》2卷，一卷论宋元，一卷论明。许氏从体裁和风格两方面论述诗歌发展演变，梳理诸体源流，探索发展规律，颇有独到之见。其认为“古诗以汉魏为正，太康、元嘉、永明为变，至梁陈而古诗尽亡；律诗以初盛唐为正，大历、元和、开成为变，至唐末而律诗尽敝”。尤为推崇唐诗，采用严羽“论诗之法”：以“气象”论初唐，以“兴趣”论盛唐，以“音节”概论唐律。此书持论公允，可作研究历代诗体演变之参考。1922年上海娱庐以古宋字排印本，附《许伯清诗稿》1卷、《辑补》1卷。

载酒园诗话5卷　清嘉庆二十四年(1819)烟环阁刻本；《清诗话续编》本。

清贺裳撰。贺裳，字黄公，号檗斋。丹阳人。本书凡5卷，分正编(卷1，附补遗)、又编(卷2至卷4)和诗话(卷5)三部分。卷首有眭修季序1篇。卷1共录41则，分“诗不论理”“用事”“考证”等小题泛论古今作诗理法，评议前人诗话。“又编”共评论唐代诗人137家，卷2论初盛唐诗，卷3论中唐诗，卷4论晚唐诗。“诗话”主要点评两宋诗作。作者论诗多囿于传统，崇尚“雅正”，注重“理与辞相辅而行”“贵于用意，又必有味”，推举盛唐诗作的“健”“气骨”“清”，批评晚唐诗的“格弱”“无骨”“寡味”及宋诗的“多用心于无用之地”“浅直”“俗”。是书系统评点唐宋两代诗人诗作，见解中肯，持论平实。吴乔《围炉诗话》自序曰：“深得三唐作者之意，明破两宋膏肓，读之则宋诗可不读。”但部分评点持论失当，暴露其好学而乏深思，理论概括力之不足。

围炉诗话6卷　《借月山房汇抄》本；《适园丛书》本；《丛书集成初编》本。

清吴乔撰。吴乔有《怀陵流寇终始录》，已著录。本书卷首有吴氏自序及黄廷鉴、张海鹏跋。自序云：“辛酉冬，萍梗都门，与东海诸英俊围炉取暖，啖爆栗，烹苦茶，笑言飙举，无复畛畦。其有及于吟咏之道者，小史录之，时日既积，遂得六卷，命之曰《围炉诗话》。”卷1总论，卷2至卷6分论汉魏、唐、李杜、宋、明诗。吴氏论诗重意轻句、重意轻词、重意轻韵，认为“意为主将，法为号令，字句为部曲兵卒”，强调“诗中须有人”。他论述诗文的差异，认为“意喻之米，饭与酒所同出。文喻之炊而为饭，诗喻之酿而为酒。文之措词必副乎意，犹饭之不变米形，啖之则饱也；诗之措词不必副乎意，犹酒之变尽米形，饮之则醉也”。吴氏论诗还力倡“比兴”，认为“不知比兴而说诗，开口便错”，以此重晚唐而抑两宋，对明代前后“七子”大加贬斥。《四库全书总目》批评道：“至于赋比兴三体并行，源于《三百》。缘情触景，各有所宜。未尝闻兴比则必优，赋则必劣。”吴氏论诗歌特性、作诗之法见解精当，但亦有不少

偏颇之论。其自谓此书与贺裳《载酒园诗话》、冯班《钝吟杂录》为“谈诗之三绝”,颇有自誉之嫌。

原诗 4 卷 清康熙二十五年(1686)叶氏二弃草堂刻本;《昭代丛书》(道光)本;《清诗话》本。

清叶燮撰。叶燮有《已畦诗集》,已著录。本书分为《内篇》《外篇》两部分,每篇又分上、下两卷,评述古今作诗本领,论及诗之流弊、诸家持论得失。《内篇》标榜宗旨,《外篇》着力博辨。叶氏斥责“三百篇尚矣;五言必建安、黄初;其余诸体,必唐之初、盛而后可”的观点,认为诗道要“变”,不断创新,形成诸家不同风格,各不相师,自成一家。作者强调诗之基础在于胸襟,尤推杜甫,赞其诗随所遇之人之境之事之物,因遇得题,因题达情,因情敷句。诗歌创作上,叶氏认为影响因素客观上不外乎“曰理、曰事、曰情”,主观上则在于“曰才、曰胆、曰识、曰力”,“以在我之四,衡在物之三,合而为作者之文章”。本书是清代一部颇有创见的诗歌理论著作,对诗歌发展规律、诗歌创作方法等问题的探讨,对后世影响很大。

说诗晬语 2 卷 《归愚全集》本;《诗触》本;《四部备要》本。

清沈德潜著。沈德潜有《归愚文钞》,已著录。本书成于雍正九年(1731)。自序谓“命曰‘晬语’,拟之试儿晬盘,遇物杂陈,略无诠次也”。凡 2 卷,上卷论先秦至唐诗 127 条,下卷论宋至明诗 99 条,总 226 条。其论诗不成系统,条名无题,但对诗歌之源流升降、内容形式、技法体式均有概述。其诗论受老师叶燮的影响,强调诗之本源,但力主“格调说”,重视诗歌的形式音律,“诗中韵脚,如大厦之柱石,此处不牢,倾折立见”。沈氏宣扬“温柔敦厚”的诗教,反对“泥于成法”,主张“以意运法”。此书颇多新见,加上作者位高望重,影响很大。

读杜心解 6 卷 清雍正三年(1725)前涧浦氏宁我斋刻本;清道光间苏州文渊堂刻本;清道光间重庆善成堂刻本。

清浦起龙撰。浦起龙有《史通通释》,已著录。本书为杜诗简略注本。卷首有《发凡》、两《唐书》所载《杜甫传》、元稹《唐故检校工部员外郎杜君墓系铭》、杜氏世系表略、少陵编年诗目谱、读杜提纲、目录。正文凡 6 卷,分为六体:五古、七古、五律、七律、排律、绝句,每体一卷,又分 26 子目,共录诗 1 458 首,赋文散附于有关各诗之后。其编次“寓编年于分体之中”,即按体分类,再各自编年。《四库全书总目》以为“自有别集以来,无此编次法也”,殊为繁碎。此书参考前人诸家注本,以解为主,以注为副,着重阐释篇章大意,注释力求简要,多有新见。浦氏长于以史证诗,短于议论及考订。蒋士铨谓:“编辑颇有考据,而系见亦多附会。”《四库全书总目》评价“其间考证年月,印证时事,颇能正诸家之疏舛,而句下之注,漏略特甚。篇末之解,缴绕亦多”。但书中常用“接、顶、提、转”之类八股承转老套来分析杜诗,未免牵强失当。

一瓢诗话 1 卷 清扫叶村庄刻本;《昭代丛书》本;《清诗话》本。

清薛雪著。薛雪有《湿热条辨》,已著录。本书又名《一瓢斋诗话》。薛氏删选整理与同学、弟子论诗观点而成。凡 230 条,以论诗、评诗为主,上自先秦,下迄宋元,间附考证。薛氏乃叶燮的学生,论诗多承师说,又有所阐发,与沈德潜相近。其论诗重志气、才思、学力,认为三者皆备,“方能卓然自立,与古人抗衡”。又重视诗歌内容,主张“诗不可无为而作”,反对拟古之风,认为“拟古二字,误尽天下苍生”“不落窠臼,始能一超直入”。他强调艺术风格的多样化,认为“从来偏嗜最为小见”。薛氏对历代诗人评价较为中肯,尤重唐人,对诗坛的不良倾向也有所提及。清人沈楙德谓“是编自抒心得,痛针俗病,凡所指斥,皆能洞中窾窍,非好为叫嚣者比”。

野鸿诗的 1 卷 清乾隆间长吟阁自刻本;复旦大学图书馆藏清嘉庆三年(1798)葛祚增抄本;《昭代丛书》本。

清黄子云撰。黄子云(1691~1754),字士龙;号野鸿,又号长春。昆山人。本书又作《诗的》,成书于乾隆二年(1737),凡 110 条。卷首有小序。其论诗崇尚唐诗,尤以杜甫为宗,认为“能鼓汉、魏之气,撷六朝之精,含咀乎《三百篇》之神者,唯少陵一人”,但也明确指出杜诗之不足。又重视诗歌的情感特征和艺术技巧,推崇精、气、神,倡导言情志。是书有不少中肯之见,对纠正当时诗坛的不良倾向颇有益处,亦为袁枚“性灵说”形成之先声。但书中

部分评说稍有偏颇，尤贬斥中唐以后诗作，过于崇古非今。

剑溪说诗2卷附录1卷 清乾隆间精刻本；南京图书馆藏抄本；《乔剑溪遗集》本。

清乔亿撰。乔亿（1702～1788），字慕韩，号剑溪。宝应人。本书卷首有沈德潜序1篇。凡3卷，正文分上、下2卷，附录《又编》1卷。是书杂论诗体、流变、作诗之法，评论历代诗人诗作。《又编》成书于沈序之后，专论唐诗，观点更为成熟。其论诗以性情为体，强调"风人之旨"，又注重诗歌气象、音律、诗人品格，尤重李、杜之格调。其提倡"诗必有为而作"，强调"诗不在深，在真"。书中论及辞赋者共11条，对研究屈骚及其流变价值颇大。是书对作诗之法论述精微，或谓可补司空图、严羽蹈空之弊。

随园诗话16卷补遗10卷 清乾隆五十五年（1790）随园自刻本；民国上海大达图书供应社铅字排印本；1960年人民文学出版社顾学颉校点本。

清袁枚著。袁枚有《随园食单》，已著录。本书记载文坛掌故逸事，品评古今诗人诗作。袁氏论诗主张"性灵"说，反对拟古与矫饰，认为"诗之为道，标举性灵，发舒怀抱"，"自《三百篇》至今日，凡诗之传者，都是性灵，不关堆垛"。其在诗歌理论方面，亦有不少精到之见，认为作诗不必讲究境界的大小和格调的高低，"诗者，人之性情也，近取诸身而足矣，其言动心，其色夺目，其味适口，其音悦耳，便是佳诗""作诗不可以无我"。从性灵说出发，袁氏对沈德潜的"格调说"、翁方纲的"肌理说"和王士禛的"神韵说"都提出了批评和质疑，认为"格调是空架子"，肌理是"自矜淹博"，而神韵又过分蹈虚，凡此不为无见。在语言上，袁氏主张"言之有味，听之可爱"，常以口语词入诗。钱钟书评价"自来诗话，无可比伦"（《谈艺录》）。袁枚自己也说，该书刻行后，"以诗受业随园者，方外淄流，青衣红粉，无所不备"，以至"随园弟子半天下，提笔人人讲性情"。然袁氏主张"集思广益，显微阐幽，宁滥毋缺"，故书中所录过杂，有不少格调不高的趣事、艳事。后人批判"所录非达官，即闺媛，大意只标榜风流，颇无足观"。

杜律启蒙不分卷 安徽省博物馆藏清乾隆十三年（1748）定稿写本。

清吴峻撰。吴峻（1723～1778），字揖峰，亦作一峰，号鼺仙，一作斧仙。无锡人。本书选录杜诗七律50首加以评解，为应试服务。卷首有作者自序一篇，着力谈及诗歌章法、句法和字法，表明编写目的。"诗家最难者七律，言其大概有三：有字、有句、有局。……集中如《秋兴》八首，直接变风，《诸将》五章，并近变雅，故以之压卷。其余去其拗体，择其谐音，共得五十首，以类相次。评解既讫，题曰《启蒙》。"是书是在顾宸《辟疆园杜诗注解》和钱陆燦的杜诗批本基础上，删繁就简，加上吴氏己见而成。卷末云："杜律有注，不下万本。自吾乡修远先生出，而诸家遂废。近又得虞山湘灵先生批本，觉有披沙拣金之功。是编取两先生之长，而益以己意，标明笔法，庶于初学有补云。"

北江诗话6卷 《粤雅堂丛书》本；《小重山房丛书》本；《洪北江全集》本。

清洪亮吉撰。洪亮吉有《春秋左传诂》，已著录。本书前4卷为洪氏晚年写定，后2卷是其子续刻遗著时整理而成。是书以论诗为主，间亦评论文章及辞赋。作者认为"诗文之可传者有五，一曰性，二曰情，三曰气，四曰趣，五曰格"，"诗文讲格律，已入下乘"。其又强调作诗以学问为本，继承儒家"诗教"传统，认为"诗人不可无品，至大节所在，更不可亏"。王国均序云："先生立身以忠孝为大，论学以经史为宗，论诗以《三百篇》为主，故于魏、晋诗人，独取陶靖节，以其去古未远也。盛唐李、杜，已视为诗派之支流。历宋、元、明，旁及各家，吞云梦者八九，目中安有余子哉！"

快园诗话16卷 清嘉庆二十五年（1820）序刻本。

清凌霄撰。凌霄（1772～1828），一名延炯，或作延煜，字芝泉，号一飞，自号快园居士。江宁人。本书为作者与师友交往谈诗的记录，初名《师友录》，增补后更名。卷首有阮元序1篇和作者自序。凌氏自序中称"卷数无定，凡有佳句，尽可函赐。随到随刊，无分先后"。作者一生以师恩友谊为重，"视之如性命也"。其师如毕沅、袁枚等，皆名重当时。此书为后世研究清代中期文士交游活动提供

了重要参考资料。

双砚斋词话1卷 《词话丛编》本。

清邓廷桢撰。邓廷桢有《双砚斋诗钞》，已著录。本书收论词札记15则。邓氏有书室名“双砚斋”，故以名书。本书论词多涉两宋词人，于北宋首尊苏轼，认为苏词“清刚隽上，囊括群英”；于南宋则推重姜夔，评价姜词“识趣既高，兴象自别”。邓氏持论通达，不囿于门户之见，偏重作品的思想内容，对南宋爱国词作倍为推崇。本书无单行本，收于1921年邓邦述辑刊《双砚斋丛书》之一《双砚斋随笔》中。后唐圭璋从中辑出，编为1卷，题作《双砚斋词话》，并编入其《词话丛编》一书中。

养一斋诗话10卷 清道光十六年(1836)徐宝善刻本；《清诗话续编》本；《续修四库全书》本。

清潘德舆撰。潘德舆有《养一斋集》，已著录。本书历20余年而成，凡10卷，后附《李杜诗话》3卷。卷首有钟昌、徐宝善序各1篇。是书论诗上起《诗经》，下迄清代，品评历代诗人诗作、阐发诗歌发展源流，兼及诸代诗话、诗选、诗歌主张，共325条。卷1集中阐述其诗学观，其他各卷则据此发论。其论诗以儒家诗教为根本，以“言志”“无邪”为准则，强调教化作用。徐宝善序中评价其“以《三百篇》为根本，以孔门之言诗为准则”。又强调诗品与人品的关系，主张先有人品而后有诗品。潘氏糅合各家之说，自出机杼，持论细致入微，力求公允。又敢于痛斥门户声气之习，批判挑战时流之弊。其师钟昌称许《养一斋诗话》大旨全在“美天下之风俗”。

曹集考异12卷 南京图书馆藏抄本；《金陵丛书》本；《丛书集成续编》本。

魏曹植撰，清朱绪曾考异。朱绪曾有《开有益斋读书志》，已著录。本书为诗文集辑注本，始编于清道光二十年(1840)，历10余年方成稿。光绪初年，朱氏已去世，由其子桂模参考丁晏《曹集铨评》等，又略作修订。全书共12卷，其中《考异》10卷，《叙录》1卷、《年谱》1卷。《考异》以宋嘉定本为底本，参校群书，订误补阙，凡所遇曹植佚文，即使片纸零篇，亦悉加收录，如《孔雀赋》《陌上桑》等仅存其题而亡其文者，一一加以考订辑录。正文中双行夹注，为文字校勘、词语训诂及文意考辨等，其中不乏精辟之见。《叙录》辑录各家书目23种，序跋14篇。《年谱》依年编排曹植一生事迹。

艺概6卷 清同治十二年(1873)刻本；清光绪三年(1877)刻本；1987年江苏广陵古籍刻印社重印本。

清刘熙载撰。刘熙载(1813～1881)，字伯简，号融斋，晚号寤崖子。兴化人。道光二十四年(1844)进士。改翰林院庶吉士，授编修。同治五年，任广东学政，任期未满即归里，从此未再出仕。后主讲上海龙门书院。所著书以《艺概》最为著名。本书是晚清的一部优秀的文艺理论著作。全书6卷，分为《文概》《诗概》《赋概》《词曲概》《书概》《经义概》，分别论述文、诗、赋、词、书法及八股文等的体制流变、性质特征、表现技巧，并评论了重要作家作品。“概”即“举少以概乎多”之意，得其大意，言其概要，以简驭繁，使人明其指要。

养斋诗话1卷 稿本，南京图书馆藏。

清周馨桂撰。周馨桂(1821～?)，字小山。江阴人。道光二十一年(1841)诸生，数十年足不出户。性落落寡合，不求人知。学宗李绍自。年60余，常静坐默诵《十三经》。《养斋诗话》原附在《养斋诗集》之后。《养斋诗集》稿本今藏南京图书馆，该馆著录作4卷，实际上在正集4卷之前，另有诗1卷。这一卷诗都是从4卷本中摘录出来的，都已见于正集4卷。从内容上看，虽然没有增加，但形式上却成了5卷。周馨桂之所以要在自己完整的诗集之前再辑录其中部分诗篇另成一卷，是因为不满于叶长龄对自己诗歌的批评的缘故。叶长龄亦为江阴人，曾向周馨桂借阅诗集，意欲收入总集中。叶长龄读过其诗后，提出了尖锐的批评。这引起了诗作者极大的不满，因而他从自己的全部诗作中选出82首，辑为1卷，以让世人明了自己诗歌作品的实际价值，也借以反驳叶长龄的攻击。其《养斋诗话》1卷，即专为批评叶长龄而作。在我国古代，诗话是一种文学批评著作，不过这种批评，是诗话作者对作品作者的批评，而这部《养斋诗话》却正好相反，是作者对批评者的批评。

第五节　词　类

阳春集1卷　《十名家词集》本;《粟香室丛书》本;国家图书馆藏清康熙五十四年(1715)萧江声抄本。

南唐冯延巳撰。冯延巳(903～960),一名延嗣,字正中。广陵人。词人。卒谥忠肃。本书录词119首,补遗7首。卷首有冯煦、陈世修序各1篇,卷末附王鹏运跋1篇。原本已佚,宋嘉祐间陈世修采获所存,已十不一二,勒成是编。书中所录,杂有他人之作。冯氏长于写景抒情,名篇较多,如《蝶恋花·庭院深深深几许》《谒金门·风乍起》等。其词对后世影响深远。刘熙载说:"晏同叔得其俊,欧阳永叔得其深。"(《艺概》)况周颐说:"《阳春》一集,为临川、珠玉所宗。愈瑰丽,愈醇朴。南渡名家,罍丐膏馥,辄臻上乘。"(《历代词人考略》)王国维说:"冯正中词,虽不失五代风格,而堂庑特大,开北宋一代风气。"(《人间词话》)

南唐二主词1卷　明万历四十八年(1620)吕远墨华斋刻本;国家图书馆藏清康熙五十四年(1715)萧江声抄本;《晨风阁丛书》本。

南唐李璟、李煜撰。李璟(916～961),初名景通,后改名璟。及降周,避周庙讳,复改名景。字伯玉。徐州人。李煜(937～978),初名从嘉,字重光,号钟隐。徐州人。璟六子。世称南唐后主。本书为二主词合刊,始见于陈振孙《直斋书录解题》。原本已佚,现存最早本为明万历庚申吕远墨华斋刻本。卷首有谭尔进序1篇,凡39首,首录中主词4首,余词皆后主所作。李璟词仅存4首,多写离愁别恨,感情真切,初步脱去花间派浓艳雕琢之气,寄寓对身世遭遇和国运衰微之悲慨。李煜前期词作多写宫廷生活,后期身份和生活发生巨大转变,因而词风转为深沉悲凉,抒写亡国之痛和故国之思,名作较多,如《虞美人·春花秋月何时了》《浪淘沙·帘外雨潺潺》等。王国维指出:"词至李后主而眼界始大,感慨遂深,遂变伶工之词而为士大夫之词。"(《人间词话》)今见是书各本,均为后人所辑,文字略有异同,或有他人文字窜入,不全为后主所作。《晨风阁丛书》本,附王国维补遗及校勘记。

丹阳词1卷　国家图书馆藏明抄本;《四库全书》本;《四部备要》本。

宋葛胜仲撰。葛胜仲有《丹阳集》,已著录。本书收词79首。卷末附毛晋跋1篇。葛氏词风清壮和雅,与叶梦得酬唱颇多,品格相近。但叶词中有《鹧鸪天·次鲁卿韵观太湖》一阕,此卷内未见原唱。而此卷有《定风波·燕骆驼桥次少蕴韵》二阕,叶词内亦未见。若非当时有所刊削,即为传写佚脱。至于《浣溪沙》三首,在叶词以为"次鲁卿韵",在此卷又以为"和少蕴韵",则两者必有一讹,已不得复考。其《江城子》后阕押"翁"字韵,益可证叶词复押"宫"字之误;《鹧鸪天》"生辰"一词独用仄韵,诸家皆无此体,据调当改《木兰花》。而书中字句讹阙,以《永乐大典》所载,可予校雠者甚多。此外,《永乐大典》本还有《浣溪沙·小饮》《南乡子·九日》《虞美人·题灵山广瑞禅院》,本书内均无载。

归愚词1卷　《四库全书》本;《宋名家词》本;《全宋词》本。

宋葛立方撰。葛立方有《韵语阳秋》,已著录。本书收词39首,多平实铺叙,少清新宛转之思,但大致不失宋人规格。葛氏其词多咏梅之作,工丽典雅,流传既久,存之可备一家。其代表作《卜算子》云:"袅袅水芝红,脉脉蒹葭浦,淅淅西风淡淡烟,几点疏疏雨。草草展杯觞,对此盈盈女;叶叶红衣当酒船,细细流霞举。"周密评价"用十八叠字,妙手无痕,本色学道人,胸中乃有如此奇特!"毛晋在跋中指出其《雨中花》《眼儿媚》诸调"俱不合谱,未敢妄为更定"。而《四库全书总目》参考诸家词集考证,其《眼儿媚》系《朝中措》之讹,《雨中花》实则题中脱一"慢"字。

云林乐府1卷　《百家词》本;《饮虹簃续刻曲》本。

明倪瓒撰。倪瓒有《倪云林先生诗集》,已著录。本书又名《倪云林先生乐府》,收词凡26首,末10首为曲调。其词多为弃家出走后所作,如《人月圆》("伤心莫问前朝事")一首,陈廷焯评价为"风流悲壮,南宋诸巨手为之,亦无以过"(《白雨斋词话》卷3)。其余词作则多写漂泊见闻。唐圭璋辑入《全金元词》时,删去曲10首,又补入《定风波》一首,共17首。

江南春词1卷　台湾图书馆藏明抄本；清道光十七年(1837)邓廷桢刻本；《粟香室丛书》本。

明倪瓒撰。倪瓒有《倪云林先生诗集》，已著录。本集为明正嘉年间吴下诸贤追和元人倪瓒之作。凡114首，收和作者自沈周以下50人。卷首有嘉靖十八年(1539)袁表序，卷末有袁袠跋。倪瓒原唱题3首，而其后和者皆作2首。又有顾邻初、朱兰嵎各续和8首。祝允明跋云："案其音调是两章，而题作三首，岂误书耶?"袁表云："细观墨迹，本书二首，后人以词一阕谬增为三也。"考《云林诗集》，惟《春风颠》一首载入七言古体，题作《江南曲》，而无《汀洲夜雨》一首。则后一首是七言诗，而前一首是词。然文徵明《甫田集》云："追和倪元镇《江南春》，亦载入诗内。"则当时实皆以诗和之。是书可作研究明代词坛之参考。

蓉渡词3卷　《国朝名家诗余》本；《常州先哲遗书》本；《四部备要》本。

清董以宁撰。董以宁(1629～1669)，字文友，号宛斋。武进人。与邹祗谟、陈维崧、黄永齐名，号"毗陵四子"。本书卷首有杨岱、陈玉璂序各1篇。正文分3卷，收词202首，卷上小令90首，卷中中调61首，卷下长调51首。其词多写生活琐事，平浅婉丽，小令颇有精妙之作，长调则平庸流滑。一些作品格调不高，曲传艳态。词下附以吴伟业、王士禛、陈其年等人之评语，多褒扬失实之辞。陈廷焯《白雨斋词话》云："董文友《苏幕遮》诸篇，皆能曲折传神，扑入深处，词中之妖。学词者一入其门，念头差错，终身不可语于大雅矣。"可为此书之定评。

丽农词2卷　《国朝名家诗余》本；《清名家词》本；《四部备要》本。

清邹祗谟撰。邹祗谟，字讦士，号程村。武进人。古文辞与陈维崧、董以宁、黄永齐名，时人合称"毗陵四才子"。本书成于顺治十七年(1660)，与王士禛《衍波词》、彭孙遹《延露词》被孙默合刻为《三家诗余》，并称"三名家词"。卷首有宗元鼎序1篇。正文收词凡155首，卷1收小令、中调，卷2收长调，按体编排。其词内容多生活琐事，如弈棋、私语、迷藏、弹琴、秘戏之类，亦有不少咏物、酬赠之作。邹氏词风清畅流丽，较为婉约。长调则多有步韵之作，或效苏轼，或效柳永，或用同代词人韵，亦可见深厚功力。

竹初乐府二种4卷　清乾隆五十一年至五十三年(1786～1788)钱氏小林栖刻本；清嘉庆十三年(1808)刻本。

清钱维乔撰。钱维乔有《竹初诗抄》，已著录。本书原包含《碧落缘》《鹦鹉媒》《乞食图》3种，但《碧落缘》已佚，仅存后2种。《碧落缘》据古乐府《孔雀东南飞》写焦仲卿、刘兰芝故事。《鹦鹉媒》，2卷40出，述孙子楚、王宝娘故事。此据《聊斋志异·阿宝》改编，为最早聊斋故事戏。《乞食图》，又名《虎皁缘》《后崔张》，2卷32出，述张灵、崔莹故事。事本黄周星《张灵崔莹合传》。作者见张灵与唐寅、祝枝山同时而名不彰，崔莹之情又"历存亡而不改"，有感而作。梁廷楠评价此剧"不及心余(蒋士铨)之爽豁，心余亦不及其清丽也"(《藤花亭曲话》卷3)。

云溪乐府2卷　清嘉庆、道光间刻本；《续修四库全书》本。

清赵怀玉撰。赵怀玉有《亦有生斋文集》，已著录。本书一作《亦有生斋乐府》，收乐府诗凡104首，卷1、卷2各52首，主要为作者对自春秋时期到清中后期延陵一郡人事之歌咏。如卷1《十字碑》赞颂季札让位之贤举，卷2《拒倭行》记载徐槐抗倭之英勇事迹。卷首收管干珍、袁枚、董曾臣、左辅序各1篇，作者自序1篇，目录、作者小像、自题像赞。管干珍在序中评价"采乡中节烈高逸，自春秋讫今，歌咏之长言之，裒然成秩"，左辅称"上溯姬箓，下逮胜国，将以被金石，美徭俗，订史匠之伪焉，补梼乘之阙焉"。袁枚则对其诗评价颇高，赞曰"味辛诗如箴如铭，微而婉，隐而显，言近而意远，沨沨乎六义之道萃焉"。

餐花吟馆词钞　清嘉庆十一年(1806)仿宋写刻本；清嘉庆二十四年刻本。

清严骏生撰。严骏生(1772～?)，字小秋。上元人。本书辑词430首。各本卷数不一。卷首有吴锡麟、顾广圻、梅曾亮、管同等序文18篇，海内题词者近80家，皆以为小秋词"艳冶若秦、柳，慷慨类辛、苏"。其词若诗，清丽雄逸，皆发其胸中抑塞无聊不平之气。作者一生科举不顺，身世飘零，其心

酸哀愁皆出于此，故此类感怀身世之词最为动人，如《水调歌头》“秋闱再荐不售，兰村以词见慰，依调奉答”，《满庭芳》“青衫湿，三更月白，孤客泪难收”。袁通序云：“小秋为词，隽语动人，悱恻缠绵，迥非时手所及。”吴锡麟亦赞其“出天机之余锦，为乐府之指迷。已是委蜕尘凡，翱翔霄度”。

心庵词存 4 卷　清同治十二年(1873)武林刻本。

清何兆瀛撰。何兆瀛有《心庵诗存》，已著录。本书辑词 208 首。卷首有如山序 1 篇，述何氏为四禅中人，故其词“其言情也，及情而不过乎情；其体物也，寓物而不滞于物”。如《立春作》曰“好春如海，随着江云，等闲渡了春魂”，又《咏燕》云“曲曲雕梁泥落尽，红剩斜阳一线”。其人生境界“飘然若春云之无痕，了然若明月之前身”。谭献亦盛赞“何青耜《心庵词存》，骀宕丽逸，如见六朝人物，与许海秋齐名，不虚也”(《复堂词话》)。

中白词 4 卷　清光绪十二年(1886)钱塘许氏刻《蒿庵遗集》本；1925 年刻本；1937 年开明书店陈乃乾辑《清名家词》本。

清庄棫撰。庄棫有《蒿庵文集》，已著录。本书一名《蒿庵词》，收词 134 首。卷首有同治五年(1866)、八年作者自序，谭献题辞，卷末附 1925 年吴庠跋语。正文分甲、乙、补、续补 4 卷。庄氏论词重比兴，为常州词派中晚期之代表。其词体调俱全，自序“予无升沉得丧之戚，其善自怀思，则自少壮至今，固无殊也”，多忧愤时事、感怀身世之作。陈廷焯认为“余观其词，匪独一代之冠，实能超越三唐、两宋，与风、骚、汉乐府相表里，自词人以来，罕见其匹”，未免言过其实。

李希邺词 30 首　《金陵词钞续编》本。

清李希邺撰。李希邺(1832～1879)，字仙根。江宁人。作者词作流传甚少，《金陵词钞续编》中收录约 30 首，其余散见于诸人之集。李氏词作风格绮丽婉约，内容多为写景抒怀。如《水调歌头・莫愁湖题壁》写独居湖上的仙子感叹“独处不胜愁”的闺怨之哀；《酹江月》“浊酒难消家国恨，并作重阳风雨”，表现天涯羁旅客的故国之思。其曾言“余诗藉以怡情，非以问世也”。

绾红轩词钞 2 卷附花间筝语 1 卷联珠词 1 卷　1922 年刻本。

清郃长浚撰。郃长浚(？～1903)，字云方，号菱夫。溧水人。本书卷首有曹典初、朱其濬序，蒋春霖等作题辞 6 篇，卷末附郃家禄跋。郃氏作词步踵姜夔、张炎、周邦彦诸家原韵，或附列其词，比核音调，讨论谱律，致力觞己。其身逢时代大变，少年多咏物酬唱之篇，壮岁有怀旧感时诸阕，文心牢落，跌宕不群，寄词为迹。附《花间筝语》1 卷，收小令 6 首，套数 1 套，均为咏花之词。原书为作者子婿沈则沅所编，误将套数排为小令，而以 6 首小令插置其中，《全清散曲》收入时已改正。

缝月轩词录 1 卷　清光绪三十年(1904)刻本。

清李恩绶撰。李恩绶有《冬心书屋诗存》，已著录。本书又名《读骚阁词》。卷首有王尚辰序 1 篇，傅桐等题辞，卷末附柳诒徵跋、作者自跋各 1 篇。正文后附《续录》。其词多记生活旨趣，如《清平乐・后河晚步》“云低如许，芳草斜阳渡。一带烟村凝望处，点点归鸦无数”。亦有婉约柔美之作，如《眼儿媚・题浣纱美人》“东风无奈柳丝拖，桃靥笑成涡”。柳诒徵评价，读之“清风徐来，烦疴尽释”。

宋四家词选 1 卷　清道光十三年(1833)《词选七种》本；清光绪二十一年(1895)元和江氏刻本；《滂喜斋丛书》本。

清周济编。周济有《晋略》，已著录。本书初稿名为《宋四家词筏》，定稿后改今名。选录宋代词人 51 家、词 230 余首，以周邦彦、辛弃疾、吴文英、王沂孙 4 家为宋词各流派代表，其他各家分属其后，内无名氏 1 家(《绿意・荷叶》系张炎所作)。卷首有编者《序论》1 篇，品评两宋词人之功过得失，提出“问途碧山，历梦窗、稼轩以还清真之浑化”的作词门径和“非寄托不入，专寄托不出”的词学理论。谭献《复堂词话》云：“周氏撰定《词辨》《宋四家词筏》(即《词选》)，推明张氏(惠言)之旨而广大之。”周氏以王、吴、辛、周为次排列，意在王沂孙思笔双绝，为入门之阶，吴文英有奇思，辛弃疾有奇气，故为拾级登堂之途，唯周邦彦为“返清真之浑化”的最后目标，是宋词集大成者。此书选词不无偏颇，分派亦多有不当，将吴文英、王沂孙列入宋词四大家，难以令人信服。清人张百祺以为“四科分隶，微谬铨衡”

（《重刻词选序》）。今人任二北亦言："牵强附会者多，确切投合者少。"（《词学研究法》）其极力推崇周邦彦、吴文英，对后世词人从形式上专学清真、梦窗的艺术技巧也起了不良的作用。

荆溪词初集7卷　清康熙十七年（1678）南耕草堂刻本；北京大学图书馆藏清抄本。

清曹亮武、蒋景祁、潘眉等编选，吴雯点评。曹亮武（1637～?），原名璜，字渭公，号南耕。宜兴人。本书与陈维崧《今词选》、蒋景祁《瑶华集》并称"阳羡三大词选"。荆溪为宜兴之别称。卷首有蒋景祁、曹亮武、潘眉序各1篇，吴雯赋1首。此书对清初40年间宜兴词人词作进行了全面搜集整理。目录前列有人名录，共96家，其中非宜兴籍的名宦4人、流寓9人、方外5人，凡历二代，上起天启，下迄康熙。全书按词牌排列，卷1与卷2为小令；卷3为中调；卷4至卷7为长调，共810首。蒋景祁称"自一二士大夫而下，以至执经之士，隐沦散逸，人各有作，家各有集"，可见此地填词之风盛行。

词林正韵3卷发凡1卷　清道光元年（1821）戈氏翠薇花馆刻本；清同治四年（1865）番禺姚氏重刻本；清光绪十八年（1892）王氏四印斋刻本。

清戈载撰。戈载（1786～?），字孟博、弢甫，一作顺卿，号宝士，又号山塘词隐。吴县人。本书为填词用韵而作，据前代诸本韵书及宋人用韵情况整理而成，成于道光元年。卷首有《发凡》1卷，介绍此书内容，简述编书经过。作者以为古无词韵，古人之词即词韵也。于是取古人之词，博考互证，又广稽韵书，裁酌繁简。《正韵》3卷，依《集韵》分列编次，而参以《广韵》，不立韵目，列平、上、去为14部，又立入声5部，计19部。其下列反切，无注释。是书为清中叶以后的词家奉为圭臬，作者自陈"非敢正古人之讹，实欲正今人之谬"。王鹏运跋谓："戈氏书最晚出，而最精核，可谓前无古人矣。"吴嘉淦序曰："戈子之书出，而海内文人学士有志斯道者皆当争奉为圭臬。"然书中舛误亦多，后世对其分韵法仍存异议。王鹏运批评道："宝士著书，动谓宋词失韵，余谓执韵以绳今人之不知宫调者则可，若以绳宋人，似尚隔一尘也。"本书是后世填词的重要参考书，影响颇大。

词律20卷拾遗8卷补遗1卷　清光绪二年（1876）杜文澜校刻本；《四库全书》本；《四部备要》本。

清万树撰。万树，字花农，一字红友，号山翁，别称三野。宜兴人。本书成于康熙二十六年（1687）。共收唐、宋、元词660调，1 180余体，只列诸调，以小令、中调、长调分别列目。校订旧谱，纠正平仄音韵、句法异同；据宋元名作一字一句求倚声度曲之律，得其八九；论证词之句法及拗字。此书在清代词坛影响甚大，后世补续亦多，是研究填词方法的重要参考资料。"作于宫谱失传之后，振兴词学，独辟康庄，嘉惠后者甚厚。"（杜文澜《词律续说》）

白雨斋词话8卷　清光绪二十年（1894）刻本；1984年上海古籍出版社套色影印手稿本；1986年中华书局《词话丛编》本。

清陈廷焯撰。陈廷焯有《白雨斋诗钞》，已著录。本书手稿本原为10卷，陈氏逝世后，其父令廷焯门人许正诗等3人整理遗著，删为8卷。卷首有作者自序，汪懋琨、王耕心序各1篇，包荣翰、许正清跋各1篇。8卷本凡669则，10卷本凡736则。其论词主张"沉郁说"，认为"所谓沉郁者，意在笔先，神余言外"，作词"首贵沉郁""沉则不浮，郁则不薄"。并以此为标准评论唐五代以至清代词人、词选和词论，推崇温、韦、周邦彦、姜白石、王沂孙等人，盛赞张惠言《词选》。唐圭璋《后记》评曰："陈廷焯《白雨斋词话》手稿本原为十卷，盖以所选之《词则》为基础，历评唐末温、韦至与他同时的庄、谭词作之优劣。上下千年，尽收笔底，力纠朱彝尊《词综》'备而不精'，张惠言《词选》'精而不备'之偏。以温厚为体，沉郁为用，广开词域，阐述详赡，为世所称。惜天年不永，未获与朱、况切磋，创制更多鸿著，以惠后学。"此书是中国词论史上篇幅最大的一部著作，深为当时及后世词家所看重。

第六节　曲　类

红线女（杂剧）1卷　《盛明杂剧》本；《诵芬室丛刊》二编本；《古本戏曲丛刊四集·新镌古今名剧酹江集》本。

明梁辰鱼撰。梁辰鱼有《鹿城诗集》，已著录。本书又题《红线》，全称《红线女夜窃黄金盒》，取材于唐传奇《红线传》。唐魏博节度使田承嗣欲吞并潞州，潞州节度使薛嵩深以为患，婢女红线主动请缨，自愿孤身前去夜探敌营。红线入田承嗣寝室，盗走其枕边金盒。后二日，薛嵩派人持信送还金盒，田承嗣大惊，遣使赠名马锦缎于薛，以示悔过。此后，红线辞别薛嵩，入山修道。日本青木正儿《中国近世戏曲史》赞："《红线女》四折，恪守元人规矩，曲词遒劲，宾白亦雅洁，关目一据原作排演，结构极佳，女侠红线面目，极为生动。"明沈德符《顾曲杂言》则批判道："梁伯龙有《红线》《红绡》二杂剧，颇称谐稳，今被俗优合为一大本南曲，遂成恶趣。"近人吴梅《中国戏曲概论》亦言："《红线》一剧，宾白科段，纯为南态，所异者止用北词耳。盖白语用骈俪，实不宜于北词。"明末更生氏将红线、红拂故事合编为传奇《双红记》。京剧有《红线盗盒》。

重刻出像浣纱记 4 卷　《绣刻演剧》本；明万历间金陵唐氏富春堂刻本；明万历继志斋刻本。

明梁辰鱼撰。梁辰鱼有《鹿城诗集》，已著录。本书是第一部用魏良辅改革后的昆曲填写的传奇。魏良辅变"弋阳""海盐"旧调为"昆腔"，梁氏颇得其传。凡 45 出，取材于春秋时期吴越两国兴亡之事，歌颂范蠡和西施为国家利益牺牲个人爱情的精神，突破旧式戏曲题材，具有深刻的现实意义。此剧富有新意，是骈俪派代表作，对昆曲的发展影响深远。但过于追求文辞音律，忽视戏剧冲突，因而结构松散，剧情进展缓慢。明徐复祚《曲论》谓："《浣纱记》无论其关目散缓，无骨无筋，全无收摄。"今人郑振铎也批判道："以范蠡、西施为中心人物，惟串插他事过多，头绪纷繁，叙述时有不能一气贯串之处，描写也过嫌匆促。其擅胜处只是排场热闹、曲调铿锵而已。"

红梨记　2 卷本，明万历三十九年(1611)洛诵生原刻本；《六十种曲》本；清乾隆五十年(1785)环翠山房刻巾箱本。4 卷本，《喜咏轩丛书》本；《古本戏曲丛刊初集》本。

明徐复祚撰。徐复祚有《花当阁丛谈》，已著录。本剧现存版本可分属 2 卷本、4 卷本两个系统。此剧又名《红梨花》《三错认》，此剧讲述宋元之际，赵汝州与名妓谢素秋三次错过，最终有情人终成眷属的故事。取材于《闲中鼓吹》，又参以元杂剧《谢金莲诗酒红梨花》。本剧结构紧凑精炼，情节设置巧妙，人物形象鲜明。徐守愚《红梨记序》云："多情缠绵，离而后合者，则莫如《红梨记》之赵汝州与谢素秋。"

挂枝儿 10 卷　明末刻本；清姚燮《今乐府选》本；1962 年上海中华书局《明清民歌时调丛书》本。

明冯梦龙撰。冯梦龙有《甲申纪事》，已著录。本书又名《童痴一弄》，全称《童痴一弄・挂枝儿》。"挂枝儿"为明万历后盛行于江南的一种民间时调小曲，一般七句 41 字，内容多咏男女恋情。本书共分 10 卷，每卷一部，计有"私""欢""想""别""隙""怨""感""咏""谑""杂"等 10 部。共收 435 首，绝大多数作品系当时流行于市井的民歌，大多经过文人或编者加工。语言质朴清新、浅显俚俗，但部分作品亦有感伤哀怨、色情猥亵成分。此书是中国民间文学史上第一部大规模搜集吴歌作品的著作。当时有"冯生〔挂枝儿〕乐府盛传海内"之说。书中间有冯氏评注，陈述其对民歌之观点，体现了作者的进步文学观。其中不少反映市民生活之作，为研究明代民间文学、俗文学提供了重要资料。

山歌 10 卷　明刻冯梦龙辑《适情十种》本；《续修四库全书》本。

明冯梦龙编。《山歌》继《挂枝儿》而作，故又名《童痴二弄》。卷 1 至卷 4 为私情四句、卷 5 杂歌四句、卷 6 咏物四句、卷 7 私情杂体、卷 8 私情长歌、卷 9 杂咏长歌、卷 10 桐城时兴歌。所收亦为吴中民间歌曲，卷 10 桐城时兴歌乃吴地所传安徽小调。《山歌》以抒写男女爱情为主要内容，也从许多方面反映了明代吴地的社会生活情境，并保留了明末苏州一带的许多吴语词汇。作者对山歌评价很高，认为民间山歌反映了普通百姓的真实生活情境与他们的思想感情。

广缉词隐先生增定南九宫词谱 26 卷　清顺治十二年(1655)沈氏不殊堂刻本；1984 年台北学生书局《善本戏曲丛刊》本。

明沈自晋撰。沈自晋(1583～1665)，字长康，号鞠通生。吴江人。戏曲理论家、戏曲作家。本书

简称《南词新谱》。沈璟据蒋孝《南九宫谱》增订而成《南九宫十三调曲谱》，增补南曲曲牌719支，每个曲牌详列其不同格式，注明正字衬字、平仄、板眼，以此定下南曲词句形式，但其在取例和论断上间有所失。是书在沈璟《南九宫十三调曲谱》基础上，增收明末一些新创曲体，更为精详。卷首有蒋孝自序、李鸿为沈璟所作序、作者凡例，卷末有沈永隆序。

经锄堂乐府 清乾隆七年(1742)叶氏刻本。

清叶奕苞撰。叶奕苞有《金石录补》，已著录。本书收有杂剧《长门宫》《奇男子》《老客归》《燕子楼》4种，总称《经锄堂乐府》。《长门宫》，一作《长门赋》；《奇男子》，一作《卢从史》；《老客归》，《曲海目》《曲录》著录时误作《老客妇》。

洄溪道情1卷 清乾隆间刻本；《徐灵胎十二种全集》本；《散曲丛刊》本。

清徐大椿撰。徐大椿有《神农本草经百种录》，已著录。本书收录道情38首。是书内容广泛，除寓意劝诫的道教故事之外，还有酬赠、写景、悼亡、讽世之作，大大拓宽了道情的题材范围。其中《时文叹》揭示了八股科举的危害，言辞犀利，寓意深刻。但徐氏并非词曲名家，故其不足之处亦多。

吟风阁杂剧4卷 清乾隆三十九年(1774)刻本；清嘉庆二十五年(1820)屋外山房刻本；《续修四库全书》本。

清杨潮观撰。杨潮观(1710～1788)，字宏度，号笠湖。金匮人。杨氏任四川知州时，得卓文君妆楼旧址筑吟风阁，所作戏曲遂以此为名，非一时所成。本书分4卷，收32种短剧，每剧一折，各自独立，前皆作小序以明示主题，卷末附《吟风阁谱》2卷。其中28种作于乾隆二十九年前，其余4种作于二十九年至三十九年间。卷1收6种，《新丰店马周独酌》《大江西小姑送风》《李卫公替龙行雨》《黄石婆授计逃关》《快活山樵歌九转》《穷阮籍醉骂财神》；卷2收8种，《温太真晋阳分别》《邯郸郡错嫁才人》《贺兰山谪仙赠带》《开金榜朱衣点头》《夜香台持斋训子》《汲长孺矫诏发仓》《鲁仲连单鞭蹈海》《荷花荡将种逃生》；卷3收10种，《灌口二郎初显圣》《魏徵破笏再朝天》《动文昌状元配瞽》《感天后神女露筋》《华表柱延陵挂剑》《东莱郡暮夜却金》《下江南曹彬誓众》《韩文公雪拥蓝关》《荀灌娘围城救父》《信陵君义葬金钗》；卷4收8种，《偷桃捉住东方朔》《换扇巧逢春梦婆》《西塞山渔翁封拜》《诸葛亮夜祭泸江》《凝碧池忠魂再表》《大葱岭只履西归》《寇莱公思亲罢宴》《翠微亭卸甲闲游》。每剧多取材历史故事，时出想象之笔，借以抒发情怀，意在借古喻今。艺术上宾白平易流畅，曲文清新优美。其中不少反映人民疾苦，揭露社会黑暗的佳作，如《穷阮籍醉骂财神》《寇莱公思亲罢宴》等。时人王昶称赞这些杂剧“声情磊落，思致缠绵，虽高则诚、王实甫无以过也”(《国朝正雅集》卷5)。青木正儿《近世戏曲史》中说：“吟风阁诸作，概借用古人而不拘泥于史实，任意使之理想化，大胆发表本人所欲言者，颇富警策。”但也有不少作品表现了作者的封建道德观念和消极出世思想，情节过于简单，舞台性不够，有案头化的毛病。

饲蚕记4卷 国家图书馆藏清乾隆升平署抄本。

清王文治撰。王文治有《梦楼诗集》，已著录。此剧为宫廷承应戏，乾隆皇帝第五次南巡时作。剧分4出，每出独立成篇，包括《海宇歌恩》《三农得澍》《葛岭丹炉》《祥征冰茧》。第一出《海宇歌恩》，演四海龙王欲往香水海中赴须弥山王之请，从钱塘江经过，钱塘江广润龙王迎接。须弥山王见大千世界祥光缭绕，佳气氤氲，知是中华皇帝治世，故有此祥瑞。圣天子第五次南巡将到浙西，须弥山王率四海龙王与二十八宿、五星、二十诸天迎皇帝法驾，为皇帝祈福，祝万寿无疆。第二出《三农得澍》，演皇帝南巡，龙王子女为农民降甘霖，使获丰收。第三出《葛岭丹炉》，演葛洪率黄婆、六丁、六甲等炼制大还丹，魏伯阳、张紫阳前来相助，丹成，开炉，炉中无数红幅飘出，中作“万寿”字样，葛洪等认为是“人意天同”，将还丹进献皇帝祝寿。第四出《祥征冰茧》，演司蚕桑之事的神仙园客夫妇至浙西游玩，遇马头娘，马头娘说：“我等职掌蚕丝，当今海内雍熙，又值时巡盛典，自应保护蚕桑，恭呈祥瑞。”园客夫妇答允亲至人间，授以饲桑之术，教华蚕瑞茧，再现人间。园客夫妇乘船而行，见众女采桑，将手中香草送给众女，令和之桑叶中饲蚕，必有奇瑞。众女遵其言，所饲之蚕结大茧，缫出皆五色丝。众人皆谓

圣天子洪福齐天，故有此祥瑞。此剧借各路神仙“进献”之事，维护帝王权威，极尽谄谀之能事，价值不大。

康衢新乐府 10 种 稿本；清嘉庆二十四年(1819)乘槎亭刻本。

清吕星垣撰。吕星垣(1753～1821)，字叔讷，号湘皋，又号映薇、应尾。武进人。乾隆三十九年(1774)与同里洪亮吉、孙星衍、杨伦，黄景仁、赵怀玉、徐书受等人作文会，时称“毗陵七子”。本书收录杂剧 10 种，总题为《康衢新乐府》。子目有：《万年辑瑞》《万寿蟠桃》《万福朝天》《万实屡丰》《万花先春》《万里安澜》《万骑腾云》《万卷琅嬛》《万舞凤仪》《万国梯航》。此集是嘉庆二十四年为庆祝乾隆六十寿诞而作，全为歌功颂德之辞，无甚价值。

梅边吹笛谱 2 卷补录 1 卷 清道光间刻本；《校礼堂全集》本；《粤雅堂丛书》本。

清凌廷堪撰。凌廷堪有《燕乐考原》，已著录。本书成于嘉庆五年(1800)，由其弟子张其锦首刻于道光六年(1826)。凌氏以姜夔为宗，其自序曰：“旧取白石《暗香》句意，名之曰《梅边吹笛谱》，盖词人习气，亦不复追改也。”其词多为写景、纪游、抒怀之作。正编 2 卷共收词 150 首，为凌氏手自编定；《补录》1 卷收《花犯》一阕及《折挂令》诸散曲，为张其锦所增附。凌氏精于音律，用律严密，音调流畅，自谓所用四声，非于唐宋人有所本者，不敢辄为假借；所用韵，凡闭口不敢阑入抵颚鼻音，至于抵颚与鼻音亦无。其于每调之下，仿柳永、周邦彦、姜夔之例，注明宫调、平仄，以作依据。凌氏兼采诸家所长，其词受姜夔影响最大，久负盛名。

秣陵秋 南京图书馆藏稿本。

清庄逵吉撰，陆继辂续作。陆继辂有《崇百药斋集》，已著录。本传奇为庄逵吉所作，未完，后由陆继辂续作。南京图书馆原藏此剧稿本 4 册，署“蓉塘别客制”，今未见。卷首有作者乾隆四十五年(1780)自序。周妙中《江南访曲录要》载此剧共 15 出，剧前《满庭芳》词述家门大意，后有四句概括剧情为：“鱼甫卿画梅订后约，王云仙置酒订归舟。季山樵情钟萍水遇，涂小鹤梦破秣陵秋。”

盂兰梦 清道光十九年(1839)刻《珊影杂识》本；光绪间上海申报馆排印《四溟琐记》本；《晨风阁丛书》本。

清严保庸撰。严保庸(1796～1854)，字伯常，号问樵。丹徒人。词曲家。此剧是作者悼念亡妾张佩珊之作。张氏死后，作者撰《张姬小传》、剧本等悼念诗文，编成《珊影杂识》一书。后又结合张氏生平，撰成此一折短剧，将两人遇合因缘托之于中元一梦。此剧主要写地藏王于七月十五设盂兰胜会普度幽魂，女鬼张佩珊求见，自言平生历尽磨折，半年前嫁书生庄守中为妾，方得其所。不料遽尔夭亡，不免于心不甘，前来问明因果。地藏王称其与庄生尚有一面之缘，待尘缘了却，可送往离恨天去，遂发放张氏的鬼魂，让她与庄守中梦中相会。喜气洋洋之时，离恨天派人来接张氏。庄守中痛哭梦醒，倍加凄凉。庄守中即作者化名，以庄代严，以守代保，以中代庸。卷末有张祥河、彭宗岱、夏世堂、汪云任跋语，并附清谭祖同撰《盂兰梦曲谱》。

庶几堂今乐初集 16 卷二集 12 卷 清光绪六年(1880)苏州得见斋书坊刻本。

清余治撰。余治有《学堂日记故事图说》，已著录。本书又名《劝善乐府》。卷首有俞樾、望炊楼主人序各 1 篇，郑观应跋 1 篇，作者自序 1 篇，例言、题辞、引古、答客问、上当事书。分初集、二集，收皮黄剧本凡 28 种，每种 1 卷。初集 16 种，《后劝农》《活佛图》《同胞案》《义民记》《海烈妇记》《岳侯训子》《英雄谱》《风浪鉴》《延寿箓》《育怪图》《屠牛报》《老年福》《文星现》《扫螺记》(一作扫狮记)《前出劫图》《后出劫图》。二集 12 种，《义犬记》《回头岸》《推磨记》《公平判》《阴阳狱》《朱砂志》《同科报》《福善图》《酒楼记》《绿林铎》《劫海图》《烧香案》。每种后均附有望炊楼主人小序。此书重刊时拟补撰 6 种，分为三集，惜余氏旋归道山，未竟厥志。后其门人搜罗遗稿，“得原刊本九种、抄本十一种、残稿十四种”，经过删并整理，共得 28 种。此书是配合清政府禁毁所谓“诲淫”“诲盗”小说、戏曲，劝人奉行封建伦理道德的新兴的皮黄戏曲别集，说教意味过浓，艺术性不高，但仍对研究清末戏剧具有一定参考价值。俞樾评价此书“以郑卫之声律，而寓雅颂之意”。郑振铎则称“这部《庶几堂今乐》，虽不是什么伟大著作，在皮黄戏的历史上，其重要却是空前

的。在中国戏剧发展史上，其地位亦甚重要”。惟“作者下笔时，教训的意味太重，戏剧的兴趣未免为之减削不少耳”(《文学大纲》)。

缀白裘48卷 清乾隆年间宝仁堂刻本；清乾隆四十二年(1777)四教堂刻本；扫叶山房石印本。

清钱德苍撰。钱德苍，字沛思，号宝仁主人。苏州人。本书书名取意于“取百狐之腋，聚而成裘”(《缀白裘》二集李宸序)。钱德苍在玩花主人所辑旧本上，“删繁补漏，循其旧而复缀其新”(《缀白裘新集序》)，自乾隆二十八年起，迄三十九年止，陆续增补为12集。此书每编4卷，凡48卷，共辑收折子戏489出，其中昆山腔剧目80余种430出，梆子腔、乱弹腔、高腔类剧目30余种59出。昆山腔剧目有《琵琶记》《荆钗记》《拜月亭》《鸣凤记》《浣纱记》《玉簪记》《牡丹亭》《十五贯》《长生殿》等；梆子诸腔类剧目有《打面缸》《借靴》《罗梦》《花鼓》等，皆为清中叶流行之作，多为舞台演出本，较原作情节科白略有增加。本书选录标准系“代表一个平常人，一个对于戏剧特别有兴趣的人的意见”(郑振铎语)，即主要从普通观众角度出发。故此书对研究清中叶昆剧、花部诸腔剧目情况，有其独特的史料价值。又因其辑录单折戏，故保存了一些罕见曲文，价值颇大。

纳书楹曲谱正集4卷续集4卷补遗4卷外集2卷纳书楹玉茗堂四梦曲谱8卷 清乾隆五十八年(1793)叶氏纳书楹刻本；清道光间重刻本。

清叶堂撰。叶堂，字广明、广平，又字怀庭，室曰纳书楹。吴县人。创昆曲叶派唱法，为世所宗。本书为清代昆腔“清曲”派唯一乐谱，至乾隆五十九年刻成全书。作者自言“尝取古今词曲，改订成谱，计文字之工拙，音律之淆讹”。卷首有王文治序、作者自序。是书分正集、续集、补遗、外集共14卷，收元杂剧36折，南戏68出，明清传奇114出，时剧23出，散曲10套，词曲及诸宫调各1套，多为乾隆间流行剧目。此书系清唱曲谱，故均收曲词而未附科白，详载工尺、板眼，不用小眼。又有《纳书楹玉茗堂四梦曲谱》8卷，包括《紫钗记全谱》《牡丹亭全谱》《南柯记全谱》《邯郸记全谱》，共计53出，“乃苦心孤诣，以意逆志，顺文律之曲折，作曲律之”。叶氏编订此书，“文之舛淆者，订之律之；未谐者协之；而于四声离合，清浊阴阳之芒杪，呼吸关通，自谓颇有所得”。后世昆曲曲家奉为圭臬，为昆曲艺人唱曲之准绳。

旧编南九宫谱10卷十三调南曲音节谱1卷 明万历二十二年(1594)刻本；《曲苑》本；《重订曲苑》本。

明蒋孝撰。蒋孝，字维忠。武进人。治曲家。本书是在陈氏、白氏《南九宫谱》《十三调南曲音节谱》等书基础上丰富发展而成。全书分《旧编南九宫目录》《十三调南曲音节谱》及《旧编南九宫谱》三部分。凡10卷，收仙吕、正宫、中吕、南吕、黄钟、越调、商调、大石、双调、仙吕入双调(此调统属双调)等各宫曲牌412支(有辞无平仄)，以宫调为序编次，每一曲调，各附戏曲或散曲曲词。此二谱旧题徐渭撰，青木正儿、王古鲁等考定为蒋孝作。蒋氏从陈氏、白氏二家得《九宫》及《十三调》二种南曲谱，然仅有目无曲辞。他以南戏及南曲小令中曲文实之，于《南九宫谱》每一调各谱一曲，《十三调谱》则依旧仅存目录，未加曲辞。是书成于明嘉靖间，是现存南曲谱中最早的本子。后戏曲家沈璟据此书修正增补成《南宫十三调曲谱》。

璇玑碎锦2卷 清乾隆五年(1740)扬州江氏柏香堂刻本；清光绪十三年(1887)印本；《昭代从书》(道光)本。

清万树撰。万树有《词律》，已著录。本书模仿东晋时前秦女诗人苏蕙《回文璇玑图诗》，皆回文诗图，各以名物寓题，组织工巧。卷首有泥絮道人宏伦序，述成书始末及反复得失之事。原作百篇，已佚，仅存60篇。柏香堂江昱厘为上、下2卷，各30幅图，重新刊刻，并为之作序曰“绮交绣错穷其精妙，令人摄心屏息，口诵手掐方能循其脉络，稍一目瞬旋失端绪”。每图均有题名，图案、文字设计精巧，尖圆方曲，各各成形，附有详细说明文字读法，并将全诗刊录于后，共可分解出诗249首、词44首、曲2套。江昱评价此书道：“用以消送日月，破除岑寂，然则以今阅者之情而达作者之意，之必非漫无寄托而为。”

第五章　从　部

第一节　自著丛书

桂轩先生全集 9 卷斯文会图诗 1 卷首 1 卷　清雍正十年(1732)刻本。

明顾恂撰。顾恂(1418～1505)，字惟诚，号桂轩，自号金粟居士。南直隶昆山人。本书为顾恂著作合集，子目如下：《永思录》1 卷附《赠言》1 卷，收其思亲之作；《鳌峰稿》5 卷；《西湖纪游》1 卷；《百咏天香集》1 卷，辑录顾恂与友人吟咏桂花(天香)之作；《啖蔗余甘词》1 卷，为顾恂词作，多写家庭生活及与友朋宴集、唱和之情景。附《斯文会图诗》1 卷，明沈鲁、顾恂等撰。卷首 1 卷，有顾恂遗像、墓志铭、传、清顾易撰《先桂轩府君(恂)年谱》。

合刻杨南峰先生全集 10 种　明万历三十七年(1609)徐景凤刻本。

明杨循吉撰。杨循吉有《辽小史》，已著录。本书为其个人全集，子目如下：《辽小史》1 卷、《金小史》8 卷、《斋中拙咏》1 卷、《庐阳客记》1 卷、《苏州府纂修识略》6 卷、《攒眉集》1 卷、《金山杂志》1 卷、《都下赠僧诗》1 卷、《灯窗末艺》1 卷、《菊花百咏》1 卷。

邵文庄公经史全书 5 种　明崇祯四年(1631)天台曹荃刻本。

明邵宝撰。邵宝有《春秋诸名臣传》，已著录。本书为邵宝经史著作 5 种合集，明曹荃编。子目如下：《泉斋简端录》12 卷、《学史》13 卷、《左觿》1 卷、《程子明道先生定性书说》1 卷、《容春堂杂钞》1 卷。无锡图书馆藏本少《程子明道先生定性书说》1 种。20 册。

高邮王西楼先生全集三种　明刻清康熙三十三年(1694)王英重修本。

明王磐撰。王磐(1465？～1530?)，字鸿渐，号西楼。南直隶高邮人。精音律，与金陵陈铎(大声)并为南曲之冠。本书子目如下：《王西楼先生诗集》1 卷、《王西楼先生乐府》1 卷、《重订高邮王西楼先生野菜谱》1 卷。

武进毛古庵先生全集 4 种　1949 年毗陵文献征存社铅印本。

明毛宪撰。毛宪有《谏垣奏草》，已著录。本书收书 4 种，包括：《御试策》1 卷、《谏垣奏草》4 卷、《古庵毛先生文集》10 卷、《毗陵正学编》1 卷。

六如居士全集 6 种　清嘉庆果克山房刻本。

明唐寅撰。唐寅(1470～1524)，字伯虎，一字子畏，号六如居士、桃花庵主、鲁国唐生、逃禅仙吏等。南直隶吴县人。诗文擅名，与祝允明、文徵明、徐祯卿并称“江南四才子”，画与沈周、文徵明、仇英并称“吴门四家”。本书收录 6 种，包括：《诗文集》7 卷《补遗》1 卷、《外集》6 卷、《制艺》1 卷、《墨亭新赋》1 卷、《花坞联吟》5 卷、《画谱》3 卷。

庄渠先生遗书 7 种　明嘉靖四十年(1561)刻本。

明魏校撰。魏校有《庄渠文集》,已著录。本书子目如下:《大学指归》2 卷《考异》1 卷、《周礼沿革传》4 卷、《春秋经世》1 卷、《经世策》1 卷、《官职会通》2 卷、《庄渠文集》16 卷。

了凡杂著 11 种 明万历三十三年(1605)建阳余氏刻本。

明袁黄撰。袁黄(1533～1606),原名表,字坤仪,号了凡,浙江嘉善魏塘镇人,晚年隐居南直隶吴江赵田村。

本书收录作者生平著作 11 种,为《静坐要诀》1 卷,《皇都水利》1 卷,《祈嗣真诠》1 卷,《诗外别传》2 卷,《袁生忏法》《净行别品》《河图洛书解》合 1 卷,《历法新书》5 卷,《宝坻政书》4 卷,《训儿俗说》1 卷,《劝农书》1 卷。为其对经史、诗赋、星象、医农、水利、戎政、术数的研究感受和成果。其另有《了凡四训》一书,对后世影响甚广。

王百谷全集 21 种 明万历四十七年(1619)金陵叶氏刻本;《四库禁毁书丛刊》本。

明王穉登撰。王穉登(1535～1612),字伯谷,一作百谷。先世江阴,移居长洲。文学家。本书为王穉登诗文总集,《中国丛书综录》著录 10 种,《四库禁毁书丛刊》本收录 19 种,《中国古籍善本书目》著录 21 种。子目如下:《晋陵集》2 卷、《金昌集》4 卷、《燕市集》2 卷、《青雀集》2 卷、《客越志》2 卷、《荆溪疏》2 卷、《延令纂》2 卷、《采真篇》2 卷、《法因集》4 卷、《国朝吴郡丹青志》1 卷、《虎苑》2 卷、《吴社编》1 卷、《生圹志》1 卷、《苦言》1 卷、《竹箭编》2 卷、《梅花什》1 卷(明陆承宪撰,王穉登和)、《明月篇》2 卷、《雨航纪》1 卷、《清苕集》2 卷、《越吟》2 卷、《屠先生评释谋野集》4 卷。

王奉常杂著 14 种 明万历刻本。

明王世懋撰。王世懋(1536～1588),字敬美。太仓人。王世贞弟。诗文作家、诗论家。本书子目如下:《关洛纪游稿》2 卷附《归田倡酬稿》1 卷、《学圃杂疏》2 卷《拾遗》1 卷、《闽部疏》1 卷、《饶南九三府总图说》(一名《三郡图说》)1 卷、《王氏父子却金传》1 卷、《远壬文》1 卷、《澹思子》1 卷、《秇圃撷余》1 卷、《名山游记》8 种、《经子臆解》1 卷、《读史订疑》1 卷、《望崖录内编》1 卷《外编》1 卷、《窥天外乘》1 卷、《二酉委谭》1 卷。《名山游记》8 种为《京口游山记》《游匡庐山记》《东游记》《游二泉记》《游鼓山记》《游石竹山记》《游九鲤湖记》《游溧阳彭氏园记》,另有清光绪三十一年(1905)铅印本,《四库全书存目丛书》本。

顾端文公遗书 14 种附 1 种 清康熙三十三年(1694)刻本;清光绪三年(1877)刻本;《续修四库全书》本。

明顾宪成撰。顾宪成(1550～1612),字叔时,号泾阳。南直隶无锡人。卒赠太常卿,谥端文。本书为其曾孙贞观所汇刻。子目如下:《小心斋札记》18 卷、《东林会约》1 卷、《东林商语》2 卷、《虞山商语》3 卷、《仁文商语》1 卷、《南岳商语》1 卷、《经正堂商语》1 卷、《志矩堂商语》1 卷、《当下绎》1 卷、《证性编》6 卷、《还经录》1 卷、《自反录》1 卷、《泾皋藏稿》22 卷、《顾端文公年谱》4 卷,附顾允成撰《小辨斋偶存》8 卷。

庄忠甫杂著 28 种 国家图书馆藏清初永言斋抄本。

明庄元臣撰。庄元臣(1560～1609),字忠甫。南直隶吴江人。本书子目如下:《昭代事始》1 卷、《朝纲变始》1 卷、《叔苴子》10 卷、《叔苴子内篇》12 卷《拾遗》1 卷、《叔苴子外篇》14 卷、《庄子达言》1 卷、《古诗猎隽》1 卷、《南华雅言》1 卷《重言》1 卷、《伐山语》1 卷、《唐诗摘句》1 卷、《韩吕弋腴》4 卷、《二术编》2 卷、《庄氏旗谱》1 卷、《水程日记》1 卷、《治家条约》1 卷、《家书》1 卷、《搜微录》1 卷、《言解》1 卷、《涉古记事》1 卷、《卮言日出》1 卷、《锦盘奇势》1 卷、《论学须知》1 卷、《行文须知》1 卷、《客谈》1 卷、《文诀》1 卷、《阴符经注解》1 卷、《剪彩》2 卷、《杂录》1 卷。

高子全书 9 种 明崇祯九年(1636)华氏剑光阁刻本;清乾隆七年(1742)华希闵刻本。

明高攀龙撰。高攀龙有《周易易简说》,已著录。本书收录子目如下:《周易孔义》3 卷、《春秋孔义》12 卷、《四书讲义》1 卷、《东林书院会语》1 卷、《程子节录》4 卷《文集抄》1 卷、《朱子节要》14 卷、《就正录》1 卷、《高子文集》6 卷(崇祯本无此书)、《高子诗集》8 卷(崇祯本无此书)。

归鸿馆杂著 8 种　明万历、天启间顾氏归鸿馆刻本。

明顾起元撰。顾起元有《客座赘语》，已著录。本书收录顾氏所著 8 种，包括《中庸外传》2 卷首 1 卷、《顾氏小史》10 卷、《金陵古金石考目》1 卷、《壶天呋语》1 卷、《遁居士批庄子内篇》1 卷、《遁园漫稿》4 卷、《蛰庵日录》4 卷、《遁居士戏墨》1 卷。其中《顾氏小史》由作者编于明万历四十一年(1613)，万历四十四年刊行，共分 8 卷，包括前序、姓原第一、世系第二、世传第三、内传第四、外传第五、宅居第六、冢墓第七、艺文第八、后序。是书实为《顾氏家谱》，但与传本家谱有所差异。

顾太史编年集 5 种　明刻本。

明顾起元撰。顾起元有《客座赘语》，已著录。本书收书 5 种，包括《遁园漫稿》4 卷、《蛰庵日录》4 卷、《雪堂随笔》5 卷、《销夏小品》1 卷、《金陵卧游六十咏》1 卷。

快书六种　明万历刻本。

明华淑撰。华淑(1589～1643)，字闻修，自号断园居士。南直隶无锡人。本书为作者所作小品，子目如下：《癖颠小史》2 卷、《说隽》4 卷、《草堂随笔》2 卷、《谈麈》2 卷、《文字禅》1 卷、《逃名传》1 卷。

锡山华氏丛书 14 种 16 卷　明刻本。

明华淑撰。华淑有《快书》，已著录。本书书名为上海图书馆自拟，子目如下：《谈麈》2 卷、《文字禅》1 卷、《文章九命》1 卷、《酒考》1 卷、《颂酒杂约》1 卷、《品茶八要》1 卷、《癖颠小史》2 卷、《逃名传》1 卷、《花寮》1 卷、《花间碎事》1 卷、《香韵》1 卷、《疗言》1 卷、《贮书小谱》1 卷、《书斋清事》1 卷。其《题闲情小品序》云："夫闲，清福也，上帝之所吝惜，而世俗之所避也。"又谓："长夏草庐，随兴抽捡，得古人佳言韵事，复随意摘录，适意而止，聊以伴我闲日，命曰《闲情》。非经、非史、非子、非集，自成一种闲书而已。然而庄语足以警世，旷语足以空世，寓言足以玩世，淡言足以醒世。而世无有醒者，必曰此闲书不宜读而已。人之避闲也，如是哉！然而吾自成其非经、非史、非子、非集之闲书而已。"可见其人生态度。

王烟客先生集 8 种附 2 种　1916 年邹登泰铅印本。

清王时敏等撰。王时敏(1592～1680)，字逊之，号烟客、西庐老人。太仓人。娄东山水画派开创者，与王鉴、王翚、王原祁并称"四王"。本书乃锡山邹登泰所刊，太仓李联珪有辑罗之功。子目如下：《西庐怀旧集》3 卷，邹登泰辑；《奉常公遗训》1 卷，清王时敏撰；《偶谐旧草》1 卷《续草》1 卷，《西庐诗草》2 卷《补》2 卷，《西庐诗余》1 卷，清王时敏撰；《尺牍》2 卷，清王时敏撰。附录《减庵公诗存》1 卷，清王挺撰；《西田诗集》1 卷，清王掞撰。《西庐怀旧集》乃邹氏所辑王烟客事迹。

尚友丛书七种　明末刻本；1990 年全国图书馆文献缩微中心缩微胶卷。

明夏洪基辑撰。夏洪基，字元开，号甾山。高邮人。本书子目如下：《读书十六观》1 卷、《书宪》1 卷、《读书筏》1 卷、《藏书谱》1 卷、《读书乐》1 卷、《芸窗砭语》1 卷、《书斋清事》1 卷。

钝吟老人遗稿 9 种　清康熙刻本。

清冯班撰。冯班有《钝吟杂录》，已著录。本书子目如下：《冯氏小集》3 卷、《钝吟集》3 卷、《钝吟别集》1 卷、《钝吟余集》1 卷、《游仙诗》2 卷、《钝吟老人集外诗》1 卷、《钝吟乐府》1 卷、《钝吟老人文稿》1 卷、《钝吟杂录》10 卷。其《杂录》中，《家诫》多涉历世故之言，论述明末儒者之弊，颇为深切；《正俗》为论述诗法；《读古浅说》评论诗文；《日记》论述字学、笔法，并附有杂论；《严氏纠谬》辨述严羽《沧浪诗话》是非；《诫字帖》评论古帖，也论笔法，末附社约四则，论述读书方法；《遗言》与《将死之鸣》，论述内容与《家诫》相类。

陈处士遗书　清光绪二十六年(1900)宜兴任光奇弇山铎署刻本。

清陈贞慧撰。陈贞慧有《过江七事》，已著录。本书辑其著作 3 种，包括《山阳录》1 卷、《秋园杂佩》1 卷、《书事七则》1 卷。

翕顺堂全集 3 种　苏州图书馆藏清抄本。

清朱德滋撰。朱德滋(1607～?)，字开培，号非病道人。南直隶吴江澄湖人。本书辑其所遗诗文

集，子目如下：《翕顺堂小集》1卷、《翕顺堂拙语》1卷、《玄圃碎玉》1卷。

陆桴亭先生遗书21种 清光绪二十五年(1899)太仓唐受祺京师刻本。

清陆世仪撰。陆世仪有《复社纪略》，已著录。本书书名据书名页题，书根题《陆子遗书》，牌记题“光绪己亥孟冬刊于京师”。子目如下：《桴亭先生文集》6卷《补遗》1卷《桴亭先生诗集》10卷、《论学酬答》4卷、《志学录》1卷、《性善图说》1卷、《虚斋格致传补注》1卷、《四书讲义辑存》1卷、《淮云问答辑存》1卷、《八阵发明》1卷、《月道疏》1卷附《月行九道图并解》1卷、《分野说》1卷、《云汉升沈山河两戒图》1卷、《治乡三约》1卷、《制科议》1卷、《甲申臆议》1卷、《苏松浮粮考》1卷、《娄江条议》1卷、《桑梓五防》1卷、《常平权法》1卷、《家祭礼》1卷、《支更说》1卷、《避地三策》1卷附《改折始末论》1卷。附清凌锡祺编《尊道先生年谱》1卷。

夏为堂诗略刻11种 清顺治十三年(1656)刻本。

清黄周星撰。黄周星(1611～1680)，字景明，改字景虞，号九烟，又号圃庵、而庵等，晚年变名黄人，字略似，别署半非道人。南直隶上元人。因是庶出，被嫡母所弃，为湖南湘潭周翁拾养，故初名周星。幼年即受育于周氏，由湖广湘潭入籍。崇祯十三年(1640)进士。授户部主事，请复黄姓，加于原名之前。好结社与文人游，在杭州集“寻云榭社”，广陵集“木兰亭社”，金陵集“古欢社”。清代戏曲家。本书收录黄氏诗集，凡11种，各1卷，包括《薇罍集》《和楚女诗》《西湖三战诗》《刍狗斋诗集》《闲情杂咏》《龙沙八百地仙姓名歌》《咏物诗》《仙乩杂咏》《郁单越颂》《十二月读书》《潇湘八景诗》。

夏为堂别集9种 清康熙二十七年(1688)朱日荃、张燕孙刻本。

清黄周星撰。黄周星有《夏为堂诗略刻》，已著录。本书收录黄氏所作诗文、戏曲、杂著，凡9种，包括《文》1卷、《诗》1卷、《人天乐传奇》2卷、《试官述怀》1卷、《惜花报杂剧》1卷、《散曲》1卷、《制曲枝语》1卷、《复姓纪事》1卷、《百家姓新笺》1卷。

亭林遗书10种 清康熙吴江潘氏遂初堂刻本；《四库禁毁书丛刊》本。

清顾炎武撰。顾炎武有《诗本音》，已著录。本书乃其弟子潘耒所刻，子目如下：《左传杜解补正》3卷、《九经误字》1卷、《石经考》1卷、《金石文字记》6卷、《韵补正》1卷、《昌平山水记》2卷、《谲觚十事》1卷、《顾氏谱系考》1卷、《亭林文集》6卷、《亭林诗集》5卷。

亭林先生遗书汇辑23种附3种 清光绪十四年(1888)青浦席氏扫叶山房汇印刻本；清光绪间吴县朱氏校经山房汇印刻本；2011年凤凰出版社影印本。

清顾炎武撰。顾炎武有《诗本音》，已著录。本书为作者著作汇辑本，各家著录多有出入，兹录国家图书馆藏本，以见一般情形，子目如下：《左传杜解补正》3卷、《九经误字》1卷、《五经同异》3卷、《韵补正》1卷、《圣安纪事》2卷、《顾氏谱系考》1卷、《明季实录》1卷、《历代帝王宅京记》20卷、《营平二州地名记》1卷、《昌平山水记》2卷、《京东考古录》1卷、《山东考古录》1卷、《谲觚十事》1卷、《求古录》1卷、《金石文字记》6卷、《石经考》1卷、《菰中随笔》1卷、《救文格论》1卷、《亭林杂录》1卷、《亭林文集》6卷、《亭林诗集》5卷、《亭林余集》1卷、《亭林轶诗》1卷。附清吴映奎编《亭林先生年谱》1卷《附》1卷、清全祖望撰《亭林先生神道表》1卷、清沈岱瞻辑《同志赠言》1卷。

西堂全集22种 清顺治十二年(1655)刻本；清康熙云溪阁刻本；《四库禁毁书丛刊》本。

清尤侗撰。尤侗有《明史拟稿》，已著录。本书乃作者著作总汇。最早刻于顺治年间，后不断增补刊行，故以“全集”题者版本及种类多有差异。如同为康熙刻本，北京师范大学图书馆藏本48册，复旦大学图书馆藏64册，吉林大学图书馆藏38册。又有《西堂余集》数种，亦多为各本不载。可参考《中国丛书综录》。22种本包括《西堂文集》24卷、《西堂诗集》30卷、《西堂乐府》6卷，附《湘中草》6卷，明汤传楹撰。《西堂文集》收3种，每种8卷，包括《西堂杂组一集》《西堂杂组二集》《西堂杂组三集》。《西堂诗集》包括《西堂剩稿》2卷、《西堂秋梦录》1卷、《西堂小草》1卷、《论语诗》1卷、《右北平集》1

卷、《看云草堂集》8卷、《述祖诗》1卷、《于京集》5卷、《哀弦集》2卷、《拟明史乐府》1卷、《外国竹枝词》1卷、《百末词》5卷《词余》1卷。《西堂乐府》收6种，包括《读离骚》1卷、《吊琵琶》1卷、《桃花源》1卷、《黑白卫》1卷、《清平调》1卷、《钧天乐》1卷。

坦庵词曲6种 清顺治南湖享书堂刻本。

清徐石麒撰。徐石麒有《花佣月令》，已著录。本书子目如下：《坦庵买花钱杂剧》1卷、《坦庵大转轮杂剧》1卷、《坦庵拈花笑杂剧》1卷、《坦庵浮西施杂剧》1卷、《坦庵诗余瓮吟》4卷、《坦庵乐府黍香集》1卷。

钝翁全集 清康熙刻本；清乾隆三十六年(1771)燕耀堂刻本。

清汪琬撰。汪琬(1624～1691)，字苕文，号尧峰。长洲人。清初散文家。与魏禧、侯方域共称"三大家"。本书为汪琬诗文集，包括《钝翁前后类稿》62卷、《续稿》54卷、《别稿》2卷。附录明汪膺撰《寸碧堂诗集》2卷、《外集》1卷，清汪筠撰《汪柏子箐庵遗稿》1卷，清汪琬等撰、清周枝楙编、清周靖笺注《姑苏杨柳枝词》1卷《补》1卷《补注》1卷。汪筠为汪琬长子，年32岁咯血卒。琬得其遗诗数十首，编为《箐庵遗稿》。

张亟斋遗集5种 清同治四年(1865)盱眙吴棠望三益斋刻本。

清张弨撰。张弨(1625～?)，字力臣，号亟斋。山阳人。本书又名《张力臣先生遗集》，子目如下：《济州学碑释文》1卷、《瘗鹤铭辨》1卷、《唐昭陵六骏赞辨》1卷、《栈行图诗》1卷、《汉隶字原校本》1卷。

董文友全集 清康熙刻本；《常州先哲遗书》本。

清董以宁撰。董以宁有《蓉渡词》，已著录。本书收书3种，包括《正谊堂文集》不分卷、《正谊堂诗集》20卷、《蓉渡词》3卷。

砚谿先生全集8种目录2卷 清康熙惠氏红豆斋刻本；《续修四库全书》本。

清惠周惕撰。惠周惕(1641～1697)，原名恕，字元龙，又字砚谿，号红豆主人。吴县人。本书为其门生王薛岐所录，除《诗说》3卷为考证《诗经》之作外，余皆为诗文。子目如下：《北征集》1卷、《峥嵘集》2卷、《东中集》1卷、《红豆集》1卷、《吃语集》1卷、《谪居集》1卷、《诗说》3卷、《文集》1卷。《国朝诗别裁集》赞其"诗格每兼唐宋，然皆自出新意，风神转佳"。《晚晴簃诗汇》则谓其"朴学工诗，殆罕其匹"。

杨氏全书4种 清乾隆五十九年(1794)江阴叶廷甲水心草堂刻本；清宣统元年(1909)南菁高等学堂刻本。

清杨名时撰。杨名时有《周易札记》，已著录。本书由叶廷甲编。收录4种，子目如下：《札记》8卷、《讲义》4卷、《程功录》4卷、《杨氏文集》12卷《别集》6卷《附录》2卷。《札记》8卷，又分为《易经札记》3卷、《诗经札记》1卷、《大学札记》1卷、《中庸札记》1卷、《论语札记》1卷、《孟子札记》1卷。《讲义》4卷，包括《经书言学指要》1卷、《大学讲义》2卷、《中庸讲义》1卷。有37卷本和36卷本之分，37卷本比36卷本多出《杨氏全书附录续编》1卷，收《四库全书总目》提要并全祖望、李元度、方苞、袁枚等撰行状、事略等。此卷后又被收入抄本《粟香室丛钞》中，题金武祥编，章际治校。

荆溪任氏遗书 清光绪十四年(1888)任道镕家塾刻本；1934年刻本。

清任启运撰。任启运有《史要》，已著录。本书收录9种，子目如下：《尚书章句内篇》5卷《外篇》2卷，《尚书约注》4卷末1卷，《朝庙宫室考》1卷，《田赋考》1卷，《天子肆献祼馈食礼纂》3卷，《礼记章句》10卷，《四书约旨》19卷，《清芬楼遗稿》4卷，《宫室考》1卷附《校记》。

文道十书 清乾隆十九年(1754)朴茂斋刻本。

清陈景云撰。陈景云有《两汉订误》，已著录。本书收其经史杂著10种，刻本仅印行前4种，《国志举正》《文选举正》卷次不详。子目如下：《纲目订误》4卷、《纪元要略》2卷《补辑》1卷、《通鉴胡注举正》1卷、《韩集点勘》4卷、《柳集点勘》4卷、《两汉举正》4卷、《国志举正》《文选举正》《群经刊误》4卷、《读书纪闻》12卷。

葛万里杂著　清初刻本；清刻本。

清葛万里著。葛万里，字梦航。昆山人。国家图书馆藏清初刻本《葛万里杂著》11种，子目如下：《牧翁先生年谱》1卷、《别号录》1卷、《三袁先生年表》1卷、《明人别号录》8卷、《句图》1卷、《梦航杂缀》1卷、《志料》1卷、《清异录》1卷、《梦航杂说》1卷、《万历丁酉同年考》1卷、《同姓名录》1卷。南京图书馆藏清刻本《葛万里杂著》9种，子目如下：《梦航杂缀》1卷、《清异录》1卷、《万历丁酉同年考》1卷、《牧翁先生年谱》1卷、《三袁先生年表》1卷、《句图》1卷、《钞诗姓氏》1卷、《续钞诗姓氏》1卷、《梦航杂说》1卷。两种本子互有出入。国图本之《别号录》《明人别号录》《志料》《同姓名录》4种为南图本无。南图本之《钞诗姓氏》《续钞诗姓氏》则为国图本无。所作各种虽均为杂抄杂录之类，但多与人物相关。《四库全书》收录其《别号录》9卷，《四库全书总目》云："其书取宋、金、元、明人别号，以下一字分韵编辑。宋、金、元人共一卷，明人八卷。"称其虽有遗漏，如"翁韵"乃遗欧阳修之"醉翁"，但仍为有用之工具书，"要其采摭之勤，实足以资考据。虽似琐屑，而于史学有补"。其《牧翁先生年谱》亦有多种版本。

归愚全集13种　清乾隆常州沈氏教忠堂刻本。

清沈德潜撰。沈德潜有《归愚文钞》，已著录。本书子目如下：《沈德潜自订年谱》1卷、《归愚文钞》20卷、《归愚文钞余集》7卷、《说诗晬语》2卷、《归愚诗钞》20卷、《矢音集》4卷、《归田集》不分卷、《八秩寿序寿诗》1卷、《九秩寿序寿诗》1卷、《归愚诗钞余集》8卷、《黄山游草》1卷、《台山游草》1卷、《南巡诗》1卷、《浙江通省志图说》1卷。沈氏诗法盛唐，论诗主格调，为乾嘉诗坛大宗。

陈司业先生集4种11卷　清乾隆二十九年(1764)日华堂刻本。

清陈祖范撰。陈祖范(1676～1754)，字亦韩，号见复。常熟人。本书为作者手自编订，其子陈鋆代刊。子目如下：《经咫》1卷、《掌录》2卷、《文集》4卷、《诗集》4卷。

毗陵沈氏杂著13种　稿本。

清沈钟撰。沈钟，字大声，号鹿坪。阳湖人。本书收书13种，包括：《霞光集》2卷、《柳外词》1卷附《词韵略》1卷、《梦余诗话》1卷、《艺文》2卷、《补遗艺文》2卷、《世系》1卷、《大宗纪略》1卷、《宗谱溯源》1卷、《本支世德录》1卷、《金台沈氏宗谱》1卷、《古迹》1卷、《列传》1卷、《书目》1卷。

果堂全集6种　清乾隆沈氏家刻本。

清沈彤撰。沈彤(1688～1752)，字冠云，又作贯云，号果堂。吴江人。清代学者、散文家。曾参与修撰"三礼"、《一统志》。本书子目如下：《果堂集》12卷、《周官禄田考》3卷、《仪礼小疏》11卷、《仪礼郑注监本刊误》1卷、《尚书小疏》1卷、《春秋左传小疏》1卷。沈彤笃志群经，尤精"三礼"。以宋欧阳修疑周官官多田少，禄且不给，其有辨者，率以摄官为辞，乃详制周制，著宦爵数、公田数、禄田数，成《周官禄田考》3卷。其所撰《仪礼小疏》，取士冠礼、士昏礼、公食大夫礼、丧服、士丧礼，为之笺疏，足订旧义之讹。

沈氏经学6种29卷　《后知不足斋丛书》本。

清沈淑撰。沈淑(1698～1730)，字立夫，一字季和。江苏常熟人。本书收录其经学著作6种，子目如下：《陆氏经典异文辑》6卷、《陆氏经典异文补》6卷、《十三经注疏琐语》4卷、《春秋左传分国土地名》2卷、《左传列国职官》10卷、《左传器物宫室》1卷。

乔剑溪遗集8种　清乾隆刻本。

清乔亿撰。乔亿(1702～1788)，字慕韩，号剑溪。宝应人。本书子目如下：《小独秀斋诗》2卷《补遗》1卷《附录》1卷，《窥园吟稿》2卷附《江上吟》1卷，《三晋游草》1卷《附录》1卷，《夕秀轩遗草》1卷附《惜余存稿》1卷，《剑溪文略》1卷附《燕石碎编》1卷，《剑溪外集》1卷，《杜诗义法》2卷，《剑溪说诗》2卷《又编》1卷，《大历诗略》6卷。

史位存著书6种　清刻本。

清史承谦撰。史承谦(1707～1756)，字位存，号兰浦。宜兴人。其诗潇洒不群，尤工于词。本书为其自著丛书，子目如下：《爱闲斋笔记》2卷、《小眠斋词》4卷、《秋琴集》6卷、《菊丛新话》2卷、《青梅

轩诗话》2卷、《静学斋偶志》4卷。

袁枚全集　1993年江苏古籍出版社排印版。

清袁枚撰。袁枚有《随园食单》，已著录。本书收录袁枚自著、编著的著作及伪托袁枚的部分著作共21部。王英志编。分为8册。第一册为《小仓山房诗集》，第二册为《小仓山房文集》《小仓山房外集》，第三册为《随园诗话》，第四册为《子不语》《续子不语》，第五册为《随园随笔》《袁太史稿》《小仓山房尺牍》《牍外余言》《随园食单》，第六册为《续同人集》《随园八十寿言》，第七册为《红豆村人诗稿》《南园诗选》《碧腴斋诗存》《湄君诗集》《袁家三妹合稿》《随园女弟子诗选》，第八册为《详注圈点诗学全书》《怪异录》，附录袁枚年谱及传记、评论、轶事等资料。

古愚老人消夏录17种　清乾隆嘉庆刻本。

清汪汲撰。汪汲，字曙泉，号葵田，又号海阳竹林人。清河人。本书研治经史词曲，内容丰富。子目如下：《事物原会》40卷，清嘉庆元年（1796）刻；《十三经纪字》1卷，清乾隆五十九年（1794）刻；《字典纪字》1卷，清乾隆五十九年刻；《韵府纪字》1卷，清乾隆五十九年刻；《坌字编》1卷，清乾隆五十九年刻；《词名集解》6卷《续编》2卷；《宋乐类编》2卷；《宫调汇录》2卷；《院本名目》1卷；《杂剧待考》1卷；《琴典萃览》1卷；《乐府标源》2卷；《乐府遗声》1卷；《湫经斋座右铭类编》1卷《续编》1卷，清乾隆五十九年刻；《解毒编》1卷；《怪疾奇方》1卷，清嘉庆六年刻；《汇集经验方》1卷。《座右铭类编》中多精警之语，如："懈意一生，即为自弃。"（《畏敬》）"大抵天下事以难而废者十之一，以惰而废者十之九。"（《勤俭》）"先正有言：'习闲成懒，习懒成病。'""人之精神，亦须时时鼓舞，方能自强。"（《续编》）《解毒编》《汇集经验方》《怪疾奇方》，也称之为《古愚山房方书三种》。

汪子遗书　清嘉庆十年（1805）樗园刻本；清光绪八年（1882）刻本。

清汪缙撰。汪缙（1725～1792），字大绅，号家南、爱庐、受唐，别称百不子、无名先生，室名言秋馆、二耕草堂。吴县人。嘉庆十年樗园刻本包括《汪子遗书二录》2卷《录后》1卷，《三录》3卷。光绪八年刻本包括《汪子文录》10卷，《汪子诗录》4卷，《汪子遗书二录》2卷《录后》1卷，附《二录后》1卷，《三录》3卷。

云庵遗稿四种　清道光三十年（1850）三鳣堂刻本。

清顾森撰。顾森（1730～1805），字廷培，一字锦柏，号云庵。长洲人。本书由其外孙杨坊辑集。子目如下：《诗》1卷、《文》1卷、《燕京记》1卷、《云庵续天门街曲谱》1卷。

经韵楼丛书8种　清乾隆、道光间金坛段氏刻本。

清段玉裁辑。段玉裁有《明史十二论》，已著录。经韵楼为段氏书室名。本书内收《经韵楼集》12卷，《仪礼汉读考》1卷，《古文尚书撰异》32卷，《毛诗故训传定本小笺》30卷，《诗经小学》30卷，《春秋左氏古经》12卷，《春秋左氏传》51卷，《周礼汉读考》6卷，《声韵考》4卷，《戴东原集》12卷附《札记》1卷，《东原先生年谱》1卷。段氏曾师事戴震，于音韵、文字、训诂、校勘等方面皆有所成。《戴东原集》12卷、《声韵考》4卷为戴震所作，其余均系段氏自著，多为经书考证辨异之作。《经韵楼集》收诸体文近300篇，尤以论文居多，对研究段氏学术思想及乾嘉时期学术史价值颇大。《仪礼汉读考》未卒业，存1卷附于《经韵楼集》。《古文尚书撰异》收31篇古文暨书序，参伍钩考，以"存晋唐之妄改，存周汉之驳文"。《毛诗故训传定本》置序于各篇之首，从其旧例，欲还经传各自为书，又斟酌以省沓。《诗经小学》专释字义。《春秋左氏古经》取郑氏注于原文之下，以存古文今文之例。

稻香楼杂著6种　清活字印本。

清程际盛撰。程际盛（1739～1796），原名炎，字焕若，号东冶。长洲人。本书子目如下：《续方言补》2卷、《说文古语考》1卷、《礼记古训考》1卷、《仪礼古文今文考》1卷、《周礼故书考》1卷、《古韵异同摘要》1卷。

江都陈氏4种　清嘉庆十三年（1808）刻本；1987年江苏广陵古籍刻印社影印本。

清陈本礼撰。陈本礼（1739～1818），字嘉会，

号素村。江苏江都人。本书收其《协律钩元》《急就探奇》《屈辞精义》《汉乐府三歌笺注》4 种。但其中《急就探奇》与《汉乐府三歌笺注》2 种，卷端又同题为《汉诗统笺》，故亦有作 3 种的。《协律钩元》为李贺集注，作者自序中谓其注“取之古人者十之三，杜撰者十之七”，皆“考之当时，稽之史册，察其命脉，以无厚入有间，所得多在酸咸之外”。正文前录诸家评论，有毛晋等 7 家，皆所谓言之精当者。之所以易《李贺集》名为《协律钩元》，是因为贺曾仕太常寺协律郎。所据底本为何焯本，其注专在发明义理，非纯作训诂考据。《急就探奇》一书亦欲将《急就篇》探微发隐，指出其中之微言大义，不可仅视作小学书。于篇首罗列之人名，考证乃汉初迁入关中之大户君子。又谓篇中于民生多所关注，乃因史游见时世昏暗，欲谏不能，故“愤著斯篇，勤心纳忠”。《屈辞精义》自序谓“王叔师章句出而骚反晦，唐宋诸儒不能闯其藩篱”，故推崇淮南注，一扫陈说，多有创新之论，如以“帝高阳……故也”一节为《骚》之赋序，谓《天问》是题图之作，其论古事，法本楚史梼杌等等。又辑众说，多取其能阐扬奥义或发明言外之义者，引用有 36 家之多。《汉乐府三歌笺注》中收《郊祀歌》《铙歌》《唐山夫人歌》（又名《安世房中歌》），考证歌之由来与歌诗的用途。

沈　渔 4 种曲 8 卷　清古香林刻本。

清沈起凤撰。沈起凤（1741～?），字桐威，号蒉渔、红心词客。长洲人。本书为其所作戏曲 4 种，子目如下：《报恩缘》2 卷、《才人福》2 卷、《文星榜》2 卷、《伏虎韬》2 卷。

洪北江全集 9 种　清乾隆、嘉庆间刻本。

清洪亮吉撰。洪亮吉有《春秋左传诂》，已著录。本书收其所作 9 种，包括《乾隆府厅州县图志》50 卷，《补三国疆域志》2 卷，《东晋疆域志》4 卷，《十六国疆域志》16 卷，《汉魏音》4 卷，《卷施阁文甲集》10 卷《乙集》8 卷《诗》20 卷，附《洪北江先生年谱》1 卷，清吕培等撰；《附鲒轩诗》8 卷，《更生斋文甲集》4 卷《乙集》4 卷《诗》8 卷《诗余》2 卷。

续刻北江遗书 7 种　清道光刻本。

清洪亮吉撰。洪亮吉有《春秋左传诂》，已著录。本书收其所作 7 种，包括《晓读书斋初录》2 卷《二录》2 卷《三录》2 卷《四录》2 卷、《遣戍伊犁日记》1 卷、《天山客话》1 卷、《外家纪闻》1 卷、《拟两晋南北史乐府》2 卷、《附鲒轩外集》1 卷；《史目表》2 卷，清洪饴孙撰。

洪北江全集 23 种　清光绪三年（1877）至五年洪用懃授经堂刻本；清光绪十五年湖北官书处重印本。

清洪亮吉撰。洪亮吉有《春秋左传诂》，已著录。本书收书 23 种，包括《洪北江先生年谱》1 卷、《卷施阁文甲集》10 卷《续》1 卷《补遗》1 卷《乙集》8 卷《续编》1 卷《诗》20 卷、《更生斋文甲集》4 卷《乙集》4 卷《续集》2 卷《诗》8 卷《续集》10 卷、《附鲒轩诗》8 卷、《更生斋诗余》2 卷、《拟两晋南北史乐府》2 卷、《附鲒轩外集唐宋小乐府》1 卷、《北江诗话》6 卷、《晓读书斋初录》2 卷《二录》2 卷《三录》2 卷《四录》2 卷、《传经表》2 卷、《六书转注录》10 卷、《弟子职笺释》1 卷、《史目表》2 卷、《春秋左传诂》20 卷、《汉魏音》4 卷、《比雅》10 卷、《乾隆府厅州县图志》50 卷、《补三国疆域志》2 卷、《东晋疆域志》4 卷、《十六国疆域志》16 卷、《遣戍伊犁日记》1 卷、《天山客话》1 卷、《外家纪闻》1 卷。

永报堂集 5 种　清乾隆六十年（1795）至嘉庆刻本。

清李斗撰。李斗有《扬州画舫录》，已著录。本书子目如下：《永报堂诗集》8 卷、《艾堂乐府》1 卷、《扬州画舫录》18 卷、《奇酸记传奇》4 卷、《岁星记传奇》2 卷。《永报堂诗集》8 卷，有孙星衍、阮元序。集以年代为次，诗中有多首写到扬州及江苏各地景物，如《秦淮妓》《摄山杂诗》《雷塘》《金阊》《姑苏台》《同朱二亭游清凉山过随园》等。其《白门桃花歌》写道：“昔日春风桃叶渡，天涯芳草伤心处。当年望族已晨星，几家不在乌衣住。空庭开谢自年年，大半无人对芳树。”颇有历史沧桑感。其集亦有写到自家庭院的，如《园中四咏》，咏及碧玉船、小壶天、不波池、凝香书屋。

心斋十种　清乾隆五十年（1785）至五十三年震泽任忠敏家塾刻本。

清任兆麟撰。任兆麟，原名廷麟，字文田，号心斋，又号有竹居。震泽人。本书为任氏著作合集，

多为其考补之作。子目如下：《夏小正》4卷；《石鼓文》1卷，任兆麟集释；《尸子》3卷附录1卷，战国尸佼撰，清惠栋辑，任兆麟补遗；《四民月令》1卷，汉崔寔撰，任兆麟辑；《襄阳耆旧记》3卷，晋习凿齿撰，任兆麟订；《文章始》1卷，梁任昉撰，任兆麟订；《寿者传》3卷，明陈懋仁撰，任兆麟订；《孟子时事略》1卷，任兆麟撰；《心斋集》1卷，任兆麟撰；《纲目通论》1卷，任兆麟撰。

珍执宧遗书12种　清嘉庆十四年至道光十七年(1809～1837)武进庄氏脊令舫刻本。

清庄述祖撰。庄述祖有《尚书今古文考证》，已著录。本书收书12种，包括《明堂阴阳夏小正经传考释》10卷、《尚书今古文考证》7卷、《毛诗考证》4卷、《毛诗周颂口义》3卷、《五经小学述》2卷、《历代载籍足征录》1卷、《弟子职集解》1卷、《汉鼓吹铙歌句解》1卷、《说文古籀疏证目》1卷、《石鼓然疑》1卷、《珍执宧文钞》7卷、《珍執宧诗钞》2卷。

刘端临先生遗书10种　清嘉庆二十一年(1816)刻本；清道光十四年(1834)世德堂刻本；清光绪间刻本。

清刘台拱撰。刘台拱(1751～1805)，字端临，号子阶。宝应人。清代学者、藏书家。本书子目如下：《两世乡贤录》1卷、《崇祀名宦录》1卷、《论语骈枝》1卷、《经传小记》1卷《续》1卷、《国语补校》1卷、《荀子补注》1卷、《淮南子补校》1卷、《方言补校》1卷、《汉学拾遗》1卷、《文集》1卷。《两世乡贤录》是江苏巡抚陶澍等为题请刘世谟、刘台拱父子两代入祀乡贤等情所上奏章及刘世谟、刘台拱父子事实册。《崇祀名宦录》为刘台拱之事实册。其余均为刘台拱撰。

岱南阁丛书　清乾隆、嘉庆间兰陵孙氏刻本；清嘉庆三年(1798)兰陵孙氏沇州刻本；1924年上海博古斋据清孙氏刻本影印本。

清孙星衍辑。孙星衍有《周易集解》，已著录。本书为孙氏辑刊，多经顾广圻校订。因居岱宗(泰山)之南，名其斋为岱南阁，又因是书为其在山东任职时所辑，故亦以岱南阁名之。书中除收录孙氏自著诗文集6种外，多为订补校勘之作。此书刊刻多次，卷数不一。通行本有乾隆五十年至嘉庆十四年(1785～1809)刻的16种大字本，1924年上海博古斋影印18种本，《中国丛书综录》少收《盐铁论》《辑古算经细草》《求一算述》3种。另有嘉庆三年兰陵孙氏刻的巾箱本4种。是书内容丰富，研究价值颇大，如《王无功集》通行本多佚去，此书独完；《唐律疏义》是我国现存最早、最系统的法律典籍，是唐以后历朝封建法典的蓝本；《古文尚书马郑注》《苍颉篇》久已散佚，经孙氏校补恢复原貌。孙氏自著诗文6种，分别是《问字堂集》《岱南阁集》《平津馆文集稿》《五松园文稿》《嘉谷堂集》《沛上停云集》，是研究其生平经历及文学思想之重要参考。

犊山类稿5种　清嘉庆二十二年(1817)启秀堂刻本；清光绪十年(1884)无锡荣汝楫活字印本。

清周镐撰。周镐(1754～1823)，字怀西，号犊山。无锡人。本书包括《犊山文稿》6卷、《课易存商》1卷、《读书杂记》1卷、《随笔杂记》1卷、《犊山诗稿》4卷。

渊雅堂全集7种附2种　清嘉庆八年(1803)、九年长洲王氏刻嘉庆二十五年增刻本。

清王芑孙撰，附清曹贞秀、王翼孙撰。王芑孙(1755～1817)，字念丰(丰一作沣)，一字沤波，号惕甫，一号铁夫、云房，又号楞伽山人。长洲人。曹贞秀(1762～1822)，字墨琴，自署寄韵轩。安徽休宁人，侨居吴门。王芑孙妻。王翼孙(1757～1796)，字以燕，号听夫。芑孙弟。本书为王芑孙门人汪荣光等校编，亦王氏家集。子目如下：《编年诗稿》20卷、《诗外集》3卷、《惕甫未定稿》26卷、《文外集》4卷、《文续稿》1卷、《读赋卮言》1卷、《编年诗续稿》1卷。附《写韵轩小稿》2卷，清曹贞秀撰；《波余遗稿》1卷首1卷《附录》2卷，清王翼孙撰。

独学庐全稿　清乾隆六十年(1795)至嘉庆间刻本；《清代诗文集汇编》本。

清石韫玉撰。石韫玉有道光《苏州府志》，已著录。此为石韫玉诗文集全稿，屡有增续刊刻。今据南京图书馆、华东师范大学图书馆所藏，并参稽《中国丛书综录》，著录其子目如下：《独学庐初稿》，包括《诗》8卷(《云留旧草》1卷、《江湖集》3卷、《玉堂集》1卷、《剑浦归槎录》1卷、《湘中吟》2卷)，《文》3卷；《读左卮言》1卷；《汉书刊讹》1卷；《独学庐二

稿》，包括《诗》3卷、《文》3卷、《花韵庵诗余》1卷、《花间乐府》1卷、《外集》1卷、《微波词》4卷；《独学庐三稿》，包括《文》5卷、《诗晚香楼集》6卷；《独学庐四稿》，包括《文》5卷、《诗池上集》4卷；《独学庐五稿》，包括《诗燕居集》5卷、《文》3卷、《补遗》1卷；《独学庐余稿》1卷、《文稿》1卷。

黄氏随笔5种附1种 清嘉庆十七年(1812)见溪书屋刻巾箱本；清光绪四年(1878)刻本。

清黄理撰。黄理，字艮南。江苏如皋人。其父黄兴祚曾捐书7 000卷置学宫，黄理又捐书3 000余卷。本书子目如下：《秋花四十咏》1卷、《诗余》1卷、《论孟诗》2卷、《畊南诗钞》4卷《补抄》1卷。附《板桥道情》1卷，清郑燮撰。

张皋文笺易诠全集15种 清嘉庆、道光间扬州阮氏琅嬛仙馆刻本。

清张惠言撰。张惠言有《易纬略义》，已著录。本书收书15种，包括《周易虞氏义》9卷、《周易虞氏消息》2卷、《虞氏易礼》2卷、《虞氏易候》1卷、《虞氏易言》2卷、《周易郑氏注》3卷、《周易荀氏九家》3卷、《周易郑荀义》3卷、《易义别录》14卷、《易纬略义》3卷、《易图条辨》1卷、《读仪礼记》2卷、《茗柯文初编》1卷《二编》2卷《三编》1卷《四编》1卷、《茗柯词》1卷、《拟名家制艺》1卷。其中《周易郑氏注》3卷又分为《周易郑氏义》2卷、《周易荀氏九家义》1卷。南京图书馆所藏《笺易注玄室遗书十五种》，清道光刻本，16册，与此书名有异，实际内容完全相同。

节甫老人杂著5种附1种 清道光九年(1829)江顺铭刻本；《江氏丛书》本。

清江藩撰。江藩有《国朝汉学师承记》，已著录。本书子目如下：《周易述补》4卷，江藩集注并疏；附《易大义》1卷，清惠栋撰；《国朝汉学师承记》8卷；《国朝经师经义目录》1卷；《国朝宋学渊源记》2卷《附记》1卷；《隶经文》4卷《续》1卷。清光绪十二年(1886)江巨渠补刻本改名《江氏丛书》，补刻2种：《乐县考》2卷、《扁舟载酒词》1卷。

焦氏丛书23种 清嘉庆至道光间江都焦氏雕菰楼刻本；清光绪二年(1876)衡阳魏氏增刻本。

清焦循撰。焦循有《雕菰楼易学三书》，已著录。本书一名《焦氏遗书》。光绪刻本内封背面镌"光绪丙子秋重刻焦氏丛书衡阳魏家藏版"字样。子目如下：《易学三书》，包括《易章句》12卷、《易图略》8卷、《易通释》20卷；《易话》2卷；《易广记》3卷；《六经补疏》，包括《论语补疏》3卷、《周易补疏》2卷、《尚书补疏》2卷、《毛诗补疏》5卷、《春秋左传补疏》5卷、《礼记补疏》3卷；《群经宫室图》2卷；《禹贡郑注释》2卷；《孟子正义》30卷；《里堂学算记》，包括《加减乘除释》8卷、《天元一释》2卷、《释弧》3卷、《释轮》2卷、《释椭》1卷；《北湖小志》6卷首1卷；《李翁医记》2卷；《先府君事略》1卷，清焦廷琥撰；《诗品》1卷。

小谟觞馆全集 清同治十三年(1874)吴县潘氏滂喜斋刻本；清光绪中镇洋缪朝荃刻三十二年(1906)汇印本；国家图书馆藏清末抄本。

清彭兆荪撰。彭兆荪(1763～1821)，字湘涵，又字甘亭。镇洋人。本书子目如下：《小谟觞馆诗集》8卷《续诗集》2卷《文集》4卷《续文集》2卷《诗余》1卷，《忏摩录》1卷(缪朝荃刻本)，《潘澜笔记》2卷(缪朝荃刻本)，附录4卷补遗1卷(缪朝荃刻本)。

士礼居黄氏丛书 清嘉庆、道光间刻本；清光绪十三年(1887)上海蜚英馆石印本；1915年上海石竹山房影印本。

清黄丕烈撰。黄丕烈有《百宋一廛书录》，已著录。本丛书中收有影宋刻、宋抄本数种，如影宋刻严州刻《仪礼》、影宋天圣明道刻《国语》、影宋刻川姚氏刻《战国策》、影宋刻《舆地广记》、影宋刻《伤寒总病论》等，又有影宋抄本《孝经今文音义》、影宋抄本《论语音义》等。清代校勘名家钱大昕、顾广圻为之校勘，黄丕烈撰有札记多篇。此为清代精校精刻丛书之一，向为学者所看重。其中还收有黄氏辑《同人唱和诗集》等。本丛书几次刊印，所收种数略有差异。子目从略。

不远复斋遗书6种 清光绪六年(1880)潘遵祁刻本。

清潘世璜撰。潘世璜(1764～1829)，原名世章，字理斋，号黻堂。吴县人。本书为其子潘遵祁

所辑。《一得录》刊于同治七年(1868),余刊于光绪六年,皆儒学家之言。收书6种,包括:《周程张子合钞》1卷、《朱子节要钞》6卷、《得心编》1卷、《高子讲义》1卷、《薛子读书录钞》4卷、《一得录》4卷。

陈景辰遗书6种　清嘉庆二十五年(1820)刻本。

清陈经撰。陈经(1765～1817),字景辰,号墨庄。荆溪人。本书收其所著6种,子目如下:《墨庄杂著》4卷(此包括4种:《荆南小志》1卷;《荆南石刻录》1卷;《九子山行志》1卷,记乾隆五十四年(1789)春自宜兴出发经溧阳至安徽芜湖之行程;《百四十斋记》1卷)、《墨庄书跋》3卷、《墨庄文钞》1卷。

拜经堂丛书10种60卷　清乾隆、嘉庆间臧氏拜经堂刻本;清同治十二年(1873)刻本;1935年日本东方文化学院影印武进臧氏刻本。

清臧庸辑。臧庸有《拜经日记》,已著录。臧氏仿其高祖臧琳《经义杂记》之体撰成《拜经日记》,为诠释古书疑义、校勘误字音读之札记。王念孙甚为推崇,称"其精确不磨者十之六七"。臧氏得经籍善本,不忍一己私藏,补其略漏、未详备之处,荟萃旧说,别白精审,穷原竟委,推见至隐,校成8种,列于《拜经日记》《经义杂记》之后,辑成《拜经堂丛书》10种,包括:《拜经日记》12卷,清臧庸撰;《经义杂记》30卷《叙录》1卷,清臧琳撰,《叙录》清臧庸辑;《卢氏礼记解诂》1卷《附录》1卷《补遗》1卷,汉卢植撰,清臧庸辑;《新译大方广佛华严经音义》2卷《叙录》1卷,唐释慧苑撰,《叙录》清臧庸辑;《诗经小学》4卷,清段玉裁撰;《尔雅》3卷,晋郭璞注;《汉书音义》3卷《叙录》1卷,隋萧该撰,《叙录》清臧庸辑;《三礼目录》1卷,汉郑玄撰,清臧庸辑;《六艺论》1卷,汉郑玄撰,清臧琳辑,清臧庸补辑;《蔡氏月令章句》2卷,汉蔡邕撰,清臧庸辑;《尚书集解》120卷,未刻;《拜经文集》6卷,未刻。

灵芬馆全集13种　清嘉庆、道光间刻本。

清郭麐撰。郭麐有《灵芬馆诗集》,已著录。本书子目如下:《灵芬馆诗初集》4卷,《灵芬馆诗二集》10卷,《灵芬馆诗三集》4卷,《灵芬馆诗四集》12卷,《灵芬馆词》6卷(包括《蘅梦词》2卷、《浮眉楼词》2卷、《忏余绮语》2卷),《金石例补》2卷,《江行日记》1卷,《樗园销夏录》3卷,《灵芬馆诗话》12卷《续》6卷,《灵芬馆杂著》2卷,《灵芬馆杂著续编》4卷。

李氏五种合刊27卷　清同治九年至十一年(1870～1872)刻本;清光绪元年(1875)顺德马贞榆步月山房刻本;清光绪十四年扫叶山房刻本。

清李兆洛撰。李兆洛有《历代地理志韵编今释》,已著录。本书收录同治年间李鸿章汇刻李兆洛及其门生撰著5种,包括:《历代地理志韵编今释》20卷;《皇朝舆地韵编》2卷;《历代地理沿革图》1卷,清六承如撰,六严助撰,清厉云官、马征麐订补;《皇朝一统舆图》1卷;《历代纪元编》3卷《补》1卷。李兆洛为学精考证,尤好舆地学。《皇朝舆地韵编》详载有清一代府县州郡,并详加考订。《历代地理沿革图》绘舆地图凡22幅,每幅皆具图考。《皇朝一统舆图》,李兆洛编,六严摹绘,缩摹各省分图。凡21幅,详载府厅州县治所及水道经流,并标注疆界。《历代纪元编》3卷《补》1卷,上卷为纪元总载,列举汉建元以下至明崇祯各朝帝号、年号及改元干支年份,附录历代僭窃年号、外国年号、道经杂记所载年号、拟议不用年号、钱文年号。中卷为纪元甲子表,起自汉武帝建元元年(前140),止于清穆宗同治十年(1871),分年排列。下卷为纪元编韵,以年号的末一字依韵编次,每一年号下详注各朝帝王。卷末附录《纪元编韵补》。李鸿章称此书为"读史者之绀珠",《书目答问》亦称"此书最便"。

蜚云阁凌氏丛书　清嘉庆、道光间江都蜚云阁凌曙刻本。

清凌曙撰。凌曙(1775～1829),字晓楼,一字子升。江都人。本丛书子目如下:《四书典故核》1卷,清嘉庆十三年(1808)刻;《春秋公羊礼疏》11卷,清嘉庆二十四年刻;《公羊礼说》1卷,清嘉庆二十四年刻;《公羊问答》2卷,清道光元年(1821)刻;《春秋繁露》17卷,清嘉庆二十年刻;《礼论略钞》1卷,清道光六年刻。

浮溪精舍丛书19种　清道光、咸丰间刻本。

清宋翔凤辑撰。宋翔凤有《尚书略说》,已著录。本丛书辑录宋氏所辑前人之经学著作、自撰经

学著作及诗词著作等，同时辑有其舅氏庄述祖及庄述祖叔父庄存与的经学著作，以及吴县诸生陈基继室王倩的诗集。子目如下：《论语郑氏注》10卷，汉郑玄撰，清宋翔凤辑；《论语孔子弟子目录》1卷，汉郑玄撰，清宋翔凤辑；《论语师法表》1卷，清宋翔凤撰；《孟子刘注》1卷，汉刘熙撰，清宋翔凤辑；《四书释地辨证》2卷，清宋翔凤撰；《答雷竹卿书》1卷，清宋翔凤撰；《汉甘露石渠礼议》1卷，汉戴圣撰，清宋翔凤辑；《五经通义》1卷，汉刘向撰，清宋翔凤辑；《五经要义》1卷，清宋翔凤辑；《卦气解》1卷，清庄存与撰；《石鼓然疑》1卷，清庄述祖撰；《小尔雅训纂》6卷，清宋翔凤撰；《朴学斋文录》3卷，清宋翔凤撰；《忆山堂诗录》8卷，清宋翔凤撰；《洞箫楼诗纪》24卷，清宋翔凤撰；《碧云盦词》2卷，清宋翔凤撰；《乐府余论》1卷，清宋翔凤撰；《洞箫楼词钞》1卷，清王倩撰；《洞箫词》1卷，清宋翔凤撰。

浮溪草堂丛书4种　清嘉庆、道光间宋氏浮溪草堂刻本。

清宋翔凤辑撰。宋翔凤有《尚书略说》，已著录。本书子目如下：《帝王世纪集校》10卷，晋皇甫谧撰，清宋翔凤辑；《忆山堂诗录》8卷，清宋翔凤撰；《四书纂言》37卷，清宋翔凤撰；《四书古今训释》20卷，清宋翔凤撰。

小言集　清道光、咸丰间高邮王氏刻本。

清王敬之撰。王敬之(1778～1856)，初字仲恪，改字宽甫。高邮人。朴学大师王念孙次子，王引之弟。本书为王敬之个人作品合集。子目如下：《小言集》《鸿迹偶存》《小言集诗剩》《枕善居文》《枕善居杂说》《宜略识字斋杂著》。《小言集》中诗作多写高邮、扬州及江苏地方风物人情。包括《爱日堂诗》，辑少时居乡所得；《虚室诗》，辑迁居扬州所得；《小书巢诗》《所宜轩诗》，辑复归高邮居南门及北门宅所得；《枕善居诗》；《三十六湖渔唱》。《鸿迹偶存》，为道光十四年(1834)游历都门所作诗。《小言集诗剩》，包括《虚室诗剩》《小书巢诗剩》《所宜轩诗剩》《枕善居诗剩》。《枕善居文》有道光二十五年周叙序。《枕善居杂说》有道光二十一年自序。

周止庵遗稿3种　清道光刻本。

清周济撰。周济有《晋略》，已著录。本书收书3种，包括《介庵斋诗》6卷、《味隽斋词》1卷、《柳下词》1卷。《柳下词》为其族祖周青所撰。

求志堂存稿汇编7种　清光绪十八年(1892)周恭寿刻本。

清周济撰。周济有《晋略》，已著录。本书与《周止庵遗稿》版式不同，子目如下：《味隽斋史义》2卷、《介存斋文稿》2卷、《淮鹾问答》1卷、《介存斋诗》6卷、《存审轩词》2卷、《柳下词》1卷，清周青撰，《储素楼词》1卷，清苏穆撰。其中《存审轩词》2卷与《周止庵遗稿》中之《味隽斋词》1卷，书名、卷数不同，但内容相同，仅《存审轩词》最后多出《哨遍》1首，为《味隽斋词》所无。

春草堂集14种　清道光二十年(1840)曲邑奎文斋刻二十五年印本。

清谢堃撰。谢堃(1784～1844)，字佩禾。甘泉人。本书名一作《草堂丛书》，子目如下：《骈体文》1卷、《古近体诗》5卷、《词录》1卷、《诗话》5卷、《黄河远传奇》2卷、《十二金钱传奇》2卷、《绣帕记传奇》2卷、《血梅记传奇》2卷、《钱式图》4卷、《花木小志》1卷、《书画所见录》3卷、《金玉琐碎》2卷、《雨窗记所记》4卷、《雨窗随笔》2卷。南京图书馆又藏有清光绪六年(1880)刻本《春草堂三种》，9册，为《书画所见录》3卷、《金玉琐碎》2卷、《雨窗记所记》4卷合刊。

养一斋全集8种　南京图书馆藏稿本。

清潘德舆撰。潘德舆有《养一斋集》，已著录。本书为其稿本，有姚莹、丁晏、张际亮、鲁一同批校。子目如下：《养一斋文录》20卷、《养一斋诗集》28卷、《养一斋词》5卷、《示儿长语》1卷、《念石子》1卷、《黜邪家诫》1卷、《经说附存》1卷、《养一斋金壶浪墨》1卷。其论学力求古人微言大义，其宗旨以为挽回世运，莫切于文章。而文章之根本在忠孝，源在经术。其用在有刚直之气，以起人心之痼疾而振作一时之顽懦鄙薄。潘德舆主张"学以克己为要"，强调文章要"经世致用"。其《养一斋诗话》影响甚大，徐宝善称"是书非潘子一人之言，天下之公言也"(《诗话·序》)。

养一斋集6种　清道光二十九年(1849)刻本。

清潘德舆撰。潘德舆有《养一斋集》，已著录。本书子目如下：《养一斋集》26 卷（其卷 25 为《念石子》，卷 26 为《丧礼正俗》）、《养一斋四书文》1 卷、《养一斋词》3 卷、《养一斋诗话》10 卷、《李杜诗话》3 卷、《养一斋试帖》1 卷。国家图书馆所藏 20 册子目为：《养一斋诗话》10 卷、《李杜诗话》3 卷、《养一斋词》3 卷、《养一斋札记》9 卷、《养一斋试帖》1 卷、《养一斋四书文》1 卷，与此略有不同。

钱颐寿中丞全集　清同治九年至光绪六年（1870～1880）刻本。

清钱宝琛撰。钱宝琛（1785～1859），字楚玉，又字伯瑜。太仓人。本书收录 5 种，子目如下：《壬癸志稿》28 卷、《存素堂奏疏》4 卷、《颐寿老人年谱》2 卷（清钱宝琛自定，钱鼎铭续）、《存素堂文稿》4 卷《补遗》1 卷、《存素堂诗稿》14 卷。

蜕学翁遗集 5 种 6 卷　清光绪二十四年（1898）徐敦穆刻本。

清徐元润撰。徐元润（1787～1848），字秋士。太仓人。咸丰之乱后，其原稿散佚殆尽，其子敦穆广为搜罗，得此数种，包括《观所养斋诗稿》2 卷、《汉东集》1 卷、《北楼集》1 卷、《困知长语》1 卷、《铜仙传》1 卷。

养余斋诗初刻 4 种　清道光十二年（1832）胜溪草堂刻本。

清柳树芳撰。柳树芳（1787～1850），字湄生，号古槎。吴江人。本书为柳氏个人诗作合集，所收 4 种，子目如下：《得闲集》4 卷，起嘉庆十五年（1810），至二十三年，共 238 首；《孤唱集》2 卷，起嘉庆二十四年，至道光元年（1821），共 111 首；《胜溪竹枝词》1 卷，起嘉庆十九年，至二十一年，共 50 首，记作者所居地之风俗地理；《荆颖集》1 卷，起道光二年，至六年，共 99 首，多记吴江、吴地风景人物，有助于地域研究。

庞氏音学遗书 4 种　上海图书馆藏稿本；1935 年常熟庞树阶据著者稿本影印本。

清庞大堃撰。庞大堃（1787～?），字厚甫，号子方。常熟人。本书收录 4 种，包括《唐韵辑略》5 卷《备考》1 卷、《形声辑略》1 卷《备考》1 卷、《古音辑略》3 卷《备考》1 卷（按：1935 年影印本《古音辑略》作 2 卷，《续修四库全书》收录此本）、《等韵辑略》3 卷。庞大堃言音韵曰："不明等韵不可以读书，不明古韵不可以读古书。"又谓："欲明古音，必先究唐韵，乃可定其音切。"因取大徐所引孙愐《音切》，参以小徐《篆韵谱》，按部排纂，为《唐韵辑略》5 卷《备考》1 卷。又以《说文》正字以声相统，而别出其流变之字为《形声辑略》1 卷《备考》1 卷。又以《说文》谐声、经典用韵合之唐韵，以纽相承，而表出其分收之字，别收之字，为《古音辑略》3 卷《备考》1 卷。其论等韵，则谓"字母三十六为天地自然之音，不可增减移易"，取《切韵指掌图》《四声等子》《切韵指南》参互考订，合门法为八，分十六摄为六十一图。以《唐韵》《广韵》《集韵》《五音集韵》及《玉篇》《篇海》之字按纽排纂，附注切音。为总图以提其纳，为略例以举其凡，为备考以核其实；又推之《玉篇》《广韵》《皇极经世》之论音，以畅其说；又推之天竺、西番藏经十二家之释字，以尽其变，作《等韵辑略》3 卷。

朱氏群书 6 种　清光绪八年（1882）临啸阁刻本。

清朱骏声撰。朱骏声有《仪礼经注一隅》，已著录。本书子目如下：《说文通训定声补遗》18 卷；《夏小正补传》1 卷；《仪礼经注一隅》2 卷；《春秋左传识小录》2 卷，清朱骏声辑；《小尔雅约注》1 卷，汉孔鲋撰，清朱骏声约注；《离骚赋补注》1 卷，战国屈平撰，汉王逸注，清朱骏声补注。

伯山全集 12 种　清道光、同治间刻本。

清康发祥撰。康发祥有《三国志补义》，已著录。本书多载乡人事迹及其著作情况。子目如下：《伯山诗话后集》4 卷，清道光二十九年（1849）刻，多评扬州地方诗人之诗。《伯山诗话续集》2 卷，清道光二十九年刻。《伯山诗话再续集》2 卷，清咸丰元年（1851）刻。《伯山诗话三续集》2 卷，清咸丰十年刻。《伯山诗话四续集》2 卷，清咸丰十年刻。《三国志补义》13 卷，清咸丰十年刻。《伯山诗钞》4 种：《伯山诗钞癸巳集》7 卷，《伯山诗钞由庚集》1 卷附 1 卷，《伯山诗钞爱日集》1 卷，《伯山诗钞望云集》7 卷。《小海山房诗集》1 卷，清咸丰十一年自序。《伯山文钞》1 卷，清同治元年（1862）刻。华东师范

大学图书馆藏本题作《泰州康氏丛书》。

董方立遗书9种 清同治八年(1869)董贻清成都刻本。

清董祐诚撰。董祐诚(1791～1823),字方立,号兰石。阳湖人。本书收其所作9种,包括《割圜连比例术图解》3卷,《椭圜求周术》1卷,《斜弧三边求角补术》1卷,《堆垜求积术》1卷,《三统术衍补》1卷,《水经注图说残稿》4卷,《文甲集》2卷《文乙集》2卷,《兰石词》1卷。《割圜连比例术图解》《椭圜求周术》《斜弧三边求角补术》《堆垜求积术》《三统术衍补》,即《董方立算书》5种。

知止斋遗集20种 国家图书馆藏稿本。

清翁心存撰。翁心存有《知止斋诗集》,已著录。本书为翁心存文集,子目如下:《知止斋诗稿集》《淮海集》《学言集》《石室诗钞》《梦葛集》《兰言集》《中吕集》《了观集》《知止斋文稿》《知止斋文剩稿》《诗赋稿》《古文稿》《馆课诗赋稿》《陔华小题文存》《陔华馆制义存》《课艺》《知止斋折稿偶存》《知止斋奏议》《翁氏名贤录》《京兆退思录》。

颐素堂丛书17种 清嘉庆、道光间顾氏颐素草堂刻本。

清顾禄编撰。顾禄有《清嘉录》,已著录。本书汇辑顾禄及同时代人之著作。南京图书馆存17种18卷,子目如下:《雕虫集》1卷,乃顾禄少时所作文集,收赋34篇;《紫荆花院排律》1卷;《紫荆花院诗稿初卷》1卷;《骈香俪艳》1卷,记花草树木之别名;《买田二十约》1卷;《酒春秋》1卷,仿《月令》例,逐月记载有关酒事;《看枫约》1卷;《壶中揽胜》1卷,为酒令;《虎阜登涉图仪注》1卷,为游艺之作,参加者投掷骰子,按点数在《虎阜登涉图》上行走,以先完成者为胜者;《羽族棋谱》1卷,题寅郎戏著,两人对弈,各22枚,附棋图;《烟草录》1卷,清长洲(今苏州)褚逢椿、顾禄辑,辑录文献中有关于烟草的记载;《御舟召见恭纪》1卷附录《题跋》1卷,清顾嗣立撰,顾禄辑,康熙三十八年(1699)春二月帝巡行江浙,缙绅士民献诗,主要记皇帝与顾嗣立之问对;《山堂五箴》1卷,清长洲韦光黻撰;《杂纂新续》1卷,清韦光黻撰;《广杂纂》1卷,清顾禄辑;《散花牌谱》1卷,枣花馆主人著;《斗花牌谱》1卷,枣花馆主人著。

六艺堂诗礼7编7种 清咸丰二年(1852)聊城杨以增海源阁刻本;《颐志斋丛书》本。

清丁晏撰。丁晏有《周易解故》,已著录。丁晏性嗜典籍,平生笃好郑学,署其堂曰"六艺",取郑玄《六艺论》以深景仰之思。本书子目如下:《毛郑诗释》3卷《续录》1卷、《郑氏诗谱考正》1卷、《诗考补注》2卷、《诗考补遗》1卷、《周礼释注》2卷、《仪礼释注》2卷、《礼记释注》4卷。其于《诗笺》《礼注》研讨尤深。谓毛公之学得圣贤之心传,其所称道,与周秦诸子相出入。郑玄申畅毛义,修敬作笺,《孔疏》援引疏漏,多失正旨,乃撰《毛郑诗释》。宋欧阳修《诗谱补亡》刊本讹脱,爰为排比重编,撰《郑氏诗谱考正》。以郑玄兼采三家诗,宋王应麟虽有辑本,但传刻舛谬,乃搜宋原书校雠是正,撰《诗考补注》。郑玄注《礼》至精,去古未远,不为凭虚臆说,原本先儒,确有依据。丁晏悉为疏通证明,撰《三礼释注》8卷。并称其书曰《六艺堂诗礼七编》。

颐志斋丛书21种 清同治元年(1862)刻本;据清同治元年汇印版后印本。

清丁晏撰。丁晏有《周易解故》,已著录。本书子目如下:《周易述传》2卷《续录》1卷,《周易讼卦浅说》1卷,《尚书余论》1卷,《禹贡集释》3卷,《禹贡蔡传正误》1卷,《禹贡锥指正误》1卷,《毛郑诗释》3卷《续录》1卷,《诗考补注》2卷《补遗》1卷,《郑氏诗谱考正》1卷,《毛诗草木鸟兽虫鱼疏》2卷,《仪礼释注》2卷,《周礼释注》2卷,《礼记释注》4卷,《孝经述注》1卷,《北宋汴学二体石经记》1卷,《淮安北门城楼金天德年大钟款识》1卷,《子史粹言》2卷(《诸子粹言》1卷、《读史粹言》1卷),《颐志斋四谱》4卷(包括《汉郑君年谱》1卷、《魏陈思王年谱》1卷、《晋陶靖节年谱》1卷、《唐陆宣公年谱》1卷),《石亭记事》1卷《续编》1卷,《新编百家姓》1卷,《读经说》1卷。

会稽山斋先生全集5种附事实册1卷 清光绪十四年(1888)刻本。

清谢应芝撰。谢应芝(1795～1862),字子阶,号浣村,晚号蒙泉子。阳湖人。本书收录5种,包括《会稽山斋文》12卷、《会稽山斋诗》5卷《会稽山斋词》1卷、《会稽山斋经义》1卷、《会稽山斋文续》6

卷《会稽山斋诗续》1卷、《蒙泉子》3卷，附事实册1卷。其中文集分为论辩、读经、读子史、序、书后、书、记、赠序、事述、传、碑表、志铭哀词；诗集分体编排；经义按四书分《论语》《大学》《中庸》《孟子》等篇。应芝嗜古若渴，于山经、海志、农田、水利、兵行、山川、险要、握奇、阴符、字书、韵学，靡不研究，并入之于诗文。谢氏诗宗汉魏古文，文宗北宋人经义。其所作诗文虽大多为闲适、游记、凭吊之作，但作者本身于经学、史学皆有造诣，故以诗文表达其学术见解为特色。其五言古体诗有《读易》《读礼》《读春秋》等。如《读春秋》谓："春秋存王迹，托始平桓时。左氏多浮夸，说礼尤滋疑。"虽无韵致，但有一定的学术性。《经义》自序曰："虽儒先传注，偶不合于经目，不敢曲为从也。"

斯未信斋全集6种　清咸丰五年(1855)刻本。

清徐宗干撰。徐宗干(1796～1866)，字伯桢，号树人，一号杶园。通州人。谥清惠，祀福建名宦。本书子目如下：《斯未信斋文编》(《奏疏》2卷、《官牍》7卷、《军书》4卷、《艺文》4卷)，《斯未信斋语录》3卷，《斯未信斋杂录》6卷。《文编》卷首有咸丰五年自序，称其文稿"多在官时废寝忘餐而为之者，是皆一缕心血之所存也"。

悔庐全集　清咸丰元年(1851)初刻本；清光绪二十三年(1897)重刻本。

清张崇兰撰。张崇兰(1797～1856)，字漪古，一字守陔，晚号悔庐。丹徒人。工诗词，与杨铸、张学仲、张世清、朱士龙、施峻、赵元益等，被誉为镇江"中七子"。国家图书馆藏《悔庐全集》4种，子目如下：《古文尚书私议》3卷、《悔庐文抄》5卷首1卷《文补》1卷、《悔庐诗抄》4卷(《中声集》2卷、《粗才集》2卷)、《梦溪棹讴》2卷。《中国丛书综录》著录作5种，多清吴丽生撰《读易一斑》4卷。南京图书馆藏《古文尚书私议》3卷、《悔庐诗文钞》13卷、《悔庐文钞》5卷首1卷、《梦溪棹讴》2卷、《读易一斑》4卷。

养志居仅存稿7种　清光绪十一年(1885)丹徒陈克劬刻本；《清代诗文集汇编》本。

清陈宗起撰，陈克劬辑。陈宗起(1798～1832)，字敬庭，号叔度。丹徒人。陈克劬(1826～?)，宗起子。本书辑于陈宗起逝后53年，克劬恐乃父之文章无法传信当世，适值清廷征集群书，乃综其遗稿，汇集散佚成帙。卷首有序、传、事实、墓志铭、凡例。子目如下：《经说》8卷《经遗说》1卷、《周礼车服志》1卷、《考工记异字训正》1卷、《考工记异读训正》1卷、《考工记鸟兽虫鱼释》1卷(残本)、《丁戊笔记》2卷、《养志居文稿汇存》2卷《诗残稿》1卷。复旦大学图书馆藏有《养志居仅存稿》10种，清光绪十一年至十九年丹徒陈氏刻本，多收陈氏家人撰述3种：其妻张友书撰《倚云阁诗存》3卷《补遗》1卷《诗词》3卷；其子陈克劬撰《知悔斋文》2卷《晴漪阁诗》6卷《红豆帘琴意》1卷；其弟陈克常撰《藤花馆诗》2卷《诗余》1卷。

王文村杂著12种　上海图书馆藏稿本。

清王振声撰。王振声(1799～1865)，字宝之，学者称文村先生。常熟人。本书钤"卷盦六十六以后所藏书""叶景葵印""杭州叶氏藏书"印，是原为叶景葵藏书。卷首有其子王长恭撰《显考文村府君行状》。子目如下：《春秋左传校勘记补正》1卷、《宋余仁仲本公羊经传解诂校记》1卷、《公羊注疏校勘记补正》1卷、《急就章跋》1卷、《吴音奇字跋》1卷、《孟子音义校记》1卷、《切韵指掌图校记》1卷、《文村杂稿》1卷、《文村书跋》1卷、《播琴山馆杂录》1卷、《文村笔记》1卷、《诗稿》1卷。

紫石山房诗稿1卷紫石山房初记甲集1卷松吟草堂剩稿1卷紫石山房词稿1卷杂作略存1卷　清顾肇熙抄本。

清顾震撰。顾震，字克威。元和人。本书为顾震诗词文赋合集，光绪间其侄孙顾肇熙依原稿抄录于横泾孔氏姑家。

陆氏六种合刻6种　清道光十三年(1833)刻本。

清陆嵩龄编著。陆嵩龄，字伽陵。吴县人。本书北京大学图书馆藏有两部，子目略有差异。一部4册，卷前有道光十三年初秋、癸巳(道光十三年)初秋鄂城镌等牌记。书名由北京大学图书馆自拟。子目如下：《平猺十策》《御侮备览》《拜五经楼试帖》《拜五经楼试言》《黔滇纪略》《倚棹闲吟》。另一部7册，子目如下：《御侮备览》2卷附《江海备览外编》1

卷、《黔滇纪略》1卷、《倚棹闲吟》1卷、《述杨合刻》2种2卷(《吟巢遗稿》1卷,清陆仙琥撰;《香雪山房遗稿》1卷,清陆思谦撰)、《半茧集》1卷、《拜五经楼诗赋》2种2卷(《拜五经楼试帖》1卷、《拜五经楼试言》1卷)。

适园丛稿14种 清同治十一年(1872)序香溪草堂刻本。

清袁学澜撰。袁学澜有《吴郡岁华纪丽》,已著录。本丛书收录14种,《苏台揽胜词》《虎邱杂事诗》《姑苏竹枝词》《续咏姑苏竹枝词》《田家四时诗》《吴郡新年杂咏》《吴郡岁暮杂咏》7种,均为题咏苏州山川古迹、人文风俗之作。《金陵纪游诗》为作者参加金陵乡试之作。以上8种另列为条目。此外尚有《西泠游草》《春归词》《海昌观潮集》《柘湖道情》《春秋乐府》《十国宫词》6种。

咏梅轩丛书4种 清咸丰间刻本。

清谢兰生撰。谢兰生(1804～?),字厚庵。武进人。本书为谢兰生自著丛书,包括:《咏梅轩思忠录》2卷、《军兴纪略》1卷、《咏梅轩杂记》1卷,附《姚公遗迹诗钞》3卷,清姚怀祥撰。

谢兰生遗书7种9卷 清同治间刻本。

清谢兰生撰。谢兰生有《咏梅轩丛书》,已著录。本书收书7种,包括《舆地总论注释》2卷、《咏梅轩仰观录》2卷、《十家语录摘要》2卷、《咏梅轩札记》1卷《增订》1卷《剩稿》1卷《存要》1卷。

鲁氏遗著4种附2种 清咸丰间刻本。

清鲁一同撰。鲁一同有《通甫类稿》,已著录。本书辑录鲁一同著作,附其子鲁蕡的著作。鲁蕡,字仲实。子目如下:《通甫类稿》4卷《类稿续编》2卷,《通甫诗存》4卷《诗存之余》2卷,《右军(王羲之)年谱》1卷,《补过轩四书文》1卷。附:《仲实类稿》1卷,鲁蕡撰;《仲实诗存》2卷,鲁蕡撰。

古藤书屋杂著9种附3种 天津图书馆藏稿本。

清汤成烈撰。汤成烈(1805～1880),字果卿,晚号确园。常州人。学者、诗文家。本书收其所作9种,包括《古藤书屋文钞》7卷、《古藤书屋文甲集》2卷《乙集》2卷《外编》1卷、《古藤书屋诗稿》1卷、《清淮词稿》2卷、《典训恭纪》5卷、《经史人名韵编》15卷、《国史列传》(阳湖籍)1卷、《退园随笔壬》2卷、《毗陵历代史传》3卷。附:《莳芗诗草》3卷,清李述来撰;《淳则斋诗》2卷,清洪龂孙撰;《大清会典摘抄》不分卷。

董氏5种 国家图书馆藏清末朱格暨朱丝栏抄暨稿本。

清董恂撰辑。董恂有《还读我书室老人手订年谱》,已著录。本书书名由国家图书馆代拟。所收均与盐务、税赋、对外交涉等有关。子目如下:《盐务议略》7种,董恂撰,包括《淮南盐务臆言》1卷、《云南盐务议略》1卷、《两淮盐务议略》1卷、《山东盐务议略》1卷、《四川盐务议略》1卷、《长芦盐务议略》1卷、《河东盐务议略》1卷;《海关洋税》1卷,董恂撰抄;《洋兵纪略》1卷,董恂辑;《俄英事略》4种,董恂撰抄,包括《俄商拟由尼布楚改道通商节略》1卷、《伊犁索伦人等分驻萨玛尔等处节略》1卷、《俄罗斯互市》1卷、《录新闻英国会议天津教案》1卷;《户部事要》2种,董恂撰抄,包括《户部现办各案节要》1卷、《京师库款出入》1卷。

庚戌春闱纪事诗1卷附锁闱偶记1卷癸丑锁闱日记1卷花间笛谱1卷 1940年潘承厚、潘承弼影印本。

清潘曾莹撰。潘曾莹(1808～1878),字申甫,号星斋。吴县人。《庚戌春闱纪事诗》及《锁闱偶记》记潘曾莹道光三十年庚戌(1850)奉命分校礼闱之事,《癸丑锁闱日记》记咸丰三年癸丑(1853)任会试副考官阅卷之事,《花间笛谱》则为词章声律之学。此4种皆其曾孙潘承厚、潘承弼据稿本影印。

敝帚斋遗书4种 清咸丰十一年(1861)福宁郡徐氏刻本;清光绪三年(1877)六合徐氏重刻本。

清徐鼒撰。徐鼒有《小腆纪年》,已著录。本书收录4种,包括:《敝帚斋主人年谱》1卷《补》1卷,清佚名撰;《未灰斋文集》8卷《未灰斋外集》1卷,《读书杂释》14卷,《小腆纪年》20卷。

丹徒戴氏遗书7种 清同治、光绪间刻本。

清戴肇辰撰。戴肇辰有《学仕录》,已著录。本

书收书7种，包括《覃恩晋封荣禄大夫三品衔广东补用道加七级先考友梅府君行述》1卷，清戴燮元、戴惠元编；《覃恩晋封一品夫人先妣何太夫人行略》1卷，清戴燮元、戴惠元编；《从公录》1卷；《从公续录》2卷；《从公三录》1卷；《东牟守城纪略》1卷《附录》2卷；《求治管见》1卷《续增》1卷。戴氏对为官行政之道，多有论述。如《求治管见自序》云："州县为亲民之官，为州县者尽其职，则一州一邑治。一省之州县皆尽其职，则一省。治推之天下亦然。"《求治管见》具体列出几条，如谓审案断不可取分文、收词必须坐大堂逐词细阅、审案不可稍有积压、用刑贵得其平、相验命案必须随报随验不可迟缓、地方善举亟宜倡兴、地方棍徒宜严加查拏、待书差须劝惩并用等，均属实用，并切中清朝吏弊。其《从公录》包括《观风告示》《决科告示》《劝办团练告示》《青口局票盐价由局发灶禀》等篇。《海州建育婴堂议》云："伏以溺婴一事最为地方之恶习，而海州为最，则海州之婴儿不可无以收养之矣。查江南省各州县多有育婴堂，而海州独无之，即以两淮而论，扬州通泰二属及仪征县均有育婴堂，而海州独无之。"因要求地方尽快建立育婴堂。有人以经费短绌、乳妇难招为虑，戴肇辰认为此并非难办之事，可以解决，而"若婴儿之失所，不有育婴堂以收养之，即不免沉溺之灾"。与此可见其对社会问题的关切。同治七年(1868)张作彦作《从公续录序》称："公才识卓越，性情豪直，而又胸藏经史，囊括诸子百家，以故形诸笔墨，有裨民生。"

汤秋史遗著 南京图书馆藏稿本。

清汤成彦撰。汤成彦(1811～1868)，字梅生，又字心匏，号秋史。直隶清苑(今河北保定)籍，阳湖人。本书现存14种，包括《听云山馆经说》1卷、《同治甲子至丁卯寓蜀日记》1卷、《同治癸亥寓蜀还都日记》1卷、《听云山馆主人日记》1卷、《三十六芙蓉吟馆尺牍》2卷、《道光壬寅至庚戌祭寿文墓志序记弃余草》1卷、《听云山馆诗存》1卷、《听云山馆文存》1卷、《咸丰甲寅中秋诗文存草》1卷、《咸丰乙卯客滇诗文存草》1卷、《函牍稿》4卷、《自怡悦斋尺牍》1卷、《自怡悦斋应酬俪体文存》1卷、《听云山馆骈体》1卷。

赐礼堂全书14种 清同治七年(1868)重刻本。

清戴槃撰。戴槃有《两浙宦游纪略》，已著录。本书收书14种，包括：《浙西减漕记略》(一作《杭嘉湖三府减漕记略》)1卷、《浙西减漕奏稿》(一作《杭嘉湖三府减漕奏稿》)1卷、《严陵记略》1卷、《裁严陵九姓渔课录》1卷、《东欧记略》1卷、《东欧留别和章》1卷、《桐溪记略》1卷、《桐溪记略题辞》1卷、《书经集句文稿选本》2卷、《书经集句文稿续选》1卷、《书经集句文稿续编选本》2卷、《书经集句赋稿选本》1卷、《书经集句赋稿续选》1卷、《易经卦名试帖选本》1卷。

古桐书屋6种 清光绪刻本；1987年江苏广陵古籍刻印社重印本。

清刘熙载撰。刘熙载有《艺概》，已著录。本书子目如下：《艺概》6卷、《持志塾言》2卷、《昨非集》4卷《曲》1卷、《四音定切》4卷首1卷、《说文双声》2卷、《说文迭韵》2卷首1卷末1卷。《艺概》6卷，分为《文概》《诗概》《赋概》《词曲概》《书概》《经义概》，分别论述文、诗、赋、词、书法及八股文等的体制流变、性质特征、表现技巧，并评论了重要作家作品。"概"即"举少以概乎多"之意，得其大意，言其概要，以简驭繁，使人明其指要。

古桐书屋续刻3种 清光绪十三年(1887)刻本。

清刘熙载撰。本书子目如下：《古桐书屋札记》1卷、《游艺约言》1卷、《制艺书存》1卷。1993年华东师范大学出版社出版刘立人、陈文和点校本《刘熙载集》，包括《古桐书屋六种》与《古桐书屋续刻三种》，附碑传。

江都李氏所著书6种 台湾图书馆藏手稿本；《明清未刊稿汇编初辑》本。

清李祖望撰。李祖望(1814～1881)，字宾嵎。江都人。本书编收其著述6种，多系解经之作。每条荟萃诸说，并辨其得失，诸家经解，得以具见，颇便治学者参考。子目如下：《周易集义》《尚书集义》《诗经集义》《仪礼集义》《春秋左氏传集义》《五经解》。卷末附《江都县志·李祖望传》。

雷刻八种 清光绪吴县雷氏刻本。

清雷浚撰。雷浚(1814～1893),字深之,号甘溪。吴县人。本书汇刻雷氏所著而成。其中《道福堂诗续集》3卷、《后八家文钞》28卷未付梓,附入刘禧延、顾广圻2种,仍为8种。后又续入雷氏先人著作2种,实10种。子目如下:《说文引经例辨》3卷,《说文外篇》15卷《补遗》1卷,《韵府钩沉》5卷,《睡余偶笔》2卷,《道福堂诗集》4卷,《乃有庐杂著》1卷。附刻《刘氏碎金》1卷,清刘禧延撰;《说文辨疑》1卷,清顾广圻撰。续刻《豫章语录》1卷,明雷翀撰;《琴韵居诗存》1卷,清雷大升撰。

十二砚斋四种　清同治、光绪间仪征汪氏刻本。

清汪鋆撰。汪鋆有《十二砚斋金石过眼录》,已著录。本书子目如下:《清湘道人题记》3卷、《扬州画苑录》4卷、《瘗鹤铭补考》2卷、《十二砚斋随录》4卷。《清湘道人题记》3卷,清湘道人撰。卷1为清湘道人题画诗记,卷2为后人题在清湘道人画上的诗跋和咏叹清湘道人的诗文等,卷3为清湘道人所著《画语录》18章。《十二砚斋随录》4卷,作者自言"随录者,有随所见而录,有随所闻而录,有随所会而录,有随所忆而录"。其内容或关乎时政,或多涉文翰,或忆及师友,或记述见闻,或品评人物,多有考辨,自抒己见,所录皆可称雅致,非一般轶事鬼怪之杂记可比。

毗陵周氏3种6卷　清光绪三十一年(1905)长沙刻本。

清周腾虎撰。周腾虎(1816～1862),原名瑛,字韬甫,一作弢夫。阳湖人。本书凡3种6卷,分别为:《先德小识》1卷、《餐芍华馆随笔》2卷、《餐芍华馆遗文》3卷。卷首有金安清《周征君传》及宗稷辰《周征君墓志铭》,对其生平事迹、性格秉赋作详细介绍。《餐芍华馆随笔》和《餐芍华馆遗文》,主要记载周腾虎平日生活见闻,有感而发,诉诸笔端,多辩论之词。宗稷辰于《墓志铭》中曰:"闻其雄谈伟论,不胜心折。及余北行,屡见其与人言时务诸策,深赏其洞悉利病,可以为世用。"卷首有《征君周先生遗像》照片一帧,系阳湖后学张城摹写。其中《先德小识》为1935年铅印本。

成氏遗书　清光绪刻本;南京图书馆藏稿本。

清成孺撰。成孺(1816～1883),原名成蓉镜,字芙卿。宝应人。《中国丛书综录》著录其书子目如下:《太极衍义》1卷、《我师录》1卷、《必自录》1卷、《庸德录》1卷、《心巢困勉记》1卷、《论语论仁释》1卷、《明明德解义》1卷、《校经堂学程》1卷附《劝约》1卷《学议》1卷、《东山政教录》3卷、《国朝师儒论略》1卷、《尚书历谱》2卷、《春秋日南至谱》1卷、《太初历谱》1卷、《禹贡班义述》《切韵表》《经史骈枝》《心巢文录》9卷《诗录》1卷、《宝应儒林事略》1卷、《宝应文苑事略》1卷、《成氏先德传》1卷、《春秋世谱拾遗》1卷、《释名补证》1卷、《史汉骈枝》1卷、《宋州郡志校勘记》1卷、《驷思室答问》1卷、《三统术补衍》1卷、《诗声类表》1卷。《中国丛书综录》著录其书为光绪刻本,仅有上海图书馆入藏。所见上海图书馆藏光绪刻本,卷首有总目录。上海图书馆所藏缺《禹贡班义述》《切韵表》《经史骈枝》3种4册,卷首总目录有此3种。又上海图书馆所藏及卷首总目录均无《春秋世谱拾遗》以下7种,未知《中国丛书综录》著录之依据。南京图书馆藏稿本,存《五常五事五伦总论》3卷、《必自录》2卷、《尚书历谱》2卷、《切韵表》5卷、《大初历谱》1卷、《大学明明德解义》1卷、《论语论仁释》1卷,凡存7种15卷。《宝应儒林事略》《宝应文苑事略》《成氏先德传》3种与宝应及成氏家族有关。

丁氏丛稿6种　上海图书馆藏稿本;《上海图书馆未刊古籍稿本》本。

清丁寿昌撰。丁寿昌(1818～1865),字颐伯,号鞠泉。山阳人。本书子目如下:《易经解》《诗经解》《春秋解》《春秋左传解》《小戴礼记解》《说文辨通刊俗》。此书原为叶景葵收藏。封面有题词:"读易会通　丁寿昌稿本。"又题云:"丁俭卿之长子遗稿皆未刊行。庚辰九月与颐志斋残诗文稿同购。"庚辰为1940年。

丁西圃丛书6种　清光绪刻本。

清丁显撰。丁显(1819～?),生平不详。淮安人。本书为作者音韵学著作。子目如下:《十三经诸家引书异字同声考》13卷、《韵学蠡言举要》(《丁氏声鉴定》1卷、《谐声谱》2卷、《音韵指迷》1卷、《双声诗选》1卷)、《韵学丛书三十四种题跋》1卷。

澹菊山庄全集 8 种　南京图书馆藏稿本。

清钱家麟撰辑。钱家麟，字玉亭。六合人。本书卷首有清光绪十四年至二十六年间（1888～1900）陈路、项森等撰序或题词。凡 8 种，包括《澹菊吟》不分卷、《澹菊山庄词选》6 卷、《澹菊山庄汇选词钞》6 卷、《澹菊山庄诗选》16 卷、《澹菊山庄搜珠集》4 卷、又《澹菊山庄搜珠集》4 卷、《澹菊山庄搜珠集》2 卷、《澹菊山庄搜珠集补遗》2 卷、《试帖诗》1 卷、《澹菊山庄棒喝录》15 卷。诸集前又有同时人撰题词识语。《澹菊吟》不分卷包括《澹菊吟》《闲云出岫》《青萍集》《山村闲咏》《平江泥爪》《浦东鸿雪》《江皖楚游草》《申江萍踪》《吴燕游踪》《游越新咏》《香草集》《澹菊山庄词钞》《笠泽吟草》13 种集子，均为钱氏自著诗词。钱氏同治七年（1868）于申江榷署作《澹菊吟自序》云："余爱百花之中，惟菊最淡，淡而弥永。余之为人恬淡自居如与此花无异，余之诗亦如此花，平淡无奇，不足见赏，此之谓《澹菊吟》云尔。"《澹菊山庄棒喝录》15 卷，则多为家训、格言、劝世诗文等。

通斋全集 12 种　清同治三年（1864）高凉郡斋刻本；1933 年扬州陈恒和书林刻本。

清蒋超伯撰。蒋超伯（1821～1875），字叔起。江都人。道光二十五年（1845）状元。本书子目如下：《通斋诗集》5 卷、《垂金荫绿轩诗钞》2 卷、《圃珖岩馆诗钞》4 卷、《通斋文集》2 卷《遗稿》1 卷《外集》1 卷、《晓瀛遗稿》2 卷（清蒋继伯撰）、《文苑珠林》4 卷（清蒋超伯辑）、《榕堂续录》4 卷、《窥豹集》2 卷、《南行纪程》1 卷、《南漘楛语》8 卷。

通斋先生未刻手稿 11 种　台湾图书馆藏手稿本；《明清未刊稿汇编初辑》本。

清蒋超伯撰。蒋超伯有《通斋全集》，已著录。本书子目如下：《通斋丛说》不分卷、《苻娄老屋丛谈》不分卷、《盘谷闲抄》不分卷、《石船琐记》不分卷、《通斋丛录》不分卷、《续窥豹集》不分卷、《淮南鸿烈解》不分卷、《五代史记注缉要》不分卷、《南宋书》不分卷、《金史随手录》不分卷、《通斋偶录》，附录《蒋超伯传》。

冷红馆全集 4 种　清光绪十一年（1885）自刻本；1920 年秦宝瓒游艺斋木活字本。

清秦臻撰。秦臻（1821～1898），原名昌焘，字已生，一字味禅，号莄风，晚号茧瓮老人。金匮人。本书收录 4 种，包括：《冷红馆剩稿》4 卷、《冷红馆诗补钞》2 卷、《修修利斋偶存》1 卷，附《冷红词》1 卷。

春在堂全书 41 种　清光绪刻本；2010 年凤凰出版社影印本。

清俞樾撰。俞樾（1821～1907），字荫甫，号曲园居士。浙江德清人，曾寓居苏州。清末学者、文学家、经学家、古文字学家。本书版本众多，此据其最全本著录。其中如《群经平议》《诸子平议》《第一楼丛书》《曲园杂纂》《俞楼杂纂》等，其下又皆有子目，今从简，可参看《中国丛书综录》。全书子目如下：《群经平议》35 卷、《诸子平议》35 卷、《第一楼丛书》30 卷、《曲园杂纂》50 卷、《俞楼杂纂》50 卷、《宾萌集》6 卷、《宾萌外集》4 卷、《春在堂杂文》2 卷《续编》5 卷《三编》4 卷《四编》8 卷《五编》8 卷《六编》10 卷《补遗》6 卷、《春在堂诗编》23 卷、《春在堂词录》3 卷、《春在堂随笔》10 卷、《春在堂尺牍》6 卷、《楹联录存》5 卷《附录》1 卷、《四书文》1 卷、《右台仙馆笔记》16 卷、《茶香室丛钞》23 卷《目录》1 卷、《茶香室续钞》25 卷《目录》1 卷、《茶香室三钞》29 卷《目录》1 卷、《茶香室四钞》29 卷《目录》1 卷、《茶香室经说》16 卷、《经课续编》8 卷、《九九消夏录》14 卷、《金刚经注》2 卷、《太上感应篇缵义》2 卷、《游艺录》6 卷、《小蓬莱谣》1 卷、《袖中书》2 卷、《东瀛诗纪》2 卷、《东海投桃集》1 卷、《慧福楼幸草》1 卷（清俞绣孙撰。俞绣孙，1849～1883，字彩裳。俞樾女）、《曲园自述诗》1 卷、《补自述诗》1 卷、《曲园墨戏》1 卷、《曲园三要》1 卷、《琼英小录》1 卷、《春在堂全书录要》1 卷（清徐琪撰）、《春在堂全书校勘记》1 卷（清蔡启盛撰）、《骊山传》1 卷、《梓潼传》1 卷、《新定牙牌数》1 卷、《春在堂挽言》1 卷（清阙名辑）。

香禅精舍集 8 种　南京图书馆藏稿本。

清潘钟瑞撰。潘钟瑞（1823～1890），字麟生，号瘦羊，晚号香禅居士。吴县人。本书收潘氏游览所作诗文、日记。雷浚、亢树滋跋。子目如下：《湖上春游诗草》1 卷附《湖上杂诗》1 卷，乃作者光绪三年（1877）二月游览杭州所作诗，《湖上杂诗》为亢树滋撰；《两山游草》1 卷，为潘钟瑞同治七年（1868）六月游览洞庭山所作诗；《探梅草》1 卷，为其同治八

年正月偕同雷浚、亢树滋至洞庭东山看梅所作诗；《西山探梅稿》1卷，为其同治十年所作诗；《游两山记》1卷，为其同治七年游洞庭东西两山所作日记，始于六月二十七日，终于七月七日；《洞庭邓尉探梅日记》1卷，为其同治十年至太湖洞庭、邓尉探梅所记日记，始于正月十三日，终于正月十九日；《湖上春游日记》1卷，为其光绪三年二月游览杭州所记日记。

香禅精舍集16种　清光绪长洲潘氏香禅精舍刻本。

清潘钟瑞撰。本书子目如下：《奉思录》4卷，实为潘氏家传，卷1为潘钟瑞五世祖敷九公年谱，卷2至卷3为潘钟瑞母事迹及诸家题词，卷3为潘钟瑞姊事迹及诸家题词；《庚申噩梦记》2卷；《苏台麋鹿记》2卷附《逆党姓名纪略》1卷；《香禅精舍游记》3卷；《鄂行日记》2卷；《歙行日记》2卷；《虎阜石刻仅存录》1卷附《旧佚录》1卷《旧存今佚录》1卷；《金石文字跋尾》2卷。附《纪游草》4卷，包括《两山游草》《探梅草》《西山探梅稿》《湖上春游草》4种；《香禅词》4卷；《贞烈编》1卷附1卷，录无锡烈女马大宝拒绝金氏子调戏而被金氏杀害、附录记苏州五郎巷沈氏庚申（1860）兵燹自沉事迹及诸家题辞。再附《息影庵残稿》1卷，清王叔钊撰；《学为福斋诗钞》1卷，清张源达撰；《吟碧山馆词》1卷，清王寿庭撰；《香隐盦词》1卷，清潘遵璈撰。

汤氏丛书30种　清光绪至1916年刻本。

清汤濂撰。汤濂（1823～?），字蠹仙，号诗风子、诗疯、贩云翁、石居士、山水馋客。江宁人。本书又名《蠹仙杂著》，收录汤氏所著30种，包括《小隐园初集诗》2卷《文集杂俎》1卷《词抄》1卷、《小隐园二集诗》10卷、《待园琐语》1卷、《题画杂言》1卷、《蠹仙诗集》1卷又2卷又1卷又1卷、《蠹仙泉谱》1卷、《蠹仙石品》1卷《续集》1卷《石交录》1卷、《山水同名录》2卷、《楹联游戏》1卷《楹联续刻》1卷《楹联聚宝》1卷（《楹联聚宝》光绪七年[1881]金陵一得斋刊）、《蠹仙文集》1卷又2卷、《金陵四十八景》1卷、《落叶相思小草》1卷、《蠹仙小品》1卷、《乘化遗安》1卷、《蠹仙杂俎》1卷、《蠹仙尺牍》1卷《小隐园尺牍》1卷、《书画笔谈》1卷（光绪五年栩栩园刊）、《蠹仙绝句》1卷、《消夏杂记》1卷、《栩栩园翔阳集》1卷、《栩栩园卮言》1卷、《栩栩园题画》1卷。

寄鸥馆集5种　清华大学图书馆藏稿本。

清任道镕撰。任道镕（1823～1906），字筱沅，一字砺甫，号寄鸥。宜兴人。本书为其自著著作，子目如下：《寄鸥馆奏疏》不分卷《补编》不分卷、《东河奏疏》不分卷、《浙抚奏疏》不分卷、《寄鸥馆杂著》不分卷《拾遗》不分卷、《庚辛笔记》不分卷。

求益斋全集5种　清光绪二十四年（1898）刻本。

清强汝询撰。强汝询（1824～1894），字荛叔，号赓廷。溧阳人。本书子目如下：《求益斋读书记》6卷、《金坛见闻记》2卷、《汉州郡县吏制考》2卷、《求益斋随笔》2卷、《求益斋文集》8卷。其《求益斋诗钞》中《感愤》《述忧一百韵》《观兵行》《后观兵行》《江上谣》《临江叹》《杂述》《闻王师累捷进逼江宁喜赋二律》《闻人说溧阳事感赋》等诗作，反映了太平天国战争的相关情况。光绪《溧阳县续志》卷11本传称其“少有迈异，好学出于天性，博通经史，旁及方伎、医卜、百家述作，靡不讨究”。

宗月锄先生遗著8种　清光绪刻1917年常熟徐兆玮重印本。

清宗廷辅撰。宗廷辅（1825～?），字月锄。常熟人。本书收录遗著8种，包括《壬子秋试行记》1卷、《赵园观梅记》1卷、《三桥春游曲唱和集》1卷、《辨字通俗编》1卷、《丹阳集》1卷（唐殷璠辑）、《寓崇杂记》1卷、《古今论诗绝句》1卷、《选例汇钞》2卷。其辑注之《古今论诗绝句》，辑录杜甫、戴复古、元好问及清人袁枚、张问陶、蒋士铨等人之作，其注释阐发原诗意蕴，亦显示了自己的文学主张。其《选例汇钞》选录前人有关选文选诗之例言、凡例等，亦可读。

诗契斋十种　苏州图书馆藏清稿本。

清许玉瑑撰。许玉瑑（1827～1893），原名赓飏，字鹤巢，改今名后，字起上，原字为号。吴县光福人。本书所录皆许氏诗文及经史笔记，子目如下：《诗契斋诗钞》7卷、《诗契斋骈体文录》18卷、《己巳丛稿》1卷《庚午丛稿》1卷《辛未丛稿》1卷、《晋隽》3卷、《日知小录两种》2卷（《读管子》1卷、

《读水经注》1卷、《读史记》2卷、《校读汉书笔记》1卷、《读文选》1卷、《读书日记》1卷。

竹里全稿7种 台湾图书馆藏手定底稿本；《明清未刊稿汇编初辑》本。

清王宝庸撰。王宝庸(1827～?)，字时若，号伯平；又名灌，字瓒香，一字小匡。泰州人。本书收其著作7种，均为未刊稿本。子目如下：《竹里堂日记》，多涉时政，起咸丰二年(1852)春正月，迄光绪十四年(1888)五月二十三日；《小竹里馆示儿编》，此录前人有关修身养性、道德教化之文章以教育子弟；《运岁并推》；《王氏支谱》，载吴陵王氏十一世至十六世谱系，王宝庸为十三世孙；《律赋效颦》；《杂体文》；《小竹里馆浮生记》，为王氏自编行年录。

蘅华馆杂著5种 国家图书馆藏清稿本。

清王韬辑。王韬有《王韬日记》，已著录。本书子目如下：《蘅华馆日记》1卷、《苕华庐日记》2卷、《书目》2卷、《茗芗寮志》1卷、《瀛壖杂志》1卷。

弢园丛书12种 上海图书馆藏稿本。

清王韬辑。王韬有《王韬日记》，已著录。本书子目如下：《忠义录》1卷，王韬辑；《吴中财赋考》1卷，王韬辑；《滇南铜政考》1卷，王韬辑；《治安八议》1卷，清华珍撰，王韬辑，卷首有咸丰三年(1853)五月华珍序；《进呈鹰论》1卷，极西耶稣会士利类思纂译；《农事直说》1卷，王韬辑；《衿阳杂录》1卷，王韬辑；《续墨客挥犀》1卷，不著撰人；《东坡先生仇池笔记》2卷；《东人诗话》2卷，王韬辑；《断肠诗集》10卷，宋朱淑真撰；《补遗朱淑真断肠诗集》1卷，清昆山胡慕椿辑；《新补朱淑真断肠词集》1卷，清昆山胡慕椿辑。

怡云堂全集6种 清宣统元年(1909)刻本。

清沈保靖撰。沈保靖有《韩非子录要》，已著录。本书为沈氏个人所著丛书，子目如下：《怡云堂内集》1卷、《怡云堂戊子集》1卷、《怡云堂杂文》1卷、《怡云堂诗集》1卷、《读孟集说》2卷、《韩非子录要》1卷。

愷园4种8卷 清咸丰五年(1855)刻本。

清龚礼撰。龚礼，字少莲。无锡人。本书主要收录龚氏游幕绵州之时所作关于御兵筹饷、设险制器之文章，以及平素所著各种文章与五六年中所行有益于行事居官立政之公牍文。子目如下：《借箸录》2卷(逐节逐篇之天头皆有杨玉堂之评)、《汲古录》1卷、《剪烛录》2卷、《压线录》3卷。同僚孙桐生称赞此书："其议论纵横，气蓬蓬不可遏，若疾风起山谷，吹云气，大小络绎而奔走也；若济水伏流遇浅土，腾跃而上出也；若珠之走而汞之流也；若大火燎原野，其光赫然百步之外，人不敢近也。"

蒋侑石遗书10种 清光绪三年(1877)莲池书局刻本。

清蒋曰豫撰。蒋曰豫(1830～1875)，字侑石，自号后白石生，室名滂喜斋、问奇堂。阳湖人。平生以声音文字为穷经之要。本书收其所著10种，包括《滂喜斋学录》11卷、《诗经异文》4卷、《韩诗辑》1卷、《论语集解校补》1卷、《国语贾景伯注》1卷、《离骚释韵》1卷、《许叔重淮南子注》1卷、《两汉传经表》2卷、《问奇室诗集》2卷《续集》1卷《文集》1卷、《秋雅》1卷。

瓶庐丛稿26种 国家图书馆藏稿本；1935年上海商务印书馆影印翁氏手稿本；《近代中国史料丛刊》本。

清翁同龢撰辑。翁同龢有《翁同龢日记》，已著录。本书为其部分文稿结集，子目如下：《覆审桂永氏案档》《光绪庚寅六次阅卷记》《宝泉局事宜》《盐务辑略》《阅卷杂记》《秋曹杂记》《药方随手记》《水曹随手记》《时事杂记》《开国方略摘要》《瓶庐杂稿》《文职保举录》《会典摘记》《雒雄小纪》《科场条例摘要》《北庐记》《阳羡名陶录摘钞》《法越事记》《丁丑暂假检书画记》《二支室杂钞》《文宗实录签档》《帖剩》《武职保举录》《笙谐室赋稿》《穆宗实录签档》《光绪户部官单》。

莘庐遗诗 清宣统三年(1911)至1914年刻本。

清凌泗撰。凌泗(1832～1907)，字断仲，号磬生，又号莘庐。吴江人。本书为凌泗著作合集。其书子目如下：《莘庐遗诗》6卷、《莘庐遗著》不分卷、《莘庐遗诗补遗》不分卷，附《第六水村居稿》1卷，长子凌宝树撰；《小茗柯馆诗词稿》1卷，次子凌宝

枢撰。《莘庐遗诗》6卷，卷1至卷4为编年诗，收录咸丰十年(1860)至光绪二十九年(1903)所作诗，卷5为杂存古今体诗84首，卷6《桃坞百咏》。《莘庐遗著》，包括《浮梅日记》《诗余》《文》。《浮梅日记》，以诗系日，备记游事始末，收录光绪十七年正月作者偕同好友谢家福、姚孟起、施绍书、任艾生乘船赴邓尉探梅所作之诗。《莘庐遗诗补遗》，包括《补遗》(有《古今体诗》67首)、《别见》(已见前刊，或失题，或诗有异同，并补录于后)。

志学斋集 清光绪十一年至十三年(1885～1887)刻本。

清徐寿基撰。徐寿基(1836～1920)，字桂珩，室名志学斋、酌雅堂、知味轩、天绘园等。武进人。本书收录徐氏所著7种，包括：《经义悬解》5卷、《春秋释地韵编》5卷卷首1卷、《甲子纪年表》1卷(清徐寿基辑)、《续广博物志》16卷(清徐寿基编辑)、《酌雅堂骈体文集》2卷、《旷论》1卷、《品芳录》1卷。

可园丛书7种 清光绪、宣统间瑞华馆刻本。

清陈作霖撰。陈作霖(1837～1920)，字雨生，号伯雨，晚号可园，人称可园先生。南京人。历任崇文经塾教习、奎光书院山长(校长)，上元、江宁两县学堂堂长等职。清末著作家、藏书家。本书为陈氏著作合集，包括《金陵通传》45卷《补遗》4卷附《通传韵统》《续金陵通传》《金陵通纪》10卷《续纪》4卷、《可园文存》16卷、《可园诗存》28卷、《可园词存》4卷。

紫薇花馆集24种 清光绪十七年(1891)刻本。

清王廷鼎撰。王廷鼎(1840～1892)，其名一作光熊，字铭之，一字梦薇，号懒鹤。震泽人。本书子目如下：《紫薇花馆小学编》，包括《说文佚字辑说》4卷、《字义镜新》1卷；《紫薇花馆经说》，包括《月令动植小笺》1卷、《尚书职官考略》1卷、《读左璅录》1卷、《退学述存》1卷；《紫薇花馆杂纂》，《杖扇新录》1卷《补录》1卷、《北征日记》1卷、《南浦驻云录》1卷、《彪蒙语录》1卷、《花信平章》2卷；《紫薇花馆词稿》(一名《春光百一词》)1卷；《紫薇花馆外集》(一名《西碛雪鸿》)1卷；《紫薇花馆诗稿》6卷，包括《西湖百咏》1卷、《花市闲咏》1卷(原题《紫薇花馆诗稿》卷7)、《焦桐小草》1卷(原题《紫薇花馆诗稿》卷1)、《定巢吟》2卷(原题《紫薇花馆诗稿》卷2、卷3)、《人越吟》1卷(原题《紫薇花馆诗稿》卷4)；《紫薇花馆诗稿外集》2卷，包括《莺脰湖棹歌》1卷、《舟车吟》1卷；《紫薇花馆文稿》1卷《续编》2卷；《裕德堂一家言》，包括《殒淑集》1卷、《府君年谱》2卷、《荣萱集》1卷。

庸庵全集10种 清光绪十年至二十四年(1884～1898)无锡薛氏刻本。

清薛福成撰，清薛莹中辑。薛福成有《出使奏疏》，已著录。本书子目如下：《庸庵文编》4卷，清光绪十三年刻；《庸庵文续编》2卷，清光绪十五年刻；《庸庵文外编》4卷，清光绪十九年刻；《庸庵海外文编》4卷，清光绪二十一年刻；《筹洋刍议》1卷，清光绪十年刻；《浙东筹防录》4卷，清光绪十三年刻；《出使奏疏》2卷，清光绪二十年刻；《出使公牍》10卷，清光绪二十四年刻；《出使英法义比四国日记》6卷，清光绪十七年刻；《出使日记续刻》10卷，清光绪二十四年刻。

甘元焕杂稿不分卷 南京图书馆藏稿本。

清甘元焕撰。甘元焕(1841～1897)，即甘勋，字元焕，一字建侯、剑侯，号复庐，晚号岘叟。江宁人。本书为甘氏自著之书，包括《江宁金石旁征》1册、《磨蝎生杂记》3册、《摘录备采》1册、《读书漫钞》3册、《楹帖录胜》2册、《复庐读书志》2册、《直渎草堂笔识》2册，附《地法精言相宅录要》2册。原书已破损。

王颂蔚遗稿12种 上海图书馆藏稿本。

清王颂蔚撰。王颂蔚有《明史考证攟逸》，已著录。本书为王颂蔚著作稿本，正文原为41册，另有1册目录为后来所加。子目如下：《周礼义疏长编》不分卷、《说文杂记》《昆山名迹录》7卷(明朱珪撰)、《尔雅说》1卷附录、《大戴礼记补逸》不分卷、《纬书》不分卷、《礼记音义校记》不分卷、《古书经眼录》1卷、《写礼庼读碑记》1卷、《写礼庼遗诗遗文》不分卷、《写礼庼杂录》不分卷、《写礼庼佚书辑》不分卷。

写礼庼遗著4种 1915年鲟溪王氏刻本。

清王颂蔚撰。王颂蔚有《明史考证攟逸》，已著录。本书乃其子王季烈所刻。子目如下：《古书经眼录》1卷、《写礼庼文集》1卷《补遗》1卷、《写礼庼读碑记》1卷、《写礼庼诗集》1卷。

丹徒谢氏丛书4种 清光绪间刻本。

清谢庭兰撰。谢庭兰有《湘谷诗文全集》，已著录。本丛书收书4种，包括：《湘谷初稿》《湘谷续稿》《呓语摘钞》《韵考略》。《湘谷初稿》8卷收文100篇，多为读史之作，亦有为他人文集所作之序文及游记等，每篇之后有简短评语。《湘谷续稿》6卷收文70篇，内容形式和《湘谷初稿》相仿。《呓语摘钞》上、下2卷共收文31篇，摘录云溪居士所作。《韵考略》5卷，分别为《周颂韵考略》《易韵考略》《尚书韵考略》《四书韵考略》《韵论》，附张悔卢与友人论唐韵文。文中在经书韵字下均标明"韵""合"等字。

寂园丛书 清宣统二年(1910)铅印本。

清陈浏撰。陈浏(1863～1929)，字孝威，一字亮伯，号寂者。江浦人。本丛书一名《寂园志》，包括《匋雅》3卷(原缺卷下)、《孤圆山庄诗剩十种》10卷、《杯史》1卷、《寂园说印》1卷、《斗杯堂诗集》1卷、《大山诗集》7卷、《睇海楼诗》1卷、《绣诗楼诗》1卷、《问字楼诗》1卷、《浦铎》1卷、《闽盐正告书》不分卷、《福建盐务公牍》不分卷。其中，《匋雅》又名《瓷学》，是研究古陶瓷的重要史料。《孤圆山庄诗剩十种》收录《菰村集》《香影廊集》《横江集》《思楼集》《振雅堂集》《茶半轩集》《二山唱和集》《斗杯堂集》《雄树堂集》《杯隐堂诗集》，凡10种，各1卷。《浦铎》所记多与浦口经济、地权有关。

汉堂类稿10种 1922年武进李祖年铅印本。

清李宝淦撰。李宝淦(1864～1919)，字经畦，又字经彝、汉堂，晚号荆遗。武进人。本书收录10种，包括《汉堂文钞》1卷《补遗》1卷、《汉堂诗钞》14卷、《濯缨室诗钞》3卷、《问月词》1卷、《三国志平议》2卷、《魏书平议》3卷、《北齐书平议》2卷、《周书平议》2卷、《晋书平议》3卷、《吕氏春秋高注补正》1卷。

籀鄦誃杂著十种 国家图书馆藏清稿本。

清王仁俊撰。王仁俊(1866～1913)，字捍郑，一作干臣，号籀许。吴县人。清末学者。本书为作者自撰著作，为文字考订、金石及目录学著作。子目如下：《希麟音义引说文考》1卷、《释名集校》2卷、《金石萃编统补稿》1卷、《汉碑征经补》1卷、《积古斋钟鼎彝器款识补遗》1卷、《汉书艺文志考证校补》10卷、《补梁书艺文志》1卷、《补宋书艺文志》1卷、《碑版丛录》1卷、《籀鄦誃赋笙》2卷。

强自力斋丛书10种 清光绪二十三年(1897)著易堂书局石印本；清光绪二十四年朱丝栏抄本。

冯澂撰。冯澂(1866～?)，字涵初，号清渠主人。通州人。光绪末年，西学日兴，南通人士亦群然向风，无不购置格致等书。时人因请作者将所著公开出版，即为此书。南京图书馆藏本，其卷端著录总目如下：《嵇氏服食补注》1卷；《矿学述管》1卷；《光学述墨》1卷，未刻；《春秋日食集证》8卷，复出；《读谈天》1卷；《历学杂识》1卷；《三角拾遗》1卷；《西学脞录》1卷；《代数详解》6卷，未刻；《代数启蒙》4卷；《数学脞录》1卷；《读史随笔》2卷，未刻；《蒿目编》1卷；《算法正宗》4卷。总目著录共14种，实存10种。《江苏艺文志·南通卷》著录此丛书，另有《勾股九容证术》1卷(陈氏家刻本，清光绪二十七年刻本)、《增删同里陈氏算法正宗》4卷(石印本)、《校正崇明黄氏海镜识别赘解》2卷(清光绪二十七年陈氏家刻本)。又《勾股九容证术》所附《强自力斋丛书总目》记载，尚有未刊书多种，如《化学通考》20卷、《农学通释》8卷、《高等地理教科书》2卷、《史谭》1卷、《治说》4卷等。南通市图书馆藏校正《海镜赘解》后附抄录《强自力斋丛书》总目，有《养蚕学》2卷、《畜牧学》2卷、《土壤学》5卷、《种茄学》1卷，均为中华科学研究会排印本。国家图书馆藏清光绪二十四年朱丝栏抄本《强自力斋丛书》，包括《春秋日食集证》10卷，《算学考初编》20卷卷首1卷，《算课初续》2卷，《史谭》1卷。卷端附清龙竹庄氏题识一页。

婴宁室丛著 1928年金陵美利生印书馆铅印本。

杨鹿鸣撰。杨鹿鸣(1869～?)，字复明，号宾叔，室名灵寿如意室。江宁人。民国琴坛名师。本书目录收有《石言》《兰言》《古今兰辨》《思兰记》《吉

金录》《冶庖金石考》等书 7 种。先印《兰言》4 种 4 卷（包括《画兰》《咏兰》《艺兰》《评兰》）、《石言》1 卷，图书馆通常著录作《婴宁室丛著二种》5 卷。其余 5 种未见。

常熟丁氏丛书 2 种　清光绪十八年（1892）锡山文苑阁木活字本；清光绪二十年刻本。

丁国钧撰。丁国钧（? ～1919），字秉衡。常熟人。本书子目如下：《晋书校文》5 卷、《补晋书艺文志》4 卷附录 1 卷（丁辰注）。

评注诸子菁华录 18 种　1916 年至 1918 年上海商务印书馆铅印本；1970 年台北宏业书局铅印本。

清张之纯撰。张之纯，字尔常，一字痴山。江阴人。本书子目如下：《晏子春秋》1 卷、《荀子》1 卷、《贾子新书》1 卷、《董子春秋繁露》1 卷、《扬子法言》1 卷、《老子》2 卷、《文子》1 卷、《庄子》8 卷、《列子》1 卷、《鹖冠子》1 卷、《管子》2 卷、《商君书》1 卷、《韩非子》1 卷、《墨子》1 卷、《尸子》2 卷、《吕氏春秋》2 卷、《淮南子》1 卷、《孙子》1 卷。

千一斋全书　清光绪二十八年（1902）至 1932 年江宁程氏千一斋刻本。

程先甲撰。程先甲（1871～1932），字鼎城，号一夔，晚号百花仙子。江宁人。清末任南京江南高等学堂教习，又任简字学堂总办（校长）、国专馆馆长等。程氏著作颇丰，合编成一书，为《千一斋全书》。此丛书刊刻前后历时 30 年，因此各馆收藏都不全，《中国丛书综录》亦未著录。其中北京大学图书馆藏 14 种，33 册。综合国内图书馆所藏，并参考《江苏艺文志・南京卷》，列其书子目如下：《广续方言》4 卷、《广续方言拾遗》1 卷、《引申义举例》2 卷、《选雅》20 卷、《程氏贞孝录》4 卷、《蒯公子范历任治所崇祀录》1 卷、《金陵赋》1 卷、《游陇丛记》4 卷、《千一斋小品》8 卷、《程一夔文甲集》8 卷《续编》4 卷、《程一夔文甲集三编》4 卷、《程一夔文乙集》4 卷《续编》4 卷《三编》4 卷、《千一斋外集》10 卷、《程一夔诗甲集》4 卷《乙集》6 卷、《程一夔诗续集》6 卷《三编》4 卷、《游陇集》6 卷、《程一夔词》1 卷、《百仙词》4 卷。

万物炊累室类稿甲编 2 种 4 卷乙编 1 种 3 卷外编 2 种 11 卷　清宣统三年（1911）中国图书公司铅印本。

清沈同芳撰。沈同芳（1871～?），原名志贤，字幼卿，号越若，一号鼇隐。武进人。本书子目如下：甲编，《中国渔业历史》1 卷、《公言集》3 卷。乙编，《刻鹄集》3 卷。外编，《秘书集》10 卷、《公言集续编》1 卷。沈氏在山东咨议局、上海铁路学会、江苏铁路公司等处任职秘书，以撰写公文为事。《刻鹄集》为诗文稿，《秘书集》《公言集》皆为公文、章折、批示等文书。其中《公言集》4 卷，乃其为江苏铁路、江苏学务所撰文稿 72 篇、杂录 10 篇，更是有关江苏铁路、教育建设的重要文献。

讷龛丛稿 8 种 12 卷　清宣统三年（1911）无锡文苑阁木活字本。

清顾鸣凤撰。顾鸣凤（1873～?），字意城，自号讷龛。无锡人。本书收书 8 种，凡 12 卷，包括：《念萱池馆文存》4 卷，凡传、铭、赞、序、策论、课艺之类隶焉；《泰西人物志》1 卷，凡泰西之名王将相钜儒硕学之类隶焉，述其事略，系以赞词；《小辟疆园诗存》1 卷，凡纪事、感时、赠答、诔贺之类隶焉；《武陵著作谭》1 卷，武陵者，顾氏郡望之所出，凡顾氏著作目录，上溯三国，下迄清末，经、史、子、集之类隶焉；《西吴类牍摘要》1 卷，凡为官期间之一切咨移申详文告、绅民之函禀、往来之笺启隶焉；《勤补拙斋漫录》1 卷，自同治十二年（1873）至 1912 年 40 年间，顾氏随幕汴梁、侍宦粤峤，编年纪事，皆笔之于书；《养闲草堂随笔》2 卷，世界之大，民物之繁，山川之遗迹，文献之轶闻，旁及神仙鬼怪可资谈助者，莫不据所闻见缀拾成篇；《蜗巢联语》1 卷，上而公卿，下而韦布，或写性情，或寄哀挽，于以溯师友之渊源，戚党之交谊，均按生卒年月先后附之简末，以备一格。侯学愈评价道："读君所著书，纸价今贵洛。江河日下时，何以坚立脚。野狐亦有禅，误会不可药。君其指迷津，俾我识先觉。庶免面墙讥，其振尼山铎。"桐乡毕心粹亦赞："一编新著述，体例曲园来。提笔空千古，挑灯读百回。天心将酿雪，山意欲开梅。家学三唐旧，芬延顾况台。"

希郑堂丛书 9 种　清光绪二十年（1894）虞山潘氏木活字本。

清潘任撰。潘任（1874～1916），字毅远，号希

郑，室名希郑堂、博约斋、味闲斋。常熟人。经学家。本书为作者经史论著，子目如下：《郑君粹言》3卷、《说文粹言疏证》2卷、《博约斋经说》3卷、《孝经郑注考证》1卷、《周礼札记》1卷、《双桂轩答问》1卷、《希郑堂经义》1卷、《补晋书艺文志》4卷附录1卷、《晋书校文》5卷。

畯庐杂著5种 泰州图书馆藏程大千自印本。

程嵩龄撰。程嵩龄(1877～1951)，字俊生、畯僧。泰州人。诗人、收藏家。本书收录程氏著作5种。子目如下：《荻室文稿随录》《醒游草》《丙寅游草》《畯庐吟草》《竹枝词》。其中《丙寅游草》，乃1926年程氏50岁生日之际，应西山寺僧信根之邀，游句容宝华山遣兴之作，共17题19首。

天慵丛著13种 中国科学院图书馆藏稿本。

郭雍南著。郭雍南(1877～?)，字仲达。如皋西场人。曾与如皋刘企苏、陈海珊等10位文人结成诗社，任民国《如皋县志》协修兼总收掌。本书子目如下：《心寿堂诗》4卷附《续》《心寿堂文》4卷附《续》《心寿堂金石书画题识》《心寿堂物铭》1卷、《邻绿馆诗余》1卷、《天慵俪语》1卷、《天慵随笔》4卷、《心寿堂杂著》《己酉南游诗草》《己酉音溪看花小记》《粲史》《南通观梅记》(记述梅兰芳在南通演戏之盛况)、《闲情诗捃》。

霜厓三剧3种3卷谱3卷 民国铅印本(朱印)。

吴梅撰。吴梅(1884～1939)，字瞿安，号霜厓。长洲人。近代词学家、戏曲学家。本书所选《湘真阁》《无价宝》《惆怅爨》3种，皆吴梅所作戏曲。苏州图书馆所藏乃吴梅赠初印本。

苹香书屋全集 清光绪三十四年(1908)文苑阁木活字本。

清邹文柏撰。邹文柏，字新甫。金匮(今无锡)人。本书收其著作4种，子目如下：《苹香书屋纪略》7卷、《纪略摘钞》1卷、《筹世刍议》4卷、《苹香书屋文钞》3卷。《苹香书屋纪略》为学术札记，分为天文、地舆、人事、先正格言。《纪略摘钞》为术数之类。《筹世刍议》，上海图书馆书目有，藏书无此种，但《苹香书屋文钞》后附全书"校勘记"提及此《刍议》。《苹香书屋文钞》中有与无锡相关的内容，如《锡金蚕桑论》《金娥墩邹氏义庄记》《俞村周氏祠堂记》。

谢亭集4种 清光绪八年(1882)毓芝堂刻本。

清谢舲撰。谢舲，字莲絜，号谢亭。江阴人。本书子目如下：《莲絜诗翰释文》《莲絜诗存》《莲絜续集》《南征日记》《箧外集》。

有竹居集5种 清嘉庆二十四年(1819)两广节署刻本；清道光六年(1826)吴毓芬刻本。

清任兆麟撰。任兆麟有《心斋十种》，已著录。本书子目如下：《有竹居集》13卷(《林屋诗稿》4卷、《心斋文稿》9卷)、《杂著》6卷(《声音表》1卷、《孟子时事略》1卷、任兆麟辑《苍颉篇》2卷、任兆麟辑《三苍》2卷)。

归礼堂3种 福建师范大学图书馆藏稿本。

清陈钟英撰。陈钟英，字英多。吴江人。此书未见，兹据《中国古籍善本书目》著录。子目如下：《群经咫闻录》1卷、《退息篇》2卷、《说文詹詹》1卷。

揽香小品三种 清道光八年(1828)陈氏归礼堂刻本。

清陈钟英撰。本书为陈氏驳斥司马光《疑孟》、魏了翁《正朔考》、吴枋《宜斋野乘》而作。篇末分别题《归礼堂第三种》《归礼堂第四种》《归礼堂第五种》。国家图书馆、南京图书馆等因题作《归礼堂三种》。前两种为何，无从得知。子目如下：《答疑孟》，宋司马光撰，清陈钟英答；《驳正朔考》，宋魏了翁考，清陈钟英驳；《辩宜斋野乘》，宋吴枋撰，清陈钟英辩。

第二节 地方丛书

娄东杂著56种续刊12种 清道光十三年(1833)太仓邵氏刻本，《续刊》清道光二十五年竹西锄稽馆刻本，合一函；1990年江苏广陵古籍刻印社影印本。

清邵廷烈编。邵廷烈，字子显，又字伯扬，号退闲外史。镇洋人。本书所辑均为太仓人士之著作，书名页及总目题《棣香斋丛书》。是编不分部类，以

作者时代为次。裒辑极博，体例亦严，李兆洛序称本书为“桑梓之巨观，职方之要典”，并非虚语。《娄东杂著》56种，收金集7种，石集9种，丝集7种，竹集7种，匏集6种，土集5种，革集6种，木集9种。刊成后，又刊成《续刊》12种，惜国内各图书馆藏有《续刊》者甚少。太仓自明中叶以后，人文蔚起，著作日富，王世贞、吴伟业、陆世仪、陈瑚等，均为其杰出者。邵廷烈曾称，太仓“东接瀛海，西承具区。山川孕灵，云物挺秀。园林甲于他郡，文章代有传人”(《娄江杂词》序)，因取乡人著作篇幅较小、世间罕见者，辑为此编。如其凡例所云：“此书索取都系零圭寸宝，俱系外间罕见之品种。”卷帙繁富及已有别本单行者，概不收录。也有全书不取而采录其中一两卷者。

陆陈二先生诗文集2种 清同治九年至光绪二年(1870～1876)蒯德模刻本。

清叶裕仁编辑。叶裕仁(1809～1879)，字复三，号归庵。镇洋人。本书辑太仓乡贤陆世仪、陈瑚诗文，共28卷，包括陆世仪所撰《桴亭先生文钞》6卷《诗钞》8卷，陈瑚所撰《确庵先生文钞》6卷《诗钞》8卷。时蒯德模方任太仓知州，因出俸代刻此书，板藏陈瑚故居安道书院。陆世仪、陈瑚两人并称为太仓两大儒，故此将其诗文集合为一编。

镇江丛书7种 清光绪间刻本。

清陈克劬编。陈克劬(1826～?)，字子勤。丹徒人。本书辑录其父陈宗起以及张崇兰、吴丽生诗文。子目如下：《养志居仅存稿》18卷卷首1卷，清陈宗起撰，陈克劬辑次，严作霖、方燕昭、韩国勋、刘震甲、戴培元参辑；《读易一斑》4卷，清吴丽生撰；《古文尚书私议》3卷，清张崇兰撰；《悔庐文钞》5卷卷首1卷，清张崇兰撰；《悔庐文补》1卷，清张崇兰撰；《悔庐诗抄》4卷，清张崇兰撰；《梦溪棹讴》2卷，清张崇兰撰。

金陵琐志三种 清光绪十一年至二十五年(1885～1899)可园刻本；1969年台湾华文书局股份有限公司影印本。

清陈作霖撰。陈作霖有《可园丛书》，已著录。本书为陈氏所撰南京地方志书三种之合集，包括《运渎桥道小志》1卷、《凤麓小志》4卷、《东城志略》1卷。陈氏既积极参加官修志书的编纂工作，又独立编撰了许多有关南京地方历史文化的著作。这些作品大多是经过作者实地考察、访问故老，归而检阅文献资料撰写而成的，故文献价值极高。书前序云：“若兹《琐志》三种者，胜专半壑，地割一隅。钓游所经，方域无舛。抚今追昔，沧桑之感慨滋深；彰往察来，衮钺之劝惩亦寓。汇而梓之，盖祭海先河之意焉尔。”

金陵琐志五种 清光绪可园刻本；1987年江苏广陵古籍刻印社影印清光绪可园刻本。

清陈作霖撰。本书为陈氏所撰南京地方志书五种之合集。丛书子目如下：《运渎桥道小志》1卷、《凤麓小志》4卷、《东城志略》1卷、《金陵物产风土志》1卷、《南朝梵刹志》2卷。

江阴丛书 清光绪、宣统间岭南江阴金氏粟香室刻本。

金武祥编。金武祥(1841～1924)，原名则仁，又名淮生，号粟香，又号一厈山人。江阴人。藏书家。本书刊刻于光绪、宣统年间，辑录江阴地方人士著作。金武祥收集到50余部，从中选择了部分图书，刻成此《江阴丛书》，“以表彰乡里前哲，亦以励后之绩学者”(《重刻宜斋野乘序》)。

粟香室丛书64种 清光绪至民国江阴金武祥刻本。

金武祥编。民国年间，金武祥补刻了部分图书，将《江阴丛书》改题为《粟香室丛书》。他整理刊印的图书每种都有1篇序，对原书价值、流传经过、自己的整理情况等有非常具体的说明。如《阳羡风土记》原书早已散佚，清王谟辑得97条，收入《汉魏遗书钞》中。金武祥以此为基础，又补辑了若干条，另撰有“校刊记”，同时将章宗源《隋书经籍志考证》的有关内容附后。金武祥对所刻的图书大都作过认真校勘。“爰校雠一过，付诸手民”(《冰蚕词序》)之类的语言，时时见诸其所刻印的各书序言中。如他得到的抄本明孙作《沧螺集》，脱误错简触目皆是，于是从巴陵藏书家方功惠处借得汲古阁刻本进行雠校，勘正了数十条。他刻元许恕《北郭集》，也根据《元诗选》所录一一作了校勘，认真写出了校记。

粟香室丛钞　南京图书馆藏抄本。

金武祥辑录。金武祥收藏的地方文献除了一部分已刊入《江阴丛书》《粟香室丛书》外，还有相当一部分保存在抄本《粟香室丛钞》中。《丛钞》抄本一部，共134册。因数量甚大，南京图书馆收藏时按其性质分为三大部分。第一部分为独立成书的著作。这一部分基本是江阴及江阴所属的常州府所辖武进、阳湖、无锡、宜兴等各县作家的著作，如《吴瑶田庄西君诗钞附庄莲佩诗钞》，为江阴吴鸿璧、阳湖庄关和、阳湖庄盘珠三人诗钞，扉页并有"光绪壬辰(十八年)金氏粟香室录养一斋《旧言集》本"等字样。此外还有江阴蒋玉棱的《冰红集》、武进张惠言的《墨子经说解》等。第二部分为公牍、文书、奏折汇编等，如《时政杂录》《两广盐务杂录》等。第三部分内容较杂，一部分是金武祥按专题汇辑的各类资料，如《史学杂录》《传状杂存》《楹帖萃珍》《金石杂录》《骈文杂录》《尺牍杂钞》《诗文选读初编》《诗文选读二编》等，一部分为其他史料抄本，如《厓山志》等。其中汇辑的江阴地方文献有《江阴乡贤正史列传》《暨阳掌故》《暨阳文献杂录》《江阴各家杂录》《元诗选江阴五家诗》《金氏正史列传》《国朝金氏耆献类征》《诰敕、题奏、公牍》《江阴缪贞烈女阿云降乩诗并自述》等。其中《赵书天冠山题咏考证》封面有"己未闰七月粟香老人"题识。《丛钞》有"粟香所藏""陶庐""金武祥印""菽卿所藏""水月主人"等印章，并有"粟香室藏"等题记。书眉行间校改处甚多，金武祥所撰的一些书序，涂改钩抹处尤多。《丛钞》中保留了金武祥不少手迹。《丛钞》所收各种原无序次，各本位置多已淆乱。《丛钞》第一部分除已收入《粟香室丛书》者外，尚有抄写本多种。

常州先哲遗书前后编79种　清光绪刻本；2010年南京大学出版社影印本。

清盛宣怀编。盛宣怀有《愚斋存稿》，已著录。本书收清代常州地区先哲之遗著，自光绪二十一年至二十四年(1895～1898)陆续刻成。缪荃孙、汪康年等协助编刊。原拟分三集刻，后只刻成初集及后编补遗(即续集)。是书仿章学诚《文征》体例，收历代作者60余人，所录以诗文集为主，各按经、史、子、集四部分类编次。凡74种，分为前后两编，前编所收自梁迄明，共40种，又附清人著作3种；后编收明清著作29种，补遗2种。书前目录，均注明版本，其后录《四库全书总目》相关内容，各书末又有盛宣怀、缪荃孙等人所作题识文字。本书可谓郡邑类丛书中最完善者，为后世研究常州地方史志提供了完备的资料，书末各家题识文字亦有较高的研究价值。

传砚斋丛书10种　清光绪十一年(1885)仪征吴氏孱守山庄刻本。

清吴丙湘编。吴丙湘(1850～1896)，字次镛。江苏仪征人。本书辑录四人著作，焦循，江苏甘泉人；焦廷琥，焦循子；徐石麒，为外地迁居扬州者；徐乾学，江苏昆山人。作者均为江苏或与江苏有关之人。《邗记》6卷、《红薇翠竹词》1卷、《仲轩词》1卷、《里堂家训》2卷，清焦循撰；《因柳阁词抄》2卷，清焦廷琥撰；《传是楼宋元板书目》1卷，清徐乾学编；《坦庵枕函待问编》5卷、《客斋余话》4卷、《古今青白眼》3卷、《花佣月令》1卷，清徐石麒撰。

东仓书库丛刻11种　清光绪太仓缪氏东仓书库刻本。

清缪朝荃编。缪朝荃，字蘅甫。太仓人。"东仓书库"是太仓缪朝荃的藏书处。本书收录太仓地方人士著作11种，子目如下：《圣学入门书》3卷，清陈瑚撰；《琅琊凤麟两公(王世贞、王世懋)年谱》1卷，清王瑞国撰；《内则章句》1卷，清顾陈垿撰；《安道公(陈瑚)年谱》2卷，清陈溥撰；《潘澜笔记》2卷、《忏摩录》1卷，清彭兆荪撰；《溪山卧游录》4卷，清盛大士撰；《勿惮改斋吟草》4卷《续草》4卷，清顾师轼撰；《清抱居剩稿》1卷，清毕庭杰撰；《覆瓿丛谈》2卷，清吴曾英撰；《卅六芙蓉馆诗存》6卷，清张曾望撰。

重思斋丛书4种　清光绪江阴王家枚重思斋刻本。

清王家枚编。王家枚(1866～1907)，字吉臣，号寅孙。江阴人。清代文学家。作者书斋名曰重思斋，本书即以此为名。本书所辑4种，王堃为王家枚祖父，王泰阶为王家枚父亲，其余2种亦为江阴人士著作。子目如下：《定峰文选》2卷，清沙张白撰；《宛委山房诗词剩稿》1卷，清王堃撰；《青箱室诗钞》1卷，清王泰阶撰；《赐书堂诗稿》1卷，清翁

照撰。

京口掌故丛编初集 6 种 清光绪三十四年(1908)丹徒陶氏刻本；1987 年江苏广陵古籍刻印社影印本；《近代中国史料丛刊》本。

清陶骏保编。陶骏保(1878～1911)，字璞青。镇江人。本书辑书 6 种，皆与战事有关。子目如下：《己酉避乱录》1 卷，宋胡舜申撰；《京口偾城录》1 卷，清法芝瑞撰；《出围城记》1 卷，清杨棨撰；《镇城竹枝词》1 卷，清无名氏撰；《草间日记》1 卷，清朱士云撰；《从军纪事》1 卷，清卞乃譝撰。《己酉避乱录》述建炎三年(1129)，金兵攻平江，宣抚周望出走青龙，平江城不战而破，顺申之兄舜陟时为参谋，举家避难时之见闻。《京口偾城录》《草间日记》和《出围城记》，记载了道光二十二年(1842)英国侵略军围攻镇江城的“壬寅之役”，以作者亲历之事实，揭露海龄对敌人畏葸观望，对百姓诬陷屠杀，自己腐化堕落的真实面目。附《祭都统海公文》，多溢美之词，述海龄不得以死之缘由，与上述三文观点大相径庭。《镇城竹枝词》所收诗词，反映这一期间社会之情状。《从军纪事》记咸丰三年(1853)六月，卞乃譝至镇江留襄戎事之事。

金陵丛刻 15 种 清光绪二十三年至三十一年(1897～1905)傅氏晦斋刻本。

清傅春官编。傅春官，字苕生。江宁人。本书一名《国朝金陵丛书》，原列子目 18 种，3 种未刊，收录明清金陵人著作，不分四部，次以时代。子目如下：《客座赘语》10 卷，明江宁顾起元撰；《戆叟诗钞》4 卷《补遗》2 卷，清上元纪映锺撰；《板桥杂记》3 卷，清江宁余怀撰；《宋史艺文志补》1 卷，清上元倪灿撰；《补辽金元三史艺文志》1 卷，清上元倪灿撰，刊未成；《春秋识小录》9 卷，清上元程廷祚撰，包括《春秋职官考略》3 卷、《春秋地名辨异》3 卷附《晋书地理志证今》1 卷、《春秋人名辨异》3 卷；《鲁论说》3 卷，清上元程廷祚撰，刊未成；《金阙攀松集》1 卷，清江宁严长明撰；《玉井搴莲集》1 卷，清江宁严长明撰；《王制里亩算法解》1 卷，清上元谈泰撰；《礼记义疏算法解》1 卷，清上元谈泰撰；《王制井田算法解》1 卷，清上元谈泰撰；《补续汉书艺文志》1 卷，清江宁顾櫰三撰，刊未成；《补五代史艺文志》1 卷，清江宁顾櫰三撰；《汉射阳石门画像汇考》1 卷，清上元张宝德辑；《养和轩笔记》1 卷，江宁陈作霖撰；《金陵赋》1 卷，江宁程先甲撰；《金陵历代建置表》1 卷，清江宁傅春官撰。

小方壶斋丛书四集四十种 清光绪中南清河王氏铅印本。

清王锡祺编。王锡祺有《小方壶斋舆地丛钞》，已著录。小方壶斋，王锡祺室名。本丛书所辑，除少数几种，如明黄道周《孝经本质》、清黄宗羲《思旧录》，以及《通俗文》(附《补音》)等，由江宁顾櫰三辑撰之外，其他多为本地人著作，即淮安府之清河、山阳籍作者作品。至如罗振玉籍贯，在本书卷首所列《小方壶斋丛书目录》中，标作浙江上虞，但罗振玉生于淮安，也可算本地人。各书后均有王锡祺跋，对作者情况、图书基本内容、图书流传经过等，有扼要说明。其中一些叙写淮安地方情况的著作，王锡祺跋语多能抉发其地域意义。如《淮城日记》跋云：“明季甲申，海宇鼎沸，吾郡承南北之冲，外防闯寇，内迫强镇，其时微路、王二公坐镇其间，数百里内宁有豕邪?”《山阳河下园亭记》跋云：“读此记，能憬然于豪侈之不可常，雍熙之难再觏，且以见当时之人物丰阜有如此也，庶无负作者之苦心也乎!”均有助于加深对原书的理解，也有助于地域文化的研究。

瑞芝山房诗钞 8 卷文钞 8 卷续增 1 卷 《丹徒戴氏丛刻》本。

清戴燮元辑。戴燮元，字和甫，一字少梅，号八愚。丹徒人。肇辰子。咸丰九年(1859)举人，补内阁中书，缮校实录，后升户部郎中，曾发浙江，历任驻防军海运等重要局务。因父丧归故里，卒于家乡。著《东牟守城纪略》《听鹂轩诗抄》等。戴氏为京江望族，自族先赠光禄公以来，世传儒雅，代有闻人。《诗钞》刻于光绪元年(1875)，辑录燮元之叔高祖戴纯、伯曾祖戴天锡以下至戴以殉等丹徒戴氏五代共 25 人古今体诗，以备当代诗家之采择。并附录燮元之妻钱令芬《竹溪渔妇吟》1 卷。其中燮元诗言皆有物，伦纪甚笃，五律清苍，五古朴质渊微。《文钞》刻于光绪三年，计 8 卷。序云：“吾族自叔高祖外堂公(戴缙)以文名，后之子孙世述祖德，相习为论著之学者，颇不乏人。”强调其家族文化世系的完整延续性。书中辑录燮元高祖以下五世丹徒戴氏家族，如戴三锡、戴屺、戴守梧、戴棠、戴磐、戴枚、

戴杰、戴以珣等共17人所作文。

大亭山馆丛书　清光绪六年至十年(1880～1884)刻本;据清光绪六年至十年刻版增刻本。

清杨葆彝编。杨葆彝,字佩瑗,号遁阿、大亭山人。常州人。本书所辑或为杨氏家人,或为同辈友好者,或为其师长,亦有非常州人士之作。此书有13种、18种之别,18种本系后来增刻本。此外亦有图书馆著录作16种、28种者,系计算方式不同,并非另有其他版本。13种本子目如下。经类,包括《六书假借经征》2卷,清朱骏声撰;《六书例解》1卷,清杨锡观撰。史类,包括《东南纪略》1卷,清佚名撰;《夏虫自语》1卷,清杨德荣撰。子类,包括《曼先生语录》1卷,明程晰撰;《区田图说》1卷,清佚名撰;《青囊天玉通义》5卷,清张惠言辑;《杯珓经》1卷,清郁离子撰。集类,包括《毗陵杨氏诗存》5种,清杨葆彝辑;《毗陵杨氏诗存附编》2种,清杨葆彝辑;《柏堂剩稿》3卷,清陈尔干撰;《吴瑟甫歌诗》1卷,清吴玙撰;《玉余外编文钞》1卷,清庄士敏撰。18种本多以下5种:经类《形声类篇》5卷,清丁履恒撰;子类《握奇经定本》1卷《正义》1卷图1卷,清张惠言撰;集类《刘海峰文钞》1卷,清刘大櫆撰,清张惠言选;《蓉湖草堂存稿》1卷,清陈滋撰;《梦萱室遗诗》1卷,清汪孝宽撰。

阳湖张氏四女集5种　清道光中阳湖张氏宛邻书屋刻本。

清张曜孙辑。张曜孙(1808～1863),字仲远,号升甫,晚号复生。阳湖人。本书收《澹菊轩诗初稿》4卷《词》1卷、《纬青遗稿》1卷、《绿槐书屋诗初稿》2卷附录5卷、《邻云友月之居诗初稿》4卷《餐枫馆文集》2卷,共19卷。张緧英、张䌷英、张纶英、张纨英,皆为张琦之女,曜孙之姊妹,善诗文,人称"毗陵四女"。长女緧英,字孟缇,词笔秀逸,得碧山、白云之神;次女䌷英,字纬青,才华横溢,风格幽隽;三女纶英,字婉紃,下笔刚健沉毅,"词雅而体清,力遒而骨峻";四女纨英,字若绮,秉性和雅,诗文全能。安吴包世臣在《澹菊轩诗初稿》序中评价四女曰:"纬青幽隽,婉紃排奡,若绮和雅,各得先生之一体。恭人(孟缇)则缠绵悱恻,不失于愚,属词比事,必达其志,节族膏泽,多有自得,被文采而能高翔矣。"张氏家族作为常州词派家族性文化创作群体的代表之一,其作品为研究常州词派和清代女性作家的创作提供了很多参考资料。

武进谢氏丛书17种52卷　清道光至光绪间刻本。

清谢兰生辑。谢兰生有《咏梅轩丛书》,已著录。本书为作者汇辑家族名士著作而成,共17种52卷。收录元代谢应芳和清代乾嘉之际谢珍的作品,如谢应芳《思贤录》5卷《续录》3卷、《怀古录》3卷、《辨惑编》4卷附录1卷,谢珍《踵息庐稿》4卷。其余皆为作者自编,有《圣学源流》5卷、《谢氏源流》1卷、《咏梅轩诗稿》5卷、《咏梅轩思忠录》2卷、《咏梅轩杂记》1卷、《咏梅轩姚公遗迹诗钞》3卷、《咏梅轩仰观录》2卷、《咏梅轩方舆记略》1卷《续》1卷、《舆图总论注释》1卷、《十家语录摘要》2卷、《军兴本末纪略》1卷、《常惺录》4卷、《咏梅轩景忠录》《常惺续录》等。此丛书保存不少清末史料,如《军兴本末记略》记录了太平军从武昌至南京一路攻城的情况。作者又好乡邦文献之学,撰《谢氏源流》以考证谢氏科名,事迹甚详。

虞山潘氏丛书四种　清光绪间徐元霖辑刻本。

清徐元霖编。徐元霖,字雯青,一作雯卿。常熟人。潘欲仁弟子。本书主要辑录潘欲仁所著书。子目如下:《理学辨似》1卷、《疏瀹论》1卷、《易象一说》1卷,清潘欲仁撰;《过云庐书画论》1卷,清范玑撰。

附　　录

一、主要参考文献

中国古籍总目　本书编委会编　2009～2012年中华书局、上海古籍出版社

中国古籍善本书目　本书编委会编　1989～1998年上海古籍出版社

中国丛书综录　上海图书馆编　1986年上海古籍出版社

中国丛书广录　阳海清编　1999年湖北人民出版社

中国地方志联合目录　中国科学院北京天文台主编　1985年中华书局

四库全书总目　1965年中华书局影印本

续修四库全书总目　1996年齐鲁书社影印本

增订晚明史籍考　谢国桢编著　1981年上海古籍出版社

历代妇女著作考　胡文楷编著　1985年上海古籍出版社

江浙访书记　谢国桢著　1985年三联书店

中南、西南地区省、市图书馆馆藏古籍稿本提要　阳海清主编　1998年华中理工大学出版社

江苏艺文志　赵国璋主编　1994～1996年江苏人民出版社

江苏旧方志提要　徐复、季文通主编　1993年江苏古籍出版社

江苏地方文献书目　江庆柏主编　2013年广陵书社

江苏地区期刊与方志综录　戴国林编著　1990年江苏教育出版社

南京文献综合目录　杨永泉编撰　2003年南京大学出版社出版《南京文化研究丛书》之一

秦淮著作志　杨献文主编　2001年南京市秦淮区地方史志编纂委员会等铅印本

绍宗藏书楼书目　镇江市图书馆编　2003年4月电脑打印本

镇江人书画著作目录　稿本，镇江市图书馆藏

清代毗陵书目八卷　张惟骧撰　1944年常州旅沪同乡会铅印本

〔常州市图书馆〕古籍图书目录(乡土著作)不分卷　该馆编　1960年常州市图书馆油印本

锡山历朝著述书目考　清高镤泉撰　清光绪二十八年(1902)木活字本

无锡县立图书馆乡贤部书目一卷　刘书勋编　1920年铅印本

无锡县立图书馆地方著述目录　陈然编　1936年铅印本

无锡先哲遗书目四卷　孙祖基编　《地方经籍志汇编》本

无锡先哲遗书续目不分卷　孙祖基辑　1941年稿本，上海图书馆藏

无锡先哲遗书提要　孙祖基撰　民国剪报本

无锡艺文志长编　辛干撰　2015年上海古籍出版社

无锡地方文献选目　陶宝庆编著　1992年南京出版社

无锡方志辑考　钱建中著　2006年世界知识出版社

江阴艺文志二卷校补一卷　清金武祥撰　《江阴丛书》本

苏州民国艺文志　张耘田、陈巍主编　2005年广陵书社

吴江艺文志　董振声、潘丽敏主编　2011年国家图书馆出版社

昆山图书馆先哲遗书目录附昆山现存碑目一卷　王颂文编　《明清以来公藏书目汇刊》本

昆山图书馆先哲遗书存目一卷　抄本，南京图书馆藏

太仓县图书馆乡人著述展览报告不分卷　1941年油印本

太仓县立图书馆乡人著述书目　该馆编　1943年抄本，上海图书馆藏

海虞艺文目录十六卷　清杨英彝编　《地方经籍志汇编》本

海虞文献备考不分卷　姚福均辑　《地方经籍志汇编》本

常熟艺文志不分卷　丁祖荫撰　1948年铅印本

扬州文献书目　扬州市图书馆编　1959年扬州市图书馆油印本

宝应县志书目校补　成永撰　1988年政协宝应县委员会文史科翻印本

泰县图书馆乡土书目提要不分卷　夏兆麐撰　抄稿本,泰州市图书馆藏

泰县著述考八卷　陆铨撰　《地方经籍志汇编》本

江苏省泰州市图书馆古籍地方文献目录　该馆编　1981年泰州市图书馆油印本

南通地方文献联合目录初稿　南通市图书馆编　1963年油印本

淮阴市地方文献联合目录　该馆编　1986年淮阴市图书馆油印本

徐州地方志通考　赵明奇著　1991年中国文史出版社

连云港艺文志　许厚文、崔月明编著　2001年沈阳出版社出版

明清江苏文人年表　张慧剑编著　1986年上海古籍出版社

江苏人物传记丛刊　江庆柏主编　2011年广陵书社

中国历代人物年谱考录　谢巍编撰　1992年中华书局

中国美术家人名辞典(修订本)　俞剑华编　1992年上海人民美术出版社

国内公共图书馆网站

高校古文献资源库读者检索系统(http://rbsc.calis.edu.cn:8086/aopac/jsp/indexXyjg.jsp)

大学数字图书馆国际合作计划网(http://www.cadal.zju.edu.cn/Index.action)

世界数字图书馆网(http://www.wdl.org/zh/)

孔夫子旧书网(http://www.kongfz.com)

二、书名索引

A

B

C

D

E

F

G

J

K

L

M

N

O

P

Q

R

S

T

W

X

Y

Z

编纂始末

江苏省作为一个文化发达的省份，著作资源十分丰厚。2014 年，江苏省地方志办公室领导约请我们编写《江苏著述志》。按照省地方志办公室的规划，《江苏著述志》包括古代、近代、现代三卷。我们根据自身的情况，决定承担其中的古代、近代这两卷。同年 6 月，签订了编写协议。

《江苏著述志》古代卷的基本体例如下：

一、《江苏著述志》著录江苏籍作者的代表著作，酌收外省流寓并定居于江苏的作者的代表著作。本志所说的江苏，指截至 2013 年江苏省所管辖的地区。历史上属于江苏省而今已划归其他省市者（如松江府，今属上海市）不收，历史上不属于江苏省但今已来属者（如盱眙县，原属安徽省）予以收录。

二、《江苏著述志》古代卷收录先秦至清宣统三年（1911）这一时间的著作。部分可延续到 1919 年五四新文化运动之前，但不过于扩大，以免与“近代卷”重叠。

三、本志所说的著述系指编集成册的。江苏文人主持修纂、或作为主要人员参与编纂的地方志数量很多，无法一一列出，仅收录若干有一定代表性的地方志。家谱、期刊、舆图、拓片、档册、政府公报等类型的文献不收录。

四、“古代卷”按经、史、子、集、丛五部分类法编排。每一大类下面再根据著作的实际情况，分为若干二级类目。为避免过于琐碎，二级类目下没有再列出三级类目的名称，但实际上会按照三级分类的原则，将图书按类编排。一些存世文献较少的类目，按照“邻近原则”，归入相应的类别。

同一类别下的著作，按作者生卒年顺序编排。

五、本志按品种著录各类著作。多人撰写的著作，作一种著录，不在多个作者名下一一列出。总集、丛书按一种著录。丛书子目在 10 种以下者全部列出，10 种以上且《中国丛书综录》已收者注明“子目从略”。如不见于“综录”，则子目均一一列出，以备查检。

六、每一种图书的著录包括书名、作者小传、内容提要三项内容：

书名项，包括书名、卷数。现存图书（包括辑佚书）注明版本，稿本、抄本、稀见本等注明收藏单位。同一部书的不同版本，在一部书下择要介绍，不一一列出品种。版本项数少的全部列出，项数多的择要列出，一般不超过三种。

作者小传项，介绍作者情况简明扼要，不求面面俱到。一般作者历官情况从简，只列任职时间最长或级别最高的官职。若未任官职，列出作者科第登科年份等。主要经历中突出对其学术思想和有影响的事件。小传著录作者的代表作，列举一般不超过三种。作者第一次出现时，对作者生平作一介绍。再次出现时一般不再有小传，而是用参见法，说明其人有何著作，已著录。如同一作者的几部著作前后相接、或相隔不远，后面的著作不再一一标示。考虑到同一作者有的有多部著作，分散在不同类别中，作者介绍或有侧重。为方便阅读，一部分作者小传未作统一处理。

内容提要项，每一部书撰写一篇简明的提要，扼要概括本书的基本内容，包括著述缘起、成书过程、书名由来、体例结构、内容梗概、学术源流、序跋简介等，以及若干书籍特殊性所决定的必须介绍的方面。以上各项视具体情况，有所侧重，不面面俱到。同时概括说明本书的主要特点。

七、凡属于今天江苏省境内的地名，一般按照文献产生时的名称著录。历史地名与今地名不同者一般不括注今地名。凡属于今天江苏省境外的地名，若历史地名与今地名不同、或归属有变化者，一般括注今地名、或今天的归属。同一条目中同一地名只在第一次出现时加注。

以上是一般性的规定。个别条目会根据实际情况有所变通。

“古代卷”编写分工如下：

经部：南京师范大学文学院苏芃

史部：江苏春雨教育集团周忠

子部：苏芃、周忠

集部：金陵科技学院人文学院王婷

南京城墙保护管理中心沈玉云

丛部：沈玉云

江庆柏负责全书规划、制订凡例，并审稿统稿。

《江苏著述志》（古代卷）编写组

2018 年 6 月